PONS

Bildwörterbuch

Deutsch-Englisch-Französisch-Spanisch-Italienisch

von
Jean-Claude Corbeil
Ariane Archambault

Ernst Klett Sprachen
Barcelona – Budapest – London – Posen – Sofia – Stuttgart

DANKSAGUNGEN (QA INTERNATIONAL)

Unserer besonderer Dank gilt folgenden Personen, Organisationen und Firmen, die uns bei der Erstellung des neuen *Bildwörterbuchs* die aktuellsten technischen Informationen zur Verfügung gestellt haben.

Arcand, Denis (réalisateur); Association Internationale de Signalisation Maritime; Association canadienne des paiements (Charlie Clarke); Association des banquiers canadiens (Lise Provost); Automobiles Citroën; Automobiles Peugeot; Banque du Canada (Lyse Brousseau); Banque Royale du Canada (Raymond Chouinard, Francine Morel, Carole Trottier); Barrett Xplore inc.; Bazarin, Christine;Bibliothèque du Parlement canadien (Service de renseignements); Bibliothèque nationale du Québec (Jean-François Palomino); Bluechip Kennels (Olga Gagne); Bombardier Aéronautique; Bridgestone-Firestone; Brother (Canada); Canadien National; Casavant Frères ltée; C.O.J.O. ATHENES 2004 (Bureau des Médias Internationaux); Centre Eaton de Montréal; Centre national du Costume (Recherche et de Diffusion); Cetacean Society International (William R. Rossiter); Chagnon, Daniel (architecte D.E.S. – M.E.Q.); Cohen et Rubin Architectes (Maggy Cohen); Commission Scolaire de Montréal (École St-Henri); Compagnie de la Baie d'Hudson (Nunzia Iavarone, Ron Oyama); Corporation d'hébergement du Québec (Céline Drolet); École nationale de théâtre du Canada (Bibliothèque); Élevage Le Grand Saphir (Stéphane Ayotte); Énergie atomique du Canada ltée; Eurocopter; Famous Players; Fédération bancaire française (Védi Hékiman); Fontaine, PierreHenry (biologiste); Future Shop; Garaga; Groupe Jean Coutu; Hôpital du Sacré-Cœur de Montréal; Hôtel Inter-Continental; Hydro-Québec; I.P.I.Q. (Serge Bouchard); IGA Barcelo; International Entomological Society (Dr. Michael Geisthardt); Irisbus; Jérôme, Danielle (O.D.); La Poste (Colette Gouts); Le Groupe Canam Manac inc.; Lévesque, Georges (urgentologue); Lévesque, Robert (chef machiniste); Manutan; Marriot Spring Hill suites; MATRA S.A.; Métro inc.; ministère canadien de la Défense nationale (Affaires publiques); ministère de la Défense, République Française; ministère de la Justice du Québec (Service de la gestion immobilière – Carol Sirois); ministère de l'Éducation du Québec (Direction de l'équipement scolaire-Daniel Chagnon); Muse Productions (Annick Barbery); National Aeronautics and Space Administration; National Oceanic and Atmospheric Administration; Nikon Canada inc.; Normand, Denis (consultant en télécommunications); Office de la langue française du Québec (Chantal Robinson); Paul Demers & Fils inc.; Phillips (France); Pratt & Whitney Canada inc.; Prévost Car inc.; Radio Shack Canada ltée; Réno-Dépôt inc.; Robitaille, Jean-François (Département de biologie, Université Laurentienne); Rocking T Ranch and Poultry Farm (Pete and Justine Theer); RONA inc.; Sears Canada inc.; Secrétariat d'État du Canada : Bureau de la traduction ; Service correctionnel du Canada; Société d'Entomologie Africaine (Alain Drumont); Société des musées québécois (Michel Perron); Société Radio-Canada; Sony du Canada ltée; Sûreté du Québec; Théâtre du Nouveau Monde; Transports Canada (Julie Poirier); Urgences-Santé (Éric Berry); Ville de Longueuil (Direction de la Police); Ville de Montréal (Service de la prévention des incendies); Vimont Lexus Toyota; Volvo Bus Corporation; Yamaha Motor Canada Ltd.

The Visual Dictionary wurde von **QA International**, einem Unternehmen der Les Éditions Québec Amérique Inc. entwickelt und hergestellt.
329, rue de la Commune Ouest, 3e étage
Montréal (Québec) H2Y 2E1, Canada
T 514.499.3000 F 514.499.3010

Gedruckt in der Slowakei
www.qa-international.com
ISBN 3-12-517831-2

QA International

REDAKTION

Veleger: Jacques Fortin
Autoren: Jean-Claude Corbeil und Ariane Archambault
Redaktionsleitung: François Fortin
Leitender Redakteur: Serge D'Amico
Grafik Design: Anne Tremblay

HERSTELLUNG

Mac Thien Nguyen Hoang
Guylaine Houle

TERMINOLOGIE

Jean Beaumont
Catherine Briand
Nathalie Guillo

ILLUSTRATIONEN

Art Direction: Jocelyn Gardner
Jean-Yves Ahern
Rielle Lévesque
Alain Lemire
Mélanie Boivin
Yan Bohler
Claude Thivierge
Pascal Bilodeau
Michel Rouleau
Anouk Noël
Carl Pelletier

LAYOUT

Pascal Goyette
Janou-Ève LeGuerrier
Véronique Boisvert
Josée Gagnon
Karine Raymond
Geneviève Théroux Béliveau

DOKUMENTATION

Gilles Vézina
Kathleen Wynd
Stéphane Batigne
Sylvain Robichaud
Jessie Daigle

DATENVERARBEITUNG

Programmer : Daniel Beaulieu
Nathalie Fréchette

REVISION

Marie-Nicole Cimon

PREPRESS

Sophie Pellerin
Tony O'Riley

ÜBERSETZUNG: DEUTSCHER TEXT

Uta Niedermeier
Renate Plitzner

REDAKTION: DEUTSCHER TEXT

Dr. Kurt Schwab

REDAKTION: ENGLISCHER TEXT

Jean-Claude Corbeil und Ariane Archambault
Serge D'Amico
Sarah McNamee
Judith Siefring
Catherine Soanes

ÜBERSETZUNG: SPANISCHER TEXT

Marta Sancho Viamonte

ÜBERSETZUNG: ITALIENISCHER TEXT

Rosy Turati
Valeria Cardano

REDAKTION: ITALIENISCHER TEXT

Maria Teresa Gigliozzi
Rosalba Provantini
Maria Paola Serio

MITARBEIT

QA International möchte folgenden Personen für ihre Mitarbeit am *Bildwörterbuch* danken:

Jean-Louis Martin, Marc Lalumière, Jacques Perrault, Stéphane Roy, Alice Comtois, Michel Blais, Christiane Beauregard, Mamadou Togola, Annie Maurice, Charles Campeau, Mivil Deschênes, Jonathan Jacques, Martin Lortie, Raymond Martin, Frédérick Simard, Yan Tremblay, Mathieu Blouin, Sébastien Dallaire, Hoang Khanh Le, Martin Desrosiers, Nicolas Oroc, François Escalmel, Danièle Lemay, Pierre Savoie, Benoît Bourdeau, Marie-Andrée Lemieux, Caroline Soucy, Yves Chabot, Anne-Marie Ouellette, Anne-Marie Villeneuve, Anne-Marie Brault, Nancy Lepage, Daniel Provost, François Vézina.

Einführung in das *Bildwörterbuch*

Mit über 6.000 Abbildungen in Verbindung mit Tausenden von allgemeinen und fachlichen Begriffen, bietet das *Bildwörterbuch* ein reichhaltiges Wissen, das klar und leicht zu erschließen ist.

INTENTION DES BUCHES

Das *Bildwörterbuch* ist eine Art Bestandsaufnahme aus dem Lebensumfeld des Menschen in der heutigen technisierten Welt, in der alltäglich viele spezielle Begriffe aus den verschiedensten Gebieten Verwendung finden.

Speziell entwickelt für den Laien, der aus privaten oder beruflichen Gründen nach der genauen und korrekten Bedeutung von Begriffen sucht, oder anhand der Abbildungen überhaupt erst einen Begriff finden will, verfolgt es das Ziel, viele Fachausdrücke aus den verschiedensten Bereichen, die unsere tägliche Erfahrung ausmachen, in einem Band zu vereinen.

AUFBAU DES *BILDWÖRTERBUCHS*

Das Buch besteht aus drei Teilen: Aus der Einführung zusammen mit dem Inhaltsverzeichnis und der Liste der Kapitel, aus dem eigentlichen Bild- und Textteil sowie aus dem Register.

Die Darstellung schreitet vom Allgemeinen zum immer Spezielleren fort: Kapitel, Thema, Titel, Untertitel, Abbildung, Terminologie.

Der Inhalt des *Bildwörterbuchs* ist, von Astronomie bis Sport, in 17 Kapitel gegliedert. Komplexe Kapitel sind weiter in insgesamt 94 Themen aufgeteilt. Das Kapitel Erde ist z.B. unterteilt in die Themen Geografie, Geologie, Meteorologie und Umwelt.

Die Titel (insgesamt 658) haben verschiedene Bedeutung: Sie benennen die Abbildung eines einzelnen Objekts von dem die wesentlichen Teile erklärt sind, oder sie bezeichnen die Gesamtheit von Abbildungen, die zur selben Begriffssphäre gehören obwohl sie verschiedenen Objekten angehören.

Gelegentlich werden nur die wichtigsten Vertreter einer Gattung gezeigt.

Die Abbildungen zeigen in realistischer Darstellung Gegenstände, Vorgänge oder Phänomene mit ihren wichtigsten Einzelheiten. Sie dienen als anschauliche Definitionen der angegebenen Begriffe.

TERMINOLOGIE

Jeder Begriff im *Bildwörterbuch* wurde unter Verwendung authentischer Quellen sorgfältig auf dem jeweils angemessenen Niveau ausgewählt.

In den Fällen, in denen mehrere verschiedene Begriffe den selben Gegenstand bezeichnen können, wurde der von den angesehensten Autoren am häufigsten verwendete Begriff gewählt.

Das *Bildwörterbuch* enthält 20.800 Registereinträge, bzw. über 35.000 Begriffe jeweils in den Sprachen Deutsch, Englisch, Französisch, Spanisch und Italienisch.

Das Register listet alle Begriffe des *Bildwörterbuches* in alphabetischer Reihenfolge auf.

BENUTZUNGSVARIANTEN

Auf das *Bildwörterbuch* kann in ganz verschiedener Weise zugegriffen werden:

- Ausgehend von der Liste der Kapitel am Ende des Einführungsteils.
- Ausgehend von der Auftaktseite eines Kapitels, die über den Inhalt oder die Titel innerhalb dieses Abschnitts, sowie über die Themen informiert.
- Mit Hilfe des Registers kann der Benutzer, direkt von einem Begriff ausgehend, dessen Bedeutung nachschlagen oder seine genauere Bedeutung anhand der Abbildung überprüfen.
- Die Besonderheit des *Bildwörterbuches* besteht darin, dass die Abbildungen es ermöglichen, einen Begriff zu finden, auch wenn man nur eine ungefähre Vorstellung davon hat. Außerdem erkennt der Benutzer auf einen Blick viele weitere Begriffe, die zu dem gesuchten Begriff gehören.

FARBREGISTER

Am Rand jeder Seite ist jedem Kapitel eine bestimmte Farbe zugeordnet, so dass ein schneller Zugriff auf den entsprechenden Abschnitt im Buch möglich ist.

TITEL

Der Titel wird auf Deutsch angegeben und darunter, in kleinerer Schrift, folgen die Titel auf Englisch, Französisch, Spanisch und Italienisch.

KAPITEL

Das Kapitel wird am Rand jeder Seite auf Deutsch angegeben.

ABBILDUNG

Sie dient als anschauliche Definition der Begriffe.

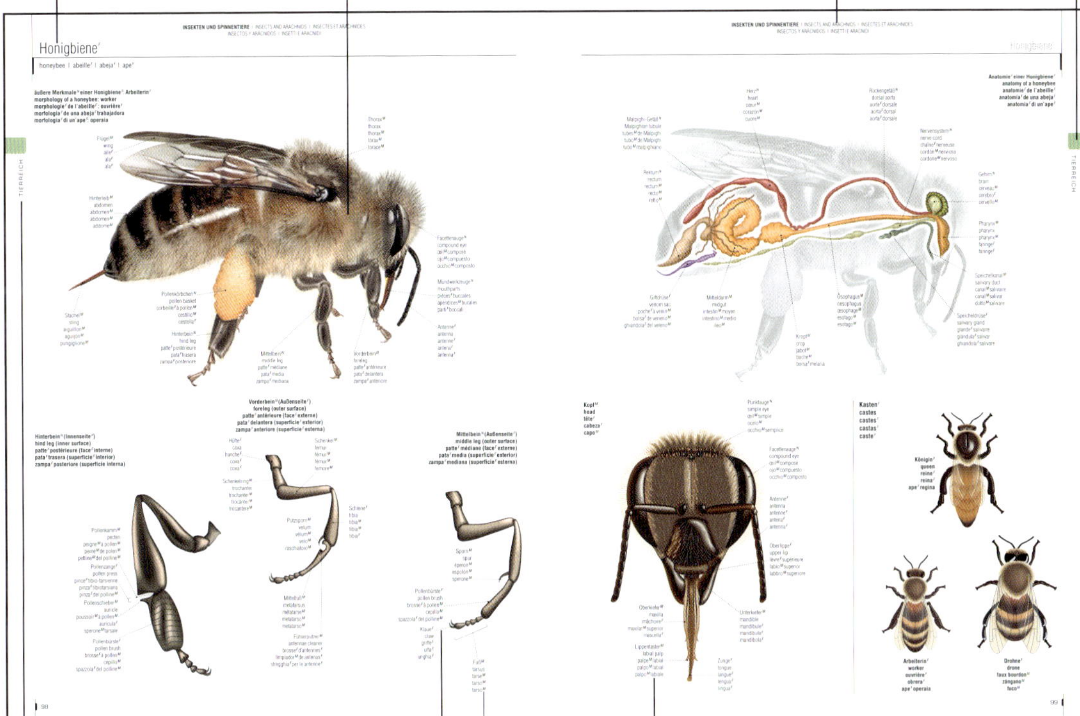

THEMA

Die meisten Kapitel sind in Themen untergliedert.

BEGRIFF

Jeder Begriff erscheint im Register mit der Angabe der Seite auf der er steht. Er ist in allen fünf Sprachen angegeben.

LINIE

Sie verbindet den Begriff mit dem dazugehörenden Teil der Abbildung. Wo zu viele Linien unübersichtlich wären, treten an ihre Stelle farbige Codes mit einer Legende oder Nummern.

ANGABE DES GESCHLECHTS

F: Femininum; M: Maskulinum; N: Neutrum

Das Geschlecht jedes Substantivs wird angegeben.

Inhaltsverzeichnis

ASTRONOMIE 2

Himmelskörper 4
Sonnensystem, Planeten und Monde, Sonne, Mond, Meteorit, Komet, Stern, Galaxie

Beobachtung des Weltraums 10
Planetarium, Sternbilder der südlichen Halbkugel, Sternbilderder nördlichen Halbkugel, Koordinatensystem der Himmelskugel, Linsenfernrohr, Spiegelteleskop, Radioteleskop, Hubble-Weltraumteleskop, Sternwarte

Raumfahrt 18
Raumsonde, Raumanzug, internationale Raumstation, Raumfähre, Trägerrakete

ERDE 26

Geographie 28
Lage der Kontinente, Kartographie, Fernerkundung

Geologie 42
Erdaufbau, Erdkruste im Querschnitt, tektonische Platten, Erdbeben, Vulkan, Berg, Gletscher, Höhle, Bodenbewegungen, Flusslandschaft, Seen, Welle, Meeresboden, ozeanische Rücken und Gräben, typische Küstenformen, Wüste

Meteorologie 53
Erdatmosphäre im Querschnitt, Jahreszeiten, Wettervorhersage, Wetterkarte, Stationsmodell, internationale Wettersymbole, Wetterstation, meteorologische Messinstrumente, Wettersatellit, Klimate der Welt, Wolken, Tornado und Wasserhose, tropischer Wirbelsturm, Niederschläge

Umwelt 66
Vegetation und Biosphäre, Nahrungskette, Wasserkreislauf, Treibhauseffekt, Luftverschmutzung, Bodenverschmutzung, Wasserverschmutzung, saurer Regen, Mülltrennung

PFLANZENREICH 72

Pflanzenzelle, Flechte, Moos, Alge, Pilz, Farn, Pflanze, Blatt, Blüte, Früchte, Getreide, Rebe, Baum, Nadelbaum

TIERREICH 90

Entwicklung des Lebens 92
Entstehung und Entwicklung der Arten

Einfache Organismen und Echinodermen 94
tierische Zelle, Einzeller, Schwamm, Echinodermen

Insekten und Spinnentiere 96
Schmetterling, Honigbiene, Beispiele für Insekten, Beispiele für Spinnentiere, Spinne

Weichtiere 104
Schnecke, einschalige Muschel, zweischalige Muschel, Tintenfisch

Krebse 107
Hummer

Fische 108
Knorpelfisch, Knochenfisch

Amphibien 110
Frosch, Beispiele für Amphibien

Reptilien 112
Schlange, Schildkröte, Beispiele für Reptilien

Vögel 115
Vogel, unterschiedliche Vogeltypen

Insektenfresser 121
Maulwurf, Beispiele für Insektenfresser

Nagetiere und Hasentiere 122
Nagetier, Beispiele für Nagetiere, Nagetierkiefer und Hasentierkiefer, Beispiele für Hasentiere

Huftiere 124
Pferd, Beispiele für Hufe, Beispiele für Huftiere

Raubtiere 130
Hund, Hunderassen, Katze, Katzenrassen, Beispiele für Raubtiere

Meeressäugetiere 136
Delphin, Beispiele für Meeressäugetiere

Primaten 138
Gorilla, Beispiele für Primaten

Fledertiere 140
Fledermaus, Beispiele für Fledertiere

Beuteltiere 142
Känguru, Beispiele für Beuteltiere

MENSCH 144

Menschlicher Körper 146
Mann, Frau

Anatomie 150
Muskeln, Skelett, Zähne, Blutkreislauf, Luftwege, Verdauungsapparat, Harnapparat, Nervensystem, männliche Geschlechtsorgane, weibliche Geschlechtsorgane, Brust

Sinnesorgane 172
Tastsinn, Gehör, Geruchs- und Geschmackssinn, Sehsinn

NAHRUNGSMITTEL UND KÜCHE 178

Nahrungsmittel 180
Supermarkt, Bauernhof, Pilze, Meeresalgen, Gemüse, Hülsenfrüchte, Obst, Gewürze, Würzen, Kräuter, Getreide, Getreideprodukte, Kaffee und Tee, Schokolade, Zucker, Fette und Öle, Milchprodukte, Innereien, Wild, Geflügel, Eier, Fleisch, Spezialitäten, Mollusken, Krebstiere, Knorpelfische, Knochenfische

Küche 222
Verpackungen, Küche, Gläser, Geschirr, Silberbesteck, Küchenutensilien, Kochgeräte, Haushaltsgeräte, verschiedene Haushaltsgeräte, Kaffeemaschinen

HAUS 242

Anlage 244
Außenansicht eines Hauses, Schwimmbecken

Teile eines Hauses 247
Haustür, Schloss, Fenster

Konstruktion eines Hauses 250
Haupträume, Rahmen, Dachbinder, Fundament, Parkettboden, textile Bodenbeläge, Treppe, Treppenstufe

Heizung 256
Holzbeheizung, Warmluftsystem mit Zwangsumlauf, Warmwasserheizung mit Zwangsumlauf, Wärmepumpe, Zusatzheizung

Luftaufbereitung 261
Klimageräte

Sanitärinstallation 262
Sanitärinstallationssystem, Schmutzwasserhebeanlage, Versitzgrube, Badezimmer, Toilette, Wasserheizkessel, Armaturen, Fittings, Beispiele für Anschlüsse

Elektrizität 272
Verteilerkasten, Hausanschluss, Kilowattstundenzähler, Kontaktelemente, Beleuchtung

Hauseinrichtung 276
Armlehnstuhl, Stuhl, Sitzmöbel, Tisch, Aufbewahrungsmöbel, Bett, Kindermöbel, Dekorationen, Lampen, Haushaltsgeräte, Haushaltsgegenstände

HEIMWERKEN UND GARTENARBEIT 296

Heimwerken 298
die wichtigsten Baumaterialien, Verkleidungsmaterialien, Isoliermaterialien, Holz, Bautischlerei: Nagelwerkzeuge, Bautischlerei: Schraubwerkzeuge, Bautischlerei: Sägewerkzeuge, Bautischlerei: Bohrwerkzeuge, Bautischlerei: Formwerkzeuge, Bautischlerei: Greif- und Spannwerkzeuge, Bautischlerei: Mess- und Markierinstrumente, Bautischlerei: verschiedenes Zubehör, Klempnerwerkzeuge, Maurerwerkzeuge, Elektroinstallateurwerkzeuge, Löt- und Schweißwerkzeuge, Anstreichen und Lackieren, Leitern und Stehleitern

Gartenarbeit 322
Ziergarten, verschiedene Geräte, Werkzeuge zum Säen und Pflanzen , Handwerkzeuge, Geräte zur Erdbewegung, Gießgeräte, Schneidwerkzeuge, Rasenpflege

KLEIDUNG 334

Elemente historischer Kostüme, traditionelle Kleidung, Kopfbedeckungen, Schuhe, Handschuhe, Wasch- und Pflegesymbole, Herrenkleidung, Pullover, Damenkleidung, Babybekleidung, Kinderbekleidung, Sportkleidung

PERSÖNLICHE AUSSTATTUNG 372

Schmuck und Schönheitspflege 374
Schmuck, Maniküre, Make-up, Körperpflege, Haarpflege

Persönliche Artikel 383
Rasur, Zahnpflege, Kontaktlinsen, Brille, Lederwaren, Handtaschen, Gepäck, Raucherbedarf, Schirm und Stock

KUNST UND ARCHITEKTUR 392

Bildende Künste 394
Museum, Malen und Zeichnen, Holzschnitzerei

Architektur 402
Pyramide, griechisches Theater, griechischer Tempel, Baustile, römisches Wohnhaus, römisches Amphitheater, Burg, Festung, Dom, Pagode, aztekischer Tempel, Architekturelemente, Rolltreppe, Aufzug, traditionelle Wohnhäuser, Häuserformen in der Stadt

Grafische Künste 420
Drucken, Hochdruckverfahren, Tiefdruckverfahren, Lithografie, Handbuchbinderei

Darstellende Künste 427
Kino, Aufnahmebühne, Theater

Musik 432
traditionelle Musikinstrumente, Musiknotation, Musikzubehör, Sinfonieorchester, Beispiele für Instrumentalgruppierungen, Saiteninstrumente, Tasteninstrumente, Blasinstrumente, Schlaginstrumente, elektronische Instrumente

Kunstgewerbe 452
Nähen, Strickmaschine, Stricken, Klöppelspitze, Stickerei, Weben, Töpferei

KOMMUNIKATION UND BÜROTECHNIK 466

Kommunikation 468
Sprachen der Erde, Schreibgeräte, Zeitung, Typografie, diakritische Zeichen, Weitere Symbole, Satzzeichen, öffentliches Postnetz, Fotografie, Satellitenübertragungstechnik, Fernmeldesatelliten, Telekommunikation über Nachrichtensatellit, elektrodynamisches Mikrofon, Rundfunk: Sprecherraum und Regieraum, Fernsehen, Tonwiedergabesystem, Mini-HiFi-System, tragbare Tonwiedergabesysteme, drahtlose Kommunikation, Telefonieren

Büroautomation 509
Büro, Büromöbel, Personalcomputer, Eingabegeräte, Ausgabegeräte, unterbrechungsfreie Stromversorgung (USV), Speichergeräte, Übertragungsgeräte, Beispiele für Netzwerke, Rechnernetzwerk, Internet, Internet-Nutzungen, Laptop, elektronisches Buch, Handheld-Computer, Schreibwaren

TRANSPORT UND FAHRZEUGE 536

Straßenverkehr 538
Straßenbau, starre Brücken, bewegliche Brücken, Straßentunnel, Verkehrszeichen, Tankstelle, Auto, Bremsen, Reifen, Kühler, Zündkerze, Batterie, Elektrofahrzeug, Hybridfahrzeug, Motortypen, Wohnwagen, Bus, Lastkraftfahrzeuge, Motorrad, 4x4-Geländemotorrad, Fahrrad

Schienenverkehr 582
Bahnhof, Bahnhof, Personenzüge: Wagentypen, Hochgeschwindigkeitszug, dieselelektrische Lokomotive, Waggon, Rangierbahnhof, Eisenbahn-Oberbau, schienengleicher, gesicherter Bahnübergang, U-Bahn, Straßenbahn

Schifffahrt 596
Hafen, Kanalschleuse, historische Schiffe, traditionelle Boote, Beispiele für Segel, Beispiele für Riggs, Viermastbark, Beispiele für Boote und Schiffe, Anker, Rettungsgeräte, Navigationsinstrumente, Seezeichen, Betonnungssystem

Luftverkehr 618
Flughafen, Langstrecken-Düsenflugzeug, Cockpit, Zweistromtriebwerk, Beispiele für Flugzeuge, Beispiele für Leitwerke, Tragflügelformen, auf Flugzeuge wirkende Kräfte, Bewegungen eines Flugzeugs, Hubschrauber, Beispiele für Hubschrauber

Handhabung 632
Lastenfortbewegung, Kräne, Container

Schwermaschinen 636
Planierraupe, Radlader, Schrapper, Hydraulik-Hochlöffelbagger, Straßenhobel, Muldenkipper, Traktor, landwirtschaftliche Maschinen

ENERGIE **644**

Geothermische und fossile Energie 646
Elektrizitätserzeugung aus geothermischer Energie, Wärmeenergie, Kohlebergwerk, Erdöl

Elektrizität aus Wasserkraft 657
Wasserkraftwerk, Stromgenerator, Beispiele für Staudämme, Einzelschritte bei der Elektrizitätserzeugung, Elektrizitätsverteilung, Gezeitenkraftwerk

Kernenergie 665
Elektrizitätserzeugung aus Kernenergie, Brennstabbeschickung, Brennstabbündel, Kernreaktor, Kernkraftwerk, Kohlendioxidreaktor, Schwerwasserreaktor, Druckwasserreaktor, Siedewasserreaktor

Sonnenenergie 672
Solarzelle, Flachkollektor, Solarzellensystem, Sonnenofen, Elektrizitätserzeugung aus Sonnenenergie, Solarhaus

Windenergie 676
Windmühle, Windkraftwerke und Elektrizitätserzeugung

WISSENSCHAFT **678**

Chemie 680
Materie, chemische Elemente, chemische Symbole, Laborgeräte

Physik: Mechanik 686
Zahnradgetriebe, einfacher Flaschenzug, Hebel

Physik: Elektrizität und Magnetismus 687
Magnetismus, Parallelschaltung, Generatoren, Trockenelemente, Elektronik

Physik: Optik 690
elektromagnetisches Spektrum, Welle, Farbmischung, Sehen, Linsen, Rubin-Impulslaser, Prismenfernglas, Zielfernrohr, Lupe und Mikroskope

Messinstrumente 695
Temperaturmessung, Zeitmessung, Wiegen, Längenmessung, Entfernungsmessung, Dickemessung, Winkelmessung

Wissenschaftliche Symbole 702
internationales Einheitensystem, Biologie, Mathematik, Geometrie, geometrische Formen

GESELLSCHAFT **706**

Stadt 708
Ballungsgebiet, Innenstadt, Straße im Querschnitt, Bürogebäude, Einkaufszentrum, Kaufhaus, Kongresszentrum, Restaurant, Selbstbedienungsrestaurant, Hotel, allgemeine Zeichen

Justiz 726
Justizvollzugsanstalt, Gericht

Wirtschaft und Finanzwesen 728
Beispiele für Währungsabkürzungen, Geld und Zahlungsmodalitäten, Bank

Bildung 732
Bibliothek, Schule

Religion 736
Chronologie der Religionen, Kirche, Synagoge, Moschee

Politik 739
Heraldik, Flaggen

Waffen 748
Steinzeitwaffen, Waffen in der Römerzeit, Rüstung, Bogen und Armbrust, Hieb- und Stichwaffen, Arkebuse, Kanone und Mörser aus dem 17. Jahrhundert, Maschinenpistole, Pistole, Revolver, automatisches Gewehr, leichtes Maschinengewehr, moderne Haubitze, Granatwerfer, Handgranate, Panzerfaust, rückstoßfreies Geschütz, Antipersonenmine, Panzer, Flugkörper, Kampfflugzeug, Flugzeugträger, Fregatte, Atom-Unterseeboot

Sicherheit 764
Brandbekämpfung, vorbeugende Verbrechensbekämpfung, Gehörschutz, Augenschutz, Kopfschutz, Atemschutz, Fußschutz, Warn- und Gebotszeichen

Gesundheit 775
Rettungswagen, Notfallausrüstung, Erste-Hilfe-Kasten, Fieberthermometer, Blutdruckmessgerät, Krankenhaus, Gehhilfen, Rollstuhl, Arzneimittel-Darreichungsformen

Familie 784
Verwandtschaftsbeziehungen

SPORT UND SPIELE **786**

Sporteinrichtungen 788
Sportanlagen, Anzeigetafel, Wettkampf

Leichtathletik 790
Stadion, Sprungwettbewerbe, Wurfgeräte

Ballsportarten 794
Baseball, Softball, Cricket, Hockey, Fußball, Rugby, American Football, kanadischer Football, Korbball, Basketballspiel, Volleyballspiel, Handball

Spiele mit Schlägern 815
Tischtennis, Badminton, Racquetballspiel, Squash, Tennis

Kunstturnen 823
rhythmische Sportgymnastik, Trampolin, Geräteturnen

Wassersport 827
Wasserballspiel

Wassersport 828
Kunstspringen, Schwimmen, Segelsport, Surfbrett, Kanu-Kajak: Wildwasser, Rudern und Skullen, Kanu-Kajak: Flachwasserrennen, Wasserski, Surfen, Tauchen

Kampfsportarten 842
Boxen, Ringen, Judo, Karate, Kung-Fu, Jujutsu, Aikido, Kendo, Sumo, Fechtsport

Kraftsport 850
Gewichtheben, Fitnessgeräte

Reitsport 852
Springreiten, Reiten, Dressurreiten, Pferderennen: Galopprennen, Pferderennen: Trabrennen, Polo

Präzisionssport 859
Bogenschießen, Wurftaubenschießen, Gewehrschießen, Pistolenschießen, Billard, Boule, Petanque, Bowling, Golfspiel

Radsport 870
Straßenradsport, Mountainbike, Bahnradsport, BMX

Motorsport 872
Autorennen, Motorradsport, Jetski, Schneemobil

Wintersport 877
Curling, Eishockey, Eiskunstlauf, Eisschnelllauf, Bobschlitten, Rennrodel, Skeleton, Bahn, Skigebiet, Snowboarden, alpines Skilaufen, Freestyle, Skispringen, Speedski, Skilanglauf, Biathlon, Schneeschuh

Rollsport 894
Skateboarding, Inlineskating

Luftsport 896
Fallschirmspringen, Gleitschirmfliegen, Drachenfliegen, Segelflugzeug, Freiballonsport

Klettersport 900
Sportklettern

Freizeit in der Natur 902
Camping, Knoten, Sportfischerei, Jagen

Spiele 914
Würfel und Dominosteine, Kartenspiele, Brettspiel, Puzzle, Mah-Jongg, Videospielsystem, Dartspiel, Roulettespieltisch, einarmiger Bandit, Tischfußball

Kapitelregister

2 **ASTRONOMIE**

26 **ERDE**

72 **PFLANZENREICH**

90 **TIERREICH**

144 **MENSCH**

178 **NAHRUNGSMITTEL UND KÜCHE**

242 **HAUS**

296 **HEIMWERKEN UND GARTENARBEIT**

334 **KLEIDUNG**

372 **PERSÖNLICHE AUSSTATTUNG**

392 **KUNST UND ARCHITEKTUR**

466 **KOMMUNIKATION UND BÜROTECHNIK**

536 **TRANSPORT UND FAHRZEUGE**

644 **ENERGIE**

678 **WISSENSCHAFT**

706 **GESELLSCHAFT**

786 **SPORT UND SPIELE**

921 **REGISTER**

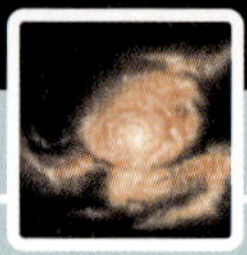

ASTRONOMIE

4 Himmelskörper

4 Sonnensystem
4 Planeten und Monde
6 Sonne
7 Mond
8 Meteorit
8 Komet
8 Stern
9 Galaxie

10 Beobachtung des Weltraums

10 Planetarium
10 Sternbilder der südlichen Halbkugel
12 Sternbilder der nördlichen Halbkugel
13 Koordinatensystem der Himmelskugel
14 Linsenfernrohr
15 Spiegelteleskop
16 Radioteleskop
17 Hubble-Weltraumteleskop
17 Sternwarte

18 Raumfahrt

18 Raumsonde
20 Raumanzug
21 internationale Raumstation
22 Raumfähre
24 Trägerrakete

Sonnensystem^{N}

solar system | système^{M} solaire | sistema^{M} solar | sistema^{M} solare

äußere Planeten^{M}
outer planets
planètes^{F} externes
planetas^{M} externos
pianeti^{M} esterni

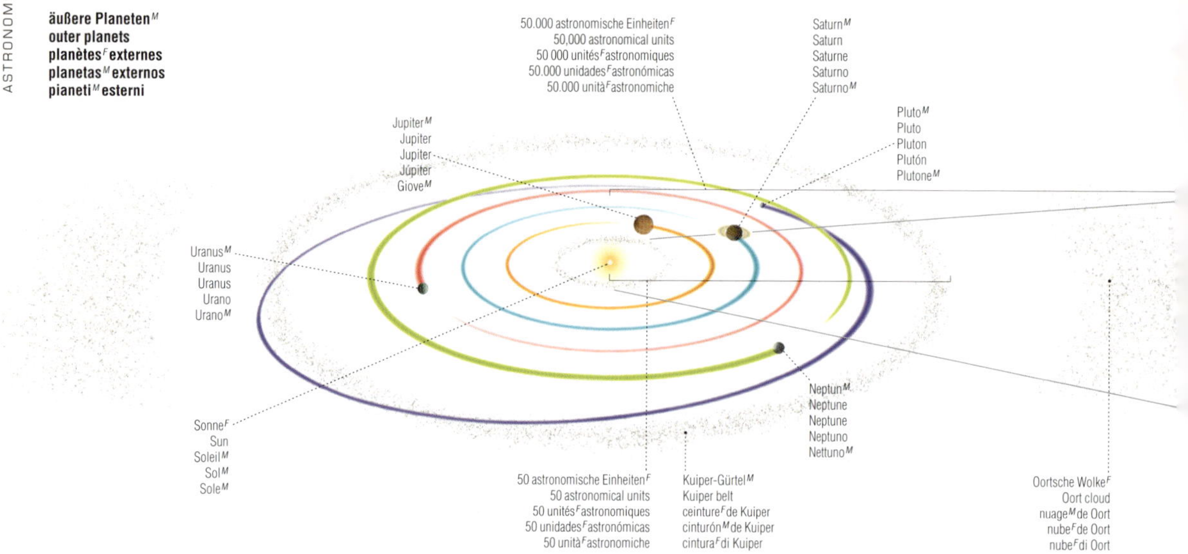

Planeten^{M} und Monde^{M}

planets and moons | planètes^{F} et satellites^{M} | planetas^{M} y satélites^{M} | pianeti^{M} e satelliti^{M}

Sonnensystem^{N}

innere Planeten^{M}
inner planets
planètes^{F} internes
planetas^{M} internos
pianeti^{M} interni

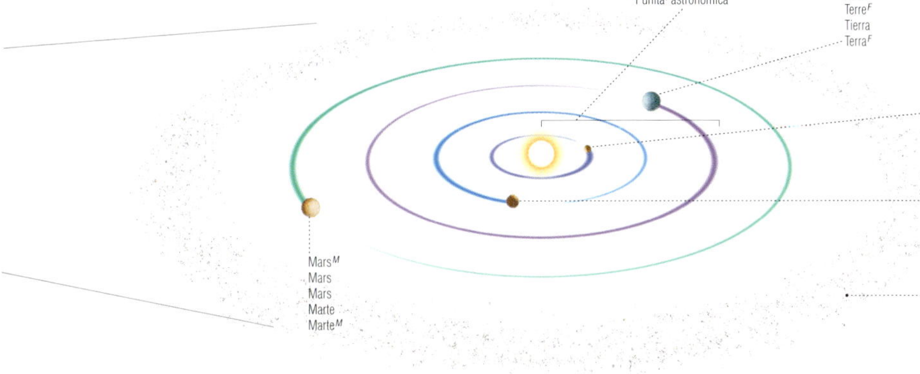

Planeten^{M} und Monde^{M}

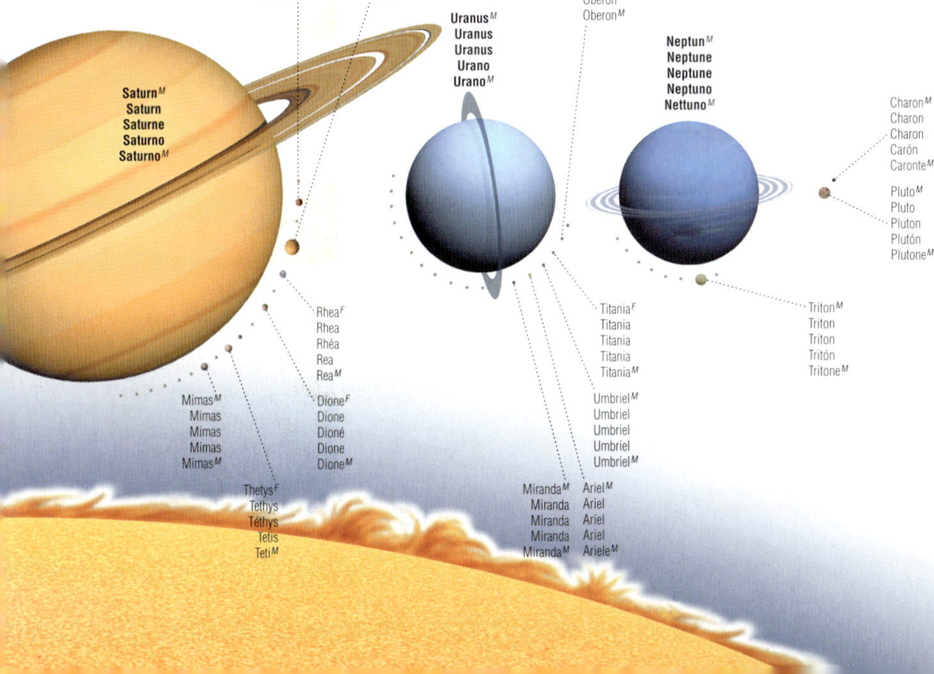

Sonne^{F}

Sun | Soleil^{M} | Sol^{M} | Sole^{M}

Aufbau^{M} der Sonne^{F}
structure of the Sun
structure^{F} du Soleil^{M}
estructura^{F} del Sol^{M}
struttura^{F} del Sole^{M}

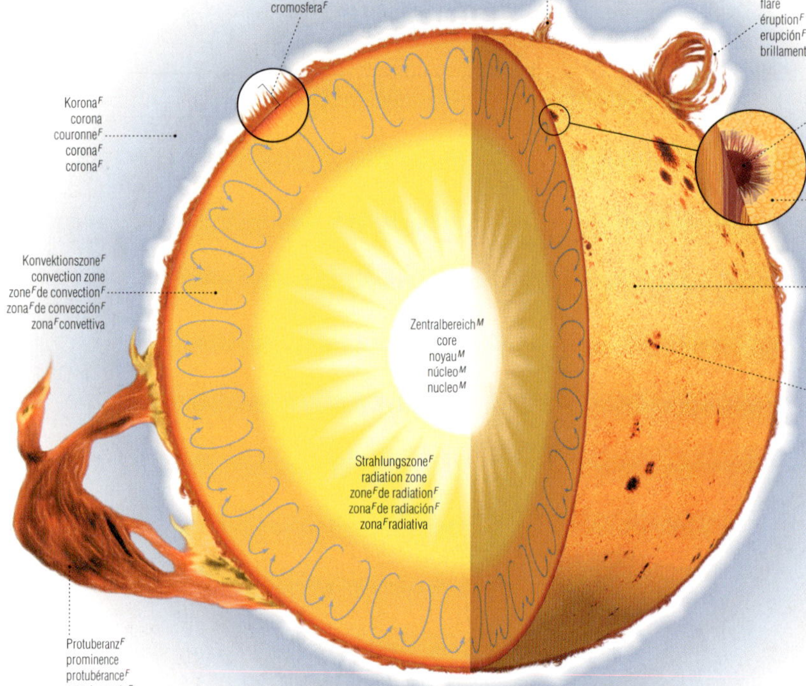

Finsternisarten^{F}
types of eclipses
types^{M} d'éclipses^{F}
tipos^{M} de eclipses^{M}
tipi^{M} di eclissi^{F}

ringförmige Finsternis^{F}
annular eclipse
éclipse^{F} annulaire
eclipse^{M} anular
eclissi^{F} anulare

partielle Finsternis^{F}
partial eclipse
éclipse^{F} partielle
eclipse^{M} parcial
eclissi^{F} parziale

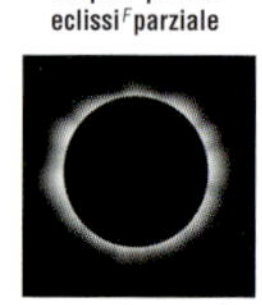

totale Finsternis^{F}
total eclipse
éclipse^{F} totale
eclipse^{M} total
eclissi^{F} totale

Sonnenfinsternis^{F}
solar eclipse
éclipse^{F} de Soleil^{M}
eclipse^{M} solar
eclissi^{F} di Sole^{M}

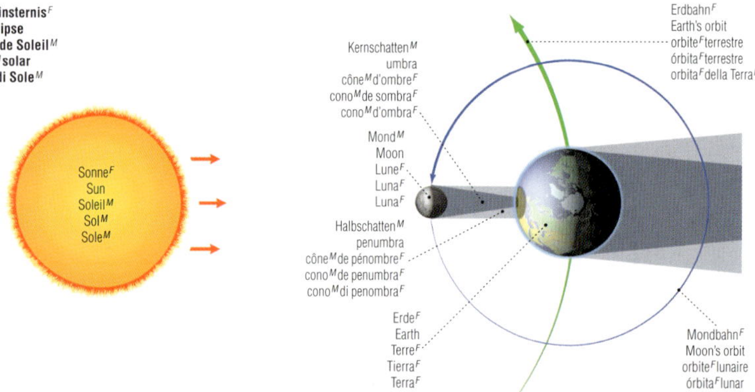

Mond[M]

Moon | Lune[F] | Luna[F] | Luna[F]

Finsternisarten[F]
types of eclipses
types[M] d'éclipses[F]
tipos[M] de eclipses[M]
tipi[M] di eclissi[F]

partielle Finsternis[F]
partial eclipse
éclipse[F] partielle
eclipse[M] parcial
eclissi[F] parziale

totale Finsternis[F]
total eclipse
éclipse[F] totale
eclipse[M] total
eclissi[F] totale

Oberflächenformationen[F] des Mondes[M]
lunar features
relief[M] lunaire
superficie[F] lunar
caratteristiche[F] della Luna[F]

Mondfinsternis[F]
lunar eclipse
éclipse[F] de Lune[F]
eclipse[M] de Luna[F]
eclissi[F] di Luna[F]

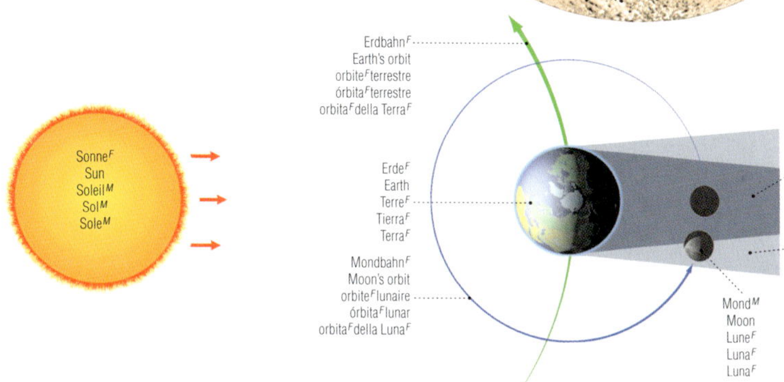

Mondphasen[F]
phases of the Moon
phases[F] de la Lune[F]
fases[F] de la Luna[F]
fasi[F] della Luna[F]

Neumond[M]
new moon
nouvelle Lune[F]
Luna[F] nueva
Luna[F] nuova

Mondsichel[F] (zunehmender Mond[M])
new crescent
premier croissant[M]
creciente[M]
Luna[F] crescente

Halbmond[M] (erstes Viertel[N])
first quarter
premier quartier[M]
cuarto[M] creciente
primo quarto[M]

zunehmender Mond[M]
waxing gibbous
gibbeuse[F] croissante
quinto[M] octante
Luna[F] gibbosa crescente

Vollmond[M]
full moon
pleine Lune[F]
Luna[F] llena
Luna[F] piena

abnehmender Mond[M]
waning gibbous
gibbeuse[F] décroissante
tercer[M] octante
Luna[F] gibbosa calante

Halbmond[M] (letztes Viertel[N])
last quarter
dernier quartier[M]
cuarto[M] menguante
ultimo quarto[M]

Mondsichel[F] (abnehmender Mond[M])
old crescent
dernier croissant[M]
Luna[F] menguante[M]
Luna[F] calante

Meteorit^{M}

meteorite | météorite^{F} | meteorito^{M} | meteorite$^{F/M}$

Eisenmeteorit^{M}
iron meteorite
météorite^{F} ferreuse
meteorito^{M} ferroso
meteorite$^{F/M}$ ferrosa

Steineisenmeteorit^{M}
stony-iron meteorite
météorite^{F} métallo-rocheuse
meteorito^{M} pétreo-ferroso
meteorite$^{F/M}$ ferro-rocciosa

Steinmeteoriten^{M}
stony meteorites
météorites^{F} rocheuses
meteoritos^{M} pétreos
meteoriti$^{F/M}$ rocciose

Chondrit^{M}
chondrite
chondrite^{F}
condrito^{M}
condrite^{F}

Achondrit^{M}
achondrite
achondrite^{F}
acondrito^{M}
acondrite^{F}

Komet^{M}

comet | comète^{F} | cometa^{M} | cometa^{F}

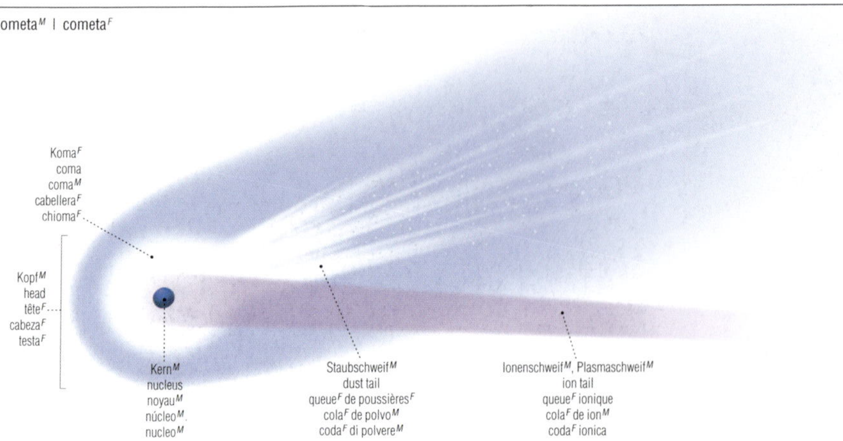

Stern^{M}

star | étoile^{F} | estrella^{F} | stella^{F}

kleine Sterne^{M}
low-mass stars
étoiles^{F} de faible masse^{F}
estrellas^{F} de baja magnitud^{F}
stelle^{F} di massa^{F} minore

massereiche Sterne^{M}
massive stars
étoiles^{F} massives
estrellas de alta magnitud^{F}
stelle^{F} di massa^{F} maggiore

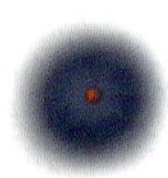

Schwarzer Zwerg^{M}
black dwarf
naine^{F} noire
enana^{F} negra
nana^{F} nera

Supernova^{F}
supernova
supernova^{F}
supernova^{F}
supernova^{F}

Brauner Zwerg^{M}
brown dwarf
naine^{F} brune
enana^{F} parda
nana^{F} bruna

Nova^{F}
nova
nova^{F}
nova^{F}
nova^{F}

Roter Riese^{M}
red giant
géante^{F} rouge
gigante^{F} roja
gigante^{F} rossa

Pulsar^{M}
pulsar
pulsar^{M}
pulsar^{M}
pulsar^{F}

Überriese^{M}
supergiant
supergéante^{F}
supergigante^{M}
supergigante^{F}

planetarischer Nebel^{M}
planetary nebula
nébuleuse^{F} planétaire
nebulosa^{F} planetaria
nebulosa^{F} planetaria

Weißer Zwerg^{M}
white dwarf
naine^{F} blanche
enana^{F} blanca
nana^{F} bianca

Hauptreihenstern^{M}
main-sequence star
étoile^{F} de la séquence^{F} principale
estrella^{F} de secuencia^{F} principal
stella^{F} della sequenza^{F} principale

Schwarzes Loch^{N}
black hole
trou^{M} noir
agujero^{M} negro
buco^{M} nero

Neutronenstern^{M}
neutron star
étoile^{F} à neutrons^{M}
estrella^{F} de neutrones^{M}
stella^{F} di neutroni^{M}

Galaxie[F]

galaxy | galaxie[F] | galaxia[F] | galassia[F]

Hubblesche Klassifikation[F]
Hubble's classification
classification[F] de Hubble
clasificación[F] de Hubble
classificazione[F] di Hubble

elliptische Galaxie[F]
elliptical galaxy
galaxie[F] elliptique
galaxia[F] elíptica
galassia[F] ellittica

linsenförmige Galaxie[F]
lenticular galaxy
galaxie[F] lenticulaire
galaxia[F] lenticular
galassia[F] lenticolare

normale Spiralgalaxie[F]
normal spiral galaxy
galaxie[F] spirale normale
galaxia[F] espiral normal
galassia[F] a spirale[F] normale

Balkenspiralgalaxie[F]
barred spiral galaxy
galaxie[F] spirale barrée
galaxia[F] espiral barrada
galassia[F] a spirale[F] barrata[F]

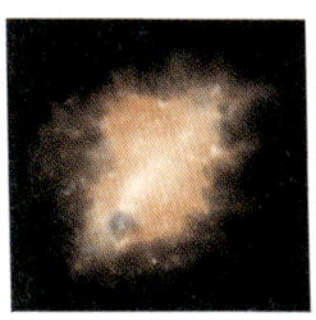

irreguläre Galaxie[F] Typ[M] I
type I irregular galaxy
galaxie[F] irrégulière de type[M] I
galaxia[F] irregular de tipo[M] I
galassia[F] irregolare di tipo[M] I

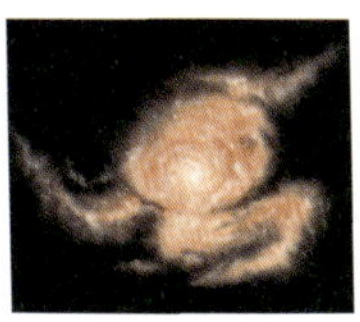

irreguläre Galaxie[F] Typ[M] II
type II irregular galaxy
galaxie[F] irrégulière de type[M] II
galaxia[F] irregular de tipo[M] II
galassia[F] irregolare di tipo[M] II

Milchstraße[F]
Milky Way
Voie[F] Lactée
Vía[F] Láctea
Via[F] Lattea

Milchstraße[F] (Ansicht[F] von oben)
Milky Way (seen from above)
Voie[F] Lactée (vue[F] de dessus[M])
Vía[F] Láctea (vista[F] desde arriba)
Via[F] Lattea (vista[F] dall'alto)

Milchstraße[F] (Seitenansicht[F])
Milky Way (side view)
Voie[F] Lactée (vue[F] de profil[M])
Vía[F] Láctea (vista[F] lateral)
Via[F] Lattea (vista[F] laterale)

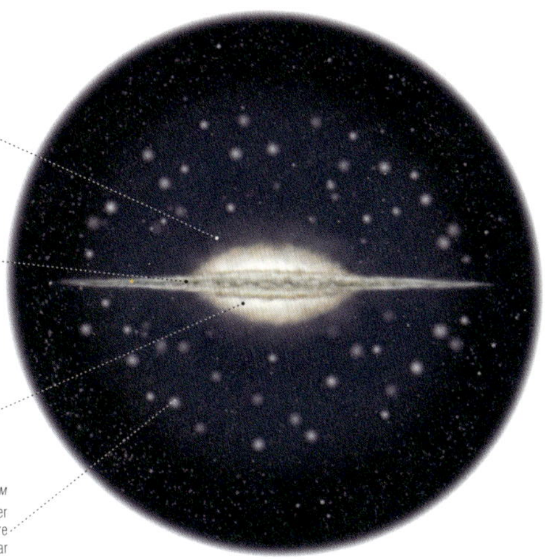

Planetarium[N]

planetarium | planétarium[M] | planetario[M] | planetario[M]

Sternbilder[N] der südlichen Halbkugel[F]

constellations of the southern hemisphere | constellations[F] de l'hémisphère[M] austral | constelaciones[F] del hemisferio[M] austral | costellazioni[F] dell'emisfero[M] meridionale

1 Walfisch[M]
Whale
Baleine[F]
Ballena[F]
Balena[F]

2 Wassermann[M]
Water Bearer
Verseau[M]
Acuario[M]
Acquario[M]

3 Adler[M]
Eagle
Aigle[M]
Águila[F]
Aquila[F]

4 Steinbock[M]
Sea Goat
Capricorne[M]
Capricornio[M]
Capricorno[M]

5 Mikroskop[N]
Microscope
Microscope[M]
Microscopio[M]
Microscopio[M]

6 Südlicher Fisch[M]
Southern Fish
Poisson[M] austral
Pez[M] Austral
Pesce[M] Australe

7 Kranich[M]
Crane
Grue[F]
Grulla[M]
Gru[F]

8 Bildhauer[M]
Sculptor's Tools
Atelier[M] du Sculpteur[M]
Taller[M] de Escultor[M]
Strumenti[M] dello Scultore[M]

9 Eridanus[M]
River Eridanus
Éridan
Erídano[M]
Eridano[M]

10 Ofen[M]
Furnace
Fourneau[M]
Horno[M]
Fornace[F]

11 Pendeluhr[F]
Clock
Horloge[F]
Reloj[M]
Orologio[M]

12 Phönix[M]
Phoenix
Phénix[M]
Fénix[M]
Fenice[F]

13 Tukan[M]
Toucan
Toucan[M]
Tucán[M]
Tucano[M]

14 Pfau[M]
Peacock
Paon[M]
Pavo[M]
Pavone[M]

15 Inder[M]
Indian
Indien[M]
Indio[M]
Indiano[M]

16 Fernrohr[N]
Telescope
Télescope[M]
Telescopio[M]
Telescopio[M]

17 Südliche Krone[F]
Southern Crown
Couronne[F] australe
Corona[F] Austral
Corona[F] Australe

18 Schütze[M]
Archer
Sagittaire[M]
Sagitario[M]
Sagittario[M]

19 Schild[N]
Shield
Écu[M]
Escudo[M]
Scudo[M]

20 Skorpion[M]
Scorpion
Scorpion[M]
Escorpión[M]
Scorpione[M]

21 Winkelmaß[N]
Carpenter's Square
Règle[F]
Regla[F]
Squadra[F]

22 Altar[M]
Altar
Autel[M]
Altar[M]
Altare[M]

23 Südliches Dreieck[N]
Southern Triangle
Triangle[M] austral
Triángulo[M] Austral
Triangolo[M] Australe

24 Paradiesvogel[M]
Bird of Paradise
Oiseau[M] de Paradis[M]
Ave[F] del Paraíso[M]
Uccello[M] del Paradiso[M]

25 Oktant[M]
Octant
Octant[M]
Octante[M]
Ottante[M]

26 Kleine Wasserschlange[F]
Sea Serpent
Hydre[F] mâle
Hidra[F] macho
Idra[F] Maschio

27 Tafelberg[M]
Table Mountain
Table[F]
Mesa[F]
Mensa[F]

28 Netz[N]
Net
Réticule[M]
Retículo[M]
Reticolo[M]

Sternbilder[N] der südlichen Halbkugel[F]

29 Schwertfisch[M]
Swordfish
Dorade[F]
Dorado[M]
Dorado[M]

49 Schlange[F]
Serpent
Serpent[M]
Serpiente[M]
Serpente[M]

30 Malerstaffelei[F]
Painter's Easel
Chevalet[M] du Peintre[M]
Caballete[M] del pintor[M]
Cavalletto[M] del Pittore[M]

31 Taube[F]
Dove
Colombe[F]
Paloma[F]
Colomba[F]

32 Grabstichel[M]
Chisel
Burin[M]
Buril[M]
Bulino[M]

33 Hase[M]
Hare
Lièvre[M]
Liebre[M]
Lepre[F]

34 Orion[M]
Orion
Orion
Orión[M]
Orione[M]

35 Großer Hund[M]
Big Dog
Grand Chien[M]
Can[M] Mayor
Cane[M] Maggiore

36 Einhorn[N]
Unicorn
Licorne[F]
Unicornio[M]
Unicorno[M]

37 Achterschiff[N]
Ship's Stern
Poupe[F]
Popa[F]
Poppa[F]

38 Zirkel[M]
Compass
Boussole[F]
Brújula[F]
Bussola[F]

39 Schiffssegel[N]
Ship's Sails
Voiles[F]
Vela[F]
Vela[F]

40 Schiffskiel[M]
Ship's Keel
Carène[F]
Carena[F]
Carena[F]

41 Fliegender Fisch[M]
Flying Fish
Poisson[M] volant
Pez[M] Volador
Pesce[M] Volante

42 Chamäleon[N]
Chameleon
Caméléon[M]
Camaleón[M]
Camaleonte[M]

43 Fliege[F]
Fly
Mouche[F]
Mosca[F]
Mosca[F]

44 Kompass[M]
Pair of Compasses
Compas[M]
Compás[M]
Compasso[M]

45 Kreuz[N] des Südens[M]
Southern Cross
Croix[F] du Sud[M]
Cruz[F] del Sur
Croce[F] del Sud[M]

46 Zentaurus[M]
Centaur
Centaure[M]
Centauro[M]
Centauro[M]

47 Wolf[M]
Wolf
Loup[M]
Lobo[M]
Lupo[M]

48 Schlangenträger[M]
Serpent Bearer
Ophiuchus
Ofiuco[M]
Ofiuco[M]

50 Waage[F]
Scales
Balance[F]
Libra[F]
Bilancia[F]

51 Jungfrau[F]
Virgin
Vierge[F]
Virgo[F]
Vergine[F]

52 Rabe[M]
Crow
Corbeau[M]
Cuervo[M]
Corvo[M]

53 Becher[M]
Cup
Coupe[F]
Copa[F]
Cratere[M]

54 Sextant[M]
Sextant
Sextant[M]
Sextante[M]
Sestante[M]

55 Südliche Wasserschlange[F]
Water Monster
Hydre[F] femelle
Hidra[F] Hembra
Idra[F] Femmina

56 Luftpumpe[F]
Air Pump
Machine[F] pneumatique
Máquina[F] Pneumática
Macchina[F] Pneumatica

Sternbilder^{N} der nördlichen Halbkugel^{F}

constellations of the northern hemisphere | constellations^{F} de l'hémisphère^{M} boréal | constelaciones^{F} del hemisferio^{M} boreal | costellazioni^{F} dell'emisfero^{M} settentrionale

1 Fische^{M} / Fishes / Poissons^{M} / Piscis^{M} / Pesci^{M}

2 Walfisch^{M} / Whale / Baleine^{F} / Ballena^{F} / Balena^{F}

3 Widder^{M} / Ram / Bélier^{M} / Aries^{M} / Ariete^{M}

4 Dreieck^{N} / Triangle / Triangle^{M} / Triángulo^{M} / Triangolo^{M} Boreale

5 Andromeda^{F} / Andromeda / Andromède / Andrómeda^{F} / Andromeda^{F}

6 Pegasus^{M} / Pegasus / Pégase^{M} / Pegaso^{M} / Pegaso^{M}

7 Füllen^{N} / Little Horse / Petit Cheval^{M} / Caballo^{M} Menor / Cavalluccio^{M}

8 Delphin^{M} / Dolphin / Dauphin^{M} / Delfín^{M} / Delfino^{M}

9 Adler^{M} / Eagle / Aigle^{M} / Águila^{F} / Aquila^{F}

10 Pfeil^{M} / Arrow / Flèche^{F} / Flecha^{F} / Saetta^{F}

11 Schwan^{M} / Swan / Cygne^{M} / Cisne^{M} / Cigno^{M}

12 Eidechse^{F} / Lizard / Lézard^{M} / Lagarto^{M} / Lucertola^{F}

13 Kepheus^{M} / Cepheus / Céphée / Cefeo^{M} / Cefeo^{M}

14 Kassiopeia^{F} / Cassiopeia / Cassiopée / Casiopea^{F} / Cassiopea^{F}

15 Perseus^{M} / Perseus / Persée / Perseo^{M} / Perseo^{M}

16 Stier^{M} / Bull / Taureau^{M} / Tauro^{M} / Toro^{M}

17 Orion^{M} / Orion / Orion / Orión^{M} / Orione^{M}

18 Fuhrmann^{M} / Charioteer / Cocher^{M} / Cochero^{M} / Cocchiere^{M}

19 Giraffe^{F} / Giraffe / Girafe^{F} / Jirafa^{F} / Giraffa^{F}

20 Luchs^{M} / Lynx / Lynx^{M} / Lince^{M} / Lince^{F}

21 Kleiner Bär^{M} / Little Bear / Petite Ourse^{F} / Osa^{F} Menor / Orsa^{F} Minore

Sternbilder^{N} der nördlichen Halbkugel^{F}

22
Drache^{M}
Dragon
Dragon^{M}
Dragón^{M}
Dragone^{M}

23
Leier^{F}
Harp
Lyre^{F}
Lira^{F}
Lira^{F}

24
Schlangenträger^{M}
Serpent Bearer
Ophiuchus
Ofiuco^{M}
Ofiuco^{M}

25
Herkules^{M}
Hercules
Hercule
Hércules^{M}
Ercole^{M}

26
Schlange^{F}
Serpent
Serpent^{M}
Serpiente^{F}
Serpente^{M}

27
Nördliche Krone^{F}
Northern Crown
Couronne^{F} boréale
Corona^{F} Boreal
Corona^{F} Boreale

28
Bärenhüter^{M}
Herdsman
Bouvier^{M}
Boyero^{M}
Boote^{M}

29
Jungfrau^{F}
Virgin
Vierge^{F}
Virgo^{F}
Vergine^{F}

30
Haar^{N} der Berenike^{F}
Berenice's Hair
Chevelure^{F} de Bérénice
Cabellera^{F} de Berenice
Chioma^{F} di Berenice

31
Jagdhunde^{M}
Hunting Dogs
Chiens^{M} de Chasse^{F}
Lebreles^{M}
Levrieri^{M}

32
Großer Bär^{M}
Great Bear
Grande Ourse^{F}
Osa^{F} Mayor
Orsa^{F} Maggiore

33
Kleiner Löwe^{M}
Little Lion
Petit Lion^{M}
León^{M} Menor
Leoncino^{M}

34
Löwe^{M}
Lion
Lion^{M}
León^{M}
Leone^{M}

35
Nördliche Wasserschlange^{F}
Water Monster
Hydre^{F} femelle
Hidra^{F} Hembra
Idra^{F} Femmina

36
Krebs^{M}
Crab
Cancer^{M}
Cáncer^{M}
Cancro^{M}

37
Kleiner Hund^{M}
Little Dog
Petit Chien^{M}
Can^{M} Menor
Cane^{M} Minore

38
Zwillinge^{M}
Twins
Gémeaux^{M}
Géminis^{F}
Gemelli^{M}

39
Füchslein^{M}
Fox
Petit Renard^{M}
Zorra^{F}
Volpetta^{F}

40
Milchstraße^{F}
Milky Way
Voie^{F} Lactée
Vía^{F} Láctea
Via^{F} Lattea

41
Polarstern^{M}
Pole Star
Étoile^{F} polaire
Estrella^{F} Polar
Stella^{F} Polare

Koordinatensystem^{N} der Himmelskugel^{F}

celestial coordinate system | coordonnées^{F} célestes | sistema^{M} de coordenadas^{F} astronómicas | sistema^{M} di coordinate^{F} celesti

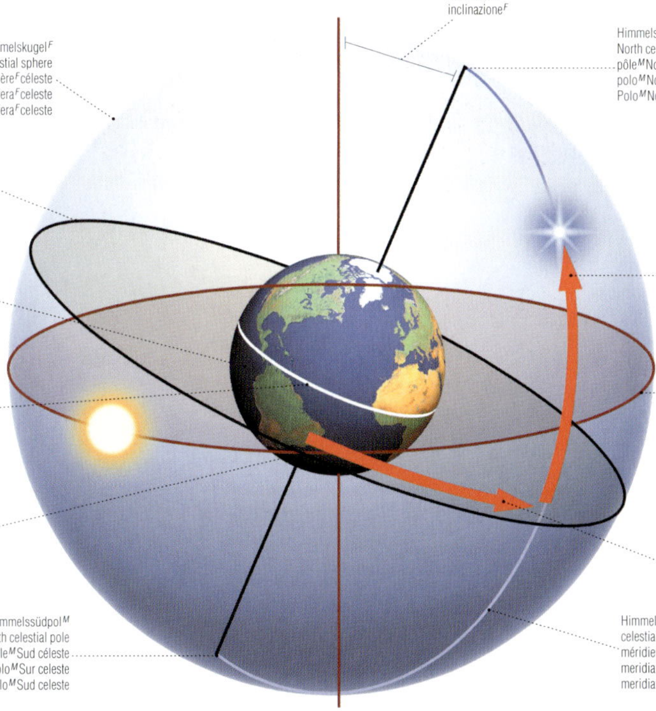

Linsenfernrohr[N]

refracting telescope | lunette[F] astronomique | telescopio[M] refractor | cannocchiale[M]

Linsenfernrohr[N] im Querschnitt[M]
cross section of a refracting telescope
coupe[F] d'une lunette[F] astronomique
sección[F] transversal de un telescopio[M] refractor
sezione[F] di un cannocchiale[M]

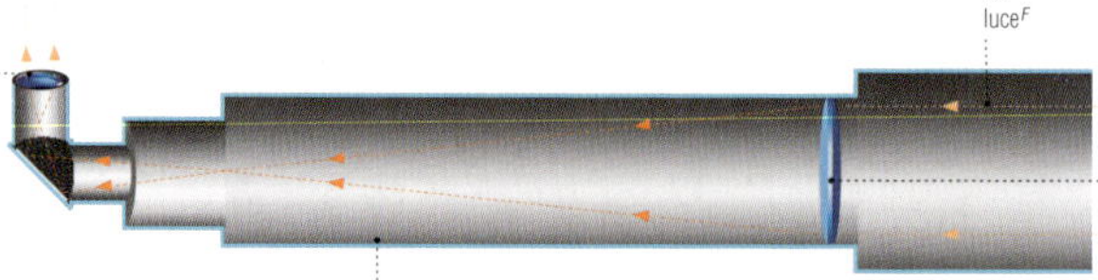

Spiegelteleskop[N]

reflecting telescope | télescope[M] | telescopio[M] reflector | telescopio[M]

Spiegelteleskop[N] im Querschnitt[M]
cross section of a reflecting telescope
coupe[F] d'un télescope[M]
sección[F] transversal de un telecopio[M] reflector
sezione[F] di un telescopio[M]

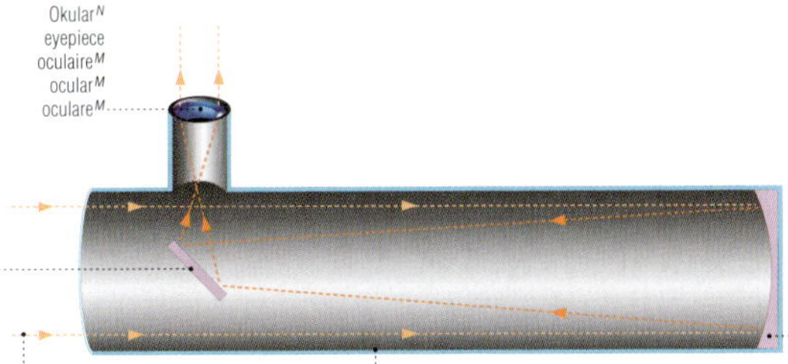

Radioteleskop[N]

radio telescope | radiotélescope[M] | radiotelescopio[M] | radiotelescopio[M]

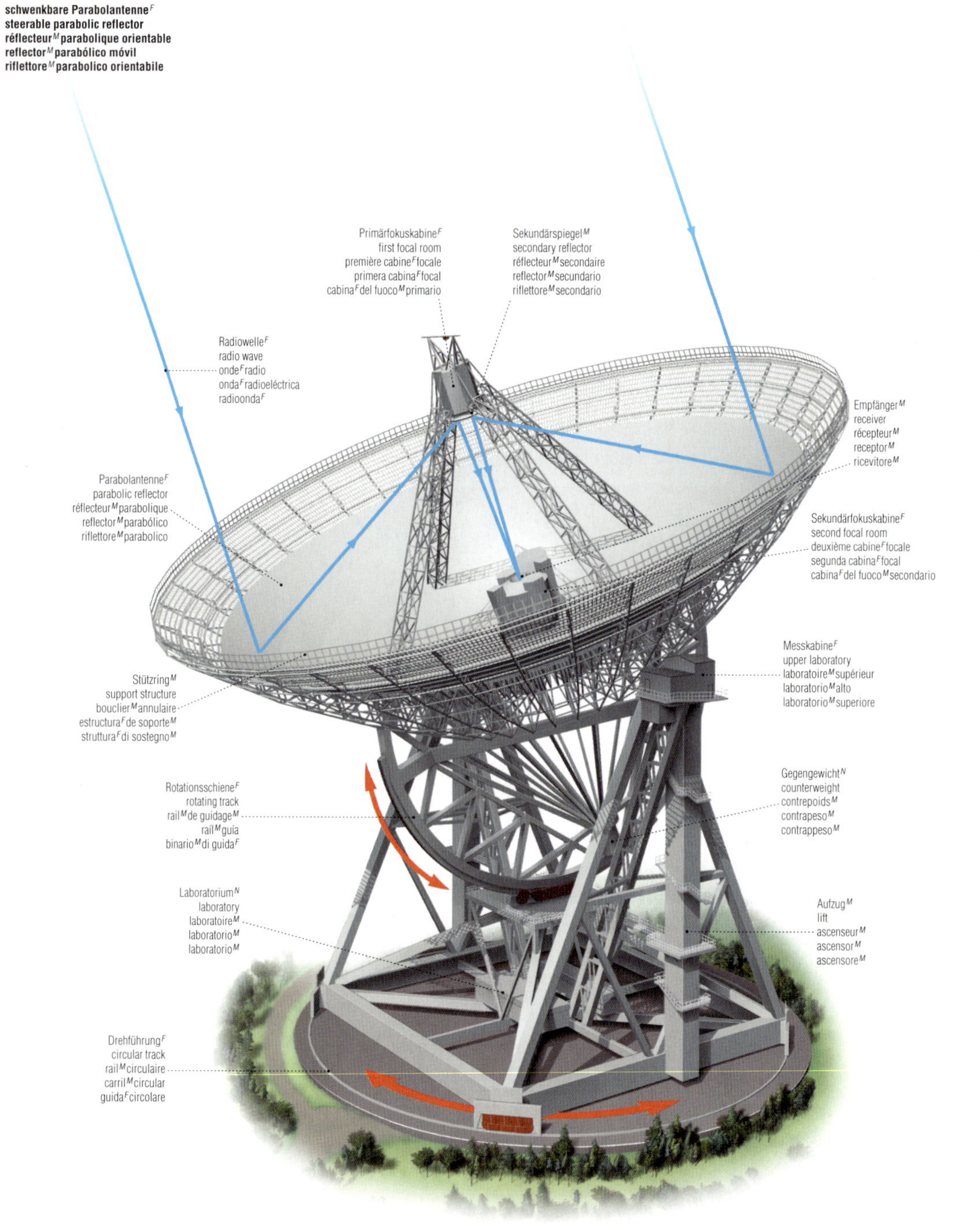

Hubble-Weltraumteleskop[N]

Hubble space telescope | télescope[M] spatial Hubble | telescopio[M] espacial Hubble | telescopio[M] spaziale Hubble

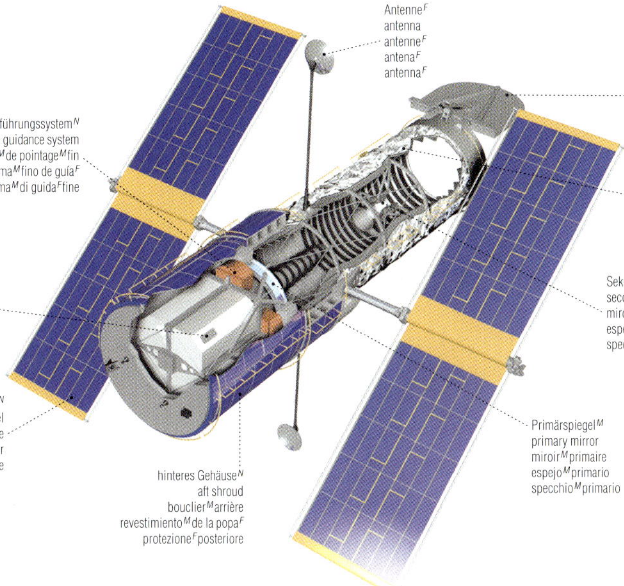

Sternwarte[F]

astronomical observatory | observatoire[M] astronomique | observatorio[M] astronómico | osservatorio[M] astronomico

Querschnitt[M] durch eine Sternwarte[F]
cross section of an astronomical observatory
coupe[F] d'un observatoire[M] astronomique
sección[M] transversal de un observatorio[M] astronómico
sezione[F] trasversale di un osservatorio[M] astronomico

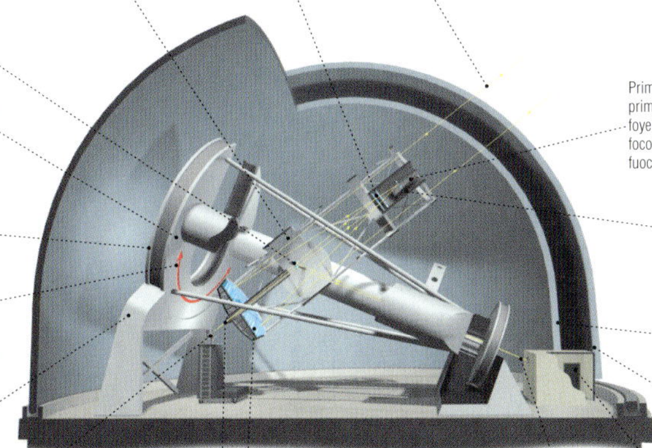

Sternwarte[F]
observatory
observatoire[M]
observatorio[M]
osservatorio[M]

Raumsonde[F]

space probe | sonde[F] spatiale | sonda[F] espacial | sonda[F] spaziale

Orbiter[M] (Viking)
orbiter (Viking)
orbiteur[M] (Viking)
módulo[M] orbital (Viking)
modulo[M] orbitante (Viking)

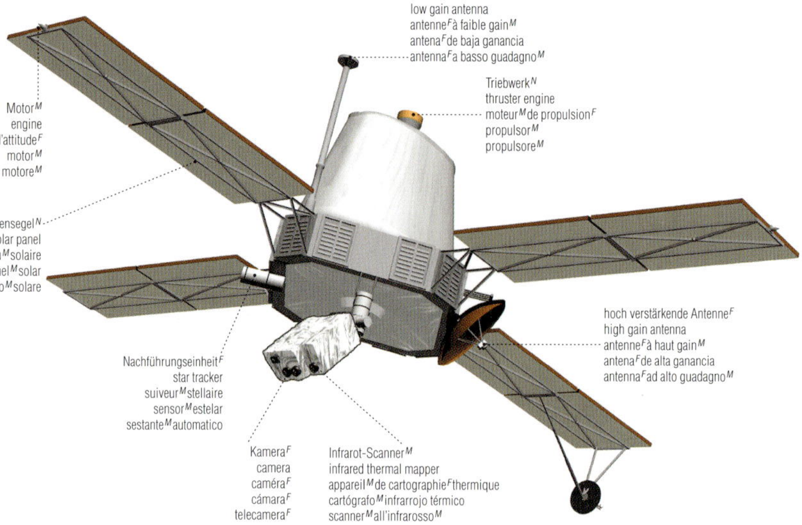

Landemodul[N] (Viking)
lander (Viking)
atterrisseur[M] (Viking)
módulo[M] de aterrizaje[M] (Viking)
modulo[M] di atterraggio[M] (Viking)

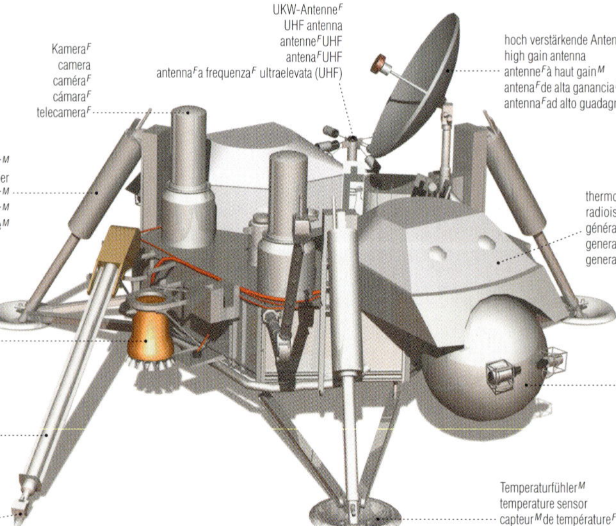

Beispiele^N^ für Raumsonden^F^
examples of space probes
exemples^M^ de sondes^F^ spatiales
ejemplos^M^ de sondas^F^ espaciales
esempi^M^ di sonde^F^ spaziali

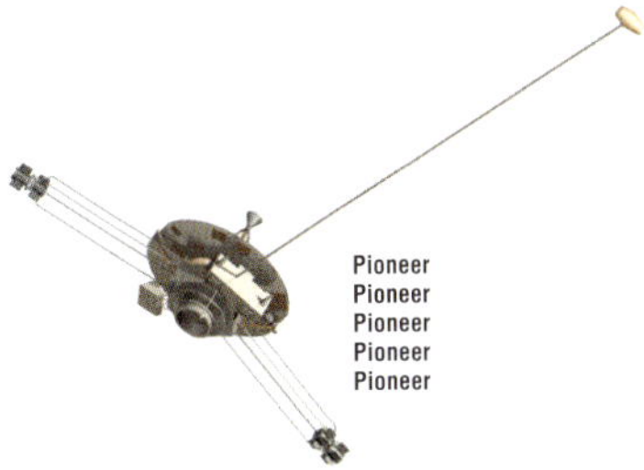

Pioneer
Pioneer
Pioneer
Pioneer
Pioneer

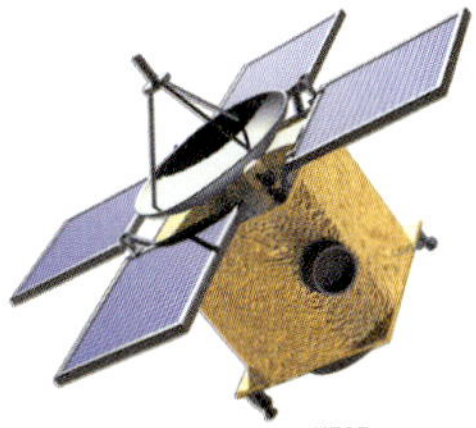

NEAR
NEAR
NEAR
NEAR
NEAR

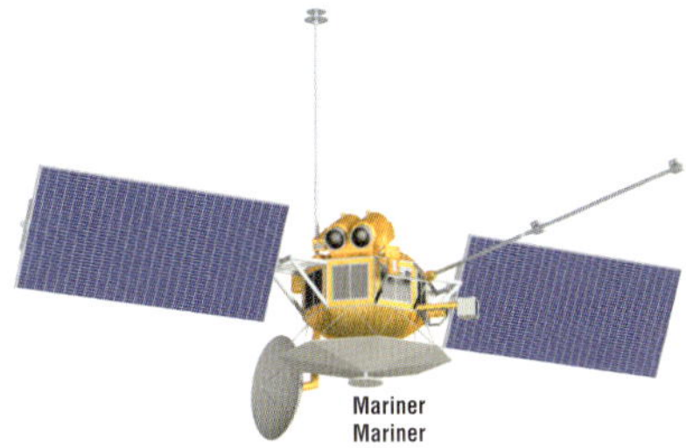

Mariner
Mariner
Mariner
Mariner
Mariner

Voyager
Voyager
Voyager
Voyager
Voyager

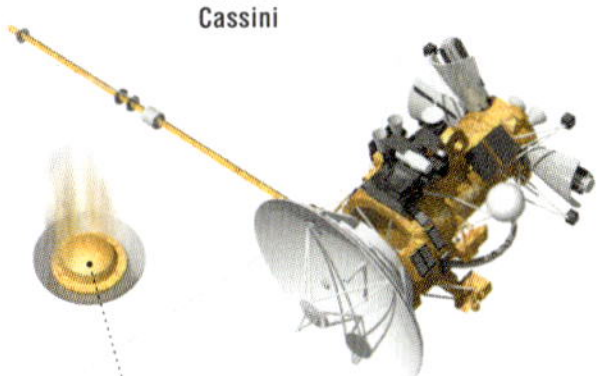

Cassini
Cassini
Cassini
Cassini
Cassini

Huygens
Huygens
Huygens
Huygens
Huygens

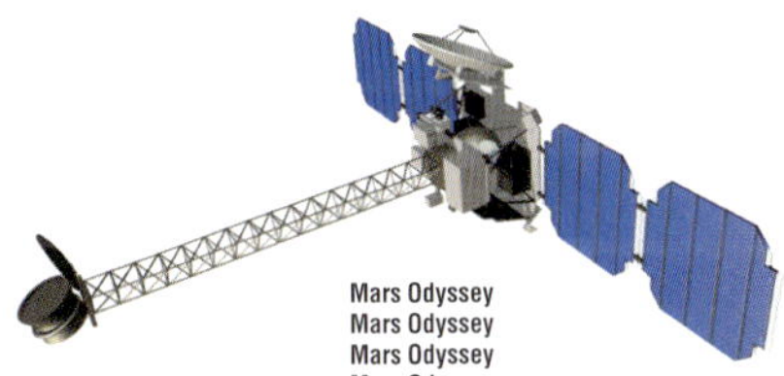

Mars Odyssey
Mars Odyssey
Mars Odyssey
Mars Odyssey
Mars Odyssey

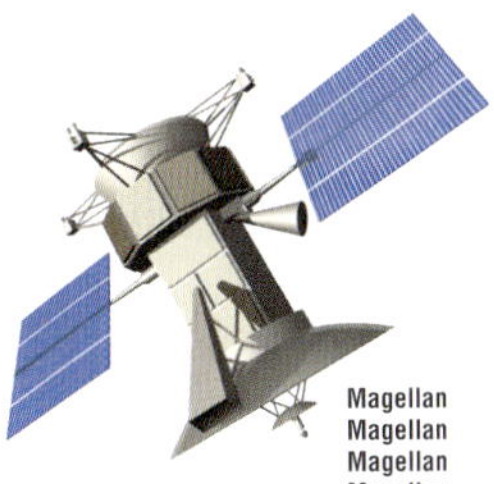

Magellan
Magellan
Magellan
Magellan
Magellan

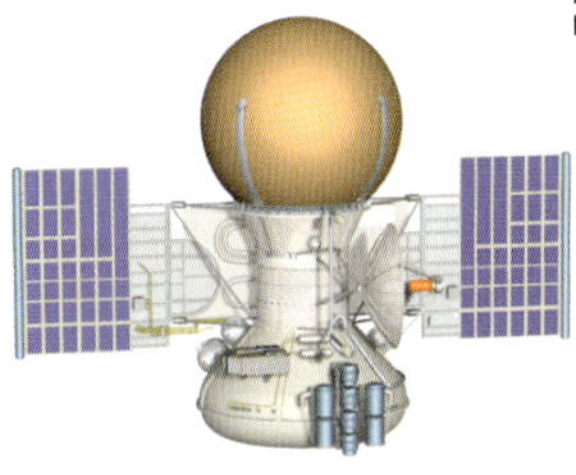

Venera
Venera
Venera
Venera
Venera

Galileo
Galileo
Galileo
Galileo
Galileo

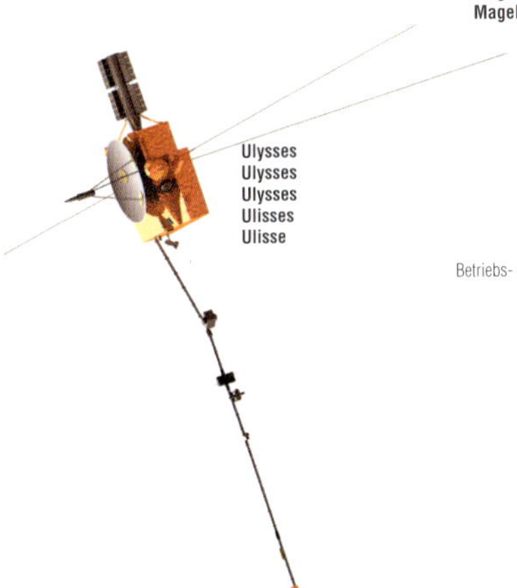

Ulysses
Ulysses
Ulysses
Ulisses
Ulisse

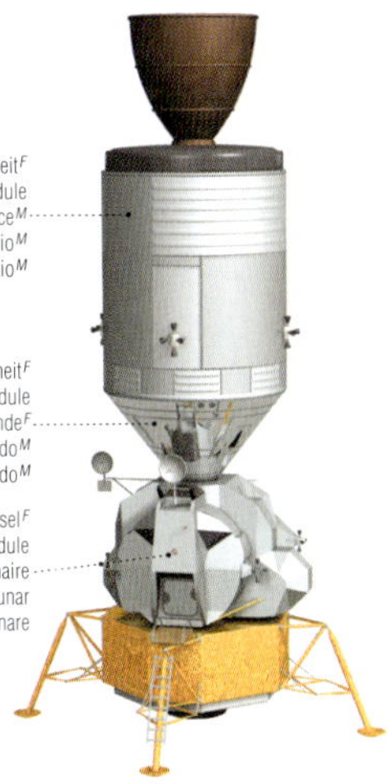

Betriebs- und Versorgungseinheit^F^
service module
module^M^ de service^M^
modulo^M^ de servicio^M^
modulo^M^ di servizio^M^

Kommandoeinheit^F^
command module
module^M^ de commande^F^
módulo^M^ de mando^M^
modulo^M^ di comando^M^

Mondkapsel^F^
lunar module
module^M^ lunaire
módulo^M^ lunar
modulo^M^ lunare

Apollo
Apollo
Apollo
Apollo
Apollo

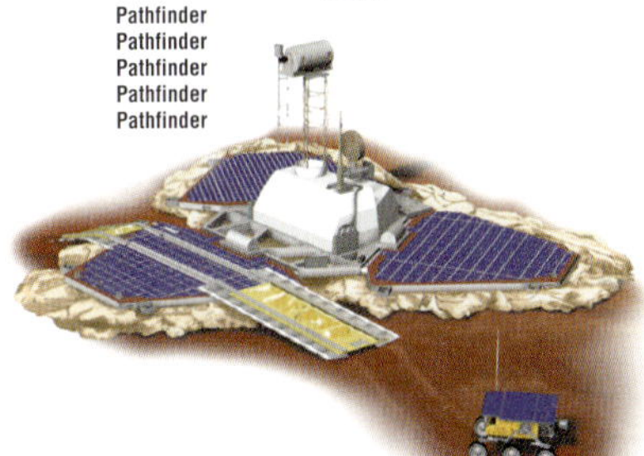

Pathfinder
Pathfinder
Pathfinder
Pathfinder
Pathfinder

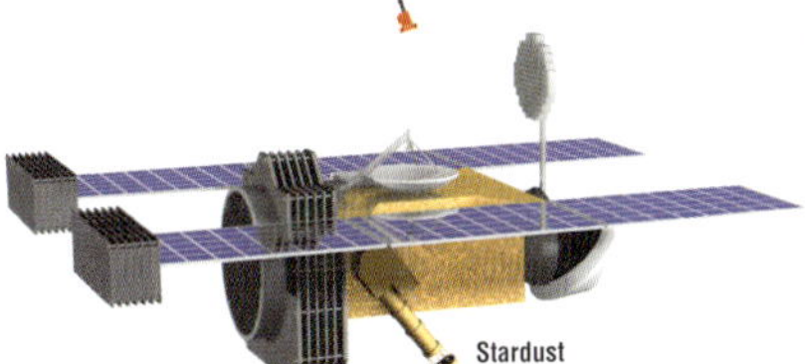

Stardust
Stardust
Stardust
Stardust
Stardust

Raumanzug[M]

spacesuit | scaphandre[M] spatial | traje[M] espacial | tuta[F] spaziale

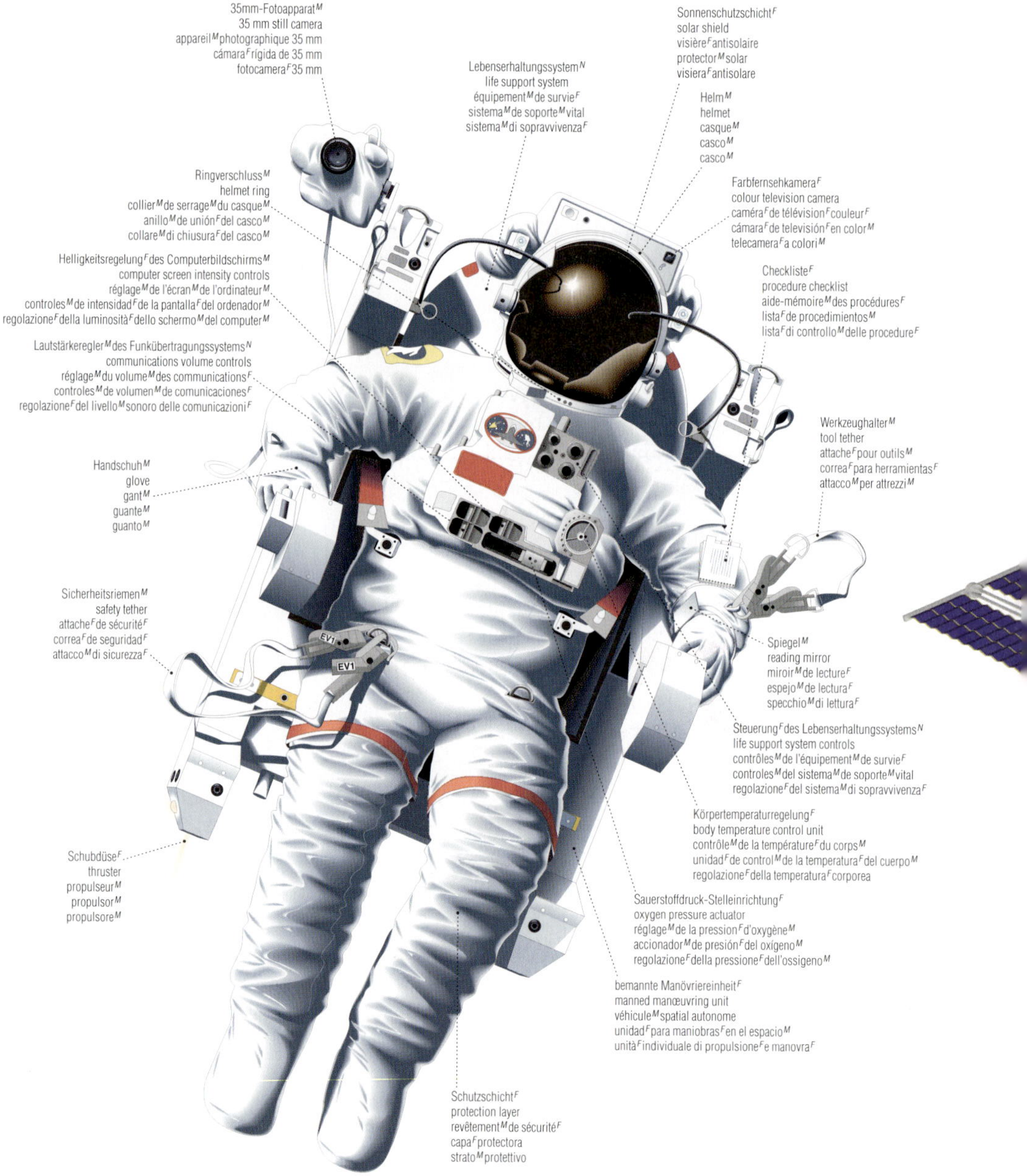

internationale Raumstation[F]

international space station | station[F] spatiale internationale | estación[F] espacial internacional | stazione[F] spaziale internazionale

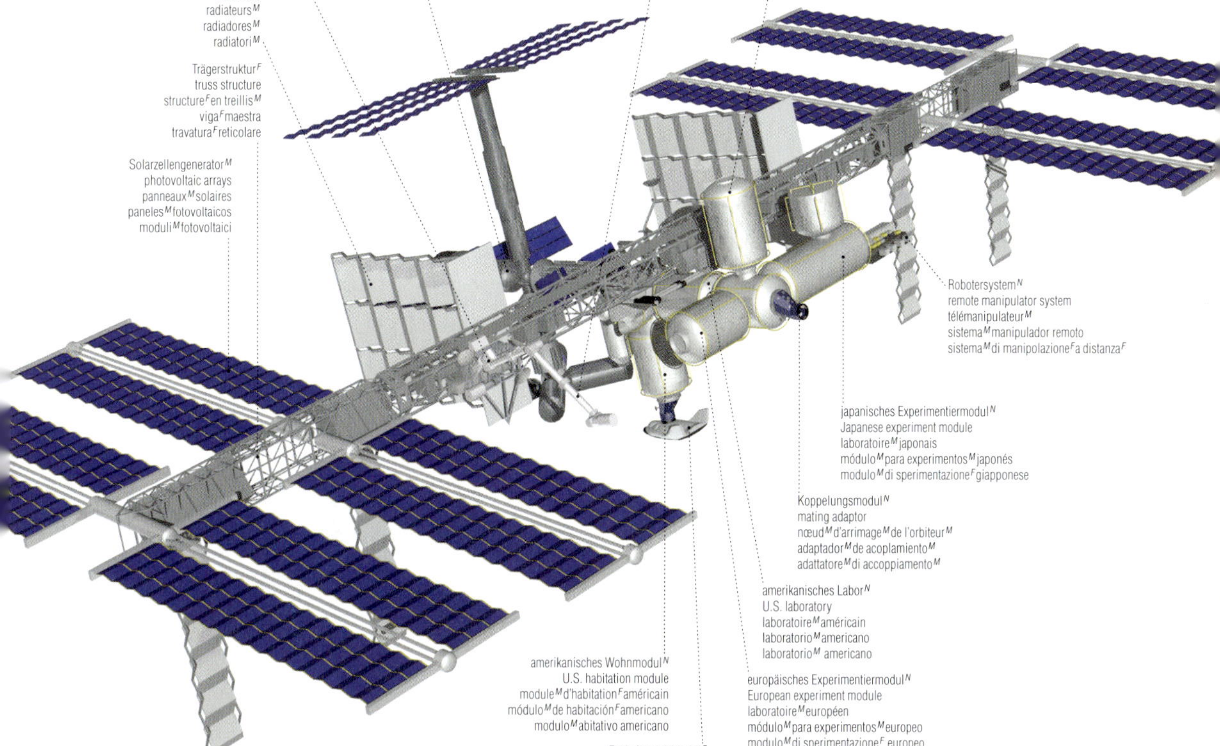

Raumfähre^{F}

space shuttle | navette^{F} spatiale | transbordador^{M} espacial | navetta^{F} spaziale

Raumfähre^{F} beim Start^{M}
space shuttle at takeoff
navette^{F} spatiale au décollage^{M}
transbordador^{M} espacial en posición^{F} de lanzamiento^{M}
navetta^{F} spaziale al decollo^{M}

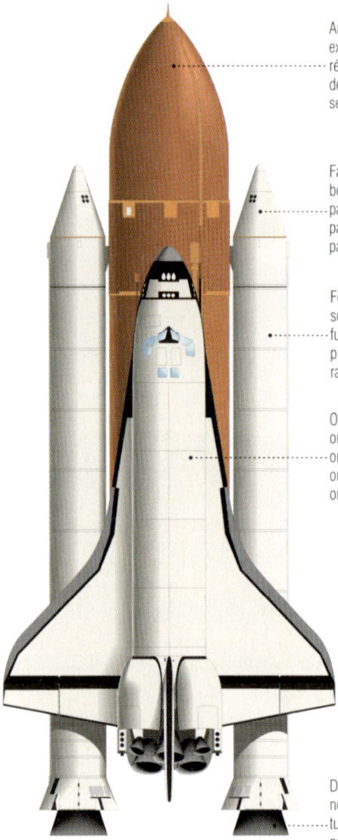

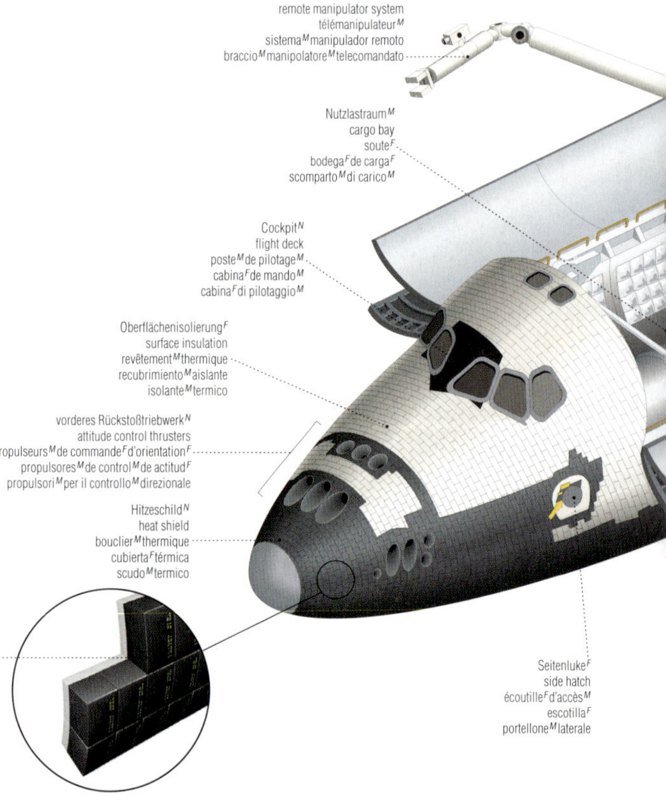

Orbiter M
orbiter
orbiteur M
orbitador M
orbiter M

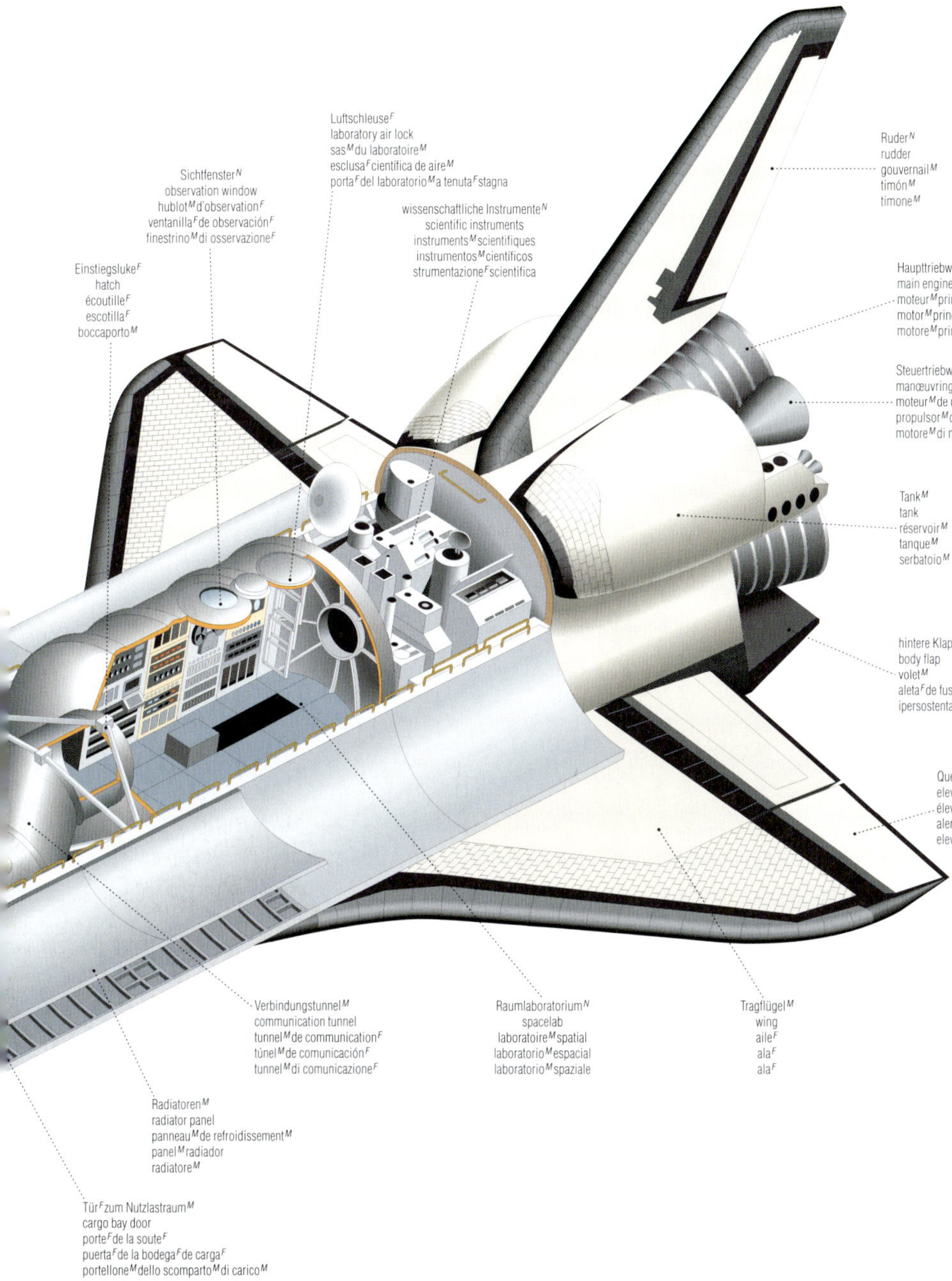

Trägerrakete[F]

space launcher | lanceur[M] spatial | cohete[M] espacial | razzo[M] spaziale

Querschnitt[M] durch eine Trägerrakete[F] (Ariane V)
cross section of a space launcher (Ariane V)
coupe[F] d'un lanceur[M] spatial (Ariane V)
sección[M] transversal de un lanzador[M] espacial (Ariane V)
sezione[F] trasversale di un razzo[M] spaziale (Ariane V)

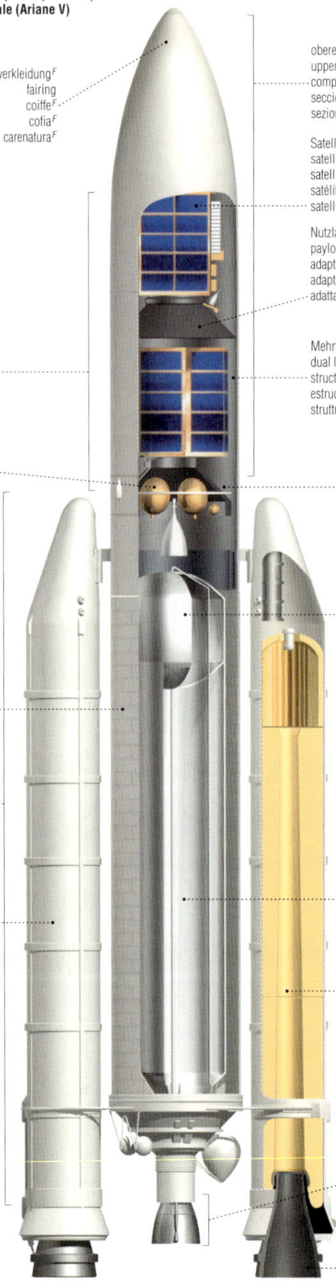

Beispiele[N] für Trägerraketen[F]
examples of space launchers
exemples[M] de lanceurs[M] spatiaux
ejemplos[M] de lanzadores[M] espaciales
esempi[M] di razzi[M] spaziali

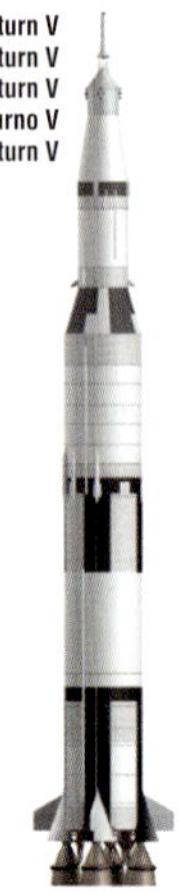

Saturn V
Saturn V
Saturn V
Saturno V
Saturn V

Ariane IV
Ariane IV
Ariane IV
Ariane IV
Ariane IV

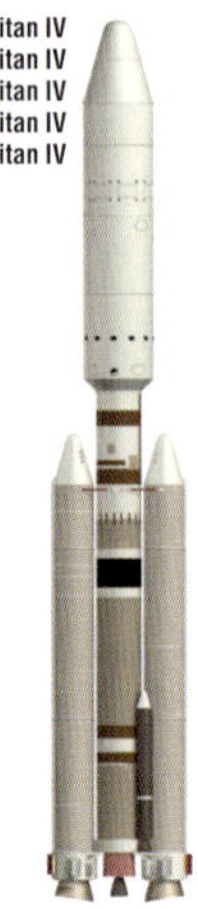

Titan IV
Titan IV
Titan IV
Titan IV
Titan IV

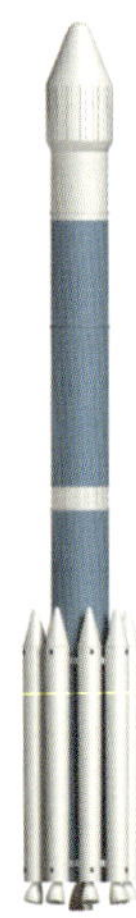

Delta II
Delta II
Delta II
Delta II
Delta II

Querschnitt^M durch eine Trägerrakete^F (Saturn V)
cross section of a space launcher (Saturn V)
coupe^F d'un lanceur^M spatial (Saturn V)
sección^M transversal de un lanzador^M espacial (Saturno V)
sezione^F trasversale di un razzo^M spaziale (Saturn V)

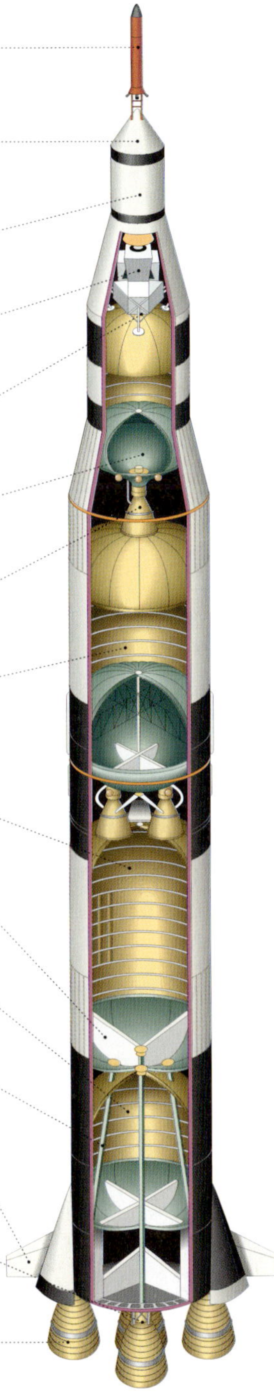

28 Geographie

ERDE

42 Geologie

42 Erdaufbau
42 Erdkruste im Querschnitt
43 tektonische Platten
43 Erdbeben
44 Vulkan
45 Berg
46 Gletscher
47 Höhle
47 Bodenbewegungen
48 Flusslandschaft
48 Seen
49 Welle
49 Meeresboden
50 ozeanische Rücken und Gräben
51 typische Küstenformen
52 Wüste

53 Meteorologie

53 Erdatmosphäre im Querschnitt
54 Jahreszeiten
54 Wettervorhersage
55 Wetterkarte
55 Stationsmodell
56 internationale Wettersymbole
58 Wetterstation
58 meteorologische Messinstrumente
60 Wettersatellit
61 Klimate der Welt
62 Wolken
63 Tornado und Wasserhose
63 tropischer Wirbelsturm
64 Niederschläge

66 Umwelt

66 Vegetation und Biosphäre
67 Nahrungskette
67 Wasserkreislauf
68 Treibhauseffekt
69 Luftverschmutzung
69 Bodenverschmutzung
70 Wasserverschmutzung
70 saurer Regen
71 Mülltrennung

Lage^{F} der Kontinente^{M}

configuration of the continents | configuration^{F} des continents^{M} | configuración^{F} de los continentes^{M} | carta^{F} dei continenti^{M}

Erdoberfläche^{F}
planisphere
planisphère^{M}
planisferio^{M}
planisfero^{M}

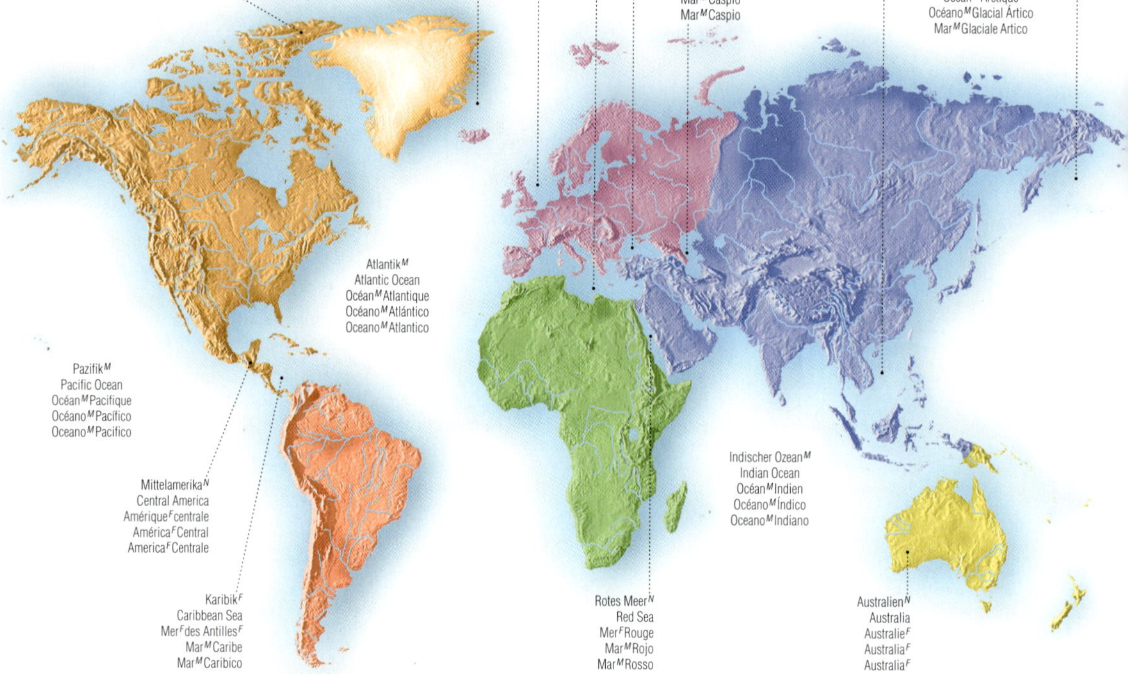

Nordamerika^{N}
North America
Amérique^{F} du Nord^{M}
América^{F} del Norte
America^{F} Settentrionale

Südamerika^{N}
South America
Amérique^{F} du Sud^{M}
América^{F} del Sur
America^{F} Meridionale

Ozeanien^{N}
Oceania
Océanie^{F}
Oceanía^{F}
Oceania^{F}

Europa^{N}
Europe
Europe^{F}
Europa^{F}
Europa^{F}

Asien^{N}
Asia
Asie^{F}
Asia^{F}
Asia^{F}

Afrika^{N}
Africa
Afrique^{F}
África^{F}
Africa^{F}

Eurasien^{N}
Eurasia
Eurasie^{F}
Eurasia^{F}
Eurasia^{F}

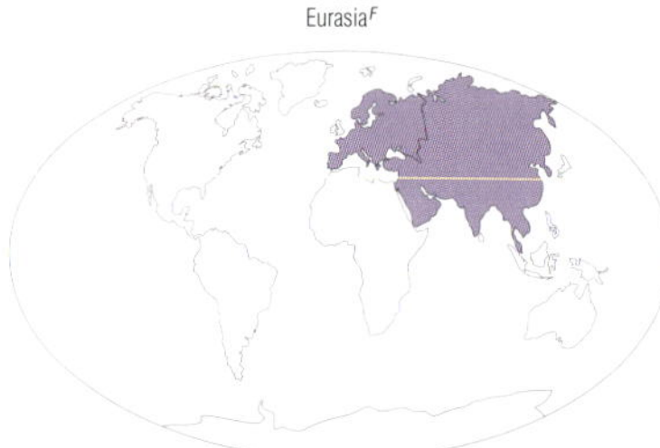

Lage[F] der Kontinente[M]

Antarktis[F]
Antarctica
Antarctique[F]
Antártica[F]
Antartide[F]

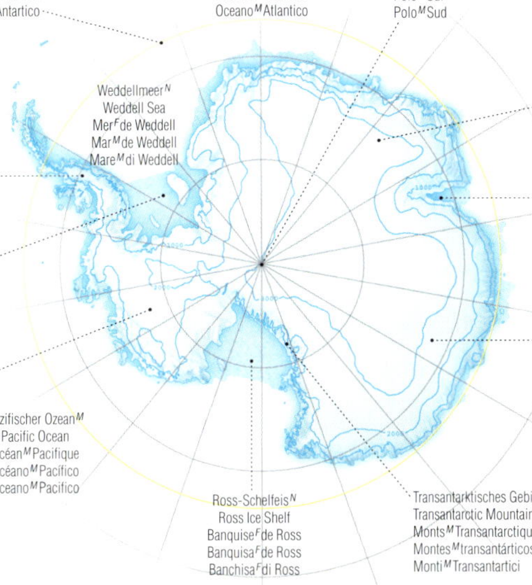

Ozeanien[N]
Oceania
Océanie[F]
Oceanía[F]
Oceania[F]

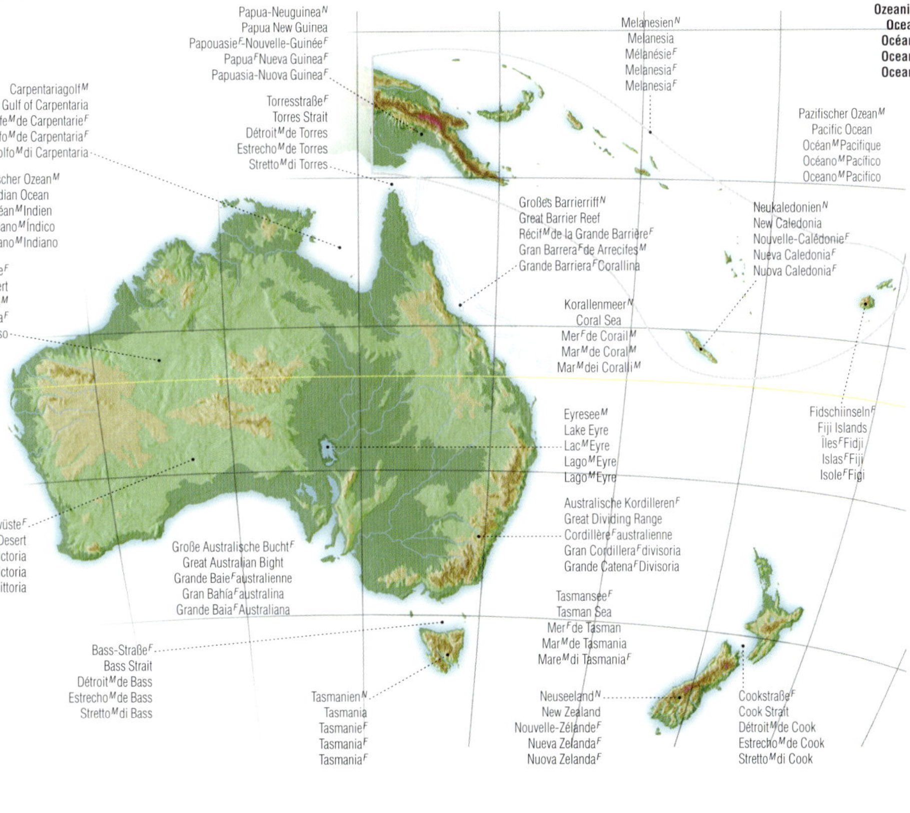

Lage^{F} der Kontinente^{M}

Nordamerika^{N}
North America
Amérique^{F} du Nord^{M}
América^{F} del Norte
America^{F} Settentrionale

Südamerika^{N}
South America
Amérique^{F} du Sud^{M}
América^{F} del Sur
America^{F} Meridionale

Lage^{F} der Kontinente^{M}

Europa^{N}
Europe
Europe^{F}
Europa^{F}
Europa^{F}

Asien^N
Asia
Asie^F
Asia^F
Asia^F

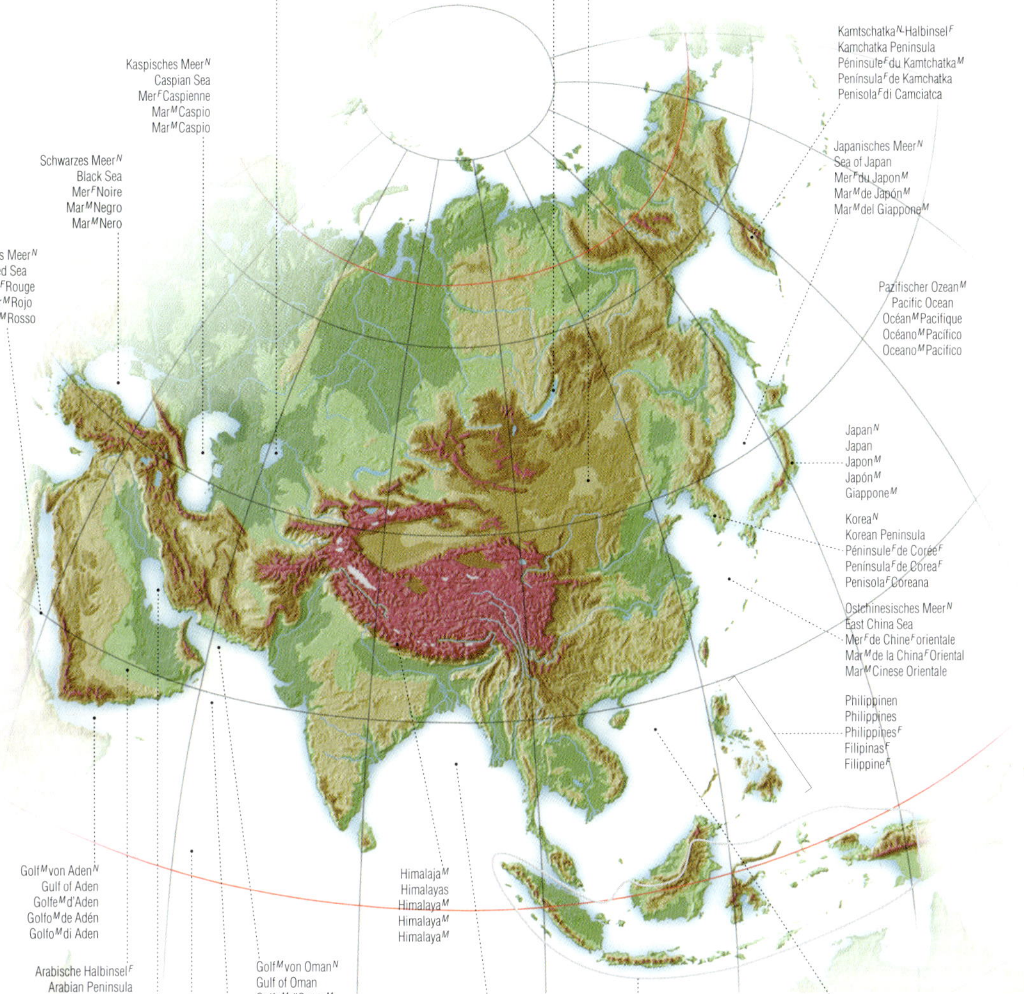

Lage^{F} der Kontinente^{M}

Afrika^{N}
Africa
Afrique^{F}
África^{F}
Africa^{F}

Kartographie[F]

cartography | cartographie[F] | cartografía[F] | cartografia[F]

Koordinatensystem[N] der Erdkugel[F]
Earth coordinate system
coordonnées[F] terrestres
sistema[M] de coordenadas[F] terrestres
sistema[M] di coordinate[F] terrestri

Hemisphären[F]
hemispheres
hémisphères[M]
hemisferios[M]
emisferi[M]

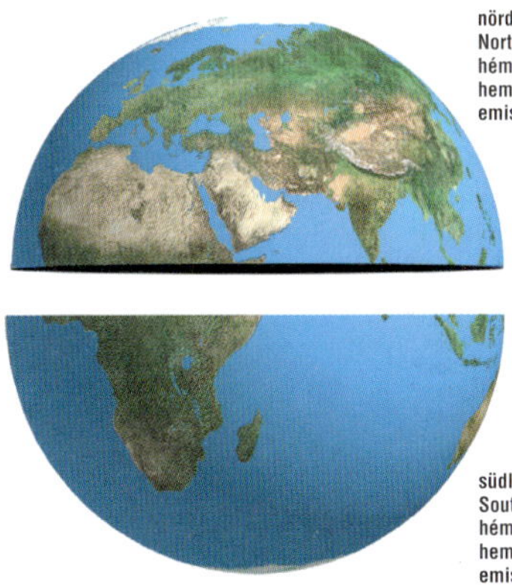

Kartographie^{F}

Gradnetz^{N}
grid system
divisions^{F} cartographiques
sistema^{M} de retícula^{F}
reticolato^{M} geografico

Breitengrade^{M}
lines of latitude
latitude^{F}
líneas^{F} de latitud^{F}
latitudine^{F}

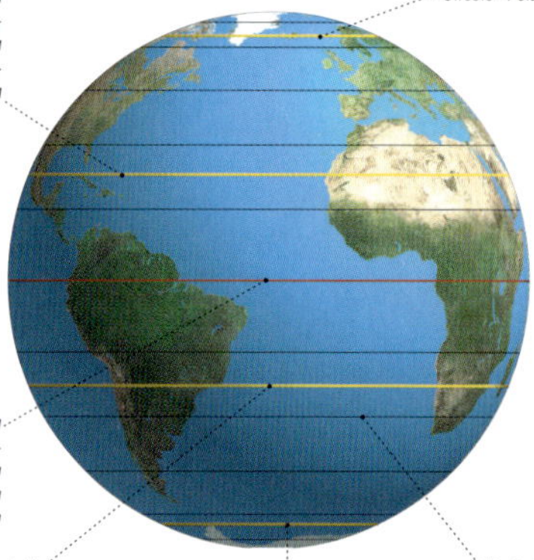

Längengrade^{M}
lines of longitude
longitude^{F}
líneas^{F} de longitud^{F}
longitudine^{F}

Kartendarstellungen^{F}
map projections
projections^{F} cartographiques
proyecciones^{F} cartográficas
proiezioni^{F} cartografiche

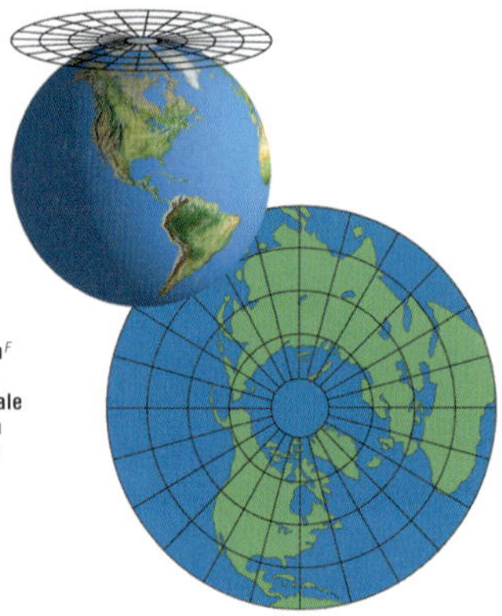

Azimutalprojektion^{F}
plane projection
projection^{F} horizontale
proyección^{F} plana
proiezione^{F} piana

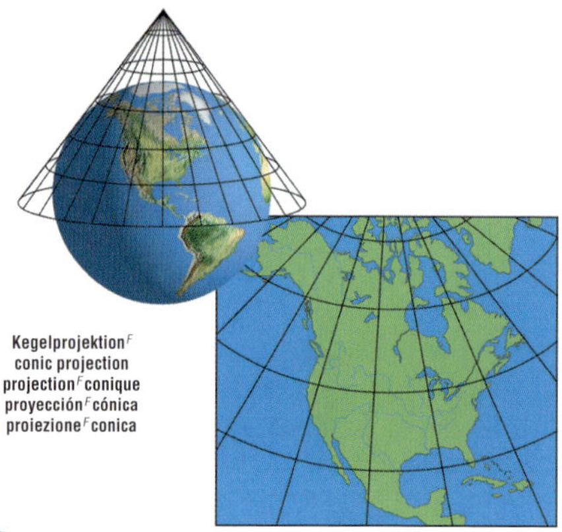

Kegelprojektion^{F}
conic projection
projection^{F} conique
proyección^{F} cónica
proiezione^{F} conica

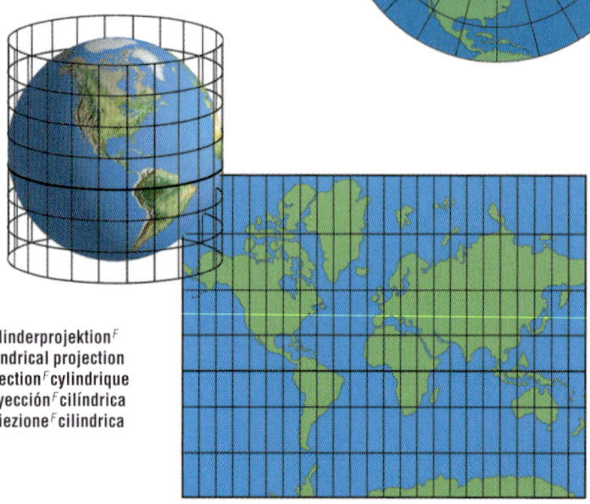

Zylinderprojektion^{F}
cylindrical projection
projection^{F} cylindrique
proyección^{F} cilíndrica
proiezione^{F} cilindrica

zerlappte Projektion^{F}
interrupted projection
projection^{F} interrompue
proyección^{F} interrumpida
proiezione^{F} interrotta

Windrose[F]
compass card
rose[F] des vents[M]
rosa[F] de los vientos[M]
rosa[F] dei venti[M]

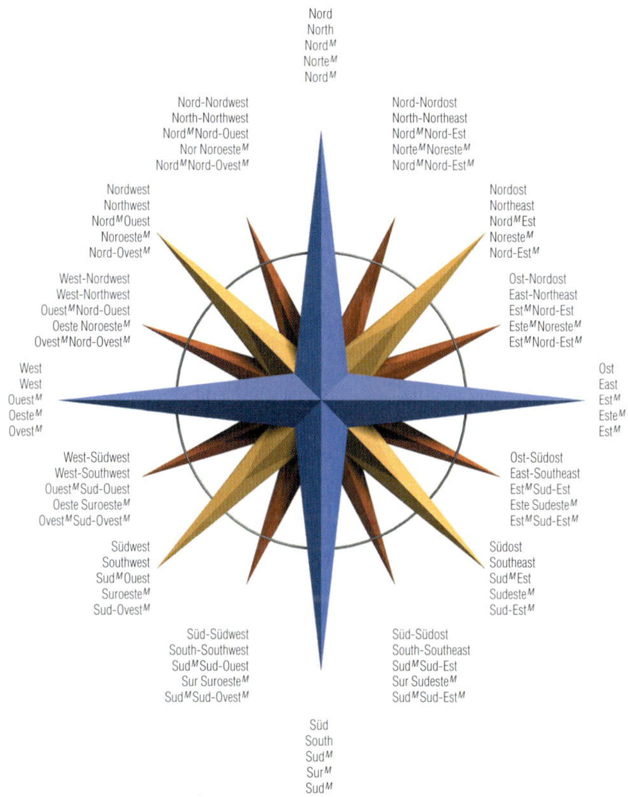

politische Karte[F]
political map
carte[F] politique
mapa[M] político
carta[F] politica

Kartographie[F]

physische Karte[F]
physical map
carte[F] physique
mapa[M] físico
carta[F] fisica

Stadtplan[M]
urban map
plan[M] urbain
mapa[M] urbano
pianta[F] di città[F]

Eisenbahn[F]
railway
chemin[M] de fer[M]
vía[F] férrea
ferrovia[F]

Bahnhof[M]
railway station
gare[F]
estación[F] del ferrocarril[M]
stazione[F] ferroviaria

Brücke[F]
bridge
pont[M]
puente[M]
ponte[M]

Vororte[M]
suburbs
banlieue[F]
suburbios[M]
sobborghi[M]

Fluss[M]
river
fleuve[M]
río[M]
fiume[M]

Wald[M]
woods
bois[M]
bosques[M]
bosco[M]

Umgehungsstraße[F]
ring road
boulevard[M] périphérique
circunvalación[F]
circonvallazione[F]

Kreisverkehr[M]
roundabout
rond-point[M]
rotonda[F]
rotatoria[F]

Straße[F]
street
rue[F]
calle[F]
via[F]

Park[M]
park
parc[M]
parque[M]
parco[M]

Friedhof[M]
cemetery
cimetière[M]
cementerio[M]
cimitero[M]

Denkmal[N]
monument
monument[M]
monumento[M]
monumento[M]

Autobahn[F]
motorway
autoroute[F]
autopista[F]
autostrada[F]

Stadtteil[M]
district
arrondissement[M]
distrito[M]
quartiere[M]

Allee[F]
avenue
avenue[F]
avenida[F]
avenue[F]

öffentliches Gebäude[N]
public building
édifice[M] public
edificio[M] público
edificio[M] pubblico

Boulevard[M]
boulevard
boulevard[M]
bulevar[M]
boulevard[M]

Straßenkarte[F]
road map
carte[F] routière
mapa[M] de carreteras[F]
carta[F] stradale

Autobahnnummer[F]
motorway number
numéro[M] d'autoroute[F]
número[M] de la autopista[F]
numero[M] di autostrada[F]

Straße[F]
road
route[F]
carretera[F]
strada[F]

Autobahn[F]
motorway
autoroute[F]
autopista[F]
autostrada[F]

Rastplatz[M]
rest area
aire[F] de repos[M]
área[F] de descanso[M]
area[F] di sosta[F]

Raststätte[F]
service area
aire[F] de service[M]
área[F] de servicio[M]
area[F] di servizio[M]

Umgehungsstraße[F]
ring motorway
autoroute[F] de ceinture[F]
carretera[F] de circunvalación[F]
tangenziale[F]

Straßennummer[F]
road number
numéro[M] de route[F]
número[M] de la carretera[F]
numero[M] di strada[F]

Flughafen[M]
airport
aéroport[M]
aeropuerto[M]
aeroporto[M]

Nationalpark[M]
national park
parc[M] national
parque[M] nacional
parco[M] nazionale

landschaftlich schöne Strecke[F]
scenic route
parcours[M] pittoresque
ruta[F] pintoresca
strada[F] panoramica

Nebenstraße[F]
secondary road
route[F] secondaire
carretera[F] secundaria
strada[F] secondaria

Sehenswürdigkeit[F]
point of interest
curiosité[F]
punto[M] de interés[M]
punto[M] di interesse[M]

Fernerkundung[F]

remote sensing | télédétection[F] | teledetección[M] | telerilevamento[M]

Radar[M/N]
radar
radar[M]
radar[M]
radar[M]

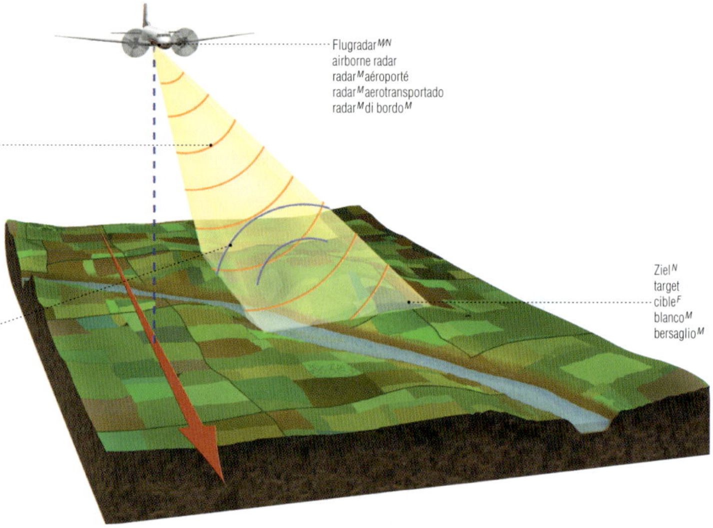

Radarsat[M]
Radarsat satellite
satellite[M] Radarsat
satélite[M] Radarsat
satellite[M] radarsat

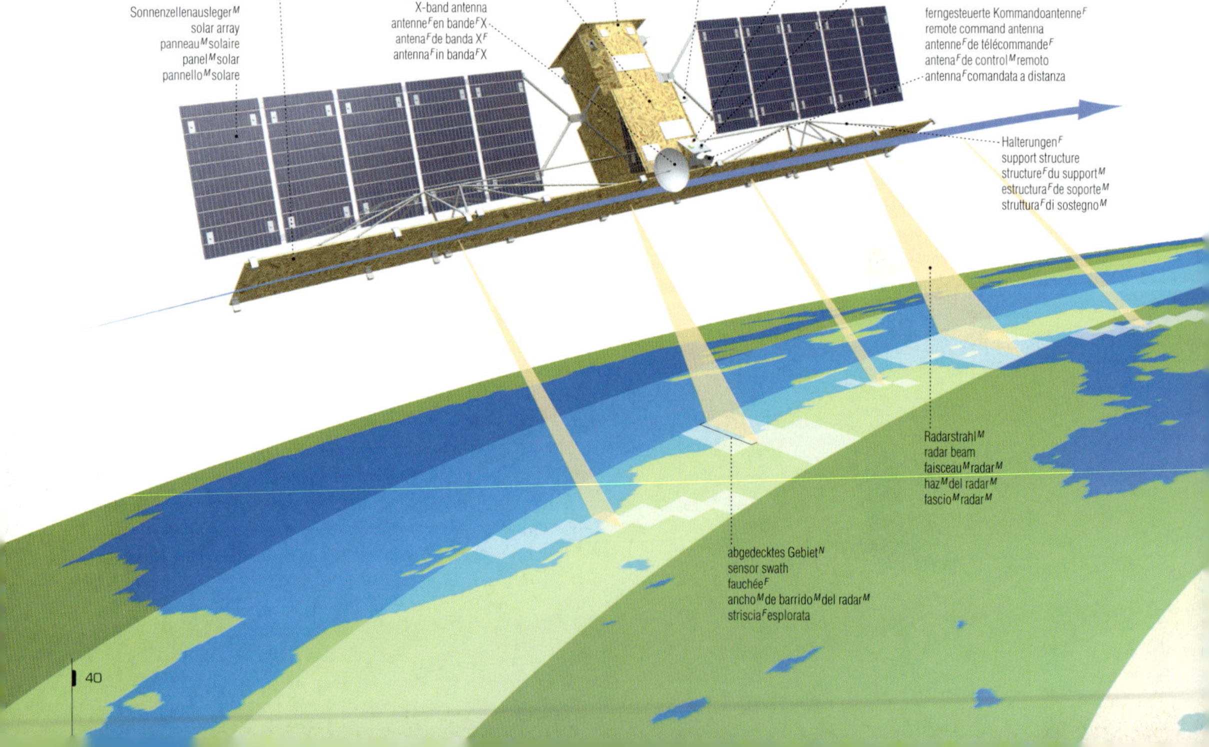

Sonar^{N}
sonar
sonar^{M}
sonar^{M}
sonar^{M}

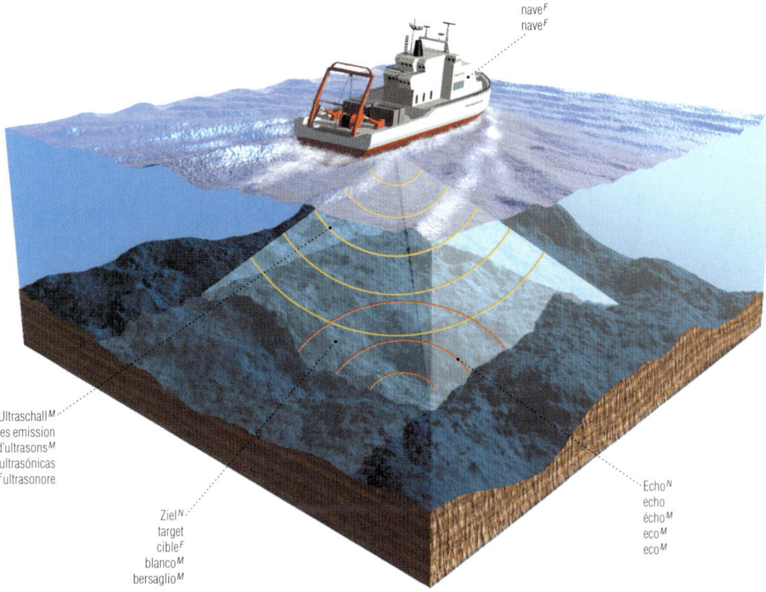

Satelliten^{M}-Fernerkundung^{F}
satellite remote sensing
télédétection^{F} par satellite^{M}
teledetección^{M} por satélite^{M}
telerilevamento^{M} mediante satellite^{M}

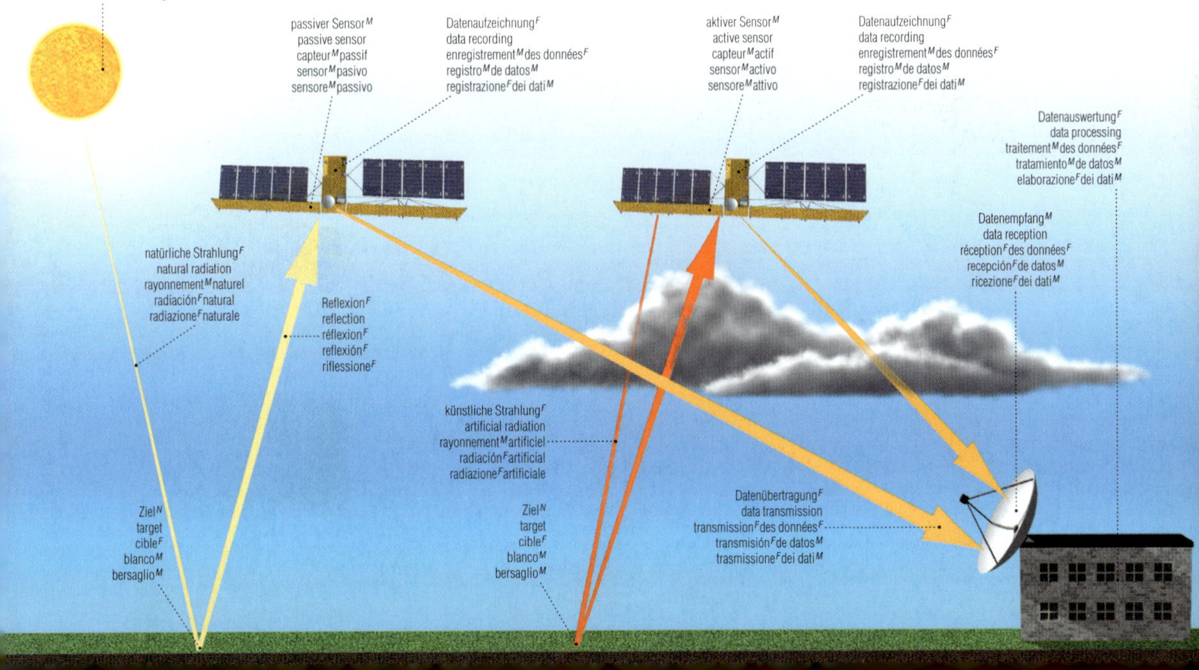

Erdkruste[F] im Querschnitt[M]

section of the Earth's crust | coupe[F] de la croûte[F] terrestre | corte[M] de la corteza[F] terrestre | sezione[F] della crosta[F] terrestre

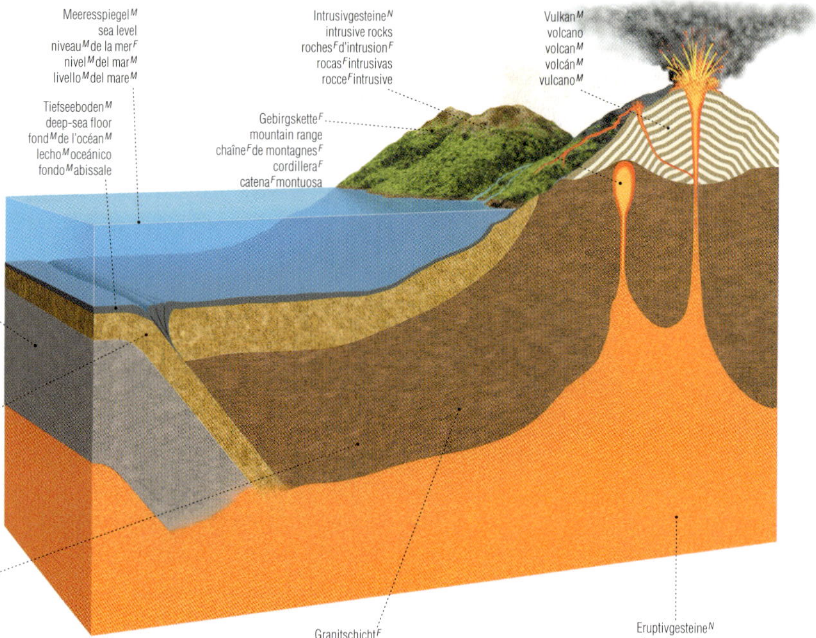

Erdaufbau[M]

structure of the Earth | structure[F] de la Terre[F] | estructura[F] de la Tierra[F] | struttura[F] della Terra[F]

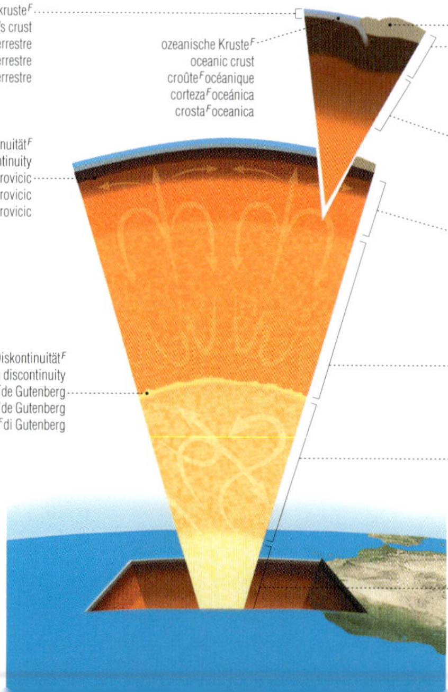

tektonische Platten[F]

tectonic plates | plaques[F] tectoniques | placas[F] tectónicas | placche[F] tettoniche

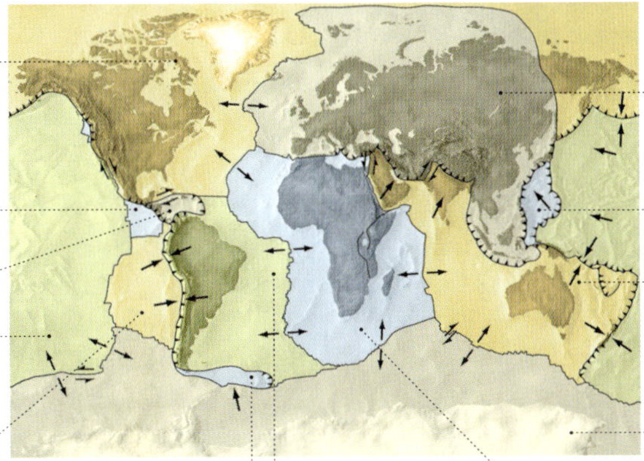

Nordamerikanische Platte[F]
North American Plate
plaque[F] nord-américaine
placa[F] norteamericana
placca[F] nordamericana

Cocos-Platte[F]
Cocos Plate
plaque[F] des îles[F] Cocos
placa[F] de Cocos
placca[F] delle Cocos

Karibische Platte[F]
Caribbean Plate
plaque[F] des Caraïbes
placa[F] del Caribe
placca[F] caribica

Pazifische Platte[F]
Pacific Plate
plaque[F] pacifique
placa[F] del Pacífico
placca[F] del Pacifico[M]

Nazca-Platte[F]
Nazca Plate
plaque[F] Nazca
placa[F] de Nazca
placca[F] di Nazca

Scotia-Platte[F]
Scotia Plate
plaque[F] Scotia
placa[F] de Escocia
placca[F] di Scozia[F]

Südamerikanische Platte[F]
South American Plate
plaque[F] sud-américaine
placa[F] sudamericana
placca[F] sudamericana

Afrikanische Platte[F]
African Plate
plaque[F] africaine
placa[F] africana
placca[F] africana

Eurasiatische Platte[F]
Eurasian Plate
plaque[F] eurasiatique
placa[F] euroasiática
placca[F] euroasiatica

Philippinen-Platte[F]
Philippine Plate
plaque[F] philippine
placa[F] de Filipinas
placca[F] filippina

Indisch-Australische Platte[F]
Australian-Indian Plate
plaque[F] indo-australienne
placa[F] indoaustraliana
placca[F] indoaustraliana

Antarktische Platte[F]
Antarctic Plate
plaque[F] antarctique
placa[F] antártica
placca[F] antartica

Subduktionszone[F]
subduction
subduction[F]
subducción[M]
subduzione[F]

divergierende Plattengrenzen[F]
divergent plate boundaries
plaques[F] divergentes
placas[F] divergentes
placche[F] divergenti

konvergierende Plattengrenzen[F]
convergent plate boundaries
plaques[F] convergentes
placas[F] convergentes
placche[F] convergenti

Transformstörungen[F]
transform plate boundaries
plaques[F] transformantes
fallas[F] transformantes
placche[F] trasformi

Erdbeben[N]

earthquake | séisme[M] | terremoto[M] | terremoto[M]

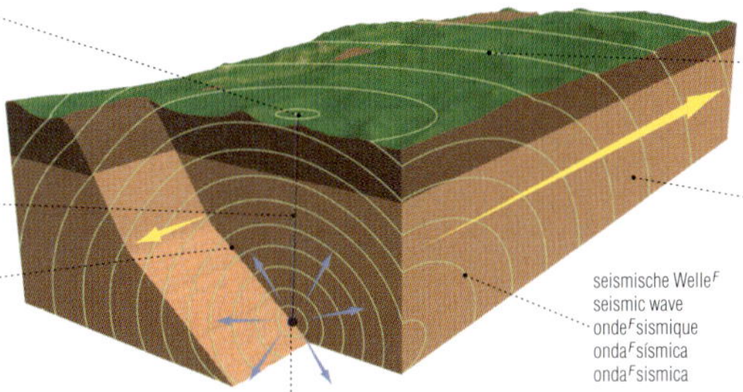

Epizentrum[N]
epicentre
épicentre[M]
epicentro[M]
epicentro[M]

Herdtiefe[F]
depth of focus
profondeur[F] du foyer[M]
profundidad[F] del hipocentro[M]
profondità[F] del fuoco[M]

Verwerfung[F]
fault
faille[F]
falla[F]
faglia[F]

Herd[M]
focus
foyer[M]
hipocentro[M]
fuoco[M]

Isoseiste[F]
isoseismal line
ligne[F] isosiste
isosista[F]
linea[F] isosismica

Erdkruste[F]
Earth's crust
croûte[F] terrestre
corteza[F] terrestre
crosta[F] terrestre

seismische Welle[F]
seismic wave
onde[F] sismique
onda[F] sísmica
onda[F] sismica

Seismographen[M]
seismographs
sismographes[M]
sismógrafos[M]
sismografi[M]

Vertikalseismograph[M]
vertical seismograph
sismographe[M] vertical
sismógrafo[M] vertical
sismografo[M] verticale

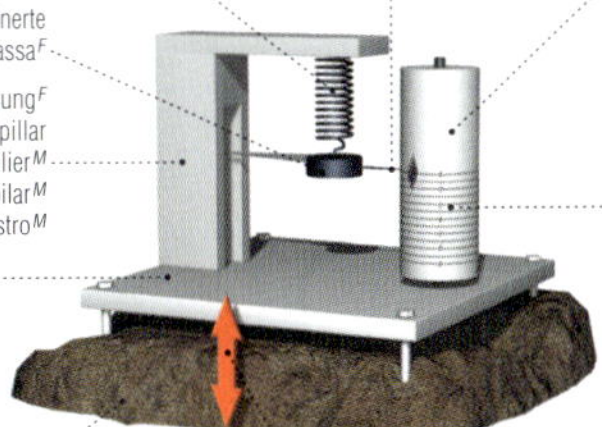

Feder[F]
spring
ressort[M]
resorte[M]
molla[F]

Masse[F]
mass
masse[F]
masa[F] inerte
massa[F]

Pendelaufhängung[F]
pillar
pilier[M]
pilar[M]
pilastro[M]

Standsockel[M]
stand
socle[M]
plataforma[F]
piastra[F] di base[F]

Grundgestein[N]
bedrock
roc[M]
roca[F] firme
basamento[M]

Schreibspitze[F]
pen
plume[F]
pluma[F]
pennino[M]

Drehwalze[F]
rotating drum
cylindre[M] enregistreur
tambor[M] giratorio
tamburo[M] rotante

Seismogramm[N]
seismogram
sismogramme[M]
sismograma[M]
sismogramma[M]

vertikale Bodenbewegung[F]
vertical ground movement
mouvement[M] vertical du sol[M]
movimiento[M] vertical del suelo[M]
movimento[M] verticale del suolo[M]

Horizontalseismograph[M]
horizontal seismograph
sismographe[M] horizontal
sismógrafo[M] horizontal
sismografo[M] orizzontale

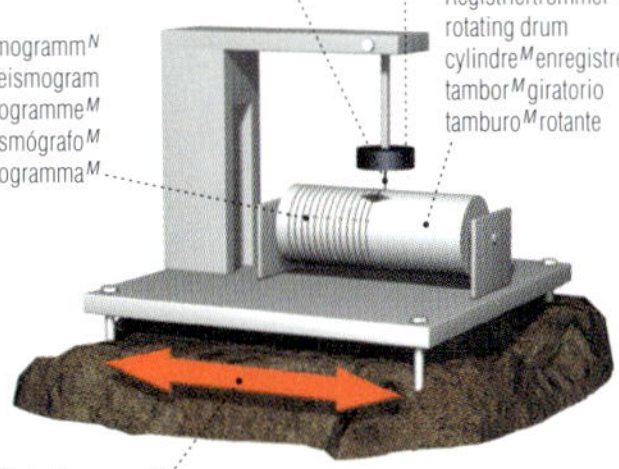

Schreiber[M]
pen
plume[F]
pluma
pennino[M]

Masse[F]
mass
masse[F]
masa[F]
massa[F]

Registriertrommel[F]
rotating drum
cylindre[M] enregistreur
tambor[M] giratorio
tamburo[M] rotante

Seismogramm[N]
seismogram
sismogramme[M]
sismógrafo[M]
sismogramma[M]

horizontale Bodenbewegung[F]
horizontal ground movement
mouvement[M] horizontal du sol[M]
movimiento[M] horizontal del suelo[M]
movimento[M] orizzontale del suolo[M]

Vulkan[M]

volcano | volcan[M] | volcán[M] | vulcano[M]

Vulkan[M] mit Ausbruchstätigkeit[F]
volcano during eruption
volcan[M] en éruption[F]
volcán[M] en erupción[F]
vulcano[M] in eruzione[F]

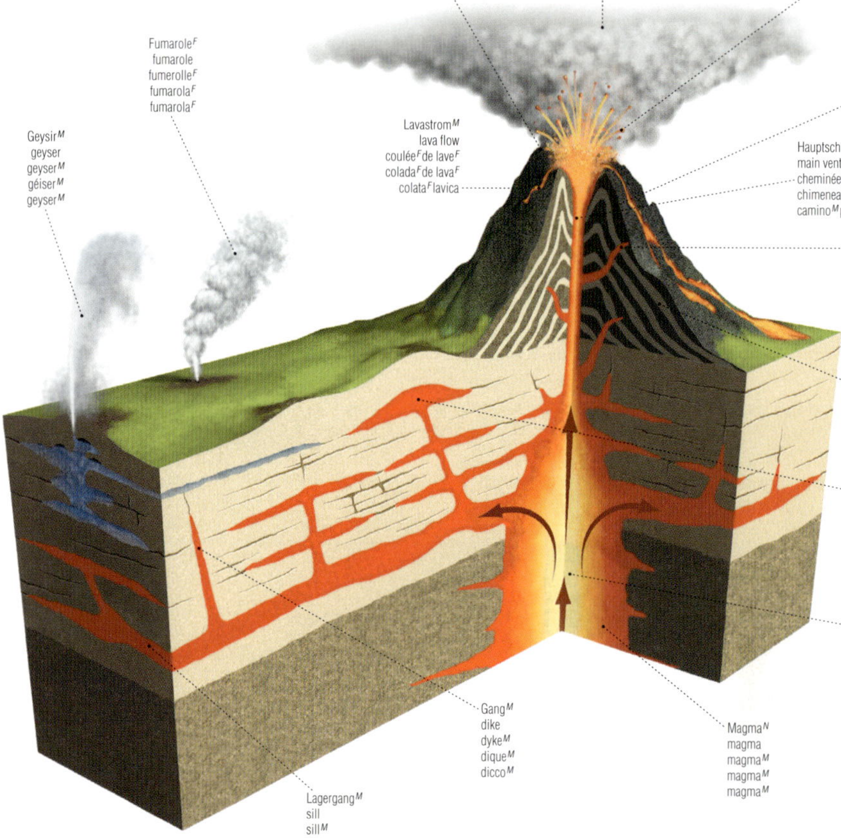

Vulkantypen[M]
examples of volcanoes
exemples[M] de volcans[M]
ejemplos[M] de volcanes[M]
esempi[M] di vulcani[M]

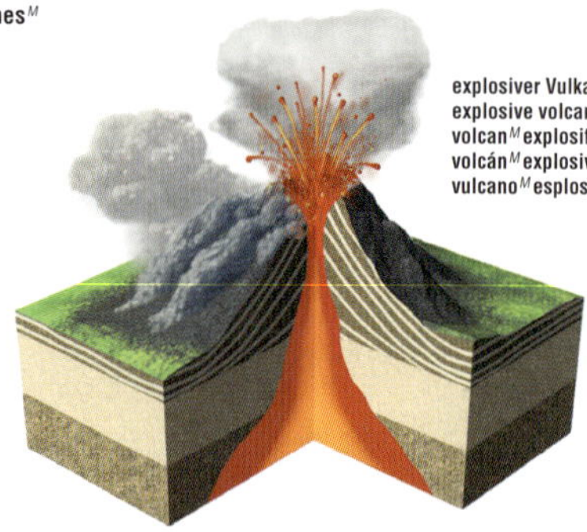

explosiver Vulkan[M]
explosive volcano
volcan[M] explosif
volcán[M] explosivo
vulcano[M] esplosivo

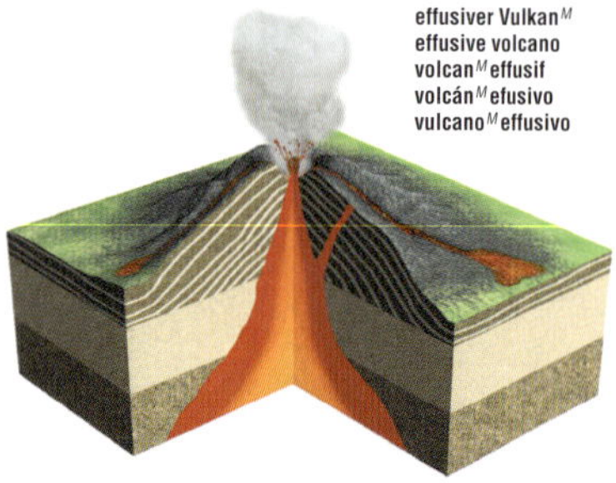

effusiver Vulkan[M]
effusive volcano
volcan[M] effusif
volcán[M] efusivo
vulcano[M] effusivo

Berg^M

mountain | montagne^F | montaña^F | montagna^F

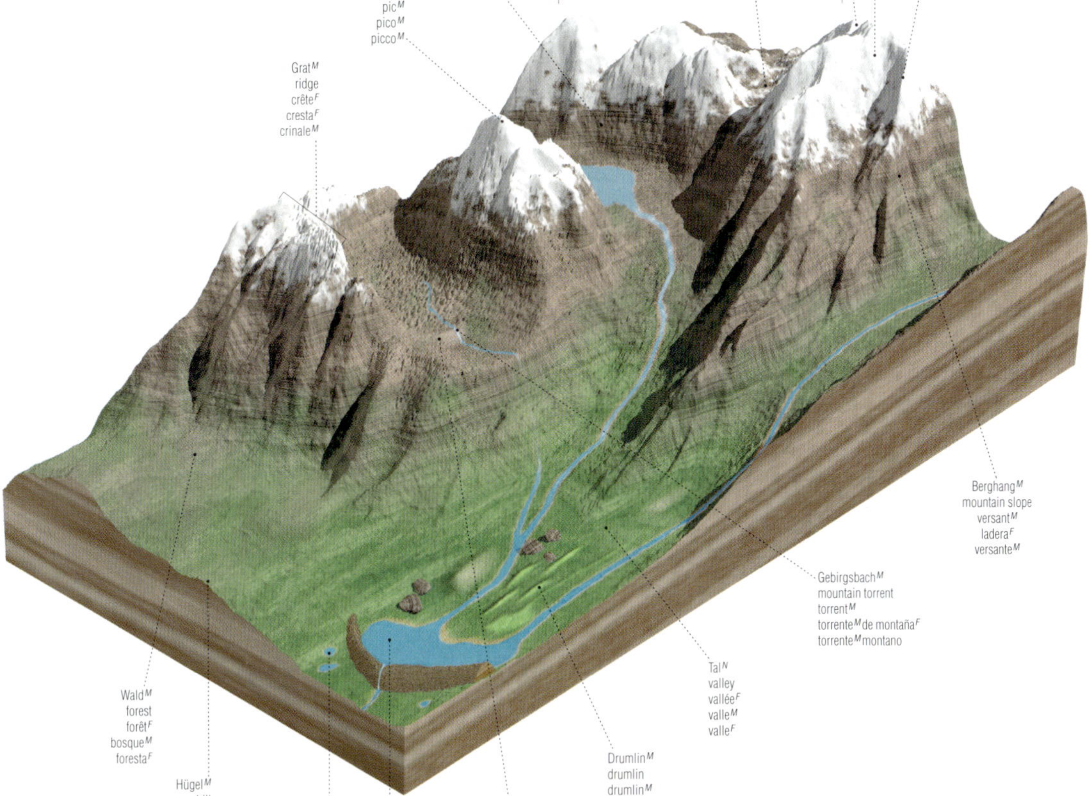

Gletscher^{M}

glacier | glacier^{M} | glaciar^{M} | ghiacciaio^{M}

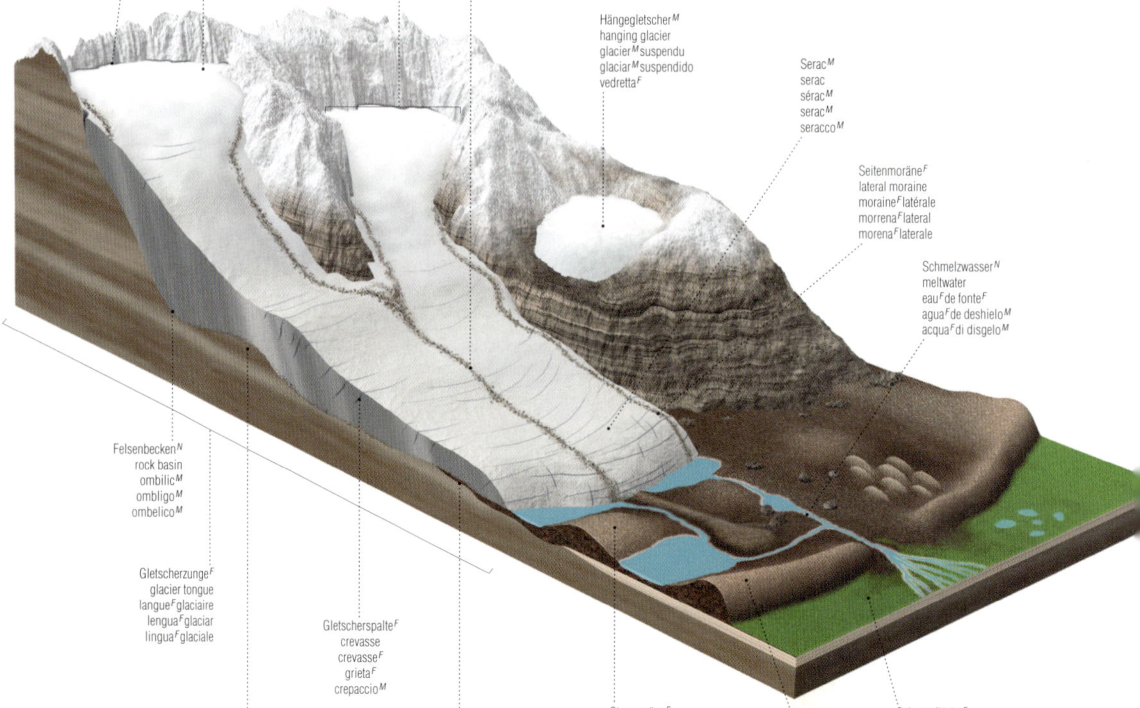

Höhle[F]

cave | grotte[F] | gruta[F] | grotta[F]

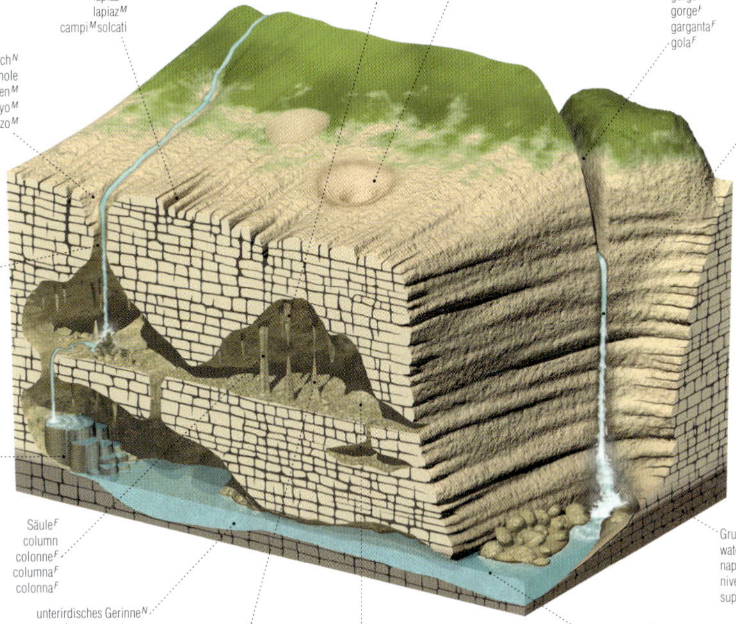

Bodenbewegungen[F]

landslides | mouvements[M] de terrain[M] | desprendimientos[M] de tierras[F] | movimenti del terreno[M]

Bodenkriechen[N]
creep
reptation[F]
reptación[F]
reptazione[F]

Steinschlag[M]
rockslide
éboulement[M]
derrumbamiento[M]
frana[F]

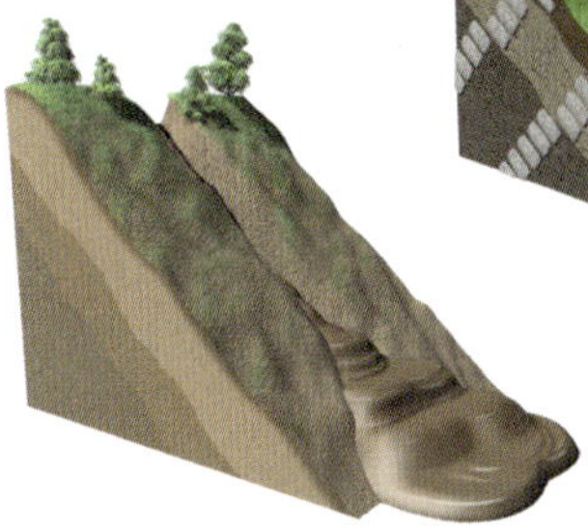

Schlammfluss[M]
mudflow
coulée[F] de boue[F]
corrimiento[M]
colata[F] di fango[M]

Erdrutsch[M]
earthflow
glissement[M] de terrain[M]
desprendimiento[M]
smottamento[M]

Flusslandschaft[F]

watercourse | cours[M] d'eau[F] | corriente[F] de agua[F] | corso[M] d'acqua[F]

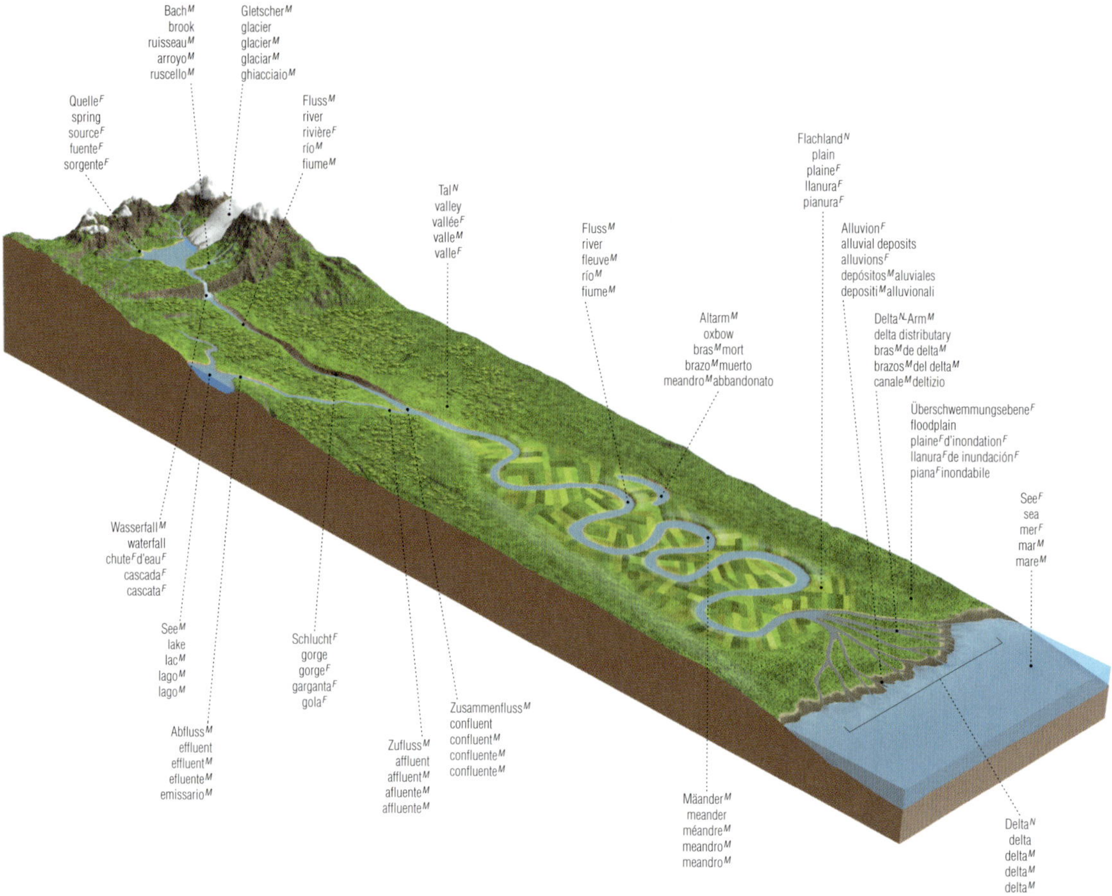

Seen[M]

lakes | lacs[M] | lagos[M] | laghi[M]

Gletschersee[M]
glacial lake
lac[M] d'origine[F] glaciaire
lago[M] glaciar
lago[M] glaciale

vulkanischer See[M]
volcanic lake
lac[M] d'origine[F] volcanique
lago[M] volcánico
lago[M] vulcanico

tektonischer See[M]
tectonic lake
lac[M] d'origine[F] tectonique
lago[M] tectónico
lago[M] tettonico

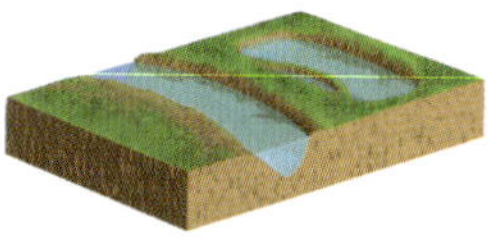

Altarm[M]
oxbow lake
lac[M] en croissant[M]
lago[M] de brazo[M] muerto
lago[M] di meandro[M] abbandonato

Oase[F]
oasis
oasis[F]
oasis[M]
oasi[F]

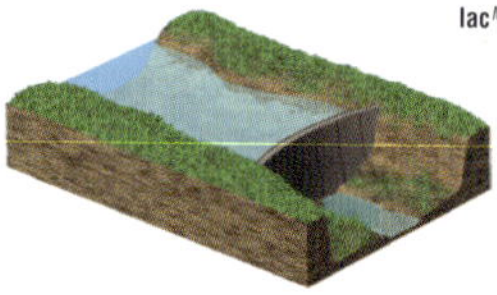

künstlicher See[M]
artificial lake
lac[M] artificiel
embalse[M]
lago[M] artificiale

Welle^F

wave | vague^F | ola^F | onda^F

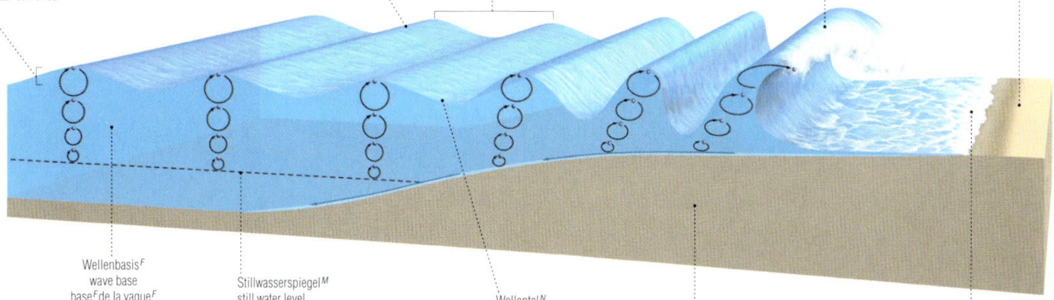

Meeresboden^M

ocean floor | fond^M de l'océan^M | fondo^M oceánico | fondale^M oceanico

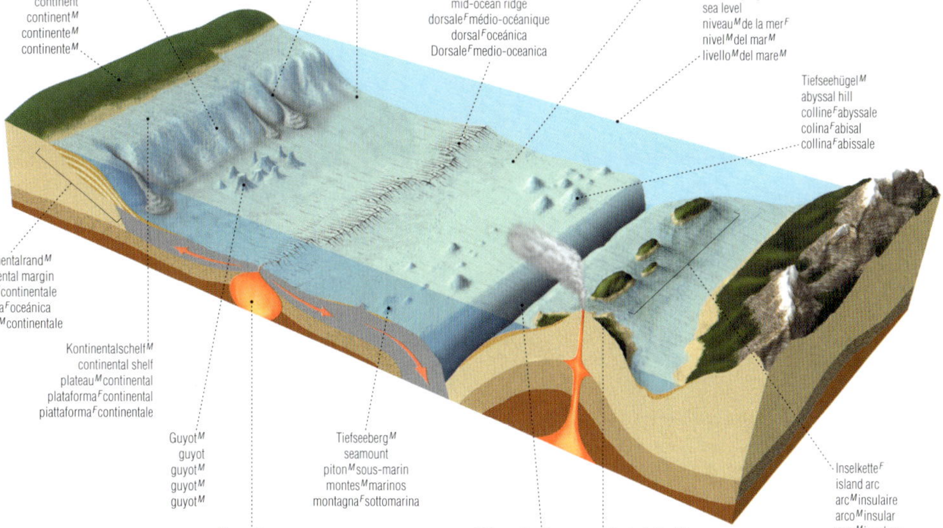

ozeanische Rücken^{M} und Gräben^{M}

ocean trenches and ridges | fosses^{F} et dorsales^{F} océaniques | fosas^{F} y dorsales^{F} oceánicas | fosse^{F} e dorsali^{F} oceaniche

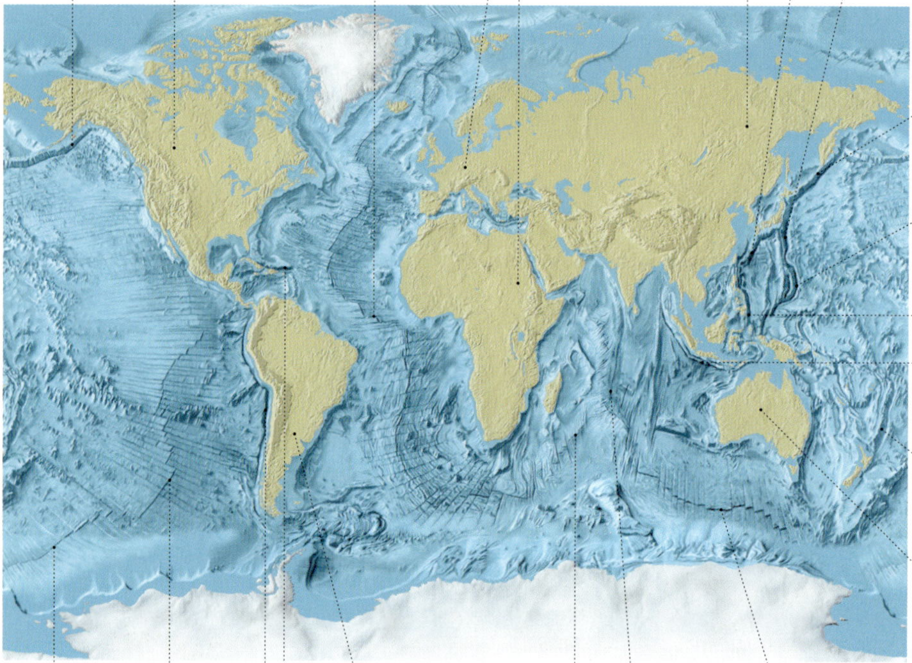

typische Küstenformen^{F}

common coastal features | configuration^{F} du littoral^{M} | configuración^{F} del litoral^{M} | caratteristiche^{F} della costa^{F}

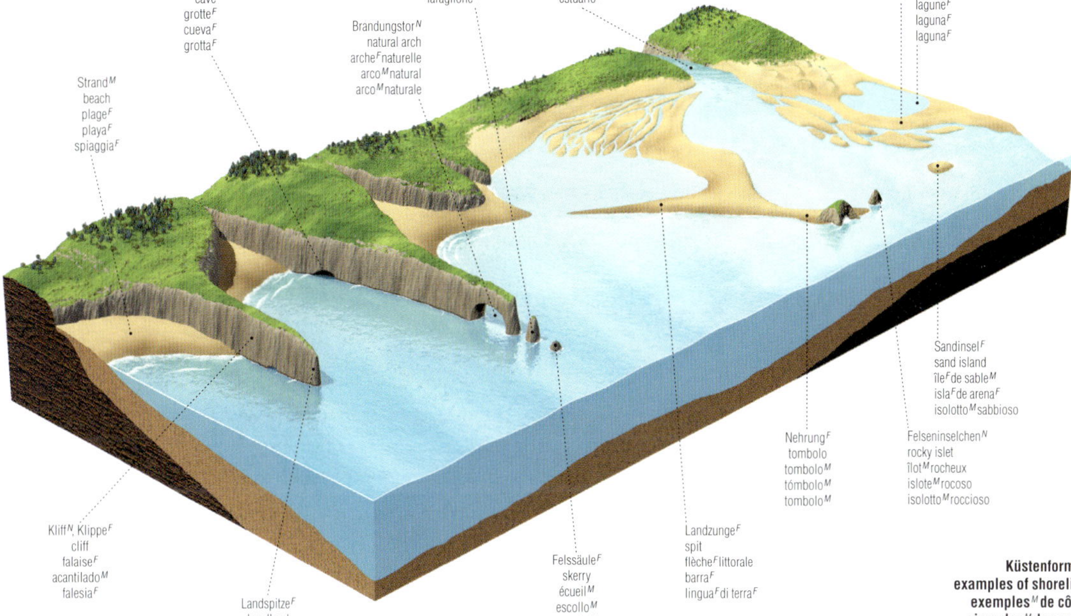

Küstenformen^{F}
examples of shorelines
exemples^{M} de côtes^{F}
ejemplos^{M} de costas^{F}
esempi^{M} di linee^{F} di costa^{F}

Riffküste^{F}
barrier beach
cordon^{M} littoral
cordón^{M} litoral
cordone^{M} litorale

Fjordküste^{F}
fjords
fjords^{M}
fiordo^{M}
fiordi^{M}

Steilküste^{F}
shore cliff
falaise^{F} côtière
acantilado^{M}
falesia^{F} costiera

Delta^{N}
delta
delta^{M}
delta^{M}
delta^{M}

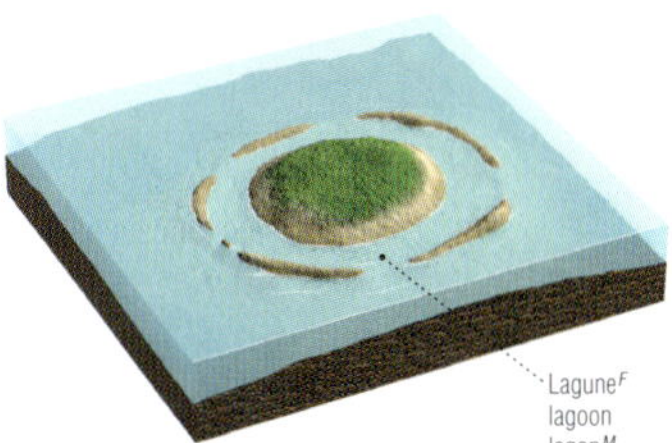

Atoll^{N}
atoll
atoll^{M}
atolón^{M}
atollo^{M}

Riasküste^{F}
rias
rias^{F}
rías^{F}
costa^{F} a rias^{F}

Wüste^F

desert | désert^M | desierto^M | deserto^M

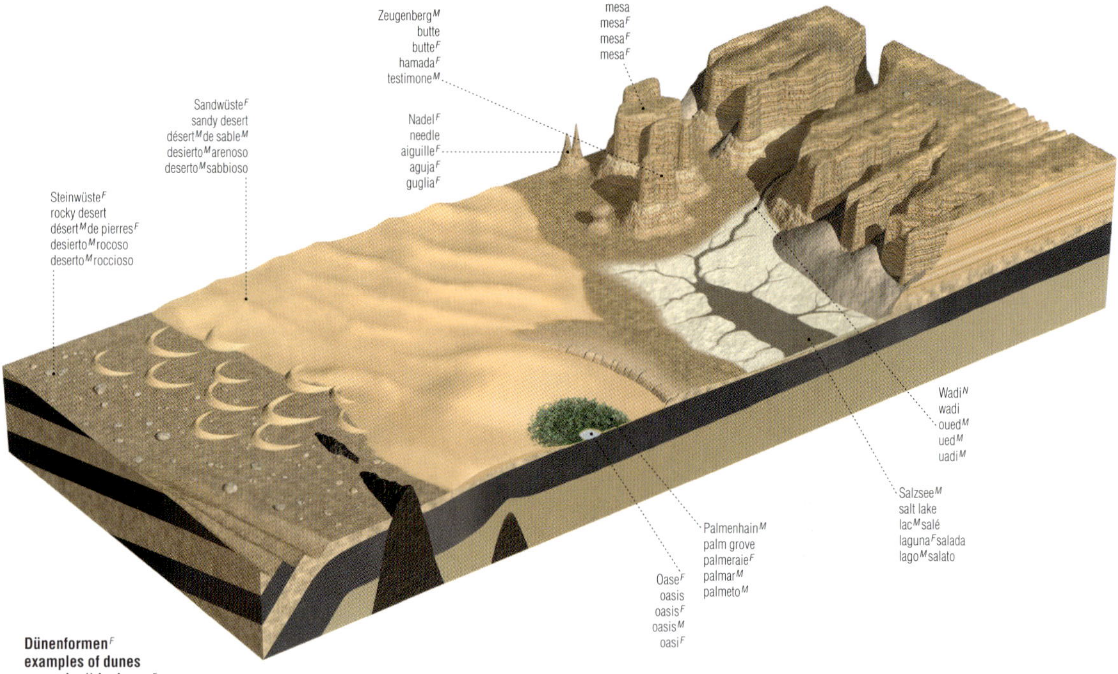

Dünenformen^F
examples of dunes
exemples^M de dunes^F
ejemplos^M de dunas^F
esempi^M di dune^F

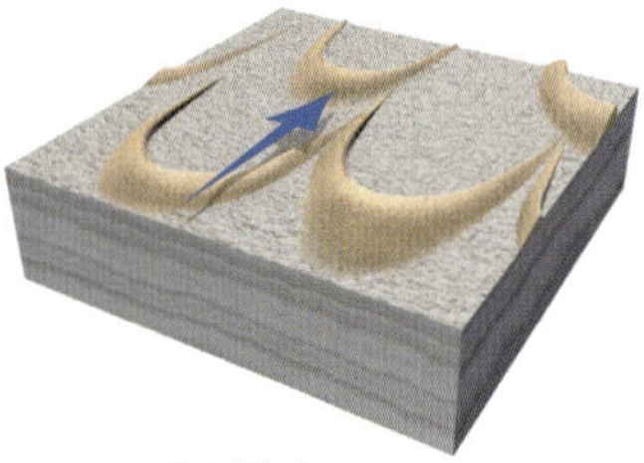

Sicheldüne^F
crescentic dune
dune^F en croissant^M
barján^M
barcana^F

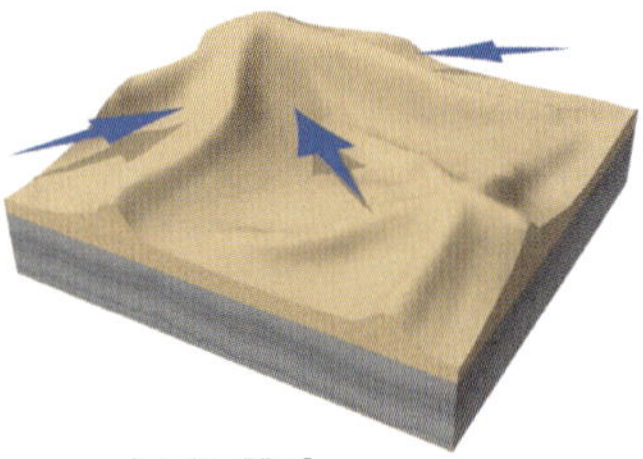

komplexe Düne^F
complex dune
dune^F complexe
duna^F compleja
duna^F complessa

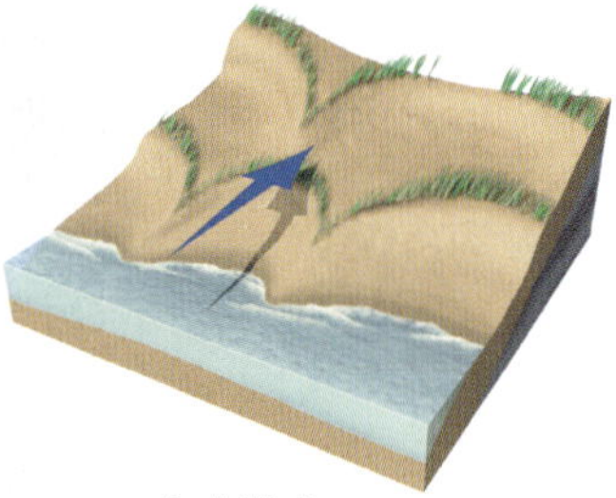

Parabeldüne^F
parabolic dune
dune^F parabolique
duna^F parabólica
duna^F parabolica

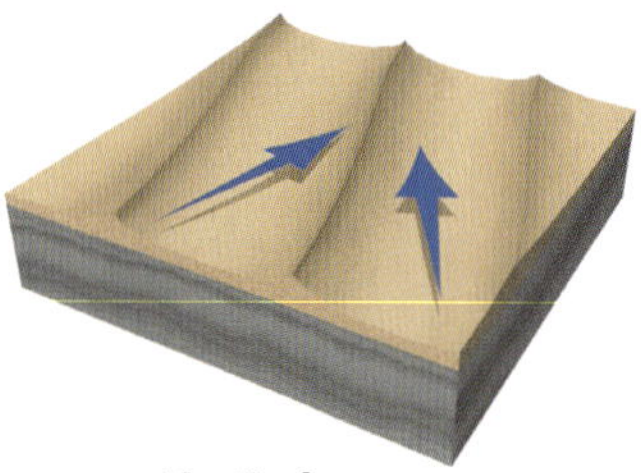

Längsdünen^F
longitudinal dunes
dunes^F longitudinales
dunas^F longitudinales
dune^F longitudinali

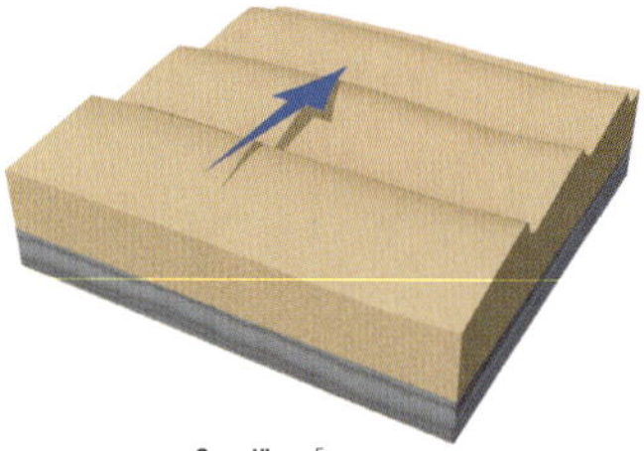

Querdünen^F
transverse dunes
dunes^F transversales
dunas^F transversales
dune^F trasversali

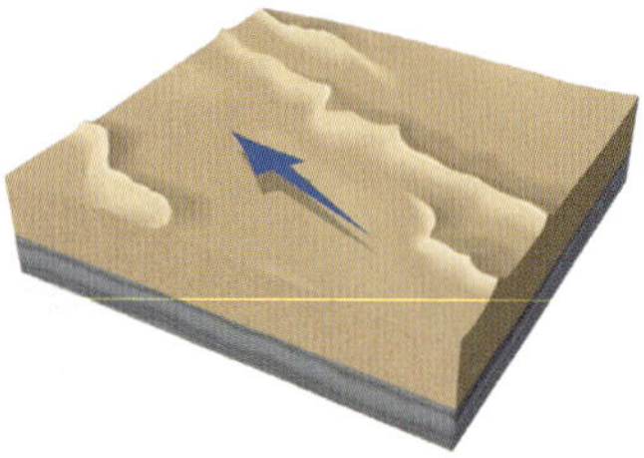

Dünenzug^M
chain of dunes
cordon^M de dunes^F
cadena^F de dunas^F
catena^F di dune^F

Erdatmosphäre[F] im Querschnitt[M]

profile of the Earth's atmosphere | coupe[F] de l'atmosphère[F] terrestre | corte[M] de la atmósfera[F] terrestre | profilo[M] dell'atmosfera[F] terrestre

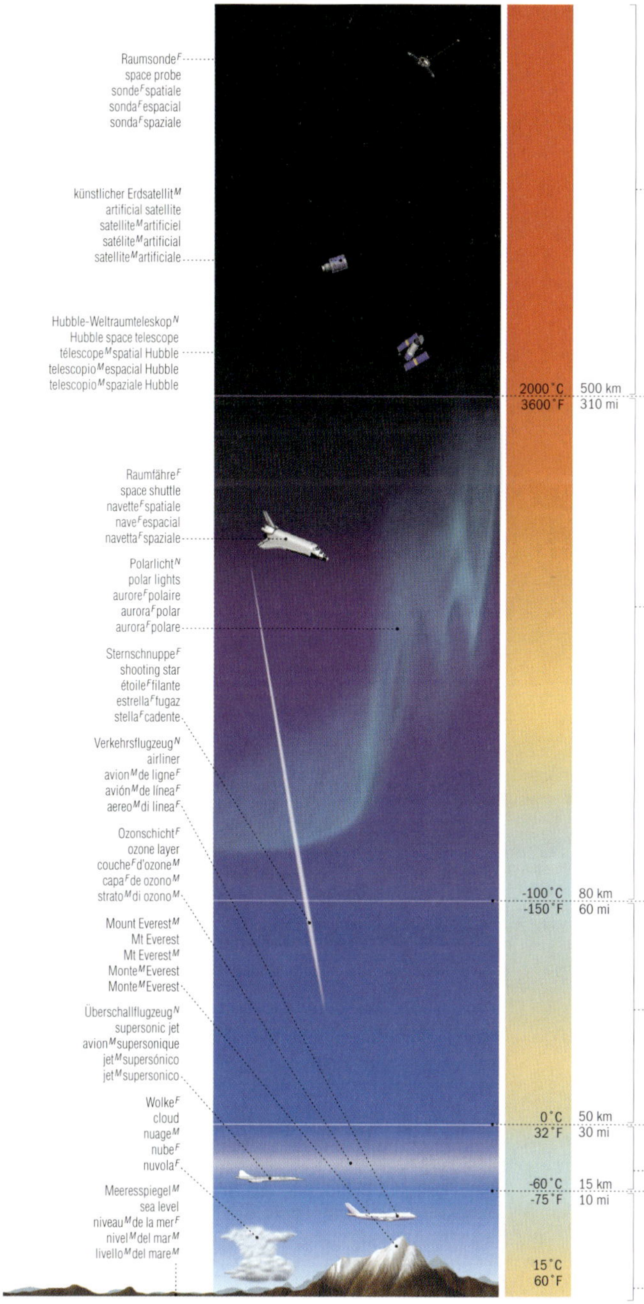

Jahreszeiten^F

seasons of the year | cycle^M des saisons^F | estaciones^F del año^M | stagioni^F dell'anno^M

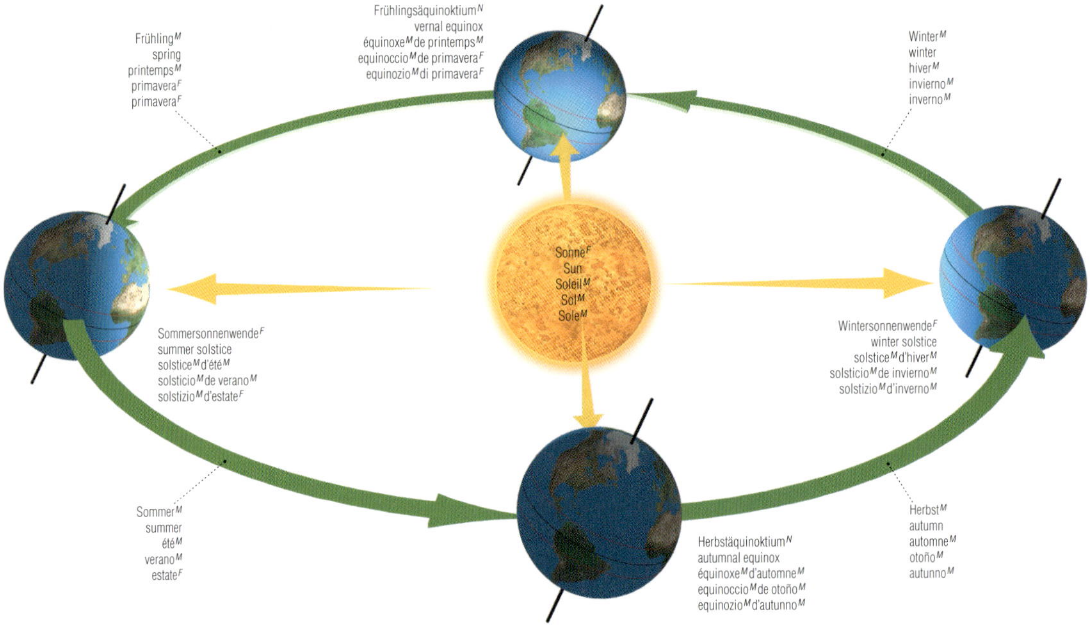

Wettervorhersage^F

meteorological forecast | prévision^F météorologique | previsión^F meteorológica | previsioni^F meteorologiche

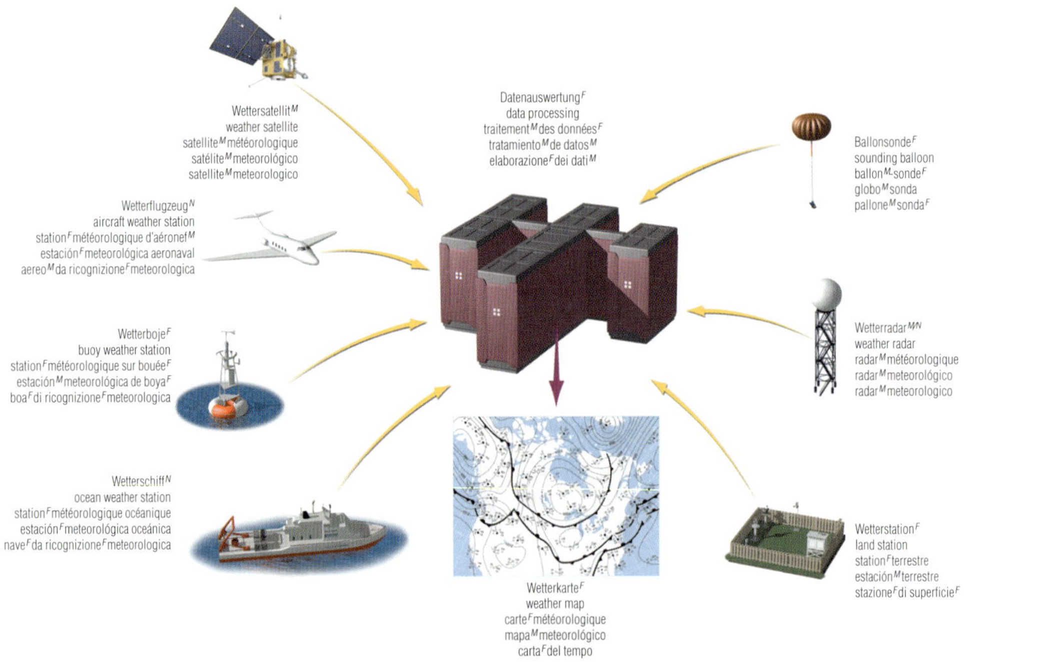

Wetterkarte[F]

weather map | carte[F] météorologique | mapa[M] meteorológico | carta[F] del tempo[M]

Windrichtung und wind direction and speed
direction[F] et force[F] du vent[M]
dirección[F] y velocidad[F] del viento[M]
direzione[F] e forza[F] del vento[M]

Luftdruck[M]
barometric pressure
pression[F] barométrique
presión[F] barométrica
pressione[F] atmosferica

Isobare[F]
isobar
isobare[F]
isobara[F]
isobara[F]

Tiefdruckgebiet[N]
depression
dépression[F]
depresión[F]
centro[M] di bassa pressione[F]

Niederschlagsgebiet[N]
precipitation area
zone[F] de précipitation[F]
zona[F] de precipitación[F]
area[F] di precipitazione[F]

Trog[M]
trough
creux[M] barométrique
depresión[F] barométrica
saccatura[F]

Luftmasse[F]
type of air mass
type[M] de la masse[F] d'air[M]
masa[F] de aire[M]
tipo[M] di massa[F] d'aria[F]

Hochdruckgebiet[N]
anticyclone
anticyclone[M]
anticiclón[M]
centro[M] di alta pressione[F]

Stationsmodell[N]

station model | disposition[F] des informations[F] d'une station[F] | modelo[M] de estación[F] | modello[M] di stazione[F]

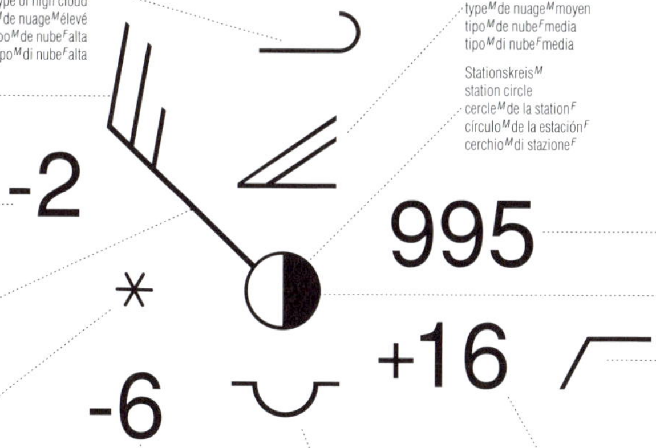

Art der hohen Wolken[F]
type of high cloud
type[M] de nuage[M] élevé
tipo[M] de nube[F] alta
tipo[M] di nube[F] alta

Art der mittelhohen Wolken[F]
type of middle cloud
type[M] de nuage[M] moyen
tipo[M] de nube[F] media
tipo[M] di nube[F] media

Stationskreis[M]
station circle
cercle[M] de la station[F]
círculo[M] de la estación[F]
cerchio[M] di stazione[F]

Windgeschwindigkeit[F]
wind speed
force[F] du vent[M]
velocidad[F] del viento[M]
forza[F] del vento[M]

Lufttemperatur[F]
air temperature
température[F] de l'air[M]
temperatura[F] ambiente
temperatura[F] dell'aria[F]

Luftdruck[M] in Meereshöhe[F]
sea-level pressure
pression[F] au niveau[M] de la mer[F]
presión[F] barométrica a nivel[M] del mar[M]
pressione[F] a livello[M] del mare[M]

Himmelsbedeckung[F]
sky coverage
nébulosité[F]
proporción[F] de nubes[F]
copertura[F] del cielo[M]

Windrichtung[F]
wind direction
direction[F] du vent[M]
dirección[M] del viento[M]
direzione[F] del vento[M]

Drucktendenz[F]
barometric tendency
tendance[F] barométrique
tendencia[F] barométrica
tendenza[F] barometrica

gegenwärtige Wetterlage[F]
present state of weather
état[M] présent du temps[M]
estado[M] actual del tiempo[M]
stato[M] presente del tempo[M]

Taupunkttemperatur[F]
temperature of dew point
température[F] du point[M] de rosée[F]
temperatura[F] del punto[M] de rocío[M]
temperatura[F] di rugiada[F]

Art der tiefen Wolken[F]
type of low cloud
type[M] de nuage[M] bas
tipo[M] de nube[F] baja
tipo[M] di nube[F] bassa

Luftdruckänderung[F]
pressure change
évolution[F] de la pression[F]
cambio[M] de presión[F]
variazione[F] di pressione[F]

internationale Wettersymbole[N]

international weather symbols | symboles[M] météorologiques internationaux | símbolos[M] meteorológicos internacionales | simboli[M] meteorologici internazionali

Wind[M]
wind
vent[M]
viento[M]
vento[M]

Windstille[F]
calm
air[M] calme
sosegado[M]
calma[F]

Pfeil[M]
shaft
hampe[F]
brisa[F] leve
segmento[M] orientato

ganzer Querstrich[M]
barb
barbule[F]
viento[M] moderado
barbetta[F]

Windstärkefähnchen[N]
wind arrow
flèche[F] du vent[M]
flecha[F] indicadora de la dirección[F] del viento[M]
freccia[F] del vento[M]

halber Querstrich[M]
half barb
demi-barbule[F]
viento[M] suave
mezza barbetta[F]

Fähnchen[N]
pennant
fanion[M]
tempestad[F]
banderuola[F]

Fronten[F]
fronts
fronts[M]
frentes[M]
fronti[M]

Kaltfront[F] am Boden[M]
surface cold front
front[M] froid en surface[F]
frente[M] frío de superficie[F]
fronte[M] freddo al suolo[M]

Warmfront[F] am Boden[M]
surface warm front
front[M] chaud en surface[F]
frente[M] cálido de superficie[F]
fronte[M] caldo al suolo[M]

Okklusion[F]
occluded front
front[M] occlus
frente[M] ocluido
fronte[M] occluso al suolo[M]

Höhenkaltfront[F]
upper cold front
front[M] froid en altitude[F]
frente[M] frío en las alturas[F]
fronte[M] freddo in quota[F]

Höhenwarmfront[F]
upper warm front
front[M] chaud en altitude[F]
frente[M] cálido en las alturas[F]
fronte[M] caldo in quota[F]

stationäre Front[F]
stationary front
front[M] stationnaire
frente[M] estacionario
fronte[M] stazionario

Bedeckungsgrad[M]
cloud amount
nébulosité[F]
nubosidad[F]
nuvolosità[F]

stark bewölkter Himmel[M]
very cloudy sky
ciel[M] très nuageux
cielo[M] muy nuboso
cielo[M] molto nuvoloso

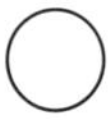
wolkenloser Himmel[M]
cloudless sky
ciel[M] sans nuages[M]
cielo[M] despejado
cielo[M] sereno

heiterer Himmel[M]
slightly covered sky
ciel[M] peu nuageux
cielo[M] ligeramente nuboso
cielo[M] poco nuvoloso

bedeckter Himmel[M]
overcast sky
ciel[M] couvert
cielo[M] completamente nuboso
cielo[M] coperto

klarer Himmel[M]
clear sky
ciel[M] clair
cielo[M] sereno
cielo[M] limpido

bewölkter Himmel[M]
cloudy sky
ciel[M] nuageux
cielo[M] medio nuboso
cielo[M] nuvoloso

nicht angebbar (da nicht erkennbar)
obscured sky
ciel[M] complètement obscurci
cielo[M] no observable
cielo[M] invisibile

Wolken[F]
clouds
nuages[M]
nubes[M]
nuvole[F]

Stratus[M]
stratus
stratus[M]
estrato[M]
strato[M]

Altostratus[M]
altostratus
alto-stratus[M]
altostrato[M]
altostrato[M]

Zirrus[M]
cirrus
cirrus[M]
cirro[M]
cirro[M]

Kumulonimbus[M]
cumulonimbus
cumulo-nimbus[M]
cumulonimbo[M]
cumulonembo[M]

Nimbostratus[M]
nimbostratus
nimbo-stratus[M]
nimbostrato[M]
nembostrato[M]

Zirrostratus[M]
cirrostratus
cirro-stratus[M]
cirrostrato[M]
cirrostrato[M]

Kumulus[M]
cumulus
cumulus[M]
cúmulo[M]
cumulo[M]

Altokumulus[M]
altocumulus
alto-cumulus[M]
altocúmulo[M]
altocumulo[M]

Zirrokumulus[M]
cirrocumulus
cirro-cumulus[M]
cirrocúmulo[M]
cirrocumulo[M]

Stratokumulus[M]
stratocumulus
strato-cumulus[M]
estratocúmulo[M]
stratocumulo[M]

Niederschläge[M]
present weather
météores[M]
fenómenos[M] atmosféricos
meteore[F]

Sand- oder Staubsturm[M]
sandstorm or dust storm
tempête[F] de sable[M] ou de poussière[F]
tormenta[F] de polvo[M] y arena[F]
tempesta[F] di sabbia[F] o di polvere[F]

Gewitter[N]
thunderstorm
orage[M]
tormenta[F]
temporale[M]

starkes Gewitter[N]
heavy thunderstorm
orage[M] fort
tormenta[F] eléctrica
temporale[M] forte

Blitz[M]
lightning
éclair[M]
relámpago[M]
fulmine[M]

tropischer Sturm[M]
tropical storm
tempête[F] tropicale
tormenta[F] tropical
tempesta[F] tropicale

Orkan[M]
hurricane
ouragan[M]
huracán[M]
uragano[M]

Tornado[M]
tornado
tornade[F]
tornado[M]
tornado[M]

zeitweise leichter Regen[M]
light intermittent rain
pluie[F] intermittente faible
lluvia[F] ligera intermitente
pioggia[F] leggera intermittente

zeitweise leichter Sprühregen[M]
light intermittent drizzle
bruine[F] intermittente faible
llovizna[F] ligera intermitente
pioviggine[F] leggera intermittente

zeitweise leichter Schneefall[M]
light intermittent snow
neige[F] intermittente faible
nieve[F] ligera intermitente
neve[F] leggera intermittente

zeitweise mäßiger Regen[M]
moderate intermittent rain
pluie[F] intermittente modérée
lluvia[F] moderada intermitente
pioggia[F] moderata intermittente

zeitweise mäßiger Sprühregen[M]
moderate intermittent drizzle
bruine[F] intermittente modérée
llovizna[F] moderada intermitente
pioviggine[F] moderata intermittente

zeitweise mäßiger Schneefall[M]
moderate intermittent snow
neige[F] intermittente modérée
nieve[F] moderada intermitente
neve[F] moderata intermittente

zeitweise starker Regen[M]
heavy intermittent rain
pluie[F] intermittente forte
lluvia[F] intensa intermitente
pioggia[F] forte intermittente

zeitweise dichter Sprühregen[M]
thick intermittent drizzle
bruine[F] intermittente forte
llovizna[F] fuerte intermitente
pioviggine[F] spessa intermittente

zeitweise starker Schneefall[M]
heavy intermittent snow
neige[F] intermittente forte
nieve[F] fuerte intermitente
neve[F] forte intermittente

anhaltend leichter Regen[M]
light continuous rain
pluie[F] continue faible
lluvia[F] ligera continua
pioggia[F] leggera continua

anhaltend leichter Sprühregen[M]
light continuous drizzle
bruine[F] continue faible
llovizna[F] ligera continua
pioviggine[F] leggera continua

anhaltend leichter Schneefall[M]
light continuous snow
neige[F] continue faible
nieve[F] ligera continua
neve[F] leggera continua

anhaltend mäßiger Regen[M]
moderate continuous rain
pluie[F] continue modérée
lluvia[F] moderada continua
pioggia[F] moderata continua

anhaltend mäßiger Sprühregen[M]
moderate continuous drizzle
bruine[F] continue modérée
llovizna[F] moderada continua
pioviggine[F] moderata continua

anhaltend mäßiger Schneefall[M]
moderate continuous snow
neige[F] continue modérée
nieve[F] moderada continua
neve[F] moderata continua

anhaltend starker Regen[M]
heavy continuous rain
pluie[F] continue forte
lluvia[F] fuerte continua
pioggia[F] forte continua

anhaltend dichter Sprühregen[M]
thick continuous drizzle
bruine[F] continue forte
llovizna[F] fuerte continua
pioviggine[F] spessa continua

anhaltend starker Schneefall[M]
heavy continuous snow
neige[F] continue forte
nieve[F] fuerte continua
neve[F] forte continua

Schneeregen[M]
sleet
grésil[M]
aguanieve[F]
nevischio[M]

Dunst[M]
mist
brume[F]
neblina[F]
bruma[F] umida

Schneeschauer[M]
snow shower
averse[F] de neige[F]
chubasco[M] de nieve[F]
rovesci[M] di neve[F]

Schneefegen[N]
drifting snow low
chasse-neige[F] basse
viento[M] fuerte invernal alto
scaccianeve[M] basso

Nebel[M]
fog
brouillard[M]
niebla[F]
nebbia[F]

Regenschauer[M]
rain shower
averse[F] de pluie[F]
chubasco[M]
rovesci[M] di pioggia[F]

Schneetreiben[N]
drifting snow high
chasse-neige[F] haute
viento[M] fuerte invernal bajo
scaccianeve[M] alto

Dunst[M]
haze
brume[F] sèche
neblina[F]
foschia[F]

Hagelschauer[M]
hail shower
averse[F] de grêle[F]
granizada[F]
rovesci[M] di grandine[F]

Eisregen[M]
freezing rain
pluie[F] verglaçante
lluvia[F] helada
pioggia[F] congelantesi

Rauch[M]
smoke
fumée[F]
humo[M]
fumo[M]

Bö[F]
squall
grain[M]
chaparrón[M F]
groppo[M]

Wetterstation^{F}

meteorological station | station^{F} météorologique | estación^{F} meteorológica | stazione^{F} meteorologica

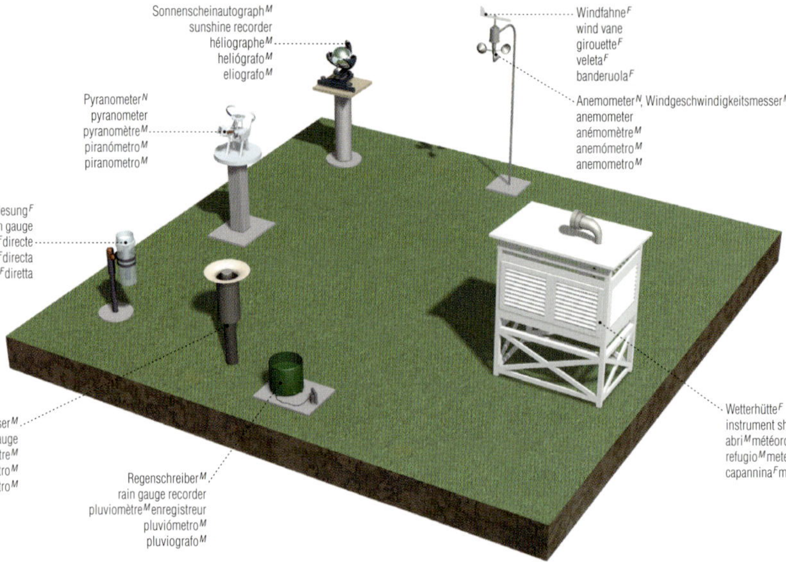

meteorologische Messinstrumente^{N}

meteorological measuring instruments | instruments^{M} de mesure^{F} météorologique | instrumentos^{M} de medición^{F} meteorológica | strumenti^{M} di misurazione^{F} meteorologica

Messung^{F} der Sonneneinstrahlung^{F}
measurement of sunshine
mesure^{F} de l'ensoleillement^{M}
medición^{F} de la insolación^{F}
misurazione^{F} della luce^{F} solare

Sonnenscheinautograph^{M}
sunshine recorder
héliographe^{M}
heliógrafo^{M}
eliografo^{M}

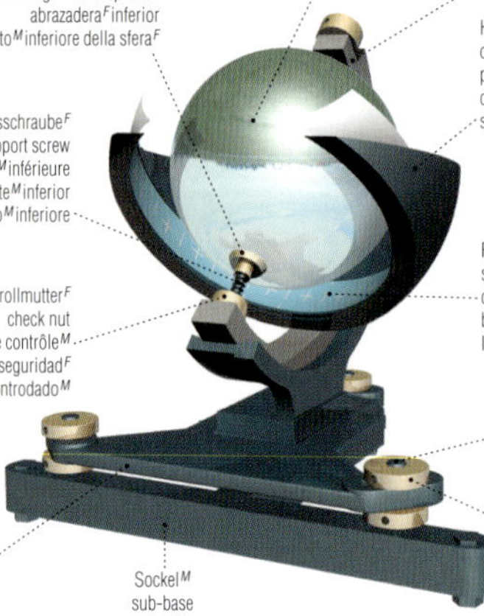

Messung^{F} der Himmelsstrahlung^{F}
measure of sky radiation
mesure^{F} du rayonnement^{M} du ciel^{M}
medida^{F} de radiación^{F} del cielo^{M}
misurazione^{F} delle radiazioni^{F} solari

Pyranometer^{N}
pyranometer
pyranomètre^{M}
piranómetro^{M}
piranometro^{M}

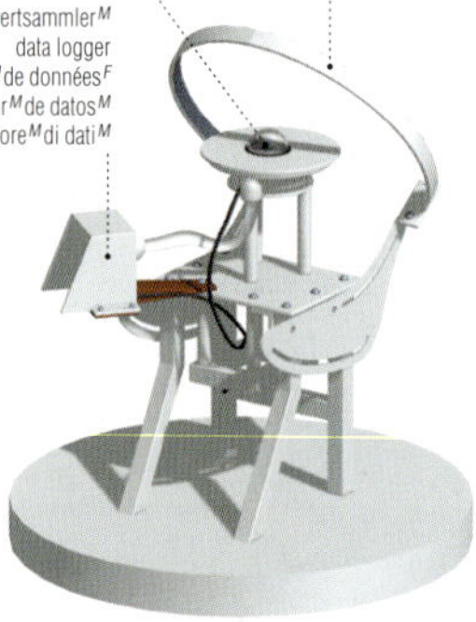

meteorologische Messinstrumente^{N}

selbst schreibender Regenmesser^{M}
direct-reading rain gauge
pluviomètre^{M} à lecture^{F} directe
pluviómetro^{M} de lectura^{F} directa
pluviometro^{M} a lettura^{F} diretta

Sammeltrichter^{M}
collecting funnel
entonnoir^{M} collecteur
embudo^{M} colector
imbuto^{M} collettore

Schelle^{F}
tightening band
collier^{M} de serrage^{M}
banda^{F} de tensión^{F}
fascetta^{F} di fissaggio^{M}

Messrohr^{N}
measuring tube
éprouvette^{F} graduée
probeta^{F} graduada
tubo^{M} graduato

Behälter^{M}
container
récipient^{M}
recipiente^{M} de vertido^{M}
contenitore^{M}

Ständer^{M}
support
support^{M}
soporte^{M}
sostegno^{M}

Niederschlagsschreiber^{M}
rain gauge recorder
pluviomètre^{M} enregistreur
pluviómetro^{M}
pluviografo^{M}

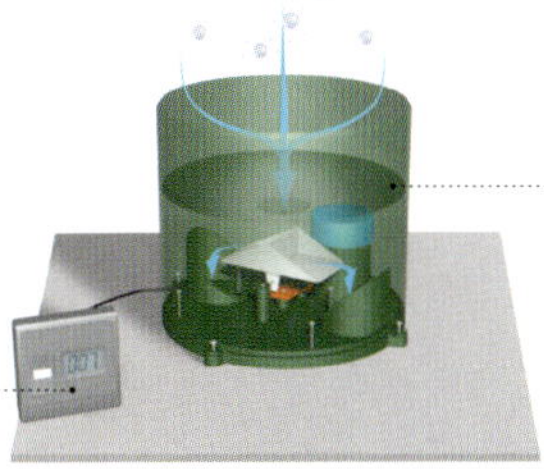

Auffanggefäß^{N}
collecting vessel
récipient^{M} collecteur
recipiente^{M} de acumulación^{F}
recipiente^{M} di raccolta^{F}

Aufzeichnungsgerät^{N}
recording unit
appareil^{M} enregistreur
unidad^{F} de registro^{M}
registratore^{M}

Messung^{F} der Regenmenge^{F}
measurement of rainfall
mesure^{F} de la pluviosité^{F}
medición^{F} de la lluvia^{F}
misurazione^{F} delle precipitazioni^{F}

ERDE

Messung^{F} in der oberen Atmosphäre^{F}
upper-air sounding
sondage^{M} en altitude^{F}
sondeo^{M} en altitud^{F}
scandagliamento^{M} ad alta quota^{F}

Ballonsonde^{F}
sounding balloon
ballon^{M}-sonde^{F}
globo^{M} sonda
pallone^{M}-sonda^{F}

Radiosonde^{F}
radiosonde
radiosonde^{F}
radiosonda^{F}
radiosonda^{F}

Messung^{F} des Luftdrucks^{M}
measurement of air pressure
mesure^{F} de la pression^{F}
medición^{F} de la presión^{F} del aire^{M}
misurazione^{F} della pressione^{F} dell'aria^{F}

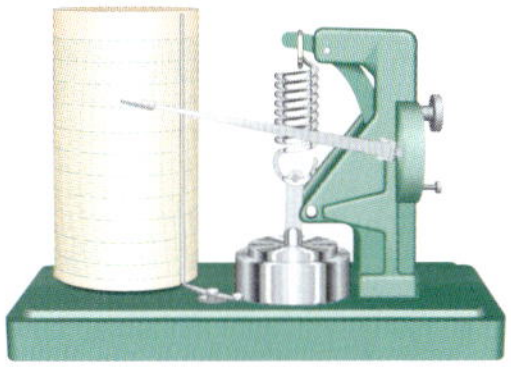

Barograph^{M}
barograph
baromètre^{M} enregistreur
barógrafo^{M}
barografo^{M}

Quecksilberbarometer^{N}
mercury barometer
baromètre^{M} à mercure^{M}
barómetro^{M} de mercurio^{M}
barometro^{M} a mercurio^{M}

Messung^{F} des Schneefalls^{M}
measurement of snowfall
mesure^{F} de la chute^{F} de neige^{F}
medición^{F} de nevadas^{F}
misurazione^{F} delle precipitazioni^{F} nevose

Schneemesser^{M}
snow gauge
nivomètre^{M}
nivómetro^{M}
nivometro^{M}

Messung^{F} der Luftfeuchtigkeit^{F}
measurement of humidity
mesure^{F} de l'humidité^{F}
medición^{F} de la humedad^{F}
misurazione^{F} dell'umidità^{F}

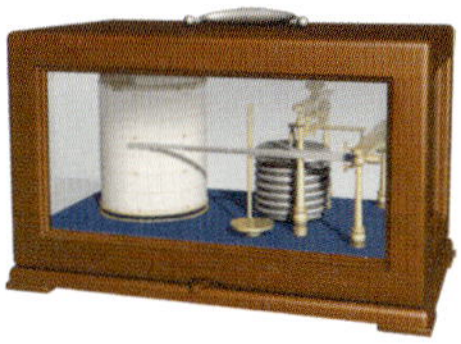

Hygrograph^{M}
hygrograph
hygromètre^{M} enregistreur
higrógrafo^{M}
igrografo^{M}

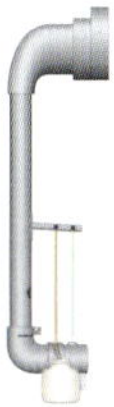

Psychrometer^{N}
psychrometer
psychromètre^{M}
psicrómetro^{M}
psicrometro^{M}

Messung^{F} der Temperatur^{F}
measurement of temperature
mesure^{F} de la température^{F}
medición^{F} de la temperatura^{F}
misurazione^{F} della temperatura^{F}

Minimumthermometer^{N}
minimum thermometer
thermomètre^{M} à minima^{M}
termómetro^{M} de mínima
termometro^{M} a minima^{F}

Maximumthermometer^{N}
maximum thermometer
thermomètre^{M} à maxima^{M}
termómetro^{M} de máxima
termometro^{M} a massima^{F}

Messung^{F} der Windrichtung^{F}
measurement of wind direction
mesure^{F} de la direction^{F} du vent^{M}
medición^{F} de la dirección^{F} del viento^{M}
misurazione^{F} della direzione^{F} del vento^{M}

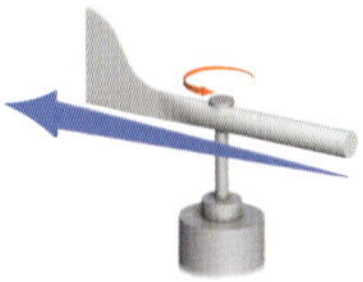

Windfahne^{F}
wind vane
girouette^{F}
veleta^{F}
banderuola^{F}

Messung^{F} der Windstärke^{F}
measurement of wind strength
mesure^{F} de la vitesse^{F} du vent^{M}
medición^{F} de la fuerza^{F} del viento^{M}
misurazione^{F} della forza^{F} del vento^{M}

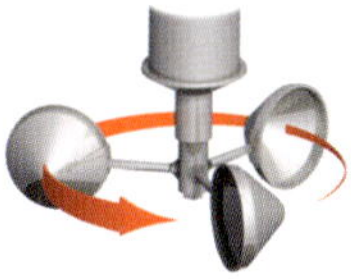

Anemometer^{N}
anemometer
anémomètre^{M}
anemómetro^{M}
anemometro^{M}

Messung^{F} der Wolkenhöhe^{F}
measurement of cloud ceiling
mesure^{F} de la hauteur^{F} des nuages^{M}
medición^{F} de la altura^{F} de las nubes^{F}
misurazione^{F} dell'altezza^{F} delle nubi^{F}

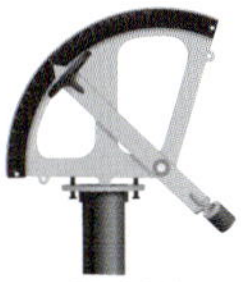

Alhidade^{F}
alidade
alidade^{F}
alidada^{F}
alidada^{F}

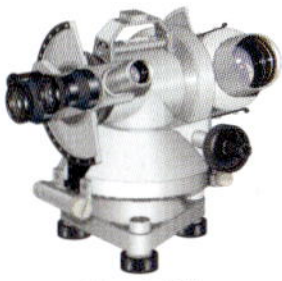

Theodolit^{M}
theodolite
théodolite^{M}
teodolito^{M}
teodolite^{M}

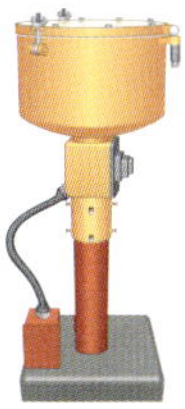

Wolkenhöhenmesser^{M}
ceiling projector
projecteur^{M} de plafond^{M}
proyector^{M} de altura^{F} máxima
proiettore^{M} per determinare l'altezza^{F} delle nubi^{F}

Wettersatellit^{M}

weather satellites | satellites^{M} météorologiques | satélite^{M} meteorológico | satelliti^{M} meteorologici

polar umlaufender Satellit^{M}
polar-orbiting satellite
satellite^{M} à défilement^{M}
satélite^{M} de órbita^{F} polar
satellite^{M} in orbita^{F} polare

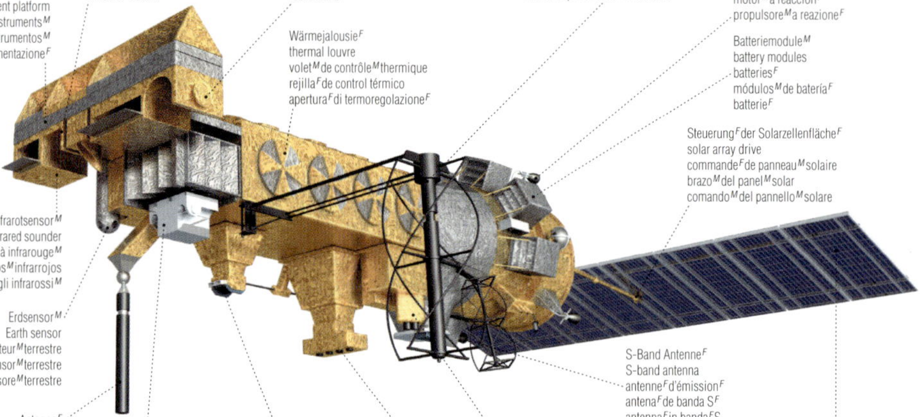

Instrumentenplattform^{F}
instrument platform
compartiment^{M} des instruments^{M}
plataforma^{F} de instrumentos^{M}
piattaforma^{F} di strumentazione^{F}

Sonnensensor^{M}
sun sensor
détecteur^{M} solaire
sensor solar
sensore^{M} solare

Radiometer^{N}
radiometer
radiomètre^{M}
radiómetro^{M}
radiometro^{M}

Wärmejalousie^{F}
thermal louvre
volet^{M} de contrôle^{M} thermique
rejilla^{F} de control térmico
apertura^{F} di termoregolazione^{F}

Such- und Rettungsantennen^{F}
search-and-rescue antennas
capteur^{M} de signaux^{M} de détresse^{F}
antenas^{F} de exploración^{F} y rescate^{M}
antenne^{F} per ricerca^{F} e soccorso^{M}

Reaktionstriebwerk^{N}
reaction engine
moteur^{M}-fusée^{F}
motor^{M} a reacción^{F}
propulsore^{M} a reazione^{F}

Batteriemodule^{M}
battery modules
batteries^{F}
módulos^{M} de batería^{F}
batterie^{F}

Steuerung^{F} der Solarzellenfläche^{F}
solar array drive
commande^{F} de panneau^{M} solaire
brazo^{M} del panel^{M} solar
comando^{M} del pannello^{M} solare

Infrarotsensor^{M}
infrared sounder
détecteur^{M} à infrarouge^{M}
resonador^{M} de rayos^{M} infrarrojos
rilevatore^{M} agli infrarossi^{M}

Erdsensor^{M}
Earth sensor
détecteur^{M} terrestre
sensor^{M} terrestre
sensore^{M} terrestre

Antenne^{F}
antenna
antenne^{F}
antena^{F}
antenna^{F}

Erdstrahlungsscanner^{M}
Earth radiation scanner
scanneur^{M} de radiations^{F} terrestres
explorador^{M} de radiaciones^{F} terrestres
scanner^{M} delle radiazioni^{F} terrestri

Ultraviolett-Spektrometer^{N}
ultraviolet spectrometer
spectromètre^{M} à ultraviolet^{M}
espectrómetro^{M} de rayos^{M} ultravioletas
spettrometro^{M} agli ultravioletti^{M}

S-Band Antenne^{F}
S-band antenna
antenne^{F} d'émission^{F}
antena^{F} de banda S^{F}
antenna^{F} in banda^{F} S

Solarzellenfläche^{F}
solar array
panneau^{M} solaire
panel^{M} solar
pannello^{M} solare

Mikrowellenscanner^{M}
microwave scanner
scanneur^{M} à hyperfréquences^{F}
explorador^{M} de microondas^{F}
scanner^{M} a microonde^{M}

Erdstrahlungssensor^{M}
Earth radiation sensor
capteur^{M} de radiations^{F} terrestres
sensor^{M} de radiaciones^{F} terrestres
sensore^{M} delle radiazioni^{F} terrestri

geostationärer Satellit^{M}
geostationary satellite
satellite^{M} géostationnaire
satélite^{M} geoestacionario
satellite^{M} geostazionario

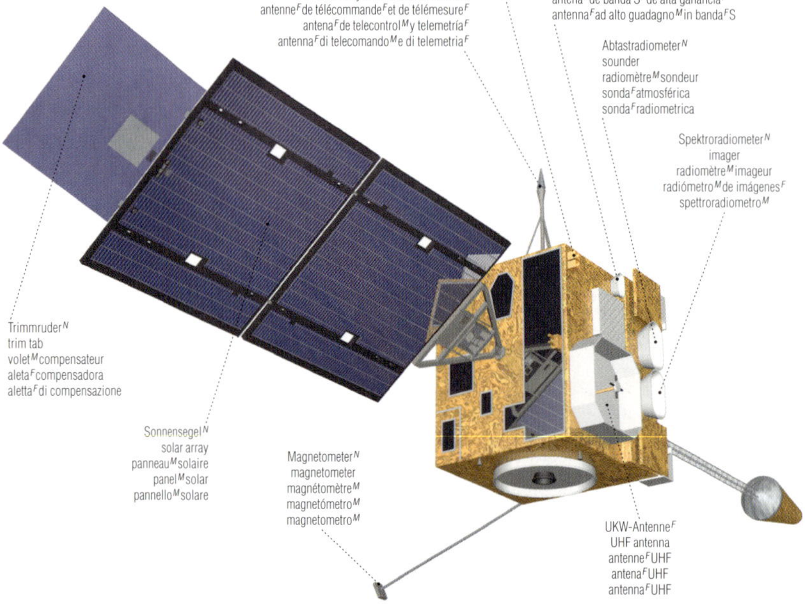

Erdsensor^{M}
Earth sensor
détecteur^{M} terrestre
sensor^{M} terrestre
sensore^{M} terrestre

Steuer- und Telemetrie^{F}-Antenne^{F}
telemetry and command antenna
antenne^{F} de télécommande^{F} et de télémesure^{F}
antena^{F} de telecontrol^{M} y telemetría^{F}
antenna^{F} di telecomando^{M} e di telemetria^{F}

hochverstärkende S-Band-Antenne^{F}
S-band high gain antenna
antenne^{F} d'émission^{F} à haut gain^{M}
antena^{F} de banda S^{F} de alta ganancia^{F}
antenna^{F} ad alto guadagno^{M} in banda^{F} S

Abtastradiometer^{N}
sounder
radiomètre^{M} sondeur
sonda^{F} atmosférica
sonda^{F} radiometrica

Spektroradiometer^{N}
imager
radiomètre^{M} imageur
radiómetro^{M} de imágenes^{F}
spettroradiometro^{M}

Trimmruder^{N}
trim tab
volet^{M} compensateur
aleta^{F} compensadora
aletta^{F} di compensazione

Sonnensegel^{N}
solar array
panneau^{M} solaire
panel^{M} solar
pannello^{M} solare

Magnetometer^{N}
magnetometer
magnétomètre^{M}
magnetómetro^{M}
magnetometro^{M}

UKW-Antenne^{F}
UHF antenna
antenne^{F} UHF
antena^{F} UHF
antenna^{F} UHF

Umlaufbahn^{F} der Satelliten^{M}
orbit of the satellites
orbite^{F} des satellites^{M}
órbita^{F} de los satélites^{M}
orbita^{F} dei satelliti^{M}

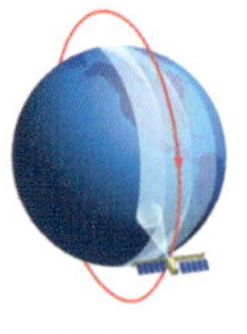

polare Umlaufbahn^{F}
polar orbit
orbite^{F} polaire
órbita^{F} polar
orbita^{F} polare

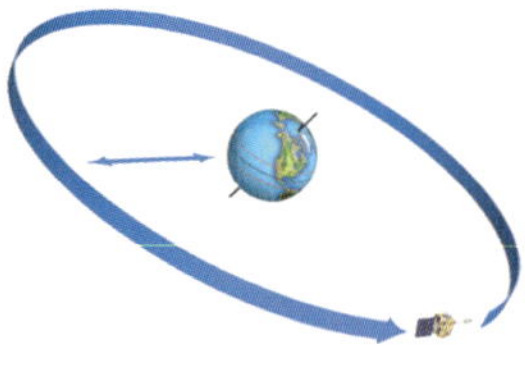

geostationäre Umlaufbahn^{F}
geostationary orbit
orbite^{F} géostationnaire
órbita^{F} geoestacionaria
orbita^{F} geostazionaria

Klimate[N] der Welt[F]

climates of the world | climats[M] du monde[M] | climas[M] del mundo[M] | climi[M] del mondo[M]

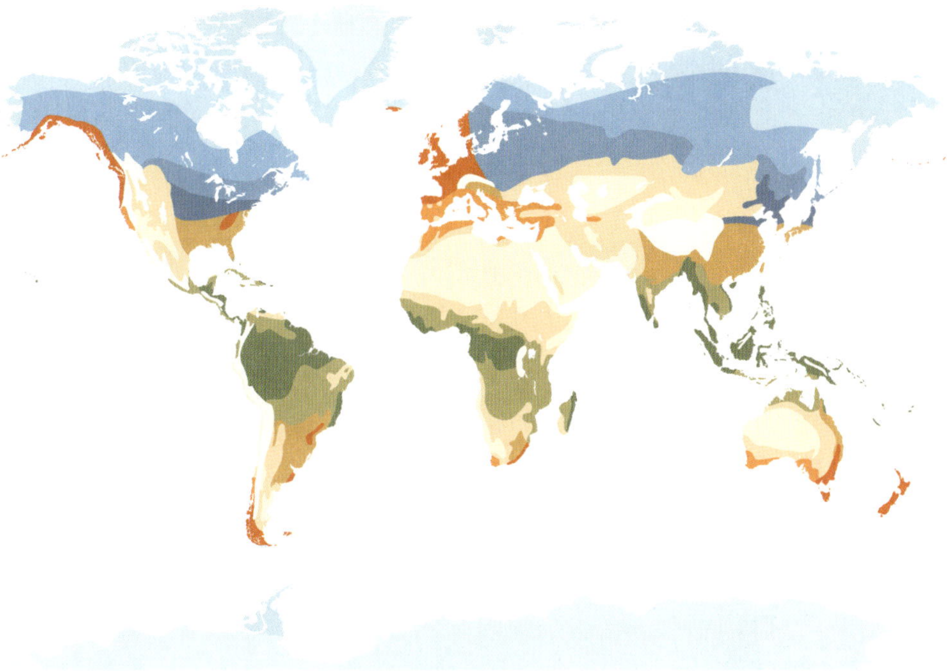

tropische Klimate[N]
tropical climates
climats[M] tropicaux
climas[M] tropicales
climi[M] tropicali

tropischer Regenwald[M]
tropical rain forest
tropical humide
tropical[M] lluvioso
tropicale della foresta[F] pluviale

tropisch feucht und trocken (Savanne[F])
tropical wet-and-dry (savanna)
tropical humide et sec (savane[F])
tropical[M] húmedo y seco (sabana[F])
tropicale umido e secco (savana[F])

Trockenklimate[N]
dry climates
climats[M] arides
climas[M] áridos
climi[M] aridi

Steppe[F]
steppe
steppe[F]
estepario
steppico[M]

Wüste[F]
desert
désert[M]
desértico
desertico[M]

kaltgemäßigte Klimate[N]
cold temperate climates
climats[M] tempérés froids
climas[M] templados fríos
climi[M] temperati freddi

feucht-kontinental - heißer Sommer[M]
humid continental - hot summer
continental humide, à été[M] chaud
continental[M] húmedo - verano[M] tórrido
continentale umido - estate[F] torrida

feucht-kontinental - warmer Sommer[M]
humid continental - warm summer
continental humide, à été[M] frais
continental[M] húmedo - verano[M] fresco
continentale umido - estate[F] calda

subarktisch
subarctic
subarctique
subártico[M]
subartico

warmgemäßigte Klimate[N]
warm temperate climates
climats[M] tempérés chauds
climas[M] templados cálidos
climi[M] temperati caldi

feuchte Subtropen
humid subtropical
subtropical humide
subtropical húmedo
subtropicale umido

mediterrane Subtropen
Mediterranean subtropical
méditerranéen
subtropical mediterráneo
subtropicale mediterraneo

maritim
marine
océanique
marítimo
marino

Polarklimate[N]
polar climates
climats[M] polaires
climas[M] polares
climi[M] polari

Polartundra[F]
polar tundra
toundra[F]
tundra[F]
della tundra[F] polare

Eiskappe[F]
polar ice cap
calotte[F] glaciaire
hielos[M] perpetuos
della calotta[F] polare

Hochlandklimate[N]
highland climates
climats[M] de montagne[F]
climas[F] de alta montaña[F]
climi[M] di montagna[F]

Hochgebirge[N]
highland
climats[M] de montagne[F]
climas[M] de montaña[F]
di montagna[F]

Wolken^F

clouds | nuages^M | nubes^M | nuvole^F

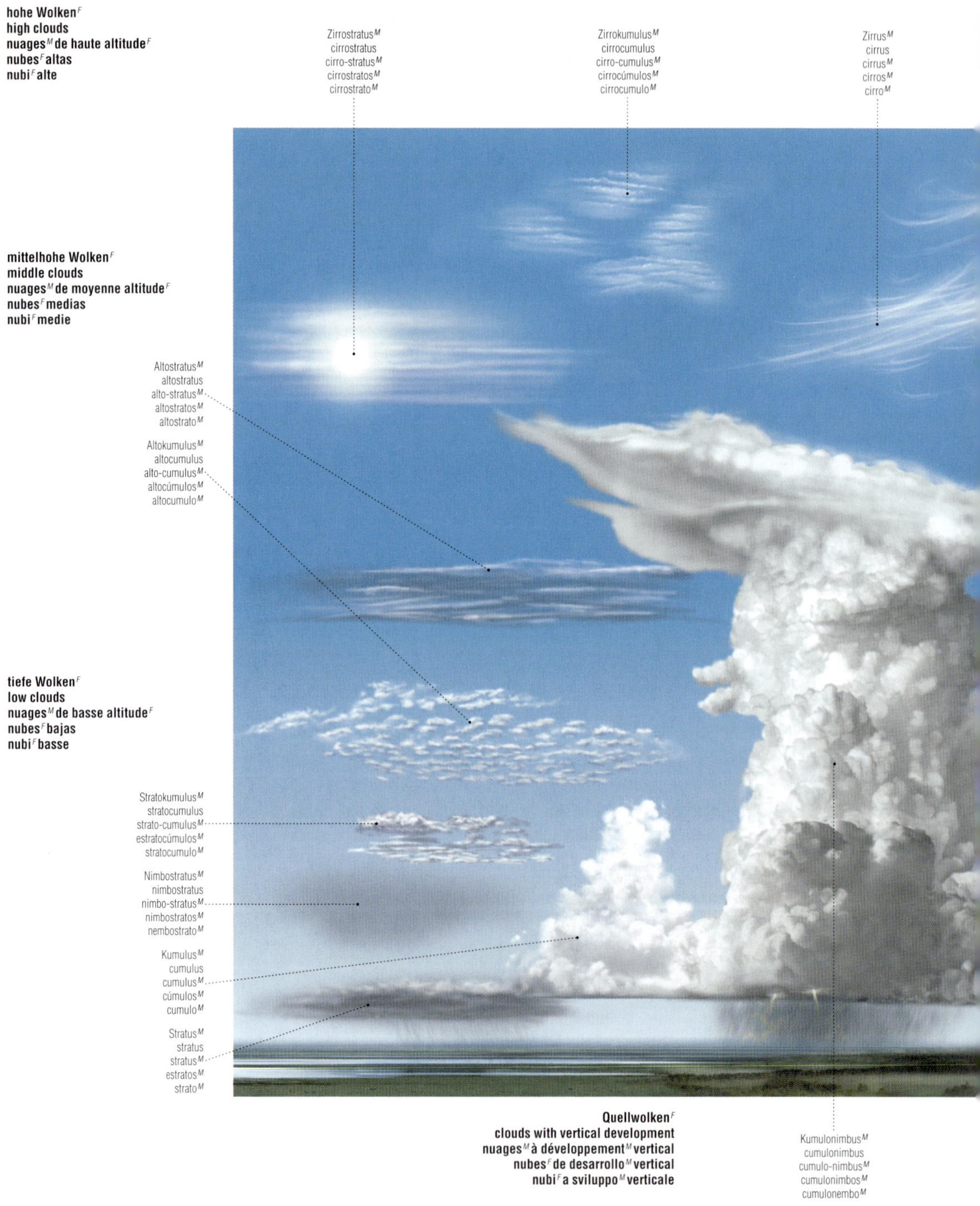

Tornado^{M} und Wasserhose^{F}

tornado and waterspout | tornade^{F} et trombe^{F} marine | tornado^{M} y tromba^{F} marina | tornado^{M} e tromba^{F} marina

Wasserhose^{F}
waterspout
trombe^{F} marine
tromba^{F} marina
tromba^{F} marina

Tornado^{M}
tornado
tornade^{F}
tornado^{M}
tornado^{M}

tropischer Wirbelsturm^{M}

tropical cyclone | cyclone^{M} tropical | ciclón^{M} tropical | ciclone^{M} tropicale

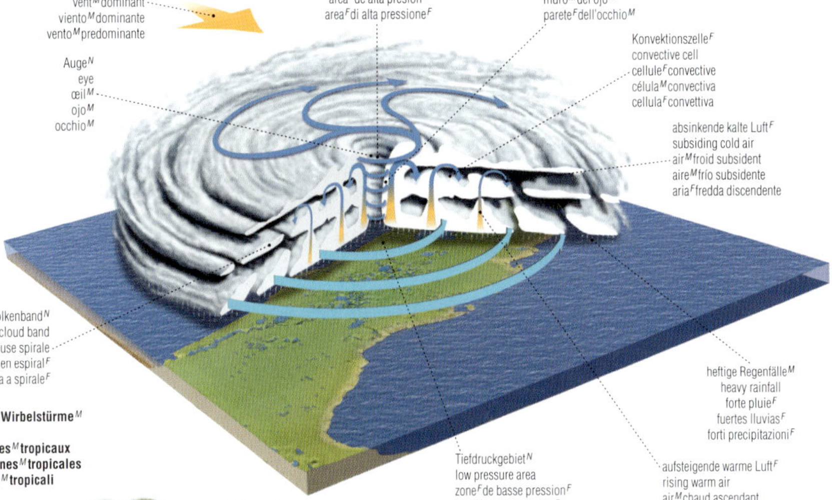

Bezeichnungen^{F} tropischer Wirbelstürme^{M}
tropical cyclone names
dénominations^{F} des cyclones^{M} tropicaux
denominación^{F} de los ciclones^{M} tropicales
denominazione^{F} dei cicloni^{M} tropicali

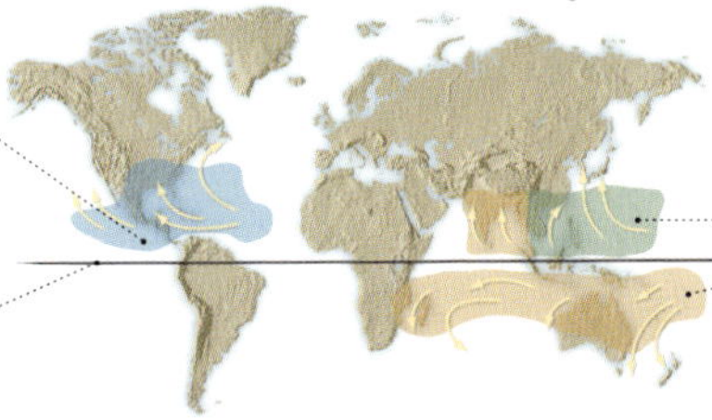

Niederschläge^{M}

precipitations | précipitations^{F} | precipitaciones^{F} | precipitazioni^{F}

Regenarten^{F}
rain forms
formes^{F} de pluie^{F}
formas^{F} de lluvia^{F}
tipologie^{F} di pioggia^{F}

Sprühregen^{M}
drizzle
bruine^{F}
llovizna^{F}
pioviggine^{F}

leichter Regen^{M}
light rain
pluie^{F} faible
lluvia^{F} ligera
pioggia^{F} leggera

mäßiger Regen^{M}
moderate rain
pluie^{F} modérée
lluvia^{F} moderada
pioggia^{F} moderata

starker Regen^{M}
heavy rain
pluie^{F} forte
lluvia^{F} intensa
pioggia^{F} forte

Winterniederschläge^{M}
winter precipitations
précipitations^{F} hivernales
precipitaciones^{F} invernales
precipitazioni^{F} invernali

Schneekristalle^{M}
snow crystals
cristaux^{M} de neige^{F}
cristales^{M} de nieve^{F}
cristalli^{M} di neve^{F}

Nadel^{F}
needle
aiguille^{F}
aguja^{F}
ago^{M}

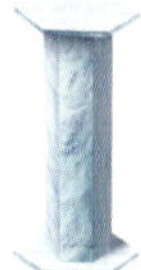

bedeckte Säule^{F}
capped column
colonne^{F} avec capuchon^{M}
columna^{F} con capuchón^{M}
colonna^{F} con lamelle terminali

Hagel^{M}
hail
grêlon^{M}
granizo^{M}
grandine^{F}

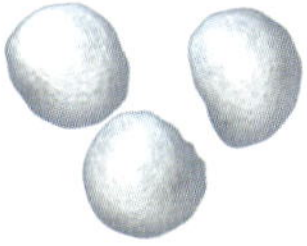

Eiskörnchen^{N}
sleet
grésil^{M}
cellisca^{F}
nevischio^{M}

Reif- und Frostgraupel^{F}
snow pellet
neige^{F} roulée
copo^{M} de nieve^{F}
pallottoline^{F} di neve^{F}

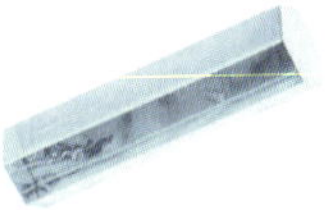

Säule^{F}
column
colonne^{F}
columna^{F}
colonna^{F}

Plättchen^{N}
plate crystal
plaquette^{F}
placa^{F} de hielo^{M}
cristallo^{M} lamellare

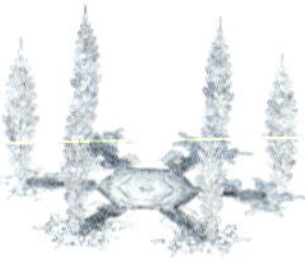

räumlicher Dendrit^{M}
spatial dendrite
dendrite^{F} spatiale
dendrita^{F} espacial
cristallo^{M} dendritico spaziale

irreguläres Aggregat^{N}
irregular crystal
cristaux^{M} irréguliers
cristales^{M} irregulares
cristallo^{M} irregolare

Stern^{M}
stellar crystal
étoile^{F}
estrella^{F}
cristallo^{M} stellare

stürmischer Himmel^{M}
stormy sky
ciel^{M} d'orage^{M}
cielo^{M} turbulento
cielo^{M} tempestoso

Wolke^{F}
cloud
nuage^{M}
nube^{F}
nube^{F}

Blitz^{M}
lightning
éclair^{M}
rayo^{M}
fulmine^{M}

Regenbogen^{M}
rainbow
arc-en-ciel^{M}
arco^{M} iris
arcobaleno^{M}

Regen^{M}
rain
pluie^{F}
lluvia^{F}
pioggia^{F}

Tau^{M}
dew
rosée^{F}
rocío^{M}
rugiada^{F}

Reif^{M}
rime
givre^{M}
escarcha^{F}
brina^{F}

Dunst^{M}
mist
brume^{F}
neblina^{F}
foschia^{F}

Nebel^{M}
fog
brouillard^{M}
niebla^{F}
nebbia^{F}

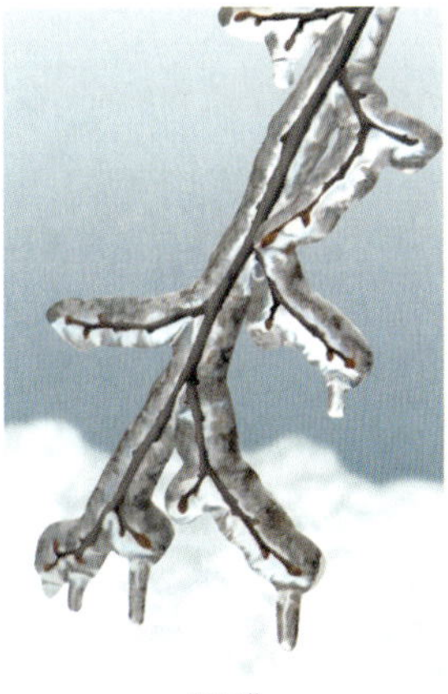

Raureif^{M}
glazed frost
verglas^{M}
hielo^{M}
vetrone^{M}

Vegetation[F] und Biosphäre[F]

vegetation and biosphere | végétation[F] et biosphère[F] | vegetación[F] y biosfera[F] | vegetazione[F] e biosfera[F]

Vegetationszonen[F]
vegetation regions
distribution[F] de la végétation[F]
distribución[M] de la vegetación[F]
distribuzione[F] della vegetazione[F]

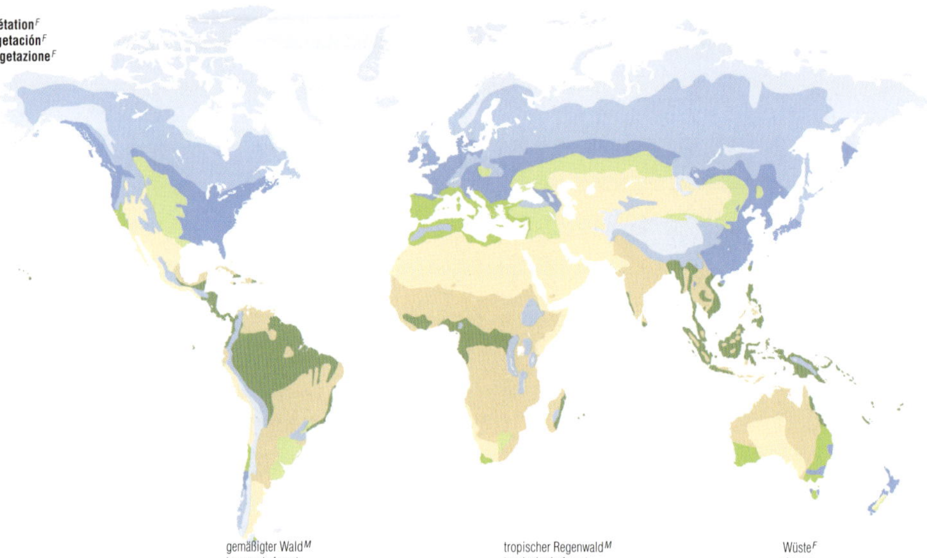

Tundra[F] tundra toundra[F] tundra[F] tundra[F]	gemäßigter Wald[M] temperate forest forêt[F] tempérée bosque[M] templado foresta[F] temperata	tropischer Regenwald[M] tropical rain forest forêt[F] tropicale humide bosque[M] tropical húmedo foresta[F] pluviale tropicale	Wüste[F] desert désert[M] desierto[M] deserto[M]
borealer Wald[M] boreal forest forêt[F] boréale bosque[M] boreal foresta[F] boreale	Grasland[N] grassland prairie[F] tempérée praderas[F] prateria[F]	Savanne[F] savanna savane[F] sabana[F] savana[F]	Macchie[F] maquis maquis[M] maquis[M] macchia[F]

Vegetationsbild[N] nach Höhenlagen[F]
elevation zones and vegetation
paysage[M] végétal selon l'altitude[F]
altitud[F] y vegetación[F]
altitudine[F] e vegetazione[F]

Aufbau[M] der Biosphäre[F]
structure of the biosphere
structure[F] de la biosphère[F]
estructura[F] de la biosfera[F]
struttura[F] della biosfera[F]

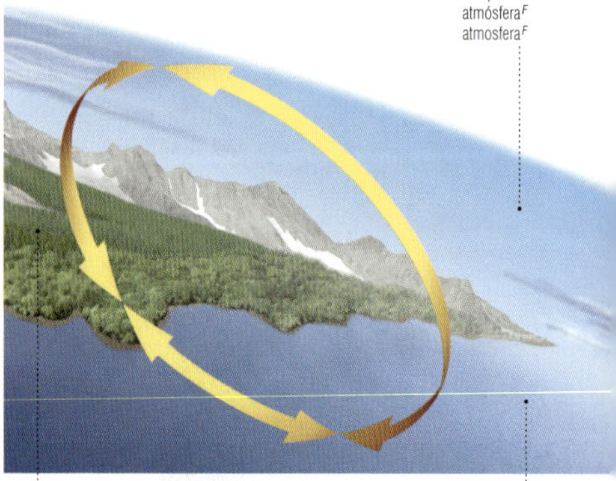

Nahrungskette[F]

food chain | chaîne[F] alimentaire | cadena[F] alimentaria | catena[F] alimentare

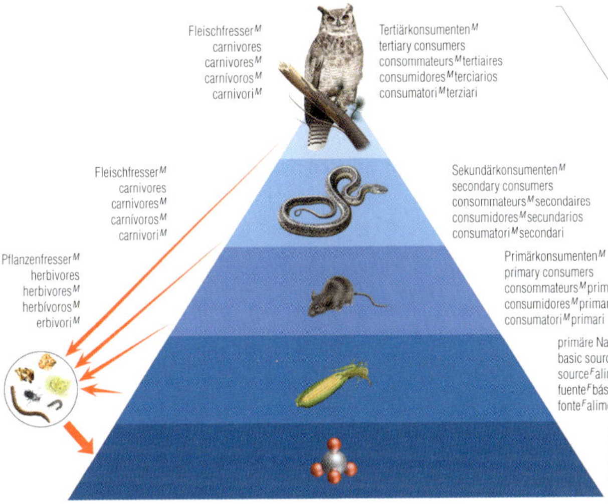

Wasserkreislauf[M]

hydrologic cycle | cycle[M] de l'eau[F] | ciclo[M] hidrológico | ciclo[M] idrologico

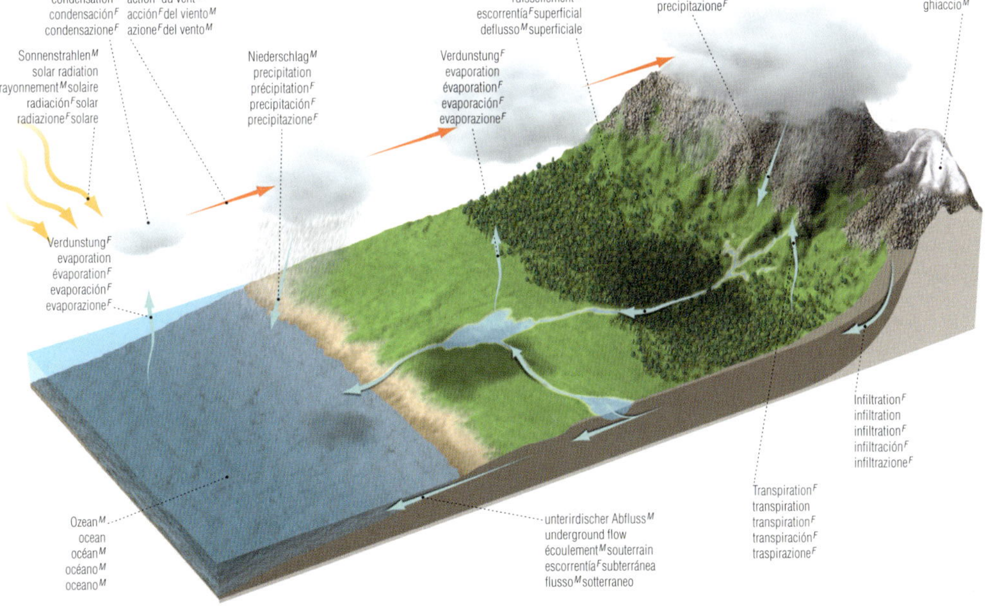

Treibhauseffekt^{M}

greenhouse effect | effet^{M} de serre^{F} | efecto^{M} invernadero | effetto^{M} serra^{F}

natürlicher Treibhauseffekt^{M}
natural greenhouse effect
effet^{M} de serre^{F} naturel
efecto^{M} invernadero natural
effetto^{M} serra^{F} naturale

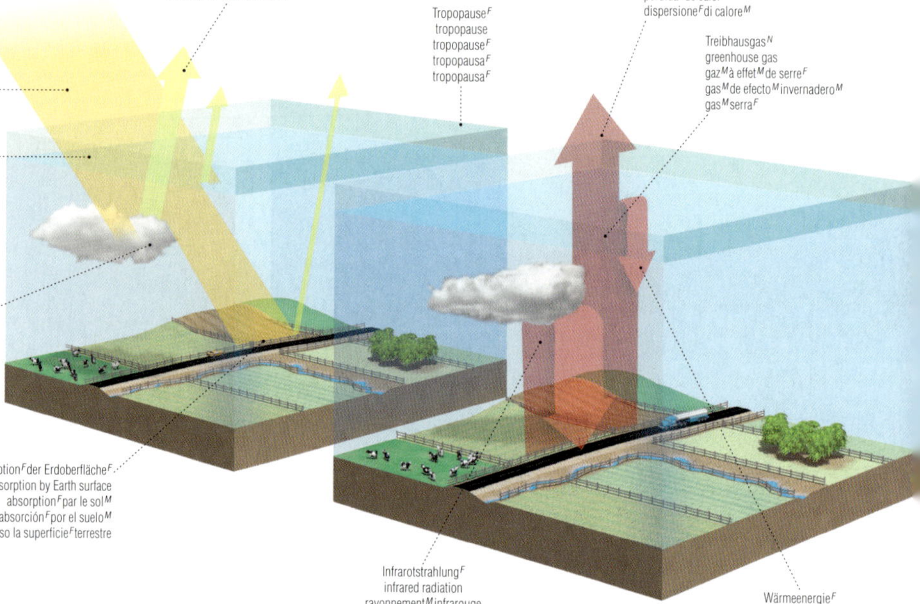

anthropogener Treibhauseffekt^{M}
enhanced greenhouse effect
augmentation^{F} de l'effet^{M} de serre^{F}
aumento^{M} del efecto^{M} invernadero
incremento^{M} dell'effetto^{M} serra^{F}

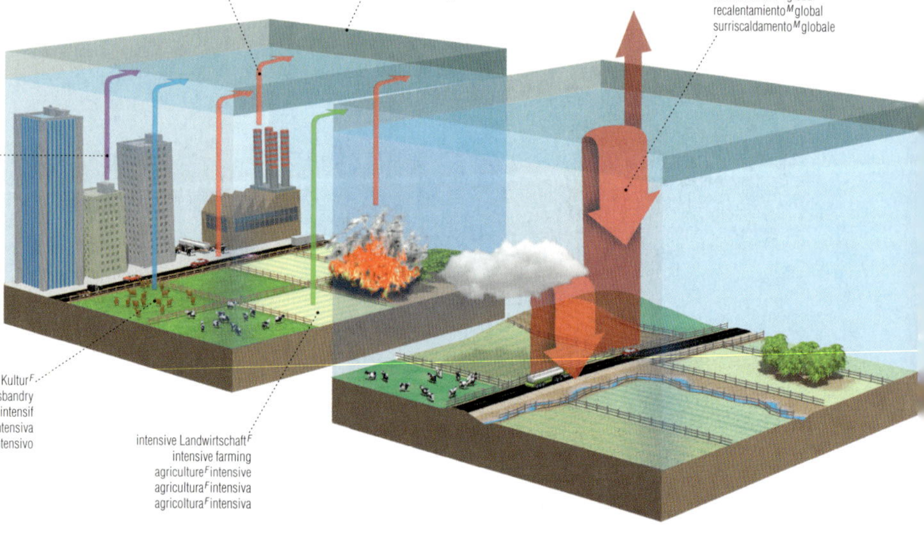

Luftverschmutzung[F]

air pollution | pollution[F] de l'air[M] | contaminación[F] del aire[M] | inquinamento[M] dell'aria[F]

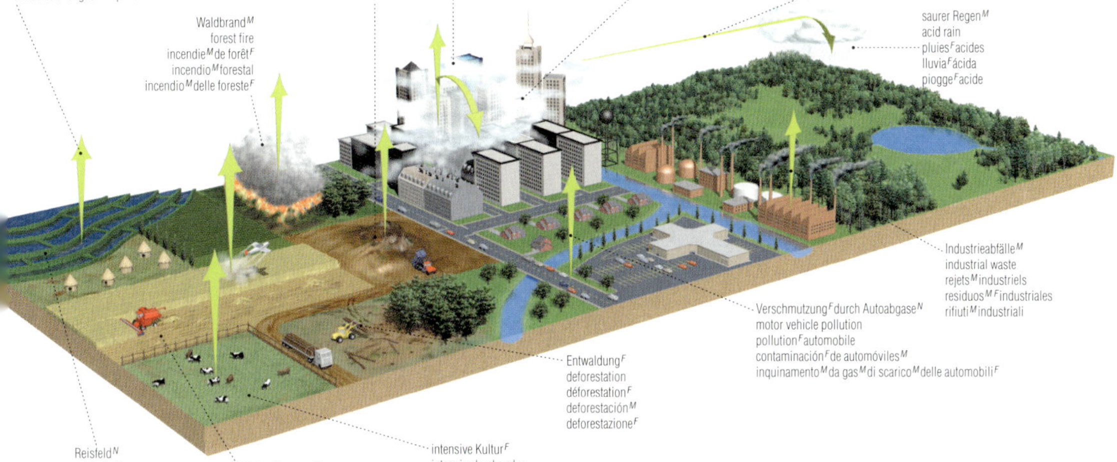

Bodenverschmutzung[F]

land pollution | pollution[F] du sol[M] | contaminación[F] del suelo[M] | inquinamento[M] del suolo[M]

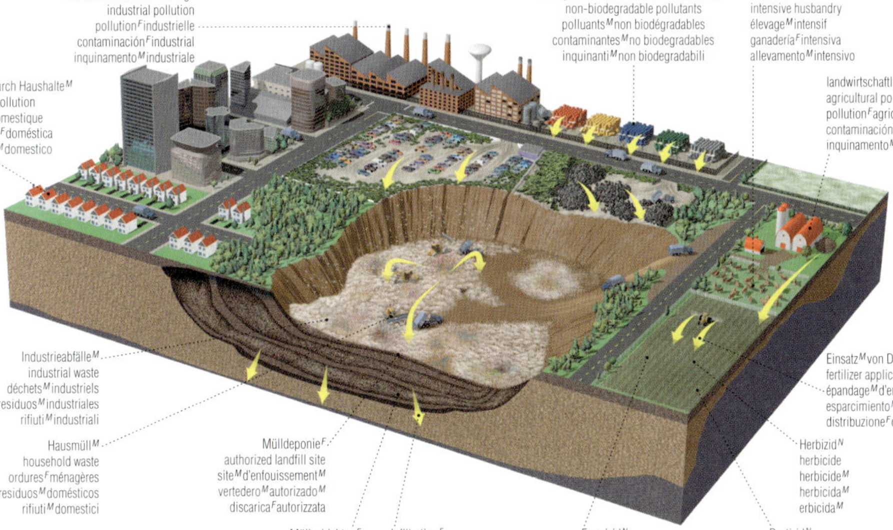

Wasserverschmutzung[F]

water pollution | pollution[F] de l'eau[F] | contaminación[F] del agua[F] | inquinamento[M] dell'acqua[F]

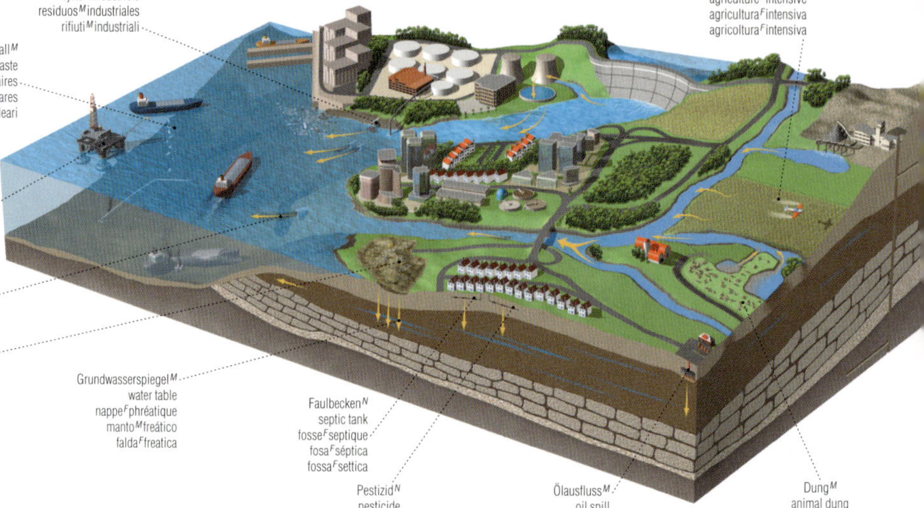

saurer Regen[M]

acid rain | pluies[F] acides | lluvia[F] ácida | piogge[F] acide

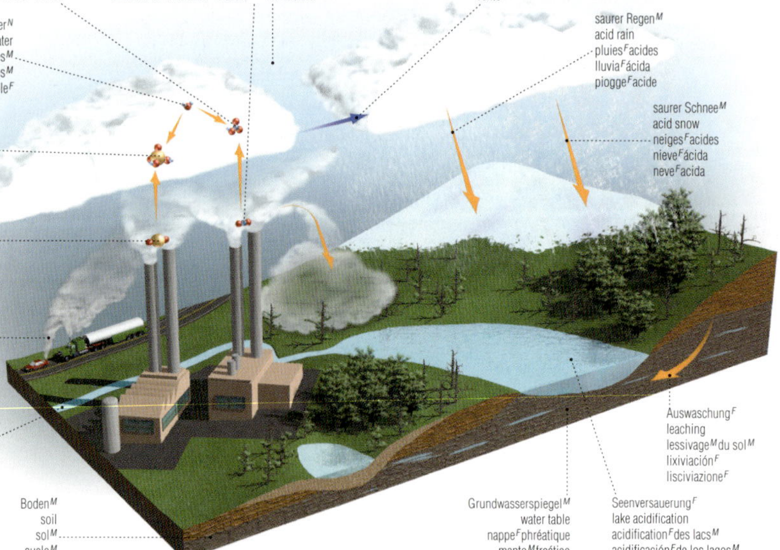

Mülltrennung^{F}

selective sorting of waste | tri^{M} sélectif des déchets^{M} | separación^{F} selectiva de residuos^{M} | smistamento^{M} selettivo dei rifiuti^{M}

Sortieranlage^{F}
sorting plant
centre^{M} de tri^{M}
planta^{F} de separación^{F} selectiva
impianto^{M} di smistamento^{M}

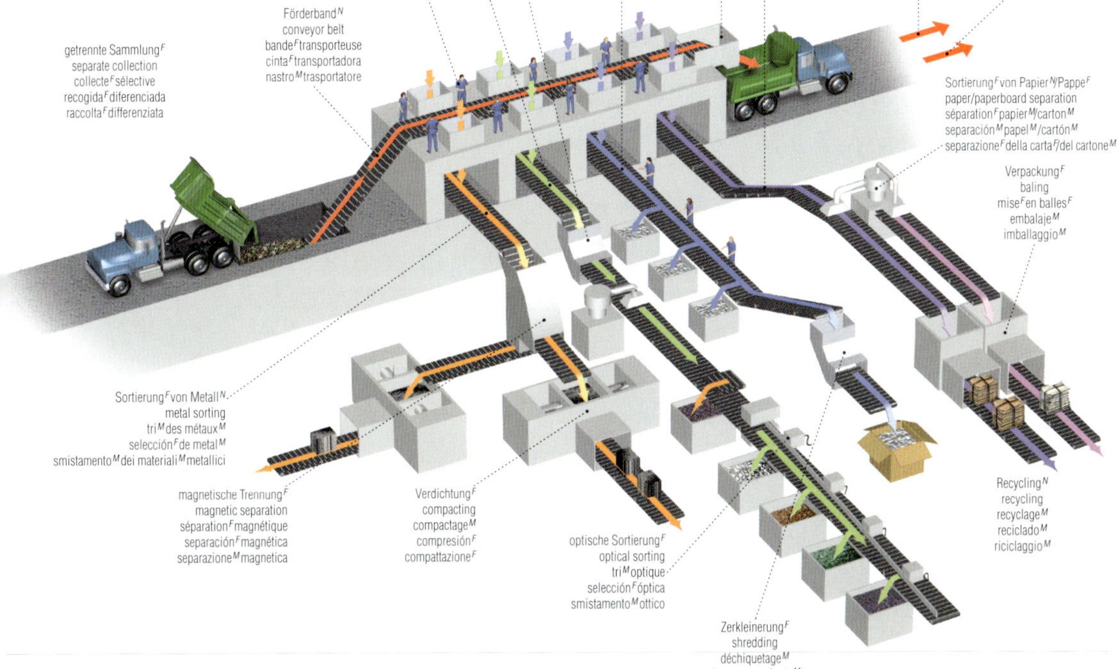

Wertstoff^{M}-Sammelbehälter^{M}
recycling containers
conteneurs^{M} de collecte^{F} sélective
contenedores^{M} de reciclaje^{M}
contenitori^{M} per la raccolta^{F} differenziata

Altpapier^{N}-Sammelbehälter^{M}
paper recycling container
conteneur^{M} à papier^{M}
contenedor^{M} de reciclado^{M} de papel^{M}
bidone^{M} carrellato per il riciclaggio^{M} della carta^{F}

Altglas^{N}-Sammelbehälter^{M}
glass recycling container
conteneur^{M} à verre^{M}
contenedor^{M} de reciclado^{M} de vidrio^{M}
bidone^{M} carrellato per il riciclaggio^{M} del vetro^{M}

Altaluminium^{N}-Sammelbehälter^{M}
aluminum recycling container
conteneur^{M} à boîtes^{F} métalliques
contenedor^{M} de reciclado^{M} de aluminio^{M}
bidone^{M} carrellato per il riciclaggio^{M} dell'alluminio^{M}

Altpapier^{N}-Container^{M}
paper collection unit
colonne^{F} de collecte^{F} du papier^{M}
contenedor^{M} de recogida de papel^{M}
campana^{F} per la raccolta^{F} della carta^{F}

Altglas^{N}-Container^{M}
glass collection unit
colonne^{F} de collecte^{F} du verre^{M}
contenedor^{M} de recogida de vidrio^{M}
campana^{F} per la raccolta^{F} del vetro^{M}

Bioabfallbehälter^{M}
recycling bin
bac^{M} de recyclage^{M}
cubo^{M} de basura^{F} reciclable
contenitore^{M} per il riciclaggio^{M}

PFLANZENREICH

74

Pflanzenzelle[F]

plant cell | cellule[F] végétale | célula[F] vegetal | cellula[F] vegetale

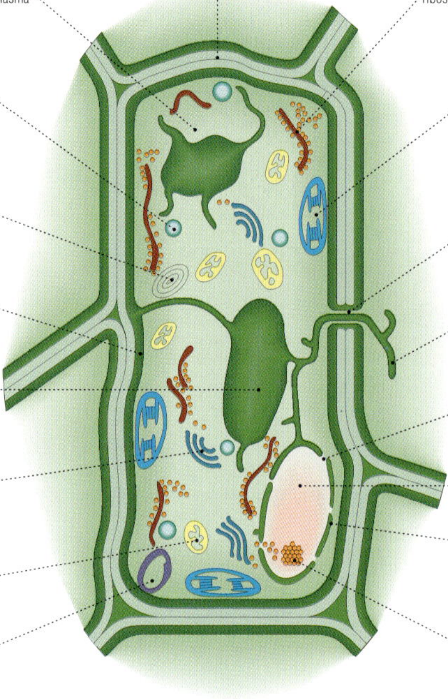

Flechte[F]

lichen | lichen[M] | liquen | lichene[M]

Aufbau[M] einer Flechte[F]
structure of a lichen
structure[F] d'un lichen[M]
estructura[F] de un liquen[M]
struttura[F] di un lichene[M]

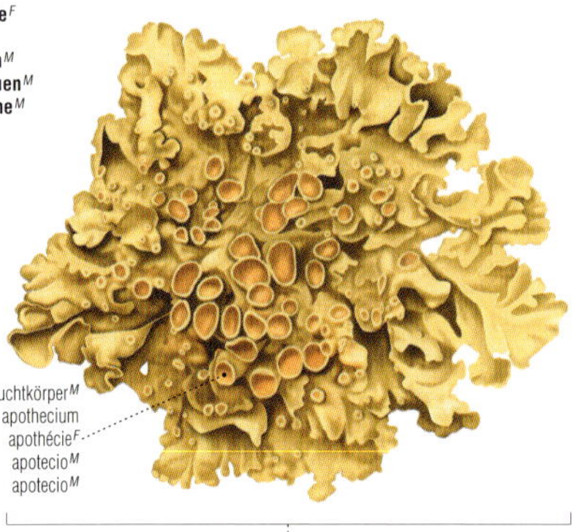

Beispiele[N] für Flechten[F]
examples of lichens
exemples[M] de lichens[M]
ejemplos[M] de líquenes[M]
esempi[M] di licheni[M]

Strauchflechte[F]
fruticose lichen
lichen[M] fruticuleux
liquen[M] fruticuloso
lichene[M] fruticoso

Krustenflechte[F]
crustose lichen
lichen[M] crustacé
liquen[M] custráceo
lichene[M] crostoso

Laubflechte[F]
foliose lichen
lichen[M] foliacé
liquen[M] foliáceo
lichene[M] fogliaceo

Moos^{N}

moss | mousse^{F} | musgo^{M} | muschio^{M}

Aufbau^{M} eines Mooses^{N}
structure of a moss
structure^{F} d'une mousse^{F}
estructura^{F} de un musgo^{M}
struttura^{F} di un muschio^{M}

Beispiele^{N} für Moose^{N}
examples of mosses
exemples^{M} de mousses^{F}
ejemplos^{M} de musgos^{M}
esempi^{M} di muschi^{M}

sparriges Torfmoos^{N}
prickly sphagnum
sphaigne^{F} squarreuse
esfagno^{M}
sfagno^{M} pungente

gemeines Widertonmoos^{N}
common hair cap moss
polytric^{M} commun
polítrico^{M}
politrico^{M} comune

Alge^{F}

alga | algue^{F} | alga^{F} | alga^{F}

Aufbau^{M} einer Alge^{F}
structure of an alga
structure^{F} d'une algue^{F}
estructura^{F} de un alga^{F}
struttura^{F} di un'alga^{F}

Beispiele^{N} für Algen^{F}
examples of algae
exemples^{M} d'algues^{F}
ejemplos^{M} de algas^{F}
esempi^{M} di alghe^{F}

Rotalge^{F}
red alga
algue^{F} rouge
alga^{F} roja
alga^{F} rossa

Grünalge^{F}
green alga
algue^{F} verte
alga^{F} verde
alga^{F} verde

Braunalge^{F}
brown alga
algue^{F} brune
alga^{F} parda
alga^{F} bruna

Pilz[M]

mushroom | champignon[M] | hongo[M] | fungo[M]

Aufbau[M] eines Pilzes[M]
structure of a mushroom
structure[F] d'un champignon[M]
anatomía[F] de un hongo[M]
struttura[F] di un fungo[M]

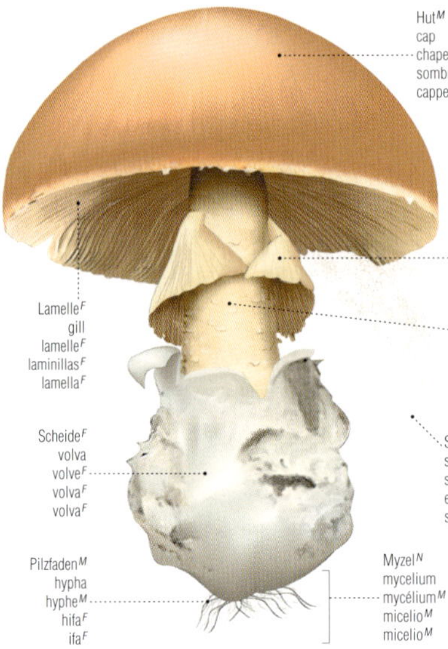

tödlich giftiger Pilz[M]
deadly poisonous mushroom
champignon[M] mortel
hongo mortal
fungo[M] velenoso e mortale

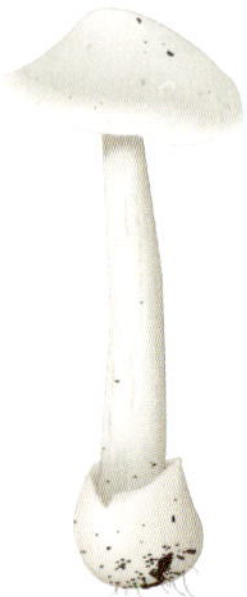

Knollenblätterpilz[M]
destroying angel
amanite[F] vireuse
amanita[F] virosa
amanita[F] virosa

Giftpilz[M]
poisonous mushroom
champignon[M] vénéneux
hongo[M] venenoso
fungo[M] velenoso

Fliegenpilz[M]
fly agaric
fausse oronge[F]
falsa oronja[F]
amanita[F] muscaria

Farn[M]

fern | fougère[F] | helecho | felce[F]

Aufbau[M] eines Farns[M]
structure of a fern
structure[F] d'une fougère[F]
estructura[F] de un helecho[M]
struttura[F] di una felce[F]

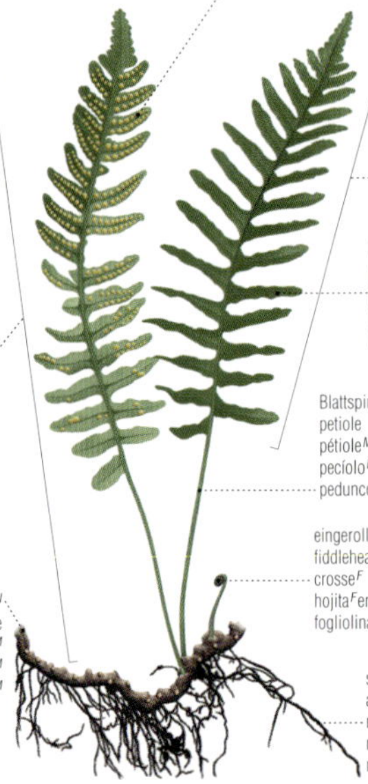

Beispiele[N] für Farne[M]
examples of ferns
exemples[M] de fougères[F]
ejemplos[M] de helechos[M]
esempi[M] di felci[F]

Baumfarn[M]
tree fern
fougère[F] arborescente
helecho[M] arbóreo
felce[F] arborea

gemeiner Tüpfelfarn[M]
common polypody
polypode[M] commun
polipodio[M] común
polipodio[M] comune

Nestfarn[M]
bird's nest fern
fougère[F] nid[M] d'oiseau[M]
helecho[M] nido[M] de pájaro[M]
lingua[F] di cervo[M]

Aufbau[M] einer Pflanze[F]
structure of a plant
structure[F] d'une plante[F]
anatomía[F] de una planta[F]
struttura[F] di una pianta[F]

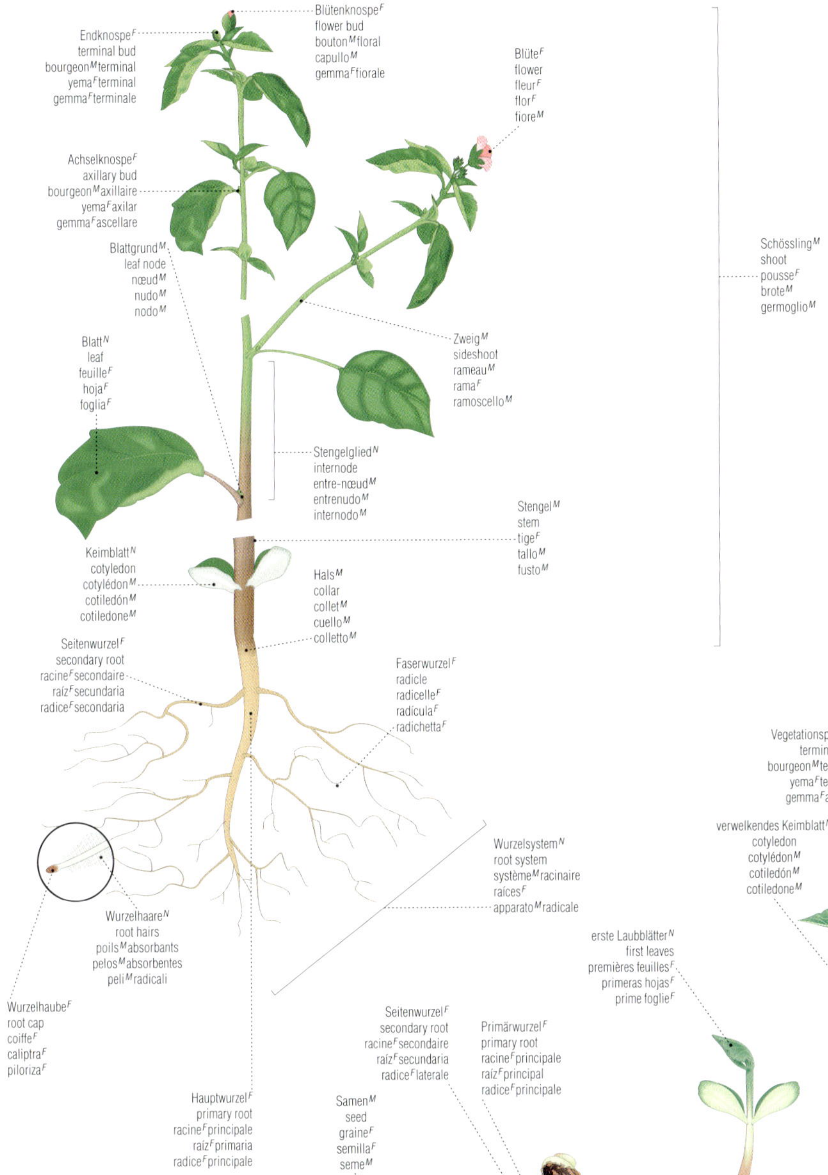

Keimung[F]
germination
germination[F]
germinación[F]
germinazione[F]

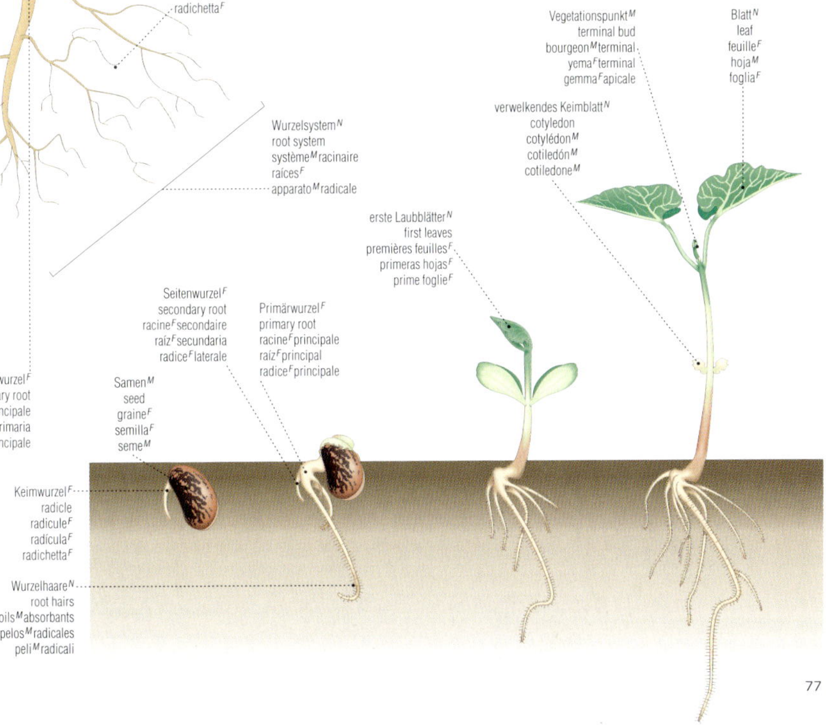

Photosynthese^F
photosynthesis
photosynthèse^F
fotosíntesis^F
fotosintesi^F

Bodenprofil^N
soil profile
profil^M du sol^M
perfil^M del suelo^M
profilo^M del suolo^M

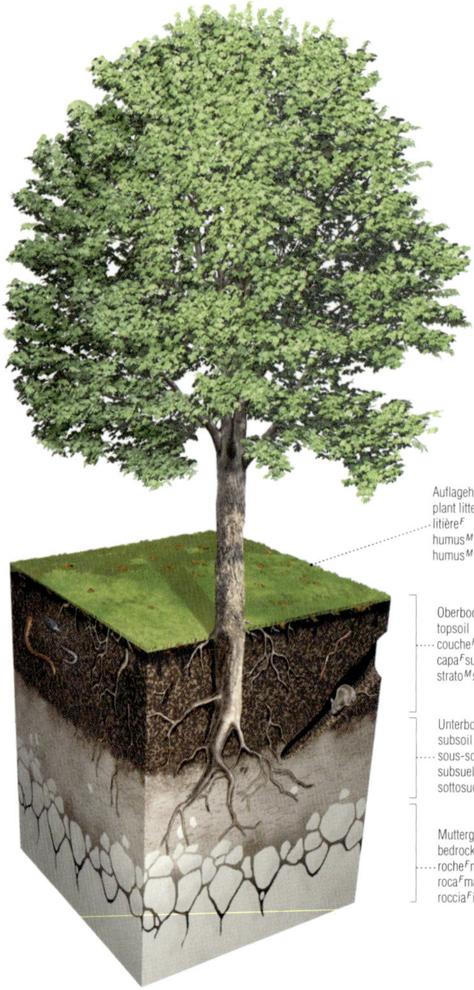

Zwiebel^F im Querschnitt^M
section of a bulb
coupe^F d'un bulbe^M
corte de un bulbo^M
sezione^F di un bulbo^M

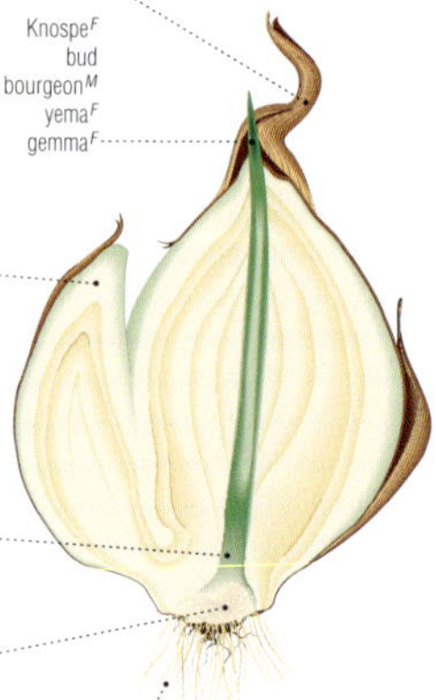

einfache Blätter^{N}
simple leaves
feuilles^{F} simples
hojas^{F} simples
foglie^{F} semplici

Herzförmig
cordate
cordée
acorazonada
cordata

nierenförmig
reniform
réniforme
reniforme
reniforme

rund
orbiculate
arrondie
orbicular
orbicolare

spatelförmig
spatulate
spatulée
espatulada
spatolata

linealisch
linear
linéaire
acicular
lineare

Pfeilförmig
hastate
hastée
astada
astata

eiförmig
ovate
ovoïde
aovada
ovata

lanzettförmig
lanceolate
lancéolée
lanceolada
lanceolata

schildförmig
peltate
peltée
peltada
peltata

Aufbau^{M} eines Blatts^{N}
structure of a leaf
structure^{F} d'une feuille^{F}
estructura^{F} de una hoja^{F}
struttura^{F} di una foglia^{F}

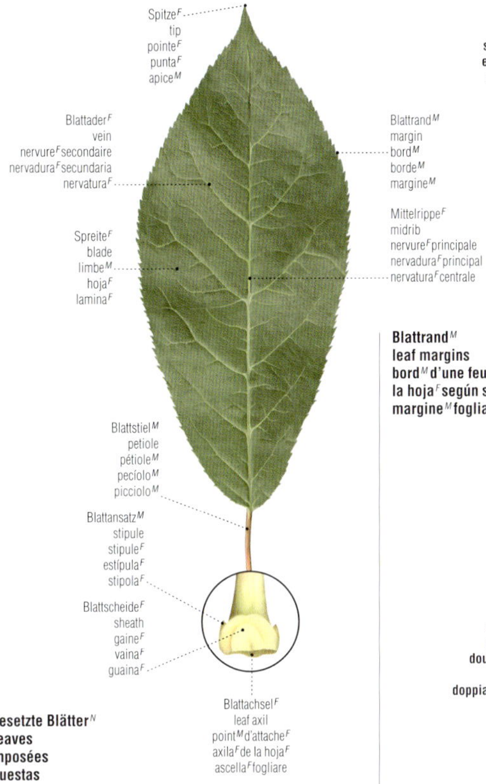

zusammengesetzte Blätter^{N}
compound leaves
feuilles^{F} composées
hojas^{F} compuestas
foglie^{F} composte

dreizählig
trifoliate
trifoliée
trifoliada
trifogliata

fiederteilig
pinnatifid
pennée
pinatífida
pennatifida

handförmig
palmate
palmée
palmeada
palmata

paarig gefiedert
paripinnate
paripennée
paripinnada
paripennata

unpaarig gefiedert
odd pinnate
imparipennée
imparipinnada
imparipennata

Blattrand^{M}
leaf margins
bord^{M} d'une feuille^{F}
la hoja^{F} según su borde^{M}
margine^{M} fogliare

gesägt
serrate
denté
dentada
dentato

doppelt gesägt
doubly toothed
doublement denté
doble dentada
doppiamente dentato

gekerbt
crenate
crénelé
festoneada
crenato

gewimpert
ciliate
cilié
ciliada
ciliato

ganzrandig
entire
entier
entera
liscio

gebuchtet
lobate
lobé
lobulada
lobato

Blüte[F]

flower | fleur[F] | flor[F] | fiore[M]

Aufbau[M] einer Blume[F]
structure of a flower
structure[F] d'une fleur[F]
estructura[F] de una flor[F]
struttura[F] di un fiore[M]

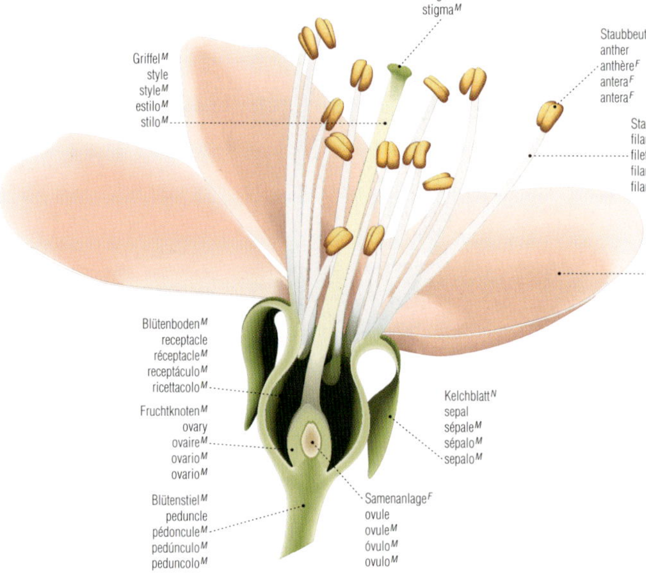

Stempel[M]
pistil
pistil[M]
pistilo[M]
pistillo[M]

Blumenkrone[F]
corolla
corolle[F]
corola[F]
corolla[F]

Staubblatt[N]
stamen
étamine[F]
estambre[M]
stame[M]

Blütenkelch[M]
calyx
calice[M]
cáliz[M]
calice[M]

Beispiele[N] für Blumen[F]
examples of flowers
exemples[M] de fleurs[F]
ejemplos[M] de flores[F]
esempi[M] di fiori[M]

Orchidee[F]
orchid
orchidée[F]
orquídea[F]
orchidea[F]

Narzisse[F]
daffodil
jonquille[F]
narciso[M]
trombone[M]

Mohn[M]
poppy
coquelicot[M]
amapola[F]
papavero[M]

Tulpe[F]
tulip
tulipe[F]
tulipán[M]
tulipano[M]

Maiglöckchen[N]
lily of the valley
muguet[M]
muguete[M]
mughetto[M]

Nelke[F]
carnation
œillet[M]
clavel[M]
garofano[M]

Rose[F]
rose
rose[F]
rosa[F]
rosa[F]

Begonie[F]
begonia
bégonia[M]
begonia[F]
begonia[F]

Lilie[F]
lily
lis[M]
azucena[F]
giglio[M]

Veilchen[N]
violet
violette[F]
violeta[F]
viola[F]

Krokus[M]
crocus
crocus[M]
croco[M]
croco[M]

Sonnenblume[F]
sunflower
tournesol[M]
girasol[F]
girasole[M]

Arten[F] von Blütenständen[M]
types of inflorescence
modes[M] d'inflorescence[F]
variedades[F] de inflorescencias[F]
tipi[M] di infiorescenze[F]

geschlossene Traube[F]
raceme
grappe[F]
racimo[M]
racemo[M]

eingliedrige Trugdolde[F]
uniparous cyme
cyme[F] unipare
cima[F] unípara
cima[F] unipara

Dolde[F]
umbel
ombelle[F]
umbela[F]
ombrella[F]

Körbchen[N]
capitulum
capitule[M]
cabezuela[F]
capolino[M]

Ähre[F]
spike
épi[M]
espiga[F]
spiga[F]

zweigliedrige Trugdolde[F]
biparous cyme
cyme[F] bipare
cima[F] bípara
cima[F] bipara

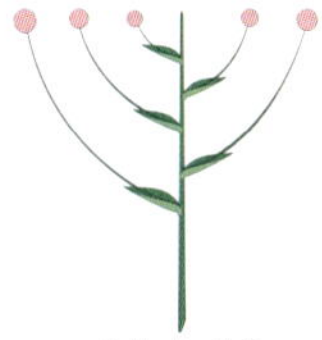

Doldentraube[F]
corymb
corymbe[M]
corimbo[M]
corimbo[M]

Kolben[M]
spadix
spadice[M]
espádice[M]
spadice[M]

Früchte[F]

fruits | fruits[M] | frutos[M] | frutti[M]

fleischige Steinfrucht[F]
fleshy stone fruit
fruit[M] charnu à noyau[M]
drupa[F]
drupa[F]

wissenschaftliche Bezeichnungen[F]
technical terms
termes[M] techniques
términos[M] técnicos
termini[M] tecnici

Pfirsich[M] im Querschnitt[M]
section of a peach
coupe[F] d'une pêche[F]
corte[M] de un melocotón[M]
sezione[F] di una pesca[F]

gebräuchliche Bezeichnungen[F]
usual terms
termes[M] familiers
términos[M] familiares
termini[M] comuni

Stiel[M]
peduncle
pédoncule[M]
pedúnculo[M]
peduncolo[M]

Stiel[M]
stalk
queue[F]
rabillo[M]
picciolo[M]

Exokarp[N]
exocarp
épicarpe[M]
epicarpio[M]
esocarpo[M]

Haut[F]
skin
peau[F]
piel[F]
buccia[F]

Mesokarp[N]
mesocarp
mésocarpe[M]
mesocarpio[M]
mesocarpo[M]

Fruchtfleisch[N]
flesh
pulpe[F]
pulpa[F]
polpa[F]

Samenmantel[M]
seed coat
tégument[M] de la graine[F]
tegumento[M] de la semilla[F]
tegumento[M] del seme[M]

Kern[M]
almond
amande[F]
almendra[F]
mandorla[F]

Samen[M]
seed
graine[F]
semilla[F]
seme[M]

Stein[M]
stone
noyau[M]
hueso[M]
nocciolo[M]

Endokarp[N]
endocarp
endocarpe[M]
endocarpio[M]
endocarpo[M]

Griffel[M]
style
style[M]
estilo[M]
stilo[M]

fleischige Apfelfrucht[F]
fleshy pome fruit
fruit[M] charnu à pépins[M]
pomo[M] carnoso
frutto[M] carnoso: mela

Apfel[M] im Querschnitt[M]
section of an apple
coupe[F] d'une pomme[F]
corte[M] de una manzana[F]
sezione[F] di una mela[F]

wissenschaftliche Bezeichnungen[F]
scientific terms
termes[M] techniques
términos[M] técnicos
termini[M] tecnici

Stiel[M]
peduncle
pédoncule[M]
pedúnculo[M]
peduncolo[M]

Fruchtknotenfach[N]
loculus
loge[F]
lóculo[M]
loculo[M]

Samen[M]
seed
graine[F]
semilla[F]
seme[M]

Mesokarp[N]
mesocarp
mésocarpe[M]
mesocarpio[M]
mesocarpo[M]

Endokarp[N]
endocarp
endocarpe[M]
endocarpio[M]
endocarpo[M]

Exokarp[N]
exocarp
épicarpe[M]
epicarpio[M]
esocarpo[M]

Griffel[M]
style
style[M]
estilo[M]
stilo[M]

Staubblatt[N]
stamen
étamine[F]
estambre[M]
stame[M]

Sepalum[N]
sepal
sépale[M]
sépalo[M]
sepalo[M]

gebräuchliche Bezeichnungen[F]
popular terms
termes[M] familiers
términos[M] familiares
termini[M] comuni

Stiel[M]
stalk
queue[F]
rabillo[M]
picciolo[M]

Schale[F]
skin
peau[F]
piel[F]
buccia[F]

Kern[M]
pip
pépin[M]
pepita[F]
seme[M]

Fruchtfleisch[N]
flesh
pulpe[F]
pulpa[F]
polpa[F]

Kerngehäuse[N]
core
cœur[M]
corazón[M]
torsolo[M]

fleischige Frucht[F]: Zitrusfrucht[F]
fleshy fruit: citrus fruit
fruit[M] charnu : agrume[M]
fruto[M] carnoso: cítrico[M]
frutto[M] carnoso: agrume[M]

Orange[F] im Querschnitt[M]
section of an orange
coupe[F] d'une orange[F]
corte[M] de una naranja[F]
sezione[F] di un'arancia[F]

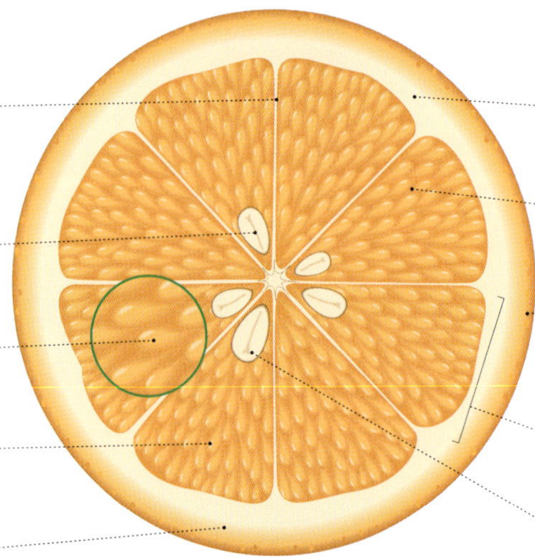

wissenschaftliche Bezeichnungen[F]
scientific terms
termes[M] techniques
términos[M] técnicos
termini[M] tecnici

Scheidewand[F]
wall
cloison[F]
membrana[F]
parete[F]

Samen[M]
seed
graine[F]
semilla[F]
seme[M]

Fruchtfach[N]
juice sac
loge[F]
celdilla[F]
cellula[F] del succo

Mesokarp[N]
mesocarp
mésocarpe[M]
mesocarpio[M]
mesocarpo[M]

Perikarp[N]
exocarp
épicarpe[M]
pericarpio[M]
pericarpo[M]

gebräuchliche Bezeichnungen[F]
popular terms
termes[M] familiers
términos[M] familiares
termini[M] comuni

Fruchtwand[F]
rind
écorce[F]
corteza[F]
scorza[F]

Fruchtfleisch[N]
pulp
pulpe[F]
pulpa[F]
polpa[F]

Schale[F]
peel
zeste[M]
piel[F]
scorzetta[F]

Spalt[M]
segment
quartier[M]
gajo[M]
spicchio[M]

Kern[M]
pip
pépin[M]
pepita[F]
seme[M]

fleischige Frucht[F]: Beere[F]
fleshy fruit: berry fruit
fruit[M] charnu : baie[F]
fruto[F] carnoso: baya[F]
frutto[M] carnoso: bacca[F]

wissenschaftliche Bezeichnungen[F]
scientific terms
termes[M] techniques
términos[M] técnicos
termini[M] tecnici

Weintraube[F] im Querschnitt[M]
section of a grape
coupe[F] d'un raisin[M]
corte[M] de una uva[F]
sezione[F] di un acino[M]

gebräuchliche Bezeichnungen[F]
popular terms
termes[M] familiers
términos[M] familiares
termini[M] comuni

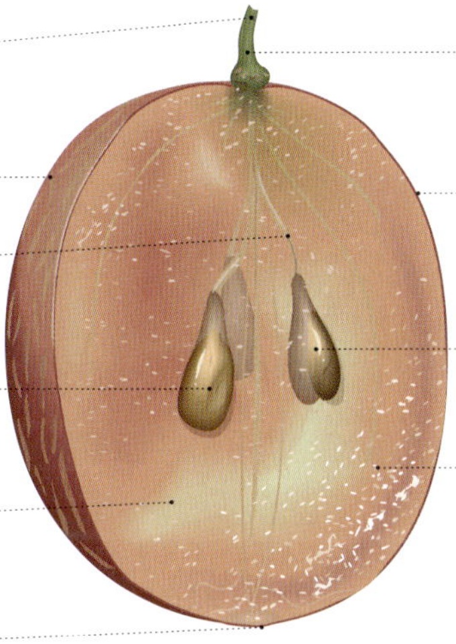

Erdbeere[F] im Querschnitt[M]
section of a strawberry
coupe[F] d'une fraise[F]
corte[M] de una fresa[F]
sezione[F] di una fragola[F]

Himbeere[F] im Querschnitt[M]
section of a raspberry
coupe[F] d'une framboise[F]
corte[M] de una frambuesa[F]
sezione[F] di un lampone[M]

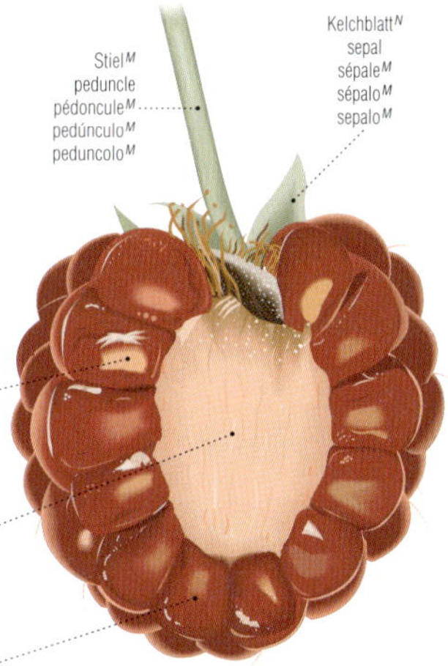

Trockenfrüchte F
dry fruits
fruits M secs
frutos M secos
frutti M secchi

Balg M im Querschnitt M: Sternanis M
section of a follicle: star anise
coupe F d'un follicule M: anis M étoilé
corte M de un folículo M: anís M estrellado
sezione F di un follicolo M: anice M stellato

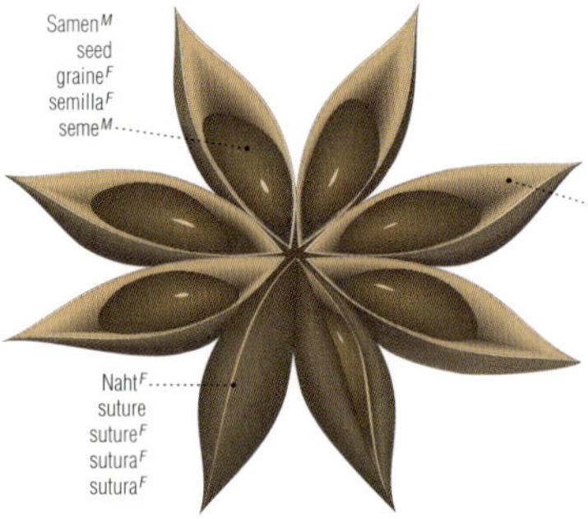

Schote F im Querschnitt M: Senf M
section of a silique: mustard
coupe F d'une silique F: moutarde F
corte M de una silicua F: mostaza F
sezione F di una siliqua F: senape F nera

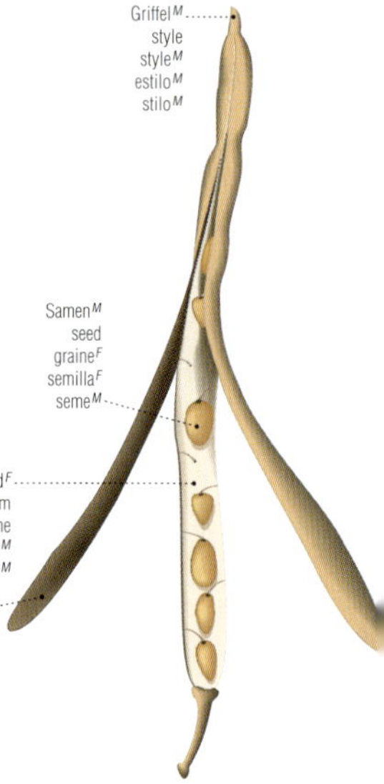

Längsschnitt M durch eine Haselnuss F
section of a hazelnut
coupe F d'une noisette F
corte M de una avellana F
sezione F di una nocciola F

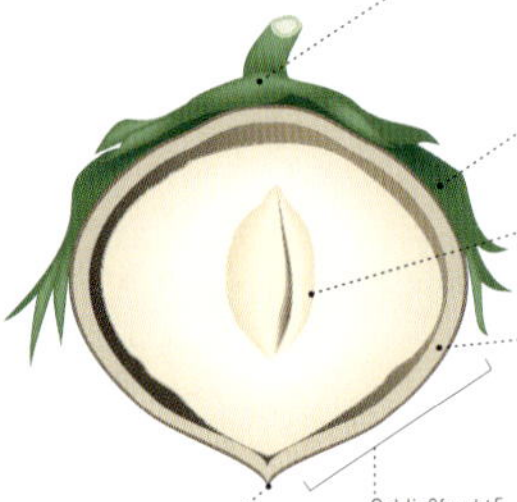

Längsschnitt M durch eine Walnuss F
section of a walnut
coupe F d'une noix F
corte M de una nuez F
sezione F di una noce F

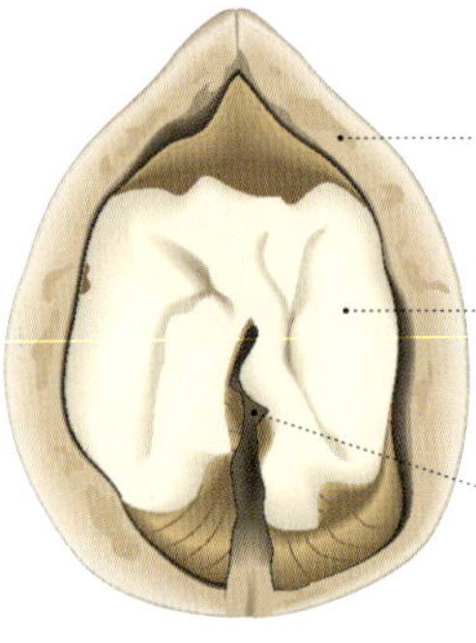

Hülsenfrucht F im Querschnitt M: Erbse F
section of a legume: pea
coupe F d'une gousse F: pois M
corte M de una legumbre F: guisante M
sezione F di un legume M: pisello M

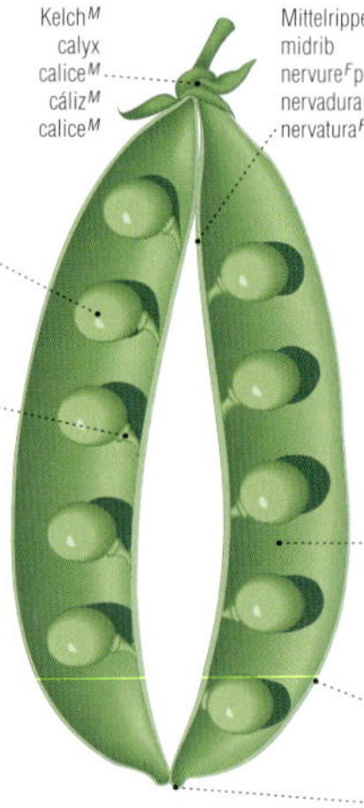

Fruchtkapsel F im Querschnitt M: Mohn M
section of a capsule: poppy
coupe F d'une capsule F: pavot M
corte M de una cápsula F: amapola F
sezione F di una capsula F: papavero M

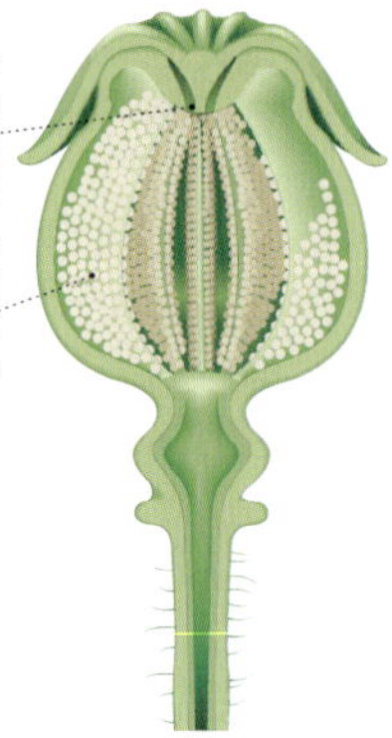

Getreide^{N}

cereals | céréales^{F} | cereales^{M} | cereali^{M}

Buchweizen^{M}
buckwheat
sarrasin^{M}
trigo^{M} sarraceno
grano^{M} saraceno

Buchweizen^{M}: Doldenrispe^{F}
buckwheat: raceme
sarrasin^{M}: grappe^{F}
trigo^{M} sarraceno: racimo^{M}
grano^{M} saraceno: racemo^{M}

Weizen^{M}
wheat
blé^{M}
trigo^{M}
grano^{M}

Weizen^{M}: Ähre^{F}
wheat: spike
blé^{M}: épi^{M}
trigo^{M}: espiga^{F}
grano^{M}: spiga^{F}

Längsschnitt^{M} durch ein Weizenkorn^{N}
section of a grain of wheat
coupe^{F} d'un grain^{M} de blé^{M}
corte^{M} de un grano^{M} de trigo^{M}
sezione^{F} di un chicco^{M} di grano^{M}

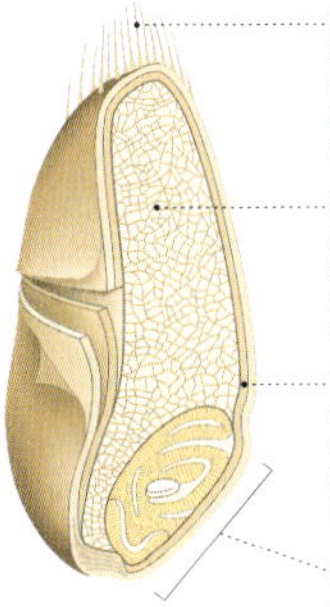

Reis^{M}
rice
riz^{M}
arroz^{M}
riso^{M}

Reis^{M}: Rispe^{F}
rice: spike
riz^{M}: épi^{M}
arroz^{M}: espiga^{F}
riso^{M}: spiga^{F}

Gerste^{F}
barley
orge^{F}
cebada^{F}
orzo^{M}

Gerste^{F}: Ähre^{F}
barley: spike
orge^{F}: épi^{M}
cebada^{F}: espiga^{F}
orzo^{M}: spiga^{F}

Roggen^{M}
rye
seigle^{M}
centeno^{M}
segale^{F}

Roggen^{M}: Ähre^{F}
rye: spike
seigle^{M}: épi^{M}
centeno^{M}: espiga^{F}
segale^{F}: spiga^{F}

Hafer^{M}
oats
avoine^{F}
avena^{F}
avena^{F}

Hafer^{M}: Ährchen^{N}
oats: panicle
avoine^{F}: panicule^{F}
avena^{F}: panícula^{F}
avena^{F}: pannocchia^{F}

Mohrenhirse^{F}
sorghum
sorgho^{M}
sorgo^{M}
sorgo^{M}

Mohrenhirse^{F}: Rispe^{F}
sorghum: panicle
sorgho^{M}: panicule^{F}
sorgo^{M}: panícula^{F}
sorgo^{M}: pannocchia^{F}

Hirse^{F}
millet
millet^{M}
mijo^{M}
miglio^{M}

Hirse^{F}: Ährenrispe^{F}
millet: spike
millet^{M}: épi^{M}
mijo^{M}: espiga^{F}
miglio^{M}: spiga^{F}

Mais^{M}
sweetcorn
maïs^{M}
maíz^{M}
mais^{M}

Mais^{M}: Kolben^{M}
corn: cob
maïs^{M}: épi^{M}
maíz^{M}: mazorca^{F}
mais^{M}: pannocchia^{F}

Rebe^{F}

grape | vigne^{F} | uva^{F} | vite^{F}

Traubenhenkel^{M}
bunch of grapes
grappe^{F} de raisins^{M}
racimo^{M} de uvas^{F}
grappolo^{M} d'uva^{F}

Rebstock^{M}
vine stock
cep^{M} de vigne^{F}
cepa^{F} de vid^{F}
albero^{M} della vite^{F}

Weinblatt^{N}
vine leaf
feuille^{F} de vigne^{F}
hoja^{F} de la vid^{F}
pampino^{M}

Stufen^{F} der Reife^{F}
steps to ripeness
étapes^{F} de maturation^{F}
etapas^{F} de la maduración^{F}
stadi^{M} di maturazione^{F}

Blüte^{F}
flowering
floraison^{F}
floración^{F}
fioritura^{F}

Fruchtbildung^{F}
fruiting
nouaison^{F}
fructificación^{F}
fruttificazione^{F}

Reifeprozess^{M}
ripening
véraison^{F}
envero^{M}
maturazione^{F}

Vollreife^{F}
ripeness
maturité^{F}
madurez^{F}
maturità^{F}

Aufbau^{M} eines Baumes^{M}
structure of a tree
structure^{F} d'un arbre^{M}
anatomía^{F} de un árbol^{M}
struttura^{F} di un albero^{M}

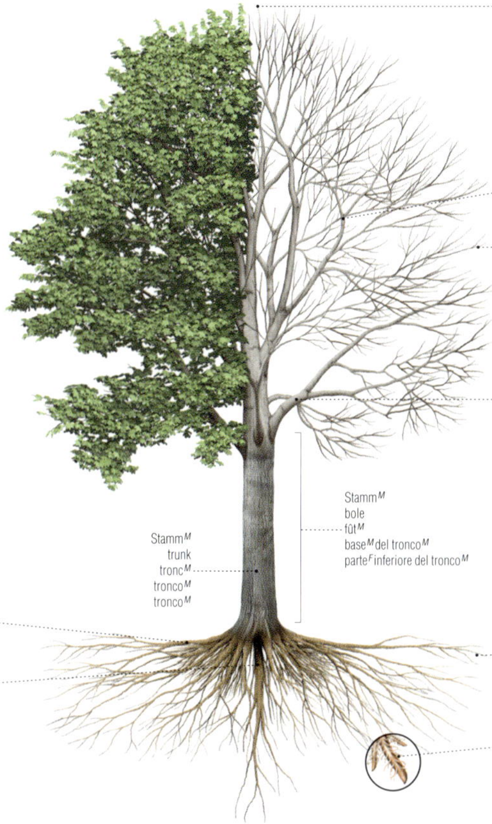

Baumstamm^{M} im Querschnitt^{M}
cross section of a trunk
coupe^{F} transversale du tronc^{M}
corte^{M} transversal de un tronco^{M}
sezione^{F} trasversale di un tronco^{M}

Stumpf^{M}
stump
souche^{F}
tocón^{M}
ceppo^{M}

Beispiele[N] für Laubhölzer[N]
examples of broadleaved trees
exemples[M] d'arbres[M] feuillus
ejemplos[M] de latifolios[M]
esempi[M] di latifoglie[F]

Eiche[F]
oak
chêne[M]
roble[M]
quercia[F]

Birke[F]
birch
bouleau[M]
abedul[M]
betulla[F]

Trauerweide[F]
weeping willow
saule[M] pleureur
sauce[M] llorón
salice[M] piangente

Pappel[F]
poplar
peuplier[M]
álamo[M]
pioppo[M]

Palme[F]
palm tree
palmier[M]
palmera[F]
palma[F]

Ahorn[M]
maple
érable[M]
arce[M]
acero[M]

Buche[F]
beech
hêtre[M]
haya[F]
faggio[M]

Walnuss[F]
walnut
noyer[M]
nogal[M]
noce[M]

Nadelbaum^{M}

conifer | conifère^{M} | conífera^{F} | conifera^{F}

Zapfen^{M}
cone
cône^{M}
piña^{F}
cono^{M}

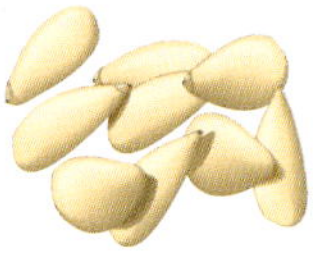

Pinienkern^{M}
pine seed
pignon^{M}
piñón^{M}
pinolo^{M}

Beispiele^{N} für Nadelblätter^{N}
examples of leaves
exemples^{M} de feuilles^{F}
ejemplos^{M} de hojas^{F}
esempi^{M} di foglie^{F}

Tannennadeln^{F}
fir needles
aiguilles^{F} de sapin^{M}
agujas^{F} del abeto^{M}
aghi^{M} d'abete^{M}

Kiefernnadeln^{F}
pine needles
aiguilles^{F} de pin^{M}
agujas^{F} del pino^{M}
aghi^{M} di pino^{M}

Zypressennadeln^{F}
scalelike leaves of the cypress
écailles^{F} de cyprès^{M}
hojas^{F} escamadas del ciprés^{M}
foglie^{F} squamiformi del cipresso^{M}

Beispiele^{N} für Nadelhölzer^{N}
examples of conifers
exemples^{M} de conifères^{M}
ejemplos^{M} de coníferas^{F}
esempi^{M} di conifere^{F}

Pinie^{F}
umbrella pine
pin^{M} parasol^{M}
pino^{M} piñonero
pino^{M} domestico

Libanonzeder^{F}
cedar of Lebanon
cèdre^{M} du Liban^{M}
cedro^{M} del Líbano^{M}
cedro^{M} del Libano^{M}

Fichte^{F}
spruce
épicéa^{M}
pícea^{F}
picea^{F}

Lärche^{F}
larch
mélèze^{M}
alerce^{M}
larice^{M}

Tanne^{F}
fir
sapin^{M}
abeto^{M}
abete^{M}

92 Entwicklung des Lebens
- 92 Entstehung und Entwicklung der Arten

94 Einfache Organismen und Echinodermen
- 94 tierische Zelle
- 94 Einzeller
- 95 Schwamm
- 95 Echinodermen

96 Insekten und Spinnentiere
- 96 Schmetterling
- 98 Honigbiene
- 101 Beispiele für Insekten
- 102 Beispiele für Spinnentiere
- 103 Spinne

104 Weichtiere
- 104 Schnecke
- 105 einschalige Muschel
- 105 zweischalige Muschel
- 106 Tintenfisch

107 Krebse
- 107 Hummer

108 Fische
- 108 Knorpelfisch
- 108 Knochenfisch

110 Amphibien
- 110 Frosch
- 111 Beispiele für Amphibien

112 Reptilien
- 112 Schlange
- 113 Schildkröte
- 114 Beispiele für Reptilien

115 Vögel
- 115 Vogel
- 118 unterschiedliche Vogeltypen

TIERREICH

121 Insektenfresser

121 Maulwurf
121 Beispiele für Insektenfresser

122 Nagetiere und Hasentiere

122 Nagetier
123 Beispiele für Nagetiere
123 Nagetierkiefer und Hasentierkiefer
123 Beispiele für Hasentiere

124 Huftiere

124 Pferd
127 Beispiele für Hufe
128 Beispiele für Huftiere

130 Raubtiere

130 Hund
130 Hunderassen
132 Katze
132 Katzenrassen
134 Beispiele für Raubtiere

136 Meeressäugetiere

136 Delphin
137 Beispiele für Meeressäugetiere

138 Primaten

138 Gorilla
139 Beispiele für Primaten

140 Fledertiere

140 Fledermaus
141 Beispiele für Fledertiere

142 Beuteltiere

142 Känguru
143 Beispiele für Beuteltiere

Entstehung^{F} und Entwicklung^{F} der Arten^{F}

origin and evolution of species | origine^{F} et évolution^{F} des espèces^{F} | origen^{M} y evolución^{F} de las especies^{F} | origine^{F} ed evoluzione^{F} delle specie^{F}

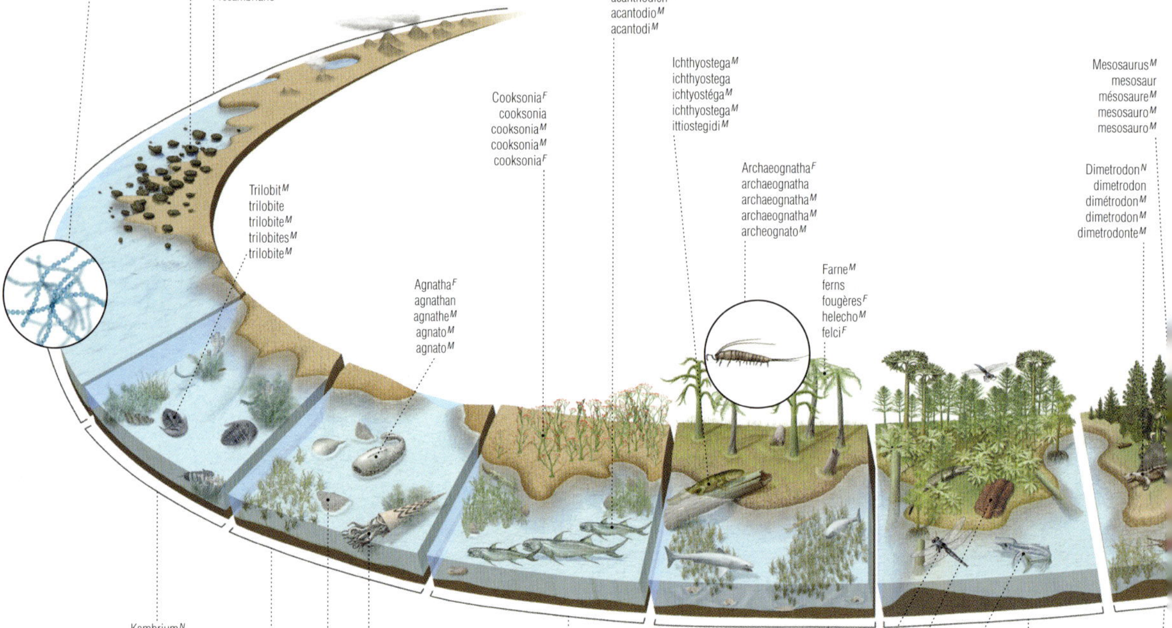

Entstehung[F] und Entwicklung[F] der Arten[F]

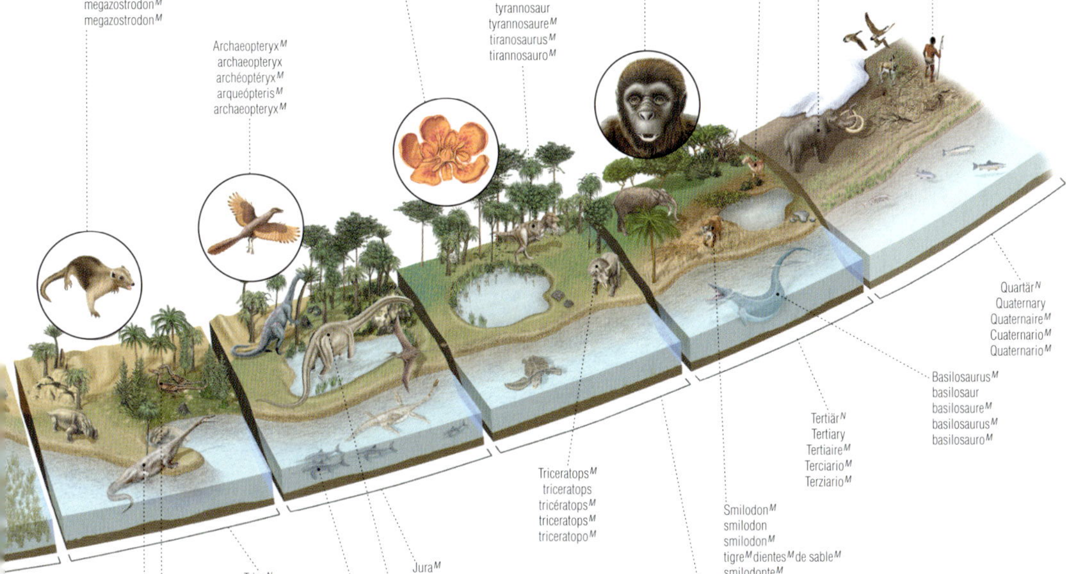

tierische Zelle^{F}

animal cell | cellule^{F} animale | célula^{F} animal | cellula^{F} animale

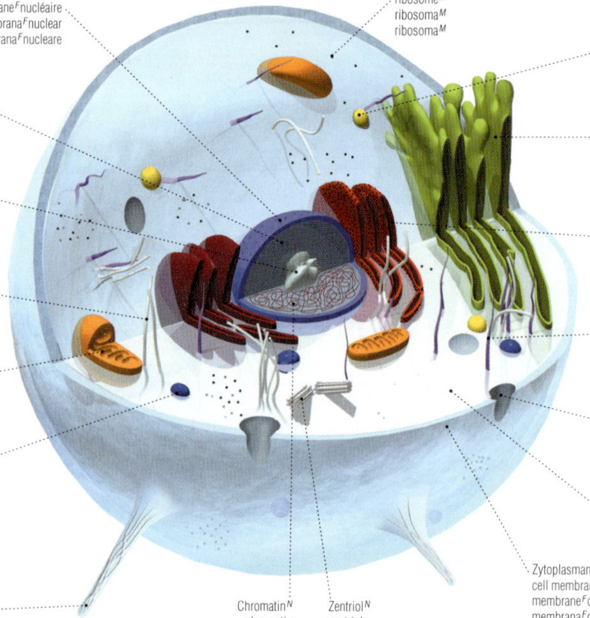

Einzeller^{M}

unicellulars | unicellulaires^{M} | unicelulares^{M} | unicellulari^{M}

Amöbe^{F} amoeba amibe^{F} ameba^{F} ameba^{F}

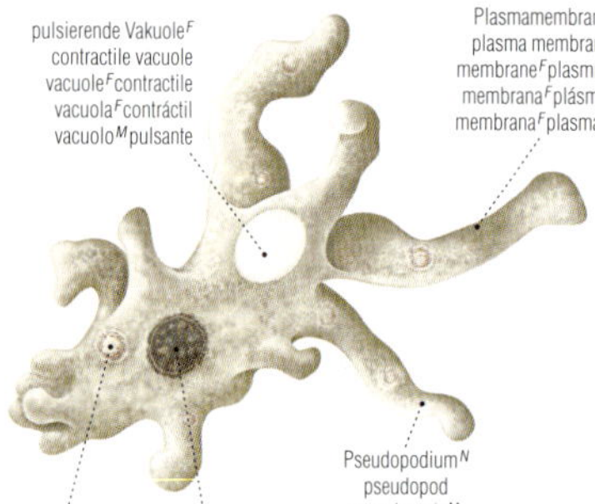

Paramecium^{N} paramecium paramécie^{F} paramecio^{M} paramecio^{M}

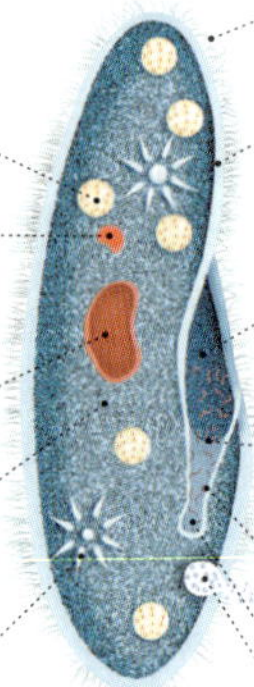

Schwamm^{M}

sponge | éponge^{F} | esponja^{F} | spugna^{F}

Kalkschwamm^{M}
calcareous sponge
éponge^{F} calcaire
esponja^{F} calcárea
spugna^{F} calcarea

Anatomie^{F} eines Schwamms^{M}
anatomy of a sponge
anatomie^{F} de l'éponge^{F}
anatomía^{F} de una esponja^{F}
anatomia^{F} di una spugna^{F}

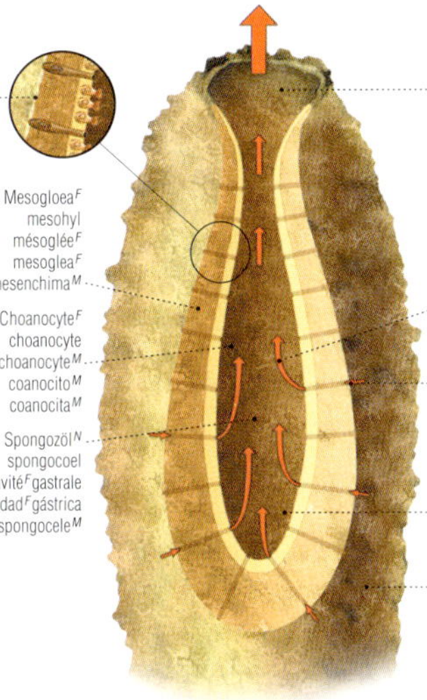

Echinodermen^{M}

echinoderms | échinodermes^{M} | equinodermos^{M} | echinodermi^{M}

Anatomie^{F} eines Seesterns^{M}
anatomy of a starfish
anatomie^{F} de l'étoile^{F} de mer^{F}
anatomía^{F} de una estrella^{F} de mar^{M}
anatomia^{F} di una stella^{F} marina

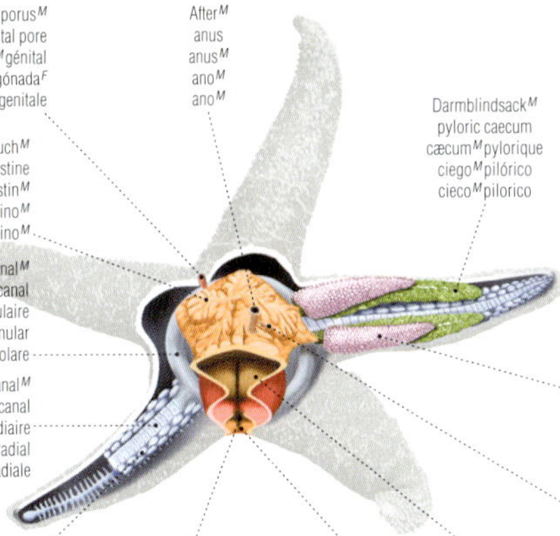

äußere Merkmale^{N} eines Seesterns^{M}
morphology of a starfish
morphologie^{F} de l'étoile^{F} de mer^{F}
morfología^{F} de una estrella^{F} de mar^{M}
morfologia^{F} di una stella^{F} marina

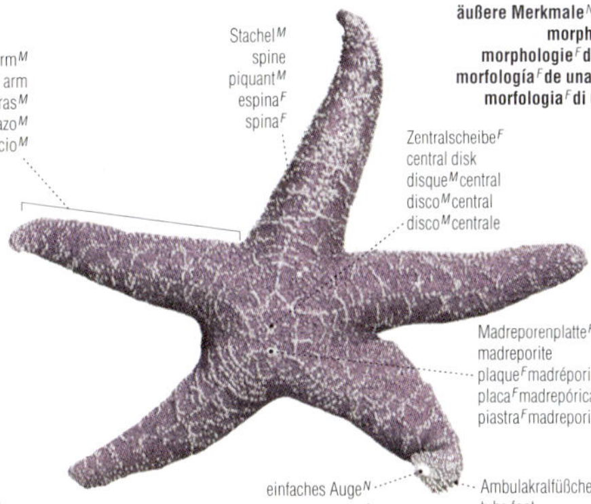

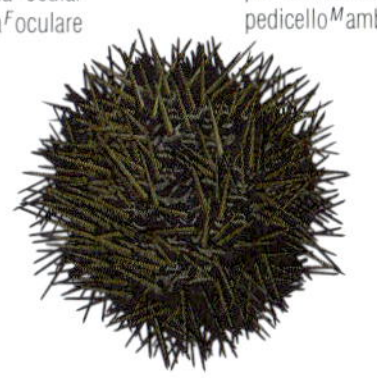

Seeigel^{M}
sea urchin
oursin^{M}
erizo^{M} de mar^{M}
riccio^{M} di mare^{M}

Schmetterling[M]

butterfly | papillon[M] | mariposa[F] | farfalla[F]

äußere Merkmale[N] eines Schmetterlings[M]
morphology of a butterfly
morphologie[F] du papillon[M]
morfología[F] de una mariposa[F]
morfologia[F] di una farfalla[F]

Hinterbein[N]
hind leg
patte[F] postérieure
pata[F] trasera
zampa[F] posteriore

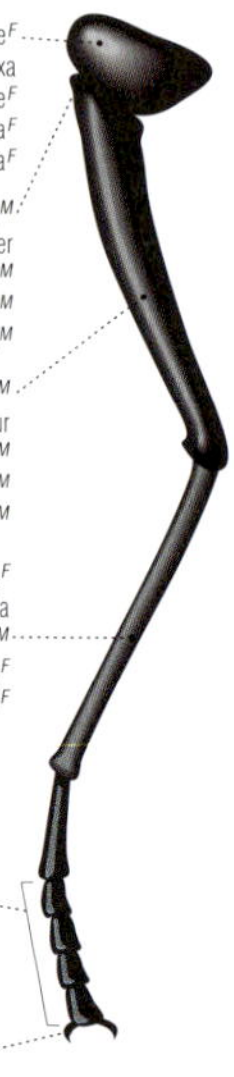

Anatomie^{F} eines weiblichen Schmetterlings^{M}
anatomy of a female butterfly
anatomie^{F} du papillon^{M} femelle
anatomía^{M} de una mariposa^{F} hembra^{F}
anatomia^{F} di una farfalla^{F} femmina

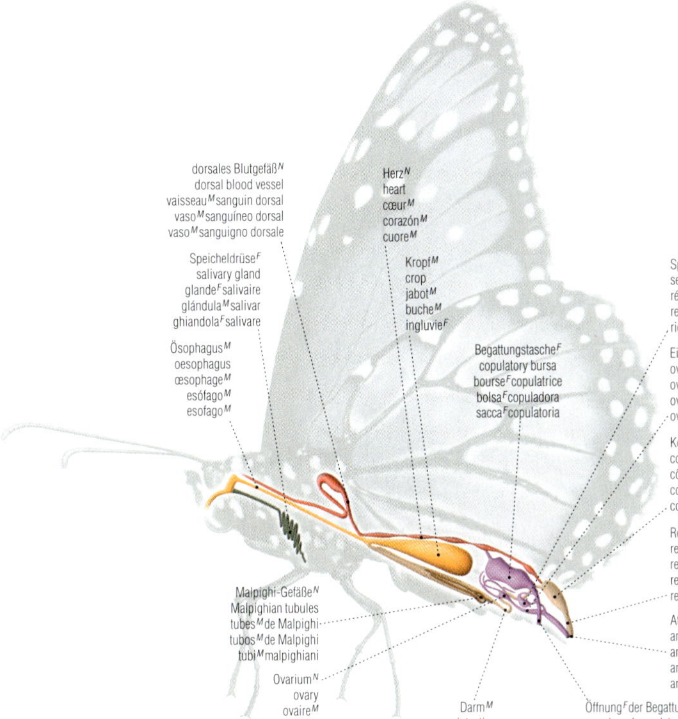

Puppe^{F}
chrysalis
chrysalide^{F}
crisálida^{F}
crisalide^{F}

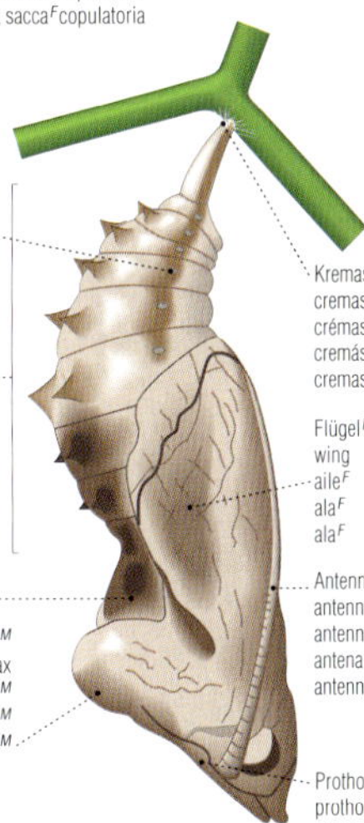

Raupe^{F}
caterpillar
chenille^{F}
oruga^{F}
bruco^{M}

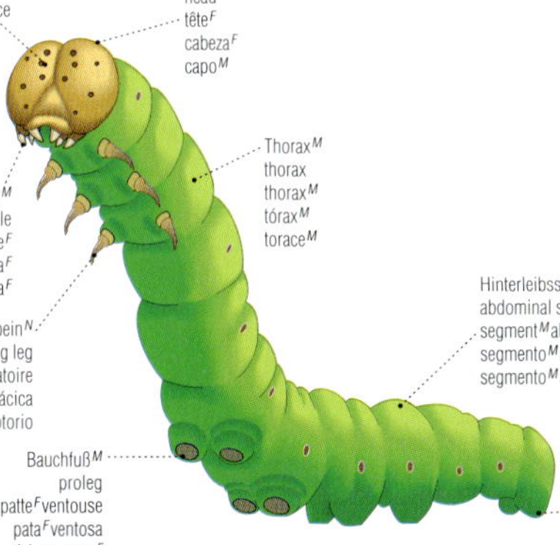

Honigbiene^{F}

honeybee | abeille^{F} | abeja^{F} | ape^{F}

äußere Merkmale^{N} einer Honigbiene^{F}: Arbeiterin^{F}
morphology of a honeybee: worker
morphologie^{F} de l'abeille^{F}: ouvrière^{F}
morfología^{F} de una abeja^{F} trabajadora
morfologia^{F} di un'ape^{F}: operaia

Hinterbein^{N} (Innenseite^{F})
hind leg (inner surface)
patte^{F} postérieure (face^{F} interne)
pata^{F} trasera (superficie^{F} interior)
zampa^{F} posteriore (superficie interna)

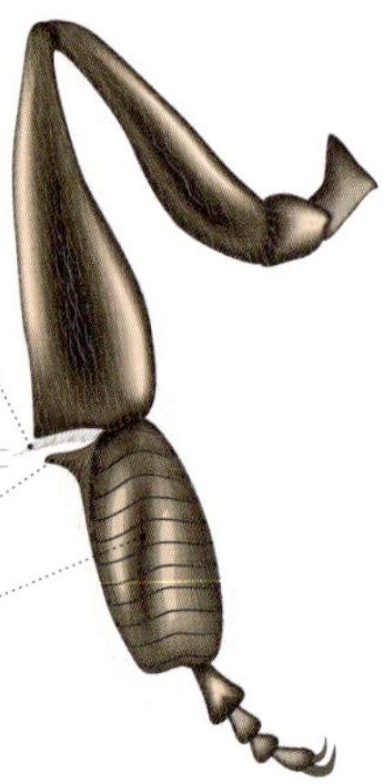

Vorderbein^{N} (Außenseite^{F})
foreleg (outer surface)
patte^{F} antérieure (face^{F} externe)
pata^{F} delantera (superficie^{F} exterior)
zampa^{F} anteriore (superficie^{F} esterna)

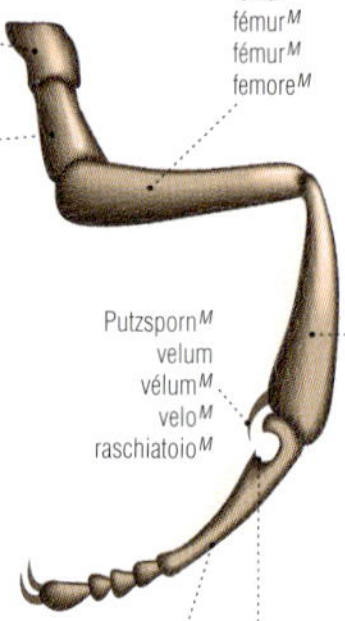

Mittelbein^{N} (Außenseite^{F})
middle leg (outer surface)
patte^{F} médiane (face^{F} externe)
pata^{F} media (superficie^{F} exterior)
zampa^{F} mediana (superficie^{F} esterna)

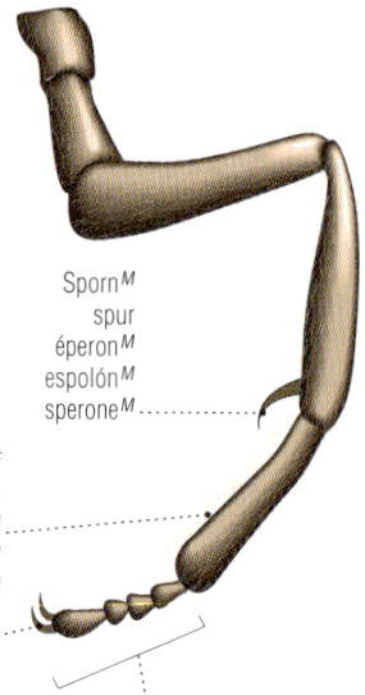

Anatomie^{F} einer Honigbiene^{F}
anatomy of a honeybee
anatomie^{F} de l'abeille^{F}
anatomía^{F} de una abeja^{F}
anatomia^{F} di un'ape^{F}

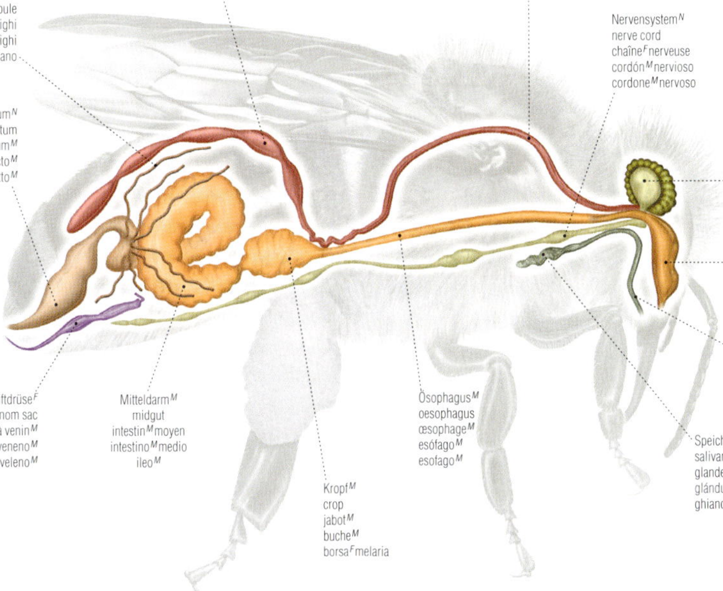

Kopf^{M}
head
tête^{F}
cabeza^{F}
capo^{M}

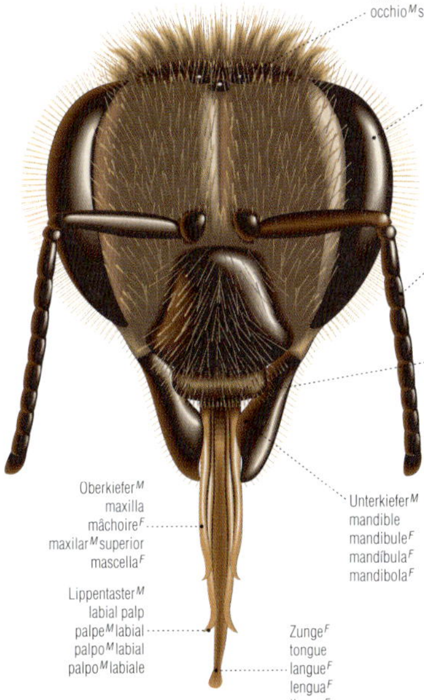

Kasten^{F}
castes
castes^{F}
castas^{F}
caste^{F}

Honigbiene^{F}

Bienenstock^{M}
hive
ruche^{F}
colmena^{F}
arnia^{F}

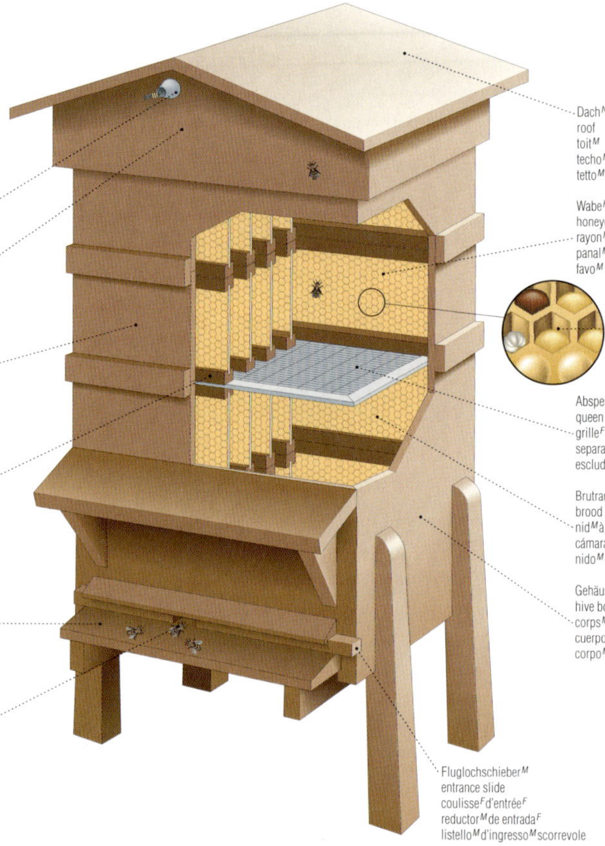

Wabenausschnitt^{M}
honeycomb section
coupe^{F} d'un rayon^{M} de miel^{M}
corte^{M} de un panal^{M}
sezione^{F} del favo^{M}

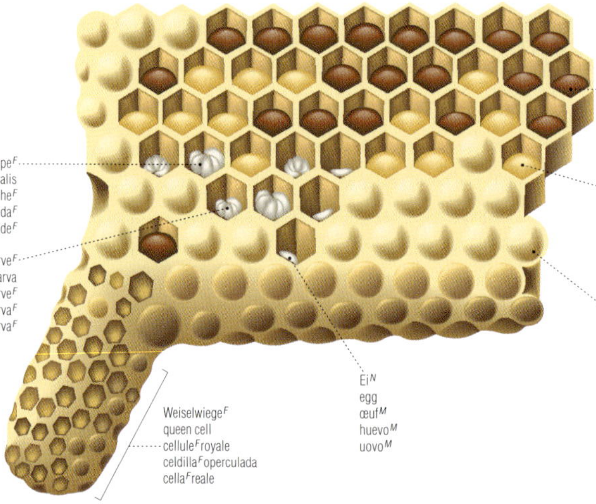

Beispiele[N] für Insekten[N]

examples of insects | exemples[M] d'insectes[M] | ejemplos[M] de insectos[M] | esempi[M] di insetti[M]

Floh[M]
flea
puce[F]
pulga
pulce[F]

Laus[F]
louse
pou[M]
piojo[M]
pidocchio[M]

Moskito[M]
mosquito
moustique[M]
mosquito[M]
zanzara[F]

Tsetsefliege[F]
tsetse fly
mouche[F] tsé-tsé
mosca[F] tsetsé
mosca[F] tse-tse

Termite[F]
termite
termite[M]
termita[F]
termite[F]

Bockkäfer[M]
furniture beetle
petite vrillette[F]
carcoma[F]
tarlo[M]

Ameise[F]
ant
fourmi[F]
hormiga[F]
formica[F]

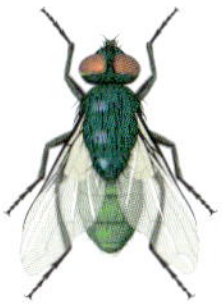

Fliege[F]
fly
mouche[F]
mosca[F]
mosca[F]

Marienkäfer[M]
ladybird
coccinelle[F]
mariquita[F]
coccinella[F]

Schildwanze[F]
shield bug
punaise[F] rayée
chinche[F] de campo[M]
cimice[F] rigata

Totengräber[M]
sexton beetle
nécrophore[M]
escarabajo[M] necróforo
necroforo[M]

Wespe[F]
yellowjacket
guêpe[F]
avispa[F]
vespa[F]

Hornisse[F]
hornet
frelon[M]
avispón[M]
calabrone[M]

Bremse[F]
cleg
taon[M]
tábano[M]
tafano[M]

Hummel[F]
bumblebee
bourdon[M]
abejorro[M]
bombo[M]

orientalische Schabe[F]
oriental cockroach
blatte[F] orientale
cucaracha[F] oriental
blatta[F] orientale

Birkenspanner[M]
peppered moth
phalène[F] du bouleau[M]
polilla[F] de abedul[M]
falena[F] della betulla[F]

Riesenwasserwanze[F]
giant water bug
punaise[F] d'eau[F] géante
chinche[F] acuática gigante
cimice[F] acquatica gigante

Maikäfer[M]
cockchafer
hanneton[M]
escarabajo[M]
maggiolino[M]

Monarchfalter[M]
monarch butterfly
monarque[M]
mariposa[F] monarca[M]
monarca[F]

Laubheuschrecke[F]
great green bush-cricket
grande sauterelle[F] verte
saltamontes[M] verde
cavalletta[F] verde

Zikade[F]
cicada
cigale[F]
cigarra[F]
cicala[F]

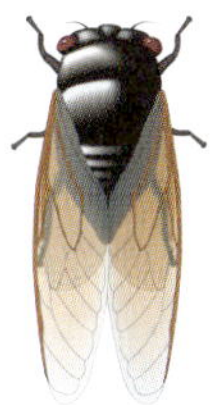

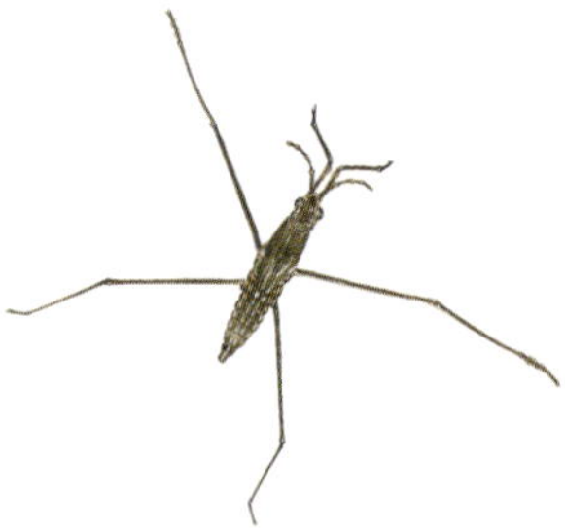

Wasserläufer[M]
water strider
patineur[M] **d'eau**[F]
opilión[M]
opilione[M]

Atlasspinner[M]
atlas moth
atlas[M]
oruga[F] **de polilla**[F]
Vanessa atalanta[F]

Nachtigall[F]**-Grashüpfer**[M]
bow-winged grasshopper
criquet[M] **mélodieux**
grillo[M] **campestre**
cavalletta[F]

Gottesanbeterin[F]
mantid
mante[F] **religieuse**
mantis[F] **religiosa**
mantide[F] **religiosa**

Libelle[F]
dragonfly
libellule[F]
libélula[F]
libellula[F]

Beispiele[N] für Spinnentiere[N]

examples of arachnids | exemples[M] d'arachnides[M] | ejemplos[M] de arácnidos[M] | esempi[M] di aracnidi[M]

Zecke[F]
tick
tique[F]
garrapata[F]
zecca[F]

Krabbenspinne[F]
crab spider
araignée[F]**-crabe**[M]
araña[M] **cangrejo**
ragno[M]**-granchio**[M]

Wasserspinne[F]
water spider
argyronète[F]
araña[F] **de agua**[F]
ragno[M] **acquatico**

Gartenkreuzspinne[M]
garden spider
épeire[F]
epeira[F]
epeira[F]

Mexikanische Rotknievogelspinne[F]
red-kneed tarantula
mygale[F] **du Mexique**[M]
migala[F]
migale[F] **del Messico**[M]

Skorpion[M]
scorpion
scorpion[M]
escorpión[M]
scorpione[M]

Spinne^{F}

spider | araignée^{F} | araña^{F} | ragno^{M}

Spinnennetz^{N}
spider web
toile^{F} d'araignée^{F}
tela^{F} de araña^{F}
ragnatela^{F}

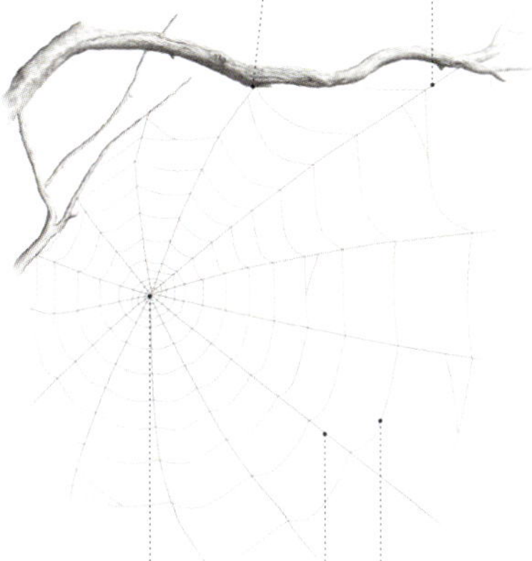

äußere Merkmale^{N} einer Spinne^{F}
morphology of a spider
morphologie^{F} de l'araignée^{F}
morfología^{F} de una araña^{F}
morfologia^{F} di un ragno^{M}

Anatomie^{F} einer weiblichen Spinne^{F}
anatomy of a female spider
anatomie^{F} de l'araignée^{F} femelle
anatomía^{F} de una araña^{F} hembra
anatomia^{F} di un ragno^{M} femmina

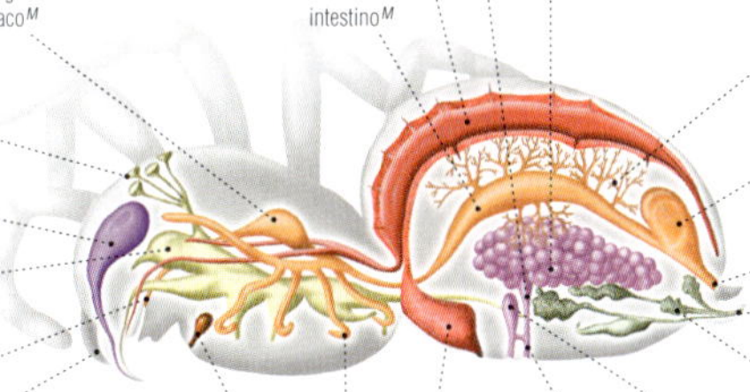

Schnecke^{F}

snail | escargot^{M} | caracol^{M} | chiocciola^{F}

äußere Merkmale^{N} einer Schnecke^{F}
morphology of a snail
morphologie^{F} de l'escargot^{M}
morfología^{F} de un caracol^{M}
morfologia^{F} di una chiocciola^{F}

Anatomie^{F} einer Schnecke^{F}
anatomy of a snail
anatomie^{F} de l'escargot^{M}
anatomía^{F} de un caracol^{M}
anatomia^{F} di una chiocciola^{F}

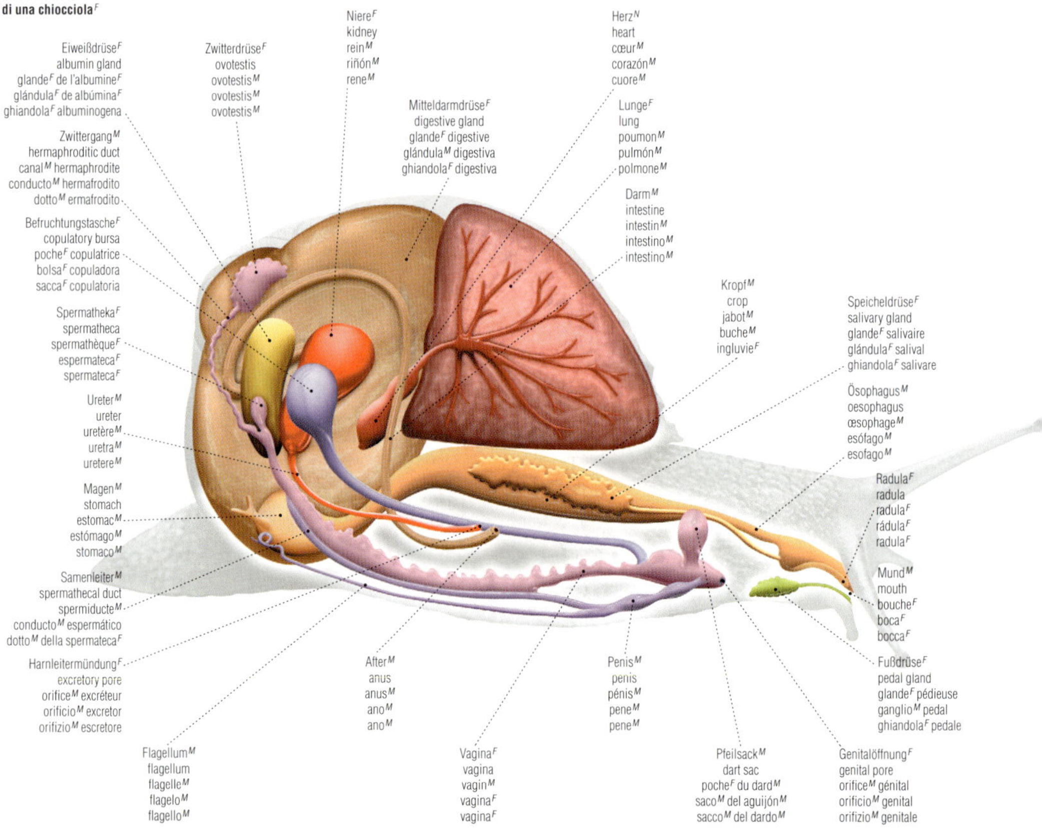

einschalige Muschel^{F}

univalve shell | coquille^{F} univalve | concha^{F} univalva | conchiglia^{F} univalve

äußere Merkmale^{N} einer einschaligen Muschel^{F}
morphology of a univalve shell
morphologie^{F} de la coquille^{F} univalve
morfología de una concha^{F} univalva
morfologia^{F} di una conchiglia^{F} univalve

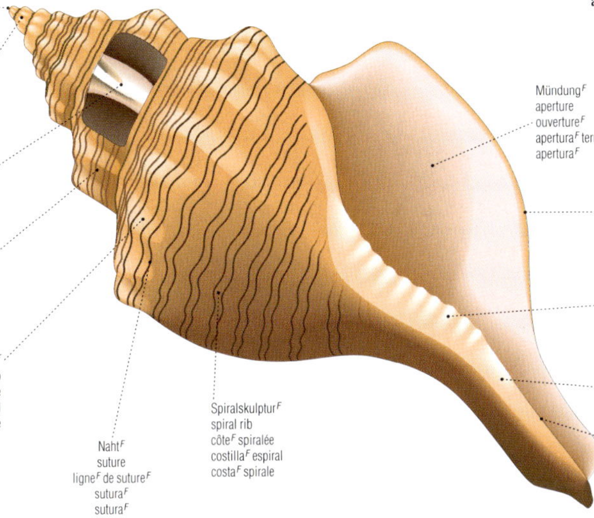

Apex^{M}
apex
apex^{M}
ápice^{M}
apice^{M}

Embryonalgewinde^{N}
nuclear whorl
tour^{M} embryonnaire
espiral^{F} embrionaria
giro^{M} embrionale

Spindel^{F}
columella
columelle^{F}
columela^{F}
columella^{F}

Windung^{F}
whorl
tour^{M} de spire^{F}
espiral^{F}
giro^{M} della spira^{F}

Axialrippe^{F}
axial rib
côte^{F} axiale
costilla^{F} axial
costa^{F} assiale

Naht^{F}
suture
ligne^{F} de suture^{F}
sutura^{F}
sutura^{F}

Spiralskulptur^{F}
spiral rib
côte^{F} spiralée
costilla^{F} espiral
costa^{F} spirale

Mündung^{F}
aperture
ouverture^{F}
apertura^{F} terminal
apertura^{F}

Außenlippe^{F}
outer lip
bord^{M} externe
labio^{M} externo
labbro^{M} esterno

Spindelfalte^{F}
columella fold
pli^{M} de la columelle^{F}
pliegue^{M} de la columela^{F}
piega^{F} della columella^{F}

Innenlippe^{F}
inner lip
bord^{M} interne
labio^{M} interno
labbro^{M} interno

Siphonalkanal^{M}
siphonal canal
canal^{M} siphonal
canal^{M} del sifón^{M}
canale^{M} del sifone^{M}

zweischalige Muschel^{F}

bivalve shell | coquille^{F} bivalve | concha^{F} bibalva | conchiglia^{F} bivalve

Anatomie^{F} einer zweischaligen Muschel^{F}
anatomy of a bivalve shell
anatomie^{F} de la coquille^{F} bivalve
anatomía^{F} de una concha^{F} bivalva
anatomia^{F} di una conchiglia^{F} bivalve

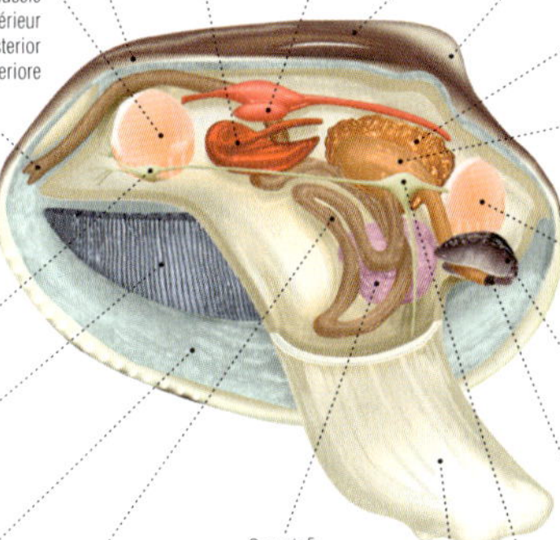

Niere^{F}
kidney
rein^{M}
riñón^{M}
rene^{M}

Schloßband^{N}
ligament
ligament^{M}
ligamento^{M}
legamento^{M}

Herz^{N}
heart
cœur^{M}
corazón^{M}
cuore^{M}

Schale^{F}
shell
coquille^{F}
concha^{F}
conchiglia^{F}

Wirbel^{M}
umbo
crochet^{M}
umbo^{M}
cerniera^{F}

hinterer Schließmuskel^{M}
posterior adductor muscle
muscle^{M} adducteur postérieur
músculo^{M} aductor posterior
muscolo^{M} adduttore posteriore

Mitteldarmdrüse^{F}
digestive gland
glande^{F} digestive
glándula^{F} digestiva
ghiandola^{F} digestiva

After^{M}
anus
anus^{M}
ano^{M}
ano^{M}

Magen^{M}
stomach
estomac^{M}
estómago^{M}
stomaco^{M}

Eingeweideganglion^{N}
visceral ganglion
ganglion^{M} viscéral
ganglio^{M} visceral
ganglio^{M} viscerale

vorderer Schließmuskel^{M}
anterior adductor muscle
muscle^{M} adducteur antérieur
músculo^{M} aductor anterior
muscolo^{M} adduttore anteriore

Kiemen^{F}
gills
branchies^{F}
branquias^{F}
branchie^{F}

Lippentaster^{M}
palp
palpe^{M}
palpo^{M}
palpo^{M}

Mantel^{M}
mantle
manteau^{M}
manto^{M}
mantello^{M}

Gonade^{F}
gonad
gonade^{F}
gónada^{M}
gonade^{F}

Mundöffnung^{F}
mouth
bouche^{F}
boca^{M}
bocca^{F}

Darm^{M}
intestine
intestin^{M}
intestino^{M}
intestino^{M}

Fuß^{M}
foot
pied^{M}
pie^{M}
piede^{M}

Kopfganglion^{N}
cerebropleural ganglion
ganglion^{M} cérébropleural
ganglio^{M} cerebropleural
ganglio^{M} cerebropleurale

äußere Merkmale^{N} einer zweischaligen Muschel^{F}
morphology of a bivalve shell
morphologie^{F} de la coquille^{F} bivalve
morfología de una concha^{F} bivalva^{F}
morfologia^{F} di una conchiglia^{F} bivalve

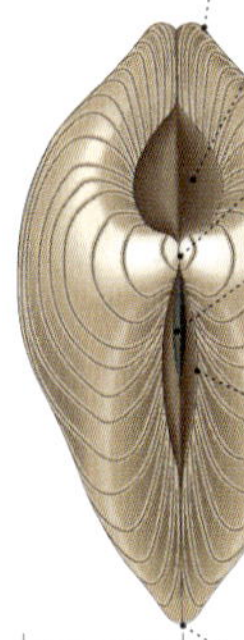

vorderes Ende^{N}
anterior end
bord^{M} antérieur
extremo^{M} anterior
margine^{M} anteriore

Lunula^{F}
lunule
lunule^{F}
lúnula^{M}
lunula^{F}

Wirbel^{M}
umbo
crochet^{M}
umbo^{M}
umbone^{M}

Schloßband^{N}
ligament
ligament^{M}
ligamento^{M}
legamento^{M}

Schildchen^{N}
escutcheon
écusson^{M}
placa^{F} calcárea
scutello^{M}

Zuwachsstreifen^{M}
growth line
ligne^{F} de croissance^{F}
línea^{F} de crecimiento^{M}
linea^{F} di accrescimento^{M}

Klappe^{F}
valve
valve^{F}
valva^{F}
valva^{F}

hinteres Ende^{N}
posterior end
bord^{M} postérieur
extremo^{M} posterior
margine^{M} posteriore

TIERREICH

Tintenfisch^{M}

octopus | pieuvre^{F} | pulpo^{M} | polpo^{M}

äußere Merkmale^{N} eines Tintenfischs^{M}
morphology of an octopus
morphologie^{F} de la pieuvre^{F}
morfología^{F} de un pulpo^{M}
morfologia^{F} di un polpo^{M}

Anatomie^{F} eines Tintenfischs^{M}
anatomy of an octopus
anatomie^{F} de la pieuvre^{F}
anatomía^{F} de un pulpo^{M}
anatomia^{F} di un polpo^{M}

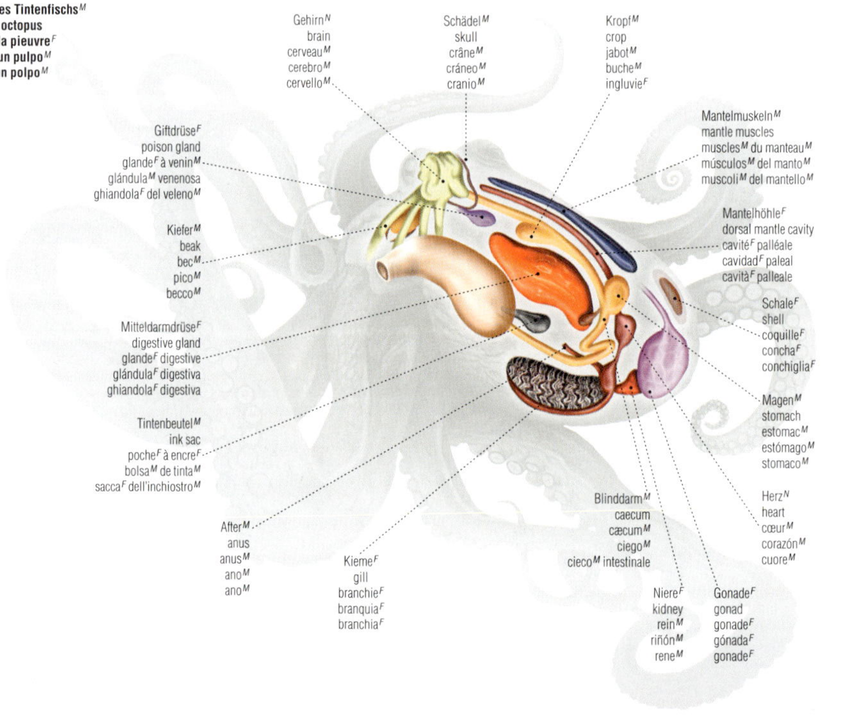

Hummer^M

lobster | homard^M | bogavante^M | astice^M

äußere Merkmale^N eines Hummers^M
morphology of a lobster
morphologie^F du homard^M
morfología de un bogavante^M
morfologia^F di un astice^M

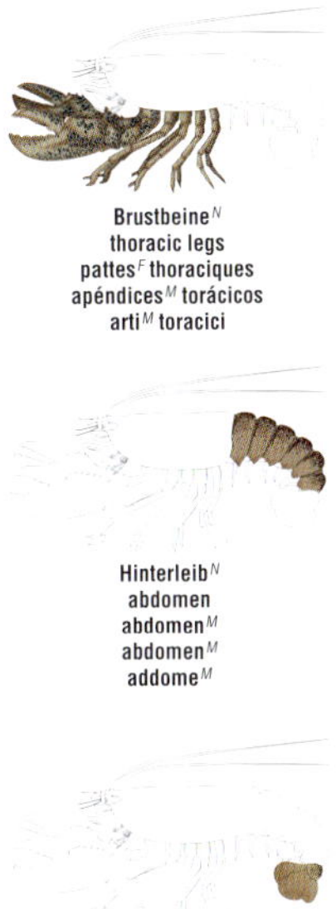

Anatomie^F eines Hummers^M
anatomy of a lobster
anatomie^F du homard^M
anatomía^F de un bogavante^M
anatomia^F di un astice^M

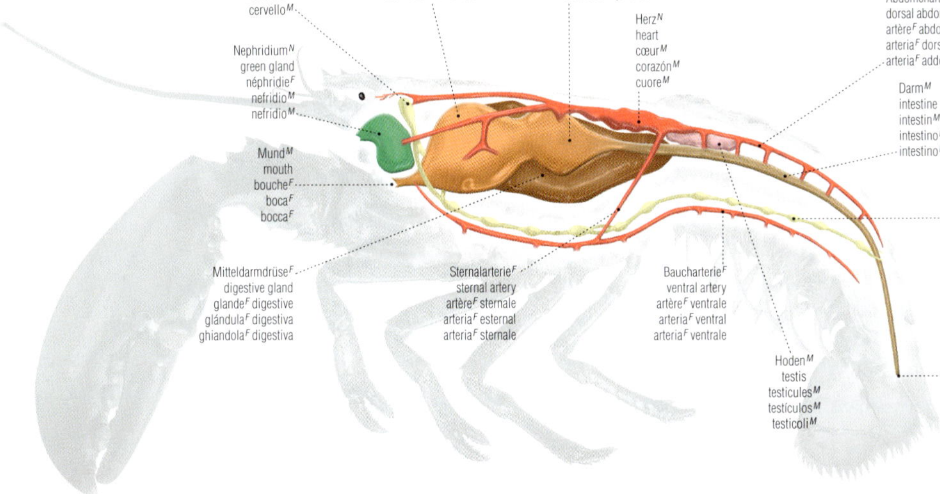

Knorpelfisch[M]

cartilaginous fish | poisson[M] cartilagineux | pez[M] cartilaginoso | pesce[M] cartilagineo

äußere Merkmale[N] eines Hais[M]
morphology of a shark
morphologie[F] du requin[M]
morfología[F] de un tiburón[M]
morfologia[F] di uno squalo[M]

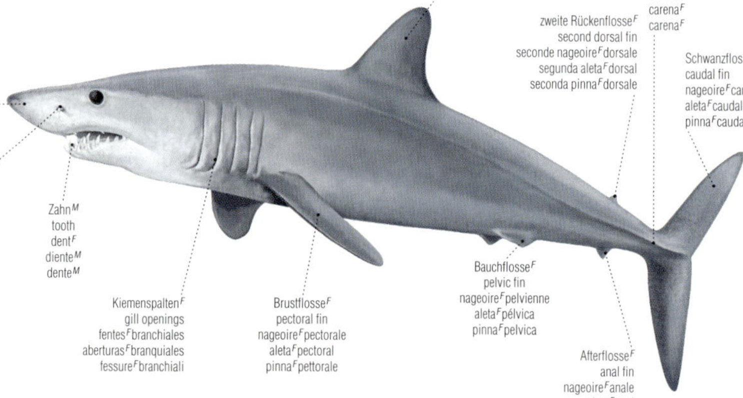

Knochenfisch[M]

bony fish | poisson[M] osseux | pez[M] óseo | pesce[M] osseo

äußere Merkmale[N] eines Flußbarschs[M]
morphology of a perch
morphologie[F] de la perche[F]
morfología[F] de una perca[F]
morfologia[F] di un persico[M]

Anatomie[F] eines Flußbarschs[M]
anatomy of a perch
anatomie[F] de la perche[F]
anatomía[M] de una perca[F]
anatomia[F] di un persico[M]

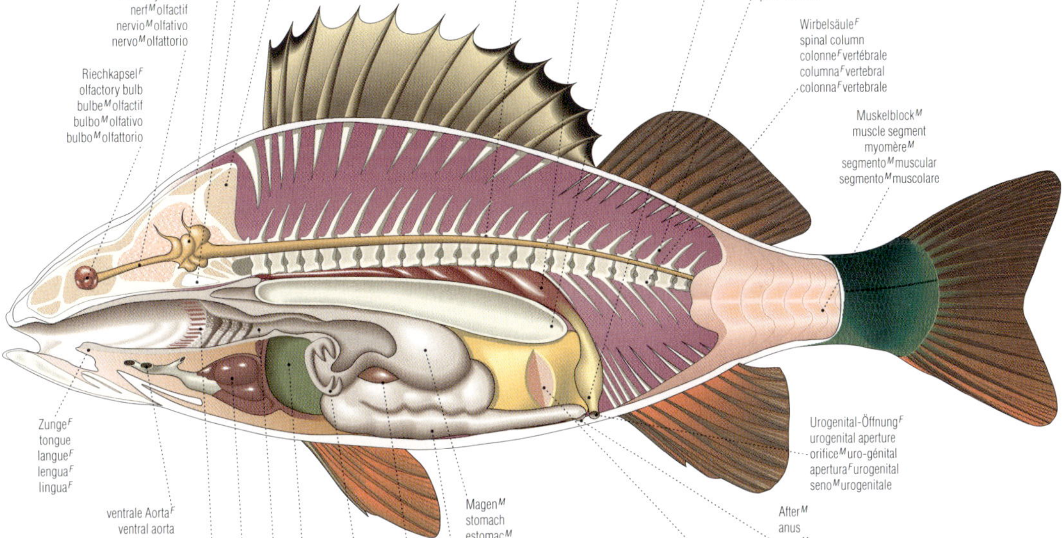

erste Rückenflosse[F]
first dorsal fin
première nageoire[F] dorsale
aleta[F] dorsal anterior
prima pinna[F] dorsale

zweite Rückenflosse[F]
second dorsal fin
seconde nageoire[F] dorsale
aleta[F] dorsal posterior
seconda pinna[F] dorsale

Frosch^{M}

frog | grenouille^{F} | rana^{F} | rana^{F}

äußere Merkmale^{N} eines Froschs^{M}
morphology of a frog
morphologie^{F} de la grenouille^{F}
morfología^{F} de una rana^{F}
morfologia^{F} di una rana^{F}

Anatomie^{F} eines männlichen Froschs^{M}
anatomy of a male frog
anatomie^{F} de la grenouille^{F} mâle
anatomía de una rana^{F} macho
anatomia^{F} di una rana^{F} maschio

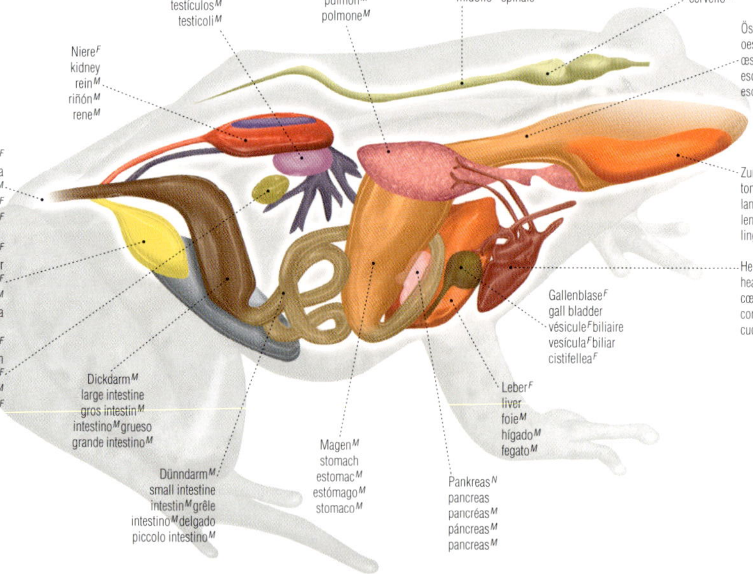

Frosch[M]

Skelett[N] eines Froschs[M]
skeleton of a frog
squelette[M] de la grenouille[F]
esqueleto[M] de una rana[F]
scheletro[M] di una rana[F]

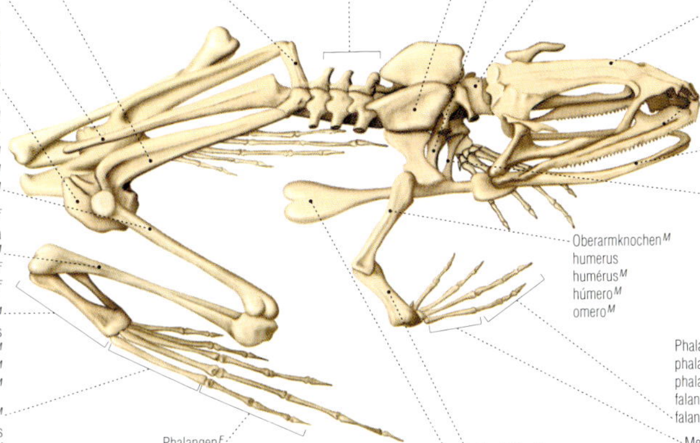

Lebenszyklus[M] des Frosches[M]
life cycle of the frog
métamorphose[F] de la grenouille[F]
metamórfosis[F] de la rana[F]
ciclo[M] biologico della rana[F]

Eier[N]
eggs
œufs[M]
huevos[M]
uova[M]

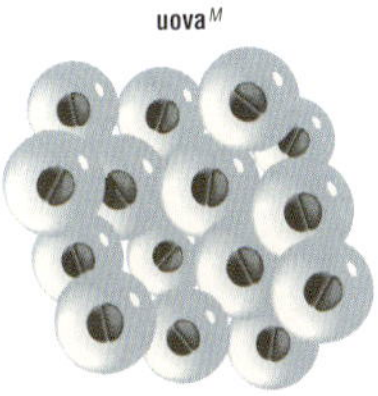

Kaulquappe[F]
tadpole
têtard[M]
renacuajo[M]
girino[M]

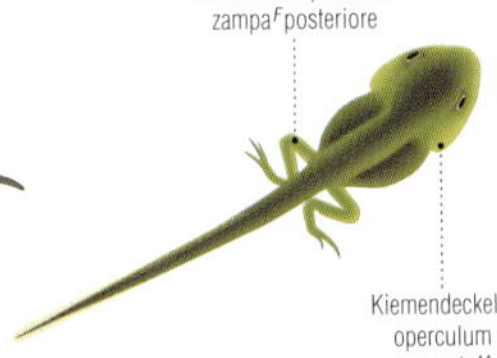

Beispiele[N] für Amphibien[F]

examples of amphibians | exemples[M] d'amphibiens[M] | ejemplos[M] de anfibios[M] | esempi[M] di anfibi[M]

Salamander[M]
salamander
salamandre[F]
salamandra[F]
salamandra[F]

Waldfrosch[M]
wood frog
grenouille[F] des bois[M]
rana[F] de bosque[M]
rana[F] dei boschi[M]

Molch[M]
newt
triton[M]
tritón[M]
tritone[M]

gemeine Erdkröte[F]
common toad
crapaud[M] commun
sapo[M] común
rospo[M] comune

Wasserfrosch[M]
common frog
grenouille[F] rousse
rana[F] bermeja
rana[F] comune

Leopardfrosch[M]
Northern leopard frog
grenouille[F] léopard[M]
rana[F] leopardo
rana[F] leopardo[M]

Laubfrosch[M]
tree frog
rainette[F]
rana[F] arborícola
raganella[F]

Schlange[F]

snake | serpent[M] | serpiente[M] | serpente[M]

äußere Merkmale[N] einer Giftschlange[F]: Kopf[M]
morphology of a venomous snake: head
morphologie[F] du serpent[M] venimeux : tête[F]
morfología[F] de una serpiente[F] venenosa: cabeza[F]
morfologia[F] di un serpente[M] velenoso: testa[F]

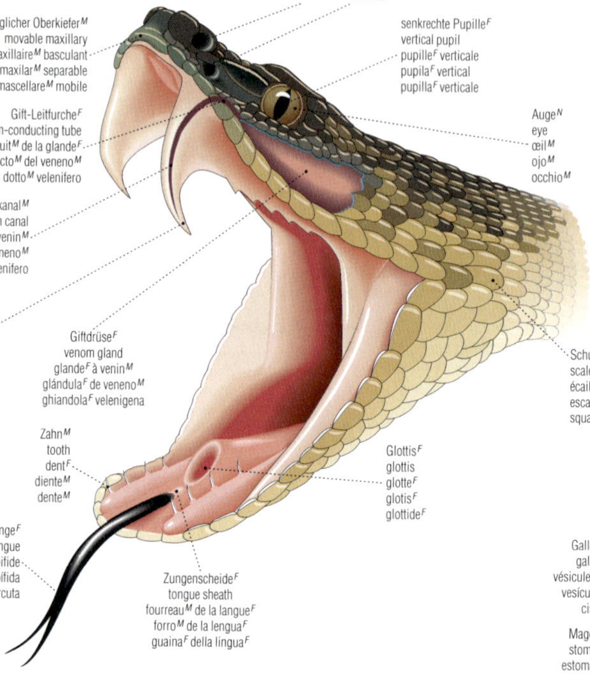

Anatomie[F] einer Giftschlange[F]
anatomy of a venomous snake
anatomie[F] du serpent[M] venimeux
anatomía[F] de una serpiente[F] venenosa
anatomia[F] di un serpente[M] velenoso

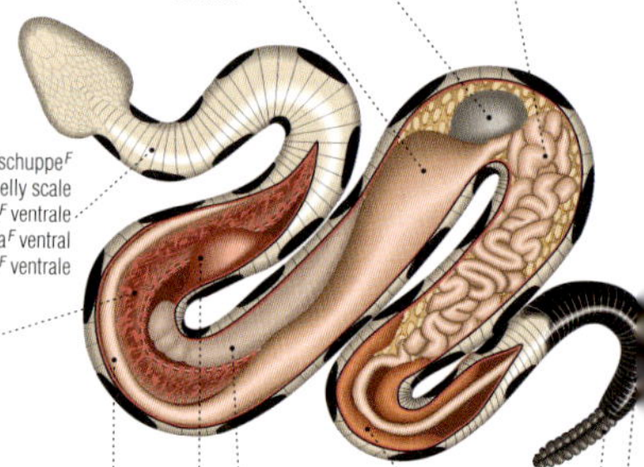

Skelett[N] einer Giftschlange[F]
skeleton of a venomous snake
squelette[M] du serpent[M] venimeux : tête[F]
esqueleto[M] de una serpiente[F] venenosa
scheletro[M] di un serpente[M] velenoso

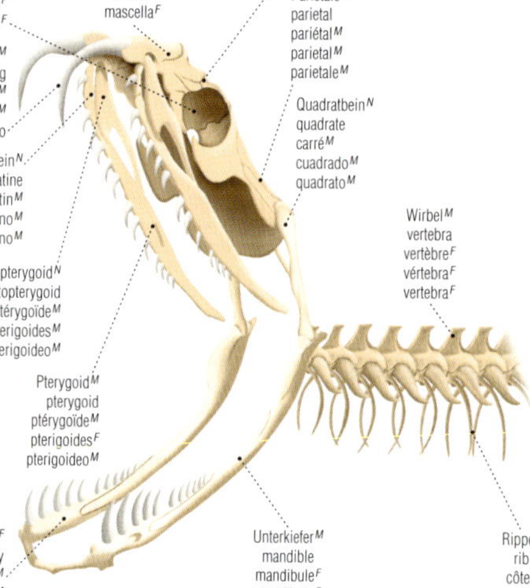

Schildkröte^F

turtle | tortue^F | tortuga^F | tartaruga^F

äußere Merkmale^N einer Schildkröte^F
morphology of a turtle
morphologie^F de la tortue^F
morfología^F de una tortuga^F
morfologia^F di una tartaruga^F

Anatomie^F einer Schildkröte^F
anatomy of a turtle
anatomie^F de la tortue^F
anatomía^F de una tortuga^F
anatomia^F di una tartaruga^F

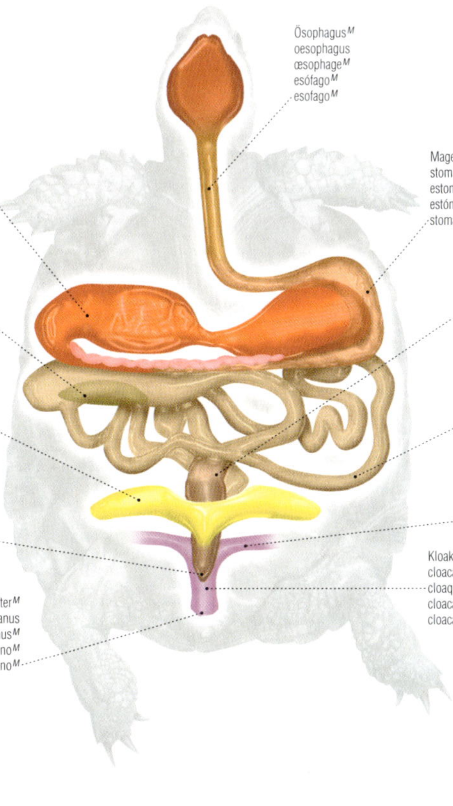

Beispiele[N] für Reptilien[N]

examples of reptiles | exemples[M] de reptiles[M] | ejemplos[M] de reptiles[M] | esempi[M] di rettili[M]

Viper[F]
viper
vipère[F]
víbora[F]
vipera[F]

Ringelnatter[F]
garter snake
couleuvre[F] rayée
serpiente[F] de jarretera[F]
serpente[M] giarrettiera[F]

Chamäleon[N]
chameleon
caméléon[M]
camaleón[M]
camaleonte[M]

Eidechse[F]
lizard
lézard[M]
lagarto[M]
lucertola[F]

Klapperschlange[F]
rattlesnake
serpent[M] à sonnette[F]
serpiente[M] de cascabel[M]
serpente[M] a sonagli[M]

Kobra[F]
cobra
cobra[M]
cobra[F]
cobra[M]

Korallennatter[F]
coral snake
serpent[M] corail[M]
serpiente[F] coral
serpente[M] corallo[M]

Python[M]
python
python[M]
pitón[M]
pitone[M]

Waran[M]
monitor lizard
varan[M]
varano[M]
varano[M]

Leguan[M]
iguana
iguane[M]
iguana[F]
iguana[F]

Boa[F]
boa
boa[M]
boa[F]
boa[M]

Alligator[M]
alligator
alligator[M]
aligátor[M]
alligatore[M]

Krokodil[N]
crocodile
crocodile[M]
cocodrilo[F]
coccodrillo[M]

Kaiman[M]
caiman
caïman[M]
caimán[M]
caimano[M]

Vogel^{M}

bird | oiseau^{M} | ave^{F} | uccello^{M}

äußere Merkmale^{N} eines Vogels^{M}
morphology of a bird
morphologie^{F} de l'oiseau^{M}
morfología^{F} de un pájaro^{M}
morfologia^{F} di un uccello^{M}

Konturfeder^{F}
contour feather
penne^{F}
pluma^{F}
penna^{F} del contorno^{M}

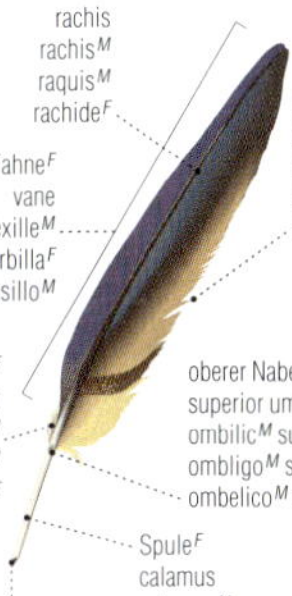

Kopf^{M}
head
tête^{F}
cabeza^{F}
capo^{M}

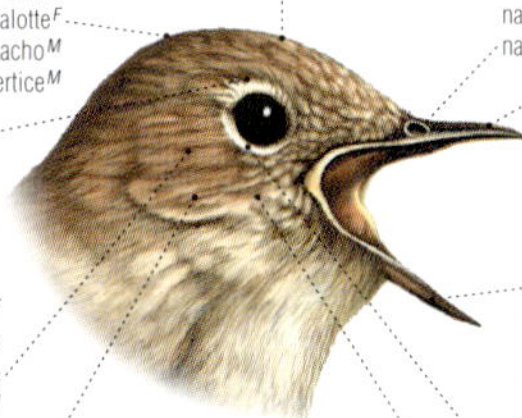

Flügel^{M}
wing
aile^{F}
ala^{F}
ala^{F}

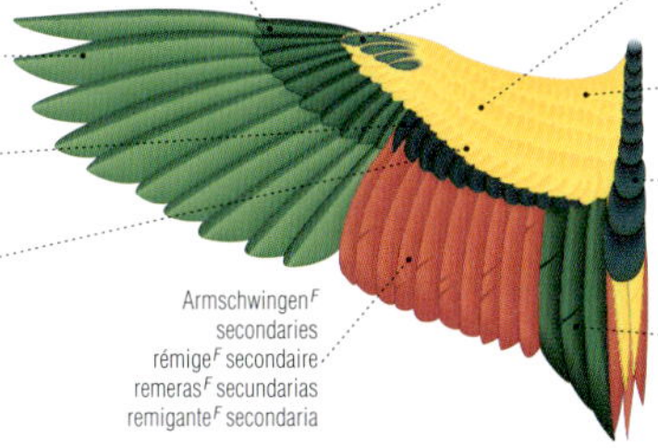

Vogel^M

Skelett^N eines Vogels^M
skeleton of a bird
squelette^M de l'oiseau^M
esqueleto^M de un pájaro^M
scheletro^M di un uccello^M

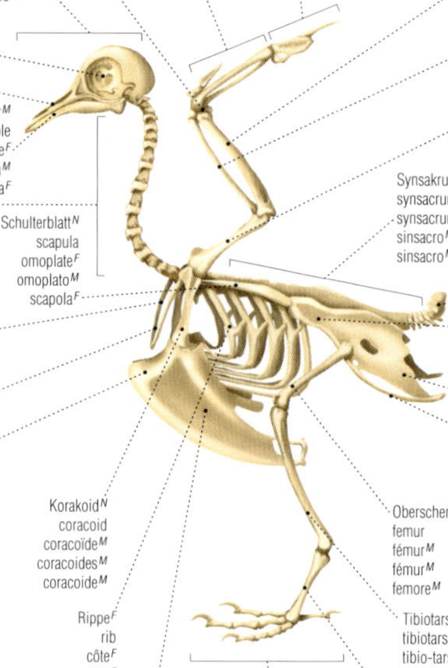

Anatomie^F eines Vogels^M
anatomy of a bird
anatomie^F de l'oiseau^M
anatomía^F de un pájaro^M
anatomia^F di un uccello^M

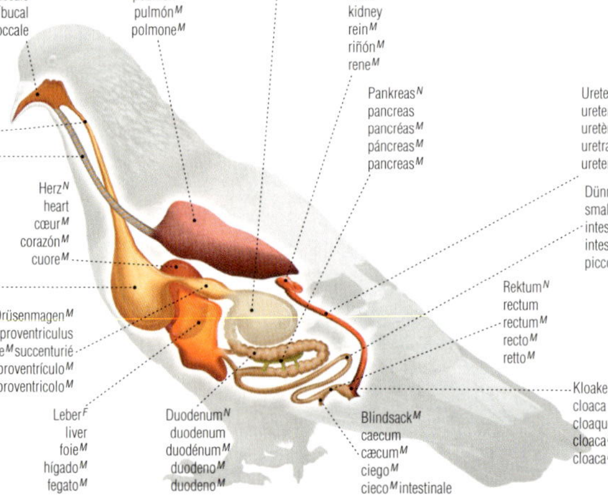

Ei^{N}
egg
œuf^{M}
huevo^{M}
uovo^{M}

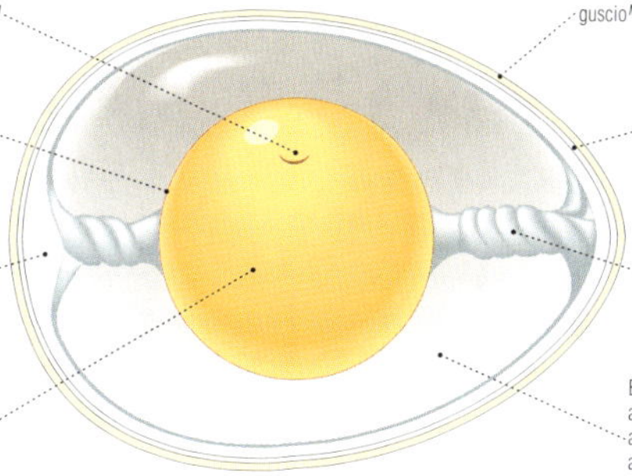

Beispiele^{N} für Vogelschnäbel^{M}
examples of bills
exemples^{M} de becs^{M}
ejemplos^{M} de picos^{M}
esempi^{M} di becchi^{M}

Wasservogel^{M}
aquatic bird
oiseau^{M} aquatique
ave^{F} acuática
uccello^{M} acquatico

Körnerfresser^{M}
granivorous bird
oiseau^{M} granivore
ave^{F} granívora
uccello^{M} granivoro

Raubvogel^{M}
bird of prey
oiseau^{M} de proie^{F}
ave^{F} de rapiña^{F}
uccello^{M} predatore

Insektenfresser^{M}
insectivorous bird
oiseau^{M} insectivore
ave^{F} insectívora
uccello^{M} insettivoro

Watvogel^{M}
wading bird
oiseau^{M} échassier
ave^{F} zancuda
uccello^{M} trampoliere

Beispiele^{N} für Vogelfüße^{M}
examples of feet
exemples^{M} de pattes^{F}
ejemplos^{M} de patas^{F}
esempi^{M} di zampe^{F}

Raubvogel^{M}
bird of prey
oiseau^{M} de proie^{F}
aves^{F} de rapiña^{F}
uccello^{M} predatore

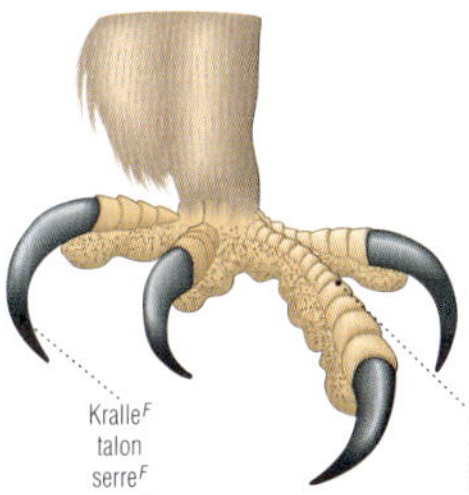

Baumvogel^{M}
perching bird
oiseau^{M} percheur
aves^{F} paseriformes
uccello^{M} passeriforme

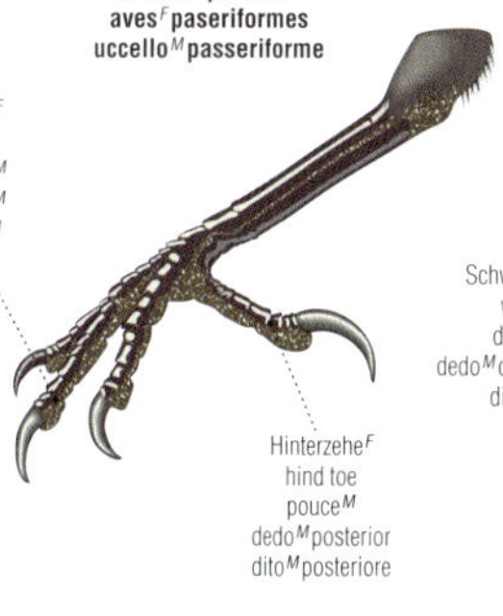

Wasservogel^{M}
aquatic bird
oiseau^{M} aquatique
aves^{F} acuáticas
uccello^{M} acquatico

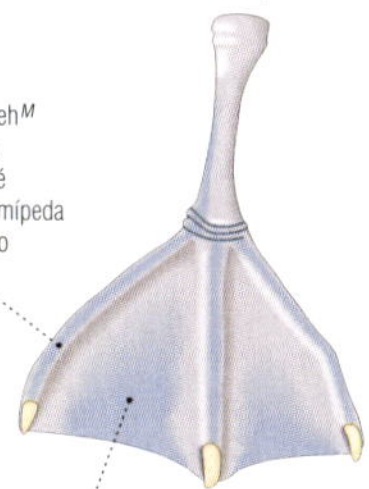

Wasservogel^{M}
aquatic bird
oiseau^{M} aquatique
aves^{F} acuáticas
uccello^{M} acquatico

unterschiedliche Vogeltypen^{M}

examples of birds | exemples^{M} d'oiseaux^{M} | ejemplos^{M} de pájaros^{M} | esempi^{M} di uccelli^{M}

Kolibri^{M}
hummingbird
colibri^{M}
colibrí^{M}
colibrì^{M}

Rotkehlchen^{N}
European robin
rouge-gorge^{M}
petirrojo^{M}
pettirosso^{M}

Fink^{M}
finch
pinson^{M}
pinzón^{M}
fringuello^{M}

Stieglitz^{M}
goldfinch
chardonneret^{M}
jilguero^{M}
cardellino^{M}

Gimpel^{M}
bullfinch
bouvreuil^{M}
pardillo^{M}
ciuffolotto^{M}

Sperling^{M}
sparrow
moineau^{M}
gorrión^{M}
passerotto^{M}

Nachtigall^{F}
nightingale
rossignol^{M}
ruiseñor^{M}
usignolo^{M}

Schwalbe^{F}
swallow
hirondelle^{F}
golondrina^{F}
rondine^{F}

Eisvogel^{M}
kingfisher
martin-pêcheur^{M}
martín^{M} pescador
martin pescatore^{M}

Elster^{F}
magpie
pie^{F}
urraca^{M}
gazza^{F}

Kardinal^{M}
cardinal
cardinal^{M}
cardenal^{M}
cardinale^{M}

Eichelhäher^{M}
jay
geai^{M}
arrendajo^{M}
ghiandaia^{F}

Star^{M}
starling
étourneau^{M}
estornino^{M}
stornello^{M}

Mauersegler^{M}
swift
martinet^{M}
vencejo^{M}
rondone^{M}

Sägekauz^{M}
northern saw-whet owl
petite nyctale^{F}
lechuza^{F} norteña
civetta^{F} acadica

Kiebitz^{M}
lapwing
vanneau^{M}
avefría^{F}
pavoncella^{F}

Austernfischer^{M}
oystercatcher
huîtrier^{M} pie^{F}
ostrero^{M}
beccaccia^{F} di mare^{M}

Rebhuhn^{N}
partridge
perdrix^{F}
perdiz^{F}
pernice^{F}

Specht^{M}
woodpecker
pic^{M}
pájaro^{M} carpintero
picchio^{M}

Rabe^{M}
raven
corbeau^{M}
cuervo^{M}
corvo^{M}

Ara^{M}
macaw
ara^{M}
guacamayo^{M}
macao^{M}

Kakadu^{M}
cockatoo
cacatoès^{M}
cacatúa^{F}
cacatua^{M}

Seeschwalbe^{F}
tern
sterne^{F}
golondrina^{F} de mar
rondine^{F} di mare^{M}

unterschiedliche Vogeltypen[M]

Albatros[M]
albatross
albatros[M]
albatros[M]
albatros[M]

Tukan[M]
toucan
toucan[M]
tucán[M]
tucano[M]

Falke[M]
falcon
faucon[M]
halcón[M]
falco[M]

Uhu[M]
great horned owl
grand duc[M] d'Amérique[F]
búho[M] real
gufo[M] reale

Reiher[M]
heron
héron[M]
garza[F]
airone[M]

Kondor[M]
condor
condor[M]
cóndor[M]
condor[M]

Adler[M]
eagle
aigle[M]
águila[F]
aquila[F]

Pinguin[M]
penguin
manchot[M]
pingüino[M]
pinguino[M]

Pelikan[M]
pelican
pélican[M]
pelícano[M]
pellicano[M]

Storch[M]
stork
cigogne[F]
cigüeña[F]
cicogna[F]

Geier[M]
vulture
vautour[M]
buitre[M]
avvoltoio[M]

Strauß[M]
ostrich
autruche[F]
avestruz[F]
struzzo[M]

Pfau[M]
peacock
paon[M]
pavo[M] real
pavone[M]

Flamingo[M]
flamingo
flamant[M]
flamenco[M]
fenicottero[M]

unterschiedliche Vogeltypen[M]

Küken[N]
chick
poussin[M]
polluelo[M]
pulcino[M]

Wachtel[F]
quail
caille[F]
codorniz[F]
quaglia[F]

Taube[F]
pigeon
pigeon[M]
paloma[F]
piccione[M]

Ente[F]
duck
canard[M]
pato[M]
anatra[F]

Huhn[N]
hen
poule[F]
gallina[F]
gallina[F]

Hahn[M]
rooster
coq[M]
gallo[M]
gallo[M]

Fasan[M]
pheasant
faisan[M]
faisán[M]
fagiano[M]

Perlhuhn[N]
guinea fowl
pintade[F]
pintada[F]
faraona[F]

Gans[F]
goose
oie[F]
oca[F]
oca[F]

Truthahn[M]
turkey
dindon[M]
pavo[M]
tacchino[M]

Maulwurf[M]

mole | taupe[F] | topo[M] | talpa[F]

äußere Merkmale[N] eines Maulwurfs[M]
morphology of a mole
morphologie[F] de la taupe[F]
morfología[F] de un topo[M]
morfologia[F] di una talpa[F]

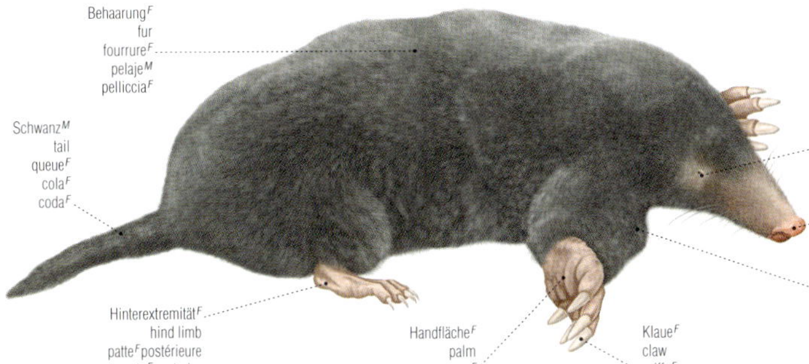

Skelett[N] eines Maulwurfs[M]
skeleton of a mole
squelette[M] de la taupe[F]
esqueleto[M] de un topo[M]
scheletro[M] di una talpa[F]

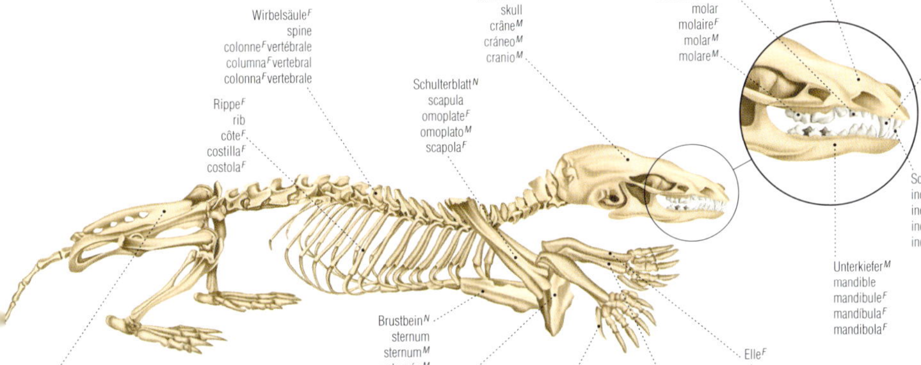

Beispiele[N] für Insektenfresser[M]

examples of insectivorous mammals | exemples[M] de mammifères[M] insectivores | ejemplos[M] de mamíferos[M] insectívoros | esempi[M] di mammiferi[M] insettivori

Maulwurf[M]
mole
taupe[F]
topo[M]
talpa[F]

Igel[M]
hedgehog
hérisson[M]
erizo[M]
riccio[M]

Spitzmaus[F]
shrew
musaraigne[F]
musaraña[F]
toporagno[M]

TIERREICH

Nagetier[N]

rodent | rongeur[M] | roedor[M] | roditore[M]

**äußere Merkmale[N] einer Ratte[F]
morphology of a rat
morphologie[F] du rat[M]
morfología[F] de una rata[F]
morfologia[F] di un ratto[M]**

**Skelett[N] einer Ratte[F]
skeleton of a rat
squelette[M] du rat[M]
esqueleto[M] de una rata[F]
scheletro[M] di un ratto[M]**

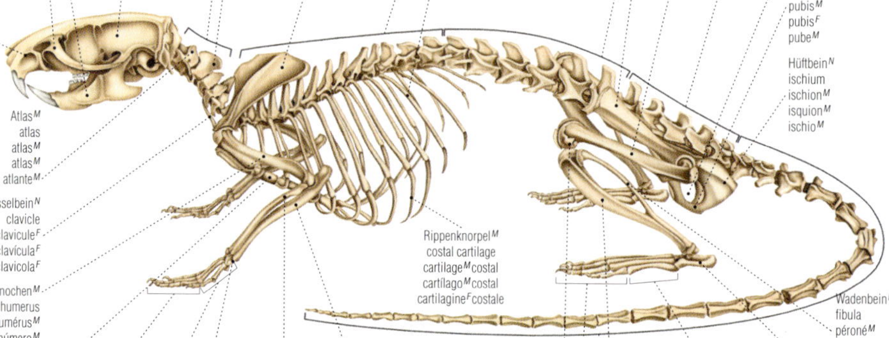

Beispiele[N] für Nagetiere[N]

examples of rodents | exemples[M] de mammifères[M] rongeurs[M] | ejemplos[M] de roedores[M] | esempi[M] di roditori[M]

Feldmaus[F]
field mouse
mulot[M]
ratón[M] de campo[M]
topo[M] campagnolo

Backenhörnchen[N]
chipmunk
tamia[M]
ardilla[M] listada
tamia[M]

Wüstenspringmaus[F]
jerboa
gerboise[F]
jerbo[M]
gerboa[M]

Hamster[M]
hamster
hamster[M]
hámster[M]
criceto[M]

Eichhörnchen[N]
squirrel
écureuil[M]
ardilla[F]
scoiattolo[M]

Ratte[F]
rat
rat[M]
rata[F]
ratto[M]

Meerschweinchen[N]
guinea pig
cobaye[M]
cobaya[F]
cavia[F]

Waldmurmeltier[N]
groundhog
marmotte[F]
marmota[F]
marmotta[F]

Stachelschwein[N]
porcupine
porc-épic[M]
puerco[M] espín
porcospino[M]

Biber[M]
beaver
castor[M]
castor[M]
castoro[M]

Nagetierkiefer[M] und Hasentierkiefer[M]

rodent's and lagomorph's jaws | mâchoires[F] de rongeur[M] et de lagomorphe[M] | mandíbulas[F] de roedores[M] y lagomorfos[M] | fauci[F] di roditori[M] e lagomorfi[M]

Nagetierkiefer[M]: Ratte[F]
rodent's jaw: rat
mâchoire[F] de rongeur[M]: rat[M]
mandíbula[F] de un roedor[M]: rata[F]
fauce[F] di un roditore[M]: ratto[M]

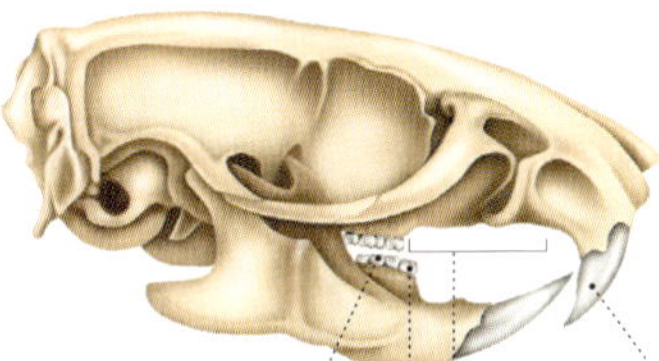

Hasentierkiefer[M]: Kaninchen[N]
lagomorph's jaw: rabbit
mâchoire[F] de lagomorphe[M]: lapin[M]
mandíbula[F] de un lagomorfo[M]: conejo[M]
fauce[F] di un lagomorfo[M]: coniglio[M]

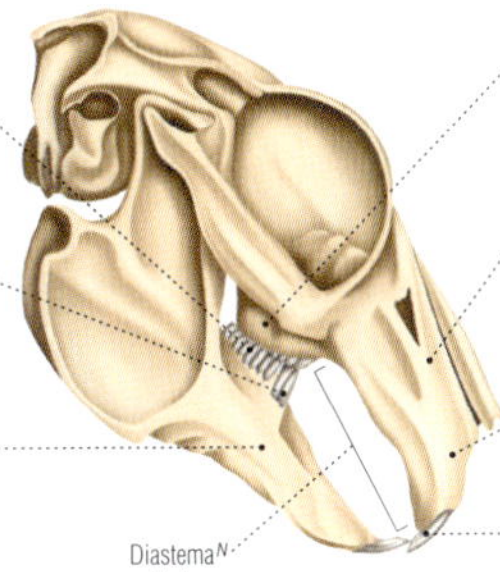

Beispiele[N] für Hasentiere[N]

examples of lagomorphs | exemples[M] de mammifères[M] lagomorphes[M] | ejemplos[M] de lagomorfos[M] | esempi[M] di lagomorfi[M]

Pfeifhase[M]
pika
pika[M]
pica[F]
lepre[F] fischiante

Kaninchen[N]
rabbit
lapin[M]
conejo[M]
coniglio[M]

Hase[M]
hare
lièvre[M]
liebre[F]
lepre[F]

Pferd^{N}

horse | cheval^{M} | caballo^{M} | cavallo^{M}

äußere Merkmale^{N} eines Pferdes^{N}
morphology of a horse
morphologie^{F} du cheval^{M}
morfología^{F} de un caballo^{M}
morfologia^{F} di un cavallo^{M}

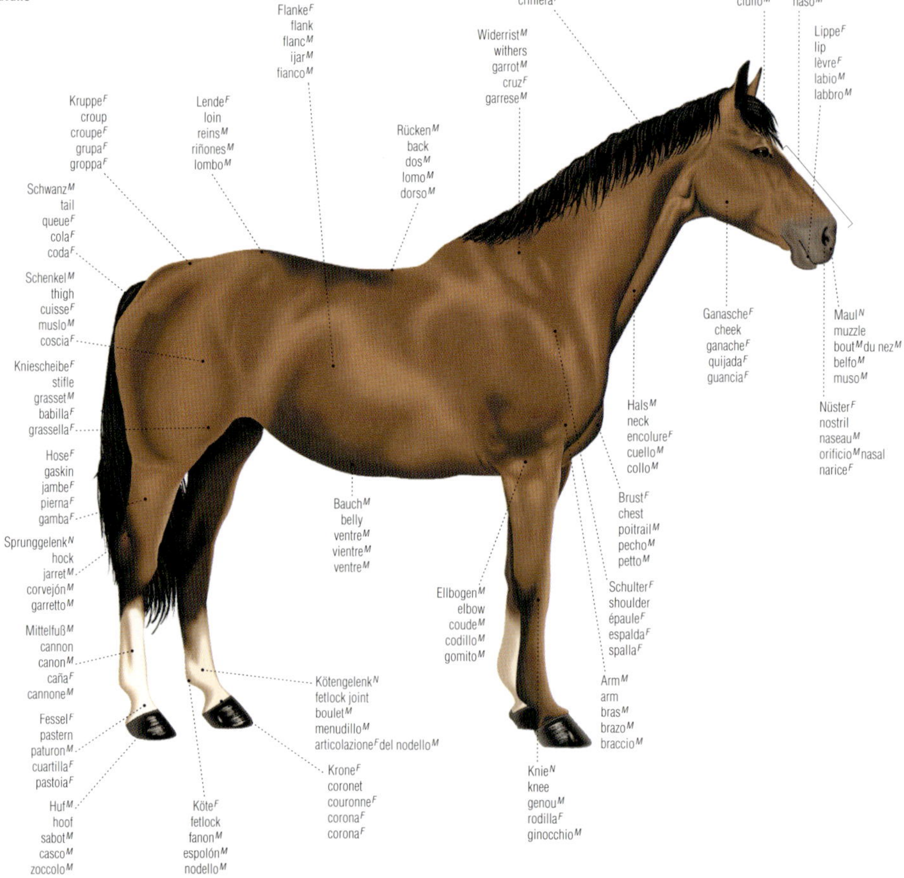

Gangarten^{F}
gaits
allures^{F}
andaduras^{F}
andature^{F}

Schritt^{M}
walk
pas^{M}
paso^{M}
passo^{M}

Trab^{M}
trot
trot^{M}
trote^{M}
trotto^{M}

Anatomie^F eines Pferdes^N
anatomy of a horse
anatomie^F du cheval^M
anatomía^F de un caballo^M
anatomia^F di un cavallo^M

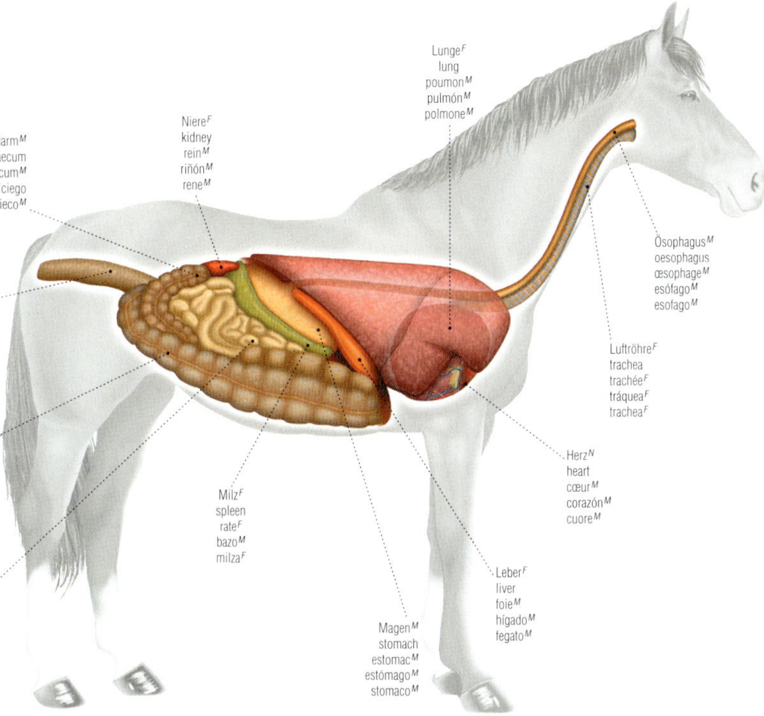

Paßgang^M
amble
amble^M
portante^M
ambio^M

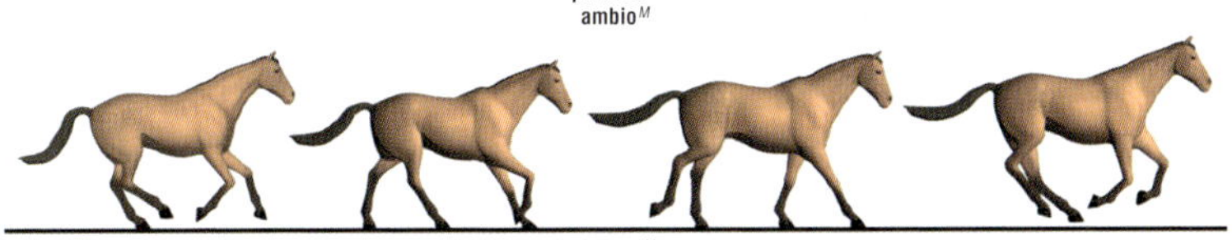

Galopp^M
gallop
galop^M
galope^M
galoppo^M

Pferd[N]

Skelett[N] eines Pferdes[N]
skeleton of a horse
squelette[M] du cheval[M]
esqueleto[M] de un caballo[M]
scheletro[M] di un cavallo[M]

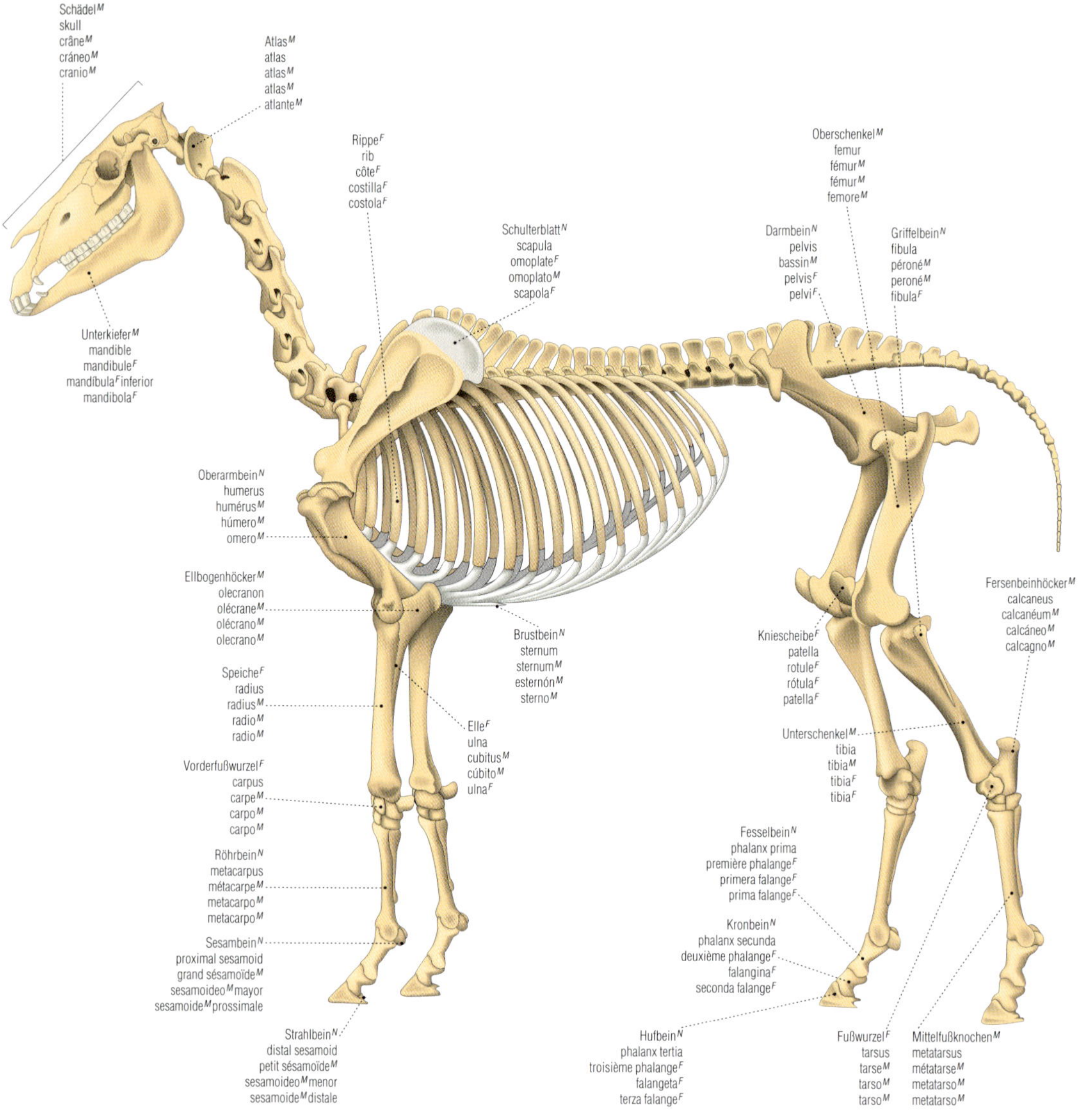

Halswirbel[M]
cervical vertebrae
vertèbres[F] cervicales
vértebras[F] cervicales
vertebre[F] cervicali

Brustwirbel[M]
thoracic vertebrae
vertèbres[F] dorsales
vértebras[F] torácicas
vertebre[F] toraciche

Lendenwirbel[M]
lumbar vertebrae
vertèbres[F] lombaires
vértebras[F] lumbares
vertebre[F] lombari

Kreuzbeinwirbel[M]
sacral vertebrae
vertèbres[F] sacrées
vértebras[F] sacras
vertebre[F] sacrali

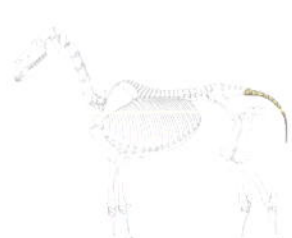

Schwanzwirbel[M]
caudal vertebrae
vertèbres[F] coccygiennes
vértebras[F] caudales
vertebre[F] coccigee

Unterseite[F] des Hufs[M]
plantar surface of the hoof
face[F] plantaire du sabot[M]
superficie[F] plantar del casco[M]
superficie[F] plantare dello zoccolo[M]

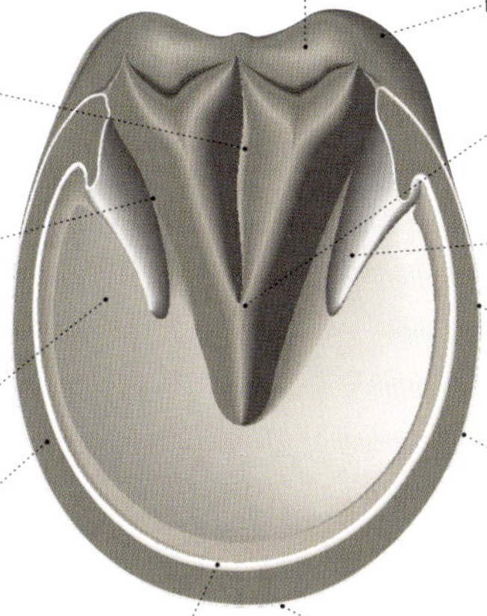

Hufeisen[N]
horseshoe
fer[M] à cheval[M]
herradura[F]
ferro[M] di cavallo[M]

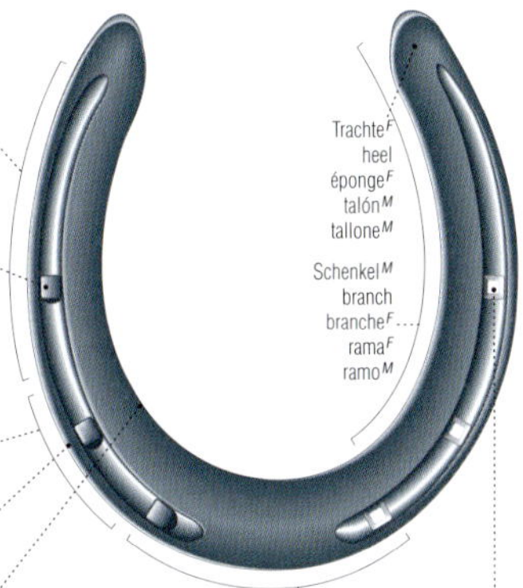

Huf[M]
hoof
sabot[M]
casco[M]
zoccolo[M]

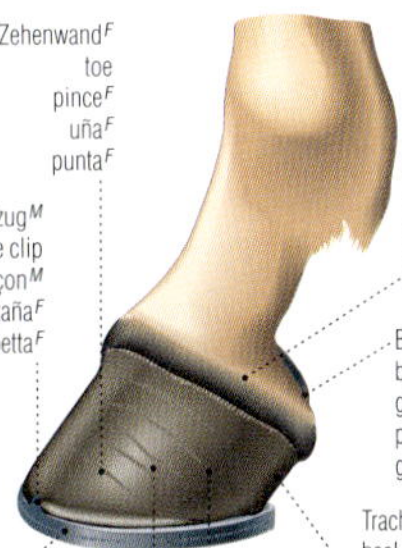

Beispiele[N] für Hufe[M]

examples of hoofs | exemples[M] de sabots[M] | ejemplos[M] de pezuñas[F] | esempi[M] di zoccoli[M]

Ein-Zehenhuf[M]
one-toe hoof
sabot[M] à 1 doigt[M]
pezuña[F] de un pesuño[M]
zoccolo[M] monodattilo

Zwei-Zehenhuf[M]
two-toed hoof
sabot[M] à 2 doigts[M]
pezuña[F] de dos pesuños[M]
zoccolo[M] bidattilo

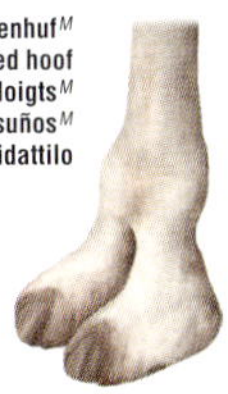

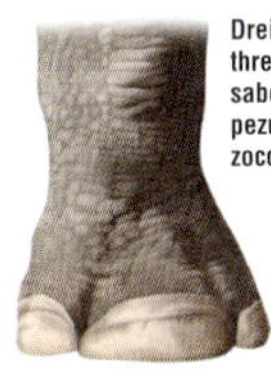

Drei-Zehenhuf[M]
three-toed hoof
sabot[M] à 3 doigts[M]
pezuña[F] de tres pesuños[M]
zoccolo[M] tridattilo

Vier-Zehenhuf[M]
four-toed hoof
sabot[M] à 4 doigts[M]
pezuña[F] de cuatro pesuños[M]
zoccolo[M] tetradattilo

Beispiele[N] für Huftiere[N]

examples of ungulate mammals | exemples[M] de mammifères[M] ongulés | ejemplos[M] de mamíferos[M] ungulados | esempi[M] di mammiferi[M] ungulati

Nabelschwein[N]
peccary
pécari[M]
pécari[M]
pecari[M]

Wildschwein[N]
wild boar
sanglier[M]
jabalí[M]
cinghiale[M]

Schwein[N]
pig
porc[M]
cerdo[M]
maiale[M]

Ziege[F]
goat
chèvre[F]
cabra[F]
capra[F]

Antilope[F]
antelope
antilope[F]
antílope[M]
antilope[F]

Schaf[N]
sheep
mouton[M]
oveja[F]
pecora[F]

Kalb[N]
calf
veau[M]
ternero[M]
vitello[M]

Reh[N]
white-tailed deer
cerf[M] de Virginie
ciervo[M] de Virginia[F]
cervo[M] dalla coda[F] bianca

Mufflon[M]
mouflon
mouflon[M]
muflón[F]
muflone[M]

Rentier[N]
reindeer
renne[M]
reno[M]
renna[F]

Wapitihirsch[M]
Canadian elk
cerf[M] du Canada
uapití[M]
wapiti[M]

Okapi[N]
okapi
okapi[M]
okapi[M]
okapi[M]

Esel[M]
ass
âne[M]
asno[M]
asino[M]

Maultier[N]
mule
mulet[M]
mula[M]
mulo[M]

Kuh[F]
cow
vache[F]
vaca[F]
mucca[F]

Zebra[N]
zebra
zèbre[M]
cebra[F]
zebra[F]

Lama[N]
llama
lama[M]
llama[F]
lama[M]

Bison[M]
bison
bison[M]
bisonte[M]
bisonte[M]

Büffel[M]
buffalo
buffle[M]
búfalo[M]
bufalo[M]

Beispiele [N] für Huftiere [N]

Ochse [M]
ox
bœuf [M]
buey [M]
bue [M]

Yak [M]
yak
yack [M]
yak [M]
yak [M]

Pferd [N]
horse
cheval [M]
caballo [M]
cavallo [M]

Elch [M]
elk
élan [M]
alce [M]
alce [F]

Kamel [N]
camel
chameau [M]
camello [M]
cammello [M]

Dromedar [N]
dromedary
dromadaire [M]
dromedario [M]
dromedario [M]

Nashorn [N]
rhinoceros
rhinocéros [M]
rinoceronte [M]
rinoceronte [M]

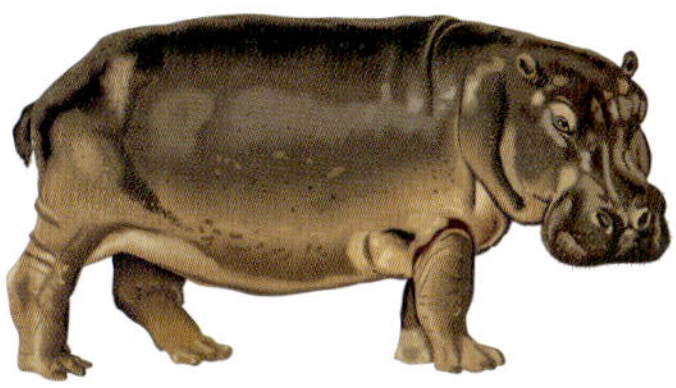

Nilpferd [N]
hippopotamus
hippopotame [M]
hipopótamo [M]
ippopotamo [M]

Giraffe [F]
giraffe
girafe [F]
jirafa [F]
giraffa [F]

Elefant [M]
elephant
éléphant [M]
elefante [M]
elefante [M]

Hund^M

dog | chien^M | perro^M | cane^M

äußere Merkmale^N eines Hundes^M
morphology of a dog
morphologie^F du chien^M
morfología^F de un perro^M
morfologia^F di un cane^M

Vorderpfote^F des Hundes^M
dog's forepaw
patte^F antérieure
pata^F delantera del perro^M
zampa^M anteriore di un cane^M

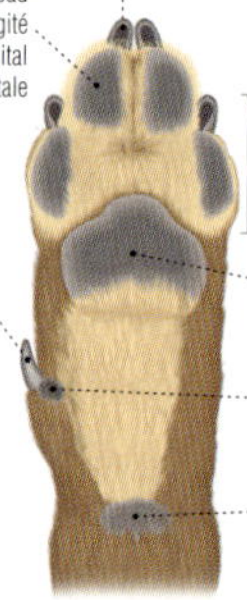

Hunderassen^F

dog breeds | races^F de chiens^M | razas^F de perros^M | razze^F canine

Bulldogge^F
bulldog
bouledogue^M
buldog^M
bulldog^M

Schnauzer^M
schnauzer
schnauzer^M
schnauzer^M
schnauzer^M

Pudel^M
poodle
caniche^M
caniche^M
barbone^M

Chow-Chow^M
chow chow
chow-chow^M
chow chow^M
chow-chow^M

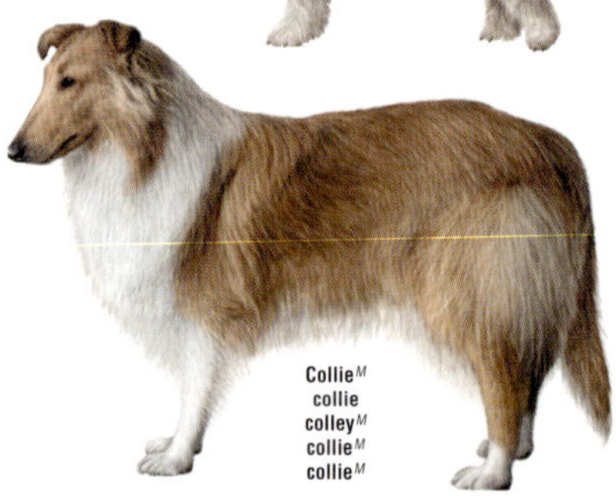

Collie^M
collie
colley^M
collie^M
collie^M

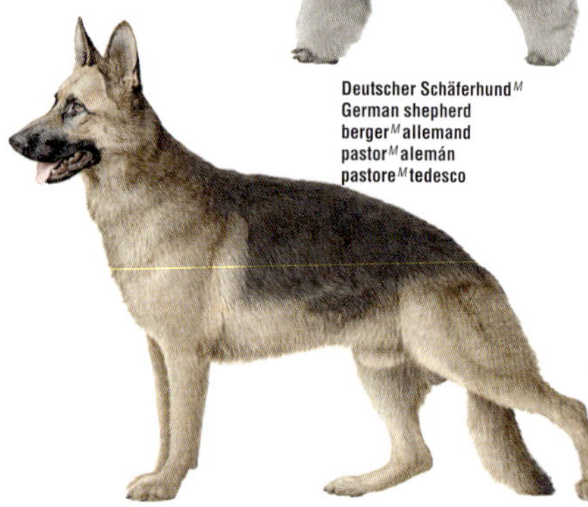

Deutscher Schäferhund^M
German shepherd
berger^M allemand
pastor^M alemán
pastore^M tedesco

Hund^{M}

Skelett^{N} eines Hunds^{M}
skeleton of a dog
squelette^{M} du chien^{M}
esqueleto^{M} de un perro^{M}
scheletro^{M} di un cane^{M}

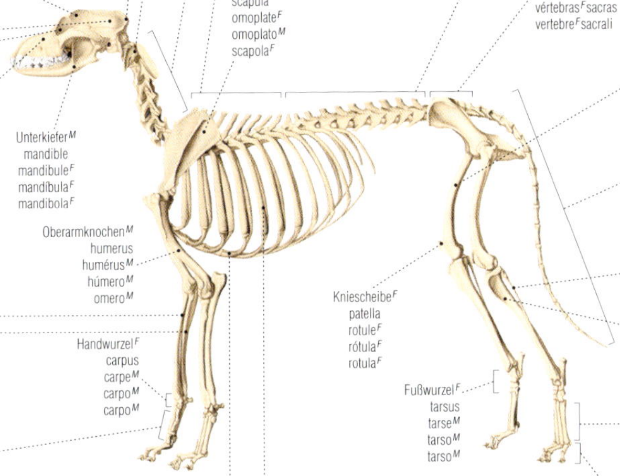

Hunderassen^{F}

Dalmatiner^{M}
dalmatian
dalmatien^{M}
dálmata^{M}
dalmata^{M}

Windhund^{M}
greyhound
lévrier^{M}
lebrero^{M}
levriero^{M}

Bernhardiner^{M}
Saint Bernard
saint-bernard^{M}
San Bernardo^{M}
sanbernardo^{M}

Dänische Dogge^{F}
Great Dane
danois^{M}
Gran Danés^{M}
alano^{M}

TIERREICH

Katze[F]

cat | chat[M] | gato[M] doméstico | gatto[M]

Kopf[M] der Katze[F]
cat's head
tête[F]
cabeza[F]
testa[F] di gatto[M]

Katzenrassen[F]

cat breeds | races[F] de chats[M] | razas[F] de gatos[M] | razze[F] di gatti[M]

Amerikanische Kurzhaarkatze[F]
American shorthair
américain[M] à poil[M] court
American[M] shorthair
gatto[M] americano a pelo[M] corto

Perserkatze[F]
Persian
persan[M]
persa[M]
persiano[M]

Maine Coon[F]
Maine Coon
Maine coon[M]
Maine Coon[M]
gatto[M] del Maine[M]

Katze[F]

äußere Merkmale[N] einer Katze[F]
morphology of a cat
morphologie[F] du chat[M]
morfología[F] de un gato[M]
morfologia[F] di un gatto[M]

eingezogene Kralle[F]
retracted claw
griffe[F] rétractée
uña[F] retraída
unghia[F] retratta

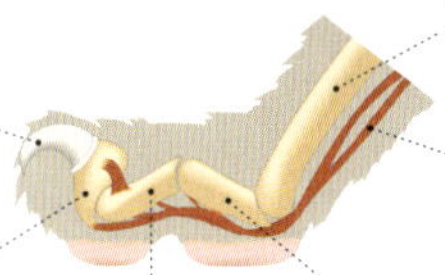

ausgestreckte Kralle[F]
extended claw
griffe[F] abaissée
uña[F] extendida
unghia[F] protratta

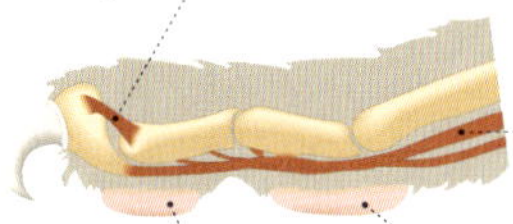

Katzenrassen[F]

Siamkatze[F]
Siamese
siamois[M]
siamés[M]
siamese[M]

Abessinierkatze[F]
Abyssinian
abyssin[M]
abisinio[M]
abissino[M]

Manxkatze[F]
Manx
chat[M] de l'île[F] de Man
Manx[M]
gatto[M] dell'isola[F] di Man

TIERREICH

Beispiele^{N} für Raubtiere^{N}

examples of carnivorous mammals | exemples^{M} de mammifères^{M} carnivores | ejemplos^{M} de mamíferos^{M} carnívoros | esempi^{M} di mammiferi^{M} carnivori

Wiesel^{N}
weasel
belette^{F}
comadreja^{F}
donnola^{F}

Nerz^{M}
mink
vison^{M}
visón^{M}
visone^{M}

Steinmarder^{M}
stone marten
fouine^{F}
garduña^{F}
faina^{F}

Marder^{M}
marten
martre^{F}
marta^{F}
martora^{F}

Fuchs^{M}
fox
renard^{M}
zorro^{M}
volpe^{F}

Waschbär^{M}
raccoon
raton^{M} laveur
mapache^{M}
procione^{M}

Mungo^{M}
mongoose
mangouste^{F}
mangosta^{F}
mangusta^{F}

Wüstenfuchs^{M}
fennec
fennec^{M}
fenec^{M}
volpe^{F} del deserto^{M}

Seeotter^{M}
river otter
loutre^{F} de rivière^{F}
nutria^{F} de río^{M}
lontra^{F} comune

Dachs^{M}
badger
blaireau^{M}
tejón^{M}
tasso^{M}

Stinktier^{N}
skunk
moufette^{F}
mofeta^{M}
moffetta^{F}

Hyäne^{F}
hyena
hyène^{F}
hiena^{F}
iena^{F}

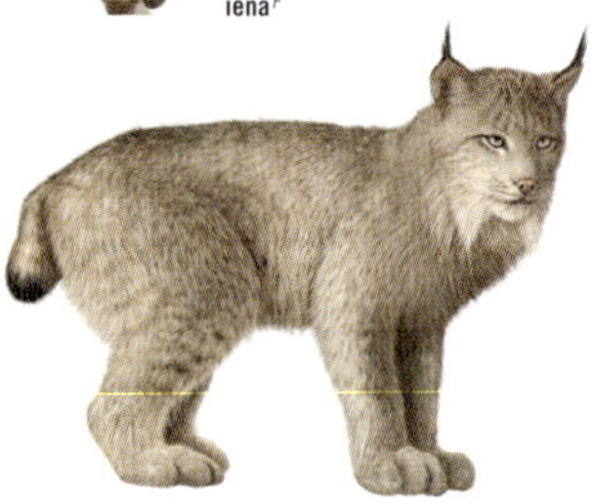

Luchs^{M}
lynx
lynx^{M}
lince^{M}
lince^{F}

Wolf^{M}
wolf
loup^{M}
lobo^{M}
lupo^{M}

Puma^{M}
cougar
puma^{M}
puma^{M}
puma^{M}

Beispiele^{N} für Raubtiere^{N}

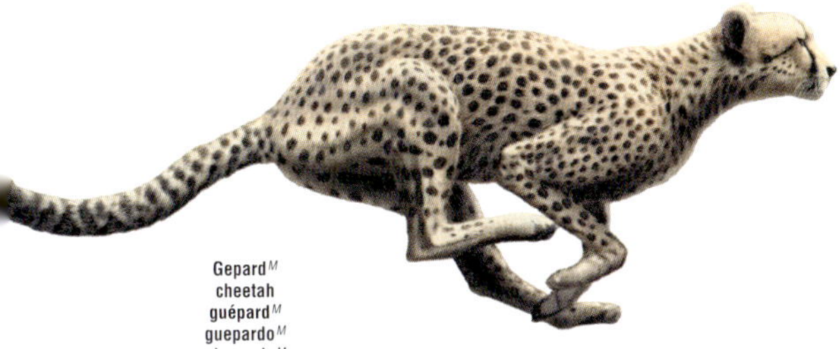

Gepard^{M}
cheetah
guépard^{M}
guepardo^{M}
ghepardo^{M}

Leopard^{M}
leopard
léopard^{M}
leopardo^{M}
leopardo^{M}

Löwe^{M}
lion
lion^{M}
león^{M}
leone^{M}

Jaguar^{M}
jaguar
jaguar^{M}
jaguar^{M}
giaguaro^{M}

Tiger^{M}
tiger
tigre^{M}
tigre^{M}
tigre^{F}

Schwarzbär^{M}
black bear
ours^{M} noir
oso^{M} negro
orso^{M} bruno

Eisbär^{M}
polar bear
ours^{M} polaire
oso^{M} polar
orso^{M} polare

Delphin^M

dolphin | dauphin^M | delfín^M | delfino^M

äußere Merkmale^N eines Delphins^M
morphology of a dolphin
morphologie^F du dauphin^M
morfología^F de un delfín^M
morfologia^F di un delfino^M

Skelett^N eines Delphins^M
skeleton of a dolphin
squelette^M du dauphin^M
esqueleto^M de un delfín^M
scheletro^M di un delfino^M

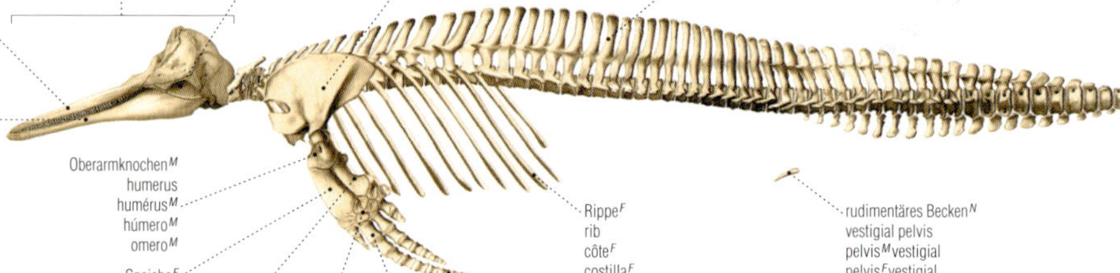

Beispiele[N] für Meeressäugetiere[N]

examples of marine mammals | exemples[M] de mammifères[M] marins | ejemplos[M] de mamíferos[M] marinos | esempi[M] di mammiferi[M] marini

Seehund[M]
seal
phoque[M]
foca[F]
foca[F]

Seelöwe[M]
sea lion
otarie[F]
otaria[F]
leone[M] marino

Delphin[M]
dolphin
dauphin[M]
delfín[F]
delfino[M]

Tümmler[M]
porpoise
marsouin[M]
marsopa[F]
focena[F]

Narwal[M]
narwhal
narval[M]
narval[M]
narvalo[M]

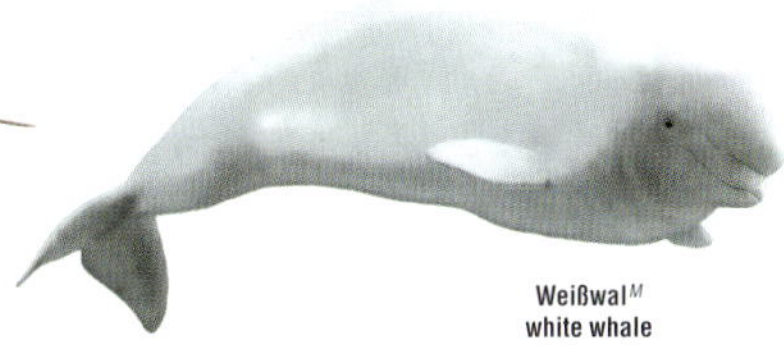

Weißwal[M]
white whale
béluga[M]
ballena[F] blanca
balena[F] bianca

Schwertwal[M]
killer whale
orque[F]
orca[F]
orca[F]

Walroß[N]
walrus
morse[M]
morsa[F]
tricheco[M]

Buckelwal[M]
rorqual
rorqual[M]
rorcual[M]
balenottera[F]

Wal[M]
whale
baleine[F]
ballena[F]
balena[F]

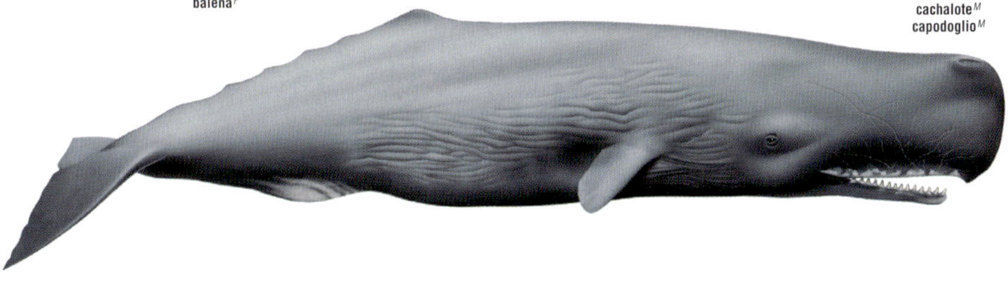

Pottwal[M]
sperm whale
cachalot[M]
cachalote[M]
capodoglio[M]

TIERREICH

Gorilla^M

gorilla | gorille^M | gorila^M | gorilla^M

Skelett^N eines Gorillas^M
skeleton of a gorilla
squelette^M du gorille^M
esqueleto^M de un gorila^M
scheletro^M di un gorilla^M

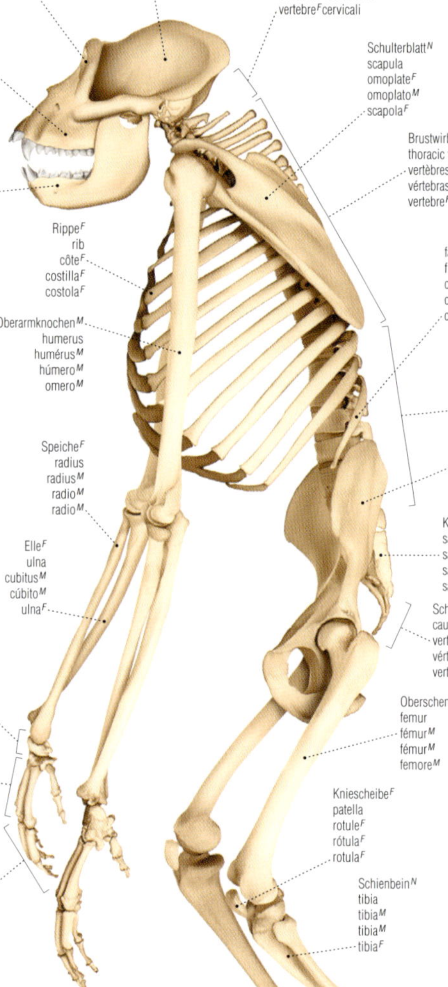

Gorilla[M]

äußere Merkmale[N] eines Gorillas[M]
morphology of a gorilla
morphologie[F] du gorille[M]
morfología[F] de un gorila[F]
morfologia[F] di un gorilla[M]

Beispiele[N] für Primaten[M]

examples of primates | exemples[M] de mammifères[M] primates | ejemplos[M] de primates[M] | esempi[M] di primati[M]

Tamarin[M]
tamarin
tamarin[M]
tamarino[M]
tamarino[M]

Pinseläffchen[N]
marmoset
ouistiti[M]
tití[M]
uistiti[M]

Pavian[M]
baboon
babouin[M]
babuino[M]
babbuino[M]

Makak[M]
macaque
macaque[M]
macaco[M]
macaco[M]

Orang-Utan[M]
orangutan
orang-outan[M]
orangután[M]
orangotango[M]

Schimpanse[M]
chimpanzee
chimpanzé[M]
chimpancé[M]
scimpanzé[M]

Lemure[M]
lemur
lémurien[M]
lémur[M]
lemure[M]

Gibbon[M]
gibbon
gibbon[M]
gibón[M]
gibbone[M]

TIERREICH

Fledermaus^F

bat | chauve-souris^F | murciélago^M | pipistrello^M

äußere Merkmale^N einer Fledermaus^F
morphology of a bat
morphologie^F de la chauve-souris^F
morfología^F de un murciélago^M
morfologia^F di un pipistrello^M

Flügel^M
wings
ailes^F
alas^F
ali^F

Skelett[N] einer Fledermaus[F]
skeleton of a bat
squelette[M] de la chauve-souris[F]
esqueleto[M] de un murciélago[M]
scheletro[M] di un pipistrello[M]

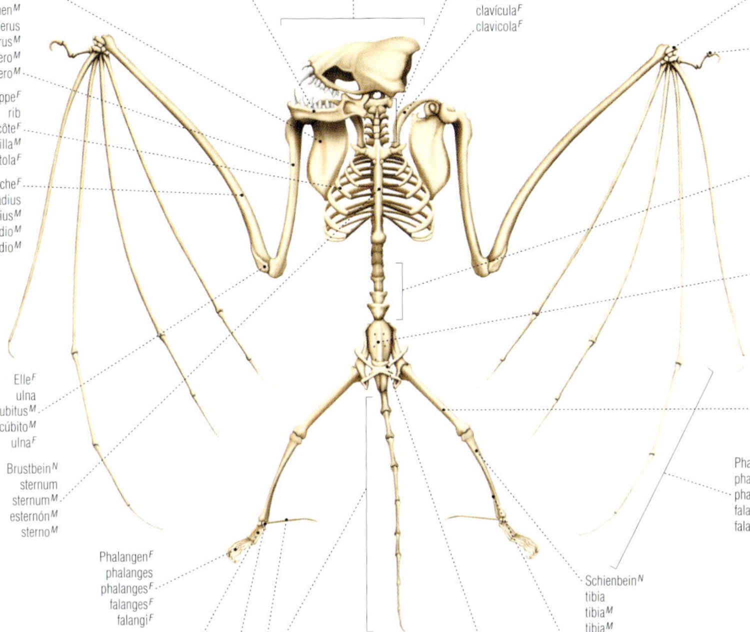

Beispiele[N] für Fledertiere[N]

examples of flying mammals | exemples[M] de chauves-souris[F] | ejemplos[M] de mamíferos[M] voladores | esempi[M] di mammiferi[M] volanti

Vampir[M]
vampire bat
vampire[M] commun
murciélago[M] vampiro
pipistrello[M] vampiro

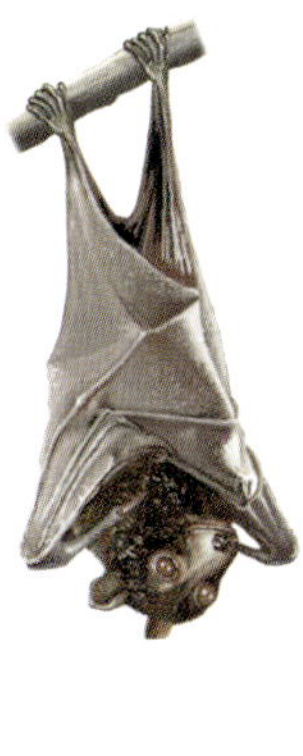

Flugfuchs[M]
black flying fox
roussette[F] noire
zorro[M] volador
volpe[F] volante nera

Spießblattnase[F]
spear-nosed bat
chauve-souris[F] fer[M] de lance[F]
murciélago[M] hoja de lanza[F]
vampiro[M] dalla lancia[F]

Känguru N

kangaroo | kangourou M | canguro M | canguro M

Skelett N eines Kängurus N
skeleton of a kangaroo
squelette M du kangourou M
esqueleto M de un canguro M
scheletro M di un canguro M

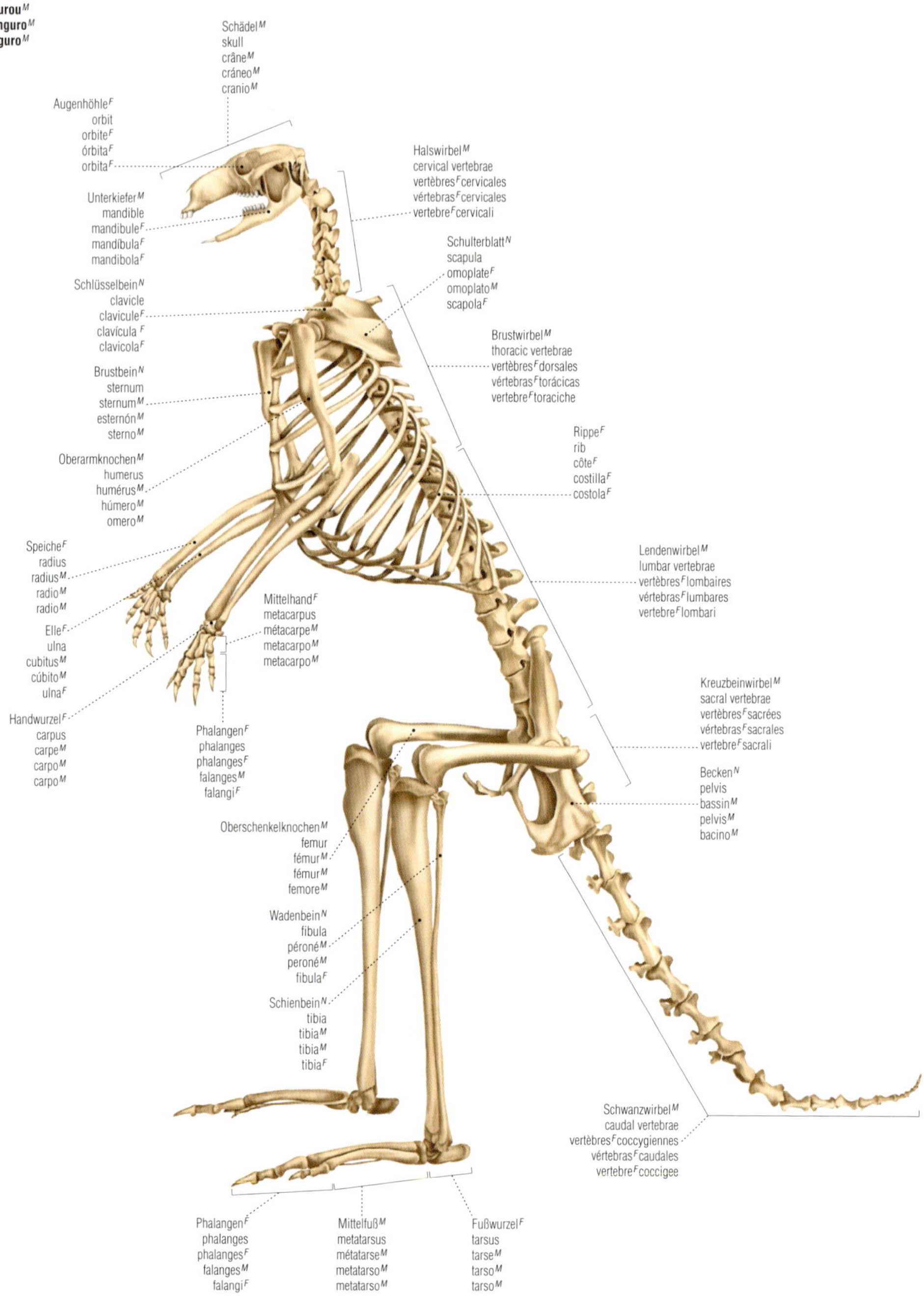

äußere Merkmale[N] eines Kängurus[N]
morphology of a kangaroo
morphologie[F] du kangourou[M]
morfología[F] de un canguro[M]
morfologia[F] di un canguro[M]

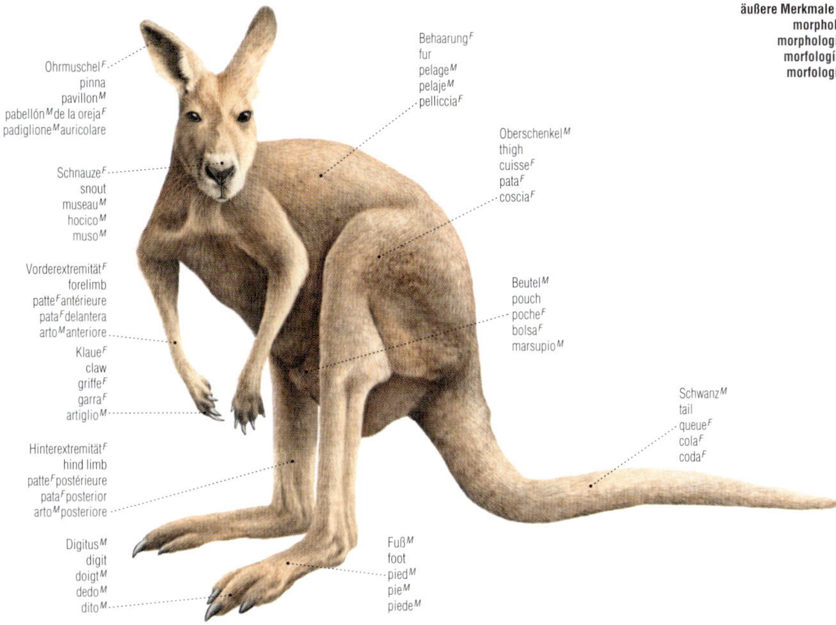

Beispiele[N] für Beuteltiere[N]

examples of marsupials | exemples[M] de marsupiaux[M] | ejemplos[M] de marsupiales[M] | esempi[M] di marsupiali[M]

Tasmanischer Teufel[M]
Tasmanian devil
diable[M] de Tasmanie[F]
diablo[M] de Tasmania[F]
diavolo[M] della Tasmania[F]

Koala[M]
koala
koala[M]
koala[F]
koala[M]

Wallaby[N]
wallaby
wallaby[M]
walaby[M]
wallaby[M]

Opossum[N]
opossum
opossum[M]
oposum[M]
opossum[M]

Känguru[N]
kangaroo
kangourou[M]
canguro[M]
canguro[M]

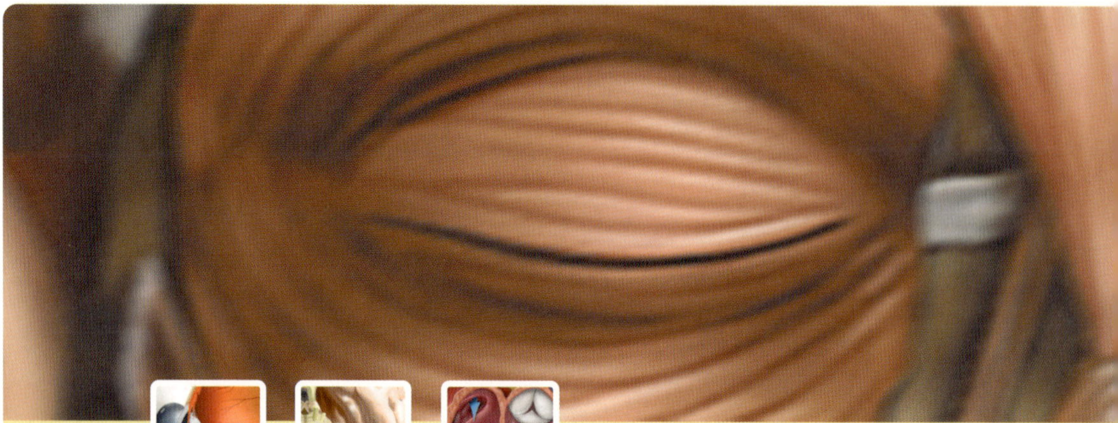
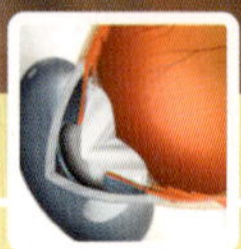

MENSCH

146 Menschlicher Körper

146 Mann
148 Frau

150 Anatomie

150 Muskeln
152 Skelett
159 Zähne
160 Blutkreislauf
163 Luftwege
164 Verdauungsapparat
165 Harnapparat
166 Nervensystem
169 männliche Geschlechtsorgane
170 weibliche Geschlechtsorgane
171 Brust

172 Sinnesorgane

172 Tastsinn
173 Gehör
174 Geruchs- und Geschmackssinn
177 Sehsinn

Mann^{M}

man | homme^{M} | hombre^{M} | uomo^{M}

Vorderansicht^{F}
anterior view
face^{F} antérieure
vista^{F} anterior
vista^{F} anteriore

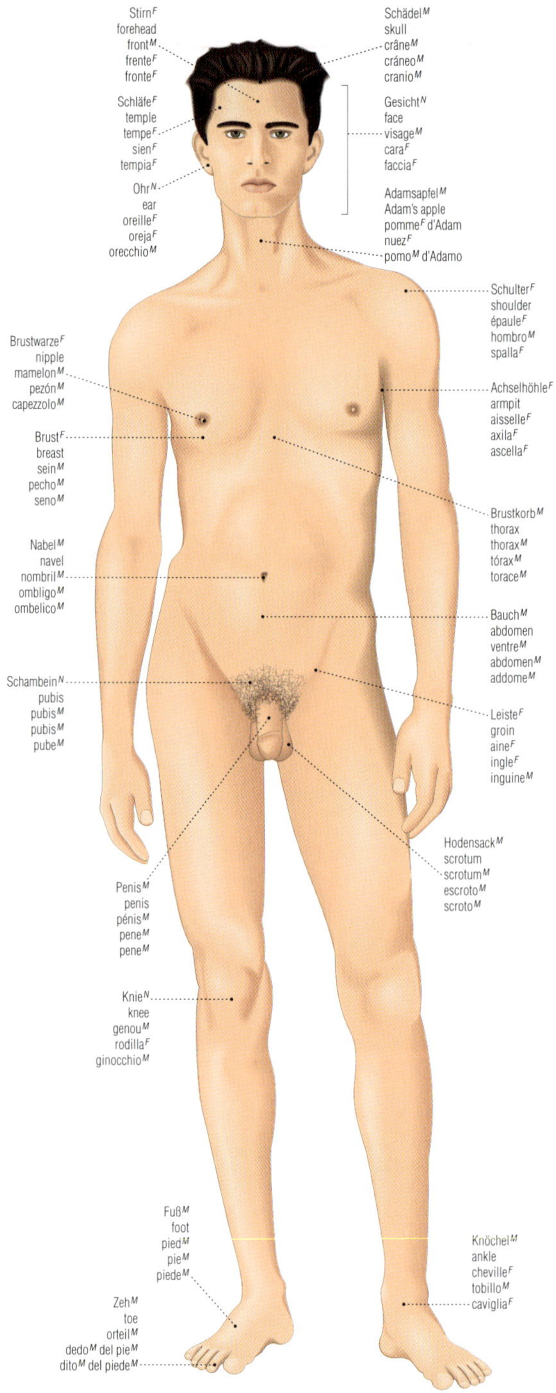

Rückenansicht[F]
posterior view
face[F] postérieure
vista[F] posterior
vista[F] posteriore

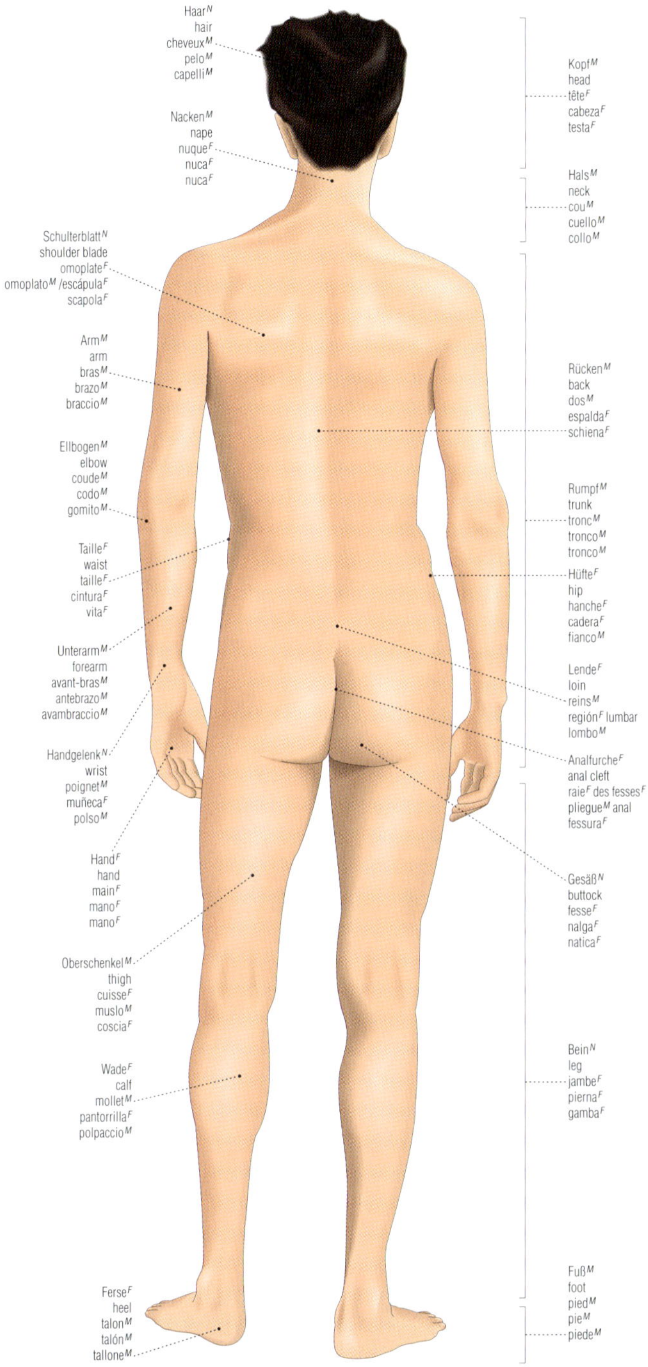

Frau[F]

woman | femme[F] | mujer[F] | donna[F]

Vorderansicht[F]
anterior view
face[F] antérieure
vista[F] anterior
vista[F] anteriore

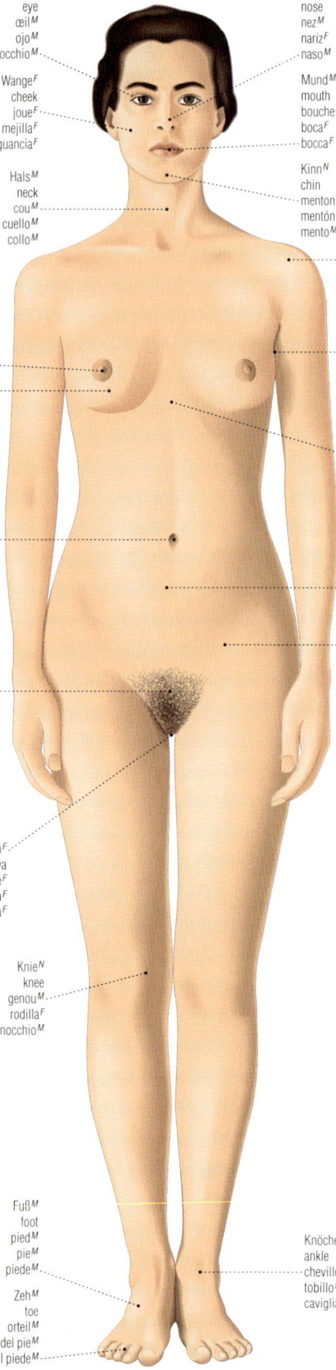

Rückenansicht^{F}
posterior view
face^{F} postérieure
vista^{F} posterior
vista^{F} posteriore

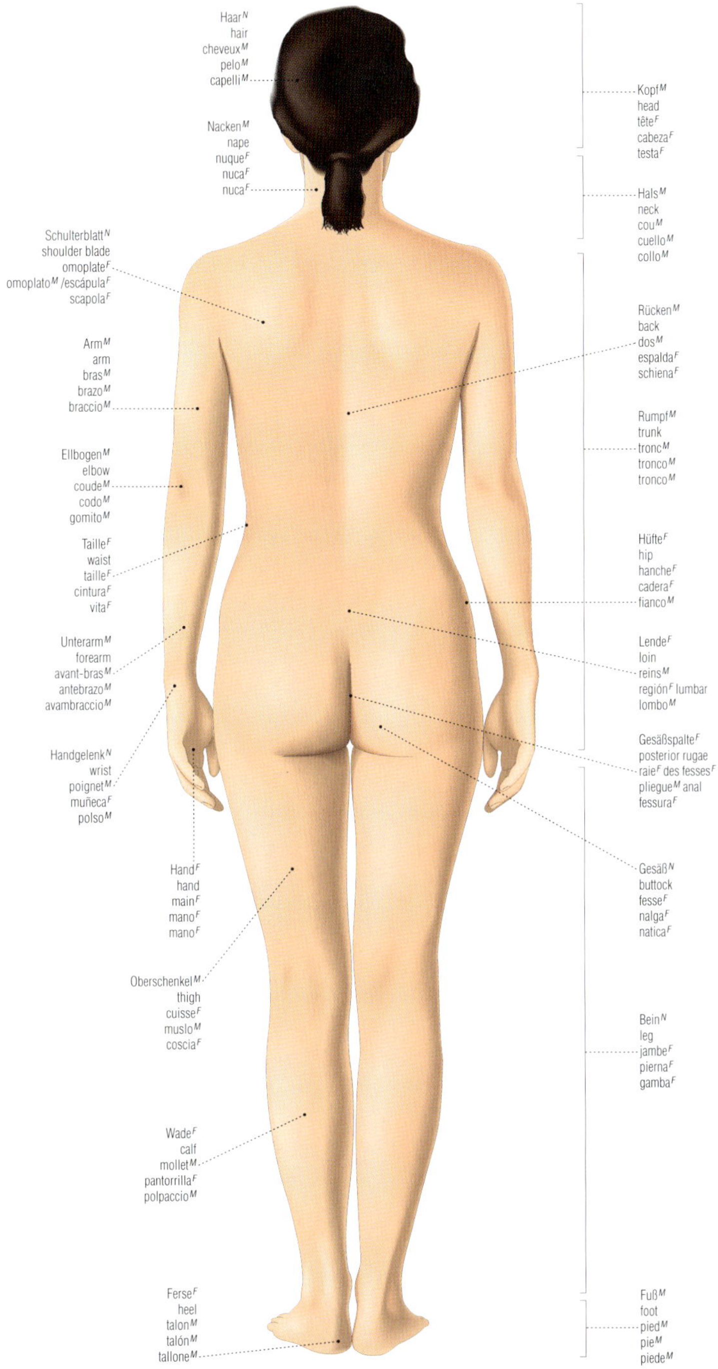

Muskeln^{M}

muscles | muscles^{M} | músculos^{M} | muscoli^{M}

Vorderansicht^{F}
anterior view
face^{F} antérieure
vista^{F} anterior
vista^{F} anteriore

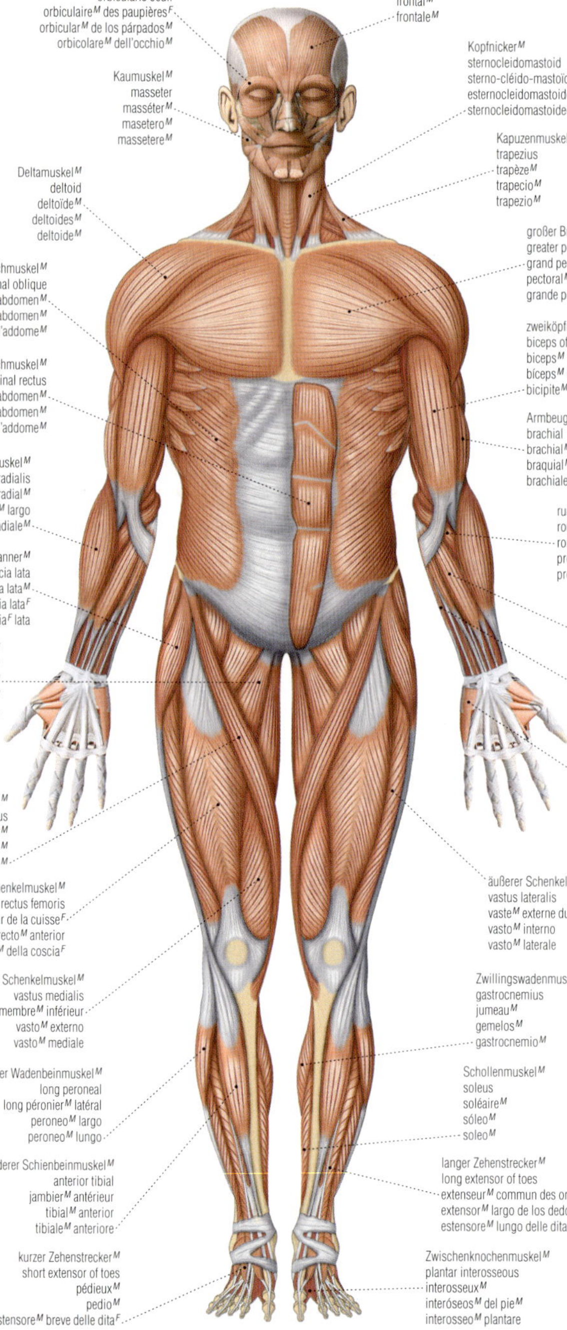

Augenringmuskel^{M}
orbicularis oculi
orbiculaire^{M} des paupières^{F}
orbicular^{M} de los párpados^{M}
orbicolare^{M} dell'occhio^{M}

Kaumuskel^{M}
masseter
masséter^{M}
masetero^{M}
massetere^{M}

Deltamuskel^{M}
deltoid
deltoïde^{M}
deltoides^{M}
deltoide^{M}

äußerer schräger Bauchmuskel^{M}
external oblique
grand oblique^{M} de l'abdomen^{M}
oblicuo^{M} mayor del abdomen^{M}
obliquo^{M} esterno dell'addome^{M}

gerader Bauchmuskel^{M}
abdominal rectus
grand droit^{M} de l'abdomen^{M}
recto^{M} del abdomen^{M}
retto^{M} dell'addome^{M}

Oberarmspeichenmuskel^{M}
brachioradialis
huméro-stylo-radial^{M}
supinador^{M} largo
brachioradiale^{M}

Schenkelbindenspanner^{M}
tensor of fascia lata
tenseur^{M} du fascia lata^{M}
tensor^{M} de la fascia lata^{F}
tensore^{M} della fascia^{F} lata

langer Oberschenkelanzieher^{M}
long adductor
moyen adducteur^{M}
aductor^{M} del muslo^{M}
adduttore^{M} lungo

Schneidermuskel^{M}
sartorius
couturier^{M}
sartorio^{M}
sartorio^{M}

gerader Schenkelmuskel^{M}
rectus femoris
droit^{M} antérieur de la cuisse^{F}
recto^{M} anterior
retto^{M} della coscia^{F}

innerer Schenkelmuskel^{M}
vastus medialis
vaste^{M} interne du membre^{M} inférieur
vasto^{M} externo
vasto^{M} mediale

langer Wadenbeinmuskel^{M}
long peroneal
long péronier^{M} latéral
peroneo^{M} largo
peroneo^{M} lungo

vorderer Schienbeinmuskel^{M}
anterior tibial
jambier^{M} antérieur
tibial^{M} anterior
tibiale^{M} anteriore

kurzer Zehenstrecker^{M}
short extensor of toes
pédieux^{M}
pedio^{M}
estensore^{M} breve delle dita^{F}

Stirn^{F}
frontal
frontal^{M}
frontal^{M}
frontale^{M}

Kopfnicker^{M}
sternocleidomastoid
sterno-cléido-mastoïdien^{M}
esternocleidomastoideo^{M}
sternocleidomastoideo^{M}

Kapuzenmuskel^{M}
trapezius
trapèze^{M}
trapecio^{M}
trapezio^{M}

großer Brustmuskel^{M}
greater pectoral
grand pectoral^{M}
pectoral^{M} mayor
grande pettorale^{M}

zweiköpfiger Armstrecker^{M}
biceps of arm
biceps^{M} brachial
bíceps^{M} braquial
bicipite^{M} brachiale

Armbeuger^{M}
brachial
brachial^{M} antérieur
braquial^{M} anterior
brachiale^{M}

runder Einwärtsdreher^{M}
round pronator
rond pronateur^{M}
pronador^{M} redondo
pronatore^{M} rotondo

langer Hohlhandmuskel^{M}
long palmar
grand palmaire^{M}
palmar^{M} mayor
palmare^{M} lungo

Handbeuger^{M} der Ellenseite^{F}
ulnar flexor of wrist
cubital^{M} antérieur
cubital^{M} anterior
flessore^{M} ulnare del carpo^{M}

kurzer Hohlhandmuskel^{M}
short palmar
petit palmaire^{M}
palmar^{M} menor
palmare^{M} breve

äußerer Schenkelmuskel^{M}
vastus lateralis
vaste^{M} externe du membre^{M} inférieur
vasto^{M} interno
vasto^{M} laterale

Zwillingswadenmuskel^{M}
gastrocnemius
jumeau^{M}
gemelos^{M}
gastrocnemio^{M}

Schollenmuskel^{M}
soleus
soléaire^{M}
sóleo^{M}
soleo^{M}

langer Zehenstrecker^{M}
long extensor of toes
extenseur^{M} commun des orteils^{M}
extensor^{M} largo de los dedos^{M} del pie^{M}
estensore^{M} lungo delle dita^{F}

Zwischenknochenmuskel^{M}
plantar interosseous
interosseux^{M}
interóseos^{M} del pie^{M}
interosseo^{M} plantare

Rückansicht[F]
posterior view
face[F] postérieure
vista[F] posterior
vista[F] posteriore

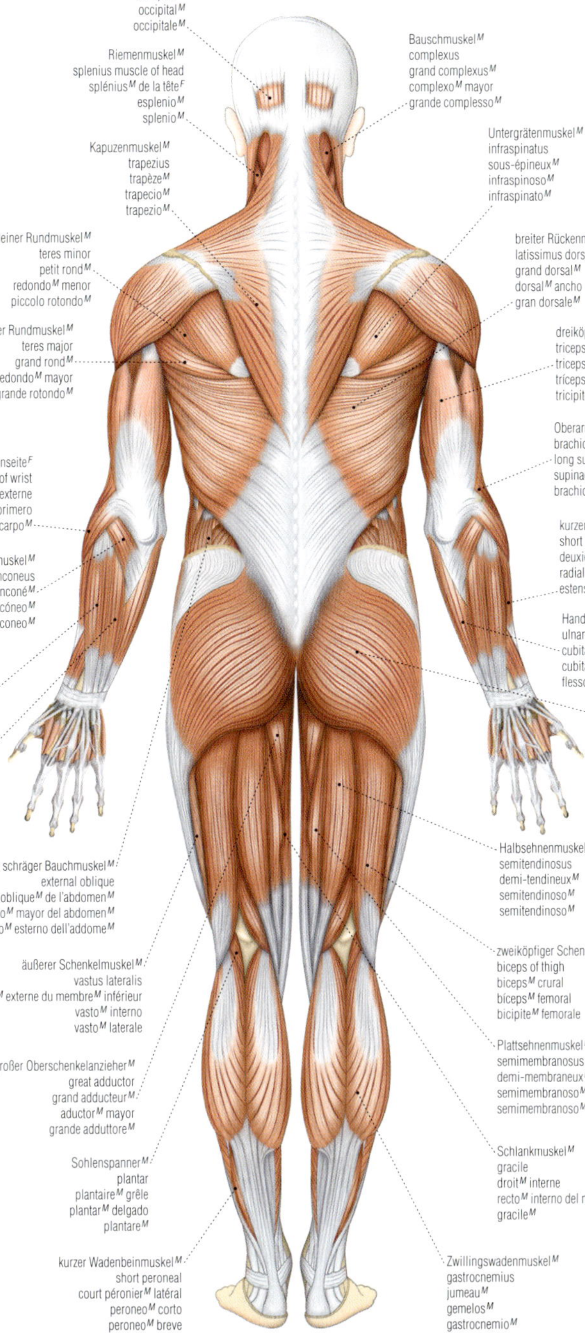

Skelett[N]

skeleton | squelette[M] | esqueleto[M] | scheletro[M]

Vorderansicht[F]
anterior view
vue[F] antérieure
vista[F] anterior
vista[F] anteriore

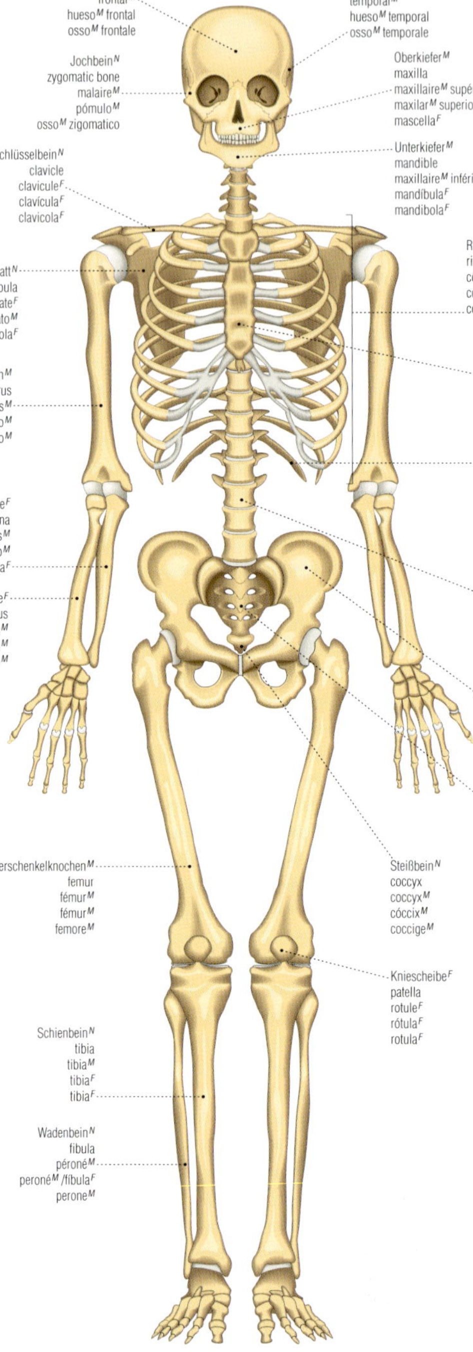

Rückansicht^F
posterior view
vue^F postérieure
vista^F posterior
vista^F posteriore

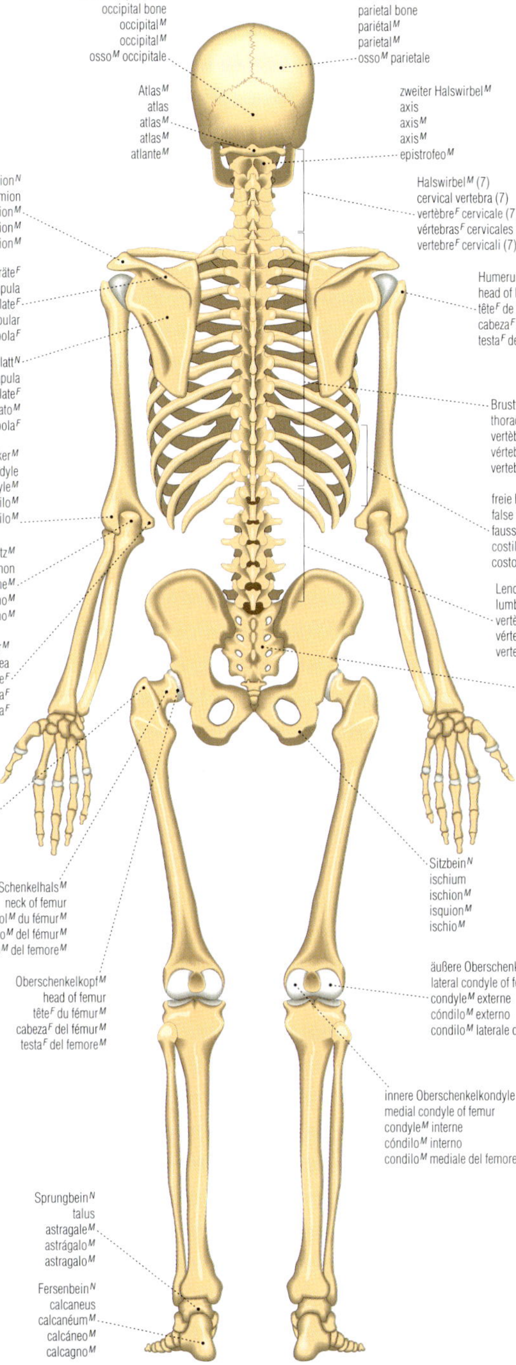

Handknochen[M]
bones of hand
main[F]
huesos[M] de la mano[F]
ossa[F] della mano[F]

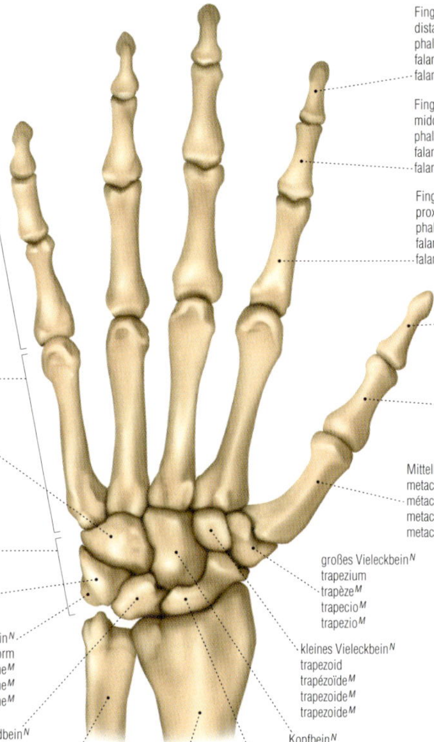

Aufbau[M] eines langen Knochens[M]
structure of a long bone
structure[F] d'un os[M] long
estructura[M] de un hueso[M] largo
struttura[F] di un osso[M] lungo

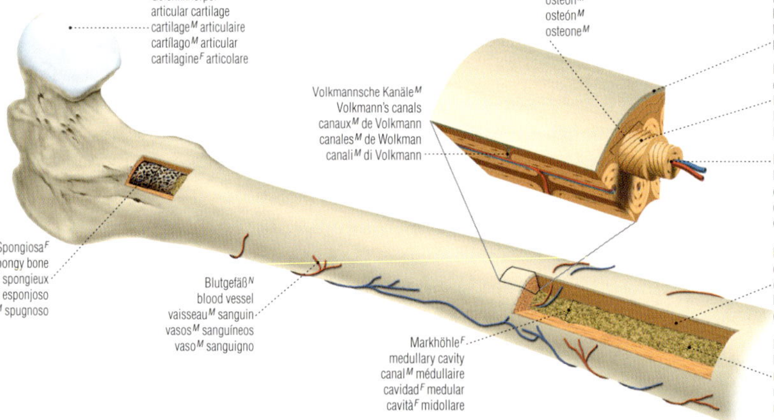

Fußknochen[M]
bones of foot
pied[M]
huesos[M] del pie
ossa[F] del piede[M]

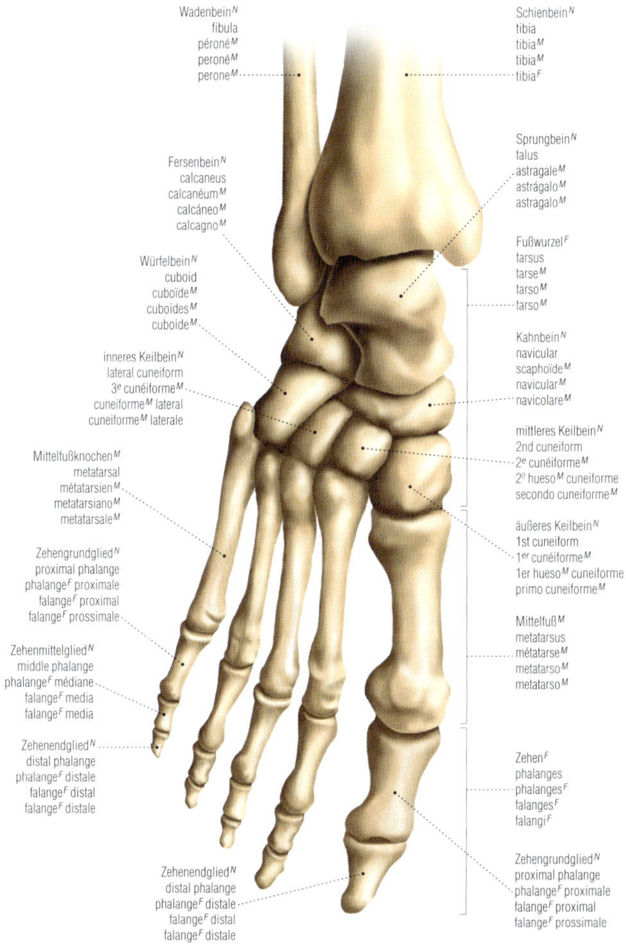

Teile[M] eines langen Knochens[M]
parts of a long bone
parties[F] d'un os[M] long
partes[F] de un hueso[M] largo
parti[F] di un osso[M] lungo

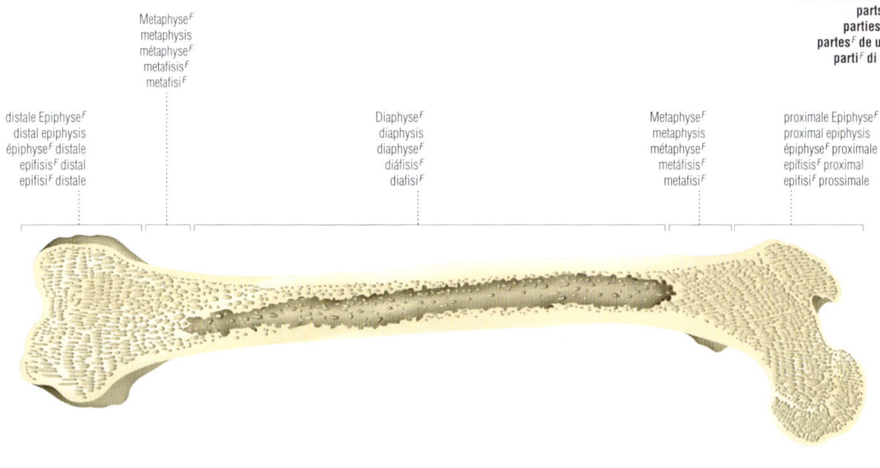

Arten^{F} von echten Gelenken^{N}
types of synovial joints
types^{M} d'articulations^{F} synoviales
tipos^{M} de articulaciones^{F} sinoviales
tipi^{M} di articolazioni^{F} sinoviali

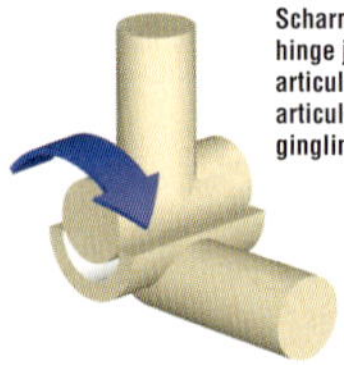

Scharniergelenk^{N}
hinge joint
articulation^{F} charnière^{F}
articulación^{F} en bisagra^{F}
ginglimo^{M}

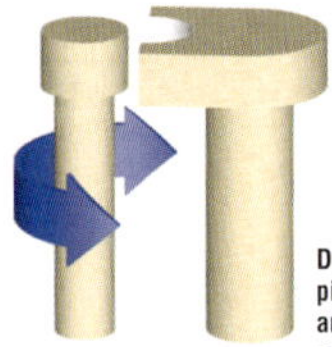

Drehgelenk^{N}
pivot joint
articulation^{F} pivot^{M}
articulación^{F} en pivote^{M}
articolazione^{F} a perno^{M}

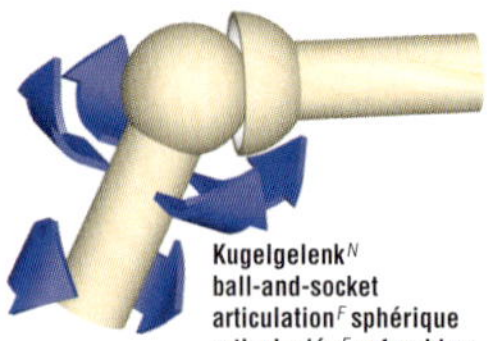

Kugelgelenk^{N}
ball-and-socket
articulation^{F} sphérique
articulación^{F} esferoidea
enartrosi^{F}

Ellbogen^{M}
elbow
coude^{M}
codo^{M}
gomito^{M}

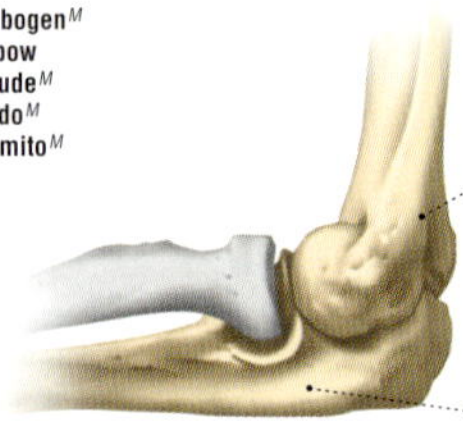

Bein^{N}
leg
jambe^{F}
pierna
gamba^{F}

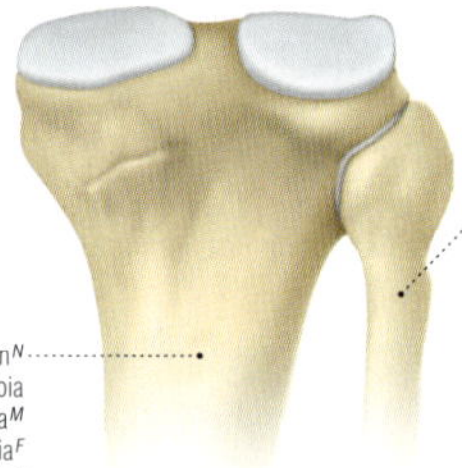

Schulter^{F}
shoulder
épaule^{F}
hombro^{M}
spalla^{F}

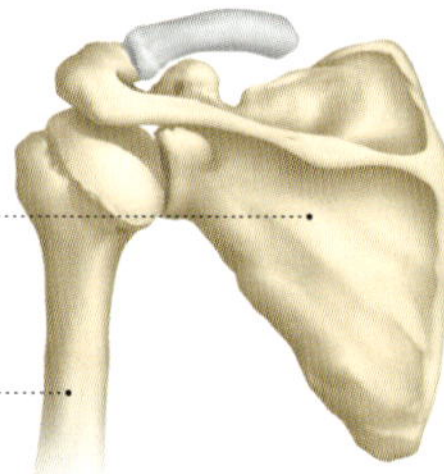

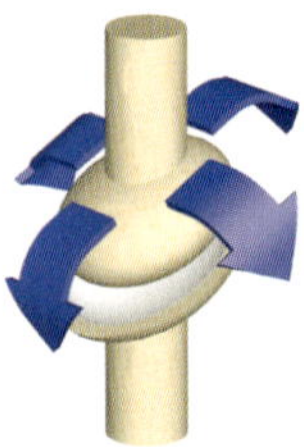

Ellipsoidgelenk^{N}
condyloid joint
articulation^{F} ellipsoïdale
articulación^{F} condilar
articolazione^{F} condiloidea

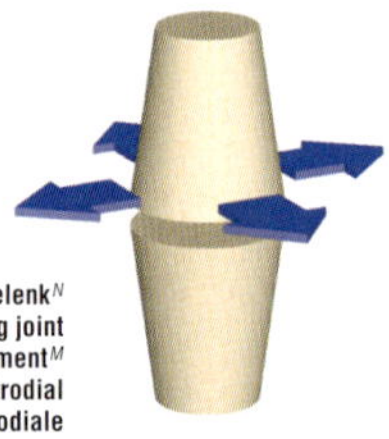

ebenes Gelenk^{N}
gliding joint
articulation^{F} à glissement^{M}
articulación^{F} plana/artrodial
articolazione^{F} artrodiale

Sattelgelenk^{N}
saddle joint
articulation^{F} en selle^{F}
articulación^{F} en silla^{F} de montar
articolazione^{F} a sella^{F}

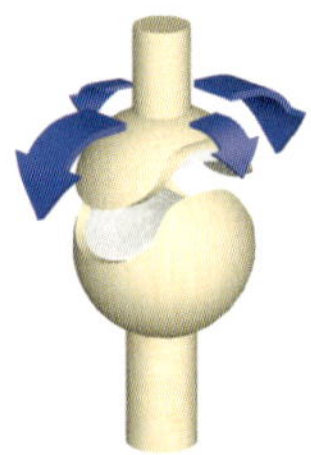

Handgelenk^{N}
wrist
poignet^{M}
muñeca^{F}
polso^{M}

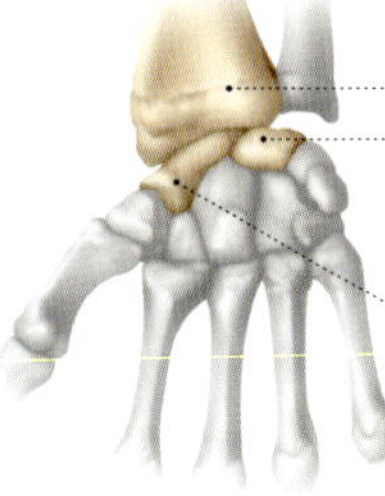

Fußwurzel^{F}
tarsus
tarse^{M}
tarso^{M}
tarso^{M}

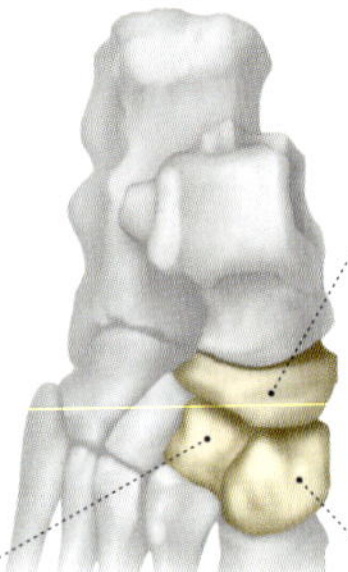

Daumen^{M}
thumb
pouce^{M}
pulgar^{M}
pollice^{M}

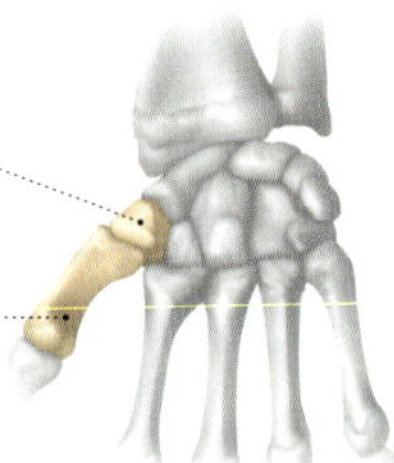

Wirbelsäule^F
vertebral column
os^M de la colonne^F vertébrale
columna^F vertebral
colonna^F vertebrale

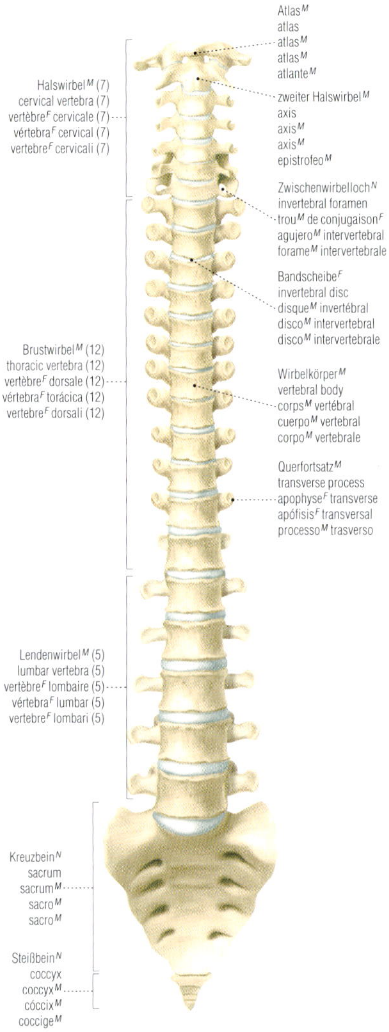

Knochenarten^F
types of bones
types^M d'os^M
tipos^M de huesos^M
tipi^M di ossa^F

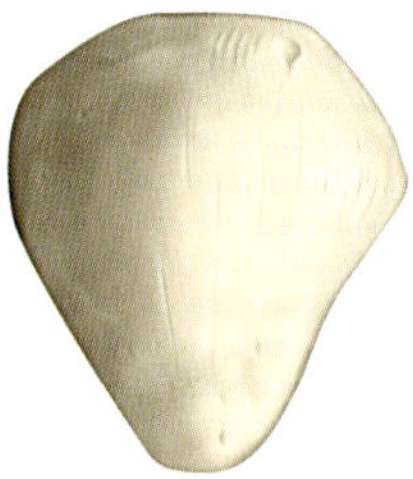

kurzer Knochen^M
short bone
os^M court
hueso^M corto
osso^M corto

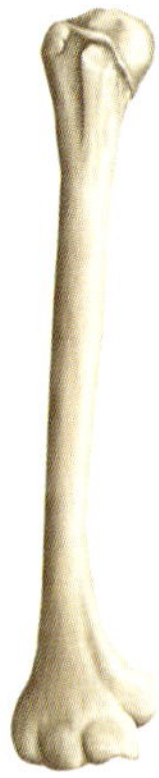

langer Knochen^M
long bone
os^M long
hueso^M largo
osso^M lungo

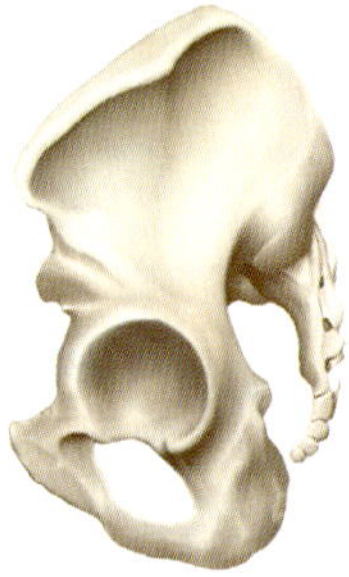

unregelmäßiger Knochen^M
irregular bone
os^M irrégulier
hueso^M irregular
osso^M irregolare

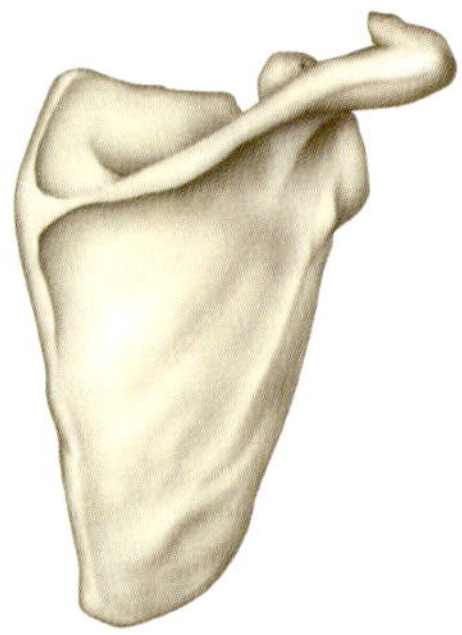

platter Knochen^M
flat bone
os^M plat
hueso^M plano
osso^M piatto

Seitenansicht[F] eines Schädels[M]
lateral view of skull
vue[F] latérale du crâne[M]
vista[F] lateral del cráneo[M]
vista[F] laterale del cranio[M]

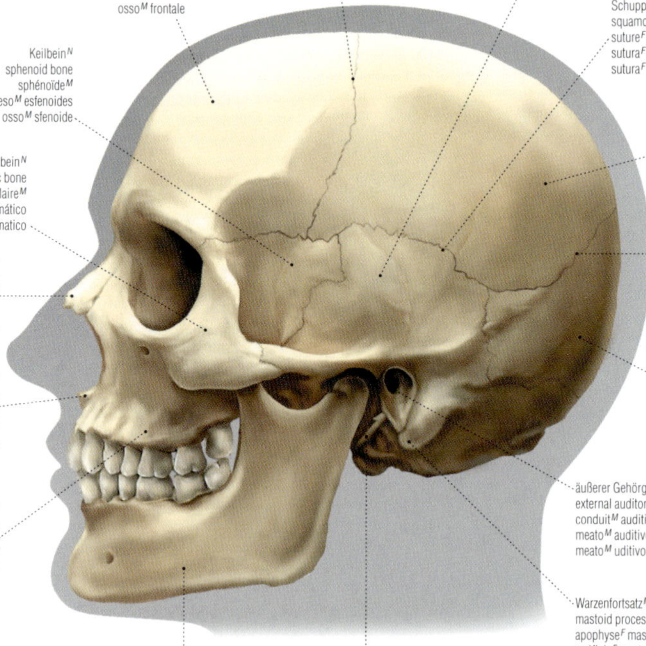

Schädel[M] eines Kleinkindes[N]
child's skull
crâne[M] d'enfant[M]
cráneo[M] de un niño[M]
cranio[M] di bambino[M]

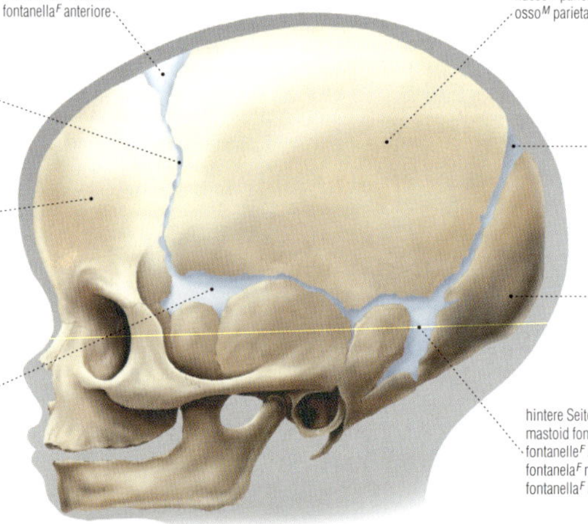

Zähne^{M}

teeth | dents^{F} | dientes^{M} | denti^{M}

menschliches Gebiss^{N}
human denture
denture^{F} humaine
dentadura^{F} humana
dentatura^{F} nell'uomo^{M}

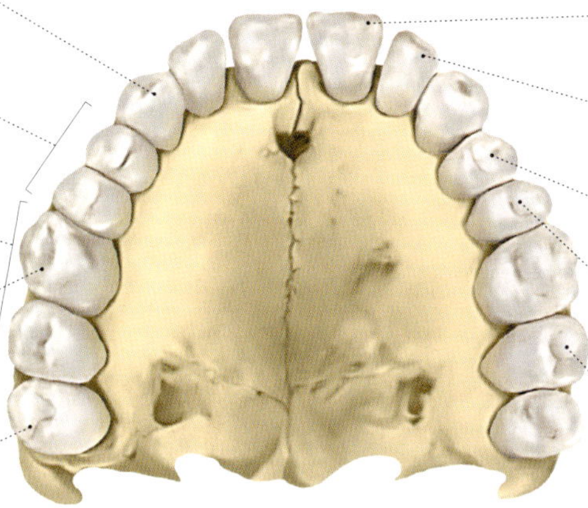

Backenzahn^{M} im Längsschnitt^{M}
cross section of a molar
coupe^{F} d'une molaire^{F}
corte^{M} transversal de un molar^{M}
sezione^{F} trasversale di un molare^{M}

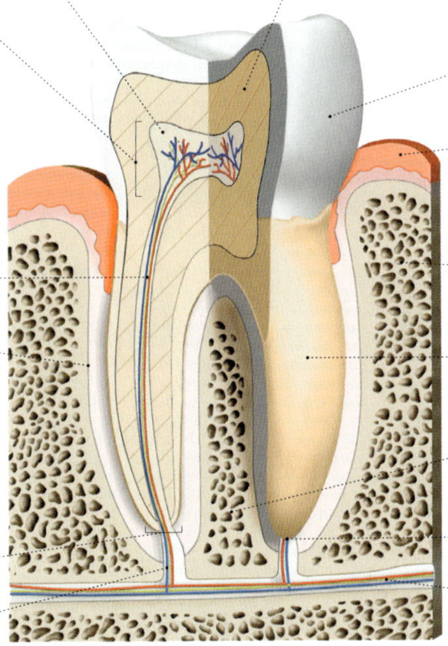

Blutkreislauf[M]

blood circulation | circulation[F] sanguine | circulación[F] sanguínea | circolazione[F] del sangue[M]

die wichtigsten Venen[F] und Arterien[F]
principal veins and arteries
principales veines[F] et artères[F]
principales venas[F] y arterias[F]
principali vene[F] e arterie[F]

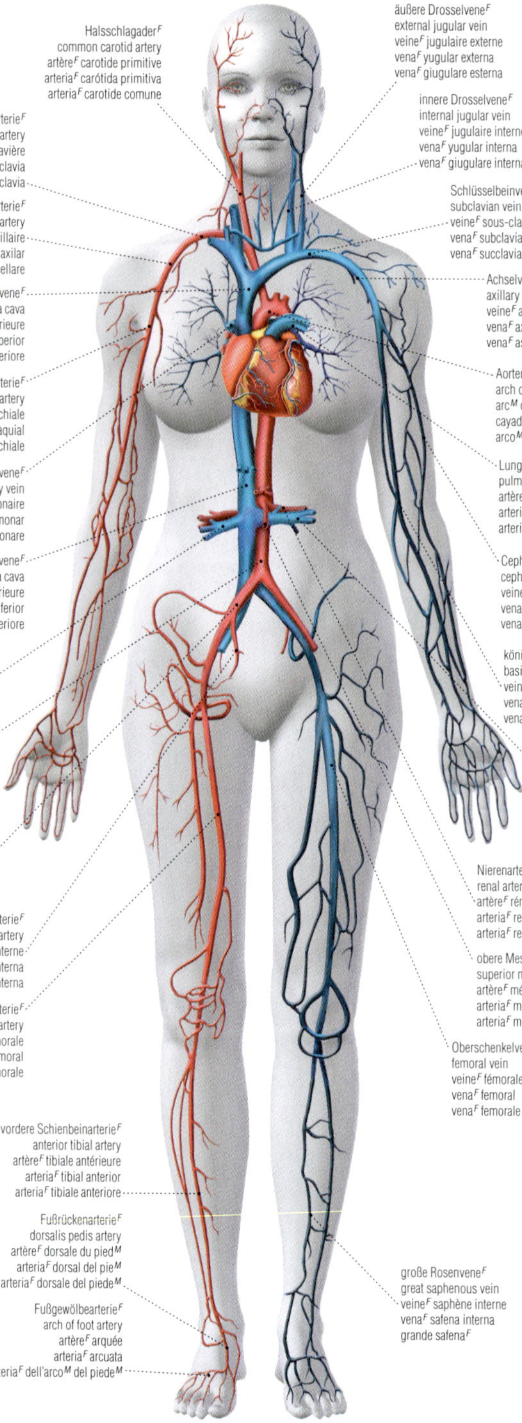

Blutkreislauf^{M}

Schema^{N} des Blutkreislaufs^{M}
circulation diagram
schéma^{M} de la circulation^{F}
diagrama^{M} de la circulación^{F}
schema^{M} della circolazione^{F}

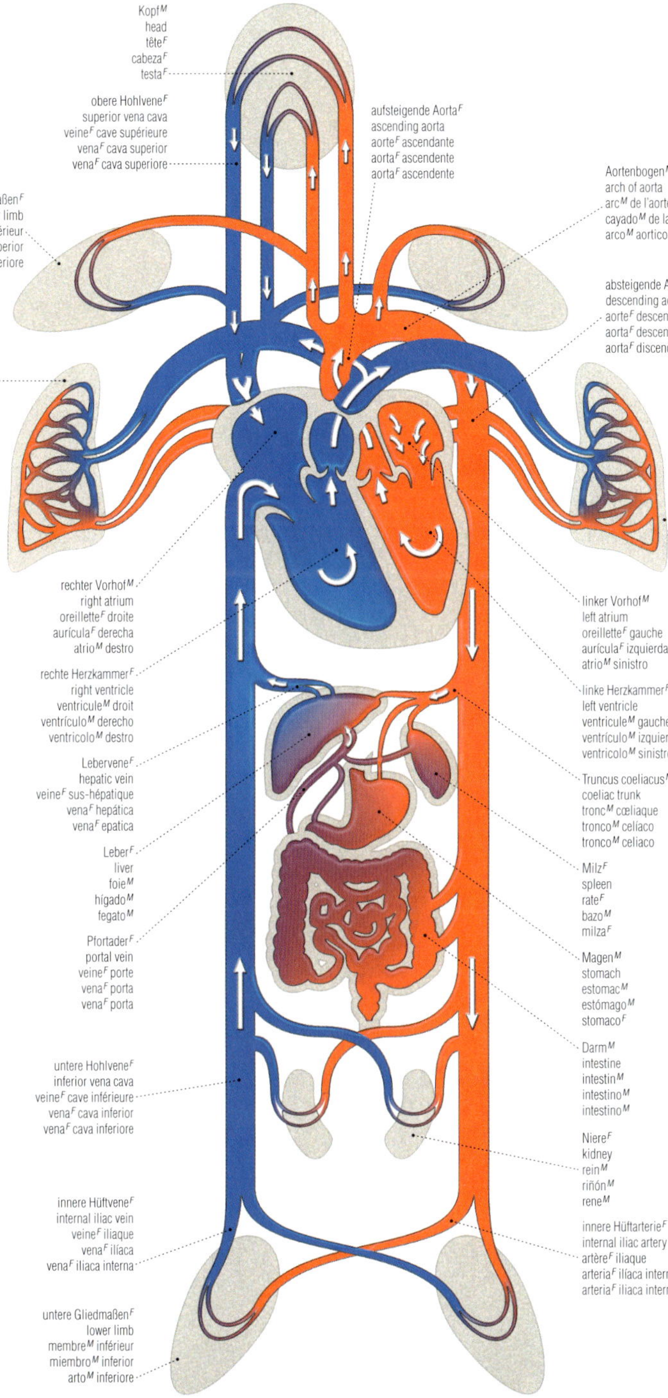

Blutkreislauf^{M}

Blutbestandteile^{M}
composition of the blood
composition^{F} du sang^{M}
composición^{F} de la sangre^{F}
composizione^{F} del sangue^{M}

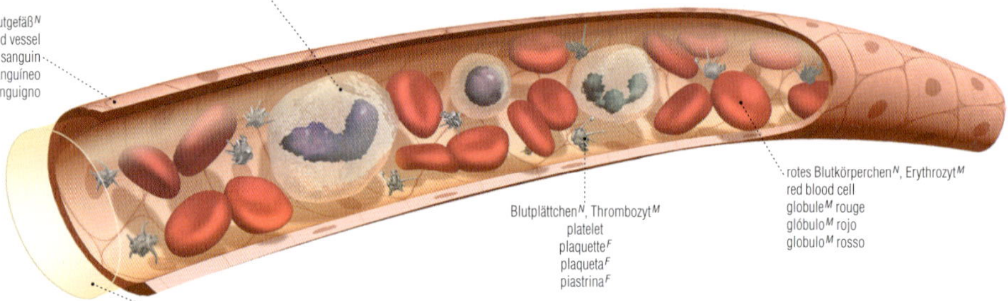

Herz^{N}
heart
cœur^{M}
corazón^{M}
cuore^{M}

sauerstoffreiches Blut^{N}
oxygenated blood
sang^{M} oxygéné
sangre^{F} oxigenada
sangue^{M} ossigenato

sauerstoffarmes Blut^{N}
deoxygenated blood
sang^{M} désoxygéné
sangre^{F} desoxigenada
sangue^{M} deossigenato

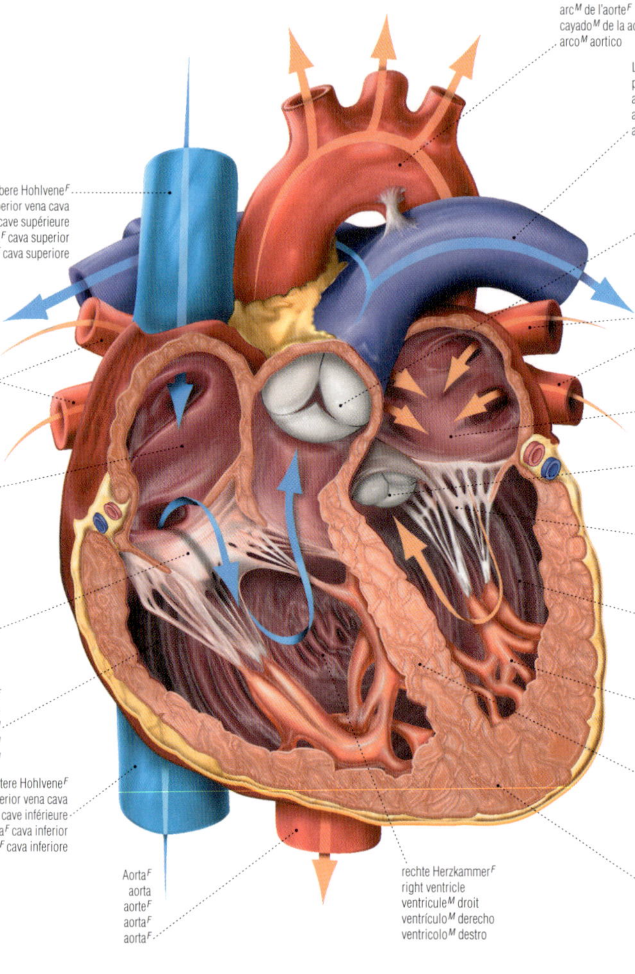

Luftwege[M]

respiratory system | appareil[M] respiratoire | aparato[M] respiratorio | apparato[M] respiratorio

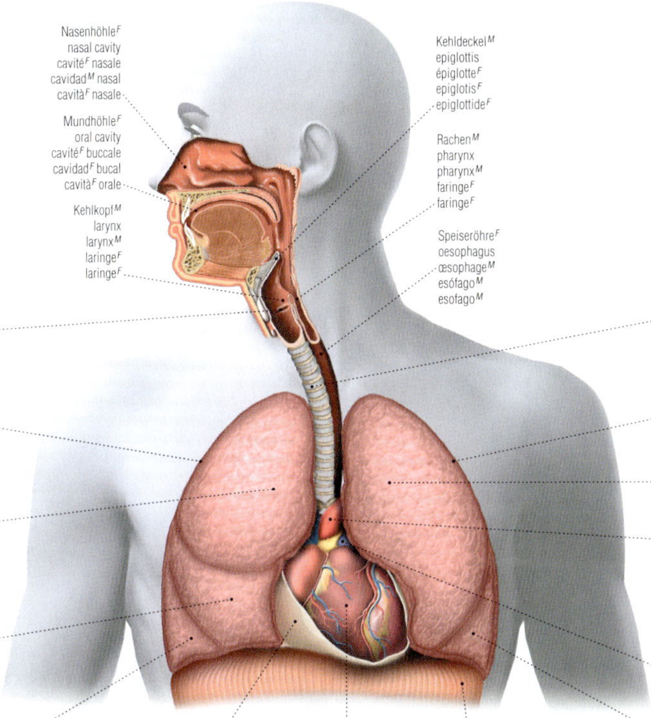

Lungen[F]
lungs
poumons[M]
pulmones[MPL]
polmoni[M]

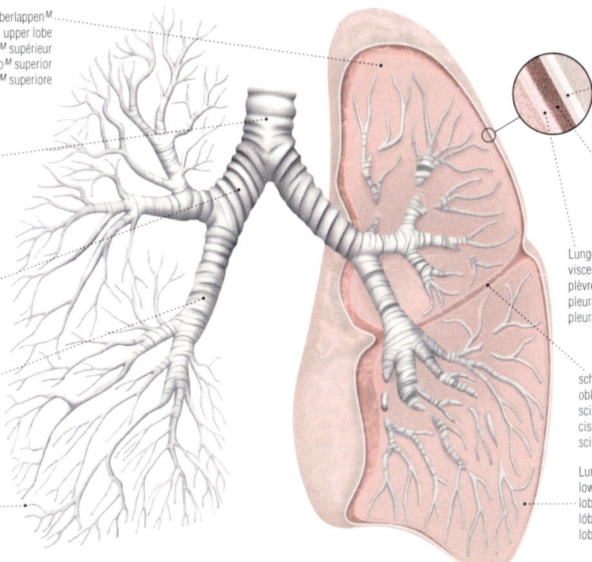

Verdauungsapparat^{M}

digestive system | appareil^{M} digestif | aparato^{M} digestivo | apparato^{M} digerente

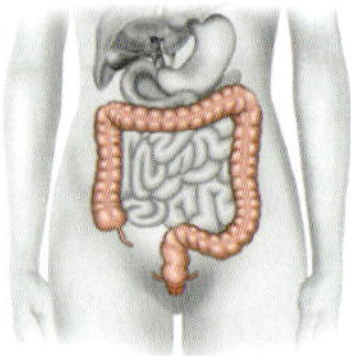

Dickdarm^{M}
large intestine
gros intestin^{M}
intestino^{M} grueso
intestino^{M} crasso

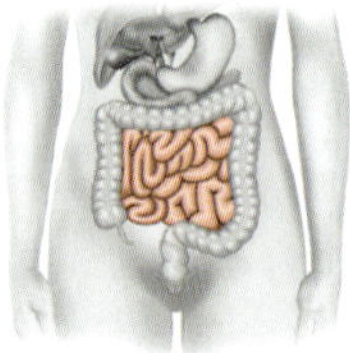

Dünndarm^{M}
small intestine
intestin^{M} grêle
intestino^{M} delgado
intestino^{M} tenue

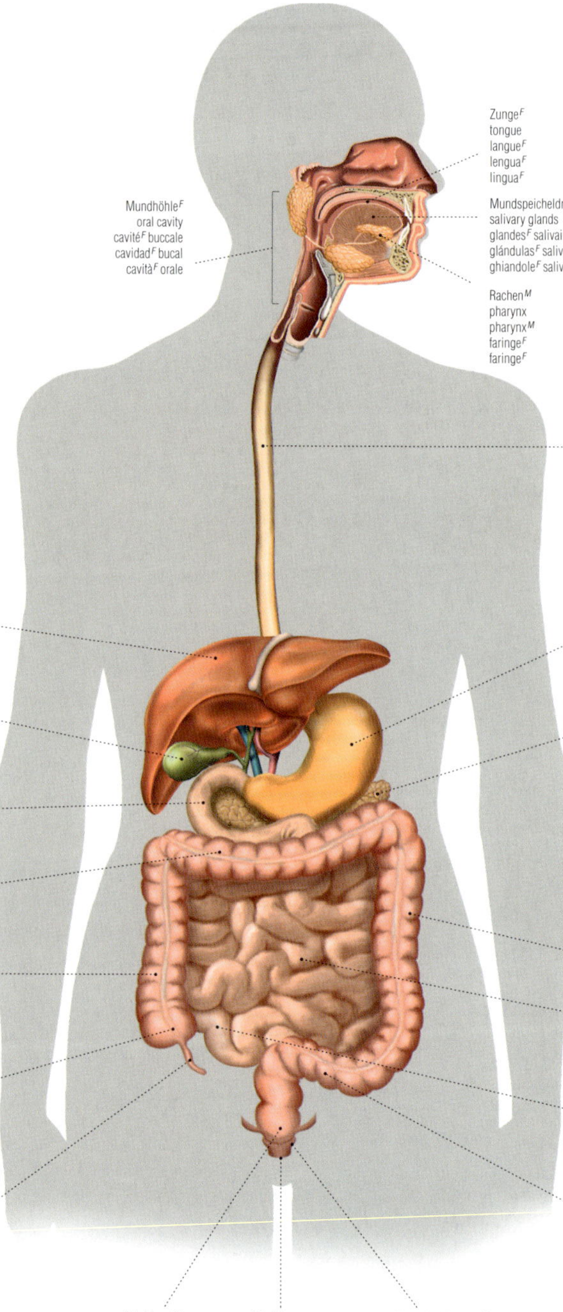

Harnapparat[M]

urinary system | appareil[M] urinaire | aparato[M] urinario | apparato[M] urinario

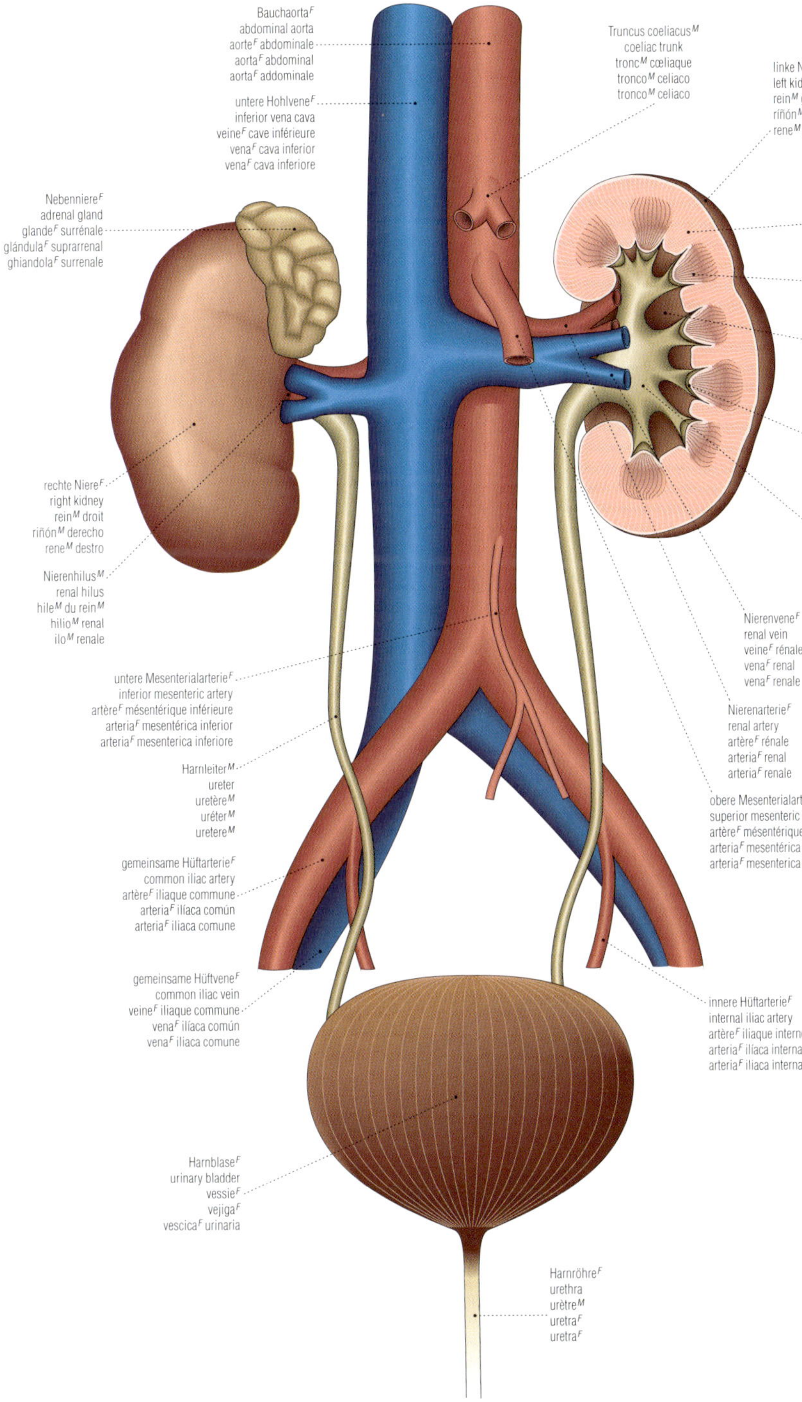

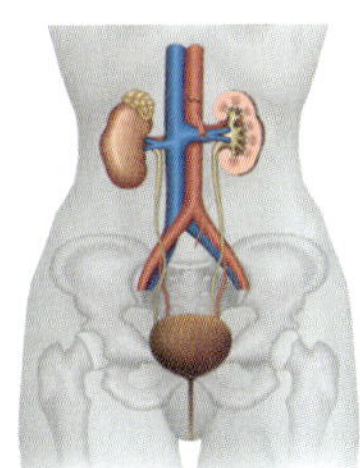

Nervensystem[N]

nervous system | système[M] nerveux | sistema[M] nervioso | sistema[M] nervoso

peripheres Nervensystem[N]
peripheral nervous system
système[M] nerveux périphérique
sistema[M] nervioso periférico
sistema[M] nervoso periferico

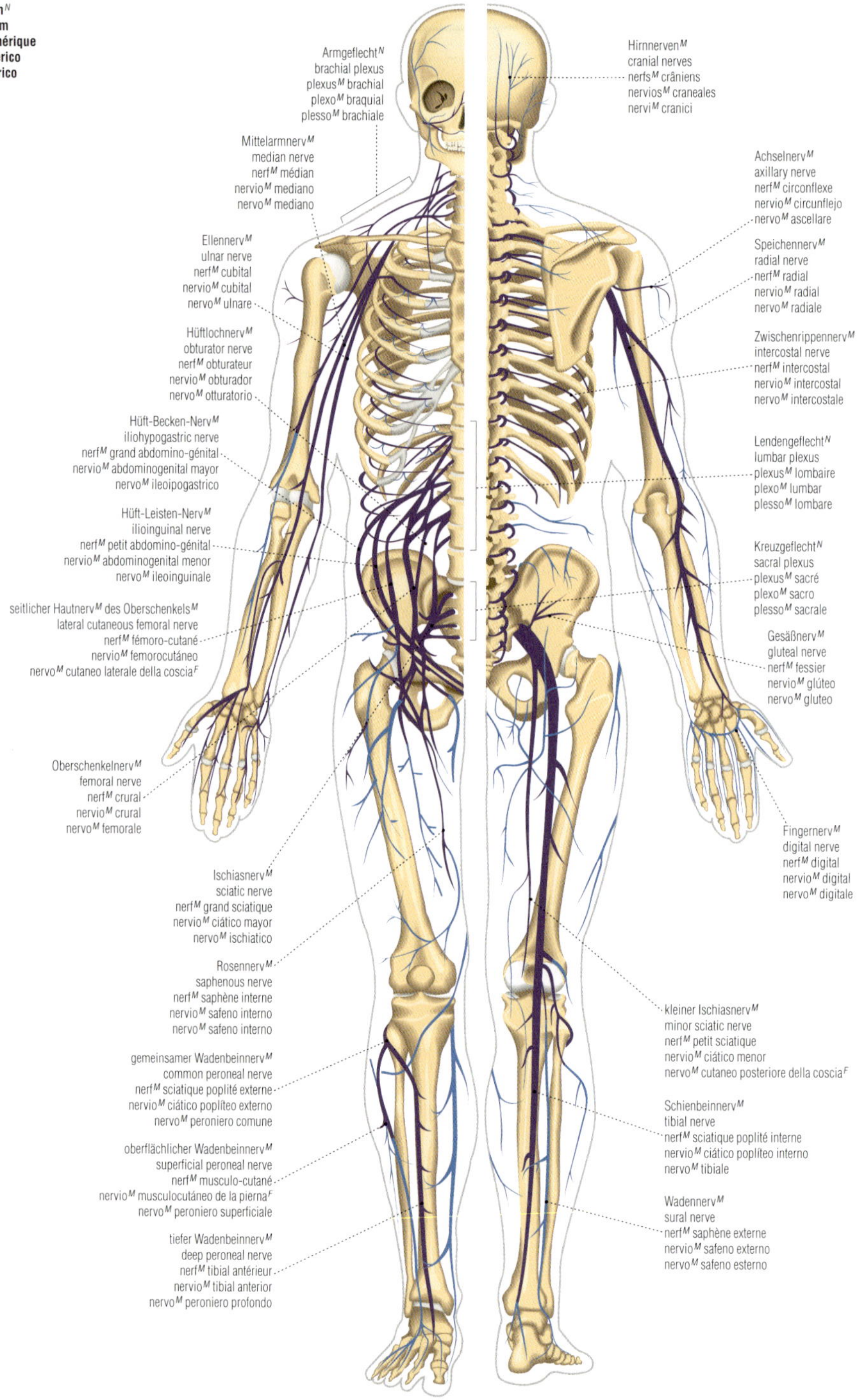

Nervensystem[N]

Zentralnervensystem[N]
central nervous system
système[M] nerveux central
sistema[M] nervioso central
sistema[M] nervoso centrale

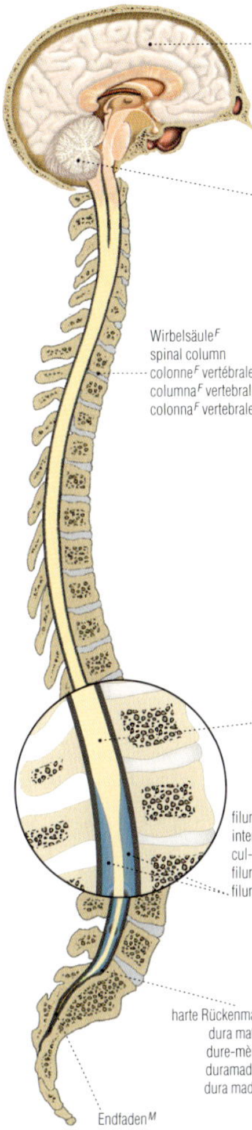

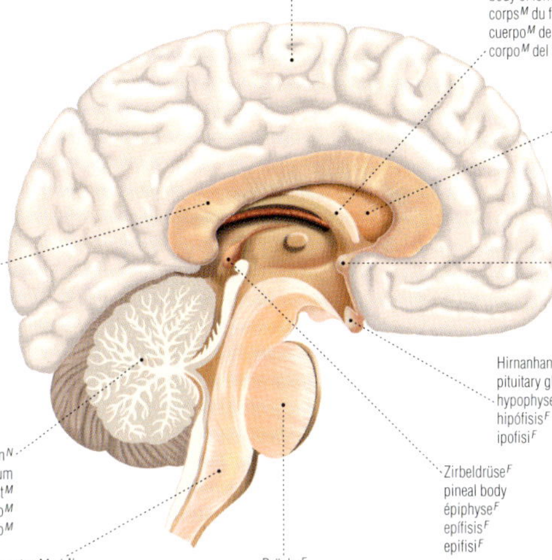

Aufbau[M] des Rückenmarks[N]
structure of the spinal cord
structure[F] de la moelle[F] épinière
estructura[F] de la médula[F] espinal
struttura[F] del midollo[M] spinale

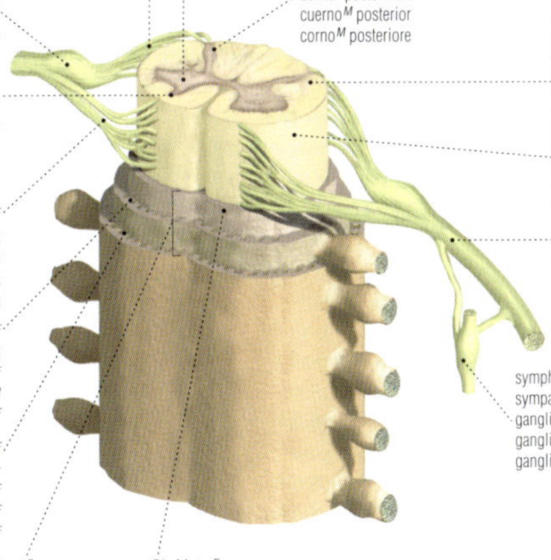

Nervensystem^{N}

Neuronenkette^{F}
chain of neurons
chaîne^{F} de neurones^{M}
cadena^{F} de neuronas^{F}
catena^{F} di neuroni^{M}

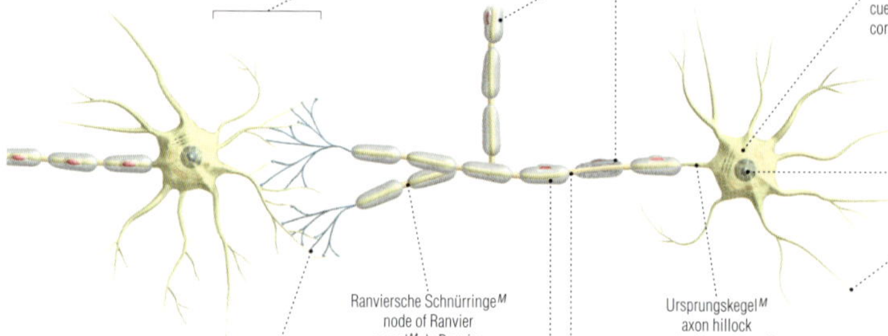

Nervenimpuls^{M}
sensory impulse
influx^{M} nerveux
impulso^{M} nervioso
impulso^{M} sensoriale

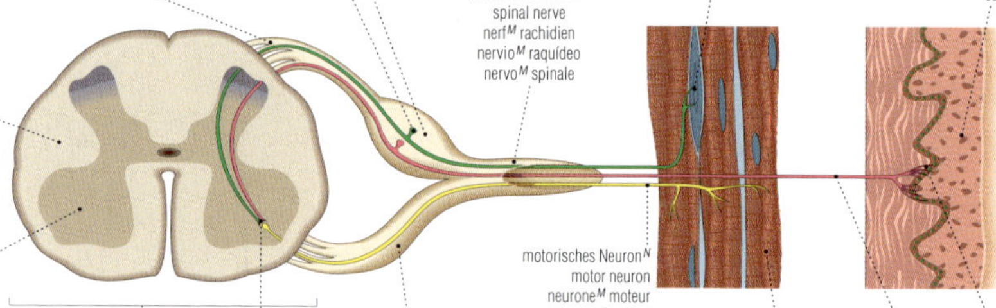

Lendenwirbel^{M}
lumbar vertebra
vertèbre^{F} lombaire
vértebra^{F} lumbar
vertebra^{F} lombare

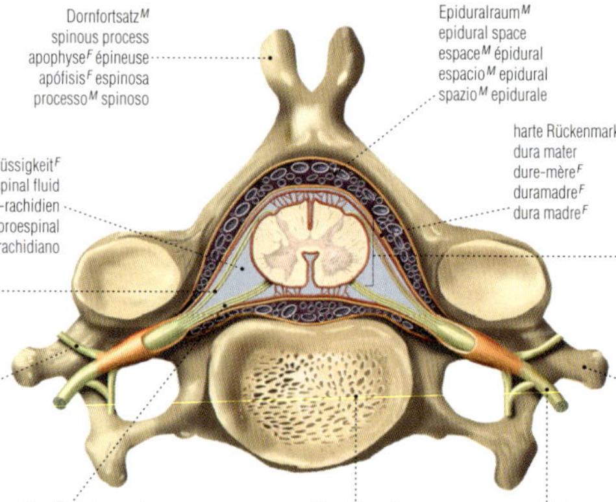

männliche Geschlechtsorgane^{N}

male genital organs | organes^{M} génitaux masculins | órganos^{M} genitales masculinos | organi^{M} genitali maschili

Sagittalschnitt^{M}
sagittal section
coupe^{F} sagittale
sección^{F} sagital
sezione^{F} sagittale

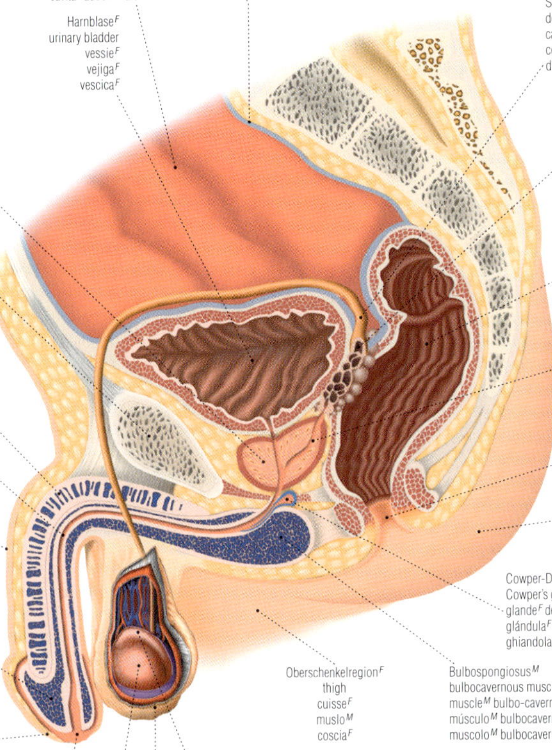

Spermium^{N}
spermatozoon
spermatozoïde^{M}
espermatozoide^{M}
spermatozoo^{M}

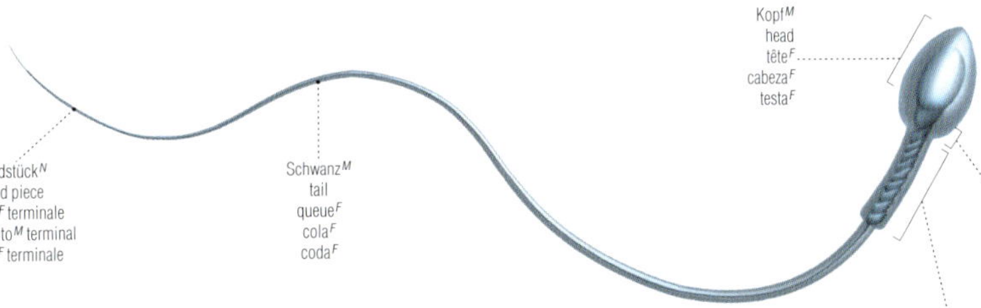

weibliche Geschlechtsorgane^N

female genital organs | organes^M génitaux féminins | órganos^M genitales femeninos | organi^M genitali femminili

Sagittalschnitt^M
sagittal section
coupe^F sagittale
sección^F sagital
sezione^F sagittale

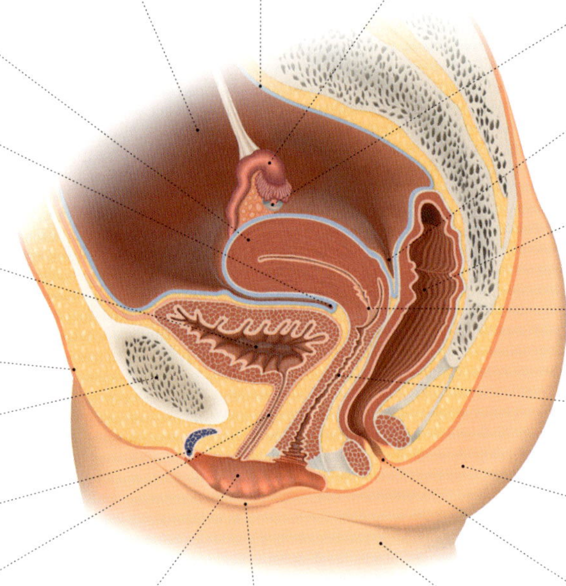

Eizelle^F
egg
ovule^M
óvulo^M
ovulo^M

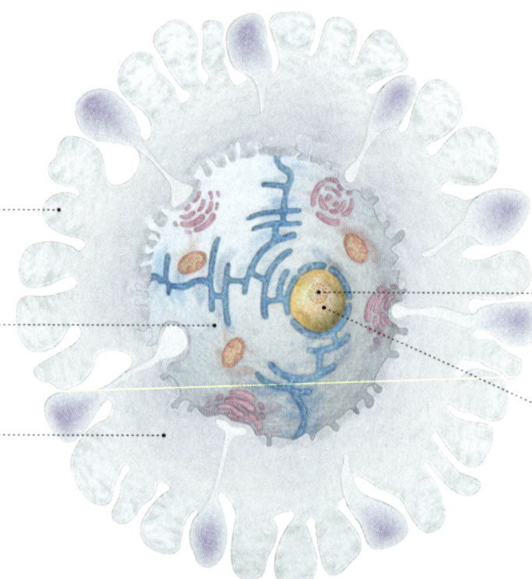

weibliche Geschlechtsorgane[N]

Rückansicht[F]
posterior view
vue[F] postérieure
vista[F] posterior
vista[F] posteriore

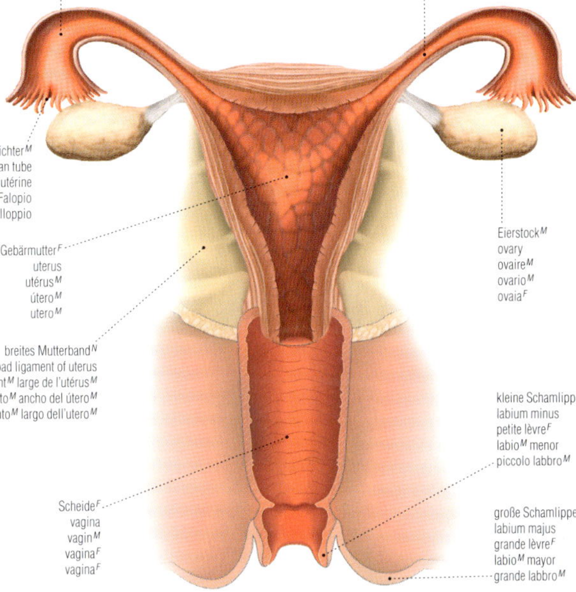

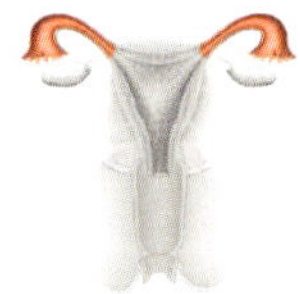

Eileiter[M]
fallopian tubes
trompes[F] de Fallope
trompa[F] de Falopio
tube[F] di Falloppio

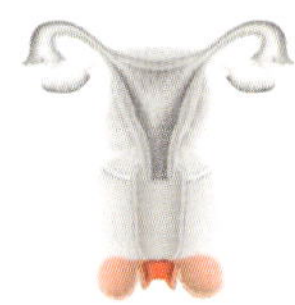

Scham[F]
vulva
vulve[F]
vulva[F]
vulva[F]

Brust[F]

breast | sein[M] | seno[M] | seno[M]

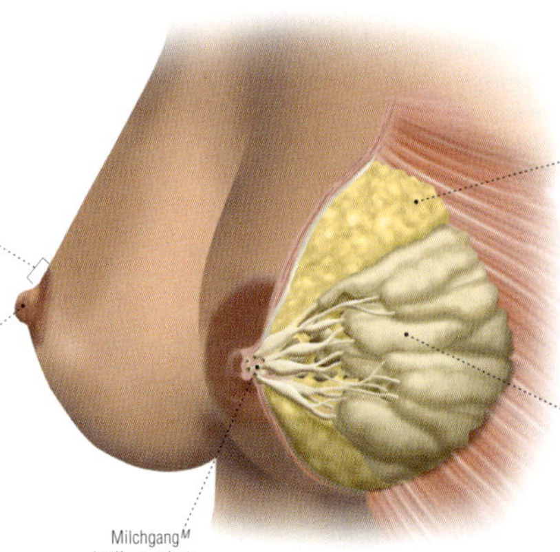

MENSCH

Tastsinn^{M}

touch | toucher^{M} | tacto^{M} | tatto^{M}

MENSCH

Haut^{F}
skin
peau^{F}
piel^{F}
cute^{F}

Hornschicht^{F}
stratum corneum
couche^{F} cornée
estrato^{M} córneo
strato^{M} corneo

Haarschaft^{M}
hair shaft
tige^{F} du poil^{M}
tallo^{M}
scapo^{M}

Haar^{N}
hair
poil^{M}
pelo^{M}
pelo^{M}

Pore^{F}
pore
pore^{M} sudoripare
poro^{M}
poro^{M} sudoriparo

Glanzschicht^{F}
stratum lucidum
couche^{F} claire
estrato^{M} lúcido
strato^{M} lucido

Körnerschicht^{F}
stratum granulosum
couche^{F} granuleuse
estrato^{M} granuloso
strato^{M} granulare

Stachelzellenschicht^{F}
stratum spinosum
couche^{F} de Malpighi
estrato^{M} de Malpighi
strato^{M} spinoso

Basalschicht^{F}
stratum basale
couche^{F} basale
estrato^{M} basal
strato^{M} basale

Nervenendung^{F}
nerve termination
terminaison^{F} nerveuse
terminación^{F} nerviosa
terminazione^{F} nervosa

Haaraufrichter^{M}
arrector pili muscle
muscle^{M} arrecteur
músculo^{M} erector del pelo^{M}
muscolo^{M} erettore del pelo^{M}

Talgdrüse^{F}
sebaceous gland
glande^{F} sébacée
glándula^{F} sebácea
ghiandola^{F} sebacea

Ruffinisches Körperchen^{N}
Ruffini's corpuscle
corpuscule^{M} de Ruffini
corpúsculo^{M} de Ruffini
corpuscolo^{M} di Ruffini

Nervenfaser^{F}
nerve fibre
fibre^{F} nerveuse
fibra^{F} nerviosa
fibra^{F} nervosa

Haarbalg^{M}
hair follicle
follicule^{M}
folículo^{M} piloso
follicolo^{M} pilifero

Haarzwiebel^{F}
hair bulb
bulbe^{M}
bulbo^{M} piloso
bulbo^{M} del pelo^{M}

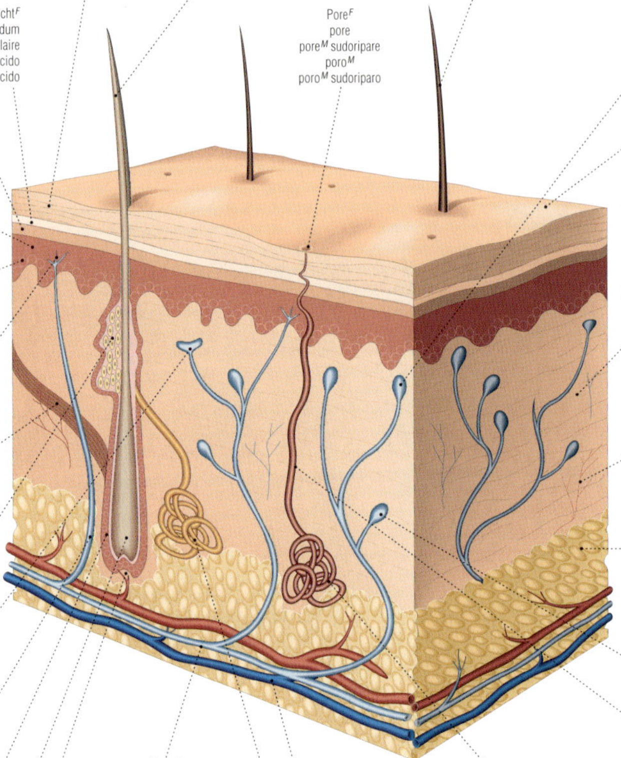

Meissnersches Tast-Körperchen^{N}
Meissner's corpuscle
corpuscule^{M} de Meissner
corpúsculo^{M} de Meissner
corpuscolo^{M} di Meissner

Hautoberfläche^{F}
skin surface
surface^{F} de la peau^{F}
superficie^{F} de la piel^{F}
superficie^{F} della cute^{F}

Oberhaut^{F}
epidermis
épiderme^{M}
epidermis^{F}
epidermide^{F}

Bindegewebe^{N}
connective tissue
tissu^{M} conjonctif
tejido^{M} conjuntivo
tessuto^{M} connettivo

Lederhaut^{F}
dermis
derme^{M}
dermis^{F}
derma^{M}

Kapillargefäß^{N}
capillary blood vessel
vaisseau^{M} capillaire
vaso^{M} capilar
vaso^{M} capillare

Fettgewebe^{N}
adipose tissue
tissu^{M} adipeux
tejido^{M} adiposo
tessuto^{M} adiposo

Unterhautbindegewebe^{N}
subcutaneous tissue
hypoderme^{M}
tejido^{M} subcutáneo
tessuto^{M} sottocutaneo

Vater-Pacinisches Körperchen^{N}
Pacinian corpuscle
corpuscule^{M} de Pacini
corpúsculo^{M} de Pacini
corpuscolo^{M} di Pacini

Ausführungsgang^{M} der Schweißdrüse^{F}
sudoriferous duct
canal^{M} sudoripare
conducto^{M} sudorífero
dotto^{M} sudoriparo

Papille^{F}
papilla
papille^{F}
papila^{F}
papilla^{F}

Nerv^{M}
nerve
nerf^{M}
nervio^{M}
nervo^{M}

Blutgefäß^{N}
blood vessel
vaisseau^{M} sanguin
vaso^{M} sanguíneo
vaso^{M} sanguigno

apokrine Schweißdrüse^{F}
apocrine sweat gland
glande^{F} sudoripare apocrine
glándula^{F} sudorípara apocrina
ghiandola^{F} sudoripara apocrina

ekkrine Schweißdrüse^{F}
eccrine sweat gland
glande^{F} sudoripare eccrine
glándula^{F} sudorípara ecrina
ghiandola^{F} sudoripara eccrina

Finger^{M}
finger
doigt^{M}
dedo^{M}
dito^{M}

Lederhaut^{F}
dermis
derme^{M}
dermis^{F}
derma^{M}

Oberhaut^{F}
epidermis
épiderme^{M}
epidermis^{F}
epidermide^{F}

Fingermittelglied^{N}
middle phalanx
phalange^{F} médiane
falangina^{F}
seconda falange^{F}

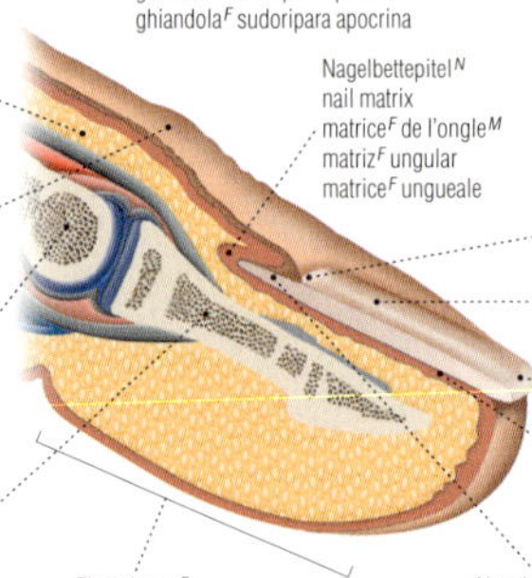

Nagelbettepitel^{N}
nail matrix
matrice^{F} de l'ongle^{M}
matriz^{F} ungular
matrice^{F} ungueale

Nagelhalbmond^{M}
lunula
lunule^{F}
lúnula^{F}
lunula^{F}

Nagelkörper^{M}
body of nail
corps^{M} de l'ongle^{M}
cuerpo^{M} de la uña^{F}
corpo^{M} dell'unghia^{F}

freier Nagelrand^{M}
free margin
bord^{M} libre
extremo^{M} libre
margine^{M} libero

Fingerendglied^{N}
distal phalanx
phalange^{F} distale
falangeta^{F}
terza falange^{F}

Fingerbeere^{F}
digital pulp
pulpe^{F}
yema^{F}
polpastrello^{M}

Nagelwurzel^{F}
root of nail
racine^{F} de l'ongle^{M}
raíz^{F} de la uña^{F}
radice^{F} dell'unghia^{F}

Nagelbett^{N}
nail bed
lit^{M} de l'ongle^{M}
lecho^{M} ungular
letto^{M} ungueale

Tastsinn[M]

Hand[F]
hand
main[F]
mano[F]
mano[F]

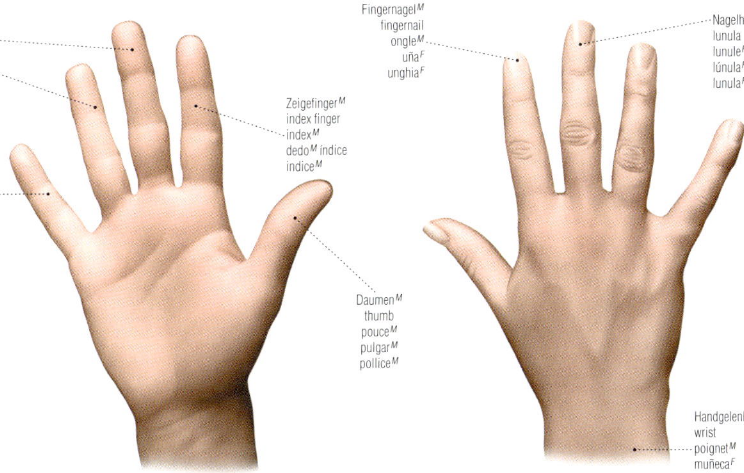

Gehör[N]

hearing | ouïe[F] | oído[M] | udito[M]

Ohrmuschel[F]
auricle
pavillon[M]
pabellón[M] auricular
padiglione[M] auricolare

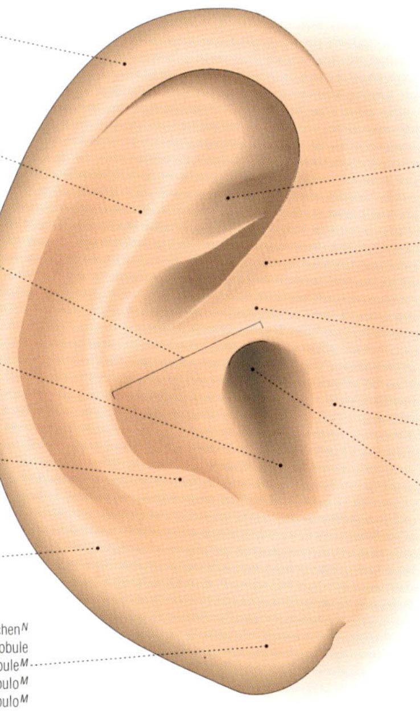

MENSCH

Gehör[N]

Aufbau[M] des Ohres[N]
structure of the ear
structure[F] de l'oreille[F]
estructura[F] del oído[M]
struttura[F] dell'orecchio[M]

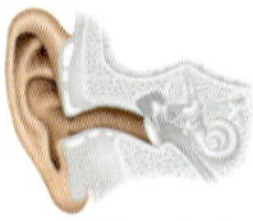

äußeres Ohr[N]
external ear
oreille[F] externe
oreja[F]
orecchio[M] esterno

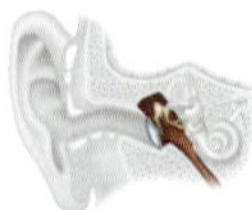

Mittelohr[N]
middle ear
oreille[F] moyenne
oído[M] medio
orecchio[M] medio

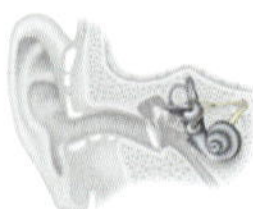

Innenohr[N]
internal ear
oreille[F] interne
oído[M] interno
orecchio[M] interno

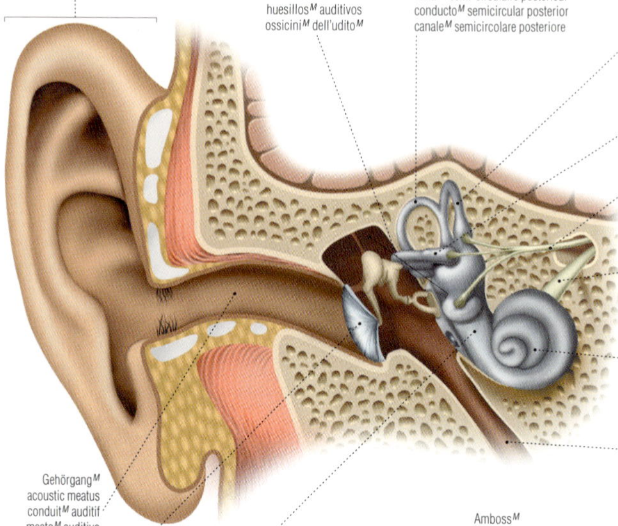

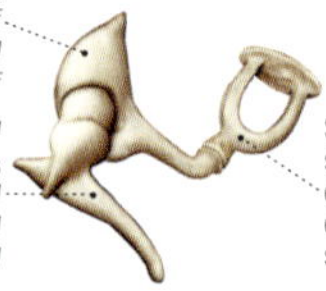

Gehörknöchelchen[N]
auditory ossicles
osselets[M]
huesillos[M] auditivos
ossicini[M] dell'udito[M]

Geruchs-[M] und Geschmackssinn[M]

smell and taste | odorat[M] et goût[M] | olfato[M] y gusto[M] | olfatto[M] e gusto[M]

Mund[M]
mouth
bouche[F]
boca[F]
bocca[F]

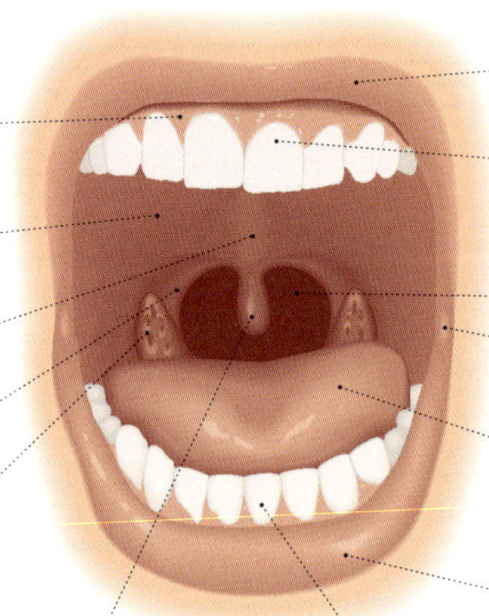

äußere Nase[F]
external nose
parties[F] externes du nez[M]
nariz[F]
naso[M] esterno

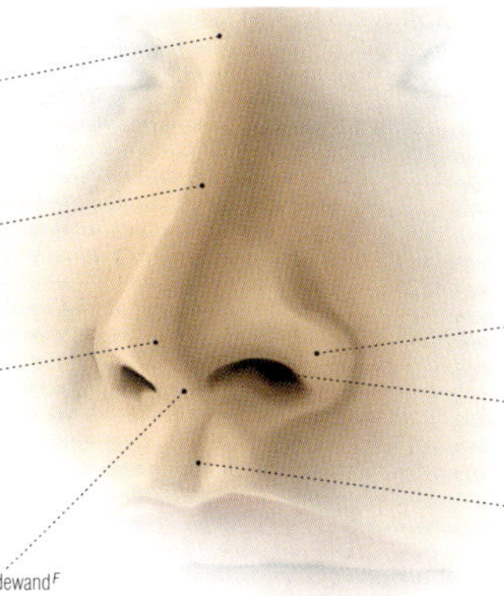

Nasenhöhle[F]
nasal fossae
fosses[F] nasales
fosas[F] nasales
fosse[F] nasali

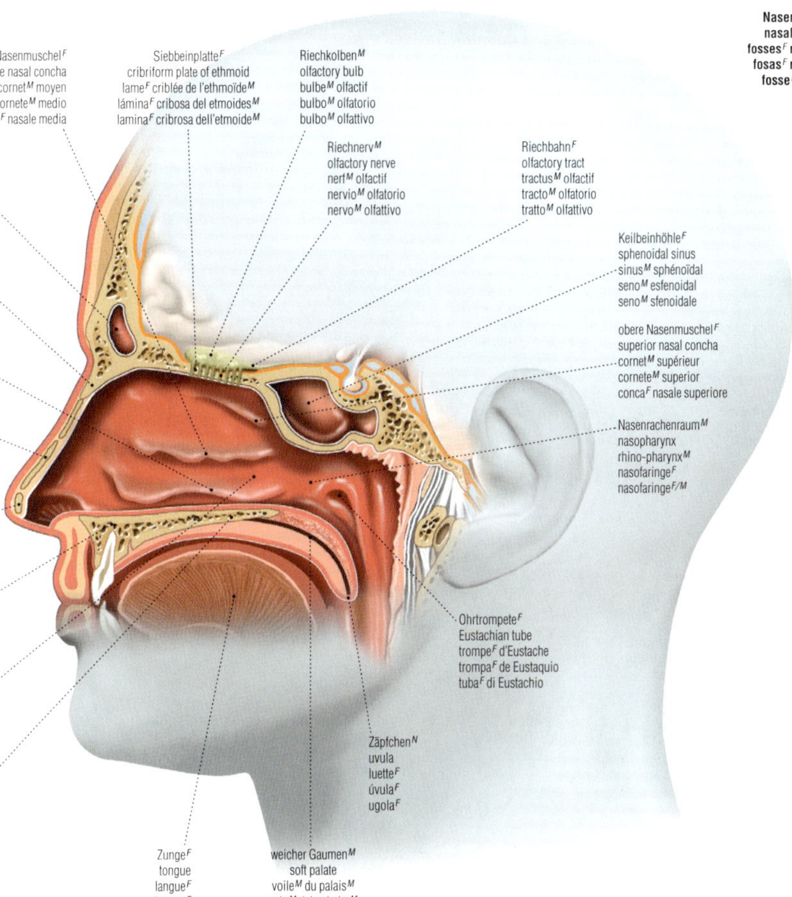

Geruchs-[M] und Geschmackssinn[M]

Zungenrücken[M]
dorsum of tongue
dos[M] de la langue[F]
lengua[F]
dorso[M] della lingua[F]

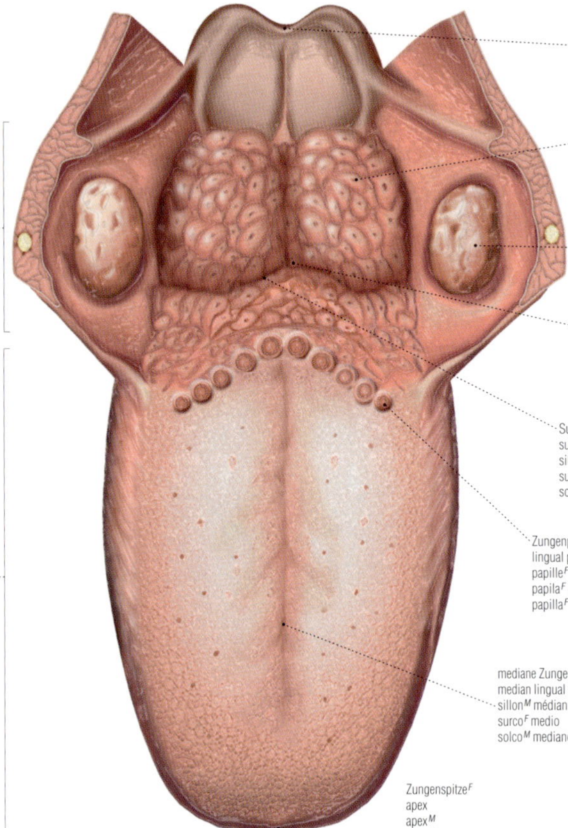

Geschmacksrezeptoren[M]
taste receptors
récepteurs[M] du goût[M]
receptores[M] gustativos
recettori[M] gustativi

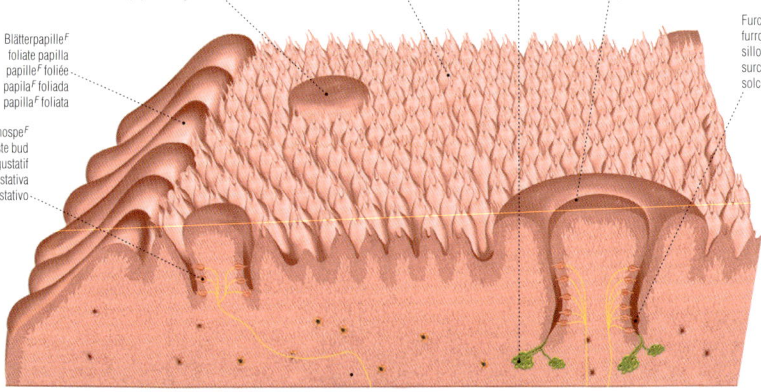

Sehsinn[N]

sight | vue[F] | vista[F] | vista[F]

Auge[N]
eye
œil[M]
ojo[M]
occhio[M]

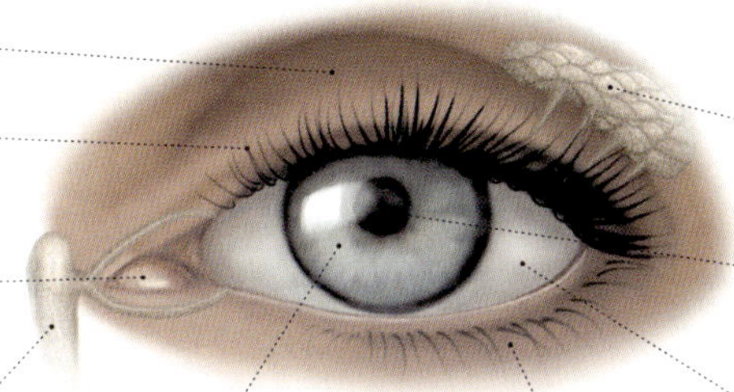

Oberlid[N]
upper eyelid
paupière[F] supérieure
párpado[M] superior
palpebra[F] superiore

Wimper[F]
eyelash
cil[M]
pestaña[F]
ciglio[M]

Tränengang[M]
lachrymal duct
caroncule[F] lacrymale
conducto[M] lacrimal
dotto[M] lacrimale

Tränengang[M]
lachrymal canal
canal[M] lacrymal
canal[M] lacrimal
canale[M] lacrimale

Iris[F]
iris
iris[M]
iris[M]
iride[F]

Unterlid[N]
lower eyelid
paupière[F] inférieure
párpado[M] inferior
palpebra[F] inferiore

Tränendrüse[F]
lachrymal gland
glande[F] lacrymale
glándula[F] lacrimal
ghiandola[F] lacrimale

Pupille[F]
pupil
pupille[F]
pupila[F]
pupilla[F]

Lederhaut[F]
sclera
sclérotique[F]
esclerótica[F]
sclera[F]

Augapfel[M]
eyeball
globe[M] oculaire
globo[M] ocular
globo[M] oculare

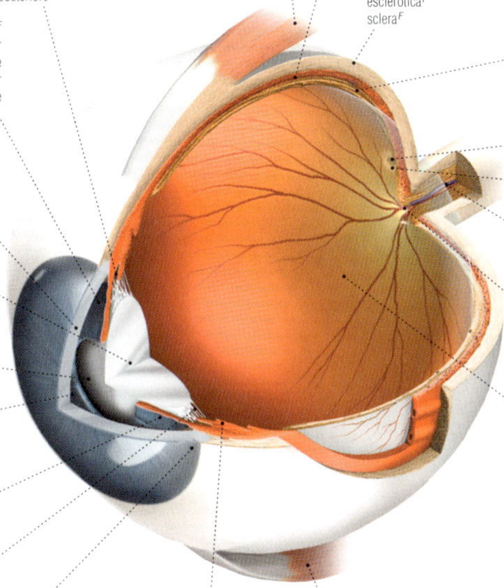

oberer gerader Muskel[M]
superior rectus muscle
muscle[M] droit supérieur
músculo[M] recto superior
muscolo[M] retto superiore

Aderhaut[F]
choroid
choroïde[F]
coroides[M]
coroide[F]

hintere Augenkammer[F]
posterior chamber
chambre[F] postérieure
cámara[F] posterior
camera[F] posteriore

Lederhaut[F]
sclera
sclérotique[F]
esclerótica[F]
sclera[F]

vordere Augenkammer[F]
anterior chamber
chambre[F] antérieure
cámara[F] anterior
camera[F] anteriore

Hornhaut[F]
cornea
cornée[F]
córnea[F]
cornea[F]

Linse[F]
lens
cristallin[M]
cristalino[M]
cristallino[M]

Pupille[F]
pupil
pupille[F]
pupila[F]
pupilla[F]

Kammerwasser[N]
aqueous humour
humeur[F] aqueuse
humor[M] acuoso
umor[M] acqueo

Iris[F]
iris
iris[M]
iris[M]
iride[F]

Aufhängeband[N]
suspensory ligament
ligament[M] suspenseur
ligamento[M] suspensorio
legamento[M] sospensore

Bindehaut[F]
conjunctiva
conjonctive[F]
conjuntiva[F]
congiuntiva[F]

Strahlenkörper[M]
ciliary body
corps[M] ciliaire
cuerpo[M] ciliar
corpo[M] ciliare

unterer gerader Augenmuskel[M]
inferior rectus muscle
muscle[M] droit inférieur
músculo[M] recto inferior
muscolo[M] retto inferiore

Netzhaut[F]
retina
rétine[F]
retina[F]
retina[F]

Netzhautgrube[F]
fovea
fovéa[F]
fóvea[F]
fovea[F]

gelber Fleck[M]
macula
tache[F] jaune
mácula[F] lútea
macula[F]

Sehnerv[M]
optic nerve
nerf[M] optique
nervio[M] óptico
nervo[M] ottico

blinder Fleck[M]
papilla
papille[F]
papila[F] óptica
papilla[F] ottica

Glaskörper[M]
vitreous body
corps[M] vitré
cuerpo[M] vítreo
corpo[M] vitreo

Lichtrezeptoren[M]
photoreceptors
photorécepteurs[M]
fotorreceptores[M]
fotorecettori[M]

Zapfen[M]
cone
cône[M]
cono[M]
cono[M]

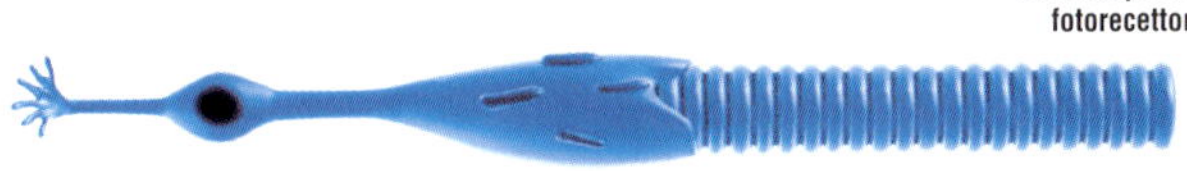

Stäbchen[N]
rod
bâtonnet[M]
bastoncillo[M]
bastoncello[M]

NAHRUNGSMITTEL UND KÜCHE

180 Nahrungsmittel

180 Supermarkt
182 Bauernhof
183 Pilze
183 Meeresalgen
184 Gemüse
190 Hülsenfrüchte
192 Obst
198 Gewürze
200 Würzen
202 Kräuter
203 Getreide
204 Getreideprodukte
208 Kaffee und Tee
208 Schokolade
209 Zucker
209 Fette und Öle
210 Milchprodukte
212 Innereien
212 Wild
213 Geflügel
213 Eier
214 Fleisch
216 Spezialitäten
217 Mollusken
218 Krebstiere
218 Knorpelfische
219 Knochenfische

222 Küche

222 Verpackungen
224 Küche
225 Gläser
226 Geschirr
227 Silberbesteck
229 Küchenutensilien
234 Kochgeräte
236 Haushaltsgeräte
240 verschiedene Haushaltsgeräte
241 Kaffeemaschinen

Supermarkt[M]

supermarket | supermarché[M] | supermercado[M] | supermercato[M]

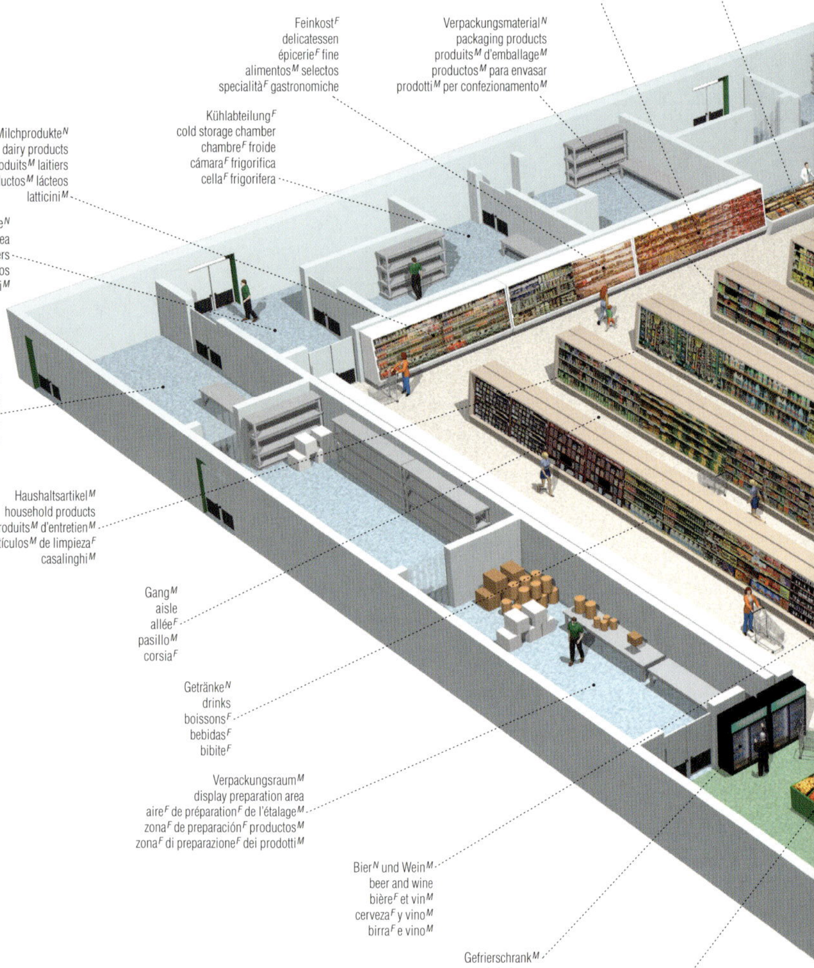

Supermarkt^{M}

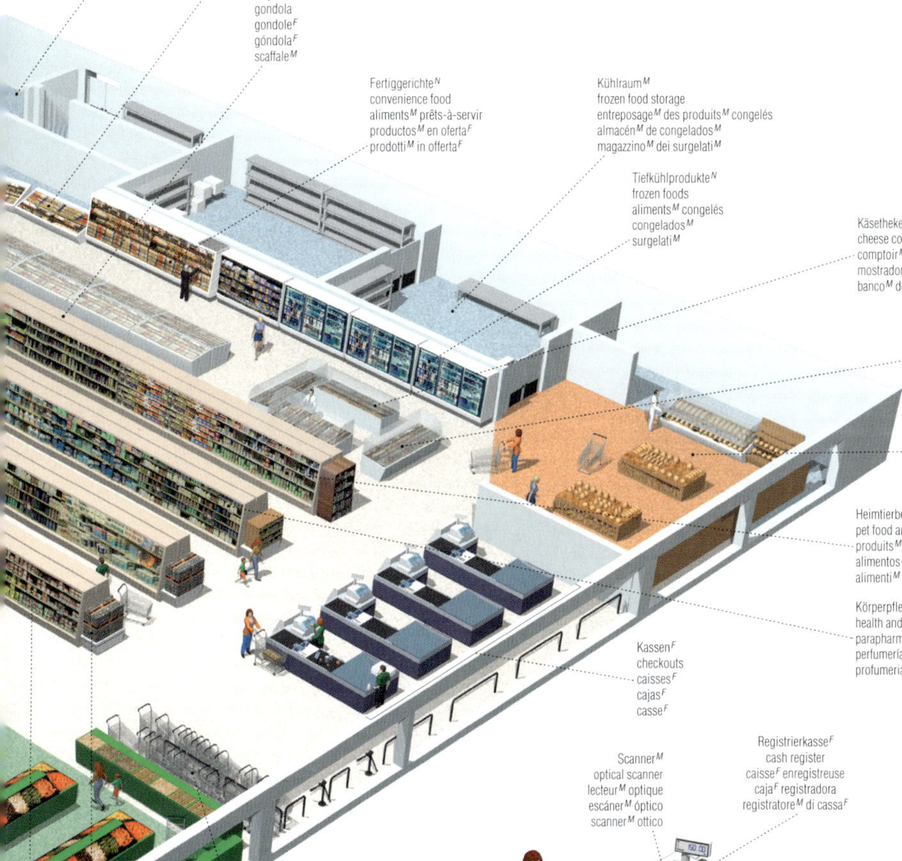

Kasse^{F}
checkout
caisse^{F}
caja^{F}
cassa^{F}

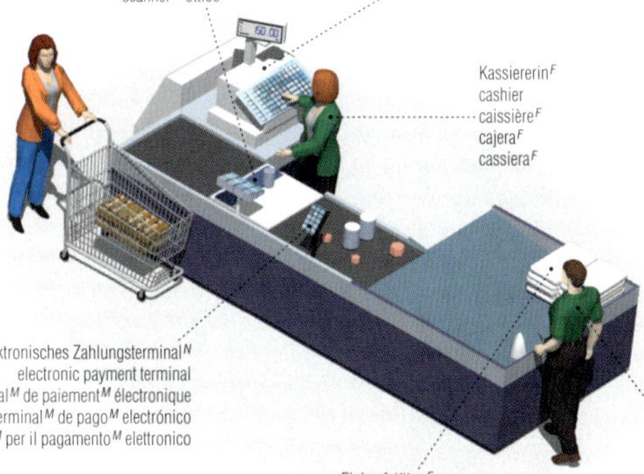

Bauernhof^{M}

farmstead | ferme^{F} | granja^{F} | fattoria^{F}

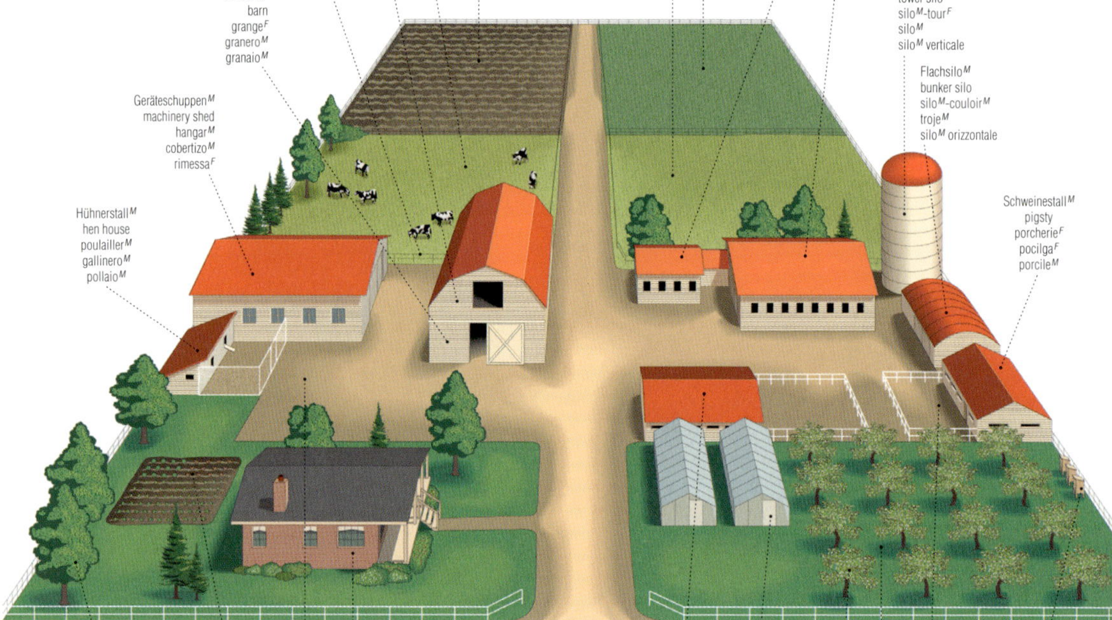

Pilze[M]

mushrooms | champignons[M] | hongos[M] | funghi[M]

Trüffel[F]
truffle
truffe[F]
trufa[F]
tartufo[M]

Holzohr[N]
wood ear
oreille-de-Judas[F]
oreja[F] de Judas
orecchio[M] di Giuda

Kaiserling[M]
royal agaric
oronge[F] vraie
oronja[F]
ovolo[M] buono

echter Reizker[M]
delicious lactarius
lactaire[M] délicieux
mízcalo[M]
agarico[M] delizioso

Enoki[M]
enoki mushroom
collybie[F] à pied[M] velouté
seta[F] enoki
collibia[F]

Austernseitling[M]
oyster mushroom
pleurote[M] en forme[F] d'huître[F]
orellana[F]
gelone[M]

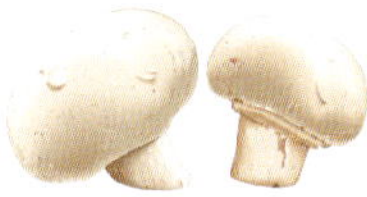

Zuchtchampignon[M]
cultivated mushroom
champignon[M] de couche[F]
champiñón[M]
fungo[M] coltivato

grasgrüner Täubling[M]
green russula
russule[F] verdoyante
rusula[F] verde
verdone[M]

Morchel[F]
morel
morille[F]
morilla[F]
spugnola[F]

Steinpilz[M]
edible boletus
cèpe[M]
boleto[M] comestible
porcino[M]

Schiitakepilz[M]
shiitake
shiitake[M]
shiitake
shiitake[M]

Pfifferling[M]
chanterelle
chanterelle[F] commune
rebozuelo[M]
cantarello[M]

Meeresalgen[F]

seaweed | algues[F] | algas[F] | alga[F] marina

Arame[F]
arame
aramé[M]
arame
arame[F]

Wakame[F]
wakame
wakamé[M]
wakame
wakame[F]

Kombu[F]
kombu
kombu[M]
kombu
kombu[F]

Spirulina[F]
spirulina
spiruline[F]
espirulina[F]
spirulina[F]

Irisch Moos[N]
Irish moss
mousse[F] d'Irlande[F]
Irish moss
muschio[M] d'Irlanda[M]

Hijiki[F]
hijiki
hijiki[M]
hijiki
hijiki[F]

Meersalat[M]
sea lettuce
laitue[F] de mer[F]
lechuga[F] marina
lattuga[F] marina

Agar-Agar[M/N]
agar-agar
agar-agar[M]
agar-agar
agar-agar[M]

Nori[N]
nori
nori[M]
nori
nori[F]

Dulse[F]
dulse
rhodyménie[M] palmé
dulse
dulse[F]

Gemüse^{N}

vegetables | légumes^{M} | hortalizas^{F} | ortaggi^{M}

Zwiebelgemüse^{N}
bulb vegetables
légumes^{M} bulbes^{M}
bulbos^{M}
ortaggi^{M} da bulbo^{M}

Lauch^{M}
leek
poireau^{M}
puerro^{M}
porro^{M}

Frühlingszwiebel^{F}
green onion
oignon^{M} vert
cebolla^{F} verde
cipolla^{F} verde

Frühlingszwiebel^{F}
spring onion
ciboule^{F}
cebolla^{F} verde
cipolla^{F} d'inverno^{M}

Schalotte^{F}
shallot
échalote^{F}
chalote^{M}
scalogno^{M}

Wassernuss^{F}
water chestnut
châtaigne^{F} d'eau^{F}
castaña^{F} de agua
castagna^{F} d'acqua^{F}

Knoblauch^{M}
garlic
ail^{M}
ajo^{M}
aglio^{M}

Schnittlauch^{M}
chive
ciboulette^{F}
cebollino^{M}
erba^{F} cipollina

Gemüsezwiebel^{F}
yellow onion
oignon^{M} jaune
cebolla^{F} amarilla
cipolla^{F} di Spagna^{F}

rote Zwiebel^{F}
red onion
oignon^{M} rouge
cebolla^{F} roja
cipolla^{F} rossa

weiße Zwiebel^{F}
white onion
oignon^{M} blanc
cebolla^{F} blanca
cipolla^{F} bianca

Perlzwiebel^{F}
pickling onion
oignon^{M} à mariner
cebolleta ^{M}
cipollina^{F}

Knollengemüse^{N}
tuber vegetables
légumes^{M} tubercules^{M}
tubérculos^{M}
ortaggi^{M} da tubero^{M}

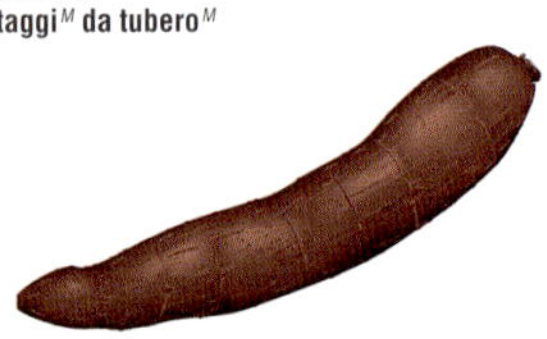

Maniok^{M}
cassava
manioc^{M}
mandioca^{F}
manioca^{F}

Knollenziest^{M}
crosne
crosne^{M}
crosne^{M}
crosne^{M}

Taro^{M}
taro
taro^{M}
taro^{M}
taro^{M}

Jicama^{F}
jicama
jicama^{M}
jícama^{F}
jicama^{F}

Süßkartoffel^{F}
sweet potato
igname^{F}
batata^{F}
patata^{F} americana

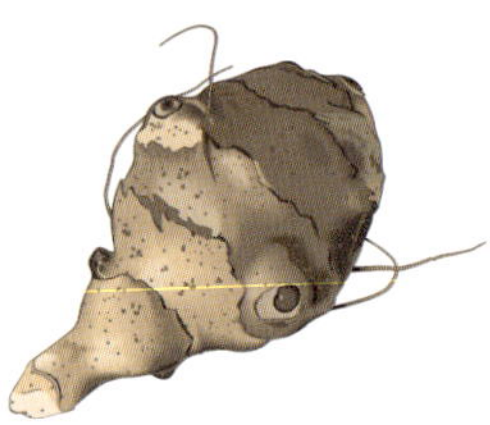

Topinambur$^{M/F}$
Jerusalem artichoke
topinambour^{M}
tupinambo^{M}
topinambur^{M}

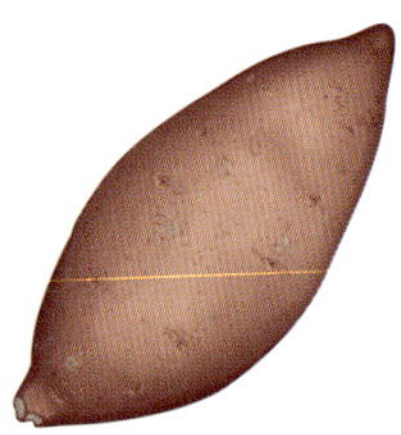

Süßkartoffel^{F}
sweet potato
patate^{F}
batata^{F}
patata^{F} americana

Kartoffel^{F}
potato
pomme^{F} de terre^{F}
patata^{F}
patata^{F}

Stengel- und Sprossengemüse^{N}
stalk vegetables
légumes^{M} tiges^{F}
hortalizas^{F} de tallos^{M}
ortaggi^{M} da fusto^{M}

Spargel^{M}
asparagus
asperge^{F}
espárrago^{M}
asparago^{M}

Mangold^{M}
Swiss chard
bette^{F} à carde^{F}
acelga^{F}
bietola^{F} da coste^{F}

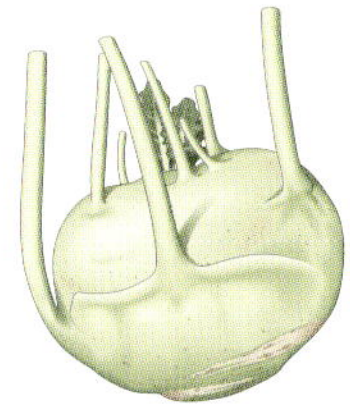

Kohlrabi^{M}
kohlrabi
chou^{M}-rave^{F}
colinabo^{M}
cavolo^{M} rapa^{F}

Kardone^{F}
cardoon
cardon^{M}
cardo^{M}
cardo^{M}

Bambussprosse^{F}
bamboo shoot
pousse^{F} de bambou^{M}
brote^{M} de bambú^{M}
germoglio^{M} di bambù^{M}

Fenchel^{M}
fennel
fenouil^{M}
hinojo^{M}
finocchio^{M}

Farnspitze^{F}
fiddlehead fern
crosse^{F} de fougère^{F}
helecho^{M} canela
fronda^{F} arrotolata

Rhabarber^{M}
rhubarb
rhubarbe^{F}
ruibarbo^{M}
rabarbaro^{M}

Stangensellerie$^{M/F}$
celery
céleri^{M}
apio^{M}
sedano^{M}

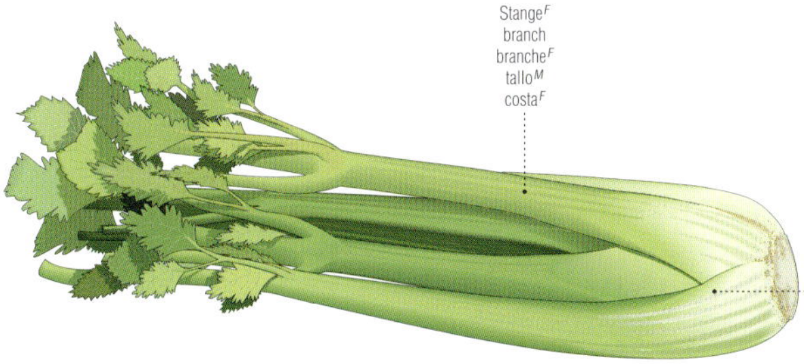

Gemüse[N]

Blattgemüse[N]
leaf vegetables
légumes[M] feuilles[F]
verduras[F] de hojas[F]
ortaggi[M] da foglia[F]

Friséesalat[M]
leaf lettuce
laitue[F] frisée
lechuga[F] rizada
insalata[F] riccia

Romagna-Salat[M]
cos lettuce
romaine[F]
lechuga[F] romana
lattuga[F] romana

Spargelsalat[M]
celtuce
laitue[F] asperge[F]
lechuga[F] de tallo[M]
lattuga[F] asparago[M]

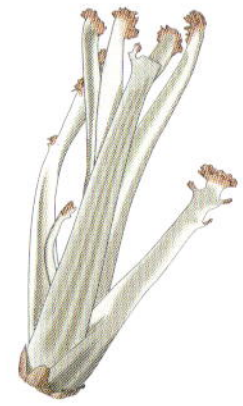

Meerkohl[M]
sea kale
chou[M] marin
col[F] marina
cavolo[M] marittimo

Riesenkohl[M]
collards
chou[M] cavalier[M]
berza[F]
gramigna[F] crestata

Eskariol[M]
escarole
scarole[F]
escarola[F]
scarola[F]

Kopfsalat[M]
butterhead lettuce
laitue[F] pommée
lechuga[F] de cogollo[M]
lattuga[F] cappuccina

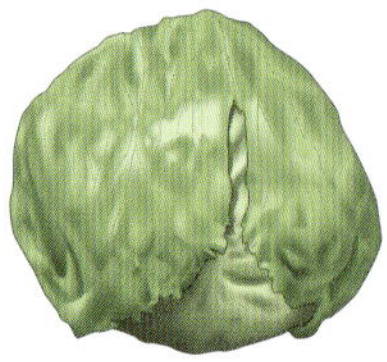

Eisbergsalat[M]
iceberg lettuce
laitue[F] iceberg[M]
lechuga[F] iceber
lattuga[F] iceberg[M]

Radicchio[M]
radicchio
chicorée[F] de Trévise
achicoria[F] de Treviso
radicchio[M]

Zierkohl[M]
ornamental kale
chou[M] laitue[F]
col[M] ornamental
cavolo[M] ornamentale

Grünkohl[M]
curly kale
chou[M] frisé
col[F] rizada
cavolo[M] riccio[M]

Weinblatt[N]
vine leaf
feuille[F] de vigne[F]
hoja[F] de parra[F]
pampino[M]

Rosenkohl[M]
Brussels sprouts
choux[M] de Bruxelles
coles[F] de Bruselas
cavolini[M] di Bruxelles

Rotkohl[M]
red cabbage
chou[M] pommé rouge
col[F] lombarda
cavolo[M] rosso

Weißkohl[M]
white cabbage
chou[M] pommé blanc
repollo[M]
cavolo[M] bianco

Wirsing[M]
savoy cabbage
chou[M] de Milan
col[F] rizada de otoño[M]
cavolo[M] verzotto[M]

Kohl[M]
green cabbage
chou[M] pommé vert
repollo[M] verde
cavolo[M] verza[F]

Chinakohl[M]
pe-tsai
pe-tsaï[M]
col[M] china
pe-tsai[M]

Pak-Choi[M]
pak-choi
pak-choï[M]
pak-choi
pak-choi[M]

Portulak[M]
purslane
pourpier[M]
verdolaga[F]
porcellana[F]

Nessel[F]
nettle
ortie[F]
ortiga[F]
ortica[F]

Brunnenkresse[F]
watercress
cresson[M] de fontaine[F]
berro[M]
crescione[M]

Löwenzahn[M]
dandelion
pissenlit[M]
diente[M] de león[M]
dente[M] di leone[M]

Feldsalat[M]
corn salad
mâche[F]
colleja[F]
valerianella[F]

Rauke[F]
rocket
roquette[F]
ruqueta[F]
rucola[F]

Spinat[M]
spinach
épinard[M]
espinaca[F]
spinacio[M]

Gartenkresse[F]
garden cress
cresson[M] alénois
berros[M] de jardín
crescione[M] d'orto[M]

Garten-Sauerampfer[M]
garden sorrel
oseille[F]
acedera[F]
acetosa[F]

krause Endivie[F]
curly endive
chicorée[F] frisée
escarola[F] rizada
indivia[F] riccia

Chicorée[M/F]
chicory
endive[F]
endivia[F]
insalata[F] belga

Blütengemüse[N]
inflorescent vegetables
légumes[M] fleurs[F]
inflorescencias[F]
ortaggi[M] da infiorescenza[F]

Blumenkohl[M]
cauliflower
chou[M]-fleur[F]
coliflor[F]
cavolfiore[M]

Broccoli[M]
broccoli
brocoli[M]
brécol[M]
broccolo[M]

China-Broccoli[M]
Gai-lohn
Gai lon[M]
brécol[M] chino
Gai-lohn[M]

Rübenspross[M]
broccoli raab
brocoli[M] italien
nabiza[F]
cime[F] di rapa[F]

Artischocke[F]
artichoke
artichaut[M]
alcachofa[F]
carciofo[M]

Fruchtgemüse^{N}
fruit vegetables
légumes^{M} fruits^{M}
hortalizas^{F} de fruto^{M}
ortaggi^{M} da frutto^{M}

Avocado^{F}
avocado
avocat^{M}
aguacate^{M}
avocado^{M}

Tomate^{F}
tomato
tomate^{F}
tomate^{M}
pomodoro^{M}

Kirschtomate^{F}
currant tomato
tomate^{F} en grappe^{F}
tomate^{M} en rama^{F}
pomodorini^{M} a grappolo^{M}

Tomatillo^{F}
tomatillo
tomatille^{F}
tomatillo^{M}
tomatillo^{M}

Olive^{F}
olive
olive^{F}
aceituna^{M}
oliva^{F}

gelber Paprika^{M}
yellow sweet pepper
poivron^{M} jaune
pimiento^{M} dulce amarillo
peperone^{M} giallo

grüner Paprika^{M}
green sweet pepper
poivron^{M} vert
pimiento^{M} dulce verde
peperone^{M} verde

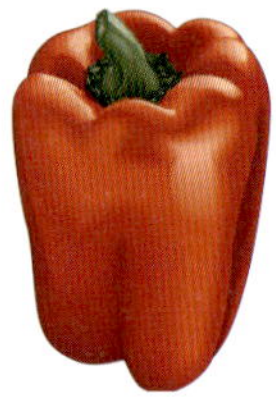

roter Paprika^{M}
red sweet pepper
poivron^{M} rouge
pimiento^{M} dulce rojo
peperone^{M} rosso

Pfefferschote^{F}
chilli
piment^{M}
chile^{M}
peperoncino^{M}

Okraschote^{F}
okra
gombo^{M}
gombo^{M}
gombo^{M}

Einlegegurke^{F}
gherkin
cornichon^{M}
pepinillo^{M}
cetriolino^{M}

Gurke^{F}
cucumber
concombre^{M}
pepino^{M}
cetriolo^{M}

Wachskürbis^{M}
wax gourd
melon^{M} d'hiver^{M} chinois
calabaza^{F} de China
zucca^{F} bianca

Aubergine^{F}
aubergine
aubergine^{F}
berenjena^{F}
melanzana^{F}

kernlose Salatgurke^{F}
seedless cucumber
concombre^{M} sans pépins^{M}
pepino^{M} sin pepitas^{F}
cetriolo^{M} senza semi^{M}

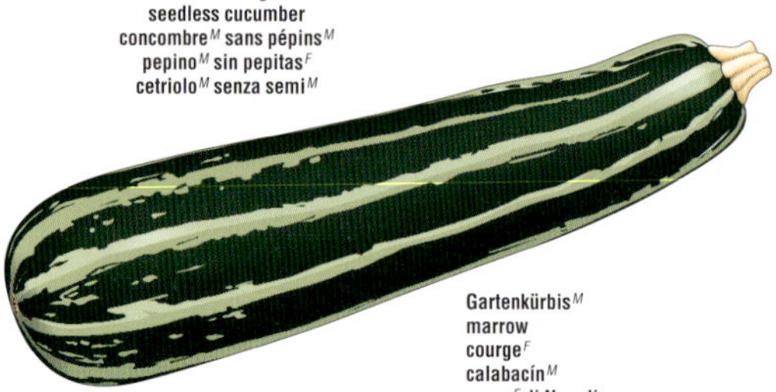

Gartenkürbis^{M}
marrow
courge^{F}
calabacín^{M}
zucca^{F} di Napoli

Zucchini^{F}
courgette
courgette^{F}
calabacín^{M}
zucchina^{F}

Bittermelone^{F}
bitter melon
margose^{F}
pepino^{M} amargo
melone^{M} amaro

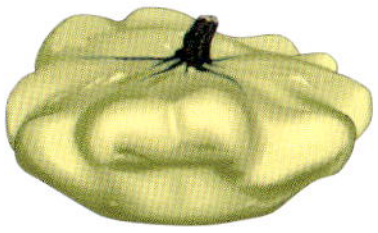

Patisson^{M}
pattypan squash
pâtisson^{M}
calabaza^{F} bonetera amarilla
zucca^{F} pasticcina

Krummhalskürbis^{M}
crookneck squash
courge^{F} à cou^{M} tors
calabaza de cuello^{M} retorcido
zucca^{F} torta^{F}

gelbe Zucchini^{F}
straightneck squash
courge^{F} à cou^{M} droit
calabaza^{F} de cuello^{M} largo
zucca^{F} a collo^{M} allungato

Chayote^{F}
chayote
chayote^{F}
chayote^{M}
chayote^{F}

Kürbis^{M}
pumpkin
citrouille^{F}
calabaza^{F} común
zucca^{F}

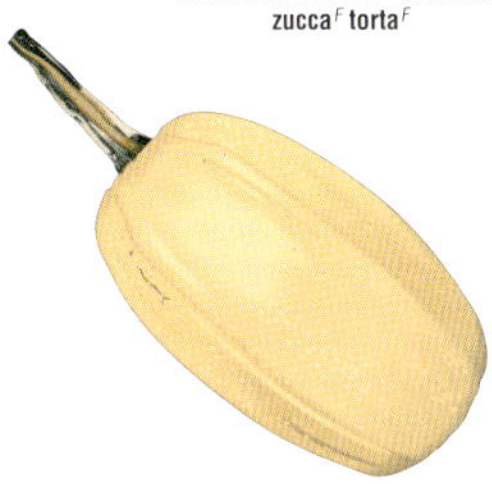

Spaghettikürbis^{M}
spaghetti squash
courge^{F} spaghetti^{M}
calabaza^{F} romana
zucca^{F} spaghetti^{M}

Eichelkürbis^{M}
acorn squash
courgeron^{M}
calabaza^{F} bonetera
zucchetta^{F}

Patisson-Kürbis^{M}
autumn squash
potiron^{M}
cidra^{F} cayote
melone^{M} invernale

Wurzelgemüse^{N}
root vegetables
légumes^{M} racines^{F}
raíces^{F}
ortaggi^{M} da radice^{F}

Meerrettich^{M}
horseradish
raifort^{M}
rábano^{M} blanco
barbaforte^{M}

Schwarzrettich^{M}
black radish
radis^{M} noir
rábano^{M} negro
ravanello^{M} nero

Radieschen^{N}
radish
radis^{M}
rábano^{M}
ravanello^{M}

Haferwurz^{F}
salsify
salsifis^{M}
salsifí^{M}
salsefica^{F}

Karotte^{F}
carrot
carotte^{F}
zanahoria^{F}
carota^{F}

Schwarzwurzel^{F}
black salsify
scorsonère^{F}
escorzonera^{F}
scorzonera^{F}

Pastinake^{F}
parsnip
panais^{M}
chirivía^{F}
pastinaca^{F}

Rettich^{M}
daikon
radis^{M} oriental
rábano^{M} daikon
rafano^{M} giapponese

Klettenwurzel^{F}
burdock
bardane^{F}
bardana^{F}
bardana^{F}

rote Beete^{F}
beetroot
betterave^{F}
remolacha^{M}
barbabietola^{F}

Rübe^{F}
turnip
navet^{M}
nabo^{M}
rapa^{F}

Knollensellerie^{F}
celeriac
céleri^{M}-rave^{F}
apio^{M} nabo
sedano^{M} rapa^{F}

Kohlrübe^{F}
swede
rutabaga^{M}
nabo^{M} sueco
navone^{M}

japanischer Rettich^{M}
malanga
malanga^{M}
malanga^{F}
malanga^{F}

Hülsenfrüchte[F]

legumes | légumineuses[F] | legumbres[F] | legumi[M]

blaue Luzerne[F]
alfalfa
luzerne[F]
alfalfa[F]
erba[F] medica

Lupine[F]
lupine
lupin[M]
altramuz[M]
lupino[M]

Linsen[F]
lentils
lentilles[F]
lentejas[F]
lenticchie[F]

Erdnuss[F]
peanut
arachide[F]
cacahuete[M]
arachide[F]

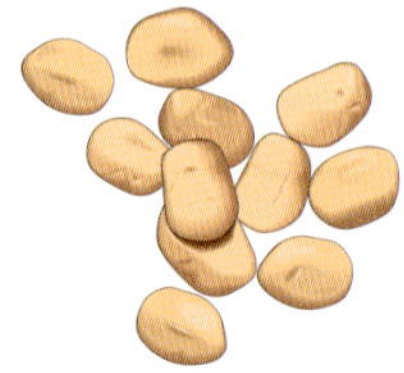

dicke Bohnen[F]
broad beans
fèves[F]
habas[F]
fave[F]

Erbsen[F]
peas
pois[M]
guisantes[M]
piselli[M]

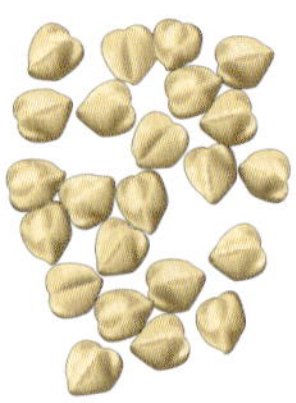

Kichererbsen[F]
chick peas
pois[M] chiches
garbanzos[M]
ceci[M]

gespaltene Erbsen[F]
split peas
pois[M] cassés
guisantes partidos
piselli[M] secchi spaccati

grüne Erbsen[F]
green peas
petits pois[M]
guisantes[M]
piselli[M]

Zuckererbsen[F]
mangetout
pois[M] mange-tout[M]
guisantes[M] mollares
piselli[M] mangiatutto

Bohnen[F]
dolichos beans
doliques[M]
dolichos[M]
dolichi[M]

schwarzäugige Bohne[F]
black-eyed pea
dolique[M] à œil[M] noir
judías[F] de ojo
fagiolo[M] dall'occhio[M] nero

Helmbohne[F]
lablab bean
dolique[M] d'Égypte[F]
judía[F] de Egipto
fagiolo[M] egiziano

Spargelbohne[F]
yard-long bean
dolique[M] asperge[F]
judía[F] china larga
fagiolo[M] asparagio[M]

Bohnen^{F}
beans
haricots^{M}
judías^{F}
fagioli^{M}

grüne Bohne^{F}
green bean
haricot^{M} vert
judías^{F} verdes
fagiolino^{M}

Wachsbohne^{F}
wax bean
haricot^{M} jaune
judía^{F} amarilla
fagiolino^{M} giallo

römische Bohne^{F}
roman bean
haricot^{M} romain
judía^{F} romana
fagiolo^{M} romano

Asukibohne^{F}
adzuki bean
haricot^{M} adzuki
judía^{F} adzuki
fagiolo^{M} adzuki

Feuerbohne^{F}
scarlet runner bean
haricot^{M} d'Espagne^{F}
judía^{F} pinta
fagiolo^{M} di Spagna^{F}

Mungobohne^{F}
mung bean
haricot^{M} mungo
judía^{F} mungo
fagiolo^{M} mungo

Limabohne^{F}
Lima bean
haricot^{M} de Lima
judía^{F} de Lima
fagiolo^{M} di Lima

Pintobohne^{F}
pinto bean
haricot^{M} pinto
judía^{F} roja
fagiolo^{M} pinto

rote Kidneybohne^{F}
red kidney bean
haricot^{M} rouge
judia^{F} roja
fagiolo^{M} borlotto

schwarze Mungobohne^{F}
black gram
haricot^{M} mungo à grain^{M} noir
judía^{F} mungo negra
fagiolo^{M} mungo nero

schwarze Bohne^{F}
black bean
haricot^{M} noir
judía^{F} negra
fagiolo^{M} nero

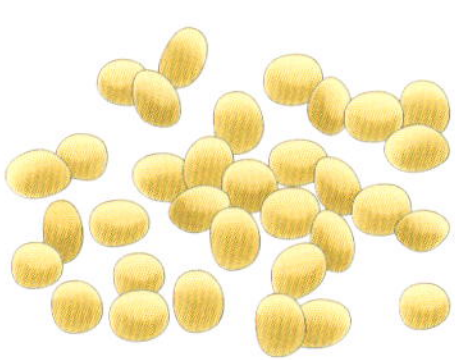

Sojabohnen^{F}
soybeans
graine^{F} de soja^{M}
semillas^{F} de soja^{F}
semi^{M} di soia^{F}

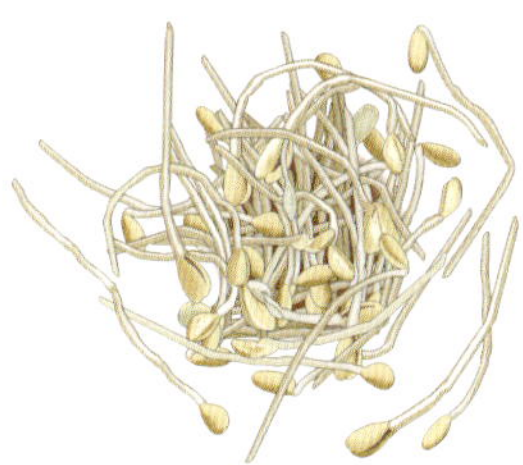

Sojasprossen^{F}
soybean sprouts
germes^{M} de soja^{M}
brotes^{M} de soja^{F}
germogli^{M} di soia^{F}

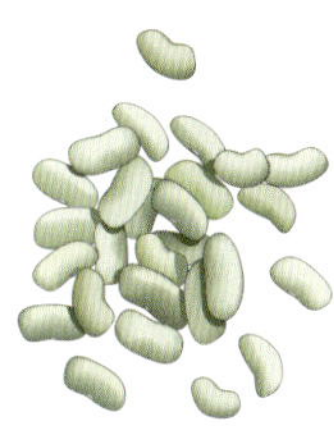

Flageolet-Bohne^{F}
flageolet
flageolet^{M}
frijol^{M}
fagiolo^{M} cannellino

Obst[N]

fruits | fruits[M] | frutas[F] | frutti[M]

**Beeren[F]
berries
baies[F]
bayas[F]
bacche[F]**

**Johannisbeere[F]
redcurrant
groseille[F] à grappes[F]
grosella[F]
ribes[M]**

**schwarze Johannisbeere[F]
blackcurrant
cassis[M]
grosella[F] negra
ribes[M] nero**

**Stachelbeere[F]
gooseberry
groseille[F] à maquereau[M]
grosella[F] espinosa
uvaspina[F]**

**Weintraube[F]
grape
raisin[M]
uva[F]
uva[F]**

**Heidelbeere[F]
blueberry
bleuet[M]
arándano[M]
mirtillo[M]**

**Heidelbeere[F]
bilberry
myrtille[F]
arándano[M] negro
mirtillo[M]**

**rote Heidelbeere[F]
red whortleberry
airelle[F]
arándano[M] rojo
mirtillo[M] rosso**

**Physalis[F]
alkekengi
alkékenge[M]
alquequenje[M]
alchechengi[M]**

**Preiselbeere[F]
cranberry
canneberge[F]
arándano[M] agrio
mirtillo[M] palustre**

**Himbeere[F]
raspberry
framboise[F]
frambuesa[F]
lampone[M]**

**Brombeere[F]
blackberry
mûre[F]
moras[F]
mora[F]**

**Erdbeere[F]
strawberry
fraise[F]
fresa[F]
fragola[F]**

**Steinfrüchte[F]
stone fruits
fruits[M] à noyau[M]
drupas[F]
drupe[F]**

**Pflaume[F]
plum
prune[F]
ciruela[F]
prugna[F]**

**Pfirsich[M]
peach
pêche[F]
melocotón[M]
pesca[F]**

**Nektarine[F]
nectarine
nectarine[F]
nectarina[F]
nettarina[F]**

**Aprikose[F]
apricot
abricot[M]
albaricoque[M]
albicocca[F]**

**Kirsche[F]
cherry
cerise[F]
cereza[F]
ciliegia[F]**

**Dattel[F]
date
datte[F]
dátil[M]
dattero[M]**

Trockenfrüchte^{F}
dry fruits
fruits^{M} secs
frutas^{F} secas
frutti^{M} secchi

Macadamianuss^{F}
macadamia nut
noix^{F} de macadamia^{M}
nuez^{F} de macadamia^{F}
noce^{F} di macadamia^{F}

Ginkgonuss^{F}
ginkgo nut
noix^{F} de ginkgo^{M}
nuez^{F} de ginkgo
noce^{F} di ginco^{M}

Pistazie^{F}
pistachio nut
pistache^{F}
pistacho^{M}
pistacchio^{M}

Pinienkern^{M}
pine nut
pignon^{M}
piñón^{M}
pinolo^{M}

Kolanuss^{F}
cola nut
noix^{F} de cola^{M}
nuez^{F} de cola
noce^{F} di cola^{F}

Pecannuss^{F}
pecan nut
noix^{F} de pacane^{F}
pacana^{F}
noce^{F} di pecan

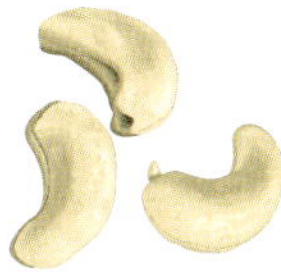

Cashewkern^{M}
cashew
noix^{F} de cajou^{M}
anacardo^{M}
noce^{F} di acagiù^{M}

Mandel^{F}
almond
amande^{F}
almendra^{F}
mandorla^{F}

Haselnuss^{F}
hazelnut
noisette^{F}
avellana^{F}
nocciola^{F}

Walnuss^{F}
walnut
noix^{F}
nuez^{F}
noce^{F}

Kokosnuss^{F}
coconut
noix^{F} de coco^{M}
coco^{M}
noce^{F} di cocco^{M}

Esskastanie^{F}
chestnut
marron^{M}
castaña^{M}
castagna^{F}

Buchecker^{F}
beechnut
faîne^{F}
hayuco^{M}
faggiola^{F}

Paranuss^{F}
Brazil nut
noix^{F} du Brésil^{M}
nuez^{F} del Brasil^{M}
noce^{F} del Brasile^{M}

Apfelfrüchte^{F}
pome fruits
fruits^{M} à pépins^{M}
frutas^{F} pomo
pomi^{M}

Birne^{F}
pear
poire^{F}
pera^{F}
pera^{F}

Quitte^{F}
quince
coing^{M}
membrillo^{M}
mela^{F} cotogna

Apfel^{M}
apple
pomme^{F}
manzana^{F}
mela^{F}

Mispel^{F}
medlar
nèfle^{F} du Japon^{M}
níspero^{M}
nespola^{F} del Giappone^{M}

Zitrusfrüchte [F]
citrus fruits
agrumes [M]
cítricos [M]
agrumi [M]

Zitrone [F]
lemon
citron [M]
limón [M]
limone [M]

Kumquat [F]
kumquat
kumquat [M]
naranja [F] china
kumquat [M]

Limette [F]
lime
lime [F]
lima [M]
limetta [F]

Orange [F]
orange
orange [F]
naranja [F]
arancia [F]

Mandarine [F]
mandarin
mandarine [F]
mandarina [F]
mandarino [M]

Bergamotte [F]
bergamot
bergamote [F]
bergamota [M]
bergamotto [M]

Grapefruit [F]
grapefruit
pomelo [M]
toronja [F]
pompelmo [M]

Pampelmuse [F]
pomelo
pamplemousse [M]
pomelo [M]
pomelo [M]

Zitronatzitrone [F]
citron
cédrat [M]
limón [M]
cedro [M]

Melonen^{F}
melons
melons^{M}
melones^{M}
meloni^{M}

Honigmelone^{F}
cantaloupe
cantaloup^{M}
melón^{M} cantalupo
cantalupo^{M}

Casabamelone^{F}
casaba melon
melon^{M} Casaba
melón^{M} invernal
melone^{M} invernale

Honigmelone^{F}
honeydew melon
melon^{M} miel^{M}
melón^{M} de miel
melone^{M} mieloso

Zuckermelone^{F}
muskmelon
melon^{M} brodé
melón^{M} escrito
melone^{M} retato

kanarische Melone^{F}
canary melon
melon^{M} brésilien
melón^{M} amarillo
melone^{M} giallo canario

Wassermelone^{F}
watermelon
pastèque^{F}
sandía^{F}
cocomero^{M}

Ogenmelone^{F}
Ogen melon
melon^{M} d'Ogen
melón^{M} de Ogen
melone^{M} Ogen

Südfrüchte^{F}
tropical fruits
fruits^{M} tropicaux
frutas^{F} tropicales
frutti^{M} tropicali

Plantainbanane^{F}
plantain
banane^{F} plantain^{M}
plátano^{M}
banana^{F} plantain

Banane^{F}
banana
banane^{F}
banana^{F}
banana^{F}

Longanfrucht^{F}
longan
longane^{M}
longan^{M}
longan^{M}

Baumtomate^{F}
tamarillo
tamarillo^{M}
tamarillo^{M}
tamarillo^{M}

Passionsfrucht^{F}
passion fruit
fruit^{M} de la Passion^{F}
fruta^{F} de la pasión^{F}
maracuja^{F}

Kiwano^{F}
horned melon
melon^{M} à cornes^{F}
kiwano^{M}
kiwano^{M}

Mangostane^{F}
mangosteen
mangoustan^{M}
mangostán^{M}
mangostano^{M}

Kiwi^{F}
kiwi
kiwi^{M}
kiwi^{M}
kiwi^{M}

Granatapfel^{M}
pomegranate
grenade^{F}
granada^{F}
melograno^{M}

Chirimoya^{F}
cherimoya
chérimole^{F}
chirimoya^{F}
cerimolia^{F}

Jackfrucht^{F}
jackfruit
jaque^{M}
fruta^{F} de jack
frutto^{M} del jack

Ananas^{F}
pineapple
ananas^{M}
piña^{F}
ananas^{M}

Jaboticaba[F]
jaboticaba
jaboticaba[M]
jaboticaba[F]
jaboticaba[F]

Litchi[F]
litchi; lychee
litchi[M]
lichi[M]
litchi[M]

Feige[F]
fig
figue[F]
higo[M]
fico[M]

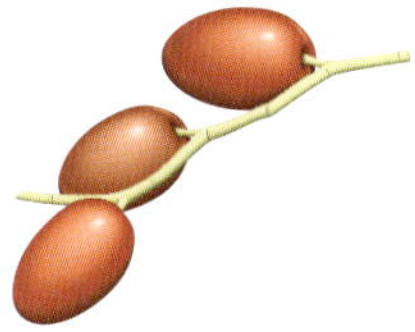

chinesische Dattel[F]
jujube
jujube[M]
jojoba[F]
giuggiola[F]

Breiapfel[M]
sapodilla
sapotille[F]
zapote[M]
sapotiglia[F]

Guave[F]
guava
goyave[F]
guayaba[F]
guaiava[F]

Rambutan[F]
rambutan
ramboutan[M]
rambután[M]
rambutan[M]

Kaki[F]
Japanese persimmon
kaki[M]
caqui[M]
cachi[M]

Kaktusfeige[F]
prickly pear
figue[F] de Barbarie
higo[M] chumbo
fico[M] d'India[F]

Sternfrucht[F]
carambola
carambole[F]
carambola[F]
carambola[F]

asiatische Birne[F]
Asian pear
pomme[F]-poire[F]
pera asiática
nashi[M]

Mango[F]
mango
mangue[F]
mango[M]
mango[M]

Durianfrucht[F]
durian
durian[M]
durión[M]
durian[M]

Papaya[F]
papaya
papaye[F]
papaya[F]
papaia[F]

Birnenmelone[F]
pepino
pepino[M]
pepino[M] dulce
pepino[M]

Ananasguave[F]
feijoa
feijoa[M]
feijoa[F]
feijoa[F]

Gewürze^{N}

spices | épices^{F} | especias^{F} | spezie^{F}

Wacholderbeere^{F}
juniper berry
baie^{F} de genièvre^{M}
bayas^{F} de enebro^{M}
bacca^{F} di ginepro^{M}

Gewürznelke^{F}
clove
clou^{M} de girofle^{M}
clavo^{M}
chiodo^{M} di garofano^{M}

Jamaikapfeffer^{M}
allspice
piment^{M} de la Jamaïque^{F}
pimienta^{F} de Jamaica
pepe^{M} della Giamaica^{F}

weiße Senfkörner^{N}
white mustard
moutarde^{F} blanche
mostaza^{F} blanca
senape^{F} bianca

schwarze Senfkörner^{N}
black mustard
moutarde^{F} noire
mostaza^{F} negra
senape^{F} nera

schwarzer Pfeffer^{M}
black pepper
poivre^{M} noir
pimienta^{F} negra
pepe^{M} nero

weißer Pfeffer^{M}
white pepper
poivre^{M} blanc
pimienta^{F} blanca
pepe^{M} bianco

rosa Pfeffer^{M}
pink pepper
poivre^{M} rose
pimienta^{F} rosa
pepe^{M} rosa

grüner Pfeffer^{M}
green pepper
poivre^{M} vert
pimienta^{F} verde
pepe^{M} verde

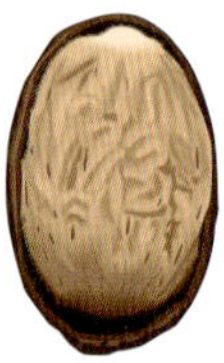

Muskatnuss^{F}
nutmeg
noix^{F} de muscade^{F}
nuez^{M} moscada
noce^{F} moscata

Kümmel^{M}
caraway
carvi^{M}
alcaravea^{F}
carvi^{M}

Kardamom$^{M/N}$
cardamom
cardamome^{F}
cardamomo^{M}
cardamomo^{M}

Zimtstangen^{M}
cinnamon
cannelle^{F}
canela^{F}
cannella^{F}

Safran^{M}
saffron
safran^{M}
azafrán^{M}
zafferano^{M}

Kreuzkümmel^{M}
cumin
cumin^{M}
comino^{M}
cumino^{M}

Curry^{N}
curry
curry^{M}
curry^{M}
curry^{M}

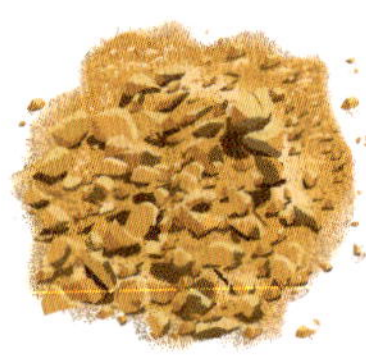

Kurkuma^{N}
turmeric
curcuma^{M}
cúrcuma^{F}
curcuma^{F}

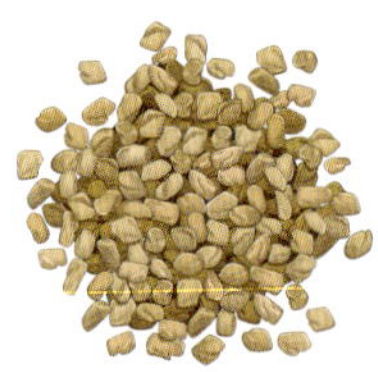

Bockshornkleesamen^{M}
fenugreek
fenugrec^{M}
fenogreco^{M}
fieno^{M} greco

Jalapeño-Chili[M]
jalapeño chilli
piment[M] Jalapeño
chile[M] jalapeño
peperoncino[M]

Vogelaugenchili[M]
bird's eye chilli
piment[M] oiseau[M]
guindilla[F]
peperoncino[M] rosso

zerstoßene Chilis[M]
crushed chillis
piments[M] broyés
guindilla[F] triturada
peperoncino[M] tritato

getrocknete Chilis[M]
dried chillis
piments[M] séchés
guindilla[F] seca[M]
peperoncini[M] secchi

Cayennepfeffer[M]
cayenne
piment[M] de Cayenne
pimienta[F] de cayena[F]
pepe[M] di Cayenna

Paprika[M]
paprika
paprika[M]
pimentón[M]
paprika[F]

Ajowan[N]
ajowan
ajowan[M]
ajowán[M]
ajowan[M]

Teufelsdreck[M]
asafœtida
asa-fœtida[F]
asafétida[M]
assafetida[F]

Garam Masala[N]
garam masala
garam masala[M]
garam masala[M]
garam masala[M]

Cajun-Gewürzmischung[F]
cajun spice seasoning
mélange[M] d'épices[F] cajun
condimento[M] de especias[F] cajún
condimento[M] alle spezie[F] cajun

Mariniergewürze[N]
marinade spices
épices[F] à marinade[F]
especias[F] para salmuera[F]
spezie[F] marinate

Fünf-Kräuter[N]-Gewürz[N]
five spice powder
cinq-épices[M] chinois
cinco especias[F] chinas
miscela[F] di cinque spezie[F]

Chilipulver[N]
chilli powder
assaisonnement[M] au chili[M]
guindilla[F] molida
peperoncino[M] in polvere[F]

gemahlener Pfeffer[M]
ground pepper
poivre[M] moulu
pimienta[F] molida
pepe[M] macinato

Ras-El-Hanout[N]
ras el hanout
ras-el-hanout[M]
ras el hanout[M]
ras el hanout[M]

Sumach[M]
sumac
sumac[M]
zumaque[M]
sumac[M]

Mohnsamen[M]
poppy seeds
graines[F] de pavot[M]
semillas[F] de adormidera[F]
semi[M] di papavero[M]

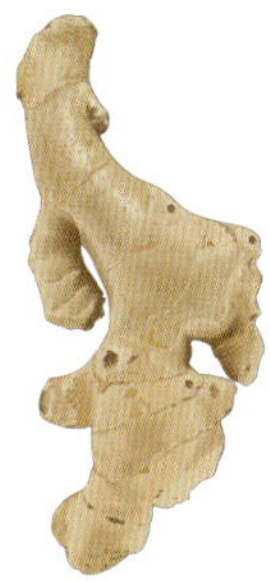

Ingwer[M]
ginger
gingembre[M]
jengibre[M]
zenzero[M]

Würzen^{F}

condiments | condiments^{M} | condimentos^{M} | condimenti^{M}

Tabasco™-Soße^{F}
Tabasco™ sauce
sauce^{F} Tabasco®
salsa^{F} Tabasco^{M}
salsa^{F} tabasco^{M}

Worcestershire-Soße^{F}
Worcestershire sauce
sauce^{F} Worcestershire
salsa^{F} Worcertershire
salsa^{F} Worcestershire

Tamarindenmark^{N}
tamarind paste
pâte^{F} de tamarin^{M}
salsa^{F} de tamarindo^{M}
pasta^{F} di tamarindo^{M}

Vanille-Extrakt^{M}
vanilla extract
extrait^{M} de vanille^{F}
extracto^{M} de vainilla^{F}
estratto^{M} di vaniglia^{F}

Tomatenmark^{N}
tomato paste
concentré^{M} de tomate^{F}
concentrado^{M} de tomate^{M}
concentrato^{F} di pomodoro^{M}

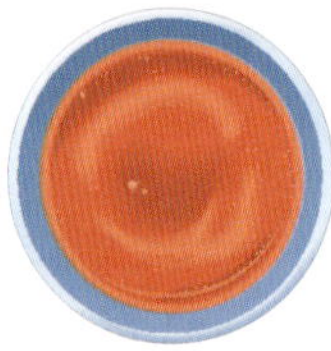

Passierte Tomaten^{F}
tomato coulis
coulis^{M} de tomate^{F}
salsa^{F} de tomate^{M}
passata^{F} di pomodoro^{M}

Hummus^{M}
hummus
hoummos^{M}
hummus^{M}
hummus^{M}

Tahinisoße^{F}
tahini
tahini^{M}
tajín^{M}
tahini^{M}

Hoisinsoße^{F}
hoisin sauce
sauce^{F} hoisin
salsa^{F} hoisin
salsa^{F} hoisin

Sojasoße^{F}
soy sauce
sauce^{F} soja^{M}
salsa^{F} de soja^{F}
salsa^{F} di soia^{F}

Senfpulver^{N}
powdered mustard
moutarde^{F} en poudre^{F}
mostaza^{F} en polvo^{M}
senape^{F} in polvere^{F}

Senfkörner^{N}
wholegrain mustard
moutarde^{F} à l'ancienne^{F}
mostaza^{F} en grano
senape^{F} in granuli^{M}

Dijon-Senf^{M}
Dijon mustard
moutarde^{F} de Dijon
mostaza^{F} de Dijon
senape^{F} di Digione

deutscher Senf^{M}
German mustard
moutarde^{F} allemande
mostaza^{F} alemana
senape^{F} tedesca

englischer Senf^{M}
English mustard
moutarde^{F} anglaise
mostaza^{F} inglesa
senape^{F} inglese

amerikanischer Senf^{M}
American mustard
moutarde^{F} américaine
mostaza^{F} americana
senape^{F} americana

Pflaumensoße[F]
plum sauce
sauce[F] aux prunes[F]
salsa[F] de ciruelas[F]
salsa[F] di prugne[F]

Mangochutney[N]
mango chutney
chutney[M] à la mangue[F]
chutney[M] al mango[M]
chutney[M] al mango[M]

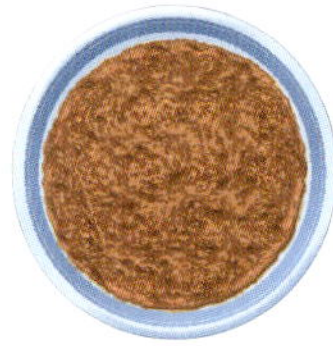

Harissasoße[F]
harissa
harissa[F]
harissa[F]
harissa[F]

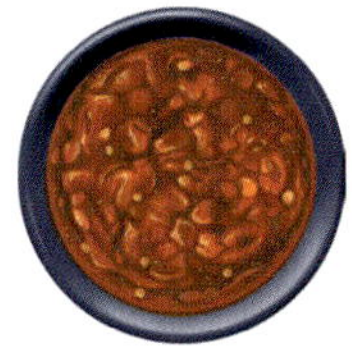

Sambal Oelek[M]
sambal oelek
sambal oelek[M]
sambal oelek[M]
sambal oelek[M]

Ketchup[M]
ketchup
ketchup[M]
ketchup[M]
ketchup[M]

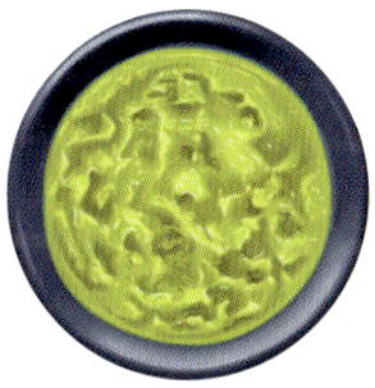

Wasabipaste[F]
wasabi
wasabi[M]
wasabi[M]
wasabi[M]

Tafelsalz[N]
table salt
sel[M] fin
sal[F] de mesa
sale[M] fino

grobes Salz[N]
coarse salt
gros sel[M]
sal[F] gorda
sale[M] grosso

Meersalz[N]
sea salt
sel[M] marin
sal[F] marina
sale[M] marino

Balsamessig[M]
balsamic vinegar
vinaigre[M] balsamique
vinagre[M] balsámico
aceto[M] balsamico

Reisessig[M]
rice vinegar
vinaigre[M] de riz[M]
vinagre[M] de arroz[M]
aceto[M] di riso[M]

Apfelessig[M]
cider vinegar
vinaigre[M] de cidre[M]
vinagre[M] de manzana[F]
aceto[M] di mele[F]

Malzessig[M]
malt vinegar
vinaigre[M] de malt[M]
vinagre[M] de malta[F]
aceto[M] di malto[M]

Weinessig[M]
wine vinegar
vinaigre[M] de vin[M]
vinagre[M] de vino[M]
aceto[M] di vino[M]

Kräuter[N]

herbs | fines herbes[F] | hierbas[F] aromáticas | piante[F] aromatiche

Dill[M]
dill
aneth[M]
eneldo[M]
aneto[M]

Anis[M]
anise
anis[M]
anís[M]
anice[M]

Lorbeer[M]
bay
laurier[M]
laurel[M]
alloro[M]

Origano[M]
oregano
origan[M]
orégano[M]
origano[M]

Estragon[M]
tarragon
estragon[M]
estragón[M]
dragoncello[M]

Basilikum[N]
basil
basilic[M]
albahaca[F]
basilico[M]

Salbei[M]
sage
sauge[F]
salvia[F]
salvia[F]

Thymian[M]
thyme
thym[M]
tomillo[M]
timo[M]

Minze[F]
mint
menthe[F]
hierbabuena[F]
menta[F]

Petersilie[F]
parsley
persil[M]
perejil[M]
prezzemolo[M]

Kerbel[M]
chervil
cerfeuil[M]
perifollo[M]
cerfoglio[M]

Koriander[M]
coriander
coriandre[F]
cilantro[M]
coriandolo[M]

Rosmarin[M]
rosemary
romarin[M]
romero[M]
rosmarino[M]

Ysop[M]
hyssop
hysope[F]
hisopo[M]
issopo[M]

Boretsch[M]
borage
bourrache[F]
borraja[F]
borragine[F]

Liebstöckel[M/N]
lovage
livèche[F]
alheña[F]
sedano[M] di monte[M]

Bohnenkraut[N]
savory
sarriette[F]
ajedrea[F]
santoreggia[F]

Zitronenmelisse[F]
lemon balm
mélisse[F]
melisa[F]
melissa[F]

Getreide[N]

cereals | céréales[F] | cereales[M] | cereali[M]

Reis[M]
rice
riz[M]
arroz[M]
riso[M]

Wildreis[M]
wild rice
riz[M] sauvage
arroz[M] silvestre
riso[M] nero selvatico

Dinkel[M]
spelt wheat
épeautre[M]
escanda[F] común
farro[M]

Weizen[M]
wheat
blé[M]
trigo[M]
frumento[M]

Hafer[M]
oats
avoine[F]
avena[F]
avena[F]

Roggen[M]
rye
seigle[M]
centeno[M]
segale[F]

Hirse[F]
millet
millet[M]
mijo[M]
miglio[M]

Mais[M]
corn
maïs[M]
maíz[M]
mais[M]

Gerste[F]
barley
orge[M]
cebada[F]
orzo[M]

Buchweizen[M]
buckwheat
sarrasin[M]
trigo[M] sarraceno
grano[M] saraceno

Reismelde[F]
quinoa
quinoa[M]
quinua[F]
quinoa[M]

Amarant[M]
amaranth
amarante[F]
amaranto[M]
amaranto[M]

Triticale[M]
triticale
triticale[M]
triticale[M]
triticale[M]

Getreideprodukte^{N}

cereal products | produits^{M} céréaliers | cereales^{M} | prodotti^{M} cerealicoli

Mehl^{N} und Grieß^{M}
flour and semolina
farine^{F} et semoule^{F}
harina^{F} y sémola^{F}
farina^{F} e semolino^{M}

Grieß^{M}
semolina
semoule^{F}
sémola^{F}
semolino^{M}

Vollkornmehl^{N}
whole wheat flour
farine^{F} de blé^{M} complet
harina^{F} integral
farina^{F} integrale

Couscous^{N}
couscous
couscous^{M}
cuscús^{M}
cuscus^{M}

Haushaltsmehl^{N}
plain flour
farine^{F} tout usage^{M}
harina^{F} común
farina^{F} semplice

ungebleichtes Mehl^{N}
unbleached flour
farine^{F} non blanchie
harina^{F} sin blanquear
farina^{F} non trattata

Hafermehl^{N}
oat flour
farine^{F} d'avoine^{F}
harina^{F} de avena^{F}
farina^{F} di avena^{F}

Maismehl^{N}
cornflour
farine^{F} de maïs^{M}
harina^{F} de maíz^{M}
farina^{F} di mais^{M}

Brot^{N}
bread
pain^{M}
pan^{M}
pane^{M}

Croissant^{N}
croissant
croissant^{M}
croissant^{M}
croissant^{M}

dunkles Roggenbrot^{N}
black bread
pain^{M} de seigle^{M} noir
pan^{M} de centeno^{M} negro
pane^{M} nero di segale^{F}

Kringel^{M}
bagel
bagel^{M}
rosquilla^{F}
ciambella^{F}

griechisches Brot^{N}
Greek bread
pain^{M} grec
pan^{M} griego
pane^{F} greco

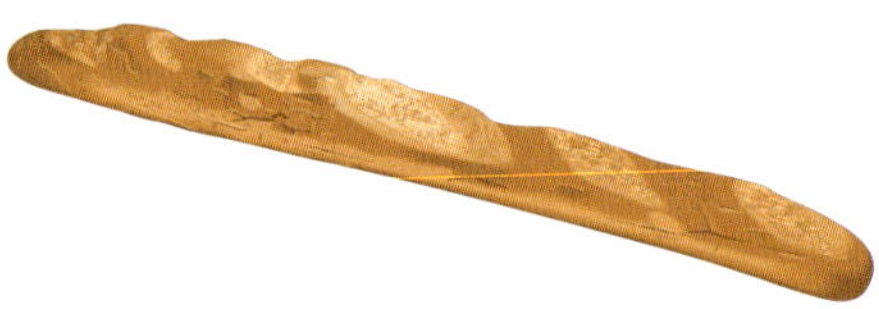

französisches Weißbrot^{N}
French loaf
baguette^{F} parisienne
barra^{F} de pan^{M}
filone^{M} francese

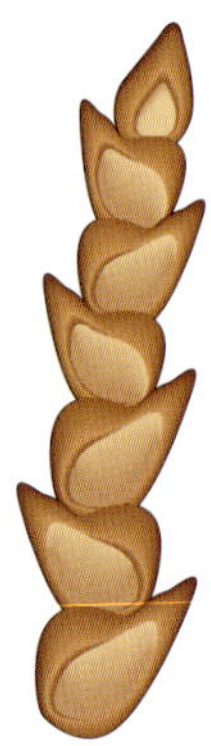

Ährenbrot^{N}
ear loaf
baguette^{F} épi^{M}
pan^{M} espiga^{F}
spiga^{F}

Baguette^{N}
French bread
pain^{M} parisien
baguette^{M}
baguette^{F}

indisches Fladenbrot^{N}
Indian chapati bread
pain^{M} chapati indien
pan^{M} indio chapatí
pane^{M} chapati indiano

Tortilla^{F}
tortilla
tortilla^{F}
tortilla^{F}
tortilla^{F}

Pittabrot^{N}
pitta bread
pain^{M} pita
pan^{M} de pita^{F}
pane^{M} pita

indisches Naanbrot^{N}
Indian naan bread
pain^{M} naan indien
pan^{M} indio naan
pane^{M} naan indiano

Roggenknäckebrot^{N}
rye crispbread
cracker^{M} de seigle^{M}
galleta^{F} de centeno^{M}
galletta^{F} di segale^{F}

Blätterteig^{M}
filo dough
pâte^{F} phyllo^{F}
pasta^{F} de hojaldre^{M}
pasta^{F} sfoglia^{F}

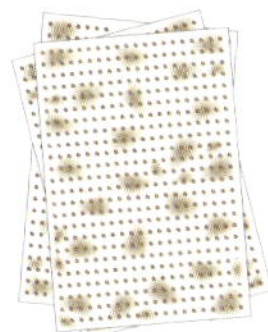

ungesäuertes Brot^{N}
unleavened bread
pain^{M} azyme
pan^{M} ácimo
pane^{M} azzimo

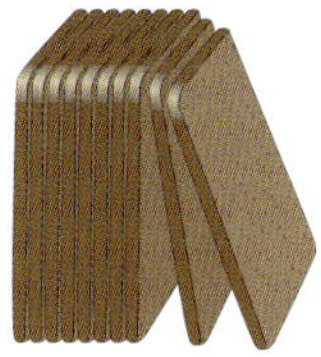

dänisches Roggenbrot^{N}
Danish rye bread
pain^{M} de seigle^{M} danois
pan^{M} danés de centeno^{M}
pane^{M} di segale^{F} danese

Weißbrot^{N}
white bread
pain^{M} blanc
pan^{M} blanco
pane^{M} bianco

Mehrkornbrot^{N}
multigrain bread
pain^{M} multicéréales
pan^{M} multicereales
pane^{M} multicereali

skandinavisches Knäckebrot^{N}
Scandinavian crispbread
cracker^{M} scandinave
galleta^{F} escandinava
galletta^{F} scandinava

jüdisches Weißbrot^{N}
Jewish challah
pain^{M} tchallah juif
pan^{M} judío hallah
pane^{M} ebraico

amerikanisches Maisbrot^{N}
American corn bread
pain^{M} de maïs^{M} américain
pan^{M} americano de maíz^{M}
pane^{M} di mais^{M} americano

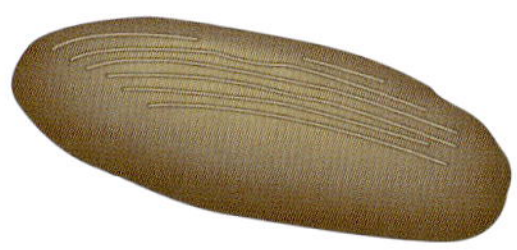

deutsches Roggenbrot^{N}
German rye bread
pain^{M} de seigle^{M} allemand
pan^{M} alemán de centeno^{M}
pane^{M} di segale^{F} tedesco

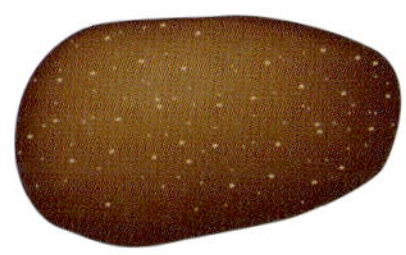

russischer Pumpernickel^{M}
Russian black bread
pain^{M} noir russe
pan^{M} negro ruso
Pumpernickel^{M} russo

Bauernbrot^{N}
farmhouse loaf
pain^{M} de campagne^{F}
pan^{M} campesino
pane^{M} casereccio

Vollkornbrot^{N}
wholemeal bread
pain^{M} complet
pan^{M} integral
pane^{M} integrale

irisches Brot^{N}
Irish soda bread
pain^{M} irlandais
pan^{M} irlandés
pane^{M} irlandese

englisches Weißbrot^{N}
cottage loaf
pain^{M} de mie^{F}
pan^{M} de flor^{F}
pagnottella^{F} inglese

Getreideprodukte[N]

Teigwaren[F]
pasta
pâtes[F] alimentaires
pasta[F]
pasta[F]

Rigatoni[M]
rigatoni
rigatoni[M]
rigatoni[M]
rigatoni[M]

Rotini[M]
rotini
rotini[M]
sacacorchos[M]
eliche[F]

Conchiglie[F]
conchiglie
conchiglie[F]
conchitas[F]
conchiglie[F]

Fusilli[M]
fusilli
fusilli[M]
fusilli[M]
fusilli[M]

Spaghetti[M]
spaghetti
spaghetti[M]
espagueti[M]
spaghetti[M]

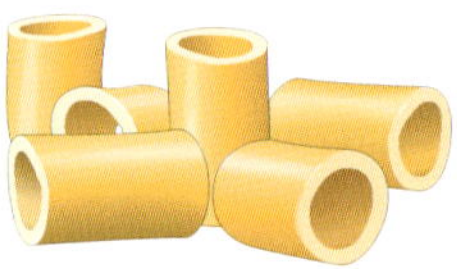

Ditali[M]
ditali
ditali[M]
dedalitos[M]
ditali[M]

Gnocchi[M]
gnocchi
gnocchi[M]
ñoquis[M]
gnocchi[M]

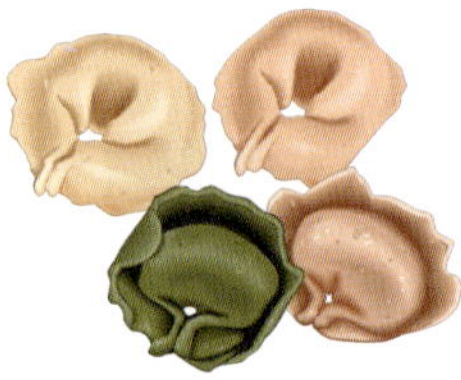

Tortellini[M]
tortellini
tortellini[M]
tortellini[M]
tortellini[M]

Spaghettini[M]
spaghettini
spaghettini[M]
fideos[M]
spaghettini[M]

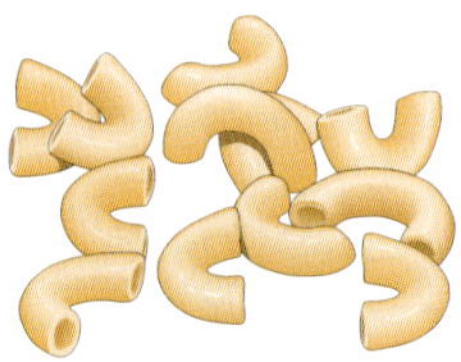

Hörnchennudeln[F]
elbows
coudes[M]
tiburones[M]
gomiti[M]

Penne[F]
penne
penne[M]
macarrones[M]
penne[F]

Cannelloni[M]
cannelloni
cannelloni[M]
canelones[M]
cannelloni[M]

Lasagne[F]
lasagne
lasagne[F]
lasañas[F]
lasagne[F]

Ravioli[M]
ravioli
ravioli[M]
raviolis
ravioli[M]

grüne Tagliatelle[F]
spinach tagliatelle
tagliatelle[M] aux épinards[M]
tallarines[M] de espinacas[F]
tagliatelle[F] verdi

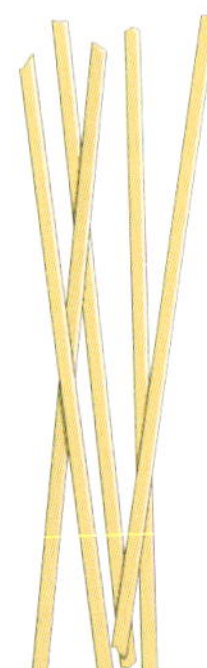

Fettuccine[F]
fettucine
fettucine[M]
fetuchinas[F]
fettuccine[F]

asiatische Teigwaren^{F}
Asian noodles
nouilles^{F} asiatiques
fideos^{M} asiáticos
spaghetti^{M} asiatici

Sobanudeln^{F}
soba noodles
nouilles^{F} soba
fideos^{M} de soba^{F}
spaghetti^{M} soba

Somennudeln^{F}
somen noodles
nouilles^{F} somen
fideos^{M} de somen^{M}
spaghetti^{M} somen

Udonnudeln^{F}
udon noodles
nouilles^{F} udon
fideos^{M} de udon^{M}
spaghetti^{M} udon

Reispapier^{N}
rice papers
galettes^{F} de riz^{M}
galletas^{F} de arroz^{M}
gallette^{F} di riso^{M}

Reisnudeln^{F}
rice noodles
nouilles^{F} de riz^{M}
fideos^{M} de arroz^{M}
spaghetti^{M} di riso^{M}

Glasnudeln^{F}
bean thread cellophane noodles
nouilles^{F} de haricots^{M} mungo
fideos^{M} de judías^{F} ^{F} mungo
spaghetti^{M} di fagioli^{M} mungo

asiatische Eiernudeln^{F}
egg noodles
nouilles^{F} aux œufs^{M}
fideos^{M} de huevo^{M}
spaghetti^{M} all'uovo^{M}

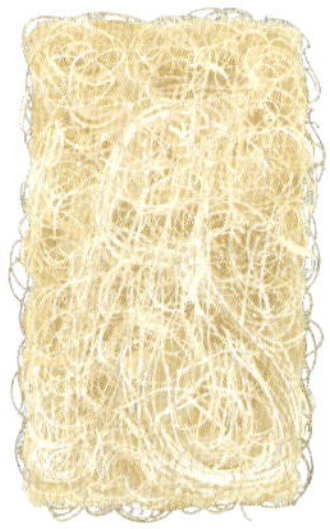

Reisfadennudeln^{F}
rice vermicelli
vermicelles^{M} de riz^{M}
vermicelli^{M} de arroz^{M}
vermicelli^{M} di riso^{M}

Wan-tan-Teigblätter^{N}
won ton skins
pâtes^{F} won-ton
pasta^{F} won ton
pasta^{F} won ton

Reis^{M}
rice
riz^{M}
arroz^{M}
riso^{M}

weißer Reis^{M}
white rice
riz^{M} blanc
arroz^{M} blanco
riso^{M} bianco

Braunreis^{M}
brown rice
riz^{M} complet
arroz^{M} integral
riso^{M} integrale

Parboiled Reis^{M}
parboiled rice
riz^{M} étuvé
arroz^{M} parboiled
riso^{M} parboiled

Basmatireis^{M}
basmati rice
riz^{M} basmati
arroz^{M} basmati
riso^{M} basmati

Kaffee[M] und Tee[M]

coffee and infusions | café[M] et infusions[F] | café[M] e infusiones[F] | caffè[M] e infusi[M]

Kaffee[M]
coffee
café[M]
café[M]
caffè[M]

Rohkaffee[F]
green coffee beans
grains[M] de café[M] verts
granos[M] verdes de café[M]
chicchi[M] di caffè[M] verdi

geröstete Kaffeebohnen[F]
roasted coffee beans
grains[M] de café[M] torréfiés
granos[M] torrefactos de café[M]
chicchi[M] di caffè[M] tostati

Kräutertees[M]
herbal teas
tisanes[F]
tisanas[F]
tisane[F]

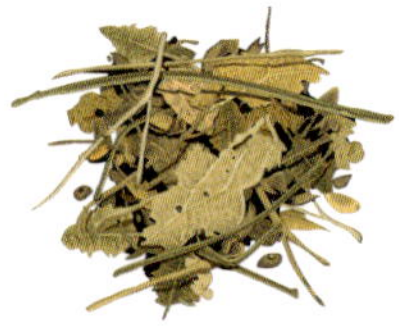

Linde[F]
linden
tilleul[M]
tila[F]
tiglio[M]

Kamille[F]
chamomile
camomille[F]
manzanilla[F]
camomilla[F]

Verbene[F]
verbena
verveine[F]
verbena[F]
verbena[F]

Tee[M]
tea
thé[M]
té[M]
tè[M]

grüner Tee[M]
green tea
thé[M] vert
té[M] verde
tè[M] verde

schwarzer Tee[M]
black tea
thé[M] noir
té[M] negro
tè[M] nero

Oolong-Tee[M]
oolong tea
thé[M] oolong
té[M] oolong
tè[M] oolong

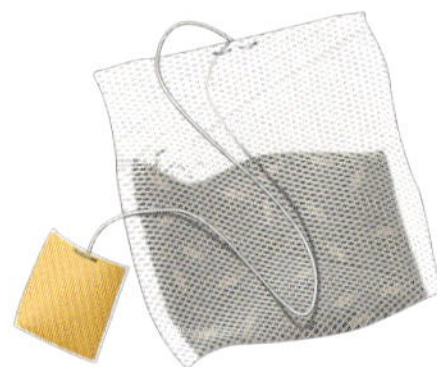

Teebeutel[M]
tea bag
thé[M] en sachet[M]
bolsita[F] de té[M]
bustina[F] di tè[M]

Schokolade[F]

chocolate | chocolat[M] | chocolate[M] | cioccolato[M]

Bitterschokolade[F]
dark chocolate
chocolat[M] noir
chocolate[M] amargo
cioccolato[M] fondente

Milchschokolade[F]
milk chocolate
chocolat[M] au lait[M]
chocolate[M] con leche[F]
cioccolato[M] al latte[M]

Kakao[M]
cocoa
cacao[M]
cacao[M]
cacao[M]

weiße Schokolade[F]
white chocolate
chocolat[M] blanc
chocolate[M] blanco
cioccolato[M] bianco

Zucker[M]

sugar | sucre[M] | azúcar[M] | zucchero[M]

Kristallzucker[M]
granulated sugar
sucre[M] granulé
azúcar[M] granulado
zucchero[M] in grani[M]

Puderzucker[M]
powdered sugar
sucre[M] glace[F]
azúcar[M] glas
zucchero[M] a velo[M]

brauner Zucker[M]
brown sugar
cassonade[F]
azúcar[M] moreno
zucchero[M] di canna[F]

Kandiszucker[M]
rock candy
sucre[M] candi
azúcar[M] candi
zucchero[M] candito

Melasse[F]
molasses
mélasse[F]
melazas[F]
melassa[F]

Maissirup[M]
corn syrup
sirop[M] de maïs[M]
jarabe[M] de maíz[M]
sciroppo[M] di mais[M]

Ahornsirup[M]
maple syrup
sirop[M] d'érable[M]
jarabe[M] de arce[M]
sciroppo[M] d'acero[M]

Honig[M]
honey
miel[M]
miel[M]
miele[M]

Fette[N] und Öle[N]

fats and oils | huiles[F] et matières[F] grasses | grasas[F] y aceites[M] | grassi[M] e oli[M]

Maisöl[N]
corn oil
huile[F] de maïs[M]
aceite[M] de maíz[M]
olio[M] di mais[M]

Olivenöl[N]
olive oil
huile[F] d'olive[F]
aceite[M] de oliva[F]
olio[M] d'oliva[F]

Sonnenblumenöl[N]
sunflower-seed oil
huile[F] de tournesol[M]
aceite[M] de girasol[M]
olio[M] di semi [M] di girasole[M]

Erdnussöl[N]
peanut oil
huile[F] d'arachide[F]
aceite[M] de cacahuete[M]
olio[M] di arachidi[F]

Sesamöl[N]
sesame oil
huile[F] de sésame[M]
aceite[M] de sésamo[M]
olio[M] di sesamo[M]

Backfett[N]
shortening
saindoux[M]
manteca[F] de cerdo[M]
grasso[M] alimentare

Schweinespeck[M]
lard
lard[M]
lardo[M]
lardo[M]

Margarine[F]
margarine
margarine[F]
margarina[F]
margarina[F]

Milchprodukte^{N}

dairy products | produits^{M} laitiers | productos^{M} lácteos | prodotti^{M} caseari

Joghurt^{M}
yogurt
yaourt^{M}
yogur^{M}
yogurt^{M}

Ghee^{N}
ghee
ghee^{M}
mantequilla^{F} clarificada
ghi^{M}

Butter^{F}
butter
beurre^{M}
mantequilla^{M}
burro^{M}

Sahne^{F}
cream
crème^{F}
nata^{F}
panna^{F}

Schlagsahne^{F}
whipping cream
crème^{F} épaisse
nata^{F} de montar
panna^{F} da montare

saure Sahne^{F}
sour cream
crème^{F} aigre
nata^{F} agria
panna^{F} acida

Milch^{F}
milk
lait^{M}
leche^{M}
latte^{M}

homogenisierte Milch^{F}
homogenized milk
lait^{M} homogénéisé
leche^{F} homogeneizada
latte^{M} omogeneizzato

Ziegenmilch^{F}
goat's milk
lait^{M} de chèvre^{F}
leche^{F} de cabra
latte^{M} di capra^{F}

Kondensmilch^{F}
evaporated milk
lait^{M} concentré
leche^{F} evaporada
latte^{M} evaporato

Buttermilch^{F}
buttermilk
babeurre^{M}
suero^{M} de la leche^{F}
latticello^{M}

Milchpulver^{N}
powdered milk
lait^{M} en poudre^{F}
leche^{F} en polvo^{M}
latte^{M} in polvere^{F}

Frischkäse^{M}
fresh cheeses
fromages^{M} frais
quesos^{M} frescos
formaggi^{M} freschi

Hüttenkäse^{M}
cottage cheese
cottage^{M}
queso^{M} cottage
cottage cheese^{M}

Mozzarella^{M}
mozzarella
mozzarella^{F}
mozzarella^{F}
mozzarella^{F}

Ricotta^{M}
ricotta
ricotta^{F}
ricotta^{F}
ricotta^{F}

Streichkäse^{M}
cream cheese
fromage^{M} à la crème^{F}
queso^{M} cremoso
formaggio^{M} cremoso

Ziegenkäse^{M}
goat's-milk cheeses
fromages^{M} de chèvre^{F}
quesos^{M} de cabra^{F}
formaggi^{M} di capra^{F}

Ziegenfrischkäse^{M}
Chèvre cheese
chèvre^{M} frais
queso^{M} Chèvre
formaggio^{M} fresco di capra^{F}

Crottin de Chavignol^{M}
Crottin de Chavignol
crottin^{M} de Chavignol
Crottin^{M} de Chavignol
crottin^{M} de chavignol

Hartkäse^{M}
pressed cheeses
fromages^{M} à pâte^{F} pressée
quesos^{M} prensados
formaggi^{M} a pasta^{F} dura

Jarlsberg^{M}
Jarlsberg
jarlsberg^{M}
Jarlsberg^{M}
jarlsberg^{M}

Emmentaler^{M}
Emmenthal
emmenthal^{M}
Emmenthal^{M}
emmental^{M}

Raclette^{M}
Raclette
raclette^{F}
Raclette^{F}
raclette^{F}

Parmesan^{M}
Parmesan
parmesan^{M}
Parmesano^{M}
parmigiano^{M}

Gruyèrekäse^{M}
Gruyère
gruyère^{M}
Gruyère^{M}
groviera^{M}

Pecorino Romano^{M}
Romano
romano^{M}
Pecorino romano^{M}
pecorino^{M} romano

Edelpilzkäse^{M}
blue-veined cheeses
fromages^{M} à pâte^{F} persillée
quesos^{M} azules
formaggi^{M} erborinati

Roquefort^{M}
Roquefort
roquefort^{M}
Roquefort^{M}
roquefort^{M}

Stilton^{M}
Stilton
stilton^{M}
Stilton^{M}
stilton^{M}

Gorgonzola^{M}
Gorgonzola
gorgonzola^{M}
Gorgonzola^{M}
gorgonzola^{M}

Danish Blue^{M}
Danish Blue
bleu^{M} danois
Azul danés^{M}
danish blue^{M}

Weichkäse^{M}
soft cheeses
fromages^{M} à pâte^{F} molle
quesos^{M} blandos
formaggi^{M} a pasta^{F} molle

Pont-l'Évêque^{M}
Pont-l'Évêque
pont-l'évêque^{M}
Pont-l'Éveque^{M}
pont-l'évêque^{M}

Coulommiers^{M}
Coulommiers
coulommiers^{M}
Coulommiers^{M}
coulommiers^{M}

Munster^{M}
Munster
munster^{M}
Munster^{M}
munster^{M}

Camembert^{M}
Camembert
camembert^{M}
Camenbert^{M}
camembert^{M}

Brie^{M}
Brie
brie^{M}
Brie^{M}
brie^{M}

Innereien^{F}

offal | abats^{M} | despojos^{M} | interiora^{F}

Gekröse^{N}
sweetbreads
ris^{M}
mollejas^{F}
animelle^{F}

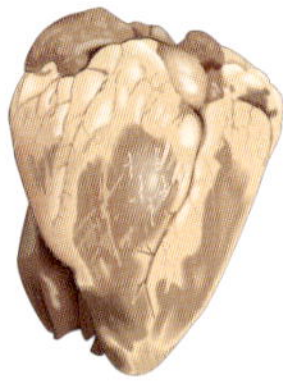

Herz^{N}
heart
cœur^{M}
corazón^{M}
cuore^{M}

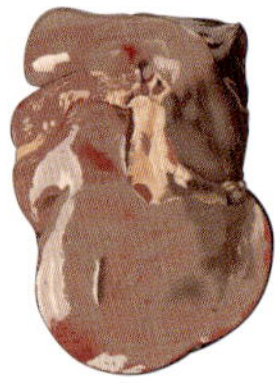

Leber^{F}
liver
foie^{M}
hígado^{M}
fegato^{M}

Mark^{N}
marrow
moelle^{F}
médula^{M}
midollo^{M}

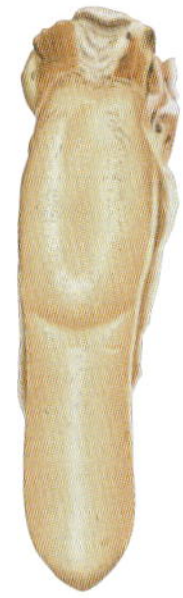

Zunge^{F}
tongue
langue^{F}
lengua^{F}
lingua^{F}

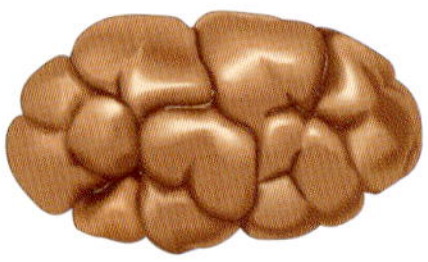

Niere^{F}
kidney
rognons^{M}
riñones^{M}
rognone^{M}

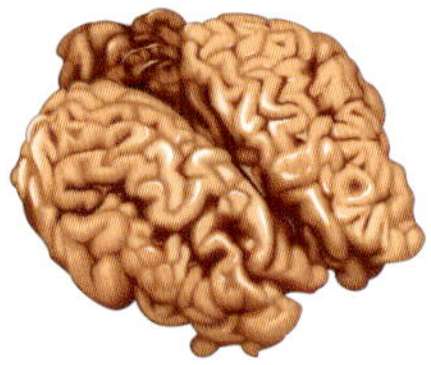

Hirn^{N}
brains
cervelle^{F}
sesos^{M}
cervella^{F}

Kaldaune^{F}
tripe
tripes^{F}
tripa^{F}
trippa^{F}

Wild^{N}

game | gibier^{M} | caza^{F} | selvaggina^{F}

Wachtel^{F}
quail
caille^{F}
codorniz^{F}
quaglia^{F}

Taube^{F}
pigeon
pigeon^{M}
pichón^{M}
piccione^{M}

Perlhuhn^{N}
guinea fowl
pintade^{F}
pintada^{F}
faraona^{F}

Fasan^{M}
pheasant
faisan^{M}
faisán^{M}
fagiano^{M}

Hase^{M}
hare
lièvre^{M}
liebre^{F}
lepre^{F}

Kaninchen^{N}
rabbit
lapin^{M}
conejo^{M}
coniglio^{M}

Geflügel^{N}

poultry | volaille^{F} | aves^{F} de corral^{M} | volatili^{M}

Huhn^{N}
chicken
poulet^{M}
pollo^{F}
pollo^{M}

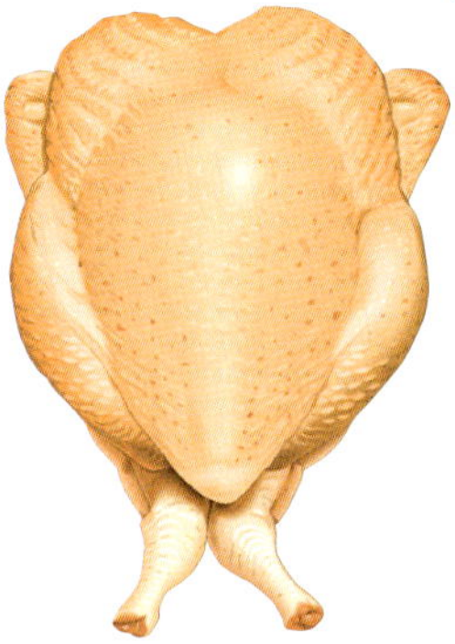

Kapaun^{M}
capon
chapon^{M}
capón^{M}
cappone^{M}

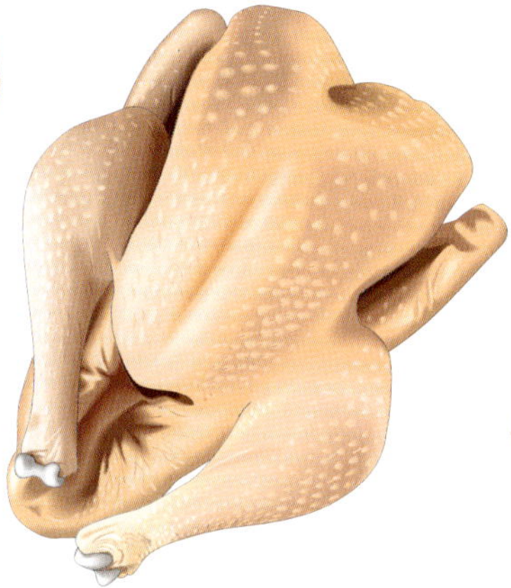

Puter^{M}
turkey
dinde^{F}
pavo^{M}
tacchino^{M}

Ente^{F}
duck
canard^{M}
pato^{M}
anatra^{F}

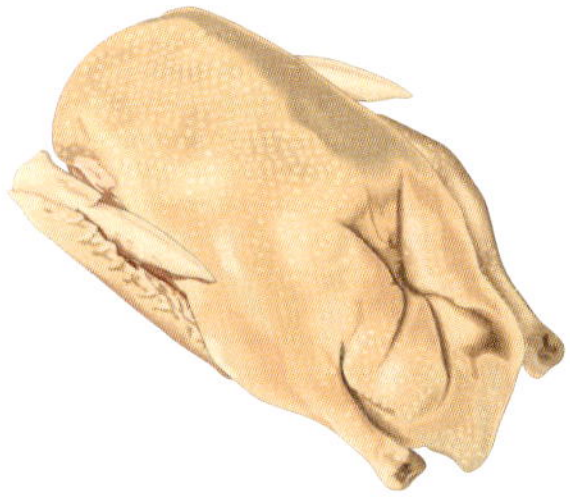

Gans^{F}
goose
oie^{F}
oca^{F}
oca^{F}

Eier^{N}

eggs | œufs^{M} | huevos^{M} | uova^{F}

Straußenei^{N}
ostrich egg
œuf^{M} d'autruche^{F}
huevo^{M} de avestruz^{M}
uovo^{M} di struzzo^{M}

Gänseei^{N}
goose egg
œuf^{M} d'oie^{F}
huevo^{M} de oca^{F}
uovo^{M} di oca^{F}

Wachtelei^{N}
quail egg
œuf^{M} de caille^{F}
huevo^{F} de codorniz^{F}
uovo^{M} di quaglia^{F}

Fasanenei^{N}
pheasant egg
œuf^{M} de faisane^{F}
huevo^{M} de faisán^{M}
uovo^{M} di fagiano^{M}

Entenei^{N}
duck egg
œuf^{M} de cane^{F}
huevo^{M} de pato^{M}
uovo^{M} di anatra^{F}

Hühnerei^{N}
hen egg
œuf^{M} de poule^{F}
huevo^{M} de gallina^{F}
uovo^{M} di gallina^{F}

Fleisch[N]

meat I viande[F] I carne[F] I carne[F]

Rindfleisch[N]
cuts of beef
découpes[F] de bœuf[M]
cortes[M] de vacuno[M]
tagli[M] di manzo[M]

Steak[N]
steak
bifteck[M]
bistec[M]
bistecca[F]

Rindfleischwürfel[M]
beef cubes
cubes[M] de bœuf[M]
carne[F] troceada de vacuno[M]
spezzatino[M]

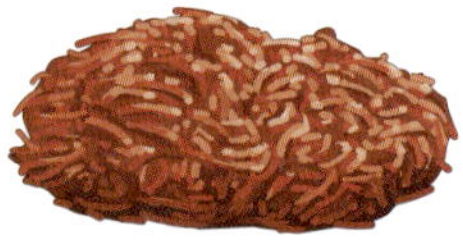

Rinderhackfleisch[N]
minced beef
bœuf[M] haché
carne[F] picada
macinato[M]

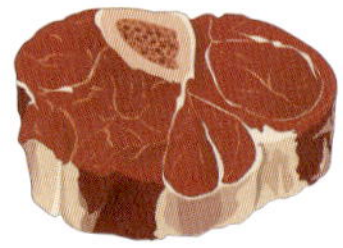

Hachse[F]
shank
jarret[M]
morcillo[M]
ossobuco[M]

Rinderfilet[N]
tenderloin roast
filet[M] de bœuf[M]
lomo[M]
filetto[M]

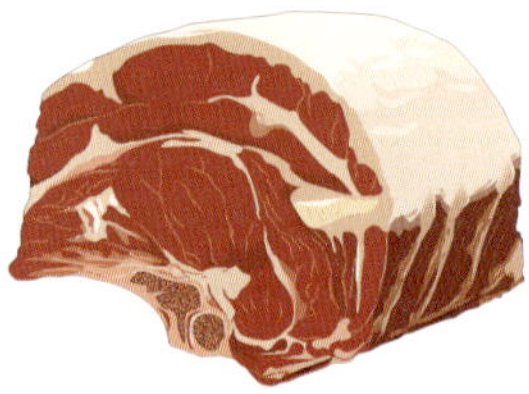

hohe Rippe[F]
rib roast
rôti[M] de côtes[F]
chuletón[M]
costate[F]

Querrippe[F]
back ribs
côtes[F] levées de dos[M]
costillar[M]
costine[F]

Kalbfleisch[N]
cuts of veal
découpes[F] de veau[M]
cortes[M] de ternera[F]
tagli[M] di vitello[M]

Kalbfleischwürfel[M]
veal cubes
cubes[M] de veau[M]
carne[F] troceada de ternera[F]
spezzatino[M]

Kalbshackfleisch[N]
minced veal
veau[M] haché
carne[F] picada de vacuno[M]
macinato[M]

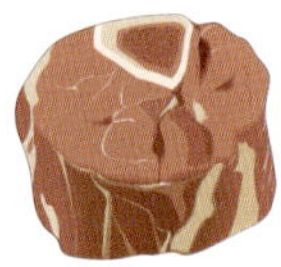

Hachse[F]
shank
jarret[M]
paleta[F]
ossobuco[M]

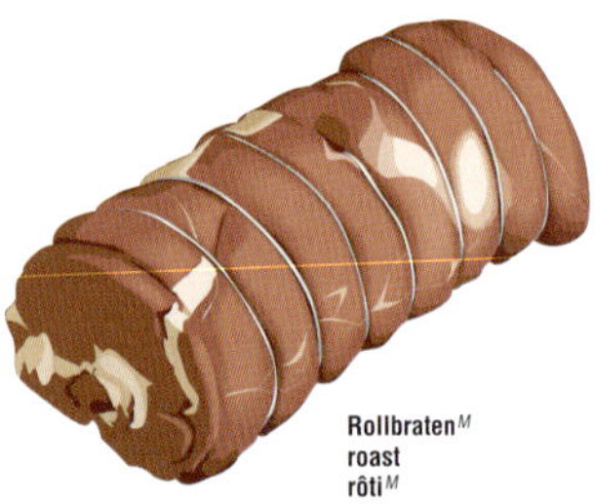

Rollbraten[M]
roast
rôti[M]
asado[M]
arrotolato[M]

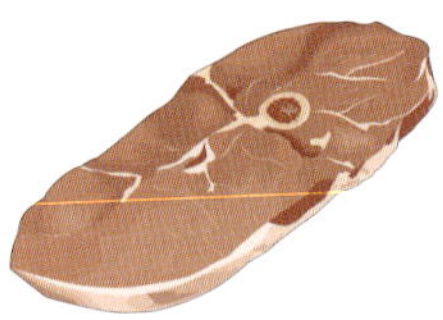

Schnitzel[N]
steak
bifteck[M]
bistec[M]
bistecca[F]

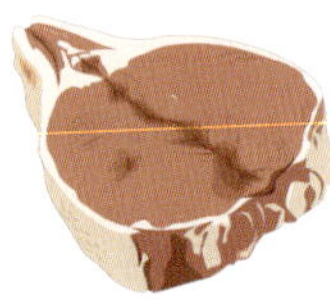

Kotelett[N]
chop
côte[F]
chuleta[F]
braciola[F]

Lammfleisch[N]
cuts of lamb
découpes[F] d'agneau[M]
cortes[M] de cordero[M]
tagli[M] di agnello[M]

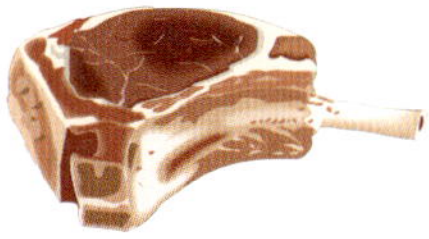

Kotelett[N]
chop
côte[F]
chuleta[F]
braciola[F]

Lammhackfleisch[N]
minced lamb
agneau[M] haché
carne[F] picada de cordero[M]
macinato[M]

Lammfleischwürfel[M]
lamb cubes
cubes[M] d'agneau[M]
carne[F] troceada de cordero[M]
spezzatino[M]

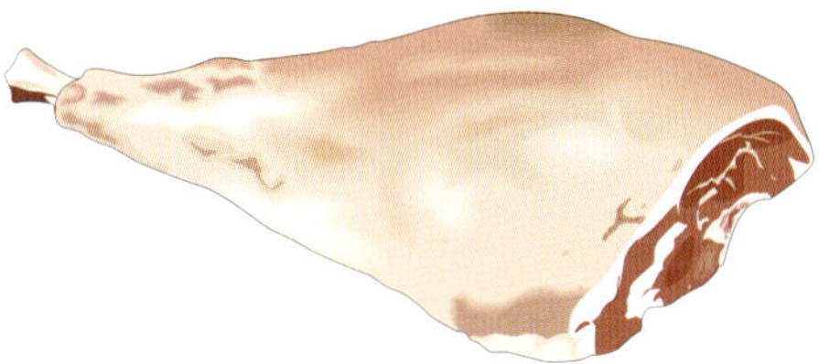

Braten[M]
roast
rôti[M]
pierna[F] de cordero[M]
arrosto[M]

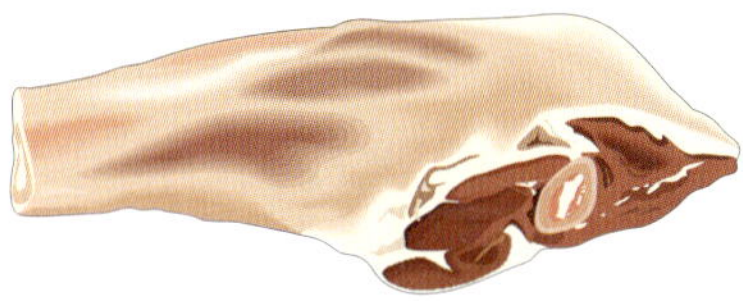

Hachse[F]
shank
jarret[M]
paletilla[F]
stinco[M]

Schweinefleisch[N]
cuts of pork
découpes[F] de porc[M]
cortes[M] de cerdo[M]
tagli[M] di maiale[M]

Spareribs/Schälrippchen[N]
spareribs
travers[M]
costillar[M]
costolette[F]

Schweinehackfleisch[N]
minced pork
porc[M] haché
carne[F] picada de cerdo[M]
macinato[M]

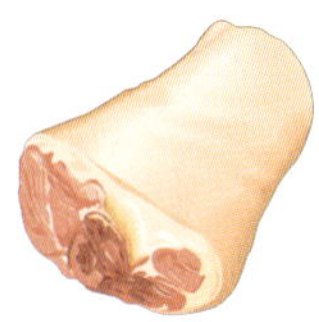

Eisbein[N]
hock
jarret[M]
codillo[M]
piedino[M]

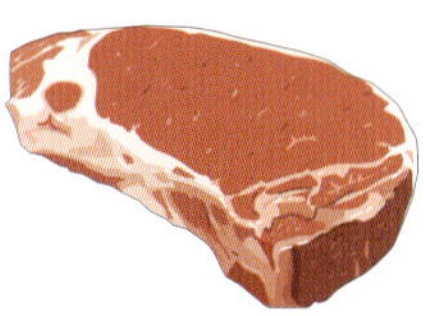

Kotelett[N]
loin chop
côtelette[F]
chuleta[F]
lonza[F]

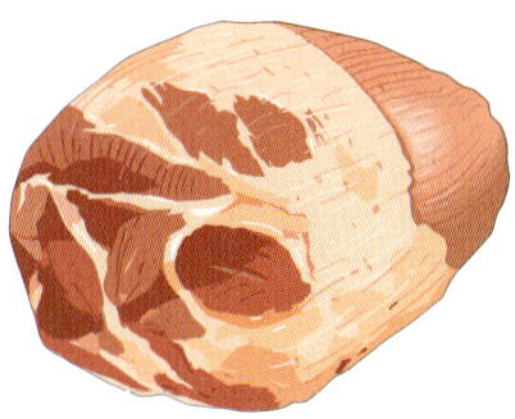

Räucherschinken[M]
smoked ham
jambon[M] fumé
jamón[M] ahumado
prosciutto[M] affumicato

Braten[M]
roast
rôti[M]
asado[M] de cerdo[M]
arrosto[M]

Spezialitäten^{F}

delicatessen | charcuterie^{F} | charcutería^{F} | gastronomia^{F}

Rillettes^{F}
rillettes
rillettes^{F}
chicharrones^{F}
ciccioli^{M}

Stopfleber^{F}
foie gras
foie^{M} gras
foie gras
foie-gras^{M}

roher Schinken^{M}
prosciutto
prosciutto^{M}
jamón^{M} serrano
prosciutto^{M}

Kielbasa-Wurst^{F}
kielbasa sausage
saucisson^{M} kielbasa
salchicha^{F} kielbasa
salsiccia^{F} kielbasa

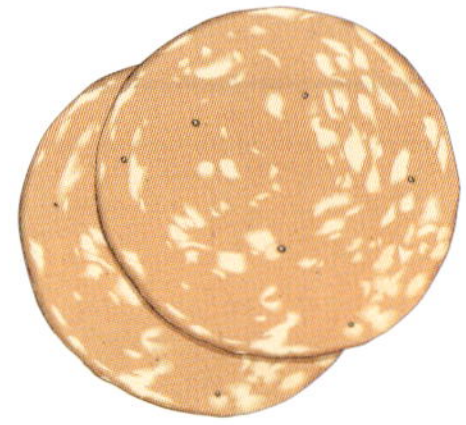

Mortadella^{F}
mortadella
mortadelle^{F}
mortadela
mortadella^{F}

Blutwurst^{F}
black pudding
boudin^{M}
morcilla^{F}
sanguinaccio^{M}

Chorizo-Wurst^{F}
chorizo
chorizo^{M}
chorizo^{M}
chorizo^{M}

Pepperoniwurst^{F}
pepperoni
pepperoni^{M}
pepperoni^{M}
salsiccia^{F} piccante

grobe Salami^{F}
Genoa salami
salami^{M} de Gênes
salami^{M} de Génova
salame^{M} di Genova

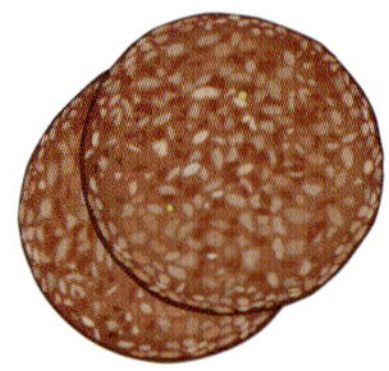

feine Salami^{F}
German salami
salami^{M} allemand
salami^{M} alemán
salame^{M} tedesco

Toulouser Wurst^{F}
Toulouse sausage
saucisse^{F} de Toulouse
salchicha^{F} de Toulouse
salame^{M} di Tolosa

Merguez-Wurst^{F}
merguez sausage
merguez^{F}
salchicha^{F} merguez
merguez^{F}

Kuttelwurst^{F}
andouillette
andouillette^{F}
andouillete^{F}
salsiccia^{F} di trippa^{F}

Bratwurst^{F}
chipolata sausage
chipolata^{F}
salchicha^{F} chipolata
salsiccia^{F} alle cipolle^{F}

Frankfurter Würstchen^{N}
frankfurter
saucisse^{F} de Francfort
salchicha^{F} de Frankfurt
salsiccia^{F} di Francoforte

Bauchspeck^{M}
pancetta
pancetta^{F}
panceta^{M}
pancetta^{F}

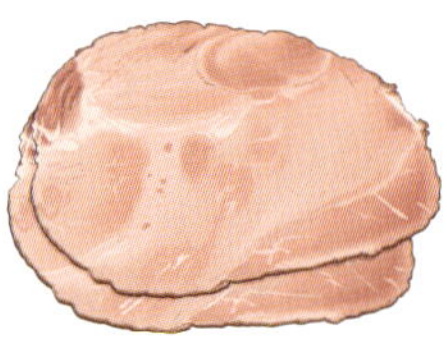

gekochter Schinken^{M}
cooked ham
jambon^{M} cuit
jamón^{M} de York
prosciutto^{M} cotto

amerikanischer Bacon^{M}
American bacon
bacon^{M} américain
bacón^{M} americano
bacon^{M} americano

kanadischer Bacon^{M}
Canadian bacon
bacon^{M} canadien
bacón^{M} canadiense
bacon^{M} canadese

Mollusken^{F}

molluscs | mollusques^{M} | moluscos^{M} | molluschi^{M}

Krake^{M}
octopus
pieuvre^{F}
pulpo^{M}
polpo^{M}

Tintenfisch^{M}
cuttlefish
seiche^{F}
sepia^{F}
seppia^{F}

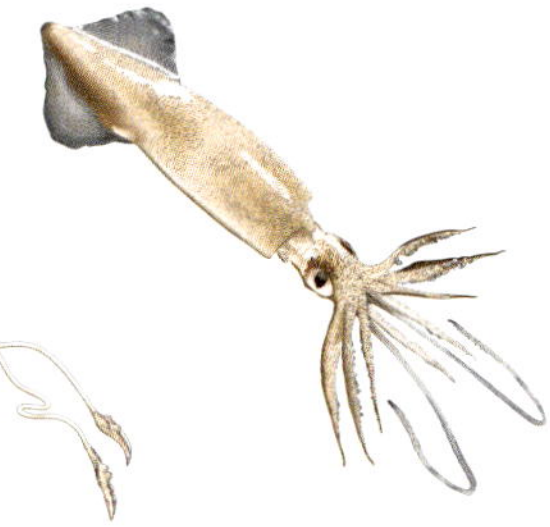

Kalmar^{M}
squid
calmar^{M}
calamar^{M}
calamaro^{M}

Kammmuschel^{F}
scallop
pétoncle^{M}
venera^{F}
pettine^{M}

Kreuzmuster^{N}-Teppichmuschel^{F}
hard-shell clam
palourde^{F}
almeja^{F}
tartufo^{M} di mare^{M}

Klaffmuschel^{F}
soft shell clam
mye^{F}
coquina^{F}
vongola^{F} molle

Meerohr^{N}
abalone
ormeau^{M}
oreja^{F} de mar^{M}
orecchia^{F} di mare^{M}

Jakobsmuschel^{F}
great scallop
coquille^{F} Saint-Jacques
vieira^{F}
capasanta^{F}

Schnecke^{F}
snail
escargot^{M}
caracol^{M} terrestre
chiocciola^{F}

Napfschnecke^{F}
limpet
patelle^{F}
lapa^{F}
patella^{F}

Strandschnecke^{F}
common periwinkle
bigorneau^{M}
bígaro
littorina^{F}

Venusmuschel^{F}
clam
praire^{F}
almeja^{F}
vongola^{F}

Herzmuschel^{F}
cockle
coque^{F}
berberecho^{M}
cardio^{M}

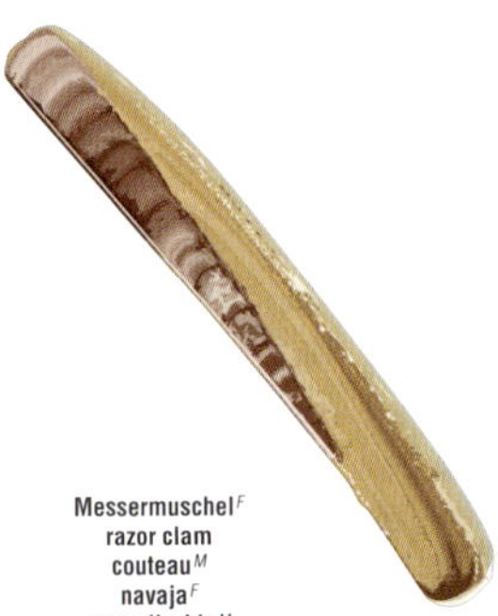

Messermuschel^{F}
razor clam
couteau^{M}
navaja^{F}
cannolicchio^{M}

Auster^{F}
oyster
huître^{F} plate
ostra^{F}
ostrica^{F}

Auster^{F}
oyster
huître^{F} creuse du Pacifique^{M}
ostra^{F}
ostrica^{F}

Miesmuschel^{F}
blue mussel
moule^{F}
mejillón^{M}
mitilo^{M}

Wellhornschnecke^{F}
whelk
buccin^{M}
buccino^{M}
buccino^{M}

Krebstiere[N]

crustaceans | crustacés[M] | crustáceo[M] | crostacei[M]

Hummer[M]
lobster
homard[M]
bogabante[M]
astice[M]

Flusskrebs[M]
crayfish
écrevisse[F]
cangrejo[M] de río[M]
gambero[M] di acqua[F] dolce

Languste[F]
spiny lobster
langouste[F]
langosta[F] marina
aragosta[F]

Garnele[F]
prawn
crevette[F]
gamba[F]
gamberetto[M]

Langustine[F]
scampi
langoustine[F]
cigala[F]
scampo[M]

Krabbe[F]
crab
crabe[M]
cangrejo[M] de mar[M]
granchio[M]

Knorpelfische[M]

cartilaginous fishes | poissons[M] cartilagineux | pescado[M] cartilaginoso | pesci[M] cartilaginei

groß gefleckter Katzenhai[M]
larger spotted dogfish
grande roussette[F]
alitán[M]
gattuccio[M] stellato

Rochen[M]
skate
raie[F]
raya[F]
razza[F]

Hundshai[M]
smooth hound
émissole[F]
musola[F]
palombo[M] liscio

Stör[M]
sturgeon
esturgeon[M]
esturión[M]
storione[M]

Knochenfische^{M}

bony fishes | poissons^{M} osseux | pescado^{M} óseo | pesci^{M} ossei

Sardelle^{F}
anchovy
anchois^{M}
anchoa^{F}
acciuga^{F}

Sardine^{F}
sardine
sardine^{F}
sardina^{M}
sardina^{F}

Hering^{M}
herring
hareng^{M}
arenque^{M}
aringa^{F}

Stint^{M}
smelt
éperlan^{M}
eperlano^{M}
sperlano^{M}

Goldbrasse^{F}
sea bream
dorade^{F}
dorada^{F}
orata^{F}

rote Meerbarbe^{F}
goatfish
rouget^{M} barbet^{M}
salmonete^{M}
triglia^{F}

Aal^{M}
eel
anguille^{F}
anguila^{F}
anguilla^{F}

Makrele^{F}
mackerel
maquereau^{M}
caballa^{F}
sgombro^{M}

Knurrhahn^{M}
gurnard
grondin^{M}
rubio^{M}
pesce^{M} cappone^{M}

Meerneunauge^{N}
lamprey
lamproie^{F}
lamprea^{F}
lampreda^{F}

Schwertfisch^{M}
swordfish
espadon^{M}
pez^{M} espada
pesce^{M} spada^{F}

Knochenfische^{M}

Barsch^{M}
bass
perche^{F} truitée
róbalo^{M}
persico^{M} trota^{F}

Meeräsche^{F}
mullet
mulet^{M}
mújol^{M}
cefalo^{M}

Karpfen^{M}
carp
carpe^{F}
carpa^{F}
carpa^{F}

Flussbarsch^{M}
perch
perche^{F}
perca^{F}
persico^{M}

Alse^{F}
shad
alose^{F}
sábalo^{M}
alosa^{F}

Hecht^{M}
pike
brochet^{M}
lucio^{M}
luccio^{M}

Zander^{M}
pike perch
sandre^{M}
lucioperca^{M}
lucioperca^{M}

Blaufisch^{M}
bluefish
tassergal^{M}
anjova^{F}
ballerino^{M}

Seebarsch^{M}
sea bass
bar^{M} commun
lubina^{F}
branzino^{M}

Seeteufel^{M}
monkfish
baudroie^{F}
rape^{M}
pesce^{M} rospo^{M}

Thunfisch^{M}
tuna
thon^{M}
atún^{M}
tonno^{M}

Rotbarsch^{M}
redfish
sébaste^{M}
gallineta^{F}
salmone^{M} rosso

Weißfisch^{M}
whiting
merlan^{M}
pescadilla^{F}
merlano^{M}

Schellfisch^{M}
haddock
églefin^{M}
abadejo^{M}
eglefino^{M}

Seelachs^{M}
black pollock
lieu^{M} noir
merluza^{F}
merlano^{M} nero

atlantischer Kabeljau^{M}
Atlantic cod
morue^{F} de l'Atlantique^{M}
bacalao^{M} del Atlántico^{M}
merluzzo^{M} dell'Atlantico^{M}

Forelle^{F}
trout
truite^{F}
trucha^{F}
trota^{F}

pazifischer Lachs^{M}
Pacific salmon
saumon^{M} du Pacifique^{M}
salmón^{M} del Pacífico^{M}
salmone^{M} del Pacifico^{M}

atlantischer Lachs^{M}
Atlantic salmon
saumon^{M} de l'Atlantique^{M}
salmón^{M} del Atlántico^{M}
salmone^{M} dell'Atlantico^{M}

Bachsaibling^{M}
brook charr
omble^{M} de fontaine^{F}
salvelino^{M}
salmerino^{M} di fontana^{F}

Heringskönig^{M}
John dory
saint-pierre^{M}
pez^{M} de San Pedro
pesce^{M} San Pietro

Heilbutt^{M}
halibut
flétan^{M}
halibut^{M}
ippoglosso^{M}

Steinbutt^{M}
turbot
turbot^{M}
rodaballo^{M}
rombo^{M}

Flunder^{F}
common plaice
plie^{F} commune
platija^{F}
passera^{F} di mare^{M}

Scholle^{F}
sole
sole^{F}
lenguado^{M}
sogliola^{F}

Verpackungen^{F}

packaging | emballage^{M} | envases^{M} | confezioni^{F}

Beutel^{M}
pouch
sachet^{M}
bolsa^{F}
sacchetto^{M}

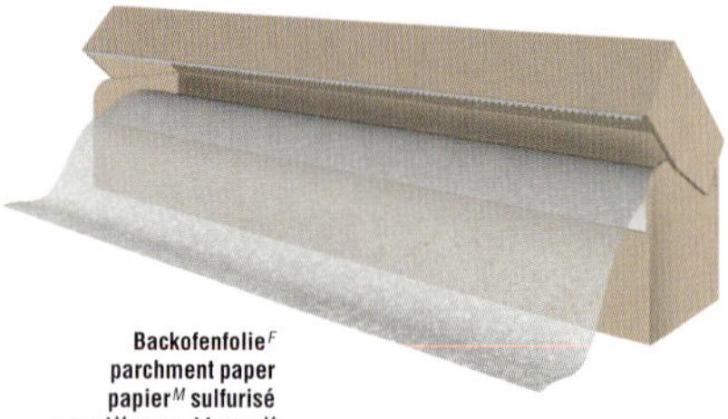

Backofenfolie^{F}
parchment paper
papier^{M} sulfurisé
papel^{M} para el horno^{M}
carta^{F} da forno^{M}

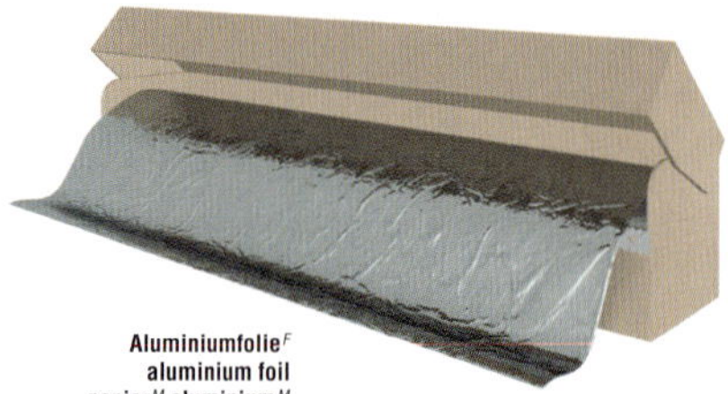

Aluminiumfolie^{F}
aluminium foil
papier^{M} aluminium^{M}
papel^{M} de aluminio^{M}
pellicola^{F} d'alluminio^{M}

Gefrierbeutel^{M}
freezer bag
sac^{M} de congélation^{F}
bolsa^{F} para congelador^{M}
sacchetto^{M} per freezer^{M}

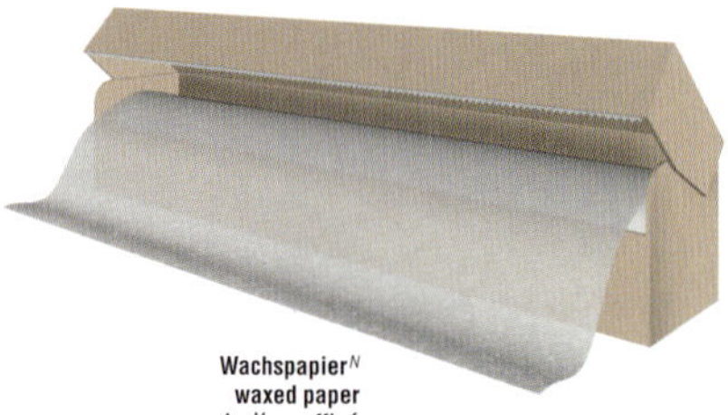

Wachspapier^{N}
waxed paper
papier^{M} paraffiné
papel^{M} encerado
carta^{F} cerata

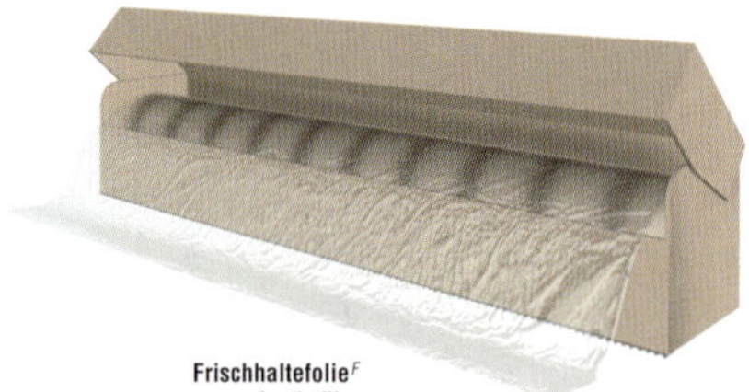

Frischhaltefolie^{F}
plastic film
pellicule^{F} plastique
papel^{M} celofán
pellicola^{F} trasparente

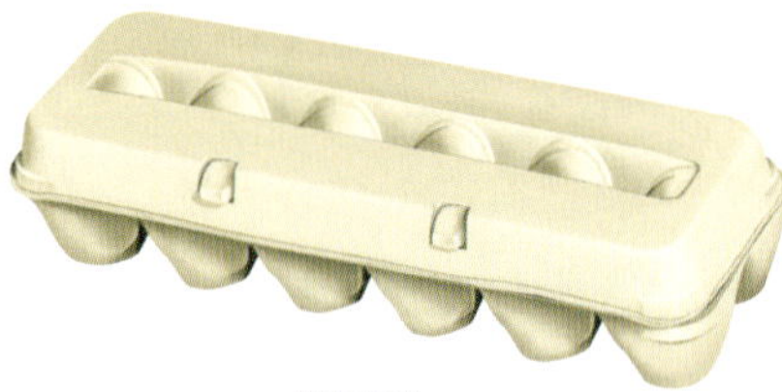

Eierkarton^{M}
egg carton
boîte^{F} à œufs^{M}
cajas^{F} de cartón^{M} para huevos^{M}
confezione^{F} in cartone^{M} per uova^{F}

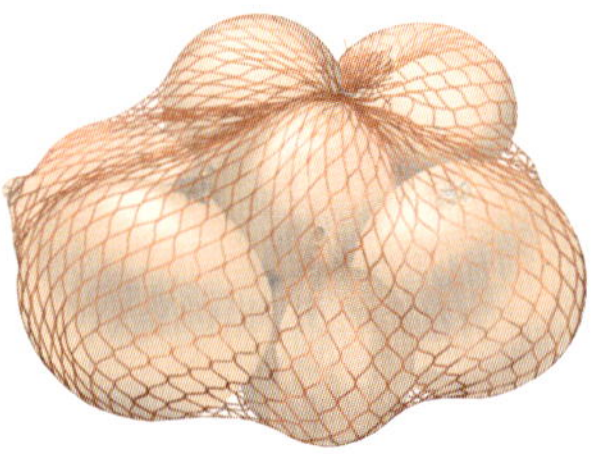

Netz^{N}
mesh bag
sac^{M}-filet^{M}
bolsa^{F} de malla^{F}
rete^{F} per alimenti^{M}

Vorratsdosen^{F}
canisters
boîtes^{F} alimentaires
botes^{M} herméticos
barattoli^{M}

Schale^{F}
food tray
barquette^{F}
barqueta^{F}
vaschetta^{F} per alimenti^{M}

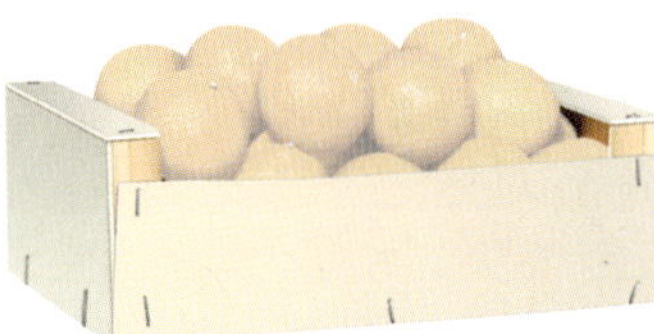

Kiste^{F}
small crate
caissette^{F}
caja^{F}
cassetta^{F}

Holzkiste^{F}
small open crate
cageot^{M}
caja^{F} abierta
cassetta^{F} aperta

Glasflasche [F]
glass bottle
bouteille [F] en verre [M]
botella [F] de vidrio [M]
bottiglia [F] di vetro [M]

Konservendose [F]
food can
boîte [F] de conserve [F]
lata [F] de conserva [F]
latta [F] per alimenti [M]

Getränkedose [F]
beverage can
cannette [F]
lata [F]
lattina [F]

Multipack [N]
multipack
pack [M]
multipack [M]
confezione [F] multipla

Packung [F]
package
paquet [M]
paquete [M]
pacchetto [M]

Becher [M]
cup
pot [M]
copa [F]
vasetto [M]

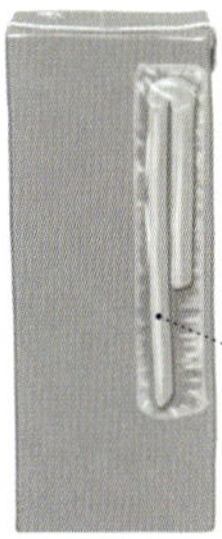

Trinkpackung [F]
drink box
briquette [F]
brick [M] pequeño
brick [M]

Tube [F]
tube
tube [M]
tubo [M]
tubetto [M]

Milch-/Sahnebecher [M]
milk/cream cup
godet [M] de lait [M]/crème [F]
miniporción [F] leche [F] /nata [F]
coppetta [F] per latte [M]/panna [F]

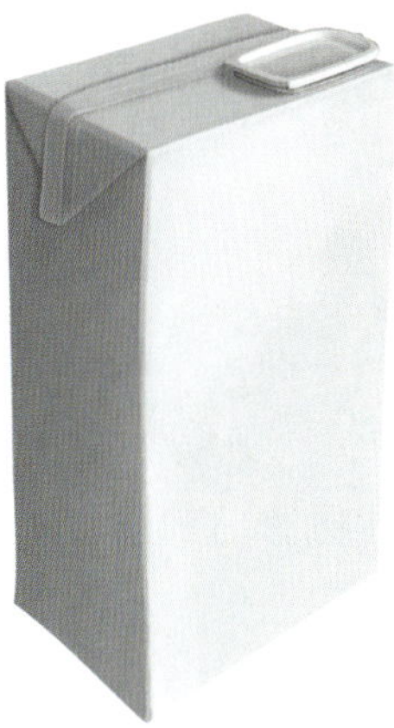

Getränkekarton [M]
brick carton
brique [F]
brick [M]
brick [M] a tappo [M]

Butterdose [F]
butter cup
godet [M] de beurre [M]
terrina [F] para mantequilla [F]
vaschetta [F] per burro [M]

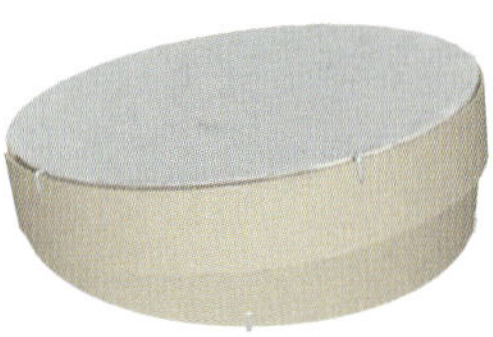

Käseschachtel [F]
cheese box
boîte [F] à fromage [M]
caja [F] para queso [M]
scatola [F] per formaggio [M]

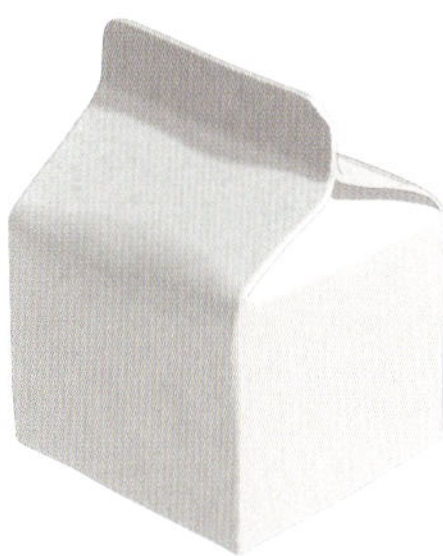

Kleiner Getränkekarton [M]
small carton
berlingot [M]
cartón [M] pequeño
cartone [M] piccolo

Getränkekarton [M]
carton
carton [M]
cartón [M]
cartone [M]

Küche^F

kitchen | cuisine^F | cocina^F | cucina^F

Gläser^{N}

glassware | verres^{M} | cristalería^{F} | cristalleria^{F}

Likörglas^{N}
liqueur glass
verre^{M} à liqueur^{F}
copa^{F} para licores^{M}
bicchierino^{M} da liquore^{M}

Portweinglas^{N}
port glass
verre^{M} à porto^{M}
copa^{F} para oporto^{M}
bicchiere^{M} da porto^{M}

Sektschale^{F}
champagne glass
coupe^{F} à mousseux^{M}
copa^{F} de champagne^{M}
coppa^{F} da spumante^{M}

Kognakschwenker^{M}
brandy glass
verre^{M} à cognac^{M}
copa^{F} para coñac^{M}
bicchiere^{M} da brandy^{M}

Elsassglas^{N}
hock glass
verre^{M} à vin^{M} d'Alsace^{F}
copa^{F} para vino^{M} de Alsacia
bicchiere^{M} da vino^{M} alsaziano

Rotweinglas^{N}
burgundy glass
verre^{M} à bourgogne^{M}
copa^{F} para vino^{M} de Borgoña
bicchiere^{M} da Borgogna^{M}

Bordeauxglas^{N}
bordeaux glass
verre^{M} à bordeaux^{M}
copa^{F} para vino^{M} de Burdeos
bicchiere^{M} da Bordeaux^{M}

Weißweinglas^{N}
white wine glass
verre^{M} à vin^{M} blanc
copa^{F} para vino^{M} blanco
bicchiere^{M} da vino^{M} bianco

Wasserglas^{N}
water goblet
verre^{M} à eau^{F}
copa^{F} de agua^{F}
bicchiere^{M} da acqua^{F}

Cocktailglas^{N}
cocktail glass
verre^{M} à cocktail^{M}
copa^{F} de cóctel^{M}
calice^{M} da cocktail^{M}

Longdrinkglas^{N}
tall tumbler
verre^{M} à gin^{M}
vaso^{M} largo
bicchiere^{M} da bibita^{F}

Whiskyglas^{M}
whisky tumbler
verre^{M} à whisky^{M}
vaso^{M} corto
tumbler^{M}

Bierkrug^{M}
beer glass
chope^{F} à bière^{F}
jarra^{M} de cerveza^{F}
boccale^{M} da birra^{F}

Sektkelch^{M}
champagne flute
flûte^{F} à champagne^{M}
copa^{F} de flauta^{F}
flûte^{M}

kleine Karaffe^{F}
carafe
carafon^{M}
decantador^{M}
caraffa^{F}

Karaffe^{F}
decanter
carafe^{F}
garrafa^{F}
bottiglia^{F} da tavola^{F}

Geschirr[N]

crockery | vaisselle[F] | vajilla[F] y servicio[M] de mesa[F] | vasellame[M] da tavola[F]

Mokkatasse[F]
demitasse
tasse[F] à café[M]
tacita[F] de café[M]
tazzina[F] da caffè[M]

Tasse[F]
tea cup
tasse[F] à thé[M]
taza[F]
tazza[F] da tè[M]

Becher[M]
coffee mug
chope[F] à café[M]
jarra[F] para café[M]
tazza[F] alta da caffè[M]

Milchkännchen[N]
cream jug
crémier[M]
jarrita[F] de leche[F]
bricco[M] del latte[M]

Zuckerdose[F]
sugar bowl
sucrier[M]
azucarero[M]
zuccheriera[F]

Salzstreuer[M]
saltcellar
salière[F]
salero[M]
saliera[F]

Pfefferstreuer[M]
pepperpot
poivrière[F]
pimentero[M]
pepaiola[F]

Sauciere[F]
gravy boat
saucière[F]
salsera[F]
salsiera[F]

Butterdose[F]
butter dish
beurrier[M]
mantequera[F]
burriera[F]

Auflaufförmchen[N]
ramekin
ramequin[M]
cuenco[M] de queso[M] blando
formina[F] da forno[M]

Suppenschale[F]
soup bowl
bol[M]
escudilla[F]
scodella[F]

Suppenteller[M]
rim soup bowl
assiette[F] creuse
plato[M] sopero
piatto[M] fondo

flacher Teller[M]
dinner plate
assiette[F] plate
plato[M] llano
piatto[M] piano

Salatteller[M]
salad plate
assiette[F] à salade[F]
plato[M] de postre[M]
piatto[M] frutta[F] / insalata[F]

kleiner Teller[M]
side plate
assiette[F] à dessert[M]
platito[M] para el pan[M]
piattino[M] per pane[M] e burro[M]

Teekanne[F]
teapot
théière[F]
tetera[F]
teiera[F]

Servierplatte[F]
serving dish
plat[M] ovale
fuente[F] de servir
piatto[M] da portata[F]

Gemüseterrine[F]
vegetable dish
légumier[M]
fuente[F] de verdura[F]
legumiera[F]

Fischplatte[F]
fish dish
plat[M] à poisson[M]
fuente[F] para pescado[M]
piatto[M] per il pesce[M]

Hors-d'Oeuvre-Schale[F]
hors d'oeuvre dish
ravier[M]
bandeja[F] para los entremeses[M]
antipastiera[F]

Wasserkrug[M]
water jug
pichet[M]
jarra[F] de agua[F]
caraffa[F]

Salatschüssel[F]
salad bowl
saladier[M]
ensaladera[F]
insalatiera[F]

Salatschale[F]
salad dish
bol[M] à salade[F]
bol[M] para ensalada[F]
coppetta[F] per l'insalata[F]

Suppenterrine[F]
soup tureen
soupière[F]
sopera[F]
zuppiera[F]

Silberbesteck^{N}

cutlery | couvert^{M} | cubertería^{F} | posatería^{F}

Messer^{N}
knife
couteau^{M}
cuchillo^{M}
coltello^{M}

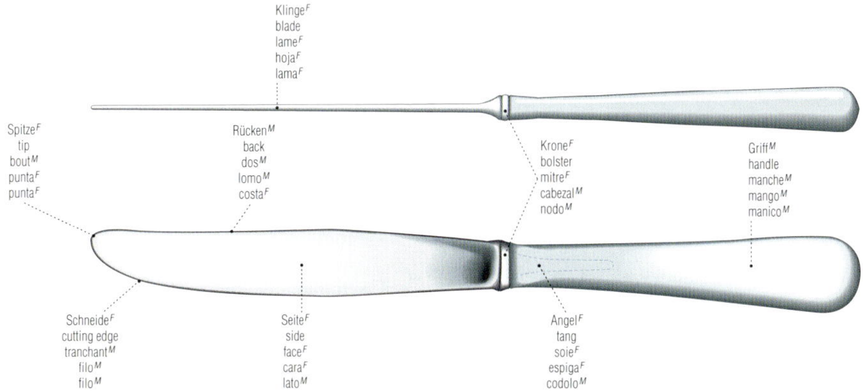

Gabel^{F}
fork
fourchette^{F}
tenedor^{M}
forchetta^{F}

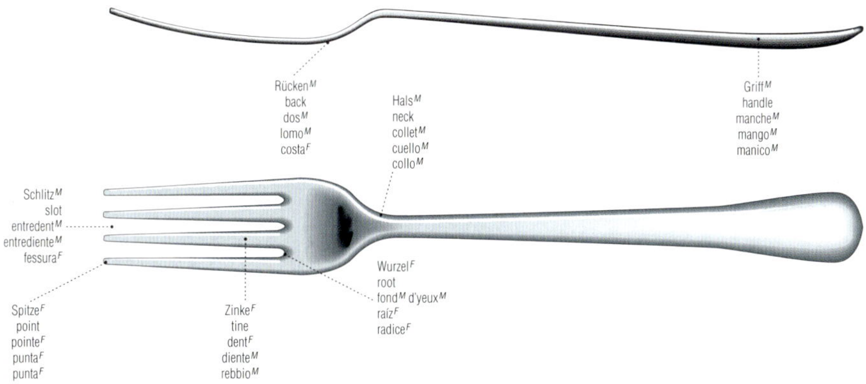

Löffel^{M}
spoon
cuiller^{F}
cuchara^{F}
cucchiaio^{M}

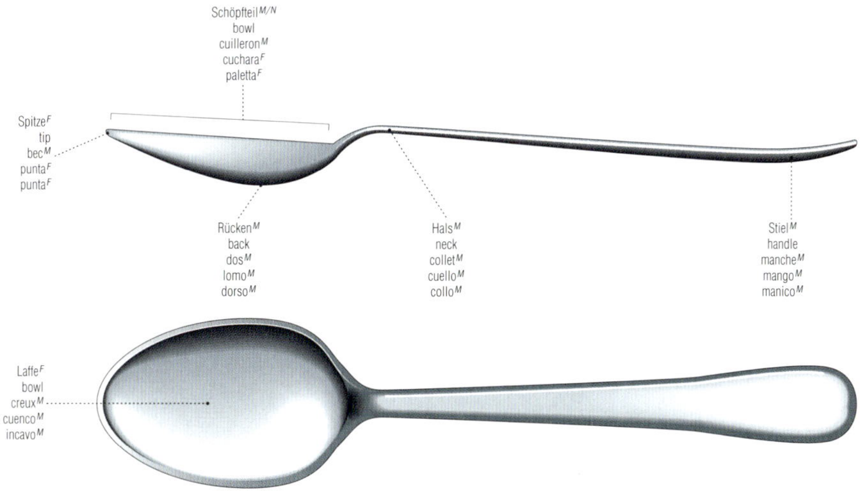

Silberbesteck[N]

Beispiele[N] für Gabeln[F]
examples of forks
exemples[M] de fourchettes[F]
ejemplos[M] de tenedores[F]
esempi[M] di forchette[F]

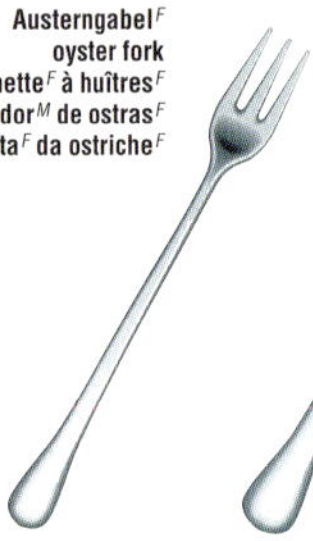

Austerngabel[F]
oyster fork
fourchette[F] à huîtres[F]
tenedor[M] de ostras[F]
forchetta[F] da ostriche[F]

Dessertgabel[F]
dessert fork
fourchette[F] à dessert[M]
tenedor[M] de postre[M]
forchetta[F] da dessert[M]

Salatgabel[F]
salad fork
fourchette[F] à salade[F]
tenedor[M] de ensalada[F]
forchetta[F] da insalata[F]

Fischgabel[F]
fish fork
fourchette[F] à poisson[M]
tenedor[M] de pescado[M]
forchetta[F] da pesce[M]

Menügabel[F]
dinner fork
fourchette[F] de table[F]
tenedor[M] de mesa[F]
forchetta[F] da tavola[F]

Fonduegabel[F]
fondue fork
fourchette[F] à fondue[F]
tenedor[M] de fondue[F]
forchetta[F] da fonduta[F]

Beispiele[N] für Messer[N]
examples of knives
exemples[M] de couteaux[M]
ejemplos[M] de cuchillos[M]
esempi[M] di coltelli[M]

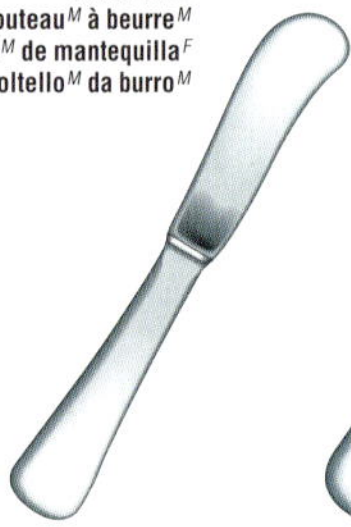

Buttermesser[N]
butter knife
couteau[M] à beurre[M]
cuchillo[M] de mantequilla[F]
coltello[M] da burro[M]

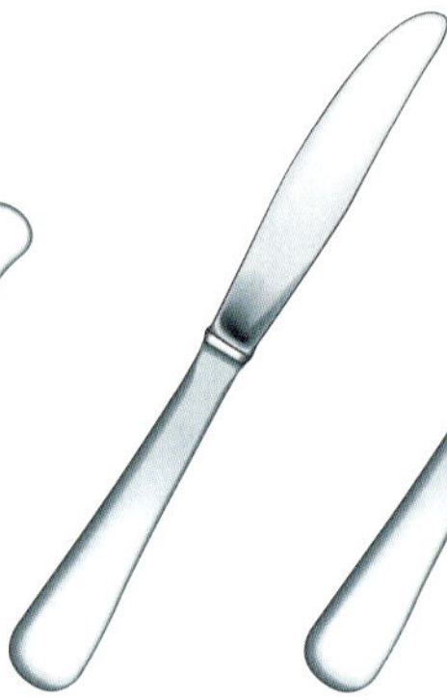

Dessertmesser[N]
dessert knife
couteau[M] à dessert[M]
cuchillo[M] de postre[M]
coltello[M] da dessert[M]

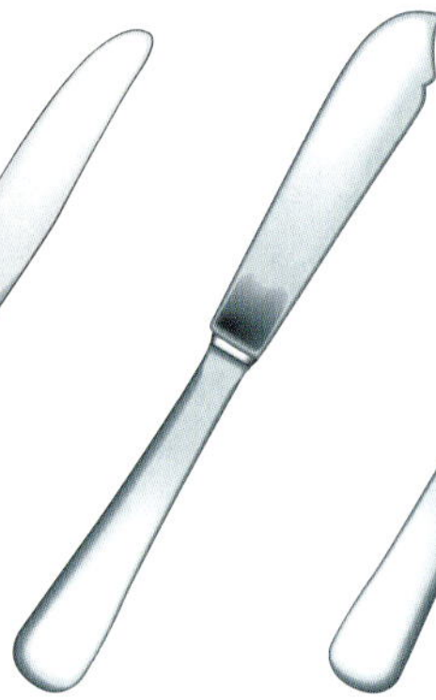

Fischmesser[N]
fish knife
couteau[M] à poisson[M]
cuchillo[M] de pescado[M]
coltello[M] da pesce[M]

Käsemesser[N]
cheese knife
couteau[M] à fromage[M]
cuchillo[M] de queso[M]
coltello[M] da formaggio[M]

Menümesser[N]
dinner knife
couteau[M] de table[F]
cuchillo[M] de mesa[F]
coltello[M] da tavola[F]

Steakmesser[N]
steak knife
couteau[M] à bifteck[M]
cuchillo[M] de carne[F]
coltello[M] da bistecca[F]

Beispiele[N] für Löffel[M]
examples of spoons
exemples[M] de cuillers[F]
ejemplos[M] de cucharas[F]
esempi[M] di cucchiai[M]

Kaffeelöffel[M]
coffee spoon
cuiller[F] à café[M]
cucharita[F] de café[M]
cucchiaino[M] da caffè[M]

Teelöffel[M]
teaspoon
cuiller[F] à thé[M]
cuchara[F] de té[M]
cucchiaino[M] da tè[M]

Suppenlöffel[M]
soup spoon
cuiller[F] à soupe[F]
cuchara[F] de sopa[F]
cucchiaio[M] da brodo[M]

Limonadenlöffel[M]
sundae spoon
cuiller[F] à soda[M]
cuchara[F] de helado[M]
cucchiaio[M] da bibita[F]

Dessertlöffel[M]
dessert spoon
cuiller[F] à dessert[M]
cuchara[F] de postre[M]
cucchiaio[M] da dessert[M]

Esslöffel[M]
tablespoon
cuiller[F] de table[F]
cuchara[F] de mesa[F]
cucchiaio[M] da tavola[F]

Küchenutensilien[N]

kitchen utensils | ustensiles[M] de cuisine[F] | utensilios[M] de cocina[F] | utensili[M] da cucina[F]

Küchenmesser[N]
kitchen knife
couteau[M] de cuisine[F]
cuchillo[M] de cocina[F]
coltello[M] da cucina[F]

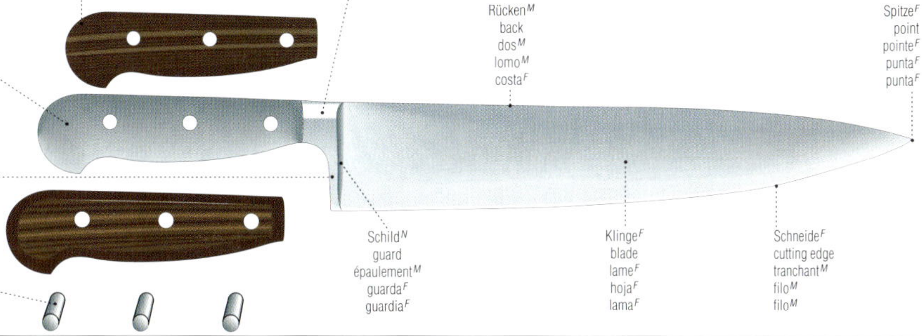

Beispiele[N] für Küchenmesser[N]
examples of kitchen knives
exemples[M] de couteaux[M] de cuisine[F]
ejemplos[M] de cuchillos[M] de cocina[F]
esempi[M] di coltelli[M] da cucina[F]

Kochmesser[N]
cook's knife
couteau[M] de chef[M]
cuchillo[M] de carnicero[M]
coltello[M] da cucina[F]

Küchenbeil[N]
cleaver
couperet[M]
hacha[F] de cocinero[M]
mannaia[F]

Brotmesser[N]
bread knife
couteau[M] à pain[M]
cuchillo[M] de pan[M]
coltello[M] da pane[M]

Tranchiermesser[N]
carving knife
couteau[M] à découper
cuchillo[M] de trinchar
trinciante[M]

Schinkenmesser[N]
ham knife
couteau[M] à jambon[M]
cuchillo[M] para jamón[M]
coltello[M] da prosciutto[M]

Filiermesser[N]
filleting knife
couteau[M] à filets[M] de sole[F]
cuchillo[M] filetero
coltello[M] per affettare

Schälmesser[N]
paring knife
couteau[M] d'office[M]
cuchillo[M] de pelar
spelucchino[M]

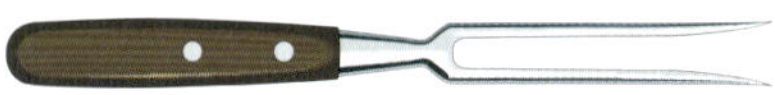

Tranchiergabel[F]
carving fork
fourchette[F] à découper
tenedor[M] de trinchar
forchettone[M]

Wetzstahl[M]
sharpening steel
fusil[M]
afilador[M]
acciaiolo[M]

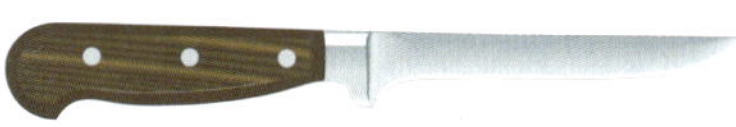

Ausbeinmesser[N]
boning knife
couteau[M] à désosser
cuchillo[M] para deshuesar
coltello[M] per disossare

Wetzstein[M]
sharpening stone
pierre[F] à affûter
piedra[F] de afilar
pietra[F] affilacoltelli

Grapefruitmesser[N]
grapefruit knife
couteau[M] à pamplemousse[M]
cuchillo[M] para pomelos[M]
coltello[M] da pompelmo[M]

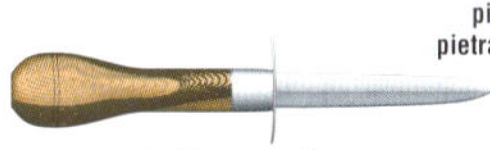

Austernmesser[N]
oyster knife
couteau[M] à huîtres[F]
cuchillo[M] para ostras[F]
coltello[M] da ostriche[F]

Zitronenschaber[M]
zester
couteau[M] à zester
rallador[M]
sbuccialimoni[M]

Schneidbrett[N]
cutting board
planche[F] à découper
tabla[F] de cortar
tagliere[M]

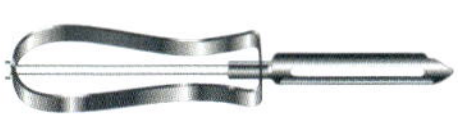

Schäler[M]
peeler
éplucheur[M]
pelapatatas[M]
sbucciatore[M]

Butterroller[M]
butter curler
coquilleur[M] à beurre[M]
rizador[M] de mantequilla[F]
arricciaburro[M]

Küchenutensilien[N]

zum Öffnen[N]
for opening
pour ouvrir
utensilios[M] para abrir y descorchar
per aprire

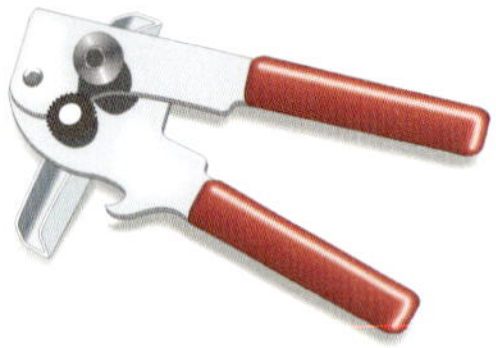

Büchsenöffner[M]
tin opener
ouvre-boîtes[M]
abrelatas[M]
apriscatole[M]

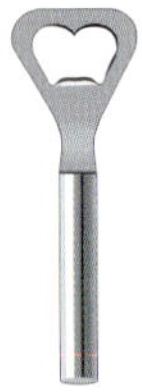

Flaschenöffner[M]
bottle opener
décapsuleur[M]
abrebotellas[M]
apribottiglie[M]

Kellnerbesteck[N]
wine waiter corkscrew
tire-bouchon[M] de sommelier[M]
sacacorchos[M]
cavatappi[M] da cameriere[M]

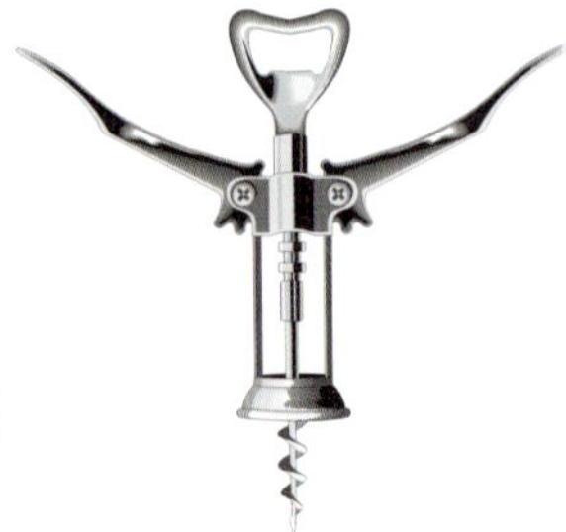

Hebel-Korkenzieher[M]
lever corkscrew
tire-bouchon[M] à levier[M]
sacacorchos[M] con brazos[M]
cavatappi[M] a leva[F]

zum Zerkleinern[N] und Zerreiben[N]
for grinding and grating
pour broyer et râper
para moler y rallar
per macinare e grattugiare

Mörser[M]
mortar
mortier[M]
almirez[M]
mortaio[M]

Fleischwolf[M]
mincer
hachoir[M]
picadora[F] de carne[F]
tritacarne[M]

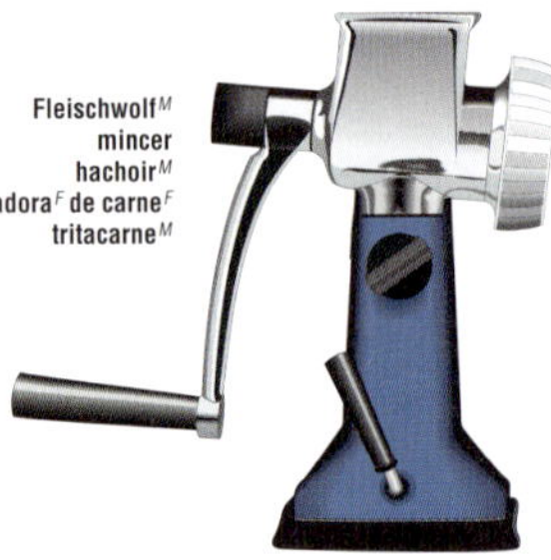

Nussknacker[M]
nutcracker
casse-noix[M]
cascanueces[M]
schiaccianoci[M]

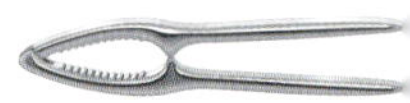

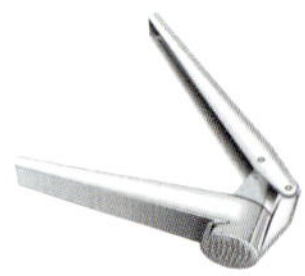

Knoblauchpresse[F]
garlic press
presse-ail[M]
triturador[M] de ajos[M]
spremiaglio[M]

Zitronenpresse[F]
lemon squeezer
presse-agrumes[M]
exprimidor[M]
spremiagrumi[M]

Muskatnussreibe[F]
nutmeg grater
râpe[F] à muscade[F]
rallador[M] de nuez[F] moscada
grattugia[F] per noce[F] moscata

Reibe[F]
grater
râpe[F]
rallador[M]
grattugia[F]

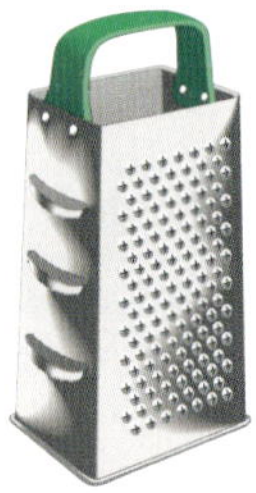

Käsereibe[F]
rotary cheese grater
râpe[F] à fromage[M] cylindrique
rallador[M] cilíndrico de queso[M]
grattugiaformaggio[M]

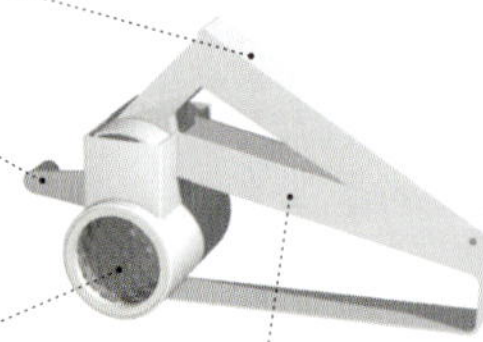

Nudelmaschine[F]
pasta maker
machine[F] à faire les pâtes[F]
máquina[F] para hacer pasta[F] italiana
macchina[F] per fare la pasta[F]

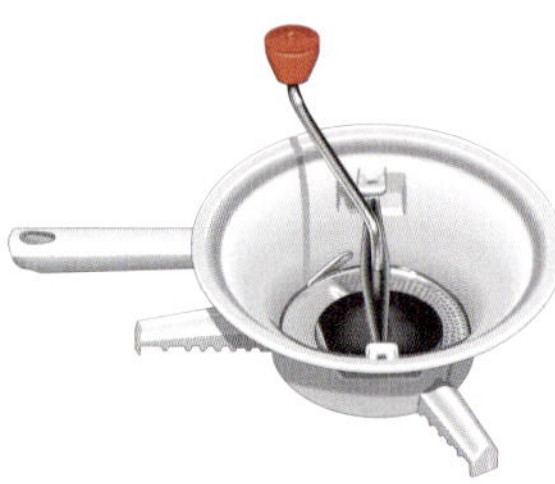

Passiergerät[N]
food mill
moulin[M] à légumes[M]
pasaverduras[M]
passaverdure[M]

Küchenreibe[F]
mandoline
mandoline[F]
mandolina[F]
affettaverdure[M]

Küchenutensilien[N]

zum Messen[N]
for measuring
pour mesurer
utensilios[M] para medir
per misurare

Messlöffel[M]
measuring spoons
cuillers[F] doseuses
cucharas[F] dosificadoras
cucchiai[M] dosatori

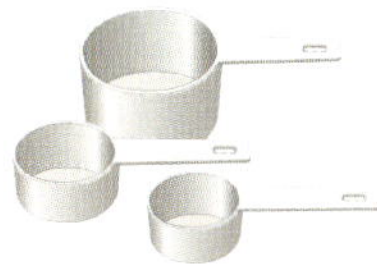

Messbecher[M]
measuring cups
mesures[F]
tazas[F] medidoras
misurini[M]

Einmachthermometer[N]
sugar thermometer
thermomètre[M] à sucre[M]
termómetro[M] de azúcar[M]
termometro[M] per zucchero[M]

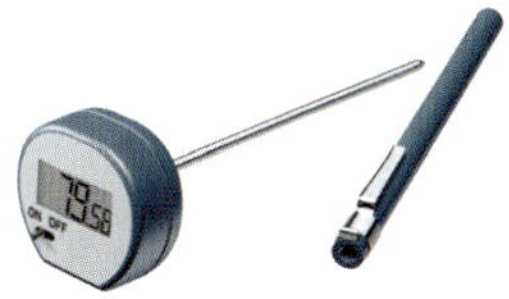

digitales Bratenthermometer[N]
instant-read thermometer
thermomètre[M] à mesure[F] instantanée
termómetro[M] de medida[F] instantánea
termometro[M] a lettura[F] istantanea

Maß[N]
measuring jug
tasse[F] à mesurer
jarra[F] medidora
tazza[F] graduata

Fleischthermometer[N]
meat thermometer
thermomètre[M] à viande[F]
termómetro[M] para carne[F]
termometro[M] per carne[F]

Backofenthermometer[N]
oven thermometer
thermomètre[M] de four[M]
termómetro[M] de horno[M]
termometro[M] del forno[M]

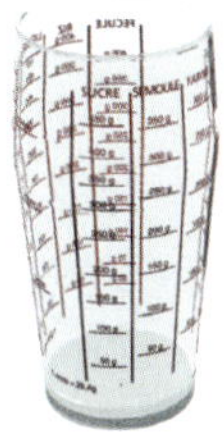

Messbecher[M]
measuring beaker
verre[M] à mesurer
vaso[M] medidor
recipiente[M] graduato

Küchenuhr[F]
kitchen timer
minuteur[M]
minutero[M]
contaminuti[M]

Eieruhr[F]
egg timer
sablier[M]
reloj[M] de arena[F]
clessidra[F] per uova[F] alla coque

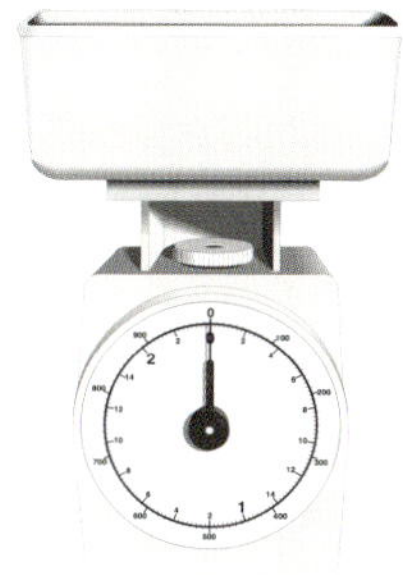

Küchenwaage[F]
kitchen scale
balance[F] de cuisine[F]
báscula[F] de cocina[F]
bilancia[F] da cucina[F]

zum Sieben[N] und Abtropfen[N]
for straining and draining
pour passer et égoutter
coladores[M] y escurridores[M]
per scolare e filtrare

Passiersieb[N]
mesh strainer
passoire[F] fine
colador[M] fino
colino[M]

Musselin[M]
muslin
mousseline[F]
muselina[F]
mussolina[F]

Spitzsieb[N]
chinois
chinois[M]
chino[M]
chinois[M]

Trichter[M]
funnel
entonnoir[M]
embudo[M]
imbuto[M]

Seiher[M]
colander
passoire[F]
escurridor[M]
colapasta[M]

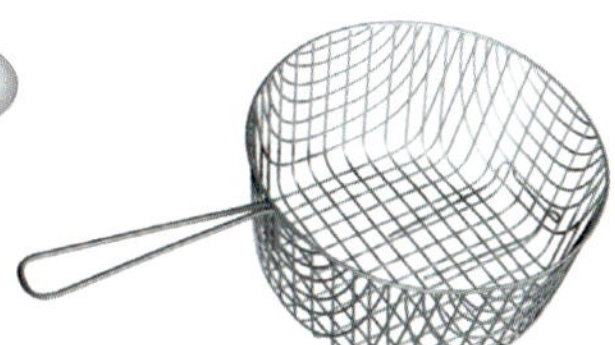

Frittierkorb[M]
frying basket
panier[M] à friture[F]
cesta[F] de freír
cestello[M] per friggere

Mehlsieb[N]
sieve
tamis[M]
tamiz[M]
setaccio[M]

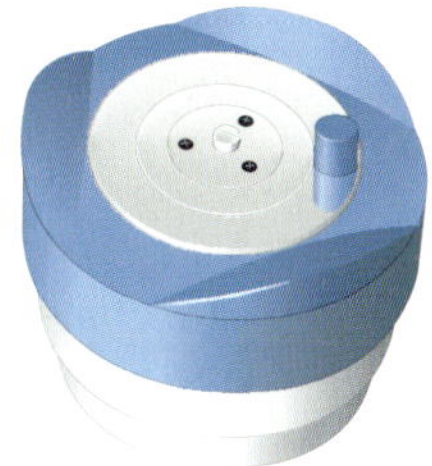

Salatschleuder[F]
salad spinner
essoreuse[F] à salade[F]
secadora[F] de ensalada[F]
centrifuga[F] scolainsalata

Küchenutensilien^N

Backgerät^N
baking utensils
pour la pâtisserie^F
utensilios^M para hornear
utensili^M per dolci^M

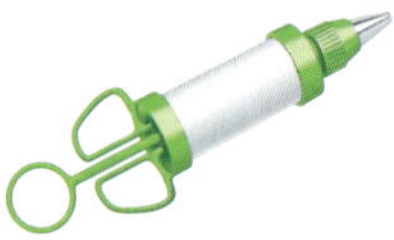

Garnierspritze^F
icing syringe
piston^M à décorer
jeringa^F de decoración^F
siringa^F per decorazioni

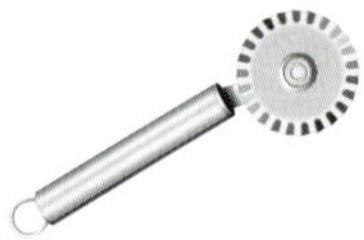

Kuchenrad^N
pastry cutting wheel
roulette^F de pâtissier^M
cortapastas^M
rotella^F tagliapasta

Kuchenpinsel^M
pastry brush
pinceau^M à pâtisserie^F
pincel^M de repostería^F
pennello^M per dolci^M

Rad-Schneeschläger^M
egg beater
batteur^M à œufs^M
batidor^M mecánico
frullino^M

Schneebesen^M
whisk
fouet^M
batidor^M
frusta^F

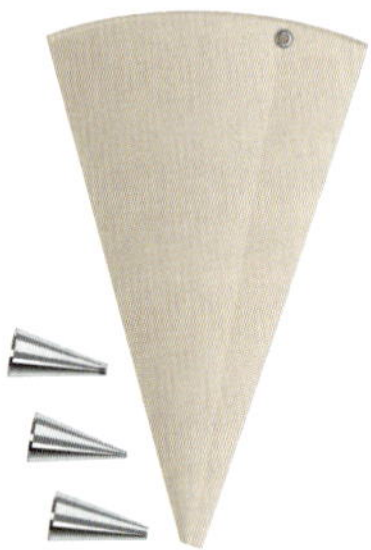

Spritzbeutel^M mit Tüllen^F
pastry bag and nozzles
poche^F à douilles^F
manga^F y boquillas^F
tasca^F e bocchette^F

Mehlsieb^N
sifter
tamis^M à farine^F
tamiz^M
setaccio^M

Ausstechformen^F
biscuit cutters
emporte-pièces^M
moldes^M de pastas^F
tagliabiscotti^M

Streuer^M
dredger
saupoudreuse^F
espolvoreador^M
spolverino^M

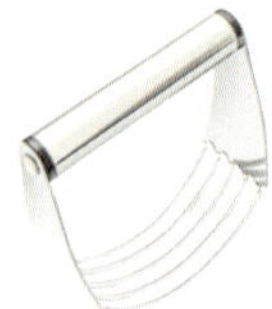

Teigmischer^M
pastry blender
mélangeur^M à pâtisserie^F
mezclador^M de pastelería^F
miscelatore^M per dolci^M

Rührschüsseln^F
mixing bowls
bols^M à mélanger
boles^M para batir
ciotole^F per mescolare

Nudelholz^N
rolling pin
rouleau^M à pâtisserie^F
rodillo^M
matterello^M

Backblech^N
baking sheet
plaque^F à pâtisserie^F
bandeja^F de pastelería^F
teglia^F da forno^M

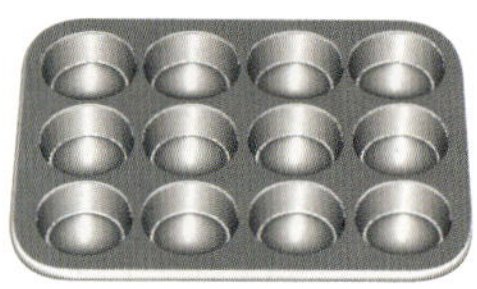

Muffinform^F
bun tin
moule^M à muffins^M
molde^M para magdalenas^F
stampini^M per dolci^M

Soufflétform^F
soufflé dish
moule^M à soufflé^M
molde^M de soufflé^M
tegamino^M per sufflè^M

Charlottenform^F
charlotte mould
moule^M à charlotte^F
molde^M de carlota^F
stampo^M per charlotte^F

Springform^F
removable-bottomed tin
moule^M à fond^M amovible
molde^M redondo con muelles^M
teglia^F con fondo^M staccabile

flache Kuchenform^F
pie tin
moule^M à tarte^F
molde^M para tartas^F
teglia^F per torta^F

Quicheform^F
quiche tin
moule^M à quiche^F
molde^M acanalado
stampo^M per crostata^F

Kuchenform^F
cake tin
moule^M à gâteau^M
molde^M para bizcocho^M
tortiera^F

Küchenutensilien^{N}

Küchenset^{N}
set of utensils
jeu^{M} d'ustensiles^{M}
juego^{M} de utensilios^{M}
set^{M} di utensili^{M}

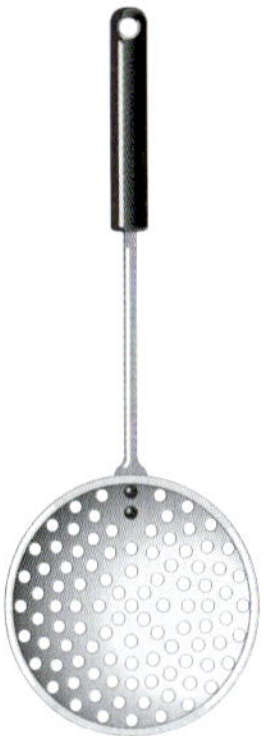

Abseihkelle^{F}
skimmer
écumoire^{F}
espumadera^{F}
schiumaiola^{F}

Abseihlöffel^{M}
draining spoon
cuiller^{F} à égoutter
escurridera^{F}
cucchiaio^{M} forato

Palette^{F}
spatula
spatule^{F}
espátula^{F}
spatola^{F}

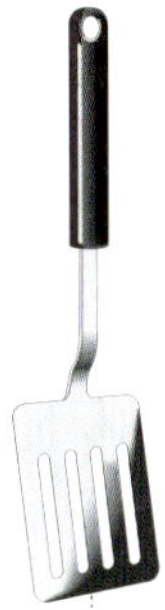

Pfannenwender^{M}
slice
pelle^{F}
paleta^{F}
paletta^{F}

Schöpflöffel^{M}
ladle
louche^{F}
cazo^{M}
mestolo^{M}

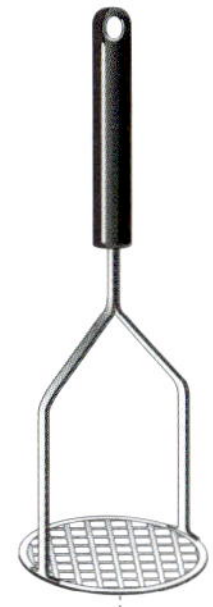

Kartoffelstampfer^{M}
potato masher
pilon^{M}
pasapuré^{M}
schiacciapatate^{M}

verschiedene Utensilien^{N}
miscellaneous utensils
ustensiles^{M} divers
utensilios^{M} diversos
utensili^{M} vari

Entsteiner^{M}
stoner
dénoyauteur^{M}
deshuesador^{M}
snocciolatore^{M}

Spicknadel^{F}
larding needle
aiguille^{F} à piquer
aguja^{F} picadora
lardatoio^{M}

Kerngehäuseausstecher^{M}
apple corer
vide-pomme^{M}
descorazonador^{M}
cavatorsoli^{M}

Melonenlöffel^{M}
melon baller
cuiller^{F} parisienne
vaciador^{M}
scavamelone^{M}

Dressiernadel^{F}
trussing needle
aiguille^{F} à brider
aguja^{F} de coser
ago^{M} per legare

Küchenschere^{F}
kitchen shears
ciseaux^{M} de cuisine^{F}
tijeras^{F} de cocina^{F}
forbici^{F} da cucina^{F}

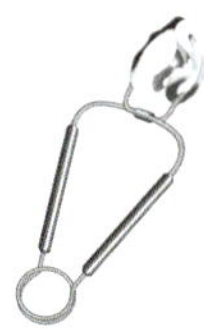

Schneckenzange^{F}
snail tongs
pince^{F} à escargots^{M}
pinzas^{F} para caracoles^{M}
molle^{F} per chiocciole^{F}

Schneckenpfännchen^{N}
snail dish
plat^{M} à escargots^{M}
plato^{M} para caracoles^{M}
tegamino^{M} per chiocciole^{F}

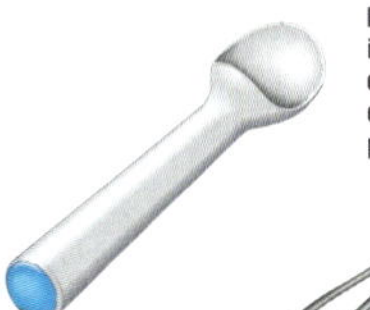

Eisportionierer^{M}
ice cream scoop
cuiller^{F} à glace^{F}
cuchara^{F} para servir helado^{M}
porzionatore^{M} per gelato^{M}

Zange^{F}
tongs
pince^{F}
pinzas^{F}
molle^{F}

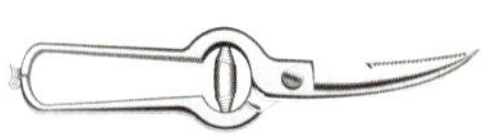

Geflügelschere^{F}
poultry shears
cisaille^{F} à volaille^{F}
tijeras^{F} para aves^{F}
trinciapollo^{M}

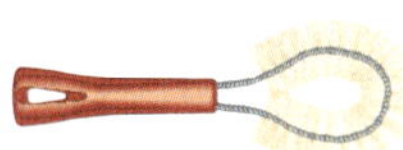

Gemüsebürste^{F}
vegetable brush
brosse^{F} à légumes^{M}
cepillo^{M} para verduras^{F}
spazzola^{F} per verdura^{F}

Eierschneider^{M}
egg slicer
coupe-œuf^{M}
cortador^{M} de huevos^{M} duros
affettauova^{M}

Probierlöffel^{M}
tasting spoon
cuiller^{F} à goûter
cuchara^{F} de degustación^{F}
cucchiaio^{M} da assaggio^{M}

Tee-Ei^{N}
tea infuser
boule^{F} à thé^{M}
esfera^{F} de té^{M}
filtro^{M} per il tè^{M}

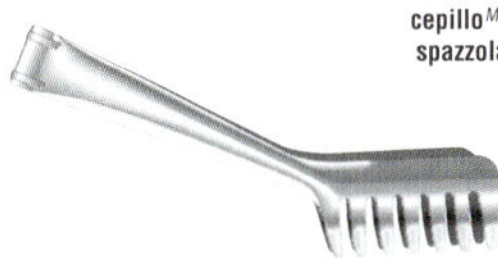

Spaghettizange^{F}
spaghetti tongs
pince^{F} à spaghettis^{M}
pinzas^{F} para espagueti^{M}
molle^{F} per spaghetti^{M}

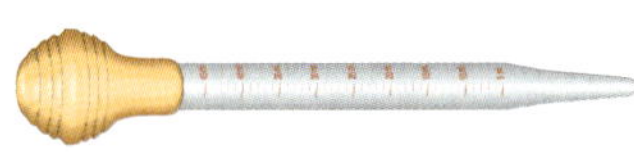

Fettgießer^{M}
baster
poire^{F} à jus^{M}
engrasador^{M}
peretta^{F} per ingrassare

Kochgeräte^{N}

cooking utensils | batterie^{F} de cuisine^{F} | utensilios^{M} de cocina^{F} | utensili^{M} per cucinare

Wok-Set^{N}
wok set
wok^{M}
wok^{M}
servizio^{M} da wok^{M}

Tajine^{F}
tajine
tajine^{M}
tajina^{F}
tajina^{M}

Fondue-Set^{N}
fondue set
service^{M} à fondue^{F}
servicio^{M} para fondue^{F}
servizio^{M} da fonduta^{F}

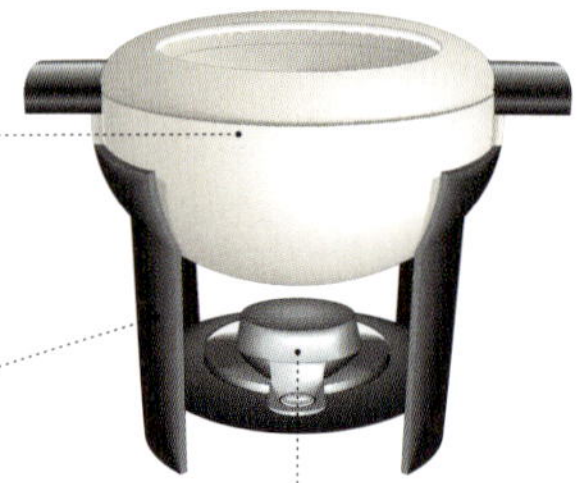

Fischkochtopf^{M}
fish kettle
poissonnière^{F}
besuguera^{F}
pesciera^{F}

Fettpfanne^{F}
dripping pan
lèchefrite^{F}
grasera^{F}
leccarda^{F}

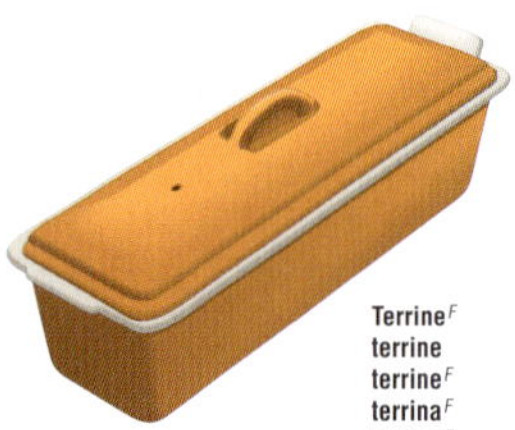

Terrine^{F}
terrine
terrine^{F}
terrina^{F}
terrina^{F}

Bräter^{M}
roasting pans
plats^{M} à rôtir
asadores^{M}
teglie^{F} da forno^{M}

Schnellkochtopf^{M}
pressure cooker
autocuiseur^{M}
olla^{F} a presión^{F}
pentola^{F} a pressione^{F}

flacher Bratentopf[M]
Dutch oven
faitout[M]
cacerola[F] refractaria
casseruola[F]

Suppentopf[M]
stock pot
marmite[F]
olla[F]
pentola[F]

Couscoustopf[M]
couscous kettle
couscoussier[M]
olla[F] para cuscús[M]
pentola[F] per cuscus[M]

Bratpfanne[F]
frying pan
poêle[F] à frire
sartén[F] para freir
padella[F] per friggere

Dampfkochtopf[M]
steamer
cuit-vapeur[M]
cazuela[F] vaporera
pentola[F] a vapore[M]

Eipochierer[M]
egg poacher
pocheuse[F]
escalfador[M] de huevos[M]
tegame[M] per uova[F] in camicia[F]

Schmorpfanne[F]
sauté pan
sauteuse[F]
sartén[F] honda
padella[F] per rosolare

Pfanne[F]
small saucepan
poêlon[M]
sartén[F] pequeña
piccolo tegame[M]

Römertopf[M]
diable
diable[M]
sartén[F] doble
padella[F] doppia

Crêpe-Pfanne[F]
pancake pan
poêle[F] à crêpes[F]
sartén[F] para crepes[F]
padella[F] per crêpe[F]

Dämpfeinsatz[M]
steamer basket
panier[M] cuit-vapeur[M]
cesto[M] de cocción[M] al vapor[M]
cestello[M] per la cottura[F] a vapore[M]

Wasserbadtopf[M]
double boiler
bain-marie[M]
cacerola[F] para baño[M] de María
pentola[F] per cucinare a bagnomaria

Stielkasserolle[F]
saucepan
casserole[F]
cacerola[F]
tegame[M]

Haushaltsgeräte[N]

domestic appliances | appareils[M] électroménagers | aparatos[M] electrodomésticos | elettrodomestici[M]

zum Mixen[N] und Kneten[N]
for mixing and blending
pour mélanger et battre
para mezclar y batir
per frullare e miscelare

Mixer[M]
blender
mélangeur[M]
batidora[F] de vaso[M]
frullatore[M]

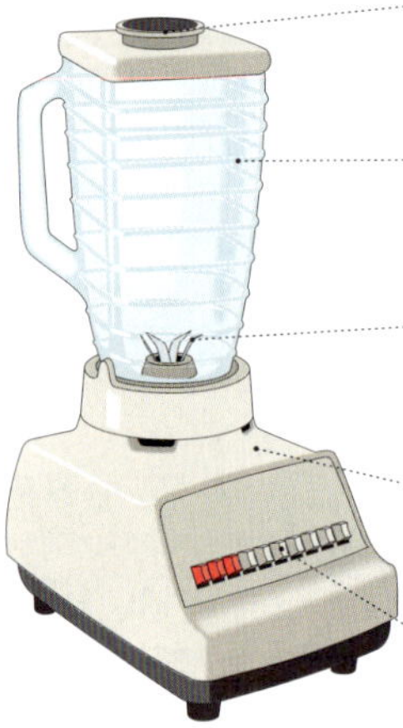

Handrührgerät[N]
hand mixer
batteur[M] à main[F]
batidora[F] de mano[F]
frullatore[M] elettrico a mano[F]

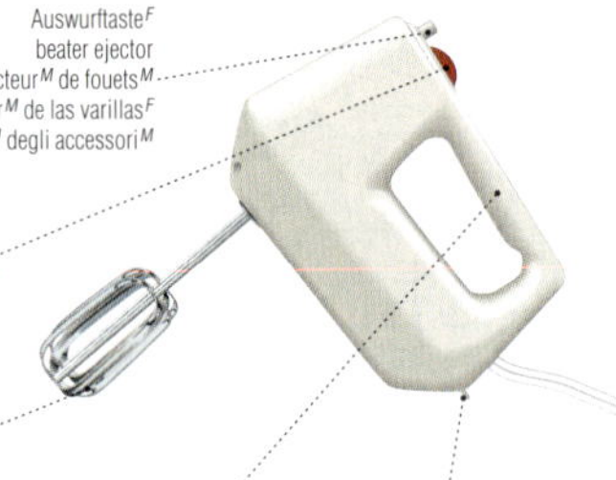

Tischrührgerät[N]
table mixer
batteur[M] sur socle[M]
batidora[F] de mesa[F]
impastatrice[F]

Stabmixer[M]
hand blender
mélangeur[M] à main[F]
batidora[F] de pie[M]
frullatore[M] a immersione[F]

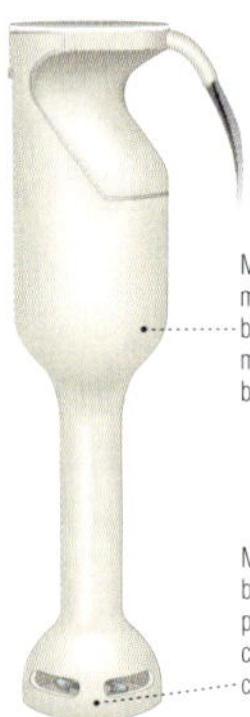

Rührbesen[M]
beaters
fouets[M]
tipos[M] de varillas[F]
fruste[F]

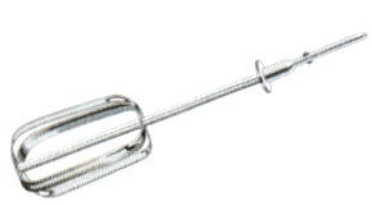

Rührbesen[M]
four-blade beater
fouet[M] quatre pales[F]
de aspas[F]
frusta[F] a quattro bracci[M]

Spiralkneter[M]
spiral beater
fouet[M] en spirale[F]
en espiral[F]
frusta[F] a spirale[F]

Drahtbesen[M]
wire beater
fouet[M] à fil[M]
circular
frusta[F] ad anello[M]

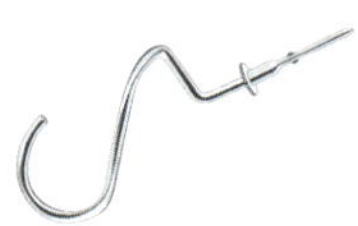

Knethaken[M]
dough hook
crochet[M] pétrisseur
de gancho[M]
gancio[M] per l'impasto[M]

Küchenmaschine^{F}
food processor
robot^{M} de cuisine^{F}
robot^{M} de cocina^{F}
robot^{M} da cucina^{F}

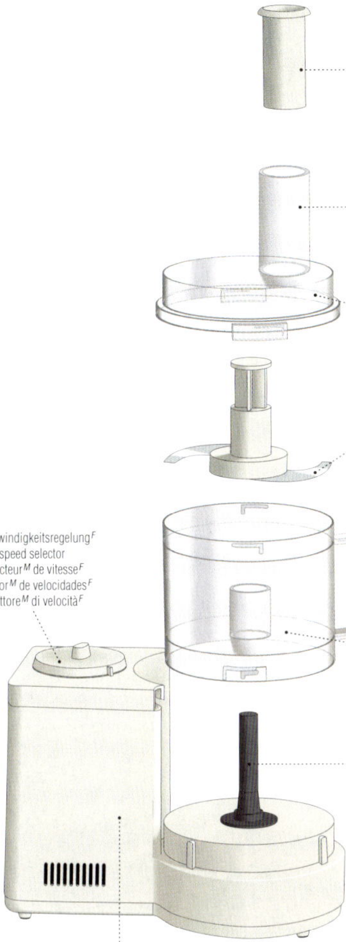

zum Schneiden^{N}
for cutting
pour couper
para cortar
per tagliare

Scheiben^{F}
discs
disques^{M}
disco^{M}
dischi^{M}

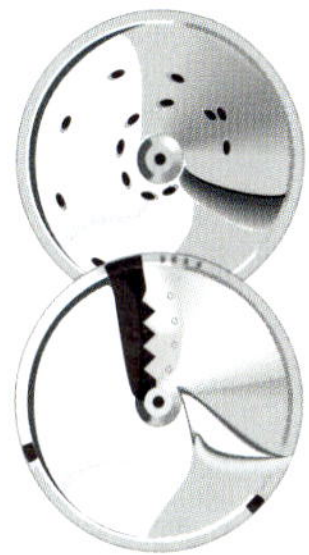

Elektromesser^{N}
electric knife
couteau^{M} électrique
cuchillo^{M} eléctrico
coltello^{M} elettrico

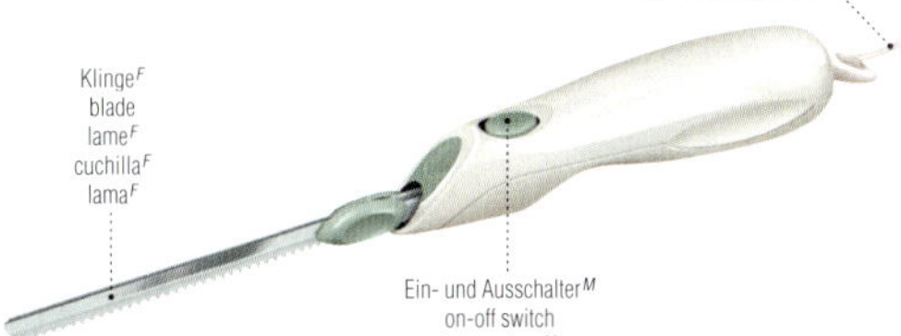

zum Auspressen^{N}
for juicing
pour presser
para exprimir
per spremere

Zitruspresse^{F}
lemon squeezer
presse-agrumes^{M}
exprimidor^{M} de cítricos^{M}
spremiagrumi^{M} elettrico

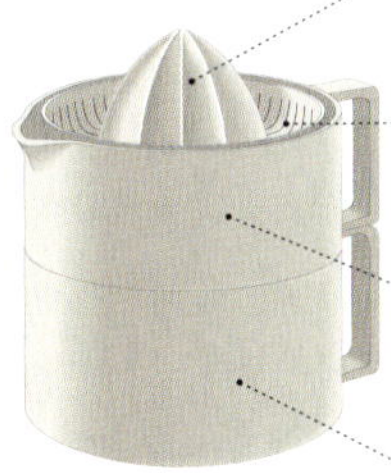

Haushaltsgeräte^{N}

zum Kochen^{N}
for cooking
pour cuire
para cocinar
per cucinare

Mikrowellengerät^{N}
microwave oven
four^{M} à micro-ondes^{F}
horno^{M} de microondas^{F}
forno^{M} a microonde^{F}

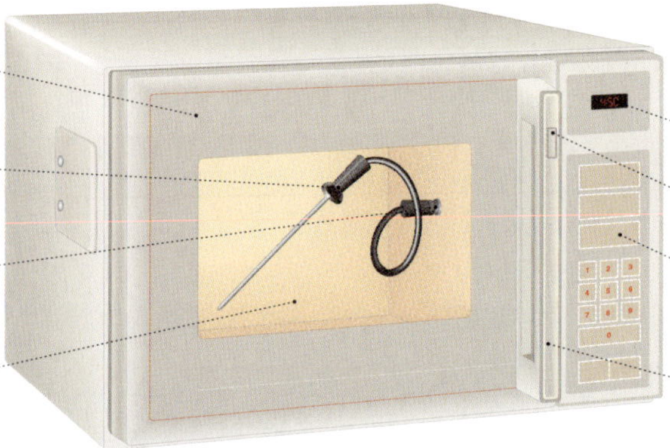

Waffeleisen^{N}
waffle iron
gaufrier^{M}-gril^{M}
gofrera^{F}
griglia^{F} elettrica

Toaster^{M}
toaster
grille-pain^{M}
tostador^{M}
tostapane^{M}

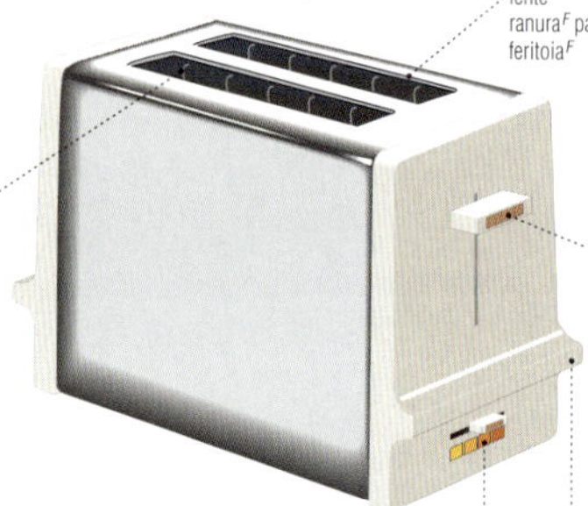

Fritteuse^{F}
deep fryer
friteuse^{F}
freidora^{F}
friggitrice^{F}

Raclette[F]-Grill[M]
raclette with grill
raclette[F]-gril[M]
raclette-grill[M]
griglia[F] per raclette[F]

Pfännchen[N]
dish
poêlon[M]
bandeja[F]
piatto[M]

Grillplatte[F]
cooking plate
surface[F] de cuisson[F]
placa[F] de cocción[F]
piastra[F] di cottura[F]

Unterteil[M/N]
base
socle[M]
base[F]
base[F]

elektrischer Schnellkocher[M]
electric steamer
cuit-vapeur[M] électrique
vaporera[F] eléctrica
pentola[F] a vapore[M] elettrica

Einsätze[M]
cooking dishes
bols[M] de cuisson[F]
platos[M] de cocción[F]
piatti[M] di cottura[F]

Wasserstandsanzeiger[M]
water level indicator
indicateur[M] de niveau[M] d'eau[F]
indicador[M] del nivel[M] del agua[F]
indicatore[M] del livello[M] d'acqua[F]

Kontrollleuchte[F]
signal lamp
voyant[M] lumineux
indicador[M] luminoso
spia[F] luminosa

Zeitschaltuhr[F]
timer
minuterie[F]
minutero[M]
contaminuti[M]

Elektrischer Tischgrill[M]
indoor electric grill
gril[M] barbecue[M]
parrilla[F] eléctrica
griglia[F] elettrica per interni[M]

wärmeisolierter Griff[M]
insulated handle
poignée[F] isolante
asa[F] aislante
maniglia[F] isolata

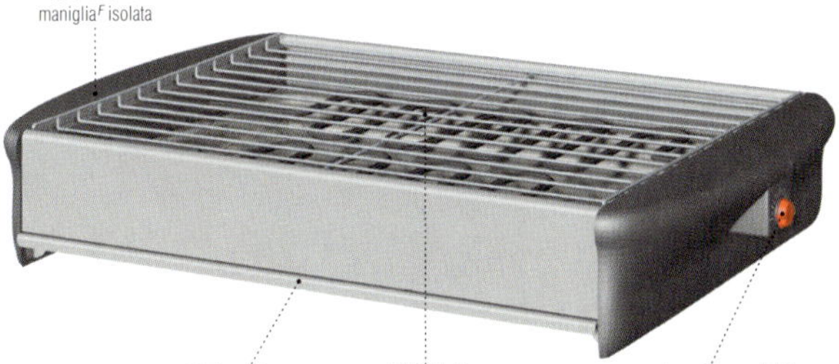

Fettpfanne[F]
dripping pan
bac[M] ramasse-jus[M]
grasera[F]
leccarda[F]

Grillfläche[F]
cooking surface
surface[F] de cuisson[F]
superficie[F] de cocción[F]
piano[M] di cottura[F]

regelbarer Thermostat[M]
adjustable thermostat
thermostat[M] réglable
termostato[M] regulable
termostato[M] regolabile

Brotbackautomat[M]
bread maker
robot[M] boulanger[M]
amasadora[F]
impastatrice[F]

Deckel[M]
lid
couvercle[M]
tapa[F]
coperchio[M]

Bedienungsfeld[N]
control panel
tableau[M] de commande[F]
panel[M] de mandos[M]
quadro[M] di comando[M]

Sichtfenster[N]
window
hublot[M]
ventana[F]
finestra[F] di controllo[M]

Backform[F]
loaf pan
moule[M] à pain[M]
molde[M] de pan[M]
stampo[M] per pane[M]

Grillplatte[F]
griddle
gril[M] électrique
plancha[F] eléctrica
piastra[F] elettrica

Kochfeld[N]
cooking surface
surface[F] de cuisson[F]
plancha[F]
piano[M] di cottura[F]

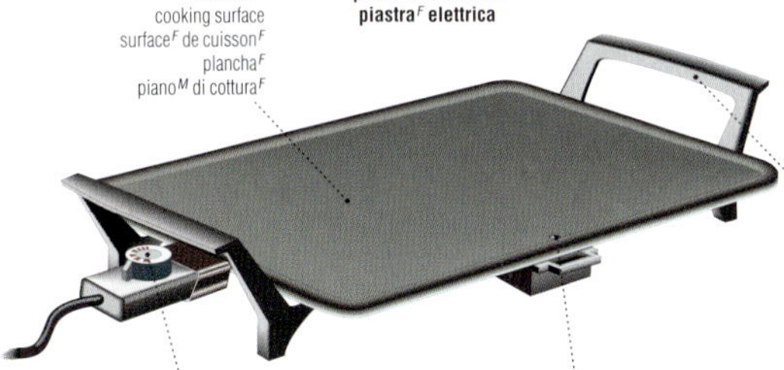

Griff[M]
handle
poignée[F]
asa[F]
maniglia[F]

abziehbarer Temperaturregler[M]
detachable control
commande[F] amovible
enchufe[M] y selector[M] desmontables
regolatore[M] staccabile

Fettauffangschale[F]
grease well
collecteur[M] de graisse[F]
colector[M] de grasa[F]
bacinella[F] raccogligrasso

verschiedene Haushaltsgeräte^{N}

miscellaneous domestic appliances | appareils^{M} électroménagers divers | varios aparatos^{M} electrodomésticos | elettrodomestici^{M} vari

Dosenöffner^{M}
tin opener
ouvre-boîtes^{M}
abrelatas^{M}
apriscatole^{M}

Einstechhebel^{M}
pierce lever
levier^{M} de perçage^{M}
palanca^{F} de perforación^{F}
tagliente^{M}

magnetischer Deckelhalter^{M}
magnetic lid holder
aimant^{M} de retenue^{F}
retén^{M} imantado
magnete^{M} fermacoperchio

Schneidklinge^{F}
cutting blade
lame^{F} de coupe^{F}
cuchilla^{F}
lama^{F}

Druckzahnrädchen^{N}
drive wheel
molette^{F} d'entraînement^{M}
engranaje^{M} de avance^{M}
ingranaggio^{M} di trascinamento^{M}

Kaffeemühle^{F}
coffee mill
moulin^{M} à café^{M}
molinillo^{M} de café^{M}
macinacaffè^{M}

Deckel^{M}
lid
couvercle^{M}
tapa^{F}
coperchio^{M}

Messer^{N}
blade
couteau^{M}
cuchilla^{F}
lama^{F}

Ein- und Ausschalter^{M}
on-off button
bouton^{M} marche^{F}/arrêt^{M}
interruptor^{M}
interruttore^{M}

Motorblock^{M}
motor unit
bloc^{M}-moteur^{M}
motor^{M}
blocco^{M} motore^{M}

Wasserkessel^{M}
kettle
bouilloire^{F}
hervidor^{M}
bollitore^{M}

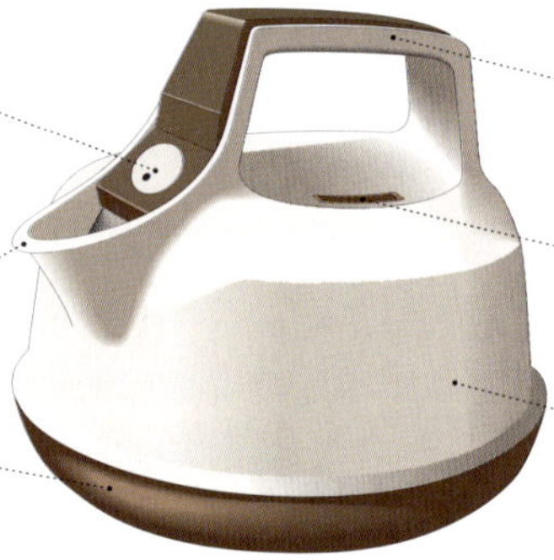

Pfeife^{F}
whistle
sifflet^{M}
silbato^{M}
fischio^{M}

Tülle^{F}
spout
bec^{M} verseur
vertedor^{M}
beccuccio^{M}

Boden^{M}
base
socle^{M}
base^{F}
base^{F}

Griff^{M}
handle
poignée^{F}
asa^{F}
impugnatura^{F}

Kontrollleuchte^{F}
pilot light
voyant^{M} lumineux
piloto^{M}
spia^{F} luminosa

Gehäuse^{N}
body
corps^{M}
cuerpo^{M}
corpo^{M}

Eismaschine^{F}
ice cream maker
sorbetière^{F}
heladera^{F}
gelatiera^{F}

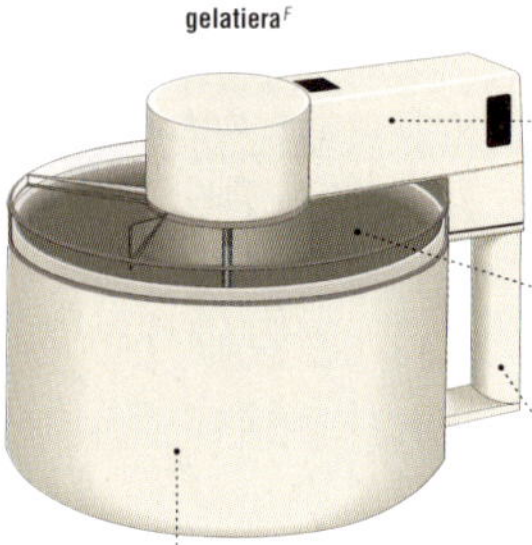

Motorblock^{M}
motor unit
bloc^{M}-moteur^{M}
motor^{M}
blocco^{M} motore^{M}

Deckel^{M}
cover
couvercle^{M}
cubierta^{F}
coperchio^{M}

Griff^{M}
handle
poignée^{F}
asa^{F}
impugnatura^{F}

Eisbehälter^{M}
ice cream container
seau^{M} isotherme
cubeta^{F} congeladora
cestello^{M} di refrigerazione^{F}

Entsafter^{M}
juice extractor
centrifugeuse^{F}
licuadora^{F}
centrifuga^{F}

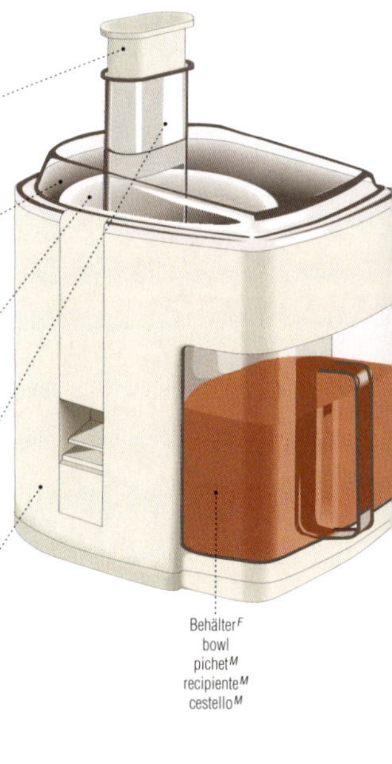

Stopfer^{M}
pusher
poussoir^{M}
empujador^{M}
pressatore^{M}

Deckel^{M}
lid
couvercle^{M}
tapa^{F}
coperchio^{M}

Sieb^{N}
strainer
passoire^{F}
colador^{M}
vaschetta^{F} filtrante

Einfüllschacht^{M}
feed tube
entonnoir^{M}
tubo^{M} alimentador
bocchetta^{F}

Motorblock^{M}
motor unit
bloc^{M}-moteur^{M}
motor^{M}
blocco^{M} motore^{M}

Behälter^{F}
bowl
pichet^{M}
recipiente^{M}
cestello^{M}

Kaffeemaschinen[F]

coffee makers | cafetières[F] | cafeteras[F] | macchine[F] da caffè[M]

Kaffeemaschine[F]
automatic filter coffee maker
cafetière[F] filtre[M]
cafetera[F] de filtro[M] automática
macchina[F] da caffè[M] a filtro[M]

Neapolitanische Tropfkanne[F]
Neapolitan coffee maker
cafetière[F] napolitaine
cafetera[F] napolitana
caffettiera[F] napoletana

Espressomaschine[F]
espresso machine
machine[F] à espresso[M]
máquina[F] de café[M] exprés
macchina[F] per espresso[M]

Vakuum-Kaffeemaschine[F]
vacuum coffee maker
cafetière[F] à infusion[F]
cafetera[F] de infusión[F]
caffettiera[F] a infusione[F]

Pressfilterkanne[F]
cafetière with plunger
cafetière[F] à piston[M]
cafetera[F] de émbolo[M]
caffettiera[F] a pistone[M]

Espresso-Maschine[F]
espresso coffee maker
cafetière[F] espresso[M]
cafetera[F] italiana
caffettiera[F] per espresso[M]

Kaffee-Filterkanne[M]
percolator
percolateur[M]
percoladora[F]
caffettiera[F] a filtro[M]

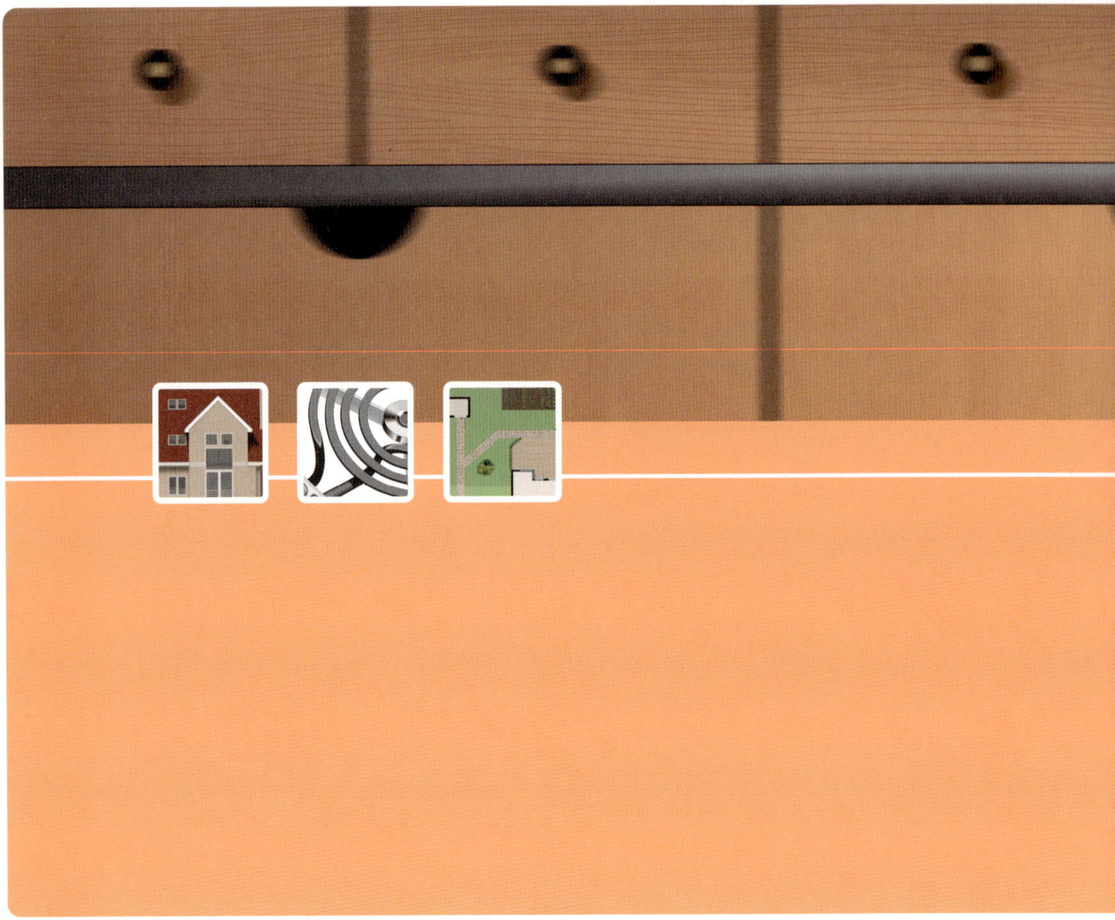

244 Anlage
- 244 Außenansicht eines Hauses
- 246 Schwimmbecken

247 Teile eines Hauses
- 247 Haustür
- 248 Schloss
- 249 Fenster

250 Konstruktion eines Hauses
- 250 Haupträume
- 252 Rahmen
- 253 Dachbinder
- 253 Fundament
- 254 Parkettboden
- 254 textile Bodenbeläge
- 255 Treppe
- 255 Treppenstufe

256 Heizung
- 256 Holzbeheizung
- 258 Warmluftsystem mit Zwangsumlauf
- 259 Warmwasserheizung mit Zwangsumlauf
- 260 Wärmepumpe
- 260 Zusatzheizung

261 Luftaufbereitung
- 261 Klimageräte

262 Sanitärinstallation
- 262 Sanitärinstallationssystem
- 263 Schmutzwasserhebeanlage
- 263 Versitzgrube
- 264 Badezimmer
- 265 Toilette
- 266 Wasserheizkessel
- 268 Armaturen
- 269 Fittings
- 270 Beispiele für Anschlüsse

HAUS

72 Elektrizität

272 Verteilerkasten
273 Hausanschluss
273 Kilowattstundenzähler
274 Kontaktelemente
274 Beleuchtung

276 Hauseinrichtung

276 Armlehnstuhl
277 Stuhl
277 Sitzmöbel
278 Tisch
278 Aufbewahrungsmöbel
280 Bett
281 Kindermöbel
282 Dekorationen
286 Lampen
288 Haushaltsgeräte
295 Haushaltsgegenstände

Außenansicht^F eines Hauses^N

exterior of a house | extérieur^M d'une maison^F | exterior^M de una casa^F | esterno^M di una casa^F

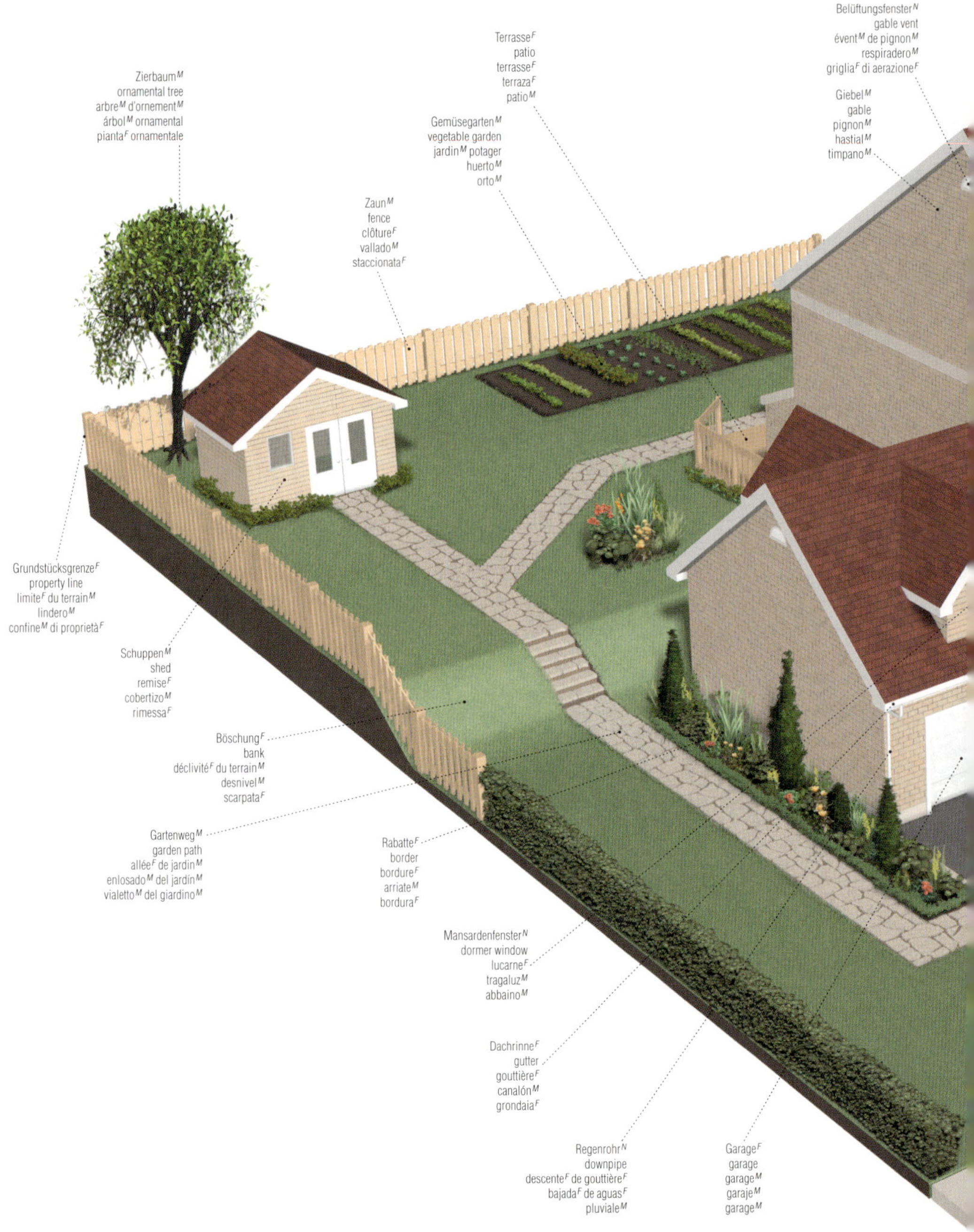

Außenansicht^{F} eines Hauses^{N}

Lageplan^{M}
site plan
plan^{M} du terrain^{M}
plano^{M} del terreno^{M}
pianta^{F}

Schwimmbecken^{N}

pool | piscine^{F} | piscina^{F} | piscina^{F}

freistehendes Schwimmbecken^{N}
above ground swimming pool
piscine^{F} hors sol^{M}
piscina^{F} elevada
piscina^{F} fuori terra^{F}

eingebautes Schwimmbecken^{N}
sunken swimming pool
piscine^{F} enterrée
piscina^{F} enterrada
piscina^{F} interrata

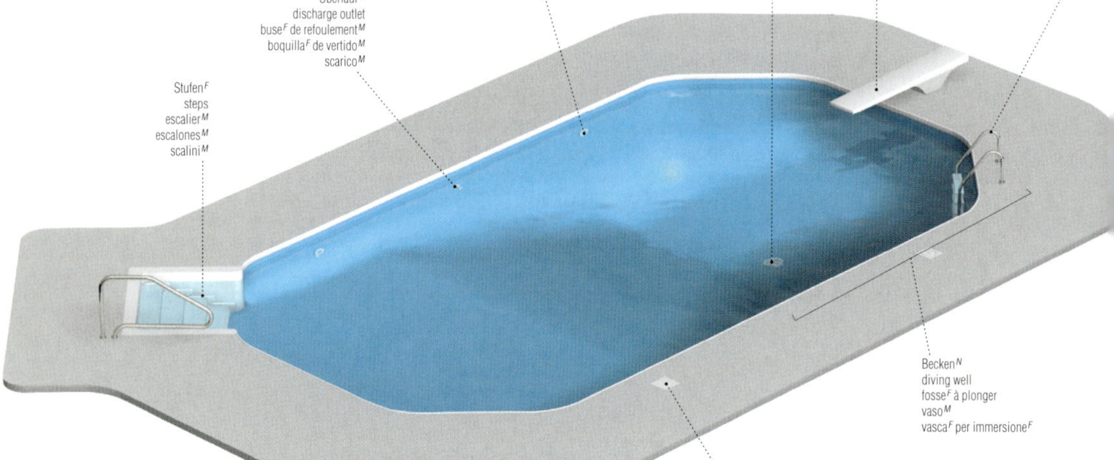

Haustür F

exterior door | porte F extérieure | puerta F de entrada F | porta F esterna

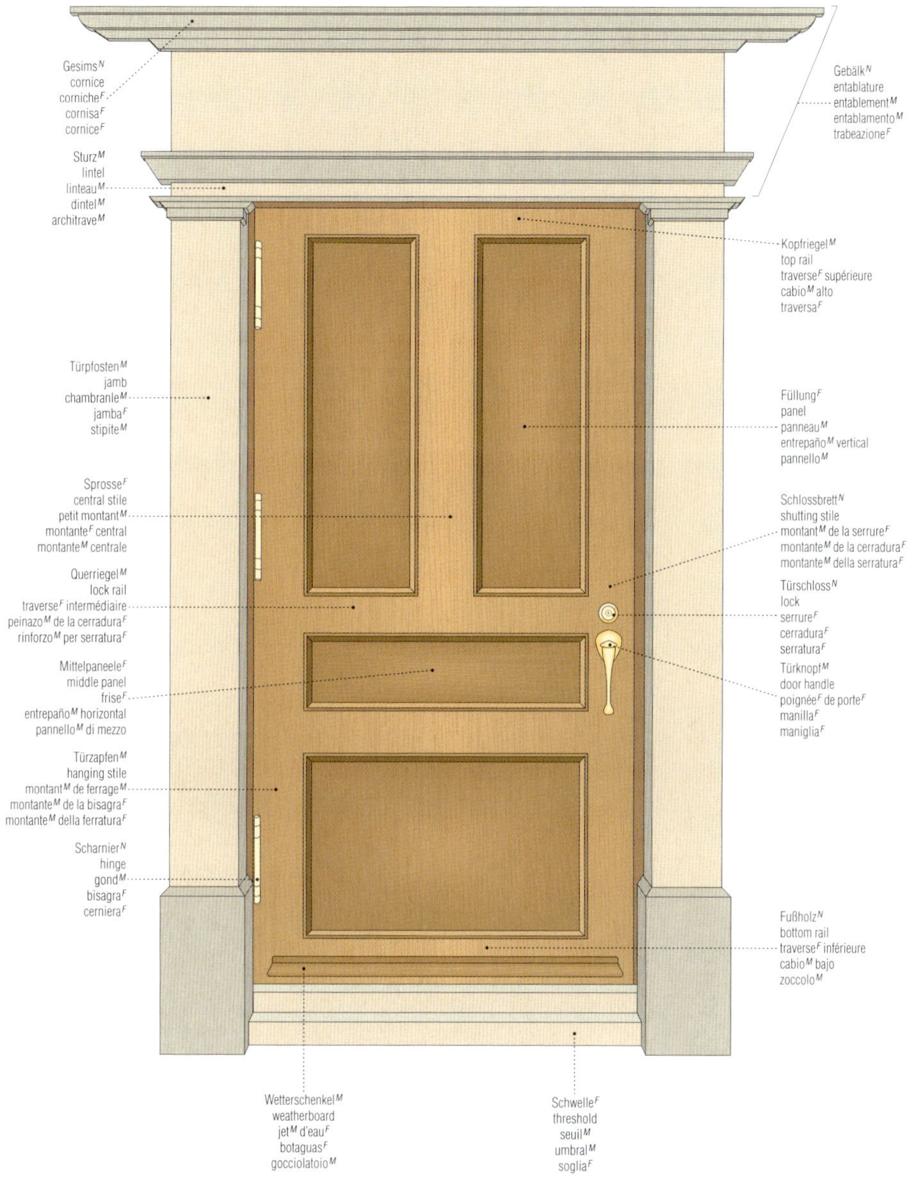

HAUS

Schloss^N

lock | serrure^F | cerrajería^F | serratura^F

Gesamtansicht^F
general view
vue^F d'ensemble^M
vista^F general
visione^F di insieme^M

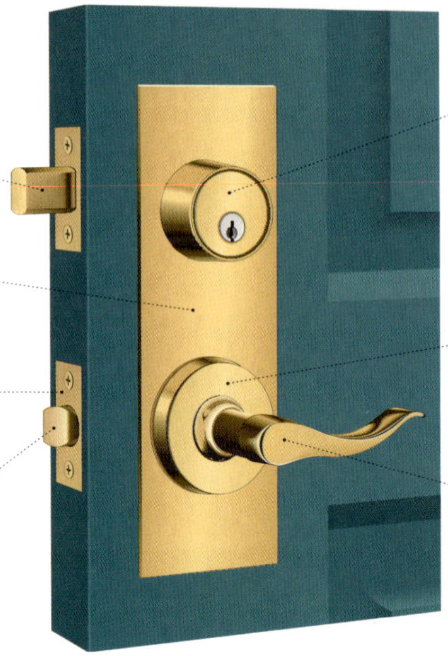

Einsteckschloss^N mit Dreh- und Verriegelungsmechanik^F
tubular lock
serrure^F tubulaire
cerradura^F tubular con seguro^M
serratura^F premi-apri

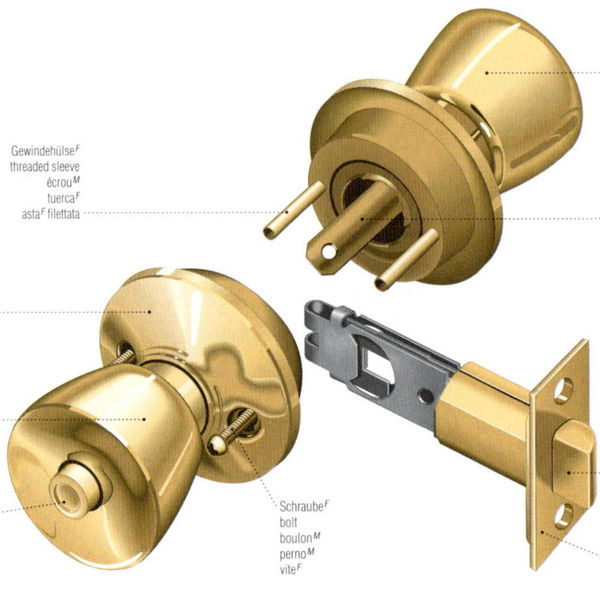

Schloss^{N}

Zylinderschloss^{N}
mortise lock
serrure^{F} à mortaiser
cerradura^{F} embutida
serratura^{F} a pomolo^{M}

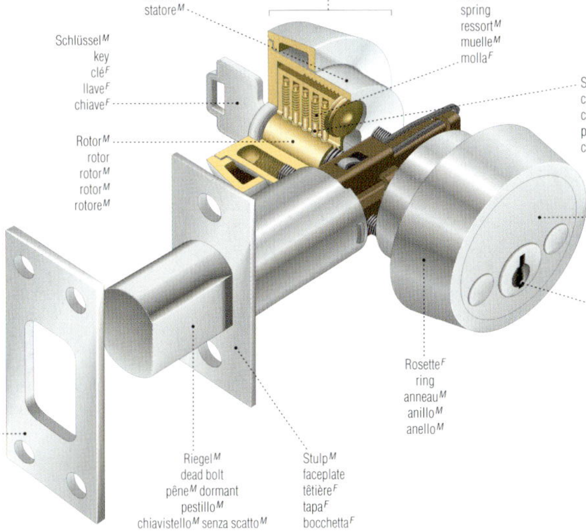

Fenster^{N}

window | fenêtre^{F} | ventana^{F} | finestra^{F}

Konstruktion^{F}
structure
structure^{F}
estructura^{F}
struttura^{F}

Haupträume^{M}

main rooms | principales pièces^{F} d'une maison^{F} | habitaciones^{M} principales | stanze^{F} principali

Ansicht^{F}
elevation
élévation^{F}
alzado^{M}
prospetto^{M}

Erdgeschoß^{N}
ground floor
rez-de-chaussée^{M}
planta^{F} baja
pianterreno^{M}

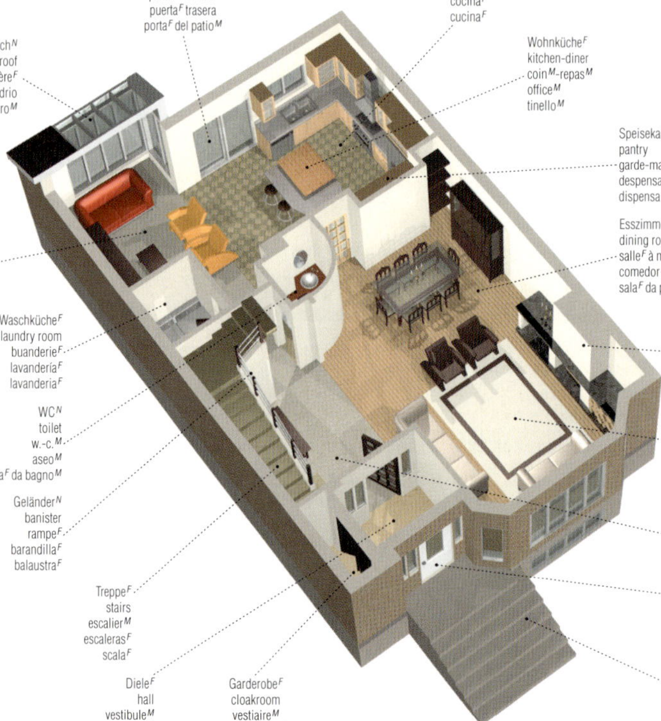

Haupträume[M]

Zwischengeschoß[N]
mezzanine floor
mezzanine[F]
entresuelo[M]
piano[M] mansardato

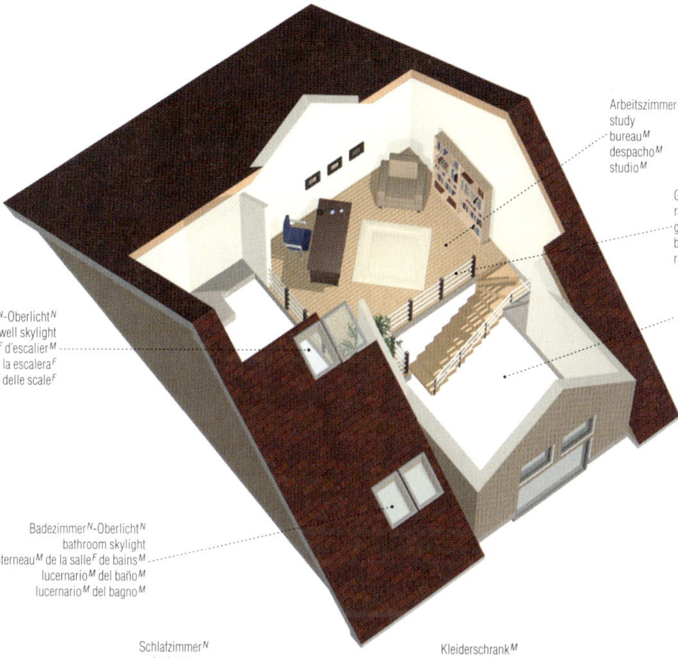

Arbeitszimmer[N]
study
bureau[M]
despacho[M]
studio[M]

Geländer[N]
railing
garde-fou[M]
barandilla[F]
ringhiera[F]

großes Schlafzimmer[N], Giebeldach[N]
master bedroom, cathedral roof
chambre[F] principale, toit[M] cathédrale[F]
dormitorio[M] principal, techo[M] a dos aguas[F]
camera[F] da letto[M] principale, tetto[M] a due spioventi[M]

Treppenhaus[N]-Oberlicht[N]
stairwell skylight
lanterneau[M] de la cage[F] d'escalier[M]
lucernario[M] del hueco[M] de la escalera[F]
lucernario[M] della tromba[F] delle scale[F]

Badezimmer[N]-Oberlicht[N]
bathroom skylight
lanterneau[M] de la salle[F] de bains[M]
lucernario[M] del baño[M]
lucernario[M] del bagno[M]

erster Stock[M]
first floor
étage[M]
planta[F] alta
primo piano[M]

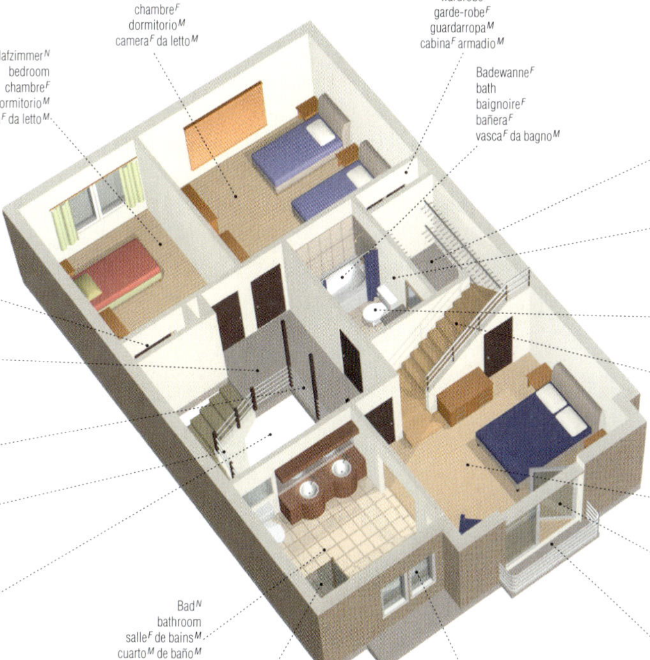

Schlafzimmer[N]
bedroom
chambre[F]
dormitorio[M]
camera[F] da letto[M]

Kleiderschrank[M]
wardrobe
garde-robe[F]
guardarropa[M]
cabina[F] armadio[M]

Schlafzimmer[N]
bedroom
chambre[F]
dormitorio[M]
camera[F] da letto[M]

Badewanne[F]
bath
baignoire[F]
bañera[F]
vasca[F] da bagno[M]

Ankleideraum[M]
walk-in wardrobe
penderie[F]
cabina[F] armario[M]
cabina[F] armadio[M]

Bad[N]
bathroom
salle[F] de bains[M]
cuarto[M] de baño[M]
stanza[F] da bagno[M]

begehbarer Kleiderschrank[M]
walk-in wardrobe
garde-robe[F]
entrada[F]
cabina[F] armadio[M]

WC[N]
toilet
w.-c.[M]
inodoro[M]
water[M]

Treppenabsatz[M]
landing
palier[M]
rellano[M] de la escalera[F]
pianerottolo[M]

Treppe[F] zum Zwischengeschoß[N]
mezzanine stairs
escalier[M] de la mezzanine[F]
escalera[F] del entresuelo[M]
scala[F] di accesso al piano[M] mansardato

Geländer[N]
railing
garde-fou[M]
barandilla[F]
ringhiera[F]

großes Schlafzimmer[N], Giebeldecke[F]
master bedroom, cathedral ceiling
chambre[F] principale, plafond[M] cathédrale[F]
dormitorio[F] principal, techo[M] a dos aguas[F]
camera[F] da letto[M] principale, soffitto[M] a due spioventi[M]

Geländer[N]
banister
rampe[F]
barandilla[F]
balaustra[F]

Balkontür[F]
balcony window
porte[F]-fenêtre[F]
puerta[M] ventana
porta[F]-finestra[F]

Treppenhaus[N]
stairwell
cage[F] d'escalier[M]
hueco[M] de la escalera[F]
tromba[F] delle scale[F]

Bad[N]
bathroom
salle[F] de bains[M]
cuarto[M] de baño[M]
stanza[F] da bagno[M]

Balkon[M]
balcony
balcon[M]
balcón[M]
balcone[M]

Dusche[F]
shower
douche[F]
ducha[F]
doccia[F]

Fenster[N]
window
fenêtre[F]
ventana[F]
finestra[F]

Rahmen^{M}

timber frame | charpente^{F} | armazón^{M} | struttura^{F}

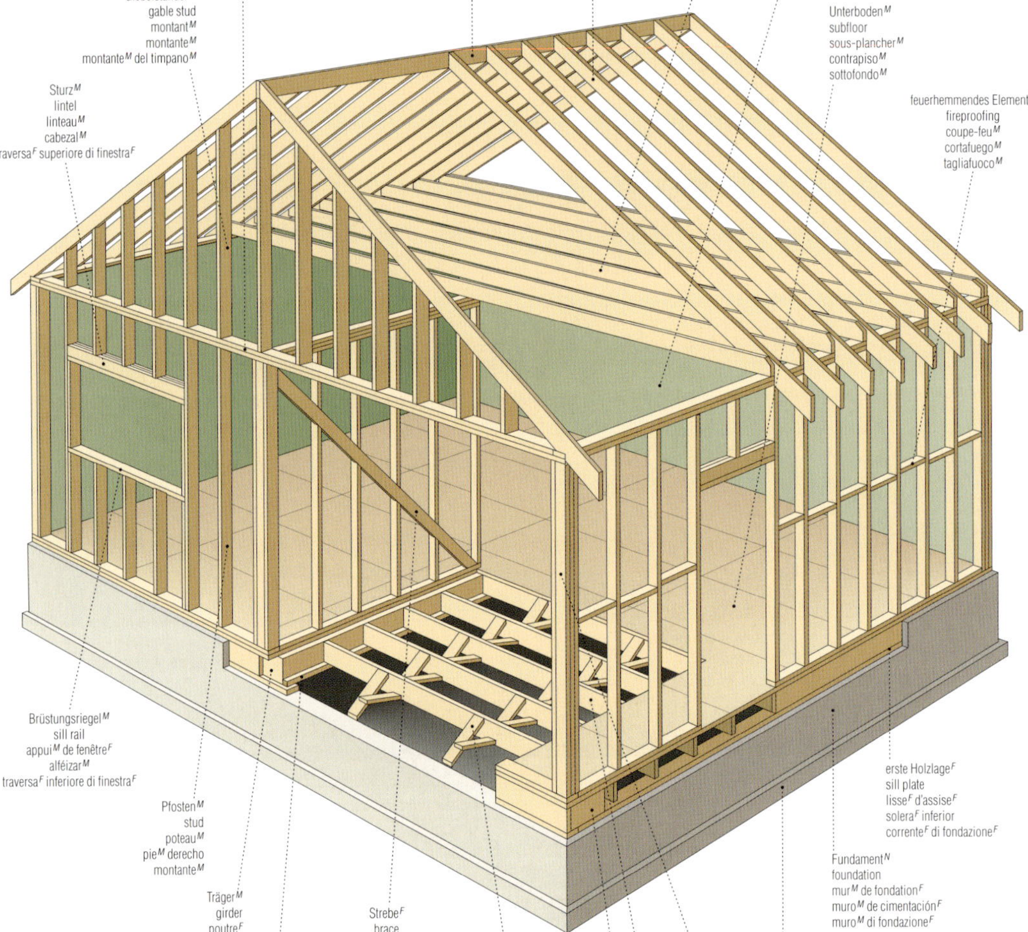

Dachbinder^M

roof truss | ferme^F de toit^M | armadura^F del techo^M | capriata^F

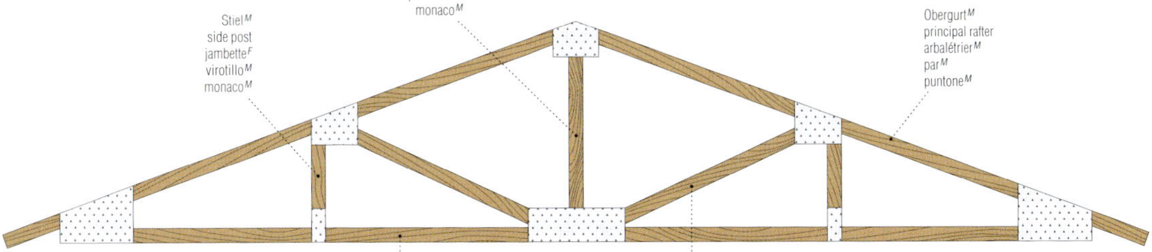

Fundament^N

foundations | fondations^F | cimientos^M | fondazioni^F

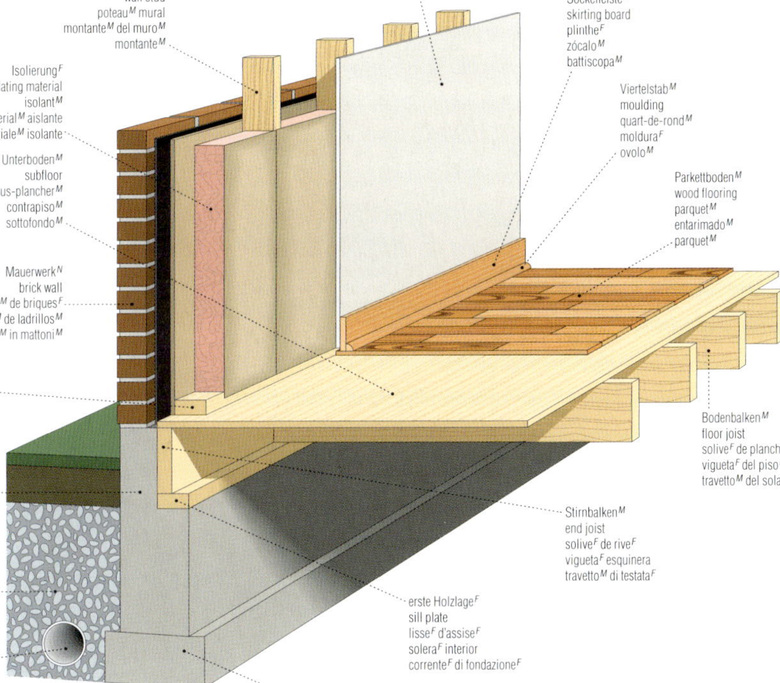

Parkettboden[M]

wood flooring | parquet[M] | pisos[M] de madera[F] | parquet[M]

Parkettboden[M] auf Zementestrich[M]
wood flooring on cement screed
parquet[M] sur chape[F] de ciment[M]
parqué[M] sobre base[F] de cemento[M]
parquet[M] su sottofondo[M] di cemento[M]

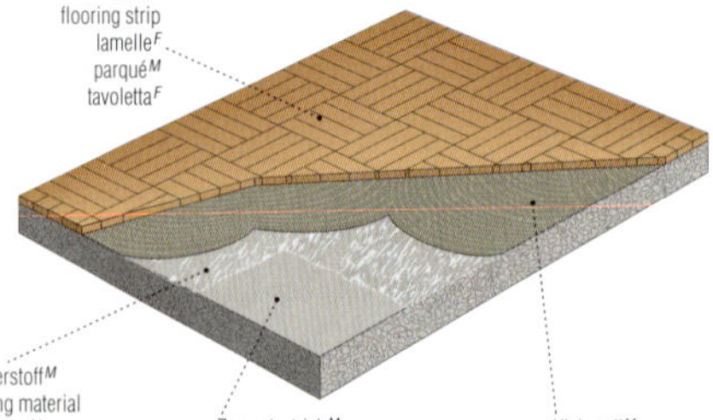

Parkettboden[M] auf Holzunterbau[M]
wood flooring on wooden base
parquet[M] sur ossature[F] de bois[M]
entarimado[M] sobre estructura[F] de madera[F]
parquet[M] su struttura[F] lignea

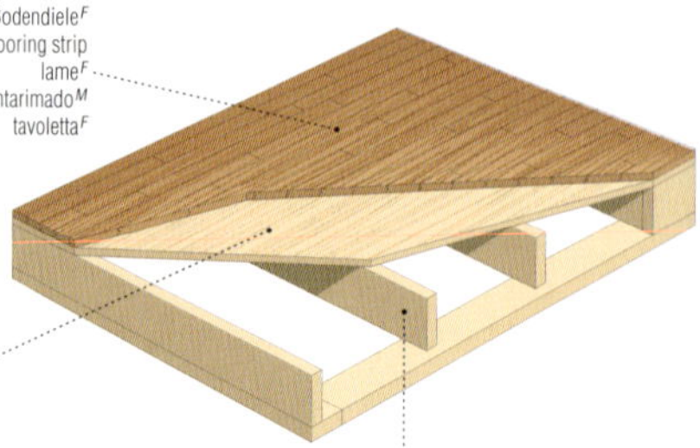

Parkettmuster[N]
wood flooring types
arrangements[M] des parquets[M]
tipos[M] de parqué[M]
tipi[M] di parquet[M]

Stabparkett[N] im Schiffsbodenverband[M]
woodstrip flooring
parquet[M] à coupe[F] perdue
parqué[M] sobrepuesto
parquet[M] a listoni[M]

Stabparkett[N]
brick-bond woodstrip flooring
parquet[M] à coupe[F] de pierre[F]
parqué[M] alternado a la inglesa
parquet[M] a listelli[M]

Fischgrätparkett[N]
herringbone parquet
parquet[M] à bâtons[M] rompus
parqué[M] espinapez[M]
parquet[M] a spina[F] di pesce[M]

Fischgrätmuster[N]
herringbone pattern
parquet[M] en chevrons[M]
parqué[M] en punta[F] de Hungría
parquet[M] a spina[F] di pesce[M]

Mosaikparkett[N]
inlaid parquet
parquet[M] mosaïque[F]
parqué[M] de mosaico
parquet[M] a mosaico[M]

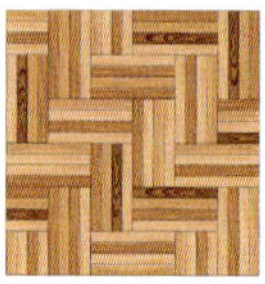

Würfelmusterparkett[N]
basket weave pattern
parquet[M] en vannerie[F]
parqué[M] de cestería[F]
parquet[M] a tessitura[F] di vimini[M]

Arenberg-Parkett[N]
Arenberg parquet
parquet[M] d'Arenberg
parqué[M] Arenberg
parquet[M] Arenberg

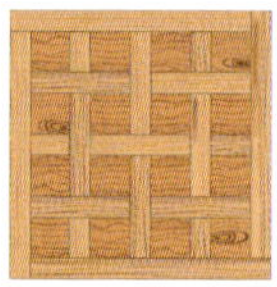

Chantilly-Parkett[N]
Chantilly parquet
parquet[M] Chantilly
parqué[M] Chantilly
parquet[M] Chantilly

Versailles-Parkett[N]
Versailles parquet
parquet[M] Versailles
parqué[M] Versalles
parquet[M] Versailles

textile Bodenbeläge[M]

textile floor coverings | revêtements[M] de sol[M] textiles | revestimientos[M] textiles del suelo[M] | rivestimenti[M] in tessuto[M] per pavimento[M]

Teppich[M]
rug
tapis[M]
alfombra[F]
tappeto[M]

Teppichboden[M]
pile carpet
moquette[F]
moqueta[F]
moquette[F]

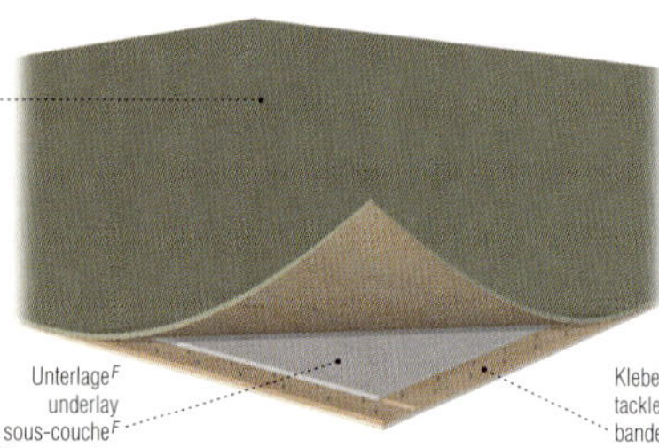

Treppe[F]

stairs | escalier[M] | escalera[F] | scale[F]

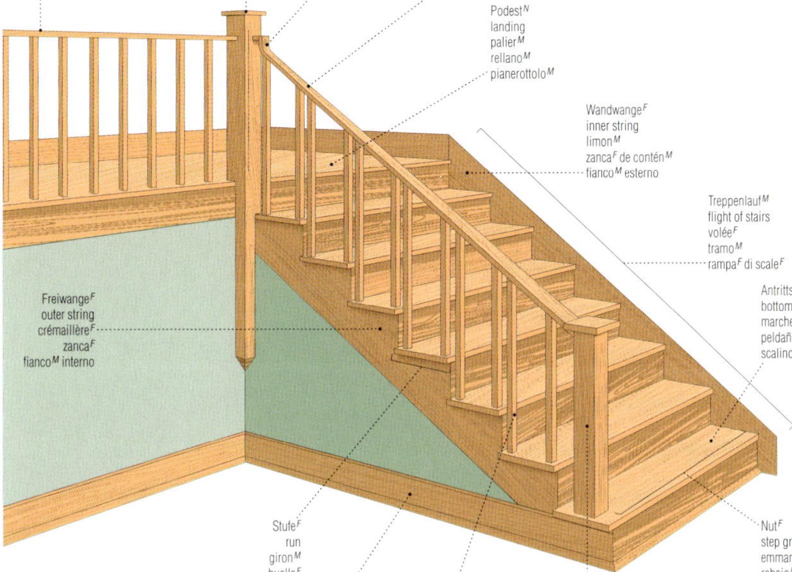

Treppenstufe[F]

step | marche[F] | peldaño[M] | gradino[M]

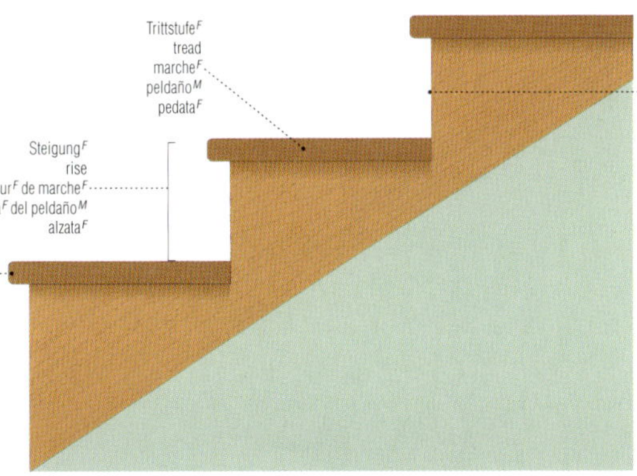

Holzbeheizung[F]

wood firing | chauffage[M] au bois[M] | calefacción[F] de leña[F] | riscaldamento[M] a legna[F]

Kamin[M]
fireplace
cheminée[F] à foyer[M] ouvert
chimenea[F]
camino[M]

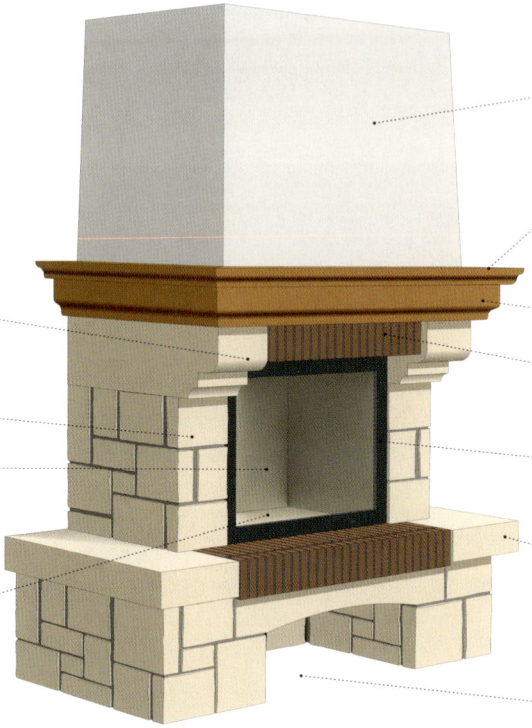

Dauerbrandofen[M]
slow-burning stove
poêle[M] à combustion[F] lente
estufa[F] de leña[F] a fuego[M] lento
stufa[F] a combustione[F] lenta

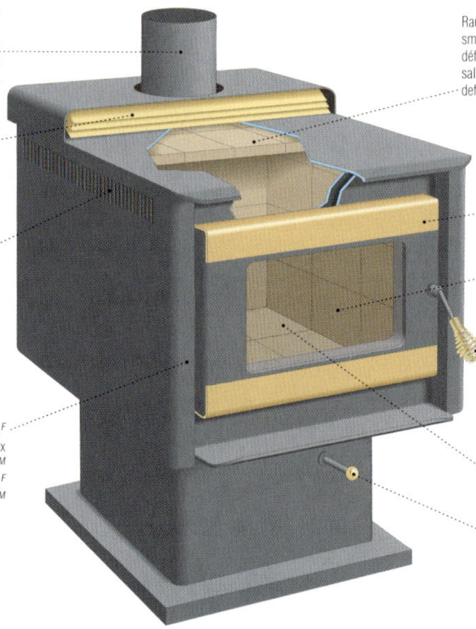

Kamin[M]
chimney
cheminée[F]
chimenea[F]
camino[M]

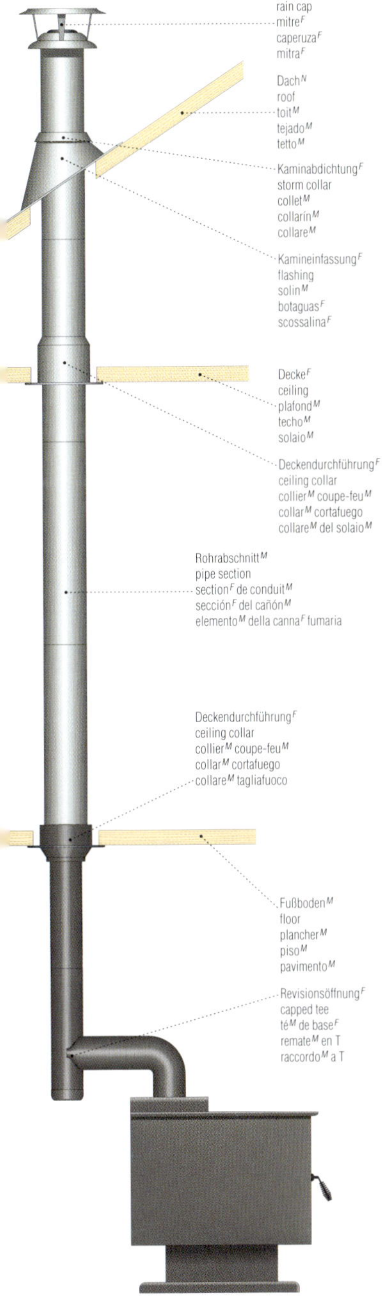

Kaminbesteck[N]
fire irons
accessoires[M] de foyer[M]
utensilios[M] para la chimenea[F]
ferri[M] per il camino[M]

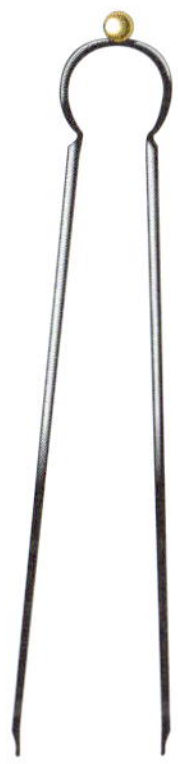

Feuerzange[F]
tongs
pince[F]
tenazas[F]
molle[F]

Schürhaken[M]
poker
tisonnier[M]
atizador[M]
attizzatoio[M]

Kohlenschaufel[F]
shovel
pelle[F]
pala[F]
paletta[F]

Besen[M]
broom
balai[M]
escobilla[F]
scopa[F]

Feuerbock[M]
andirons
chenets[M]
morillos[M]
alari[M]

Holzträger[M]
log carrier
porte-bûches[M]
portaleños[M]
portaceppi[M]

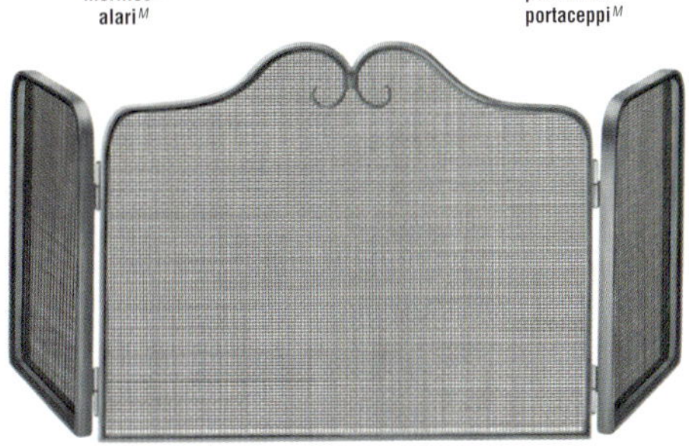

Kamingitter[N]
fireplace screen
pare-feu[M]
pantalla[F]
parafuoco[M]

Warmluftsystem[N] mit Zwangsumlauf[M]

forced warm-air system | installation[F] à air[M] chaud pulsé | sistema[M] de aire[M] caliente a presión[F] | impianto[M] di riscaldamento[M] ad aria[F] calda

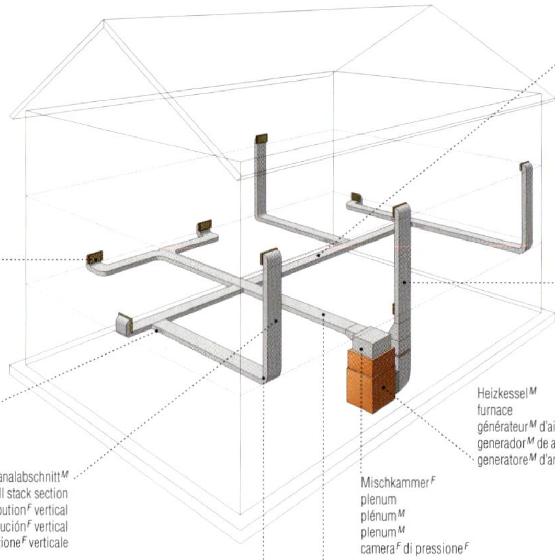

elektrischer Heizkessel[M]
electric furnace
générateur[M] d'air[M] chaud électrique
generador[M] eléctrico de aire[M] caliente
generatore[M] d'aria[F] calda elettrico

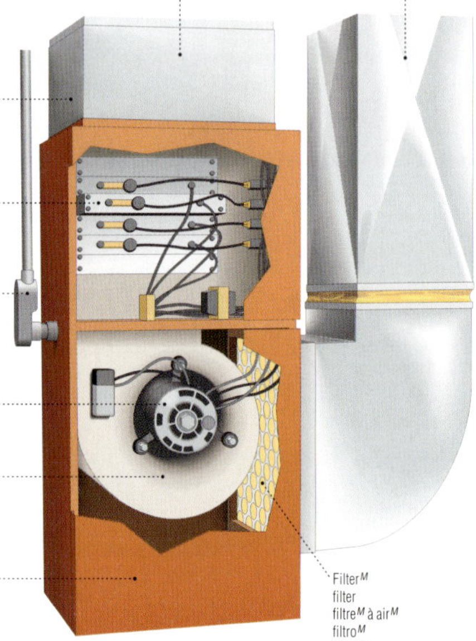

verschiedene Abzüge[M]
types of outlets
types[M] de bouches[F]
tipos[M] de rejillas[F]
tipi[M] di bocchette[F]

Lüftungsgitter[N]
skirting outlet
bouche[F] de soufflage[M]
rejilla[F] de piso[M]
bocchetta[F] di immissione[F]

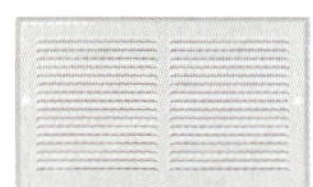

Wandgitter[N]
wall grille
bouche[F] d'extraction[F]
rejilla[F] de pared[F]
bocchetta[F] di estrazione[F]

Deckendurchlass[M]
ceiling outlet
bouche[F] à induction[F]
rejilla[F] de techo[M]
bocchetta[F] a soffitto[M]

Warmwasserheizung^F mit Zwangsumlauf^M

pumped hot-water system | installation^F à eau^F chaude | sistema^M de agua^F caliente a presión^F | impianto^M di riscaldamento^M ad acqua^F calda

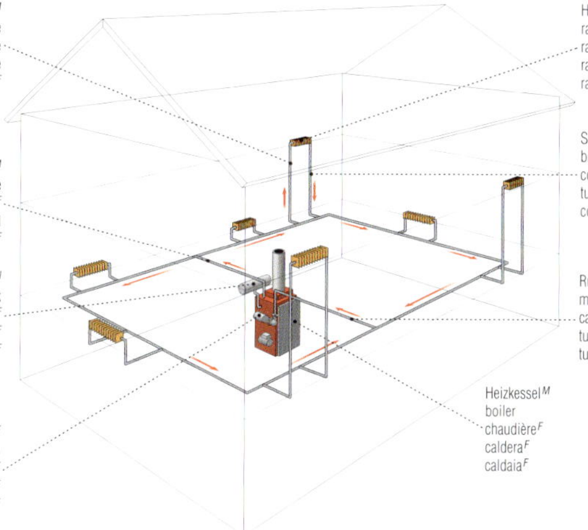

Ölbrenner^M
oil burner
brûleur^M à mazout^M
calentador^M de petróleo^M
bruciatore^M per combustibile^M liquido

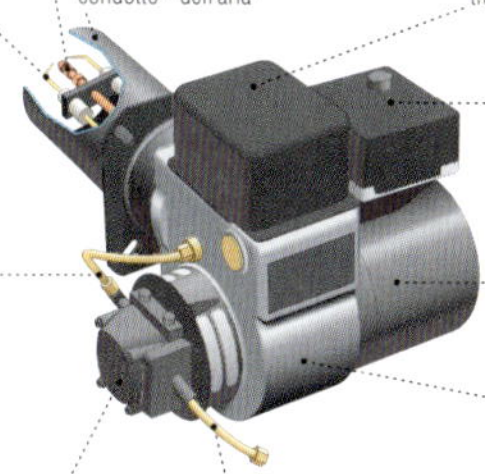

Heizkessel^M
boiler
chaudière^F
caldera^F
caldaia^F

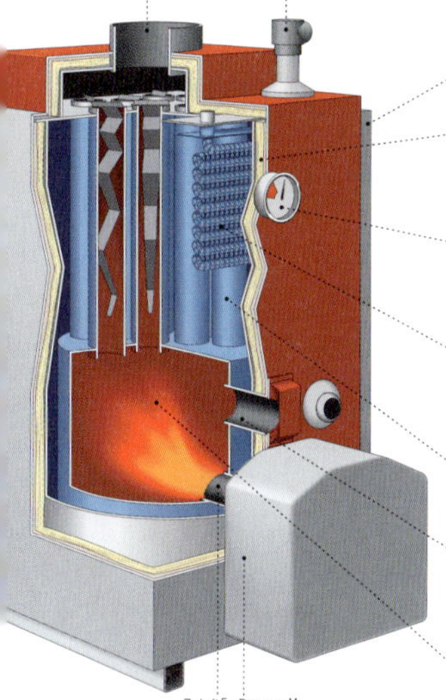

Plattenheizkörper^M
gilled-tube radiator
radiateur^M à colonnes^F
radiador^M tubular
radiatore^M a colonne^F

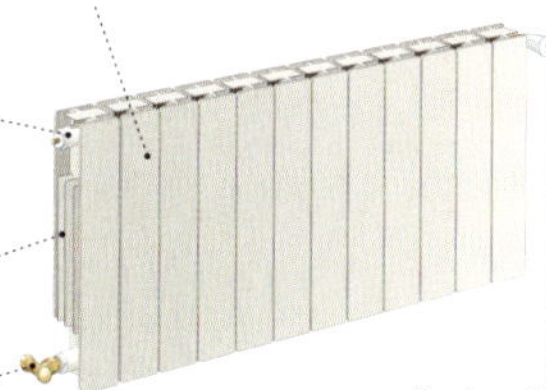

Wärmepumpe^{F}

heat pump | pompe^{F} à chaleur^{F} | sistema^{M} de bomba^{F} de calor^{M} | pompa^{F} di calore^{M}

Zusatzheizung^{F}

auxiliary heating | chauffage^{M} d'appoint^{M} | calefacción^{F} auxiliar | mezzi^{M} integrativi di riscaldamento^{M}

Elektrokonvektor^{M}
floor-level electric convector
plinthe^{F} chauffante électrique
radiador^{M} eléctrico
termoconvettore^{M}

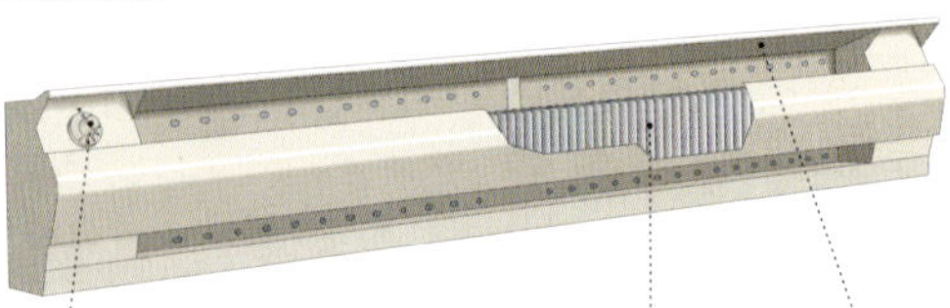

Konvektor^{M}
convector heater
convecteur^{M}
radiador^{M} de convexión^{F}
convettore^{M}

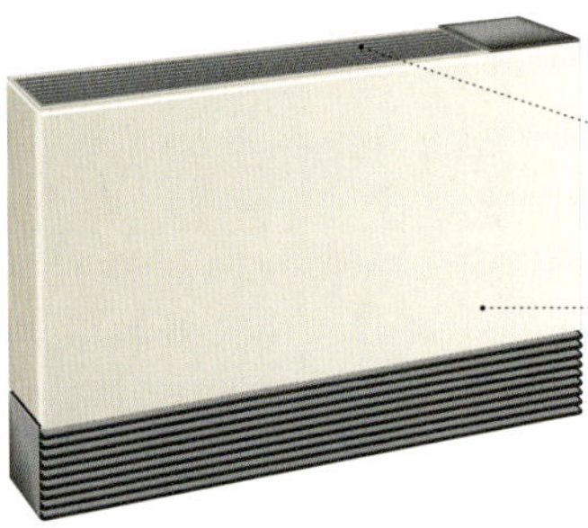

Heizlüfter^{M}
fan heater
radiateur^{M} soufflant
ventilador^{M} de aire^{M} caliente
termoventilatore^{M}

Heizstrahler^{M}
radiant heater
radiateur^{M} rayonnant
calefactor^{M} eléctrico a infrarrojos^{M}
stufa^{F} radiante

ölgefüllter Heizkörper^{M}
oil-filled radiator
radiateur^{M} bain^{M} d'huile^{F}
calefactor^{M} de aceite^{M}
radiatore^{M} elettrico a olio^{M}

Klimageräte^{N}

air conditioning appliances | appareils^{M} de conditionnement^{M} de l'air^{M} | aparatos^{M} acondicionadores^{M} | apparecchi^{M} per il condizionamento^{M} dell'aria^{F}

Luftentfeuchter^{M}
dehumidifier
déshumidificateur^{M}
deshumidificador^{M}
deumidificatore^{M}

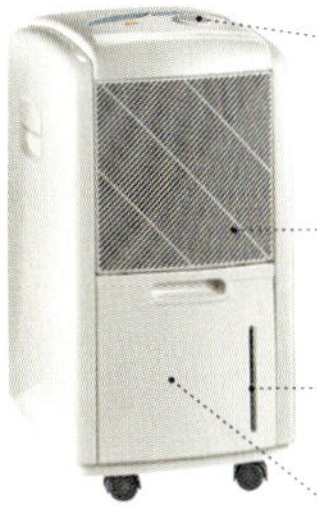

Hygrostat^{M}
humidistat
hygrostat^{M}
higróstato^{M}
igrostato^{M}

Frontgitter^{N}
front grille
grille^{F}
rejilla^{F} frontal
griglia^{F} anteriore

Wasserstand^{M}
water level
niveau^{M} d'eau^{F}
nivel^{M} del agua^{F}
livello^{M} dell'acqua^{F}

Tank^{M}
bucket
réservoir^{M}
recipiente^{M}
serbatoio^{M}

Deckenventilator^{M}
ceiling fan
ventilateur^{M} de plafond^{M}
ventilador^{M} de techo^{M}
ventilatore^{M} da soffitto^{M}

Stange^{F}
rod
tige^{F}
flecha^{F}
stelo^{M}

Motor^{M}
motor
moteur^{M}
motor^{M}
motore^{M}

Blatt^{N}
blade
pale^{F}
aspa^{F}
pala^{F}

programmierbarer Thermostat^{M}
programmable thermostat
thermostat^{M} programmable
termostato^{M} programable
termostato^{M} programmabile

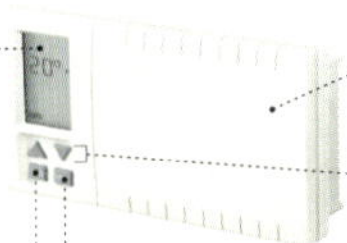

Display^{N}
display
afficheur^{M}
display^{M}
display^{M}

Gehäuse^{N}
housing
boîtier^{M}
carcasa^{M}
involucro^{M} di copertura^{F}

Pfeiltaste^{F}
arrow key
touche^{F} de déplacement^{M}
tecla^{F} de dirección^{F}
tasto^{M} di direzione^{F}

Wahltaste^{F}
choosing key
touche^{F} de préférence^{F}
botón^{M} de selección^{F}
tasto^{M} di selezione^{F}

Programmsteuerung^{F}
programming control
contrôle^{M} de programmation^{F}
programador^{M}
comando^{M} programmabile

Raumthermostat^{M}
room thermostat
thermostat^{M} d'ambiance^{F}
termostato^{M}
termostato^{M} ambiente^{M}

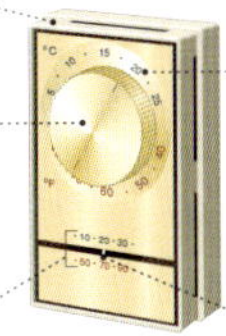

Abdeckung^{F}
cover
couvercle^{M}
tapa^{F}
involucro^{M} di copertura^{F}

Temperaturregler^{M}
temperature control
réglage^{M} de la température^{F}
control^{M} de temperatura^{F}
regolazione^{F} della temperatura^{F}

Solltemperatur^{F}
desired temperature
température^{F} désirée
temperatura^{F} deseada
temperatura^{F} desiderata

Zeiger^{M}
pointer
aiguille^{F}
aguja^{F} indicadora
indice^{M}

tatsächliche Temperatur^{F}
actual temperature
température^{F} ambiante
temperatura^{F} real
temperatura^{F} ambiente^{M}

Luftbefeuchter^{M}
humidifier
humidificateur^{M}
humidificador^{M}
umidificatore^{M}

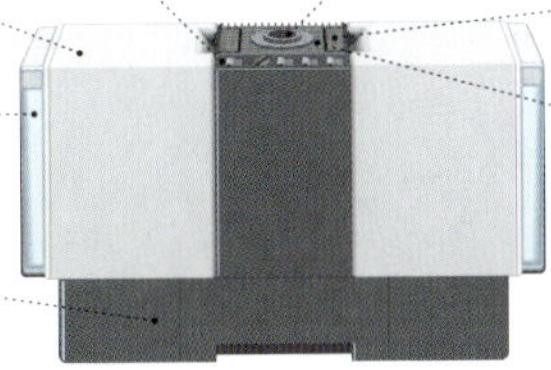

Schalttafel^{F}
control panel
panneau^{M} de commande^{F}
tablero^{M} de control^{M}
pannello^{M} di comando^{M}

Verdampfer^{M}
vaporizer
vaporiseur^{M}
vaporizador^{M}
vaporizzatore^{M}

Wasserbehälter^{M}
water tank
réservoir^{M} d'eau^{F}
recipiente^{M} de agua^{F}
serbatoio^{M} dell'acqua^{F}

Luftfilter^{M}
air filter
filtre^{M} à air^{M}
filtro^{M} de aire^{M}
filtro^{M} dell'aria^{F}

Wasserstand^{M}
water level
niveau^{M} d'eau^{F}
nivel^{M} de agua^{F}
livello^{M} dell'acqua^{F}

Verdampfungsgitter^{N}
vaporizing grille
grille^{F} de vaporisation^{F}
rejilla^{F} de vaporización^{F}
griglia^{F} di vaporizzazione^{F}

Kondenssammler^{M}
tray
plateau^{M}
bandeja^{F}
bacinella^{F} di raccolta^{F} della condensa^{F}

Luftreiniger^{M}
air purifier
purificateur^{M} d'air^{M}
purificador^{M} de aire^{M}
depuratore^{M} d'aria^{F}

Raumklimaanlage^{F}
room air conditioner
climatiseur^{M} de fenêtre^{F}
acondicionador^{M} de aire^{M}
condizionatore^{M} d'aria^{F} da camera^{F}

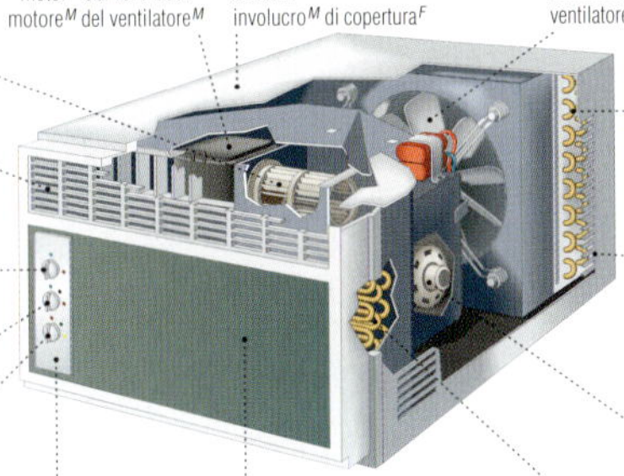

Verdampfergebläse^{N}
evaporator blower
ventilateur^{M} de l'évaporateur^{M}
ventilador^{M} del evaporador^{M}
ventilatore^{M} del vaporizzatore^{M}

Ventilatormotor^{M}
fan motor
moteur^{M} du ventilateur^{M}
motor^{M} del ventilador^{M}
motore^{M} del ventilatore^{M}

Gehäuse^{N}
casing
boîtier^{M}
cubierta^{F}
involucro^{M} di copertura^{F}

Kondensatorventilator^{M}
condenser fan
ventilateur^{M} du condenseur^{M}
ventilador^{M} del condensador^{M}
ventilatore^{M} del condensatore^{M}

Lüftungsschlitz^{M} mit Jalousieverschluss^{M}
louvre
déflecteur^{M}
rejilla^{F} de ventilación^{F}
persiana^{F} di ventilazione^{F}

Wärmetauscher^{M}
condenser coil
serpentin^{M} du condenseur^{M}
serpentín^{M} del condensador^{M}
serpentina^{F} del condensatore^{M}

Thermostat^{M}
thermostat
thermostat^{M}
termostato^{M}
termostato^{M}

Entlüfter^{M}
vent
évent^{M} latéral
respiradero^{M}
bocca^{F} laterale

Ventilatorregler^{M}
fan control
commande^{F} de ventilateur^{M}
control^{M} del ventilador^{M}
comando^{M} del ventilatore^{M}

Ventilatormotor^{M}
blower motor
moteur^{M} du ventilateur^{M}
motor^{M} del ventilador^{M}
motore^{M} del ventilatore^{M}

Funktionswähler^{M}
function selector
sélecteur^{M}
selector^{M}
selettore^{M} di funzione^{F}

Schalttafel^{F}
control panel
tableau^{M} de commande^{F}
tablero^{M} de control^{M}
pannello^{M} dei comandi^{M}

Gitter^{N}
grille
grillage^{M}
rejilla^{F}
griglia^{F}

Verdampferspirale^{F}
evaporator coil
serpentin^{M} de l'évaporateur^{M}
serpentín^{F} del evaporador^{M}
serpentina^{F} del vaporizzatore^{M}

Hygrometer^{N}
hygrometer
hygromètre^{M}
higrómetro^{M}
igrometro^{M}

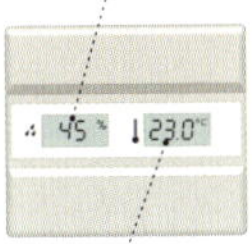

Luftfeuchtigkeit^{F}
humidity
humidité^{F}
humedad^{F} del aire^{M}
umidità^{F}

Temperatur^{F}
temperature
température^{F}
temperatura^{F}
temperatura^{F}

Sanitärinstallationssystem^{N}

plumbing system | circuit^{M} de plomberie^{F} | cañerías^{F} | impianto^{M} idraulico

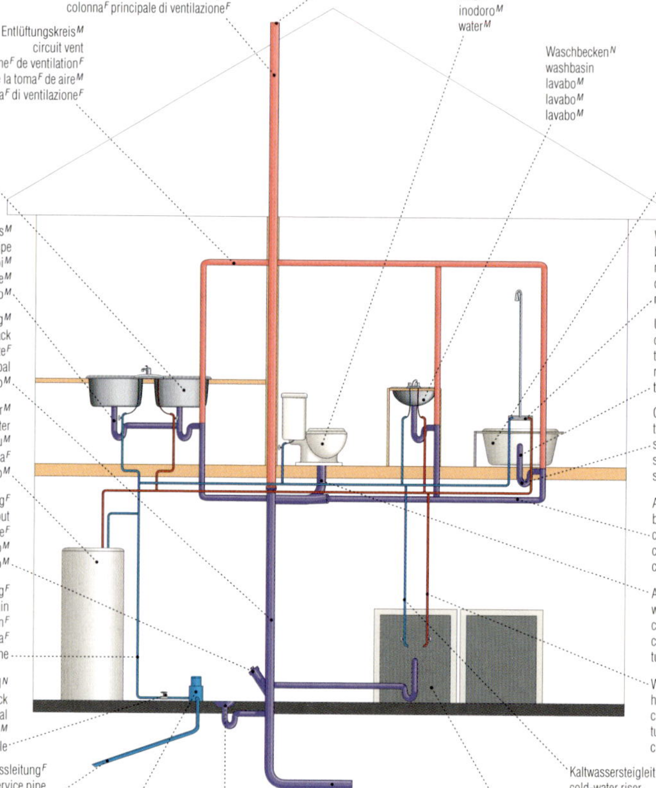

Entlüftungskreislauf^{M}
ventilating circuit
circuit^{M} de ventilation^{F}
circuito^{M} de ventilación^{F}
rete^{F} di ventilazione^{F}

Abflusskreislauf^{M}
drainage circuit
circuit^{M} d'évacuation^{F}
circuito^{M} de desagüe^{M}
rete^{F} di scarico^{M}

Kaltwasserkreislauf^{M}
cold-water circuit
circuit^{M} d'eau^{F} froide
circuito^{M} de agua^{F} fría
rete^{F} di distribuzione^{F} dell'acqua^{F} fredda

Warmwasserkreislauf^{M}
hot-water circuit
circuit^{M} d'eau^{F} chaude
circuito^{M} de agua^{F} caliente
rete^{F} di distribuzione^{F} dell'acqua^{F} calda

Schmutzwasserhebeanlage^{F}

pedestal-type cesspit pump | pompe^{F} de puisard^{M} | bomba^{F} tipo^{M} pedestal^{M} para sumidero^{M} | pompa^{F} di spurgo^{M}

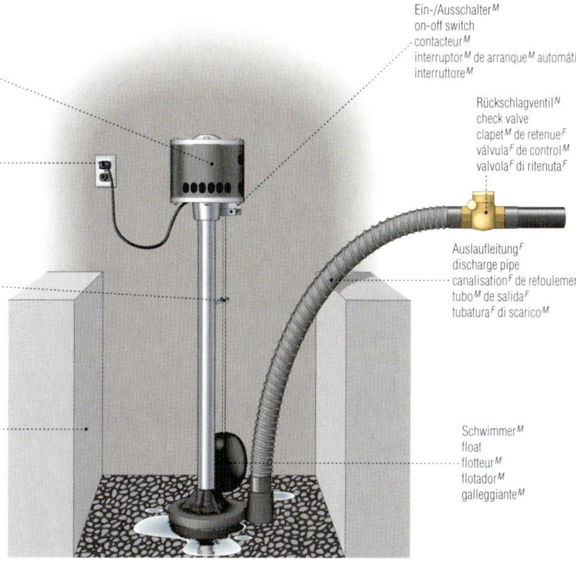

Versitzgrube^{F}

septic tank | fosse^{F} septique | fosa^{F} séptica | fossa^{F} biologica

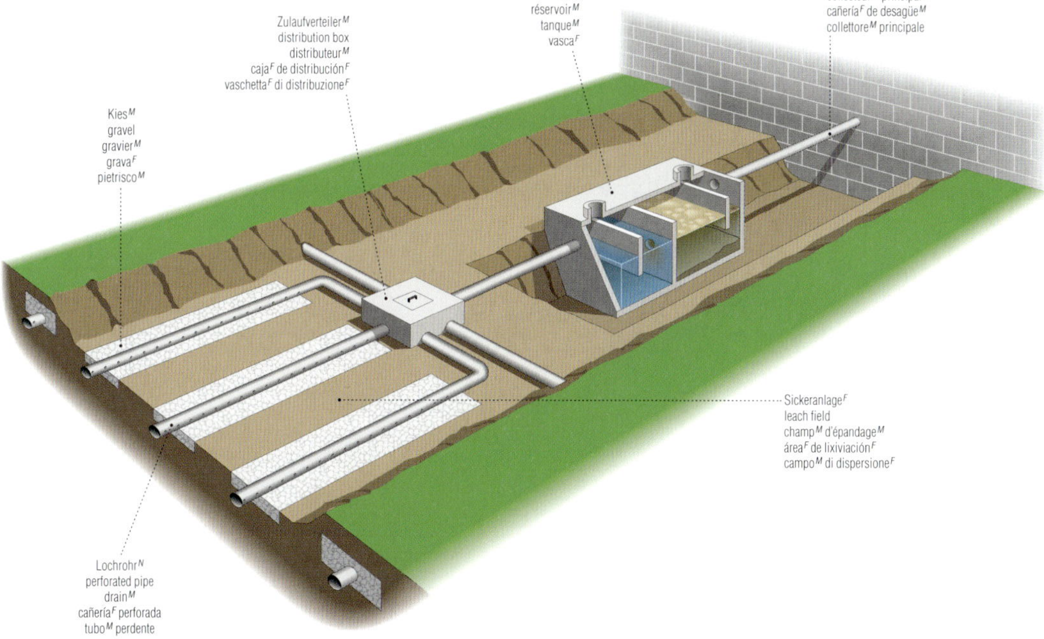

Badezimmer[N]

bathroom | salle[F] de bains[M] | cuarto[M] de baño[M] | stanza[F] da bagno[M]

Toilette^{F}

toilet | w.-c.^{M} | inodoro^{M} | water^{M}

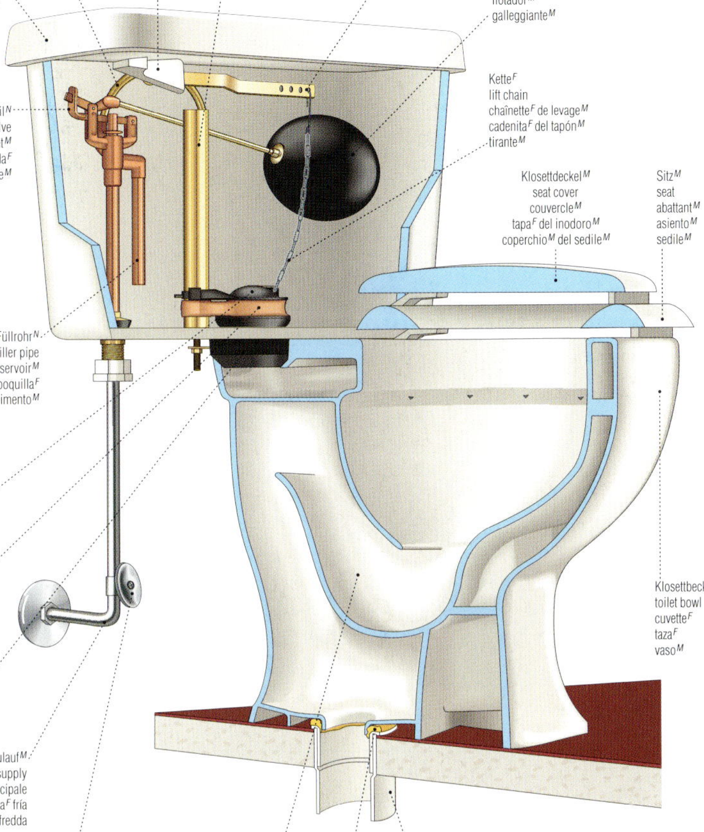

HAUS

Wasserheizkessel^M

water-heater tank | chauffe-eau^M | calentador^M de agua^F eléctrico | scaldabagno^M

elektrischer Heißwasserbereiter^M
electric water-heater tank
chauffe-eau^M électrique
calentador^M eléctrico
scaldabagno^M elettrico

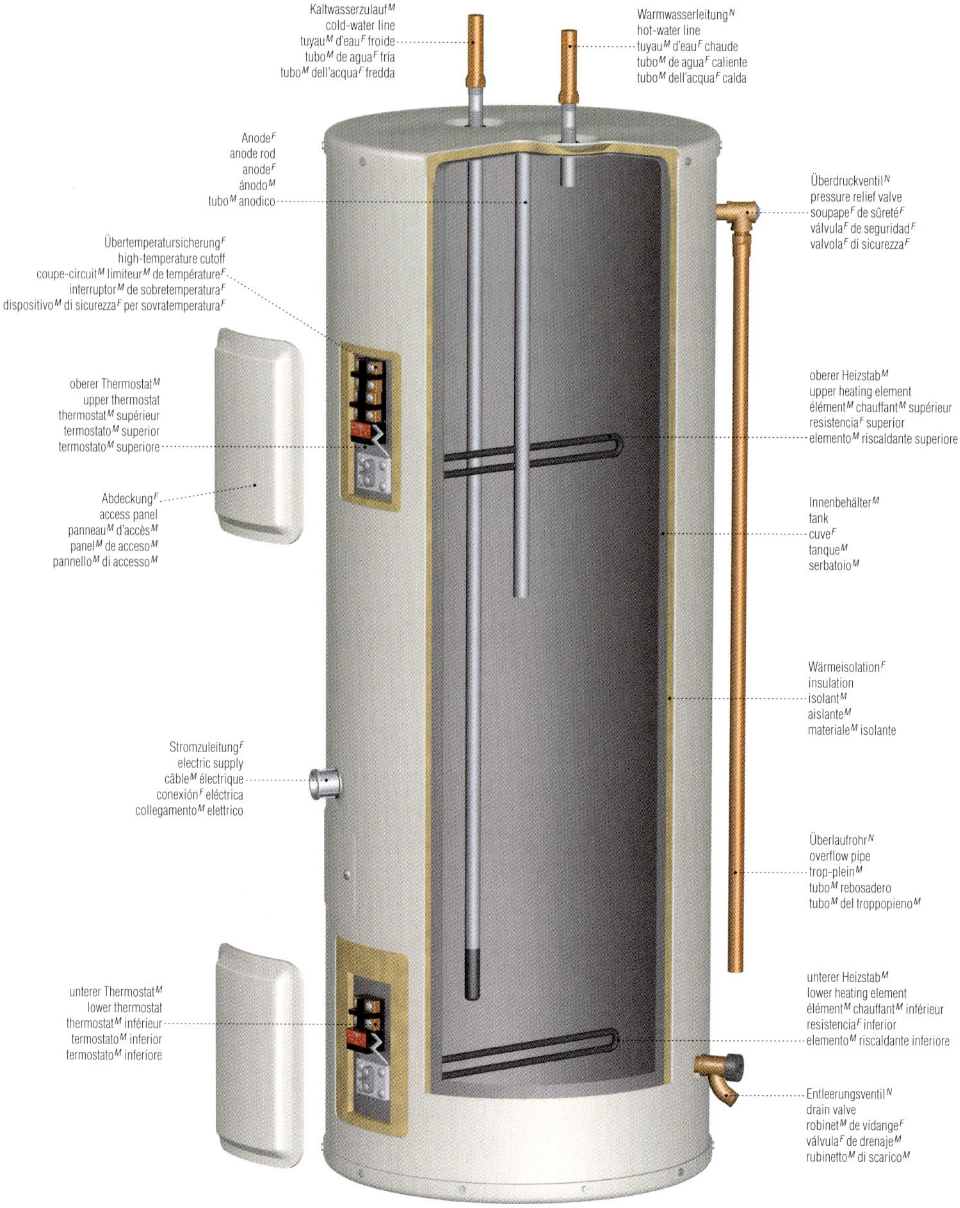

HAUS

Gaswarmwasserbereiter[M]
geyser
chauffe-eau[M] au gaz[M]
caldera[F] de gas[M]
scaldabagno[M] a gas[M]

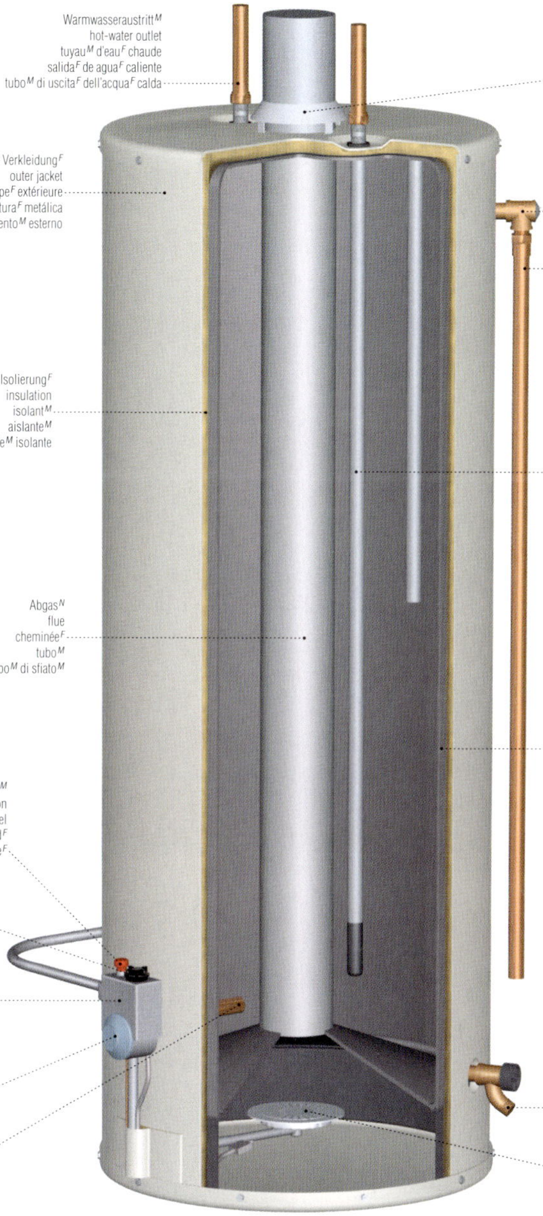

HAUS

Armaturen[F]

taps | robinet[M] et mitigeurs[M] | grifos[M] y mezcladores[M] | rubinetti[M] e miscelatori[M]

Wandauslaufventil[N]
bib tap
robinet[M]
grifo[M] de plato[M]
rubinetto[M] a valvola[F]

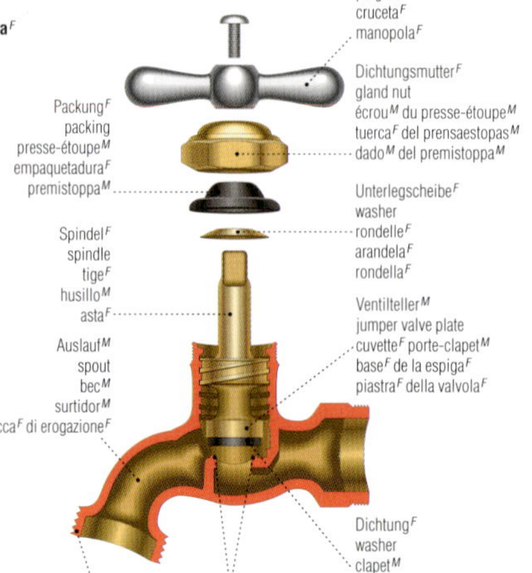

Mischbatterie[F] mit Keramikdichtung[F]
disc mixer
mitigeur[M] à disque[M]
mezclador[M] de disco[M]
miscelatore[M] a disco[M]

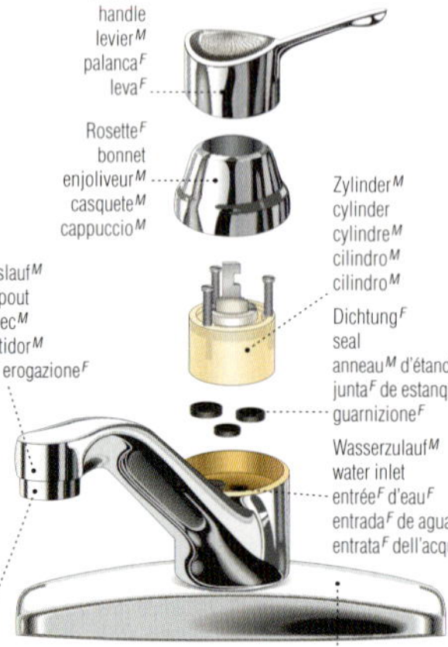

Mischbatterie[F] mit Kugeldichtung[F]
ball-type mixer tap
mitigeur[M] à bille[F] creuse
grifo[M] de bola[F]
miscelatore[M] a sfera[F]

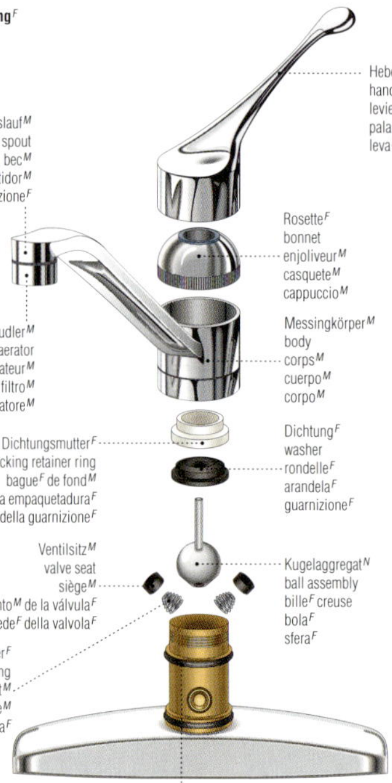

Mischbatterie[F] mit Kartuschendichtung[F]
cartridge mixer
mitigeur[M] à cartouche[F]
grifo[M] de cartucho[M]
miscelatore[M] a cartuccia[F]

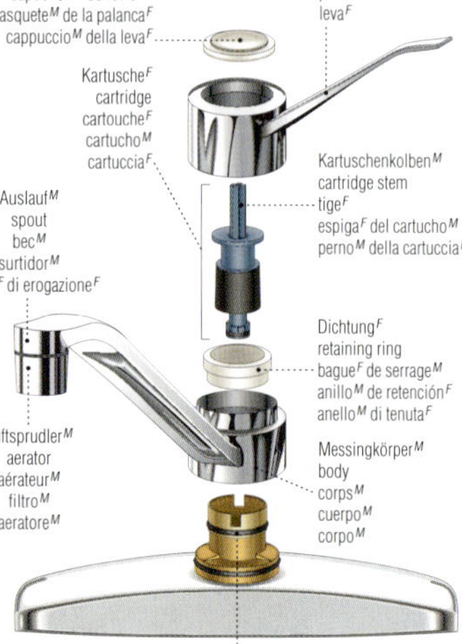

Fittings[N]

fittings | adaptateurs[M] et raccords[M] | conexiones[F] | adattatori[M] e raccordi[M]

Beispiele[N] für Übergangsfittings[N]
examples of transition fittings
exemples[M] d'adaptateurs[M]
ejemplos[M] de adaptadores[M]
esempi[M] di adattatori[M]

Stahl[M] auf Kunststoff[M]
steel to plastic
plastique[M] et acier[M]
de acero[M] a plástico[M]
plastica[F]-acciaio[M]

Kupfer[N] auf Kunststoff[M]
copper to plastic
plastique[M] et cuivre[M]
de cobre[M] a plástico[M]
rame[M]-plastica[F]

Kupfer[N] auf Stahl[M]
copper to steel
cuivre[M] et acier[M]
de cobre[M] a acero[M]
rame[M]-acciaio[M]

Beispiele[N] für Fittings[N]
examples of fittings
exemples[M] de raccords[M]
ejemplos[M] de racores[M]
esempi[M] di raccordi[M]

Etagenbogen[M]
offset
coude[M] de renvoi[M]
codo[M] de cambio[M] de eje[M]
deviatore[M]

Strömungs-T[N]
tee connector
té[M]
derivación[F] en T
raccordo[M] a T

Abzweig[M] 45°
Y-branch
culotte[F]
derivación[F] en Y
raccordo[M] a Y

Siphonwinkel[M]
trap
siphon[M]
sifón[M]
sifone[M]

Kappe[F]
cap
bouchon[M] femelle
tapón[M]
tappo[M] femmina

Doppelbogen[M]
U-bend
coude[M] à 180°
derivación[F] en U
raccordo[M] a U

Gewindekappe[F]
threaded cap
bouchon[M] femelle à visser
tapón[M] hembra[F]
tappo[M] femmina a vite[F]

Winkel[M]
elbow
coude[M]
codo[M] de 90 grados[M]
raccordo[M] a gomito[M]

Winkel[M] 45°
45° elbow
coude[M] à 45°
codo[M] de 45 grados[M]
raccordo[M] a gomito[M] di 45°

Rohrverschraubung[F]
pipe coupling
manchon[M]
unión[F]
manicotto[M]

Sechskantreduzierhülse[F]
hexagon bushing
réduction[F] mâle-femelle hexagonale
reductor[M] con cabeza[F] hexagonal
riduzione[F] esagonale

Muffe[F]
flush bushing
réduction[F] mâle-femelle
reductor[M]
riduzione[F] maschio/femmina

Nippel[M]
nipple
mamelon[M] double
entrerrosca[F]
nipplo[M]

Reduziermuffennippel[M]
reducing coupling
raccord[M] de réduction[F]
reductor[M] de calibre[M]
manicotto[M] di riduzione[F]

Vierkantstopfen[M]
square head plug
bouchon[M] mâle sans bourrelet[M]
tapón[M] macho[M]
tappo[M] maschio a testa[F] quadra

mechanische Verbindungen[F]
mechanical connections
raccords[M] mécaniques
racores[M] mecánicas
raccordi[M] meccanici

Verschraubung[F]
union
raccord[M] union[F]
unión[F]
raccordo[M] per unione[F] meccanica

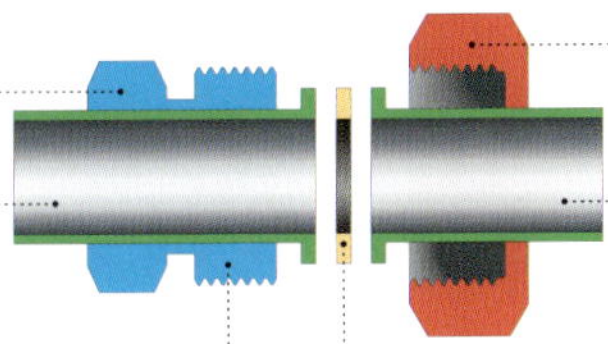

Quetschverschraubung[F]
compression fitting
raccord[M] à compression[F]
racor[M] por compresión[F]
raccordo[M] a compressione[F]

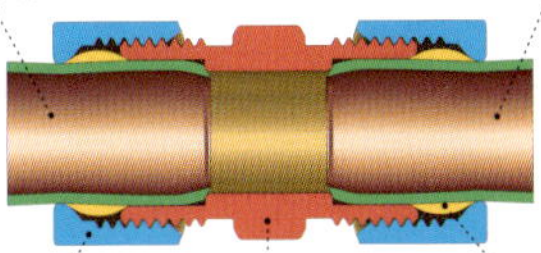

Bördelverbindung[F]
flare joint
raccord[M] à collet[M] repoussé
racor[M] abocinado
raccordo[M] a collarino[M] pressato

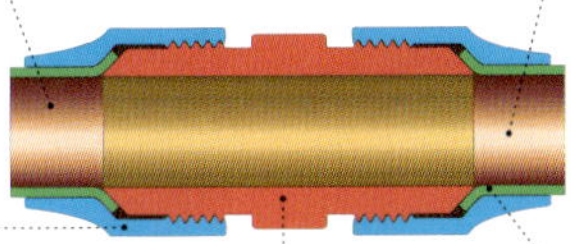

HAUS

Beispiele^N für Anschlüsse^M

examples of branching | exemples^M de branchement^M | ejemplos^M de conexiones^M | esempi^M di allacciamento^M

Spüle^F mit Müllschlucker^M
sink with waste disposal unit
évier^M-broyeur^M
fregadero^M con triturador^M de basura^F
lavello^M con tritarifiuti^M

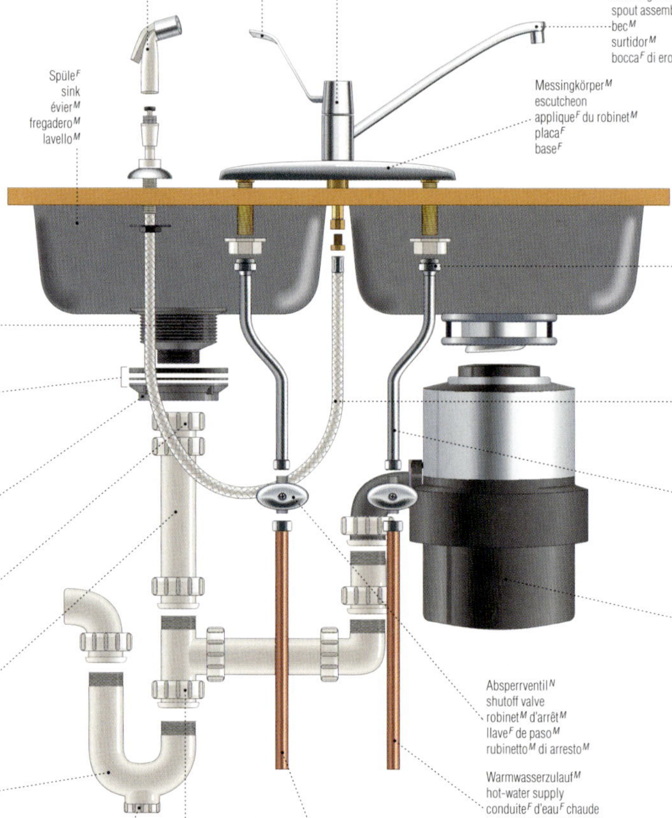

Waschmaschine^F
washing machine
lave-linge^M
lavadora^F
lavatrice^F

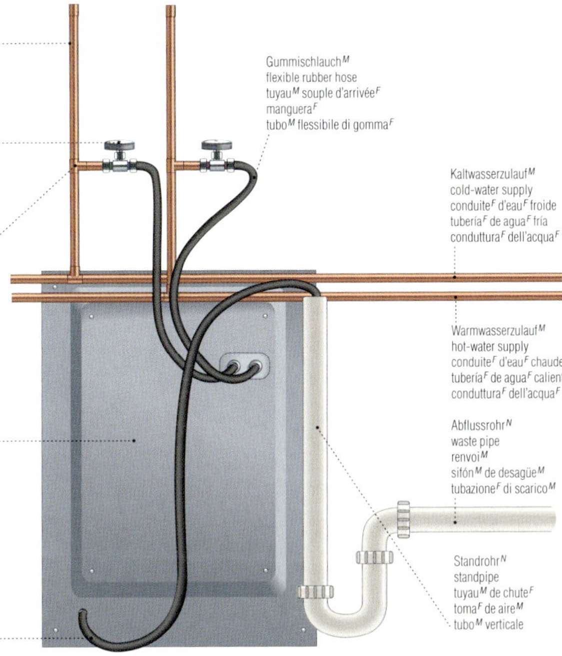

Geschirrspülmaschine^F
dishwasher
lave-vaisselle^M
lavavajillas^F
lavastoviglie^F

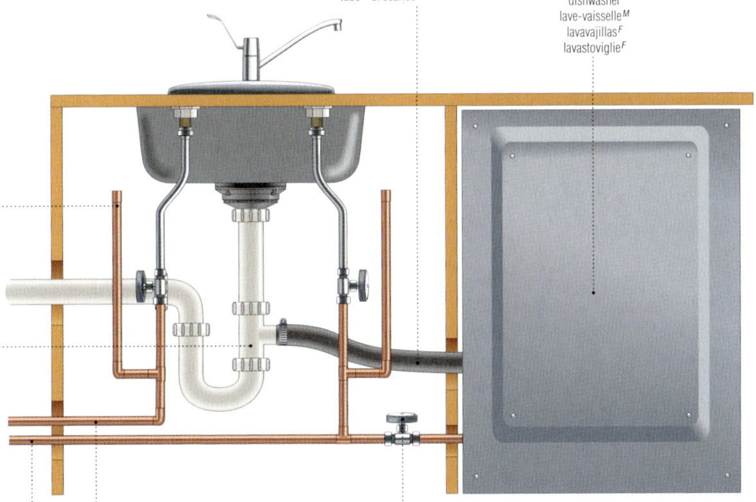

Verteilerkasten[M]

distribution panel | panneau[M] de distribution[F] | cuadro[M] de distribución[F] | pannello[M] di distribuzione[F]

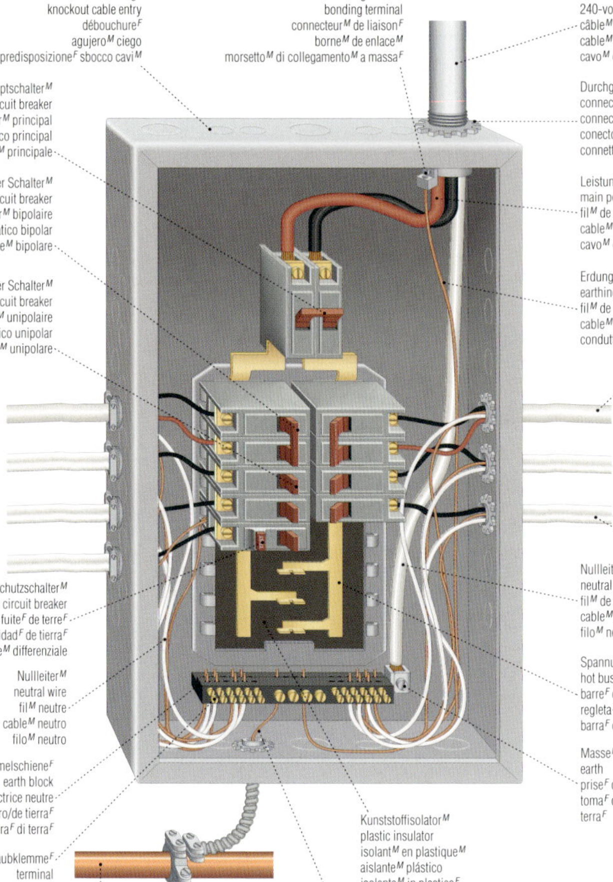

Beispiele[N] für Sicherungen[F]
examples of fuses
exemples[M] de fusibles[M]
ejemplos[M] de fusibles
esempi[M] di fusibili[M]

Patronensicherung[F]
cartridge fuse
fusible[M]-cartouche[F]
fusible[M] de cartucho[M]
fusibile[M] a cartuccia[F]

Stöpselsicherung[F]
plug fuse
fusible[M] à culot[M]
fusible[M] de rosca[F]
fusibile[M] a tappo[M]

Messersicherung[F]
knife-blade cartridge fuse
fusible[M]-cartouche[F] à lames[F]
fusible[M] de bayoneta[F]
fusibile[M] a cartuccia[F] con terminali[M] a coltello[M]

Hausanschluss[M]

network connection | branchement[M] au réseau[M] | conexión[F] a la red[F] | allacciamento[M] alla rete[F]

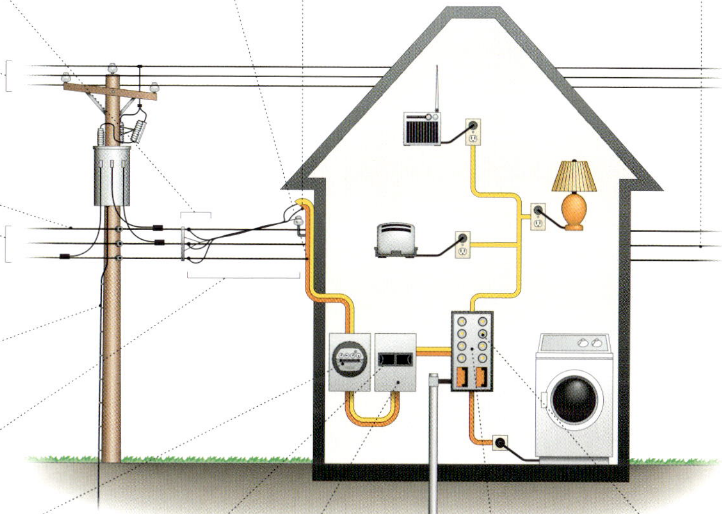

Stromanschlusspunkt[M]
supply point
point[M] d'alimentation[F]
cables[M] de suministro[M]
punto[M] di alimentazione[M]

Hauptanschluss[M]
customer's supply
branchement[M] de l'abonné[M]
entrada[F] del suministro[M]
ingresso[M] dell'alimentazione[F] dell'utente[M]

Verbindungspunkt[M]
connection point
point[M] de raccordement[M]
conexión[F]
punto[M] di allacciamento[M]

Phase[F]
phase conductor
conducteur[M] de phase[F]
conductor[M] de fase[F]
conduttore[M] di fase[F]

Mittelspannungsleitung[F]
medium tension distribution line
ligne[F] de distribution[F] à moyenne tension[F]
cables[M] de tensión[F] mediana
linea[F] di distribuzione[F] a media tensione[F]

Nullleiter[M]
neutral conductor
conducteur[M] neutre
conductor[M] neutral
conduttore[M] neutro

Niederspannungsleitung[F]
low-tension distribution line
ligne[F] de distribution[F] à basse tension[F]
cables[M] de baja tensión[F]
linea[F] di distribuzione[F] a bassa tensione[F]

Erdleitung[F]
earth wire
conducteur[M] de terre[F]
conexión[F] de tierra[F]
cavo[M] di messa[F] a terra[F]

Verteilerschleife[F]
distributor service loop
branchement[M] du distributeur[M]
cables[M] de conexión[F]
circuito[M] di distribuzione[F]

Stromzähler[M]
electricity meter
compteur[M] d'électricité[F]
contador[M] eléctrico
contatore[M] elettrico

Hauptschalter[M]
main switch
interrupteur[M] principal
interruptor[M] principal
interruttore[M] principale

Wartungskasten[M]
main junction box
coffret[M] de branchement[M]
caja[F] de servicio[M]
scatola[F] di servizio[M]

Verteilerkasten[M]
distribution board
panneau[M] de distribution[F]
tablero[M] de distribución[F]
quadro[M] di distribuzione[F]

Sicherung[F]
fuse
fusible[M]
fusible[M]
fusibile[M]

Kilowattstundenzähler[M]

watt-hour meter | compteur[M] d'électricité[F] | contador[M] de kilovatio-hora | contatore[M] di kilowattora[M]

Abdeckung[F]
cover
couvercle[M]
tapa[F]
calotta[F]

Vollbelastungsstellschraube[F]
full-load adjustment screw
vis[F] de réglage[M] de grand débit[M]
tornillo[M] de regulación[F] para carga[F] completa
vite[F] di regolazione[F] a pieno carico[M]

Ziffernblatt[N]
dial
cadran[M]
cuadrante[M]
quadrante[M]

Registriereinheit[F]
register
minuterie[F]
registro[M]
numeratore[M]

Drehscheibe[F]
disc
disque[M]
disco[M]
disco[M]

Kennplakette[F]
name plate
plaque[F] signalétique
placa[F] indicadora
piastrina[F] dei dati[M]

Stromverbrauchernummer[F]
consumer number
numéro[M] de l'abonné[M]
número[M] del consumidor[M]
numero[M] dell'utente[M]

Leichtbelastungsstellschraube[F]
light-load adjustment screw
vis[F] de réglage[M] de petit débit[M]
tornillo[M] de regulación[F] para carga[F] ligera
vite[F] di regolazione[F] a basso carico[M]

Grundplatte[F]
base
socle[M]
base[F]
base[F]

HAUS

Kontaktelemente[N]

contact devices | dispositifs[M] de contact[M] | dispositivos[M] de contacto[M] | dispositivi[M] di contatto[M]

Schukostecker[M]
European plug
fiche[F] européenne
enchufe[M] de tipo[M] europeo
spina[F] europea

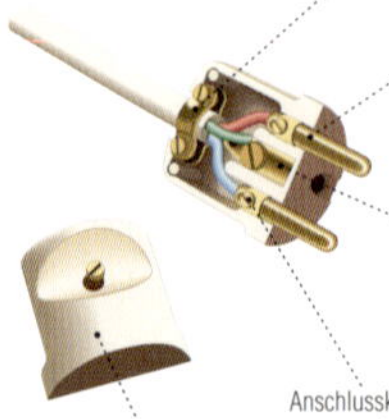

dreipoliger, amerikanischer Stecker[M]
American plug
fiche[F] américaine
clavija[F] de tipo[M] americano
spina[F] americana

Schalter[M]
switch
interrupteur[M]
interruptor[M]
interruttore[M]

Schalterabdeckplatte[F]
escutcheon plate
plaque[F] de commutateur[M]
placa[F] del interruptor[M]
placca[F] dell'interruttore[M]

Schukosteckdose[F]
European outlet
prise[F] de courant[M] européenne
clavija[F] europeo
presa[F] europea

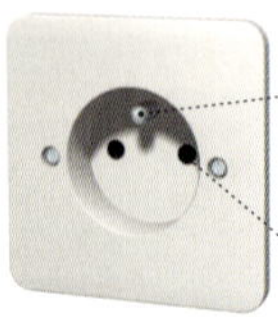

Adapter[M]
plug adapter
adaptateur[M] de fiche[F]
adaptador[M] de enchufes[M]
adattatore[M]

dreipolige Steckdose[F]
three-pin socket
prise[F] de courant[M]
enchufe[M]
presa[F] per spina [F] americana

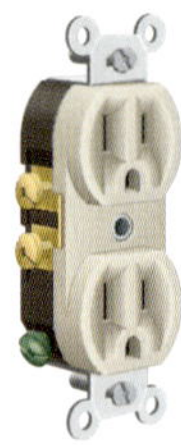

Buchsenhalter[M]
electrical box
boîte[F] d'encastrement[M]
caja[F] de conexiones[F]
scatola[F] da incasso[M]

Dimmerschalter[M]
dimmer switch
gradateur[M]
conmutador[M] de intensidad[F]
reostato[M]

Beleuchtung[F]

lighting | éclairage[M] | iluminación[F] | illuminazione[F]

Glühlampe[F]
incandescent light bulb
lampe[F] à incandescence[F]
bombilla[F] incandescente
lampadina[F] a incandescenza[F]

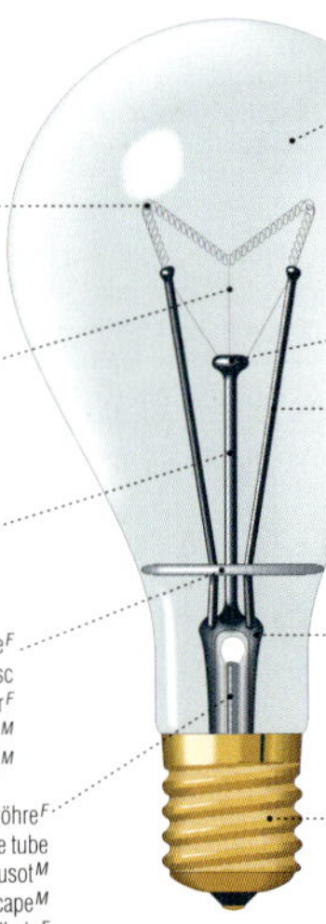

Wolfram-Halogenlampe[F]
tungsten-halogen bulb
lampe[F] à halogène[M]
lámpara[F] halógena
lampada[F] alogena al tungsteno[M]

Teile$^{M/N}$ einer Lampenfassung^{F}
parts of a lamp socket
éléments^{M} d'une douille^{F} de lampe^{F}
componentes^{F} del portalámpara^{M}
componenti^{M} del portalampada^{M}

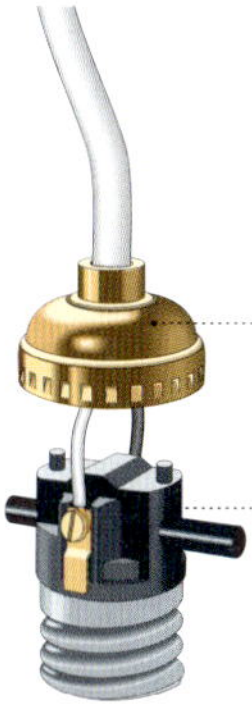

Kappe^{F}
cap
capuchon^{M}
tapa^{F}
cappellotto^{M}

Fassung^{F}
socket
douille^{F}
casquillo^{M}
zoccolo^{M}

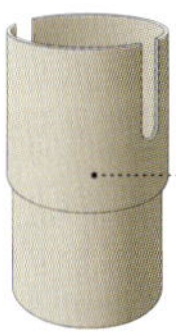

Isolierhülse^{F}
insulating sleeve
gaine^{F} isolante
manga^{F} de aislamiento^{M}
manicotto^{M} isolante

äußere Hülse^{F}
outer shell
enveloppe^{F}
cubierta^{F}
protezione^{F} esterna

Lampenfassung^{F}
lampholder
douille^{F} de lampe^{F}
portalámparas^{M}
portalampada^{M}

Bajonettfassung^{F}
bayonet cap
culot^{M} à baïonnette^{F}
bombilla^{F} de bayoneta^{F}
attacco^{M} a baionetta^{F}

Schraubfassung^{F}
screw cap
culot^{M} à vis^{F}
bombilla^{F} de rosca^{F}
attacco^{M} a vite^{F}

Kolben^{M}
tube
ampoule^{F}
ampolla^{F} de vidrio^{M}
bulbo^{M}

Energiesparlampe^{F}
energy saving bulb
lampe^{F} à économie^{F} d'énergie^{F}
bombilla^{F} económica
lampadina^{F} a risparmio^{M} di energia^{F}

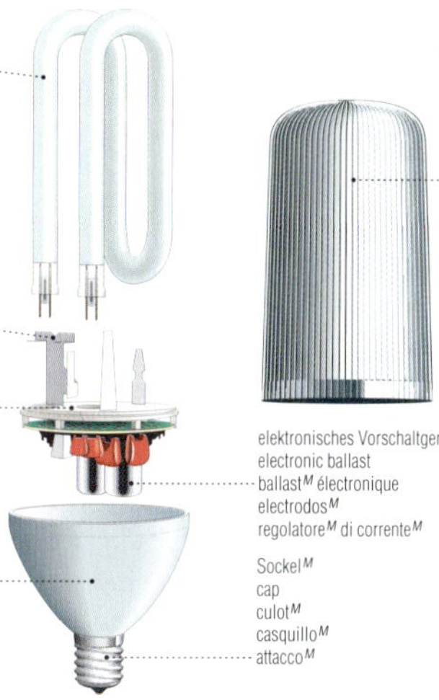

Leuchtstoffröhre^{F}
fluorescent tube
tube^{M} fluorescent
tubo^{M} fluorescente
tubo^{M} fluorescente

Cliphalterung^{M}
tube retention clip
attache^{F} du tube^{M}
clip^{M} de ajuste^{M}
dispositivo^{M} di fissaggio^{M} del tubo^{M}

Röhrenfassung^{F}
mounting plate
plaque^{F} de montage^{M}
placa^{F} de instalación^{F}
piastra^{F} di supporto^{M}

Gehäuse^{N}
housing
boîtier^{M}
pantalla^{F}
alloggiamento^{M}

Kolben^{M}
bulb
ampoule^{F}
ampolla^{F}
bulbo^{M}

elektronisches Vorschaltgerät^{N}
electronic ballast
ballast^{M} électronique
electrodos^{M}
regolatore^{M} di corrente^{M}

Sockel^{M}
cap
culot^{M}
casquillo^{M}
attacco^{M}

Leuchtstoffröhre^{F}
fluorescent tube
tube^{M} fluorescent
tubo^{M} fluorescente
tubo^{M} fluorescente

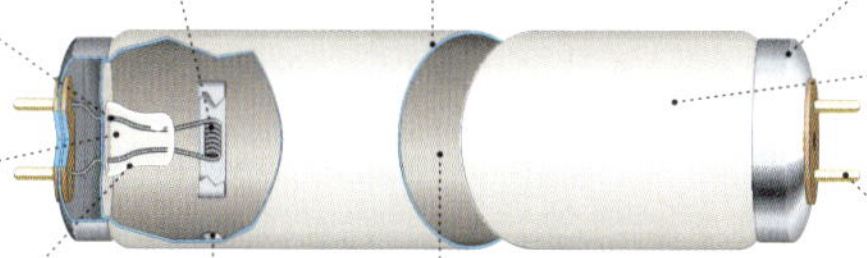

Zuleitungsdraht^{M}
input wire
entrée^{F} de courant^{M}
entrada^{F} de corriente^{F}
filo^{M} conduttore

Entladungsröhre^{F}
discharge tube
queusot^{M}
tubo^{M} de escape^{M}
tubo^{M} di estrazione^{F} dell'aria^{F}

Quetschfuß^{M}
pinch
pincement^{M}
pie^{M} del electrodo^{M}
codetta^{F}

Elektrode^{F}
electrode
électrode^{F}
electrodo^{M}
elettrodo^{M}

Quecksilber^{N}
mercury
mercure^{M}
mercurio^{M}
mercurio^{M}

Phosphorschicht^{F}
phosphorescent coating
couche^{F} fluorescente
revestimiento^{M} de fósforo^{M}
rivestimento^{M} fluorescente

Gas^{N}
gas
gaz^{M}
gas^{M} inerte
gas^{M}

Stiftsockel^{M}
pin base
culot^{M} à broches^{F}
base^{F} del tubo^{M}
attacco^{M} a spina^{F}

Kolben^{M}
bulb
tube^{M}
tubo^{M}
tubo^{M}

Stift^{M}
pin
broche^{F}
pata^{F}
spinotto^{M}

Wolfram-Halogenlampe^{F}
tungsten-halogen bulb
lampe^{F} à halogène^{M}
lámpara^{F} halógena
lampada^{F} alogena al tungsteno^{M}

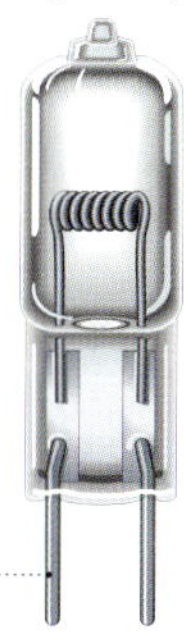

Stift^{M}
pin
broche^{F}
contacto
spinotto^{M}

HAUS

Armlehnstuhl^{M}

armchair | fauteuil^{M} | silla^{F} de brazos^{M} | poltrona^{F}

Teile$^{M/N}$
parts
parties^{F}
partes^{F}
parti^{F}

Beispiele^{N} für Armstühle^{M}
examples of armchairs
exemples^{M} de fauteuils^{M}
ejemplos^{M} de divanes^{M} y butacas^{F}
esempi^{M} di poltrone^{F} e divani^{M}

Wassily-Stuhl^{M}
Wassily chair
fauteuil^{M} Wassily
silla^{F} Wassily
poltrona^{F} Wassily

Regiestuhl^{M}
director's chair
fauteuil^{M} metteur^{M} en scène^{F}
silla^{F} plegable de lona^{F}
sedia^{F} da regista^{M}

Schaukelstuhl^{M}
rocking chair
berceuse^{F}
mecedora^{F}
sedia^{F} a dondolo^{M}

kleiner Lehnstuhl^{M}
cabriole chair
cabriolet^{M}
silla^{F} cabriolé
cabriolet^{F}

Kanapee^{N}
méridienne
méridienne^{F}
meridiana^{F}
méridienne^{F}

Chaiselongue^{N}
chaise longue
récamier^{M}
sofá^{M} tipo^{M} imperio
agrippina^{F}

Clubsessel^{M}
club chair
fauteuil^{M} club^{M}
butaca^{F}
poltrona^{F} da salotto^{M}

Bergère^{F}
bergère
bergère^{F}
silla^{F} poltrona
bergère^{F}

Sofa^{N}
sofa
canapé^{M}
sofá^{F}
divano^{M}

Zweisitzer^{M}
two-seater settee
causeuse^{F}
sofá^{M} de dos plazas^{F}
divano^{M} a due posti^{M}

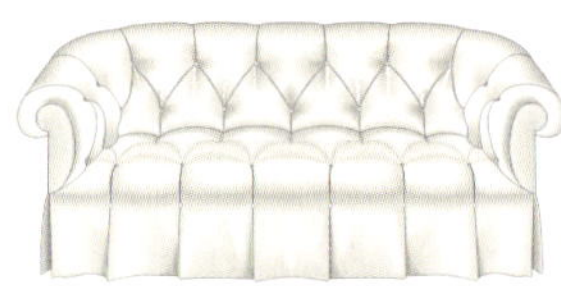

Chesterfieldsofa^{N}
chesterfield
canapé^{M} capitonné
chesterfield^{M}
divano^{M} Chesterfield

Stuhl[M]

side chair | chaise[F] | silla[F] sin brazos[M] | sedia[F]

Teile[M/N]
parts
parties[F]
partes[F]
parti[F]

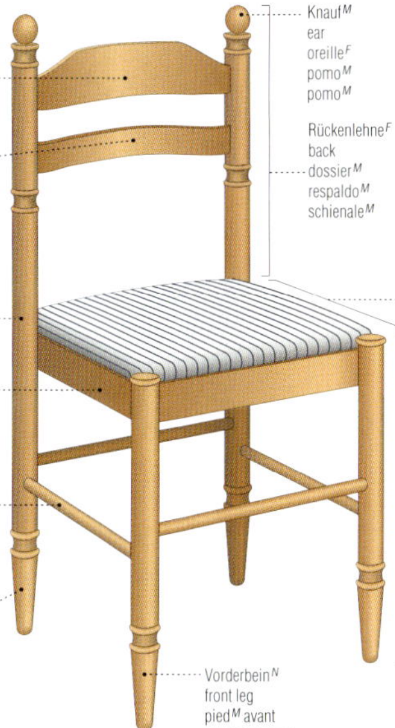

Beispiele[N] für Stühle[M]
examples of chairs
exemples[M] de chaises[F]
ejemplos[M] de sillas[F]
esempi[M] di sedie[F]

Schaukelstuhl[M]
rocking chair
chaise[F] berçante
mecedora[F]
sedia[F] a dondolo[M]

Stapelstühle[M]
stacking chairs
chaises[F] empilables
sillas[F] apilables
sedie[F] impilabili

Klappstuhl[M]
folding chair
chaise[F] pliante
silla[F] plegable
sedia[F] pieghevole

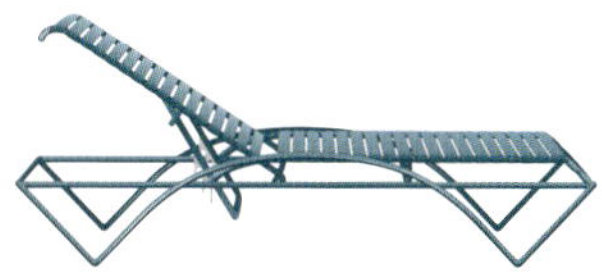

Liegestuhl[M]
recliner
chaise[F] longue
tumbona[F]
sedia[F] a sdraio[M]

Sitzmöbel[N]

seats | sièges[M] | asientos[M] | sedili[M]

Sitzsack[M]
bean bag chair
fauteuil[M]-sac[M]
silla[F] cojín[M]
poltrona[F] sacco[M]

Puff[M]
ottoman
pouf[M]
puf[M]
pouf[M]

Tritthocker[M]
step chair
chaise[F]-escabeau[M]
silla[F] escalera[F]
sedia[F] scala[F]

Bank[F]
bench
banc[M]
banco[F]
panchina[F]

Hocker[M]
footstool
tabouret[M]
escabel[M]
sgabello[M]

Sitzbank[F]
banquette
banquette[F]
banqueta[F]
divanetto[M]

Barhocker[M]
bar stool
tabouret[M]-bar[M]
taburete[M]
sgabello[M] alto

Tisch^M

table | table^F | mesa^F | tavolo^M

Klapptisch^M
gate-leg table
table^F à abattants^M
mesa^F de hojas^F abatibles
tavolo^M a cancello^M

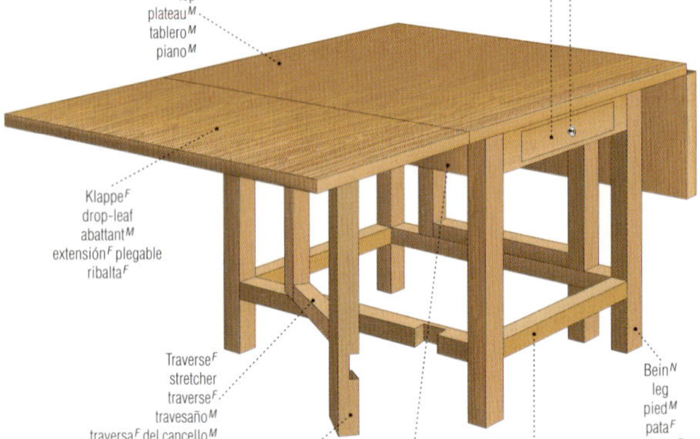

Beispiele^N für Tische^M
examples of tables
exemples^M de tables^F
ejemplos^M de mesas^F
esempi^M di tavoli^M

Ausziehtisch^M
extending table
table^F à rallonges^F
mesa^F plegable
tavolo^M allungabile

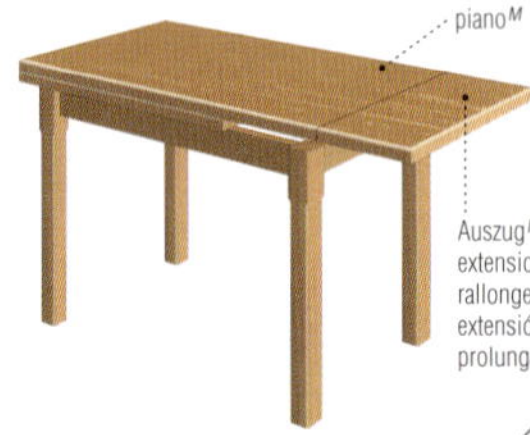

Satztische^M
nest of tables
tables^F gigognes
juego^M de mesas^F
tavolini^M sovrapponibili

Servierwagen^M
serving trolley
desserte^F
mesita^F de servicio^M
carrello^M portavivande

Aufbewahrungsmöbel^N

storage furniture | meubles^M de rangement^M | muebles^M contenedores | mobili^M contenitori

Kleiderschrank^M
armoire
armoire^F
armario^M
armadio^M

Rahmen^M
frame
bâti^M
armazón^M
telaio^M

Tür^F
door
vantail^M
puerta^F
porta^F

Truhe^{F}
linen chest
coffre^{M}
baúl^{M}
cassapanca^{F}

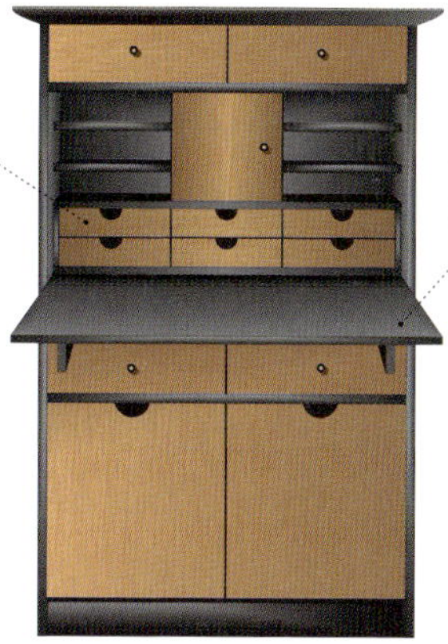

Sekretär^{M}
bureau
secrétaire^{M}
bufete^{M}
secrétaire^{M}

Kommode^{F}
dressing table
commode^{F}
cómoda^{F}
comò^{M}

Kleiderschrank^{M}
wardrobe
armoire^{F}-penderie^{F}
ropero^{M}
guardaroba^{M}

Chiffonière^{F}
chiffonier
chiffonnier^{M}
chifonier^{M}
cassettiera^{F}

Vitrine^{F}
display cabinet
vitrine^{F}
vitrina^{F}
vetrina^{F}

Eckschrank^{M}
corner cupboard
encoignure^{F}
rinconera^{F}
angoliera^{F}

Vitrinenschrank^{M}
glass-fronted display cabinet
buffet^{M}-vaisselier^{M}
aparador^{M} con vitrina^{F}
credenza^{F} con vetrina^{F}

Büfett^{N}
sideboard
buffet^{M}
aparador^{M}
credenza^{F}

Cocktailbar^{F}
cocktail cabinet
bar^{M}
mueble^{M} bar^{M}
mobile^{M} bar^{M}

Bett^{N}

bed | lit^{M} | cama^{F} | letto^{M}

Schlafcouch^{F}
sofa bed
canapé^{M} convertible
sofá cama^{M}
divano-letto^{M}

Teile$^{M/N}$
parts
parties^{F}
partes^{F}
parti^{F}

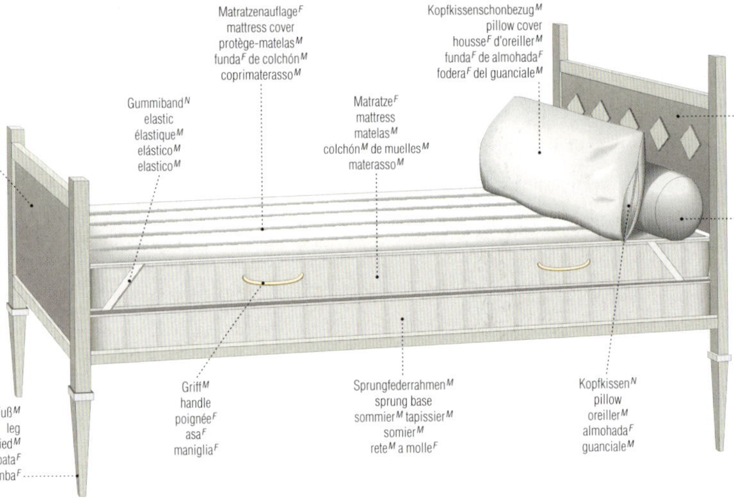

Bettwäsche^{F}
bed linen
literie^{F}
ropa^{F} de cama^{F}
biancheria^{F} da letto^{M}

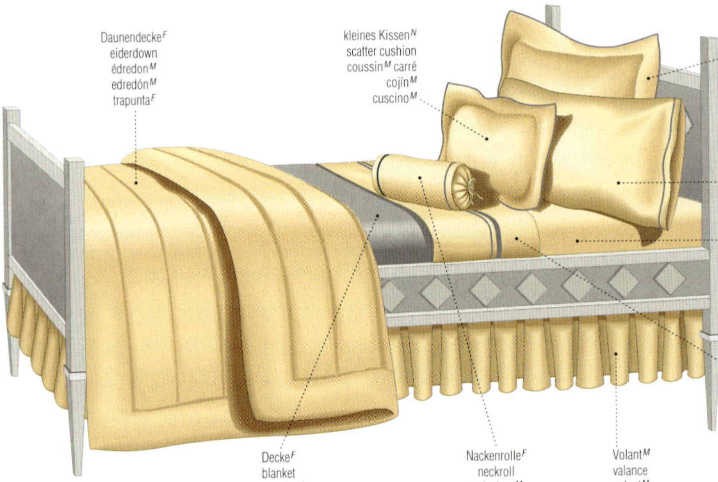

Kindermöbel[N]

children's furniture | meubles[M] d'enfants[M] | muebles[M] infantiles | mobili[M] per bambini[M]

Reisebett[N] mit Wickelauflage[F]
nursery
lit[M] pliant
cuna[M] plegable
lettino[M] pieghevole con fasciatoio[M]

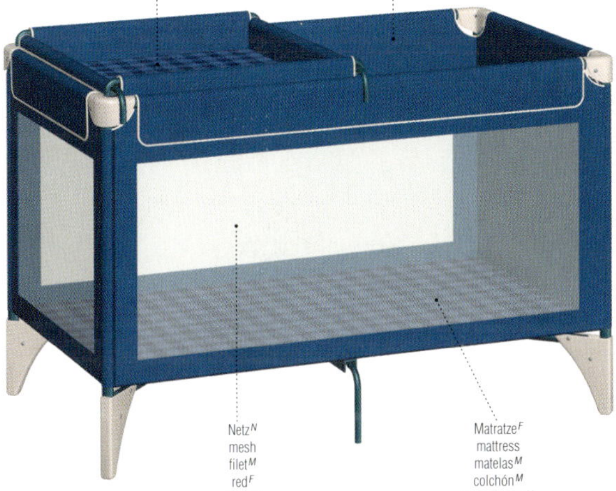

Kindersessel[M]
booster seat
rehausseur[M]
silla[F] alzadora
poltroncina[F] per bambini[M]

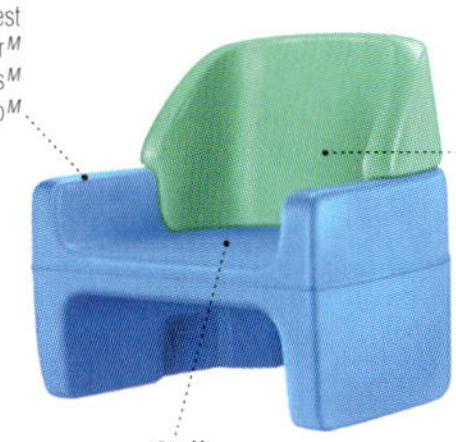

Wickelkommode[F]
changing table
table[F] à langer
cambiador[M]
fasciatoio[M]

Hochstuhl[M]
high chair
chaise[F] haute
trona[F]
seggiolone[M]

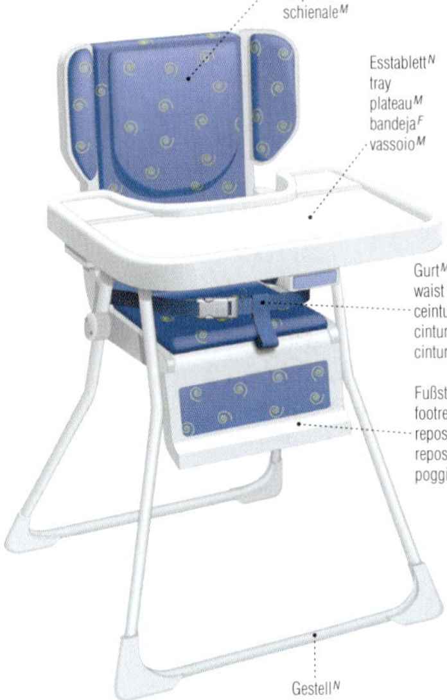

Gitterbett[N]
cot
lit[M] à barreaux[M]
cuna[F]
lettino[M] a sponde[F]

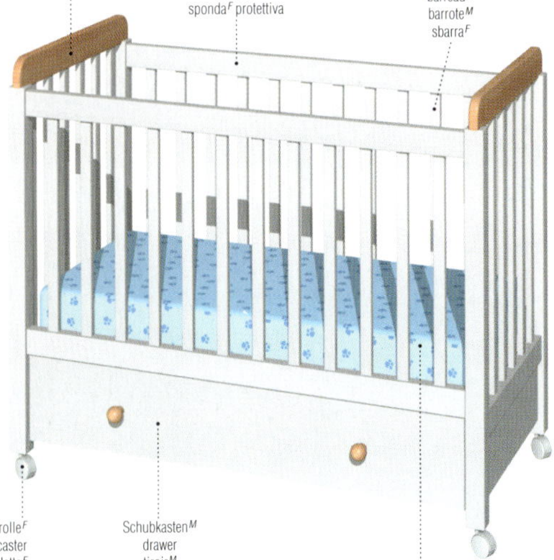

HAUS

Dekorationen^F

window accessories | parures^F de fenêtre^F | accesorios^M para las ventanas^F | accessori^M per finestre^F

Innenläden^M
indoor shutters
volets^M d'intérieur^M
postigos^M interiores
imposte^F ripiegabili

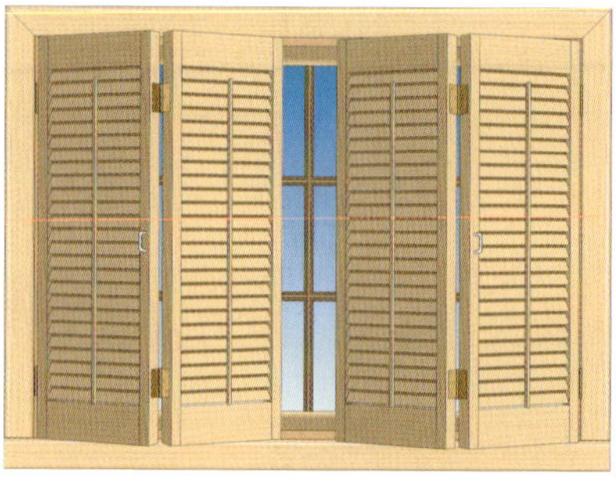

Fenstergardine^F
window curtain
rideau^M de vitrage^M
cortina^F de ventana^F
tenda^F per finestra^F

Vorhang^M
curtain
rideau^M
cortina^F
tenda^F

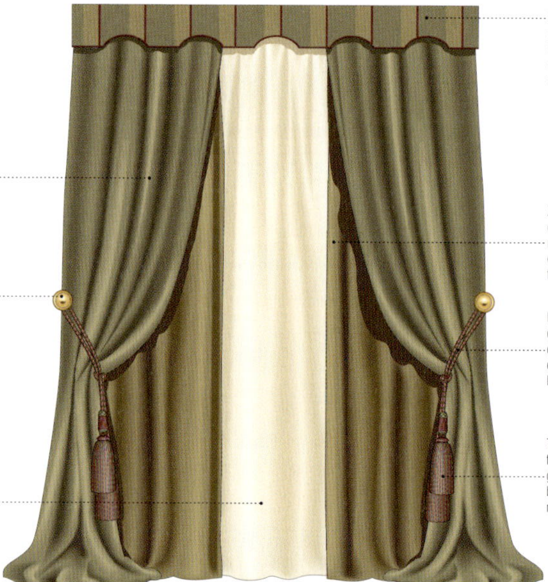

Beispiele[N] für Kräuselfalten[F]
examples of pleats
exemples[M] de plis[M]
ejemplos[M] de fruncidos[M]
esempi[M] di arricciature[F]

Schachtelfalte[F]
box pleat
pli[M] creux
pliegue[M] de cajón[M]
sfondo[M] piega[F]

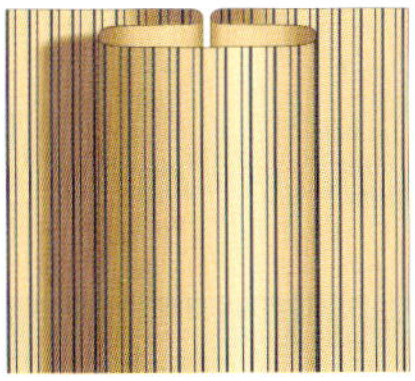

eingelegte Falte[F]
inverted pleat
pli[M] rond
pliegue[M] de cajón[M] invertido
cannone[M]

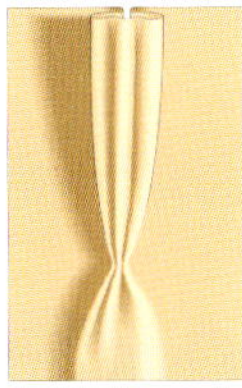

Kirsorfalte[F]
pinch pleat
pli[M] pincé
pliegue[M] de pinza[F]
arricciatura[F] a pince[F]

Beispiele[N] für Vorhangköpfe[M]
examples of headings
exemples[M] de têtes[F]
ejemplos[M] de cenefas[F]
esempi[M] di fettucce[F]

Kirschband[N]
pinch-pleated heading
tête[F] plissée
cenefa[F] plisada
fettuccia[F] plissettata

Bleistiftfaltenband[N]
pencil-pleated heading
fronçage[M] tuyauté
cenefa[F] plisada de canotillo[M]
arricciatura[F] a cannoncino[M]

Durchzug[M]
shirred heading
tête[F] froncée
cenefa[F] fruncida
fettuccia[F] arricciata

Freihand-Dekoration[F]
draped swag
cantonnière[F] drapée
cenefa[F] drapeada
festone[M] drappeggiato

Beispiele[N] für Vorhänge[M]
examples of curtains
exemples[M] de rideaux[M]
ejemplos[M] de cortinas[F]
esempi[M] di tende[F]

Spanner[M]
attached curtain
rideau[M] coulissé
cortina[F] sujeta de doble barra[F]
tenda[F] a vetro[M]

Raffgardine[F]
crisscross curtains
rideaux[M] croisés
cortinas[F] cruzadas
tende[F] con sormonto[M] totale

loser Vorhang[M]
loose curtain
rideau[M] flottant
cortina[F] suelta corrediza
tenda[F] a strappo[M]

Wolkenstore[M]
balloon curtain
rideau[M] ballon[M]
cortina[F] abombada
tenda[F] a palloncino[M]

Lampen^{F}

lights | luminaires^{M} | lámparas^{F} | luci^{F}

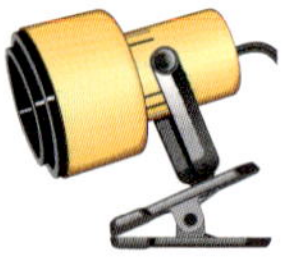

Klemmspot^{M}
clamp spotlight
spot^{M} à pince^{F}
lámpara de pinza^{F}
faretto^{M} a pinza^{F}

Deckenleuchte^{F}
ceiling fitting
plafonnier^{M}
plafón^{M}
plafoniera^{F}

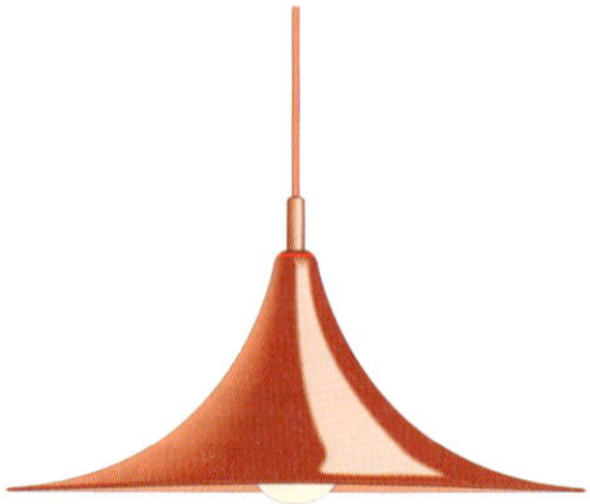

Hängeleuchte^{F}
hanging pendant
suspension^{F}
lámpara^{F} de techo^{M}
lampada^{F} a sospensione^{F}

Halogen^{N}-Tischleuchte^{F}
halogen desk lamp
lampe^{F} de bureau^{M} halogène
lámpara^{F} de despacho^{M} halógena
lampada^{F} alogena da tavolo^{M}

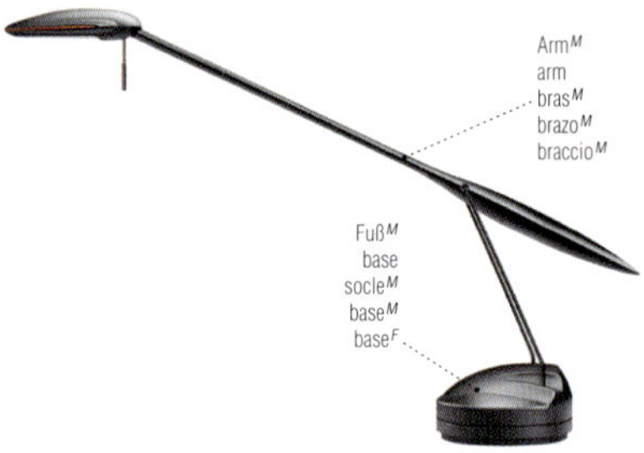

Arbeitsleuchte^{F}
adjustable lamp
lampe^{F} d'architecte^{M}
flexo^{M}
lampada^{F} a braccio^{M} regolabile

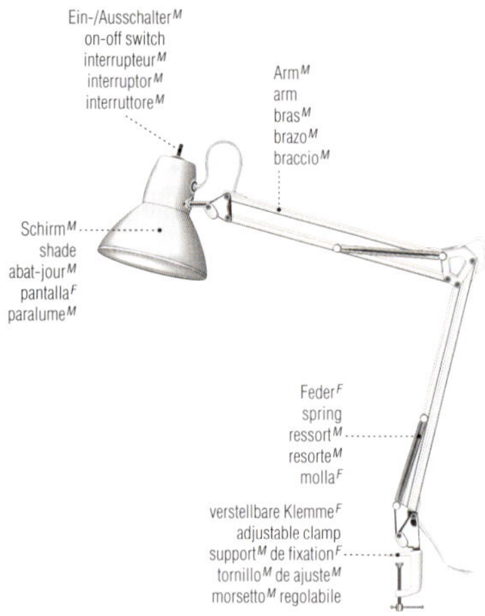

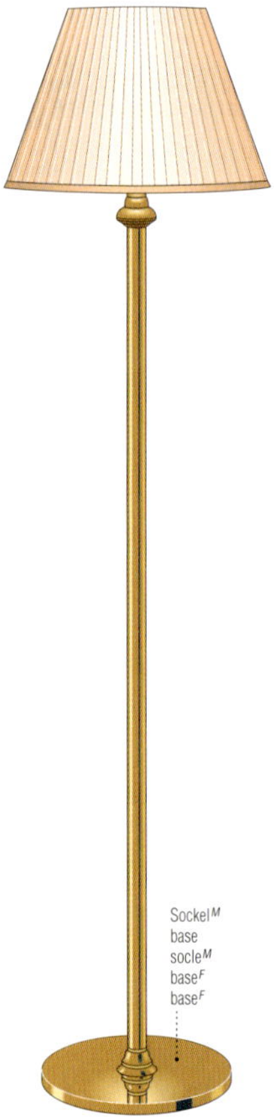

Standleuchte^{F}
standard lamp
lampadaire^{M}
lámpara^{F} de pie^{M}
lampada^{F} a stelo^{M}

Leseleuchte^{F}
bed lamp
lampe^{F} liseuse
lámpara^{F} de cabecera^{F}
lampada^{F} da lettura^{F}

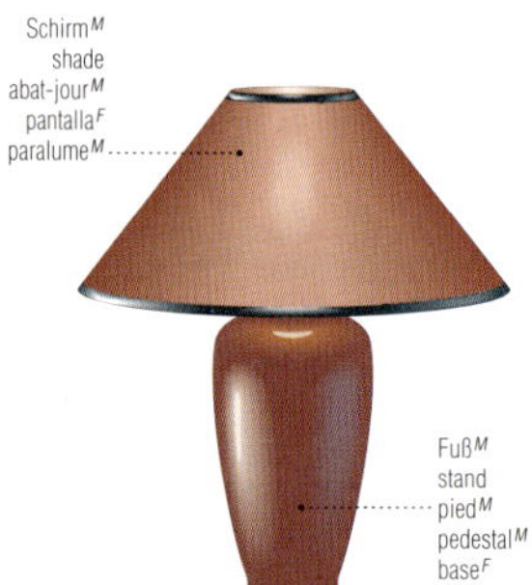

Tischleuchte^{F}
table lamp
lampe^{F} de table^{F}
lámpara^{F} de mesa^{F}
lampada^{F} da tavolo^{M}

Schreibtischleuchte^{F}
desk lamp
lampe^{F} de bureau^{M}
lámpara^{F} de escritorio^{M}
lampada^{F} da tavolo^{M}

Kronleuchter[M]
chandelier
lustre[M]
araña[F] de luces[F]
lampadario[M]

Beleuchtungsschiene[F]
track lighting
rail[M] d'éclairage[M]
riel[M] de iluminación[F]
faretto[M] da binario[M]

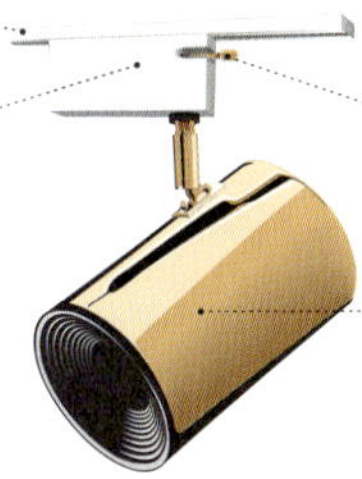

Wandlaterne[F]
wall lantern
lanterne[F] murale
farol[M]
lampione[M] da parete[F]

Wandleuchte[F]
wall light
applique[F]
aplique[M]
lampada[F] da parete[F]

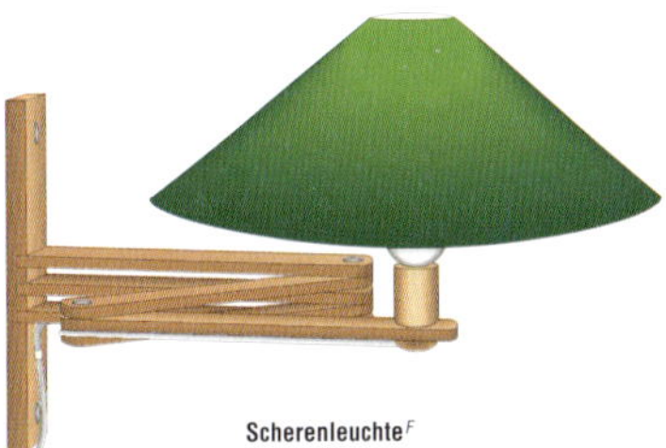

Scherenleuchte[F]
swivel wall lamp
applique[F] orientable
lámpara[F] orientable de pared[F]
lampada[F] da parete[F] con braccio[M] estensibile

Lampenreihe[F]
multiple light fitting
rampe[F] d'éclairage[M]
lámparas[F] en serie[F]
lampade[F] in serie[F]

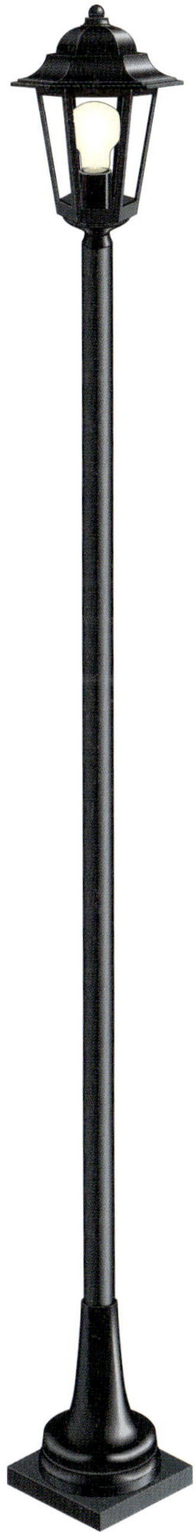

Straßenlaterne[F]
post lantern
lanterne[F] de pied[M]
farola[F]
lampione[M]

HAUS

Haushaltsgeräte^N

domestic appliances | appareils^M électroménagers | aparatos^M electrodomésticos | elettrodomestici^M

Dampfbügeleisen^N
steam iron
fer^M à vapeur^F
plancha^F de vapor^M
ferro^M da stiro^M a vapore^M

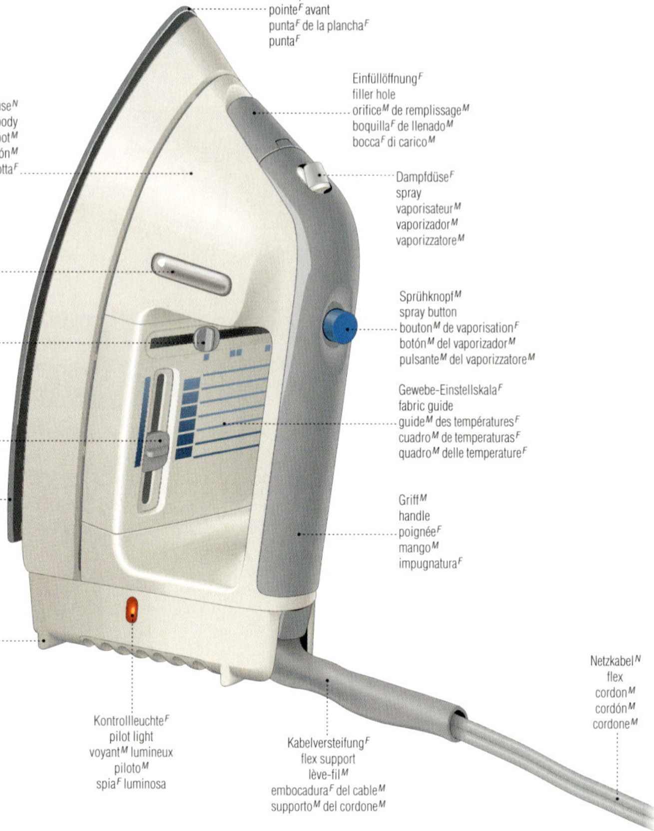

Akku-Mini-Staubsauger^M
hand vacuum cleaner
aspirateur^M à main^F
aspirador^M manual
miniaspiratutto^M

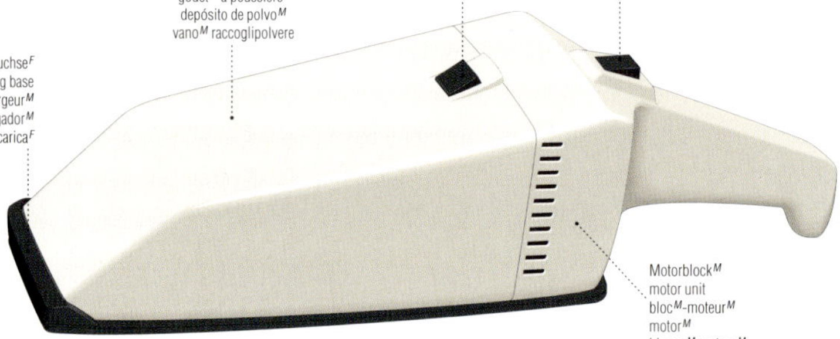

Handstaubsauger^{M}
upright vacuum cleaner
aspirateur^{M}-balai^{M}
escoba^{F} eléctrica
aspirapolvere^{F} verticale

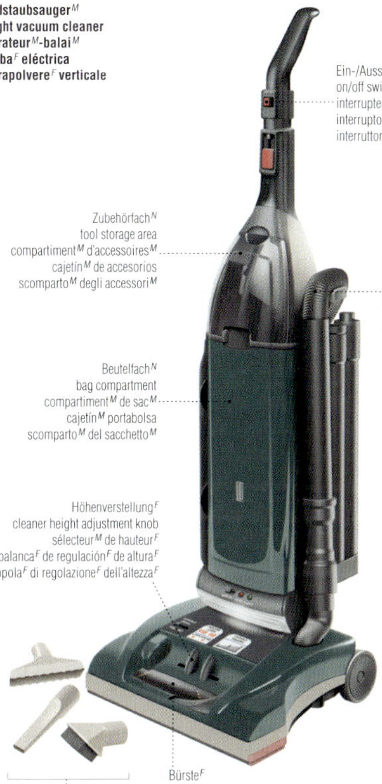

Bodenstaubsauger^{M}
cylinder vacuum cleaner
aspirateur^{M}-traîneau^{M}
aspirador^{M}
aspirapolvere^{M}

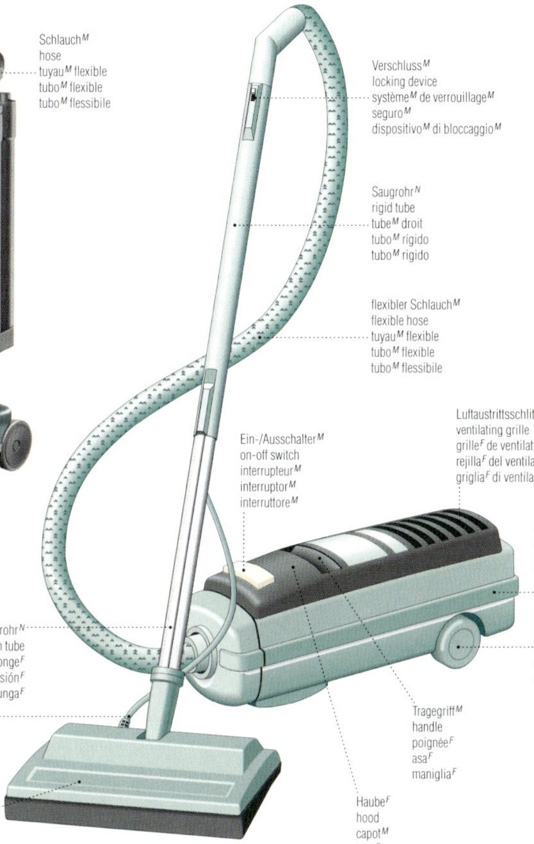

Saugzubehör^{N}
cleaning tools
accessoires^{M}
accesorios^{M}
accessori^{M} di pulitura^{F}

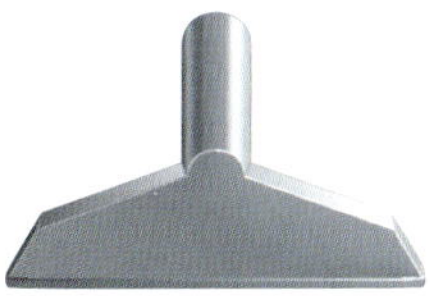

Polsterdüse^{F}
upholstery nozzle
suceur^{M} triangulaire à tissus^{M}
boquilla^{F} para tapicería^{F}
bocchetta^{F} per tappezzeria^{F}

Saugbürste^{F}
dusting brush
brosse^{F} à épousseter
cepillo^{M} -plumero^{M}
spazzola^{F} a pennello^{M}

Fugendüse^{F}
crevice tool
suceur^{M} plat
boquilla^{F} rinconera
bocchetta^{F} per fessure^{F}

Bürste^{F}
floor brush
brosse^{F} à planchers^{M}
cepillo^{M} para pisos^{M}
spazzola^{F} per pavimenti^{M}

Haushaltsgeräte[N]

Dunstabzugshaube[F]
extractor hood
hotte[F]
campana[F]
cappa[F]

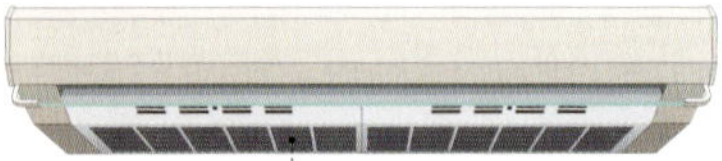

Filter[M]
filter
filtre[M]
filtro[M]
filtro[M]

Gasherd[M]
gas cooker
cuisinière[F] à gaz[M]
cocina[F] de gas[M]
cucina[F] a gas[M]

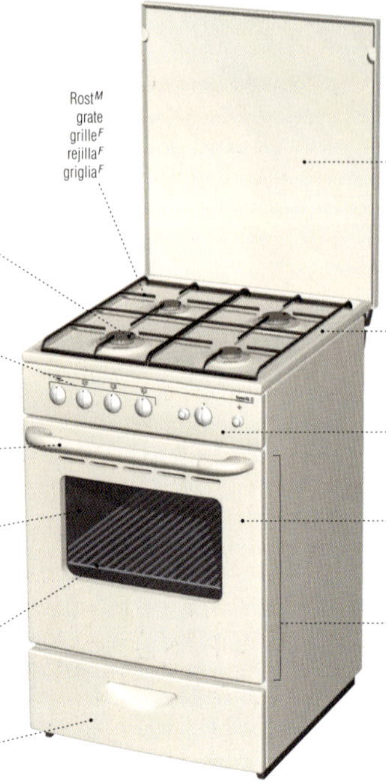

Rost[M]
grate
grille[F]
rejilla[F]
griglia[F]

Brenner[M]
burner
brûleur[M]
quemador[M]
bruciatore[M]

Regelschalter[M]
burner control knobs
robinets[M]
mandos[M] de los quemadores[M]
manopole[F] di comando[M] dei bruciatori[M]

Griff[M]
handle
poignée[F]
tirador[M]
maniglia[F]

Frontscheibe[F]
window
hublot[M]
visor[M]
finestra[F] di controllo[M]

Back-/Grillrost[M]
rack
grille[F]
parrilla[F]
griglia[F]

Auszug[M]
drawer
tiroir[M]
cajón[M] calientaplatos[M]
cassetto[M]

Abdeckung[F]
lid
couvercle[M] de propreté[F]
tapa[F]
coperchio[M]

Kochmulde[F]
hob
table[F] de travail[M]
encimera[F]
piano[M] di cottura[F]

Bedienleiste[F]
control panel
tableau[M] de commande[F]
panel[M] de mandos[M]
quadro[M] di comando[M]

Backofentür[F]
door
porte[F]
puerta[F]
sportello[M]

Backofen[M]
oven
four[M]
horno[M]
forno[M]

Kochplatte[F]
surface element
serpentin[M]
placa[F] eléctrica
piastra[F] elettrica

Heizspirale[F]
tubular element
élément[M] tubulaire
resistencia[F]
serpentina[F]

Anschluss[M]
terminal
borne[F]
enchufe[M]
terminale[M]

Auffangschüssel[F]
drip bowl
cuvette[F]
protector[M]
bacinella[F] raccogligocce

Schutzring[M]
trim ring
anneau[M]
arandela[F]
anello[M] di chiusura[F]

Elektroherd[M]
electric cooker
cuisinière[F] électrique
cocina[F] eléctrica
cucina[F] elettrica

Backofenschalter[M]
oven control knob
réglage[M] du four[M]
botón[M] del horno[M]
manopola[F] del forno[M]

Schaltuhr[F]
clock timer
horloge[F] programmatrice
reloj[M]
contaminuti[M]

Kontrollleuchte[F]
pilot light
voyant[M] lumineux
piloto[M]
spia[F] luminosa

Blende[F]
back panel
dosseret[M]
panel[M] de mandos[M]
alzata[F]

Zusatzstecker[M]
timer socket
prise[F] chronométrée
enchufe[M] con control[M] de tiempo[M]
presa[F] di corrente[F] temporizzata

Kochmulde[F]
hob
surface[F] de cuisson[F]
encimera[F]
piano[M] di cottura[F]

Rost[M]
shelf
grille[F]
parrilla[F]
griglia[F]

Backofen[M]
oven
four[M]
horno[M]
forno[M]

Auszug[M]
drawer
tiroir[M]
cajón[M] calientaplatos
cassetto[M]

Schalter[M]
control knob
bouton[M] de commande[F]
botón[M] de mando[M]
manopola[F]

Bedienleiste[F]
control panel
tableau[M] de commande[F]
panel[M] de mandos[M]
quadro[M] di comando[M]

Kochplatte[F]
cooker ring
serpentin[M]
hornillo[M]
piastra[F] elettrica

Herdkante[F]
hob edge
rebord[M]
borde[M]
bordo[M] del piano[M] di cottura[F]

Griff[M]
handle
poignée[F]
asa[F]
maniglia[F]

Sichtfenster[N]
window
hublot[M]
visor[M]
finestra[F] di controllo[M]

Gefriertruhe[F]
chest freezer
congélateur[M] coffre[M]
arcón[M] congelador
congelatore[M] orizzontale

Kühlschrank[M]
refrigerator
réfrigérateur[M]
frigorífico[M]
frigorifero[M]

HAUS

Waschmaschine^{F}
washing machine
lave-linge^{M}
lavadora^{F}
lavatrice^{F}

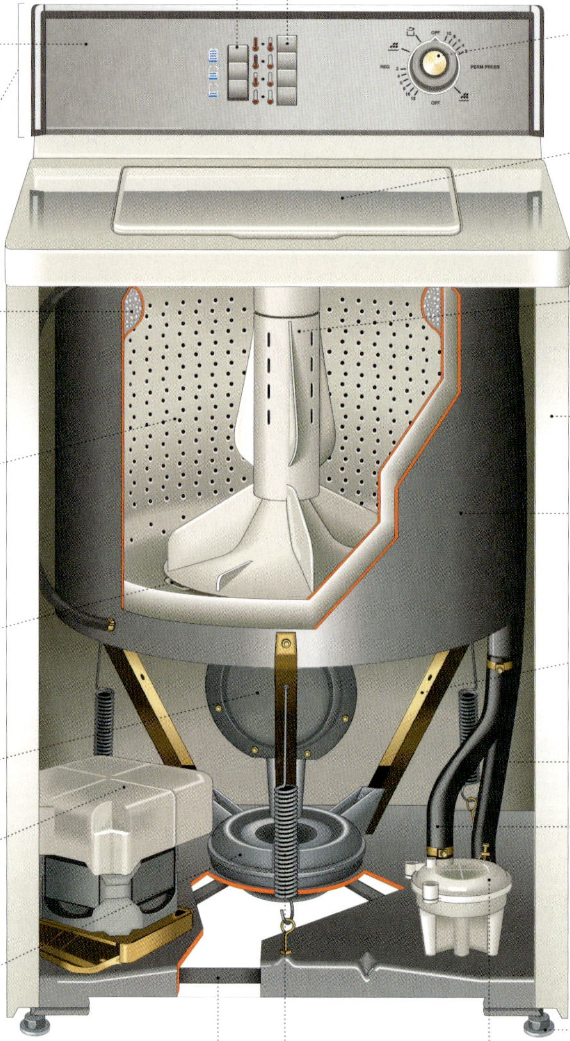

Wäschetrockner[M]
electric tumble dryer
sèche-linge[M] électrique
secadora[F] de ropa[F]
asciugatrice[F]

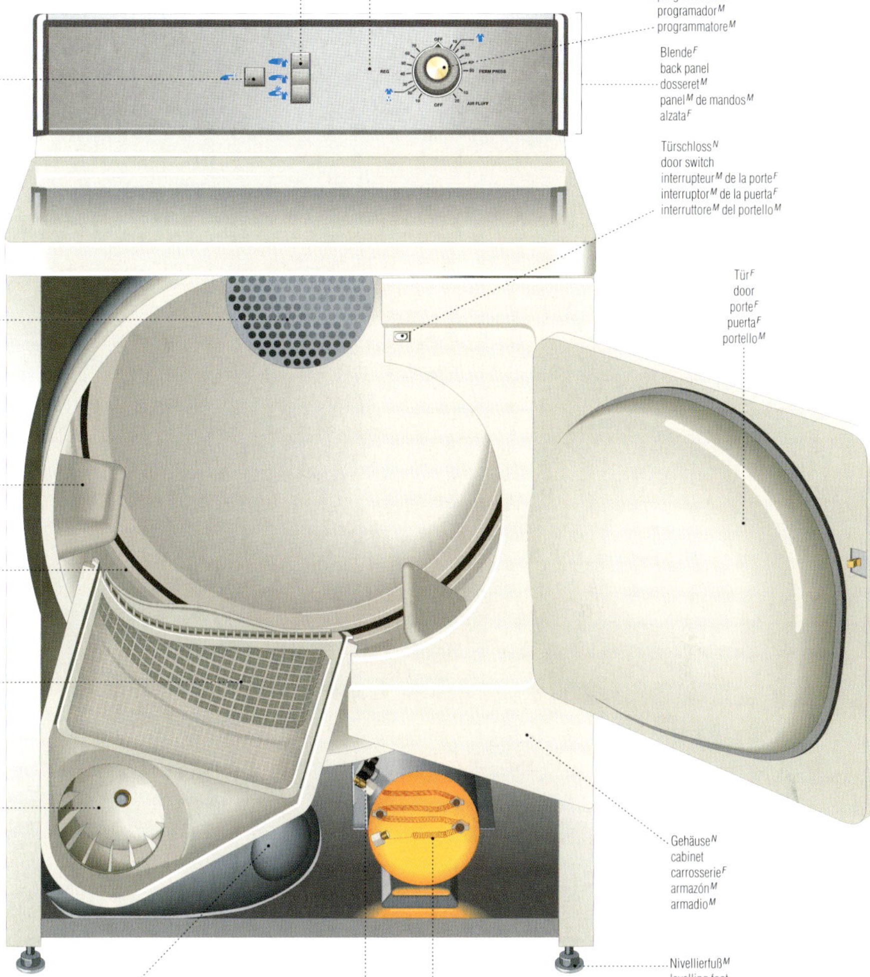

Haushaltsgeräte^{N}

Bedienleiste^{F}
control panel
tableau^{M} de commande^{F}
panel^{M} de control^{M}
quadro^{M} di comando^{M}

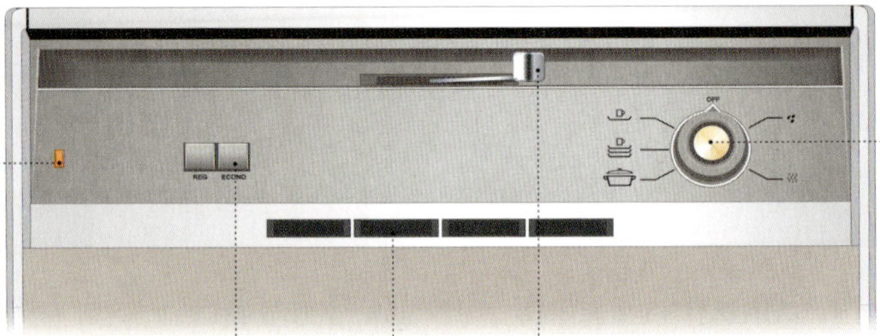

Geschirrspülmaschine^{F}
dishwasher
lave-vaisselle^{M}
lavavajillas^{M}
lavastoviglie^{F}

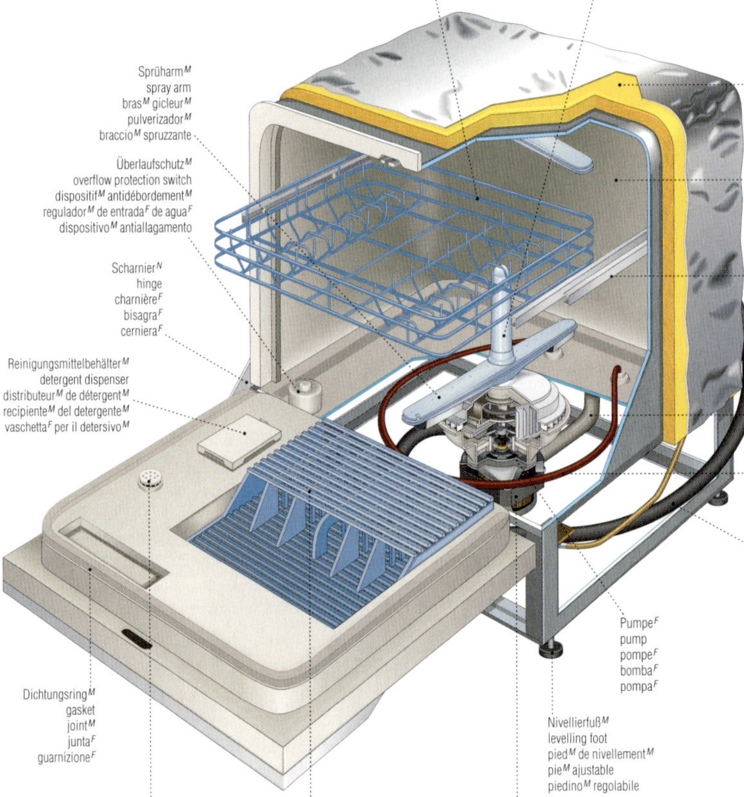

Haushaltsgegenstände[M]

household equipment | articles[M] ménagers | artículos[M] de limpieza[F] | attrezzi[M] domestici

Geschirrtuch[N]
kitchen towel
torchon[M]
bayeta[F] de cocina[F]
strofinaccio[M] da cucina[F]

Kehrschaufel[F]
dustpan
pelle[F] à poussière[F]
recogedor[M]
paletta[F]

Besen[M]
broom
balai[M]
escoba[F]
scopa[F]

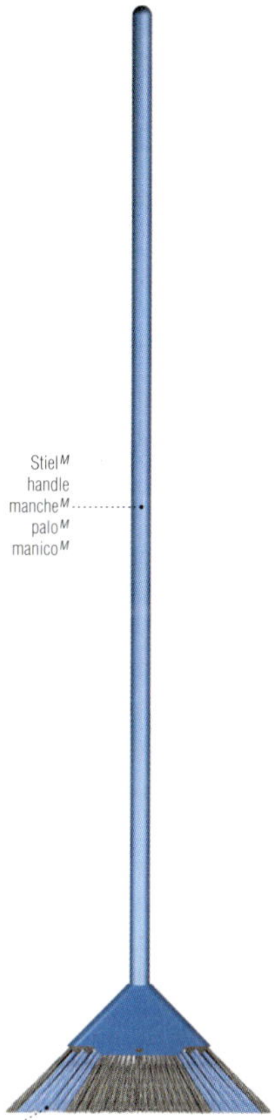

Mop[M]
mop
balai[M] à franges[F]
fregona[F]
scopa[F] a frangia[F]

Putzschwamm[M]
scouring pad
éponge[F] à récurer
estropajo[M] con esponja[F]
spugna[F] abrasiva

Bürste[F]
brush
brosse[F]
cepillo[M]
spazzola[F]

Abfalleimer[M]
refuse container
poubelle[F]
cubo[M] de basura[F]
bidone[M] dei rifiuti[M]

Eimer[M]
bucket
seau[M]
cubo[M]
secchio[M]

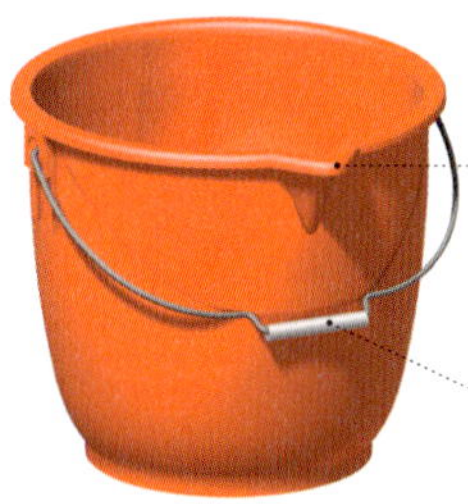

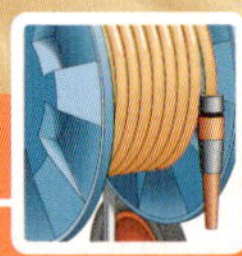

HEIMWERKEN UND GARTENARBEIT

298 Heimwerken

298 die wichtigsten Baumaterialien
299 Verkleidungsmaterialien
299 Isoliermaterialien
300 Holz
301 Bautischlerei: Nagelwerkzeuge
302 Bautischlerei: Schraubwerkzeuge
303 Bautischlerei: Sägewerkzeuge
306 Bautischlerei: Bohrwerkzeuge
308 Bautischlerei: Formwerkzeuge
310 Bautischlerei: Greif- und Spannwerkzeuge
313 Bautischlerei: Mess- und Markierinstrumente
313 Bautischlerei: verschiedenes Zubehör
314 Klempnerwerkzeuge
315 Maurerwerkzeuge
316 Elektroinstallateurwerkzeuge
318 Löt- und Schweißwerkzeuge
320 Anstreichen und Lackieren
321 Leitern und Stehleitern

322 Gartenarbeit

322 Ziergarten
323 verschiedene Geräte
324 Werkzeuge zum Säen und Pflanzen
325 Handwerkzeuge
326 Geräte zur Erdbewegung
328 Gießgeräte
330 Schneidwerkzeuge
332 Rasenpflege

die wichtigsten Baumaterialien^{N}

basic building materials | matériaux^{M} de base^{F} | materiales^{M} básicos | materiali^{M} da costruzione^{F} di base^{F}

Ziegelstein^{M}
brick
brique^{F}
ladrillo^{M}
mattone^{M}

Vollziegel^{M}
solid brick
brique^{F} pleine
ladrillo^{M} macizo
mattone^{M} pieno

Lochziegel^{M}
perforated brick
brique^{F} perforée
ladrillo^{M} perforado
mattone^{M} perforato

Hohlziegel^{M}
hollow brick
brique^{F} creuse
ladrillo^{M} hueco
mattone^{M} forato

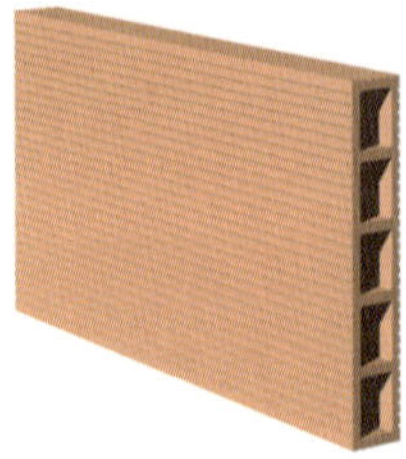

Tonhohlplatte^{F}
partition tile
brique^{F} plâtrière
ladrillo^{M} tabiquero
mattone^{M} forato per tramezzo^{M}

Ziegelmauer^{F}
brick wall
mur^{M} de briques^{F}
muro^{M} de ladrillos^{M}
muro^{M} di mattoni^{M}

feuerfester Ziegel^{M}
firebrick
brique^{F} réfractaire
ladrillo^{M} refractario
mattone^{M} refrattario

Mörtel^{M}
mortar
mortier^{M}
mortero^{M}
malta^{F}

Stein^{M}
stone
pierre^{F}
piedra^{F}
pietra^{F}

Pflasterstein^{M}
flagstone
dalle^{F} de pierre^{F}
losa^{F} de piedra^{F}
pietra^{F} da lastrico^{M}

Bruchstein^{M}
rubble
moellon^{M}
morrillo^{M}
pietra^{F} da costruzione^{F}

Haustein^{M}
cut stone
pierre^{F} de taille^{F}
piedra^{M} tallada
pietra^{F} da taglio^{M}

Steinmauer^{F}
stone wall
mur^{M} de pierres^{F}
muro^{M} de piedras^{F}
muro^{M} di pietra^{F}

Beton^{M}
concrete
béton^{M}
hormigón^{M}
calcestruzzo^{M}

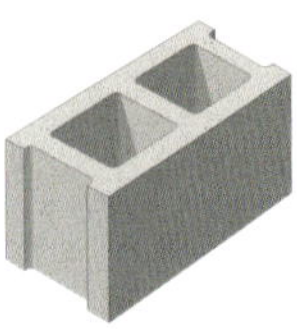

Betonblock^{M}
concrete block
bloc^{M} de béton^{M}
bloque^{M} de hormigón^{M}
blocco^{M} di calcestruzzo^{M}

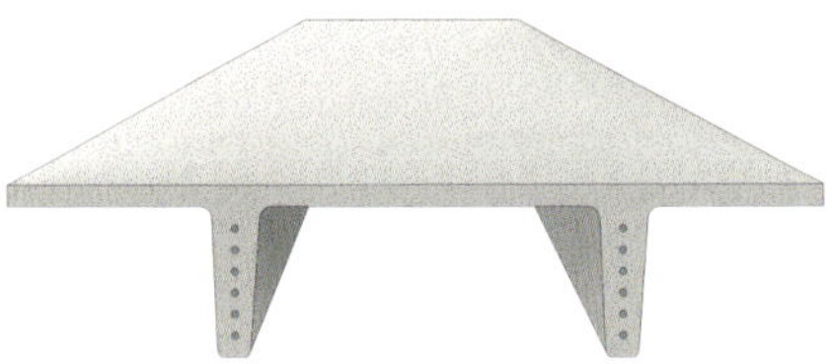

Spannbeton^{M}
prestressed concrete
béton^{M} précontraint
hormigón^{M} pretensado
calcestruzzo^{M} precompresso

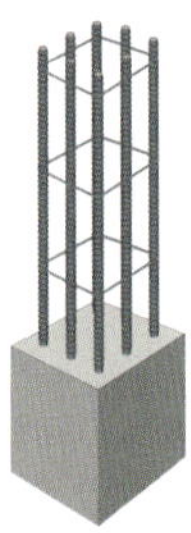

Stahlbeton^{M}
reinforced concrete
béton^{M} armé
hormigón^{M} armado
cemento^{M} armato

Stahl^{M}
steel
acier^{M}
acero^{M}
acciaio^{M}

Verkleidungsmaterialien^{N}

covering materials | matériaux^{M} de revêtement^{M} | materiales^{M} de revestimiento^{M} | materiali^{M} di rivestimento^{M}

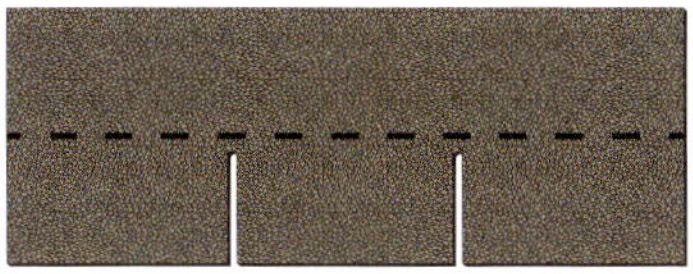

Asphaltschindel^{F}
asphalt shingle
bardeau^{M} d'asphalte^{M}
teja^{F} de asfalto^{M}
listello^{M} di cartonfeltro^{M} bitumato

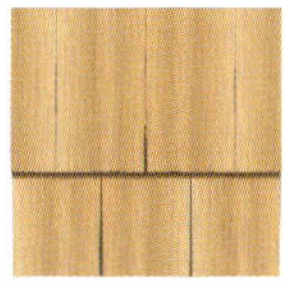

Schindel^{F}
shingle
bardeau^{M}
ripia^{F}
scandola^{F}

Streckmetall^{N}-Unterlage^{F}
expanded metal lath
lattis^{M} métallique à losanges^{M}
mallas^{F} de metal^{M} expandido
reticella^{F} metallica a maglie^{F} esagonali

Teerpappe^{F}
roofing felt
papier^{M} goudronné
fieltro^{M} asfáltico
carta^{F} catramata

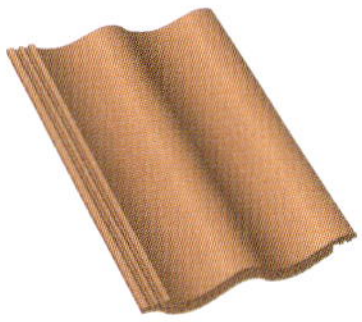

Dachziegel^{M}
tile
tuile^{F}
teja^{F}
tegola^{F}

Gipskartonplatte^{F}
gypsum tile
carreau^{M} de plâtre^{M}
panel^{M} de yeso^{M}
piastrella^{F} di gesso^{M}

Fliese^{F}
floor tile
carreau^{M}
baldosa^{F}
piastrella^{F} per pavimenti^{M}

Gipskarton^{M}-Bauplatte^{F}
gypsum board
plaque^{F} de plâtre^{M}
tablero^{M} de yeso^{M}
pannello^{M} di gesso^{M}

Isoliermaterialien^{N}

insulating materials | isolants^{M} | materiales^{M} aislantes | materiali^{M} isolanti

Schüttungsisolierung^{F}
loose fill insulation
isolant^{M} en vrac^{M}
aislante^{M} a granel^{M}
isolante^{M} sfuso granulare

Metallbandisolierung^{F}
sprung strip metal insulation
isolant^{M} en ruban^{M} métallique
cinta^{F} metálica
isolante^{M} a lamina^{F} metallica elastica

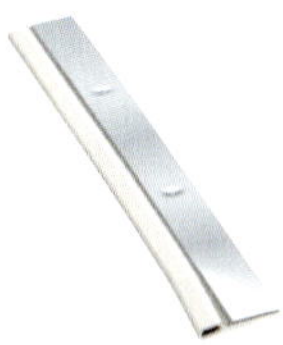

Vinylisolierung^{F}
vinyl insulation
isolant^{M} en vinyle^{M}
aislante^{M} vinílico
isolante^{M} vinilico

Rohrummantelung^{F}
pipe-wrapping insulation
isolant^{M} en ruban^{M}
cinta^{F} aislante para tubería^{F}
rivestimento^{M} isolante per tubi^{M}

vorgeformte Rohrummantelung^{F}
moulded insulation
isolant^{M} en coquille^{F}
aislante^{M} premoldeado
isolante^{M} preformato

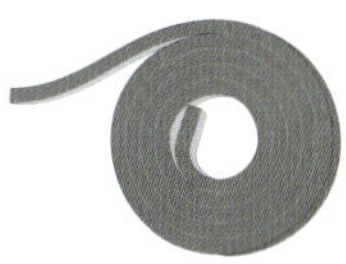

Schaumgummiisolierung^{F}
foam-rubber insulation
isolant^{M} en caoutchouc^{M}-mousse^{F}
aislante^{M} de gomaespuma^{F}
isolante^{M} di gomma^{F} espansa

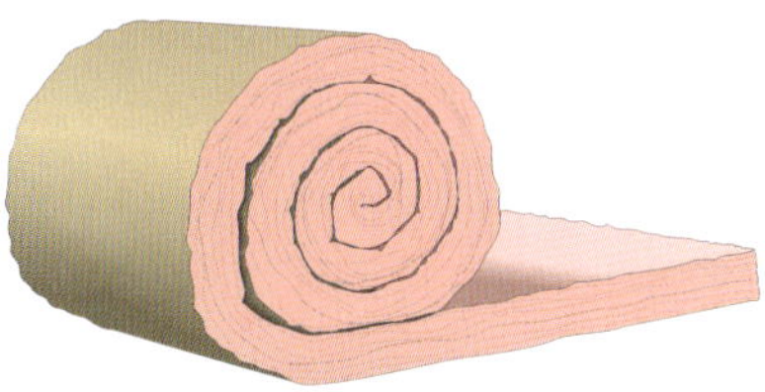

Mattenisolierung^{F}
blanket insulation
isolant^{M} en rouleau^{M}
lana^{F} de vidrio^{M} aislante
isolante^{M} in rotolo^{M}

Plattenisolierung^{F}
board insulation
isolant^{M} en panneau^{M}
tablero^{M} rígido aislante
pannelli^{M} isolanti

Bauschaumisolierung^{F}
foam insulation
isolant^{M} moussé
espuma^{F} aislante^{M}
schiuma^{F} isolante^{M}

Holz[N]

wood | bois[M] | madera[F] | legno[M]

Baumstamm[M] im Querschnitt[M]
section of a log
coupe[F] d'une bille[F]
corte[M] de un tronco[M]
sezione[F] di un tronco[M]

Brett[N]
board
planche[F]
tabla[F]
asse[F]

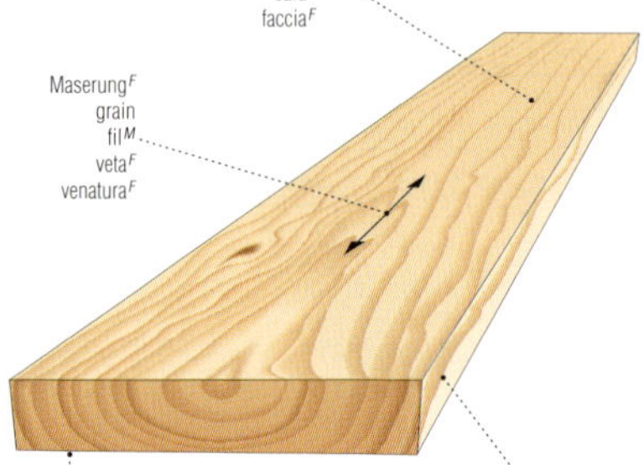

Holzwerkstoffe[M]
wood-based materials
dérivés[M] du bois[M]
láminas[F] y tableros[M]
materiali[M] derivati dal legno[M]

Schälfurnier[N]
peeled veneer
placage[M] déroulé
chapa[F] de madera[F] de desenrollo[M]
impiallacciatura[F]

Mehrschichtsperrholz[N]
multi-ply plywood
contreplaqué[M] multiplis
contrachapado[M] multiplex
pannello[M] di compensato[M] multistrato

Stabplatte[F]
blockboard
panneau[M] à âme[F] lattée
tablero[M] alistonado
pannello[M] di compensato[M] impiallacciato

Stäbchenplatte[F]
laminboard
panneau[M] à âme[F] lamellée
tablero[M] laminado
pannello[M] laminato in legno[M]

Grobspanplatte[F]
waferboard
panneau[M] de copeaux[M]
tablero[M] de partículas[F] waferboard
pannello[M] di truciolato[M] grezzo

Hartfaserplatte[F]
hardboard
panneau[M] de fibres[F]
tablero[M] de fibra[F] de madera[F]
pannello[M] di truciolato[M]

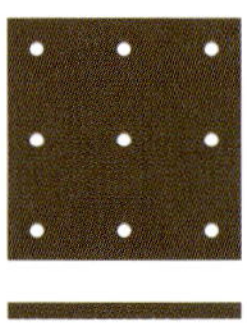

gelochte Hartfaserplatte[F]
perforated hardboard
panneau[M] de fibres[F] perforé
tablero[M] de fibra[F] de madera[F] perforada
pannello[M] di truciolato[M] forato

kunststoffbeschichtete Hartfaserplatte[F]
plastic-coated chipboard
panneau[M] de particules[F] lamifié
tablero[M] de aglomerado[M] plastificado
pannello[M] di truciolato[M] laminato in plastica[F]

Spanplatte[F]
chipboard
panneau[M] de particules[F]
tablero[M] de aglomerado[M]
pannello di masonite[F]

Bautischlerei[F]: Nagelwerkzeuge[N]

carpentry: nailing tools | menuiserie[F]: outils[M] pour clouer | carpintería: herramientas[F] para clavar | carpenteria[F]: attrezzi[M] per chiodare

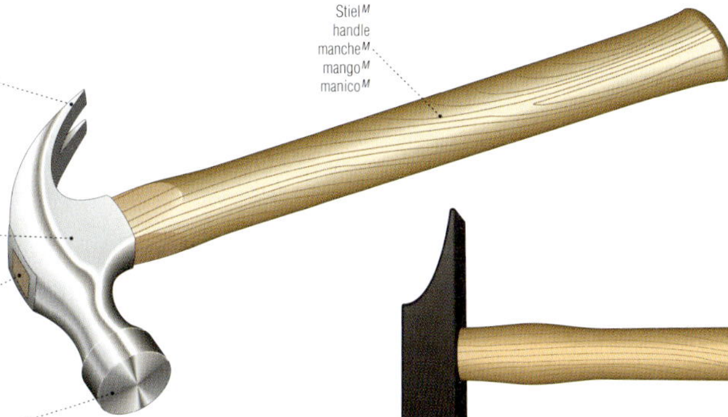

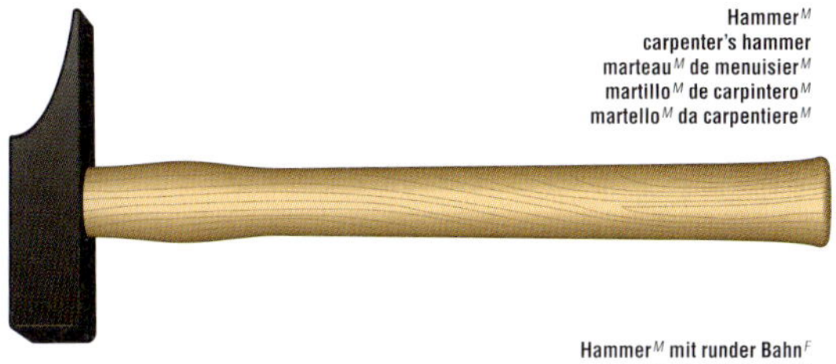

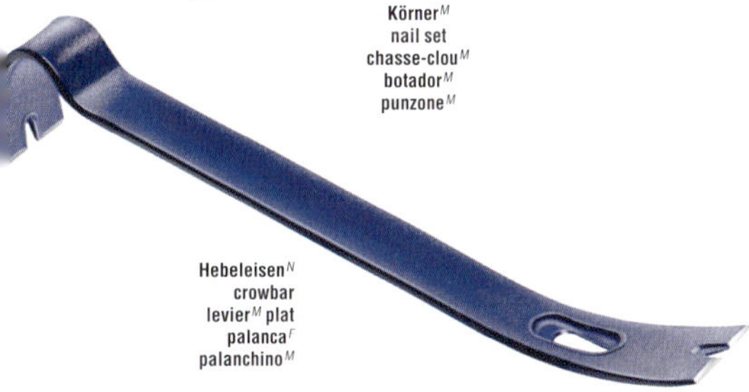

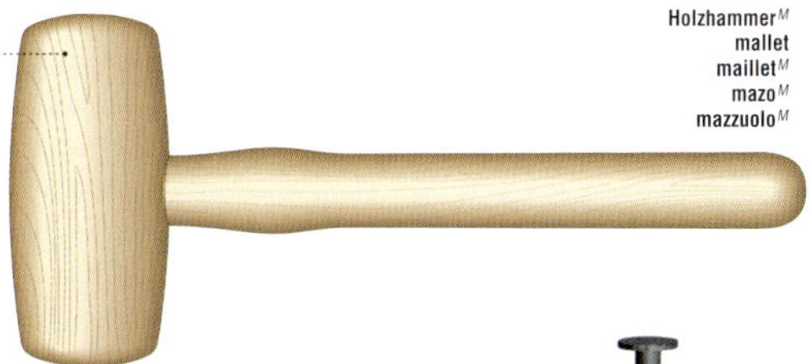

Beispiele[N] für Nägel[M]
examples of nails
exemples[M] de clous[M]
ejemplos[M] de clavos[M]
esempi[M] di chiodi[M]

Bautischlerei[F]: Schraubwerkzeuge[N]

carpentry: screwing tools | menuiserie[F] : outils[M] pour visser | carpintería[F] : herramientas[F] para atornillar | carpenteria[F]: utensili [M] per avvitare

Schraubenzieher[M]
screwdriver
tournevis[M]
destornillador[M]
cacciavite[M]

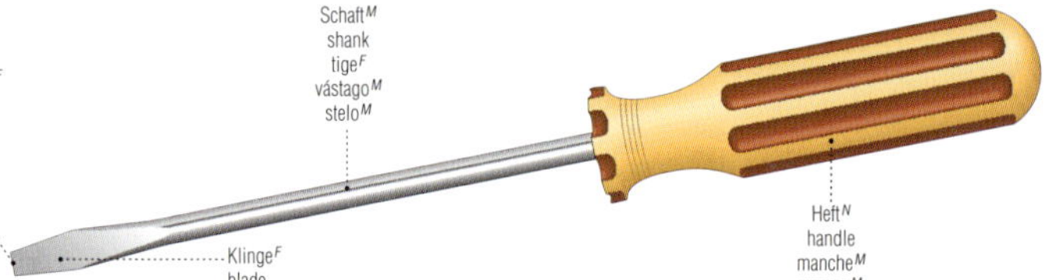

Drillschraubenzieher[M]
spiral screwdriver
tournevis[M] à spirale[F]
destornillador[M] de trinquete[M]
cacciavite[M] automatico

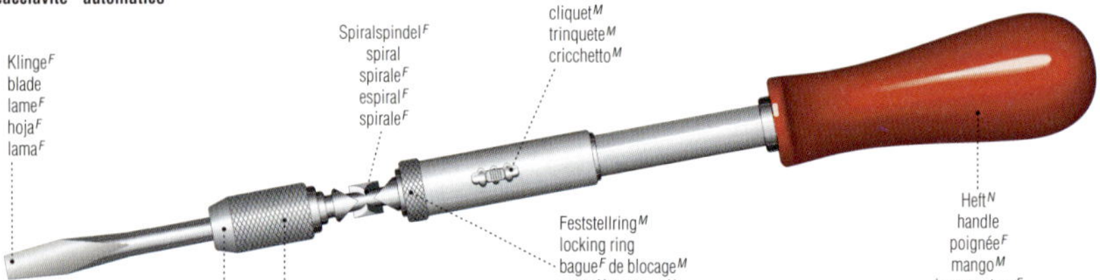

Batterie-Schraubendreher[M]
cordless screwdriver
tournevis[M] sans fil[M]
destornillador[M] inalámbrico
cacciavite[M] con batteria[F] incorporata

Schraube[F]
screw
vis[F]
tornillo[M]
vite[F]

Kopfarten[F]
examples of heads
exemples[M] de têtes[F]
tipos [M] de cabeza[F]
tipi[M] di teste[F]

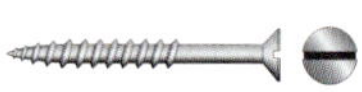

Senkkopf[M] mit Schlitz[M]
countersunk head
tête[F] plate
tornillo[M] de cabeza[F] avellanada
testa[F] piatta

Rundkopf[M] mit Schlitz[M]
round head
tête[F] ronde
tornillo[M] de cabeza[F] redonda
testa[F] tonda

Sicherungskopf[M]
one way head
tête[F] à sens[M] unique
tornillo[M] de un solo sentido[M]
testa[F] non svitabile

Senkkopf[M] mit Kreuzschlitz[M]
cross head
tête[F] cruciforme
tornillo[M] cruciforme (Phillips)
testa[F] a croce[F]

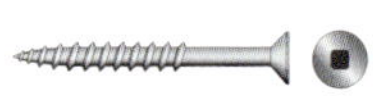

Senkkopf[M] mit Imbus[M]
socket head
tête[F] creuse
tornillo[M] de caja[F] cuadrada
testa[F] concava

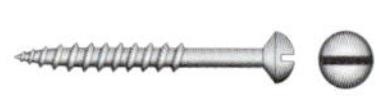

Linsenkopf[M] mit Schlitz[M]
raised head
tête[F] bombée
tornillo[M] de cabeza[F] achaflanada
testa[F] bombata

Klingenarten[F]
examples of tips
exemples[M] de pointes[F]
tipos[M] de puntas[F]
tipi[M] di punte[F]

Einsatz[M] für Imbusschrauben[F]
square-headed tip
pointe[F] carrée
punta[F] de caja[F] cuadrada
punta[F] a testa[F] quadra

Einsatz[M] für Kreuzschlitzschrauben[F]
cross-headed tip
pointe[F] cruciforme
punta[F] cruciforme
punta[F] a croce[F]

Einsatz[M] für Schlitzschrauben[F]
flat tip
pointe[F] plate
punta[F] de hoja[F] plana
punta[F] piana

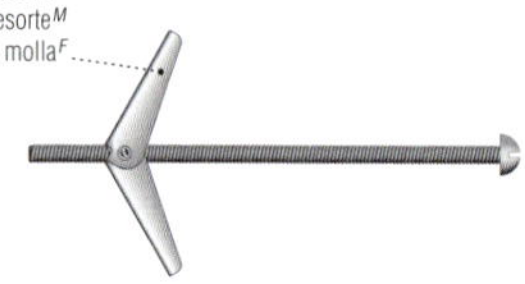

Knebelbolzen[M]
toggle bolt
boulon[M] à ailettes[F]
perno[M] para falso plafón[M]
ancora[F] a scatto[M]

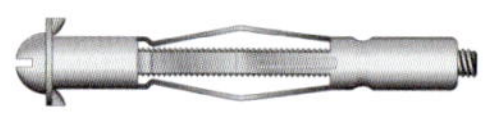

Spreizdübel[M]
expansion bolt
boulon[M] à gaine[F] d'expansion[F]
perno[M] de expansión[F]
bullone[M] a espansione[F]

Bautischlerei^{F}: Sägewerkzeuge^{N}

carpentry: sawing tools | menuiserie^{F} : outils^{M} pour scier | carpintería^{F} : herramientas^{F} para serrar | carpenteria^{F}: utensili^{M} per segare

Laubsäge^{F}
coping saw
scie^{F} à chantourner
sierra^{F} de marquetería^{F}
seghetto^{M} da traforo^{M}

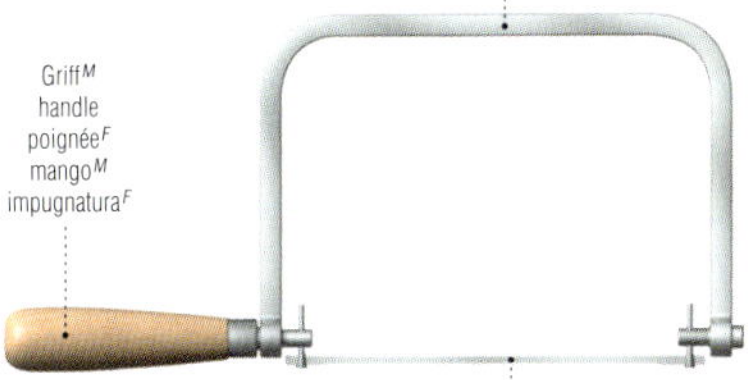

Bügelsäge^{F}
hacksaw
scie^{F} à métaux^{M}
sierra^{F} para metales^{M}
seghetto^{M}

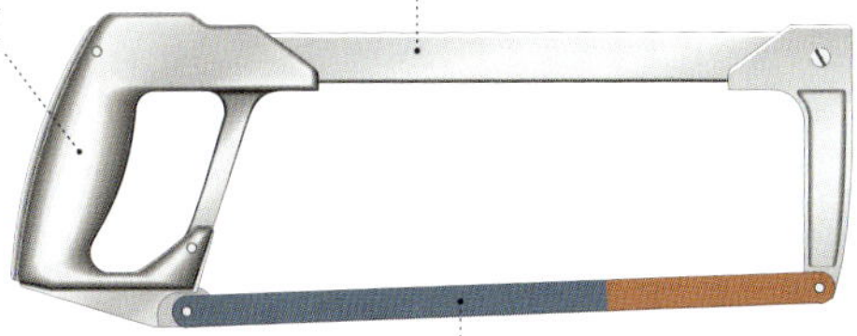

Fuchsschwanz^{M}
handsaw
scie^{F} égoïne
serrucho^{M}
saracco^{M}

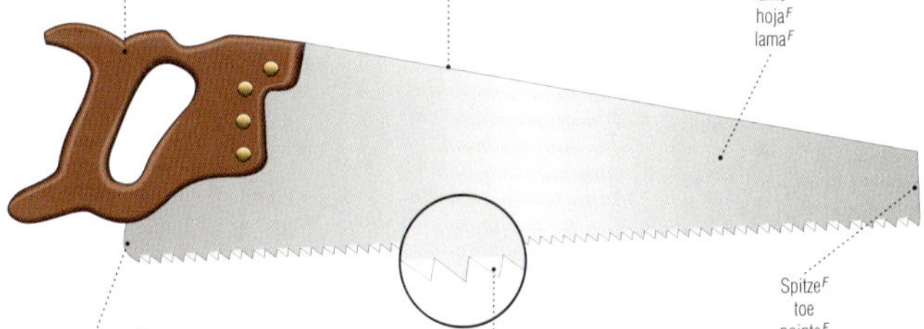

Stichsäge^{F}
compass saw
scie^{F} à guichet^{M}
serrucho^{M} de punta^{F}
gattuccio^{M}

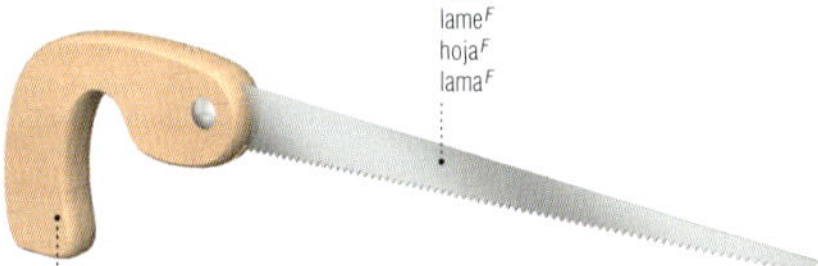

Hand-Gehrungssäge^{F}
hand mitre saw
scie^{F} à onglet^{M} manuelle
sierra^{F} de ingletes^{M}
sega^{F} per augnatura^{F} manuale

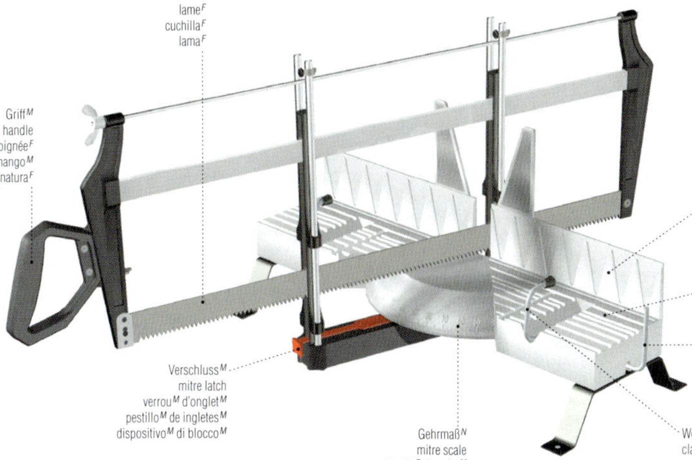

Bautischlerei[F]: Sägewerkzeuge[N]

elektrische Gehrungssäge[F]
electric mitre saw
scie[F] à onglet[M] électrique
sierra[F] ingletadora eléctrica
sega[F] per augnatura[F] elettrica

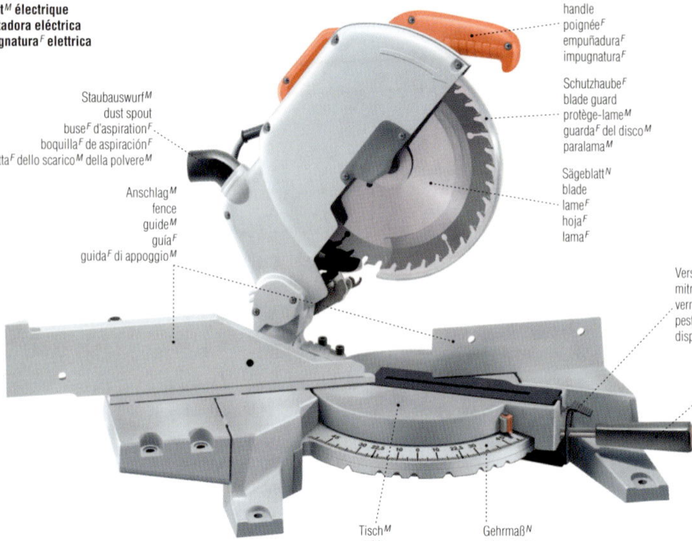

Kreissägeblatt[N]
circular saw blade
lame[F] de scie[F] circulaire
disco[M]
lama[F] di sega[F] circolare

Handkreissäge[F]
circular saw
scie[F] circulaire
sierra[F] circular de mano[F]
sega[F] circolare

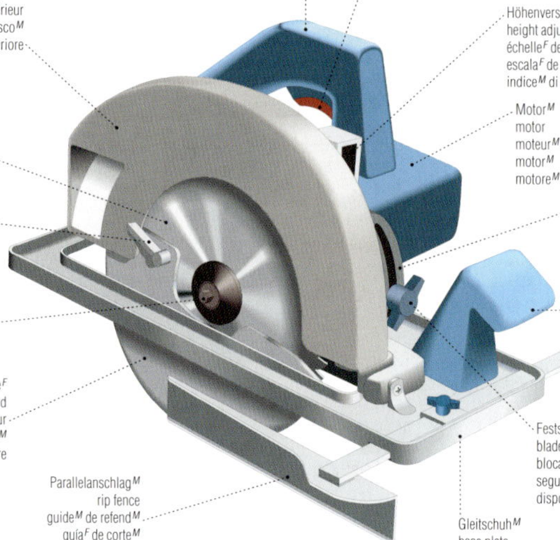

elektrische Stichsäge[F]
jigsaw
scie[F] sauteuse
sierra[F] de calar
seghetto[M] alternativo

Tischkreissäge[F]
table saw
plateau[M] de sciage[M]
sierra[F] circular de mesa[F]
sega[F] da banco[M]

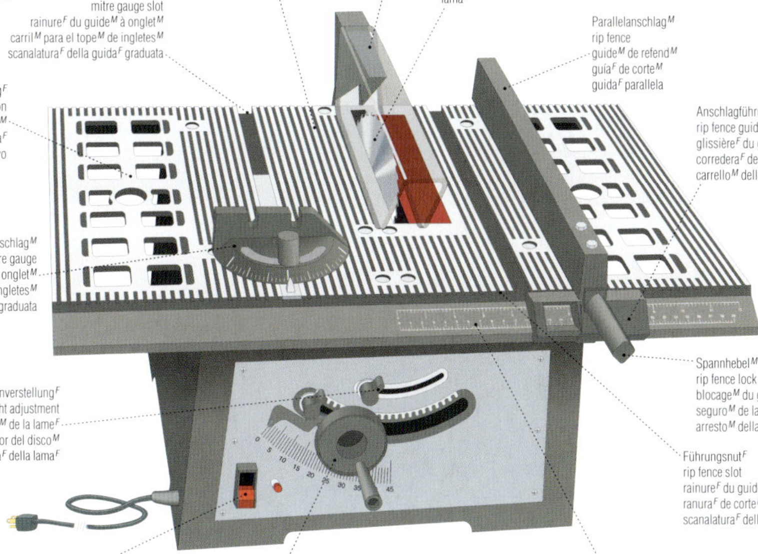

Bautischlerei^F: Bohrwerkzeuge^N

carpentry: drilling tools | menuiserie^F : outils^M pour percer | carpintería^F : herramientas^F percutoras | carpenteria^F: attrezzi^M per trapanare

Akku^M-Bohrschrauber^M
cordless drill-driver
perceuse^F-visseuse^F sans fil^M
taladro^M percutor inalámbico
trapano^M senza fili^M

Akku^M
battery pack
batterie^F
batería^F
batteria^F

Ladegerät^N
charger
chargeur^M
cargador^M
caricabatteria^M

Bohrfutterschlüssel^M
chuck key
clé^F de mandrin^M
llave^F del mandril^M
chiave^F del mandrino^M

elektrische Bohrmaschine^F
electric drill
perceuse^F électrique
taladro^M eléctrico
trapano^M elettrico

Beispiele^N für Bits^M und Bohrer^M
examples of bits and drills
exemples^M de mèches^F et de forets^M
ejemplos^M de brocas^F y barrenas^F
esempi^M di mecchie^F e punte^F da trapano^M

Spiralbohrer^M
twist bit
mèche^F hélicoïdale
broca^F helicoidal
mecchia^F elicoidale

Schneckenbohrer^M
solid centre auger bit
mèche^F hélicoïdale à âme^F centrale
broca^F helicoidal central
mecchia^F a tortiglione^M

Steinbohrer^M
masonry drill
foret^M de maçonnerie^F
barrena^F de muro^M
punta^F da muro^M

Spiralbohrer^M
twist drill
foret^M hélicoïdal
broca^F helicoidal
punta^F elicoidale

Flachfräsbohrer^M
spade bit
mèche^F à centre^M plat
broca^F de pala^F
mecchia^F a lancia^F

Schlangenbohrer^M mit doppeltem Gewind
double-twist auger bit
mèche^F hélicoïdale à double torsade
broca^F salomónica de canal^M angos
mecchia^F a doppia elica^F

Bautischlerei[F]: Bohrwerkzeuge[N]

Handbohrer[M]
hand drill
chignole[F]
taladro[M] de mano[F]
trapano[M] a mano[F]

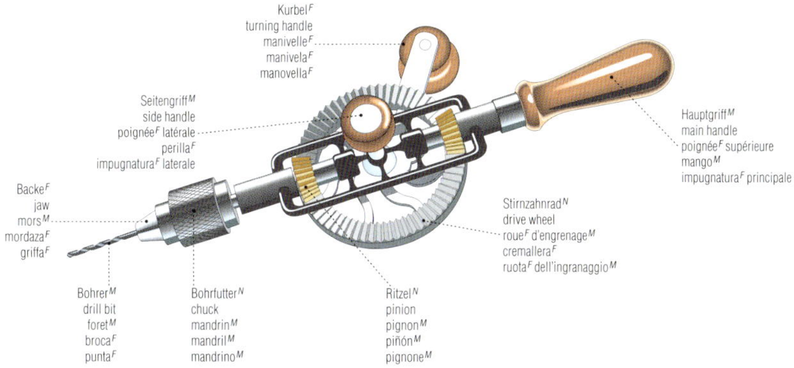

Bohrwinde[F]
brace
vilebrequin[M]
berbiquí[M]
girabecchino[M]

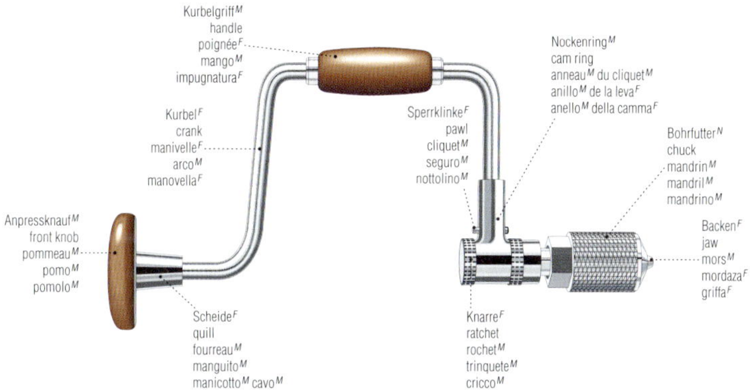

Ständerbohrmaschine[F]
pillar drill
perceuse[F] à colonne[F]
taladro[M] vertical
trapano[M] a colonna[F]

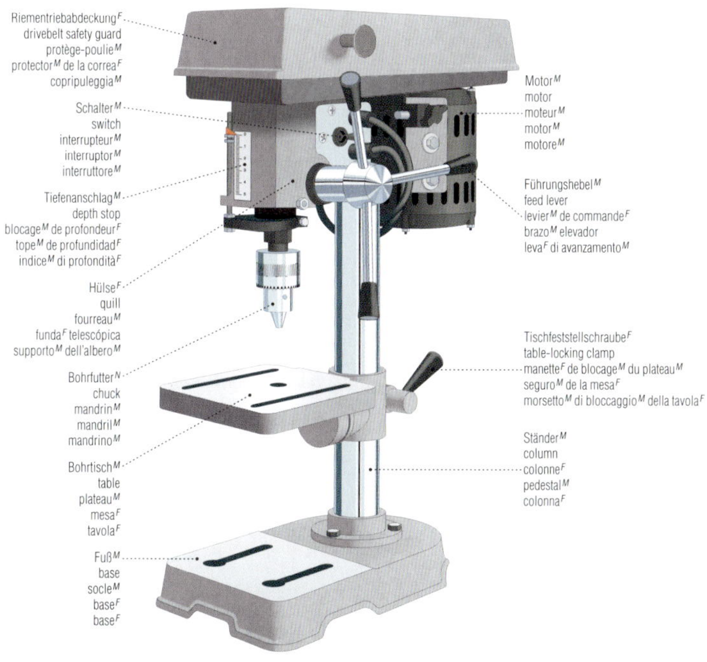

Bautischlerei[F]: Formwerkzeuge[N]

carpentry: shaping tools | menuiserie[F] : outils[M] pour façonner | carpintería[F] : herramientas[F] de perfilado[M] | carpenteria[F]: attrezzi[M] per sagomare

Winkelschleifer[M]
angle grinder
meuleuse[F] d'angle[M]
amoladora[F] de ángulo
molatrice[F] angolare

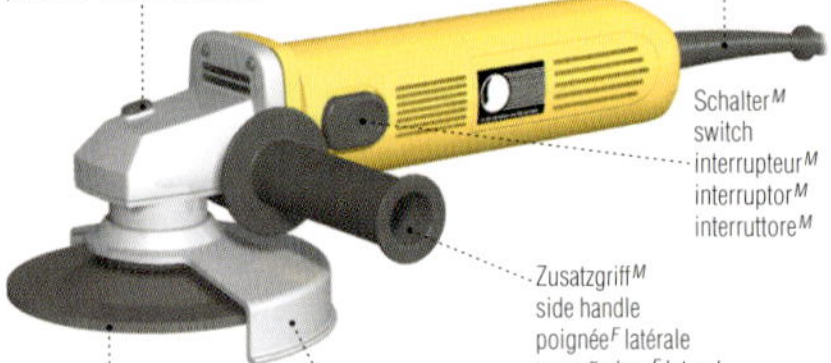

Exzenterschleifer[M]
random orbit sander
ponceuse[F] excentrique
lijadora[F] excéntrica
smerigliatrice[F] eccentrica

Schleifscheibe[F]
grinding wheel
meule[F]
muela[F]
mola[F]

Schleifblatt[N]
sanding disc
disque[M] abrasif
disco[M] abrasivo
disco[M] abrasivo

Schleifpapier[N]
sandpaper
papier[M] de verre[M]
lija[F]
carta[F] vetrata

Oberfräse[F]
router
défonceuse[F]
fresadora[F]
fresatrice[F] verticale

Beispiele[N] für Fräser[M]
examples of bits
exemples[M] de fraises[F]
ejemplos[F] de fresas[F]
esempi[M] di frese[F]

Viertelstabfräser[M]
rounding-over bit
fraise[F] à quart[M] de rond[M]
fresa[F] de pecho[M] de paloma[F]
fresa[F] a quarto[M] di anello[M]

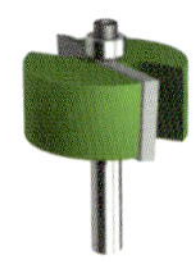

Falzfräser[M]
rabbet bit
fraise[F] à feuillure[F]
fresa[F] de acanalar
fresa[F] per scanalare

Hohlkehlfräser[M]
core box bit
fraise[F] à gorge[F]
fresa[F] de enrasar
fresa[F] a corona[F]

Zinkenfräser[M]
dovetail bit
fraise[F] à queue[F] d'aronde[F]
fresa[F] de cola[F] de milano[M]
fresa[F] a coda[F] di rondine[F]

Hohlkehlfräser[M] mit Anlaufzapfen[N]
cove bit
fraise[F] à congé[M]
fresa[F] de caveto[M]
fresa[F] di raccordo[M]

Faserfräser[M]
chamfer bit
fraise[F] à chanfrein[M]
fresa[F] de biselar
fresa[F] per smussare

Hobel^{M}
plane
rabot^{M}
cepillo^{M}
pialla^{F}

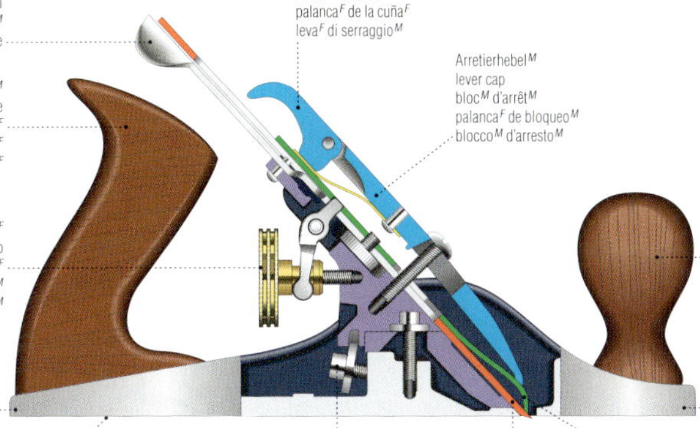

Langhobel^{M}
jointer plane
varlope^{F}
garlopa^{F}
pialla^{F} lunga

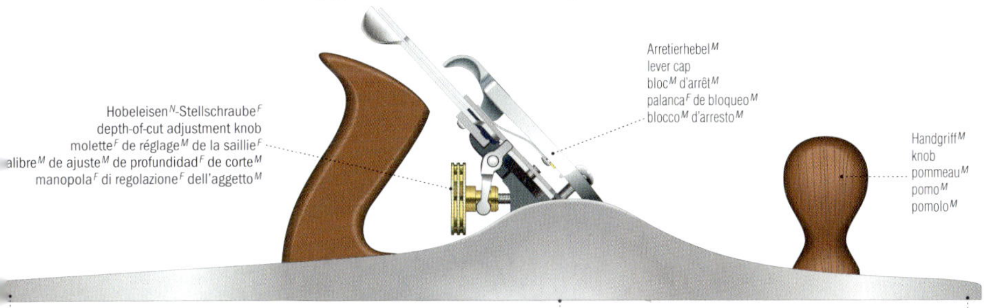

Raspel^{F}
rasp
râpe^{F}
escofina^{F}
raspa^{F}

Flachfeile^{F}
file
lime^{F}
lima^{F}
lima^{F}

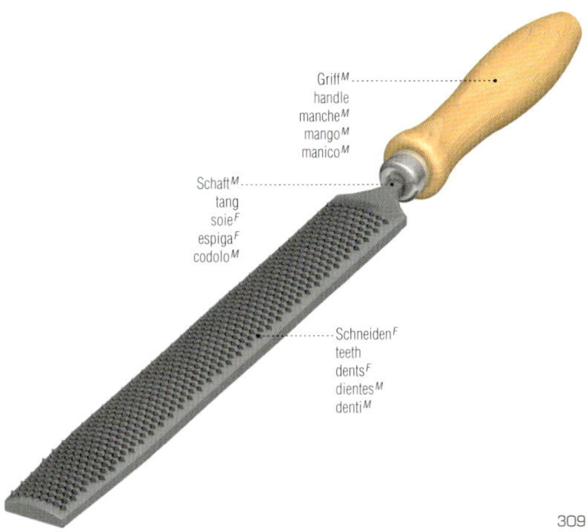

Stemmeisen^{N}
wood chisel
ciseau^{M} à bois^{M}
escoplo^{M}
scalpello^{M} da falegname^{M}

HEIMWERKEN UND GARTENARBEIT

Bautischlerei^F: Greif- und Spannwerkzeuge^N

carpentry: gripping and tightening tools | menuiserie^F : outils^M pour serrer | carpintería^F : herramientas^F para apretar | carpenteria^F: attrezzi^M di serraggio^M

Zangen^F
pliers
pinces^F
alicates^M
pinze^F

Kombizange^F
slip joint pliers
pince^F à joint^M coulissant
pinzas^F universales
pinza^F a giunto^M scorrevole

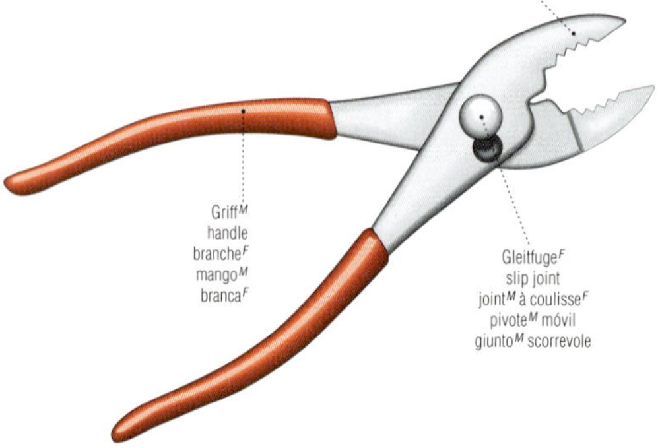

Wasserpumpen-Zange^F
water pump pliers
pince^F multiprise
alicates^M pico^M de loro^M
pinza^F regolabile

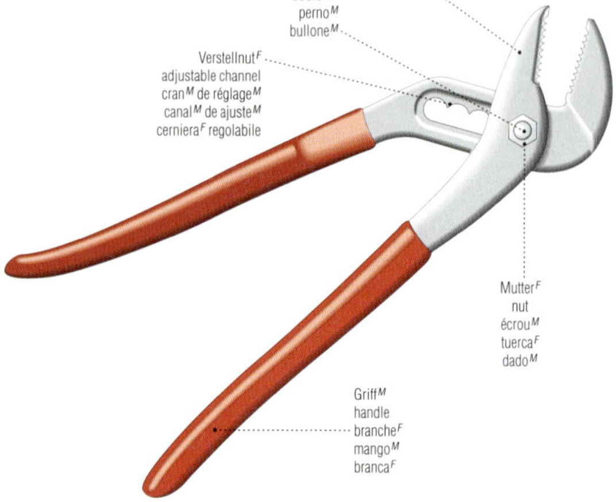

Gripzange^F
mole wrench
pince^F-étau^M
alicates^M de presión^F
pinza^F a scatto^M

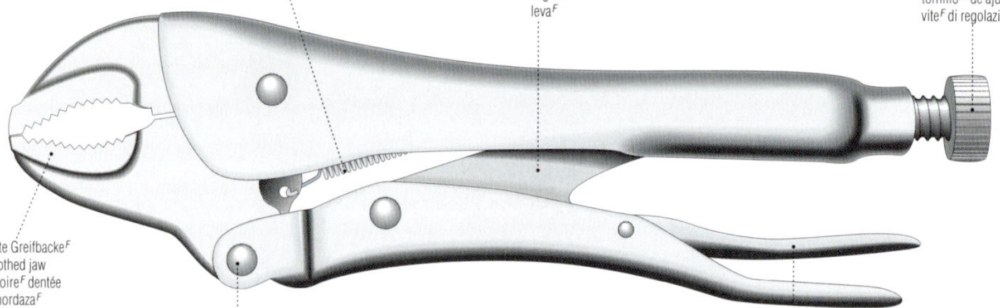

Unterlegscheiben^F
washers
rondelles^F
arandelas^F
rosette^F

Unterlegscheibe^F
flat washer
rondelle^F plate
arandela^F plana
rosetta^F piatta

Federring^M
spring washer
rondelle^F à ressort^M
arandela^F de presión^F
rosetta^F elastica

außengezahnte Fächerscheibe^F
external tooth lock washer
rondelle^F à denture^F extérieure
arandela^F de presión^F de dientes^M externos
rosetta^F a dentatura^F esterna

innengezahnte Fächerscheibe^F
internal tooth lock washer
rondelle^F à denture^F intérieure
arandela^F de presión^F de dientes^M internos
rosetta^F a dentatura^F interna

Schlüssel[M]
wrenches
clés[F]
llaves[F]
chiavi[F]

Rollgabelschlüssel[M]
adjustable spanner
clé[F] à molette[F]
llave[F] inglesa
chiave[F] a rullino[M]

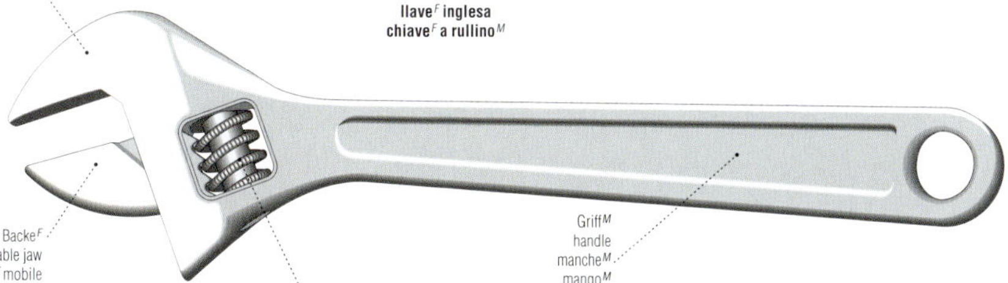

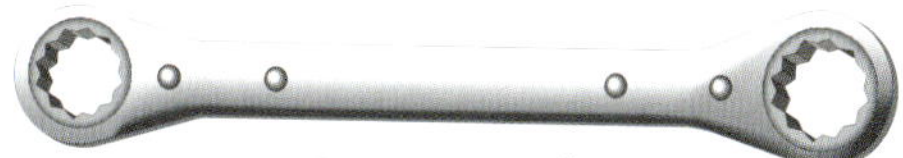

Ratschenringschlüssel[M]
ratchet ring spanner
clé[F] polygonale à cliquet[M]
llave[F] de estrella[F] hexagonal
chiave[F] poligonale a cricco[M]

offener Doppelringschlüssel[M]
flare nut spanner
clé[F] polygonale à têtes[F] fendues
llave[F] de estrella[F] abierta
chiave[F] poligonale doppia ad anello[M] aperto

Doppelmaulschlüssel[M]
open-ended spanner
clé[F] à fourches[F]
llave[F] de tuercas[F] española
chiave[F] a forchetta[F] doppia

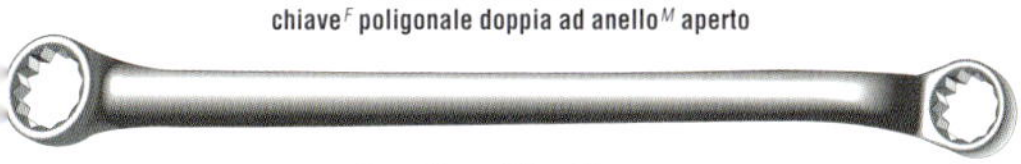

Doppelringschlüssel[M]
ring spanner
clé[F] polygonale
llave[F] de estrella[F] común
chiave[F] poligonale doppia

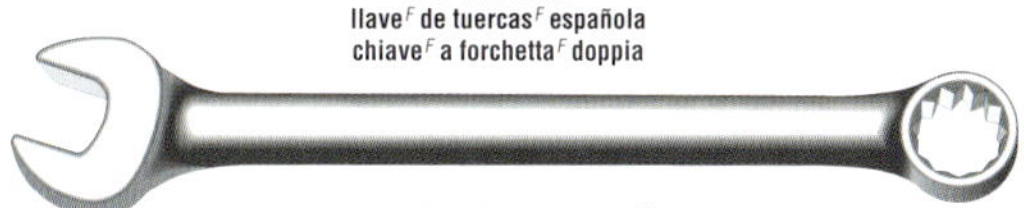

Maul-Ringschlüssel[M]
combination spanner
clé[F] mixte
llave[F] combinada
chiave[F] combinata

Knarre[F]
ratchet socket wrench
clé[F] à douille[F] à cliquet[M]
llave[F] de carraca[F]
chiave[F] a bussola[F] a cricchetto[M]

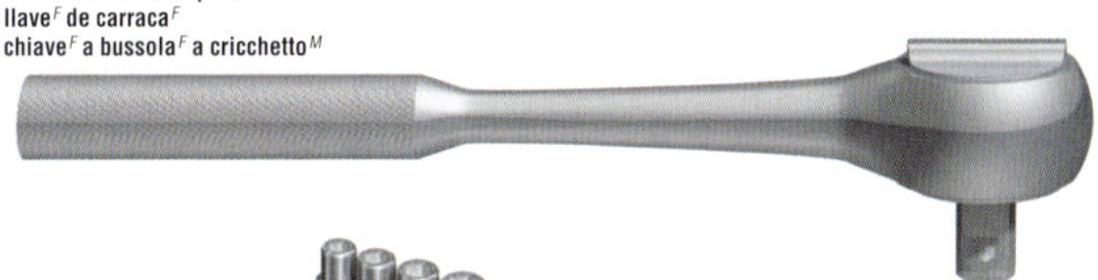

Steckschlüsselsatz[M]
socket set
jeu[M] de douilles[F]
juego[M] de casquillos[M]
set[M] di bussole[F]

Muttern[F]
nuts
écrous[M]
tuercas[F]
dadi[M]

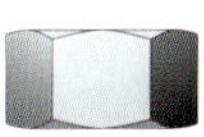

Sechskantmutter[F]
hexagon nut
écrou[M] hexagonal
tuerca[F] hexagonal
dado[M] esagonale

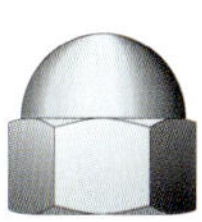

Hutmutter[F]
cap nut
écrou[M] borgne
tuerca[F] cerrada
dado[M] cieco

Flügelmutter[F]
wing nut
écrou[M] à oreilles[F]
tuerca[F] de mariposa[F]
galletto[M]

Schrauben[F]
bolts
boulons[M]
pernos[M]
bulloni[M]

Schraubenbolzen[M]
bolt
boulon[M]
perno[M]
bullone[M]

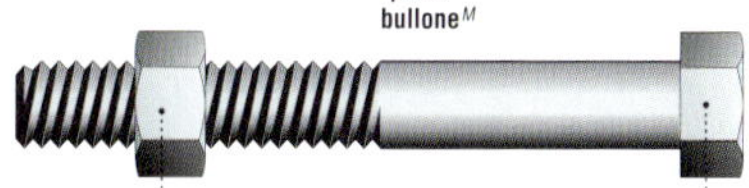

Schraubenbolzen[M] mit Ansatz[M]
shoulder bolt
boulon[M] à épaulement[M]
perno[M] con collarín[M]
bullone[M] di spallamento[M]

Bautischlerei[F]: Greif- und Spannwerkzeuge[N]

Zwinge[F]
G-clamp
serre-joint[M]
prensa[M] en C
morsetto[M] a C

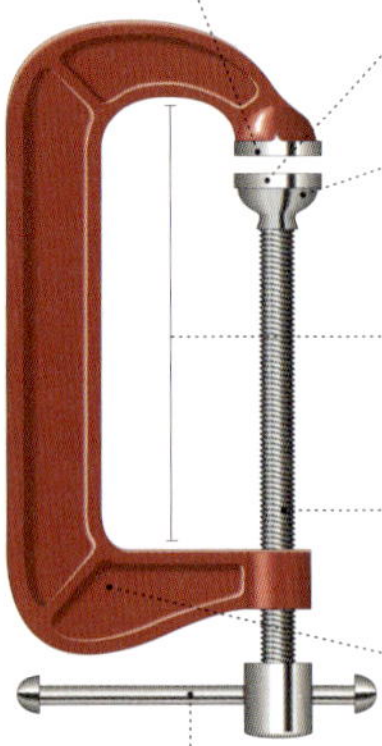

Schraubstock[M]
vice
étau[M]
torno[M] de banco[M]
morsa[F]

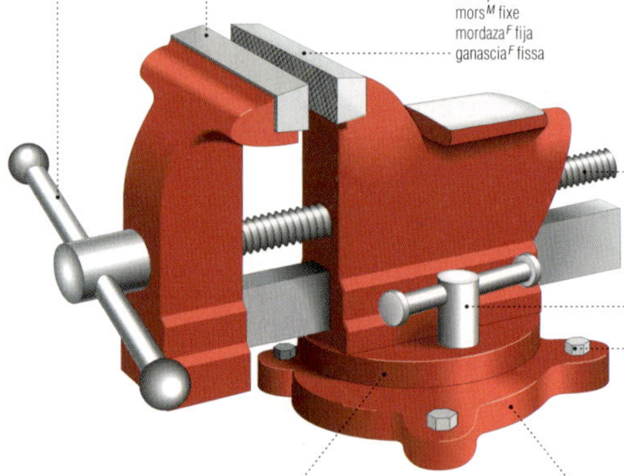

Rohrschraubstock[M]
pipe clamp
serre-joint[M] à tuyau[M]
sargento[M]
morsa[F] serratubi[M]

Werkbank[F] und Schraubstock[M]
work bench and vice
établi[M] étau[M]
banco[M] de trabajo[M]
piano[M] di lavoro[M] a morsa[F]

Bautischlerei[F]: Mess- und Markierinstrumente[N]

carpentry: measuring and marking tools | menuiserie[F] : instruments[M] de traçage[M] et de mesure[F] | carpintería[F] : instrumentos[M] de trazado[M] y de medición[F] | carpenteria[F]: strumenti[M] di misurazione[F] e tracciamento[M]

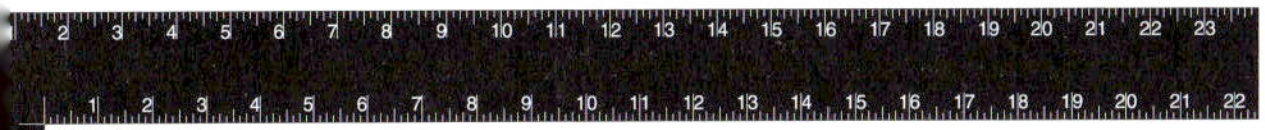

Metallwinkel[M]
setsquare
équerre[F]
escuadra[F]
squadra[F]

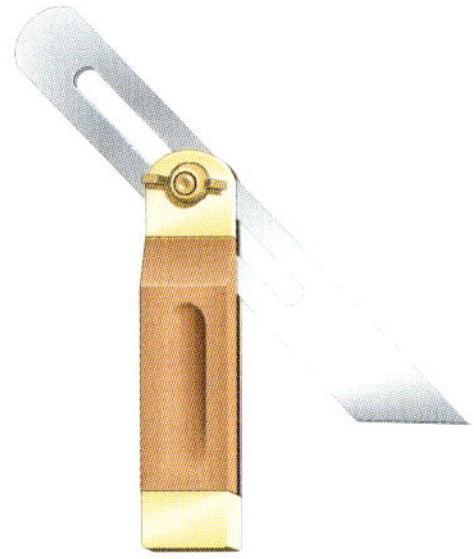

Schrägmaß[N]
bevel square
fausse-équerre[F]
falsa escuadra[F]
squadra[F] falsa

Wasserwaage[F]
spirit level
niveau[M] à bulle[F]
nivel[M] de aire[M]
livella[F] a bolla[F]

Messband[N]
tape measure
mètre[M] à ruban[M]
cinta[F] métrica
flessometro[M]

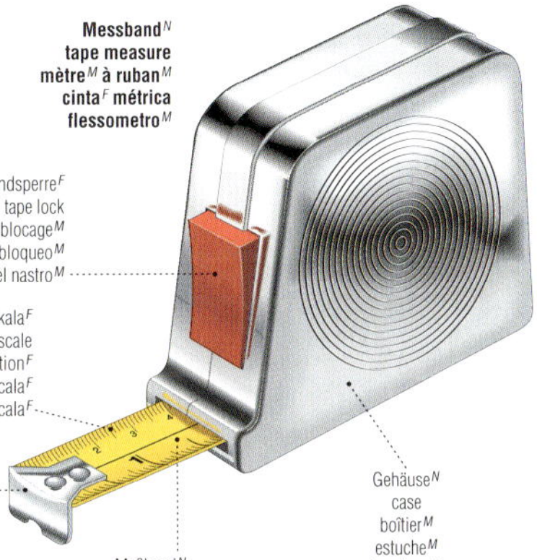

Markierschnur[F]
chalk line
cordeau[M] à tracer
cordón[M] de trazar
filo[M] di tracciamento[M]

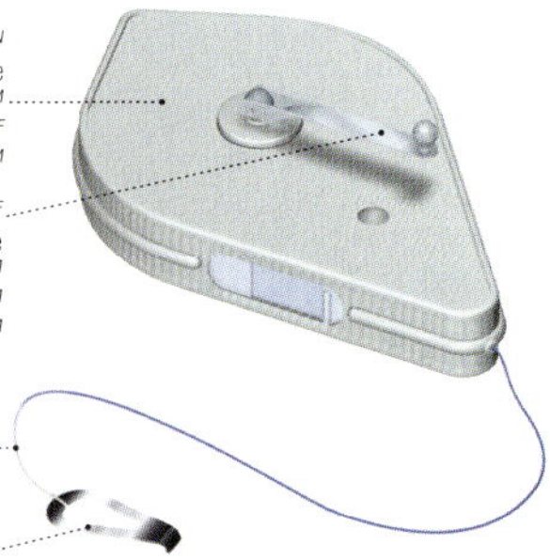

Bautischlerei[F]: verschiedenes Zubehör[N]

carpentry: miscellaneous material | menuiserie[F] : matériel[M] divers | carpintería[F] : materiales[M] varios | carpenteria[F]: materiale[M] vario

Werkzeugkasten[M]
tool box
boîte[F] à outils[M]
caja[F] de herramientas[F]
cassetta[F] degli attrezzi[M]

Werkzeuggürtel[M]
tool belt
ceinture[F] porte-outils[M]
cinturón[M] de herramientas[F]
cintura[F] portautensili[M]

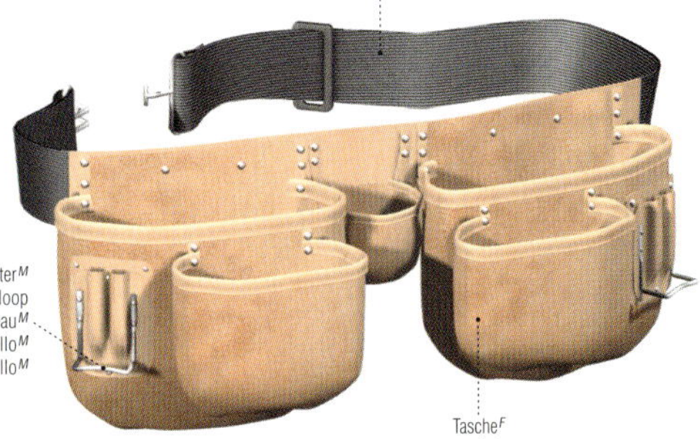

HEIMWERKEN UND GARTENARBEIT

Klempnerwerkzeuge^{N}

plumbing tools | plomberie^{F} : outils^{M} | fontanería^{F} : herramientas^{F} | attrezzi^{M} idraulici

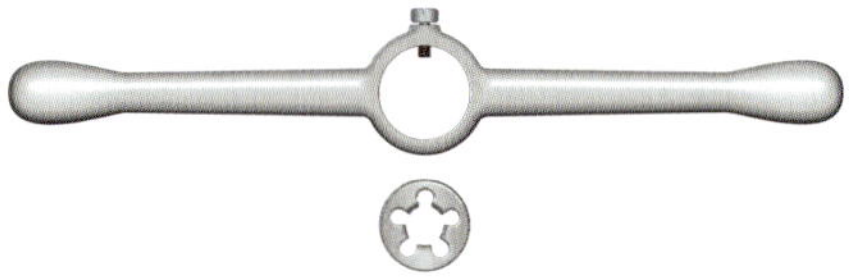

Gewindeschneider^{M}
pipe threader
filière^{F}
terraja^{F}
filiera^{F} per tubi^{M}

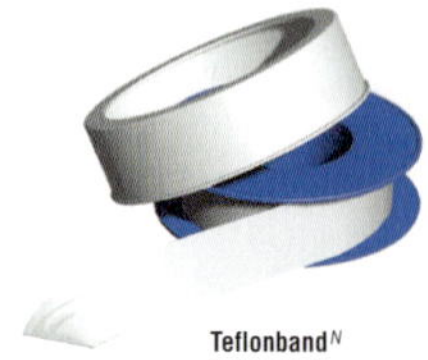

Teflonband^{N}
Teflon tape
ruban^{M} de Téflon^{M}
cinta^{F} de teflón^{M}
nastro^{M} di teflon^{M}

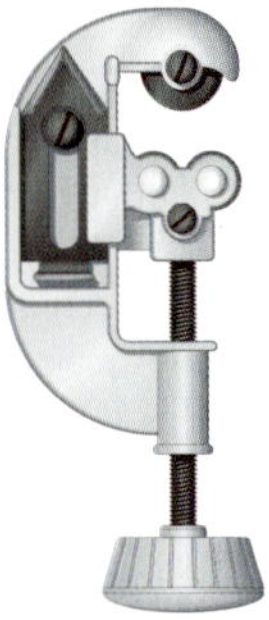

Rohrabschneider^{M}
pipe cutter
coupe-tube^{M}
cortatubos^{M}
tagliatubi^{M}

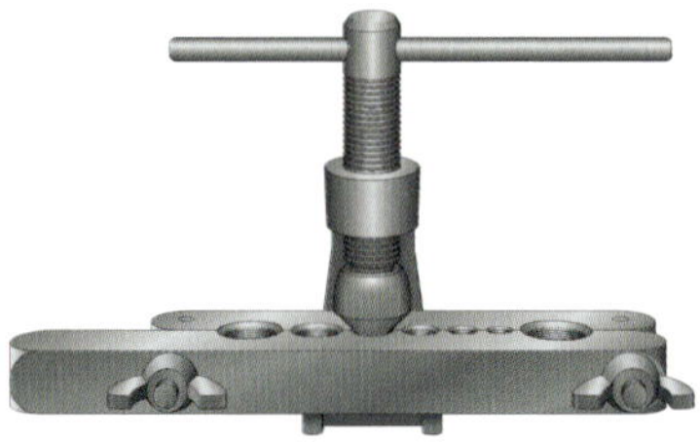

Bördelgerät^{N}
tube flaring tool
évaseur^{M}
avellanador^{M} de tubos^{M}
allargatubi^{M}

Ventilsitzzange^{F}
valve seat wrench
lève-soupape^{M}
llave^{M} allen
chiave^{F} a brugola^{F}

Ausgussreiniger^{M}
plunger
ventouse^{F}
desatrancador^{M}
sturalavandini^{M}

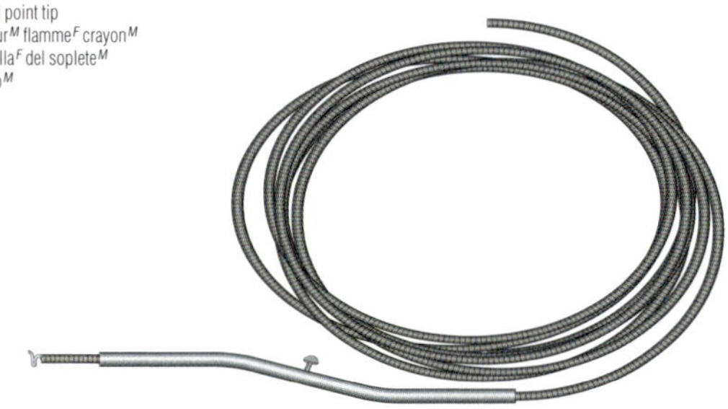

Reinigungswelle^{F}
plumber's snake
furet^{M} de dégorgement^{M}
sonda^{F} destapacaños^{M}
molla^{F} sturatrice per scarichi^{M}

Punktbrenner^{M}
pencil point tip
brûleur^{M} flamme^{F} crayon^{M}
boquilla^{F} del soplete^{M}
ugello^{M}

Einweg-Brennstoffflasche^{F}
disposable gas cylinder
cartouche^{F} jetable
bombona^{F} de gas^{M}
bombola^{F} del gas^{M}

Lötlampe^{F}
blowtorch
lampe^{F} à souder
soplete^{M}
saldatore^{M}

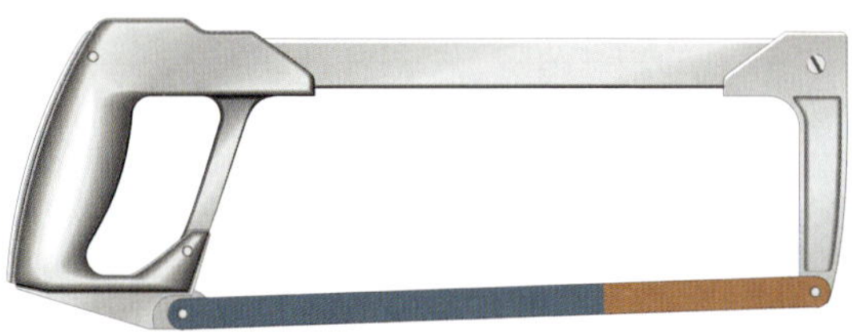

Bügelsäge^{F}
hacksaw
scie^{F} à métaux^{M}
sierra^{F} para metales^{M}
seghetto^{M}

Klempnerwerkzeuge^{N}

Rohrzangen^{F}
wrenches
clés^{F}
llaves^{F}
chiavi^{F}

Einhand-Rohrzange^{F}
pipe wrench
clé^{F} à tuyau^{M}
llave^{F} inglesa
giratubi^{M}

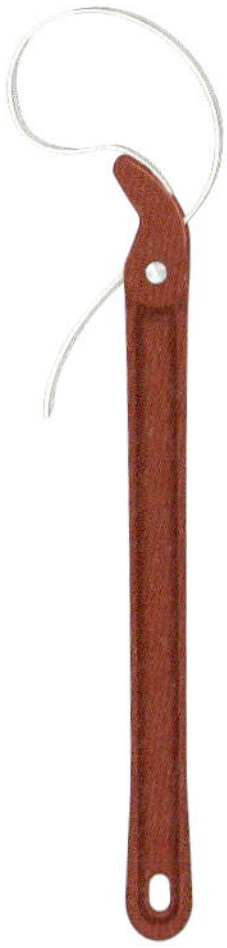

Bandschlüssel^{M}
strap wrench
clé^{F} à sangle^{F}
llave^{F} de cincho^{M}
chiave^{F} a nastro^{M}

Kettenrohrzange^{F}
chain pipe wrench
clé^{F} à chaîne^{F}
llave^{F} de cadena^{F}
chiave^{F} a catena^{F}

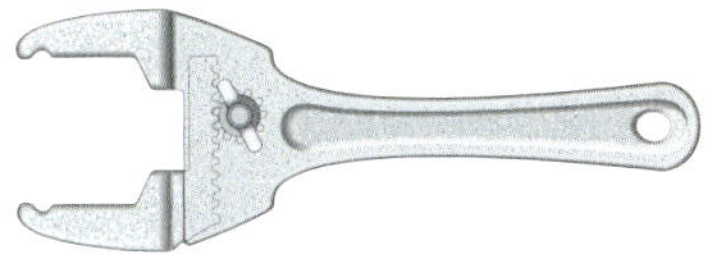

Rollgabelschlüssel^{M} für Vierkant
square-jawed adjustable spanner
clé^{F} à crémaillère^{F}
llave^{F} ajustable
chiave^{F} regolabile

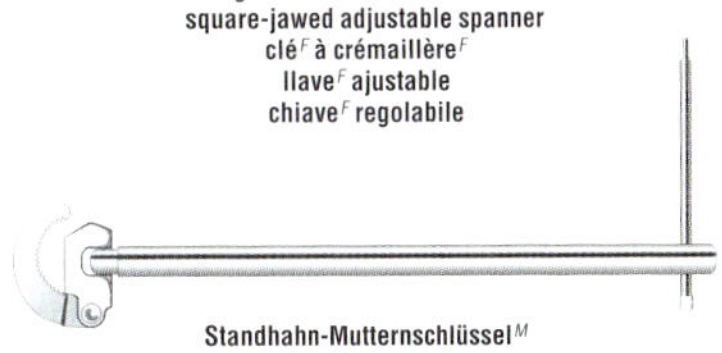

Standhahn-Mutternschlüssel^{M}
plumbing wrench
clé^{F} coudée à tuyau^{M}
llave^{F} de fontanero^{M}
chiave^{F} regolabile da lavandino^{M}

Maurerwerkzeuge^{N}

masonry tools | maçonnerie^{F} : outils^{M} | albañilería^{F} : herramientas^{F} | attrezzi^{M} da muratore^{M}

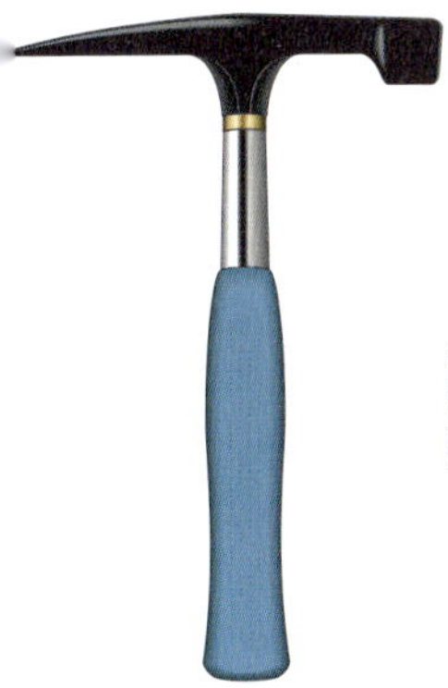

Maurerhammer^{M}
bricklayer's hammer
marteau^{M} de maçon^{M}
martillo^{M} de albañil^{M}
martello^{M} da muratore^{M}

Kartuschenpistole^{F}
caulking gun
pistolet^{M} à calfeutrer
pistola^{F} para calafateo^{M}
pistola^{F} turapori

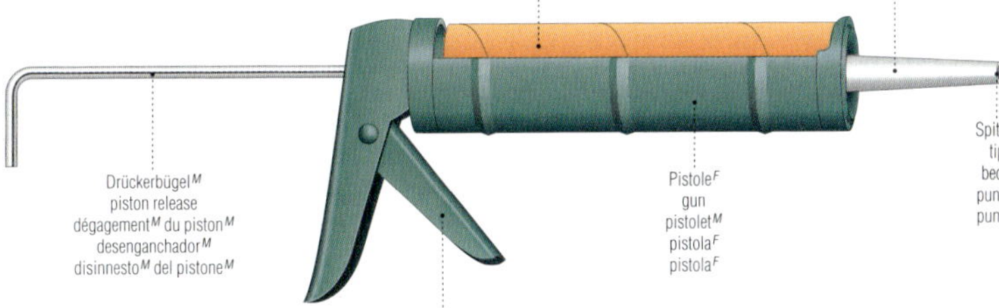

Maurerkelle^{F}
mason's trowel
truelle^{F} de maçon^{M}
paleta^{F} de albañil^{M}
cazzuola^{F} da muratore^{M}

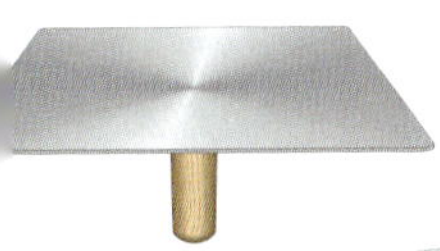

Aufziehbrett^{F}
hawk
taloche^{F}
esparavel^{M}
sparviero^{M}

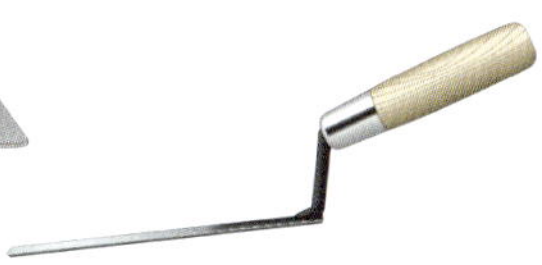

Fugenkelle^{F}
joint filler
tire-joint^{M}
paleta^{F} de relleno^{M}
paletta^{F} riempigiunti

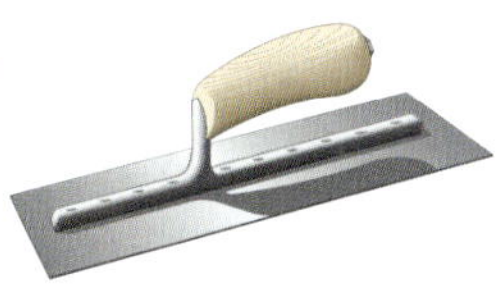

Putzkelle^{F}
square trowel
truelle^{F} de plâtrier^{M}
llana^{F}
frattazzo^{M}

Elektroinstallateurwerkzeuge^{N}

electricity tools | électricité^{F} : outils^{M} | electricidad^{F} : herramientas^{F} | attrezzatura^{F} elettrica

Multimeter^{N}
multimeter
multimètre^{M}
voltímetro^{M}
multimetro^{M}

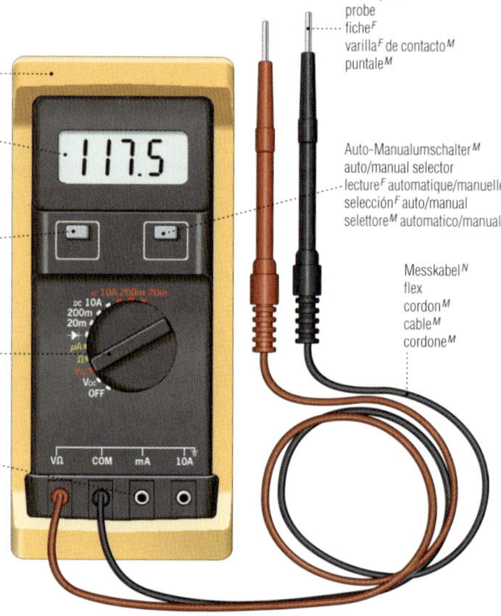

Gehäuse^{N}
housing
boîtier^{M}
caja^{F}
cassa^{F}

Digitalanzeige^{F}
digital display
afficheur^{M} numérique
registro^{M} digital
visualizzatore^{M} digitale

Messdatenspeicher^{M}
data hold
mémorisation^{F} des données^{F}
retención^{F} de datos^{M}
memoria^{F} dati^{M}

Bereichsumschalter^{M}
function selection switch
commutateur^{M}
selector^{M}
commutatore^{M}

Eingangsbuchse^{F}
input terminal
borne^{F} d'entrée^{F}
terminal^{M} de entrada^{F}
terminale^{M} di ingresso^{M}

Messspitze^{F}
probe
fiche^{F}
varilla^{F} de contacto^{M}
puntale^{M}

Auto-Manualumschalter^{M}
auto/manual selector
lecture^{F} automatique/manuelle
selección^{F} auto/manual
selettore^{M} automatico/manuale

Messkabel^{N}
flex
cordon^{M}
cable^{M}
cordone^{M}

Spannungsprüfer^{M}
tester screwdriver
vérificateur^{M} de tension^{F}
detector^{M} de tensión^{F}
cercafase^{M}

isolierte Klinge^{F}
insulated blade
lame^{F} isolée
vástago^{M} aislado
lama^{F} isolata

isolierter Griff^{M}
insulated handle
manche^{M} isolé
mango^{M} aislado
manico^{M} isolato

Glimmlampe^{F}
neon lamp
lampe^{F} au néon^{M}
lámpara^{F} de neón^{M}
lampada^{F} al neon^{M}

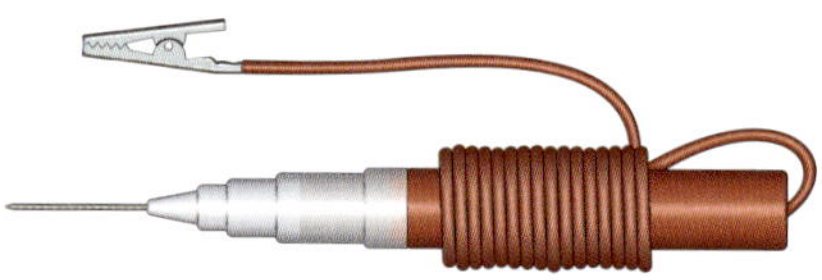

Durchgangsprüfer^{M}
continuity tester
vérificateur^{M} de continuité^{F}
detector^{M} de continuidad^{F}
tester^{M} di continuità^{F}

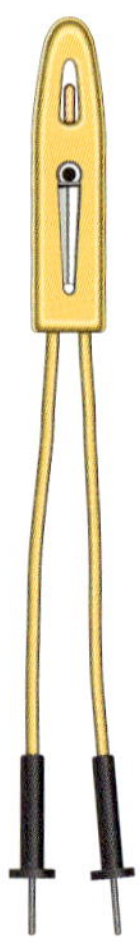

Prüflampe^{F}
test-lamp
vérificateur^{M} de circuit^{M}
lámpara^{F} de prueba^{F} de neón^{M}
lampada^{F} provacircuiti

Steckdosenprüfer^{M}
socket tester
vérificateur^{M} de prise^{F} de courant^{M}
probador^{M} de contactos^{M} con tierra^{F}
tester^{M} di presa^{F}

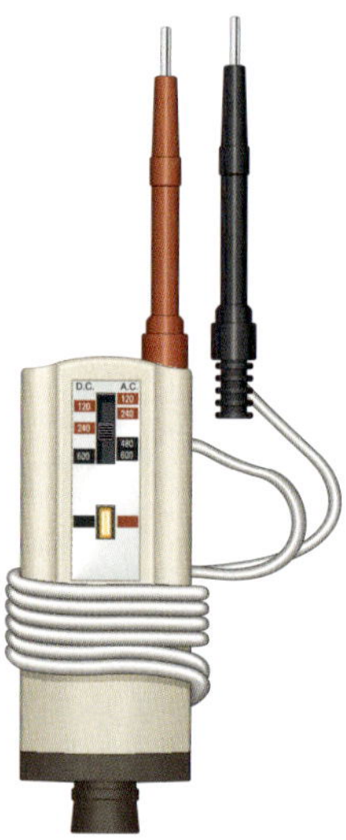

Hochspannungsprüfer^{M}
high-voltage tester
vérificateur^{M} de haute tension^{F}
detector^{M} de alta tensión^{F}
tester^{M} dell'alta^{F} tensione^{F}

Handlampe^{F}
inspection light
baladeuse^{F}
linterna^{F} movible
lampada^{F} portatile a gabbia^{F}

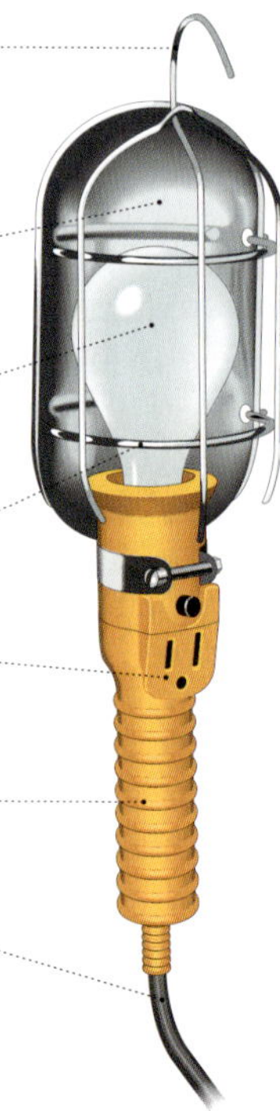

Haken^{M}
hook
crochet^{M}
gancho^{M}
gancio^{M}

Reflektor^{M}
reflector
réflecteur^{M}
reflector^{M}
riflettore^{M}

Glühbirne^{F}
bulb
lampe^{F}
bombilla^{F}
lampadina^{F}

Schutzgitter^{N}
guard
grillage^{M} de protection^{F}
reja^{F}
gabbia^{F} di protezione^{F}

Zusatzsteckdose^{F}
convenience outlet
prise^{F} de courant^{M}
enchufe^{M}
presa^{F} di corrente^{F}

Griff^{M}
handle
manche^{M}
mango^{M}
impugnatura^{F}

Kabel^{N}
flex
cordon^{M}
cable^{M}
cordone^{M}

Mehrzweckzange^{F}
multipurpose tool
pince^{F} universelle
pinzas^{F} multiuso
pinza^{F} multiuso

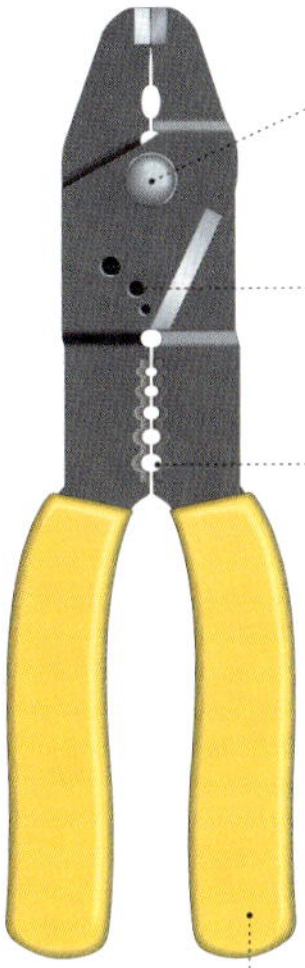

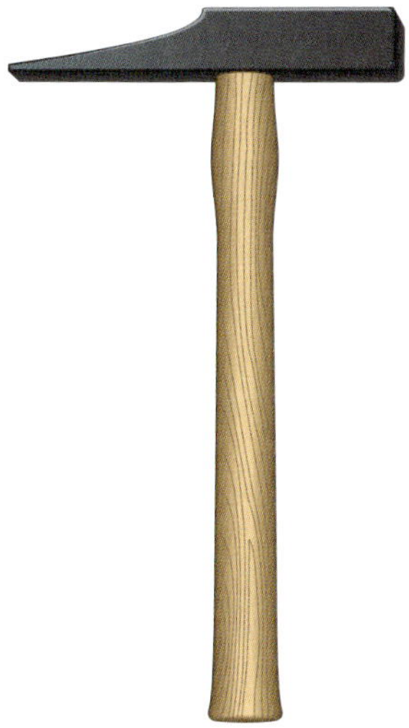

Hammer^{M}
hammer
marteau^{M} d'électricien^{M}
martillo^{M}
martello^{M}

Kombizange^{F}
combination pliers
pince^{F} d'électricien^{M}
alicates^{M} de electricista^{M}
pinza^{F} universale

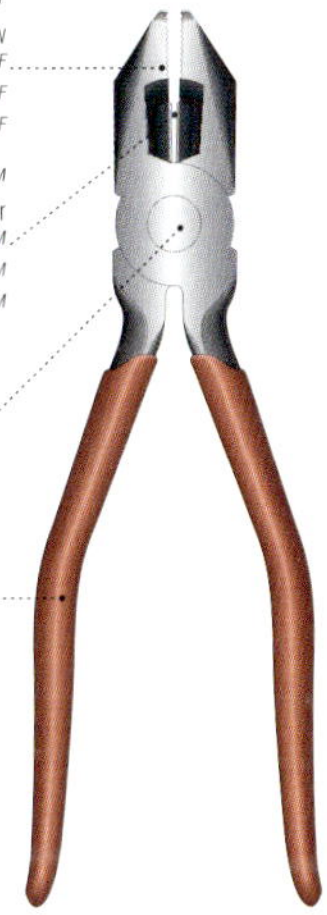

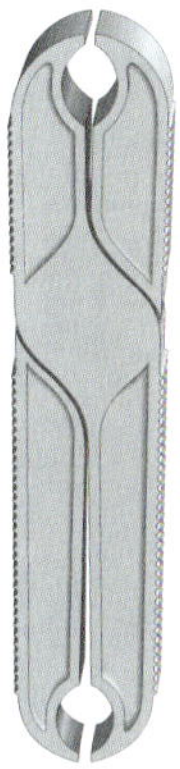

Sicherungszieher^{M}
fuse puller
pince^{F} à fusible^{M}
extractor^{M} de fusibles^{M}
pinza^{F} per fusibili^{M}

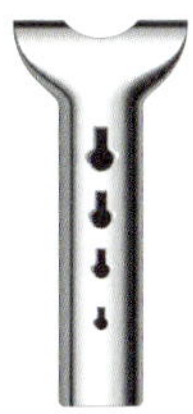

Kabelabisolierer^{M}
wire stripper
dénudeur^{M} de fil^{M}
pelacables^{M}
spelafili^{M}

Messer^{N}
cutter
couteau^{M} d'électricien^{M}
cuchilla^{F}
coltello^{M}

Kabeltülle^{F}
wire nut
capuchon^{M} de connexion^{F}
capuchón^{M} de plástico^{M}
proteggicavo^{M}

Einziehdraht^{M}
fish wire
câble^{M} de traction^{F}
guía^{F} pasacables
cavo di trazione^{F}

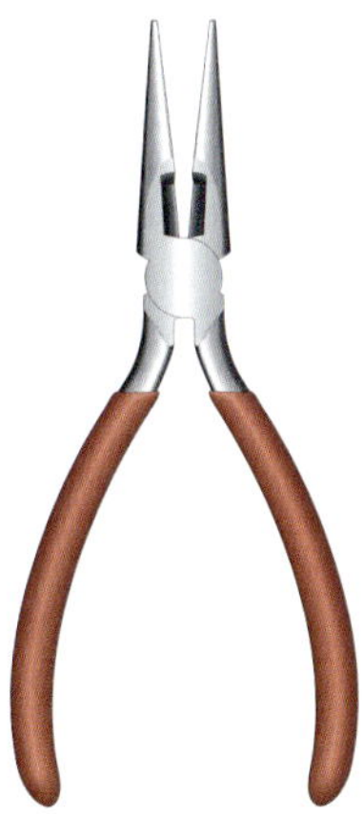

Spitzzange^{F}
needle-nose pliers
pince^{F} à long bec^{M}
alicates^{M} de punta^{F}
pinza^{F} a becchi^{M} lunghi

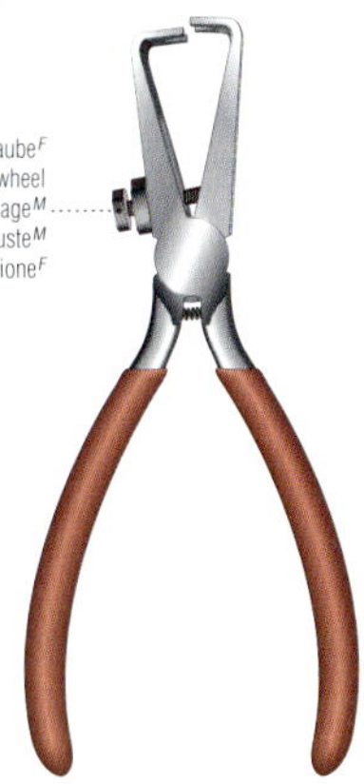

Abisolierzange^{F}
wire stripper
pince^{F} à dénuder
pinzas^{F} pelacables
pinza^{F} spelafili

Löt- und Schweißwerkzeuge[N]

soldering and welding tools | soudage[M] : outils[M] | herramientas[F] de soldadura[F] | attrezzi[M] di brasatura[F] e saldatura[F]

Lötpistole[F]
soldering gun
pistolet[M] à souder
pistola[F] para soldar
saldatore[M] a pistola[F]

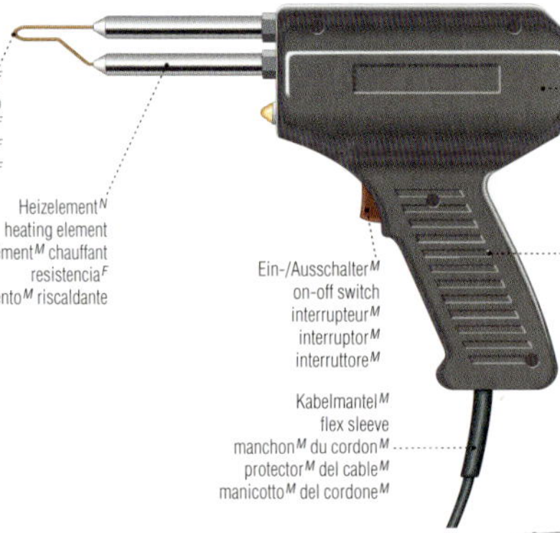

Lötkolben[M]
soldering iron
fer[M] à souder
hierro[M] para soldar
saldatore[M] elettrico

Lötzinn[M]
solder
soudure[F]
soldadura[F]
filo[M] per saldatura[F]

Düsenreiniger[M]
nozzle cleaners
aiguilles[F] de nettoyage[M]
limpiador[M] de boquillas[F]
alesatori[M] per la pulizia[F] degli ugelli[M]

Schutzschirm[M]
welding curtain
écran[M] de soudeur[M]
biombo[M] para soldar
schermo[M] di protezione[F]

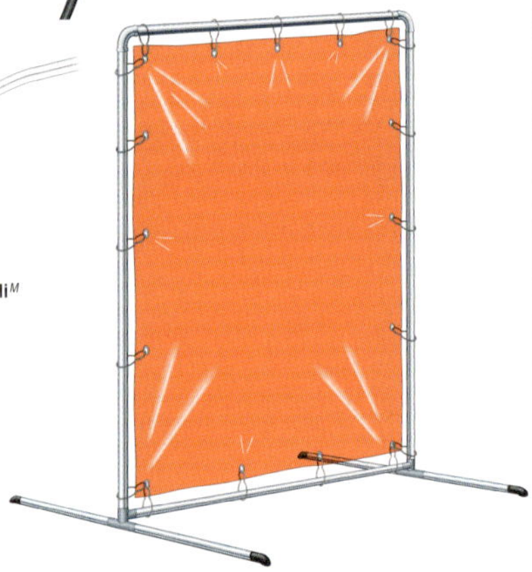

Anzünder[M]
striker
briquet[M]
encendedor[M]
acciarino[M]

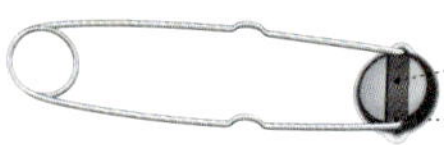

Elektroschweißen[N]
arc welding
soudage[M] à l'arc[M]
equipo[M] de soldadura[F] eléctrica
saldatura[F] ad arco[M]

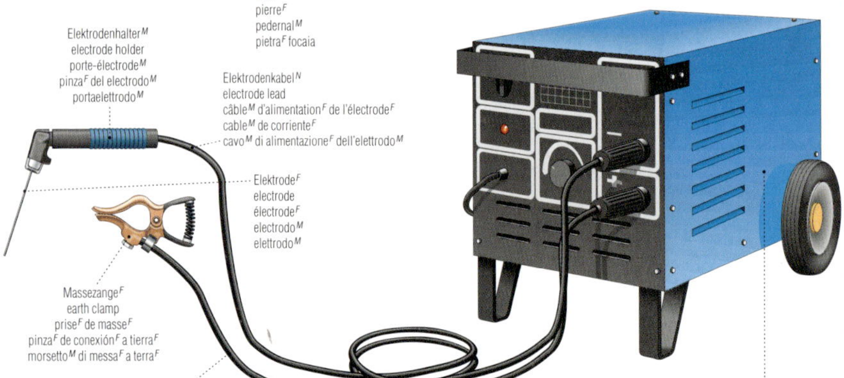

Schutzkleidung[F]
protective clothing
équipement[M] de protection[F]
ropa[F] de protección[M]
abbigliamento[M] antinfortunistico

Schutzbrille[F]
goggles
lunettes[F]
gafas[F] protectoras
occhiali[M] di protezione[F]

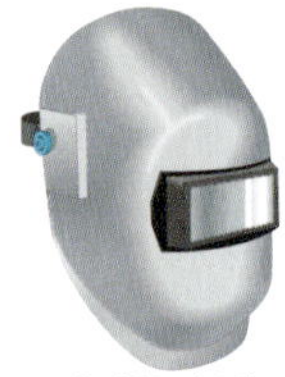

Gesichtsschutz[M]
helmet
casque[M]
careta[F]
maschera[F] da saldatore[M]

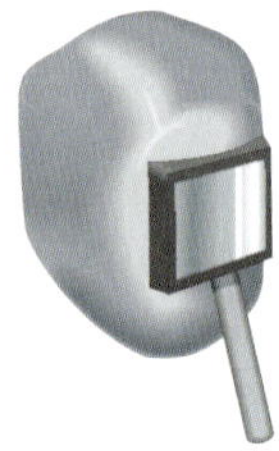

Handschild[N]
hand shield
écran[M] à main[F]
careta[F] de mano[F]
schermo[M] a impugnatura[F]

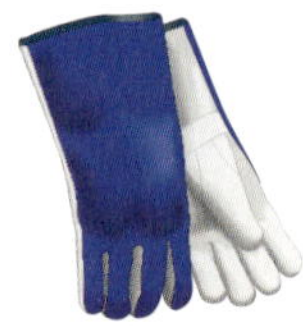

fünffingriger Schweißerhandschuh[M]
gauntlet
gant[M] à crispin[M]
guantes[M]
guanti[M] di protezione[F]

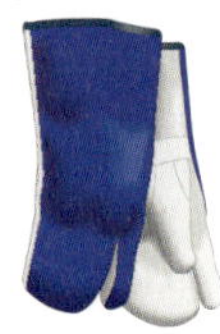

Fausthandschuh[M]
mitten
moufle[F]
manoplas[F]
manopole[F]

Schweißbrenner^{M} mit Schneideeinsatz^{M}
cutting torch
chalumeau^{M} coupeur
soplete^{M} de corte^{M}
cannello^{M} per tagliare

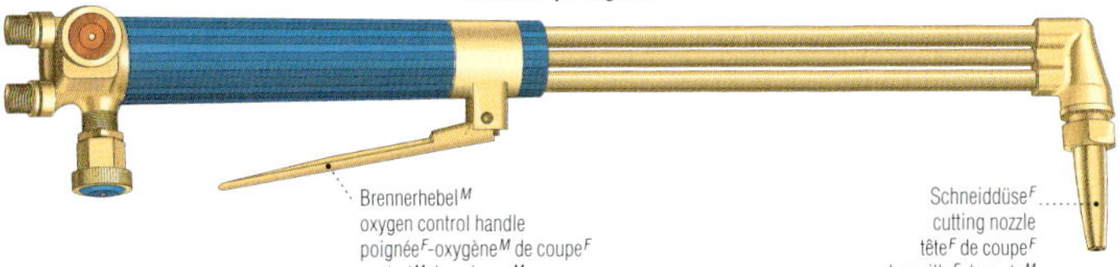

Brennerhebel^{M}
oxygen control handle
poignée^{F}-oxygène^{M} de coupe^{F}
control^{M} de oxígeno^{M}
leva^{F} di regolazione^{F} dell'ossigeno^{M}

Schneiddüse^{F}
cutting nozzle
tête^{F} de coupe^{F}
boquilla^{F} de corte^{M}
ugello^{M} di taglio^{M}

Druckminderer^{M}
pressure regulator
régulateur^{M} de pression^{F}
regulador^{M} de presión^{F}
regolatore^{M} della pressione^{F}

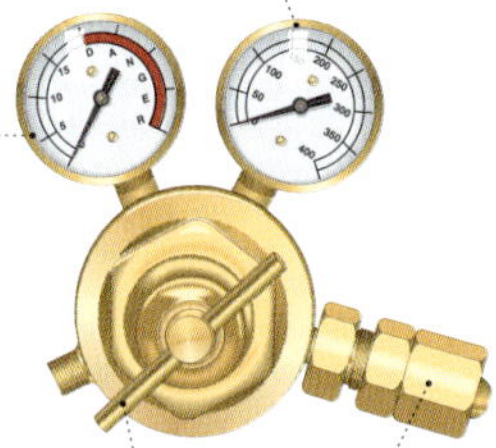

Flaschendruckmesser^{M}
cylinder pressure gauge
manomètre^{M} de bouteille^{F}
manómetro^{M} del tanque^{M}
manometro^{M} della pressione^{F} della bombola^{F}

Arbeitsdruckmesser^{M}
working pressure gauge
manomètre^{M} de chalumeau^{M}
manómetro^{M} del soplete^{M}
manometro^{M} della pressione^{F} di esercizio^{M}

Stellschraube^{F}
adjusting screw
vis^{F} de réglage^{M}
tornillo^{M} de ajuste^{M}
vite^{F} di regolazione^{F}

Absperrventil^{N}
check valve
clapet^{M} de non-retour^{M}
válvula^{F} de freno^{M}
valvola^{F} di ritegno^{M}

Schweißbrenner^{M}
welding torch
chalumeau^{M} soudeur
soplete^{M} de soldadura^{F} autógena
cannello^{M} per saldare

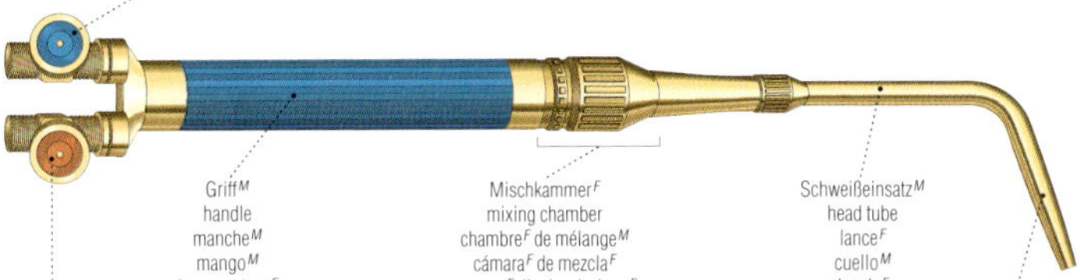

Sauerstoffventil^{N}
oxygen valve
robinet^{M} d'oxygène^{M}
válvula^{F} de oxígeno^{M}
valvola^{F} dell'ossigeno^{M}

Griff^{M}
handle
manche^{M}
mango^{M}
impugnatura^{F}

Mischkammer^{F}
mixing chamber
chambre^{F} de mélange^{M}
cámara^{F} de mezcla^{F}
camera^{F} di miscelazione^{F}

Schweißeinsatz^{M}
head tube
lance^{F}
cuello^{M}
lancia^{F}

Acetylenventil^{N}
acetylene valve
robinet^{M} d'acétylène^{M}
válvula^{F} de acetileno^{M}
valvola^{F} dell'acetilene^{M}

Düse^{F}
nozzle
buse^{F}
boquilla^{F}
ugello^{M}

Lötlampe^{F}
blowtorch
lampe^{F} à souder
soplete^{M}
lampada^{F} per saldare

Punktbrenner^{M}
pencil point tip
brûleur^{M} flamme^{F} crayon^{M}
boquilla^{F} para concentrar la llama^{F}
ugello^{M}

Einweg-Brennstoffflasche^{F}
disposable gas cylinder
cartouche^{F} jetable
bombona^{F} de gas^{M}
bombola^{F} del gas^{M}

Farbabbrennervorsatz^{M}
flame spreader
brûleur^{M} bec^{M} plat
boquilla^{F} para expandir la llama^{F}
diffusore^{M} della fiamma^{F}

Autogenschweißen^{N}
oxyacetylene welding
soudage^{M} oxyacétylénique
equipo^{M} de soldadura^{F} autógena
saldatura^{F} ossiacetilenica

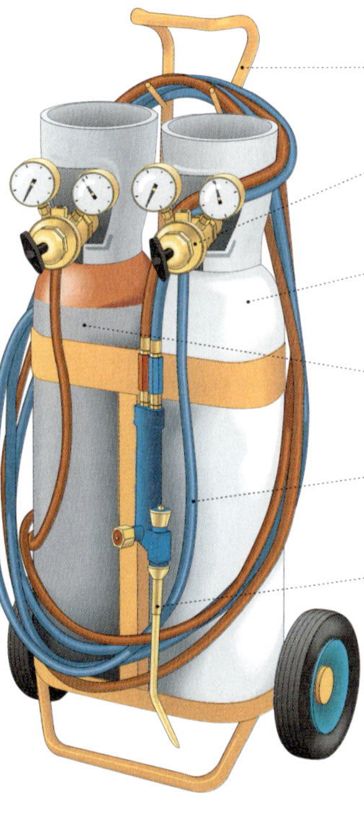

Flaschenwagen^{M}
trolley
chariot^{M}
carretilla^{F}
carrello^{M} portabombole

Druckminderer^{M}
pressure regulator
régulateur^{M} de pression^{F}
regulador^{M} de presión^{F}
regolatore^{M} della pressione^{F}

Sauerstoffflasche^{F}
oxygen cylinder
bouteille^{F} d'oxygène^{M}
tanque^{M} de oxígeno^{M}
bombola^{F} d'ossigeno^{M}

Acetylenflasche^{F}
acetylene cylinder
bouteille^{F} d'acétylène^{M}
tanque^{M} de acetileno^{M}
bombola^{F} d'acetilene^{M}

Schlauch^{M}
hose
tuyau^{M}
manguera^{F}
tubo^{M} flessibile

Schweißbrenner^{M}
welding torch
chalumeau^{M}
soplete^{M}
cannello^{M} per saldare

Anstreichen^{N} und Lackieren^{N}

painting upkeep | peinture^{F} d'entretien^{M} | mantenimiento^{M} de pinturas^{F} | verniciatura^{F}: manutenzione^{F}

Spritzpistole^{F}
spray gun
pistolet^{M} à peinture^{F}
pistola^{F} de pintar
pistola^{F} per verniciatura^{F} a spruzzo^{M}

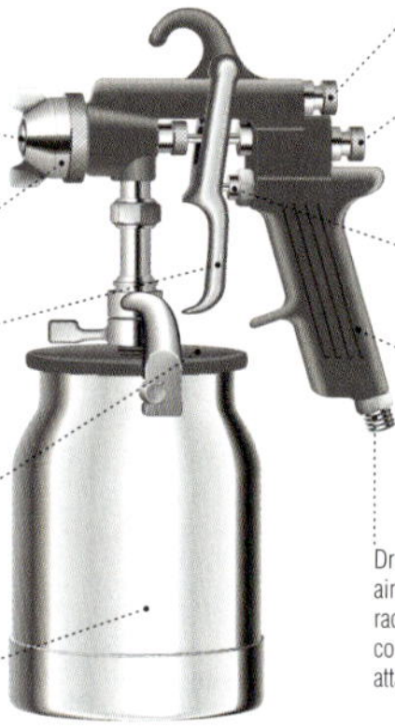

Malerpinsel^{M}
paintbrush
pinceau^{M}
brocha^{F}
pennello^{M}

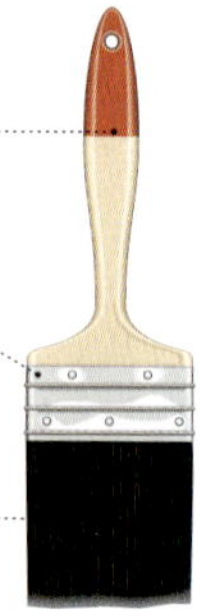

Schaber^{M}
scraper
grattoir^{M}
raspador^{M}
raschietto^{M}

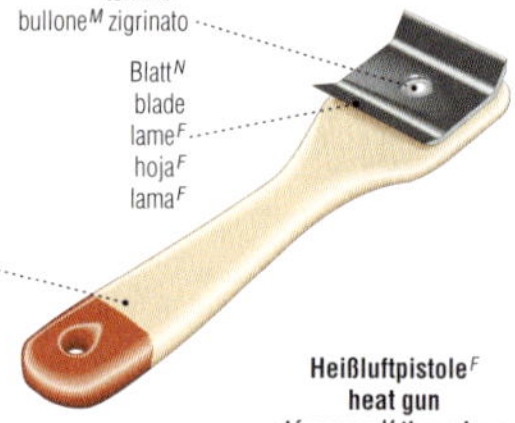

Kompressor^{M}
air compressor
compresseur^{M} d'air^{M}
compresor^{M} de aire^{M}
compressore^{M} d'aria^{F}

Heißluftpistole^{F}
heat gun
décapeur^{M} thermique
pistola^{F} de calor^{M}
pistola^{F} per sverniciatura^{F}

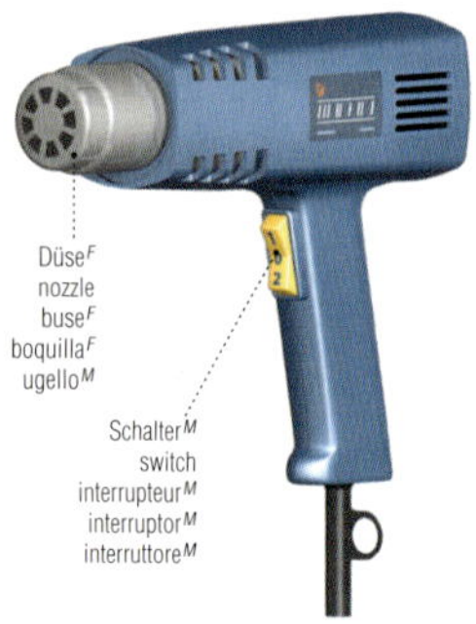

Wanne^{F}
tray
bac^{M}
bandeja^{F} de pintura^{F}
vaschetta^{F}

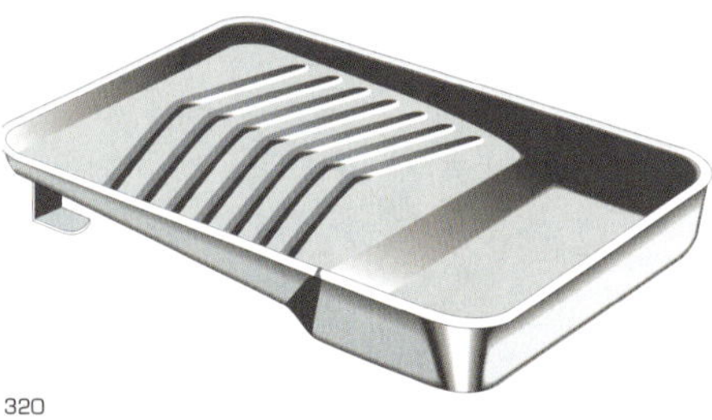

Farbroller^{M}
paint roller
rouleau^{M}
rodillo^{M} de pintor^{M}
rullo^{M}

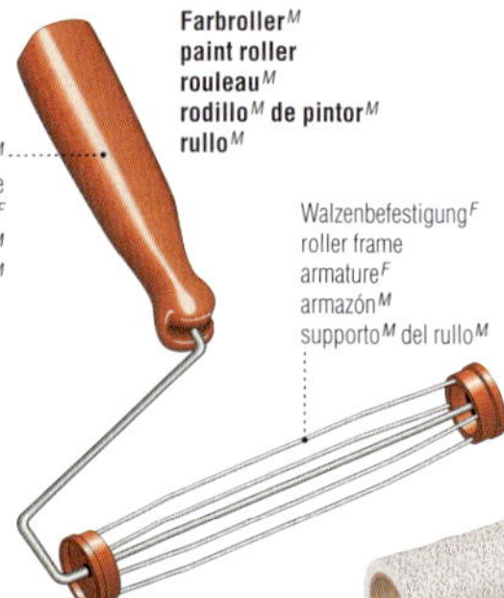

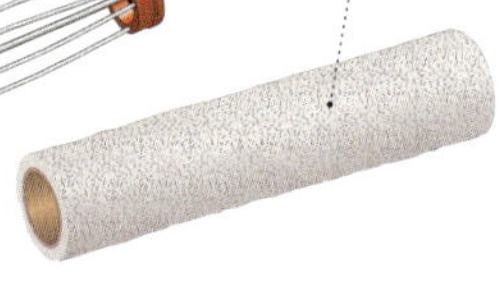

Leitern^F und Stehleitern^F

ladders and stepladders | échelles^F et escabeaux^M | escaleras^F de mano^F | scale^F e scale^F a libretto^M

Dachbodenleiter^F
loft ladder
échelle^F escamotable
escalera^F extensible de buhardilla^F
scala^F retrattile

Anlegeleiter^F
straight ladder
échelle^F droite
escalera^F común
scala^F a pioli^M

Einhängeleiter^F
hook ladder
échelle^F à crochets^M
escalera^F de gancho^M
scala^F a pioli^M con ganci^M

Ausziehleiter^F
extension ladder
échelle^F coulissante
escalera^F extensible
scala^F estensibile

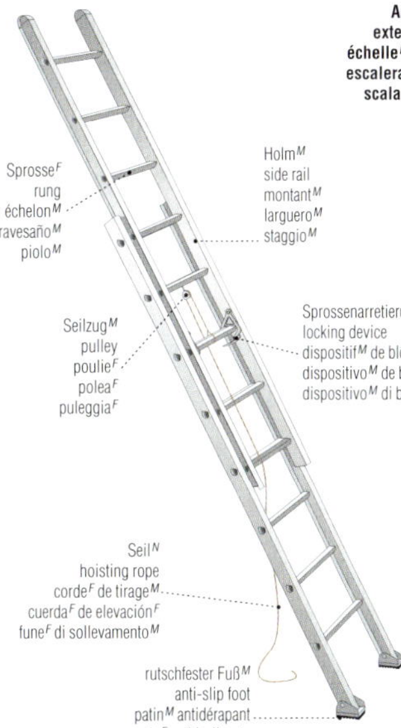

Leitergerüst^N
ladder scaffold
échelle^F d'échafaudage^M
andamio^M sobre ruedas^F
trabattello^M

Strickleiter^F
rope ladder
échelle^F de corde^F
escalera^F de cuerda^F
biscaglina^F

landwirtschaftliche Nutzleiter^F
fruit-picking ladder
échelle^F fruitière
escalera^F de recolección^F de fruta^F
scala^F per agricoltura^F

Mehrzweckleiter^F
multi-purpose ladder
échelle^F transformable
escalera^F multiuso
scala^F multiuso

Rollenleiter^F
rolling ladder
échelle^F roulante
escalera^F rodante
scala^F a palchetto^M con ruote^F

Stehleiter^F
stepladder
escabeau^M
escalera^F de tijera^F
scala^F a libretto^M

Tritthocker^M
step stool
tabouret^M-escabeau^M
taburete^M escalera
scala^F sgabello^M

Trittleiter^F
platform ladder
marchepied^M
escalera^F de plataforma^F
scala^F con piattaforma^F

Ziergarten^M

pleasure garden | jardin^M d'agrément^M | jardín^M | giardino^M

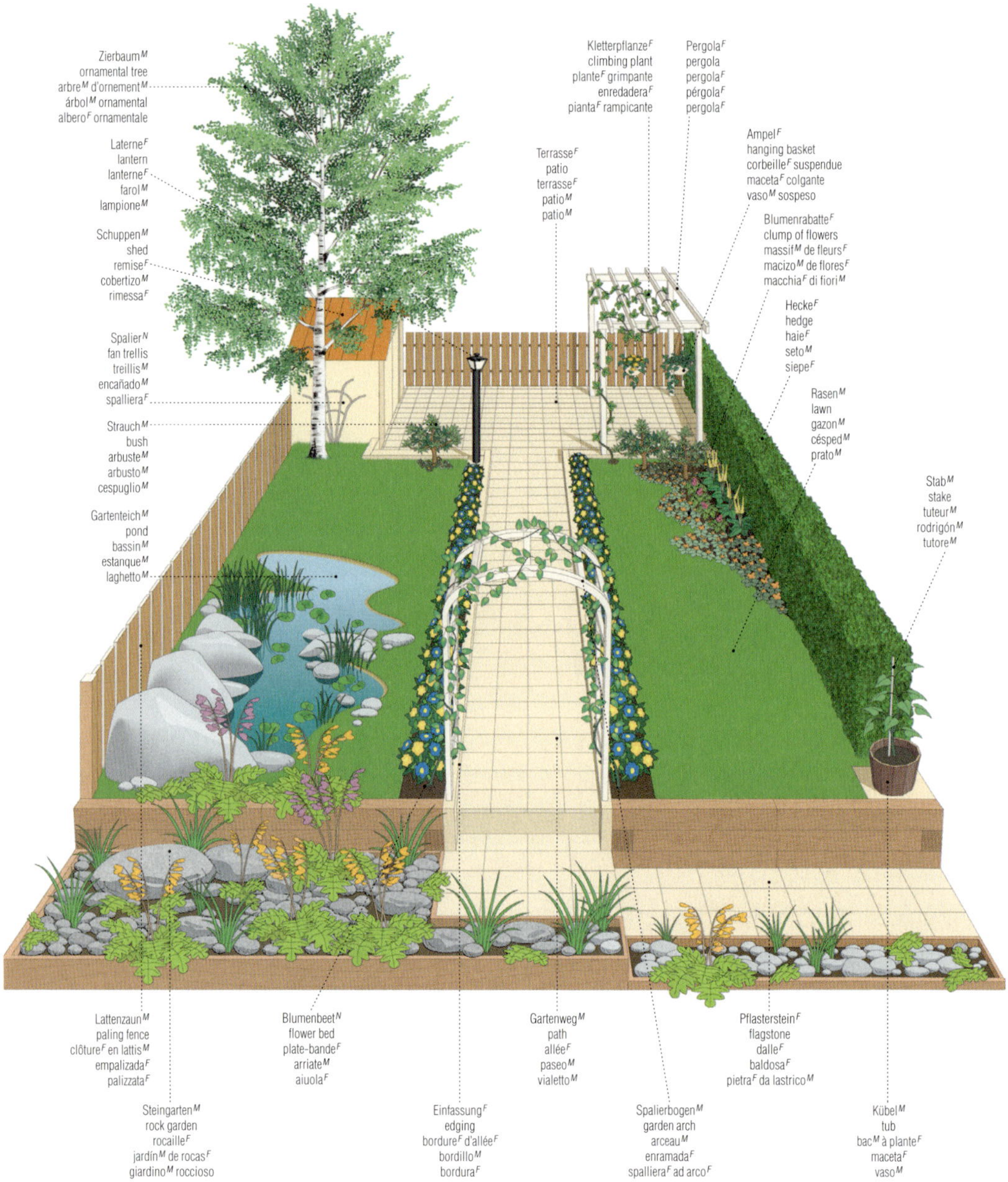

verschiedene Geräte^N

miscellaneous equipment | équipement^M divers | equipamiento^M vario | attrezzatura^F varia

Erdbohrer^M
motorized ground auger
tarière^F motorisée
taladro^M de motor^M
trivella^F a motore^M per terreno^M

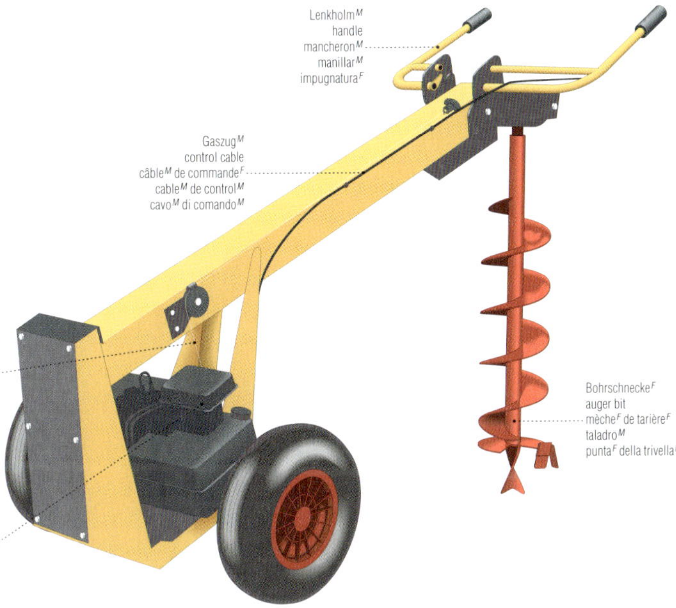

Kompostkiste^F
compost bin
bac^M à compost^M
cajón^M de abono^M compuesto
contenitore^M della composta^F

Schubkarre^F
wheelbarrow
brouette^F
carretilla^F
carriola^F

Werkzeuge[N] zum Säen[N] und Pflanzen[N]

seeding and planting tools | outils[M] pour semer et planter | herramientas[F] para sembrar y plantar | attrezzi[M] per seminare e piantare

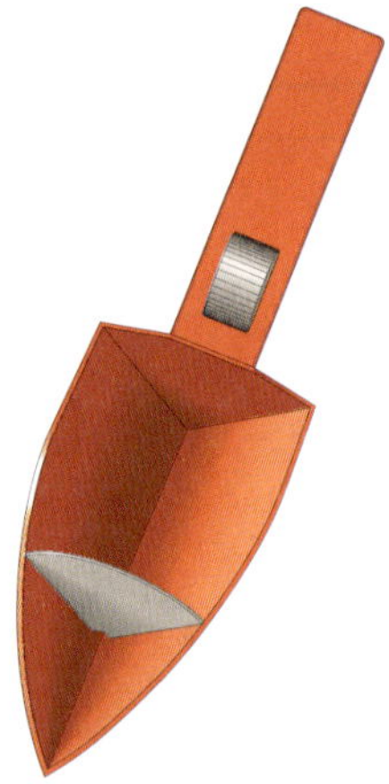

Säkelle[F]
seeder
semoir[M] à main[F]
sembradora[F] de mano[F]
seminatoio[M] a mano[F]

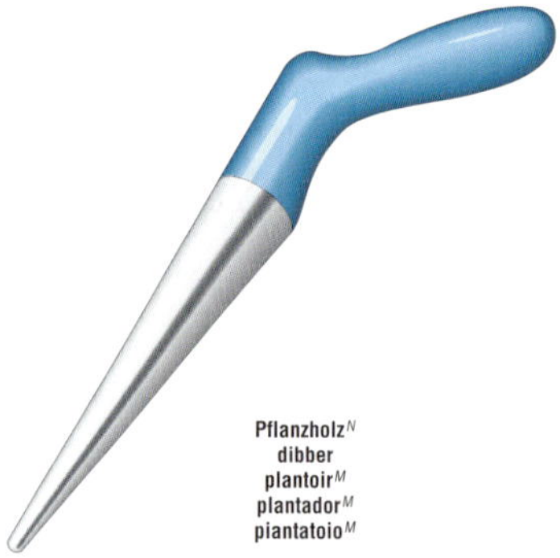

Pflanzholz[N]
dibber
plantoir[M]
plantador[M]
piantatoio[M]

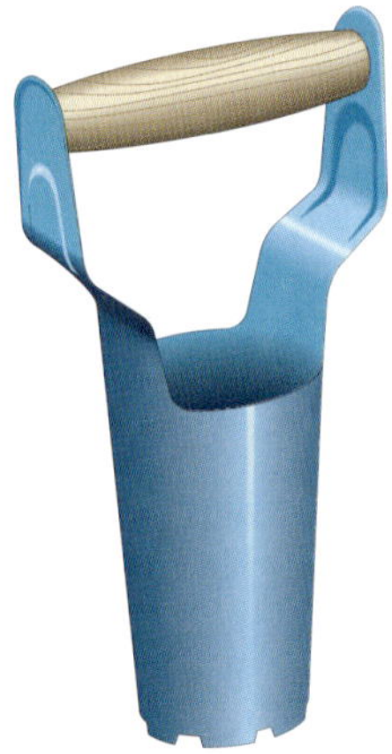

Pflanzlochstecher[M]
bulb dibber
plantoir[M] à bulbes[M]
plantador[M] de bulbos[M]
piantabulbi[M]

Düngerstreuer[M]
spreader
épandeur[M]
esparcidora[F] de abono[M]
spandiconcime[M]

Pflanzschnur[F]
garden line
cordeau[M]
instrumento[M] para alinear el jardín[M]
filo[M] da giardino[M]

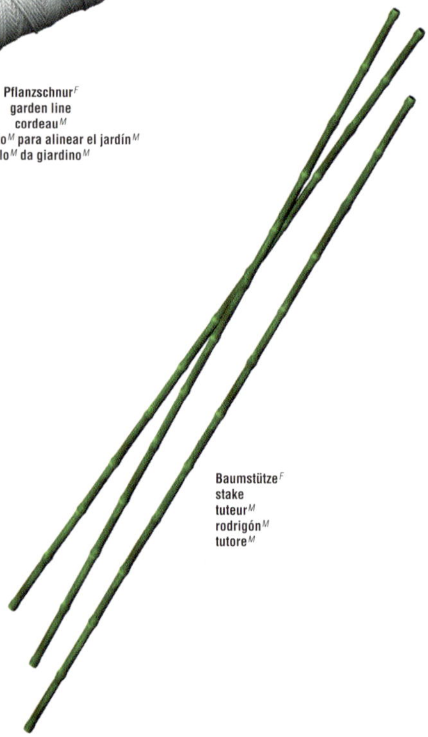

Baumstütze[F]
stake
tuteur[M]
rodrigón[M]
tutore[M]

Handwerkzeuge[N]

hand tools | jeu[M] de petits outils[M] | juego[M] de pequeñas herramientas[F] | attrezzi[M] per piccoli lavori[M] di giardinaggio[M]

Kralle[F]
small hand cultivator
griffe[F] à fleurs[F]
cultivador[M] de mano[F]
sarchiello[M] a mano[F]

Pflanzkelle[F]
trowel
transplantoir[M]
desplantador[M]
trapiantatoio[M]

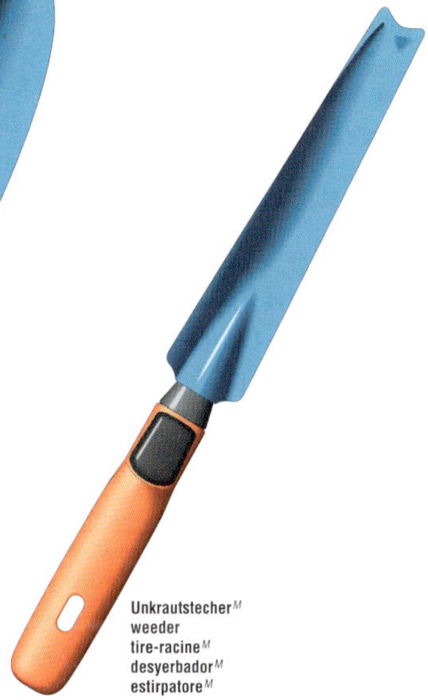

Unkrautstecher[M]
weeder
tire-racine[M]
desyerbador[M]
estirpatore[M]

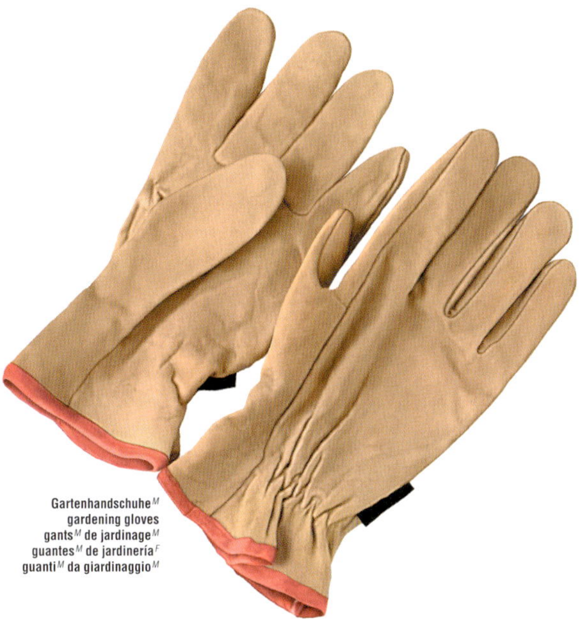

Gartenhandschuhe[M]
gardening gloves
gants[M] de jardinage[M]
guantes[M] de jardinería[F]
guanti[M] da giardinaggio[M]

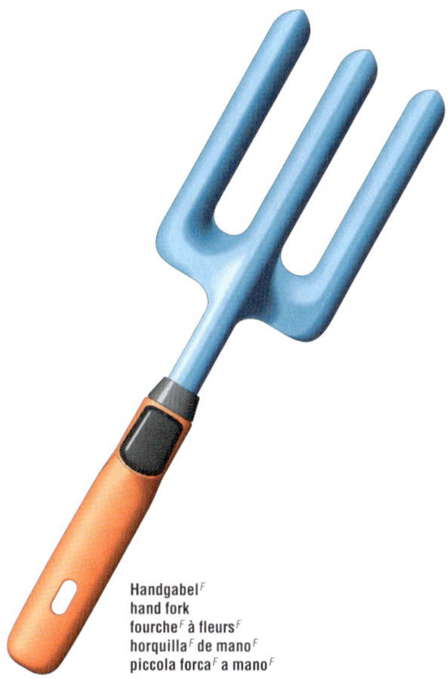

Handgabel[F]
hand fork
fourche[F] à fleurs[F]
horquilla[F] de mano[F]
piccola forca[F] a mano[F]

Geräte[N] zur Erdbewegung[F]

tools for loosening the earth | outils[M] pour remuer la terre[F] | herramientas[F] para remover la tierra[F] | attrezzi[M] per smuovere la terra[F]

Grabschaufel[F]
shovel
pelle[F]
pala[F]
badile[M]

Spaten[M]
spade
bêche[F]
laya[F]
vanga[F]

Grabgabel[F]
digging fork
fourche[F] à bêcher
horca[F]
forcone[F]

Kantenstecher[M]
lawn edger
coupe-bordures[M]
cuchilla[F] para delimitar el césped[M]
tagliabordi[M]

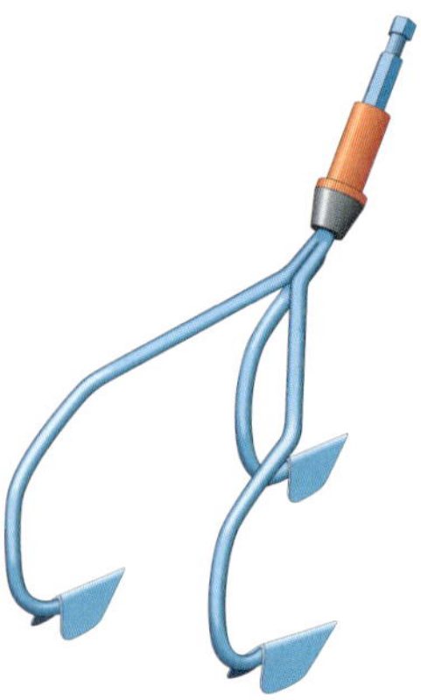

Handkultivator[M]
weeding hoe
sarcloir[M]
cultivador[M]
coltivatore[M]

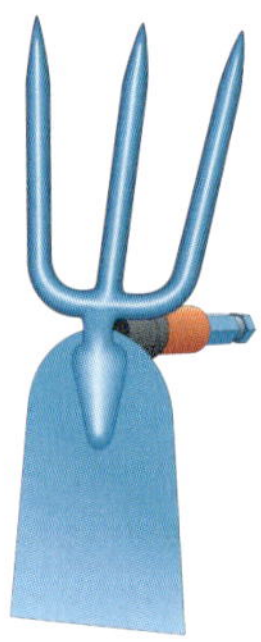

Kombihacke[F]
hoe-fork
serfouette[F]
azuela[F]
zappetta[F] tridente

Rübenhacke[F]
draw hoe
binette[F]
azada[F]
sarchiello[M]

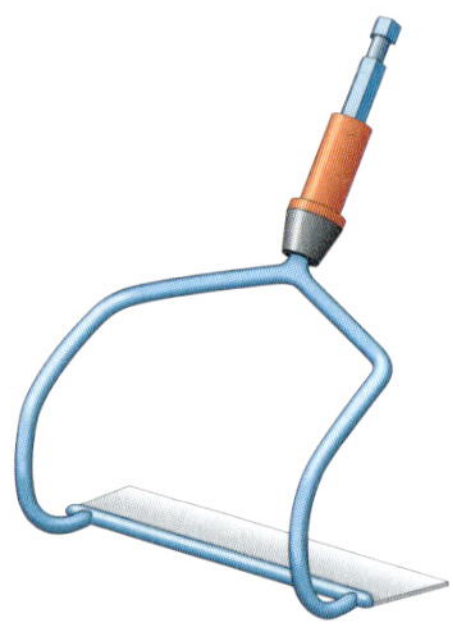

Ziehhacke[F]
scuffle hoe
ratissoire[F]
azada[F] de doble filo[M]
sarchio[M]

Geräte^{N} zur Erdbewegung^{F}

Rechen^{M}
rake
râteau^{M}
rastrillo^{M}
rastrello^{M}

Krail^{M}
hook
croc^{M} à défricher
garabato^{M}
zappa^{F} a quattro denti^{M}

Rodehacke^{F}
hoe
houe^{F}
azadón^{M}
zappa^{F}

Kreuzhacke^{F}
pick
pioche^{F}
pico^{M}
piccone^{M}

Gartenfräse^{F}
Rotavator
motoculteur^{M}
motocultor^{M}
motocoltivatore^{M}

Gießgeräte[N]

watering tools | outils[M] pour arroser | herramientas[F] para regar | attrezzi[M] per annaffiare

Schlauchwagen[M]
hose trolley
dévidoir[M] sur roues[F]
carretilla[F] para manguera[F]
carrello[M] avvolgitubo

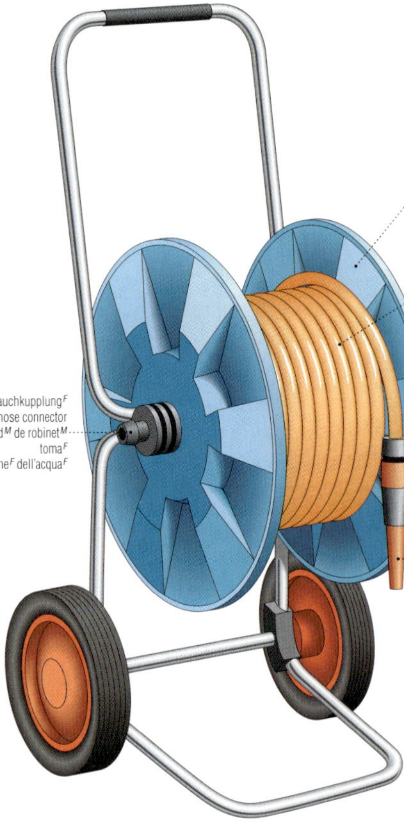

Regnerschlauch[M]
sprinkler hose
tuyau[M] perforé
manguera[F] de riego[M]
tubo[M] per irrigazione[F]

Gartenspritze[F]
pump sprayer
pulvérisateur[M]
pulverizador[M]
atomizzatore[M]

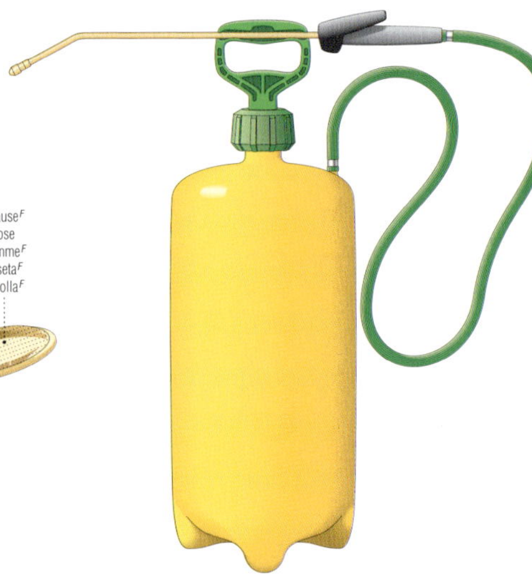

Gießkanne[F]
watering can
arrosoir[M]
regadera[F]
annaffiatoio[M]

HEIMWERKEN UND GARTENARBEIT

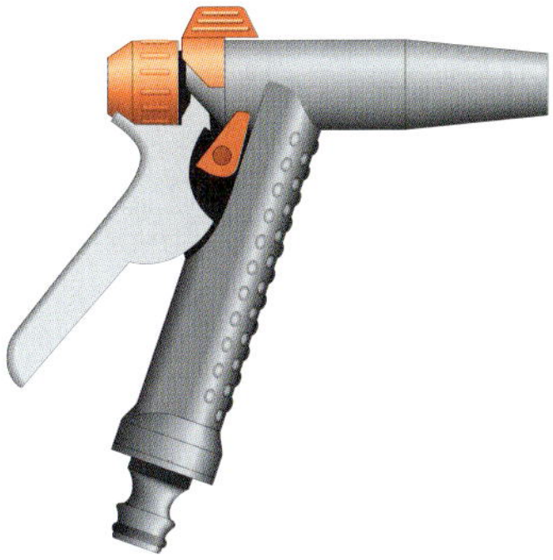

Gießpistole[F]
pistol nozzle
pistolet[M] d'arrosage[M]
pistola[F] pulverizadora
polverizzatore[M] a pistola[F]

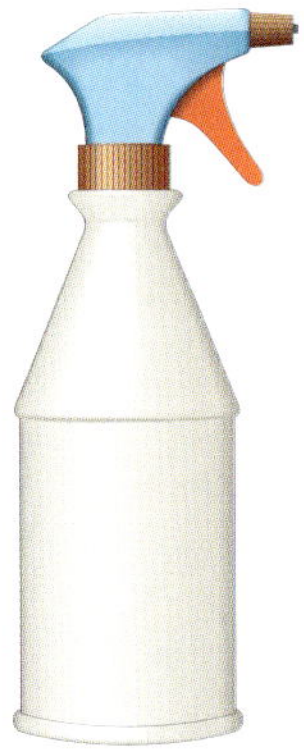

Sprühflasche[F]
sprayer
vaporisateur[M]
pulverizador[M]
spruzzatore[M]

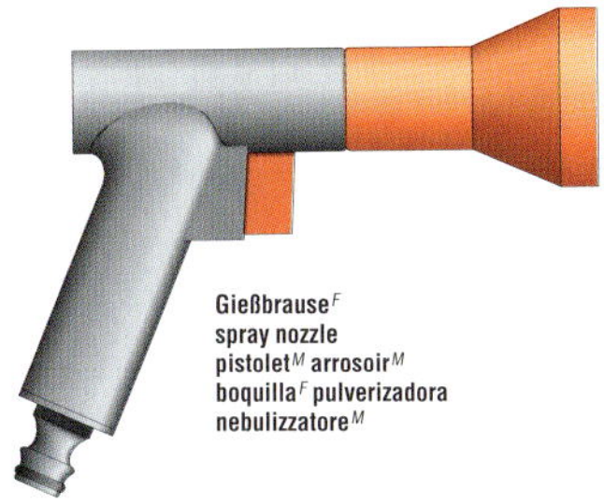

Gießbrause[F]
spray nozzle
pistolet[M] arrosoir[M]
boquilla[F] pulverizadora
nebulizzatore[M]

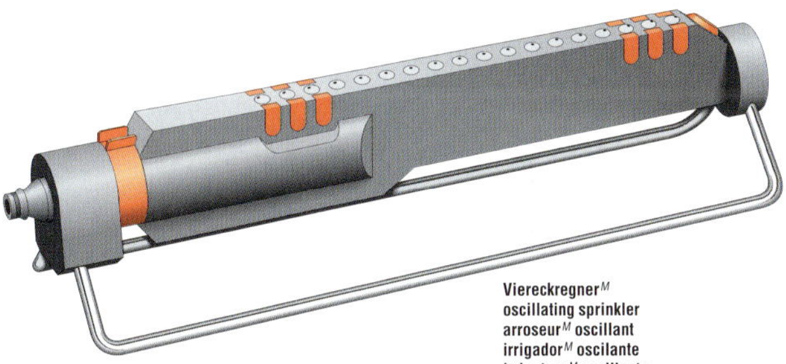

Viereckregner[M]
oscillating sprinkler
arroseur[M] oscillant
irrigador[M] oscilante
irrigatore[M] oscillante

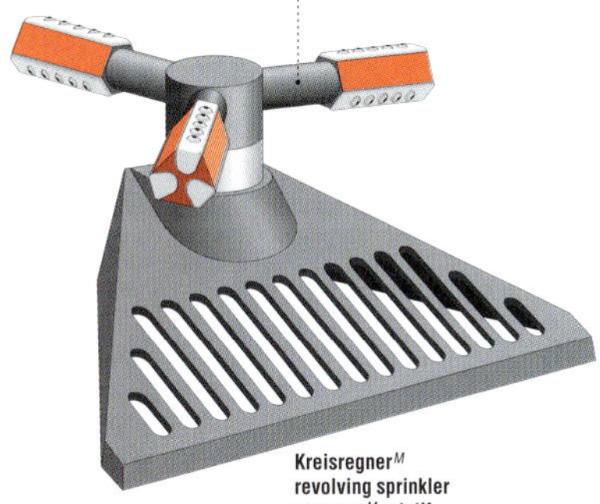

Kreisregner[M]
revolving sprinkler
arroseur[M] rotatif
irrigador[M] giratorio
irrigatore[M] rotativo a pioggia[F]

Impulsregner[M]
impulse sprinkler
arroseur[M] canon[M]
irrigador[M] de impulso[M]
irrigatore[M] a impulsi[M]

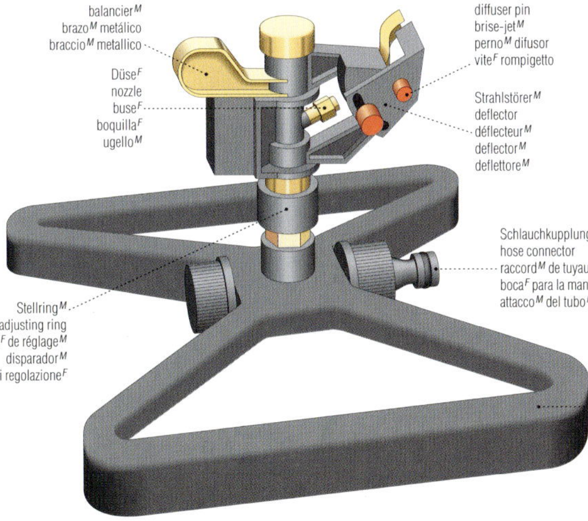

Schneidwerkzeuge^{N}

pruning and cutting tools | outils^{M} pour couper | herramientas^{F} para cortar | attrezzi^{M} per potare e tagliare

Heckenschere^{F}
garden shears
cisaille^{F} à haies^{F}
cizallas^{F} para setos^{M}
forbici^{F} tagliasiepi

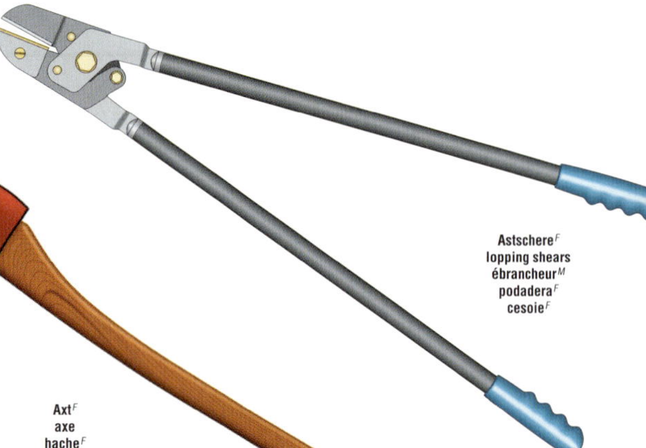

Astschere^{F}
lopping shears
ébrancheur^{M}
podadera^{F}
cesoie^{F}

Axt^{F}
axe
hache^{F}
hacha^{F}
accetta^{F}

Baumsäge^{F}
pruning saw
scie^{F} d'élagage^{M}
sierra^{F} de podar
sega^{F} da giardiniere^{M}

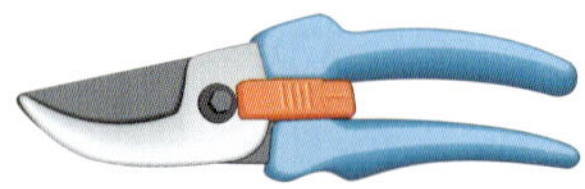

Baumschere^{F}
secateurs
sécateur^{M}
tijeras^{F} de podar
cesoie^{F} da giardino^{M}

Veredelungsmesser^{N}
grafting knife
greffoir^{M}
navaja^{F} de injertar
innestatoio^{M}

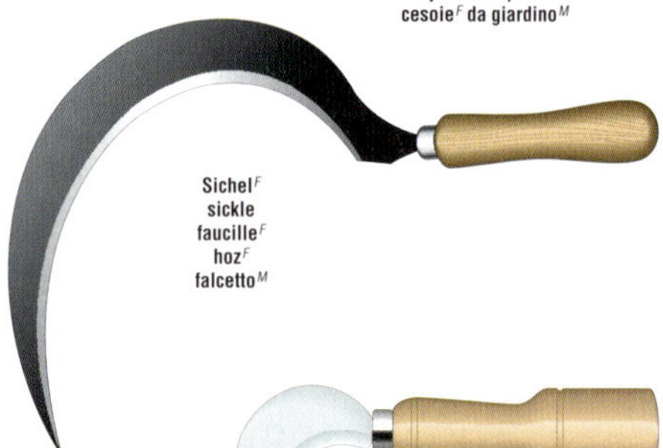

Sichel^{F}
sickle
faucille^{F}
hoz^{F}
falcetto^{M}

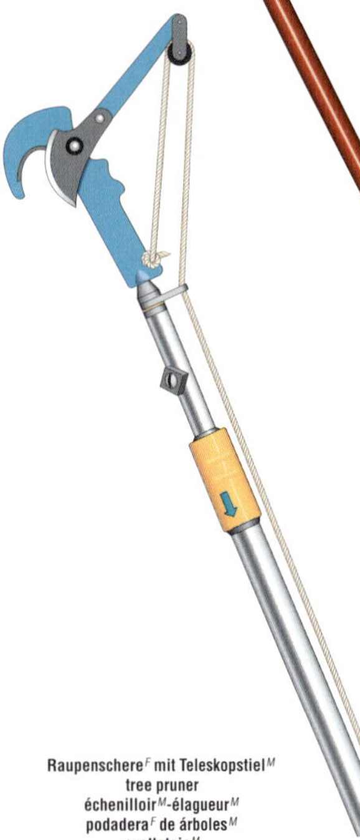

Raupenschere^{F} mit Teleskopstiel^{M}
tree pruner
échenilloir^{M}-élagueur^{M}
podadera^{F} de árboles^{M}
svettatoio^{M}

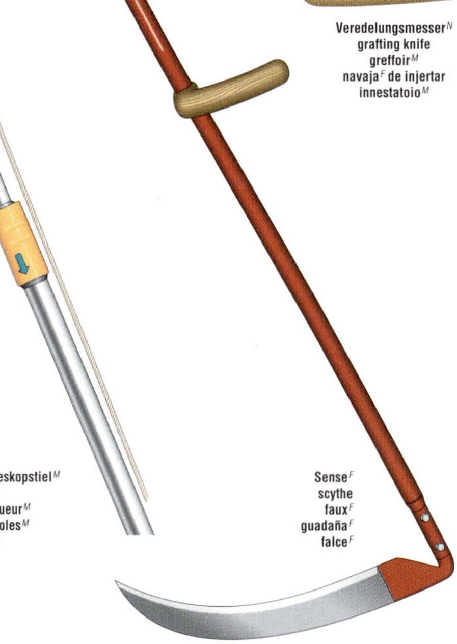

Sense^{F}
scythe
faux^{F}
guadaña^{F}
falce^{F}

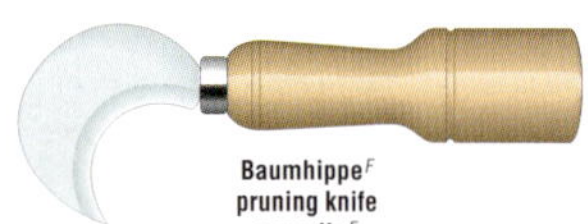

Baumhippe^{F}
pruning knife
serpette^{F}
podón^{M}
potatoio^{M}

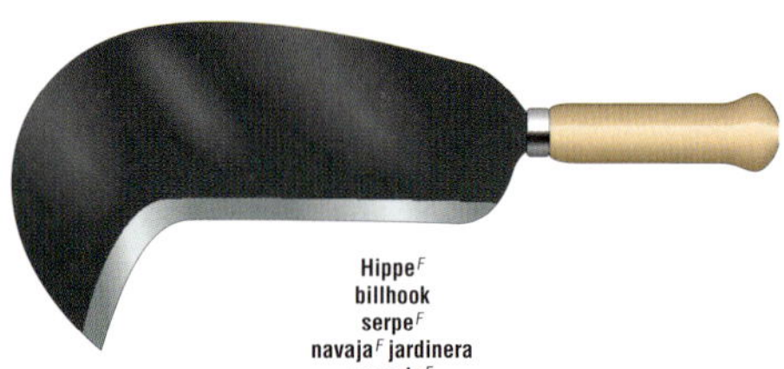

Hippe^{F}
billhook
serpe^{F}
navaja^{F} jardinera
roncola^{F}

elektrische Heckenschere[F]
hedge trimmer
taille-haies[M]
cortasetos[M] eléctrico
tagliasiepi[M/F]

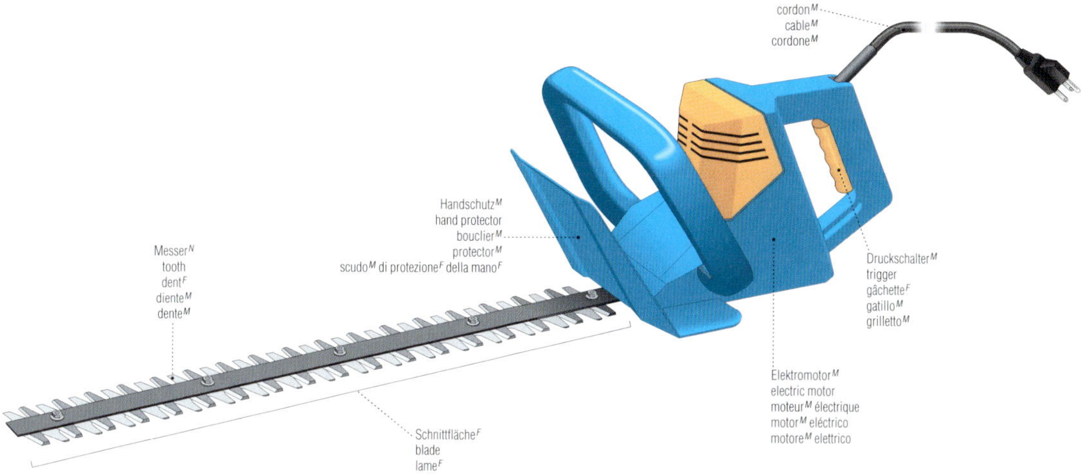

Kettensäge[F]
chainsaw
tronçonneuse[F]
sierra[F] de cadena[F]
motosega[F]

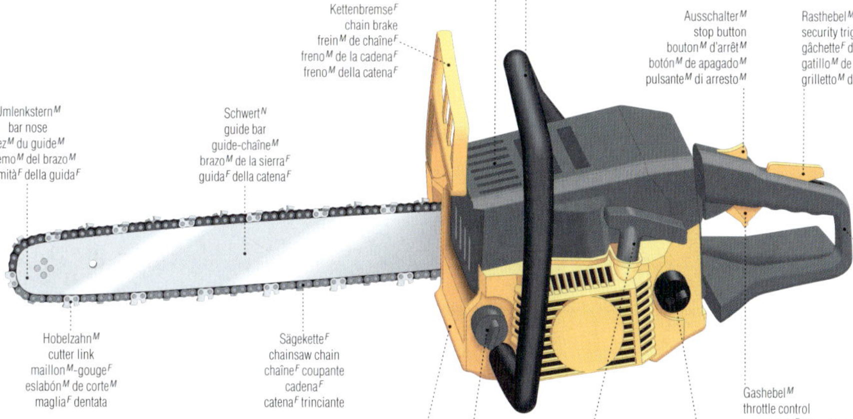

Rasenpflege[F]

lawn care | soins[M] de la pelouse[F] | cuidado[M] del césped[M] | cura[F] del prato[M]

Rasentrimmer[M]
trimmer
taille-bordures[M]
podadora[F] de bordes[M]
tagliabordi[M]

Handrasenmäher[M]
hand mower
tondeuse[F] mécanique
cortacésped[M]
falciatrice[F] a mano[M]

Motorrasenmäher[M]
power mower
tondeuse[F] à moteur[M]
cortacésped[M] eléctrico
motofalciatrice[F]

HEIMWERKEN UND GARTENARBEIT

Walze^{F}
roller
rouleau^{M}
rodillo^{M}
rullo^{M}

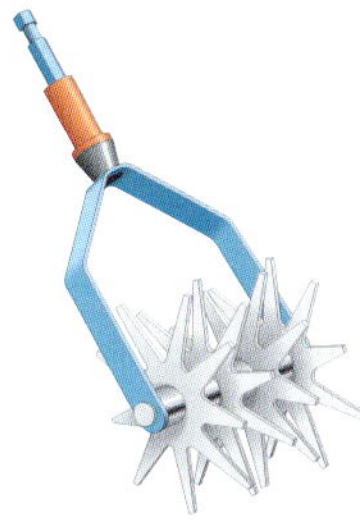

Vertikutierer^{M}
lawn aerator
aérateur^{M} à gazon^{M}
ventilador^{M} de césped^{M}
frangizolle^{M}

Rasenbesen^{M}
lawn rake
balai^{M} à feuilles^{F}
rastrillo^{M}
rastrello^{M} scopa^{F}

Aufsitzmäher^{M}
lawn tractor
tondeuse^{F} autoportée
tractor^{M} cortacésped
trattore^{M} tosaerba^{M}

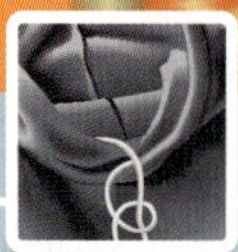

KLEIDUNG

Elemente^{N} historischer Kostüme^{N}

features of historical costume | éléments^{M} du costume^{M} ancien | indumentaria^{F} antigua | capi^{M} antichi

Peplos^{M}
peplos
péplos^{M}
peplo^{M}
peplo^{M}

Toga^{F}
toga
toge^{F}
toga^{F}
toga^{F}

Stola^{F}
stola
stola^{F}
stola^{F}
stola^{F}

Palla^{F}
palla
palla^{F}
palla^{F}
palla^{F}

Chlamys^{F}
chlamys
chlamyde^{F}
clámide^{F}
clamide^{F}

Chiton^{M}
chiton
chiton^{M}
quitón^{M}
chitone^{M}

Cotardie^{F}
cotehardie
cotardie^{F}
túnica^{F} de manga^{F} larga
cottardita^{F}

Kleid^{N} mit Krinolinenrock^{M}
dress with crinoline
robe^{F} à crinoline^{F}
vestido^{M} con crinolina^{F}
abito^{M} con crinolina^{F}

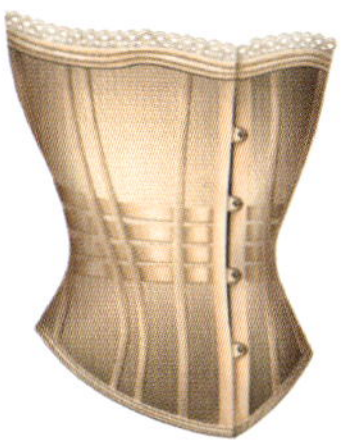

Korsett^{N}
corset
corset^{M}
corsé^{M}
corsetto^{M}

Unterrock^{M}
underskirt
jupon^{M}
enaguas^{F}
sottogonna^{F}

Schal^{M}
shawl
châle^{M}
chal^{M}
scialle^{M}

Überkleid^{N}
surcoat
surcot^{M}
sobreveste^{M}
sopravveste^{F}

Kleid^{N} mit flachem Reifrock^{M}
dress with panniers
robe^{F} à paniers^{M}
vestido^{M} con miriñaque^{M}
abito^{M} con panieri^{M}

Kleid^{N} mit Turnüre^{F}
dress with bustle
robe^{F} à tournure^{F}
vestido^{M} con polisón^{M}
abito^{M} con sellino^{M}

Schoßrock^{M}
frock coat
frac^{M}
levita^{F}
marsina^{F}

Weste^{F}
waistcoat
gilet^{M}
chaleco^{M}
panciotto^{M}

Kniehose^{F}
breeches
culotte^{F}
calzones^{M}
culottes^{F}

Justaucorps^{N}
justaucorps
justaucorps^{M}
casaca^{F}
giustacuore^{M}

Weste^{F}
waistcoat
veste^{F}
chaleco^{M}
panciotto^{M} lungo

Aufschlag^{M}
cuff
parement^{M}
puño^{M}
polsino^{M} rivoltato

Kniehose^{F}
breeches
culotte^{F}
calzones^{M}
culottes^{F}

Umhang^{M}
cape
cape^{F}
capa^{F}
cappa^{F}

Jacke^{F}
jacket
jaquette^{F}
aljuba^{F}
giubba^{F}

Houppelande^{F}
houppelande
houppelande^{F}
toga^{F}
pelanda^{F}

Wams^{N}
doublet
pourpoint^{M}
jubón^{M}
farsetto^{M}

Achselstück^{N}
wing
aileron^{M}
hombrera^{F}
ala^{F}

Hängeärmel^{M}
hanging sleeve
manche^{F} pendante
manga^{F} colgante
manica^{F} pendente

Pluderhose^{F}
trunk hose
haut-de-chausse^{M}
gregüescos^{M}
calzoni^{M} a palloncino^{M}

Beinlinge^{M}
braies
braies^{F}
calzas^{F}
brache^{F}

KLEIDUNG

Hennin^{M}
hennin
hennin^{M}
cofia^{F} cónica
cappello^{M} a cono^{M}

Dreispitz^{M}
tricorne
tricorne^{M}
tricornio^{M}
tricorno^{M}

Zweispitz^{M}
bicorne
bicorne^{M}
bicornio^{M}
bicorno^{M}

Absatzschuh^{M}
heeled shoe
soulier^{M} à talon^{M}
zapato^{M} de tacón^{M}
scarpa^{F} con tacco^{M}

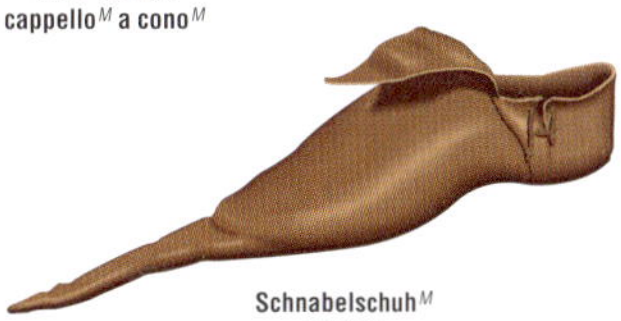

Schnabelschuh^{M}
crakow
soulier^{M} à la poulaine^{F}
zapato^{M} a la polaca
scarpa^{F} alla polacca

kleiner Kragen^{M}
collaret
collerette^{F}
cuello^{M} de Holanda^{F}
collaretto^{M}

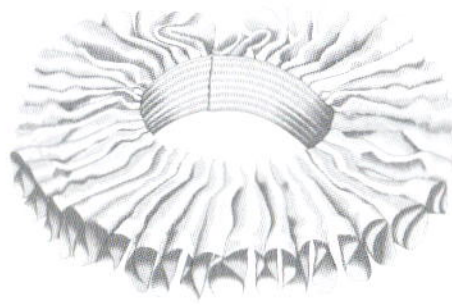

Halskrause^{F}
ruff
fraise^{F}
gorguera^{F}
gorgiera^{F}

Gamasche^{F}
gaiter
guêtre^{F}
polaina^{F}
ghetta^{F}

traditionelle Kleidung^{F}

traditional clothing | vêtements^{M} traditionnels | indumentaria^{F} tradicional | abiti^{M} tradizionali

Boubou^{M}
boubou
boubou^{M}
boubou^{M}
boubou^{M}

Kaftan^{M}
caftan
cafetan^{M}
caftán^{M}
caffettano^{M}

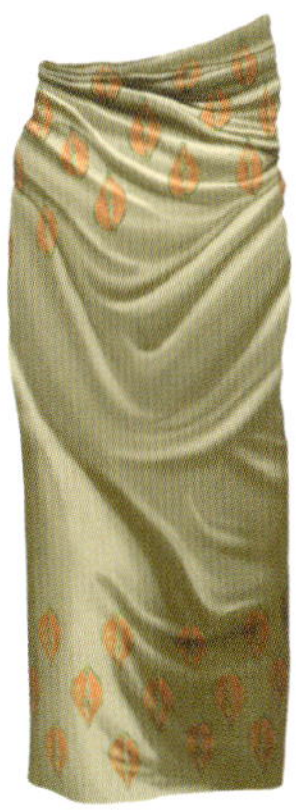

Wickelrock^{M}
loincloth
pagne^{M}
pareo^{M}
pareo^{M}

Turban^{M}
turban
turban^{M}
turbante^{M}
turbante^{M}

Fes^{M}
fez
fez^{M}
fez^{M}
fez^{M}

Kopfbedeckungen[F]

headgear | coiffure[F] | sombreros[M] | copricapi[M]

Herrenkopfbedeckungen[F]
men's headgear
coiffures[F] d'homme[M]
sombreros[M] de hombre[M]
copricapi[M] maschili

Filzhut[M]
trilby
chapeau[M] de feutre[M]
sombrero[M] de fieltro[M]
cappello[M] di feltro[M]

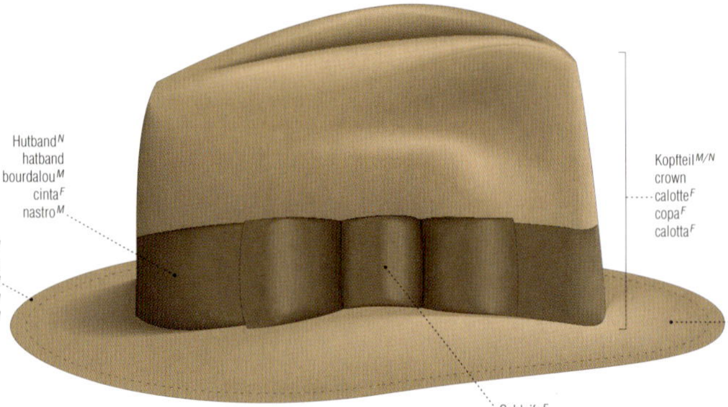

Strohhut[M]
boater
canotier[M]
canotier[M]
paglietta[F]

Käppchen[N]
skullcap
calotte[F]
solideo
papalina[F]

Melone[F]
bowler
melon[M]
sombrero[M] de hongo[M]
bombetta[F]

Fellmütze[F]
astrakhan cap
calot[M]
gorra[F] de cuartel[M]
bustina[F]

Zylinder[M]
top hat
haut-de-forme[M]
chistera[F]
cilindro[M]

Kosakenmütze[F]
shapka
chapka[M]
chapka[F]
colbacco[M]

Jagdkappe[F]
hunting cap
casquette[F] norvégienne
gorra[F] noruega
berretto[M] da cacciatore[M]

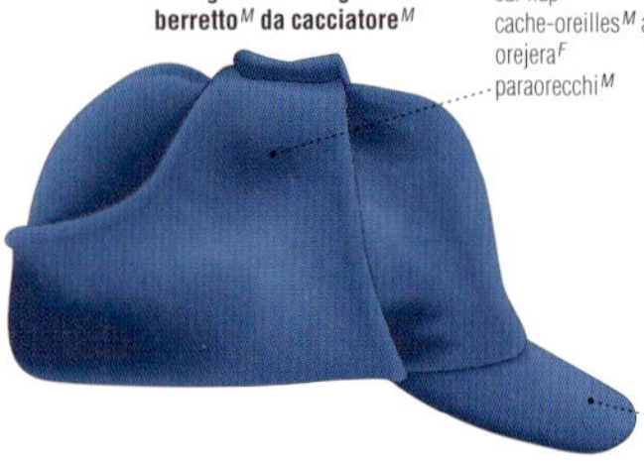

Schirmmütze[F]
cap
casquette[F]
gorra[F]
berretto[M]

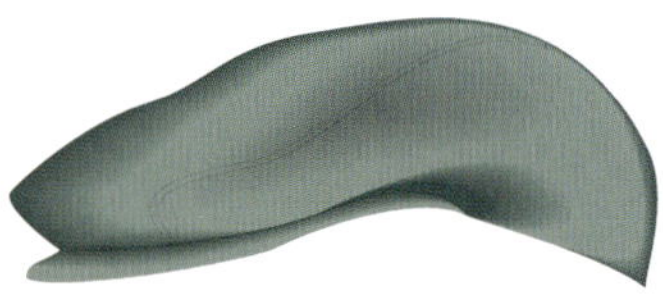

Panamahut[M]
panama
panama[M]
panamá[M]
panama[M]

Pillbox[F]
pillbox hat
tambourin[M]
sombrero[M] sin alas[F]
tocco[M]

Toque[F]
toque
toque[F]
toca[F]
toque[F]

Südwester[M]
sou'wester
suroît[M]
sueste[M]
berretto[M] impermeabile

Wagenradhut[M]
cartwheel hat
capeline[F]
pamela[F]
cappello[M] a falda[F] larga

Regenhut[M]
rain hat
bob[M]
gorro[M] de marinero[M]
cappello[M] da marinaio[M]

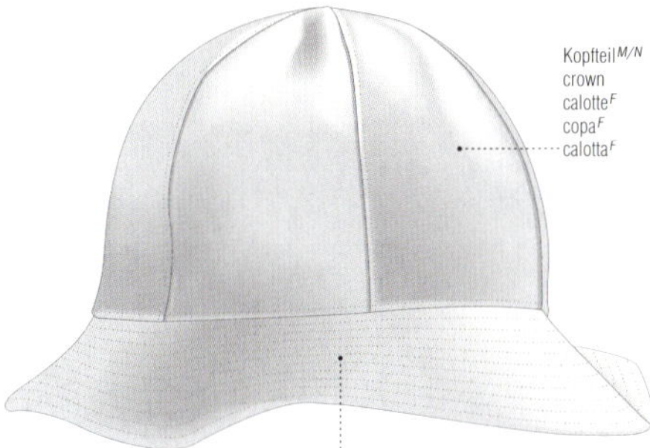

Damenkopfbedeckungen[F]
women's headgear
coiffures[F] de femme[F]
sombreros[M] de mujer[F]
copricapi[M] femminili

Topfhut[M]
cloche
cloche[F]
sombrero[M] de campana[F]
cloche[F]

Turban[M]
turban
turban[M]
turbante[M]
turbante[M]

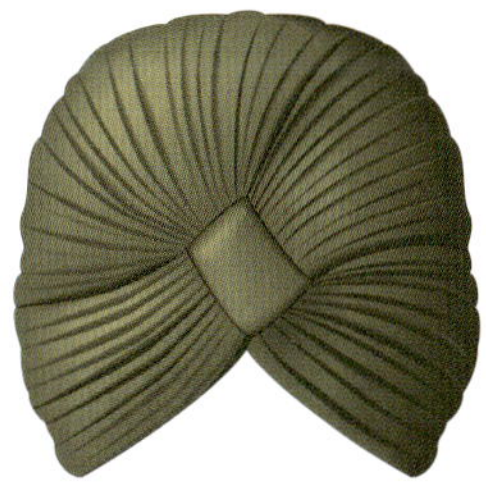

Kapuzenmütze[F]
balaclava
cagoule[F]
pasamontañas[M]
passamontagna[M]

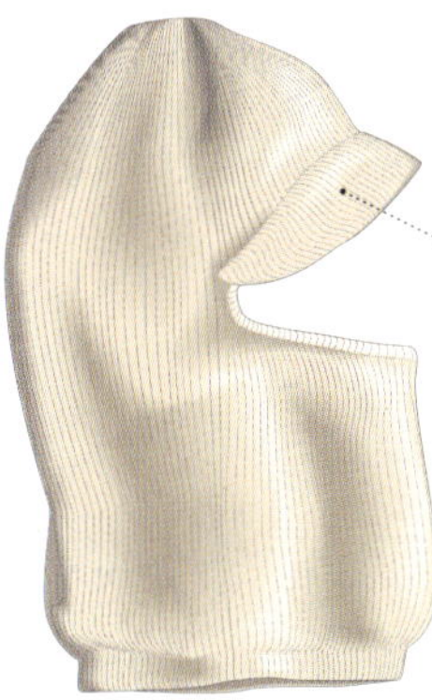

Baskenmütze[F]
beret
béret[M]
boina[F]
basco[M]

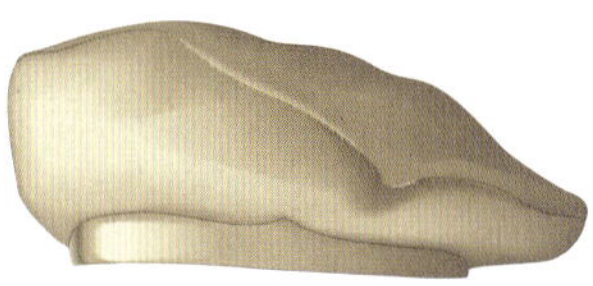

Filzhut[M]
trilby
feutre[M]
sombrero[M] de fieltro[M]
cappello[M] di feltro[M]

Unisex-Kopfbedeckungen[F]
unisex headgear
coiffures[F] unisexes
sombreros[M] unisex
copricapi[M] unisex

Pudelmütze[F]
bobble hat
bonnet[M] pompon[M]
gorro[M] de punto[M]
berretto[M] con pompon[M]

Schuhe^{M}

shoes | chaussures^{F} | calzado^{M} | scarpe^{F}

Herrenschuhe^{M}
men's shoes
chaussures^{F} d'homme^{M}
zapatos^{M} de hombre^{M}
scarpe^{F} da uomo^{M}

Teile$^{M/N}$ des Schuhs^{M}
parts of a shoe
parties^{F} d'une chaussure^{F}
partes^{F} de un zapato^{M}
parti^{F} di una scarpa^{F}

Arbeitsstiefel^{M}
heavy-duty boot
brodequin^{M} de travail^{M}
bota^{F} de trabajo^{M}
scarpone^{M}

Boot^{M}
chukka
chukka^{M}
media bota^{F}
scarpa^{F} a collo^{M} alto

Überziehschuh^{M}
galosh
claque^{F}
chanclo^{M} de goma^{F}
galoscia^{F}

Halbstiefel^{M}
bootee
bottillon^{M}
botina^{F}
scarponcino^{M}

Herrenhalbschuh^{M}
oxford shoe
richelieu^{M}
zapato^{M} oxford
scarpa^{F} oxford

Schnürschuh^{M}
lace-up
derby^{M}
zapato^{M} de cordones^{M}
scarpa^{F} stringata

Damenschuhe[M]
women's shoes
chaussures[F] de femme[F]
zapatos[M] de mujer[F]
scarpe[F] da donna[F]

Sandalette[F] mit Fersenriemen[M]
ankle-strap
sandale[F]
sandalia[F]
sandalo[M]

Ballerinaschuh[M]
pump
ballerine[F]
bailarina[F]
ballerina[F]

Slingpumps[M]
slingback shoe
escarpin[M]-sandale[F]
mules[M]
scarpa[F] chanel

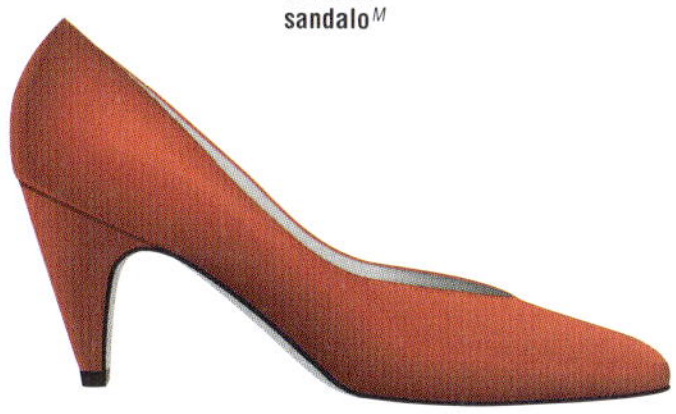

Pumps[M]
court
escarpin[M]
zapato[M] de salón[M]
scarpa[F] décolleté[M]

Einspangenschuh[M]
one-bar shoe
Charles IX[M]
zapato[M] de tacón[M] con correa[F]
scarpa[F] con cinturino[M]

Stegspangenschuh[M]
T-strap shoe
salomé[M]
zapato[M] de correa[F]
scarpa[F] con cinturino[M] a T

Straßenschuh[M]
casual shoe
trotteur[M]
zapato[M] con cordones[M]
francesina[F]

Schaftstiefel[M]
thigh-boot
cuissarde[F]
bota[F] de medio muslo[M]
stivale[M] alla moschettiera

Stiefel[M]
boot
botte[F]
bota[F]
stivale[M]

knöchelhohe Stiefelette[F]
ankle boot
bottine[F]
botín[M]
polacchina[F]

KLEIDUNG

Unisex-Schuhe[M]
unisex shoes
chaussures[F] unisexes
calzado[M] unisex
scarpe[F] unisex

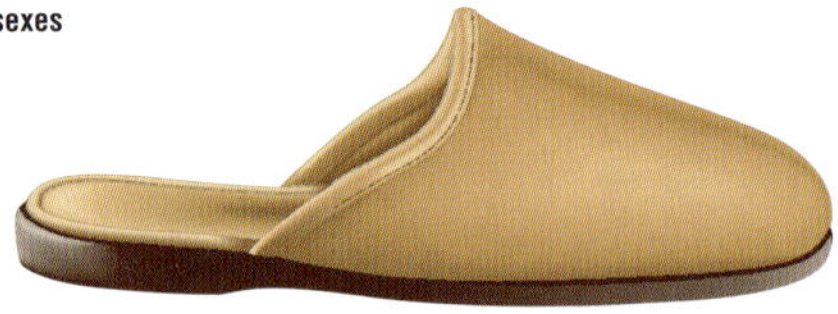

Pantoffel[M]
mule
mule[F]
pantufla[F]
pianella[F]

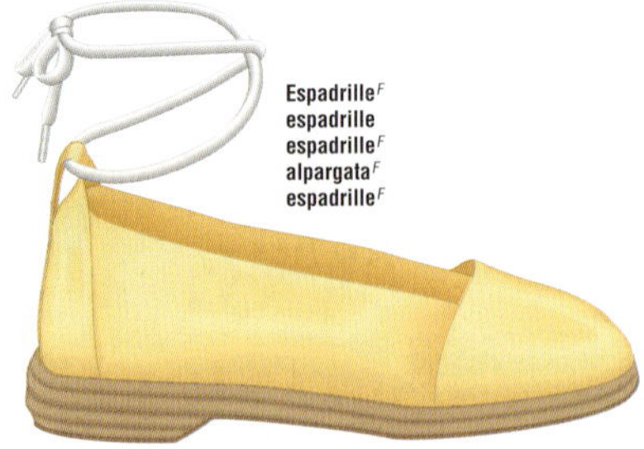

Espadrille[F]
espadrille
espadrille[F]
alpargata[F]
espadrille[F]

Tennisschuh[M]
plimsoll
tennis[M]
zapatilla[F] de tenis[M]
scarpa[F] da tennis[M]

Slipper[M]
slip-on
loafer[M]
mocasín[M] de calle[F]
mocassino[M] classico

Sandale[F] mit Zehenriemchen[N]
toe-strap
nu-pied[M]
sandalia[F]
sandalo[M] indiano

Mokassin[M]
moccasin
mocassin[M]
mocasín[M]
mocassino[M]

Römerpantolette[F]
flip-flop
tong[M]
sandalia[F] playera
infradito[M]

Pantolette[F]
clog
socque[M]
chancleta[F]
zoccolo[M]

Sandale[F]
sandal
sandalette[F]
sandalia[F]
sandalo[M]

Wanderschuh[M]
hiking boot
brodequin[M] de randonnée[F]
botas[F] de caminar
pedula[F]

Zubehör[N]
accessories
accessoires[M]
accesorios[M]
accessori[M]

Schuhputzzeug[N]
shoeshine kit
nécessaire[M] à chaussures[F]
juego[M] limpiabotas[M]
kit[M] per la pulizia[F] delle scarpe[F]

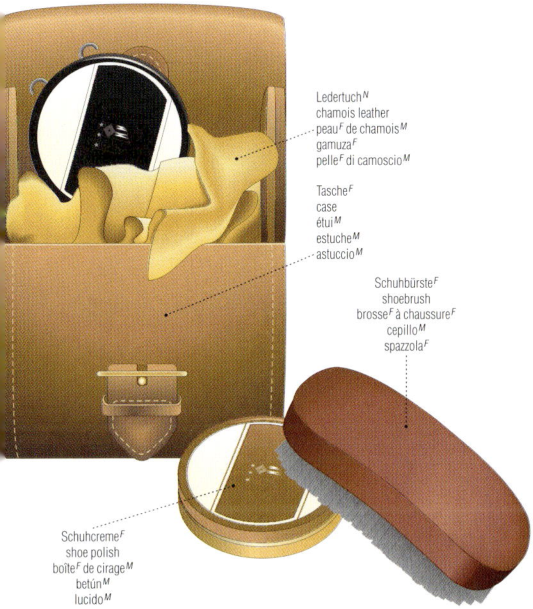

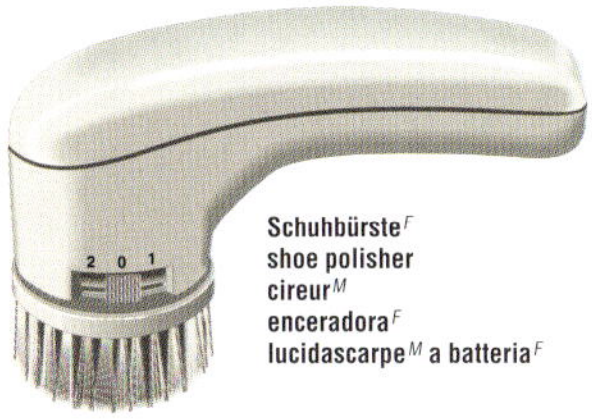

Schuhbürste[F]
shoe polisher
cireur[M]
enceradora[F]
lucidascarpe[M] a batteria[F]

Schuhlöffel[M]
shoehorn
chausse-pied[M]
calzador[M]
calzascarpe[M]

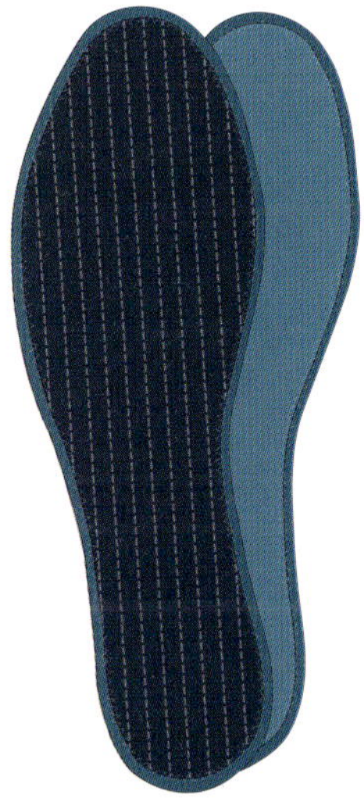

Einlegesohle[F]
insole
semelle[F]
plantilla[F]
soletta[F]

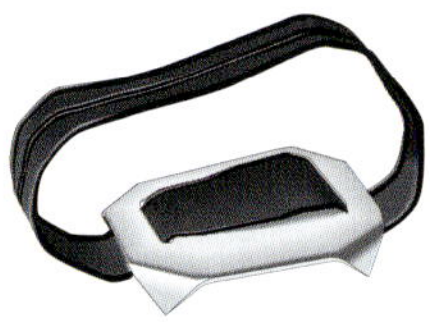

Steigeisen[N]
climbing iron
crampon[M]
trepadora[F]
rampone[M]

Schuhständer[M]
shoe rack
porte-chaussures[M]
zapatero[M] de alambre[M]
scarpiera[F]

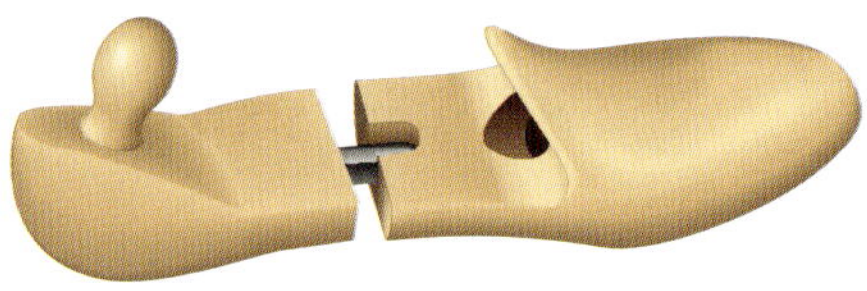

Schuhspanner[M]
shoetree
embauchoir[M]
horma[F]
forma[F]

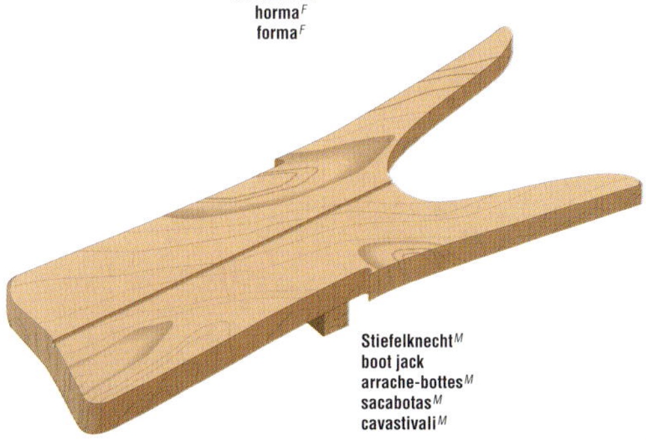

Stiefelknecht[M]
boot jack
arrache-bottes[M]
sacabotas[M]
cavastivali[M]

Handschuhe[M]

gloves | gants[M] | guantes[M] | guanti[M]

Herrenhandschuhe[M]
men's gloves
gants[M] d'homme[M]
guantes[M] de hombre[M]
guanti[M] da uomo[M]

Handschuh[M]-Außenseite[F]
back of a glove
dos[M] d'un gant[M]
dorso[M] de un guante[M]
dorso[M] del guanto[M]

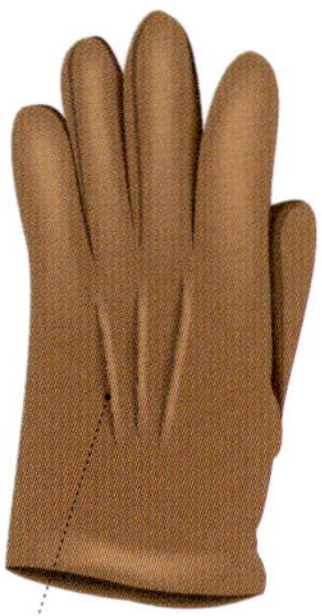

Ziernaht[F]
stitching
baguette[F]
pespunte[M]
impuntura[F]

Handschuh[M]-Innenseite[F]
palm of a glove
paume[F] d'un gant[M]
palma[F] de un guante[M]
palmo[M] del guanto[M]

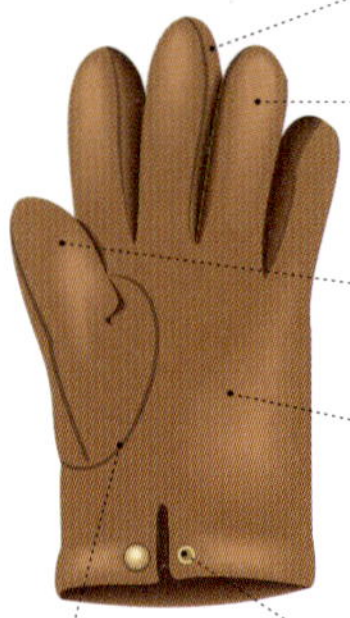

Keil[M]
fourchette
fourchette[F]
horquilla[F]
linguella[F]

Finger[M]
glove finger
doigt[M]
dedo[M]
dito[M] del guanto[M]

Daumen[M]
thumb
pouce[M]
pulgar[M]
pollice[M]

Innenfläche[F]
palm
paume[F]
palma[F]
palmo[M]

Druckknopf[M]
snap fastener
bouton[M]-pression[F]
botón[M] de presión[F]
bottone[M] a pressione[F]

Naht[F]
seam
couture[F] d'assemblage[M]
costura[F]
cucitura[F]

Öffnung[F]
opening
fenêtre[F]
aberturas[F] para los nudillos[M]
apertura[F]

Perforierung[F]
perforation
perforation[F]
perforaciones[F]
foro[M]

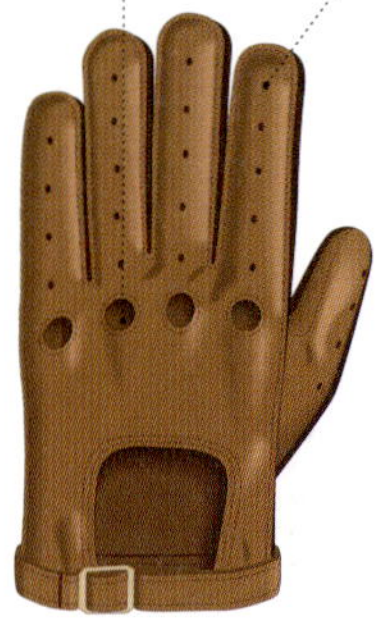

Autohandschuh[M]
driving glove
gant[M] de conduite[F]
guante[M] para conducir
guanto[M] da guida[F]

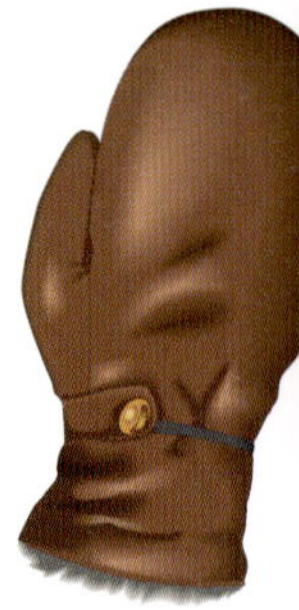

Fäustling[M]
mitten
moufle[F]
manopla[F]
muffola[F]

Damenhandschuhe[M]
women's gloves
gants[M] de femme[F]
guantes[M] de mujer[F]
guanti[M] da donna[F]

Stulpenhandschuh[M]
gauntlet
gant[M] à crispin[M]
manopla[F]
guanto[M] alla scudiera[F]

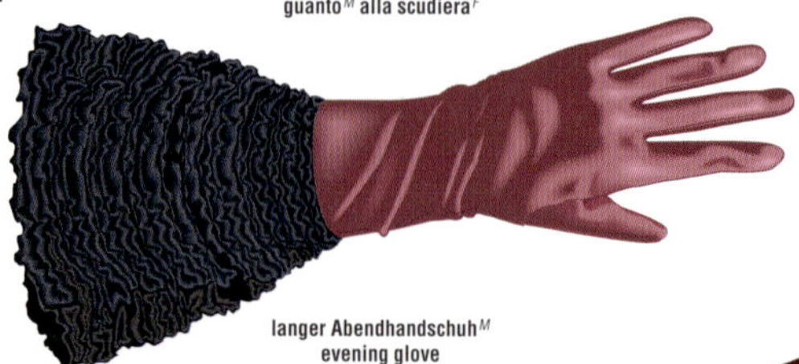

Kurzhandschuh[M]
short glove
gant[M] court
guante[M] corto
guanto[M] corto

langer Abendhandschuh[M]
evening glove
gant[M] long
guante[M] largo
guanto[M] da sera[F]

fingerloser Spitzenhandschuh[M]
fingerless mitt
mitaine[F]
mitón[M] sin dedos[M]
mezzoguanto[M]

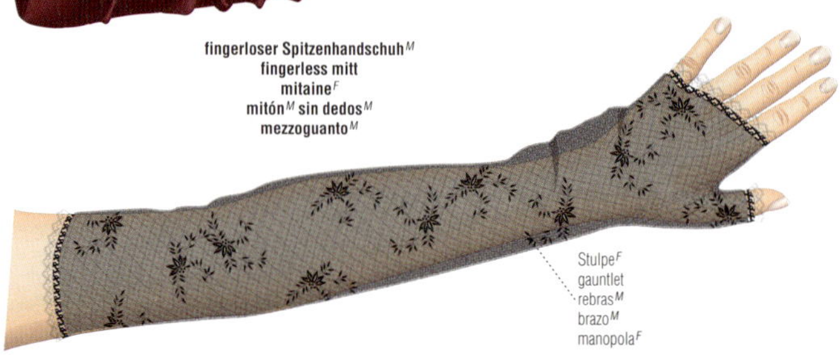

Stulpe[F]
gauntlet
rebras[M]
brazo[M]
manopola[F]

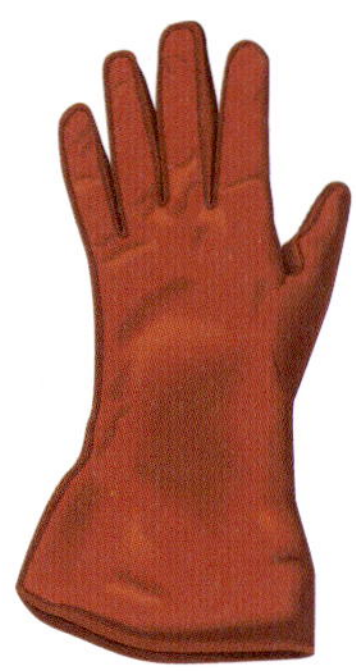

Langhandschuh[M]
wrist-length glove
gant[M] saxe
guante[M] a la muñeca[F]
guanto[M] lungo

fabric care symbols | symboles^{M} d'entretien^{M} des tissus^{M} | símbolos^{M} del cuidado^{M} de los tejidos^{M} | simboli^{M} delle istruzioni^{F} sui tessuti^{M}

Waschen^{N}
washing
lavage^{M}
lavado^{M}
lavaggio^{M}

nicht waschen
do not wash
ne pas laver
no lavar
non lavare

Handwäsche^{F}, handwarme
hand wash in lukewarm water
laver à la main^{F} à l'eau^{F} tiède
lavar a mano^{F} con agua^{F} tibia
lavare a mano^{F} in acqua^{F} tiepida

Maschinenwäsche^{F}, Schonwaschgang^{M}, 40 Grad
machine wash in lukewarm water at a gentle setting/reduced agitation
laver à la machine^{F} à l'eau^{F} tiède avec agitation^{F} réduite
lavar a máquina^{F} con agua^{F} tibia en el ciclo^{M} para ropa^{F} delicada
lavare in lavatrice^{F} in acqua^{F} tiepida e velocità^{F} ridotta

Maschinenwäsche^{F}, Schonwaschgang^{M}, 60 Grad
machine wash in warm water at a gentle setting/reduced agitation
laver à la machine^{F} à l'eau^{F} chaude avec agitation^{F} réduite
lavar a máquina^{F} con agua^{F} caliente en el ciclo^{M} para ropa^{F} delicada
lavare in lavatrice^{F} in acqua^{F} calda e velocità^{F} ridotta

Maschinenwäsche^{F}, Normalwaschgang^{M}, 60 Grad
machine wash in warm water at a normal setting
laver à la machine^{F} à l'eau^{F} chaude avec agitation^{F} normale
lavar a máquina^{F} con agua^{F} caliente, en el ciclo^{M} normal
lavare in lavatrice^{F} in acqua^{F} calda e velocità^{F} normale

Maschinenwäsche^{F}, Normalwaschgang^{M}, 90 Grad
machine wash in hot water at a normal setting
laver à la machine^{F} à l'eau^{F} très chaude avec agitation^{F} normale
lavar en lavadora^{F} con agua^{F} muy caliente, en el ciclo^{M} normal
lavare in lavatrice^{F} in acqua^{F} molto calda e velocità^{F} normale

Chlorbleiche nicht möglich
do not use chlorine bleach
ne pas utiliser de chlorure^{M} décolorant
no blanquear con cloro
non candeggiare

Chlorbleiche möglich
use chlorine bleach as directed
utiliser un chlorure^{M} décolorant suivant les indications^{F}
blanquear con cloro^{M}, siguiendo las indicaciones^{F}
usare il candeggiante^{M} secondo le istruzioni^{F}

Trocknen^{N}
drying
séchage^{M}
secado^{M}
asciugatura^{F}

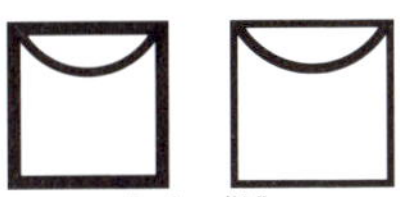

zum Trocknen^{N} hängen
hang to dry
suspendre pour sécher
colgar al aire^{M} libre después de escurrir
appendere per asciugare

zum Trocknen^{N} legen
dry flat
sécher à plat
secar extendido sobre una toalla^{F} después de escurrir
distendere per asciugare

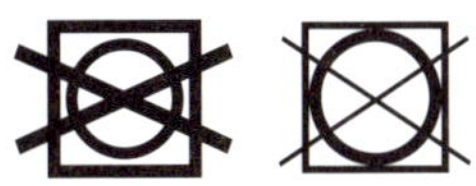

Nicht in die Trockenmaschine^{F} geben
do not tumble dry
ne pas sécher par culbutage^{M}
no secar en secadora^{F} mecánica
non centrifugare

Bei mittlerer Temperatur^{F} in den Wäschetrockner^{M} geben
tumble dry at medium temperature
sécher par culbutage^{M} à moyenne température^{F}
secar en secadora^{F} a temperatura^{F} media
centrifugare a temperatura^{F} media

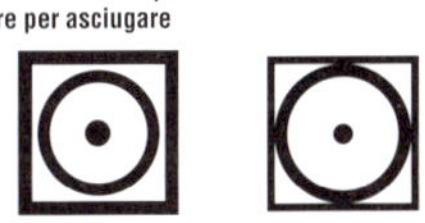

Bei niedriger Temperatur^{F} in den Wäschetrockner^{M} geben
tumble dry at low temperature
sécher par culbutage^{M} à basse température^{F}
secar en secadora^{F} a baja temperatura^{F}
centrifugare a bassa temperatura^{F}

tropfnass hängen
drip dry
suspendre pour sécher sans essorer
secar sin escurrir
appendere senza strizzare

Bügeln^{N}
ironing
repassage^{M}
planchado^{M}
stiratura^{F}

nicht bügeln
do not iron
ne pas repasser
no planchar
non stirare

bei niedriger Temperatur^{F} bügeln
iron at low setting
repasser à basse température^{F}
usar plancha^{F} tibia
stirare a bassa temperatura^{F}

bei mittlerer Temperatur^{F} bügeln
iron at medium setting
repasser à moyenne température^{F}
usar plancha^{F} caliente
stirare a media temperatura^{F}

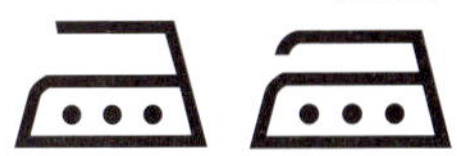

bei hoher Temperatur^{F} bügeln
iron at high setting
repasser à haute température^{F}
usar plancha^{F} muy caliente
stirare ad alta temperatura^{F}

links: amerikanische Symbole^{N}
left: American symbols
gauche^{F}: symboles^{M} américains
izquierda: símbolos^{M} americanos
sinistra^{F}: simboli^{M} americani

rechts: europäische Symbole^{N}
right: European symbols
droite^{F}: symboles^{M} européens
derecha: símbolos^{M} europeos
destra^{F}: simboli^{M} europei

Herrenkleidung[F]

men's clothing | vêtements[M] d'homme[M] | ropa[F] de hombre[M] | abbigliamento[M] maschile

Jackett[N] und Weste[F]
jackets
veston[M] et veste[F]
chaquetas[F] y chalecos[M]
giacche[F] e gilè[M]

Zweireiher[M]
double-breasted jacket
veston[M] croisé
chaqueta[F] cruzada
giacca[F] a doppiopetto[M]

Kragen[M]
collar
col[M]
cuello[M]
collo[M]

steigendes Revers[N]
peaked lapel
revers[M] à cran[M] aigu
solapa[F] puntiaguda
revers[M] a punta[F]

Futter[N]
lining
doublure[F]
forro[M]
fodera[F]

Brustleistentasche[F]
breast welt pocket
pochette[F]
bolsillo[M] de ojal[M]
taschino[M] tagliato con aletta[F]

Ärmel[M]
sleeve
manche[F]
manga[F]
manica[F]

Klappe[F]
flap
rabat[M]
solapa[F]
aletta[F]

Billettasche[F]
outside ticket pocket
poche[F]-ticket[M]
bolsillo[M] del cambio[M]
taschino[M] con aletta[F]

aufgesetzte Tasche[F]
patch pocket
poche[F] plaquée
bolsillo[M] de parche[M]
tasca[F] applicata

seitlicher Rückenschlitz[M]
side back vent
fente[F] latérale
abertura[F] trasera lateral
spacco[M] laterale

Weste[F]
waistcoat
gilet[M]
chaleco[M]
gilè[M]

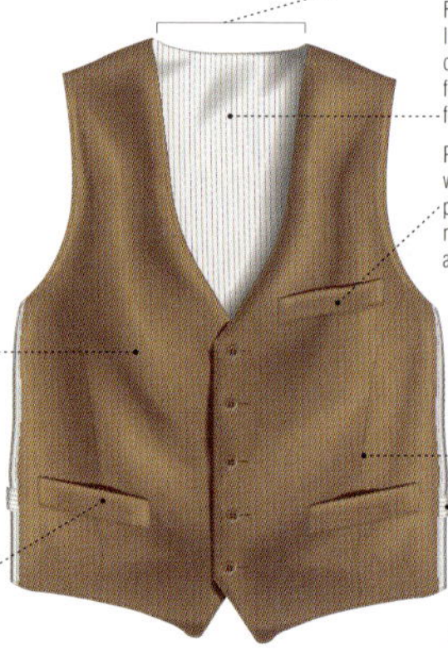

V-Ausschnitt[M]
V-neck
encolure[F] en V
cuello[M] en V
scollo[M] a V

Futter[N]
lining
doublure[F]
forro[M]
fodera[F]

Patte[F]
welt
patte[F]
ribete[M]
aletta[F]

Vorderseite[F]
front
devant[M]
delantero[M]
davanti[M]

Teilungsnaht[F]
seaming
découpe[F]
costura[F]
cucitura[F]

Leistentasche[F]
welt pocket
poche[F] gilet[M]
bolsillo[M] de ribete[M]
tasca[F] interna con aletta[F]

Rückenspange[F]
adjustable waist tab
tirant[M] de réglage[M]
trincha[F]
cinturino[M] regolabile

Einreiher[M]
single-breasted jacket
veste[F] droite
chaqueta[F] recta
giacca[F] a un petto[M]

Revers[N]
lapel
revers[M]
solapa[F]
revers[M]

Vorderseite[F]
front
devant[M]
delantero[M]
davanti[M]

Crochetwinkel[M]
notch
cran[M]
muesca[F]
dente[M]

Futter[N]
lining
doublure[F]
forro[M]
fodera[F]

Einstecktuch[N]
pocket handkerchief
pochette[F]
pañuelo[M] de bolsillo[M]
fazzoletto[M] da taschino[M]

Klappentasche[F]
flap pocket
poche[F] tiroir[M]
bolsillo[M] con cartera[F]
tasca[F] profilata con aletta[F]

Rücken[M]
back
dos[M]
espalda[F]
dietro[M]

Ärmel[M]
sleeve
manche[F]
manga[F]
manica[F]

Rückenmittelschlitz[M]
centre back vent
fente[F] médiane
abertura[F] trasera central
spacco[M] centrale

Hemd^{N}
shirt
chemise^{F}
camisa^{F}
camicia^{F}

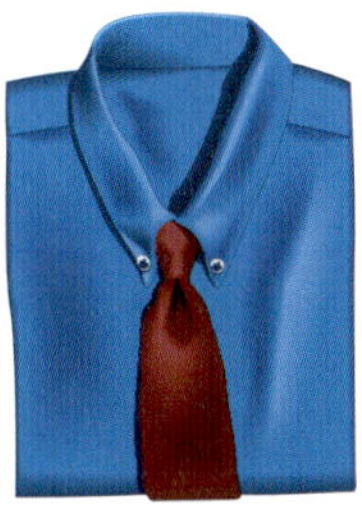

Button-Down-Kragen^{M}
buttondown collar
col^{M} pointes^{F} boutonnées
cuello^{M} con botones^{M}
collo^{M} button-down

Krawattenschal^{M}
cravat
lavallière^{F}
corbata^{F} inglesa
lavallière^{F}

Fliege^{F}
bow tie
nœud^{M} papillon^{M}
pajarita^{F}
papillon^{M}

gespreizter Kragen^{M}
spread collar
col^{M} italien
cuello^{M} italiano
collo^{M} a camicia^{F}

Krawatte^{F}
necktie
cravate^{F}
corbata^{F}
cravatta^{F}

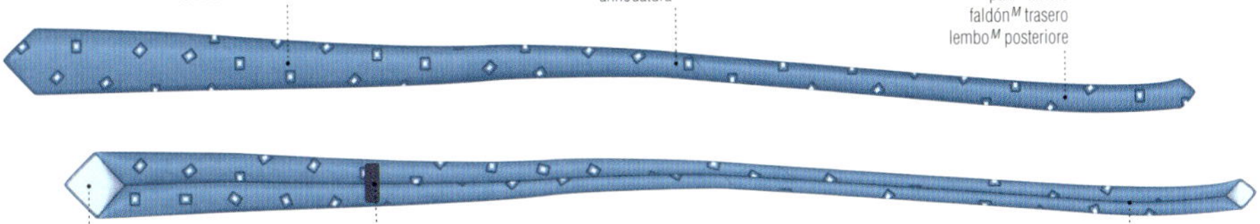

KLEIDUNG

Hose^F
trousers
pantalon^M
pantalones^M
pantaloni^M

Gesäßtasche^F
back pocket
poche^F-revolver^M
bolsillo^M trasero
tasca^F posteriore

Klips^M
brace clip
pince^F
pinza^F
fermaglio^M

Hosenträger^M
braces
bretelles^F
tirantes^M
bretelle^F

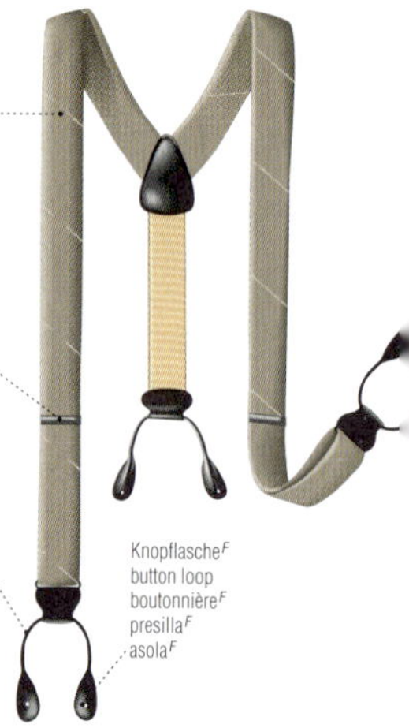

Gürtel^M
belt
ceinture^F
cinturón^M
cintura^F

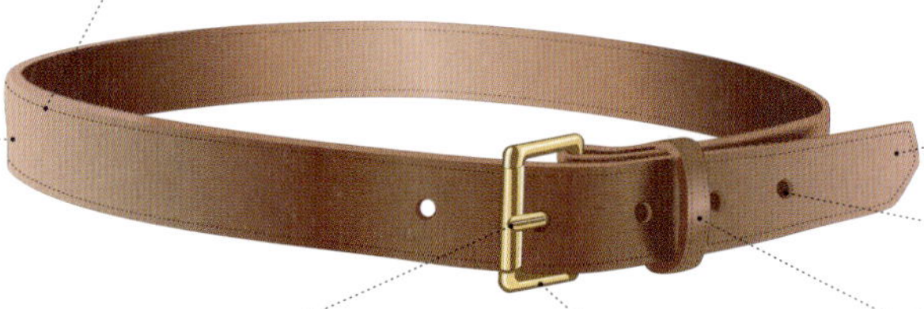

Unterwäsche^{F}
underwear
sous-vêtements^{M}
ropa^{F} interior
biancheria^{F} intima

Trägerhemd^{N}
vest
gilet^{M} athlétique
camiseta^{F}
canottiera^{F}

Halsausschnitt^{M}
neckhole
encolure^{F}
cuello^{M}
scollo^{M}

Armausschnitt^{M}
armhole
emmanchure^{F}
sisa^{F}
scalfo^{M}

lange Unterhose^{F}
long johns
caleçon^{M} long
calzoncillos^{M} largos
mutandoni^{M}

Hemdhose^{F}
combinations
combinaison^{F}
pijama^{M} de una pieza^{F}
combinazione^{F}

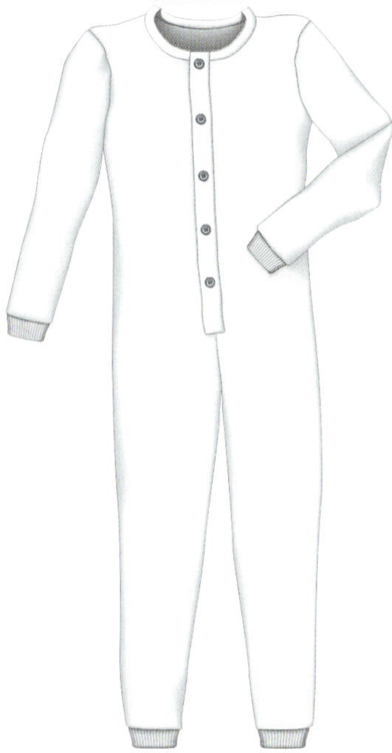

Slip^{M}
briefs
slip^{M} ouvert
calzoncillos^{M}
mutande^{F}

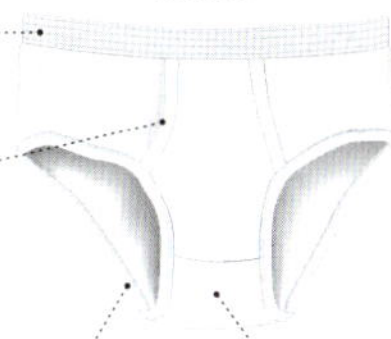

Bündchen^{N}
waistband
ceinture^{F} élastique
pretina^{F} elástica
elastico^{M}

Schlitz^{M}
fly
braguette^{F}
bragueta^{F}
apertura^{F}

elastischer Beinausschnitt^{M}
elasticized leg opening
jambe^{F} élastique
pierna^{F} elástica
sgambatura^{F} elasticizzata

Schritt^{M}
crotch
enfourchure^{F}
entrepierna^{F}
cavallo^{M}

Minislip^{M}
mini briefs
mini-slip^{M}
slip^{M}
slip^{M}

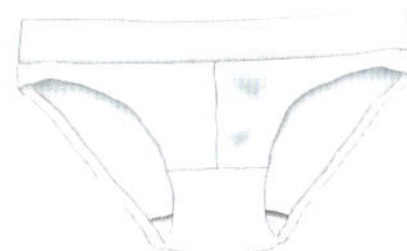

Boxershorts^{F}
boxer shorts
caleçon^{M}
calzoncillos^{M}
boxer^{M}

Socken^{F}
socks
chaussettes^{F}
calcetines^{M}
calze^{F}

Kniestrumpf^{M}
knee-length sock
mi-bas^{M}
calcetín^{M} largo ejecutivo
calzino^{M} lungo

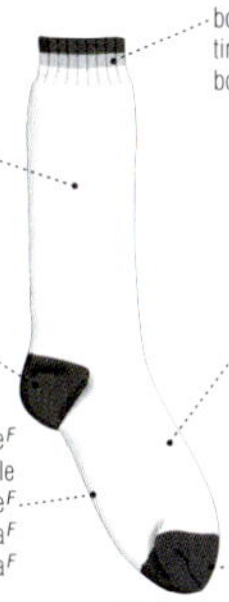

gerades Rippenbündchen^{N}
straight-up ribbed top
bord^{M}-côte^{F}
tirilla^{F} elástica
bordo^{M} elastico

Bein^{N}
leg
jambe^{F}
pierna^{F}
gamba^{F}

Ferse^{F}
heel
talon^{M}
talón^{M}
calcagno^{M}

Fuß^{M}
foot
pied^{M}
empeine^{M}
piede^{M}

Sohle^{F}
sole
semelle^{F}
planta^{F}
soletta^{F}

Spitze^{F}
toe
pointe^{F}
punta^{F}
cappelletto^{M}

Wadenstrumpf^{M}
mid-calf length sock
chaussette^{F}
calcetín^{M} a media pantorrilla^{F}
calzerotto^{M}

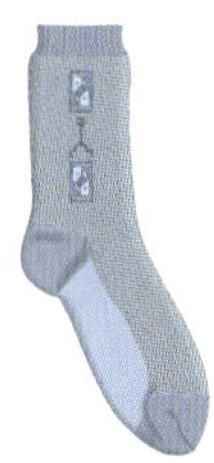

Knöchelsocke^{F}
ankle sock
mi-chaussette^{F}
calcetín^{M} corto
calzino^{M} corto

KLEIDUNG

Mäntel^{M} und Jacken^{F}
coats
manteaux^{M} et blousons^{M}
abrigos^{M} e impermeables^{F}
esempi^{M} di giacconi^{M} e cappotti^{M}

Regenmantel^{M}
raincoat
imperméable^{M}
impermeable^{M}
impermeabile^{M}

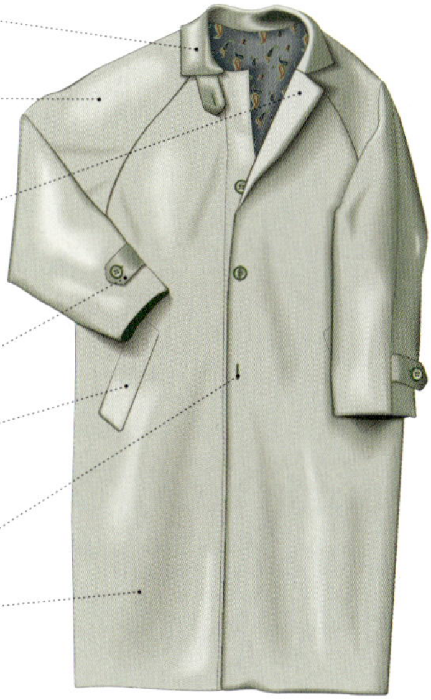

Kragen^{M}
collar
col^{M}
cuello^{M}
collo^{M}

Raglanärmel^{M}
raglan sleeve
manche^{F} raglan
manga^{F} raglán
manica^{F} alla raglan^{M}

abfallendes Revers^{N}
notched lapel
revers^{M} cranté
solapa^{F} con ojal^{M}
revers^{M}

Spange^{F}
tab
patte^{F}
lengüeta^{F}
linguetta^{F}

schräge Pattentasche^{F}
broad welt side pocket
poche^{F} raglan
bolsillo^{M} de ribete^{M} ancho
tasca^{F} interna con aletta^{F}

Knopfloch^{N}
buttonhole
boutonnière^{F}
ojal^{M}
occhiello^{M}

Seitenteil$^{M/N}$
side panel
pan^{M}
paño^{M} lateral
falda^{F}

Mantel^{M}
overcoat
pardessus^{M}
abrigo^{M}
cappotto^{M}

abfallendes Revers^{N}
notched lapel
revers^{M} cranté
solapa^{F} con ojal^{M}
revers^{M}

Brusttasche^{F}
breast pocket
poche^{F} poitrine^{F}
bolsillo^{M} superior
taschino^{M}

Taillenabnäher^{M}
breast dart
pince^{F} de taille^{F}
pinza^{F}
ripresa^{F}

Klappentasche^{F}
flap pocket
poche^{F} à rabat^{M}
bolsillo^{M} con cartera^{F}
tasca^{F} profilata con aletta^{F}

Trenchcoat^{M}
trench coat
trench^{M}
trinchera^{F}
trench^{M}

Wendekragen^{M}
two-way collar
col^{M} transformable
cuello^{M} de doble vista^{F}
collo^{M}

Koller^{N}
gun flap
bavolet^{M}
protector^{M}
aletta^{F} staccata

zweireihig
double-breasted buttoning
double boutonnage^{M}
botonadura^{F} cruzada
abbottonatura^{F} a doppiopetto^{M}

Gürtel^{M}
belt
ceinture^{F}
cinturón^{M}
cintura^{F}

Gürtelschlaufe^{F}
belt loop
passant^{M}
presilla^{F} del cinturón^{M}
passante^{M} della cintura^{F}

Schnalle^{F}
buckle
boucle^{F} de ceinture^{F}
hebilla^{F}
fibbia^{F}

Schulterklappe^{F}
epaulet
patte^{F} d'épaule^{F}
hombrera^{F}
spallina^{F}

Raglanärmel^{M}
raglan sleeve
manche^{F} raglan
manga^{F} raglán
manica^{F} alla raglan^{M}

Riegel^{M}
sleeve strap loop
passant^{M}
presilla^{F} de la manga^{F}
passante^{M} del cinturino^{M}

Ärmellasche^{F}
sleeve strap
patte^{F} de serrage^{M}
correa^{F} de la manga^{F}
cinturino^{M} della manica^{F}

schräge Pattentasche^{F}
broad welt side pocket
poche^{F} raglan
bolsillo^{M} de ribete^{M} ancho
tasca^{F} interna con aletta^{F}

dreiviertellange Jacke^{F}
three-quarter coat
paletot^{M}
abrigo^{M} de tres cuartos
trequarti^{M}

Parka[M]
parka
parka[F]
parka[F]
parka[M]

Lammfelljacke[F]
sheepskin jacket
canadienne[F]
zamarra[F]
montone[M]

Dufflecoat[M]
duffle coat
duffle-coat[M]
trenca[F]
montgomery[M]

Blouson[M]
windcheater
blouson[M] court
cazadora[F]
giacca[F] a vento[M]

Windjacke[F]
windcheater
blouson[M] long
cazadora[F]
giacca[F] a vento[M]

Pullover[M]

sweaters | tricots[M] | jerseys[M] | maglioni[M]

Strickjacke[F] mit V-Ausschnitt[M]
V-neck cardigan
gilet[M] de laine[F]
cárdigan
cardigan[M] con scollo[M] a V

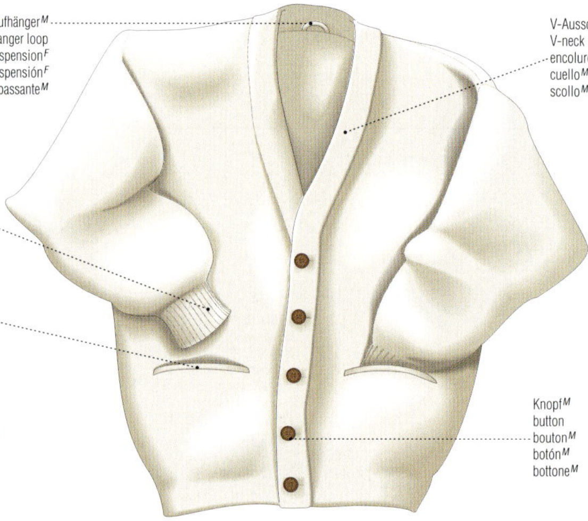

Pullunder[M]
slipover
débardeur[M]
chaleco[M] de punto[M]
gilè[M]

Poloshirt[N]
polo shirt
polo[M]
polo[M]
polo[F]

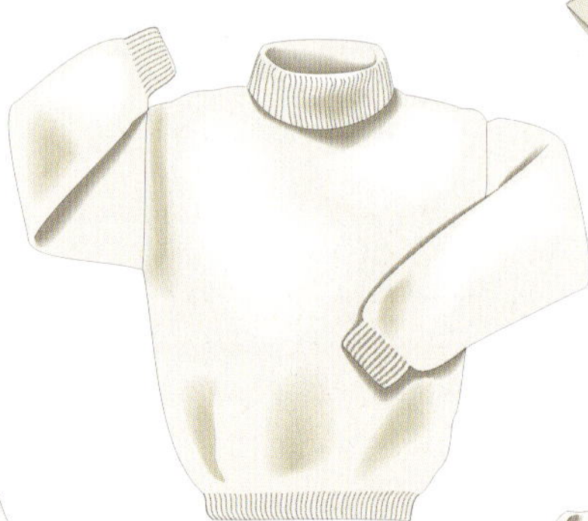

Rollkragenpullover[M]
polo-neck sweater
col[M] roulé
jersey[M] de cuello[M] de tortuga[F]
maglione[M] dolcevita[M]

Pullover[M] mit halsnahem Ausschnitt[M]
crew neck sweater
ras-de-cou[M]
jersey[M] de cuello[M] redondo
maglione[M] girocollo[M]

Strickjacke[F]
cardigan
cardigan[M]
chaqueta[F] de punto[M]
cardigan[M]

Kostüm[N]
suit
tailleur[M]
traje[M] de chaqueta[F]
tailleur[M]

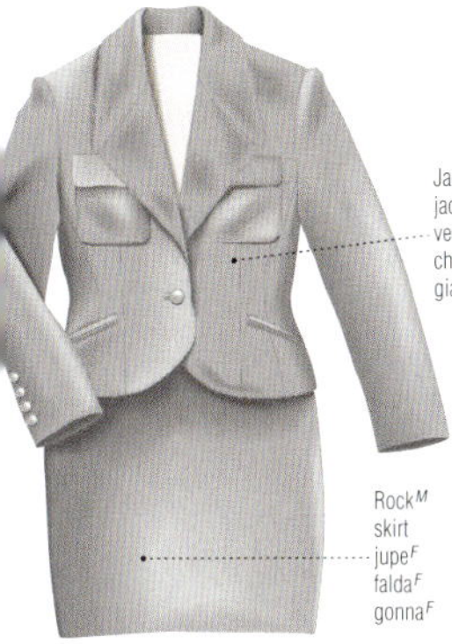

Raglanmantel[M]
raglan
raglan[M]
abrigo[M] ranglan
cappotto[M] alla raglan[M]

Mäntel[M] und Jacken[F]
coats
manteaux[M]
chaquetones[M] y abrigos[M]
esempi[M] di giacche[F] e cappotti[M]

Redingote[F]
riding coat
redingote[F]
abrigo[M] redingote
redingote[F]

Pelerine[F]
pelerine
pèlerine[F]
abrigo[M] con esclavina[F]
cappotto[M] con pellegrina[F]

Cape[N]
cape
cape[F]
capa[F]
mantella[F]

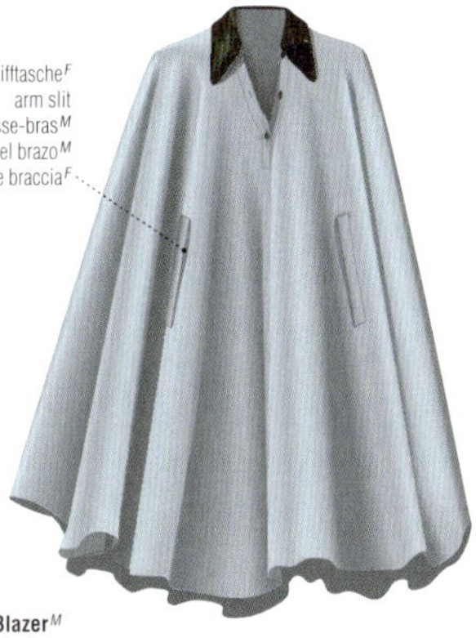

Cabanjacke[F]
pea jacket
caban[M]
chaquetón[M] marinero
giacca[F] alla marinara[F]

Mantel[M]
overcoat
manteau[M]
abrigo[M]
cappotto[M]

Autocoat[M]
car coat
paletot[M]
chaquetón[M] de tres cuartos
giaccone[M]

Blazer[M]
jacket
veste[F]
chaquetón[M]
giacca[F]

Poncho[M]
poncho
poncho[M]
poncho[M]
poncho[M]

Beispiele[N] für Kleider[N]
examples of dresses
exemples[M] de robes[F]
ejemplos[M] de vestidos[M]
esempi[M] di abiti[M]

Schlauchkleid[N]
sheath dress
robe[F] fourreau[M]
recto[M] entallado
tubino[M]

Prinzesskleid[N]
princess dress
robe[F] princesse[F]
corte[M] princesa[F]
princesse[F]

Mantelkleid[N]
coat dress
robe[F]-manteau[M]
traje[M] cruzado
robe-manteau[F/M]

Polokleid[N]
polo dress
robe[F]-polo[M]
vestido[M] de camiseta[F]
abito[M] a polo[F]

Hauskleid[N]
house dress
robe[F] de maison[F]
vestido[M] casero
abito[M] da casa[F]

Hemdblusenkleid[N]
shirtwaist dress
robe[F] chemisier[M]
vestido[M] camisero
chemisier[M]

Kleid[N] mit angesetztem Schoß[M]
drop waist dress
robe[F] taille[F] basse
vestido de talle[M] bajo
abito[M] a vita[F] bassa

Kleid[N] in Trapez-Form[F]
A-line dress
robe[F] trapèze[M]
vestido[M] acampanado
abito[M] a trapezio[M]

leichtes Sonnenkleid[N]
sundress
robe[F] bain[M]-de-soleil[M]
vestido[M] de tirantes[M]
prendisole[M]

Wickelkleid[N]
wrapover dress
robe[F] enveloppe[F]
vestido[M] cruzado
abito[M] a vestaglia[F]

Tunikakleid[N]
tunic dress
robe[F] tunique[F]
túnica[F]
abito[M] a tunica[F]

Trägerrock[M]
pinafore
chasuble[F]
pichi[M]
scamiciato[M]

Beispiele^{N} für Röcke^{M}
examples of skirts
exemples^{M} de jupes^{F}
ejemplos^{M} de faldas^{F}
esempi^{M} di gonne^{F}

Bahnenrock^{M}
gored skirt
jupe^{F} à lés^{M}
falda^{F} de piezas^{F}
gonna^{F} a teli^{M}

Schottenrock^{M}
kilt
kilt^{M}
falda^{F} escocesa
kilt^{M}

Sarong^{M}
sarong
paréo^{M}
falda^{F} sarong^{M}
sarong^{M}

Wickelrock^{M}
wrapover skirt
jupe^{F} portefeuille^{M}
falda^{F} cruzada
gonna^{F} a portafoglio^{M}

Etuirock^{M}
sheath skirt
jupe^{F} fourreau^{M}
falda^{F} de tubo^{M}
gonna^{F} ad anfora^{F}

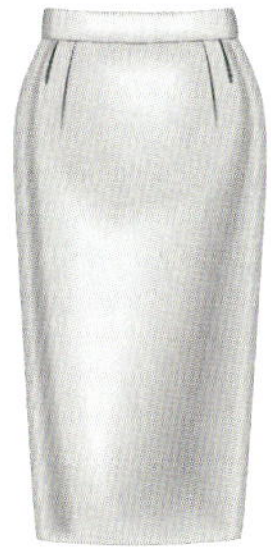

Stufenrock^{M}
ruffled skirt
jupe^{F} à volants^{M} étagés
falda^{F} de volantes^{M}
gonna^{F} a balze^{F}

gerader Rock^{M}
straight skirt
jupe^{F} droite
falda^{F} recta
gonna^{F} diritta

Sattelrock^{M}
yoke skirt
jupe^{F} à empiècement^{M}
falda^{F} acampanada
gonna^{F} con baschina^{F}

Kräuselrock^{M}
gather skirt
jupe^{F} froncée
falda^{F} fruncida
gonna^{F} arricciata

Hosenrock^{M}
culottes
jupe^{F}-culotte^{F}
falda^{F} pantalón^{M}
gonna^{F} pantalone^{M}

KLEIDUNG

Beispiele^{N} für Falten^{F}
examples of pleats
exemples^{M} de plis^{M}
ejemplos^{M} de tablas^{F}
esempi^{M} di pieghe^{F}

Kellerfalte^{F}
inverted pleat
pli^{M} creux
tabla^{F} delantera
piega^{F} invertita

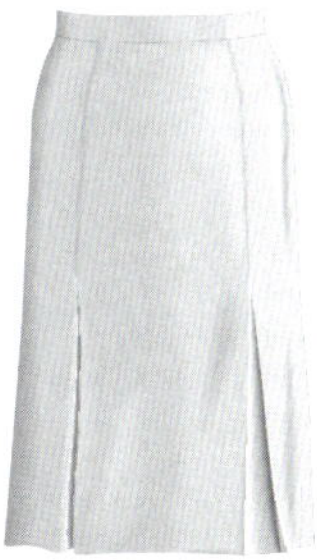

Gehfalte^{F}
kick pleat
pli^{M} d'aisance^{F}
tabla^{F} abierta
piega^{M} sovrapposta

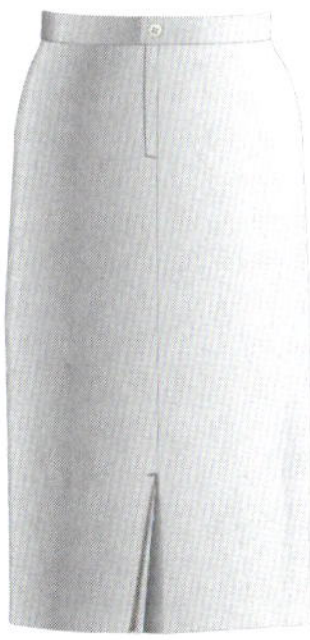

Bahnenplissee^{N}
accordion pleat
plissé^{M} accordéon^{M}
plisada
plissé^{M}

abgesteppte Falte^{F}
top stitched pleat
pli^{M} surpiqué
pespunteada
piega^{F} impunturata

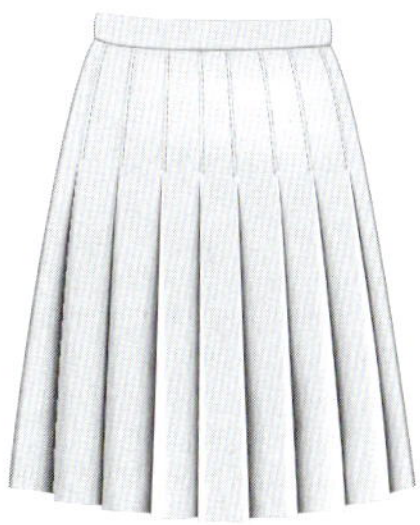

einfache Falte^{F}
knife pleat
pli^{M} plat
tablas^{F}
piega^{F} a coltello^{M}

Beispiele^{N} für Hosen^{F}
examples of trousers
exemples^{M} de pantalons^{M}
ejemplos^{M} de pantalones^{M}
esempi^{M} di pantaloni^{M}

Shorts^{F}
shorts
short^{M}
pantalón^{M} corto
shorts^{M}

Bermudashorts^{F}
Bermuda shorts
bermuda^{M}
bermudas^{M}
bermuda^{M}

Kniebundhose^{F}
knickerbockers
knicker^{M}
bombachos^{M}
pantaloni^{M} alla zuava^{F}

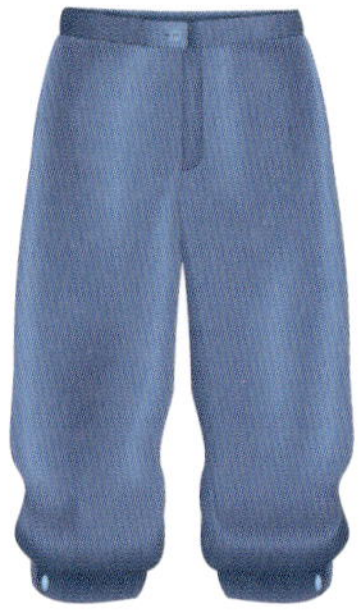

Caprihose^{F}
pedal pushers
corsaire^{M}
pirata^{M}
pantaloni^{M} alla pescatora

Jeans^{F}
jeans
jean^{M}
vaqueros^{M}
jeans^{M}

Steghose^{F}
ski pants
fuseau^{M}
pantalones^{M} de tubo^{M}
fuseau^{M}

Steg^{M}
footstrap
sous-pied^{M}
trabilla^{F}
staffa^{F}

Overall^{M}
jumpsuit
combinaison^{F}-pantalon^{M}
buzo^{M}
tuta^{F}

Latzhose^{F}
dungarees
salopette^{F}
pantalones^{M} conpeto^{M}
salopette^{F}

Schlaghose^{F}
bell bottoms
pantalon^{M} pattes^{F} d'éléphant^{M}
pantalones^{M} acampanados
pantaloni^{M} a zampa^{F} di elefante^{M}

Westen^{F} und Jacken^{F}
waistcoats and jackets
vestes^{F} et pulls^{M}
chalecos^{M}, jerseys^{M} y chaquetas^{F}
esempi^{M} di giacche^{F} e pullover^{M}

Bolero^{M}
bolero
boléro^{M}
bolero^{M}
bolero^{M}

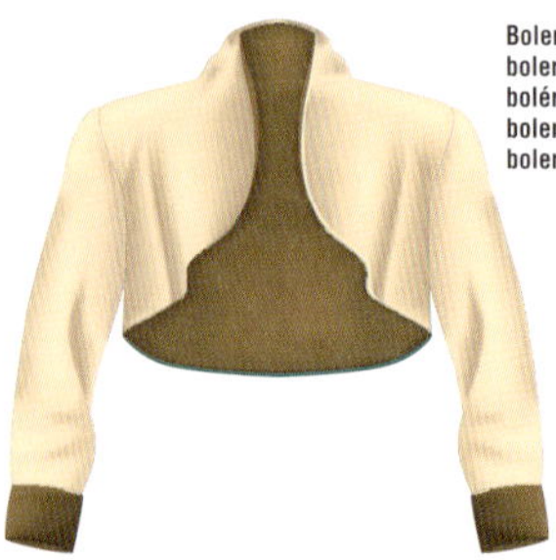

Spenzer^{M}
spencer
spencer^{M}
bolero^{M} con botones^{M}
spencer^{M}

Blazer^{M}
blazer
blazer^{M}
americana^{F}
blazer^{M}

Safarijacke^F
safari jacket
saharienne^F
sahariana^F
sahariana^F

Weste^F
waistcoat
gilet^M
chaleco^M
gilè^M

Twinset^N
twin-set
tandem^M
jerseys^M combinados
twin-set^M

Beispiele^N für Blusen^F und Hemden^N
examples of blouses
exemples^M de chemisiers^M
ejemplos^M de blusas^F
esempi^M di camicette^F

Bodyshirt^N
body
corsage^M-culotte^F
body^M
body^M

Matrosenbluse^F
sailor tunic
marinière^F
camisa^F marinera
maglietta^F alla marinara^F

klassische Bluse^F
classic blouse
chemisier^M classique
camisera clásica
camicetta^F classica

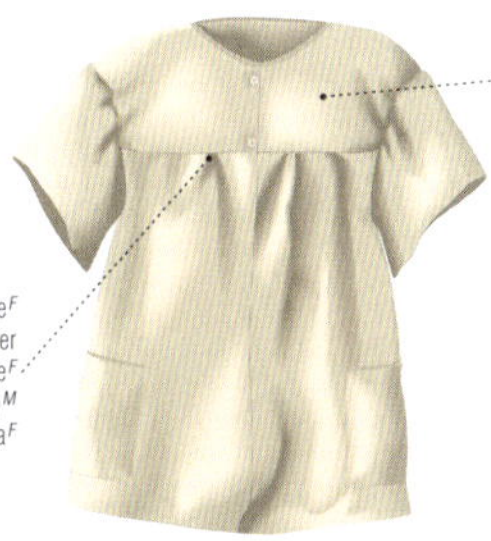

Kittelbluse^F
button-through smock
tablier^M-blouse^F
blusón^M
sopravveste^F a grembiule^M

Hosenbluse^F
overshirt
liquette^F
camisa^F
camicione^M

Arbeitskittel^M
smock
tunique^F
blusón^M con tirilla^F
camiciotto^M

Wickelbluse^F
wrapover top
cache-cœur^M
chaqueta^F cruzada
camicetta^F incrociata

Polohemd^N
polo shirt
polo^M
polo^M
polo^F

Tunika^F
tunic
casaque^F
casaca^F
casacca^F

KLEIDUNG

Beispiele^{N} für Taschen^{F}
examples of pockets
exemples^{M} de poches^{F}
ejemplos^{M} de bolsillos^{M}
esempi^{M} di tasche^{F}

Blasebalgtasche^{F}
gusset pocket
poche^{F} soufflet^{M}
bolsillo^{M} de fuelle^{M}
tasca^{F} applicata a soffietto^{M}

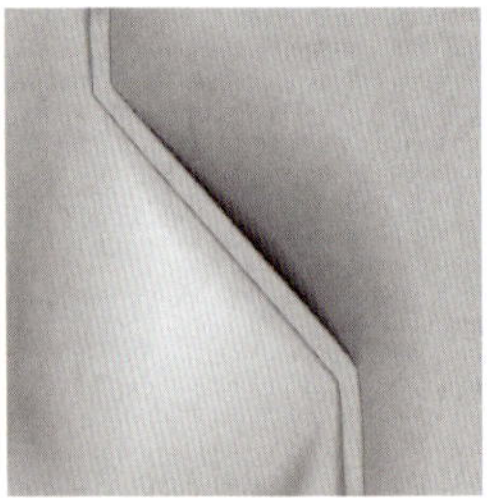

eingesetzte Tasche^{F}
inset pocket
poche^{F} prise dans une découpe^{F}
bolsillo^{M} simulado
tasca^{F} sagomata

Paspeltasche^{F}
welt pocket
poche^{F} passepoilée
bolsillo^{M} de ojal^{M} de sastre^{M}
tasca^{F} profilata

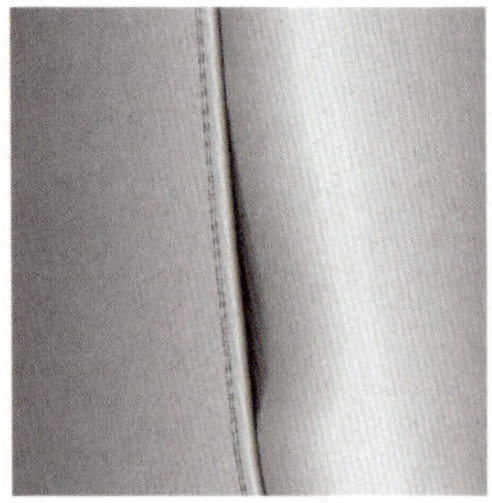

Nahttasche^{F}
seam pocket
poche^{F} prise dans une couture^{F}
bolsillo^{M} disimulado
tasca^{F} inserita nella cucitura^{F}

Klappentasche^{F}
flap pocket
poche^{F} à rabat^{M}
bolsillo^{M} de parche^{M} con cartera^{F}
tasca^{F} applicata con aletta^{F}

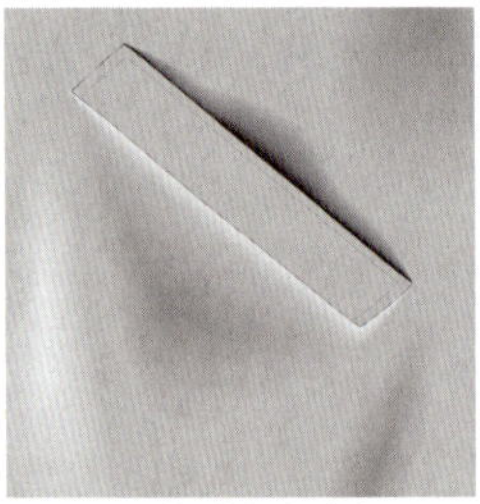

schräge Pattentasche^{F}
broad welt side pocket
poche^{F} raglan
bolsillo^{M} de ojal^{M} con ribete^{M}
tasca^{F} interna con aletta^{F}

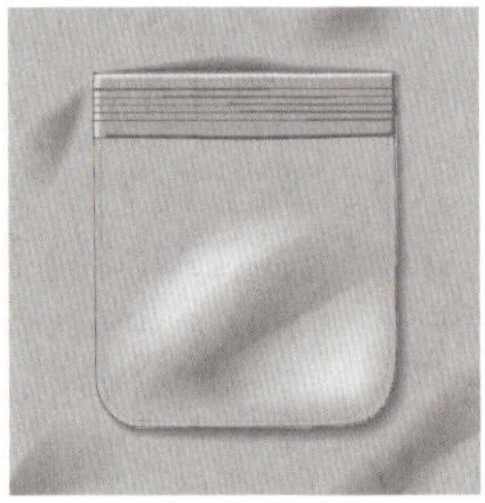

aufgesetzte Tasche^{F}
patch pocket
poche^{F} plaquée
bolsillo^{M} de parche^{M}
tasca^{F} applicata

Mufftasche^{F}
hand warmer pouch
poche^{F} manchon^{M}
bolsillo^{M} de manguito^{M}
manicotto^{M}

Beispiele^{N} für Ärmel^{M}
examples of sleeves
exemples^{M} de manches^{F}
ejemplos^{M} de mangas^{F}
esempi^{M} di maniche^{F}

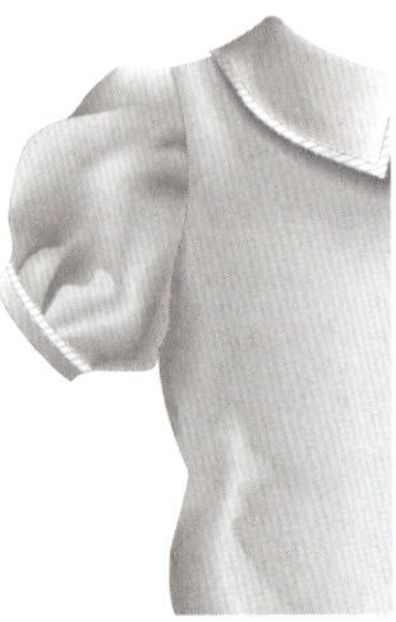

Puffärmel^{M}
puff sleeve
manche^{F} ballon^{M}
manga^{F} farol
manica^{F} a palloncino^{M}

angeschnittener Ärmel^{M}
cap sleeve
mancheron^{M}
manga^{F} corta sencilla
manica^{F} ad aletta^{F}

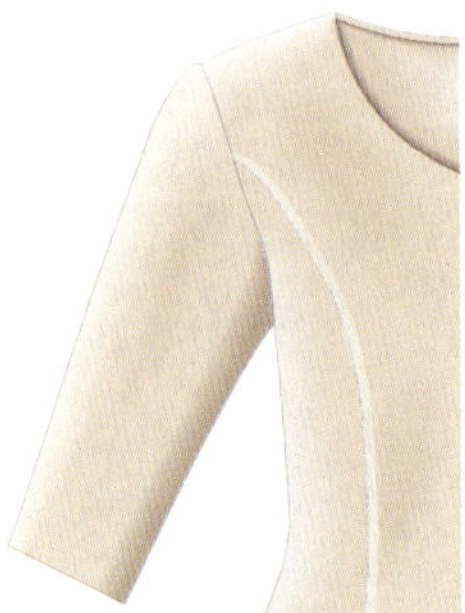

Dreiviertelarm^{M}
three-quarter sleeve
manche^{F} trois-quarts
manga^{F} recta de tres cuartos^{M}
manica^{F} a tre quarti^{M}

Zungenraglan^{M}
epaulet sleeve
manche^{F} marteau^{M}
con hombrera^{F}
manica^{F} con spallina^{F}

Doppelmanschette^{F}
French cuff
poignet^{M} mousquetaire^{M}
puño^{M} para gemelos^{M}
polsino^{M} doppio

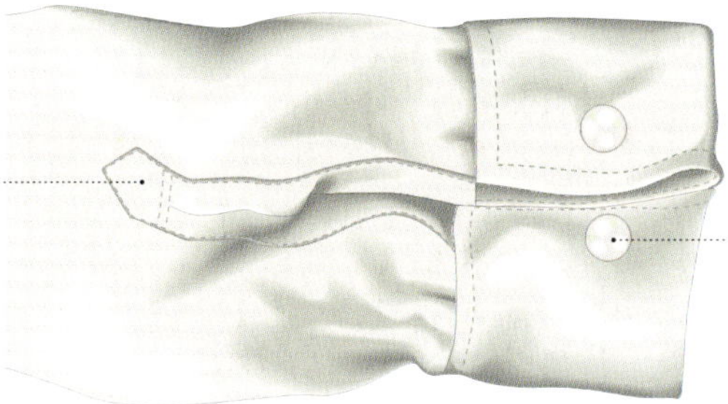

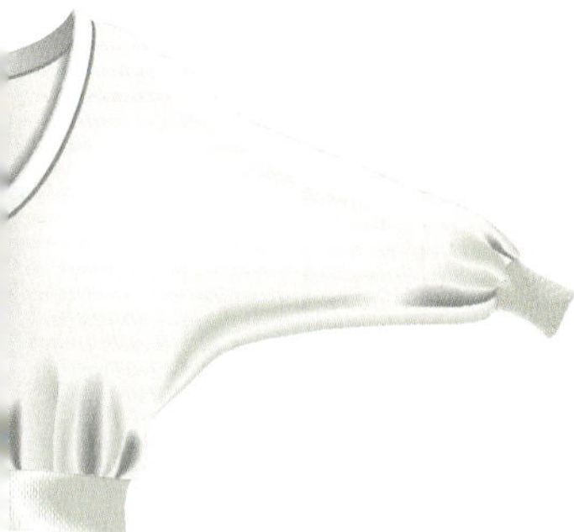

Fledermausärmel^{M}
batwing sleeve
manche^{F} chauve-souris^{F}
manga^{F} de murciélago^{M}
manica^{F} a pipistrello^{M}

Keulenärmel^{M}
leg-of-mutton sleeve
manche^{F} gigot^{M}
manga^{F} de jamón^{M}
manica^{F} a prosciutto^{M}

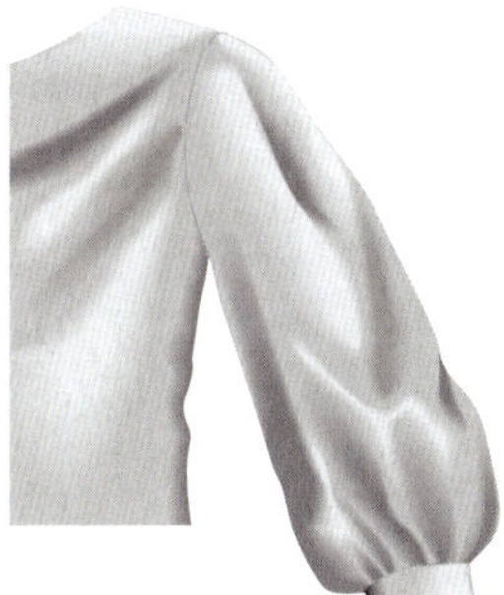

Bauschärmel^{M}
bishop sleeve
manche^{F} bouffante
manga^{F} común fruncida
manica^{F} da vescovo^{M}

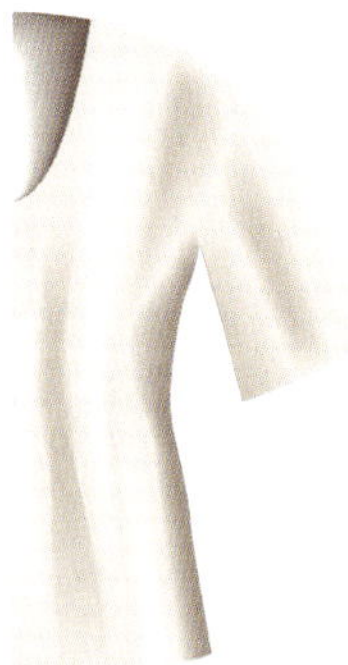

Kimonoärmel^{M}
kimono sleeve
manche^{F} kimono^{M}
manga^{F} kimono^{M}
manica^{F} a kimono^{M}

Raglanärmel^{M}
raglan sleeve
manche^{F} raglan
manga^{F} raglán
manica^{F} alla raglan^{M}

Pagodenärmel^{M}
pagoda sleeve
manche^{F} pagode^{F}
manga^{F} de pagoda^{F}
manica^{F} a pagoda^{F}

Hemdblusenärmel^{M}
shirt sleeve
manche^{F} chemisier^{M}
manga^{F} camisera^{F}
manica^{F} di camicia^{F}

Schneiderärmel^{M}
tailored sleeve
manche^{F} tailleur^{M}
manga^{F} de hechura^{F} sastre^{M}
manica^{F} a giro^{M}

Beispiele^{N} für Kragen^{M}
examples of collars
exemples^{M} de cols^{M}
ejemplos^{M} de cuellos^{M}
esempi^{M} di colli^{M}

Kragen^{M}
collar
col^{M}
cuello^{M}
collo^{M}

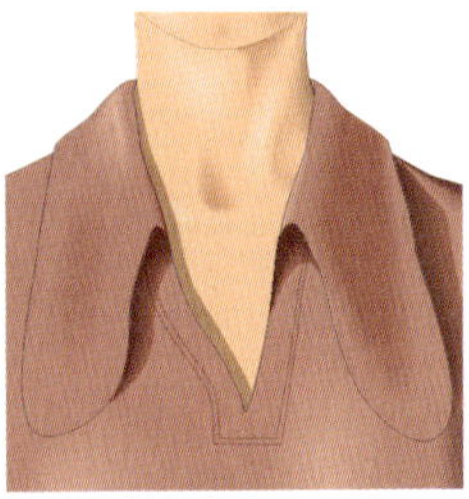

Dackelohrkragen^{M}
dog ear collar
col^{M} banane^{F}
cuello^{M} plano con orejas^{F}
collo^{M} a orecchie^{F} di cane^{M}

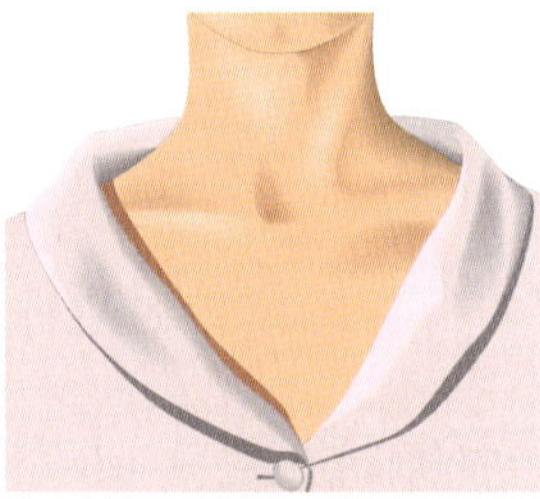

Schalkragen^{M}
shawl collar
col^{M} châle^{M}
cuello^{M} de chal^{M}
collo^{M} a scialle^{M}

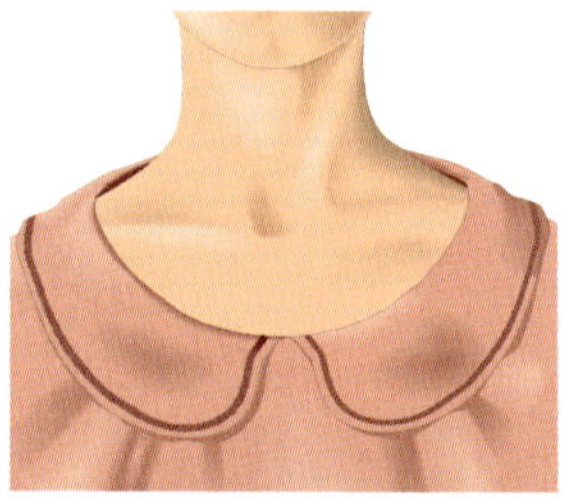

Bubikragen^{M}
Peter Pan collar
col^{M} Claudine
cuello^{M} plano tipo^{M} Peter Pan
collo^{M} alla Peter Pan

Hemdblusenkragen^{M}
shirt collar
col^{M} chemisier^{M}
cuello^{M} camisero
collo^{M} a camicia^{F}

Schneiderkragen^{M}
tailored collar
col^{M} tailleur^{M}
cuello^{M} de hechura^{F} de sastre^{M}
collo^{M} a uomo^{M}

Schleifenkragen^{M}
bow collar
col^{M} cravate^{F}
cuello^{M} de lazo^{M}
collo^{M} con sciarpa^{F}

Jabot^{N}
jabot
jabot^{M}
chorrera^{F}
jabot^{M}

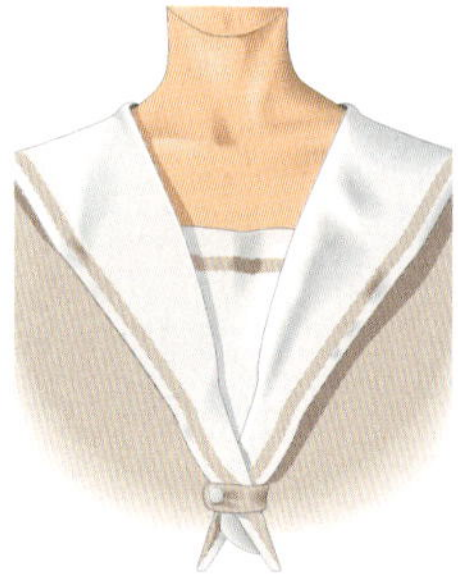

Matrosenkragen^{M}
sailor collar
col^{M} marin^{M}
cuello^{M} marinero
collo^{M} alla marinara^{F}

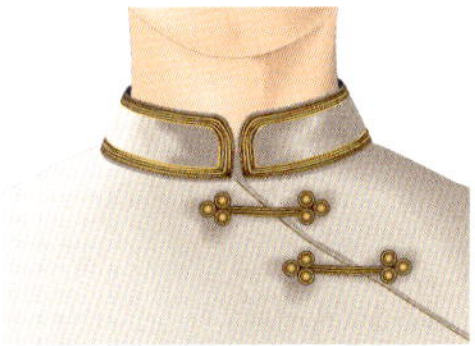

Chinesenkragen[M]
mandarin collar
col[M] chinois
cuello[M] chino
collo[M] alla coreana[F]

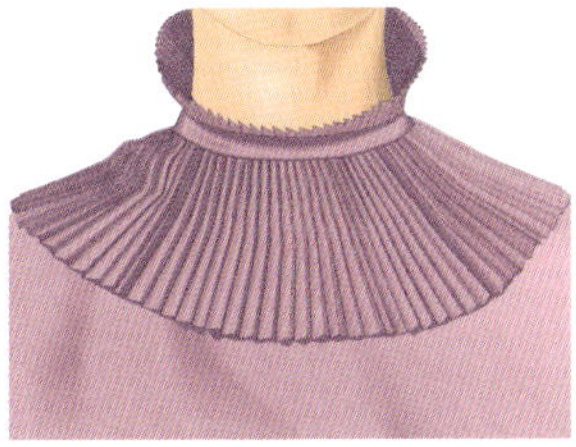

Halskrause[F]
collaret
collerette[F]
cuello[M] de volantes[M]
collaretto[F]

Berthe[F]
bertha collar
col[M] berthe[F]
cuello[M] Berta
berta[F]

Rollkragen[M]
turtleneck
col[M] roulé
cuello[M] de tortuga[F]
dolcevita[M]

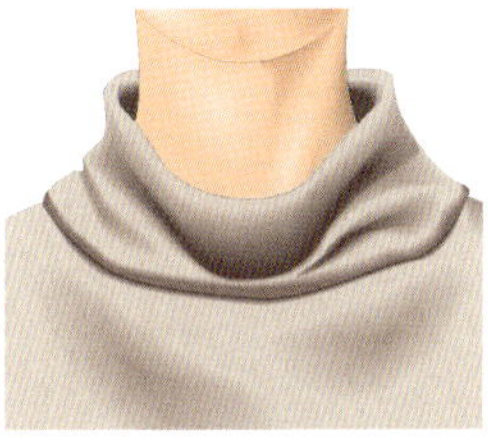

Kuttenkragen[M]
cowl neck
col[M] cagoule[F]
cuello[M] tipo cogulla[F]
collo[M] a cappuccio[M]

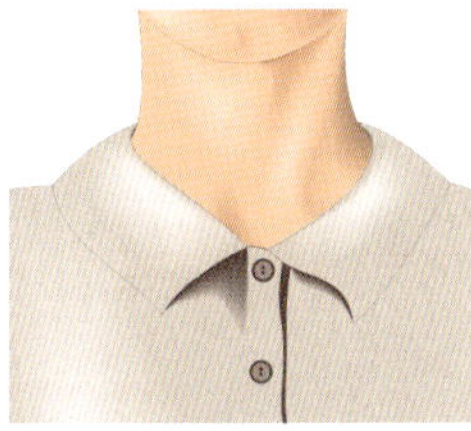

Polokragen[M]
polo collar
col[M] polo[M]
cuello[M] de polo[M]
collo[M] a polo[F]

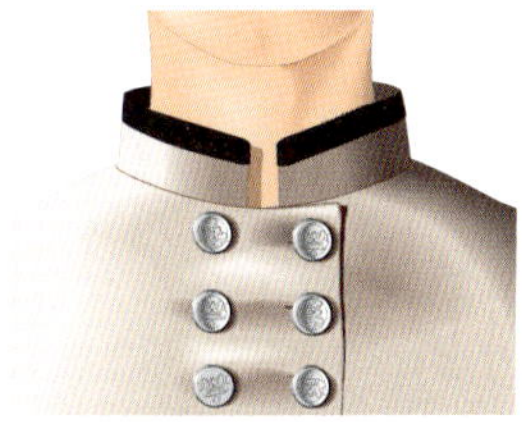

Stehbundkragen[M]
stand-up collar
col[M] officier[M]
cuello[M] Mao
collo[M] a listino[M]

Dekolletés[N] und Ausschnitte[M]
necklines and necks
décolletés[M] et encolures[F]
escotes[M]
scollature[F]

spitzes Dekolleté[N]
plunging neckline
décolleté[M] plongeant
escote[M] bajo
scollatura[F] profonda a V

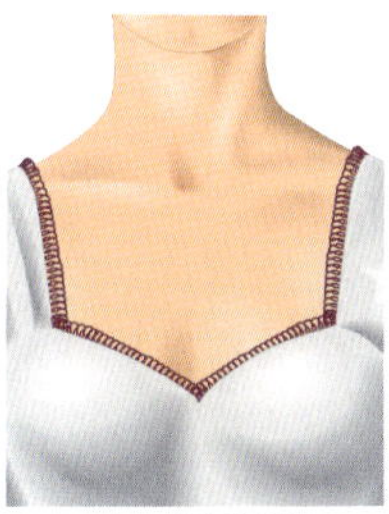

Coeur-Dekolleté[N]
sweetheart neckline
décolleté[M] en cœur[M]
escote[M] de corazón[M]
scollatura[F] a cuore[M]

V-Ausschnitt[M]
V-shaped neck
décolleté[M] en V
escote[M] de pico[M]
scollatura[F] a V

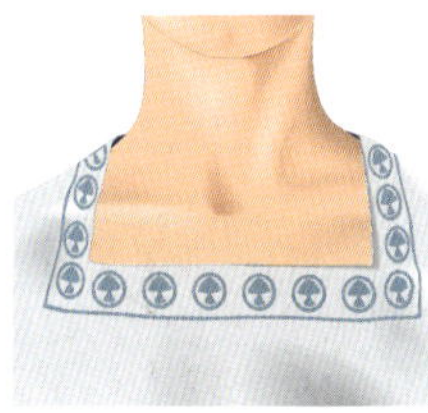

viereckiger Ausschnitt[M]
square neck
décolleté[M] carré
escote[M] cuadrado
scollatura[F] quadrata

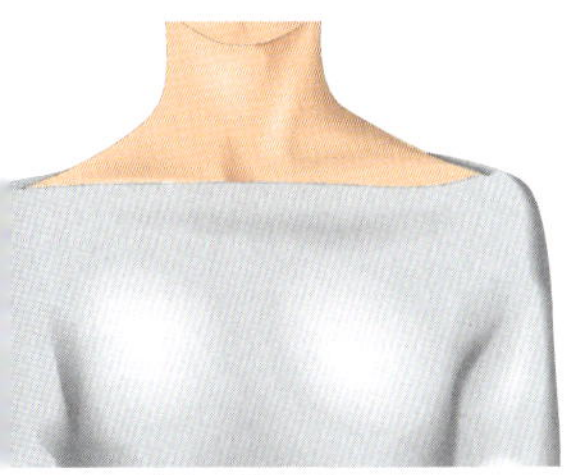

Bateau-Kragen[M]
bateau neck
encolure[F] bateau[M]
escote[M] de barco[M]
scollatura[F] a barchetta[F]

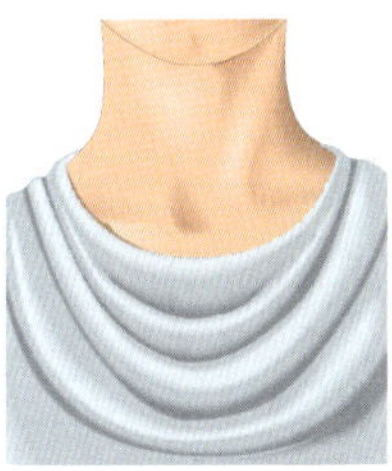

drapierter Kragen[M]
draped neck
encolure[F] drapée
cuello[M] drapeado
girocollo[M] drappeggiato

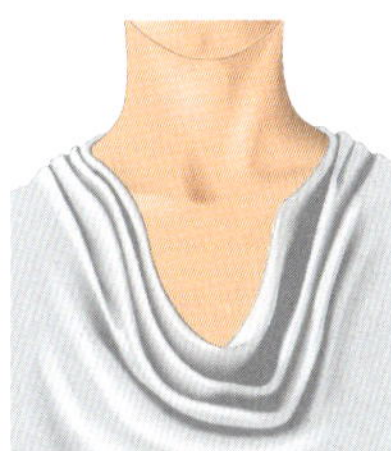

drapierter Ausschnitt[M]
draped neckline
décolleté[M] drapé
descote[M] rapeado
scollatura[F] drappeggiata

runder Ausschnitt[M]
round neck
encolure[F] ras-de-cou[M]
cuello[M] redondo
girocollo[M]

Nachtwäsche^{F}
nightwear
vêtements^{M} de nuit^{F}
lencería^{F}
biancheria^{F} da notte^{F}

Kimono^{M}
kimono
kimono^{M}
kimono^{M}
kimono^{M}

Nachthemd^{N}
nightgown
chemise^{F} de nuit^{F}
camisón^{M}
camicia^{F} da notte^{F}

Baby-Doll^{N}
baby doll
nuisette^{F}
picardía^{M}
baby-doll^{M}

Schlafanzug^{M}
pyjamas
pyjama^{M}
pijama^{M}
pigiama^{M}

Negligé^{N}
negligee
déshabillé^{M}
bata^{F}
vestaglia^{F}

Bademantel^{M}
bathrobe
peignoir^{M}
albornoz^{M}
accappatoio^{M}

Strümpfe^{M}
hose
bas^{M}
medias^{F}
calze^{F}

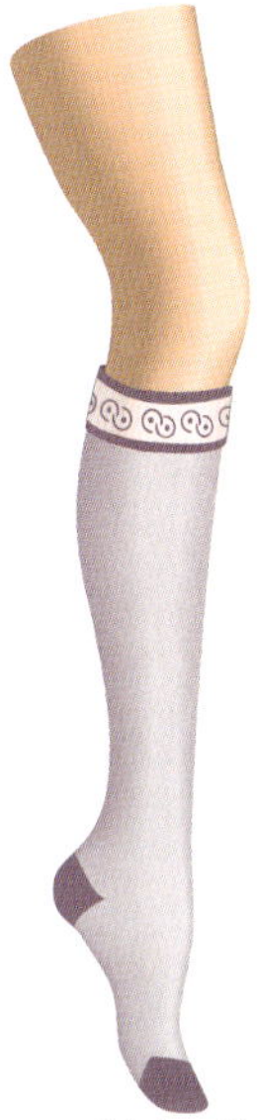

Kniestrumpf^{M}
knee sock
mi-bas^{M}
media
calzettone^{M}

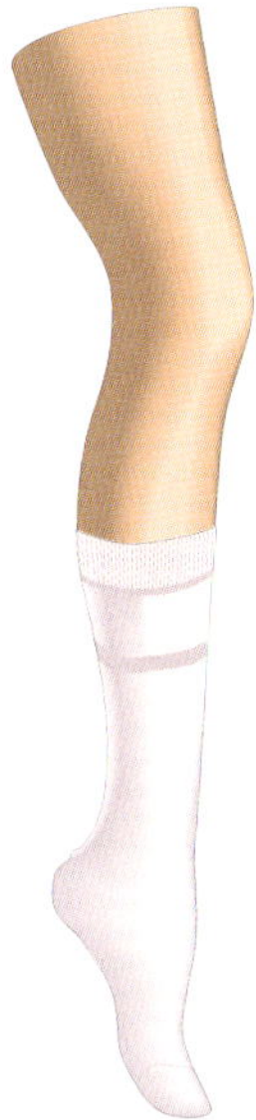

Socke^{F}
sock
chaussette^{F}
calcetín^{M} largo
gambaletto^{M}

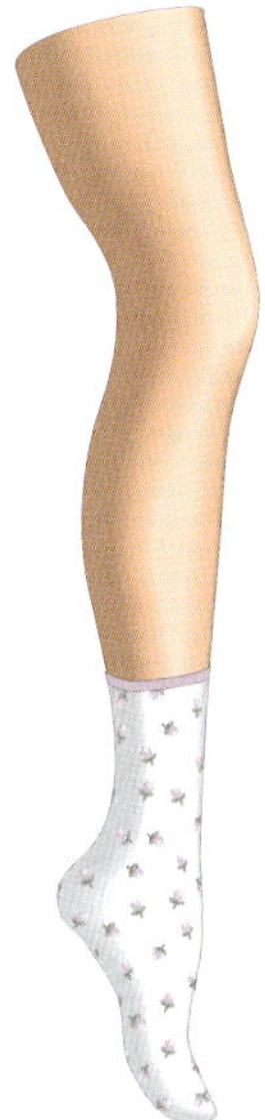

Söckchen^{N}
ankle sock
mi-chaussette^{F}
tobillera^{F}
calzerotto^{M}

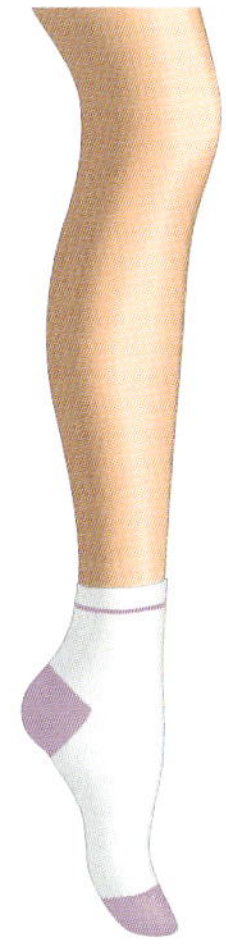

Kurzsocke^{F}
short sock
socquette^{F}
calcetín^{M}
calzino^{M}

Strumpfhose^{F}
tights
collant^{M}
panty^{M}
collant^{M}

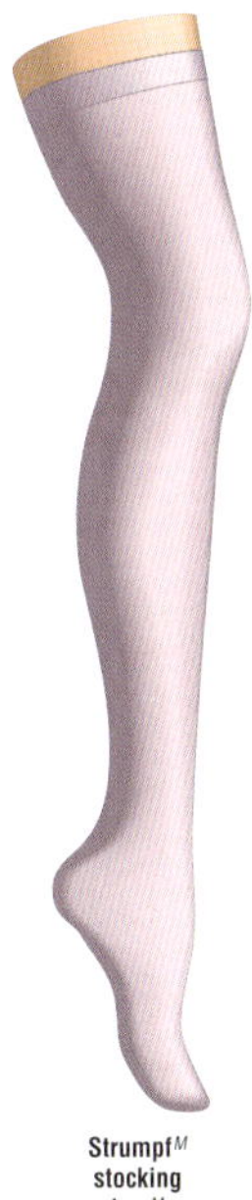

Strumpf^{M}
stocking
bas^{M}
medias^{F}
calza^{F}

Overknee-Strumpf^{M}
thigh stocking
bas^{M}-cuissarde^{F}
media^{F} antideslizante
calza^{F} autoreggente

Netzstrumpf^{M}
fishnet stocking
bas^{M} résille^{F}
medias^{F} de malla^{F}
calza^{F} a rete^{F}

Unterwäsche^{F}
underwear
sous-vêtements^{M}
ropa^{F} interior
biancheria^{F} intima

Korselett^{N}
corselette
combiné^{M}
faja^{F} con sostén^{M}
modellatore^{M} aperto

Camisol^{N}
camisole
caraco^{M}
camisola^{F}
top^{M}

Teddy^{M}
teddy
teddy^{M}
canesú^{M}
pagliaccetto^{M}

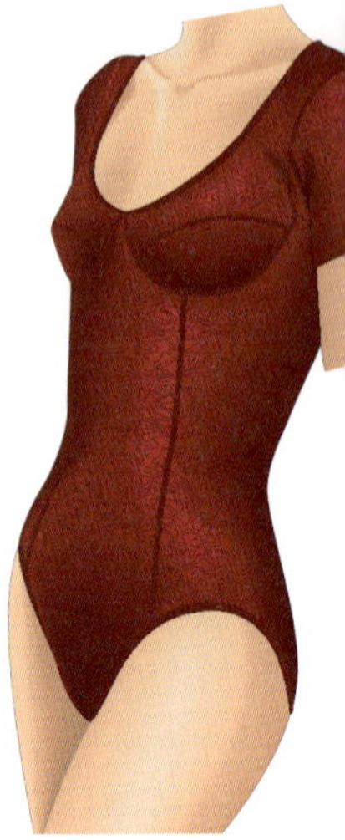

Bodysuit^{M}
body
body^{M}
body^{M}
body^{M}

Panty-Korselett^{N}
panty corselette
combiné^{M}-culotte^{F}
faja^{F} corsé^{M}
modellatore^{M} sgambato

Unterrock^{M}
half-slip
jupon^{M}
falda^{F} combinación^{F}
sottogonna^{F}

Vollachsel-Unterkleid^{N}
foundation slip
fond^{M} de robe^{F}
combinación^{F}
sottoveste^{F}

Unterkleid^{N}
slip
combinaison^{F}-jupon^{M}
combinación^{F} con sujetador^{M}
sottoveste^{F} con reggiseno^{M}

Unterbruststäbchen^{N}
underwiring
armature^{F}
varilla^{F}
ferretto^{M}

Slip^{M}
bikini
slip^{M}
braga^{F}
slip^{M}

Strumpfhalter^{M}
suspender
jarretelle^{F}
liga^{F}
giarrettiera^{F}

Strumpf^{M}
stocking
bas^{M}
medias^{F}
calza^{F}

Torselett^{N}
wasp-waisted corset
guêpière^{F}
corsé^{M} de cintura^{F} de avispa^{F}
guepière^{F}

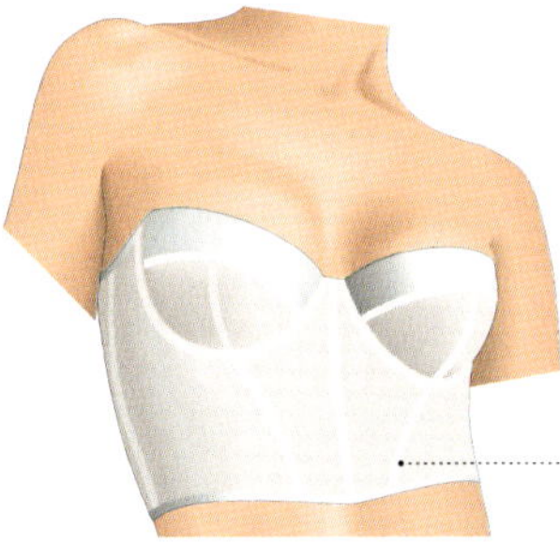

trägerloser Büstenhalter^{M}
strapless brassiere
bustier^{M}
sujetador^{M} sin tirantes^{M}
reggiseno^{M} a bustino^{M}

Stab^{M}
steel
baleine^{F}
varilla^{F}
stecca^{F}

Dirndl-BH^{M}
push-up bra
soutien-gorge^{M} balconnet^{M}
sujetador^{M} de aros^{M}
reggiseno^{M} a balconcino^{M}

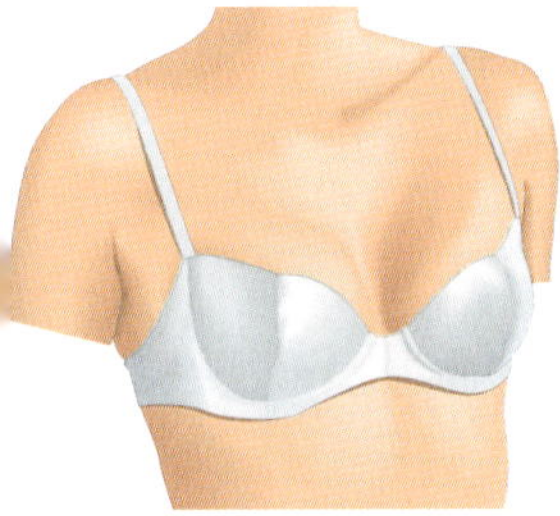

Halbschale^{F}
décolleté bra
soutien-gorge^{M} corbeille^{F}
sujetador^{M} de escote^{M} bajo
reggiseno^{M} décolleté^{M}

Mieder^{N}
girdle
gaine^{F}
faja^{F}
panciera^{F}

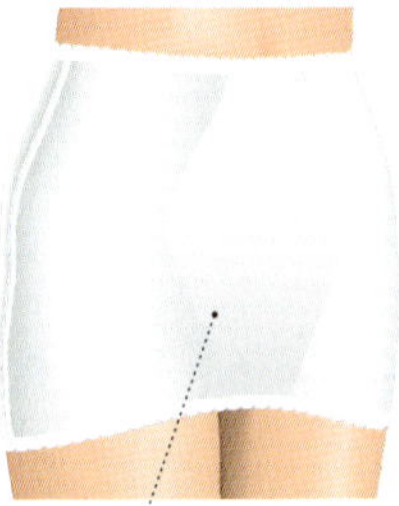

Magenstütze^{F}
panel
plastron^{M}
refuerzo^{M}
pannello^{M}

Träger^{M}
shoulder strap
bretelle^{F}
tirante^{M}
spallina^{F}

Büstenschale^{F}
brassiere cup
bonnet^{M}
copa^{F}
coppa^{F} del reggiseno^{M}

Mittelsteg^{M}
midriff band
basque^{F}
talle^{M} corto
triangolo^{M} divisorio

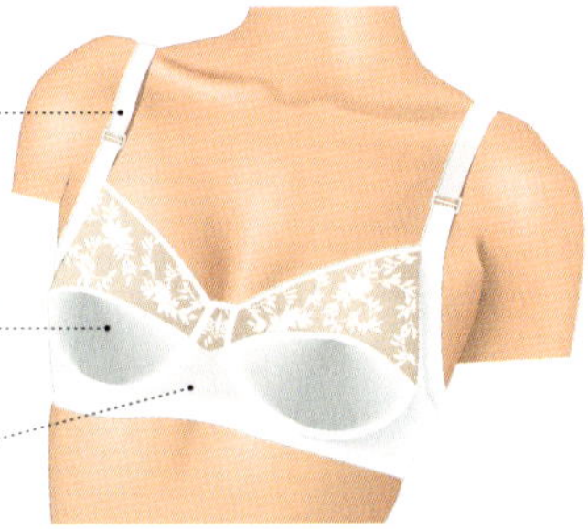

BH^{M}
bra
soutien-gorge^{M}
sujetador^{M}
reggiseno^{M}

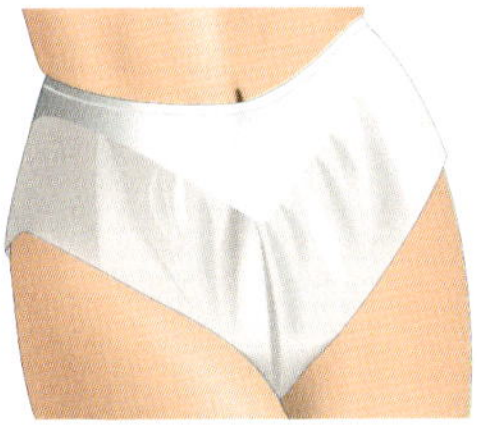

Slip^{M}
briefs
culotte^{F}
braga^{F}
mutandina^{F}

Miederhose^{F}
panty girdle
gaine^{F}-culotte^{F}
faja^{M} braga
mutandina^{F} elastica

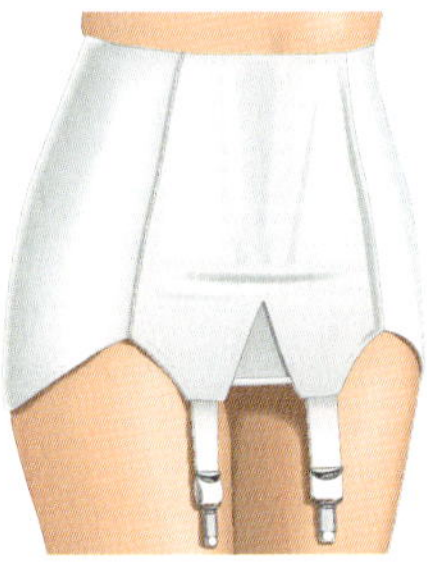

Korsett^{N}
corset
corset^{M}
faja^{F} con liguero^{M}
corsetto^{M}

Strumpfhaltergürtel^{M}
suspender belt
porte-jarretelles^{M}
liguero^{M}
reggicalze^{M}

KLEIDUNG

Babybekleidung^{F}

newborn children's clothing | vêtements^{M} de nouveau-né^{M} | ropa^{F} de bebé^{M} | vestiti^{M} per neonati^{M}

Strampelhöschen^{N}
rompers
grenouillère^{F}
pantalón^{M} de peto^{M}
salopette^{F} a tutina^{F}

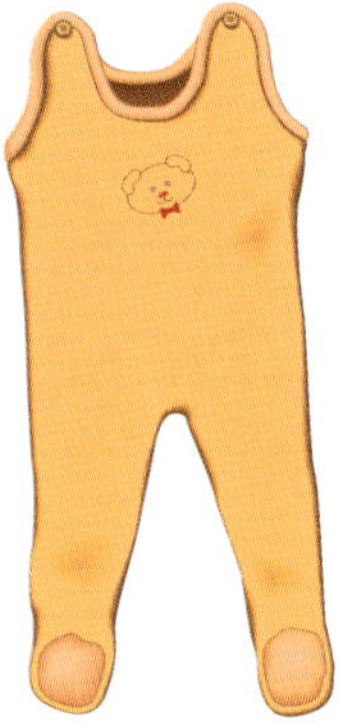

Schneesack^{M}
snuggle suit
nid^{M} d'ange^{M}
saco^{M} portabebé^{M}
tutina^{F} a sacco^{M}

Badetuch^{N} mit Kapuze^{F}
hooded towelling robe
cape^{F} de bain^{M}
toalla^{F} con capuchón^{M}
telo^{M} di spugna^{F} con cappuccio^{M}

Kapuze^{F}
hood
capuche^{F}
capuchón^{M}
cappuccio^{M}

Zierborte^{F}
decorative braid
galon^{M} d'ornement^{M}
orla^{F} decorativa
guarnizione^{F}

Paspel^{F}
false tuck
biais^{M}
falsa doblez^{F}
profilo^{M} sbieco

Rüschenstrumpfhose^{F}
frilly nylon tights
collant^{M} fantaisie^{F}
mallas^{F} con volantes^{M}
ghettina^{F} con ruches^{F}

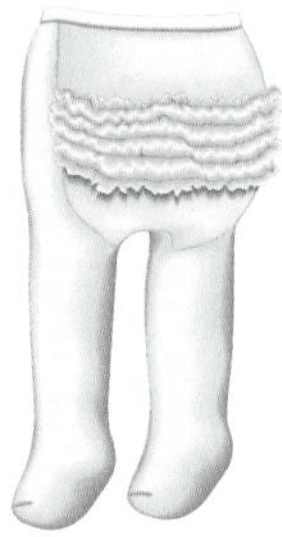

zweiteiliger Schlafanzug^{M}
babygro
dormeuse^{F} de croissance^{F}
pelele^{M} de dos piezas^{F}
pigiamino^{M} a due pezzi^{M}

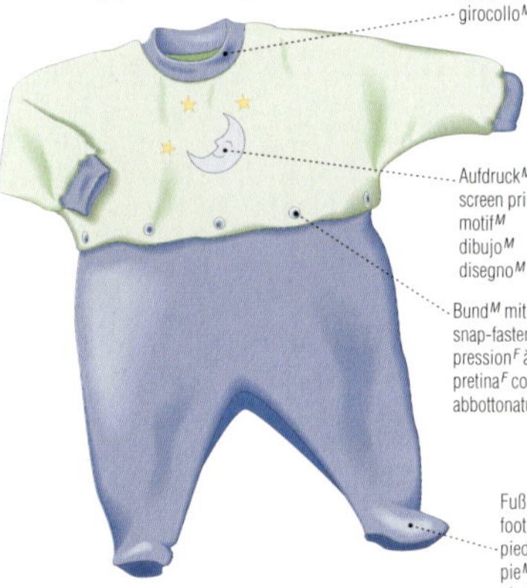

halsnaher Ausschnitt^{M}
crew neck
encolure^{F} ras-de-cou^{M}
cuello^{M} redondo
girocollo^{M}

Aufdruck^{M}
screen print
motif^{M}
dibujo^{M}
disegno^{M} stampato

Bund^{M} mit Druckknöpfen^{M}
snap-fastening waist
pression^{F} à la taille^{F}
pretina^{F} con botones^{M} de presión^{F}
abbottonatura^{F} a pressione^{F}

Fuß^{M}
foot
pied^{M}
pie^{M}
piede^{M}

Latzhose^{F} mit hohem Rückenteil$^{M/N}$
high-back dungarees
salopette^{F} à dos^{M} montant
pantalón^{M} de peto^{M}
salopette^{F}

verstellbarer Träger^{M}
adjustable strap
bretelle^{F} réglable
tirante^{M} ajustable
bretella^{F} regolabile

Lätzchen^{N}
bib
bavette^{F}
peto^{M}
pettorina^{F}

aufgesetzte Tasche^{F}
patch pocket
poche^{F} plaquée
bolsillo^{M} de parche^{M}
tasca^{F} applicata

Zier-Steppnaht^{F}
top stitching
surpiqûre^{F}
pespunte^{M}
impuntura^{F}

Schlitz^{M}
fly
braguette^{F}
bragueta^{F}
patta^{F}

Druckknopfleiste^{F} an der Beininnenseite^{F}
inside-leg snap-fastening
entrejambe^{M} pressionné
botón^{M} de presión^{F}
interno^{M} gamba^{F} con abbottonatura^{F} a pressione^{F}

Hemdchen^{N}
shirt
brassière^{F}
camiseta^{F}
maglietta^{F} intima

Windel^{F}
nappy
couche^{F}
pañal^{M}
pannolino^{M}

Lätzchen^{N}
bib
bavoir^{M}
babero^{M}
bavaglino^{M}

Rüschenhöschen^{N}
frilly pants
culotte^{F} à ruchés^{M}
braga^{F} de volantes^{M}
mutandina^{F} con ruches^{F}

Rüschen^{F}
ruching
ruché^{M}
volantes^{M}
ruches^{F}

Gummihöschen^{N}
disposable nappy
couche^{F}-culotte^{F}
bragas^{F} de hule^{M}
pannolino^{F} usa e getta

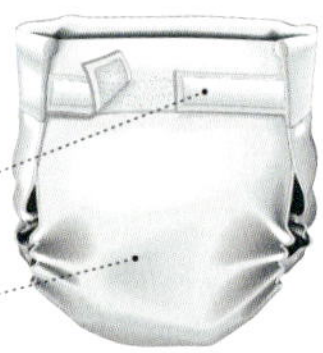

Haftgurtband^{N}
Velcro® closure
fermeture^{F} Velcro®
tirita^{F} Velcro®
velcro®^{M}

dichtes Windelhöschen^{N}
waterproof pants
poche^{F} intérieure isolante
material^{M} impermeable
mutandina^{F} impermeabile

KLEIDUNG

Wagenanzug^{M}
blanket sleepsuit
dormeuse^{F}-couverture^{F}
pelele^{M}
pigiamino^{M}

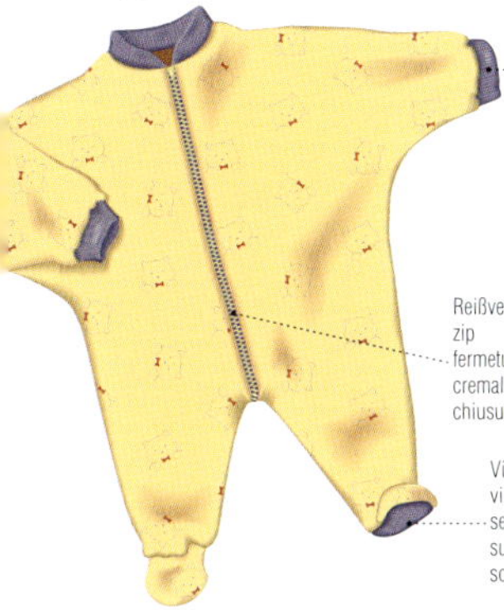

Rippenbündchen^{N}
ribbing
bord^{M}-côte^{F}
tirilla^{F} elástica
bordo^{M} a coste^{F}

Reißverschluss^{M}
zip
fermeture^{F} à glissière^{F}
cremallera^{F}
chiusura^{F} lampo

Vinyl-Laufsohle^{F}
vinyl grip sole
semelle^{F} antidérapante
suela^{F} de hule^{M}
soletta^{F} antiscivolo

Schlafanzug^{M}
sleepsuit
combinaison^{F} de nuit^{F}
pelele^{M}
pigiamino^{M}

Raglanärmel^{M}
raglan sleeve
manche^{F} raglan
manga^{F} raglán
manica^{F} alla raglan^{M}

vordere Druckknopfleiste^{F}
snap-fastening front
pression^{F} devant
botones^{M} de presión^{F} delanteros
abbottonatura^{F} anteriore a pressione^{F}

Rippenbündchen^{N}
ribbing
bord^{M}-côte^{F}
tirilla^{F} elástica
bordo^{M} a coste^{F}

Druckmotiv^{N}
screen print
motif^{M}
dibujo^{M}
disegno^{M} stampato

Druckknopfleiste^{F} an der Beininnenseite^{F}
inside-leg snap-fastening
entrejambe^{M} pressionné
botones^{M} de presión^{F} de la pierna^{F}
interno^{M} gamba^{F} con abbottonatura^{F} a pressione^{F}

Kinderbekleidung^{F}

children's clothing | vêtements^{M} d'enfant^{M} | ropa^{F} de niños^{M} | vestiti^{M} per bambini^{M}

Latzhose^{F} mit gekreuzten Rückenträgern^{M}
dungarees with crossover back straps
salopette^{F} à bretelles^{F} croisées
pantalones^{M} de peto^{M}
salopette^{F} con bretelle^{F} incrociate

Träger^{M} mit Knopf^{M}
button strap
bretelle^{F} boutonnée
tirante^{M} con botones^{M}
bretella^{F} abbottonabile

Lätzchen^{N}
bib
bavette^{F}
peto^{M}
pettorina^{F}

Schneeanzug^{M}
snowsuit
esquimau^{M}
mono^{M} de esquí^{M} con capuchón^{M}
tuta^{F} da sci^{M}

Kapuze^{F} mit Zugband^{N}
drawstring hood
capuche^{F} coulissée
capuchón^{M} con cordón^{M}
cappuccio^{M} con cordoncino^{M}

Verschluss^{M} mit verdeckter Knopfleiste^{F}
fly front closing
fermeture^{F} sous patte^{F}
cremallera^{F}
finta^{F}

Schlafanzug^{M} in Schlupfform^{F}
slip-on pyjamas
polojama^{M}
pijama^{M}
pigiama^{M}

T-Shirt Kleid^{N}
T-shirt dress
robe^{F} tee-shirt^{M}
camiseta^{F} de cuerpo^{M} entero
abito^{M} a T-shirt^{F}

Spielanzug^{M}
rompers
barboteuse^{F}
ranita^{F}
pagliaccetto^{M}

Sportset^{N}
training set
tenue^{F} d'exercice^{M}
conjunto^{M} deportivo
completo^{M} da ginnastica^{F}

Trägerhemdchen^{N}
vest
débardeur^{M}
camiseta^{F}
canottiera^{F}

kurze Hose^{F}
shorts
short^{M}
pantalón^{M} corto
pantaloncini^{M}

Overall^{M}
jumpsuit
combinaison^{F}
mono^{M}
tuta^{F}

Sportkleidung^F

sportswear | tenue^F d'exercice^M | ropa^F deportiva | abbigliamento^M sportivo

Joggingschuh^M
running shoe
chaussure^F de sport^M
zapatilla^F deportivo
scarpa^F da corsa^F

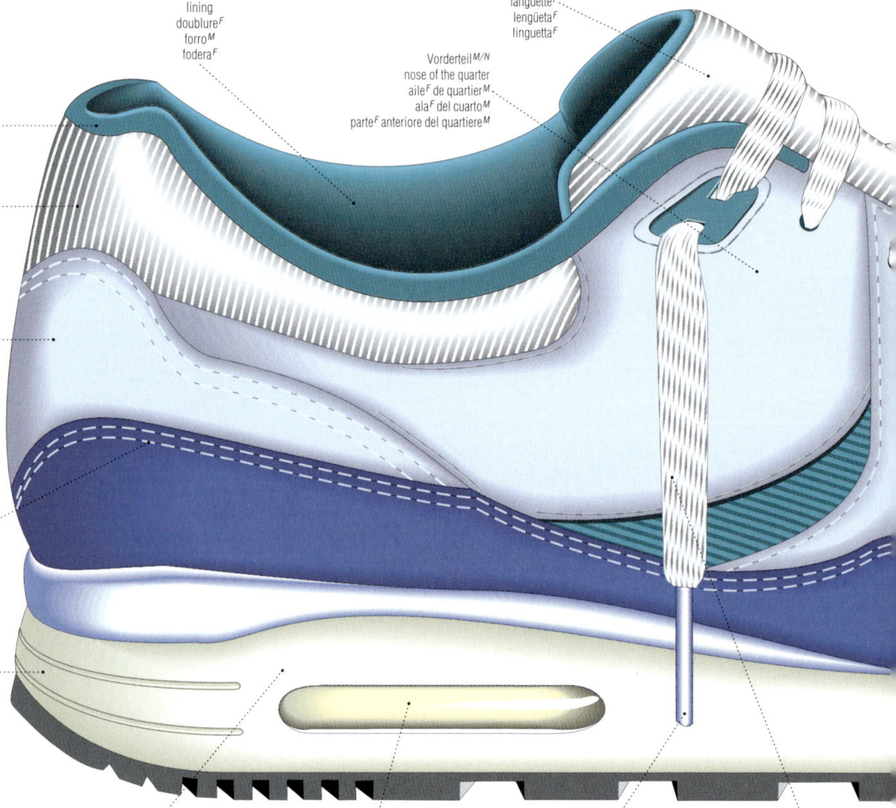

Trainingsanzug^M
training suit
survêtement^M
traje^M de entrenamiento^M
tuta^F sportiva

Sweatshirt^N mit Kapuze^F
hooded sweat shirt
pull^M à capuche^F
sudadera^F con capucha^F
felpa^F con cappuccio^M

Sweatshirt^N
sweat shirt
pull^M d'entraînement^M
sudadera^F
felpa^F

Trainingshose^F
jogging pants
pantalon^M molleton^M
pantalones^M de chándal^M
pantaloni^M felpati

KLEIDUNG

Sportkleidung^{F}
exercise wear
vêtement^{M} d'exercice^{M}
ropa^{F} para ejercicio^{M}
abbigliamento^{M} da ginnastica^{F}

Badehose^{F}
swimming trunks
slip^{M} de bain^{M}
traje^{M} de baño^{M}
slip^{M} da bagno^{M}

Badeanzug^{M}
swimsuit
maillot^{M} de bain^{M}
traje^{M} de baño^{M}
costume^{M} da bagno^{M}

Trikot^{N}
leotard
justaucorps^{M}
body^{M}
body^{M}

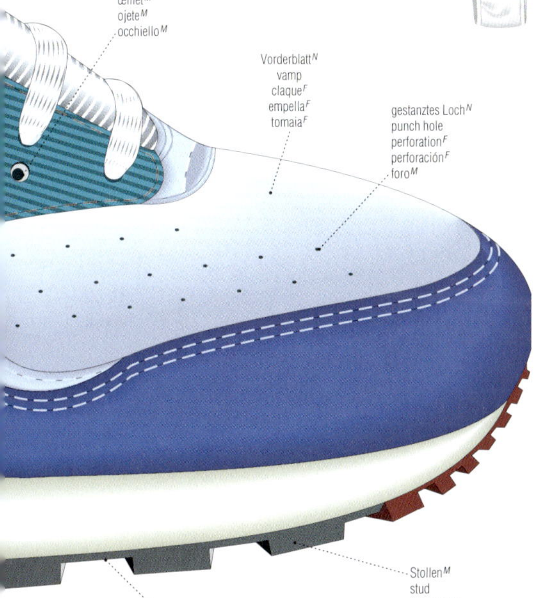

Leggins^{F}
footless tights
collant^{M} sans pied^{M}
mallas^{F}
pantacollant^{M}

Legwarmer^{M}
leg-warmer
jambière^{F}
calentador^{M} de pierna^{F}
scaldamuscoli^{M}

Hose^{F}
trousers
pantalon^{M}
pantalones^{M}
pantaloni^{M}

Anorak^{M}
anorak
anorak^{M}
anorak^{M}
k-way^{M}

Shorts^{F}
running shorts
short^{M} boxeur^{M}
pantalón^{M} de boxeo^{M}
pantaloncini^{M} da corsa^{F}

Trägerhemd^{N}
vest
débardeur^{M}
camiseta^{F}
canottiera^{F}

PERSÖNLICHE AUSSTATTUNG

374 Schmuck und Schönheitspflege

374 Schmuck
377 Maniküre
378 Make-up
379 Körperpflege
380 Haarpflege

383 Persönliche Artikel

383 Rasur
384 Zahnpflege
384 Kontaktlinsen
385 Brille
386 Lederwaren
387 Handtaschen
388 Gepäck
390 Raucherbedarf
391 Schirm und Stock

Schmuck^{M}

jewellery | bijouterie^{F} | joyería^{F} | gioielli^{M}

Ohrringe^{M}
earrings
boucles^{F} d'oreille^{F}
pendientes^{M}
orecchini^{M}

Klips^{M}
clip earrings
boucles^{F} d'oreille^{F} à pince^{F}
pendientes^{M} de clip^{M}
orecchini^{M} a clip^{F}

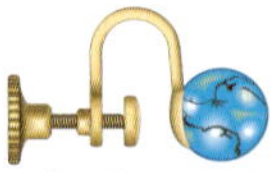

Ohrringe^{M} mit Schraubverschluss^{M}
screw earrings
boucles^{F} d'oreille^{F} à vis^{F}
pendientes^{M} de tornillo^{M}
orecchini^{M} a vite^{F}

Ohrstecker^{M}
ear studs
boucles^{F} d'oreille^{F} à tige^{F}
pendientes^{M} de espiga^{F}
orecchini^{M} a perno^{M}

Ohrgehänge^{N}
drop earrings
pendants^{M} d'oreille^{F}
pendientes^{M}
orecchini^{M} pendenti

Kreolen^{F}
hoop earrings
anneaux^{M}
pendientes^{M} de aro^{M}
orecchini^{M} ad anello^{M}

Halsketten^{F}
necklaces
colliers^{M}
collares^{M}
collane^{F}

Halskette^{F} in Matineelänge^{F}
matinee-length necklace
collier^{M} de perles^{F}, longueur^{F} matinée^{F}
collar^{M} de una vuelta^{F}, matinée^{F}
collana^{F}

Samtkropfband^{N}
velvet-band choker
collier^{M}-de-chien^{M}
gargantilla^{F} de terciopelo^{M}
collarino^{M} di velluto^{M}

Anhänger^{M}
pendant
pendentif^{M}
pendiente^{M}
pendenti^{M}

Endlosperlenkette^{F}
rope
sautoir^{M}
lazo^{M}
collana^{F} lunga alla vita^{F}

Halskette^{F} in Opernlänge^{F}
opera-length necklace
sautoir^{M}, longueur^{F} opéra^{M}
collar^{M} de una vuelta^{F}, ópera^{F}
collana^{F} lunga

mehrreihige Halskette^{F}
bib necklace
collier^{M} de soirée^{F}
collar^{M} de 5 vueltas^{M}, peto^{M}
collana^{F} a cinque giri^{M}

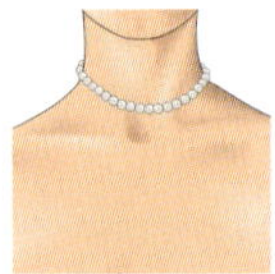

Chokerkette^{F}
choker
ras-de-cou^{M}
gargantilla^{F}
girocollo^{M}

Medaillon^{N}
locket
médaillon^{M}
medallón^{M}
medaglione^{M}

Facetten^{F} des Brillantschliffs^{M}
brilliant cut facets
taille^{F} d'un diamant^{M}
talla^{F} brillante de un diamante^{M}
sfaccettature^{F} del taglio^{M} a brillante^{M}

Seitenansicht^{F}
side face
profil^{M}
perfil^{M}
sfaccettatura^{F} laterale

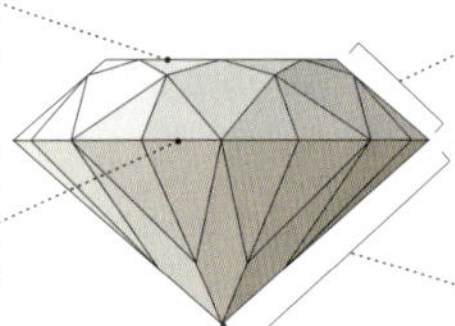

Vorderseite^{F}
top face
face^{F} supérieure
cara^{F} superior
sfaccettatura^{F} superiore

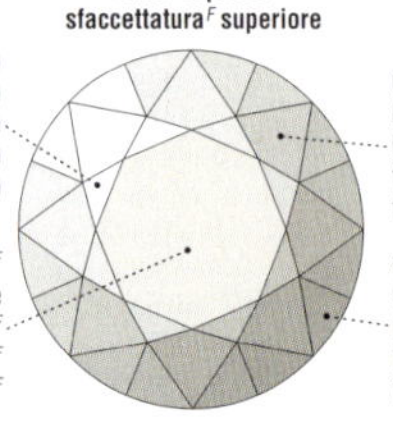

Rückseite^{F}
bottom face
face^{F} inférieure
cara^{F} inferior
sfaccettatura^{F} inferiore

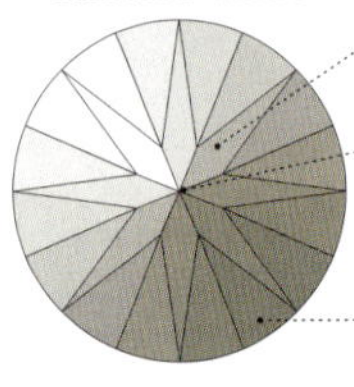

Schliffformen^{F} für Edelsteine^{M}
cut for gemstones
taille^{F} des pierres^{F}
tallas^{F} de piedras^{F} preciosas
tagli^{M} di pietre^{F} preziose

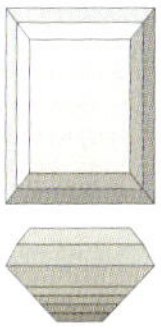

Treppenschliff^{M}
step cut
taille^{F} en escalier^{M}
talla^{F} escalonada
taglio^{M} a gradini^{M}

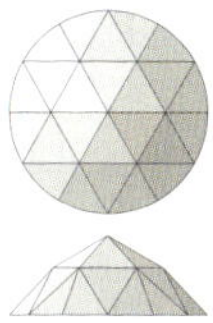

Rosenschliff^{M}
rose cut
taille^{F} en rose^{F}
talla^{F} en rosa^{F} holandesa
taglio^{M} a rosetta^{F}

Tafelschliff^{M}
table cut
taille^{F} en table^{F}
talla^{F} en tabla^{F}
taglio^{M} a tavola^{F}

Cabochonschliff^{M}
cabochon cut
taille^{F} cabochon^{M}
talla^{F} en cabujón^{M}
taglio^{M} a cabochon^{M}

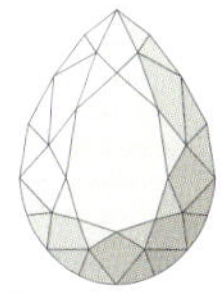

Pendeloque-Schliff^{M}
pear-shaped cut
taille^{F} en poire^{F}
talla^{F} en pera^{F}
taglio^{M} a pera^{F}

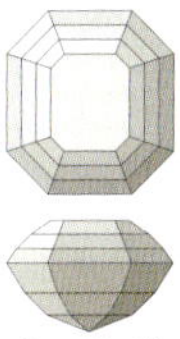

Emeraldcut^{M}
emerald cut
taille^{F} émeraude^{F}
esmeralda^{F}
taglio^{M} a smeraldo^{M}

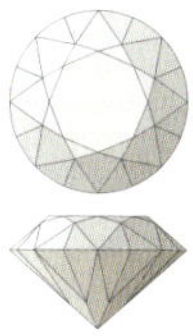

Vollbrillantschliff^{M}
brilliant full cut
taille^{F} brillant^{M}
brillante^{M}
taglio^{M} a brillante^{M}

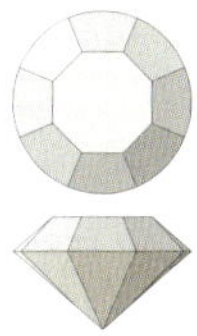

Achtkantschliff^{M}
eight cut
taille^{F} huit facettes^{F}
talla^{F} octógono
taglio^{M} ottagonale

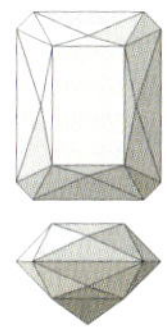

Scherenschliff^{M}
scissors cut
taille^{F} en ciseaux^{M}
en tijera^{F}
taglio^{M} a forbice^{F}

Briolettschliff^{M}
briolette cut
taille^{F} en goutte^{F}
talla^{F} en briolette^{F}
taglio^{M} a briolette

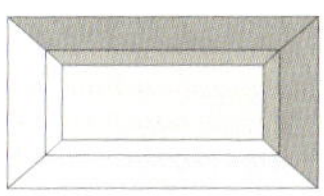

Baguetteform^{F}
baguette cut
taille^{F} baguette^{F}
talla^{F} en baguette^{F}
taglio^{M} a baguette^{F}

Frenchcut^{M}
French cut
taille^{F} française
talla^{F} francesa
taglio^{M} francese

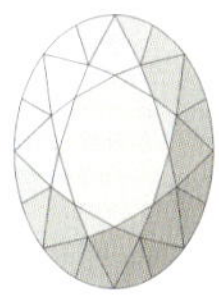

ovale Form^{F}
oval cut
taille^{F} ovale
talla^{F} oval
taglio^{M} ovale

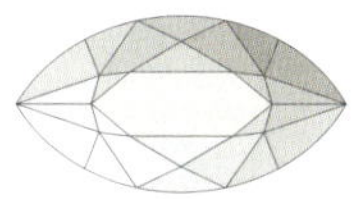

Navette^{F}
navette cut
taille^{F} marquise^{F}
marquesa^{F}
taglio^{M} a marquise^{F}

Halbedelsteine^{M}
semiprecious stones
pierres^{F} fines
piedras^{F} semipreciosas
pietre^{F} semipreziose

Amethyst^{M}
amethyst
améthyste^{F}
amatista^{F}
ametista^{F}

Lapislazuli^{M}
lapis lazuli
lapis-lazuli^{M}
lapislázuli^{M}
lapislazzuli^{M}

Aquamarin^{M}
aquamarine
aigue-marine^{F}
aguamarina^{F}
acquamarina^{F}

Topas^{M}
topaz
topaze^{F}
topacio^{M}
topazio^{M}

Turmalin^{M}
tourmaline
tourmaline^{F}
turmalina^{F}
tormalina^{F}

Opal^{M}
opal
opale^{F}
ópalo^{M}
opale^{M}

Türkis^{M}
turquoise
turquoise^{F}
turquesa^{F}
turchese^{M}

Granat^{M}
garnet
grenat^{M}
granate^{M}
granato^{M}

Edelsteine^{M}
precious stones
pierres^{F} précieuses
piedras^{F} preciosas
pietre^{F} preziose

Smaragd^{M}
emerald
émeraude^{F}
esmeralda^{F}
smeraldo^{M}

Saphir^{M}
sapphire
saphir^{M}
zafiro^{M}
zaffiro^{M}

Diamant^{M}
diamond
diamant^{M}
diamante^{M}
diamante^{M}

Rubin^{M}
ruby
rubis^{M}
rubí^{M}
rubino^{M}

Schmuck^{M}

Ringe^{M}
rings
bagues^{F}
anillos^{M}
anelli^{M}

Teile$^{M/N}$ eines Rings^{M}
parts of a ring
parties^{F} d'une bague^{F}
partes^{M} de un anillo^{M}
componenti^{M} di un anello^{M}

Fassung^{F}
setting
sertissure^{F}
engaste^{M}
incastonatura^{F}

Krappe^{F}
claw
griffe^{F}
garra^{F}
montatura^{F}

Chaton^{M}
bezel
chaton^{M}
pala^{F}
castone^{M}

Stein^{M}
stone
pierre^{F}
piedra^{F}
pietra^{F}

Herrenring^{M}
signet ring
chevalière^{F}
sortija^{F} de sello^{M}
anello^{M} con sigillo^{M}

Collegering^{M}
class ring
bague^{F} de finissant^{M}
anillo^{M} de graduación^{F}
anello^{M} studentesco

Bandring^{M}
band ring
jonc^{M}
alianza^{F}
anello^{M} a fascia^{F}

Verlobungsring^{M}
engagement ring
bague^{F} de fiançailles^{F}
anillo^{M} de compromiso^{M}
anello^{M} di fidanzamento^{M}

Ehering^{M}
wedding ring
alliance^{F}
alianza^{F}
fede^{F} nuziale

Solitärring^{M}
solitaire ring
bague^{F} solitaire^{M}
solitario^{M}
solitario^{M}

Armbänder^{N}
bracelets
bracelets^{M}
brazaletes^{M}
bracciali^{M}

Armband^{N}
charm bracelet
gourmette^{F}
pulsera^{F} de dijes^{M}
bracciale^{M} con ciondoli^{M}

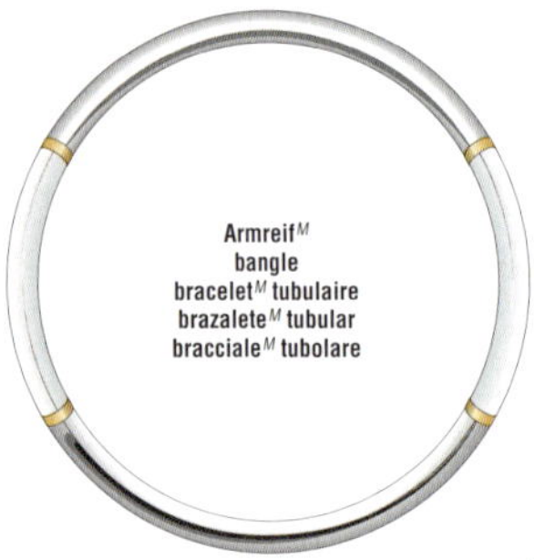

Armreif^{M}
bangle
bracelet^{M} tubulaire
brazalete^{M} tubular
bracciale^{M} tubolare

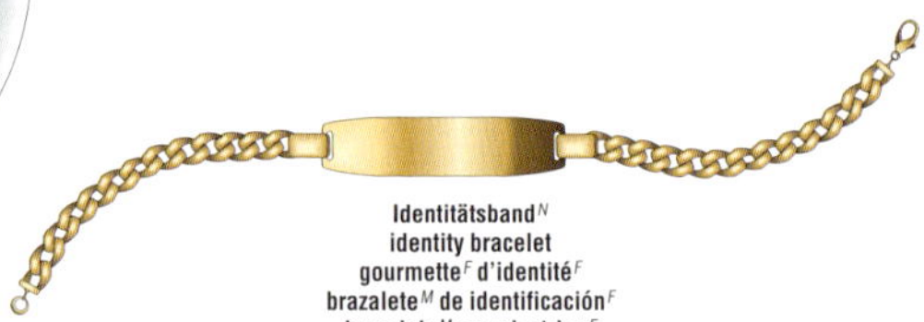

Identitätsband^{N}
identity bracelet
gourmette^{F} d'identité^{F}
brazalete^{M} de identificación^{F}
bracciale^{M} con piastrina^{F}

Anhänger^{M}
charms
breloques^{F}
dijes^{M}
ciondoli^{M}

Horn^{N}
horn
corne^{F}
cuerno^{M}
corno^{M}

Hufeisen^{N}
horseshoe
fer^{M} à cheval^{M}
herradura^{F}
ferro^{M} di cavallo^{M}

Gravurplatte^{F}
nameplate
plaque^{F} d'identité^{F}
placa^{F} de identificación^{F}
piastrina^{F} d'identità^{F}

Anstecknadeln^{F}
pins
épingles^{F}
alfileres^{M}
spille^{F}

Sticker^{M}
stickpin
broche^{F} épingle^{F}
alfiler^{M} de corbata^{F}
spillone^{M}

Brosche^{F}
brooch
broche^{F}
broche^{M}
spilla^{F}

Krawattenklemme^{F}
tieclip
pince^{F} à cravate^{F}
pisacorbatas^{M}
fermacravatta^{M}

Krawattennadel^{F}
tiepin
épingle^{F} à cravate^{F}
alfiler^{M} de corbata^{F}
spillo^{M} fermacravatta^{M}

Kragenklammer^{F}
tiepin
tige^{F} pour col^{M}
yugo^{M}
fermacolletto^{M}

Maniküre[F]

manicure | manucure[F] | manicura[F] | manicure[F]

Nagelnecessaire[N]
manicure set
trousse[F] de manucure[F]
estuche[M] de manicura[F]
set[M] per manicure[F]

Nagellack[M]
nail varnish
vernis[M] à ongles[M]
esmalte[M] de uñas[F]
smalto[M] per unghie[F]

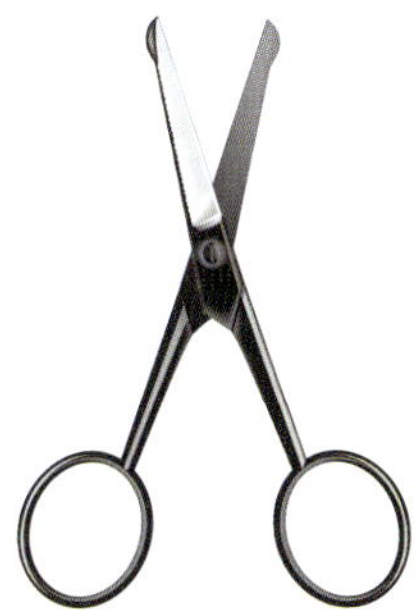

Nasen-Bartschere[F]
safety scissors
ciseaux[M] de sûreté[F]
tijeras[F] de punta[F] roma
forbici[F] di sicurezza[F]

Nagelfeile[F]
nail file
polissoir[M] d'ongles[M]
lima[F] de uñas[F]
lucidaunghie[M]

Nagelknipser[M]
nail clippers
coupe-ongles[M]
cortaúñas[M]
tronchesina[F] per unghie[F]

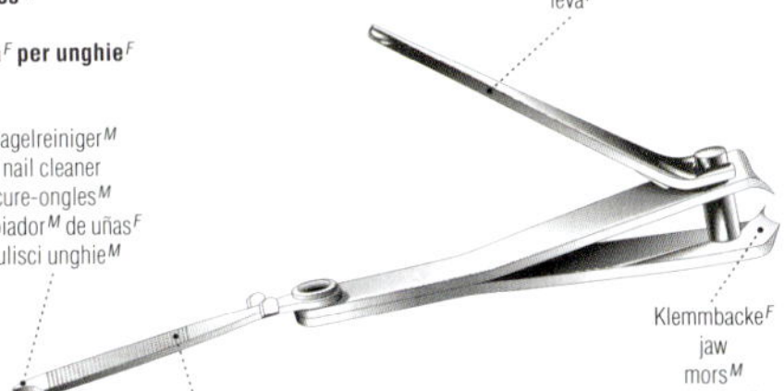

Nagelweißstift[M]
nail whitener pencil
crayon[M] blanchisseur d'ongles[M]
lápiz[M] blanco para uñas[F]
matita[F] sbiancante per unghie[F]

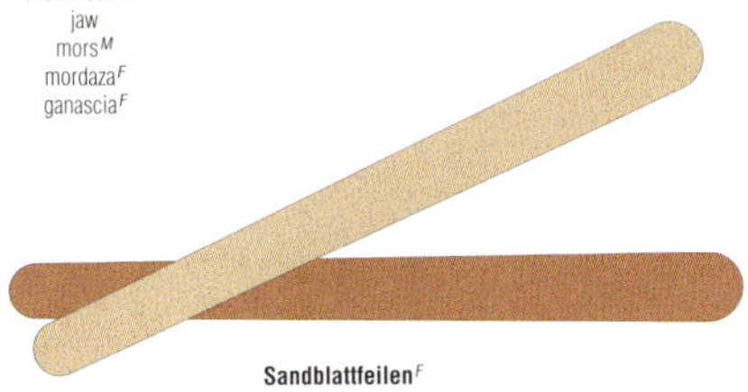

Sandblattfeilen[F]
emery boards
limes[F]-émeri[M]
lima[F] de uñas[F]
limetta[F] di cartoncino[M] vetrato

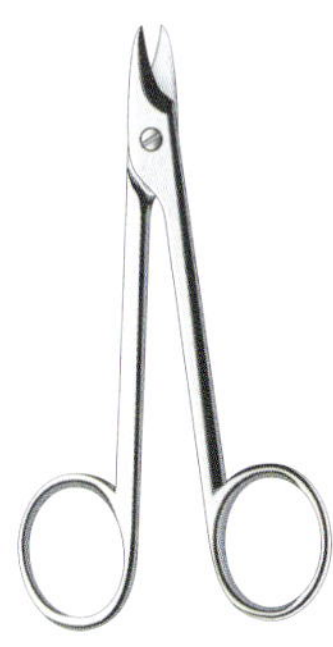

Fußnagelschere[F]
toenail scissors
ciseaux[M] de pédicure[F]
tijeras[F] de pedicura[F]
forbici[F] per unghie[F] dei piedi[M]

Make-up^{N}

make-up | maquillage^{M} | maquillaje^{M} | trucco^{M}

Make-up^{N}
make-up
maquillage^{M}
maquillaje^{M} facial
trucco^{M} per il viso^{M}

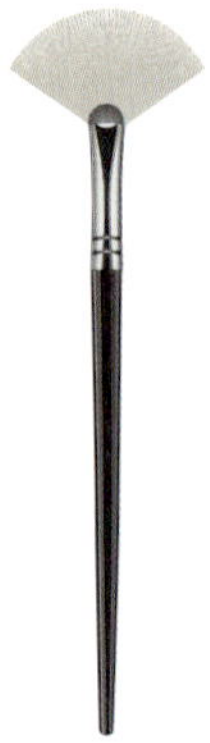

Fächerpinsel^{M}
fan brush
pinceau^{M} éventail^{M}
brocha^{F} en forma^{F} de abanico^{M}
pennello^{M} a ventaglio^{M}

Puderkissen^{N}
powder puff
houpette^{F}
borla^{F}
piumino^{M} da cipria^{F}

Rougepinsel^{M}
blusher brush
pinceau^{M} pour fard^{M} à joues^{F}
brocha^{F} aplicadora de colorete^{M}
pennello^{M} da fard^{M}

Puderrouge^{N}
powder blusher
fard^{M} à joues^{F} en poudre^{F}
colorete^{M} en polvo^{M}
fard^{M} in polvere^{F}

Puderdose^{F}
compact
poudrier^{M}
polvera^{F}
portacipria^{M}

Kompaktpuder^{M}
pressed powder
poudre^{F} pressée
polvo^{M} compacto
cipria^{F} compatta

Kunstschwamm^{M}
synthetic sponge
éponge^{F} synthétique
pincel^{M} de esponja^{F} sintética
spugna^{F} sintetica

loser Puder^{M}
loose powder
poudre^{F} libre
polvos^{M} sueltos
cipria^{F} in polvere^{F}

Puderpinsel^{M}
loose powder brush
pinceau^{M} pour poudre^{F} libre
brocha^{F}
pennello^{M} da cipria^{F} in polvere^{F}

flüssige Grundierung^{F}
liquid foundation
fond^{M} de teint^{M} liquide
base^{F} líquida
fondotinta^{M} fluido

Augen-Make-up^{N}
eye make-up
maquillage^{M} des yeux^{M}
maquillaje^{M} para ojos^{M}
trucco^{M} per gli occhi^{M}

Augenbrauenstift^{M}
eyebrow pencil
crayon^{M} à sourcils^{M}
lápiz^{M} de cejas^{F}
matita^{F} per sopracciglia^{F}

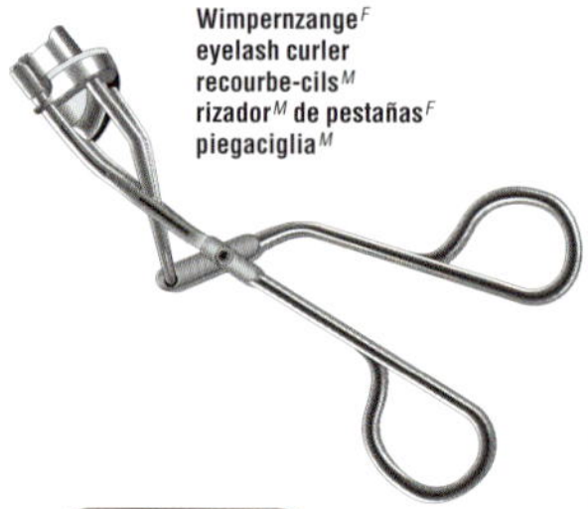

Wimpernzange^{F}
eyelash curler
recourbe-cils^{M}
rizador^{M} de pestañas^{F}
piegaciglia^{M}

Brauenbürstchen^{N} und Wimpernkämmchen^{N}
brow brush and lash comb
brosse^{F}-peigne^{M} pour cils^{M} et sourcils^{M}
cepillo^{M} para cejas^{F} y pestañas^{F}
pettinino^{M} per ciglia^{F} e spazzolino^{M} per sopracciglia^{F}

Mascarabürstchen^{N}
mascara brush
brosse^{F} à mascara^{M}
cepillo^{M} aplicador de rímel^{M}
spazzolino^{M} per mascara^{M}

Mascarastein^{M}
cake mascara
mascara^{M} en pain^{M}
rímel^{M} en pasta^{F}
mascara^{M} compatto

Schwammstäbchen^{N}
sponge-tipped applicator
applicateur^{M}-mousse^{F}
aplicador^{M} de esponja^{F}
applicatore^{M} a spugnetta^{F}

Lidschatten^{M}
eyeshadow
ombre^{F} à paupières^{F}
sombra^{F} de ojos^{M}
ombretto^{M}

flüssiger Eyeliner^{M}
liquid eyeliner
eye-liner^{M} liquide
delineador^{M}
eye-liner^{M}

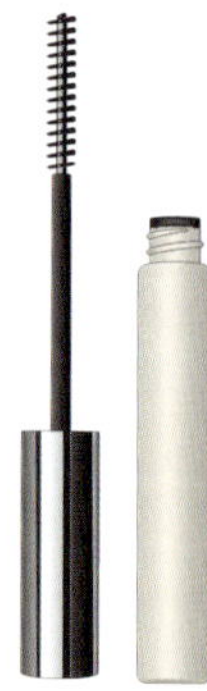

flüssiges Mascara^{N}
liquid mascara
mascara^{M} liquide
rímel^{M} líquido
mascara^{M} liquido

Lippen-Make-up^{N}
lip make-up
maquillage^{M} des lèvres^{F}
maquillaje^{M} labial
trucco^{M} per le labbra^{F}

Lippenpinsel^{M}
lipbrush
pinceau^{M} à lèvres^{F}
pincel^{M} para labios^{M}
pennellino^{M} per labbra^{F}

Lippenkonturenstift^{M}
lipliner
crayon^{M} contour^{M} des lèvres^{F}
delineador^{M} de labios^{M}
matite^{F} per il contorno^{M} delle labbra^{F}

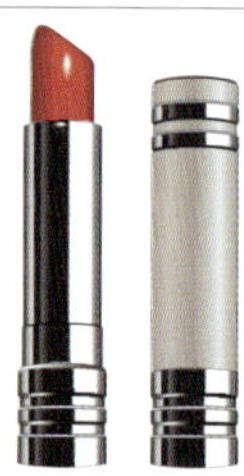

Lippenstift^{M}
lipstick
rouge^{M} à lèvres^{F}
pintalabios^{M}
rossetto^{M}

PERSÖNLICHE AUSSTATTUNG

Körperpflege^{F}

body care | soins^{M} du corps^{M} | cuidado^{M} personal | cura^{F} del corpo^{M}

Eau de parfum^{N}
eau de parfum
eau^{F} de parfum^{M}
agua^{M} de perfume^{M}
profumo^{M}

Toilettenseife^{F}
toilet soap
savon^{M} de toilette^{F}
jabón^{M} de tocador^{M}
saponetta^{F}

Haarfärbemittel^{N}
hair colour
colorant^{M} capillaire
tinte^{M} para el cabello^{M}
tintura^{F} per capelli^{M}

Haarspülung^{F}
hair conditioner
revitalisant^{M} capillaire
acondicionador^{M}
balsamo^{M} per capelli^{M}

Shampoo^{N}
shampoo
shampooing^{M}
champú^{M}
shampoo^{M}

Eau de toilette^{N}
eau de toilette
eau^{F} de toilette^{F}
eau^{M} de toilette^{F}
eau de toilette^{F}

Schaumbad^{N}
bubble bath
bain^{M} moussant
gel^{M} de baño^{M}
bagnoschiuma^{M}

Deodorant^{N}
deodorant
déodorant^{M}
desodorante^{M}
deodorante^{M}

Waschhandschuh^{M}
face flannel
gant^{M} de toilette^{F}
manopla^{F} de baño^{M}
manopola^{F}

Waschlappen^{M}
face flannel
débarbouillette^{F}
toalla^{F} para la cara^{F}
ospite^{M}

Massagehandschuh^{M}
massage glove
gant^{M} de crin^{M}
guante^{M} de crin^{M}
guanto^{M} di crine^{M}

Luffaschwamm^{M}
vegetable sponge
éponge^{F} végétale
esponja^{F} vegetal
spugna^{F} vegetale

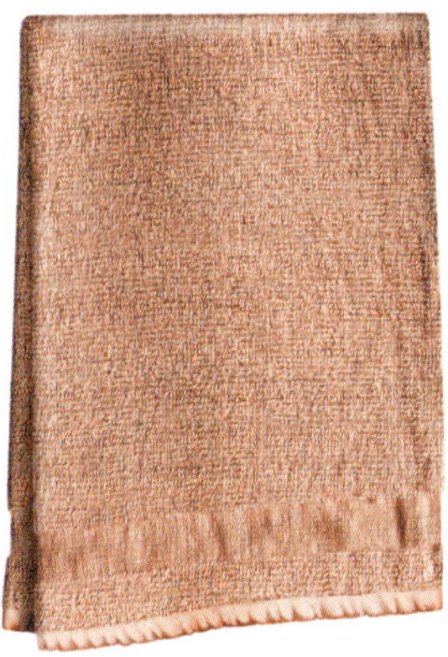

Badetuch^{N}
bath sheet
drap^{M} de bain^{M}
toalla^{F} de baño^{M}
asciugamano^{M} da bagno^{M}

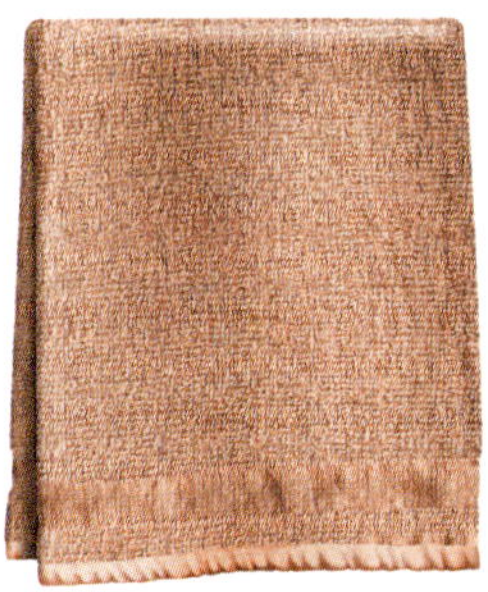

Handtuch^{N}
bath towel
serviette^{F} de toilette^{F}
toalla^{F} de lavabo^{M}
asciugamano^{M}

Badebürste^{F}
bath brush
brosse^{F} pour le bain^{M}
cepillo^{M} de baño^{M}
spazzola^{F} da bagno^{M}

Naturschwamm^{M}
natural sponge
éponge^{F} de mer^{F}
esponja^{F} natural
spugna^{F} naturale

Massagebürste^{F}
back brush
brosse^{F} pour le dos^{M}
cepillo^{M} de espalda^{F}
spazzola^{F} per la schiena^{F}

Haarpflege^{F}

hairdressing | coiffure^{F} | peinado^{M} | articoli^{M} per acconciatura^{F}

Haarbürsten^{F}
hairbrushes
brosses^{F} à cheveux^{M}
cepillos^{M}
spazzole^{F} per capelli^{M}

flache Frisierbürste^{F}
flat-back brush
brosse^{F} pneumatique
cepillo^{M} con base^{F} de goma^{F}
spazzola^{F} a dorso^{M} piatto

Rundbürste^{F}
round brush
brosse^{F} ronde
cepillo^{M} redondo
spazzola^{F} rotonda

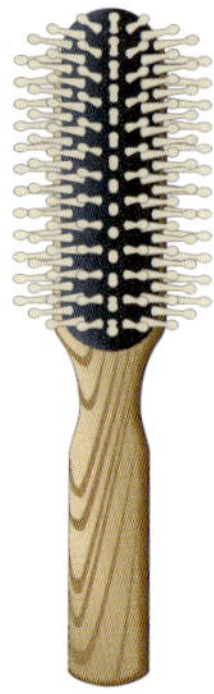

Drahtbürste^{F}
quill brush
brosse^{F} anglaise
cepillo^{M} de púas^{F}
spazzola^{F} antistatica

Skelettbürste^{F}
vent brush
brosse^{F}-araignée^{F}
cepillo^{M} de esqueleto^{M}
spazzola^{F} ragno

Kämme^{M}
combs
peignes^{M}
peines^{M}
pettini^{M}

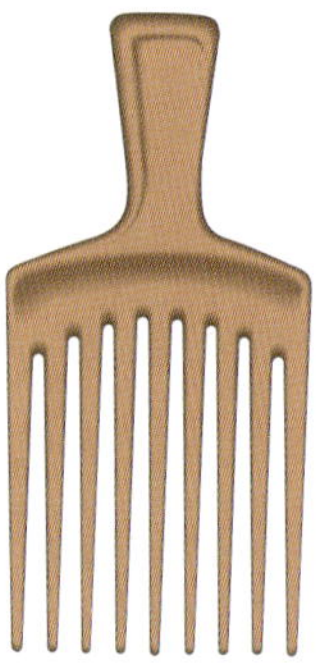

Strähnenkamm^{M}
Afro pick
peigne^{M} afro
peine^{M} afro
pettine^{M} afro

Toupierkamm^{M}
teaser comb
peigne^{M} à crêper
peine^{M} de cardar
pettine^{M} per cotonare

Stielkamm^{M}
tail comb
peigne^{M} à tige^{F}
peine^{M} de mango^{M}
pettine^{M} a coda^{F}

Haarschneidekamm^{M}
barber comb
peigne^{M} de coiffeur^{M}
peine^{M} de peluquero^{M}
pettine^{M} da barbiere^{M}

Haarliftkamm^{M}
pitchfork comb
combiné^{M} 2 dans 1
peine^{M} combinado
pettine^{M} a forchetta^{F}

Griffkamm^{M}
rake comb
démêloir^{M}
peine^{M} para desenredar
pettine^{M} rado

Lockenwickler^{M}
hair roller
bigoudi^{M}
rulo^{M} para el cabello^{M}
bigodino^{M}

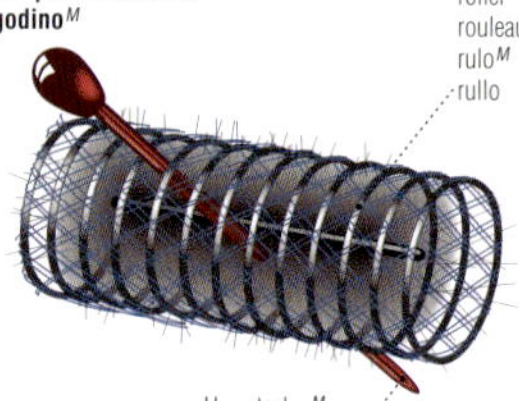

Wickler^{M}
roller
rouleau^{M}
rulo^{M}
rullo

Haarstecker^{M}
hair roller pin
épingle^{F} à bigoudi^{M}
alfiler^{M}
spillone^{M}

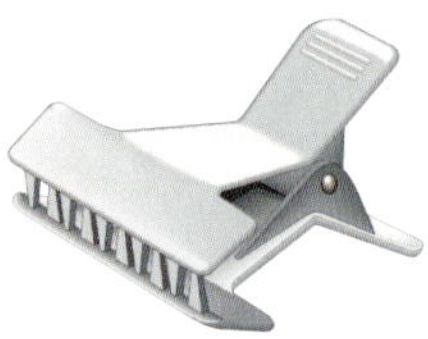

Abteilklammer^{F}
wave clip
pince^{F} à boucles^{F} de cheveux^{M}
pinza^{F} para rizar
pinza^{F} per capelli^{M}

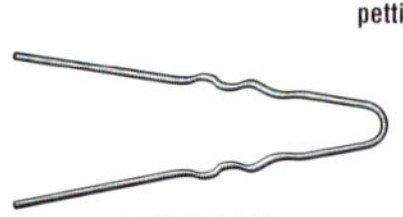

Lockennadel^{F}
hairpin
épingle^{F} à cheveux^{M}
horquilla^{F} de moño^{M}
forcina^{F}

Haarklemme^{F}
hair grip
pince^{F} à cheveux^{M}
horquilla^{F}
molletta^{F}

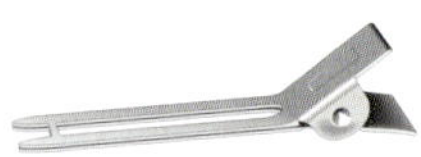

Haarclip^{M}
hair clip
pince^{F} de mise^{F} en plis^{M}
pinza^{F} para el cabello^{M}
beccuccio^{M}

Haarspange^{F}
hair slide
barrette^{F}
pasador^{M}
fermacapelli^{M}

Haarpflege^{F}

beleuchteter Spiegel^{M}
illuminated mirror
miroir^{M} lumineux
espejo^{M} luminoso
specchio^{M} luminoso

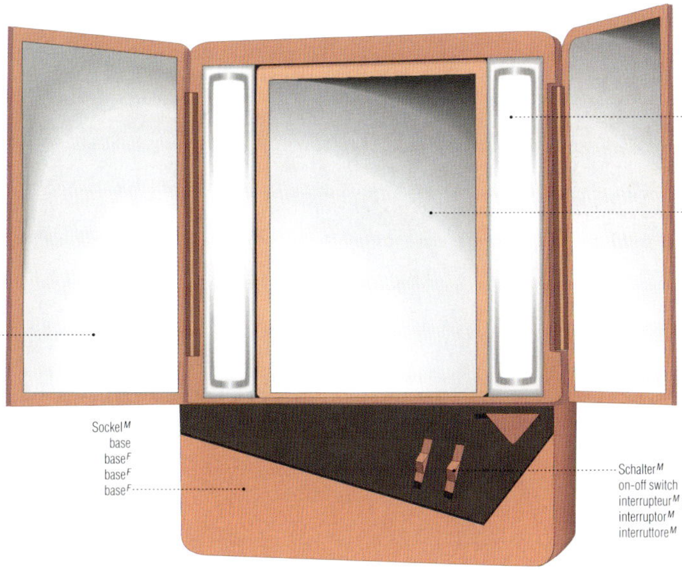

Haarglätter^{M}
straightening iron
pince^{F} à défriser
plancha^{F} de pelo
piastra^{F} stiracapelli

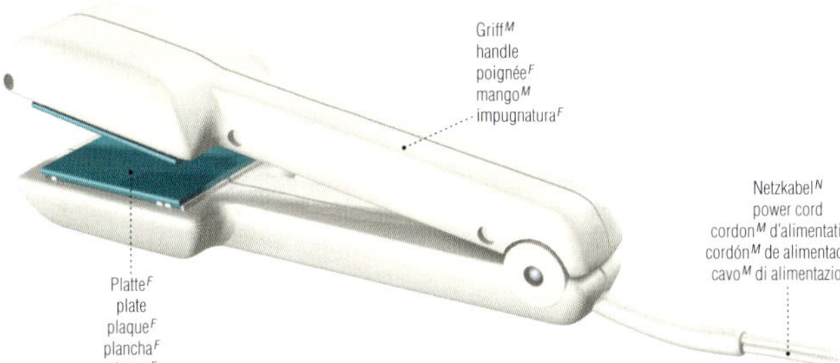

Effiliermesser^{N}
thinning razor
rasoir^{M} effileur
navaja^{F} para entresacar
rasoio^{M} sfoltitore

Lockenstab^{M}
curling iron
fer^{M} à friser
tenacillas^{F}
arricciacapelli^{M}

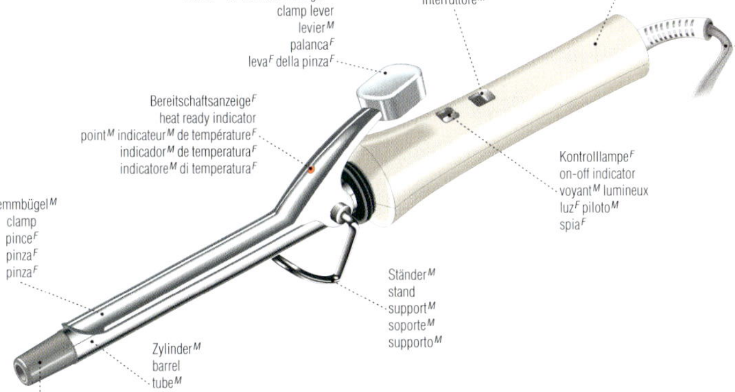

Haarschneider^{M}
clippers
tondeuse^{F}
maquinilla^{F} para cortar el cabello^{M}
macchinetta^{F}

Haarpflege^F

Haarschneideschere^F
haircutting scissors
ciseaux^M de coiffeur^M
tijeras^F de peluquero^M
forbici^F da parrucchiere^M

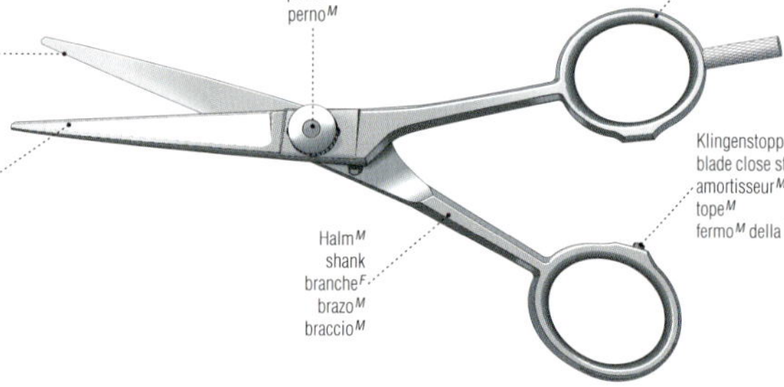

einseitig gezahnte Effilierschere^F
notched single-edged thinning scissors
ciseaux^M sculpteurs
tijeras^F con filo^M simple para entresacar
forbice^F sfoltitrice a lama^F singola dentellata

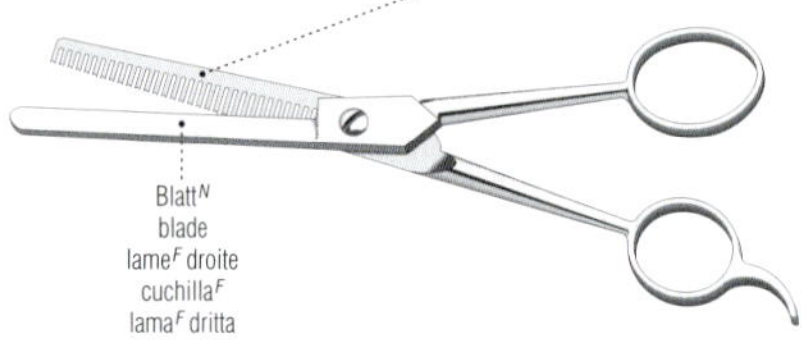

zweiseitig gezahnte Effilierschere^F
notched double-edged thinning scissors
ciseaux^M à effiler
tijeras^F con doble filo^M para entresacar
forbice^F sfoltitrice a doppia lama^F dentellata

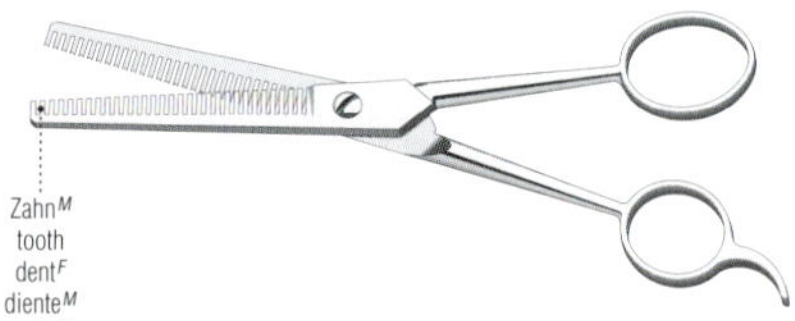

Fön^M
hair dryer
sèche-cheveux^M
secador^F de mano^M
asciugacapelli^M

Rasur[F]

shaving | rasage[M] | afeitado[M] | rasatura[F]

Rasierschaum[M]
shaving foam
mousse[F] à raser
espuma[F] de afeitar
schiuma[F] da barba[F]

Netzkabel[N]
flex
cordon[M] d'alimentation[F]
cable[M] de alimentación[F]
cordone[M] dell'alimentazione[F]

Reinigungsbürste[F]
cleaning brush
brosse[F] de nettoyage[M]
escobilla[F] limpiadora
spazzolino[M] di pulizia[F]

Elektrorasierer[M]
electric razor
rasoir[M] électrique
máquina[F] de afeitar eléctrica
rasoio[M] elettrico

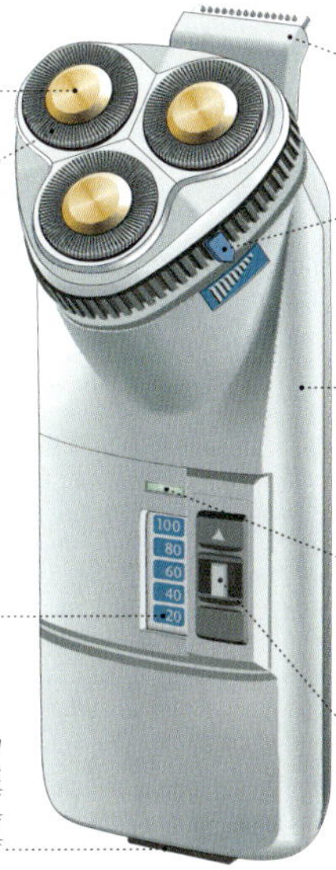

Adapter[M]
plug adapter
adaptateur[M] de fiche[F]
adaptador[M]
adattatore[M]

Rasierpinsel[M]
shaving brush
blaireau[M]
brocha[F] de afeitar
pennello[M] da barba[F]

Rasierwasser[N]
aftershave
après-rasage[M]
loción[F] para después del afeitado[M]
dopobarba[M]

Rasiermesser[N]
cut-throat razor
rasoir[M] à manche[M]
navaja[F] de barbero[M]
rasoio[M] a mano[F] libera

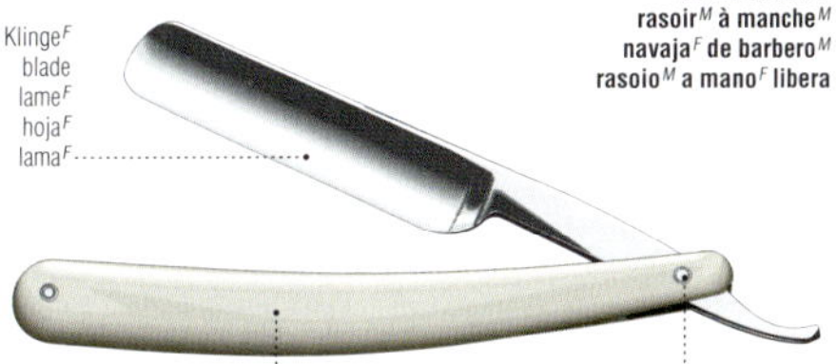

Seifenbecher[M]
shaving mug
bol[M] à raser
jabonera[F]
tazza[F] per sapone[M] da barba[F]

Klingendose[F]
blade dispenser
distributeur[M] de lames[F]
distribuidor[M] de hojas[F] de afeitar
caricatore[M] di lamette[F]

zweischneidige Klinge[F]
double-edged razor blade
lame[F] à double tranchant[M]
hoja[F] de afeitar
lametta[F] a due tagli[M]

zweischneidiger Rasierer[M]
double-edged razor
rasoir[M] à double tranchant[M]
maquinilla[F] de afeitar
rasoio[M] di sicurezza[F]

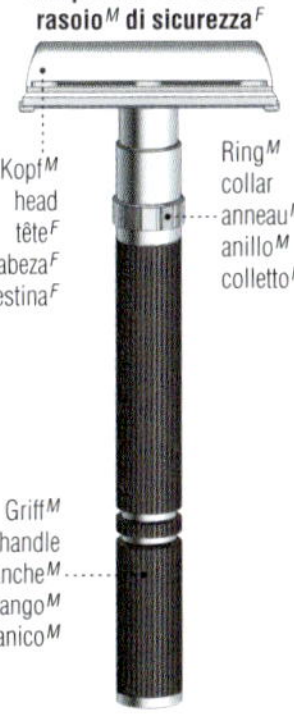

Einwegrasierer[M]
disposable razor
rasoir[M] jetable
maquinilla[F] desechable
rasoio[M] usa e getta

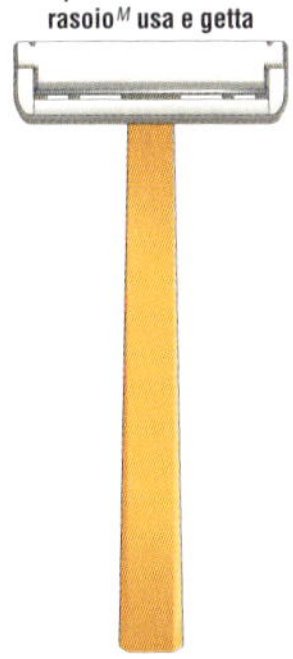

Zahnpflege^F

dental care | hygiène^F dentaire | higiene^F dental | igiene^F orale

Zahnbürste^F
toothbrush
brosse^F à dents^F
cepillo^M de dientes^M
spazzolino^M da denti^M

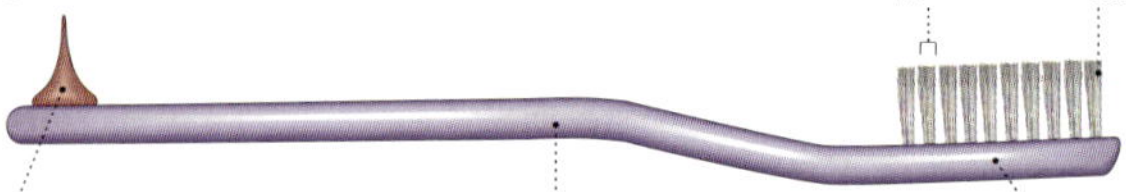

Reihe^F
row
rang^M
hilera^F
fila^F

Borste^F
bristle
poil^M
cerda^F
setola^F

Massagespitze^F
gum massager
stimulateur^M de gencives^F
estimulador^M de encías^F
stimolatore^M gengivale

Griff^M
handle
manche^M
mango^M
manico^M

Kopf^M
head
tête^F
cabeza^F hexagonal
testa^F

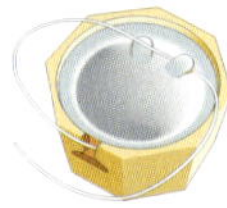

Zahnseide^F
dental floss
fil^M dentaire
hilo^M dental
filo^M interdentale

Zahnpasta^F
toothpaste
dentifrice^M
dentífrico^M
dentifricio^M

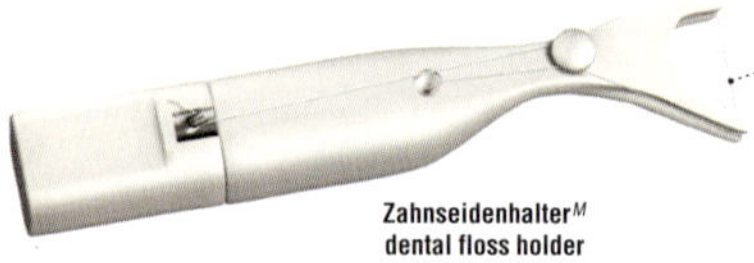

Zahnseide^F
dental floss
fil^M dentaire
hilo^M dental
filo^M interdentale

Zahnseidenhalter^M
dental floss holder
porte-fil^M dentaire
estuche^M de hilo^M dental
contenitore^M per filo^M interdentale

elektrische Zahnbürste^F
electric toothbrush
combiné^M bucco-dentaire
cepillo^M de dientes^M eléctrico
spazzolino^M da denti^M elettrico

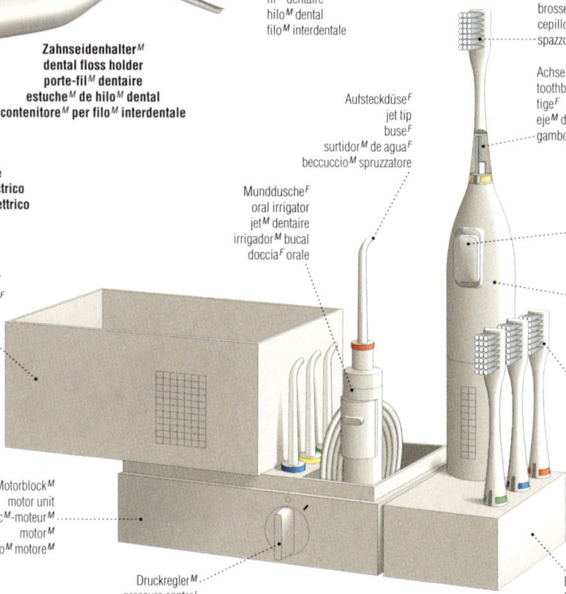

Bürste^F
brush
brosse^F
cepillo^M
spazzola^F

Achse^F für die Aufsteckbürste^F
toothbrush shaft
tige^F
eje^M del cepillo^M
gambo^M a innesto^M dello spazzolino^M

Aufsteckdüse^F
jet tip
buse^F
surtidor^M de agua^F
beccuccio^M spruzzatore

Mundusche^F
oral irrigator
jet^M dentaire
irrigador^M bucal
doccia^F orale

Schalter^M
on-off switch
interrupteur^M
interruptor^M
interruttore^M

Wasserbehälter^M
water tank
réserve^F d'eau^F
depósito^M del agua^F
serbatoio^F dell'acqua^F

Griff^M
handle
manche^M
mango^M
impugnatura^F

Zahnbürste^F
toothbrush
brosse^F à dents^F
cepillo^M de dientes^M
spazzolino^M da denti^M

Motorblock^M
motor unit
bloc^M-moteur^M
motor^M
blocco^M motore^M

Druckregler^M
pressure control
réglage^M de la pression^F
control^M de presión^F
regolatore^M della pressione^F

Box^F für die Aufsteckbürsten^F
toothbrush well
réceptacle^M de brosses^F
receptáculo^M del cepillo^M
vano^M portaspazzolini

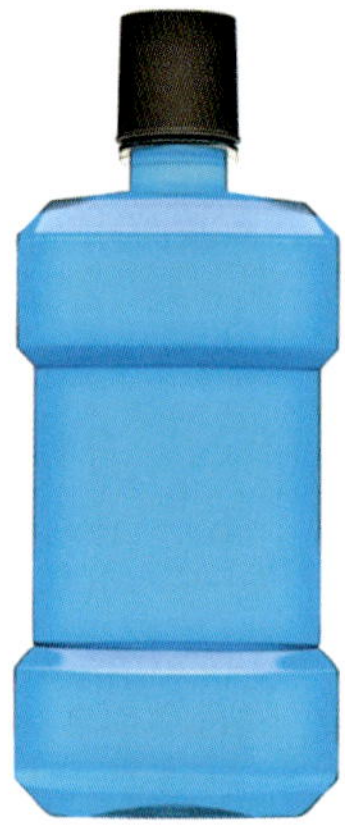

Mundwasser^N
mouthwash
eau^F dentifrice^M
colutorio^M
collutorio^M

Kontaktlinsen^F

contact lenses | lentilles^F de contact^M | lentes^F de contacto^M | lenti^F a contatto^M

Kombi-Pflegelösung^F
multi-purpose solution
solution^F multifonctions
solución^M multipropósito
soluzione^F multiuso

Tropfen^M für trockene Augen^N
lubricant eye drops
gouttes^F ophtalmiques lubrifiantes
gotas^F oftalmológicas lubricantes
gocce^F oftalmiche lubrificanti

weiche Kontaktlinse^F
soft contact lens
lentille^F souple
lentes^F de contacto^M blandas
lente^F a contatto^M morbida

Einwegkontaktlinse^F
disposable contact lens
lentille^F jetable
lentes^F de contacto^M desechables
lente^F a contatto^M monouso

harte Kontaktlinse^F
hard contact lens
lentille^F rigide
lentes^F de contacto^M duras
lente^F a contatto^M rigida

linke Seite^F
left side
logement^M gauche
lado^M izquierdo
lato^M sinistro

rechte Seite^F
right side
logement^M droit
lado^M derecho
lato^M destro

Kontaktlinsenbehälter^M
lens case
étui^M à lentilles^F
estuche^M portalentes
portalenti^M

Brille[F]

spectacles | lunettes[F] | gafas[F] | occhiali[M]

Teile[M/N] der Brille[F]
parts of spectacles
parties[F] des lunettes[F]
gafas[F]: partes[F]
parti[F] degli occhiali[M]

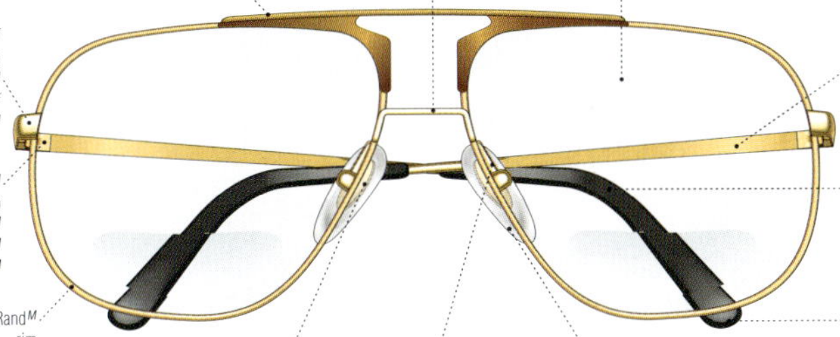

Fassungen[F]
frames
monture[F]
montura[F]
montatura[F]

Beispiele[N] für Augengläser[N]
examples of spectacles
exemples[M] de lunettes[F]
ejemplos[M] de gafas[F]
esempi[M] di occhiali[M]

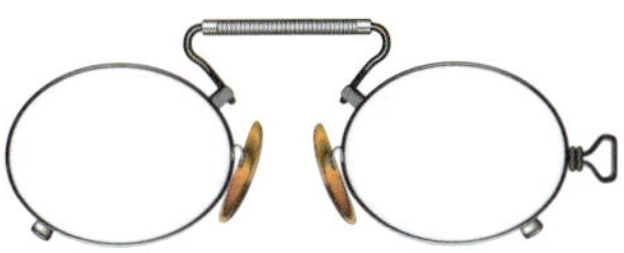

Kneifer[M]
pince-nez
bésicles[F] à pont[M] élastique
quevedos[M]
pince-nez[M]

Halbbrille[F]
half-glasses
demi-lune[F]
media luna[F]
mezzi occhiali[M]

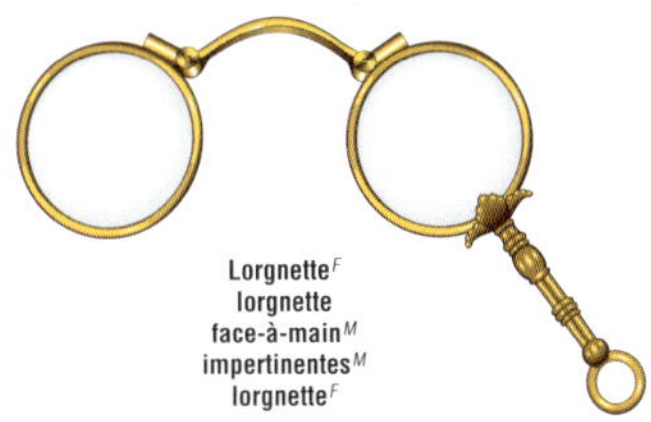

Lorgnette[F]
lorgnette
face-à-main[M]
impertinentes[M]
lorgnette[F]

Sonnenbrille[F]
sunglasses
lunettes[F] de soleil[M]
gafas[F] de sol[M]
occhiali[M] da sole[M]

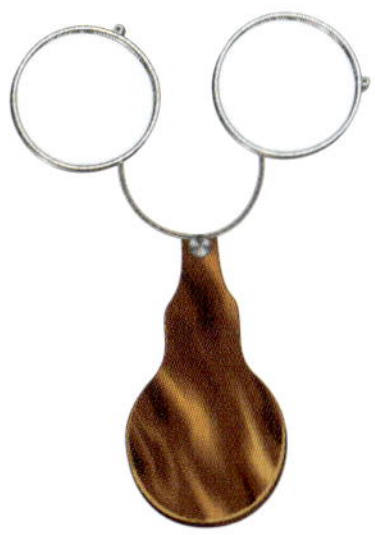

Scherenbrille[F]
scissors-glasses
binocle[M]
binóculos[M] de tijera[F]
occhiali[M] a forbice[F]

Monokel[N]
monocle
monocle[M]
monóculo[M]
monocolo[M]

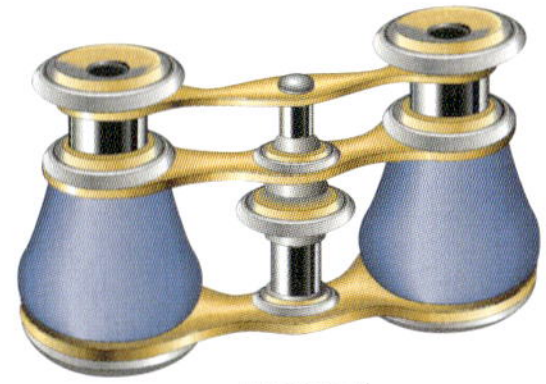

Opernglas[N]
opera glasses
lorgnette[F]
gemelos[M] de teatro[M]
binocolo[M] da teatro[M]

Lederwaren[F]

leather goods | articles[M] de maroquinerie[F] | artículos[M] de marroquinería | articoli[M] di pelletteria[F]

Aktenkoffer[M]
attaché case
mallette[F] porte-documents[M]
maletín[M]
ventiquattrore[F]

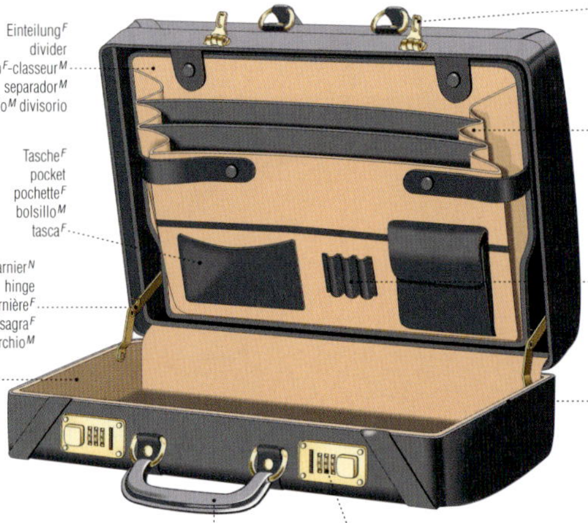

Kollegmappe[F] mit Griff[M]
bottom-fold document case
porte-documents[M] à soufflet[M]
cartera[F] de fondo[M] plegable
portacarte[M] a soffietto[M]

Aktentasche[F]
briefcase
serviette[F]
cartera[F]
borsa[F] a soffietto[M]

Etui[N] für Taschenrechner[M] und Scheckheft[N]
calculator/cheque book holder
portefeuille[M] chéquier[M]
chequera[F] con calculadora[F]
portassegni[M]/portacalcolatrice[M]

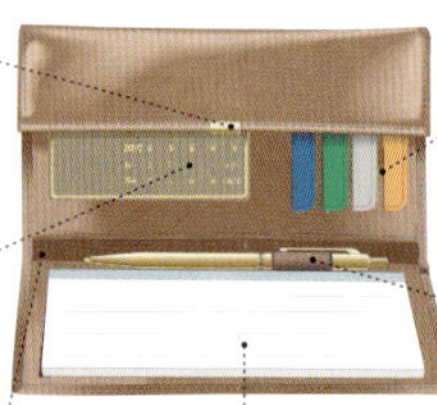

Kreditkartenetui[N]
credit card wallet
porte-cartes[M]
tarjetero[M]
portafoglio[M] per carte[F] di credito[M]

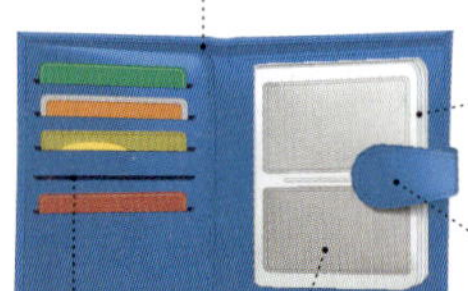

Lederwaren^{F}

Brieftasche^{F}
wallet
portefeuille^{M}
billetero^{M}
portafoglio^{M}

Geldbeutel^{M} für Münzen^{F}
coin purse
porte-monnaie^{M}
portamonedas^{M}
portamonete^{M}

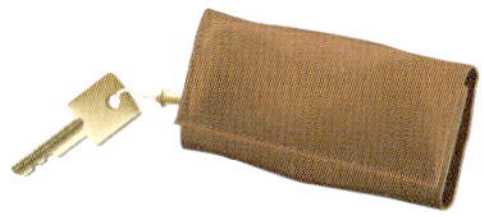

Schlüsseletui^{N}
key case
porte-clés^{M}
llavero^{M}
portachiavi^{M}

Geldbeutel^{M}
purse
bourse^{F} à monnaie^{F}
monedero^{M}
borsellino^{M}

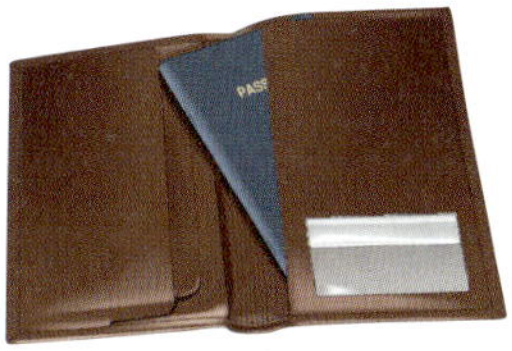

Brieftasche^{F}
passport case
porte-passeport^{M}
porta pasaportes^{M}
portapassaporto^{M}

Brieftasche^{F}
wallet
porte-coupures^{M}
billetera^{F}
portafoglio^{M}

Schreibmappe^{F}
writing case
écritoire^{F}
agenda^{F}
portablocco^{M}

Scheckhülle^{F}
cheque book cover
porte-chéquier^{M}
talonario^{M} de cheques^{M}
portassegni^{M}

Brillenetui^{N}
spectacles case
étui^{M} à lunettes^{F}
funda^{F} de gafas^{F}
astuccio^{M} per occhiali^{M}

Unterarmmappe^{F}
underarm briefcase
porte-documents^{M} plat
cartera^{F} porta documentos^{M}
busta^{F} portadocumenti

Handtaschen^{F}

handbags | sacs^{M} à main^{F} | bolsos^{M} | borse^{F}

Beuteltasche^{F}
drawstring bag
sac^{M} seau^{M}
bolso^{M} tipo cubo^{M}
secchiello^{M} con cordoncino^{M}

Öse^{F}
eyelet
œillet^{M}
ojal^{M}
occhiello^{M}

Zugschnur^{F}
drawstring
lacet^{M} de serrage^{M}
cordón^{M}
cordoncino^{M} di chiusura^{F}

Vortasche^{F}
front pocket
poche^{F} frontale
bolsillo^{M} exterior
tasca^{F} frontale

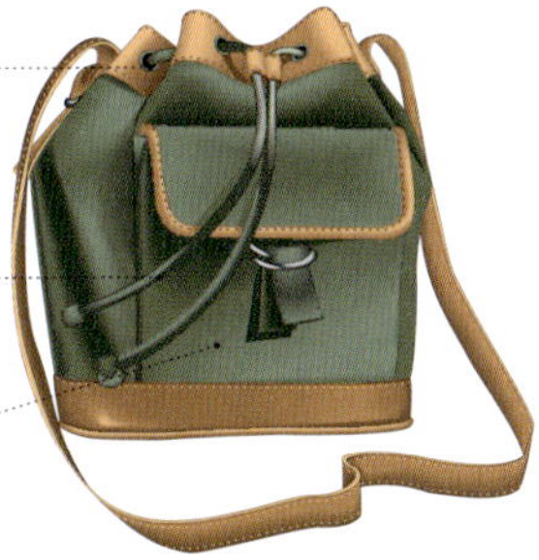

Aktentasche^{F}
satchel bag
sac^{M} cartable^{M}
bolso^{M} clásico
cartella^{F}

Griff^{M}
handle
poignée^{F}
asa^{F}
manico^{M}

Überschlag^{M}
flap
rabat^{M}
ala^{F}
aletta^{F}

Schnappverschluss^{M}
clasp
fermoir^{M}
broche^{M}
chiusura^{F}

Schloss^{N}
lock
serrure^{F}
cierre^{M}
serratura^{F}

PERSÖNLICHE AUSSTATTUNG

Handtaschen^F

Boxtasche^F
box bag
sac^M boîte^F
bolso^M de vestir
borsa^F a telaio^M rigido

kleine Beuteltasche^F
small drawstring bag
balluchon^M
bolso^M saco
secchiello^M piccolo con cordoncino^M

Schultertasche^F
shoulder bag
sac^M à bandoulière^F
bolso^M de bandolera^F
borsa^F a tracolla^F

Mufftasche^F
muff
manchon^M
bolso^M manguito^M
borsa^F a manicotto^M

Umhängetasche^F mit Reißverschluss^M
shoulder bag with zip
sac^M besace^F
morral^M
sacca^F a tracolla^F

Umhängetasche^F mit Dehnfalte^F
accordion bag
sac^M accordéon^M
bolso^M de fuelle^M
borsa^F da postino^M

Einkaufstasche^F
tote bag
sac^M fourre-tout^M
bolsa^F de lona^F
sporta^F

Herrentasche^F
men's bag
pochette^F d'homme^M
mariconera^F
borsello^M

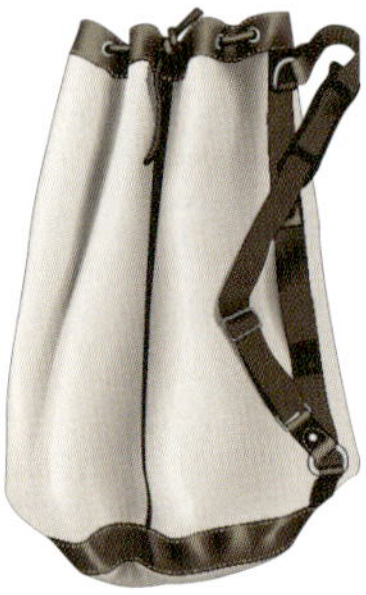

Matchbeutel^M
duffle bag
sac^M marin^M
saco^M de marinero^M
sacca^F da marinaio^M

geräumige Tasche^F
holdall
sac^M polochon^M
bolso^M de viaje^M
borsone^M da viaggio^M

Einkaufstasche^F
shopping bag
sac^M à provisions^F
bolso^M de la compra^F
borsa^F della spesa^F

große Einkaufstasche^F
shopping bag
cabas^M
capazo^M
borsa^F della spesa^F

Gepäck^N

luggage | bagages^M | equipaje^M | bagagli^M

Kulturbeutel^M
toilet bag
trousse^F de toilette^F
neceser^M
trousse^F

Reisetasche^F
travel bag
sac^M de vol^M
bolso^M de viaje^M
borsa^F da viaggio^M

Flugtasche^F
flight bag
sac^M fourre-tout^M
maletín^M
bagaglio^M a mano^F

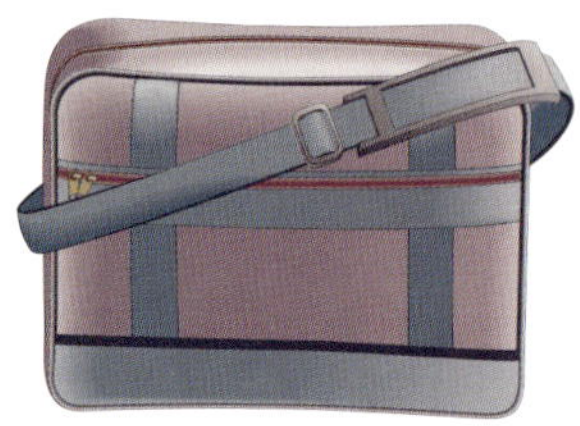

Kleidersack^{M}
suit carrier
housse^{F} à vêtements^{M}
bolsa^{F} para trajes^{M}
portabiti^{M}

Reißverschluss^{M}
zip
fermeture^{F} à glissière^{F}
cremallera^{F}
cerniera^{F} lampo

Koffer^{M}
suitcase
valise^{F} pullman^{M}
maleta^{F} clásica
valigia^{F}

Griff^{M}
handle
poignée^{F}
asa^{F}
manico^{M}

Rahmen^{M}
frame
cadre^{M}
bastidor^{M}
telaio^{M}

Zugriemen^{M}
pull strap
dragonne^{F}
correa^{F}
maniglia^{F} di traino^{M}

Rolle^{F}
wheel
roulette^{F}
ruedecilla^{F}
ruota^{F}

Gepäckanhänger^{M}
identity tag
porte-adresse^{M}
etiqueta^{F} de identificación^{F}
etichetta^{F} portaindirizzo

Blende^{F}
trim
garniture^{F}
guarnición^{F}
bordo^{M} di rifinitura^{F}

Wochenendkoffer^{M}
weekend case
valise^{F} fin^{F} de semaine^{F}
maleta^{F} de fin^{M} de semana^{F}
quarantottore^{F}

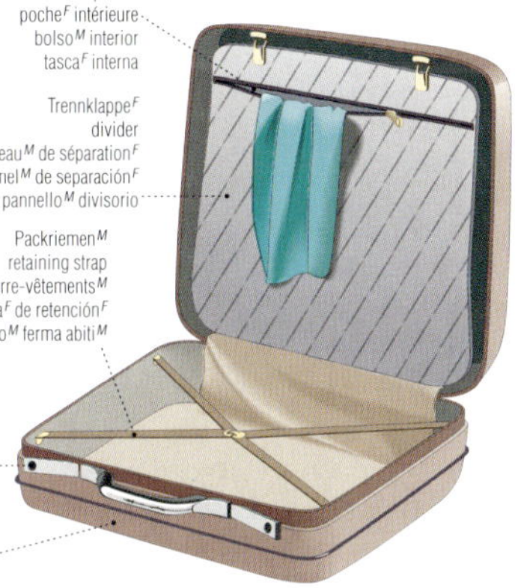

Innentasche^{F}
interior pocket
poche^{F} intérieure
bolso^{M} interior
tasca^{F} interna

Trennklappe^{F}
divider
panneau^{M} de séparation^{F}
panel^{M} de separación^{F}
pannello^{M} divisorio

Packriemen^{M}
retaining strap
sangle^{F} serre-vêtements^{M}
correa^{F} de retención^{F}
elastico^{M} ferma abiti^{M}

Schloss^{N}
lock
serrure^{F}
cerradura^{F}
serratura^{F}

Schale^{F}
shell
coque^{F}
tapa^{F}
guscio^{M}

Kosmetikkoffer^{M}
vanity case
mallette^{F} de toilette^{F}
neceser^{M}
beauty-case^{M}

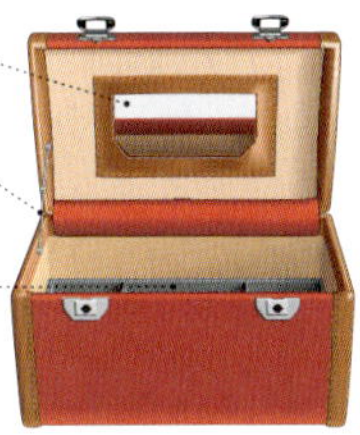

Spiegel^{M}
mirror
miroir^{M}
espejo^{M}
specchio^{M}

Scharnier^{N}
hinge
charnière^{F}
bisagra^{F}
reggicoperchio^{M}

Kosmetikeinsatz^{M}
cosmetic tray
plateau^{M}
bandeja^{F} para cosméticos^{M}
portatrucchi^{M}

Gepäckroller^{M}
luggage trolley
porte-bagages^{M}
carrito^{M} portamaletas^{M}
carrello^{M} portabagagli

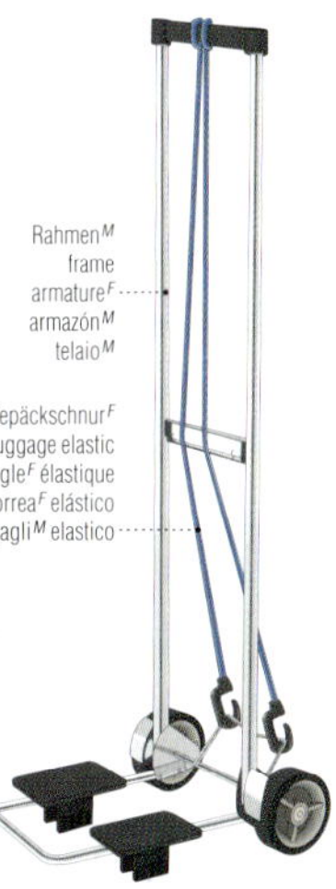

Rahmen^{M}
frame
armature^{F}
armazón^{M}
telaio^{M}

Gepäckschnur^{F}
luggage elastic
sangle^{F} élastique
correa^{F} elástico
legabagagli^{M} elastico

Ständer^{M}
stand
béquille^{F}
soporte^{M}
base^{F}

Überseekoffer^{M}
trunk
malle^{F}
baúl^{M}
baule^{M}

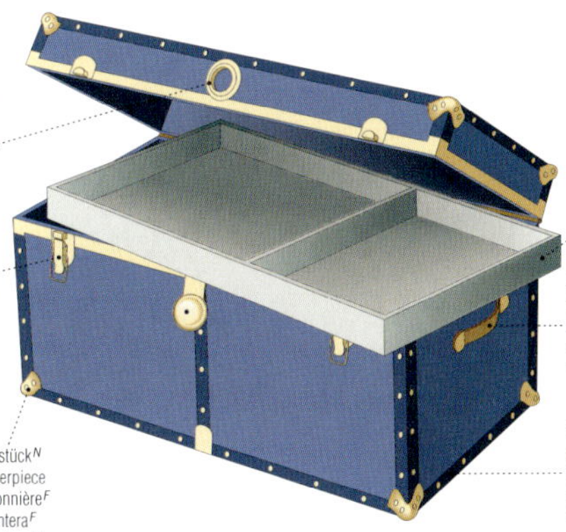

Überfallschloss^{N}
hasp
moraillon^{M}
aldabilla^{F}
chiusura^{F} a occhiello^{M}

Riegel^{M}
latch
crampon^{M} de fermeture^{F}
abrazadera^{F}
gancio^{M} di chiusura^{F}

Eckstück^{N}
cornerpiece
cantonnière^{F}
contera^{F}
angolare^{M}

Einsatz^{M}
tray
plateau^{M}
bandeja^{F}
vassoio^{M}

Griff^{M}
handle
poignée^{F}
asa^{F}
maniglia^{F}

Schutzkante^{F}
reinforced edging
ferrure^{F}
herraje^{M}
bandella^{F} di rinforzo^{M}

Raucherbedarf^{M}

smoking accessories | articles^{M} de fumeur^{M} | artículos^{M} de fumador^{M} | accessori^{M} per fumatori^{M}

Pfeife^{F}
pipe
pipe^{F}
pipa^{F}
pipa^{F}

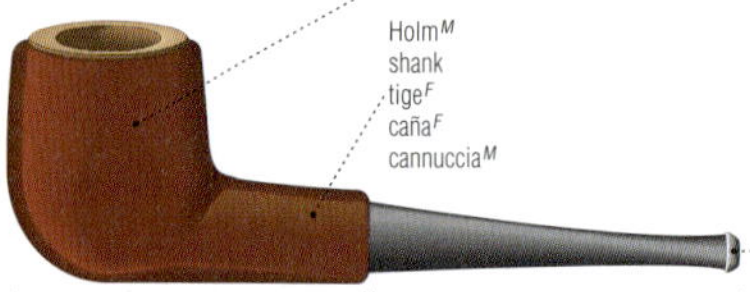

Pfeifenbesteck^{N}
pipe tools
bourre-pipe^{M}
accesorios^{M} para la pipa^{F}
curapipe^{M}

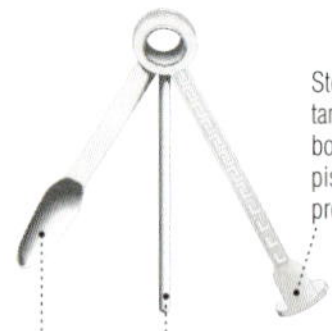

Pfeifenputzer^{M}
pipe cleaners
nettoie-pipes^{M}
escobillas^{F}
scovolini^{M}

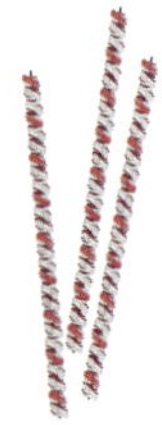

Pfeife^{F} im Querschnitt^{M}
cross section of a pipe
coupe^{F} d'une pipe^{F}
corte^{M} transversal de una pipa^{F}
sezione^{F} di una pipa^{F}

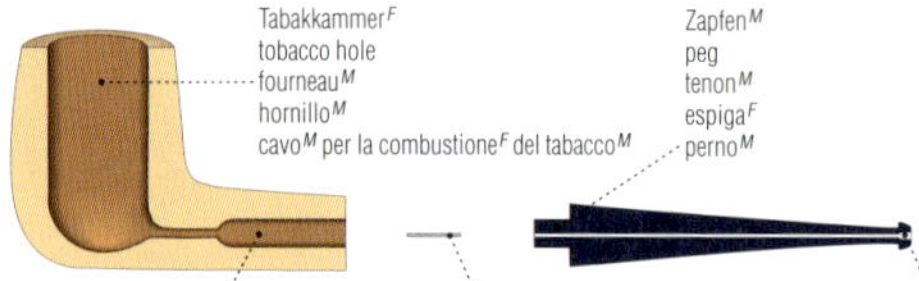

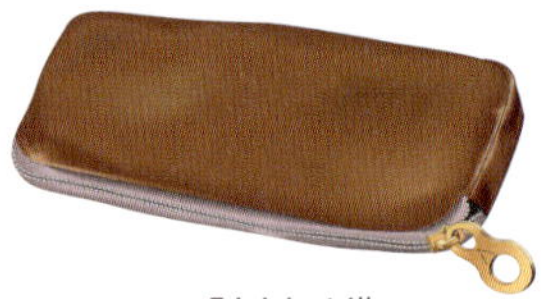

Tabaksbeutel^{M}
tobacco pouch
blague^{F} à tabac^{M}
tabaquera^{F}
borsa^{F} del tabacco^{M}

Pfeifenständer^{M}
pipe rack
porte-pipes^{M}
porta pipas^{M}
portapipe^{M}

Zigarre^{F}
cigar
cigare^{M}
puro^{M}
sigaro^{M}

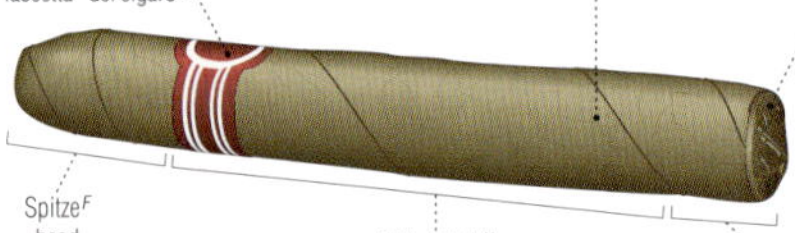

Zigarrenschneider^{M}
cigar cutter
coupe-cigare^{M}
cortapuros^{M}
tagliasigari^{M}

Zigarettenpapier^{N}
cigarette papers
papier^{M} à cigarettes^{F}
papel^{M} de fumar
cartine^{F} per sigarette^{F}

Zigarette^{F}
cigarette
cigarette^{F}
cigarrillo^{M}
sigaretta^{F}

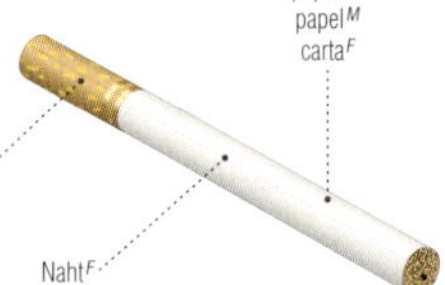

Zigarettenschachtel^{F}
cigarette packet
paquet^{M} de cigarettes^{F}
paquete^{M} de cigarrillos^{M}
pacchetto^{M} di sigarette^{F}

Stange^{F}
carton
cartouche^{F}
cartón^{M} de cigarrillos^{M}
stecca^{F}

Raucherbedarf[M]

Gasfeuerzeug[N]
gas lighter
briquet[M] à gaz[M]
encendedor[M]
accendino[M] a gas[M]

Abdeckkappe[F]
cover
couvercle[M]
tapa[F]
coperchio[M]

Zahnrädchen[N]
striker wheel
molette[F]
ruedecilla[F] de la piedra[F]
rotella[F] della pietrina[F]

Flammenregulierung[F]
flame adjustment wheel
molette[F] de réglage[M] de la flamme[F]
ajuste[M] de la llama[F]
regolatore[M] della fiamma[F]

Butangastank[M]
gas tank
réservoir[M]
depósito[M] de gas[M]
serbatoio[M] del gas[M]

Streichholzheftchen[N]
book of matches
pochette[F] d'allumettes[F]
carterita[F] de cerillas[F]
bustina[F] di fiammiferi[M]

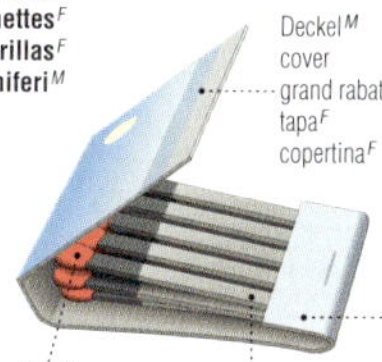

Deckel[M]
cover
grand rabat[M]
tapa[F]
copertina[F]

Vorderfläche[F]
front flap
petit rabat[M]
solapa[F]
aletta[F] frontale

Kopf[M]
head
tête[F]
cabeza[F]
capocchia[F]

Streichholz[N]
matchstick
tige[F]
cerilla[F]
fiammifero[M] minerva

Rücken[M]
back
dos[M]
respaldo[M]
dorso[M]

Reibefläche[F]
friction strip
frottoir[M]
frotador[M] de fósforo[M]
striscia[F] di sfregamento[M]

Streichholzschachtel[F]
matchbox
boîte[F] d'allumettes[F]
caja[F] de cerillas[F]
scatola[F] di fiammiferi[M]

Sicherheitsstreichholz[N]
safety match
allumette[F] de sûreté[F]
cerillas[F] de seguridad[F]
fiammifero[M] svedese

Aschenbecher[M]
ashtray
cendrier[M]
cenicero[M]
portacenere[M]

Stummel[M]
butt
mégot[M]
colilla[F]
mozzicone[M]

Asche[F]
ash
cendre[F]
ceniza[F]
cenere[F]

Schirm[M] und Stock[M]

umbrella and stick | parapluie[M] et canne[F] | paraguas[M] y bastones[M] | ombrello[M] e bastone[M]

Spazierstock[M]
walking stick
canne[F]
bastón[M]
bastone[M] da passeggio[M]

Schirmständer[M]
umbrella stand
porte-parapluies[M]
paragüero[M]
portaombrelli[M]

Taschenschirm[M]
telescopic umbrella
parapluie[M] télescopique
paraguas[M] plegable
ombrello[M] pieghevole

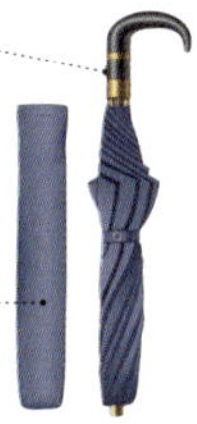

Auslöseknopf[M]
push button
poussoir[M] d'ouverture[F]
botón[M] de presión[F]
pulsante[M]

Futteral[N]
cover
fourreau[M]
funda[F]
fodero[M]

Stockschirm[M]
stick umbrella
parapluie[M]-canne[F]
paraguas[M] de bastón[M]
ombrello[M] a bastone[M]

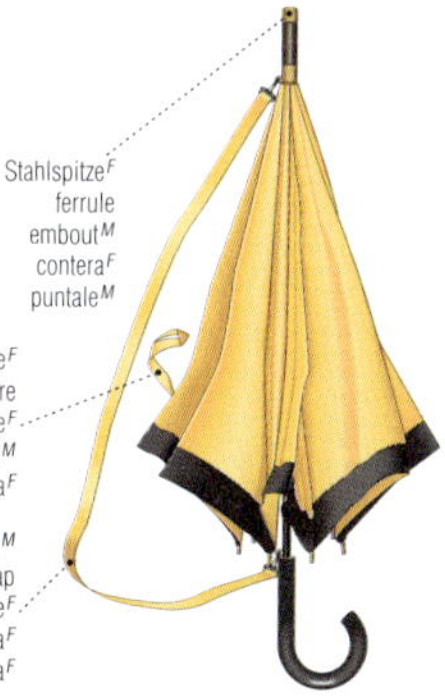

Stahlspitze[F]
ferrule
embout[M]
contera[F]
puntale[M]

Litze[F]
tie closure
courroie[F] d'attache[F]
cierre[M] con broche[M]
cinturino[M] di chiusura[F]

Schulterriemen[M]
shoulder strap
bandoulière[F]
bandolera[F]
tracolla[F]

Schirm[M]
umbrella
parapluie[M]
paraguas[M]
ombrello[M]

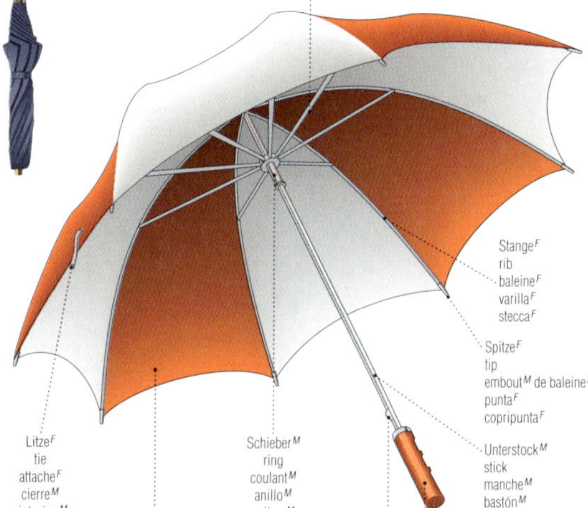

Gestell[N]
spreader
rayon[M]
extensor[M]
controstecca[F]

Stange[F]
rib
baleine[F]
varilla[F]
stecca[F]

Spitze[F]
tip
embout[M] de baleine[F]
punta[F]
copripunta[F]

Unterstock[M]
stick
manche[M]
bastón[M]
fusto[M]

Litze[F]
tie
attache[F]
cierre[M]
cinturino[M]

Schieber[M]
ring
coulant[M]
anillo[M]
collare[M]

Bezugsstoff[M]
canopy
toile[F]
tela[F] impermeable
copertura[F]

Feder[F]
catch
ferret[M]
resorte[M]
fermo[M] a molla[F]

Griff[M]
handle
poignée[F]
empuñadura[F]
manico[M]

394 Bildende Künste

394 Museum
396 Malen und Zeichnen
401 Holzschnitzerei

402 Architektur

402 Pyramide
402 griechisches Theater
403 griechischer Tempel
404 Baustile
406 römisches Wohnhaus
407 römisches Amphitheater
408 Burg
409 Festung
410 Dom
412 Pagode
412 aztekischer Tempel
413 Architekturelemente
417 Rolltreppe
417 Aufzug
418 traditionelle Wohnhäuser
419 Häuserformen in der Stadt

420 Grafische Künste

420 Drucken
421 Hochdruckverfahren
422 Tiefdruckverfahren
423 Lithografie
424 Handbuchbinderei

KUNST UND ARCHITEKTUR

27 Darstellende Künste

427 Kino
428 Aufnahmebühne
430 Theater

432 Musik

432 traditionelle Musikinstrumente
434 Musiknotation
436 Musikzubehör
437 Sinfonieorchester
438 Beispiele für Instrumentalgruppierungen
439 Saiteninstrumente
442 Tasteninstrumente
446 Blasinstrumente
448 Schlaginstrumente
450 elektronische Instrumente

452 Kunstgewerbe

452 Nähen
456 Strickmaschine
457 Stricken
458 Klöppelspitze
459 Stickerei
460 Weben
464 Töpferei

Museum[N]

museum | musée[M] | museo[M] | museo[M]

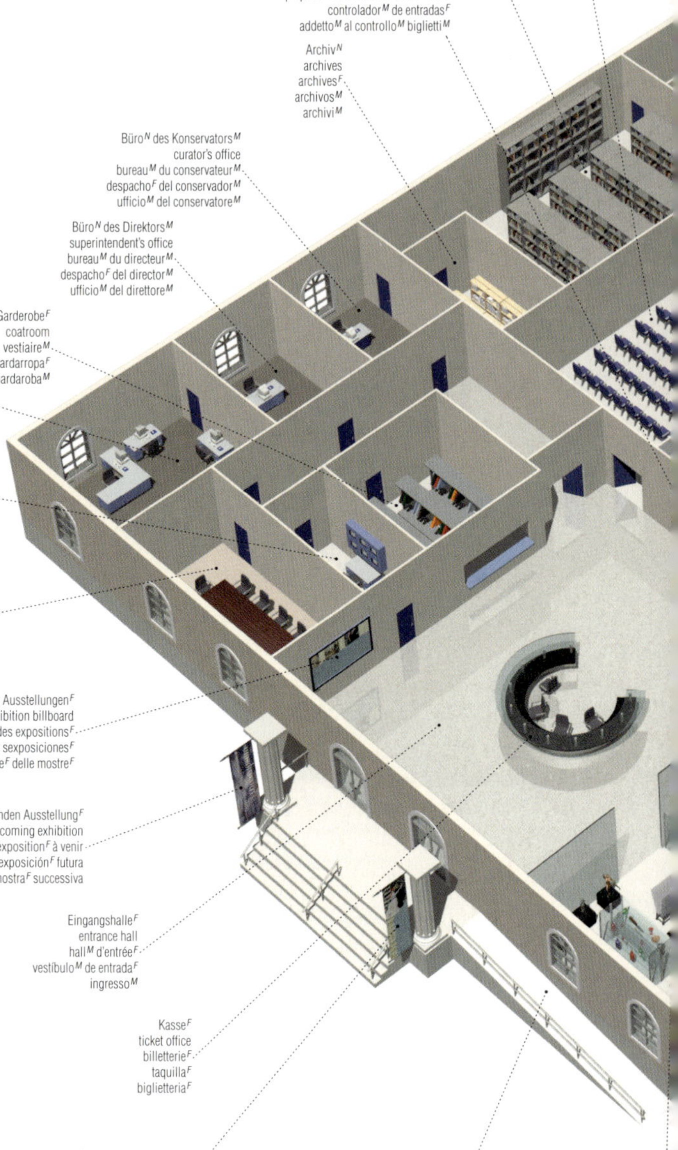

Audioführer[M]
audioguide
audioguide[M]
audioguía[F]
audioguida[F]

KUNST UND ARCHITEKTUR

Gemälde[N]
painting
tableau[M]
pintura[F]
quadro[M]

Begleitkarte[F]
work sheet
fiche[F] **technique**
ficha[F] **técnica**
didascalia[F]

Malen[N] und Zeichnen[N]

painting and drawing | peinture[F] et dessin[M] | pintura[F] y dibujo[M] | disegno[M] e pittura[F]

die wichtigsten Techniken[F]
principal techniques
principales techniques[F]
técnicas[F] principales
tecniche[F] principali

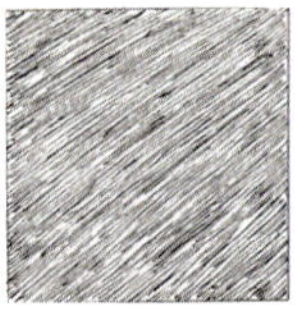

Tuschezeichnung[F]
ink drawing
dessin[M] à l'encre[F]
dibujo[M] de tinta[F] china
disegno[M] a inchiostro[M]

Kohlezeichnung[F]
charcoal drawing
dessin[M] au fusain[M]
dibujo[M] al carboncillo[M]
disegno[M] a carboncino[M]

Ölmalerei[F]
oil painting
peinture[F] à l'huile[F]
pintura[F] al óleo[M]
pittura[F] a olio[M]

Aquarell[N]
watercolour
aquarelle[F]
acuarela[F]
acquerello[M]

Gouache[F]
gouache
gouache[F]
guache
pittura[F] a guazzo[M]

Filzstiftzeichnung[F]
felt-tip pen drawing
dessin[M] au feutre[M]
pintura[F] con rotuladores[M]
disegno[M] a pennarelli[M]

Trockenpastell[N]
dry pastel drawing
dessin[M] au pastel[M] sec
pintura[F] al pastel[M] blando
disegno[M] a pastelli[M] secchi

Ölpastell[N]
oil pastel drawing
dessin[M] au pastel[M] gras
pintura[F] al pastel[M] al óleo[M]
disegno[M] a pastelli[M] a olio[M]

Buntstiftzeichnung[F]
coloured pencil drawing
dessin[M] au crayon[M] de couleur[F]
dibujo[M] de lápices[M] de colores[M]
disegno[M] a matite[F] colorate

Wachsmalerei[F]
wax crayon drawing
dessin[M] au crayon[M] de cire[F]
dibujo[M] a la cera[F]
disegno[M] a pastelli[M] a cera[F]

Ausstattung[F]
equipment
matériel[M]
equipo[M]
attrezzatura[F]

Ölpastell[N]
oil pastel
pastels[M] gras
pastel[M] al óleo[M]
pastelli[M] a olio[M]

Wachsfarbstifte[M]
wax crayons
crayons[M] de cire[F]
ceras[F]
pastelli[M] a cera[F]

Buntstifte[M]
colouring pencils
crayons[M] de couleur[F]
lápices[M] de colores[M]
matite[F] colorate

Pastell[N]
soft pastel
pastels[M] secs
pastel[M]
pastelli[M] morbidi

Marker[M]
marker pen
marqueur[M]
marcador[M]
evidenziatore[M]

Filzstift[M]
felt-tip pen
feutre[M]
rotulador[M]
pennarello[M]

Tinte[F]
ink
encre[F]
tinta[F] china
inchiostro[M]

Kohle[F]
charcoal
fusain[M]
carboncillo[M]
carboncino[M]

Ölfarbe[F]
oil paint
couleur[F] à l'huile[F]
óleo[M]
colore[M] a olio[M]

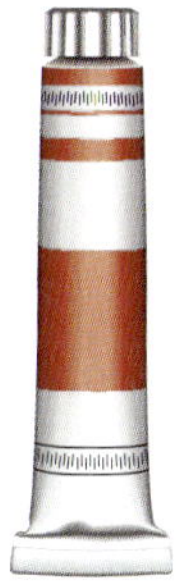

Näpfchen[N] mit Aquarellfarbe[F]/Gouachefarbe[F]
watercolour/gouache cakes
pastilles[F] d'aquarelle[F]/ gouache[F]
pastillas[F] de acuarela[F] /de guaches[M]
pastiglie[F] d'acquerello[M]/guazzo[M]

Tube[F] mit Aquarellfarbe[F]/Gouachefarbe[F]
watercolour/gouache tube
tube[M] d'aquarelle[F]/ gouache[F]
tubo[M] de acuarela[F] /de guache[M]
tubo[M] d'acquerello[M]/guazzo[M]

Palettmesser[N]
palette knife
spatule[F]
espátula[F]
spatola[F]

Malspachtel[M]
painting knife
couteau[M] à peindre
cuchillo[M] paleta[F]
mestichino[M]

Graphosfeder[F]
reservoir-nib pen
plume[F]
pluma[F]
pennino[M]

Flachpinsel[M]
flat brush
brosse[F]
pincel[M] plano
pennello[M] piatto[M]

Japanpinsel[M]
sumie
pinceau[M] à sumie[M]
sumie[M]
penna[F] sumi

Fächerpinsel[M]
fan brush
brosse[F] éventail[M]
brocha[F]
pennello[M] a ventaglio[M]

Pinsel[M]
brush
pinceau[M]
pincel[M]
pennello[M]

Malen[N] und Zeichnen[N]

Farbtafel[F]
colour chart
nuancier[M]
gama[F] de colores[M]
tabella[F] dei colori[M]

Palette[F] mit Vertiefungen[F]
palette with hollows
palette[F] à alvéoles[F]
paleta[F] con huecos[M] para pintura[F]
tavolozza[F] con vaschette[F]

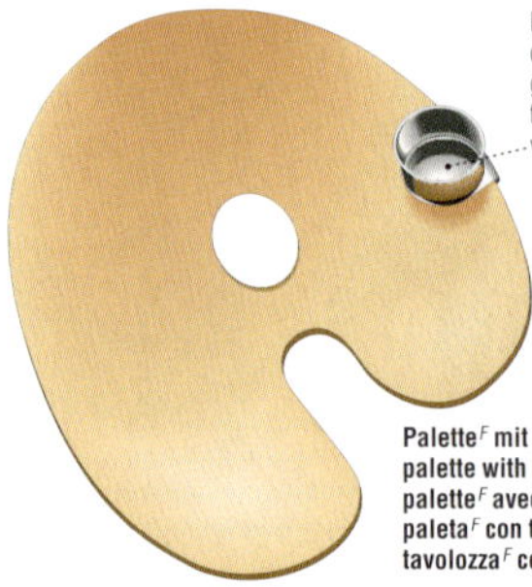

Palette[F] mit Palettstecker[M]
palette with dipper
palette[F] avec godet[M]
paleta[F] con tarrito[M]
tavolozza[F] con vasetto[M]

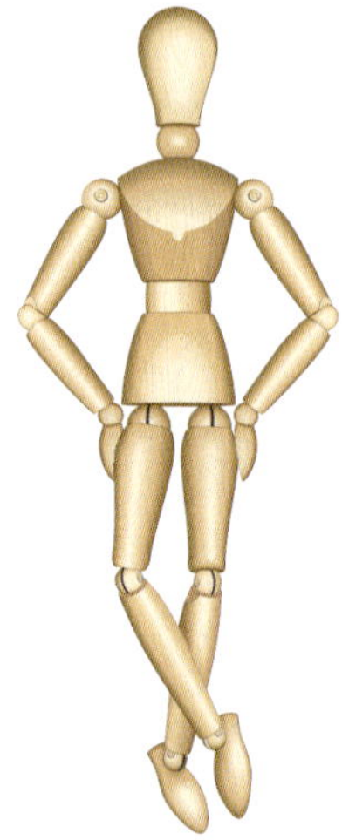

Gliederpuppe[F]
articulated mannequin
mannequin[M] articulé
maniquí[M]
manichino[M] snodabile

Spritzpistole[F]
airbrush
aérographe[M]
aerógrafo[M]
aerografo[M]

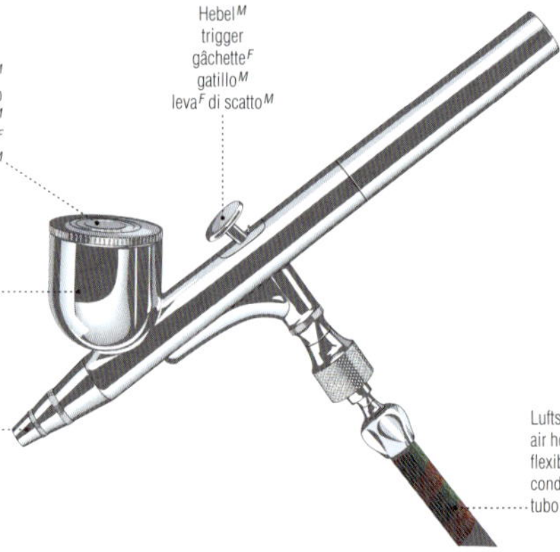

Spritzpistole[F] im Querschnitt[M]
cross section of an airbrush
coupe[F] d'un aérographe[M]
sección[M] transversal de un aerógrafo[M]
sezione[F] trasversale di un aerografo[M]

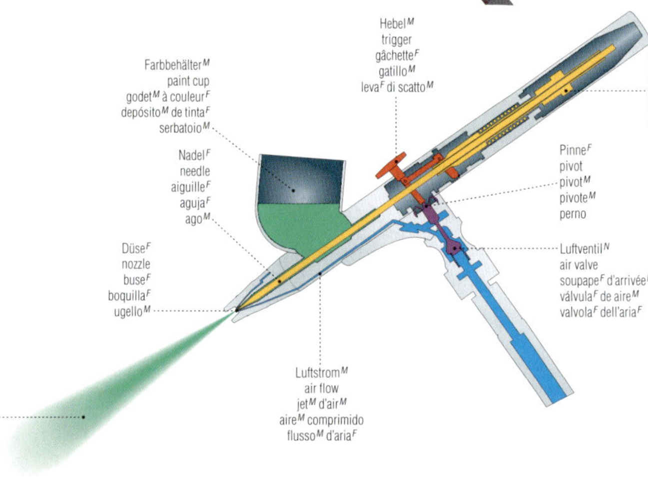

Zubehör^{N}
accessories
accessoires^{M}
accesorios^{M}
accessori^{M}

Reißbrett^{N}
drawing board
table^{F} à dessin^{M}
tablero^{M} de dibujo^{M}
tavolo^{M} da disegno^{M}

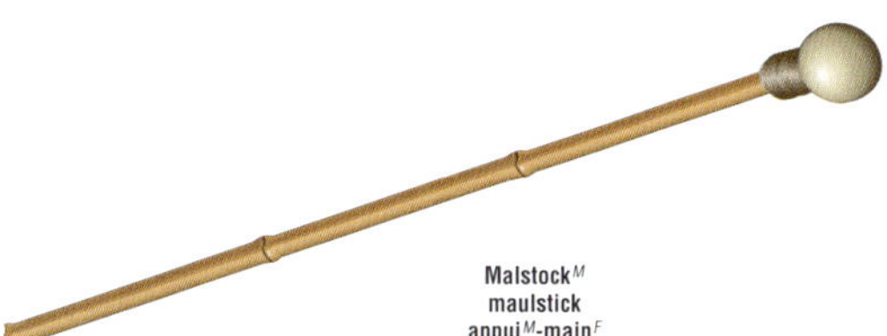

Malstock^{M}
maulstick
appui^{M}-main^{F}
tiento^{M}
appoggiamano^{M}

Staffelei^{F}
easel
chevalet^{M}
caballete^{M}
cavalletto^{M}

Malen[N] und Zeichnen[N]

Farbkreis[M]
colour circle
cercle[M] des couleurs[F]
círculo[M] de los colores[M]
cerchio[M] dei colori[M]

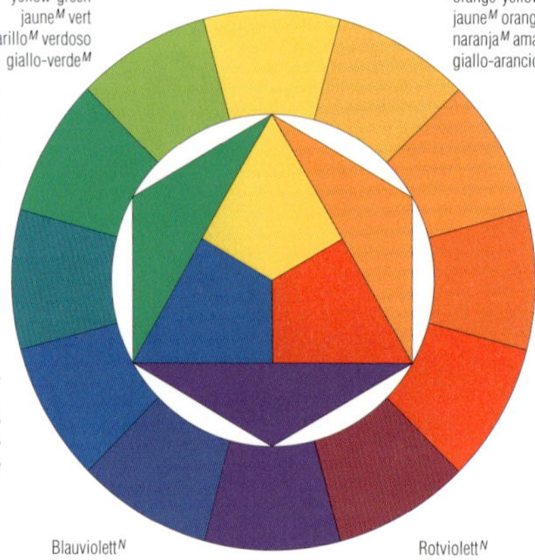

Gelb[N]
yellow
jaune[M]
amarillo[M]
giallo[M]

Gelborange[N]
orange-yellow
jaune[M] orangé
naranja[M] amarillento
giallo-arancio[M]

Orange[N]
orange
orange[M]
naranja[M]
arancio[M]

Rotorange[N]
orange-red
rouge[M] orangé
naranja[M] rojizo
rosso-arancio[M]

Rot[N]
red
rouge[M]
rojo[M]
rosso[M]

Rotviolett[N]
red-violet
rouge[M] violet
rojo[M] violeta
rosso-viola[M]

Violett[N]
violet
violet[M]
violeta[M]
viola[M]

Blauviolett[N]
violet-blue
bleu[M] violet
azul violeta[M]
blu-viola[M]

Blau[N]
blue
bleu[M]
azul[M]
blu[M]

Blaugrün[N]
blue-green
bleu[M] vert
azul[M] verdoso
blu-verde[M]

Grün[N]
green
vert[M]
verde[M]
verde[M]

Gelbgrün[N]
yellow-green
jaune[M] vert
amarillo[M] verdoso
giallo-verde[M]

Farben[F] erster Ordnung[F]
primary colours
couleurs[F] primaires
colores[M] primarios
colori[M] primari

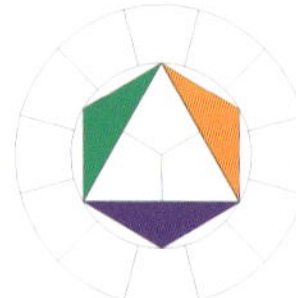

Farben[F] zweiter Ordnung[F]
secondary colours
couleurs[F] secondaires
colores[M] secundarios
colori[M] secondari

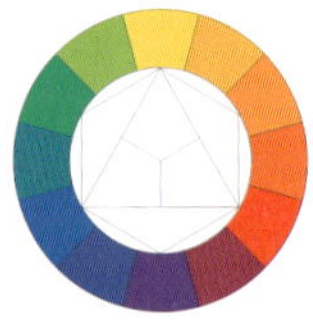

Farben[F] dritter Ordnung[F]
tertiary colours
couleurs[F] tertiaires
colores[M] terciarios
colori[M] terziari

Hilfsmittel[N]
useful liquids
liquides[M] d'appoint[M]
líquidos[M] accesorios
liquidi[M] utilizzabili

Leinöl[N]
linseed oil
huile[F] de lin[M]
aceite[M] de linaza[F]
olio[M] di semi[M] di lino[M]

Firnis[M]
varnish
vernis[M]
barniz[M]
lacca[F]

Fixativ[N]
fixative
fixatif[M]
fijador[M]
fissativo[M]

Terpentin[N]
turpentine
térébenthine[F]
aguarrás[M]
acquaragia[F]

Bildträger[M]
supports
supports[M]
soportes[M]
supporti[M]

Papier[N]
paper
papier[M]
papel[M]
carta[F]

Malpappe[F]
cardboard
carton[M]
cartón[M]
cartoncino[M]

Leinwand[F]
canvas
toile[F]
lienzo[M]
tela[F]

Platte[F]
panel
panneau[M]
tabla[F]
pannello[M]

Holzschnitzerei^F

wood carving | sculpture^F sur bois^M | talla^F en madera^F | scultura^F in legno^M

Schritte^M
steps
étapes^F
etapas^F
fasi^F

Zeichnen^N
drawing
traçage^M
diseño^M
tracciatura^F

Aussägen^N
roughing out
dégrossissage^M
desbaste^M
sgrossatura^F

Schnitzen^N
carving
sculpture^F
talla^F
intaglio^M

Herausarbeiten^N
finishing
finition^F
acabado^M
finitura^F

Beispiele^N für Werkzeuge^N
examples of tools
exemples^M d'outils^M
ejemplos^M de utensilios^M
esempi^M di utensili^M

gerades Balleisen^N
firmer chisel
fermoir^M
formón^M
unghia^F

Messer^N
knife
couteau^M
cuchillo^M de contornear
coltello^M

gerades Hohleisen^N
burin
burin^M
escoplo^M redondo
bulino^M

Riffelfeile^F
riffler
rifloir^M
bruñidor^M con rascador^M
lima^F curva^F

Kasteneisen^N
U-shaped chisel
fluteroni^M
escoplo^M de acanalar
sgorbia^F diritta

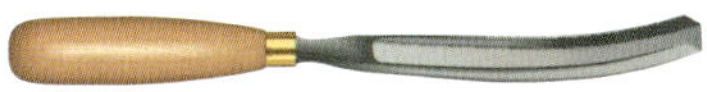

gebogenes Hohleisen^N
macaroni
macaroni^M
escoplo^M de macarrón^M
sgorbia^F incurvata

Hohlbeitel^M
gouge
gouge^F
gubia^F
sgorbia^F

Raspel^F
rasp
râpe^F
escofina^F
raspa^F

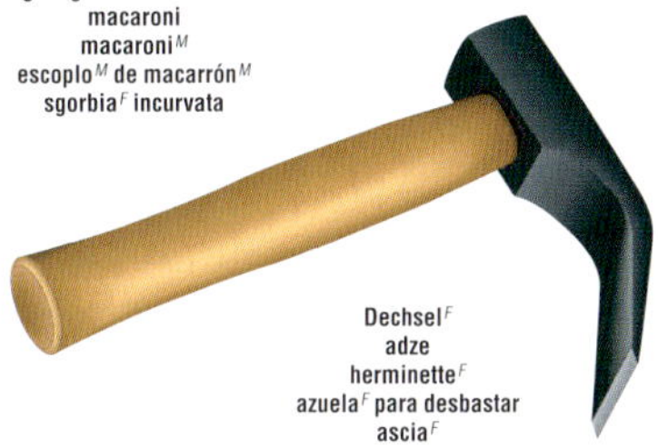

Dechsel^F
adze
herminette^F
azuela^F para desbastar
ascia^F

die wichtigsten Schnitzeisen^N
principal types of carving blade
principales formes^F de lames^F
principales tipos^M de cuchillas^F
tipi^M principali di lame^F

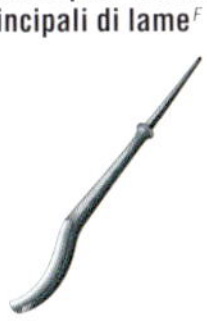

Löffeleisen^N
spoon blade
lame^F en cuiller^F
cuchara^F
lama^F a cucchiaio^M

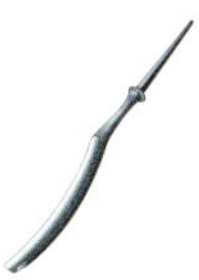

gebogenes Eisen^N
bent blade
lame^F coudée
curvada
lama^F ricurva

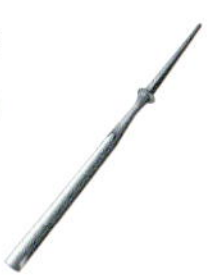

gerades Eisen^N
straight blade
lame^F droite
plana
lama^F diritta

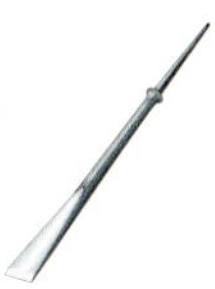

Eisen^N mit zwei schrägen Seiten^F
blade with two bevelled edges
lame^F à deux biseaux^M
escoplo^M
lama^F smussata

Zubehör^N
accessories
accessoires^M
accesorios^M
accessori^M

Bock^M
stand
sellette^F
taburete^M
trespolo^M

Schnitzbankschraube^F
carver's bench screw
queue^F-de-cochon^M
tornillo^M de banco^M
vite^F di banco^M da scultore^M

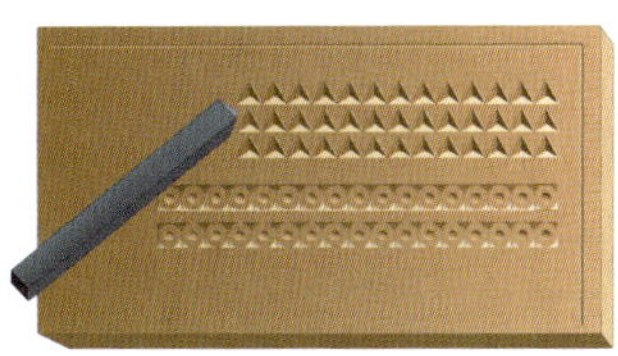

Prägung^F und Muster^N
punch and pattern
poinçon^M et fond^M
punteo^M
punzone e motivo^M

Schlegel^M
mallet
maillet^M
mazo^M
mazzuolo^M

Pyramide^{F}

pyramid | pyramide^{F} | pirámide^{F} | piramide^{F}

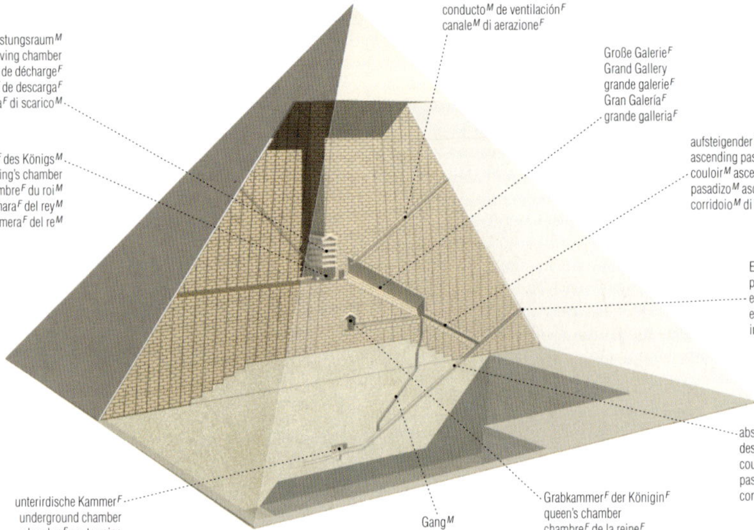

griechisches Theater^{N}

Greek theatre | théâtre^{M} grec | teatro^{M} griego | teatro^{M} greco

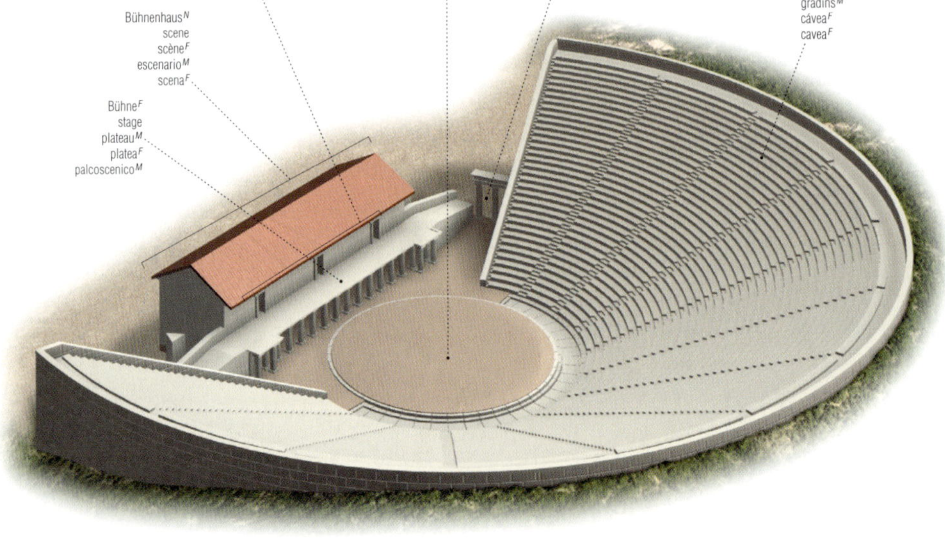

griechischer Tempel^{M}

Greek temple | temple^{M} grec | templo^{M} griego | tempio^{M} greco

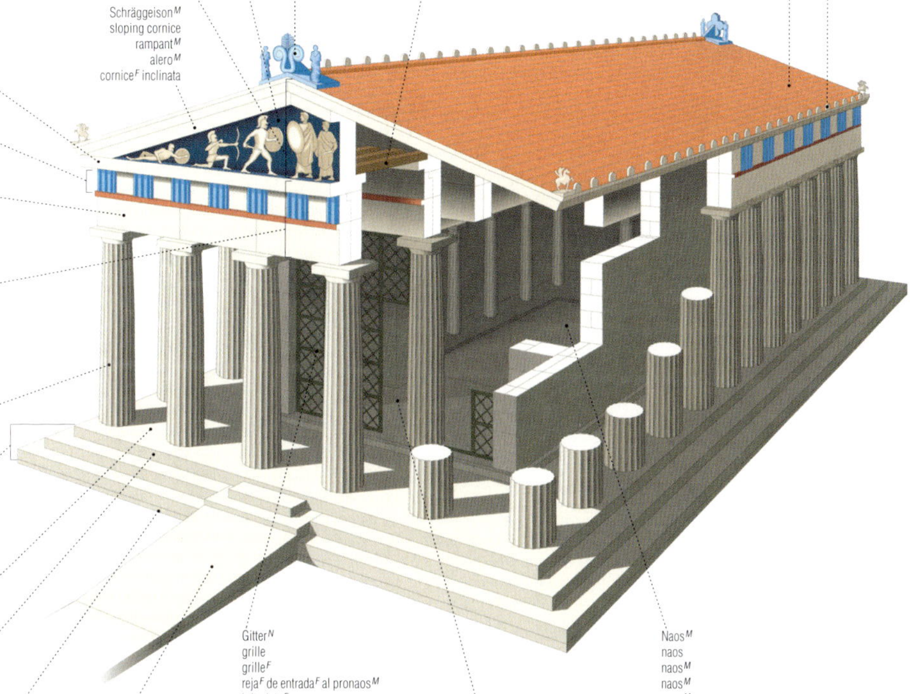

Grundriss^{M}
plan
plan^{M}
plano^{M}
pianta^{F}

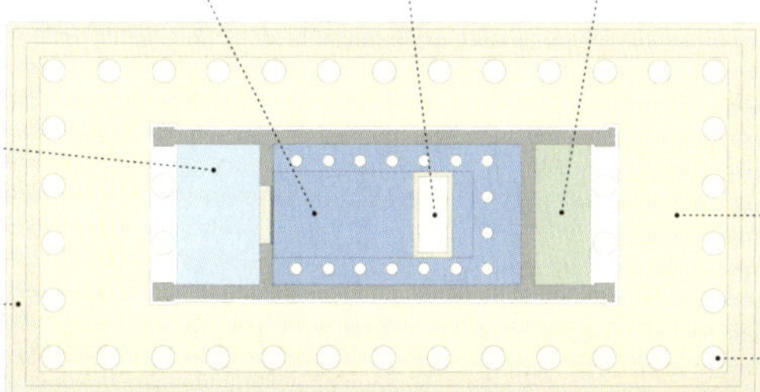

Baustile^{M}

architectural styles | styles^{M} d'architecture^{F} | estilos^{M} arquitectónicos | stili^{M} architettonici

dorische Säulenordnung^{F}
doric order
ordre^{M} dorique
orden^{M} dórico
ordine^{M} dorico

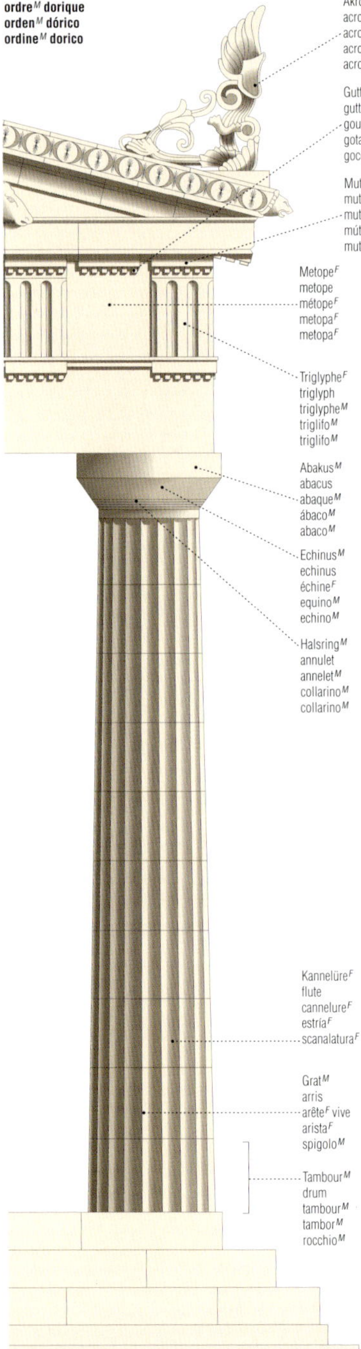

ionische Säulenordnung^{F}
ionic order
ordre^{M} ionique
orden^{M} jónico
ordine^{M} ionico

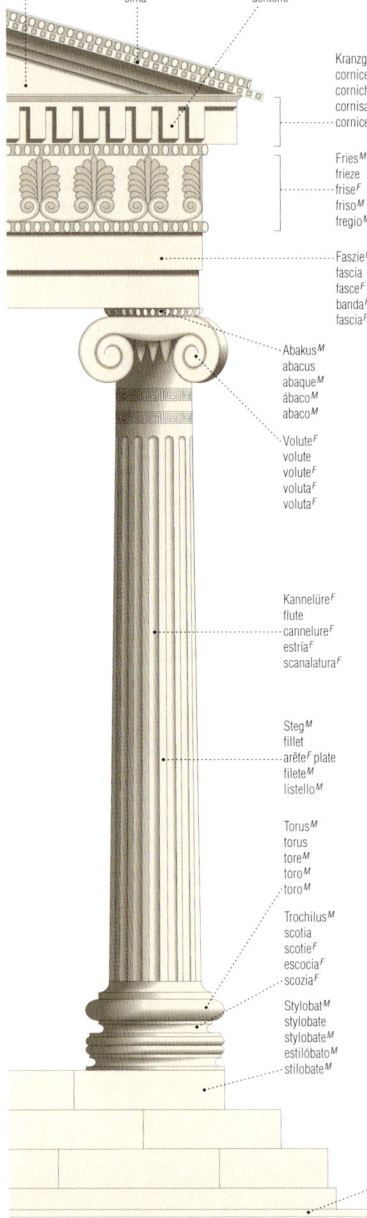

korinthische Säulenordnung^{F}
corinthian order
ordre^{M} corinthien
orden^{M} corintio
ordine^{M} corinzio

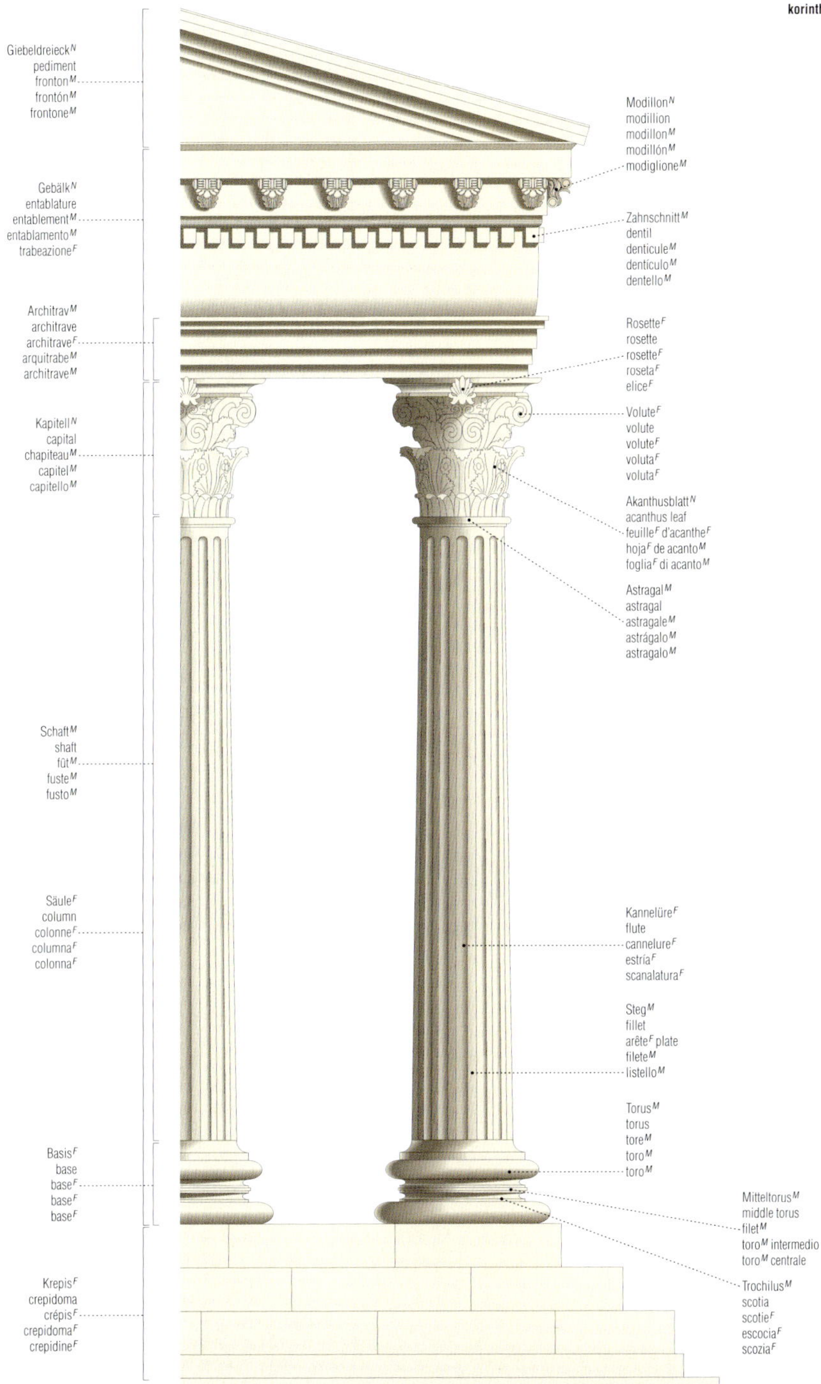

römisches Wohnhaus[N]

Roman house | maison[F] romaine | casa[F] romana | casa[F] romana

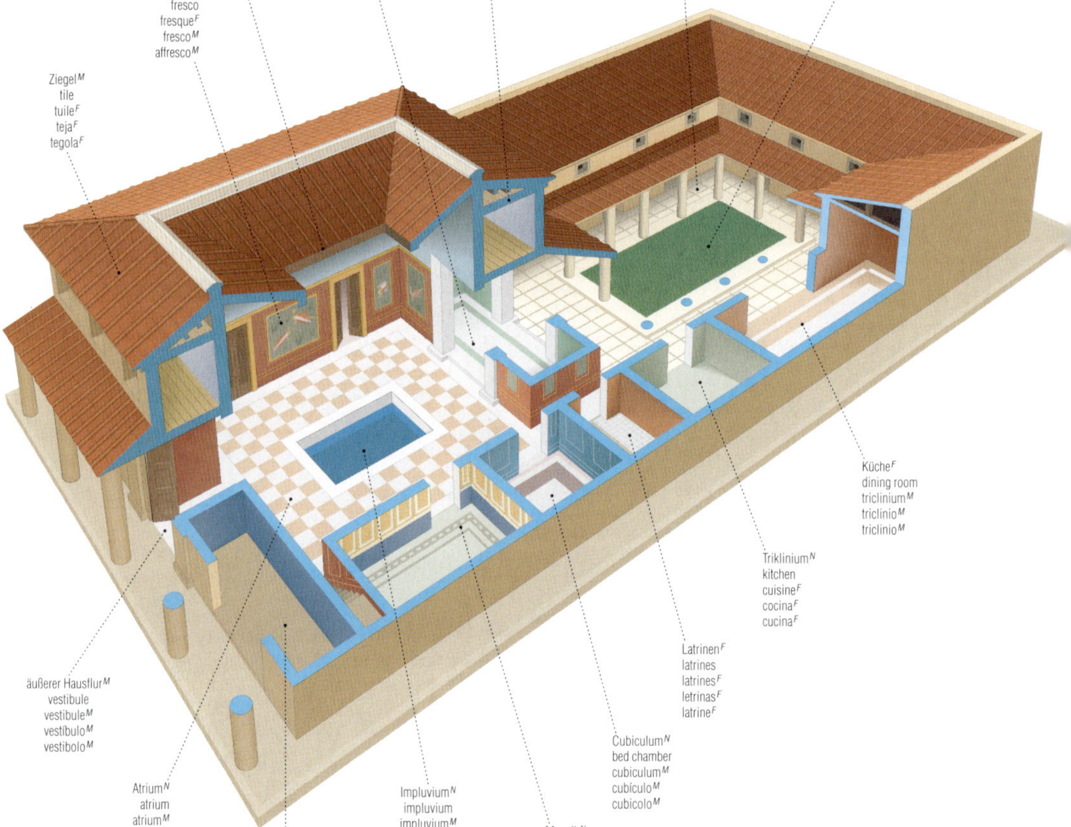

römisches Amphitheater^{N}

Roman amphitheatre | amphithéâtre^{M} romain | anfiteatro^{M} romano | anfiteatro^{M} romano

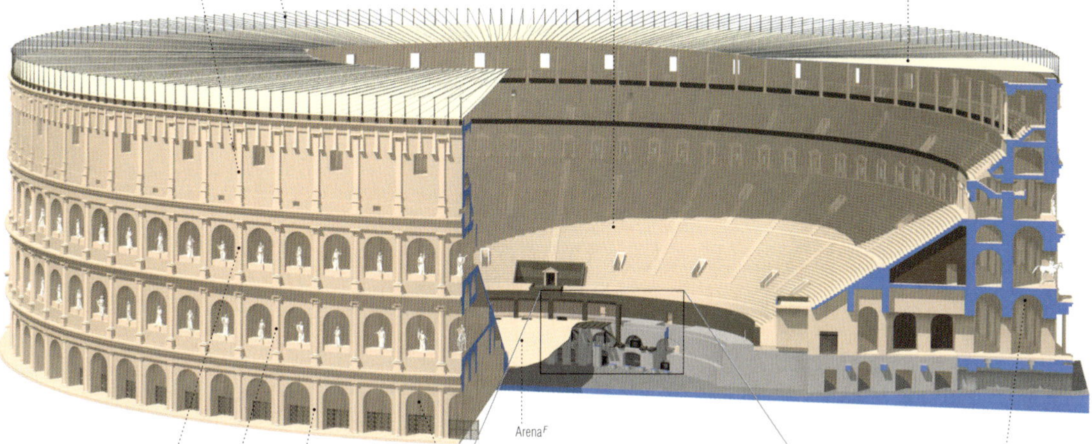

unterirdische Anlagen^{F}
underground
sous-sol^{M}
subterráneo^{M}
sotterraneo^{M}

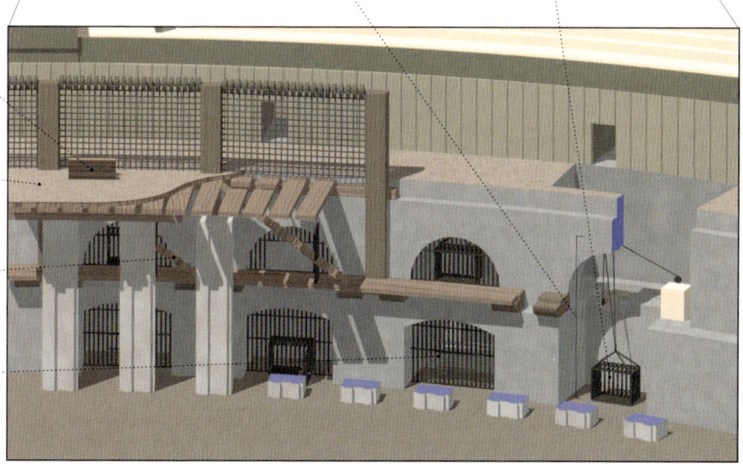

Burg^F

castle | château^M fort | castillo^M | castello^M

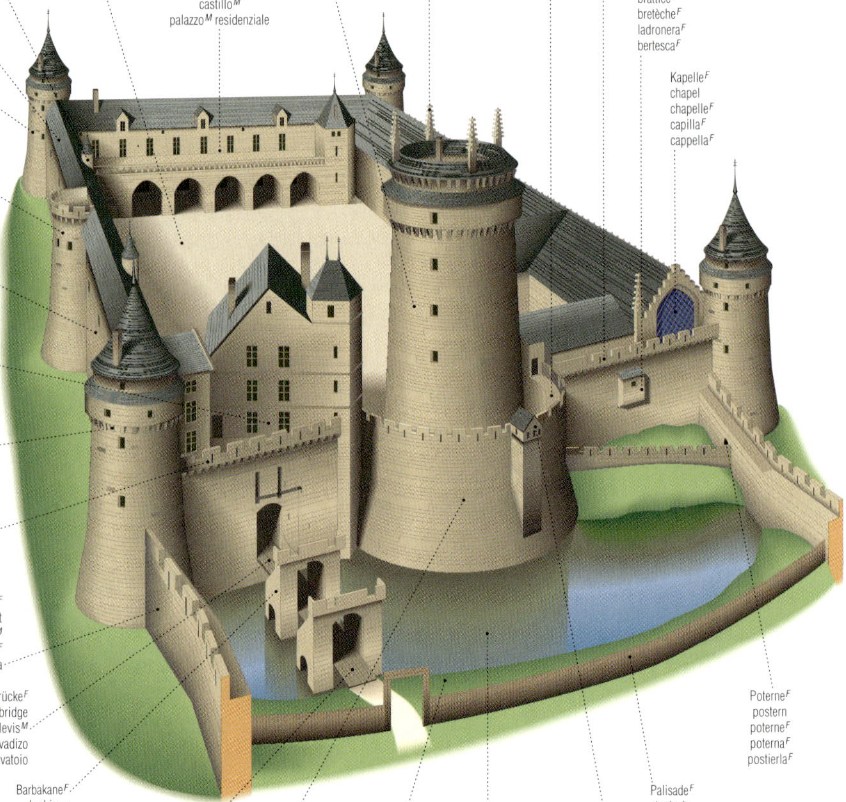

Festung^F

Vauban fortification | fortification^F à la Vauban | fortificación^F de Vauban | fortificazione^F alla Vauban

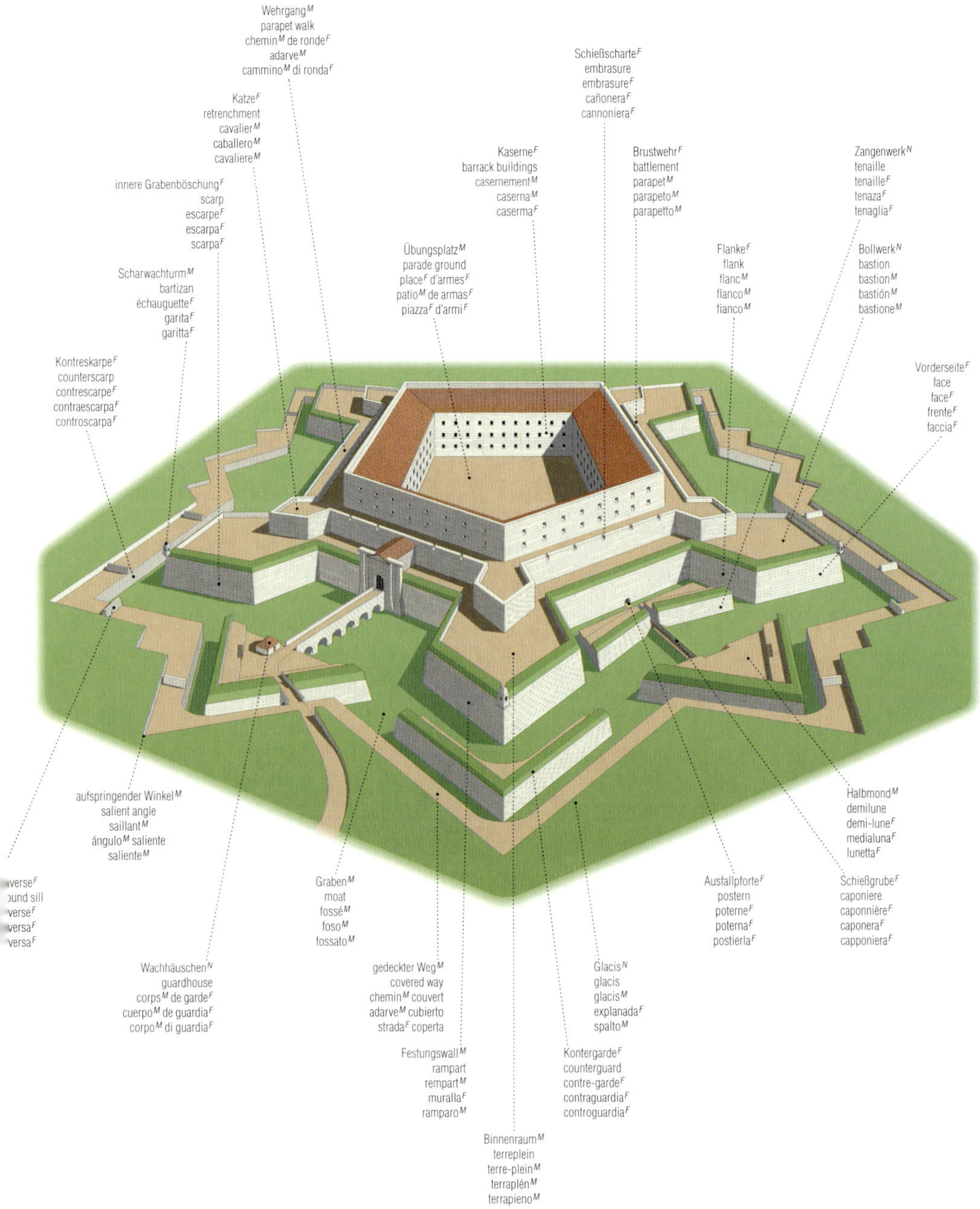

Dom^{M}

cathedral | cathédrale^{F} | catedral^{F} | cattedrale^{F}

gotischer Dom^{M}
Gothic cathedral
cathédrale^{F} gothique
catedral^{F} gótica
cattedrale^{F} gotica

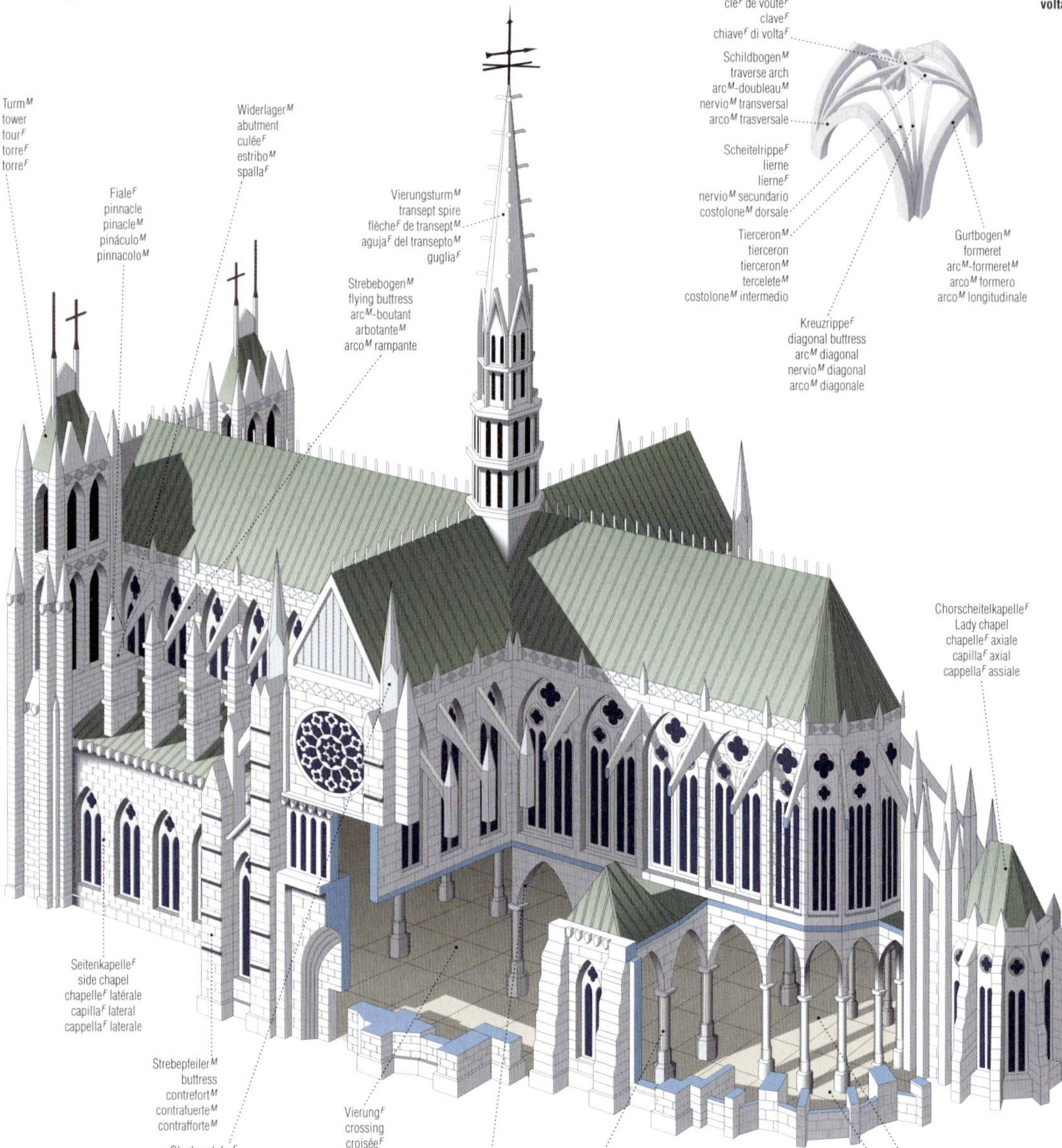

Gewölbe
vau
voûte
bóveda
volta

KUNST UND ARCHITEKTUR

Dom[M]

Fassade[F]
façade
façade[F]
fachada[F]
facciata[F]

Grundriss[M]
plan
plan[M]
plano[M]
pianta[F]

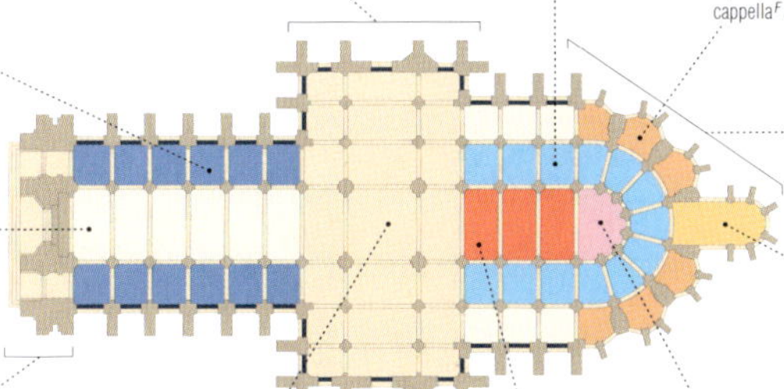

Pagode[F]

pagoda | pagode[F] | pagoda[F] | pagoda[F]

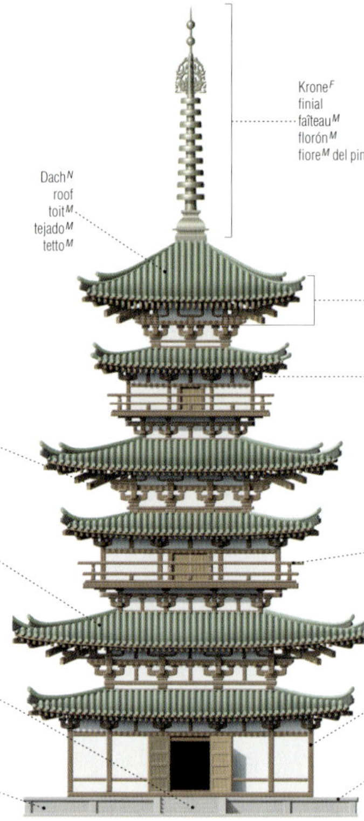

aztekischer Tempel[M]

Aztec temple | temple[M] aztèque | templo[M] azteca | tempio[M] azteco

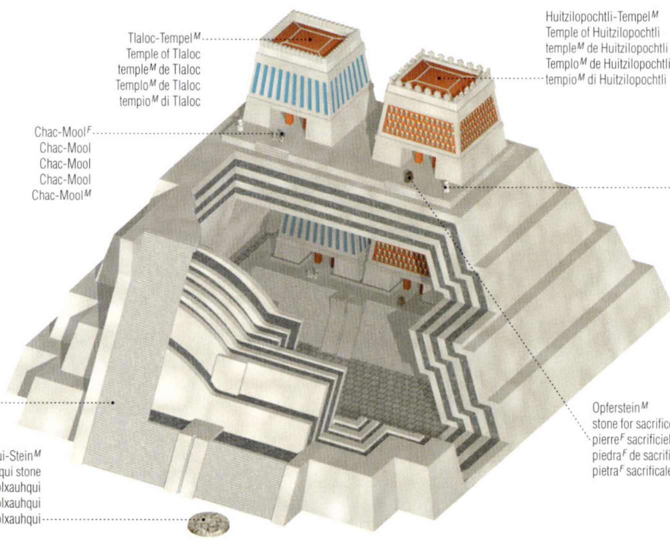

Architekturelemente^{N}

elements of architecture | éléments^{M} d'architecture^{F} | elementos^{M} arquitectónicos | elementi^{M} architettonici

Rundbogen^{M}
semicircular arch
arc^{M} en plein cintre^{M}
arco^{M} de medio punto^{M}
arco^{M} a tutto sesto

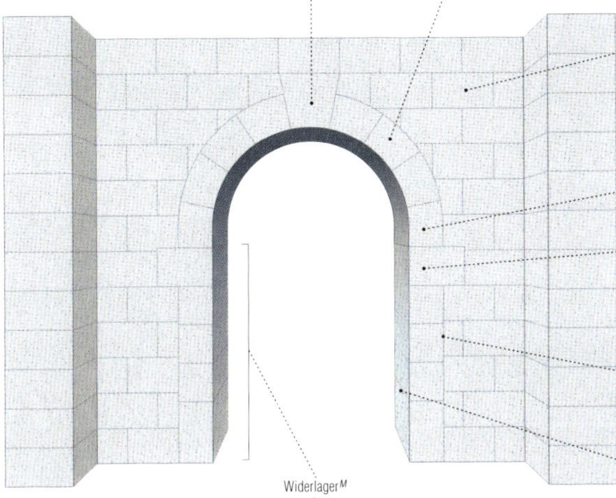

Beispiele^{N} für Bögen^{M}
examples of arches
exemples^{M} d'arcs^{M}
ejemplos^{M} de arcos^{M}
esempi^{M} di archi^{M}

Spitzbogen^{M}
pointed
en ogive^{F}
ojival^{M}
ogivale

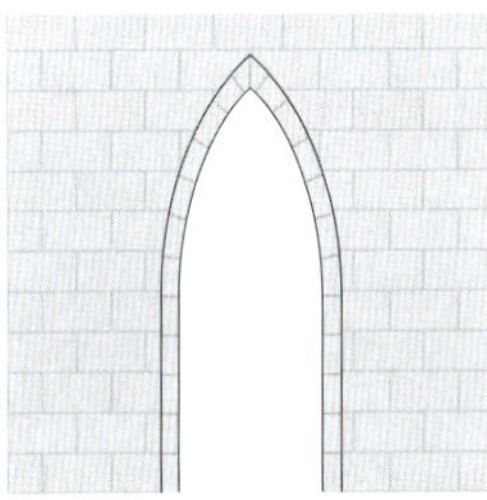

Lanzettbogen^{M}
lancet
en lancette^{F}
de ojiva^{F} lanceolada
lanceolato

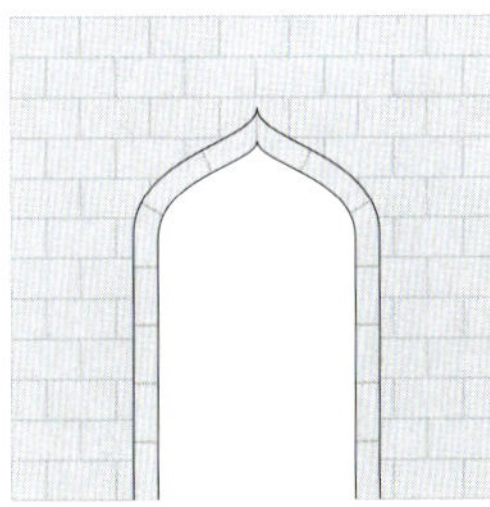

Kielbogen^{M}
ogee
en accolade^{F}
conopial^{M}
inflesso

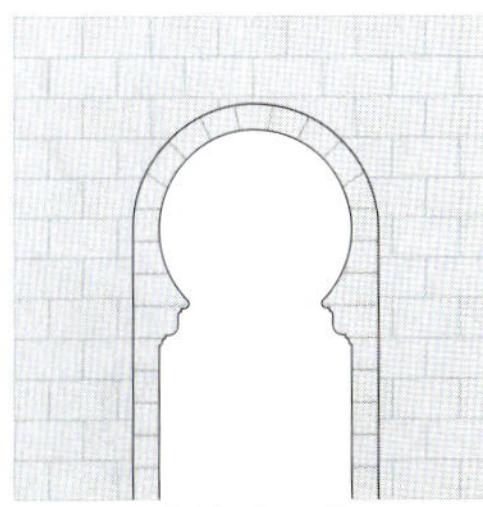

Hufeisenbogen^{M}
horseshoe
en fer^{M} à cheval^{M}
de herradura^{F}
a ferro^{M} di cavallo^{M}

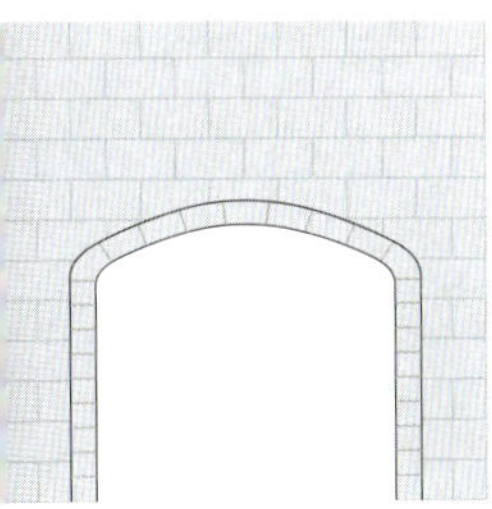

Flachbogen^{M}
basket handle
surbaissé
rebajado^{M}
ribassato policentrico

gestelzter Bogen^{M}
stilted
surhaussé
peraltado^{M}
rialzato

Tudorbogen^{M}
Tudor
Tudor
Tudor
Tudor

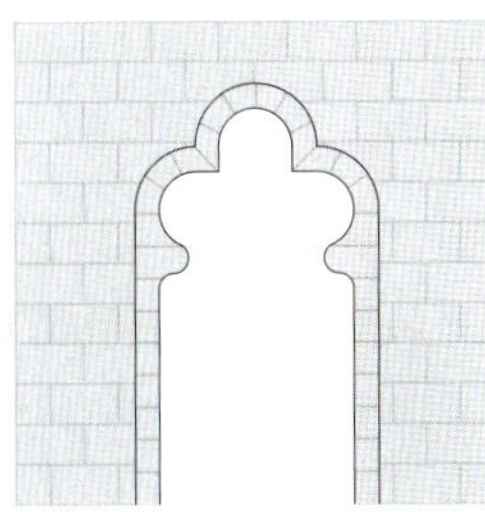

Kleeblattbogen^{M}
trefoil
trilobé
trebolado
trilobato

Dächer[N]
roofs
exemples[M] de toits[M]
cubiertas[F]
tetti[M]

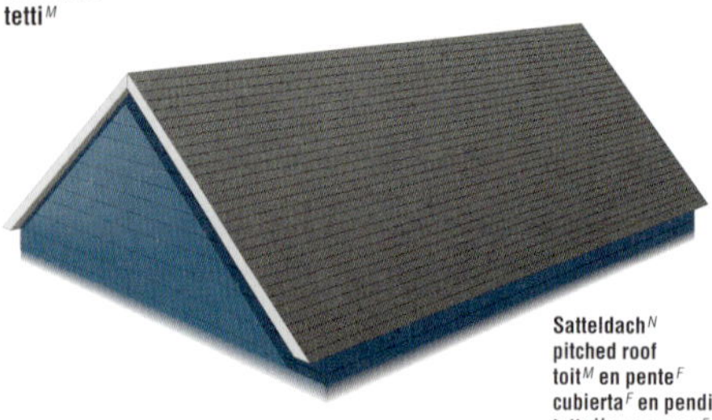

Satteldach[N]
pitched roof
toit[M] en pente[F]
cubierta[F] en pendiente[F]
tetto[M] a capanna[F]

steiles Satteldach[N]
gable roof
toit[M] à pignon[M]
cubierta[F] de dos aguas[F]
tetto[M] a ghimberga[F]

Walmdach[N]
hip roof
toit[M] à deux croupes[F]
cubierta[F] de cuatro aguas[F]
tetto[M] a padiglione[M]

Pultdach[N]
lean-to roof
toit[M] en appentis[M]
cubierta[F] de vertiente[F] simple
tetto[M] a falda[F] unica

Flachdach[N]
flat roof
toit[M] plat
plano[M]
tetto[M] piano

Dach[N] mit Firstlaterne[F]
monitor roof
toit[M] avec lanterneau[M]
cubierta[F] de linternilla[F]
tetto[M] con lucernario[M]

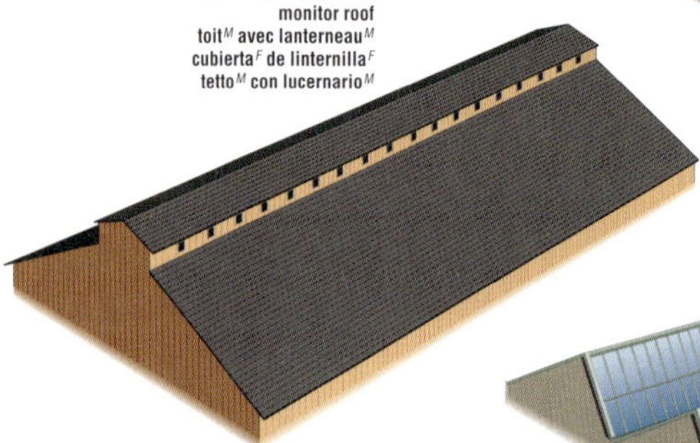

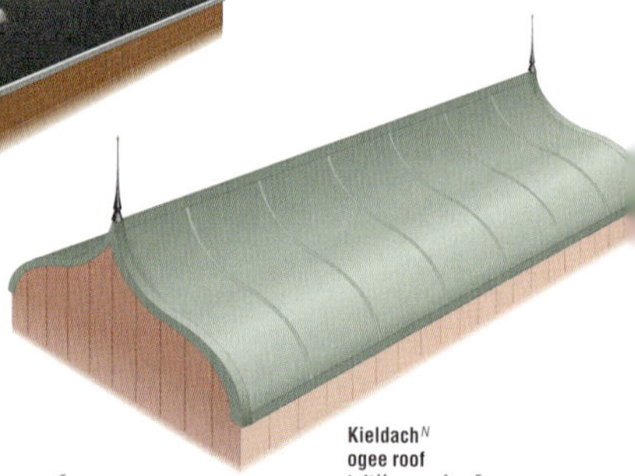

Kieldach[N]
ogee roof
toit[M] en carène[F]
cubierta[F] en artesa[F]
tetto[M] a carena[F]

Sheddach[N]
sawtooth roof
toit[M] en shed[M]
cubierta[F] en diente[M] de sierra[F]
tetto[M] a shed[M]

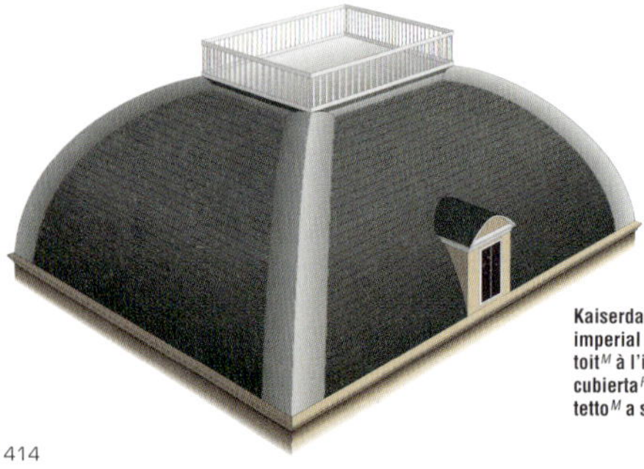

Kaiserdach[N]
imperial roof
toit[M] à l'impériale[F]
cubierta[F] imperial
tetto[M] a schifo[M]

Mansardendach[N]
mansard roof
toit[M] à la Mansard
cubierta[F] mansarda
tetto[M] a mansarda[F]

Pavillondach[N]
pavilion roof
toit[M] en pavillon[M]
cubierta[F] de pabellón[M]
tetto[M] a piramide[F]

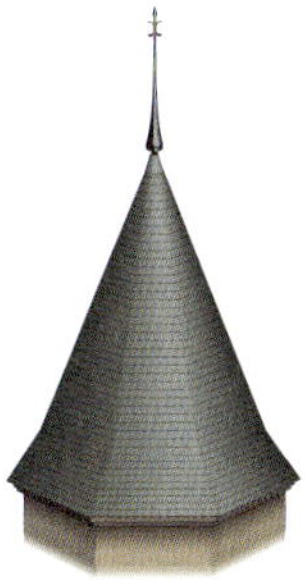

Faltkegeldach[N]
sloped turret
toit[M] à tourelle[F] à pans[M]
cubierta[F] de torrecilla[F]
torretta[F] spiovente

Helmdach[N]
helm roof
toit[M] en flèche[F]
cubierta[F] piramidal
tetto[M] a padiglione[M] da torre[F]

Glockendach[N]
bell roof
toit[M] en coupole[F]
cubierta[F] de cúpula[F] peraltada
cupola[F] ovoide rialzata

Kegeldach[N]
conical broach roof
toit[M] en poivrière[F]
cubierta[F] cónica
tetto[M] a cono[M]

Kuppeldach[N]
dome roof
toit[M] en dôme[M]
cúpula[F]
cupola[F]

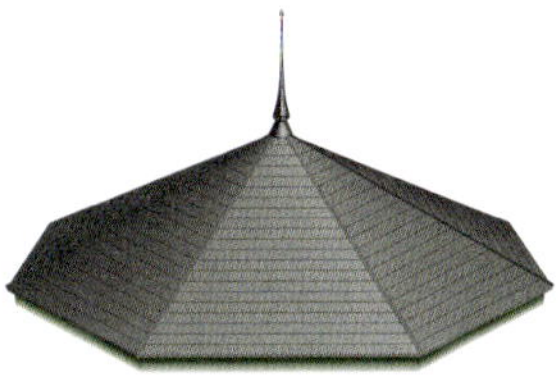

Pyramidendach[N]
rotunda roof
toit[M] en rotonde[F]
cubierta[F] de rotonda[F]
tetto[M] a ombrello[M]

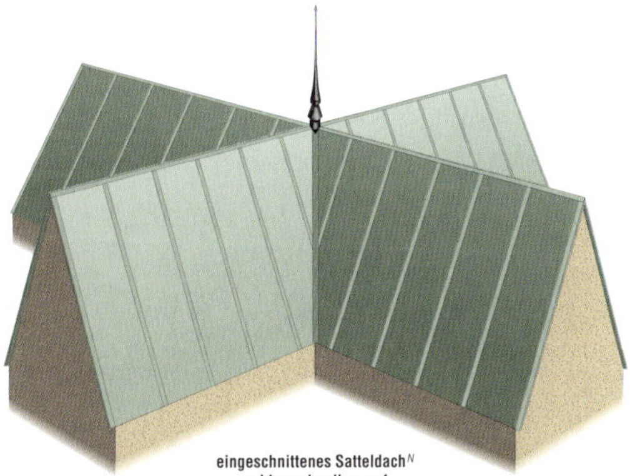

eingeschnittenes Satteldach[N]
gable-and-valley roof
toit[M] à quatre versants[M]
cubierta[F] de cuatro aguas[F] con canalera[F]
tetto[M] a bracci[M]

Beispiele[N] für Fenster[N]
examples of windows
exemples[M] de fenêtres[F]
ejemplos[M] de ventanas[F]
esempi[M] di finestre[F]

Faltfenster[N]
sliding folding window
fenêtre[F] en accordéon[M]
ventana[F] de librillo[M]
finestra[F] a libro[M]

Drehflügel[M] nach innen
casement window opening inwards
fenêtre[F] à la française[F]
ventana[F] a la francesa[F]
finestra[F] a battenti[M] con apertura[F] all'interno[M]

Drehflügel[M] nach außen
casement window
fenêtre[F] à l'anglaise[F]
ventana[F] a la inglesa[F]
finestra[F] a battenti[M]

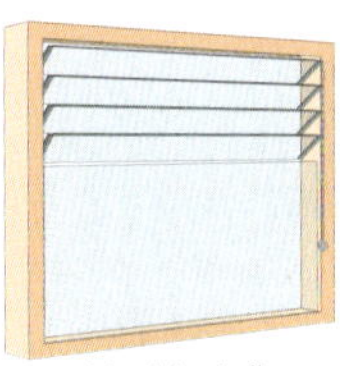

Jalousiefenster[N]
louvred window
fenêtre[F] à jalousies[F]
ventana[F] de celosía[F]
finestra[F] a gelosia[F]

horizontales Schiebefenster[N]
sliding window
fenêtre[F] coulissante
ventana[F] corredera
finestra[F] scorrevole

vertikales Schiebefenster[N]
sash window
fenêtre[F] à guillotine[F]
ventana[F] de guillotina[F]
finestra[F] a ghigliottina[F]

Schwingflügel[M]
horizontal pivoting window
fenêtre[F] basculante
ventana[F] basculante
finestra[F] a bilico[M] orizzontale

Wendeflügel[M]
vertical pivoting window
fenêtre[F] pivotante
ventana[F] pivotante
finestra[F] a bilico[M] verticale

Beispiele^{N} für Türen^{F}
examples of doors
exemples^{M} de portes^{F}
ejemplos^{M} de puertas^{F}
esempi^{M} di porte^{F}

Drehtür^{F}
manual revolving door
porte^{F} à tambour^{M} manuelle
puerta^{F} giratoria manual
porta^{F} girevole manuale

automatische Schiebetür^{F}
automatic sliding door
porte^{F} coulissante automatique
puerta^{F} corredera automática
porta^{F} scorrevole automatica

Drehflügeltür^{F}
conventional door
porte^{F} classique
puerta^{F} convencional
porta^{F} a un battente^{M}

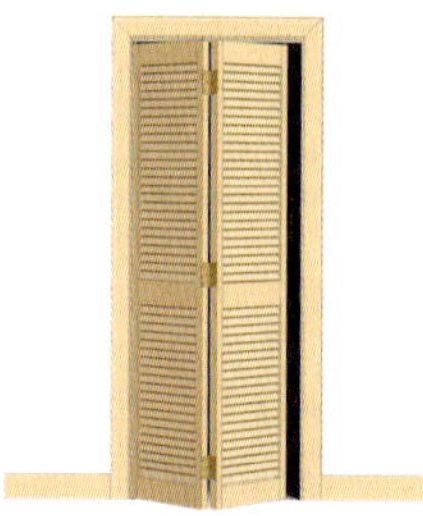

Falttür^{F}
folding door
porte^{F} pliante
puerta^{F} plegable
porta^{M} a libro^{M}

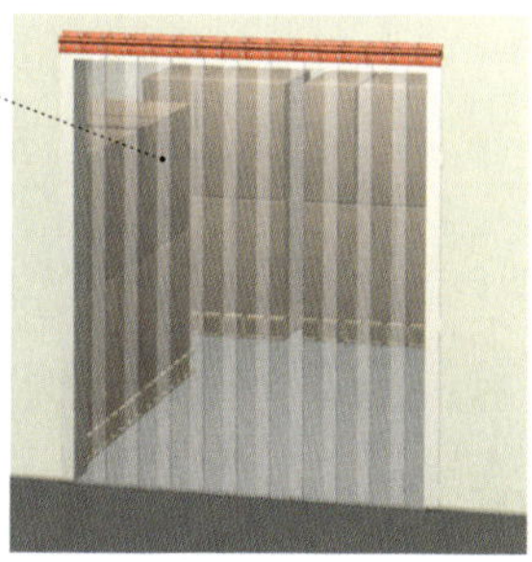

Streifenvorhang^{M}
strip door
porte^{F} à lanières^{F}
puerta^{F} de tiras^{F}
porta^{F} a bande^{F} verticali

Feuerschutztür^{F}
fire door
porte^{F} coupe-feu
puerta^{F} cortafuego
porta^{F} antincendio

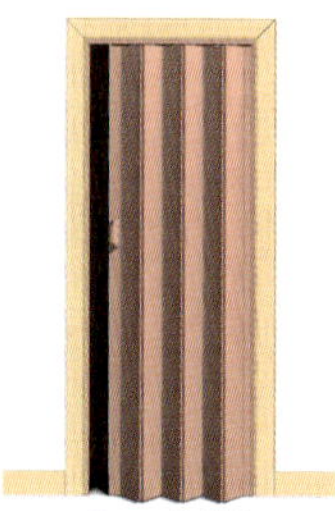

Harmonikatür^{F}
concertina-type folding door
porte^{F} accordéon^{M}
puerta^{F} de librillo^{M}
porta^{F} a fisarmonica^{F}

Schiebetür^{F}
sliding door
porte^{F} coulissante
puerta^{F} corredera
porta^{F} scorrevole

Sektionalgaragentor^{N}
sectional garage door
porte^{F} de garage^{M} sectionnelle
puerta^{F} de garaje^{M} seccional
porta^{F} sezionale del garage^{M}

Schwinggaragentor^{N}
up-and-over garage door
porte^{F} de garage^{M} basculante
puerta^{F} basculante de garaje^{M}
porta^{F} basculante del garage^{M}

Rolltreppe[F]

escalator | escalier[M] mécanique | escalera[F] mecánica | scala[F] mobile

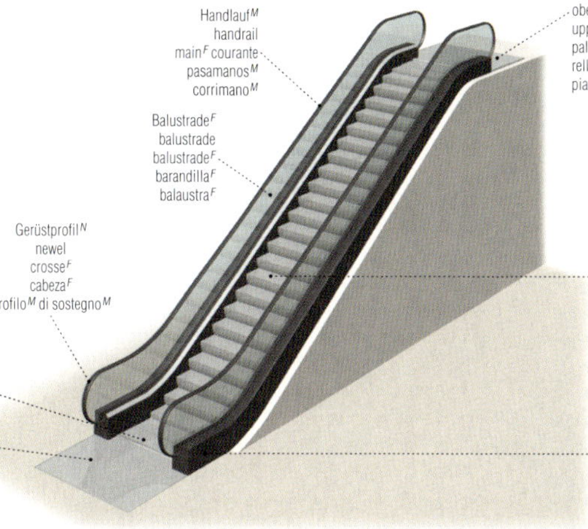

Aufzug[M]

lift | ascenseur[M] | ascensor[M] | ascensore[M]

Fahrkorb[M]
lift car
cabine[F] d'ascenseur[M]
cabina[F] del ascensor[M]
cabina[F] dell'ascensore[M]

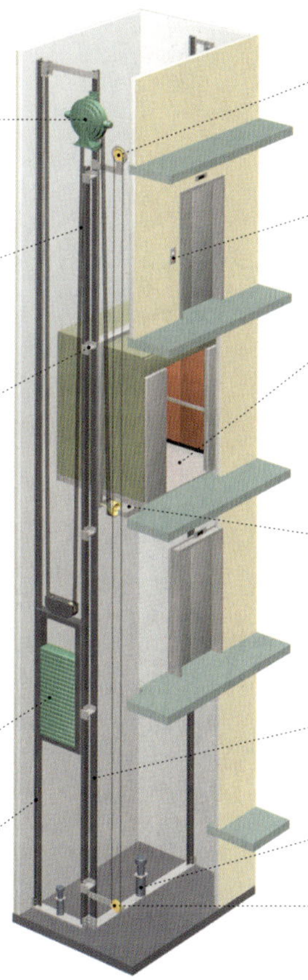

traditionelle Wohnhäuser[N]

traditional dwellings | maisons[F] traditionnelles | viviendas[F] tradicionales | case[F] tradizionali

Iglu[M]
igloo
igloo[M]
iglú[M]
igloo[M]

Jurte[F]
yurt
yourte[F]
yurta[F]
iurta[F]

Strohhütte[F]
(straw) hut
hutte[F]
choza[F] indígena
capanna[F] di paglia[F]

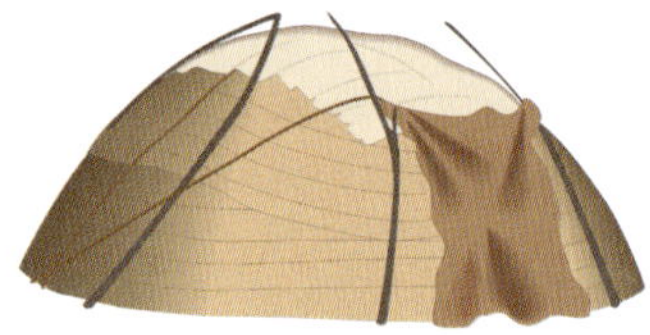

Wigwam[M]
wigwam
wigwam[M]
wigwam[M]
wigwam[M]

Lehmhütte[F]
(mud) hut
case[F]
choza[F]
capanna[F] di fango[M]

Isba[F]
isba
isba[F]
isba[F]
isba[F]

Tipi[N]
tepee
tipi[M]
tipi[M]
tepee[M]

Pfahlbau[M]
pile dwelling
maison[F] sur pilotis[M]
habitación[F] lacustre
palafitta[F]

Backsteinhaus[N]
adobe house
maison[F] en adobe[M]
casa[F] de adobes[M]
casa[F] in mattoni[M] cotti

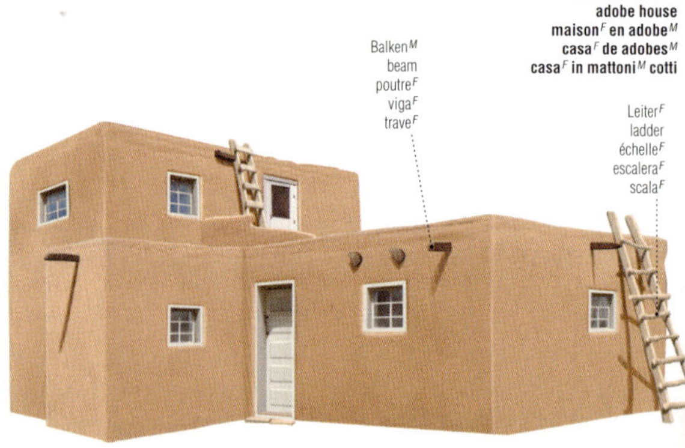

Häuserformen^{F} in der Stadt^{F}

town houses | maisons^{F} de ville^{F} | viviendas^{F} urbanas | abitazioni^{F} urbane

zweistöckiges Haus^{N}
two-storey house
maison^{F} à deux étages^{M}
casa^{F} de dos plantas^{M}
casa^{F} a due piani^{M}

einstöckiges Haus^{N}
one-storey-house
maison^{F} de plain-pied^{M}
casa^{F} de una planta^{F}
casa^{F} a un piano^{M}

Doppelhaus^{N}
semi-detached houses
maison^{F} jumelée
casas^{F} pareadas
villetta^{F} bifamiliare

Reihenhaus^{N}
terraced houses
maisons^{F} en rangée^{F}
casas^{F} adosadas
case^{F} a schiera^{F}

Eigentumswohnungen^{F}
freehold flats
appartements^{M} en copropriété^{F}
viviendas^{F} plurifamiliares
palazzo^{M} in condominio^{M}

Wohnblock^{M}
high-rise block
tour^{F} d'habitation^{F}
bloque^{M} de apartamentos^{M}
casatorre^{F}

Drucken[N]

printing | impression[F] | impresión[F] | stampa[F]

Hochdruck[M]
relief printing
impression[F] en relief[M]
impresión[F] en relieve[M]
stampa[F] in rilievo[M]

Tiefdruck[M]
intaglio printing
impression[F] en creux[M]
huecograbado[M]
stampa[F] in cavo[M]

Lithografie[F]
lithographic printing
impression[F] à plat[M]
impresión[F] litográfica
litografia[F]

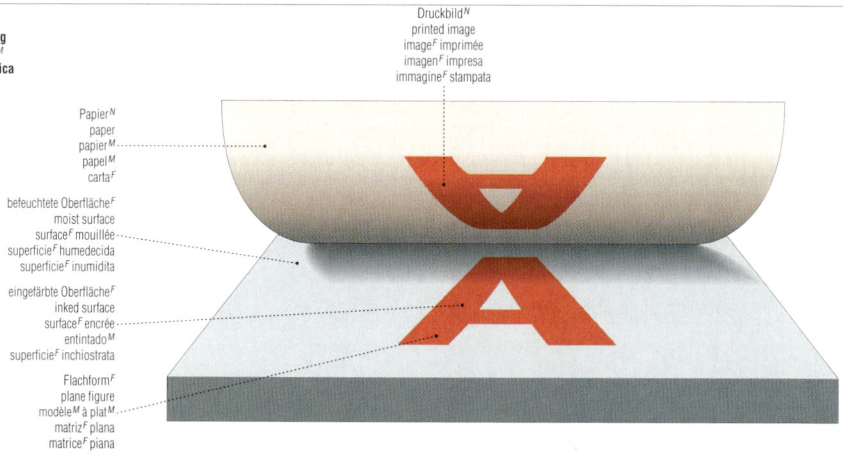

Hochdruckverfahren^{N}

relief printing process | gravure^{F} en relief^{M} | impresión^{F} en relieve^{M} | metodo^{M} di stampa^{F} in rilievo^{M}

Ausstattung^{F}
equipment
matériel^{M}
equipo^{M}
attrezzatura^{F}

Schlegel^{M}
mallet
maillet^{M}
maza^{F}
mazzuolo^{M}

Rundeisen^{N}
U-shaped gouge
gouge^{F} creuse
gubia^{F}
sgorbia^{F} a U

Geißfuß^{M}
V-shaped gouge
gouge^{F} en V
cincel^{M} de rincón^{M}
sgorbia^{F} a V

Beitel^{M}
chisel
ciseau^{M}
escoplo^{M}
scalpello^{M}

Messer^{N}
knife
canif^{M}
cuchillo^{M} de contornear
coltello^{M}

gerades Hohleisen^{N}
burin
burin^{M}
buril^{M}
bulino^{M}

Farbstein^{M}
inking slab
marbre^{M}
plancha^{F} de entintado^{M}
lastra^{F} inchiostratrice

Farbe^{F}
ink
encre^{F}
tinta^{F}
inchiostro^{M}

Farbwalze^{F}
ink roller
rouleau^{M} d'encrage^{M}
rodillo^{M} entintador
rullo^{M} inchiostratore

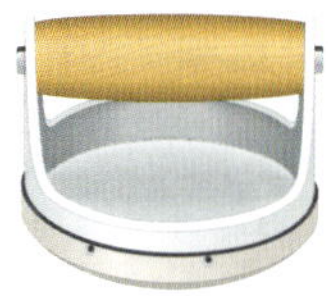

Baren^{M}
baren
baren^{M}
frotador^{M}
tampone^{M}

Holzstock^{M}
woodcut
gravure^{F} sur bois^{M} de fil^{M}
bloque^{M} de madera^{F} grabado
xilografia^{F} di filo^{M}

Holzschnitt^{M}
wood engraving
gravure^{F} sur bois^{M} debout
bloque^{M} de madera^{F} para grabar
xilografia^{F} di testa^{F}

Zylinderdruckpresse^{F}
etching press
presse^{F} à taille-douce^{F}
prensa^{F} de aguafuerte^{F}
torchio^{M} di stampa^{F} a due cilindri^{M}

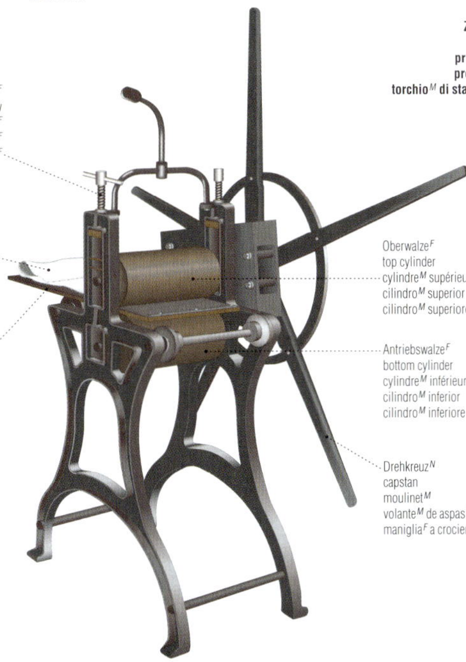

Tiefdruckverfahren^N

intaglio printing process | gravure^F en creux^M | impresión^F en huecograbado^M | metodo^M di stampa^F in cavo^M

Ausstattung^F
equipment
matériel^M
equipo^M
attrezzatura^F

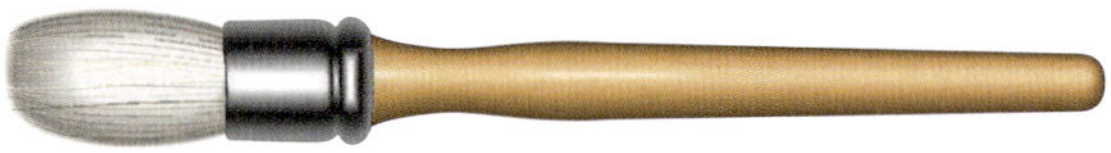

Pinsel^M
brush
pinceau^M
bruza^F
pennello^M

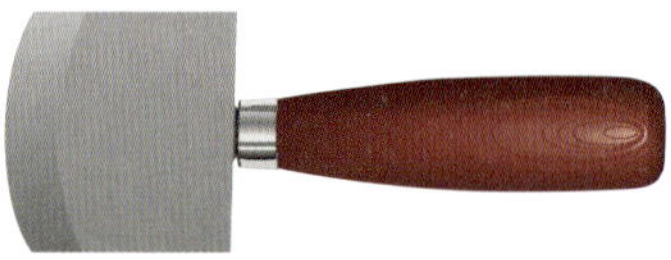

Wiegestahl^M
rocking tool
berceau^M
graneador^M
rocker^M

Roulette^F
roulette
roulette^F
ruedecilla^F
roulette^F

Kupferplatte^F
copperplate
plaque^F de cuivre^M
placa^F de cobre^M
lastra^F di rame^M

Kaltnadel^F
dry point
pointe^F sèche
punta^F seca
puntasecca^F

Polierstahl^M
burnisher
brunissoir^M
bruñidor^M
brunitoio^M

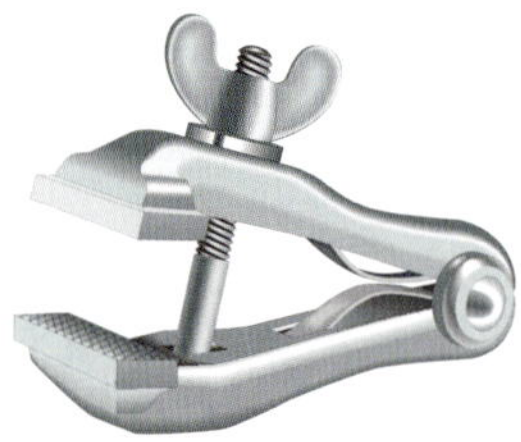

Plattenhalter^M
hand vice
étau^M
pinza^F
morsetto^M a mano^F

Schaber^M
scraper
ébarboir^M
rascador^M
raschietto^M

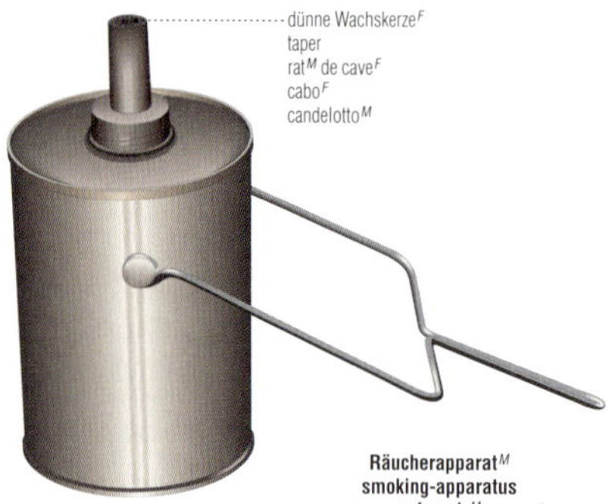

Räucherapparat^M
smoking-apparatus
enfumoir^M
ahumador^M
bruciatore^M

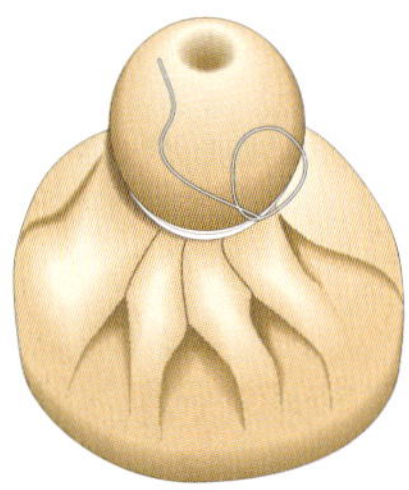

Tampon^M
dabber
tampon^M
tampón^M
tampone^M

Tarlatan^M
tarlatan
tarlatane^F
tarlatana^M
tarlatana^F

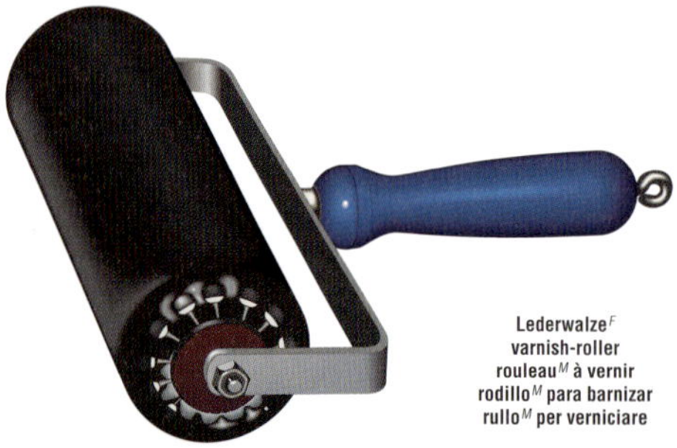

Lederwalze^F
varnish-roller
rouleau^M à vernir
rodillo^M para barnizar
rullo^M per verniciare

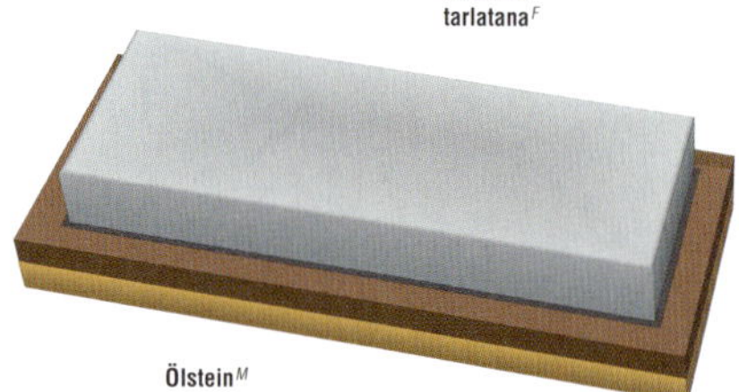

Ölstein^M
oilstone
pierre^F à aiguiser
piedra^F al aceite^M
pietra^F da cote^F

Lithografie^{F}

lithography | lithographie^{F} | litografía^{F} | litografia^{F}

Ausstattung^{F}
equipment
matériel^{M}
equipo^{M}
attrezzatura^{F}

Lithostift^{M}
litho pencil
crayon^{M} lithographique
lápiz^{M} litográfico
matita^{F} litografica

Graviernadel^{F}
dry-point
pointe^{F} sèche
punta^{F} seca
puntasecca^{F}

Bimsstein-Korrekturstift^{M}
pumice correcting pencil
crayon^{M} de pierre^{F} ponce
lápiz^{M} corrector de piedra^{F} pómez
matita^{F} correttrice di pomice^{F}

Lithokreide^{F}
litho crayon
bâton^{M} de craie^{F}
carboncillo^{M} litográfico
pastello^{M} litografico

roter Ockerstift^{M}
red ochre pencil
sanguine^{F}
sanguina^{F}
matita^{F} di ematite^{F}

lithografische Tusche^{F}
lithographic tusche
encre^{F} lithographique
tinta^{F} litográfica
inchiostro^{M} litografico

Schleifscheibe^{F}
levigator
bourriquet^{M}
pulidora^{F}
levigatrice^{F}

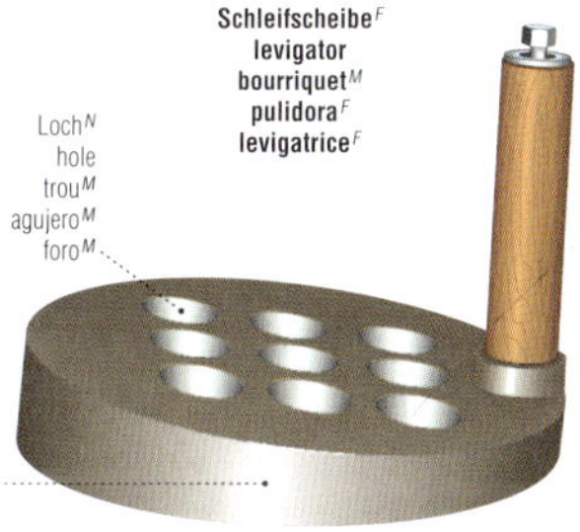

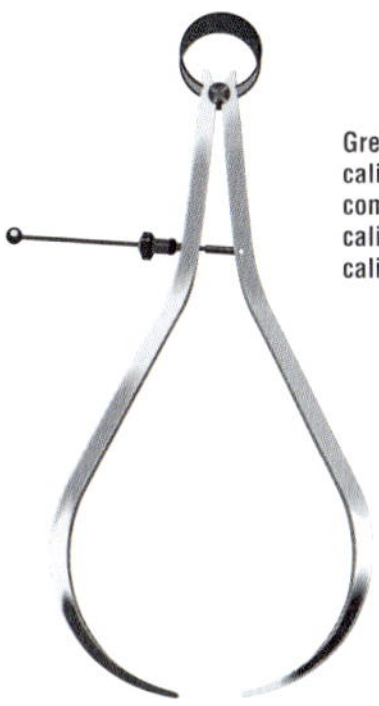

Greifzirkel^{M}
caliper
compas^{M} d'épaisseur^{F}
calibrador^{M}
calibro^{M}

Steindruckpresse^{F}
lithographic press
presse^{F} lithographique
prensa^{F} litográfica
torchio^{M} litografico

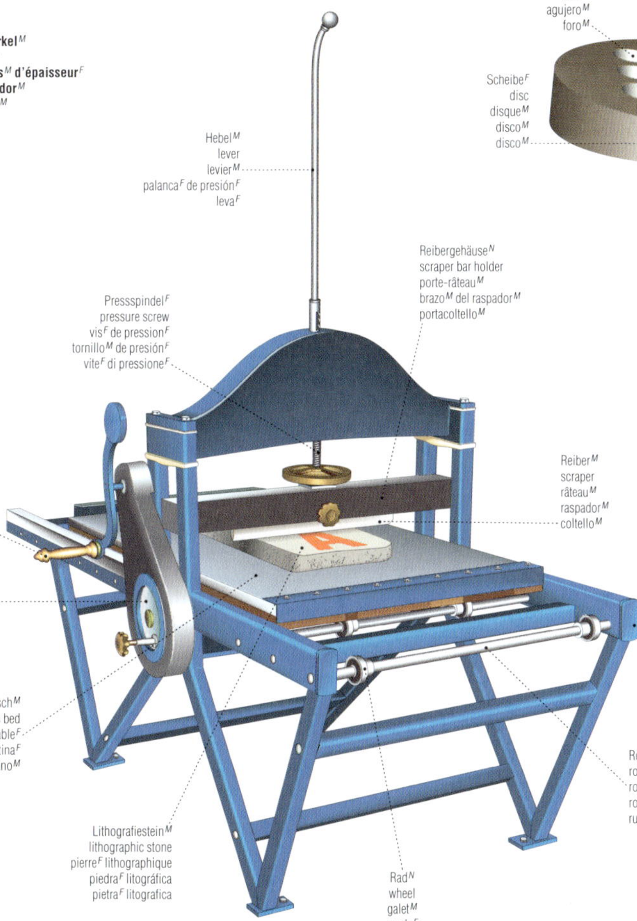

Handbuchbinderei[F]

fine bookbinding | reliure[F] d'art[M] | encuadernación[F] a mano[F] | rilegatura[F] a mano[F]

Einsägen[N]
sawing-in
grecquage[M]
ensamblaje[M] a espiga[F]
grecaggio[M]

Heften[N]
sewing
couture[F]
encuadernación[F] en rústica[F]
cucitura[F]

Heftlade[F]
sewing frame
cousoir[M]
bastidor[M] de coser
telaio[M] di cucitura[F]

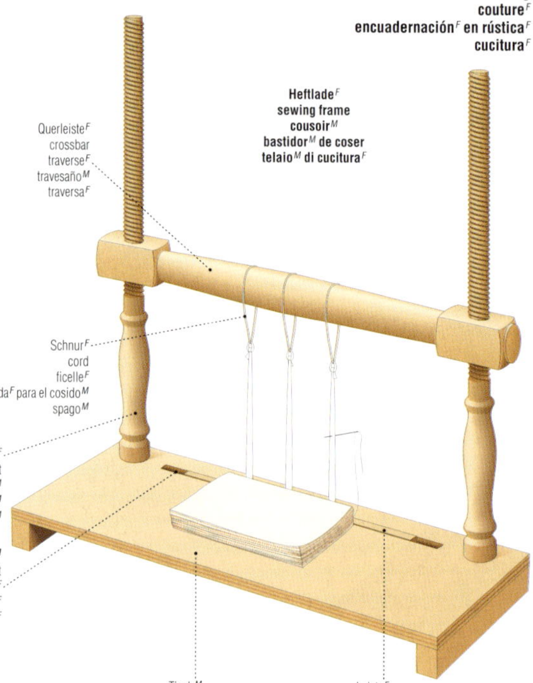

Schneiden[N]
trimming
ébarbage[M]
guillotina[F]
rifilatura[F]

Pappschere[F]
board cutter
cisaille[F]
cizalla[F]
taglierina[F]

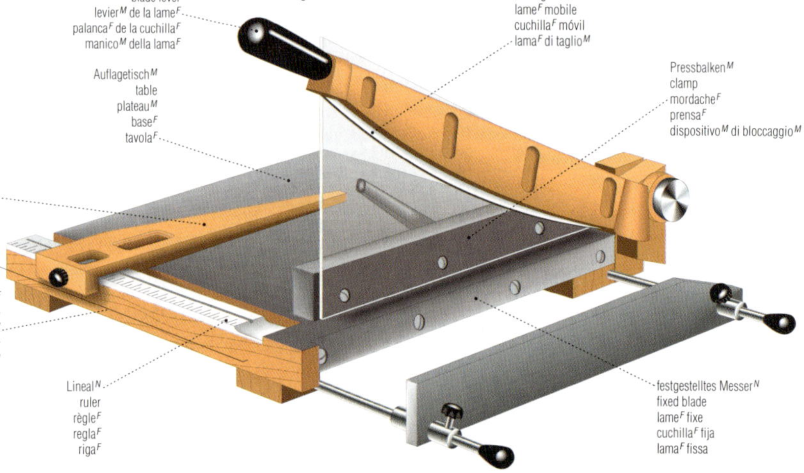

Buchrückenbearbeitung[F]
backing
endossure[F]
enlomado[M]
indorsatura[F]

Buchrückenpresse[F]
backing press
étau[M] à endosser
prensa[F] de cajos[M]
pressa[F] per indorsatura[F]

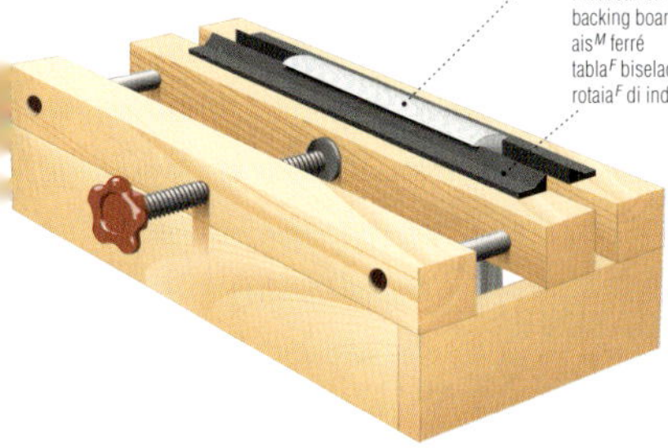

Hammer[M] zum Rundklopfen[N]
backing hammer
marteau[M] à endosser
martillo[M] de encuadernador[M]
martello[M] da rilegatore[M]

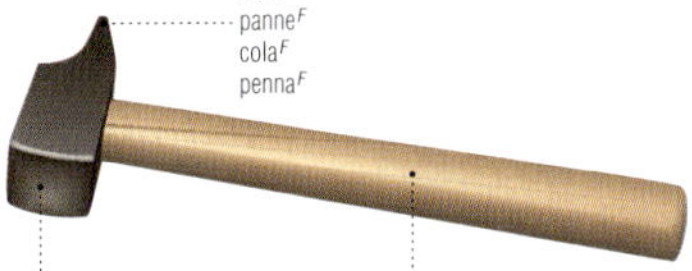

Pressen[N]
pressing
mise[F] en presse[F]
prensa[F]
pressatura[F]

Stockpresse[F]
standing press
presse[F] à percussion[F]
prensa[F] de tornillo[M]
pressa[F] verticale

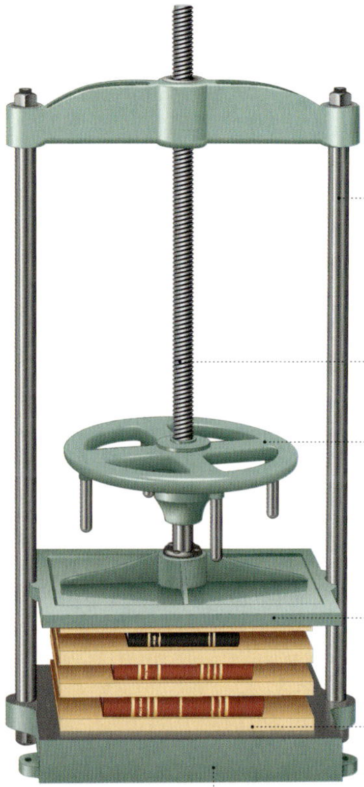

Einbinden[N]
covering
couvrure[F]
cubierta[F]
rivestimento[M]

Einbandleder[N]
bookbinding leather
peau[F]
piel[F] para encuadernar
pelle[F] da legatura[F]

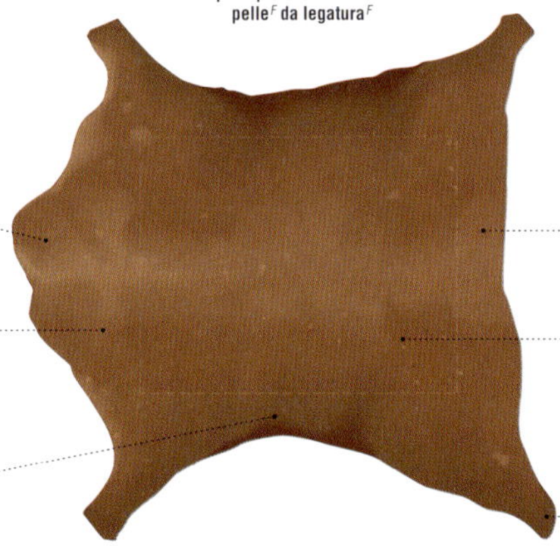

Handbuchbinderei[F]

gebundenes Buch[N]
bound book
livre[M] relié
libro[M] encuadernado
libro[M] rilegato

Zusammentragen[N]
gathering
plaçure[F]
cosido[M]
raccolta[F]

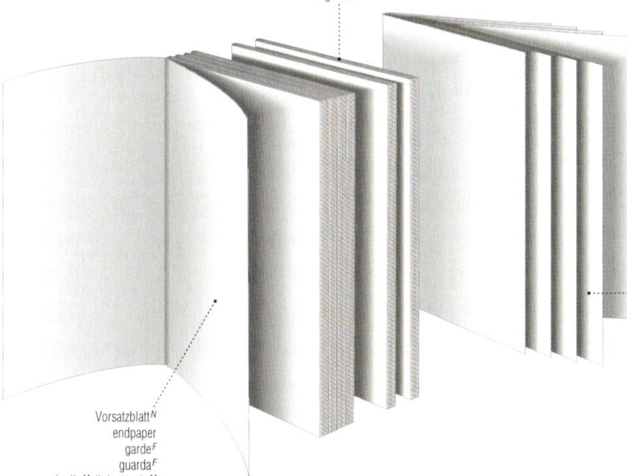

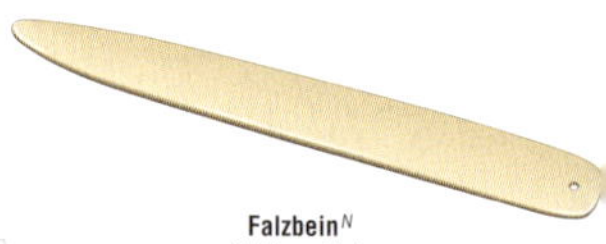

Falzbein[N]
folding stick
plioir[M]
plegadera[F]
pieghetta[F]

KUNST UND ARCHITEKTUR

Kino^{N}

cinema | cinéma^{M} | cine^{M} | cinema^{M}

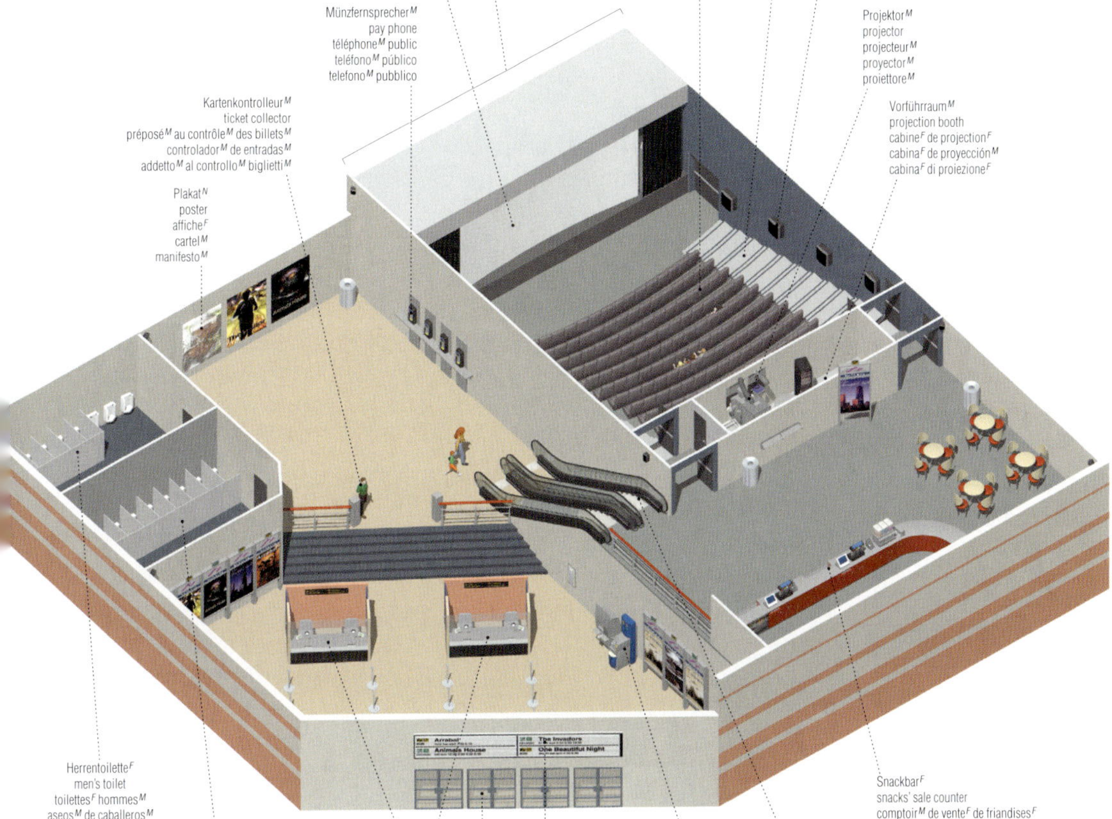

KUNST UND ARCHITEKTUR

Aufnahmebühne[F]

shooting stage | plateau[M] de tournage[M] | plató[M] de rodaje[M] | set[M] delle riprese[F]

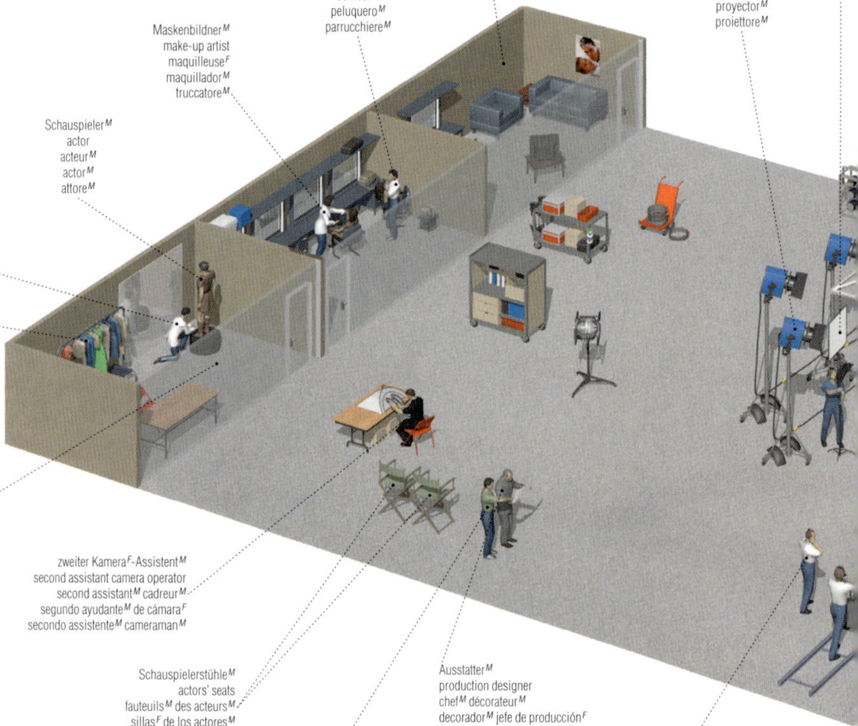

Chef^{M}-Kameramann^{M}
director of photography
directeur^{M} de la photographie^{F}
director^{M} de fotografía^{F}
direttore^{M} della fotografia^{F}

Beleuchtungsgitter^{N}
lighting grid
grille^{F} d'éclairage^{M}
peine^{M} de iluminación^{F}
griglia^{F} di illuminazione^{F}

Schauspielerin^{F}
actress
actrice^{F}
actriz^{F}
attrice^{F}

Filmset^{N}
set
décor^{M}
set^{M}
set^{M}

Lichttechniker^{M}
lighting technician
électricien^{M}
luminotécnico^{M}
tecnico^{M} delle luci^{F}

Oberbeleuchter^{M}
gaffer
chef^{M} électricien^{M}
jefe^{M} de luminotecnia^{F}
caposquadra^{M}

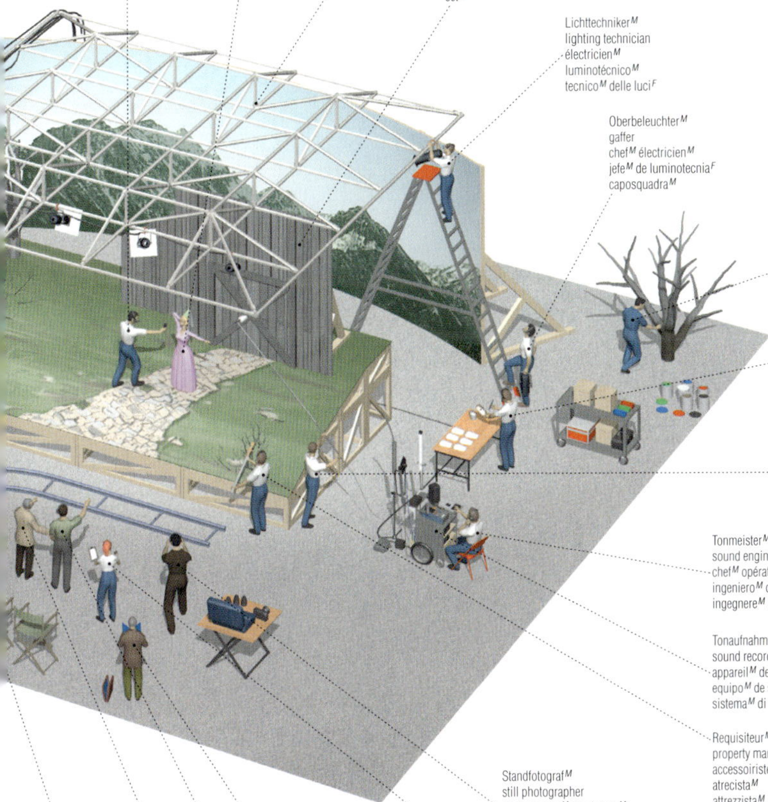

Dekorateur^{M}
set dresser
décorateur^{M}
decorador^{M}
decoratore^{M} scenico

Requisiteurassistent^{M}
assistant property man
assistant^{M} accessoiriste^{M}
ayudante^{M} del atrecista^{M}
aiuto^{M} attrezzista^{M}

Tonassistent^{M}
boom operator
perchiste^{M}
operador^{M} de jirafa^{F}
giraffista^{M}

Tonmeister^{M}
sound engineer
chef^{M} opérateur^{M} du son^{M}
ingeniero^{M} de sonido^{M}
ingegnere^{M} del suono^{M}

Tonaufnahmegeräte^{N}
sound recording equipment
appareil^{M} de prise^{F} de son^{M} et d'enregistrement^{M}
equipo^{M} de sonido^{M} y de grabación^{F}
sistema^{M} di registrazione^{F} audio

Requisiteur^{M}
property man
accessoiriste^{M}
atrecista^{M}
attrezzista^{M}

Standfotograf^{M}
still photographer
photographe^{M} de plateau^{M}
fotógrafo^{M} de plató^{M}
fotografo^{M} di scena^{F}

Scriptgirl^{N}
continuity person
scripte^{F}
secretario/a $^{F/M}$ de producción^{F}
segretaria^{F} di produzione^{F}

Produzent^{M}
producer
producteur^{M}
productor^{M}
produttore^{M}

Regiestuhl^{M}
director's seat
fauteuil^{M} du réalisateur^{M}
silla^{F} del director^{M}
sedia^{F} del regista^{M}

Regieassistent^{M}
assistant director
assistant^{M} réalisateur^{M}
ayudante^{M} del director^{M}
aiuto^{M} regista^{M}

Regisseur^{M}
director
réalisateur^{M}
director^{M}
regista^{M}

Klappe^{F}
clapperboard
claquette^{F}
claqueta^{F}
ciak^{M}

Aufnahme^{F}-Ziffer^{F}
time code
code^{M} temporel
número^{M} de la escena^{F}
codice^{M} temporale

Theater^{N}

theatre | salle^{F} de spectacle^{M} | teatro^{M} | teatro^{M}

Bühne^{F}
stage
scène^{F}
escenario^{M}
palcoscenico^{M}

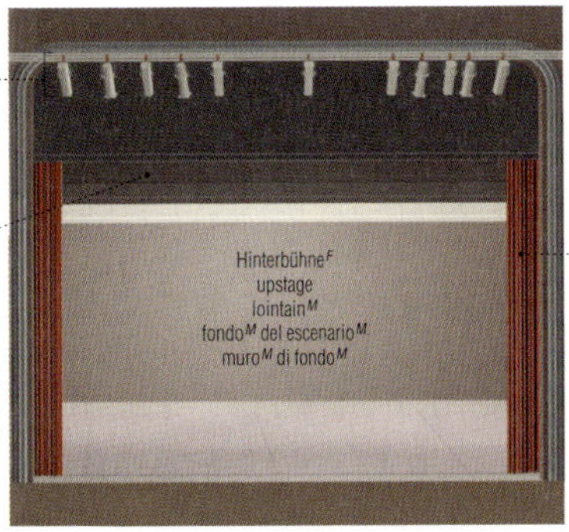

Rampenlicht^{N}
footlights
rampe^{F}
proyectores^{M}
ponte^{M} luce^{F}

Soffitte^{F}
border
frise^{F}
reborde^{M}
cieletto^{M}

rechts
prompt side
côté^{M} jardin^{M}
derecha^{F} del actor^{M}
lato^{M} di sinistra^{F}

Hauptvorhang^{M}
stage curtain
rideau^{M} de scène^{F}
telón^{M} de boca^{F}
sipario^{M}

links
opposite prompt side
côté^{M} cour^{F}
derecha^{F} del espectador^{M}
lato^{M} di destra^{F}

Scheinwerfer^{M}
spotlights
projecteurs^{M}
focos^{M}
proiettori^{M}

Akustikdecke^{F}
acoustic ceiling
plafond^{M} acoustique
techo^{M} acústico
soffitto^{M} acustico

Regieraum^{M}
control room
régie^{F}
cabina^{F} de control^{M}
cabina^{F} di regia^{F}

Bar^{F}
bar
bar^{M}
bar^{M}
bar^{M}

Foyers^{N}
foyers
foyers^{M}
foyer^{M}
foyer^{M}

Treppe^{F}
stair
escalier^{M}
escaleras^{F}
scala^{F}

Garderobe^{F}
dressing room
loge^{F} d'artiste^{M}
camerino^{M}
camerino^{M}

Zuschauerraum^{M}
house
salle^{F}
sala^{F}
sala^{F}

Parterre^{N}
parterre
parterre^{M}
platea^{F}
platea^{F}

Seite^{F}
side
côté^{M}
lado^{M}
lato^{M}

Mitte^{F}
centre
centre^{M}
centro^{M}
centro^{M}

Loge^{F}
box
loge^{F}
palco^{M}
palchetto^{M}

Reihe^{F}
row
rangée^{F}
fila^{F}
fila^{F}

erster Rang^{M}
corbeille
corbeille^{F}
luneta^{F}
prima galleria^{F}

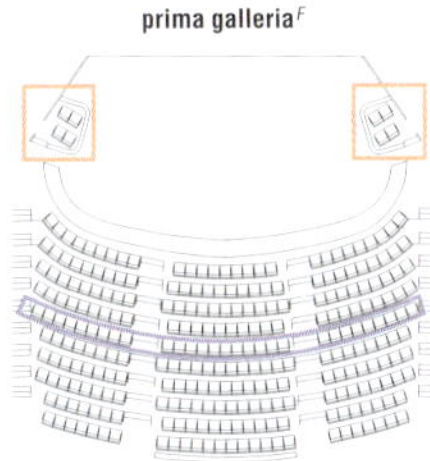

erster Rang^{M}
dress circle
balcon^{M}
balcón^{M}
seconda galleria^{F}

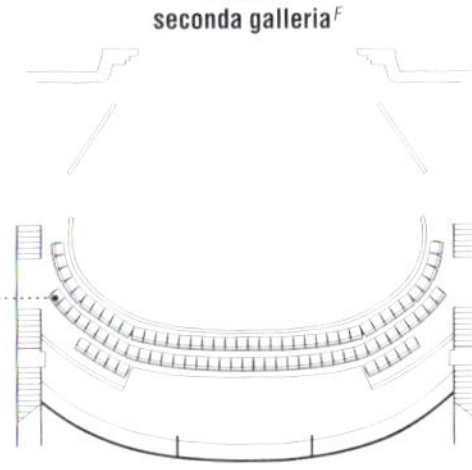

Sitzplätze^{M}
seats
fauteuil^{M}
butacas^{F}
posti^{M} a sedere

traditionelle Musikinstrumente[N]

traditional musical instruments | instruments[M] traditionnels | instrumentos[M] musicales tradicionales | strumenti[M] musicali tradizionali

Akkordeon[N]
accordion
accordéon[M]
acordeón[M]
fisarmonica[F]

Mundharmonika[F]
harmonica
harmonica[M]
armónica[F]
armonica[F] a bocca[F]

Dudelsack[M]
bagpipes
cornemuse[F]
gaita[F]
cornamusa[F]

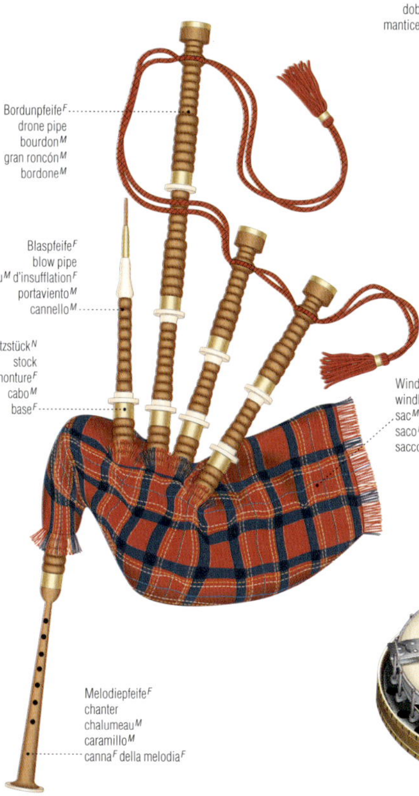

Zither[F]
zither
cithare[F]
cítara[F]
zither[M]

Banjo[N]
banjo
banjo[M]
banjo[M]
banjo[M]

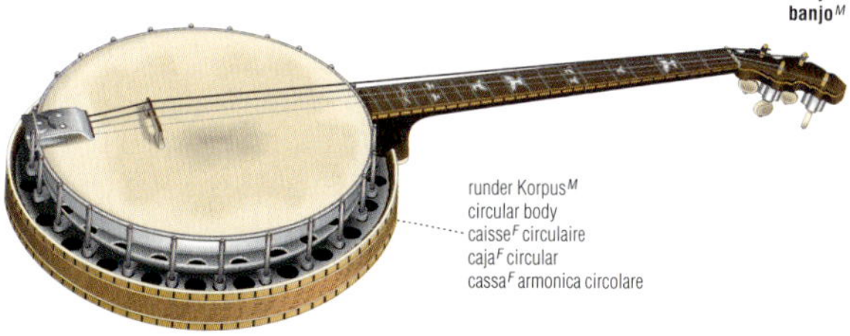

Mandoline[F]
mandolin
mandoline[F]
mandolina[F]
mandolino[M]

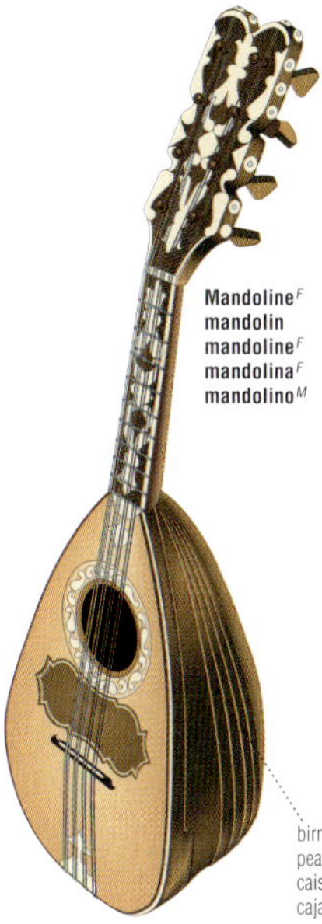

Balalaika[F]
balalaika
balalaïka[F]
balalaika[F]
balalaica[F]

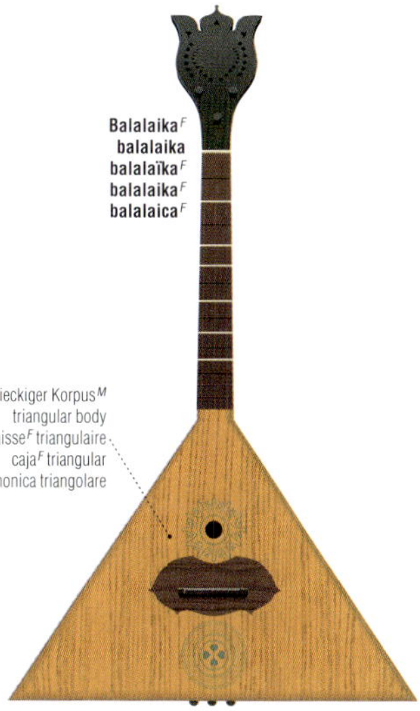

Kora[F]
kora
kora[F]
kora[M]
kora[F]

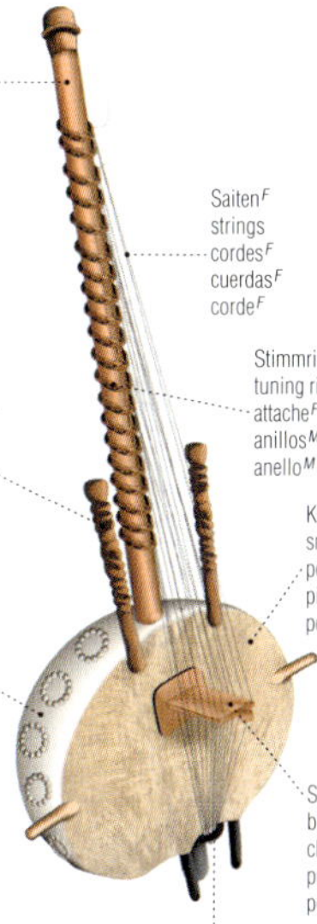

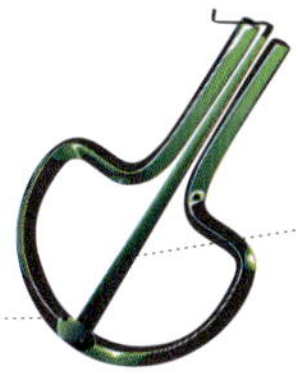

Maultrommel[F]
Jew's harp
guimbarde[F]
birimbao[M]
scacciapensieri[M]

Lyra[F]
lyre
lyre[F]
lira[F]
lira[F]

Plektron[N]
plectrum
médiator[M]
púa[F]
plettro[M]

Trommelschlegel[M]
drumstick
mailloche[F]
baqueta[F]
mazzuolo[M]

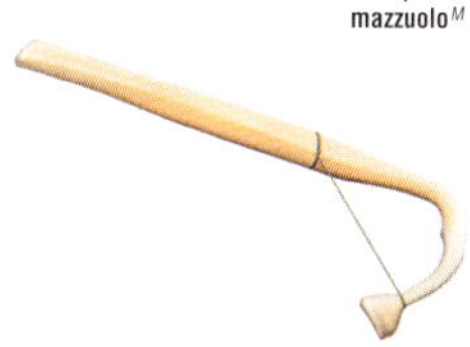

Djembe[F]
djembe
djembé[M]
yembé[M]
djembè[M]

Sprechtrommel[F]
talking drum
tambour[M] d'aisselle[F]
tambor[M] hablante
tamburo[M] parlante

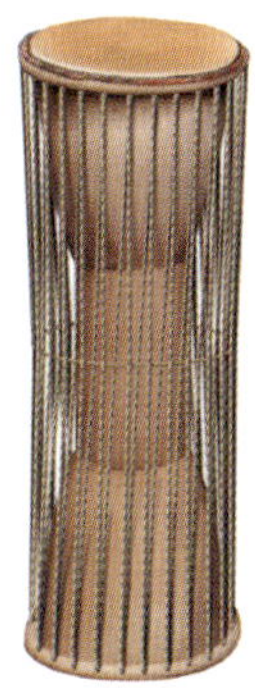

Panflöte[F]
panpipe
flûte[F] de Pan
zampoña[F]
flauto[M] di Pan

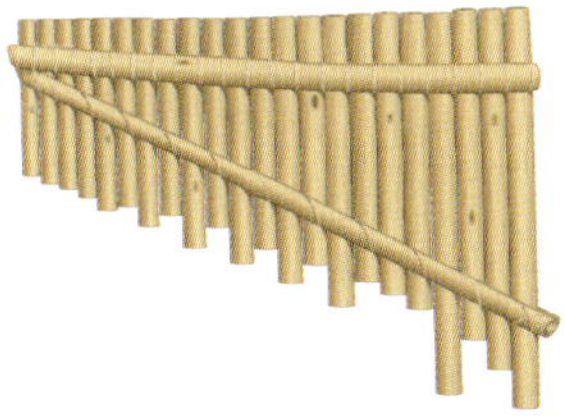

Musiknotation^F

musical notation | notation^F musicale | notación^F musical | notazione^F musicale

Liniensystem^N
staff
portée^F
pentagrama^F
pentagramma^M

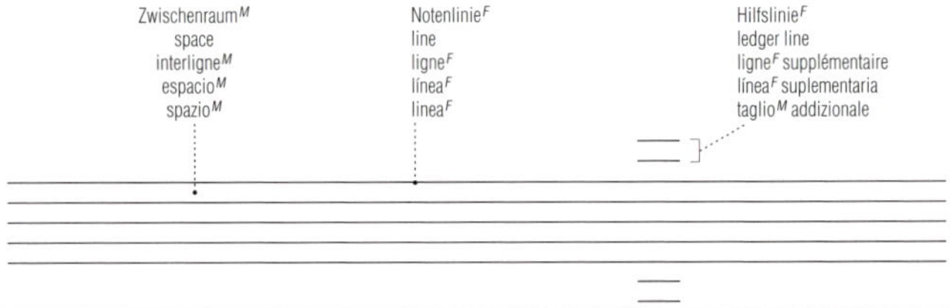

Notenschlüssel^M
clefs
clés^F
claves^F
chiavi^F

Taktarten^F
time signatures
mesures^F
compás^M
indicazioni^F di tempo^M

Intervalle^N
intervals
intervalles^M
intervalos^M
intervalli^M

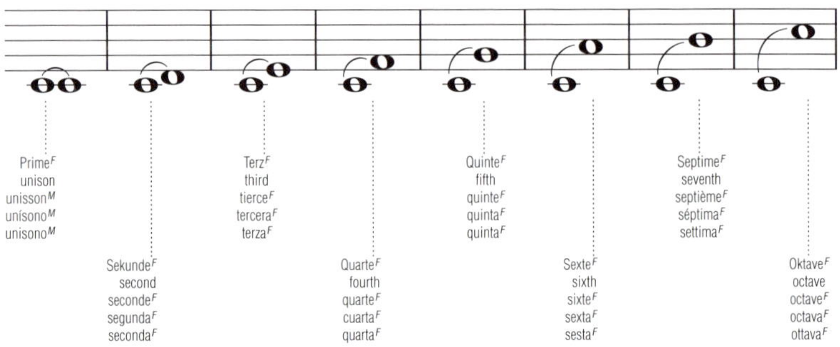

Tonleiter^F
scale
gamme^F
escala^F
scala^F

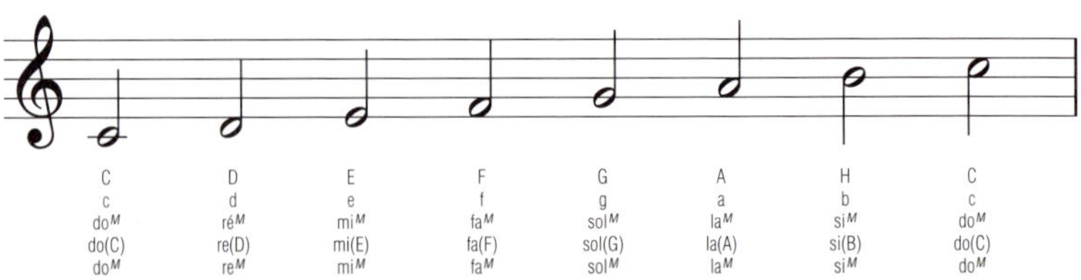

Pausenzeichen^{N}
rest values
valeur^{F} des silences^{M}
valores^{M} de los silencios^{M}
valori^{M} di durata^{F} delle pause^{F}

ganze Pause^{F}
semibreve rest
pause^{F}
silencio^{M} de redonda^{F}
pausa^{F} di semibreve^{F}

halbe Pause^{F}
minim rest
demi-pause^{F}
silencio^{M} de blanca^{F}
pausa^{F} di minima^{F}

Viertelpause^{F}
crotchet rest
soupir^{M}
silencio^{M} de negra^{F}
pausa^{F} di semiminima^{F}

Achtelpause^{F}
quaver rest
demi-soupir^{M}
silencio^{M} de corchea^{F}
pausa^{F} di croma^{F}

Sechzehntelpause^{F}
semiquaver rest
quart^{M} de soupir^{M}
silencio^{M} de semicorchea^{F}
pausa^{F} di semicroma^{F}

Zweiunddreißigstelpause^{F}
demisemiquaver rest
huitième^{M} de soupir^{M}
silencio^{M} de fusa^{F}
pausa^{F} di biscroma^{F}

Vierundsechzigstelpause^{F}
hemidemisemiquaver rest
seizième^{M} de soupir^{M}
silencio^{M} de semifusa^{F}
pausa^{F} di semibiscroma^{F}

Verzierungen^{F}
ornaments
ornements^{M}
adornos^{M}
abbellimenti^{M}

Vorschlag^{M}
appoggiatura
appoggiature^{F}
apoyatura^{F}
appoggiatura^{F}

Triller^{M}
trill
trille^{M}
trino^{M}
trillo^{M}

Doppelschlag^{M}
turn
gruppetto^{M}
grupeto^{M}
gruppetto^{M}

Mordent^{M}
mordent
mordant^{M}
mordente^{M}
mordente^{M}

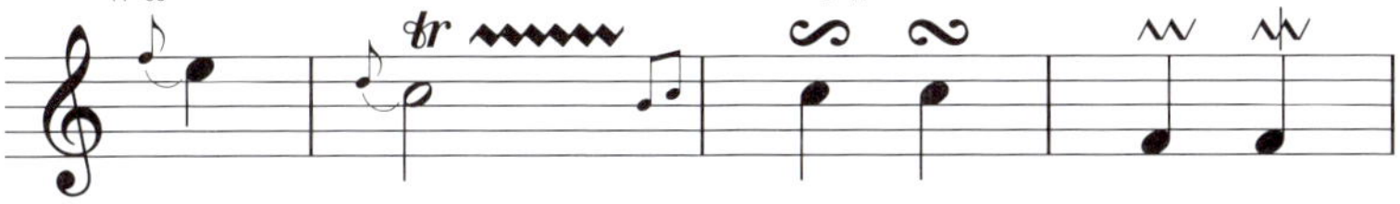

Notenwerte^{M}
note values
valeur^{F} des notes^{F}
valores^{M} de las notas^{F} musicales
valori^{M} di durata^{F} delle note^{F}

ganze Note^{F}
semibreve
ronde^{F}
redonda^{F}
semibreve^{F}

halbe Note^{F}
minim
blanche^{F}
blanca^{M}
minima^{F}

Viertelnote^{F}
crotchet
noire^{F}
negra^{F}
semiminima^{F}

Achtelnote^{F}
quaver
croche^{F}
corchea^{F}
croma^{F}

Sechzehntelnote^{F}
semiquaver
double croche^{F}
semicorchea^{F}
semicroma^{F}

Zweiunddreißigstelnote^{F}
demisemiquaver
triple croche^{F}
fusa^{F}
biscroma^{F}

Vierundsechzigstelnote^{F}
hemidemisemiquaver
quadruple croche^{F}
semifusa^{F}
semibiscroma^{F}

Versetzungszeichen^{N}
accidentals
altérations^{F}
accidentales^{M}
accidenti^{M}

B^{N}
flat
bémol^{M}
bemol^{M}
bemolle^{M}

Doppelkreuz^{N}
double sharp
double dièse^{M}
doble^{M} sostenido
doppio diesis^{M}

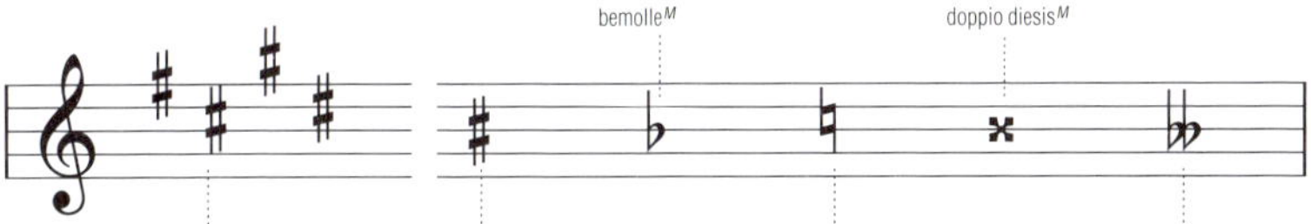

Tonartvorzeichen^{N}
key signature
armature^{F} de la clé^{F}
armadura^{F}
armatura^{F} di chiave^{F}

Kreuz^{N}
sharp
dièse^{M}
sostenido^{M}
diesis^{M}

Auflösungszeichen^{N}
natural
bécarre^{M}
becuadro^{M}
bequadro^{M}

Doppel-B^{N}
double flat
double bémol^{M}
doble^{M} bemol
doppio bemolle^{M}

andere Zeichen^{N}
other signs
autres signes^{M}
otros signos^{M}
altri segni^{M}

Akkord^{M}
chord
accord^{M}
acorde^{M}
accordo^{M}

Bindebogen^{M}
tie
liaison^{F}
ligadura^{F}
legatura^{F}

Marcato-Zeichen^{N}
accent mark
accent^{M}
acento^{M}
accento^{M}

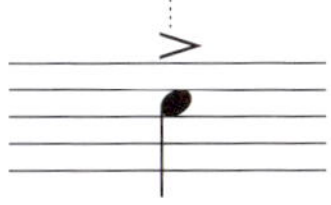

Arpeggio^{N}
arpeggio
arpège^{M}
arpegio^{M}
arpeggio^{M}

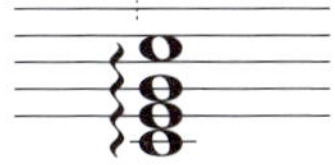

Pause^{F}
pause
point^{M} d'orgue^{M}
calderón^{M}
punto^{M} coronato

Musikzubehör[N]

musical accessories | accessoires[M] | accesorios[M] musicales | accessori[M] musicali

Metronom[N]
metronome
métronome[M] mécanique
metrónomo[M]
metronomo[M]

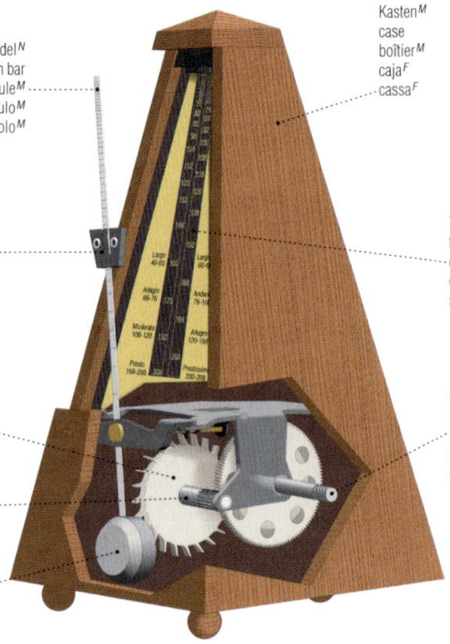

Notenständer[M]
music stand
pupitre[M] à musique[F]
atril[M]
leggio[M] da orchestra[F]

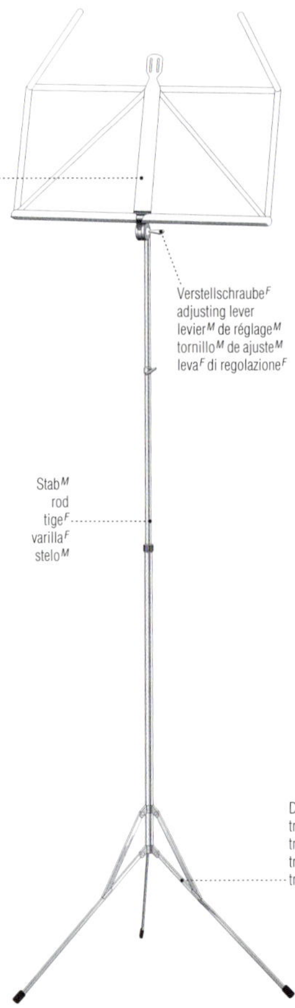

Stimmgabel[F]
tuning fork
diapason[M]
diapasón[M]
diapason[M]

Quarzmetronom[N]
quartz metronome
métronome[M] à quartz[M]
metrónomo[M] de cuarzo[M]
metronomo[M] al quarzo[M]

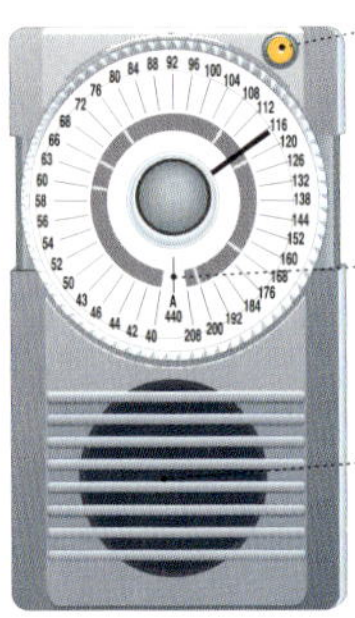

Sinfonieorchester^{N}

symphony orchestra | orchestre^{M} symphonique | orquesta^{F} sinfónica | orchestra^{F} sinfonica

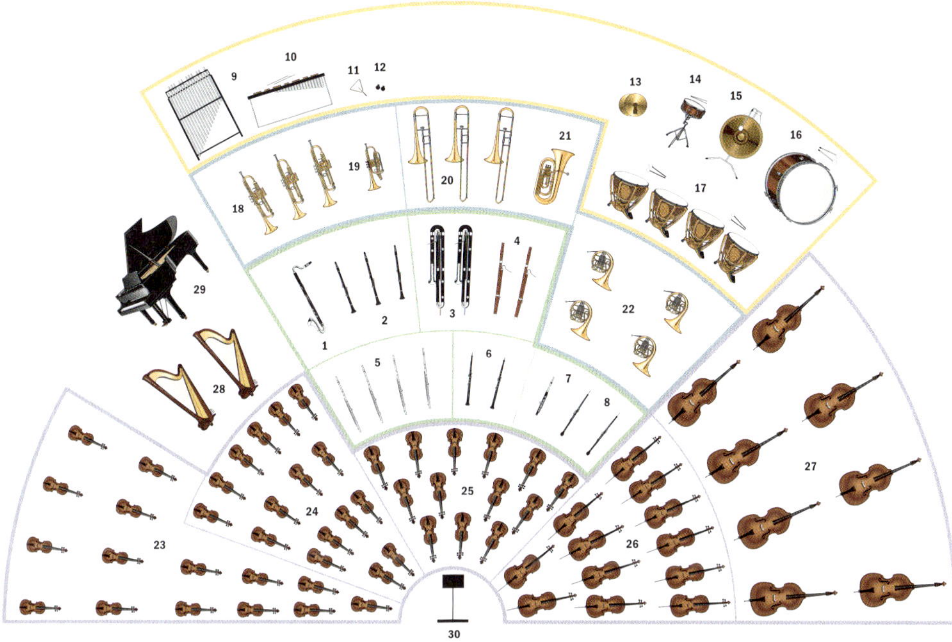

Familie^{F} der Holzblasinstrumente^{N}
woodwind family
famille^{F} des bois^{M}
familia^{F} de instrumentos^{M} de madera^{F}
famiglia^{F} dei legni^{M}

Bassklarinette^{F}
bass clarinet
clarinette^{F} basse
clarinete^{M} bajo
clarinetto^{M} basso

Klarinetten^{F}
clarinets
clarinettes^{F}
clarinetes^{M}
clarinetti^{M}

Kontrafagotte^{N}
contrabassoons
contrebassons^{M}
contrafagot^{M}
controfagotti^{M}

Fagotte^{N}
bassoons
bassons^{M}
fagotes^{M}
fagotti^{M}

Querflöten^{F}
lutes
lûtes^{F}
lautas^{F} traverseras
lauti^{M}

Oboen^{F}
oboes
hautbois^{M}
oboes^{M}
oboi^{M}

7 Pikkoloflöte^{F}
piccolo
piccolo^{M}
píccolo^{M}
ottavino^{M}

8 Englischhörner^{N}
cors anglais
cors^{M} anglais
cornos^{M} ingleses
corni^{M} inglesi

Schlaginstrumente^{N}
percussion instruments
instruments^{M} à percussion^{F}
instrumentos^{M} de percusión^{F}
strumenti^{M} a percussione^{F}

9 Röhrenglocken^{F}
tubular bells
carillon^{M} tubulaire
campanas^{F} tubulares
campane^{F} tubolari

10 Xylophon^{N}
xylophone
xylophone^{M}
xilófono^{M}
xilofono^{M}

11 Triangel^{M}
triangle
triangle^{M}
triángulo^{M}
triangolo^{M}

12 Kastagnetten^{F}
castanets
castagnettes^{F}
castañuelas^{F}
nacchere^{F}

13 Becken^{N}
cymbals
cymbales^{F}
platillos^{M}
piatti^{M}

14 kleine Trommel^{F}
snare drum
caisse^{F} claire
caja^{F} clara
cassa^{F} chiara

15 Gong^{M}
gong
gong^{M}
gong^{M}
gong^{M}

16 Basstrommel^{F}
bass drum
grosse caisse^{F}
bombo^{M}
grancassa^{F}

17 Pauken^{F}
timpani
timbales^{F}
timbales^{M}
timpani^{M}

28 Harfen^{F}
harps
harpes^{F}
arpas^{F}
arpe^{F}

Familie^{F} der Blechbläser^{M}
brass family
famille^{F} des cuivres^{M}
familia^{F} de los metales^{M}
famiglia^{F} degli ottoni^{M}

18 Trompeten^{F}
trumpets
trompettes^{F}
trompetas^{F}
trombe^{F}

19 Kornett^{N}
cornet
cornet^{M} à pistons^{M}
cornetín^{M}
cornetta^{F}

20 Posaunen^{F}
trombones
trombones^{M}
trombones^{M}
tromboni^{M}

21 Tuba^{F}
tuba
tuba^{M}
tuba^{F}
tuba^{F}

22 Waldhörner^{N}
French horns
cors^{M} d'harmonie^{F}
cornos^{M} franceses
corni^{M}

29 Flügel^{M}
piano
piano^{M}
piano^{M}
pianoforte^{M}

Geigenfamilie^{F}
violin family
famille^{F} du violon^{M}
familia^{F} de los violines^{M}
famiglia^{F} degli archi^{M}

23 erste Violinen^{F}
first violins
premiers violons^{M}
primeros violines^{M}
primi violini^{M}

24 zweite Violinen^{F}
second violins
seconds violons^{M}
segundos violines^{M}
secondi violini^{M}

25 Bratschen^{F}
violas
altos^{M}
violas^{F}
viole^{F}

26 Celli^{N}
cellos
violoncelles^{M}
violoncelos^{M}
violoncelli^{M}

27 Kontrabasse^{M}
double basses
contrebasses^{F}
contrabajos^{M}
contrabbassi^{M}

30 Dirigentenpult^{N}
conductor's podium
pupitre^{M} du chef^{M} d'orchestre^{M}
estrado^{M} del director^{M}
podio^{M} del direttore^{M} d'orchestra^{F}

Beispiele^N für Instrumentalgruppierungen^F

examples of instrumental groups | exemples^M de groupes^M instrumentaux | ejemplos^M de conjuntos^M instrumentales | esempi^M di gruppi^M strumentali

Duo^N
duo
duo^M
dúo^M
duo^M

Trio^N
trio
trio^M
trío^M
trio^M

Quartett^N
quartet
quatuor^M
cuarteto^M
quartetto^M

Quintett^N
quintet
quintette^M
quinteto^M
quintetto^M

Sextett^N
sextet
sextuor^M
sexteto^M
sestetto^M

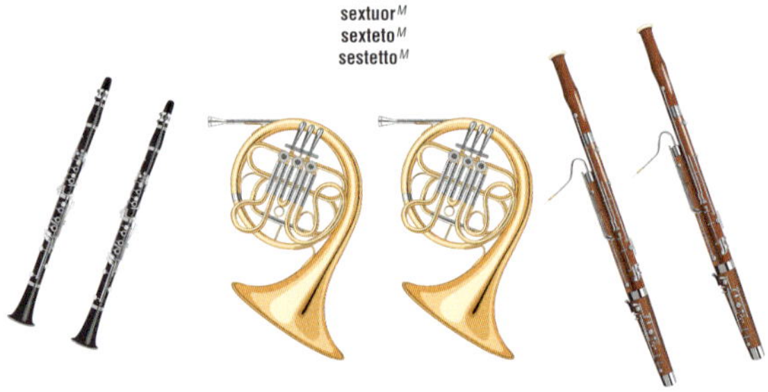

Jazzband^F
jazz band
formation^F de jazz^M
banda^F de jazz^M
jazz-band^F

Saiteninstrumente^{N}

stringed instruments | instruments^{M} à cordes^{F} | instrumentos^{M} de cuerda^{F} | strumenti^{M} a corde^{F}

Bogen^{M}
bow
archet^{M}
arco^{M}
archetto^{M}

Violine^{F}
violin
violon^{M}
violín^{M}
violino^{M}

Violinfamilie^{F}
violin family
famille^{F} du violon^{M}
familia^{F} de los violines^{M}
famiglia^{F} degli archi^{M}

Saiteninstrumente[N]

Harfe[F]
harp
harpe[F]
arpa[F]
arpa[F]

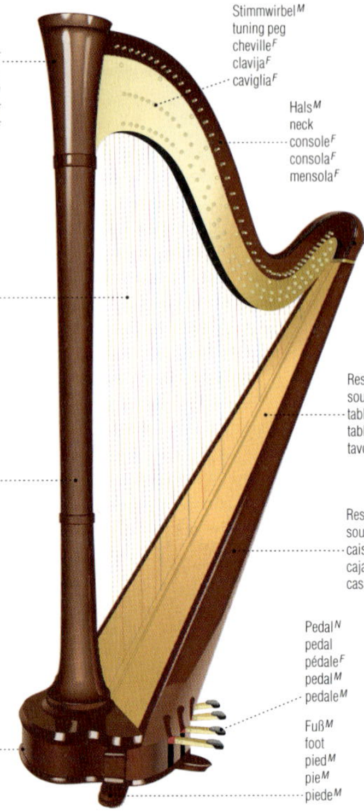

akustische Gitarre[F]
acoustic guitar
guitare[F] acoustique
guitarra[F] clásica
chitarra[F] acustica

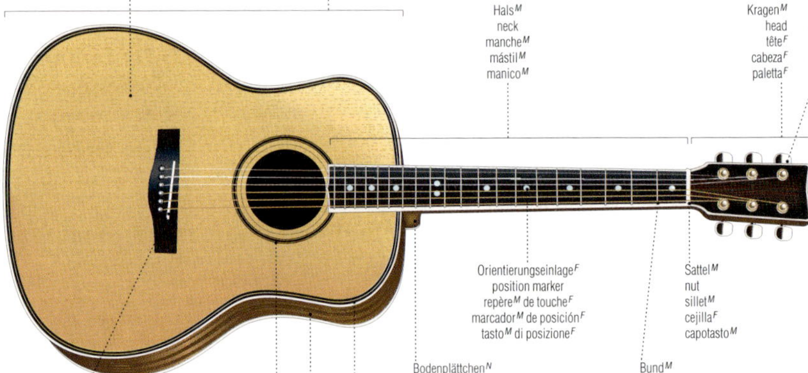

elektrische Gitarre^{F}
electric guitar
guitare^{F} électrique
guitarra^{F} eléctrica
chitarra^{F} elettrica

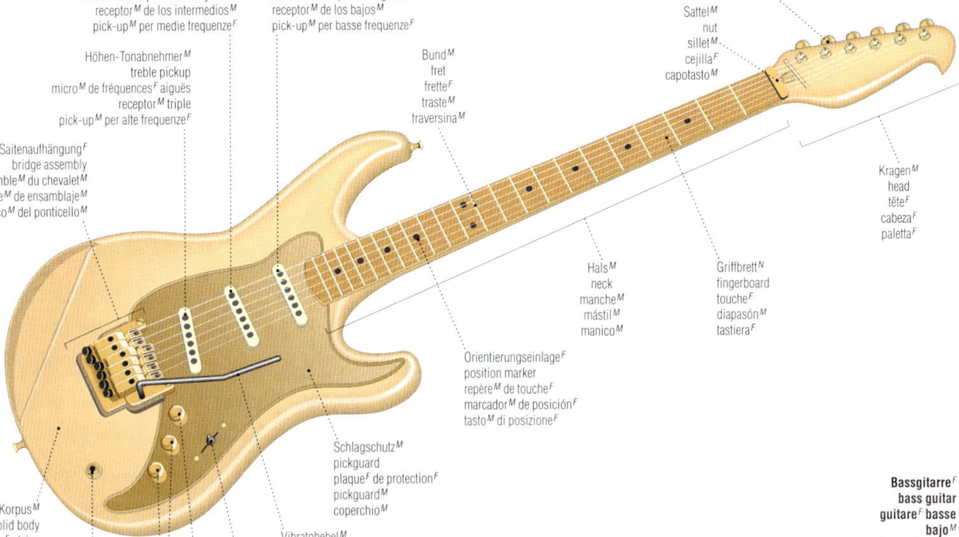

Bassgitarre^{F}
bass guitar
guitare^{F} basse
bajo^{M}
chitarra^{F} basso

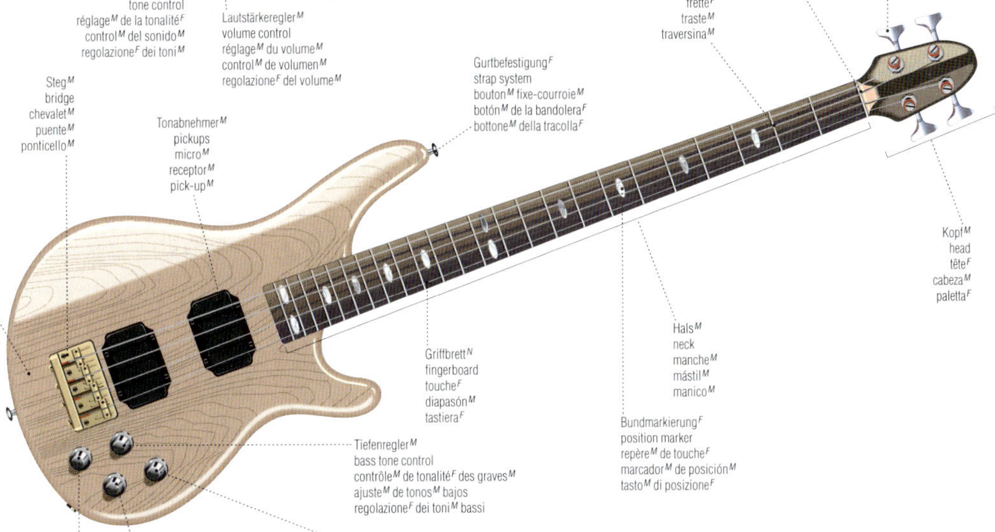

Tasteninstrumente[N]

keyboard instruments | instruments[M] à clavier[M] | instrumentos[M] de teclado[M] | strumenti[M] a tastiera[F]

Klavier[N]
upright piano
piano[M] droit
piano[M] vertical
pianoforte[M] verticale

Moderatorfilz[M]
muffler felt
feutre[M] d'étouffoir[M]
amortiguador[M] de fieltro[M]
sordina[F]

Druckssteg[M]
pressure bar
barre[F] de pression[F]
ceja[F]
barra[F] di pressione[M]

Stimmstock[M]
pin block
sommier[M]
clavijero[M]
caviglliera[F]

Hammerleiste[F]
hammer rail
barre[F] de repos[M] des marteaux[M]
apoyo[M] del macillo[M]
barra[F] dei martelletti[M]

Hammer[M]
hammer
marteau[M]
macillo[M]
martelletto[M]

Stimmnagel[M]
tuning pin
cheville[F] d'accord[M]
clavija[F]
caviglia[F]

Taste[F]
key
touche[F]
tecla[F]
tasto[M]

Gehäuse[N]
case
caisse[F]
caja[F]
cassa[F]

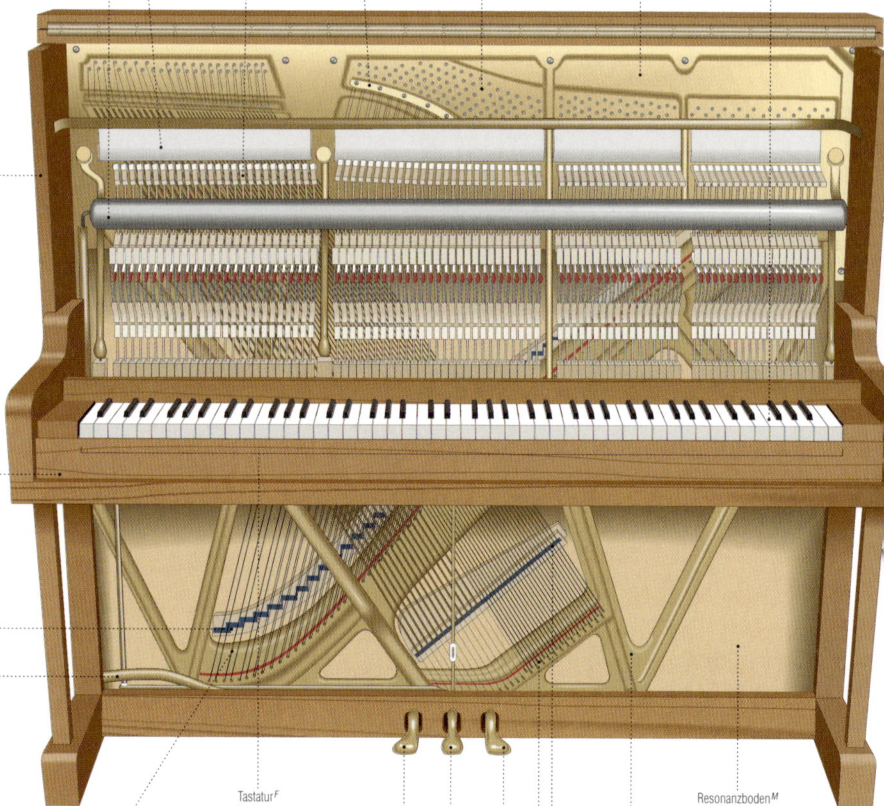

Klaviaturboden[M]
keybed
plateau[M] de clavier[M]
asiento[M] del teclado[M]
lista[F] serratura[F]

Diskantsteg[M]
treble bridge
chevalet[M] des aigus[M]
puente[M] de los altos[M]
ponticello[M] degli acuti[M]

Pedalstange[F]
pedal rod
tringle[F] de pédale[F]
varilla[F] del pedal[M]
leva[F] del pedale[M]

Saitenbezug[M]
strings
cordes[F]
cuerdas[F]
corde[F]

Tastatur[F]
keyboard
clavier[M]
teclado[M]
tastiera[F]

Resonanzboden[M]
soundboard
table[F] d'harmonie[F]
tabla[F] harmónica
tavola[F] armonica

Pianopedal[N]
soft pedal
pédale[F] douce
pedal[M] suave
pedale[M] del piano[M]

Metallrahmen[M]
metal frame
cadre[M] métallique
armazón[M] de metal[M]
telaio[M] metallico

Moderatorpedal[N]
sostenuto pedal
pédale[F] de sourdine[F]
pedal[M] de la sordina[F]
pedale[M] della sordina[F]

Basssteg[M]
bass bridge
chevalet[M] des basses[F]
puente[M] de los bajos[M]
ponticello[M] dei bassi[M]

Fortepedal[N]
sustaining pedal
pédale[F] forte
pedal[M] fuerte
pedale[M] di risonanza[F]

Plattenstift[M]
hitch pin
pointe[F] d'attache[F]
punta[F] de sujeción[F]
punta[F] per piastra[M]

KUNST UND ARCHITEKTUR

Klaviermechanik^{F}
upright piano action
mécanique^{F} du piano^{M} droit
mecanismo^{M} del piano^{M} vertical
meccanica^{F} del pianoforte^{M} verticale

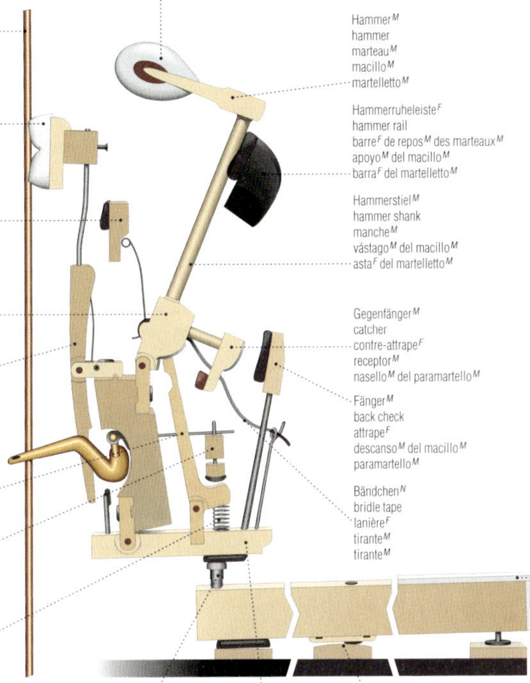

Beispiele^{N} für Tasteninstrumente^{N}
examples of keyboard instruments
exemples^{M} d'instruments^{M} à clavier^{M}
ejemplos^{M} de instrumentos^{M} de teclado^{M}
esempi^{M} di strumenti^{M} a tastiera^{F}

Konzertflügel^{M}
concert grand
piano^{M} à queue^{F} de concert^{M}
piano^{M} de cola^{F} de concierto^{M}
pianoforte^{M} a coda^{F} da concerto^{M}

Kleinflügel^{M}
baby grand
piano^{M} quart-de-queue^{M}
piano^{M} cuarto de cola^{M}
pianoforte^{M} a un quarto^{M} di coda^{F}

Salonflügel^{M}
boudoir grand
piano^{M} demi-queue^{M}
piano^{M} de media cola^{F}
pianoforte^{M} a mezza coda^{F}

Cembalo^{N}
harpsichord
clavecin^{M}
clavecín^{M}
clavicembalo^{M}

Tasteninstrumente^{N}

Orgel^{F}
organ
orgue^{M}
órgano^{M}
organo^{M}

Orgelspieltisch^{M}
organ console
console^{F} d'orgue^{M}
consola^{F}
console^{F} dell'organo^{M}

Notenablage^{F}
music rest
pupitre^{M}
atril^{M}
leggio^{M}

Koppel-Kipptaste^{F}
coupler-tilt tablet
domino^{M} d'accouplement^{M}
tableta^{F} de resonancia^{F}
placchetta^{F} a bilanciere^{M}

Manuale^{N}
manuals
claviers^{M} manuels
teclados^{M} manuales
manuali^{M}

Druckknopf^{M}
thumb piston
bouton^{M} de combinaisons^{F}
botón^{M} de acoplamiento^{M}
pistoncino^{M} del manuale^{M}

Fußtritt^{M}
toe piston
pédale^{F} de combinaisons^{F}
acoplamiento^{M} de pedal^{M}
pistoncino^{M} del pedale^{M}

Jalousieschweller^{M}
swell pedals
pédales^{F} d'expression^{F}
pedal^{M} de expresión^{F}
pedali^{M} d'espressione^{F}

Registerzug^{M}
stop knob
bouton^{M} de registre^{M}
botón^{M} de registro^{M}
tasto^{M} di registro^{M}

Manual^{N} für das Oberwerk^{N}
swell organ manual
clavier^{M} de récit^{M}
teclado^{M} del órgano^{M} de expresión^{F}
manuale^{M} dell'organo^{M} espressivo

Manual^{N} für das Rückpositiv^{N}
choir organ manual
clavier^{M} de positif^{M}
teclado^{M} del órgano^{M} positivo
manuale^{M} dell'organo^{M} positivo

Manual^{N} für das Hauptwerk^{N}
great organ manual
clavier^{M} de grand orgue^{M}
teclado^{M} del órgano^{M} mayor
manuale^{M} del grand'organo^{M}

Rollschweller^{M}
crescendo pedal
pédale^{F} crescendo^{M}
pedal^{M} crescendo
pedale^{M} del crescendo^{M}

Pedaltaste^{F}
pedal key
touche^{F} de pédalier^{M}
tecla^{F} de pedal^{M}
pedale^{M}

Pedalklaviatur^{F}
pedal keyboard
clavier^{M} à pédales^{F}
pedalero^{M}
pedaliera^{F}

Zungenpfeife^{F}
reed pipe
tuyau^{M} à anche^{F}
tubo^{M} de lengüeta^{F}
canna^{F} ad ancia^{F}

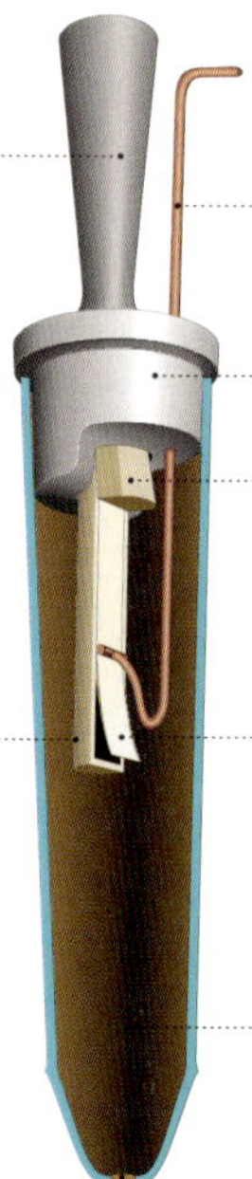

Schallbecher^{M}
resonator
pavillon^{M}
resonador^{M}
padiglione^{M}

Kehle^{F}
shallot
anche^{F}
caña^{F}
gola^{F}

Fußbohrung^{F}
foot hole
orifice^{M} du pied^{M}
orificio^{M} del pie^{M}
foro^{M} del piede^{M}

Stimmkrücke^{F}
tuning wire
rasette^{F}
afinador^{M}
asta^{F} d'accordo^{M}

Bleikopf^{M}
block
noyau^{M}
bloque^{M}
blocco^{F}

Keil^{M}
wedge
coin^{M}
cuña^{F}
cuneo^{M}

Zunge^{F}
tongue
languette^{F}
lengüeta^{F}
ancia^{F}

Stiefel^{M}
foot
pied^{M}
pie^{M}
stivale^{M}

Lippenpfeife^{F}
flue pipe
tuyau^{M} à bouche^{F}
tubo^{M} de embocadura^{F}
canna^{F} ad anima^{F}

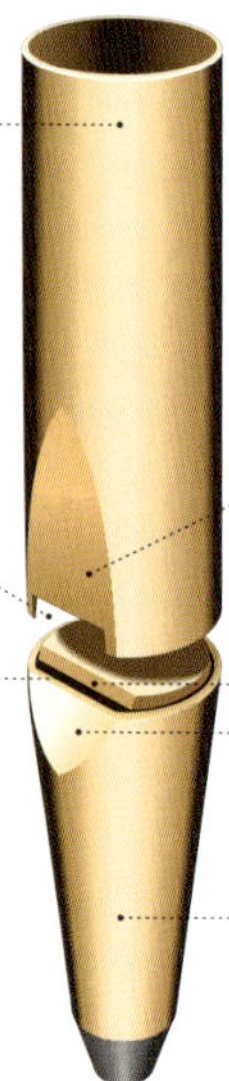

Körper^{M}
body
corps^{M}
tapa^{F}
corpo^{M}

Aufschnitt^{M}
mouth
bouche^{F}
boca^{F}
bocca^{F}

Kernspalte^{F}
flue
lumière^{F}
caño^{M}
fessura^{F}

Fußbohrung^{F}
foot hole
orifice^{M} du pied^{M}
orificio^{M} del pie^{M}
foro^{M} del piede^{M}

Oberlippe^{F}
upper lip
lèvre^{F} supérieure
labio^{M} superior
labbro^{M} superiore

Kern^{M}
languid
biseau^{M}
alma^{F}
anima^{F}

Unterlippe^{F}
lower lip
lèvre^{F} inférieure
labio^{M} inferior
labbro^{M} inferiore

Fuß^{M}
foot
pied^{M}
pie^{M}
piede^{M}

Orgelmechanik^{F}
organ mechanism
mécanisme^{M} de l'orgue^{M}
mecanismo^{M} del órgano^{M}
meccanismo^{M} dell'organo^{M}

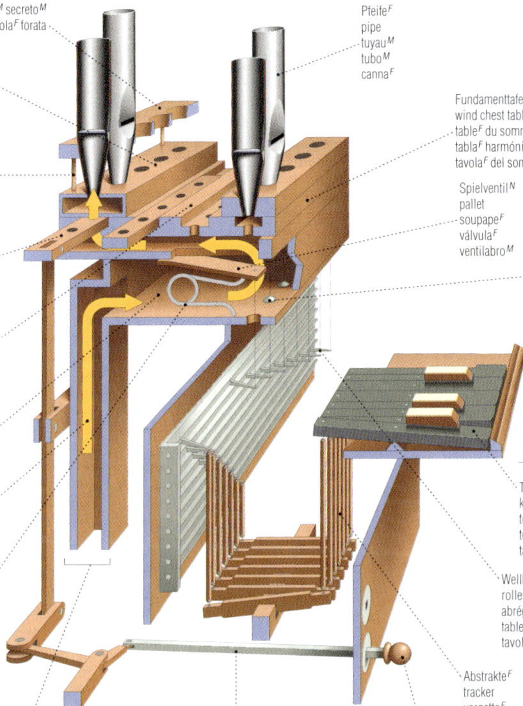

Tonerzeugung^{F}
production of sound
production^{F} du son^{M}
producción^{F} del sonido^{M}
produzione^{F} del suono^{M}

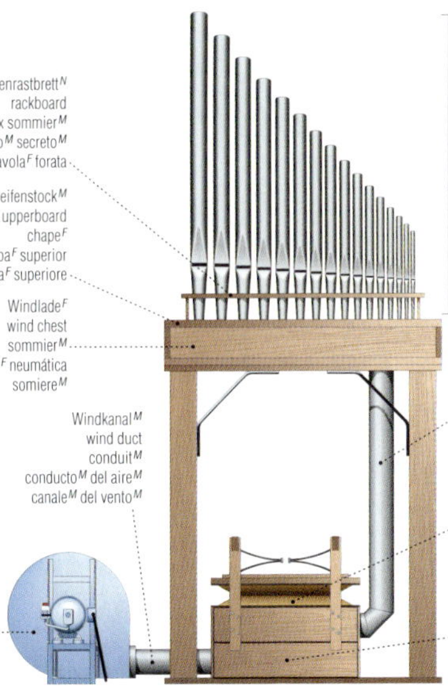

Blasinstrumente^{N}

wind instruments | instruments^{M} à vent^{M} | instrumentos^{M} de viento^{M} | strumenti^{M} a fiato^{M}

Saxophon^{N}
saxophone
saxophone^{M}
saxofón^{M}
sassofono^{M}

Doppelblatt^{N}
double reed
anche^{F} double
doble caña^{F}
ancia^{F} doppia

Rohrblatt^{N}
single reed
anche^{F} simple
caña^{F} simple
ancia^{F} semplice

Fagott^{N}
bassoon
basson^{M}
fagot^{M}
fagotto^{M}

Pikkoloflöte^{F}
piccolo
piccolo^{M}
píccolo^{M}
ottavino^{M}

Klarinette^{F}
clarinet
clarinette^{F}
clarinete^{M}
clarinetto^{M}

Oboe^{F}
oboe
hautbois^{M}
oboe^{M}
oboe^{M}

Querflöte^{F}
flute
flûte^{F}
flauta^{F}
flauto^{M}

Englischhorn^{N}
cor anglais
cor^{M} anglais
corno^{M} inglés
corno^{M} inglese

Blasinstrumente[N]

Trompete[F]
trumpet
trompette[F]
trompeta[F]
tromba[F]

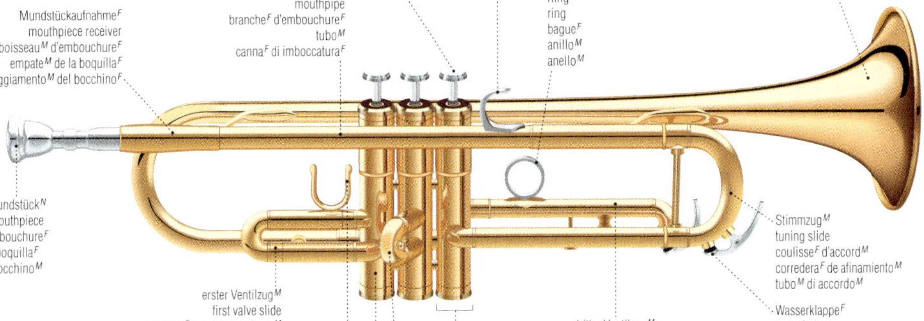

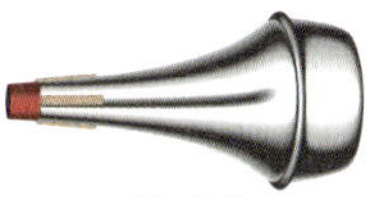

Dämpfer[M]
mute
sourdine[F]
sordina[F]
sordina[F]

Waldhorn[N]
French horn
cor[M] d'harmonie[F]
corno[M] francés
corno[M]

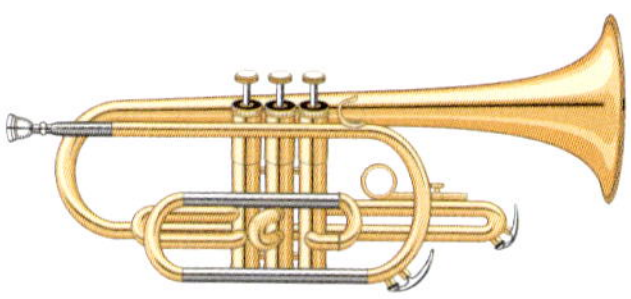

Kornett[N]
cornet
cornet[M] à pistons[M]
cornetín[M]
cornetta[F]

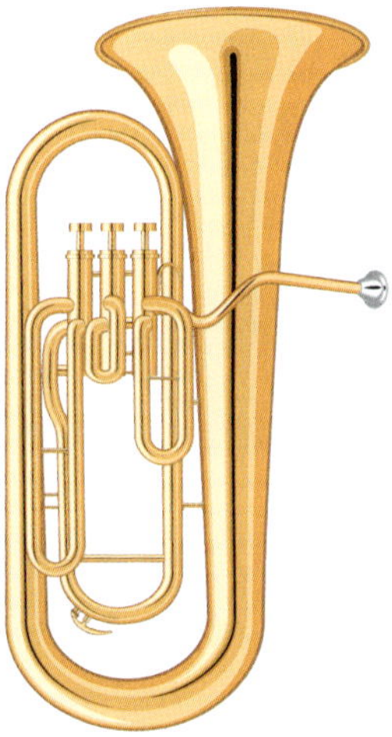

Saxhorn[N]
saxhorn
saxhorn[M]
bombardino[M]
saxhorn[M]

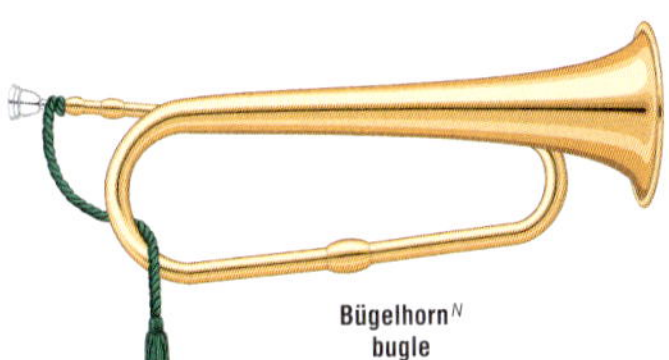

Bügelhorn[N]
bugle
clairon[M]
clarín[M]
tromba[F] militare

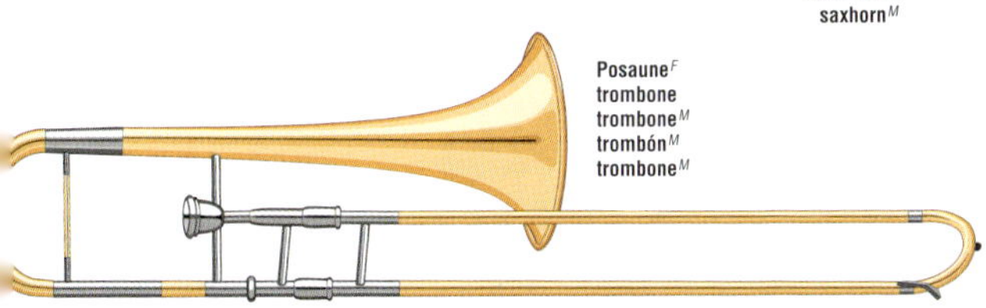

Posaune[F]
trombone
trombone[M]
trombón[M]
trombone[M]

Tuba[F]
tuba
tuba[M]
tuba[F]
tuba[F]

Schlaginstrumente[N]

percussion instruments | instruments[M] à percussion[F] | instrumentos[M] de percusión[F] | strumenti[M] a percussione[F]

Trommeln[F]
drums
batterie[F]
batería[F]
batteria[F]

kleine Trommel[F]
snare drum
caisse[F] claire
caja[F] clara
cassa[F] chiara

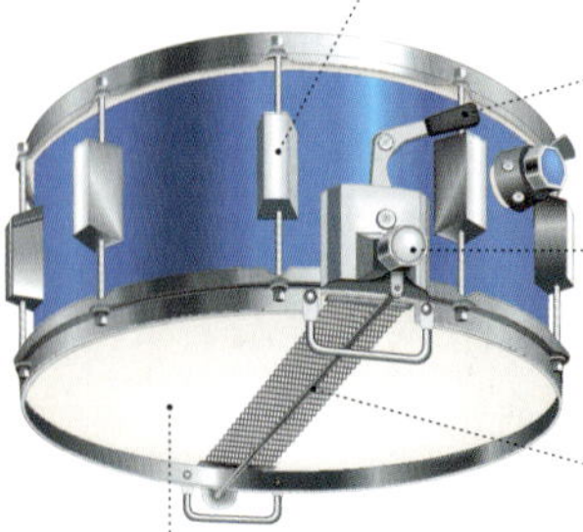

Kesselpauke[F]
kettledrum
timbale[F]
timbal[M]
timpano[M]

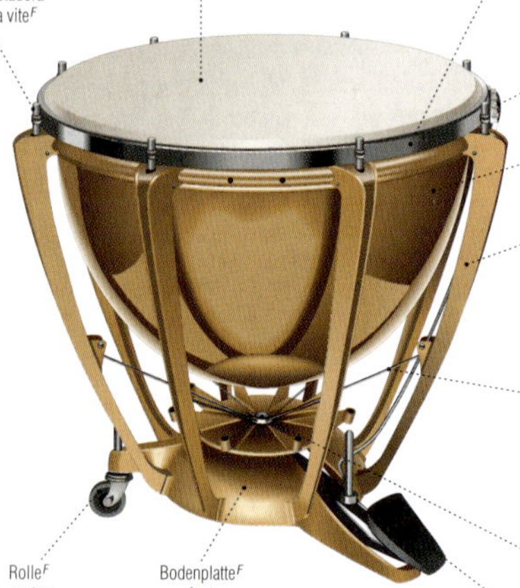

Schlaginstrumente[N]

Schellen[F]
sleigh bells
grelots[M]
cascabeles[M]
sonagli[M]

Glockenband[N]
set of bells
clochettes[F]
campanillas[F]
campanelle[F]

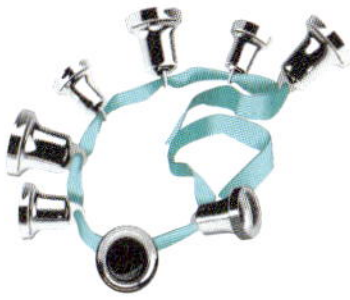

Sistrum[N]
sistrum
sistre[M]
sistro[M]
sistro[M]

Kastagnetten[F]
castanets
castagnettes[F]
castañuelas[F]
nacchere[F]

Becken[N]
cymbals
cymbales[F]
platillos[M]
piatti[M]

Tamburin[N]
tambourine
tambour[M] de basque[M]
pandereta[F]
tamburello[M]

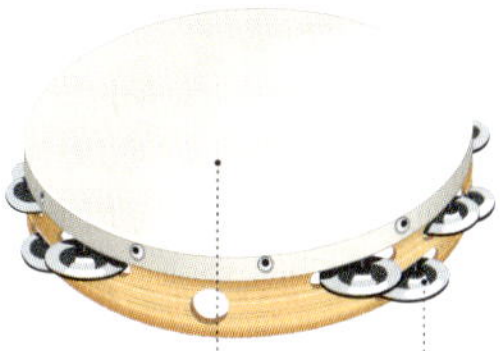

Triangel[M]
triangle
triangle[M]
triángulo[M]
triangolo[M]

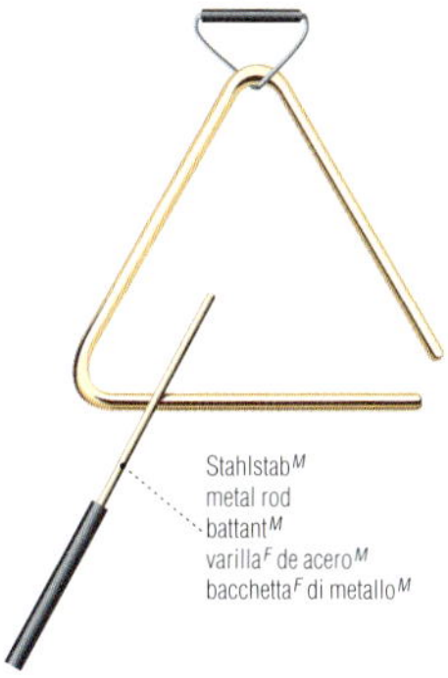

Bongos[N]
bongos
bongo[M]
bongos[M]
bongos[M]

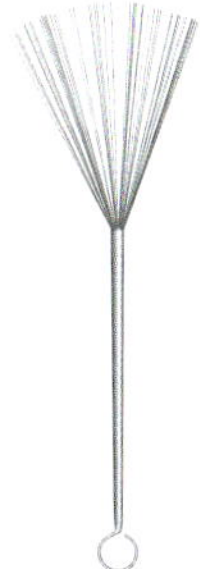

Jazzbesen[M]
wire brush
balai[M] métallique
escobilla[F] metálica
spazzola[F] metallica

Gong[M]
gong
gong[M]
gong[M]
gong[M]

Stöcke[M]
sticks
baguettes[F]
baquetas[F]
bacchette[F]

Röhrenglocken[F]
tubular bells
carillon[M] tubulaire
campanas[F] tubulares
campane[F] tubolari

Xylophon[N]
xylophone
xylophone[M]
xilófono[M]
xilofono[M]

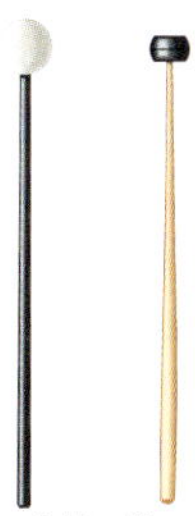

Schlegel[M]
mallets
mailloches[F]
maza[F]
mazze[F]

elektronische Instrumente^{N}

electronic instruments | instruments^{M} électroniques | instrumentos^{M} electrónicos | strumenti^{M} elettronici

Sequencer^{M}
sequencer
séquenceur^{M}
secuenciador^{M}
sequencer^{M}

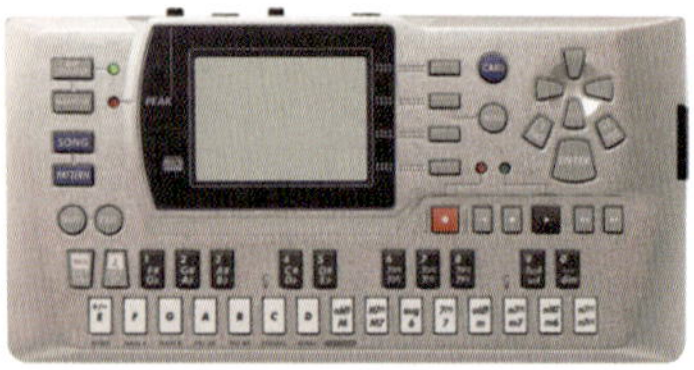

Sampler^{M}
sampler
échantillonneur^{M}
muestreador^{M}
campionatore^{M}

Kopfhöreranschlussbuchse^{F}
headphone jack
prise^{F} casque^{M}
toma^{F} para auriculares^{M}
presa^{F} per cuffia^{F}

Funktionsdisplay^{N}
function display
affichage^{M} des fonctions^{F}
display^{M} de las funciones^{M}
display^{M} delle funzioni^{F}

Diskettenlaufwerk^{N}
disc drive
lecteur^{M} de disquette^{F}
lector^{M} de CD^{M}
unità^{F} a disco^{M}

Expander^{M}
expander
expandeur^{M}
amplificador^{M}
expander^{M}

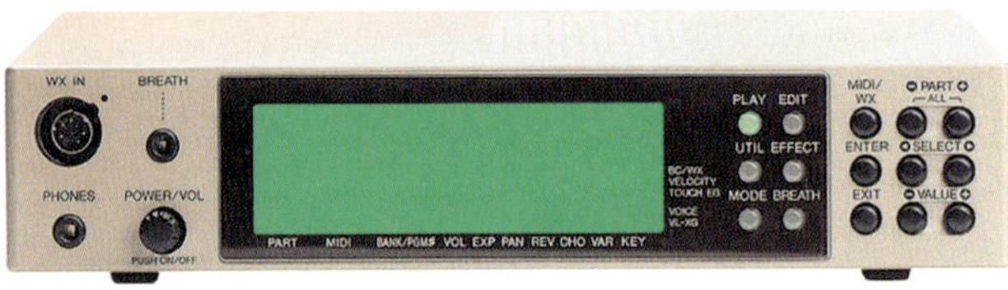

Synthesizer^{M}
synthesizer
synthétiseur^{M}
sintetizador^{M}
sintetizzatore^{M}

Lautstärkeregler^{M}
volume control
contrôle^{M} du volume^{M}
control^{M} de volumen^{M}
controllo^{M} del volume^{M}

Feinregler^{M} für Dateneingabe^{F}
fine data entry control
modification^{F} fine des variables^{F}
control^{M} de entrada^{F} de información^{F} fina
controllo^{M} fine dei dati^{M}

Diskettenlaufwerk^{N}
disc drive
lecteur^{M} de disquette^{F}
unidad^{F} de discos^{M}
unità^{F} a disco^{M}

Systemschalter^{M}
system buttons
fonctions^{F} système^{M}
sistema^{M} de botones^{M}
tasti^{M} di sistema^{M}

Funktionsanzeige^{F}
function display
affichage^{M} des fonctions^{F}
display^{M} de funciones^{F}
display^{M} delle funzioni^{F}

Sequenzerregler^{M}
sequencer control
contrôle^{M} du séquenceur^{M}
control^{M} de secuencias^{F}
controllo^{M} del sequencer^{M}

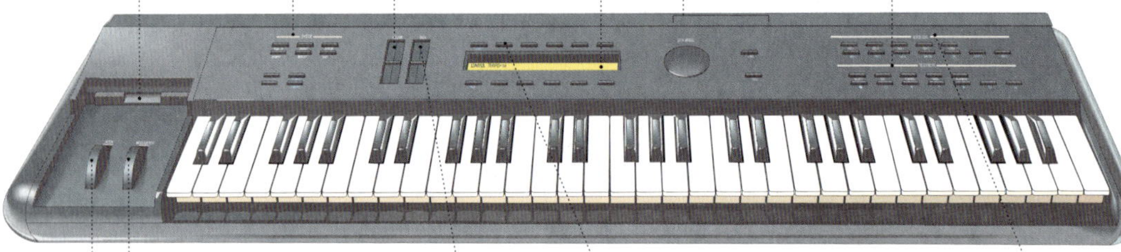

Grobregler^{M} für Dateneingabe^{F}
fast data entry control
modification^{F} rapide des variables^{F}
control^{M} de entrada^{F} de información^{F} rápida
controllo^{M} veloce dei dati^{M}

Programmwahlschalter^{M}
program selector
sélecteur^{M} de programme^{M}
selector^{M} de programa^{M}
selettore^{M} di programma^{M}

Tastatur^{F}
keyboard
clavier^{M}
teclado^{M}
tastiera^{F}

Modulationsrad^{N}
modulation wheel
modulation^{F} du timbre^{M} du son^{M}
rueda^{F} de modulación^{F}
rotella^{F} di modulazione^{F}

Stimmenwahlschalter^{M}
voice edit buttons
programmation^{F} des voix^{F}
botones^{M} para editar la voz^{F}
tasti^{M} per l'editing^{M} del suono^{M}

Tonhöhenrad^{N}
pitch wheel
modulation^{F} de la hauteur^{F} du son^{M}
rueda^{F} para ajustar el tono^{M}
rotella^{F} di intonazione^{F}

Kabel^{N} der Schnittstelle^{F} für digitale Musikinstrumente^{N} (MIDI)
musical instrument digital interface (MIDI) cable
câble^{M} pour interface^{F} numérique d'instruments^{M} de musique^{F} (MIDI)
cable^{M} de interfaz^{F} digital para instrumentos^{M} musicales (MIDI)
cavo^{M} di interfaccia^{F} digitale per strumenti^{M} musicali (MIDI)

elektronisches Schlagpolster^{N}
electronic drum pad
caisse^{F} de batterie^{F} électronique
batería^{F} electrónica
batteria^{F} elettronica

Blassynthesizer^{M}
wind synthesizer controller
contrôleur^{M} à vent^{M} de synthétiseur^{M}
controlador^{M} de viento^{M} del sintetizador^{M}
sintetizzatore^{M} a fiato^{M}

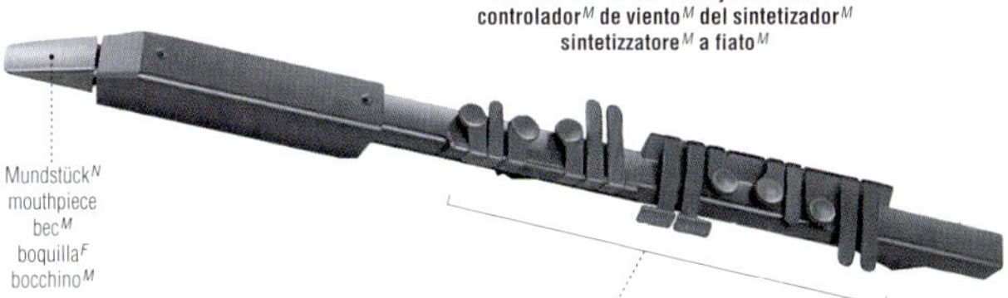

elektronisches Piano^{N}
electronic piano
piano^{M} électronique
piano^{M} electrónico
piano^{M} elettronico

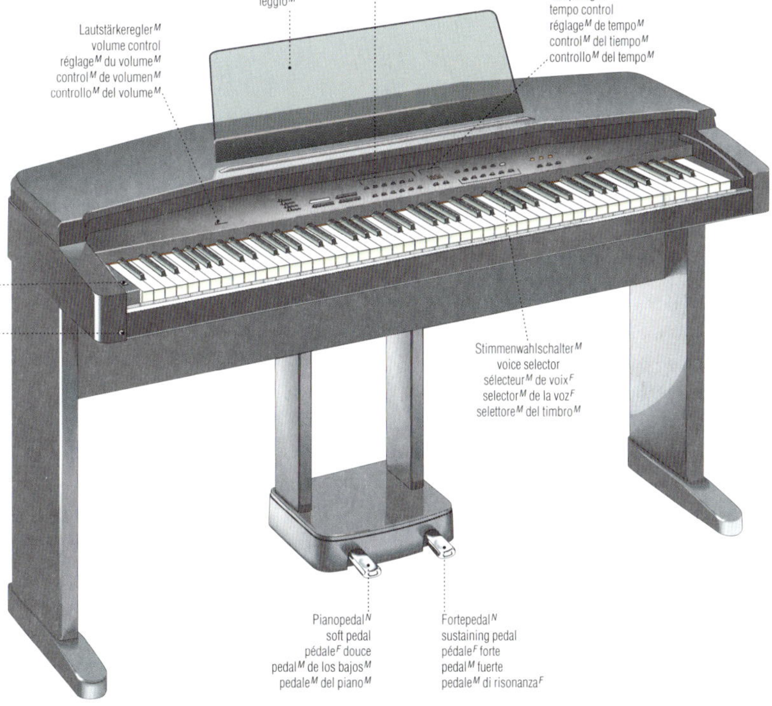

Nähen^{N}

sewing | couture^{F} | costura^{F} | cucito^{M}

Nähmaschine^{F}
sewing machine
machine^{F} à coudre
máquina^{F} de coser
macchina^{F} da cucire

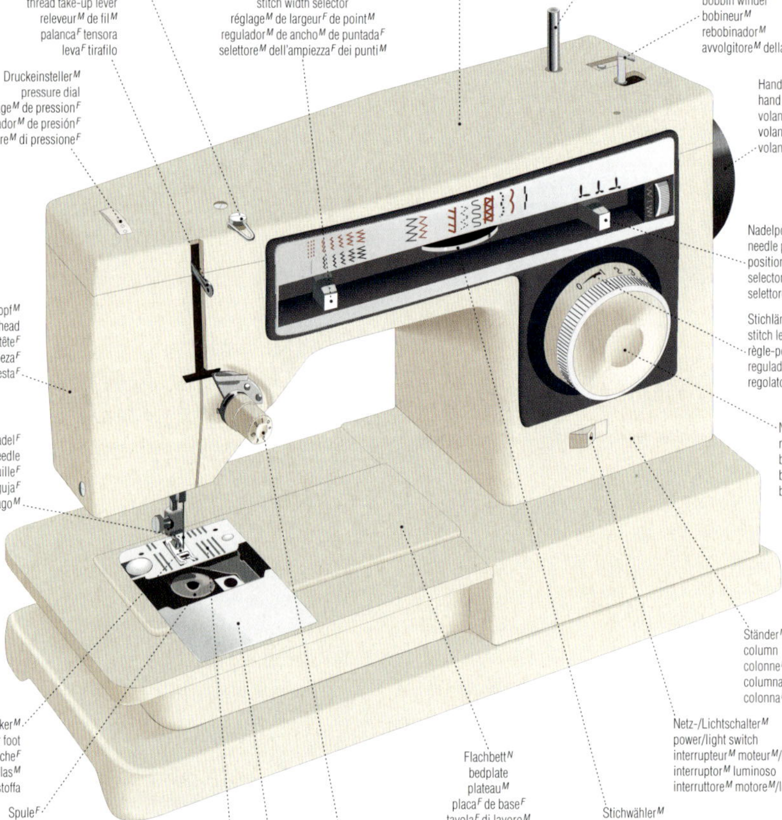

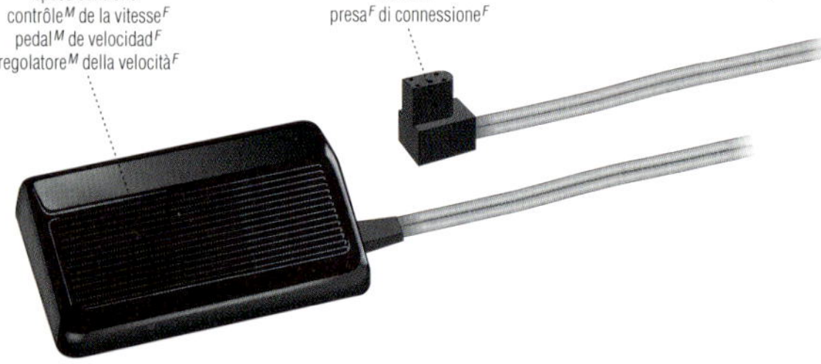

Tretplatte^{F}
foot control
commande^{F} au pied^{M}
pedal^{M} eléctrico
comando^{M} a pedale^{M}

Spulenkapsel^{F}
bobbin case
boîte^{F} à canette^{F}
bobinas^{F}
capsula^{F} della bobina^{F}

Spule^{F}
bobbin
canette^{F}
canilla^{F}
bobina^{F}

Kapselfinger^{M}
latch
verrou^{M}
lengüeta^{F}
leva^{F} a linguetta^{F}

Greifer^{M}
hook
crochet^{M}
portacanilla^{M}
crochet^{M}

Nähen[N]

Spanneinrichtung[F]
tension block
bloc[M]-tension[F]
columna[F] de tensión[F]
blocco[M] di tensione[F]

Nadel[F]
needle
aiguille[F]
aguja[F]
ago[M]

Stoffdrücker[M]
presser foot
pied[M] presseur
prensatelas[M]
piedino[M] premistoffa

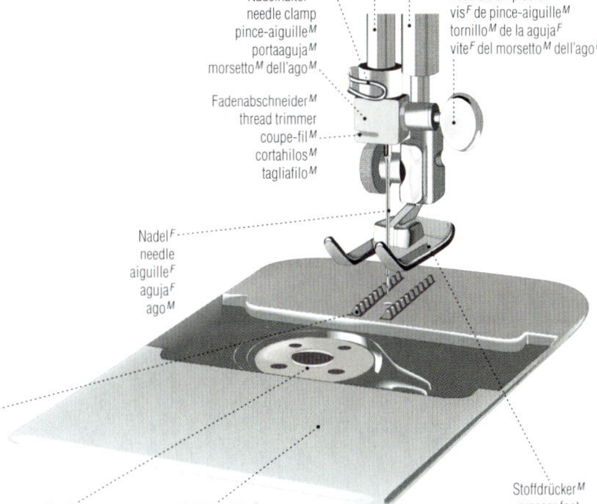

Reißverschluss[M]
zip fastener
fermeture[F] à glissière[F]
cremallera[F]
chiusura[F] lampo[F]

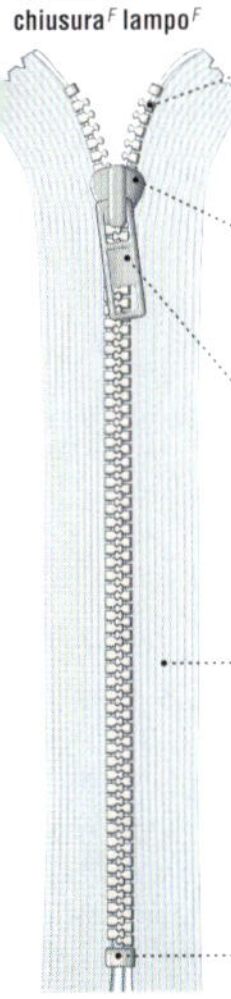

Verschlüsse[M]
fasteners
attaches[F]
accesorios[M] para cerrar
chiusure[F]

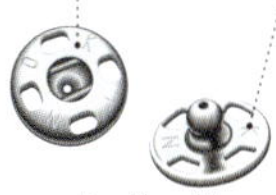

Druckknopf[M]
press stud
bouton[M]-pression[F]
automático[M]
bottone[M] automatico

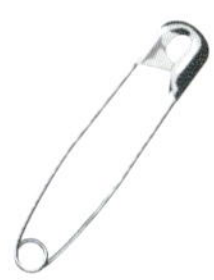

Sicherheitsnadel[F]
safety pin
épingle[F] de sûreté[F]
imperdible[M]
spilla[F] di sicurezza[F]

Ösenknopf[M]
shank button
bouton[M] à tige[F]
botón[M] de fantasía[F]
bottone[M] a gambo[M]

Haken[M] und Ösen[F]
hook and eyes
agrafes[F]
corchetes[M]
gancio[M] e occhielli[M]

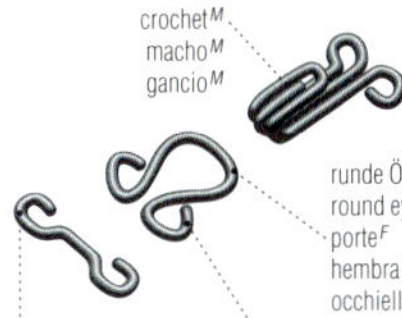

gelochte Knöpfe[M]
sew-through buttons
boutons[M] à trous[M]
botones[M] comunes
bottoni[M] forati

Nähen^{N}

Zubehör^{N}
accessories
accessoires^{M}
accesorios^{M}
accessori^{M}

Nadelkissen^{N}
pin cushion
pelote^{F}
acerico^{M}
puntaspilli^{M}

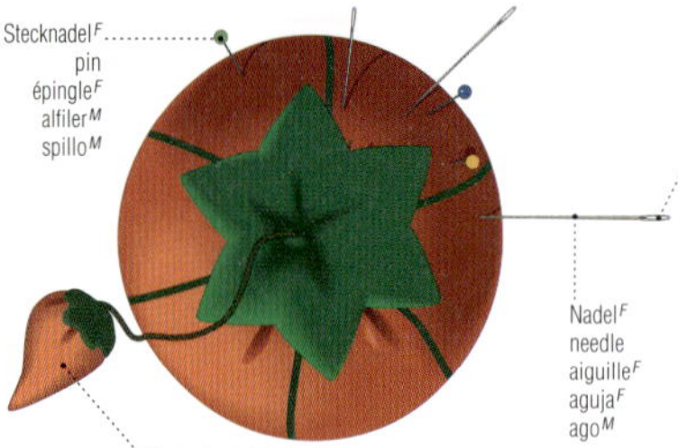

Stecknadel^{F}
pin
épingle^{F}
alfiler^{M}
spillo^{M}

Öhr^{N}
eye
chas^{M}
ojo^{M}
cruna^{F}

Nadel^{F}
needle
aiguille^{F}
aguja^{F}
ago^{M}

Schmirgelsäckchen^{N}
emery pack
coussinet^{M} d'émeri^{M}
esmeril^{M}
cuscinetto^{M} smerigliato

Einfädler^{M}
needle threader
enfile-aiguille^{M}
enhebrador^{M}
infila ago^{M}

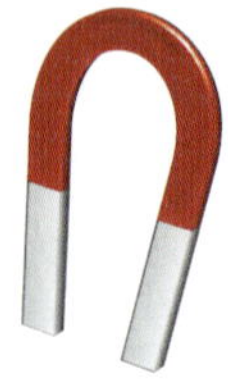

Magnet^{M}
magnet
aimant^{M}
imán^{M}
calamita^{F}

Fingerhut^{M}
thimble
dé^{M}
dedal^{M}
ditale^{M}

Schere^{F}
scissors
ciseaux^{M}
tijeras^{F} de modista^{F}
forbici^{F}

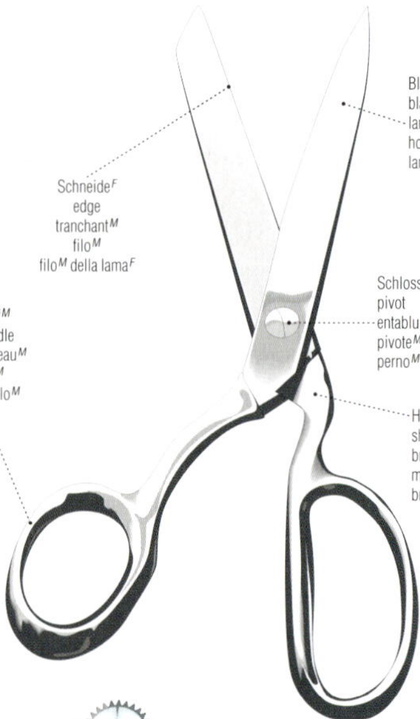

Blatt^{N}
blade
lame^{F}
hoja^{F}
lama^{F}

Schneide^{F}
edge
tranchant^{M}
filo^{M}
filo^{M} della lama^{F}

Schloss^{N}
pivot
entablure^{F}
pivote^{M}
perno^{M}

Griff^{M}
handle
anneau^{M}
ojo^{M}
anello^{M}

Halm^{M}
shank
branche^{F}
mango^{M}
branca^{F}

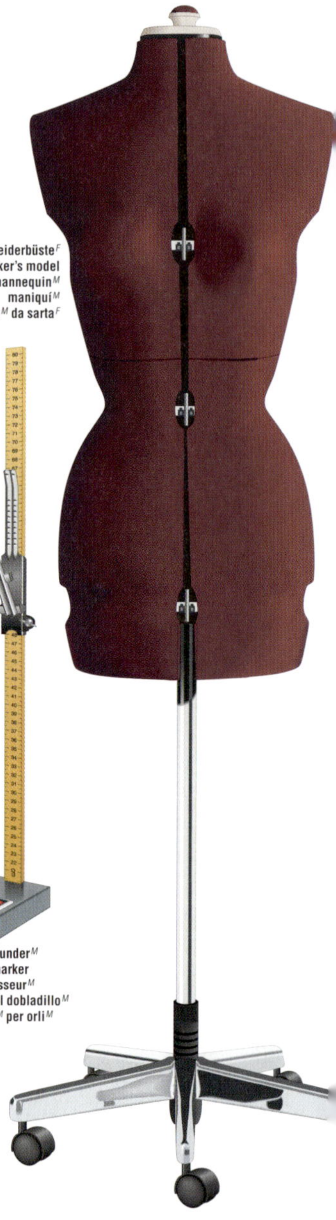

Schneiderbüste^{F}
dressmaker's model
mannequin^{M}
maniquí^{M}
manichino^{M} da sarta^{F}

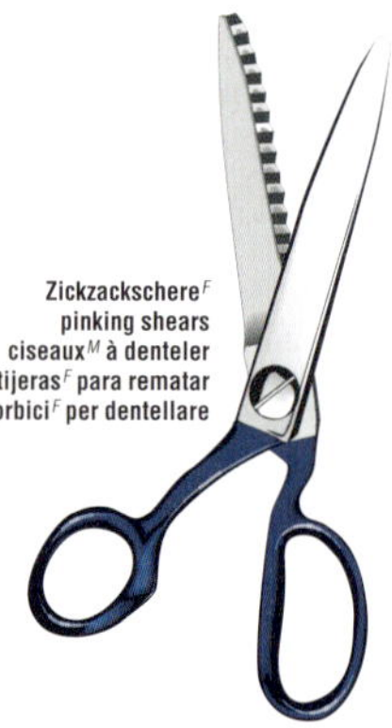

Zickzackschere^{F}
pinking shears
ciseaux^{M} à denteler
tijeras^{F} para rematar
forbici^{F} per dentellare

Rockabrunder^{M}
skirt marker
arrondisseur^{M}
marcador^{M} del dobladillo^{M}
marcatore^{M} per orli^{M}

Rädchen^{N}
wheel
disque^{M}
rueda^{F}
rotella^{F}

Zubehör^{N}
shank
axe^{M}
vástago^{M}
gambo^{M}

Griff^{M}
handle
manche^{M}
mango^{M}
manico^{M}

Kopierrad^{M}
tracing wheel
roulette^{F}
marcador^{M}
rotella^{F} da ricalco^{M}

Maßband^{N}
tape measure
mètre^{M} à ruban^{M}
cinta^{F} métrica
metro^{M} a nastro^{M}

Saummaß^{N}
seam gauge
règle^{F} de couture^{F}
regla^{F}
misuratore^{M} di cucitura^{F}

KUNST UND ARCHITEKTUR

Nähen^{N}

Futterstoffe^{M}
lining fabrics
tissus^{M} de soutien^{M}
forro^{M} y entretelas^{F}
tessuti^{M} di rinforzo^{M}

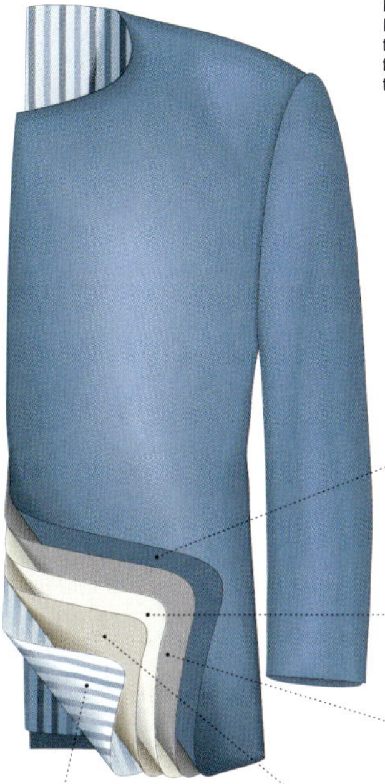

Gewebestruktur^{F}
fabric structure
structure^{F} du tissu^{M}
tejidos^{M}
struttura^{F} del tessuto^{M}

Schnittmuster^{N}
pattern
patron^{M}
patrón^{M}
modello^{M}

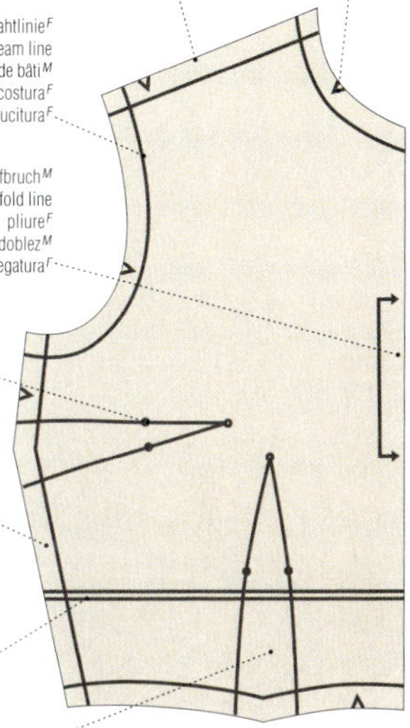

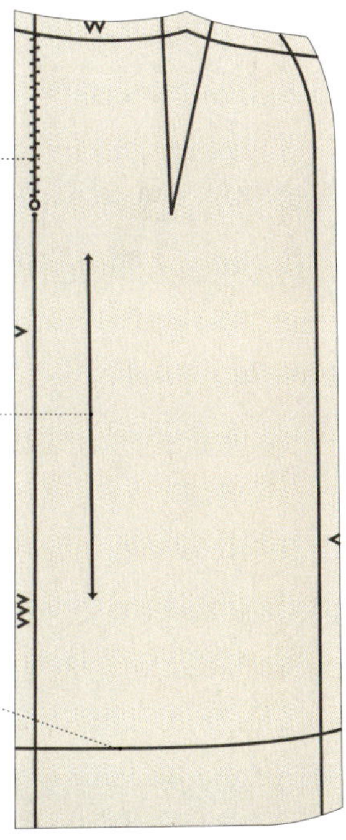

Strickmaschine^{F}

knitting machine | machine^{F} à tricoter | máquina^{F} tricotar | macchina^{F} da maglieria^{F}

Nadelbett^{N} und Schlitten^{M}
needle bed and carriages
fonture^{F} et chariots^{M}
máquinas^{F} de tejer
frontura^{F} e carrelli^{M}

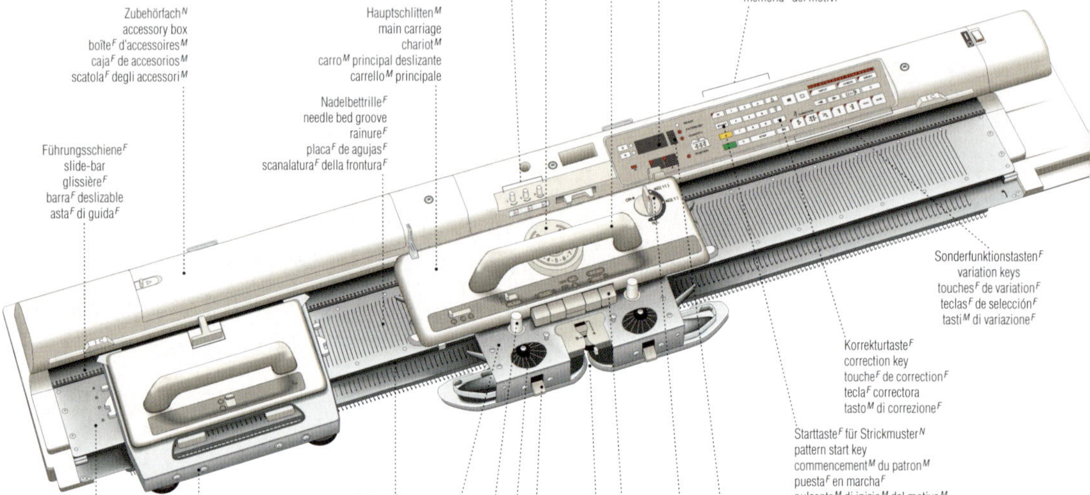

Zungennadel
latch needle
aiguille^{F} à clapet
aguja^{F} con lengüeta
ago^{M} a linguetta

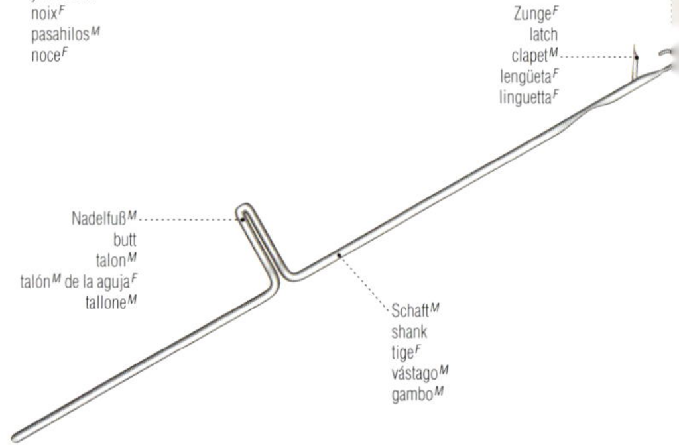

Strickmaschine^{F}

Spanneinrichtung^{F}
tension block
bloc^{M}-tension^{F}
sistema^{M} de tensión^{F}
blocco^{M} di tensione^{F}

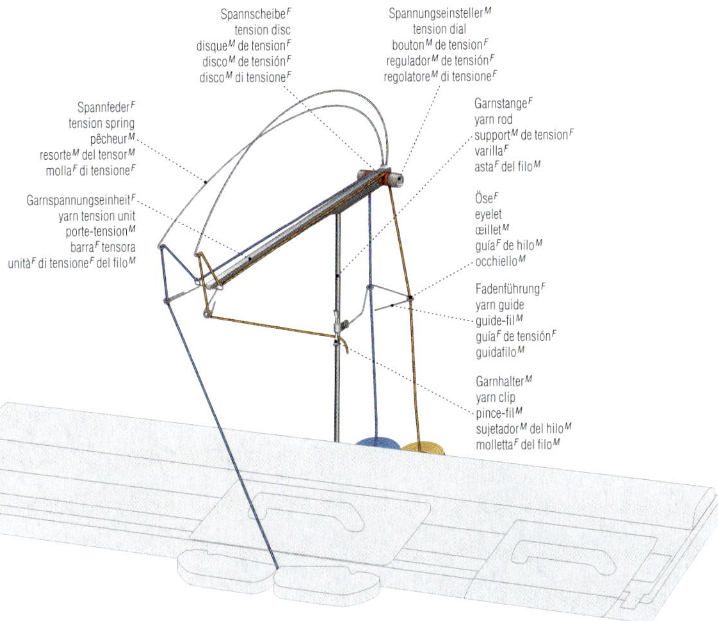

Stricken^{N}

knitting | tricot^{M} | tejido^{M} de punto^{M} | lavoro^{M} a maglia^{F}

Stricknadel^{F}
knitting needle
aiguille^{F} à tricoter
aguja^{F} de punto^{M}
ferro^{M} da maglia^{F}

Häkelnadel^{F}
crochet hook
crochet^{M}
ganchillo^{M}
uncinetto^{M}

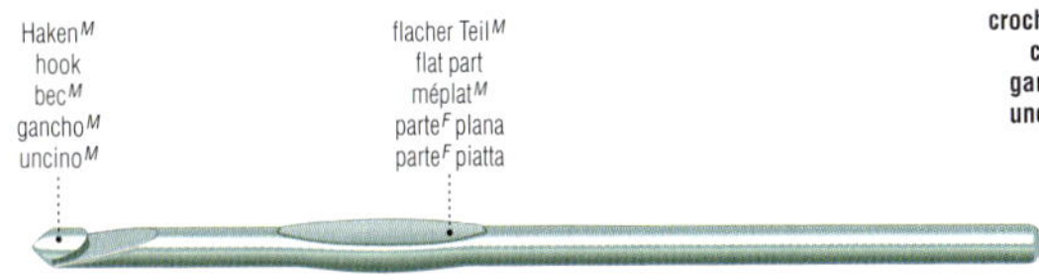

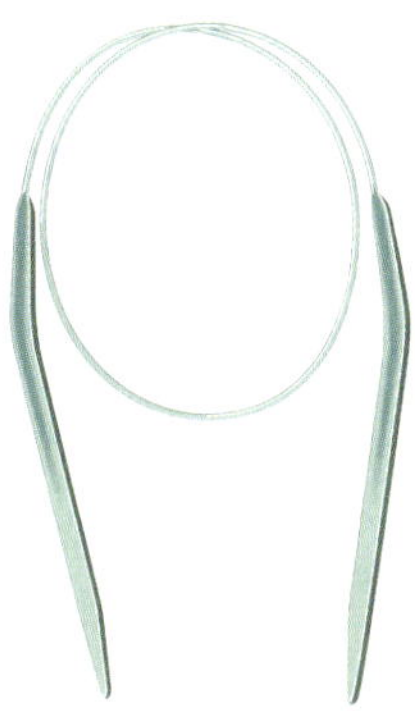

Rundstricknadel^{F}
circular needle
aiguille^{F} circulaire
aguja^{F} circular
ferro^{M} circolare

Maschenanschlag^{M}
cast-on stitches
mailles^{F} de montage^{M}
puntos^{M} de montado^{M}
punti^{M} avviati

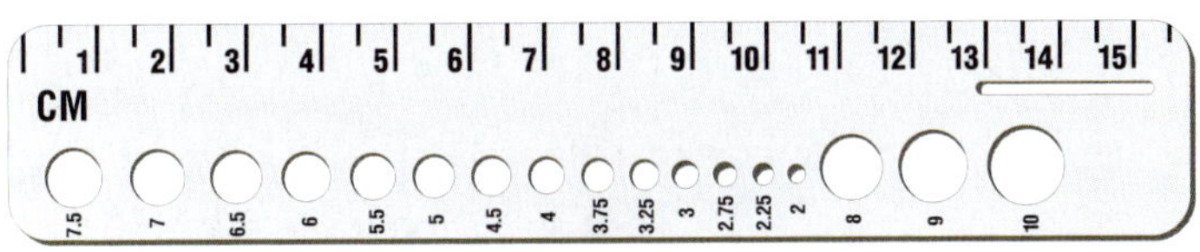

Strickmaß^{N}
knitting measure
jauge^{F} à aiguilles^{F}
regla^{F} para medir puntos^{M}
misuratore^{M} per ferri^{M}

Stricken^N

**Strickmuster^N
stitch patterns
points^M de tricot^M
tipos^M de punto^M
motivi^M**

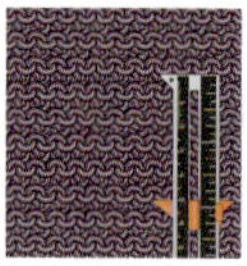

**Maschenprobe^F
sample
échantillon^M
muestra^F
campione^M**

**Gerstenkornmuster^N
moss stitch
point^M de riz^M
punto^M de arroz^M
punto^M riso^M**

**Perlrippen^F
rib stitch
point^M de côtes^F
punto^M de respiguilla^F
maglia^F a coste^F**

**Glattstrick^M
stocking stitch
point^M de jersey^M
punto^M del derecho^M
maglia^F diritta**

**Wabenstrick^M
basket stitch
point^M de damier^M
punto^M de malla^F
scacchi^M**

**Krausstrick^M
garter stitch
point^M mousse^F
punto^M del revés^M
maglia^F rovescia**

**Zopfmuster^N
cable stitch
point^M de torsades^F
punto^M de ochos^M
treccia^F**

Klöppelspitze^F

bobbin lace | dentelle^F aux fuseaux^M | encaje^M de bolillos^M | pizzo^M al tombolo^M

**Klöppelkissen^N
pillow
carreau^M
bolillos^M
tombolo^M**

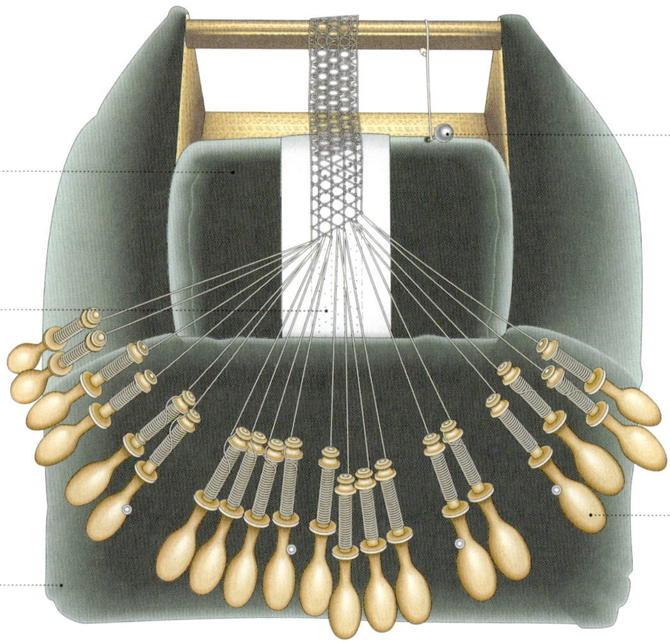

**Klöppel^M
bobbin
fuseau^M
bolillo^M
fusello^M**

**Stecher^M
pricker
piquoir^M
punzón^M
punteruolo^M**

Stickerei [F]

embroidery | broderie [F] | bordado [M] | ricamo [M]

runder Stickrahmen [M]
hoop
tambour [M]
aro [M]
telaio [M] circolare

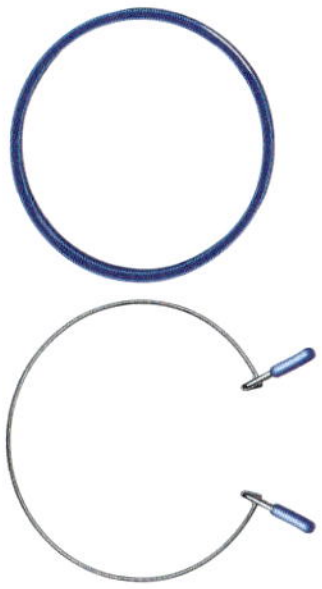

Rahmen [M]
frame
métier [M] à broder
bastidor [M]
telaio [M]

bestickter Stoff [M]
embroidered fabric
tissu [M] brodé
tela [F] bordada
tessuto [M] ricamato

Zapfen [M]
peg
cheville [F]
espiga [F]
piolo [M]

Band [N]
tape
tirette [F]
cinta [F]
nastro [M]

Latte [F]
slat
latte [F]
listón [M] de madera [F]
assicella [F]

Stoffstreifen [M]
webbing
coutisse [F]
tira [F] de tela [F]
canovaccio [M]

Kreuzstiche [M]
cross stitches
points [M] croisés
puntos [M] de cruz [F]
punti [M] incrociati

Smokstich [M]
chevron stitch
point [M] de chausson [M]
punto [M] de escapulario [M]
punto [M] gallone [M]

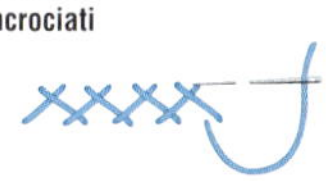

Hexenstich [M]
herringbone stitch
point [M] de chevron [M]
punto [M] de cruz [F]
punto [M] strega [F]

Stickstiche [M]
stitches
catégories [F] de points [M]
tipos [M] de puntos [M]
punti [M]

Schlingstiche [M]
loop stitches
points [M] bouclés
puntos [M] de malla [F]
gruppo [M] di punti [M] a cappio [M]

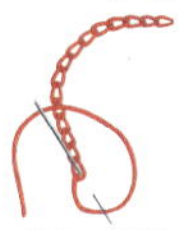

Kettenstich [M]
chain stitch
point [M] de chaînette [F]
cadeneta [F]
punto [M] catenella [F]

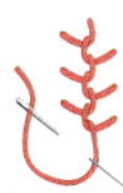

Krähenfußstich [M]
feather stitch
point [M] d'épine [F]
pata [F] de gallo [M]
punto [M] spina [F]

Knötchenstiche [M]
knot stitches
points [M] noués
puntos [M] de relleno [M] sueltos
punti [M] annodati

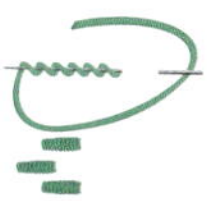

Tressenstich [M]
bullion stitch
point [M] de poste [F]
pespunte [M]
punto [M] vapore [M]

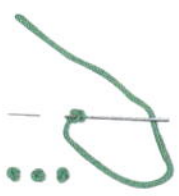

französischer Knötchenstich [M]
French knot stitch
point [M] de nœud [M]
punto [M] de nudos [M]
punto [M] nodi [M]

Plattstiche [M]
flat stitches
points [M] plats
puntos [M] de relleno [M]
punti [M] piatti

Zopfstich [M]
fishbone stitch
point [M] d'arête [F]
punto [M] de espiga [F]
punto [M] spina [F] di pesce [M]

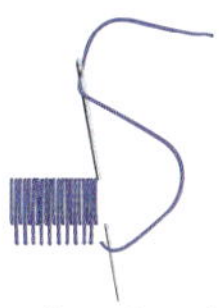

langer und kurzer Spannstich [M]
long and short stitch
point [M] passé empiétant
lanzado [M] desigual
punto [M] piatto intercalato

Überfangstiche [M]
couched stitches
points [M] couchés
bordados [M] planos
punti [M] stuoia

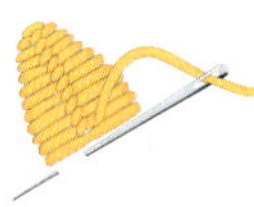

rumänischer Überfangstich [M]
Romanian couching stitch
point [M] roumain
bordado [M] plano
punto [M] rumeno

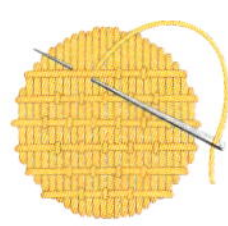

orientalischer Überfangstich [M]
Oriental couching stitch
point [M] d'Orient [M]
relleno [M] alternado
punto [M] d'Oriente [M]

Weben[N]

weaving | tissage[M] | tejido[M] | tessitura[F]

Flachwebstuhl[M]
low warp loom
métier[M] de basse lisse[F]
telar[M] de cuatro marcos[M]
telaio[M] a ordito[M] basso

Rahmen[M]
frame
bâti[M]
armazón[M]
incastellatura[F]

Webschütz[M]
shuttle
navette[F]
lanzadera[F]
navetta[F]

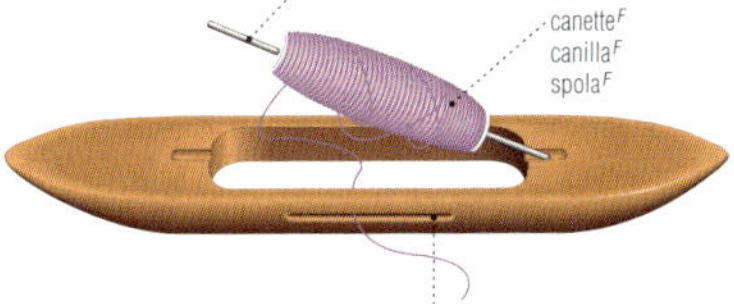

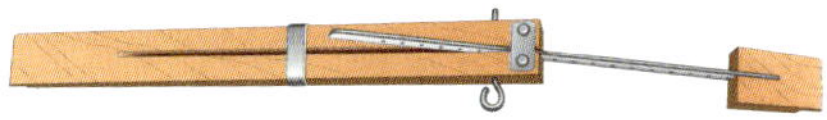

Breithalter[M]
temple
templet[M]
templazo[M]
tempiale[M]

Litzen[F]
heddles
lisses[F]
lizos[M]
licci[M]

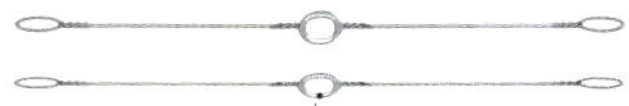

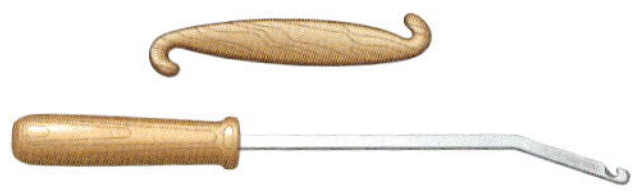

Blattstecher[M]
reed hooks
passettes[F]
ganchos[M] peinadores
ganci[M] del pettine[M]

Webnadel[F]
flat shuttle
réglette[F]
lanzadera[F] plana
navetta[F] piana

Hochwebstuhl[M]
high warp loom
métier[M] de haute lisse[F]
telar[M] de tapicería[F]
telaio[M] a ordito[M] alto

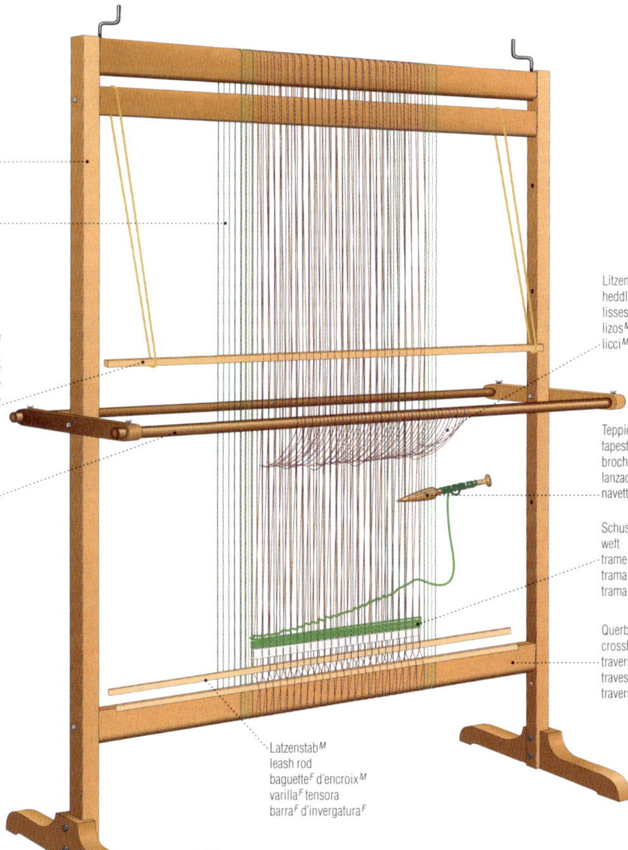

senkrechter Rahmen[M]
vertical frame
charpente[F] verticale
marco[M] vertical
telaio[M] verticale

Teppichschiffchen[N]
tapestry bobbin
broche[F]
lanzadera[F]
navetta[F] per arazzi[M]

Kamm[M]
comb
peigne[M]
peine[M] de tapicería[F]
pettine[M]

KUNST UND ARCHITEKTUR

Zubehör^{N}
accessories
accessoires^{M}
accesorios^{M}
accessori^{M}

Handspulgerät^{N}
bobbin winder
canetière^{F}
devanador^{M} de bobinas^{F}
roccatrice^{F}

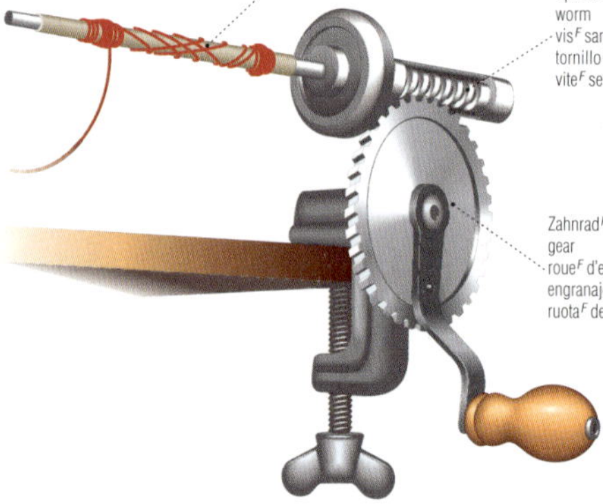

Schirmwinde^{F}
swift
dévidoir^{M}
devanadera^{F}
aspo^{M}

elektrisches Spulgerät^{N}
ball winder
bobinoir^{M}
devanador^{M}
aggomitolatore^{M}

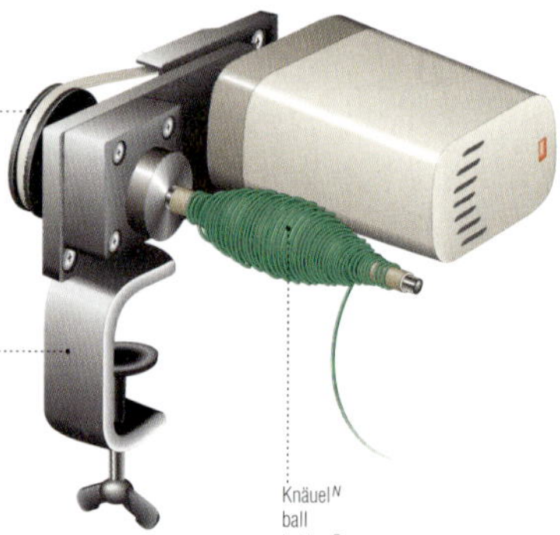

Spulengestell^{N}
spool rack
cantre^{M}
portabobinas^{M}
rastrelliera^{F} dei rocchetti^{M}

Schärbaum^{M}
warping frame
ourdissoir^{M}
urdidor^{M}
orditoio^{M}

Schaubild^{N} für das Webprinzip^{N}
diagram of weaving principle
schéma^{M} du principe^{M} du tissage^{M}
diagramas^{M} de tejidos^{M}
schema^{M} della tessitura^{F}

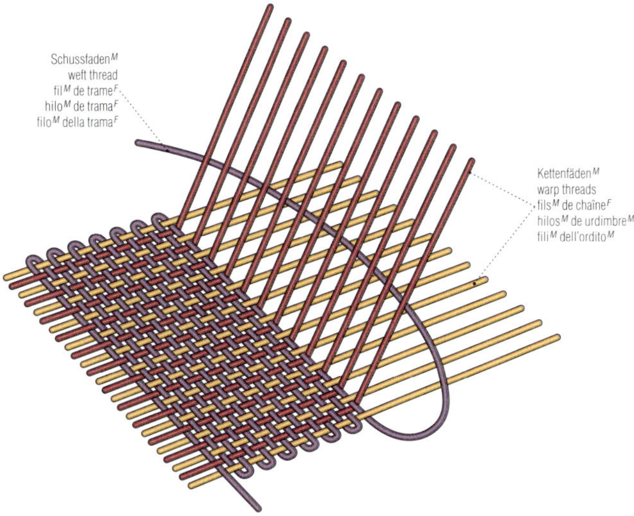

Grundbindungen^{F}
basic weaves
armures^{F} de base^{F}
ligamentos^{M} textiles básicos
armature^{F} di base^{F}

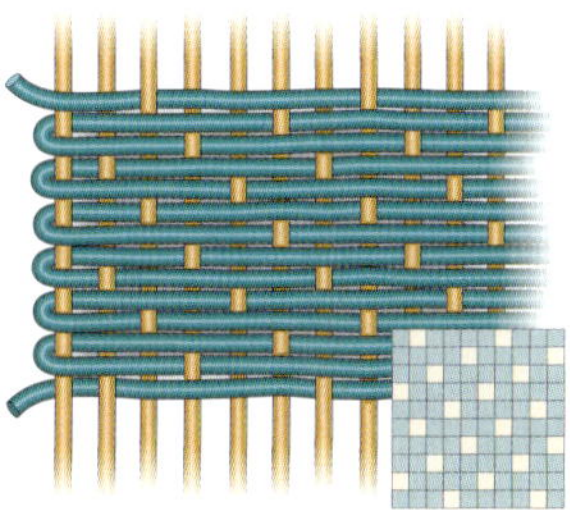

Atlasbindung^{F}
satin weave
satin^{M}
satén^{M}
raso^{M}

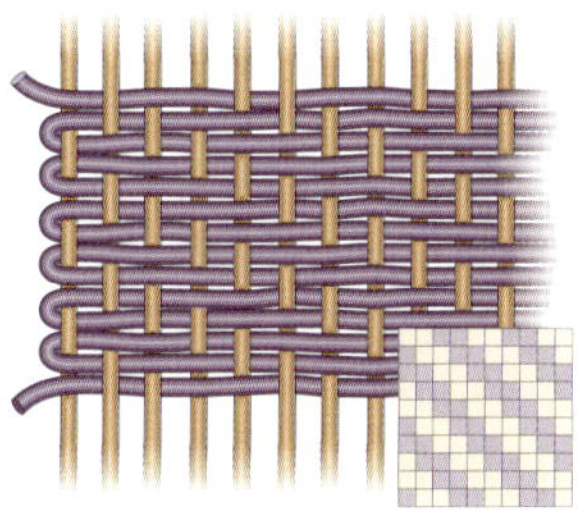

Köperbindung^{F}
twill weave
sergé^{M}
sarga^{F}
saia^{F}

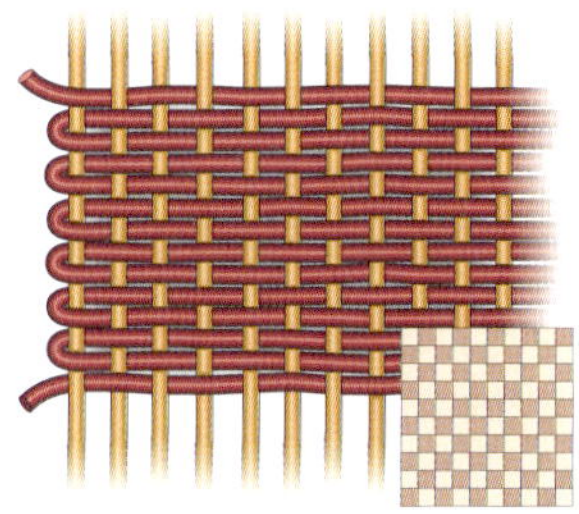

Leinwandbindung^{F}
plain weave
toile^{F}
tafetán^{M}
tela^{F}

andere Techniken^{F}
other techniques
autres techniques^{F}
otros ligamentos^{M} textiles
altre tecniche^{F}

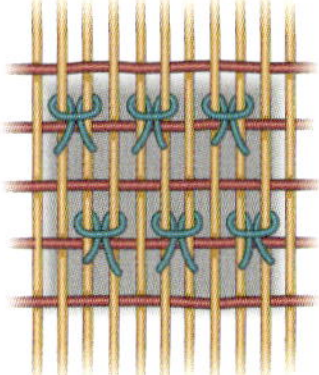

Knoten^{M}
knot
nœud^{M}
anudado
annodatura^{F}

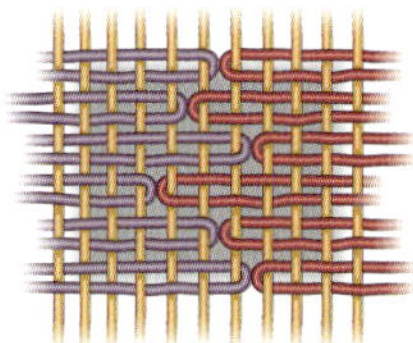

Kelimbindung^{F} mit wechselnden Wenden^{F}
hatching
hachure^{F}
punteado
ombreggiatura^{F}

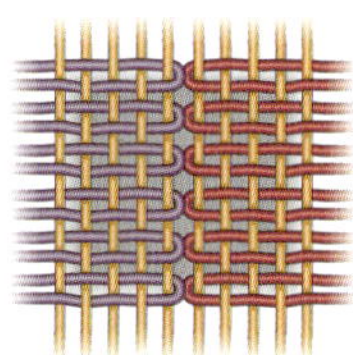

senkrechte Kelimbindung^{F}
slit
fente^{F}
vertical
fessura^{F}

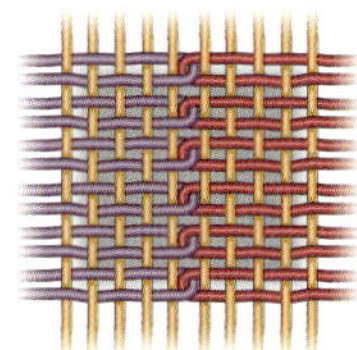

Gobelinbindung^{F}
interlock
croisement^{M}
entrecruzado
incrocio^{M}

Töpferei^F

pottery | poterie^F | cerámica^F | ceramica^F

Drehen^N
turning
tournage^M
torno^M
tornitura^F

Drehscheibe^F
turning wheel
tour^M à pied^M
torno^M
tornio^M

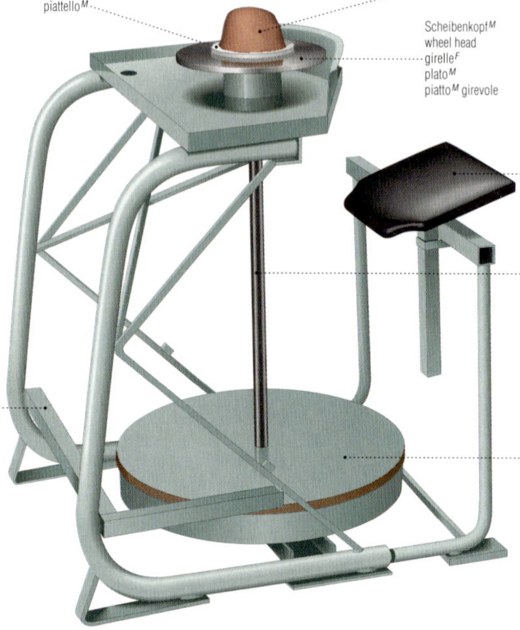

Werkzeug^N
tools
outils^M
herramientas^F
utensili^M

Nadelwerkzeug^N
needle tool
pige^F
punzón^M
sgarzino^M

Ausstreichmesser^N
fettling knife
couteau^M de potier^M
cuchillo^M para desbastar
raschietto^M

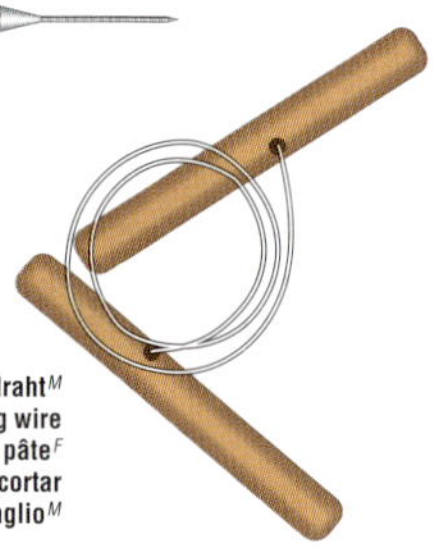

Schneidedraht^M
cutting wire
fil^M à couper la pâte^F
alambre^M para cortar
filo^M da taglio^M

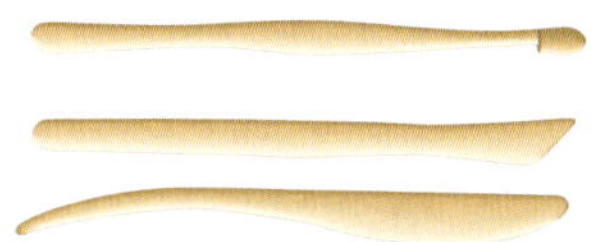

Modellierhölzer^N
wooden modelling tools
ébauchoirs^M
espátulas^F de modelar
stecche^F per modellare

Gipsschlinge^F
trimming tool
mirette^F
raspador^M
miretta^F

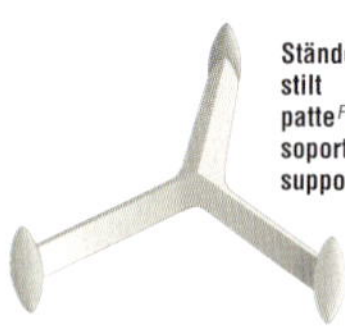

Ständer^M
stilt
patte^F de coq^M
soporte^M
supporto^M a tre braccia^F

Modellierscheibe^F
banding wheel
tournette^F
torno^M de mesa^M
tornietto^M da tavolo^M

Drehschiene^F
ribs
estèques^F
estique^M
stecche^F

Segerkegel^M
pyrometric cone
montre^F
cono^M pirométrico
cono^M pirometrico

KUNST UND ARCHITEKTUR

Platten^{F} ausrollen
slab building
galettage^{M}
rodillo^{M}
tecnica^{F} a nastro^{M}

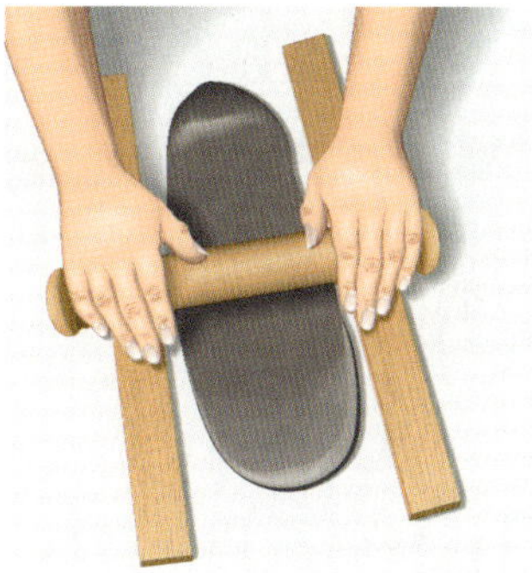

Spiralwülste^{F} rollen
coiling
colombin^{M}
cordón^{M} para espirales^{F}
tecnica^{F} a colombino^{M}

Brennen^{N}
firing
cuisson^{F}
cocción^{F}
cottura^{F}

elektrischer Brennofen^{M}
electric kiln
four^{M} électrique
horno^{M} eléctrico
forno^{M} elettrico

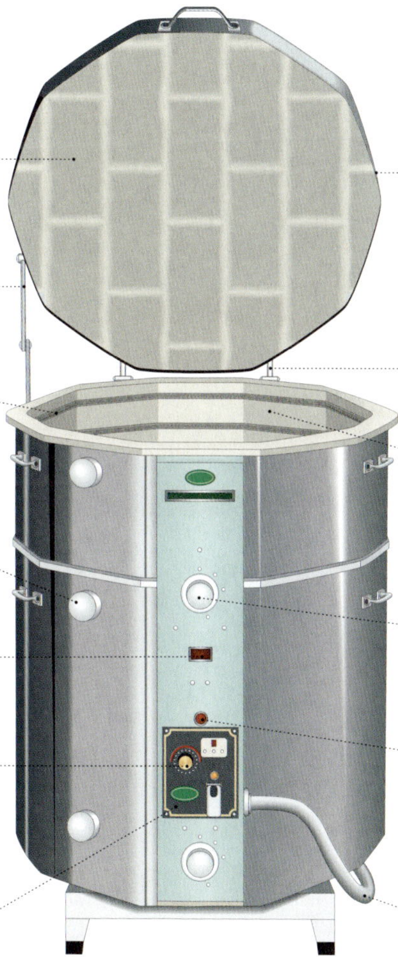

KOMMUNIKATION UND BÜROTECHNIK

468 Kommunikation

468 Sprachen der Erde
470 Schreibgeräte
471 Zeitung
472 Typografie
473 diakritische Zeichen
473 Weitere Symbole
473 Satzzeichen
474 öffentliches Postnetz
476 Fotografie
486 Satellitenübertragungstechnik
486 Fernmeldesatelliten
487 Telekommunikation über Nachrichtensatellit
488 elektrodynamisches Mikrofon
488 Rundfunk: Sprecherraum und Regieraum
489 Fernsehen
497 Tonwiedergabesystem
503 Mini-HiFi-System
503 tragbare Tonwiedergabesysteme
505 drahtlose Kommunikation
506 Telefonieren

509 Büroautomation

509 Büro
510 Büromöbel
513 Personalcomputer
514 Eingabegeräte
518 Ausgabegeräte
520 unterbrechungsfreie Stromversorgung (USV)
521 Speichergeräte
522 Übertragungsgeräte
522 Beispiele für Netzwerke
523 Rechnernetzwerk
524 Internet
525 Internet-Nutzungen
526 Laptop
527 elektronisches Buch
527 Handheld-Computer
528 Schreibwaren

Schreibgeräte^{N}

writing instruments | instruments^{M} d'écriture^{F} | instrumentos^{M} para escribir | strumenti^{M} scrittori

Federkiel^{F}
quill
plume^{F} d'oie^{F}
pluma^{F} de ave^{F}
penna^{F} d'oca^{F}

Rohrfeder^{F}
cane pen
plume^{F} creuse de roseau^{M}
pluma^{F} de caña^{F}
calamo^{M} vegetale

Schreibpinsel^{M}
writing brush
pinceau^{M}
pincel^{M}
pennello^{M} per scrivere

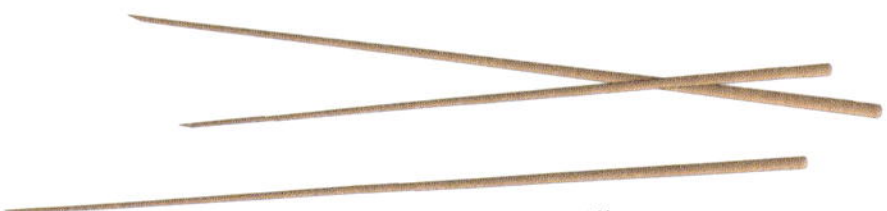

Binsenstängel^{M}
Egyptian reed pen
calame^{M}
cálamo^{M} egipcio
stilo^{M} di canna^{F}

römische Metallfeder^{F}
Roman metal pen
plume^{F} métallique romaine
pluma^{F} metálica romana
stilo^{M} metallico romano

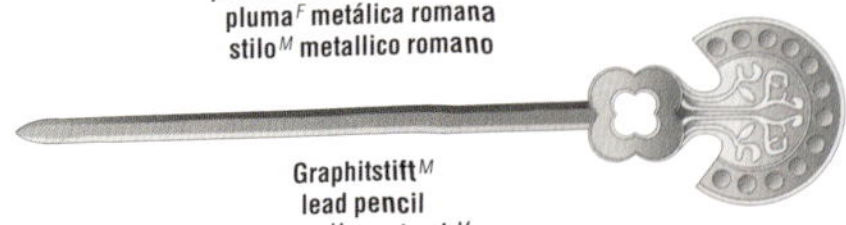

Graphitstift^{M}
lead pencil
crayon^{M} en plomb^{M}
lápiz^{M} de grafito^{M}
stilo^{M} di piombo^{M}

Stilus^{M}
stylus
stylet^{M}
estilo^{M}
stilo^{M}

Stahlschreibfeder^{F}
steel pen
plume^{F} métallique
pluma^{F} metálica
penna^{F} con pennino^{M} metallico

Marker^{M}
marker
marqueur^{M}
marcador^{M}
evidenziatore^{M}

Füllfederhalter^{M}
fountain pen
stylo^{M}-plume^{F}
pluma^{F} estilográfica
penna^{F} stilografica

Druckbleistift^{M}
propelling pencil
porte-mine^{M}
portaminas^{M}
portamine^{M}

Bleistift^{M}
pencil
crayon^{M}
lápiz^{M}
matita^{F}

Kugelschreiber^{M}
ballpoint pen
stylo^{M}-bille^{F}
bolígrafo^{M}
penna^{F} a sfera^{F}

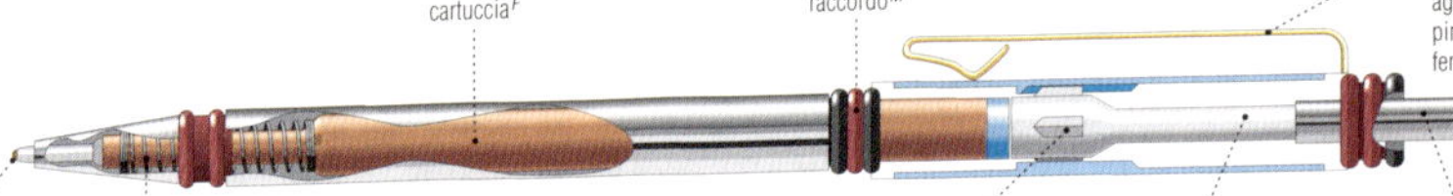

Nachfüllmine^{F}
refill
recharge^{F}
repuesto^{M}
refill^{M}

Zeitung^{F}

newspaper | journal^{M} | periódico^{M} | giornale^{M}

Titelseite^{F}
front page
une^{F}
primera plana^{F}
prima pagina^{F}

Zeitungskopf^{M}
heading
manchette^{F}
cabecera^{F}
testata^{F}

Redaktionsteil^{M}
section
cahier^{M}
sección^{F}
inserto^{M}

Artikel^{M}
article
article^{M}
artículo^{M}
articolo^{M}

Literaturbeilage^{F}
literary supplement
supplément^{M} littéraire
suplemento^{M} literario
supplemento^{M} letterario

Boulevardblatt^{N}
tabloid
tabloïd^{M}
tabloide^{M}
tabloid^{M}

farbige Beilage^{F}
colour supplement
supplément^{M} en couleurs^{F}
suplemento^{M} a color^{M}
supplemento^{M} a colori^{M}

Zeitschrift^{F}
magazine
magazine^{M}
revista^{F}
rivista^{F}

Zeitungsname^{M}
nameplate
titre^{M} du journal^{M}
nombre^{M} del periódico^{M}
nome^{M} del giornale^{M}

Schlagzeile^{F}
banner
tribune^{F}
grandes titulares^{M}
titolo^{M} a caratteri^{M} cubitali

Titelfoto^{N}
front picture
photographie^{F} à la une^{F}
foto^{F} de primera plana^{F}
foto^{F} in prima pagina^{F}

Bildunterschrift^{F}
caption
légende^{F}
pie^{M} de foto^{F}
didascalia^{F}

Vortitel^{M}
kicker
surtitre^{M}
ladillo^{M}
occhiello^{M}

Titelzeile^{F}
headline
titre^{M}
titular^{M}
titolo^{M}

Untertitel^{M}
deck
sous-titre^{M}
subtítulo^{M}
sottotitolo^{M}

Inhalt^{M}
index
sommaire^{M}
sumario^{M}
indice^{M}

Zwischentitel^{M}
subhead
intertitre^{M}
intertítulo^{M}
testatina^{F}

redaktioneller Beitrag^{M}
editorial
éditorial^{M}
editorial^{F}
editoriale^{M}

Karikatur^{F}
cartoon
caricature^{F}
caricatura^{F}
vignetta^{F}

Zusammenfassung^{F}
lead
chapeau^{M}
entradilla^{F}
cappello^{M}

Leserbriefe^{M}
letters to the editor
courrier^{M} des lecteurs^{M}
cartas^{F} al editor^{M}
lettere^{F} al direttore^{M}

Trennlinie^{F}
rule
filet^{M}
filete^{M}
filetto^{M}

Interview^{N}
interview
interview^{F}
entrevista^{F}
intervista^{F}

Spalte^{F}
column
colonne^{F}
columna^{F}
colonna^{M}

Anzeige^{F}
advertisement
annonce^{F} publicitaire
anuncio^{M}
inserzione^{F} pubblicitaria

Impressum^{N}
masthead
ours^{M}
cabecera^{F}
testata^{F}

Nachrichten^{F}
news items
faits^{M} divers
sucesos^{M}
notizie^{F}

Reportage^{F}
column
chronique^{F}
columna^{F}
articolo^{M} di spalla^{F}

Kurzmeldungen^{F}
shorts
brèves^{F}
noticias^{F} breves
notizie^{F} in breve

Fernsehprogramm^{N}
television programme schedule
grille^{F} des programmes^{M} de télévision^{F}
horario^{M} de la programación^{F} televisiva
programmi^{M} televisivi

Restaurantkritik^{F}
restaurant review
critique^{F} gastronomique
reseña^{F} gastronómica
recensione^{F} gastronomica

Quellenangabe^{F}
credit line
crédit^{M} photographique
fuente^{M} de servicio^{M}
fonte^{F} del servizio^{M}

Kleinanzeigen^{F}
classified advertisements
petites annonces^{F}
anuncios^{M} por palabras^{F}
piccoli annunci^{M}

Todesanzeigen^{F}
obituary
nécrologie^{F}
necrológico^{M}
necrologia^{F}

Typografie[F]

typography | typographie[F] | tipografía[F] | tipografia[F]

Schriftarten[F]
characters of a font
caractères[M] d'une police[F]
caracteres[M] de una fundición[F]
caratteri[M] di un font[M]

Groteskschrift[F]
sans-serif type
caractère[M] sans empattement[M]
tipo[M] sans serif
carattere senza grazie

abcdefghijklmnopqrstuvwxyz 0123456789

Buchstaben[M]
letters
lettres[F]
letras[F]
lettere[F]

Ziffern[F]
figures
chiffres[M]
cifras[F]
cifre[F]

Serifenschrift[F]
serif type
caractère[M] avec empattements[M]
tipo[M] serif
carattere con grazie

abcdefghijklmnopqrstuvwxyz 0123456789

Zeichenform[F]
shape of characters
forme[F] des caractères[M]
forma[F] de los caracteres[M]
forma[F] dei caratteri[M]

ABCDEF

Majuskel[F]
upper-case
capitale[F]
mayúscula
maiuscolo[M]

ABCDEF

Kapitälchen[N]
small capital
petite capitale[F]
versalita
maiuscoletto[M]

abcdef

Minuskel[F]
lower-case
bas[M] de casse[F]
minúscula
minuscolo[M]

abcdef

kursiv
italic
italique[M]
cursiva
corsivo[M]

Schriftstärke[F]
weight
graisse[F]
tamaño[M]
spessore[M]

a

extra mager
extra-light
extra-maigre
extra-fina
molto sottile

a

mager
light
maigre
fina
sottile

a

normal
medium
normal
media
medio

a

halbfett
semi-bold
demi-gras
semi-negrita
semi-grassetto

a

fett
bold
gras
negrita
grassetto

a

doppelfett
black
noir
negro
nero

a

extra fett
extra-bold
extra-gras
extra-negrita
extra-nero

Dickte[F]
set width
chasse[F]
espacio[M]
spaziatura[F]

a

extra schmal
condensed
serré
condensada
ridotta

a

schmal
narrow
étroit
estrecha
piccola

a

normal
normal
normal
normal
normale

a

breit
wide
large
ancha
intera

a

extra breit
extended
étendu
alargada
espansa

Durchschuss[M]
leading
interlignage[M]
interlineado[M]
interlinea[F]

Lorem ipsum dolor sit
amet, consectetuer
adipiscing elit, sed

einfacher Zeilenabstand[M]
simple spacing
interligne[M] simple
interlineado[M] sencillo
interlinea[F] singola

Lorem ipsum dolor sit
amet, consectetuer
adipiscing elit, sed

Zeilenabstand[M] 1,5 Zeilen[F]
1.5 spacing
interligne[M] 1,5
interlineado[M] 1.5
interlinea[F] 1,5

Lorem ipsum dolor sit
amet, consectetuer
adipiscing elit, sed

doppelter Zeilenabstand[M]
double spacing
interligne[M] double
interlineado[M] doble
interlinea[F] doppia

Zeichenstellung[F]
position of a character
position[F] d'un caractère[M]
posición[F] de un carácter[M]
posizione[F] di un carattere[M]

H_2SO_4

tiefgestellt
inferior
indice[M]
subíndice
pedice[M]

XXe

hochgestellt
superior
exposant[M]
superíndice
apice[M]

diakritische Zeichen[N]

diacritic symbols | signes[M] diacritiques | signos[M] diacríticos | simboli[M] diacritici

à

Accent[M] grave
grave accent
accent[M] grave
acento[M] grave
accento[M] grave

ü

Umlaut[M]
umlaut
tréma[M]
diéresis[F]
dieresi[F]

é

Accent[M] aigu
acute accent
accent[M] aigu
acento[M] agudo
accento[M] acuto

â

Circumflex[M]
circumflex accent
accent[M] circonflexe
acento[M] circunflejo
accento[M] circonflesso

ç

Cedille[F]
cedilla
cédille[F]
cedilla[F]
cediglia[F]

ñ

Tilde[F]
tilde
tilde[M]
tilde[F]
tilde[M/F]

Weitere Symbole[N]

miscellaneous | symboles[M] divers | varios | varie[F]

®

eingetragenes Warenzeichen[N]
registered trademark
marque[F] déposée
marca[F] registrada
marchio[M] registrato

©

Copyright[N]
copyright
copyright[M]
copyright (derechos[M] de autor[M])
copyright[M]

&

Et-Zeichen[N]
ampersand
esperluette[F]
y
e[F] commerciale

's

Apostroph[M]
apostrophe
apostrophe[F]
apóstrofe[M]
apostrofo[M]

Satzzeichen[N]

punctuation marks | signes[M] de ponctuation[F] | signos[M] de puntuación[F] | segni[M] di interpunzione[F]

.

Punkt[M]
full stop
point[M]
punto[M]
punto[M]

;

Strichpunkt[M]
semicolon
point[M]-virgule[F]
punto[M] y coma[F]
punto[M] e virgola[F]

,

Komma[N]
comma
virgule[F]
coma[F]
virgola[F]

...

Fortführungspunkte[M]
ellipsis
points[M] de suspension[F]
puntos[M] suspensivos
puntini[M] di sospensione[F]

:

Doppelpunkt[M]
colon
deux-points[M]
dos puntos[M]
due punti[M]

*

Sternchen[N]
asterisk
astérisque[M]
asterisco[M]
asterisco[M]

—

Gedankenstrich[M]
dash
tiret[M]
guión[M] largo
trattino[M]

( )

runde Klammern[F]
parentheses
parenthèses[F]
paréntesis[M]
parentesi[F]

[ ]

eckige Klammern[F]
square brackets
crochets[M]
corchetes[M]
parentesi[F] quadre

/

Schrägstrich[M]
slash
barre[F] oblique
diagonal[F]
barra[F] obliqua

!

Ausrufezeichen[N]
exclamation mark
point[M] d'exclamation[F]
exlamación[F]
punto[M] esclamativo

?

Fragezeichen[N]
question mark
point[M] d'interrogation[F]
interrogación[F]
punto[M] interrogativo

‘ ’

halbe Anführungszeichen[N]
single quotation marks
guillemets[M]
comillas[F] sencillas
virgolette[F] semplici

“ ”

Anführungszeichen[N]
quotation marks
guillemets[M]
comillas[F]
virgolette[F] doppie

« »

Anführungszeichen[N] (französisch)
quotation marks (French)
guillemets[M]
comillas[F]
caporali[F]

öffentliches Postnetz[N]

public postal network | réseau[M] public postal | red[F] de correos[M] pública | rete[F] pubblica postale

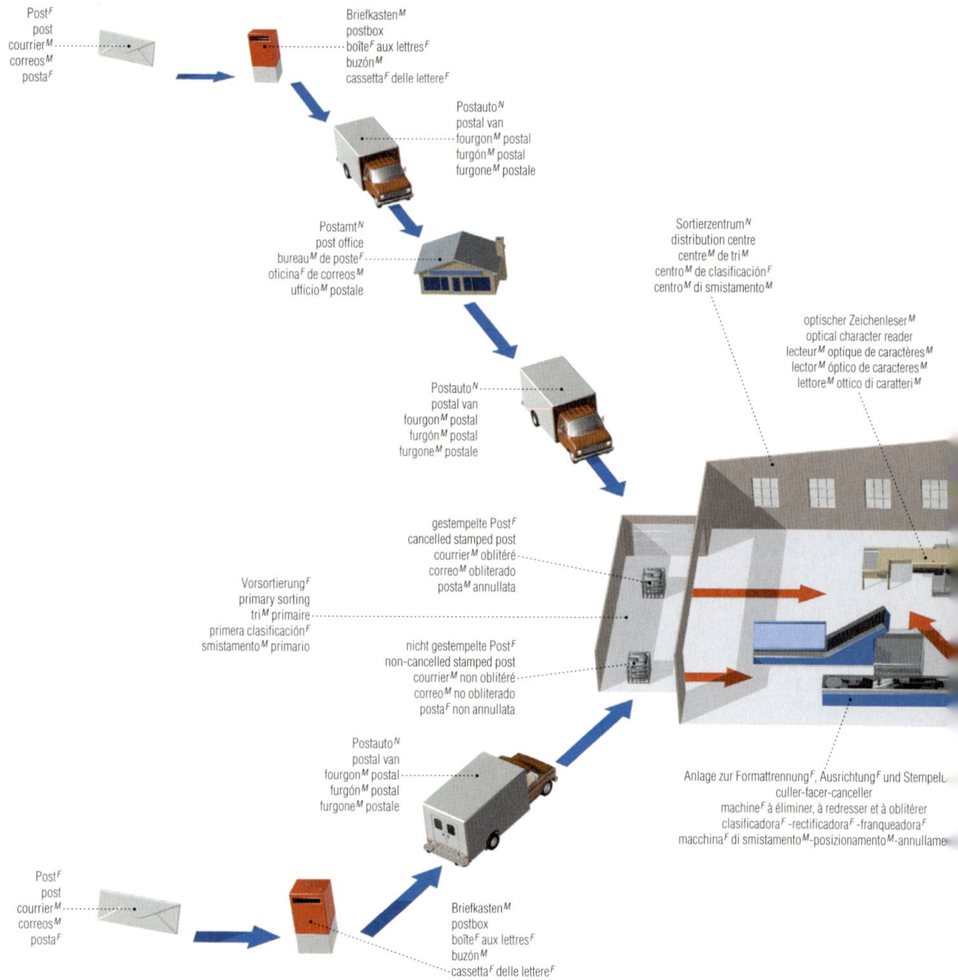

Post[F]
post
courrier[M]
correo[M]
posta[F]

Briefmarke[F]/Postwertzeichen[N]
postage stamp
timbre[M]-poste[F]
sello[M] de correos[M]
francobollo[M]

Brief[M]
letter
lettre[F]
carta[F]
lettera[F]

Postkarte[F]
postcard
carte[F] postale
postal[F]
cartolina[F]

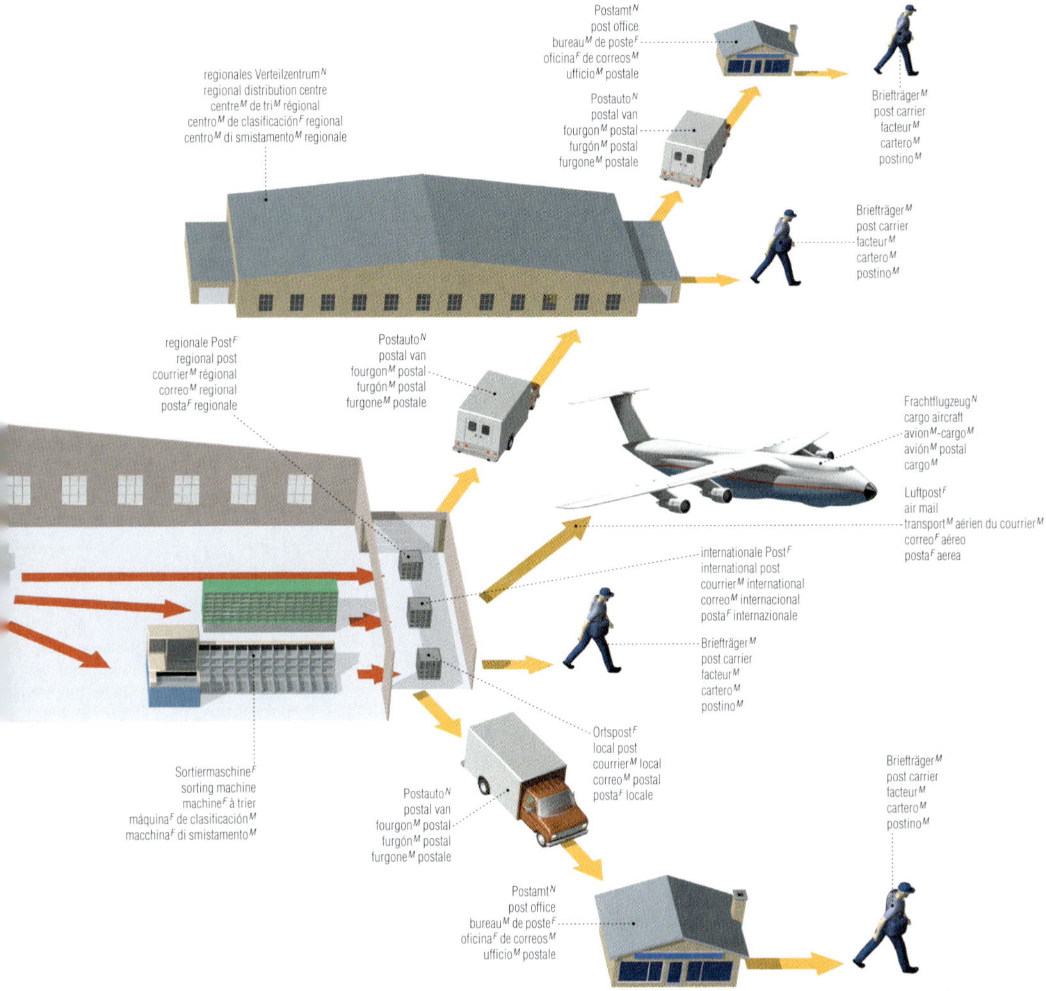

Massenversand^{M}
bulk mail
envoi^{M} en nombre^{M}
correo^{M} de masa^{F}
posta^{F} a tariffa ridotta^{F}

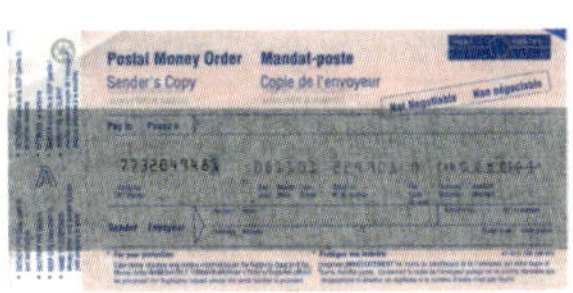

Postanweisung^{F}
postal order
mandat^{M}-poste^{F}
giro^{M} postal
vaglia^{M} postale

Postpaket^{N}
postal parcel
colis^{M} postal
paquete^{M} postal
pacco^{M} postale

Fotografie[F]

photography | photographie[F] | fotografía[F] | fotografia[F]

einäugige Spiegelreflexkamera[F]/SLR-Kamera[F]: Vorderansicht[F]
single-lens reflex (SLR) camera : front view
appareil[M] à visée[F] reflex mono-objectif[M] : vue[F] avant
cámara[F] réflex monocular: vista[F] frontal
macchina[F] fotografica reflex monoculare: vista[F] frontale

Rückspulknopf[M]
film rewind knob
rebobinage[M]
botón[M] de rebobinado[M] de la película[F]
pulsante[M] di riavvolgimento[M] della pellicola[F]

Zubehörschuh[M]
accessory shoe
griffe[F] porte-accessoires[M]
patín[M] de los accesorios[M]
slitta[F] per accessori[M]

Belichtungskorrekturknopf[M]
exposure adjustment knob
correction[F] d'exposition[F]
botón[M] de compensación[M] de la exposición[F]
pulsante[M] di compensazione[F] dell'esposizione[F]

Blitzkontakt[M]
hot-shoe contact
contact[M] électrique
contacto[M] central
contatto[M] caldo

Filmtransporteinstellung[F]
film advance mode
mode[M] d'entraînement[M] du film[M]
modalidad[F] de avance[M] de la película[F]
tasto[M] per l'avanzamento[M] della pellicola[F]

Display[N]
data panel
écran[M] de contrôle[M]
panel[M] de controles[M]
display[M]

Belichtungseinstellung[F]
exposure mode
mode[M] d'exposition[F]
modalidad[F] de exposición[F]
tasto[M] per il modo[M] di esposizione[F]

Programmwählscheibe[F]
program selector
sélecteur[M] de fonctions[F]
selector[M] de programa[F]
selettore[M] dei programmi[M]

Belichtungsmesser[M]
multiple exposure mode
surimpression[F]
modalidad[F] de exposición[F] múltiple
tasto[M] per le esposizioni[M] multiple

Ein-/Ausschalter[M]
on/off switch
commutateur[M] marche[F]/arrêt[M]
interruptor[M] de encendido/apagado
interruttore[M] di accensione[F]

Filmempfindlichkeit[F]
film speed
sensibilité[F] du film[M]
indicador[M] de velocidad[F]
tasto[M] per la sensibilità[F] della pellicola[F]

Auslöser[M]
shutter release button
déclencheur[M]
disparador[M]
pulsante[M] di scatto[M]

Diode[F] des Selbstauslösers[M]
remote control terminal
prise[F] de télécommande[F]
terminal[M] del control[M] a remoto
presa[F] per il comando[M] a distanza[F]

Selbstauslöser-Lichtsignal[N]
self-timer indicator
témoin[M] du retardateur[M]
indicador[M] de tiempo[M]
spia[F] luminosa dell'autoscatto[M]

Autofocus-Umschalter[M]
focus mode selector
mode[M] de mise[F] au point[M]
selector[M] de focalización[F]
selettore[M] della messa[F] a fuoco[M]

Kameragehäuse[N]
camera body
boîtier[M]
caja[F]
corpo[M] della macchina[F] fotografica

Objektivauswurf[M]
lens release button
déverrouillage[M] de l'objectif[M]
botón[M] de desbloqueo[M] del objetivo[M]
pulsante[M] di sblocco[M] dell'obiettivo[M]

Objektiv[N]
lens
objectif[M]
objetivo[M]
obiettivo[M]

Schärfentiefenknopf[M]
depth-of-field preview button
vérification[F] de la profondeur[F] de champ[M]
botón[M] de previsionado profundidad[F] de campo[M]
pulsante[M] di controllo[M] della profondità[F] di campo[M]

einäugige Spiegelreflexkamera[F]/SLR-Kamera[F]: Rückansicht[F]
single-lens reflex (SLR) camera : camera back
appareil[M] à visée[F] reflex mono-objectif[M] : dos[M]
cámara[F] réflex monocular: vista[F] posterior
macchina[F] fotografica reflex monoculare: dorso[M]

Filmrückspulung[F]
film rewind system
mécanisme[M] de rebobinage[M]
sistema[M] de rebobinado[M] de la película[F]
sistema[M] di riavvolgimento[M] della pellicola[F]

Bildsucher[M]
viewfinder
viseur[M]
visor[M]
mirino[M]

Schlitzverschluss[M]
focal plane shutter
rideau[M] d'obturateur[M]
obturador[M] de plano[M] focal
otturatore[M] a tendina[F]

Öse[F] für Schulterriemen[M]
neckstrap eyelet
œillet[M] d'attache[F]
ojete[M] para la correa[F] del cuello[M]
occhiello[M] per la cinghia[F]

Transportwalze[F]
film guide roller
cylindre[M] guide[M]-film[M]
rodillo[M] guía[F] de la película[F]
rullo[M] di guida[F] della pellicola[F]

Filmaufrollspule[F]
take-up spool
bobine[F] réceptrice
carrete[M] de rebobinado[M]
rocchetto[M] di avvolgimento[M]

Andruckplatte[F]
pressure plate
presseur[M]
placa[F] de presión[F]
piastra[F] di pressione[F]

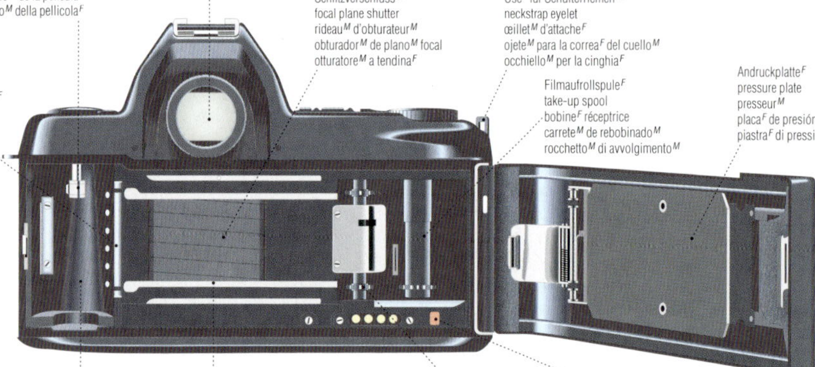

Patronenkammer[F]
film cassette chamber
logement[M] de la bobine[F]
cámara[F] para el carrete[M] de la película[F]
alloggiamento[M] del caricatore[M]

Transportschiene[F]
film guide rail
rail[M] guide[M]-film[M]
carril[M] guía[F] de la película[F]
guida[F] della pellicola[F]

Transporträdchen[N]
film sprocket
tambour[M] d'entraînement[M]
piñón[M] la rueda[F] de la película[F]
rocchetto[M] di trascinamento[M] della pellicola[F]

Markierung[F] für Filmanfang[M]
film leader indicator
témoin[M] de l'amorce[F] du film[M]
indicador[M] de inicio[M] de la película[F]
spia[F] della coda[F] della pellicola[F]

Spiegelreflexkamera[F] im Querschnitt[M]
cross section of a reflex camera
coupe[F] d'un appareil[M] reflex
sección[F] transversal de una cámara[F] reflex
macchina[F] fotografica reflex monoculare: sezione[F]

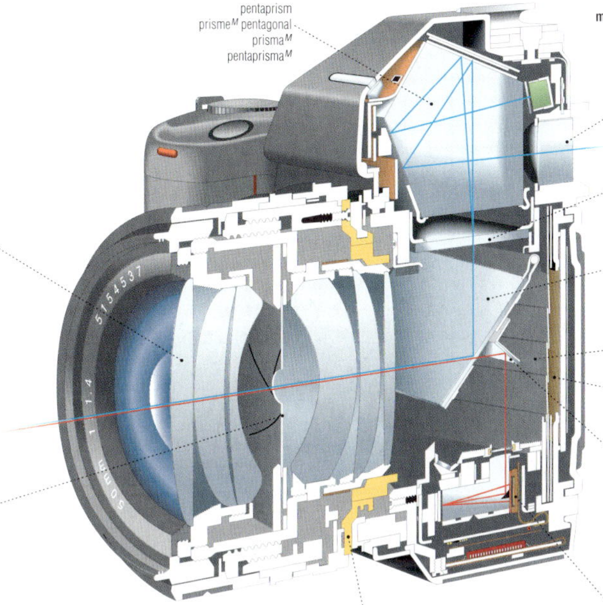

Pentaprisma[N]
pentaprism
prisme[M] pentagonal
prisma[M]
pentaprisma[M]

Sucher[M]
eyepiece
oculaire[M]
ocular[M]
oculare[M]

Mattscheibe[F]
focusing screen
verre[M] de visée[F]
filtro[M] de focalización[F]
schermo[M] per la messa[F] a fuoco[M]

Linse[F]
lens
lentille[F]
objetivo[M]
lente[F]

Klappspiegel[M]
main reflex mirror
miroir[M] principal
espejo[M] reflez principal
specchio[M] riflettore principale

Schlitzverschluss[M]
focal plane shutter
rideau[M] d'obturateur[M]
obturador[M] de plano[M] focal
otturatore[M] a tendina[F]

Film[M]
film
film[M]
película[F]
pellicola[F]

Blende[F]
diaphragm
diaphragme[M]
diafragma[M]
diaframma[M]

Sekundärspiegel[M]
secondary mirror
miroir[M] secondaire
espejo[M] secundario
specchio[M] secondario

Lichtsensor[M]
light sensor
photodiode[F]
sensor[M] de luz[F]
sensore[M] esposimetrico

Objektivanschluss[M]
lens mount
monture[F] d'objectif[M]
montura[F] del objetivo[M]
attacco[M] dell'obiettivo[M]

digitale Spiegelreflexkamera[F]: Rückansicht[F]
digital reflex camera : camera back
appareil[M] à visée[F] reflex numérique : dos[M]
cámara[F] réflex digital: vista[F] posterior
macchina[F] fotografica reflex digitale: dorso[M]

Menütaste[F]
menu button
touche[F] de sélection[F] des menus[M]
botón[M] de selección[F] del menú[M]
pulsante[M] del menu[M]

Hauptschalter[M]
power switch
commutateur[M] d'alimentation[F]
conmutador[M] de alimentación[F]
interruttore[M] di accensione[F]

Sucherokular[N]
viewfinder
viseur[M]
visor[M]
mirino[M]

Einstellungsanzeige[F]
settings display button
touche[F] d'affichage[M] des réglages[M]
botón[M] de visualización[F] de ajustes[M]
pulsante[M] di visualizzazione[F] delle impostazioni[F]

Abdeckung[F]
cover
couvercle[M]
tapa[F]
coperchio[M]

Öse[F] für Tragriemen[M]
strap eyelet
œillet[M] d'attache[F]
ojete[M] para la correa[F]
occhiello[M] per la tracolla[F]

Bildvorlauf[M]
multi-image jump button
touche[F] de saut[M] d'images[F]
botón[M] de salto[M] de imágenes[F]
pulsante[M] per il salto[M] di immagini[F]

schlussbuchsen[F] für Video- und Digitalübertragung[F]
video and digital terminals
prises[F] vidéo et numérique
tomas[F] vídeo y digital
prese[F] video e digitali

Speicherkarte[F]
compact memory card
carte[F] de mémoire[F]
tarjeta[F] de memoria[F]
scheda[F] di memoria[F]

Indexanzeige[F]-/Zoomregler[M]
index/enlarge button
touche[F] d'index[M]/agrandissement[M]
botón[M] de índice[M] /ampliación[F]
pulsante[M] per l'indice[M] e per l'ingrandimento[M]

Fernsteuerungsanschlussbuchse[F]
remote control terminal
prise[F] de télécommande[F]
botón[M] de control[M] remoto
presa[F] per il comando[M] a distanza[F]

Bildanzeige[F]
image review button
touche[F] de visualisation[F] des images[F]
botón[M] de visualización[F] de imágenes[F]
pulsante[M] di visualizzazione[F] delle immagini[F]

Flüssigkristallanzeige[F]
liquid crystal display
écran[M] à cristaux[M] liquides
pantalla[F] táctil
display[M] a cristalli[M] liquidi

Löschtaste[F]
erase button
touche[F] d'effacement[M]
botón[M] de cancelación[F]
pulsante[M] di cancellazione[F]

Vierwegeregler[M]
four-way selector
sélecteur[M] quadridirectionnel
selector[M] cuadro-direccional
selettore[M] quadridirezionale

Auswurftaste[F]
eject button
bouton[M] d'éjection[F]
botón[M] de expulsión[M]
pulsante[M] di espulsione[F]

Objektive[N]
lenses
objectifs[M]
objetivos[M]
obiettivi[M]

Standardobjektiv[N]
standard lens
objectif[M] normal
objetivo[M] normal
obiettivo[M] normale

Linse[F]
lens
lentille[F]
objetivo[M]
lente[F]

Entfernungsskala[F]
distance scale
échelle[F] des distances[F]
escala[F] de distancia[F]
scala[F] delle distanze[F]

Scharfstellring[M]
focusing ring
bague[F] de mise[F] au point[M]
anillo[M] de ajuste[M] del enfoque[M]
ghiera[F] di messa[F] a fuoco[M]

Schärfentiefenskala[F]
depth-of-field scale
échelle[F] de profondeur[F] de champ[M]
escala[F] de profundidad[F] de campo[M] de visión[F]
scala[F] delle profondità[F] di campo[M]

Blendenskala[F]
lens aperture scale
échelle[F] d'ouverture[F] de diaphragme[M]
escala[F] de abertura[F] del diafragma[M]
scala[F] dell'apertura[F] di diaframma[M]

Bajonettanschluss[M]
bayonet mount
monture[F] baïonnette[F]
montura[F] de bayoneta[F]
attacco[M] a baionetta[F]

Zoomobjektiv[N]
zoom lens
objectif[M] zoom[M]
objetivo[M] zoom[M]
obiettivo[M] zoom

Weitwinkelobjektiv[N]
wide-angle lens
objectif[M] grand-angulaire
objetivo[M] gran angular[M]
obiettivo[M] grandangolare

Makroobjektiv[N]
macro lens
objectif[M] macro
objetivo[M] macro
obiettivo[M] macro

Teleobjektiv[N]
telephoto lens
téléobjectif[M]
teleobjetivo[M]
teleobiettivo[M]

Fischauge[N]
fisheye lens
hypergone[M]
lente[M] de 180 grados[M]
fish-eye[M]

Super-Weitwinkelobjektiv[N]
semi-fisheye lens
objectif[M] super-grand-angle[M]
objetivo[M] ojo[M] de pez[M]
obiettivo[M] supergrandangolare

Objektivzubehör[N]
lens accessories
accessoires[M] de l'objectif[M]
accesorios[M] para el objetivo[M]
accessori[M] dell'obiettivo[M]

Objektivschutzdeckel[M]
lens cap
capuchon[M] d'objectif[M]
tapa[F] del objetivo[M]
coperchio[M] di protezione[F] dell'obiettivo[M]

Gegenlichtblende[F]
lens hood
parasoleil[M]
capuchón[M]
paraluce[M]

Farbfilter[M]
colour filter
filtre[M] de couleur[F]
filtro[M] de color[M]
filtro[M] colorato

Nahlinse[F]
close-up lens
lentille[F] de macrophotographie[F]
lente[M] de acercamiento[M]
lente[F] addizionale per macrofotografie[F]

Polarisationsfilter[M]
polarizing filter
filtre[M] de polarisation[F]
filtro[M] de polarización[F]
filtro[M] polarizzatore

Objektiv[N]
lens
objectif[M]
objetivo[M]
obiettivo[M]

Telekonverter[M]
tele-converter
multiplicateur[M] de focale[F]
teleconvertidor[M]
moltiplicatore[M] di focale[F]

Belichtungsmesser[M]
exposure meter
posemètre[M] photoélectrique
fotómetro[M]
esposimetro[M]

Diffusionskalotte[F]
diffuser
tête[F] diffusante
difusor[M]
diffusore[M]

Anzeigenadel[F]
indicator needle
aiguille[F]
aguja[F] indicadora
indice[M]

Belichtungswert[M]
exposure value
indice[M] d'exposition[F]
índices[M] de exposición[F]
indice[M] di esposizione[F]

Belichtungszeitskala[F]
exposure-time scale
échelle[F] des temps[M] d'exposition[F]
escala[F] de duración[F] de la exposición[F]
scala[F] dei tempi[M] di esposizione[F]

Filmempfindlichkeit[F]
film speed
sensibilité[F] du film[M]
velocidad[F] de la película[F]
sensibilità[F] della pellicola[F]

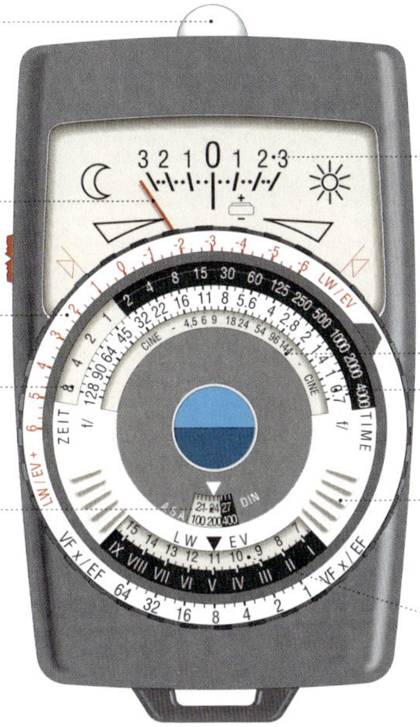

Lichtwertskala[F]
light-reading scale
échelle[F] de lecture[F] de la luminosité[F]
escala[F] de lectura[F]
scala[F] della luminosità[F]

Cine-Skala[F]
cine scale
cadence[F] images[F]/seconde[F]
escala[F] de imágenes[F] por segundo[M]
scala[F] cine

Blendenskala[F]
aperture scale
échelle[F] d'ouverture[F]
escala[F] de abertura[F]
scala[F] dell'apertura[F] del diaframma[M]

Rechenscheibe[F]
calculator dial
disque[M] de réglage[M]
cuadrante[M] calculador
ghiera[F] di calcolo[M]

Umrechnungsskala[F]
transfer scale
report[M] de lecture[F]
escala[F] de transferencia[F]
scala[F] di conversione[F]

Spotmeter[M]
spotmeter
posemètre[M] à visée[F] reflex
fotómetro[M] spot
esposimetro[M] spot

Taste[F] für schattiges Licht[N]
shadow key
réglage[M] sur ombre[F]
botón[M] de sombra[F]
regolazione[F] sulle basse luci[F]

Taste[F] für Normallicht[N]
average key
réglage[M] sur demi-teinte[F]
botón[M] de luminosidad[F] media
regolazione[F] sulle medie luci[F]

Taste[F] für helles Licht[N]
highlight key
réglage[M] sur haute lumière[F]
botón[M] de fuerte luminosidad[F]
regolazione[F] sulle alte luci[F]

Ein-/Ausschalter[M]
lock switch
fixe-lecture[M]
seguro[M]
interruttore[M] di blocco[M]

Objektiv[N]
lens
objectif[M]
objetivo[M]
obiettivo[M]

Speicherlöschtaste[F]
memory cancel
effacement[M] de mémoire[F]
botón[M] para cancelar la memoria[F]
tasto[M] di cancellazione[F] della memoria[F]

Messtaste[F]
measuring button
bouton[M] de mise[F] en circuit[M]
botón[M] de medición[F]
pulsante[M] di avvio[M] della misurazione[F]

Displaybeleuchtungstaste[F]
data display illumination button
éclairage[M] de l'écran[M] d'affichage[M]
botón[M] de iluminación[F] de la pantalla[F]
pulsante[M] di illuminazione[F] del display[M] dei dati[M]

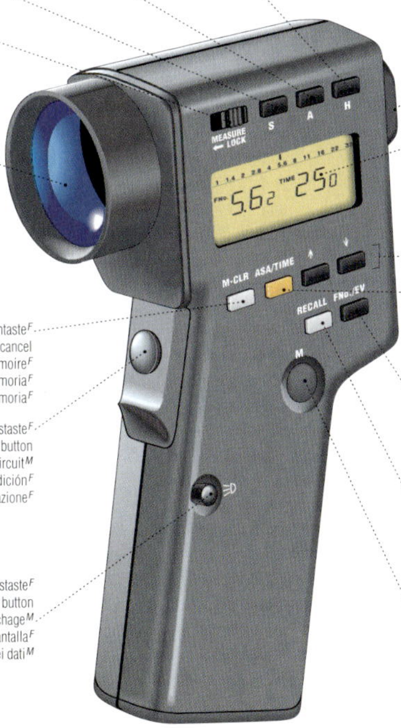

Sucher[M]
eyepiece
oculaire[M]
ocular[M]
oculare[M]

Display[N]
data display
écran[M] d'affichage[M]
display[M] de la información[F]
display[M] dei dati[M]

Tasten[F] für Erhöhen[N]/Absenken[N]
shutter speed setting
réglage[M] de la vitesse[F] d'obturation[F]
ajuste[M] de la velocidad[F] del obturador[M]
impostazione[F] del tempo[M] di esposizione[F]

Filmempfindlichkeit[F]
film speed
sensibilité[F] du film[M]
sensibilidad[F] de la película[F]
tasto[M] per la sensibilità[F] della pellicola[F]

Anzeige[F] für Blende[F]/Belichtungswert[M]
aperture/exposure value display
affichage[M] ouverture[F]/indice[M] d'exposition[F]
visualización[F] de valores[M] de abertura[F] y de exposición[F]
tasto[M] per il valore[M] di apertura[F] e di esposizione[F]

Rückruftaste[F]
memory recall key
rappel[M] de mémoire[F]
botón[M] de llamada[M] de memoria[F]
tasto[M] di richiamo[M] della memoria[F]

Speichertaste[F]
memory key
commande[F] de mémoire[F]
botón[M] de memoria[F]
tasto[M] di memoria[F]

Fotografie[F]

Fotoapparate[M]
still cameras
appareils[M] photographiques
cámaras[M] fijas
macchine[F] fotografiche

Sucherkamera[F]
rangefinder camera
appareil[M] à télémètre[M] couplé
telémetro[M]
macchina[F] fotografica autofocus

Sofortbildkamera[F]
Polaroid® Land camera
Polaroid®[M]
cámara[F] Polaroid Land
Polaroid[F]

Unterwasserkamera[F]
underwater camera
appareil[M] de plongée[F]
cámara[F] submarina
macchina[F] fotografica subacquea

einäugige Spiegelreflexkamera[F]
single-lens reflex camera
appareil[M] à visée[F] reflex mono-objectif[M]
cámara[F] reflex de un solo objetivo[M]
macchina[F] fotografica reflex

Pocket-Instamatic-Kamera[F]
pocket camera
appareil[M] petit-format[M]
cámara[F] de bolsillo[M]
macchina[F] fotografica tascabile

Einwegkamera[F]
disposable camera
appareil[M] jetable
cámara[F] desechable
macchina[F] fotografica usa e getta

Zweiäugige Spiegelreflexkamera[F]
twin-lens reflex camera
appareil[M] reflex à deux objectifs[M]
cámara[F] réflex con dos objetivos[M]
macchina[F] fotografica reflex biottica

Großformatkamera[F]
view camera
chambre[F] photographique
cámara[F] de fuelle[M]
macchina[F] fotografica a banco[M] ottico

Mittelformatkamera[F] SLR (6 x 6)
medium format SLR (6 x 6)
appareil[M] reflex 6 X 6 mono-objectif[M]
cámara[F] reflex de formato[M] mediao SLR (6x6)
macchina[F] fotografica reflex (6x6)

Stereokamera[F]
stereoscopic camera
appareil[M] stéréoscopique
cámara[F] estereoscópica
macchina[F] fotografica stereoscopica

Digitalkamera[F]
digital camera
appareil[M] numérique
cámara[F] digital
macchina fotografica digitale

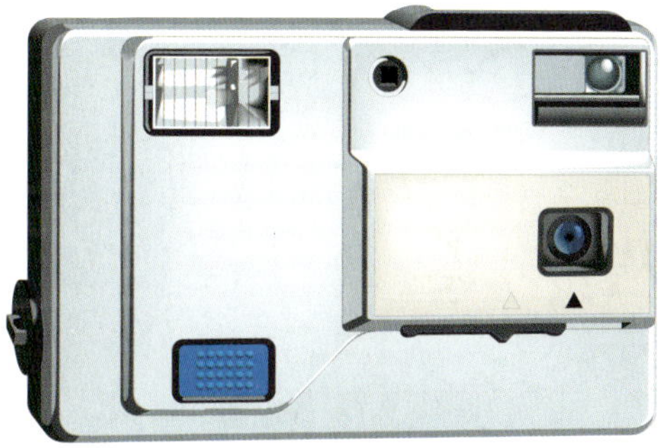

Disc-Kamera[F]
disc camera
appareil[M] pour photodisque[M]
cámara[F] de disco[M]
macchina[F] fotografica a disco[M]

Filme[M] und digitale Speicher[M]
films and digital storage
pellicules[F] et stockage[M] numérique
películas[F] y almacenamiento[M] digital
pellicole[F] e supporti[M] digitali

Rollfilm[M]
roll film
rouleau[M] de pellicule[F]
rollo[M] de película[F]
pellicola[F] in rotolo[M]

Planfilm[M]
sheet film
pellicule[F] en feuille[F]
hoja[F] de la película[F]
pellicola[F] piana

Filmkassette[F]
film pack
film[M]-pack[M]
paquete[M] de placas[F] fotográficas
filmpack[M]

Compact-Flash-Speicherkarte[F]
compact flash memory card
carte[F] de mémoire[F] flash compacte
tarjeta[F] de memoria[F] compact flash[M]
scheda[F] di memoria[F] compact flash

Filmdiskette[F]
film disc
film[M]-disque[M]
película[F] de disco[M]
pellicola[F] a disco[M]

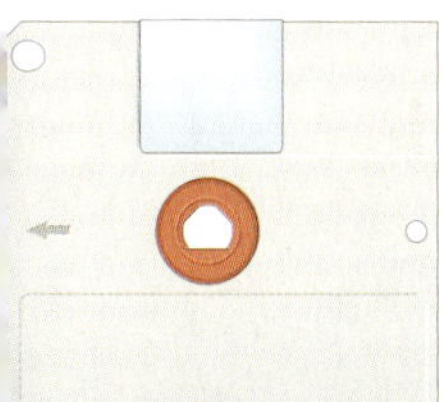

Videofilmdiskette[F]
still video film disc
disque[M] vidéophoto[F]
disquete[M] para video[M] fijo
disco[M] per macchina[F] fotografica digitale

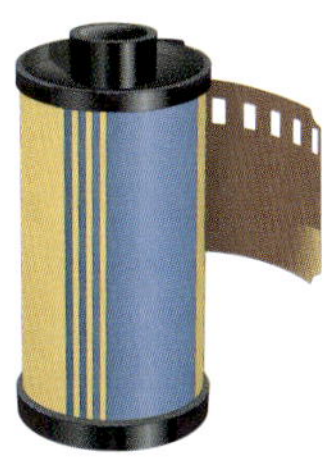

Kassettenfilm[M]
cartridge film
cassette[F] de pellicule[F]
cartucho[M] de la película[F]
caricatore[M]

Fotografie^{F}

fotografisches Zubehör^{N} photographic accessories accessoires^{M} photographiques accesorios^{M} fotográficos accessori^{M} fotografici

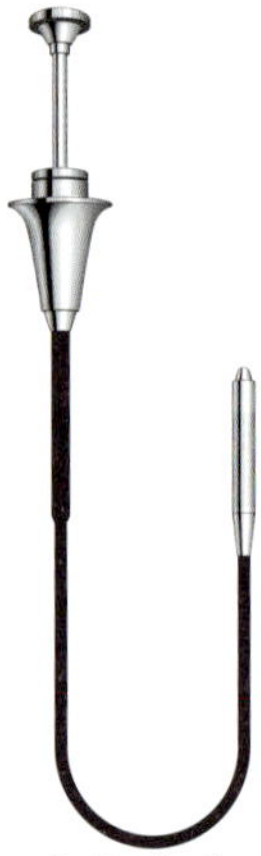

Drahtauslöser^{M}
cable shutter release
déclencheur^{M} souple
disparador^{M} de cable^{M}
flessibile^{M}

pneumatischer Auslöser^{M}
air bulb shutter release
déclencheur^{M} pneumatique
disparador^{M} neumático
flessibile^{M} pneumatico

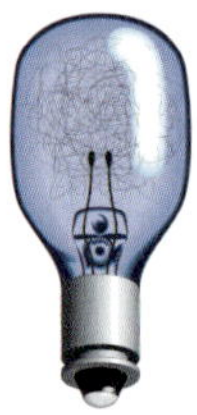

Blitzbirne^{F}
flash bulb
lampe^{F}-éclair^{M}
bombilla^{F} de flash^{M}
lampada^{F} per flash^{M}

Blitzwürfel^{M}
flashcube
flash^{M}-cube^{M}
cubo^{M} de flash^{M}
cuboflash^{M}

Batterie^{F}
battery
pile^{F}
pila^{F}
batteria^{F}

Elektronenblitz^{M}
electronic flash
flash^{M} électronique
flash^{M} electrónico
flash^{M} elettronico

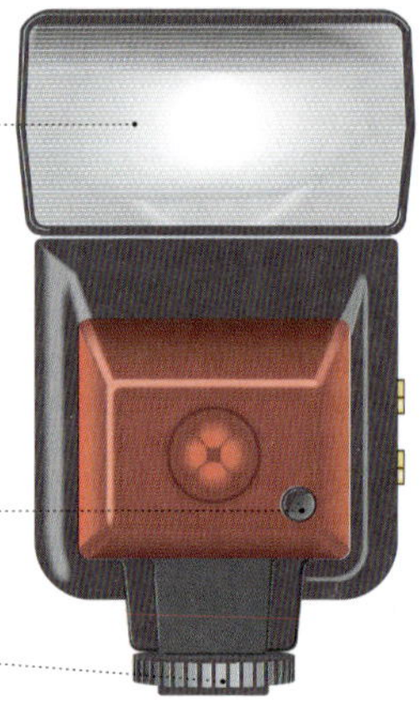

Blitzröhre^{F}
flashtube
réflecteur^{M}
tubo^{M} de flash^{M}
lampada^{F} a tubo^{M} per flash^{M}

Fotozelle^{F}
photoelectric cell
cellule^{F} photoélectrique
celda^{F} fotoeléctrica
cellula^{F} fotoelettrica

Aufsteckschuh^{M}
mounting foot
pied^{M} de fixation^{F}
pie^{M} de montura^{F}
piedino^{M} di montaggio^{M}

Stativ^{N} tripod trépied^{M} trípode^{M} treppiede^{M}

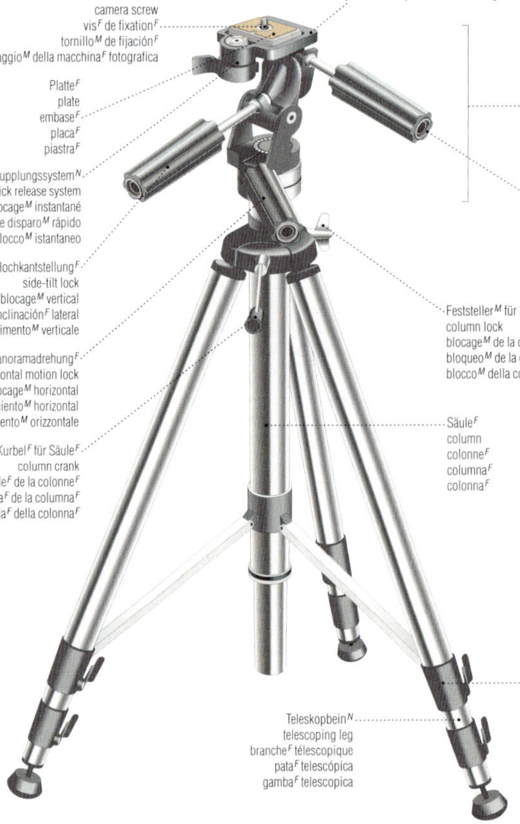

Kameraplattform^{F}
camera platform
plate-forme^{F}
plataforma^{F}
piattaforma^{F} per macchina^{F} fotografica

Kameraschraube^{F}
camera screw
vis^{F} de fixation^{F}
tornillo^{M} de fijación^{F}
vite^{F} di fissaggio^{M} della macchina^{F} fotografica

Platte^{F}
plate
embase^{F}
placa^{F}
piastra^{F}

Schnellkupplungssystem^{N}
quick release system
déblocage^{M} instantané
sistema^{M} de disparo^{M} rápido
sblocco^{M} istantaneo

Feststellgriff^{M} für Hochkantstellung^{F}
side-tilt lock
blocage^{M} vertical
bloqueo^{M} de inclinación^{F} lateral
blocco^{M} del movimento^{M} verticale

Feststellgriff^{M} für Panoramadrehung^{F}
horizontal motion lock
blocage^{M} horizontal
bloqueo^{M} de movimiento^{M} horizontal
blocco^{M} del movimento^{M} orizzontale

Kurbel^{F} für Säule^{F}
column crank
manivelle^{F} de la colonne^{F}
manivela^{F} de la columna^{F}
manovella^{F} della colonna^{F}

Panoramakopf^{M}
panoramic head
tête^{F} panoramique
cabeza^{F} panorámica
testa^{F} panoramica

Feststellgriff^{M} für Kameraplattform^{F}
camera platform lock
blocage^{M} de la plate-forme^{F}
bloqueo^{M} de la plataforma^{F}
blocco^{M} della piattaforma^{F}

Feststeller^{M} für Säule^{F}
column lock
blocage^{M} de la colonne^{F}
bloqueo^{M} de la columna^{F}
blocco^{M} della colonna^{F}

Säule^{F}
column
colonne^{F}
columna^{F}
colonna^{F}

Beinklemme^{F}
collet
bague^{F} de serrage^{M}
anillo^{M}
manicotto^{M} di bloccaggio^{M}

Teleskopbein^{N}
telescoping leg
branche^{F} télescopique
pata^{F} telescópica
gamba^{F} telescopica

Fotografie^{F}

Diaprojektor^{M}
slide projector
projecteur^{M} de diapositives^{F}
proyector^{M} de diapositivas^{F}
proiettore^{M} per diapositive^{F}

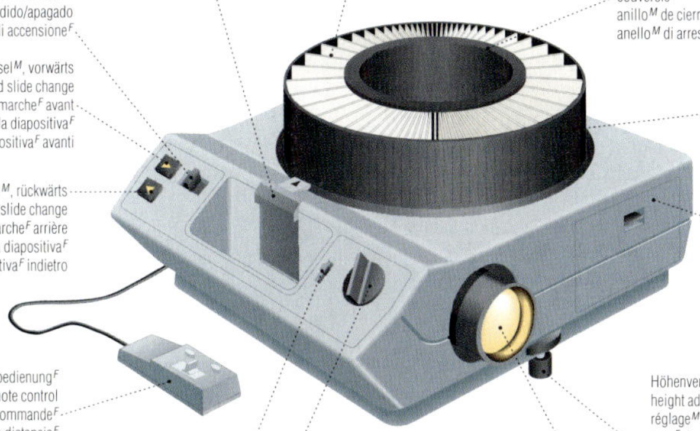

Dia^{N}
slide
diapositive^{F}
diapositiva^{F}
diapositiva^{F}

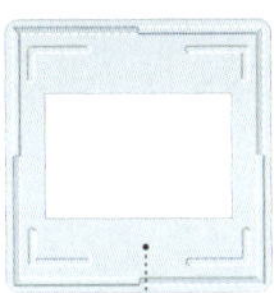

Projektionswand^{F}
projection screen
écran^{M} de projection^{F}
pantalla^{F} de proyección^{F}
schermo^{M} di proiezione^{F}

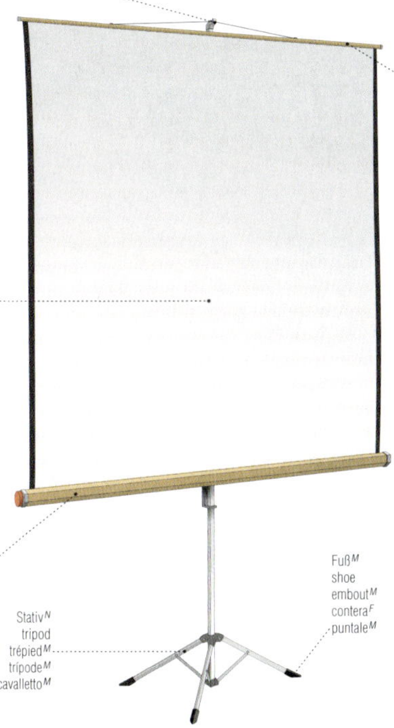

Fotografie[F]

Dunkelkammer[F]
darkroom
chambre[F] noire
cámara[F] oscura
camera[F] oscura

Entwicklungstrommel[F]
developing tank
cuve[F] de développement[M]
tanque[M] de revelado
sviluppatrice[F]

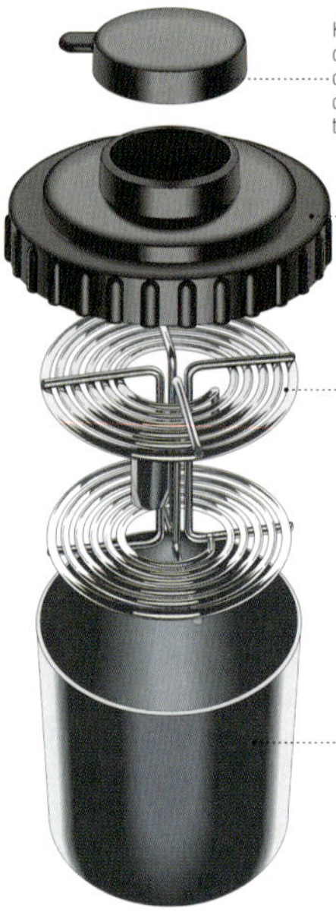

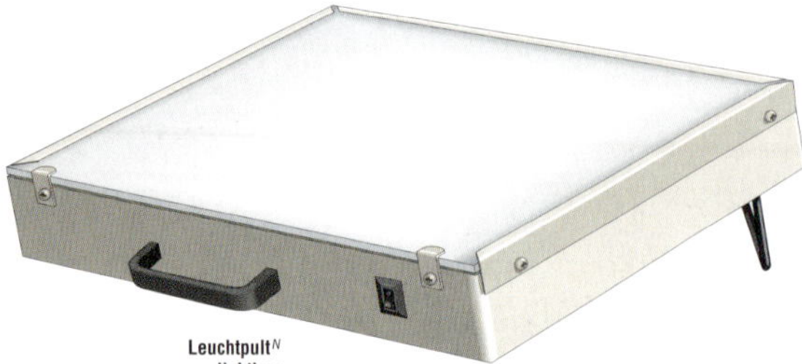

Leuchtpult[N]
lightbox
négatoscope[M]
caja[F] de luz[F]
visore[M]

Laboruhr[F]
timer
minuterie[F]
reloj[M]
temporizzatore[M]

Laborleuchte[F]
safelight
éclairage[M] inactinique
luz[F] de seguridad[F]
luce[F] inattinica

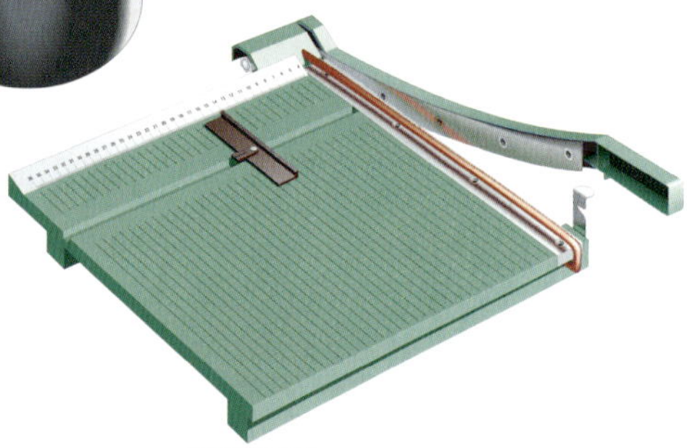

Schneidegerät[N]
guillotine
cisaille[F]
guillotina[F]
taglierina[F]

Trockenschrank[M]
film drying cabinet
armoire[F] de séchage[M]
armario[M] de secado[M] de negativos[M]
armadio[M] essiccatore

Vergrößerungsrahmen[M]
enlarging easel
margeur[M]
marginador[M]
marginatore[M]

Kontaktkopiergerät[N]
contact printer
châssis[M]-presse[F]
prensa[F] de contactos[M]
bromografo[M]

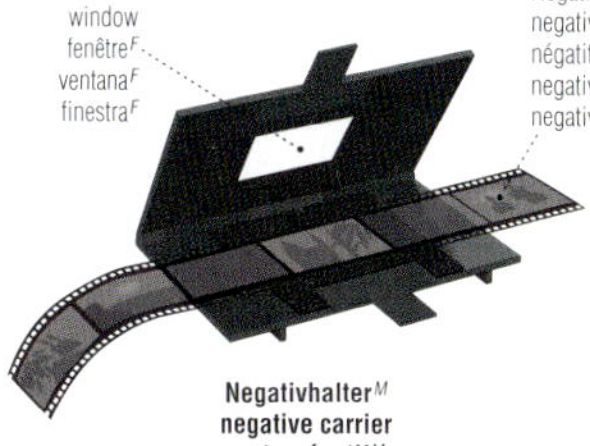

Negativhalter[M]
negative carrier
porte-négatif[M]
portanegativos[M]
portanegativi[M]

Belichtungs-Schaltuhr[F]
enlarger timer
compte-pose[M]
reloj[M] de la ampliadora[F]
temporizzatore[M] dell'ingranditore[M]

Vergrößerer[M]
enlarger
agrandisseur[M]
ampliadora[F]
ingranditore[M]

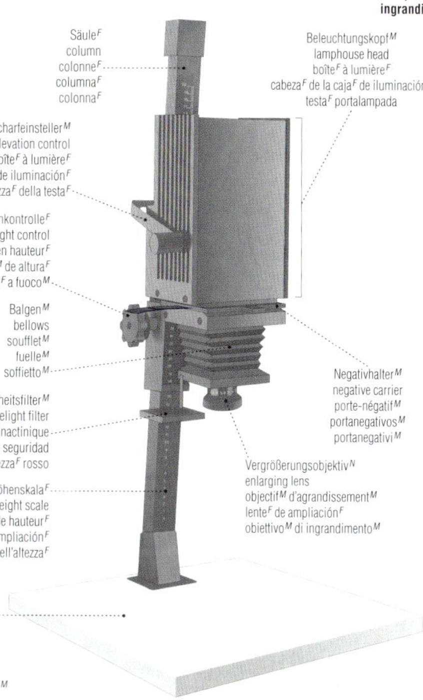

Bilderwascher[M]
rint washer
aveuse[F] pour épreuves[F]
cubeta[F] para lavar impresiones[F]
asca[F] di lavaggio[M] delle stampe[F]

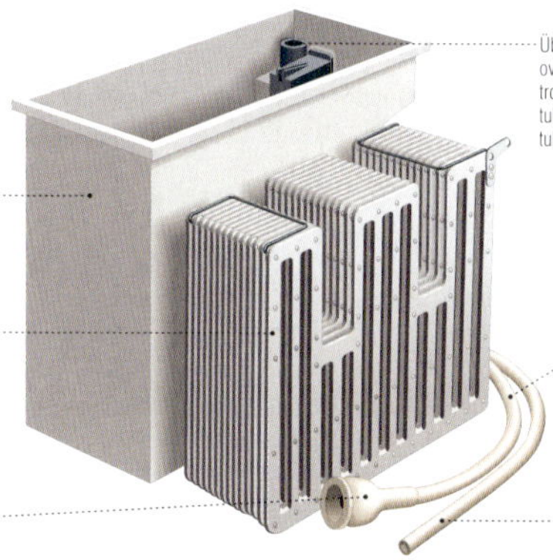

Scharfsteller[M]
focusing magnifier
loupe[F] de mise[F] au point[M]
lupa[F] de focalización[F]
lente[F] di ingrandimento[M] per la messa [F] a fuoco[M]

ntwicklungsbäder[N]
eveloping baths
ains[M] de développement[M]
años[M] de revelado[M]
agni[M] di sviluppo[M]

Entwickler[M]
developer bath
bain[M] de révélateur[M]
baño[M] de revelado[M]
bagno[M] di sviluppo[M]

Stoppbad[N]
stop bath
bain[M] d'arrêt[M]
baño[M] de stop[M]
bagno[M] di arresto[M]

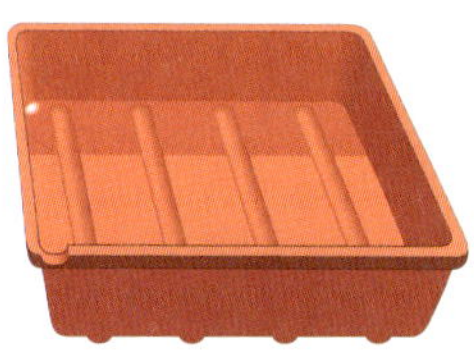

Fixierbad[N]
fixing bath
bain[M] de fixation[F]
baño[M] de fijación[F]
bagno[M] di fissaggio[M]

Trockenständer[M]
print drying rack
séchoir[M] d'épreuves[F]
secadora[F] de pruebas[F]
rastrelliera[F]

Satellitenübertragungstechnik[F]

satellite broadcasting | télédiffusion[F] par satellite[M] | comunicación[F] vía satélite | trasmissione[F] via satellite[M]

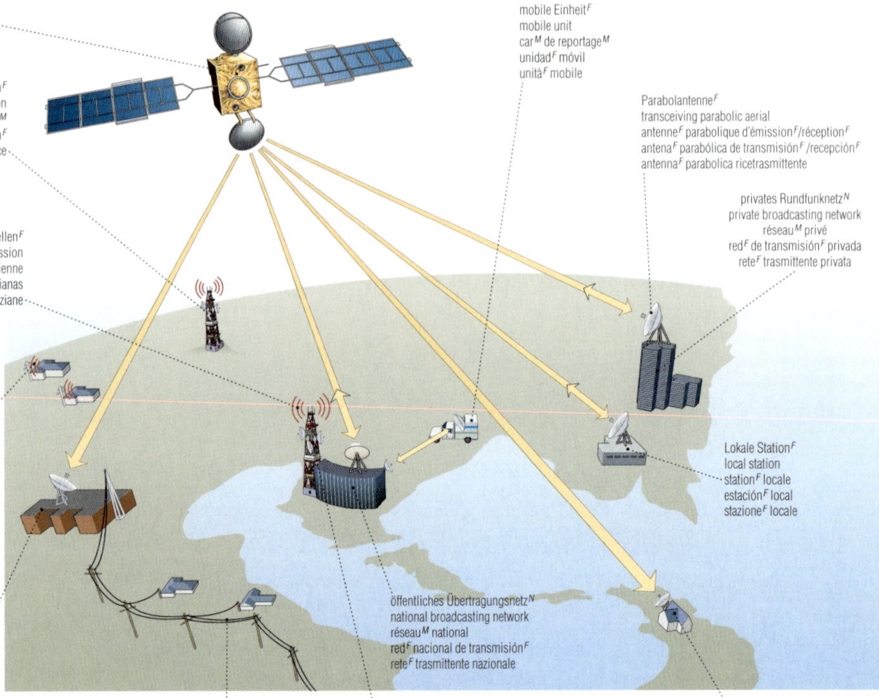

Fernmeldesatelliten[M]

telecommunication satellites | satellites[M] de télécommunications[F] | satélites[M] de telecomunicaciones[F] | satelliti[M] per telecomunicazioni[F]

Eutelsat[M]
Eutelsat
Eutelsat[M]
Eutelsat[M]
Eutelsat[M]

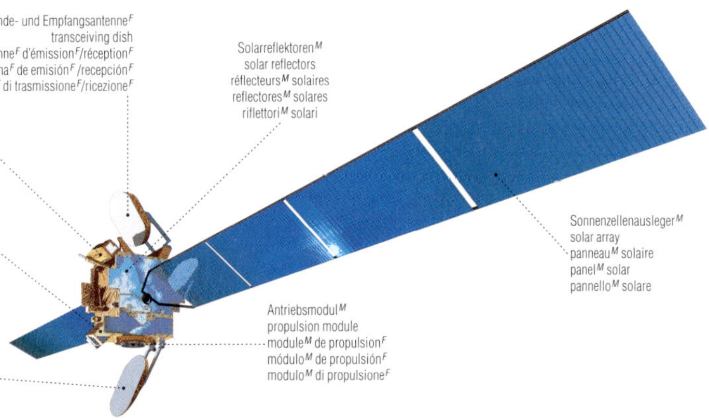

Telekommunikation^{F} über Nachrichtensatellit^{M}

telecommunications by satellite | télécommunications^{F} par satellite^{M} | telecomunicaciones^{F} vía satélite^{M} | telecomunicazioni^{F} via satellite^{M}

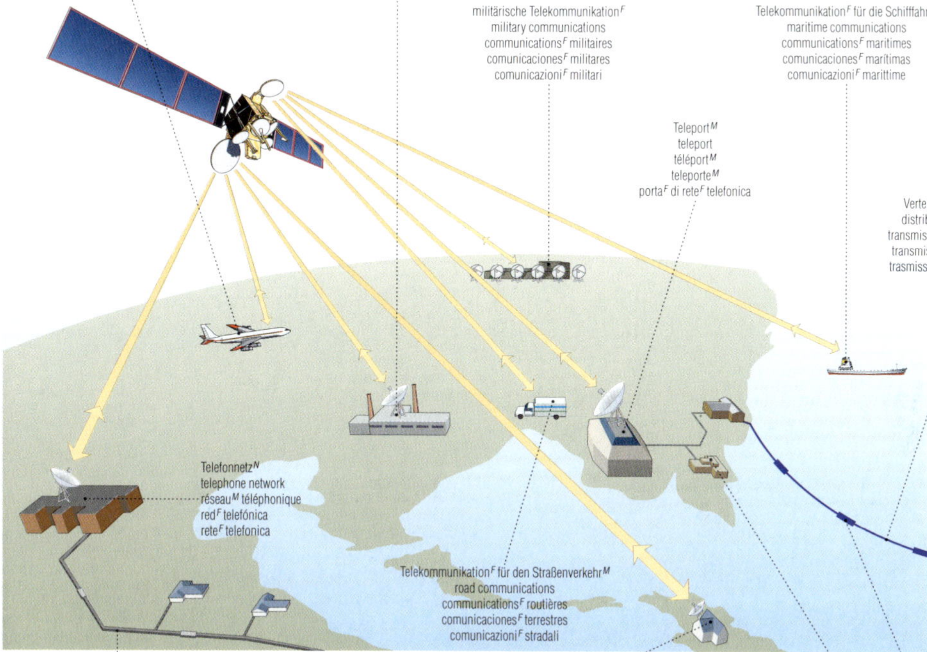

Fernmeldesatelliten^{M}

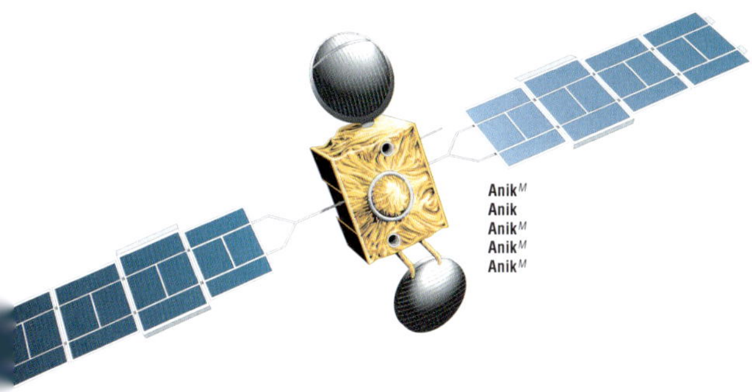

elektrodynamisches Mikrofon[N]

dynamic microphone | microphone[M] dynamique | micrófono[M] electrodinámico | microfono[M] dinamico

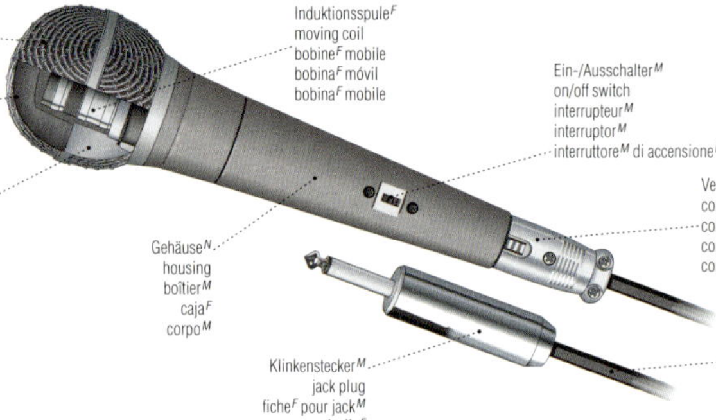

Rundfunk[M]: Sprecherraum[M] und Regieraum[M]

radio: studio and control room | radio[F] : studio[M] et régie[F] | radio[M] : estudio[M] y sala[F] de control[M] | radio[F]: studio[M] e cabina[F] di regia[F]

Fernsehen^{N}

television | télévision^{F} | televisión^{F} | televisione^{F}

Übertragungswagen^{M}
mobile unit
car^{M} de reportage^{M}
unidad^{F} móvil
unità^{F} mobile

Mikrowellensender^{M}
microwave transmitter
émetteur^{M} micro-ondes^{F}
transmisor^{M} de microondas^{F}
trasmettitore^{M} a microonde^{F}

Parabolantenne^{F}
parabolic antenna
antenne^{F} parabolique
antena^{F} parabólica
antenna^{F} parabolica

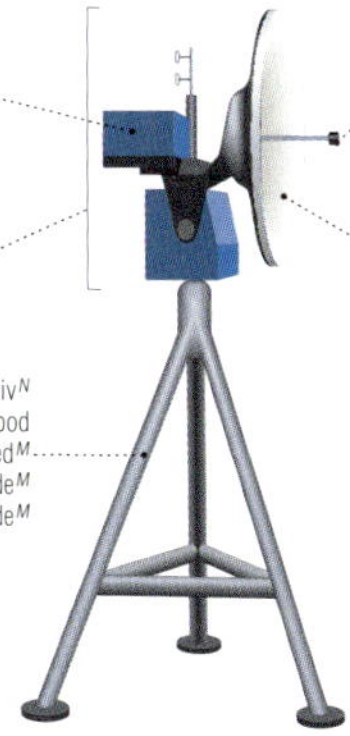

Wellenleiter^{M}
wave guide
guide^{M} d'ondes^{F}
guía^{F} de la onda^{F}
guida^{F} di onda^{F}

Mikrowellenschüssel^{F}
microwave dish
réflecteur^{M} parabolique
reflector^{M} parabolico de microondas^{F}
riflettore^{M} parabolico a microonde^{F}

Stativ^{N}
tripod
trépied^{M}
trípode^{M}
treppiede^{M}

usrüstungsspind^{M}
quipment rack
âti^{M} d'équipement^{M}
quipo^{M} de soporte^{M}
ack^{M} per apparecchiature^{F}

Tonregieraum^{M}
sound control room
régie^{F} du son^{M}
sala^{F} de control^{M} de sonido^{M}
cabina^{F} di controllo^{M} audio^{M}

Tontechniker^{M}
sound technician
preneur^{M} de son^{M}
técnico^{M} de sonido^{M}
tecnico^{M} audio^{M}

Telefonapparat^{M}
telephone set
poste^{M} téléphonique
teléfono^{M}
apparecchio^{M} telefonico

Abhörlautsprecher^{M}
sound monitor
haut-parleur^{M} de contrôle^{M}
monitor^{M} de sonido^{M}
monitor^{M} audio^{M}

Regieraum^{M}
production control room
régie^{F} de production^{F}
sala^{F} de control^{M} de la producción^{F}
cabina^{F} di regia^{F}

Kontrollmonitore^{M}
monitor wall
baie^{F} de contrôle^{M}
panel^{M} de control^{M}
parete^{M} dei monitor^{M}

Abhörlautsprecher^{M}
sound monitor
haut-parleur^{M} de contrôle^{M}
monitor^{M} de sonido^{M}
monitor^{M} audio^{M}

Geräteschrank^{M}
equipment rack
bâti^{M} d'équipement^{M}
equipo^{M} de soporte^{M}
rack^{M} per apparecchiature^{F}

Bereich^{M} der Bildkontrolle^{F}
camera control area
régie^{F} image^{F}
área^{M} de control^{M} de la cámara^{F}
area^{F} di controllo^{M} delle telecamere^{F}

Bildkontrolle^{F}
camera control unit
bloc^{M} de commande^{F} des caméras^{F}
unidad^{F} de control^{M} de la cámara^{F}
unità^{F} di controllo^{M} delle telecamere^{F}

Bildtechniker^{M}
camera control technician
contrôleur^{M} d'images^{F}
técnico^{M} de control^{M} de la cámara^{F}
tecnico^{M} di controllo^{M} delle immagini^{F}

Eingangsbereich^{M}
maintenance area
secteur^{M} maintenance^{F}
área^{M} de mantenimiento^{M}
area^{F} di servizio^{M}

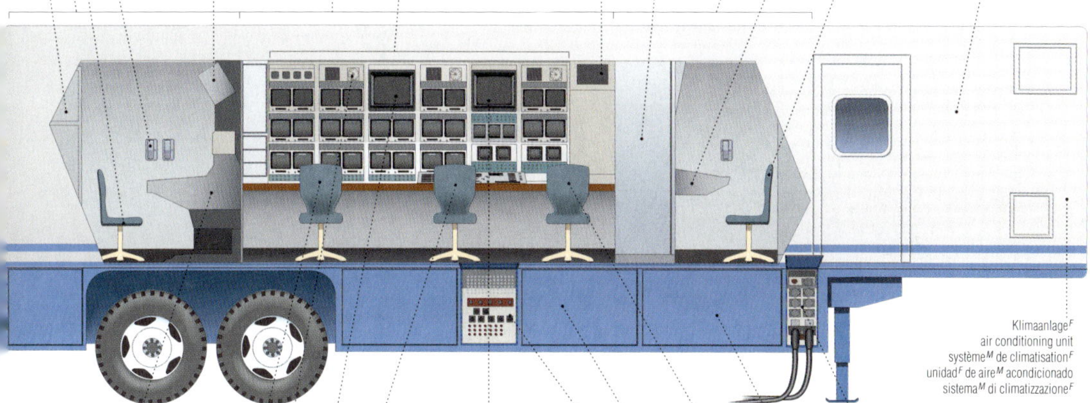

Klimaanlage^{F}
air conditioning unit
système^{M} de climatisation^{F}
unidad^{F} de aire^{M} acondicionado
sistema^{M} di climatizzazione^{F}

Tonregiepult^{N}
sound console
pupitre^{M} de son^{M}
consola^{F} de sonido^{M}
mixer^{M} audio^{M}

Vorschaumonitor^{M}
preview monitor
écran^{M} de précontrôle^{M}
monitor^{M} de visualización^{F} previa
monitor^{M} di anteprima^{F}

Stromverteiler^{M}
electrical connection panel
panneau^{M} de raccordement^{M} électrique
panel^{M} de conexiones^{F} eléctricas
pannello^{M} dei collegamenti^{M} elettrici

Sendeleiter^{M}
producer
réalisateur^{M}
productor^{M}
responsabile^{M} di regia^{F}

Video-Switcher^{M}
video switcher technician
technicien^{M} aiguilleur^{M}
operador^{M} técnico de video^{M}
tecnico^{M} di commutazione^{F} video^{M}

Fach^{N} für technische Ausrüstung^{F}
technical equipment compartment
soute^{F} d'équipement^{M} technique
compartimiento^{M} del equipo^{M} técnico
scomparto^{M} delle attrezzature^{F} tecniche

Aufsichtsingenieur^{M}
technical producer
directeur^{M} technique
productor^{M} técnico
direttore^{M} tecnico

Kontrolluhr^{F}
clock
pendule^{F}
reloj^{M}
orologio^{M}

Ausgangsmonitor^{M}
output monitor
écran^{M} de sortie^{F}
monitor^{M} de producción^{F}
monitor^{M} di uscita^{F}

Videoschalttafel^{F}
video connection panel
panneau^{M} de raccordement^{M} vidéo
panel^{M} de conexión^{F} del video^{M}
pannello^{M} dei collegamenti^{M} video^{M}

Fach^{N} für Kabeltrommel^{F}
cable drum compartment
soute^{F} des bobines^{F} de câbles^{M}
compartimiento^{M} del cable^{M} de la batería^{F}
scomparto^{M} delle bobine^{F} dei cavi^{M}

Fernsehen^{N}

Sprecher- und Regieräume^{M}
studio and control rooms
plateau^{M} et régies^{F}
estudio^{M} de televisión^{F} y cabinas^{F} de control^{M}
studio^{M} e cabine^{F} di regia^{F}

allgemeiner Geräteraum^{M}
auxiliary facilities room
salle^{F} polyvalente
sala^{F} de instalaciones^{F} auxiliares
sala^{F} delle strutture^{F} ausiliarie

Dimmerraum^{M}
dimmer room
salle^{F} des gradateurs^{M}
sala^{F} de regulación^{F} de luces
sala^{F} di regolazione^{F} delle luci^{F}

Zugang^{M} zur Beleuchtungsanlage^{F}
lighting grid access
accès^{M} à la grille^{F} d'éclairage^{M}
puerta^{F} de acceso^{M} a la rejilla^{F} de las luces^{F}
accesso^{M} alla griglia^{F} di illuminazione^{F}

Beleuchtungstechniker^{M}
lighting technician
éclairagiste^{M}
técnico^{M} de luces^{F}
tecnico^{M} delle luci^{F}

Bildtechniker^{M}
camera control technician
contrôleur^{M} d'images^{F}
técnico^{M} de control^{M} de cámaras^{F}
tecnico^{M} video^{M}

zusätzliches Studiopersonal^{N}
additional production personnel
personnel^{M} additionnel de production^{F}
personal^{M} suplementario de producción^{F}
personale^{M} ausiliario di produzione^{F}

Oberbeleuchtungstechniker^{M}
lighting board operator
opérateur^{M} de régie^{F} d'éclairage^{M}
operador^{M} del tablero^{M} de luces^{F}
operatore^{M} del pannello^{M} delle luci^{F}

Lichtregelanlage^{F}
lighting board
pupitre^{M} d'éclairage^{M}
tablero^{M} de luces^{F}
pannello^{M} delle luci^{F}

Kamera-Steckfeld^{N}
connection box
boîte^{F} de raccordement^{M}
caja^{F} de conexiones^{F}
scatola^{F} dei collegamenti^{M}

Bildkontrolle^{F}
camera control unit
bloc^{M} de commande^{F} des caméras^{F}
unidad^{F} de control^{M} de cámaras^{F}
unità^{F} di controllo^{M} video^{M}

Kamera^{F}
camera
caméra^{F}
cámara^{F}
telecamera^{F}

Aufsichtsingenieur^{M}
technical producer
directeur^{M} technique
productor^{M} técnico
direttore^{M} tecnico

Kontrollmonitore^{M}
monitor wall
baie^{F} de contrôle^{M}
panel^{M} de monitores^{M}
parete^{F} dei monitor^{M}

Mikrofonausleger^{M}
microphone boom
perche^{F}
jirafa^{F} del micrófono^{M}
giraffa^{F}

Video-Switch-Techniker^{M}
video switcher technician
technicien^{M} aiguilleur^{M}
operador^{M} técnico de video^{M}
tecnico^{M} di commutazione^{F} video^{M}

Sendeleiter^{M}
producer
réalisateur^{M}
productor^{M}
regista^{M}

Skript-Assistent^{M}
script assistant
assistant^{M} à la réalisation^{F}
asistente^{M} del guionista^{M}
segretario^{M} di edizione^{F}

Regieassistent^{M}
production adviser
conseiller^{M} de production^{F}
consejero^{M} de producción^{F}
assistente^{M} alla regia^{F}

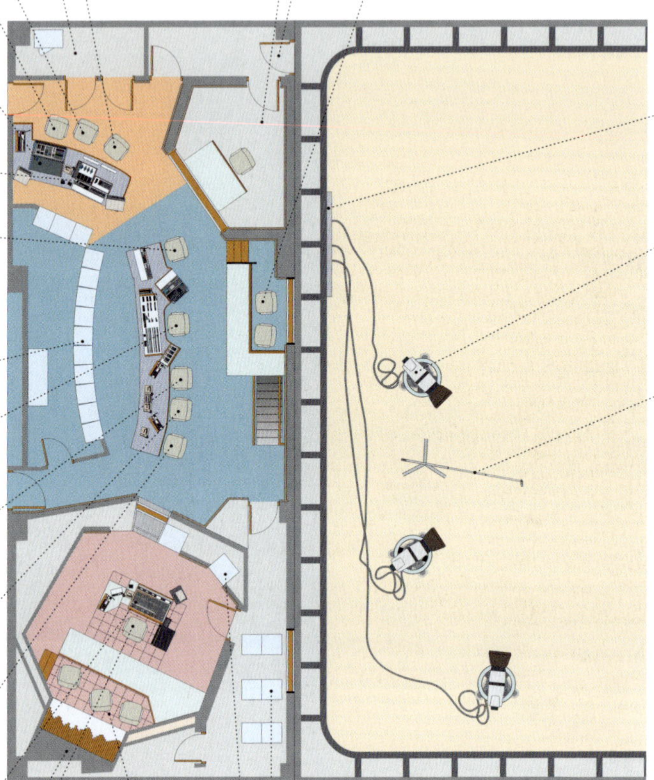

Tonregiepult^{N}
sound desk
pupitre^{M} de son^{M}
consola^{F} de sonido^{M}
console^{F} del mixer^{M} audio^{M}

Musikregie^{F}
musical advisers
conseillers^{M} musicaux
consejeros^{M} musicales
consulenti^{M} musicali

Ausrüstungsspind^{M}
equipment rack
bâti^{M} d'équipement^{M}
soporte^{M} para el equipo^{M}
rack^{M} per apparecchiature^{F}

Bassfalle^{F}
bass trap
trappe^{F} acoustique
panel^{M} absorbente de frecuencias^{F} bajas
pannello^{M} di assorbimento^{M} dei bassi^{M}

Tontechniker^{M}
sound technician
preneur^{M} de son^{M}
técnico^{M} de sonido^{M}
tecnico^{M} audio^{M}

Lautsprecher^{M}
sound monitor
haut-parleur^{M} de contrôle^{M}
monitor^{M} del sonido^{M}
monitor^{M} audio^{M}

Studioebene^{F}
studio floor
plateau^{M}
estudio^{M}
studio^{M} televisivo

Beleuchtung^{F}/Bildregie^{F}
lighting/camera control area
régie^{F} image^{F}/éclairage^{M}
sala^{F} de control^{M} de luces^{F} /de cámara^{F}
area^{F} di controllo^{M} luci^{F}/video^{M}

Tonregieraum^{M}
sound control room
régie^{F} du son^{M}
control^{M} de sonido^{M}
cabina^{F} di controllo^{M} audio^{M}

Regieraum^{M}
production control room
régie^{F} de production^{F}
sala^{F} de producción^{F} y control^{M}
cabina^{F} di regia^{F}

Regieraum^{M}
production control room
régie^{F} de production^{F}
sala^{F} de control^{M} de producción^{F}
cabina^{F} di regia^{F}

Ton-/Bild-Vorschaueinheit^{F}
sound/video preview unit
poste^{M} de contrôle^{M} audio/vidéo
unidad de visualización de imagen^{F}/sonido^{M}
console^{F} di anteprima^{F} audio^{M}/video^{M}

Lautsprecher^{M} zum Prüfen^{N} von Zweikanalton^{M}
stereo phase monitor
oscilloscope^{M} de phase^{F} audio
control^{M} del sonido^{M} estereofónico
monitor^{M} di fase^{F} stereo

Vorschaumonitore^{M}
preview monitors
écrans^{M} de précontrôle^{M}
monitores^{M} de visualización^{F} previa
serie^{F} dei monitor^{M} di anteprima^{F}

Oszillograph-/Oszilloskopmonitor^{M}
vector/waveform monitor
oscilloscope^{M}/vectoscope^{M}
osciloscopio^{M} de control^{M} de las formas^{F} de onda^{F}
monitor^{M} per il controllo^{M} della forma^{F} d'onda^{F}

Eingangsmonitore^{M}
input monitors
écrans^{M} d'entrée^{F}
monitores^{M} de entrada^{F}
serie^{F} dei monitor^{M} di ingresso^{M}

Kontrollmonitore^{M}
monitor wall
baie^{F} de contrôle^{M}
panel^{M} de monitores^{M}
parete^{F} dei monitor^{M}

Trickmischer^{M}
digital video effects monitor
écran^{M} du truqueur^{M} numérique
monitor^{M} de efectos^{M} video/digitales
monitor^{M} degli effetti^{M} video^{M} digitali

Kontrollmonitor^{M} des Aufsichtsingenieurs^{M}
technical producer monitor
écran^{M} du directeur^{M} technique
monitor^{M} de la producción^{F} técnica
monitor^{M} del direttore^{M} tecnico

Lautsprecher^{M}
sound monitor
haut-parleur^{M} de contrôle^{M}
monitor^{M} de sonido^{M}
monitor^{M} audio^{M}

Ausgangsmonitor^{M}
output monitor
écran^{M} de sortie^{F}
monitor^{M} de salida^{F}
monitor^{M} di uscita^{F}

Kontrolluhr^{F}
clock
pendule^{F}
reloj^{M}
orologio^{M}

Mikrofon^{N} zum Studio^{N}
intercom microphone
microphone^{M} d'interphone^{M}
micrófono^{M} del intercomunicador^{M}
microfono^{M} dell'interfono^{M}

Studio-Kommandoanlage^{F}
intercom station
interphone^{M}
intercomunicador^{M}
interfono^{M}

zusätzlicher Video-Switcher^{M}
auxiliary video switcher
sélecteur^{M} vidéo auxiliaire
interruptor^{M} para el vídeo^{M} auxiliar
mixer^{M} video^{M} ausiliario

Telefon^{N}
telephone
poste^{M} téléphonique
teléfono^{M}
telefono^{M}

Hauptvorschaumonitor^{M}
main preview monitor
écran^{M} principal de précontrôle^{M}
monitor^{M} principal de visualización^{F} previa
monitor^{M} principale di anteprima^{F}

Video-Kreuzschiene^{F}
video monitoring selector
sélecteur^{M} de contrôle^{M} vidéo
selector^{M} del control^{M} de vídeo^{M}
selettore^{M} di controllo^{M} video^{M}

Regiepult^{N}
production desk
table^{F} de production^{F}
mesa^{F} de producción^{F}
console^{F} di regia^{F}

Video-Switcher^{M}
production video switcher
aiguilleur^{M} vidéo de production^{F}
interruptor^{M} para la producción^{F} de vídeo^{M}
commutatore^{M} video^{M} di regia^{F}

Tonvormischung^{F}
sound monitoring selector
sélecteur^{M} de contrôle^{M} audio
selector^{M} del control^{M} de volumen^{M}
selettore^{M} di controllo^{M} audio^{M}

Trickmischer^{M}
digital video special effects
truqueur^{M} numérique
efectos^{M} especiales video/digitales
effetti^{M} speciali video^{M} digitali

VU-Meter^{N}
VU meters
vumètres^{M} audio
vúmetro^{M}
vumetri^{M}

Fernsehen^{N}

Studioebene^{F}
studio floor
plateau^{M}
estudio^{M}
studio^{M} televisivo

Flächenleuchte^{F} an Scherenaufhängung^{F}
floodlight on pantograph
projecteur^{M} d'ambiance^{F} sur pantographe^{M}
proyector^{M} sobre el pantógrafo^{M}
riflettore^{M} con presa^{F} a pantografo^{M}

Spotlight^{N}
spotlight
projecteur^{M} à faisceau^{M} concentré
reflector^{M} orientable
riflettore^{M} orientabile

Testbild^{N}
test pattern
mire^{F} de réglage^{M}
patrón^{M} de prueba^{F}
monoscopio^{M}

Beleuchtungsanlage^{F}
lighting grid
grille^{F} d'éclairage^{M}
rejilla^{F} de iluminación^{F}
griglia^{F} di illuminazione^{F}

Flächenleuchte^{F}
floodlight
projecteur^{M} d'ambiance^{F}
proyector^{M} de luz^{F} difusa
riflettore^{M}

Vorhang^{M}
curtain
rideau^{M}
cortina^{F}
sipario^{M}

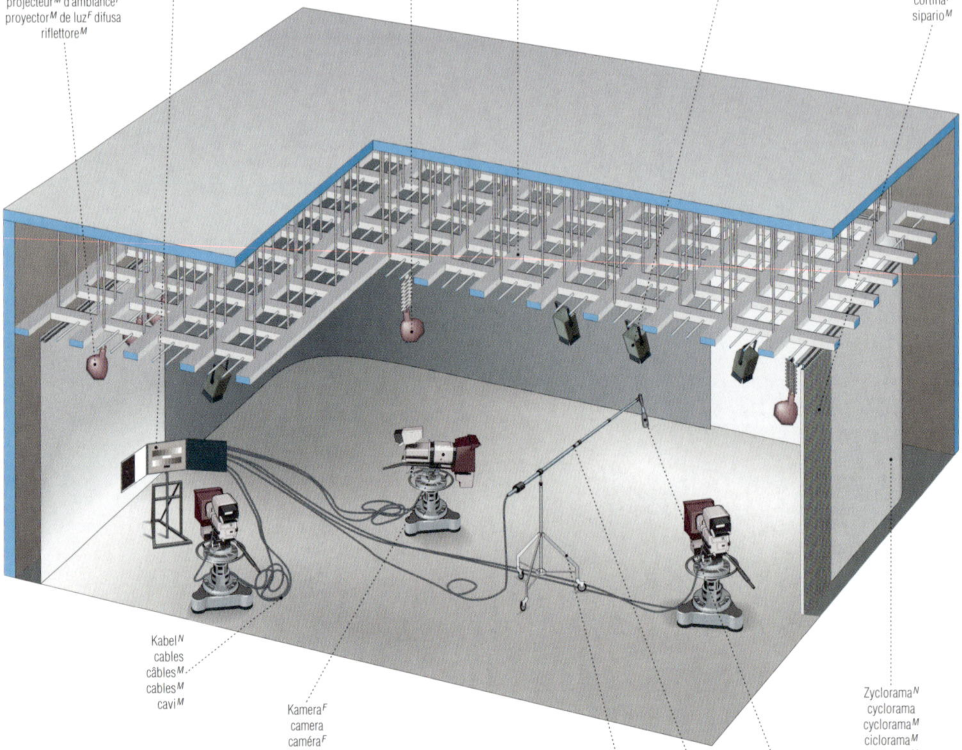

Kabel^{N}
cables
câbles^{M}
cables^{M}
cavi^{M}

Kamera^{F}
camera
caméra^{F}
cámara^{F}
telecamera^{F}

Zyclorama^{N}
cyclorama
cyclorama^{M}
ciclorama^{M}
ciclorama^{M}

Mikrofon^{N}
microphone
microphone^{M}
micrófono^{M}
microfono^{M}

Mikrofonausleger^{M}
microphone boom
perche^{F}
jirafa^{F}
giraffa^{F}

Mikrofon-Fahrspinne^{F}
microphone boom tripod
trépied^{M} de perche^{F}
trípode^{M} de la jirafa^{F} para el micrófono^{M}
treppiede^{M} della giraffa^{F}

Kamera^{F}
camera
caméra^{F}
cámara^{F}
telecamera^{F}

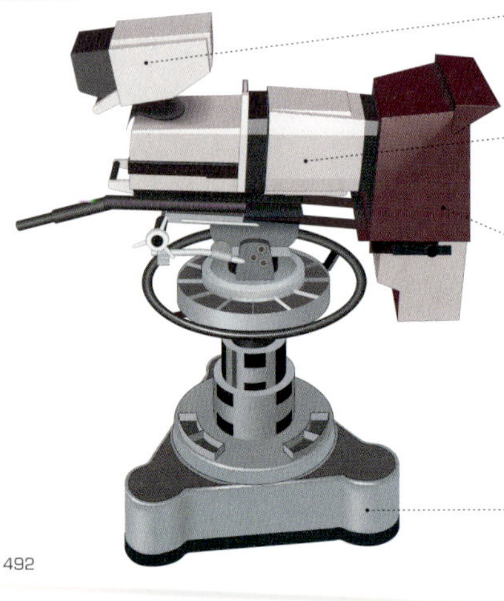

Bildsucher^{M}
camera viewfinder
viseur^{M} de caméra^{F}
visor^{M}
mirino^{M}

Zoomobjektiv^{N}
zoom lens
zoom^{M}
zoom^{M}
zoom^{M}

Textablesetafel^{F}
teleprompter
télésouffleur^{M}
apuntador^{M} electrónico
teleprompter^{M}

Kamera-Dolly^{M}
camera dolly
trépied^{M} de caméra^{F}
pedestal^{M} de la cámara^{F}
piedistallo^{M} della telecamera^{F}

Parabolantenne^{F}
dish aerial
antenne^{F} parabolique
antena^{F} parabólica
antenna^{F} parabolica

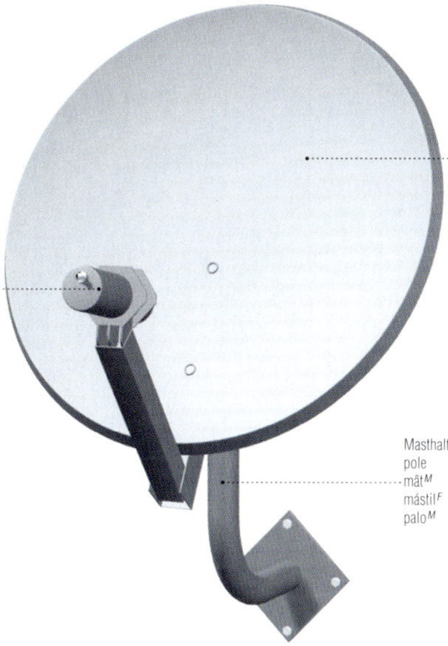

Receiver^{M}
receiver
terminal^{M} numérique
receptor^{M}
ricevitore^{M}

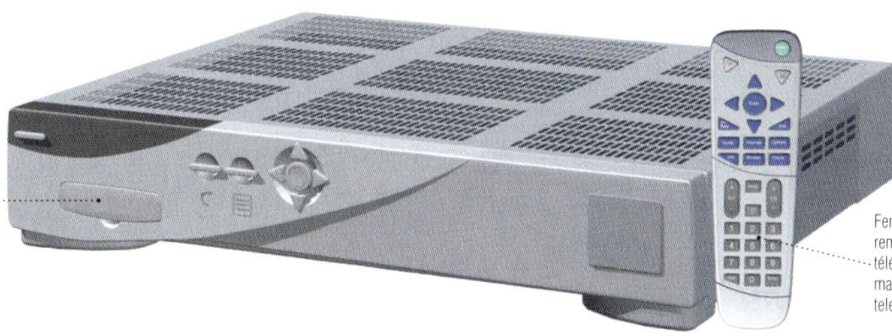

Heimkino^{N}
home theatre
cinéma^{M} maison^{F}
home^{M} theatre
home theatre^{M}

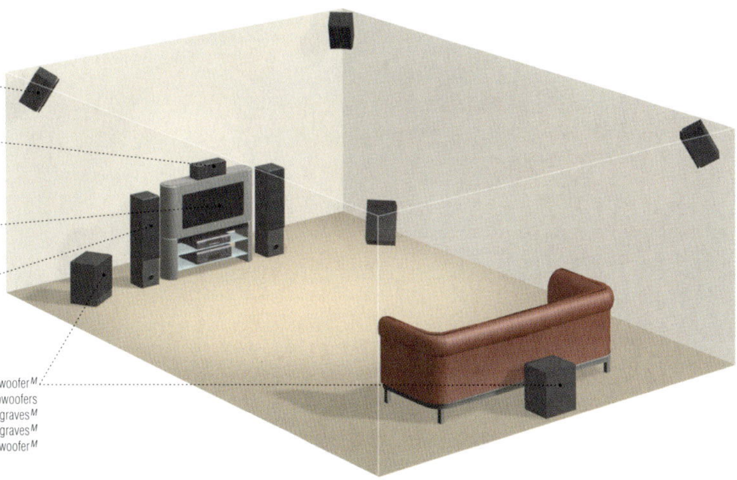

Fernsehen^{N}

Fernsehapparat^{M}
television set
téléviseur^{M}
televisor^{M}
televisore^{M}

Gehäuse^{N}
cabinet
coffret^{M}
caja^{F}
mobile^{M}

Bildschirm^{M}
screen
écran^{M}
pantalla^{F}
schermo^{M}

Bedientasten^{F}
tuning controls
boutons^{M} de réglage^{M}
controles^{M} de sintonización^{F}
comandi^{M} di sintonia^{F}

Betriebsanzeigen^{F}
indicators
lampes^{F} témoins^{M}
indicadores^{M}
spie^{F} luminose

Sensor^{M} für Fernbedienung^{F}
remote control sensor
capteur^{M} de télécommande^{F}
sensor^{M} del mando^{M} a distancia^{F}
sensore^{M} del telecomando^{M}

Netzschalter^{M}
power button
interrupteur^{M} d'alimentation^{F}
botón^{M} de encendido
interruttore^{M} di accensione^{F}

Bildröhre^{F}
picture tube
tube^{M}-image^{F}
tubo^{M} de pantalla^{F}
cinescopio^{M}

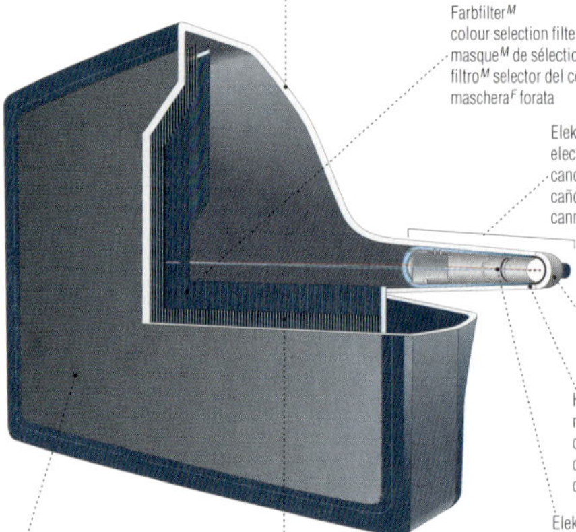

Trichter^{M}
funnel
cône^{M}
cono^{M}
imbuto^{M}

Farbfilter^{M}
colour selection filter
masque^{M} de sélection^{F} des couleurs^{F}
filtro^{M} selector del color^{M}
maschera^{F} forata

Elektronenkanone^{F}
electron gun
canon^{M} à électrons^{M}
cañón^{M} de electrones^{M}
cannone^{M} elettronico

Basis^{F}
base
culot^{M}
base^{F}
fondello^{M}

Hals^{M}
neck
col^{M}
cuello^{M}
collo^{M}

Elektronenstrahl^{M}
electron beam
faisceau^{M} d'électrons^{M}
haz^{M} de electrones^{M}
fascio^{M} elettronico

Schutzglas^{N}
protective window
vitre^{F} protectrice
ventana^{F} protectora
cristallo^{M} di sicurezza^{F}

Bildschirm^{M}
screen
écran^{M}
pantalla^{F}
schermo^{M}

Elektronenkanone^{F}
electron gun
canon^{M} à électrons^{M}
cañón^{M} de electrones^{M}
cannone^{M} elettronico

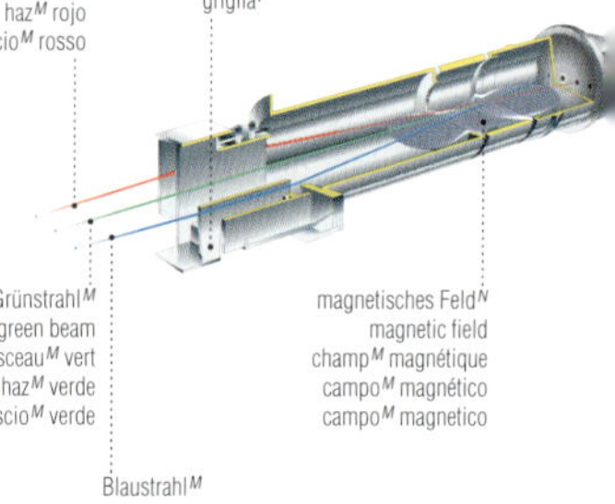

Rotstrahl^{M}
red beam
faisceau^{M} rouge
haz^{M} rojo
fascio^{M} rosso

Gitter^{N}
grid
grille^{F}
rejilla^{F}
griglia^{F}

Grünstrahl^{M}
green beam
faisceau^{M} vert
haz^{M} verde
fascio^{M} verde

magnetisches Feld^{N}
magnetic field
champ^{M} magnétique
campo^{M} magnético
campo^{M} magnetico

Blaustrahl^{M}
blue beam
faisceau^{M} bleu
haz^{M} azul
fascio^{M} blu

DVD^{F}-Spieler^{M}
DVD player
lecteur^{M} de DVD^{M} vidéo
reproductor^{M} DVD
lettore^{M} DVD^{M}

Ein-/Ausschalter^{M}
power button
interrupteur^{M} d'alimentation^{F}
interruptor^{M} de alimentación^{F}
pulsante^{M} di alimentazione^{F}

DVD^{F}-Lade^{F}
disc tray
plateau^{M} de chargement^{M}
bandeja^{F} del disco
vassoio^{M} portadischi

Display^{N}
display
afficheur^{M}
pantalla^{F}
display^{M}

DVD^{F}
digital versatile disc (DVD)
disque^{M} numérique polyvalent (DVD)
disco^{M} versátil digital (DVD)
disco^{M} versatile digitale (DVD)

Fernsehen^{N}

Fernbedienung^{F}
remote control
télécommande^{F}
mando^{M} a distancia^{F}
telecomando^{M}

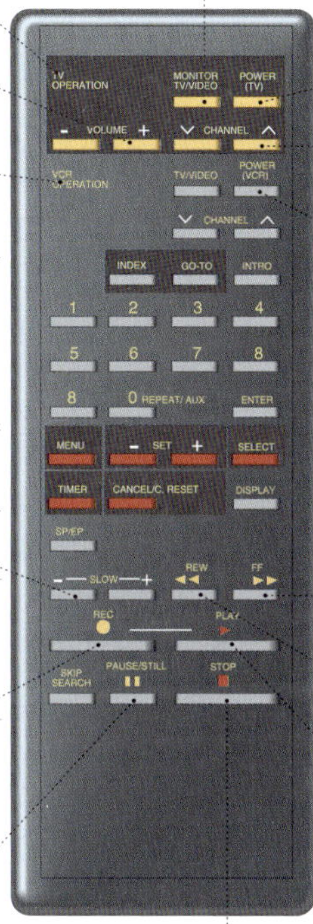

TV-Einstellung^{F}
TV mode
mode^{M} télévision^{F}
modalidad^{F} TV
modo^{M} TV^{F}

TV/Video-Taste^{F}
TV/video button
sélecteur^{M} télé^{F}/vidéo^{F}
botón^{M} TV video^{M}
tasto^{M} TV^{F}/video^{M}

Lautstärkeregler^{M}
volume control
réglage^{M} du volume^{M}
control^{M} de volumen^{M}
tasti^{M} di regolazione^{F} del volume^{M}

VCR-Einstellung^{F}
VCR mode
mode^{M} magnétoscope^{M}
modalidad^{F} VCR
modo^{M} VCR^{M}

Programmwahltasten^{F}
channel selector controls
sélection^{F} des canaux^{M}
selector^{M} de canales^{M}
tasti^{M} di selezione^{F} dei canali^{M}

Programmiertasten^{F}
preset buttons
commandes^{F} de préréglage^{M}
botones^{M} de ajuste^{M}
tasti^{M} di programmazione^{F}

Zeitlupe^{F}
slow-motion
ralenti^{M}
cámara^{F} lenta
riproduzione^{F} al rallentatore^{M}

VCR-Tasten^{F}
VCR controls
commandes^{F} du magnétoscope^{M}
controles^{M} VCR
comandi^{M} del VCR^{M}

Aufnahmetaste^{F}
record
enregistrement^{M}
grabación^{F}
tasto^{M} di registrazione^{F}

TV-Netzschalter^{M}
TV power button
interrupteur^{M} du téléviseur^{M}
botón^{M} de encendido TV
interruttore^{M} di accensione^{F} della TV^{F}

Kanalsuchtasten^{F}
channel scan buttons
recherche^{F} des canaux^{M}
botones^{M} de búsqueda de canales^{M}
tasti^{M} di ricerca^{F} emittenti^{F}

VCR-Netzschalter^{M}
VCR power button
interrupteur^{M} du magnétoscope^{M}
botón^{M} de encendido VCR
interruttore^{M} di accensione^{F} del VCR^{M}

Vorspultaste^{F}
fast forward
avance^{F} rapide
avance^{M} rápido
tasto^{M} di avanzamento^{M} rapido

Rückspultaste^{F}
rewind
rebobinage^{M}
rebobinado^{M}
tasto^{M} di riavvolgimento^{M}

Wiedergabetaste^{F}
play
lecture^{F}
funcionamiento^{M}
tasto^{M} di riproduzione^{F}

Pausetaste^{F}
pause/still
pause^{F}/arrêt^{M} sur l'image^{F}
pausa^{F} /imagen^{F} fija
tasto^{M} di pausa^{F}/fermo^{M} immagine^{F}

Stopptaste^{F}
stop
arrêt^{M}
botón^{M} de stop^{M}
tasto^{M} di arresto^{M}

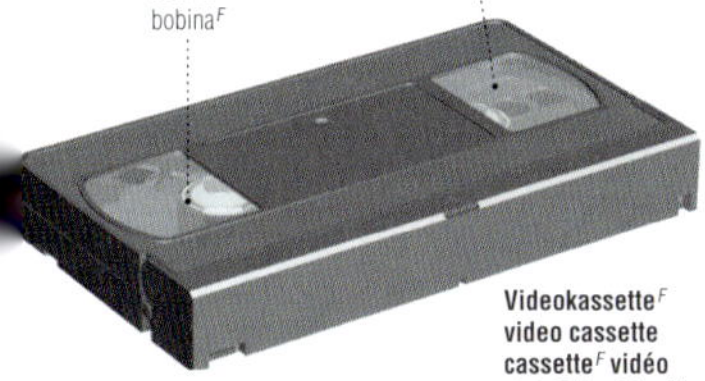

Magnetband^{N}
magnetic tape
bande^{F} magnétique
cinta^{F} magnética
nastro^{M} magnetico

Spule^{F}
reel
bobine^{F}
bobina^{F}
bobina^{F}

Videokassette^{F}
video cassette
cassette^{F} vidéo
cinta^{F} de vídeo^{M}
videocassetta^{F}

Videorecorder^{M}
videocassette recorder
magnétoscope^{M}
reproductor/grabador de video^{M} VCR
videoregistratore^{M}

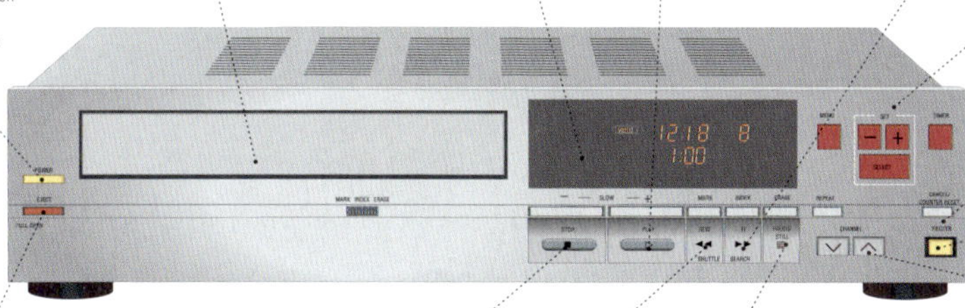

Kassettenschacht^{M}
cassette compartment
logement^{M} de la cassette^{F}
alojamiento^{M} para la cinta^{F}
vano^{M} cassetta^{F}

Display^{N}
data display
affichage^{M} des données^{F}
visualización^{F} de la información^{F}
display^{M}

Abspieltaste^{F}
play key
commande^{F} de lecture^{F}
botón^{M} de reproducción^{F}
tasto^{M} di riproduzione^{F}

Vorspultaste^{F}
fast forward key
commande^{F} d'avance^{F} rapide
botón^{M} de avance^{M} rápido
tasto^{M} di avanzamento^{M} rapido

Netzschalter^{M}
power button
interrupteur^{M} d'alimentation^{F}
interruptor^{M}
interruttore^{M} generale

Programmiertasten^{F}
preset buttons
commandes^{F} de préréglage^{M}
botones^{M} de ajuste^{M}
tasti^{M} di programmazione^{F}

Rückstelltaste^{F}
reset button
commande^{F} de remise^{F} à zéro^{M}
botón^{M} del contador^{M} a cero
tasto^{M} di azzeramento^{M}

Aufnahmetaste^{F}
record button
commande^{F} d'enregistrement^{M}
botón^{M} de grabación^{F}
tasto^{M} di registrazione^{F}

Kanalsuchtasten^{F}
channel scan buttons
recherche^{F} des canaux^{M}
botones^{M} para búsqueda^{F} de canales^{M}
tasti^{M} di ricerca delle emittenti^{F}

Kassettenauswurfschalter^{M}
cassette eject button
commande^{F} d'éjection^{F} de la cassette^{F}
interruptor^{M} de expulsión^{F}
tasto^{M} di espulsione^{F}

Stopptaste^{F}
stop key
commande^{F} d'arrêt^{M}
botón^{M} de stop^{M}
tasto^{M} di arresto^{M}

Rückspultaste^{F}
rewind button
commande^{F} de rebobinage^{M}
botón^{M} de rebobinado^{M}
tasto^{M} di riavvolgimento^{M}

Pausetaste^{F}
pause/still key
pause^{F}/arrêt^{M} sur l'image^{F}
pausa^{F} /imagen^{F} fija
tasto^{M} di pausa^{F}/fermo^{M} immagine^{F}

Analog-Camcorder[M]: Vorderansicht[F]
analogue camcorder : front view
caméscope[M] analogique : vue[F] avant
videocámara[F] analógica: vista[F] frontal
videocamera[F] portatile: vista[F] frontale

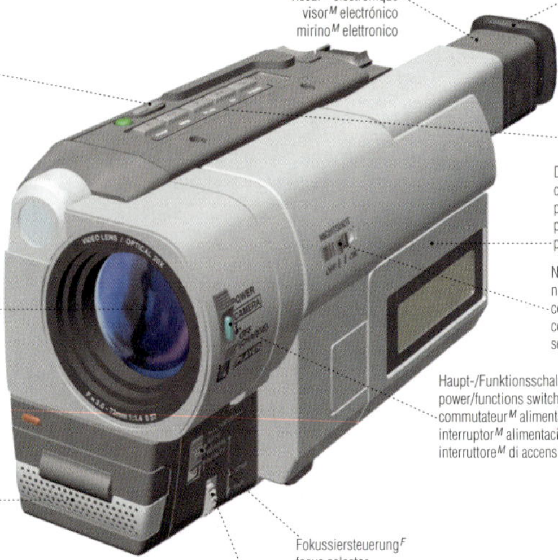

elektronischer Sucher[M]
electronic viewfinder
viseur[M] électronique
visor[M] electrónico
mirino[M] elettronico

Sonnenschutzblende[F]
eyecup
œilleton[M]
ojera[F]
adattatore[M] per oculare[M]

Editier-Such-Taste[F]
edit search button
touche[F] de raccord[M] d'enregistrement[M]
botón[M] de selección[M] y montaje[M]
tasto[M] di selezione[F] e montaggio[M]

Videobandsteuerungen[F]
videotape operation controls
commandes[F] de la bande[F] vidéo
mandos[M] de la cinta[F] de vídeo[M]
comandi[M] della videocassetta[F]

Display[N]-Panel[N]
display panel
panneau[M] de l'écran[M]
panel[F] del display[M]
pannello[M] del display[M]

Zoomobjektiv[N]
zoom lens
objectif[M] zoom[M]
objetivo[M] zoom
zoom[M]

Nachtaufnahmeschalter[M]
nightshot switch
commutateur[M] de prise[F] de vues[F] nocturne
conmutador[M] de grabación[F] nocturna
selettore[M] di registrazione[F] notturna

Haupt-/Funktionsschalter[M]
power/functions switch
commutateur[M] alimentation[F]/fonctions[F]
interruptor[M] alimentación[F]/funciones[F]
interruttore[M] di accensione[F]/funzioni[F]

Mikrofon[N]
microphone
microphone[M]
micrófono[M]
microfono[M]

Fokussiersteuerung[F]
focus selector
sélecteur[M] de mise[F] au point[M]
selector[M] de enfoque[M]
selettore[M] della messa[F] a fuoco[M]

Zoomer[M]
near/far dial
molette[F] de réglage[M] près/loin
ruleta[F] de enfoque[M] lejos/cerca
rotella[F] regolatrice vicino/lontano

Videokassettenschacht[M]
cassette compartment
logement[M] de la cassette[F]
alojamiento[M] de la cinta[F]
vano[M] della videocassetta[F]

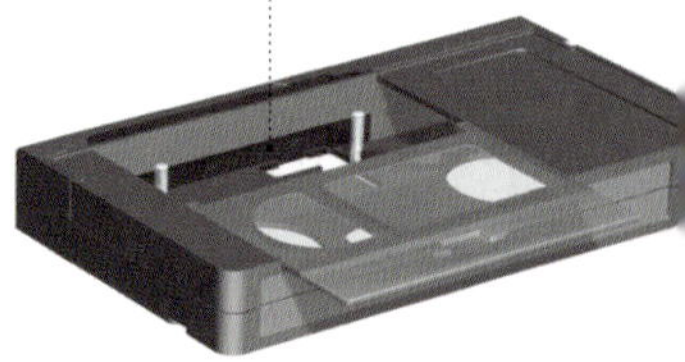

Videokassettenadapter[M]
compact video cassette adapter
adaptateur[M] de cassette[F] vidéo compacte
adaptador[M] de cinta[F] de vídeo[M] compacto
adattatore[M] per videocassette[F] compatte

Analog-Camcorder[M]: Rückansicht[F]
analogue camcorder : back view
caméscope[M] analogique : vue[F] arrière
videocámara[F] analógica: vista[F] posterior
videocamera[F] portatile: dorso[M]

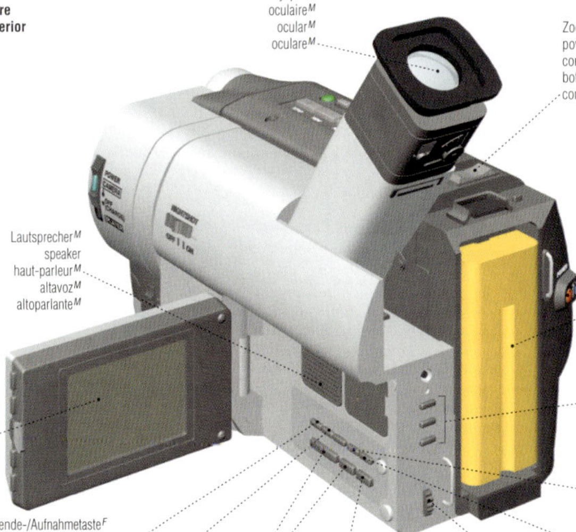

Sucher[M]
eyepiece
oculaire[M]
ocular[M]
oculare[M]

Zoomwippe[F]
power zoom button
commande[F] électrique du zoom[M]
botón[M] del zoom[M] eléctrico
comando[M] dello zoom[M] elettrico

Aufnahme[F]-Start[M]-/Stopptaste[F]
recording start/stop button
touche[F] d'enregistrement[M]
tecla[F] de inicio/stop de grabación[F]
tasto[M] di avvio[M]/arresto[M] registrazione[F]

Lautsprecher[M]
speaker
haut-parleur[M]
altavoz[M]
altoparlante[M]

Akku[M]
rechargeable battery pack
pile[F] rechargeable
pila[F] recargable
batteria[F] ricaricabile

Bildeinstelltasten[F]
image adjustment buttons
touches[F] de réglage[M] de l'image[F]
botones[M] de ajuste[M] de imagen[F]
tasti[M] di regolazione[F] dell'immagine[F]

Flüssigkristallanzeige[F]
liquid crystal display
écran[M] à cristaux[M] liquides
pantalla[F] táctil LCD
display[M] a cristalli[M] liquidi

Anzeigetaste[F]
indicators display button
touche[F] d'affichage[M] des indicateurs[M]
tecla[F] de fijación[F] de pantalla[F]
tasto[M] di visualizzazione[F] degli indicatori[M]

Datumeinblende-/Aufnahmetaste[F]
date display/recording button
touche[F] de la date[F]
botón grabación[F]/visualización[F] fecha[F]
tasto[M] di registrazione[F] e di visualizzazione[F] della data[M]

End-Suchtaste[F]
end search button
touche[F] de raccord[M] d'enregistrement[M]
tecla[F] de final[M] de búsqueda[F]
tasto[M] di ricerca[F] della fine[F]

Zeiteinblende-/Aufnahmetaste[F]
time display/recording button
touche[F] de l'heure[F]
botón grabación[F]/visualización[F] hora
tasto[M] di registrazione[F] e di visualizzazione[F] dell'ora[F]

Trickeffektetasten[F]
special effects buttons
touches[F] d'effets[M] spéciaux
botones[M] de efectos[M] especiales
tasti[M] degli effetti[M] speciali

Titeleinblendetaste[F]
title display button
touche[F] d'affichage[M] de titre[M]
tecla[F] de visualización[F] del título[M]
tasto[M] di visualizzazione[F] dei titoli[M]

Trickeffektewähler[M]
special effects selection dial
molette[F] de sélection[F] des effets[M] spéciaux
ruleta[F] de selección[F] de efectos[M] especiales
rotella[F] di selezione[F] degli effetti[M] speciali

Tonwiedergabesystem[N]

stereo sound system | chaîne[F] stéréo | equipo[M] de alta fidelidad[F] | impianto[M] hi-fi di riproduzione[F] del suono[M]

Receiver[M]: Vorderansicht[F]
ampli-tuner : front view
ampli[M]-syntoniseur[M] : vue[F] avant
amplificador[M] /sintonizador[M] : vista[F] frontal
sintoamplificatore[M]: vista[F] frontale

Klangwahlanzeige[F]
sound mode lights
voyants[M] d'indication[F] du mode[M] sonore
indicadores[M] del modo[M] audio
spie[F] della modalità[F] audio

Feldstärkeregler[M]
sound field control
contrôle[M] du champ[M] sonore
control[M] del campo[M] audio
controllo[M] del campo[M] audio

Kassettenrekorder[M]-Wahltaste[F]
tape recorder select button
touche[F] de sélection[F] du magnétophone[M]
tecla[F] de selección[F] del grabador[M]
tasto[M] di selezione[F] del registratore[M]

Klangwahlschalter[M]
sound mode selector
sélecteur[M] de mode[M] sonore
selector[M] del modo[M] audio
selettore[M] della modalità[F] audio

Kontrollleuchten[F] für Tonsignalquellen[F]
input lights
voyants[M] d'entrée[F]
indicadores[M] de entrada[F]
luci[F] delle sorgenti[F]

Tonsignalquellen[F]-Wahltaster[M]
input select button
touche[F] de sélection[F] d'entrée[F]
tecla[F] de selección[F] de entrada[F]
tasto[M] di selezione[F] delle sorgenti[F]

Netzschalter[M]
power button
interrupteur[M] d'alimentation[F]
botón[M] de encendido
interruttore[M] di accensione[F]

Kanalwahltasten[F] für Lautsprecher[M]
loudspeaker system select buttons
touches[F] de sélection[F] des enceintes[F]
teclas[F] de selección[F] de los altavoces[M]
tasti[M] di selezione[F] delle casse[F] acustiche

Kopfhörerbuchse[F]
headphone jack
prise[F] casque[M]
toma[F] para los auriculares[M]
presa[F] per cuffia[F]

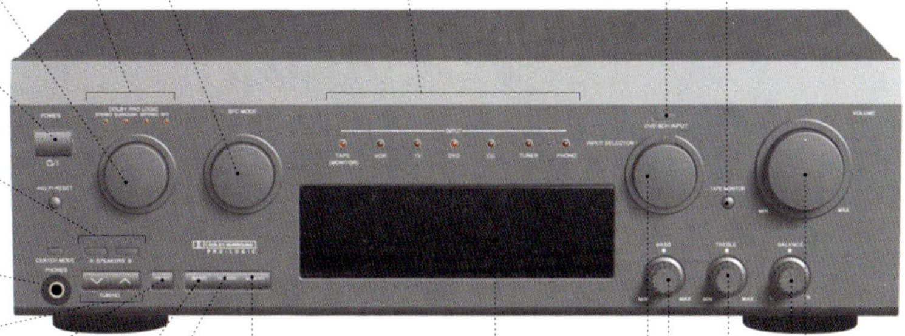

Sendersuchlauftasten[F]
tuning buttons
touches[F] de sélection[F] des stations[F]
teclas[F] de selección[F] de la sintonía[F]
tasti[M] di selezione[F] della sintonia[F]

Display[N]
display
afficheur[M]
display[M]
display[M]

Lautstärkeregler[M]
volume control
réglage[M] du volume[M]
control[M] del volumen[M]
regolatore[M] di volume[M]

Vorwahlsender[M]-Wahltaste[F]
preset tuning button
touche[F] de présélection[F]
tecla[F] de selección[F] sintonía[F]
tasto[M] di preselezione[F] della sintonia[F]

Speichertaste[F]
memory button
touche[F] mémoire[F]
tecla[M] memoria
tasto[M] di memorizzazione[F]

Eingangsschalter[M]
input selector
sélecteur[M] d'entrée[F]
selector[M] de entrada[F]
selettore[M] di ingresso[M]

Balanceregler[M]
balance control
équilibrage[M] des haut-parleurs[M]
control[M] de balance[M]
bilanciamento[M] degli altoparlanti[M]

Bandwahltaste[F]
band select button
touche[F] de modulation[F]
tecla[F] de selección[F] de banda
tasto[M] di selezione[F] della banda[F]

UKW[F]-Wahltaste[F]
FM mode select button
touche[F] de sélection[F] du mode[M] FM
tecla[F] de selección[F] de modalidad[F] FM
tasto[M] di selezione[F] della modalità[F] FM

Bassregler[M]
bass tone control
contrôle[M] de tonalité[F] des graves[M]
control[M] de graves[M]
regolatore[M] dei bassi[M]

Höhenregler[M]
treble tone control
contrôle[M] de tonalité[F] des aigus[M]
control[M] de agudos[M]
regolatore[M] degli alti[M]

Amplituner[M]: Rückansicht[F]
ampli-tuner : back view
ampli[M]-syntoniseur[M] : vue[F] arrière
amplificador[M] /sintonizador[M] : vista[F] posterior
sintoamplificatore[M]: dorso[M]

Massekontakt[M]
ground terminal
borne[F] de mise[F] à la terre[F]
conector[M] de puesta[F] de tierra[F]
terminale[M] della messa[F] a terra[F]

Lüfter[M]
cooling fan
ventilateur[M]
ventilador[M]
ventola

Netzkabel[N]
power cord
cordon[M] d'alimentation[F]
cable[M] de alimentación[F]
cavo[M] di alimentazione[F]

Antennenbuchsen[F]
aerial terminals
bornes[F] de raccordement[M] des antennes[F]
conectores[M] de antenas[F]
terminali[M] di collegamento[M] delle antenne[F]

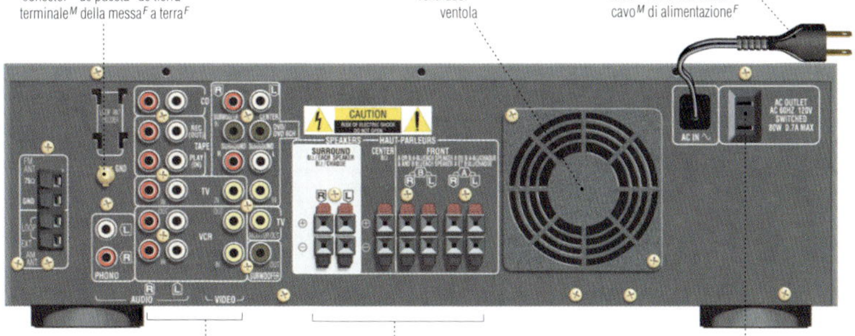

Video-Ein- und -Ausgänge[M]
input/output video jacks
prises[F] d'entrée[F]/de sortie[F] audio/vidéo
tomas[F] entrada[F] /salida[F] video[M]
ingressi[M] uscite[F] audio[M]/video[M]

Lautsprecherbuchsen[F]
loudspeaker terminals
bornes[F] de raccordement[M] des enceintes[F]
conector[F] de altavoces[M]
terminali[M] di collegamento[M] delle casse[F] acustiche

geschaltete Steckdose[F]
switched outlet
prise[F] de courant[M] commutée
conmutador[M] de corriente[F]
presa[F] di corrente[F] commutata

Tonwiedergabesystem^{N}

Rundfunkempfänger^{M}
tuner
syntoniseur^{M}
sintonizador^{M}
sintonizzatore^{M}

Netzschalter^{M}
power button
interrupteur^{M} d'alimentation^{F}
botón^{M} de encendido
interruttore^{M} di accensione^{F}

Speichertaste^{F}
memory button
touche^{F} mémoire^{F}
botón^{M} de memoria^{F}
tasto^{M} di memorizzazione^{F}

Mono-Stereo-Taste^{F}
mode selector
commutateur^{M} mono^{F}/stéréo^{F}
selector^{M} mono/estéreo
commutatore^{M} mono/stereo

automatischer Sendersuchlauf^{M}
active tracking
balayage^{M} automatique des stations^{F}
búsqueda^{F} automática de canales^{M}
ricerca^{F} automatica

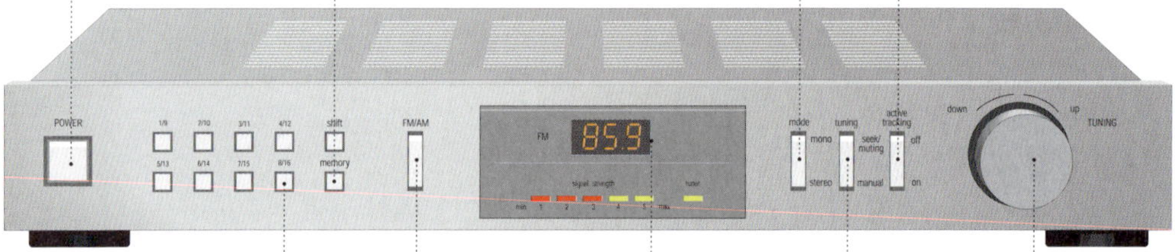

Stationsspeichertaste^{F}
preset tuning button
touche^{F} de présélection^{F}
selector^{M} de emisoras^{F} memorizadas
pulsante^{M} di preselezione^{F} della sintonia^{F}

digitale Frequenzanzeige^{F}
digital frequency display
affichage^{M} numérique des stations^{F}
indicador^{M} digital de frecuencia^{F}
indicatore^{M} digitale di frequenza^{F}

Sendereinstellung^{F}
tuning control
sélecteur^{M} de stations^{F}
control^{M} del sintonizador^{M}
manopola^{F} di ricerca^{F} delle stazioni^{F}

Wellenbereichseinstellung^{F}
band selector
touche^{F} de modulation^{F}
selector^{M} de banda^{F}
selettore^{M} di banda^{F}

Modus-Taste^{F}
tuning mode
mode^{M} de sélection^{F} des stations^{F}
modalidad^{F} sintonizador^{M}
modo^{M} della sintonia^{F}

Equalizer^{M}
graphic equalizer
égalisateur^{M} graphique
compensador^{M} gráfico de sintonización^{F}
equalizzatore^{M} grafico

Frequenzbänder^{N}
frequency bands
bandes^{F} de fréquences^{F}
bandas^{F} de frecuencia^{F}
bande^{F} di frequenza^{F}

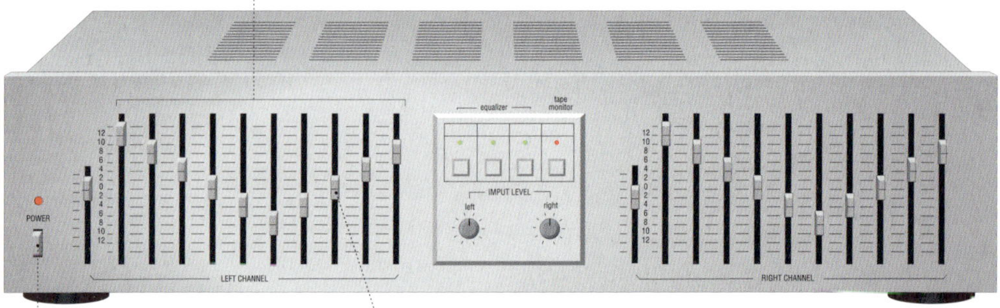

Ein-/Ausschalter^{M}
power button
interrupteur^{M} d'alimentation^{F}
interruptor^{M} de alimentación^{F}
interruttore^{M} di accensione^{F}

Frequenzregler^{M}
frequency setting slide control
curseur^{M} de réglage^{M} de la fréquence^{F}
cursor^{M} de ajuste^{M} de la frecuencia^{F}
cursore^{M} di regolazione^{F} della frequenza^{F}

Kassette^{F}
cassette
cassette^{F}
casete^{F}
cassetta^{F}

Aufwickelkern^{M}
take-up reel
bobine^{F} réceptrice
carrete^{M} receptor de la cinta^{F}
bobina^{F} di avvolgimento^{M}

Gehäuse^{N}
housing
boîtier^{M}
cubierta^{F}
caricatore^{M}

Kassettenband^{N}
recording tape
bande^{F} magnétique
cinta^{F} de grabación^{F}
nastro^{M} di registrazione^{F}

Führungsrolle^{F}
guide roller
galet^{M}
rodillo^{M} guía^{F}
rullo^{M} di guida^{F}

Aussparung^{F} für Magnetköpfe^{M}
playing window
fenêtre^{F} de lecture^{F}
ventana^{F} de lectura^{F}
finestra^{F} di lettura^{F}

Bandführung^{F}
tape-guide
guide-bande^{M}
guía^{F} para la cinta^{F}
guida^{F} del nastro^{M}

Kassettendeck^{N}
cassette tape deck
platine^{F} cassette^{F}
pletina^{F} de casete^{F}
piastra^{F} di registrazione^{F}

Rückstelltaste^{F}
counter reset button
bouton^{M} de remise^{F} à zéro^{M}
botón^{M} de ajuste^{M} a cero^{M} del contador^{M}
tasto^{M} di azzeramento^{M} del contatore^{M}

Bandsortenschalter^{M}
tape selector
sélecteur^{M} de bandes^{F}
selector^{M} de tipo^{M} de cinta^{F}
selettore^{M} del nastro^{M}

Schnellvorlauf-Taste^{F}
fast-forward button
avance^{F} rapide
botón^{M} de avance^{M} rápido
tasto^{M} di avanzamento^{M} rapido

Auswurf-Taste^{F}
eject button
bouton^{M} d'éjection^{F}
botón^{M} de expulsión^{F}
tasto^{M} di espulsione^{F}

Zählwerk^{N}
tape counter
compteur^{M}
contador^{M}
contatore^{M}

Play-Taste^{F}
play button
lecture^{F}
botón^{M} de reproducción^{F}
tasto^{M} di riproduzione^{F}

LED-Pegelanzeige^{F}
peak level meter
indicateur^{M} de niveau^{M}
medidor^{M} de altos niveles^{M} de frecuencia^{F}
LED^{M} indicatore^{M} del livello^{M} di picco^{M}

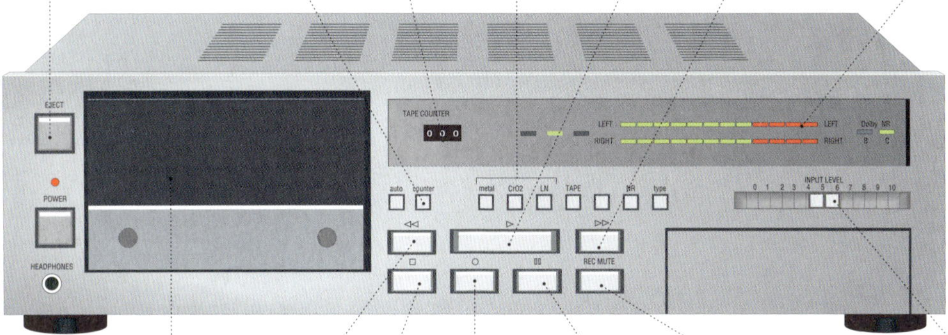

Kassettenfach^{N}
cassette holder
logement^{M} de cassette^{F}
alojamiento^{M} de la casete^{M}
vano^{M} della cassetta^{F}

Pause-Taste^{F}
pause button
pause^{F}
botón^{M} de pausa^{F}
tasto^{M} di pausa^{F}

Stummaufnahme-Taste^{F}
record muting button
interrupteur^{M} d'accord^{M}
botón^{M} de grabación^{F} silenciosa
muting^{M}

Rücklauf-Taste^{F}
rewind button
rebobinage^{M}
botón^{M} de rebobinado^{M}
tasto^{M} di riavvolgimento^{M}

Stopp-Taste^{F}
stop button
arrêt^{M}
botón^{M} de stop^{M}
tasto^{M} di arresto^{M}

Aufnahme-Taste^{F}
record button
enregistrement^{M}
botón^{M} de inicio^{M} de grabación^{F}
tasto^{M} di registrazione^{F}

manuelle Aussteuerung^{F}
recording level control
réglage^{M} de niveau^{M} d'enregistrement^{M}
botón^{M} de nivel^{M} de grabación^{F}
selettore^{M} del livello^{M} di registrazione^{M}

Tonwiedergabesystem^N

Schallplatte^F
record
disque^M
disco^M
disco^M

Plattenspieler^M
turntable unit
platine^F tourne-disque^M
tocadiscos^M
giradischi^M

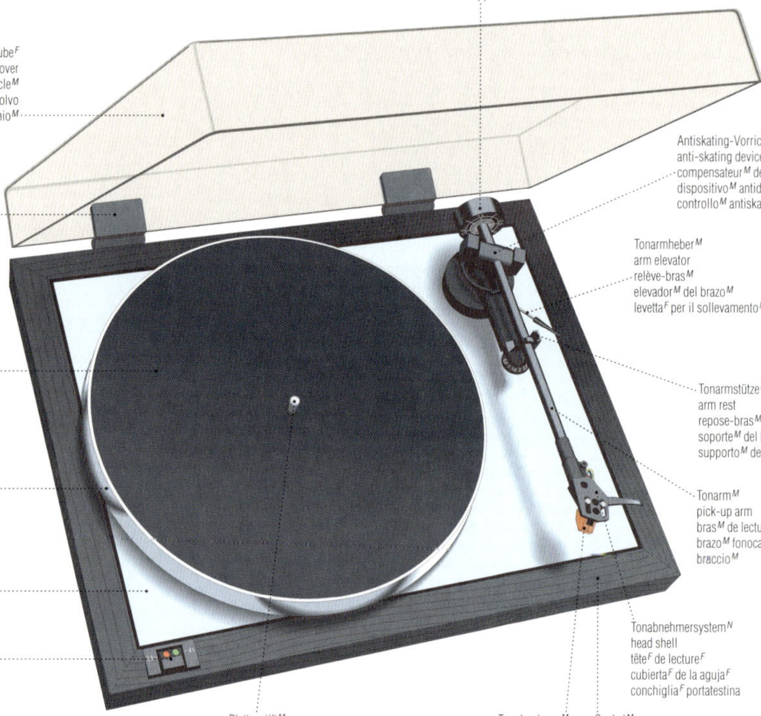

KOMMUNIKATION UND BÜROTECHNIK

CD^{F}
compact disc
disque^{M} compact
disco^{M} compacto
compact disc^{M}

technische Identifikationsnummer^{F}
technical identification band
bande^{F} d'identification^{F} technique
banda^{F} de identificación^{F} técnica
banda^{F} di identificazione^{F} tecnica

Programmbereich^{M}
pressed area
surface^{F} pressée
área^{F} grabada
area^{F} registrata

Datenanfang^{M}
reading start
début^{M} de lecture^{F}
comienzo^{M} de lectura^{F}
inizio^{M} lettura^{F}

Lesen^{N} von Compact Discs^{F}
compact disc reading
lecture^{F} du disque^{M} compact
lectura^{M} de disco^{M} compacto
lettura^{F} di compact disc^{M}

Objektivlinse^{F}
lens
objectif^{M}
objetivo^{M}
lente^{F}

Pit^{N}
pit
aspérité^{F}
pit^{M}
pit^{M}

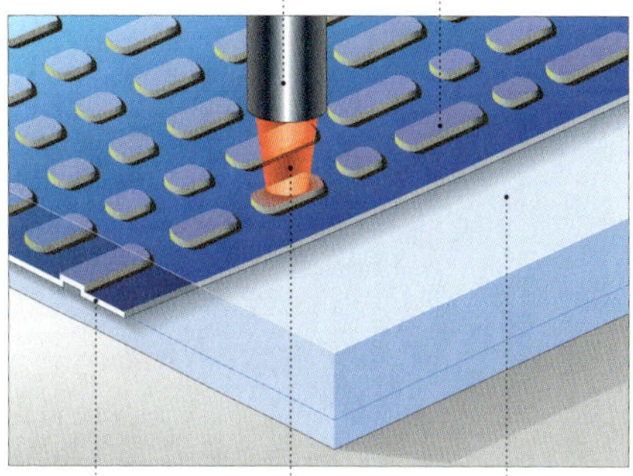

Laserstrahl^{M}
laser beam
faisceau^{M} laser^{M}
rayo^{M} láser
raggio^{M} laser^{M}

reflektierende Aluminiumschicht^{F}
aluminium layer
couche^{F} d'aluminium^{M}
capa^{F} de aluminio^{M}
strato^{M} riflettente in alluminio^{M}

transparentes Akrylharz^{N}
resin surface
surface^{F} de résine^{F}
superficie^{F} de resina^{F}
superficie^{F} trasparente in resina^{F}

CD-Spieler^{M}
compact disc player
lecteur^{M} de disque^{M} compact
lector^{M} de disco^{M} compacto
lettore^{M} di compact disc^{M}

Netzschalter^{M}
power button
interrupteur^{M} d'alimentation^{F}
interruptor^{M}
interruttore^{M} di accensione^{F}

CD-Fach^{N}
disc compartment
logement^{M} du plateau^{M}
alojamiento^{M} para el disco^{M}
vano^{M} del disco^{M}

Anzeigen^{F}
indicators
voyants^{M} de contrôle^{M}
indicadores^{M}
indicatori^{M}

Titelnummer^{F}
track number
numéro^{M} de la piste^{F}
número^{M} de pista^{F}
numero^{M} del brano^{M}

Speichertaste^{F}
memory key
touche^{F} mémoire^{F}
botón^{M} de la memoria^{F}
tasto^{M} di memorizzazione^{F}

Wiederholungstasten^{F}
repeat keys
touches^{F} de répétition^{F}
tecla^{F} de repetición^{F}
tasti^{M} di ripetizione^{F}

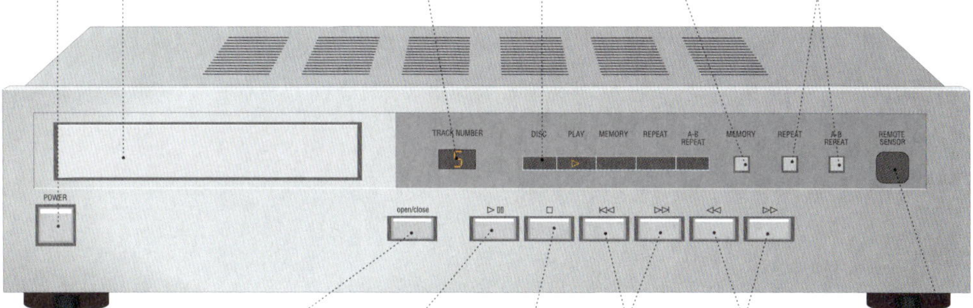

Auswurftaste^{F} für das
disc compartment control
contrôle^{M} du plateau^{M}
botón^{M} de control^{M} del alojamiento^{M} del disco^{M}
tasto^{M} di espulsione^{F}

Start^{M}/Pause^{F}
play/pause
lecture^{F}/pause^{F}
lectura^{F} /pausa^{F}
tasto^{M} di riproduzione^{F}/pausa^{F}

Titelsuchtasten^{F}
track search keys
changement^{M} de piste^{F}
botón^{M} para buscar las pistas^{F}
tasti^{M} di ricerca^{F} del brano^{M}

Vor- und Rücklauf^{M}
scan
lecture^{F} rapide
operación^{F} rápida
tasti^{M} di ricerca^{F} rapida

Stopp-/Löschtaste^{F}
stop/clear key
arrêt^{M}/effacement^{M} de mémoire^{F}
botón^{M} para parar y borrar
tasto^{M} di arresto^{M}/cancellazione^{F}

Fernbedienungssensor^{M}
remote control sensor
capteur^{M} de télécommande^{F}
sensor^{M} del mando^{M} a distancia^{F}
sensore^{M} del telecomando^{M}

Tonwiedergabesystem[N]

Kopfhörer[M]
headphones
casque[M] d'écoute[F]
auriculares[M]
cuffia[F]

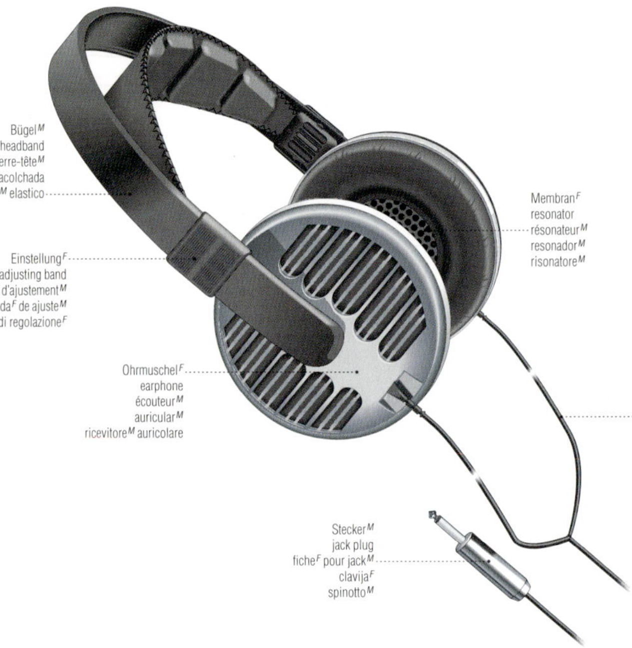

Lautsprecherbox[F]
loudspeaker
enceinte[F] acoustique
altavoz[M]
cassa[F] acustica

Mini-HiFi^{F}-System^{N}

mini stereo sound system | minichaîne^{F} stéréo | mini-cadena^{F} estéreo | mini impianto^{M} hi-fi

CD^{F}-Spieler^{M}
compact disc player
lecteur^{M} de disque^{M} compact
lector de disco^{M} compacto
lettore^{M} di compact disc^{M}

Receiver^{M}
ampli-tuner
ampli^{M}-syntoniseur^{M}
amplificador^{M}-sintonizador^{M}
sintoamplificatore^{M}

Lautsprecher^{M}
loudspeaker
enceinte^{F} acoustique
altavoz^{M}
cassa^{F} acustica

CD^{F}-Rekorder^{M}
compact disc recorder
graveur^{M} de disque^{M} compact
reproductor^{M} de disco^{M} compacto
registratore^{M} di compact disc^{M}

Doppel-Kassettendeck^{N}
dual cassette deck
double platine^{F} cassette^{F}
doble pletina^{F} de casete^{F}
doppia piastra^{F} di registrazione^{F}

tragbare Tonwiedergabesysteme^{N}

portable sound systems | appareils^{M} de son^{M} portatifs | sistemas^{M} de sonido^{M} portátiles | riproduttori^{M} portatili

Uhrenradio^{N}
clock radio
radio^{F}-réveil^{M}
radio^{M} despertador
radiosveglia^{F}

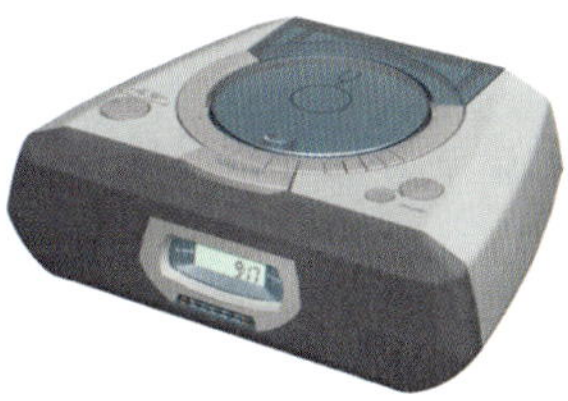

Kofferradio^{N}
portable radio
radio^{F} portable
radio^{M} portátil
radio^{F} portatile

Frequenzanzeige^{F}
frequency display
affichage^{M} des stations^{F}
display^{M} de frecuencia
display^{M} delle frequenze^{F}

Teleskopantenne^{F}
telescopic aerial
antenne^{F} télescopique
antena^{F} telescópica
antenna^{F} telescopica

Tragebügel^{M}
handle
poignée^{F}
mango^{M}
maniglia^{F}

Höhenregler^{M}
treble tone control
contrôle^{M} de tonalité^{F} des aigus^{M}
control^{M} de tonos^{M} de graves^{M}
regolatore^{M} dei toni^{M} alti

Frequenzwähler^{M}
tuning control
sélecteur^{M} de stations^{F}
selector^{M} de sintonización^{F}
manopola^{F} di sintonizzazione^{F}

Bassregler^{M}
bass tone control
contrôle^{M} de tonalité^{F} des graves^{M}
control^{M} de tonos^{M} de bajos
regolatore^{M} dei toni^{M} bassi

Lautstärkeregler^{M}
volume control
réglage^{M} du volume^{M}
selector^{M} de volumen^{M}
manopola^{F} del volume^{M}

tragbarer CD^{F}-Spieler^{M}
portable compact disc player
baladeur^{M} pour disque^{M} compact
reproductor^{M} de CD portátil
lettore^{M} CD^{M} portatile

Display^{N}
display
afficheur^{M}
display^{M}
display^{M}

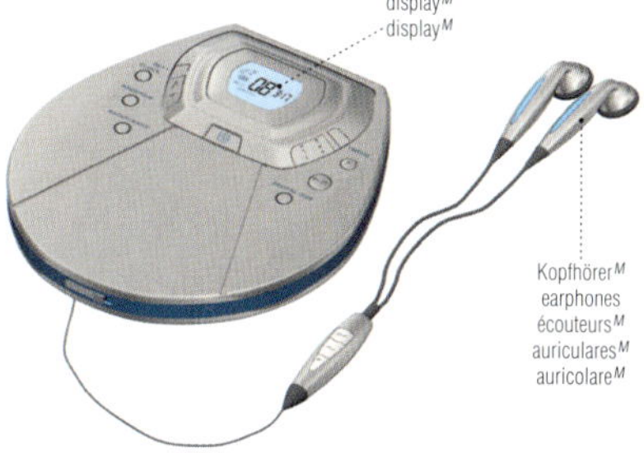

Kopfhörer^{M}
earphones
écouteurs^{M}
auriculares^{M}
auricolare^{M}

MP3-Spieler^{M}
portable digital audio player
baladeur^{M} numérique
audio^{M} player portátil digital
lettore^{M} audio digitale portatile

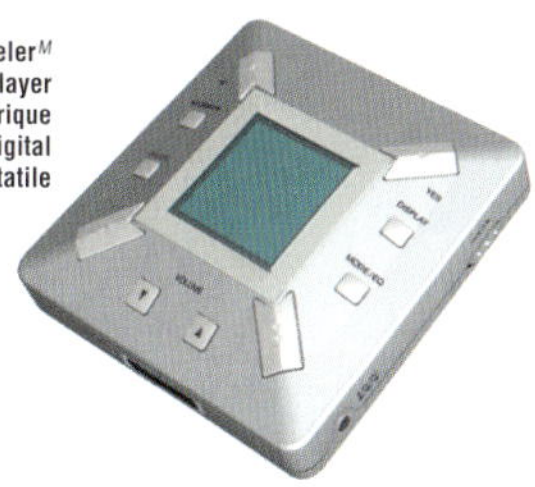

tragbare Tonwiedergabesysteme[N]

Walkman[M]® mit Radioteil[N]
personal radio cassette player
baladeur[M]
radiocasete[M] portátil personal (Walkman)
walkman[M]

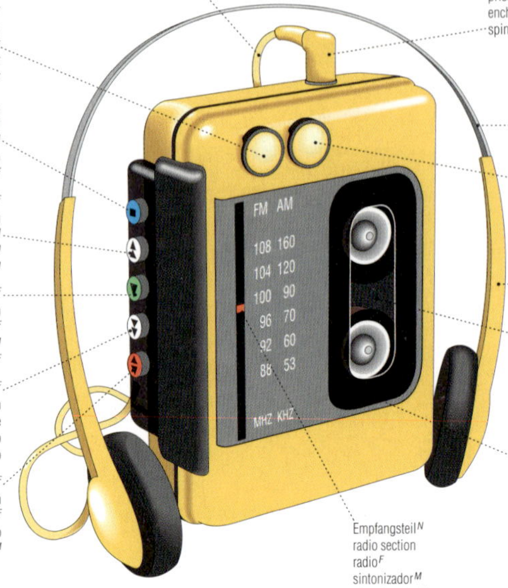

Radiorecorder[M] mit CD-Spieler[M]
portable CD radio cassette recorder
radiocassette[F] laser[M]
radiocasete[M] con lector[M] de disco[M] compacto
radioregistratore[M] con compact disc[M]

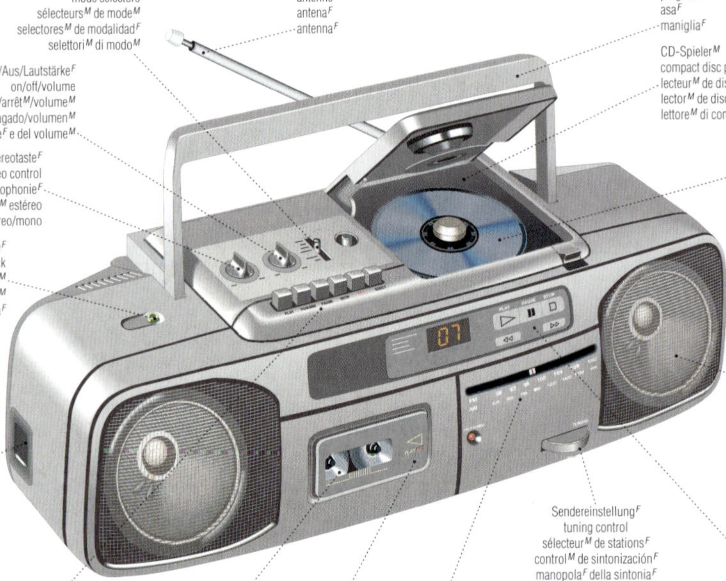

drahtlose Kommunikation^{F}

wireless communication | communication^{F} sans fil^{M} | comunicación^{M} sin hilos^{M} | comunicazione^{F} senza fili^{M}

Walkie-Talkie^{N}
walkie-talkie
talkie-walkie^{M}
walkie-talkie^{M}
walkie-talkie^{M}

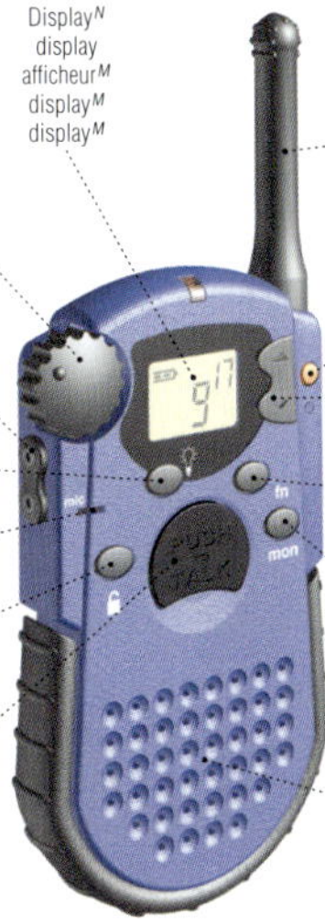

Lautstärkeregler^{M}
volume control
réglage^{M} du volume^{M}
ajuste^{M} de volumen^{M}
manopola^{F} del volume^{M}

Ruftaste^{F}
call key
touche^{F} d'appel^{M}
tecla^{F} de llamada^{F}
tasto^{M} di chiamata^{F}

Helligkeitstaste^{F}
light button
touche^{F} de luminosité^{F}
tecla^{F} de luminosidad^{F}
tasto^{M} di luminosità^{F}

Mikrofon^{N}
microphone
microphone^{M}
micrófono^{M}
microfono^{M}

Feststelltaste^{F}
lock key
touche^{F} de verrouillage^{M}
tecla^{F} de bloqueo^{M}
tasto^{M} di blocco^{M}

Wechselsprechschalter^{M}
push-to-talk switch
interrupteur^{M} d'émission^{F}
interruptor^{M} de emisión^{F}
interruttore^{M} di trasmissione^{F}

Display^{N}
display
afficheur^{M}
display^{M}
display^{M}

Antenne^{F}
aerial
antenne^{F}
antena^{F}
antenna^{F}

Ein-/Ausschalter^{M}
power key
interrupteur^{M}
interruptor^{M}
interruttore^{M} di accensione^{F}

Scrolltaste^{F}
scroll key
touche^{F} de défilement^{M}
tecla^{F} de desplazamiento^{M}
tasto^{M} di scorrimento^{M}

Menütaste^{F}
menu key
touche^{F} de menu^{M}
tecla^{M} del menú^{M}
tasto^{M} del menu^{M}

Kontrolltaste^{F}
monitor key
touche^{F} de contrôle^{M}
tecla^{F} de menú^{M}
tasto^{M} di controllo^{M}

Lautsprecher^{M}
speaker
haut-parleur^{M}
altavoz^{M}
altoparlante^{M}

Pager^{M}
numeric pager
téléavertisseur^{M} numérique
buscapersonas^{M}
cercapersone^{M}

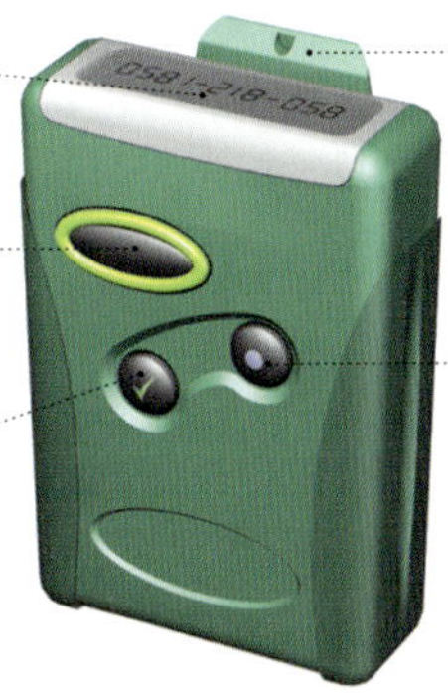

Display^{N}
display
afficheur^{M}
display^{M}
display^{M}

Lesetaste^{F}
read button
touche^{F} de lecture^{F}
botón^{M} de lectura^{F}
tasto^{M} di lettura^{F}

Wahltaste^{F}
select button
touche^{F} de sélection^{F}
botón^{M} de selección^{F}
tasto^{M} di selezione^{F}

Gürtelclip^{M}
belt clip
pince^{F} de ceinture^{F}
pinza^{F} de cinturón^{M}
gancio^{M} della cintura^{F}

Menütaste^{F}
menu button
touche^{F} de menu^{M}
botón^{M} del menú^{M}
tasto^{M} del menu^{M}

CB-Funkanlage^{F}
CB radio
poste^{M} CB^{F}
radio^{M} CB
radio^{F} CB

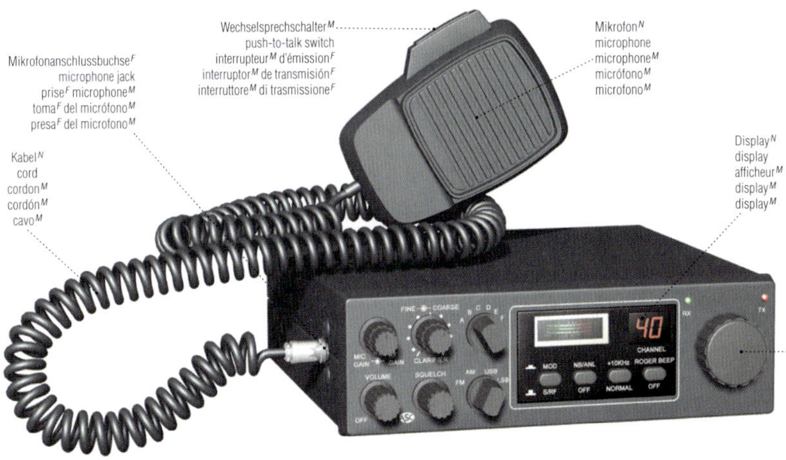

Mikrofonanschlussbuchse^{F}
microphone jack
prise^{F} microphone^{M}
toma^{F} del micrófono^{M}
presa^{F} del microfono^{M}

Kabel^{N}
cord
cordon^{M}
cordón^{M}
cavo^{M}

Wechselsprechschalter^{M}
push-to-talk switch
interrupteur^{M} d'émission^{F}
interruptor^{M} de transmisión^{F}
interruttore^{M} di trasmissione^{F}

Mikrofon^{N}
microphone
microphone^{M}
micrófono^{M}
microfono^{M}

Display^{N}
display
afficheur^{M}
display^{M}
display^{M}

Kanalwahlschalter^{M}
channel selector
sélecteur^{M} de canaux^{M}
selector^{M} de canales^{M}
selettore^{M} dei canali^{M}

Telefonieren^N

communication by telephone | communication^F par téléphone^M | comunicación^F por teléfono^M | comunicazione^F via telefono^M

Handy^N
mobile telephone
téléphone^M portable
teléfono^M móvil
telefono^M cellulare

Freisprechanlage^F
headset kit
ensemble^M oreillette^F/microphone^M
equipo^M de auricular^M/micrófono^M
kit^M con cuffia^F dotata di microfono^M

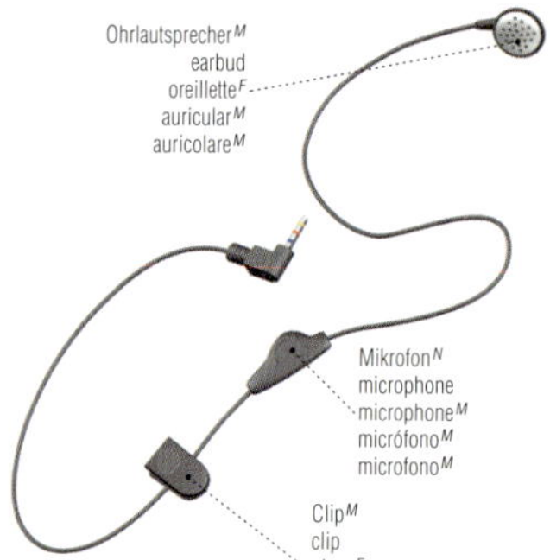

Telefonapparat^M
telephone
poste^M téléphonique
teléfono^M
apparecchio^M telefonico

KOMMUNIKATION UND BÜROTECHNIK

Telefonieren[N]

öffentlicher Fernsprecher[M]
pay phone
téléphone[M] public
teléfono[M] público
apparecchio[M] telefonico a gettoni[M]

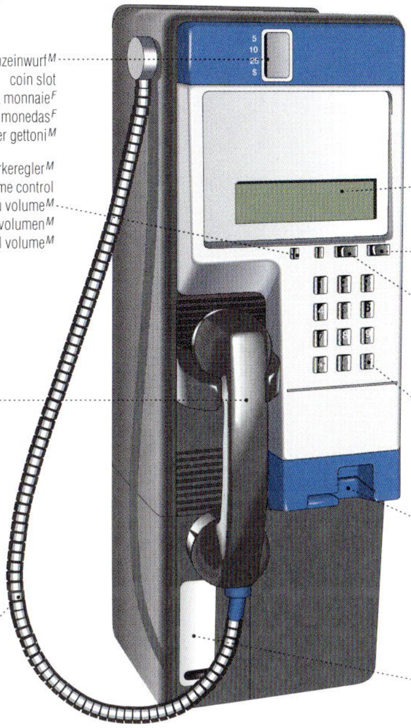

Beispiele[N] für Telefone[N]
examples of telephones
exemples[M] de postes[M] téléphoniques
ejemplos[M] de teléfonos[M]
esempi[M] di telefoni[M]

schnurloses Telefon[N]
cordless telephone
poste[M] sans cordon[M]
teléfono[M] inalámbrico
telefono[M] senza fili[M]

Kommunikationsterminal[N]
telecommunication terminal
terminal[M] de télécommunication[F]
terminal[M] de comunicaciones[F]
videoterminale[M]

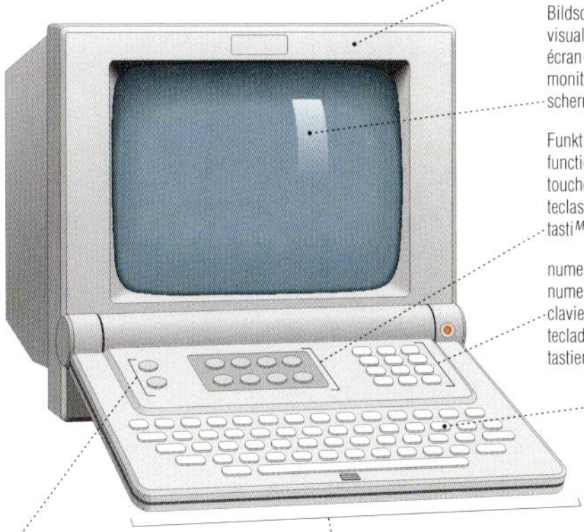

Tastentelefon[N]
push-button telephone
poste[M] à clavier[M]
teléfono[M] de teclado[M]
telefono[M] a tastiera[F]

Telefonzentrale[F]
switchboard operator's set
pupitre[M] dirigeur
centralita[F]
centralina[F]

Telefonieren^{N}

Anrufbeantworter^{M}
telephone answering machine
répondeur^{M} téléphonique
contestador^{M} automática
segreteria^{F} telefonica

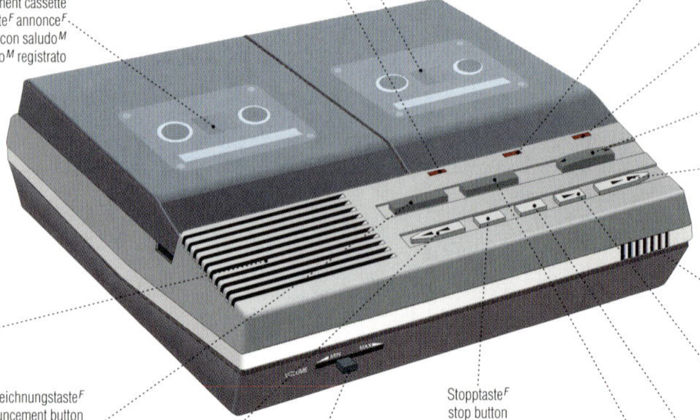

Nachrichtenanzeige^{F}
calls indicator
voyant^{M} de réception^{F} de messages^{M}
indicador^{M} de llamadas^{F}
indicatore^{M} delle telefonate

Aufzeichnungskassette^{F}
incoming message cassette
cassette^{F} messages^{M}
casete^{F} para grabar los mensajes^{M}
cassetta^{F} dei messaggi^{M} in entrata^{F}

Netzkontrolllampe^{F}
power-on light
voyant^{M} de mise^{F} en circuit^{M}
luz^{F} de encendido
spia^{F} luminosa di alimentazione^{F}

Ansagekassette^{F}
outgoing announcement cassette
cassette^{F} annonce^{F}
casete^{F} con saludo^{M}
cassetta^{F} del messaggio^{M} registrato

Bereitschaftsanzeige^{F}
auto answer indicator
voyant^{M} de réponse^{F} automatique
indicador^{M} de respuesta^{F} automática
indicatore^{M} del funzionamento^{M} automatico

Mithörtaste^{F}
listen button
écoute^{F}
botón^{M} de reproducción^{F}
tasto^{M} di ascolto^{M} diretto

Vorlauftaste^{F}
fast-forward button
avance^{F} rapide
botón^{M} de avance^{M} rápido
tasto^{M} di avanzamento^{M} rapido

Mikrofon^{N}
microphone
microphone^{M}
micrófono^{M}
microfono^{M}

Lautsprecher^{M}
speaker
haut-parleur^{M}
altavoz^{M}
altoparlante^{M}

Einschalt-/Wiedergabetaste^{F}
on/play button
mise^{F} en marche^{F}
botón^{M} de encendido
tasto^{M} di riascolto^{M} dei messaggi^{M}

Aufzeichnungstaste^{F}
record announcement button
enregistrement^{M}
botón^{M} de grabación^{F}
tasto^{M} di registrazione^{F} del messaggio^{M}

Stopptaste^{F}
stop button
arrêt^{M}
botón^{M} de stop^{M}
tasto^{M} di arresto^{M}

Löschtaste^{F}
erase button
effacement^{M}
botón^{M} para borrar
tasto^{M} di cancellazione^{F}

Rücklauftaste^{F}
rewind button
rebobinage^{M}
botón^{M} de rebobinado
tasto^{M} di riavvolgimento^{M}

Lautstärkeregler^{M}
volume control
commande^{F} de volume^{M}
control^{M} del volumen^{M}
regolatore^{M} del volume^{M}

Netzschalter^{M}
power-on button
bouton^{M} de mise^{F} en circuit^{M}
botón^{M} de encendido
pulsante^{M} di accensione^{F}

Telefaxgerät^{N}
fax machine
télécopieur^{M}
fax^{M}
telefax^{M}

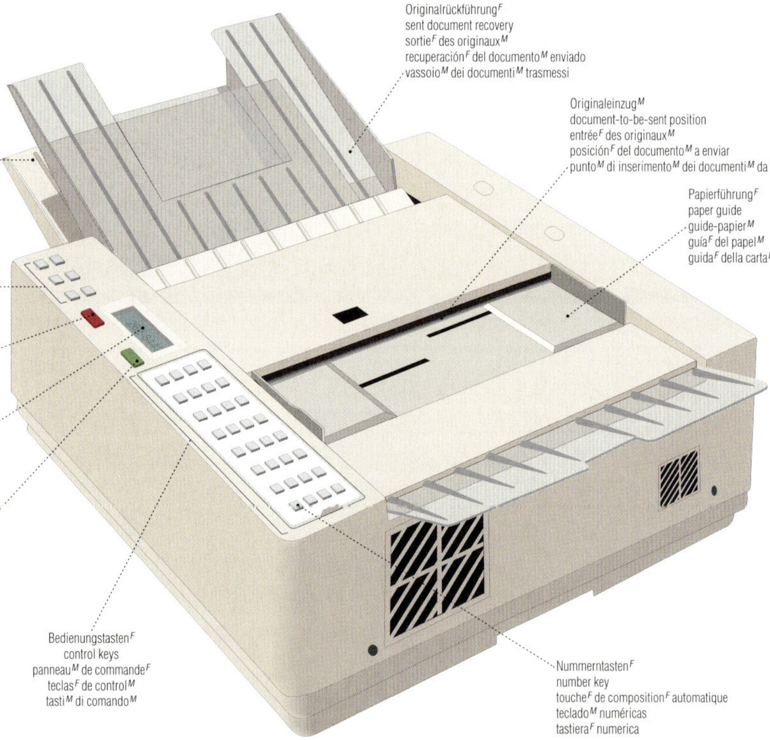

Originalrückführung^{F}
sent document recovery
sortie^{F} des originaux^{M}
recuperación^{F} del documento^{M} enviado
vassoio^{M} dei documenti^{M} trasmessi

Empfang^{M} von Dokumenten^{N}
document receiving
réception^{F} des messages^{M}
recepción^{F} de documentos^{M}
vassoio^{M} dei documenti^{M} ricevuti

Originaleinzug^{M}
document-to-be-sent position
entrée^{F} des originaux^{M}
posición^{F} del documento^{M} a enviar
punto^{M} di inserimento^{M} dei documenti^{M} da trasmettere

Papierführung^{F}
paper guide
guide-papier^{M}
guía^{F} del papel^{M}
guida^{F} della carta^{F}

Funktionstasten^{F}
function keys
panneau^{M} de fonctions^{F}
teclas^{F} de función^{F}
tasti^{M} funzione^{F}

Rückstelltaste^{F}
reset key
touche^{F} de correction^{F}
tecla^{F} de reiniciación^{F}
tasto^{M} di reset^{M}

Datendisplay^{N}
data display
écran^{M} d'affichage^{M}
visualización^{F} de datos^{M}
display^{M}

Starttaste^{F}
start key
mise^{F} en marche^{F}
tecla^{F} de iniciación^{M}
tasto^{M} di avvio^{M}

Bedienungstasten^{F}
control keys
panneau^{M} de commande^{F}
teclas^{F} de control^{M}
tasti^{M} di comando^{M}

Nummerntasten^{F}
number key
touche^{F} de composition^{F} automatique
teclado^{M} numéricas
tastiera^{F} numerica

KOMMUNIKATION UND BÜROTECHNIK

Büro^{N}

office | bureau^{M} | oficina^{F} | ufficio^{M}

Abstellraum^{M}
storeroom
débarras^{M}
trastero^{M}
ripostiglio^{M}

Poststelle^{F}
mail processing room
salle^{F} de courrier^{M}
sala^{F} de correos^{M}
stanza^{F} della gestione^{F} della posta^{F}

Kopierraum^{M}
photocopying room
salle^{F} de reprographie^{F}
sala^{F} de reprografía^{F}
stanza^{F} della fotocopiatrice^{F}

bewegliche Trennwand^{F}
moveable panel
cloison^{F} mobile
tabique^{M} móvil
pannello^{M} mobile

Buchhaltung^{F}
accountant's office
comptabilité^{F}
contabilidad^{F}
ufficio^{M} del contabile^{M}

Arbeitsplatz^{M}
workstation
poste^{M} de travail^{M}
puesto^{M} de trabajo^{M}
postazione^{F} di lavoro^{M}

Produktionsleiter^{M}
production manager
directeur^{M} de production^{F}
director^{M} de producción^{F}
ufficio^{M} del direttore^{M} della produzione^{F}

Sekretärin^{F}
executive secretary
secrétaire^{M} de direction^{F}
secretaria^{F} de dirección^{M}
stanza^{F} della segretaria^{F} di direzione^{F}

Kaffeeküche^{F}
employee lunchroom
cafétéria^{F}
comedor^{M} de los empleados^{M}
sala^{F} da pranzo^{M} del personale^{M}

Datentechnik^{F}
system support
soutien^{M} informatique^{F}
soporte^{M} informático
stanze^{F} del supporto^{M} informatico

Archiv^{N}
file room
archives^{F}
archivo^{M}
archivio^{M}

Büro^{N} des Geschäftsführers^{M}
chief executive's office
bureau^{M} du directeur^{M} général
oficina^{F} del gerente^{M}
ufficio^{M} del direttore^{M} generale

Kochecke^{F}
kitchen facilities
coin^{M} cuisine^{F}
cocina^{F}
angolo^{M} cucina^{F}

Herrentoilette^{F}
men's toilet
w.-c.^{M} hommes^{M}
aseo^{M} de caballeros^{M}
bagno^{M} degli uomini^{M}

Damentoilette^{F}
ladies' toilet
w.-c.^{M} femmes^{F}
aseo^{M} de señoras^{F}
bagno^{M} delle donne^{F}

Umkleideraum^{M}
dressing room
vestiaire^{M}
guardarropa^{F}
spogliatoio^{M}

Chefsekretärin^{F}
managing director's secretary
secrétaire^{M} du président^{M}
secretaria^{F} de dirección^{F}
stanza^{F} della segretaria^{F} dell'amministratore^{M} delegato

Feuertreppe^{F}
fire escape stair
escalier^{M} de secours^{M}
escaleras^{F} de incendios^{M}
scale^{F} antincendio

Chefzimmer^{N}
managing director's office
bureau^{M} du président^{M}
despacho^{M} del administrador^{M} delegado
ufficio^{M} dell'amministratore^{M} delegato

Eingangshalle^{F}
entrance hall
hall^{M} d'entrée^{F}
hall^{F} de entrada
ingresso^{M}

Konferenzraum^{M}
conference room
salle^{F} de conférences^{F}
sala^{F} de reuniones^{F}
sala^{F} riunioni^{F}

Aufzug^{M}
lift
ascenseur^{M}
ascensor^{M}
ascensore^{M}

Warteraum^{M}
waiting room
salle^{F} d'attente^{F}
sala^{F} de espera^{F}
sala^{F} di attesa^{F}

Empfang^{M}
reception
réception^{F}
recepción^{M}
reception^{F}

Büromöbel^N

office furniture | mobilier^M de bureau^M | muebles^M de oficina^F | mobili^M per ufficio^M

Archivmöbel^N
filing furniture
meubles^M de classement^M
archivadores^M
mobili^M di archivio^M

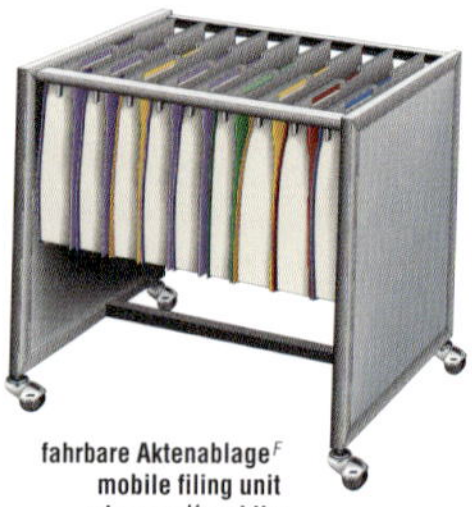

fahrbare Aktenablage^F
mobile filing unit
classeur^M mobile
archivador^M móvil
schedario^M mobile

fahrbares Schubladenelement^N
mobile drawer unit
caisson^M
cajonera^F móvil
cassettiera^F mobile

Hängekartei^F
lateral filing cabinet
classeur^M à clapets^M
archivador^M lateral
schedario^M a visibilità^F laterale

Aufbewahrungsmöbel^N
storage furniture
meubles^M de rangement^M
muebles^M contenedores
mobili^M contenitori^M

Ausstellungsregal^N
display cabinet
présentoir^M à revues^F
estante^M para revistas^F
espositore^M

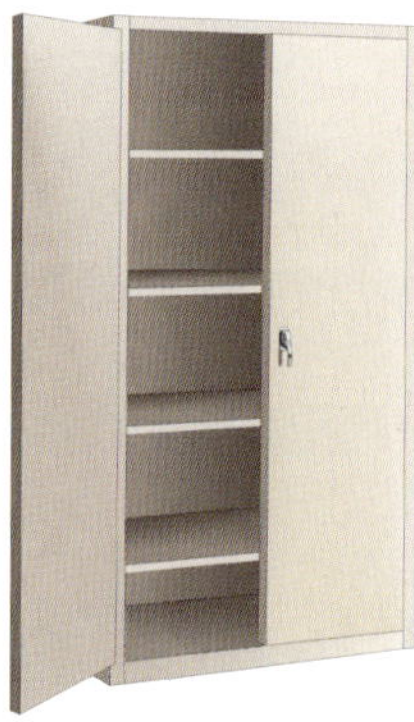

Schrank^M
stationery cabinet
armoire^F à papeterie^F
armario^M para papelería^F
armadietto^M per cancelleria^F

Kleiderhaken^M
coat hook
patère^F
perchero^M de pared^F
attaccapanni^M a muro^M

flexible Trennwand^F
moveable panel
cloison^F mobile
tabique^M móvil
pannello^M mobile

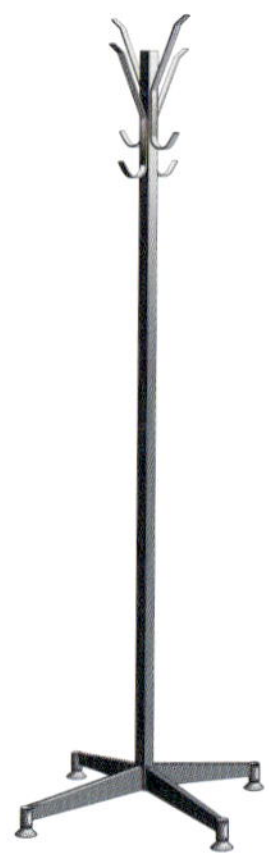

Garderobenständer^M
hat stand
porte-manteau^M
perchero^M de pie^M
attaccapanni^M a stelo^M

Kleiderschrank^M
locker
armoire^F-vestiaire^M
guardarropa^M
armadietto^M

Garderobe^F
coat rack
vestiaire^M de bureau^M
perchero^M
attaccapanni^M a rastrelliera^F

Aktenschrank^M
credenza
bahut^M
armario^M bajo
mobile^M contenitore

Arbeitsmöbel^{N}
work furniture
meubles^{M} de travail^{M}
muebles^{M} de trabajo^{M}
mobili^{M} da lavoro^{M}

Computertisch^{M}
computer table
table^{F} d'ordinateur^{M}
mesa^{F} del ordenador^{M}
tavolo^{M} portacomputer

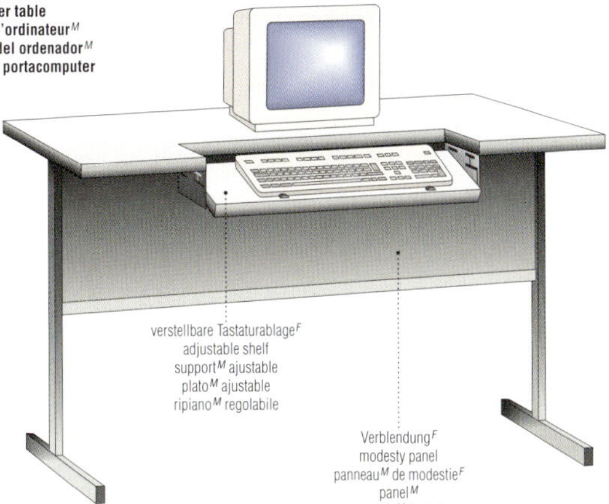

Druckertisch^{M}
printer table
table^{F} d'imprimante^{F}
mesa^{F} de la impresora^{F}
tavolo^{M} portastampante

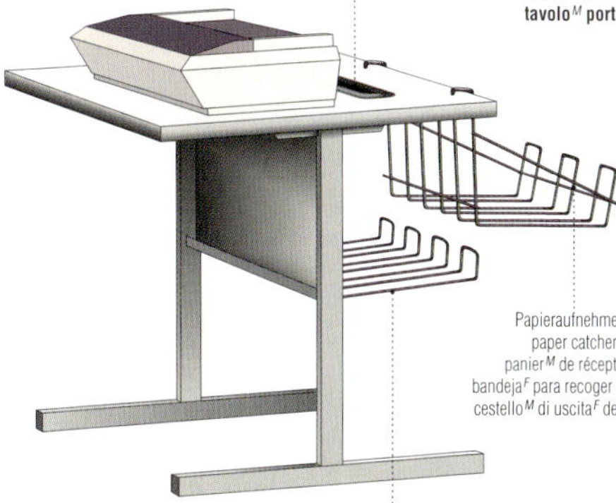

Bürodrehstuhl^{M}
typist's chair
chaise^{F} dactylo^{M}
silla^{F} de secretaria^{F}
sedia^{F} dattilo

Chefschreibtisch^{M}
executive desk
bureau^{M} de direction^{F}
escritorio^{M} de ejecutivo^{M}
scrivania^{F} direzionale

Drehsessel^{M}
swivel-tilter armchair
fauteuil^{M} pivotant à bascule^{F}
sillón^{M} giratorio
poltrona^{F} girevole reclinabile

Schreibunterlage^{F}
desk pad
sous-main^{M}
vade^{M}
sottomano^{M}

Arbeitsplatz^{M}
secretarial desk
bureau^{M} secrétaire^{M}
escritorio^{M} de secretaria^{F}
scrivania^{F} operativa

Fotokopierer^{M}
photocopier
photocopieur^{M}
fotocopiadora^{F}
fotocopiatrice^{F}

Vorlageneinzug^{M}
document handler
chargeur^{M} manuel
cargador^{M} de documentos^{M}
alimentatore^{M} automatico

Abdeckung^{F}
cover
couvercle^{M}
tapa^{F}
coperchio^{M}

Kopienablage^{F}
feeder output tray
plateau^{M} récepteur
bandeja^{F} de recepción^{F} de copias^{F}
vassoio^{M} di uscita^{F} della carta^{F}

Bedienungskonsole^{F}
control panel
tableau^{M} de commande^{F}
tablero^{M} de controles^{M}
pannello^{M} di comando^{M}

Papiereinschubfach^{N}
bypass feeder
chargeur^{M} automatique
alimentador^{M}
alimentatore^{M} manuale

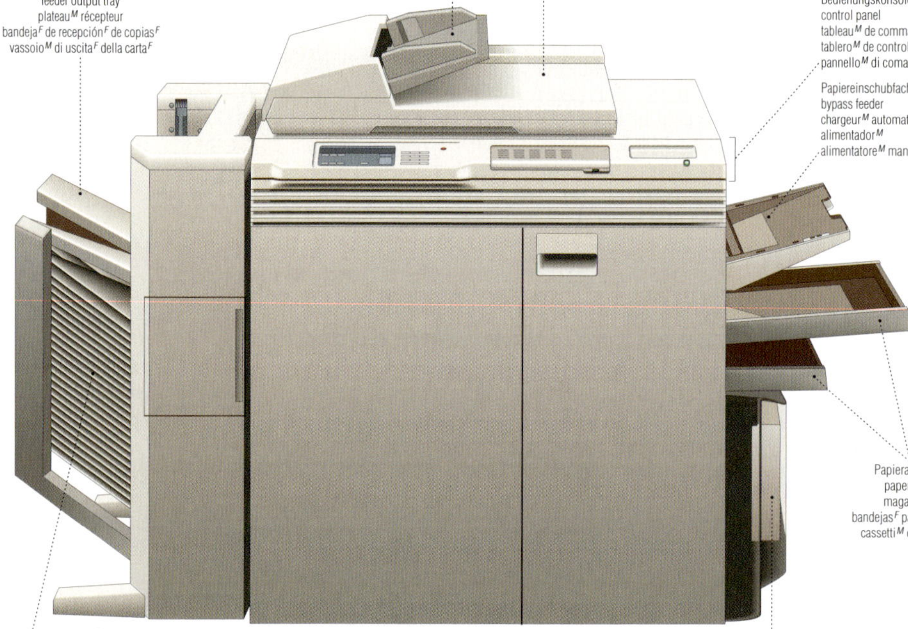

Papierablagen^{F}
paper trays
magasins^{M}
bandejas^{F} para el papel^{M}
cassetti^{M} della carta^{F}

automatische Sortierablagen^{F}
automatic sorting trays
plateau^{M} de tri^{M} automatique
cambio^{M} automático de bandejas^{F}
cassetti^{M} di smistamento^{M} automatico

Reservepapier^{N}
paper in reserve
réserve^{F} de papier^{M}
papel^{M} de reserva^{F}
carta^{F} di riserva^{F}

Bedienungskonsole^{F}
control panel
tableau^{M} de commande^{F}
tablero^{M} de controles^{M}
pannello^{M} di comando^{M}

Informationsdisplay^{N}
message display
écran^{M} d'affichage^{M}
display^{M} de mensajes^{M}
display^{M} informativo

Verkleinern^{N}/Vergrößern^{N}
reduce/enlarge
réduction^{F}/agrandissement^{M}
reducción^{F}/ampliación^{F}
tasto^{M} di riduzione^{F}/ingrandimento^{M}

Einstellungen^{F} löschen
reset
remise^{F} à zéro^{M}
reiniciación^{F}
tasto^{M} di azzeramento^{M}

Kopienausgabemodus^{M}
copy output mode
mode^{M} de sortie^{F} des copies^{F}
modalidad^{F} de producción^{F} de copia^{F}
modo^{M} di uscita^{F} della copia^{F}

Farbeinstellung^{F}
colour control
contrôle^{M} de la couleur^{F}
control^{M} de color^{M}
tasto^{M} colore^{M}

Kopienanzahl^{F}
copy quantity
nombre^{M} de copies^{F}
cantidad^{F} de copias^{F}
numero^{M} delle copie^{F}

Kopierkontrolle^{F}
photocopy control
contrôle^{M} de la photocopie^{F}
control^{M} de fotocopias^{F}
controllo^{M} della copiatura^{F}

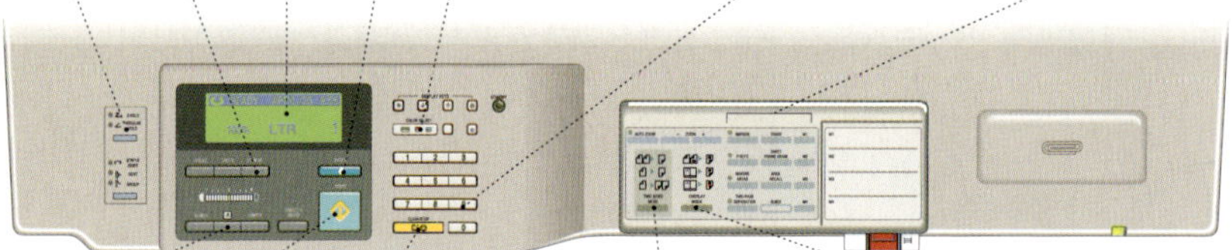

Kontrasteinstellung^{F}
contrast control
contrôle^{M} du contraste^{M}
control^{M} de contraste^{M}
tasto^{M} regolatore^{M} di contrasto^{M}

Start-Taste^{F}
start
impression^{F}
puesta^{F} en marcha^{F}
tasto^{M} di avvio^{M}

Stopp-Taste^{F}
stop
arrêt^{M} d'impression^{F}
stop^{M}
tasto^{M} di arresto^{M}

beidseitiges Kopieren^{N}
two-sided copies
copie^{F} recto^{M}/verso^{M}
copias^{F} anverso^{M}/reverso^{M}
copie^{F} fronte-retro

Überlappanzeige^{F}
original overlay
superposition^{F} d'originaux^{M}
sobreimpresión^{F} del original^{M}
sovrapposizione^{F} automatica degli originali^{M}

Personalcomputer^{M}

personal computer | micro-ordinateur^{M} | ordenador^{M} personal | personal computer^{M}

Towergehäuse^{N}: Rückansicht^{F}
tower case : back view
boîtier^{M} tour^{F} : vue^{F} arrière
ordenador^{M} : vista^{F} posterior
châssis^{M}: dorso^{M}

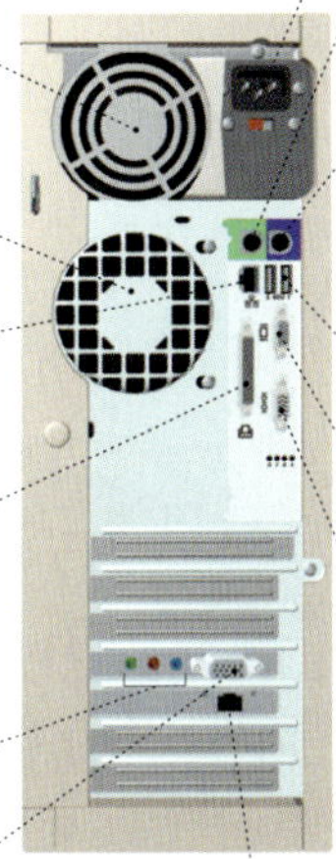

Netzanschlussbuchse^{F}
power cable plug
prise^{F} d'alimentation^{F}
toma^{F} de alimentación^{F}
presa^{F} di alimentazione^{F}

Mausschnittstelle^{F}
mouse port
port^{M} souris^{F}
puerto^{M} ratón
porta^{F} del mouse^{M}

Netzteillüfter^{M}
power supply fan
ventilateur^{M} du bloc^{M} d'alimentation^{F}
ventilador^{M} del equipo^{M} de alimentación^{F}
ventola^{F} dell'alimentatore^{M}

Tastaturschnittstelle^{F}
keyboard port
port^{M} clavier^{M}
puerto^{M} teclado
porta^{F} della tastiera^{F}

Gehäuselüfter^{M}
case fan
ventilateur^{M} du boîtier^{M}
ventilador^{M} de la carcasa^{F}
ventola^{F} dello châssis^{M}

Netzwerkschnittstelle^{F}
network port
port^{M} réseau^{M}
puerto^{M} de red^{F}
porta^{F} di rete^{F}

Parallelschnittstelle^{F}
parallel port
port^{M} parallèle
puerto^{M} paralelo
porta^{F} parallela

USB-Schnittstelle^{F}
USB port
port^{M} USB
puerto^{M} USB
porta^{F} USB

Audiobuchse^{F}
audio jack
prise^{F} audio
toma^{M} audio
presa^{F} audio

Videoschnittstelle^{F}
video port
port^{M} vidéo
puerto^{M} de vídeo^{M}
porta^{F} video^{M}

Spiele^{N}-/MIDI-Schnittstelle^{F}
game/MIDI port
port^{M} jeux^{M}/MIDI
puerto^{M} juego^{M} /puerto^{M} MIDI
porta^{F} giochi^{M}/ porta^{F} MIDI

serielle Schnittstelle^{F}
serial port
port^{M} série^{F}
puerto^{M} serial
porta^{F} seriale

interne Modemschnittstelle^{F}
internal modem port
port^{M} modem^{M} interne
puerto^{M} de módem^{M} interno
porta^{F} del modem^{M} interno

Towergehäuse^{N}: Vorderansicht^{F}
tower case : front view
boîtier^{M} tour^{F} : vue^{F} avant
ordenador^{M} : vista^{F} frontal
châssis^{M}: vista^{F} frontale

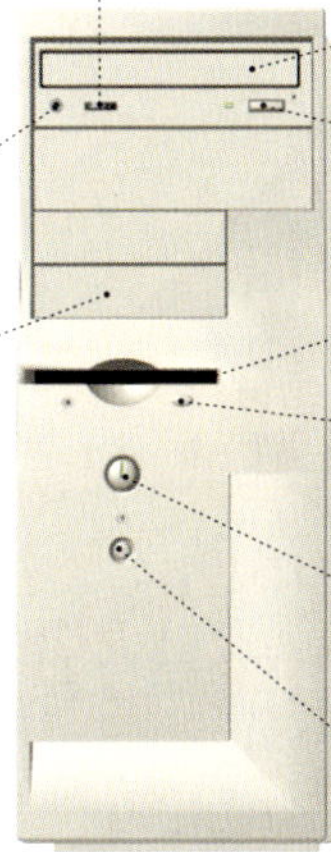

Lautstärkeregler^{M}
volume control
réglage^{M} du volume^{M}
control^{M} de volumen^{M}
rotella^{F} del volume^{M}

CD^{F}-/DVD^{F}-Laufwerk^{N}
CD/DVD-ROM drive
lecteur^{M} de CD/DVD-ROM^{M}
unidad^{F} de CD/DVD-ROM
lettore^{M} CD^{M}/DVD-ROM^{M}

Kopfhöreranschlussbuchse^{F}
earphone jack
prise^{F} pour écouteurs^{M}
toma^{F} de auriculares^{M}
presa^{F} per cuffie^{F}

CD^{F}-/DVD^{F}-Auswurftaste^{F}
CD/DVD-ROM eject button
bouton^{M} d'éjection^{F} du CD/DVD-ROM^{M}
botón^{M} de expulsión de CD/DVD-ROM
pulsante^{M} di espulsione^{F} del CD^{M}/DVD-ROM^{M}

Schutzdeckel^{M}
bay filler panel
obturateur^{M} de baie^{F}
panel^{M} de cierre^{M}
otturatore^{M}

Diskettenlaufwerk^{N}
floppy disk drive
lecteur^{M} de disquette^{F}
unidad^{F} de disquete^{M}
unità^{F} floppy disk^{M}

Disketten^{F}-Auswurftaste^{F}
floppy disk eject button
bouton^{M} d'éjection^{F} de la disquette^{F}
botón^{M} de expulsión de disquete^{M}
pulsante^{M} di espulsione^{F} del floppy disk^{M}

Ein-/Ausschalter^{M}
power button
bouton^{M} de démarrage^{M}
interruptor^{M} de encendido
interruttore^{M} di accensione^{F}

Resettaste^{F}
reset button
bouton^{M} de réinitialisation^{F}
botón^{M} de reiniciación^{F}
pulsante^{M} di reset^{M}

Towergehäuse^{N}: Innenansicht^{F}
tower case : interior view
boîtier^{M} tour^{F} : vue^{F} intérieure
ordenador^{M} : vista^{F} interna
châssis^{M}: interno^{M}

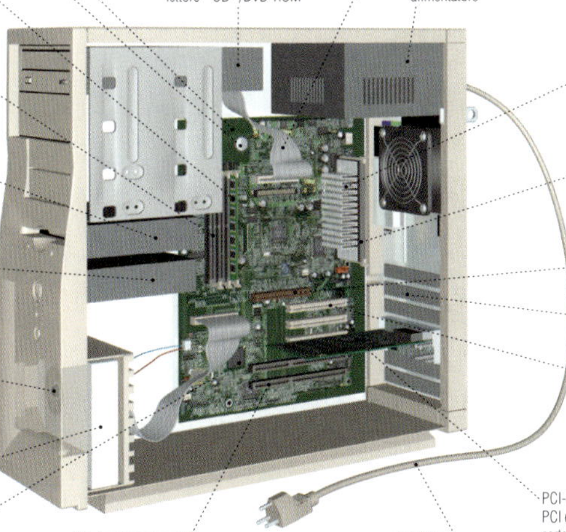

Akku^{M}
battery
pile^{F}
batería^{F}
pila^{F}

Motherboard^{N}
motherboard
carte^{F} mère^{F}
tarjeta^{F} madre
scheda^{F} madre^{F}

Bus^{M}
bus
bus^{M}
bus^{M}
bus^{M}

Schreib-Lese-Speicher^{M} (RAM^{M})
random access memory (RAM) module
barrette^{F} de mémoire^{F} vive (RAM)
unidad^{F} de memoria^{F} de acceso^{M} aleatorio (RAM)
modulo^{M} RAM^{F}

CD^{F}-/DVD^{F}-Laufwerk^{N}
CD/DVD-ROM drive
lecteur^{M} de CD/DVD-ROM^{M}
unidad^{F} CD/DVD-ROM
lettore^{M} CD^{M}/DVD-ROM^{M}

Netzteil^{N}
power supply unit
bloc^{M} d'alimentation^{F}
unidad^{F} de grupo^{M} de la alimentación^{F}
alimentatore^{M}

Wärmesenke^{F}
heat sink
dissipateur^{M} thermique
disipador^{M} térmico
dissipatore^{M} termico

RAM^{M}-Anschluss^{M}
RAM connector
connecteur^{M} de mémoire^{F} vive
conector^{M} de RAM
connettore^{M} RAM^{F}

Prozessor^{M}
processor
processeur^{M}
procesador^{M}
processore^{M}

Diskettenlaufwerk^{N}
floppy disk drive
lecteur^{M} de disquette^{F}
unidad^{M} de disquetes^{M}
unità^{F} floppy disk^{M}

AGP-Erweiterungsport^{M}
AGP expansion connector
connecteur^{M} d'extension^{F} AGP
conector^{M} de expansión^{F} AGP
connettore^{M} per espansioni^{F} AGP

zusätzliches Festplattenlaufwerk^{N}
secondary hard disk drive
lecteur^{M} de disque^{M} dur secondaire
unidad^{F} secundaria de disco^{M} duro
unità^{F} hard disk^{M} secondaria

Schutzdeckel^{M}
filler plate
obturateur^{M}
obturador^{M}
otturatore^{M}

Lautsprecher^{M}
speaker
haut-parleur^{M}
altavoz^{M}
altoparlante^{M}

PCI-Erweiterungsport^{M}
PCI expansion connector
connecteur^{M} d'extension^{F} PCI
conector^{M} de expansión^{F} PCI
connettore^{M} per espansioni^{F} PCI

Hauptfestplattenlaufwerk^{N}
primary hard disk drive
lecteur^{M} de disque^{M} dur primaire
unidad^{F} de disco^{M} duro primario
unità^{F} hard disk^{M} principale

PCI-Erweiterungskarte^{F}
PCI expansion card
carte^{F} d'extension^{F} PCI
tarjeta^{F} de expansión^{F} PCI
scheda^{F} di espansione^{F} PCI

Chipset^{N}
chipset
jeu^{M} de puces^{F}
chipset^{M}
chipset^{M}

ISA-Erweiterungsport^{M}
ISA expansion connector
connecteur^{M} d'extension^{F} ISA
conector^{M} de extensión^{F} ISA
connettore^{M} per espansioni^{F} ISA

Netzkabel^{N}
power cable
câble^{M} d'alimentation^{F}
cable^{M} de alimentación^{F}
cavo^{M} di alimentazione^{F}

Eingabegeräte^N

input devices I périphériques^M d'entrée^F I unidades^F de entrada^F de información^F I dispositivi^M di entrata^F

Tastatur^F und Piktogramme^N
keyboard and pictograms
clavier^M et pictogrammes^M
teclado^M y pictogramas^M
tastiera^F e pittogrammi^M

Funktionstasten^F
function keys
touches^F de fonction^F
tecla^F de funciones^F
tasti^M funzione^F

Internet^N-Tasten^F
Internet keys
touches^F Internet^M
tecla^F Internet
tasti^M Internet

E-Mail^F-Taste^F
email key
touche^F de courriel^M
tecla^F email
tasto^M email

Escapetaste^F
escape key
touche^F d'échappement^M
tecla^F escape
tasto^M Esc

Tabulatortaste^F
tabulation key
touche^F de tabulation^F
tecla^F tabulación
tasto^M di tabulazione^F

Großschriftfeststellungstaste^F
capitals lock key
touche^F de verrouillage^M des majuscules^F
tecla^F bloqueo^M mayúsculas
tasto^M di blocco^M delle maiuscole^F

Umschalttasten^F
shift key
touche^F majuscule^F
tecla^F de mayúsculas^F
tasto^M delle maiuscole^F

Steuerungstaste^F
control key
touche^F de contrôle^M
tecla^F de servicio^M
tasto^M Control

Startmenütaste^F
start key
touche^F de démarrage^M
tecla^F inicio
tasto^M Avvio^M

Alt-Taste^F
alternative key
touche^F alternative
tecla^F alternativa
tasto^M Alt

abnehmbare Handballenauflage^F
detachable palm rest
repose-poignets^M détachable
reposamanos^M
poggiamano^M amovibile

Leertaste^F
space bar
barre^F d'espacement^M
barra^F espaciadora
barra^F spaziatrice

alphanumerische Tastatur^F
alphanumeric keypad
pavé^M alphanumérique
teclado^M alfanumérico
tastiera^F alfanumerica

Abbruch^M
escape
échappement^M
escape^M
escape^M

Tabulator^M nach links
tabulation left
tabulation^F à gauche
tabulación^F a la izquierda^F
tabulazione^F a sinistra^F

Tabulator^M nach rechts
tabulation right
tabulation^F à droite
tabulación^F a la derecha^F
tabulazione^F a destra^F

Großschriftfeststellung^F
capitals lock
verrouillage^M des majuscules^F
bloqueo^M mayúsculas^M
blocco^M delle maiuscole^F

Alternative^F: Drittbelegung^F
alternate : level 3 select
alternative : sélection^F du niveau^M 3
alternado: selección^F de nivel^M 3
alternato^M: selezione^F di livello^M 3

Großschriftumschaltung^F: Zweitbelegung^F
shift : level 2 select
majuscule^F : sélection^F du niveau^M 2
mayúscula^F : selección^F de nivel^M 2
maiuscola^F: selezione^F di livello^M 2

Steuerung^F: Gruppenwahl^F
control : group select
contrôle^M : sélection^F de groupe^M
control^M : selección^F de grupo^M
controllo^M: selezione^F di gruppo^M

Steuerung^F
control
contrôle^M
control^M
controllo^M

Alternative^F
alternate
alternative
alternativa^F
alternato^M

Leerzeichen^N
space
espace^F
espacio^M
spazio^M

geschütztes Leerzeichen^N
non-breaking space
espace^F insécable
espacio^M sin pausa^F
spazio^M unificatore

Taste[F] Druck[M]/Systemabfrage[F]
print screen/system request key
touche[F] d'impression[F] de l'écran[M]/d'appel[M] système[M]
tecla[F] de impresión[M] pantalla/petición[F] del sistema[F]
tasto[M] di stampa[F]/chiamata[F] sistema[M]

Kontrollleuchten[F]
indicator lights
voyants[M]
luces[F] de estado[M]
spie[F] luminose

Taste[F] löschender Rückschritt[M]
backspace key
touche[F] d'effacement[M]
tecla[F] de retroceso[M]
tasto[M] backspace

Scrollen[N]-Feststelltaste[F]
scrolling lock key
touche[F] d'arrêt[M] du défilement[M]
bloqueo[M] corrimiento[M]
tasto[M] di arresto[M] e di scorrimento[M]

Einfügetaste[F]
insert key
touche[F] d'insertion[F]
insert[M]
tasto[M] Ins

Taste[F] Pause[F]/Unterbrechung[F]
pause/break key
touche[F] de pause[F]/d'interruption[F]
tecla[F] pausa
tasto[M] di pausa[F]/interruzione[F]

Taste[F] Cursor[M] an Zeilenanfang[M]
home key
touche[F] début[M]
inicio[M]
tasto[M] Home

Taste[F] numerischer Block[M]
numeric lock key
touche[F] de verrouillage[M] numérique
tecla[F] bloqueo[M] numérico
tasto[M] di blocco[M] numerico

Taste[F] vorherige Seite[F]
page up key
touche[F] page[F] précédente
página[F] atrás
tasto[M] di pagina[F] su

Taste[F] nächste Seite[F]
page down key
touche[F] page[F] suivante
página[F] adelante
tasto[M] di pagina[F] giù

Eingabetaste[F]
enter key
touche[F] de retour[M]
tecla[F] de enter
tasto[M] Invio[M]

Taste[F] Ende[N]
end key
touche[F] fin[F]
fin[M]
tasto[M] Fine[F]

numerisches Tastenfeld[N]
numeric keypad
pavé[M] numérique
teclado[M] numérico
tastierino[M] numerico

Richtungstasten[F]
cursor movement keys
touches[F] de déplacement[M] du curseur[M]
teclas[F] direccionales
tasti[M] del cursore[M]

Löschtaste[F]
delete key
touche[F] de suppression[F]
suprimir
tasto[M] di cancellazione[F]

Eingabetaste[F]
enter key
touche[F] de retour[M]
tecla[F] de enter
tasto[M] Invio[M]

Pause[F]
pause
pause[F]
pausa[F]
pausa[F]

Unterbrechung[F]
break
interruption[F]
pausa[F]
interruzione[F]

numerischer Block[M]
numeric lock
verrouillage[M] numérique
bloqueo[M] numérico
blocco[M] numerico

Scrollen[N]
scrolling
défilement[M]
desplazamiento[M]
scorrimento[M]

Einfügen[N]
insert
insertion[F]
insertar
inserimento[M]

Löschen[N]
delete
suppression[F]
borrar
cancellazione[F]

Cursor[M] an Zeilenanfang[M]
home
début[M]
inicio[M]
home[F]

Cursor[M] an Zeilenende[N]
end
fin[F]
fin[M]
fine[F]

vorherige Seite[F]
page up
page[F] précédente
ventana[F] arriba
pagina[F] precedente

löschender Rückschritt[M]
backspace
effacement[M] arrière : effacement[M]
retroceso[M]
backspace[M]

Bildschirminhalt[M] drucken
print screen
impression[F] de l'écran[M]
impresión[F] pantalla[F]
stampa[F]

nächste Seite[F]
page down
page[F] suivante
ventana[F] abajo
pagina[F] successiva

Cursor[M] nach links
cursor left
curseur[M] vers la gauche[F]
cursor[M] hacia la izquierda[F]
cursore[M] a sinistra[F]

Cursor[M] nach rechts
cursor right
curseur[M] vers la droite[F]
cursor[M] hacia la derecha[F]
cursore[M] a destra[F]

Cursor[M] nach oben
cursor up
curseur[M] vers le haut[M]
cursor[M] arriba
cursore[M] in alto[M]

Cursor[M] nach unten
cursor down
curseur[M] vers le bas[M]
cursor[M] abajo
cursore[M] in basso[M]

Eingabe[F]
return
retour[M]
retorno[M]
invio[M]

Eingabegeräte[N]

Kugelmaus[F]
wheel mouse
souris[F] à roulette[F]
rueda[F] de ratón[M]
mouse[M] a rotella[F]

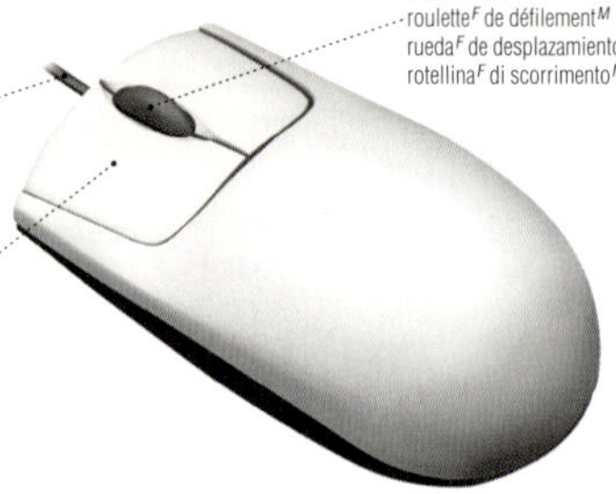

Funkmaus[F]
cordless mouse
souris[F] sans fil[M]
ratón[M] inalámbrico
mouse[M] senza fili[M]

mechanische Maus[F]
mechanical mouse
souris[F] mécanique
ratón[M] mecánico
mouse[M] meccanico

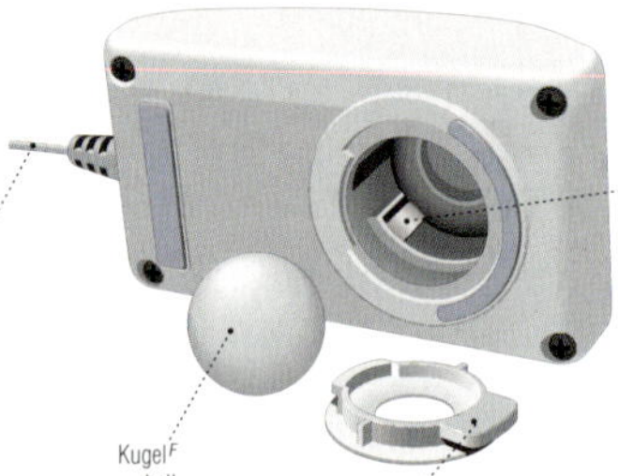

optische Maus[F]
optical mouse
souris[F] optique
ratón[M] óptico
mouse[M] ottico

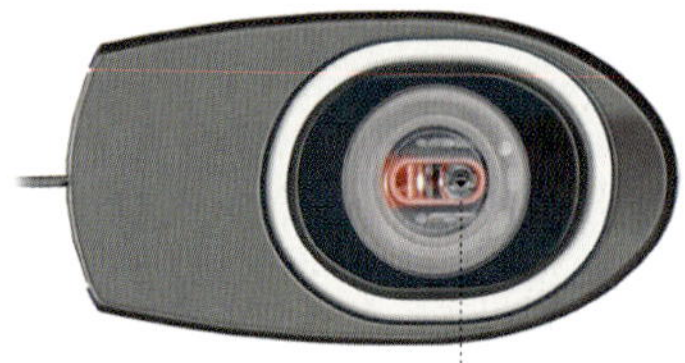

Mauspad[N]
mouse pad
tapis[M] de souris[F]
alfombrilla[F] de ratón[M]
tappetino[M] del mouse[M]

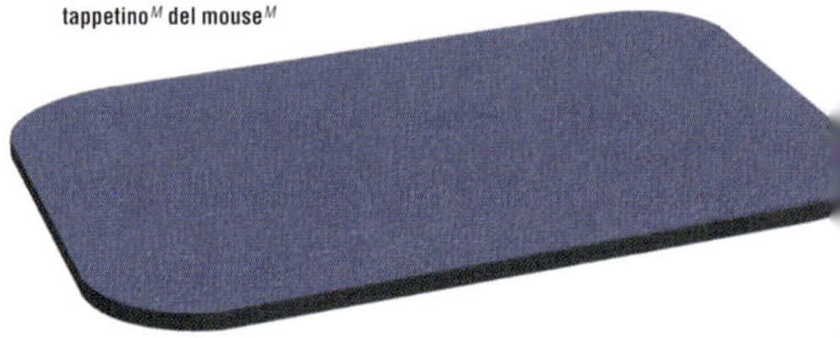

Joystick[M]
joystick
manche[M] à balai[M]
joystick[M]
joystick[M]

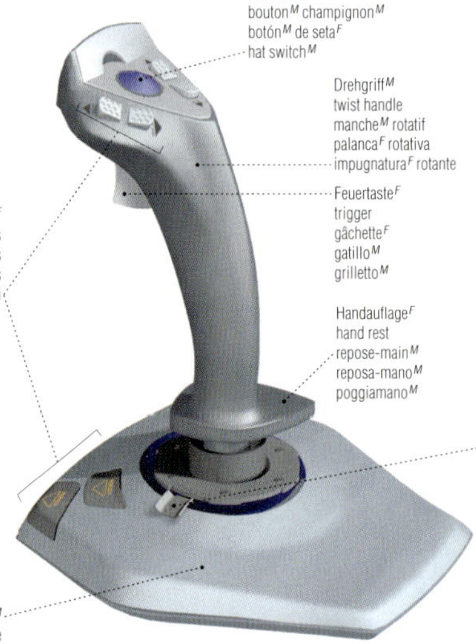

Mikrofon[N]
microphone
microphone[M]
micrófono[M]
microfono[M]

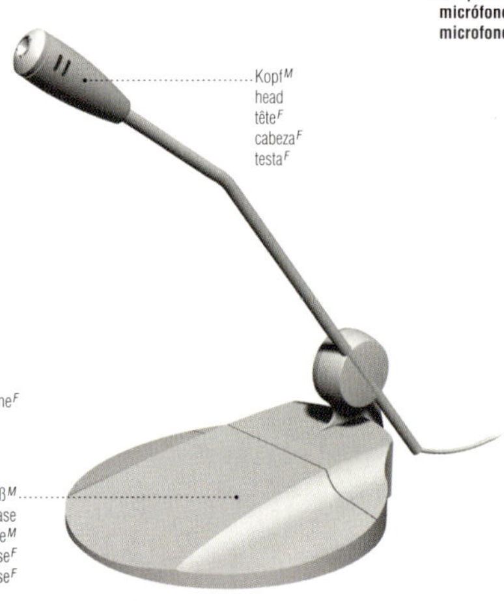

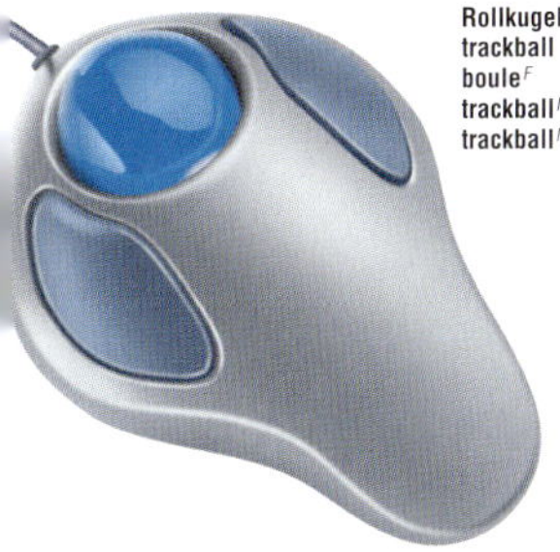

Rollkugel^{F}
trackball
boule^{F}
trackball^{M}
trackball^{M}

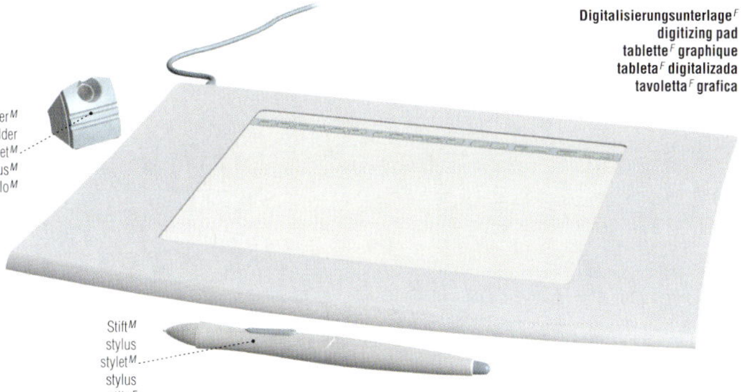

Stifthalter^{M}
stylus holder
porte-stylet^{M}
porta stilus^{M}
portastilo^{M}

Stift^{M}
stylus
stylet^{M}
stylus
stilo^{F}

Digitalisierungsunterlage^{F}
digitizing pad
tablette^{F} graphique
tableta^{F} digitalizada
tavoletta^{F} grafica

CD-ROM-Laufwerk^{N}
CD-ROM player
lecteur^{M} de disque^{M} compact
lector^{M} de CD-ROM
lettore^{M} di compact disc^{M}

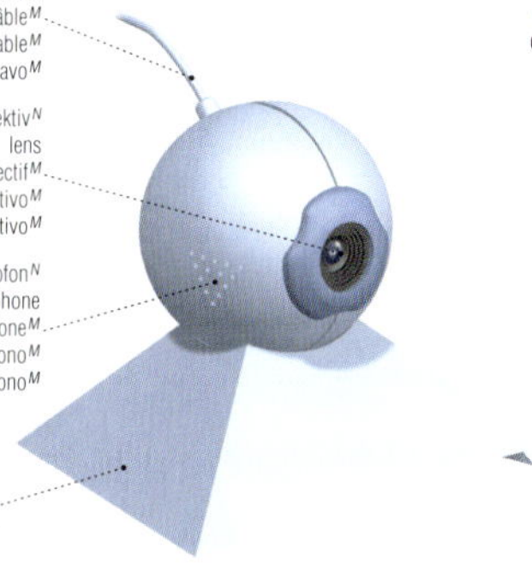

Kabel^{N}
cable
câble^{M}
cable^{M}
cavo^{M}

Objektiv^{N}
lens
objectif^{M}
objetivo^{M}
obiettivo^{M}

Mikrofon^{N}
microphone
microphone^{M}
micrófono^{M}
microfono^{M}

Fuß^{M}
base
socle^{M}
base^{F}
base^{F}

Webcam^{F}
Webcam
webcaméra^{F}
cámara^{F} web
webcam^{F}

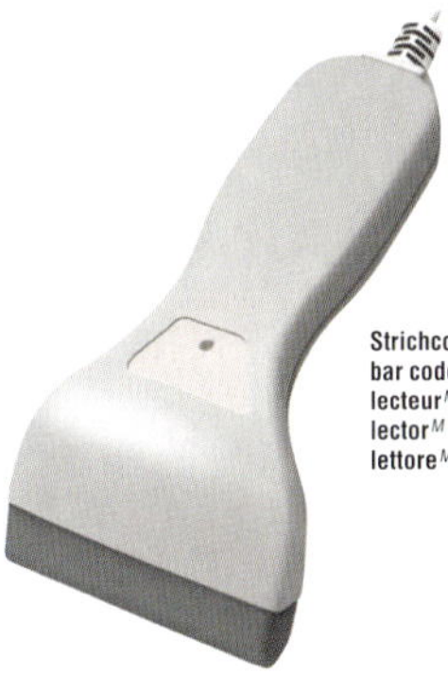

Strichcodeleser^{M}
bar code reader
lecteur^{M} de code-barres^{M}
lector^{M} de código^{M} de barras^{M}
lettore^{M} dei codici^{M} a barre^{F}

Digitalkamera^{F}
digital camera
appareil^{M} numérique
cámara^{F} digital
macchina^{F} fotografica digitale

Scanner^{M}
optical scanner
scanneur^{M}
escáner^{M}
scanner^{M}

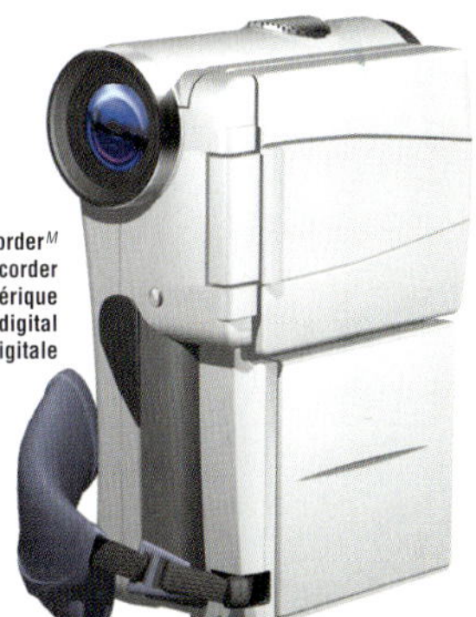

Digital-Camcorder^{M}
digital camcorder
caméscope^{M} numérique
camcorder^{F} digital
videocamera^{F} digitale

Ausgabegeräte^{N}

output devices | périphériques^{M} de sortie^{F} | unidades^{F} de salida^{F} de información^{F} | dispositivi^{M} di uscita^{F}

Flachbildschirm^{M}
flat screen
écran^{M} plat
pantalla^{F} plana
monitor^{M} a schermo^{M} piatto

Bildschirm^{M}
video monitor
écran^{M}
monitor^{M} de vídeo^{M}
monitor^{M}

Projektor^{M}
projector
vidéoprojecteur^{M}
proyector^{M}
proiettore^{M}

Tintenstrahldrucker[M]
inkjet printer
imprimante[F] à jet[M] d'encre[F]
impresora[F] de líneas[F]
stampante[F] a getto[M] di inchiostro[M]

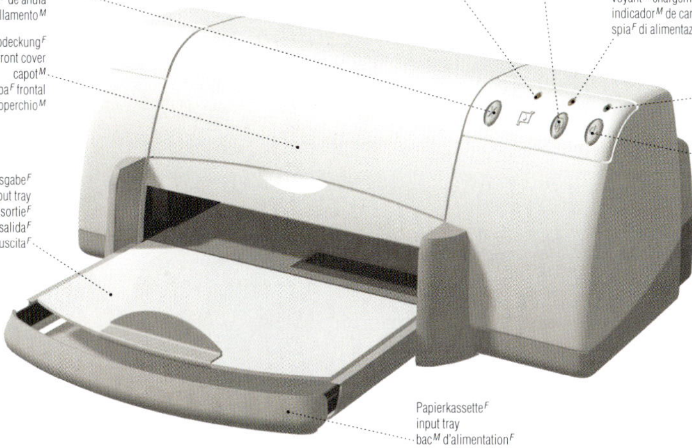

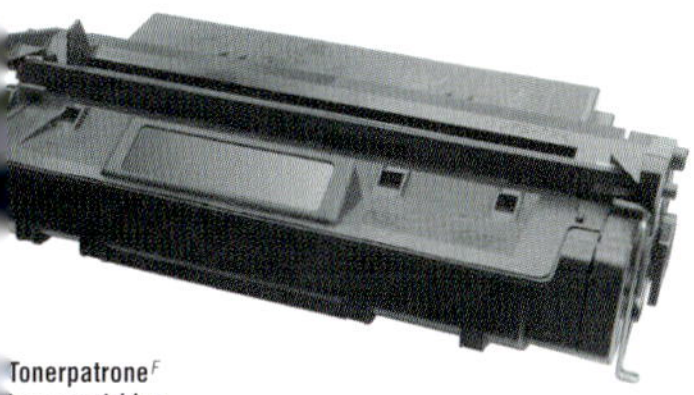

Tonerpatrone[F]
toner cartridge
cartouche[F] d'encre[F] en poudre[F]
cartucho[M] de tóner[M]
cartuccia[F] del toner[M]

Laserdrucker[M]
laser printer
imprimante[F] laser[M]
impresora[F] láser
stampante[F] laser[M]

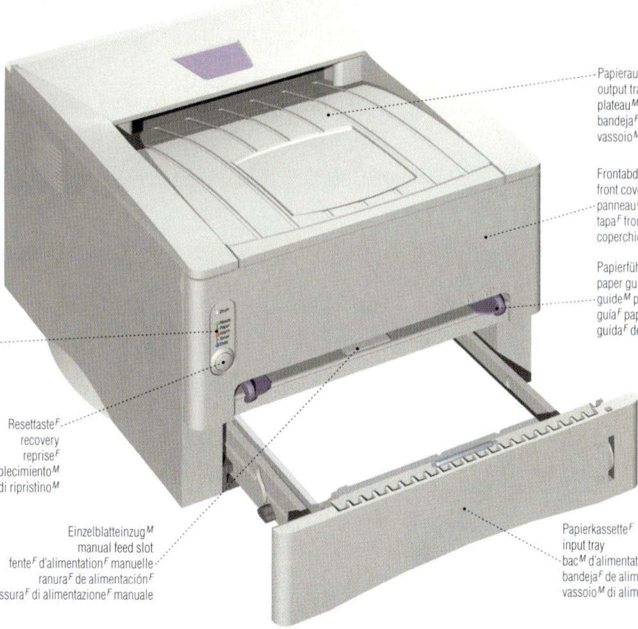

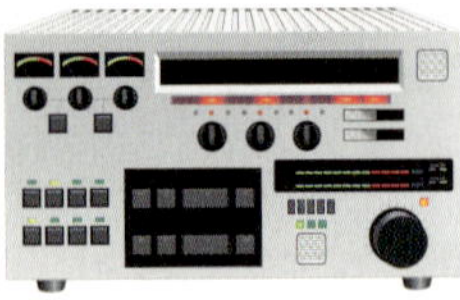

Schreibtisch-Videogerät^{N}
desktop video unit
unité^{F} vidéo
consola^{F} de la unidad^{F} de vídeo^{M}
unità^{F} video^{M} da tavolo^{M}

Filmaufnahmegerät^{N}
film recorder
enregistreur^{M} de film^{M}
filmadora^{F}
registratore^{M} di microfilm^{M}

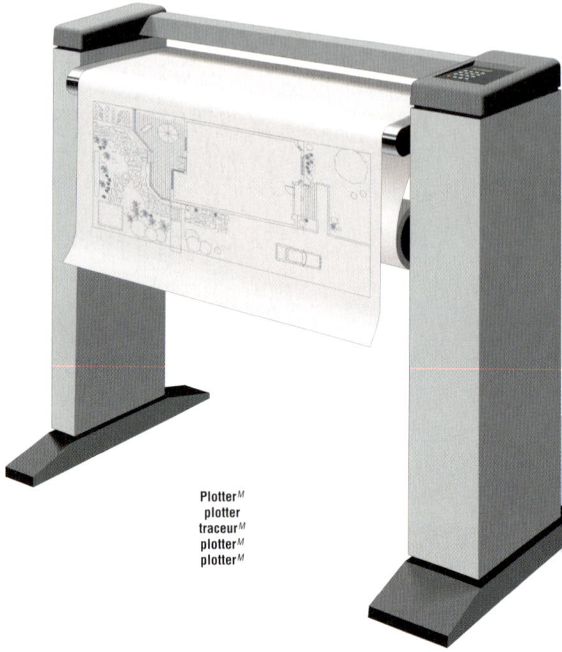

Plotter^{M}
plotter
traceur^{M}
plotter^{M}
plotter^{M}

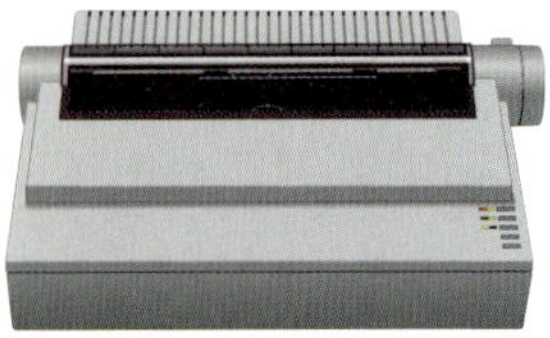

Nadeldrucker^{M}
dot matrix printer
imprimante^{F} matricielle
impresora^{F} matriz
stampante^{F} ad aghi^{M}

unterbrechungsfreie Stromversorgung^{F} (USV)

uninterruptible power supply (UPS) | onduleur^{M} | sistema^{F} de alimentación ininterrumpida (SAI/UPS) | gruppo^{M} di continuità^{F}

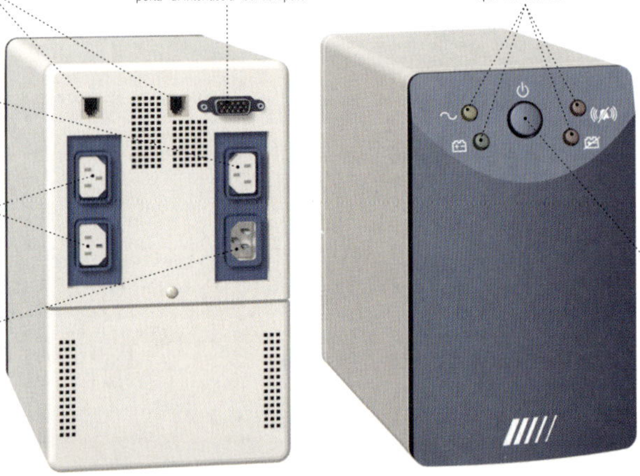

Telefonsteckdose^{F} zur Stoßspannungsunterdrückung^{F}
telephone surge protection jacks
prises^{F} téléphoniques antisurtension
tomas^{F} telefónicas contra sobretensiones^{F}
prese^{F} telefoniche antisovratensione

Computer^{M}-Schnittstellenport^{M}
computer interface port
port^{M} d'interface^{F} ordinateur^{M}
puerto^{M} de interfaz^{F} de ordenador^{M}
porta^{F} di interfaccia^{F} del computer^{M}

Kontrollleuchten^{F}
control lights
voyants^{M} de contrôle^{M}
indicadores^{M} de control^{M}
spie^{F} di controllo^{M}

Steckdose^{F} für Überspannungsschutz^{M}
surge protection receptacle
prise^{F} antisurtension
toma^{F} contra sobretensión^{F}
presa^{F} antisovratensione

Steckdosen^{F} für Überspannungsschutz^{M}/Notversorgung^{F} ab Batterie^{F}
battery backup/surge protection receptacles
prises^{F} antisurtension alimentées par batterie^{F}
toma^{F} contra sobretensión^{F} alimentadas por baterías^{F}
prese^{F} antisovratensione di alimentazione^{F} della batteria^{F}

Ein-/Aus-/Test^{M}-Schalter^{M}
on/off/test button
bouton^{M} marche^{F}/arrêt^{M}/test^{M}
botón^{M} de encendido/apagado/test^{M}
interruttore^{M} di accensione^{F}

Eingangsbuchse^{F}
input receptacle
prise^{F} d'entrée^{F}
toma^{F} de entrada^{F}
presa^{F} di ingresso^{M}

Speichergeräte^{N}

data storage devices | périphériques^{M} de stockage^{M} | unidades^{F} de almacenamiento^{F} de información^{F} | dispositivi^{M} di memorizzazione^{F} dei dati^{M}

externes Festplattenlaufwerk^{N}
removable hard disk drive
lecteur^{M} de disque^{M} dur amovible
unidad^{F} de disco^{M} duro extraíble
unità^{F} hard disk^{M} estraibile

Diskettenauswurftaste^{F}
disk eject button
bouton^{M} d'éjection^{F} du disque^{M}
botón^{M} de expulsión^{F} del disco^{F}
pulsante^{M} di espulsione^{F} del disco^{M}

herausnehmbare Festplatte^{F}
removable hard disk
disque^{M} dur amovible
disco^{M} duro extraíble
hard disk^{M} estraibile

Festplattenlaufwerk^{N}
hard disk drive
lecteur^{M} de disque^{M} dur
unidad^{F} del disco^{M} duro
unità^{F} hard disk^{M}

Platte^{F}
disk
disque^{M}
disco^{M}
disco^{M}

Laufwerksantrieb^{M}
disk motor
moteur^{M} de disques^{M}
motor^{M} del disco^{M}
motore^{M} del disco^{M}

Sucharm^{M}
actuator arm
guide^{M}
brazo^{M} actuador
braccio^{M}

Führungsschienenantrieb^{M}
actuator arm motor
moteur^{M} de guides^{M}
motor^{M} del brazo^{M} actuador
motore^{M} del braccio^{M}

Schreib-/Lesekopf^{M}
read/write head
tête^{F} de lecture^{F}/écriture^{F}
cabeza^{F} de lectura^{F}/escritura^{F}
testina^{F} di lettura^{F}/scrittura^{F}

externes Diskettenlaufwerk^{N}
external floppy disk drive
lecteur^{M} de disquette^{F} externe
unidad^{F} de disquete^{M} externo
unità^{F} floppy disk^{M} esterna

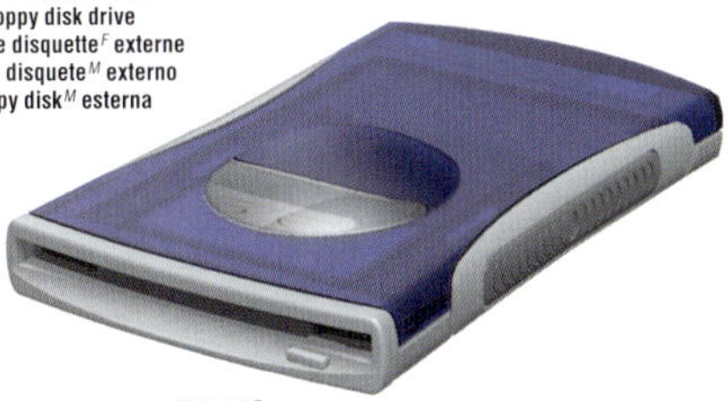

DVD^{F}-Rekorder^{M}
DVD recorder
graveur^{M} de DVD^{M}
reproductor^{M} de DVD
registratore^{M} DVD^{M}

Diskette^{F}
diskette, floppy disk
disquette^{F}
disquete^{M}
floppy disk^{M}

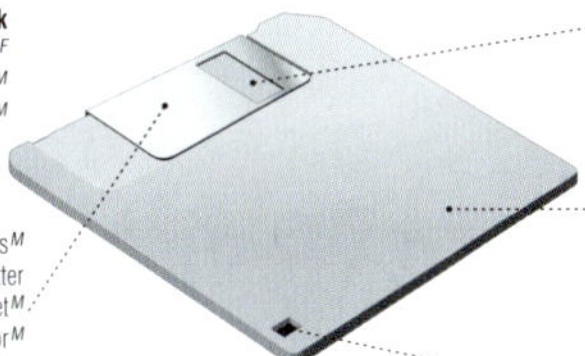

Zugriffsöffnung^{F}
access window
fenêtre^{F} de lecture^{F}
ventana^{F} de acceso^{M}
finestra^{F} di accesso^{M}

Hülle^{F}
jacket
enveloppe^{F}
carcasa^{F}
involucro^{M}

Verschluss^{M}
shutter
volet^{M}
obturador^{M}
coperchio^{M} protettivo

Schreibschutz^{M}
protect tab
taquet^{M} de verrouillage^{M}
lengüeta^{F} protectora
linguetta^{F} di protezione^{F}

Rewritable-Rekorder^{M}
compact disc rewritable recorder
graveur^{M} de disque^{M} compact réinscriptible
grabador^{M} de disco^{M} compacto regrabable
registratore^{M} di compact disc^{M} riscrivibili

Kassettenlaufwerk^{N}
cassette drive
lecteur^{M} de cassette^{F}
unidad^{F} de casetes^{F}
drive^{M} per cassette^{F}

Kassette^{F}
cassette
cassette^{F}
casete^{F}
cassetta^{F}

CD^{F}-Lade^{F}
disk tray
plateau^{M} de chargement^{M}
alojamiento^{F} de disco^{M}
vassoio^{M} portadischi

wiederbeschreibbare CD^{F}
compact disc rewritable
disque^{M} compact réinscriptible
disco^{M} compacto
compact disc^{M} riscrivibile

Übertragungsgeräte^{N}

communication devices | périphériques^{M} de communication^{F} | unidades^{F} de comunicación^{F} | dispositivi^{M} di comunicazione^{F}

Netzwerkkarte^{F}, LAN-Karte^{F}
network interface card
carte^{F} réseau^{M}
tarjeta^{F} de interfaz^{F} de red^{F}
scheda^{F} di rete^{F}

Basisstation^{F} für Funknetzwerk^{N}
network access point transceiver
émetteur^{M}-récepteur^{M} d'accès^{M} réseau^{M}
emisor^{M} -receptor^{M} de acceso^{M} a la red^{F}
ricetrasmittente^{F} di accesso^{M} alla rete^{F}

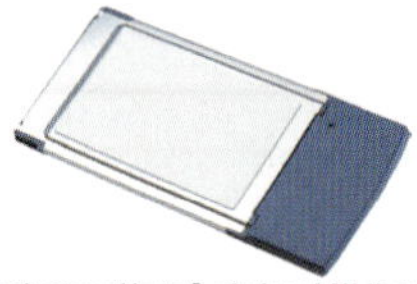

Funknetzwerkkarte^{F}, wireless-LAN-Karte^{F}
wireless network interface card
carte^{F} réseau^{M} sans fil^{M}
tarjeta^{F} de interfaz^{F} de red^{F} sin hilos^{M}
scheda^{F} di rete^{F} senza fili^{M}

Modem^{N}
modem
modem^{M}
módem^{M}
modem^{M}

Beispiele^{N} für Netzwerke^{N}

examples of networks | exemples^{M} de réseaux^{M} | ejemplos^{M} de redes^{F} | esempi^{M} di reti^{F}

Ringnetzwerk^{N}
ring network
réseau^{M} en anneau^{M}
red^{F} en anillo^{M}
rete^{F} ad anello^{M}

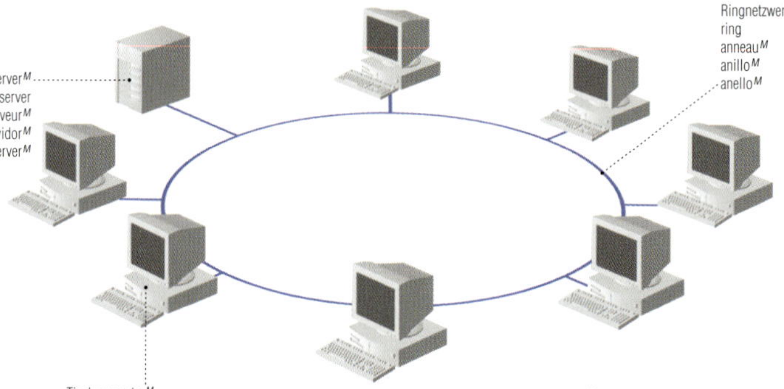

Sternnetzwerk^{N}
star network
réseau^{M} en étoile^{F}
red^{F} en estrella^{F}
rete^{F} a stella^{F}

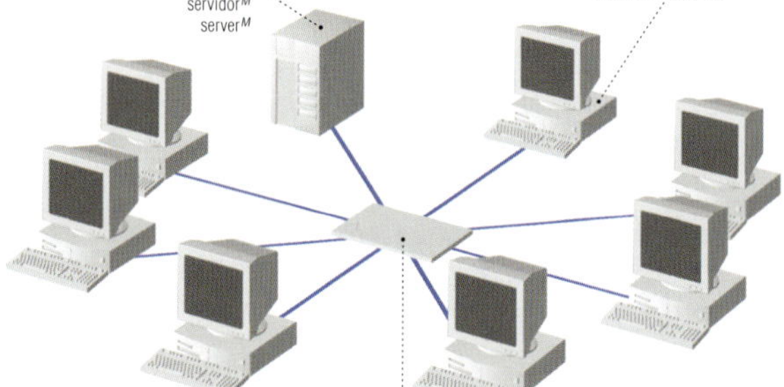

Busnetzwerk^{N}
bus network
réseau^{M} en bus^{M}
red^{F} en bus^{M}
rete^{F} a bus^{M}

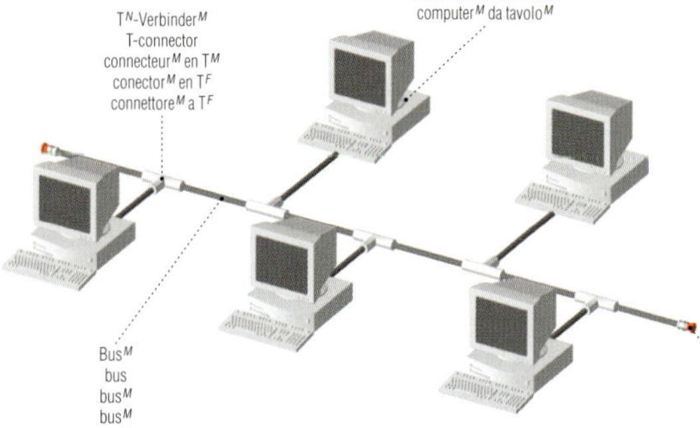

Rechnernetzwerk[N]

computer network | réseau[M] informatique | red[F] informática | rete[F] informatica

Weitverkehrsnetzwerk[N]
wide area network
réseau[M] étendu
red[F] de área[F] amplia
rete[F] estesa

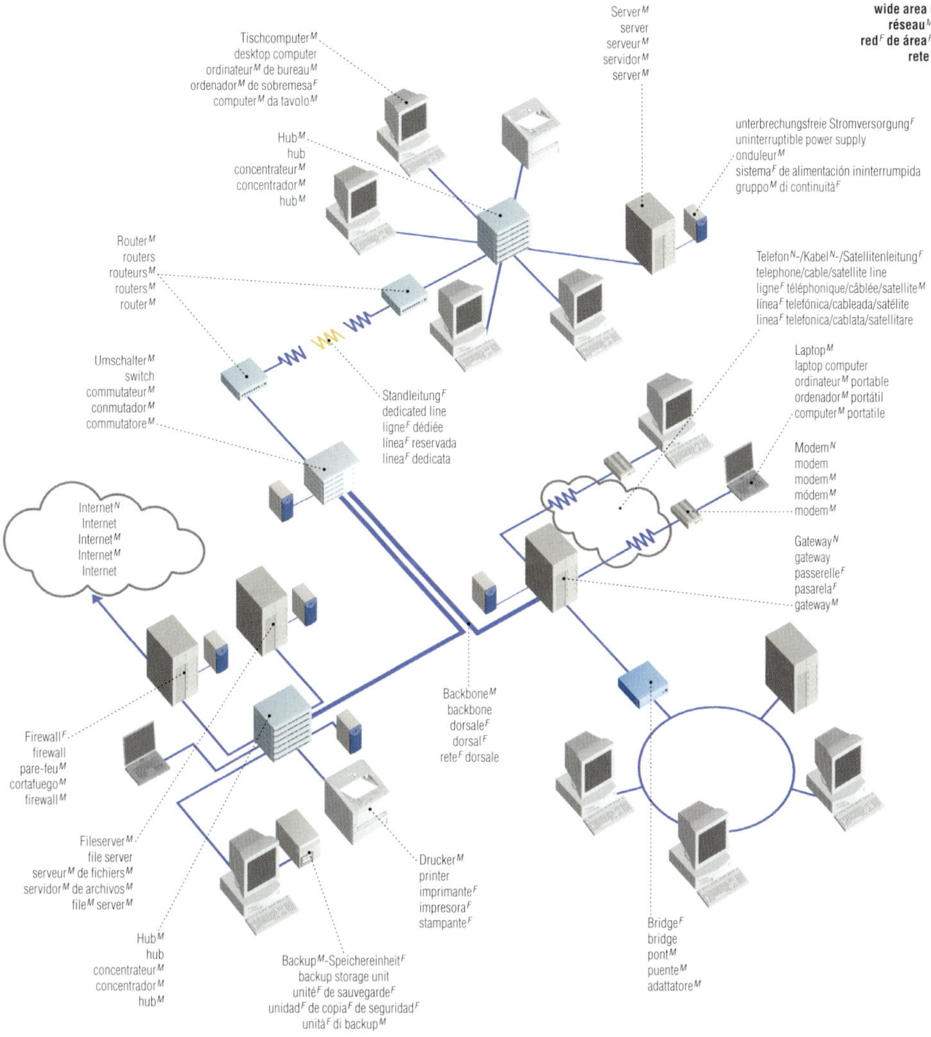

Kabel[N]
cables
câbles[M]
cables[M]
cavi[M]

Koaxialkabel[N]
coaxial cable
câble[M] coaxial
cable[M] coaxial
cavo[M] coassiale

Netzwerkkabel[N]
twisted-pair cable
câble[M] à paire[F] torsadée
cable[M] de par[M]
cavo[M] a treccia[F]

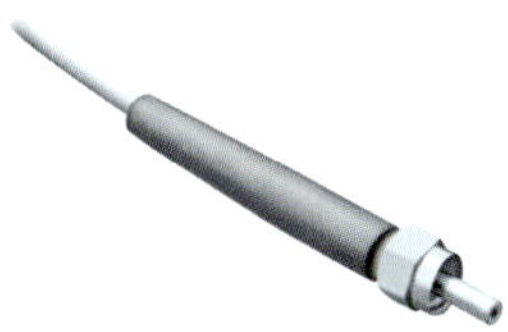

Lichtleitkabel[N]
fibre-optic cable
câble[M] à fibres[F] optiques
cable[M] de fibra[F] óptica
cavo[M] a fibre[F] ottiche

Internet^{N}

Internet | Internet^{M} | Internet^{M} | Internet

URL-Adresse^{F} (vereinheitlichter Ressourcenzugriff^{M})
URL (uniform resource locator)
adresse^{F} URL^{F} (localisateur^{M} universel de ressources^{F})
URL localizador universal de recursos
URL (localizzatore^{M} universale di risorse^{F})

Kommunikationsprotokoll^{N}
communication protocol
protocole^{M} de communication^{F}
protocolo^{M} de comunicación^{F}
protocollo^{M} di comunicazione^{F}

Domainname^{M}
domain name
nom^{M} de domaine^{M}
nombre^{M} del dominio^{M}
nome^{M} del dominio^{M}

Dateiformat^{N}
file format
format^{M} du fichier^{M}
formato^{M} del archivo^{M}
formato^{M} del file^{M}

http://www.un.org/aboutun/index.htm

Doppelschrägstrich^{M}
double slash
double barre^{F} oblique
doble barra^{F} oblicua
doppio slash^{M}

Server^{M}
server
serveur^{M}
servidor^{M}
server^{M}

Domain^{F} zweiten Grades^{M}
second-level domain
domaine^{M} de second niveau^{M}
dominio^{M} de segundo nivel^{M}
dominio^{M} di secondo livello^{M}

Toplevel^{N}-Domain^{F}
top-level domain
domaine^{M} de premier niveau^{M}
dominio^{M} de primer nivel^{M}
dominio^{M} di livello^{M} superiore

Ordner^{M}, Verzeichnis^{N}
directory
répertoire^{M}
directorio^{M}
directory^{F}

Datei^{F}
file
fichier^{M}
archivo^{M}
file^{M}

Browser^{M}
browser
navigateur^{M}
navegador
browser^{M}

URL-Adresse^{F}
URL
adresse^{F} URL^{F}
dirección URL^{M}
URL

Hyperlinks^{M}
hyperlinks
hyperliens^{M}
hipervínculo^{M}
collegamenti^{M} ipertestuali

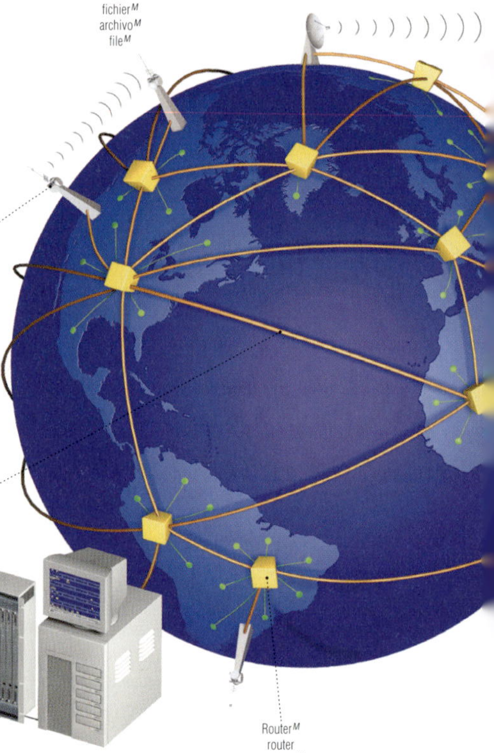

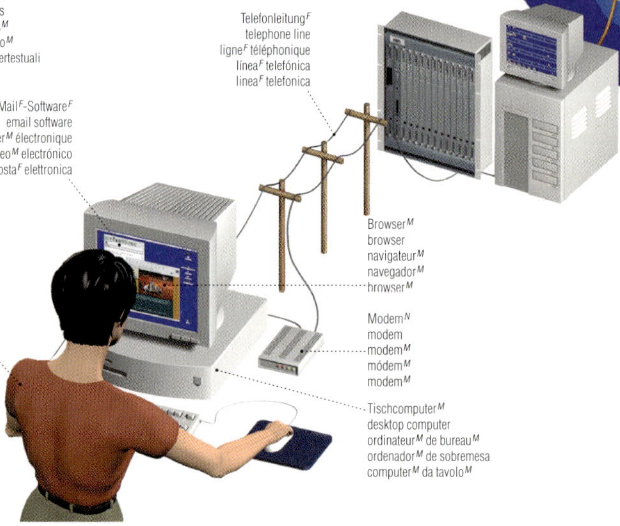

Mikrowellen^{F}-Relaisstation^{F}
microwave relay station
station^{F}-relais^{M} à micro-ondes^{F}
estación^{F} de repetición^{F} de microondas^{F}
stazione^{F} ripetitrice a microonde^{F}

Tiefseekabel^{N}
submarine line
ligne^{F} sous-marine
línea^{F} submarina
linea^{F} sottomarina

Telefonleitung^{F}
telephone line
ligne^{F} téléphonique
línea^{F} telefónica
linea^{F} telefonica

E-Mail^{F}-Software^{F}
email software
logiciel^{M} de courrier^{M} électronique
programa^{M} de correo^{M} electrónico
software^{M} di posta^{F} elettronica

Router^{M}
router
routeur^{M}
router^{M}
router^{M}

Internet^{N}-Nutzer^{M}
Internet user
internaute^{F}
internauta^{M}
utente^{M} di Internet

Browser^{M}
browser
navigateur^{M}
navegador^{M}
browser^{M}

Standleitung^{F}
dedicated line
ligne^{F} dédiée
línea^{F} reservada
linea^{F} dedicata

Modem^{N}
modem
modem^{M}
módem^{M}
modem^{M}

Tischcomputer^{M}
desktop computer
ordinateur^{M} de bureau^{M}
ordenador^{M} de sobremesa
computer^{M} da tavolo^{M}

Internet^{N}-Nutzungen^{F}

Internet uses | utilisations^{F} d'Internet^{M} | usos^{M} de Internet^{M} | impieghi^{M} di Internet

Laptop^{M}

laptop computer | ordinateur^{M} portable | ordenador^{M} portátil | computer^{M} portatile

Laptop^{M}: Vorderansicht^{F}
laptop computer : front view
ordinateur^{M} portable : vue^{F} avant
ordenador^{M} portátil: vista^{F} frontal
computer^{M} portatile: vista^{F} frontale

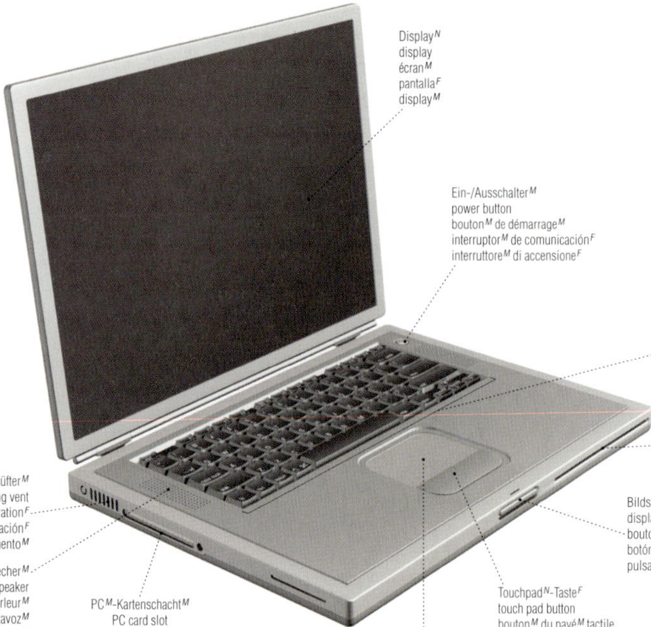

Laptop^{M}: Rückansicht^{F}
laptop computer : rear view
ordinateur^{M} portable : vue^{F} arrière
ordenador^{M} portátil: vista^{F} posterior
computer^{M} portatile: dorso^{M}

Adapter^{M}
power adapter
adaptateur^{M} de courant^{M}
adaptador^{M} de corriente^{F}
alimentatore^{M}

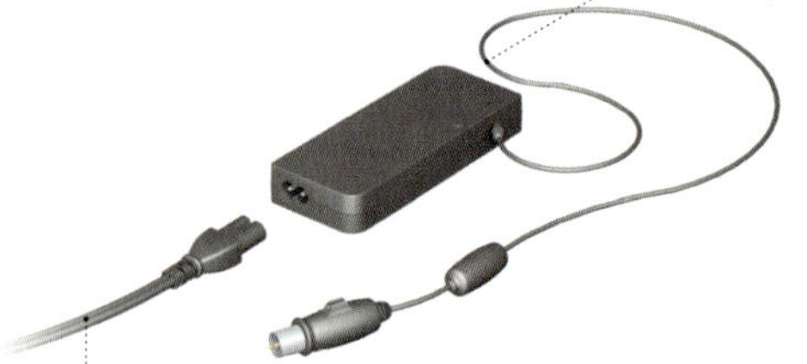

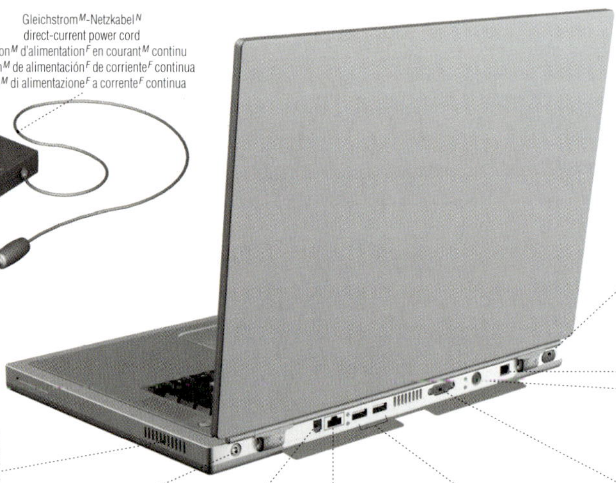

Laptop^{M}-Tasche^{F}
laptop computer briefcase
mallette^{F} d'ordinateur^{M} portable
maletín^{M} para ordenador^{M} portátil
valigetta^{F} per il computer^{M} portatile

Computerfach^{N}
computer compartment
compartiment^{M} pour ordinateur^{M}
compartimiento^{M} para ordenador^{M}
scomparto^{M} per il computer^{M}

Schulterriemen^{M}
shoulder strap
bandoulière^{F}
bandolera^{F}
tracolla^{F}

Dokumentenfach^{N}
document compartment
compartiment^{M} pour documents^{M}
compartimiento^{M} de documentos^{M}
scomparto^{M} per i documenti^{M}

elektronisches Buch^{N}

electronic book | livre^{M} électronique | libro^{M} electrónico | libro^{M} elettronico

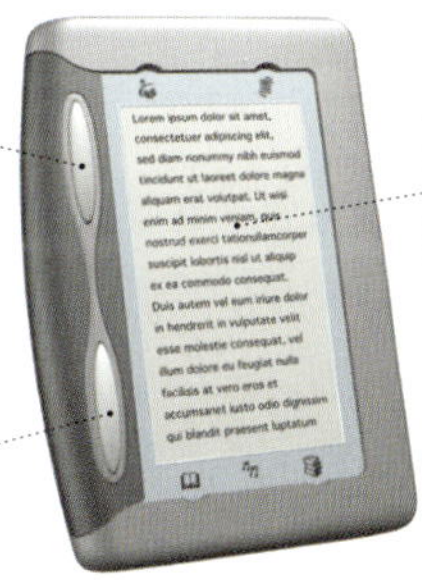

Taste^{F} nächste Seite^{F}
page forward button
page^{F} suivante
botón^{M} página^{F} siguiente
tasto^{M} di pagina^{F} successiva

Touchscreen^{M}
touch screen
écran^{M} tactile
pantalla^{F} táctil
touch screen^{M}

Taste^{F} vorherige Seite^{F}
page backward button
page^{F} précédente
botón^{M} página^{F} precedente
tasto^{M} di pagina^{F} precedente

Handheld-Computer^{M}

pocket computer | ordinateur^{M} de poche^{F} | ordenador^{M} de bolsillo^{M} | computer^{M} tascabile

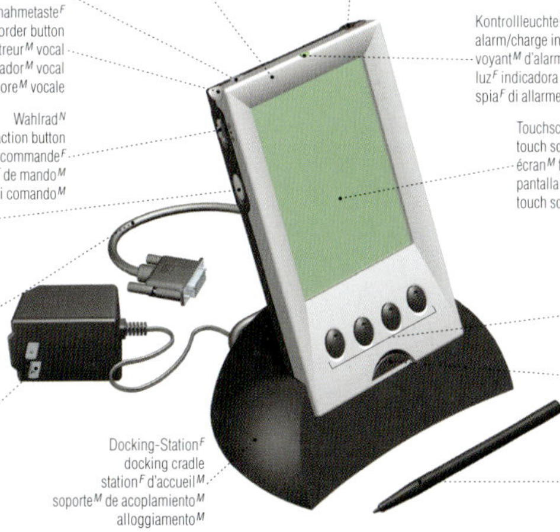

Audio-Ein- und -Ausgänge^{M}
audio input/output jack
prise^{F} d'entrée^{F}/sortie^{F} audio
toma^{F} de entrada^{F} /salida^{F} audio
ingresso^{M}/uscita^{F} audio

Mikrofon^{N}
microphone
microphone^{M}
micrófono
microfono^{M}

Infrarotschnittstelle^{F}
infrared port
port^{M} infrarouge
puerto^{M} infrarrojos
porta^{F} a infrarossi^{M}

Sprachaufnahmetaste^{F}
voice recorder button
bouton^{M} d'enregistreur^{M} vocal
botón^{M} de grabador^{M} vocal
pulsante^{M} del registratore^{M} vocale

Kontrollleuchte^{F} Alarm^{M}/Aufladen^{N}
alarm/charge indicator light
voyant^{M} d'alarme^{F}/de mise^{F} en charge^{F}
luz^{F} indicadora de cargado/alarma^{F}
spia^{F} di allarme^{M} e di messa^{F} in carica^{F}

Wahlrad^{N}
dial/action button
roulette^{F} de commande^{F}
rueda^{F} de mando^{M}
rotella^{F} di comando^{M}

Touchscreen^{M}
touch screen
écran^{M} tactile
pantalla^{F} táctil
touch screen^{M}

Abbruchtaste^{F}
exit button
bouton^{M} de sortie^{F}
botón^{M} de salida^{F}
pulsante^{M} di uscita^{F}

Anwendungsstarttasten^{F}
application launch buttons
boutons^{M} de lancement^{M} d'applications^{F}
botones^{M} de lanzamiento^{M} de las aplicaciones^{M}
pulsanti^{M} di avvio^{M} delle applicazioni^{F}

Synchronisationskabel^{N}
sync cable
câble^{M} de synchronisation^{F}
cable^{M} de sincronización^{F}
cavo^{M} di sincronizzazione^{F}

Betriebsschalter^{M} und Hintergrundbeleuchtung^{F}
power and backlight button
bouton^{M} de démarrage^{M} et de rétroéclairage^{M}
botón^{M} de inicio^{M} y de retroiluminación^{M}
pulsante^{M} di alimentazione^{F} e di controluce^{F}

Netzstecker^{M}
power plug
fiche^{F} d'alimentation^{F}
clavija^{F} de alimentación^{F}
spina^{F} di alimentazione^{F}

Docking-Station^{F}
docking cradle
station^{F} d'accueil^{M}
soporte^{M} de acoplamiento^{M}
alloggiamento^{M}

Stift^{M}
stylus
stylet^{M}
stylus^{M}
stilo^{F}

Schreibwaren^{F}

stationery | articles^{M} de bureau^{M} | artículos^{M} de escritorio^{M} | articoli^{M} di cancelleria^{F}

elektrische Schreibmaschine^{F}
electronic typewriter
machine^{F} à écrire électronique
máquina^{F} de escribir electrónica
macchina^{F} da scrivere elettronica

Gehäuseabdeckung^{F}
top plate
capot^{M}
tapa^{F}
coperchio^{M}

Papierstütze^{F}
paper support
support^{M}-papier^{M}
soporte^{M} del papel^{M}
piano^{M} reggifoglio

Papierfreigabehebel^{M}
paper bail release lever
levier^{M} de dégagement^{M} du presse-papier^{M}
palanca^{F} para liberar el sujetapapel^{M}
leva^{F} di svincolo^{M} del premicarta^{M}

Schreibkopf^{M}
printing head
tête^{F} d'impression^{F}
unidad^{F} de impresión^{F}
testina^{F} di stampa^{F}

Papierhalter^{M}
paper bail
presse-papier^{M}
sujetapapel^{M}
premicarta^{M}

Papierlösehebel^{M}
paper release lever
levier^{M} de dégagement^{M} du papier^{M}
palanca^{F} de aflojar el papel^{M}
leva^{F} liberacarta

Schriftgrößenskala^{F}
point scale
échelle^{F} d'espacement^{M}
escala^{F} de ajuste^{M}
scala^{F} dei passi^{M} di scrittura^{F}

Walze^{F}
platen
cylindre^{M}
rodillo^{M}
rullo^{M}

Walzendrehknopf^{M}
platen knob
bouton^{M} d'interligne^{M} variable
tambor^{F} distanciador
manopola^{F} distanziatrice

Randlösetaste^{F}
margin release
dégagement^{M} du margeur^{M}
liberador^{M} del margen^{M}
tasto^{M} liberamargine

Tabulatortaste^{F}
tabulator
tabulateur^{M}
tabulador^{M}
tasto^{M} tabulatore^{M}

Einzugtaste^{F}
indent
retrait^{M}
tecla^{F} de sangrado^{M}
tasto^{M} del paragrafo^{M} rientrato

Zeichenkorrekturtaste^{F}
character correction
correction^{F} de caractères^{M}
corrección^{F} de caracteres^{M}
tasto^{M} di correzione^{F} del carattere^{M}

Dezimal-Tabuliertaste^{F}
decimal tab
tabulateur^{M} décimal
tabulador^{M} decimal
tasto^{M} di tabulazione^{F} decimale

Hoch-/Tiefstelltaste^{F}
half indexing
positionnement^{M} du papier^{M}
indicador^{M} de la mitad^{F}
tasto^{M} di movimento^{M} di mezza interlinea

Randkontrolltaste^{F}
margin control
commande^{F} de marge^{F}
control^{M} del margen^{M}
tasto^{M} marginatore^{M}

Zentriertaste^{F}
centring
centrage^{M}
tecla^{F} de centrado^{M}
tasto^{M} di centratura^{F}

Tabulatoreinstelltaste^{F}
tab setting
contrôle^{M} de tabulation^{F}
ajuste^{M} del tabulador^{M}
tasto^{M} di impostazione^{F} degli arresti^{M} di tabulazio

Rechtschreibkorrekturtaste^{F}
spelling corrector
correcteur^{M} orthographique
corrector^{M} de ortografía^{F}
tasto^{M} di correzione^{F} ortografica

Textanzeige^{F}
text display
affichage^{M} du texte^{M}
pantalla^{F}
display^{M}

Tabulatorsetztaste^{F}
set
validation^{F}
ajuste^{M}
tasto^{M} di conferma^{F} della tabulazione^{M}

Texttaste^{F}
text
texte^{M}
texto^{M}
tasto^{M} di memorizzazione^{F} del testo^{M}

Code-Taste^{F}
code
code^{M}
código^{M}
tasto^{M} selezionatore^{F} di comandi^{M}

Fixiertaste^{F}
relocation
repositionnement^{M}
reposicionamiento^{M}
tasto^{M} di riposizionamento^{M}

Umschaltfeststelltaste^{F}
shift lock key
touche^{F} fixe-majuscules^{F}
tecla^{F} de seguro^{M} para las mayúsculas^{F}
tasto^{M} del blocco delle maiuscole

Umschalttaste^{F}
shift key
touche^{F}-majuscules^{F}
tecla^{F} de mayúsculas^{F}
tasto^{M} delle maiuscole^{F}

Leertaste^{F}
space bar
barre^{F} d'espacement^{M}
barra^{F} espaciadora
barra^{F} spaziatrice

Wagenrücklauftaste^{F}
carriage return
retour^{M} de chariot^{M}
tecla^{F} de regreso^{M} del carro^{M}
tasto^{M} di ritorno^{M} del carrello^{M}

Mode-Taste^{F}
mode
mode^{M}
modalidad^{F}
tasto^{M} di selezione^{F} dello stato^{M} di stampa^{F}

Wortkorrekturtaste^{F}
word correction
correction^{F} de mots^{M}
corrección^{F} de palabras^{F}
tasto^{M} di correzione^{F} della parola^{F}

Taschenrechner[M]
pocket calculator
calculette[F]
calculadora[F] de bolsillo[M]
calcolatrice[F] tascabile

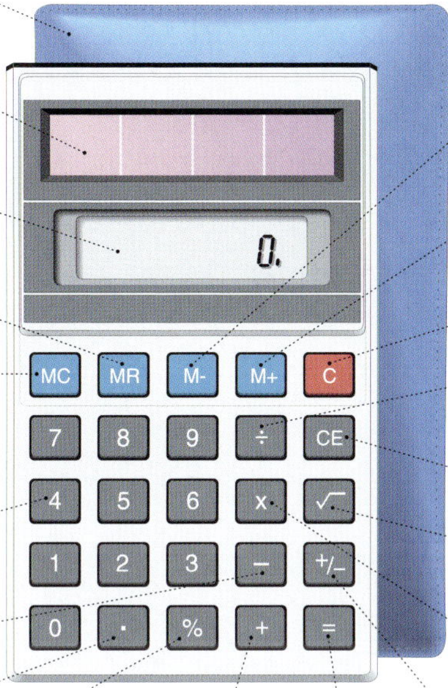

Etui[N]
wallet
étui[M]
bolsa[F] de cuero[M]
custodia[F]

Solarzelle[F]
solar cell
alimentation[F] solaire
célula[F] solar
cella[F] solare

Anzeige[F]
display
affichage[M]
pantalla[F]
display[M]

Speicheranzeigetaste[F]
memory recall
rappel[M] de mémoire[F]
retorno[M] a la memoria[F]
tasto[M] di richiamo[M] della memoria[F]

Speicherlöschtaste[F]
memory cancel
effacement[M] de mémoire[F]
anulación[F] de la memoria[F]
tasto[M] di cancellazione[F] della memoria[F]

Zifferntaste[F]
number key
touche[F] numérique
tecla[F] de número[M]
tasto[M] numerico

Subtraktionstaste[F]
subtract key
soustraction[F]
tecla[F] de sustracción[F]
tasto[M] di sottrazione[F]

Kommataste[F]
decimal key
touche[F] de décimale[F]
tecla[F] decimal
tasto[M] di punto[M] decimale

Speichersubtraktionstaste[F]
subtract from memory
soustraction[F] en mémoire[F]
substracción[F] de la memoria[F]
tasto[M] di sottrazione[F] in memoria[F]

Speicheradditionstaste[F]
add in memory
addition[F] en mémoire[F]
adición[F] en la memoria[F]
tasto[M] di somma[F] in memoria[F]

Löschtaste[F]
clear key
effacement[M] total
tecla[F] para limpiar la pantalla[F]
tasto[M] di azzeramento[M]

Divisionstaste[F]
divide key
division[F]
tecla[F] de división[F]
tasto[M] di divisione[F]

Eingabe-Löschtaste[F]
clear-entry key
effacement[M] partiel
tecla[F] para limpiar la pantalla[F] y de acceso
tasto[M] di azzeramento[M] ultimo dato[M]

Quadratwurzeltaste[F]
square root key
racine[F] carrée
tecla[F] de raíz[F] cuadrada
tasto[M] di radice[F] quadrata

Multiplikationstaste[F]
multiply key
multiplication[F]
tecla[F] de multiplicación[F]
tasto[M] di moltiplicazione[F]

Prozenttaste[F]
percent key
pourcentage[M]
tecla[F] de porcentaje[M]
tasto[M] di percentuale[F]

Additionstaste[F]
add key
addition[F]
tecla[F] de adición[F]
tasto[M] di addizione[F]

Gleichtaste[F]
equals key
touche[F] de résultat[M]
tecla[F] de igualdad[F]
tasto[M] di uguale[M]

Vorzeichentaste[F]
change sign key
inverseur[M] de signe[M]
tecla[F] de cambio[M] de signo[M]
tasto[M] di cambio[M] segno[M]

wissenschaftlicher Taschenrechner[M]
scientific calculator
calculatrice[F] scientifique
calculadora[F] científica
calcolatrice[F] scientifica

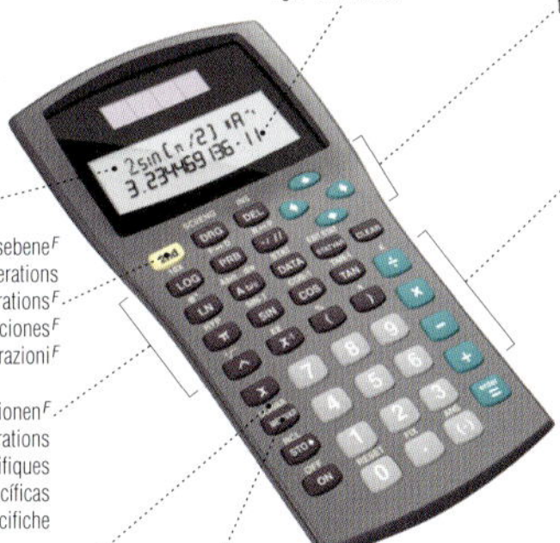

Ergebniszeile[F]
result line
affichage[M] du résultat[M]
línea[F] del resultado[M]
riga[F] dei risultati[M]

Eingabezeile[F]
entries line
affichage[M] des données[F]
línea[F] de datos[M] introducidos
riga[F] dei dati[M] immessi

Zugang[M] zur zweiten Funktionsebene[F]
access to the second level of operations
accès[M] au second niveau[M] d'opérations[F]
acceso[M] al segundo nivel[M] de operaciones[F]
accesso[M] al secondo livello[M] di operazioni[F]

spezifische Operationen[F]
specific operations
opérations[F] spécifiques
operaciones[F] específicas
operazioni[F] specifiche

zweite Funktionsebene[F]
second level of operations
second niveau[M] d'opérations[F]
segundo nivel[M] de operaciones[M]
secondo livello[M] di operazioni[F]

erste Funktionsebene[F]
first level of operations
premier niveau[M] d'opérations[F]
primer nivel[M] de operaciones[M]
primo livello[M] di operazioni[F]

Cursortasten[F]
cursor movement keys
touches[F] de déplacement[M] du curseur[M]
teclas[F] de desplazamiento[M] del cursor[M]
tasti[M] di posizionamento[M] del cursore[M]

Grundrechenarten[F]
basic operations
opérations[F] de base[F]
operaciones[M] básicas
operazioni[F] di base[F]

Tischrechner[M] mit Druckerteil[N]
printing calculator
calculatrice[F] à imprimante[F]
calculadora[F] con impresora[F]
calcolatrice[F] da tavolo[M]

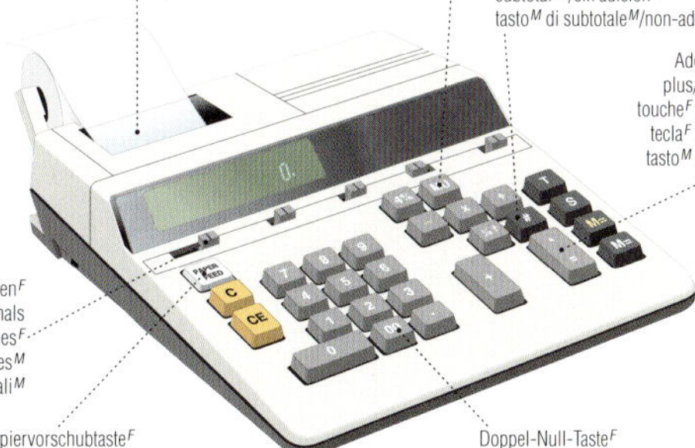

Druckerteil[N]
printer
imprimante[F]
impresora[F]
stampante[F]

Multifunktionstaste[F]
multiple use key
touche[F] multifonctionnelle
tecla[F] de utilización[F] múltiple
tasto[M] multifunzionale

Zwischensummentaste[F]
non-add/subtotal
non-addition[F]/total[M] partiel
subtotal[M] /sin adición[F]
tasto[M] di subtotale[M]/non-addizione[F]

Addiertaste[F]
plus/equals key
touche[F] plus[M]-égalité[F]
tecla[F] de más/igual
tasto[M] di più-uguale

Anzahl[F] der Kommastellen[F]
number of decimals
nombre[M] de décimales[F]
número[M] de decimales[M]
selettore[M] del numero[M] dei decimali[M]

Papiervorschubtaste[F]
paper feed key
commande[F] d'insertion[F] du papier[M]
tecla[F] de arrastre[M] del papel[M]
tasto[M] di alimentazione[F] della carta[F]

Doppel-Null-Taste[F]
double zero key
touche[F] de double zéro[M]
tecla[F] de doble cero[M]
tasto[M] di doppio zero[M]

für die Terminplanung^{F}
for time use
pour l'emploi^{M} du temps^{M}
para el empleo^{M} del tiempo^{M}
per la gestione^{F} del tempo^{M}

Ringbuchkalender^{M}
calendar pad
bloc^{M}-éphéméride^{F}
calendario^{M} de escritorio^{M}
calendario^{M} da tavolo^{M}

Abreißkalender^{M}
tear-off calendar
calendrier^{M}-mémorandum^{M}
calendario^{M} de pared^{F}
calendario^{M} a fogli^{M} staccabili

Organizer^{M}
organizer
organiseur^{M}
agenda^{F} electrónica
organizer^{M}

Display^{N}
display
écran^{M}
pantalla^{F}
display^{M}

alphabetische Tastatur^{F}
alphabetical keypad
pavé^{M} alphabétique
teclado^{M} alfabético
tastierino^{M} alfabetico

numerische Tastatur^{F}
numeric keypad
pavé^{M} numérique
teclado^{M} numérico
tastierino^{M} numerico

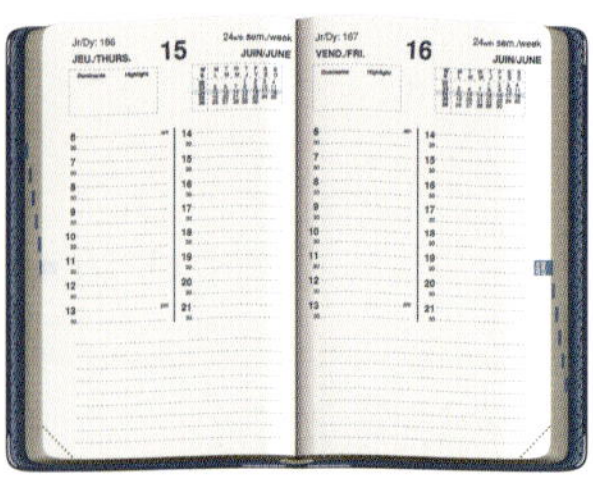

Terminkalender^{M}
appointment book
agenda^{M}
agenda^{F}
agenda^{F}

Stempeluhr^{F}
time clock
pointeuse^{F}
timbradora^{F}
orologio^{M} per la timbratura^{F} dei cartellini^{M}

Display^{N}
display
écran^{M}
pantalla^{F}
display^{M}

Stempelkarte^{F}
time card
carte^{F} de pointage^{M}
calendario^{M}
cartellino^{M} orario

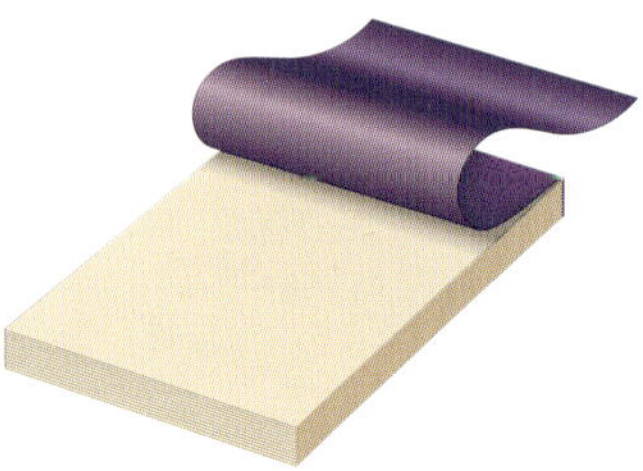

Notizblock^{M}
memo pad
bloc^{M}-notes^{F}
libreta^{F}
bloc-notes^{M}

Luftpolsterumschlag[M]
padded envelope
enveloppe[F] matelassée
sobre[M] almohadillado
busta[F] imbottita

selbstklebende Lasche[F]
self-sealing flap
patte[F] autocollante
solapa[F] autoadhesiva
aletta[F] autoadesiva

Luftpolster[N]
air bubbles
bulles[F] d'air[M]
burbujas[F] de aire[M]
bolle[F] d'aria[F]

Brieföffner[M]
letter opener
coupe-papier[M]
abrecartas[F]
tagliacarte[M]

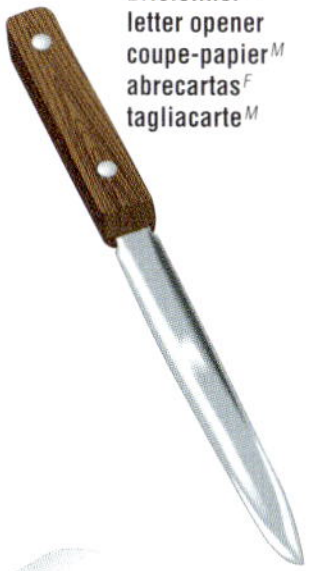

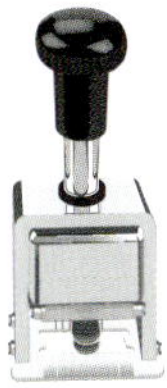

Nummerierstempel[M]
numbering stamp
numéroteur[M]
foliador[M]
numeratore[M]

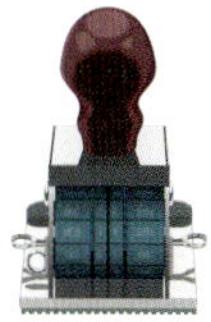

Datumstempel[M]
date stamp
timbre[M] dateur
fechador[M]
datario[M]

für die Korrespondenz[F]
for correspondence
pour la correspondance[F]
para la correspondencia[F]
per la corrispondenza[F]

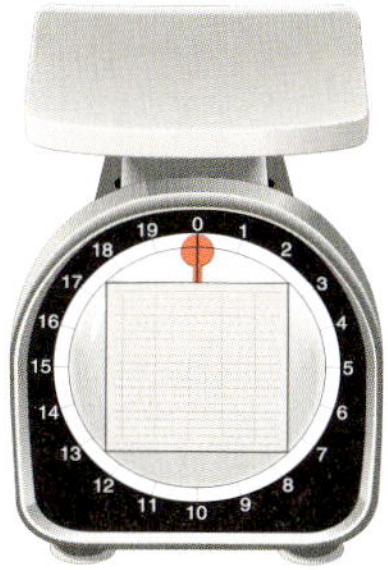

Briefwaage[F]
letter scale
pèse-lettres[M]
balanza[F] para cartas[F]
pesalettere[M]

Stenografieblock[M]
shorthand notebook
bloc[M]-sténo[F]
cuaderno[M] de taquigrafía[F]
blocchetto[M] per stenografia[F]

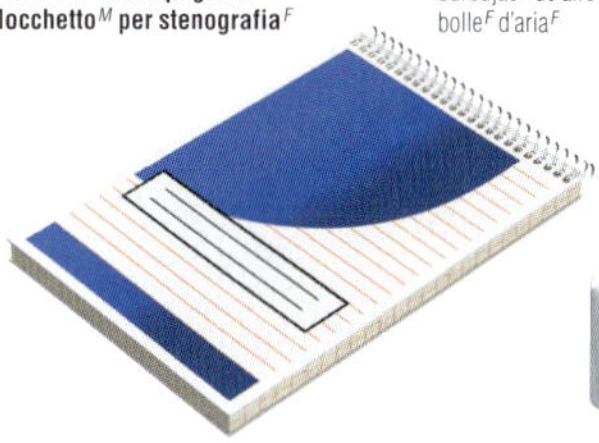

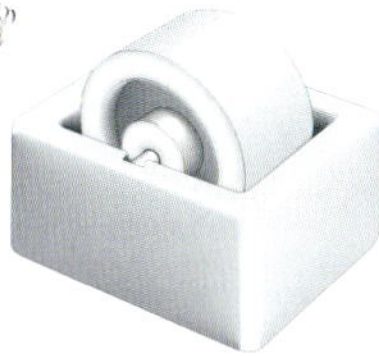

Befeuchter[M]
moistener
mouilleur[M]
rueda[F] humedecedora
spugnetta[F]

elastischer Fingerhut[M]
finger tip
doigtier[M]
dedil[M]
ditale[M] in gomma[F]

Stempelrad[N]
stamp rack
porte-timbres[M]
portasellos[M]
portatimbri[M]

Stempelkissen[N]
stamp pad
tampon[M] encreur
cojín[M] para sellos[M]
tampone[M]

Stempel[M]
rubber stamp
timbre[M] caoutchouc[M]
sello[M] de goma[F]
timbro[M] di gomma[F]

Unterschriftenmappe[F]
signature book
parapheur[M]
libro[M] de firmas[M]
libro[M] delle firme[F]

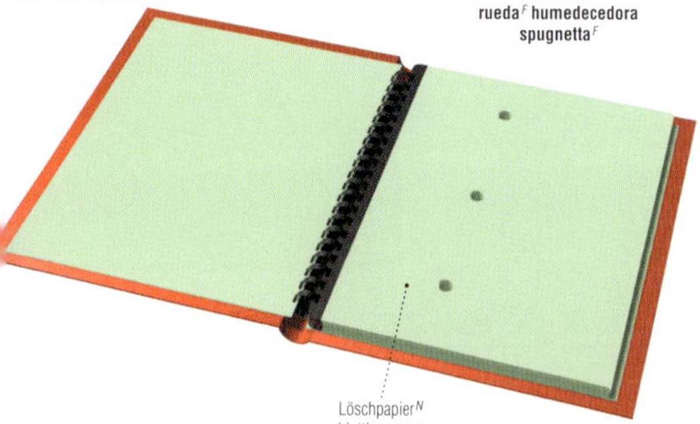

Löschpapier[N]
blotting paper
papier[M] buvard[M]
papel[M] secante
carta[F] assorbente

Drehkartei[F]
rotary file
fichier[M] rotatif
fichero[M] giratorio
schedario[M] rotativo

Telefonnummernverzeichnis[N]
telephone index
répertoire[M] téléphonique
agenda[F] telefónica
rubrica[F] telefonica

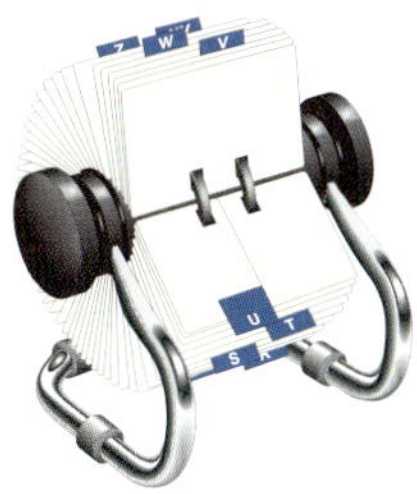

Frankiermaschine[F]
franking machine
machine[F] à affranchir
máquina[F] franqueadora
affrancatrice[F]

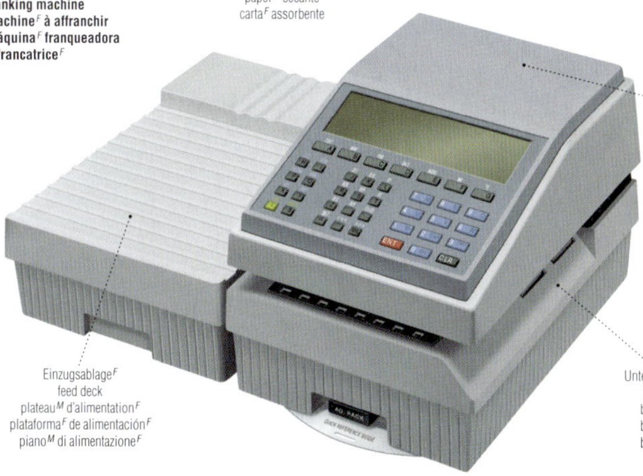

Frankiermodul[N]
postmarking module
module[M] d'affranchissement[M]
módulo[M] de franqueado[M]
modulo[M] di affrancamento[M]

Einzugsablage[F]
feed deck
plateau[M] d'alimentation[F]
plataforma[F] de alimentación[F]
piano[M] di alimentazione[F]

Unterteil[M/N]
base
base[F]
base[F]
base[F]

Dokumentenablage[F]
desk tray
boîte[F] à courrier[M]
bandeja[F] de correspondencia[F]
vaschetta[F] portacorrispondenza

Schreibwaren[F]

für die Ablage[F]
for filing
pour le classement[M]
para archivar
per l'archiviazione[F]

Selbstklebeetiketten[N]
self-adhesive labels
étiquettes[F] autocollantes
etiquetas[F] adhesivas
etichette[F] autoadesive

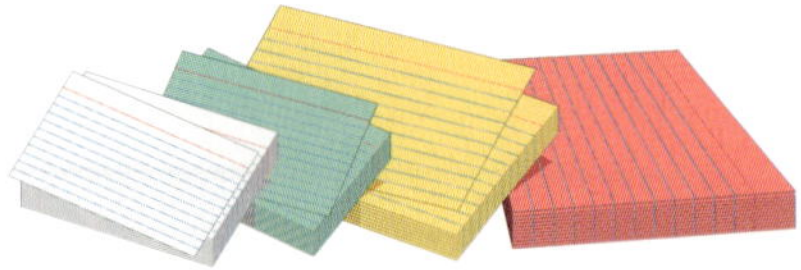

Karteikarten[F]
index cards
fiches[F]
fichas[F]
schede[F]

Registriereinlagen[F]
dividers
feuillets[M] intercalaires
divisores[M]
divisori[M]

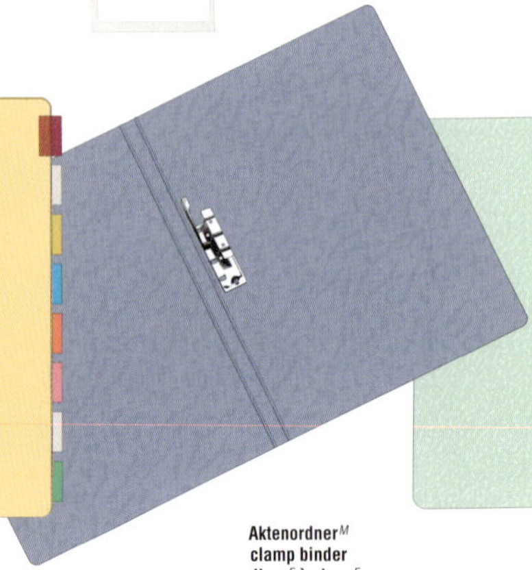

Aktenordner[M]
clamp binder
reliure[F] à pince[F]
carpeta[F] con mecanismo[M] de presión[F]
cartella[F] con pressino[M]

Schnellhefter[M]
fastener binder
reliure[F] à glissière[F]
carpeta[F] de broches[M]
cartella[F] con linguetta[F]

Klemmhefter[M]
spring binder
reliure[F] à ressort[M]
carpeta[F] de costilla[F] de resorte[M]
raccoglitore[M] a molla[F]

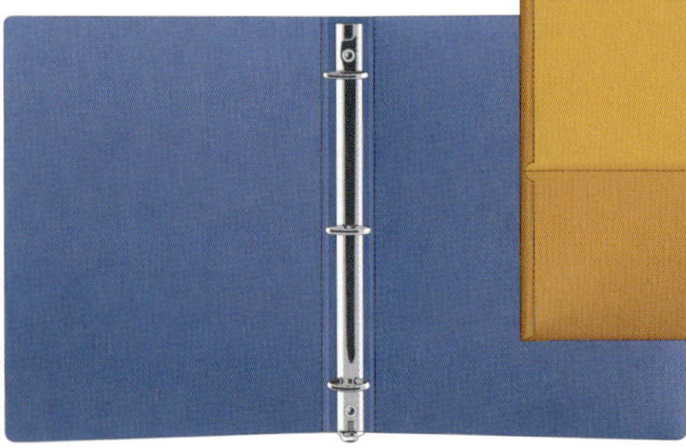

Ringbuch[N]
ring binder
classeur[M]
carpeta[F] de argollas[F]
raccoglitore[M] ad anelli[M]

Dokumentenmappe[F]
document folder
pochette[F] d'information[F]
carpeta[F] con guardas[F]
cartella[F] per documenti[M]

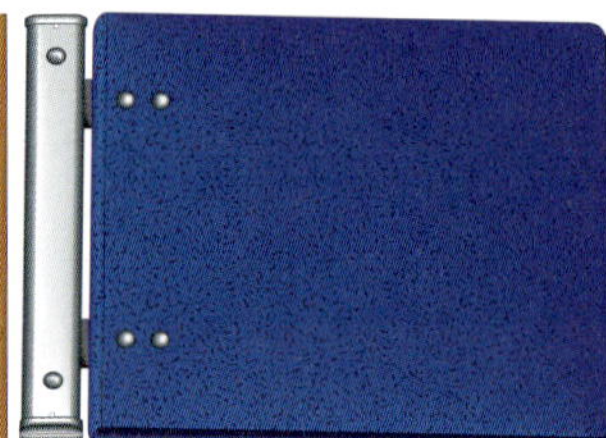

Hefter[M]
post binder
reliure[F] à vis[F]
carpeta[F] de tornillos[M]
portatabulati[M]

Reiter[M]
tab
onglet[M]
indicador[M]
linguetta[F]

durchsichtiger Reiter[M]
window tab
onglet[M] à fenêtre[F]
indicador[M] transparente
linguetta[F] con finestra[F]

Aktenmappe[F]
folder
chemise[F]
carpeta[F] de archivo[M]
cartelletta[F]

Karteiregister[N]
file guides
guides[M] de classement[M]
guías[F] de archivo[M]
divisori[M] alfabetici per schedario[M]

Hängemappe[F]
suspension file
dossier[M] suspendu
archivador[M] colgante
cartella[F] sospesa

Spiralringbuch[N]
spiral binder
reliure[F] spirale[F]
carpeta[F] de espiral[F]
rilegatura[F] con spirale[F]

Klemmbrett[N]
clipboard
planchette[F] à pince[F]
tabla[F] con pinza[F]
tavoletta[F] portablocco[M]

Ringablage[F]
archboard
planchette[F] à arches[F]
tabla[F] con argollas[F]
portablocco[M]

Karteischubfach[N]
index card drawer
tiroir[M] de fichier[M]
gaveta[F] de archivador[M]
cassetto[M] di schedario[M]

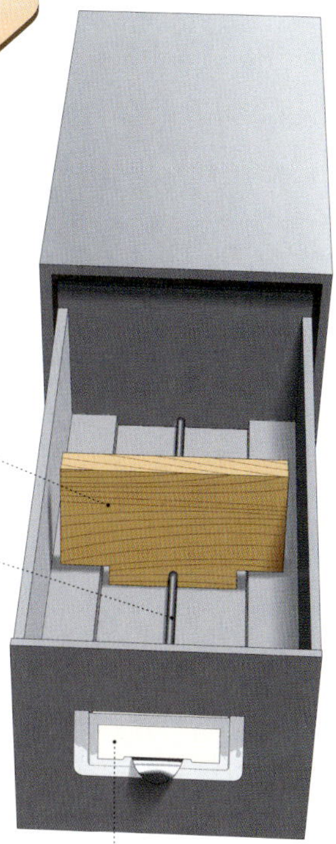

Begrenzungseinsatz[M]
compressor
compresseur[M]
compresor[M]
pressore[M]

Führungsschiene[F]
metal rail
tringle[F] métallique
riel[M] metálico
guida[F] metallica

Etikettenfenster[N]
label holder
porte-étiquette[M]
soporte[M] del rótulo[M]
portaetichetta[M]

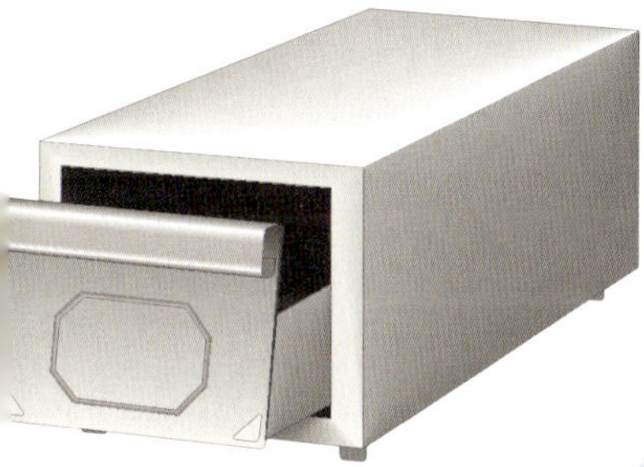

Karteikasten[M]
index card cabinet
fichier[M]
archivador[M] de fichas[F]
schedario[M]

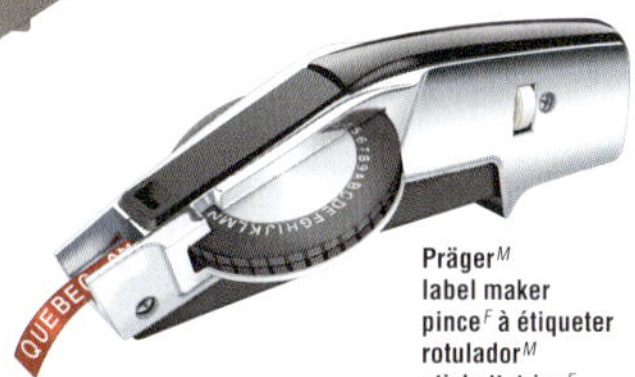

Präger[M]
label maker
pince[F] à étiqueter
rotulador[M]
etichettatrice[F]

Spiralheftung[F]
comb binding
reliure[F] à anneaux[M] plastiques
encuadernación[F] de anillas[F]
rilegatura[F] con spirale[F]

Aktenbox[F]
filing box
boîte[F]-classeur[M]
caja[F] archivo[M]
scatola[F] per archivio[M]

Locher[M]
paper punch
perforatrice[F]
perforadora[F]
perforatore[M]

Erweiterungskartei[F]
expanding file
pochette[F] de classement[M]
archivador[M] de fuelle[M]
classificatore[M] a soffietto[M]

Schreibwaren^{F}

Verschiedenes^{N}
miscellaneous articles
articles^{M} divers
artículos^{M} varios
articoli^{M} vari

Klebebandabroller^{M}
box sealing tape dispenser
dévidoir^{M} pistolet^{M}
porta-cinta^{M} adhesiva
nastratrice^{F}

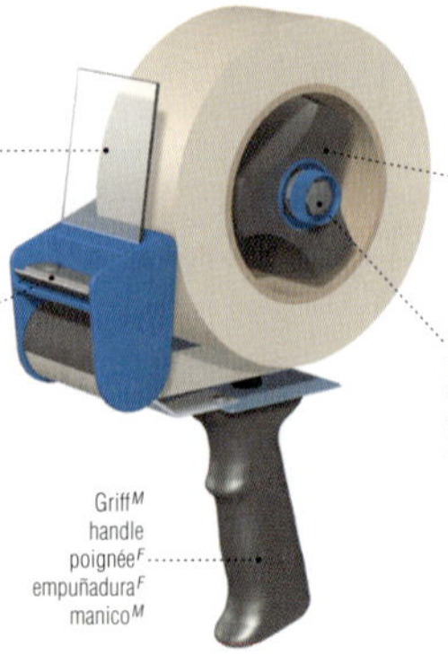

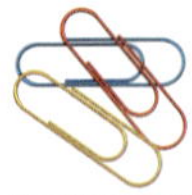

Büroklammern^{F}
paper clips
trombones^{M}
clip^{M}
fermagli^{M}

Reißnägel^{M}
drawing pins
punaises^{F}
chinchetas^{F}
puntine^{F} da disegno^{M}

Beutelklammern^{F}
paper fasteners
attaches^{F} parisiennes
tachuelas^{F} para papel^{M}
fermacampioni^{M}

Bleistiftspitzer^{M}
pencil sharpener
taille-crayon^{M}
sacapuntas^{M}
temperamatite^{M}

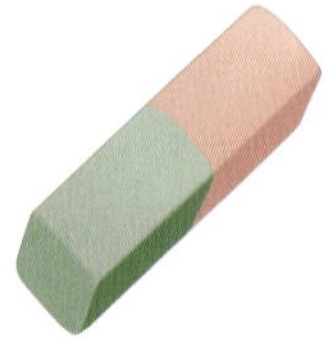

Radiergummi^{M}
eraser
gomme^{F}
goma^{F}
gomma^{F}

Büroklammerhalter^{M}
paper-clip holder
distributeur^{M} de trombones^{M}
distribuidor^{M} de clips^{M}
portafermagli^{M}

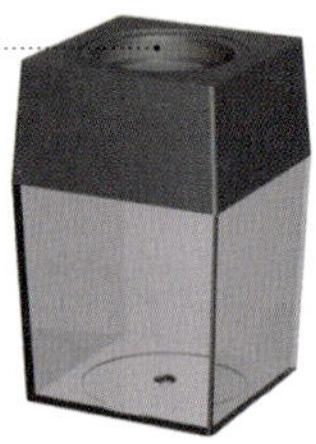

Papierclip^{M}
clip
pince-notes^{M}
pinza^{F}
fermaglio a molla

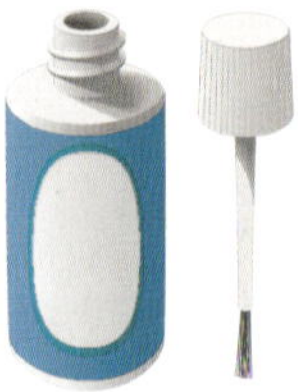

Korrekturflüssigkeit^{F}
correction fluid
correcteur^{M} liquide
liquido^{M} corrector
correttore^{M} liquido

Klebestift^{M}
glue stick
bâtonnet^{M} de colle^{F}
lápiz^{M} adhesivo
colla^{F} in stick^{M}

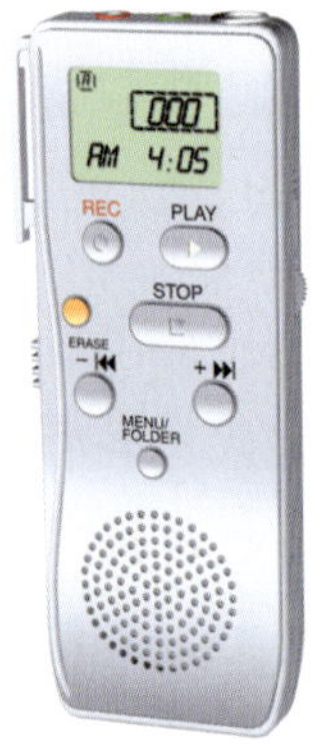

Diktiergerät^{N}
digital voice recorder
enregistreur^{M} numérique
grabadora^{F} digital
registratore^{M} digitale

Bleistiftspitzer^{M}
pencil sharpener
taille-crayon^{M}
sacapuntas^{M}
temperamatite^{M}

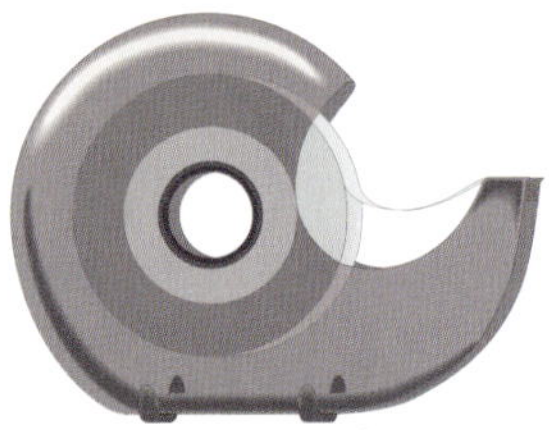

Klebefilmspender^{M}
tape dispenser
dévidoir^{M} de ruban^{M} adhésif
porta-celo^{M}
chiocciola^{F} per nastro^{M} adesivo

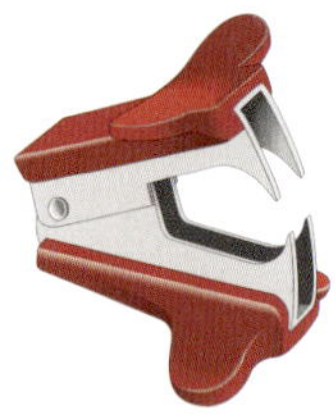

Entklammerer^{M}
staple remover
dégrafeuse^{F}
quitagrapas^{F}
levapunti^{M}

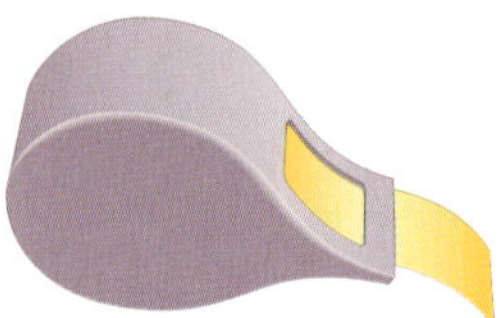

Korrekturstreifen^{M}
correction paper
ruban^{M} correcteur
papel^{M} corrector
nastro^{M} per correzioni^{F}

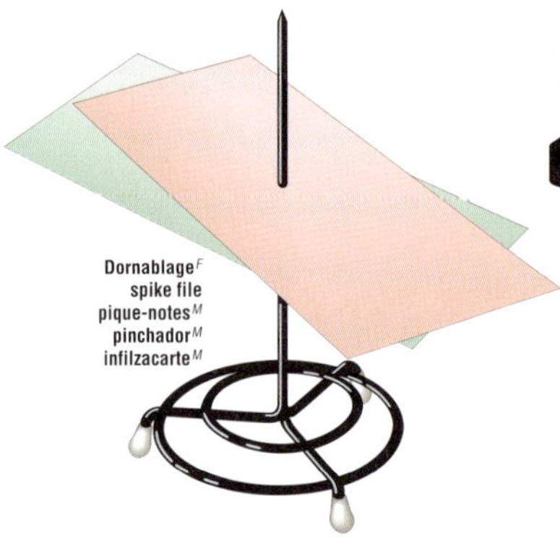

Dornablage^{F}
spike file
pique-notes^{M}
pinchador^{M}
infilzacarte^{M}

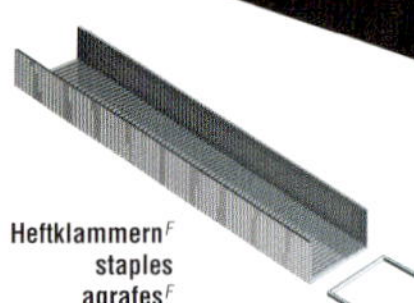

Heftklammern^{F}
staples
agrafes^{F}
grapas^{F}
punti^{M} metallici

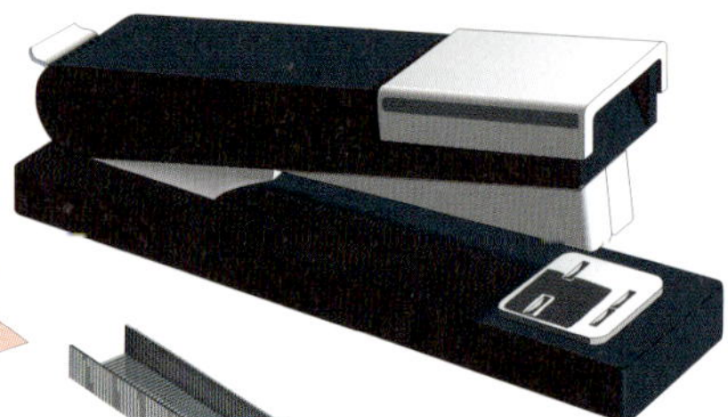

Hefter^{M}
stapler
agrafeuse^{F}
grapadora^{F}
cucitrice^{F}

ageslichtprojektor[M]
overhead projector
étroprojecteur[M]
royector
roiettore[M]

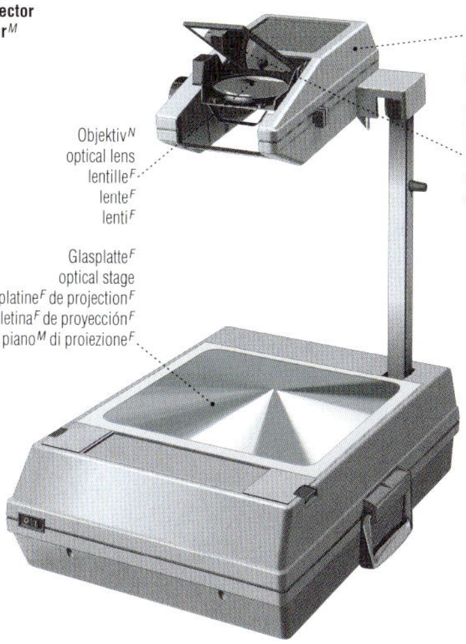

Geschäftsbuch[N], Journal[N]
account book
registre[M] de comptabilité[F]
agenda[F] de caja[F]
libro[M] contabile

Aktenvernichter[M]
paper shredder
destructeur[M] de documents[M]
destructora[F] de documentos[M]
distruggidocumenti[M]

Papierkorb[M]
waste basket
corbeille[F] à papier[M]
papelera
cestino[M]

innwand[F]
ulletin board
ableau[M] d'affichage[M]
ablero[M] de anuncios[M]
acheca[F]

Bücherstütze[F]
book ends
serre-livres[M]
sujetalibros[M]
reggilibri[M]

Leuchtkasten[M]
lightbox
négatoscope[M]
caja[F] de luz[F]
visore[M]

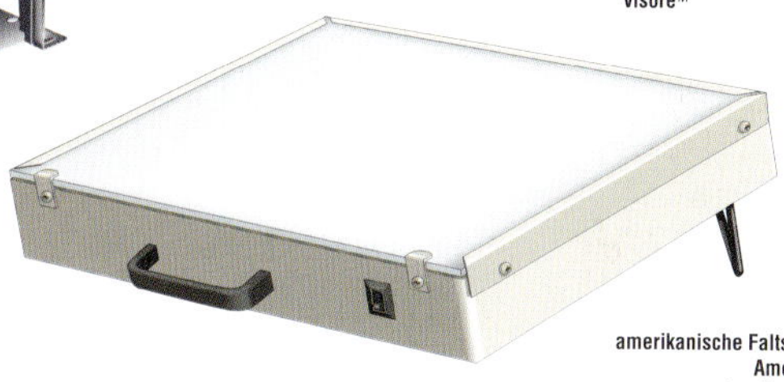

apierschneider[M]
illotine
saille[F]
illotina[F]
glierina[F]

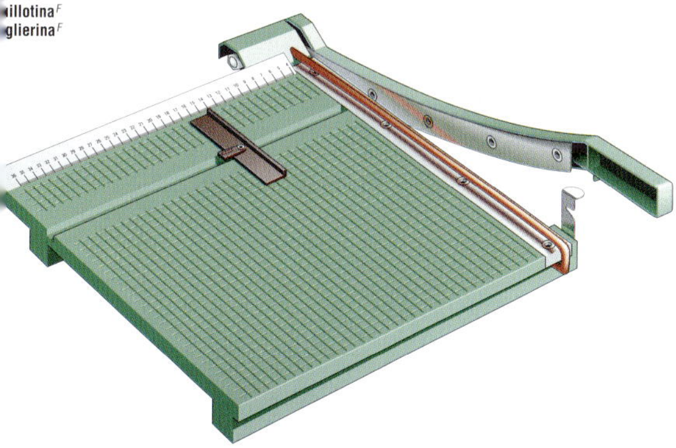

amerikanische Faltschachtel[F]
American box
caisse[F] américaine
caja[F] de cartón[M]
scatola[F] americana

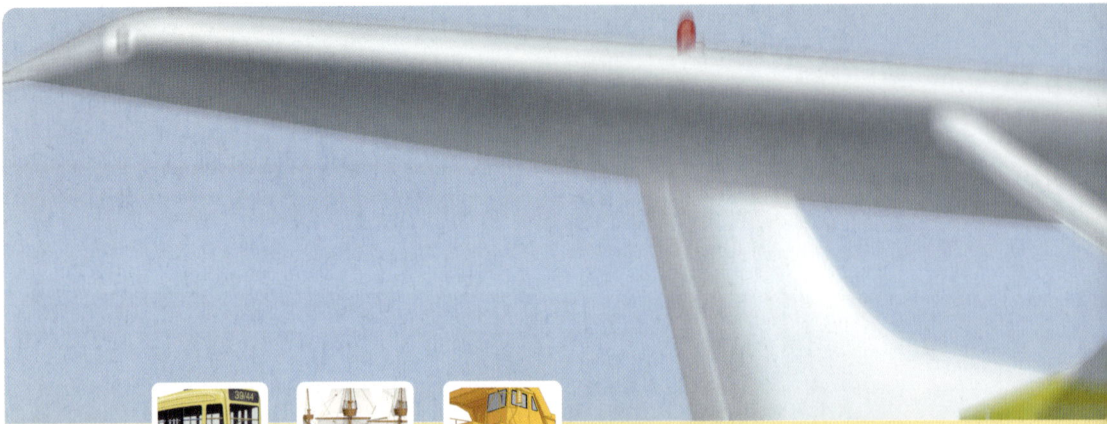

538 Straßenverkehr

538 Straßenbau
540 starre Brücken
542 bewegliche Brücken
543 Straßentunnel
544 Verkehrszeichen
548 Tankstelle
549 Auto
559 Bremsen
560 Reifen
561 Kühler
562 Zündkerze
562 Batterie
563 Elektrofahrzeug
563 Hybridfahrzeug
564 Motortypen
567 Wohnwagen
568 Bus
570 Lastkraftfahrzeuge
574 Motorrad
577 4x4-Geländemotorrad
578 Fahrrad

582 Schienenverkehr

582 Bahnhof
583 Bahnhof
584 Personenzüge: Wagentypen
585 Hochgeschwindigkeitszug
586 dieselelektrische Lokomotive
587 Waggon
589 Rangierbahnhof
590 Eisenbahn-Oberbau
591 schienengleicher, gesicherter Bahnübergang
592 U-Bahn
595 Straßenbahn

596 Schifffahrt

596 Hafen
597 Kanalschleuse
598 historische Schiffe
599 traditionelle Boote
601 Beispiele für Segel
601 Beispiele für Riggs
602 Viermastbark
604 Beispiele für Boote und Schiffe
610 Anker
611 Rettungsgeräte
612 Navigationsinstrumente
614 Seezeichen
616 Betonnungssystem

TRANSPORT UND FAHRZEUGE

18 Luftverkehr

618 Flughafen
624 Langstrecken-Düsenflugzeug
626 Cockpit
627 Zweistromtriebwerk
628 Beispiele für Flugzeuge
629 Beispiele für Leitwerke
630 Tragflügelformen
630 auf Flugzeuge wirkende Kräfte
630 Bewegungen eines Flugzeugs
631 Hubschrauber
631 Beispiele für Hubschrauber

632 Handhabung

632 Lastenfortbewegung
634 Kräne
635 Container

636 Schwermaschinen

636 Planierraupe
637 Radlader
638 Schrapper
638 Hydraulik-Hochlöffelbagger
639 Straßenhobel
639 Muldenkipper
640 Traktor
641 landwirtschaftliche Maschinen

Straßenbau^{M}

road system | système^{M} routier | sistema^{M} de carreteras^{F} | sistema^{M} stradale

Straße^{F} im Querschnitt^{M}
cross section of a road
coupe^{F} d'une route^{F}
sección^{F} transversal de una carretera^{F}
sezione^{F} trasversale di una strada^{F}

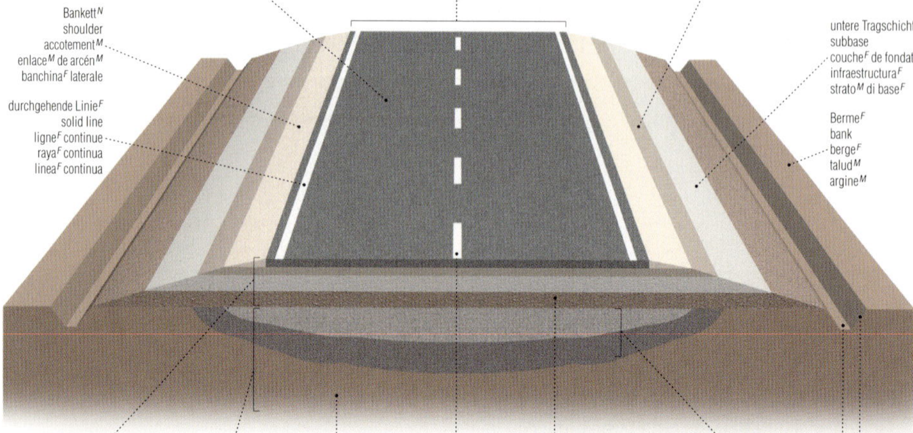

Beispiele^{N} für Anschlussstellen^{F}
examples of interchanges
exemples^{M} d'échangeurs^{M}
ejemplos^{M} de enlaces^{M} de carreteras^{F}
esempi^{M} di raccordo^{M}

Kleeblatt^{N}
cloverleaf
échangeur^{M} en trèfle^{M}
enlace^{M} de trébol^{M}
raccordo^{M} a quadrifoglio^{M}

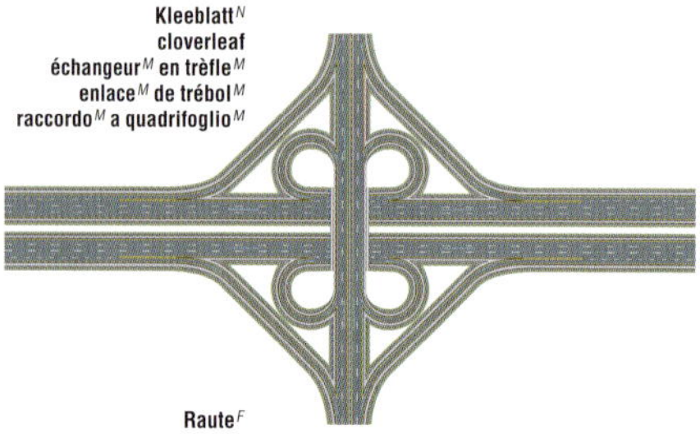

Verteiler^{M}
gyratory system
carrefour^{M} giratoire
enlace^{M} de glorieta^{F}
raccordo^{M} a rotatoria^{F}

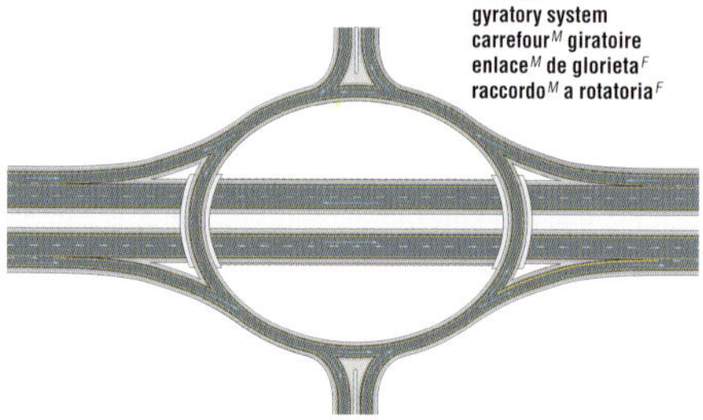

Raute^{F}
diamond interchange
échangeur^{M} en losange^{M}
enlace^{M} de diamante^{M}
raccordo^{M} a losanga^{F}

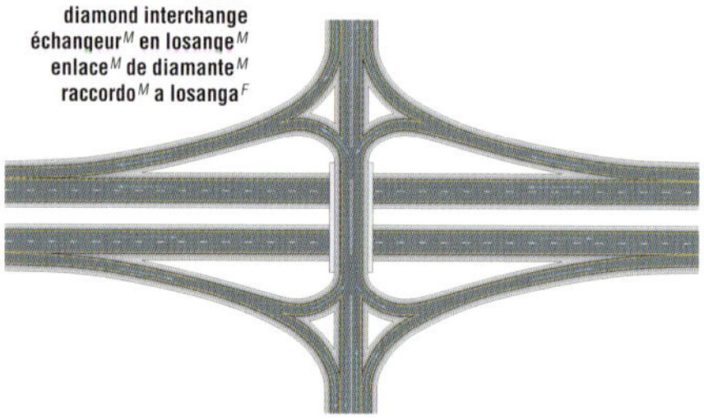

Trompete^{F}
trumpet interchange
échangeur^{M} en trompette^{F}
trompeta^{F}
raccordo^{M} a tromba^{F}

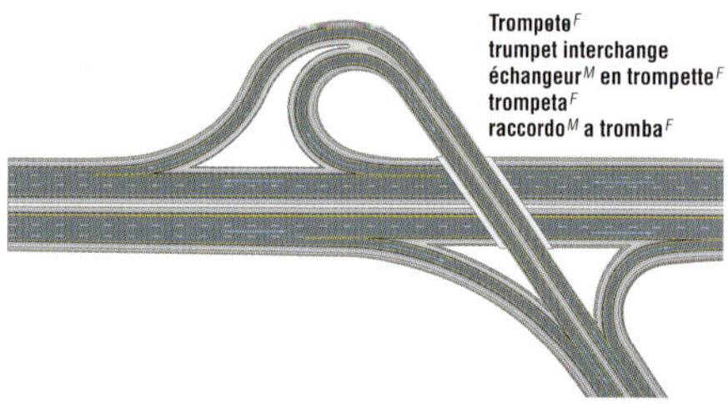

Kleeblatt^{N}
cloverleaf
échangeur^{M} en trèfle^{M}
enlace^{M} de trébol^{M}
raccordo^{M} a quadrifoglio^{M}

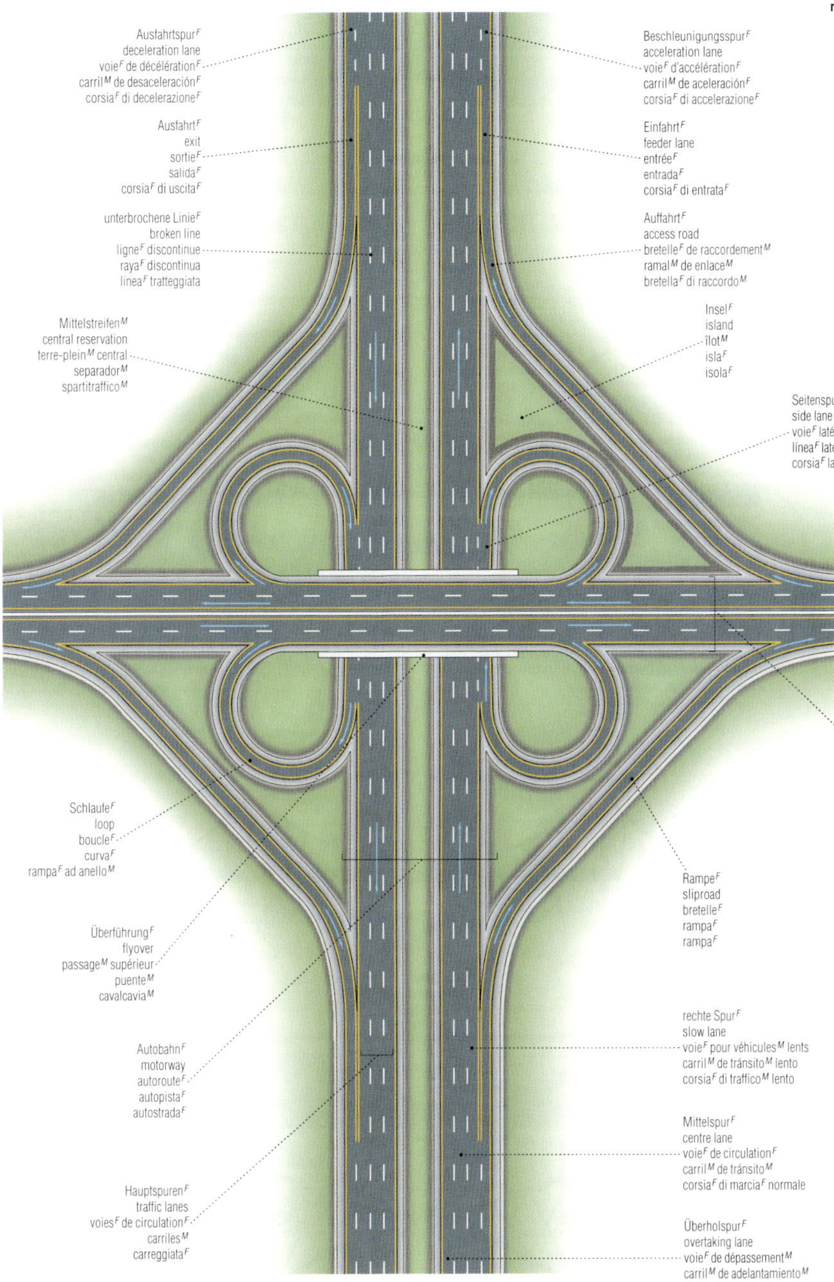

bewegliche Brücken[F]

movable bridges | ponts[M] mobiles | puentes[M] móviles | ponti[M] mobili

Drehbrücke[F]
swing bridge
pont[M] tournant
puente[M] giratorio
ponte[M] girevole

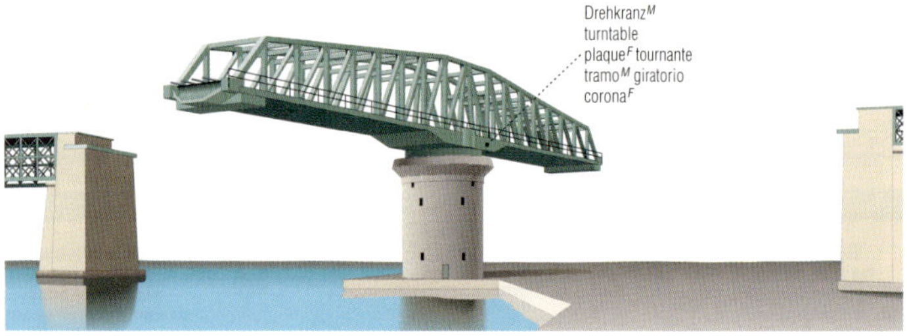

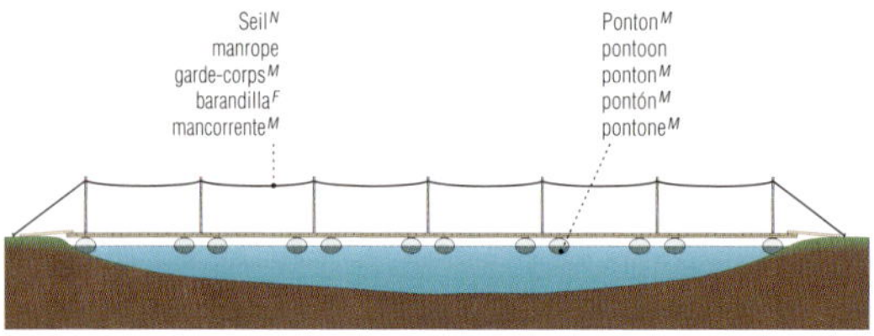

Pontonbrücke[F]
floating bridge
pont[M] flottant
puente[M] de pontones[M]
ponte[M] galleggiante

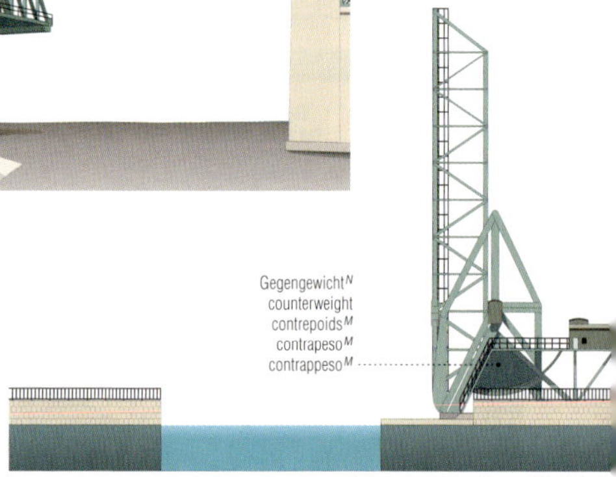

einteilige Klappbrücke[F]
single-leaf bascule bridge
pont[M] basculant à simple volée[F]
puente[M] levadizo sencillo
ponte[M] ribaltabile a un'ala[F]

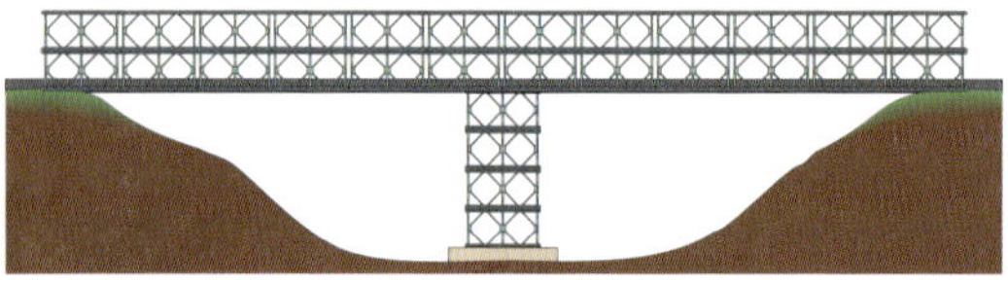

Bailey-Brücke[F]
Bailey bridge
pont[M] Bailey
puente[M] desmontable tipo[M] Bailey
ponte[M] Bailey

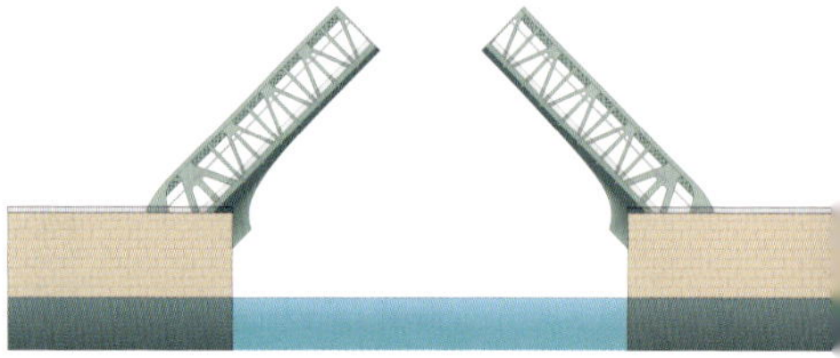

Doppelklappbrücke[F]
double-leaf bascule bridge
pont[M] basculant à double volée[F]
puente[M] levadizo doble
ponte[M] ribaltabile a due ali[F]

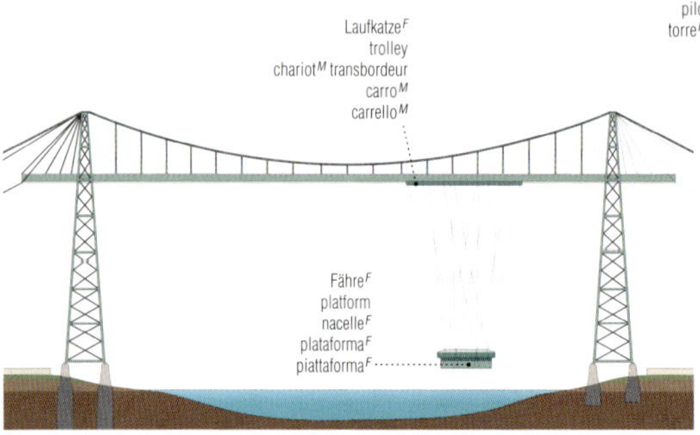

Fährbrücke[F]
transporter bridge
pont[M] transbordeur
puente[M] transbordador
ponte[M] trasportatore

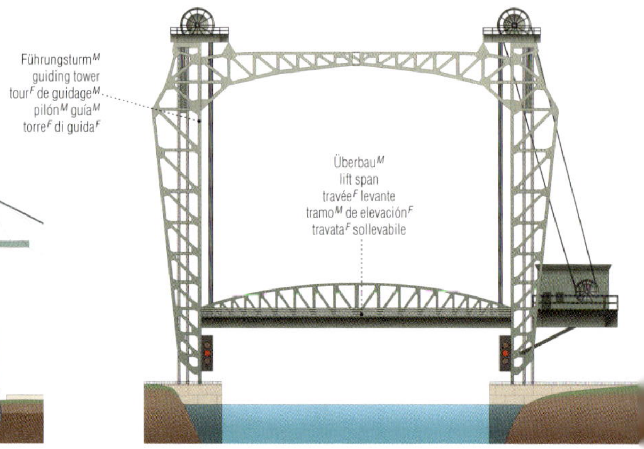

Hubbrücke[F]
lift bridge
pont[M] levant
puente[M] elevador
ponte[M] sollevabile

Straßentunnel^{M}

road tunnel | tunnel^{M} routier | túnel^{M} de carretera^{F} | galleria^{F}

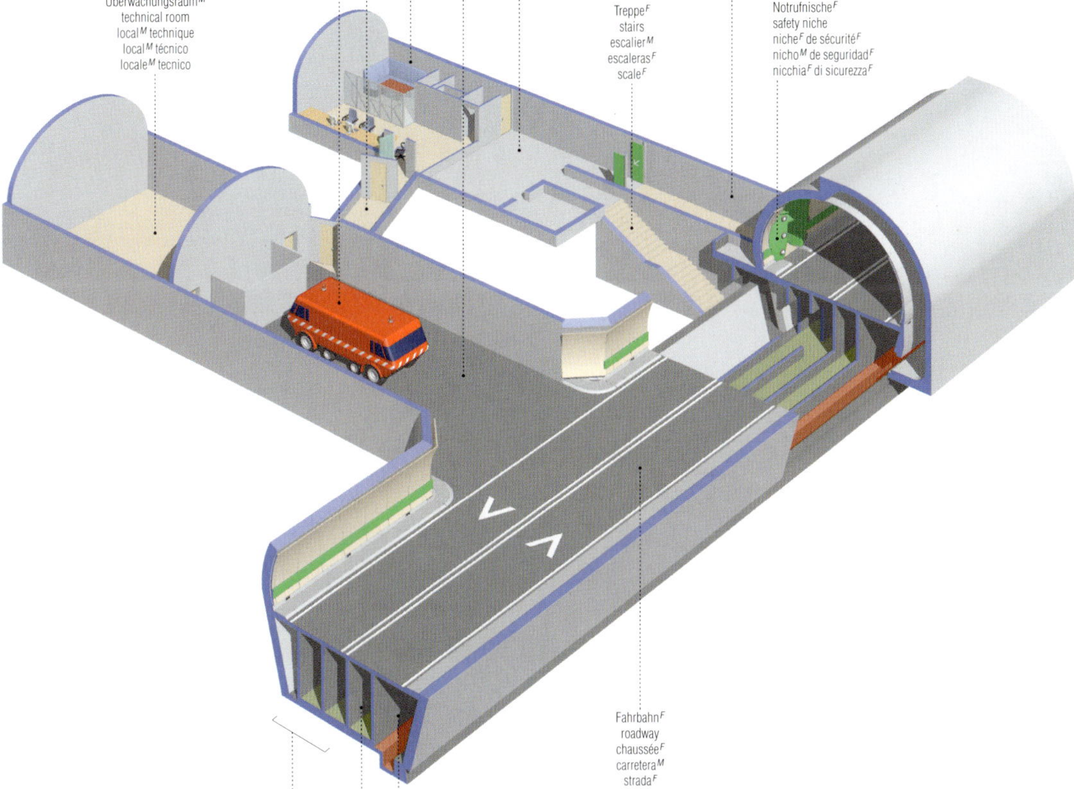

Verkehrszeichen[N]

road signs | signalisation[F] routière | señales[F] de circulación[F] | segnali[M] stradali

die wichtigsten internationalen Verkehrszeichen[N]
major international road signs
principaux panneaux[M] internationaux
principales señales[F] de circulación[F] internacionales
principali segnali[M] stradali internazionali

Rechtskurve[F]
bend to right
virage[M] à droite[F]
curva[F] a la derecha[F]
curva[F] a destra

Doppelkurve[F]
double bend
double virage[M]
doble curva[F]
doppia curva[F], la prima a destra

verengte Fahrbahn[F]
road narrows
chaussée[F] rétrécie
estrechamiento[M] de la calzada[F]
strettoia[F] simmetrica

Halt! Vorfahrt[F] gewähren
stop at intersection
arrêt[M] à l'intersection[F]
stop[M]
fermarsi e dare precedenza[F]

Verbot[N] der Einfahrt[F]
no entry
accès[M] interdit
prohibido el paso[M]
senso[M] vietato

Wenden[N] verboten
no U-turn
interdiction[F] de faire demi-tour[M]
media vuelta[F] prohibida
divieto[M] di inversione[F] di marcia[F]

Überholverbot[N]
passing prohibited
interdiction[F] de dépasser
prohibido adelantar
divieto[M] di sorpasso[M]

vorgeschriebene Fahrtrichtung[F]
direction to be followed
direction[F] obligatoire
dirección[F] obligatoria
preavviso[M] di direzione[F] obbligatoria a sinistra

vorgeschriebene Fahrtrichtung[F]
direction to be followed
direction[F] obligatoire
dirección[F] obligatoria
direzione[F] obbligatoria a sinistra

vorgeschriebene Fahrtrichtung[F]
direction to be followed
direction[F] obligatoire
dirección[F] obligatoria
direzione[F] obbligatoria diritto

vorgeschriebene Fahrtrichtung[F]
direction to be followed
direction[F] obligatoire
dirección[F] obligatoria
direzioni[F] consentite diritto e a sinistra

Einbahnstraße[F]
one-way traffic
voie[F] à sens[M] unique
una vía[F]
strada[F] a senso[M] unico

Gegenverkehr[M]
two-way traffic
circulation[F] dans les deux sens[M]
doble vía[F]
doppio senso[M] di circolazione[F]

Vorfahrt[F] gewähren
give way
cédez le passage[M]
ceda el paso[M]
dare precedenza[F]

Vorfahrt[F] an nächster Einmündung[F]
priority intersection
intersection[F] avec priorité[F]
cruce[M] con preferencia[F]
confluenza[F] a destra

Steinschlag^{M}
falling rocks
chutes^{F} de pierres^{F}
desprendimientos^{M}
caduta^{F} massi^{M}

Verbot^{N} für Fahrzeuge^{N} mit mehr als der angegebenen Höhe^{F}
no vehicles over height shown
limitation^{F} de hauteur^{F}
altura^{F} máxima
transito^{M} vietato ai veicoli^{M} con altezza^{F} superiore a

Ampelanlage^{F}
traffic signals ahead
signalisation^{F} lumineuse
semáforo^{M}
semaforo^{M}

Kinder^{N}
school
zone^{F} scolaire
zona^{F} escolar
bambini^{M}

Fußgängerüberweg^{M}
pedestrian crossing
passage^{M} pour piétons^{M}
paso^{M} de peatones^{M}
attraversamento^{M} pedonale

Baustelle^{F}
road works ahead
travaux^{M}
obras^{F}
lavori^{M}

Schleudergefahr^{F}
slippery road
chaussée^{F} glissante
pavimento^{M} deslizante
strada^{F} sdrucciolevole

Bahnübergang^{M}
level crossing
passage^{M} à niveau^{M}
paso^{M} a nivel^{M}
passaggio^{M} a livello^{M} con barriere^{F}

Wildwechsel^{M}
wild animals
passage^{M} d'animaux^{M} sauvages
cruce^{M} de animales^{M} en libertad^{F}
animali^{M} selvatici vaganti

Gefälle^{N}
steep hill
descente^{F} dangereuse
bajada^{F} peligrosa
discesa^{F} pericolosa

unebene Fahrbahn^{F}
bumps
chaussée^{F} cahoteuse
badén^{M}
strada^{F} deformata

Verbot^{N} für Radfahrer^{M}
closed to bicycles
accès^{M} interdit aux bicyclettes^{F}
prohibido el paso^{M} de bicicletas^{F}
transito^{M} vietato alle biciclette^{F}

Verbot^{N} für Krafträder^{N}
closed to motorcycles
accès^{M} interdit aux motocycles^{M}
prohibido el paso^{M} de motocicletas^{F}
transito^{M} vietato ai motocicli^{M}

Verbot^{N} für Lkws^{M} über einem zulässigen Gesamtgewicht^{N}
closed to trucks
accès^{M} interdit aux camions^{M}
prohibido el paso^{M} de camiones^{M}
transito^{M} vietato agli autocarri^{M}

Verbot^{N} für Fußgänger^{M}
closed to pedestrians
accès^{M} interdit aux piétons^{M}
prohibido el paso^{M} de peatones^{M}
transito^{M} vietato ai pedoni^{M}

Verkehrszeichen[N]

die wichtigsten nordamerikanischen Verkehrszeichen[N]
major North American road signs
principaux panneaux[M] nord-américains
principales señales[F] de circulación[F] norteamericanas
principali segnali[M] stradali nordamericani

Halt! Vorfahrt[F] gewähren
stop at intersection
arrêt[M] à l'intersection[F]
alto
fermarsi e dare precedenza[F]

Verbot[N] der Einfahrt[F]
no entry
accès[M] interdit
prohibido el paso[M]
senso[M] vietato

Vorfahrt[F] gewähren
give way
cédez le passage[M]
ceda el paso[M]
dare precedenza[F]

Verbot[N] für Krafträder[N]
closed to motorcycles
accès[M] interdit aux motocycles[M]
prohibido el paso[M] de motocicletas[F]
transito[M] vietato ai motocicli[M]

Verbot[N] für Fußgänger[M]
closed to pedestrians
accès[M] interdit aux piétons[M]
prohibido el paso[M] de peatones[M]
transito[M] vietato ai pedoni[M]

Verbot[N] für Radfahrer[M]
closed to bicycles
accès[M] interdit aux bicyclettes[F]
prohibido el paso[M] de bicicletas[F]
transito[M] vietato alle biciclette[F]

Verbot[N] für Lkws[M] über einem zulässigen Gesamtgew
closed to trucks
accès[M] interdit aux camions[M]
prohibido el paso[M] de camiones[M]
transito[M] vietato agli autocarri[M]

vorgeschriebene Fahrtrichtung[F]
direction to be followed
direction[F] obligatoire
dirección[F] obligatoria
direzioni[F] consentite diritto e a destra

vorgeschriebene Fahrtrichtung[F]
direction to be followed
direction[F] obligatoire
dirección[F] obligatoria
direzione[F] obbligatoria a sinistra

vorgeschriebene Fahrtrichtung[F]
direction to be followed
direction[F] obligatoire
dirección[F] obligatoria
direzione[F] obbligatoria a destra

vorgeschriebene Fahrtrichtung[F]
direction to be followed
direction[F] obligatoire
dirección[F] obligatoria
direzione[F] obbligatoria diritto

Wenden[N] verboten
no U-turn
interdiction[F] de faire demi-tour[M]
prohibido[M] el cambio[M] de sentido[M]
divieto[M] di inversione[F] di marcia[F]

Überholverbot[N]
passing prohibited
interdiction[F] de dépasser
prohibido adelantar
divieto[M] di sorpasso[M]

Einbahnstraße[F]
one-way traffic
voie[F] à sens[M] unique
una vía[F]
strada[F] a senso[M] unico

Gegenverkehr[M]
two-way traffic
circulation[F] dans les deux sens[M]
doble vía[F]
doppio senso[M] di circolazione[F]

Doppelkurve[F]
double bend
double virage[M]
curva[F] doble
doppia curva[F], la prima a destra

Vorfahrt[F] an nächster Einmündung[F]
merging traffic
intersection[F] avec priorité[F]
señal[F] de unión[M]
confluenza[F] a destra

Rechtskurve[F]
bend to right
virage[M] à droite[F]
curva[F] a la derecha[F]
curva[F] a destra

verengte Fahrbahn[F]
roadway narrows
chaussée[F] rétrécie
estrechamiento[M] de la calzada[F]
strettoia[F] simmetrica

Schleudergefahr[F]
slippery road
chaussée[F] glissante
pavimento[M] deslizante
strada[F] sdrucciolevole

Wildwechsel[M]
wild animals
passage[M] d'animaux[M] sauvages
cruce[M] de animales[M] en libertad
animali[M] selvatici vaganti

Baustelle[F]
road works ahead
travaux[M]
obras[F]
lavori[M]

unebene Fahrbahn[F]
uneven surface
chaussée[F] cahoteuse
superficie[F] irregular
strada[F] deformata

Gefälle[N]
steep hill
descente[F] dangereuse
bajada[F] pronunciada
discesa[F] pericolosa

Steinschlag[M]
falling rocks
chutes[F] de pierres[F]
desprendimientos[M]
caduta[F] massi[M]

Bahnübergang[M]
level crossing
passage[M] à niveau[M]
paso[M] a nivel[M]
passaggio[M] a livello[M]

rbot[N] für Fahrzeuge[N] mit mehr als der angegebenen Höhe[F]
no vehicles over height shown
limitation[F] de hauteur[F]
altura[F] máxima
transito[M] vietato ai veicoli[M] con altezza[F] superiore a

Ampelanlage[F]
signal ahead
signalisation[F] lumineuse
semáforo[M]
semaforo[M]

Schule[F]
school zone
zone[F] scolaire
zona[F] escolar
bambini[M]

Fußgängerüberweg[M]
pedestrian crossing
passage[M] pour piétons[M]
paso[M] de peatones[M]
attraversamento[M] pedonale

Tankstelle^{F}

service station | station^{F}-service^{M} | estación^{F} de servicio^{M} | stazione^{F} di servizio^{M}

Zapfsäule^{F}
petrol pump
distributeur^{M} d'essence^{F}
surtidor^{M} de gasolina^{F}
pompa^{F} della benzina^{F}

Anzeige^{F}
display
écran^{M}
display^{M}
display^{M}

Kartenleserschlitz^{M}
card reader slot
fente^{F} du lecteur^{M} de carte^{F}
ranura^{F} de lectura^{F} de tarjeta^{F}
lettore^{M} di carte^{F}

alphanumerische Tastatur^{F}
alphanumeric keyboard
clavier^{M} alphanumérique
teclado^{M} alfanumérico
tastiera^{F} alfanumerica

Belegausgabe^{F}
slip presenter
sortie^{F} des tickets^{M}
expedidor^{M} de recibo^{M}
emissione^{F} dello scontrino^{M}

Treibstoffart^{F}
type of fuel
type^{M} de carburant^{M}
tipo^{M} de combustible^{M}
tipo^{M} di carburante^{M}

Bedienungsanleitung^{F}
operating instructions
mode^{M} d'emploi^{M}
instrucciones^{F} operativas
istruzioni^{F} per l'uso^{M}

Zahlungsbetragsanzeige^{F}
cash readout
afficheur^{M} totaliseur
indicador^{M} del importe^{M} total^{M}
importo^{M} da pagare

Füllmengenanzeige^{F}
volume readout
afficheur^{M} volume^{M}
cuentalitros^{M}
litri^{M} erogati

Preis^{M} pro Liter^{M}/Gallone^{F}
price per gallon/litre
afficheur^{M} prix^{M}
indicador^{M} del precio^{M} por litro^{M}/galón^{M}
prezzo^{M} per litro^{M}/gallone^{M}

Zapfsäulennummer^{F}
pump number
numéro^{M} de la pompe^{F}
número^{M} de la bomba^{F}
numero^{M} della pompa^{F}

Zapfhahn^{M}
pump nozzle
pistolet^{M} de distribution^{F}
pistola^{F} del surtidor^{M}
pistola^{F} di erogazione^{F}

Zapfschlauch^{M}
petrol pump hose
flexible^{M} de distribution^{F}
manguera^{F} de servicio^{M}
tubo^{M} della pompa^{F}

Tankstelle^{F}
service station
station^{F}-service^{M}
estación^{F} de servicio^{M}
stazione^{F} di servizio^{M}

Reparaturwerkstatt^{F}
repair shop
atelier^{M} de mécanique^{F}
taller^{M} mecánico
officina^{F} meccanica

Eisautomat^{M}
ice dispenser
distributeur^{M} de glaçons^{M}
nevera^{F}
distributore^{M} del ghiaccio^{M}

Autowaschanlage^{F}
car wash
lave-auto^{M}
lavado^{M} de automóviles^{M}
autolavaggio^{M}

Service-Bereich^{M}
service bay
service^{M} d'entretien^{M}
mantenimiento^{M}
servizio^{M} manutenzione^{F}

Getränkeautomat^{M}
soft-drink dispenser
distributeur^{M} de boissons^{F}
máquina^{F} expendedora de bebidas^{F}
distributore^{M} di bibite^{F}

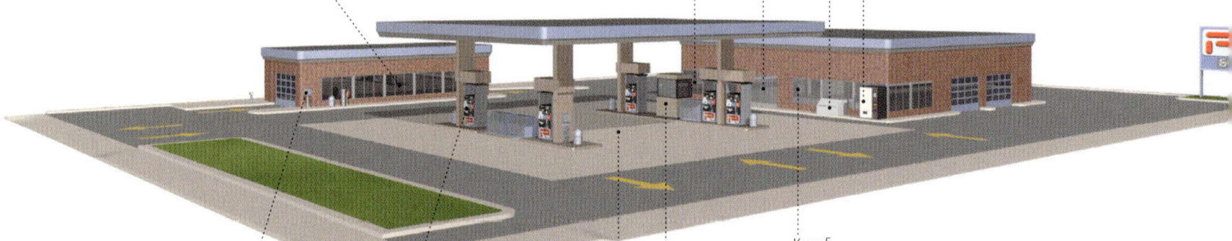

Kasse^{F}
office
bureau^{M}
oficina^{F}
uffici^{M}

Druckluft^{F}
tyre inflator
borne^{F} de gonflage^{M}
toma^{F} de aire^{M}
pompa^{F} per gli pneumatici^{M}

Vorhof^{M}
forecourt
aire^{F} de ravitaillement^{M}
puesto^{M} de bombeo^{M}
area^{F} di rifornimento^{M}

Kiosk^{M}
kiosk
kiosque^{M}
kiosco^{M}
chiosco^{M}

Zapfsäule^{F}
petrol pump
distributeur^{M} d'essence^{F}
surtidor^{M} de gasolina^{F}
pompa^{F} della benzina^{F}

Auto^{N}

car | automobile^{F} | automóvil^{M} | automobile^{F}

Beispiele^{N} für Karosserien^{F}
examples of bodywork
exemples^{M} de carrosseries^{F}
ejemplos^{M} de carrocerías^{F}
esempi^{M} di carrozzerie^{F}

Sportwagen^{M}
sports car
voiture^{F} sport^{M}
deportivo^{M}
granturismo^{F}

Kleinwagen^{M}
Micro Compact Car
voiture^{F} micro-compacte
automóvil^{M} urbanita
microvettura^{F} compatta

dreitürige Kombilimousine^{F}
hatchback
trois-portes^{F}
turismo^{M} de tres puertas^{F}
vettura^{F} a tre porte^{F}

Coupé^{N}
coupé
coach^{M}
cupé^{M}
coupé^{F}

Kabriolett^{N}
convertible
cabriolet^{M}
descapotable^{M}
spider^{F}

viertürige Limousine^{F}
four-door saloon
berline^{F}
berlina^{F}
berlina^{F}

Kombi^{M}
estate car
break^{M}
coche^{M} familiar
station wagon^{F}

Minibus^{M}
minibus
fourgonnette^{F}
monovolumen^{M}
monovolume^{F}

Geländewagen^{M}
all-terrain vehicle
véhicule^{M} tout-terrain^{M}
vehículo^{M} todo terreno^{M}
fuoristrada^{M}

Pickup^{M}
pickup truck
camionnette^{F}
camioneta^{F}
pickup^{M}

Pullman Limousine^{F}
stretch-limousine
limousine^{F}
limusina^{F}
limousine^{F}

Auto[N]

Karosserie[F]
body
carrosserie[F]
carrocería[F]
carrozzeria[F]

Auto[N]

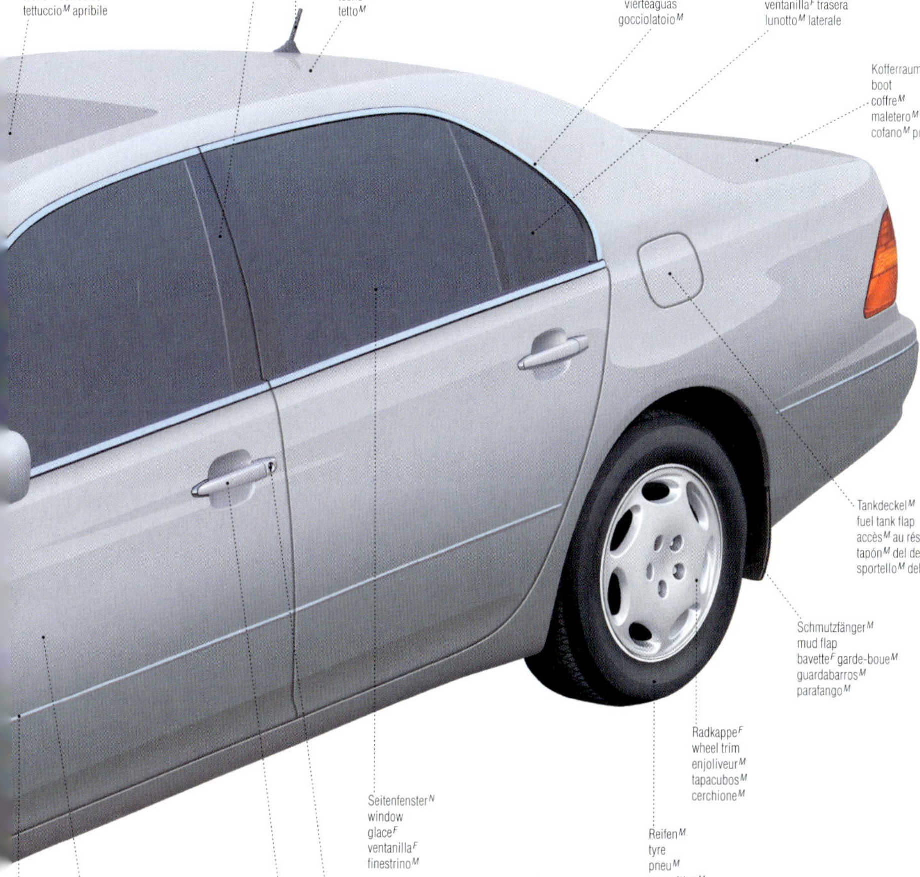
Mittelsäule[F]
door pillar
montant[M] latéral
montante[M] central
montante[M]
Antenne[F]
aerial
antenne[F]
antena[F]
antenna[F]
Schiebedach[N]
sun roof
toit[M] ouvrant
techo[M] corredizo
tettuccio[M] apribile
Dach[N]
roof
pavillon[M]
techo[M]
tetto[M]
Regenleiste[F]
drip moulding
gouttière[F]
vierteaguas
gocciolatoio[M]
Dreieckfenster[N]
quarter window
glace[F] de custode[F]
ventanilla[F] trasera
lunotto[M] laterale
Kofferraum[M]
boot
coffre[M]
maletero[M]
cofano[M] posteriore
Tankdeckel[M]
fuel tank flap
accès[M] au réservoir[M] à essence[F]
tapón[M] del depósito[M] de gasolina[F]
sportello[M] del serbatoio[M]
Schmutzfänger[M]
mud flap
bavette[F] garde-boue[M]
guardabarros[M]
parafango[M]
Radkappe[F]
wheel trim
enjoliveur[M]
tapacubos[M]
cerchione[M]
Seitenfenster[N]
window
glace[F]
ventanilla[F]
finestrino[M]
Reifen[M]
tyre
pneu[M]
neumático[M]
pneumatico[M]
Tür[F]
door
portière[F]
puerta[F]
portiera[F]
Türschloss[N]
door lock
serrure[F] de porte[F]
cerradura[F]
serratura[F]
eitenverkleidung[F]
ody side moulding
aguette[F] de flanc[M]
oldura[F] lateral
ascia[F] laterale
Türgriff[M]
door handle
poignée[F] de porte[F]
manilla[F] de la puerta[F]
maniglia[F]

Kraftfahrzeuge[N]: Hauptbauteile[N]
car systems : main parts
principaux organes[M] des systèmes[M] automobiles
automóviles[M] : componentes[M] principales
sistemi[M] dell'automobile[F]: componenti[M] principali

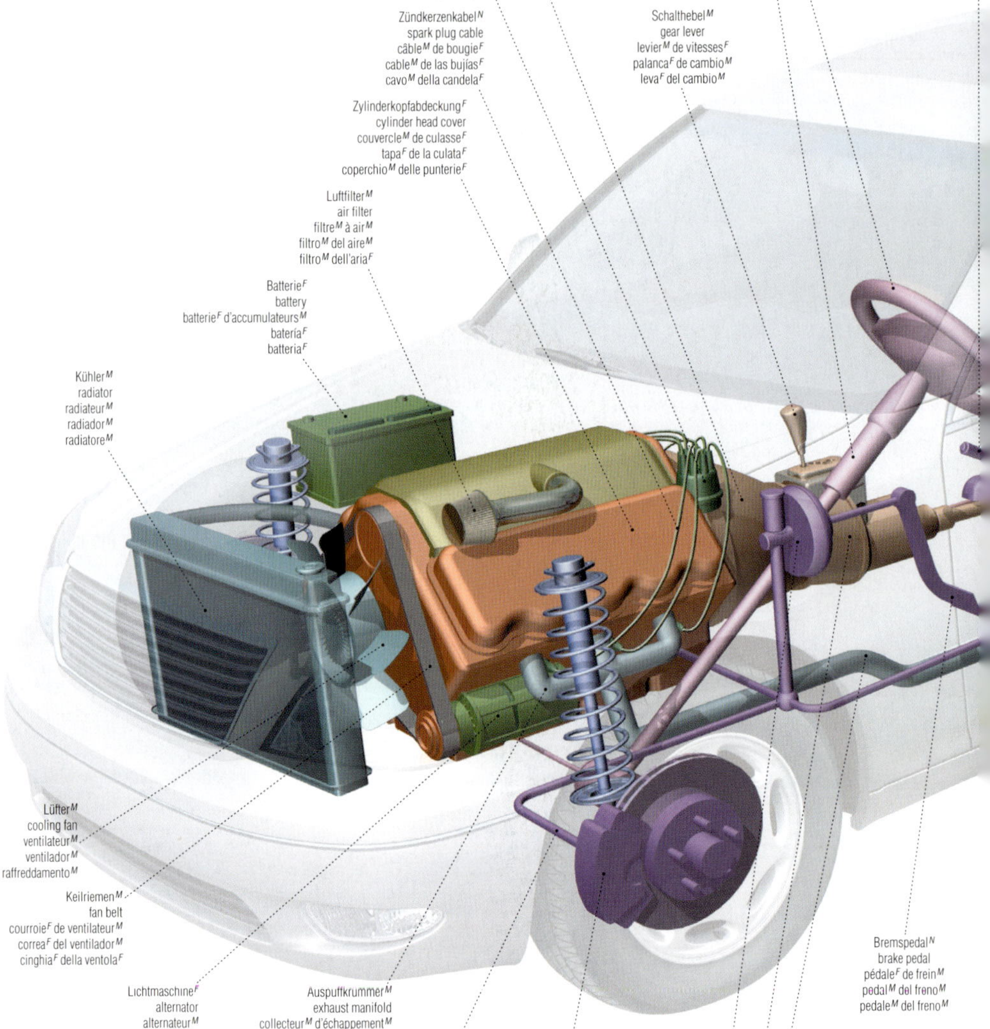

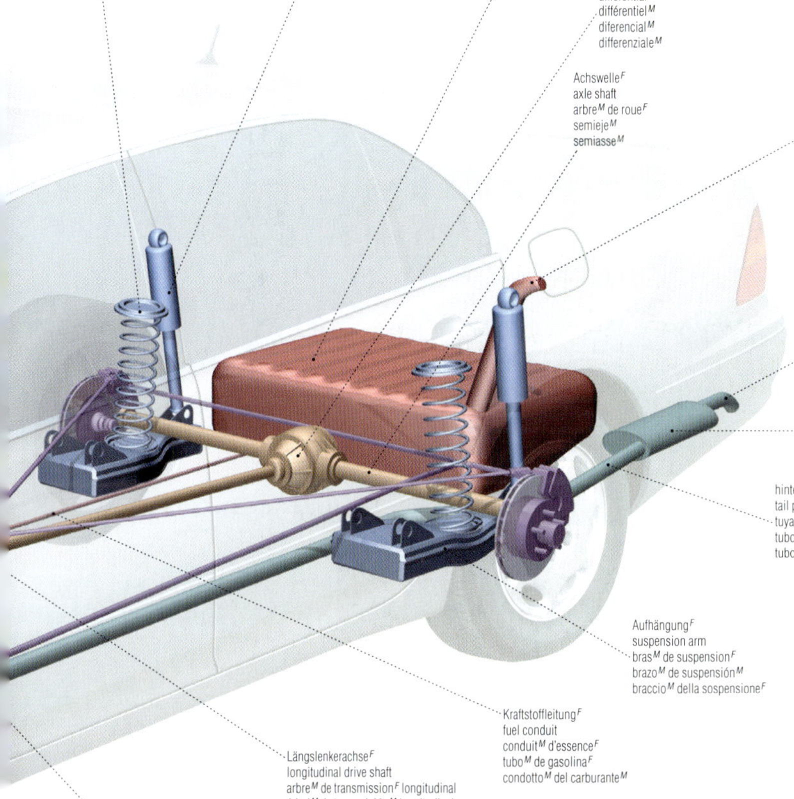

Kraftfahrzeuganlagen[F]
car systems
systèmes[M] automobiles
automóviles[M]
sistemi[M] dell'automobile[F]

Aufhängung[F]
suspension system
système[M] de suspension[F]
sistema[M] de suspensión[M]
gruppo[M] delle sospensioni[F]

Antriebssystem[N]
transmission system
système[M] de transmission[F]
sistema[M] de transmisión[M]
sistema[M] di trasmissione[F]

Kraftstoffanlage[F]
fuel supply system
système[M] d'alimentation[F] en essence[F]
sistema[M] de alimentación[F] de gasolina[F]
sistema[M] di alimentazione[F]

Lenkanlage[F]
steering system
système[M] de direction[F]
sistema[M] de dirección[M]
gruppo[M] dello sterzo[M]

Bremsanlage[F]
braking system
système[M] de freinage[M]
sistema[M] de frenado[M]
impianto[M] frenante

elektrische Anlage[F]
electrical system
système[M] électrique
sistema[M] eléctrico
impianto[M] elettrico

Auspuffanlage[F]
exhaust system
système[M] d'échappement[M]
sistema[M] de escape[M]
scappamento[M]

Benzinmotor[M]
petrol engine
moteur[M] à essence[F]
motor[M] de gasolina[F]
motore[M] a benzina[F]

Kühleranlage[F]
cooling system
système[M] de refroidissement[M]
sistema[M] de refrigeración[F]
impianto[M] di raffreddamento[M]

Auto^{N}

Frontscheinwerfer^{F}
front lights
feux^{M} avant
faros^{M} delanteros
luci^{F} anteriori

Fernlicht^{N}
main beam headlight
feu^{M} de route^{F}
luz^{F} larga
proiettore^{M} abbagliante e anabbagliante

Abblendlicht^{N}
dipped beam headlight
feu^{M} de croisement^{M}
luz^{F} de cruce^{M}
luce^{F} di posizione^{F}

Nebelleuchte^{F}
fog lamp
feu^{M} antibrouillard
luz^{F} antiniebla
faro^{M} fendinebbia

Blinkleuchte^{F}
indicator
feu^{M} clignotant
intermitente^{M}
indicatore^{M} di direzione^{F}

Begrenzungsleuchte^{F}
side marker light
feu^{M} de gabarit^{M}
luz^{M} de posición^{F}
luce^{F} di ingombro^{M} laterale

Heckleuchten^{F}
rear lights
feux^{M} arrière
luces^{F} traseras
luci^{F} posteriori

Bremsleuchte^{F}
brake light
feu^{M} stop^{M}
luz^{F} de freno^{M}
luce^{F} di arresto^{M}

Rückfahrscheinwerfer^{M}
reversing light
feu^{M} de recul^{M}
luz^{F} de marcha^{F} atrás
luce^{F} di retromarcia^{F}

Blinkleuchte^{F}
indicator
feu^{M} clignotant
intermitente^{M}
indicatore^{M} di direzione^{F}

Schlussleuchte^{F}
rear light
feu^{M} rouge arrière
luz^{F} trasera
luce^{F} di posizione^{F} posteriore

Bremsleuchte^{F}
brake light
feu^{M} stop^{M}
luz^{F} de freno^{M}
luce^{F} di arresto^{M}

Nummernschildbeleuchtung^{F}
number plate light
feu^{M} de plaque^{F}
iluminación^{F} de la placa^{F} de matrícula^{F}
luce^{F} della targa^{F}

Begrenzungsleuchte^{F}
side marker light
feu^{M} de gabarit^{M}
luz^{F} de posición^{F}
luce^{F} di ingombro^{M} laterale

Wagentür^{F}
door
portière^{F}
puerta^{F}
portiera^{F}

Türöffnungshebel^{M}
interior door handle
poignée^{F} intérieure
tirador^{M} de la puerta^{F}
maniglia^{F} interna

Seitengriff^{M}
door grip
poignée^{F} de maintien^{M}
asidero^{M}
maniglia^{F} fissa

Seitenspiegelverstellhebel^{N}
outside mirror control
commande^{F} du rétroviseur^{M}
control^{M} del espejo^{M} retrovisor exterior
regolazione^{F} dello specchietto^{M} retrovisore^{M} esterno

Fensterheber^{M}
window winder handle
manivelle^{F} de lève-glace^{M}
manivela^{F} de la ventanilla^{F}
manopola^{F} alzacristalli^{M}

Scharnier^{N}
hinge
charnière^{F}
bisagra^{F}
cardine^{M}

Seitenfach^{N}
door pocket
vide-poches^{M}
bolsillo^{M} lateral
tasca^{F} portaoggetti^{M}

Fenster^{N}
window
glace^{F}
ventanilla^{F}
finestrino^{M}

Sicherungsknopf^{M}
interior door lock button
bouton^{M} de verrouillage^{M}
botón^{M} del seguro^{M}
pomello^{M} della sicura^{F}

Armstütze^{F}
armrest
appui^{M}-bras^{M}
soporte^{M} para el brazo^{M}
bracciolo^{M}

Türschloss^{N}
lock
serrure^{F}
cerradura^{F}
serratura^{F}

Türverkleidung^{F}
trim panel
panneau^{M} de garnissage^{M}
panel^{M} de la puerta^{F}
pannello^{M}

Türinnenverschalung^{F}
inner door shell
caisson^{M} de porte^{F}
revestimiento^{M} interior
telaio^{M} interno della portiera^{F}

Schalensitz[M]: Vorderansicht[F]
bucket seat : front view
siège[M]-baquet[M] : vue[F] de face[F]
asiento[M] : vista[F] frontal
sedile[M]: vista[F] anteriore

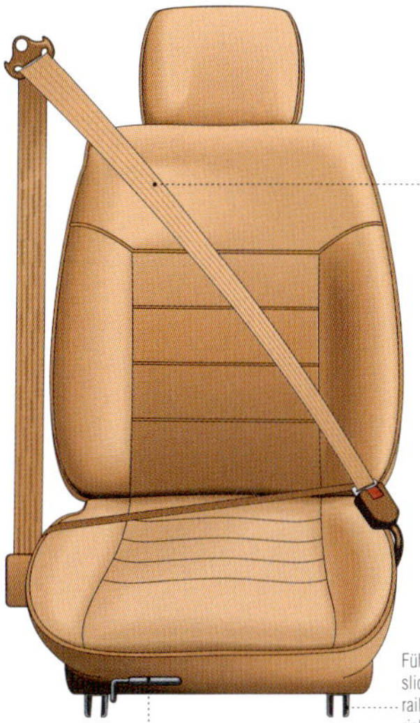

Schalensitz[M]: Seitenansicht[F]
bucket seat : side view
siège[M]-baquet[M] : vue[F] de profil[M]
asiento[M] : vista[F] lateral
sedile[M]: vista[F] laterale

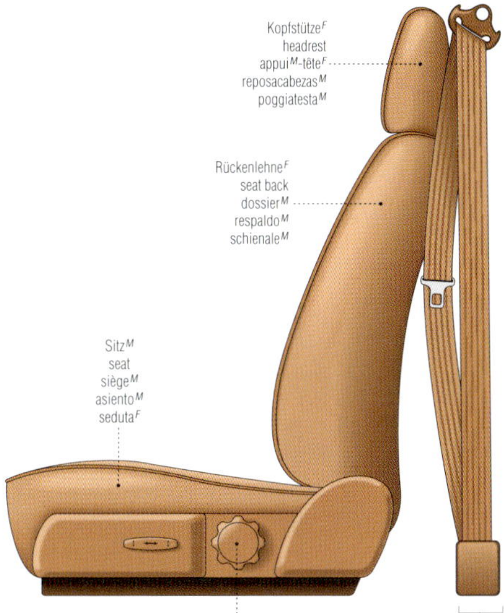

Rückbank[F]
rear seat
banquette[F] arrière
asiento[M] trasero
divano[M] posteriore

Auto[N]

Armaturenbrett[N]
dashboard
tableau[M] de bord[M]
salpicadero[M]
plancia[F]

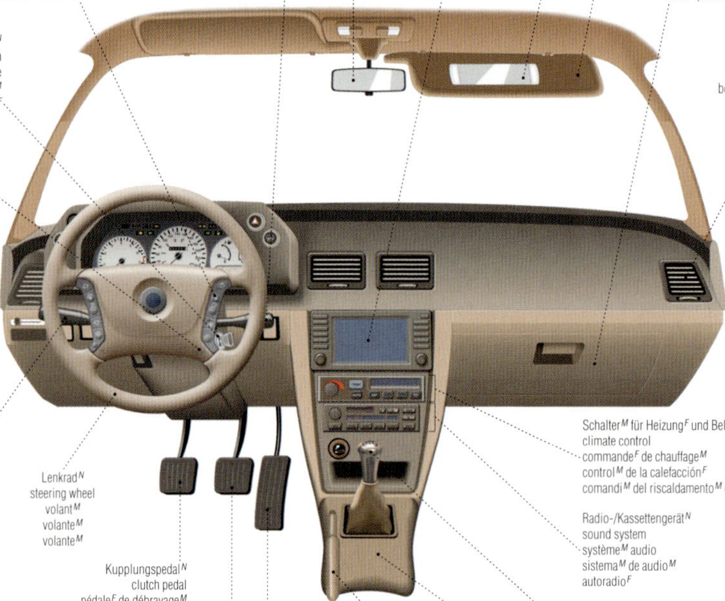

Rückspiegel[M]
rearview mirror
rétroviseur[M]
espejo[M] retrovisor
specchietto[M] retrovisore[M]

Spiegel[M]
vanity mirror
miroir[M] de courtoisie[F]
espejo[M] de cortesía[F]
specchietto[M] di cortesia[F]

Scheibenwischerhebel[M]
wiper control
commande[F] d'essuie-glace[M]
interruptor[M] del limpiaparabrisas[M]
comando[M] del tergicristallo[M]

Bordcomputer[M]
on-board computer
ordinateur[M] de bord[M]
ordenador[M] de a bordo[M]
computer[M] di bordo[M]

Sonnenblende[F]
sun visor
pare-soleil[M]
parasol[M]
aletta[F] parasole

Tempomat[M]
cruise control
régulateur[M] de vitesse[F]
regulador[M] de velocidad[F]
controllo[M] della velocità[F] di crociera[F]

Handschuhfach[N]
glove compartment
boîte[F] à gants[M]
guantera[F]
vano[M] portaoggetti[M]

Zündschloss[N]
ignition switch
démarreur[M] électrique
interruptor[M] de encendido[M]
blocchetto[M] di accensione[F]

Luftdüse[F]
vent
bouche[F] d'air[M]
ventilación[F]
bocchetta[F] di ventilazione[F]

Hupe[F]
horn
avertisseur[M]
claxón[M]
clacson[M]

Schalter[M] für Heizung[F] und Belüftung[F]
climate control
commande[F] de chauffage[M]
control[M] de la calefacción[F]
comandi[M] del riscaldamento[M] e dell'aerazione[F]

Lenkrad[N]
steering wheel
volant[M]
volante[M]
volante[M]

Radio-/Kassettengerät[N]
sound system
système[M] audio
sistema[M] de audio[M]
autoradio[F]

Kupplungspedal[N]
clutch pedal
pédale[F] de débrayage[M]
pedal[M] del embrague[M]
pedale[M] della frizione[F]

Schalthebel[M]
gearchange lever
levier[M] de vitesse[F]
palanca[F] de cambio[M] de velocidades[F]
leva[F] del cambio[M]

Blinker- und Fernlichthebel[M]
dipping/indicator stalk
éclairage[M]/clignotant[M]
palanca[F] de luces[F] e intermitentes[M]
comando[M] dei proiettori[M] e dell'indicatore[M] di direzione[F]

Handbremshebel[M]
handbrake lever
levier[M] de frein[M] à main[F]
freno[M] de mano[F]
leva[F] del freno[M] a mano[F]

Mittelkonsole[F]
centre console
console[F] centrale
consola[F] central
console[F] centrale

Bremspedal[N]
brake pedal
pédale[F] de frein[M]
pedal[M] de los frenos[M]
pedale[M] del freno[M]

Gaspedal[N]
accelerator pedal
pédale[F] d'accélérateur[M]
pedal[M] del acelerador[M]
pedale[M] dell'acceleratore[M]

Airbag[M]-Rückhaltesystem[N]
air bag restraint system
système[M] de retenue[F] à sacs[M] gonflables
sistema[M] de restricción[F] del airbag[M]
sistema[M] di ritenuta[F] degli air bag[M]

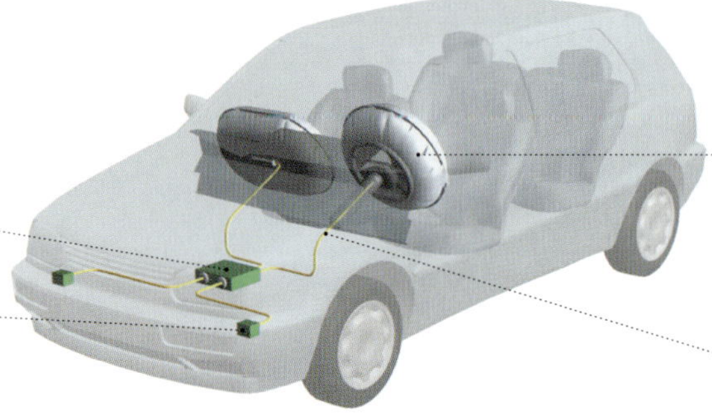

Sicherheitssensor[M]
safing sensor
détecteur[M] de sécurité[F]
sensor[M] de seguridad[F]
sensore[M] di sicurezza[F]

Airbag[M]
air bag
sac[M] gonflable
airbag[M]
air bag[M]

Aufprallsensor[M]
primary crash sensor
détecteur[M] d'impact[M] primaire
sensor[M] de colisión[F] primario
sensore[M] di collisione[F] principale

Elektrokabel[N]
electrical cable
câble[M] électrique
cable[M] eléctrico
cavo[M] elettrico

Instrumententafel[F]
instrument panel
instruments[M] de bord[M]
instrumentos[M] del salpicadero[M]
quadro[M] degli strumenti[M] di controllo[M]

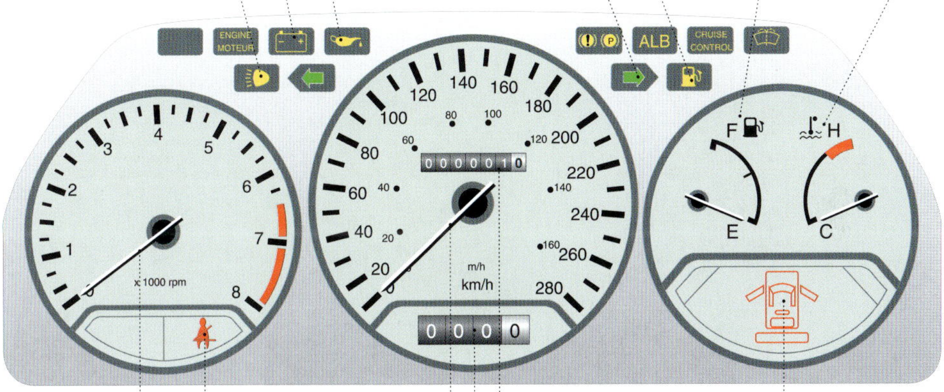

Scheibenwischer[M]
windscreen wiper
essuie-glace[M]
limpiaparabrisas[M]
tergicristallo[M]

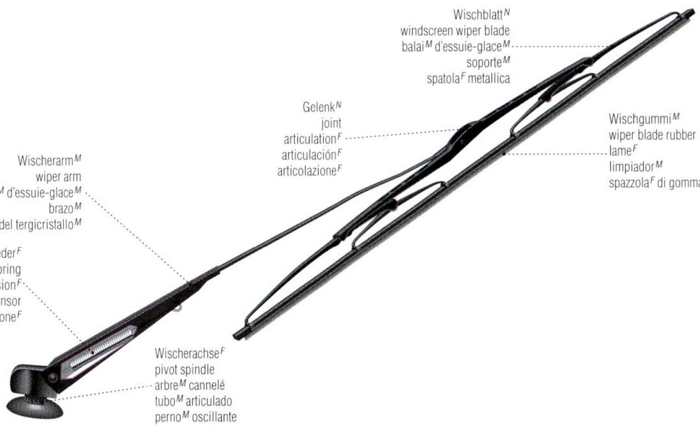

Zubehör[N]
accessories
accessoires[M]
accesorios[M]
accessori[M]

Sonnenrollo[N]
roller shade
store[M] à enroulement[M] automatique
cortina[F] de enrollamiento automático
tendina[F] parasole avvolgibile

Starthilfekabel[N]
jumper cables
câbles[M] de démarrage[M]
cables[M] de conexión[M]
cavi[M] di accoppiamento[M]

Fußraummatte[F]
floor mat
tapis[M] de plancher[M]
alfombrilla[F]
tappetino[M]

Anhängerkupplung[F]
hitch ball
boule[F] d'attelage[M]
gancho[M] de arrastre[M]
occhione[M] di traino[M]

Kreuzschlüssel[M]
four-way lug wrench
clé[F] en croix[F]
llave[M] en cruz[M]
chiave[F] a croce[F]

Schneefeger[M] mit Eiskratzer[M]
snow brush with scraper
balai[M] à neige[F] à grattoir[M]
escoba[F] de nieve[F] con rascador[M]
spazzola[F] da neve[F] con raschietto[M]

Skiträger[M]
ski rack
porte-skis[M]
porta-esquí[M]
portasci[M]

Fahrradträger[M]
bike carrier
porte-vélos[M]
portabicicletas[M]
portabici[M]

Wagenheber[M]
jack
cric[M]
gato[M]
cric[M]

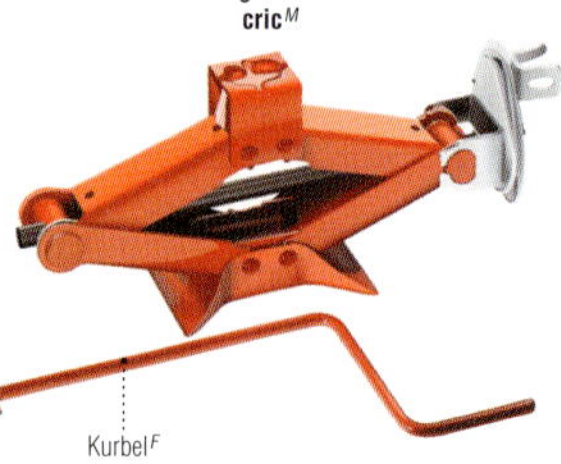

Windschutzscheiben[F]-Sonnenschutz[M]
sun visor
pare-soleil[M]
parasol[M]
parasole[M]

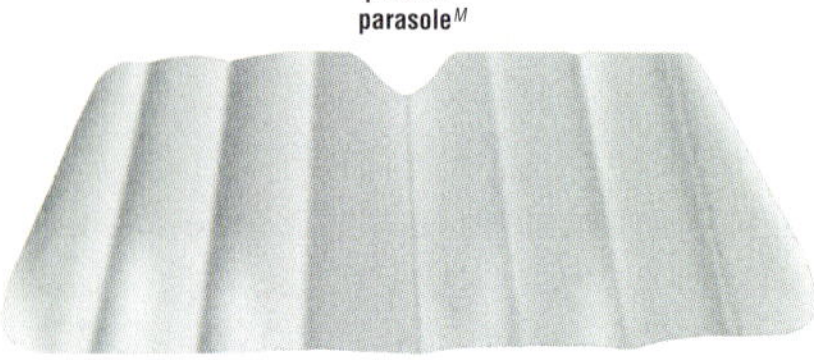

Autoplane[F]
car cover
housse[F] pour automobile[F]
funda[F] de automóvil[M]
telone[M] proteggiauto

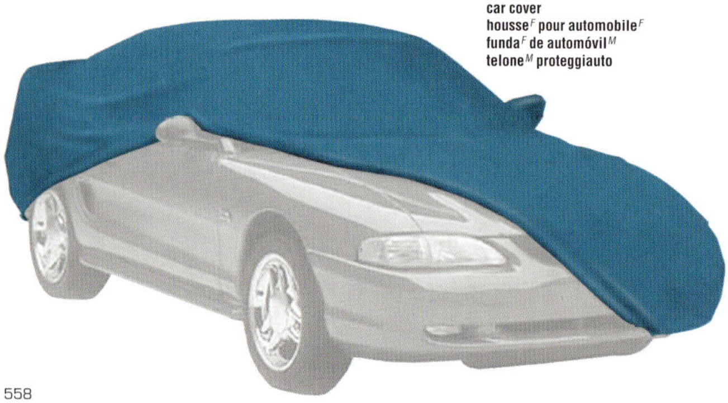

Kindersitz[M]
child seat
siège[M] de sécurité[F] pour enfant[M]
silla[F] de seguridad[F] para niños[M]
seggiolino[M] per bambini[M]

TRANSPORT UND FAHRZEUGE

Bremsen[F]

brakes | freins[M] | frenos[M] | freni[M]

Scheibenbremse[F]
disc brake
frein[M] à disque[M]
freno[M] de disco[M]
freno[M] a disco[M]

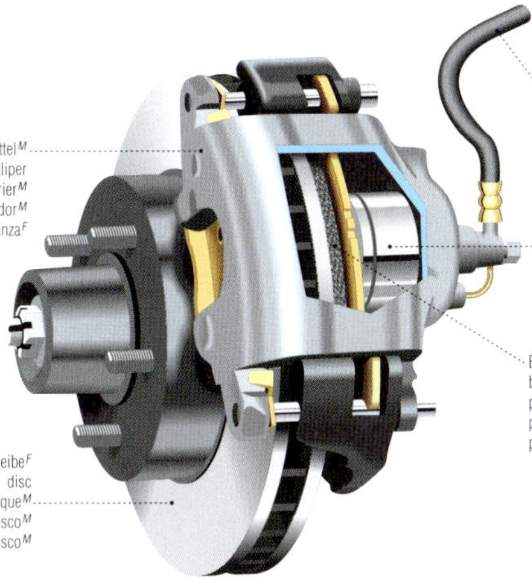

Trommelbremse[F]
drum brake
frein[M] à tambour[M]
freno[M] de tambor[M]
freno[M] a tamburo[M]

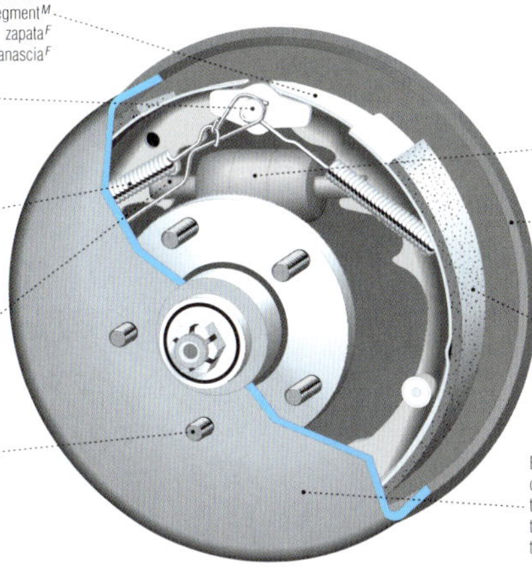

Antiblockiersystem[N] (ABS)
antilock braking system (ABS)
système[M] de freinage[M] antiblocage
sistema[M] antibloqueo de frenos[M]
ABS, sistema[M] frenante antibloccaggio

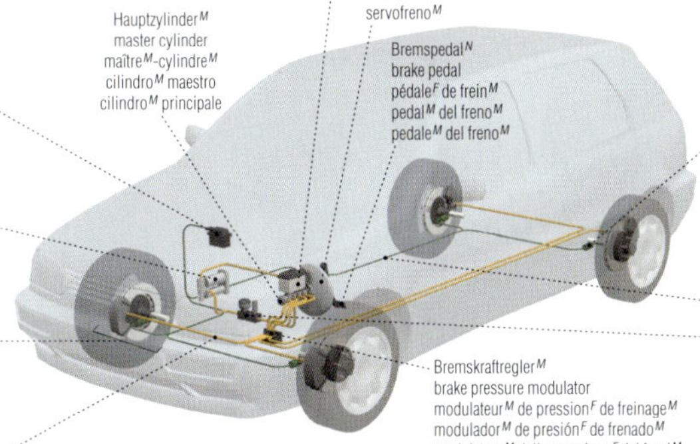

Reifen^{M}

tyre | pneu^{M} | neumático^{M} | pneumatico^{M}

Rad^{N}
wheel
roue^{F}
rueda^{F}
ruota^{F}

Reifenarten^{F}
examples of tyres
exemples^{M} de pneus^{M}
ejemplos^{M} de neumáticos^{M}
esempi^{M} di pneumatici^{M}

Sportreifen^{M}
performance tyre
pneu^{M} de performance^{F}
neumático^{M} de rendimiento^{M}
pneumatico^{M} sportivo

Ganzjahresreifen^{M}
all-season tyre
pneu^{M} toutes saisons^{F}
neumáticos^{M} de todas las estaciones^{F}
pneumatico^{M} per tutte le stagioni^{F}

Winterreifen^{M}
winter tyre
pneu^{M} d'hiver^{M}
neumático^{M} de invierno
pneumatico^{M} invernale

Touringreifen^{M}
touring tyre
pneu^{M} autoroutier
neumáticos^{M} de turismo^{M}
pneumatico^{M} granturismo

Spikereifen^{M}
studded tyre
pneu^{M} à crampons^{M}
neumático^{M} de tacos^{M}
pneumatico^{M} chiodato

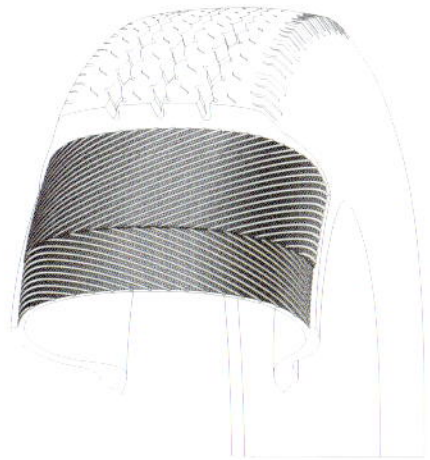

Diagonalreifen^{M}
cross-ply tyre
pneu^{M} à carcasse^{F} diagonale
neumático^{M} de capas^{F} al sesgo^{M}
pneumatico^{M} con carcassa^{F} a struttura^{F} diagonale

Radialreifen^{M}
radial tyre
pneu^{M} à carcasse^{F} radiale
neumático^{M} radial
pneumatico^{M} con carcassa^{F} a struttura^{F} radiale

Radialgürtelreifen^{M}
belted radial tyre
pneu^{M} à carcasse^{F} radiale ceinturée
neumático^{M} radial con cinturones^{M}
pneumatico^{M} a carcassa^{F} radiale cinturata

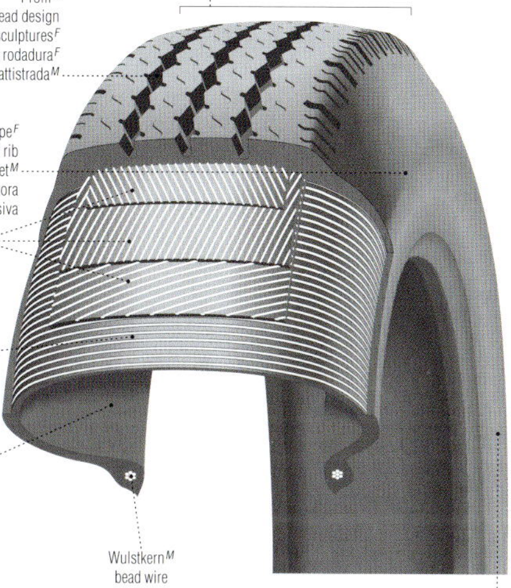

Kühler^{M}

radiator | radiateur^{M} | radiador^{M} | radiatore^{M}

Zündkerze[F]

spark plug | bougie[F] d'allumage[M] | bujía[F] | candela[F]

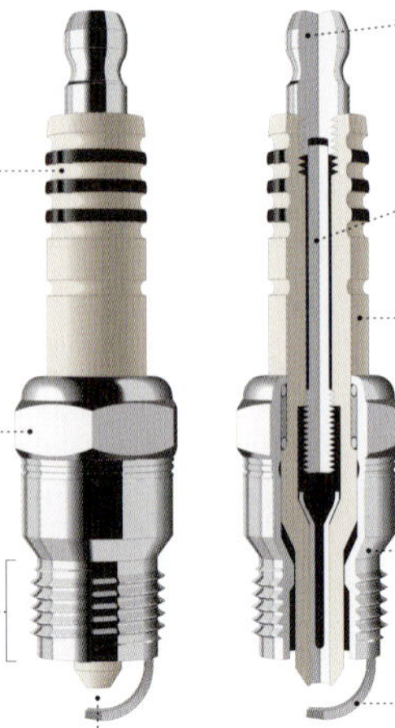

Batterie[F]

battery | batterie[F] d'accumulateurs[M] | batería[F] | batteria[F]

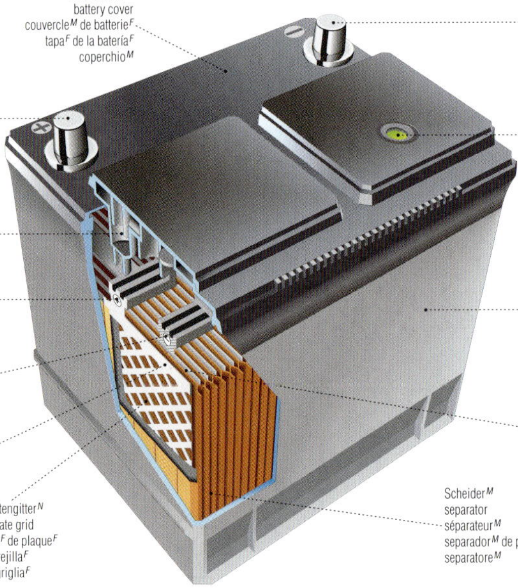

Elektrofahrzeug^{N}

electric car | automobile^{F} électrique | automóvil^{M} eléctrico | automobile^{F} elettrica

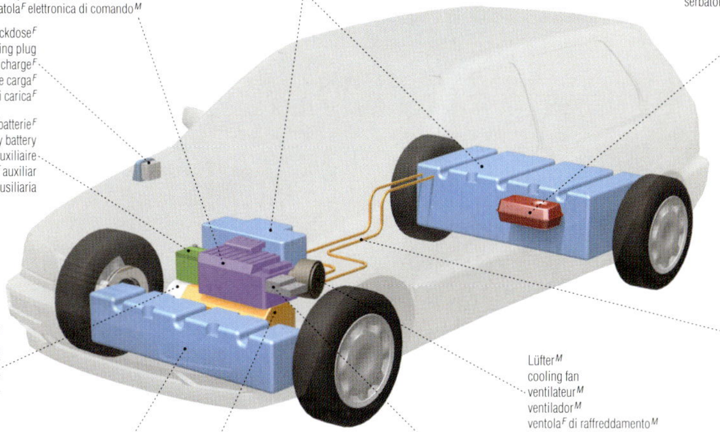

Hybridfahrzeug^{N}

hybrid car | automobile^{F} hybride | automóvil^{M} híbrido | automobile^{F} ibrida

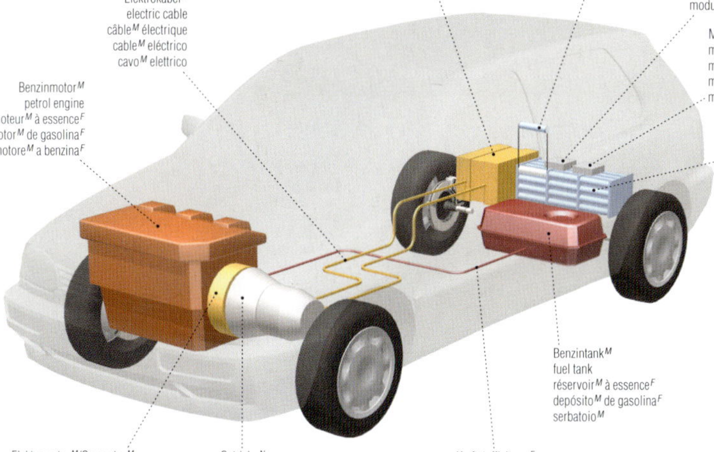

Motortypen[M]

types of engine | types[M] de moteurs[M] | tipos[M] de motores[M] | tipi[M] di motori[M]

Motor[M] mit Abgasturbolader[M]
turbo-charged engine
moteur[M] à turbocompression[F]
motor[M] turbocompresor
motore[M] turbocompresso

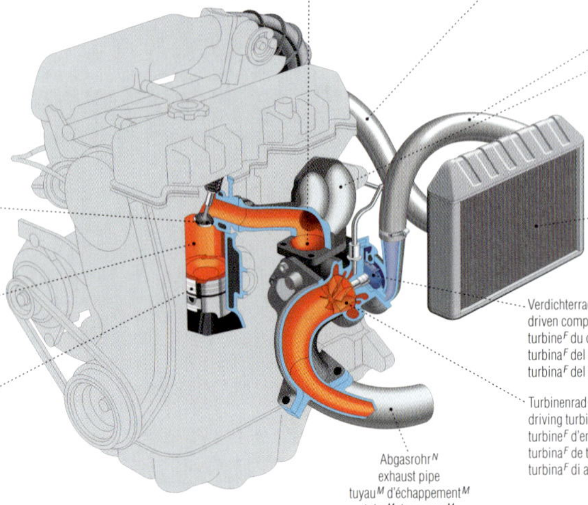

Abgaseintritt[M]
exhaust gas admission
entrée[F] des gaz[M] d'échappement[M]
toma[F] de gases[M] de combustión[F]
immissione[F] dei gas[M] di scarico[M]

Ansaugkrümmer[M]
intake manifold
admission[F] d'air[M] refroidi
conducto[M] de admisión[F]
collettore[M] di aspirazione[F]

Warmluftauslass[M]
warm air outlet
sortie[F] d'air[M] chaud
salida[F] de aire[M] caliente
condotto[M] di scarico[M] dell'aria[F] calda

Auspuffkrümmer[M]
exhaust manifold
collecteur[M] d'échappement[M]
colector[M] de escape[M]
collettore[M] di scarico[M]

Luftkühler[M]
charge-air cooler
refroidisseur[M] d'air[M]
refrigerador[M] de aire[M]
raffreddatore[M] d'aria[F]

Auslassventil[N]
exhaust valve
soupape[F] d'échappement[M]
válvula[F] de escape[M]
valvola[F] di scarico[M]

Verbrennungsraum[M]
combustion chamber
chambre[F] de combustion[F]
cámara[F] de combustión[F]
camera[F] di scoppio[M]

Kolben[M]
piston
piston[M]
pistón[M]
pistone[M]

Verdichterrad[N]
driven compressor wheel
turbine[F] du compresseur[M]
turbina[F] del compresor[M]
turbina[F] del motocompressore[M]

Turbinenrad[N]
driving turbine wheel
turbine[F] d'entraînement[M]
turbina[F] de transmisión[F]
turbina[F] di alimentazione[F]

Abgasrohr[N]
exhaust pipe
tuyau[M] d'échappement[M]
tubo[M] de escape[M]
tubo[M] di scarico[M]

Viertaktmotor[M]
four-stroke engine
moteur[M] à quatre temps[M]
motor[M] de cuatro tiempos[M]
motore[M] a quattro tempi[M]

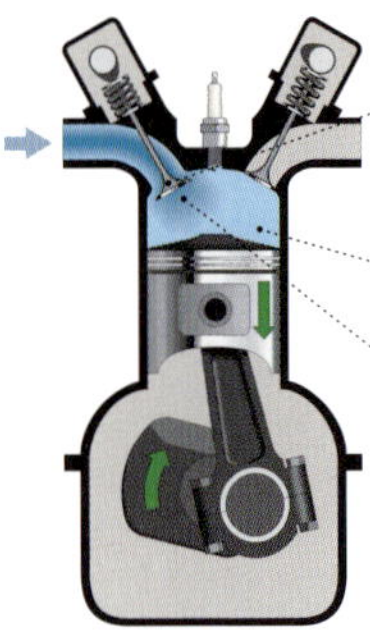

Einlassventil[N]
intake valve
soupape[F] d'admission[F]
válvula[F] de admisión[F]
valvola[F] di aspirazione[F]

Zylinder[M]
cylinder
cylindre[M]
cilindro[M]
cilindro[M]

Kraftstoff-Luft-Gemisch[N]
air/fuel mixture
mélange[M] air[M]/carburant[M]
mezcla[F] de aire[M] y combustible[M]
miscela[F] aria[F]/carburante[M]

Ansaugung[F]
induction
admission[F]
admisión[F]
aspirazione[F]

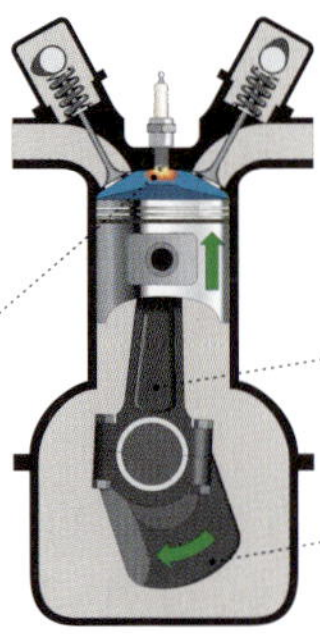

Funken[M]
spark
étincelle[F]
chispa[F]
scintilla[F]

Pleuelstange[F]
connecting rod
bielle[F]
biela[F]
biella[F]

Kurbelwelle[F]
crankshaft
vilebrequin[M]
cigüeñal[M]
albero[M] a gomiti[M]

Verdichtung[F]
compression
compression[F]
compresión[F]
compressione[F]

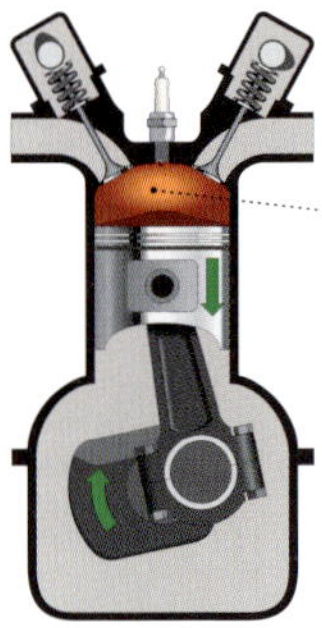

Zündung[F]
ignition
explosion[F]
explosión[F]
esplosione[F]

Verbrennung[F]
combustion
combustion[F]
combustión[F]
scoppio[M]

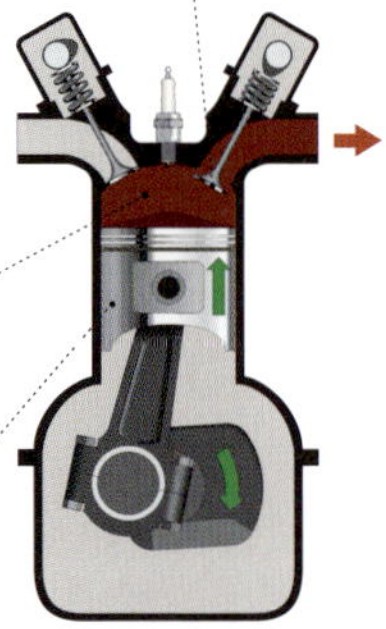

Auslassventil[N]
exhaust valve
soupape[F] d'échappement[M]
válvula[F] de escape[M]
valvola[F] di scarico[M]

Abgase[N]
burned gases
gaz[M] brulés
gases[M] quemados
gas[M] combusti

Kolben[M]
piston
piston[M]
pistón[M]
pistone[M]

Ausstoß[F]
exhaust
échappement[M]
escape[M]
scarico[M]

TRANSPORT UND FAHRZEUGE

Arbeitsprozess[M] des Zweitaktmotors[M]
two-stroke-cycle engine cycle
cycle[M] d'un moteur[M] à deux temps[M]
ciclo[M] de un motor[M] de dos tiempos[M]
ciclo[M] del motore[M] a due tempi[M]

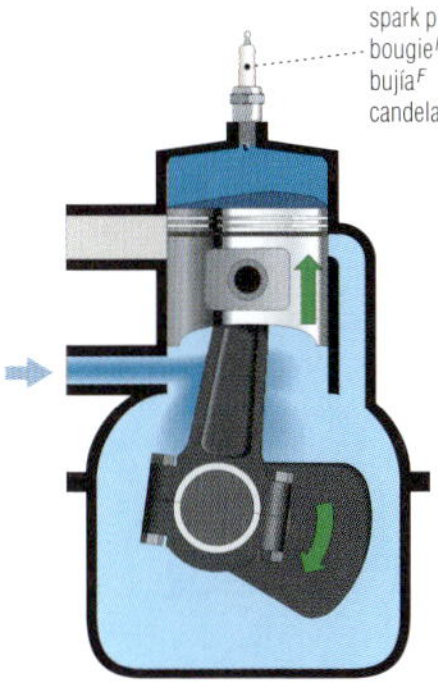

Verdichtung[F]/Ansaugung[F]
compression/intake
compression[F]/admission[F]
compresión[F] /admisión[F]
compressione[F]/aspirazione[F]

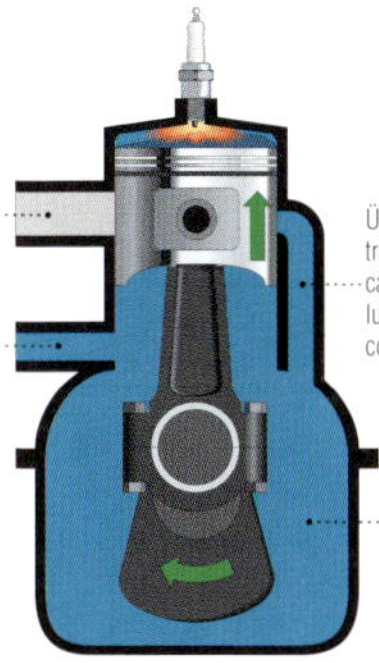

Verbrennung[F]
combustion
combustion[F]
combustión[F]
scoppio[M]

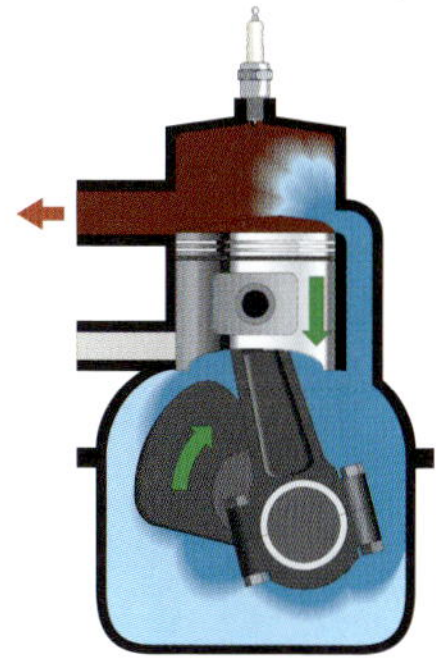

Ausstoß[M]
exhaust/scavaging
échappement[M]
escape[M]
scarico[M]

Arbeitsprozess[M] des Kreiskolbenmotors[M]
rotary engine cycle
cycle[M] d'un moteur[M] rotatif
ciclo[M] de un motor[M] rotatorio
ciclo[M] del motore[M] rotativo

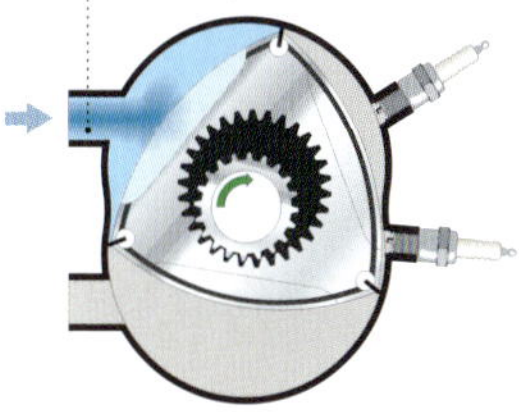

Ansaugung[F]
induction
admission[F]
admisión[F]
aspirazione[F]

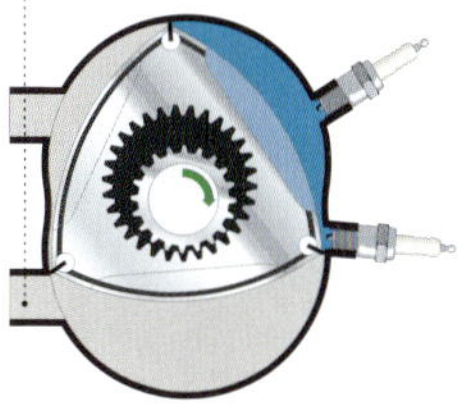

Verdichtung[F]
compression
compression[F]
compresión[F]
compressione[F]

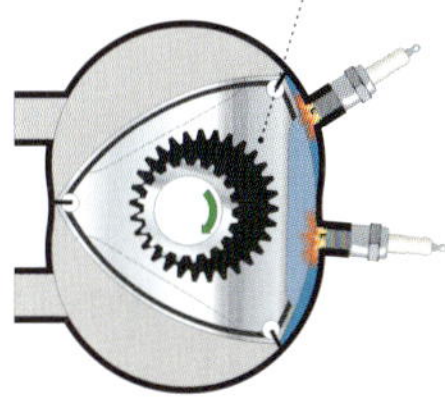

Verbrennung[F]
power
combustion[F]
combustión[F]
scoppio[M]

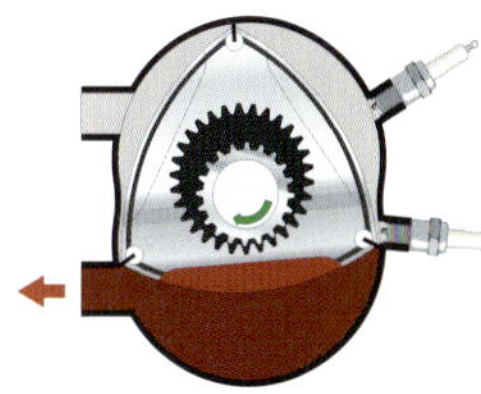

Ausstoß[G]
exhaust
échappement[M]
escape[M]
scarico[M]

Arbeitsprozess[M] des Dieselmotors[M]
diesel engine cycle
cycle[M] d'un moteur[M] diesel
ciclo[M] de un motor[M] diesel
ciclo[M] del motore[M] diesel

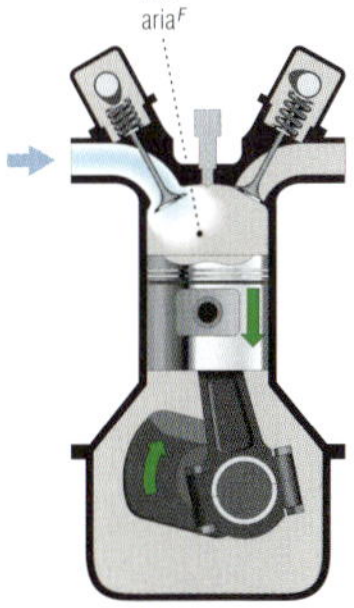

Ansaugung[F]
induction
admission[F]
admisión[F]
aspirazione[F]

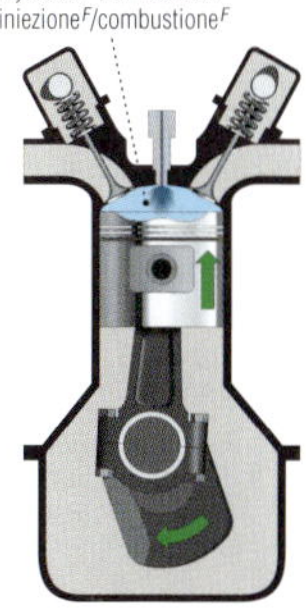

Verdichten[N]
compression
compression[F]
compresión[F]
compressione[F]

Verbrennung[F]
power
combustion[F]
combustión[M]
combustione[F]

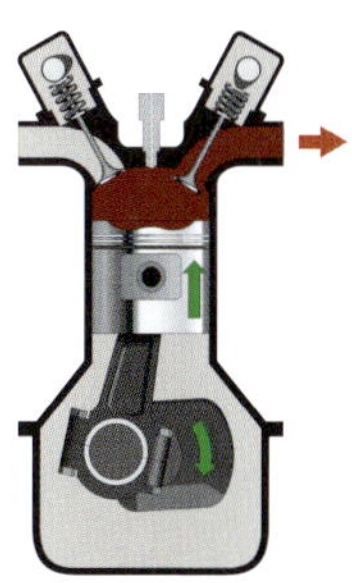

Ausstoß[F]
exhaust
échappement[M]
escape[M]
scarico[M]

Motortypen[M]

Ottomotor[M]
petrol engine
moteur[M] à essence[F]
motor[M] de gasolina[F]
motore[M] a benzina[F]

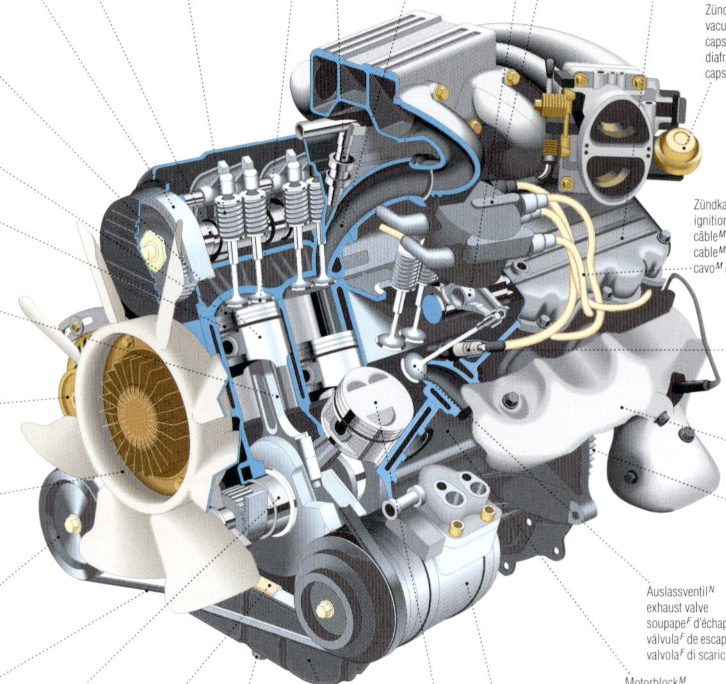

Wohnwagen^{M}

caravan | caravane^{F} | caravana^{F} | rimorchi^{M} e autocaravan^{M}

Wohnwagen^{M}
trailer caravan
caravane^{F} tractée
remolque^{M}
roulotte^{F}

Dachluke^{F}
roof vent
aérateur^{M} de toit^{M}
ventanilla^{F} de ventilación^{F} del techo^{M}
presa^{F} d'aria^{F} sul tetto^{M}

Lufteinlass^{M}
side vent
aérateur^{M} latéral
respiradero^{M} lateral
presa^{F} d'aria^{F} laterale

Karosserie^{F}
body
coque^{F}
carrocería^{F}
carrozzeria^{F}

Sonnenblende^{F}
sun visor
pare-soleil^{M}
parasol^{M}
visiera^{F} parasole

Vordachrille^{F}
awning channel
glissière^{F} d'auvent^{M}
ranura^{F} para toldo^{M}
telaio^{M} per tenda^{F} esterna

Propanflasche^{F}
propane gas cylinder
réservoir^{M} propane^{M}
tanque^{M} de gas^{M} propano^{M}
bombola^{F} di gas^{M} propano

Haltegriff^{F}
grab handle
poignée^{F} montoir^{M}
asidero^{M}
maniglia^{F}

Hydraulik-Heber^{M}
hydraulic jack
vérin^{M} hydraulique
gato^{M} hidráulico
martinetto^{M} idraulico

Steckdose^{F}
external socket
prise^{F} électrique
toma^{F} de corriente^{M}
presa^{F} di corrente^{F}

Anhängerkupplung^{F}
towing hitch
tête^{F} d'attelage^{M}
enganche^{M} del remolque^{M}
gancio^{M} di traino^{M}

Stauraum^{M}
storage compartment
coffre^{M} à bagages^{M}
compartimento^{M} para almacenamiento^{M}
vano^{M} portattrezzi^{M}

Tür^{F}
door
porte^{F}
puerta^{F}
porta^{F}

Anhängerkupplung^{F}
tow bar
timon^{M}
barra^{F} de remolque^{M}
barra^{F} di traino^{M}

Klappstufe^{F}
retractable step
marchepied^{M} escamotable
escalón^{M} retráctil
gradino^{M} rientrabile

Sicherheitskette^{F}
tow safety chain
chaîne^{F} de sûreté^{F}
cadena^{F} de seguridad^{F}
catena^{F} di sicurezza^{F}

Stützfuß^{M}
landing gear
béquille^{F} d'appui^{M}
amarre^{M} anterior retráctil
supporto^{M} anteriore retrattile

Stromanschlusskabel^{N}
lighting cable
raccord^{M} de signalisation^{F}
cable^{M} de alumbrado^{M}
cavo^{M} di raccordo^{M} per luci^{F} di segnalazione^{F}

Zeltwagen^{M}
trailer tent
tente^{F}-caravane^{F}
caravana^{F} plegable
carrello^{M} tenda^{F}

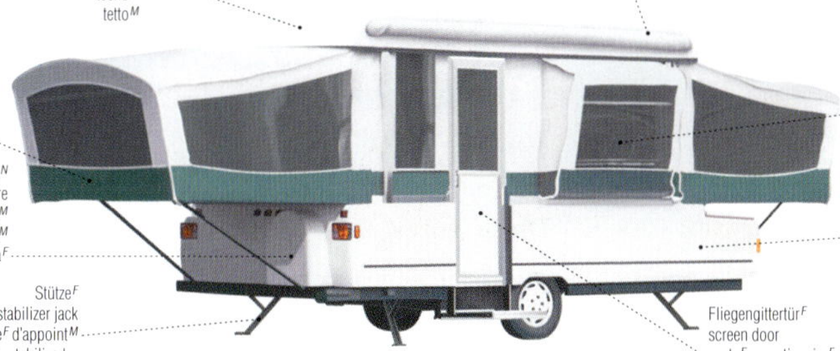

Vordach^{N}
canopy
auvent^{M}
toldo^{M}
tettuccio^{M}

Dach^{N}
roof
toit^{M}
techo^{M}
tetto^{M}

Fenster^{N}
window
fenêtre^{F}
ventana^{F}
finestrino^{M}

Bett^{N}
bunk
lit^{M}
litera^{F}
letto^{M}

Reserverad^{N}
spare tyre
roue^{F} de secours^{M}
rueda^{F} de repuesto^{M}
ruota^{F} di scorta^{F}

Aufbau^{M}
body
coque^{F}
carrocería^{F}
scocca^{F}

Stütze^{F}
stabilizer jack
béquille^{F} d'appoint^{M}
gato^{M} estabilizador
supporto^{M} stabilizzatore^{M}

Fliegengittertür^{F}
screen door
porte^{F} moustiquaire^{F}
puerta^{F} mosquitera
porta^{F} a zanzariera^{F}

Wohnmobil^{N}
camper
auto^{F}-caravane^{F}
autocaravana^{M}
autocaravan^{M}

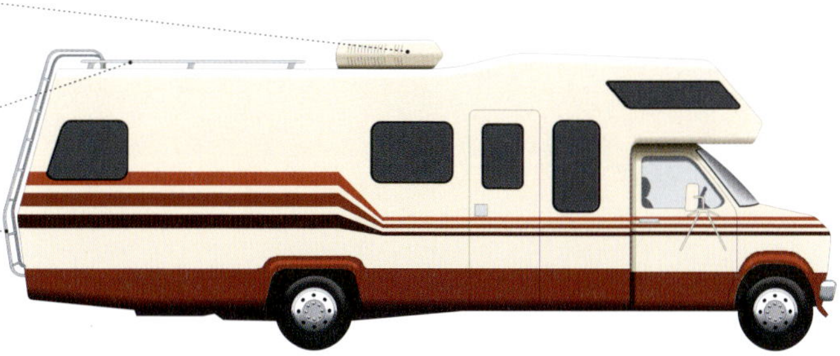

Klimaanlage^{F}
air conditioner
climatiseur^{M}
aire^{M} acondicionado
condizionatore^{M}

Gepäckträger^{M}
luggage rack
porte-bagages^{M}
portaequipajes^{M}
portabagagli^{M}

Leiter^{F}
ladder
échelle^{F}
escalerilla^{F}
scala^{F}

Bus^{M}

bus | autobus^{M} | autobús^{M} | autobus^{M}

Schulbus^{M}
school bus
autobus^{M} scolaire
autobús^{M} escolar
scuolabus^{M}

Außenspiegel^{M}
outside mirror
rétroviseur^{M} extérieur
espejo^{M} retrovisor exterior
specchietto^{M} retrovisore^{M} esterno

Weitwinkelspiegel^{M}
blind spot mirror
rétroviseur^{M} grand angle^{M}
retrovisor^{M} de gran angular^{M}
specchietto^{M} per il punto^{M} cieco

Blinklichter^{N}
blinking lights
feux^{M} intermittents
faros^{M} intermitentes
luci^{F} intermittenti

Sicherheitsspiegel^{M}
crossover mirror
miroir^{M} de traversée^{F} avant
espejo^{M} de cercanías^{F}
specchietto^{M} anteriore di accostamento^{M}

Absperrarm^{M}
crossing arm
bras^{M} d'éloignement^{M}
barra^{F} distanciadora
barra^{F} distanziatrice

Linienbus^{M}
city bus
autobus^{M}
autobús^{M} urbano
autobus^{M} urbano

Lufteinlass^{M}
air intake
prise^{F} d'air^{M}
toma^{F} de aire^{M}
presa^{F} d'aria^{F}

zweiflügelige Ausgangstür^{F}
two-leaf door
porte^{F} à deux vantaux^{M}
puerta^{F} de dos hojas^{F}
porta^{F} a due battenti^{M}

Linienanzeige^{F}
route sign
indicateur^{M} de ligne^{F}
indicador^{M} de línea^{F}
indicatore^{M} di linea^{F}

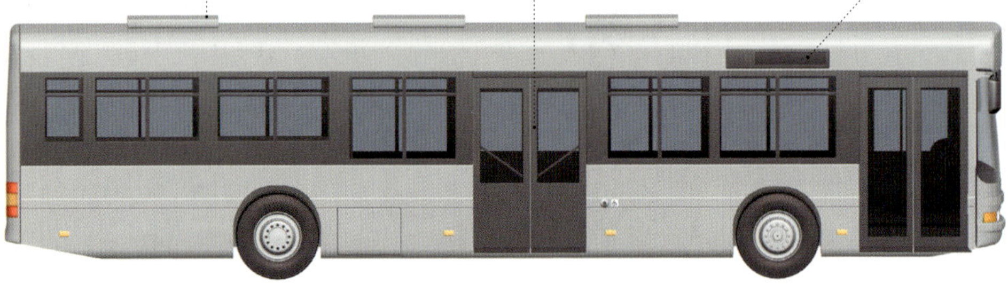

Reisebus^{M}
coach
autocar^{M}
autocar^{M}
pullman^{M}

Motorlufteinlass^{M}
engine air intake
prise^{F} d'air^{M} du moteur^{M}
toma^{F} de aire^{M} del motor^{M}
presa^{F} d'aria^{F} del motore^{M}

Einstiegstür^{F}
entrance door
porte^{F} d'entrée^{F}
puerta de entrada^{F}
porta^{F} di entrata^{F}

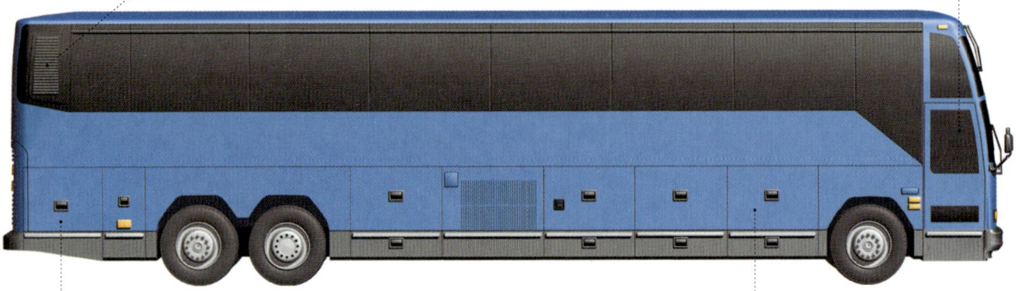

Motorraum^{M}
engine compartment
compartiment^{M} moteur^{M}
compartimiento^{M} motor
vano^{M} motore^{M}

Gepäckraum^{M}
baggage compartment
soute^{F} à bagages^{M}
maletero^{M}
bagagliaio^{M}

Bus^{M}

Doppeldeckerbus^{M}
double-decker bus
autobus^{M} à impériale^{F}
autocar^{M} de dos pisos^{M}
autobus^{M} a due piani^{M}

Oberdeck^{N}
upper deck
impériale^{F}
piso^{M} superior
piano^{M} superiore

Linienanzeige^{F}
route sign
indicateur^{M} de ligne^{F}
indicador^{M} de línea^{F}
indicatore^{M} di linea^{F}

Kleinbus^{M}
minibus
minibus^{M}
minibús^{M}
minibus^{M}

elektrische Schiebetür^{F}
lift door
porte^{F} de l'élévaleur^{M}
puerta^{F} de la plataforma^{F} elevadora
porta^{F} dell'elevatore^{M}

Weitwinkelspiegel^{M}
blind spot mirror
rétroviseur^{M} grand angle^{M}
retrovisor^{M} gran angular
specchietto^{M} per il punto^{M} cieco

Außenspiegel^{M}
West Coast mirror
rétroviseur^{M}
espejo^{M} retrovisor
specchietto^{M} retrovisore^{M}

Haltegriff^{M}
handrail
barre^{F} de maintien^{M}
pasamano^{M}
corrimano^{M}

Rollstuhllift^{M}
wheelchair lift
évateur^{M} pour fauteuils^{M} roulants
orma^{F} elevadora para silla^{F} de ruedas^{F}
elevatore^{M} per sedie^{F} a rotelle^{F}

Plattform^{F}
platform
plate-forme^{F}
plataforma^{F}
piattaforma^{F}

Einstiegstür^{F}
entrance door
porte^{F} d'entrée^{F}
puerta^{F} de entrada^{F}
porta^{F} di entrata^{F}

Gelenkbus^{M}
articulated bus
autobus^{M} articulé
autobús^{M} articulado
autobus^{M} articolato

Gelenk^{N}
articulated joint
section^{F} articulée
sección^{F} articulada
passaggio^{M} a soffietto^{M}

steifer Nachläufer^{M}
rear rigid section
tronçon^{M} rigide arrière
remolque^{M} rígido trasero
sezione^{F} rigida posteriore

steifes Vorderteil^{N}
front rigid section
tronçon^{M} rigide avant
sección^{F} rígida de tracción^{F} delantera
sezione^{F} rigida anteriore

Lastkraftfahrzeuge^{N}

trucking | camionnage^{M} | camiones^{M} | autoveicoli^{M} industriali

Sattelschlepper^{M}
tractor unit
tracteur^{M} routier
camión^{M} tractor^{M}
motrice^{F}

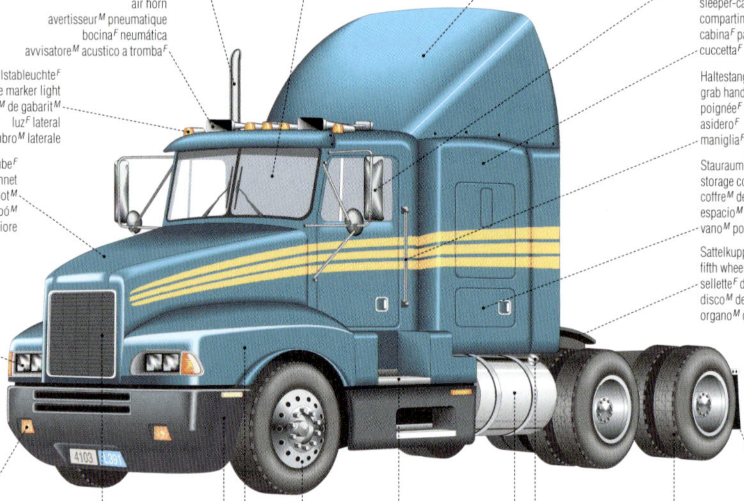

Sattelzug^{M}
articulated lorry with trailer
train^{M} routier
camión^{M} articulado
autoarticolato^{M}

Auflieger^{M}
semitrailer
semi-remorque^{F}
semirremolque^{M} tipo^{M} caja^{F}
semirimorchio^{M}

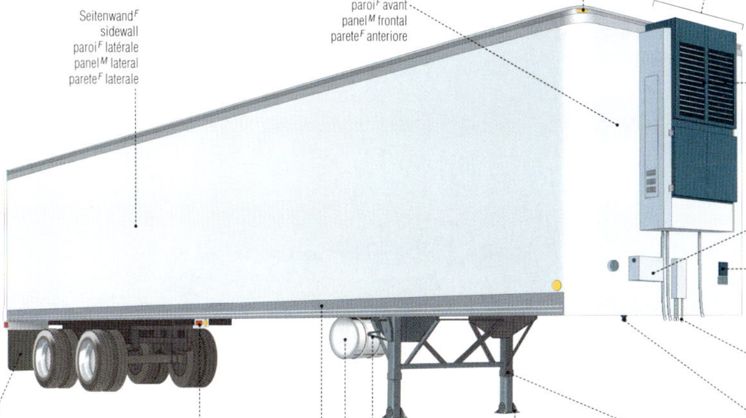

Peilstableuchte^{F}
side marker light
feu^{M} de gabarit^{M}
luz^{F} lateral
luce^{F} di ingombro^{M} laterale

Kühlaggregat^{N}
refrigeration unit
groupe^{M} frigorifique
unidad^{F} de refrigeración^{F}
gruppo^{M} frigorifero^{M}

Stirnwand^{F}
frontwall
paroi^{F} avant
panel^{M} frontal
parete^{F} anteriore

Seitenwand^{F}
sidewall
paroi^{F} latérale
panel^{M} lateral
parete^{F} laterale

Luftklappe^{F}
vent door
volet^{M} d'air^{M}
ventilador^{M}
presa^{F} d'aria^{F}

Batteriekasten^{M}
battery box
boîtier^{M} de batterie^{F}
caja^{F} del acumulador^{M}
cassa^{F} portabatteria

Partlow-Schreiber^{M}
partlow chart
disque^{M} de papier^{M}-diagramme^{M}
regulador^{M} de temperatura^{F}
diagramma^{M} di carico^{M}

Stromanschluss^{M}
electrical connection
accouplement^{M} électrique
conexiones^{F}
collegamento^{M} elettrico

Rückstrahler^{M}
reflector
réflecteur^{M}
reflector^{M}
catarifrangente^{M}

ausklappbare Stützvorrichtung^{F}
landing gear
béquille^{F}
dispositivo^{M} de amarre^{M}
supporto^{M} retrattile

Zugsattelzapfen^{M}
kingpin
pivot^{M} d'attelage^{M}
perno^{M} maestro
perno^{M} di agganciamento^{M}

Schmutzfänger^{M}
mud flap
bavette^{F} garde-boue^{M}
guardabarros^{M}
alettone^{M} parafango^{M}

Wand-Untergurt^{M}
side rail
longeron^{M}
banda^{F} lateral protectora
longherone^{M} laterale

Stützfuß^{M}
sand shoe
sabot^{M}
zapata^{F}
piede^{M} di appoggio^{M}

Zusatztank^{M}
auxiliary tank
réservoir^{M} auxiliaire
tanque^{M} auxiliar
serbatoio^{M} ausiliario

Kurbel^{F} der Stützvorrichtung^{F}
landing gear crank
manivelle^{F}
manivela^{F}
manovella^{F} del supporto^{M}

Sattelpritschenanhänger^{M}
flatbed truck
semi-remorque^{F} plateau^{M}
semirremolque^{M} tipo plataforma^{F}
autocarro^{M} a pianale^{M}

Stirnwand^{F}
bulkhead
paroi^{F} de bout^{M}
mampara^{F} de contención^{F}
sponda^{F} frontale

Rungentasche^{F}
stake pocket
gaine^{F} de rancher^{M}
ranura^{F} para toldo^{M}
incastro^{M} per montante^{M}

Ladefläche^{F}
load platform
plateau^{M}
plataforma^{F}
piano^{M} di carico^{M}

Rücklicht^{N}
rear light
feu^{M} rouge arrière
luz^{F} trasera
fanale^{M} posteriore

Blinker^{M}
indicator
clignotant^{M}
intermitente^{M}
indicatore^{M} di direzione^{F}

Spritzlappen^{M}
mud flap
bavette^{F} garde-boue^{M}
guardabarros^{M}
alettone^{M} del parafango^{M}

Rammschutzleiste^{F}
rub rail
rail^{M} de guidage^{M}
banda^{F} protectora
guida^{F} metallica di protezione^{F}

Kurbel^{F} der Stützvorrichtung^{F}
landing gear crank
manivelle^{F}
manivela^{F}
manovella^{F} del supporto^{M}

Peilstableuchte^{F}
side marker light
feu^{M} de gabarit^{M}
luz^{F} lateral
luce^{F} di ingombro^{M} laterale

Unterfahrschutz^{M}
bumper
pare-chocs^{M}
parachoques^{M}
paraurti^{M}

Lastkraftfahrzeuge[N]

Beispiele[N] für Sattelkraftfahrzeuge[N]
examples of articulated trucks
exemples[M] de semi-remorques[F]
ejemplos[M] de camiones[M] articulados
esempi[M] di autoarticolati[M]

Tanklastzug[M]
road tanker
semi-remorque[F] citerne[F]
camión[M] cisterna[F]
autocisterna[F]

Autotransporter[M]
car transporter
semi-remorque[F] porte-véhicules[M]
trailer[M] para transporte[M] de vehículos[M]
bisarca[F]

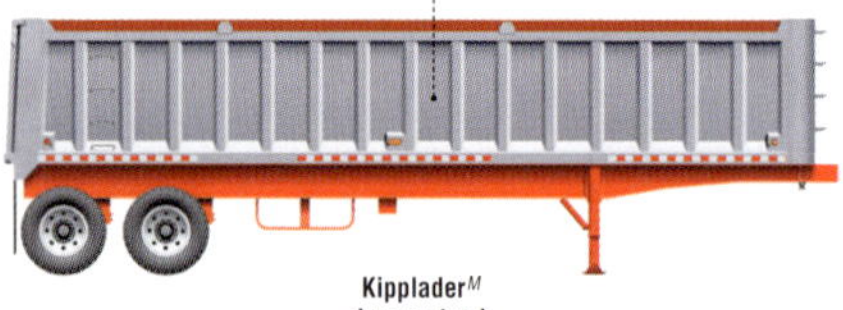

Kipplader[M]
dumper truck
semi-remorque[F] benne[F]
camión[M] volquete
ribaltabile[M]

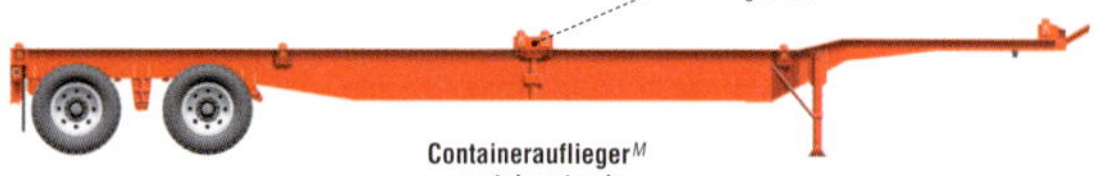

Containerauflieger[M]
container truck
semi-remorque[F] porte-conteneur[M]
semirremolque[M] porta container[M]
semirimorchio[M] portacontainer[M]

Sattelanhänger[M] für den Spantransport[M]
chip van
semi-remorque[F] à copeaux[M]
semirremolque[M] con lona[F]
autocarro[M] per trucioli[M]

Satteltiefladeanhänger[M] für den Transport[M] von Panzerfahrzeugen[N]
double drop lowbed truck
semi-remorque[F] porte-engins[M] surbaissée
semirremolque[M] bajo portamáquinas[M]
semirimorchio[M] ribassato per il trasporto[M] di mezzi[M] corazzati

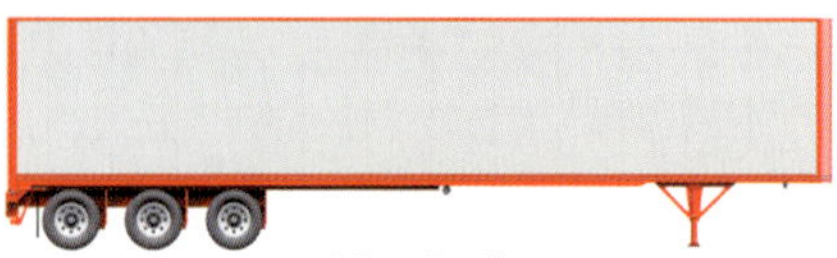

Kofferauflieger[M]
van body truck
semi-remorque[F] fourgon[M]
semirremolque[M] furgón
semirimorchio[M] furgonato

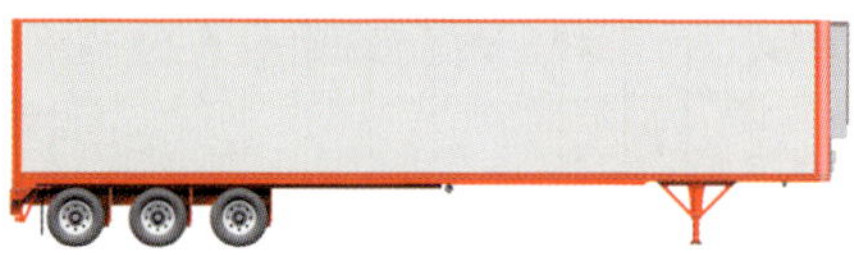

Kühlauflieger[M]
refrigerated truck
semi-remorque[F] frigorifique
semirremolque[M] frigorífico
camion[M] frigorifero[M]

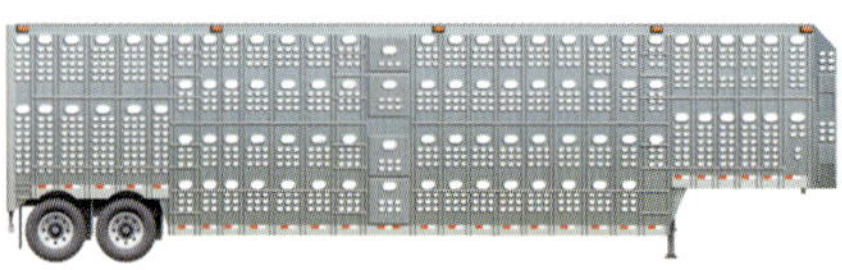

Satteltiefladeanhänger[M] für den Tiertransport[M]
possum-belly body truck
semi-remorque[F] bétaillère surbaissée
semirremolque[M] jaula[F] bajo para transporte[M] ganadero
semirimorchio[M] ribassato per il trasporto[M] del bestiame[M]

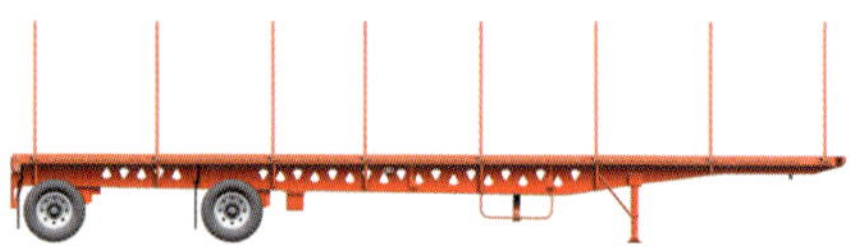

Sattelanhänger[M] für den Baumstammtransport[M]
log truck
semi-remorque[F] à grumes[F]
semirremolque[M] para el transporte[M] de troncos[M]
autocarro[M] per il trasporto[M] dei tronchi[M]

Abschleppwagen^{M}
tow truck
dépanneuse^{F}
grúa^{F} remolque
autogrù^{F}

Beispiele^{N} für Lastkraftwagen^{M}
examples of trucks
exemples^{M} de camions^{M}
ejemplos^{M} de camiones^{M}
esempi^{M} di camion^{M}

Kipper^{M}
tipper truck
camion^{M}-benne^{F}
camión^{M} basculante
ribaltabile^{M}

Saugfahrzeug^{N}
cesspit emptier
camion^{M} de vidange^{F}
aspiradora^{F} de fangos^{M}
camion^{M} per spurghi^{M}

Müllabfuhrwagen^{M}
collection truck
benne^{F} à ordures^{F}
compactadora^{F}
compattatore^{M}

Transportmischer^{M}
concrete mixer truck
camion^{M}-toupie^{F}
hormigonera^{F}
betoniera^{F}

Tankwagen^{M}
tanker
camion^{M}-citerne^{F}
camión^{M} cisterna
autobotte^{F}

Transporter^{M}
van
camion^{M} porteur^{M} fourgon^{M}
camioneta^{F}
furgone^{M}

Wechselaufbau^{M}
detachable body
carrosserie^{F} amovible
carrocería^{F} amovible
camion^{M} a cassone^{M} amovibile

Straßenkehrmaschine^{F}
street sweeper
balayeuse^{F}
barredora^{F}
spazzatrice^{F}

Schneefräse^{F}
snowblower
chasse-neige^{M} à soufflerie^{F}
quitanieves^{M}
spazzaneve^{M} a turbina^{F}

Motorrad[N]

motorcycle | moto[F] | motocicleta[F] | motocicletta[F]

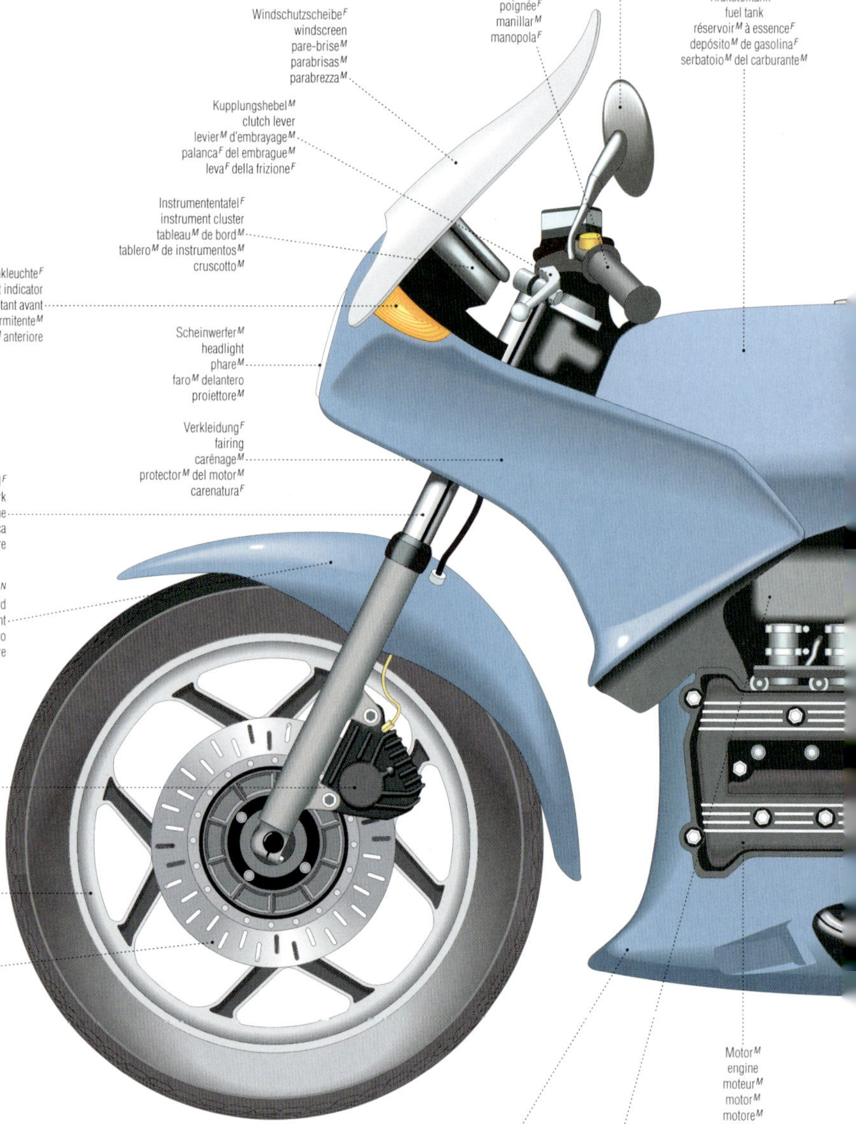

Schutzhelm[M]
crash helmet
casque[M] de protection[F]
casco[M] protector
casco[M] di protezione[F]

Oberschale[F]
bubble
coque[F]
casco[M]
calotta[F]

Visier[N]
visor
visière[F]
visera[F]
visiera[F]

Lufteinlass[M]
air inlet
grille[F] d'entrée[F] d'air[M]
respiradero[M]
presa[F] d'aria[F]

Kinnschutz[M]
chin protector
mentonnière[F]
protector[M] de la barbilla[F]
protezione[F] del mento[M]

Scharnier[N]
visor hinge
charnière[F] de la visière[F]
charnela[M] lateral
cerniera[F] della visiera[F]

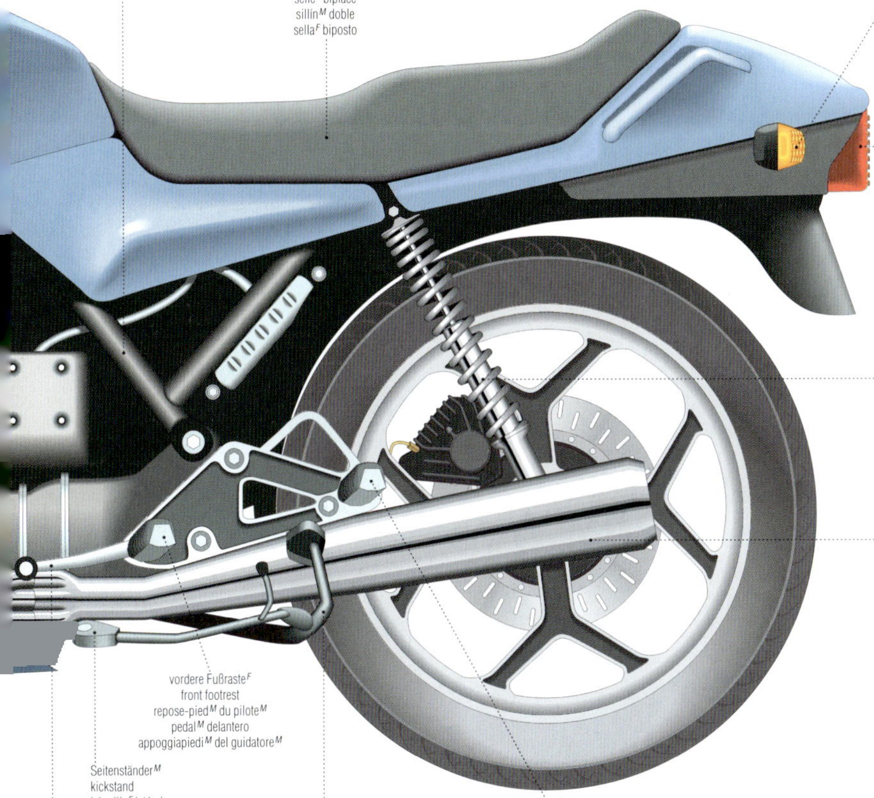

Rahmen[M]
frame
cadre[M]
bastidor[M]
telaio[M]

Sitzbank[F]
dual seat
selle[F] biplace
sillín[M] doble
sella[F] biposto

Blinkleuchte[F]
rear indicator
clignotant[M] arrière
intermitente[M]
lampeggiatore[M] posteriore

Schlussleuchte[F]
rear light
feu[M] arrière
luz[F] trasera
fanale[M] posteriore

hinterer Stoßdämpfer[M]
suspension strut
amortisseur[M] arrière
amortiguador[M]
ammortizzatore[M] posteriore

Auspuffrohr[N]
silencer
pot[M] d'échappement[M]
tubo[M] de escape[M]
tubo[M] di scappamento[M]

vordere Fußraste[F]
front footrest
repose-pied[M] du pilote[M]
pedal[M] delantero
appoggiapiedi[M] del guidatore[M]

Seitenständer[M]
kickstand
béquille[F] latérale
soporte[M] lateral
cavalletto[M] laterale

Schaltpedal[N]
gearchange pedal
sélecteur[M] de vitesses[F]
palanca[F] de cambio[M] de velocidades[F]
pedale[M] del cambio[M]

Hauptständer[M]
main stand
béquille[F] centrale
soporte[M] principal
cavalletto[M] centrale

Beifahrerfußraste[F]
pillion footrest
repose-pied[M] du passager[M]
pedal[M] trasero
appoggiapiedi[M] del passeggero[M]

Motorrad^{N}

Instrumententafel^{F}
instrument cluster
tableau^{M} de bord^{M}
tablero^{M} de instrumentos^{M}
cruscotto^{M}

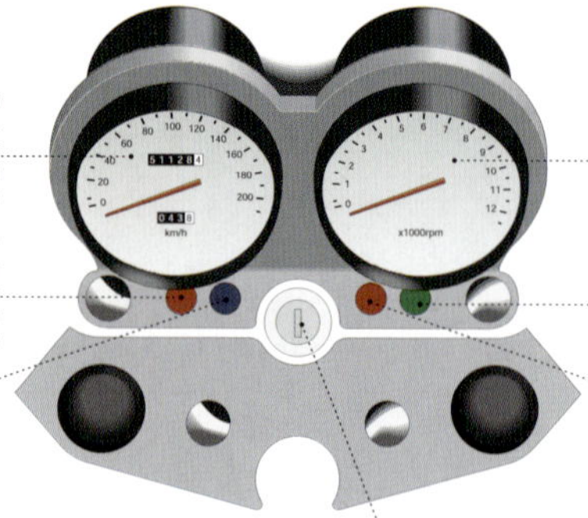

Motorrad^{N}: Draufsicht^{F}
motorcycle : view from above
moto^{F} : vue^{F} en plongée^{F}
motocicleta^{F} : vista^{F} desde lo alto^{M}
motocicletta^{F}: vista^{F} dall'alto^{M}

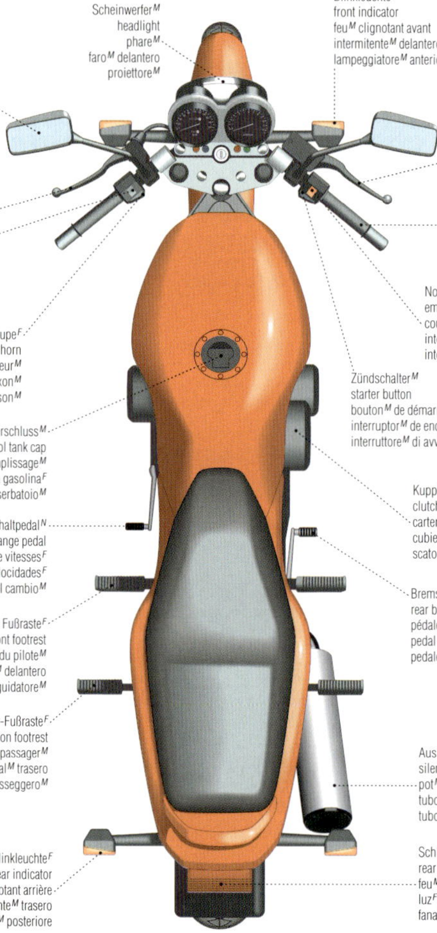

TRANSPORT UND FAHRZEUGE

Motorrad[N]

Beispiele[N] für Motorräder[N]
examples of motorcycles
exemples[M] de motos[F]
ejemplos[M] de motocicletas[F]
esempi[M] di motociclette[F] e ciclomotore[M]

Motorroller[M]
motor scooter
scooter[M]
scooter[M]
scooter[M]

Sitz[M]
seat
selle[F]
sillín[M]
sella[F]

Gepäckträger[M]
luggage rack
porte-bagages[M]
portaequipajes[M]
portapacchi[M]

Spiegel[M]
mirror
rétroviseur[M]
espejo[M] retrovisor
specchietto[M] retrovisore[M]

Frontblech[M]
apron
tablier[M]
salpicadero[M]
pannello[M] di protezione[F]

Fußstütze[F]
floorboard
plancher[M]
reposapies[M]
appoggiapiedi[M]

Geländemotorrad[N]
off-road motorcycle
moto[F] tout-terrain
motocicleta[F] todo terreno[M]
motocicletta[F] da cross[M]

Sitz[M]
seat
selle[F]
asiento[M]
sella[F]

Teleskopgabel[F]
telescopic front fork
fourche[F] télescopique
horquilla[F] telescópica
forcella[F] telescopica anteriore

Stollenreifen[M]
knobby tyre
pneu[M] à crampons[M]
neumático[M] de tacos[M]
pneumatico[M] scolpito

Mofa[N]
moped
cyclomoteur[M]
ciclomotor[M]
ciclomotore[M]

Gepäckträger[M]
carrier
porte-bagages[M]
portaequipajes[M]
portapacchi[M]

Raststütze[F]
kickstand
béquille[F] latérale
soporte[M]
cavalletto[M] laterale

Touring[N]-Motorrad[N]
touring motorcycle
moto[F] de tourisme[M]
motocicleta[F] de turismo[M]
motocicletta[F] da turismo[M]

Antenne[F]
antenna
antenne[F]
antena[F]
antenna[F]

Windschutzscheibe[F]
windscreen
pare-brise[M]
parabrisas[M]
parabrezza[M]

Rückenlehne[F]
backrest
dossier[M]
respaldo[M]
schienale[M]

Topcase[N]
top box
coffre[M]
maletero[M]
bauletto[M]

Seitenkoffer[M]
saddlebag
sacoche[F]
cartera[F]
borsa[F] laterale

Soziussitz[M]
passenger seat
selle[F] passager[M]
sillín[M] del pasajero[M]
sella[F] del passeggero[M]

Fahrersitz[M]
driver seat
selle[F] conducteur[M]
sillín[M] del conductor[M]
sella[F] del guidatore[M]

4x4-Geländemotorrad[N]

quad bike | quad[M] | quad[M] | veicolo[M] a trazione[F] integrale 4x4

Gepäckträger[M]
rear cargo rack
porte-bagages[M] arrière
portaequipajes[M] posterior
portapacchi[M] posteriore

Sitz[M]
seat
selle[F]
sillín[M]
sella[F]

Kraftstofftank[M]
fuel tank
réservoir[M] à essence[F]
depósito[M] de gasolina[F]
serbatoio[M] del carburante[M]

Lenkergriff[M]
handgrip
poignée[F]
manillar[M]
manopola[F]

hinterer Kotflügel[M]
rear bumper
garde-boue[M] arrière
parachoques[M] posterior
paraurti[M] posteriore

Stoßfänger[M]
bumper
pare-chocs[M]
parachoques[M]
paraurti[M]

Auspuffrohr[N]
silencer
pot[M] d'échappement[M]
silenciador[M]
tubo[M] di scappamento[M]

Frontstoßdämpfer[M]
front shock absorber
amortisseur[M] avant
amortiguador[M] delantero
ammortizzatore[M] anteriore

Schalthebel[M]
gear lever
sélecteur[M] de vitesses[F]
palanca[F] de velocidad[F]
pedale[M] del cambio[M]

Fahrrad^N

bicycle | bicyclette^F | bicicleta^F | bicicletta^F

Teile^N eines Fahrrads^N
parts of a bicycle
parties^F d'une bicyclette^F
partes^F de una bicicleta^F
componenti^M di una bicicletta^F

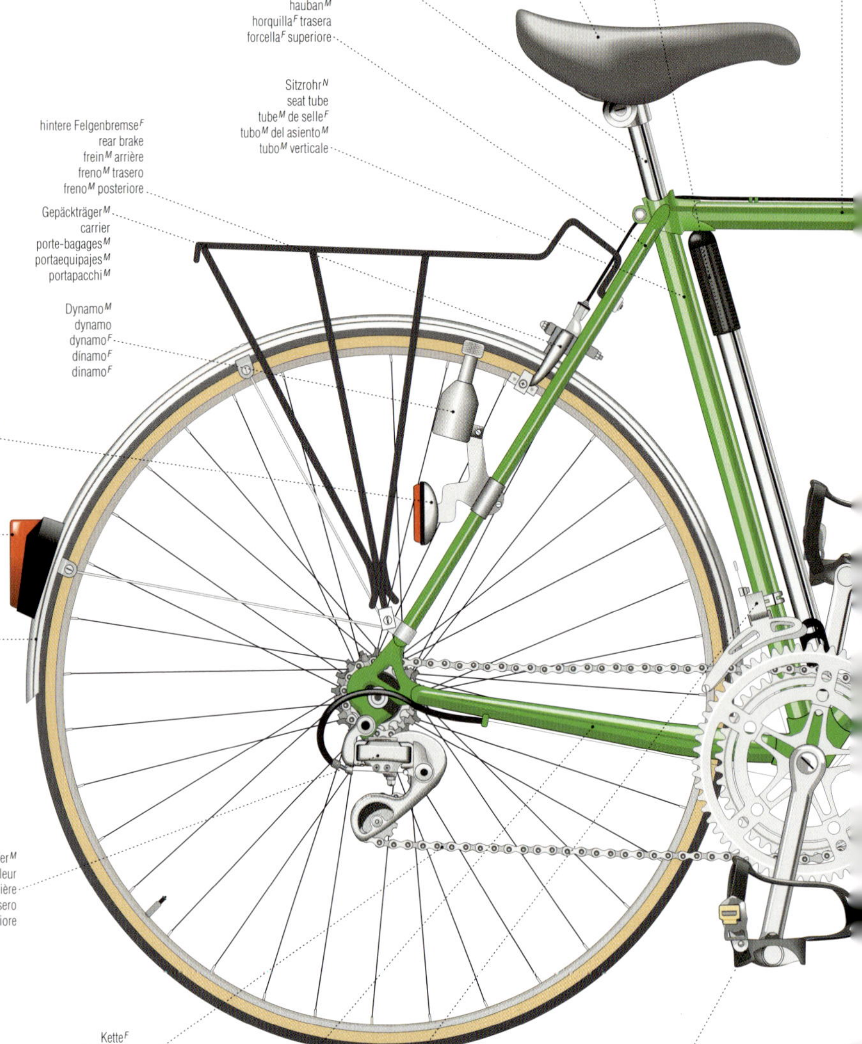

Sattelstütze^F
saddle pillar
tige^F de selle^F
poste^M del asiento^M
cannotto^M reggisella

Sattel^M
saddle
selle^F
sillín^M
sella^F

Luftpumpe^F
tyre pump
pompe^F
bomba^F de aire^M
pompa^F

Oberrohr^N
crossbar
tube^M horizontal
barra^F
canna^F

hinterer Streben^M
seat stay
hauban^M
horquilla^F trasera
forcella^F superiore

Sitzrohr^N
seat tube
tube^M de selle^F
tubo^M del asiento^M
tubo^M verticale

hintere Felgenbremse^F
rear brake
frein^M arrière
freno^M trasero
freno^M posteriore

Gepäckträger^M
carrier
porte-bagages^M
portaequipajes^M
portapacchi^M

Dynamo^M
dynamo
dynamo^F
dínamo^F
dinamo^F

Rückstrahler^M
reflector
catadioptre^M
reflector^M
catarifrangente^M

Rücklicht^N
rear light
feu^M arrière
luz^F trasera
fanale^M posteriore

Schutzblech^N
mudguard
garde-boue^M
guardabarros^M
parafango^M

hinterer Umwerfer^M
rear derailleur
dérailleur^M arrière
cambio^M de marchas^F trasero
deragliatore^M posteriore

Kette^F
drive chain
chaîne^F
cadena^F de transmisión^F
catena^F

Kettenstrebe^F
chain stay
base^F
soporte^M de la cadena^F
forcella^F inferiore

Kettenblattumwerfer^M
front derailleur
dérailleur^M avant
cambio^M de marchas^F delantero
deragliatore^M anteriore

Pedal^N
pedal
pédale^F
pedal^M
pedale^M

Pedalhaken^M
toe clip
cale-pied^M
calzapié^M
fermapiedi^M

Fahrrad[N]

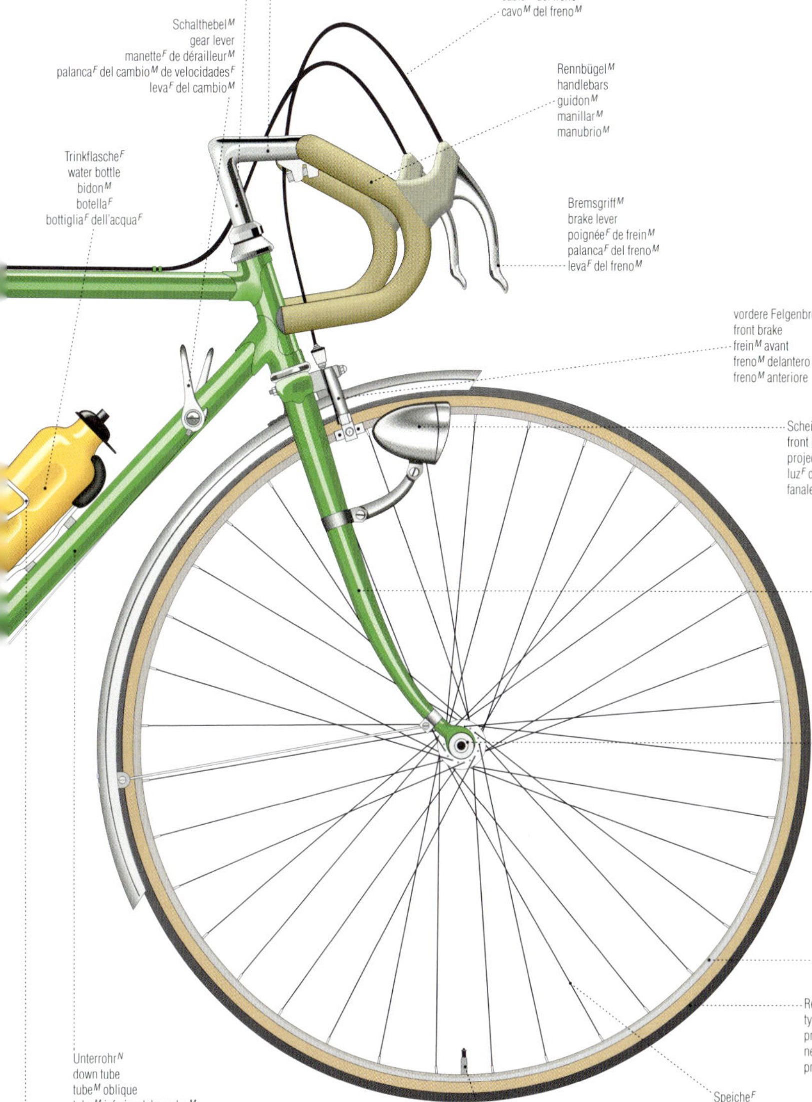
Lenkkopf[M]
steering tube
tube[M] de direction[F]
tubo[M] del manillar[M]
tubo[M] di sterzo[M]
Vorbau[M]
handlebar stem
potence[F]
vástago[M]
attacco[M] del manubrio[M]
Bremszug[M]
brake cable
câble[M] de frein[M]
cable[M] del freno[M]
cavo[M] del freno[M]
Schalthebel[M]
gear lever
manette[F] de dérailleur[M]
palanca[F] del cambio[M] de velocidades[F]
leva[F] del cambio[M]
Rennbügel[M]
handlebars
guidon[M]
manillar[M]
manubrio[M]
Trinkflasche[F]
water bottle
bidon[M]
botella[F]
bottiglia[F] dell'acqua[F]
Bremsgriff[M]
brake lever
poignée[F] de frein[M]
palanca[F] del freno[M]
leva[F] del freno[M]
vordere Felgenbremse[F]
front brake
frein[M] avant
freno[M] delantero
freno[M] anteriore
Scheinwerfer[M]
front lamp
projecteur[M]
luz[F] delantera
fanale[M] anteriore
Vordergabel[F]
fork
fourche[F]
horquilla[F]
forcella[F]
Nabe[F]
hub
moyeu[M]
eje[M] de la rueda[F]
mozzo[M]
Felge[F]
rim
jante[F]
llanta[F]
cerchio[M]
Reifen[M]
tyre
pneu[M]
neumático[M]
pneumatico[M]
Unterrohr[N]
down tube
tube[M] oblique
tubo[M] inferior del cuadro[M]
tubo[M] obliquo
Speiche[F]
spoke
rayon[M]
radio[M]
raggio[M]
Trinkflaschenhalter[M]
water bottle clip
porte-bidon[M]
portabotellas[M]
portabottiglia[M]
Ventil[N]
tyre valve
valve[F]
válvula[F]
valvola[F]

Fahrrad[N]

Kraftübertragung[F]
power train
mécanisme[M] de propulsion[F]
transmisión[F] de cadena[F]
organi[M] di trasmissione[F]

Zubehör[N]
accessories
accessoires[M]
accesorios[M]
accessori[M]

Schloss[N]
cycle lock
cadenas[M]
candado[M] para bicicleta[F]
lucchetto[M]

Fahrradhelm[M]
cycling helmet
casque[M] de protection[F]
casco[M] protector
casco[M] di protezione[F]

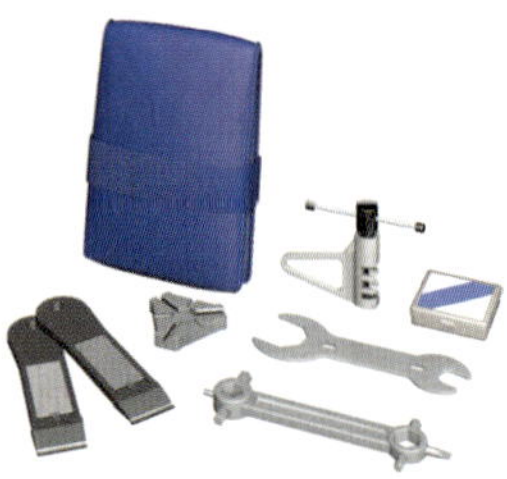

Werkzeugsatz[M]
tool kit
trousse[F] de dépannage[M]
herramientas[F]
kit[M] di attrezzi[M]

Satteltasche[F]
pannier bag
sacoche[F]
cartera[F]
zaino[M]

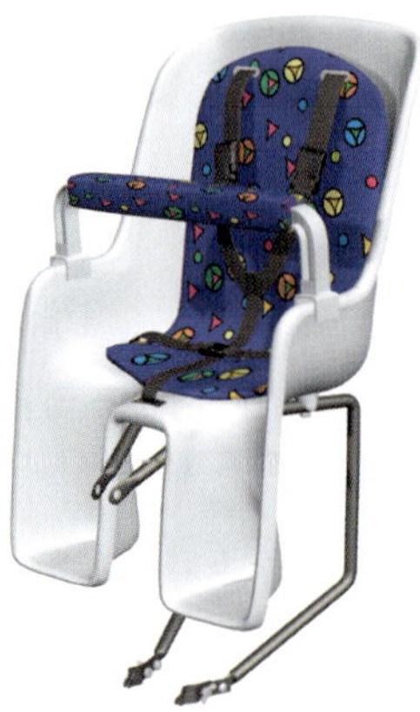

Kindersitz[M]
child carrier
siège[M] de vélo[M] pour enfant[M]
silla[F] porta-niño[M]
seggiolino[M] per bambini[M]

Beispiele[N] für Fahrräder[N]
examples of bicycles
exemples[M] de bicyclettes[F]
ejemplos[M] de bicicletas[F]
esempi[M] di biciclette[F]

Dreirad[N]
child's tricycle
tricycle[M] d'enfant[M]
triciclo[M]
triciclo[M]

BMX-Rad[N], Mountainbike[N]
BMX bike
vélo[M] cross[M]
bicicleta[F] BMX
mountain bike[F] da cross[M]

Hollandrad[N]
Dutch bicycle
bicyclette[F] hollandaise
bicicleta[F] holandesa
bicicletta[F] olandese

Mountain Bike[N]
all-terrain bicycle
bicyclette[F] tout-terrain
bicicleta[F] todo terreno[M]
mountain bike[F]

Stadtrad[N]
city bicycle
bicyclette[F] de ville[F]
bicicleta[F] de ciudad[F]
city bike[F]

Rennrad[N]
road bicycle
bicyclette[F] de course[F]
bicicleta[F] de carretera[F]
bicicletta[F] da corsa[F]

Tourenrad[N]
touring bicycle
bicyclette[F] de tourisme[M]
bicicleta[F] de turismo[M]
bicicletta[F] da turismo[M]

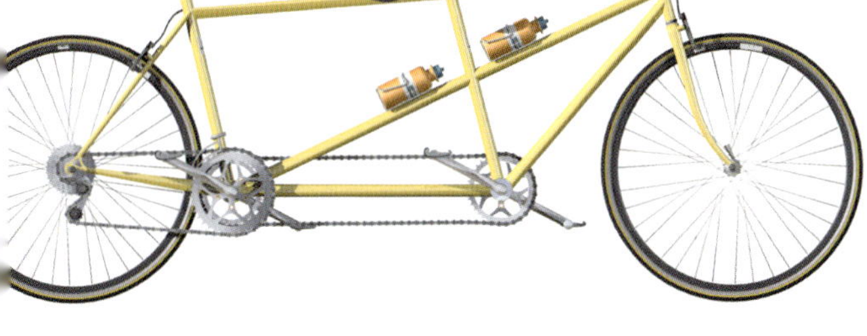

Tandem[N]
tandem
tandem[M]
tándem[M]
tandem[M]

Bahnhof^M

passenger station | gare^F de voyageurs^M | estación^F de ferrocarril^M | stazione^F dei viaggiatori^M

TRANSPORT UND FAHRZEUGE

Bahnhof^{M}

railway station | gare^{F} | estación^{F} de ferrocarril^{M} | stazione^{F} ferroviaria

Personenbahnhof^{M}
passenger station
gare^{F} de voyageurs^{M}
estación^{F} de ferrocarril^{M}
stazione^{F} dei viaggiatori^{M}

S-Bahn-Strecke^{F}
suburban commuter railway
voie^{F} de banlieue^{F}
vía^{F} de tren^{M} suburbano
linea^{F} ferroviaria locale

Bahnsteig^{M}
station platform
quai^{M}
andén^{M}
marciapiede^{M}

Nahverkehrszug^{M}
commuter train
train^{M} de banlieue^{F}
tren^{M} suburbano
treno^{M} locale

Hauptgleis^{N}
main line
grandes lignes^{F}
vía^{F} principal
linea^{F} ferroviaria principale

Nebengleis^{N}
siding
voie^{F} de service^{M}
vía^{F} subsidiaria
binario^{M} morto

Prellbock^{M}
buffers
butoir^{M}
tope^{M}
respingente^{M}

Bahnübergang^{M}
level crossing
passage^{M} à niveau^{M}
paso^{M} a nivel^{M}
passaggio^{M} a livello^{M}

Parkplatz^{M}
car park
parking^{M}
estacionamiento^{M}
parcheggio^{M}

Bahnsteigüberdachung^{F}
platform shelter
abri^{M}
marquesina^{M} del andén^{M}
pensilina^{F}

Fußgängerbrücke^{F}
footbridge
passerelle^{F}
pasarela^{F}
ponte^{M} pedonale

Signal^{N}
semaphore signal
sémaphore^{M}
semáforo^{M}
semaforo^{M}

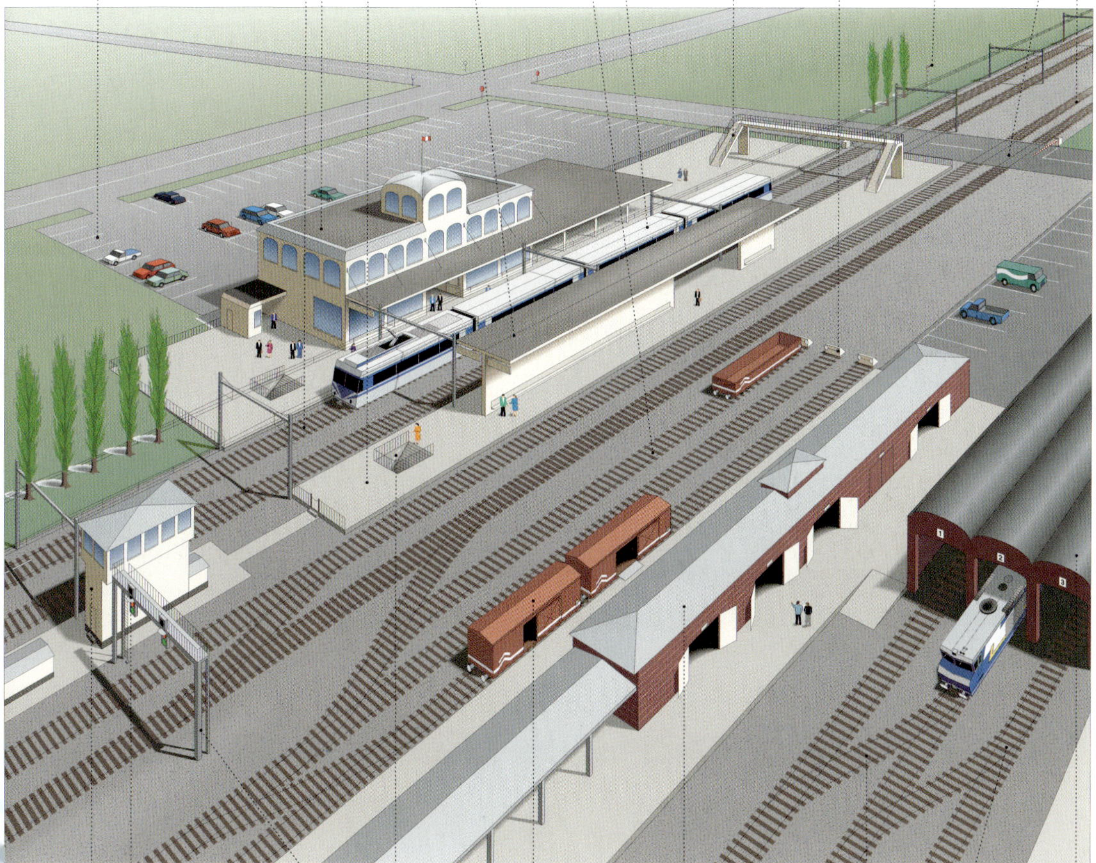

Signalbrücke^{F}
signal gantry
portique^{M} de signalisation^{F}
puente^{M} de señales^{F}
ponte^{M} segnali^{M}

Güterwagen^{M}
freight wagon
wagon^{M}
vagón^{M} de carga^{F}
carro^{M} merci^{F}

Gleiskreuzung^{F}
crossover
bretelle^{F}
carril^{M} de enlace^{M}
binario^{M} di raccordo^{M}

Weiche^{F}
points
aiguillage^{M}
aguja^{F} de cambio^{M}
scambio^{M}

Stellwerk^{N}
signal box
poste^{M} d'aiguillage^{M}
torre^{F} de señales^{F}
cabina^{F} di manovra^{F}

Pfeiler^{M}
support
pylône^{M}
poste^{M}
pilone^{M}

Unterführung^{F}
subway
passage^{M} souterrain
pasaje^{M} subterráneo
sottopassaggio^{M}

Güterbahnhof^{M}
goods station
gare^{F} de marchandises^{F}
estación^{F} de carga^{F}
scalo^{M} merci^{F}

Lokschuppen^{M}
diesel engine shed
atelier^{M} diesel^{M}
taller^{M} de máquinas^{F} diésel
officina^{F} di riparazione^{F} dei locomotori^{M} diesel

Personenzüge^{M}: Wagentypen^{M}

types of passenger coach | types^{M} de voitures^{F} | vagones^{M} de pasajeros^{M} | tipi^{M} di vagoni^{M} passeggeri^{M}

Großraumwagen^{M}
open-plan coach
voiture^{F}-coach^{M}
vagón^{M} de pasajeros^{M}
vagone^{M} viaggiatori^{M}

Gepäckablage^{F}
luggage compartment
case^{F} à bagages^{M}
compartimiento para el equipaje^{M}
vano^{M} portabagagli

Vorraum^{M}
vestibule
plate-forme^{F}
plataforma^{F} de entrada^{F}
piattaforma^{F} di ingresso^{M}

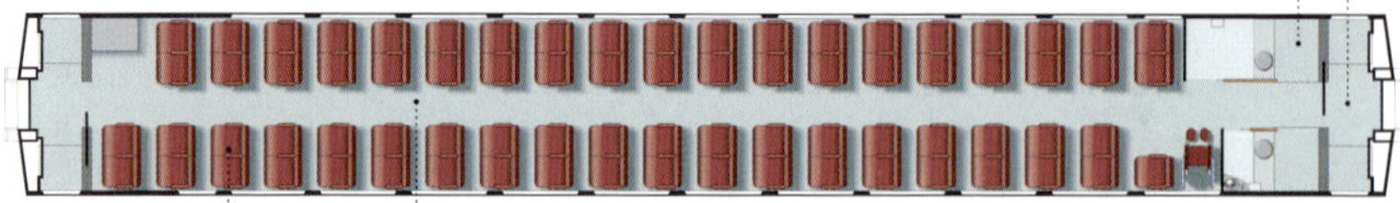

verstellbarer Sitz^{M}
adjustable seat
siège^{M} réglable
asiento^{M} ajustable
sedile^{M} regolabile

Mittelgang^{M}
centre-aisle
couloir^{M} central
pasillo^{M} central
corridoio^{M} centrale

Einstiegstür^{F}
entrance door
porte^{F} d'accès^{M} de plate-forme^{F}
puerta^{F} del entrada^{F}
sportello^{M} di accesso^{M}

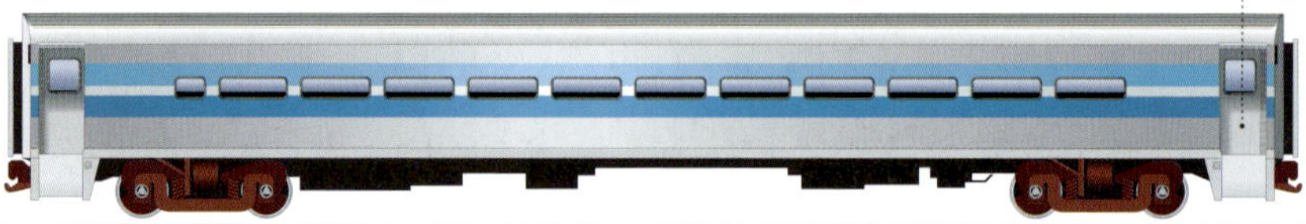

Schlafwagen^{M}
sleeping car
voiture^{F}-lit^{M}
coche^{M} cama^{F}
vagone^{M} letto^{M}

Schlafplatz^{M}
berth
couchette^{F}
litera^{F}
cuccetta^{F}

Toilette^{F}
toilet
toilettes^{F}
aseos^{M}
toilette^{F}

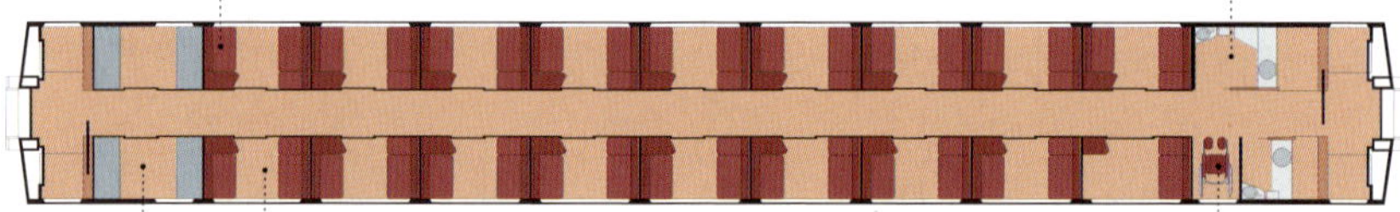

Bettwäsche^{F}
linen
lingerie^{F}
lencería^{F}
ripostiglio^{M} per la biancheria^{F}

Schlafwagenabteil^{N}
sleeping compartment
chambre^{F}
compartimiento^{M} dormitorio
scompartimento^{M} letto^{M}

Rollstuhl^{M}
wheelchair
fauteuil^{M} roulant
silla^{F} de ruedas^{F}
sedia^{F} a rotelle^{F}

Wagenübergang^{M}
coach connection
couloir^{M} d'intercommunication^{F}
pasillo^{M} de enlace^{M}
corridoio^{M} intercomunicante

Speisewagen^{M}
restaurant car
voiture^{F}-restaurant^{M}
vagón^{M} comedor^{M}
vagone^{M} ristorante^{M}

Speiseraum^{M}
dining section
salle^{F} à manger
comedor^{M}
ristorante^{M}

Schaffnertisch^{M}
steward's desk
desserte^{F}
barra^{F} de camareros^{M}
tavolo^{M} di servizio

Gepäckraum^{M}
storage space
rangement^{M}
espacio^{M} de almacenamiento^{M}
ripostiglio^{M}

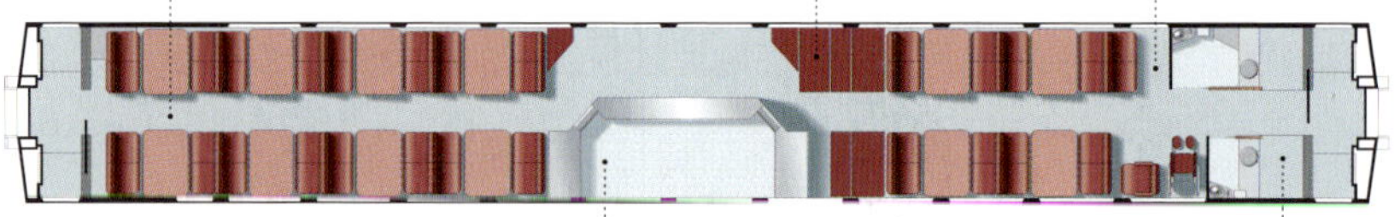

Panoramafenster^{N}
panoramic window
fenêtre^{F} panoramique
ventanilla^{F} panorámica
finestrino^{M} panoramico

Zugküche^{F}
kitchen
cuisine^{F}
cocina^{F}
cucina^{F}

Raum^{M} für Zugpersonal^{N}
crew's room
vestiaire^{M} du personnel^{M}
armario^{M} para el personal^{M}
stanza^{F} del personale^{M} viaggiante

Griff^{M}
grab handle
poignée^{F} montoir^{M}
asidero^{M}
maniglia^{F}

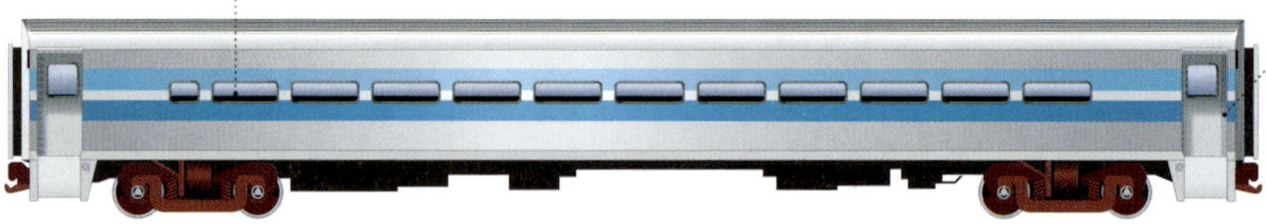

Hochgeschwindigkeitszug[M]

high-speed train | train[M] à grande vitesse[F] (T.G.V.) | tren[M] de alta velocidad[F] | treno[M] ad alta velocità[F]

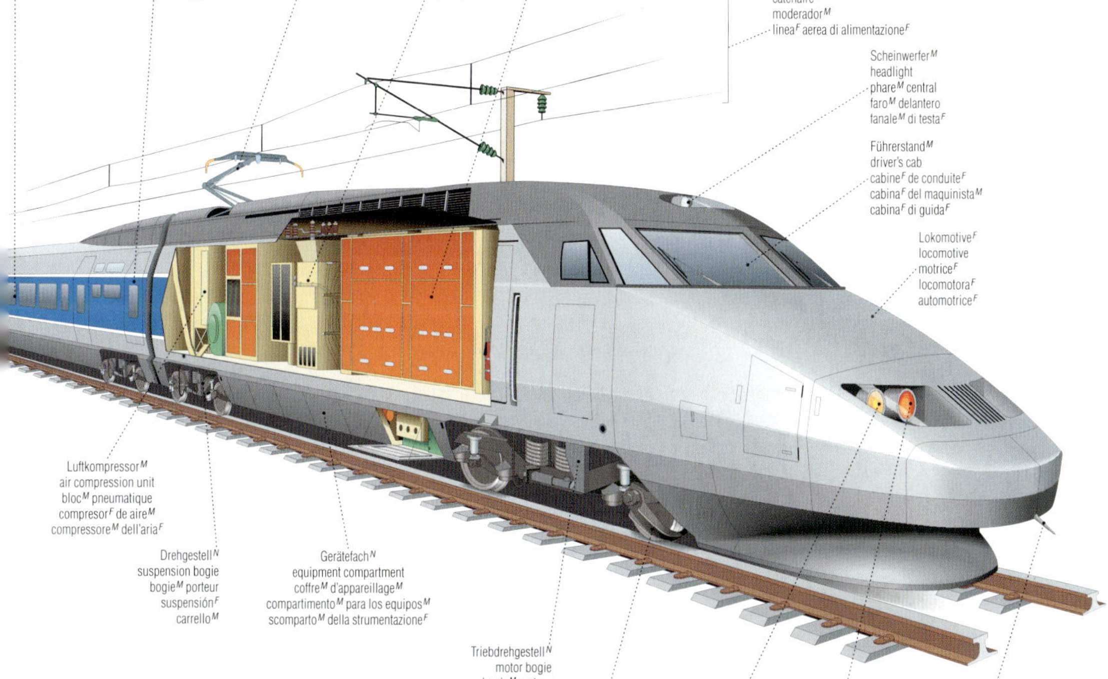

dieselelektrische Lokomotive[F]

diesel-electric locomotive | locomotive[F] diesel-électrique | locomotora[F] diésel eléctrica | locomotiva[F] diesel-elettrica

Drehgestell[N]
bogie
bogie[M]
bogie[M]
carrello[M]

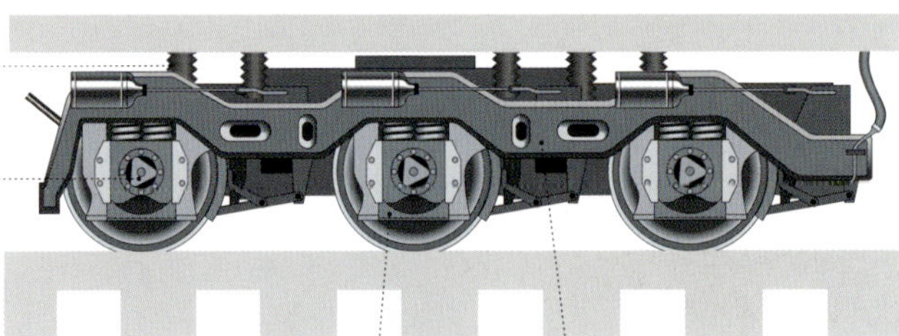

Waggon[M]

goods van | wagon[M] | vagón[M] | carro[M] merci[M]

Drehgestellkastenwagen[M]
bogie van
wagon[M] couvert
furgón[M]
carro[M] chiuso

Kupplungskopf[M]
coupling
tête[F] d'attelage[M]
cabeza[F] de enganche[M]
dispositivo[M] di agganciamento[M]

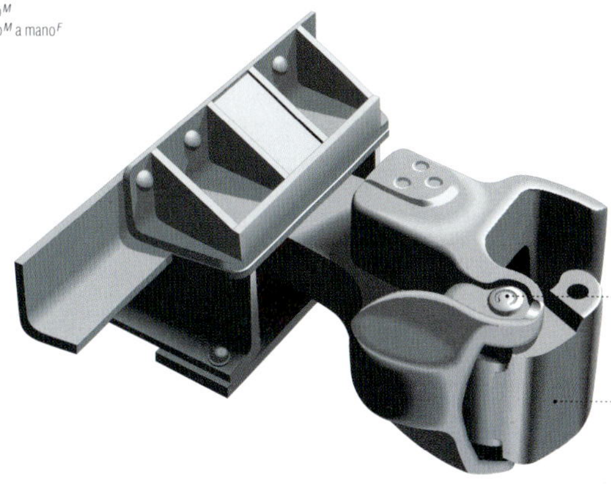

Waggon^{M}

Beispiele^{N} für Güterwagen^{M}
examples of freight wagons
exemples^{M} de wagons^{M}
ejemplos^{M} de vagones^{M}
esempi^{M} di carri^{M} merci^{F}

Bremswagen^{M}
brake van
wagon^{M} de queue^{F}
furgón^{M} de cola^{F}
vagone^{M} di coda^{F} del personale^{M} viaggiante

Kesselwagen^{M}
bogie tank wagon
wagon^{M}-citerne^{F}
vagón^{M} cisterna^{F}
carro^{M} cisterna^{F}

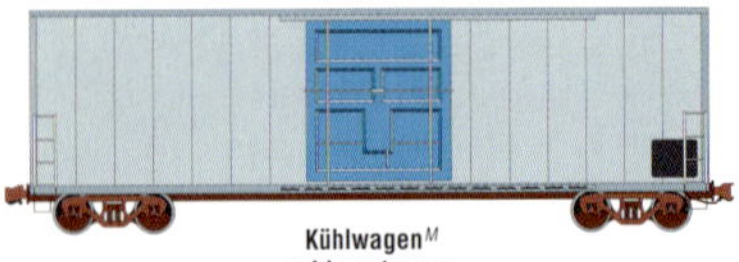

Kühlwagen^{M}
refrigerator van
wagon^{M} réfrigérant
vagón^{M} frigorífico
carro^{M} frigorifero^{M}

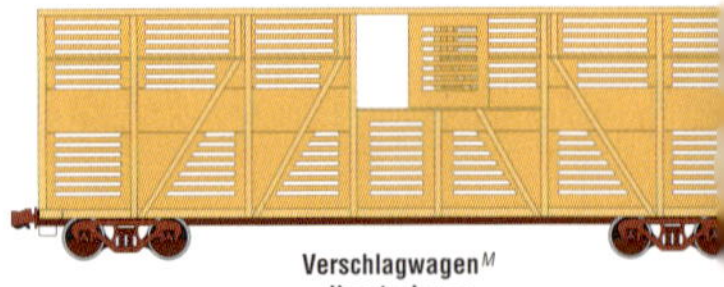

Verschlagwagen^{M}
livestock van
wagon^{M} à bestiaux^{M}
vagón^{M} para ganado^{M}
carro^{M} bestiame^{M}

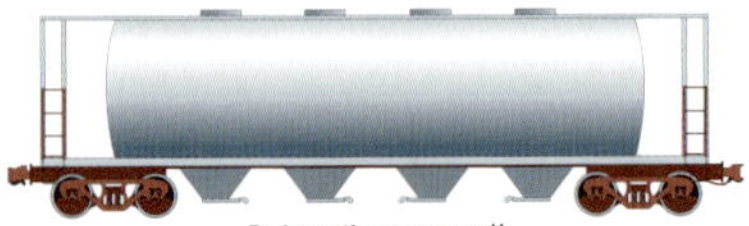

Bodenentleererwagen^{M}
hopper tank wagon
wagon^{M}-trémie^{F}
vagón^{M} tolva^{F}
carro^{M} a tramoggia^{F}

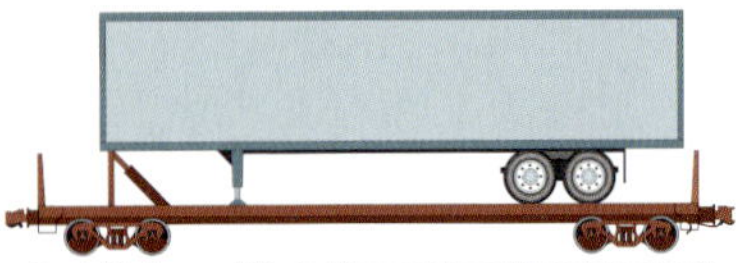

Spezialflachwagen^{M} für den Transport^{M} von Schwerfahrzeugen^{N}
piggyback flat truck
wagon^{M} rail^{M}-route^{F}
plataforma^{F} para transportar vagones^{M}
carro^{M} pianale^{M} per il trasporto^{M} di rimorchi^{M}

Drehgestellwaggon^{M}
bogie goods van
wagon^{M} couvert
vagón^{M} cerrado
carro^{M} merci^{M} chiuso

Planenwagen^{M}
covered bogie truck
wagon^{M}-tombereau^{M} couvert
vagón^{M} cerrado
carro^{M} chiuso con tetto^{M} apribile

langer Kastenwagen^{M}
wood chip wagon
wagon^{M} à copeaux^{M}
vagón^{M} para madera^{F}
carro^{M} scoperto a sponde^{F} alte

Schüttgutwagen^{M}
hopper ore wagon
wagon^{M}-trémie^{F} à minerai^{M}
vagón^{M} tolva^{F} para minerales^{M}
carro^{M} a tramoggia^{F} per minerali^{M}

offener Güterwagen^{M}
bogie goods truck
wagon^{M}-tombereau^{M}
vagón^{M} de mercancías^{F}
carro^{M} scoperto a sponde^{F} basse

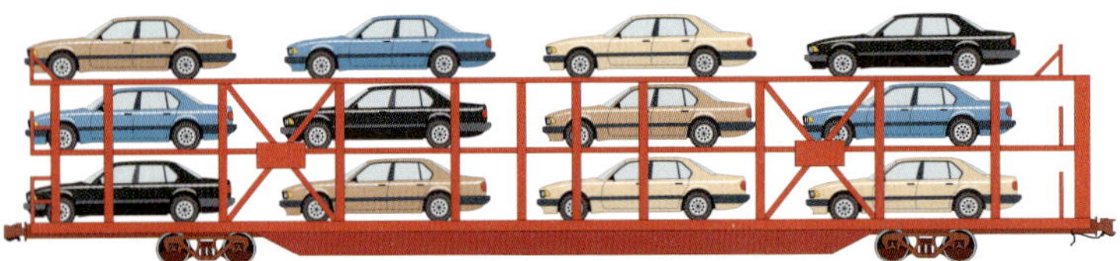

Autotransportwagen^{M}
three-tier car carrier
wagon^{M} porte-automobiles^{M}
vagón^{M} para automóviles^{M}
carro^{M} bisarca^{F}

Drehgestellflachwagen^{M}
flat truck
wagon^{M} plat
plataforma^{F}
carro^{M} pianale^{M}

Stirnwandflachwagen^{M}
bulkhead flat truck
wagon^{M} plat à parois^{F} de bout^{M}
vagón^{M} plano con retenedores^{M}
carro^{M} pianale^{M} con stanti^{M}

Containerflachwagen^{M}
container truck
wagon^{M} porte-conteneurs^{M}
vagón^{M} para contenedores^{M}
carro^{M} pianale^{M} portacontainer^{M}

Tiefladewagen^{M}
well wagon
wagon^{M} plat surbaissé
plataforma^{F} de piso^{M} bajo
carro^{M} pianale^{M} a carrelli^{M}

Rangierbahnhof^{M}

marshalling yard | gare^{F} de triage^{M} | estación^{M} de clasificación^{M} | stazione^{F} di smistamento^{M}

Richtungsgleis^{N}
secondary marshalling track
voie^{F} de tri^{M} secondaire
segunda vía^{F} de clasificación^{F}
binario^{M} di secondo smistamento^{M}

Ordnungsgleis^{N}
marshalling yard
zone^{F} de triage^{M}
zona^{F} de clasificación^{F}
area^{F} di smistamento^{M}

Waschplatte^{F}
rolling stock cleaning yard
zone^{F} de lavage^{M} des wagons^{M}
zona^{F} de lavado^{M} de vagones^{M}
area^{F} di lavaggio^{M} delle carrozze^{F}

Ausfahrgleis^{N}
exit track
voie^{F} de sortie^{F}
vía^{F} de salida^{F}
binario^{M} di uscita^{F}

Wasserturm^{M}
water tower
château^{M} d'eau^{F}
tanque^{M} de agua^{F}
serbatoio^{M} dell'acqua^{F}

Wagenausbesserungshalle^{F}
rolling stock repair shop
atelier^{M} de réparation^{F} des wagons^{M}
taller^{M} de reparación^{F} de vagones^{M}
officina^{F} di manutenzione^{F} dei vagoni^{M}

Empfangsgleise^{N}
receiving yard
zone^{F} de réception^{F}
zona^{M} de recepción^{F}
area^{F} ricevitrice

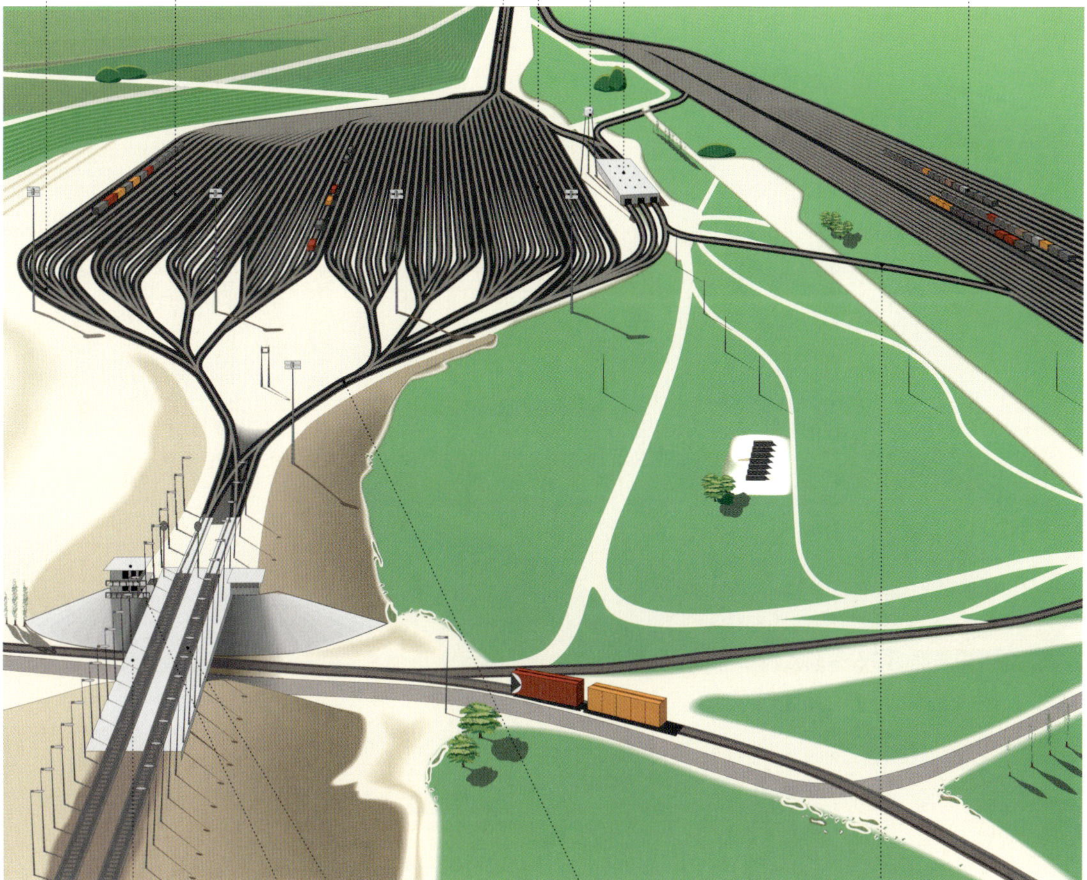

Ablaufberg^{M}
hump
butte^{F} de débranchement^{M}
terraplén^{M} de desenganche^{M}
parigina^{F}

Einfahrgleis^{N}
primary marshalling track
voie^{F} de tri^{M} primaire
primera vía^{F} de clasificación^{F}
binario^{M} di primo smistamento^{M}

Lokverkehrsgleis^{N}
locomotive track
voie^{F} de circulation^{F} des locomotives^{F}
vía^{F} locomotriz
binario^{M} per le locomotive^{F}

Ablaufstellwerk^{N}
hump control
poste^{M} de débranchement^{M}
puesto^{M} de clasificación^{F}
cabina^{F} di controllo^{M} della parigina^{F}

Auffahrgleis^{N}
hump approach
voie^{F} de butte^{F}
dirección^{F}
binario^{M} di rampa^{F}

Eisenbahn-Oberbau^M

railway track | voie^F ferrée | vía^F férrea | strada^F ferrata

Schienenstoß^M
rail joint
joint^M de rail^M
empalme^M de rieles^M
giunto^M di rotaia^F

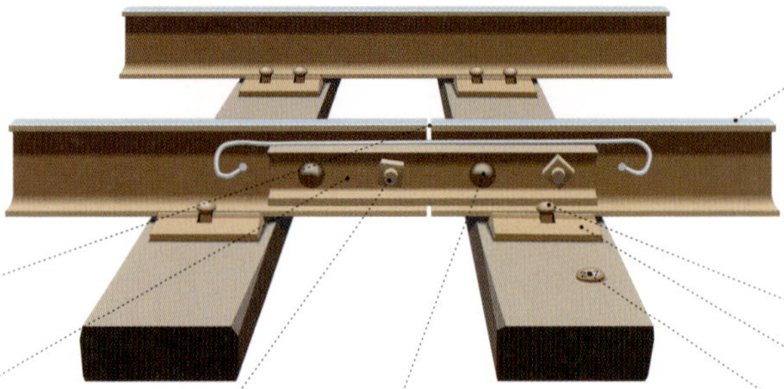

fernbediente Weiche^F
remote-controlled points
aiguillage^M manœuvré à distance^F
aguja^F de control^M a larga distancia^F
scambio^M automatico

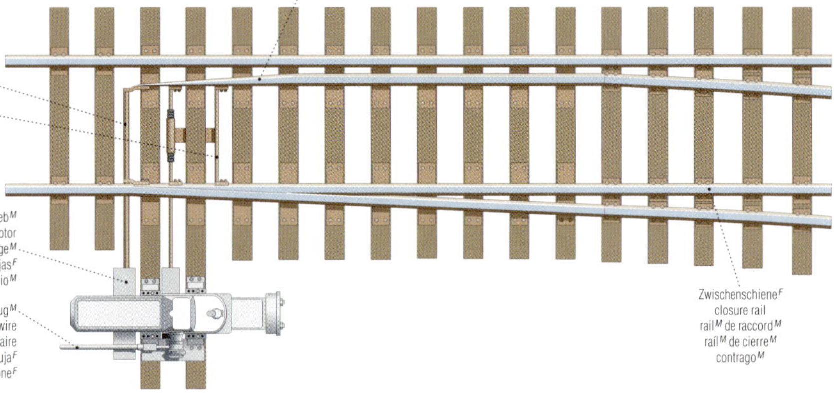

handbediente Weiche^F
manually-operated points
aiguillage^M manœuvré à pied^M d'œuvre^F
cambiador^M manual de vía^F
scambio^M manuale

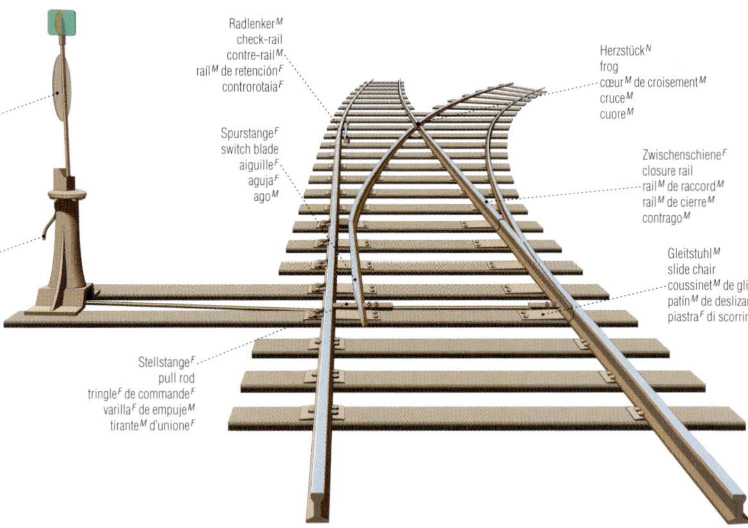

Eisenbahn-Oberbau[M]

Oberbau[M]
railway track
voie[F] ferrée
vía[F] férrea
strada[F] ferrata

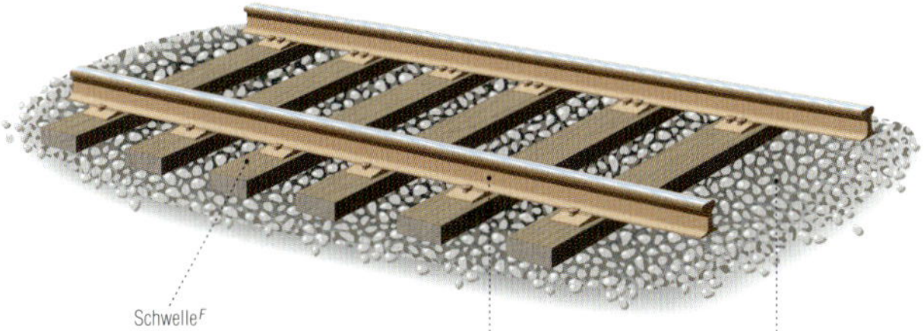

Schiene[F] im Querschnitt[M]
rail section
profil[M] de rail[M]
corte[M] de un raíl[M]
sezione[F] di rotaia[F]

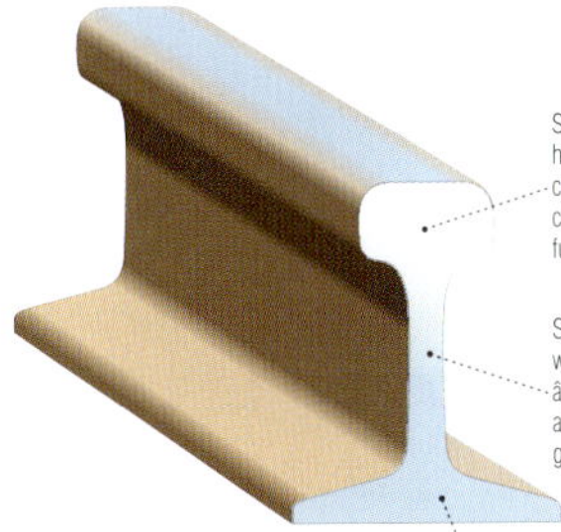

schienengleicher, gesicherter Bahnübergang[M]

level crossing | passage[M] à niveau[M] | paso[M] a nivel[M] | passaggio[M] a livello[M]

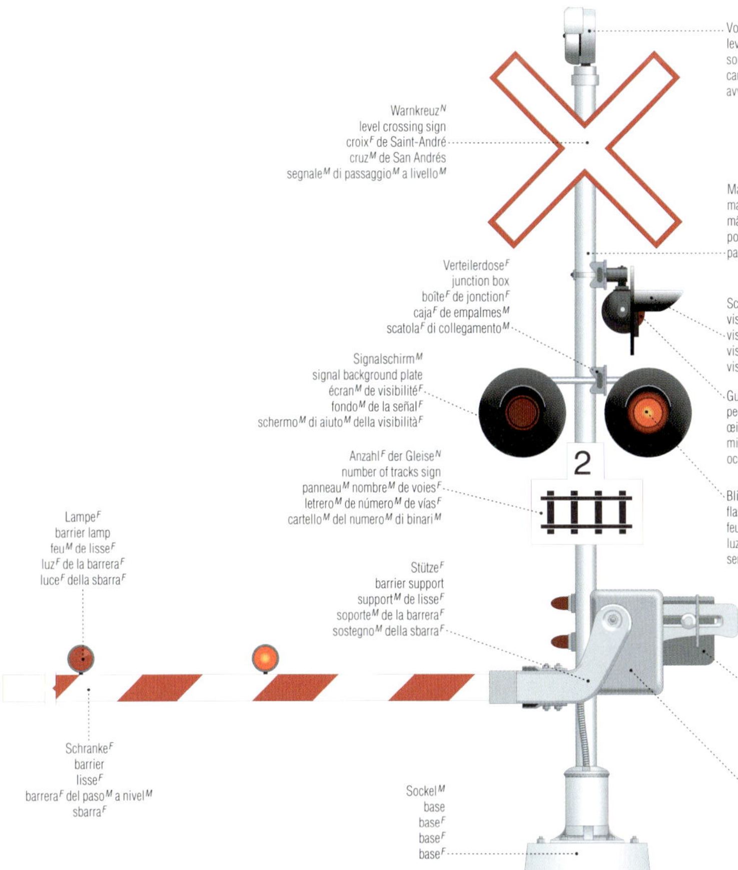

U-Bahn[F]

underground railway | chemin[M] de fer[M] métropolitain | metro[M] | metropolitana[F]

U-Bahn-Station[F]
underground station
station[F] de métro[M]
estación[F] de metro[M]
stazione[F] della metropolitana[F]

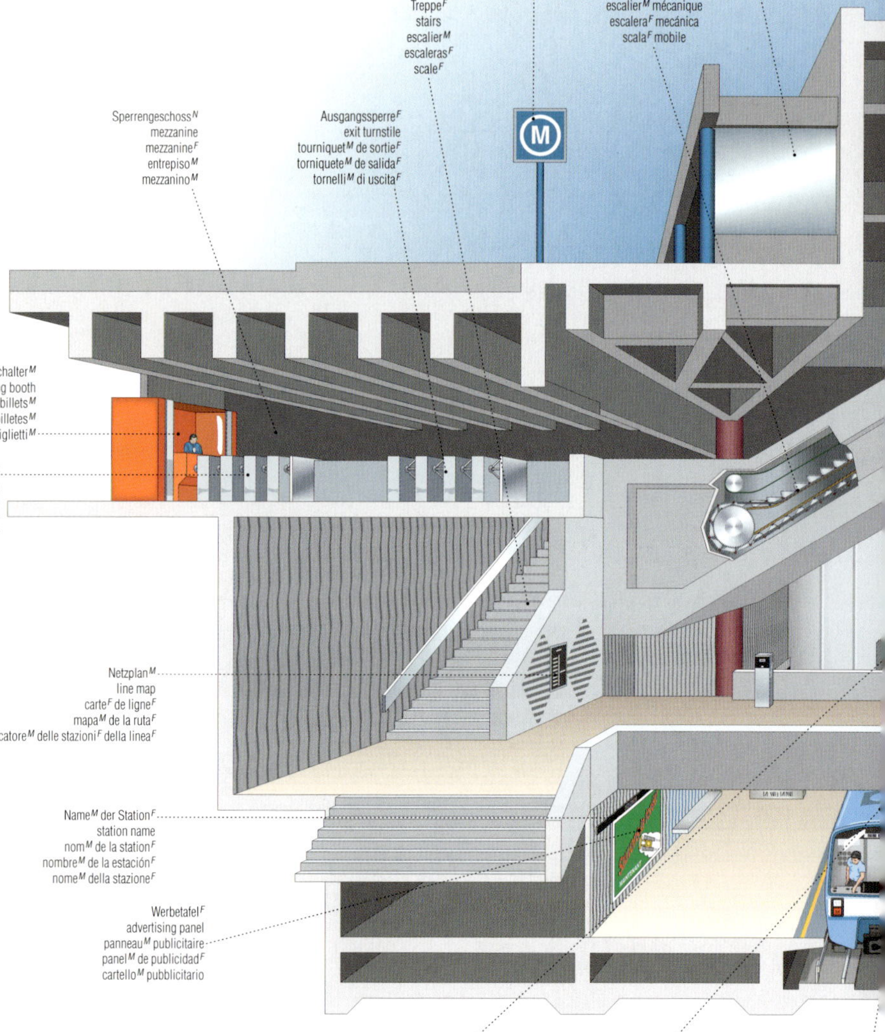

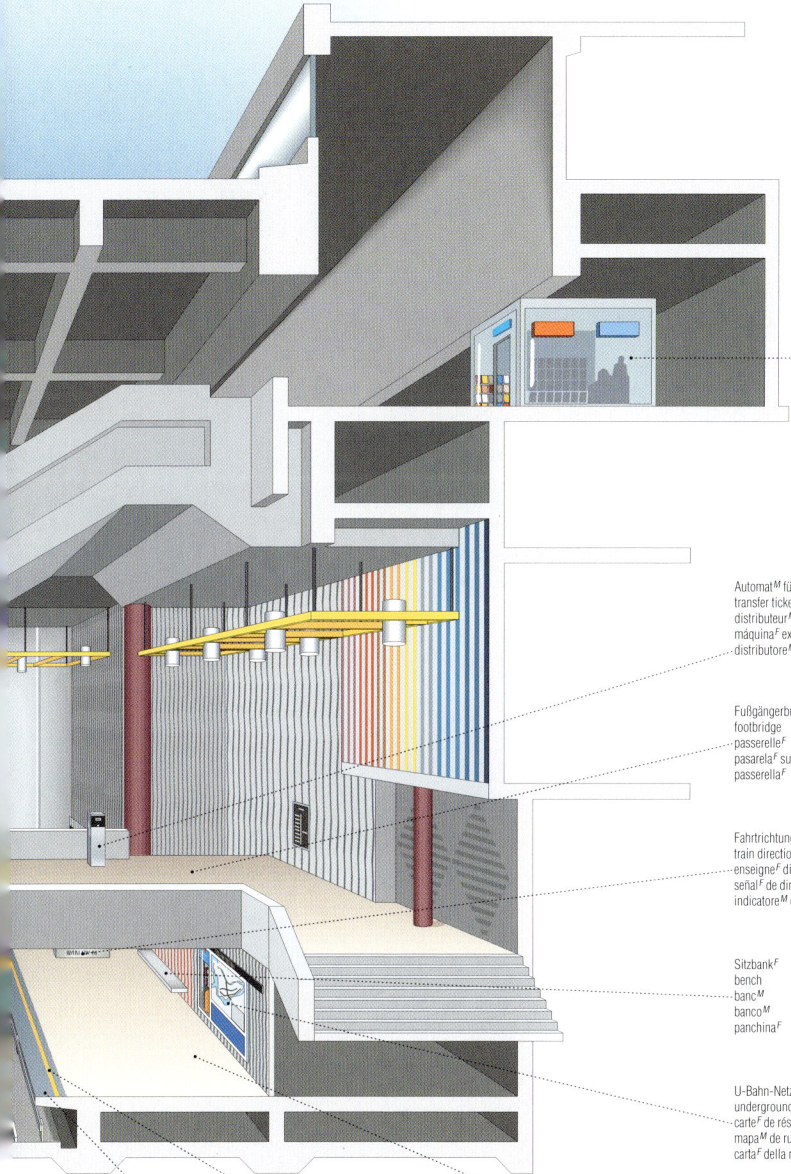
Kiosk[M]
kiosk
kiosque[M]
kiosco[M]
edicola[F]

Automat[M] für Umsteigekarten[F]
transfer ticket dispensing machine
distributeur[M] de correspondances[F]
máquina[F] expendedora de billetes[M]
distributore[M] automatico di biglietti[M]

Fußgängerbrücke[F]
footbridge
passerelle[F]
pasarela[F] superior
passerella[F]

Fahrtrichtungsanzeige[F]
train direction sign
enseigne[F] directionnelle
señal[F] de dirección[F]
indicatore[M] di destinazione[F]

Sitzbank[F]
bench
banc[M]
banco[M]
panchina[F]

U-Bahn-Netzplan[M]
underground map
carte[F] de réseau[M]
mapa[M] de rutas[F]
carta[F] della rete[F] metropolitana

Bahnsteigkante[F]
platform edge
bordure[F] de quai[M]
borde[M] del andén[M]
margine[M] del marciapiede[M]

Sicherheitsstreifen[M]
safety line
ligne[F] de sécurité[F]
línea[F] de seguridad[F]
linea[F] di sicurezza[F]

Bahnsteig[M]
platform
quai[M]
andén[M]
marciapiede[M]

U-Bahn[F]

Mittelwagen[M]
passenger car
voiture[F]
vagón[M] de pasajeros[M]
carrozza[F] passeggeri[M]

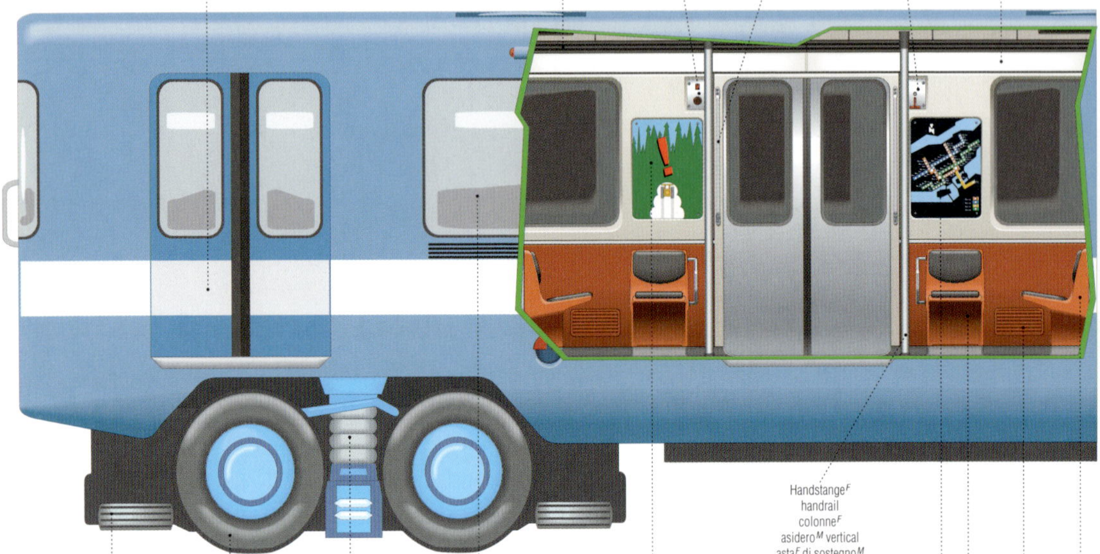

U-Bahn-Zug[M]
underground train
rame[F] de métro[M]
tren[M] subterráneo
metropolitana[F]

Drehgestell[N] und Gleis[N]
bogie and track
bogie[M] et voie[F]
bogie[M] y vía[F]
carrello[M] e binario[M]

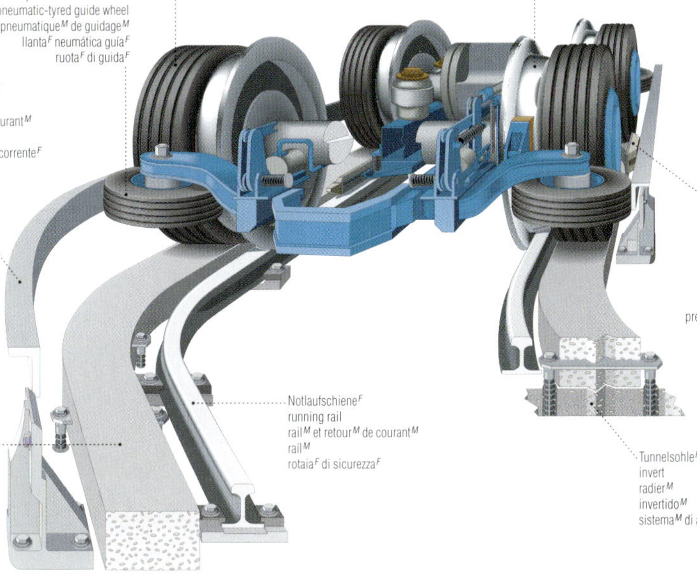

Straßenbahn[F]

streetcar | tramway[M] | tranvía[F] | tram[M]

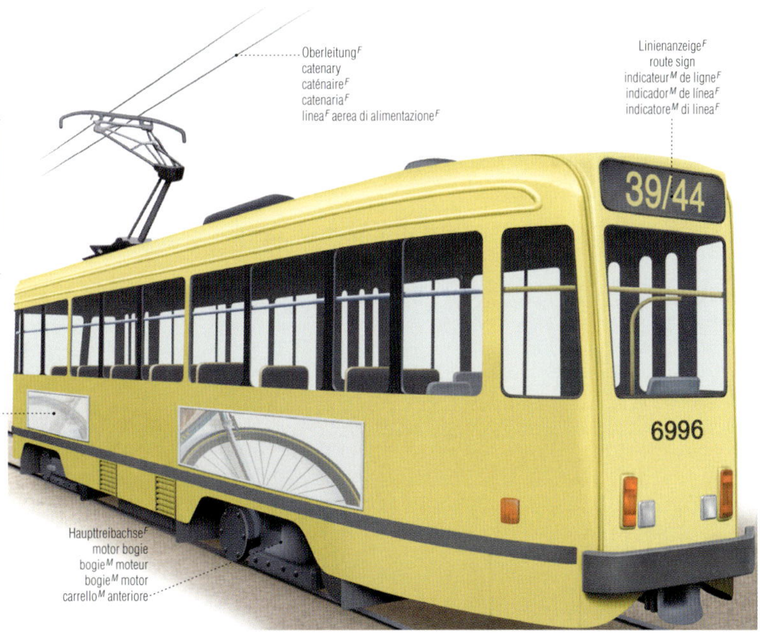

Hafen^{M}

harbour | port^{M} maritime | puerto^{M} | porto^{M} marittimo

Kanalschleuse^{F}
canal lock
écluse^{F}
esclusa^{F} de canal^{M}
chiusa^{F} di un canale^{M}

Containerbrücke^{F}
container-loading bridge
portique^{M} de chargement^{M} de conteneurs^{M}
puente^{M} de carga^{F} para contenedores^{M}
ponte^{M} di caricamento^{M} per containers^{M}

Öllöschbrücke^{F}
oil terminal
terminal^{M} pétrolier
terminal^{M} de petróleo^{M}
deposito^{M} del petrolio^{M}

Trockendock^{N}
dry dock
bassin^{M} de radoub^{M}
dique^{M} seco
bacino^{M} di carenaggio^{M}

Transitlagerschuppen^{M}
transit shed
hangar^{M} de transit^{M}
depósito^{M} de mercancía^{F} en tránsito^{M}
capannoni^{M} delle merci^{F} in transito^{M}

Tanker^{M}
tanker
pétrolier^{M}
petrolero^{M}
petroliera^{F}

Werftkran^{M}
quayside crane
grue^{F} à flèche^{F}
grúa^{F} de muelle^{M}
gru^{F} mobile a braccio^{M}

Massengut-Terminal^{M}
bulk terminal
terminal^{M} de vrac^{M}
terminal^{M} de carga^{F}
deposito^{M} delle rinfuse^{F}

Kühlhaus^{N}
cold store
entrepôt^{M} frigorifique
cámara^{F} frigorífica
magazzino^{M} frigorifero^{M}

Hafenfähre^{F}
ferryboat
transbordeur^{M}
transbordador^{M}
traghetto^{M}

Tor^{N}
gate
porte^{F}
compuerta^{F}
porta^{F} del bacino^{M}

Kai^{M}
quay
quai^{M}
muelle^{M}
banchina^{F}

Leuchtturm^{M}
lighthouse
phare^{M}
faro^{M}
faro^{M}

Fahrgastanlage^{F}
passenger terminal
gare^{F} maritime
terminal^{M} de pasajeros^{M}
stazione^{F} dei viaggiatori^{M}

Brückenlift^{M}
loading bridge
portique^{M}
puente^{M}
gru^{F} a portale^{M}

Hafenzollamt^{N}
customs house
bureau^{M} des douanes^{M}
aduana^{F}
dogana^{F}

Dock^{N}
dock
bassin^{M}
dique^{M}
bacino^{M}

Kairampe^{F}
quay ramp
rampe^{F} de quai^{M}
rampa^{F} del muelle^{M}
scivolo^{M} della banchina^{F}

Parkplatz^{M}
car park
parking^{M}
estacionamiento^{M}
parcheggio^{M}

Schwimmkran^{M}
floating crane
grue^{F} sur ponton^{M}
grúa^{F} flotante
gru^{F} su pontone^{M}

Containerterminal^{M}
container terminal
terminal^{M} à conteneurs^{M}
depósito^{M} de contenedores^{M}
deposito^{M} dei containers^{M}

Bürogebäude^{N}
office building
bâtiment^{M} administratif
oficina^{F} del puerto^{M}
uffici^{M}

Getreidesilo^{M}
grain terminal
terminal^{M} à céréales^{F}
terminal^{M} de granos^{M}
deposito^{M} dei cereali^{M}

Containerschiff^{N}
container ship
navire^{M} porte-conteneurs^{M}
buque^{M} portacontenedores
nave^{F} portacontainer^{M}

Hafenbahn^{F}
quayside railway
voie^{F} ferrée bord^{M} à quai^{M}
ferrocarril^{M} del muelle^{M}
scalo^{M} ferroviario

Straßengüterverkehr^{M}
road transport
transport^{M} routier
transporte^{M} terrestre
trasporto^{M} su strada^{F}

Silos^{M}
silos
silos^{M}
silos^{M}
silos^{M}

Kanalschleuse^{F}

canal lock | écluse^{F} | esclusa^{F} de canal^{M} | chiusa^{F} di un canale^{M}

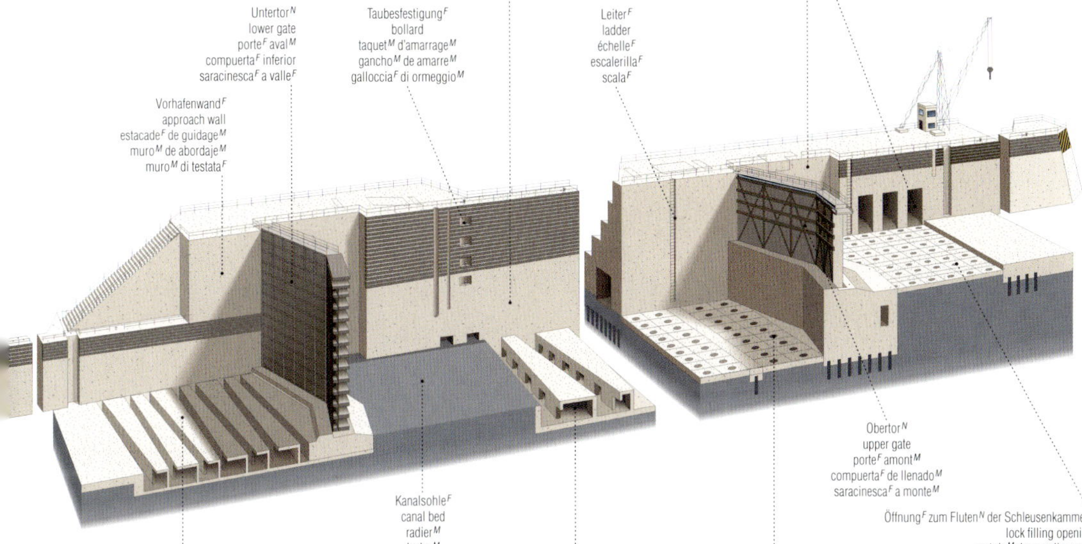

Schleuse^{F}: Seitenansicht^{F}
canal lock : side view
écluse^{F} : vue^{F} latérale
esclusa^{F} : vista^{F} lateral
chiusa^{F} di un canale^{M}: vista^{F} laterale

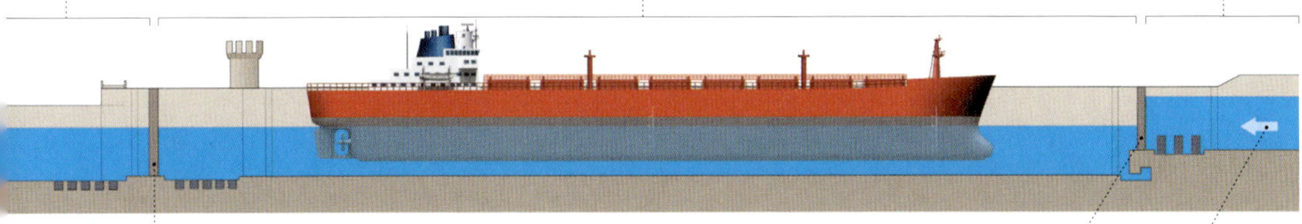

historische Schiffe^N

ancient ships | embarcations^F anciennes | embarcaciones^F antiguas | imbarcazioni^F antiche

Wikingerschiff^N
longship
drakkar^M
dragón^M vikingo
drakar^M

Galeere^F
galley
galère^F
galera^F
galea^F

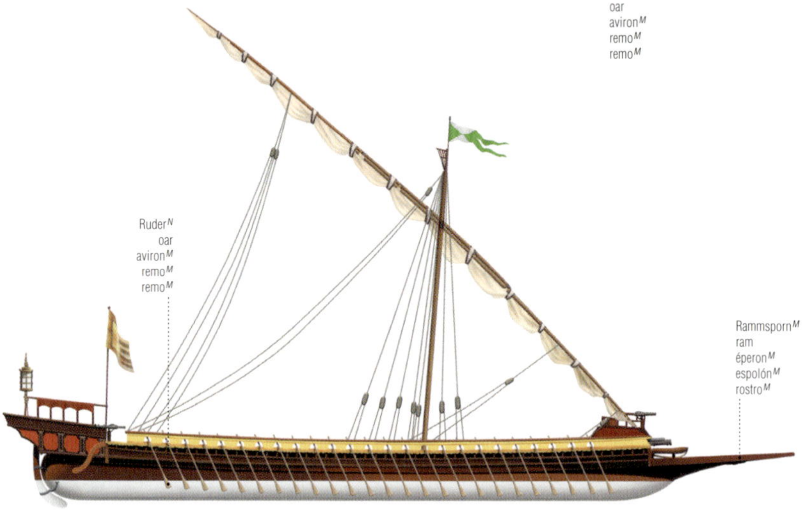

Trireme^F
trireme
trirème^F
trirreme^M
trireme^F

historische Schiffe[N]

Schaufelraddampfer[M]
side-wheeler
bateau[M] à vapeur[F] à roues[F] latérales
barco[M] de vapor[M] de ruedas[F]
battello[M] a vapore[M] a ruote[F] laterali

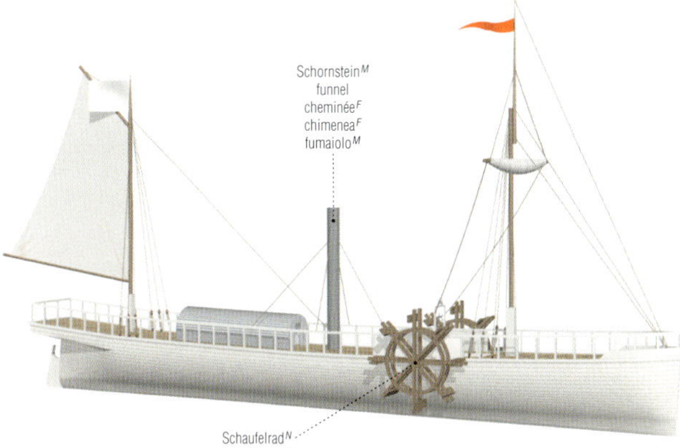

Karavelle[F]
caravel
caravelle[F]
carabela[F]
caravella[F]

Galeone[F]
galleon
galion[M]
galeón[M]
galeone[M]

traditionelle Boote[N]

traditional ships | embarcations[F] traditionnelles | embarcaciones[F] tradicionales | imbarcazioni[F] tradizionali

Einbaum[M]
dugout canoe
pirogue[F] monoxyle
piragua[F] monóxilo
piroga[F] monoxila

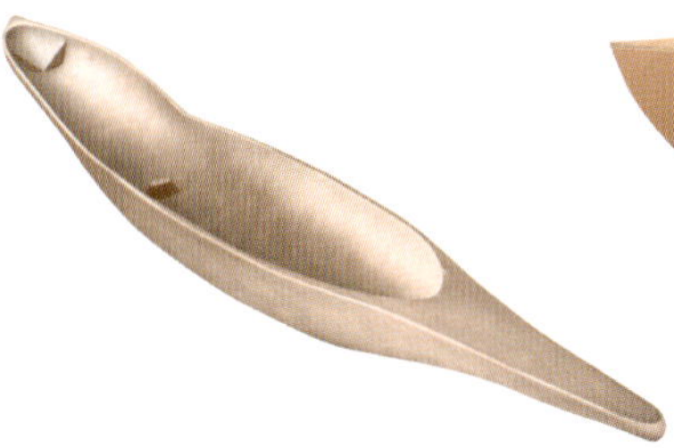

Auslegerboot[N]
outrigger canoe
pirogue[F] à balancier[M]
canoa[F] de balancín[M]
piroga[F] a un bilanciere[M]

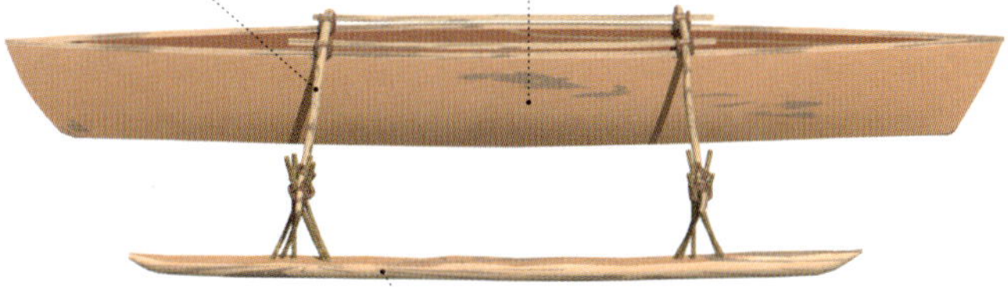

traditionelle Boote[N]

Dschunke[F]
junk
jonque[F]
junco[M]
giunca[F]

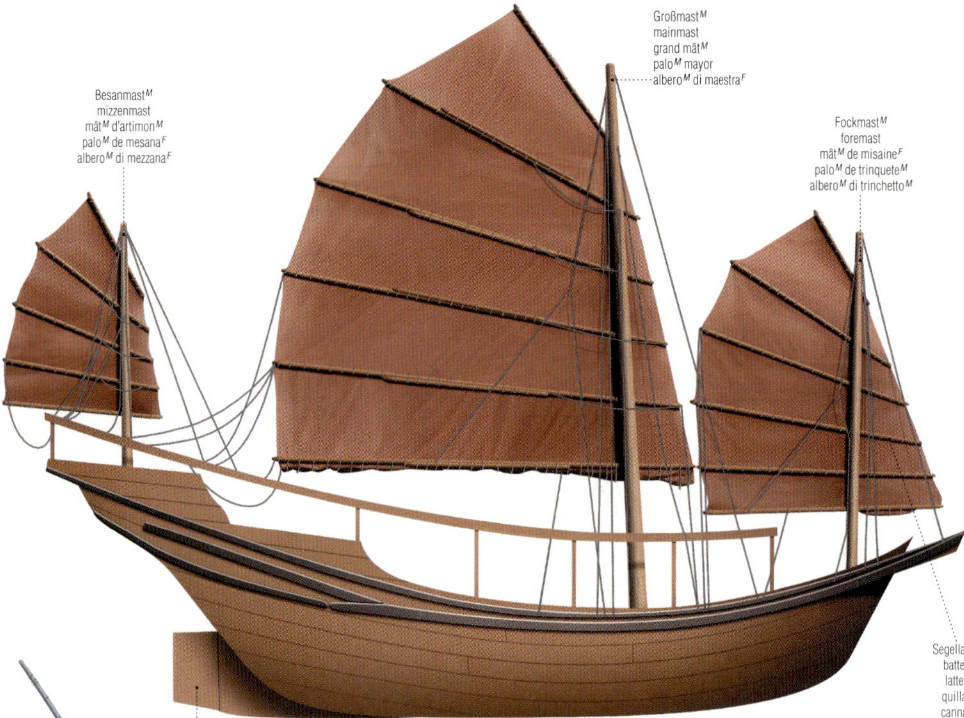

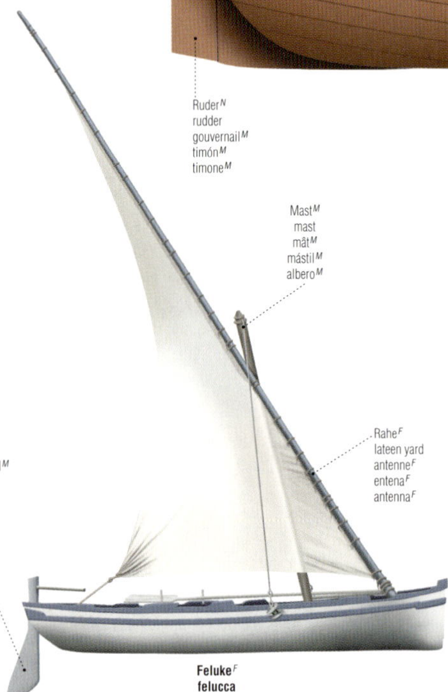

Feluke[F]
felucca
felouque[F]
falucho[M]
feluca[F]

Gondel[F]
gondola
gondole[F]
góndola[F]
gondola[F]

Kanu[N]
canoe
canoë[M]
canoa[F]
canoa[F]

Beispiele^{N} für Segel^{N}

examples of sails | exemples^{M} de voiles^{F} | ejemplos^{M} de velas^{F} | esempi^{M} di vele^{F}

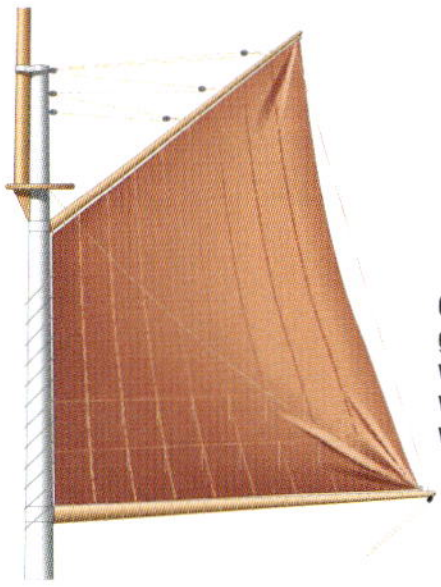

Gaffelsegel^{N}
gaff sail
voile^{F} aurique
vela^{F} áurica
vela^{F} aurica

Spitzsegel^{N}
Bermuda sail
voile^{F} bermudienne
vela^{F} Bermuda
vela^{F} Marconi

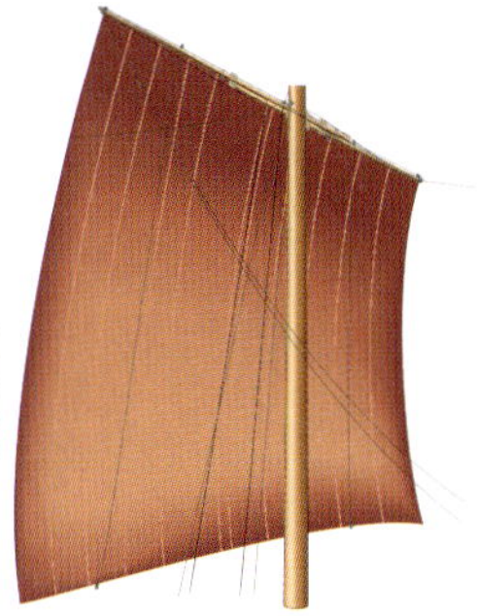

Luggersegel^{N}
lug sail
voile^{F} au tiers^{M}
vela^{F} al tercio^{M}
vela^{F} al terzo^{M}

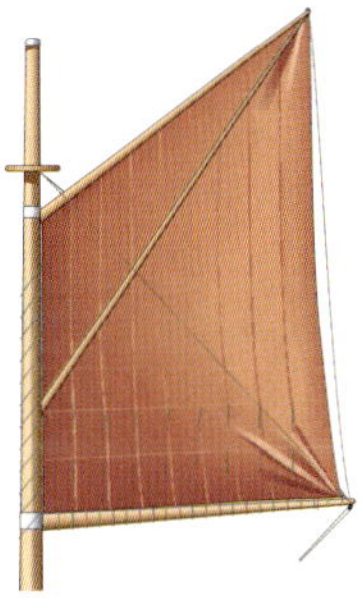

Sprietsegel^{N}
spritsail
voile^{F} à livarde^{F}
vela^{F} tarquina
vela^{F} a tarchia^{F}

Lateinersegel^{N}
lateen sail
voile^{F} latine
vela^{F} latina
vela^{F} latina

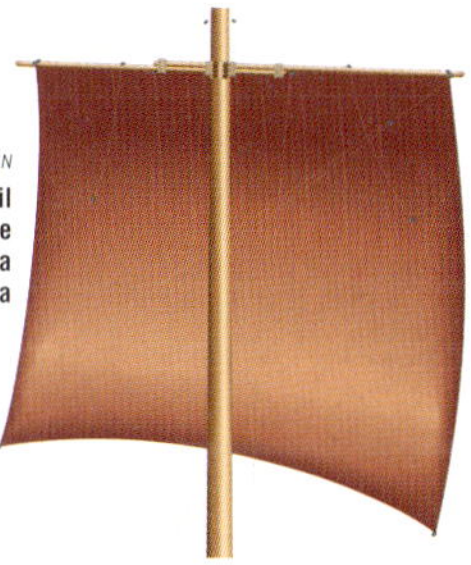

Rahsegel^{N}
square sail
voile^{F} carrée
vela^{F} cuadrada
vela^{F} quadra

Beispiele^{N} für Riggs^{N}

examples of rigs | exemples^{M} de gréements^{M} | ejemplos^{M} de aparejos^{M} | esempi^{M} di attrezzature^{F}

Brigg^{F}
brig
brick^{M}
bergantín^{M}
brigantino^{M}

Ketsch^{F}
ketch
ketch^{M}
queche^{M}
ketch^{M}

Brigantine^{F}
brigantine
brigantin^{M}
bergantín^{M} goleta^{F}
brigantino^{M} goletta^{F}

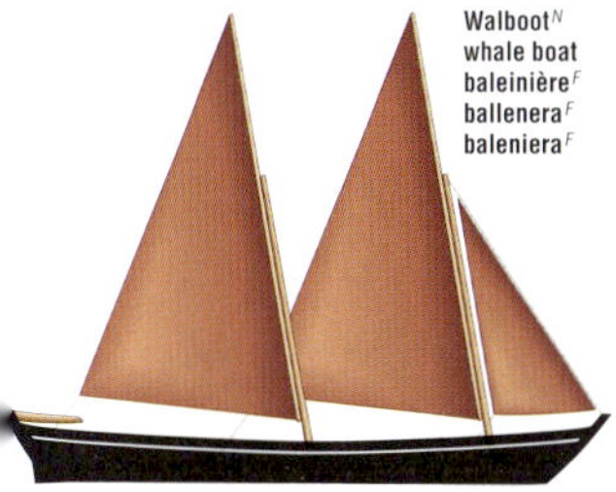

Walboot^{N}
whale boat
baleinière^{F}
ballenera^{F}
baleniera^{F}

Schoner^{M}
schooner
goélette^{F}
goleta^{F}
goletta^{F}

Marconikutter^{M}
Marconi cutter
cotre^{M} Marconi
cúter^{M} Marconi
ketch^{M} Marconi

Viermastbark[F]

four-masted barque | quatre-mâts[M] barque[F] | barco[M] de vela[F] de cuatro palos[M] | veliero[M] a quattro alberi[M]

Takelage[F]
masts and rigging
mâture[F] et gréement[M]
arboladura[F] y aparejos[M]
alberatura[F] e velatura[F]

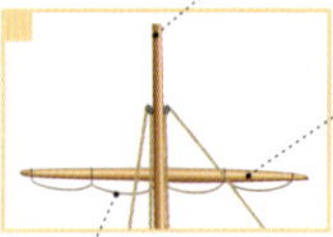

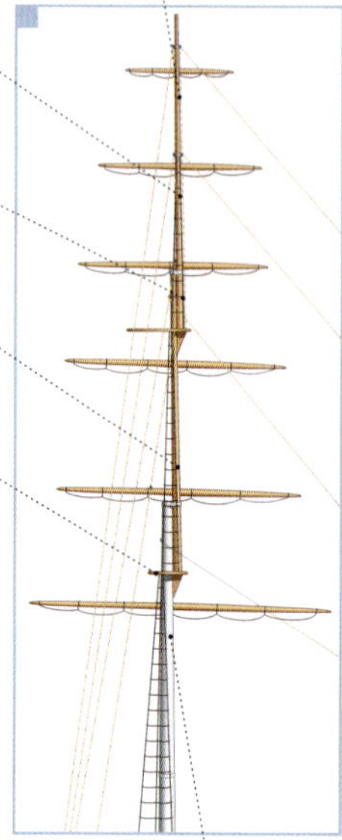

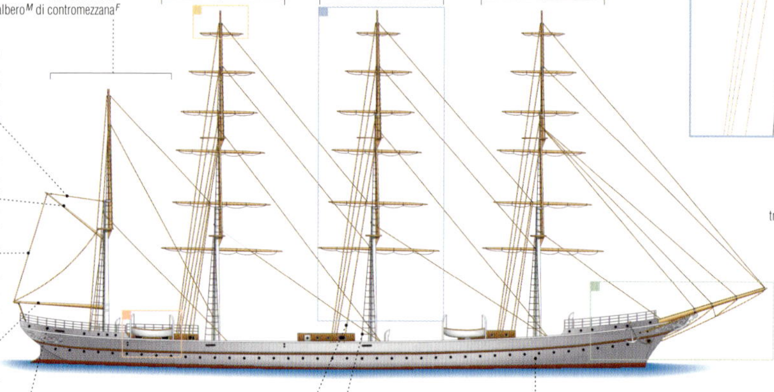

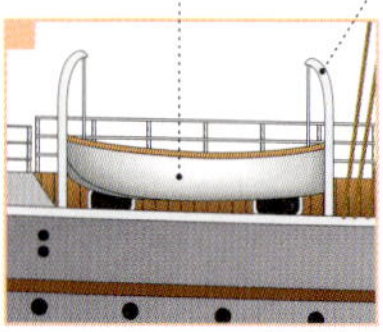

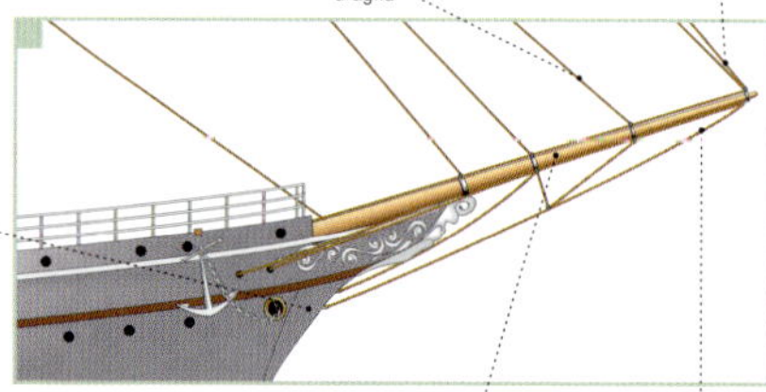

Viermastbark[F]

Segel[N]
sails
voilure[F]
velamen[M]
vele[F]

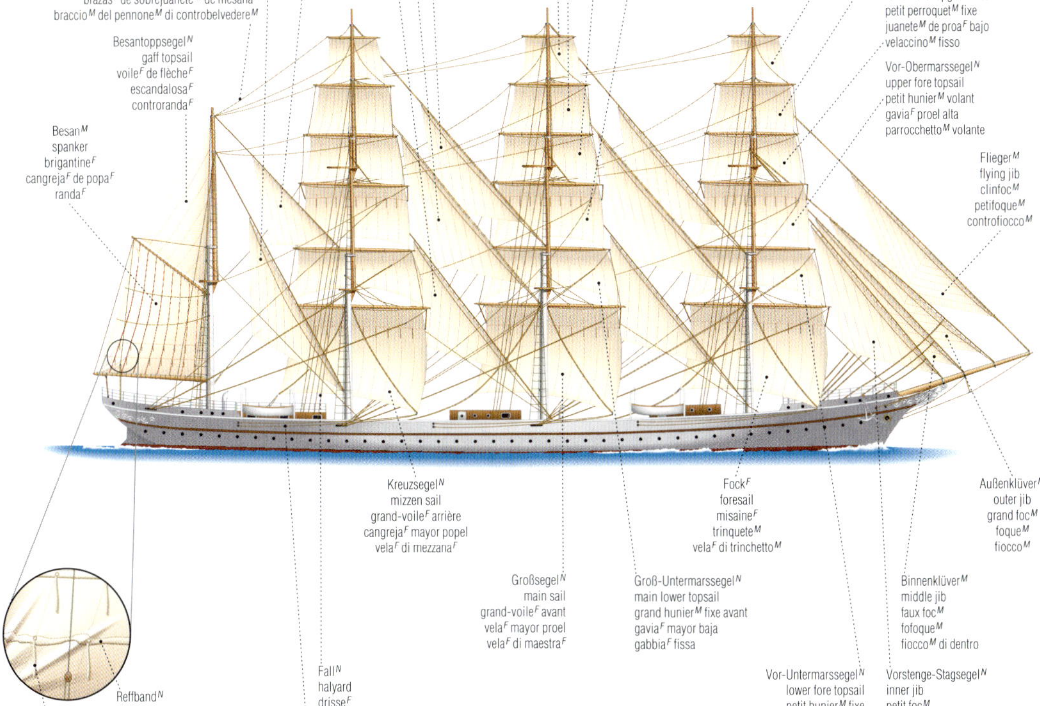

Kreuz-Royalstagsegel[N]
mizzen royal staysail
voile[F] d'étai[M] de grand perroquet[M] arrière
sobrejuanete[M] de mesana[F] de estay[M]
vela[F] di strallo[M] di controvelaccio[M]

Kreuz-Bramstagsegel[N]
mizzen topgallant staysail
voile[F] d'étai[M] de hune[F] arrière
juanete[M] de mesana[F] de estay[M]
vela[F] di strallo[M] di velaccio[M]

Groß-Royalsegel[N]
main royal sail
grand cacatois[M] avant
sobrejuanete[M] mayor
controvelaccio[M]

Kreuz-Stengestagsegel[N]
mizzen topmast staysail
grand-voile[F] d'étai[M] arrière
mastelero[M] de mesana[F] de estay[M]
vela[F] di strallo[M] di gabbia[F]

Groß-Oberbramsegel[N]
main upper topgallant sail
grand perroquet[M] volant avant
juanete[M] mayor proel alto
velaccio[M] volante

Besan-Bramstagsegel[N]
jigger topgallant staysail
voile[F] d'étai[M] de flèche[F]
aparejo[M] de juanete[M] de estay[M]
vela[F] di strallo[M] di belvedere[M]

Groß-Unterbramsegel[N]
main lower topgallant sail
grand perroquet[M] fixe avant
juanete[M] mayor bajo
velaccio[M] fisso

Vor-Royalsegel[N]
fore royal sail
petit cacatois[M]
sobrejuanete[M] de proa[F]
controvelaccino[M]

Besan-Stengestagsegel[N]
jigger topmast staysail
marquise[F]
aparejo[M] de mastelero[M] de estay[M]
vela[F] di strallo[M] di mezzana[F]

Groß-Obermarssegel[N]
main upper topsail
grand hunier[M] volant avant
gavia[F] mayor alta
gabbia[F] volante

Vor-Oberbramsegel[N]
upper fore topgallant sail
petit perroquet[M] volant
juanete[M] de proa[F] alto
velaccino[M] volante

Kreuz-Royalbrasse[F]
mizzen royal brace
bras[M] de grand cacatois[M] arrière
brazas[F] de sobrejuanete[M] de mesana[F]
braccio[M] del pennone[M] di controbelvedere[M]

Vor-Unterbramsegel[N]
lower fore topgallant sail
petit perroquet[M] fixe
juanete[M] de proa[F] bajo
velaccino[M] fisso

Besantoppsegel[N]
gaff topsail
voile[F] de flèche[F]
escandalosa[F]
controranda[F]

Vor-Obermarssegel[N]
upper fore topsail
petit hunier[M] volant
gavia[F] proel alta
parrocchetto[M] volante

Besan[M]
spanker
brigantine[F]
cangreja[F] de popa[F]
randa[F]

Flieger[M]
flying jib
clinfoc[M]
petifoque[M]
controfiocco[M]

Kreuzsegel[N]
mizzen sail
grand-voile[F] arrière
cangreja[F] mayor popel
vela[F] di mezzana[F]

Fock[F]
foresail
misaine[F]
trinquete[M]
vela[F] di trinchetto[M]

Außenklüver[M]
outer jib
grand foc[M]
foque[M]
fiocco[M]

Großsegel[N]
main sail
grand-voile[F] avant
vela[F] mayor proel
vela[F] di maestra[F]

Groß-Untermarssegel[N]
main lower topsail
grand hunier[M] fixe avant
gavia[F] mayor baja
gabbia[F] fissa

Binnenklüver[M]
middle jib
faux foc[M]
fofoque[M]
fiocco[M] di dentro

Fall[N]
halyard
drisse[F]
driza[F]
drizza[F]

Reffband[N]
reef band
bande[F] de ris[M]
envergue[M] de rizo[M]
benda[F] di terzarolo[M]

Vor-Untermarssegel[N]
lower fore topsail
petit hunier[M] fixe
gavia[F] inferior proel
parrocchetto[M] fisso

Vorstenge-Stagsegel[N]
inner jib
petit foc[M]
contrafoque[M]
trinchettina[F]

Schot[F]
sheet
écoute[F]
escota[M]
scotta[F]

Reffbänsel[N]
reef point
garcette[F] de ris[M]
tomarrizos[M]
matafione[M] di terzarolo[M]

Beispiele[N] für Boote[N] und Schiffe[N]

examples of boats and ships | exemples[M] de bateaux[M] et d'embarcations[F] | ejemplos[M] de barcos[M] y embarcaciones[M] | esempi[M] di barche[F] e navi[F]

Bohrschiff[N]
drill ship
navire[M] de forage[M]
barco[M] perforador
nave[F] da perforazione[F]

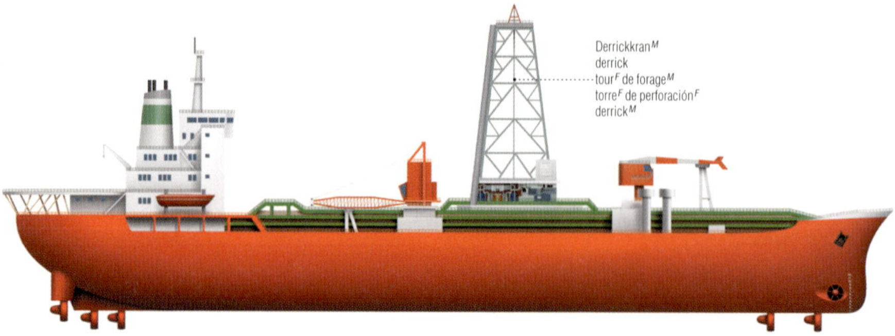

Frachtschiff[N]
bulk carrier
vraquier[M]
buque[M] de carga[F]
nave[F] per il trasporto[M] delle merci[F]

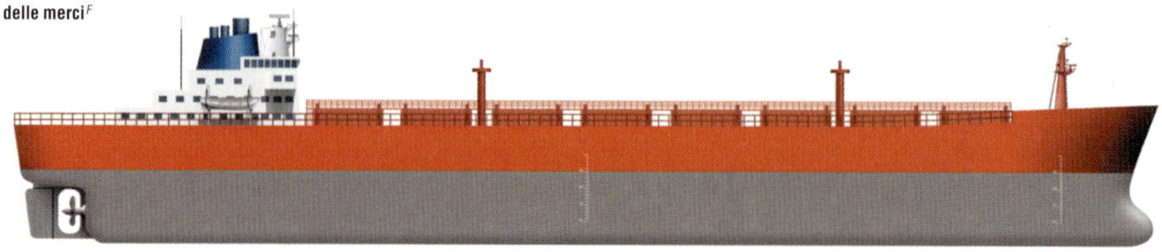

Containerschiff[N]
container ship
navire[M] porte-conteneurs[M]
carguero[M] portacontenedores
nave[F] portacontainer[M]

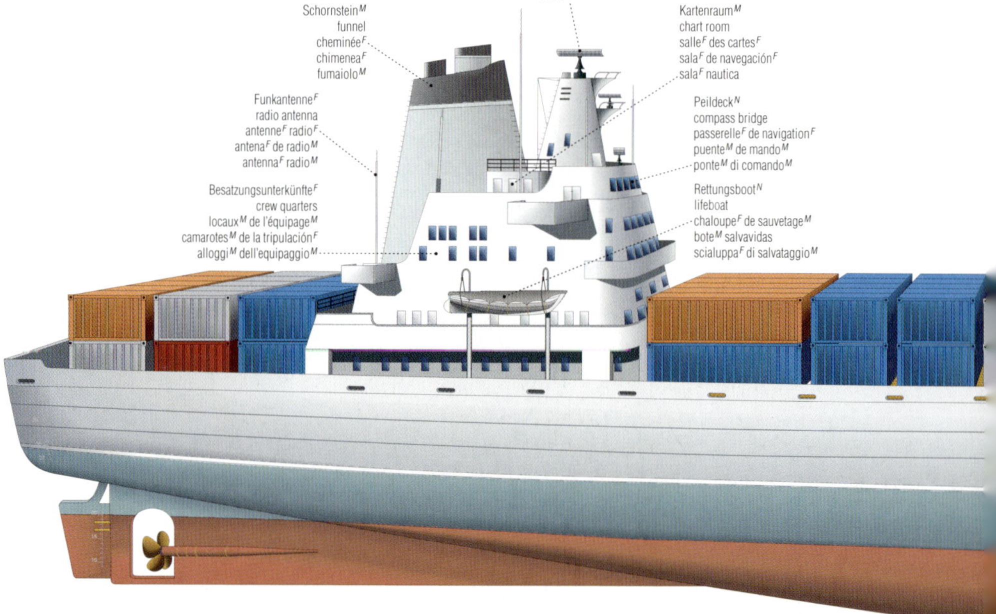

Beispiele[N] für Boote[N] und Schiffe[N]

Luftkissenfahrzeug[N]
hovercraft
aéroglisseur[M]
aerodeslizador[M] (hovercraft[M])
hovercraft[M]

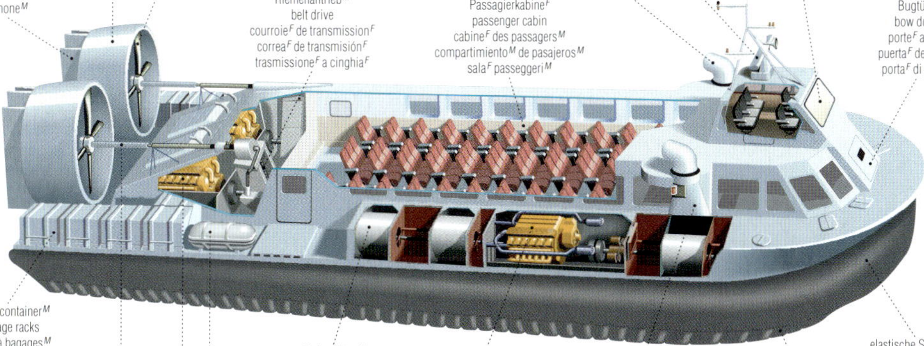

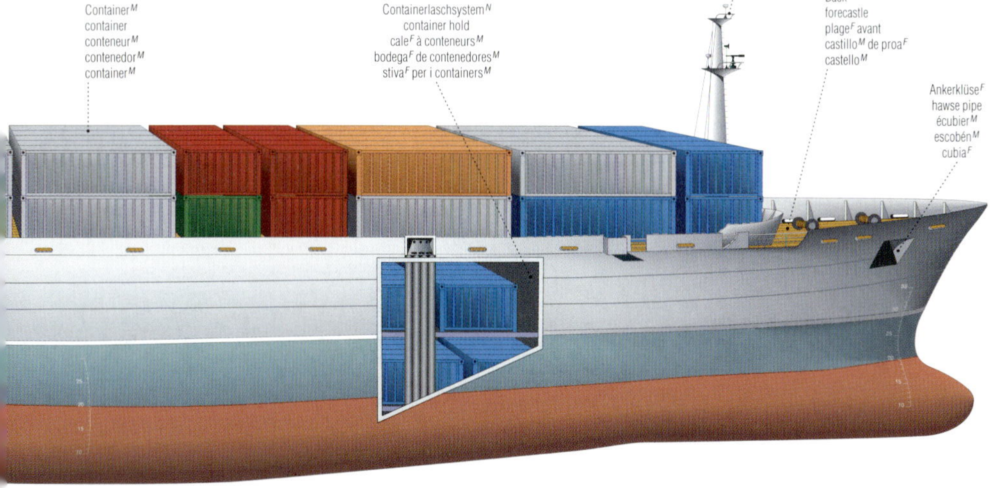

Beispiele[N] für Boote[N] und Schiffe[N]

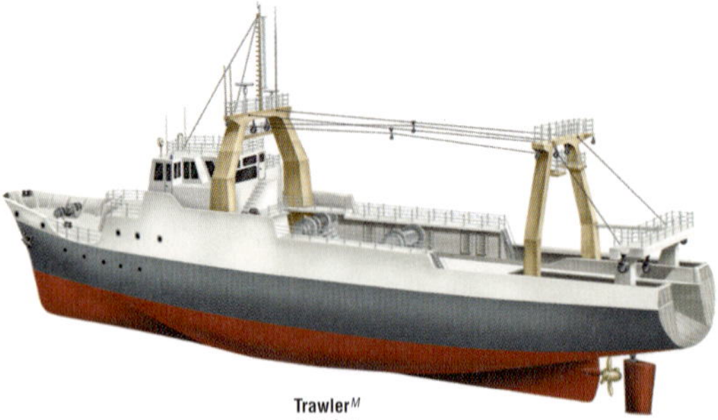

Trawler[M]
trawler
chalutier[M]
trainera[F]
peschereccio[M]

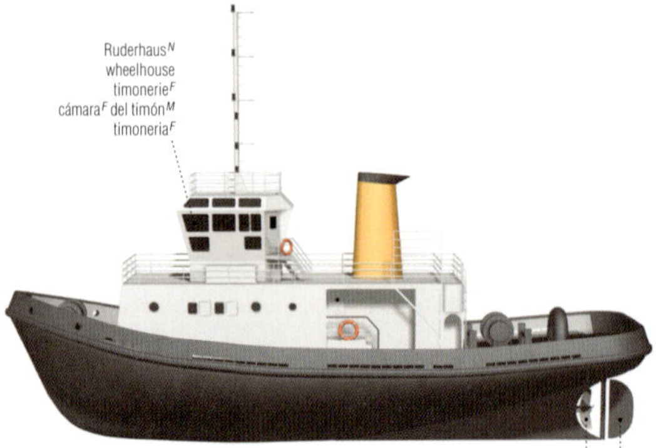

Schlepper[M]
tug
remorqueur[M]
remolcador[M]
rimorchiatore[M]

Eisbrecher[M]
ice-breaker
brise-glace[M]
rompehielos[M]
rompighiaccio[M]

Tanker[M]
tanker
pétrolier[M]
petrolero[M]
nave[F] cisterna[F]

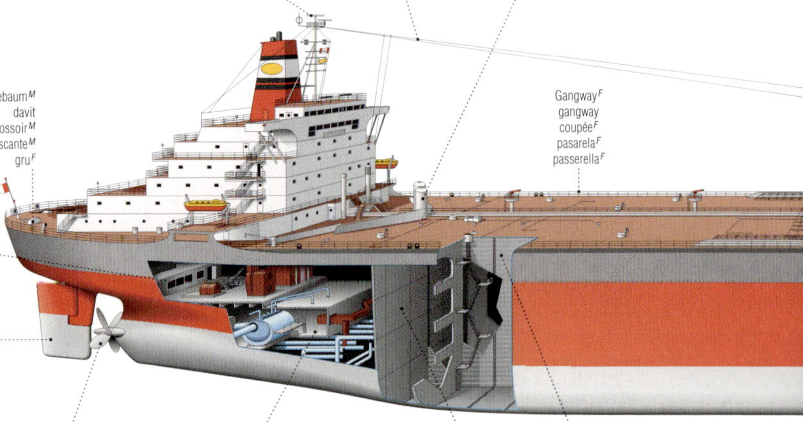

Beispiele[N] für Boote[N] und Schiffe[N]

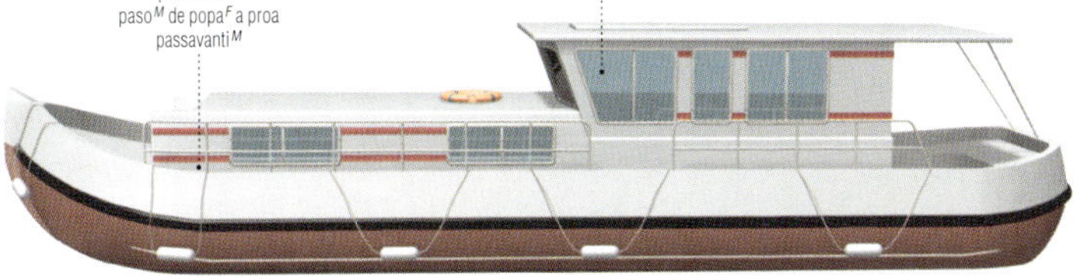

Hausboot[N]
houseboat
caravane[F] flottante
casa[F] flotante
casa[F] galleggiante

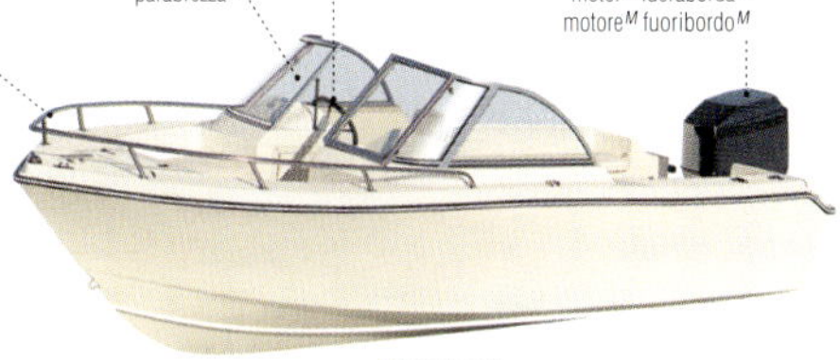

Motorboot[N]
runabout
canot[M] automobile
lancha[F] pequeña
motoscafo[M] da diporto[M]

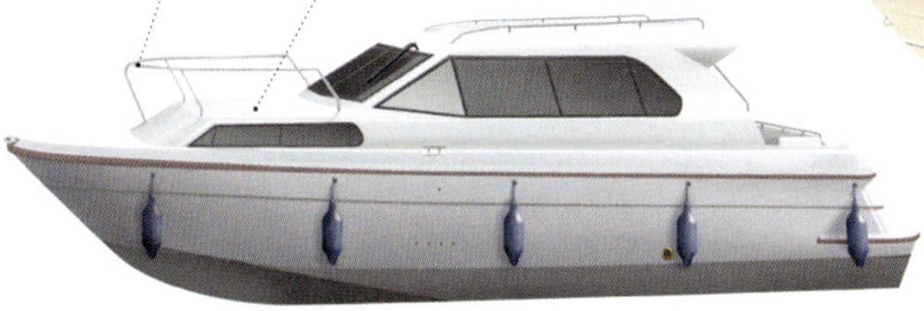

Motorjacht[F]
motor yacht
yacht[M] à moteur[M]
yate[M] de motor[M]
yacht[M] a motore[M]

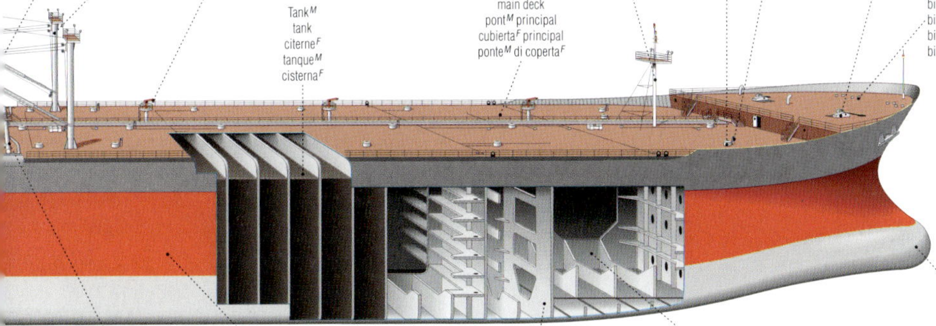

Beispiele^N für Boote^N und Schiffe^N

Fähre^F
ferry
transbordeur^M
transbordador^M
nave^F traghetto^M

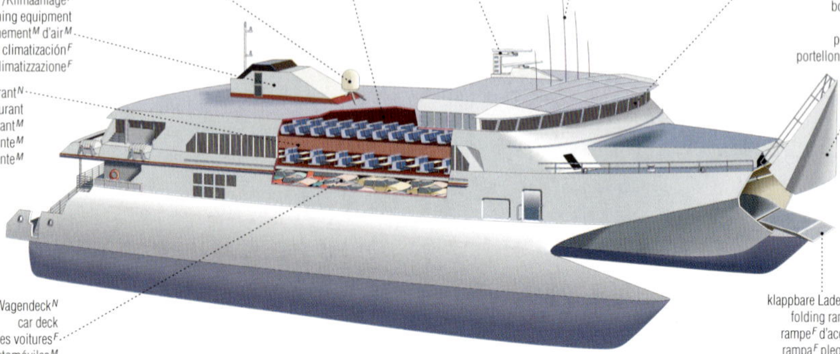

Passagierdampfer^M
cruiseliner
paquebot^M
buque^M trasatlántico
transatlantico^M

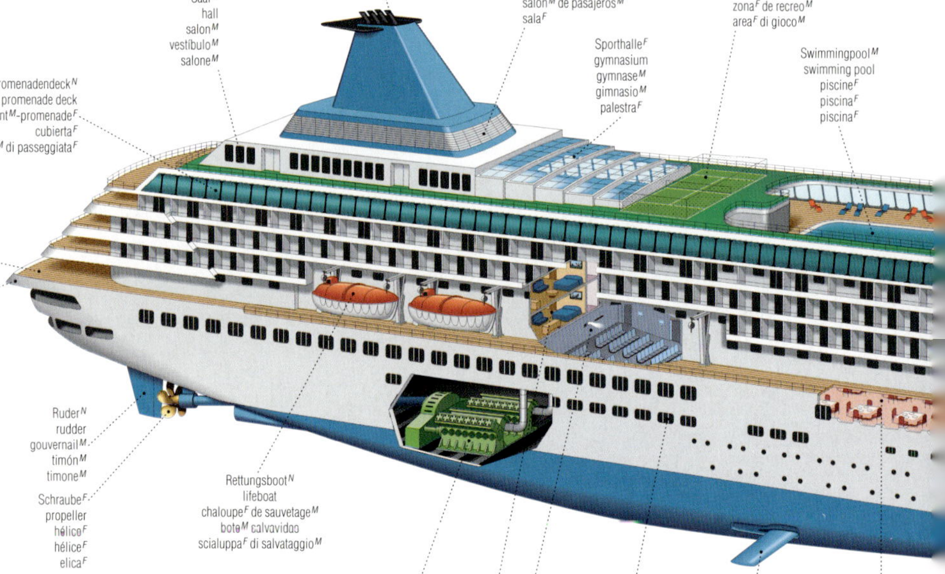

Beispiele[N] für Boote[N] und Schiffe[N]

Tragflügelschiff[N]
hydrofoil boat
hydroptère[M]
hidróptero[M]
aliscafo[M]

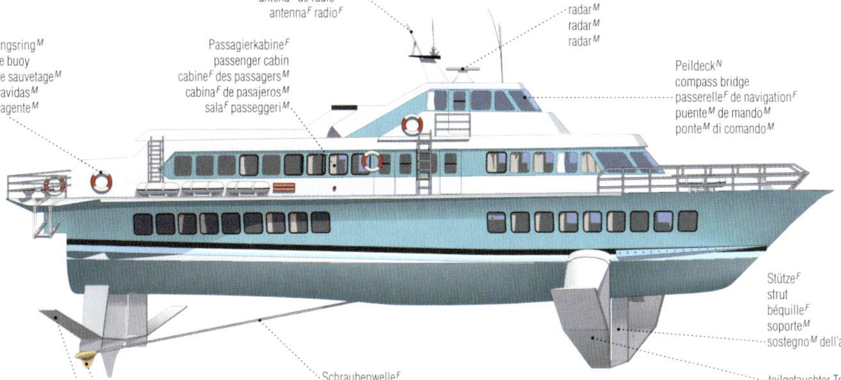

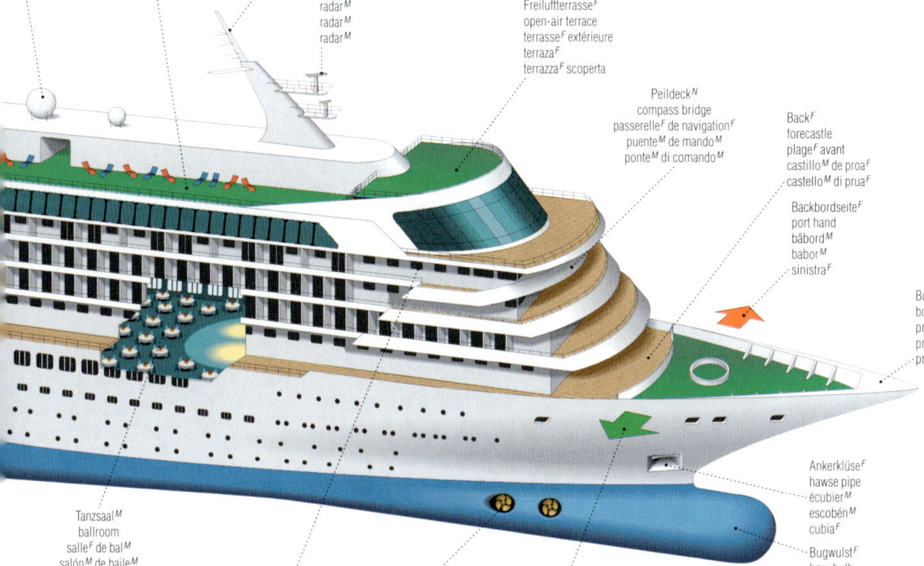

Anker^{M}

anchor | ancre^{F} | ancla^{F} | ancora^{F}

Schiffsanker^{M}
ship's anchor
ancre^{F} de marine^{F}
ancla^{F} de buque^{M}
ancora^{F} della nave^{F}

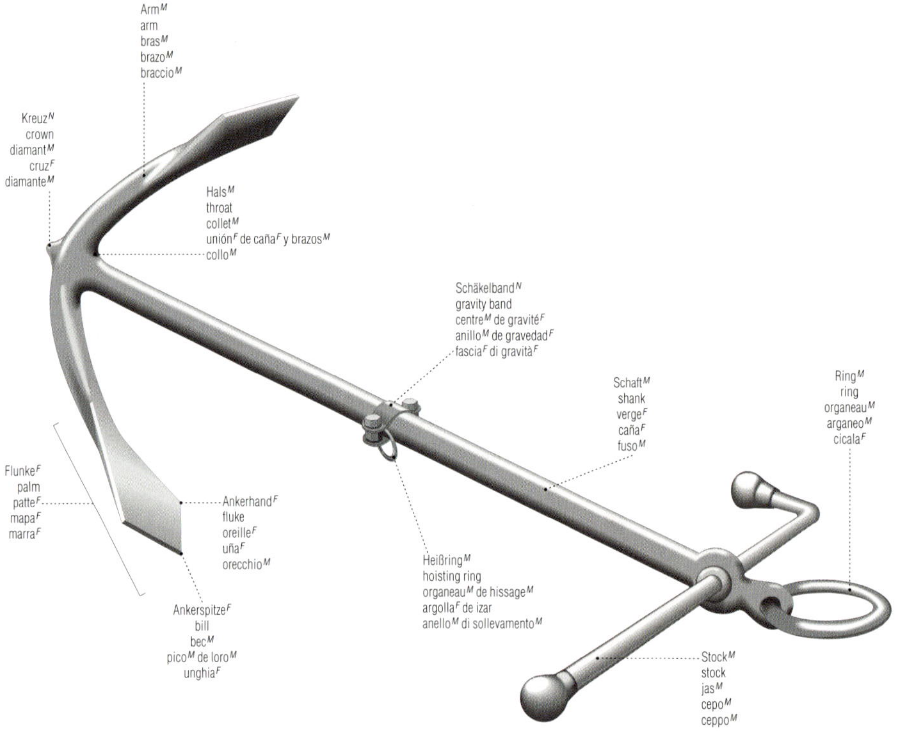

Beispiele^{N} für Anker^{M}
examples of anchors
exemples^{M} d'ancres^{F}
ejemplos^{M} de anclas^{F}
esempi^{M} di ancore^{F}

Pilzanker^{M}
mushroom anchor
ancre^{F} à champignon^{M}
ancla^{F} de hongo^{M}
ancora^{F} a fungo^{M}

Draggen^{M}
grapnel
grappin^{M}
anclote^{M}
grappino^{M}

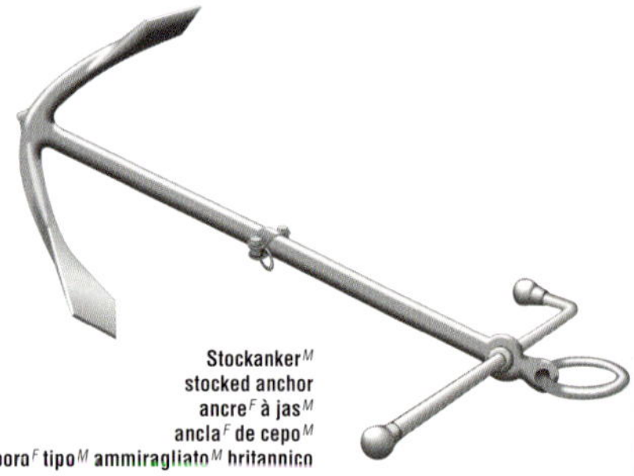

Stockanker^{M}
stocked anchor
ancre^{F} à jas^{M}
ancla^{F} de cepo^{M}
ancora^{F} tipo^{M} ammiragliato^{M} britannico

Patentanker^{M}
stockless anchor
ancre^{F} sans jas^{M}
ancla^{F} sin cepo^{M}
ancora^{F} Danforth

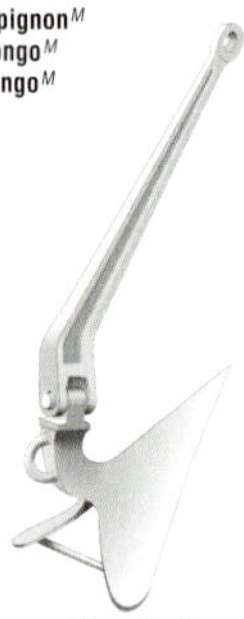

Pfluganker^{M}
plow anchor
ancre^{F} charrue^{F}
ancla^{F} de arado^{M}
ancora^{F} a vomere^{M}

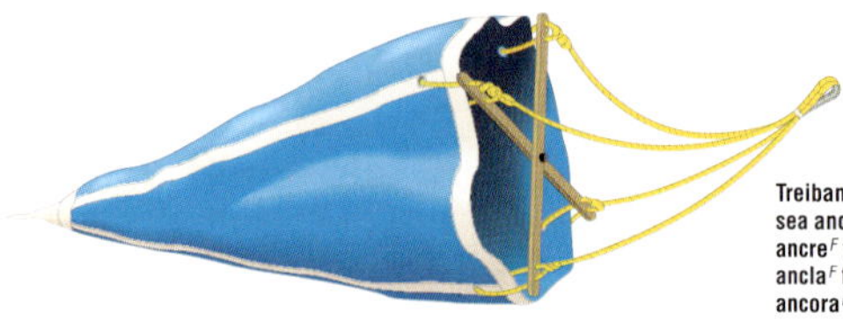

Treibanker^{M}
sea anchor
ancre^{F} flottante
ancla^{F} flotante
ancora^{F} galleggiante

TRANSPORT UND FAHRZEUGE

Rettungsgeräte^{N}

life-saving equipment | équipement^{M} de sauvetage^{M} | equipo^{M} salvavidas | equipaggiamento^{M} di salvataggio^{M}

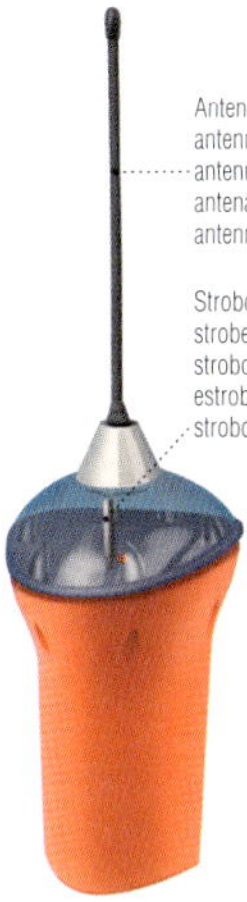

Rettungsboje^{F}
distress beacon
balise^{F} de détresse^{F}
baliza^{F} de socorro^{M}
boa^{F} di salvataggio^{M}

Rettungsinsel^{F}
life raft
radeau^{M} de sauvetage^{M}
balsa^{F} salvavidas
zattera^{F} di salvataggio^{M}

Nebelhorn^{N}
fog horn
avertisseur^{M} de brume^{F}
bocina^{F} de niebla^{F}
segnalatore^{M} di nebbia^{F}

Rettungsring^{M}
lifebuoy
bouée^{F} de sauvetage^{M}
salvavidas^{M}
salvagente^{M}

Rettungsweste^{F}
life jacket
gilet^{M} de sauvetage^{M}
chaleco^{M} salvavidas
giubbotto^{M} di salvataggio^{M}

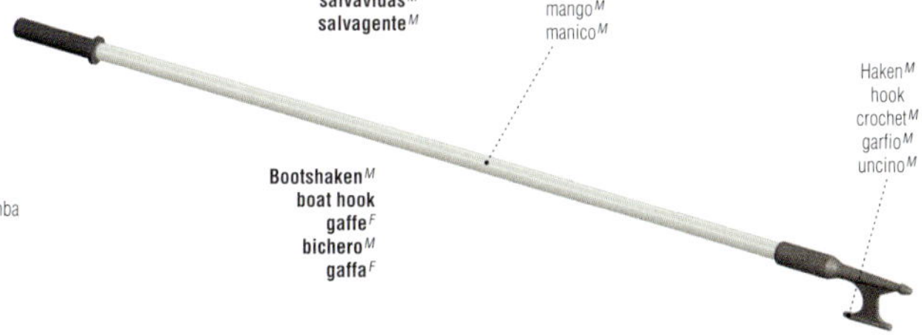

Bootshaken^{M}
boat hook
gaffe^{F}
bichero^{M}
gaffa^{F}

Navigationsinstrumente^N

navigation devices | appareils^M de navigation^F | instrumentos^M de navegación^F | strumenti^M per la navigazione^F

Sextant^M
sextant
sextant^M
sextante^M
sestante^M

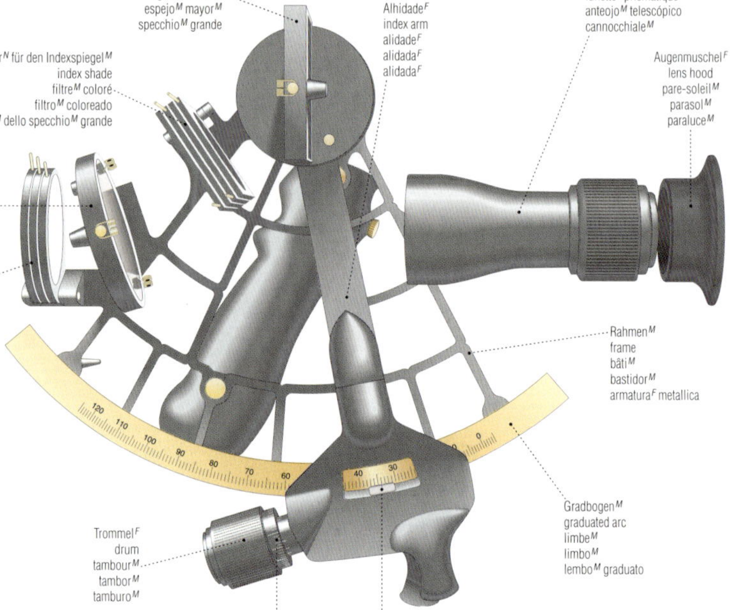

Flüssigkeitskompass^M
liquid compass
compas^M magnétique liquide
brújula^F líquida
bussola^F a liquido^M

Echolot^{N}
echo sounder
sondeur^{M} à éclats^{M}
sonar^{M}
ecoscandaglio^{M}

Tiefenskala^{F} in m
depth scale in metres
échelle^{F} de profondeur^{F}
escala^{F} de profundidad^{F}
scala^{F} di profondità^{F} in metri^{M}

Anzeigeskala^{F}
dial-type display
écran^{M}
indicador^{M} del cuadrante^{M}
quadrante^{M} indicatore^{M}

Alarmschwellenwert-Einstellung^{F}
alarm threshold setting
réglage^{M} du seuil^{M} d'alarme^{F}
control^{M} del nivel^{M} de alarma^{F}
regolazione^{F} della soglia^{F} di allarme^{M}

Gehäuse^{N}
housing
boîtier^{M}
caja^{F}
contenitore^{M}

Lautsprecher^{M}
sound alarm
alarme^{F} sonore
alarma^{F} sonora
allarme^{M} acustico

Ein-/Ausschalter^{M}
on-off switch
interrupteur^{M}
interruptor^{M}
interruttore^{M}

Knopf^{M} für Alarmschwellenwert-Anzeige^{F}
alarm threshold display button
visualisation^{F} du seuil^{M} d'alarme^{F}
botón^{M} de visualización^{F} del nivel^{M} de alarma^{F}
pulsante^{M} per la visualizzazione^{F} della soglia^{F} di allarme^{M}

Verstärkerregler^{M}
gain control
contrôle^{M} du gain^{M}
control^{M} de ganancia^{F}
regolatore^{M} di amplificazione^{F}

Schwinger^{M}
echo sounder probe
sonde^{F}
sonda^{F}
sonda^{F} dell'ecoscandaglio^{M}

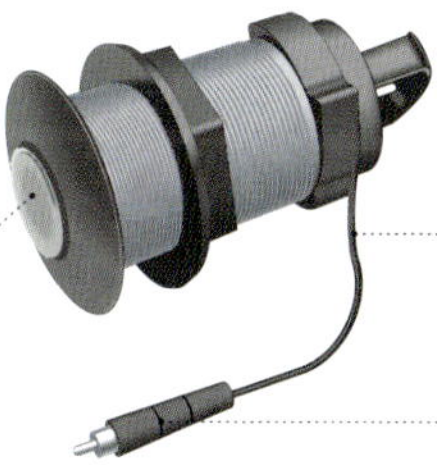

Übertragungskabel^{N}
transmission cable
câble^{M} de transmission^{F}
cable^{M} de transmisión^{F}
cavo^{M} di trasmissione^{F}

Messwandler^{M}
transducer
émetteur^{M}/récepteur^{M}
transductor^{M}
trasduttore^{M}

Stecker^{M}
plug
fiche^{F}
clavija^{F}
spinotto^{M}

Satelliten^{M}-Navigationssystem^{N}
track plotter
traceur^{M} de route^{F}
sistema^{M} de navegación^{F} por satélite^{M}
sistema^{M} di navigazione^{F} satellitare

Bildschirm^{M}
display
écran^{M}
pantalla^{F}
display^{M}

GPS-Empfangsantenne^{F}
GPS receiver-antenna
antenne^{F}-récepteur^{M} GPS
antena^{F}-receptor^{M} GPS
antenna^{F} ricevente GPS

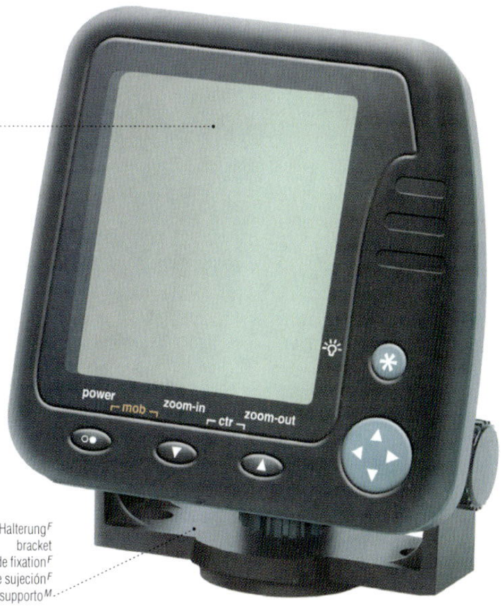

schwenkbare Halterung^{F}
bracket
étrier^{M} de fixation^{F}
brida^{F} de sujeción^{F}
base^{F} di supporto^{M}

TRANSPORT UND FAHRZEUGE

Seezeichen[N]

maritime signals | signalisation[F] maritime | señales[F] marítimas | segnali[M] marittimi

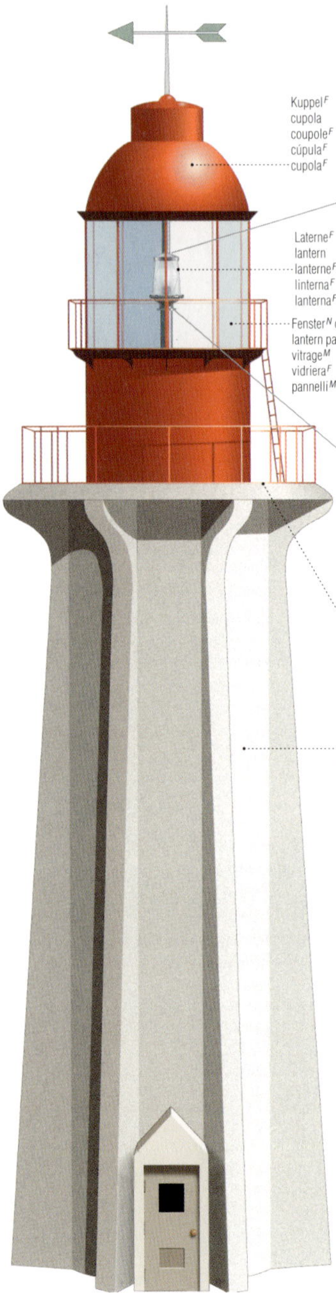

Leuchtturmlampe[F]
lighthouse lantern
lanterne[F] de phare[M]
linterna[F] del faro[M]
lanterna[F] del faro[M]

Leuchtturm[M]
lighthouse
phare[M]
faro[M] marítimo
faro[M]

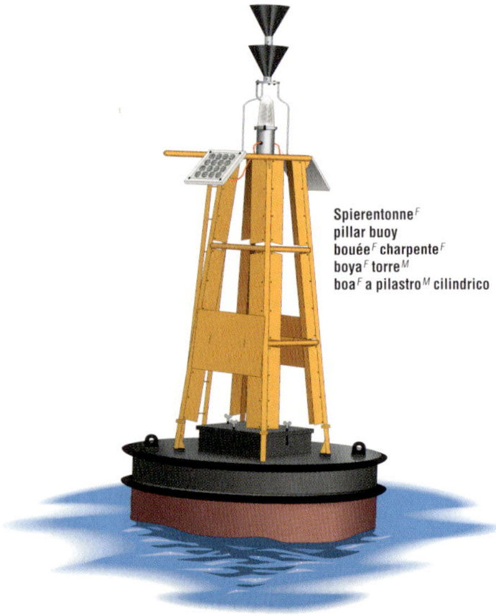

Spierentonne[F]
pillar buoy
bouée[F] charpente[F]
boya[F] torre[M]
boa[F] a pilastro[M] cilindrico

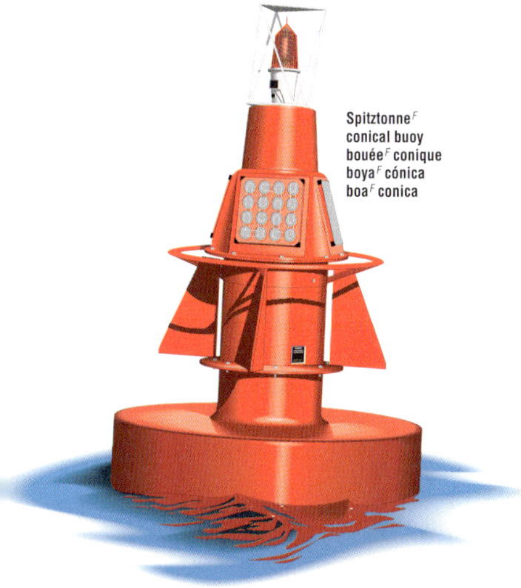

Spitztonne[F]
conical buoy
bouée[F] conique
boya[F] cónica
boa[F] conica

Großtonne[F]
high focal plane buoy
bouée[F] à plan[M] focal élevé
boya[F] de plano[M] focal elevado
boa[F] a piano[M] focale elevato

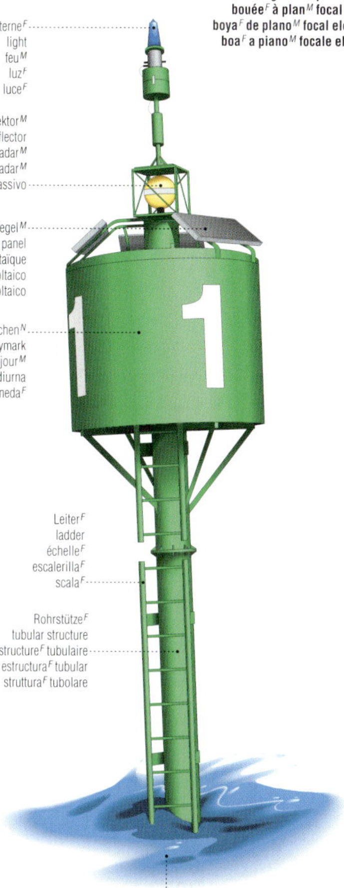

Stumpftonne[F]
cylindrical buoy
bouée[F] cylindrique
boya[F] cilíndrica
boa[F] cilindrica

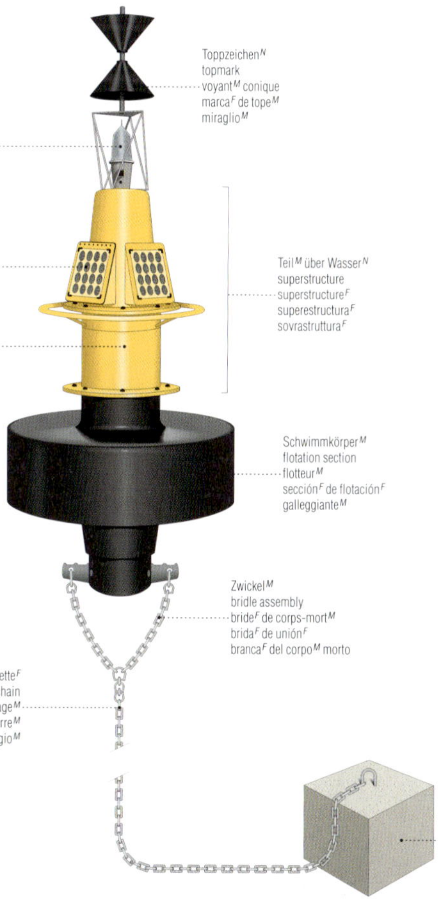

Betonnungssystem^{N}

maritime buoyage system | système^{M} de balisage^{M} maritime | sistema^{M} de boyas^{F} marítimas | sistema^{M} di segnalamento^{M} marittimo per mezzo di boe^{F}

Kardinalseezeichen^{N}
cardinal marks
marques^{F} cardinales
señales^{F} de los puntos^{M} cardinales
segnalamento^{M} dei punti^{M} cardinali

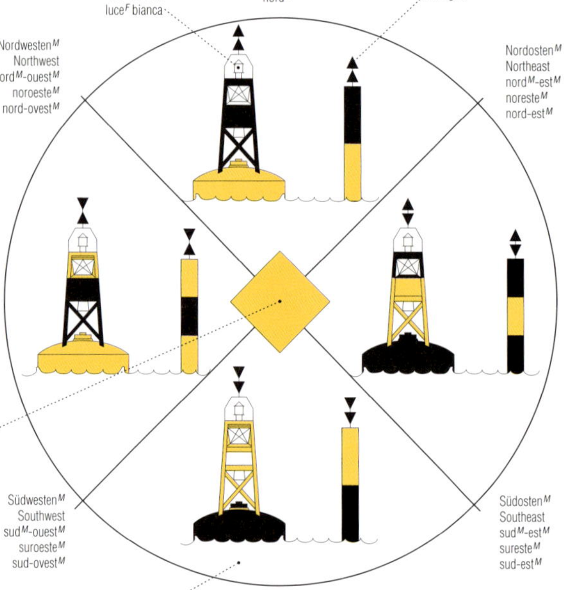

Betonnte Fahrwasser^{N}
buoyage regions
régions^{F} de balisage^{M}
regiones^{F} de boyas^{F}
regioni^{F} con segnalamento^{M} mediante boe^{F}

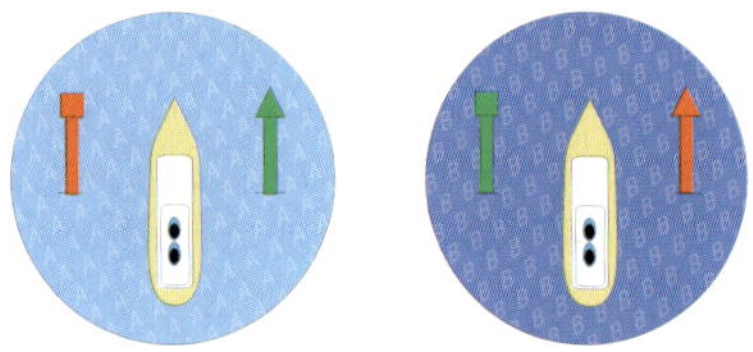

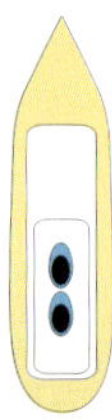

Betonnungssystem^N

Leuchtfeuerkennung^F
operational pattern of marks by night
rythme^M des marques^F de nuit^F
ritmo^M de las señales^F nocturnas
ritmo^M dei segnalamenti^M notturni

Lichterscheinung^F
light
lumière^F
luz^F
luce^F

Verdunkelung^F
darkness
obscurité^F
oscuridad^F
oscurità^F

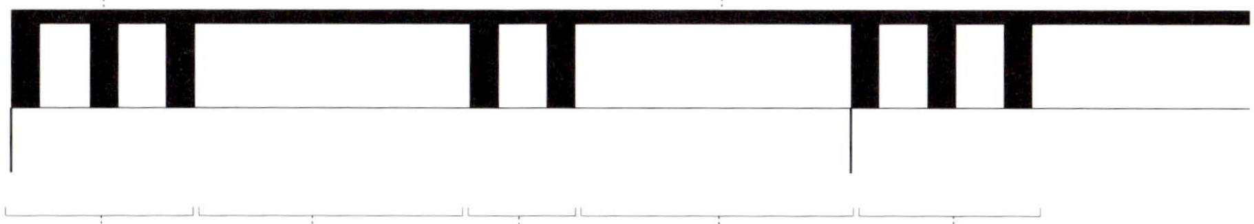

Taktkennung^F
period
période^F
periodo^M
periodo^M

Unterbrechung^F
interval
intervalle^M
intervalo^M
intervallo^M

Taktkennung^F
period
période^F
periodo^M
periodo^M

Unterbrechung^F
interval
intervalle^M
intervalo^M
intervallo^M

Taktkennung^F
period
période^F
periodo^M
periodo^M

Tagzeichen^N (Region^F B)
daymarks (region B)
marques^F de jour^M (région^F B)
señales^F diurnas (región^F B)
mede^F (regione^F B)

Lateralzeichen^N: Spierentonne^F
spar buoy
bouée^F espar^M
boya^F de pértiga^F
segnale^M laterale: boa^F a palo^M

Sonderzeichen^N
special mark
marque^F spéciale
señal^F especial
segnale^M speciale

Einzelgefahrenzeichen^N
isolated danger mark
marque^F de danger^M isolé
señal^F aislada de peligro^M
segnale^M di pericolo^M isolato

östliches Kardinalseezeichen^N
East cardinal mark
marque^F cardinale est^M
señal^F cardinal del este^M
segnale^M cardinale: passare a est^M

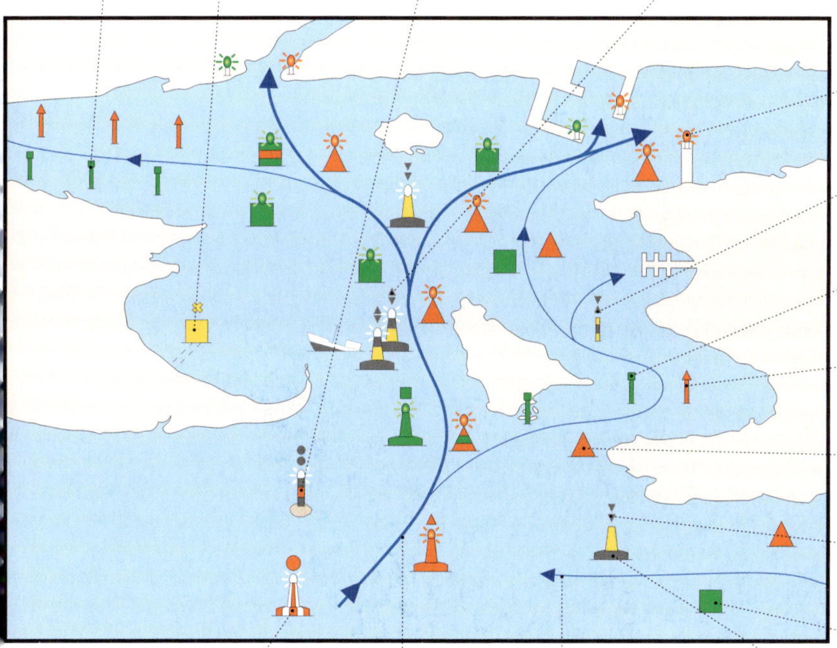

Leuchtfeuer^N
light
feu^M
luz^F
luce^F

westliches Kardinalseezeichen^N
West cardinal mark
marque^F cardinale ouest^M
señal^F cardinal del oeste^M
segnale^M cardinale: passare a ovest^M

Backbordseite^F
port hand
bâbord^M
babor^M
sinistra^F

Steuerbordseite^F
starboard hand
tribord^M
estribor^M
dritta^F

Lateralzeichen^N: Spitztonne^F
conical buoy
bouée^F conique
boya^F cónica
segnale^M laterale: boa^F conica

südliches Kardinalseezeichen^N
South cardinal mark
marque^F cardinale sud^M
señal^F cardinal del sur^M
segnale^M cardinale: passare a sud^M

Lateralzeichen^N: Stumpftonne^F
lateral mark
marque^F latérale
señal^F lateral
segnale^M laterale

Fahrwassermitte^F
safe water mark
marque^F d'eaux^F sécuritaires
señal^F de aguas^F seguras
segnale^M di acque^F sicure

Hauptfahrwasser^N
preferred channel
chenal^M principal
canal^M principal
canale^M privilegiato

Nebenfahrwasser^N
secondary channel
chenal^M secondaire
canal^M secundario
canale^M secondario

Lateralzeichen^N: Spierentonne^F
pillar buoy
bouée^F charpente^F
boya^F torre^F
segnale^M laterale: boa^F a pilastro^M cilindrico

Flughafen^{M}

airport | aéroport^{M} | aeropuerto^{M} | aeroporto^{M}

Schnellabrollbahn^{F}
high-speed exit taxiway
sortie^{F} de piste^{F} à grande vitesse^{F}
salida^{F} de la pista^{F} de alta velocidad^{F}
bretella^{F} di uscita^{F} della pista^{F} ad alta velocità^{F}

Kontrollraum^{M}
tower control room
vigie^{F}
cabina^{F} de la torre^{F} de control^{M}
cabina^{F} della torre^{F} di controllo^{M}

Kontrolltower^{M}
control tower
tour^{F} de contrôle^{M}
torre^{F} de control^{M}
torre^{F} di controllo^{M}

Zufahrtsstraße^{F}
access road
route^{F} d'accès^{M}
carretera^{F} de acceso^{M}
strada^{F} di accesso^{M}

Rollbahn^{F}
taxiway
voie^{F} de circulation^{F}
pista^{F} de rodaje^{M}
pista^{F} di rullaggio^{M}

Überholrollbahn^{F}
by-pass taxiway
bretelle^{F}
pista^{F} de enlace^{M}
pista^{F} di accesso^{M}

Rollbahn^{F}
taxiway
voie^{F} de circulation^{F}
pista^{F} de rodaje^{M}
pista^{F} di rullaggio^{M}

Vorfeld^{N}
apron
aire^{F} de trafic^{M}
pista^{F} de estacionamiento^{M}
piazzale^{M}

Versorgungsstraße^{M}
service road
voie^{F} de service^{M}
ruta^{F} de servicio^{M}
strada^{F} di servizio^{M}

Vorfeld^{N}
apron
aire^{F} de manœuvre^{F}
pista^{F} de estacionamiento^{M}
piazzale^{M}

Passagierterminal^M
passenger terminal
aérogare^F de passagers^M
terminal^M de pasajeros^M
terminal^M dei passeggeri^M
Flugzeugwartungshalle^F
maintenance hangar
hangar^M
hangar^M de mantenimiento^M
aviorimessa^F
Abstellplatz^M
parking area
aire^F de stationnement^M
parque^M de estacionamiento^M
area^F di parcheggio^M
ausziehbare Fluggastbrücke^F
telescopic corridor
passerelle^F télescopique
pasarela^F telescópico
corridoio^M telescopico
Versorgungsbereich^M
service area
aire^F de service^M
zona^F de servicio^M
area^F di servizio^M
Fluggastbrücke^F
boarding walkway
quai^M d'embarquement^M
túnel^M de embarque^M
passerella^F di imbarco^M
Rollbahnmarkierung^F
taxiway line
marques^F de circulation^F
línea^F de pista^F
linea^F di rullaggio^M
radiale Einsteigestation^F
satellite terminal
aérogare^F satellite^M
terminal^M satélite de pasajeros^M
terminal^M satellite^M dei passeggeri^M

Flughafen^{M}

**Passagierterminal^{M}
passenger terminal
aérogare^{F}
terminal^{M} de pasajeros^{M}
terminal^{M} dei passeggeri^{M}**

Informationsschalter^{M}
information counter
comptoir^{M} de renseignements^{M}
puesto^{M} de información^{F}
banco^{M} delle informazioni^{F}

Gepäckausgabe^{F}
baggage claim area
zone^{F} de retrait^{M} des bagages^{M}
entrega^{F} de equipaje^{M}
area^{F} per il ritiro^{M} dei bagagli^{M}

Hotelreservierungsschalter^{M}
hotel reservation desk
bureau^{M} de réservation^{F} de chambres^{F} d'hôtel^{M}
oficina^{F} de reservas^{F} de hotel^{M}
banco^{M} per la prenotazione^{F} degli hotel^{M}

Ticketschalter^{M}
ticket counter
comptoir^{M} de vente^{F} des billets^{M}
mostrador^{M}
biglietteria^{F}

Eingangshalle^{F}
lobby
hall^{M} public
vestíbulo^{M}
salone^{M}

automatische Tür^{F}
automatically-controlled door
porte^{F} automatique
puerta^{F} automática
porta^{F} automatica

Check-in-Schalter^{M}
baggage check-in counter
comptoir^{M} d'enregistrement^{M}
facturación^{F} de equipaje^{M}
banco^{M} di registrazione^{F}

Parkplatz^{M}
car park
parc^{M} à voitures^{F}
aparcamiento^{M}
parcheggio^{M}

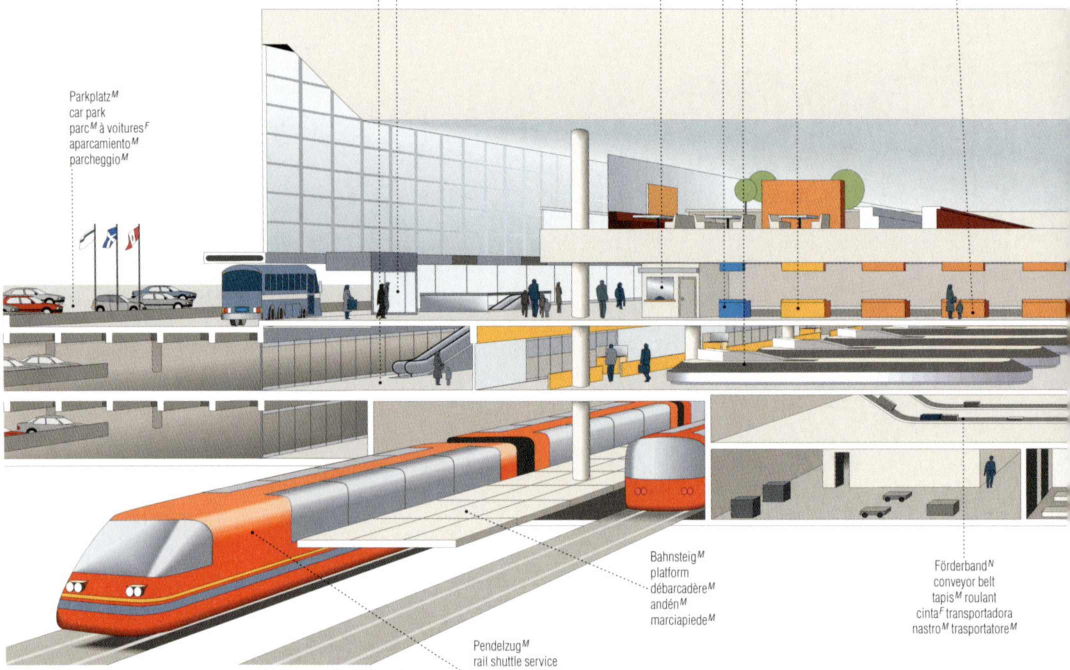

Bahnsteig^{M}
platform
débarcadère^{M}
andén^{M}
marciapiede^{M}

Förderband^{N}
conveyor belt
tapis^{M} roulant
cinta^{F} transportadora
nastro^{M} trasportatore^{M}

Pendelzug^{M}
rail shuttle service
navette^{F} ferroviaire
servicio^{M} de enlace^{M} ferroviario
servizio^{M} di navetta^{F}

**Start- und Landebahn^{F}
runway
piste^{F}
pista^{F} de aterrizaje^{M} y despegue^{M}
pista^{F}**

Wartebereichmarkierung^{F}
holding area marking
marque^{F} de point^{M} d'attente^{F}
señal^{F} de zona^{F} de espera^{F}
segnale^{M} dell'area^{F} di attesa^{F}

Pistenbezeichnungsmarkierung^{F}
runway designation marking
marques^{F} d'identification^{F}
señal^{F} de identificación^{F} de pista^{F}
segnale^{M} di identificazione^{F} della pista^{F}

Pisten-Mittelliniemarkierungen^{F}
runway centre line markings
marque^{F} d'axe^{M} de piste^{F}
señal^{F} de eje^{M} de pista^{F}
segnali^{M} dell'asse^{F} della pista^{F}

Pistenrandmarkierungen^{F}
runway side stripe markings
marques^{F} latérales de piste^{F}
señales^{F} laterales de pista^{F}
segnali^{M} laterali

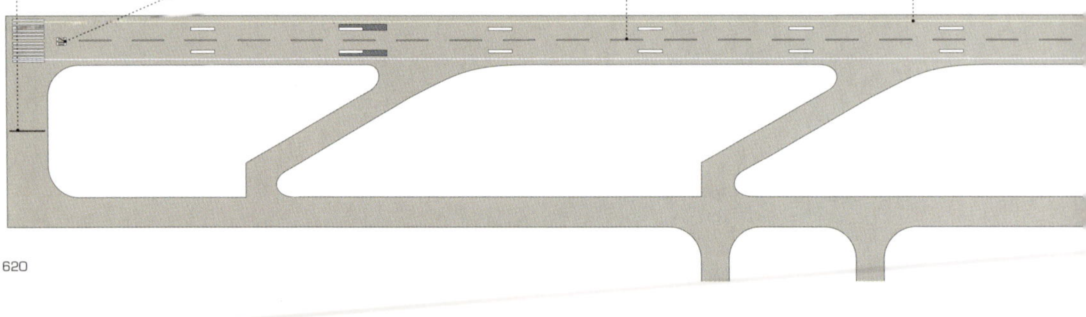

Sicherheitskontrolle^{F}
security check
contrôle^{M} de sécurité^{F}
control^{M} de seguridad^{F}
controllo^{M} di sicurezza^{F}

Besucherterrasse^{F}
observation deck
terrasse^{F}
mirador^{M}
terrazza^{F}

Passkontrolle^{F}
passport control
contrôle^{M} des passeports^{M}
control^{M} de pasaportes^{M}
controllo^{M} dei passaporti^{M}

Duty-free-Shop^{M}
duty-free shop
boutique^{F} hors taxe^{F}
tienda^{F} libre de impuestos^{M}
duty free^{M}

Fluginformationsanzeige^{F}
flight information board
tableau^{M} d'affichage^{M} des vols^{M}
tablero^{M} de llegadas^{F} y salidas^{F}
tabellone^{M} degli arrivi^{M} e delle partenze^{F}

Abflugwartehalle^{F}
departure lounge
salle^{F} d'embarquement^{M}
sala^{F} de espera^{F} de embarque^{M}
sala^{F} di imbarco^{M}

Frachtversand^{M}
cargo dispatch
expédition^{F} du fret^{M}
expedición^{F} de carga^{F}
spedizione^{F} merci^{F}

Passagiertransferfahrzeug^{N}
passenger transfer vehicle
transbordeur^{M}
transbordador^{M}
navetta^{F} per il trasbordo^{M} dei passeggeri^{M}

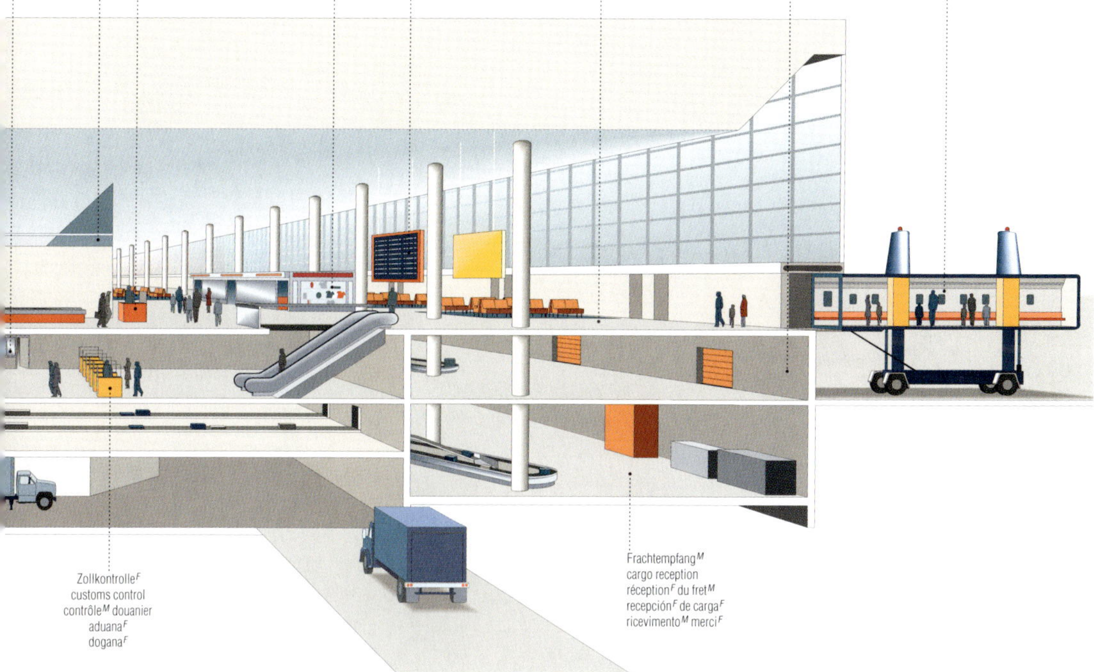

Zollkontrolle^{F}
customs control
contrôle^{M} douanier
aduana^{F}
dogana^{F}

Frachtempfang^{M}
cargo reception
réception^{F} du fret^{M}
recepción^{F} de carga^{F}
ricevimento^{M} merci^{F}

Abrollbahn^{F}
exit taxiway
sortie^{F} de piste^{F}
salida^{F} de la pista^{F}
bretella^{F} di uscita^{F}

Aufsetzzonenmarkierungen^{F}
runway touchdown zone marking
marque^{F} d'aire^{F} de prise^{F} de contact^{M}
señal^{F} de zona^{F} de contacto^{M} de pista^{F}
segnale^{M} di zona^{F} di contatto^{M}

Schwellenmarkierungen^{F}
runway threshold markings
marques^{F} de seuil^{M} de piste^{F}
señales de limite^{M} de la pista^{F}
segnali^{M} della soglia^{F} della pista^{F}

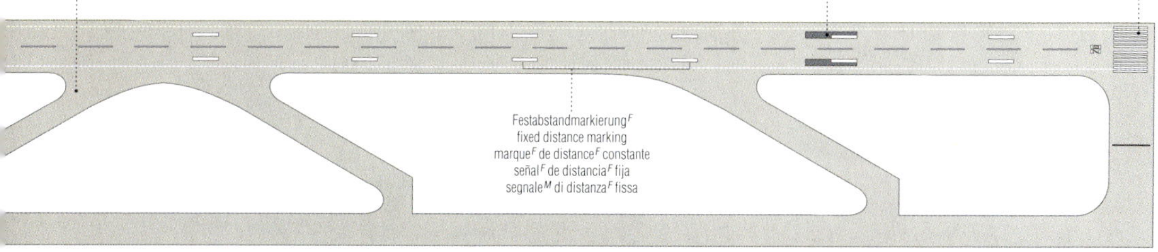

Festabstandmarkierung^{F}
fixed distance marking
marque^{F} de distance^{F} constante
señal^{F} de distancia^{F} fija
segnale^{M} di distanza^{F} fissa

Bodenausrüstung^{F}
ground airport equipment
équipements^{M} aéroportuaires
equipo^{M} de tierra^{F}
attrezzature^{F} di terra^{F}

Abschleppstange^{F}
tow bar
barre^{F} de tractage^{M}
barra^{F} de remolque^{M}
barra^{F} di traino^{M}

Schlepper^{M}
tractor
tracteur^{M} de piste^{F}
tractor^{M} remolque^{M}
trattore^{M} di traino^{M}

Bodenanlassgerät^{N}
compressed air starting unit
groupe^{M} de démarrage^{M} pneumatique
unidad^{F} de aire^{M}
compressore^{M} semovente

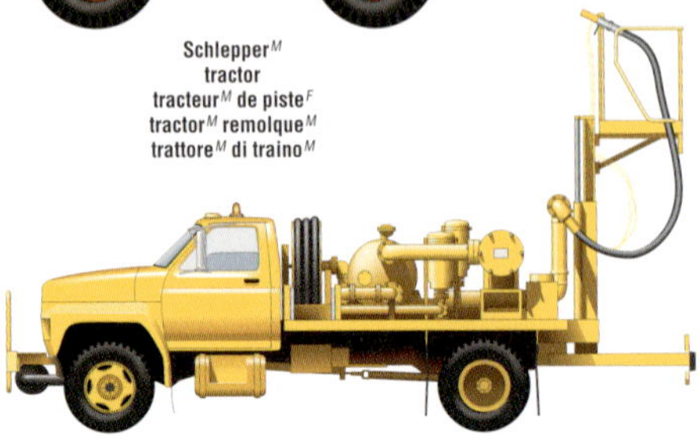

Tankwagen^{M}
jet refueller
camion^{M} avitailleur
camión^{M} cisterna^{F} de combustible^{M}
autobotte^{F} di rifornimento^{M} del carburante^{M}

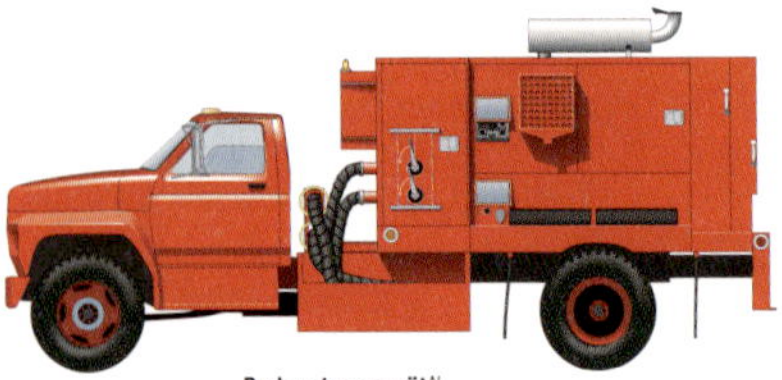

Bodenstromgerät^{N}
electrical power unit
groupe^{M} électrogène
grupo^{M} electrógeno
generatore^{M} semovente

Klimagerät^{N}
ground air conditioner
groupe^{M} de climatisation^{F}
aire^{M} acondicionado de tierra^{F}
condizionatore^{M} semovente

Toilettenwagen^{M}
toilet truck
camion^{M} vide-toilette^{M}
camión^{M} sanitario
botte^{F} igienica semovente

Wartungsfahrzeug^{N}
aircraft maintenance truck
véhicule^{M} de service^{M} technique
camioneta^{F} de mantenimiento^{M} de aviones^{M}
automezzo^{M} per l'assistenza^{F} tecnica

Frischwasserwagen^{M}
drinking water truck
camion^{M}-citerne^{F} d'eau^{F} potable
camión^{M} cisterna^{F} de agua^{F} potable
autobotte^{F} per il rifornimento^{M} dell'acqua^{F} potabile

Bremsklotz^{M}
wheel chock
cale^{F}
calzo^{M} de la rueda^{F}
tacco^{M}

Tankwagen^{M} mit beweglichem Ausleger^{M}
boom truck
nacelle^{F} élévatrice
camioneta^{F} con canastilla^{F} telescópica
automezzo^{M} con braccio^{M} mobile

Leitwerkstütze[F]
tripod tail support
tripode[M] de stabilisation[F]
soporte[M] trípode de cola[F]
supporto[M] per la coda[F]

Gepäckanhänger[M]
baggage trailer
remorque[F] à bagages[M]
remolque[M]
carrello[M] portabagagli[M]

Schlepper[M]
tow tractor
tracteur[M]
tractor[M] remolcador
trattore[M] di traino[M]

Gepäckförderer[M]
baggage conveyor
convoyeur[M] à bagages[M]
transportador[M] de equipaje[M]
nastro[M] trasportatore[M] dei bagagli[M]

Ladegerät[N] für Paletten[F] und Container[M]
container/pallet loader
plate-forme[F] élévatrice automotrice
cargador[M] de contenedores[M] y plataformas[F]
elevatore[M] per containers[M] e palette[F] di carico[M]

Küchenwagen[M]
catering vehicle
camion[M] commissariat[M]
camión[M] de aprovisionamiento[M]
automezzo[M] del catering[M]

bewegliche Fluggasttreppe[F]
mobile passenger steps
escalier[M] automoteur
escalerilla[F] transportable
scaletta[F] semovente

Universaltreppe[F]
universal passenger steps
escalier[M] d'accès[M]
escalerilla[F] rodante
scaletta[F]

Passagiertransferfahrzeug[N]
passenger transfer vehicle
transbordeur[M]
trasbordador[M]
navetta[F] per il trasbordo[M] dei passeggeri

Langstrecken-Düsenflugzeug[N]

long-range jet airliner | avion[M] long-courrier[M] | avión[M] turborreactor de pasajeros[M] | aviogetto[M] a lungo raggio[M]

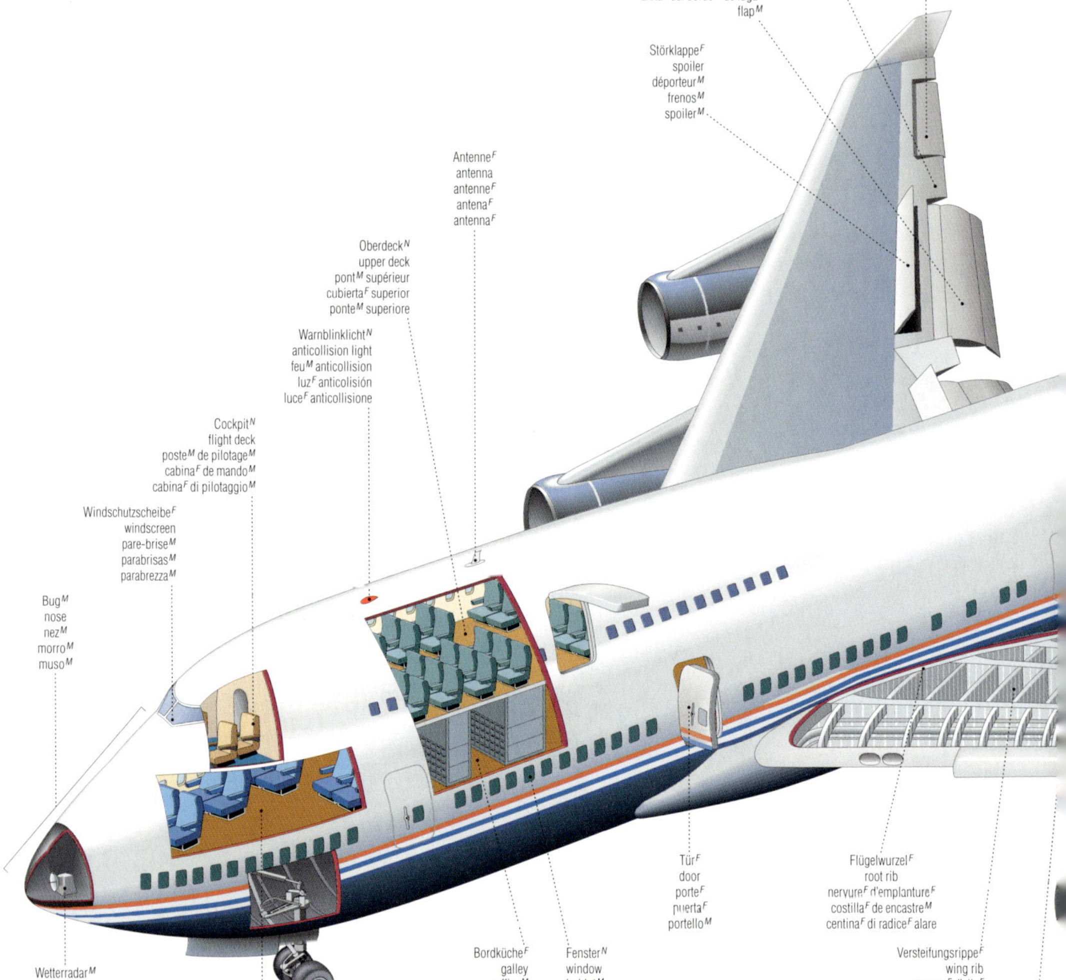

Langstrecken-Düsenflugzeug^{N}

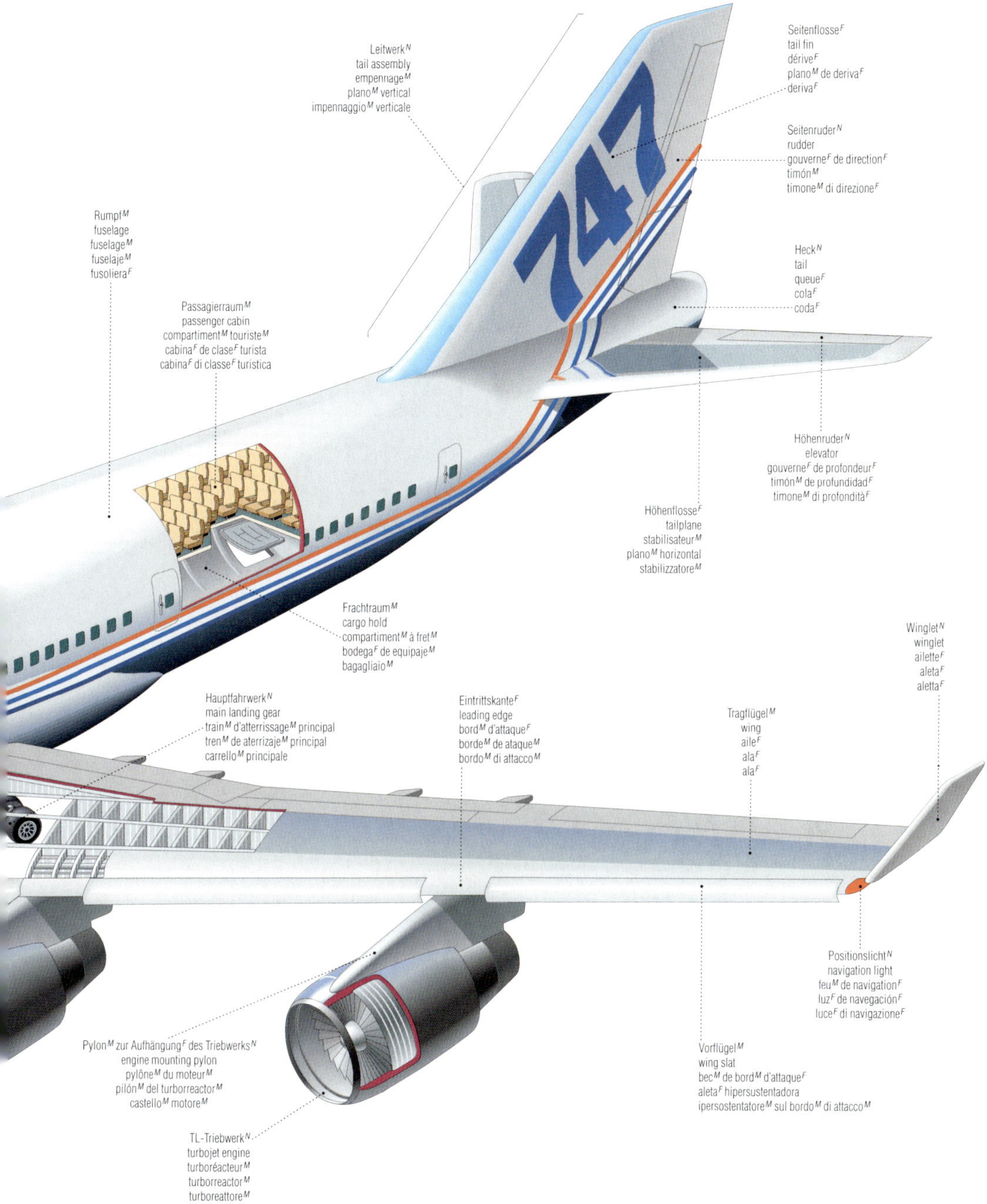

Cockpit^{N}

flight deck | poste^{M} de pilotage^{M} | puente^{M} de mando^{M} | cabina^{F} di pilotaggio^{M}

Steueranlage^{F} für den Autopiloten^{M}
autopilot controls
commandes^{F} du pilote^{M} automatique
controles^{M} del piloto^{M} automático
comandi^{M} del pilota^{M} automatico

Lautsprecher^{M}
speaker
haut-parleur^{M}
altavoz^{M}
altoparlante^{M}

Fahrwerkhebel^{M}
landing gear lever
levier^{M} du train^{M} d'atterrissage^{M}
palanca^{F} del tren^{M} de aterrizaje delantero
leva^{F} del carrello^{M}

Beleuchtung^{F}
lighting
éclairage^{M}
luz^{F}
luce^{F}

Warnanzeige^{F} Besatzung^{F} und Triebwerke^{N}
engine and crew alarm display
paramètres^{M} moteurs^{M}/alarmes^{F}
pantalla^{F} de alarma^{F} de motor y tripulación^{F}
display^{M} dei parametri^{M} del motore^{M} e delle avarie^{F}

Überkopfschaltbrett^{N}
overhead switch panel
panneau^{M} de disjoncteurs^{M}
tablero^{M} de conmutadores^{M}
pannello^{M} superiore degli interruttori^{M}

Reserve-Fluglageanzeige^{F}
standby attitude indicator
horizon^{M} de secours^{M}
indicador^{M} de emergencia^{F} de inclinación^{F}
girorizzonte^{M} di riserva^{F}

Windschutzscheibe^{F}
windscreen
pare-brise^{M}
parabrisas^{M}
parabrezza^{M}

Reserve-Fahrtmesser^{M}
standby airspeed indicator
anémomètre^{M} de secours^{M}
anemómetro^{M} de emergencia^{F}
anemometro^{M} di riserva^{F}

Reserve-Höhenmesser^{M}
standby altimeter
altimètre^{M} de secours^{M}
altímetro^{M} de emergencia^{F}
altimetro^{M} di riserva^{F}

Navigationsanzeige^{F}
navigation display
informations^{F}-navigation^{F}
pantalla^{F} de navegación^{F}
display^{M} di navigazione^{F}

Hauptanzeige^{F} der Flugdaten^{N}
primary flight display
informations^{F}-pilotage^{M}
pantalla^{F} principal de vuelo^{M}
display^{M} di pilotaggio^{M}

Steuerknüppel^{M}
control column
manche^{M} de commande^{F}
columna^{F} de control^{M}
barra^{F} di comando^{M}

Steuerrad^{N}
control wheel
volant^{M} de manche^{M}
timón^{M} de control^{M}
volantino^{M}

Flugbremshebel^{M}
speedbrake lever
levier^{M} des aérofreins^{M}
palanca^{F} de freno^{M}
leva^{F} degli aerofreni^{M}

Displayanzeige^{F}
systems display
informations^{F}-systèmes^{M} de bord^{M}
pantalla^{F} de los sistemas^{M}
display^{M} dei controlli^{M} di bordo^{M}

Kapitänssitz^{M}
captain's seat
siège^{M} du commandant^{M}
asiento^{M} del capitán^{M}
sedile^{M} del comandante^{M}

Kopilotensitz^{M}
first officer's seat
siège^{M} du copilote^{M}
asiento^{M} del copiloto^{M}
sedile^{M} del copilota^{M}

Gashebel^{M}
throttles
manettes^{F} de poussée^{F}
válvulas^{F} de control^{M} de combustible^{M}
manette^{F} di accelerazione^{F} dei motori^{M}

Flugrechner^{M}
flight management computer
ordinateur^{M} de gestion^{F} de vol^{M}
ordenador^{M} de gestión^{F} de vuelo^{M}
elaboratore^{M} di gestione^{F} del volo^{M}

Kommunikationsschaltbrett^{N}
communication panels
panneaux^{M} de commandes^{F} radio^{F}
paneles^{M} de comunicación^{F}
comandi^{M} radio^{F}

Klappenhebel^{M}
flap lever
levier^{M} des volets^{M}
palanca^{F} de los alerones^{M} de hipersustentación^{F}
leva^{F} dei flap^{M}

Brennstoffventile^{N}
engine fuel valves
robinets^{M} de carburant^{M}
válvulas^{F} de combustible^{M} del motor^{M}
valvole^{F} di controllo^{M} del flusso^{M} di carburante^{M}

Steuerpult^{N}
control console
pupitre^{M} de commande^{F}
consola^{F} de control^{M}
console^{F} di comando^{M}

Luftdatenrechner^{M}
air data computer
ordinateur^{M} des données^{F} aérodynamiques
ordenador^{M} de vuelo^{M}
elaboratore^{M} dei dati^{M} aerodinamici

Zweistromtriebwerk[N]

turbofan engine | turboréacteur[M] à double flux[M] | turborreactor[M] | turboreattore[M] a doppio flusso[M]

Niederdruckverdichtung[F]
fan
soufflante[F]
ventilador[M]
soffiante[M]

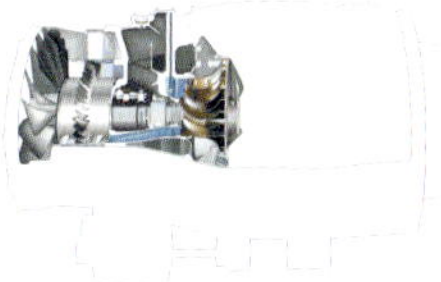

Verdichtung[F]
compression
compression[F]
compresión[F]
compressione[F]

Verbrennung[F]
combustion
combustion[F]
combustión[F]
combustione[F]

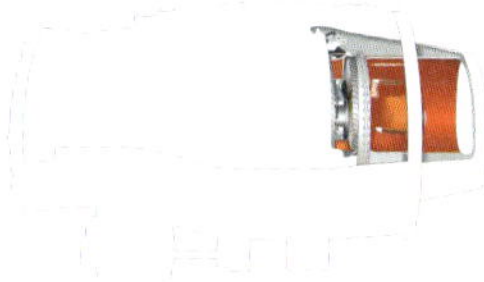

Abgas[N]
exhaust
échappement[M]
escape[M]
scarico[M]

Beispiele^{N} für Flugzeuge^{N}

examples of aircraft | exemples^{M} d'avions^{M} | ejemplos^{M} de aviones^{M} | esempi^{M} di aeroplani^{M}

Wasserflugzeug^{N}
float seaplane
hydravion^{M} à flotteurs^{M}
hidroavión^{M} de flotadores^{M}
idrovolante^{M} a due galleggianti^{M}

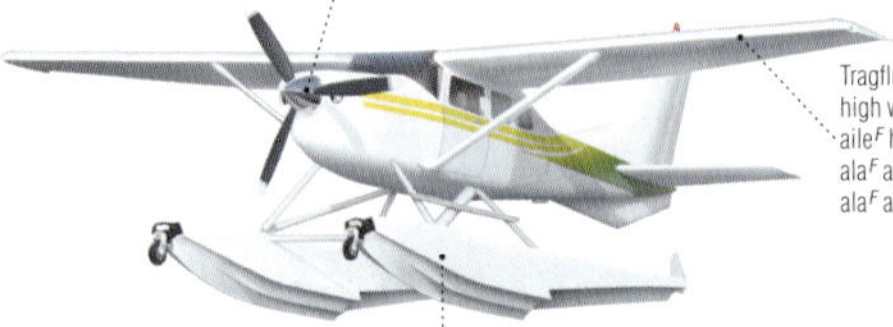

dreiflügeliger Propeller^{M}
three-blade propeller
hélice^{F} tripale
hélice^{F} de tres aspas^{F}
elica^{F} tripala

Tragflügel^{M}
high wing
aile^{F} haute
ala^{F} alta
ala^{F} alta

Schwimmkörper^{M}
float
flotteur^{M}
flotador^{M}
galleggiante^{M}

Doppeldecker^{M}
biplane
biplan^{M}
biplano^{M}
biplano^{M}

oberer Flügel^{M}
upper wing
aile^{F} supérieure
ala^{F} superior
ala^{F} superiore

Flügel^{M}
wings
voilure^{F}
alas^{F}
ali^{F}

unterer Flügel^{M}
lower wing
aile^{F} inférieure
ala^{F} alta
ala^{F} inferiore

Leichtflugzeug^{N}
light aircraft
avion^{M} léger
avión^{M} ligero
aeroplano^{M} leggero

Flügelstrebe^{F}
wing strut
hauban^{M}
montante^{M}
montante^{M} dell'ala^{F}

Funkantenne^{F}
high-frequency antenna cable
câble^{M} de l'antenne^{F} haute fréquence^{F}
cable^{M} de la antena^{F} de alta frecuencia^{F}
cavo^{M} dell'antenna^{F} ad alta frequenza^{F}

zweiflügeliger Propeller^{M}
two-blade propeller
hélice^{F} bipale
hélice^{F} de dos aspas^{F}
elica^{F} bipala

Kuppel^{F}
canopy
verrière^{F}
parabrisas^{M}
parabrezza^{M}

Privatflugzeug^{N}
business aircraft
avion^{M} d'affaires^{F}
avión^{M} particular
aeroplano^{M} privato

Flosse^{F}
winglet
ailette^{F}
aleta^{F}
aletta^{F}

Senkrechtstartflugzeug^{N}
vertical take-off and landing aircraft
avion^{M} à décollage^{M} et atterrissage^{M} verticaux
avión^{M} de despegue^{M} y aterrizaje^{M} verticales
aeroplano^{M} a decollo^{M} e atterraggio^{M} verticale

Schwenkdüse^{F}
swivelling nozzle
tuyère^{F} orientable
tobera^{F} orientable
ugello^{M} orientabile

Amphibien^{F}-Löschflugzeug^{N}
amphibious firefighting aircraft
avion^{M}-citerne^{F} amphibie
hidroavión^{M} cisterna
aeroplano^{M} anfibio antincendio

dreiflügeliger Propeller^{M}
three-blade propeller
hélice^{F} tripale
hélice^{F} de tres aspas^{F}
elica^{F} tripala

Wassertank^{M}
water-tank area
compartiment^{M} de réservoir^{M} d'eau^{F}
compartimiento^{M} del depósito^{M} del agua^{F}
vano^{M} del serbatoio^{M} dell'acqua^{F}

Schwimmkörper^{M}
float
flotteur^{M}
flotador^{M}
galleggiante^{M}

Tarnkappenbomber^{M}
stealth aircraft
avion^{M} furtif
avión^{M} stealth
stealth^{M}

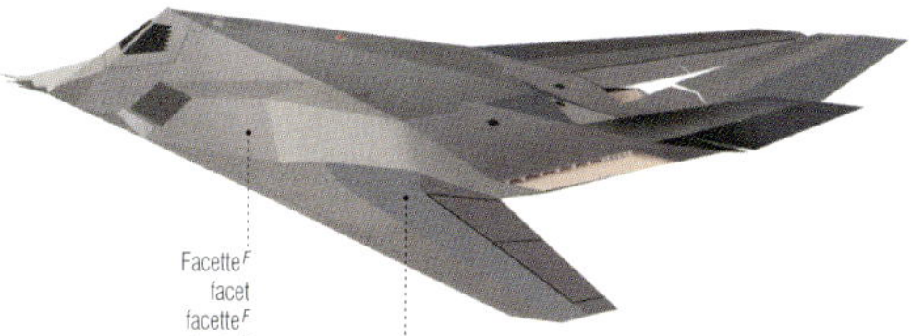

Radarflugzeug^{N}
radar aircraft
avion^{M} radar^{M}
avión^{M} radar
aeroplano^{M} radar^{M}

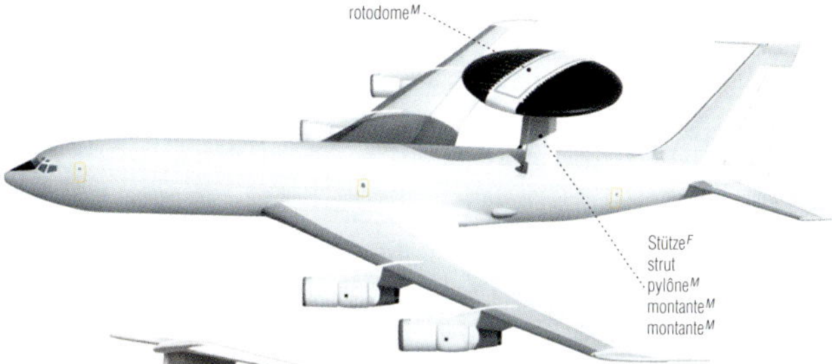

Frachtflugzeug^{N}
cargo aircraft
avion^{M}-cargo^{M}
avión^{M} carga
aeroplano^{M} da carico^{M}

Überschallflugzeug^{N}
supersonic jet
avion^{M} de ligne^{F} supersonique
avión^{M} supersónico
jet^{M} supersonico

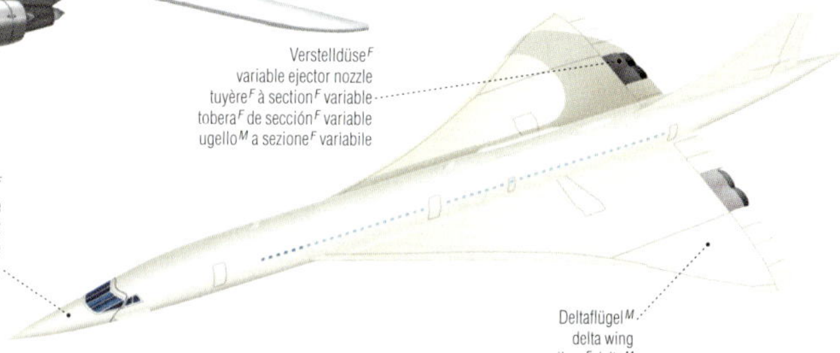

Beispiele^{N} für Leitwerke^{N}

examples of tail shapes | exemples^{M} d'empennages^{M} | ejemplos de empenajes^{M} de cola^{F} | esempi^{M} di impennaggi^{M}

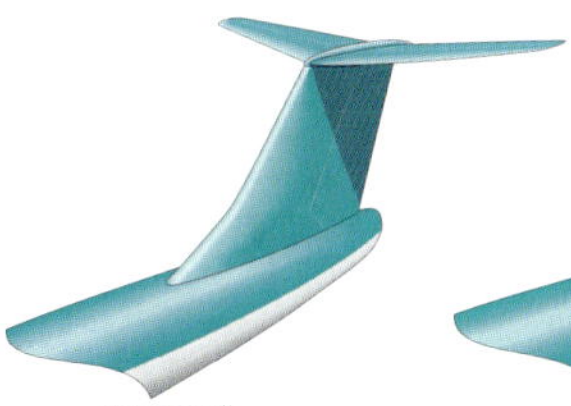

T-Leitwerk^{N}
T-tail unit
empennage^{M} en T
guías^{F} en T
impennaggio^{M} a T

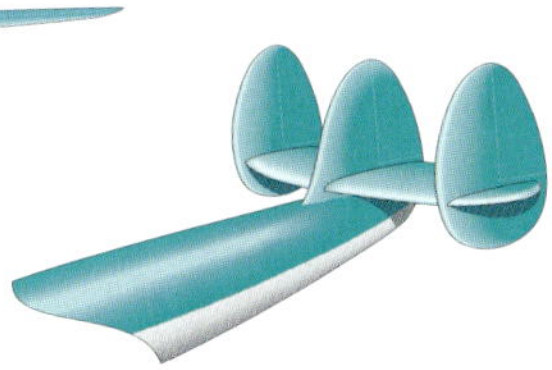

Dreifachleitwerk^{N}
triple tail unit
stabilisateur^{M} à triple plan^{M} vertical
triple plano^{M} vertical
impennaggio^{M} con tre derive^{F}

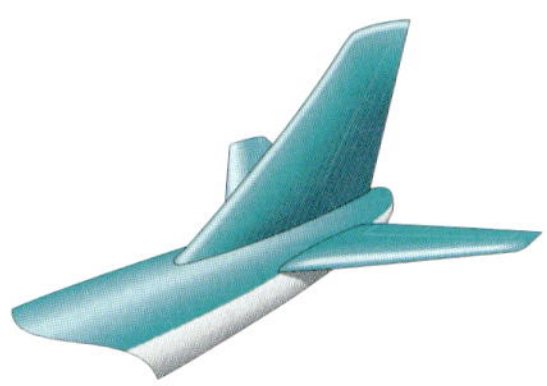

Rumpfleitwerk^{N}
fuselage-mounted tail unit
empennage^{M} bas
guías^{F} normales
impennaggio^{M} orizzontale basso con una deriva^{F}

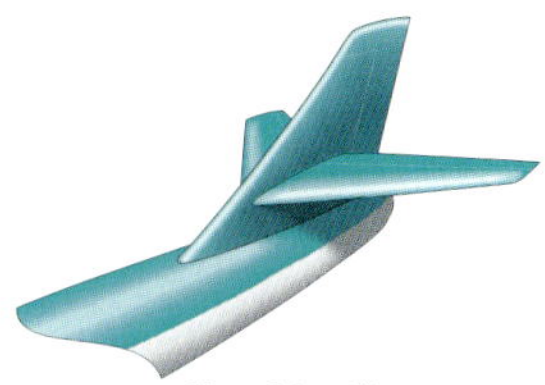

Flossenleitwerk^{N}
fin-mounted tail unit
empennage^{M} surélevé
unidad^{F} cruciforme
impennaggio^{M} orizzontale rialzato con una deriva^{F}

Tragflügelformen^{F}

examples of wing shapes | exemples^{M} de voilures^{F} | diferentes formas^{F} de alas^{F} | tipi^{M} di ali^{F}

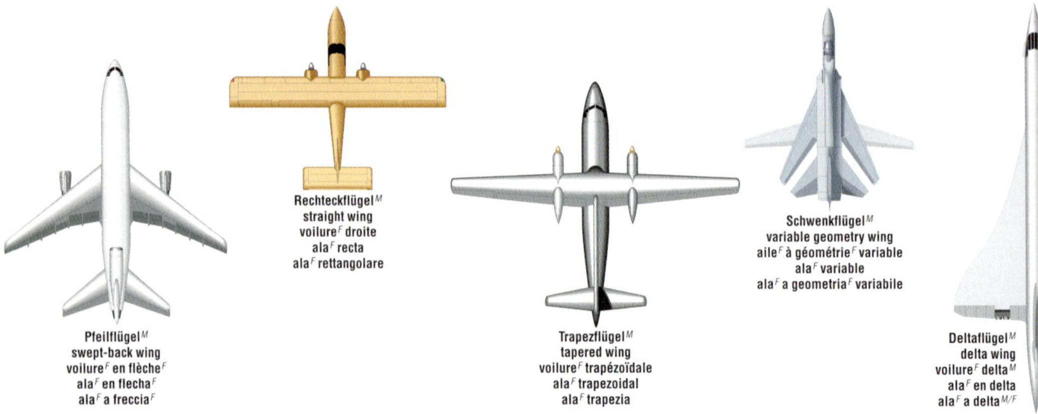

auf Flugzeuge^{N} wirkende Kräfte^{F}

forces acting on an aircraft | forces^{F} agissant sur un avion^{M} | fuerzas^{F} que actúan sobre un avión^{M} | forze^{F} che agiscono su un aeroplano^{M}

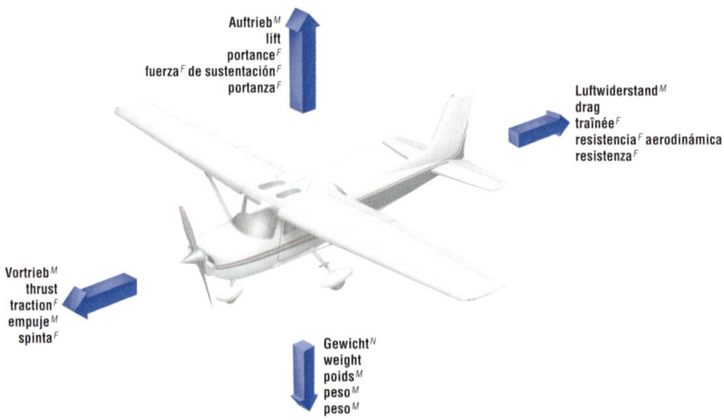

Bewegungen^{F} eines Flugzeugs^{N}

movements of an aircraft | mouvements^{M} de l'avion^{M} | movimientos^{M} de un avión^{M} | movimenti^{M} di un aeroplano^{M}

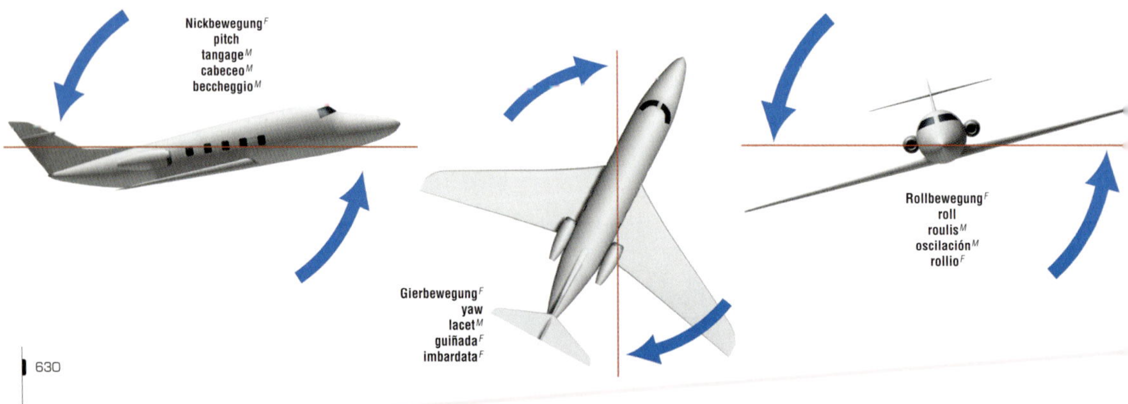

Hubschrauber[M]

helicopter | hélicoptère[M] | helicóptero[M] | elicottero[M]

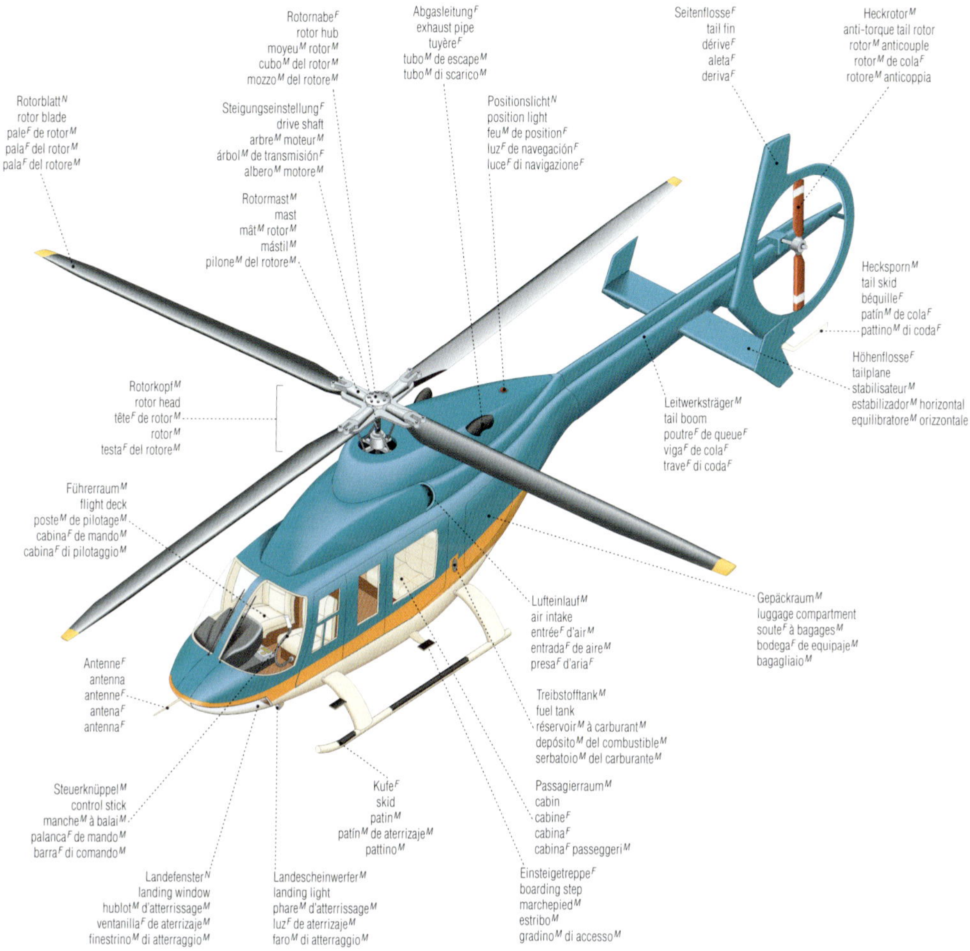

Beispiele[N] für Hubschrauber[M]

examples of helicopters | exemples[M] d'hélicoptères[M] | ejemplos[M] de helicópteros[M] | esempi[M] di elicotteri[M]

taktischer Transporthubschrauber[M]
tactical transport helicopter
hélicoptère[M] de transport[M] tactique
helicóptero[M] de transporte[M] táctico
elicottero[M] da trasporto[M] tattico

Löschhubschrauber[M]
water-bomber helicopter
hélicoptère[M] bombardier[M] d'eau[F]
helicóptero[M] contraincendios
elicottero[M] antincendio

Rettungshubschrauber[M]
ambulance helicopter
hélicoptère[M]-ambulance[F]
helicóptero[M] ambulancia
eliambulanza[F]

Lastenfortbewegung^{F}

material handling | manutention^{F} | manejo^{M} de materiales^{M} | movimentazione^{F} dei materiali^{M}

Gabelstapler^{M}
forklift truck
chariot^{M} élévateur
carretilla^{F} elevadora de horquilla^{F}
carrello^{M} elevatore^{M}

Paletten^{F}
pallets
palettes^{F}
palés^{M}
palette^{F} di carico^{M}

Rücksprungpalette^{F}
wing pallet
palette^{F} à ailes^{F}
palé^{M} con alas^{F}
paletta^{F} di carico^{M} ad alette^{F}

Gitterboxpalette^{F}
box pallet
palette^{F}-caisse^{F}
palé^{M} de caja^{F}
paletta^{F} di carico^{M} a cassa^{F}

Doppeldeck-Flachpalette
double-decked pallet
palette^{F} à double face
palé^{M} de plataforma^{F} doble
paletta^{F} di carico^{M} a due piani

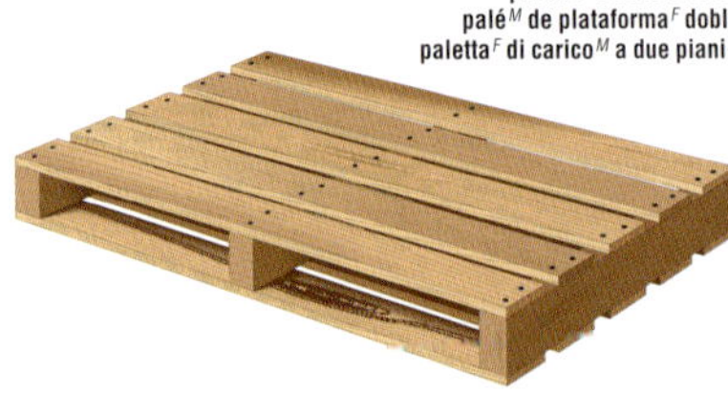

Einfachdeck-Flachpalette
single-decked palle
palette^{F} à simple face
palé^{M} de plataforma^{F} sencill
paletta^{F} di carico^{M} a un piano

hydraulischer Palettenhubwagen[M]
hydraulic pallet truck
gerbeur[M]
apilador hidráulico
carrello[M] idraulico per palette[F] di carico[M]

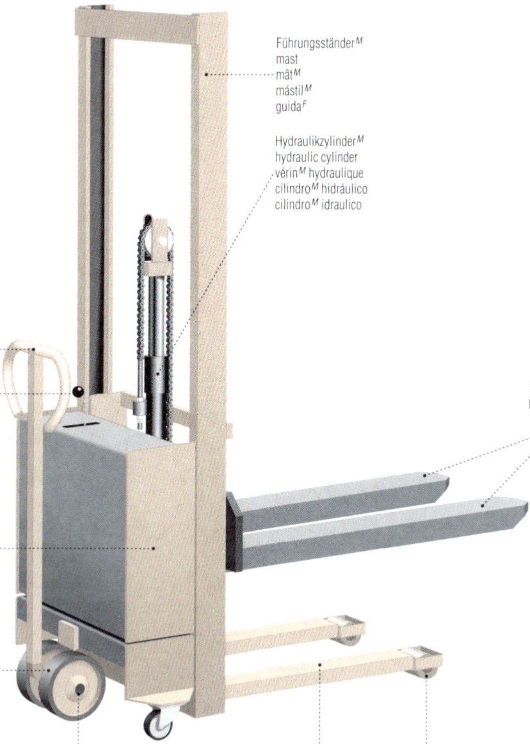

Sackkarren[M]
barrow
diable[M]
carretilla[F]
carrello[M]

Palettenhubwagen[M]
pallet truck
transpalette[F] manuelle
transpaleta[F]
carrello[M] a forca[F] per palette[F] di carico[M]

Flachpalettenwagen[M]
platform pallet truck
chariot[M] à palette[F]
carretilla[F] transportadora
carrello[M] a piattaforma[F] per palette[F] di carico[M]

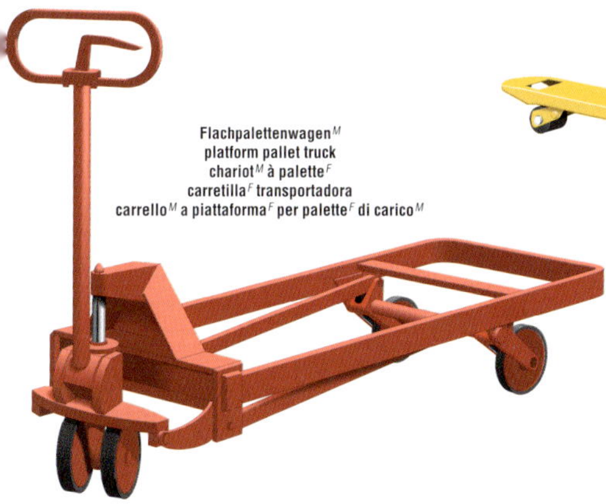

Handwagen[M]
platform trolley
chariot[M] à plateau[M]
plataforma[F] móvil
carrello[M] a piattaforma[F]

Kräne[M]

cranes | grues[F] et portique[M] | grúas[F] | gru[F]

Turmkran[M]
tower crane
grue[F] à tour[F]
grúa[F] torre[F]
gru[F] a torre[F]

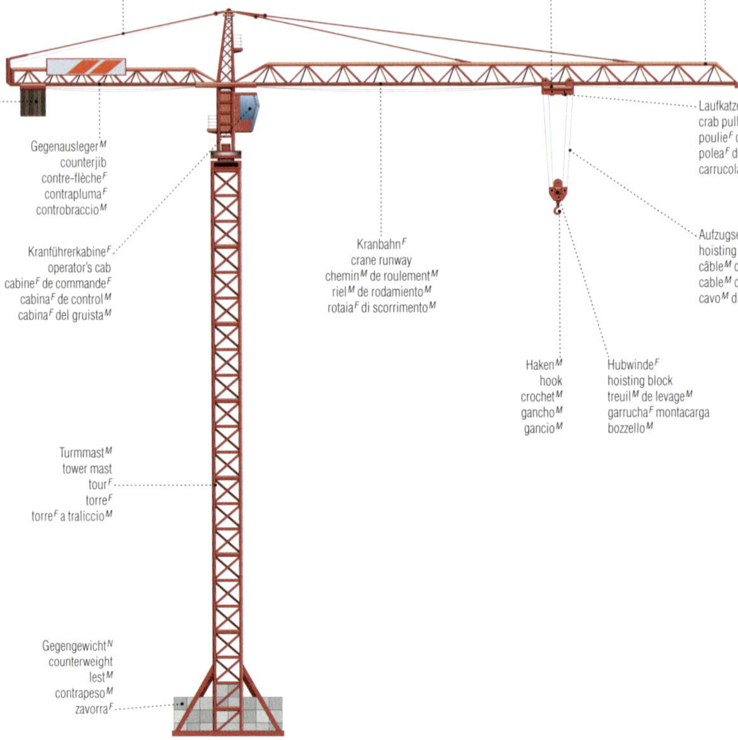

Fahrkran[M]
truck crane
grue[F] sur porteur[M]
grúa[F] móvil[M]
autogrù[F]

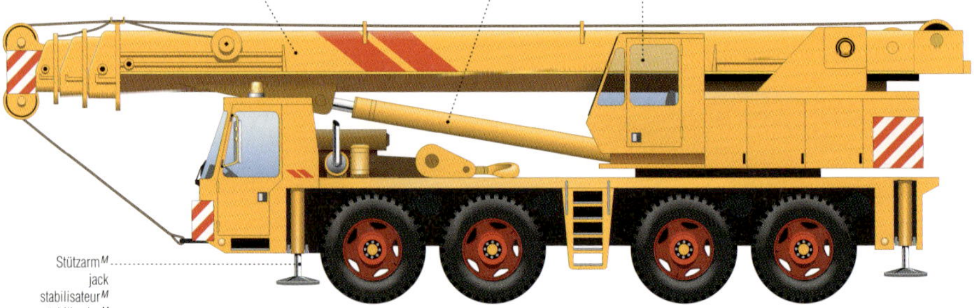

Kräne^{M}

Laufkran^{M}
gantry crane
portique^{M}
grúa^{F} de pórtico^{M}
gru^{F} a portale^{M}

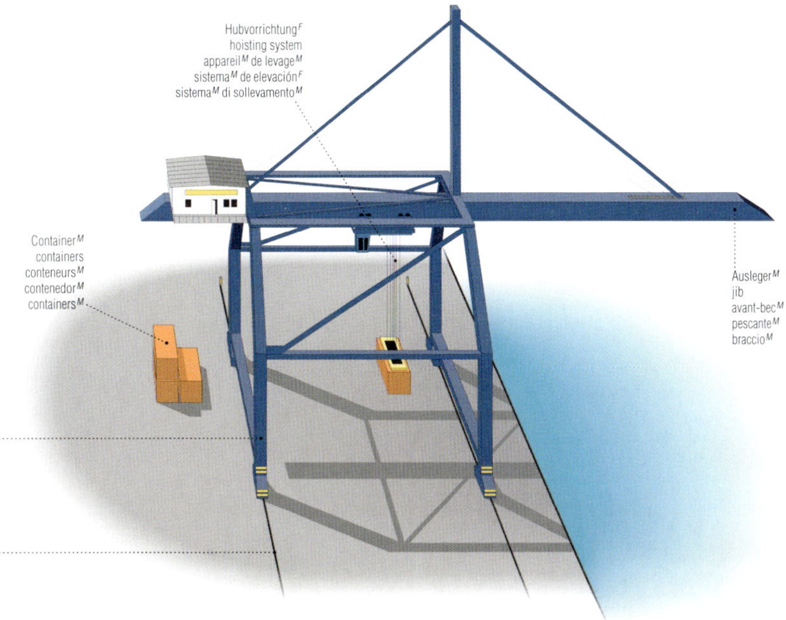

Container^{M}

container | conteneur^{M} | contenedor^{M} | container^{M}

Planierraupe[F]

bulldozer | bouteur[M] | bulldozer[M] | bulldozer[M]

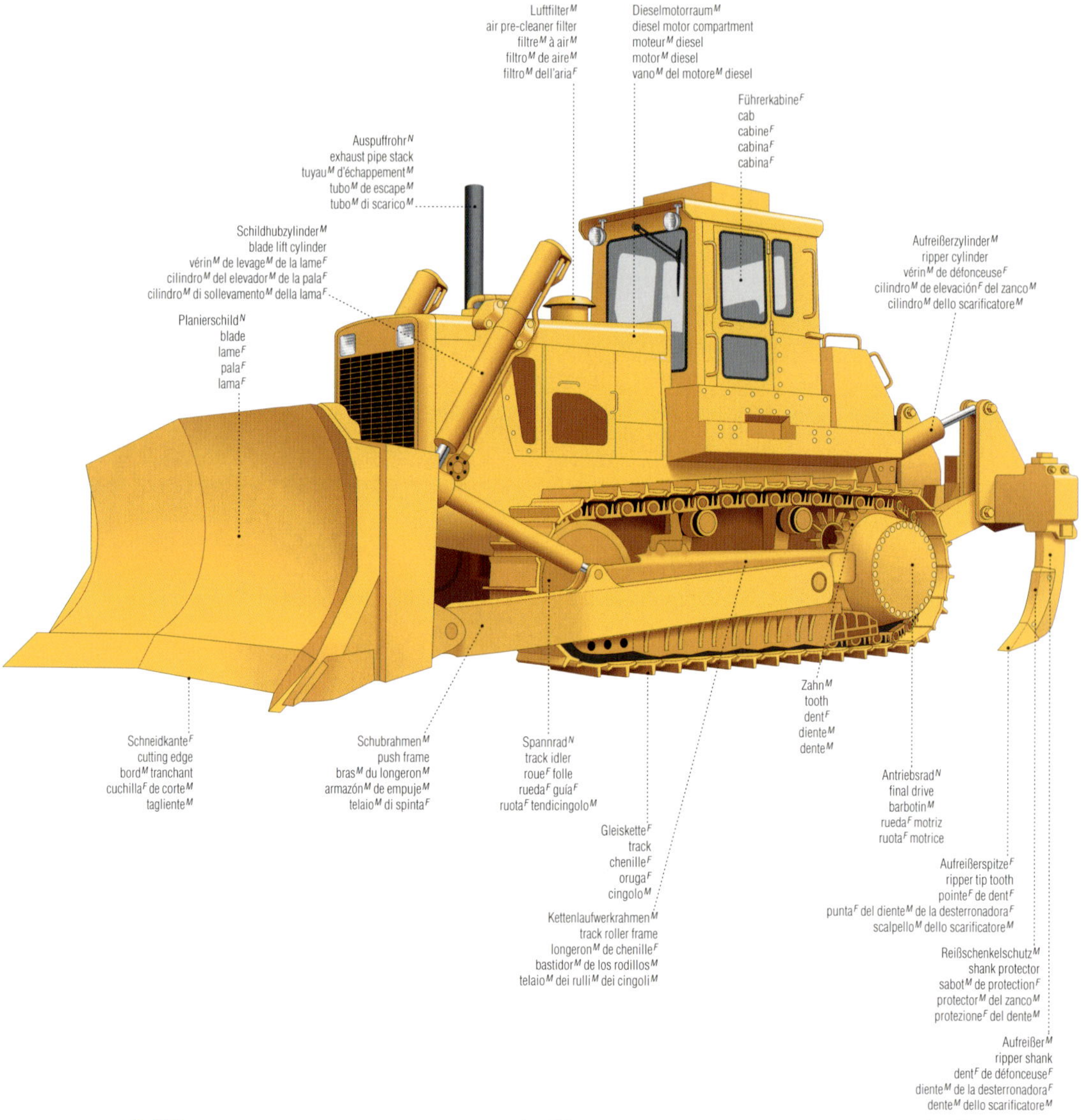

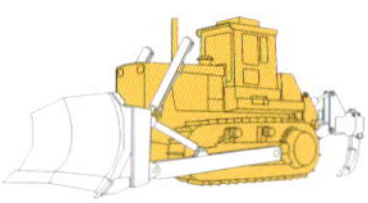

Gleiskettenschlepper[M]
tracklaying tractor
tracteur[M] à chenilles[F]
tractor[M] de orugas[F]
trattore[M] cingolato

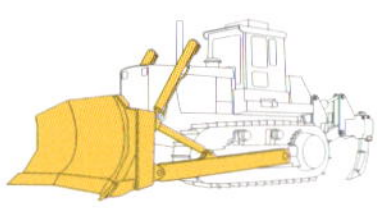

Planierschaufel[F]
blade
lame[F]
pala[F]
lama[F]

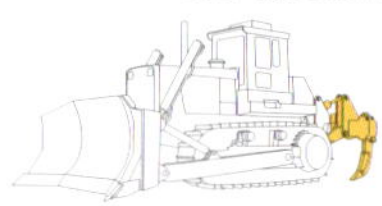

Aufreißer[M]
ripper
défonceuse[F]
zanco[M]
scarificatore[M]

Radlader^M

backhoe loader | chargeuse^F-pelleteuse^F | cargadora^F-retroexcavadora^F | terna^F

Schaufellader^M
front-end loader
chargeuse^F frontale
cargador^M delantero
pala^F caricatrice anteriore

Radtraktor^M
wheel tractor
tracteur^M
tractor^M de ruedas^F
trattore^M gommato

Tieflöffel^M
backhoe
pelleteuse^F
excavadora^F
retroescavatore^M

Schrapper[M]

scraper | décapeuse[F] | raspador[M] | ruspa[F]

Hydraulik-Hochlöffelbagger[M]

hydraulic shovel | pelle[F] hydraulique | pala[F] hidráulica | escavatore[M] idraulico

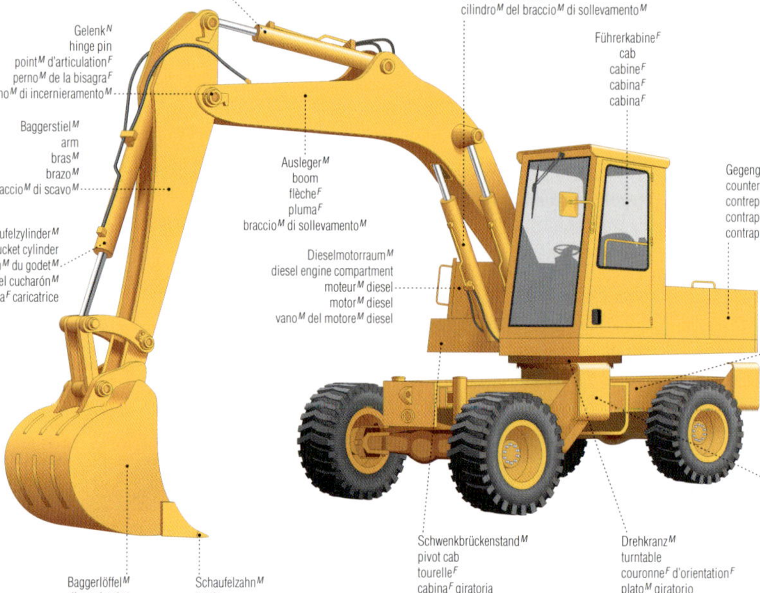

Straßenhobel^{M}

grader | niveleuse^{F} | niveladora^{F} | livellatrice^{F}

Muldenkipper^{M}

tipper truck | camion^{M}-benne^{F} | volcadora^{F} | autocarro^{M} a cassone^{M} ribaltabile

Traktor^{M}

tractor | tracteur^{M} agricole | tractor^{M} | trattore^{M}

Traktor^{M}: Hinteransicht^{F}
tractor: rear view
tracteur^{M} agricole : vue^{F} arrière
tractor^{M} : vista^{F} trasera
trattore^{M}: vista^{F} posteriore

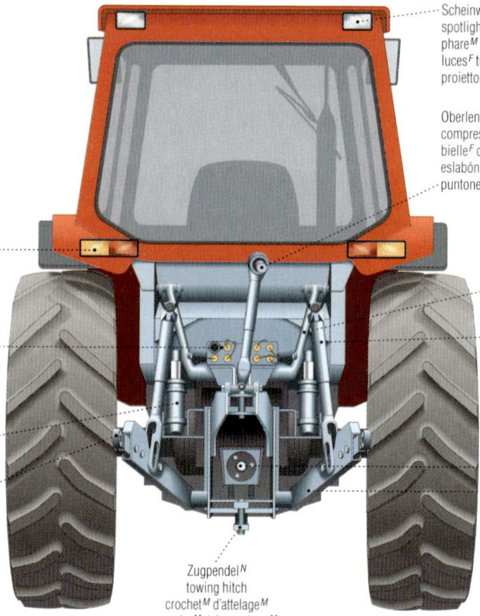

Traktor^{M}: Vorderansicht^{F}
tractor: front view
tracteur^{M} agricole : vue^{F} avant
tractor^{M} : vista^{F} frontal
trattore^{M}: vista^{F} anteriore

TRANSPORT UND FAHRZEUGE

landwirtschaftliche Maschinen[F]

agricultural machinery | machinerie[F] agricole | maquinaria[F] agrícola | macchine[F] agricole

Beetpflug[M]
ribbing plough
charrue[F] à soc[M]
arado[M] de vertedera[F]
aratro[M] a vomere-versoio[M]

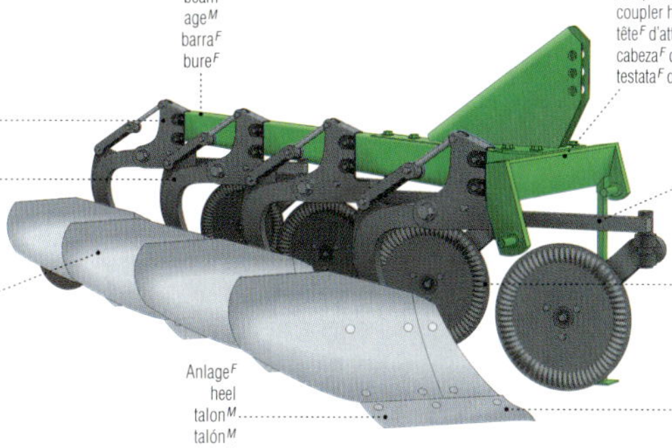

Tandemscheibenegge[F]
tandem disc harrow
pulvériseur[M] tandem[M]
pulverizador[M] tándem
erpice[M] doppio a dischi[M]

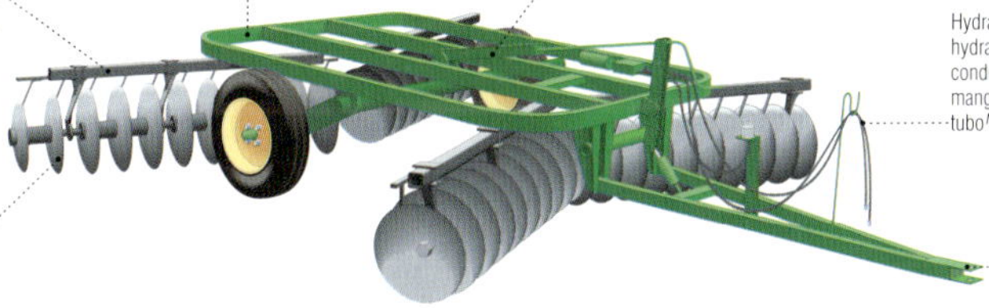

Grubber[M]
cultivator
cultivateur[M]
cultivador[M]
coltivatore[M]

Dungstreuer[M]
manure spreader
épandeur[M] de fumier[M]
esparcidora[M] de estiércol[M]
spandiletame[M]

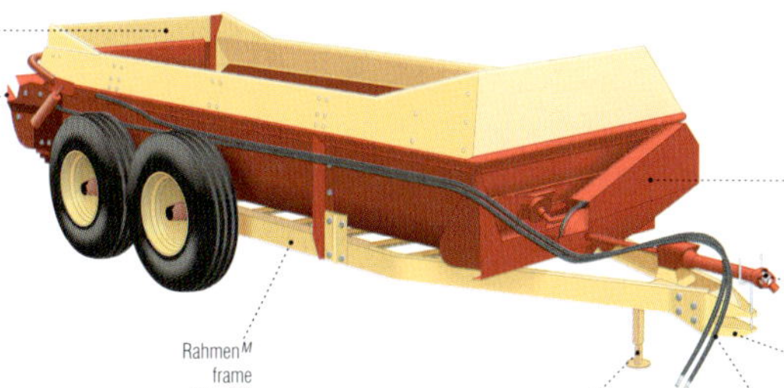

landwirtschaftliche Maschinen[F]

Schubrechwender[M]
rake
râteau[M]
rastrillo[M]
rastrello[M] meccanico

Anhängemähwerk[N]
flail mower
faucheuse[F]-conditionneuse[F]
segadora[F]
falciacondizionatrice[F]

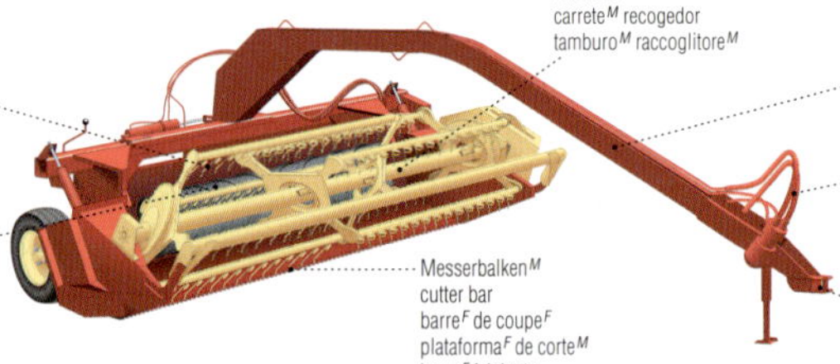

Hochdruckpresse[F]
hay baler
ramasseuse[F]-presse[F]
empacadora[F] de heno[M]
imballatrice[F]

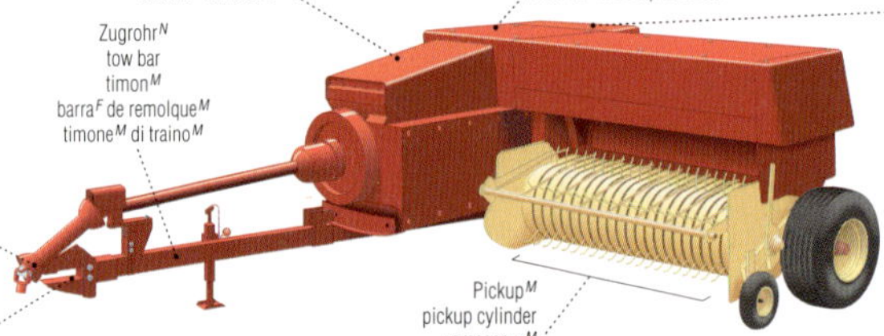

Feldhäcksler[M]
forage harvester
fourragère[F]
cosechera[F] de forraje[M]
raccoglitrice[F] di foraggio[M]

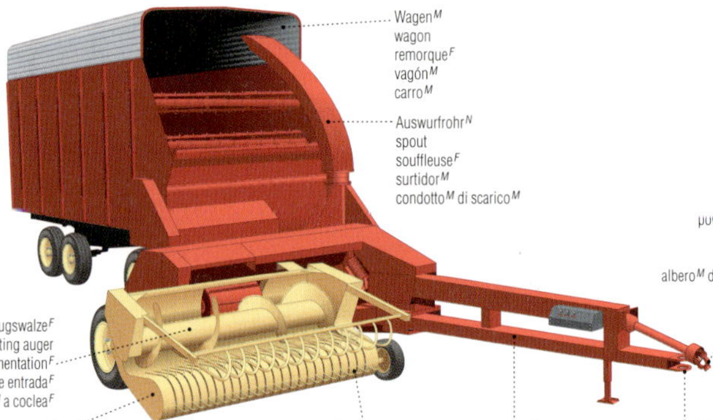

Drillmaschine^{F}
seed drill
semoir^{M} en lignes^{F}
sembradora^{F} a chorrillo^{M}
seminatrice^{F}

Abladegebläse^{N}
forage blower
souffleuse^{F} de fourrage^{M}
aventador^{M} de forraje^{M}
insilatrice^{F}

Mähdrescher^{M}
combine harvester
moissonneuse^{F}-batteuse^{F}
cosechadora^{F} trilladora^{F}
mietitrebbiatrice^{F}

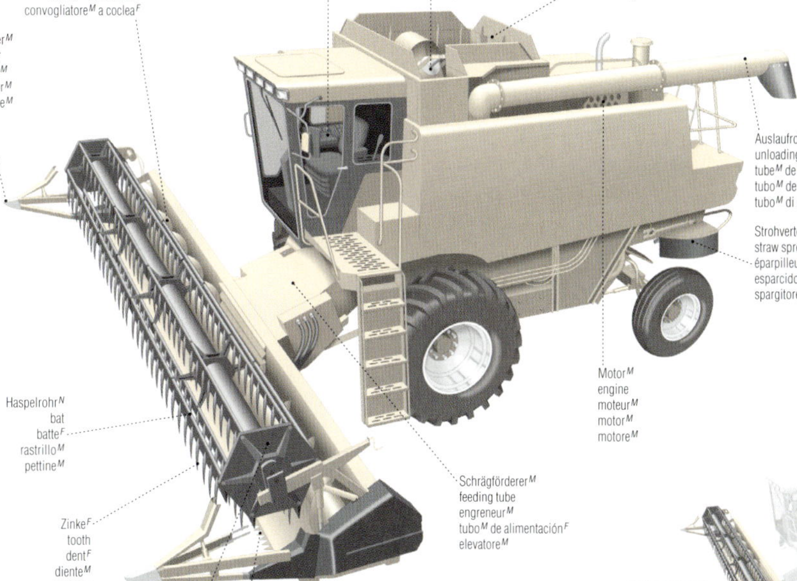

Schneidwerk^{N}
header
tablier^{M}
placa^{F} espigadora
piattaforma^{F} di taglio^{M}

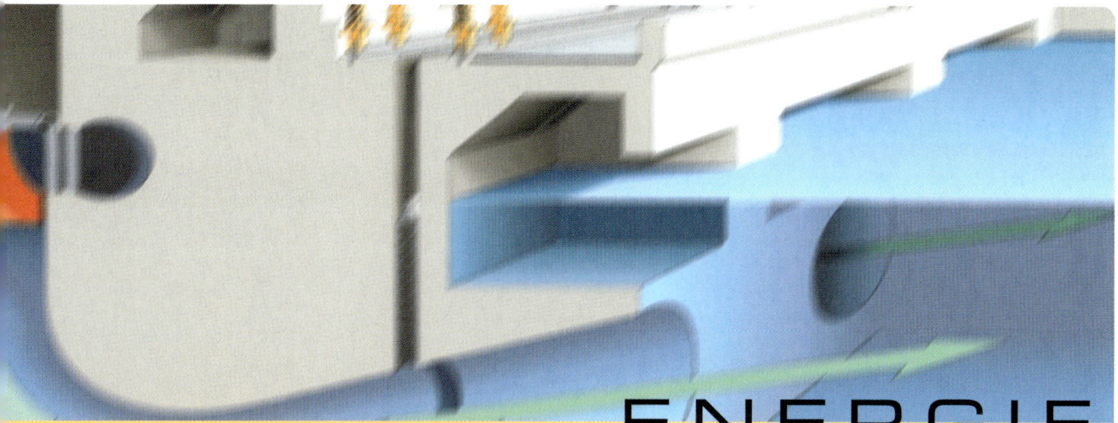

ENERGIE

65 Kernenergie

665 Elektrizitätserzeugung aus Kernenergie
666 Brennstabbeschickung
667 Brennstabbündel
667 Kernreaktor
668 Kernkraftwerk
670 Kohlendioxidreaktor
670 Schwerwasserreaktor
671 Druckwasserreaktor
671 Siedewasserreaktor

672 Sonnenenergie

672 Solarzelle
672 Flachkollektor
673 Solarzellensystem
674 Sonnenofen
674 Elektrizitätserzeugung aus Sonnenenergie
675 Solarhaus

676 Windenergie

676 Windmühle
676 Windkraftwerke und Elektrizitätserzeugung

Elektrizitätserzeugung^{F} aus geothermischer Energie^{F}

production of electricity from geothermal energy | production^{F} d'électricité^{F} par énergie^{F} géothermique | producción^{F} de electricidad^{F} por energía^{F} geotérmica | produzione^{F} di elettricità^{F} da energia^{F} geotermica

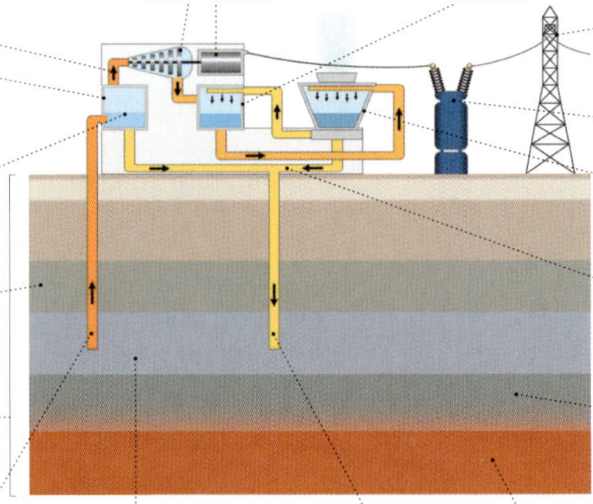

Wärmeenergie^{F}

thermal energy | énergie^{F} thermique | energía^{F} térmica | energia^{F} termica

Elektrizitätserzeugung^{F} aus Wärmeenergie^{F}
production of electricity from thermal energy
production^{F} d'électricité^{F} par énergie^{F} thermique
producción^{F} de electricidad^{F} por energía^{F} térmica
produzione^{F} di elettricità^{F} da energia^{F} termica

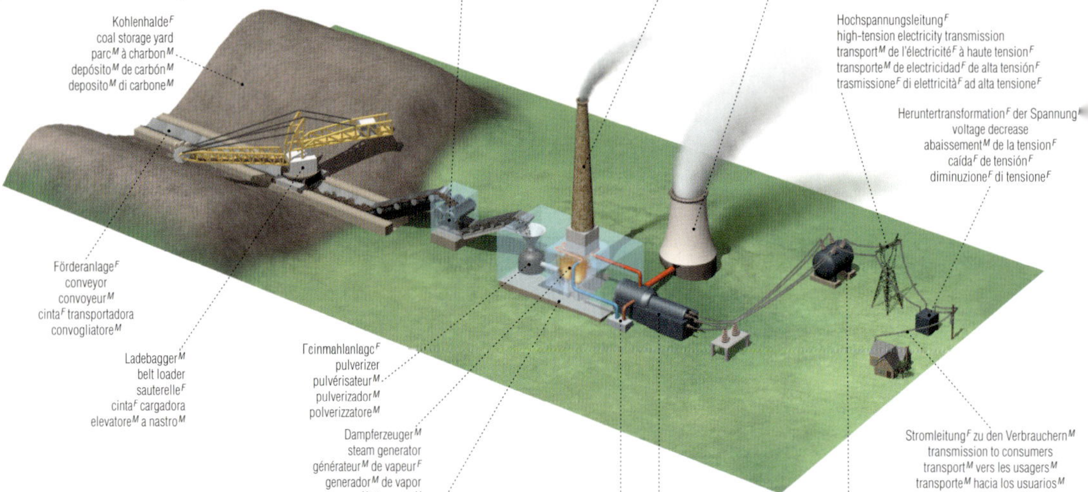

ENERGIE

Kohlebergwerk^{N}

coal mine | mine^{F} de charbon^{M} | minas^{F} de carbón^{M} | miniera^{F} di carbone^{M}

offene Grube^{F}
open-pit mine
carrière^{F} en entonnoir^{M}
mina^{F} a cielo^{M} abierto
miniera^{F} a cielo^{M} aperto

Tagebau^{M}
opencast strip mine
carrière^{F} exploitée en chassant
excavación^{F} a cielo^{M} abierto
miniera^{F} coltivata con sbancamento^{M}

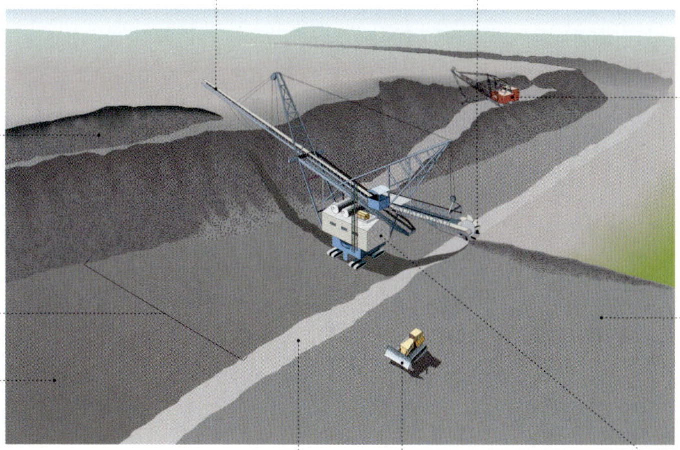

ENERGIE

Kohlebergwerk^N

Bohrhammer^M
jackleg drill
marteau^M perforateur à poussoir^M pneumatique
perforadora^F con empujador^M neumático
martello^M perforatore^M con servosostegno^M

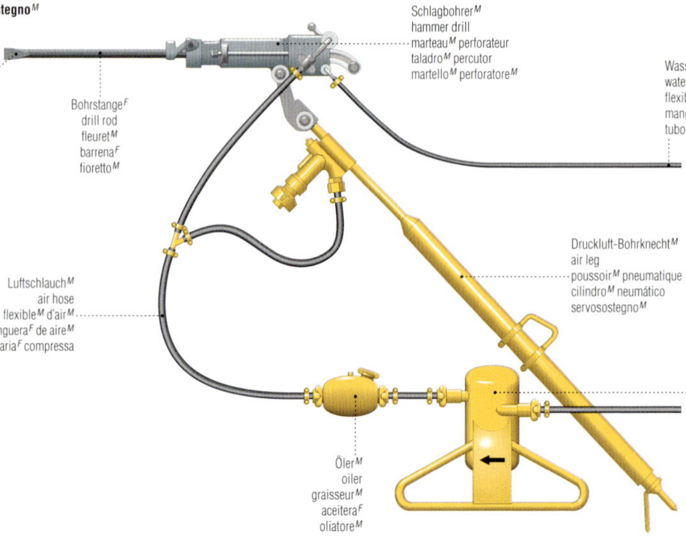

Übertageanlage^F
pithead
carreau^M de mine^F
planta^F exterior de una mina^F
esterno^M della miniera^F

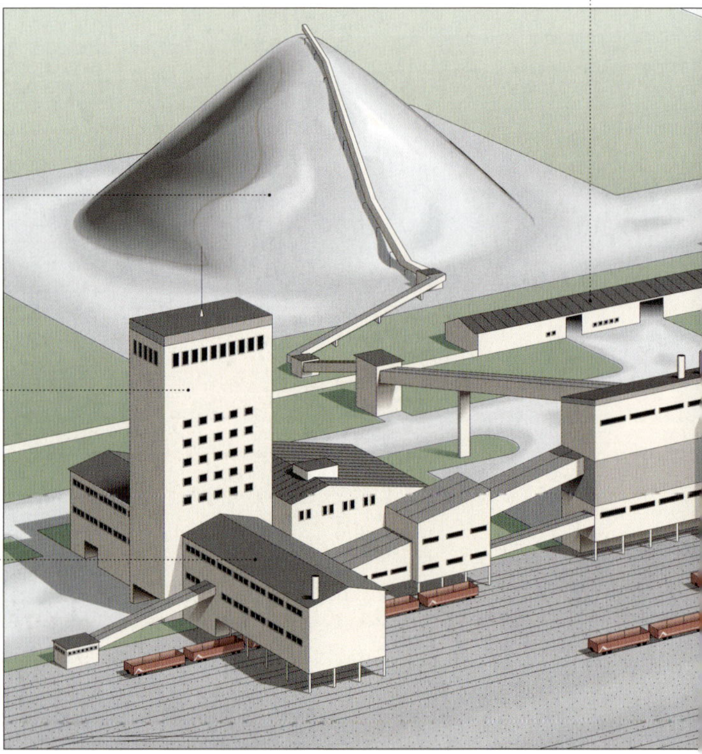

ENERGIE

Kohlebergwerk^{N}

Pressluftbohrer^{M}
pneumatic drill
marteau^{M} pneumatique
martillo^{M} neumático
piccone^{M} pneumatico

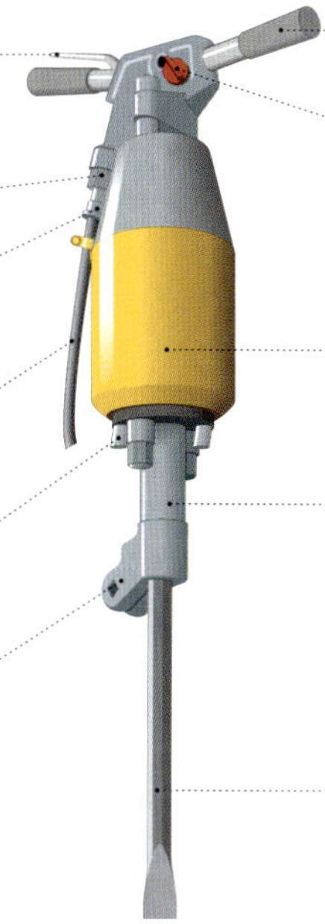

Kohlebergwerk[N]

Grube[F]
underground mine
mine[F] souterraine
mina[F] subterránea
miniera[F] sotterranea

Schachtgerüst[N]
headframe
chevalement[M]
castillete[M] de extracción[F]
castelletto[M] di testa[F] del pozzo[M]

Richtschacht[M]
vertical shaft
puits[M] vertical
tiro[M] vertical
pozzo[M] verticale

Aufzug[M]
lift
ascenseur[M]
montacargas[M]
ascensore[M]

Rutsche[F]
chute
cheminée[F]
chimenea[F]
fornello[M] di getto[M]

Querschlag[M]
cross cut
travers-banc[M]
galería[F] transversal
traversa[F]

Einstiegschacht[M]
manway
galerie[F] de circulation[F]
galería[F] de acceso[M]
fornello[M] di accesso[M]

Seitenstollen[M]
drift
galerie[F] en direction[F]
galería[F] de arrastre[M]
galleria[F] in direzione[F]

Abbaufront[F]
face
front[M] de taille[F]
frente[M] de corte[M]
fronte[M]

Blindschacht[M]
winze
descenderie[F]
pozo[M] ciego[M]
discenderia[F]

Fußstrecke[F]
bottom road
voie[F] de fond[M]
galería[M] inferior
galleria[F] di fondo[M]

Übertageanlage[F]
pithead
tour[F] d'extraction[F]
bocamina[F]
torre[M] di estrazione[F]

Förderschacht[M]
winding shaft
puits[M] d'extraction[F]
pozo[M] de extracción[F]
pozzo[M] di estrazione[F]

Abbaupfeiler[M]
pillar
pilier[M]
pilar[M]
pilastro[M]

Kammer[F]
room
chambre[F]
cámara[F]
camera[F]

Sohle[F]
level
niveau[M]
nivel[M]
livello[M]

Kopfstrecke[F]
top road
voie[F] de tête[F]
galería[F] superior
galleria[F] di testa[F]

Förderstockwerk[N]
deck
étage[M]
plataforma[F] de jaula[F]
strato[M] di tetto[M]

Förderkübel[M]
skip
skip[M]
jaula[F]
benna[F] di caricamento[M]

Erzgang[M]
ore pass
cheminée[F] à minerai[M]
chimenea[F] de evacuación[F]
pozzo[M] del minerale[M]

Feld[M] im Abbau[M]
panel
panneau[M]
pared[F]
sezione[F]

Schacht[M]-Hängebank[F]
landing
recette[F]
estación[F] de carga[F]
stazione[F] di caricamento[M]

Schachtsumpf[M]
sump
puisard[M]
sumidero[M]
pozzo[M] dl drenaggio[M]

ENERGIE

Erdöl[N]

oil | pétrole[M] | petróleo[M] | petrolio[M]

Oberflächenerkundung[F]
surface prospecting
prospection[F] terrestre
prospección[F] terrestre
prospezione[F] terrestre

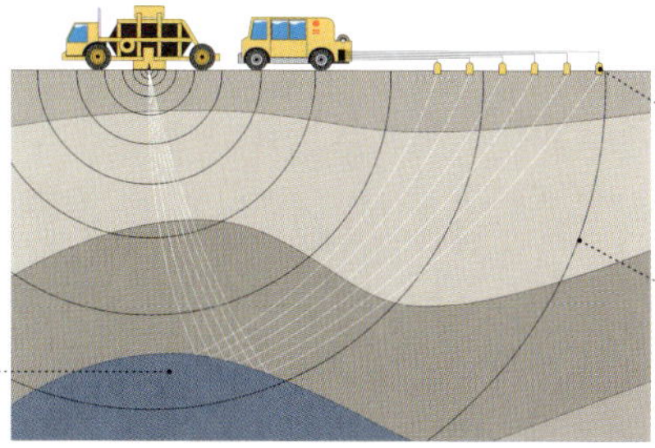

Bohranlage[F]
drilling rig
appareil[M] de forage[M]
torre[F] de perforación[F]
impianto[M] di trivellazione[F]

Drehbohrverfahren[F]
rotary system
système[M] rotary
sistema[M] rotativo
sistema[M] a rotazione[F]

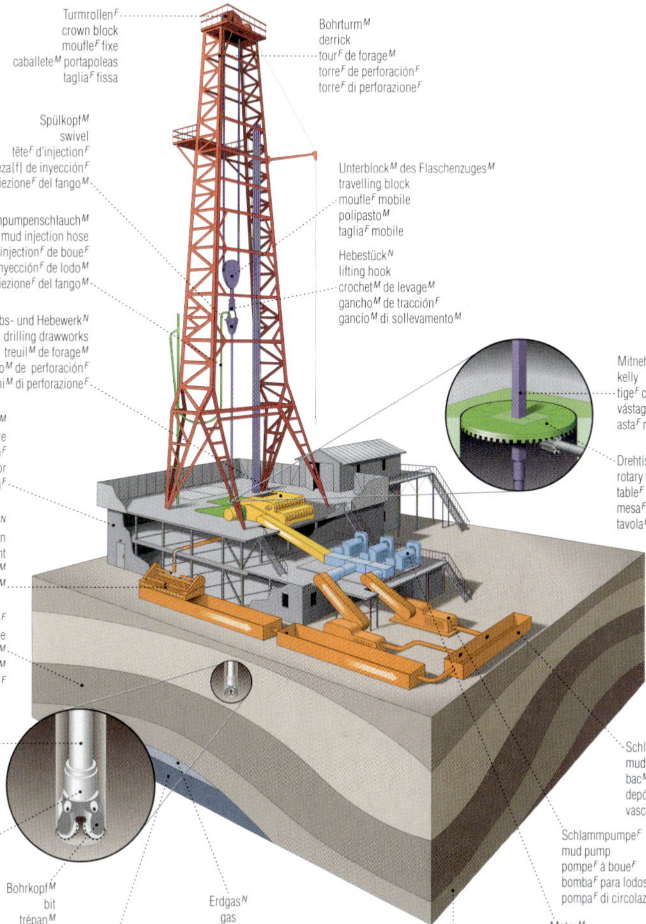

Erdöl^{N}

Förderplattform^{F}
production platform
plate-forme^{F} de production^{F}
plataforma^{F} de producción^{F}
piattaforma^{F} di produzione^{F}

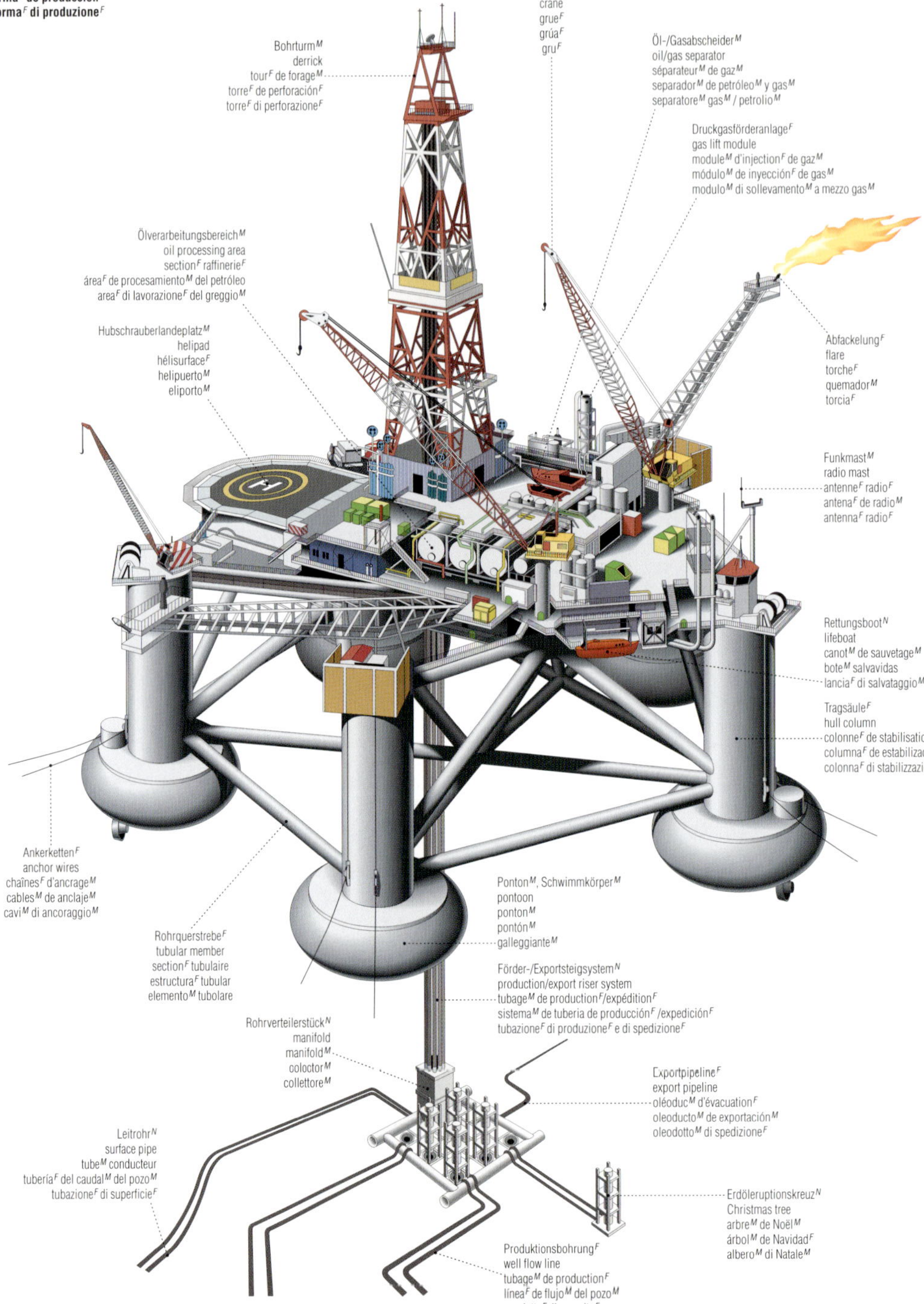

Offshore-Erkundung[F]
offshore prospecting
prospection[F] en mer[F]
prospección[F] marina
prospezione[F] off-shore

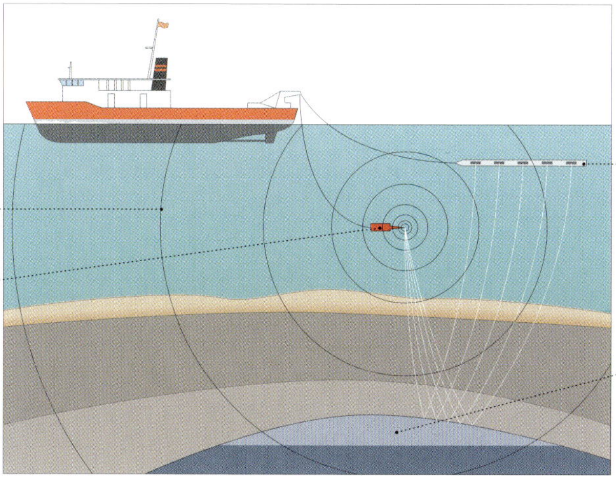

Druckwelle[F]
shock wave
onde[F] de choc[M]
onda[F] de choque[M]
onda[F] d'urto[M]

Sprengladung[F]
blasting charge
charge[F] explosive
carga[F] explosiva
carica[F] esplosiva

seismologische Aufzeichnung[F]
seismographic recording
enregistrement[M] sismographique
registro[M] sísmico
registrazione[F] sismografica

Erdölvorkommen[N]
petroleum trap
gisement[M] de pétrole[M]
trampa[F] de petróleo
trappola[F] petrolifera

Offshore-Bohrung[F]
offshore drilling
forage[M] en mer[F]
perforación[F] marina
perforazione[F] off-shore

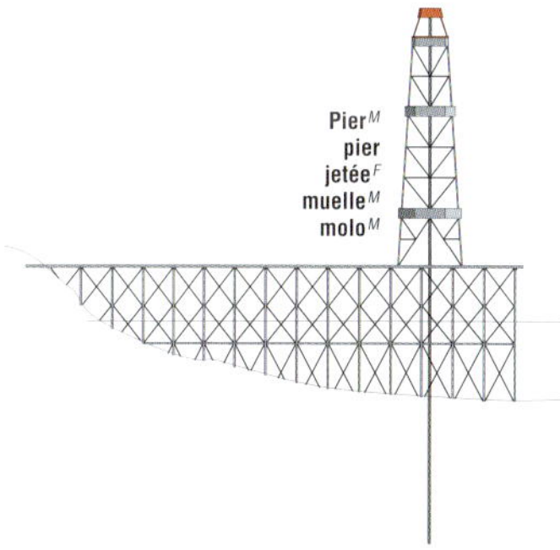

Pier[M]
pier
jetée[F]
muelle[M]
molo[M]

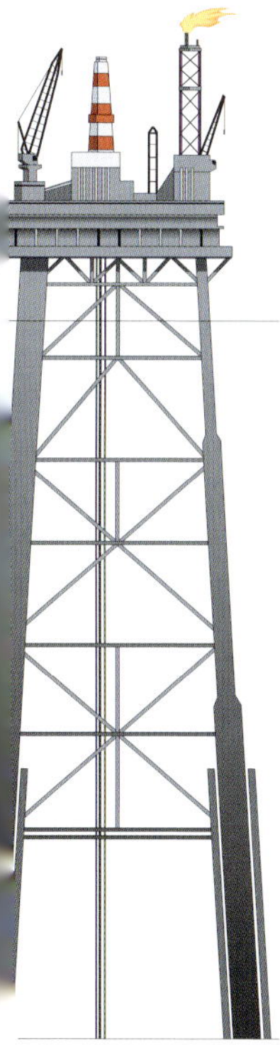

Festplattform[F]
fixed platform
plate-forme[F] fixe
plataforma[F] fija
piattaforma[F] fissa

Hilfs- und Rettungsschiff[N]
emergency support vessel
barge[F] de service[M] d'urgence[F]
embarcación[F] de emergencia[F]
nave[F] appoggio[M]

Halbtaucher[M]
semisubmersible platform
plate-forme[F] semi-submersible
plataforma[F] petrolera semisumergida
piattaforma[F] semisommergibile

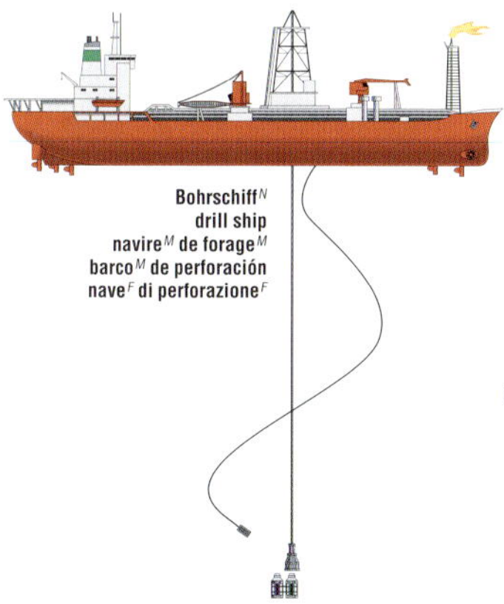

Bohrschiff[N]
drill ship
navire[M] de forage[M]
barco[M] de perforación
nave[F] di perforazione[F]

Hubplattform[F]
jack-up platform
plate-forme[F] auto-élévatrice
plataforma[F] montada en gatos[M] mecánicos
piattaforma[F] autoelevatrice

Erdöl[N]

Erdöleruptionskreuz[N]
Christmas tree
arbre[M] de Noël[M]
árbol[M] de Navidad[F]
albero[M] di Natale[M]

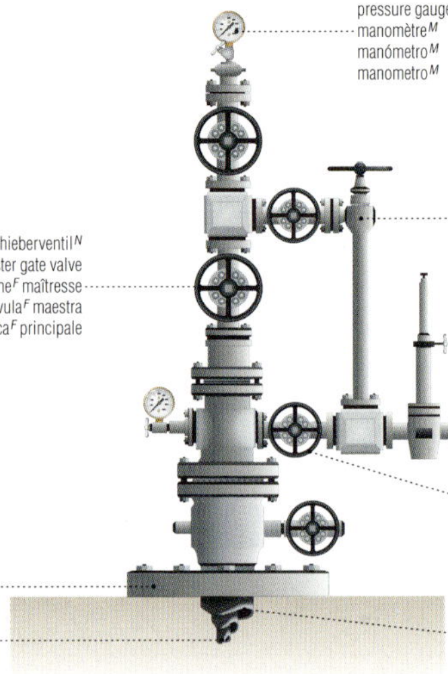

Rohölpipeline[F]
crude-oil pipeline
réseau[M] d'oléoducs[M]
oleoducto[M] para crudo[M]
rete[F] di oleodotti[M]

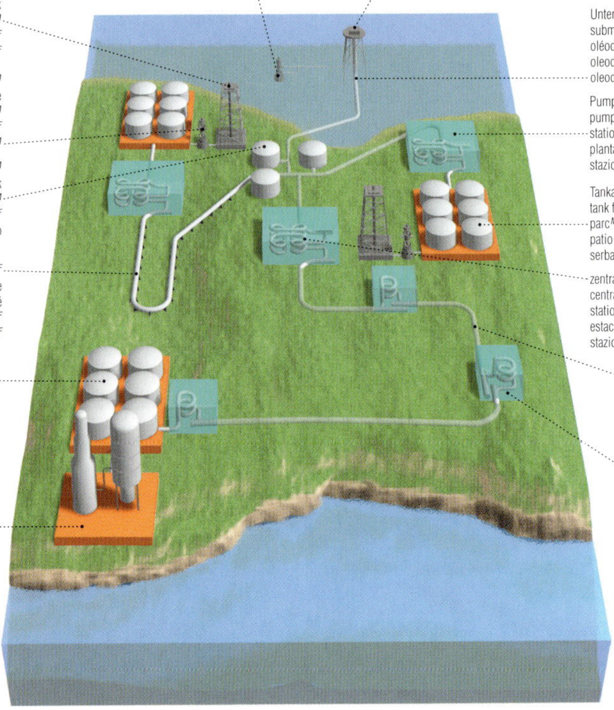

ENERGIE

Tanks^{M}
tanks
réservoirs^{M}
tanques^{M}
serbatoi^{M}

Festdachtank^{M}
fixed-roof tank
réservoir^{M} à toit^{M} fixe
tanque^{M} de techo^{M} fijo
serbatoio^{M} a tetto^{M} fisso

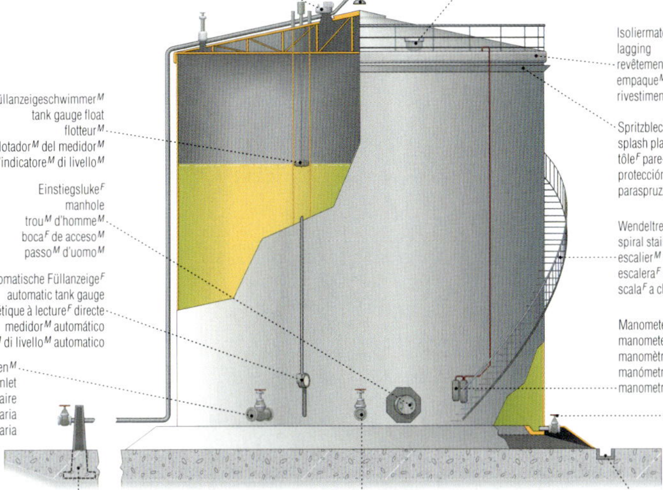

Schwimmdachtank^{M}
floating-roof tank
réservoir^{M} à toit^{M} flottant
tanque^{M} de techo^{M} pontón
serbatoio^{M} a tetto^{M} galleggiante

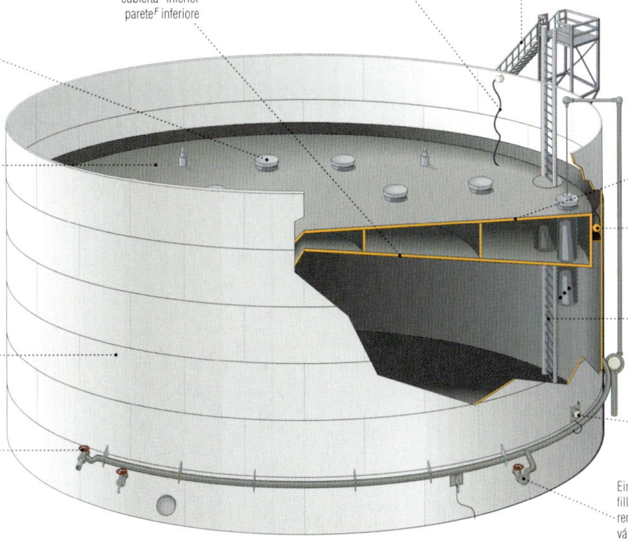

Erdöl^{N}

Raffinerieerzeugnisse^{N}
refinery products
produits^{M} de la raffinerie^{F}
productos^{M} del refinado^{M}
prodotti^{M} di raffinazione^{F}

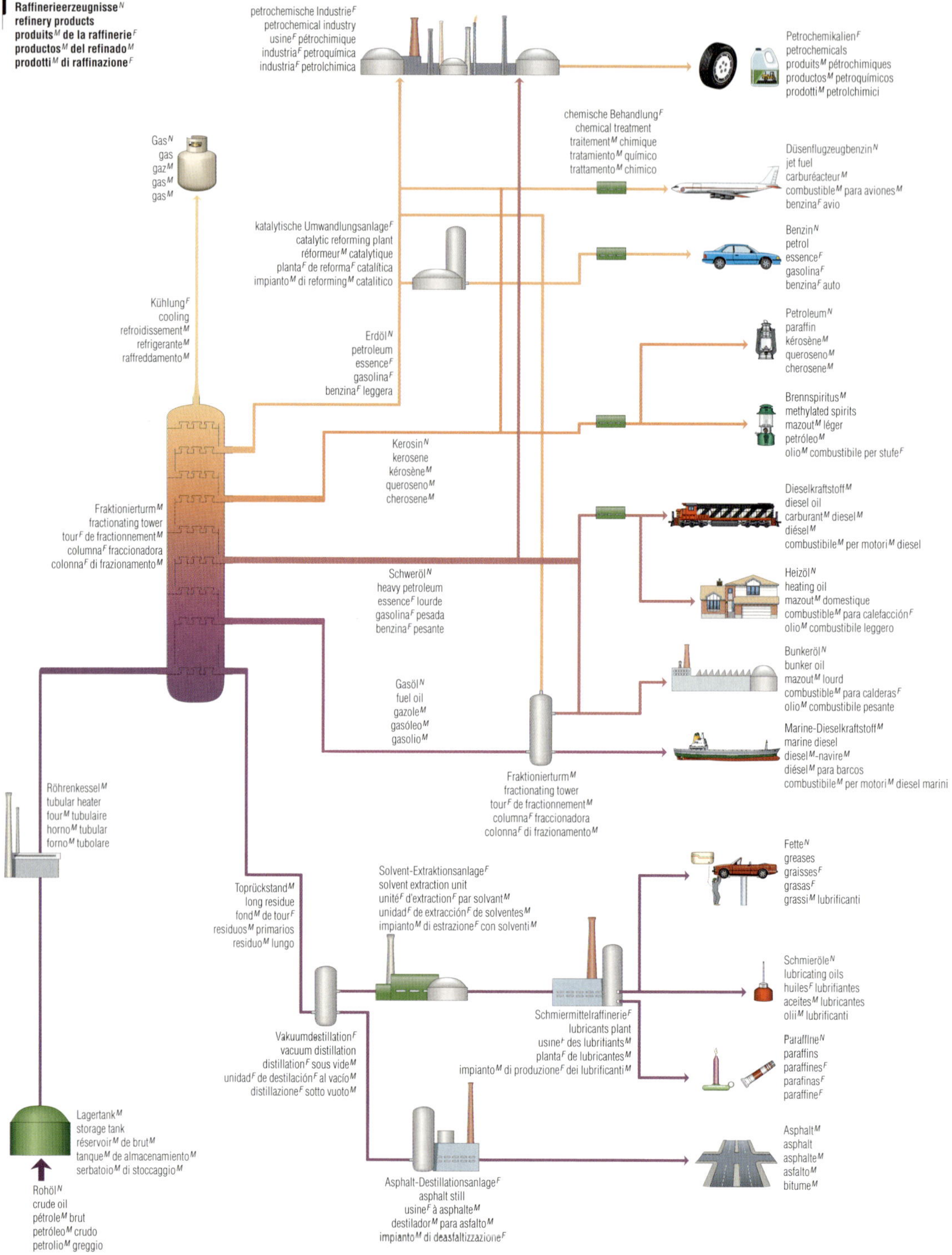

ENERGIE

Wasserkraftwerk^{N}

hydroelectric complex | complexe^{M} hydroélectrique | complejo^{M} hidroeléctrico | impianto^{M} idroelettrico

Überlaufkrone^{F}
crest of spillway
seuil^{M} de déversoir^{M}
cresta^{F} del aliviadero^{M}
soglia^{F} dello sfioratore^{M}

Verschluss^{F} des Hochwasserentlastungswehrs^{N}
spillway gate
vanne^{F}
compuerta^{F} del aliviadero
paratoia^{F} dello sfioratore^{M}

Hochwasserentlastungswehr^{N}
spillway
déversoir^{M}
aliviadero^{M}
sfioratore^{M}

Dammkrone^{F}
top of dam
crête^{F}
cresta^{F} de la presa^{F}
coronamento^{M}

Fallleitung^{F}
penstock
conduite^{F} forcée
tubería^{F} de carga^{F}
condotta^{F} forzata

Stausee^{M}
reservoir
réservoir^{M}
embalse^{M}
bacino^{M}

Oberwasser^{N}
headbay
bief^{M} d'amont^{M}
embalse^{M} a monte^{M}
bacino^{M} a monte

Bockkran^{M}
gantry crane
portique^{M}
grúa^{F} de caballete^{M}
gru^{F} a portale^{M}

Ablenkkanal^{M}
diversion channel
canal^{M} de dérivation^{F}
canal^{M} de derivación^{F}
canale^{M} di derivazione^{F}

Überfallrinne^{F}
spillway chute
coursier^{M} d'évacuateur^{M}
canal^{M} del aliviadero^{M}
scivolo^{M} dello sfioratore^{M}

Leitwerk^{N}
training wall
mur^{M} bajoyer^{M}
muro^{M} de encauzamiento^{M}
muro^{M} di sponda^{F}

Trift^{F}
log chute
passe^{F} à billes^{F}
rebosadero^{M}
scivolo^{M} per tronchi^{M} d'albero^{M}

Ausgleichsbecken^{N}
afterbay
bief^{M} d'aval^{M}
embalse^{M} de compensación^{F}
bacino^{M} a valle

Speicherkraftwerk^{N}
power plant
centrale^{F}
central^{F} eléctrica
centrale^{F} elettrica

Maschinenhalle^{F}
machine hall
salle^{F} des machines^{F}
sala^{F} de máquinas^{F}
sala^{F} macchine^{F}

Steuerzentrale^{F}
control room
salle^{F} de commande^{F}
sala^{F} de control^{M}
sala^{F} di controllo^{M}

Durchführung^{F}
bushing
traversée^{F} de transformateur^{M}
boquilla^{F}
stazione^{F} di trasformazione^{F}

Damm^{M}
dam
barrage^{M}
presa^{F}
diga^{F}

Wasserkraftwerk[N]

Wasserkraftwerk[N] im Querschnitt[M]
cross section of a hydroelectric power plant
coupe[F] d'une centrale[F] hydroélectrique
sección[F] transversal de una central[F] hidroeléctrica
sezione[F] trasversale di una centrale[F] idroelettrica

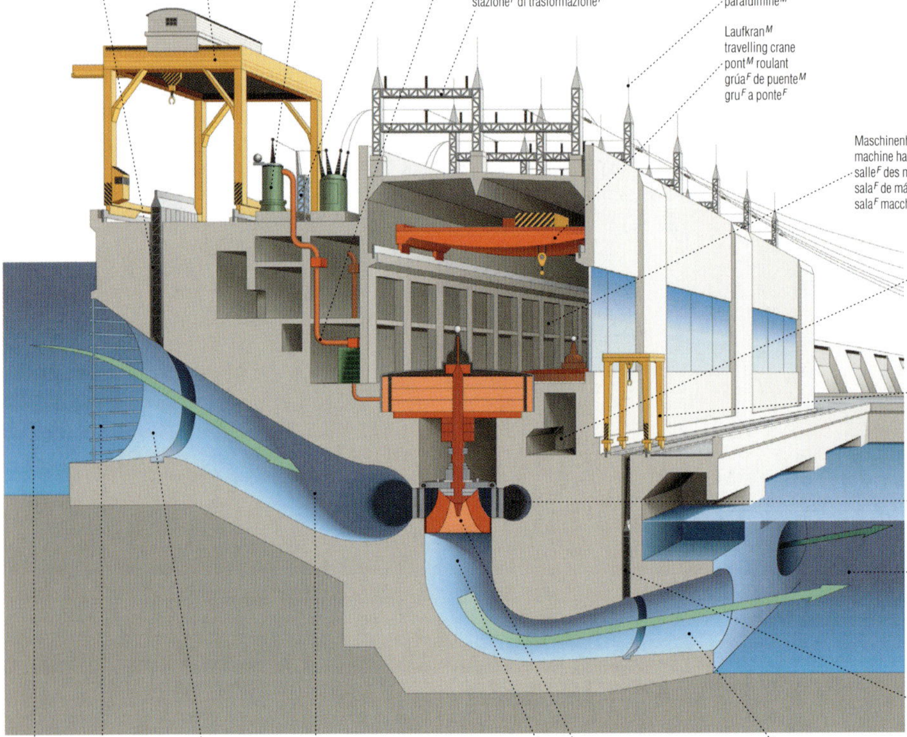

ENERGIE

Stromgenerator^{M}

generator unit | groupe^{M} turbo-alternateur^{M} | grupo^{M} turboalternador^{M} | gruppo^{M} generatore^{M}

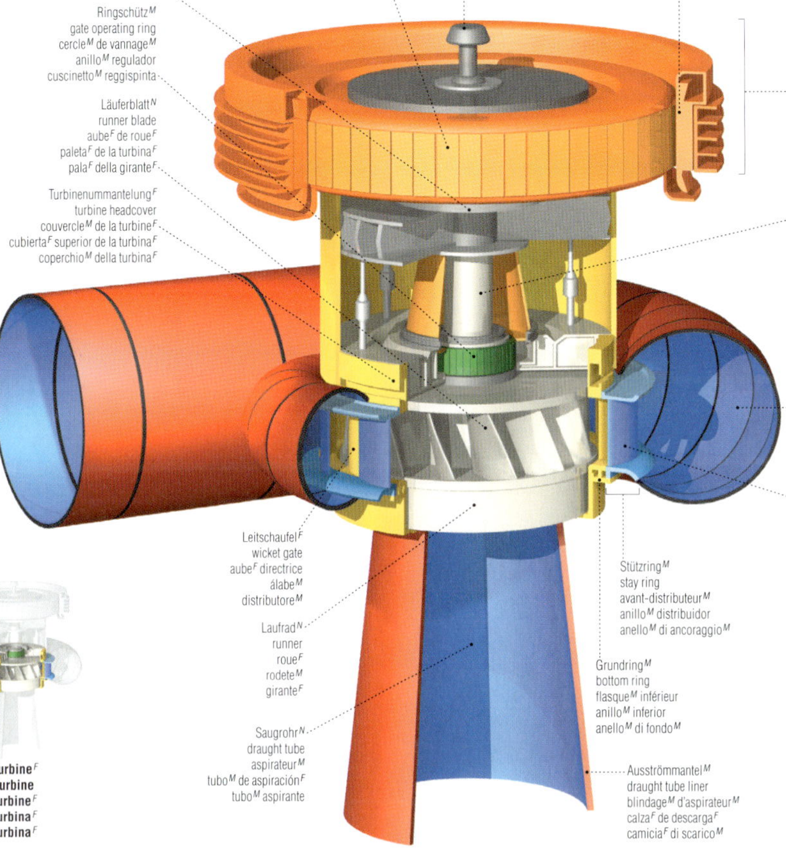

Turbine^{F} turbine turbine^{F} turbina^{F} turbina^{F}

Turbinen^{F} runners roues^{F} rodetes^{M} giranti^{F}

Kaplanturbine^{F} Kaplan runner roue^{F} Kaplan turbina^{F} Kaplan turbina^{F} Kaplan

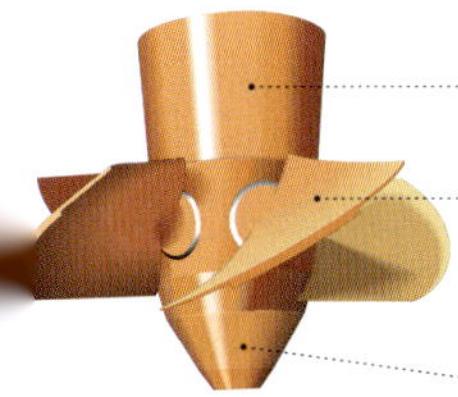

Peltonturbine^{F} Pelton runner roue^{F} Pelton turbina^{F} Pelton turbina^{F} Pelton

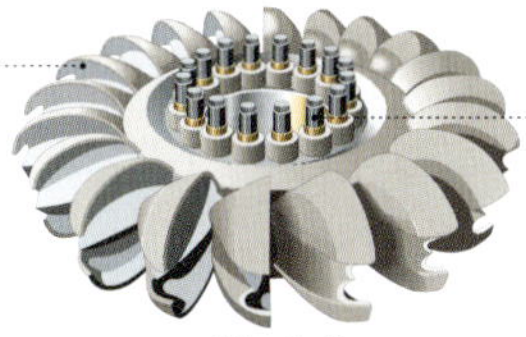

Zellenring^{M} bucket ring couronne^{F} d'aubage^{M} rueda^{F} de alabes^{M} ruota^{F} dei cucchiai^{M}

Francisturbine^{F} Francis runner roue^{F} Francis turbina^{F} Francis turbina^{F} Francis

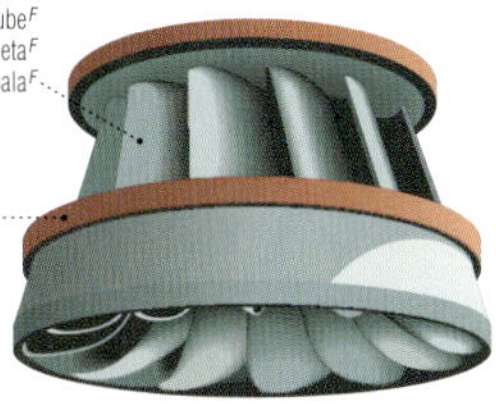

Beispiele^N für Staudämme^M

examples of dams | exemples^M de barrages^M | ejemplos^M de presas^F | esempi^M di dighe^F

Stützpfeilerstaudamm^M
buttress dam
barrage^M à contreforts^M
presa^F de contrafuertes^M
diga^F a contrafforti^M

Stützpfeilerstaudamm^M im Querschnitt^M
cross section of a buttress dam
coupe^F d'un barrage^M à contreforts^M
sección^F transversal de una presa^F de contrafuerte^M
sezione^F trasversale di una diga^F a contrafforti^M

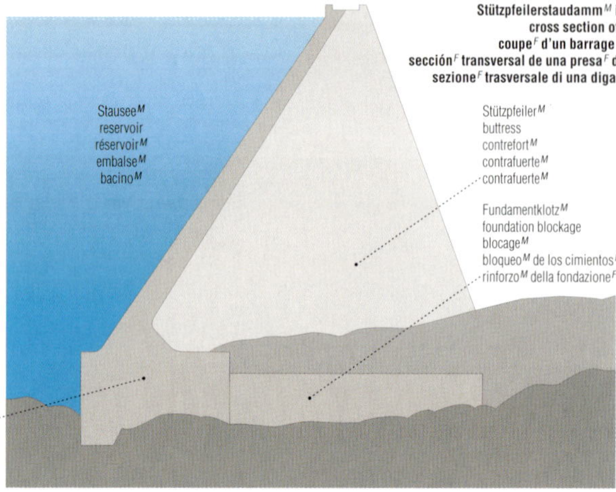

Uferdamm^M
embankment dam
barrage^M en remblai^M
presa^F de tierra^F
diga^F in terra^F

Uferdamm^M im Querschnitt^M
cross section of an embankment dam
coupe^F d'un barrage^M en remblai^M
sección^F transversal de una presa^F de tierra^F
sezione^F trasversale di una diga^F in terra^F

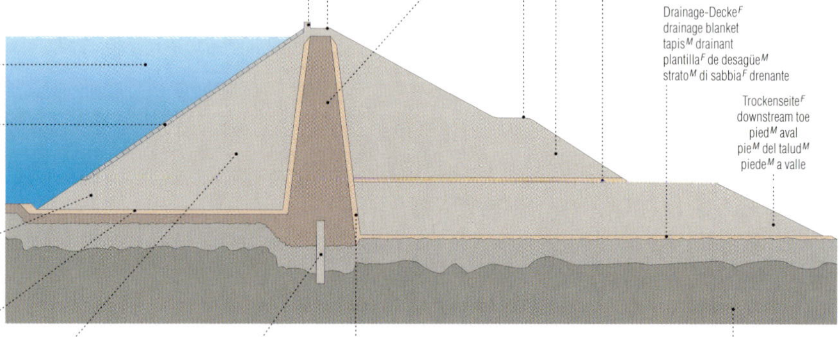

ENERGIE

Bogenstaudamm^{M} im Querschnitt^{M}
cross section of an arch dam
coupe^{F} d'un barrage^{M}-voûte^{F}
sección^{F} transversal de una presa^{F} de bóveda
sezione^{F} trasversale di una diga^{F} a volta^{F}

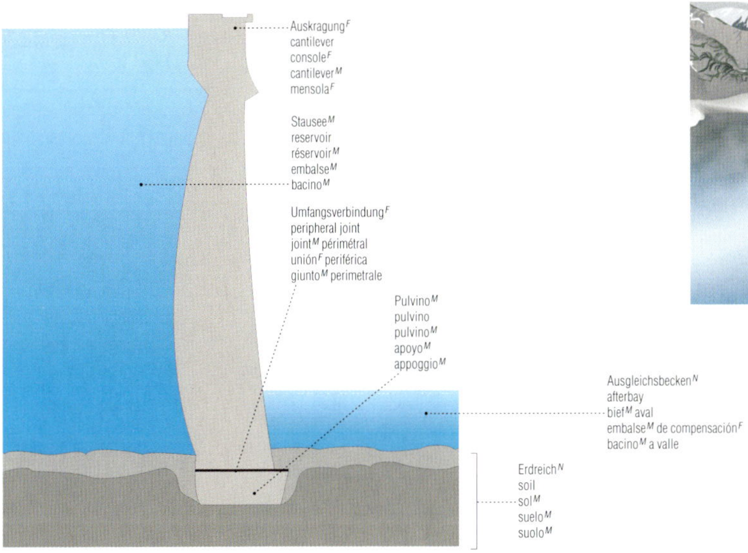

Bogenstaudamm^{M}
arch dam
barrage^{M}-voûte^{F}
presa^{F} de bóveda^{F}
diga^{F} a volta^{F}

Schwergewichtsstaudamm^{M} im Querschnitt^{M}
cross section of a gravity dam
coupe^{F} d'un barrage^{M}-poids^{M}
sección^{M} transversal de una presa^{F} de gravedad^{F}
sezione^{F} trasversale di una diga^{F} a gravità^{F}

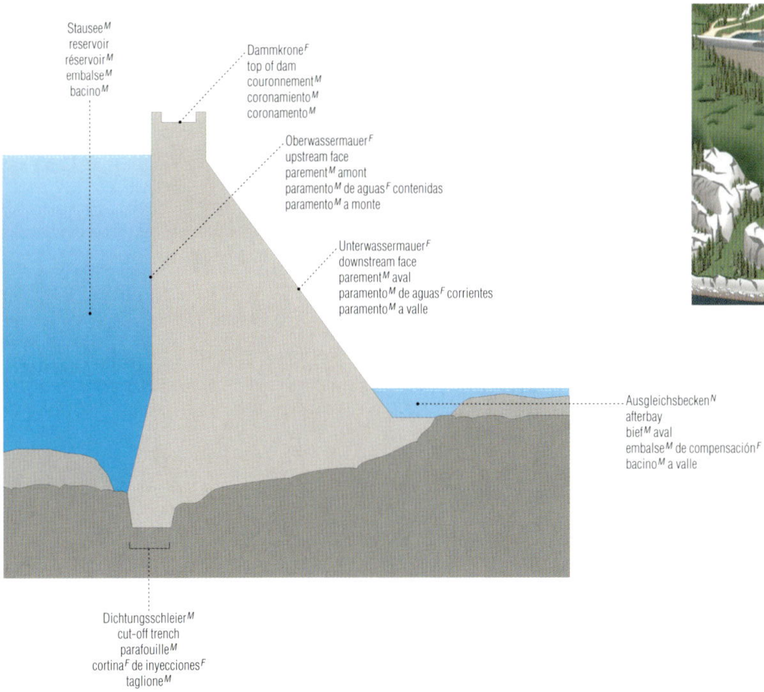

Gewichtsstaudamm^{M}
gravity dam
barrage^{M}-poids^{M}
presa^{F}
diga^{F} a gravità^{F}

Einzelschritte^{M} bei der Elektrizitätserzeugung^{F}

steps in the production of electricity | étapes^{F} de production^{F} de l'électricité^{F} | etapas^{F} de la producción^{F} de electricidad^{F} | fasi^{F} della produzione^{F} di elettricità^{F}

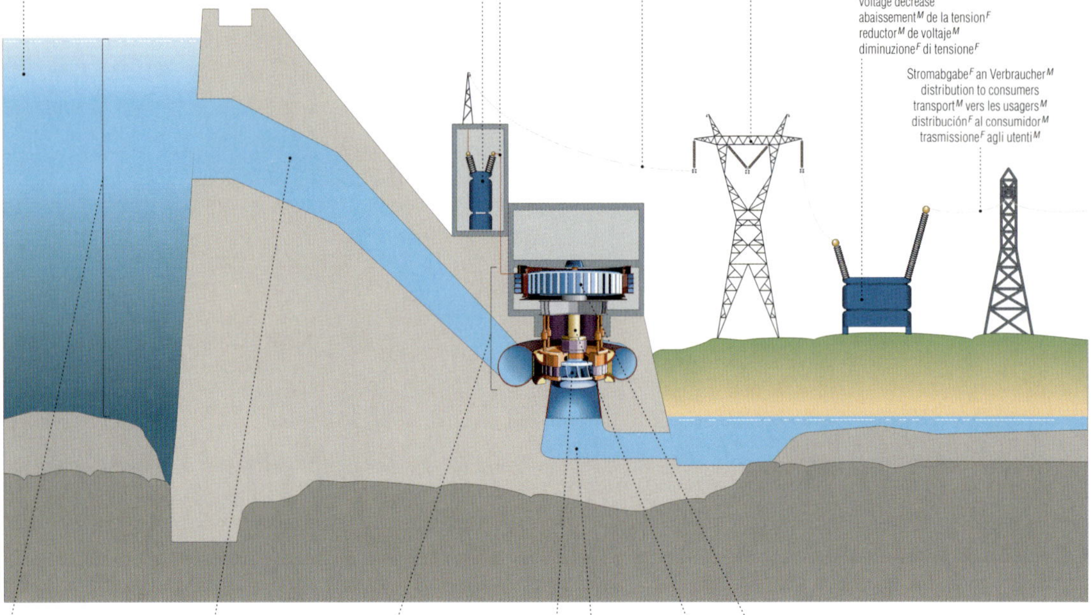

ENERGIE

Elektrizitätsverteilung^{F}

electricity distribution | transport^{M} de l'électricité^{F} | transporte^{M} de electricidad^{F} | trasmissione^{F} di elettricità^{F}

Freileitung^{F}
overhead connection
branchement^{M} aérien
acometida^{F} aérea
connessione^{F} aerea

Hochspannungsmast^{M}
pylon
pylône^{M}
torre^{F} de alta tensión^{F}
traliccio^{M} per alta tensione^{F}

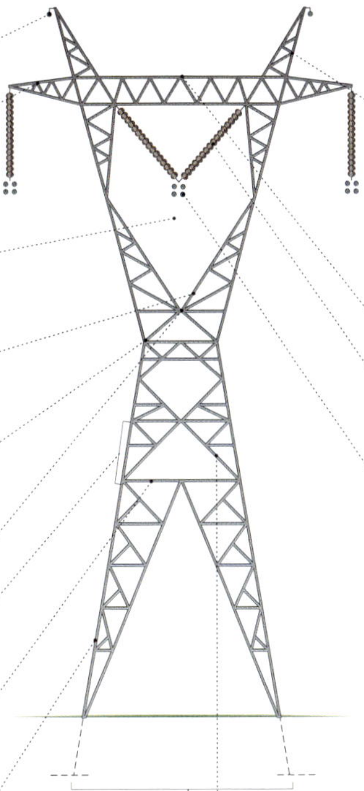

ENERGIE

Gezeitenkraftwerk[N]

tidal power plant | usine[F] marémotrice | planta[F] de energía[F] maremotriz | centrale[F] elettrica mareomotrice

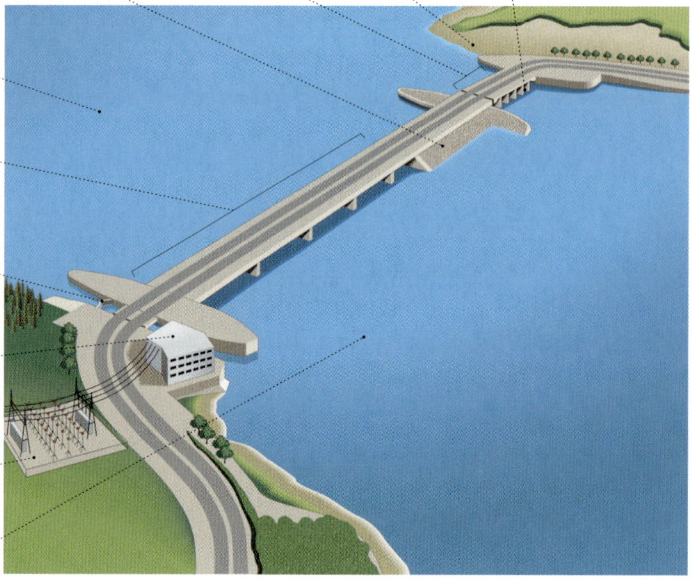

Kraftwerk[N] im Querschnitt[M]
cross section of a power plant
coupe[F] de l'usine[F]
sección[F] transversal de una central[F] eléctrica
sezione[F] trasversale di una centrale[F] elettrica

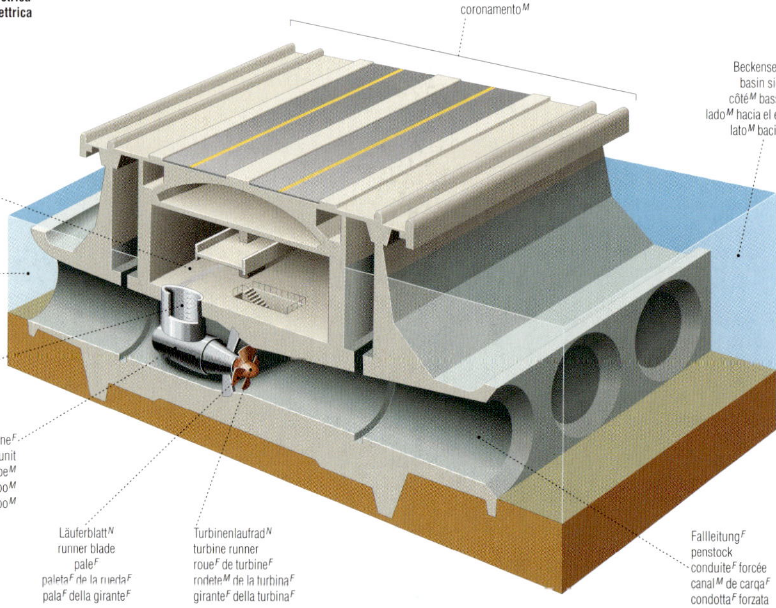

ENERGIE

Elektrizitätserzeugung^{F} aus Kernenergie^{F}

production of electricity from nuclear energy | production^{F} d'électricité^{F} par énergie^{F} nucléaire | producción^{F} de electricidad^{F} por energía^{F} nuclear | produzione^{F} di elettricità^{F} da energia^{F} nucleare

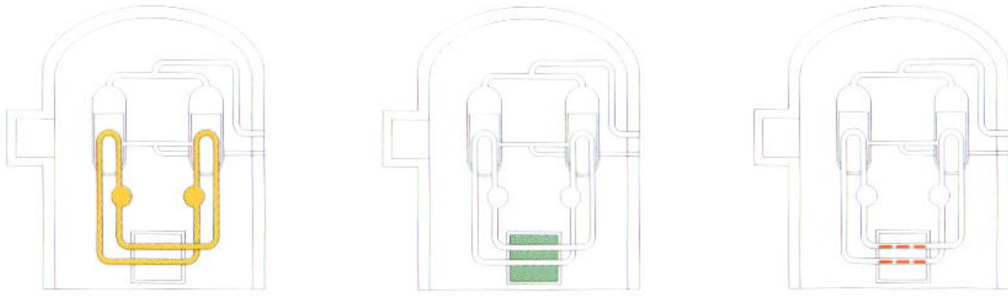

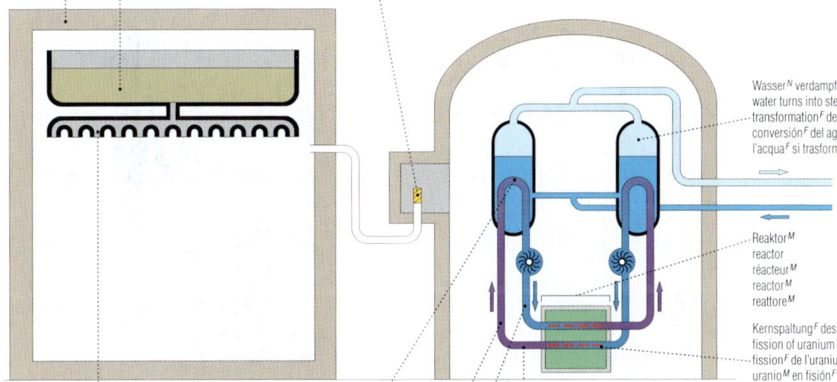

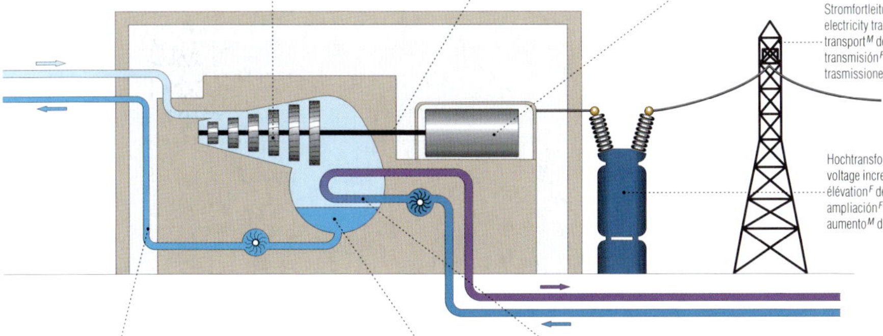

Brennstabbeschickung^{F}

fuel handling sequence | séquence^{F} de manipulation^{F} du combustible^{M} | secuencia^{F} en el manejo^{M} de combustible^{M} | manipolazione^{F} del combustibile^{M}

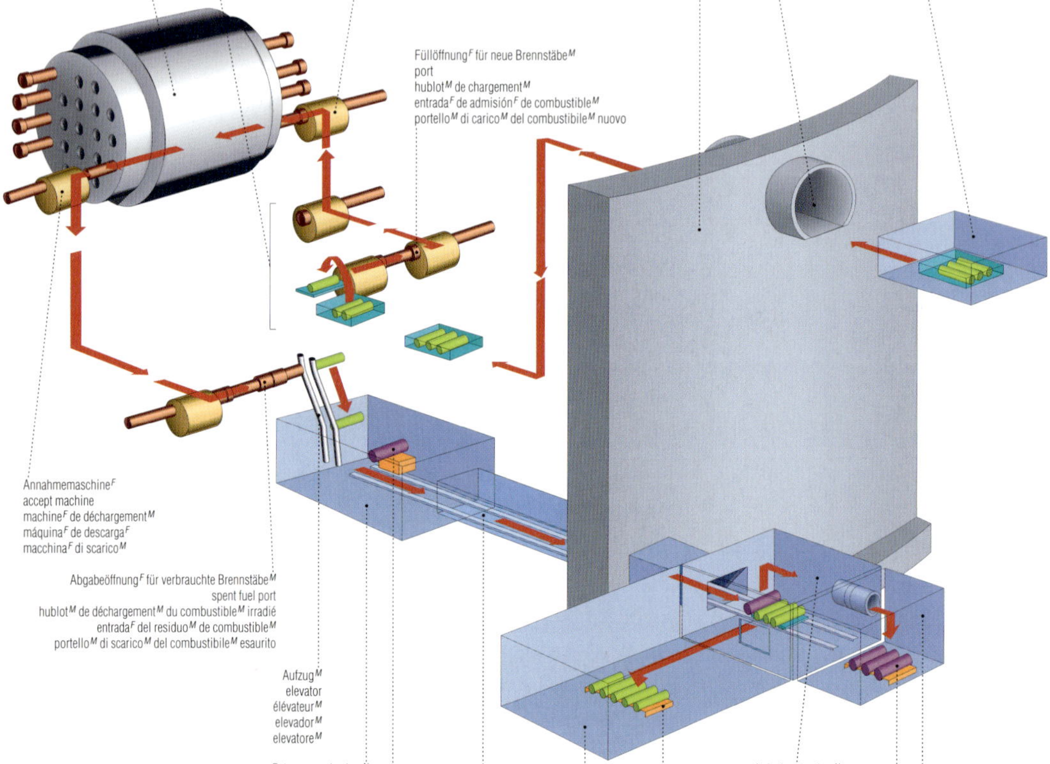

Brennstabbündel^N

fuel bundle | grappe^F de combustible^M | elemento^M de combustible^M | elemento^M di combustibile^M

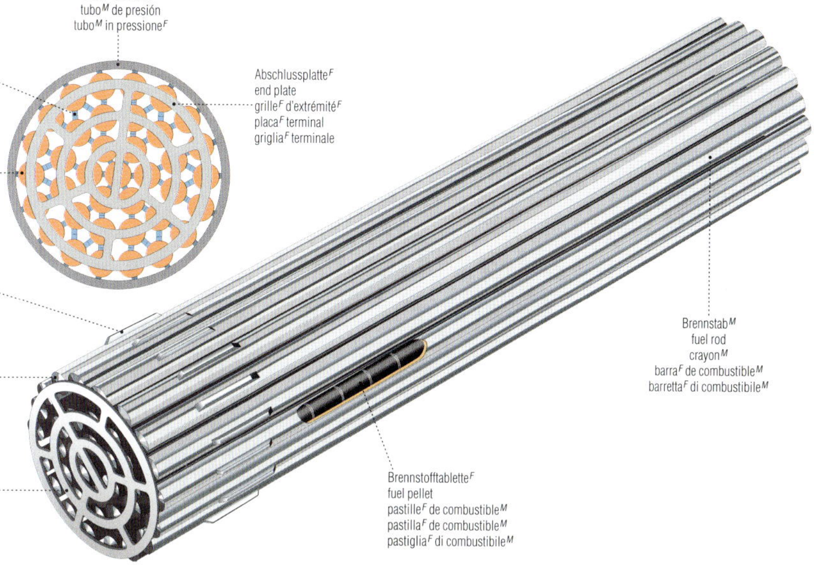

Kernreaktor^M

nuclear reactor | réacteur^M nucléaire | carga^F del reactor^M nuclear | reattore^M nucleare

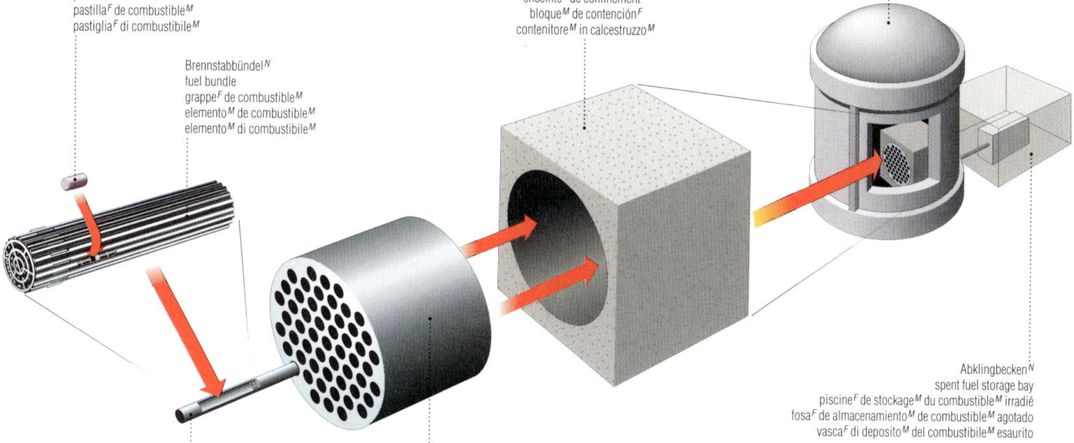

Kernkraftwerk^{N}

nuclear power station | centrale^{F} nucléaire | central^{F} nuclear | centrale^{F} elettronucleare

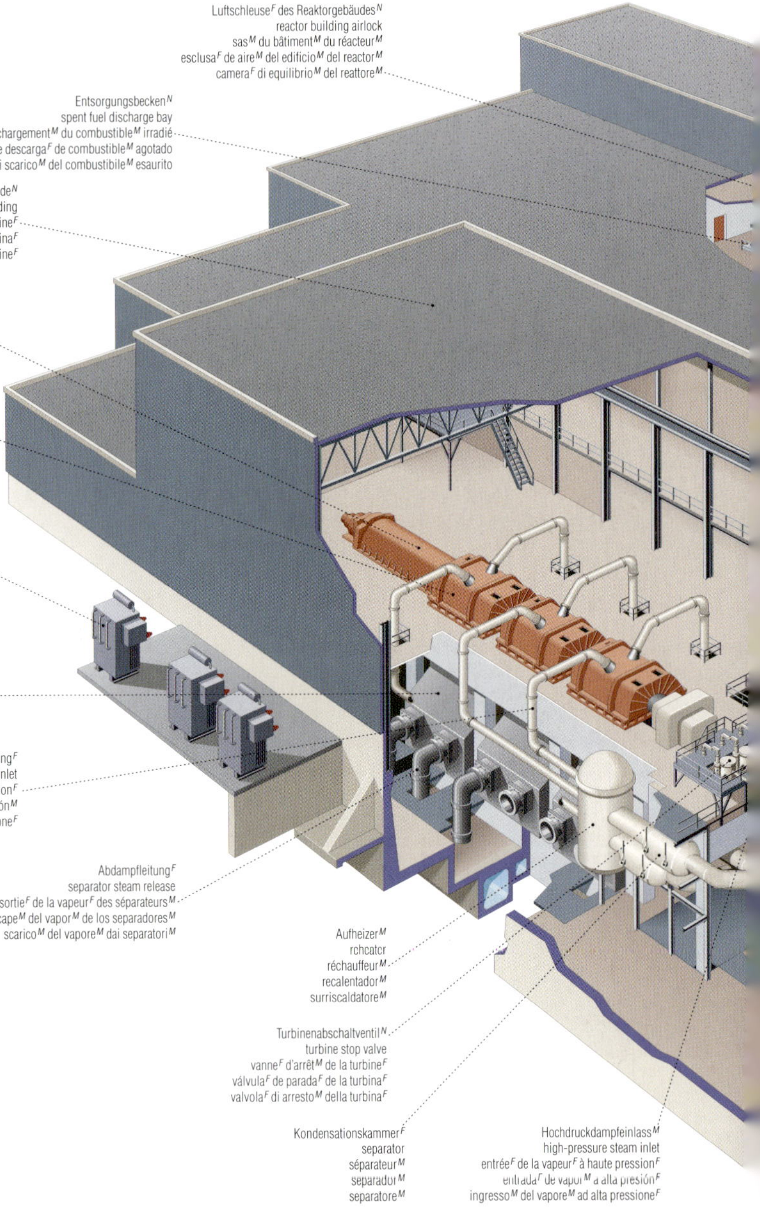

Kernkraftwerk^{N}

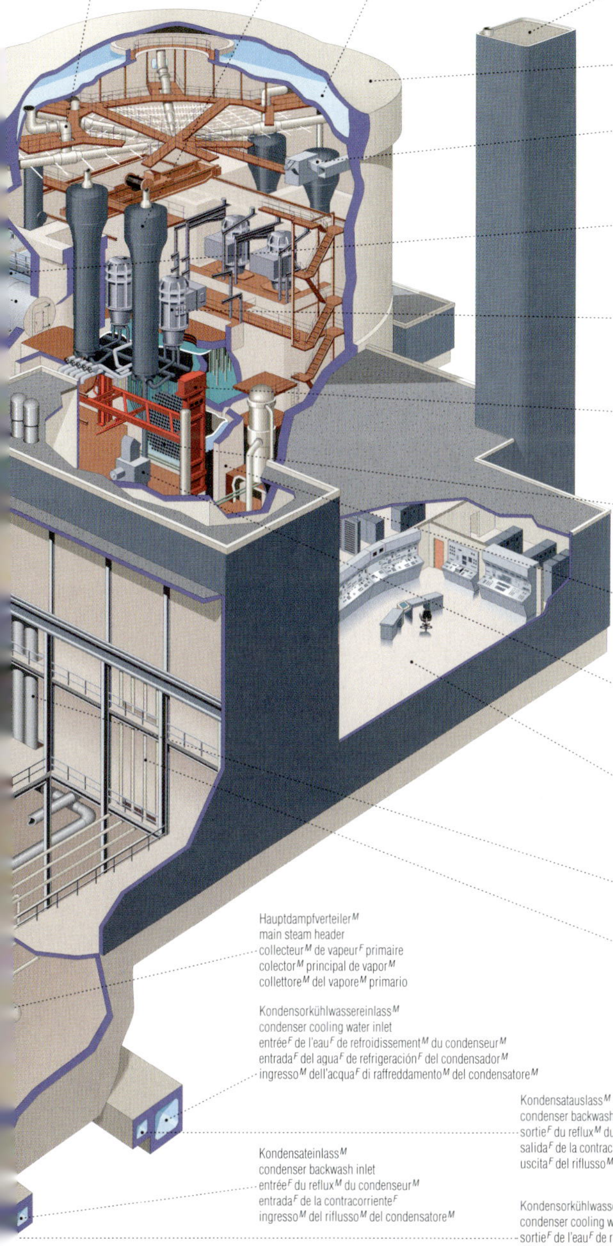

Kohlendioxidreaktor^M

gas-cooled reactor | réacteur^M au gaz^M carbonique | reactor^M de bióxido^M de carbono^M | reattore^M ad anidride^F carbonica

Beschickungsmaschine^F
fuelling machine
machine^F de chargement^M
máquina^F cargadora del combustible^M
macchina^F di carico^M-scarico^M

Betonmantel^M
concrete shielding
enceinte^F en béton^M
blindaje^M de hormigón^M
schermatura^F in calcestruzzo^M

Kohlendioxidkühlgas^N
carbon dioxide gas coolant
gaz^M carbonique de refroidissement^M
gas^M refrigerante de dióxido^M de carbono^M
anidride^F carbonica di raffreddamento^M

Wärmetauscher^M
heat exchanger
échangeur^M de chaleur^F
intercambiador^M de calor^M
scambiatore^M di calore^M

Dampfauslass^M
steam outlet
sortie^F de la vapeur^F
salida^F de vapor^M
uscita^F del vapore^M

Speisewasser^N
feedwater
alimentation^F en eau^F
alimentación^F de agua^F
acqua^F di alimentazione^F

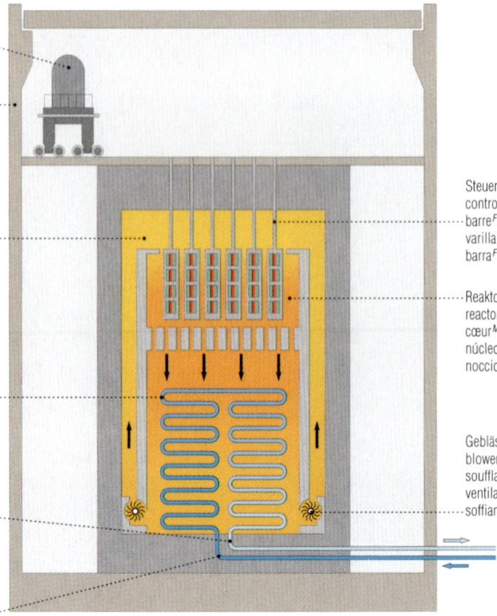

Steuerstab^M
control rod
barre^F de contrôle^M
varilla^F de control^M
barra^F di controllo^M

Reaktorkern^M
reactor core
cœur^M du réacteur^M
núcleo^M del reactor^M
nocciolo^M del reattore^M

Gebläse^N
blower
soufflante^F
ventilador^M del evaporador^M
soffiante^M

Brennstoff^M: Natururan^N
fuel: natural uranium
combustible^M : uranium^M naturel
combustible^M : uranio^M natural
combustibile^M: uranio^M naturale

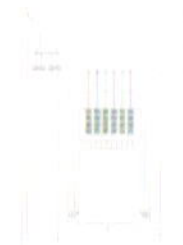

Moderator^M: Graphit^M
moderator: graphite
modérateur^M : graphite^M
moderador^M : grafito^M
moderatore^M: grafite^F

Kühlmittel^N: Kohlendioxid^N
coolant: carbon dioxide
caloporteur^M : gaz^M carbonique
refrigerante^M : dióxido^M de carbono^M
fluido^M refrigerante: anidride^F carbonica

Schwerwasserreaktor^M

heavy-water reactor | réacteur^M à eau^F lourde | reactor^M de agua^F pesada | reattore^M ad acqua^F pesante

Pumpe^F
pump
pompe^F
bomba^F
pompa^F

Steuerstab^M
control rod
barre^F de contrôle^M
varilla^F de control^M
barra^F di controllo^M

Schwerwasser^N unter Druck^M
pressurized heavy water
eau^F lourde sous pression^F
agua^F pesada a presión^F
acqua^F pesante pressurizzata

Brennstoff^M
fuel
combustible^M
combustible^M
combustibile^M

Beschickungsmaschine^F
fuelling machine
machine^F de chargement^M
máquina^F cargadora del combustible^M
macchina^F di carico^M-scarico^M

Moderatortank^M
moderator tank
cuve^F du modérateur^M
tanque^M moderador
recipiente^M del moderatore^M

Sicherheitstank^M
safety tank
réservoir^M de sécurité^F
tanque^M de seguridad^F
serbatoio^M di sicurezza^F

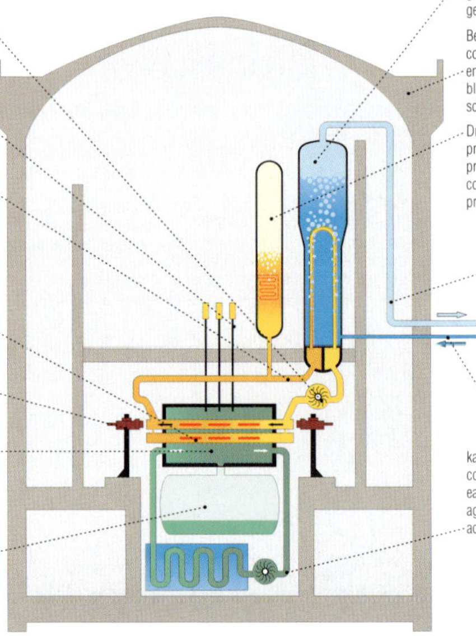

Dampfgenerator^M
steam generator
générateur^M de vapeur^F
generador^M de vapor^M
generatore^M di vapore^M

Betonmantel^M
concrete shielding
enceinte^F en béton^M
blindaje^M de hormigón^M
schermatura^F in calcestruzzo^M

Druckerzeuger^M
pressurizer
pressuriseur^M
compresor^M
pressurizzatore^M

Dampfauslass^M
steam outlet
sortie^F de la vapeur^F
salida^F de vapor^M
uscita^F del vapore^M

Speisewasser^N
feedwater
alimentation^F en eau^F
alimentación^F de agua^F
acqua^F di alimentazione^F

kaltes Schwerwasser^N
cold heavy water
eau^F lourde froide
agua^F pesada de refrigeración^M
acqua^F pesante fredda

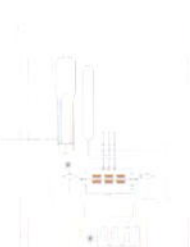

Brennstoff^M: Natururan^N
fuel: natural uranium
combustible^M : uranium^M naturel
combustible^M : uranio^M natural
combustibile^M: uranio^M naturale

Moderator^M: schweres Wasser^N
moderator: heavy water
modérateur^M : eau^F lourde
moderador^M : agua^F pesada
moderatore^M: acqua^F pesante

Kühlmittel^N: Schwerwasser^N unter Druck
coolant: pressurized heavy water
caloporteur^M : eau^F lourde sous pression
refrigerante^M : agua^F pesada presurizada
fluido^M refrigerante: acqua^F pesante pressuri

ENERGIE

Druckwasserreaktor[M]

pressurized-water reactor | réacteur[M] à eau[F] sous pression[F] | reactor[M] de agua[F] a presión[F] | reattore[M] ad acqua[F] pressurizzata

Brennstoff[M]: angereichertes Uran[N]
fuel: enriched uranium
combustible[M] : uranium[M] enrichi
combustible[M] : uranio[M] enriquecido
combustibile[M]: uranio[M] arricchito

Moderator[M]: leichtes Wasser[N]
moderator: natural water
modérateur[M] : eau[F] naturelle
moderador[M] : agua[F] natural
moderatore[M]: acqua[F] naturale

Kühlmittel[N]: Druckwasser[N]
coolant: pressurized water
caloporteur[M] : eau[F] sous pression[F]
refrigerante[M] : agua[F] presurizada
fluido[M] refrigerante: acqua[F] pressurizzata

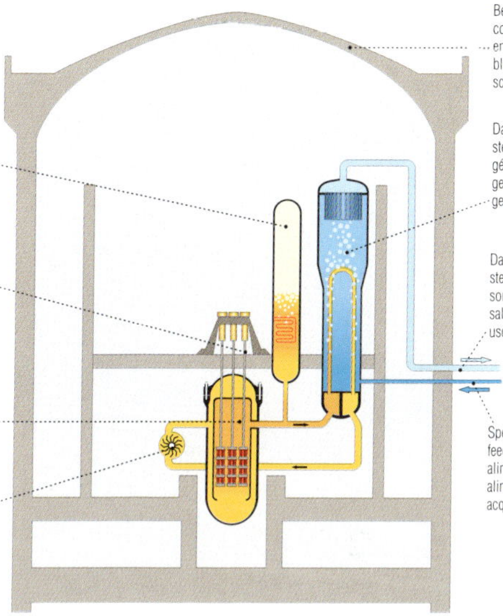

Siedewasserreaktor[M]

boiling-water reactor | réacteur[M] à eau[F] bouillante | reactor[M] de agua[F] hirviente | reattore[M] ad acqua[F] bollente

Brennstoff[M]: angereichertes Uran[N]
fuel: enriched uranium
combustible[M] : uranium[M] enrichi
combustible[M] : uranio[M] enriquecido
combustibile[M]: uranio[M] arricchito

Moderator[M]: leichtes Wasser[N]
moderator: natural water
modérateur[M] : eau[F] naturelle
moderador[M] : agua[F] natural
moderatore[M]: acqua[F] naturale

Kühlmittel[N]: Siedewasser[N]
coolant: boiling water
caloporteur[M] : eau[F] bouillante
refrigerante[M] : agua[F] hirviente
fluido[M] refrigerante: acqua[F] bollente

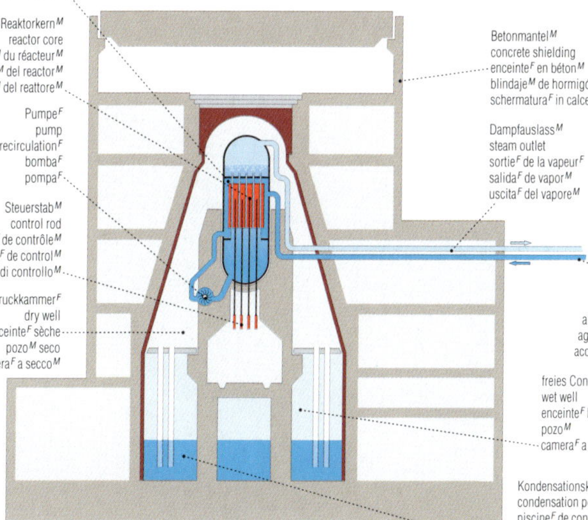

ENERGIE

Solarzelle[F]

solar cell | photopile[F] | célula[F] solar[F] | cella[F] solare

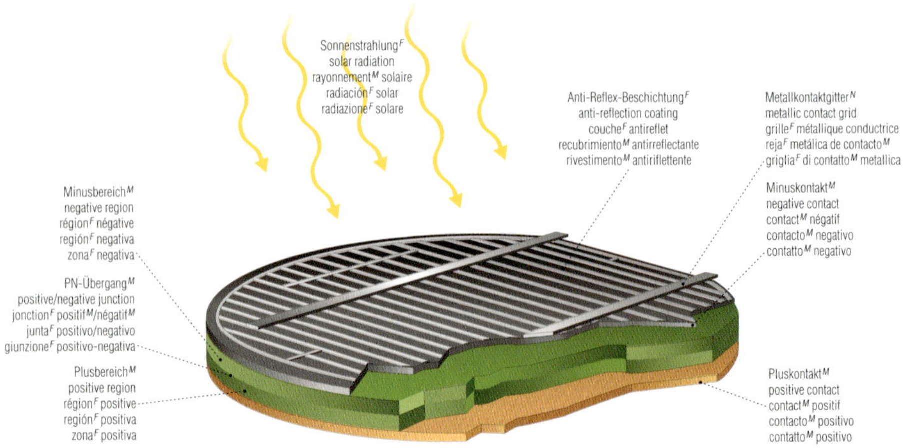

Flachkollektor[M]

flat-plate solar collector | capteur[M] solaire plan | colector[M] solar plano | collettore[M] solare piatto

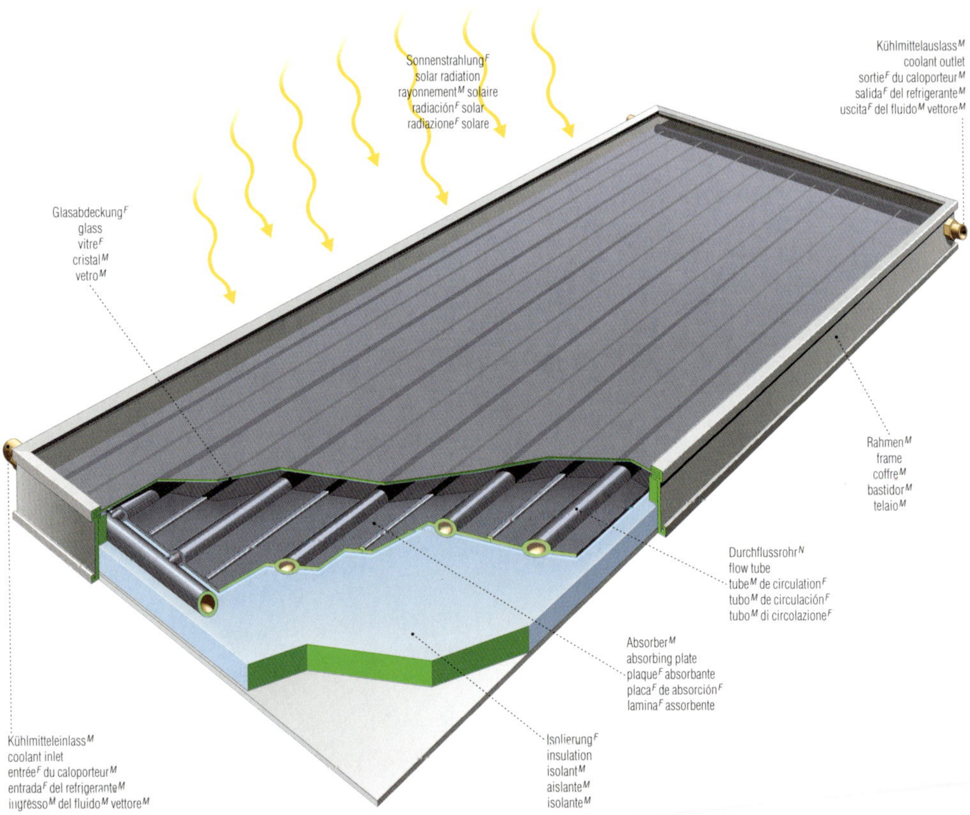

ENERGIE

Solarzellensystem^{N}

solar-cell system | circuit^{M} de photopiles^{F} | sistema^{M} de células^{F} solares | sistema^{M} a celle^{F} solari

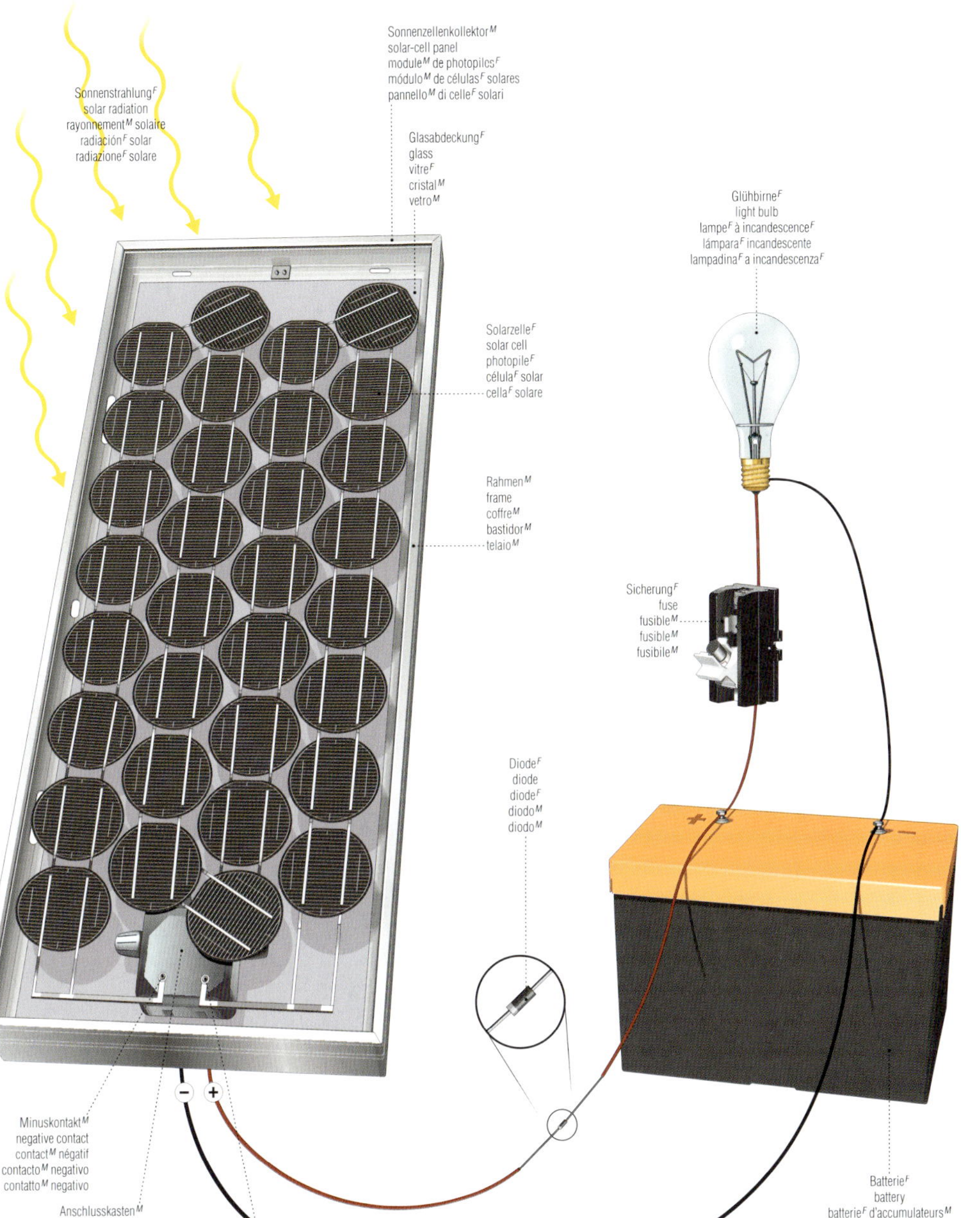

Sonnenofen^{M}

solar furnace | four^{M} solaire | horno^{M} solar | forno^{M} solare

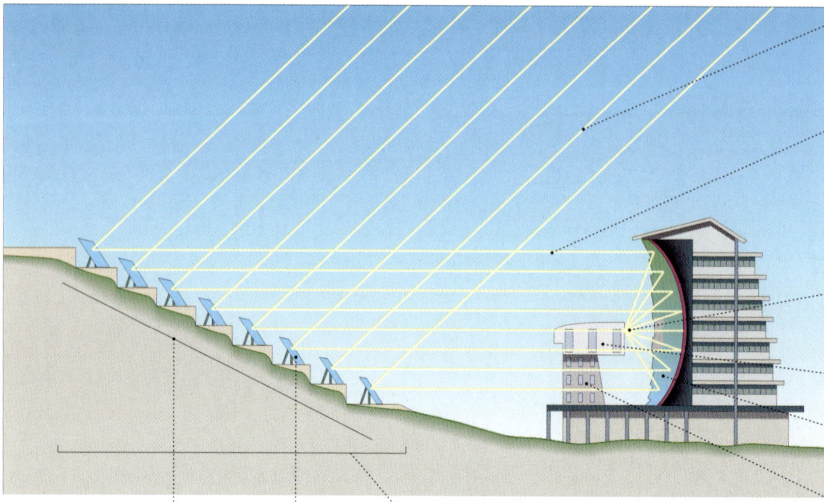

Elektrizitätserzeugung^{F} aus Sonnenenergie^{F}

production of electricity from solar energy | production^{F} d'électricité^{F} par énergie^{F} solaire | producción^{F} de electricidad^{F} por energía^{F} solar | produzione^{F} di elettricità^{F} da energia^{F} solare

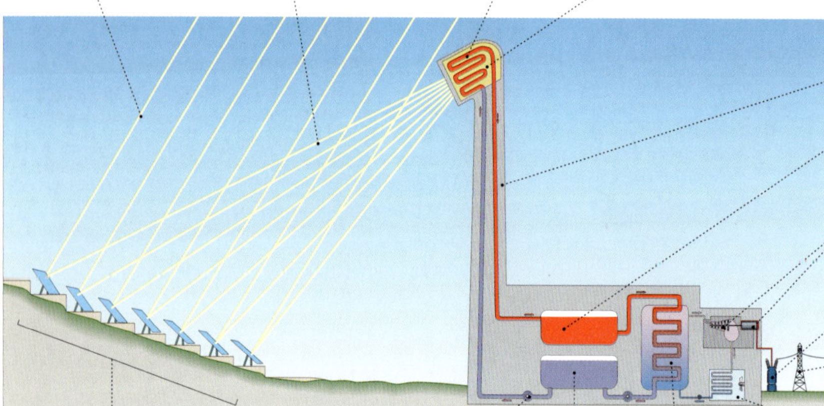

Solarhaus^{N}

solar house | maison^{F} solaire | casa^{F} solar | casa^{F} solare

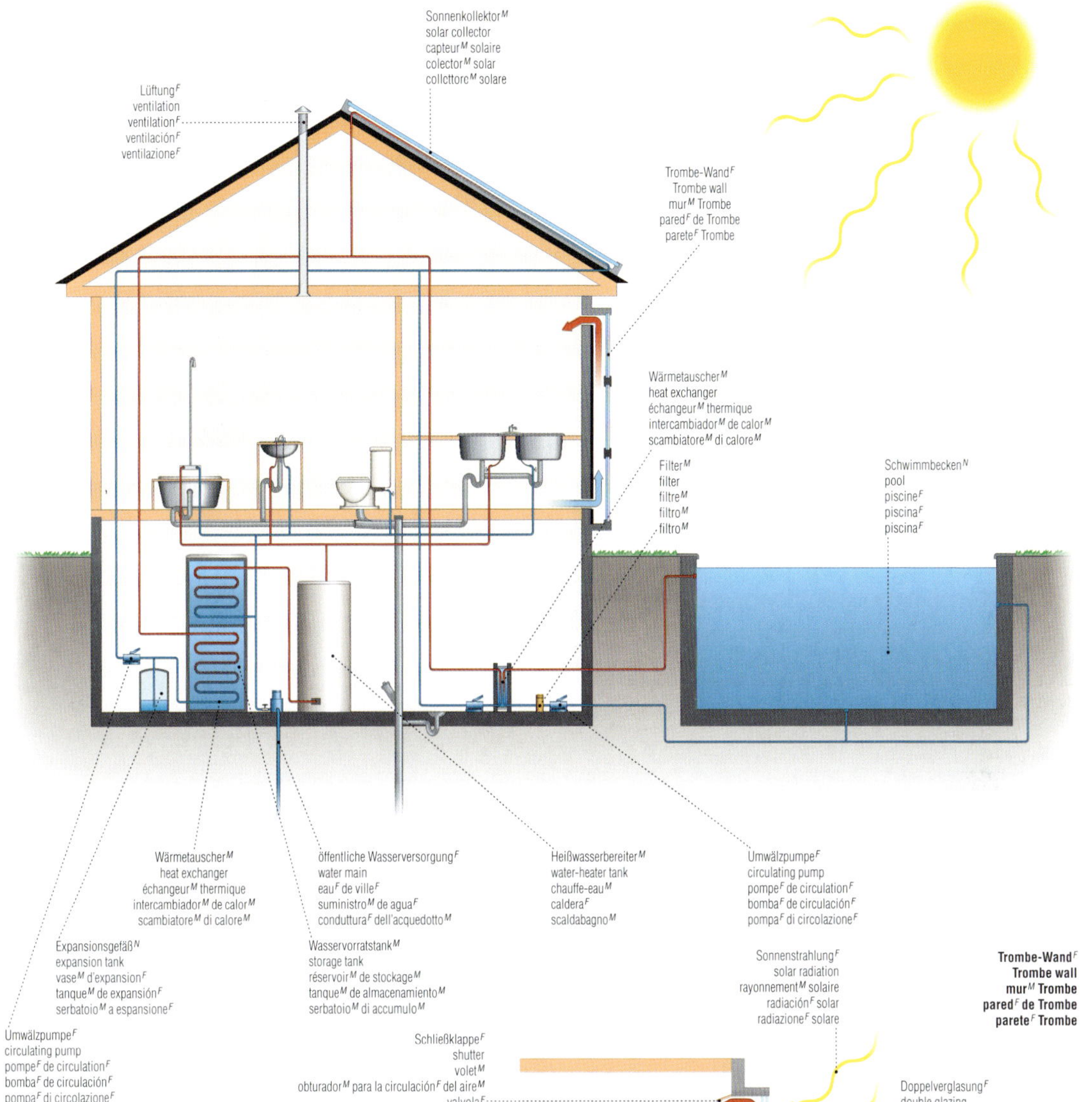

Trombe-Wand^{F}
Trombe wall
mur^{M} Trombe
pared^{F} de Trombe
parete^{F} Trombe

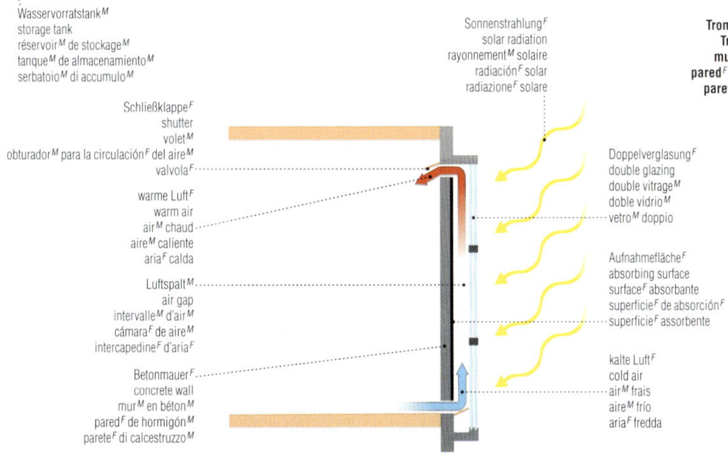

Windmühle^{F}

windmill | moulin^{M} à vent^{M} | molino^{M} de viento^{M} | mulino^{M} a vento^{M}

Turmwindmühle^{F}
tower mill
moulin^{M} tour^{F}
molino^{M} de torre^{F}
mulino^{M} a torre^{F}

Bockmühle^{F}
post mill
moulin^{M} pivot^{M}
molino^{M} de plataforma^{F} giratoria
mulino^{M} a pilastro^{M}

Windkraftwerke^{N} und Elektrizitätserzeugung^{F}

wind turbines and electricity production | éoliennes^{F} et production^{F} d'électricité^{F} | turbinas^{F} de viento^{M} y producción^{F} eléctrica | turbine^{F} eoliche e produzione^{F} di elettricità^{F}

Windkraftwerk mit vertikaler Achse^{F}
vertical-axis wind turbine
éolienne^{F} à axe^{M} vertical
turbina^{F} de viento^{M} de eje^{M} vertical
turbina^{F} ad asse^{M} verticale

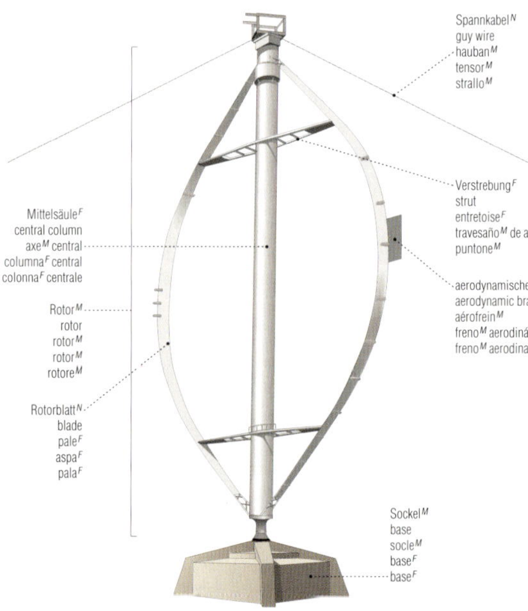

ENERGIE

Windkraftwerke^{N} und Elektrizitätserzeugung^{F}

Windkraftwerk mit horizontaler Achse^{F}
horizontal-axis wind turbine
éolienne^{F} à axe^{M} horizontal
turbina^{F} de viento^{M} de eje^{M} horizontal
turbina^{F} eolica ad asse^{M} orizzontale

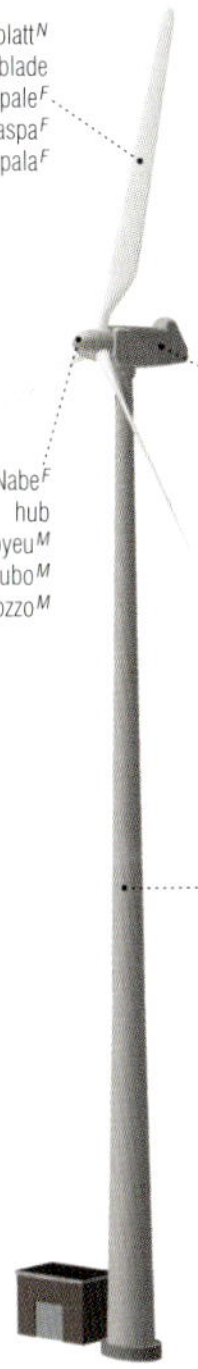

Rotorgondel^{F} im Querschnitt^{M}
nacelle cross-section
coupe^{F} de la nacelle^{F}
sección^{F} transversal de la góndola^{F}
sezione^{F} trasversale di una navicella^{F}

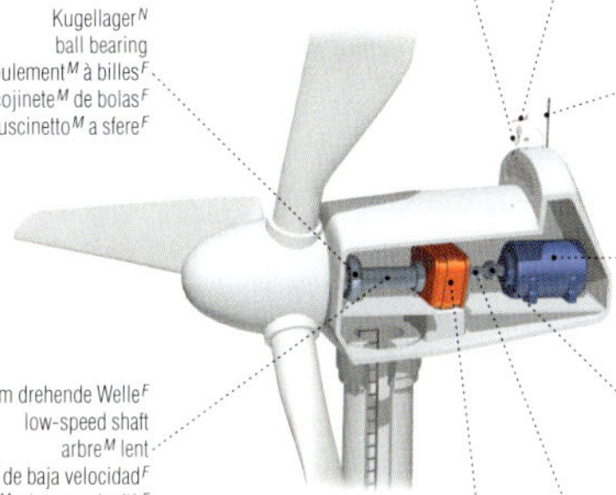

Elektrizitätserzeugung^{F} aus Windenergie^{F}
production of electricity from wind energy
production^{F} d'électricité^{F} par énergie^{F} éolienne
producción^{F} de electricidad^{F} por energía^{F} eólica
produzione^{F} di elettricità^{F} da energia^{F} eolica

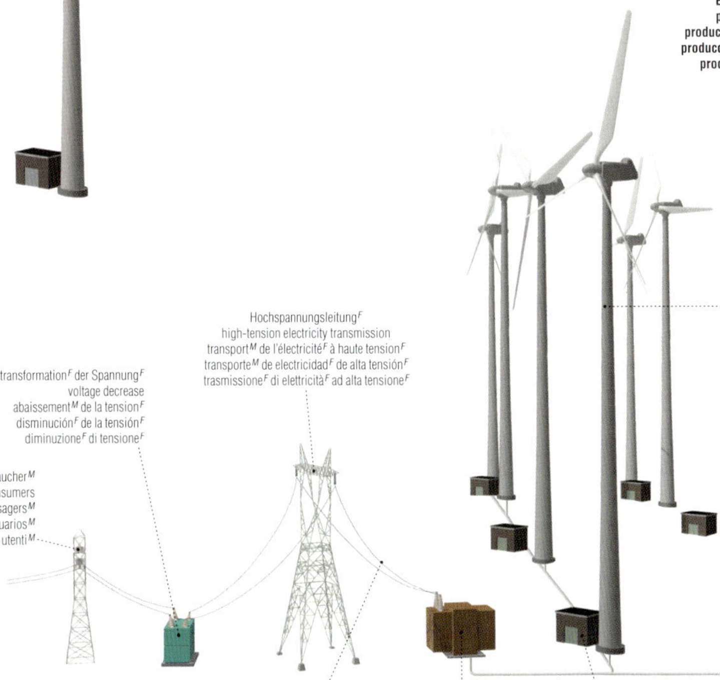

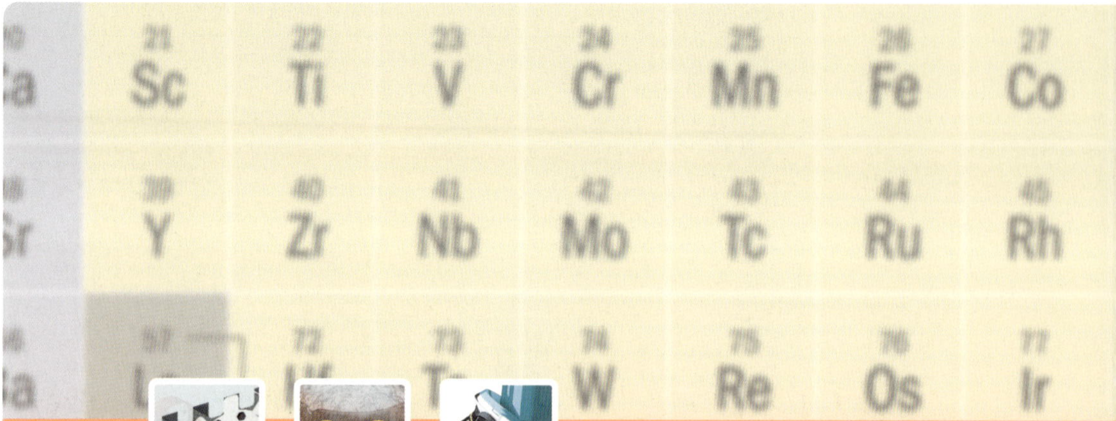
21 Sc
22 Ti
23 V
24 Cr
25 Mn
26 Fe
27 Co
39 Y
40 Zr
41 Nb
42 Mo
43 Tc
44 Ru
45 Rh
74 W
75 Re
76 Os
77 Ir

680 Chemie

680 Materie
682 chemische Elemente
684 chemische Symbole
685 Laborgeräte

686 Physik: Mechanik

686 Zahnradgetriebe
686 einfacher Flaschenzug
686 Hebel

687 Physik: Elektrizität und Magnetismus

687 Magnetismus
687 Parallelschaltung
688 Generatoren
689 Trockenelemente
689 Elektronik

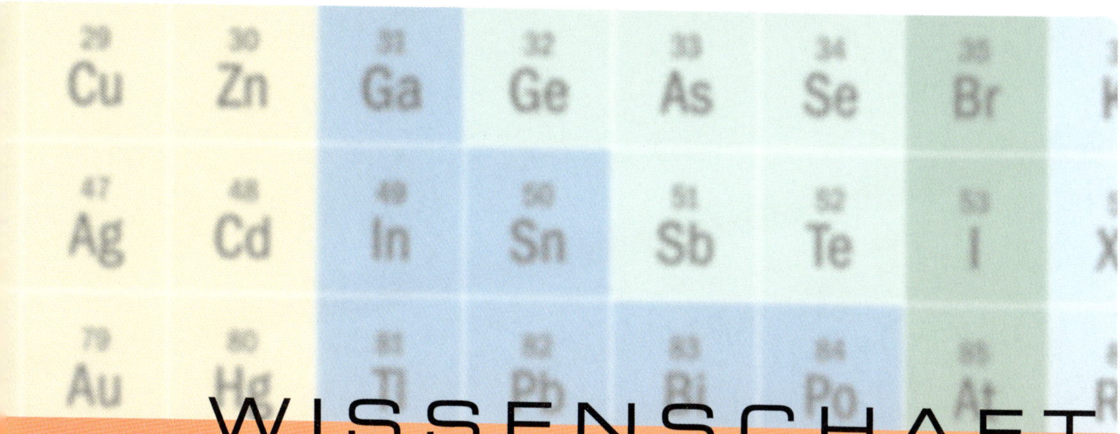

WISSENSCHAFT

90 Physik: Optik

690 elektromagnetisches Spektrum
690 Welle
690 Farbmischung
691 Sehen
691 Linsen
692 Rubin-Impulslaser
692 Prismenfernglas
692 Zielfernrohr
693 Lupe und Mikroskope

695 Messinstrumente

695 Temperaturmessung
696 Zeitmessung
698 Wiegen
700 Längenmessung
700 Entfernungsmessung
700 Dickemessung
701 Winkelmessung

702 Wissenschaftliche Symbole

702 internationales Einheitensystem
702 Biologie
703 Mathematik
704 Geometrie
704 geometrische Formen

Materie^{F}

matter | matière^{F} | materia^{F} | materia^{F}

Atom^{N}
atom
atome^{M}
átomo^{M}
atomo^{M}

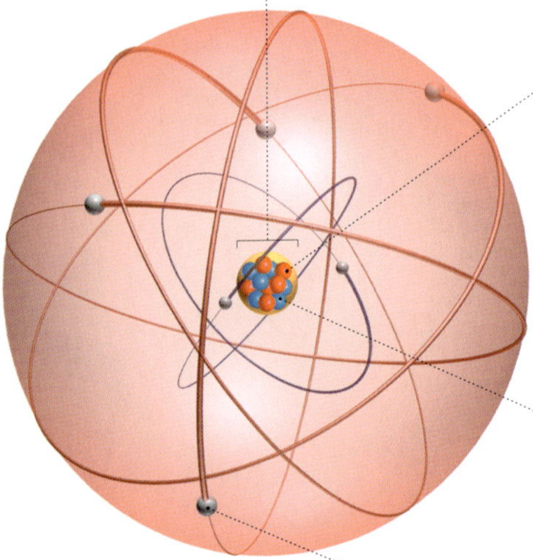

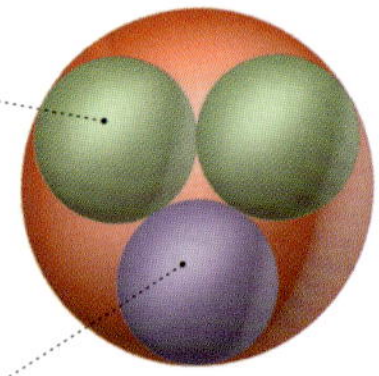

Neutron^{N}
neutron
neutron^{M}
neutrón^{M}
neutrone^{M}

Proton^{N}
proton
proton^{M}
protón^{M}
protone^{M}

Molekül^{N}
molecule
molécule^{F}
molécula^{F}
molecola^{F}

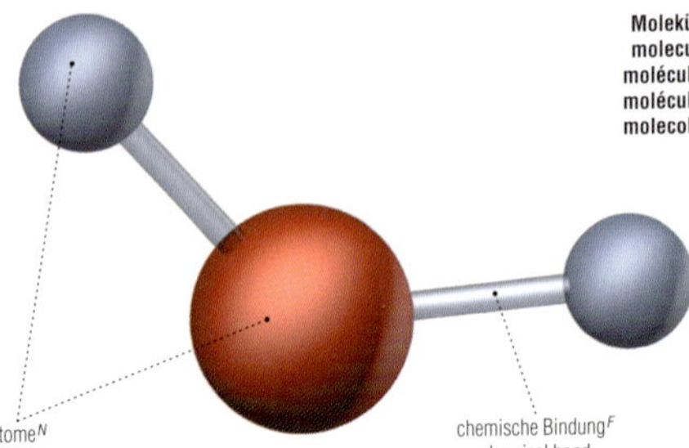

Aggregatzustände^{M}
states of matter
états^{M} de la matière^{F}
estados^{M} de la materia^{F}
stati^{M} della materia^{F}

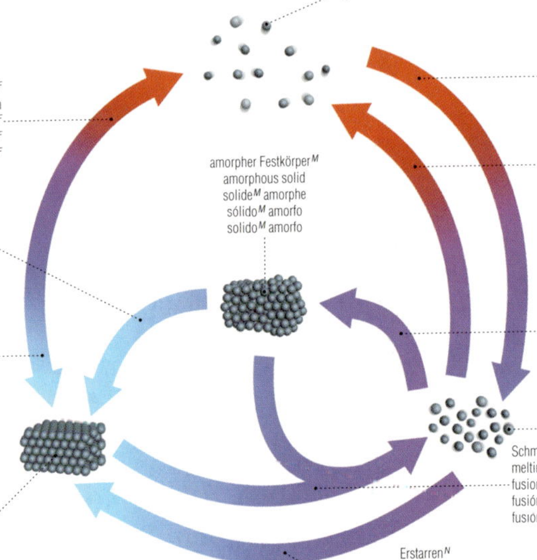

WISSENSCHAFT

Kernspaltung^F
nuclear fission
fission^F nucléaire
fisión^M nuclear
fissione^F nucleare

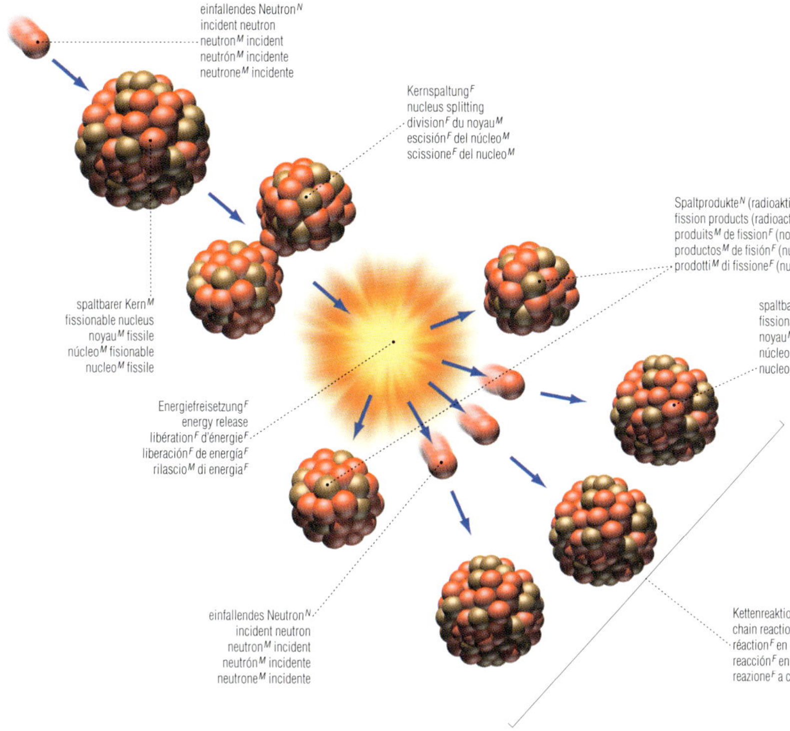

Wärmeübertragung^F
heat transfer
transfert^M de la chaleur^F
transmisión^F de calor^M
trasferimento^M di calore^M

WISSENSCHAFT

chemische Elemente^{N}

chemical elements | éléments^{M} chimiques | elementos^{M} químicos | elementi^{M} chimici

Periodensystem^{N}
table of elements
tableau^{M} périodique des éléments^{M}
tabla^{F} periódica de los elementos^{M}
tavola^{F} periodica degli elementi^{M}

Ordnungszahl^{F}
atomic number
numéro^{M} atomique
número^{M} atómico
numero^{M} atomico

Symbol^{N}
symbol
symbole^{M}
símbolo^{M}
simbolo^{M}

1 H																	2 He
3 Li	4 Be											5 B	6 C	7 N	8 O	9 F	10 Ne
11 Na	12 Mg											13 Al	14 Si	15 P	16 S	17 Cl	18 Ar
19 K	20 Ca	21 Sc	22 Ti	23 V	24 Cr	25 Mn	26 Fe	27 Co	28 Ni	29 Cu	30 Zn	31 Ga	32 Ge	33 As	34 Se	35 Br	36 Kr
37 Rb	38 Sr	39 Y	40 Zr	41 Nb	42 Mo	43 Tc	44 Ru	45 Rh	46 Pd	47 Ag	48 Cd	49 In	50 Sn	51 Sb	52 Te	53 I	54 Xe
55 Cs	56 Ba	57 La	72 Hf	73 Ta	74 W	75 Re	76 Os	77 Ir	78 Pt	79 Au	80 Hg	81 Tl	82 Pb	83 Bi	84 Po	85 At	86 Rn
87 Fr	88 Ra	89 Ac	104 Rf	105 Db	106 Sg	107 Bh	108 Hs	109 Mt	110 Uun	111 Uuu	112 Uub						

58 Ce	59 Pr	60 Nd	61 Pm	62 Sm	63 Eu	64 Gd	65 Tb	66 Dy	67 Ho	68 Er	69 Tm	70 Yb	71 Lu
90 Th	91 Pa	92 U	93 Np	94 Pu	95 Am	96 Cm	97 Bk	98 Cf	99 Es	100 Fm	101 Md	102 No	103 Lr

1 H
Wasserstoff^{M}
hydrogen
hydrogène^{M}
hidrógeno^{M}
idrogeno^{M}

Alkalimetalle^{N}
alkali metals
métaux^{M} alcalins
metales^{M} alcalinos
metalli^{M} alcalini

3 Li
Lithium^{N}
lithium
lithium^{M}
litio^{M}
litio^{M}

11 Na
Natrium^{N}
sodium
sodium^{M}
sodio^{M}
sodio^{M}

19 K
Kalium^{N}
potassium
potassium^{M}
potasio^{M}
potassio^{M}

37 Rb
Rubidium^{N}
rubidium
rubidium^{M}
rubidio^{M}
rubidio^{M}

55 Cs
Cäsium^{N}
caesium
césium^{M}
cesio^{M}
cesio^{M}

87 Fr
Franzium^{N}
francium
francium^{M}
francio^{M}
francio^{M}

Erdalkalimetalle^{N}
alkaline earth metals
métaux^{M} alcalino-terreux
metales^{M} alcalinotérreos
metalli^{M} alcalino-terrosi

4 Be
Beryllium^{N}
beryllium
béryllium^{M}
berilio^{M}
berillio^{M}

12 Mg
Magnesium^{N}
magnesium
magnésium^{M}
magnesio^{M}
magnesio^{M}

20 Ca
Kalzium^{N}
calcium
calcium^{M}
calcio^{M}
calcio^{M}

38 Sr
Strontium^{N}
strontium
strontium^{M}
estroncio^{M}
stronzio^{M}

56 Ba
Barium^{N}
barium
baryum^{M}
bario^{M}
bario^{M}

88 Ra
Radium^{N}
radium
radium^{M}
radio^{M}
radio^{M}

Halbmetalle^{N} (Metalloide^{N})
semi-metals (metalloids)
semi-métaux^{M} (métalloïdes^{M})
semimetales^{M} (metaloides^{M})
semimetalli^{M} (metalloidi^{M})

5 B
Bor^{N}
boron
bore^{M}
boro^{M}
boro^{M}

14 Si
Silizium^{N}
silicon
silicium^{M}
silicio^{M}
silicio^{M}

32 Ge
Germanium^{N}
germanium
germanium^{M}
germanio^{M}
germanio^{M}

33 As
Arsen^{N}
arsenic
arsenic^{M}
arsénico^{M}
arsenico^{M}

34 Se
Selen^{N}
selenium
sélénium^{M}
selenio^{M}
selenio^{M}

51 Sb
Antimon^{N}
antimony
antimoine^{M}
antimonio^{M}
antimonio^{M}

52 Te
Tellur^{N}
tellurium
tellure^{M}
telurio^{M}
tellurio^{M}

andere Metalle^{N}
other metals
autres métaux^{M}
otros metales^{M}
altri metalli^{M}

13 Al
Aluminium^{N}
aluminium
aluminium^{M}
aluminio^{M}
alluminio^{M}

31 Ga
Gallium^{N}
gallium
gallium^{M}
galio^{M}
gallio^{M}

49 In
Indium^{N}
indium
indium^{M}
indio^{M}
indio^{M}

50 Sn
Zinn^{N}
tin
étain^{M}
estaño^{M}
stagno^{M}

81 Tl
Thallium^{N}
thallium
thallium^{M}
talio^{M}
tallio^{M}

82 Pb
Blei^{N}
lead
plomb^{M}
plomo^{M}
piombo^{M}

83 Bi
Wismut^{N}
bismuth
bismuth^{M}
bismuto^{M}
bismuto^{M}

84 Po
Polonium^{N}
polonium
polonium^{M}
polonio^{M}
polonio^{M}

Übergangsmetalle[N]
transition metals
métaux[M] de transition[F]
metales[M] de transición
metalli[M] di transizione[F]

21 Sc
Scandium[N]
scandium
scandium[M]
escandio[M]
scandio[M]

22 Ti
Titan[N]
titanium
titane[M]
titanio[M]
titanio[M]

23 V
Vanadium[N]
vanadium
vanadium[M]
vanadio[M]
vanadio[M]

24 Cr
Chrom[N]
chromium
chrome[M]
cromo[M]
cromo[M]

25 Mn
Mangan[N]
manganese
manganèse[M]
manganeso[M]
manganese[M]

26 Fe
Eisen[N]
iron
fer[M]
hierro[M]
ferro[M]

27 Co
Kobalt[N]
cobalt
cobalt[M]
cobalto[M]
cobalto[M]

28 Ni
Nickel[N]
nickel
nickel[M]
níquel[M]
nichel[M]

29 Cu
Kupfer[N]
copper
cuivre[M]
cobre[M]
rame[M]

30 Zn
Zink[N]
zinc
zinc[M]
cinc[M]
zinco[M]

39 Y
Yttrium[N]
yttrium
yttrium[M]
itrio[M]
ittrio[M]

40 Zr
Zirkonium[N]
zirconium
zirconium[M]
zirconio[M]
zirconio[M]

41 Nb
Niob[N]
niobium
niobium[M]
niobio[M]
niobio[M]

42 Mo
Molybdän[N]
molybdenum
molybdène[M]
molibdeno[M]
molibdeno[M]

43 Tc
Technetium[N]
technetium
technétium[M]
tecnecio[M]
tecnezio[M]

44 Ru
Ruthenium[N]
ruthenium
ruthénium[M]
rutenio[M]
rutenio[M]

45 Rh
Rhodium[N]
rhodium
rhodium[M]
rodio[M]
rodio[M]

46 Pd
Palladium[N]
palladium
palladium[M]
paladio[M]
palladio[M]

47 Ag
Silber[N]
silver
argent[M]
plata[F]
argento[M]

48 Cd
Cadmium[N]
cadmium
cadmium[M]
cadmio[M]
cadmio[M]

72 Hf
Hafnium[N]
hafnium
hafnium[M]
hafnio[M]
afnio[M]

73 Ta
Tantal[N]
tantalum
tantale[M]
tántalo[M]
tantalio[M]

74 W
Wolfram[N]
tungsten
tungstène[M]
tungsteno[M]
tungsteno[M]

75 Re
Rhenium[N]
rhenium
rhénium[M]
renio[M]
renio[M]

76 Os
Osmium[N]
osmium
osmium[M]
osmio[M]
osmio[M]

77 Ir
Iridium[N]
iridium
iridium[M]
iridio[M]
iridio[M]

78 Pt
Platin[N]
platinum
platine[M]
platino[M]
platino[M]

79 Au
Gold[N]
gold
or[M]
oro[M]
oro[M]

80 Hg
Quecksilber[N]
mercury
mercure[M]
mercurio[M]
mercurio[M]

104 Rf
Rutherfordium[N]
rutherfordium
rutherfordium[M]
rutherfodio[M]
rutherfordio[M]

105 Db
Dubnium[N]
dubnium
dubnium[M]
dubnio[M]
dubnio[M]

106 Sg
Seaborgium[N]
seaborgium
seaborgium[M]
seaborgio[M]
seaborgio[M]

107 Bh
Bohrium[N]
bohrium
bohrium[M]
bohrio[M]
bohrio[M]

108 Hs
Hassium[N]
hassium
hassium[M]
hassio[M]
hassio[M]

109 Mt
Meitnerium[N]
meitnerium
meitnerium[M]
meitnerio[M]
meitnerio[M]

110 Uun
Ununnilium[N]
ununnilium
ununnilium[M]
ununnilio[M]
ununnilio[M]

111 Uuu
Unununium[N]
unununium
unununium[M]
unununio[M]
unununio[M]

112 Uub
Ununbium[N]
ununbium
ununbium[M]
ununbio[M]
ununbio[M]

Nichtmetalle[N]
non-metals
non-métaux[M]
no metales[M]
non metalli[M]

6 C
Kohlenstoff[M]
carbon
carbone[M]
carbón[M]
carbonio

7 N
Stickstoff[M]
nitrogen
azote[M]
nitrógeno[M]
azoto[M]

8 O
Sauerstoff[M]
oxygen
oxygène[M]
oxígeno[M]
ossigeno[M]

9 F
Fluor[N]
fluorine
fluor[M]
flúor[M]
fluoro[M]

15 P
Phosphor[M]
phosphorus
phosphore[M]
fósforo[M]
fosforo[M]

16 S
Schwefel[M]
sulphur
soufre[M]
azufre[M]
zolfo[M]

17 Cl
Chlor[N]
chlorine
chlore[M]
cloro[M]
cloro[M]

35 Br
Brom[N]
bromine
brome[M]
bromo[M]
bromo[M]

53 I
Jod[N]
iodine
iode[M]
yodo[M]
iodio[M]

85 At
Astat[N]
astatine
astate[M]
ástato[M]
astato[M]

chemische Elemente[N]

Edelgase[N]
noble gases
gaz[M] rares
gases[M] nobles
gas[M] nobili

2 He — **Helium[N]**, helium, hélium[M], helio[M], elio[M]

10 Ne — **Neon[N]**, neon, néon[M], neón[M], neon[M]

18 Ar — **Argon[N]**, argon, argon[M], argón[M], argo[M]

36 Kr — **Krypton[N]**, krypton, krypton[M], criptón[M], cripto[M]

54 Xe — **Xenon[N]**, xenon, xénon[M], xenón[M], xeno[M]

86 Rn — **Radon[N]**, radon, radon[M], radón[M], radon[M]

Lanthanoide[N] (Seltenerdmetalle[N])
lanthanides (rare earth)
lanthanides[M] (terres[F] rares)
lantánidos[M] (tierras[F] raras)
lantanidi[M] (terre[F] rare)

57 La — **Lanthan[N]**, lanthanum, lanthane[M], lantano[M], lantanio[M]

58 Ce — **Cer[N]**, cerium, cérium[M], cerio[M], cerio[M]

59 Pr — **Praseodym[N]**, praseodymium, praséodyme[M], praseodimio[M], praseodimio[M]

60 Nd — **Neodym[N]**, neodymium, néodyme[M], neodimio[M], neodimio[M]

61 Pm — **Promethium[N]**, promethium, prométhium[M], promecio[M], promezio[M]

62 Sm — **Samarium[N]**, samarium, samarium[M], samario[M], samario[M]

63 Eu — **Europium[N]**, europium, europium[M], europio[M], europio[M]

64 Gd — **Gadolinium[N]**, gadolinium, gadolinium[M], gadolinio[M], gadolinio[M]

65 Tb — **Terbium[N]**, terbium, terbium[M], terbio[M], terbio[M]

66 Dy — **Dysprosium[N]**, dysprosium, dysprosium[M], disprosio[M], disprosio[M]

67 Ho — **Holmium[N]**, holmium, holmium[M], holmio[M], olmio[M]

68 Er — **Erbium[N]**, erbium, erbium[M], erbio[M], erbio[M]

69 Tm — **Thulium[N]**, thulium, thulium[M], tulio[M], tulio[M]

70 Yb — **Ytterbium[N]**, ytterbium, ytterbium[M], iterbio[M], itterbio[M]

71 Lu — **Lutetium[N]**, lutetium, lutécium[M], lutecio[M], lutezio[M]

Actinoide[N] (Seltenerdmetalle[N])
actinides (rare earth)
actinides[M]
actínidos[M] (tierras[F] raras)
attinidi[M]

89 Ac — **Actinium[N]**, actinium, actinium[M], actino[M], attinio[M]

90 Th — **Thorium[N]**, thorium, thorium[M], torio[M], torio[M]

91 Pa — **Protactinium[N]**, protactinium, protactinium[M], protactinio[M], protoattinio[M]

92 U — **Uran[N]**, uranium, uranium[M], uranio[M], uranio[M]

93 Np — **Neptunium[N]**, neptunium, neptunium[M], neptunio[M], nettunio[M]

94 Pu — **Plutonium[N]**, plutonium, plutonium[M], plutonio[M], plutonio[M]

95 Am — **Americium[N]**, americium, américium[M], americio[M], americio[M]

96 Cm — **Curium[N]**, curium, curium[M], curio[M], curio[M]

97 Bk — **Berkelium[N]**, berkelium, berkélium[M], berquelio[M], berchelio[M]

98 Cf — **Californium[N]**, californium, californium[M], californio[M], californio[M]

99 Es — **Einsteinium[N]**, einsteinium, einsteinium[M], einstenio[M], einsteinio[M]

100 Fm — **Fermium[N]**, fermium, fermium[M], fermio[M], fermio[M]

101 Md — **Mendelevium[N]**, mendelevium, mendélévium[M], mendelevio[M], mendelevio[M]

102 No — **Nobelium[N]**, nobelium, nobélium[M], nobelio[M], nobelio[M]

103 Lr — **Lawrencium[N]**, lawrencium, lawrencium[M], laurencio[M], laurenzio[M]

chemische Symbole[N]

chemistry symbols | symboles[M] de chimie[F] | símbolos[M] químicos | simboli[M] chimici

−
negativ geladen
negative charge
négatif[M]
elemento[M] negativo
carica[F] negativa

+
positiv geladen
positive charge
positif[M]
elemento[M] positivo
carica[F] positiva

⇄
reversible Reaktion[F]
reversible reaction
réaction[F] réversible
reacción[F]
reazione[F] reversibile

→
Reaktionsrichtung[F]
reaction direction
direction[F] d'une réaction[F]
dirección[F]
direzione[F] della reazione[F]

Laborgeräte^N

laboratory equipment | matériel^M de laboratoire^M | material^M de laboratorio^M | strumenti^M di laboratorio^M

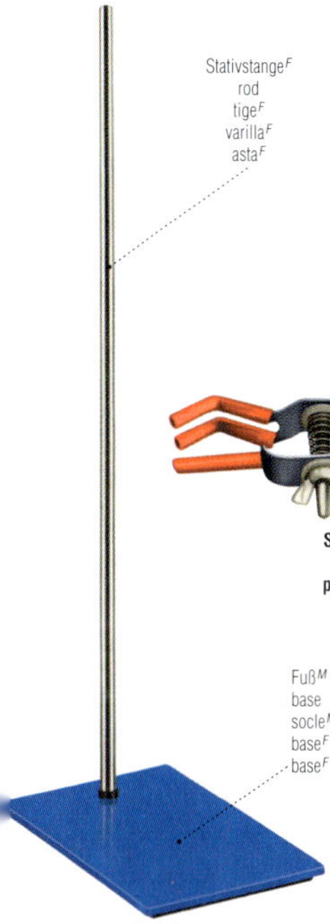

Stativ^N
stand
statif^M
soporte^M
stativo^M

Klemmhalter^M
holder
noix^F de serrage^M
nuez^M
dispositivo^M di serraggio^M

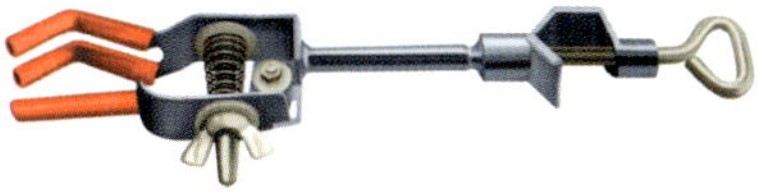

Stativklemme^F/Klemmhalter^M
clamp/holder
pince^F avec noix^F de serrage^M
pinzas^F con nuez^F
pinze^F di serraggio^M

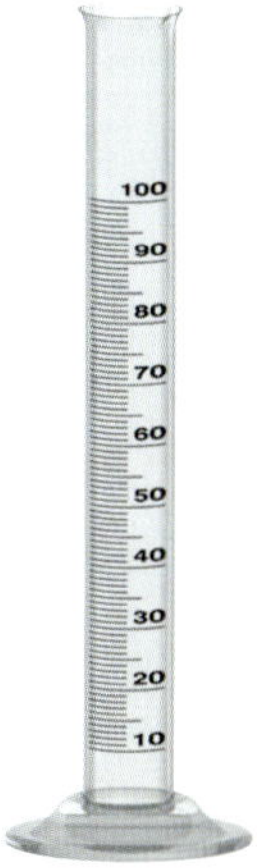

Messzylinder^M
graduated cylinder
éprouvette^F graduée
probeta^F graduada
cilindro^M graduato

Bürette^F
straight stopcock burette
burette^F à robinet^M droit
bureta^F con llave a la derecha^F
buretta^F con rubinetto^M a destra

Pipette^F
serological pipette
pipette^F sérologique
pipeta^F
pipetta^F sierologica

Petri-Schale^F
Petri dish
boîte^F de Pétri
cápsula^F de Petri
capsula^F di Petri

Reagenzglas^N
test tube
tube^M à essai^M
tubo^M de ensayo^M
provetta^F

Bunsenbrenner^M
gas burner
brûleur^M à gaz^M
mechero^M de gas^M
becco^M Bunsen

Flasche^F
bottle
bouteille^F
botella^F
bottiglia^F

Spritzflasche^F
wash bottle
pissette^F
frasco^M lavador
spruzzetta^F

Rundkolben^M
round-bottom flask
ballon^M à fond^M rond
balón^M
pallone^M

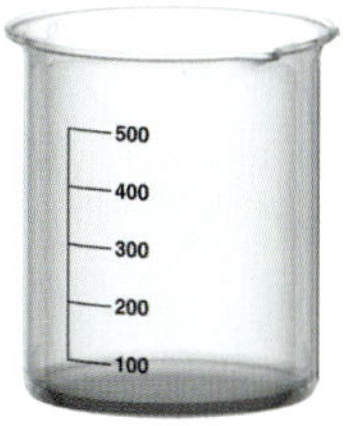

Becherglas^N
beaker
bécher^M
cubeta^F de precipitación^M
becher^M

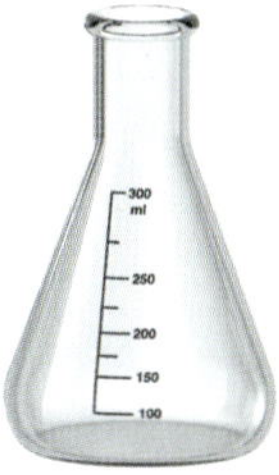

Erlenmeyer-Kolben^M
Erlenmeyer flask
erlenmeyer^M
frasco^M Erlenmeyer
beuta^F di Erlenmeyer

WISSENSCHAFT

Zahnradgetriebe^{N}

gearing systems | engrenages^{M} | sistemas^{M} de engranajes^{F} | sistemi^{M} di ingranaggio^{M}

Zahnstangengetriebe^{N}
rack and pinion gear
engrenage^{M} à pignon^{M} et crémaillère^{F}
engranaje^{M} de piñón^{M} y cremallera^{F}
ingranaggio^{M} a pignone^{M} e cremagliera^{F}

Stirnradgetriebe^{N}
spur gear
engrenage^{M} cylindrique à denture^{F} droite
rueda^{F} cilíndrica de dientes^{M} rectos
ingranaggio^{M} cilindrico a ruote^{F} dentate

Kegelradgetriebe^{N}
bevel gear
engrenage^{M} conique
engranaje^{M} cónico
ingranaggio^{M} conico

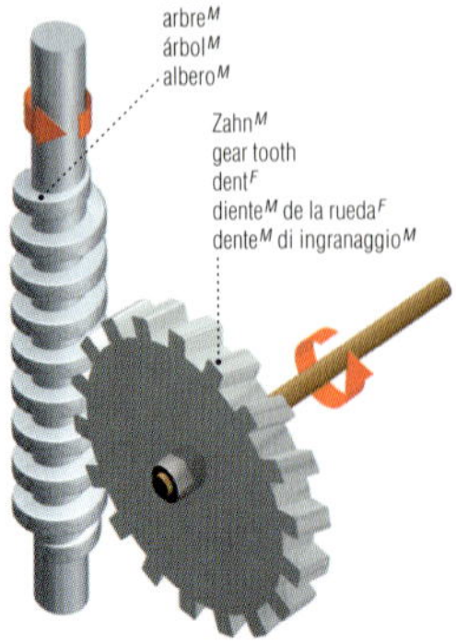

Schneckengetriebe^{N}
worm gear
engrenage^{M} à vis^{F} sans fin^{F}
engranaje^{M} de tornillo^{M} sin fin
ruota^{F} elicoidale

einfacher Flaschenzug^{M}

double pulley system | système^{M} à deux poulies^{F} | sistema^{F} de doble polea^{F} | sistema^{M} a doppia puleggia^{F}

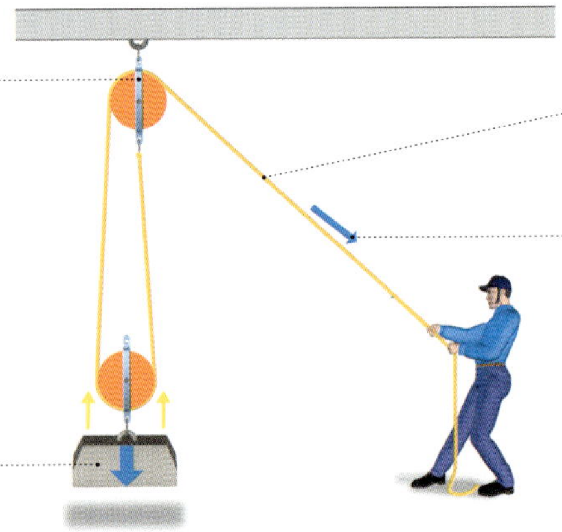

Hebel^{M}

lever | levier^{M} | palanca^{F} | leva^{F}

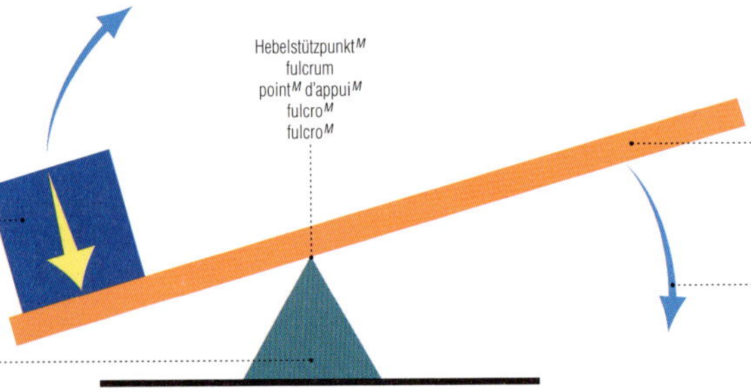

Magnetismus^M

magnetism | magnétisme^M | magnetismo^M | magnetismo^M

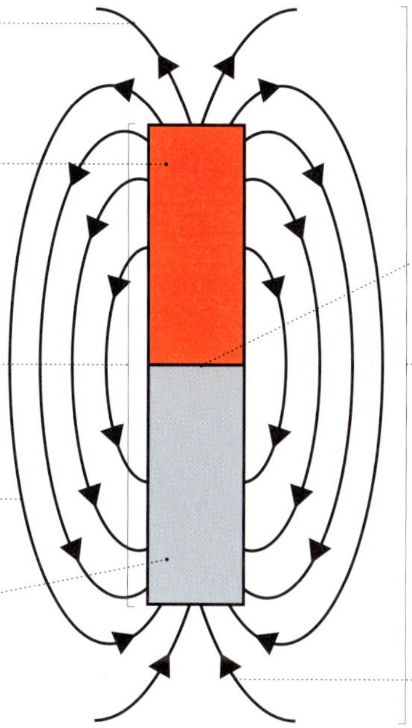

Parallelschaltung^F

parallel electrical circuit | circuit^M électrique en parallèle^F | circuito^M eléctrico en paralelo^M | circuito^M elettrico parallelo

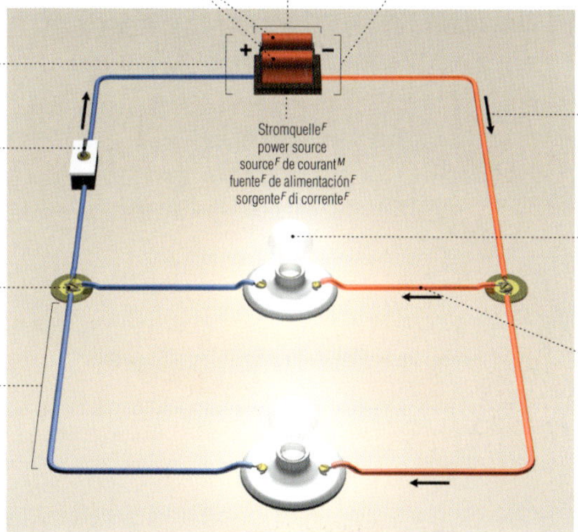

Generatoren[M]

generators | générateurs[M] | generadores[M] | generatori[M]

Dynamo[M]
dynamo
dynamo[F]
dinamo[M]
dinamo[F]

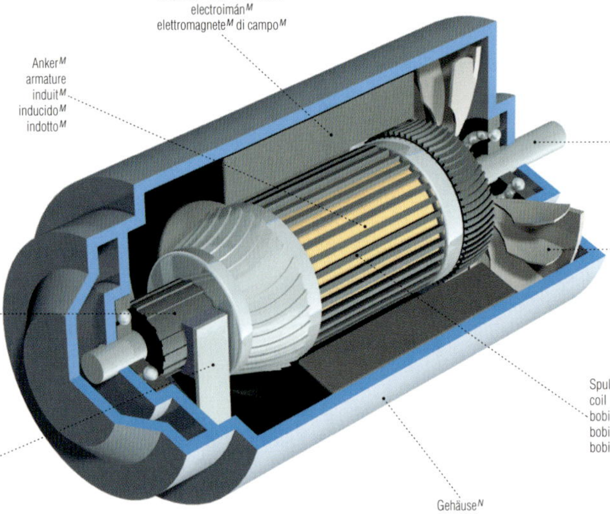

Wechselstromgenerator[M]
alternator
alternateur[M]
alternador[M]
alternatore[M]

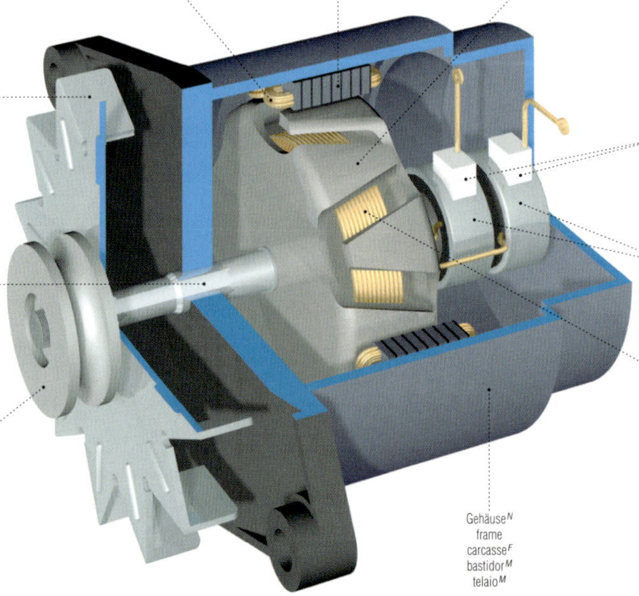

Trockenelemente[N]

dry cells | piles[F] sèches | pilas[F] secas | pile[F] a secco[M]

Kohle[F]-Zink[N]-Zelle[F]
carbon-zinc cell
pile[F] carbone[M]-zinc[M]
pila[F] de carbón-cinc
pila[F] a carbone[M]-zinco[M]

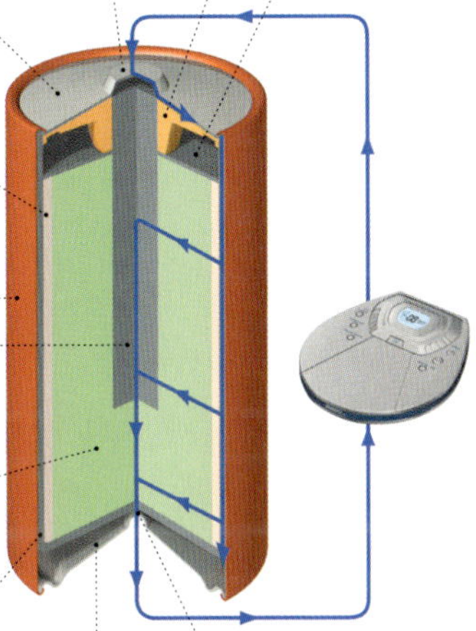

alkalische Zink[N]-Mangan[N]-Zelle[F]
alkaline manganese-zinc cell
pile[F] alcaline manganèse[M]-zinc[M]
pila[F] alcalina de manganeso-zinc
pila[F] alcalina a manganese[M]-zinco[M]

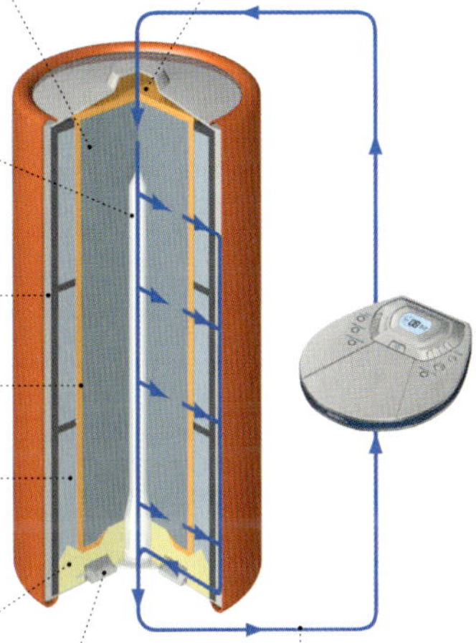

Elektronik[F]

electronics | électronique[F] | electrónica[F] | elettronica[F]

Leiterplatte[F]
printed circuit board
carte[F] de circuit[M] imprimé
tarjeta[F] de circuito[M] impreso
scheda[F] del circuito[M] stampato

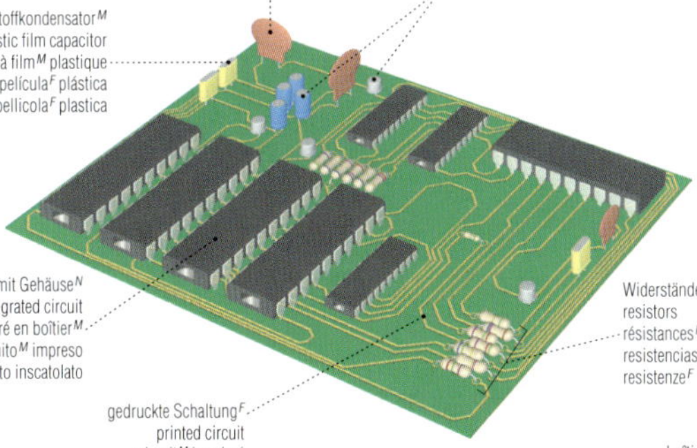

integrierte Schaltung[F] mit Gehäuse[N]
packaged integrated circuit
circuit[M] intégré en boîtier[M]
placa[F] de circuito[M] impreso
circuito[M] integrato inscatolato

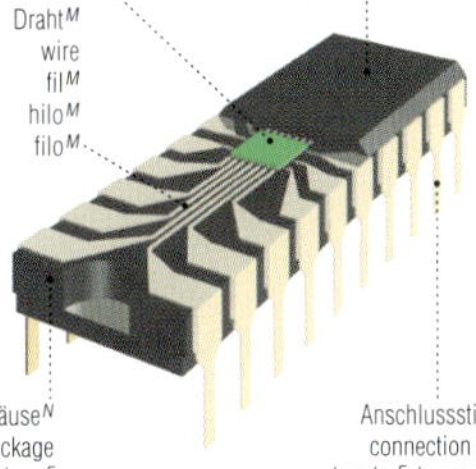

elektromagnetisches Spektrum^{N}

electromagnetic spectrum | spectre^{M} électromagnétique | espectro^{M} electromagnético | spettro^{M} elettromagnetico

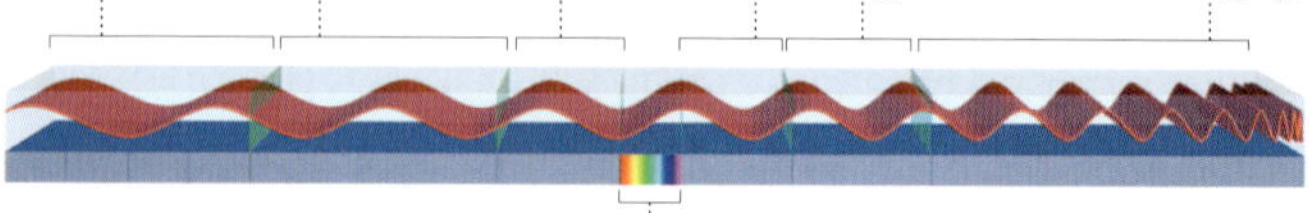

Welle^{F}

wave | onde^{F} | onda^{F} | onda^{F}

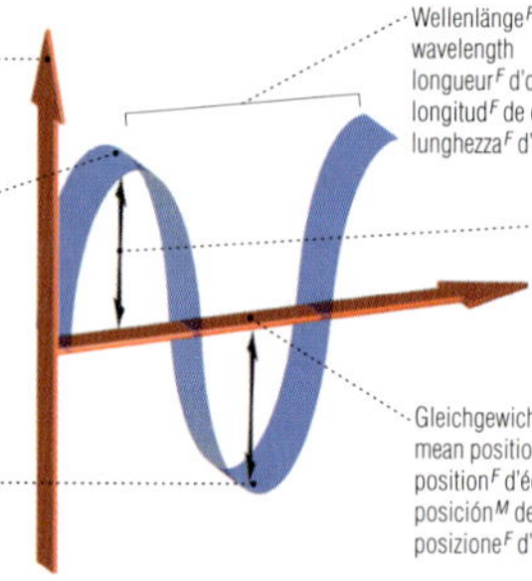

Farbmischung^{F}

colour synthesis | synthèse^{F} des couleurs^{F} | síntesis^{F} de los colores^{M} | sintesi^{F} dei colori^{M}

additive Farbmischung^{F}
additive colour synthesis
synthèse^{F} additive
síntesis^{F} de los colores^{M} aditivos
sintesi^{F} additiva

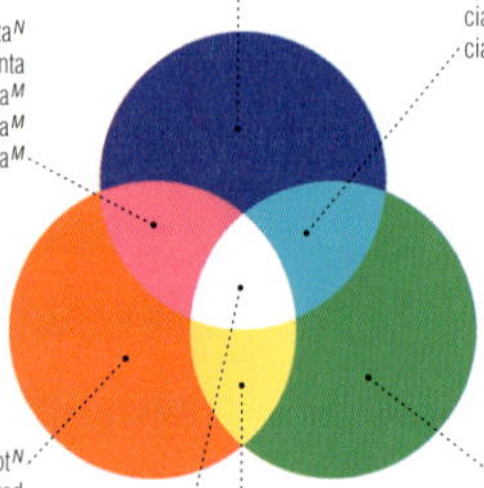

subtraktive Farbmischung^{F}
subtractive colour synthesis
synthèse^{F} soustractive
síntesis^{F} de los colores^{M} sustractivos
sintesi^{F} sottrattiva

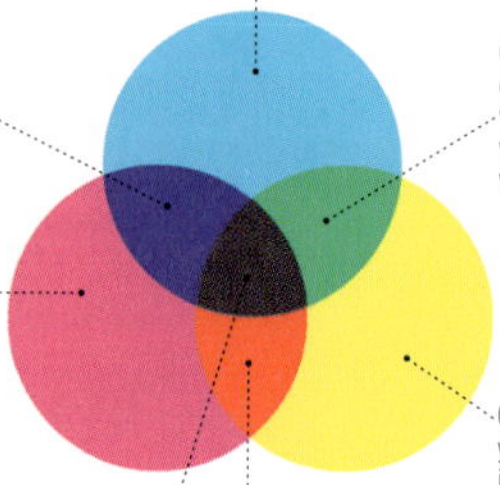

Sehen[N]

vision | vision[F] | visión[F] | vista[F]

Normalsichtigkeit[F]
normal sight
vision[F] normale
visión[F] normal
vista[F] normale

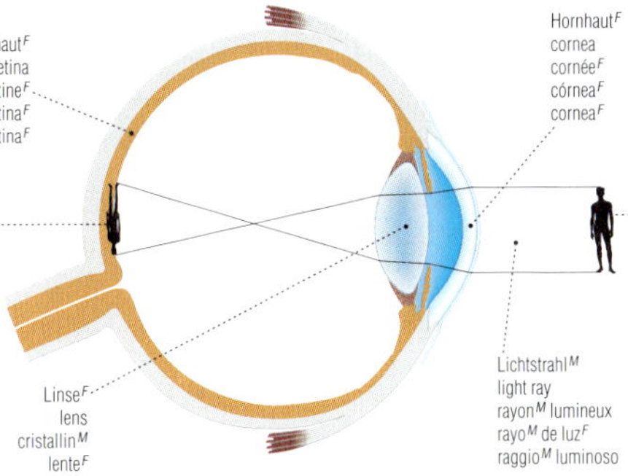

Sehfehler[M]
vision defects
défauts[M] de la vision[F]
defectos[M] de la visión[F]
difetti[M] della vista[F]

Kurzsichtigkeit[F]
myopia
myopie[F]
miopía[F]
miopia[F]

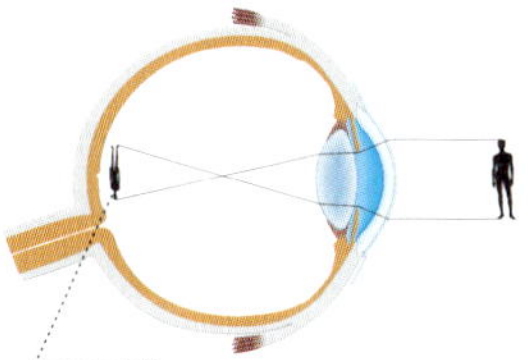

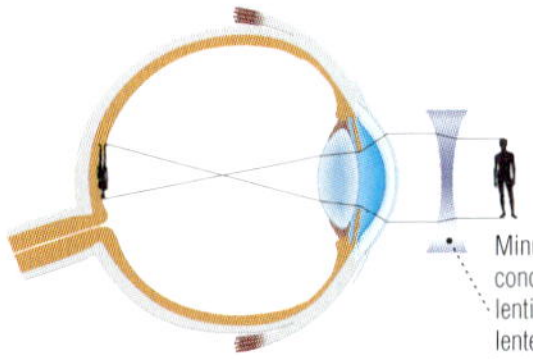

Weitsichtigkeit[F]
hyperopia
hypermétropie[F]
hipermetropía[F]
ipermetropia[F]

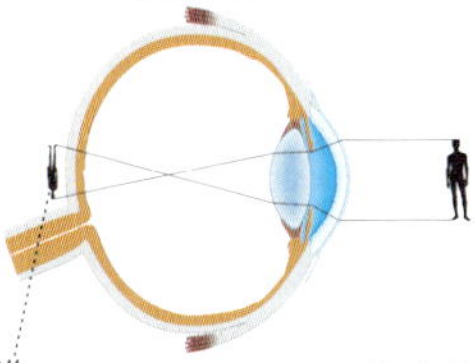

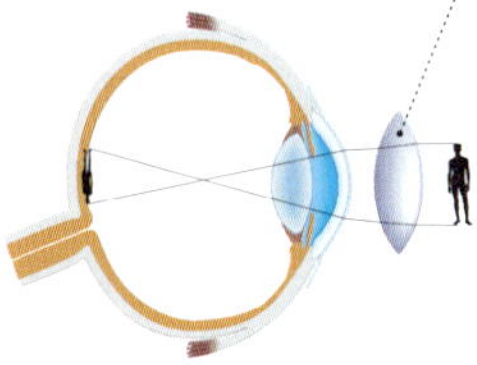

Astigmatismus[M]
astigmatism
astigmatisme[M]
astigmatismo[M]
astigmatismo[M]

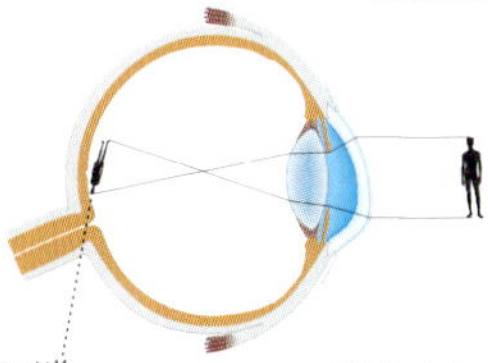

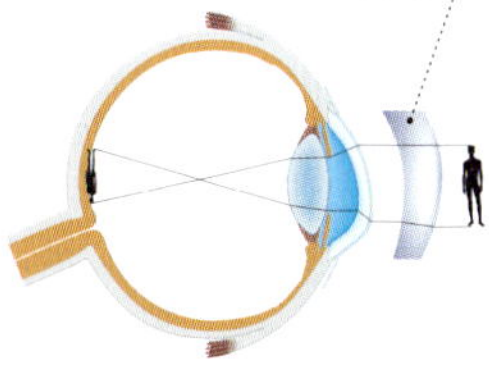

Linsen[F]

lenses | lentilles[F] | lentes[F] | lenti[F]

Sammellinsen[F]
converging lenses
lentilles[F] convergentes
lentes[F] convergentes
lenti[F] convergenti

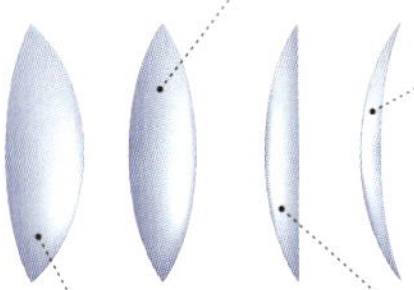

Zerstreuungslinsen[F]
diverging lenses
lentilles[F] divergentes
lentes[F] divergentes
lenti[F] divergenti

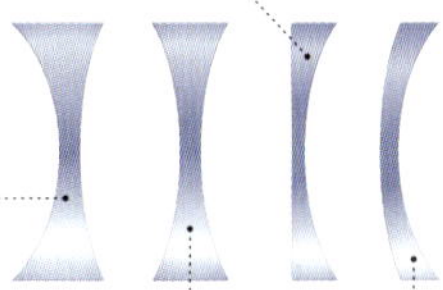

WISSENSCHAFT

Rubin^{M}-Impulslaser^{M}

pulsed ruby laser I laser^{M} à rubis^{M} pulsé I láser^{M} de rubí^{M} pulsado I laser^{M} a rubino^{M} pulsato

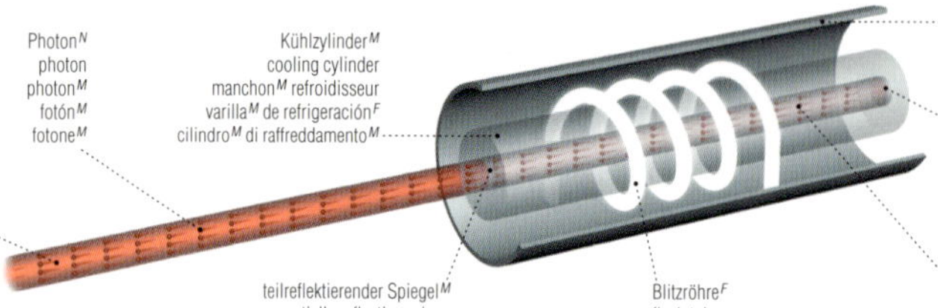

Prismenfernglas^{N}

prism binoculars I jumelles^{F} à prismes^{M} I prismáticos^{M} binoculares I binocolo^{M} prismatico

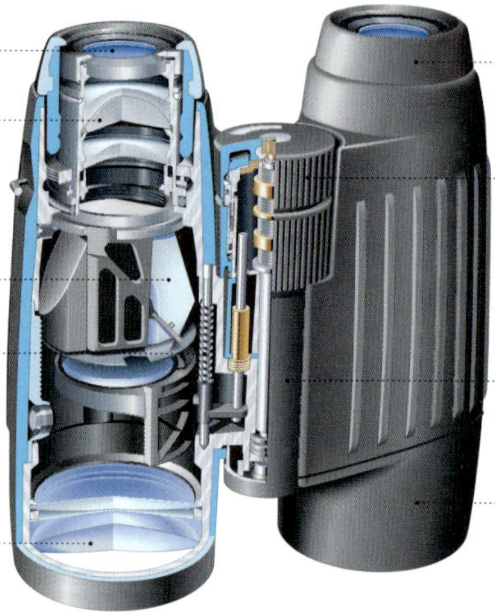

Zielfernrohr^{N}

telescopic sight I lunette^{F} de visée^{F} I visor^{M} telescópico I cannocchiale^{M} di mira^{F}

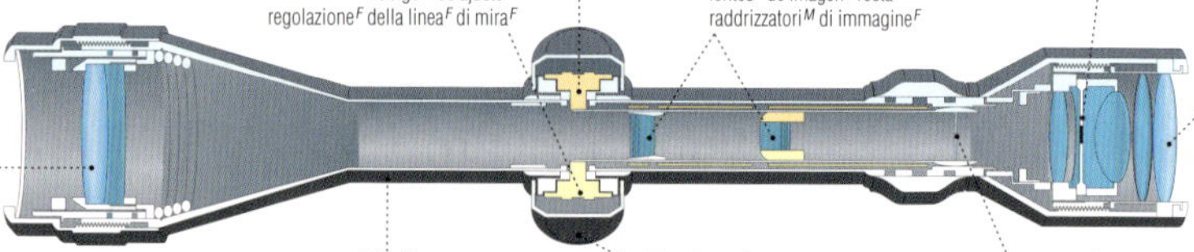

Lupe^{F} und Mikroskope^{N}

magnifying glass and microscopes | loupe^{F} et microscopes^{M} | lupa^{F} y microscopios^{M} | lente^{F} di ingrandimento^{M} e microscopi^{M}

Lupe^{F}
magnifying glass
loupe^{F}
lupa^{F}
lente^{F} di ingrandimento^{M}

Mikroskop^{N}
microscope
microscope^{M}
microscopio^{M}
microscopio^{M}

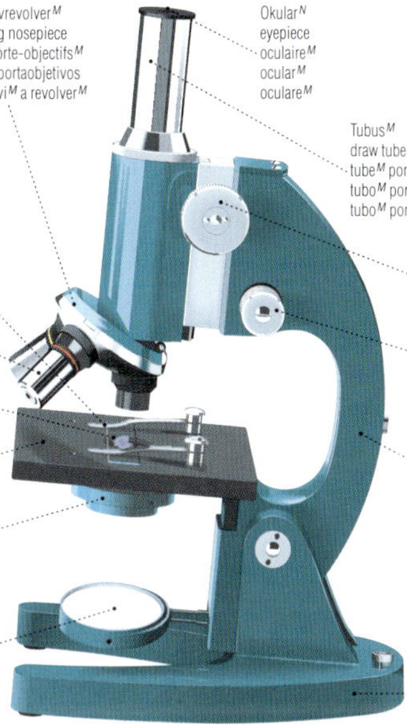

Binokularmikroskop^{N}
binocular microscope
microscope^{M} binoculaire
microscopio^{M} binocular
microscopio^{M} binoculare

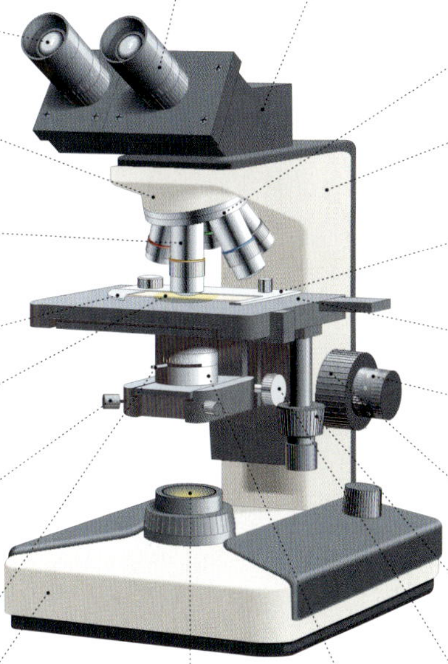

Lupe[F] und Mikroskope[N]

Elektronenmikroskop[N] im Querschnitt[M]
cross section of an electron microscope
coupe[F] d'un microscope[M] électronique
corte[M] transversal de un microscopio[M] de electrones[M]
sezione[F] di un microscopio[M] elettronico

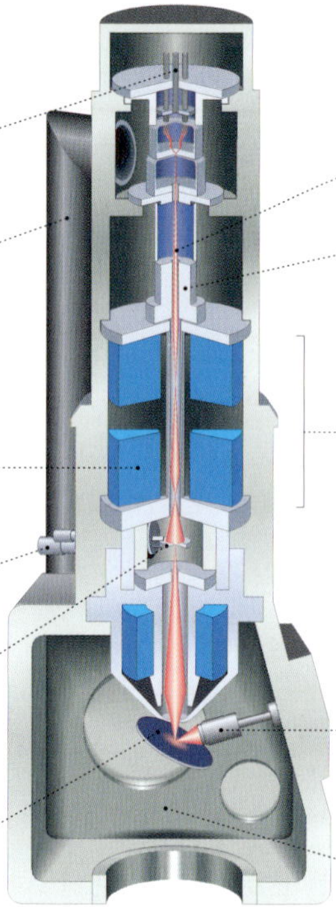

Elektronenkanone[F]
electron gun
canon[M] à électrons[M]
cañón[M] de electrones[M]
cannone[M] elettronico

Vakuumrohr[N]
vacuum manifold
canalisation[F] de pompage[M]
canalización[F] de vacío[M]
collettore[M] a vuoto[M]

Kondensor[M]
condenser
condenseur[M]
condensador[M]
condensatore[M]

Blendeneinstellung[F]
aperture changer
commande[F] de sélection[F] de l'ouverture[F]
abertura[F] para el cambio[M] de gases[M]
cambiaaperture[M]

Aperturblende[F]
aperture diaphragm
diaphragme[M] d'ouverture[F]
abertura[F] del diafragma[M]
diaframma[M] di apertura[F]

Objekttisch[M]
stage
porte-spécimen[M]
platina[F]
portaoggetti[M]

Elektronenstrahl[M]
electron beam
faisceau[M] d'électrons[M]
haz[M] de electrones[M]
fascio[M] elettronico

Elektronenstrahljustierung[F]
electron beam positioning
alignement[M] du faisceau[M] dans l'axe[M]
posición[F] del haz[M] de electrones[M]
posizionamento[M] del fascio[M] rispetto all'asse[F]

Verminderung[F] des Strahldurchmessers[M]
beam diameter reduction
concentration[F] du faisceau[M]
reducción[F] del diámetro[M] del haz[M]
riduzione[F] del diametro[M] del fascio[M]

elektronenoptische Linsen[F]
focusing lenses
lentilles[F] de mise[F] au point[M]
lentes[F] de enfoque[M]
lenti[F] di focalizzazione[F]

Einblicklupe[F]
visual transmission
transmission[F] de l'image[F]
transmisión[F] visual
trasmissione[F] dell'immagine[F]

Vakuumkammer[F]
vacuum chamber
chambre[F] à vide[M]
cámara[F] de vacío[M]
camera[F] a vuoto[M]

Teile[N] des Elektronenmikroskops[N]
electron microscope elements
composantes[F] d'un microscope[M] électronique
elementos[M] del microscopio[M] de electrones[M]
elementi[M] del microscopio[M] elettronico

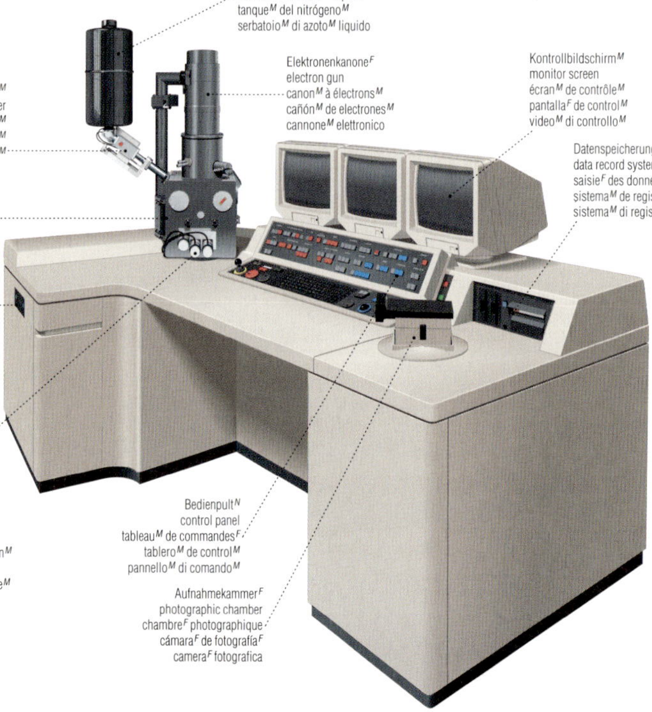

Behälter[M] mit flüssigem Stickstoff[M]
liquid nitrogen tank
réservoir[M] d'azote[M] liquide
tanque[M] del nitrógeno[M]
serbatoio[M] di azoto[M] liquido

Spektrometer[M]
spectrometer
spectromètre[M]
espectrómetro[M]
spettrometro[M]

Elektronenkanone[F]
electron gun
canon[M] à électrons[M]
cañón[M] de electrones[M]
cannone[M] elettronico

Kontrollbildschirm[M]
monitor screen
écran[M] de contrôle[M]
pantalla[F] de control[M]
video[M] di controllo[M]

Datenspeicherung[F]
data record system
saisie[F] des données[F]
sistema[M] de registro[M] de la información[F]
sistema[M] di registrazione[F] dei dati[M]

Probenkammer[F]
specimen chamber
chambre[F] d'observation[F]
cámara[F] para la muestra[F]
camera[F] portacampioni

Vakuumpumpe[F]
vacuum system console
bâti[M] de la pompe[F] à vide[M]
consola[F] para el sistema[M] de vacío[M]
console[F] per il vuoto[M]

Positionskontrolle[F] der Probe[F]
specimen positioning control
commande[F] de positionnement[M] du spécimen[M]
control[M] de posición[F] de la muestra[F]
manopola[F] di posizionamento[M] del campione[M]

Bedienpult[N]
control panel
tableau[M] de commandes[F]
tablero[M] de control[M]
pannello[M] di comando[M]

Aufnahmekammer[F]
photographic chamber
chambre[F] photographique
cámara[F] de fotografía[F]
camera[F] fotografica

WISSENSCHAFT

Temperaturmessung^{F}

measurement of temperature | mesure^{F} de la température^{F} | medición^{F} de la temperatura^{F} | misura^{F} della temperatura^{F}

Thermometer^{N}
thermometer
thermomètre^{M}
termómetro^{M}
termometro^{M}

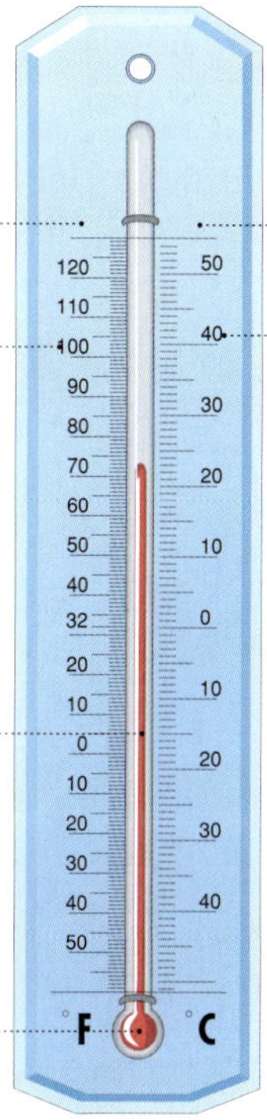

Fieberthermometer^{N}
clinical thermometer
thermomètre^{M} médical
termómetro^{M} clínico
termometro^{M} clinico

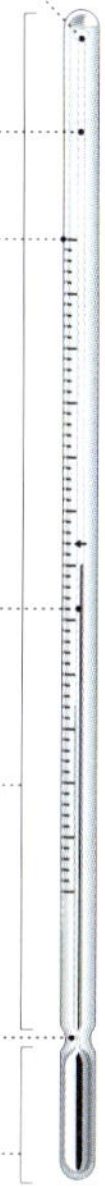

Bimetall-Thermometer^{N}
bimetallic thermometer
thermomètre^{M} bimétallique
termómetro^{M} bimetálico
termometro^{M} a lamina^{F} bimetallica

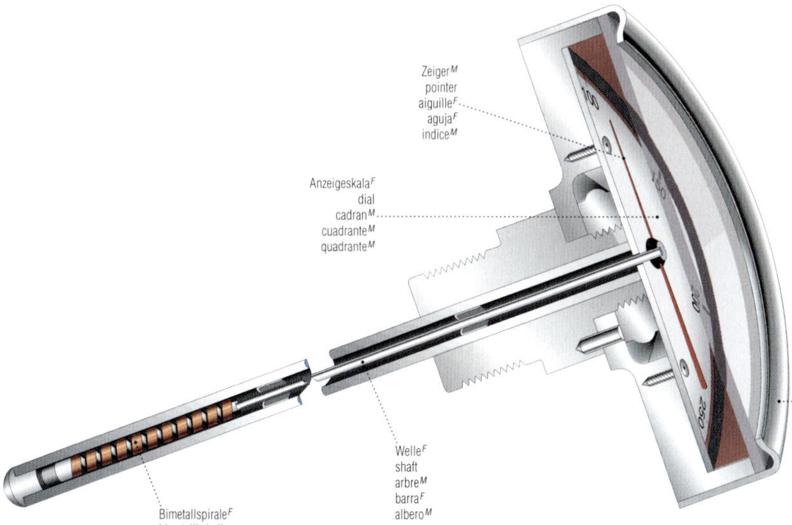

Zeitmessung[F]

measurement of time | mesure[F] du temps[M] | medición[F] del tiempo[M] | misura[F] del tempo[M]

Stoppuhr[F]
stopwatch
chronomètre[M]
cronómetro[M]
cronometro[M]

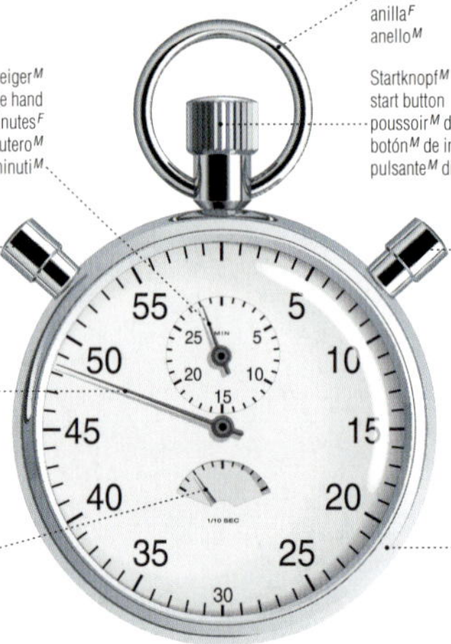

Ring[M]
ring
anneau[M]
anilla[F]
anello[M]

Minutenzeiger[M]
minute hand
aiguille[F] des minutes[F]
minutero[M]
lancetta[F] dei minuti[M]

Startknopf[M]
start button
poussoir[M] de mise[F] en marche[F]
botón[M] de inicio[M] de marcha[F]
pulsante[M] di partenza[F]

Rückstellknopf[M]
reset button
poussoir[M] de remise[F] à zéro[M]
botón[M] de inicio[M] del contador[M]
pulsante[M] di azzeramento[M]

Stoppknopf[M]
stop button
poussoir[M] d'arrêt[M]
botón[M] de parada[F]
pulsante[M] di arresto[M]

Sekundenzeiger[M]
second hand
trotteuse[F]
segundero[M]
lancetta[F] dei secondi[M]

Zehntelsekundenzeiger[M]
1/10th second hand
aiguille[F] des dixièmes[M] de seconde[F]
aguja[F] de décimas[F] de segundo[M]
lancetta[F] dei decimi[M] di secondo[M]

Gehäuse[N]
case
boîtier[M]
estuche[M]
cassa[F]

Digitaluhr[F]
digital watch
montre[F] à affichage[M] numérique
reloj[M] digital
orologio[M] digitale

LCD-Anzeige[F]
liquid-crystal display
cristaux[M] liquides
registro[M] de cristal[M] líquido
quadrante[M] a cristalli[M] liquidi

Analoguhr[F]
analogue watch
montre[F] à affichage[M] analogique
reloj[M] de pulsera[F]
orologio[M] analogico

Zifferblatt[N]
dial
cadran[M]
cuadrante[M]
quadrante[M]

Krone[F]
crown
couronne[F]
corona[F]
corona[F]

Uhrband[N]
strap
bracelet[M]
correa[F]
cinturino[M]

mechanische Uhr[F]
mechanical watch
montre[F] mécanique
reloj[M] mecánico
orologio[M] meccanico

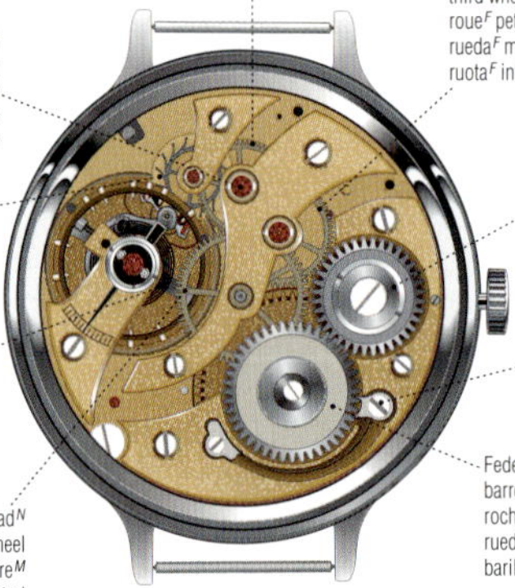

Ankerrad[N]
fourth wheel
roue[F] de champ[M]
rueda[F] de los segundos[M]
ruota[F] dei secondi[M]

Antriebswerk[N]
third wheel
roue[F] petite moyenne
rueda[F] media
ruota[F] intermedia

Stein[M]
jewel
rubis[M]
rubí[M]
rubino[M]

Aufzugsrad[N]
winder
remontoir[M]
cuerda[F]
ruota[F] di carica[F]

Hemmungsrad[N]
escape wheel
roue[F] d'échappement[M]
rueda[F] de escape[M]
ruota[F] di scappamento[M]

Sperrstift[M]
click
cliquet[M]
trinquete[M]
cricchetto[M]

Spiralfeder[F]
hairspring
spiral[M]
espiral[M]
molla[F] a spirale[F]

Federhaus[N]
barrel
rochet[M]
rueda[F] de trinquete[M]
bariletto[M]

Spannrad[N]
centre wheel
roue[F] de centre[M]
rueda[F] central
ruota[F] di centro[M]

Sonnenuhr[F]
sundial
cadran[M] solaire
reloj[M] de sol[M]
meridiana[F]

Gnomon[M]
gnomon
style[M]
estilo[M]
gnomone[M]

Schatten[M]
shadow
ombre[F]
sombra[F]
ombra[F]

Zifferblatt[N]
dial
cadran[M]
cuadrante[M]
quadrante[M]

Standuhr[F]
grandfather clock
horloge[F] de parquet[M]
reloj[M] de péndulo[M]
orologio[M] a pendolo[M]

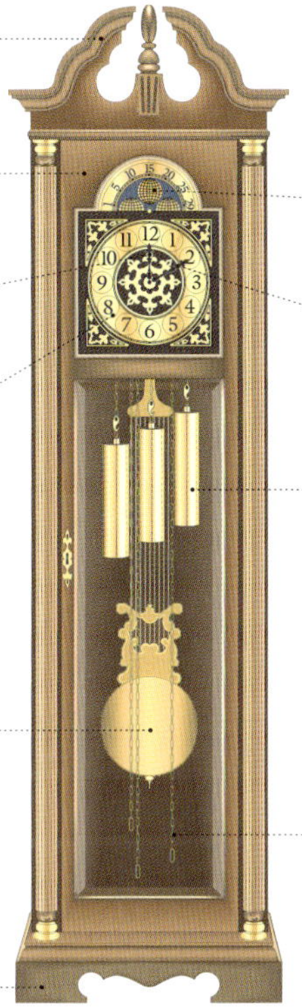

Uhrwerk[N] mit Gewichtsantrieb[M]
weight-driven clock mechanism
mécanisme[M] de l'horloge[F] à poids[M]
mecanismo[M] del reloj[M] de pesas[F]
meccanismo[M] dell'orologio[M] a peso[M]

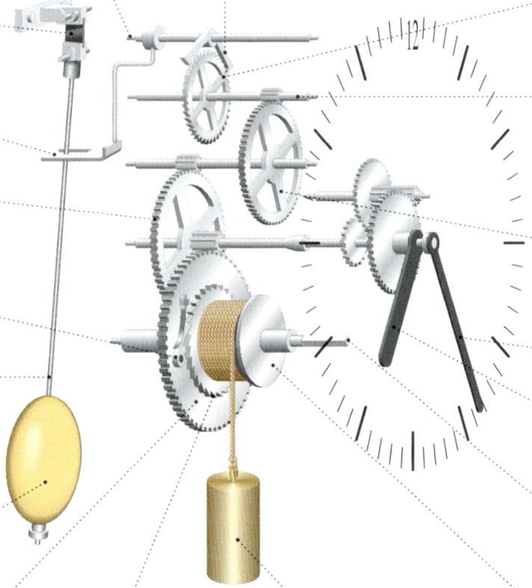

Wiegen^{N}

measurement of weight | mesure^{F} de la masse^{F} | medición^{F} del peso^{M} | misura^{F} del peso^{M}

Balkenwaage^{F}
beam balance
balance^{F} à fléau^{M}
balanza^{F} de astil^{M}
bilancia^{F} di precisione^{F}

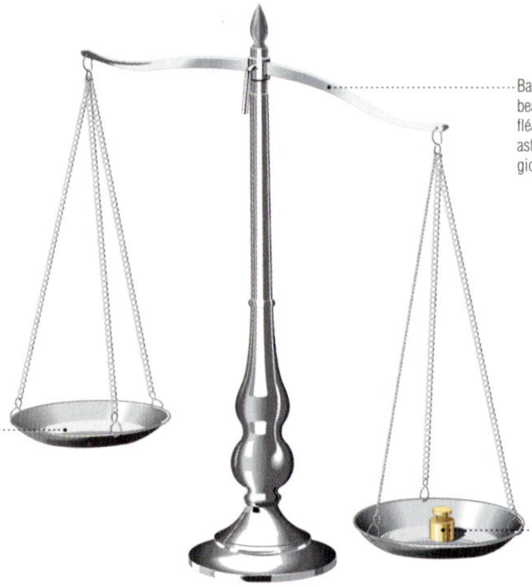

Handwaage^{F}
steelyard
balance^{F} romaine
báscula^{F} romana
stadera^{F}

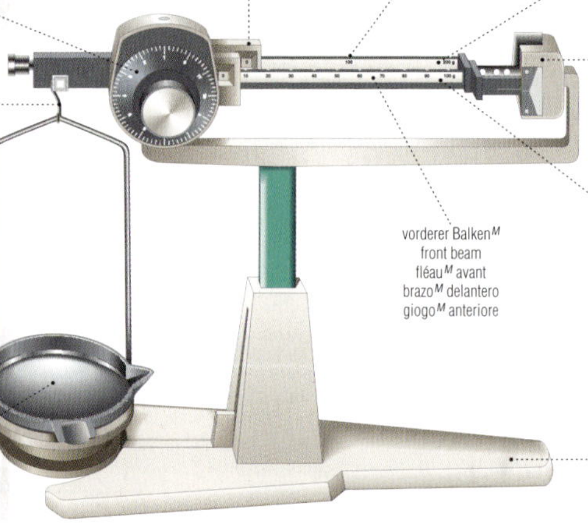

Roberval-Waage^{F}
Roberval's balance
balance^{F} de Roberval
balanza^{F} de Roberval
bilancia^{F} a sospensione^{F} inferiore

Wiegen[N]

Federwaage[F]
spring balance
peson[M]
dinamómetro[M]
bilancia[F] a molla[F]

elektronische Waage[F]
electronic scale
balance[F] électronique
báscula[F] electrónica
bilancia[F] elettronica

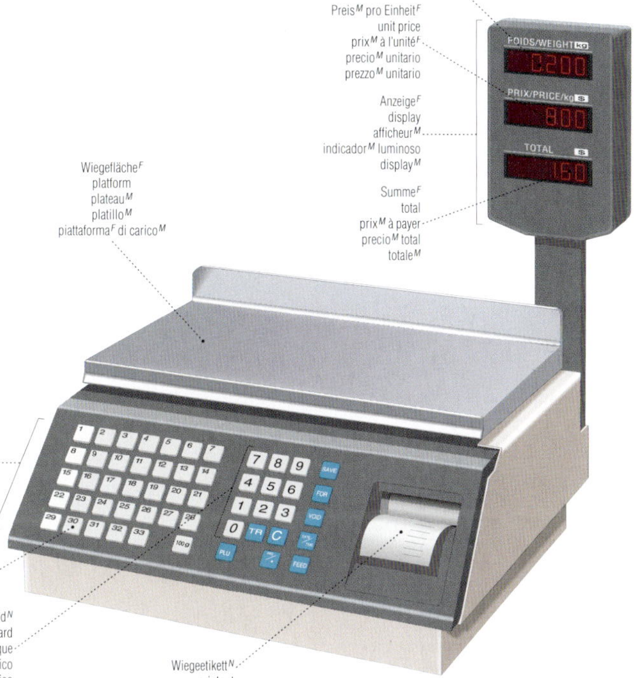

Personenwaage[F]
bathroom scale
pèse-personne[M]
báscula[F] de baño[M]
bilancia[F] pesapersone

Präzisionswaage[F]
analytical balance
balance[F] de précision[F]
balanza[F] de precisión[F]
bilancia[F] da analisi[F]

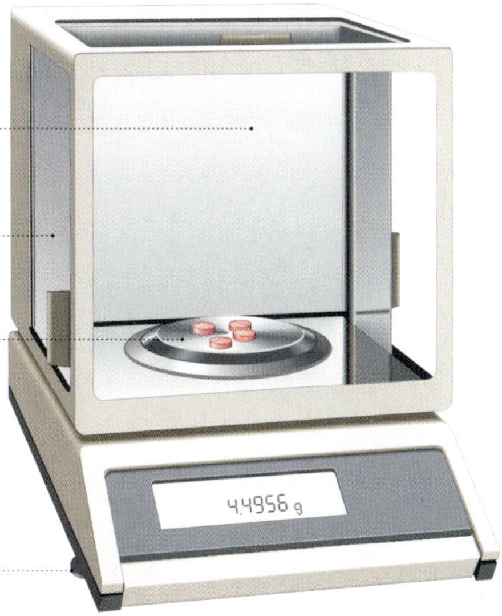

Längenmessung[F]

measurement of length | mesure[F] de la longueur[F] | medición[F] de la longitud[F] | misura[F] della lunghezza[F]

Lineal[N]
ruler
règle[F] graduée
regla[F] graduada
righello[M]

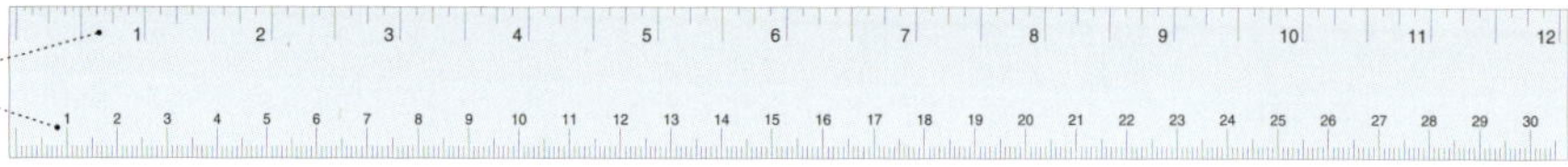

Entfernungsmessung[F]

measurement of distance | mesure[F] de la distance[F] | medición[F] de la distancia[F] | misura[F] della distanza[F]

Schrittzähler[M], Pedometer[N]
pedometer
podomètre[M]
odómetro[M]
pedometro[M]

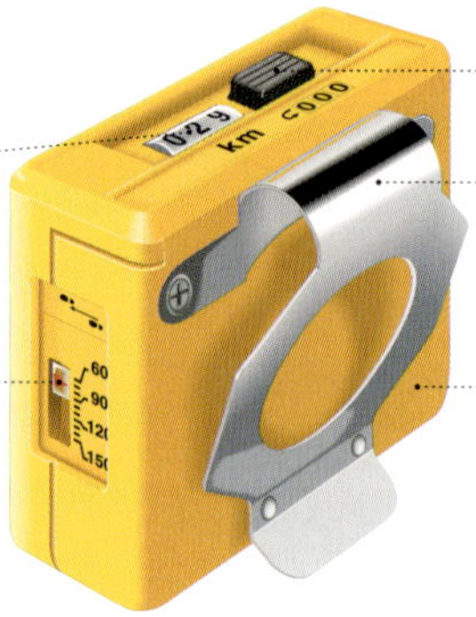

Dickemessung[F]

measurement of thickness | mesure[F] de l'épaisseur[F] | medición[F] del espesor[M] | misura[F] dello spessore[M]

Schieblehre[F], Messschieber[M]
vernier caliper
pied[M] à coulisse[F] à vernier[M]
escala[F] graduada de vernier[M], pico[M] de rey[M]
calibro[M] a corsoio[M] con nonio[M]

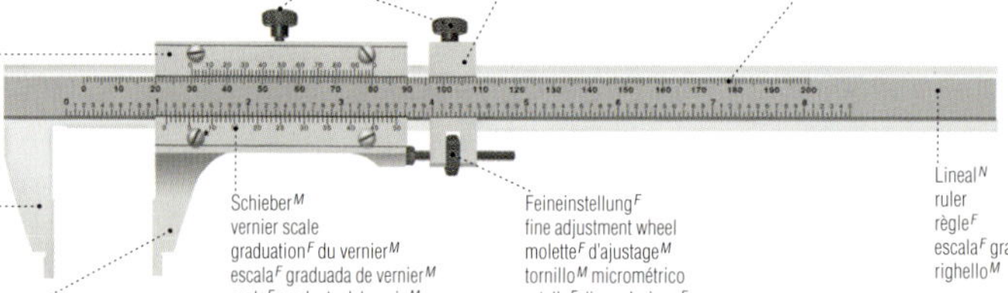

Mikrometerschraube[F]
micrometer caliper
micromètre[M] palmer[M]
micrómetro[M]
micrometro[M] a vite[F]

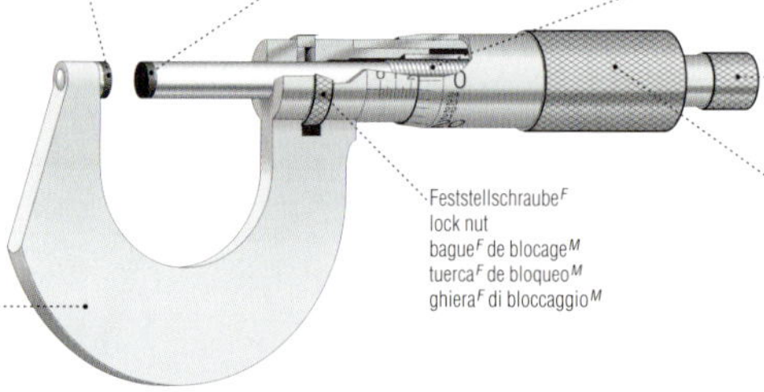

Winkelmessung[F]

measurement of angles | mesure[F] des angles[M] | medición[F] de ángulos[M] | misura[F] degli angoli[M]

Theodolit[M]
theodolite
théodolite[M]
teodolito[M]
teodolite[M]

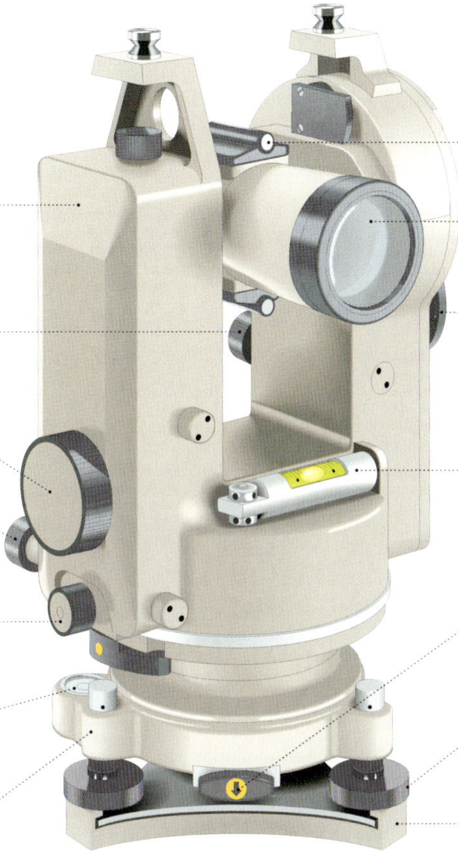

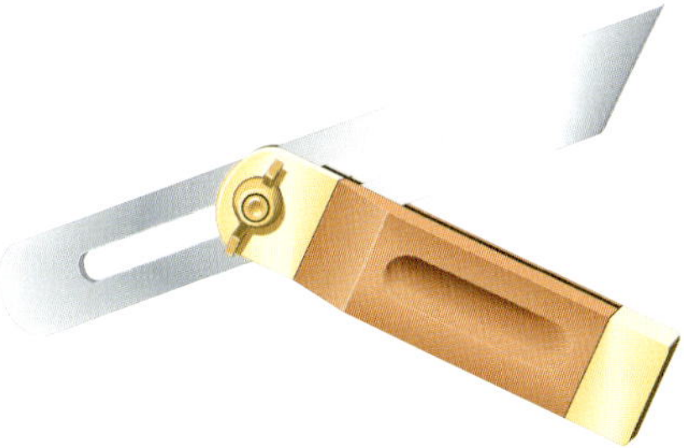

Schmiege[F]
bevel square
fausse-équerre[F]
falsa escuadra[F]
squadra[F] falsa

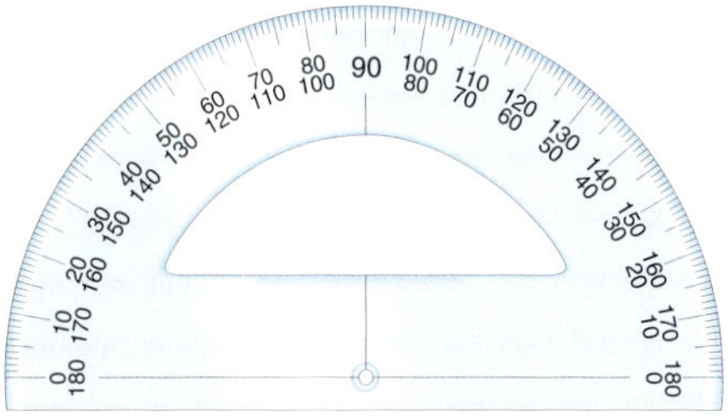

Winkelmesser[M]
protractor
rapporteur[M] d'angle[M]
transportador[M]
goniometro[M]

internationales Einheitensystem[N]

international system of units | système[M] international d'unités[F] | sistema[M] internacional de unidades[F] de medida[F] | sistema[M] internazionale di unità[F] di misura[F]

Maßeinheit[F] der Frequenz[F]
measurement of frequency
mesure[F] de la fréquence[F]
unidad[F] de medida[F] de frecuencia[F]
unità[F] di misura[F] della frequenza[F]

Hz

Hertz[N]
hertz
hertz[M]
hertz[M]
hertz[M]

Maßeinheit[F] der elektrischen Spannung[F]
measurement of electric potential difference
mesure[F] de la différence[F] de potentiel[M] électrique
unidad[F] de medida[F] de la diferencia[F] de potencial[M] eléctrico
unità[F] di misura[F] della differenza[F] di potenziale[M] elettrico

V

Volt[N]
volt
volt[M]
voltio[M], volt[M]
volt[M]

Maßeinheit[F] der elektrischen Ladung[F]
measurement of electric charge
mesure[F] de la charge[F] électrique
unidad[F] de medida[F] de carga[F] eléctrica
unità[F] di misura[F] della carica[F] elettrica

C

Coulomb[N]
coulomb
coulomb[M]
culombio[M]
coulomb[M]

Maßeinheit[F] der Energie[F]
measurement of energy
mesure[F] de l'énergie[F]
unidad[F] de medida[F] de energía
unità[F] di misura[F] dell'energia[F]

J

Joule[N]
joule
joule[M]
joule[M]
joule[M]

Maßeinheit[F] der Leistung[F]
measurement of power
mesure[F] de la puissance[F]
medida[F] de potencia[F] eléctrica
unità[F] di misura[F] della potenza[F] elettrica

W

Watt[N]
watt
watt[M]
vatt[M]
watt[M]

Maßeinheit[F] der Kraft[F]
measurement of force
mesure[F] de la force[F]
unidad[F] de medida[F] de fuerza[F]
unità[F] di misura[F] della forza[F]

N

Newton[N]
newton
newton[M]
newton[M]
newton[M]

Maßeinheit[F] des elektrischen Widerstands[M]
measurement of electric resistance
mesure[F] de la résistance[F] électrique
unidad[F] de medida[F] de resistencia[F] eléctrica
unità[F] di misura[F] della resistenza[F] elettrica

Ω

Ohm[N]
ohm
ohm[M]
ohmnio[M], ohm[M]
ohm[M]

Maßeinheit[F] der elektrischen Stromstärke
measurement of electric current
mesure[F] du courant[M] électrique
unidad[F] de medida[F] de corriente[F] eléctric
unità[F] di misura[F] della corrente[F] elettrica

A

Ampere[N]
ampere
ampère[M]
amperio[M]
ampere[M]

Maßeinheit[F] der Länge[F]
measurement of length
mesure[F] de la longueur[F]
unidad[F] de medida[F] de longitud[F]
unità[F] di misura[F] della lunghezza[F]

m

Meter[M]
metre
mètre[M]
metro[M]
metro[M]

Maßeinheit[F] der Masse[F]
measurement of mass
mesure[F] de la masse[F]
unidad[F] de medida[F] de masa[F]
unità[F] di misura[F] della massa[F]

kg

Kilogramm[N]
kilogram
kilogramme[M]
kilogramo[M]
kilogrammo[M]

Maßeinheit[F] der Celsius-Temperatur[F]
measurement of Celsius temperature
mesure[F] de la température[F] Celsius
unidad[F] de medida[F] de la temperatura[F] Celsius
unità[F] di misura[F] della temperatura[F] Celsius

°C

Grad[M] Celsius
degree Celsius
degré[M] Celsius
grado[M] Celsius
grado[M] Celsius

Maßeinheit[F] der thermodynamischen Temperatur[F]
measurement of thermodynamic temperature
mesure[F] de la température[F] thermodynamique
unidad[F] de medida[F] de temperatura[F] termodinámic
unità[F] di misura[F] della temperatura[F] termodinamica

K

Kelvin[N]
kelvin
kelvin[M]
kelvin[M]
kelvin[M]

Maßeinheit[F] der Stoffmenge[F]
measurement of amount of substance
mesure[F] de la quantité[F] de matière[F]
unidad[F] de medida[F] de cantidad[F] de materia[F]
unità[F] di misura[F] della quantità[F] di sostanza[F]

mol

Mol[N]
mole
mole[F]
mole[M]
mole[F]

Maßeinheit[F] der Radioaktivität[F]
measurement of radioactivity
mesure[F] de la radioactivité[F]
unidad[F] de medida[F] de radioactividad[F]
unità[F] di misura[F] della radioattività[F]

Bq

Becquerel[N]
becquerel
becquerel[M]
becquerel[M]
becquerel[M]

Maßeinheit[F] des Drucks[M]
measurement of pressure
mesure[F] de la pression[F]
unidad[F] de medida[F] de presión[F]
unità[F] di misura[F] della pressione[F]

Pa

Pascal[N]
pascal
pascal[M]
pascal[M]
pascal[M]

Maßeinheit[F] der Lichtstärke[F]
measurement of luminous intensity
mesure[F] de l'intensité[F] lumineuse
unidad[F] de medida[F] de intensidad[F] luminos
unità[F] di misura[F] dell'intensità[F] luminosa

cd

Candela[F]
candela
candela[F]
candela[F]
candela[F]

Biologie[F]

biology | biologie[F] | biología[F] | biologia[F]

♂

männlich
male
mâle[M]
masculino[M]
maschile

♀

weiblich
female
femelle[F]
femenino[M]
femminile

Rh+

Rhesusfaktor[M] positiv
blood factor positive
facteur[M] Rhésus positif
factor[M] RH positivo
fattore[M] Rh positivo

Rh-

Rhesusfaktor[M] negativ
blood factor negative
facteur[M] Rhésus négatif
factor[M] RH negativo
fattore[M] Rh negativo

†

gestorben
died
mort[F]
muerte[F]
morte[F]

*

geboren
born
naissance[F]
nacimiento[M]
nascita[F]

Mathematik [F]

mathematics | mathématiques [F] | matemáticas [F] | matematica [F]

−
Subtraktion [F]
subtraction
soustraction [F]
menos [M]
sottrazione [F]

+
Addition [F]
addition
addition [F]
más [M]
addizione [F]

X
Multiplikation [F]
multiplication
multiplication [F]
por [M]
moltiplicazione [F]

÷
Division [F]
division
division [F]
entre [M]
divisione [F]

=
ist gleich
is equal to
égale
igual a
uguale a

≠
ist ungleich
is not equal to
n'égale pas
desigual a
diverso da

≒
ist annähernd gleich
is approximately equal to
égale à peu près
casi igual a
approssimativamente uguale a

∽
ist äquivalent mit
is equivalent to
équivaut à
equivalente a
equivalente a

≡
ist identisch mit
is identical with
est identique à
idéntico a
coincide con

≢
ist nicht identisch mit
is not identical with
n'est pas identique à
no es idéntico a
non coincide con

±
plus oder minus
plus or minus
plus ou moins
más [M] o menos [M]
più o meno

⩽
ist gleich oder kleiner als
is equal to or less than
égal ou plus petit que
igual o menor que
minore o uguale a

>
ist größer als
is greater than
plus grand que
mayor que
maggiore di

⩾
ist gleich oder größer als
is equal to or greater than
égal ou plus grand que
igual o mayor que
maggiore o uguale a

<
ist kleiner als
is less than
plus petit que
menor que
minore di

Ø
leere Menge [F]
empty set
ensemble [M] vide
conjunto [M] vacío
insieme [M] vuoto

∪
Mengenvereinigung [F]
union
réunion [F]
unión [F]
unione [F]

∩
Mengenschnitt [M]
intersection
intersection [F]
intersección [F]
intersezione [F]

⊂
echte Teilmenge [F] von
is contained in
inclusion [F]
contenido en
contenuto in

%
Prozent [N]
percent
pourcentage [M]
porcentaje [M]
percento [M]

∈
Element [N] von
belongs to
appartenance [F]
pertenece a
appartiene a

∉
nicht Element [N] von
does not belong to
non-appartenance [F]
no pertenece a
non appartiene a

Σ
Summe [F]
sum
sommation [F]
suma [F]
sommatoria [F]

√
Quadratwurzel [F] aus
square root of
racine [F] carrée de
raíz [F] cuadrada de
radice [F] quadrata di

½
Bruch [M]
fraction
fraction [F]
fracción [M]
frazione [F]

∞
unendlich
infinity
infini [M]
infinito [M]
infinito [M]

∫
Integral [N]
integral
intégrale [F]
integral
integrale [M]

!
Fakultät [F]
factorial
factorielle [F]
factorial
fattoriale [M]

**römische Ziffern [F]
Roman numerals
chiffres [M] romains
números [M] romanos
numeri [M] romani**

I
Eins [F]
one
un [M]
uno
uno

V
Fünf [F]
five
cinq [M]
cinco
cinque

X
Zehn [F]
ten
dix [M]
diez
dieci

L
Fünfzig [F]
fifty
cinquante [M]
cincuenta
cinquanta

C
Hundert [F]
one hundred
cent [M]
mil
cento

D
Fünfhundert [F]
five hundred
cinq cents [M]
quinientos
cinquecento

M
Tausend [F]
one thousand
mille [M]
cien
mille

WISSENSCHAFT

Geometrie[F]

geometry | géométrie[F] | geometría[F] | geometria[F]

°

Grad[M]
degree
degré[M]
grado[M]
grado[M]

′

Bogenminute[F]
minute
minute[F]
minuto[M]
primo[M]

″

Bogensekunde[F]
second
seconde[F]
segundo[M]
secondo[M]

π

Pi[N]
pi
pi[M]
pi
pi[M] greco

⊥

ist senkrecht zu
perpendicular
perpendiculaire[F]
perpendicular
perpendicolare

∥

ist parallel zu
is parallel to
parallèle
es paralelo a
parallelo a

∦

ist nicht parallel zu
is not parallel to
non-parallèle
no es paralelo a
non parallelo a

∟

rechter Winkel[M]
right angle
angle[M] droit
ángulo[M] recto
angolo[M] retto

stumpfer Winkel[M]
obtuse angle
angle[M] obtus
ángulo[M] obtuso
angolo[M] ottuso

∠

spitzer Winkel[M]
acute angle
angle[M] aigu
ángulo[M] agudo
angolo[M] acuto

geometrische Formen[F]

geometrical shapes | formes[F] géométriques | formas[F] geométricas | forme[F] geometriche

Beispiele[N] für Winkel[M]
examples of angles
exemples[M] d'angles[M]
ejemplos[M] de ángulos[M]
esempi[M] di angoli[M]

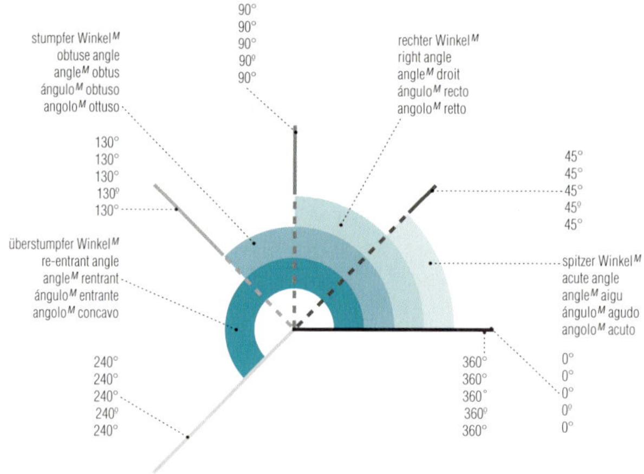

ebene Flächen[F]
plane surfaces
surfaces[F]
superficies[F]
superfici[F]

Teile[M] eines Kreises[M]
parts of a circle
parties[F] d'un cercle[M]
partes[M] de círculo[M]
parti[F] di un cerchio[M]

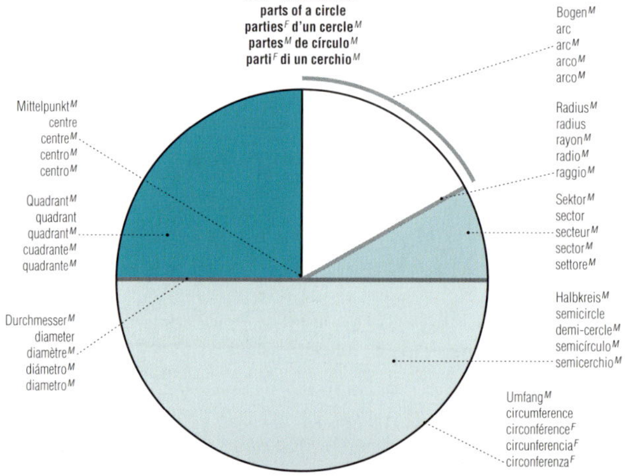

geometrische Formen[F]

Vielecke[N] polygons polygones[M] polígonos[M] poligoni[M]

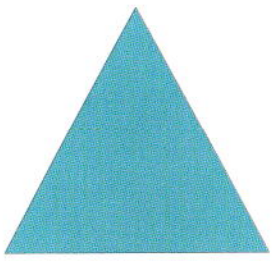

Dreieck[N]
triangle
triangle[M]
triángulo[M]
triangolo[M]

Quadrat[N]
square
carré[M]
cuadrado[M]
quadrato[M]

Rechteck[N]
rectangle
rectangle[M]
rectángulo[M]
rettangolo[M]

Rhombus[M]
rhombus
losange[M]
rombo[M]
rombo[M]

unregelmäßiges Trapez[N]
trapezoid
trapèze[M]
trapecio[M]
trapezio[M]

Parallelogramm[N]
parallelogram
parallélogramme[M]
paralelogramo[M]
parallelogramma[M]

Viereck[N]
quadrilateral
quadrilatère[M]
cuadrilátero[M]
quadrilatero[M]

regelmäßiges Fünfeck[N]
regular pentagon
pentagone[M] régulier
pentágono[M] regular
pentagono[M] regolare

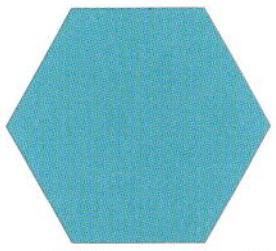

regelmäßiges Sechseck[N]
regular hexagon
hexagone[M] régulier
hexágono[M] regular
esagono[M] regolare

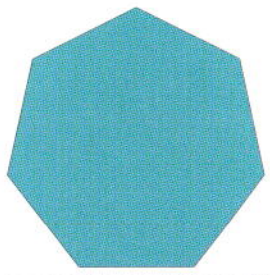

regelmäßiges Siebeneck[N]
regular heptagon
heptagone[M] régulier
heptágono[M] regular
ettagono[M] regolare

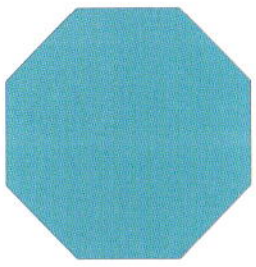

regelmäßiges Achteck[N]
regular octagon
octogone[M] régulier
octágono[M] regular
ottagono[M] regolare

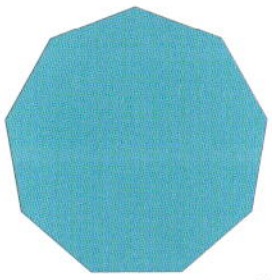

regelmäßiges Neuneck[N]
regular nonagon
ennéagone[M] régulier
nonágono[M] regular
enneagono[M] regolare

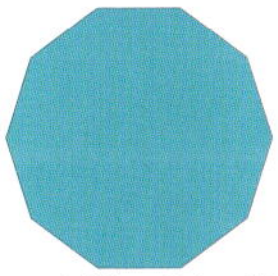

regelmäßiges Zehneck[N]
regular decagon
décagone[M] régulier
decágono[M] regular
decagono[M] regolare

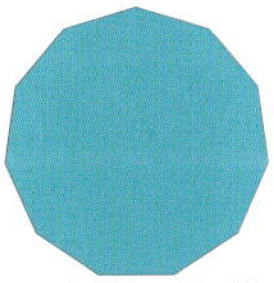

regelmäßiges Elfeck[N]
regular hendecagon
hendécagone[M] régulier
endecágono[M] regular
endecagono[M] regolare

regelmäßiges Zwölfeck[N]
regular dodecagon
dodécagone[M] régulier
dodecágono[M] regular
dodecagono[M] regolare

Körper[M] solids volumes[M] cuerpos[M] sólidos[M] solidi[M]

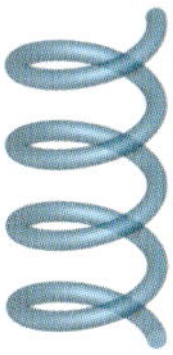

Helix[F]
helix
hélice[F]
hélice[F]
elica[F]

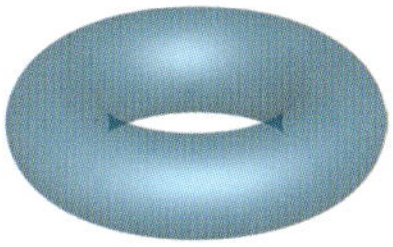

Torus[M]
torus
tore[M]
toro[M]
toro[M]

Halbkugel[F]
hemisphere
hémisphère[M]
hemisferio[M]
semisfera[F]

Kugel[F]
sphere
sphère[F]
esfera[F]
sfera[F]

Würfel[M]
cube
cube[M]
cubo[M]
cubo[M]

Kegel[M]
cone
cône[M]
cono[M]
cono[M]

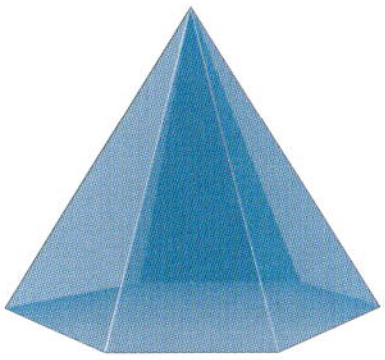

Pyramide[F]
pyramid
pyramide[F]
pirámide[M]
piramide[F]

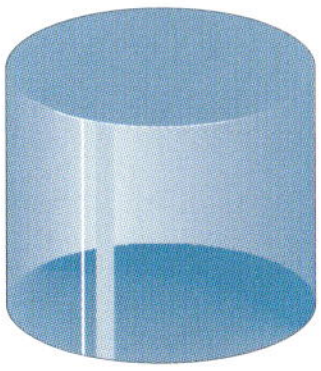

Zylinder[M]
cylinder
cylindre[M]
cilindro[M]
cilindro[M]

Quader[M]
parallelepiped
parallélépipède[M]
paralelepípedo[M]
parallelepipedo[M]

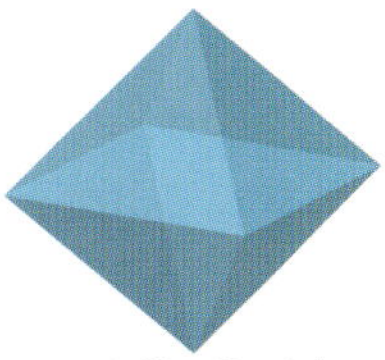

regelmäßiges Oktaeder[N]
regular octahedron
octaèdre[M] régulier
octaedro[M] regular
ottaedro[M] regolare

10

GESELLSCHAFT

748 Waffen

748 Steinzeitwaffen
748 Waffen in der Römerzeit
749 Rüstung
750 Bogen und Armbrust
751 Hieb- und Stichwaffen
752 Arkebuse
752 Kanone und Mörser aus dem 17. Jahrhundert
754 Maschinenpistole
754 Pistole
754 Revolver
755 automatisches Gewehr
755 leichtes Maschinengewehr
756 moderne Haubitze
756 Granatwerfer
757 Handgranate
757 Panzerfaust
757 rückstoßfreies Geschütz
758 Antipersonenmine
758 Panzer
759 Flugkörper
760 Kampfflugzeug
761 Flugzeugträger
762 Fregatte
763 Atom-Unterseeboot

764 Sicherheit

764 Brandbekämpfung
768 vorbeugende Verbrechensbekämpfung
772 Gehörschutz
772 Augenschutz
772 Kopfschutz
773 Atemschutz
773 Fußschutz
774 Warn- und Gebotszeichen

775 Gesundheit

775 Rettungswagen
775 Notfallausrüstung
777 Erste-Hilfe-Kasten
777 Fieberthermometer
777 Blutdruckmessgerät
778 Krankenhaus
782 Gehhilfen
783 Rollstuhl
783 Arzneimittel-Darreichungsformen

784 Familie

784 Verwandtschaftsbeziehungen

Ballungsgebiet[N]

conurbation | agglomération[F] | conurbación[F] | conurbazione[F]

Eisenbahnstrecke^{F}
track
voie^{F} ferrée
via^{F} ferroviaria
binario^{M}
Zubringer^{M}
peripheral
périphérique^{M}
carretera^{F} secundaria
tangenziale^{F}
Autobahn^{F}
motorway
autoroute^{F}
autopista^{F}
autostrada^{F}
Mülldeponie^{F}
landfill
décharge^{F}
vertedero^{M}
discarica^{F}
Anschlussstelle^{F}
interchange
échangeur^{M}
nudo^{M} viario
svincolo^{M}
Einkaufszentrum^{N}
shopping centre
centre^{M} commercial
centro^{M} comercial
centro^{M} commerciale
Stadion^{N}
stadium
stade^{M}
estadio^{M}
stadio^{M}
Raffinerie^{F}
refinery
raffinerie^{F}
refinería^{F}
raffineria^{F}

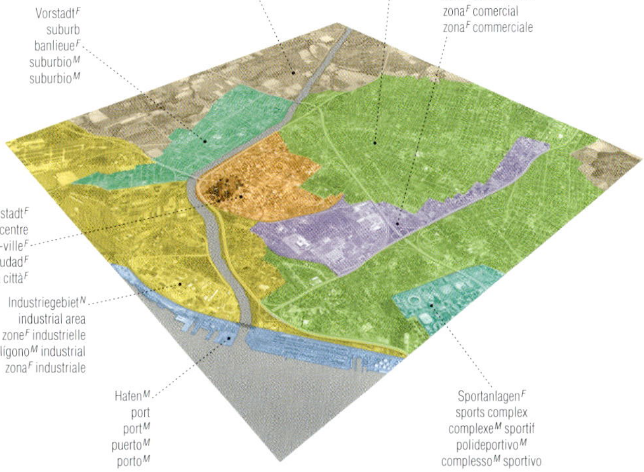
Wohngebiet^{N}
residential district
zone^{F} résidentielle
zona^{F} residencial
quartiere^{M} residenziale
Land^{N}
country
campagne^{F}
campo^{M}
campagna^{F}
Gewerbegebiet^{N}
commercial zone
zone^{F} commerciale
zona^{F} comercial
zona^{F} commerciale
Vorstadt^{F}
suburb
banlieue^{F}
suburbio^{M}
suburbio^{M}
Innenstadt^{F}
city centre
centre^{M}-ville^{F}
centro^{M} ciudad^{F}
centro^{M} della città^{F}
Industriegebiet^{N}
industrial area
zone^{F} industrielle
polígono^{M} industrial
zona^{F} industriale
Hafen^{M}
port
port^{M}
puerto^{M}
porto^{M}
Sportanlagen^{F}
sports complex
complexe^{M} sportif
polideportivo^{M}
complesso^{M} sportivo

Innenstadt^{F}

city centre | centre^{M}-ville^{F} | centro^{M} ciudad^{F} | centro^{M} della città^{F}

Gerichtsgebäude^{N}
courthouse
palais^{M} de justice^{F}
Palacio^{M} de Justicia^{F}
palazzo^{M} di giustizia^{F}

Geschäftsviertel^{N}
business district
quartier^{M} des affaires^{F}
centro^{M} de negocios^{M}
quartiere^{M} degli affari^{M}

Hotel^{N}
hotel
hôtel^{M}
hotel^{M}
albergo^{M}

Bürogebäude^{N}
office building
édifice^{M} à bureaux^{M}
edificio^{M} de oficinas^{F}
edificio^{M} per uffici^{M}

Bahnhof^{M}
railway station
gare^{F}
estación^{F} de ferrocarriles^{M}
stazione^{F} ferroviaria

Opernhaus^{N}
opera
opéra^{M}
opera^{F}
Opera^{F}

Busbahnhof^{M}
bus station
gare^{F} routière
estación^{F} de autobuses^{M}
stazione^{F} degli autobus^{M}

Gleis^{N}
railway track
voie^{F} ferrée
vía^{F} ferroviaria
binario^{M} ferroviario

Pavillon^{M}
pavilion
pavillon^{M}
pabellón^{M}
padiglione^{M}

Universität^{F}
university
université^{F}
universidad^{F}
università^{F}

Rathaus^{N}
town hall
hôtel^{M} de ville^{F}
ayuntamiento^{M}
municipio^{M}

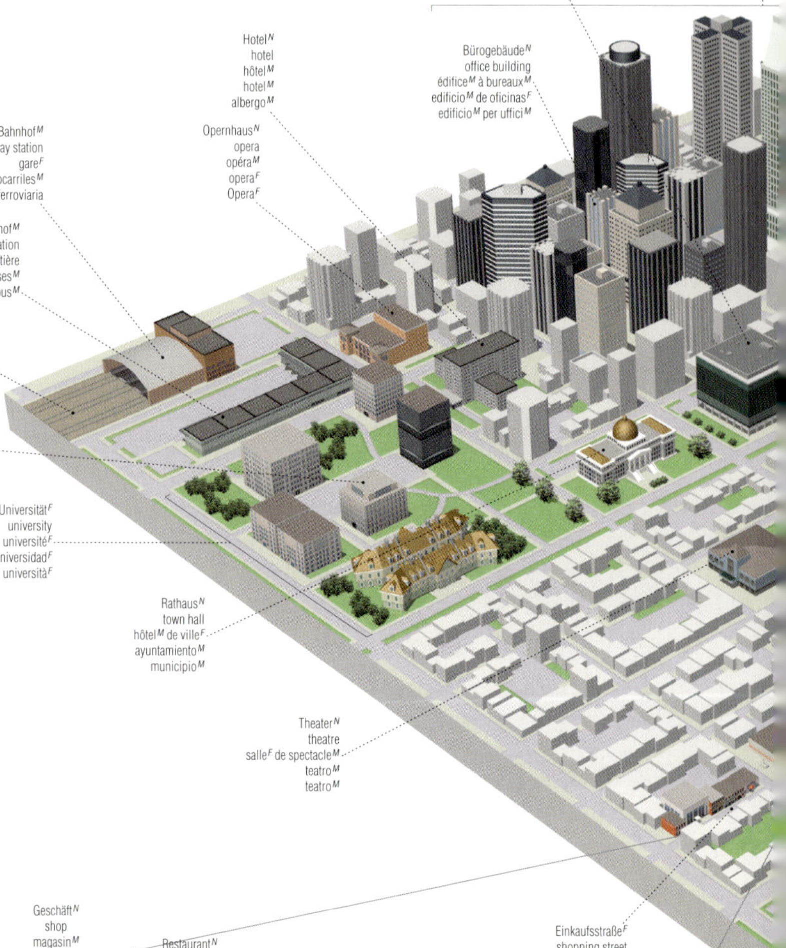

Theater^{N}
theatre
salle^{F} de spectacle^{M}
teatro^{M}
teatro^{M}

Einkaufsstraße^{F}
shopping street
rue^{F} commerçante
calle^{F} comercial
via^{F} commerciale

Bar^{F}
bar
bar^{M}
bar^{M}
bar^{M}

Geschäft^{N}
shop
magasin^{M}
tienda^{F}
negozio^{M}

Restaurant^{N}
restaurant
restaurant^{M}
restaurante^{M}
ristorante^{M}

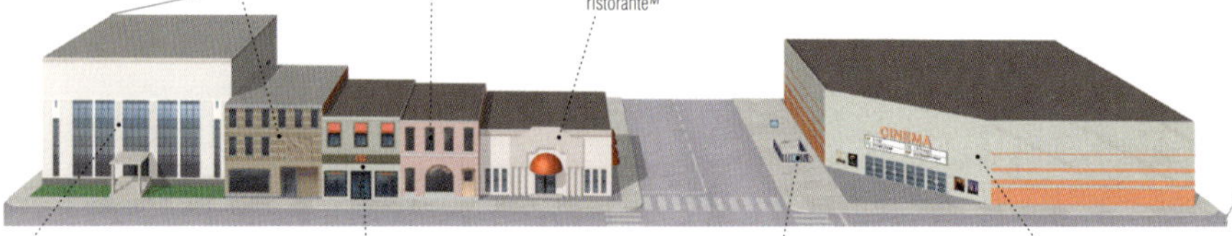

Bank^{F}
bank
banque^{F}
banco^{M}
banca^{F}

Café^{N}
coffee shop
café^{M}
cafetería^{F}
caffè^{M}

U-Bahn^{F}-Station^{F}
underground railway station
station^{F} de métro^{M}
estación^{F} de metro^{M}
stazione^{F} della metropolitana^{F}

Kino^{N}
cinema
cinéma^{M}
cine^{M}
cinema^{M}

Kongresszentrum^{N}
convention centre
palais^{M} des congrès^{M}
palacio^{M} de Congresos^{M}
palazzo^{M} dei congressi^{M}
Boulevard^{M}
boulevard
boulevard^{M}
bulevar^{M}
boulevard
Bildungseinrichtung^{F}
educational institution
établissement^{M} scolaire
centro^{M} educacional
complesso^{M} scolastico
Straße^{F}
street
rue^{F}
calle^{F}
via^{F}
Querstraße^{F}, Allee^{F}
avenue
avenue^{F}
avenida^{F}
avenue
Feuerwache^{F}
fire station
caserne^{F} de pompiers^{M}
parque^{M} de bomberos^{M}
caserma^{F} dei vigili^{M} del fuoco^{M}
Friedhof^{M}
cemetery
cimetière^{M}
cementerio^{M}
cimitero^{M}
Kirche^{F}
church
église^{F}
iglesia^{F}
chiesa^{F}
Gasse^{F}
lane
ruelle^{F}
callejón^{M}
vicolo^{M}
Wohnblock^{M}
apartment building
immeuble^{M} résidentiel
bloque^{M} de apartamentos^{M}
condominio^{M}
Polizeirevier^{N}
police station
poste^{M} de police^{F}
estación^{F} de policía^{F}
stazione^{F} di polizia^{F}
Park^{M}
park
parc^{M}
parque^{M}
parco^{M}
Bibliothek^{F}
library
bibliothèque^{F}
biblioteca^{F}
biblioteca^{F}
Postamt^{N}
post office
bureau^{M} de poste^{F}
oficina^{F} de Correos^{M}
ufficio^{M} postale
Tankstelle^{F}
service station
station^{F}-service^{M}
estación^{F} de servicio^{M}
stazione^{F} di servizio^{M}
Supermarkt^{M}
supermarket
supermarché^{M}
supermercado^{M}
supermercato^{M}
Museum^{N}
museum
musée^{M}
museo^{M}
museo^{M}
Theater^{N}
theatre
théâtre^{M}
teatro^{M}
teatro^{M}
Autohaus^{N}
car dealer
concessionnaire^{M} d'automobiles^{F}
concesionario^{M} automovilístico
concessionaria^{F} di automobili^{M}
Krankenhaus^{N}
hospital
hôpital^{M}
hospital^{M}
ospedale^{M}

Straße[F] im Querschnitt[M]

cross section of a street | coupe[F] d'une rue[F] | vista[F] transversal de una calle[F] | sezione[F] trasversale di una strada[F]

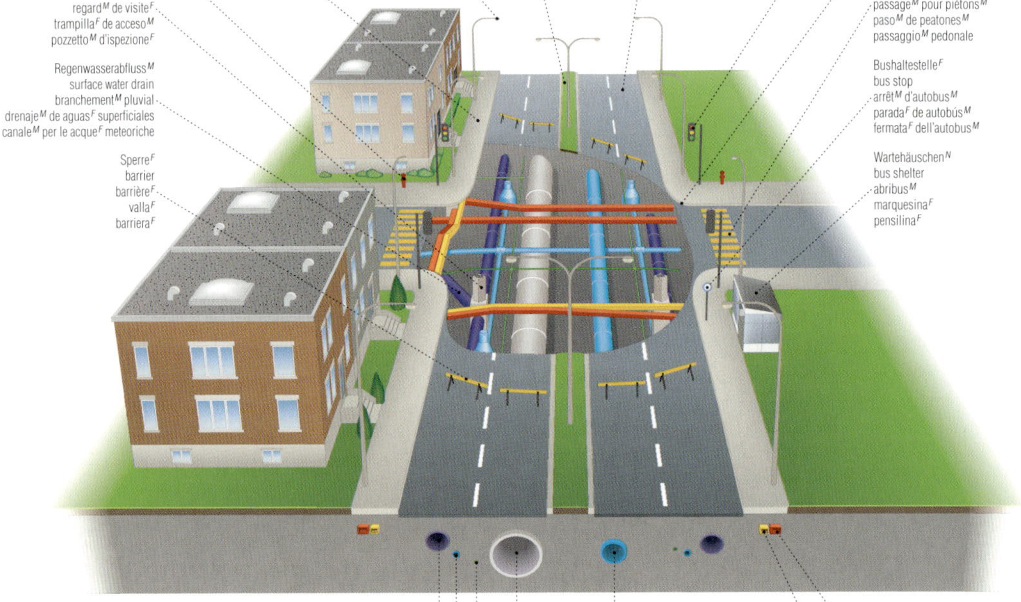

Verkehrsampel[F]
traffic lights
feux[M] de circulation[F]
semáforo[F]
semaforo[M]

Bürogebäude[N]

office building | édifice[M] à bureaux[M] | edificio[M] de oficinas[F] | edificio[M] per uffici[M]

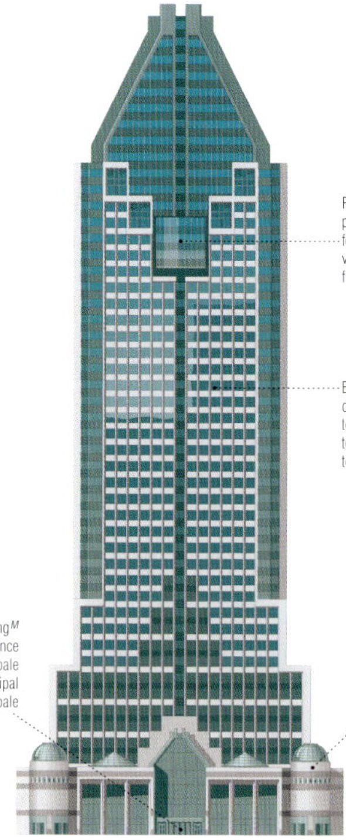

Breitfußgeschoß[N]
podium
basilaire[M]
podio[M]
basamento[M]

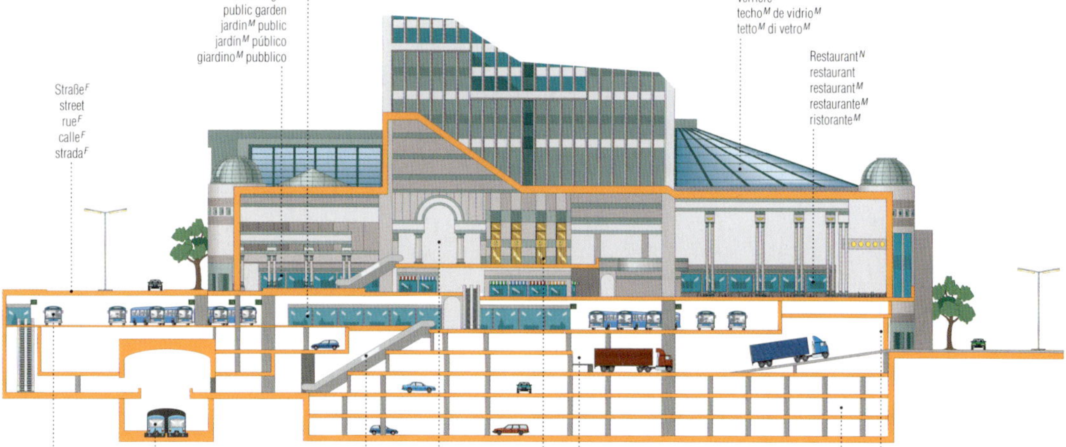

Breitfußgeschoß[N] und Untergeschoß[N]
podium and basements
basilaire[M] et sous-sol[M]
podio[M] y sótanos[M]
basamento[M] e sotterraneo[M]

GESELLSCHAFT

Einkaufszentrum^N

shopping centre | centre^M commercial | centro^M comercial | centro^M commerciale

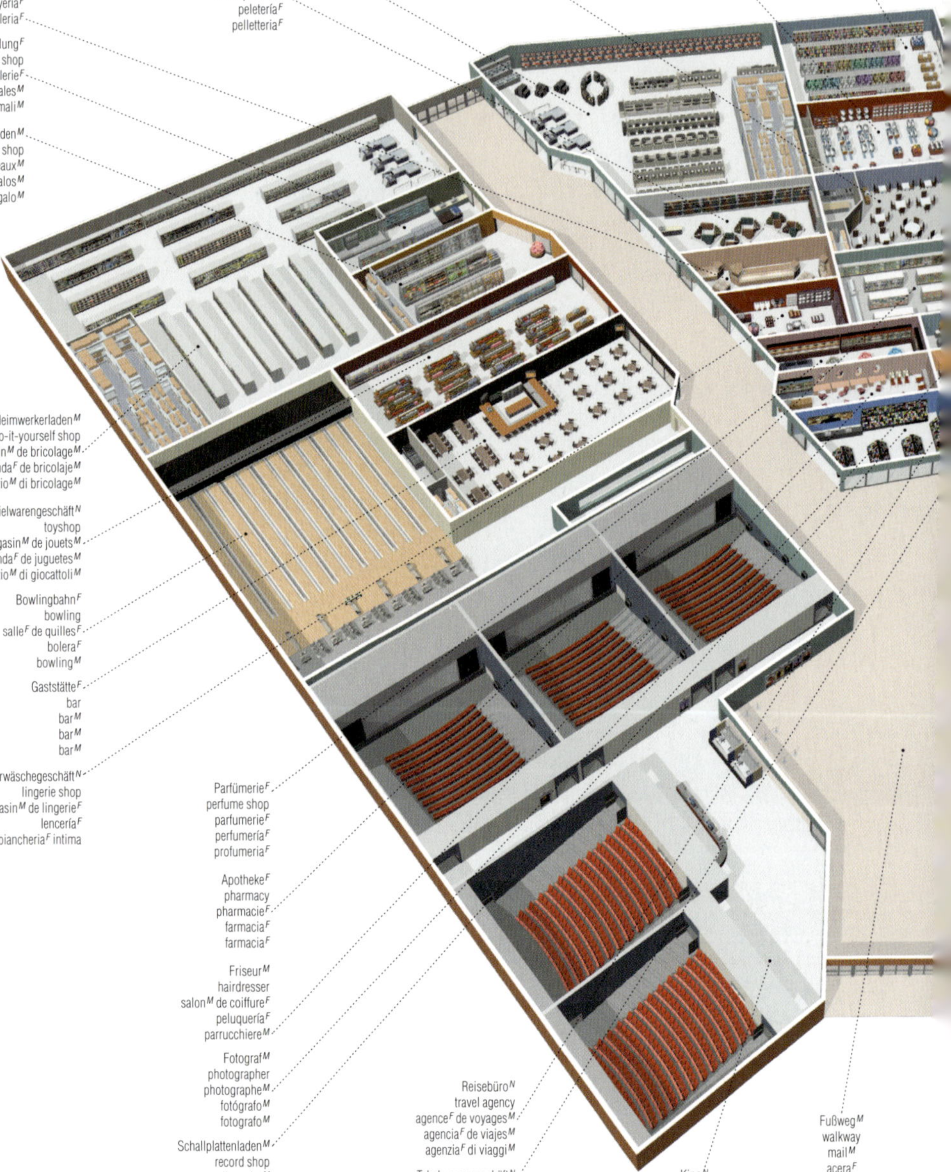

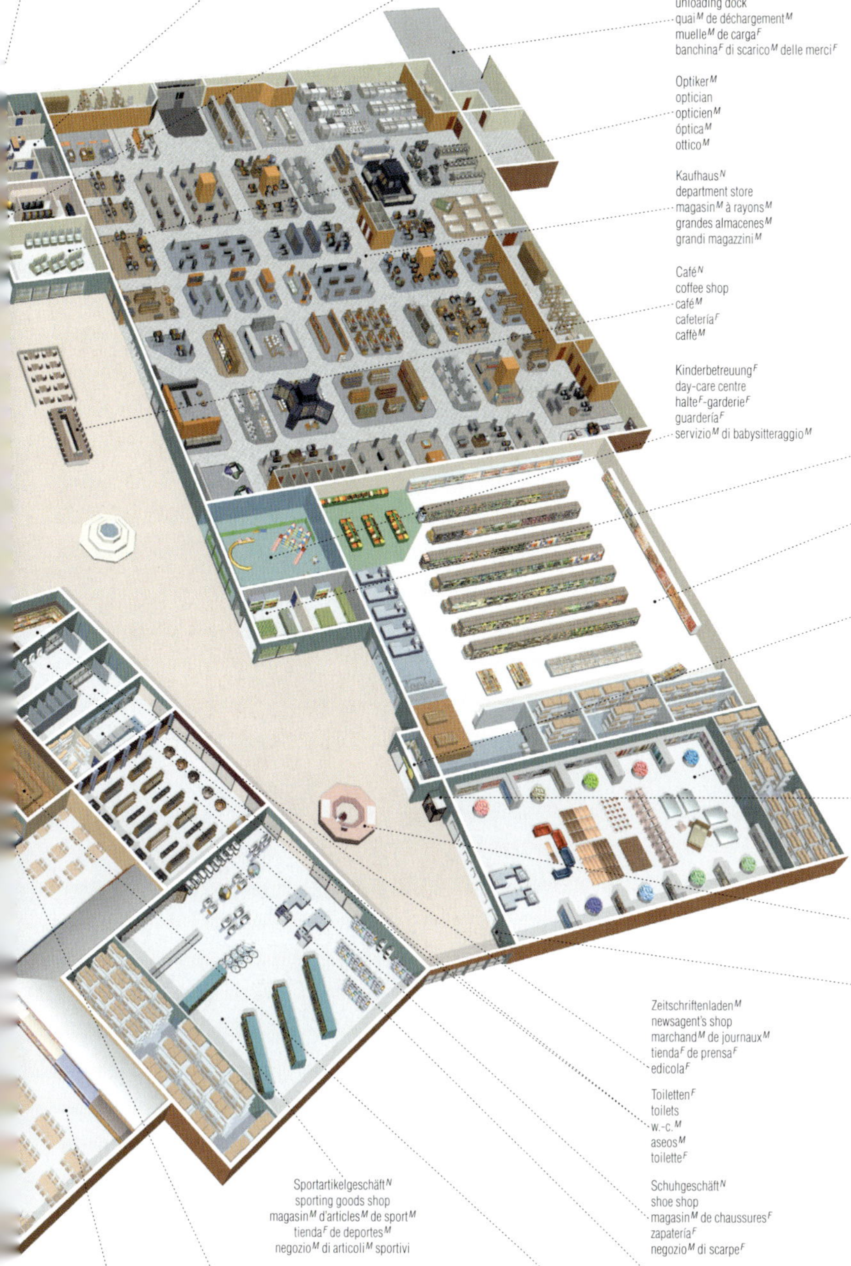
Geldausgabeautomat^{M}
cash dispenser
distributeur^{M} de billets^{M}
cajero^{M} automático
sportello^{M} bancomat^{M}
Bank^{F}
bank
banque^{F}
banco^{M}
banca^{F}
chemische Reinigung^{F}
dry cleaner
pressing^{M}
tintorería^{F}
lavanderia^{F} a secco^{M}
Entladerampe^{F}
unloading dock
quai^{M} de déchargement^{M}
muelle^{M} de carga^{F}
banchina^{F} di scarico^{M} delle merci^{F}
Optiker^{M}
optician
opticien^{M}
óptica^{M}
ottico^{M}
Kaufhaus^{N}
department store
magasin^{M} à rayons^{M}
grandes almacenes^{M}
grandi magazzini^{M}
Café^{N}
coffee shop
café^{M}
cafetería^{F}
caffè^{M}
Kinderbetreuung^{F}
day-care centre
halte^{F}-garderie^{F}
guardería^{F}
servizio^{M} di babysitteraggio^{M}
Blumenladen^{M}
florist
fleuriste^{M}
floristería^{F}
fioraio^{M}
Supermarkt^{M}
supermarket
supermarché^{M}
supermercado^{M}
supermercato^{M}
Schlüsseldienst^{M}
key cutting
reproduction^{F} de clés^{F}
cerrajería^{F}
negozio^{M} per la riproduzione^{F} delle chiavi^{F}
Dekorationsgeschäft^{N}
decorative articles shop
magasin^{M} de décoration^{F}
tienda^{F} de artículos^{M} de decoración^{F}
negozio^{M} di oggettistica^{M}
Passbildautomat^{M}
photo booth
cabine^{F} photographique
fotomatón^{M}
macchina^{F} per fototessere^{F}
Informationsstand^{M}
information booth
point^{M} d'information^{F}
punto^{M} de información^{F}
banco^{M} delle informazioni^{F}
Münzfernsprecher^{M}
pay phone
téléphone^{M} public
teléfono^{M} público
telefono^{M} pubblico
Zeitschriftenladen^{M}
newsagent's shop
marchand^{M} de journaux^{M}
tienda^{F} de prensa^{F}
edicola^{F}
Toiletten^{F}
toilets
w.-c.^{M}
aseos^{M}
toilette^{F}
Sportartikelgeschäft^{N}
sporting goods shop
magasin^{M} d'articles^{M} de sport^{M}
tienda^{F} de deportes^{M}
negozio^{M} di articoli^{M} sportivi
Schuhgeschäft^{N}
shoe shop
magasin^{M} de chaussures^{F}
zapatería^{F}
negozio^{M} di scarpe^{F}
Fastfood^{N}-Restaurant^{N}
fast-food restaurants
restaurants^{M}-minute
fast-food^{M}
fast food^{M}
Bank^{F}
bench
banc^{M}
banco^{M}
panchina^{F}
Bäckerei^{F}/Konditorei^{F}
bakery/patisserie
boulangerie^{F}-pâtisserie^{F}
panadería^{F}/pastelería^{F}
panetteria^{F}/ pasticceria^{F}
Postamt^{N}
post office
bureau^{M} de poste^{F}
oficina^{F} de correos^{M}
ufficio^{M} postale

Kaufhaus^{N}

department store | magasin^{M} à rayons^{M} | grandes almacenes^{M} | grandi magazzini^{M}

Herrenunterwäsche^{F}
men's underwear
sous-vêtements^{M} d'hommes^{M}
ropa^{F} interior de hombre^{M}
biancheria^{F} intima per uomo^{M}

Damen^{F}-Freizeitbekleidung^{F}
women's casual wear
vêtements^{M} décontractés de femmes^{F}
ropa^{F} informal de mujer^{F}
abbigliamento^{M} casual femminile

Damenjacken^{F} und -mäntel^{M}
women's coats
manteaux^{M} de femmes^{F}
abrigos^{M} de mujer^{F}
soprabiti^{M} da donna^{F}

Kassen^{F}
checkouts
caisses^{F}
cajas^{F}
casse^{F}

Ankleidekabine^{F}
fitting room
cabine^{F} d'essayage^{M}
probador^{M}
camerino^{M}

Bademoden^{F}
swimsuits
vêtements^{M} de bain^{M}
trajes^{M} de baño^{M}
costumi^{M} da bagno^{M}

Damenpullover^{M}
women's sweaters
tricots^{M} de femmes^{F}
jerséis^{M} de mujer^{F}
maglie^{F} da donna^{F}

Damen^{F}-Sportbekleidung^{F}
women's sportswear
vêtements^{M} de sport^{M} de femmes^{F}
ropa^{F} de deporte^{M} de mujer^{F}
abbigliamento^{M} sportivo femminile

Unterwäsche^{F}
lingerie
lingerie^{F}
lencería^{F}
biancheria^{F} intima per donna^{F}

Damenkostüme^{N}
women's suits
tailleurs^{M}
trajes^{M} sastre de señora^{F}
abiti^{M} da donna^{F}

Damen^{F}-Nachtwäsche^{F}
women's nightwear
vêtements^{M} de nuit^{F} de femmes^{F}
ropa^{F} de noche de mujer^{F}
biancheria^{F} da notte^{F} per donna^{F}

Damenschuhe^{M}
women's shoes
chaussures^{F} de femmes^{F}
zapatos^{M} de mujer^{F}
scarpe^{F} da donna^{F}

Herrenanzüge^{M}
men's suits
costumes^{M}
trajes^{M} de hombre^{M}
abiti^{M} da uomo^{M}

Lager^{N}
stockroom
magasin^{M}
almacén^{M}
magazzino^{M}

Sportschuhe^{M}
running shoes
chaussures^{F} de sport^{M}
zapatillas^{M} de deporte^{M}
scarpe^{F} da ginnastica^{F}

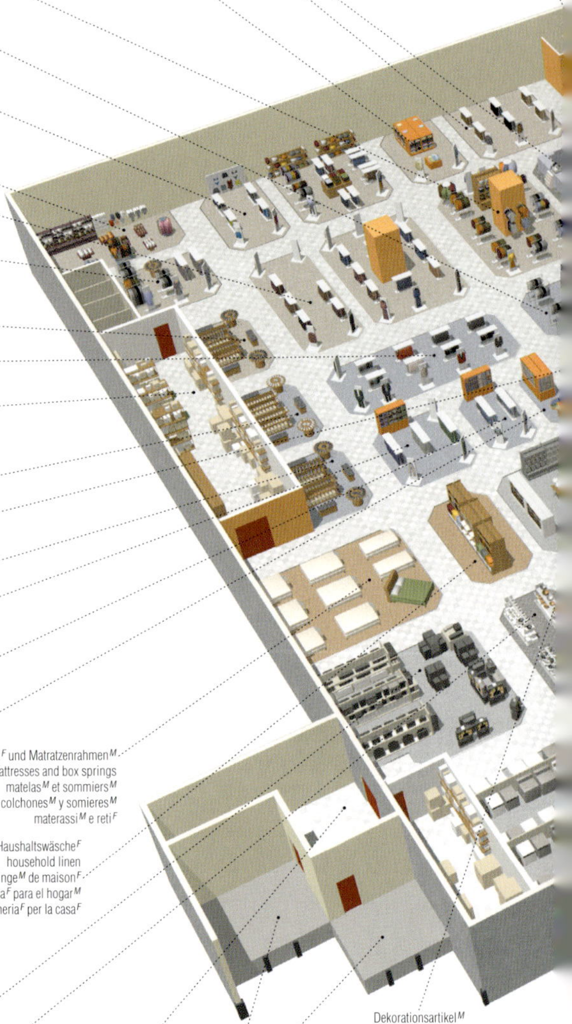

Herren^{M}-Accessoires^{N}
men's accessories
accessoires^{M} d'hommes^{M}
accesorios^{M} de hombre^{M}
accessori^{M} da uomo^{M}

Herrenschuhe^{M}
men's shoes
chaussures^{F} d'hommes^{M}
zapatos^{M} de hombre^{M}
scarpe^{F} da uomo^{M}

Hosen^{F}
trousers
pantalons^{M} d'hommes^{M}
pantalones^{M}
pantaloni^{M}

Matratzen^{F} und Matratzenrahmen^{M}
mattresses and box springs
matelas^{M} et sommiers^{M}
colchones^{M} y somieres^{M}
materassi^{M} e reti^{F}

Hemden^{N}
shirts
chemises^{F} d'hommes^{M}
camisas^{F}
camicie^{F}

Haushaltswäsche^{F}
household linen
linge^{M} de maison^{F}
ropa^{F} para el hogar^{M}
biancheria^{F} per la casa^{F}

Krawatten^{F}
ties
cravates^{F}
corbatas^{F}
cravatte^{F}

Audio- und Videobedarf^{M}
audiovisual equipment
matériel^{M} audiovisuel
material^{M} audiovisual
materiale^{M} audiovisivo

Haushaltswaren^{F}
kitchen articles
articles^{M} de cuisine^{F}
artículos^{M} de cocina^{F}
articoli^{M} da cucina^{F}

Dekorationsartikel^{M}
decorative accessories
accessoires^{M} de décoration^{F}
accesorios^{M} de decoración^{F}
oggettistica^{F}

Warenannahmebereich^{M}
receiving area
aire^{F} de réception^{F}
área^{F} de recepción^{F}
area^{F} di ricevimento^{M} delle merci^{F}

Entladerampen^{F}
unloading docks
quais^{M} de déchargement^{M}
muelle^{M} de carga^{F}
banchine^{F} di scarico^{M} delle merci^{F}

große Elektrohaushaltsgeräte^{N}
major domestic appliances
gros appareils^{M} électroménagers
grandes electrodomésticos^{M}
grandi elettrodomestici^{M}

Kaufhaus[N]

Koffer[M] und Reisetaschen[F]
luggage
bagages[M]
maletas[F]
valigie[F]

Uhren[F] und Schmuck[M]
watches and jewellery
montres[F] et bijoux[M]
relojes[M] y joyería[F]
orologi[M] e gioielli[M]

Damen[F]-Accessoires[N]
women's accessories
accessoires[M] de femmes[F]
accesorios[M] femeninos
accessori[M] da donna[F]

Kosmetikartikel[M]
cosmetics
cosmétiques[M]
cosméticos[M]
prodotti[M] di bellezza[F]

Parfümerie[F]
perfume
parfum[M]
perfumes[M]
profumeria[F]

Herren[M]-Nachtwäsche[F]
men's nightwear
vêtements[M] de nuit[F] d'hommes[M]
pijamas[M] de hombre[M]
biancheria[F] da notte[F] per uomo[M]

Herren[M]-Sportbekleidung[F]
men's sportswear
vêtements[M] de sport[M] d'hommes[M]
ropa[F] de deportes[M] de hombre[M]
abbigliamento[M] sportivo da uomo[M]

Herrenpullover[M]
men's sweaters
tricots[M] d'hommes[M]
jerséis[M] de hombre[M]
maglioni[M] da uomo[M]

Herren[M]-Freizeitbekleidung[F]
men's casual wear
vêtements[M] décontractés d'hommes[M]
ropa[F] informal de hombre[M]
abbigliamento[M] casual maschile

Kinderschuhe[M]
children's shoes
chaussures[F] d'enfants[M]
zapatos[M] de niños[M]
scarpe[F] per bambini[M]

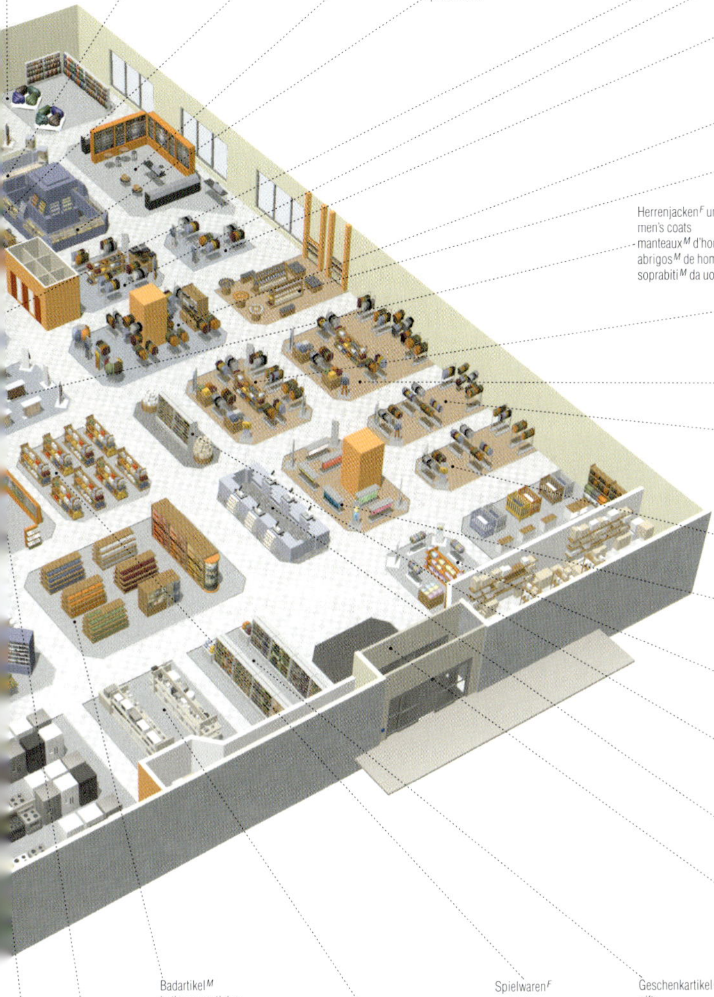

Herrenjacken[F] und -mäntel[M]
men's coats
manteaux[M] d'hommes[M]
abrigos[M] de hombre[M]
soprabiti[M] da uomo[M]

Mädchenbekleidung[F] 7 bis 17 Jahre[N]
girls' wear size 7 to 17
vêtements[M] de filles[F] de 7 à 17 ans[M]
ropa[F] para niñas[F] de 7 a 17 años[M]
abbigliamento[M] per ragazze[F] dai 7 ai 17 anni[M]

Knabenbekleidung[F] 7 bis 17 Jahre[N]
boys' wear size 7 to 17
vêtements[M] de garçons[M] de 7 à 17 ans[M]
ropa[F] para niños[M] de 7 a 17 años[M]
abbigliamento[M] per ragazzi[M] dai 7 ai 17 anni[M]

Knabenbekleidung[F] 2 bis 6 Jahre[N]
boys' wear size 2 to 6
vêtements[M] de garçons[M] de 2 à 6 ans[M]
ropa[F] para niños[M] de 2 a 6 años[M]
abbigliamento[M] per bambini[M] dai 2 ai 6 anni[M]

Mädchenbekleidung[F] 2 bis 6 Jahre[N]
girls' wear size 2 to 6
vêtements[M] de filles[F] de 2 à 6 ans[M]
ropa[F] para niñas[F] de 2 a 6 años[M]
abbigliamento[M] per bambine[F] dai 2 ai 6 anni[M]

Kinder[N]-Sportbekleidung[F]
children's sportswear
vêtements[M] de sport[M] d'enfants[M]
ropa[F] de deportes[M] para niños[M]
abbigliamento[M] sportivo per bambini[M]

Babybekleidung[F]
baby wear
vêtements[M] de bébés[M]
ropa[F] de bebé[M]
abbigliamento[M] per bebè[M]

Süßwaren[F]
confectionery
confiserie[F]
confitería[F]
dolciumi[M]

Kassen[F]
checkouts
caisses[F]
cajas[F]
casse[F]

Badartikel[M]
bathroom articles
articles[M] de salle[F] de bains[M]
artículos[M] de tocador[M]
articoli[M] per il bagno[M]

Spielwaren[F]
toys
jouets[M]
juguetes[M]
giocattoli[M]

Geschenkartikel[M]
gifts
cadeaux[M]
regalos[M]
articoli[M] da regalo[M]

Eingangsbereich[M]
lobby
vestibule[M]
vestíbulo[M]
atrio[M]

Schreibwaren[F]
stationery
papeterie[F]
papelería[F]
cartoleria[F]

kleine Elektrohaushaltsgeräte[N]
small domestic appliances
petits appareils[M] électroménagers
pequeños electrodomésticos[M]
piccoli elettrodomestici[M]

Geschirr[N], Glaswaren[F] und Silberwaren[F]
dinnerware, glassware, and silverware
vaisselle[F], verres[M] et couverts[M]
vajillas[F], cristalerías[F] y cuberterías[F]
vasellame[M], cristalleria[F] e argenteria[F]

Kongresszentrum[N]

convention centre | palais[M] des congrès[M] | palacio[M] de congresos[M] | palazzo[M] dei congressi[M]

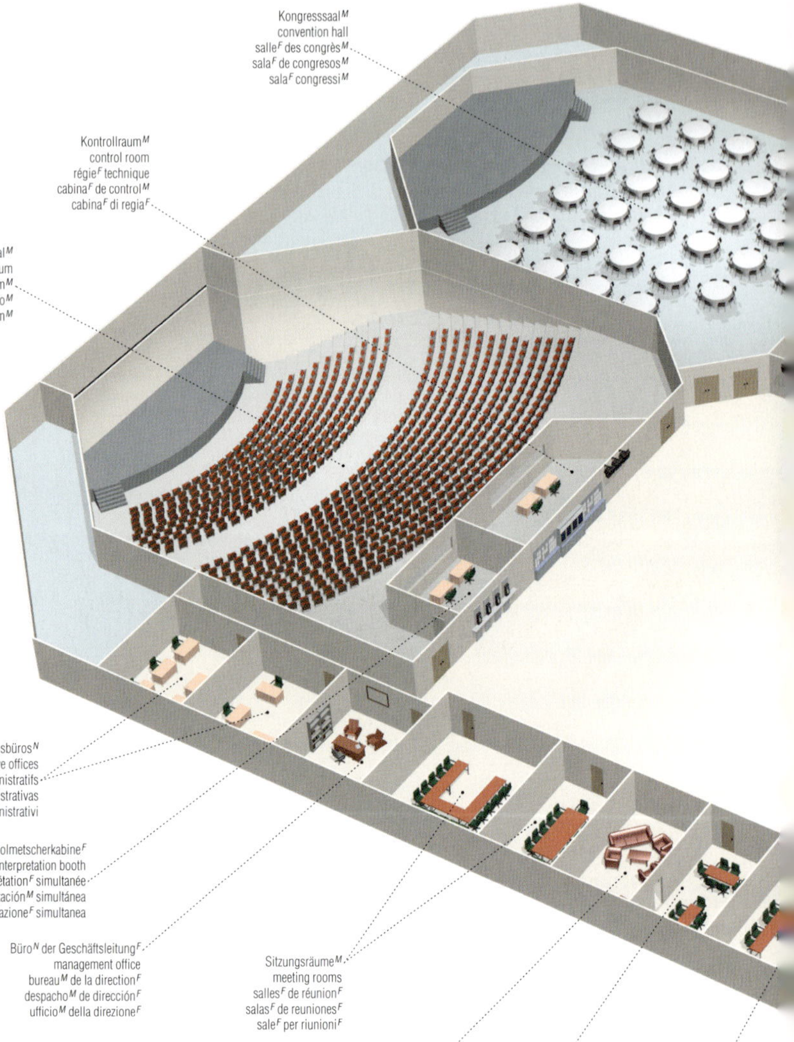

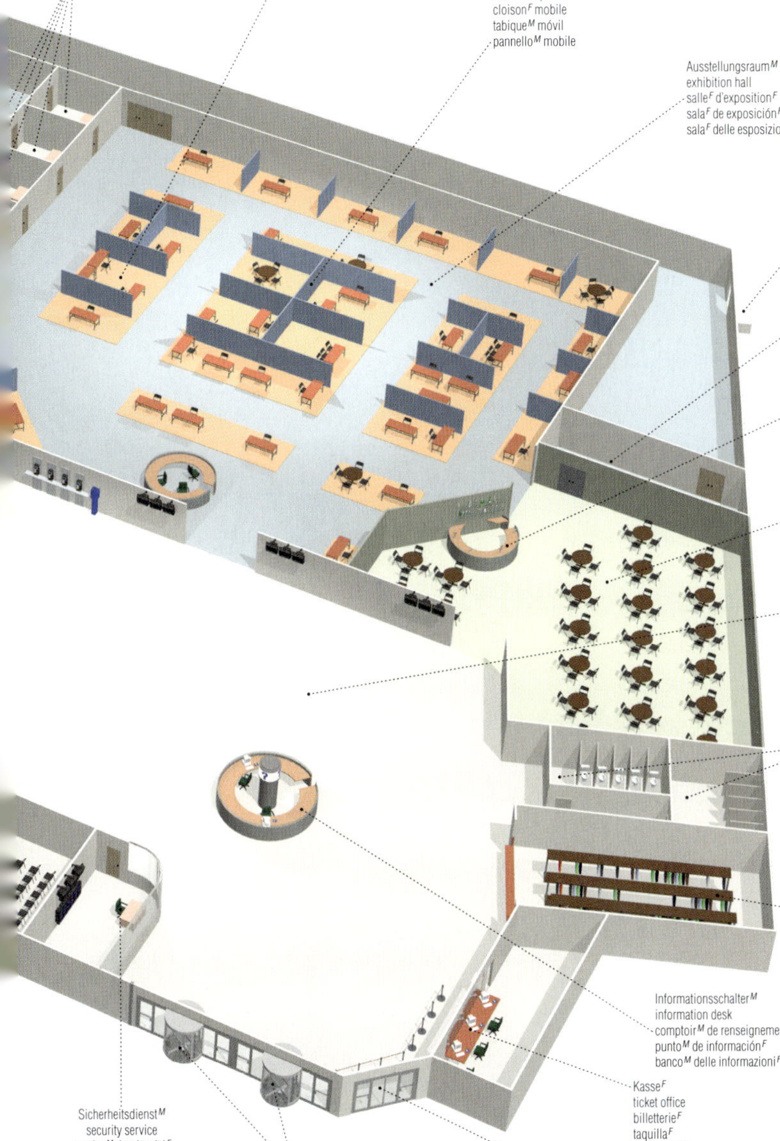
Veranstalterbüros^{N}
organizers' offices
bureaux^{M} des organisateurs^{M}
oficina^{F} de los organizadores^{M}
uffici^{M} degli organizzatori^{M}
Ausstellungsstand^{M}
exhibition stand
stand^{M} d'exposition^{F}
stand^{M} de exposición^{F}
stand^{M} espositivo
versetzbare Trennwand^{F}
moveable panel
cloison^{F} mobile
tabique^{M} móvil
pannello^{M} mobile
Ausstellungsraum^{M}
exhibition hall
salle^{F} d'exposition^{F}
sala^{F} de exposición^{F}
sala^{F} delle esposizioni^{F}
Entladerampe^{F}
unloading dock
quai^{M} de déchargement^{M}
muelle^{M} de carga^{F}
banchina^{F} di scarico^{M}
Küche^{F}
kitchen
cuisine^{F}
cocina^{F}
cucina^{F}
Bar^{F}
bar
bar^{M}
bar^{M}
bar^{M}
Restaurant^{N}
restaurant
restaurant^{M}
restaurante^{M}
ristorante^{M}
Halle^{F}
hall
hall^{M}
vestíbulo^{M}
hall^{F}
Toilette^{F}
toilet
w.-c.^{M}
aseo^{M}
toilette^{F}
Garderobe^{F}
cloakroom
vestiaire^{M}
guardarropa^{M}
guardaroba^{M}
Informationsschalter^{M}
information desk
comptoir^{M} de renseignements^{M}
punto^{M} de información^{F}
banco^{M} delle informazioni^{F}
Kasse^{F}
ticket office
billetterie^{F}
taquilla^{F}
biglietteria^{F}
Sicherheitsdienst^{M}
security service
service^{M} de sécurité^{F}
servicio^{M} de seguridad^{F}
servizio^{M} di sicurezza^{F}
Drehtüren^{F}
manual revolving doors
portes^{F} à tambour^{M} manuelles
puertas^{F} giratorias manuales
porte^{F} girevoli manuali
Eingang^{M}
entrance
entrée^{F}
entrada^{F}
entrata^{F}

Restaurant^{M}

restaurant | restaurant^{M} | restaurante^{M} | ristorante^{M}

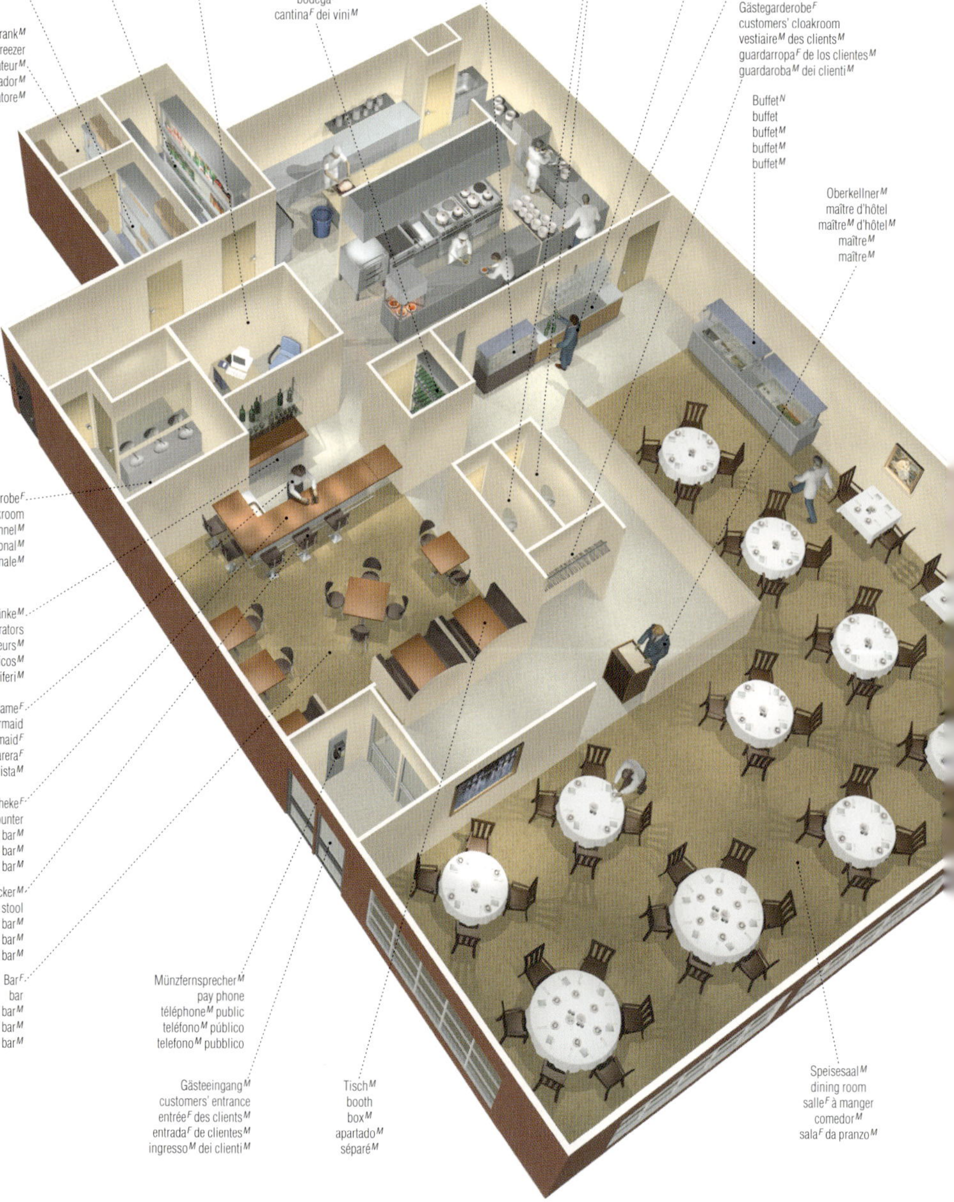

Küche[F]
kitchen
cuisine[F]
cocina[F]
cucina[F]

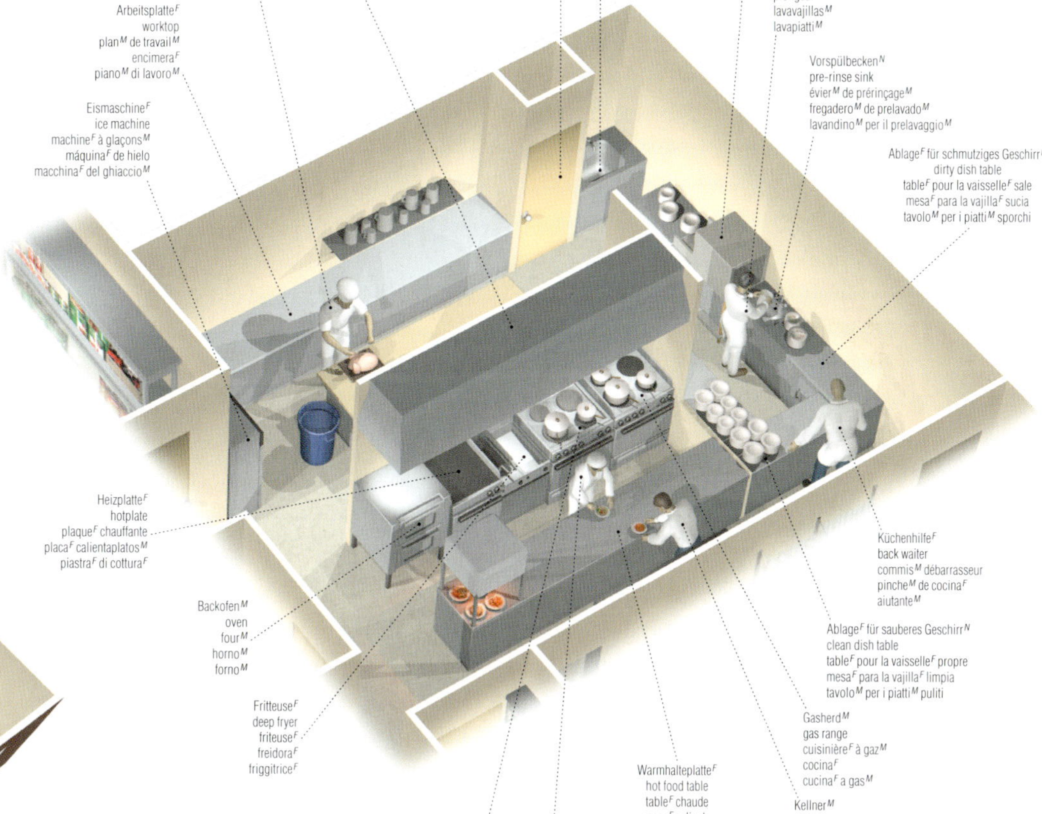

Speisekarte[F]
menu
menu[M]
menú[M]
menu[M]

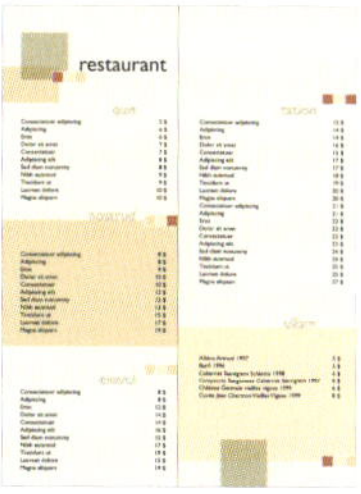

Weinkarte[F]
wine list
carte[F] des vins[M]
carta[F] de vinos[M]
lista[F] dei vini[M]

Rechnung[F]
bill
addition[F]
cuenta[F]
conto[M]

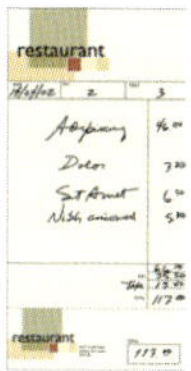

GESELLSCHAFT

Selbstbedienungsrestaurant^{N}

self-service restaurant | restaurant^{M} libre-service | restaurante^{M} de autoservicio^{M} | self-service^{M}

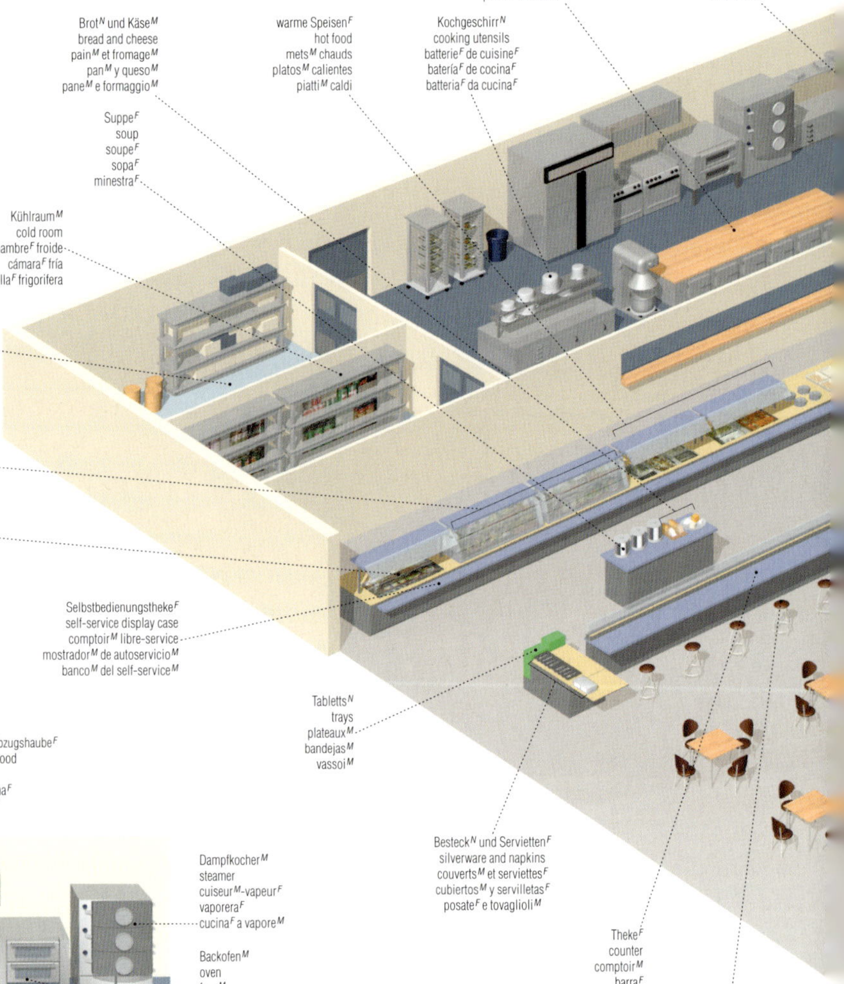

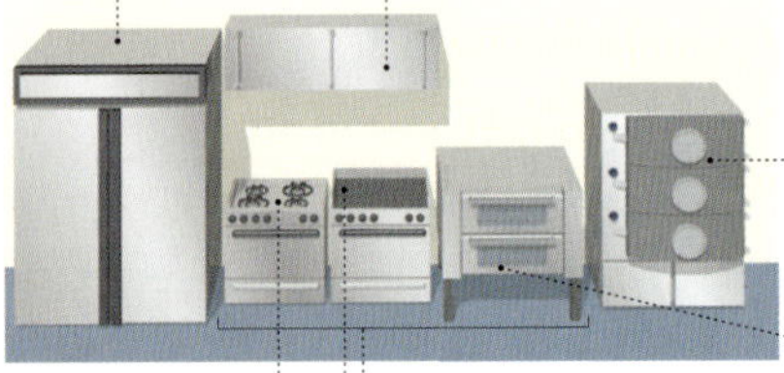

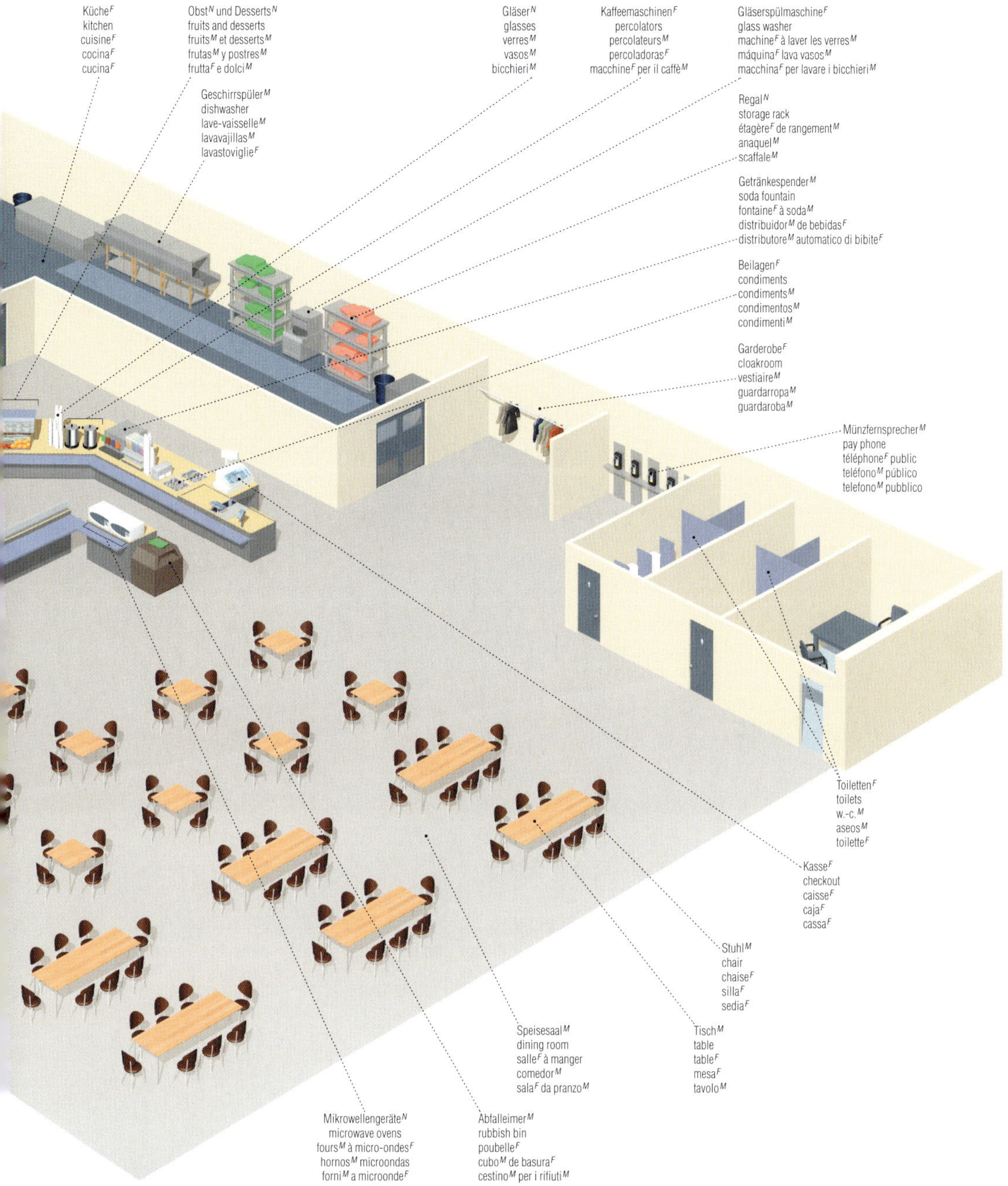
Küche[F]
kitchen
cuisine[F]
cocina[F]
cucina[F]
Obst[N] und Desserts[N]
fruits and desserts
fruits[M] et desserts[M]
frutas[M] y postres[M]
frutta[F] e dolci[M]
Geschirrspüler[M]
dishwasher
lave-vaisselle[M]
lavavajillas[M]
lavastoviglie[F]
Gläser[N]
glasses
verres[M]
vasos[M]
bicchieri[M]
Kaffeemaschinen[F]
percolators
percolateurs[M]
percoladoras[F]
macchine[F] per il caffè[M]
Gläserspülmaschine[F]
glass washer
machine[F] à laver les verres[M]
máquina[F] lava vasos[M]
macchina[F] per lavare i bicchieri[M]
Regal[N]
storage rack
étagère[F] de rangement[M]
anaquel[M]
scaffale[M]
Getränkespender[M]
soda fountain
fontaine[F] à soda[M]
distribuidor[M] de bebidas[F]
distributore[M] automatico di bibite[F]
Beilagen[F]
condiments
condiments[M]
condimentos[M]
condimenti[M]
Garderobe[F]
cloakroom
vestiaire[M]
guardarropa[M]
guardaroba[M]
Münzfernsprecher[M]
pay phone
téléphone[F] public
teléfono[M] público
telefono[M] pubblico
Toiletten[F]
toilets
w.-c.[M]
aseos[M]
toilette[F]
Kasse[F]
checkout
caisse[F]
caja[F]
cassa[F]
Stuhl[M]
chair
chaise[F]
silla[F]
sedia[F]
Tisch[M]
table
table[F]
mesa[F]
tavolo[M]
Speisesaal[M]
dining room
salle[F] à manger
comedor[M]
sala[F] da pranzo[M]
Mikrowellengeräte[N]
microwave ovens
fours[M] à micro-ondes[F]
hornos[M] microondas
forni[M] a microonde[F]
Abfalleimer[M]
rubbish bin
poubelle[F]
cubo[M] de basura[F]
cestino[M] per i rifiuti[M]

Hotel^{N}

hotel | hôtel^{M} | hotel^{M} | albergo^{M}

Empfangsebene^{F}
reception level
niveau^{M} de la réception^{F}
nivel^{M} de la recepción^{F}
piano^{M} della reception^{F}

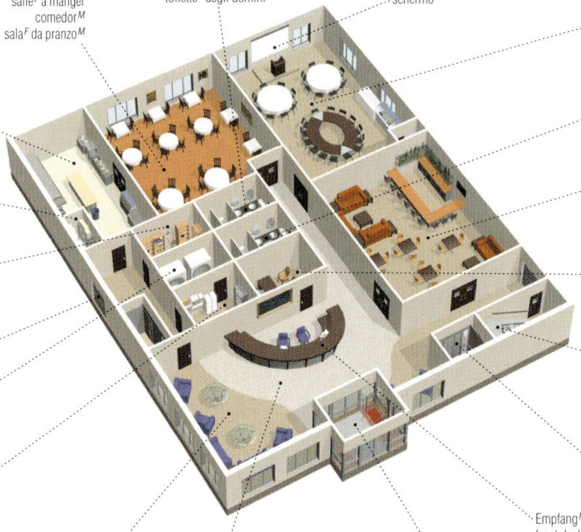

Hotelzimmer^{N}
hotel room
chambres^{F} d'hôtel^{M}
habitación^{F} de hotel^{M}
camera^{F} d'albergo^{M}

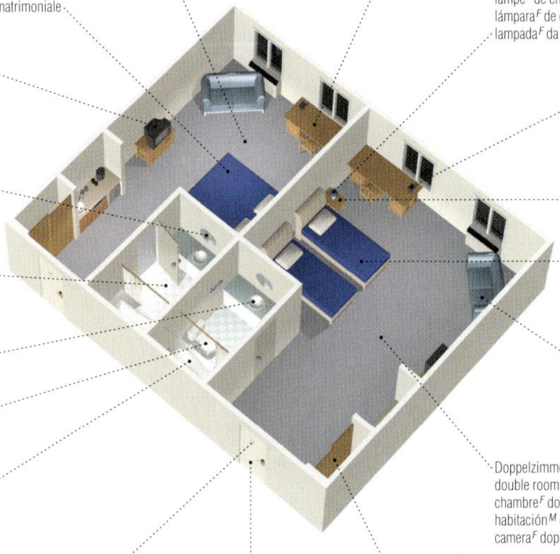

allgemeine Zeichen[N]

common symbols | symboles[M] d'usage[M] courant | símbolos[M] de uso[M] común | simboli[M] comuni

Toiletten[F] (Herren[M])
men's toilet
toilettes[F] pour hommes[M]
aseoss[M] de caballeros[M]
toilette[F] (uomini[M])

Toiletten[F] (Damen[F])
women's toilet
toilettes[F] pour dames[F]
aseos[M] de señoras[F]
toilette[F] (donne[F])

Zugang[M] für Behinderte[M]
access for physically handicapped
accès[M] pour handicapés[M] physiques
acceso[M] para minusválidos[M]
accesso[M] per i portatori[M] di handicap[M]

Verbot für Rollstuhlfahrer[M]
no access for wheelchairs
ne pas utiliser avec un fauteuil[M] roulant
prohibido usar silla[F] de ruedas[F]
accesso[M] non consentito alle sedie[F] a rotelle[M]

Camping[N] für Zelte[N] und Wohnwagen[M]
camping (caravan and tent)
camping[M] et caravaning[M]
zona[F] para acampar y para caravanas[F]
area[F] per campeggio[M] e caravan[M]

Rastplatz[M]
picnic area
pique-nique[M]
zona[F] de comidas[F] campestres
area[F] per pic-nic[M]

Picknick[N] verboten
picnics prohibited
pique-nique[M] interdit
prohibido hacer comidas[F] campestres
vietato fare pic-nic[M]

Zeltplatz[M]
camping (tent)
camping[M]
zona[F] para acampar
campeggio[M]

Zelten[N] verboten
camping prohibited
camping[M] interdit
prohibido acampar
vietato fare campeggio[M]

Camping[N] für Wohnwagen[M]
camping (caravan)
caravaning[M]
zona[F] para caravanas[F]
area[F] per caravan[M]

Krankenhaus[N]
hospital
hôpital[M]
hospital[M]
ospedale[M]

Cafeteria[F]
buffet
casse-croûte[M]
cafetería[F]
punto[M] di ristoro[M]

Telefon[N]
telephone
téléphone[M]
teléfono[M]
telefono[M]

Restaurant[N]
restaurant
restaurant[M]
restaurante[M]
ristorante[M]

Apotheke[F]
chemist's shop
pharmacie[F]
farmacia[F]
farmacia[F]

Polizei[F]
police
police[F]
policía[F]
polizia[F]

Erste Hilfe[F]
first aid
premiers soins[M]
puesto[M] de socorro[M]
pronto soccorso[M]

Tankstelle[F]
petrol station
poste[M] de carburant[M]
gasolinera[F]
stazione[F] di rifornimento[M]

Feuerlöscher[M]
fire extinguisher
extincteur[M] d'incendie[M]
extintor[M] de incendios[M]
estintore[M]

Information[F]
information
renseignements[M]
información[F]
informazioni[F]

Information[F]
information
renseignements[M]
información[F]
informazioni[F]

Fundbüro[N]
lost property
articles[M] perdus et retrouvés
oficina[F] de objetos[M] perdidos
oggetti[M] smarriti

Geldwechsel[M]
currency exchange
change[M]
cambio[M]
cambio[M]

Taxi[N]
taxi rank
transport[M] par taxi[M]
servicio[M] de taxis[M]
taxi[M]

Justizvollzugsanstalt^{F}

prison | prison^{F} | cárcel^{F} | carcere^{M}

Personalein- und -ausgangskontrolle^{F}
staff entrance and exit control
contrôle^{M} des entrées^{F} et sorties^{F} du personnel^{M}
control^{M} de entrada^{F} y salida^{F} del personal^{F}
controllo^{M} dell'entrata^{F} e dell'uscita^{F} del personale^{M}

Werkstatt^{F}
workshop
atelier^{M}
taller^{M}
laboratorio^{M}

Kapelle^{F}
chapel
chapelle^{F}
capilla^{M}
cappella^{F}

Personaleingang^{M}
staff entrance
entrée^{F} du personnel^{M}
entrada^{F} del personal^{M}
ingresso^{M} del personale^{M}

Bibliothek^{F}
library
bibliothèque^{F}
biblioteca^{F}
biblioteca^{F}

Büro^{N} des Direktors^{M}
governor's office
bureau^{M} du directeur^{M}
despacho^{F} del director^{M}
ufficio^{M} del direttore^{M}

Büro^{N} des stellvertretenden Direktors^{M}
assistant governor's office
bureau^{M} du directeur^{M} adjoint
despacho^{F} del subdirector^{M}
ufficio^{M} del vicedirettore^{M}

Büro^{N}
office
bureau^{M}
oficina^{F}
ufficio^{M}

Empfangsraum^{M} für Besucher^{M}
visitors' front office
bureau^{M} d'accueil^{M} des visiteurs^{M}
oficina^{F} de recepción^{F} de visitantes^{M}
ufficio^{M} di accettazione^{F} dei visitatori^{M}

Sprechzimmer^{N}
visiting room
parloir^{M}
locutorio^{M}
parlatorio^{M}

Besuchereingang^{M}
visitors' entrance
entrée^{F} des visiteurs^{M}
entrada^{M} de los visitantes^{M}
ingresso^{M} dei visitatori^{M}

Durchgangsmetalldetektor^{M}
walk-through metal detector
portique^{M} détecteur de métal^{M}
pórtico^{M} detector^{M} de metales^{M}
metal detector^{M} a porta^{F}

Warteraum^{M} für Besucher^{M}
visitors' waiting room
salle^{F} d'attente^{F} des visiteurs^{M}
sala^{F} de espera^{F} de visitantes^{M}
sala^{F} d'attesa^{F} dei visitatori^{M}

Garderobe^{F}
cloakroom
vestiaire^{M}
guardarropa^{M}
guardaroba^{M}

Gefangenentransporter^{M}
patrol wagon
voiture^{F} cellulaire
coche^{M} celular
cellulare^{M}

Garage^{F}
garage
garage^{M}
garaje^{M}
garage^{M}

Insasseneingang^{M}
inmates' entrance
entrée^{F} des détenus^{M}
entrada^{M} de detenidos^{M}
ingresso^{M} dei detenuti^{M}

Krankenstation^{F}
infirmary
infirmerie^{F}
enfermería^{F}
infermeria^{F}

Küche^{F}
kitchen
cuisine^{F}
cocina^{M}
cucina^{F}

Insassenaufnahme^{F}
inmate admission office
bureau^{M} d'admission^{F} des détenus^{M}
oficina^{F} de admisión^{F} de los detenidos^{M}
ufficio^{M} d'ammissione^{F} dei detenuti^{M}

Wäscherei^{F}
laundry
buanderie^{F}
lavandería^{F}
lavanderia^{F}

Dusche^{F}
shower
douche^{F}
ducha^{F}
doccia^{F}

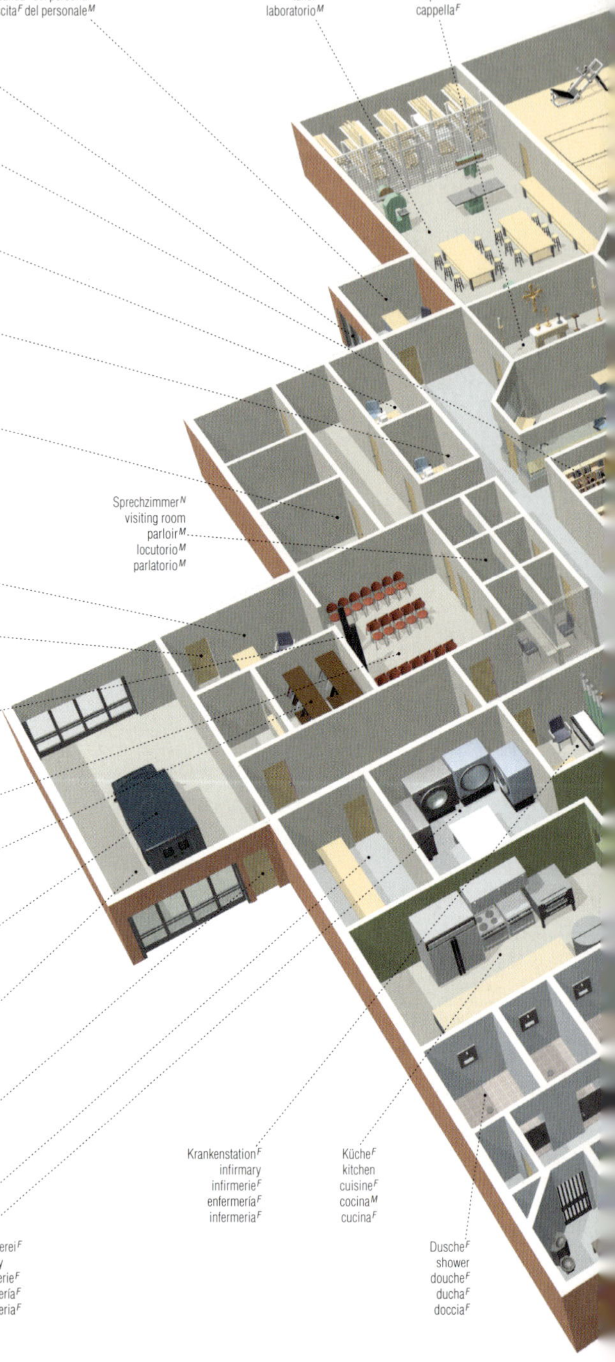

GESELLSCHAFT

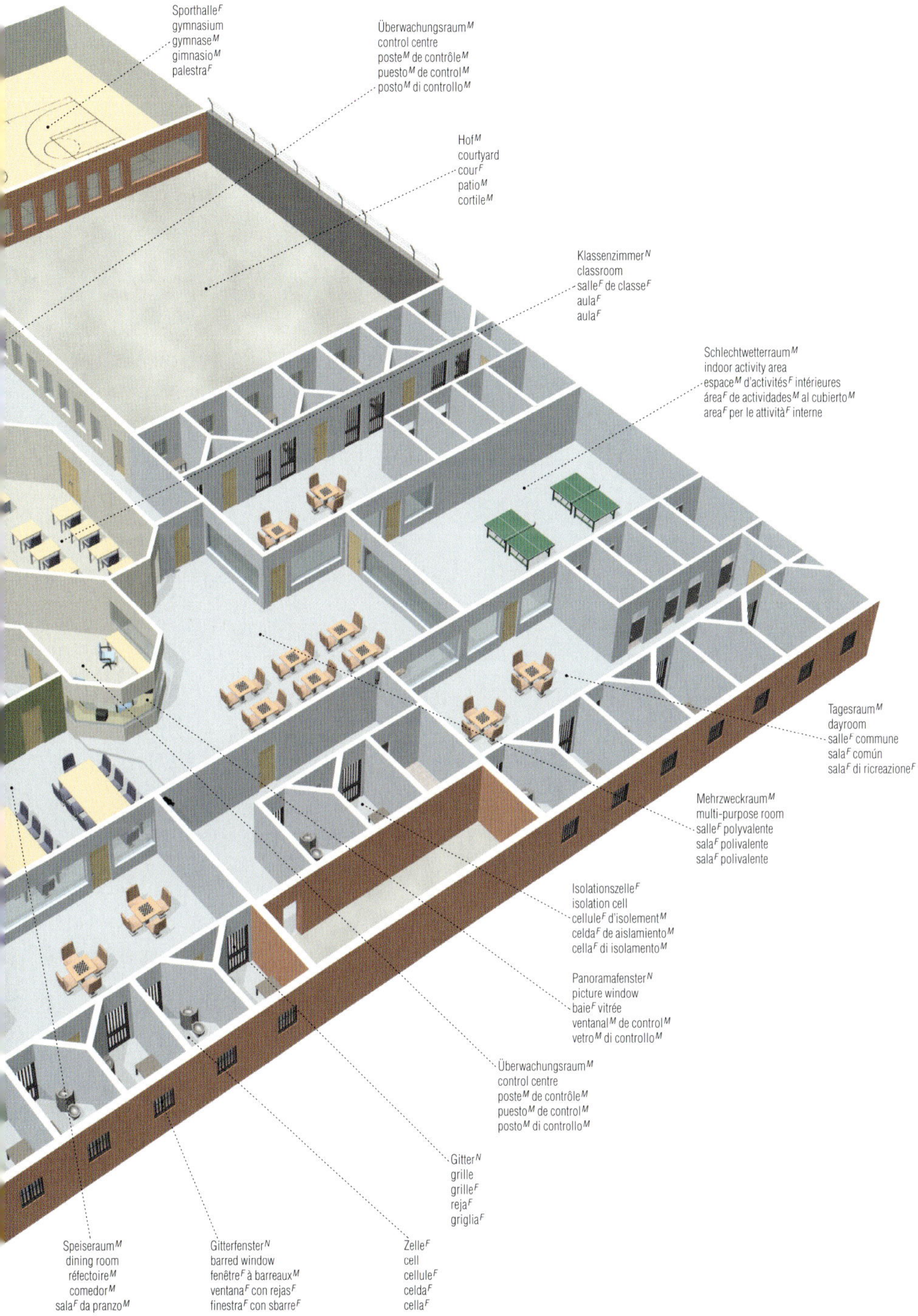

GESELLSCHAFT

Gericht^{N}

court | tribunal^{M} | tribunal^{M} | tribunale^{M}

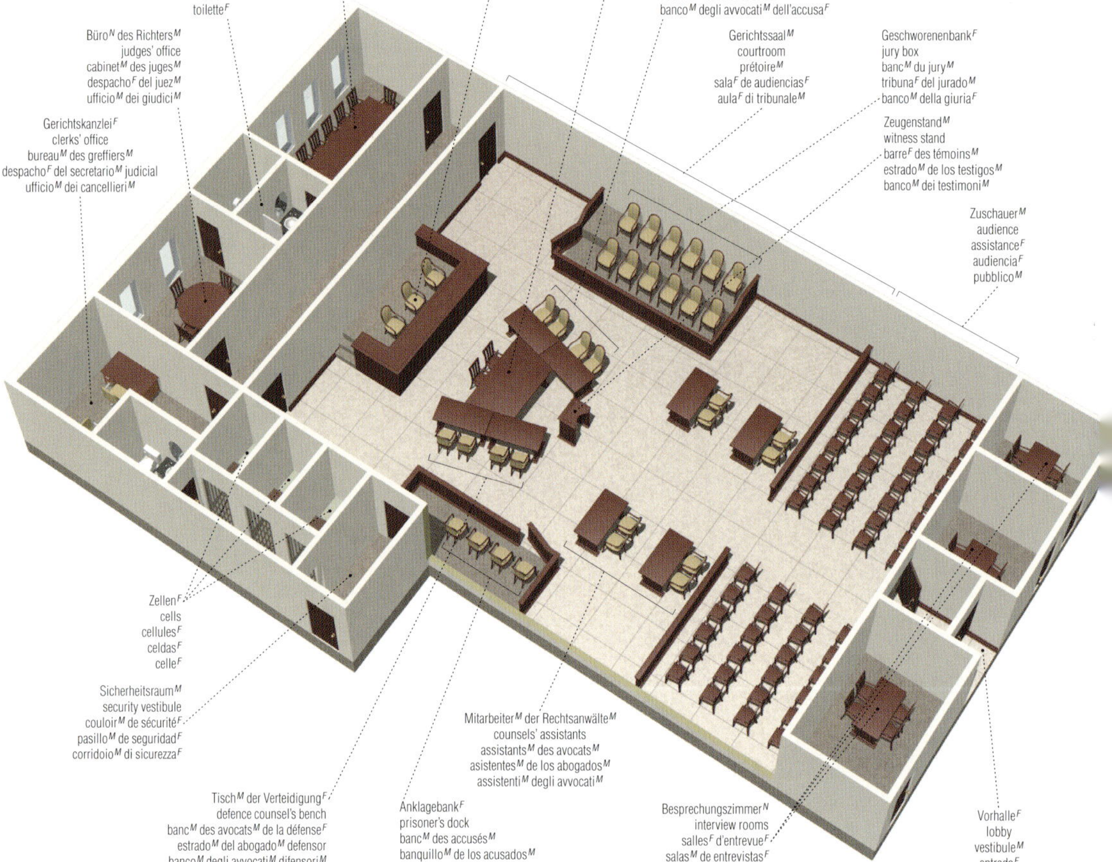

Beispiele^{N} für Währungsabkürzungen^{F}

examples of currency abbreviations | exemples^{M} d'unités^{F} monétaires | ejemplos^{M} de abreviaciones^{F} de monedas^{F} | esempi^{M} di simboli^{M} di valute^{F}

$
Dollar^{M}
dollar
dollar^{M}
dólar^{M}
dollaro^{M}

Cent^{M}
cent
cent^{M}
centavo^{M}
cent^{M}
¢

Rs
Rupie^{F}
rupee
roupie^{F}
rupia^{F}
rupia^{F}

Euro^{M}
euro
euro^{M}
euro^{M}
euro^{M}
€

₪
neuer Schekel^{M}
new shekel
nouveau shekel^{M}
nuevo shekel^{M}
nuovo shekel^{M}

Peso^{M}
peso
peso^{M}
peso^{M}
peso^{M}
₱

¥
Yen^{M}
yen
yen^{M}
yen^{M}
yen^{M}

Pfund^{N}
pound
livre^{F}
libra^{F}
sterlina^{F}
£

Geld[N] und Zahlungsmodalitäten[F]

money and modes of payment | monnaie[F] et modes[M] de paiement[M] | dinero[M] y modos[M] de pago[M] | denaro[M] e metodi[M] di pagamento[M]

Münze[F]: Vorderseite[F]
coin: obverse
pièce[F] : avers[M]
moneda[F] : anverso[M]
moneta[F]: diritto[M]

Jahreszahl[F]
date
millésime[M]
fecha[F]
anno[M]

Rand[M]
edge
tranche[F]
canto[M]
contorno[M]

Münze[F]: Rückseite[F]
coin: reverse
pièce[F] : revers[M]
moneda[F] : reverso[M]
moneta[F]: rovescio[M]

Außenring[M]
outer ring
couronne[F]
cordoncillo[M]
corona[F]

Wertangabe[F]
denomination
valeur[F]
valor[M]
indicazione[F] del valore[M]

Banknote[F]: Vorderseite[F]
banknote: front
billet[M] de banque[F] : recto[M]
billete[M] : recto[M]
banconota[F]: dritto[M]

Kürzel[N] der Ausgabebank[F]
initials of issuing bank
initiales[F] de la banque[F] émettrice
iniciales[F] del banco[M] emisor
iniziali[F] della banca[F] di emissione[F]

Sicherheitsfaden[M]
security thread
fil[M] de sécurité[F]
filigrana[F]
filo[M] di sicurezza[F]

metallisiertes Hologramm[N]
hologram foil strip
bande[F] métallisée holographique
banda[F] holográfica metalizada
banda[F] olografica

amtliche Unterschrift[F]
official signature
signature[F] officielle
firma[F] oficial
firma[F] ufficiale

Wasserzeichen[N]
watermark
filigrane[M]
filigrana[F]
filigrana[F]

metallische Tinte[F]
colour shifting ink
encre[F] à couleur[F] changeante
tinta[F] de color[M] cambiante
inchiostro[M] a colori[M] cangianti

Porträt[N]
portrait
effigie[F]
retrato[M]
effigie[F]

Seriennummer[F]
serial number
numéro[M] de série[F]
número[M] de serie[F]
numero[M] di serie[F]

Banknote[F]: Rückseite[F]
banknote: back
billet[M] de banque[F] : verso[M]
billete[M] : verso[M]
banconota[F]: rovescio[M]

Flagge[F] der Europäischen Union[F]
European Union flag
drapeau[M] de l'Union[F] Européenne
bandera[F] de la Unión[F] Europea
bandiera[F] dell'Unione[F] Europea

Seriennummer[F]
serial number
numéro[M] de série[F]
número[M] de serie[F]
numero[M] di serie[F]

Leitspruch[M]
motto
devise[F]
lema[F]
motto[M]

Wertangabe[F]
denomination
valeur[F]
valor[M]
indicazione[F] del valore[M]

Währungsangabe[F]
currency name
nom[M] de la monnaie[F]
nombre[M] moneda[F]
nome[M] della valuta[F]

Schecks[M]
cheques
chèques[M]
cheques[M]
assegni[M]

Kreditkarte[F]
credit card
carte[F] de crédit[M]
tarjeta[F] de crédito[M]
carta[F] di credito[M]

Magnetstreifen[M]
magnetic strip
bande[F] magnétique
banda[F] magnética
banda[F] magnetica

Unterschrift[F] des Inhabers[M]
holder's signature
signature[F] du titulaire[M]
firma[M] del titular[M]
firma[F] del titolare[M]

Kartennummer[F]
card number
numéro[M] de carte[F]
número[M] de la tarjeta[F]
numero[M] della carta[F]

Name[M] des Inhabers[M]
holder's name
nom[M] du titulaire[M]
nombre[M] del titular[M]
nome[M] del titolare[M]

Verfallsdatum[N]
expiry date
date[F] d'expiration[F]
fecha[F] de vencimiento[M]
data[F] di scadenza[F]

Travellerscheck[M]
traveller's cheque
chèque[M] de voyage[M]
cheque[M] de viaje[M]
traveller's cheque[M]

GESELLSCHAFT

Bank^{F}

bank | banque^{F} | banco^{M} | banca^{F}

Geldausgabeautomat^{M}
cash dispenser
distributeur^{M} de billets^{M}
cajero^{M} automático
sportello^{M} bancomat^{M}

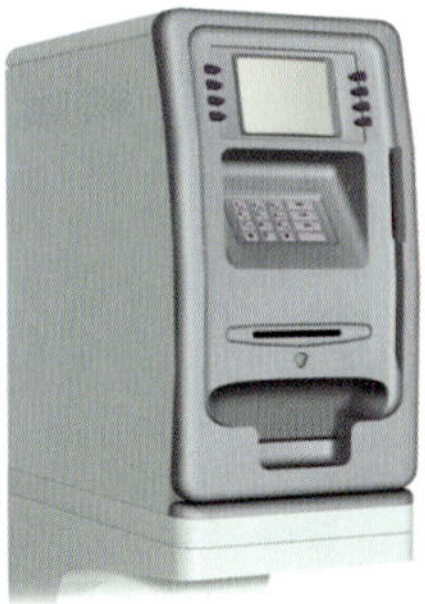

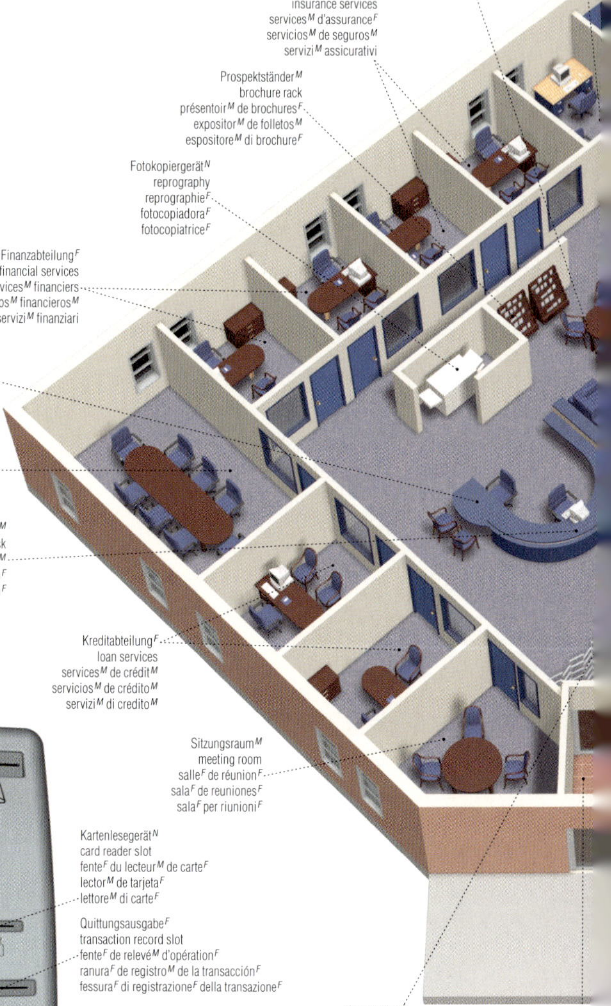

automatischer Bankschalter^{M}
automatic teller machine
guichet^{M} automatique bancaire
cajero^{M} automático
sportello^{M} automatico

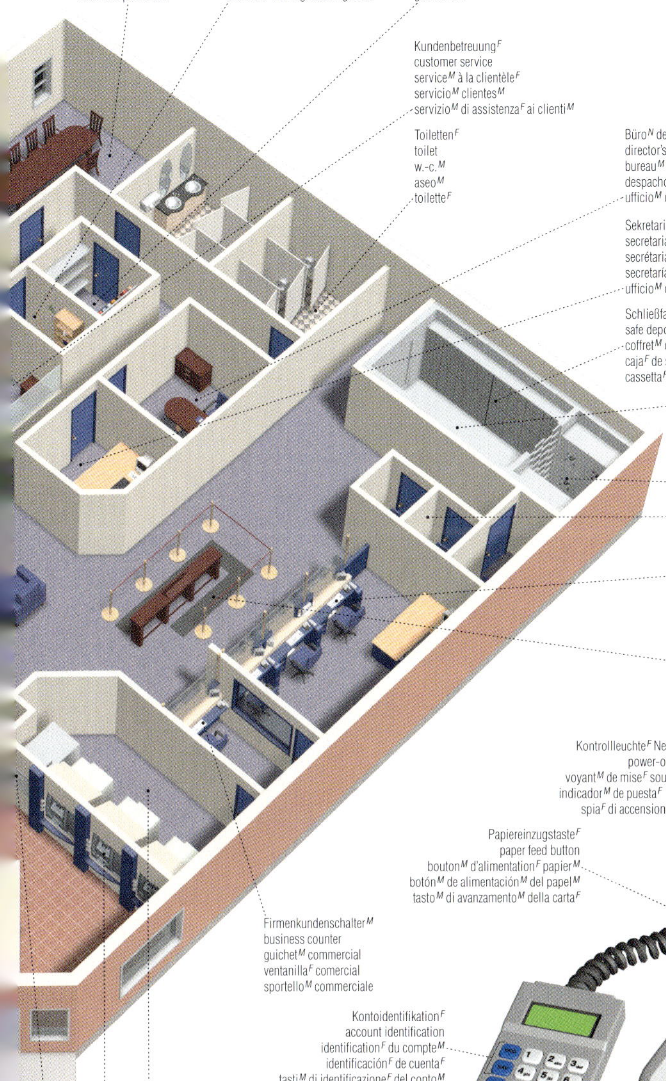

Personalraum^{M}
staff lounge
salon^{M} des employés^{M}
sala^{F} del personal^{M}
sala^{F} del personale^{M}

Hausmeisterraum^{M}
janitor's cupboard
local^{M} d'entretien^{M}
cuarto^{M} de limpieza^{F}
stanzino^{M} della guardia^{F} giurata

Garderobe^{F}
cloakroom
vestiaire^{M}
guardarropa^{M}
guardaroba^{M}

Kundenbetreuung^{F}
customer service
service^{M} à la clientèle^{F}
servicio^{M} clientes^{M}
servizio^{M} di assistenza^{F} ai clienti^{M}

Toiletten^{F}
toilet
w.-c.^{M}
aseo^{M}
toilette^{F}

Büro^{N} des Direktors^{M}
director's office
bureau^{M} du directeur^{M}
despacho^{F} del director^{M}
ufficio^{M} del direttore^{M}

Sekretariat^{N}
secretariat
secrétariat^{M}
secretaría^{F}
ufficio^{M} della segretaria^{F}

Schließfach^{N}
safe deposit box
coffret^{M} de sûreté^{F}
caja^{F} de seguridad^{F}
cassetta^{F} di sicurezza^{F}

Tresorraum^{M}
vault
chambre^{F} forte
cámara^{F} acorazada
camera^{F} blindata

Tresor^{M}
safe
coffre-fort^{M}
caja^{F} fuerte
cassaforte^{F}

Kabine^{F}
coupon booth
isoloir^{M}
cabina^{F}
cabina^{F}

Schalter^{M}
counter
guichet^{M}
ventanilla^{F}
sportello^{M}

Warteschlange^{F}
line
file^{F} d'attente^{F}
fila^{F}
linea^{F} della fila^{F} di attesa

Firmenkundenschalter^{M}
business counter
guichet^{M} commercial
ventanilla^{F} comercial
sportello^{M} commerciale

Bargeldbestückung^{F}
cash supply
approvisionnement^{M} en numéraire^{M}
provisión^{F} de dinero^{M} en efectivo^{M}
rifornimento^{M} di contanti^{M}

automatischer Bankschalter^{M}
automatic teller machine
guichet^{M} automatique bancaire
cajero^{M} automático
sportello^{M} automatico

Nachtschalter^{M}
night deposit box
guichet^{M} de nuit^{F}
buzón^{M} de depósito^{M} nocturno
sportello^{M} notturno

Scheckkarte^{F}
debit card
carte^{F} de débit^{M}
tarjeta^{F} de débito^{M}
carta^{F} di addebito^{M}

Kartennummer^{F}
card number
numéro^{M} de carte^{F}
número^{M} de tarjeta^{F}
numero^{M} della carta^{F}

elektronisches Zahlungsterminal^{N}
electronic payment terminal
terminal^{M} de paiement^{M} électronique
terminal^{M} de pago^{M} electrónico
terminale^{M} di pagamento^{M} elettronico^{M}

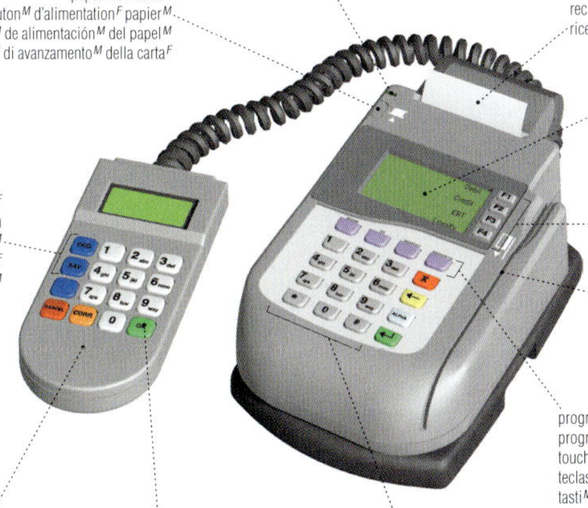

Kontrollleuchte^{F} Netzspannung^{F}/Papierabtastung^{F}
power-on/paper-detect light
voyant^{M} de mise^{F} sous tension^{F}/détection^{F} du papier^{M}
indicador^{M} de puesta^{F} en marcha^{F}/detección^{F} de papel^{M}
spia^{F} di accensione^{F} e rilevamento^{M} della carta^{F}

Papiereinzugstaste^{F}
paper feed button
bouton^{M} d'alimentation^{F} papier^{M}
botón^{M} de alimentación^{M} del papel^{M}
tasto^{M} di avanzamento^{M} della carta^{F}

Geschäftsbeleg^{M}
transaction receipt
relevé^{M} de transaction^{F}
recibo^{M} de transacción^{F}
ricevuta^{F} della transazione^{F}

Display^{N}
display
écran^{M}
display^{F}
display^{M}

Funktionstasten^{F}
operation keys
touches^{F} d'opérations^{F}
teclas^{F} de operación^{F}
tasti^{M} funzione^{F}

Kartenlesegerät^{N}
card reader slot
fente^{F} du lecteur^{M} de carte^{F}
lector^{M} de tarjeta^{F}
lettore^{M} di carte^{F}

Kontoidentifikation^{F}
account identification
identification^{F} du compte^{M}
identificación^{F} de cuenta^{F}
tasti^{M} di identificazione^{F} del conto^{M}

programmierbare Funktionstasten^{F}
programmable function keys
touches^{F} de fonctions^{F} programmables
teclas^{F} de funciones^{F} programables
tasti^{M} funzione^{F} programmabili

Eingabegerät^{N} für persönliche Identifikationsnummer^{F} (PIN)
personal identification number (PIN) pad
clavier^{M} d'identification^{F} personnelle
teclado^{M} del número^{M} de identificación^{F} personal(PIN)
tastierina^{F} per il codice^{M} di identificazione^{F} personale (PIN)

Eingabetaste^{F}
confirmation key
touche^{F} de confirmation^{F}
tecla^{F} de confirmación^{F}
tasto^{M} di conferma^{F}

alphanumerische Tastatur^{F}
alphanumeric keyboard
clavier^{M} alphanumérique
teclado^{M} alfanumérico
tastiera^{F} alfanumerica

Bibliothek^F

library | bibliothèque^F | biblioteca^F | biblioteca^F

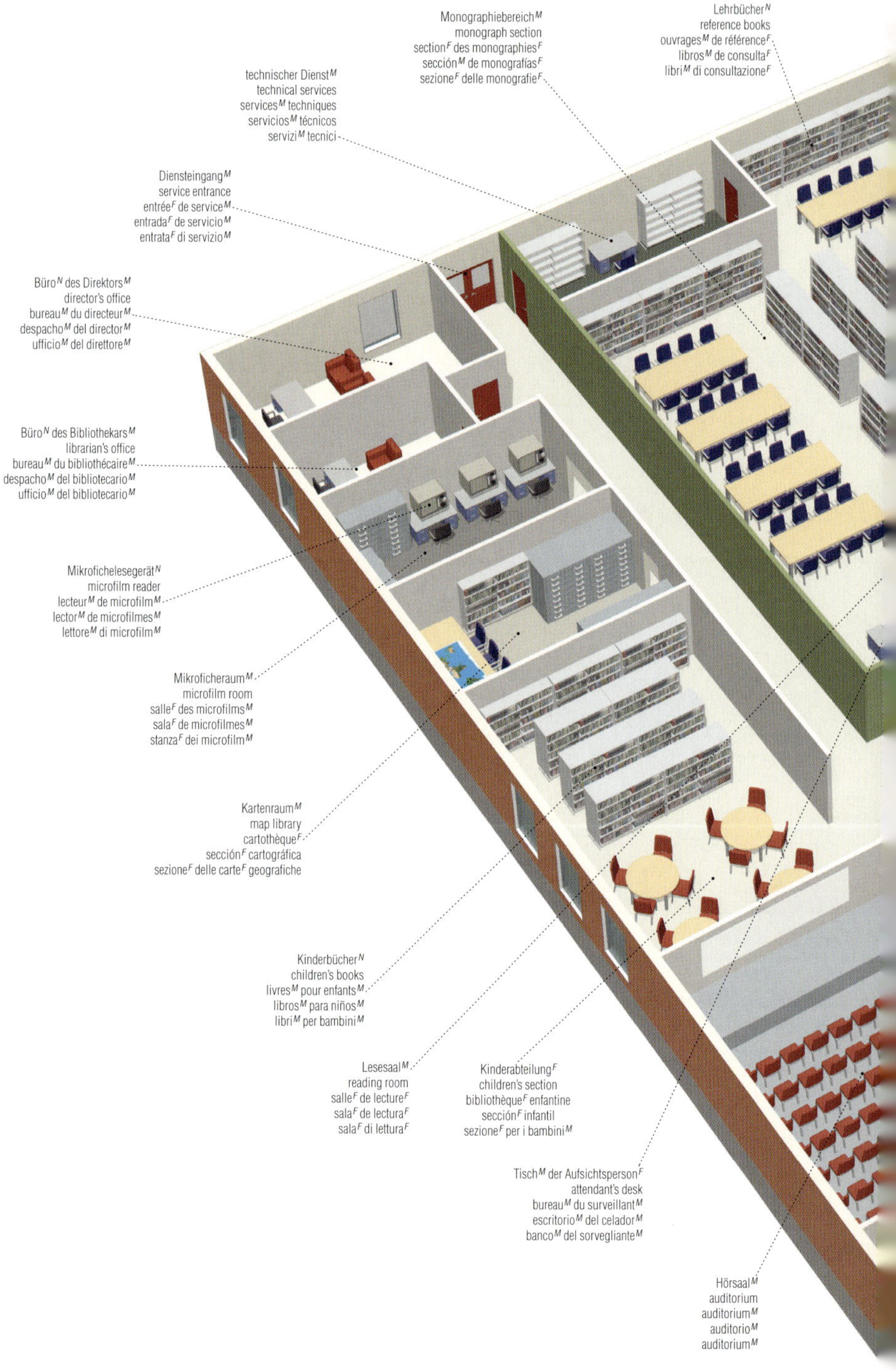

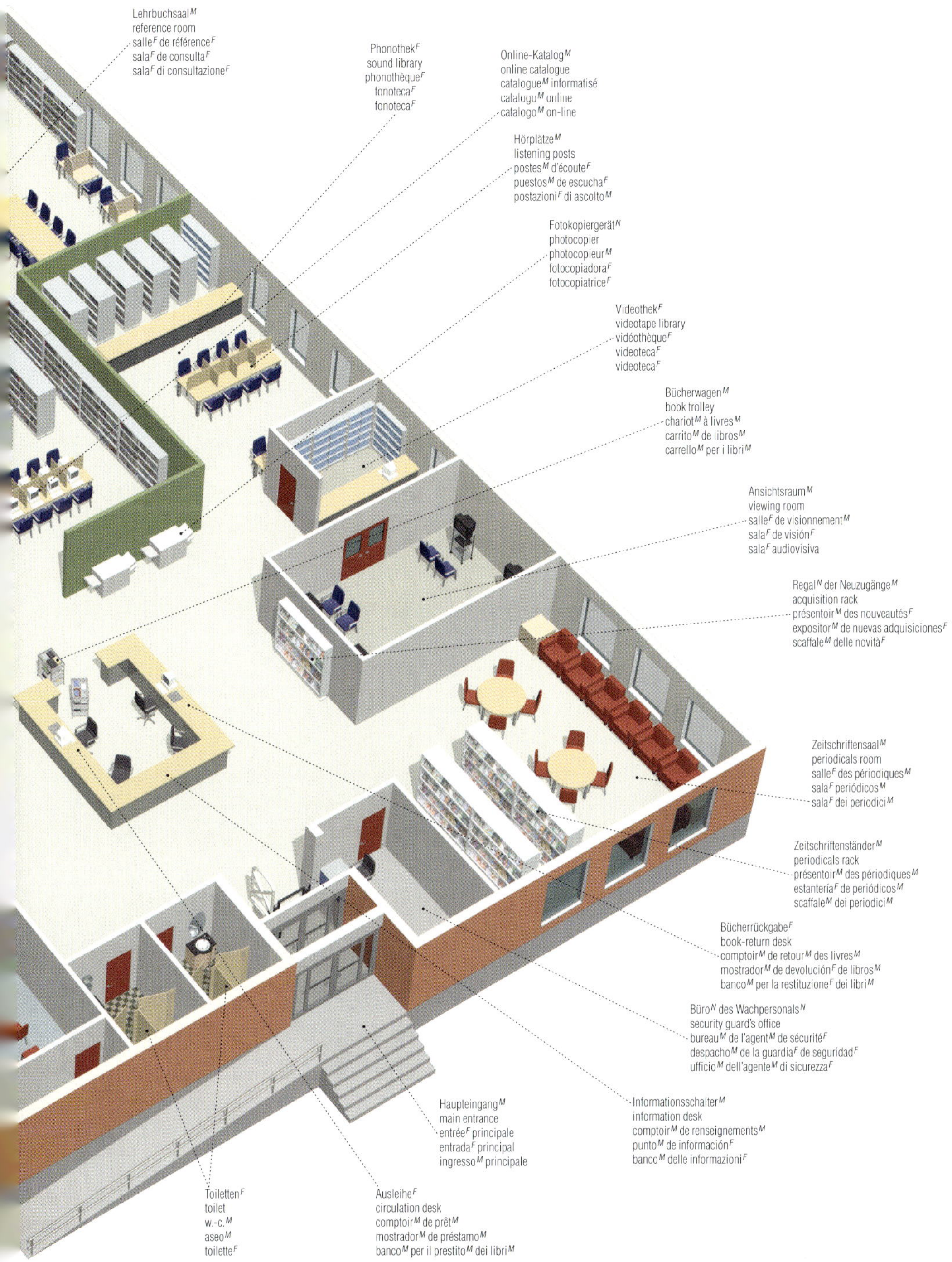
Lehrbuchsaal^M
reference room
salle^F de référence^F
sala^F de consulta^F
sala^F di consultazione^F
Phonothek^F
sound library
phonothèque^F
fonoteca^F
fonoteca^F
Online-Katalog^M
online catalogue
catalogue^M informatisé
catálogo^M online
catalogo^M on-line
Hörplätze^M
listening posts
postes^M d'écoute^F
puestos^M de escucha^F
postazioni^F di ascolto^M
Fotokopiergerät^N
photocopier
photocopieur^M
fotocopiadora^F
fotocopiatrice^F
Videothek^F
videotape library
vidéothèque^F
videoteca^F
videoteca^F
Bücherwagen^M
book trolley
chariot^M à livres^M
carrito^M de libros^M
carrello^M per i libri^M
Ansichtsraum^M
viewing room
salle^F de visionnement^M
sala^F de visión^F
sala^F audiovisiva
Regal^N der Neuzugänge^M
acquisition rack
présentoir^M des nouveautés^F
expositor^M de nuevas adquisiciones^F
scaffale^M delle novità^F
Zeitschriftensaal^M
periodicals room
salle^F des périodiques^M
sala^F periódicos^M
sala^F dei periodici^M
Zeitschriftenständer^M
periodicals rack
présentoir^M des périodiques^M
estantería^F de periódicos^M
scaffale^M dei periodici^M
Bücherrückgabe^F
book-return desk
comptoir^M de retour^M des livres^M
mostrador^M de devolución^F de libros^M
banco^M per la restituzione^F dei libri^M
Büro^N des Wachpersonals^N
security guard's office
bureau^M de l'agent^M de sécurité^F
despacho^M de la guardia^F de seguridad^F
ufficio^M dell'agente^M di sicurezza^F
Informationsschalter^M
information desk
comptoir^M de renseignements^M
punto^M de información^F
banco^M delle informazioni^F
Haupteingang^M
main entrance
entrée^F principale
entrada^F principal
ingresso^M principale
Toiletten^F
toilet
w.-c.^M
aseo^M
toilette^F
Ausleihe^F
circulation desk
comptoir^M de prêt^M
mostrador^M de préstamo^M
banco^M per il prestito^M dei libri^M

Schule[F]

school | école[F] | colegio[M] | scuola[F]

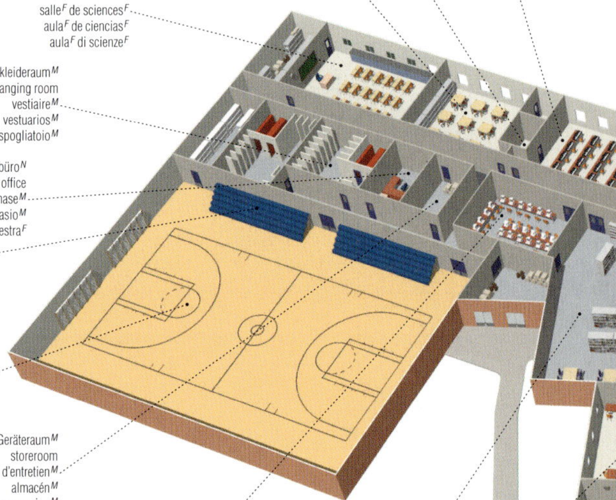

Klassenzimmer[N]
classroom
salle[F] de classe[F]
clase[F]
aula[F]

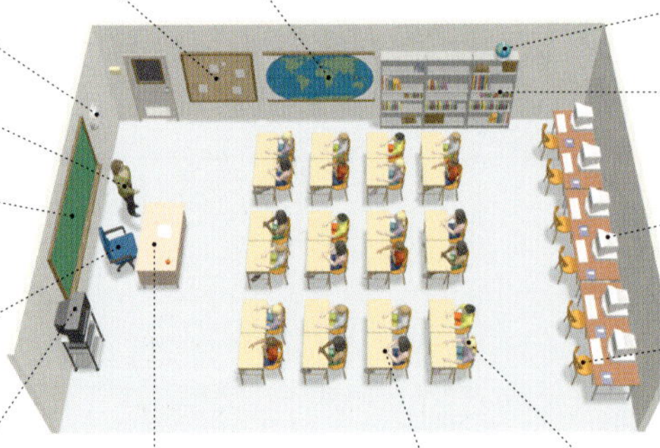

Cafeteria^{F}
cafeteria
cafétéria^{F}
cafetería^{F}
caffè^{M}

Küche^{F}
kitchen
cuisine^{F}
cocina^{F}
cucina^{F}

Büro^{N} der Schulaufsicht^{F}
proctors' office
bureau^{M} des surveillants^{M}
despacho^{M} del bedel^{M}
ufficio^{M} del bidello^{M}

Schülerspinde^{M}
students' lockers
casiers^{M} des élèves^{M}
taquillas^{F} de los estudiantes^{M}
armadietti^{M} degli studenti^{M}

Haupteingang^{M}
main entrance
entrée^{F} principale
entrada^{F} principal
ingresso^{M} principale

Toilette^{F}
toilet
w.-c.^{M}
aseos^{M}
toilette^{F}

Schulhof^{M}
playground
cour^{F} de récréation^{F}
patio^{M}
cortile^{M}

Klassenzimmer^{N}
classroom
salle^{F} de classe^{F}
aula^{M}
aula^{F}

Pausenraum^{M}
students' room
foyer^{M} des élèves^{M}
sala^{F} de estudiantes^{M}
stanza^{F} degli studenti^{M}

Lehrerzimmer^{N}
teachers' room
salle^{F} des enseignants^{M}
sala^{F} de profesores^{M}
stanza^{F} degli insegnanti$^{M/F}$

Verwaltung^{F}
administration
administration^{F}
administración^{F}
amministrazione^{F}

Parkplatz^{M}
parking area
parc^{M} de stationnement^{M}
aparcamiento^{M}
parcheggio^{M}

Diensteingang^{M}
staff entrance
entrée^{F} du personnel^{M}
entrada^{F} del personal^{M}
ingresso^{M} del personale^{M}

Fahrradständer^{M}
bicycle parking
parc^{M} à vélos^{M}
aparcamiento^{M} de bicicletas^{F}
parcheggio^{M} per le biciclette^{F}

Büro^{N} des Schulleiters^{M}
head teacher's office
bureau^{M} du directeur^{M}
despacho^{M} del tutor^{M}
ufficio^{M} del preside^{M}

Sekretariat^{N}
school secretary's office
secrétariat^{M}
secretaría^{F}
ufficio^{M} della segreteria^{F} scolastica

Konferenzraum^{M}
meeting room
salle^{F} de réunion^{F}
sala^{M} de reuniones^{F}
sala^{F} per riunioni^{F}

Chronologie[F] der Religionen[F]

Chronology of Religions | chronologie[F] des religions[F] | Cronología[F] de las Religiones[F] | cronologia[F] delle religioni[F]

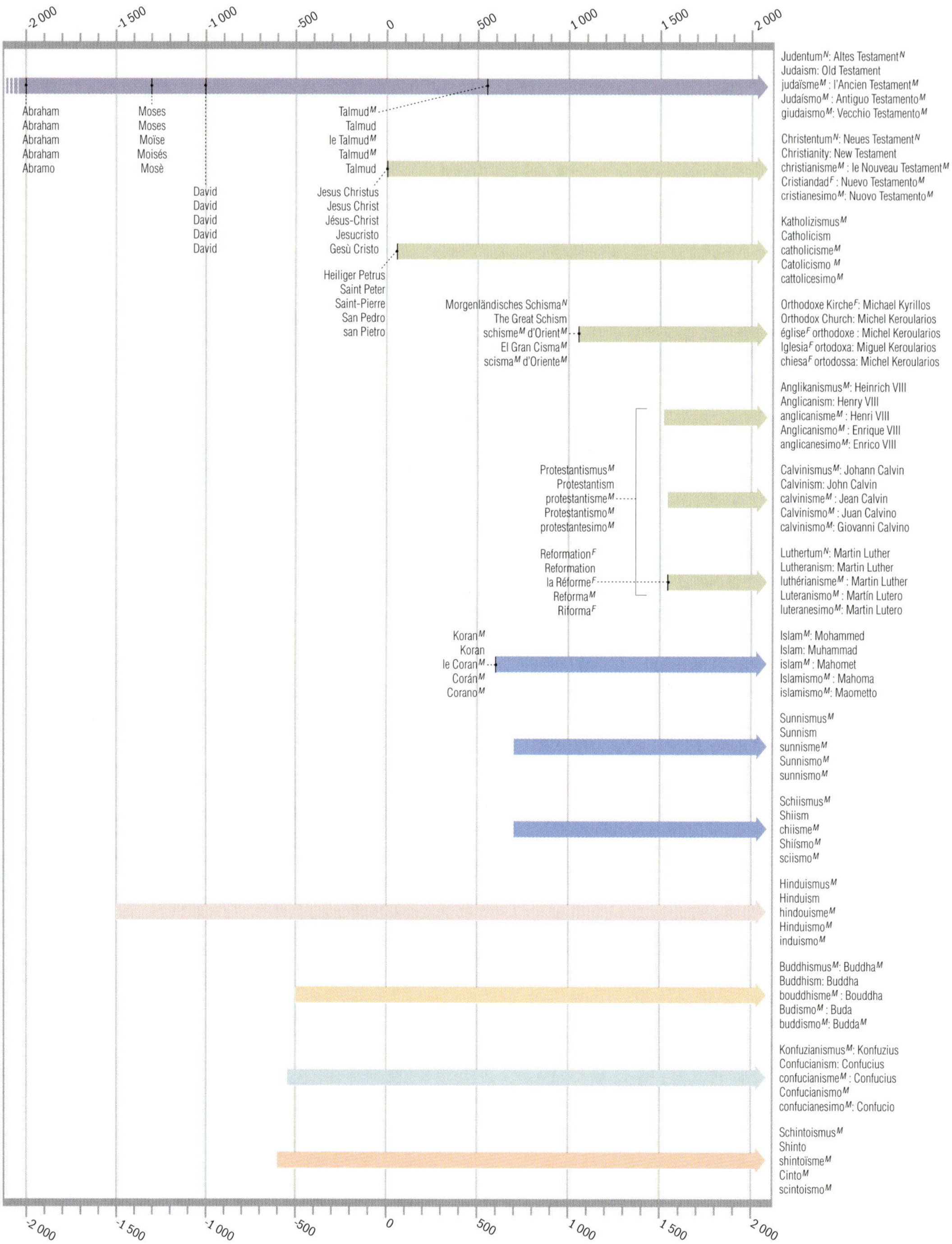

Kirche^F

church | église^F | iglesia^M | chiesa^F

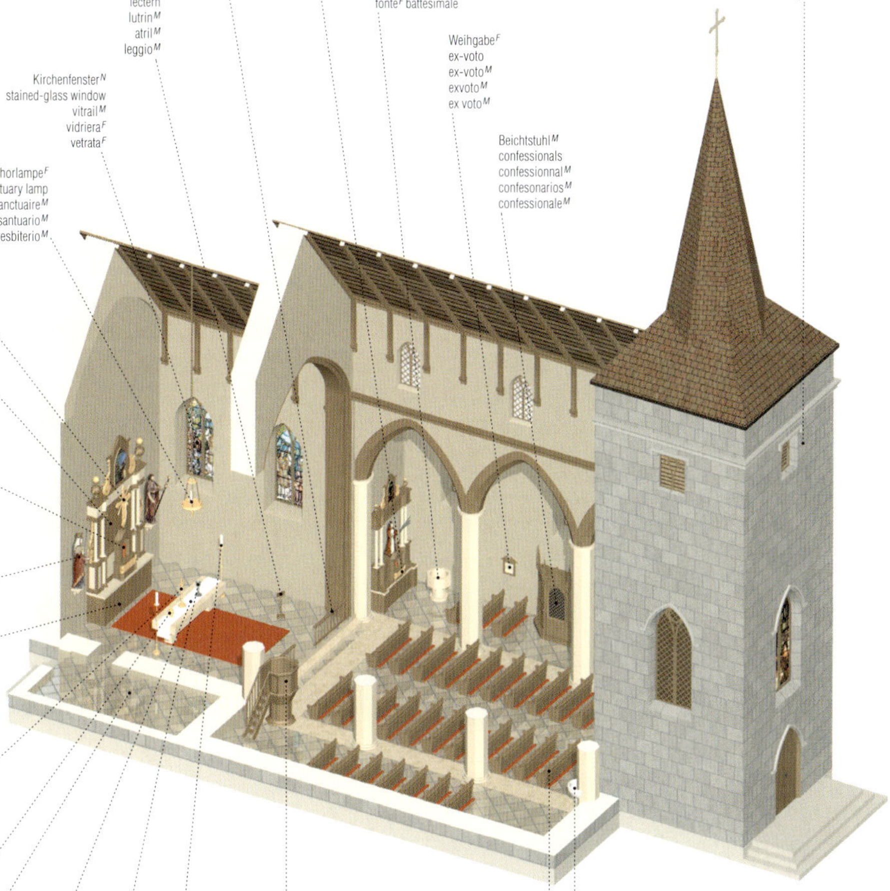

GESELLSCHAFT

Synagoge^F

synagogue | synagogue^F | sinagoga^F | sinagoga^F

Moschee^F

mosque | mosquée^F | mezquita^F | moschea^F

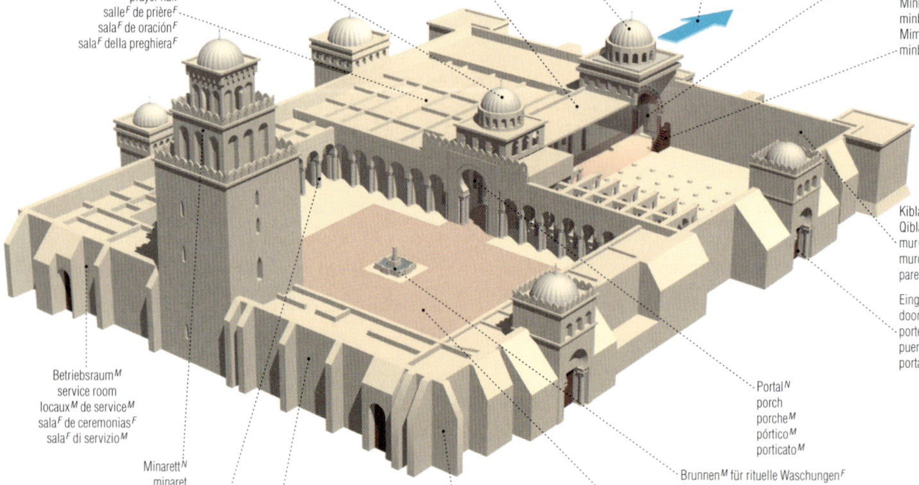

GESELLSCHAFT

Heraldik^{F}

heraldry | héraldique^{F} | heráldica^{F} | araldica^{F}

Teile$^{M/N}$ einer Fahne^{F}
parts of a flag
éléments^{M} d'un drapeau^{M}
partes^{F} de una bandera^{F}
parti^{F} della bandiera^{F}

Fahnenformen^{F}
flag shapes
formes^{F} de drapeaux^{M}
formas^{F} de banderas^{F}
tipi^{M} di bandiera^{F}

viereckige Fahne^{F}
square flag
drapeau^{M} carré
bandera^{F} cuadrada
bandiera^{F} quadrata

rechteckige Fahne^{F}
rectangular flag
drapeau^{M} rectangulaire
bandera^{F} rectangular
bandiera^{F} rettangolare

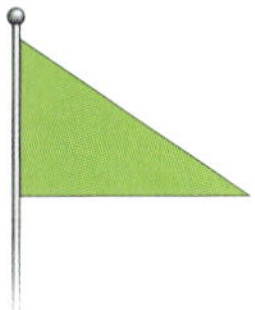

Wimpel^{M}
pennant
pennon^{M}
pendón^{M}
gagliardetto^{M}

Doppelwimpel^{M}
double pennant
pennon^{M} double
banderín^{M} doble
doppio pennello^{M}

Doppelständer^{M}
swallowtail
pavillon^{M} à deux pointes^{F}
bandera^{F} de dos puntas^{F}
coda^{F} di rondine^{F}

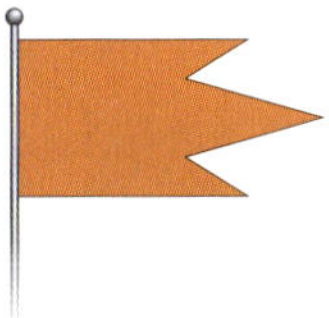

Doppelständer^{M} mit Zunge^{F}
swallowtail and tongue
pavillon^{M} à deux pointes^{F} et langue^{F}
bandera^{F} de dos puntas^{F} y lengua^{F}
coda^{F} di rondine^{F} con una lingua^{F}

Guidon^{M}
burgee
guidon^{M}
corneta^{F}
guidone^{M}

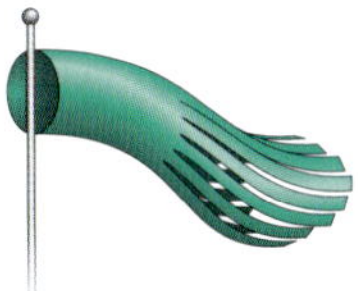

Windsack^{M}
wind sock
manche^{F} à air^{M}
manga^{F}
manica^{F} a vento^{M}

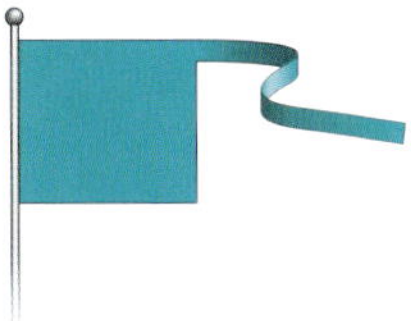

Fahne^{F} mit Schwenkel^{M}
flag with Schwenkel
drapeau^{M} à Schwenkel
bandera^{F} con Schwenkel
bandiera^{F} con Schwenkel^{M}

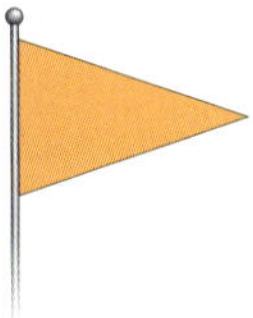

Fanion^{N}
fanion
fanion^{M}
banderín^{M}
pennello^{M}

Gonfalon^{M}
gonfalon
gonfalon^{M}
gonfalón^{M}
gonfalone^{M}

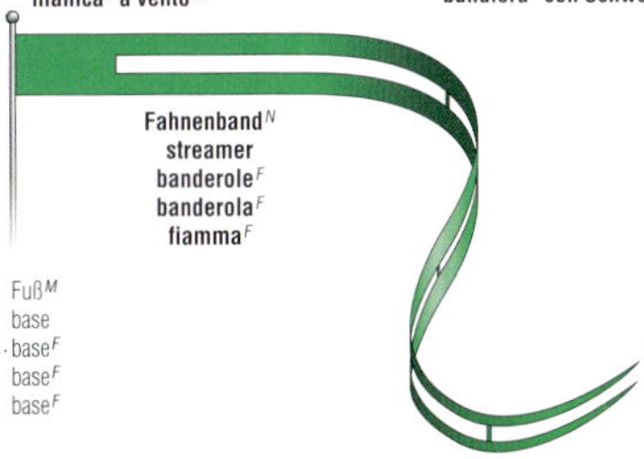

Fahnenband^{N}
streamer
banderole^{F}
banderola^{F}
fiamma^{F}

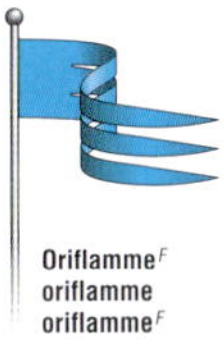

Oriflamme^{F}
oriflamme
oriflamme^{F}
oriflama^{F}
orifiamma^{F}

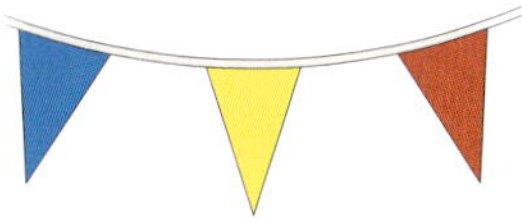

Wimpelgirlande^{F}
bunting
pavois^{M}
empavesado^{M}
pavese^{M}

GESELLSCHAFT

Heraldik^{F}

Schildplätze^{M} shield divisions divisions^{F} de l'écu^{M} divisiones^{F} de los escudos^{M} divisioni^{M} dello scudo^{M}

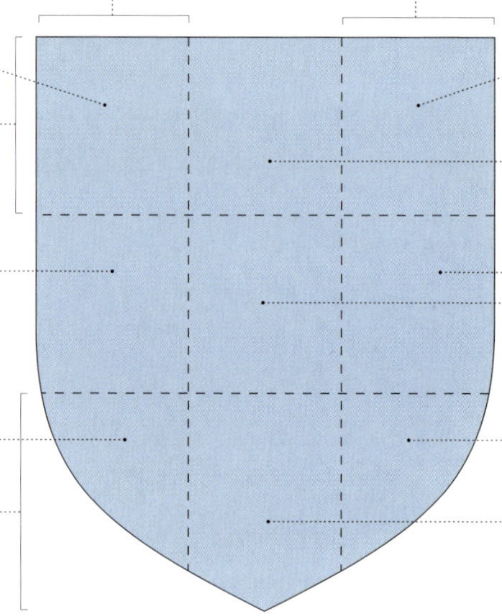

Teilungsbeispiele^{N} examples of partitions exemples^{M} de partitions^{F} ejemplos^{M} de particiones^{F} esempi^{M} di partizioni^{F}

blaues Schildhaupt^{N} in Silber
per fess
coupé
escudo^{M} cortado
troncato

gespalten
per pale
parti
escudo^{M} partido
partito

schräg geteilt
per bend
tranché
escudo^{M} tronchado
trinciato

geviert
quarterly
écartelé
escudo^{M} acuartelado
inquartato

Beispiele^{N} für Heroldsbilder^{N} examples of ordinaries exemples^{M} de pièces^{F} honorables ejemplos^{M} de piezas^{F} honorables esempi^{M} di pezze^{F} onorevoli^{M}

Hauptrand^{M}
chief
chef^{M}
jefe^{M}
capo^{M}

Sparren^{M}
chevron
chevron^{M}
cheurón^{M}
scaglione^{M}

Pfahl^{M}
pale
pal^{M}
palo^{M}
palo^{M}

Kreuz^{N}
cross
croix^{F}
cruz^{F}
croce^{F}

GESELLSCHAFT

Heraldik^{F}

Beispiele^{N} für Metall^{N}
examples of metals
exemples^{M} de métaux^{M}
ejemplos^{M} de metales^{M}
esempi^{M} di metalli^{M}

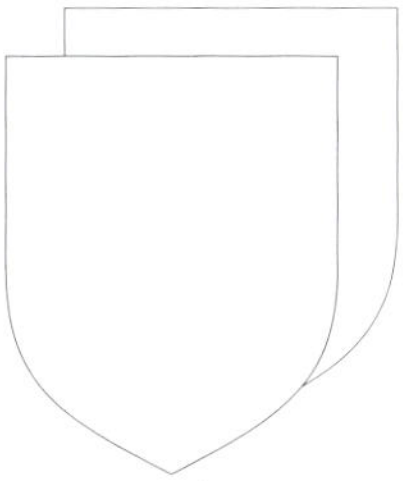

Silber^{N}
argent
argent^{M}
plata^{F}
argento^{M}

Gold^{N}
or
or^{M}
oro^{M}
oro^{M}

Beispiele^{N} für Pelzwerk^{N}
examples of furs
exemples^{M} de fourrures^{F}
ejemplos^{M} de forros^{M}
esempi^{M} di pellicce^{F}

Hermelin^{M}
ermine
hermine^{F}
armiño^{M}
ermellino^{M}

Eishutfeh^{N}
vair
vair^{M}
cerros^{M}
vaio^{M}

Beispiele^{N} für Wappenzeichen^{N}
examples of charges
exemples^{M} de meubles^{M}
ejemplos^{M} de muebles^{M}
esempi^{M} di figure^{F}

Lilie^{F}
fleur-de-lis
fleur^{F} de lis^{M}
flor^{F} de lis^{F}
giglio^{M}

Mondsichel^{F}
crescent
croissant^{M}
creciente^{M}
crescente^{M}

schreitender Löwe^{M}
lion passant
lion^{M} passant
león^{M} rampante
leone^{M} passante

Adler^{M}
eagle
aigle^{M}
águila^{F}
aquila^{F}

Stern^{M}
mullet
étoile^{F}
estrella^{F}
stella^{F}

Farbbeispiele^{N}
examples of colours
exemples^{M} de couleurs^{F}
ejemplos^{M} de colores^{M}
esempi^{M} di colori^{M}

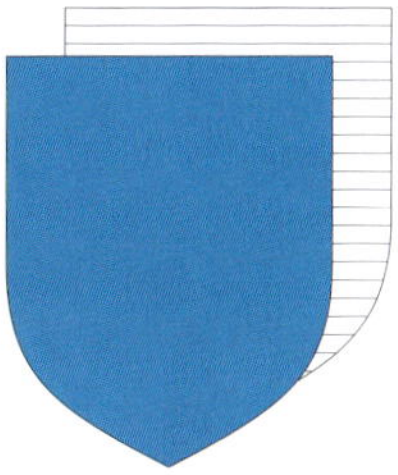

blau
azure
azur^{M}
azur^{M}
azzurro^{M}

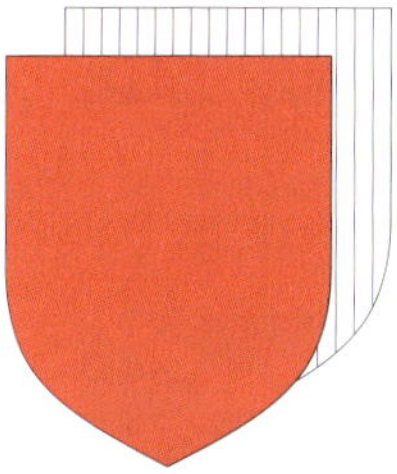

rot
gules
gueules^{M}
gules^{M}
rosso^{M}

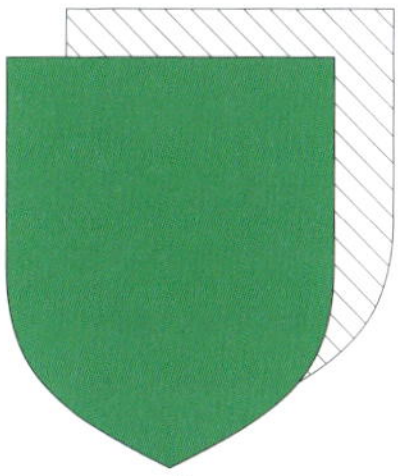

grün
vert
sinople^{M}
sinople^{M}
verde^{M}

purpurn
purpure
pourpre^{M}
púrpura^{M}
porpora^{M}

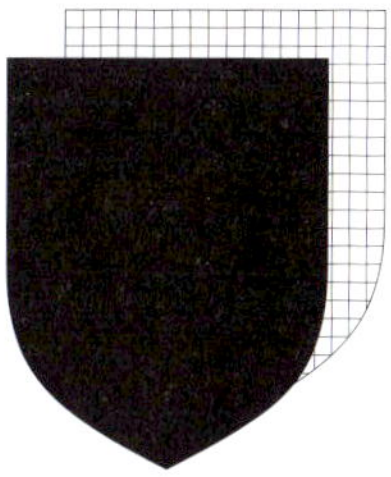

schwarz
sable
sable^{M}
sable^{M}
nero^{M}

Flaggen^{F}

flags | drapeaux^{M} | banderas^{F} | bandiere^{F}

Amerika
Americas
Amériques^{F}
Américas^{F}
Americhe^{F}

1 
Kanada
Canada
Canada^{M}
Canadá^{M}
Canada^{M}

2 
Vereinigte Staaten^{M} von Amerika
United States of America
États-Unis^{M} d'Amérique^{F}
Estados^{M} Unidos de América^{F}
Stati^{M} Uniti d'America^{F}

3 
Mexiko
Mexico
Mexique^{M}
México^{M}
Messico^{M}

4 
Honduras
Honduras
Honduras^{M}
Honduras^{M}
Honduras^{M}

5 
Guatemala
Guatemala
Guatemala^{M}
Guatemala^{M}
Guatemala^{M}

6 
Belize
Belize
Belize^{M}
Belice^{M}
Belize^{M}

7 
El Salvador
El Salvador
El Salvador^{M}
El Salvador^{M}
El Salvador^{M}

8 
Nicaragua
Nicaragua
Nicaragua^{M}
Nicaragua^{M}
Nicaragua^{M}

9 
Costa Rica
Costa Rica
Costa Rica^{M}
Costa Rica^{M}
Costa Rica^{M}

10 
Panama
Panama
Panama^{M}
Panamá^{M}
Panama^{M}

11 
Kolumbien
Colombia
Colombie^{F}
Colombia^{F}
Colombia^{F}

12 
Venezuela
Venezuela
Venezuela^{M}
Venezuela^{M}
Venezuela^{M}

13 
Guyana
Guyana
Guyana^{F}
Guyana^{F}
Guyana^{F}

14 
Surinam
Suriname
Suriname^{M}
Surinam^{M}
Suriname^{M}

15 
Ecuador
Ecuador
Équateur^{M}
Ecuador^{M}
Ecuador^{M}

16 
Peru
Peru
Pérou^{M}
Perú^{M}
Perù^{M}

17 
Brasilien
Brazil
Brésil^{M}
Brasil^{M}
Brasile^{M}

18 
Bolivien
Bolivia
Bolivie^{F}
Bolivia^{F}
Bolivia^{F}

19 
Paraguay
Paraguay
Paraguay^{M}
Paraguay^{M}
Paraguay^{M}

20 
Chile
Chile
Chili^{M}
Chile^{M}
Cile^{M}

21 
Argentinien
Argentina
Argentine^{F}
Argentina^{F}
Argentina^{F}

22 
Uruguay
Uruguay
Uruguay^{M}
Uruguay^{M}
Uruguay^{M}

Karibische Inseln^{F}
Caribbean Islands
Antilles^{F}
Islas^{F} del Caribe^{M}
Isole^{F} delle Antille^{F}

23 
Bahamas^{F}
Bahamas
Bahamas^{F}
Bahamas^{F}
Bahama^{F}

24 
Kuba
Cuba
Cuba^{F}
Cuba^{F}
Cuba^{F}

25 
Jamaika
Jamaica
Jamaïque^{F}
Jamaica^{F}
Giamaica^{F}

26 
Haiti
Haiti
Haïti^{M}
Haití^{M}
Haiti^{F}

27

Saint Kitts und Nevis
Saint Kitts and Nevis
Saint-Kitts-et-Nevis[M]
Saint Kitts and Nevis[F]
Saint Kitts e Nevis[F]

28

Antigua und Barbuda
Antigua and Barbuda
Antigua-et-Barbuda[F]
Antigua[F] y Barbuda[F]
Antigua[F] e Barbuda[F]

29

Dominica
Dominica
Dominique[F]
Dominica[F]
Dominica[F]

30

St. Lucia
Saint Lucia
Sainte-Lucie[F]
Santa Lucía[F]
Saint Lucia[F]

31

Saint Vincent und die Grenadinen
Saint Vincent and the Grenadines
Saint-Vincent[M]-et-les Grenadines[F]
San Vicente y Granadinas[F]
Saint Vincent e Grenadine[F]

32

Dominikanische Republik[F]
Dominican Republic
République[F] dominicaine
República[F] Dominicana
Repubblica[F] Dominicana

33

Barbados
Barbados
Barbade[F]
Barbados[F]
Barbados[F]

34

Grenada
Grenada
Grenade[F]
Granada[F]
Grenada[F]

35

Trinidad und Tobago
Trinidad and Tobago
Trinité-et-Tobago[F]
Trinidad[F] y Tobago[F]
Trinidad[F] e Tobago[F]

Europa
Europe
Europe[F]
Europa[F]
Europa[F]

36

Andorra
Andorra
Andorre[F]
Principado[M] de Andorra[F]
Andorra[F]

37

Portugal
Portugal
Portugal[M]
Portugal[M]
Portogallo[M]

38

Spanien
Spain
Espagne[F]
España[F]
Spagna[F]

39

Vereinigtes Königreich[N] von Großbritannien und Nordirland
United Kingdom of Great Britain and Northern Ireland
Royaume-Uni[M] de Grande-Bretagne[F] et d'Irlande[F] du Nord[M]
Reino[M] Unido de Gran Bretaña[F] e Irlanda[F] del Norte[M]
Regno[M] Unito di Gran Bretagna[F] e Irlanda[F] del Nord[M]

40

Frankreich
France
France[F]
Francia[F]
Francia[F]

41

Irland
Ireland
Irlande[F]
Irlanda[F]
Irlanda[F]

42

Belgien
Belgium
Belgique[F]
Bélgica[F]
Belgio[M]

43

Luxemburg
Luxembourg
Luxembourg[M]
Luxemburgo[M]
Lussemburgo[M]

44

Niederlande[F]
Netherlands
Pays-Bas[M]
Países[M] Bajos
Paesi[M] Bassi

Flaggen^F

45 

Deutschland
Germany
Allemagne^F
Alemania^F
Germania^F

46 

Liechtenstein
Liechtenstein
Liechtenstein^M
Liechtenstein^M
Liechtenstein^M

47 

Schweiz^F
Switzerland
Suisse^F
Suiza^F
Svizzera^F

48 

Österreich
Austria
Autriche^F
Austria^F
Austria^F

49 

Italien
Italy
Italie^F
Italia^F
Italia^F

50 

San Marino
San Marino
Saint-Marin^M
República^F de San Marino^M
Repubblica^F di San Marino^M

51 

Vatikanstaat^M
Vatican City State
État^M de la cité^F du Vatican^M
Ciudad^F del Vaticano^M
Città^F del Vaticano^M

52 

Monaco
Monaco
Monaco^M
Principado^M de Mónaco^M
Principato^M di Monaco^M

53 

Malta
Malta
Malte^F
Malta^F
Malta^F

54 

Zypern
Cyprus
Chypre^F
Chipre^M
Cipro^M

55 

Griechenland
Greece
Grèce^F
Grecia^F
Grecia^F

56 

Albanien
Albania
Albanie^F
Albania^F
Albania^F

57 

Mazedonien
Macedonia
Ex-République^F yougoslave de Macédoine^F
Macedonia^F
Macedonia^F

58 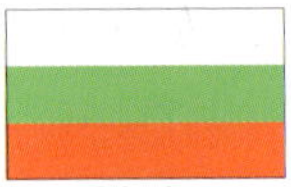

Bulgarien
Bulgaria
Bulgarie^F
Bulgaria^F
Bulgaria^F

59 

Jugoslawien
Yugoslavia
Yougoslavie^F
Yugoslavia^F
Iugoslavia^F

60 

Bosnien und Herzegowina^F
Bosnia-Herzegovina
Bosnie-Herzégovine^F
Bosnia-Herzegovina^F
Bosnia^F ed Erzegovina^F

61 

Kroatien
Croatia
Croatie^F
Croacia^F
Croazia^F

62 

Slowenien
Slovenia
Slovénie^F
Eslovenia^F
Slovenia^F

63 

Ungarn
Hungary
Hongrie^F
Hungría^F
Ungheria^F

64 

Rumänien
Romania
Roumanie^F
Rumania^F
Romania^F

65 

Slowakische Republik^F
Slovakia
Slovaquie^F
Eslovaquia^F
Slovacchia^F

66 

Tschechische Republik^F
Czech Republic
République^F tchèque
República^F Checa
Repubblica^F Ceca

67 

Polen
Poland
Pologne^F
Polonia^F
Polonia^F

68 

Dänemark
Denmark
Danemark^M
Dinamarca^F
Danimarca^F

69 

Island
Iceland
Islande^F
Islandia^F
Islanda^F

70 

Norwegen
Norway
Norvège^F
Noruega^F
Norvegia^F

71 

Litauen
Lithuania
Lituanie^F
Lituania^F
Lituania^F

72 

Schweden
Sweden
Suède^F
Suecia^F
Svezia^F

73 

Finnland
Finland
Finlande^F
Finlandia^F
Finlandia^F

74 

Estland
Estonia
Estonie^F
Estonia^F
Estonia^F

75 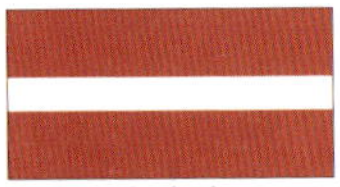

Lettland
Latvia
Lettonie^F
Letonia^F
Lettonia^F

76 

Weißrussland
Belarus
Bélarus^M
Bielorrusia^F
Bielorussia^F

77 

Ukraine^F
Ukraine
Ukraine^F
Ucrania^F
Ucraina^F

78 

Moldawien
Moldova
République^F de Moldova^F
Moldavia^F
Moldavia^F

79 

Russland
Russian Federation
Fédération^F de Russie^F
Federación^F Rusa
Federazione^F Russa

Flaggen^{F}

Afrika
Africa
Afrique^{F}
África^{F}
Africa^{F}

80 
Marokko
Morocco
Maroc^{M}
Marruecos^{M}
Marocco^{M}

81 
Algerien
Algeria
Algérie^{F}
Argelia^{F}
Algeria^{F}

82 
Tunesien
Tunisia
Tunisie^{F}
Túnez^{M}
Tunisia^{F}

83 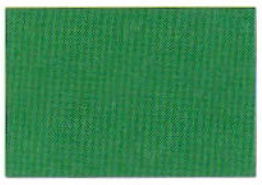
Libyen
Libya
Jamahiriya^{F} arabe libyenne
Libia^{F}
Libia^{F}

84 
Ägypten
Egypt
Égypte^{F}
Egipto^{M}
Egitto^{M}

85 
Kap Verde
Cape Verde Islands
Cap-Vert^{M}
Islas^{F} de Cabo^{M} Verde
Capo Verde^{M}

86 
Mauretanien
Mauritania
Mauritanie^{F}
Mauritania^{F}
Mauritania^{F}

87 
Mali
Mali
Mali^{M}
República^{F} de Malí
Repubblica^{F} del Mali^{M}

88 
Niger^{M}
Niger
Niger^{M}
Nigeria^{F}
Niger^{M}

89 
Tschad^{M}
Chad
Tchad^{M}
Chad^{M}
Ciad^{M}

90 
Sudan^{M}
Sudan
Soudan^{M}
Sudan^{M}
Sudan^{M}

91 
Eritrea
Eritrea
Érythrée^{F}
Eritrea^{F}
Eritrea^{F}

92 
Dschibuti
Djibouti
Djibouti^{M}
Djibouti^{M}
Gibuti^{M}

93 
Äthiopien
Ethiopia
Éthiopie^{F}
Etiopía^{F}
Etiopia^{F}

94 
Somalia
Somalia
Somalie^{F}
Somalia^{F}
Somalia^{F}

95 
Senegal^{M}
Senegal
Sénégal^{M}
Senegal^{M}
Senegal^{M}

96 
Gambia
Gambia
Gambie^{F}
Gambia^{M}
Gambia^{M}

97 
Guinea-Bissau
Guinea-Bissau
Guinée-Bissau^{F}
Guinea-Bissau^{F}
Guinea Bissau^{F}

98 
Guinea
Guinea
Guinée^{F}
Guinea^{F}
Guinea^{F}

99 
Sierra Leone
Sierra Leone
Sierra Leone^{F}
Sierra^{F} León
Sierra Leone^{F}

100 
Liberia
Liberia
Libéria^{M}
Liberia^{F}
Liberia^{F}

101 
Elfenbeinküste^{F}
Ivory Coast
Côte d'Ivoire^{F}
Costa de Marfil^{F}
Costa d'Avorio^{F}

102 
Burkina Faso
Burkina Faso
Burkina Faso^{M}
Burkina Faso^{M}
Burkina Faso^{M}

103 
Ghana
Ghana
Ghana^{M}
Ghana^{M}
Ghana^{M}

104 
Togo
Togo
Togo^{M}
Togo^{M}
Togo^{M}

105 
Benin
Benin
Bénin^{M}
Benín^{M}
Benin^{M}

106 
Nigeria
Nigeria
Nigeria^{M}
Nigeria^{F}
Nigeria^{F}

107 
Kamerun
Cameroon
Cameroun^{M}
Camerún^{M}
Camerun^{M}

108 
Äquatorialguinea
Equatorial Guinea
Guinée^{F} équatoriale
Guinea^{F} Ecuatorial
Guinea^{F} Equatoriale

109 
Zentralafrikanische Republik^{F}
Central African Republic
République^{F} centrafricaine
República^{F} Centroafricana
Repubblica^{F} Centrafricana

110 
São Tomé und Príncipe
Sao Tome and Principe
São Tomé-et-Príncipe^{M}
Santo Tomé y Príncipe^{M}
São Tomé e Príncipe^{M}

111 
Gabun
Gabon
Gabon^{M}
Gabón^{M}
Gabon^{M}

112 
Kongo^{M}
Congo
Congo^{M}
Congo^{M}
Congo^{M}

113 
Republik^{F} Kongo^{M}
Democratic Republic of Congo
République^{F} démocratique du Congo^{M}
República^{F} Democrática del Congo^{M}
Repubblica^{F} Democratica del Congo^{M}

114 
Ruanda
Rwanda
Rwanda^{M}
Ruanda^{M}
Ruanda^{M}

115 
Uganda
Uganda
Ouganda^{M}
Uganda^{F}
Uganda^{F}

116 
Kenia
Kenya
Kenya^{M}
Kenia^{F}
Kenya^{M}

117 
Burundi
Burundi
Burundi^{M}
Burundi^{M}
Burundi^{M}

118 
Tansania
Tanzania
République^{F}-Unie de Tanzanie^{F}
Tanzania^{F}
Tanzania^{F}

Flaggen[F]

119 
Mosambik
Mozambique
Mozambique[M]
Mozambique[M]
Mozambico[M]

120 
Swasiland[N]
Swaziland
Swaziland[M]
Swazilandia[M]
Swaziland[M]

121 
Komoren[F]
Comoros
Comores[F]
Comores[F]
Comore[F]

122 
Sambia
Zambia
Zambie[F]
Zambia[M]
Zambia[M]

123 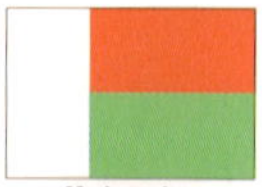
Madagaskar
Madagascar
Madagascar[F]
Madagascar[M]
Madagascar[M]

124 
Seychellen[F]
Seychelles
Seychelles[F]
Seychelles[F]
Seychelles[F]

125 
Mauritius
Mauritius
Maurice[F]
Mauricio[M]
Maurizio[F]

126 
Malawi
Malawi
Malawi[M]
Malawi[M]
Malawi[M]

127 
Simbabwe
Zimbabwe
Zimbabwe[M]
Zimbabwe[M]
Zimbabwe[M]

128 
Angola
Angola
Angola[M]
Angola[F]
Angola[F]

129 
Namibia
Namibia
Namibie[F]
Namibia[F]
Namibia[F]

130 
Botswana
Botswana
Botswana[M]
Botswana[M]
Botswana[M]

131 
Lesotho
Lesotho
Lesotho[M]
Lesotho[M]
Lesotho[M]

132 
Südafrika
South Africa
Afrique[F] du Sud[M]
Sudáfrica[M]
Repubblica[F] Sudafricana

Asien
Asia
Asie[F]
Asia[F]
Asia[F]

133 
Türkei[F]
Turkey
Turquie[F]
Turquía[F]
Turchia[F]

134 
Libanon[M]
Lebanon
Liban[M]
Líbano[M]
Libano[M]

135 
Syrien
Syria
République[F] arabe syrienne
Siria[F]
Siria[F]

136 
Israel
Israel
Israël[M]
Israel[M]
Israele[M]

137 
Jordanien
Jordan
Jordanie[F]
Jordania[F]
Giordania[F]

138 
Irak[M]
Iraq
Iraq[M]
Iraq[M]
Iraq[M]

139 
Kuwait
Kuwait
Koweït[M]
Kuwait[M]
Kuwait[M]

140 
Saudi-Arabien
Saudi Arabia
Arabie[F] saoudite
Arabia Saudí[F]
Arabia Saudita[F]

141 
Bahrain
Bahrain
Bahreïn[M]
Bahrain[M]
Bahrein[M]

142 
Jemen[M]
Yemen
Yémen[M]
Yemen[M]
Yemen[M]

143 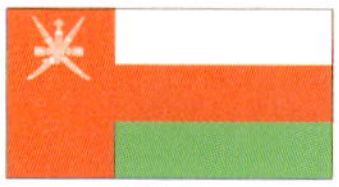
Oman
Oman
Oman[M]
Omán[M]
Oman[M]

144 
Vereinigte Arabische Emirate[N]
United Arab Emirates
Émirats[M] arabes unis
Emiratos[M] Árabes Unidos
Emirati Arabi Uniti[M]

145 
Katar
Qatar
Qatar[M]
Qatar[M]
Qatar[M]

146 
Georgien
Georgia
Géorgie[F]
Georgia[F]
Georgia[F]

147 
Armenien
Armenia
Arménie[F]
Armenia[F]
Armenia[F]

148 
Aserbeidschan
Azerbaijan
Azerbaïdjan[M]
Azerbaijan[M]
Azerbaigian[M]

149 
Iran[M]
Iran
Iran[M]
Irán[M]
Iran[M]

150 
Afghanistan
Afghanistan
Afghanistan[M]
Afganistán[M]
Afghanistan[M]

151 
Kasachstan
Kazakhstan
Kazakhstan[M]
Kazastán[M]
Kazakistan[M]

152 
Turkmenistan
Turkmenistan
Turkménistan[M]
Turkmenistán[M]
Turkmenistan[M]

153 
Usbekistan
Uzbekistan
Ouzbékistan[M]
Uzbekistán[M]
Uzbekistan[M]

154 
Kirgisistan
Kyrgyzstan
Kirghizistan[M]
Kirguizistán[M]
Kirghizistan[M]

155 
Tadschikistan
Tajikistan
Tadjikistan[M]
Tajikistán[M]
Tagikistan[M]

156 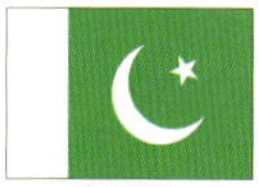
Pakistan
Pakistan
Pakistan[M]
Pakistán[M]
Pakistan[M]

157 
Malediven^F
Maldives
Maldives^F
Maldivas^F
Maldive^F

158 
Indien
India
Inde^F
India^F
India^F

159 
Sri Lanka
Sri Lanka
Sri Lanka^M
Sri Lanka^M
Sri Lanka^M

160 
Nepal
Nepal
Népal^M
Nepal^M
Nepal^M

161 
China
China
Chine^F
China^F
Cina^F

162 
Mongolei^F
Mongolia
Mongolie^F
Mongolia^F
Mongolia^F

163 
Bhutan
Bhutan
Bhoutan^M
Bhután^M
Bhutan^M

164 
Bangladesch
Bangladesh
Bangladesh^M
Bangladesh^M
Bangladesh^M

165 
Myanmar
Myanmar
Myanmar^M
Myanmar^M
Myanmar^M

166 
Laos
Laos
République^F démocratique populaire lao
Laos^M
Laos^M

167 
Thailand
Thailand
Thaïlande^F
Tailandia^F
Tailandia^F

168 
Vietnam
Vietnam
Viet Nam^M
Vietnam^M
Vietnam^M

169 
Kambodscha
Cambodia
Cambodge^M
Camboya^F
Cambogia^F

170 
Brunei
Brunei Darussalam
Brunéi Darussalam^M
Brunei^M
Brunei^M

171 
Malaysia
Malaysia
Malaisie^F
Malasia^F
Malaysia^F

172 
Singapur
Singapore
Singapour^F
Singapur^M
Singapore^F

173 
Indonesien
Indonesia
Indonésie^F
Indonesia^F
Indonesia^F

174 
Japan
Japan
Japon^M
Japón^M
Giappone^M

175 
Nord-Korea
Democratic People's Republic of Korea
République^F populaire démocratique de Corée^F
Republica^F Democrática Popular de Corea^F
Repubblica^F Democratica Popolare di Corea^F

176 
Süd-Korea
Republic of Korea
République^F de Corée^F
República^F de Corea^F
Repubblica^F di Corea^F

Ozeanien und Polynesien
Oceania and Polynesia
Océanie^F et Polynésie^F
Oceanía^F y Polinesia^F
Oceania^F e Polinesia^F

177 
Philippinen^F
Philippines
Philippines^F
Filipinas^F
Filippine^F

178 
Palau
Palau
Palaos^M
Palau^M
Palau^M

179 
Mikronesien
Micronesia
Micronésie^F
Micronesia^F
Micronesia^F

180 
Marshallinseln^F
Marshall Islands
Îles^F Marshall
Islas Marshall^F
Isole Marshall^F

181 
Nauru
Nauru
Nauru^F
Nauru^M
Nauru^M

182 
Kiribati
Kiribati
Kiribati^F
Kiribati^M
Kiribati^M

183 
Tuvalu
Tuvalu
Tuvalu^M
Tuvalu^M
Tuvalu^M

184 
Samoa
Samoa
Samoa^F
Samoa^F
Samoa^F

185 
Tonga
Tonga
Tonga^F
Tonga^M
Tonga^M

186 
Vanuatu
Vanuatu
Vanuatu^M
Vanuatu^M
Vanuatu^M

187 
Fidschi
Fiji
Fidji^F
Fiji^F
Figi^F

188 
Salomoninseln^F
Solomon Islands
Îles^F Salomon
Islas Salomón^F
Isole^F Salomone

189 
Papua-Neuguinea
Papua New Guinea
Papouasie-Nouvelle-Guinée^F
Papua Nueva Guinea^F
Papua Nuova Guinea^F

190 
Australien
Australia
Australie^F
Australia^F
Australia^F

191 
Neuseeland
New Zealand
Nouvelle-Zélande^F
Nueva Zelanda^F
Nuova Zelanda^F

Steinzeitwaffen^{F}

Stone Age weapons | armes^{F} de l'âge^{M} de pierre^{F} | armas^{F} de la Edad^{F} de Piedra^{F} | armi^{F} dell'età^{F} della pietra^{F}

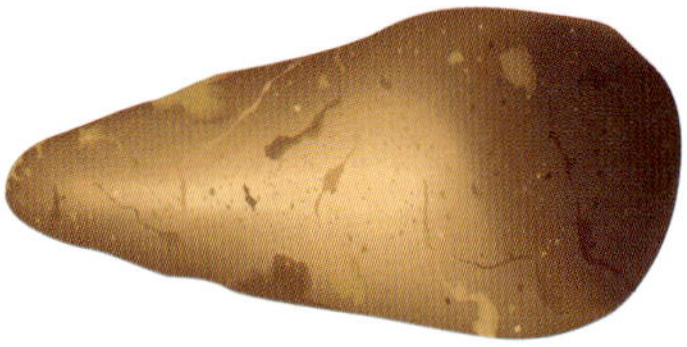

polierter Steinfaustkeil^{M}
polished stone hand axe
hache^{F} en pierre^{F} polie
hacha^{F} de piedra^{F} pulida
ascia^{F} levigata

Pfeilspitze^{F} aus Feuerstein^{M}
flint arrowhead
pointe^{F} de flèche^{F} en silex^{M}
punta^{F} de flecha^{F} de sílex^{M}
punta^{F} di freccia^{F} in selce^{F}

Messer^{N} aus Feuerstein^{M}
flint knife
couteau^{M} en silex^{M}
cuchillo^{M} de sílex^{M}
coltello^{M} di selce^{F}

Waffen^{F} in der Römerzeit^{F}

weapons in the age of the Romans | armes^{F} de l'époque^{F} romaine | armas^{F} delimperio^{M} romano | armi^{F} al tempo^{M} dei Romani^{M}

römischer Legionär^{M}
Roman legionary
légionnaire^{M} romain
legionario^{M} romano
legionario^{M} romano

gallischer Krieger^{M}
Gallic warrior
guerrier^{M} gaulois
guerrero^{M} galo
guerriero^{M} gallico

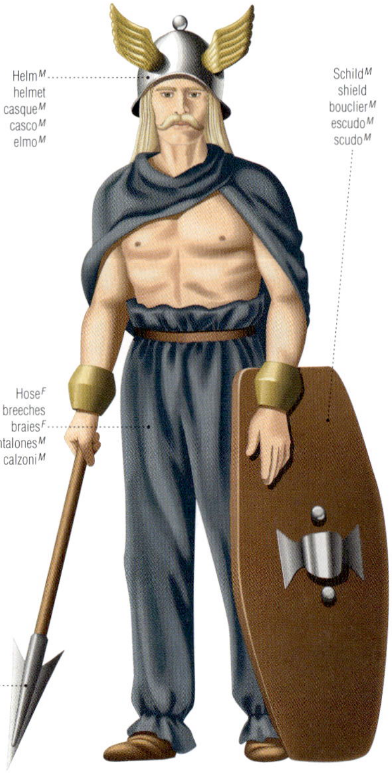

GESELLSCHAFT

Rüstung[F]

armour | armure[F] | armadura[F] | armatura[F]

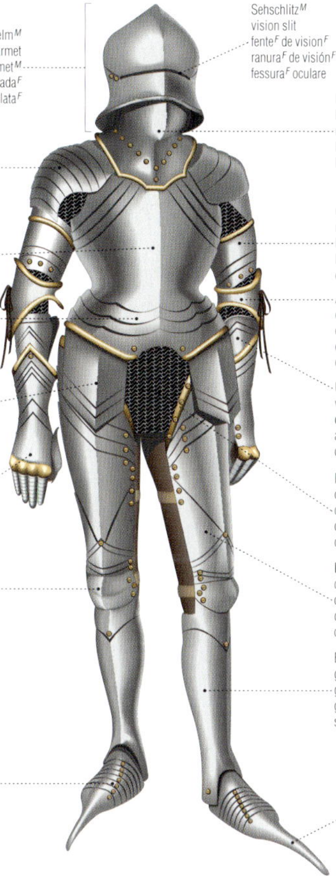

Helm[M]
armet
armet[M]
yelmo[M]
elmo[M]

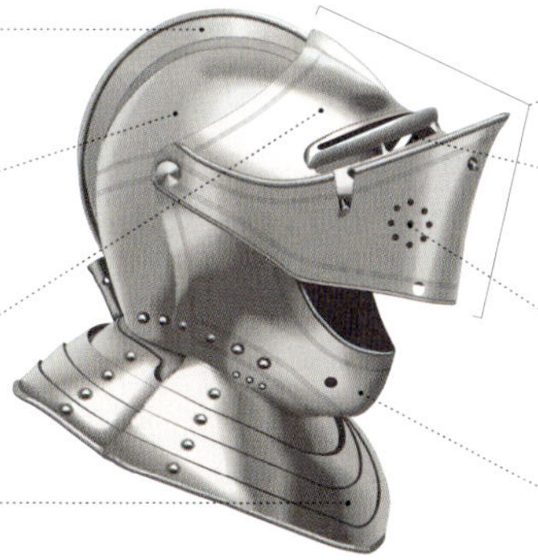

GESELLSCHAFT

Bogen^{M} und Armbrust^{F}

bows and crossbow | arcs^{M} et arbalète^{F} | arcos^{M} y ballesta^{F} | archi^{M} e balestra^{F}

Armbrust^{F}
crossbow
arbalète^{F}
ballesta^{F}
balestra^{F}

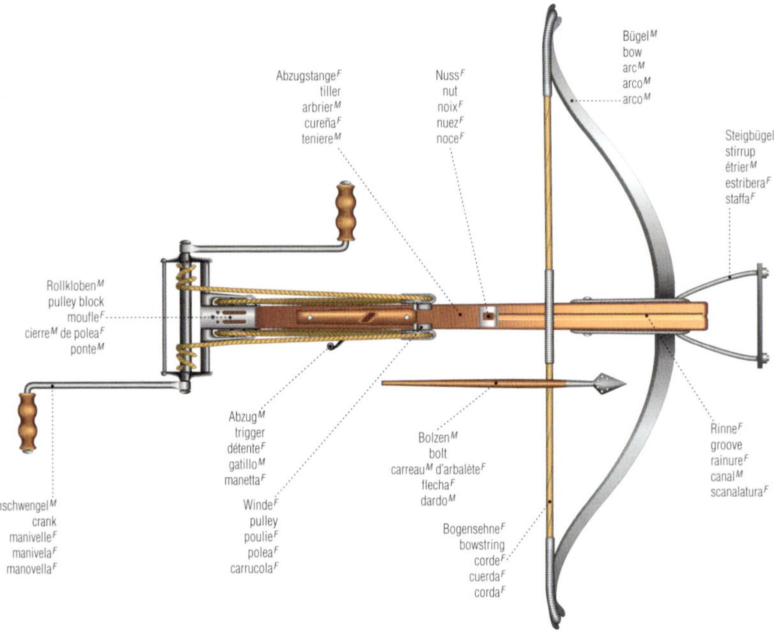

Bogen^{M}
bow
arc^{M}
arco^{M}
arco^{M}

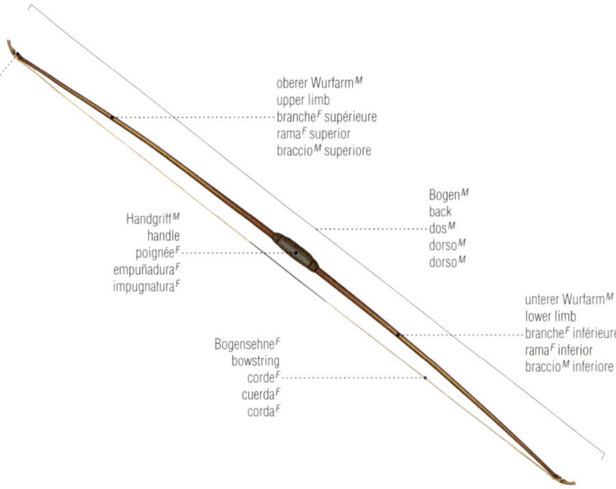

moderner Bogen^{M}
modern bow
arc^{M} moderne
arco^{M} moderno
arco^{M} moderno

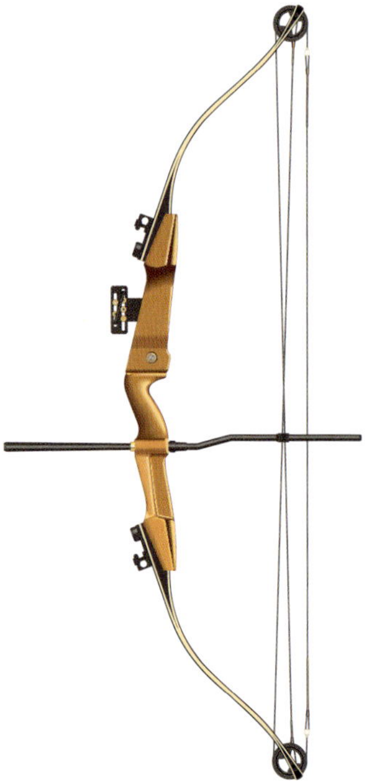

Pfeil^{M}
arrow
flèche^{F}
flecha^{F}
freccia^{F}

GESELLSCHAFT

Hieb- und Stichwaffen[F]

thrusting and cutting weapons | armes[F] blanches | armas[F] blancas | armi[F] da lancio[M] e da taglio[M]

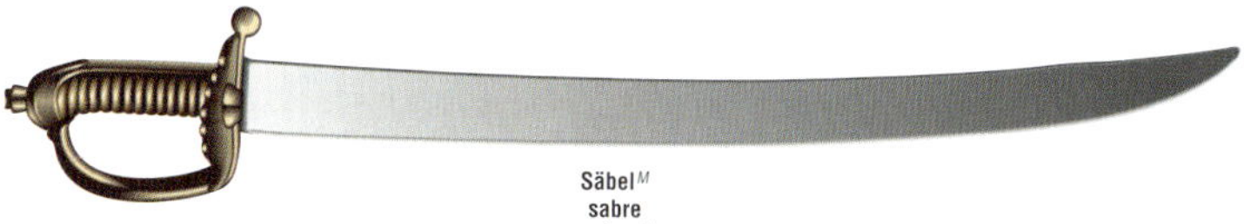

Säbel[M]
sabre
sabre[M]
sable[M]
sciabola[F]

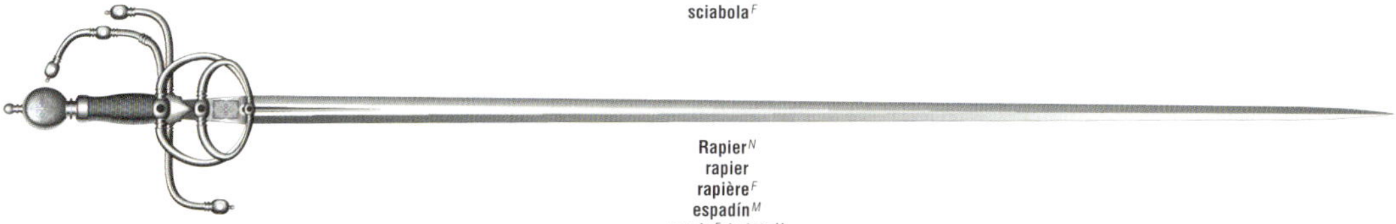

Rapier[N]
rapier
rapière[F]
espadín[M]
spada[F] da lato[M]

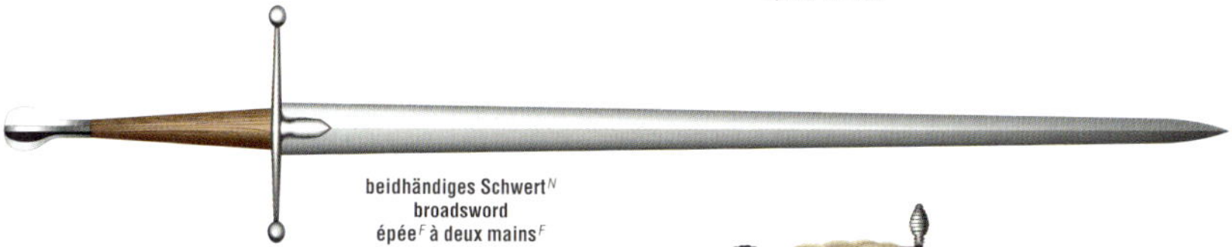

beidhändiges Schwert[N]
broadsword
épée[F] à deux mains[F]
mandoble[M]
spadone[M] a due mani[F]

Stilett[N]
stiletto
stylet[M]
estilete[M]
stiletto[M]

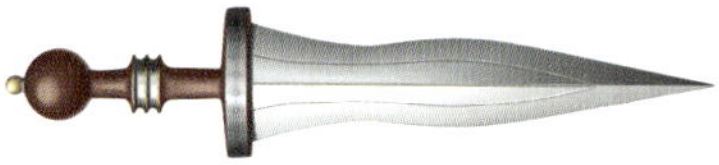

langer Dolch[M]
dagger
dague[F]
daga[F]
daga[F]

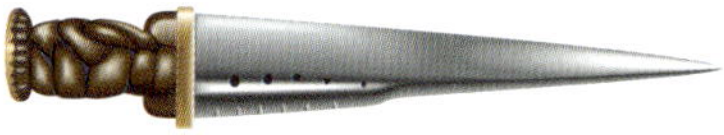

Dolch[M]
poniard
poignard[M]
puñal[M]
pugnale[M]

Machete[F]
machete
machette[F]
machete[M]
machete[M]

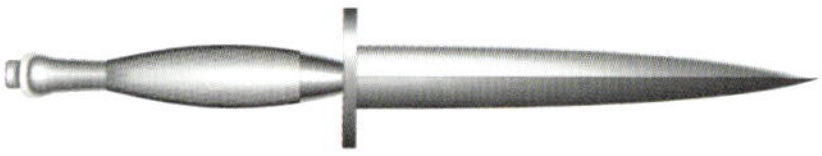

Kampfmesser[N]
commando knife
couteau[M] de combat[M]
cuchillo[M] de combate[M]
pugnale[M] d'assalto[M]

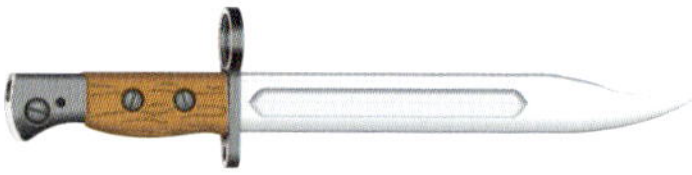

Messerbajonett[N]
hilted bayonet
baïonnette[F] à poignée[F]
bayoneta[F] con empuñadura[F]
coltello[M] baionetta[F]

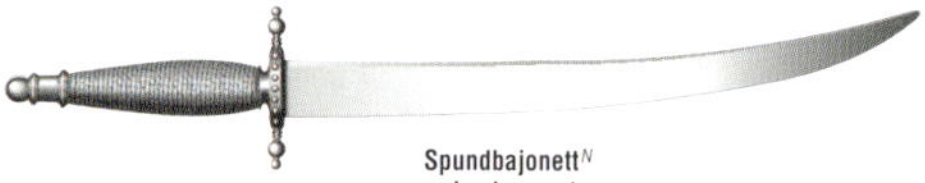

Spundbajonett[N]
plug bayonet
baïonnette[F] à manche[M]
bayoneta[F] de mango[M]
baionetta[F] a tappo[M]

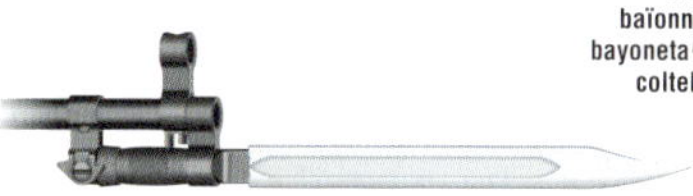

aufgepflanztes Bajonett[N]
fixed bayonet
baïonnette[F] incorporée
bayoneta[F] integral
baionetta[F] fissa ripiegabile

Tüllenbajonett[N]
socket bayonet
baïonnette[F] à douille[F]
bayoneta[F] de cubo[M]
baionetta[F] a ghiera[F]

Arkebuse[F]

arquebus | arquebuse[F] | arcabuz[M] | archibugio[M]

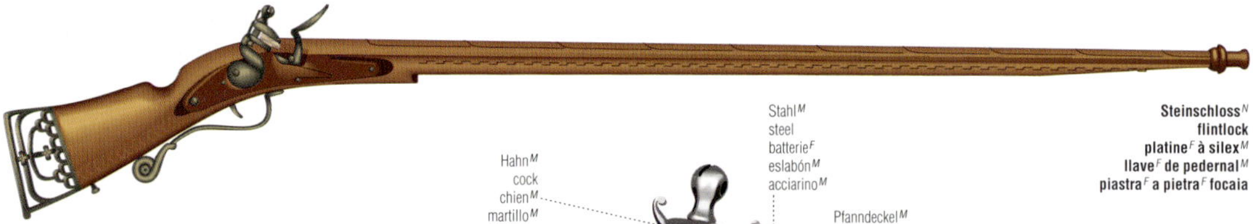

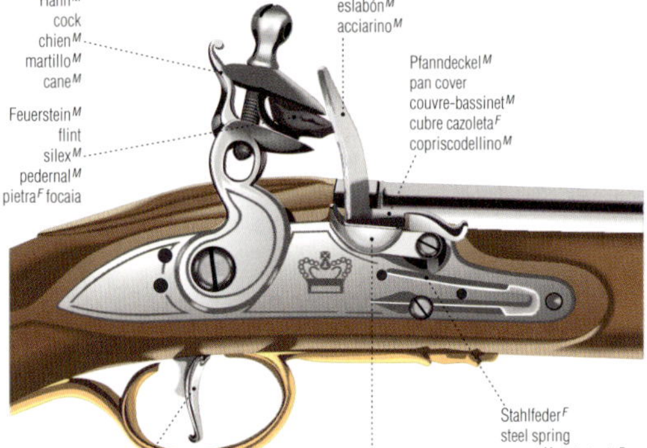

Stahl[M]
steel
batterie[F]
eslabón[M]
acciarino[M]

Steinschloss[N]
flintlock
platine[F] à silex[M]
llave[F] de pedernal[M]
piastra[F] a pietra[F] focaia

Hahn[M]
cock
chien[M]
martillo[M]
cane[M]

Pfanndeckel[M]
pan cover
couvre-bassinet[M]
cubre cazoleta[F]
copriscodellino[M]

Feuerstein[M]
flint
silex[M]
pedernal[M]
pietra[F] focaia

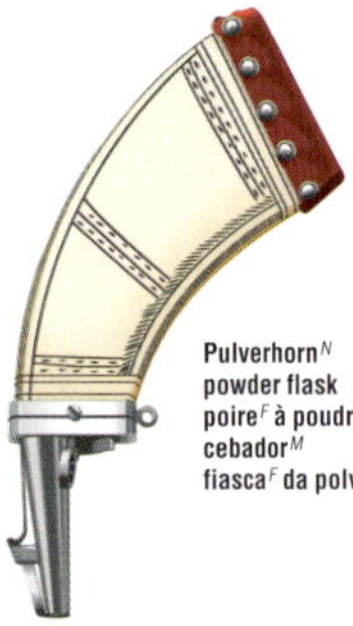

Pulverhorn[N]
powder flask
poire[F] à poudre[F]
cebador[M]
fiasca[F] da polvere[F]

Stahlfeder[F]
steel spring
ressort[M] de batterie[F]
resorte[M] del eslabón[M]
molla[F] dell'acciarino[M]

Kugel[F]
ball
balle[F]
bala[F]
pallottola[F]

Abzug[M]
trigger
détente[F]
gatillo[M]
grilletto[M]

Pfanne[F]
pan
bassinet[M]
cazoleta[F]
scodellino[M]

Kanone[F] und Mörser[M] aus dem 17. Jahrhundert[N]

seventeenth-century cannon and mortar | canon[M] et mortier[M] du XVIIe siècle[M] | cañón[M] y mortero[M] del siglo[M] XVII | cannone[M] e mortaio[M] del XVII° secolo[M]

Geschosszubehör[N]
firing accessories
accessoires[M] de mise[F] à feu[M]
accesorios[M] de disparo[M]
accessori[M] per il tiro[M]

Luntenstock[M]
linstock
boutefeu[M]
botafuego[M]
buttafuoco[M]

Schwamm[M]
sponge
écouvillon[M]
escobillón[M]
scovolo[M]

Ladeschaufel[F]
ladle
lanterne[F]
cucharón[M]
cucchiaia[F]

Spirale[F]
worm
tire-bourre[M]
sacatrapos[M]
cavastracci[M]

Ladestock[M]
rammer
refouloir[M]
atacador[M]
calcatoio[M]

Projektile[N]
projectiles
projectiles[M]
proyectiles[M]
proietti[M]

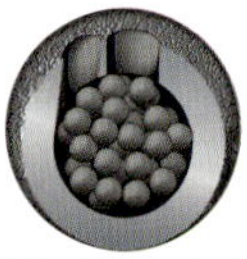

Hohlladungsgeschoss[N]
hollow shot
boulet[M] creux
bala[F] con perdigones[M]
palla[F] cava

Vollgeschoss[N]
solid shot
boulet[M]
bala[F] sólida
palla[F]

Stangenkugel[F]
bar shot
boulet[M] ramé
bala[F] de barra[F]
palla[F] ramata

Kartätsche[F]
grapeshot
grappe[F] de raisin[M]
metralla[F]
mitraglia[F]

Kanone^F und Mörser^M aus dem 17. Jahrhundert^N

Vorderlade-Geschütz^N im Querschnitt^M
cross section of a muzzle-loading cannon
coupe^F d'une bouche^F à feu^M
sección^F transversal de un cañón^M de avancarga^F
sezione^F di un cannone^M ad avancarica^F

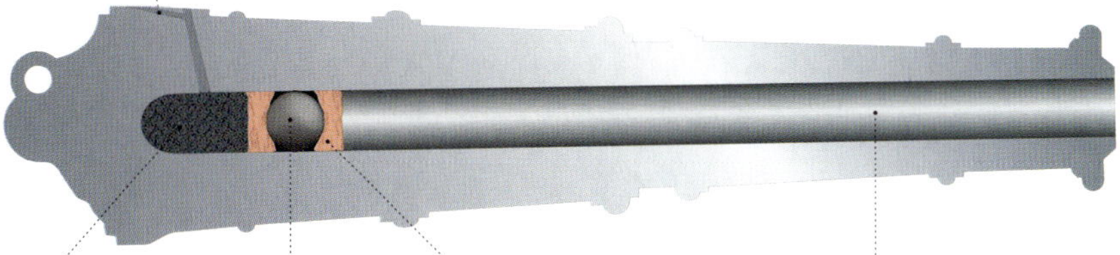

Vorderlade-Geschütz^N
muzzle-loading cannon
bouche^F à feu^M
cañón^M de avancarga^F
cannone^M ad avancarica^F

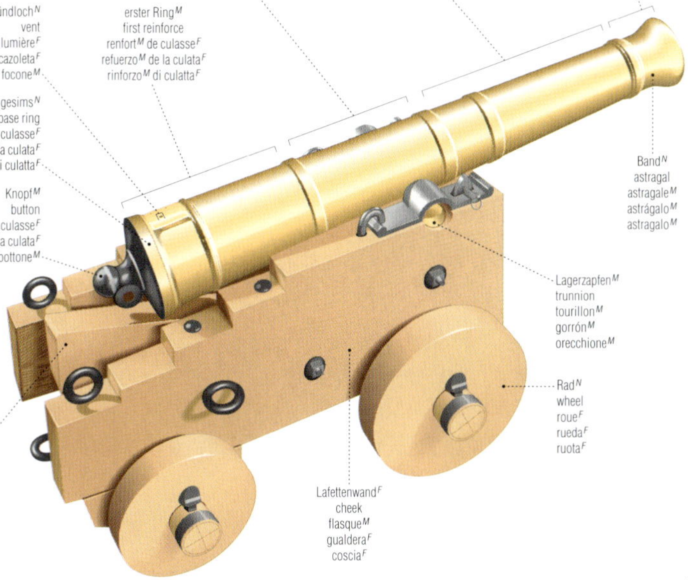

Fahrgestell^N
carriage
affût^M
cureña^F
affusto^M

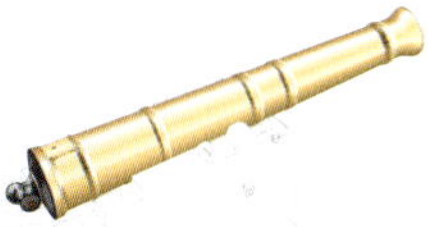

Rohr^N
barrel
tube^M
tubo^M
bocca^F da fuoco^M

Mörser^M
mortar
mortier^M
mortero^M
mortaio^M

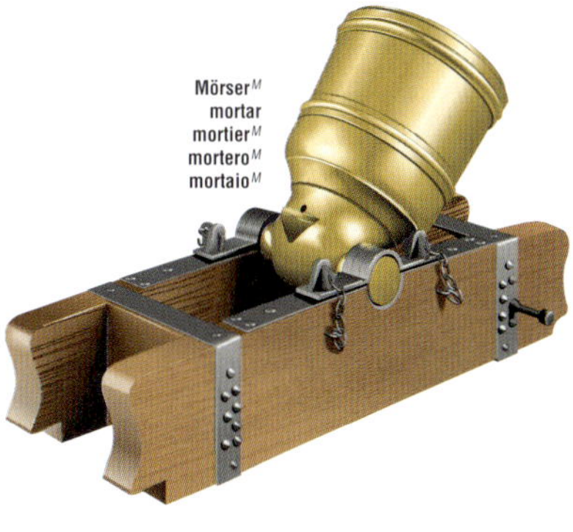

GESELLSCHAFT

Maschinenpistole^{F}

submachine gun | pistolet^{M} mitrailleur^{M} | metralleta^{F} | pistola^{F} mitragliatrice^{F}

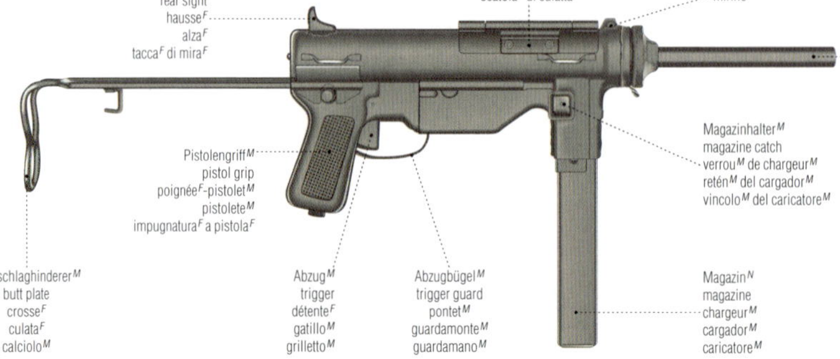

Pistole^{F}

pistol | pistolet^{M} | pistola^{F} | pistola^{F} semiautomatica

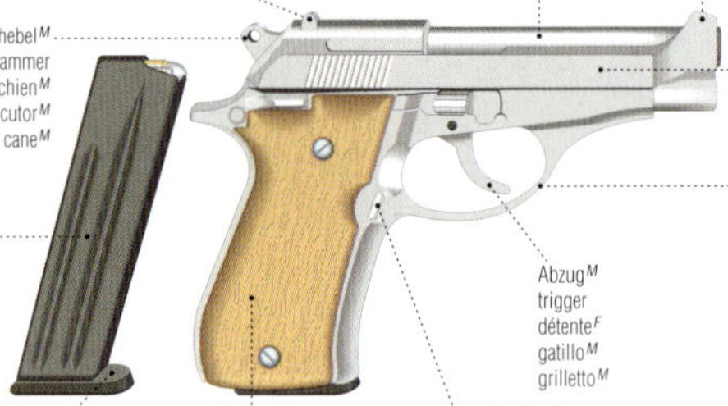

Patrone^{F}
cartridge
cartouche^{F}
cartucho^{M}
cartuccia^{F}

Revolver^{M}

revolver | revolver^{M} | revólver^{M} | pistola^{F} a tamburo^{M}

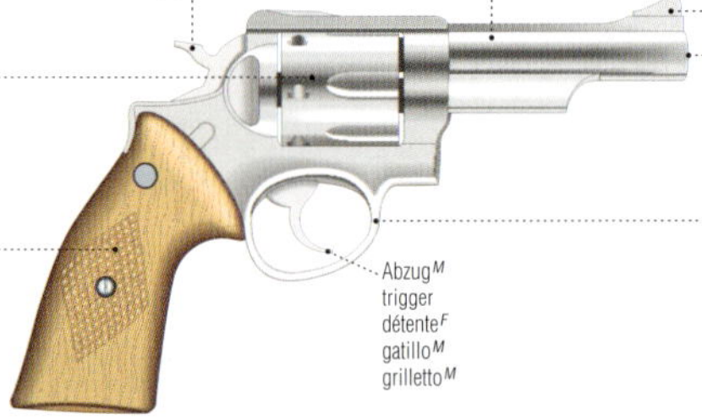

automatisches Gewehr[N]

automatic rifle | fusil[M] automatique | fusil[M] automático | fucile[M] automatico

leichtes Maschinengewehr[N]

light machine gun | fusil[M] mitrailleur[M] | fusil[M] ametrallador | mitragliatrice[F] leggera

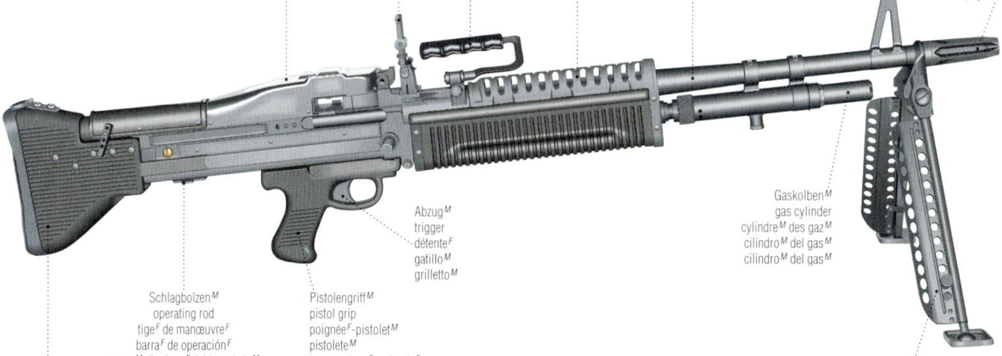

moderne Haubitze^{F}

modern howitzer | obusier^{M} moderne | obús^{M} moderno | obice^{M} moderno

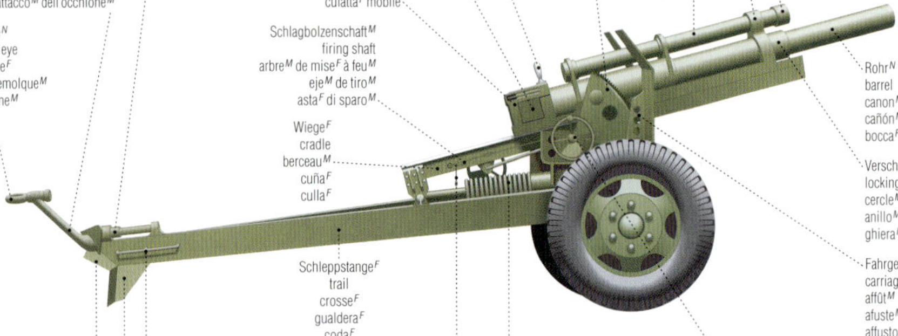

Granatwerfer^{M}

modern mortar | mortier^{M} moderne | mortero^{M} moderno | mortaio^{M} moderno

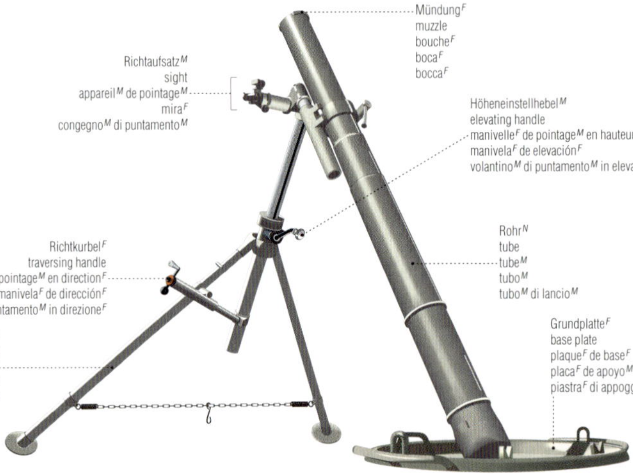

GESELLSCHAFT

Handgranate^{F}

hand grenade | grenade^{F} à main^{F} | granada^{F} de mano^{F} | bomba^{F} a mano^{F}

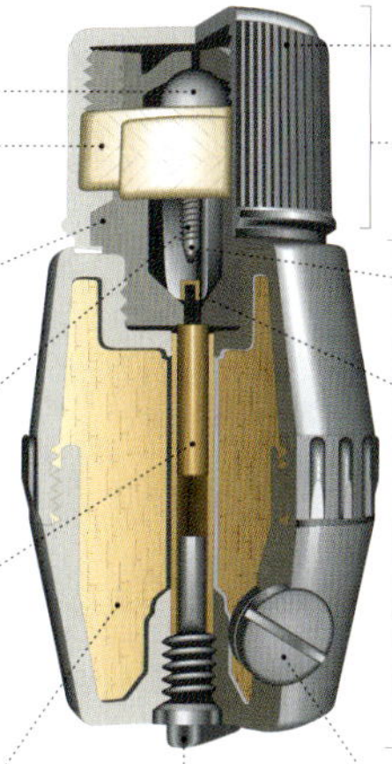

Panzerfaust^{F}

bazooka | bazooka^{M} | bazuca^{F} | bazooka^{M}

rückstoßfreies Geschütz^{N}

recoilless rifle | canon^{M} sans recul^{M} | cañón^{M} sin retroceso^{M} | cannone^{M} senza rinculo^{M}

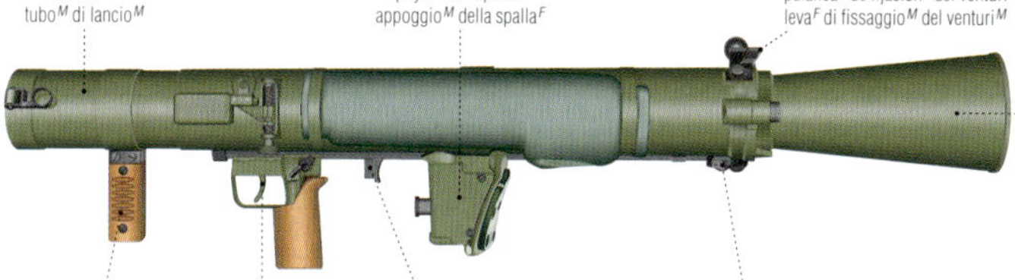

Panzerabwehrgeschoss^{N}
antitank rocket
projectile^{M} antichar
cohete^{M} anticarro
proiettile^{M} anticarro

GESELLSCHAFT

Antipersonenmine^{F}

anti-personnel mine | mine^{F} antipersonnel | minas^{M} antipersonas | mina^{F} antiuomo

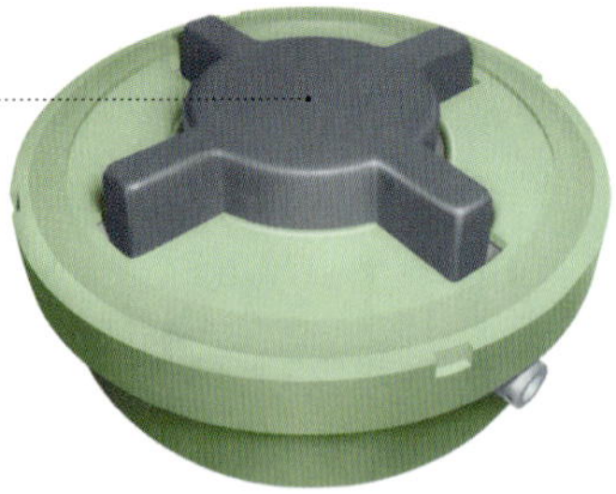

Panzer^{M}

tank | char^{M} d'assaut^{M} | carro^{M} de combate^{M} | carro^{M} armato

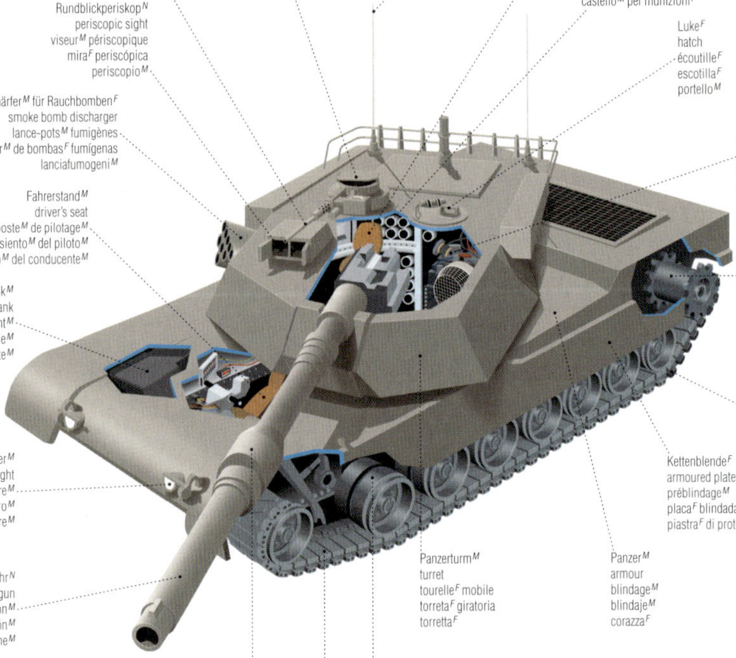

Flugkörper^{M}

missiles | missiles^{M} | proyectiles^{M} | missili^{M}

Aufbau^{M} eines Flugkörpers^{M}
structure of a missile
structure^{F} d'un missile^{M}
estructura^{F} de un misil^{M}
struttura^{F} di un missile^{M}

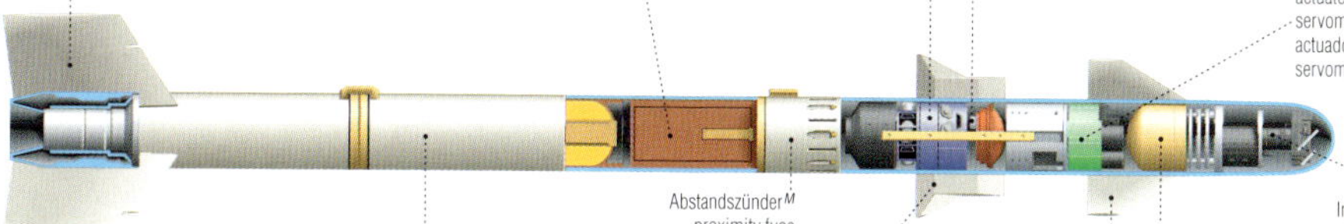

die wichtigsten Flugkörper^{M}
principal types of missile
principaux types^{M} de missiles^{M}
principales tipos^{M} de misiles^{M}
principali tipi^{M} di missili^{M}

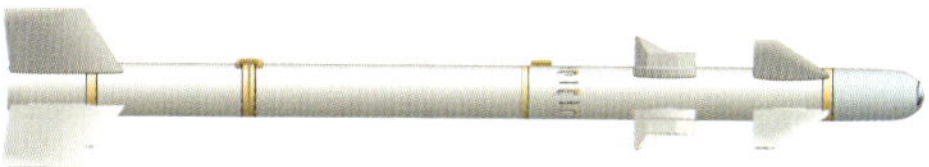

Luft-Luft-Flugkörper^{M}
air-to-air missile
missile^{M} air^{M}-air^{M}
misil^{M} aire^{M} aire^{M}
missile^{M} aria^{F}-aria^{F}

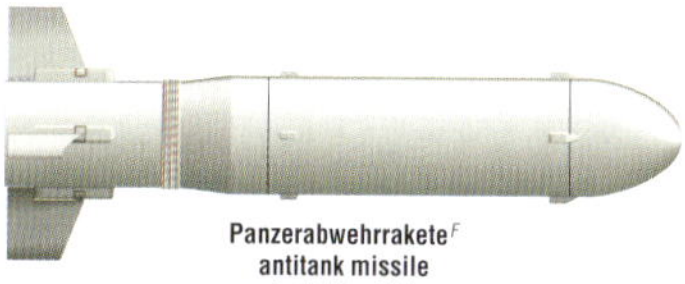

Panzerabwehrrakete^{F}
antitank missile
missile^{M} antichar
misil^{M} antitanque
missile^{M} anticarro

Boden-Luft-Flugkörper^{M}
surface-to-air missile
missile^{M} sol^{M}-air^{M}
misil^{M} tierra^{F} aire^{M}
missile^{M} terra^{F}-aria^{F}

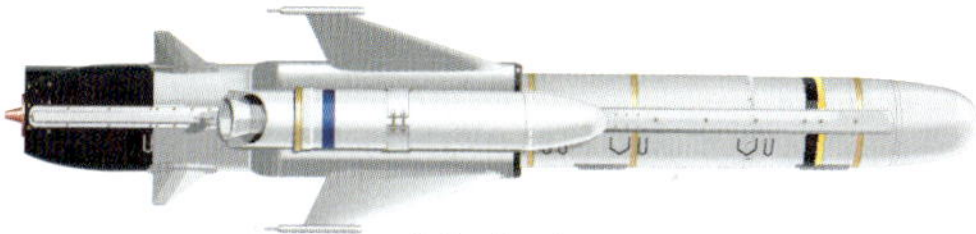

Rakete^{F} zur Schiffsbekämpfung^{F}
antiship missile
missile^{M} antinavire
misil^{M} anti-nave
missile^{M} antinave

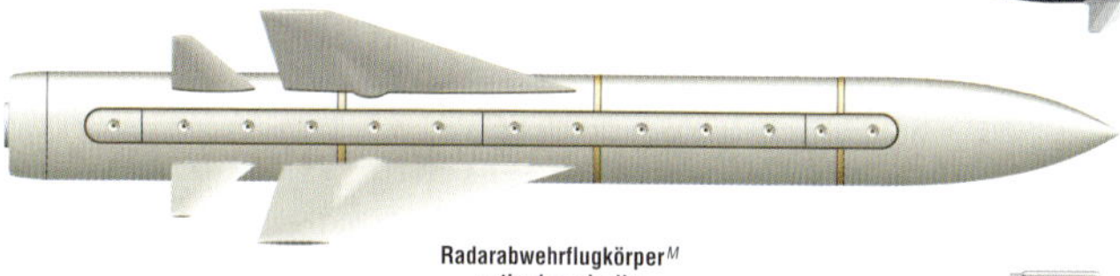

Radarabwehrflugkörper^{M}
antiradar missile
missile^{M} antiradar
misil^{M} anti-radar
missile^{M} antiradar

Boden-Unterwasser-Flugkörper^{M}
surface-to-subsurface missile
missile^{M} anti-sous-marin
misil^{M} antisubmarino
missile^{M} antisommergibile

Luft-Boden-Flugkörper^{M}
air-to-surface missile
missile^{M} air^{M}-sol^{M}
misil^{M} aire^{M} tierra^{F}
missile^{M} aria^{F}-terra^{F}

Kampfflugzeug^N

combat aircraft | avion^M de combat^M | avión^M de combate^M | aeroplano^M da combattimento^M

Luftbetankung^F
in-flight refuelling
ravitaillement^M en vol^M
repostaje^M de combustible^M en vuelo^M
rifornimento^M in volo^M

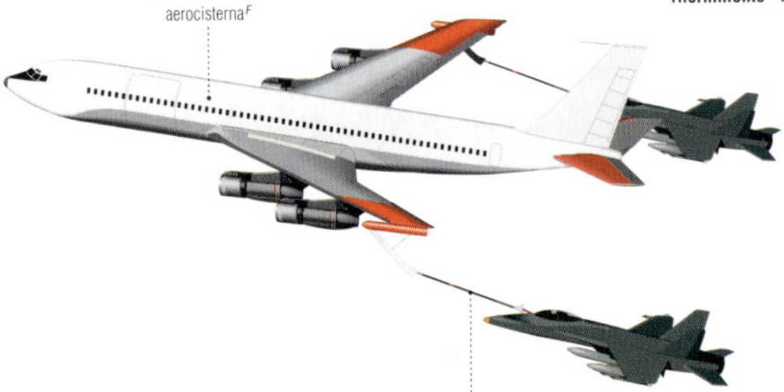

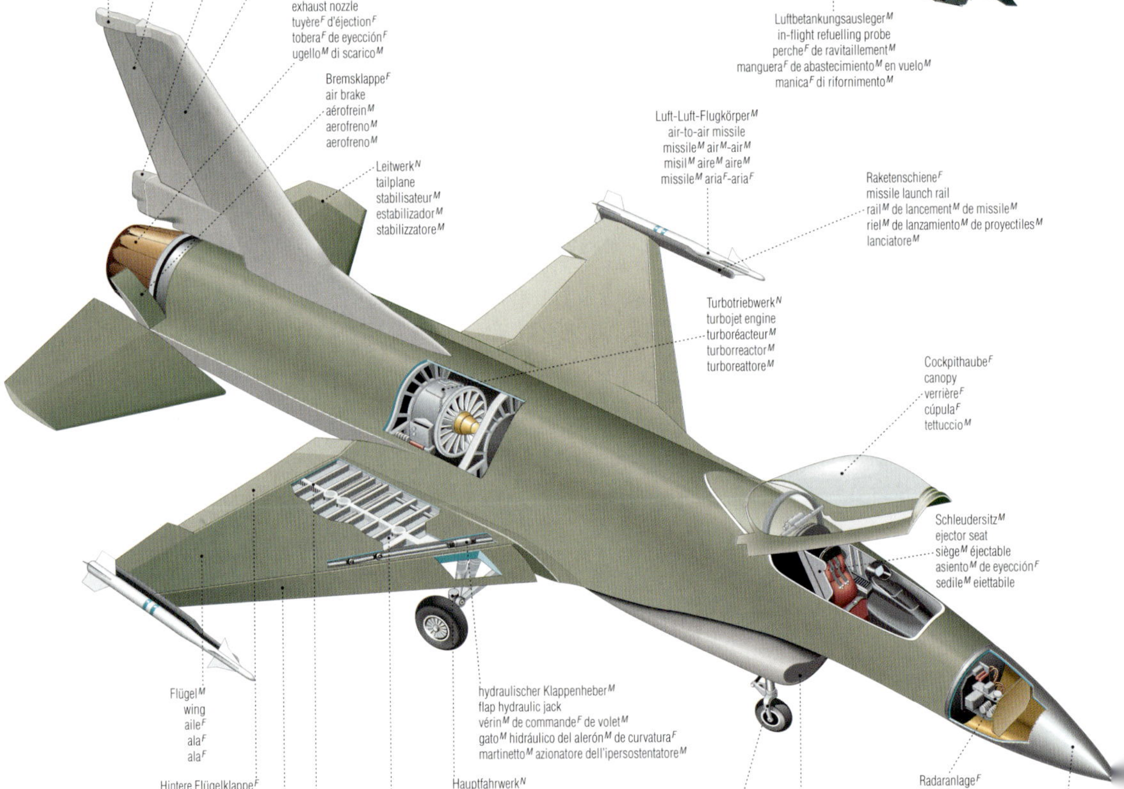

GESELLSCHAFT

Flugzeugträger^M

aircraft carrier | porte-avions^M | portaaviones^M | portaerei^F

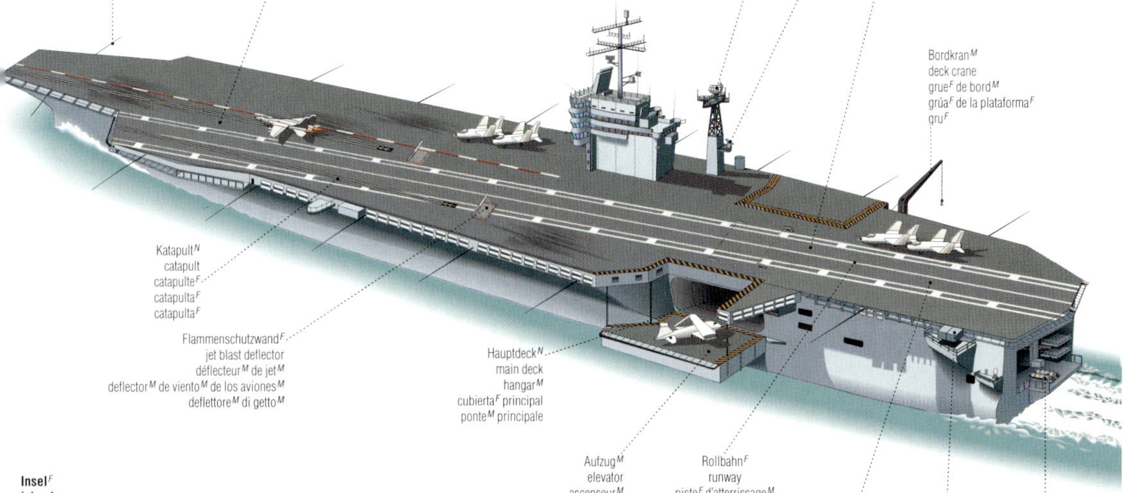

Insel^F
island
îlot^M
islote^M
isola^F

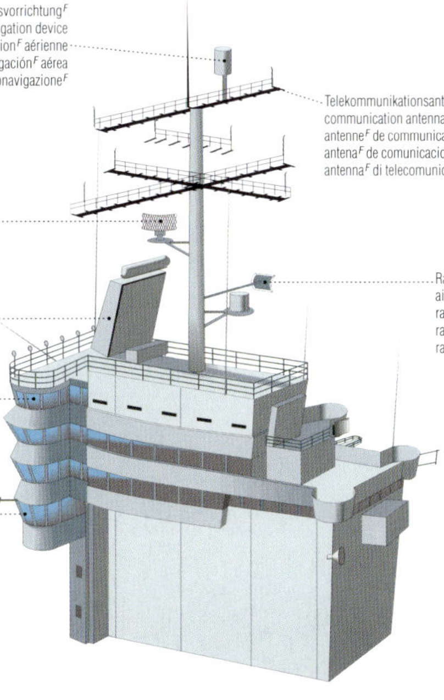

GESELLSCHAFT

Fregatte[F]

frigate | frégate[F] | fragata[F] | fregata[F]

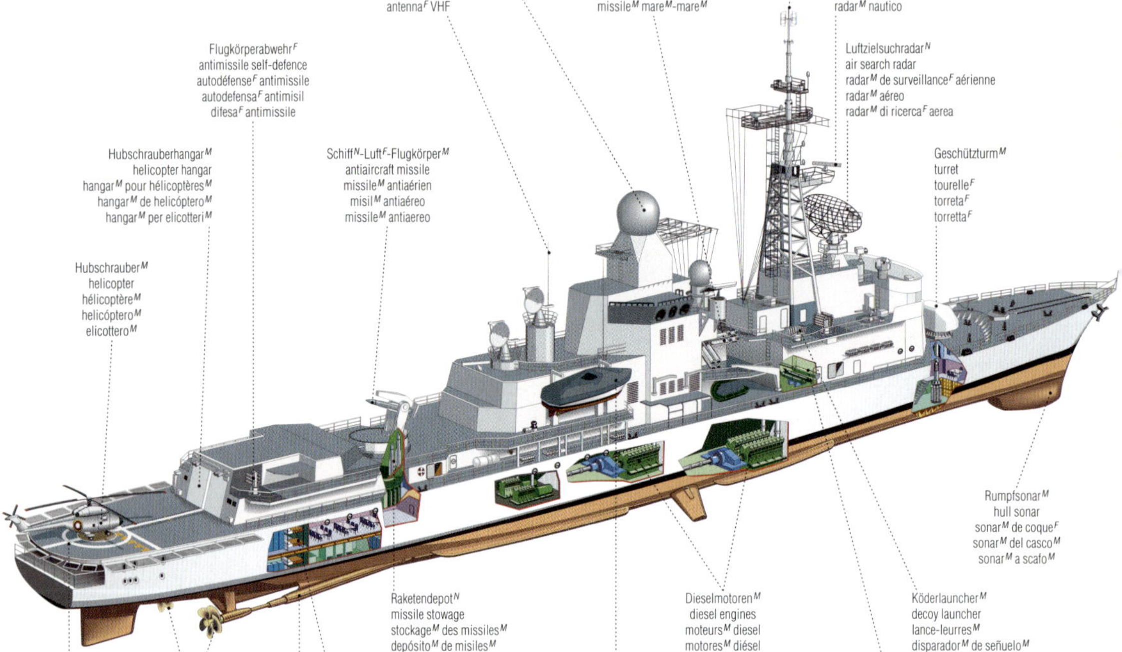

GESELLSCHAFT

Atom[N]-Unterseeboot[N]

nuclear submarine | sous-marin[M] nucléaire | submarino[M] nuclear | sottomarino[M] nucleare

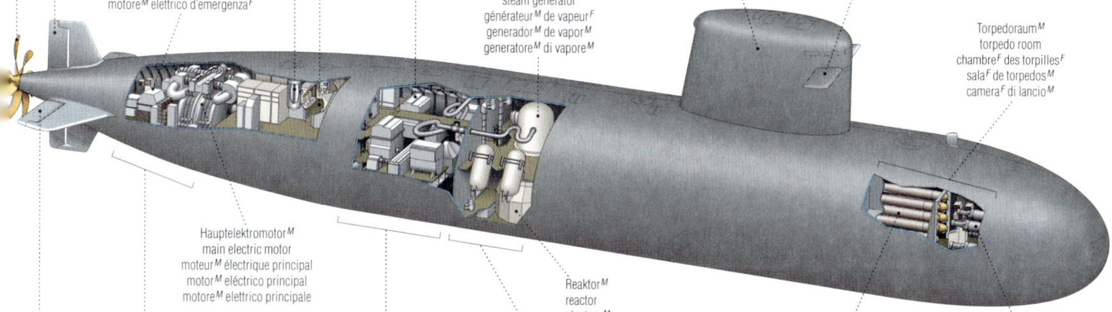

Kommandoturm[M]
conning tower
kiosque[M]
torreta[F]
torretta[F]

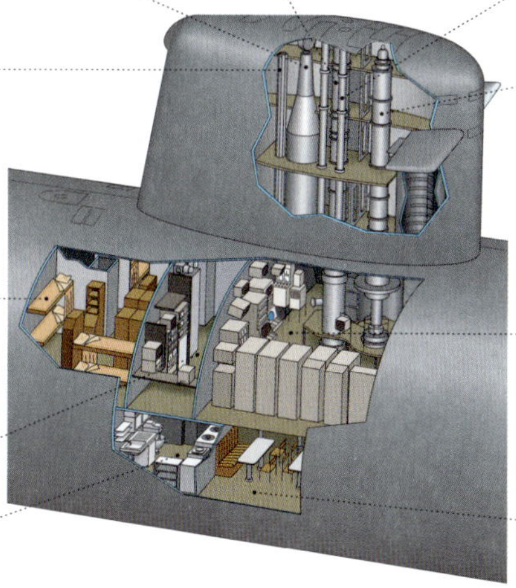

GESELLSCHAFT

Brandbekämpfung^{F}

fire prevention | prévention^{F} des incendies^{M} | prevención^{F} de incendios^{M} | prevenzione^{F} degli incendi^{M}

Feuerwehrzentrale^{F}
fire station
caserne^{F} de pompiers^{M}
parque^{M} de bomberos^{M}
caserma^{F} dei vigili^{M} del fuoco^{M}

Offiziersraum^{M}
officers' dormitory
chambre^{F} des officiers^{M}
dormitorio^{M} de los oficiales^{M}
camera^{F} degli ufficiali^{M}

Dokumentationszentrum^{N}
documentation centre
centre^{M} de documentation^{F}
centro^{M} de documentación^{F}
centro^{M} di documentazione^{F}

Büro^{N} des Kommandanten^{M}
chief's office
bureau^{M} du chef^{M}
despacho^{M} del jefe^{M} de bomberos^{M}
ufficio^{M} del comandante^{M}

Mannschaftsschlafsaal^{M}
firefighters' dormitory
dortoir^{M} des pompiers^{M}
dormitorio^{M} de los bomberos^{M}
dormitorio^{M} dei vigili^{M} del fuoco^{M}

Verwaltungsbüro^{N}
administrative office
bureau^{M} administratif
oficina^{F} administrativa
ufficio^{M} amministrativo

Büro^{N} des Brandschutzbeauftragten^{M}
fire prevention education officer's office
bureau^{M} de l'inspecteur^{M} en prévention^{F}-incendie^{M}
despacho^{M} del inspector^{M} de prevención^{F} de incendios^{M}
ufficio^{M} dell'ufficiale^{M} addetto alla formazione^{F} dei vigili^{M} del fuoco^{M}

Duschen^{F} und Toiletten^{F} der Offiziere^{M}
officers' toilet and shower
toilettes^{F} et douches^{F} des officiers^{M}
aseos^{M} y duchas^{F} de los oficiales^{M}
bagno^{M} e doccia^{F} degli ufficiali^{M}

Mannschaftsduschen^{F} und
firefighters' toilet and shower
toilettes^{F} et douches^{F} des pompiers^{M}
aseos^{M} y duchas^{F} de los bomberos^{M}
bagno^{M} e doccia^{F} dei vigili^{M} del fuoco^{M}

Sitzungsraum^{M}
meeting room
salle^{F} de réunion^{F}
sala^{F} de reuniones^{F}
sala^{F} riunioni^{F}

Dienstkleidung^{F}
turnouts
tenue^{F} d'intervention^{F}
trajes^{M} de intervención^{F}
divise^{F} di servizio^{M}

Umkleideraum^{M}
locker room
vestiaire^{M}
vestuario^{M}
spogliatoio^{M}

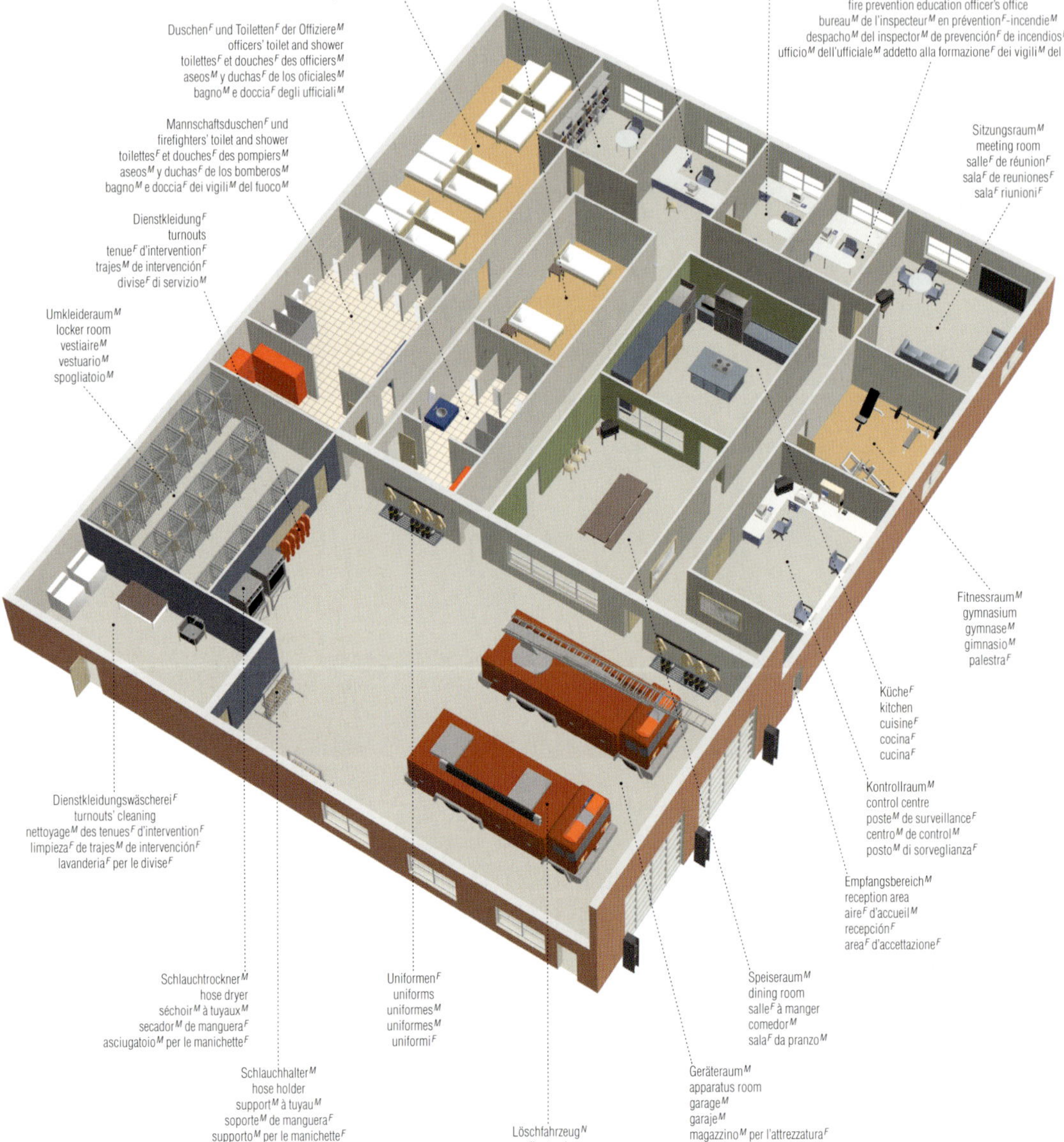

Fitnessraum^{M}
gymnasium
gymnase^{M}
gimnasio^{M}
palestra^{F}

Küche^{F}
kitchen
cuisine^{F}
cocina^{F}
cucina^{F}

Kontrollraum^{M}
control centre
poste^{M} de surveillance^{F}
centro^{M} de control^{M}
posto^{M} di sorveglianza^{F}

Dienstkleidungswäscherei^{F}
turnouts' cleaning
nettoyage^{M} des tenues^{F} d'intervention^{F}
limpieza^{F} de trajes^{M} de intervención^{F}
lavanderia^{F} per le divise^{F}

Empfangsbereich^{M}
reception area
aire^{F} d'accueil^{M}
recepción^{F}
area^{F} d'accettazione^{F}

Schlauchtrockner^{M}
hose dryer
séchoir^{M} à tuyaux^{M}
secador^{M} de manguera^{F}
asciugatoio^{M} per le manichette^{F}

Uniformen^{F}
uniforms
uniformes^{M}
uniformes^{M}
uniformi^{F}

Speiseraum^{M}
dining room
salle^{F} à manger
comedor^{M}
sala^{F} da pranzo^{M}

Schlauchhalter^{M}
hose holder
support^{M} à tuyau^{M}
soporte^{M} de manguera^{F}
supporto^{M} per le manichette^{F}

Geräteraum^{M}
apparatus room
garage^{M}
garaje^{M}
magazzino^{M} per l'attrezzatura^{F}

Löschfahrzeug^{N}
fire truck
camion^{M} d'incendie^{M}
camión^{M} de bomberos^{M}
carro^{M} dei vigili^{M} del fuoco^{M}

GESELLSCHAFT

Taschenlampe^{F}
hand lamp
lampe^{F} portative
linterna^{F} portátil
lampada^{F} portatile

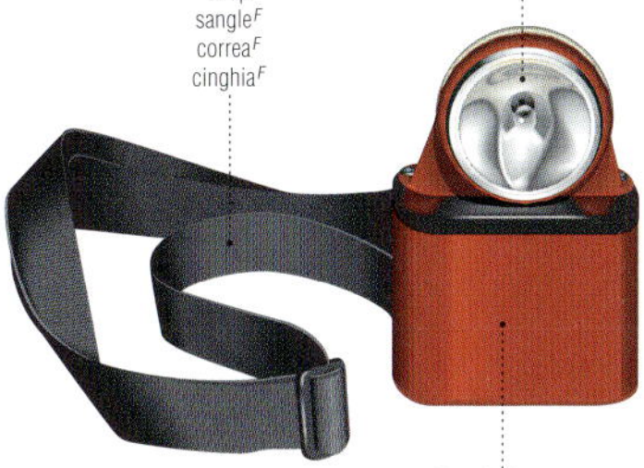

Feuerwehrmann^{M}
firefighter
sapeur^{M}-pompier^{M}
bomberos^{M}
vigile^{M} del fuoco^{M}

Feuerschutzhelm^{M}
firefighter's helmet
casque^{M} de sapeur^{M}-pompier^{M}
casco^{M} de bombero^{M}
elmo^{M} da vigile^{M} del fuoco^{M}

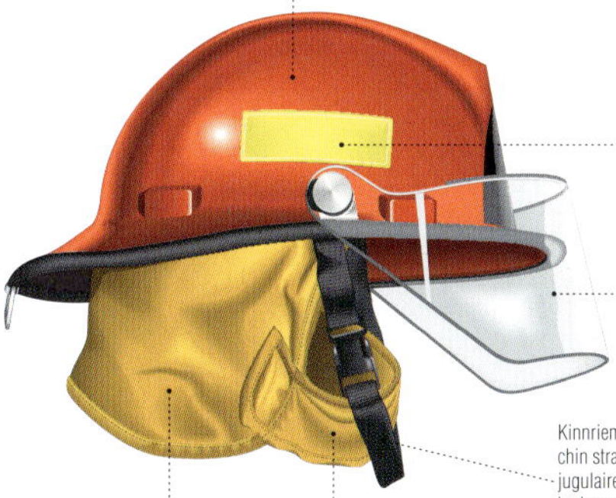

Brandbekämpfung[F]

Löschfahrzeuge[N]
fire engines
véhicules[M] d'incendie[M]
camiones[M] de bomberos[M]
carri[M] dei pompieri[M]

Pumplöschfahrzeug[N]
pumper
fourgon[M]-pompe[F]
autobomba[M] tanque
autopompa[F]

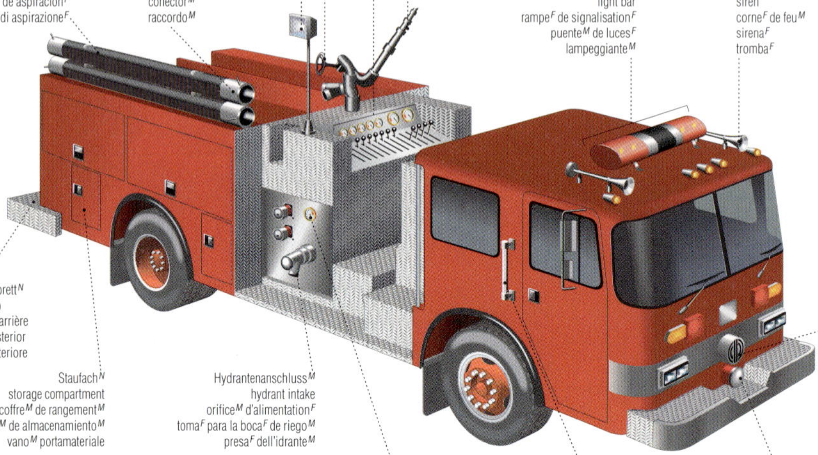

Drehleiterfahrzeug[N]
aerial ladder truck
grande échelle[F]
autoescalera[M]
autoscala[F]

Überflurhydrant[M]
fire hydrant
borne[F] d'incendie[M]
boca[F] de riego[M]
idrante[M] a colonna[F]

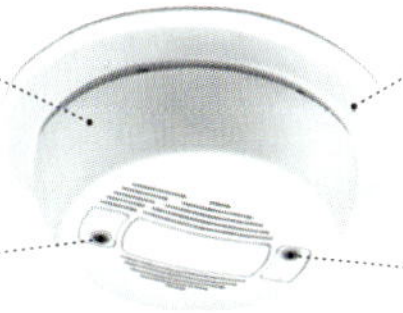

Rauchmelder[M]
smoke detector
détecteur[M] de fumée[F]
detector[M] de humo[M]
rilevatore[M] di fumo[M]

Brandbekämpfungsmaterial[N]
fire-fighting material
matériel[M] de lutte[F] contre les incendies[M]
material[M] de lucha[F] contra los incendios[M]
materiale[M] antincendio

Handfeuerlöscher[M]
portable fire extinguisher
extincteur[M]
extintor[M] portátil
estintore[M] portatile

Strahlrohr[N]
nozzle
lance[F]
boquilla[F]
erogatore[M]

Hakengurt[M] für Leiter[F] und Schlauch[M]
ladder and hose strap
attache[F] pour tuyaux[M] et échelles[F]
correa[F] para escalera[F] y manguera[F]
cinghia[F] per tubi[M] e scale[F]

Y-Verbindungsstück[N]
dividing connector
pièce[F] d'embranchement[M]
conector[M] de boca[F] de riego[F]
raccordo[M] a due vie[F]

Schlauchleitung[F]
fire hose
tuyau[M] de refoulement[M]
manguera[F] de incendios[M]
manichetta[F] antincendio

Hydrantenschlüssel[M]
fire hydrant wrench
clé[F] de barrage[M]
llave[F] de boca[F] de riego[M]
chiave[F] per idrante[M]

Brecheisen[N]
percussion bar
clé[F] à percussion[F]
barra[F] de percusión[F]
barra[F] di percussione[F]

Beil[N]
hatchet
hache[F]
hacha[F]
piccozza[F]

Einreißhaken[M]
pike pole
gaffe[F]
pica[F]
rampone[M]

Hakenleiter[F]
hook ladder
échelle[F] à crochets[M]
escalera[F] de ganchos[M]
scala[F] con ganci[M]

GESELLSCHAFT

vorbeugende Verbrechensbekämpfung[F]

crime prevention | prévention[F] de la criminalité[F] | prevención[F] de la criminalidad[F] | prevenzione[F] del crimine[M]

Polizeirevier[F]
police station
poste[M] de police[F]
estación[F] de policía[F]
stazione[F] di polizia[F]

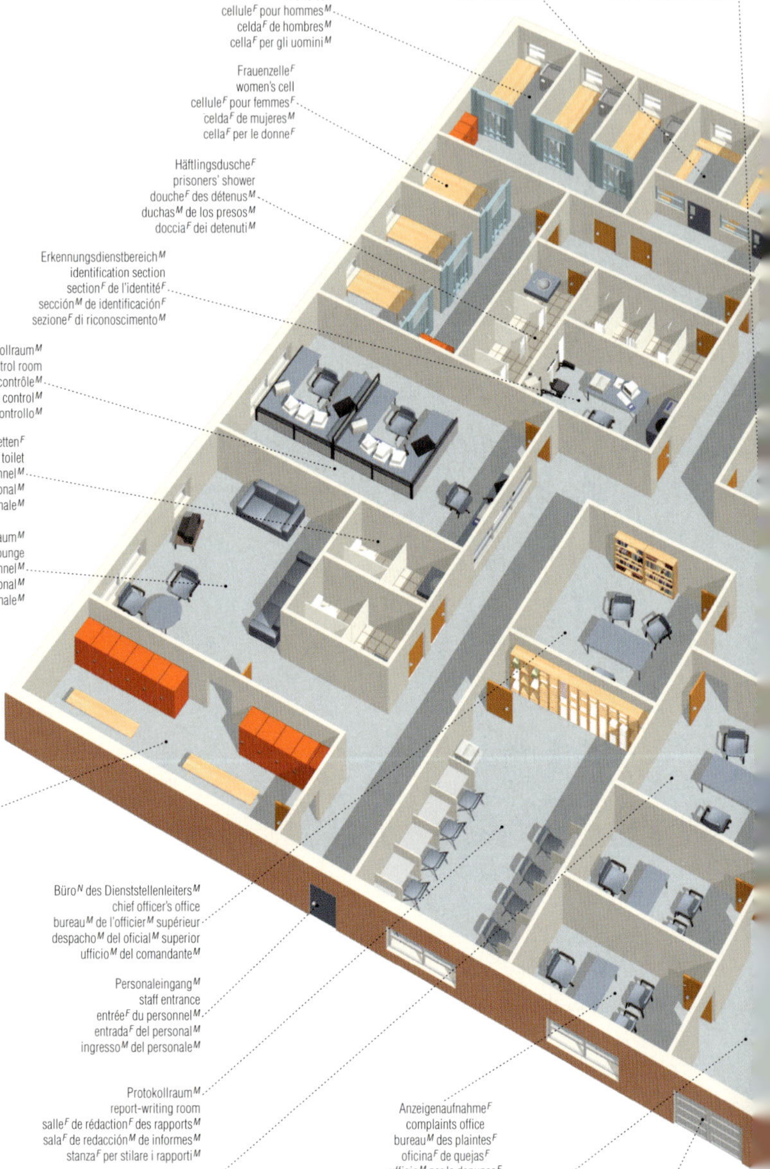

Garage[F]
garage
garage[M]
garaje[F]
garage[M]
Einfahrt[F]
vehicle entrance
entrée[F] des véhicules[M]
entrada[F] de vehículos[M]
ingresso[M] dei veicoli[M]
Tresor[M]
safe
coffre-fort[M]
caja[F] fuerte
cassaforte[F]
Polizeifahrzeug[N]
police car
voiture[F] de police[F]
coche[M] de policía[F]
macchina[F] della polizia[F]
Lagerraum[M]
storage room
local[M] d'entreposage[M]
almacén[M]
magazzino[M]
Archive[N]
archives
archives[F]
archivo[M]
archivi[M]
Alkoholtestgerät[N]
breath-testing machine
éthylomètre[M]
etilómetro[M]
etilometro[M]
Ausrüstung[F]
equipment
équipement[M]
equipamiento[M]
equipaggiamento[M]
Einsatzbesprechungsraum[M]
booking room
salle[F] de mise[F] en détention[F]
sala[F] de coordinación[F]
stanza[F] di coordinamento[M]
Schießstand[M]
gun range
salle[F] de tir[M]
polígono[M] de tiro[M]
poligono[M] di tiro[M]
Verwaltungsbüro[N]
administrative office
bureau[M] administratif
oficina[F] administrativa
ufficio[M] amministrativo
Informationsschalter[M]
information desk
comptoir[M] de renseignements[M]
información[F]
banco[M] delle informazioni[F]

vorbeugende Verbrechensbekämpfung^{F}

Polizeibeamter^{M}
police officer
agent^{M} de police^{F}
agente^{M} de policía^{F}
agente^{M} di polizia^{F}

Dienstgürtel^{M}
duty belt
ceinturon^{M} de service^{M}
cinturón^{M} de servicio^{M}
cintura^{F} di servizio^{M}

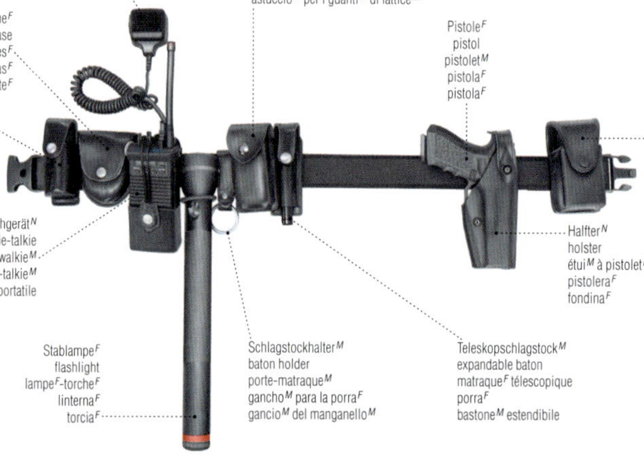

Armaturenbrettausrüstung^F
dashboard equipment
équipement^M du tableau^M de bord^M
equipamiento^M del salpicadero^M
equipaggiamento^M del cruscotto^M

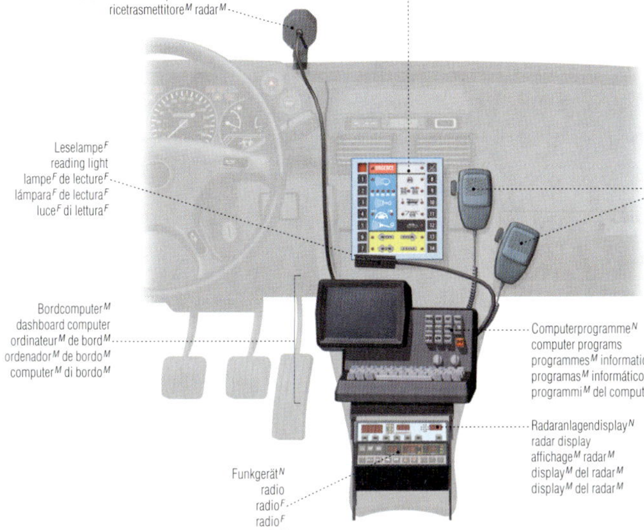

Polizeifahrzeug^N
police car
voiture^F de police^F
coche^M de policía^F
macchina^F della polizia^F

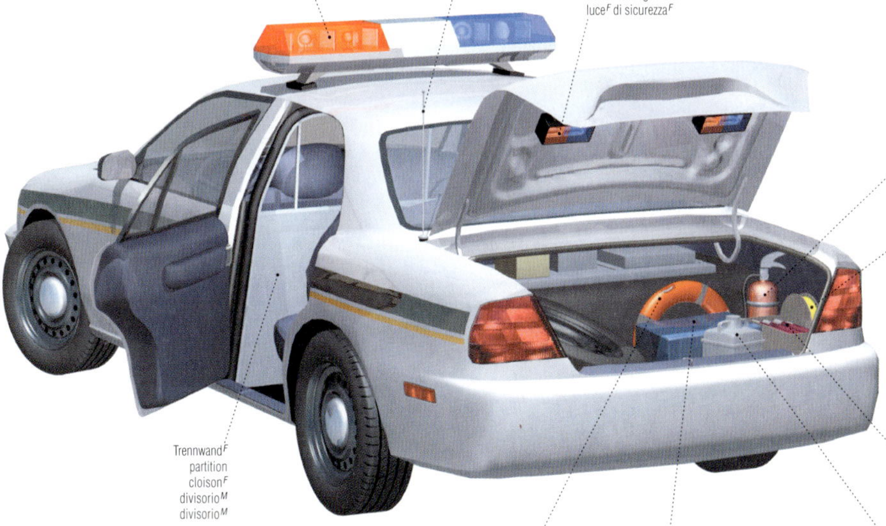

Gehörschutz^{M}

ear protection | protection^{F} de l'ouïe^{F} | protección^{F} para los oídos^{M} | protezione^{F} per le orecchie^{F}

**Ohrenschützer^{M}
safety earmuffs
serre-tête^{M} antibruit
cascos^{M} de seguridad^{F}
cuffie^{F} di sicurezza^{F}**

**Ohrstöpsel^{M}
earplugs
protège-tympan^{M}
tapones^{M} de oídos^{M}
tappi^{M} per le orecchie^{F}**

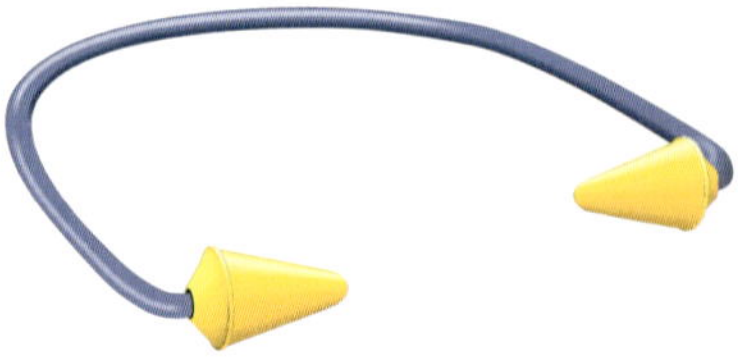

Augenschutz^{M}

eye protection | protection^{F} des yeux^{M} | protección^{F} para los ojos^{M} | protezione^{F} per gli occhi^{M}

**Schutzbrille^{F}
safety glasses
lunettes^{F} de sécurité^{F}
gafas^{F} de seguridad^{F}
occhiali^{M} di protezione^{F} con ripari^{M} laterali**

**Schutzmaske^{F}
safety goggles
lunettes^{F} de protection^{F}
gafas^{F} protectores
occhiali^{M} di protezione^{F} panoramici**

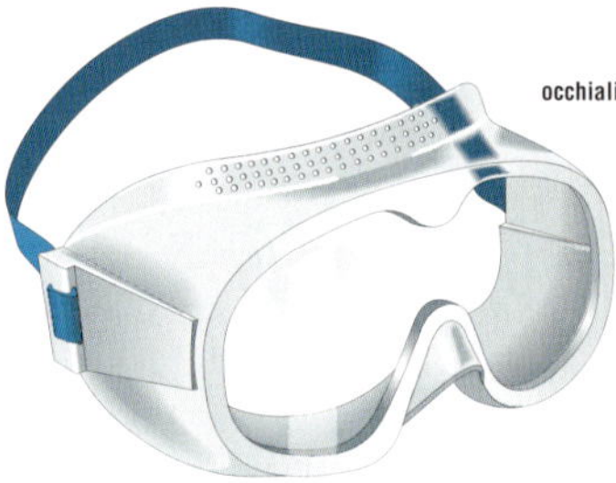

Kopfschutz^{M}

head protection | protection^{F} de la tête^{F} | protección^{F} para la cabeza^{F} | protezione^{F} per la testa^{F}

**Schutzhelm^{M}
hard hat
casque^{M} de sécurité^{F}
casco^{M} de seguridad^{F}
elmetto^{M}**

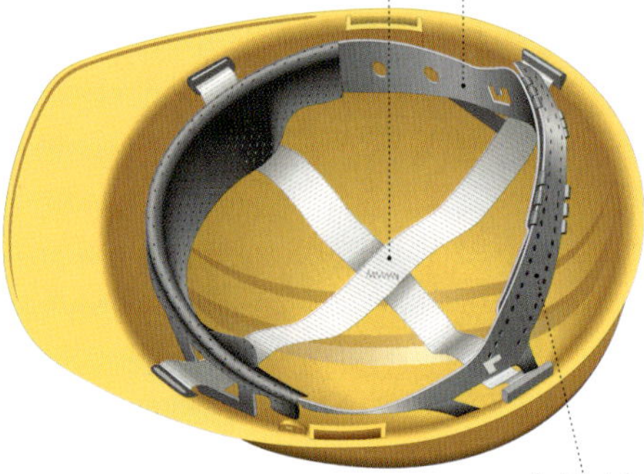

GESELLSCHAFT

Atemschutz[M]

respiratory system protection | protection[F] des voies[F] respiratoires | protección[F] para el sistema[M] respiratorio[M] | protezione[F] per le vie[F] respiratorie

Gasmaske[F]
respirator
masque[M] respiratoire
máscara[F] antigás[M]
maschera[F] a pieno facciale[M] bifiltro

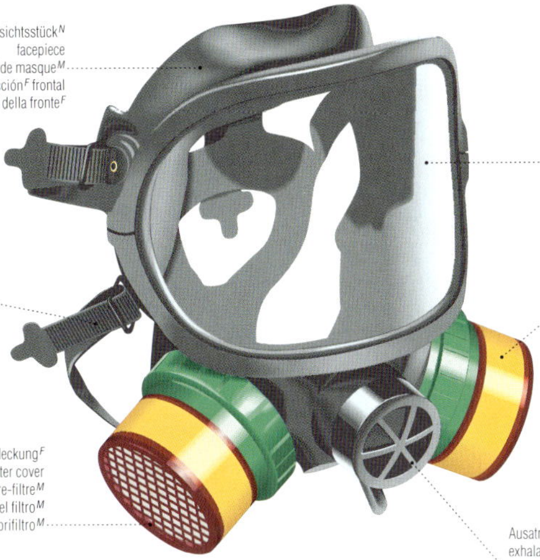

leichte Atemschutzmaske[F]
half-mask respirator
masque[M] bucco-nasal
máscara[F] para el polvo[M]
mascherina[F]

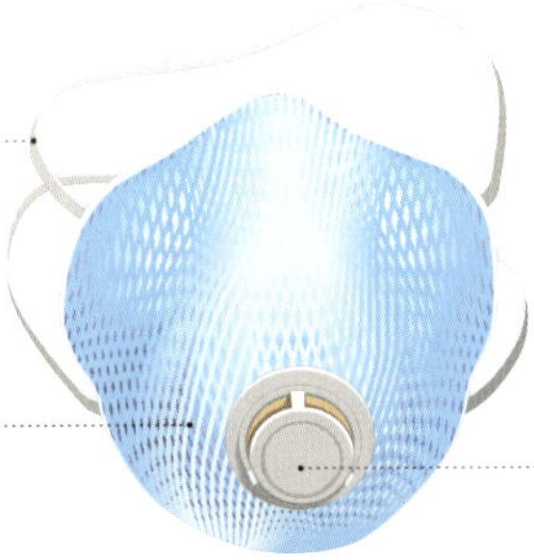

Fußschutz[M]

foot protection | protection[F] des pieds[M] | refuerzo[F] para los pies[M] | protezione[F] per i piedi[M]

Sicherheitsschuh[M]
safety boot
brodequin[M] de sécurité[F]
bota[F] de seguridad[F]
scarponcino[M] di sicurezza[F]

Zehenschützer[M]
toe guard
protège-orteils[M]
puntera[F] protectora
puntale[M] di protezione[F]

Warn- und Gebotszeichen^{N}

safety symbols | symboles^{M} de sécurité^{F} | símbolos^{M} de seguridad^{F} | simboli^{M} di sicurezza^{F}

gefährliche Substanzen^{F}
dangerous materials
matières^{F} dangereuses
materiales^{M} peligrosos
materiali^{M} pericolosi

ätzend
corrosive
matières^{F} corrosives
corrosivo
materiale^{M} corrosivo

elektrische Spannung^{F}
electrical hazard
danger^{M} électrique
alto voltaje^{M}
alta tensione^{F}

explosionsgefährlich
explosive
matières^{F} explosives
explosivo
materiale^{M} esplosivo

leicht entzündlich
flammable
matières^{F} inflammables
inflamable
materiale^{M} infiammabile

radioaktiv
radioactive
matières^{F} radioactives
radioactivo
materiale^{M} radioattivo

Gift^{N}
poison
matières^{F} toxiques
veneno^{M}
materiale^{M} tossico

Schutzmaßnahmen^{F}
protection
protection^{F}
protección^{F}
misure^{F} di protezione^{F} obbligatorie

Augenschutz^{M} tragen
eye protection
protection^{F} obligatoire de la vue^{F}
protección^{F} de los ojos^{M}
protezione^{F} per gli occhi^{M}

Gehörschutz^{M} tragen
ear protection
protection^{F} obligatoire de l'ouïe^{F}
protección^{F} de los oidos^{M}
protezione^{F} per le orecchie^{F}

Schutzhelm^{M} tragen
head protection
protection^{F} obligatoire de la tête^{F}
protección^{F} de la cabeza^{F}
protezione^{F} per la testa^{F}

Schutzhandschuhe^{M} tragen
hand protection
protection^{F} obligatoire des mains^{F}
protección^{F} de las manos^{F}
protezione^{F} per le mani^{F}

Schutzschuhe^{M} tragen
foot protection
protection^{F} obligatoire des pieds^{M}
protección^{F} de los pies^{M}
protezione^{F} per i piedi^{M}

Atemschutz^{M} tragen
respiratory system protection
protection^{F} obligatoire des voies^{F} respiratoires
protección del sistema^{M} respiratorio
protezione^{F} per le vie^{F} respiratorie

Rettungswagen^{M}

ambulance | ambulance^{F} | ambulancia^{F} | ambulanza^{F}

Notfallausrüstung^{F}

first aid equipment | matériel^{M} de secours^{M} | equipo^{M} de primeros auxilios^{M} | strumenti^{M} per il pronto soccorso^{M}

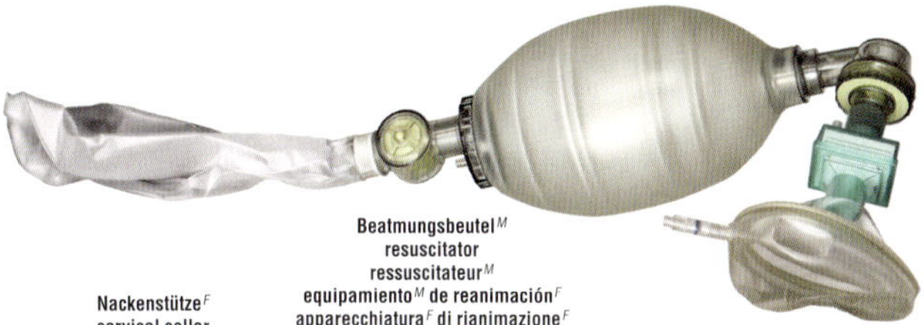

Beatmungsbeutel^{M}
resuscitator
ressuscitateur^{M}
equipamiento^{M} de reanimación^{F}
apparecchiatura^{F} di rianimazione^{F}

Sauerstoff^{M}-Atemmaske^{F}
oxygen mask
masque^{M} à oxygène^{M}
máscara^{F} de oxígeno^{M}
maschera^{F} per l'ossigeno^{M}

Oropharyngealtubus^{M}
oropharyngeal airway
canule^{F} oropharyngée
cánula^{F} orofaringea
cannula^{F} orofaringea

Nackenstütze^{F}
cervical collar
collier^{M} cervical
collarín^{M} cervical
collarino^{M}

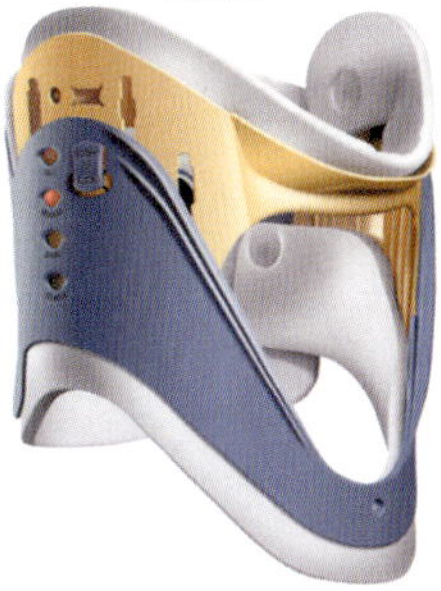

Absauger^{M}
aspirator
aspirateur^{M}
aspirador^{M}
aspiratore^{M}

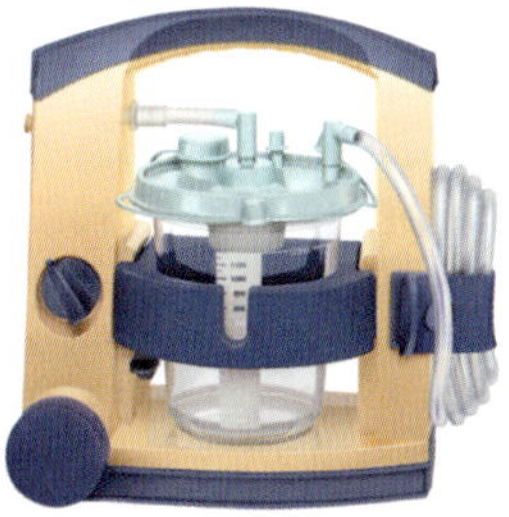

Defibrillator^{M}
defibrillator
défibrillateur^{M}
desfibrilador^{M}
defibrillatore^{M}

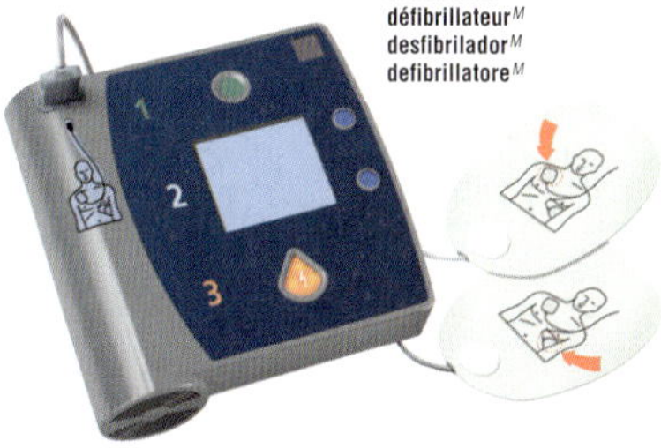

GESELLSCHAFT

Notfallausrüstung^{F}

Stethoskop^{N}
stethoscope
stéthoscope^{M}
fonendoscopio^{M}
fonendoscopio^{M}

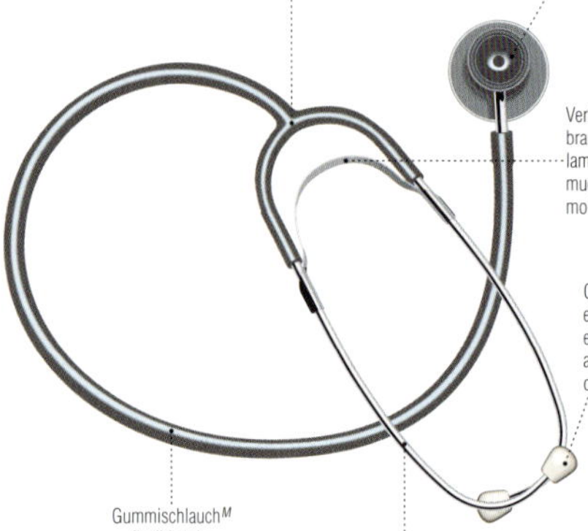

Spritze^{F}
syringe
seringue^{F}
jeringuilla^{F}
siringa^{F}

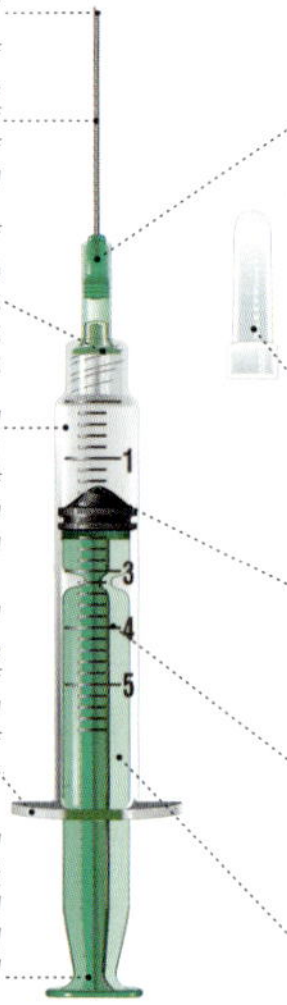

Latexhandschuh^{M}
latex glove
gant^{M} en latex^{M}
guantes^{M} de látex^{M}
guanto^{M} di lattice^{M}

Klistierspritze^{F}
syringe for irrigation
seringue^{F} pour lavage^{M} de cavités^{F}
jeringuilla^{F} de irrigación^{F}
schizzetto^{M}

Fahrtrage^{F}
hospital trolley
civière^{F}
camilla^{F}
lettino^{M}

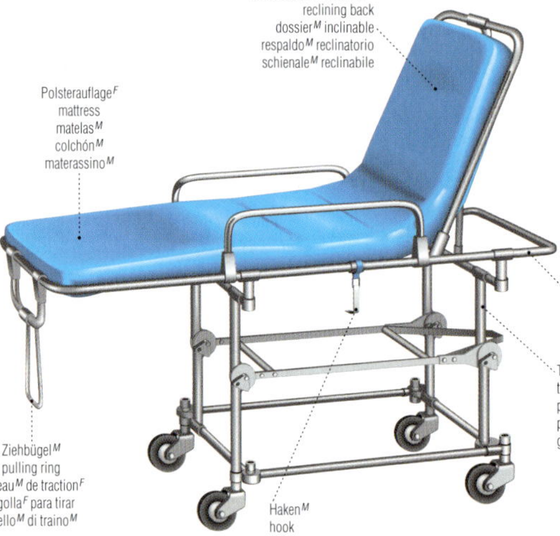

Krankentrage^{F}
stretcher
brancard^{M}
angarilla^{F}
lettiga^{F}

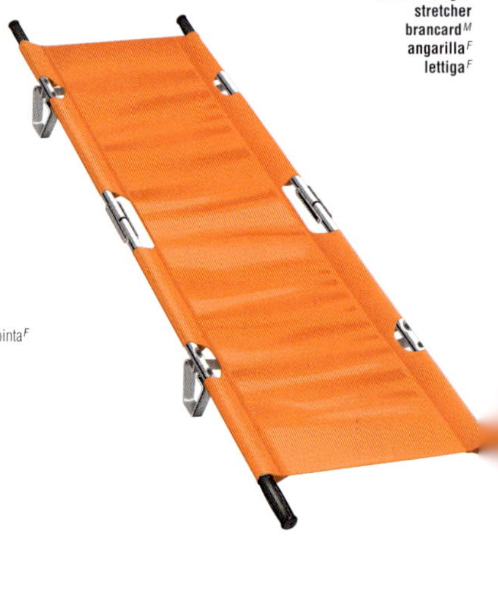

GESELLSCHAFT

Erste-Hilfe-Kasten^{M}

first aid kit | trousse^{F} de secours^{M} | botiquín^{M} de primeros auxilios^{M} | cassetta^{F} di pronto soccorso^{M}

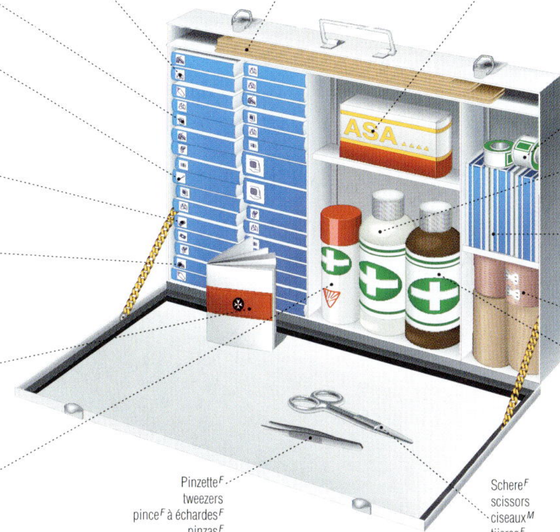

Fieberthermometer^{N}

clinical thermometers | thermomètres^{M} médicaux | termómetros^{M} clínicos | termometri^{M} clinici

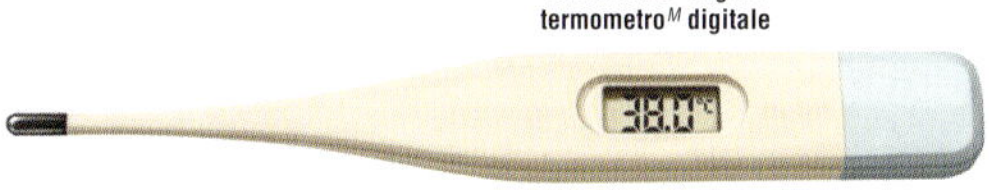

Blutdruckmessgerät^{N}

blood pressure monitor | tensiomètre^{M} | tensiómetro^{M} | monitor^{M} della pressione^{F} sanguigna

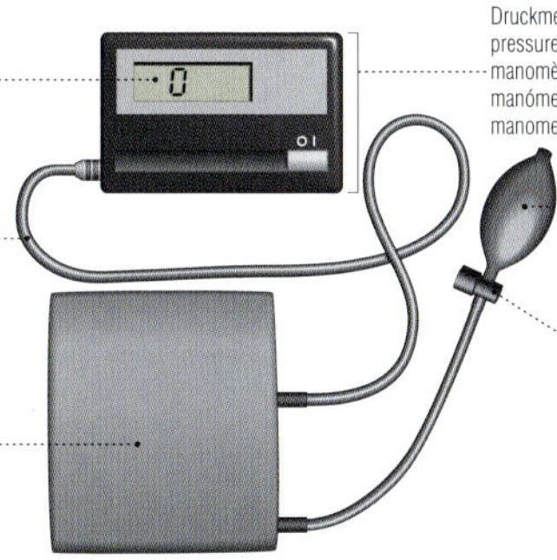

Krankenhaus^N

hospital | hôpital^M | hospital^M | ospedale^M

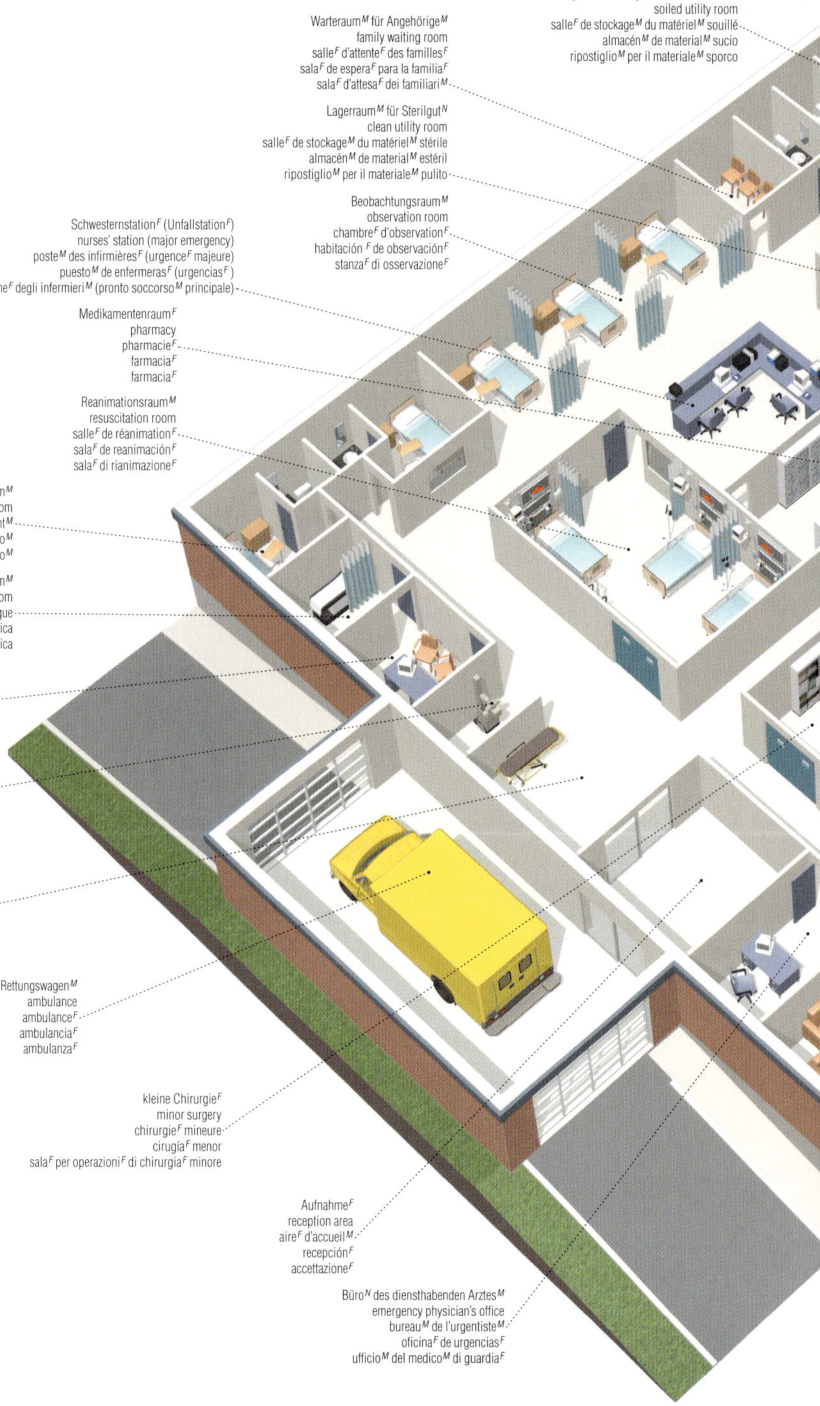

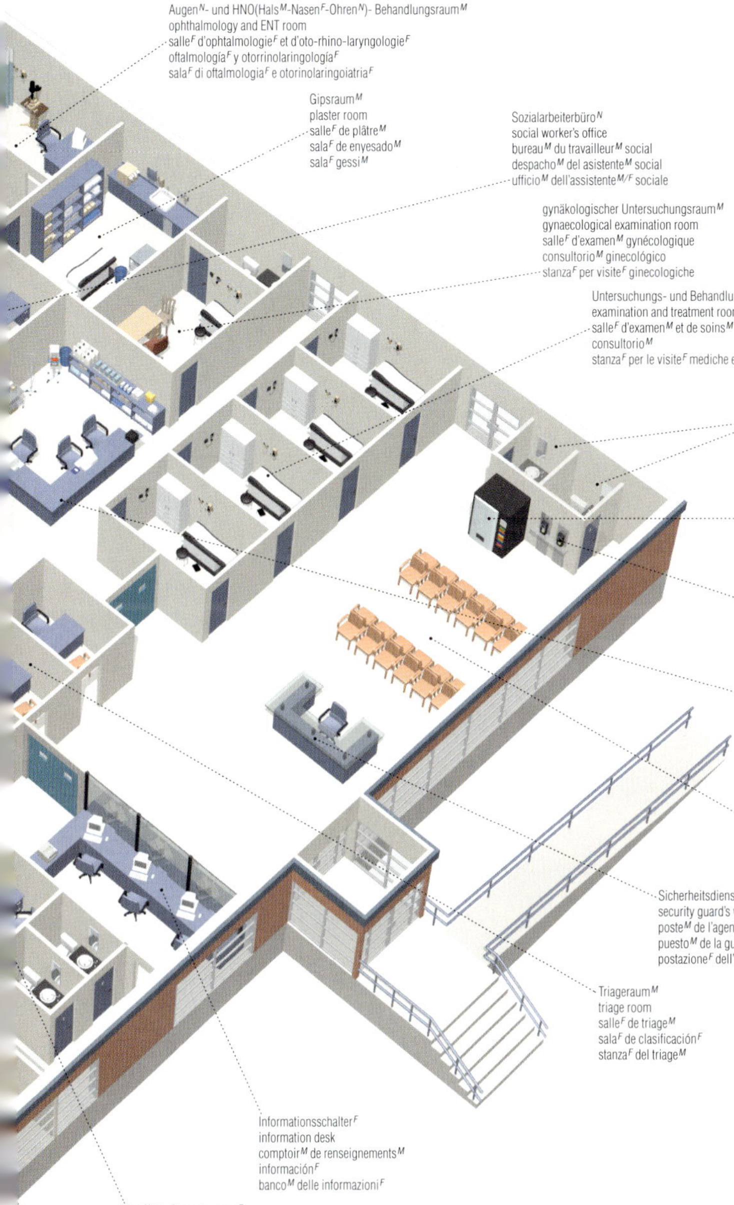
Augen^{N}- und HNO(Hals^{M}-Nasen^{F}-Ohren^{N})- Behandlungsraum^{M}
ophthalmology and ENT room
salle^{F} d'ophtalmologie^{F} et d'oto-rhino-laryngologie^{F}
oftalmología^{F} y otorrinolaringología^{F}
sala^{F} di oftalmologia^{F} e otorinolaringoiatria^{F}
Gipsraum^{M}
plaster room
salle^{F} de plâtre^{M}
sala^{F} de enyesado^{M}
sala^{F} gessi^{M}
Sozialarbeiterbüro^{N}
social worker's office
bureau^{M} du travailleur^{M} social
despacho^{M} del asistente^{M} social
ufficio^{M} dell'assistente$^{M/F}$ sociale
gynäkologischer Untersuchungsraum^{M}
gynaecological examination room
salle^{F} d'examen^{M} gynécologique
consultorio^{M} ginecológico
stanza^{F} per visite^{F} ginecologiche
Untersuchungs- und Behandlungsraum^{M}
examination and treatment room
salle^{F} d'examen^{M} et de soins^{M}
consultorio^{M}
stanza^{F} per le visite^{F} mediche e le terapie^{F}
Toiletten^{F}
toilets
w.-c.^{M}
aseos^{F}
toilette^{F}
Getränkeautomat^{M}
beverage dispenser
distributeur^{M} de boissons^{F}
distribuidor^{M} de bebidas^{F}
distributore^{M} di bibite^{F}
Münzfernsprecher^{M}
pay phone
téléphone^{M} public
teléfono^{F} público
telefono^{M} pubblico
Schwesternstation^{F} (ambulante Unfallstation^{F})
nurses' station (ambulatory emergency)
poste^{M} des infirmières^{F} (urgence^{F} ambulatoire)
puesto^{M} de enfermeras^{F} (ambulatorio^{M} de urgencias^{F})
postazione^{F} degli infermieri^{M} (pronto soccorso^{M} ambulatoriale)
Warteraum^{M}
waiting room
salle^{F} d'attente^{F}
sala^{F} de espera^{F}
sala^{F} d'attesa^{F}
Sicherheitsdienst^{M}
security guard's workstation
poste^{M} de l'agent^{M} de sécurité^{F}
puesto^{M} de la guardia^{F} de seguridad^{F}
postazione^{F} dell'agente^{M} di sicurezza^{F}
Triageraum^{M}
triage room
salle^{F} de triage^{M}
sala^{F} de clasificación^{F}
stanza^{F} del triage^{M}
Informationsschalter^{F}
information desk
comptoir^{M} de renseignements^{M}
información^{F}
banco^{M} delle informazioni^{F}
Büro^{N} der Oberschwester^{F}
head nurse's office
bureau^{M} de l'infirmière^{F} en chef^{M}
despacho^{M} de la enfermera^{F} jefe
ufficio^{M} del caposala^{M}
Personalraum^{M}
staff lounge
salon^{M} du personnel^{M}
sala^{F} del personal^{F}
stanza^{F} del personale^{M}

Krankenzimmer[N]
patient room
chambre[F] d'hôpital[M]
habitación[M] de un paciente[M]
stanza[F] di degenza[F]

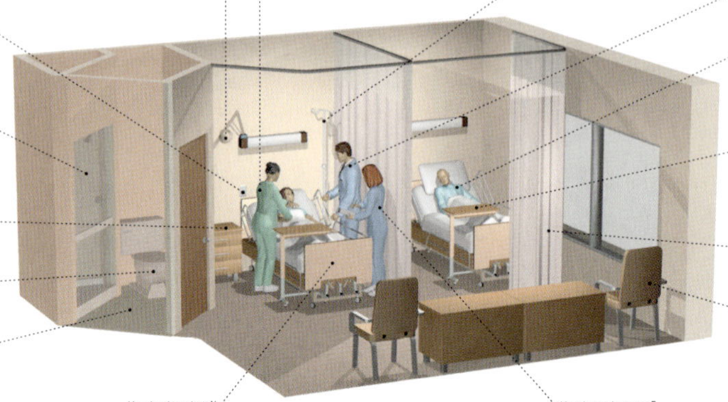

Sauerstoffanschluss[M]
oxygen outlet
prise[F] d'oxygène[M]
toma[F] de oxígeno[M]
presa[F] dell'ossigeno[M]

Dusche[F]
shower
douche[F]
ducha[M]
doccia[F]

Nachttisch[M]
bedside table
table[F] de chevet[M]
mesilla[F] de cabecera[F]
comodino[M]

WC[N]
toilet
w.-c.[M]
inodoro[M]
water[M]

Bad[N]
bathroom
salle[F] de bains[M]
baño[M]
sala[F] da bagno[M]

Leselampe[F]
bedside lamp
lampe[F] de chevet[M]
lámpara[F] de cabecera[F]
lampada[F] da notte[F]

Assistenzarzt[M]
junior doctor
résidente[F]
medico[M] interno
medico[M] interno

Infusionsständer[M]
intravenous stand
pied[M] à perfusion[F]
colgador[M] de intravenosos[M]
piantana[F] per fleboclisi[F]

Facharzt[M]
physician
médecin[M]
médico[M]
medico[M]

Patient[M]
patient
patient[M]
paciente[M]
paziente[M/F]

Krankentisch[M]
overbed table
table[F] de lit[M]
mesa[F] de cama[M]
tavolino[M] da letto[M]

Trennvorhang[M]
privacy curtain
rideau[M] séparateur
cortina[F] separadora
tendina[F] divisoria

Patientenstuhl[M]
patient's chair
fauteuil[M] de repos[M]
sillón[M] de reposo[M]
poltroncina[F] del paziente[M/F]

Krankenhausbett[N]
hospital bed
lit[M] d'hôpital[M]
cama[F] de hospital[M]
letto[M] d'ospedale[M]

Krankenschwester[F]
nurse
infirmière[F]
enfermera[F]
infermiera[F]

Operationsabteilung[F]
operating suite
bloc[M] opératoire
bloque[M] de cirugía[F]
blocco[M] operatorio

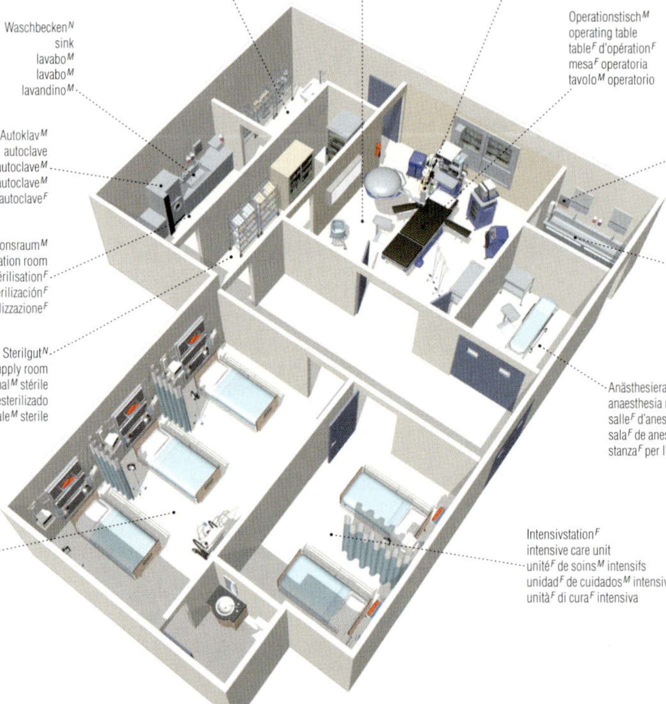

Lagerraum[M] für gebrauchtes Material[N]
soiled utility room
salle[F] de stockage[M] du matériel[M] souillé
almacén[M] material[M] sucio
deposito[M] del materiale[M] sporco

Operationssaal[M]
operating theatre
salle[F] d'opération[F]
quirófano[M]
sala[F] operatoria

medizinische Gasflasche[F]
medical gas cylinder
bouteille[F] à gaz[M] médical
bombona[F] de gas[M] médico
bombola[F] di gas[M] medicale

Waschbecken[N]
sink
lavabo[M]
lavabo[M]
lavandino[M]

Operationstisch[M]
operating table
table[F] d'opération[F]
mesa[F] operatoria
tavolo[M] operatorio

Autoklav[M]
autoclave
autoclave[M]
autoclave[M]
autoclave[F]

Handschuhspender[M]
glove storage
rangement[M] pour les gants[M]
provisión[M] de guantes[M]
scomparto[M] per i guanti[M]

Sterilisationsraum[M]
sterilization room
salle[F] de stérilisation[F]
sala[F] de esterilización[F]
stanza[F] di sterilizzazione[F]

Waschraum[M]
scrub room
salle[F] de préparation[F] chirurgicale
sala[F] de preparación[F] quirúrgica
stanza[F] per la preparazione[F] chirurgica

Lagerraum[M] für Sterilgut[N]
supply room
arsenal[M] stérile
depósito[M] esterilizado
deposito[M] del materiale[M] sterile

Anästhesieraum[M]
anaesthesia room
salle[F] d'anesthésie[F]
sala[F] de anestesia[F]
stanza[F] per l'anestesia[F]

Aufwachraum[M]
recovery room
salle[F] de réveil[M]
sala[F] de recuperación[F] posoperatoria
stanza[F] di degenza[F] postoperatoria

Intensivstation[F]
intensive care unit
unité[F] de soins[M] intensifs
unidad[F] de cuidados[M] intensivos
unità[F] di cura[F] intensiva

Poliklinik[F]
ambulatory care unit
unité[F] de soins[M] ambulatoires
ambulatorio[M]
poliambulatorio[M]

Wartebereich[M] für den Entnahmeraum[M]
specimen collection centre waiting room
salle[F] d'attente[F] du centre[M] de prélèvements[M]
sala[F] de espera[F] del centro[M] de extracción[F] de sangre[M]
sala[F] d'attesa[F] del centro[M] prelievi[M]

pathologisches Labor[N]
pathology laboratory
laboratoire[M] de pathologie[F]
laboratorio[M] patológico[M]
laboratorio[M] di anatomia[F] patologica

Sterilisationsraum[M]
sterilization room
salle[F] de stérilisation[F]
sala[F] de esterilización[F]
sala[F] di sterilizzazione[F]

Chirurgen[M]-Waschraum[M]
surgeon's sink
lavabo[M] du chirurgien[M]
lavabo[M] de cirujano[M]
lavandino[M] del chirurgo[M]

Operationssaal[M]
operating theatre
salle[F] d'opération[F]
quirófano[M]
sala[F] operatoria

Entkleidungsraum[M]
undressing booth
cabine[F] de déshabillage[M]
cabina[F] para desvestirse
spogliatoio[M]

Beobachtungsraum[M]
observation room
chambre[F] d'observation[F]
consultorio[M]
stanza[F] di osservazione[F]

zweiter Warteraum[M]
secondary waiting room
salle[F] d'attente[F] secondaire
sala[F] de espera[F]
sala[F] d'attesa[F] secondaria

Toiletten[F]
toilets
w.-c.[M]
aseos[M]
toilette[F]

Sozialdiensträume[M]
social services
services[M] sociaux
servicios[M] sociales
servizi[M] sociali

Personalumkleideraum[M]
staff cloakroom
vestiaire[M] du personnel[M]
guardarropa[M] del personal[M]
spogliatoio[M] del personale[M]

Schwesternzimmer[N]
nurses' lounge
salle[F] de repos[M] des infirmières[F]
sala[F] de reposo[M] de enfermeras[F]
sala[F] degli infermieri[M/F]

Entnahmeraum[M]
specimen collection room
salle[F] de prélèvements[M]
sala[F] de extracciones[M]
sala[F] dei prelievi[M]

Behandlungsraum[M]
treatment room
salle[F] de soins[M]
sala[F] de curas[F]
stanza[F] per le terapie[F]

Haupteingang[M]
main entrance
entrée[F] principale
entrada[F] principal
ingresso[M] principale

Aufnahme[F]
reception area
aire[F] d'accueil[M]
recepción[F]
accettazione[F]

Krankenakten[F]
medical records
archives[F] médicales
archivo[M] médico
archivio[M] delle cartelle cliniche

Hauptwarteraum[M]
main waiting room
salle[F] d'attente[F] principale
sala[F] de espera[F] principal
sala[F] d'attesa[F] principale

Lagerraum[M] für medizinische Geräte[N]
medical equipment storage room
salle[F] de rangement[M] du matériel[M] médical
botiquín[M]
deposito[M] del materiale[M] medico

Audiometrie[F]- Untersuchungsraum[M]
audiometric examination room
salle[F] d'examen[M] audiométrique
sala[F] de examen[M] de audiometría
stanza[F] per l'esame[M] audiometrico

Untersuchungsraum[M]
examination room
salle[F] d'examen[M]
sala[F] de reconocimiento[M]
stanza[F] per le visite[F] mediche

Medikamentenraum[M]
pharmacy
pharmacie[F]
farmacia[F]
farmacia[F]

Gehhilfen^F

walking aids | aides^F à la marche^F | auxiliares^M ortopédicos para caminar | supporti^M per camminare

Gehkrücke^F
forearm crutch
béquille^F d'avant-bras^M
muleta^F de antebrazo^M
stampella^F canadese

Unterarmstütze^F
forearm support
embrasse^F
soporte^M para el antebrazo^M
supporto^M per il braccio^M

Griff^M
handgrip
poignée^F
empuñadura^F
impugnatura^F

Längenverstellung^F
adjuster
réglage^M
tubo ajustable^M
regolatore^M

Achselkrücke^F
underarm crutch
béquille^F commune
muleta^F de sobaco^M
gruccia^F

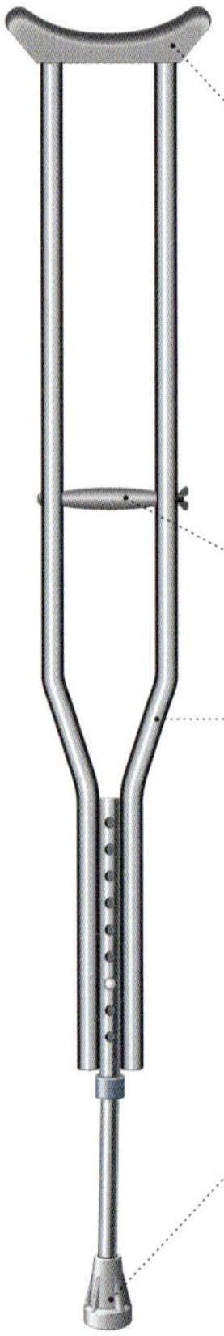

Achselstütze^F
underarm rest
crosse^F
soporte^M para el sobaco^M
supporto^M sottoascellare

Querstück^N
crosspiece
traverse^F
travesaño^M
appoggiamano^M

Holm^M
upright
montant^M
montante^M
telaio^M

Gummikappe^F
rubber ferrule
embout^M de caoutchouc^M
contera^F de caucho^M
puntale^M

Spazierstock^M
walking stick
canne^F en C^M
bastón^M para caminar
bastone^M da passeggio^M

vierfüßiger Stock^M
quadruped stick
canne^F avec quadripode^M
bastón^M cuadrangular
quadripode^M

englischer Stock^M
English stick
canne^F en T^M
bastón^M inglés
bastone^M inglese

orthopädischer Stock^M
ortho-stick
canne^F avec poignée^F orthopédique
bastón^M ortopédico
bastone^M con manico^M anatomico

Gehgestell^N
walking frame
cadre^M de marche^F
andador^M
deambulatore^M

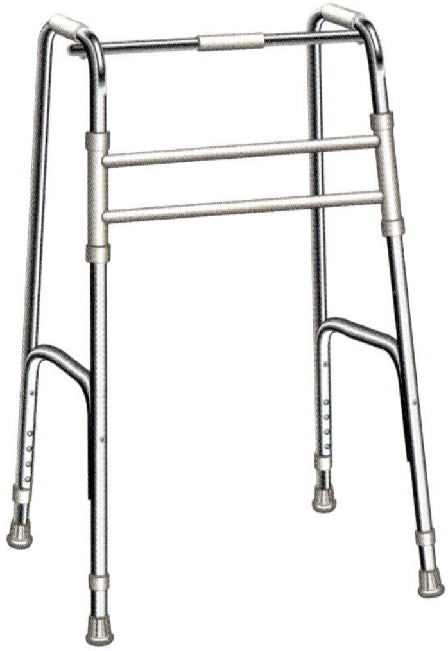

Rollstuhl^{M}

wheelchair | fauteuil^{M} roulant | silla^{F} de ruedas^{F} | sedia^{F} a rotelle^{F}

Arzneimittel^{N}-Darreichungsformen^{F}

pharmaceutical forms of medication | formes^{F} pharmaceutiques des médicaments^{M} | formas^{F} farmacéuticas de medicamentos^{M} | confezioni^{F} farmaceutiche di medicinali^{M}

Hustensirup^{M}
cough syrup
sirop^{M} antitussif
jarabe^{M} para la tos^{F}
flacone^{M}

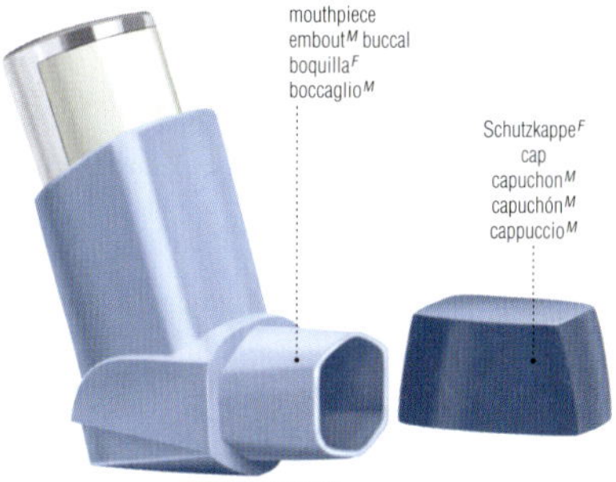

Dosier-Aerosol^{N}
metered dose inhaler
inhalateur^{M}-doseur^{M}
inhalador^{M}-dosificador^{M}
inalatore^{M} dosimetrico

Kapsel^{F}
capsule
capsule^{F}
cápsula^{F}
capsula^{F}

Gelatinekapsel^{F}
gelatin capsule
gélule^{F}
cápsula^{F} de gelatina^{F}
capsula^{F} di gelatina^{F}

Tablette^{F}
tablet
comprimé^{M}
pastilla^{F}
pastiglia^{F}

Ampulle^{F}
ampoule
ampoule^{F}
ampolla^{F}
fiala^{F}

GESELLSCHAFT

Verwandtschaftsbeziehungen^F

family relationships | liens^M de parenté^F | vínculos^M familiares | vincoli^M di parentela^F

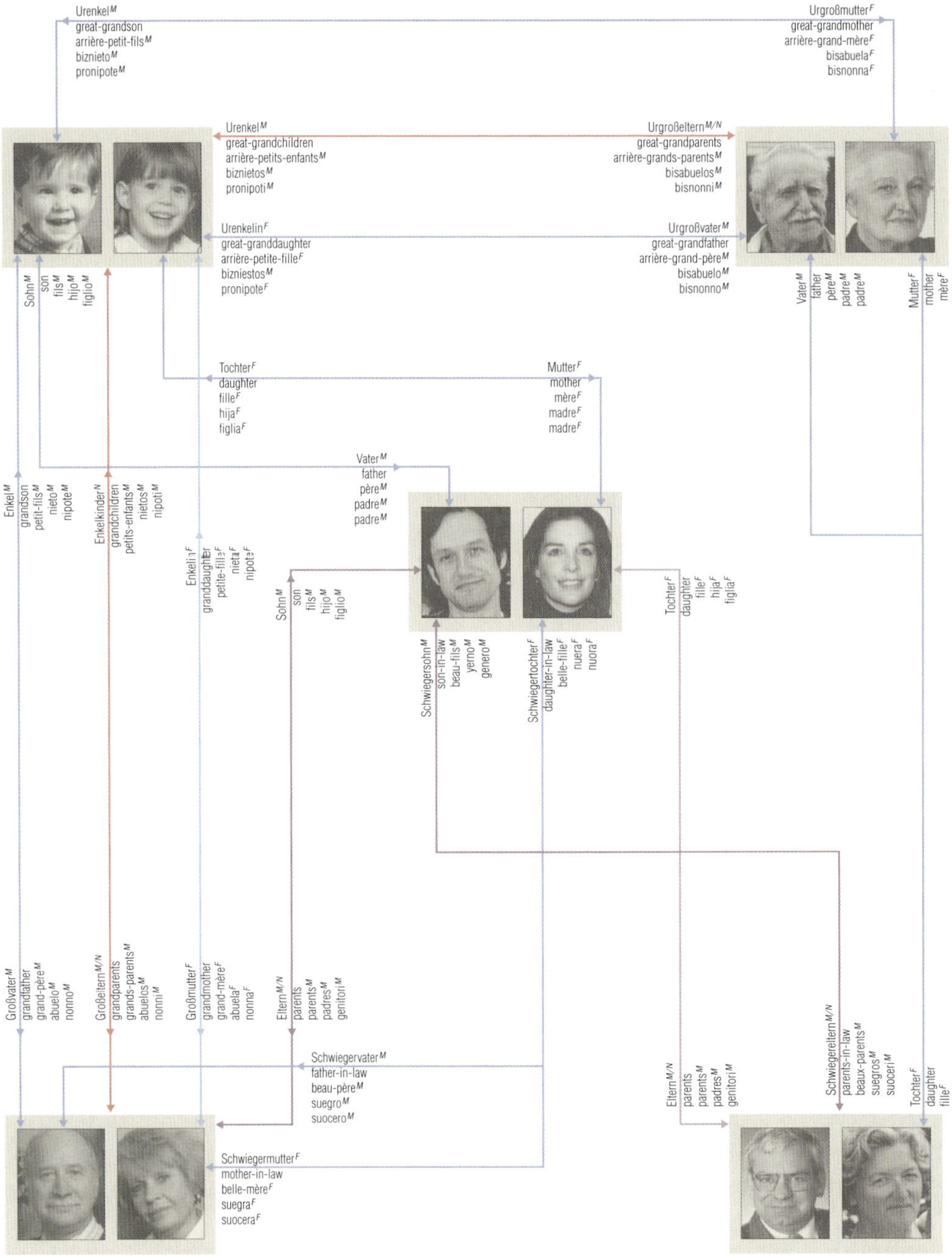

GESELLSCHAFT

Verwandtschaftsbeziehungen[F]

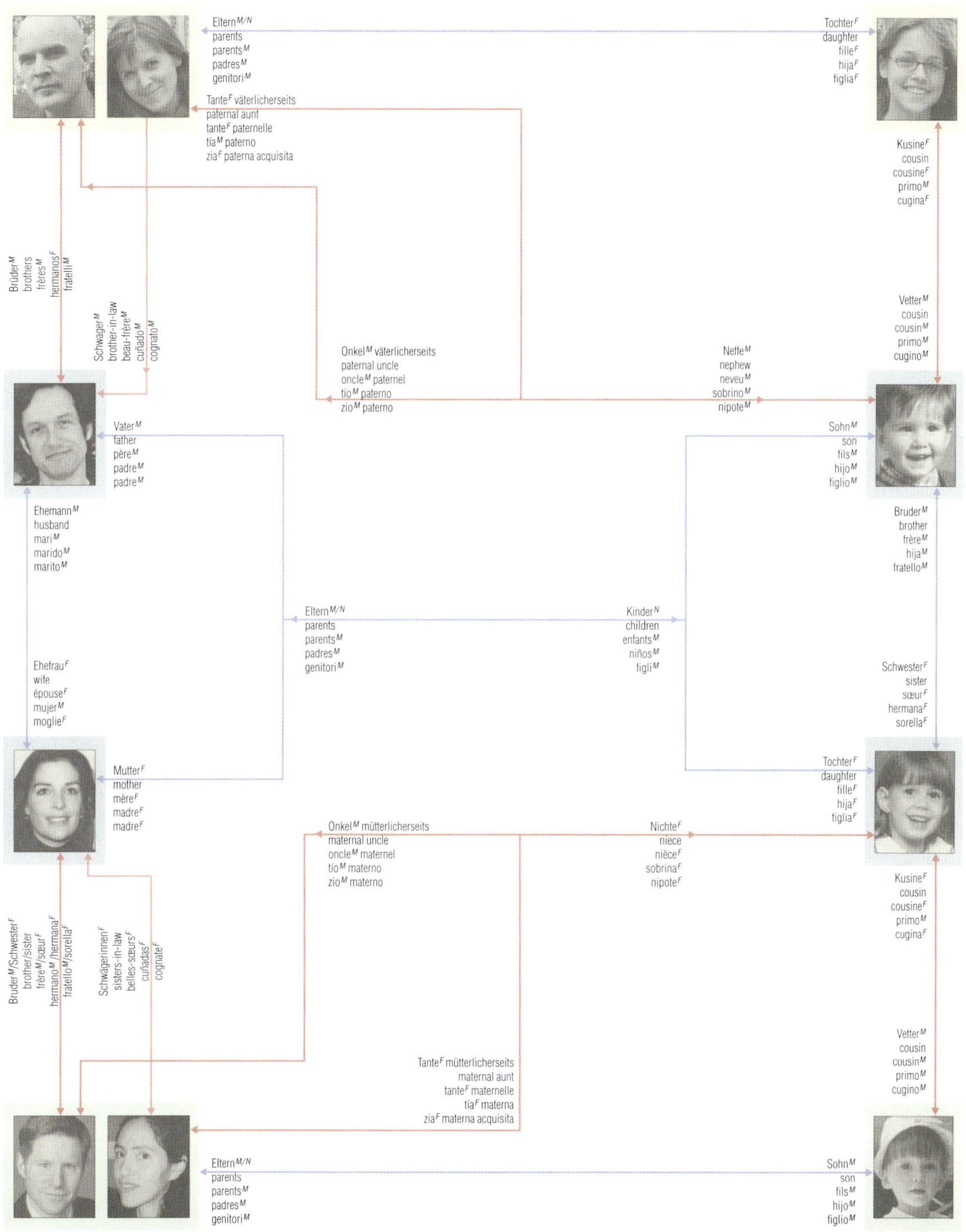

788 Sporteinrichtungen

788 Sportanlagen
789 Anzeigetafel
789 Wettkampf

790 Leichtathletik

790 Stadion
792 Sprungwettbewerbe
793 Wurfgeräte

794 Ballsportarten

794 Baseball
797 Softball
798 Cricket
800 Hockey
802 Fußball
804 Rugby
806 American Football
809 kanadischer Football
809 Korbball
810 Basketballspiel
812 Volleyballspiel
814 Handball

815 Spiele mit Schlägern

815 Tischtennis
816 Badminton
818 Racquetballspiel
819 Squash
820 Tennis

823 Kunstturnen

823 rhythmische Sportgymnastik
823 Trampolin
824 Geräteturnen

827 Wassersport

827 Wasserballspiel
828 Kunstspringen
830 Schwimmen
833 Segelsport
836 Surfbrett
837 Kanu-Kajak: Wildwasser
838 Rudern und Skullen
838 Kanu-Kajak: Flachwasserrennen
840 Wasserski
840 Surfen
841 Tauchen

842 Kampfsportarten

842 Boxen
843 Ringen
844 Judo
845 Karate
846 Kung-Fu
846 Jujutsu
846 Aikido
847 Kendo
847 Sumo
848 Fechtsport

850 Kraftsport

850 Gewichtheben
850 Fitnessgeräte

852 Reitsport

852 Springreiten
854 Reiten
855 Dressurreiten
856 Pferderennen: Galopprennen
857 Pferderennen: Trabrennen
858 Polo

SPORT UND SPIELE

59 Präzisionssport

859 Bogenschießen
860 Wurftaubenschießen
861 Gewehrschießen
861 Pistolenschießen
862 Billard
864 Boule
864 Petanque
865 Bowling
866 Golfspiel

870 Radsport

870 Straßenradsport
870 Mountainbike
871 Bahnradsport
871 BMX

872 Motorsport

872 Autorennen
874 Motorradsport
876 Jetski
876 Schneemobil

77 Wintersport

877 Curling
878 Eishockey
881 Eiskunstlauf
882 Eisschnelllauf
884 Bobschlitten
884 Rennrodel
885 Skeleton
885 Bahn
886 Skigebiet
887 Snowboarden
888 alpines Skilaufen
890 Freestyle
891 Skispringen
891 Speedski
892 Skilanglauf
893 Biathlon
893 Schneeschuh

894 Rollsport

894 Skateboarding
895 Inlineskating

896 Luftsport

896 Fallschirmspringen
897 Gleitschirmfliegen
897 Drachenfliegen
898 Segelflugzeug
899 Freiballonsport

00 Klettersport

900 Sportklettern

902 Freizeit in der Natur

902 Camping
908 Knoten
909 Sportfischerei
912 Jagen

914 Spiele

914 Würfel und Dominosteine
914 Kartenspiele
915 Brettspiel
917 Puzzle
917 Mah-Jongg
918 Videospielsystem
918 Dartspiel
919 Roulettespieltisch
920 einarmiger Bandit
920 Tischfußball

Sportanlagen^{F}

sports complex | complexe^{M} sportif | polideportivo^{M} | complesso^{M} sportivo

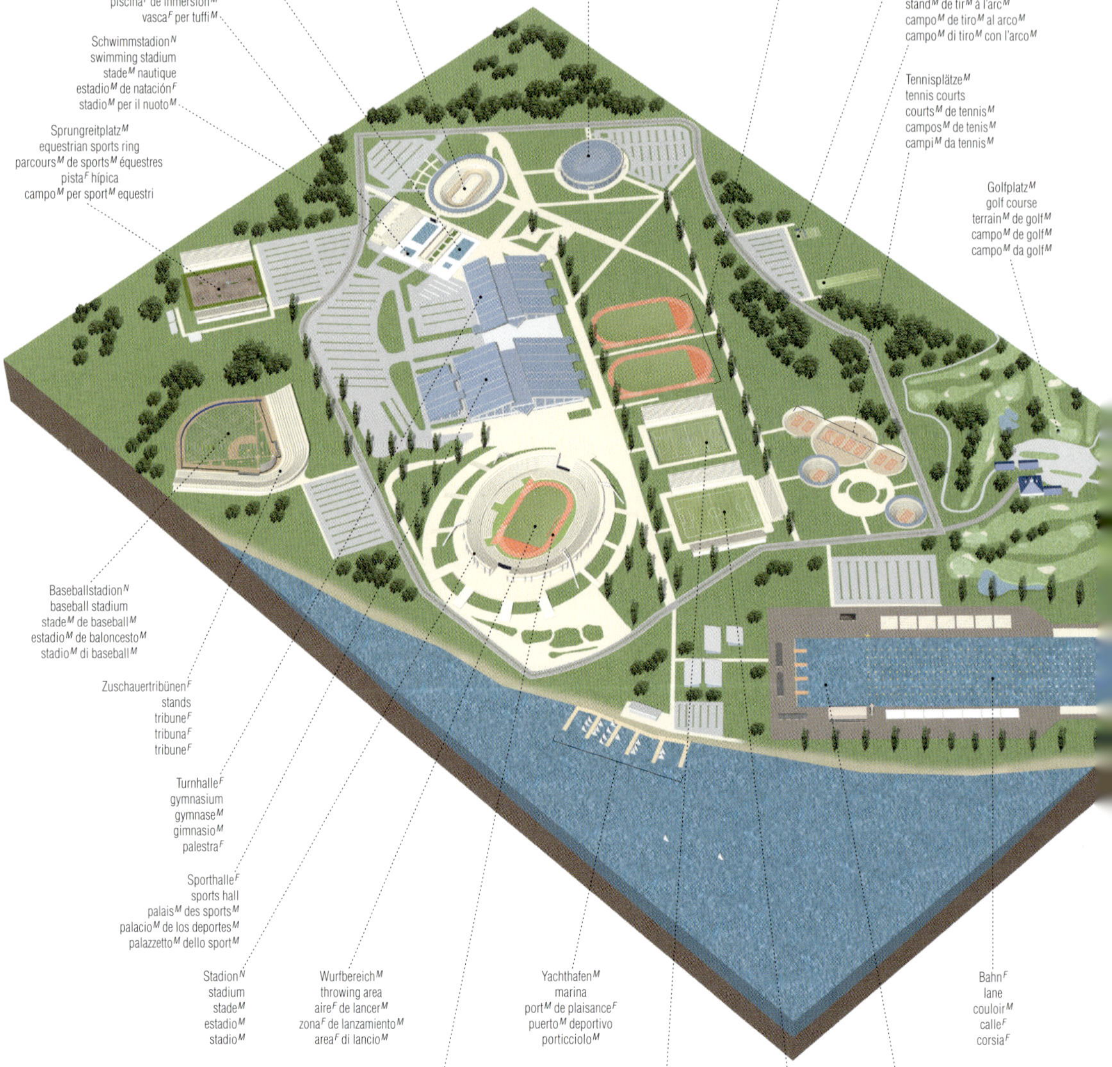

Anzeigetafel^{F}

scoreboard | tableau^{M} indicateur | marcador^{M} | tabellone^{M} segnapunti

Spielzeit^{F}
game clock
chronomètre^{M} de jeu^{M}
cronómetro^{M}
cronometro^{M}

Spielstand^{M}
score
score^{M}
tanteo^{M}
punteggio^{M}

Halbzeit^{F}
period
période^{F}
tiempo^{M}
tempo^{M}

Fouls^{N}/Strafen^{F}
fouls/penalties
fautes^{F}/pénalités^{F}
faltas^{F}/penalizaciones^{F}
falli^{M}/penalità^{F}

Wiederholungsbildschirm^{M}
video replay
reprise^{F} vidéo
reproductor de video^{M}
replay^{M}

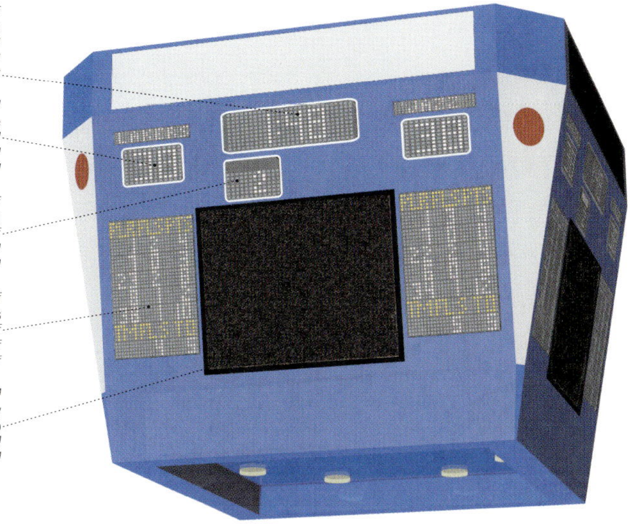

Wettkampf^{M}

competition | compétition^{F} | competición^{F} | competizione^{F}

K.O.-System^{N}
draw
tableau^{M} de tournoi^{M}
empate^{M}
elenco^{M} dei concorrenti^{M}

Erste Runde^{F}: 128 Spieler^{M}
first round: 128 players
1er tour^{M} : 128 joueurs^{M}
primera vuelta^{M} : 128 jugadores^{M}
primo turno^{M}: 128 concorrenti^{M}

Dritte Runde^{F}: 32 Spieler^{M}
third round: 32 players
3^{e} tour^{M} : 32 joueurs^{M}
tercera vuelta^{F} : 32 jugadores
terzo turno^{M}: 32 concorrenti^{M}

Viertelfinale^{N}: 8 Spieler^{M}
quarter final: 8 players
quart^{M} de finale^{F} : 8 joueurs^{M}
cuartos de final^{F} : 8 jugadores^{M}
quarti^{M} di finale^{F}: 8 concorrenti^{M}

Finale^{N}: 2 Spieler^{M}
final: 2 players
finale^{F} : 2 joueurs^{M}
final^{F} : 2 jugadores^{M}
finale^{F}: 2 concorrenti^{M}

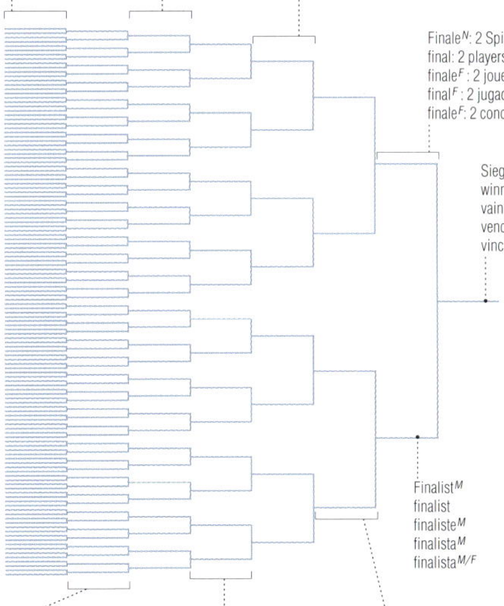

Sieger^{M}
winner
vainqueur^{M}
vencedor^{M}
vincitore^{M}

Finalist^{M}
finalist
finaliste^{M}
finalista^{M}
finalista$^{M/F}$

Zweite Runde^{F}: 64 Spieler^{M}
second round: 64 players
2e tour^{M} : 64 joueurs^{M}
segunda vuelta^{M} : 64 jugadores^{M}
secondo turno^{M}: 64 concorrenti^{M}

Achtelfinale^{N}: 16 Spieler^{M}
fourth round: 16 players
huitième^{M} de finale^{F} : 16 joueurs^{M}
cuarta vuelta^{F} : 16 jugadores
quarto turno^{M}: 16 concorrenti^{M}

Halbfinale^{N}: 4 Spieler^{M}
semi-final: 4 players
demi-finale^{F} : 4 joueurs^{M}
semifinal^{F} : 4 jugadores^{M}
semifinale^{F}: 4 concorrenti^{M}

Stadion^{N}

arena | stade^{M} | estadio^{M} | stadio^{M}

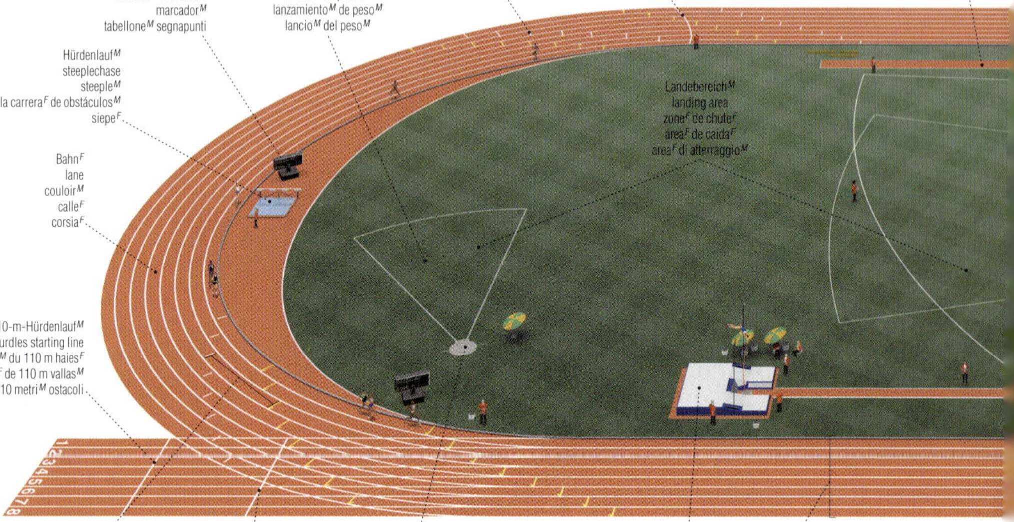

Geräte^{N}
equipment
équipement^{M}
equipamiento^{M}
attrezzatura^{F}

Startpistole^{F}
starting pistol
pistolet^{M} de départ^{M}
pistola^{F} de salida^{F}
pistola^{F} dello starter^{M}

Staffelstab^{M}
baton
témoin^{M}
testigo^{M}
testimone^{M}

Hürde^{F}
hurdle
haie^{F}
valla^{F}
ostacolo^{M}

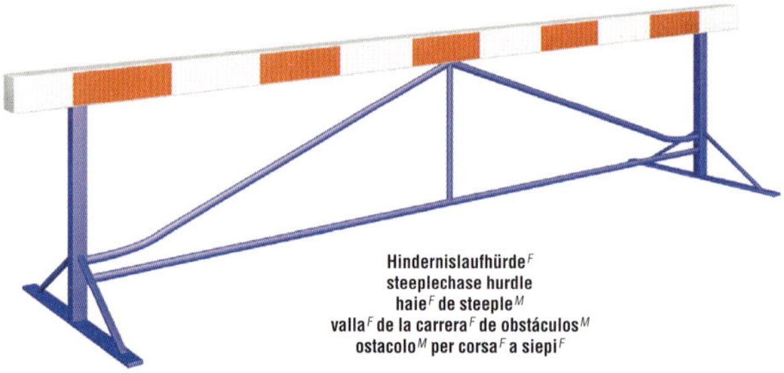

Hindernislaufhürde^{F}
steeplechase hurdle
haie^{F} de steeple^{M}
valla^{F} de la carrera^{F} de obstáculos^{M}
ostacolo^{M} per corsa^{F} a siepi^{F}

SPORT UND SPIELE

Stadion^{N}

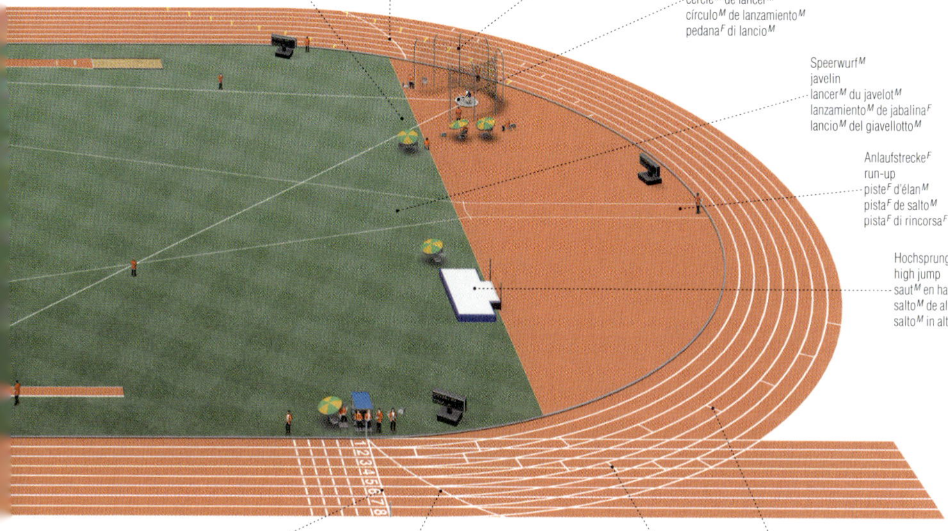

Athletin^{F}: Startblock^{M}
athlete: starting block
athlète^{F} : bloc^{M} de départ^{M}
atleta^{M} : taco^{M} de salida^{F}
atleta$^{M/F}$: blocco^{M} di partenza^{F}

SPORT UND SPIELE

Sprungwettbewerbe^M

jumps | sauts^M | saltos^M | salti^M

Hochsprung^M
high jump
saut^M en hauteur^F
salto^M de altura^F
salto^M in alto

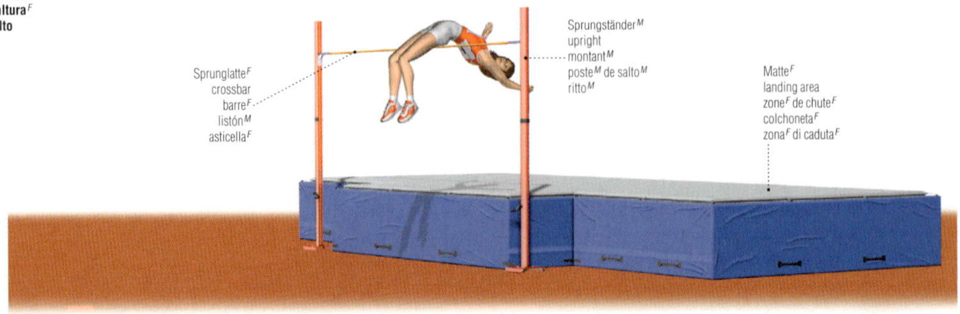

Stabhochsprung^M
pole vault
saut^M à la perche^F
salto^M de pértiga^F
salto^M con l'asta^F

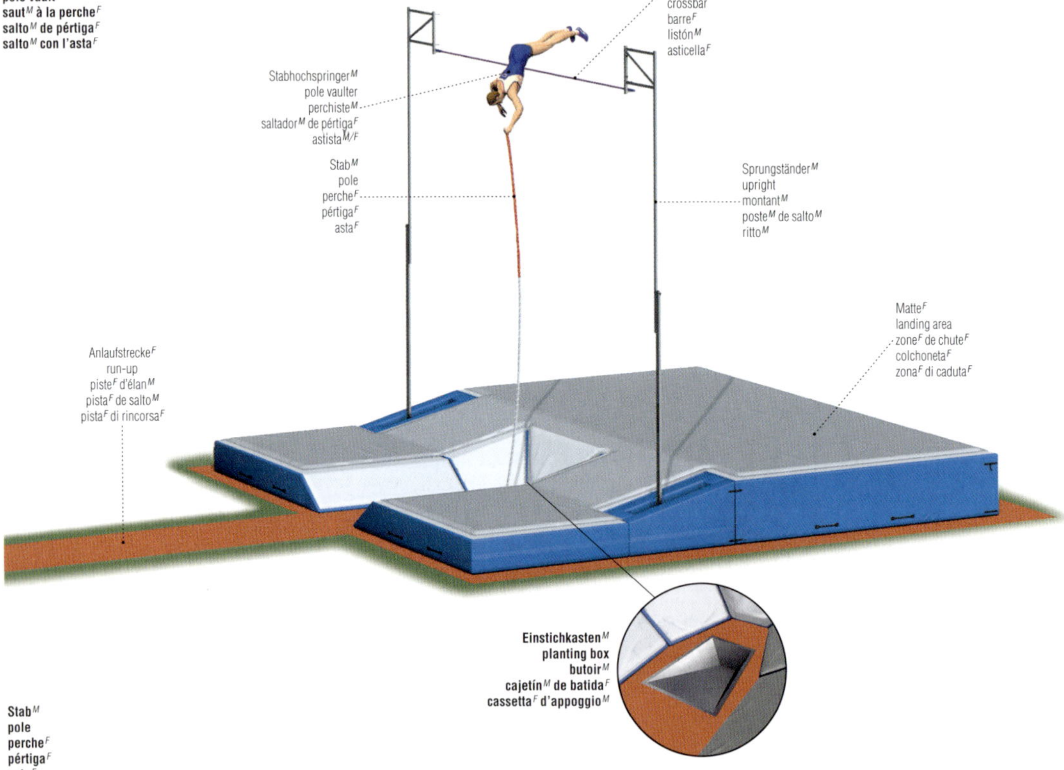

Stab^M
pole
perche^F
pértiga^F
asta^F

SPORT UND SPIELE

Sprungwettbewerbe^{M}

Weit- und Dreisprung^{M}
long jump and triple jump
saut^{M} en longueur^{F} et triple saut^{M}
salto^{M} de longitud^{F} y triple salto^{M}
salto^{M} in lungo e salto^{M} triplo

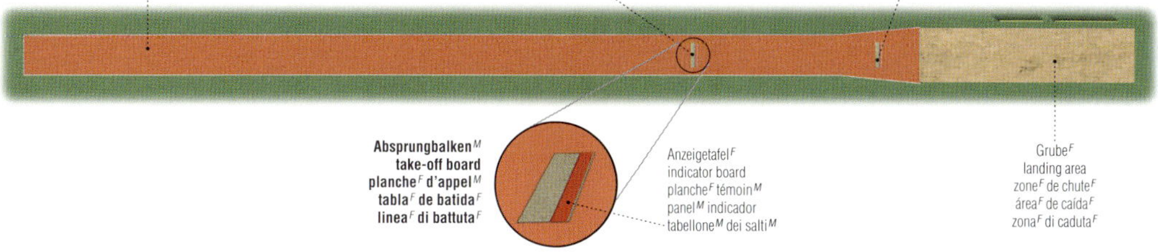

Wurfgeräte^{N}

throwing apparatus | lancers^{M} | lanzamientos^{M} | attrezzi^{M} di lancio^{M}

Speer^{M}
javelin
javelot^{M}
jabalina^{F}
giavellotto^{M}

Hammer^{M}
hammer
marteau^{M}
martillo^{M}
martello^{M}

Kugel^{F}
shot
poids^{M}
peso^{M}
peso

Diskus^{M}
discus
disque^{M}
disco^{M}
disco^{M}

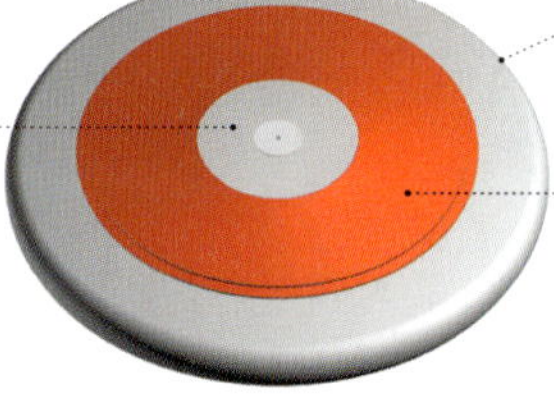

Baseball[M]

baseball | baseball[M] | béisbol[M] | baseball[M]

Spielerpositionen[F]
player positions
position[F] des joueurs[M]
posición[F] de los jugadores[M]
posizioni[F] dei giocatori[M]

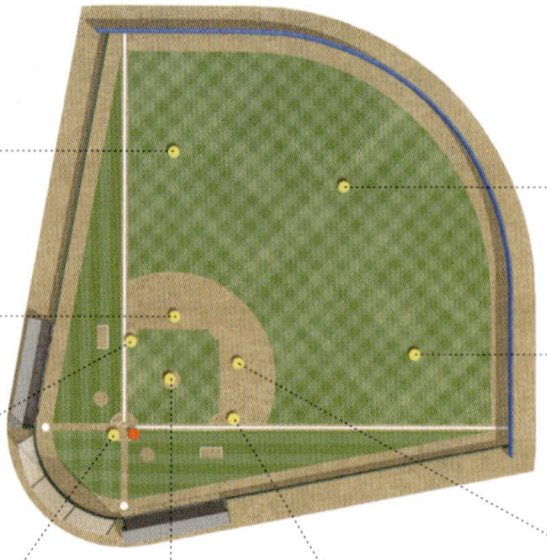

Spielfeld[N]
field
terrain[M]
campo[M]
campo[M]

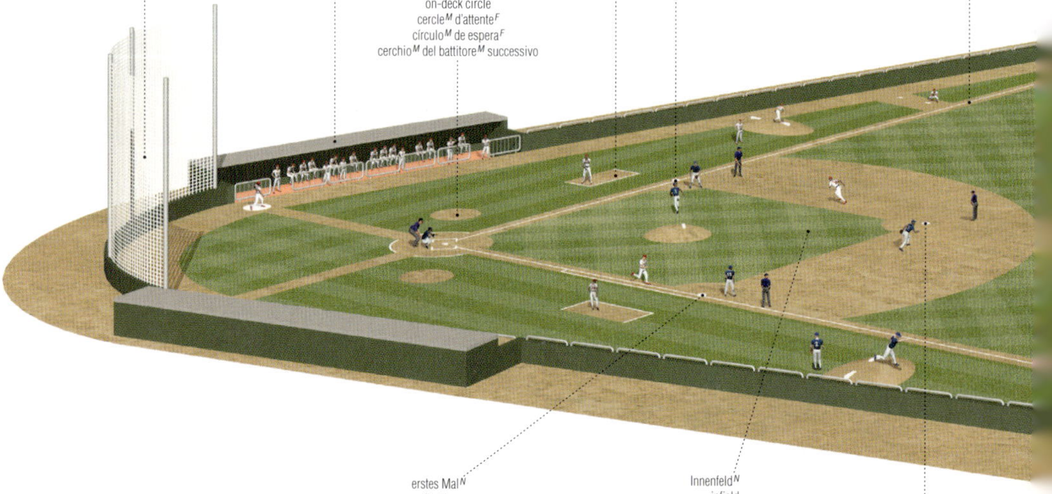

SPORT UND SPIELE

Baseball^{M}

Wurf^{M}
pitch
lancer^{M}
lanzamiento^{M}
lancio^{M}

Hauptschiedsrichter^{M}
home-plate umpire
arbitre^{M} en chef^{M}
árbitro^{M} de base^{F} meta^{F}
arbitro^{M} capo

Schlagmann^{M}
batter
frappeur^{M}
bateador^{M}
battitore^{M}

Werfer^{M}
pitcher
lanceur^{M}
lanzador^{M}
lanciatore^{M}

Fänger^{M}
catcher
receveur^{M}
receptor^{M}
ricevitore^{M}

Schlagmal^{N}
home plate
marbre^{M}
base^{F} meta^{F}
piatto^{M} della casa-base

Wurfhügel^{M}
pitcher's mound
monticule^{M}
base^{F} de lanzamiento^{M}
monte^{M} di lancio^{M}

Wurfmal^{N}
pitcher's plate
plaque^{F} du lanceur^{M}
plataforma^{F} de lanzamiento^{M}
piatto^{M} del lanciatore^{M}

Outfieldzaun^{M}
outfield fence
clôture^{F} du champ^{M} extérieur
vallado^{M} del campo^{M}
recinzione^{F}

linkes Feld^{N}
left field
champ^{M} gauche
exterior^{M} izquierdo
esterno^{M} sinistro (posizione^{F})

Mittelfeld^{N}
centre field
champ^{M} centre^{M}
exterior^{M}
esterno^{M} centro (posizione^{F})

rechtes Feld^{N}
right field
champ^{M} droit
exterior^{M} derecho
esterno^{M} destro (posizione^{F})

Foullinienpfosten^{M}
foul line post
poteau^{M} de ligne^{F} de jeu^{M}
poste^{M} de foul^{M}
palo^{M} della linea^{F} di fuoricampo^{M}

Zuschauergrenze^{F}
warning track
piste^{F} d'avertissement^{M}
zona^{F} de atención^{F}
limite^{M} del campo^{M}

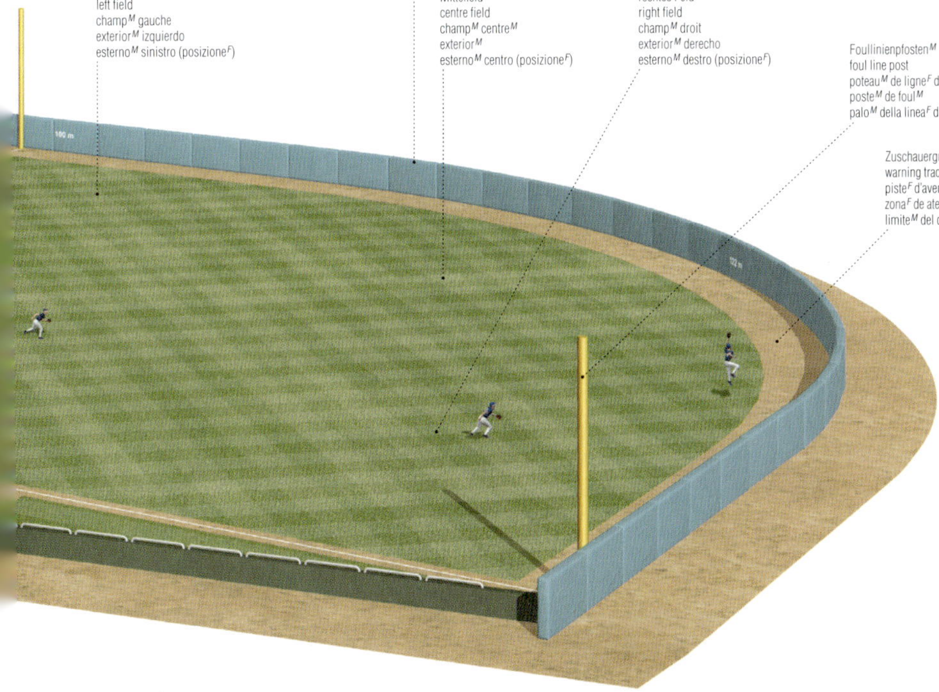

Baseball^{M}

Baseball^{M}
baseball
balle^{F} de baseball^{M}
béisbol^{M}
palla^{F}

Fänger^{M}
catcher
receveur^{M}
receptor^{M}
ricevitore^{M}

Maske^{F}
mask
masque^{M}
máscara^{F}
maschera^{F}

Halsschutz^{M}
throat protector
protège-gorge^{M}
protector^{M} de la garganta^{F}
paragola^{M}

Visiergestell^{N}
frame
grille^{F}
armazón^{M} de la máscara^{F}
griglia^{F} per casco^{M}

Brustschutz^{M}
chest protector
plastron^{M}
peto^{M}
pettorina^{F} di protezione^{F}

Fanghandschuh^{M}
catcher's glove
gant^{M} de receveur^{M}
guante^{M} del receptor^{M}
guanto^{M}

Zehenschützer^{M}
toe guard
protège-orteils^{M}
protector^{M} del pie^{M}
parapunta^{M}

Beinschutz^{M}
leg guard
jambière^{F}
espinillera^{F}
schiniere^{M}

Knieschützer^{M}
knee pad
genouillère^{F}
rodillera^{F}
ginocchiera^{F}

Schlagmann^{M}
batter
frappeur^{M}
bateador^{M}
battitore^{M}

Schläger^{M}
bat
bâton^{M}
bate^{M}
mazza^{F}

Helm^{M}
batter's helmet
casque^{M} de frappeur^{M}
casco^{M} del bateador^{M}
casco^{M}

Mannschaftstrikot^{N}
team shirt
maillot^{M} d'équipe^{F}
camiseta^{F}
maglia^{F} della squadra^{F}

Unterhemd^{N}
undershirt
maillot^{M} de corps^{M}
camiseta^{F} interior
prima maglia^{F}

Schlaghandschuh^{M}
batting glove
gant^{M} de frappeur^{M}
guante^{M} de bateo^{M}
guanto^{M}

Hose^{F}
trousers
pantalon^{M}
pantalón^{M}
pantaloni^{M}

Stutzen^{M}
stirrup sock
chaussette^{F}-étrier^{M}
calcetín^{M} con tirante^{M}
calza^{F} con reggicalze^{M}

Stollenschuh^{M}
spiked shoe
chaussure^{F} à crampons^{M}
zapatilla^{F} con tacos^{M}
scarpa^{F} con tacchetti^{M}

Knöchelschutz^{M}
ankle guard
protège-cheville^{M}
tobillera^{F}
parastinchi^{M}

SPORT UND SPIELE

Baseball^{M}

Schläger^{M}
bat
bâton^{M}
bate^{M}
mazza^{F}

Baseball^{M} im Querschnitt^{M}
cross section of a baseball
coupe^{F} de la balle^{F}
corte^{M} de la pelota^{F} de softball^{M}
sezione^{F} di una palla^{F}

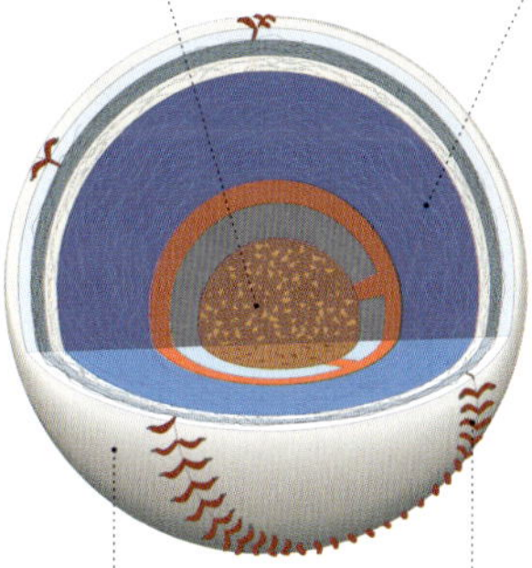

Handschuh^{M}
fielder's glove
gant^{M}
guante^{M} de recogida^{F}
guanto^{M} del difensore^{M}

Softball^{M}

softball | softball^{M} | softball^{M} | softball^{M}

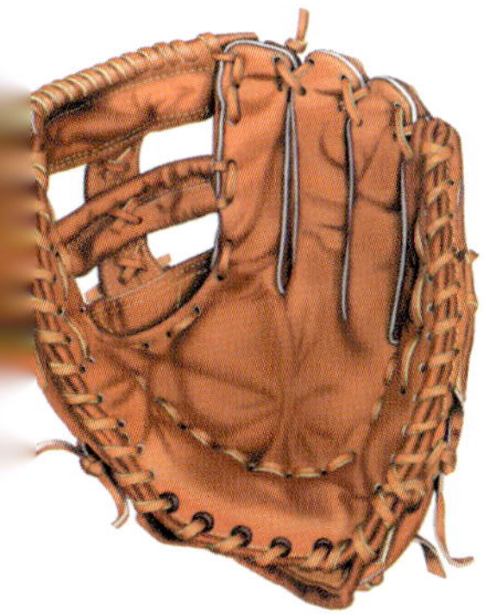

Softballhandschuh^{M}
softball glove
gant^{M} de softball^{M}
guante^{M} de softball^{M}
guanto^{M}

Softball^{M}
softball
balle^{F} de softball^{M}
pelota de softball^{M}
palla^{F}

Softballschläger^{M}
softball bat
bâton^{M} de softball^{M}
bate^{M} de softball^{M}
mazza^{F}

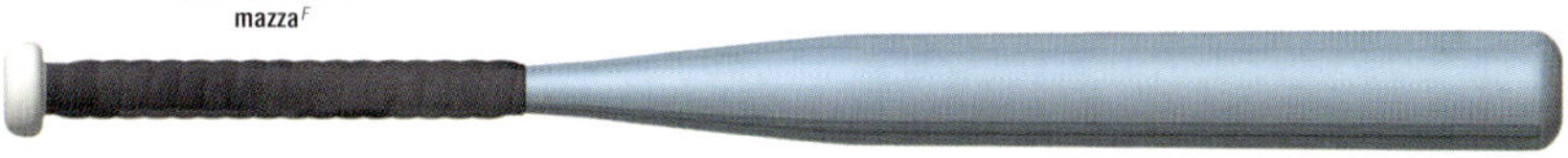

Cricket^{N}

cricket | cricket^{M} | cricket^{M} | cricket^{M}

Cricketspieler^{M}: Schlagmann^{M}
cricket player: batsman
joueur^{M} de cricket^{M} : batteur^{M}
jugador^{M} de críquet^{M} : bateador^{M}
giocatore^{M}: battitore^{M}

Cricketball^{M}
cricket ball
balle^{F} de cricket^{M}
pelota^{F} de cricket^{M}
palla^{F}

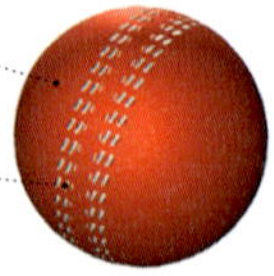

Schlagholz^{N}
bat
batte^{F}
bate^{M}
mazza^{F}

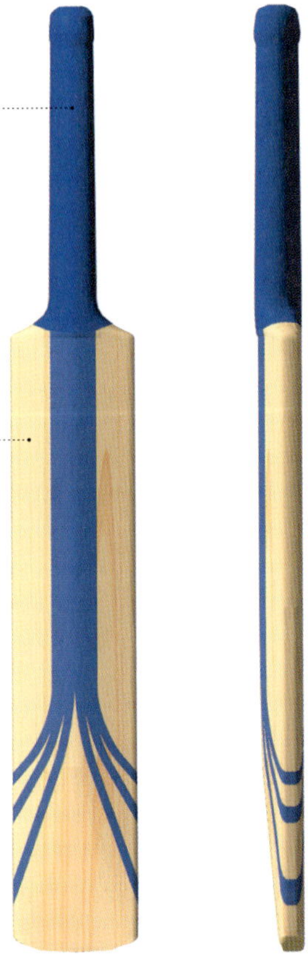

Vorderansicht^{F}
front view
vue^{F} de face^{F}
vista^{F} frontal
vista^{F} frontale

Seitenansicht^{F}
side view
vue^{F} de profil^{M}
vista^{F} lateral
vista^{F} laterale

Cricket^{N}

Feld^{N}
field
terrain^{M}
campo^{M}
campo^{M}

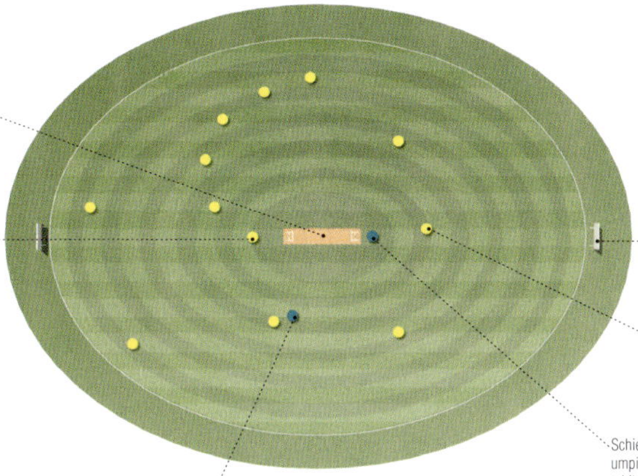

Mal^{N}
wicket
guichet^{M}
puerta^{F}
porta^{F}

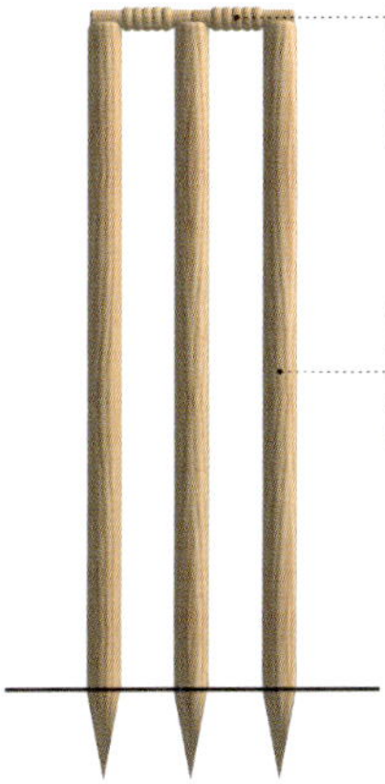

Spielfeld^{N}
pitch
livrée^{F}
terreno^{M} de juego^{M}
striscia^{F} di gioco^{M}

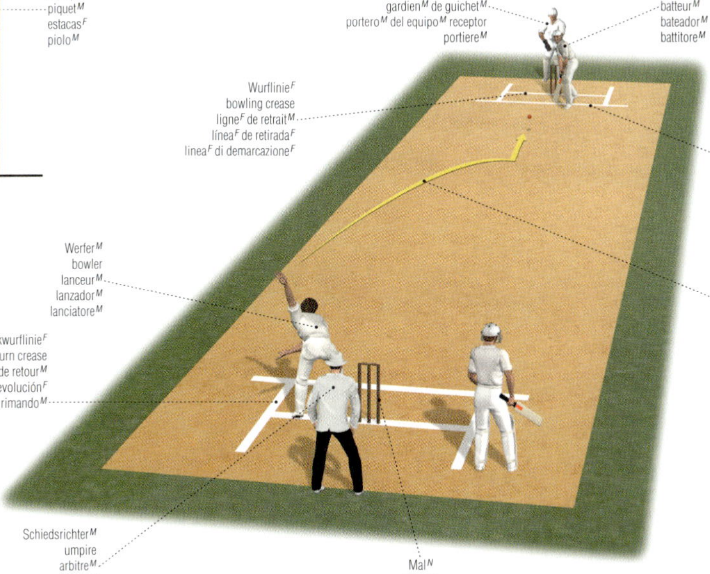

Hockey[N]

field hockey | hockey[M] sur gazon[M] | hockey[M] sobre hierba[F] | hockey[M] su prato[M]

Torhüter[M]
goalkeeper
gardien[M] de but[M]
portero[M]
portiere[M]

Schläger[M]
stick
crosse[F]
stick[M]
bastone[M]

Hockeyball[M]
hockey ball
balle[F] de hockey[M]
pelota[F] de hockey[M]
palla[F]

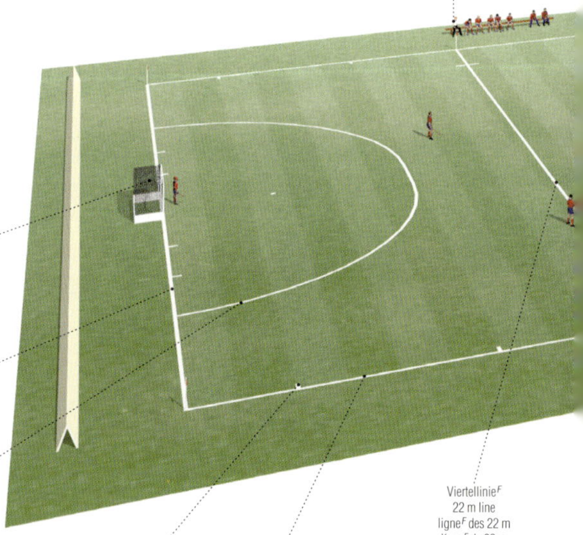

Hockey^{N}

Feldspieler^{M}
field player
hockeyeur^{M}
jugador^{M} de hockey^{M}
giocatore^{M}

Spielfeld^{N}
playing field
terrain^{M}
campo^{M} de juego^{M}
campo^{M}

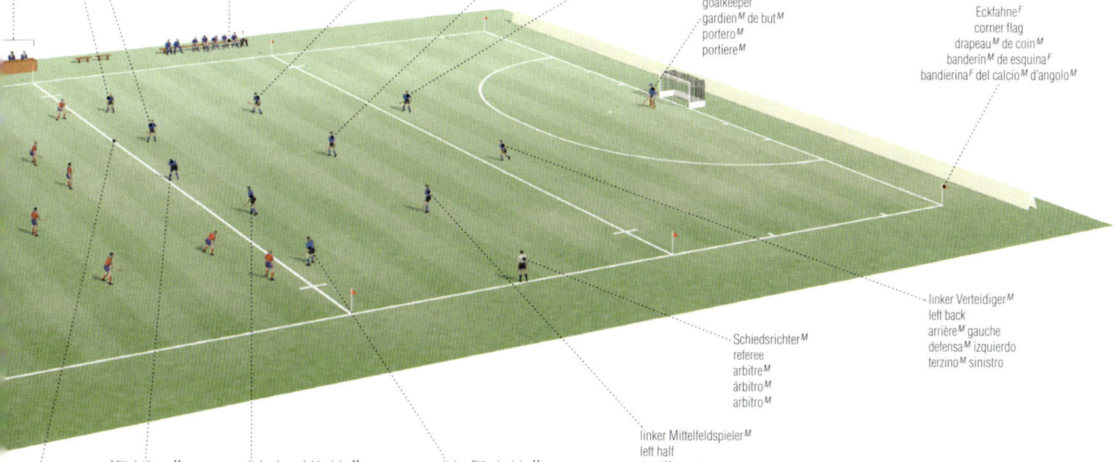

Fußball^{M}

association football | football^{M} | fútbol^{M} | calcio^{M}

Fußballspieler^{M}
footballer
footballeur^{M}
futbolista$^{M/F}$
calciatore^{M}

Torwarthandschuhe^{M}
goalkeeper's gloves
gants^{M} de gardien^{M} de but^{M}
guantes^{M} del portero^{M}
guanti^{M} del portiere^{M}

Fußballschuh^{M}
football boot
chaussure^{F} de football^{M}
bota^{F} de fútbol^{M}
scarpa^{F}

Spielfeld^{N}
playing field
terrain^{M}
campo^{M}
campo^{M} di gioco^{M}

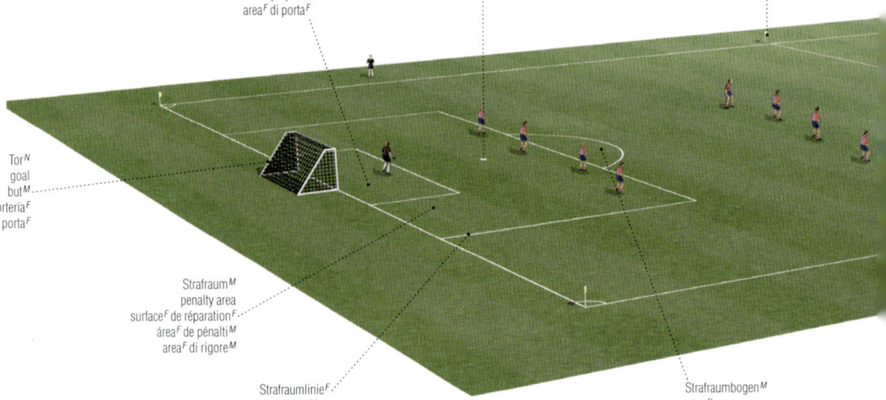

Spielerpositionen[F]
player positions
position[F] des joueurs[M]
posición[F] de los jugadores[M]
posizioni[F] dei giocatori[M]

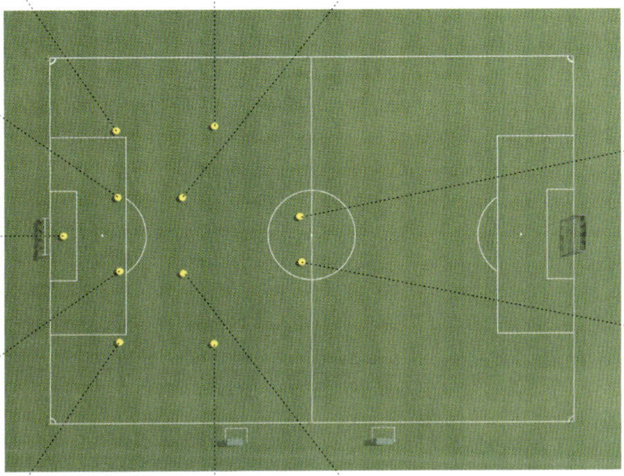

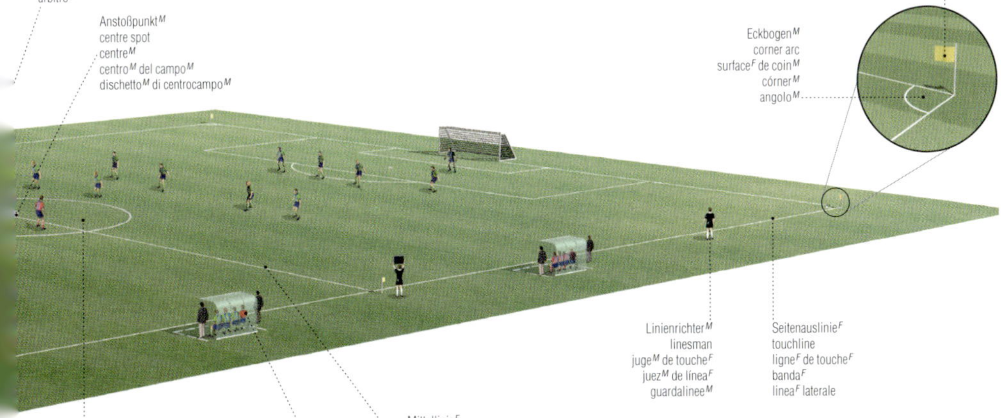

Rugby^N

rugby | rugby^M | rugby^M | rugby^M

Spielerpositionen^F
player positions
position^F des joueurs^M
posición^F de los jugadores^M
posizioni^F dei giocatori^M

linker Centre^M
left centre
centre^M gauche
centro^M izquierdo
trequarti^M centrosinistro

Fullback^M
full back
arrière^M
zaguero^M
estremo^M

rechter Centre^M
right centre
centre^M droit
centro^M derecho
trequarti^M centrodestro

Fly-Half^M
fly half
demi^M d'ouverture^F
medio^M de apertura
mediano^M di apertura^F

Left-Wing^M
left wing
ailier^M gauche
ala^F izquierda
seconda linea^F sinistra

Lock-Forward^M
lock forward
aile^F gauche
tercera línea^F derecha
terza linea^F sinistra

dritte Reihe^F
third row
troisième ligne^F
tercera línea^F
terza linea^F

zweite Reihe^F
second row
deuxième ligne^F
segunda línea^F
seconda linea^F

erste Reihe^F
first row
première ligne^F
primera línea^F
prima linea^F

Prop-Forward^M
prop forward
pilier^M gauche
pilar^M izquierdo
pilone^M sinistro

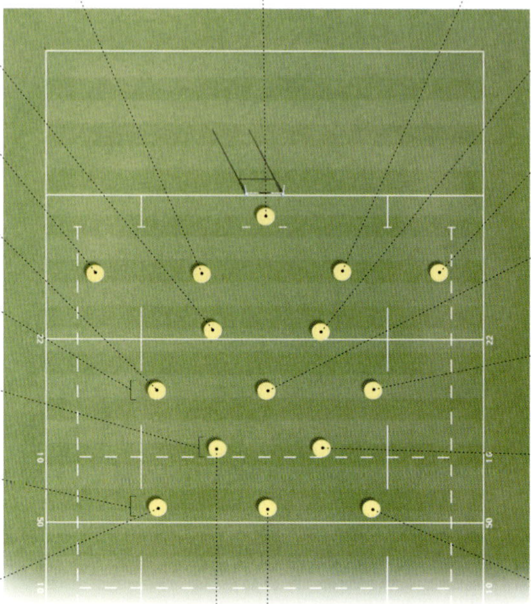

Gedrängehalbspieler^M
scrum half
demi^M de mêlée^F
medio de melé^M
mediano^M di mischia^F

Right-Wing^M
right wing
ailier^M droit
ala^F derecha
seconda linea^F destra

Nummer-8-Forward^M
no. 8 forward
centre^M
delantero^M número 8
n. 8 avanti^M

Lock-Forward^M
lock forward
aile^F droite
delantero^M
terza linea^F destra

Wing-Forward^M
wing forward
avant^M droit
tercer ala^M
trequarti^M ala^F destra

Prop-Forward^M
prop forward
pilier^M droit
pilar^M derecho
pilone^M destro

Wing-Forward^M
wing forward
avant^M gauche
tercer ala^M
trequarti^M ala^F sinistra

Hakler^M
hooker
talonneur^M
taloneador^M
tallonatore^M

Spielfeld^N
field
terrain^M
campo^M de juego^M
campo^M

10-m-Linie^F
10 m line
ligne^F des 10 m
línea^F de los 10 m
linea^F dei 10 metri^M

Fahne^F
flag
drapeau^M
bandera^F
bandierina^F

Torlinie^F
goal line
ligne^F de but^M
línea^F de gol^M
linea^F di meta^F

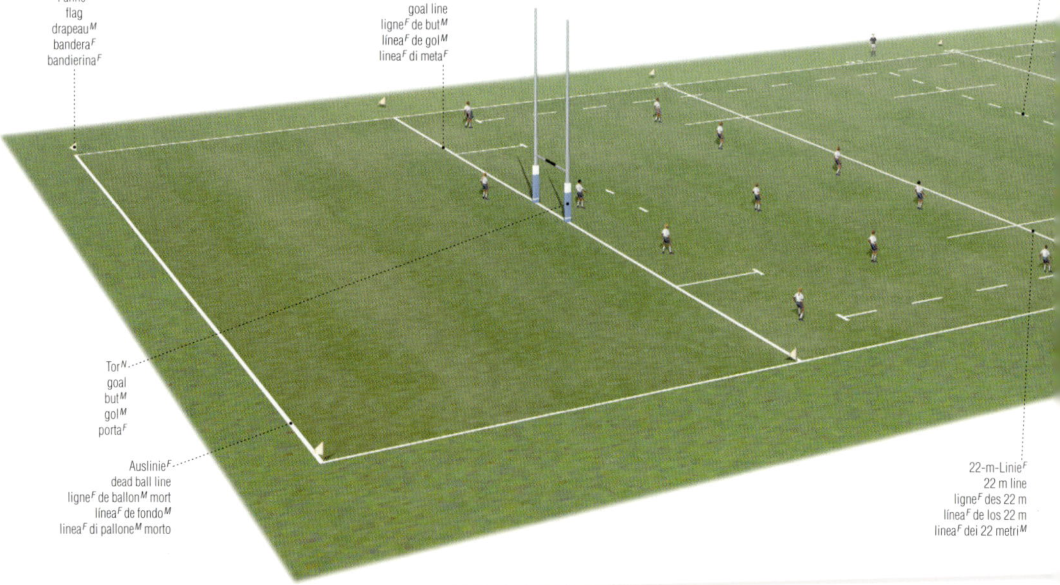

Tor^N
goal
but^M
gol^M
porta^F

Auslinie^F
dead ball line
ligne^F de ballon^M mort
línea^F de fondo^M
linea^F di pallone^M morto

22-m-Linie^F
22 m line
ligne^F des 22 m
línea^F de los 22 m
linea^F dei 22 metri^M

Rugby^{N}

Rugbyspieler^{M}
rugby player
rugbyman^{M}
jugador^{M} de rugby^{M}
giocatore^{M}

Rugbyball^{M}
rugby ball
ballon^{M} de rugby^{M}
balón^{M} de rugby^{M}
palla^{F} ovale

Trikot^{N}
jersey
maillot^{M}
camiseta^{F}
maglia^{F}

kurze Hose^{F}
shorts
short^{M}
pantalones^{M} cortos
pantaloncini^{M}

Stulpen^{F}
socks
chaussettes^{F} hautes
calcetines^{M} altos
calzettoni^{M}

Rugbyschuhe^{M}
rugby shoes
chaussure^{F} à crampons^{M}
botas^{F} de tacos^{M} de rugby^{M}
scarpa^{F}

Gedränge^{N}
ruck
mêlée^{F} spontanée
melé^{F} espontánea
mischia^{F} spontanea

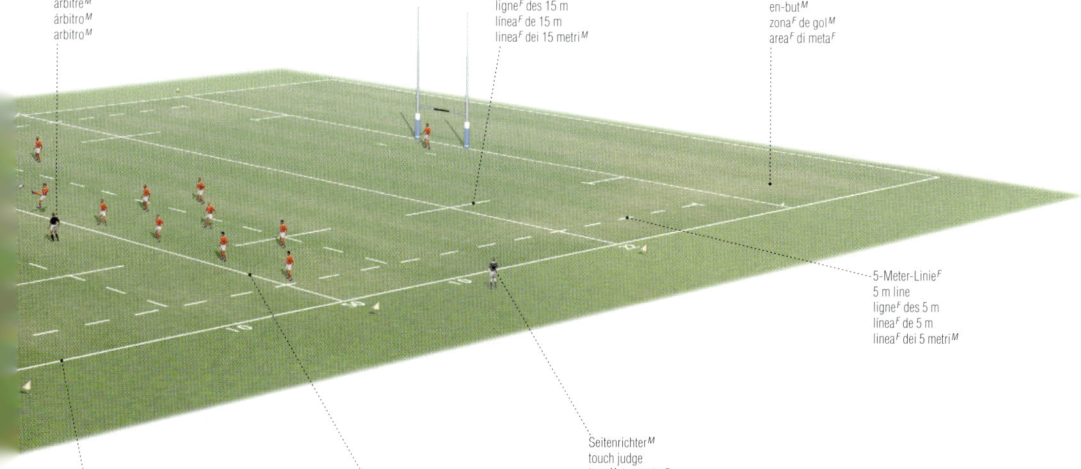

Schiedsrichter^{M}
referee
arbitre^{M}
árbitro^{M}
arbitro^{M}

15-m-Linie^{F}
15 m line
ligne^{F} des 15 m
línea^{F} de 15 m
linea^{F} dei 15 metri^{M}

Torbereich^{M}
in goal
en-but^{M}
zona^{F} de gol^{M}
area^{F} di meta^{F}

5-Meter-Linie^{F}
5 m line
ligne^{F} des 5 m
línea^{F} de 5 m
linea^{F} dei 5 metri^{M}

Seitenrichter^{M}
touch judge
juge^{M} de touche^{F}
juez^{M} de línea^{F}
giudice^{M} di linea^{F}

Seitenlinie^{F}
touchline
ligne^{F} de touche^{F}
línea^{F} de "touche"^{F}
linea^{F} di uscita^{F} laterale

Mittellinie^{F}
halfway line
ligne^{F} médiane
línea^{F} de medio campo^{M}
linea^{F} di metà^{F} campo^{M}

American Football^{M}

American football | football^{M} américain | fútbol^{M} americano | football^{M} americano

Gedränge^{N}: Verteidigung^{F}
scrimmage: defence
mêlée^{F} : défense^{F}
melé ^{M} : defensa^{F}
mischia^{F}: difesa^{F}

rechter Defensive End^{M}
right defensive end
ailier^{M} défensif droit
ala^{M} defensivo derecho
difensore^{M} ala^{F} destra

rechter Corner Back^{M}
right cornerback
demi^{M} de coin^{M} droit
esquinero^{M} derecho
terzino^{M} di destra

rechter Defensive Tackle^{M}
right defensive tackle
plaqueur^{M} droit
tackle^{M} defensivo derecho
placcatore^{M} destro

äußerer Linebacker^{M}
outside linebacker
secondeur^{M} extérieur droit
apoyador^{M} exterior
linebacker^{M} esterno

rechter Safety^{M}
right safety
demi^{M} de sûreté^{F} droit
safety^{M} débil
estremo^{M} di destra

linker Defensive Tackle^{M}
left defensive tackle
plaqueur^{M} gauche
tackle^{M} defensivo izquierdo
placcatore^{M} sinistro

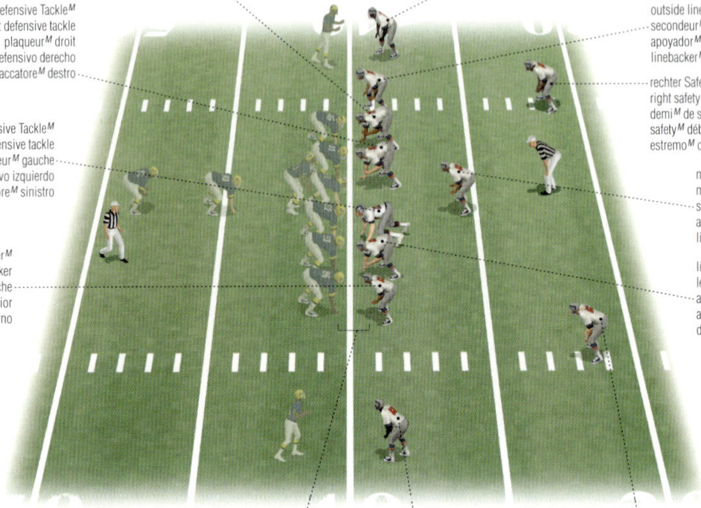

mittlerer Linebacker^{M}
middle linebacker
secondeur^{M} intérieur
apoyador^{M}
linebacker^{M} centrale

Middle Linebacker^{M}
inside linebacker
secondeur^{M} extérieur gauche
apoyador^{M} interior
linebacker^{M} interno

linker Defensive End^{M}
left defensive end
ailier^{M} défensif gauche
ala^{M} defensivo izquierdo
difensore^{M} ala^{F} sinistra

neutrale Zone^{F}
neutral zone
zone^{F} neutre
zona^{F} neutral
zona^{F} neutra

linker Corner Back^{M}
left cornerback
demi^{M} de coin^{M} gauche
esquinero^{M} izquierdo
terzino^{M} di sinistra

linker Safety^{M}
left safety
demi^{M} de sûreté^{F} gauche
safety^{M} fuerte
estremo^{M} di sinistra

Spielfeld^{N} für American Football^{N}
playing field for American football
terrain^{M} de football^{M} américain
campo^{M} de juego^{M} de fútbol^{M} americano
campo^{M}

Inbound-Linie^{F}
inbound line
trait^{M} de mise^{F} au jeu^{M}
línea^{F} límite^{M} de inicio^{M} de jugada^{F}
linea^{F} di messa^{F} in gioco^{M}

Torlinie^{F}
goal line
ligne^{F} de but^{M}
línea^{F} de gol^{M}
linea^{F} di meta^{F}

Mittellinie^{F}
centre line
ligne^{F} de centre^{M}
línea^{F} media
linea^{F} di centrocampo^{M}

Endzone^{F}
end zone
zone^{F} de but^{M}
zona^{F} de anotación^{F}
area^{F} di meta^{F}

Endlinie^{F}
end line
ligne^{F} de fond^{M}
línea^{F} de fondo^{M}
linea^{F} di fondo^{M}

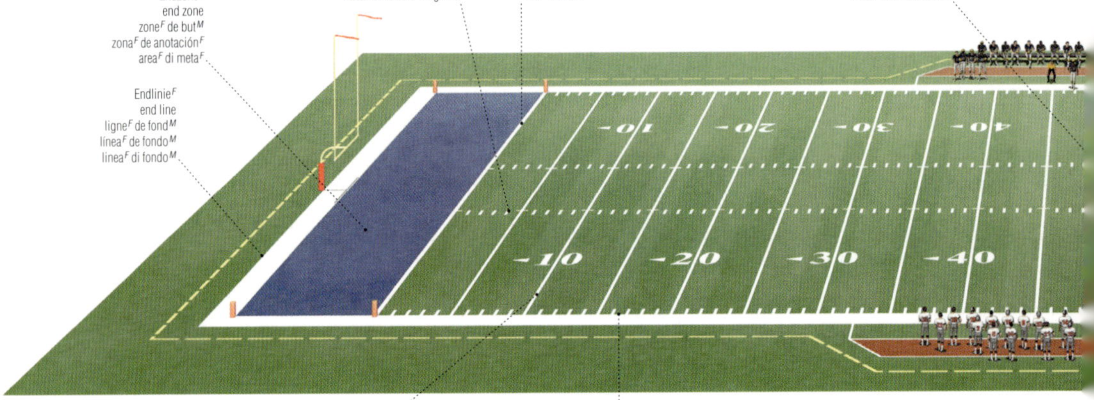

Yardlinie^{F}
yard line
ligne^{F} des verges^{F}
línea^{F} yardas^{F}
linea^{F} delle yards^{F}

Seitenlinie^{F}
sideline
ligne^{F} de touche^{F}
banda^{F}
linea^{F} laterale

SPORT UND SPIELE

American Football^{M}

Gedränge^{N}: Angriff^{M}
scrimmage: offence
mêlée^{F} : attaque^{F}
melé^{M} : ataque^{M}
mischia^{F}: attacco^{M}

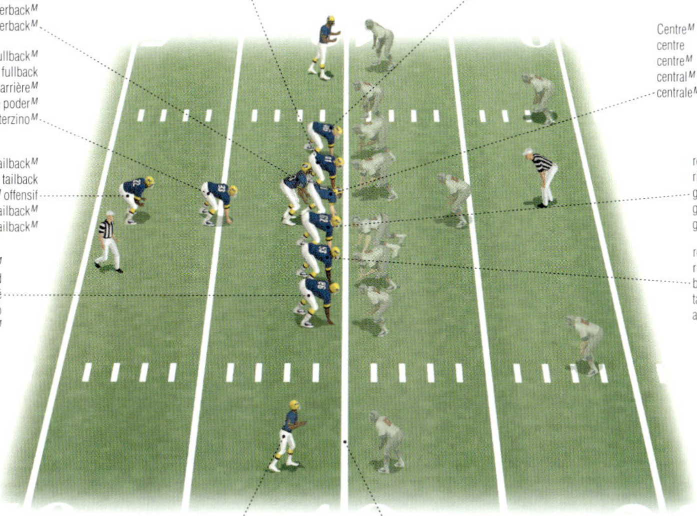

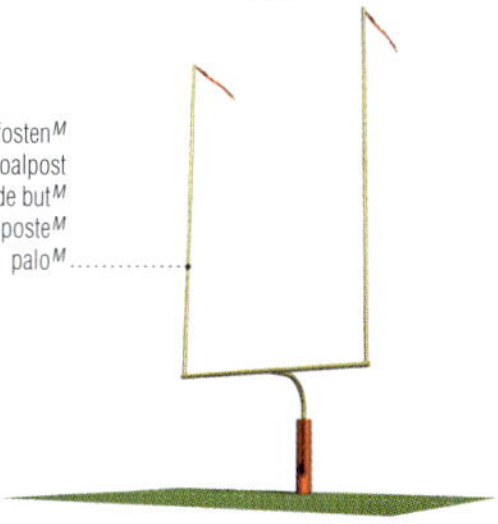

American Football^{M}

Footballspieler^{M}
American football player
footballeur^{M}
jugador^{M}
giocatore^{M}

Schutzausrüstung^{F}
protective equipment
équipement^{M} de protection^{F}
equipo^{M} de protección^{F}
equipaggiamento^{M} protettivo

Kieferschutz^{M}
tooth guard
protège-dents^{M}
protector^{M} dental
paradenti^{M}

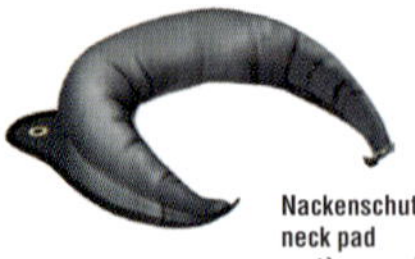

Nackenschutz^{M}
neck pad
protège-cou^{M}
protector^{M} de cuello^{M}
paracollo^{M}

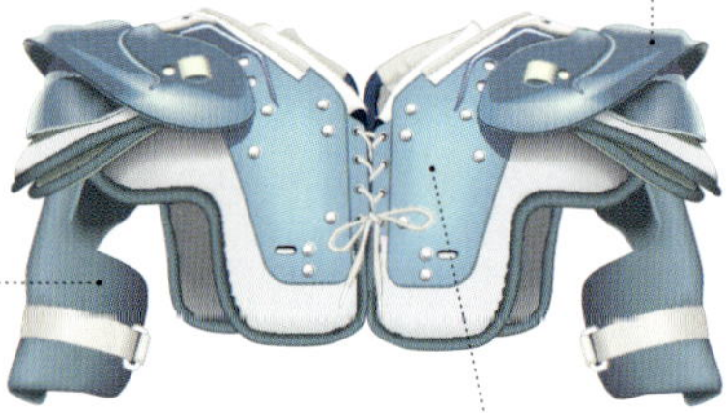

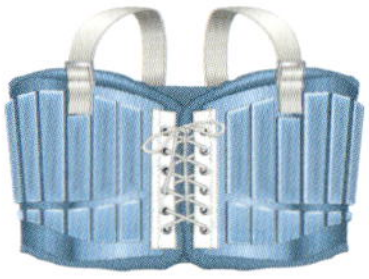

Rippenpolster^{N}
rib pad
protège-côtes^{M}
protector^{M} para las costillas^{F}
paracostole^{M}

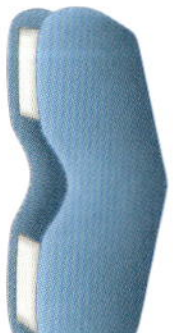

Ellbogenpolster^{N}
elbow pad
coudière^{F}
codera^{F}
paragomito^{M}

Football^{M}
football
ballon^{M} de football^{M}
balón^{M} de fútbol^{M} americano
palla^{F} ovale

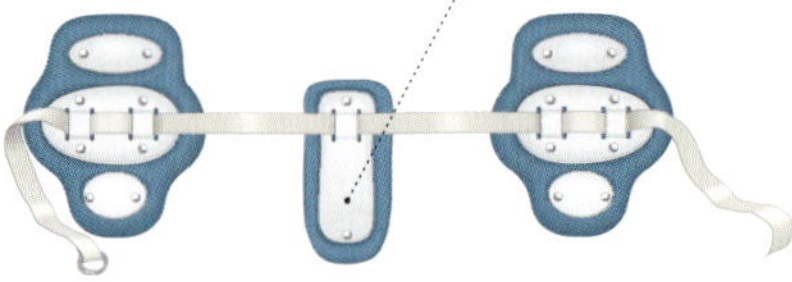

Hüftpolster^{N}
hip pad
protège-hanche^{M}
riñonera^{F}
parafianchi^{M}

Armschutz^{M}
forearm pad
protecteur^{M} d'avant-bras^{M}
protector^{M} de antebrazo^{M}
protezione^{F} per l'avambraccio^{M}

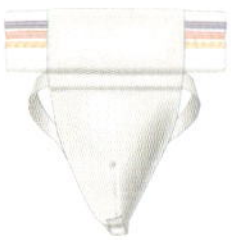

Suspensorium^{N}
protective cup
coquille^{F}
coquilla^{F}
conchiglia^{F} di protezione^{F}

SPORT UND SPIELE

kanadischer Football^M

Canadian football | football^M canadien | fútbol^M canadiense | football^M canadese

Spielfeld^N für kanadischen Football^M
playing field for Canadian football
terrain^M de football^M canadien
campo^M de juego^M de fútbol^M canadiense
campo^M

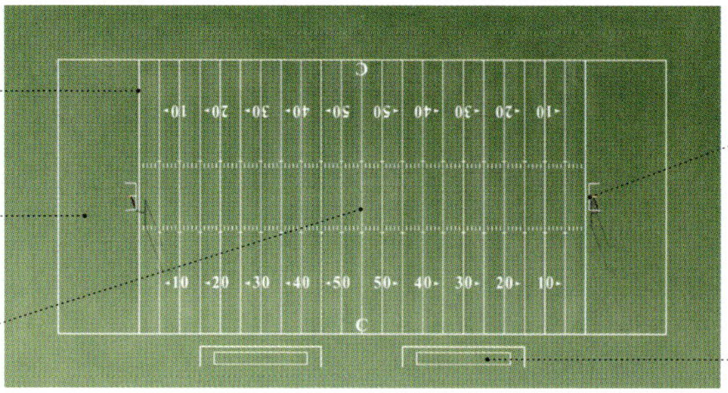

Korbball^M

netball | netball^M | netball^M | netball^M

Spielfeld^N
court
terrain^M
cancha^F
campo^M

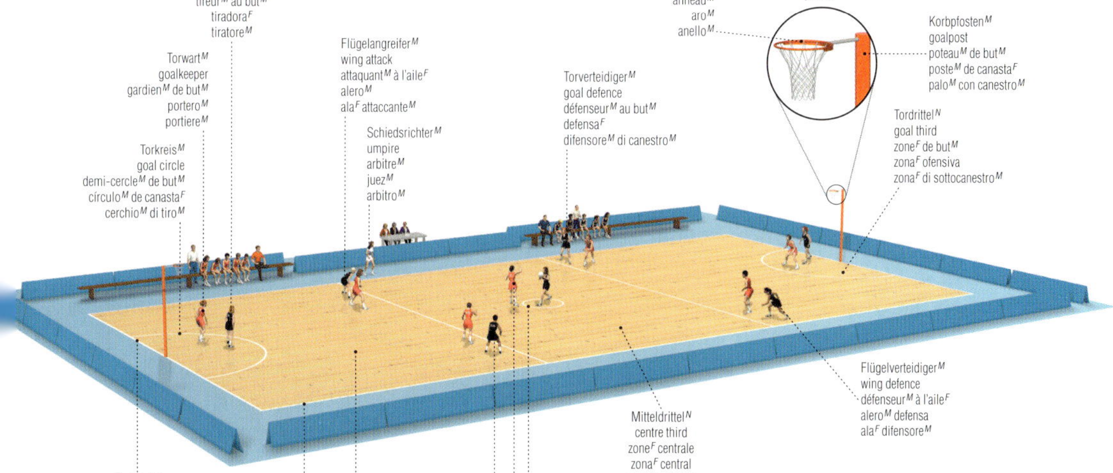

Korbball^M
netball
ballon^M de netball^M
balón^M
pallone^M

SPORT UND SPIELE

Basketballspiel^N

basketball | basketball^M | baloncesto^M | pallacanestro^F

Basketballspieler^M
basketball player
joueur^M de basketball^M
jugador^M de baloncesto^M
giocatore^M

Spielfeld^N
court
terrain^M
cancha^F
campo^M

Spielerpositionen^F
player positions
position^F des joueurs^M
posiciones^M de los jugadores^M
posizioni^F dei giocatori^M

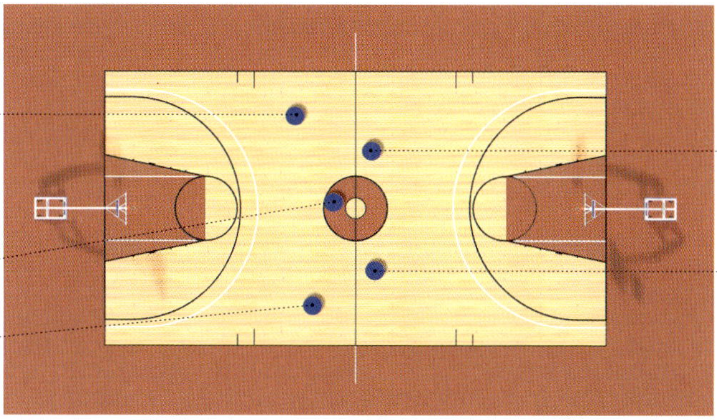

Korbanlage^F
backstop
but^M
canasta^F
canestro^M

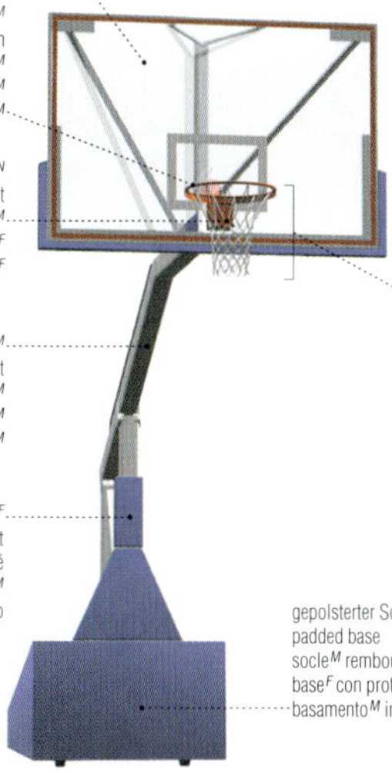

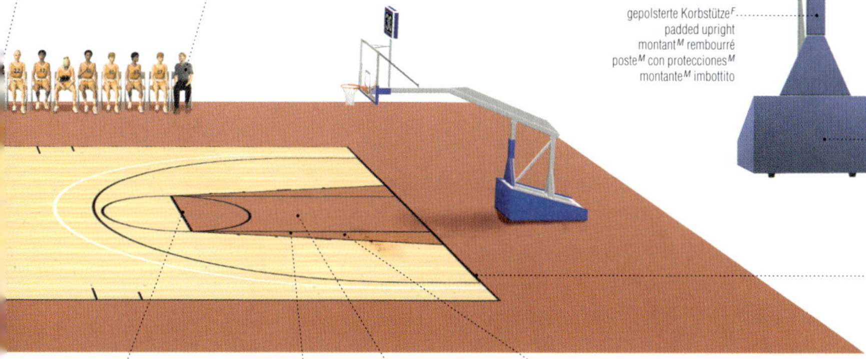

Volleyballspiel^{N}

volleyball | volleyball^{M} | voleibol^{M} | pallavolo^{F}

Spielfeld^{N}
court
terrain^{M}
cancha^{F}
campo^{M}

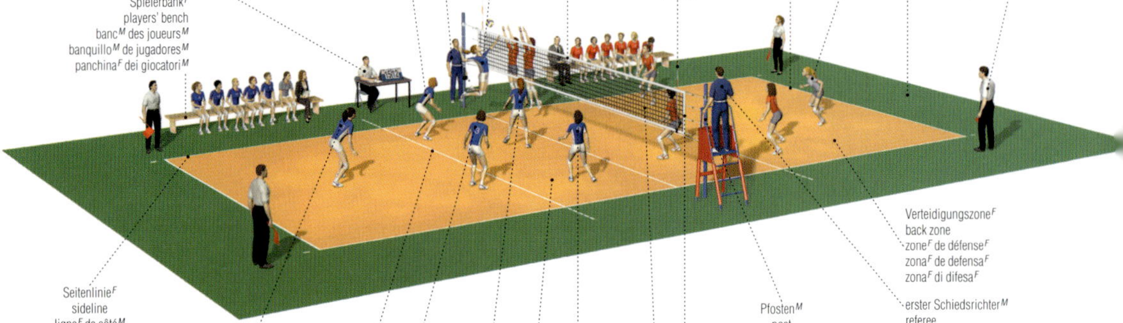

linker Außenangreifer^{M}
left attacker
attaquant^{M} gauche
delantero^{M} izquierdo
attaccante^{M} sinistro

Endlinie^{F}
end line
ligne^{F} de fond^{M}
línea^{F} de fondo^{M}
linea^{F} di fondo^{M}

Libero^{M}
libero
libero^{M}
líbero^{M}
libero^{M}

zweiter Schiedsrichter^{M}
umpire
second arbitre^{M}
segundo árbitro^{M}
secondo arbitro^{M}

Netzkante^{F}
white tape
bande^{F} blanche
banda^{F} blanca
nastro^{M} bianco

Freiraum^{M}
clear space
zone^{F} libre
zona^{F} libre
zona^{F} libera

Anschreiber^{M}
scorer
marqueur^{M}
anotador^{M}
segnapunti^{M}

linker Abwehrspieler^{M}
left back
arrière^{M} gauche
zaguero^{M} izquierdo
difensore^{M} sinistro

Antenne^{F}
antenna
antenne^{F}
antena^{F}
antenna^{F}

Linienrichter^{M}
linesman
juge^{M} de ligne^{F}
juez^{M} de línea^{F}
giudice^{M} di linea^{F}

Spielerbank^{F}
players' bench
banc^{M} des joueurs^{M}
banquillo^{M} de jugadores^{M}
panchina^{F} dei giocatori^{M}

Verteidigungszone^{F}
back zone
zone^{F} de défense^{F}
zona^{F} de defensa^{F}
zona^{F} di difesa^{F}

Seitenlinie^{F}
sideline
ligne^{F} de côté^{M}
banda^{F}
linea^{F} laterale

Pfosten^{M}
post
poteau^{M}
poste^{M}
palo^{M}

erster Schiedsrichter^{M}
referee
premier arbitre^{M}
primer árbitro^{M}
primo arbitro^{M}

vertikales Seitenband^{N}
vertical side band
bande^{F} verticale de côté^{M}
banda^{F} lateral de la red^{F}
nastro^{M} verticale laterale

mittlerer Abwehrspieler^{M}
middle back
arrière^{M} centre
zaguero^{M} medio
difensore^{M} centrale^{M}

Netz^{N}
net
filet^{M}
red^{F}
rete^{F}

Angriffslinie^{F}
attack line
ligne^{F} d'attaque^{F}
línea^{F} de ataque^{M}
linea^{F} di attacco^{M}

rechter Abwehrspieler^{M}
right back
arrière^{M} droit
zaguero^{M} derecho
difensore^{M} destro

rechter Außenangreifer^{M}
right attacker
attaquant^{M} droit
delantero^{M} derecho
alzatore^{M} destro

Mittelangreifer^{M}
middle attacker
attaquant^{M} central
delantero^{M} medio
attaccante^{M} centrale^{M}

Angriffszone^{F}
attack zone
zone^{F} d'attaque^{F}
zona^{F} de ataque^{M}
zona^{F} di attacco^{M}

Volleyball^{M}
volleyball
ballon^{M} de volleyball^{M}
voleibol^{M}
pallone^{M}

Techniken^{F}
techniques
techniques^{F}
técnicas^{F}
tecniche^{F}

Hechtabwehr^{F}
dig
récupération^{F}
plancha^{F}
tuffo^{M}

baggern
bump
manchette^{F}
rebote^{M}
bagher^{M}

Aufschlag^{M}
serve
service^{M}
saque^{M}
servizio^{M}

Beachvolleyball[M]
beach volleyball
volleyball[M] de plage[F]
voley[M] playa[M]
beach volley[M]

Spielfeld[N]
court
terrain[M]
cancha[F]
campo[M]

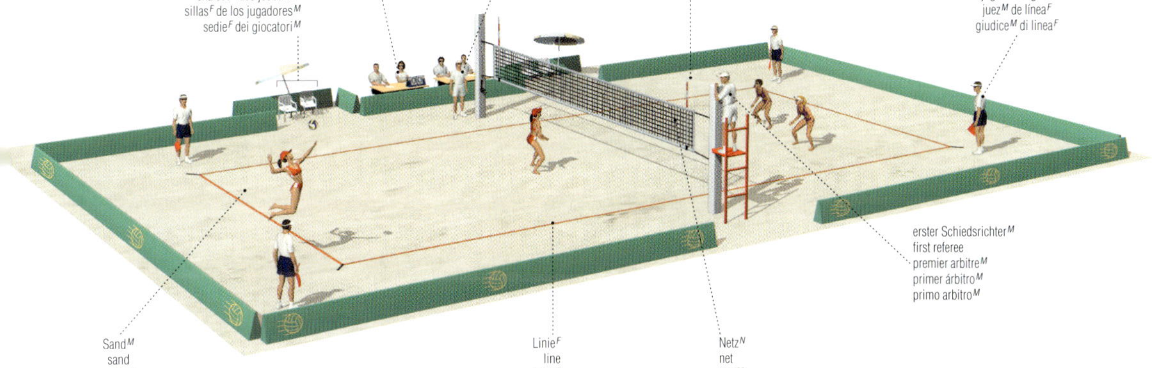

Beachvolleyball[M]
beach volleyball
ballon[M] de volleyball[M] de plage[F]
voley[M] playa[M]
pallone[M]

pritschen
tip
touche[F]
toque[M]
palleggio[M]

Schmetterball[M]
spike
smash[M]
remate[M]
schiacciata[F]

blocken
block
contre[M]
tapón[M]
muro[M]

Handball[M]

handball | handball[M] | balonmano[M] | pallamano[F]

Spielerpositionen[F]
player positions
position[F] des joueurs[M]
posición[F] de los jugadores[F]
posizioni[F] dei giocatori[M]

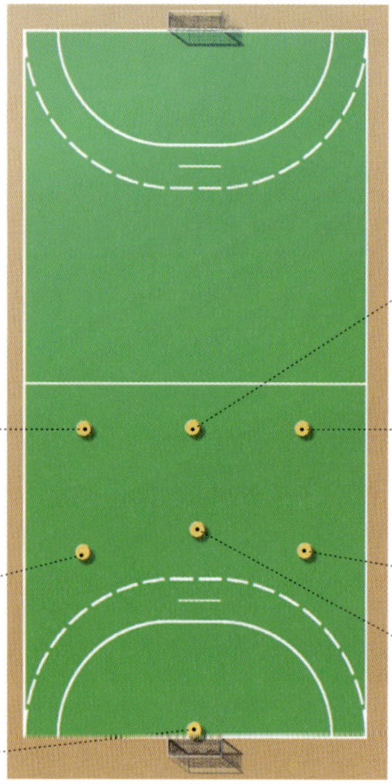

Handball[M]
handball
ballon[M] de handball[M]
balón[M] de balonmano[M]
pallone[M]

Spielfeld[N]
court
terrain[M]
cancha[F]
campo[M]

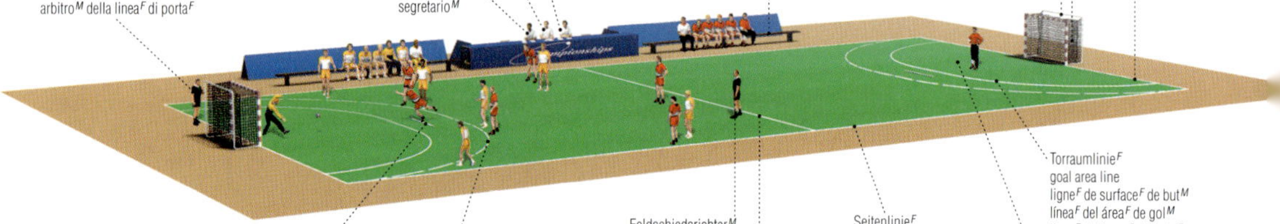

Tischtennis^N

table tennis | tennis^M de table^F | tenis^M de mesa^F | tennis^M da tavolo^M

Tischtennisplatte^F
table
table^F
mesa^F
tavolo^M

Tischtennisschläger^M
table tennis bat
raquette^F de tennis^M de table^F
pala^F
racchetta^F

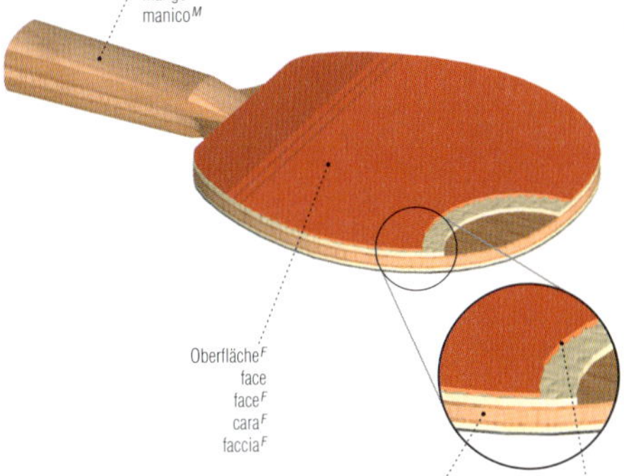

Tischtennisball^M
table tennis ball
balle^F de tennis^M de table^F
pelota^F
pallina^F

Grifftechniken^F
types of grip
types^M de prises^F
formas^F de agarrar la paleta^F
tipi^M di impugnature^F

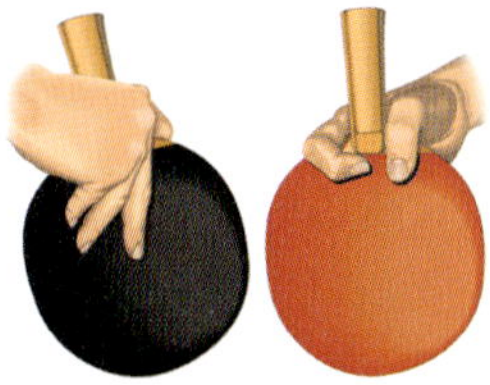

Penholdergriff^M
penholder grip
prise^F porte-plume^M
oriental
impugnatura^F a penna^F

Shake-Hands-Griff^M
shake-hands grip
prise^F classique
occidental
impugnatura^F a stretta^F di mano^F

Badminton^N

badminton | badminton^M | bádminton^M | gioco^M del volano^M

Badmintonplatz^M
court
terrain^M
cancha^F
campo^M

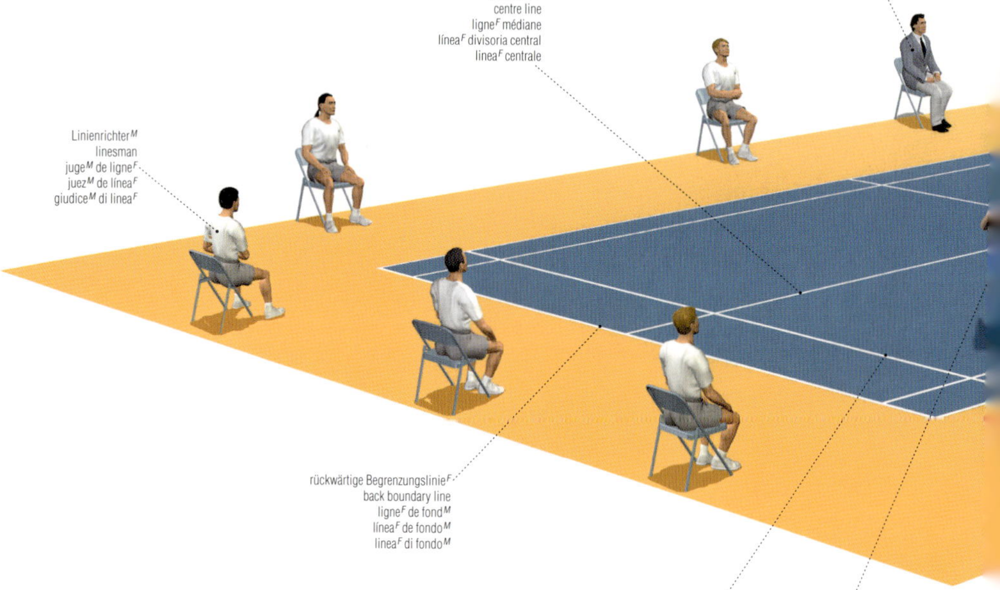

Badmintonschläger^M
badminton racket
raquette^F de badminton^M
raqueta^F de bádminton^M
racchetta^F

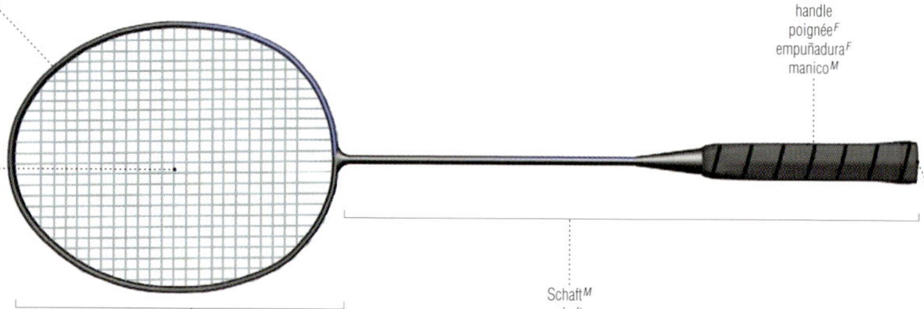

Badminton^{N}

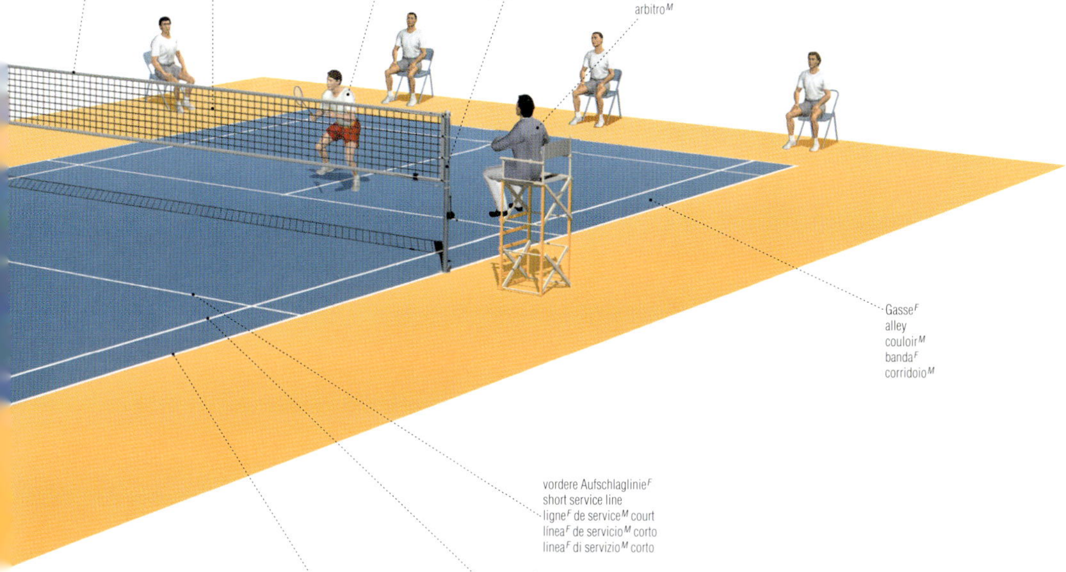

Aufschlagfelder^{N}
service zones
zones^{F} de service^{M}
zona^{F} de saque
zone^{F} di servizio^{M}

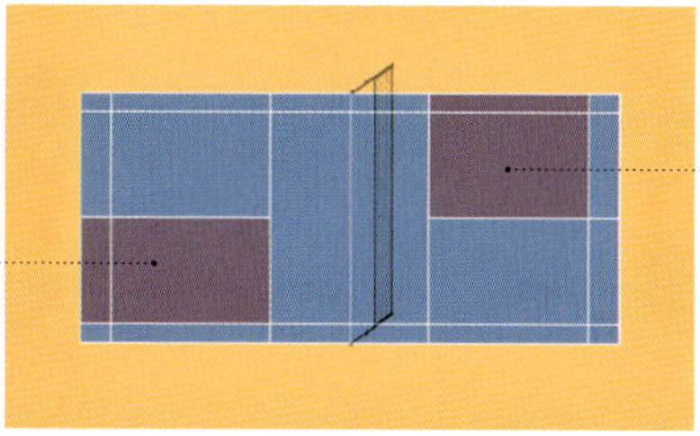

Kunststoff^{M}-Federball^{M}
synthetic shuttlecock
volant^{M} synthétique
volante^{M} sintético
volano^{M} sintetico

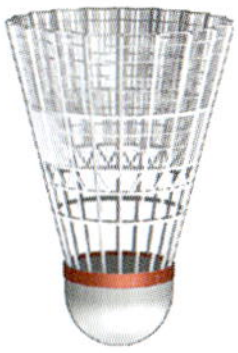

Federball^{M}
feathered shuttlecock
volant^{M} de plumes^{F}
volante^{M} de plumas^{F}
volano^{M} a penne^{F} naturali

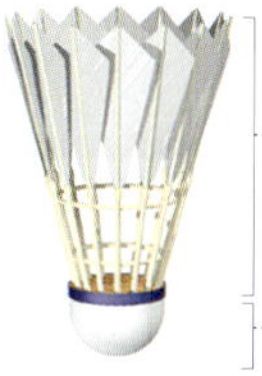

Racquetballspiel^{N}

racquetball | racquetball^{M} | raquetball^{M} | racquetball^{M}

Spielfeld^{N}
court
court^{M}
cancha^{F}
campo^{M}

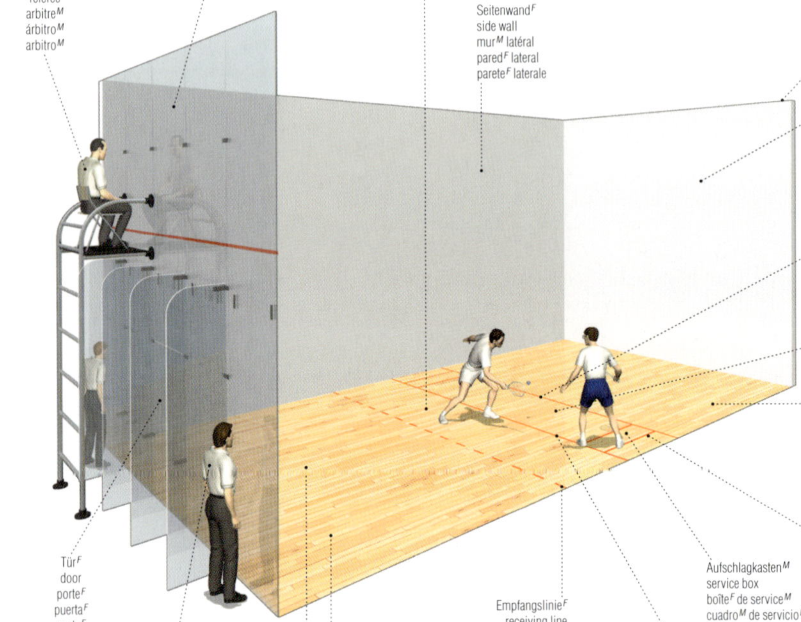

Racquetball^{M}
racquetball
balle^{F} de racquetball^{M}
pelota^{F} de raquetball^{M}
palla^{F}

Racquetballschläger^{M}
racquetball racket
raquette^{F} de racquetball^{M}
raqueta^{F} de raquetball^{M}
racchetta^{F}

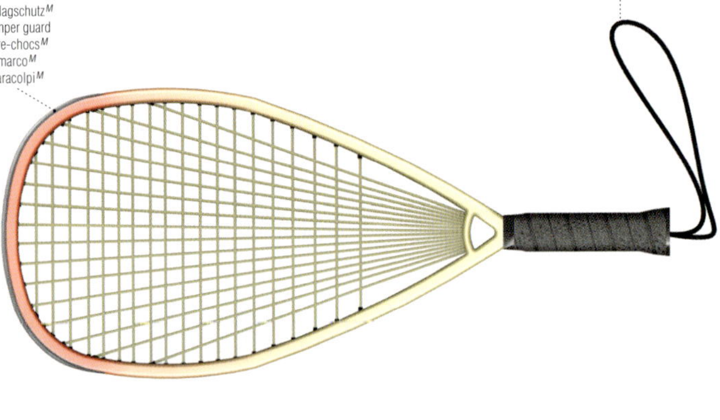

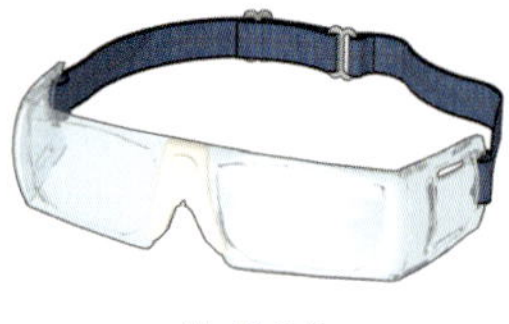

Schutzbrille^{F}
protective goggles
lunettes^{F} de protection^{F}
gafas^{F} de protección^{F}
occhiali^{M} di protezione^{F}

Squash[N]

squash | squash[M] | squash[M] | squash[M]

Spielfeld[N]
court
court[M]
cancha[F]
campo[M]

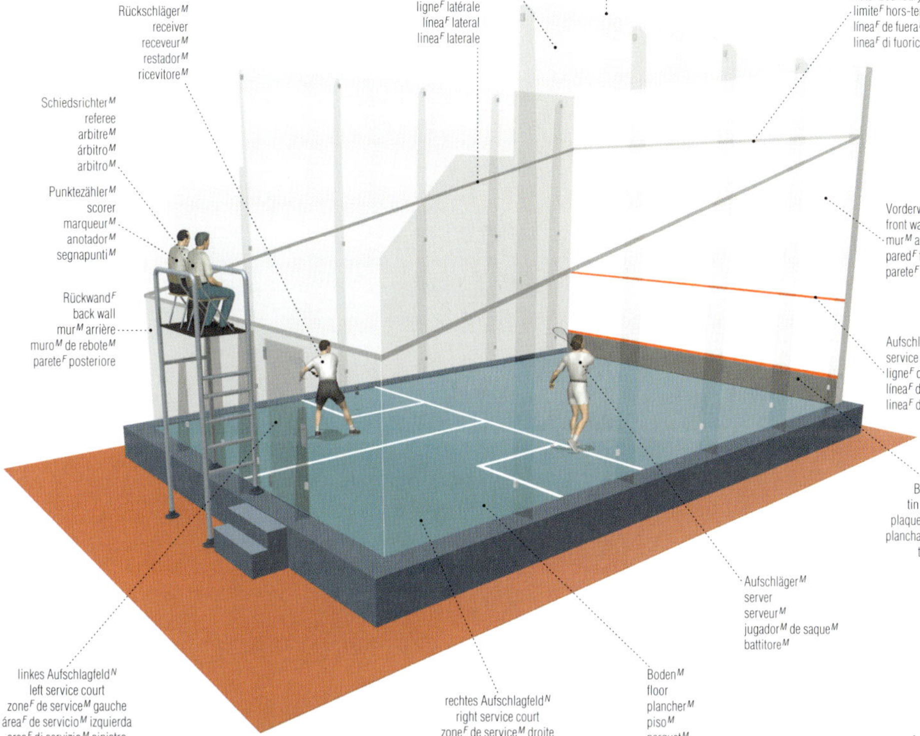

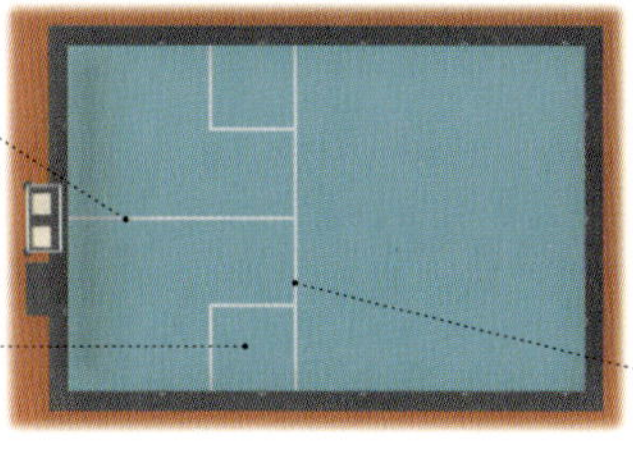

Squashbälle[M]
squash balls
balles[F] de squash[M]
pelotas[F] de squash[M]
palle[F]

Trainingsball[M]
training ball
balle[F] d'entraînement[M]
pelota[F] de entrenamiento[M]
palla[F] da allenamento[M]

Turnierball[M]
tournament ball
balle[F] de tournoi[M]
pelota[F] de torneo[M]
palla[F] da gara[F]

Squashschläger[M]
squash racket
raquette[F] de squash[M]
raqueta[F] de squash[M]
racchetta[F]

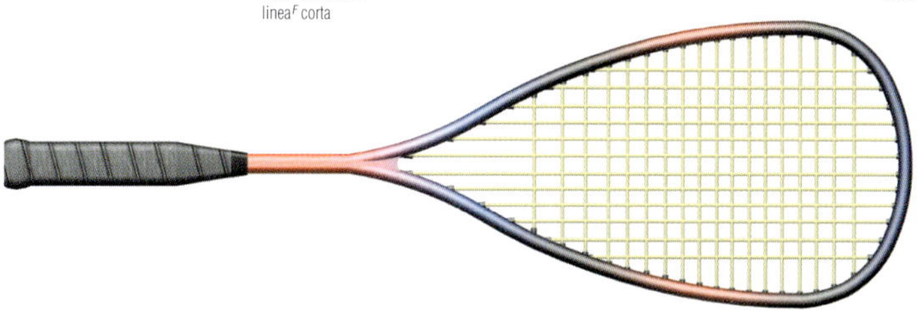

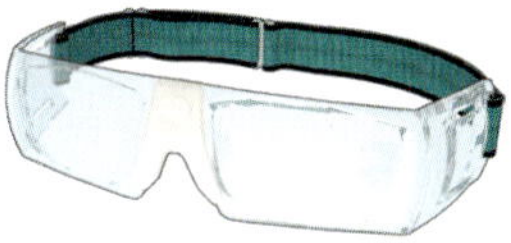

Schutzbrille[F]
protective goggles
lunettes[F] de protection[F]
gafas[F] protectoras
occhiali[M] di protezione[F]

Tennis^{N}

tennis | tennis^{M} | tenis^{M} | tennis^{M}

Tennisplatz^{M}
court
court^{M}
cancha^{F}
campo^{M}

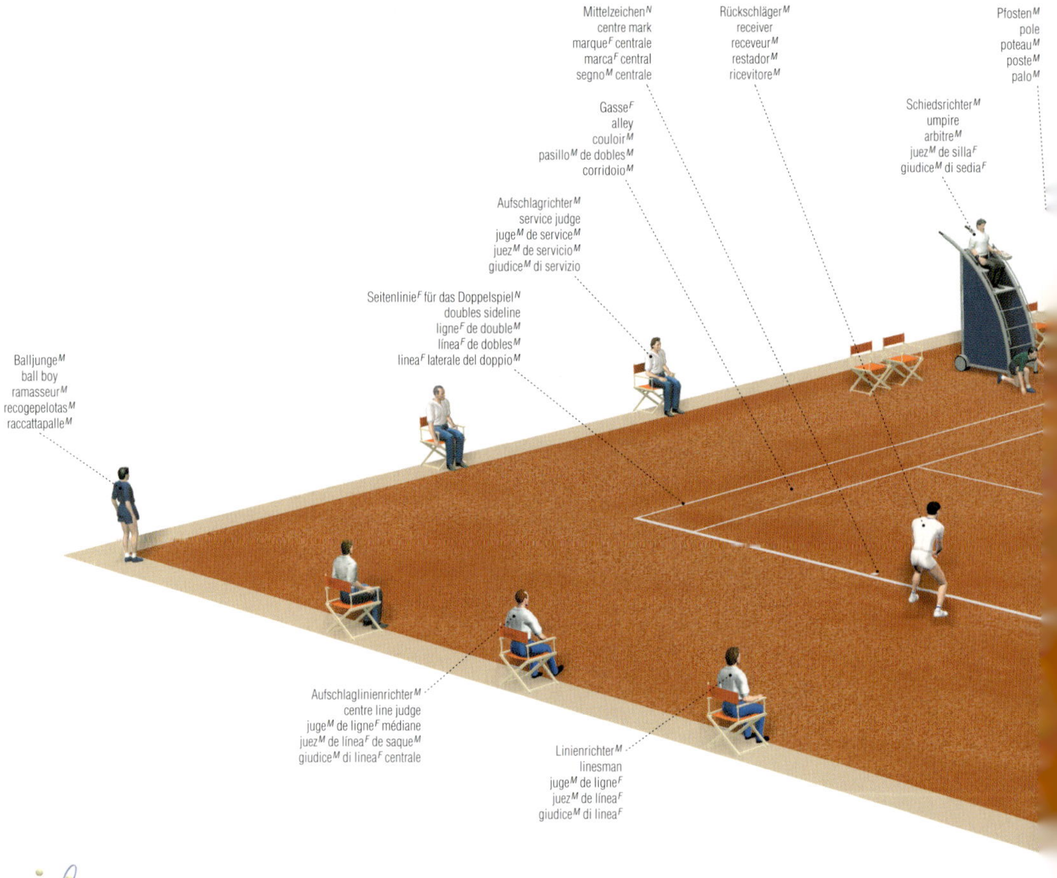

Schläge^{M}
strokes
coups^{M}
golpes^{M}
colpi^{M}

Aufschlag^{M}
serve
service^{M}
de servicio^{M}
servizio^{M}

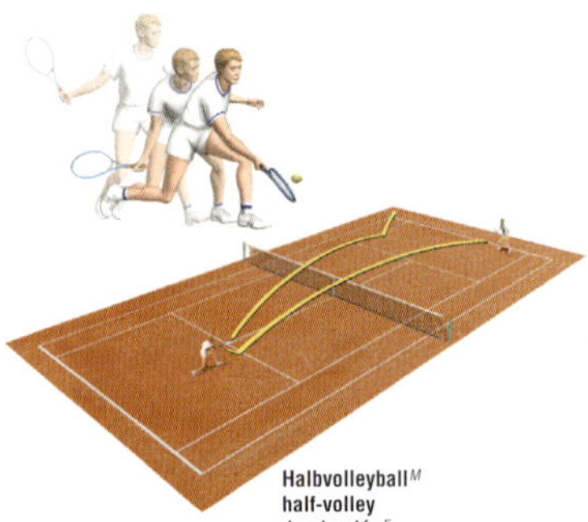

Halbvolleyball^{M}
half-volley
demi-volée^{F}
media volea^{F}
demi-volée^{F}

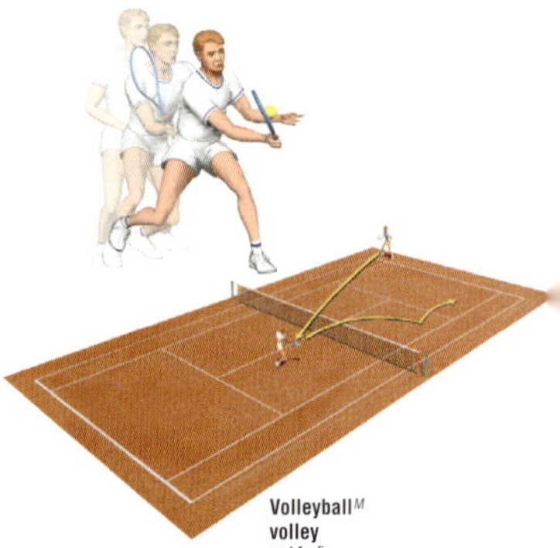

Volleyball^{M}
volley
volée^{F}
volea^{M}
volée^{F}

Tennis^{N}

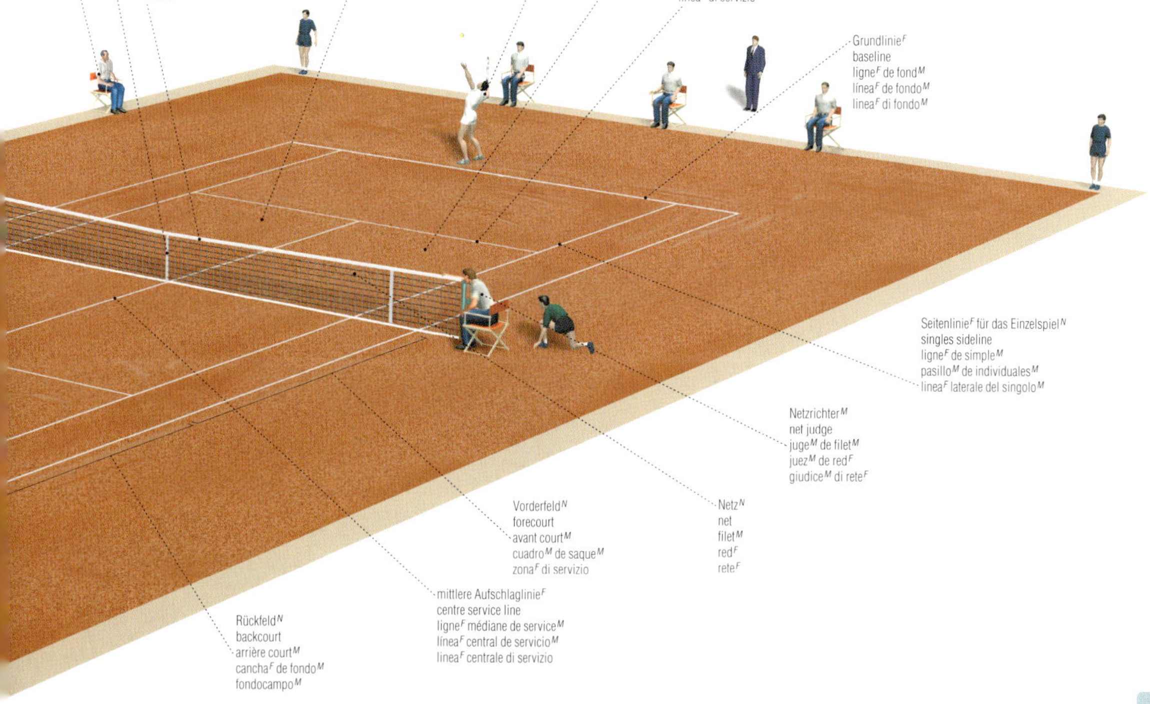

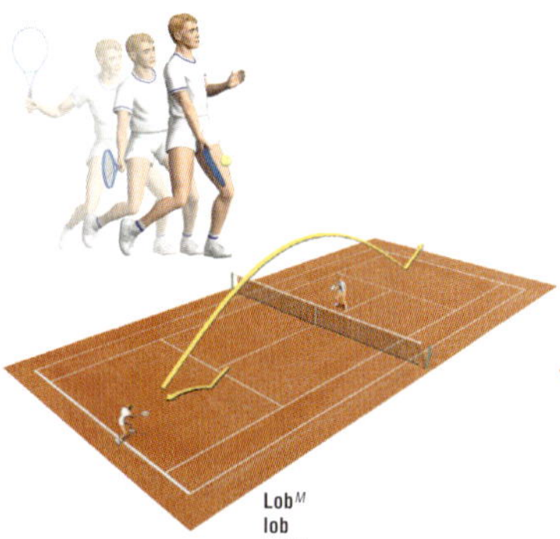

Lob^{M}
lob
lob^{M}
globo^{M}
pallonetto

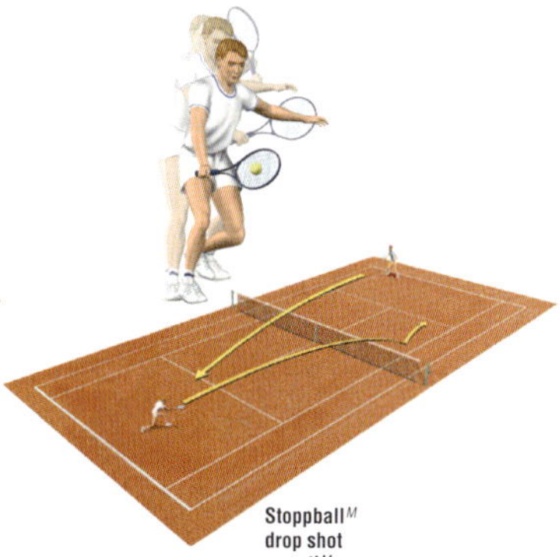

Stoppball^{M}
drop shot
amorti^{M}
dejada^{F}
smorzata^{F}

Schmetterball^{M}
smash
smash^{M}
smash^{M}
schiacciata

Tennis[N]

Tennisschläger[M]
tennis racket
raquette[F] de tennis[M]
raqueta[F] de tenis[M]
racchetta[F]

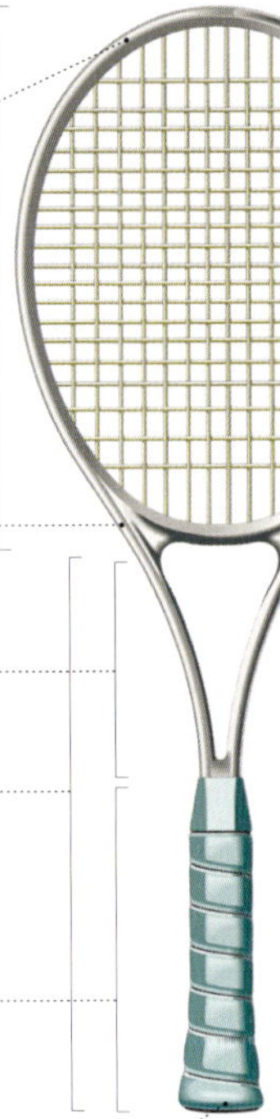

Tennisball[M]
tennis ball
balle[F] de tennis[M]
pelota[F] de tenis[M]
palla[F]

Tennisspielerin[F]
tennis player
joueuse[F] de tennis[M]
tenista[M/F]
tennista[M/F]

Anzeigetafel[F]
scoreboard
tableau[M] d'affichage[M]
marcador[M]
tabellone[M] segnapunti

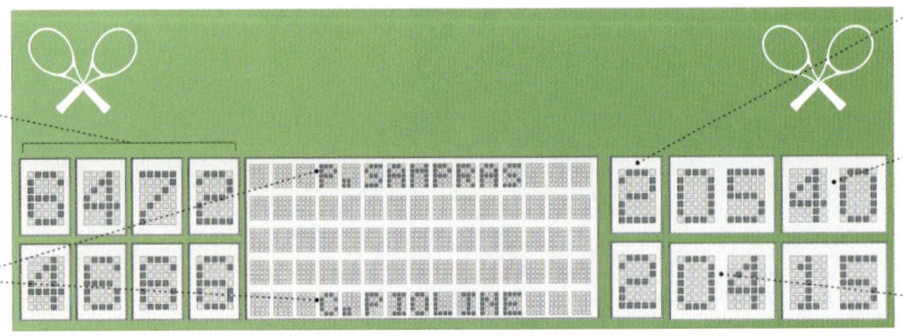

Spielfeldbeläge[M]
playing surfaces
surfaces[F] de jeu[M]
superficies[F] de juego[M]
superfici[F] di gioco[M]

Rasen[M]
grass
gazon[M]
hierba[F]
erba[F]

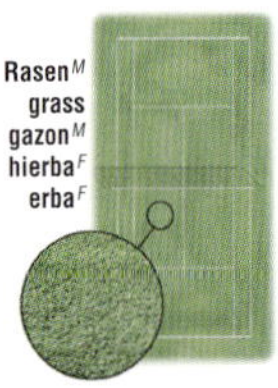

Sand[M]
clay
terre[F] battue
tierra[F] batida
terra[F] battuta

Hartplatz[M] (Zement[M])
hard surface (cement)
surface[F] dure (ciment[M])
superficie[F] dura (cemento[M])
superficie[F] dura (cemento[M])

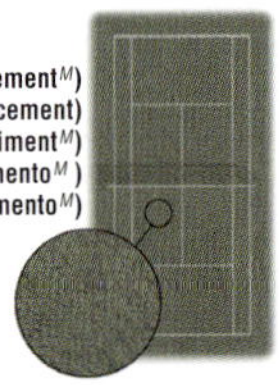

Kunststoffboden[M]
synthetic surface
revêtement[M] synthétique
superficie[F] sintética
superficie[F] sintetica

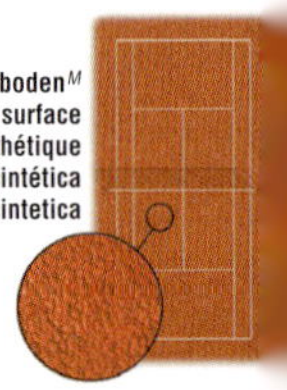

rhythmische Sportgymnastik[F]

rhythmic gymnastics | gymnastique[F] rythmique | gimnasia[F] rítmica | ginnastica[F] ritmica

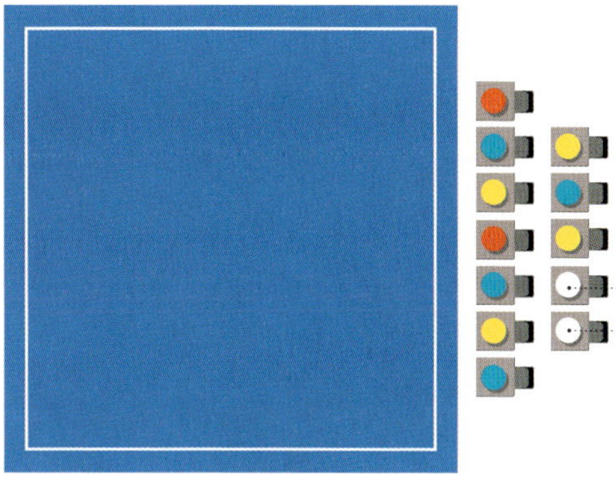

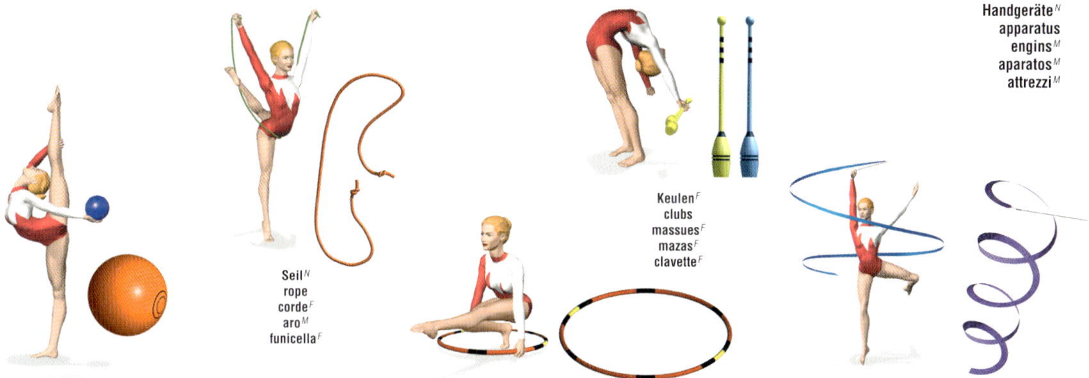

Trampolin[N]

trampoline | trampoline[M] | trampolín[M] | trampolino[M]

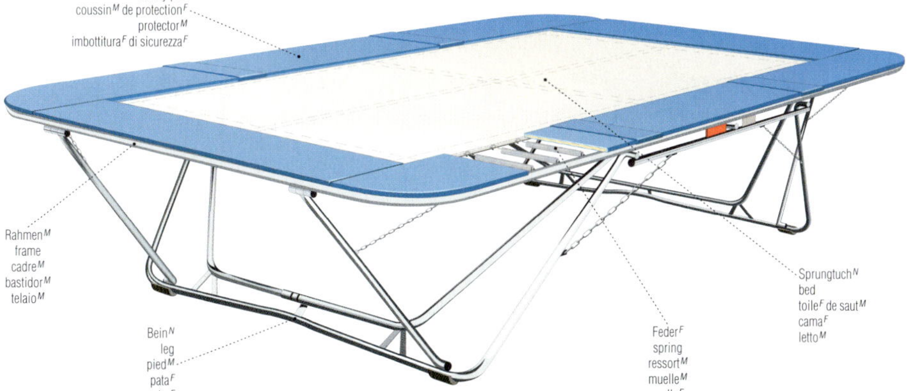

SPORT UND SPIELE

Geräteturnen^{N}

gymnastics | gymnastique^{F} | gimnasia^{F} | ginnastica^{F}

Geräteturnanlage^{F}
event platform
podium^{M} des épreuves^{F}
área^{F} de competición^{F}
pedana^{F}

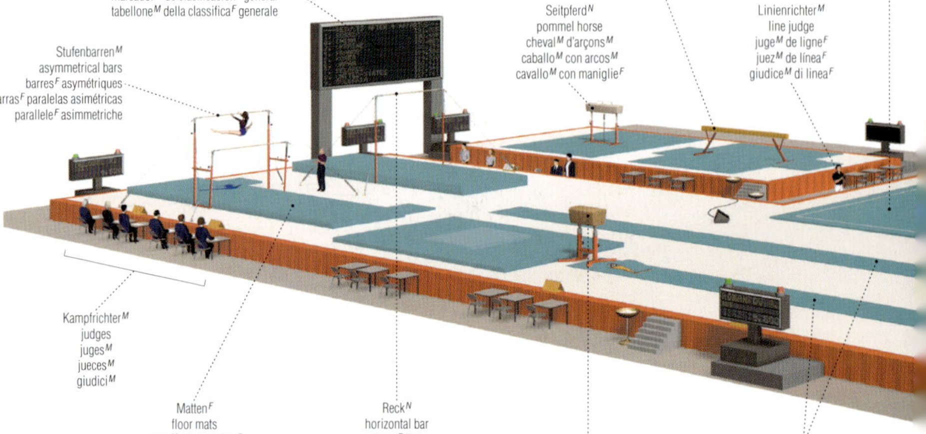

Stufenbarren^{M}
asymmetrical bars
barres^{F} asymétriques
barras^{F} paralelas asimétricas
parallele^{F} asimmetriche

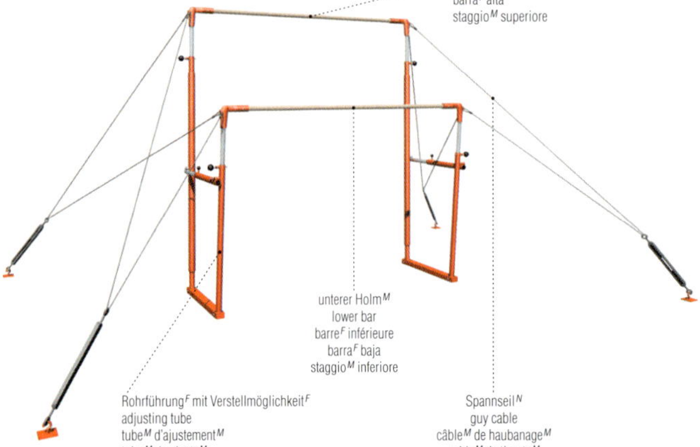

Ringe^{M}
rings
anneaux^{M}
anillas^{M}
anelli^{M}

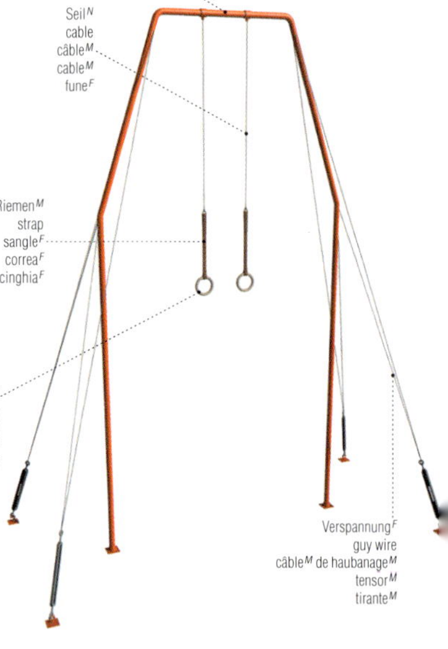

Geräteturnen^{N}

Anzeigetafel^{F}
scoreboard
tableau^{M} de pointage^{M}
marcador^{M}
tabellone^{M} segnapunti

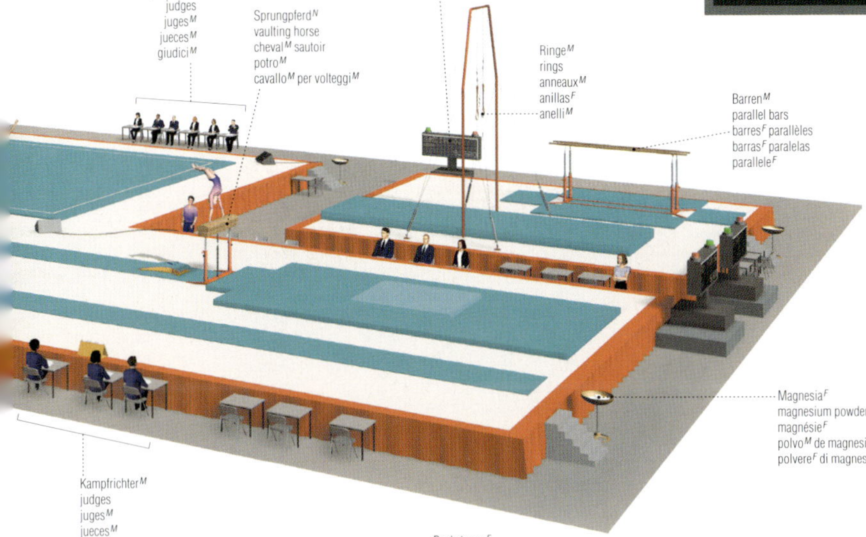

Reck^{N}
horizontal bar
barre^{F} fixe
barra^{F} fija
sbarra^{F} orizzontale

Barren^{M}
parallel bars
barres^{F} parallèles
barras^{F} paralelas
parallele^{F}

Geräteturnen^{N}

Seitpferd^{N}
pommel horse
cheval^{M} d'arçons^{M}
caballo^{M} con aros^{M}
cavallo^{M} con maniglie^{F}

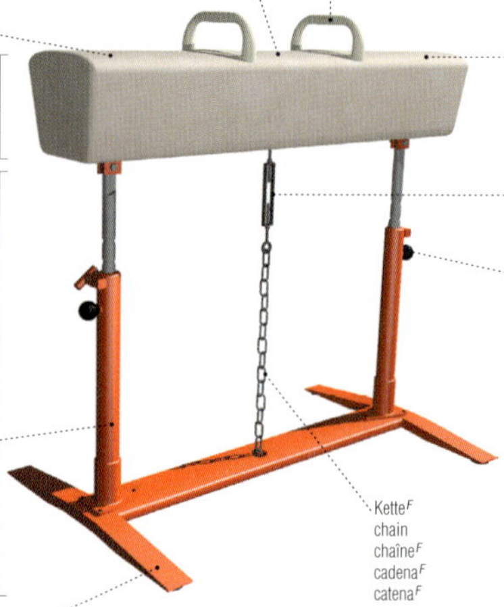

Schwebebalken^{M}
balance beam
poutre^{F} d'équilibre^{M}
barra^{F} de equilibrio^{M}
trave^{F} di equilibrio^{M}

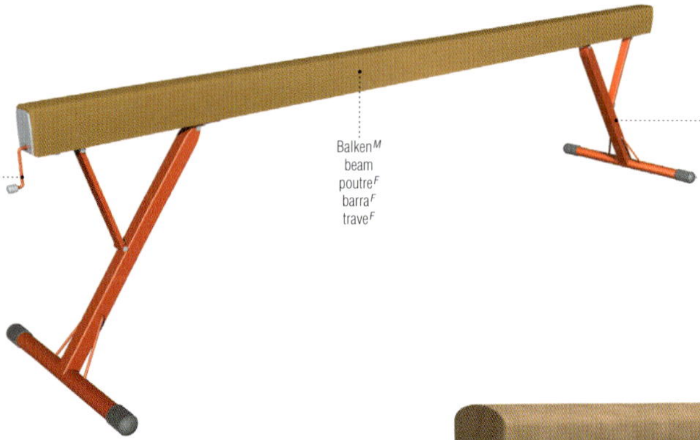

Sprungpferd^{N}
vaulting horse
cheval^{M}-sautoir^{M}
potro^{M}
cavallo^{M} per volteggi

Sprungbrett^{N}
springboard
tremplin^{M}
plancha^{F} de muelles^{M}
pedana^{F} elastica

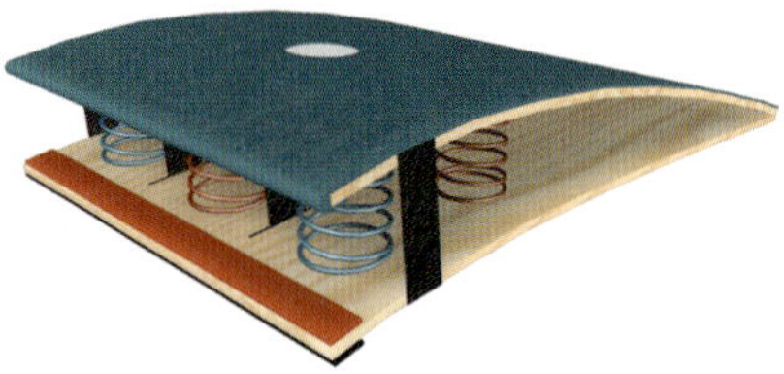

Wasserballspiel^{N}

water polo | water-polo^{M} | waterpolo^{M} | pallanuoto^{F}

Spieler^{M}
player
joueur^{M}
jugador^{M}
giocatore^{M}

Tor^{N}
goal
but^{M}
portería^{F}
porta^{F}

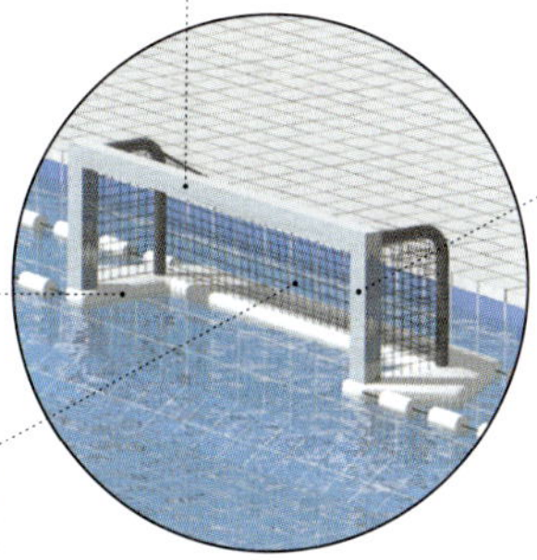

Schwimmbecken^{N}
swimming pool
bassin^{M}
piscina^{F}
piscina^{F}

Kunstspringen^{N}

diving | plongeon^{M} | saltos^{M} | tuffi^{M}

Startpositionen^{F}
starting positions
positions^{F} de départ^{M}
posiciones^{F} de salto^{M}
posizioni^{F} di partenza^{F}

auswärts
reverse
renversé
salto^{M} inverso
rovesciata^{F}

einwärts
inward
retourné
salto^{M} interior
ritornata^{F}

rückwärts
backward
arrière
salto^{M} de espalda^{F}
all'indietro

vorwärts
forward
avant
salto^{M} frontal
in avanti

Handstand^{M}
armstand
en équilibre^{M}
salto^{M} en equilibrio^{M}
verticale^{F} sulle braccia^{F}

Sprungfiguren^{F}
flights
vols^{M}
saltos^{M}
voli^{M}

Saltostellung^{F}
tuck position
position^{F} groupée
posición^{F} C - cuerpo^{M} encogido
posizione^{F} raggruppata

Bohrerstellung^{F}
straight position
position^{F} droite
posición^{F} A - en plancha^{F}
posizione^{F} tesa

Hechtsprungstellung^{F}
pike position
position^{F} carpée
posición^{F} B - hacer la carpa^{F}
posizione^{F} carpiata

Springeinrichtungen^{F}
diving apparatus
plongeoir^{M}
torre^{F} de saltos^{M}
strutture^{F} per i tuffi^{M}

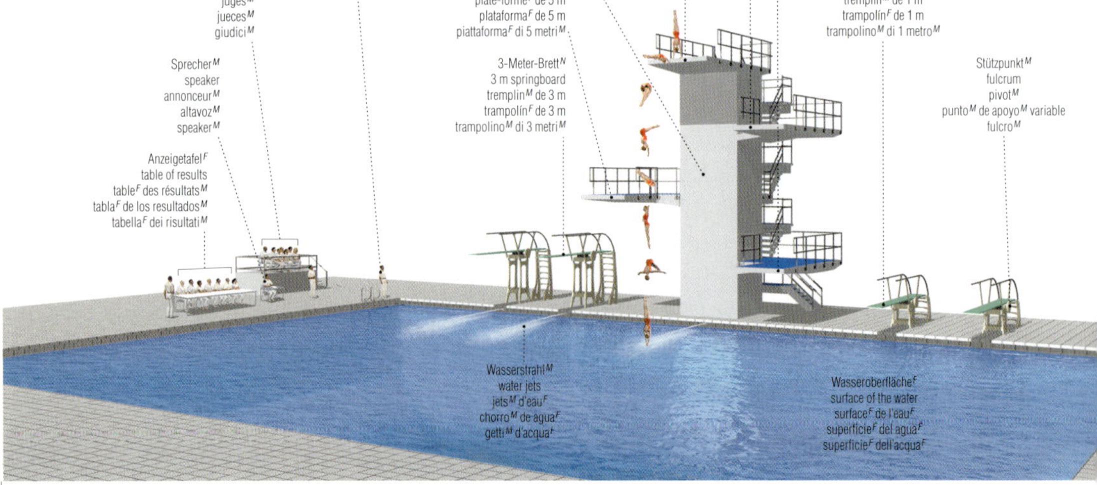

10-Meter-Turm^{M}
10 m platform
plate-forme^{F} de 10 m
plataforma^{F} de 10 m
piattaforma^{F} di 10 metri^{M}

7,5-Meter-Turm^{M}
7,5 m platform
plate-forme^{F} de 7,5 m
plataforma^{F} de 7,5 m
piattaforma^{F} di 7,5 metri^{M}

Schiedsrichter^{M}
referee
juge^{M}-arbitre^{M}
juez-árbitro^{M}
arbitro^{M}

Sprungturm^{M}
diving tower
tour^{F} du plongeoir^{M}
torre^{F} de saltos^{M}
torre^{F} per i tuffi^{M}

3-Meter-Turm^{M}
3 m platform
plate-forme^{F} de 3 m
plataforma^{F} de 3 m
piattaforma^{F} di 3 metri^{M}

Sprungrichter^{M}
judges
juges^{M}
jueces^{M}
giudici^{M}

5-Meter-Turm^{M}
5 m platform
plate-forme^{F} de 5 m
plataforma^{F} de 5 m
piattaforma^{F} di 5 metri^{M}

1-Meter-Brett^{N}
1 m springboard
tremplin^{M} de 1 m
trampolín^{F} de 1 m
trampolino^{M} di 1 metro^{M}

Sprecher^{M}
speaker
annonceur^{M}
altavoz^{M}
speaker^{M}

3-Meter-Brett^{N}
3 m springboard
tremplin^{M} de 3 m
trampolín^{F} de 3 m
trampolino^{M} di 3 metri^{M}

Stützpunkt^{M}
fulcrum
pivot^{M}
punto^{M} de apoyo^{M} variable
fulcro^{M}

Anzeigetafel^{F}
table of results
table^{F} des résultats^{M}
tabla^{F} de los resultados^{M}
tabella^{F} dei risultati^{M}

Wasserstrahl^{M}
water jets
jets^{M} d'eau^{F}
chorro^{M} de agua^{F}
getti^{M} d'acqua^{F}

Wasseroberfläche^{F}
surface of the water
surface^{F} de l'eau^{F}
superficie^{F} del agua^{F}
superficie^{F} dell'acqua^{F}

Beispiele^{N} für Sprünge^{M}
examples of dives
exemples^{M} de plongeons^{M}
ejemplos^{M} de saltos^{M}
esempi^{M} di tuffi^{M}

Eintauchstellungen^{F}
entries
entrées^{F} dans l'eau^{F}
entradas^{F} al agua^{F}
entrate^{F}

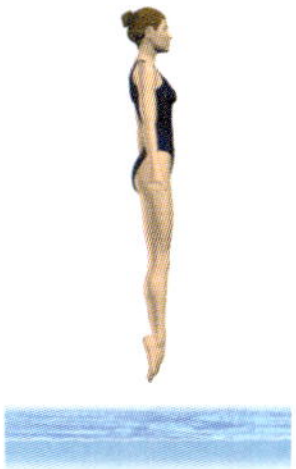

Füße^{M} voraus
feet-first entry
entrée^{F} pieds^{M} premiers
entrada^{F} de pie^{M}
entrata^{F} di piedi^{M}

Kopf^{M} voraus
head-first entry
entrée^{F} tête^{F} première
entrada^{F} de cabeza^{F}
entrata^{F} di testa^{F}

Synchronspringen^{N}
synchronized diving
plongeon^{M} synchronisé
salto^{M} sincronizado
tuffo^{M} sincronizzato

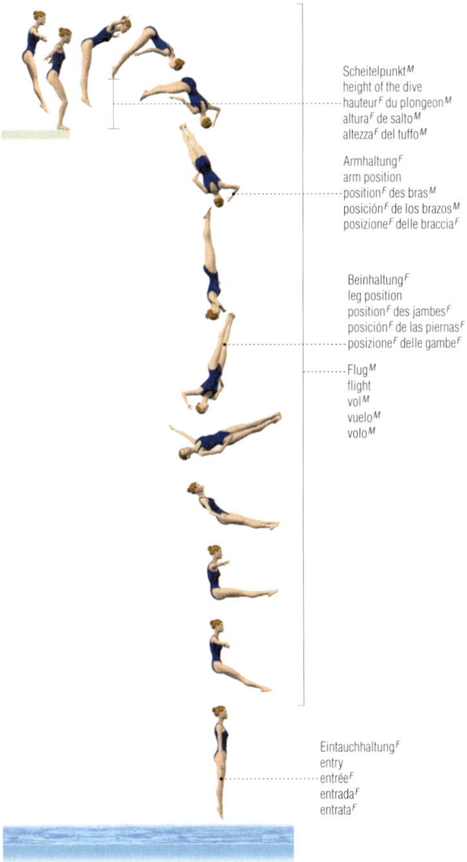

Salto^{M} vorwärts gestreckt mit einer Schraube^{F}
forward somersault with a twist
saut^{M} périlleux avant avec tire-bouchon^{M}
salto^{M} frontal con tirabuzón^{M}
tuffo^{M} in avanti con avvitamento^{M}

Auerbachkopfsprung^{M} gestreckt mit einer Schraube^{F}
reverse dive with a twist
plongeon^{M} renversé avec tire-bouchon^{M}
salto^{M} inverso con tirabuzón^{M}
tuffo^{M} rovesciato con avvitamento^{M}

dreieinhalbfacher Salto^{M} vorwärts gebückt
forward three-and-a-half somersault tuck
triple saut^{M} périlleux et demi avant groupé
triple salto^{M} mortal y medio hacia delante encogido
triplo salto^{M} mortale e mezzo in avanti raggruppato

Schwimmen^{N}

swimming | natation^{F} | natación^{F} | nuoto^{M}

Startblock^{M}
starting block
plot^{M} de départ^{M}
plataforma^{F} de salida^{F}
blocco^{M} di partenza^{F}

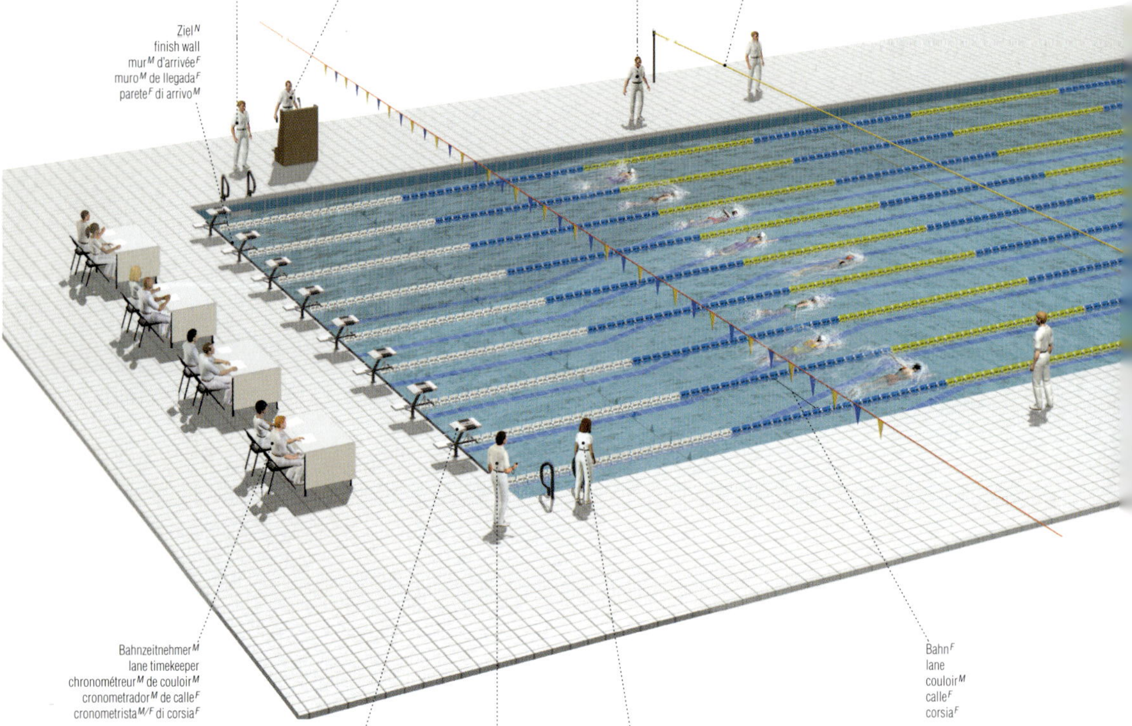

SPORT UND SPIELE

Schwimmen^{N}

Anzeigetafel^{F}
scoreboard
tableau^{F} indicateur
marcador^{M}
tabellone^{M} segnapunti

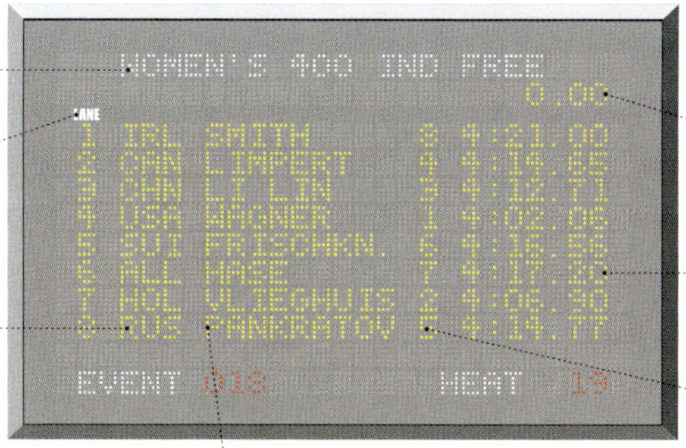

Wettbewerb^{M}
event
épreuve^{F}
prueba^{F}
gara^{F}

Bahn^{F}
lane
couloir^{M}
calle^{F}
corsia^{F}

Nationalität^{F} der Schwimmerin^{F}
swimmer's country
pays^{M} d'origine^{F} du concurrent^{M}
país^{M} del nadador^{M}
nazionalità^{F} del nuotatore^{M}

Stoppuhr^{F}
timer
chronomètre^{M}
cronómetro^{M}
cronometro^{M}

Schwimmzeiten^{F}
swim times
temps^{M} réalisé
tiempos^{M} realizados
tempi^{M} realizzati

Platzierung^{F}
order of finish
ordre^{M} d'arrivée^{F}
orden^{M} de llegada^{F}
ordine^{M} di arrivo^{M}

Name^{M} der Schwimmerin^{F}
swimmer's name
nom^{M} du concurrent^{M}
nombre^{M} del nadador^{M}
nome^{M} del nuotatore^{M}

Wechselanzeige^{F} für die Rückenlage^{F}
backstroke turn indicator
repère^{M} de virage^{M} de dos^{M}
indicador^{M} para viraje^{M} en nado^{M} de espalda^{F}
contrassegno^{M} per la virata^{F} a dorso^{M}

Seitenwand^{F}
side wall
mur^{M} latéral
pared^{F} lateral
parete^{F} laterale

Wendewand^{F}
turning wall
mur^{M} de virage^{M}
pared^{F} de viraje^{M}
parete^{F} di virata^{F}

Wendekampfrichter^{M}
turning judges
juges^{M} de virages^{M}
jueces^{M} de virajes^{M}
giudici^{M} di virata^{F}

Wettkampfbecken^{N}
competitive course
bassin^{M} de compétition^{F}
piscina^{F} olímpica
piscina^{F} olimpionica

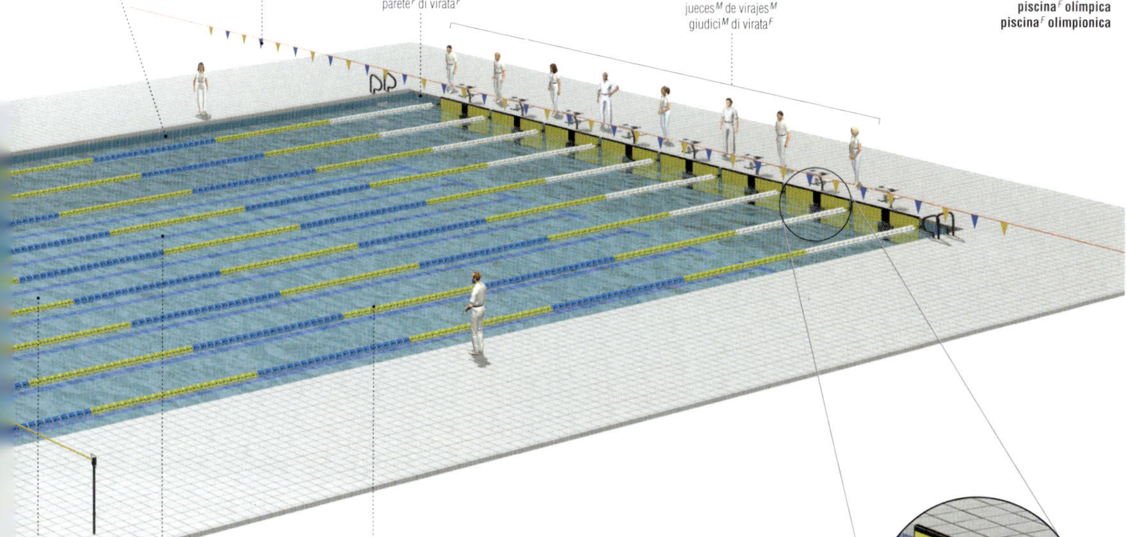

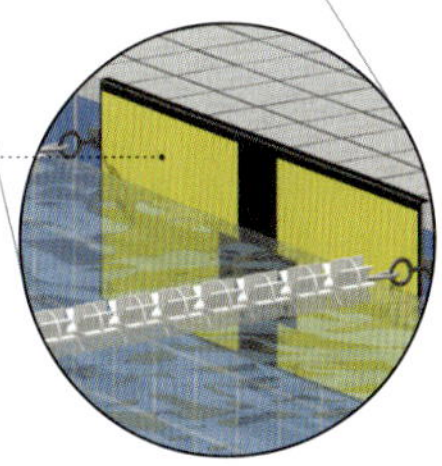

Bahnseil^{N}
lane rope
corde^{F} de couloir^{M}
corcheras^{F}
fune^{F} di corsia^{F}

automatischer Zeitmesser^{M}
automatic electronic timer
chronomètre^{M} électronique automatique
cronómetro^{M} electrónico automático
cronometro^{M} elettronico automatico

Bodenlinie^{F}
bottom line
ligne^{F} de fond^{M}
línea^{F} del fondo^{M} de la piscina^{F}
linea^{F} di fondo^{M}

Schwimmbecken^{N}
swimming pool
bassin^{M}
piscina^{F}
vasca

Schwimmen^{N}

verschiedene Schwimmstile^{M}
types of stroke
types^{M} de nages^{F}
estilos^{M} de natación^{F}
stili^{M} di nuoto^{M}

Kraulen^{N}
crawl stroke
crawl^{M}
crol^{M}
stile^{M} libero o crawl^{M}

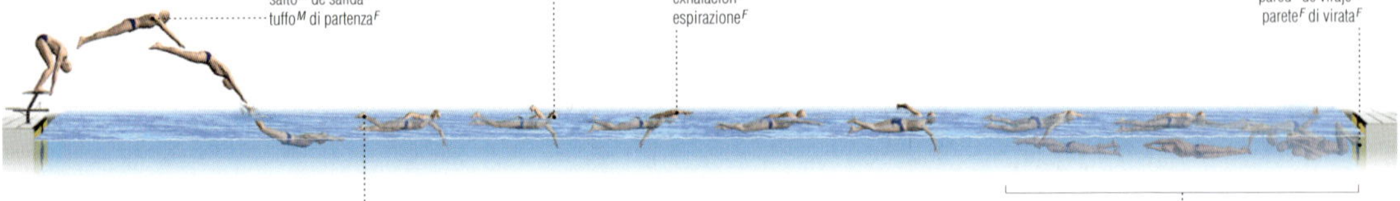

Brustschwimmen^{N}
breaststroke
brasse^{F}
braza^{F}
rana^{F}

Schmetterlingsstil^{M}
butterfly stroke
papillon^{M}
mariposa
farfalla^{F}

Rückenschwimmen^{N}
backstroke
nage^{F} sur le dos^{M}
espalda
dorso^{M}

SPORT UND SPIELE

Segelsport^M

sailing | voile^F | vela^F | vela^F

Kurse^M
points of sailing
allures^F
disposiciones^F de las velas^F
andature^F delle imbarcazioni^F a vela^F

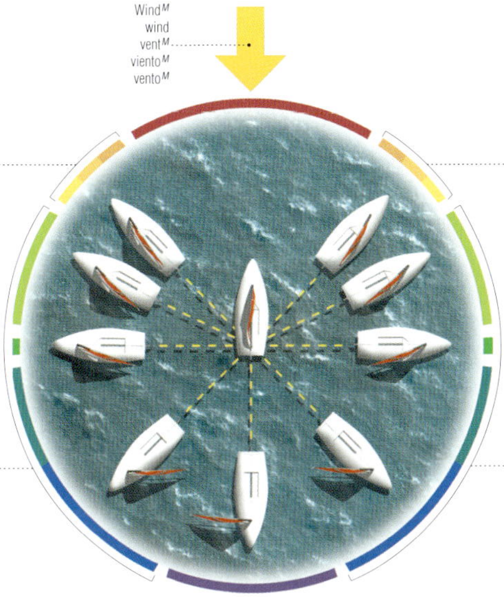

Kurs^M
course
parcours^M
carrera^F
percorso^M

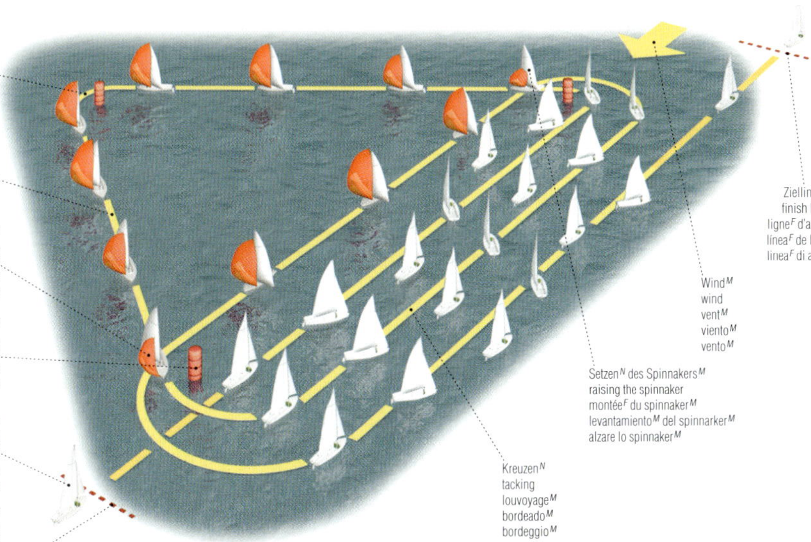

SPORT UND SPIELE

Segelsport^{M}

Segelboot^{N}
sailing boat
dériveur^{M}
velero^{M}
barca^{F} a vela^{F}

SPORT UND SPIELE

Mehrrumpfboote^{N}
multi-hulls
multicoques^{M}
multicasco^{M}
multiscafi^{M}

Trimaran^{M}
trimaran
trimaran^{M}
trimarán^{M}
trimarano^{M}

Katamaran^{M}
catamaran
catamaran^{M}
catamarán^{M}
catamarano^{M}

Einrumpfboote^{N}
mono-hulls
monocoques^{M}
monocascos^{M}
monoscafi^{M}

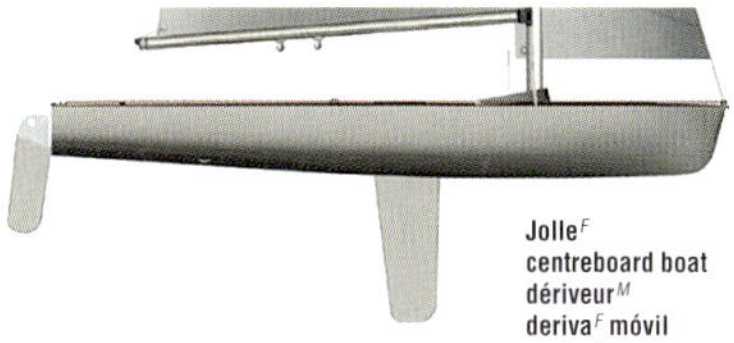

Jolle^{F}
centreboard boat
dériveur^{M}
deriva^{F} móvil
deriva^{F}

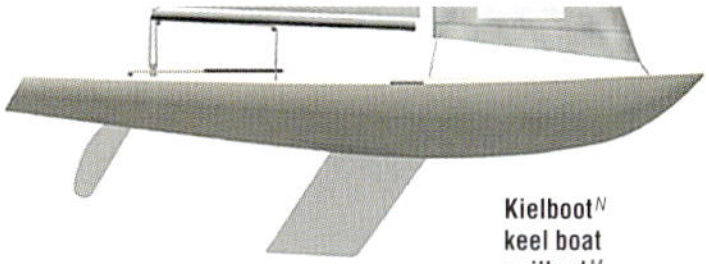

Kielboot^{N}
keel boat
quillard^{M}
quilla^{F}
barca^{F} a chiglia^{F}

Beschläge^{M}
upperworks
accastillage^{M}
obra^{F} muerta
opera^{F} morta

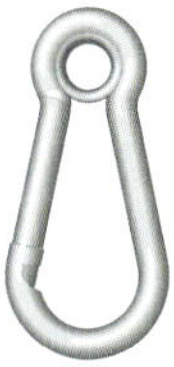

Karabinerhaken^{M}
snap shackle
mousqueton^{M} à ressort^{M}
grillete^{M} de resorte^{M}
moschettone^{M}

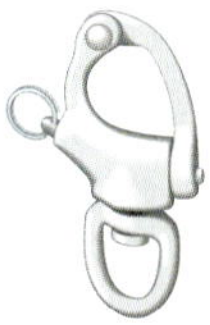

Gelenkschäkel^{M}
hank
mousqueton^{M}
mosquetón^{M}
bozzello^{M}

Schäkel^{M}
shackle
manille^{F}
grillete^{M}
grillo^{M}

Wantenspanner^{M}
turnbuckle
ridoir^{M}
tensor^{M}
arridatoio^{M}

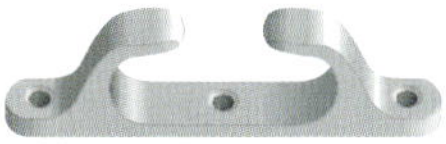

Lippe^{F}
fairlead
chaumard^{M}
guía^{F}
passacavo^{M}

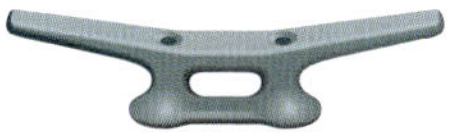

Klampe^{F}
cleat
taquet^{M}
abrazadera^{F}
galloccia^{F}

Winsch^{F}
winch
winch^{M}
winch^{M}
winch^{M}

Curryklemme^{F}
clam cleat
taquet^{M} coinceur
escotera^{F}
strozzascotte^{M}

Leitöse^{F}
sheet lead
filoir^{M} d'écoute^{F}
guía^{F} de escotas^{F}
passascotte^{M}

Traveller^{M}
traveller
barre^{F} d'écoute^{F}
barra^{F} de escotas^{F}
rotaia^{F} del carrello^{M} di scotta^{F}

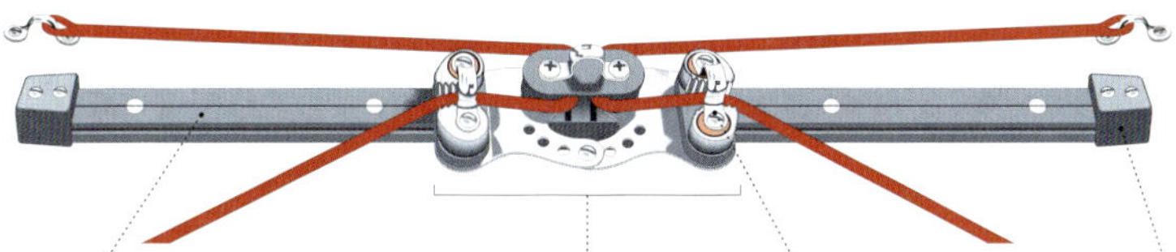

Surfbrett^{N}

sailboard | planche^{F} à voile^{F} | windsurf^{M} | windsurf^{M}

Segel^{N}
sail
voile^{F}
vela^{F}
vela^{F}

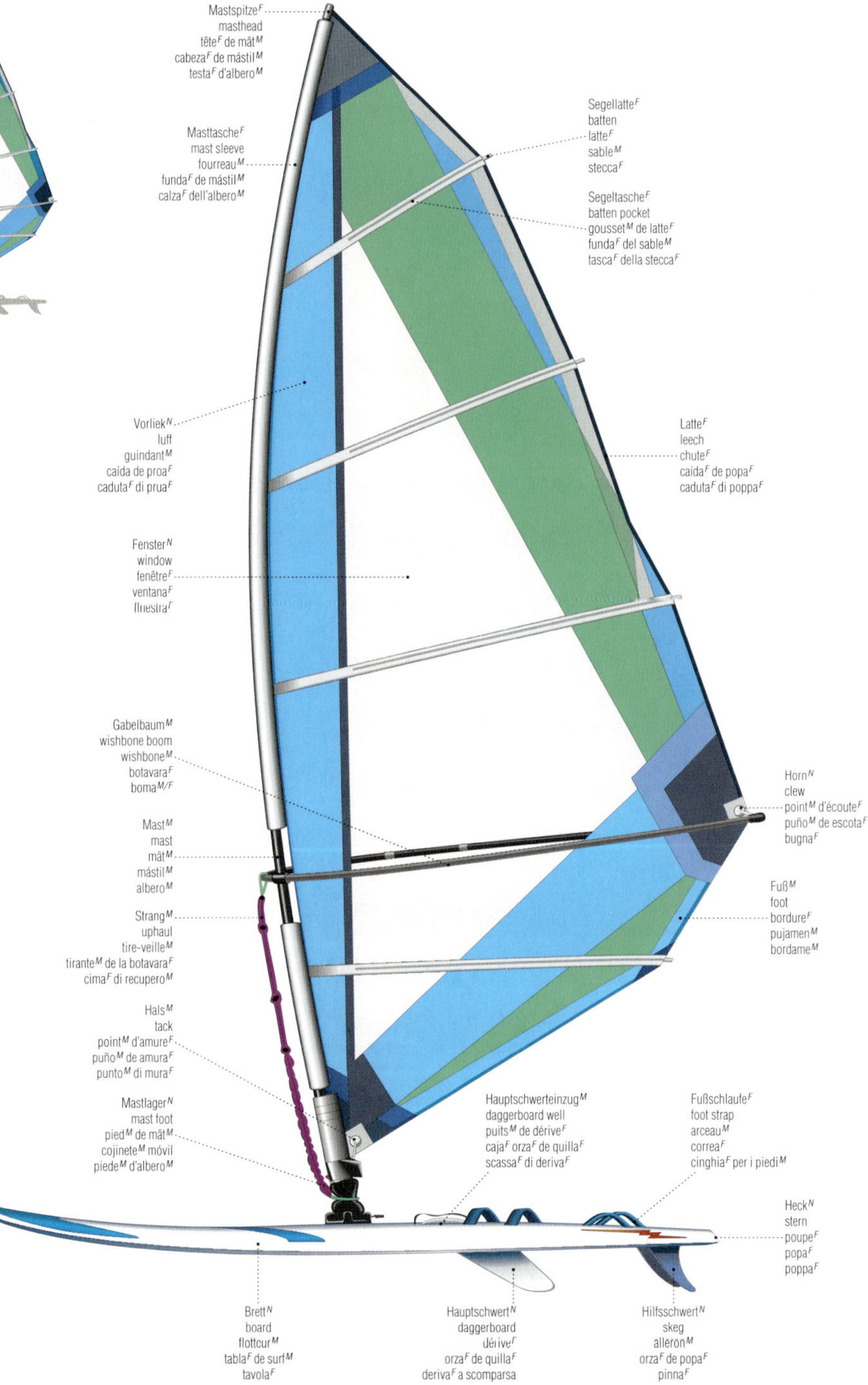

SPORT UND SPIELE

Kanu^{N}-Kajak$^{M/N}$: Wildwasser^{N}

canoe-kayak: whitewater | canoë^{M}-kayak^{M} : eaux^{F} vives | canoa^{F} -kayak^{M} : aguas^{F} bravas | canoa^{F} e kayak^{M}: rapide^{F}

Kanu^{N}
canoe
canoë^{M}
canoa^{F}
canoa^{F}

Stechpaddel^{N}
single-bladed paddle
pagaie^{F} simple
remo^{M} de una sola pala^{F}
pagaia^{F} a pala^{F} singola

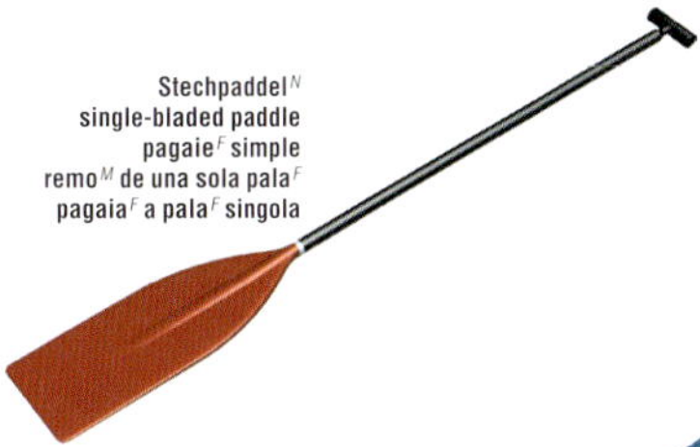

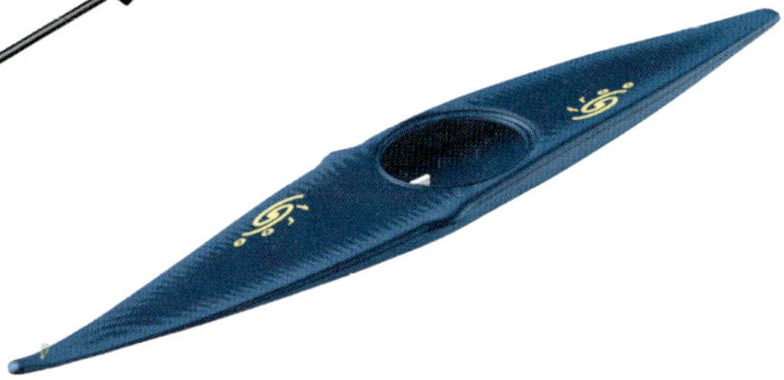

Kajak$^{M/N}$
kayak
kayak^{M}
kayak^{M}
kayak^{M}

Doppelpaddel^{N}
double-bladed paddle
pagaie^{F} double
remo^{M} de dos palas^{F}
pagaia^{F} a doppia pala^{F}

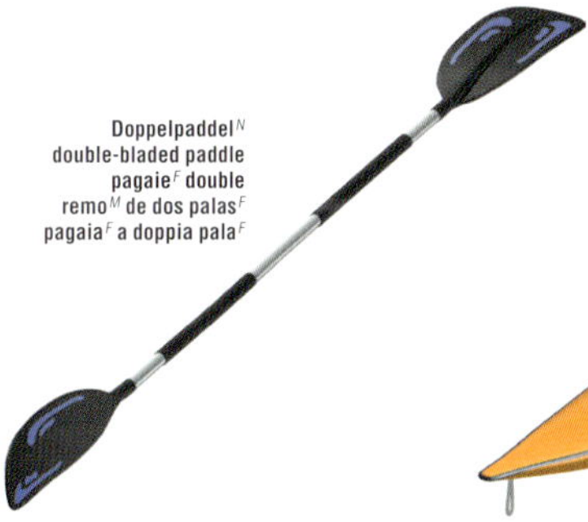

Spritzschutz^{M}
spray skirt
jupe^{F}
cubrebañeras^{M}
paraspruzzi^{M}

Wildwasser^{N}
whitewater
eaux^{F} vives
aguas^{F} bravas
rapide^{F}

Aufwärtstor^{N}
upstream gate
porte^{F} en remontée^{F}
puerta^{F} de ascenso^{M}
porta^{F} in risalita^{F}

Streckenschiedsrichter^{M}
gate judge
juge^{M} de porte^{F}
juez^{M} de puerta^{M}
giudice^{M} di partenza^{F}

Hauptschiedsrichter^{M}
chief judge
juge^{M} en chef^{M}
árbitro^{M} principal
giudice^{M} principale

Richtungstor^{N}
course gate
porte^{F} du parcours^{M}
puerta^{F} de recorrido^{M}
porta^{F}

Abwärtstor^{N}
downstream gate
porte^{F} en descente^{F}
puerta^{F} de descenso^{M}
porta^{F} in discesa^{F}

Rettungswart^{M}
safety officer
responsable^{M} de la sécurité^{F}
personal^{M} de la seguridad^{F}
responsabile^{M} della sicurezza^{F}

SPORT UND SPIELE

Rudern[N] und Skullen[N]

rowing and sculling | aviron[M] | remo[M] | canottaggio[M] con uno e due remi[M]

Skullen[N] (zwei Skulls[N])
sculling (two oars)
avirons[M] à couple[M]
scull[M]
canottaggio[M] di coppia[F] (due remi[M])

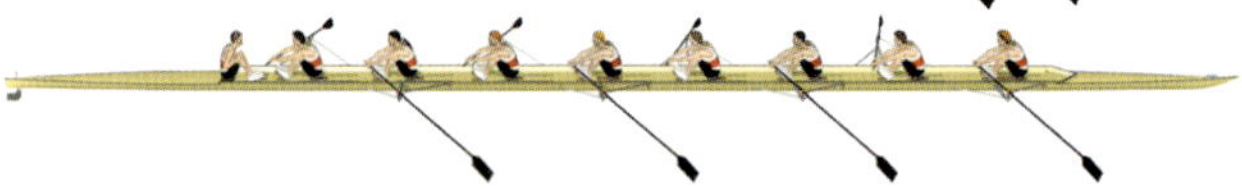

Rudern[N] (ein Riemen[M])
rowing (one oar)
aviron[M] en pointe[F]
remo[M] en punta[F]
canottaggio[M] di punta[F] (un remo[M])

Riemenarten[F]
types of oar
types[M] d'avirons[M]
tipos de remos[M]
tipi[M] di remi[M]

Skull[N]
sculling oar
aviron[M] de couple[M]
scull[M]
remo[M] di coppia[F]

Griff[M]
grip
poignée[F]
guión[M]
impugnatura[F]

Innenhebel[M]
rubber sheath
manchon[M]
funda[F] de goma
fasciatura[F] in gomma[F]

Blatt[N]
blade
pelle[F]
pala[F]
pala[F]

Schaft[M]
shaft
manche[M]
cuello[M] del remo[M]
asta[F]

Klemmring[M]
collar
collier[M]
luchadero[M]
collare[M]

Riemen[M]
sweep oar
aviron[M] de pointe[F]
remo[M] en punta[F]
remo[M] di punta[F]

Blatt[N]
blade
pelle[F]
pala[F]
pala[F]

Teile[M] eines Boots[N]
parts of a boat
parties[F] d'un bateau[M]
partes[F] de una embarcación[F]
parti[F] di una imbarcazione[F]

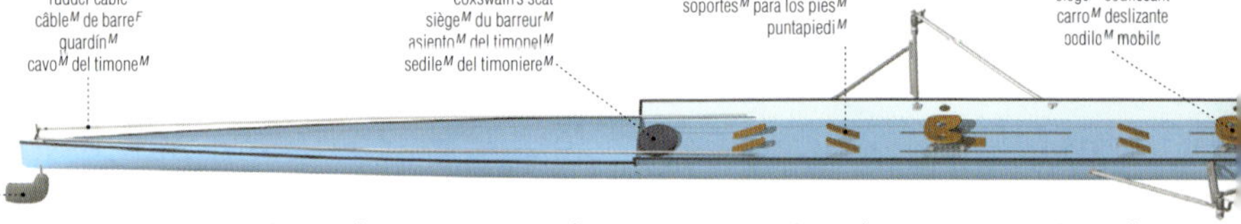

Steuer[N]
rudder
gouvernail[M]
timón[M]
timone[M]

Steuerleine[F]
rudder cable
câble[M] de barre[F]
guardín[M]
cavo[M] del timone[M]

Steuersitz[M]
coxswain's seat
siège[M] du barreur[M]
asiento[M] del timonel[M]
sedile[M] del timoniere[M]

Stemmbrett[N]
foot stretcher
planche[F] de pied[M]
soportes[M] para los pies[M]
puntapiedi[M]

Rollsitz[M]
sliding seat
siège[M] coulissant
carro[M] deslizante
sedile[M] mobile

Becken[N]
basin
bassin[M]
canal[F]
bacino[M]

Seitenrichter[M]
aligner
aligneur[M]
alineador[M]
allineatore[M]

Streckenschiedsrichter[M]
course umpire
arbitre[M] de parcours[M]
árbitro[M] de recorrido[M]
arbitro[M] di percorso[M]

Startbojen[F]
start buoys
bouées[F] de départ[M]
boyas[F] de salida[F]
boe[F] di partenza[F]

Bahnbojen[F]
course buoys
bouées[F] de parcours[M]
boyas[F] de recorrido[M]
boe[F] di percorso[M]

Startzone[F]
starting zone
zone[F] de départ[M]
zona[F] de salida[F]
zona[F] di partenza[F]

Starter[M]
starter
juge[M] au départ[M]
juez[M] de salida[F]
starter[M]

Ablegepritsche[F]
starting jetty
ponton[M] de départ[M]
pontón[M] de salida[F]
pontile[M] di partenza[F]

Kanu[N]-Kajak[M/N]: Flachwasserrennen[N]

canoe-kayak: flatwater racing | canoë[M]-kayak[M] : course[F] en ligne[F] | canoa[F] -kayak[M] : regata[F] | canoa[F] e kayak[M]: regate[F] fluviali

Einerkanadier[M] (C1)
C1 canoe
canoë[M] monoplace (C1)
canoa[F] C1
canoa[F] monoposto (C1)

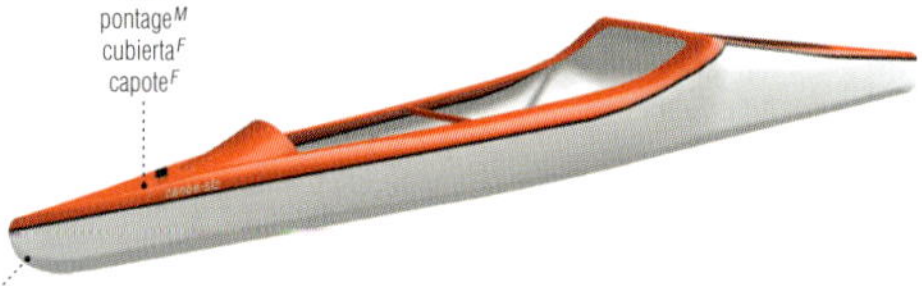

Deck[N]
deck
pontage[M]
cubierta[F]
capote[F]

Vordersteven[M]
forestem
étrave[F]
proa[F] apuntada
dritto[M] di prua[F]

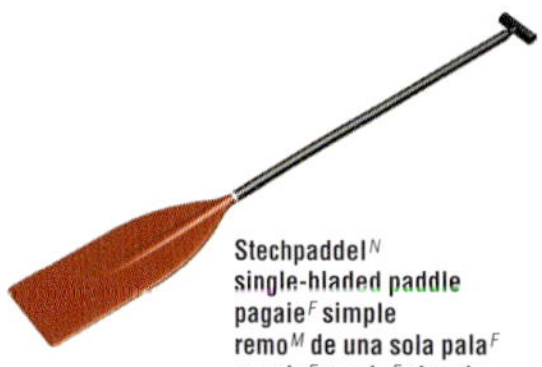

Stechpaddel[N]
single-bladed paddle
pagaie[F] simple
remo[M] de una sola pala[F]
pagaia[F] a pala[F] singola

Rudern^{N} und Skullen^{N}

Ruderboote^{N}
sculling boats
bateaux^{M} de couple^{M}
skiff^{M}
imbarcazioni^{F} di coppia^{F}

Einer^{M}
single scull
skiff^{M}
skiff^{M}
singolo^{M}

Zweier^{M} ohne Steuermann^{M}
coxless double
double-scull^{M} sans barreur^{M}
doble scull sin timonel^{M}
due senza^{M}

Riemenboot^{N}
sweep boats
bateaux^{M} de pointe^{F}
embarcaciones^{F} de punta^{M}
imbarcazioni^{F} di punta^{F}

Zweier^{M} mit Steuermann^{M}
coxed pair
deux avec barreur^{M}
el dos con timonel^{M}
due^{M} con

Zweier^{M} ohne Steuermann^{M}
coxless pair
deux sans barreur^{M}
el dos
due^{M} senza

Achter^{M}
coxed eight
huit avec barreur^{M}
ocho con timonel^{M}
otto^{M} con

Vierer^{M} mit Steuermann^{M}
coxed four
quatre avec barreur^{M}
el cuatro con timonel^{M}
quattro^{M} con

Vierer^{M} ohne Steuermann^{M}
coxless four
quatre sans barreur^{M}
el cuatro
quattro^{M} senza

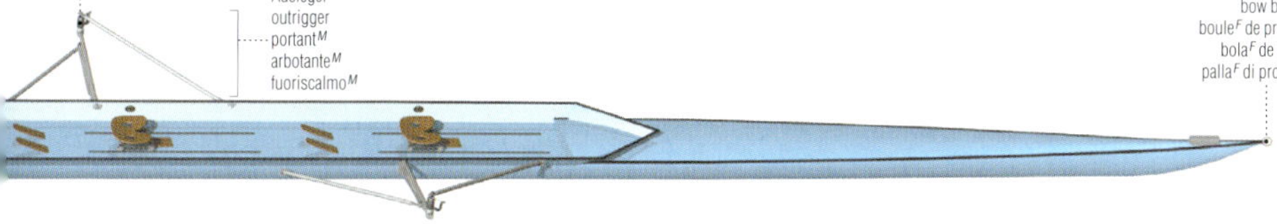

Kanu^{N}-Kajak$^{M/N}$: Flachwasserrennen^{N}

Einerkajak$^{M/N}$ (K1)
K1 kayak
kayak^{M} monoplace (K1)
kayak^{M} K1
kayak^{M} monoposto (K1)

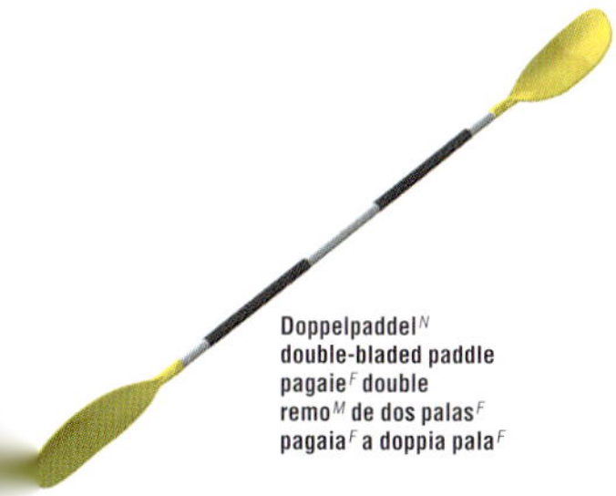

Doppelpaddel^{N}
double-bladed paddle
pagaie^{F} double
remo^{M} de dos palas^{F}
pagaia^{F} a doppia pala^{F}

Wasserski[N]

water skiing | ski[M] nautique | esquí[M] acuático | sci[M] nautico

Beispiele[N] für Skier[M]
examples of skis
exemples[M] de skis[M]
ejemplos[M] de esquís[M]
esempi[M] di sci[M] nautici

Wasserski-Set[M/N]
twin skis
skis[M] de tourisme[M]
esquí[M] normal
sci[M] doppio

Spitze[F]
tip
spatule[F]
punta[F]
punta[F]

Bindung[F]
binding
fixation[F]
fijación[F]
attacco[M]

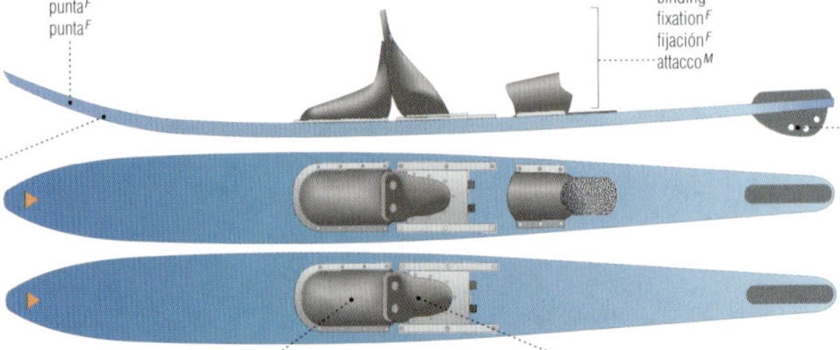

Unterseite[F]
bottom
semelle[F]
suela[F]
suola[F]

Kiel[M]
fin
dérive[F]
aleta[F] estabilizador[M]
deriva[F]

Vorfußgummi[N]
toe piece
sabot[M]
bota[F] del pie[M] delantero
avampiede[M]

Stegschlaufe[F] für zweiten Fuß[M]
heel piece
talonnière[F]
goma[F] de sujeción[F] del talón[M]
talloniera[F]

Slalomski[M]
slalom ski
ski[M] de slalom[M]
esquí[M] de eslálon[M]
monoscì[M] da slalom[M]

Hinterbindung[F]
back binding
fixation[F] arrière
sujeción[F] trasera
attacco[M] posteriore

Vorderbindung[F]
front binding
fixation[F] avant
sujeción[F] delantera
attacco[M] anteriore

Sprungski[M]
jump ski
skis[M] de saut[M]
esquí[M] de salto[M]
sci[M] da salto[M]

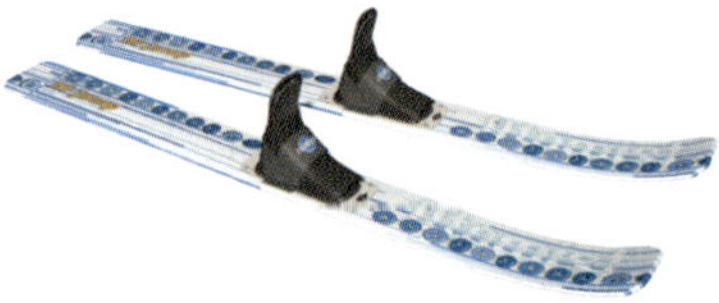

Figurenski[M]
figure ski
ski[M] de figure[F]
esquí[M] de figuras[F]
monoscì[M] per figure[F]

Endstück[N]
tail
queue[F]
talón[M]
coda[F]

Beispiele[N] für Hanteln[F]
examples of handles
exemples[M] de trapèzes[M]
ejemplos[M] de empuñaduras[F]
esempi[M] di impugnature[F]

Hantel[F]
handle
trapèze[M]
empuñadura[F]
trapezio[M]

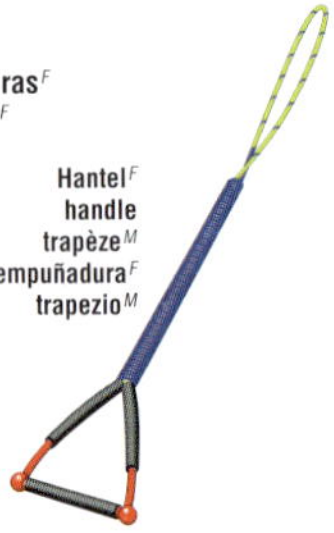

Doppelhantel[F]
double handles
palonnier[M] de slalom[M]
cuerdas[F] para eslálon[M]
impugnatura[F] doppia

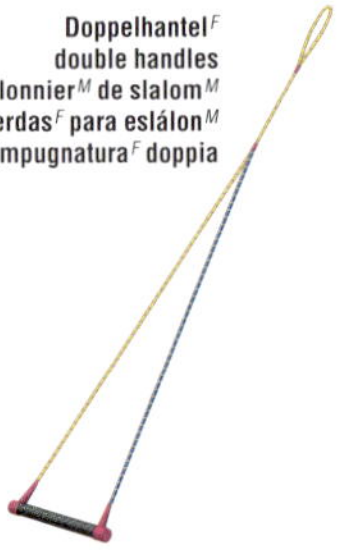

Figurenhantel[F]
figure skiing handle
trapèze[M] de figure[F]
empuñaduras[F] para esquí[M] de figuras[F]
impugnatura[F] per le figure[F]

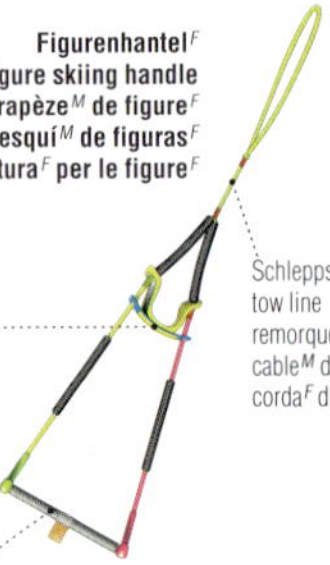

Fußriemen[M]
toe strap
lanière[F]
correa[F] para el pie[M]
cinghia[F] per il piede[M]

Schleppseil[N]
tow line
remorque[F]
cable[M] de arrastre[M]
corda[F] di trazione[F]

Hantelgriff[M]
tow bar
barre[F]
barra[F]
barra[F] di trazione[F]

Surfen[N]

surfing | surf[M] | surf[M] | surf[M]

Surfer[M]
surfer
surfeur[M]
surfista[M]
surfista[M/F]

Surfboard[N]
surfboard
planche[F] de surf[M]
tabla[F] de surf[M]
tavola[F] da surf[M]

Schwert[N]
skeg
aileron[M]
alerón[F]
pinna[F]

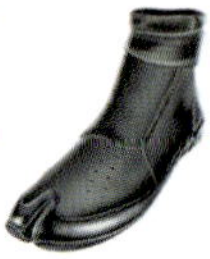

Surfschuh[M]
boot
chausson[M]
escarpín[M]
stivaletto[M]

Tauchen[N]

scuba diving | plongée[F] sous-marine | buceo[M] | pesca[F] subacquea

Taucher[M]
scuba diver
plongeur[M]
buceador[M]
sub[M]

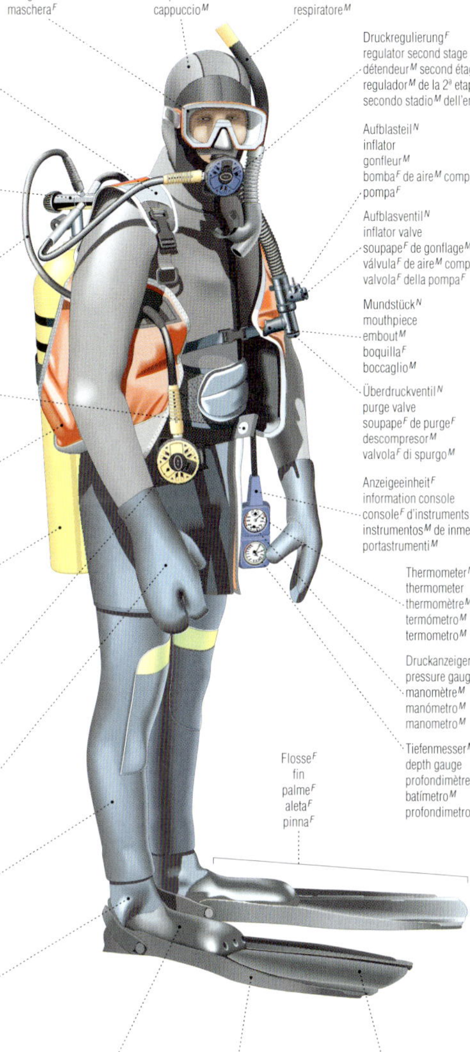

Tauchermesser[N]
knife
couteau[M]
cuchillo[M]
coltello[M] da sub[M]

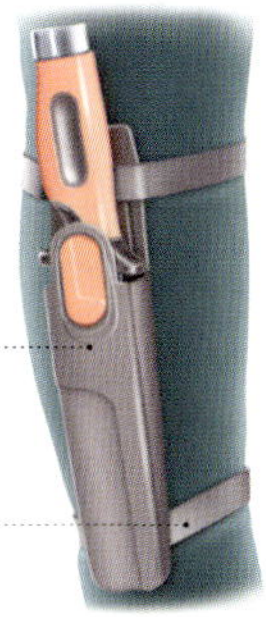

Harpune[F]
harpoon gun
fusil[M] à air[M] comprimé
arpón[M] submarino
fucile[M] subacqueo

Boxen^N

boxing | boxe^F | boxeo^M | pugilato^M

Boxer^M
boxer
boxeur^M
boxeador^M
pugile^M

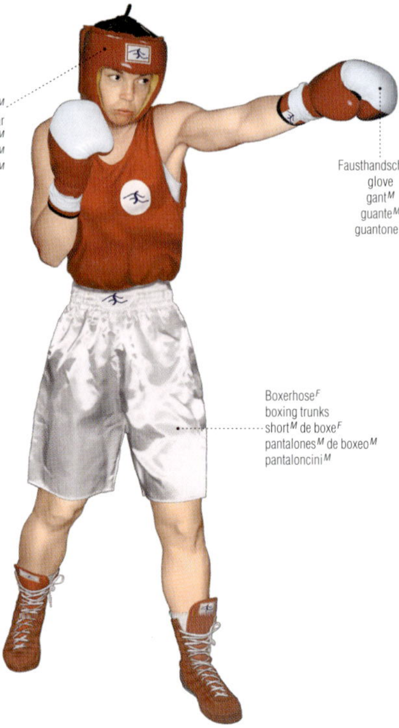

Sandsack^M
punchbag
sac^M de sable^M
saco^M de arena^F
sacco^M

Punchingball^M
punchball
ballon^M de boxe^F
pera^F de maíz^F
punching ball^M

Ring^M
ring
ring^M
cuadrilátero^M
quadrato^M

SPORT UND SPIELE

Boxen[N]

Boxhandschuhe[M]
boxing gloves
gants[M] de boxe[F]
guantes[M] de boxeo[M]
guantoni[M]

Bandage[F]
bandage
bandage[M]
vendaje[M]
bendaggio[M]

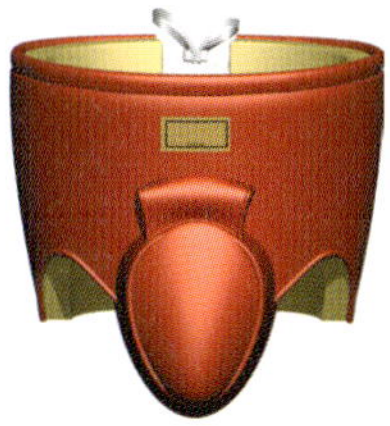

Suspensorium[N]
cup protector
coquille[F] de protection[F]
coquilla[F]
conchiglia[F] di protezione[F]

Mundschutz[M]
gumshield
protège-dents[M]
protector[M] bucal
paradenti[M]

Ringen[N]

wrestling | lutte[F] | lucha[F] | lotta[F]

Startpositionen[F]
starting positions
positions[F] de départ[M]
posiciones[M] iniciales
posizioni[F] di partenza[F]

gebückter Stand[M] (Freistil[M])
crouching position (freestyle wrestling)
garde[F] basse (lutte[F] libre)
posición[F] en guardia[F]: (lucha[F] libre)
guardia[F] bassa (lotta[F] libera)

aufrechter Stand[M] (griechisch-römischer Stil[M])
standing position (Graeco-Roman wrestling)
garde[F] haute (lutte[F] gréco-romaine)
posición[F] vertical: (lucha[F] greco-romana)
guardia[F] in piedi[M] (lotta[F] greco-romana[F])

Ringer[M]
wrestler
lutteur[M]
luchador[M]
lottatore[M]

Wettkampffläche[F]
wrestling area
aire[F] de combat[M]
área[F] de lucha[F] libre
area[F] di combattimento[M]

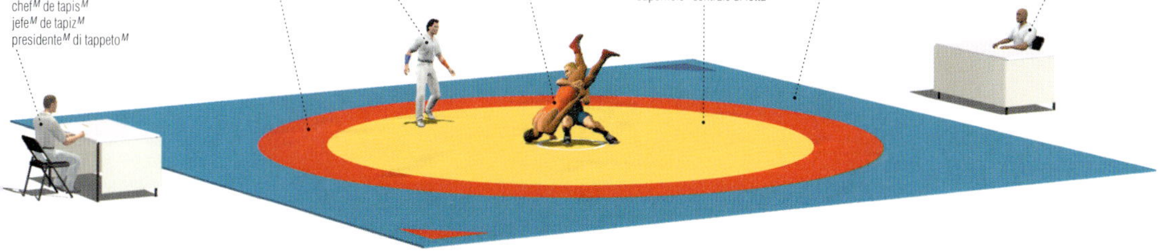

SPORT UND SPIELE

Judo^{N}

judo | judo^{M} | judo^{M} | judo^{M}

Matte^{F}
mat
tapis^{M}
tatami^{M}
tappeto^{M}

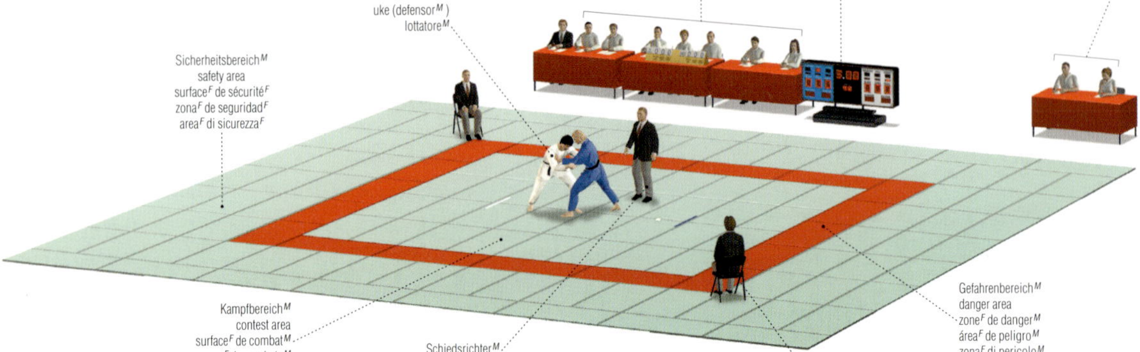

Judokämpfer^{M} Wettkampfteilnehmer
contestant
combattant^{M}
uke (defensor^{M})
lottatore^{M}

Registratoren^{M} und Zeitnehmer^{M}
scorers and timekeepers
marqueurs^{M} et chronométreurs^{M}
anotadores^{M} y cronometradores^{M}
segnapunti^{M} e cronometristi^{M}

Anzeigetafel^{F}
scoreboard
tableau^{M} d'affichage^{M}
marcador^{M}
tabellone^{M} segnapunti

Ärzteteam^{N}
medical team
équipe^{F} médicale
equipo^{M} médico
staff^{M} medico

Sicherheitsbereich^{M}
safety area
surface^{F} de sécurité^{F}
zona^{F} de seguridad^{F}
area^{F} di sicurezza^{F}

Kampfbereich^{M}
contest area
surface^{F} de combat^{M}
zona^{F} de combate^{M}
area^{F} di combattimento^{M}

Schiedsrichter^{M}
referee
arbitre^{M}
judoka^{M} neutral
arbitro^{M}

Gefahrenbereich^{M}
danger area
zone^{F} de danger^{M}
área^{F} de peligro^{M}
zona^{F} di pericolo^{M}

Kampfrichter^{M}
judge
juge^{M}
juez^{M}
giudice^{M}

Judogi^{M}
judogi
judogi^{M}
traje^{M} de judo: judoji^{M}
judogi^{M}

Jacke^{F}
jacket
veste^{F}
kimono^{M}
giacca^{F}

Hose^{F}
trousers
pantalon^{M}
pantalón^{M}
pantaloni^{M}

Gürtel^{M}
belt
ceinture^{F}
cinturón^{M}
cintura^{F}

Griff- und Wurfbeispiele^{N}
examples of holds
exemples^{M} de prises^{F}
ejemplos^{M} de llaves^{F}
esempi^{M} di prese^{F}

Haltegriffe^{M}
holding
immobilisation^{F}
inmovilización^{M}
presa^{F} a terra^{F}

Kopfwurf^{M}
stomach throw
projection^{F} en cercle^{M}
proyección^{F} en círculo^{M}
rovesciata^{F} all'indietro

Hüftwurf^{M}
sweeping hip throw
hanche^{F} ailée
proyección^{F} primera de cadera^{F}
spazzata^{F} d'anca^{F}

Große Außensichel^{F}
major outer reaping throw
grand fauchage^{M} extérieur
osoto-gari (gran siega^{F}) exterior
grande falciata^{F} esterna

Große Innensichel^{F}
major inner reaping throw
grand fauchage^{M} intérieur
gran siega^{F}) interior
grande falciata^{F} interna

Armhebel^{M}
arm lock
clé^{F} de bras^{M}
inmovilización^{F} de brazo^{M}
presa^{F} a croce^{F}

Halsumklammerung^{F}
naked strangle
étranglement^{M}
estrangulación^{F}
presa^{F} di strangolamento^{M}

einarmiger Schulterwurf^{M}
one-arm shoulder throw
projection^{F} d'épaule^{F} par un côté^{M}
proyección^{F}) por encima del hombro^{M} con una mano^{F}
proiezione^{F} di spalla^{F} e braccio^{M}

SPORT UND SPIELE

Karate^N

karate | karaté^M | karate^M | karatè^M

Karateka^M
karateka
karatéka^F
karateka^M
karateka^M/F

Wettkampfbereich^M
contest area
surface^F de combat^M
zona^F de combate^M
area^F di combattimento^M

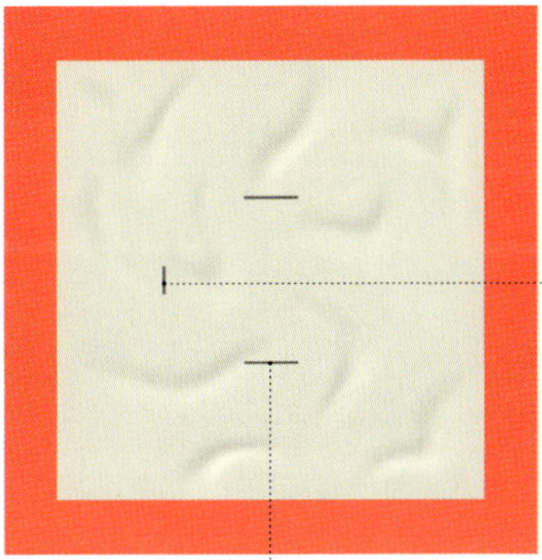

Wettkampffläche^F
competition area
aire^F de compétition^F
zona^F de competición^F
area^F di gara^F

SPORT UND SPIELE

Kung-Fu^{N}

kung fu | kung-fu^{M} | kung fu^{M} | kung fu^{M}

Jujutsu^{N}

ju-jitsu | ju-jitsu^{M} | ju-jitsu^{M} | jujutsu^{M}

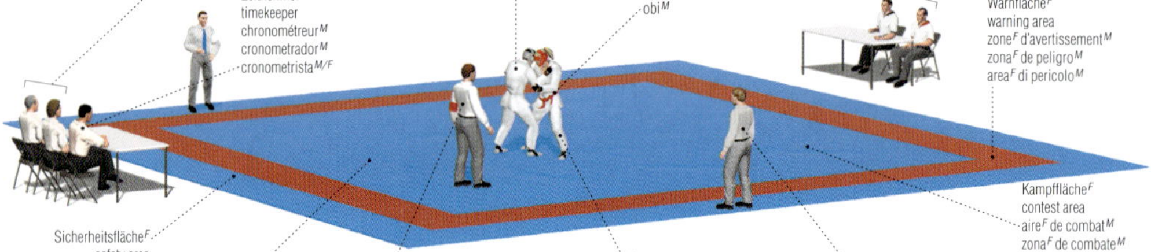

Aikido^{N}

aikido | aïkido^{M} | aikido^{M} | aikido^{M}

Jo^{M}
staff
bâton^{M}
bastón^{M}
bastone^{M}

Bokken^{M}
bokken
bokken^{M}
bokken^{M}
bokken^{M}

Kendo[N]

kendo | kendo[M] | kendo[M] | kendo[M]

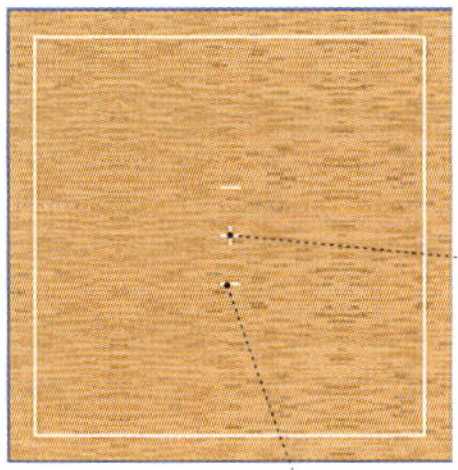

Sumo[N]

sumo | sumo[M] | sumo[M] | sumo[M]

SPORT UND SPIELE

Fechtsport[M]

fencing | escrime[F] | esgrima[F] | scherma[F]

Fechter[M]
fencer
escrimeur[M]
esgrimista[M]
schermidore[M]

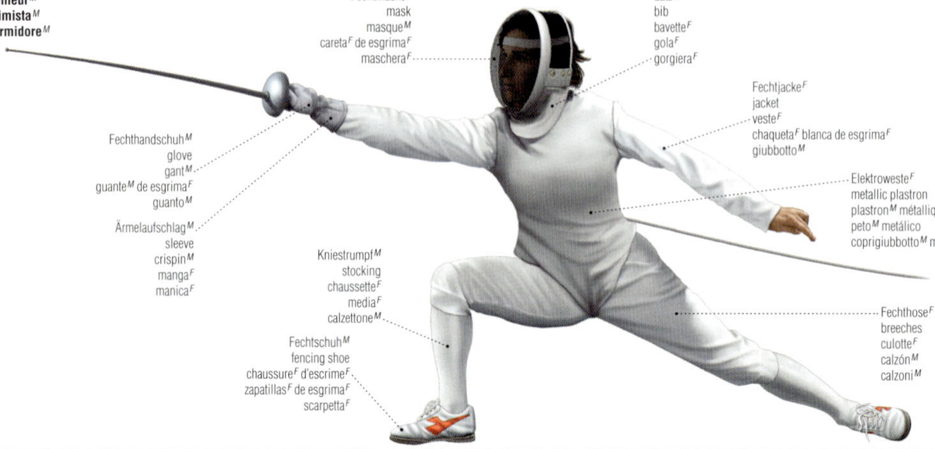

Trefflächen[F]
target areas
cibles[F]
áreas[F] válidas de tocado[M]
aree[F] di bersaglio[M]

Fechtbahn[F]
piste
piste[F]
pista[F] de esgrima[F]
pedana[F]

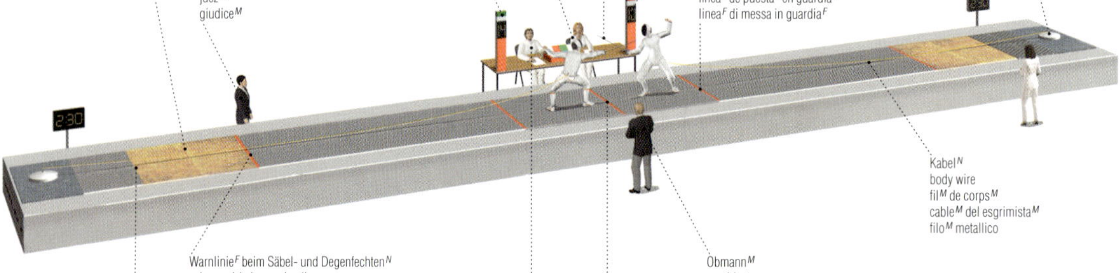

SPORT UND SPIELE

Einladungen^{F}
positions
positions^{F}
posiciones^{F}
posizioni^{F}

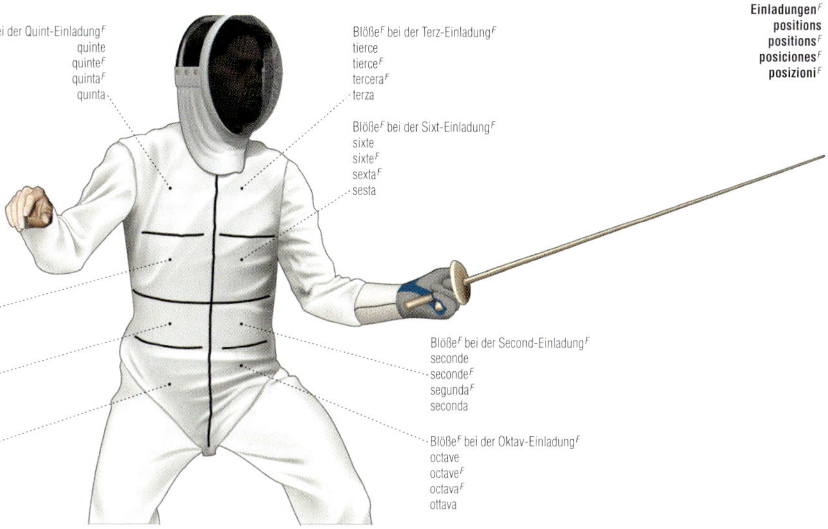

Fechtwaffen^{F}
fencing weapons
armes^{F}
armas^{F}
armi^{M} della scherma^{F}

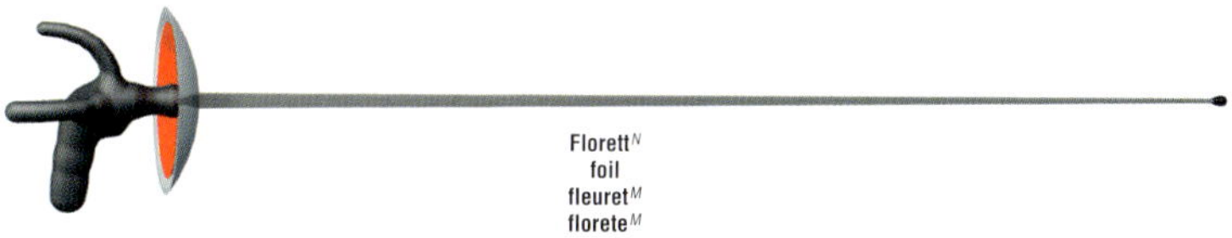

Florett^{N}
foil
fleuret^{M}
florete^{M}
fioretto^{M}

Degen^{M}
épée
épée^{F}
espada^{F}
spada^{F}

Säbel^{M}
sabre
sabre^{M}
sable^{M}
sciabola^{F}

Teile$^{M/N}$ der Waffe^{F}
parts of the weapon
parties^{F} de l'arme^{F}
partes^{F} del arma^{F}
parti^{F} dell'arma^{F}

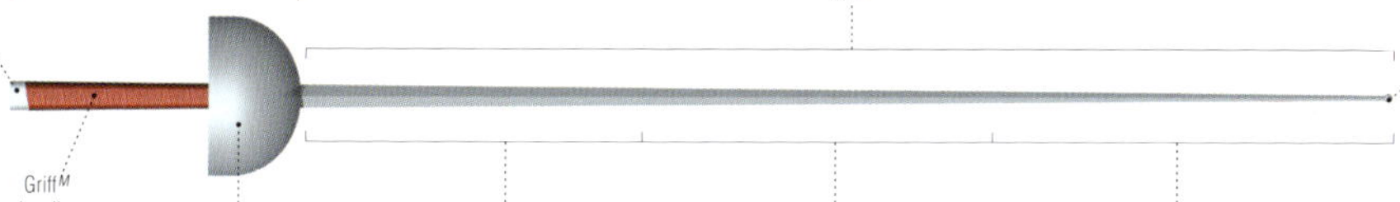

Gewichtheben^N

weightlifting | haltérophilie^F | halterofilia^F | sollevamento^M pesi^M

Stoßen^N
clean and jerk
épaulé^M-jeté^M
envión^M
slancio^M

Reißen^N
snatch
arraché^M
arranque^M
strappo^M

Fitnessgeräte^N

fitness equipment | appareils^M de conditionnement^M physique | aparatos^M de ejercicios^M | attrezzi^M ginnici

Hantel^F
dumbbell
haltère^M court
pesas^F
manubrio^M

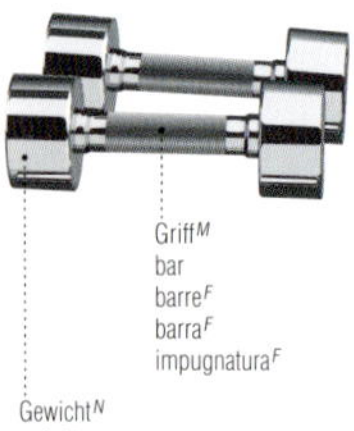

Handmuskeltrainer^M
handgrips
poignées^F à ressort^M
empuñaderas^F
molle^F a forbice^F

Fuß-/Handgelenksgewicht^N
ankle/wrist weight
bracelet^M lesté
pesas^F para muñecas^F y tobillos^M
cavigliera^F/polsiera^F

Springseil^N
skipping-rope
corde^F à sauter
cuerda^F
corda^F

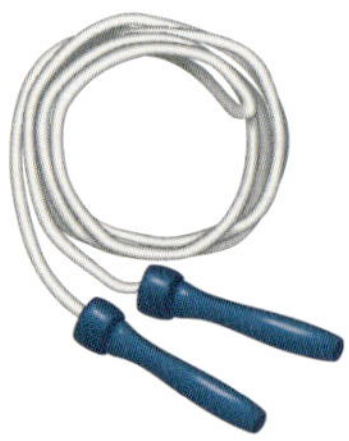

Federstange^F
twist bar
ressort^M athlétique
barra^F de torsión^F
sbarra^F pieghevole

Expander^M
chest expander
extenseur^M
tensores^M pectorales
estensore^M

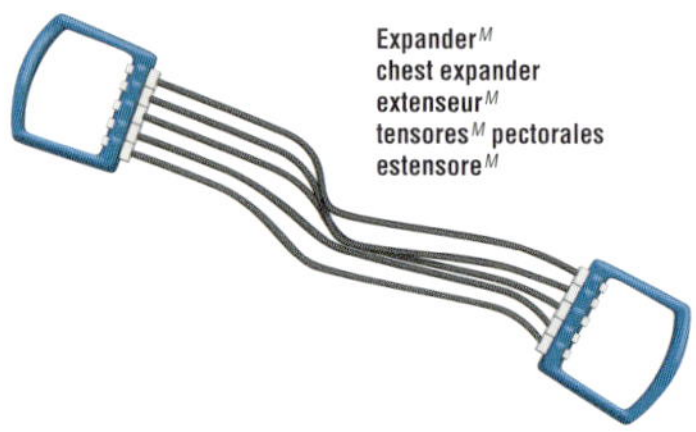

Hantel[F]
barbell
haltère[M] long
haltera[F]
bilanciere[M]

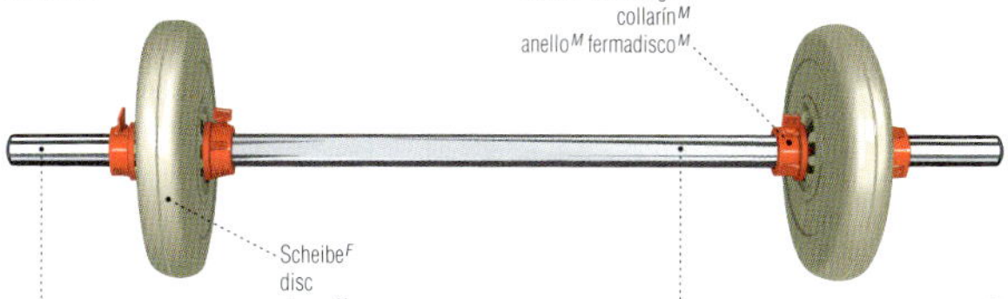

Heimtrainer[M]
exercise cycle
vélo[M] d'exercice[M]
bicicleta[F] estática
cyclette[F]

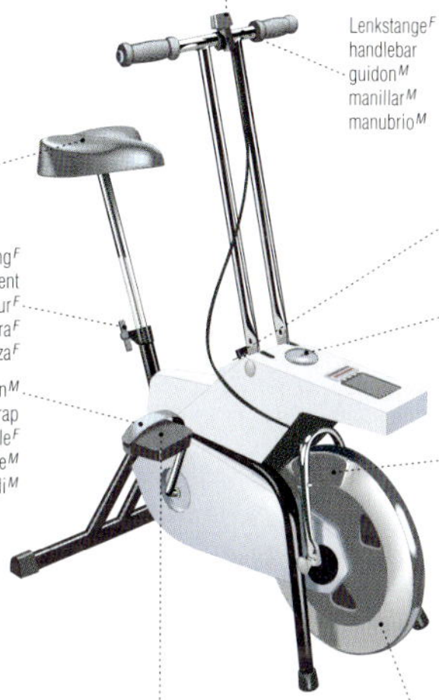

Multitrainer[M]
weight trainer
banc[M] de musculation[F]
unidad[F] de pesas[F]
attrezzo[M] multiuso

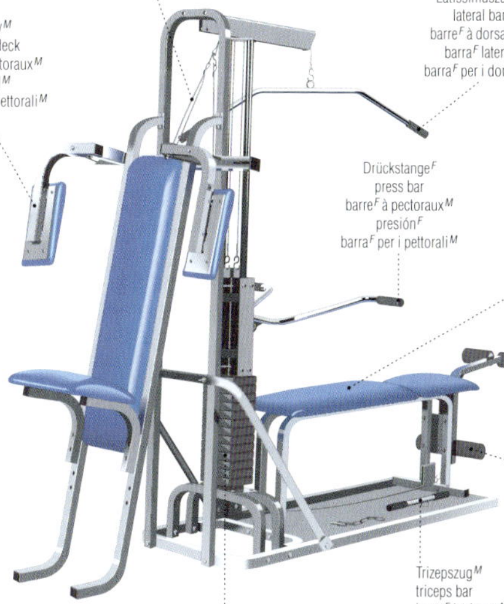

Climber[M]
stepper
simulateur[M] d'escalier[M]
escalera[F]
stepper[M]

Rudergerät[N]
rowing machine
rameur[M]
remo[M]
vogatore[M]

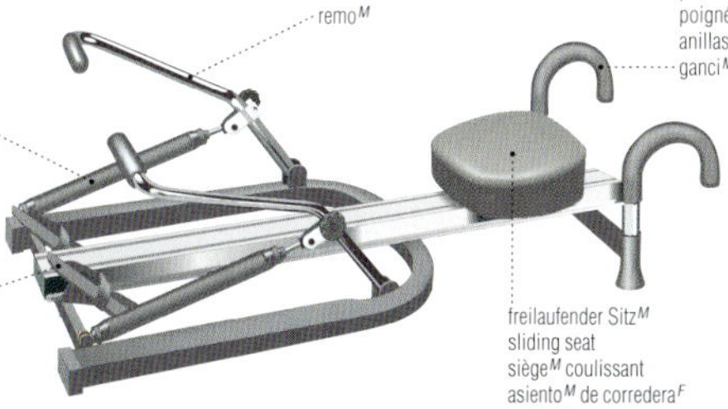

Springreiten[N]

show-jumping | saut[M] d'obstacle[M] | salto[M] de obstáculos[M] | salto[M] ostacoli[M]

Hürden[F]
obstacles
obstacles[M]
obstáculos[M]
ostacoli[M]

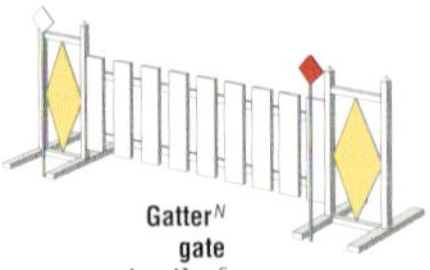

Gatter[N]
gate
barrière[F]
barrera[F]
cancello[M]

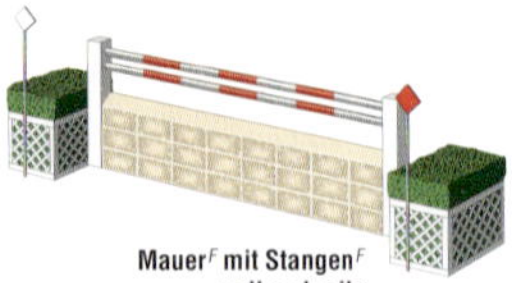

Mauer[F] mit Stangen[F]
wall and rails
mur[M] barré
valla[F] sobre muro[M]
muro[M] con barriere[F]

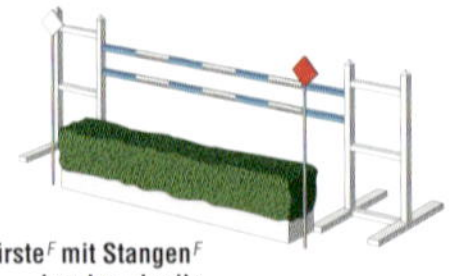

Bürste[F] mit Stangen[F]
brush and rails
haie[F] barrée
valla[F] sobre seto[M]
siepe[F] con barriere[F]

Pfosten[M] mit Latte[F]
planks
palanque[F]
palancas[F]
tavole[F]

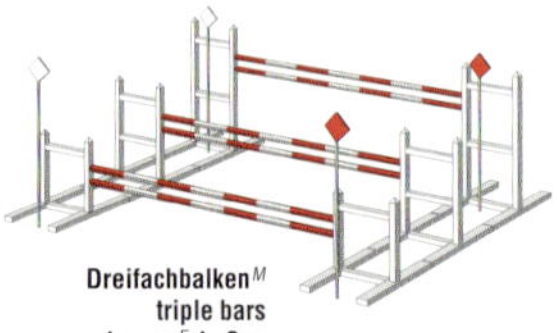

Dreifachbalken[M]
triple bars
barres[F] de Spa
triple de barras[F]
triplice[M]

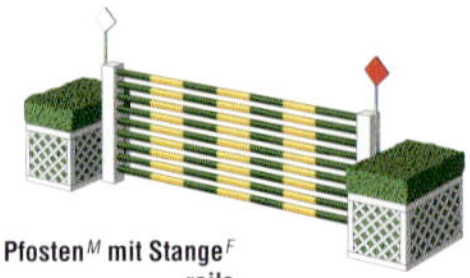

Pfosten[M] mit Stange[F]
rails
stationata[F]
vertical[M] de barras[F]
barriere[F]

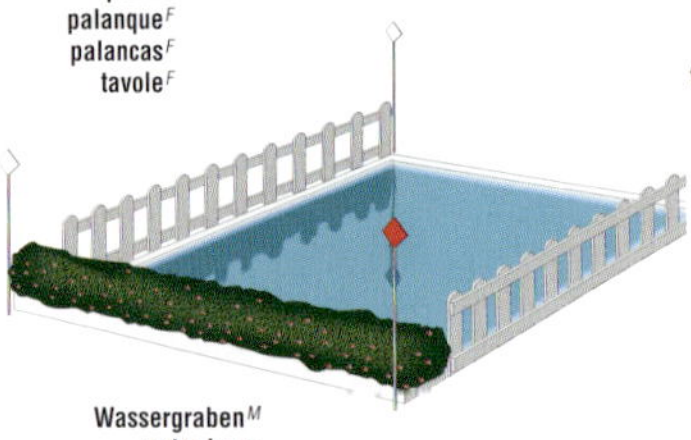

Wassergraben[M]
water jump
haie[F] rivière[F]
ría[F]
riviera[F]

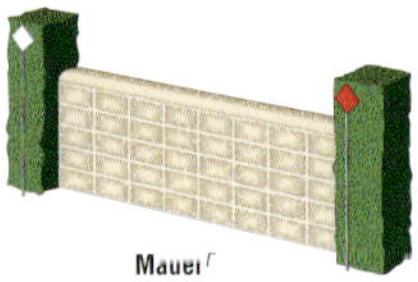

Mauer[F]
wall
mur[M]
muro[M]
muro[M]

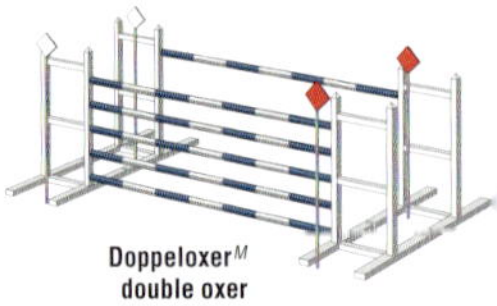

Doppeloxer[M]
double oxer
oxer[M]
óxer[M] de barras[F]
oxer[M]

Sprungreitparcours[M]
show-jumping course
parcours[M] d'obstacles[M]
pista[F] para salto[M] de obstáculos[M]
campo[M] di gara[F]

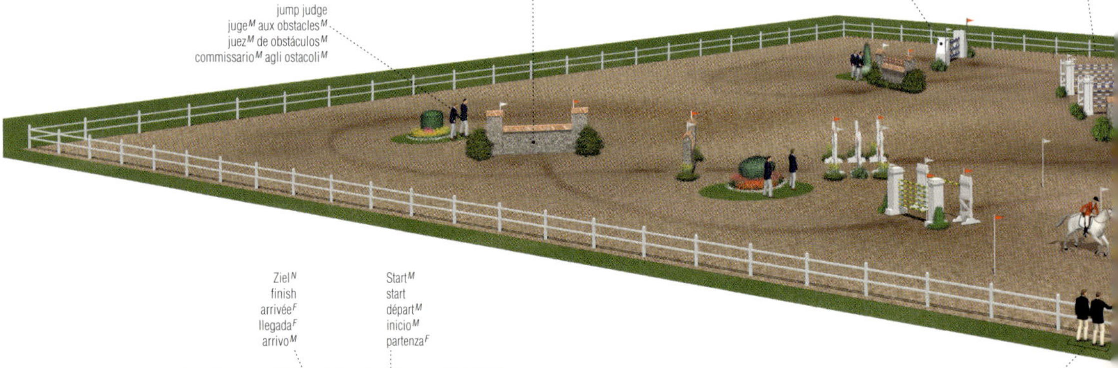

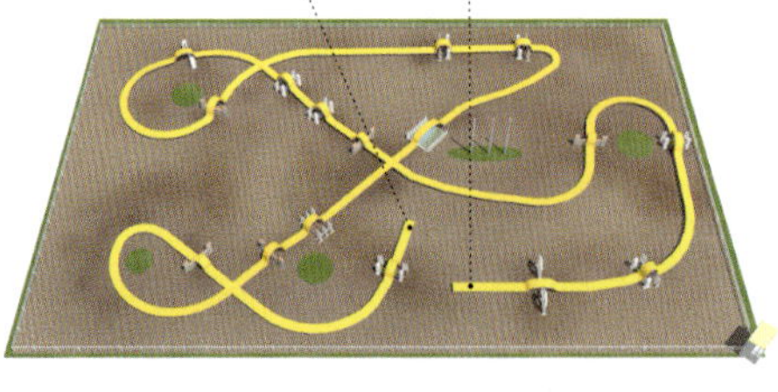

SPORT UND SPIELE

Springreiten[N]

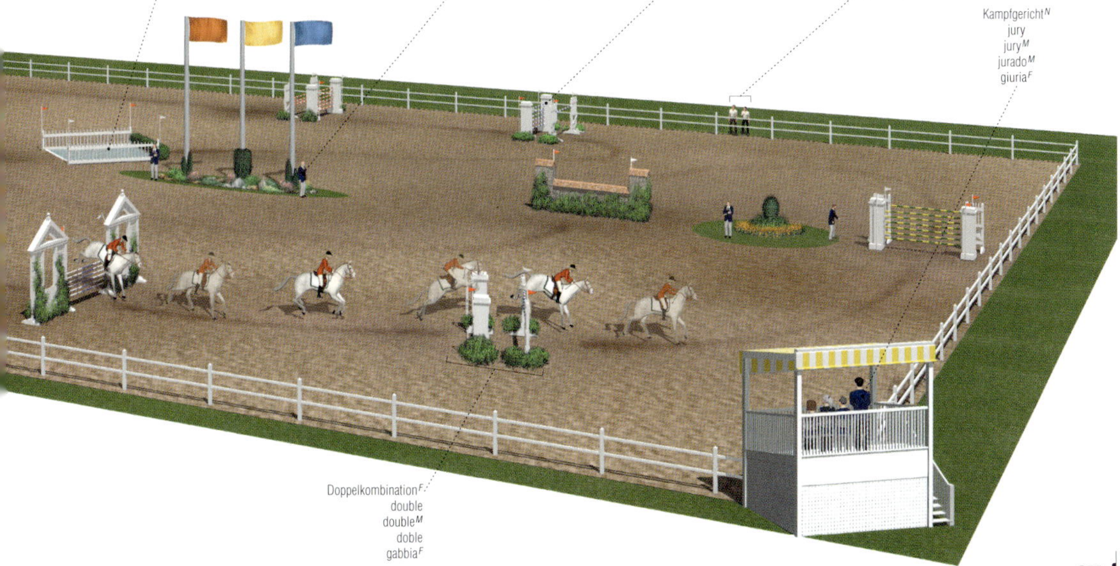

Reiten[N]

riding | équitation[F] | equitación[F] | equitazione[F]

Zaumzeug[N]
bridle
bride[F]
brida[F]
briglia[F]

Genickstück[N]
crownpiece
têtière[F]
cabezada[F]
sopraccapo[M]

Backenriemen[M]
cheek strap
montant[M] de bride[F]
trabilla[F]
montante[M] del morso[M]

Kehlriemen[M]
throat lash
sous-gorge[F]
ahogadero[M]
sottogola[M]

Trensenzügel[M]
snaffle rein
rêne[F] de filet[M]
rienda[F] del freno[M]
redini[F] del filetto[M]

Kandarenzügel[M]
curb rein
rêne[F] de bride[F]
rienda[F] del bocado[M]
redini[F] del morso[M]

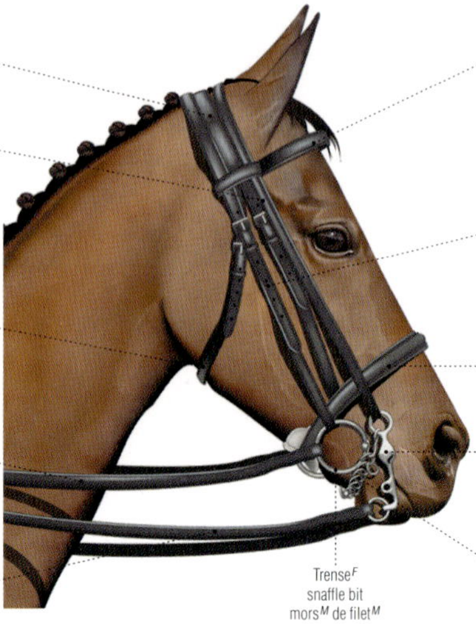

Trense[F]
snaffle bit
mors[M] de filet[M]
barbada[F]
filetto[M]

Stirnriemen[M]
browband
frontal[M]
frontalera[F]
frontale[M]

Gebissriemen[M]
snaffle strap
montant[M] de filet[M]
montante[M] del filete[M]
montante[M] del filetto[M]

Nasenriemen[M]
noseband
muserolle[F]
muserola[F]
museruola[F]

Kandare[F]
curb bit
mors[M] de bride[F]
bocado[M] del filete
morso[M]

Kandarenkette[F]
curb chain
gourmette[F]
freno[M]
barbazzale[M]

Trense[F]
snaffle bit
mors[M] de filet[M]
bocado[M] de filete[M]
filetto[M]

Wassertrense[F]
jointed mouth
canon[M] brisé
filete[M] articulado
cannone[M] snodato

Zügelring[M]
rein ring
anneau[M] de rêne[F]
anillo[M] de las riendas[F]
anello[M] per le redini[F]

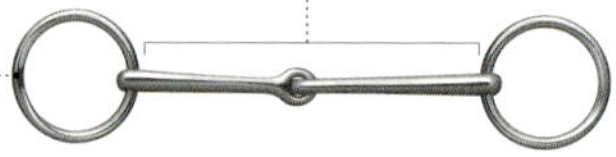

Gummigebiss[N]
rubber snaffle bit
filet[M] en caoutchouc[M]
filete[M] acodado elástico
filetto[M] a D in gomma[F]

Olivenkopftrense[F]
egg butt snaffle bit
filet[M] à olives[F]
filete[M] ovoide acodado
filetto[M] a oliva[F]

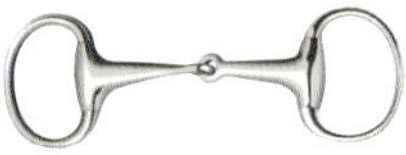

Knebeltrense[F]
full cheek snaffle bit
filet[M] à aiguilles[F]
filete[M] de quijada[F] acodado
filetto[M] ad aste[F]

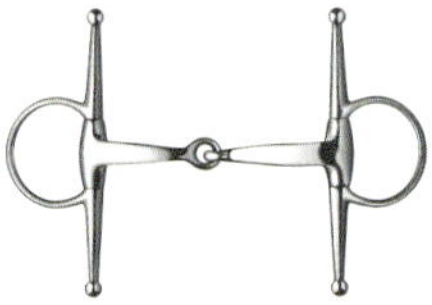

Spielertrense[F]
full cheek snaffle bit with keys
filet[M] à jouets[M]
freno[M] de quijada[F] acodado
filetto[M] con anello[M] e giocattolo[M]

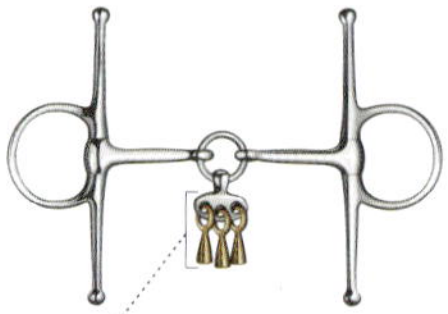

Knebel[M]
keys
jouets[M]
caireles[M]
giocattolo[M]

Kandare[F]
curb bit
mors[M] de bride[F]
bocado[M] con la barbada[F]
morso[M]

Brücke[F]
port
liberté[F] de langue[F]
puente[M]
ponte[M]

oberer Anzug[M]
upper cheek
branche[F] supérieure
quijada[F] superior
stanghetta[F]

Kinnkette[F]
curb chain
gourmette[F]
cadenilla[F] de la barbada[F]
barbazzale[M]

Zügelring[M]
rein ring
anneau[M] de rêne[F]
anillo[M] de las riendas[F]
anello[M] per le redini[F]

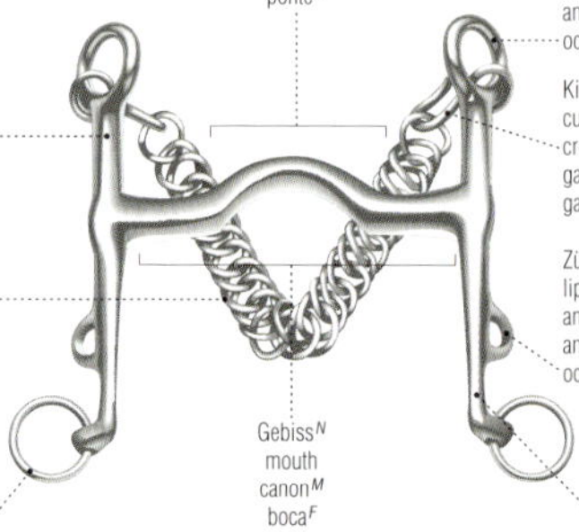

Gebiss[N]
mouth
canon[M]
boca[F]
cannone[M]

Anzugring[M]
cheek ring
anneau[M] de montant[M]
anillo[M] de quijada[F]
occhio[M]

Kinnkettenhaken[M]
curb hook
crochet[M] de gourmette[F]
gancho[M] de la barbada[F]
gancio[M] del barbazzale[M]

Zügelring[M]
lip strap ring
anneau[M] de branche[F]
anillo[M] de carrillera[F]
occhio[M]

unterer Anzug[M]
lower cheek
branche[F] inférieure
quijada[F] inferior
guardia[F]

einfache Kandare[F]
sliding cheek bit
mors[M] à pompe[F]
bocado[M] corredizo
morso[M] a pompa[F]

Pelham-Kandare[F]
Pelham bit
mors[M] à canon[M] brisé
bocado[M] articulado
morso[M] Pelham con cannone[M] snodato

Ellenbogenkandare[F]
Liverpool bit
mors[M] anglais
bocado[M] de codo[M] militar
morso[M] inglese

Reiten^N

Sattel^M
saddle
selle^F
silla^F de montar
sella^F

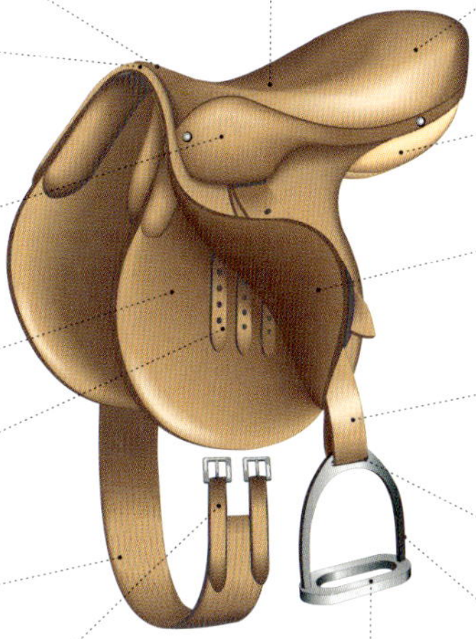

Dressurreiten^N

dressage | dressage^M | doma^F | dressage^M

Dressurviereck^N
show ring
piste^F de compétition^F
pista^F de competición^F
campo^M di gara^F

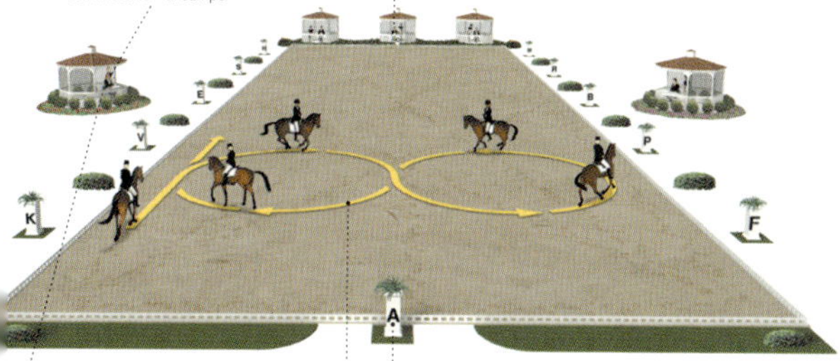

Reiter^M
rider
cavalier^M
jinete^M
cavaliere^M

Pferderennen^{N}: Galopprennen^{N}

horse racing: turf | course^{F} de chevaux^{M} : turf^{M} | carrera^{F} de caballos^{M} : turf^{M} | corse^{F} dei cavalli^{M}: galoppo^{M}

Jockey^{M}
jockey
jockey^{M}
jockey^{M}
fantino^{M}

Pferderennbahn^{F}
racetrack
hippodrome^{M}
hipódromo^{M}
ippodromo^{M}

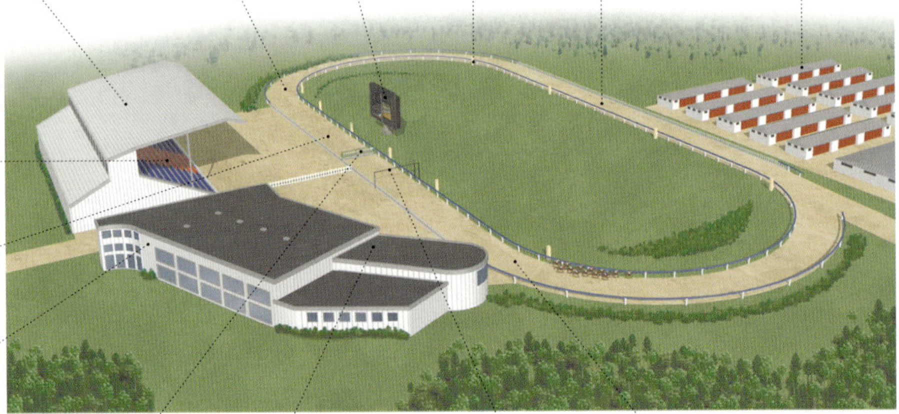

SPORT UND SPIELE

Pferderennen^{N}: Trabrennen^{N}

horse racing: harness racing | course^{F} de chevaux^{M} : course^{F} attelée | carrera^{F} de caballos^{M} : carreras^{F} con arneses^{M} | corse^{F} dei cavalli^{M}: trotto^{M} e ambio

Traber^{M}
trotter
trotteur^{M}
trotón^{M}
trottatore

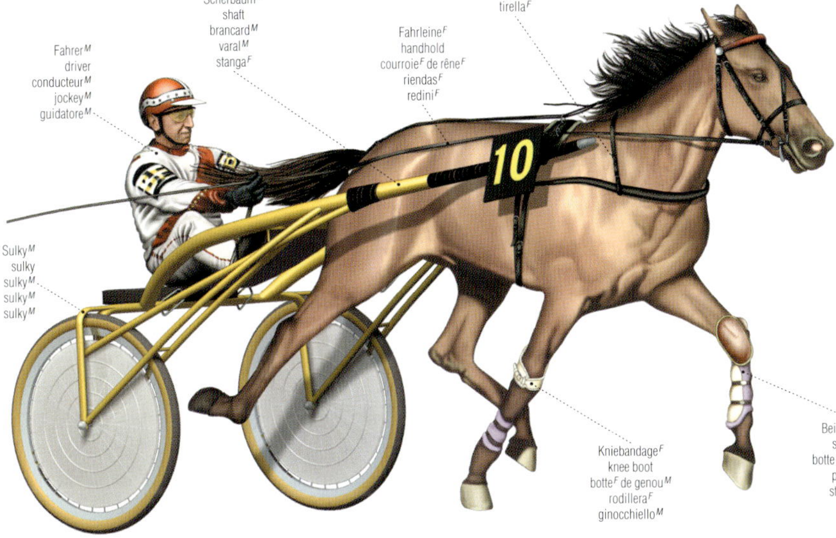

Startwagen^{M}
mobile starting gate
barrière^{F} de départ^{M} mobile
barrera^{F} de salida^{F} móvil
autostarter^{M}

Passgänger^{M}
standardbred pacer
ambleur^{M}
arneses^{M} para trotones^{M}
ambiatore^{M}

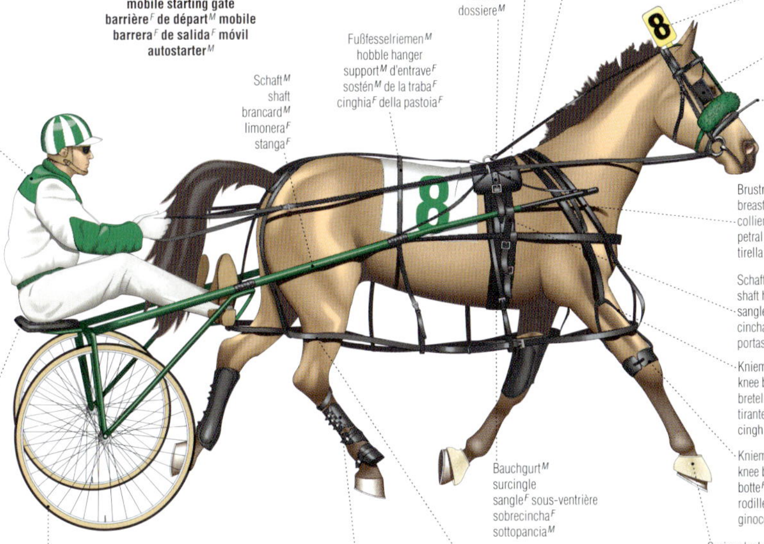

Polo[N]

polo | polo[M] | polo[M] | polo[M]

Reiter[M] und Pferd[N]
rider and horse
cavalier[M] et poney[M]
jinete[M] y poni[M]
cavaliere[M] e cavallo[M]

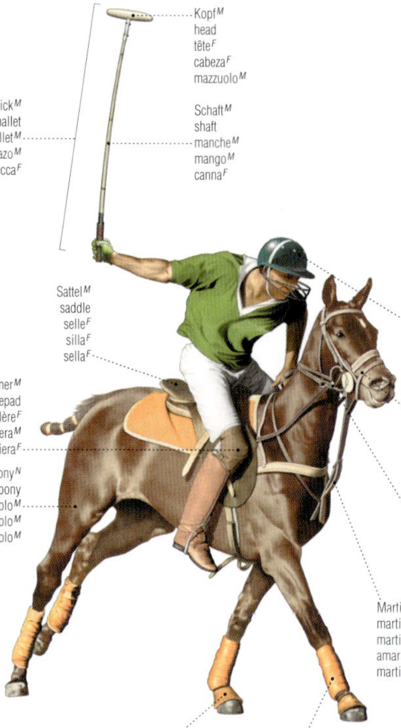

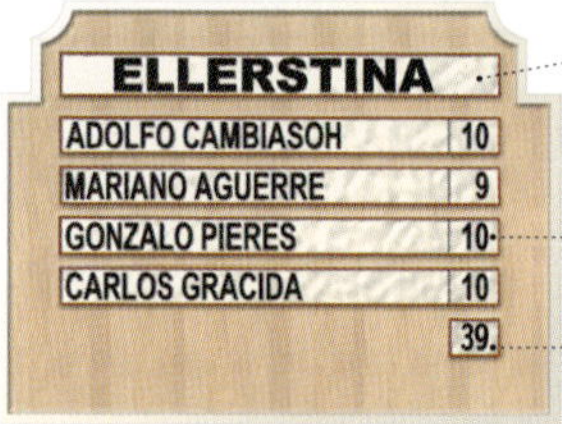

Handikaptafel[F]
handicaps board
tableau[M] des handicaps[M]
tablero[M] de los handicaps[M]
tabellone[M] degli handicap[M]

Ball[M]
ball
balle[F]
pelota[F]
palla[F]

Uhr[F]
time clock
horloge[F]
reloj[M]
orologio[M]

Spielfeld[N]
playing field
terrain[M]
campo[M] de juego[M]
campo[M] di gioco[M]

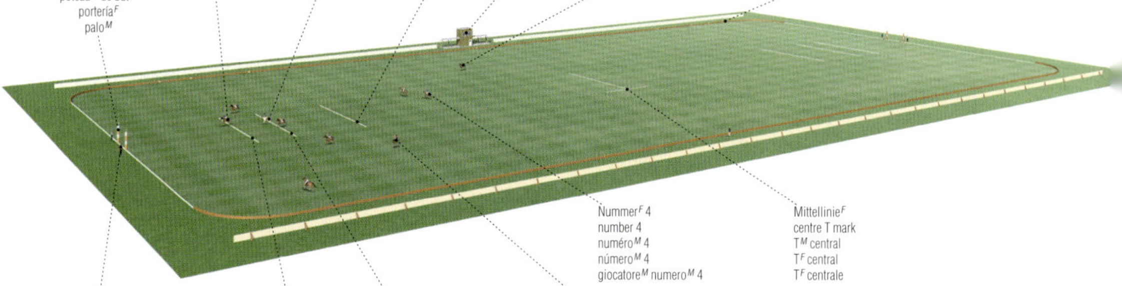

Bogenschießen^{N}

archery | tir^{M} à l'arc^{M} | tiro^{M} con arco^{M} | tiro^{M} con l'arco^{M}

Pfeil^{M}
arrow
flèche^{F}
flecha^{F}
freccia^{F}

Schaft^{M}
shaft
fût^{M}
flecha^{F}
asta^{F}

Steuerfedern^{F}
fletching
empennage^{M}
pluma^{F} de dirección^{F}
impennaggio^{M}

Pfeilspitze^{F}
point
pointe^{F}
punta^{F}
punta^{F}

Nocke^{F}
nock
encoche^{F}
muesca^{F}
cocca^{F}

Bogenschütze^{M}
archer
archer^{M}
arquero^{M}
arciere^{M}

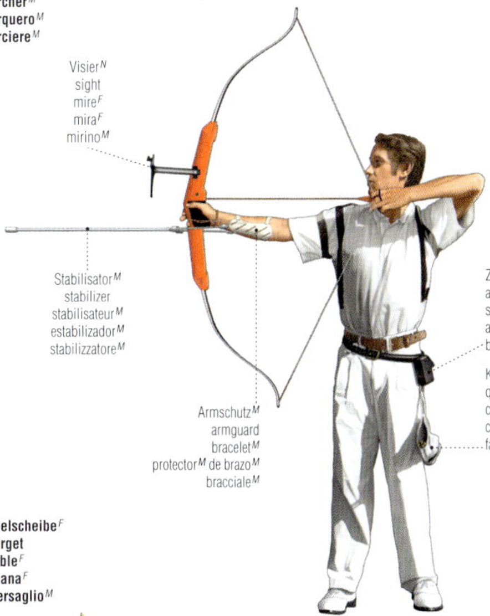

Visier^{N}
sight
mire^{F}
mira^{F}
mirino^{M}

Stabilisator^{M}
stabilizer
stabilisateur^{M}
estabilizador^{M}
stabilizzatore^{M}

Armschutz^{M}
armguard
bracelet^{M}
protector^{M} de brazo^{M}
bracciale^{M}

Zubehörtasche^{F}
accessory pouch
sac^{M} pour accessoires^{M}
accesorios^{M}
borsetta^{F} per gli attrezzi^{M}

Köcher^{M}
quiver
carquois^{M}
carcaj^{M}
faretra^{F}

Stabbogen^{M}
bare bow
arc^{M} droit
arco^{M} recto
arco^{M} nudo

Kompositbogen^{M}
compound bow
arc^{M} à poulies^{F}
arco^{M} de competición^{F}
arco^{M} composto

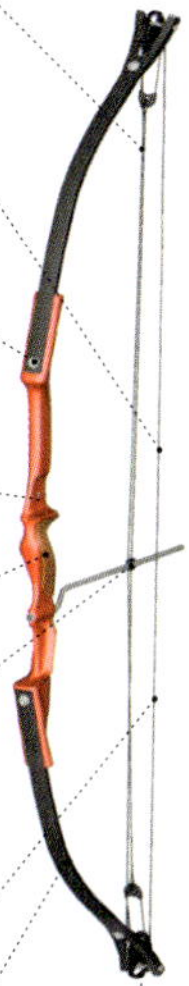

Spannkabel^{N}
tensioning wire
câble^{M}
cable^{M}
cavo^{M}

Nockenpunkt^{M}
nocking point
point^{M} d'encochage^{M}
punto^{M} de inserción^{F}
punto^{M} di incocco^{M}

Aufsetzbacke^{F}
mounting bracket
écrou^{M} de montage^{M}
alza^{F}
vite^{F} di fissaggio^{M}

Pfeilstütze^{F}
arrow rest
appui^{M}-flèche^{F}
soporte^{M} de flecha^{F}
poggiafreccia^{M}

Griff^{M}
grip
poignée^{F}
empuñadura^{F}
impugnatura^{F}

Spannkabelhalter^{M}
cable guard
espaceur^{M} de câbles^{M}
cable^{M} de dirección^{F}
distanziatore^{M}

Bogensehne^{F}
bowstring
corde^{F}
cuerda^{F}
corda^{F}

Bogenarm^{M}
limb
branche^{F}
brazo^{M} elástico
braccio^{M} flessibile

Rolle^{F}
wheel
poulie^{F}
polea^{F}
puleggia^{F}

Brustschutz^{M}
chest protector
plastron^{M}
protector^{M} pectoral
protezione^{F} del petto^{M}

Fingerschutz^{M}
finger tab
protège-doigts^{M}
dactilera^{F}
paradita^{F}

Zielscheibe^{F}
target
cible^{F}
diana^{F}
bersaglio^{M}

Mouche^{F}
bull's-eye
centre^{M}
centro^{M} de la diana^{F}
centro^{M}

Wettkampffeld^{N}
shooting range
aire^{F} de compétition^{F}
campo^{M} de tiro^{M}
campo^{M} di tiro^{M}

30-m-Linie^{F}
30 m line
ligne^{F} des 30 m
línea^{F} de los 30 m
linea^{F} dei 30 metri^{M}

60-m-Linie^{F}
60 m line
ligne^{F} des 60 m
línea^{F} de los 60 m
linea^{F} dei 60 metri^{M}

70-m-Linie^{F}
70 m line
ligne^{F} des 70 m
línea^{F} de los 70 m
linea^{F} dei 70 metri^{M}

90-m-Linie^{F}
90 m line
ligne^{F} des 90 m
línea^{F} de los 90 m
linea^{F} dei 90 metri^{M}

Signalanlage^{F}
signal lights
feux^{M} de signalisation^{F}
semáforo^{M} de señalización^{F}
segnali^{M} visivi

Kampfrichter^{M}
judge
juge^{M}
juez^{M}
arbitro^{M}

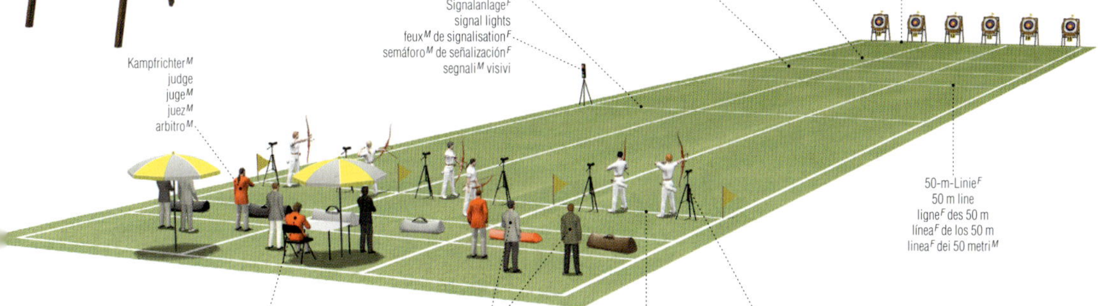

50-m-Linie^{F}
50 m line
ligne^{F} des 50 m
línea^{F} de los 50 m
linea^{F} dei 50 metri^{M}

Schießleiter^{M}
director of shooting
directeur^{M} des tirs^{M}
director^{M} de tiros^{M}
direttore^{M} dei tiri^{M}

Punktrichter^{M}
scorers
marqueurs^{M}
marcadores^{M}
segnapunti^{M}

Schießlinie^{F}
shooting line
ligne^{F} de tir^{M}
línea^{F} de tiro^{M}
linea^{F} di tiro^{M}

Teleskop^{N}
telescope
lunette^{F} d'approche^{F}
telescopio^{M}
telescopio^{M}

SPORT UND SPIELE

Wurftaubenschießen[N]

shotgun shooting | tir[M] au fusil[M] | tiro[M] al plato[M] | tiro[M] con fucile[M]

Schrotflinte[F]
shotgun
fusil[M] calibre[M] 12
escopeta[F] calibre[M] 12
fucile[M]

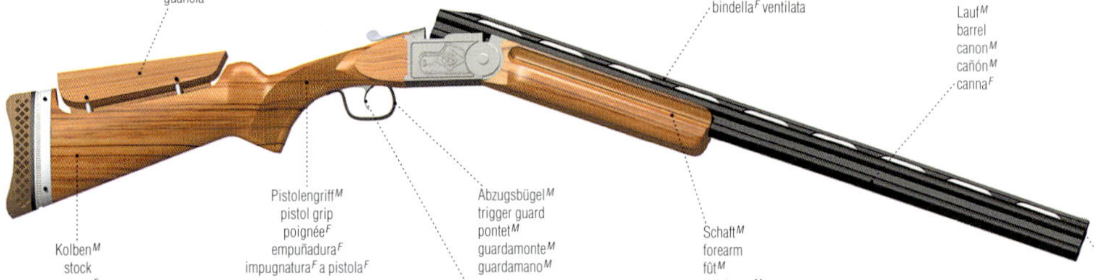

Patronen[F]
cartridges
cartouches[F]
cartuchos[M]
cartucce[F]

Wurfscheibe[F]
clay target
plateau[M]
plato[M]
piattello[M]

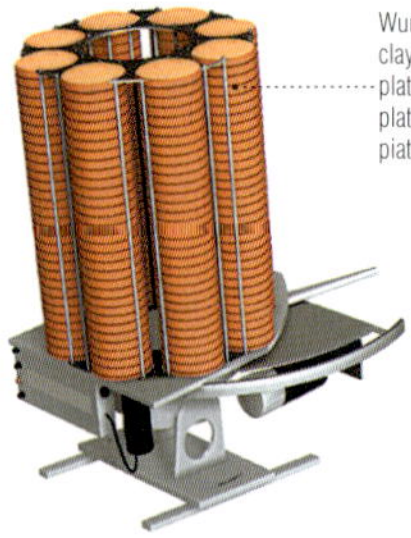

Wurfmaschine[F]
trap machine
appareil[M] de lancement[M]
lanzaplatos[M]
macchina[F] di lancio[M] dei piattelli[M]

Schießanlage[F]
shooting range
pas[M] de tir[M]
campo[M] de tiro[M]
campo[M] di tiro[M]

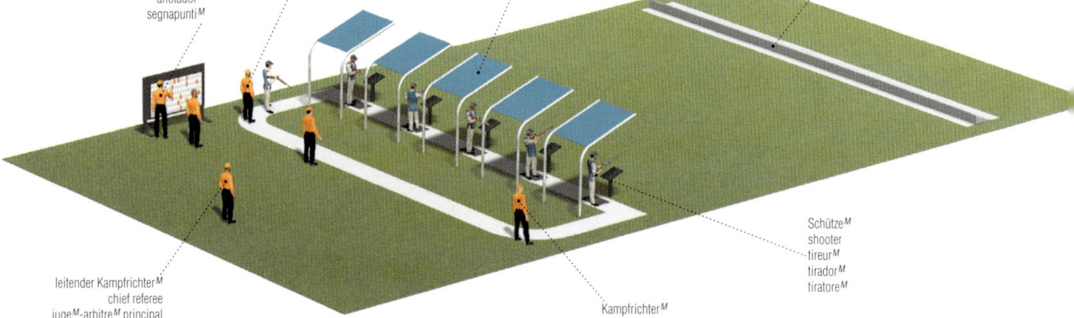

Gewehrschießen[N]

rifle shooting | tir[M] à la carabine[F] | tiro[M] al blanco[M] | tiro[M] con carabina[F]

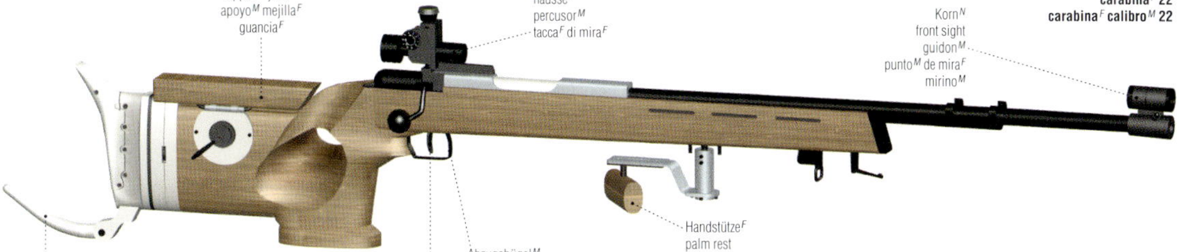

Schießpositionen[F]
shooting positions
positions[F] de tir[M]
posiciones[M] de tiro[M]
posizioni[F] di tiro[M]

stehender Anschlag[M]
standing position
position[F] debout
posición[F] de pie[M]
posizione[F] in piedi[M]

kniender Anschlag[M]
kneeling position
position[F] à genoux[M]
posición[F] de rodillas[F]
posizione[F] in ginocchio[M]

liegender Anschlag[M]
prone position
position[F] couchée
posición[F] supina
posizione[F] a terra[F]

Patronen[F]
cartridges
cartouches[F]
cartuchos[M]
cartucce[F]

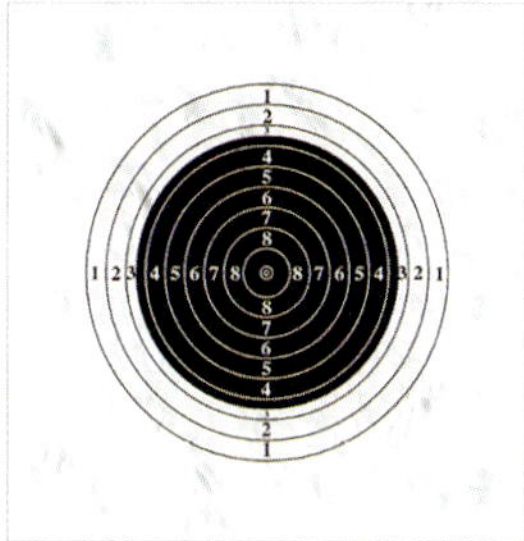

Zielscheibe[F]
target
cible[F]
blanco[M]
bersaglio[M]

Pistolenschießen[N]

pistol shooting | tir[M] au pistolet[M] | tiro[M] de pistola[F] | tiro[M] con pistola[F]

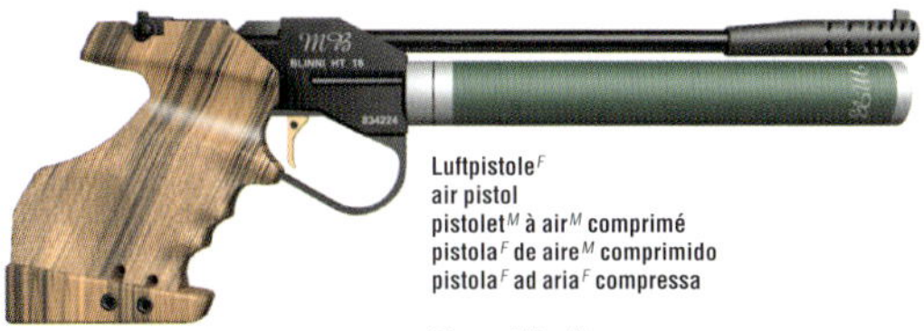

Luftpistole[F]
air pistol
pistolet[M] à air[M] comprimé
pistola[F] de aire[M] comprimido
pistola[F] ad aria[F] compressa

Ohrenschützer[M]
ear muffs
casque[M] anti-bruit
cascos[M] antirruido
paraorecchie[M]

Schutzbrille[F]
eyeglasses
lunettes[F]
gafas[F] de protección[F]
occhiali[M] protettivi

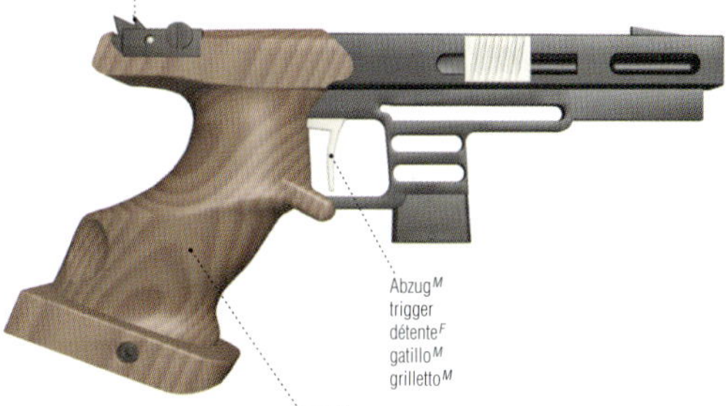

Billard^{N}

billiards | billard^{M} | billar^{M} | biliardo^{M}

Karambolagebillard^{N}
carom billiards
billard^{M} français
billar^{M} francés
biliardo^{M} per carambola^{F}

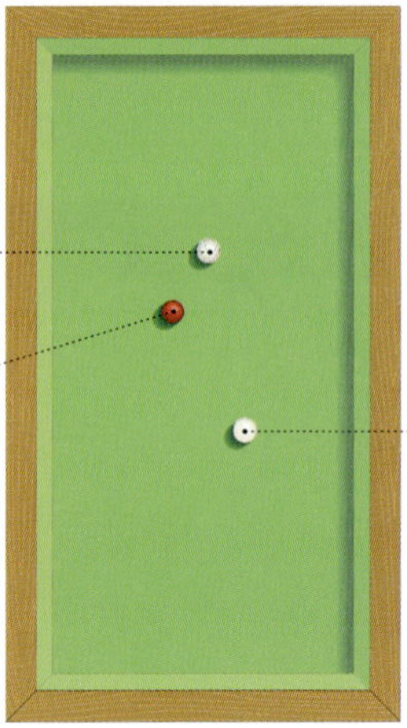

Pool^{N}
pool
billard^{M} pool
pool^{M}
pool^{M}

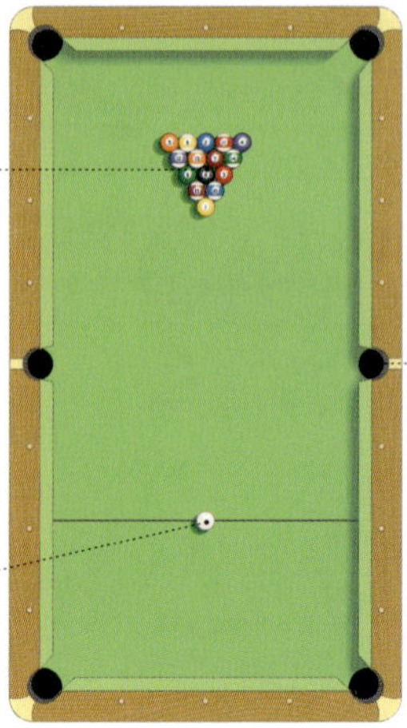

Billardtisch^{M}
table
table^{F}
mesa^{F}
tavolo^{M}

Snooker^{N}
snooker
snooker^{M}
snooker^{M}
snooker^{M}

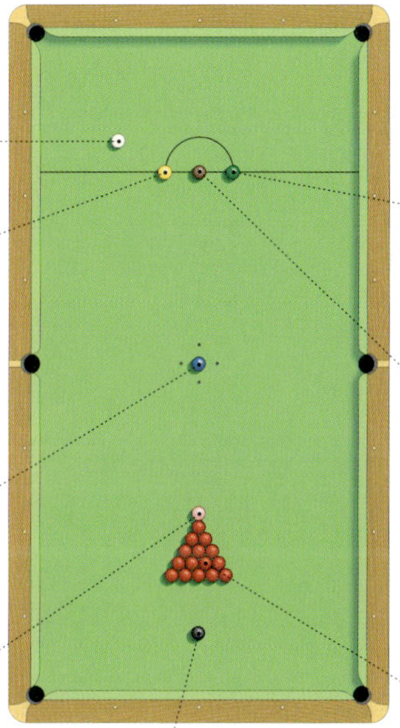

Lochbillard^{N}
English billiards
billard^{M} anglais
billar^{M} inglés
biliardo^{M} inglese

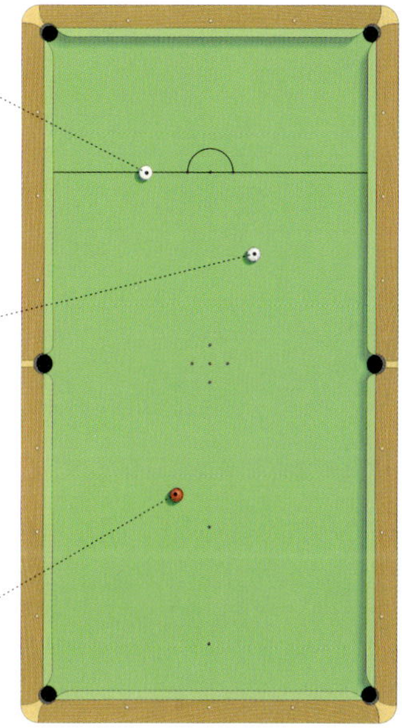

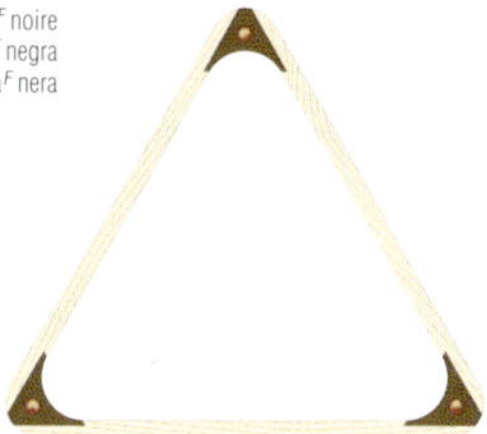

Dreieck^{N}
rack
triangle^{M}
triángulo^{M}
triangolo^{M}

Kreide^{F}
chalk
craie^{F}
tiza^{F}
gessetto^{M}

Billardqueue$^{N/M}$
billiard cue
queue^{F} de billard^{M}
taco^{M} de billar^{M}
stecca^{F}

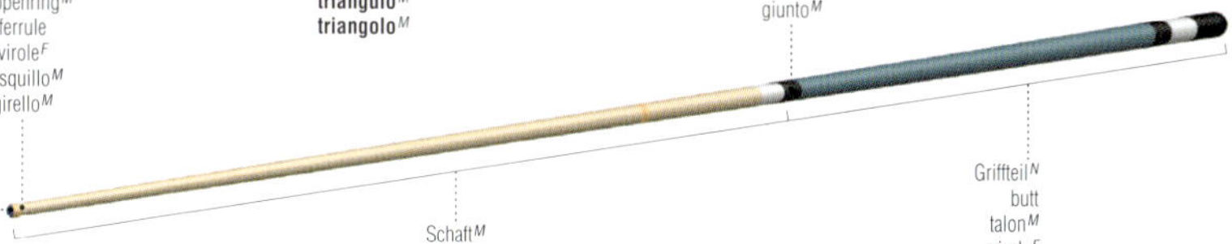

Steg^{M}
bridge
râteau^{M}
burra^{F}
strega^{F}

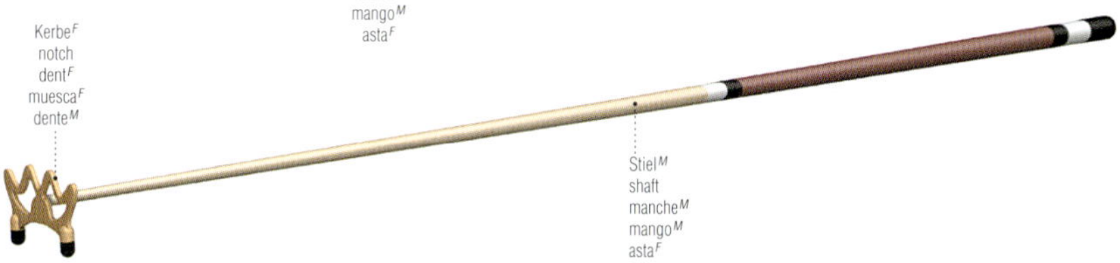

SPORT UND SPIELE

Boule^{N}

lawn bowling | boulingrin^{M} | bolos^{M} sobre hierba^{F} | bowling^{M} su prato^{M}

Kugeln^{F}
bowls
boules^{F}
bolos^{M}
bocce^{F}

Zielkugel^{F}
jack
cochonnet^{M}
boliche^{M}
pallino^{M}

Schießen^{N}
delivery
technique^{F} du lancer^{M}
lanzamiento^{M}
lancio^{M}

Schwungholen^{N}
forward swing
élan^{M}
impulso^{M} de lanzamiento^{M}
slancio^{M} in avanti

Aufsetzen^{N}
delivery
lancer^{M}
lanzamiento^{M}
lancio^{M}

Abwurf^{M}
follow-through
accompagnement^{M}
seguimiento^{M} de la bola^{F}
accompagnamento^{M}

Grün^{N}
green
pelouse^{F}
bolera^{F}
campo^{M}

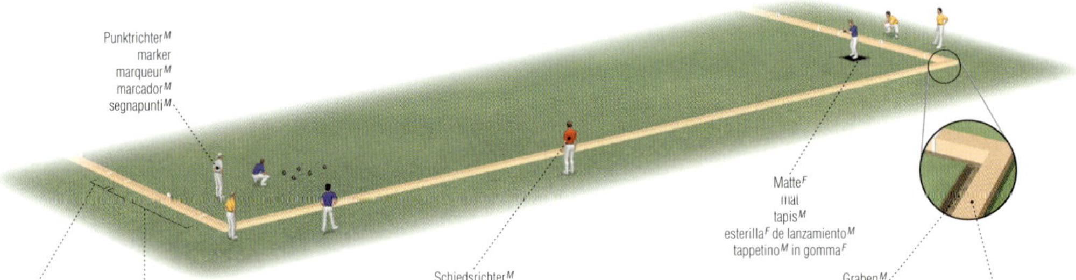

Petanque^{N}

petanque | pétanque^{F} | petanca^{F} | petanque^{M}

Spielfeld^{N}
playing field
terrain^{M}
pista^{F} de juego^{M}
campo^{M} di gioco^{M}

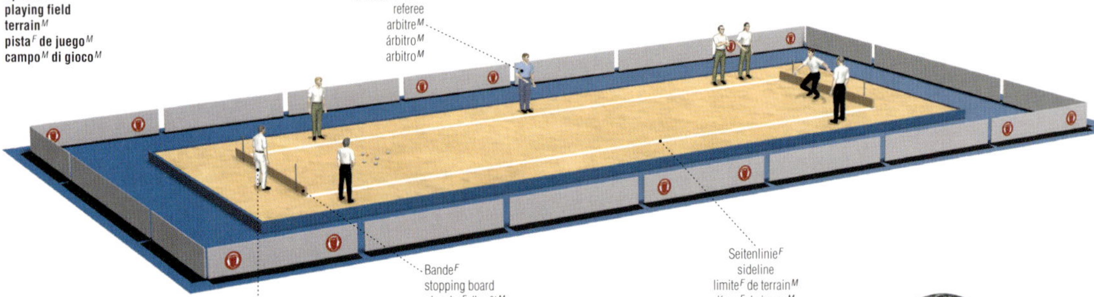

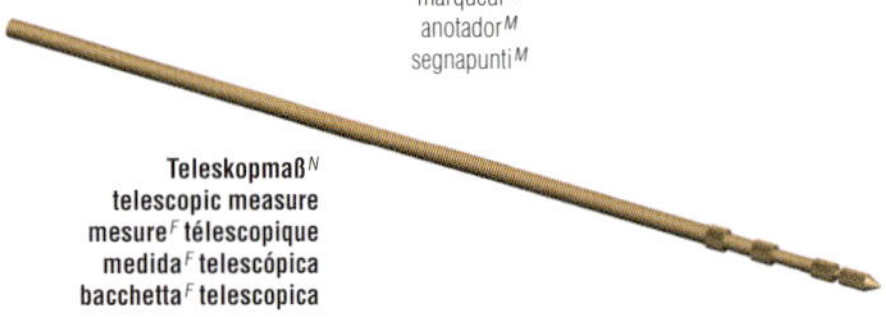

Teleskopmaß^{N}
telescopic measure
mesure^{F} télescopique
medida^{F} telescópica
bacchetta^{F} telescopica

Zielkugel^{F}
jack
cochonnet^{M}
boliche^{M}
pallino^{M}

Petanquekugel^{F}
petanque bowl
boule^{F} de pétanque^{F}
bocha^{F}
boccia^{F}

Bowling^{N}

bowling | jeu^{M} de quilles^{F} | juego^{M} de bolos^{M} | bowling^{M}

Beispiele^{N} für Kegel^{M}
examples of pins
exemples^{M} de quilles^{F}
ejemplos^{M} de bolos^{M}
esempi^{M} di birilli^{M}

Duckpin^{M}
duckpin
Dauphine^{F} américaine
bolo^{M} chico
birillo^{M} americano

Zehnerpin^{M}
tenpin
grosse quille^{F}
bolo^{M}
birillo^{M} grosso

Candlepin^{M}
candlepin
quille^{F} chandelle^{F}
bolo^{M} cilíndrico
birillo^{M} a candela^{F}

Fünferpin^{M}
fivepin
petite quille^{F}
bolo^{M} pequeño
birillo^{M} piccolo

Duckpin^{M}
duckpin
Dauphine^{F} canadienne
bolo^{M} chico
birillo^{M} canadese

Bowlingschuh^{M}
shoe
chaussure^{F}
zapato^{M}
scarpa^{F}

Bowlingkugel^{F}
bowling ball
boule^{F} de quilles^{F}
bola^{F}
boccia^{F}

Aufstellung^{F}
set-up
quillier^{M}
disposición^{F} de los bolos^{M}
disposizione^{F} dei birilli^{M}

Bowlingbahn^{F}
bowling lane
allée^{F} de quilles^{F}
pista^{F} de bolos^{M}
pista^{F} da bowling^{M}

SPORT UND SPIELE

Golfspiel^{N}

golf | golf^{M} | accesorios^{M} de golf^{M} | golf^{M}

Golfplatz^{M}
course
parcours^{M}
campo^{M} de golf^{M}
percorso^{M}

Loch^{N}
hole
trou^{M}
zona^{F} del hoyo^{M}
buca^{F}

Klubhaus^{N}
clubhouse
pavillon^{M}
casa^{F} club^{M}
circolo^{M}

Übungsgrün^{N}
practice green
vert^{M} d'entraînement^{M}
green^{M} de entrenamiento^{M}
campo^{M} di allenamento^{M}

Parkplatz^{M}
parking
stationnement^{M}
aparcamiento^{M}
parcheggio^{M}

Bunker^{M}
sand bunker
fosse^{F} de sable^{M}
foso^{M} de arena^{F}
bunker^{M} di sabbia^{F}

Grün^{N}
green
vert^{M}
green^{M}
green^{M}

Weg^{M}
path
chemin^{M}
vereda^{F}
stradina^{F}

Fairway^{N}
fairway
allée^{F}
pista^{F}
fairway^{M}

Teich^{M}
pond
étang^{M}
estanque^{M}
stagno^{M}

Bäume^{M}
trees
arbres^{M}
árboles^{M}
alberi^{M}

Rau^{N}
rough
herbe^{F} longue
maleza^{F}
rough^{M}

Abschlagplatz^{M}
teeing ground
tertre^{M} de départ^{M}
punto^{M} de salida^{F}
piazzola^{F} di partenza^{F}

Wasserhindernis^{N}
water hazard
obstacle^{M} d'eau^{F}
trampa^{F} de agua^{F}
ostacolo^{M} d'acqua^{F}

Löcher^{N}
holes
trous^{M}
hoyos^{M}
buche^{F}

Par^{N}-3-Loch^{N}
par 3 hole
trou^{M} de normale^{F} 3
hoyo^{M} de par 3
buca^{F} par 3

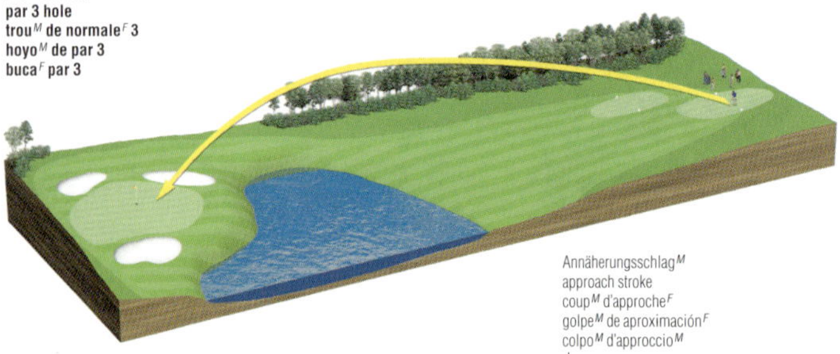

Abschlag^{M}
tee-off stroke
coup^{M} de départ^{M}
tee^{M} de salida^{F}
colpo^{M} d'inizio^{M}

Par^{N}-4-Loch^{N}
par 4 hole
trou^{M} de normale^{F} 4
hoyo^{M} de par 4
buca^{F} par 4

Annäherungsschlag^{M}
approach stroke
coup^{M} d'approche^{F}
golpe^{M} de aproximación^{F}
colpo^{M} d'approccio^{M}

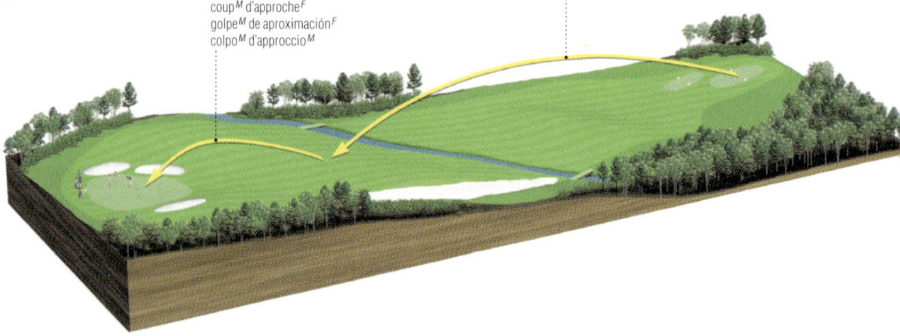

Golfspiel^N

Arten^F von Golfschläger^M
types of golf club
types^M de bâtons^M de golf^M
bastones^M
tipi^M di mazze^F

Putter^M
putter
fer^M droit
putter^M
putter^M

Eisenschläger^M
iron
fer^M
iron^M
ferro^M

Holzschläger^M
wood
bois^M
madera^F
legno^M

Golfball^M
golf ball
balle^F de golf^M
pelota^F de golf^M
palla^F

Golfball^M im Querschnitt^M
cross section of a golf ball
coupe^F d'une balle^F de golf^M
corte^M de una pelota^F de golf^M
sezione^F di una palla^F

Par^N-5-Loch^N
par 5 hole
trou^M de normale^F 5
hoyo^M de par 5
buca^F par 5

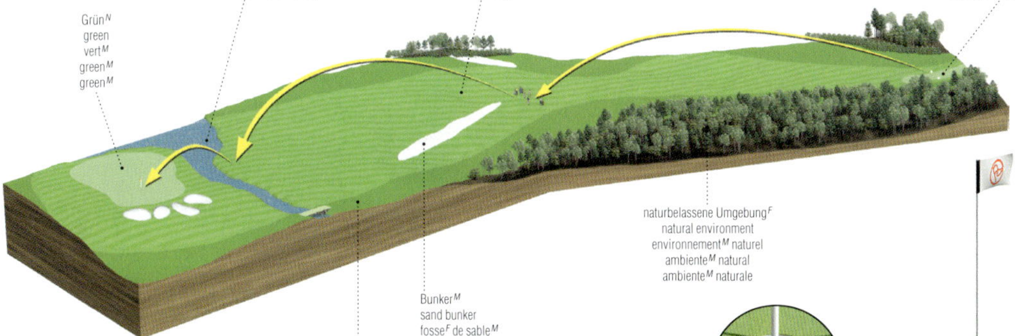

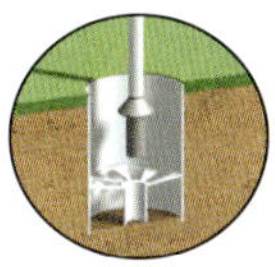

Loch^N
hole
trou^M
hoyo^M
buca^F

umsetzbare Flagge^F
removable flag pole
drapeau^M amovible
banderín^M móvil
bandiera^F rimovibile

Golfspiel^{N}

Holz^{N}
wood
bois^{M}
palo^{M}
legno^{M}

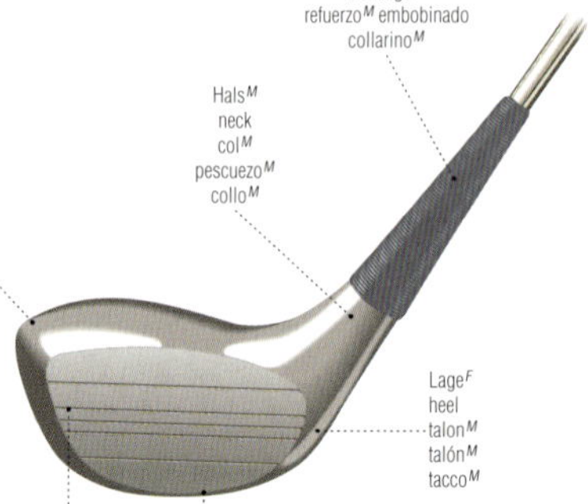

Eisen^{N}
iron
fer^{M}
hierro^{M}
ferro^{M}

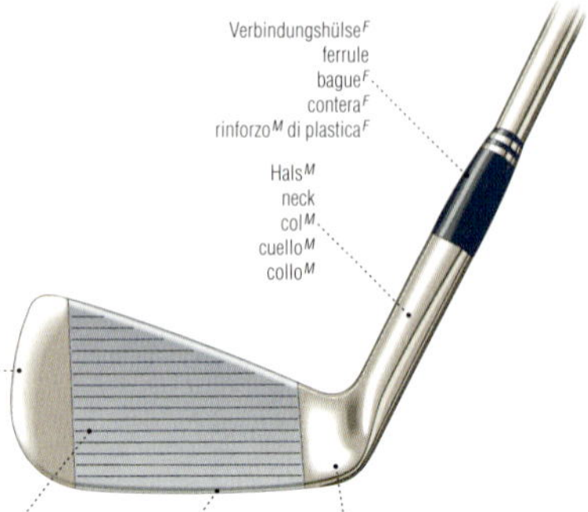

Holz^{N} 1
no. 1 wood
bois^{M} nº 1
madera^{M} nº 1
legno^{M} 1

Holz^{N} 3
no. 3 wood
bois^{M} nº 3
madera^{F} nº 3
legno^{M} 3

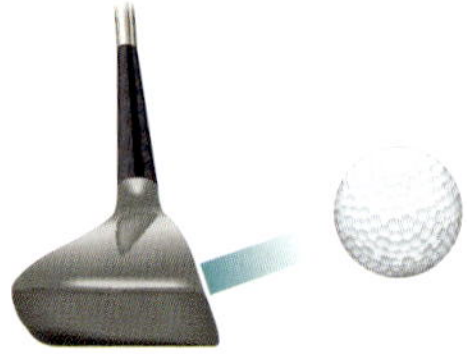
Holz^{N} 5
no. 5 wood
bois^{M} nº 5
madera^{F} nº 5
legno^{M} 5

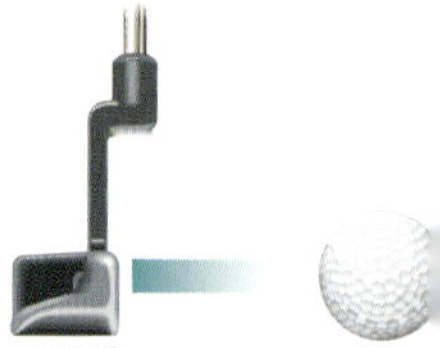
Putter^{M}
putter
fer^{M} droit
putter^{M}
putter^{M}

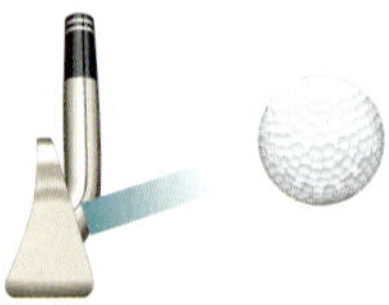
Eisen^{N} 3
no. 3 iron
fer^{M} nº 3
hierro^{M} nº 3
ferro^{M} 3

Eisen^{N} 4
no. 4 iron
fer^{M} nº 4
hierro^{M} nº 4
ferro^{M} 4

Eisen^{N} 5
no. 5 iron
fer^{M} nº 5
hierro^{M} nº 5
ferro^{M} 5

Eisen^{N} 6
no. 6 iron
fer^{M} nº 6
hierro^{M} nº 6
ferro^{M} 6

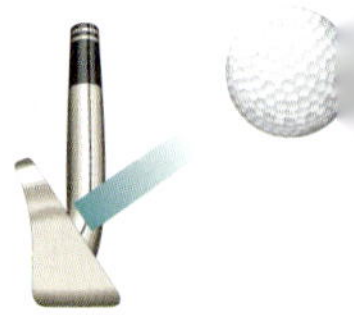
Eisen^{N} 7
no. 7 iron
fer^{M} nº 7
hierro^{M} nº 7
ferro^{M} 7

Eisen^{N} 8
no. 8 iron
fer^{M} nº 8
hierro^{M} nº 8
ferro^{M} 8

Eisen^{N} 9
no. 9 iron
fer^{M} nº 9
hierro^{M} nº 9
ferro^{M} 9

Pitching-Wedge^{N}
pitching wedge
cocheur^{M} d'allée^{F}
wedge^{M} para rough^{M}
pitching wedge^{M}

Lob Wedge^{N}
lob wedge
cocheur^{M} d'approche^{F}
lob wedge^{M}
lob wedge^{M}

Sand-Wedge^{N}
sand wedge
cocheur^{M} de sable^{M}
wedge^{M} para arena^{F}
sand wedge^{M}

Golfwagen^{M}
golf trolley
chariot^{M}
carrito^{M} de golf^{M}
carrello^{M}

Golftasche^{F}
golf bag
sac^{M} de golf^{M}
bolsa^{F} de golf^{M}
sacca^{F}

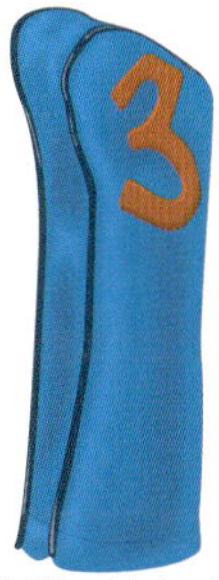

Schlägerabdeckung^{F}
head cover
capuchon^{M}
capuchón^{M} de bastones^{M}
coprilegno^{M}

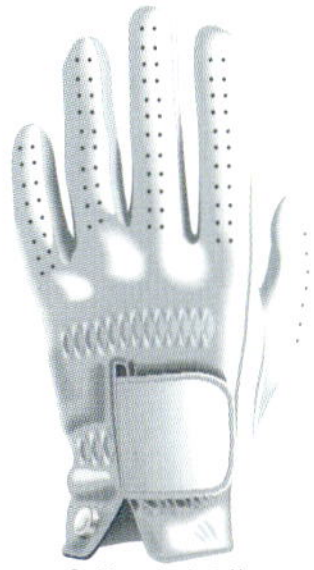

Golfhandschuh^{M}
golf glove
gant^{M} de golf^{M}
guante^{M} de golf^{M}
guanto^{M}

Golfschuhe^{M}
golf shoes
chaussures^{F} de golf^{M}
zapatos^{M} de golf^{M}
scarpe^{F}

elektrischer Golfwagen^{M}
electric golf cart
voiturette^{F} de golf^{M} électrique
carro^{M} de golf^{M} eléctrico
vettura^{F} da golf^{M}

Straßenradsport^{M}

road racing | cyclisme^{M} sur route^{F} | ciclismo^{M} por carretera^{F} | ciclismo^{M} su strada^{F}

Straßenrennrad^{N} und Fahrer^{M}
road-racing bicycle and cyclist
vélo^{M} de course^{F} et cycliste^{M}
bicicleta^{F} de carreras^{F} y ciclista^{M}
bicicletta^{F} da corsa^{F} e ciclista$^{M/F}$

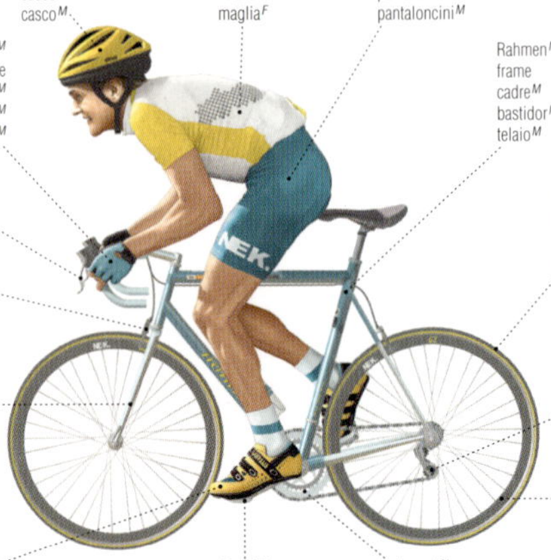

Straßenradrennen^{N}
road cycling competition
compétition^{F} de cyclisme^{M} sur route^{F}
competición^{M} de ciclismo^{M} por carretera^{F}
gara^{F} di ciclismo^{M} su strada^{F}

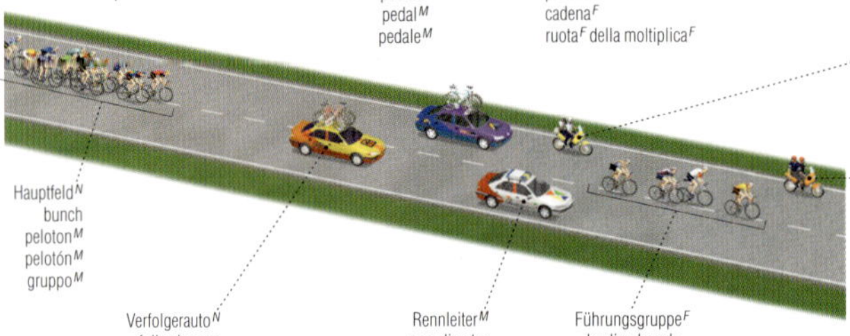

Mountainbike^{N}

mountain biking | vélo^{M} de montagne^{F} | ciclismo^{M} de montaña^{F} | mountain bike^{F}

Querfeldeinrad^{N} und Fahrer^{M}
cross-country bicycle and cyclist
vélo^{M} de cross-country^{M} et cycliste^{M}
bicicleta^{F} de cross^{M}
bicicletta^{F} da cross-country^{M} e ciclista$^{M/F}$

Downhillrad^{N} und Fahrer^{M}
downhill bicycle and cyclist
vélo^{M} de descente^{F} et cycliste^{M}
bicicleta^{F} de descenso^{M} y ciclista^{F}
bicicletta^{F} da downhill^{M} e ciclista$^{M/F}$

Bahnradsport[M]

track cycling | cyclisme[M] sur piste[F] | ciclismo[M] en pista | ciclismo[M] su pista[F]

Verfolgungsrad[N] und Fahrer[M]
pursuit bicycle and racer
vélo[M] de poursuite[F] et coureur[M]
bicicleta[F] de persecución[F] y corredor[M]
bicicletta[F] da inseguimento[M] e corridore[M]

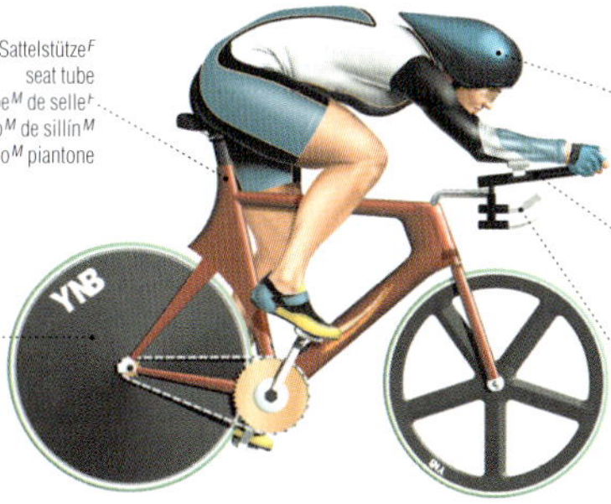

Radrennbahn[F]
track
piste[F]
velódromo[M]
pista[F] ciclistica

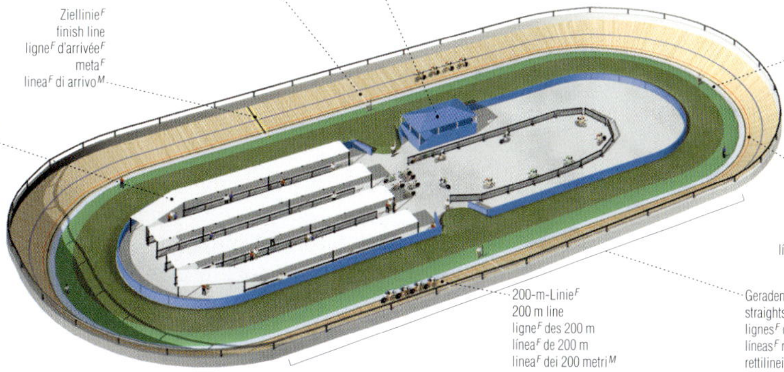

BMX[N]

BMX | bicross[M] | ciclocross[M] | mountain bike[F] da cross

Halfpipe[F]
half pipe
rampe[F]
halfpipe[M]
rampa[F]

Autorennen^{N}

motor racing | course^{F} automobile | carreras^{F} de coches^{M} | automobilismo^{M}

Rennfahrer^{M}
driver
pilote^{M}
piloto^{M}
pilota^{M}

Thermoschutzhaube^{F}
balaclava
cagoule^{F}
pasamontañas^{M}
sottocasco^{M}

Unterwäsche^{F}
undergarment
sous-vêtement^{M}
ropa^{F} interior
sottotuta^{M}

feuerfester Rennanzug^{M}
flame-resistant driving suit
combinaison^{F} résistante au feu^{M}
traje^{M} ignífugo
tuta^{F} ignifuga

Helm^{M}
crash helmet
casque^{M}
casco^{M}
casco^{M}

Schuh^{M}
shoe
chaussure^{F}
zapato^{M}
scarpa^{F}

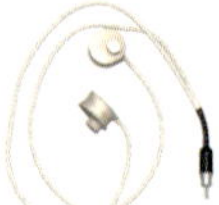

Ohrenstöpsel^{M}/Ohrhörer^{M}
ear plugs/earbuds
bouchons^{M} d'oreilles^{F}/oreillettes^{F}
tapones^{M} para los oídos^{M}
tappi^{M} per le orecchie^{F}/auricolari^{M}

Handschuhe^{M}
gloves
gants^{M}
guantes^{M}
guanti^{M}

Regenreifen^{M}
wet-weather tyre
pneu^{M} pluie^{F}
neumático^{M} de seco^{M}
gomma^{F} da bagnato

Trockenreifen^{M}
dry-weather tyre
pneu^{M} pour temps^{M} sec
neumático^{M} de lluvia^{F}
gomma^{F} da asciutto

Zielflagge^{F}
chequered flag
drapeau^{M} à damier^{M}
bandera^{F} de cuadros^{M}
bandiera^{F} a scacchi^{M}

Startaufstellung^{F}
starting grid
grille^{F} de départ^{M}
parrilla^{F} de salida
griglia^{F} di partenza^{F}

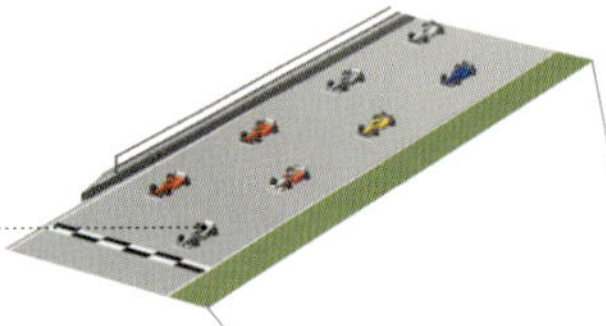

Poleposition^{F}
pole position
pole position^{F}
pole position^{F}
pole position^{F}

Kurs^{M}
circuit
circuit^{M}
circuito^{M}
circuito^{M}

Strecke^{F}
track
piste^{F}
pista^{F}
pista^{F}

Schikane^{F}
chicane
chicane^{F}
chicana^{F}
variante^{F}

Startlinie^{F}
starting line
ligne^{F} de départ^{M}
línea^{F} de salida^{F}
linea^{F} di partenza^{F}

Boxen^{F}
pits
stands^{M}
boxes^{M}
box^{M}

Kiesbett^{N}
gravel bed
bac^{M} à gravier^{M}
gravilla^{F}
via^{F} di fuga^{F}

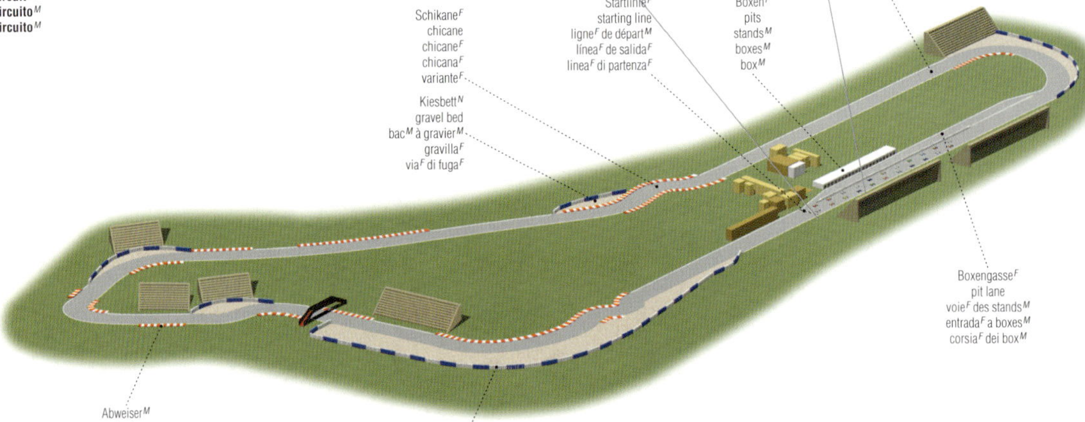

Boxengasse^{F}
pit lane
voie^{F} des stands^{M}
entrada^{F} a boxes^{M}
corsia^{F} dei box^{M}

Abweiser^{M}
kerb
bordure^{F}
chino^{M}
cordolo^{M}

Reifenstapel^{M}
tyre barrier
barrière^{F} de pneus^{M}
barrera^{F} de contención^{F}
barriera^{F} di pneumatici^{M}

SPORT UND SPIELE

Autorennen[N]

Formel-1-Auto[N]
formula 1 car
voiture[F] de formule[F] 1
coche[M] de fórmula[F] 1
auto[F] da formula[F] 1

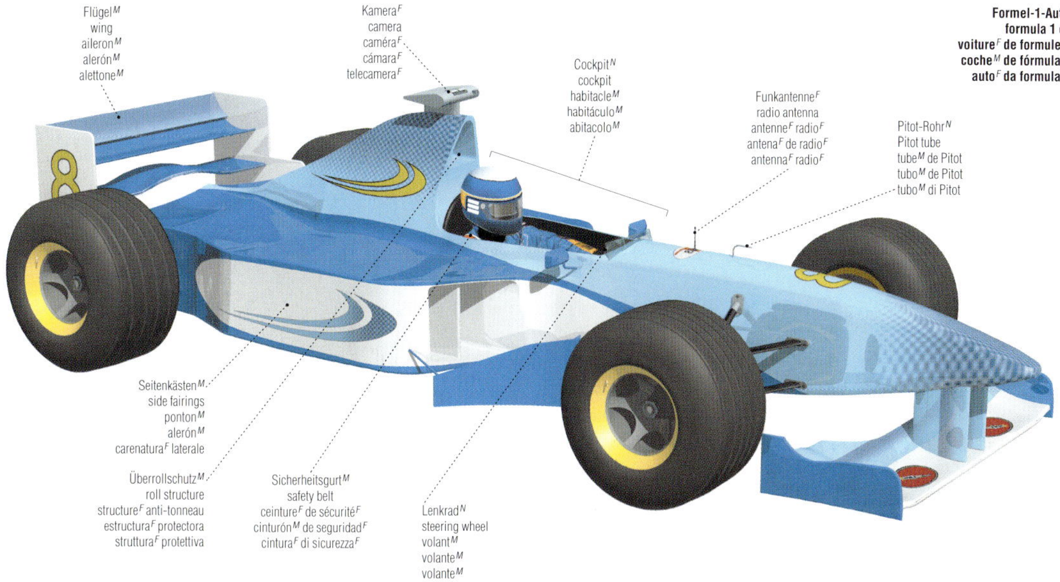

Geländefahrzeug[N]
rally car
voiture[F] de rallye[M]
coche[M] de rally
auto[F] da rally[M]

Formel-3000-Auto[N]
formula 3000 car
voiture[F] de formule[F] 3000
coche[M] de fórmula 3000
auto[F] da formula[F] 3000

Formel-Indy-Auto[N]
formula Indy car
voiture[F] de formule[F] Indy
coche[M] de Indy
auto[F] da formula[F] Indy

Boxenstopp[M]
pit stop
arrêt[M] au stand[M]
pit stop[M]
sosta[F] ai box[M]

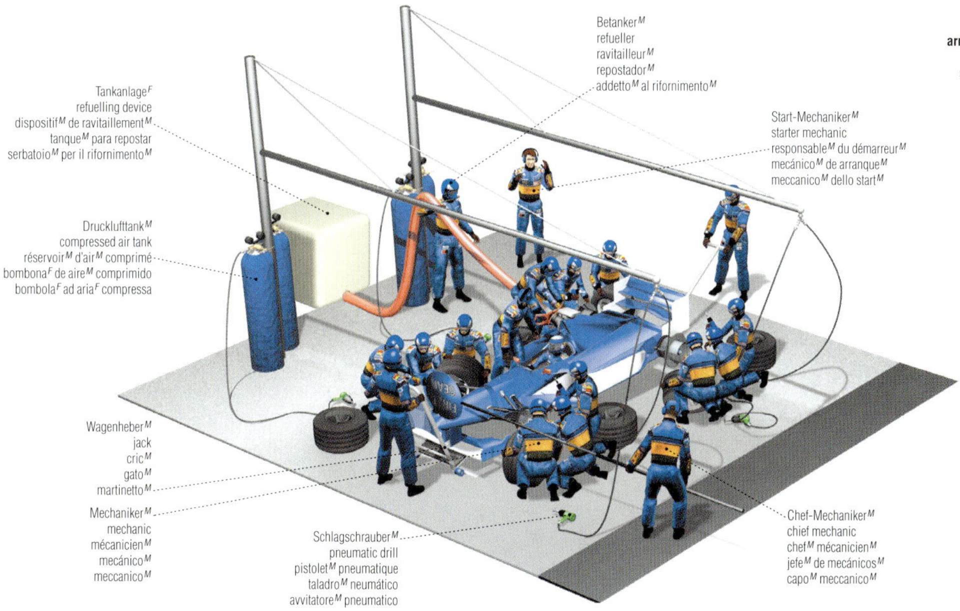

SPORT UND SPIELE

Motorradsport[M]

motorcycling | motocyclisme[M] | motocicleta[F] | motociclismo[M]

Grand-Prix[M]-Rennmaschine[F] und Motorradfahrer[M]
speed grand prix motorcycle and rider
moto[F] de grand prix[M] et pilote[M]
moto[M] de carreras[F] y motociclista[M]
moto[M] da Gran premio[M] e motociclista[M/F]

Rennstrecke[F]
course
circuit[M]
circuito[M]
circuito[M]

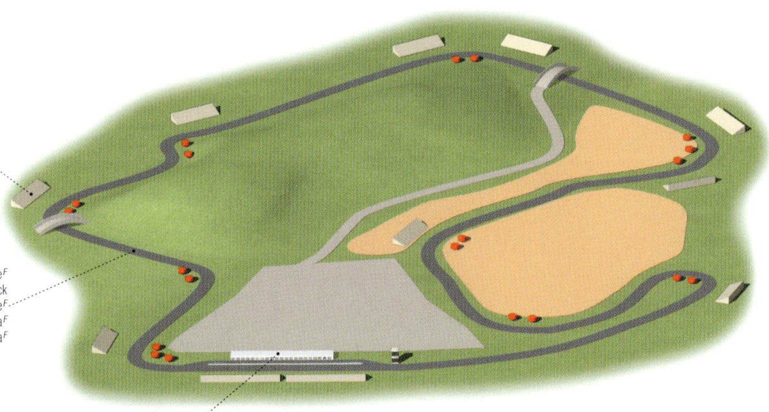

SPORT UND SPIELE

Motorradsport^{M}

Trial^{N}-Motorrad^{N}
trial motorcycle
moto^{F} de trial^{M}
moto^{F} de trial^{M}
motocicletta^{F} da trial^{M}

Rallye^{F}-Motorrad^{N}
rally motorcycle
moto^{F} de rallye^{M}
moto^{M} de rally^{M}
motocicletta^{F} da rally^{M}

Motocross^{N}- und Supercross^{N}-Motorrad^{N}
motocross and supercross motorcycle
moto^{F} de motocross^{M} et supercross^{M}
moto^{M} de motocross^{M} y supercross^{M}
motocicletta^{F} da motocross^{M} e supercross^{M}

Supercross^{N}-Strecke^{F}
supercross circuit
circuit^{M} de supercross^{M}
circuito^{M} de supercross^{M}
circuito^{M} di supercross^{M}

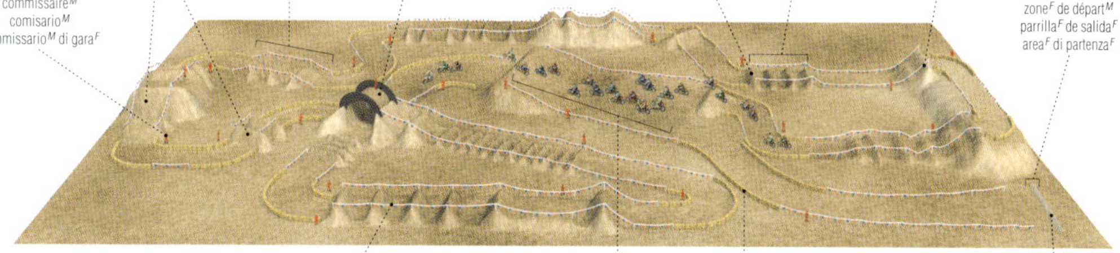

Jetski^{M}

personal watercraft | scooter^{M} de mer^{F} | moto^{F} acuática | acquascooter^{M}

Schneemobil^{N}

snowmobile | motoneige^{F} | moto^{M} nieve | gatto^{M} delle nevi^{F}

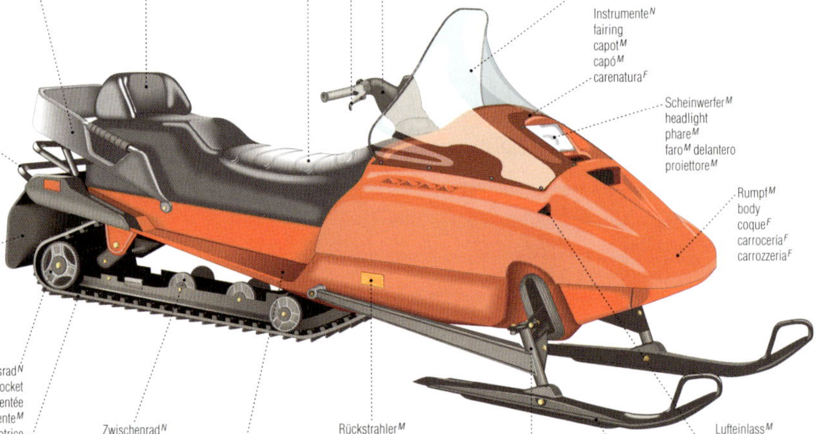

Curling^{N}

curling | curling^{M} | curling^{M} | curling^{M}

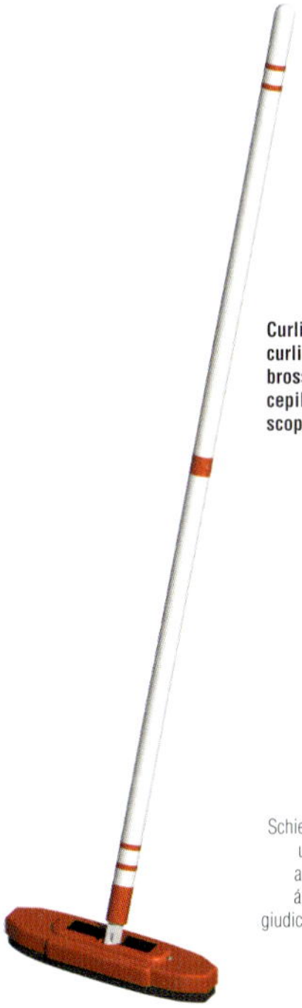

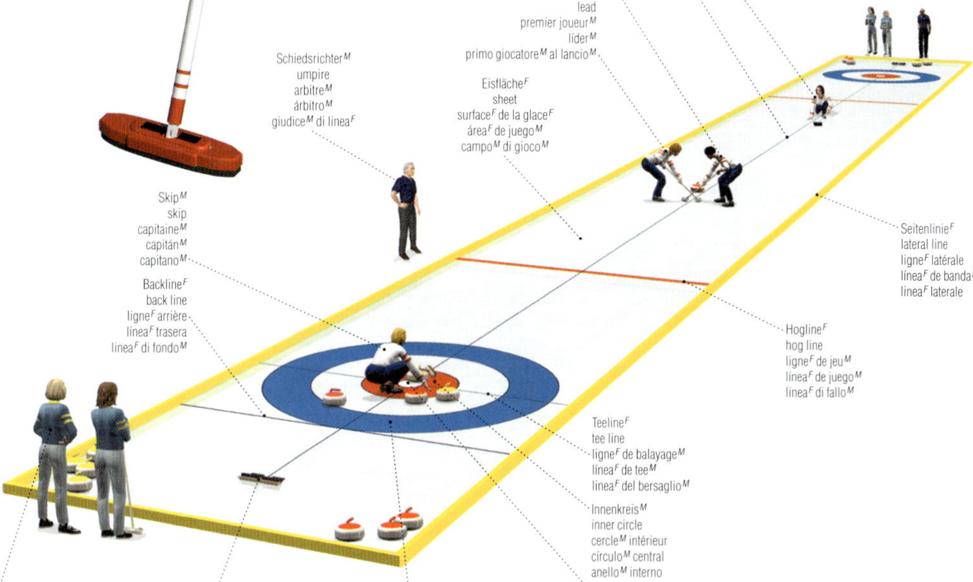

Eishockey^{N}

ice hockey | hockey^{M} sur glace^{F} | hockey^{M} sobre hielo^{M} | hockey^{M} su ghiaccio^{M}

Eishockeyspieler^{M}
ice hockey player
hockeyeur^{M}
jugador^{M}
giocatore^{M}

Schutzhelm^{M}
helmet
casque^{M}
casco^{M}
casco^{M}

Gesichtsschutz^{M}
visor
visière^{F}
visera^{F}
visiera^{F}

Mannschaftsabzeichen^{N}
team's emblem
emblème^{M} d'équipe^{F}
emblema^{M} del equipo^{M}
simbolo^{M} della squadra^{F}

Spielernummer^{F}
player's number
numéro^{M} du joueur^{M}
número^{M} del jugador^{M}
numero^{M} del giocatore^{M}

Handschuh^{M}
glove
gant^{M}
guante^{M}
guanto^{M}

Hose^{F}
trousers
culotte^{F}
pantalón^{M}
pantaloni^{M}

Stutzen^{M}
stocking
bas^{M}
calcetines^{M}
calzettone^{M}

Schlittschuh^{M}
skate
patin^{M}
bota^{F}
pattino^{M}

Kufe^{F}
blade
lame^{F}
cuchilla^{F}
lama^{F}

Eisfläche^{F}
rink
patinoire^{F}
pista^{F}
campo^{M}

Anspielpunkt^{M}
face-off spot
point^{M} de mise^{F} au jeu^{M}
punto^{M} de saque^{M}
punto^{M} di ingaggio^{M}

rechter Verteidiger^{M}
right defence
défenseur^{M} droit
defensa^{M} derecho
difensore^{M} destro

linker Verteidiger^{M}
left defence
défenseur^{M} gauche
defensa^{M} izquierdo
difensore^{M} sinistro

Torlinie^{F}
goal line
ligne^{F} de but^{M}
línea^{F} de gol^{M}
linea^{F} di porta^{F}

Schutzwand^{F}
glass protector
vitre^{F} de protection^{F}
cristal^{M} de protección^{M}
vetro^{M} di protezione^{F}

Spielerbank^{F}
players' bench
banc^{M} des joueurs^{M}
banquillo^{M} de los jugadores^{M}
panchina^{F} dei giocatori^{M}

Ecke^{F}
rink corner
coin^{M} de patinoire^{F}
esquina^{F}
angolo^{M} della pista^{F}

Torrichter^{M}
goal judge
juge^{M} de but^{M}
juez^{M} de gol^{M}
giudice^{M} di porta^{F}

Torwart^{M}
goalkeeper
gardien^{M} de but^{M}
portero^{M}
portiere^{M}

Bande^{F}
boards
bande^{F}
valla^{F} de madera^{F}
balaustre^{F}

Anspielkreis^{M}
face-off circle
cercle^{M} de mise^{F} au jeu^{M}
círculo^{M} de reanudación^{F} del juego^{M}
cerchio^{M} di ingaggio^{M}

Eishockey^{N}

Torwart^{M}
goalkeeper
gardien^{M} de but^{M}
portero^{M}
portiere^{M}

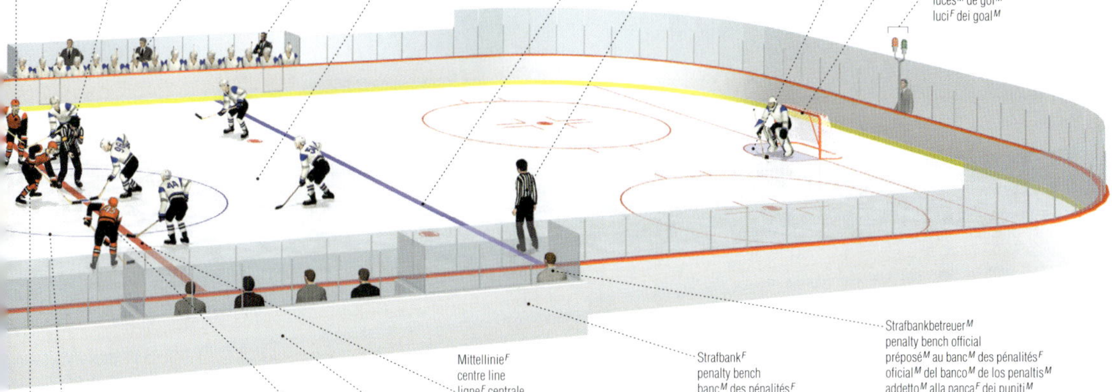

Eishockey[N]

Eishockeyschläger[M]
player's stick
crosse[F] de joueur[M]
palo[M] del jugador[M]
bastone[M] del giocatore[M]

Halsschutz[M]
throat protector
protège-gorge[M]
protector[M] de cuello[M]
paracollo[M]

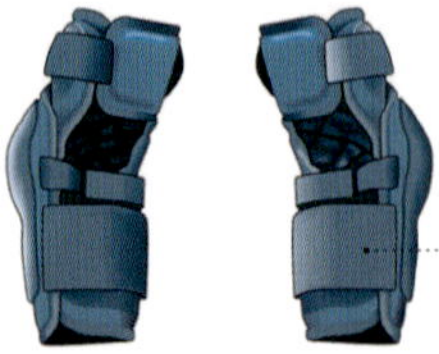

Ellbogenpolster[N]
elbow pad
protège-coude[M]
codera[F]
paragomiti[M]

Torwartschläger[M]
goalkeeper's stick
crosse[F] de gardien[M] de but[M]
palo[M] del portero[M]
bastone[M] del portiere[M]

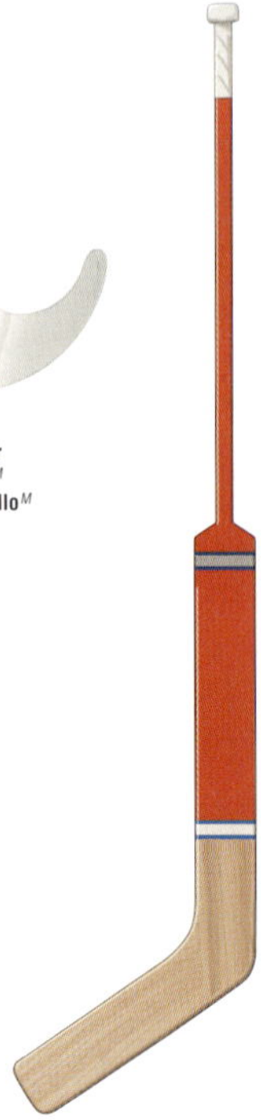

Halsschutz[M]
throat protector
protège-gorge[M]
protector[M] del cuello[M]
paragola[M]

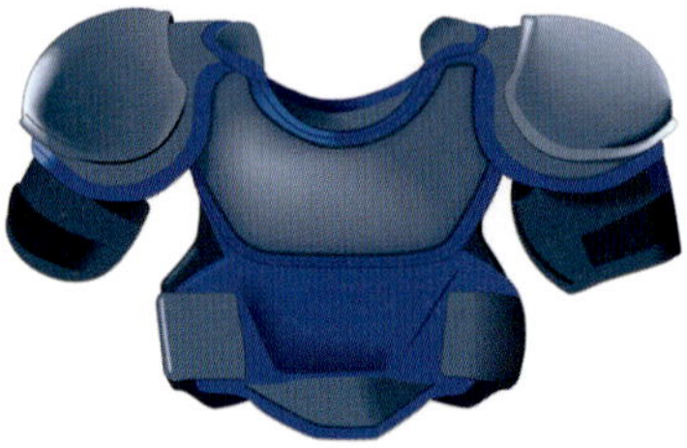

Schulterpolster[N]
shoulder pad
épaulière[F]
hombrera[F]
paraspalle[M]

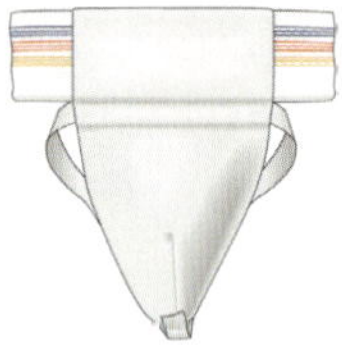

Suspensorium[N]
protective cup
coquille[F]
coquilla[F]
conchiglia[F] di protezione[F]

Puck[M]
puck
palet[M]
disco[M]
dischetto[M]

Torwartbrustschutz[M]
goalkeeper's chest pad
plastron[M] de gardien[M] de but[M]
peto[M] del portero[M]
pettorina[F] del portiere[M]

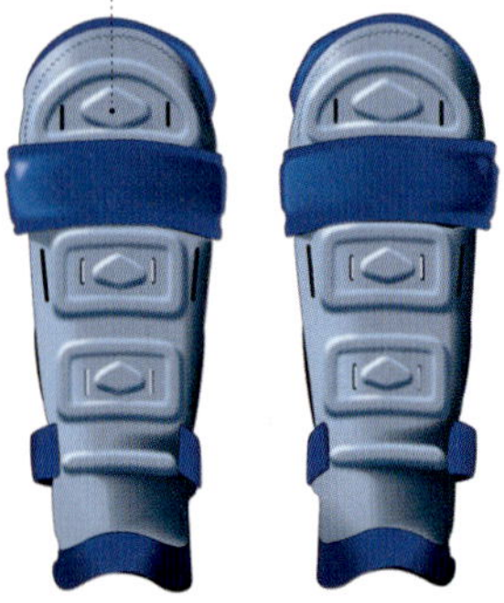

Schienbeinschützer[M]
pads
jambières[F]
tobillera[F]
paragambe[M]

Schlittschuh[M]
skate
patin[M]
patín[M]
pattino[M]

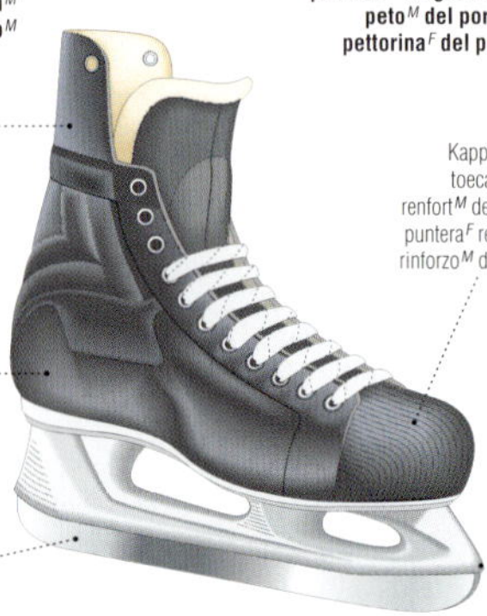

Torwartschlittschuh[M]
goalkeeper's skate
patin[M] de gardien[M] de but[M]
patín[M] del portero[M]
pattino[M] del portiere[M]

Eiskunstlauf^M

figure skating | patinage^M artistique | patinaje^M artístico | pattinaggio^M artistico

Eiskunstlaufstiefel^M
figure skate
patin^M de figure^F
patín^M para figuras^F
pattino^M per pattinaggio^M artistico

Eistanzkufe^F
dance blade
lame^F de danse^F sur glace^F
cuchilla^F de baile^M
lama^F per danza^F

Eiskunstlaufkufe^F
free-skating blade
lame^F pour programme^M libre
cuchilla^F de patinaje^M artístico
lama^F per pattinaggio^M libero

Beispiele^N für Sprünge^M
examples of jumps
exemples^M de sauts^M
ejemplos^M de piruetas^F
esempi^M di salti^M

Salchow^M
Salchow
salchow^M
salchow^M
salchow^M

Axel^M
Axel
axel^M
axel^M
axel^M

Toeloop^M
toe loop
boucle^F piquée
loop^M de puntera^F
loop^M di punta^F

Flip^M
flip
flip^M
flip^M
flip^M

Lutz^M
Lutz
lutz^M
lutz^M
lutz^M

Eisfläche^F
rink
patinoire^F
pista^F de patinaje^M sobre hielo^M
pista^F di pattinaggio^M

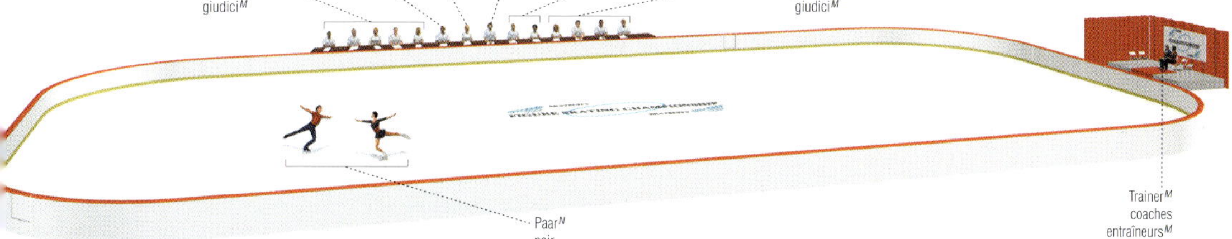

SPORT UND SPIELE

Eisschnelllauf^{M}

speed skating | patinage^{M} de vitesse^{F} | patinaje^{M} de velocidad^{F} | pattinaggio^{M} di velocità^{F}

Eisschnellläufer^{M}: Langstrecke^{F}
skater: long track
patineur^{M} : longue piste^{F}
patinador^{M} : pista^{F} larga
pattinatore^{M}: pista^{F} lunga

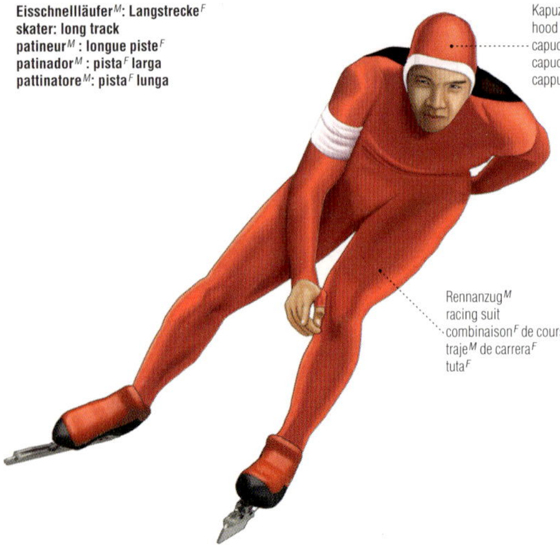

Eisschnellläufer^{M}: Kurzstrecke^{F}
skater: short track
patineur^{M} : courte piste^{F}
patinador^{M} : pista^{F} corta
pattinatore^{M}: short track^{M}

Halsschutz^{M}
throat protector
protège-gorge^{M}
protector^{M} de garganta^{F}
paracollo^{M}

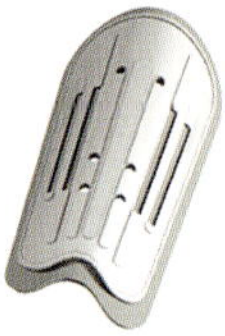

Schienbeinschutz^{M}
shin guard
protège-tibia^{M}
espinillera^{F}
parastinchi^{M}

Knieschützer^{M}
knee pad
genouillère^{F}
rodillera^{F}
ginocchiera^{F}

Eisschnelllaufbahn^{F}
long track
longue piste^{F}
pista^{F} larga
pista^{F} lunga

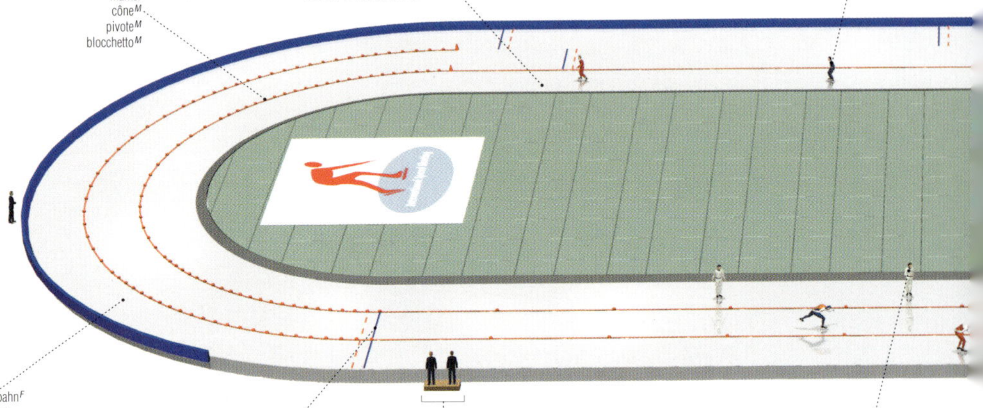

Eisschnelllauf[M]-Schlittschuhe[M]
speed skates
patins[M] de course[F]
patines[M] de carreras[F]
pattini[M] per velocità[F]

Klappschlittschuh[M]
clapskate
patin[M] clap
patín[M] de pista[F] larga
pattino[M] ad incastro[M]

Kurzstreckenschlittschuh[M]
short track skate
patin[M] de courte piste[F]
patín[M] de pista[F] corta
pattino[M] da short track[M]

Kurzstrecke[F]
short track
courte piste[F]
pista[F] corta
short track[M]

Starter[M]
start judge
juge[M] au départ[M]
juez[M] de salida[F]
giudice[M] di partenza[F]

Zielrichter[M]
finish judges
juges[M] d'arrivée[F]
juez[M] de meta[F]
giudici[M] di arrivo[M]

Bande[F]
protective mat
matelas[M] de protection[F]
acolchado[M] de seguridad[F]
materasso[M] di protezione[F]

Bahn[F]
track
piste[F]
pista[F]
pista[F]

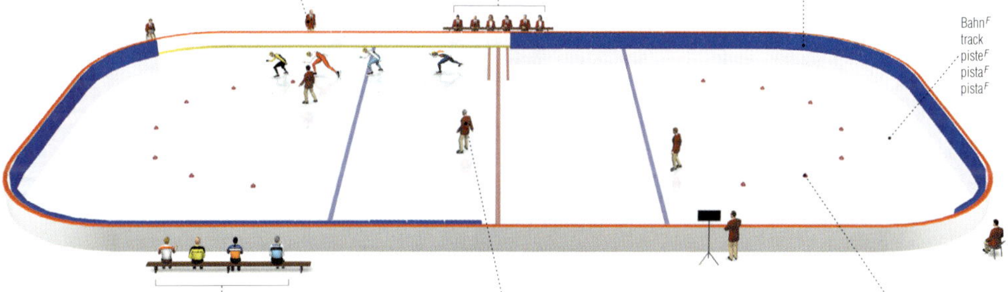

Trainer[M]
coaches
entraîneurs[M]
entrenadores[M]
allenatori[M]

Oberschiedsrichter[M]
chief referee
arbitre[M] en chef[M]
árbitro[M] jefe[M]
arbitro[M]

Kegel[M]
marker
cône[M]
pivote[M]
picchetto[M]

Kampfrichterassistenten[M]
assistant judges
juges[M] assistants[M]
jueces[M] asistentes
giudici[M] assistenti

Trainer[M]
coaches
entraîneurs[M]
entrenadores[M]
allenatori[M]

Bande[F]
protective mat
matelas[M] de protection[F]
acolchado
materasso[M] di protezione[F]

Kampfrichter[M]-Obmann[M]
track judge
juge[M] de piste[F]
juez[M] de pista
giudice[M] di pista[F]

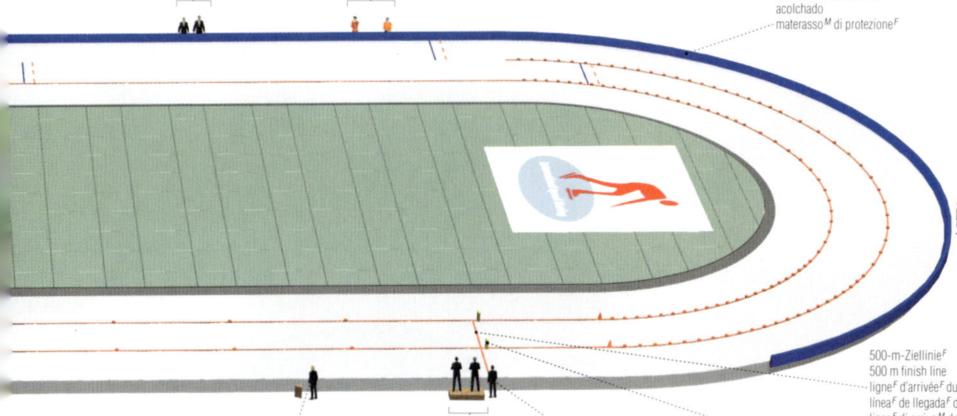

500-m-Ziellinie[F]
500 m finish line
ligne[F] d'arrivée[F] du 500 m
línea[F] de llegada[F] de 500 m
linea[F] di arrivo[M] dei 500 metri[M]

Rundenzähler[M]
lap counter
responsable[M] du décompte[M] des tours[M]
cuentavueltas[M]
responsabile[M] per il conteggio[M] dei giri[M]

Zeitnehmer[M]
timekeepers
chronométreurs[M]
cronometrador[M]
cronometristi[M]

Zielrichter[M]
finish judge
juge[M] d'arrivée[F]
juez[M] de meta[F]
giudice[M] di arrivo[M]

elektronische Zeitmessung[F]
electronic timing system
système[M] de chronométrage[M] électronique
sistema[M] de cronometraje[M] electrónico
sistema[M] di cronometraggio[M] elettrico

Bobschlitten^{M}

bobsleigh | bobsleigh^{M} | bobsleigh^{M} | bob^{M}

Viererbob^{M}
four-man bobsleigh
bobsleigh^{M} à quatre
bobsleigh^{M} a cuatro
bob^{M} a quattro

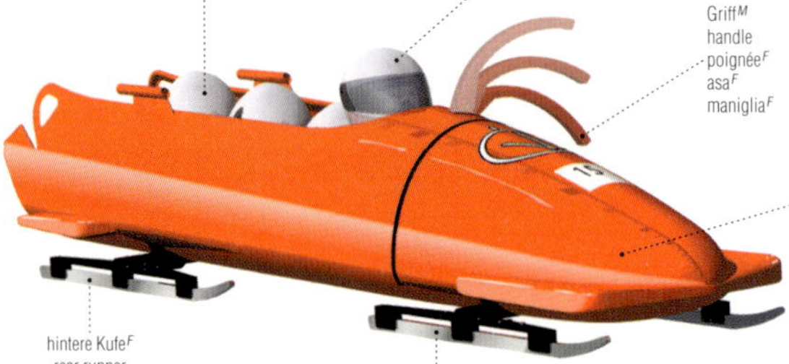

Zweierbob^{M}
two-man bobsleigh
bobsleigh^{M} à deux
bosbsleigh^{M} de dos
bob^{M} a due

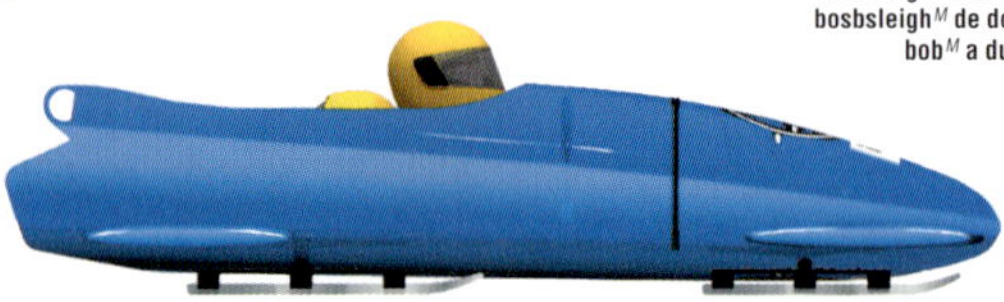

Rennrodel^{M}

luge | luge^{F} | luge^{M} | slittino^{M}

Rennrodler^{M}
luge racer
lugeur^{M}
corredor^{M} de luge^{M}
corridore^{M} su slittino^{M}

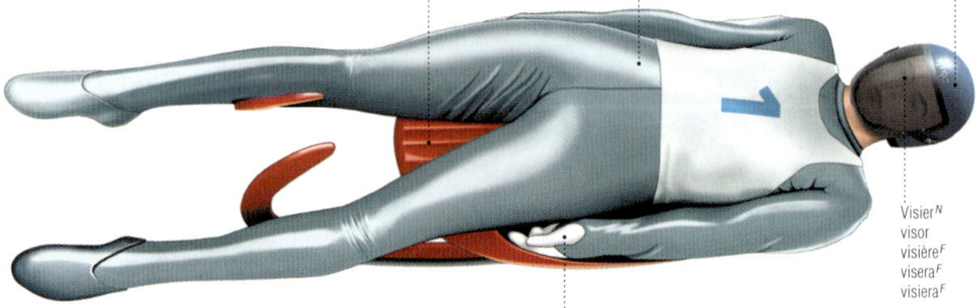

Einsitzer^{M}-Rennrodel^{M}
singles luge
luge^{F} simple
luge^{M} simple
slittino^{M} singolo

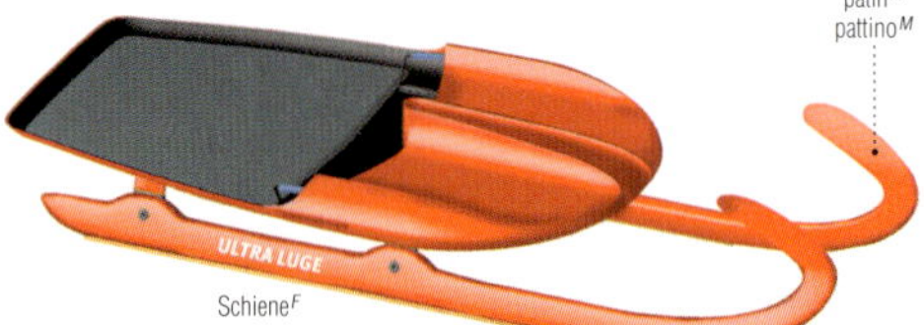

Doppelsitzer^{M}-Rennrodel^{M}
doubles luge
luge^{F} double
luge^{M} doble
slittino^{M} doppio

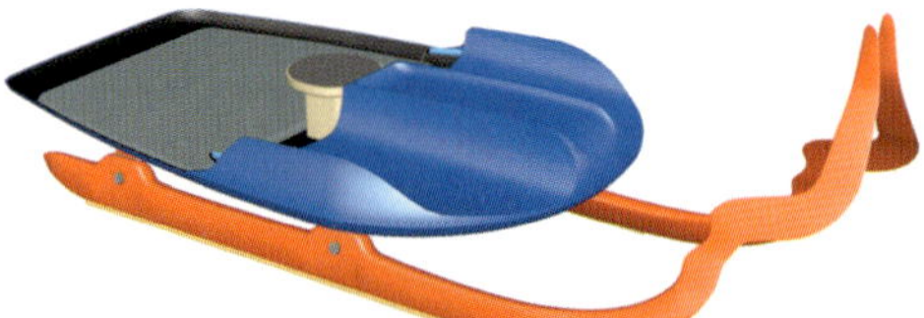

Skeleton^{M}

skeleton | skeleton^{M} | skeleton^{M} | skeleton^{M}

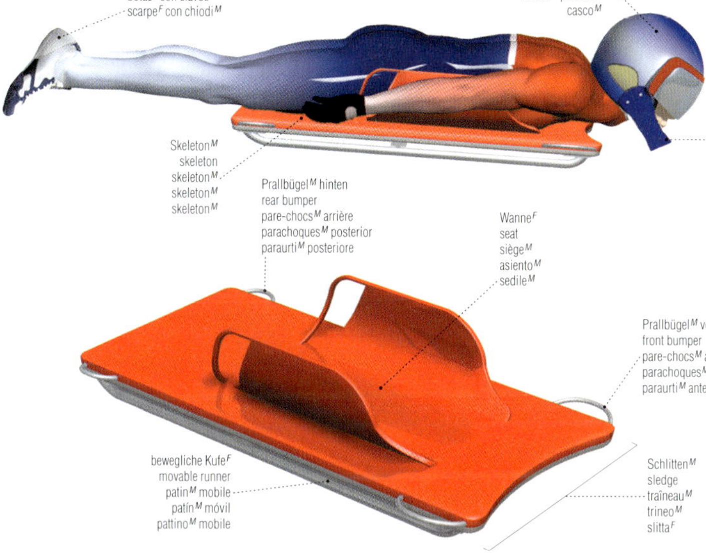

Fahrer^{M}
sledger
coureur^{M}
corredor^{M}
skeletonista$^{M/F}$

Skeleton^{M}
skeleton
skeleton^{M}
skeleton^{M}
skeleton^{M}

Bahn^{F}

track | piste^{F} | pista^{F} | pista^{F}

SPORT UND SPIELE

Skigebiet^N

ski resort | station^F de ski^M | estación^F de esquí | stazione^F sciistica

Snowboarden^N

snowboarding | surf^M des neiges^F | snowboard^M | snowboard^M

Snowboarder^M
snowboarder
surfeur^M
snowboarder^M
snowboardista^M/F

Hardboots^M
hard boot
botte^F rigide
bota^F rígida
scarpone^M rigido

Softboots^M
flexible boot
botte^F souple
bota^F blanda
scarpone^M morbido

Helm^M
helmet
casque^M
casco^M
casco^M

Skianzug^M
coveralls
combinaison^F
traje^M de esquí^M
tuta^F

Skibrille^F
goggles
lunettes^F
gafas^F de esquí^M
occhiali^M

Schienbeinschützer^M
shin guard
protège-tibia^M
tobillera^F
parastinchi^M

Snowboard^N
snowboard
surf^M des neiges^F
snowboard^M
snowboard^M

Handschuh^M
glove
gant^M
guante^M
guanto^M

Freestyleboard^N
freestyle snowboard
surf^M acrobatique
tabla^F de freestyle^M
snowboard^M per freestyle^M

Softbindung^F
soft binding
fixation^F à coque^F
fijaciones^M blandas
attacco^M morbido

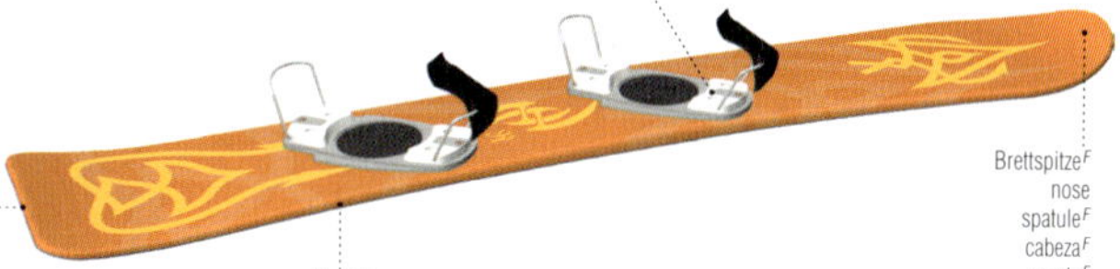

Alpinboard^N
alpine snowboard
surf^M alpin
tabla^F alpina
snowboard^M per sci^M alpino

Plattenbindung^F
plate binding
fixation^F à plaque^F
fijaciones^F
attacco^M

Brettende^N
tail
talon^M
cola^F
coda^F

Kante^F
edge
carre^F
borde^M
bordo^M

Brettspitze^F
nose
spatule^F
cabeza^F
punta^F

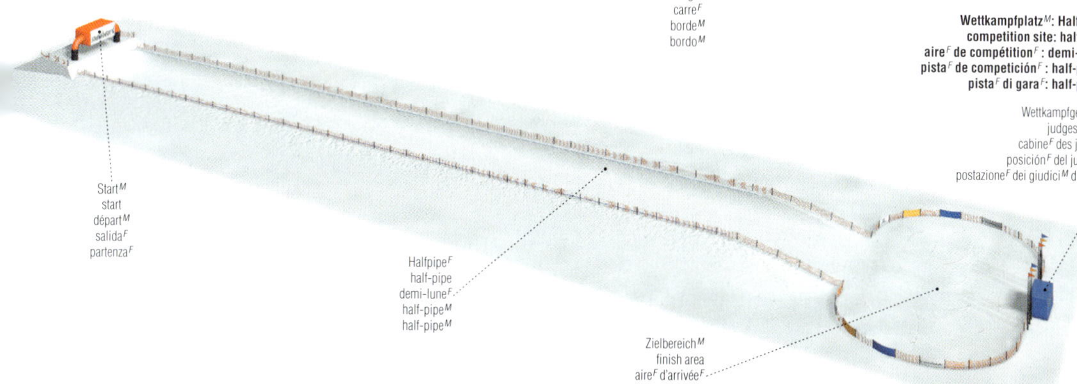

Wettkampfplatz^M: Halfpipe^F
competition site: half-pipe
aire^F de compétition^F : demi-lune^F
pista^F de competición^F : half-pipe^M
pista^F di gara^F: half-pipe^M

Wettkampfgericht^N
judges' stand
cabine^F des juges^M
posición^F del jurado^M
postazione^F dei giudici^M di gara^F

Start^M
start
départ^M
salida^F
partenza^F

Halfpipe^F
half-pipe
demi-lune^F
half-pipe^M
half-pipe^M

Zielbereich^M
finish area
aire^F d'arrivée^F
meta^F
arrivo^M

SPORT UND SPIELE

alpines Skilaufen[N]

alpine skiing | ski[M] alpin | esquí[M] alpino | sci[M] alpino

alpiner Skiläufer[M]
alpine skier
skieur[M] alpin
esquiador[M] alpino
sciatore[M]

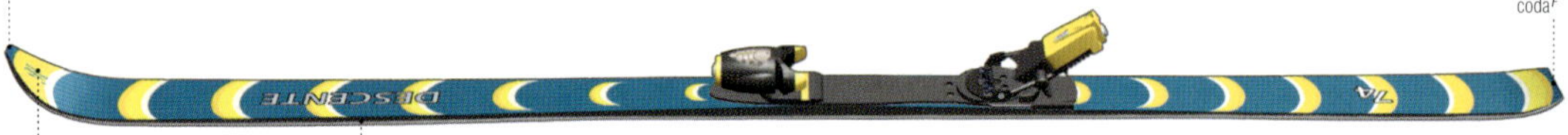

Ski[M]
ski
ski[M]
esquí[M]
sci[M]

Beispiele[N] für Skier[M]
examples of skis
exemples[M] de skis[M]
ejemplos[M] de esquís[M]
esempi[M] di sci[M]

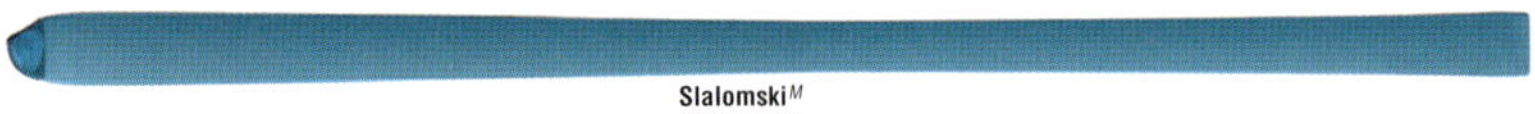

Slalomski[M]
slalom ski
ski[M] de slalom[M]
esquí[M] de eslalon[M]
sci[M] da slalom[M]

Riesenslalomski[M]
slalom G ski
ski[M] de grand slalom[M]
esquí[M] de eslalon[M] gigante
sci[M] da slalom[M] gigante[M]

Abfahrts- und Superriesenslalom[M]-Ski[M]
downhill/Super G ski
ski[M] de descente[F]/super-G[M]
esquí de descenso[M] /eslalon[M]
sci[M] da discesa[F] libera[F] e supergigante[M]

Disziplinen[F]
technical events
épreuves[F]
pruebas[F]
specialità[F]

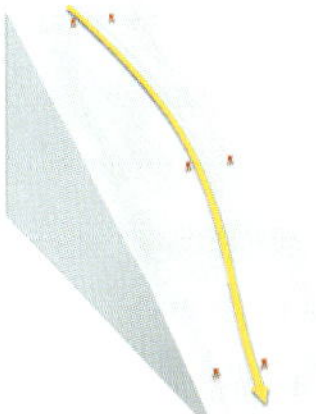

Abfahrtslauf[M]
downhill
descente[F]
descenso[M]
discesa[M] libera

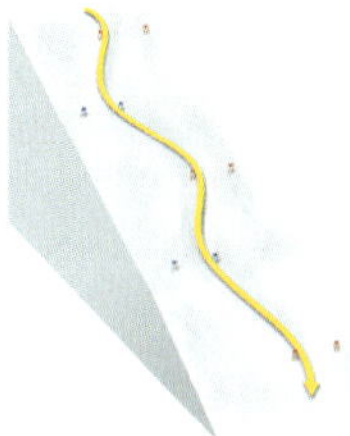

Superriesenslalom[M]
super giant slalom
super-géant[M]
eslalon[M] supergigante
slalom[M] supergigante

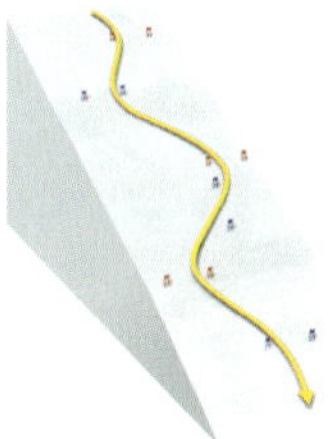

Riesenslalom[M]
giant slalom
slalom[M] géant
eslalon[M] gigante
slalom[M] gigante

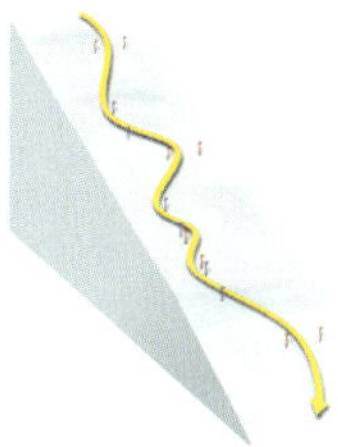

Spezialslalom[M]
special slalom
slalom[M] spécial
eslalon[M] especial
slalom[M] speciale

Skistiefel[M]
ski boot
chaussure[F] de ski[M]
botas[F] para esquiar
scarpone[M]

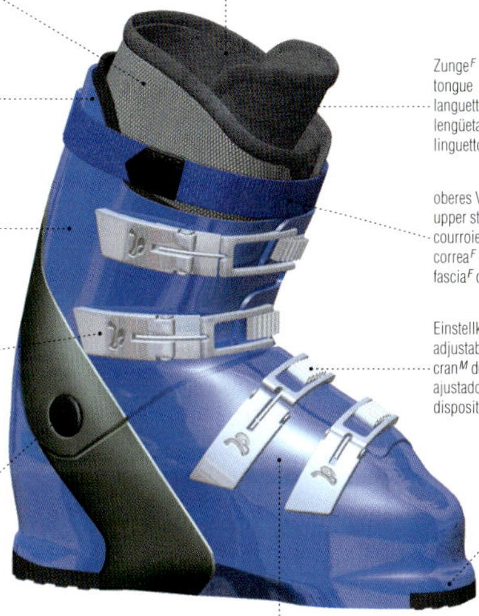

Sicherheitsbindung[F]
safety binding
fixation[F] de sécurité[F]
fijación[F] de seguridad[F] del esquí[M]
attacco[M] di sicurezza[F]

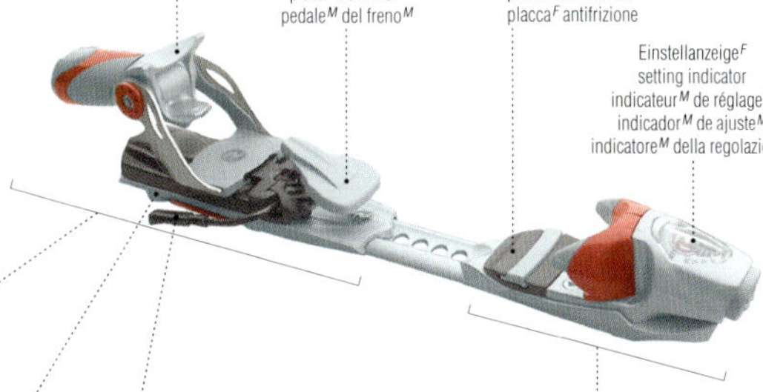

Freestyle^{N}

freestyle skiing | ski^{M} acrobatique | esquí^{M} artístico | freestyle^{M}

Buckelpiste^{F}
course: moguls competition
piste^{F} : descente^{F} de bosses^{F}
pista^{F} : saltos^{M}
pista^{F}: specialità^{F} moguls

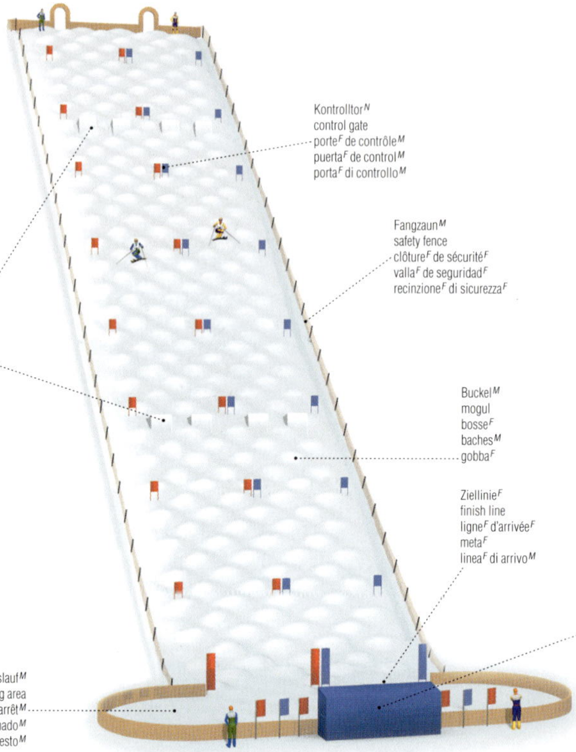

Sprunganlage^{F}
aerial site
site^{M} de saut^{M}
zona^{F} de salto^{M}
area^{F} del salto^{M}

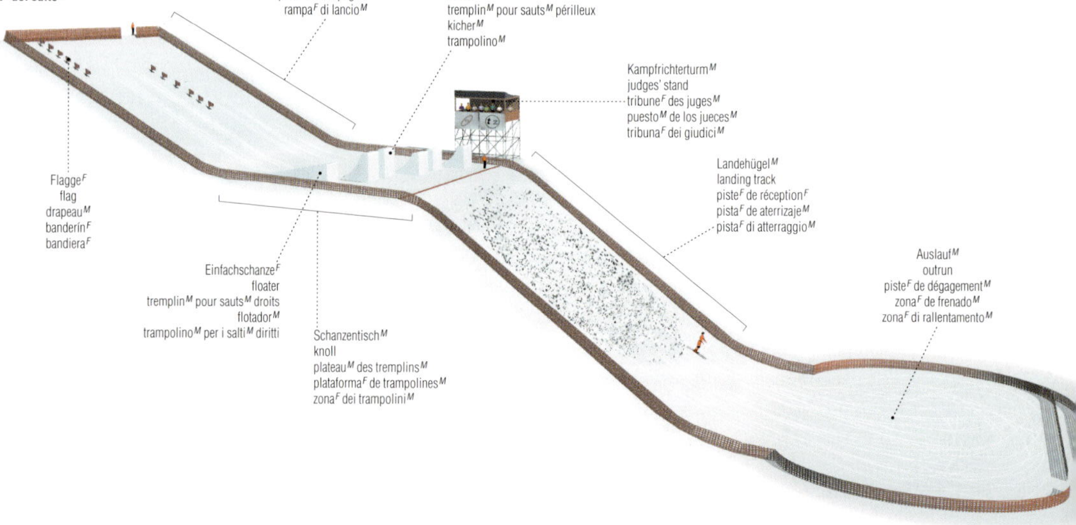

Skispringen^{N}

ski jumping | saut^{M} à ski^{M} | técnica^{F} de salto^{M} | salto^{M} con gli sci^{M}

Sprungtechnik^{F}
jumping technique
technique^{F} de saut^{M}
salto^{M} de esquí^{M}
tecnica^{F} di salto^{M}

Anlauf^{M}
inrun
élan^{M}
lanzamiento^{M}
scivolamento^{M}

Absprung^{M}
takeoff
envol^{M}
despegue^{M}
stacco^{M}

Flug^{M}
flight
vol^{M}
vuelo^{M}
volo^{M}

Landung^{F}
landing
atterrissage^{M}
aterrizaje^{M}
atterraggio^{M}

Skispringer^{M}
ski jumper
sauteur^{M}
saltador^{M}
saltatore^{M}

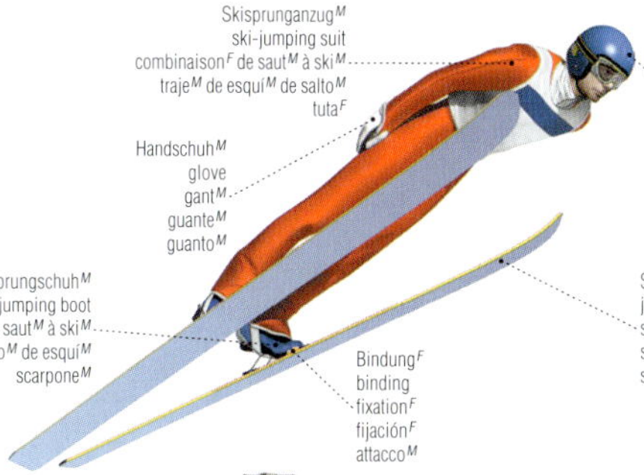

Sprunganlage^{F}
track
piste^{F}
pista^{F}
pista^{F}

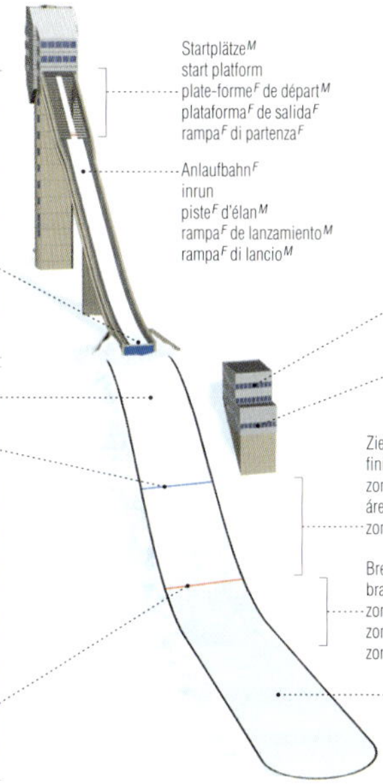

Speedski^{M}

speed skiing | ski^{M} de vitesse^{F} | esquí^{M} de velocidad^{F} | chilometro^{M} lanciato

Speedskistrecke^{F}
speed track
piste^{F} de vitesse^{F}
pista^{F} de velocidad^{F}
pista^{F}

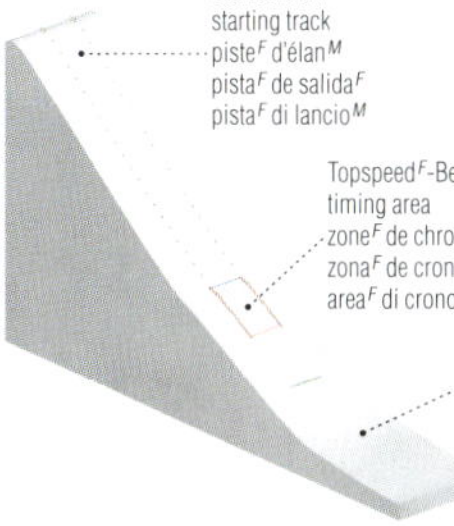

Speedskifahrer^{M}
speed skier
skieur^{M} de vitesse^{F}
esquiador^{M} de velocidad^{F}
sciatore^{M} di chilometro^{M} lanciato

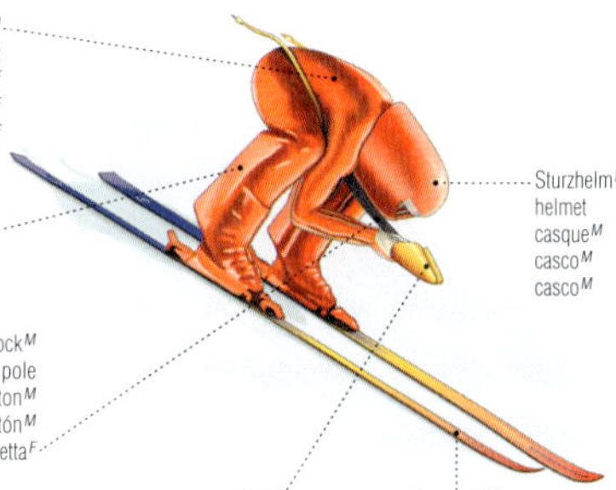

Skilanglauf^{M}

cross-country skiing | ski^{M} de fond^{M} | esquí^{M} de fondo^{M} | sci^{M} da fondo^{M}

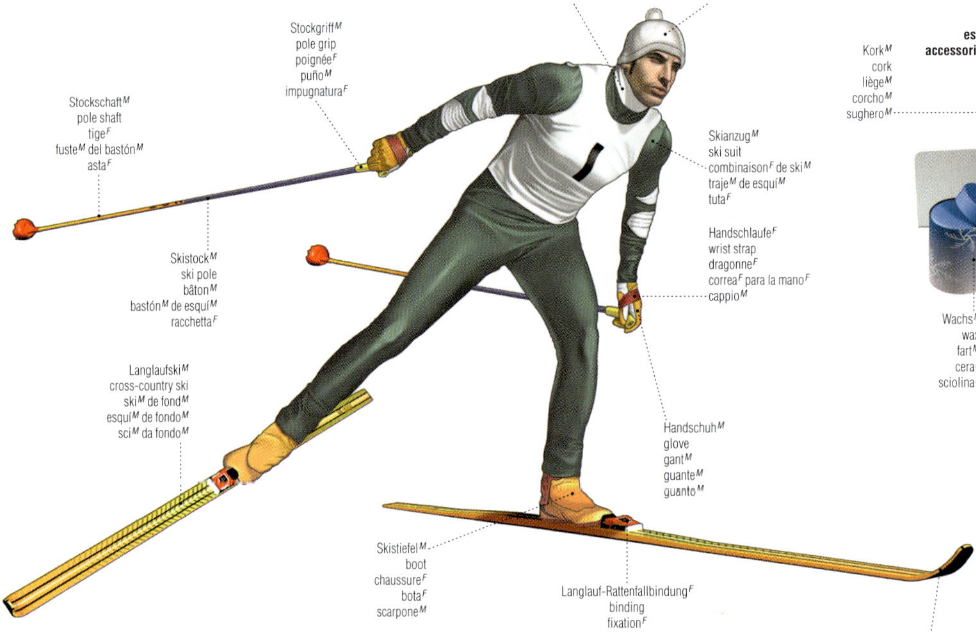

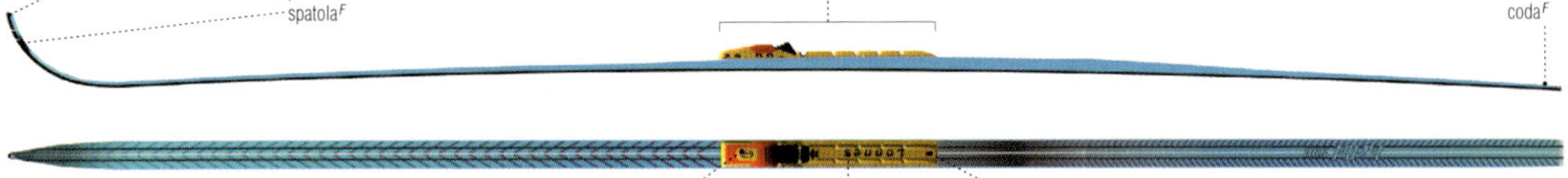

Biathlon^{N}

biathlon | biathlon^{M} | biathlon^{M} | biathlon^{M}

Schießpositionen^{F}
shooting positions
positions^{F} de tir^{M}
posiciones^{M} de tiro^{M}
posizioni^{F} di tiro^{M}

liegender Anschlag^{M}
prone position
position^{F} couchée
posición^{M} supina
posizione^{F} prona

stehender Anschlag^{M}
standing position
position^{F} debout
posición^{F} en pie^{M}
posizione^{F} in piedi

Kleinkalibergewehr^{N}
rifle
carabine^{F}
carabina^{F}
carabina^{F}

Schießanlage^{F}
shooting range
champ^{M} de tir^{M}
puesto^{M} de tiro^{M}
campo^{M} di tiro^{M}

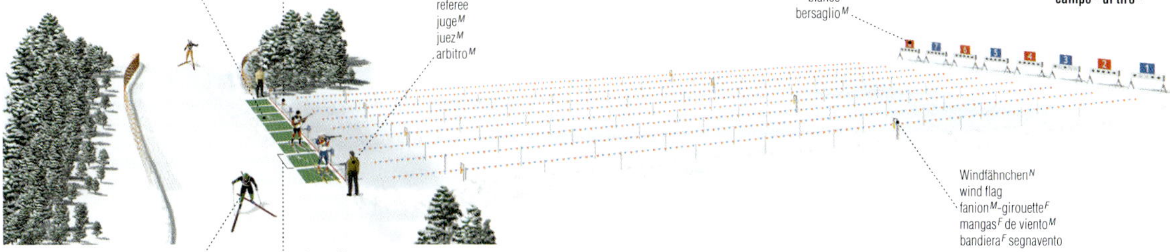

Schneeschuh^{M}

snowshoe | raquettes^{F} | raqueta^{F} | racchetta^{F} da neve^{F}

elliptischer Schneeschuh^{M}
elliptical snowshoe
raquette^{F} elliptique
raqueta^{F} elíptica
racchetta^{F} da neve^{F} ellittica

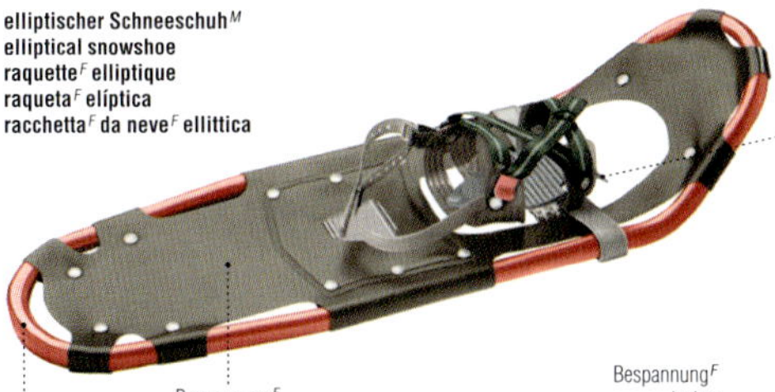

Michigan-Schneeschuh^{M}
Michigan snowshoe
raquette^{F} algonquine
tipo^{M} Michigan
racchetta^{F} Michigan

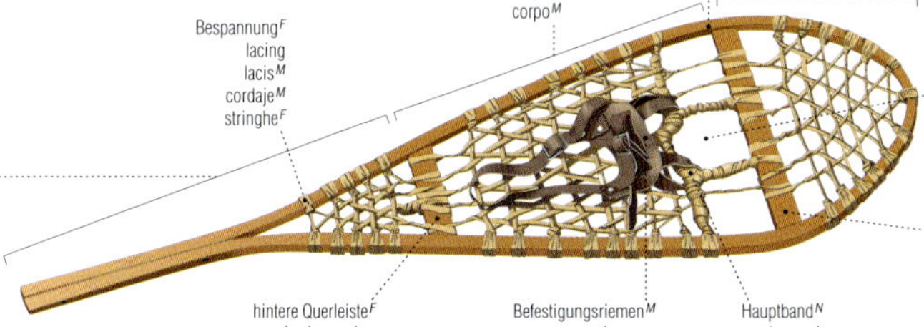

SPORT UND SPIELE

Skateboarding^{N}

skateboarding | planche^{F} à roulettes^{F} | skateboard^{M} | skateboard^{M}

Skateboard^{N}
skateboard
planche^{F} à roulettes^{F}
monopatín^{M}
skateboard^{M}

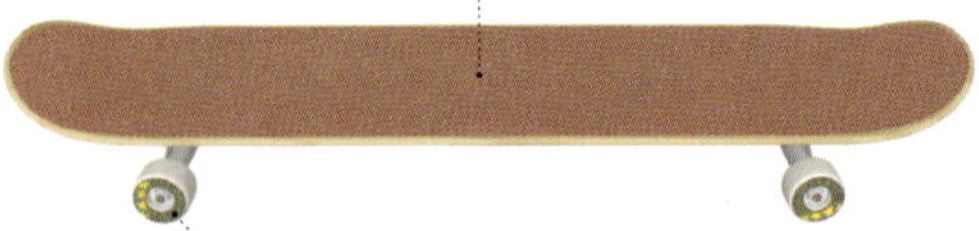

Skateboarder^{M}
skateboarder
planchiste^{M}
monopatín^{M}
skater^{M}

Rampe^{F}
ramp
rampe^{F}
medio tubo^{M}
rampa^{F}

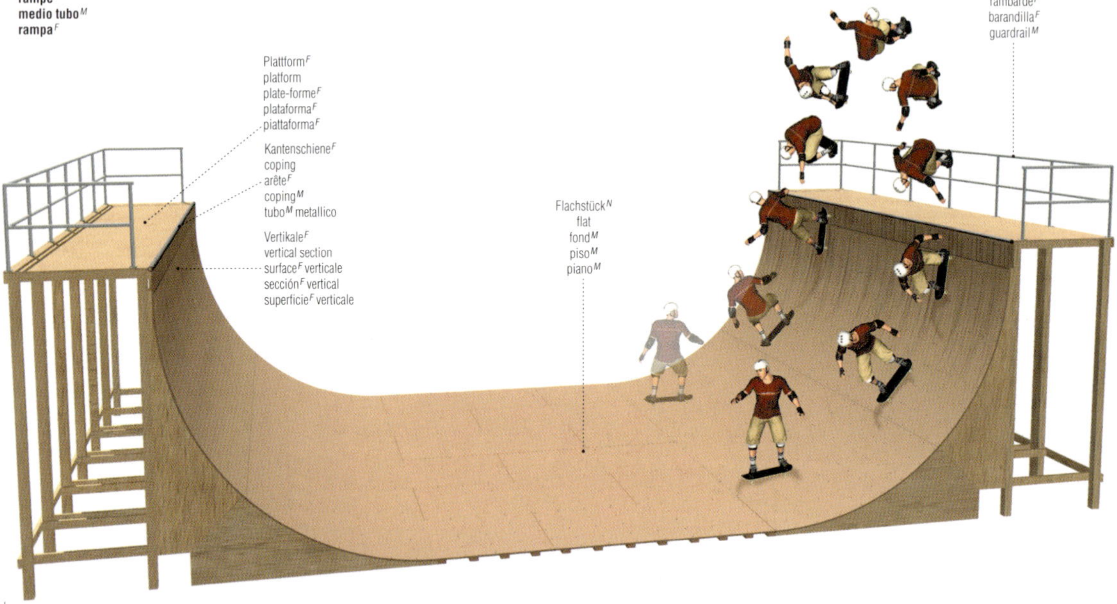

SPORT UND SPIELE

Inlineskating^{N}

inline skating | patin^{M} à roues^{F} alignées | patinaje^{M} en línea^{F} | pattinaggio^{M} in linea^{F}

Stuntskate^{M}
acrobatic skate
patin^{M} acrobatique
patinaje^{M} acrobático
pattino^{M} acrobatico

Skaterin^{F}
skater
patineuse^{F}
patinador^{M}
pattinatore^{M}

Speedskate^{M}
roller speed skate
patin^{M} de vitesse^{F}
patín^{M} en línea^{F}
pattino^{M} da velocità^{F}

Rollschuh^{M}
roller skate
patin^{M} à roues^{F} alignées
patín^{M} en línea^{F}
pattino^{M} a rotelle^{F}

Hockeyskate^{M}
roller hockey skate
patin^{M} de hockey^{M}
patín en línea^{F} de hockey^{M}
pattino^{M} da hockey^{M}

SPORT UND SPIELE

Fallschirmspringen^{N}

sky diving | chute^{F} libre | paracaidismo^{M} en caída^{F} libre | paracadutismo^{M} in caduta^{F} libera

Fallschirmspringer^{M}
sky diver
sauteur^{M}
paracaidista$^{M/F}$
paracadutista$^{M/F}$

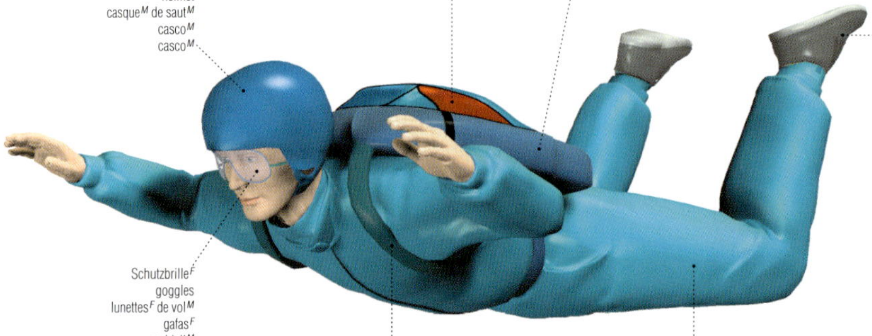

Höhenmesser^{M}
altimeter
altimètre^{M}
altímetro^{M}
altimetro^{M}

Fallschirmspringen^{N}
parachute
parachute^{M}
paracaídas^{M}
paracadute^{M}

Gleitschirmfliegen[N]

paragliding | parapente[M] | parapente[M] | parapendio[M]

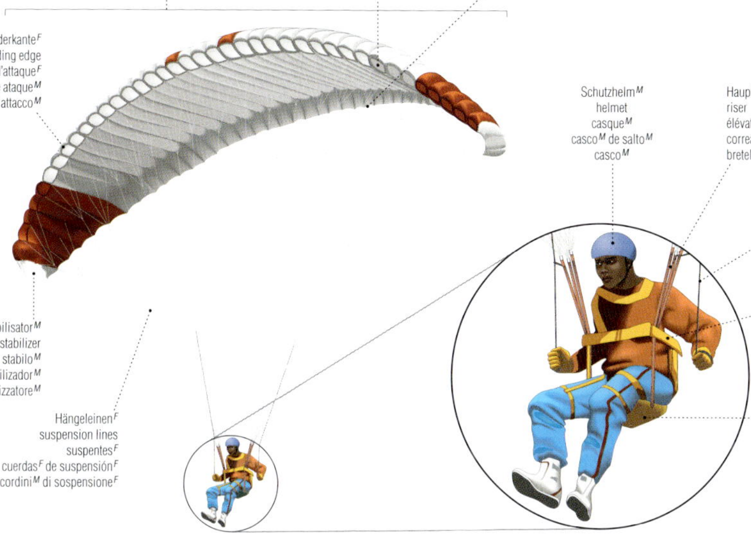

Drachenfliegen[N]

hang gliding | vol[M] libre | vuelo[M] libre | deltaplano[M]

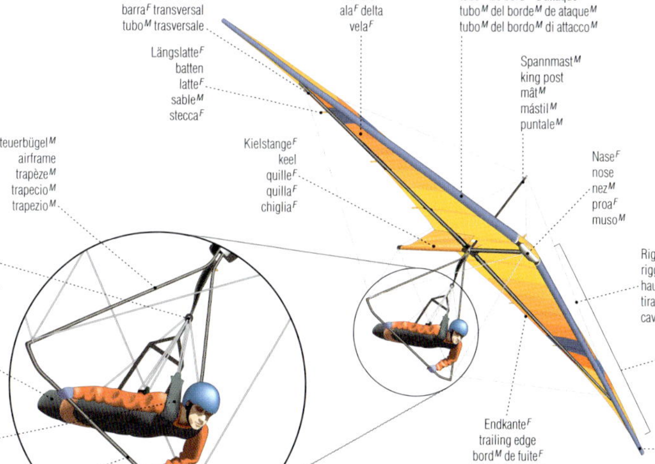

Segelflugzeug[N]

glider | planeur[M] | planeador[M] | aliante[M]

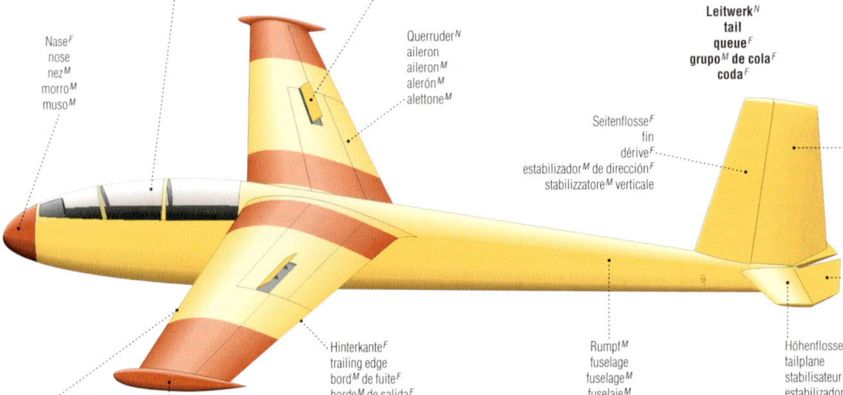

Leitwerk[N]
tail
queue[F]
grupo[M] de cola[F]
coda[F]

Flügel[M]
wing
ailes[F]
ala[F]
ala[F]

Kanzel[F]
cockpit canopy
verrière[F]
cubierta[F] de la cabina[F]
calotta[F] della cabina[F] di pilotaggio[M]

Bremsklappe[F]
air brake
aérofrein[M]
freno[M] aerodinámico
freno[M] aerodinamico

Nase[F]
nose
nez[M]
morro[M]
muso[M]

Querruder[N]
aileron
aileron[M]
alerón[M]
alettone[M]

Seitenflosse[F]
fin
dérive[F]
estabilizador[M] de dirección[F]
stabilizzatore[M] verticale

Seitenruder[N]
rudder
gouvernail[M] de direction[F]
timón[M] de dirección[F]
timone[M] di direzione[F]

Höhenruder[N]
elevator
gouvernail[M] de profondeur[F]
timón[M] de profundidad[F]
timone[M] di profondità[F]

Hinterkante[F]
trailing edge
bord[M] de fuite[F]
borde[M] de salida[F]
bordo[M] di fuga[F]

Rumpf[M]
fuselage
fuselage[M]
fuselaje[M]
fusoliera[F]

Höhenflosse[F]
tailplane
stabilisateur[M]
estabilizador[M] horizontal
stabilizzatore[M] orizzontale

Vorderkante[F]
leading edge
bord[M] d'attaque[F]
borde[M] de ataque[M]
bordo[M] di attacco[M]

Flügelspitze[F]
wingtip
saumon[M] d'aile[F]
borde[M] marginal
punta[F] dell'ala[F]

Cockpit[N]
cockpit
cabine[F] de pilotage[M]
cabina[F] del piloto[M]
cabina[F] di pilotaggio[M]

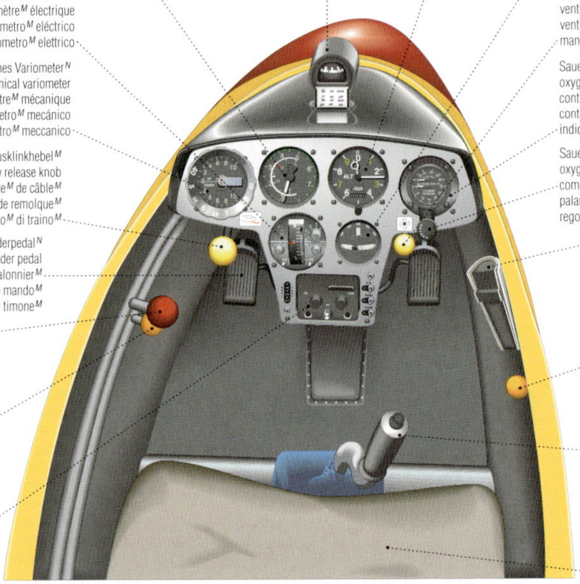

Geschwindigkeitsanzeige[F]
airspeed indicator
anémomètre[M]
anemómetro[M]
anemometro[M]

Kompass[M]
compass
compas[M]
brújula[F]
bussola[F]

Höhenmesser[M]
altimeter
altimètre[M]
altímetro[M]
altimetro[M]

Wendezeiger[M]
turn and bank indicator
indicateur[M] de virage[M] et d'inclinaison[F] latérale
indicador[M] de viraje[M] y de inclinación[F]
indicatore[M] di virata[F] e di inclinazione[F]

Elektrovariometer[N]
electric variometer
variomètre[M] électrique
variómetro[M] eléctrico
variometro[M] elettrico

Frischluftzufuhr[F]
cockpit ventilation
ventilation[F] de la cabine[F]
ventilador[M] de cabina[F]
manopola[F] per l'aerazione[F] della cabina[F]

mechanisches Variometer[N]
mechanical variometer
variomètre[M] mécanique
variómetro[M] mecánico
variometro[M] meccanico

Sauerstoffzufuhranzeige[F]
oxygen indicator
contrôle[M] d'alimentation[F] en oxygène[M]
control[M] de alimentador[M] de oxígeno[M]
indicatore[M] dell'alimentazione[F] di ossigeno[M]

Ausklinkhebel[M]
tow release knob
commande[F] de largage[M] de câble[M]
liberador[M] del cable[M] de remolque[M]
manopola[F] di sgancio[M] del cavo[M] di traino[M]

Sauerstoffzufuhrregler[M]
oxygen supply regulator
commande[F] d'alimentation[F] en oxygène[M]
palanca[F] de alimentador[M] de oxígeno[M]
regolatore[M] dell'alimentazione[F] di ossigeno[M]

Seitenruderpedal[N]
rudder pedal
pédale[F] de palonnier[M]
pedal[M] del timón[M] de mando[M]
pedale[M] del timone[M]

Mikrofon[N]
microphone
microphone[M]
micrófono[M]
microfono[M]

Bremsklappenhebel[M]
air brake handle
commande[F] d'aérofrein[M]
mando[M] del freno[M] aerodinámico
comando[M] del freno[M] aerodinamico

Kanzellösehebel[M]
canopy release knob
commande[F] de largage[M] de la verrière[F]
eyector[M] de la cubierta[F] de cabina[F]
manopola[F] per l'apertura[F] della calotta[F]

Wendehebel[M]
turn and bank knob
commande[F] de virage[M] et d'inclinaison[F] latérale
palanca[F] de viraje[M] y de inclinación[F]
comando[M] di virata[F] e di inclinazione[F]

Steuerknüppel[M]
control stick
manche[M] à balai[M]
palanca[F] de mando[M]
cloche[F]

Funkgerät[N]
radio
radio[F]
radio[M]
radio[F]

Sitz[M]
seat
siège[M]
asiento[M]
sedile[M]

Freiballonsport^{M}

ballooning | montgolfière^{F} | vuelo^{M} en globo^{M} | mongolfiera^{F}

Heißluftballon^{M}
balloon
ballon^{M}
globo^{M}
pallone^{M} aerostatico

Gondel^{F}
basket
nacelle^{F}
barquilla^{F}
navicella^{F}

Sportklettern^{N}

climbing | escalade^{F} | escalada^{F} | arrampicata^{F}

Kletterer^{M}
climber
grimpeur^{M}
escalador^{M}
scalatore^{M}

Felsen^{M}
rock
rocher^{M}
roca^{F}
roccia^{F}

Expressschlinge^{F}
quickdraw
dégaine^{F}
cinta^{F} exprés
rinvio^{M}

Sicherungsseil^{N}
belay rope
corde^{F} d'assurage^{M}
cuerda^{F} de amarre^{M}
corda^{F} di sicurezza^{F}

Kletterschuh^{M}
climbing shoe
chausson^{M} d'escalade^{F}
pies^{M} de gato^{M}
scarpa^{F}

Verlängerungsschlinge^{F}
runner
sangle^{F}
cincha^{F}
anello^{M}

Sitzgürtel^{M}
seat harness
cuissard^{M}
arnés^{M}
imbracatura^{F} cosciale

künstliche Kletterwand^{F}
artificial climbing structure
structure^{F} artificielle d'escalade^{F}
rocódromo^{M}
parete^{F} artificiale di arrampicata^{F}

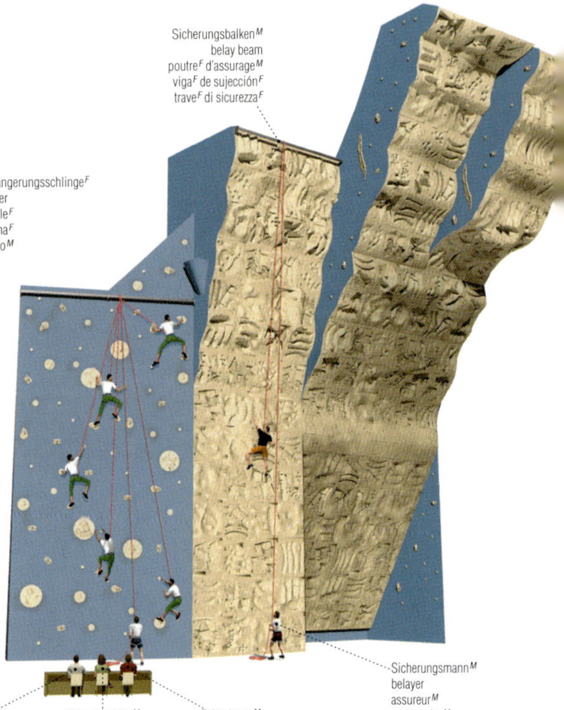

Sicherungsbalken^{M}
belay beam
poutre^{F} d'assurage^{M}
viga^{F} de sujeción^{F}
trave^{F} di sicurezza^{F}

Sicherungsmann^{M}
belayer
assureur^{M}
asegurador^{M}
assicuratore^{M}

Routenschiedsrichter^{M}
route judge
juge^{M} de voie^{F}
juez^{M} de vía^{F}
tracciatore^{M}

Schiedsrichter^{M}
president of the jury
président^{M} du jury^{M}
presidente^{M} del jurado^{M}
presidente^{M} di giuria^{F}

Zeitnehmer^{M}
timekeeper
chronométreur^{M}
cronometrador^{M}
cronometrista$^{M/F}$

Seilschaft^{F}
roped party
cordée^{F}
cordada^{F}
cordata^{F}

Vorsteiger^{M}
leader
premier^{M} de cordée^{F}
cabeza^{F} de cordada^{F}
capocordata^{M}

Ausrüstung^{F}
equipment
équipement^{M}
equipo^{M}
attrezzatura^{F}

Haken^{M}
latch
bec^{M}
traba^{F}
tenone^{M}

Schraubfeder^{F}
gate
doigt^{M}
dedo^{M}
dito^{M}

Manschette^{F}
screwsleeve
bague^{F} filetée
cierre^{M} de rosca^{F}
ghiera^{F} di bloccaggio^{M}

Schraubenkarabiner^{M}
locking karabiner
mousqueton^{M} à vis^{F}
mosquetón^{M} de bloqueo^{M}
moschettone^{M} a ghiera^{F}

D-Karabiner^{M}
D karabiner
mousqueton^{M} en D^{M}
mosquetón^{M} curvo
moschettone^{M} a D

Seil^{N}
rope
corde^{F}
cuerda^{F}
corda^{F}

Expansionsbohrhaken^{M}
expansion piton
piton^{M} à expansion^{F}
pitón^{M} de expansión^{F}
chiodo^{M} a espansione^{F}

Kletterhaken^{M}
piton
piton^{M}
pitón^{M}
chiodo^{M} da roccia^{F}

Spitze^{F}
blade
lame^{F}
pata^{F}
lama^{F}

Auge^{N}
eye
œil^{M}
ojo^{M}
occhiello^{M}

Klemmschlaufe^{F}
chock
coinceur^{M}
cuña^{F}
blocco^{M} da incastro^{M}

Drahtschlinge^{F}
wire sling
câble^{M} d'acier^{M}
cable^{M} de acero^{M}
cavo^{M} di acciaio^{M}

Abseilhaken^{M}
descender
descendeur^{M}
descensor^{M} de ocho^{M}
discensore^{M}

Sitzgürtel^{M}
seat harness
cuissard^{M}
arnés^{M}
imbracatura^{F} cosciale

SPORT UND SPIELE

Griffe[M]
handholds
prises[F] de main[F]
agarres[M] con las manos[F]
prese[F] con le mani[F]

Zangengriff[M]
pinch
pince[F]
garra[F]
morsa[F]

Zuggriff[M]
crimp
arqué[M]
grieta[F] de dedos[M]
arquata[F]

Klemmgriff[M]
open hand
tendu[M]
mano[F] abierta
mano[F] aperta

Tritt[M]
foothold
prise[F] de pied[M]
agarres[M] con los pies[M]
presa[F] con i piedi[M]

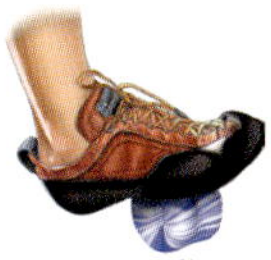

Stütztritt[M]
inside edge
carre[F] interne
borde[M] interno
bordo[M] interno

Bergsteiger[M]
mountaineer
alpiniste[M]
alpinista[M]
alpinista[M]

hohle Eisschraube[F]
tubular ice screw
vis[F] à glace[F]
pitón[M] de hielo[M]
vite da ghiaccio[M]

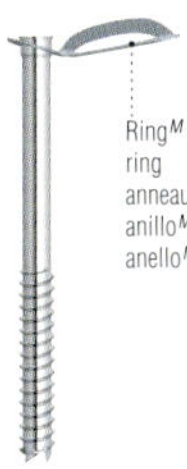

Kombihammer[M]
hammer axe
marteau[M]-piolet[M]
martillo[M] para hielo[M]
martello[M] piccozza[F]

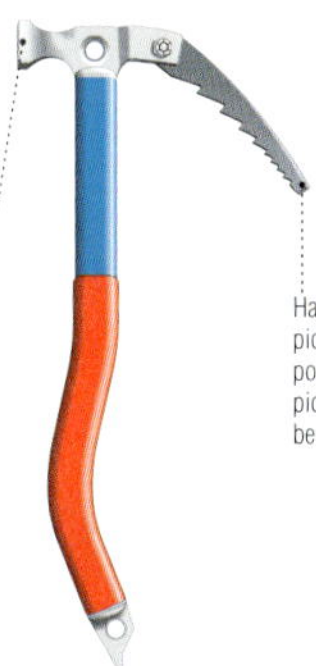

Eispickel[M]
ice axe
piolet[M]
piolet[M]
piccozza[F]

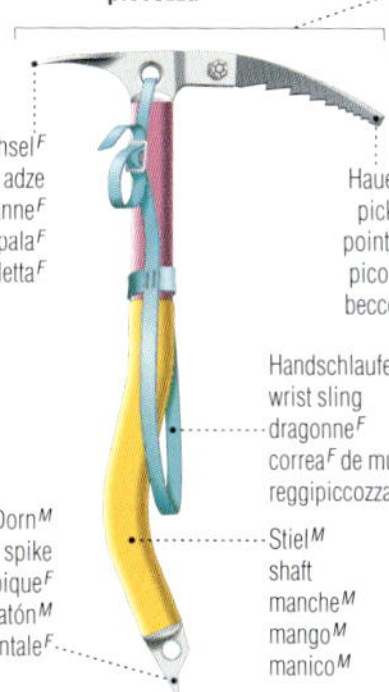

Camping^{N}

camping | camping^{M} | camping^{M} | campeggio^{M}

Beispiele^{N} für Zelte^{N}
examples of tents
exemples^{M} de tentes^{F}
ejemplos^{M} de tiendas^{F} de campaña^{F}
esempi^{M} di tende^{F}

Zweipersonenzelt^{N}
two-person tent
tente^{F} deux places^{F}
tienda^{F} para dos
tenda^{F} a due posti^{M}

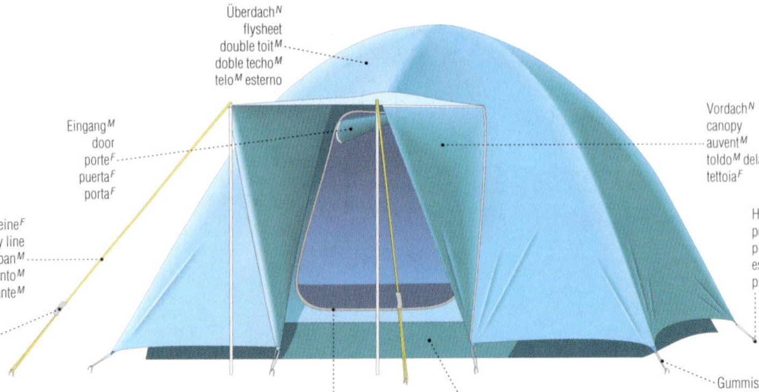

Familienzelt^{N}
family tent
tente^{F} familiale
tienda^{F} de campaña^{F} tamaño^{M} familiar
tenda^{F} di tipo^{M} familiare

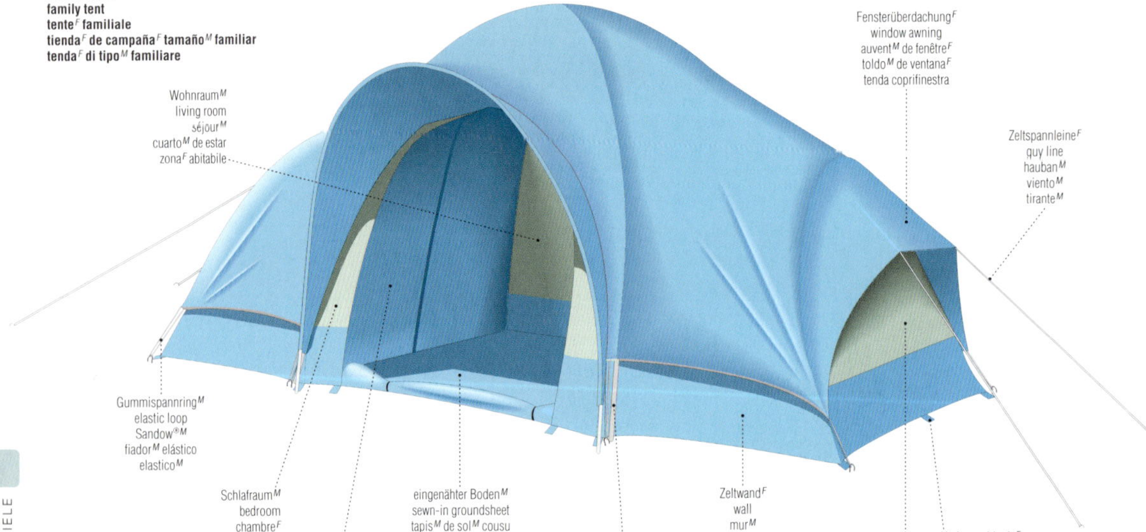

Mannschaftszelt^{N}
wagon tent
tente^{F} grange^{F}
tienda^{F} tipo^{M} vagón^{M}
tenda^{F} da cucina^{F}

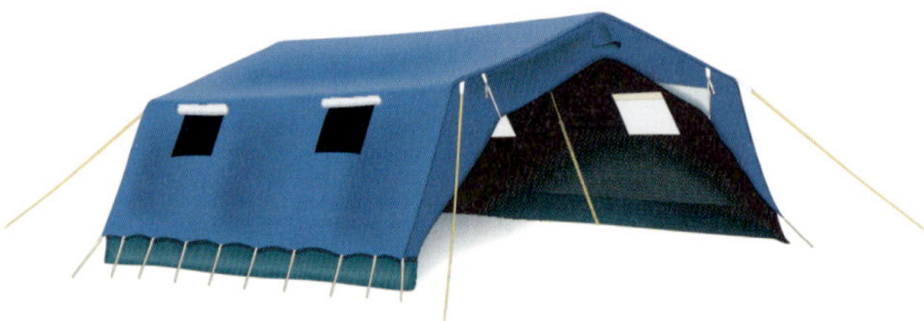

Steilwandzelt^{N}
wall tent
tente^{F} rectangulaire
tienda^{F} rectangular
tenda^{F} da campo^{M}

Camping[N]

Hauszelt[N]
ridge tent
tente[F] canadienne
tienda[F] de campaña[F] clásica
tenda[F] canadese

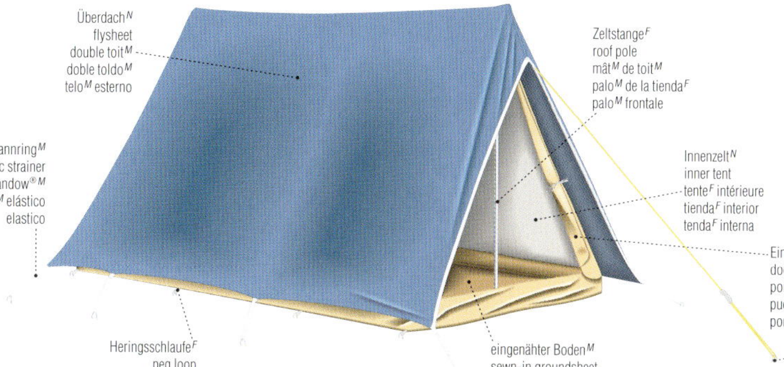

Einpersonenzelt[N]
one-person tent
tente[F] individuelle
tienda[F] unipersonal
tenda[F] a un posto[M]

Kuppelzelt[N]
dome tent
tente[F] dôme[M]
tienda[F] tipo[M] domo[M]
tenda[F] a cupola[F]

Igluzelt[N]
igloo tent
tente[F] igloo[M]
tienda[F] tipo[M] iglú[M]
tenda[F] a igloo[M]

Lampe[F]
lantern
lanterne[F]
linterna[F]
lanterna[F]

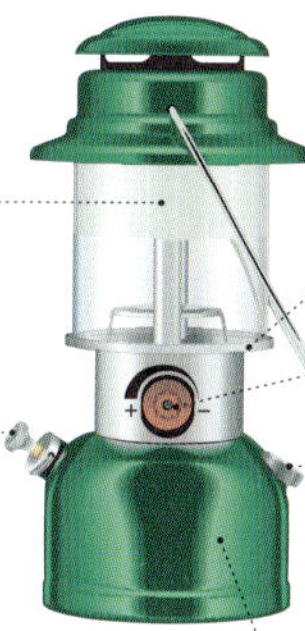

Propan- oder Butangas-Geräte[N]
propane or butane appliances
accessoires[M] au propane[M] ou au butane[M]
equipos[M] de gas[M]
accessori[M] a propano[M] o butano[M]

Heizstrahler[M]
heater
chaufferette[F]
calentador[M]
stufa a gas

zweiflammiger Gasbrenner[M]
two-burner camp stove
réchaud[M] à deux feux[M]
cocina[F] de campo[M]
fornello[M] da campo[M] a due fuochi[M]

einflammiger Gasbrenner[M]
single-burner camp stove
réchaud[M] à un feu[M]
camping[M] gas[M]
fornello[M] da campo[M] con un bruciatore[M]

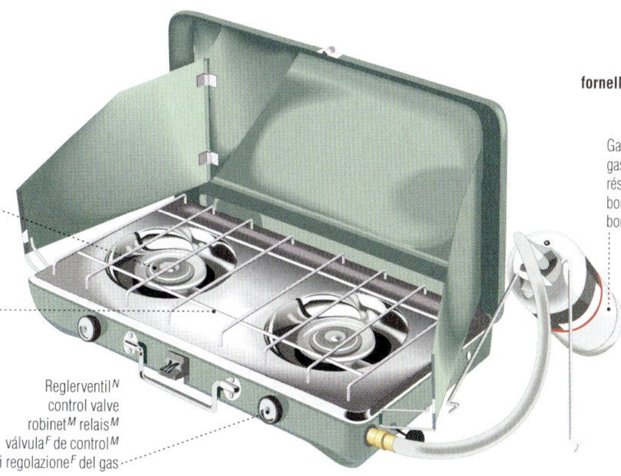

Camping[N]

Beispiele[N] für Schlafsäcke[M]
examples of sleeping bags
exemples[M] de sacs[M] de couchage[M]
ejemplos[M] de sacos[M] de dormir
esempi[M] di sacchi[M] a pelo[M]

Rechteckschlafsack[M]
rectangular
rectangulaire
saco[M] rectangular
rettangolare

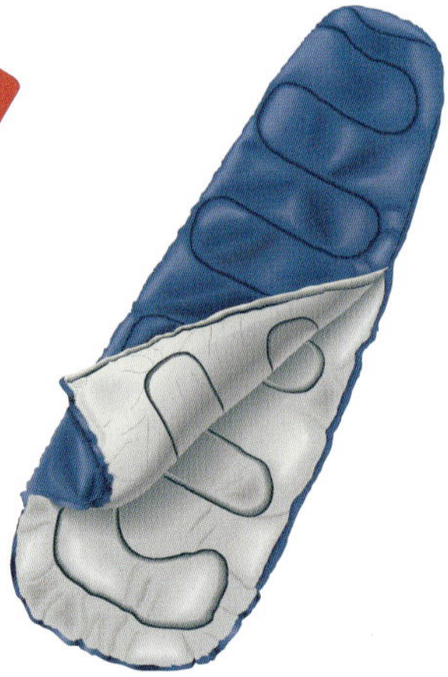

Halbmumienschlafsack[M]
semi-mummy
semi-rectangulaire
saco[M] semirrectangular
semi-mummia[F]

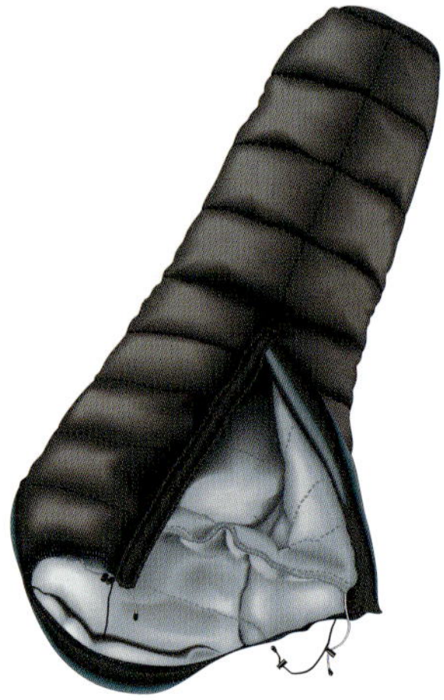

Mumienschlafsack[M]
mummy
à cagoule[F]
de momia[F]
mummia[F]

Bett[N] mit Matratze[F]
bed and mattress
lit[M] et matelas[M]
camas[F] y colchonetas[F]
branda[F] e materassino[M]

Feldbett[N]
camp bed
lit[M] de camp[M] pliant
catre[M] desmontable
brandina[F] smontabile

Luftmatratze[F]
air mattress
matelas[M] pneumatique
colchoneta[F] de aire[M]
materassino[M] pneumatico

selbstaufblasbare Luftmatratze[F]
self-inflating mattress
matelas[M] autogonflant
colchoneta[F] aislante
materassino[M] autogonfiante

Schaumgummimatratze[F]
foam pad
matelas[M] mousse[F]
colcheta[F] de espuma[F]
materassino[M] isolante

Kombipumpe[F]
inflator-deflator
gonfleur[M]-dégonfleur[M]
muelle[M] para inflar y desinflar
gonfiatore a soffietto

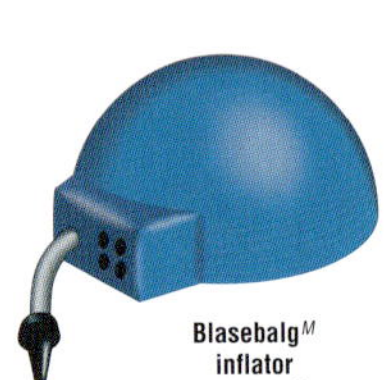

Blasebalg[M]
inflator
gonfleur[M]
inflador[M]
gonfiatore[M]

Essbesteck[N]
cutlery set
ustensiles[M] de campeur[M]
cubertería[F]
posate[F]

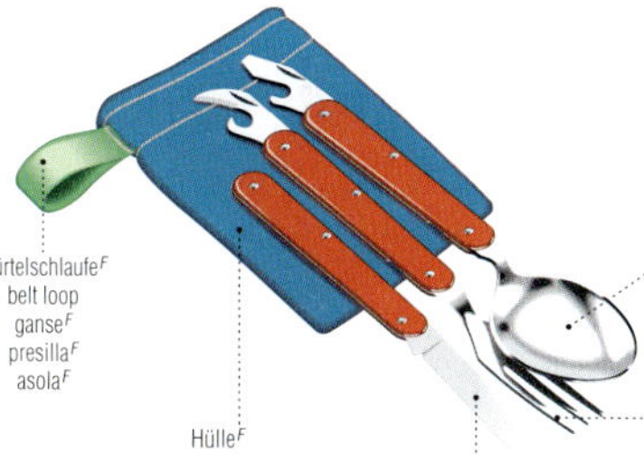

Kochgeschirr[N]
cooking set
popote[F]
utensilios[M] de cocina[F]
set[M] per cucinare

Teller[M]
plate
assiette[F] plate
plato[M]
piatto[M]

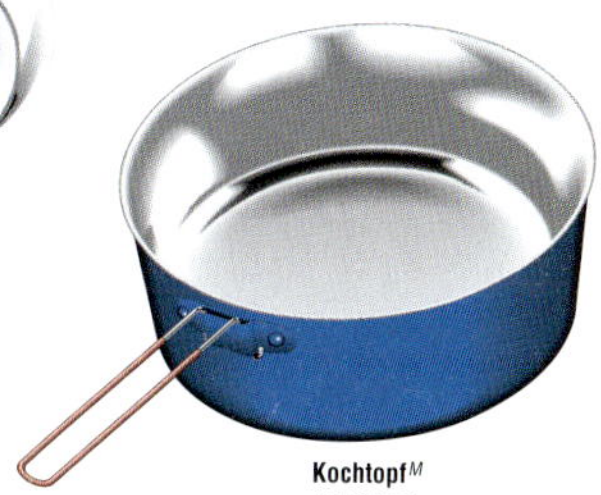

Kochtopf[M]
saucepan
faitout[M]
cazuela[F]
tegame[M]

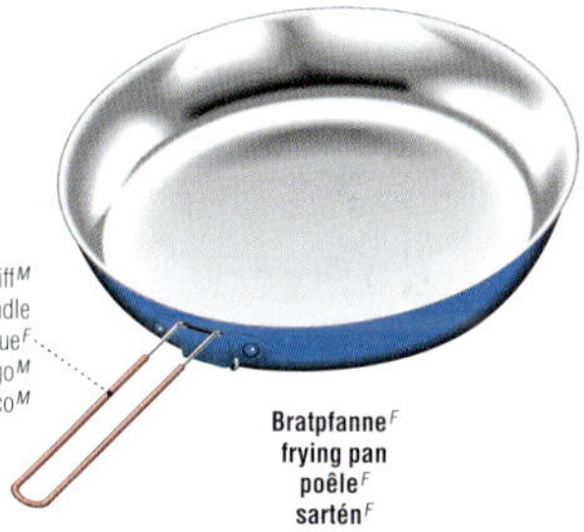

Bratpfanne[F]
frying pan
poêle[F]
sartén[F]
padella[F]

Kaffeekanne[F]
coffee pot
cafetière[F]
cafetera[F]
caffettiera[F]

Tasse[F]
cup
tasse[F]
taza[F]
tazza[F]

Campingausrüstung[F]
camping equipment
matériel[M] de camping[M]
equipamiento[M] para acampar
attrezzature[F] da campeggio[M]

schweizer Offiziersmesser[N]
Swiss army knife
couteau[M] suisse
navaja[F] multiusos suiza
temperino[M] multiuso

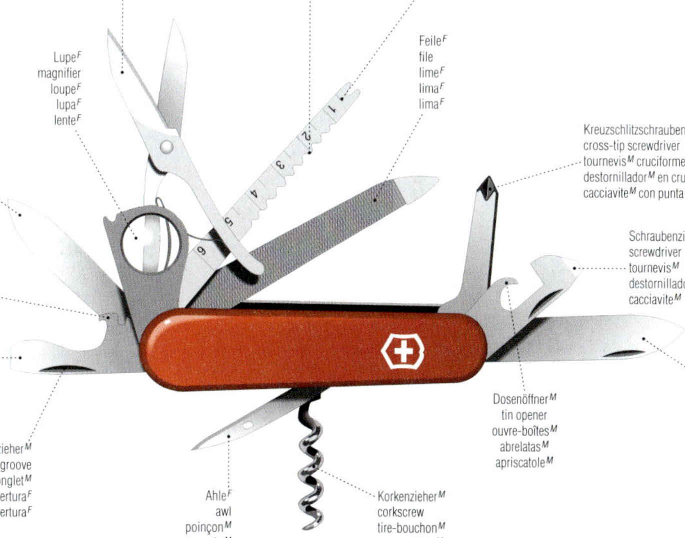

SPORT UND SPIELE

Camping[N]

Rucksack[M]
backpack
sac[M] à dos[M]
mochila[F]
zaino[M]

Klappspaten[M]
folding shovel
pelle[F]-pioche[F] pliante
pala[F] plegable
badile[M] pieghevole

Sturmlampe[F]
hurricane lamp
lampe[F]-tempête[F]
lámpara[F] de petróleo[M]
lampada a petrolio

Thermosflasche[F]
vacuum flask
bouteille[F] isolante
termo[M]
thermos

Feldflasche[F]
canteen
gourde[F]
cantimplora[F]
borraccia[F]

Kühlbox[F]
cooler
glacière[F]
nevera[F]
frigo[M] portatile

Wasserkanister[M]
water carrier
cruche[F]
termo[M] con llave[F] de servicio[M]
contenitore[M] termico

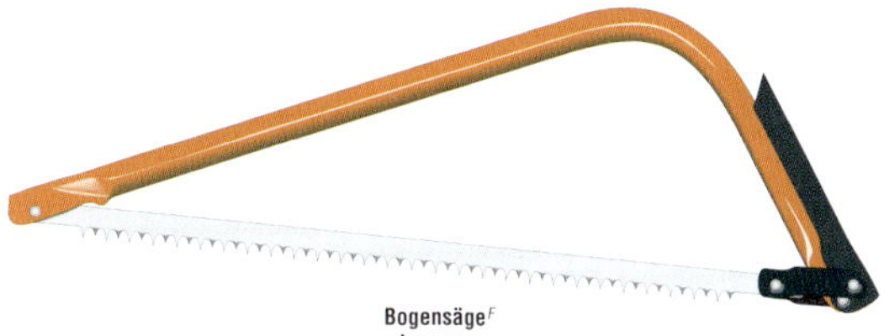

Bogensäge^{F}
bow saw
scie^{F} de camping^{M}
sierra^{F} de campo^{M}
sega^{F} a mano^{F}

Beil^{N}
hatchet
hachette^{F}
hacha^{F}
accetta^{F}

Lederschutz^{M}
leather sheath
étui^{M} de cuir^{M}
funda^{F} de cuero^{M}
fodero^{M} di pelle^{F}

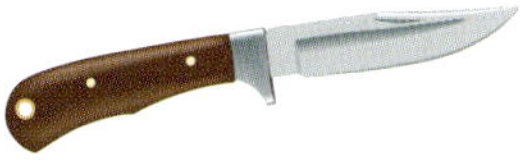

Messer^{N}
knife
couteau^{M}
cuchillo^{M}
coltello^{M}

Faltgrill^{M}
folding grill
gril^{M} pliant
parrilla^{F} plegable
grill^{M} pieghevole

Scheide^{F}
sheath
gaine^{F}
funda^{F}
fodero^{M}

Magnetkompass^{M}
magnetic compass
boussole^{F} magnétique
brújula^{F} magnética
bussola^{F} magnetica

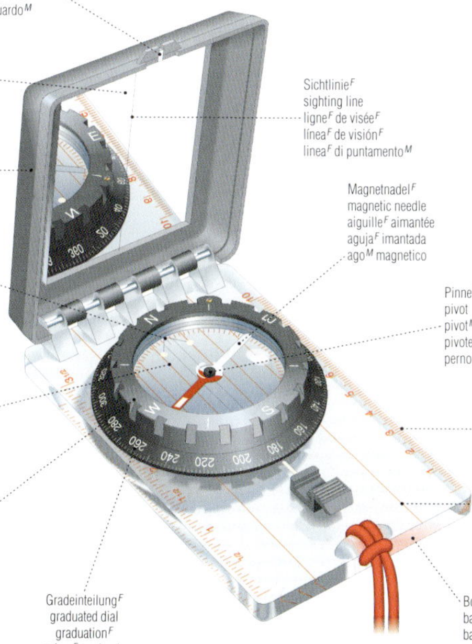

Knoten^{M}

knots | nœuds^{M} | nudos^{M} | nodi^{M}

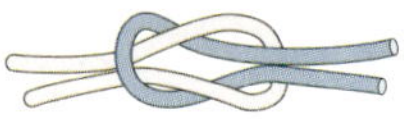

Kreuzknoten^{M}
reef knot
nœud^{M} plat
nudo^{M} de rizo^{M}
nodo^{M} piano

Hausfrauenknoten^{M}
overhand knot
nœud^{M} simple
nudo^{M} llano
nodo^{M} semplice

laufender Pahlstek^{M}
running bowline
nœud^{M} coulant
balso^{M}
nodo^{M} scorsoio

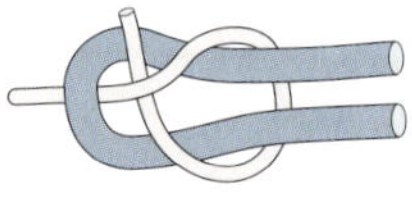

einfacher Schotstek^{M}
sheet bend
noeud^{M} d'écoute^{F} simple
vuelta^{F} de escota^{F}
nodo^{M} di scotta^{F} semplice

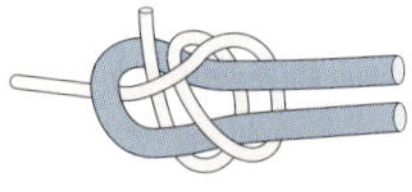

doppelter Schotstek^{M}
double sheet bend
noeud^{M} d'écoute^{F} double
vuelta^{F} de escota^{F} doble
nodo^{M} di scotta^{F} doppio

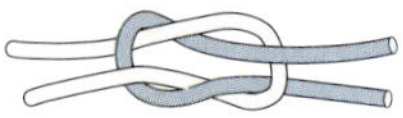

Altweiberknoten^{M}
granny knot
nœud^{M} de vache^{F}
nudo^{M} de tejedor^{M}
nodo^{M} vaccaio

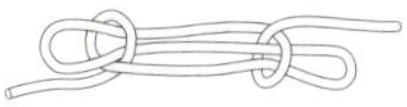

Verkürzungsstek^{M}
sheepshank
nœud^{M} de jambe^{F} de chien^{M}
margarita^{F}
nodo^{M} a margherita^{F}

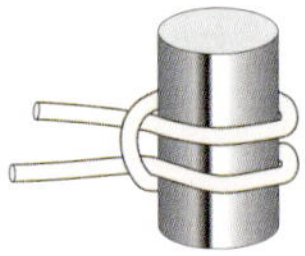

Kuhstek^{M}
cow hitch
demi-clé^{F} renversée
vuelta^{F} de cabo^{M}
nodo^{M} bocca^{F} di lupo^{M}

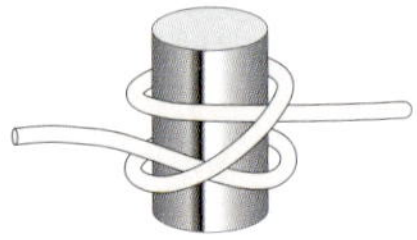

Slipstek^{M}
clove hitch
nœud^{M} de cabestan^{M}
nudo^{M} de dos cotes^{M}
nodo^{M} parlato semplice

Fischerknoten^{M}
fisherman's knot
nœud^{M} de pêcheur^{M}
nudo^{M} de pescador^{M}
nodo^{M} del pescatore^{M}

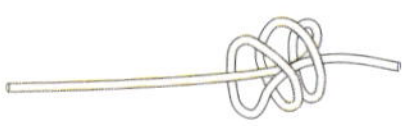

Wurflinienknoten^{M}
heaving line knot
noeud^{M} de Franciscain^{M}
nudo^{M} de guía^{F}
nodo^{M} parlato doppio

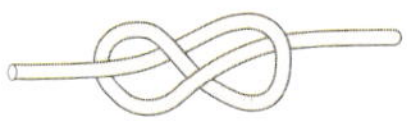

Achtknoten^{M}
figure-eight knot
nœud^{M} d'arrêt^{M}
lasca^{F} doble
nodo^{M} Savoia

einfacher Takling^{M}
common whipping
surliure^{F}
sobrenudo^{M}
impalmatura^{F} normale

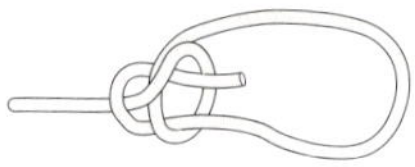

Pahlstek^{M}
bowline
nœud^{M} de chaise^{F} simple
as^{M} de guía^{F}
gassa^{F} d'amante^{M}

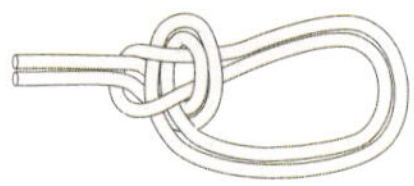

doppelter Pahlstek^{M}
bowline on a bight
nœud^{M} de chaise^{F} double
as^{M} de guía^{F} de eslinga^{F} doble
gassa^{F} d'amante^{M} doppia

Spleiß^{M}
short splice
épissure^{F} courte
empalmadura^{F}
impiombatura^{F} corta

Flechten^{N}
forming
début^{M}
conformación^{F}
avvio^{M}

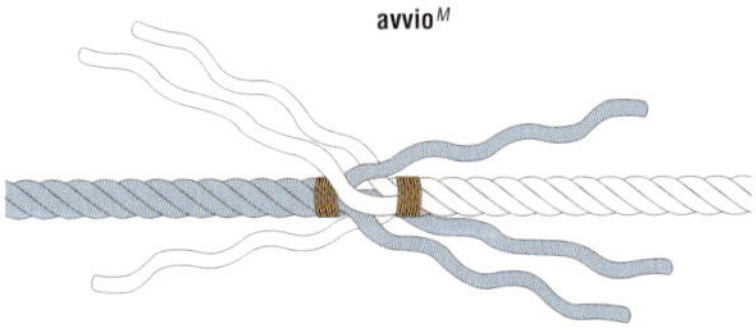

fertige Verbindung^{F}
completion
fin^{F}
acabado^{M}
completamento^{M}

Tauwerk^{N}
cable
câble^{M}
cable^{M}
cavo^{M}

gedrehtes Seil^{N}
twisted rope
cordage^{M} commis
cable^{M} torcido
corda^{F} attorcigliata

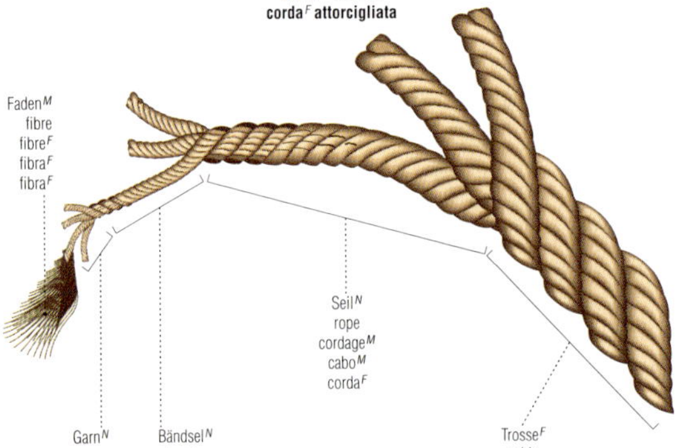

geflochtenes Seil^{N}
braided rope
cordage^{M} tressé
cable^{M} trenzado
corda^{F} intrecciata

SPORT UND SPIELE

Sportfischerei^{F}

fishing | pêche^{F} | pesca^{F} | pesca^{F}

Fliegenfischen^{N}
flyfishing
pêche^{F} à la mouche^{F}
pesca^{F} con mosca^{F}
pesca^{F} a mosca^{F}

Fliegenrolle^{F}
fly reel
moulinet^{M} à mouche^{F}
carrete^{M} giratorio
mulinello^{M}

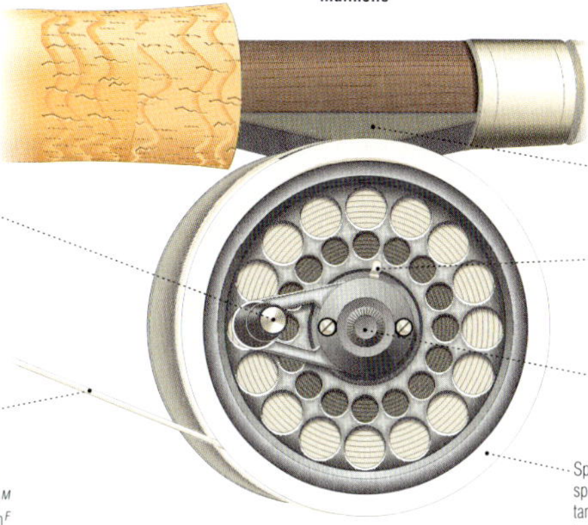

Fliegenrute^{F}
fly rod
canne^{F} à mouche^{F}
caña^{F} para mosca^{F}
canna^{F} da mosca^{F}

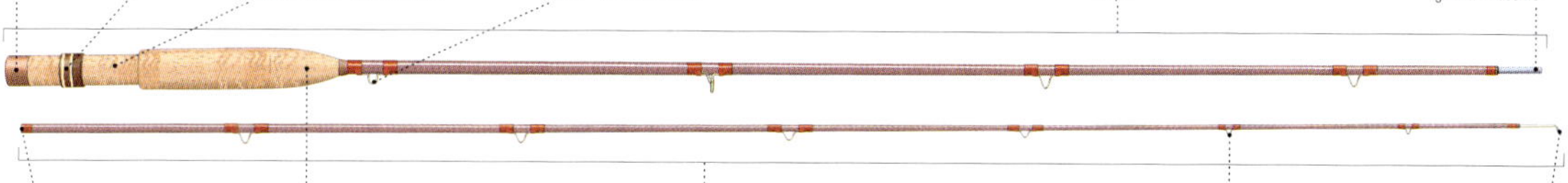

Kunstfliege^{F}
artificial fly
mouche^{F} artificielle
mosca^{F} artificial
mosca^{F} artificiale

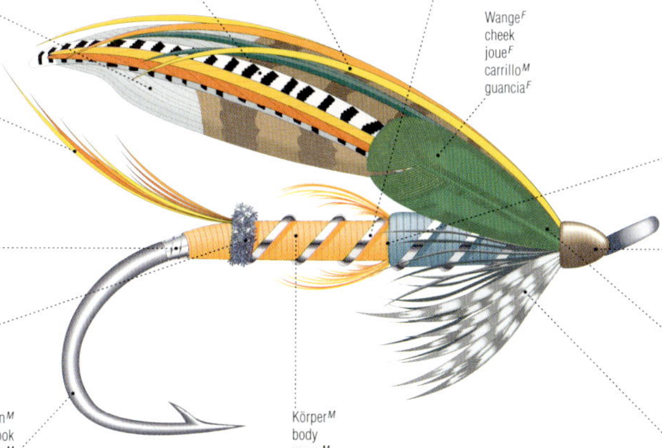

Sportfischerei^F

Casting^N
casting
pêche^F au lancer^M
pesca^F de lanzado^M
pesca^F al lancio^M

Spinnrute^F
spinning rod
canne^F à lancer^M
caña^F para lanzado^M
canna^F da lancio^M

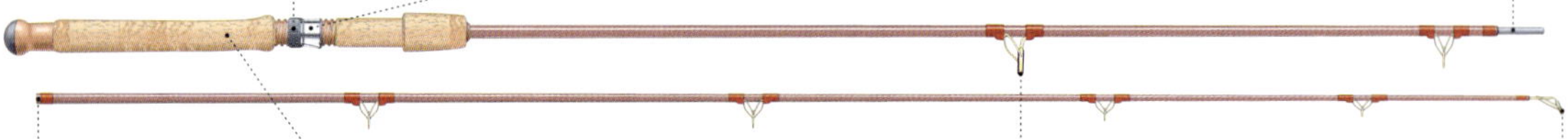

offene Spinnrolle^F
open-face spinning reel
moulinet^M à tambour^M fixe
carrete^M de bobina^F fija
mulinello^M a bobina^F fissa

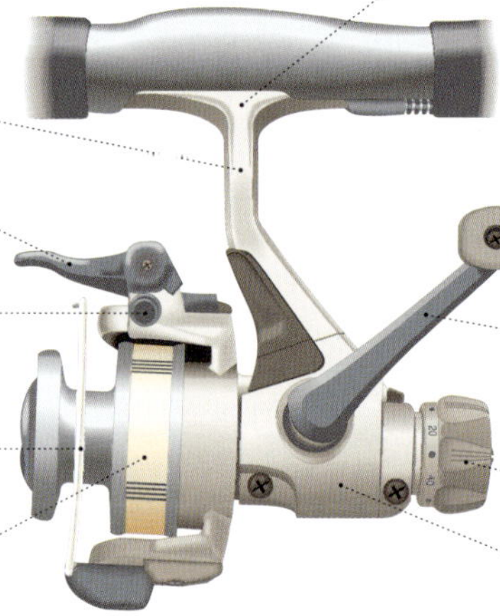

Multirolle^F
baitcasting reel
moulinet^M à tambour^M tournant
carrete^M de tambor^M
mulinello^M a bobina^F rotante

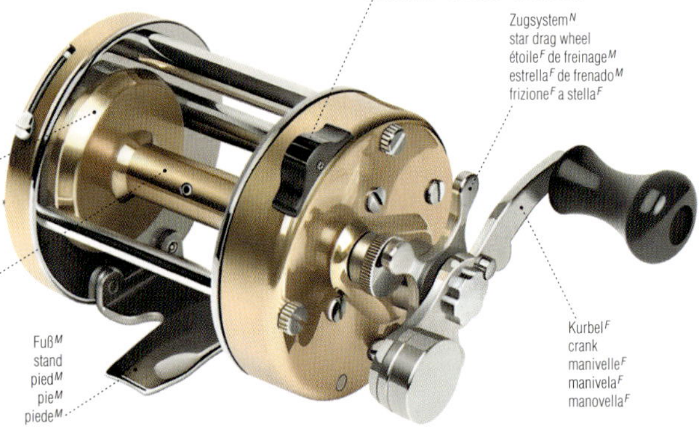

Angelhaken[M]
fishhook
hameçon[M]
anzuelo[M]
amo[M]

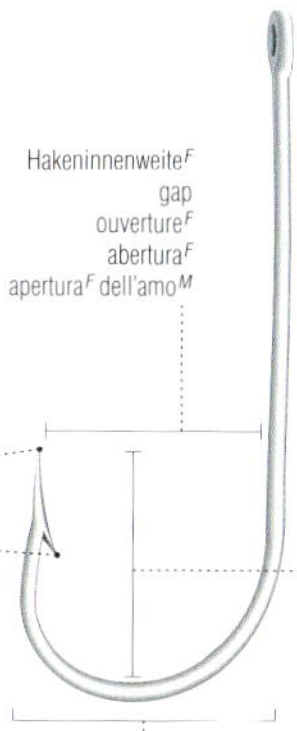

Blinker[M]
spinner
cuiller[F]
cuchara[F]
cucchiaino[M] rotante

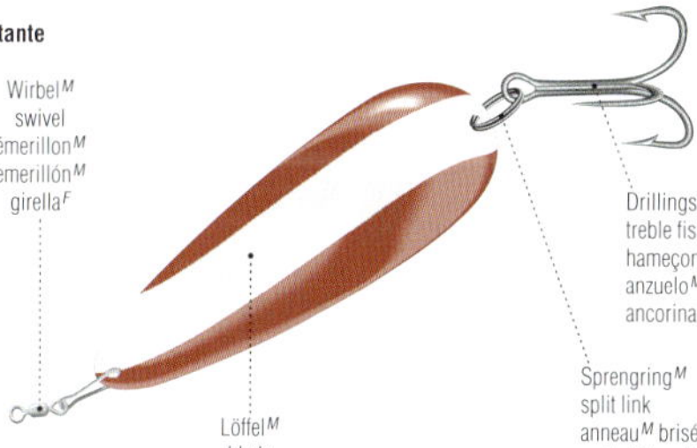

Fangzubehör[N]
terminal tackles
bas[M] de ligne[F]
aparejo[M]
attrezzatura[F] terminale

Kleidung[F] und Zubehör[N]
clothing and accessories
vêtements[M] et accessoires[M]
ropa[F] y accesorios[M]
abbigliamento[M] e accessori[M]

Spinnerschachtel[F]
tackle box
boîte[F] à leurres[M]
caja[F] de pesca[F]
scatola[F] portaesche[F]

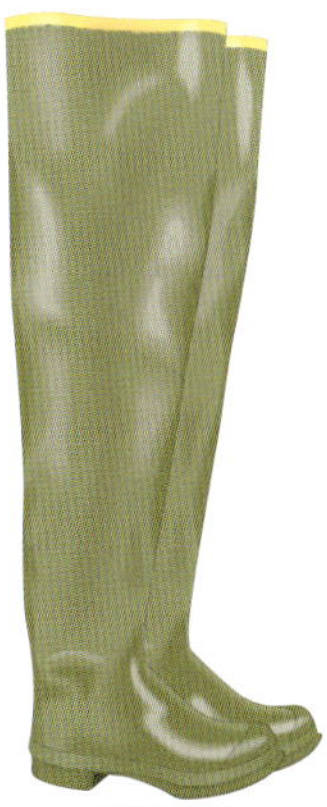

Watstiefel[M]
waders
cuissardes[F]
botas[F] altas
stivaloni[M] impermeabili

Fischkorb[M]
creel
panier[M]
cesta[F] de pescador[M]
cestino[M]

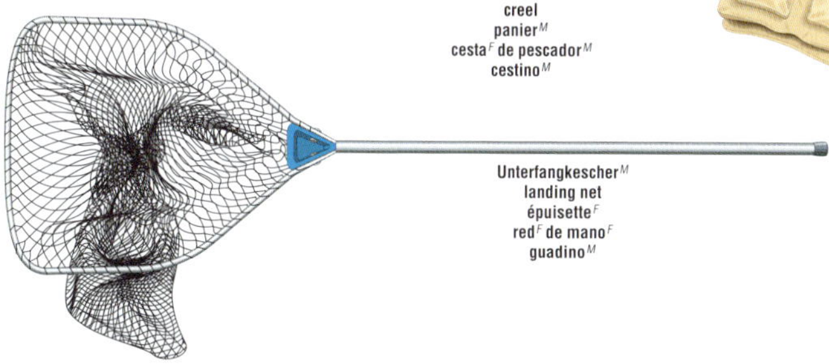

Unterfangkescher[M]
landing net
épuisette[F]
red[F] de mano[F]
guadino[M]

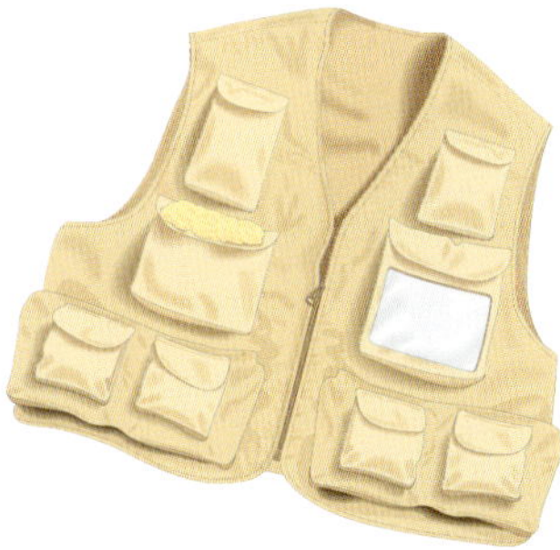

Anglerweste[F]
fishing jacket
veste[F] de pêche[F]
chaleco[M] de pescador[M]
giubbotto[M] da pescatore[M]

Jagen[N]

hunting | chasse[F] | caza[F] | caccia[F]

Gewehr[N] (gezogener Lauf[M])
rifle (rifled bore)
carabine[F] (canon[M] rayé)
rifle[M]
fucile[M] a canna[F] rigata

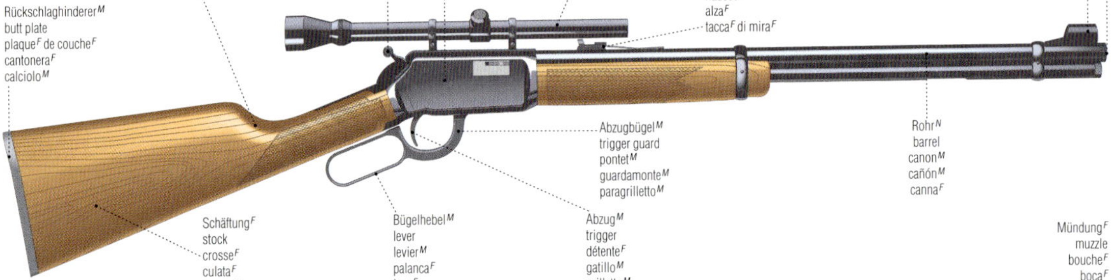

Schrotflinte[F] (glatter Lauf[M])
shotgun (smooth-bore)
fusil[M] (canon[M] lisse)
escopeta[F]
fucile[M] a canna[F] liscia

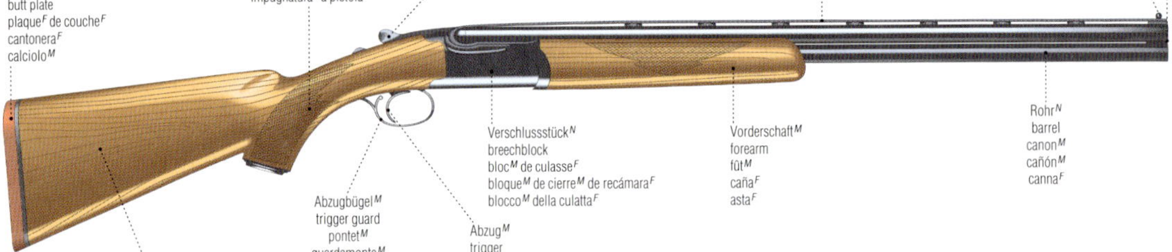

Patrone[F] (Schrotflinte[F])
cartridge (shotgun)
cartouche[F] (fusil[M])
cartucho[M] de escopeta[F]
cartuccia[F] per fucile[M] a canna[F] liscia

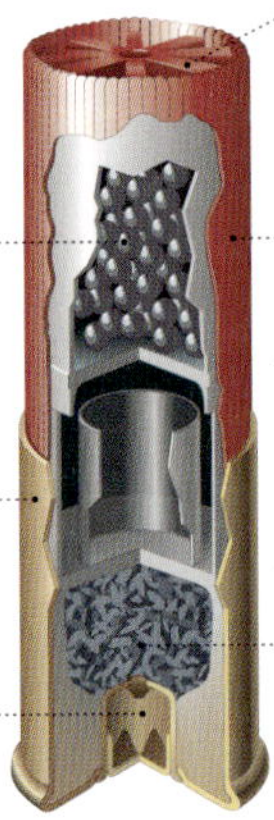

Patrone[F] (Gewehr[N])
cartridge (rifle)
cartouche[F] (carabine[F])
cartucho[M] de rifle[M]
cartuccia[F] per fucile[M] a canna[F] rigata

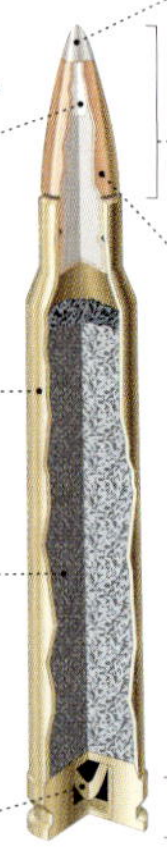

SPORT UND SPIELE

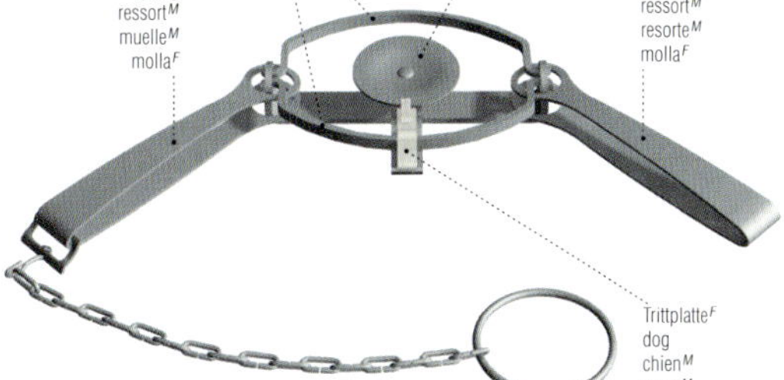

Tellereisen^{N}
leghold trap
piège^{M} à patte^{F} à mâchoires^{F}
cepo^{M}
tagliola^{F}

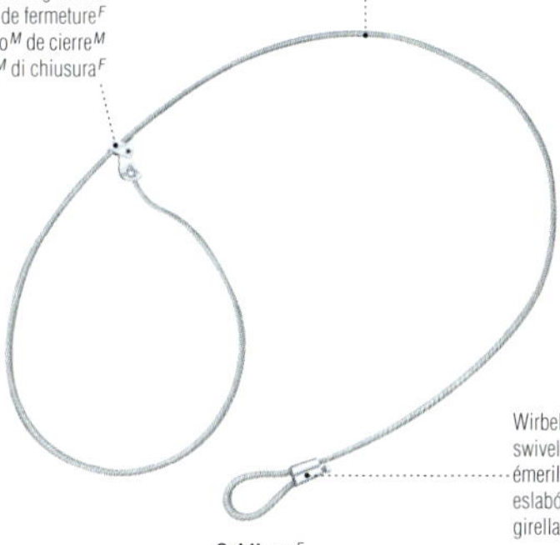

Schlinge^{F}
snare
collet^{M}
lazo^{M}
laccio^{M}

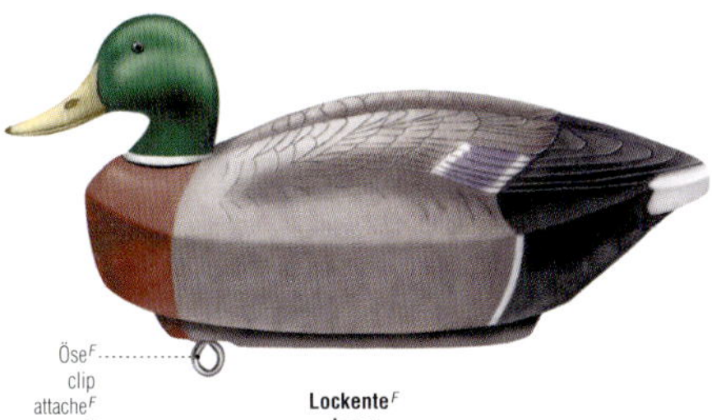

Lockente^{F}
decoy
appeau^{M}
señuelo^{M}
richiamo^{M}

Kompositbogen^{M}
compound bow
arc^{M} à poulies^{F}
arco^{M} de poleas^{F}
arco^{M} composto

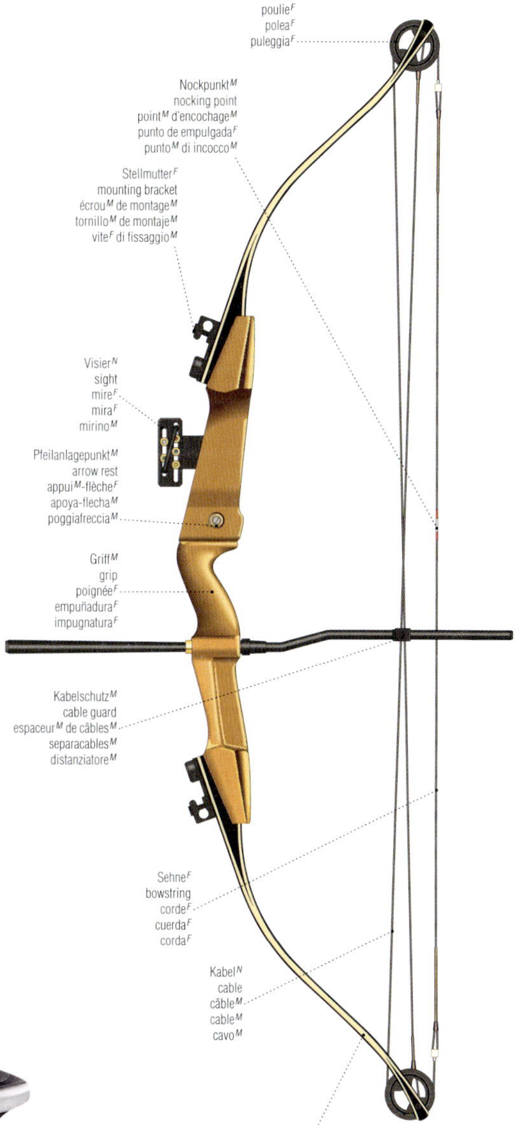

Würfel[M] und Dominosteine[M]

dice and dominoes | dés[M] et dominos[M] | dados[M] y dominós[M] | dadi[M] e domino[M]

gewöhnlicher Würfel[M]
ordinary die
dé[M] régulier
dado[M] común
dado[M] comune

Pokerwürfel[M]
poker die
dé[M] à poker[M]
dado[M] de póquer[M]
dado[M] da poker[M]

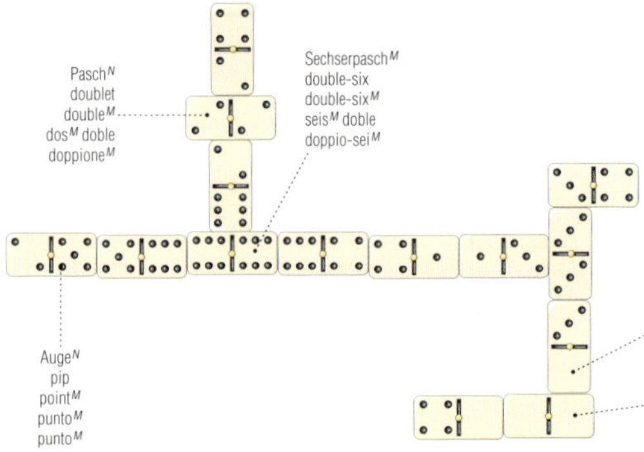

Kartenspiele[N]

card games | cartes[F] | baraja[F] | giochi[M] di carte[F]

Farben[F]
symbols
symboles[M]
símbolos[M]
simboli[M]

Herz[N]
heart
cœur[M]
corazón[M]
cuori[M]

Karo[N]
diamond
carreau[M]
diamante[M]
quadri[M]

Kreuz[N]
club
trèfle[M]
trébol[M]
fiori[M]

Pik[N]
spade
pique[M]
espada[F]
picche[M]

Joker[M]
Joker
Joker[M]
comodín[M]
jolly[M]

Ass[N]
Ace
As[M]
as[M]
asso[M]

König[M]
King
Roi[M]
rey[M]
re[M]

Dame[F]
Queen
Dame[F]
reina[F]
donna[F]

Bube[M]
Jack
Valet[M]
jota[F]
fante[M]

normale Pokerblätter[N]
standard poker hands
combinaisons[F] au poker[M]
manos[F] de póquer[M]
combinazioni[F] del poker[M]

höchste Karte[F]
high card
carte[F] isolée
cartas[F] altas
carta[F] più alta

ein Pärchen[N]
one pair
paire[F]
un par[M]
coppia[F]

zwei Pärchen[N]
two pairs
double paire[F]
dos pares[M]
doppia coppia[F]

Drilling[M]
three-of-a-kind
brelan[M]
trío[M]
tris[M]

Straße[F]
straight
séquence[F]
escalera[F]
scala[F]

Flush[M]
flush
couleur[F]
color[M]
colore[M]

Full House[N]
full house
main[F] pleine
full[M]
full[M]

Vierling[M]
four-of-a-kind
carré[M]
póquer[M]
poker[M]

Straight Flush[M]
straight flush
quinte[F]
escalera[F] de color[M]
scala[F] reale

Royal Flush[M]
royal flush
quinte[F] royale
escalera[F] real
scala[F] reale massima

Brettspiel[N]

board game | jeux[M] de plateau[M] | juegos[M] de mesa[F] | giochi[M] da tavola[F]

Backgammon[N]
backgammon
jacquet[M]
backgammon[M]
backgammon[M]

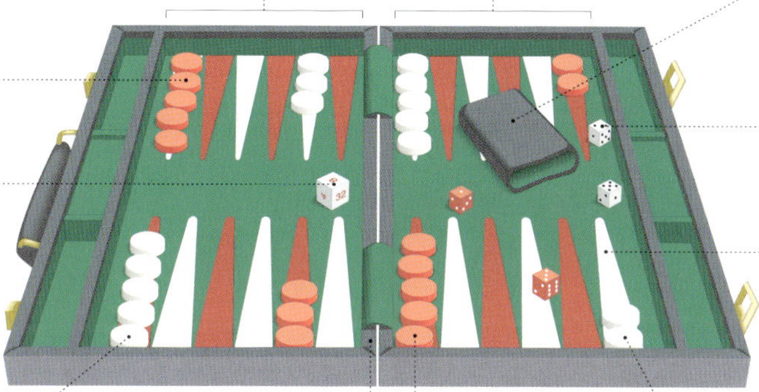

Außenbrett[N]
outer table
jan[M] extérieur
base[F] exterior
tavola[F] esterna

Innenbrett[N]
inner table
jan[M] intérieur
base[F] interior
tavola[F] interna

Würfelbecher[M]
dice cup
cornet[M] à dés[M]
cubilete[M]
bussolotto[M]

Rot[N]
Red
Rouges[M]
roja[F]
rosso[M]

Würfel[M]
die
dé[M]
dado[M]
dado[M]

Dopplerwürfel[M]
doubling die
dé[M] doubleur[M]
dado[M] doble
dado[M] del raddoppio[M]

Feld[N]
point
flèche[F]
punta[F]
punta[F]

Weiß[N]
White
Blancs[M]
blanca[F]
bianco[M]

Bar[F]
bar
cloison[F]
barra[F]
barra[F]

Steine[M]
men
dames[F]
dama[F]
pedine[F]

Läufer[M]
runner
postillon[M]
jugador[M]
runner[M]

Monopoly®[N]
Monopoly®
Monopoly®[M]
Monopoly®[M]
Monopoli®[M]

Spielgeld[N]
bank note
billet[M] de banque[F]
billetes[M] de banco[M]
banconota[F]

Bank[F]
bank
banque[F]
banco[M]
banca[F]

Ereigniskarte[F]
Chance card
carte[F] Chance[F]
carta[F] de Suerte[F]
carta[F] delle probabilità[F]

Spielfigur[F]
token
pion[M]
ficha[F]
segnalino[M]

Haus[N]
house
maison[F]
casa[F]
casa[F]

Würfel[M]
die
dé[M]
dado[M]
dado[M]

Gefängnis[N]
jail
prison[F]
cárcel[F]
prigione[F]

Spielfeld[N]
space
case[F]
casilla[F]
casella[F]

Karte[F]
card
carte[F]
carta[F]
carta[F]

Spielbrett[N]
game board
plateau[M] de jeux[M]
tablero[M] de juego[M]
tavola[F]

Hotel[N]
hotel
hôtel[M]
hotel[M]
albergo[M]

Besitzkarte[F]
title deed
titre[M] de propriété[F]
título[M] de propiedad[F]
contratto[M]

Gemeinschaftskarte[F]
Community chest card
carte[F] Caisse[F] de communauté[F]
carta[F] Caja[F] de Comunidad[F]
carta[F] degli imprevisti[M]

Start[M]
go
départ[M]
salida[F]
via[F]

Brettspiel[N]

Schach[N]
chess
échecs[M]
ajedrez[M]
scacchi[M]

Schachbrett[N]
chessboard
échiquier[M]
tablero[M] de ajedrez[M]
scacchiera[F]

Damenflanke[F]
Queen's side
aile[F] Dame[F]
lado[M] de la reina[F]
lato[M] della regina[F]

Königsflanke[F]
King's side
aile[F] Roi[M]
lado[M] del rey[M]
lato[M] del re[M]

Schwarz[N]
Black
Noirs[M]
negras[F]
neri[M]

weißes Feld[N]
white square
case[F] blanche
escaque[M] blanco
casella[F] bianca

schwarzes Feld[N]
black square
case[F] noire
escaque[M] negro
casella[F] nera

Notation[F]
chess notation
notation[F] algébrique
notación[F] del ajedrez[M]
notazione[F] degli scacchi[M]

Weiß[N]
White
Blancs[M]
blancas[F]
bianchi[M]

Schachfiguren[F]
men
pièces[F]
piezas[F]
pezzi[M]

Bauer[M]
Pawn
Pion[M]
peón[M]
pedone[M]

Turm[M]
Castle
Tour[F]
torre[F]
torre[F]

Läufer[M]
Bishop
Fou[M]
alfil[M]
alfiere[M]

Springer[M]
Knight
Cavalier[M]
caballo[M]
cavallo[M]

König[M]
King
Roi[M]
rey[M]
re[M]

Dame[F]
Queen
Dame[F]
reina[F]
regina[F]

Zugarten[F]
types of move
types[M] de déplacements[M]
tipos[M] de movimientos[M]
tipi[M] di movimenti[M]

diagonaler Zug[M]
diagonal move
déplacement[M] diagonal
movimiento[M] diagonal
movimento[M] diagonale

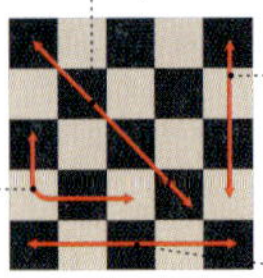

vertikaler Zug[M]
vertical move
déplacement[M] vertical
movimiento[M] vertical
movimento[M] verticale

Rösselsprung[M]
square move
déplacement[M] en équerre[F]
movimiento[M] en ángulo[M]
movimento[M] a L

horizontaler Zug[M]
horizontal move
déplacement[M] horizontal
movimiento[M] horizontal
movimento[M] orizzontale

Go[N]
go
go[M]
go(sun-tse)[M]
go[M]

Spielbrett[N]
board
terrain[M]
tablero[M]
scacchiera[F]

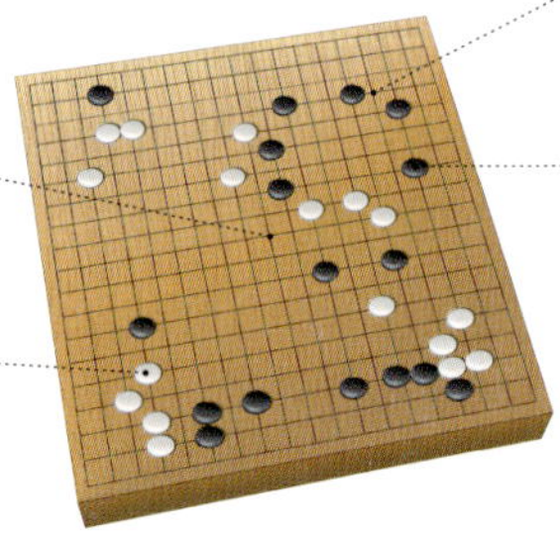

schwacher Punkt[M]
handicap spot
point[M] de handicap[M]
obstáculo[M]
punto[M] di handicap[M]

Mittelpunkt[M]
centre
centre[M]
centro[M]
centro[M]

schwarzer Stein[M]
black stone
pierre[F] noire
piedra[F] negra
pietra[F] nera

weißer Stein[M]
white stone
pierre[F] blanche
piedra[F] blanca
pietra[F] bianca

Hauptspielzüge[M]
major motions
principaux mouvements[M]
principales movimientos[M]
mosse[F] principali

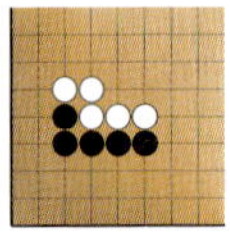

Verbindung[F]
connection
connexion[F]
conexión[F]
gruppo[M]

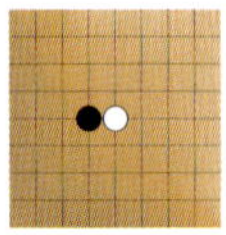

Berührung[F]
contact
contact[M]
contacto[M]
contatto[M]

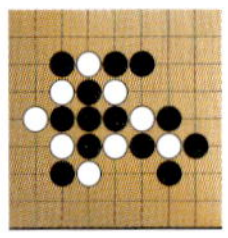

Fangen[N]
capture
capture[F]
captura[F]
cattura[F]

Dame[F]
draughts
jeu[M] de dames[F]
damas[F]
dama[F]

Spielstein[M]
draught
Dame[F]
dama[F]
dama[F]

Spielbrett[N]
draughtboard
damier[M]
tablero[M] de damas[F]
scacchiera[F]

Puzzle[N]

jigsaw puzzle | puzzle[M] | puzle[M] | puzzle[M]

Mah-Jongg[N]

mah-jongg | mah-jong[M] | mah-jongg[M] | mah-jongg[M]

Spielfeld[N]
square
muraille[F]
muralla[F]
muraglia[F]

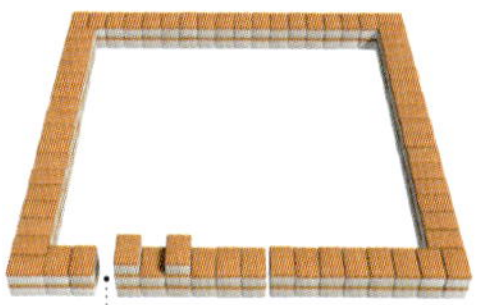

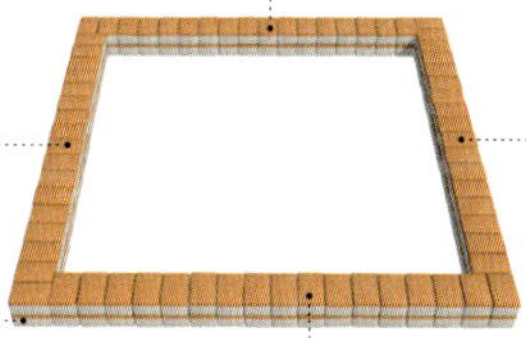

Grundfarben[F]
suit tiles
tuiles[F] ordinaires
fichas[F] ordinarias
tegole[F] di testa[F]

Kreise[M]
circles
cercles[M]
círculos[M]
cerchi[M]

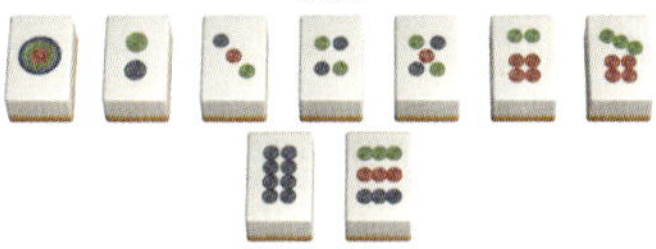

Zahlen[F]
characters
caractères[M]
caracteres[M]
caratteri[M]

Bambusse[M]
bamboos
bambous[M]
bambúes[M]
canne[F]

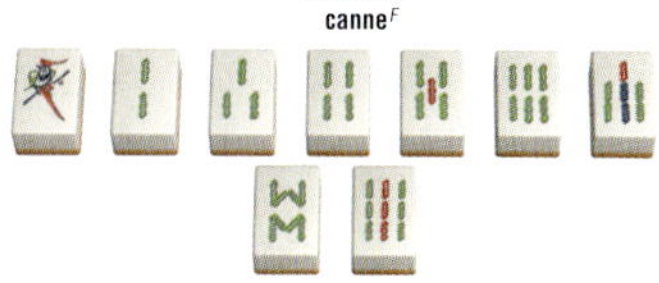

Trumpffarben[F]
honour tiles
honneurs[M]
fichas[F] de honor[M]
onori[M] supremi

Winde[M]
winds
vents[M]
vientos[M]
venti[M]

Drachen[M]
dragons
dragons[M]
dragones[M]
dragoni[M]

Hasardsteine[M]
bonus tiles
tuiles[F] de bonification[F]
fichas[F] de beneficio[M]
tegole[F] bonus

Blumenziegel[M]
flower tiles
fleurs[F]
fichas[F] de flores[F]
fiori[M]

Jahreszeitenziegel[M]
season tiles
saisons[F]
fichas[F] de estaciones[F]
stagioni[F]

Videospielsystem^{N}

video entertainment system | système^{M} de jeux^{M} vidéo | videojuego^{M} | videogioco^{M}

Dartspiel^{N}

game of darts | jeu^{M} de fléchettes^{F} | juego^{M} de dardos^{M} | freccette^{F}

Dartscheibe^{F}
dartboard
cible^{F}
diana^{F}
bersaglio^{M}

Wurfpfeil^{M}
dart
fléchette^{F}
dardo^{M}
freccetta^{F}

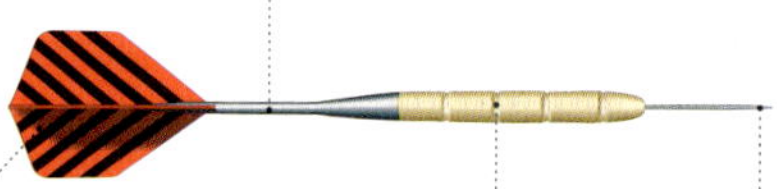

Spielbereich^{M}
playing area
aire^{F} de jeu^{M}
área^{F} de juego^{M}
area^{F} di gioco^{M}

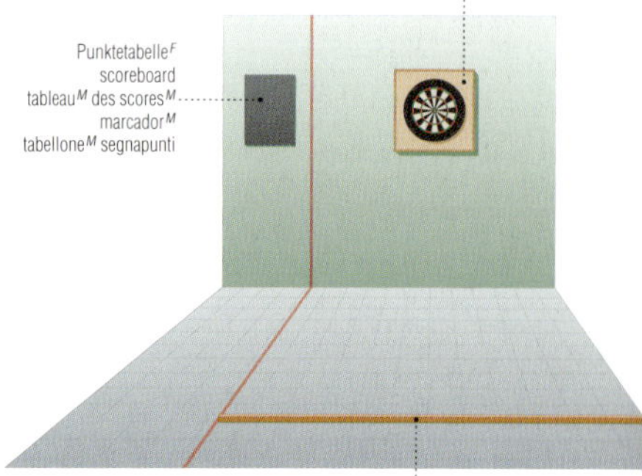

Roulettespieltisch[M]

roulette table | table[F] de roulette | mesa[F] de la ruleta[F] | tavolo[M] da roulette[F]

amerikanisches Roulette[N]
American roulette wheel
roulette[F] américaine
ruleta[F] americana
roulette[F] americana

Roulettekugel[F]
ivory ball
bille[F] d'ivoire[M]
bola[F] de marfil[M]
pallina[F] d'avorio[M]

Drehkreuz[N]
cross handle
tourniquet[M]
manija[F] en cruz
perno[M] centrale a quattro manubri[M]

Rand[M]
fret
cloison[F]
canal[M]
bordo[M]

Fach[N]
compartment
case[F]
casilla[F]
vaschetta[F]

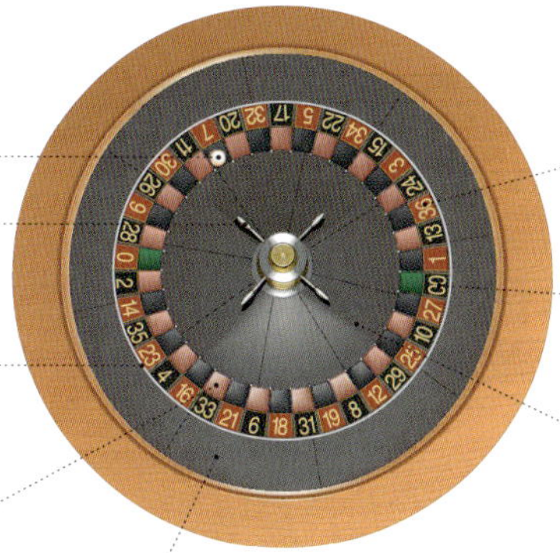

Roulettekessel[M]
stationary bowl
cuvette[F]
plato[M]
conca[F] fissa

Zahl[F]
number
numéro[M]
número[M]
numero[M]

Double-zero[N]
double zero
double zéro[M]
doble[M] cero
doppio zero[M]

Drehscheibe[F]
rotating wheel
plateau[M] mobile
rueda[F] giratoria
ruota[F] girevole

französisches Roulette[N]
French roulette wheel
roulette[F] française
ruleta[F] francesa
roulette[F] francese

französischer Roulettespielplan[M]
French betting layout
tableau[M] français des mises[F]
distribución[F] de apuesta[F] francesa
schema[M] francese delle puntate[F]

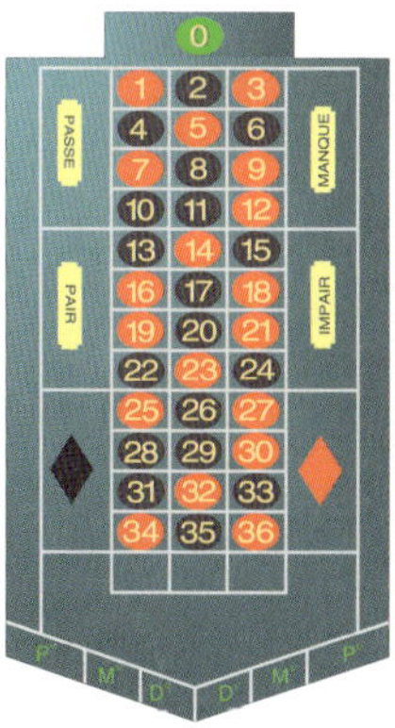

amerikanischer Roulettespielplan[M]
American betting layout
tableau[M] américain des mises[F]
distribución[F] de apuesta[F] americana
schema[M] americano delle puntate[F]

Hauptabschnitt[M]
main section
bande[F] centrale
banda[F] central
sezione[F] principale

Zero[N]
single zero
zéro[M]
cero[M]
zero[M]

Manque[N] (1 bis 18)
low (1 to 18)
manque[M] (1 à 18)
falta[F] (1 a 18)
manque[M] (da 1 a 18)

Douze premier[N] (1 bis 12)
dozen (1 to 12)
douzaine[F] (1 à 12)
docena[F] (1 a 12)
dozzina[F] (da 1 a 12)

Pair[N]
even
pair[M]
par[M]
pari[M]

Rouge[N]
red
rouge[M]
roja[F]
rosso[M]

Douze milieu[N] (13 bis 24)
dozen (13 to 24)
douzaine[F] (13 à 24)
docena[F] (13 a 24)
dozzina[F] (da 13 a 24)

Noir[N]
black
noir[M]
negra[F]
nero[M]

en prison
en prison
en prison[F]
en prisión[F]
in prigione[F]

Impair[N]
odd
impair[M]
impar[M]
dispari[M]

Passe[N] (19 bis 36)
high (19 to 36)
passe[F] (19 à 36)
pasa[F] (19 a 36)
passe[M] (da 19 a 36)

Douze dernier[N] (25 bis 36)
dozen (25 to 36)
douzaine[F] (25 à 36)
docena[F] (25 a 36)
dozzina[F] (da 25 a 36)

Kolonne[F]
column
colonne[F]
columna[F]
colonna[F]

Double zero[N]
double zero
double zéro[M]
doble cero[M]
doppio zero[M]

Carré[N]
square bet
carré[M]
apuesta[F] en cuadro[M]
quadrato[M]

Cheval[N]
split bet
à cheval[M] sur deux numéros[M]
partido[M]
cavallo[M]

Transversale simple[F]
line
sixain[M]
línea[F]
sestina[F]

fünf Nummern[F]
five-number bet
quinte[F]
apuesta[F] de cinco números[M]
cinquina[F]

Plein[N]
straight bet
numéro[M] plein
seco[M]
en plein[M]

Transversale pleine[F]
street bet
transversale[F] pleine
apuesta[F] libre
terzina[F]

zwei Kolonnen Cheval[N]
two columns split bet
à cheval[M] sur deux colonnes[F]
apuesta[F] sobre dos columnas[F]
cavallo[M] su due colonne[F]

einarmiger Bandit[M]

fruit machine | machine[F] à sous[M] | máquina[F] tragaperras | slot-machine[F]

Querschnitt
cross section
coupe[F]
corte[M] transversal
sezione[F] trasversale

Tischfußball[M]

soccer table | baby-foot[M] | futbolín[M] | calcio[M] balilla

Deutsches Register

1-Meter-Brett 828.
10-m-Linie 804.
10-Meter-Turm 828.
100-m- und 100-m-Hürdenlauf, Start 790.
10000-m- und 4-x-400-m-Lauf, Start 791.
110-m-Hürdenlauf, Start 790.
120 V Stromkreis 272.
15-m-Linie 805.
1500-m-Lauf, Start 791.
180-Grad-Kurve 885.
2-Meter-Linie 827.
2. Finger 140.
200-m-Lauf, Start 790.
200-m-Linie 871.
22-m-Linie 804.
240 V Speisekabel 272.
240 V Stromkreis 272.
27-m-Linie 858.
3-Meter-Brett 828.
3-Meter-Turm 828.
3. Finger 140.
30-m-Linie 859.
35mm-Fotoapparat 20.
36-m-Linie 858.
4-Meter-Linie 827.
4. Finger 140.
400-m-, 400-m-Hürden-, 4-x-100-m-Lauf, Start 791.
4x4-Geländemotorrad 577.
5-Meter-Linie 805.
5-Meter-Turm 828.
5. Finger 140.
50-m-Linie 859.
500-m-Startlinie 882.
500-m-Ziellinie 883.
5000-m-Lauf, Start 790.
54-m-Linie 858.
60-m-Linie 859.
7,5-Meter-Turm 828.
7-m-Linie 814, 827.
70-m-Linie 859.
8-mm-Pistole 861.
800-m-Lauf, Start 791.
90-m-Linie 859.

A

A 434.
Aal 219.
Abakus 404.
Abbaufront 650.
Abbaupfeiler 650.
Abblendlicht 554.
Abblendschalter 576.
Abbruch 514.
Abbruchtaste 519, 527.
Abdampfleitung 668.
Abdampfleitungen 669.
Abdeckhaube 500.
Abdeckkappe 391.
Abdeckscheibe 689.
Abdeckung 259, 261, 266, 273, 290, 477, 502, 512, 611, 767.
Abdichtungsgraben 660.
Abdomenarterie 107.
Abendhandschuh, langer 346.
Abessinierkatze 133.
Abfackelung 652.
Abfahrt, Seilbahn 886.
Abfahrt, Sessellift 886.
Abfahrtslauf 889.
Abfahrtsski 888.
Abfahrtzeiten 582.
Abfall, radioaktiver 70.
Abfalleimer 295, 723.
abfallendes Revers 352.
Abflugwartehalle 621.
Abfluss 48, 262.
Abfluss, oberirdischer 67.
Abfluss, unterirdischer 67.
Abfluss-T-Stück 271.
Abflusskreislauf 262.
Abflussrohr 271.
Abflussschlauch 271.
Abflusssieb 270.
Abgabe von Sauerstoff 78.
Abgabeöffnung für verbrauchte Brennstäbe 666.
Abgas 267, 627.
Abgase 564.
Abgaseintritt 564.
Abgasleitschaufeln 627.
Abgasleitung 631.
Abgasrohr 259, 564.
Abgasturbolader 564.
abgedecktes Gebiet 40.
abgesenkte Nase 629.
abgesteppte Falte 357.
Abhalter 580.
Abhörlautsprecher 488, 489.
Abisolierzange 317.
Abklingbecken 666, 667, 669.
Abkoppelvorrichtung 587.
Abladegebläse 643.
Ablage 321, 532.
Ablage für sauberes Geschirr 721.
Ablage für schmutziges Geschirr 721.
Ablagebrett 399.
Ablassventil 655.
Ablauf, Boden 246.
Ablaufberg 589.
Ablaufrohr 265.
Ablaufschlauch 271, 292, 294.
Ablaufstellwerk 589.
Ablegepritsche 838.
Ablenkkanal 657.
Abluftleitung 543.
Abnäher 455.
abnehmbare Handballenauflage 514.
abnehmender Mond 7.
Abraham 736.
Abreißkalender 530.
Abrollbahn 621.
Absatz 342, 370, 881.
Absatz, oberer 417.
Absatz, unterer 417.
Absatzoberflecken 342.
Absatzplatte 892.
Absatzschuh 339.
Absatzstopper 895.
Absatzteil 889.
Absauger 775.
Absaugpumpe 775.
Abscheider 606.
Abschlag 866.
Abschlag, Lange Ecke 800.
Abschlagplatz 866.
Abschlagsbereich 867.
Abschleppkran 573.
Abschleppstange 622.
Abschleppwagen 573.
Abschluss, oberer 281.
Abschlusskappe 909.
Abschlusskappe, obere 689.
Abschlusskappe, untere 689.
Abschlussknopf 284.
Abschlussplatte 667.
Abschlussprofil 285.
Abschlussring 909, 910.
Abseihkelle 233.
Abseihlöffel 233.
Abseilhaken 900.
absinkende kalte Luft 63.
Absorber 672.
absorbierte Sonneneinstrahlung 68.
Absorption der Erdoberfläche 68.
Abspannseile 541.
Absperrarm 568.
Absperrband 771.
Absperrgitter 100.
Absperrventil 262, 265, 270, 271, 319.
Abspieltaste 495.
Absprung 891.
Absprungbalken 793.
Absprungbalken beim Dreisprung 793.
Absprungbalken für Weitsprung 793.
Abstandstück 783.
Abstandszünder 759.
absteigende Aorta 161.
absteigender Dickdarm 164.
absteigender Gang 402.
Abstellfläche 543.
Abstellplatz 619.
Abstellraum 509.
Abstellrost 291.
Abstoßsäge 881.
Abstoßung 687.
Abstrakte 445.
Abtastradiometer 60.
Abteilklammer 380.
Abteilung 181.
Abwärtstor 837.
Abwasser 70.
Abwasserkanal 712.
Abwehrhandschuh 879.
Abwehrspieler, mittlerer 812.
Abwehrspieler, rechter 812.
Abweiser 872.
Abwurf 864.
Abwurfstelle 864.
Abzeichen 770.
abziehbarer Temperaturregler 239.
Abziehklinge 892.
Abzug 750, 752, 754, 755, 757, 767, 860, 861, 912.
Abzugbügel 754, 912.
Abzüge, verschiedene 258.
Abzugsbügel 860, 861.
Abzugsleine 756.
Abzugstange 750.
Abzweig 687.
Abzweig 45° 269.
Abzweigkanal 258.
Abzweigleitung 262.
Acanthodier 92.
Accent aigu 473.
Accent grave 473.
Accessoires, Damen 717.
Accessoires, Herren 716.
Acetylenflasche 319.
Acetylenventil 319.
Achondrit 8.
Achse 384, 894, 895.
Achselarterie 160.
Achselhöhle 146, 148.
Achselknospe 77.
Achselkrücke 782.
Achselnerv 166.
Achselstück 338.
Achselstütze 782.
Achselvene 160.
Achsgetriebe 586.
Achswelle 553.
Achteck, regelmäßiges 705.
Achtelfinale 789.
Achtelnote 435.
Achtelpause 435.
Achter 839.
Achterschiff 11.
Achtersteven 598.
Achtkantschliff 375.
Achtknoten 908.
Actinium 684.
Actinoide (Seltenerdmetalle) 684.
Adamsapfel 146.
Adapter 274, 383, 485, 526.
Adapterschnittstelle 526.
Addiertaste 529.
Addition 703.
Additionstaste 529.
additive Farbmischung 690.
Aden, Golf 33, 34.
Aderhaut 177.
Adler 10, 12, 119, 741.
Adria 32.
aerodynamische Bremse 676.
Afghanistan 746.
Afrika 28, 34, 50, 745.
Afrikanische Platte 43.
afroasiatische Sprachen 468.
After 95, 97, 103, 104, 105, 106, 107, 109, 113, 164, 169, 170.
Afterfeder 115.
Afterflosse 108.
Afterfurche 147.
Afterklaue 141.
Afterkralle 130.
Afterkrallenballen 130.
Afterschließmuskel 164.
Ägäis 32.
Agar-Agar 183.
Aggregat, irreguläres 64.
Aggregatzustände 680.
Agnatha 92.
AGP-Erweiterungsport 513.
Ägypten 745.
Ahle 905.
Ahorn 88.
Ahornsirup 209.
Ährchen 85.
Ähre 81, 85.
Ährenbrot 204.
Ährenrispe 85.
Aikido 846.
Aikidogi 846.
Aikidoka 846.
Aimara 469.
Airbag 556.
Airbag-Rückhaltesystem 556.
Ajowan 199.
Akanthusblatt 276, 405.
Akkord 435.
Akkordeon 432.
Akku 306, 496, 513.
Akku-Bohrschrauber 306.
Akku-Mini-Staubsauger 288.
Akkumulator 559.
Akromion 153.
Akroterion 403, 404.
Akrylharz, transparentes 501.
Aktenablage, fahrbare 510.
Aktenbox 533.
Aktenkoffer 386.
Aktenmappe 532.
Aktenordner 532.
Aktenschrank 510.
Aktentasche 386, 387.
Aktenvernichter 535.
Aktionstasten 918.
aktiver Sensor 41.
Aktuator 759.
Akustikdecke 431.
akustische Gitarre 440.
akustisches Signal 436.
Alarm, Kontrollleuchte 527.
Alarmschwellenwert-Anzeige 613.
Alarmschwellenwert-Einstellung 613.
Alaska, Golf 30.
Albanien 744.
Albanisch 469.
Albatros 119.
Aleuten 30.
Aleutengraben 50.
Alge 75.
Alge, Aufbau 75.
Algen, Beispiele 75.
Algerien 745.
Alhidade 59, 612, 701.
Alhidadenebene 701.
Alkalimetalle 682.
alkalische Zink-Mangan-Zelle 689.

Alkoholkolben 695.
Alkoholsäule 695.
Alkoholtestgerät 769.
Allee 39.
allgemeine Zeichen 725.
allgemeiner Geräteraum 490.
Alligator 114.
Alluvion 48.
Alpen 32.
alphabetische Tastatur 530.
alphanumerische Tastatur 506, 507, 514, 548, 730, 731.
Alpin-Skipiste 886.
Alpinboard 887.
alpiner Skiläufer 888.
alpines Skilaufen 888.
Alse 220.
Alt-Taste 514.
altaische Sprachen 469.
Altaluminium-Sammelbehälter 71.
Altar 10.
Altarbild 737.
Altarkreuz 737.
Altarm 48.
Alternative 514.
Altes Testament 736.
Altglas-Container 71.
Altglas-Sammelbehälter 71.
Altokumulus 56, 62.
Altostratus 56, 62.
Altpapier-Container 71.
Altpapier-Sammelbehälter 71.
Altschlüssel 434.
Altweiberknoten 908.
Aluminium 682.
Aluminiumfolie 222.
Aluminiumrahmen 893.
Aluminiumschicht, reflektierende 501.
Alveolarknochen 159.
am Wind 833.
Amarant 203.
Amazonas 31.
Amboss 174, 912.
Ambulakralfüßchen 95.
ambulante Unfallstation 779.
Ameise 101.
American Football 806.
Americium 684.
Amerika 742.
Amerika, Vereinigte Staaten 742.
amerikanische Faltschachtel 535.
Amerikanische Kurzhaarkatze 132.
amerikanischer Bacon 216.
amerikanischer Roulettespielplan 919.
amerikanischer Senf 200.
amerikanisches Labor 21.
amerikanisches Maisbrot 205.
amerikanisches Roulette 919.
amerikanisches Wohnmodul 21.
Amery-Eisschelf 29.
Amethyst 375.
Amharisch 468.
Amöbe 94.
amorpher Festkörper 680.
Ampel 322.
Ampelanlage 545, 547.
Ampere 702.
Amphibien 110.
Amphibien, Beispiele 111.
Amphibien-Löschflugzeug 628.
Amphitheater, römisches 407.
Amplitude 690.
Amplituner: Rückansicht 497.
Ampulle 95, 783.
amtliche Unterschrift 729.
An-/Aus-Kontrolllampe 506.
Analfuß 97.
Analog-Camcorder: Rückansicht 496.
Analog-Camcorder: Vorderansicht 496.
Analoguhr 696.
Ananas 196.
Ananasguave 197.
Anästhesieraum 780.
Anatomie 150.
Anatomie einer Giftschlange 112.
Anatomie einer Honigbiene 99.
Anatomie einer Schildkröte 113.
Anatomie einer Schnecke 104.
Anatomie einer weiblichen Spinne 103.
Anatomie einer zweischaligen Muschel 105.
Anatomie eines Flußbarschs 109.
Anatomie eines Hummers 107.
Anatomie eines männlichen Froschs 110.
Anatomie eines Pferdes 125.
Anatomie eines Schwamms 95.
Anatomie eines Seesterns 95.
Anatomie eines Tintenfischs 106.
Anatomie eines Vogels 116.
Anatomie eines weiblichen Schmetterlings 97.
Anden 31.
Änderungslinie 455.
Andorra 743.
Andromeda 12.
Andruckplatte 476.
Anemometer 59, 677.
Anemometer, Windgeschwindigkeitsmesser 58.
Anfänger 413.
Anführungszeichen 473.
Anführungszeichen (französisch) 473.
Anführungszeichen, halbe 473.
Angaberaum 819.
angehobener Lenkerbügel 870.
Angehörige, Warteraum 778.
Angel 227, 229, 315.
Angelhaken 909, 911.
Angelhaken mit Vorfach 911.
Angelwurzel 229.
angeschnittener Ärmel 360.
Anglerweste 911.
Anglikanismus 736.
Angola 746.
Angriff 807.
Angriffsfeldspieler, linker 814.
Angriffsfeldspieler, rechter 814.
Angriffslinie 812.
Angriffsperiskop 763.
Angriffszone 812.
anhaltend dichter Sprühregen 57.
anhaltend leichter Regen 57.
anhaltend leichter Schneefall 57.
anhaltend leichter Sprühregen 57.
anhaltend mäßiger Regen 57.
anhaltend mäßiger Schneefall 57.
anhaltend mäßiger Sprühregen 57.
anhaltend starker Regen 57.
anhaltend starker Schneefall 57.
Anhängemähwerk 642.
Anhängemaul 641, 642.
Anhänger 374, 376, 570.
Anhängerkupplung 558, 567.
Anhöhe 674.
Anik 487.
Anis 202.
Anker 610, 688, 791.
Anker, Beispiele 610.
Ankerbolzen 559.
Ankerhand 610.
Ankerkern 688.
Ankerkette 615.
Ankerketten 652.
Ankerklüse 605, 609.
Ankerrad 696.
Ankerspitze 610.
Ankerwicklung 688.
Anklagebank 728.
Ankleidekabine 716.
Ankleideraum 251, 428.
Ankleideraum, privater 428.
Anlage 244, 641.
Anlage für Außenaufstellung 260.
Anlage für Innenaufstellung 260.
Anlage zur Formattrennung, Ausrichtung und Stempelung 474.
Anlage, elektrische 553.
Anlagen, unterirdische 407.
Anlassbatterie 586.
Anlasser 327, 332.
Anlauf 890, 891.
Anlaufbahn 793, 824, 891.
Anlaufhülse 308.
Anlaufstrecke 791, 792, 865.
Anlaufzapfen 308.
Anlegeeinrichtung 424.
Anlegeleiter 321.
Anlegepritsche 839.
annähernd gleich 703.
Annäherungsschlag 866.
Annahmebereich 395.
Annahmemaschine 666.
Anode 266, 689.
Anorak 371, 901.
Anordnung von Sonnenspiegeln 674.
anorganische Substanzen 67.
Anpressknauf 307.
Anrufbeantworter 508.
Ansagekassette 508.
Ansatz 311.
Ansatzrohr 289.
Ansatzsäge 424.
Ansauggitter 382.
Ansaugkanal 565.
Ansaugkrümmer 564.
Ansaugung 564, 565.
Anschlag 303, 304, 700, 835.
Anschlag, kniender 861.
Anschlag, liegender 861, 893.
Anschlag, stehender 861, 893.
Anschlagfläche 535.
Anschlagführung 305.
Anschlagrahmen 278.
Anschlagtafel der Ausstellungen 394.
Anschluss 284, 290.
Anschluss für Hochspannungsleitung 663.
Anschluss für Schlauchleitung 649.
Anschluss für Zündkabel 562.
Anschluss, Schlauchleitung 649.
Anschlussbuchse 441.
Anschlussbuchsen für Video- und Digitalübertragung 477.
Anschlüsse, Beispiele 270.
Anschlussfeld 518.
Anschlusskabel 305, 502.
Anschlusskasten 673.
Anschlussklemme 274.
Anschlussleitung 262.
Anschlussstelle 709.
Anschlussstellen, Beispiele 538.
Anschlussstifte 689.
Anschlusstafel 488.
Anschreiber 810, 812, 813, 848.
Anschriftentafel 587.
Ansicht 250.
Ansichtsraum 733.
Anspielkreis 878.
Anspielpunkt 878.
Anstecknadeln 376.
Anstoßlinie 862.
Anstoßpunkt 803, 862.
Anstoßraum 862.
Anstreichen 320.
Antarktis 28, 29.
Antarktische Halbinsel 29.
Antarktische Platte 43.
Antenne 17, 60, 96, 97, 98, 99, 107, 504, 505, 506, 551, 577, 611, 624, 631, 758, 761, 771, 812.
Antenne für die Linienzugbeeinflussung 585.
Antenne, hoch verstärkende 18.
Antenne, schwach verstärkende 18.
Antennenbuchsen 497.
Antennula 107.
Antependium 737.
anthropogener Treibhauseffekt 68.
Anti-Reflex-Beschichtung 672.
Antiblockiersystem (ABS) 559.
Antigua und Barbuda 743.
Antiklinale 651.
Antilope 128.
Antimon 682.
Antipersonenmine 758.
Antiseptikum 777.
antiseptische Flüssigkeit 777.
Antiskating-Vorrichtung 500.
Antrieb 591, 643.
Antriebsbatterien 563.
Antriebslagerschild 688.
Antriebsmodul 486.
Antriebsrad 636, 640, 876.
Antriebsräder 639.
Antriebsriemen 566.
Antriebssystem 553.
Antriebswalze 421.
Antriebswelle 237.
Antriebswerk 651, 696, 697.
Antriebswerke 763.
Antrittspfosten 255.
Antrittsstufe 255.
Anwendungsstarttasten 527.
Anzahl der Gleise 591.
Anzahl der Kommastellen 529.
Anzeige 471, 529, 548, 698, 699.
Anzeige "Sicherheitsgurte anlegen" 557.
Anzeige für Blende 479.
Anzeigeeinheit 841.
Anzeigen 501.
Anzeigenadel 479.
Anzeigenaufnahme 768.
Anzeigeskala 613, 695, 699.
Anzeigetafel 789, 790, 793, 822, 825, 828, 831, 839, 844, 846.
Anzeigetafel für das Gesamtergebnis 824.
Anzeigetafel für die Einzeldisziplin 825.
Anzeigetaste 496.
Anziehung 687.
Anzugring 854.
Anzünder 318.
Aorta 162, 163.
Aorta, absteigende 161.
Aorta, aufsteigende 161.
Aorta, ventrale 109.
Aortenbogen 160, 161, 162.
Aortenklappe 162.
Aperturblende 694.
Apex 104, 105.
Apfel 193.
Apfel im Querschnitt 82.
Apfelessig 201.
Apfelfrucht, fleischige 82.
Apfelfrüchte 193.
apokrine Schweißdrüse 172.
Apollo 19.
Apostroph 473.
Apotheke 714, 725.
Appalachen 30.
Appartements 886.
Aprikose 192.
Aquamarin 375.
Aquarell 396.
Aquarellfarbe/Gouachefarbe, Näpfchen 397.
Aquarellfarbe/Gouachefarbe, Tube 397.
Äquator 13, 31, 34, 35, 36, 63.
Äquatorialguinea 745.
äquivalent 703.
Ara 118.
Arabisch 468.
Arabische Halbinsel 33.
Arabisches Meer 33.
Arachnoidea 167.
Aralsee 33.
Aramäisch 468.
Arame 183.
Arbeiterin 99.
Arbeitsbrett 321.
Arbeitsdruckmesser 319.
Arbeitskittel 359.
Arbeitslampe 399.
Arbeitsleuchte 286.
Arbeitsmöbel 511.
Arbeitsplatte 224, 312, 721, 722.
Arbeitsplatz 509, 511.
Arbeitsprozess des Dieselmotors 565.
Arbeitsprozess des Kreiskolbenmotors 565.
Arbeitsprozess des Zweitaktmotors 565.
Arbeitsstiefel 342.
Arbeitstisch 305.
Arbeitszimmer 251.
Archaeognatha 92.
Archaeopteryx 93.
Archipel 38.
Architektur 394, 402.
Architekturelemente 413.
Architrav 403, 405.
Archiv 394, 509.
Archive 769.
Archivmöbel 510.
Archivolte 411.
Arena 407, 788.
Arenberg-Parkett 254.
Argentinien 742.
Argon 684.
Ariane IV 24.
Ariel 5.
Arkade 407, 410.
Arkaden 738.
Arkebuse 752.
Arktis 28.
Arm 95, 124, 139, 147, 149, 286, 452, 610, 783.
Armaturen 268.
Armaturenbrett 556.
Armaturenbrettausrüstung 771.
Armausschnitt 351.
Armband 376.
Armbänder 376.
Armbeuger 150.
Armbrust 750.
Armdecken, große 115.
Armdecken, kleine 115.
Armdecken, mittlere 115.
Ärmel 337, 348.
Ärmel, angeschnittener 360.
Ärmel, Beispiele 360.
Ärmel, eingesetzter 349.
Ärmelaufschlag 848.
Ärmelkanal 32.
Ärmellasche 352.
ärmelloses Sporthemd 850.
Ärmelpuff 337.
Ärmelschlitz 349, 361.
Armenien 746.
Armenisch 469.
Armgeflecht 166.
Armhaltung 829.
Armhebel 844.
Armkachel 749.
Armlehne 276, 281.
Armlehnstuhl 276.
Armpolster 880.
Armreif 376.
Armschutz 808, 859.
Armschützer 808.
Armschwingen 115.
Armstrecker, dreiköpfiger 151.
Armstrecker, zweiköpfiger 150.
Armstuhl 734.
Armstühle, Beispiele 276.
Armstütze 276, 554, 555, 783.
Arpeggio 435.
Arretierhebel 304, 309, 312.
Arretierknopf 308.
Arsen 682.
Art der hohen Wolken 55.
Art der mittelhohen Wolken 55.
Art der tiefen Wolken 55.
Arten von Blütenständen 81.
Arten von echten Gelenken 156.
Arten von Golfschläger 867.
Arten, Entstehung und Entwicklung 92.
Arterien 160.
Arthropleura 92.
Artikel 471.
Artischocke 187.
Arzneimittel-Darreichungsformen 783.
Arzt 842.
Ärzteteam 844.
Asche 391.
Asche, vulkanische 44.
Aschenbahn 790.
Aschenbecher 391.
Ascheschicht 44.
Aserbeidschan 746.
asiatische Birne 197.
asiatische Eiernudeln 207.
asiatische Teigwaren 207.
Asien 28, 33, 50, 746.
Asphalt 656.
Asphalt-Destillationsanlage 656.
Asphaltschindel 299.
Aspirin 777.
Ass 914.
Assistenzarzt 780.
Assistenzschiedsrichter 881, 882.
Assistenztrainer 879.
Ast 87, 89, 115.
Astat 683.
Äste 87.
Asteroidengürtel 5.
Asthenosphäre 42.
Astigmatismus 691.
Astragal 405.
Astronomie 4.
astronomische Einheit 4, 5.
Astschere 330.
Asukibohne 191.
Atacama-Wüste 31.
Atemluftzufuhrschlauch 765.
Atemschutz 773, 774.
Atemschutz tragen 774.
Atemschutzmaske, leichte 773.
Atemschutzsystem, geschlossenes 765.
Äthiopien 745.
Athletin 791.
Atlantik 28.
atlantischer Kabeljau 221.
atlantischer Lachs 221.
Atlantischer Ozean 29, 32, 34.
Atlas 111, 122, 126, 131, 153, 157.
Atlasbindung 463.
Atlasgebirge 34.
Atlasspinner 102.
Atmosphäre 66, 70.
Atoll 51.
Atom 680.
Atom-Unterseeboot 763.
Atome 680.
Atomkern 680.
Atrium 406.
ätzend 774.
Aubergine 188.
Audio-Ausgänge 527.
Audio-Eingänge 527.
Audiobedarf 716.
Audiobuchse 513.
Audioführer 394.
Audiometrie- Untersuchungsraum 781.
Auerbachkopfsprung gestreckt mit einer Schraube 829.
Aufbau 567.
Aufbau der Biosphäre 66.
Aufbau der Sonne 6.
Aufbau des Ohres 174.
Aufbau des Rückenmarks 167.
Aufbau einer Alge 75.

Aufbau einer Blume 80.
Aufbau einer Flechte 74.
Aufbau einer Pflanze 77.
Aufbau eines Baumes 87.
Aufbau eines Blatts 79.
Aufbau eines Farns 76.
Aufbau eines Flugkörpers 759.
Aufbau eines langen Knochens 154.
Aufbau eines Mooses 75.
Aufbau eines Pilzes 76.
Aufbauspieler, linker 811.
Aufbauspieler, rechter 811.
Aufbereitungsanlage 649.
Aufbewahrung schadhafter Brennstäbe 666.
Aufbewahrungsfach 483.
Aufbewahrungsmöbel 278, 510.
aufblasbare Manschette 777.
Aufblassystem 611.
Aufblasteil 841.
Aufblasventil 841.
Aufdruck 368.
Aufenthaltsraum 724.
Auffahrgleis 589.
Auffahrt 539, 540.
Auffanggefäß 59.
Auffangschale 241.
Auffangschüssel 290.
Aufgeber 816.
aufgepflanztes Bajonett 751.
aufgesattelter Kippanhänger 572.
aufgesetzte Tasche 348, 353, 360, 368.
aufgeständerte Bogenbrücke 541.
aufgewirbelter Staub 63.
Aufhängeband 177.
Aufhängefeder 697.
Aufhängeöse 382.
Aufhängepunkt 897.
Aufhänger 354, 483.
Aufhängung 284, 448, 553, 627.
Aufheizer 668.
Aufladen, Kontrollleuchte 527.
Auflage 280.
Auflagehumus 78.
Auflagetisch 424.
Auflaufförmchen 226.
Auflieger 570, 571.
Auflösungszeichen 435.
Aufnahme 778, 781.
Aufnahme von Kohlendioxid 78.
Aufnahme von Wasser und Mineralstoffen 78.
Aufnahme-Starttaste 496.
Aufnahme-Stopptaste 496.
Aufnahme-Taste 499.
Aufnahme-Ziffer 429.
Aufnahmebecken 666.
Aufnahmebühne 428.
Aufnahmefläche 675.
Aufnahmekammer 694.
Aufnahmelicht 488.
Aufnahmetaste 495.
Aufnahmezeitanzeige 488.
Aufprallsensor 556.
Aufreißband 390.
Aufreißer 636.
Aufreißerspitze 636.
Aufreißerzylinder 636.
Aufsatz 234.
Aufsatzstück 432.
Aufschäumdüse 241.
Aufschlag 338, 350, 812, 820.
Aufschlagbereich 818.
Aufschläger 819, 821.
Aufschlagfeld für das Doppelspiel 817.
Aufschlagfeld für das Einzelspiel 817.
Aufschlagfelder 817.
Aufschlagkasten 818.
Aufschlagkastenlinie 818.
Aufschlaglinie 818, 819, 821.
Aufschlaglinienrichter 820.
Aufschlagrichter 816, 820.
Aufschnitt 444.
Aufsetzbacke 859.
Aufsetzen 864.
Aufsetzzonenmarkierungen 621.
Aufsichtsingenieur 489, 490, 491.
Aufsichtsperson, Tisch 732.
Aufsitzmäher 333.
aufspringender Winkel 409.
Aufsprungbahn 891.
Aufsteckbürste 384.
Aufsteckdüse 384.
Aufsteckschuh 482.
aufsteigende Aorta 161.
aufsteigende warme Luft 63.
aufsteigender Dickdarm 164.
aufsteigender Gang 402.
Aufstellmaschine 865.
Aufstellpunkt 862.
Aufstellung 865.
Aufstieg 640.
Auftrieb 630.
Auftriebsausgleich 841.
Aufwachraum 780.
Aufwärmbahn 882.
Aufwärtstor 837.
Aufwickelkern 499.
Aufzeichnung, seismologische 651, 653.
Aufzeichnungsgerät 59.
Aufzeichnungskassette 508.
Aufzeichnungstaste 508.
Aufziehbrett 315.
Aufzug 16, 407, 417, 509, 650, 666, 713, 724, 761.
Aufzugseil 634.
Aufzugsmechanismus 697.
Aufzugsrad 696.
Augapfel 110, 177.
Auge 63, 103, 104, 106, 107, 112, 113, 121, 133, 136, 148, 177, 301, 382, 756, 855, 900, 914.
Auge, einfaches 95.
Augen-Make-up 378.
Augenbehandlungsraum 779.
Augenbrauenpinzette 377.
Augenbrauenstift 378.
Augengläser, Beispiele 385.
Augenhöhle 112, 116, 131, 136, 138, 142.
Augenkammer, hintere 177.
Augenkammer, vordere 177.
Augenlid 113.
Augenlid, oberes 110, 132.
Augenlid, unteres 110, 132.
Augenmuschel 612.
Augenmuskel, unterer gerader 177.
Augenring 115.
Augenringmuskel 150.
Augenschutz 772, 774.
Augenschutz tragen 774.
Augenstreif 115.
Augenträger 104.
Augenwand 63.
Ausatmen 832.
Ausatmungsventil 773.
Ausbeinmesser 229.
Ausbereich 864.
ausbrechbare Kabeldurchführung 272.
Ausbruchstätigkeit, Vulkan 44.
Ausdehnungsgefäß 259.
Ausdehnungskammer 695.
ausfahrbarer Baum 634.
ausfahrbarer Leiterbaum 766.
Ausfahrgleis 589.
Ausfahrt 539.
Ausfahrtspur 539.
Ausfallpforte 409.
Ausflugloch 100.
Ausführungsgang, Schweißdrüse 172.
Ausgabebank, Kürzel 729.
Ausgabegeräte 518.
Ausgangsmonitor 489, 491.
Ausgangssperre 592.
Ausgangstür, zweiflügelige 568.
ausgeschlossene Spieler, Wiedereintrittsraum 827.
ausgestreckte Kralle 133.
Ausgleichsbecken 657, 658, 661.
Ausguss 295.
Ausgussreiniger 314.
Ausklapparretierung 321.
ausklappbare Stützvorrichtung 571.
Ausklinkhebel 898.
Auskragung 661.
Auskratzer 390.
Auslasskanal 565.
Auslassschlitz 649.
Auslassventil 564, 566, 777.
Auslauf 182, 268, 885, 890, 891.
Auslaufbereich 891.
Auslaufgarnitur 270.
Auslaufleitung 263.
Auslaufrille 500.
Auslaufrohr 643, 658.
Auslaufschütz 597.
Ausleger 599, 634, 635, 637, 638, 839.
Ausleger, beweglicher 622.
Ausleger, einfahrbarer 18.
Auslegerboot 599.
Auslegerbrücke 540.
Auslegerseil 634.
Auslegerstange 599.
Auslegerzylinder 637, 638.
Ausleihe 733.
Auslenkungsrichtung 690.
Auslinie 804.
Auslöseknopf 391.
Auslösepuppe 443.
Auslöser 476.
Auslöser, pneumatischer 482.
Auspuff 640.
Auspuffanlage 553.
Auspuffendrohr 553.
Auspuffkanal 565.
Auspuffkrümmer 552, 564, 566.
Auspuffrohr 570, 575, 576, 577, 636, 639.
Auspuffrohr, hinteres 553.
Auspuffrohr, vorderes 552.
Ausrichtkopf 701.
Ausrichtkopfblockierung 701.
Ausrichtkopfebene 701.
Ausrichtschraube 699, 701.
Ausrufezeichen 473.
Ausrüstung 769, 900.
Ausrüstung, technische 489.
Ausrüstungsspind 489, 490.
Aussägen 401.
Ausschalter 331.
Ausschaltrille 500.
Ausschnitt 455.
Ausschnitt, drapierter 363.
Ausschnitt, halsnaher 354, 359, 368.
Ausschnitt, runder 363.
Ausschnitt, viereckiger 363.
Ausschnitte 363.
Aussendung von Ultraschall 41.
Aussparung für Magnetköpfe 499.
Ausstatter 428.
Ausstattung 396, 421, 422, 423.
Ausstattung, persönliche 374.
Ausstechformen 232.
Ausstellung, Banner 394.
Ausstellungen, Anschlagtafel 394.
Ausstellungsraum 719.
Ausstellungsregal 510.
Ausstellungsstand 719.
Aussteuerung, manuelle 499.
Ausstoß 564, 565.
Ausstreichmesser 464.
Ausströmmantel 659.
Auster 217.
Austernfischer 118.
Austerngabel 228.
Austernmesser 229.
Austernseitling 183.
Australien 28, 50, 747.
Australische Kordilleren 29.
australische Sprachen 469.
Austrittsdüse 627.
Austrittskante 624.
auswärts 828.
Auswaschung 70.
Auswechselbank 803.
Auswerfer 638.
Auswurf, Staub 304.
Auswurf-Taste 499.
Auswurfrohr 642.
Auswurftaste 236, 477, 918.
Auswurftaste für das 501.
Auszahlungshebel 920.
Auszahlungsschale 920.
ausziehbare Fluggastbrücke 619.
ausziehbarer Griff 386.
Ausziehbein 278.
Ausziehleiter 321.
Ausziehschirm 896.
Ausziehtisch 278.
Auszug 278, 290.
Außenangreifer, linker 812.
Außenangreifer, rechter 812.
Außenansicht eines Hauses 244.
Außenbordmotor 607.
Außenbrett 915.
Außenfeldspieler, linker 794.
Außenfeldspieler, mittlerer 794.
Außenfeldspieler, rechter 794.
Außengewinde 910.
außengezahnte Fächerscheibe 310.
Außenkelch 83.
Außenklüver 603.
Außenknauf 248.
Außenkreis 877.
Außenlippe 105.
Außenring 729.
Außenrohr, druckfestes 667.
Außenschicht 797.
Außenspiegel 568, 569.
Außensteckhülse 909.
Außensteg 426.
Außentank 22.
Außentasche 386, 388.
äußere Begrenzungslinie 819.
äußere Drosselvene 160.
äußere Hülse 275.
äußere Kappe 342.
äußere Kiemen 111.
äußere Kuppelhülle 17.
äußere Leitschaufeln 627.
äußere Merkmale einer einschaligen Muschel 105.
äußere Merkmale einer Fledermaus 140.
äußere Merkmale einer Giftschlange: Kopf 112.
äußere Merkmale einer Honigbiene: Arbeiterin 98.
äußere Merkmale einer Katze 133.
äußere Merkmale einer Ratte 122.
äußere Merkmale einer Schildkröte 113.
äußere Merkmale einer Schnecke 104.
äußere Merkmale einer Spinne 103.
äußere Merkmale einer zweischaligen Muschel 105.
äußere Merkmale eines Delphins 136.
äußere Merkmale eines Flußbarschs 108.
äußere Merkmale eines Froschs 110.
äußere Merkmale eines Gorillas 139.
äußere Merkmale eines Hais 108.
äußere Merkmale eines Hummers 107.
äußere Merkmale eines Hundes 130.
äußere Merkmale eines Känguruhs 143.
äußere Merkmale eines Maulwurfs 121.
äußere Merkmale eines Pferdes 124.
äußere Merkmale eines Schmetterlings 96.
äußere Merkmale eines Seesterns 95.
äußere Merkmale eines Tintenfischs 106.
äußere Merkmale eines Vogels 115.
äußere Nase 175.
äußere Oberschenkelkondyle 153.
äußere Planeten 4.
äußere Verkleidung 267.
äußerer Bull 918.
äußerer Gehörgang 158.
äußerer Hausflur 406.
äußerer Kern 42.
äußerer Linebacker 806.
äußerer Ohrmuschelrand 173.
äußerer Rand 127.
äußerer Schenkelmuskel 150, 151.
äußerer Schneidezahn 159.
äußerer schräger Bauchmuskel 150, 151.
äußeres Keilbein 155, 156.
äußeres Ohr 174.
Auto 549.
Auto-Manualumschalter 316.
Autobahn 39, 539, 709.
Autobahnnummer 39.
Autocoat 355.
Autofocus-Schalter 483.
Autofocus-Umschalter 476.
Autogenschweißen 319.
Autohandschuh 346.
Autohaus 711.
Autoklav 780.
Automat für Umsteigekarten 593.
automatische Füllanzeige 655.
automatische Schiebetür 416.
automatische Sortierablagen 512.
automatische Tür 620.
automatischer Bankschalter 730, 731.
automatischer Sendersuchlauf 498.
automatischer Zeitmesser 831.
automatisches Gewehr 755.
Autopilot 759.
Autoplane 558.
Autorennen 872.
Autoreverse-Taste 504.
Autotransporter 572.
Autotransportwagen 588.
autotrophe Organismen 67.
Autowaschanlage 548.
Avocado 188.
Axel 881.
Axialrippe 105.
Axialverdichterschaufel 627.
Axis 122.
Axon 168.
Axt 330.
Azimutalprojektion 36.
Azimutfeineinstellung 14, 15.
Azimutfesteller 14.
Azimutfeststeller 15.
aztekischer Tempel 412.

B

B 435.
Baby-Doll 364.
Babybekleidung 368, 717.
Bach 48.
Bachsaibling 221.
Back 605, 609.
Backblech 232.
Backbone 523.
Backbordseite 609, 616, 617.
Backe 130, 307, 385, 860, 861.
Backe, bewegliche 311, 312.
Backe, feste 311, 312.
Backen 302, 306, 307, 312, 317, 889, 892.
Backenhörnchen 123.
Backenriemen 854.
Backenzahn 121, 123.
Backenzahn im Längsschnitt 159.
Backenzahn, erster 159.
Backenzahn, erster vorderer 159.
Backenzahn, zweiter 159.
Backenzahn, zweiter vorderer 159.
Backenzähne 159.
Backenzähne, vordere 159.
Bäckerei 715.
Backfett 209.
Backform 239.
Backgammon 915.
Backline 877.
Backofen 224, 290, 721, 722.
Backofenfolie 222.
Backofenschalter 290.
Backofenthermometer 231.
Backofentür 290.
Backrost 290.
Backsteinhaus 418.
Backup-Speichereinheit 523.
Backwaren 181.
Bacon, amerikanischer 216.
Bacon, kanadischer 216.
Bad 251, 724, 780.
Badartikel 717.
Badeanzug 371.
Badebürste 379.
Badehose 371, 830.
Badekappe 827, 830.
Badeleiter 246.
Bademantel 364.
Bademoden 716.
Badetuch 379.
Badetuch mit Kapuze 368.
Badewanne 251, 262, 264, 724.
Badezimmer-Oberlicht 251.
Badminton 816.
Badmintonplatz 816.
Badmintonschläger 816.
Baffinland 30.
Baggerlöffel 638.
baggern 812.
Baggerstiel 638.
Baggerstielzylinder 638.
Baguette 204.
Baguetteform 375.
Bahamas 742.
Bahn 301, 788, 790, 830, 831, 877, 883, 885.
Bahnbojen 838.
Bahnende 831, 832.
Bahnenplissee 357.
Bahnenrock 357.
Bahngleise 649.
Bahnhof 39, 582, 583, 708, 710.
Bahnhofshalle 582.
Bahnmarkierung 791.
Bahnnummer 893.
Bahnradsport 871.
Bahnseil 831.
Bahnsteig 582, 583, 593, 620.
Bahnsteigkante 582, 593.
Bahnsteigüberdachung 583.
Bahnübergang 545, 547, 583.
Bahnübergang, schienengleicher, gesicherter 591.
Bahnzeitnehmer 830.
Bahrain 746.
Baikalsee 33.
Bailey-Brücke 542.
Bajonett, aufgepflanztes 751.
Bajonettanschluss 478.
Bajonettfassung 275.
Bakelit-Splitterkörper 757.
Balalaika 433.
Balancegewicht 500.
Balanceregler 497.
Balg 432, 445.
Balg, Schnitt 84.
Balgen 485.

Balgenverschluss 432.
Balkanhalbinsel 32.
Balken 167, 403, 406, 412, 418, 698, 826.
Balken, hinterer 698.
Balken, vorderer 698.
Balkenbrücke 540.
Balkenbrücken, Beispiele 541.
Balkenspiralgalaxie 9.
Balkenwaage 698.
Balkon 251.
Balkontür 251.
Ball 823, 858, 920.
Balleisen, gerades 401.
Ballen 127.
Ballerinaschuh 343.
Ballfangzaun 794.
Balljunge 820.
Ballon 899.
Ballonsonde 54, 59.
Ballsportarten 794.
Ballungsgebiet 708.
Balsamessig 201.
Balustrade 412, 417.
Bambara 468.
Bambusse 917.
Bambussprosse 185.
Banane 196.
Band 453, 459, 753, 757, 823, 841.
Band, Blaues 871.
Band, erhabenes 426.
Band, reflektierendes 611.
Bandage 843, 853, 858.
Bändchen 443.
Bande 864, 878, 883.
Banderole 390.
Bandführung 499, 534.
Bandring 376.
Bandscheibe 157.
Bandschlüssel 315.
Bändsel 908.
Bandsortenschalter 499.
Bandsperre 313.
Bandwahltaste 497.
Bangladesch 747.
Banjo 432.
Bank 277, 647, 710, 715, 730, 851, 915.
Bankett 538.
Bankhöhe 647.
Banknote: Rückseite 729.
Banknote: Vorderseite 729.
Bankschalter, automatischer 730, 731.
Banner der derzeitigen Ausstellung 394.
Banner der kommenden Ausstellung 394.
Bantusprachen 468.
Bar 431, 710, 719, 720, 915.
Barbados 743.
Barbakane 408.
Bardame 720.
Baren 421.
Bärenhüter 13.
Barentssee 32.
Bargeldbestückung 731.
Barhocker 277, 720.
Barium 682.
Bärlatsch 749.
Barograph 59.
Baronstange 440.
Barren 825.
Barrierriff, Großes 29.
Barsch 220.
Bart 85.
Bartregion 115.
Basalschicht 172.
Basaltschicht 42.
Baseball 794, 796.
Baseball im Querschnitt 797.
Baseballstadion 788.
Basilikum 202.
Basilosaurus 93.
Basis 405, 494, 791.
Basis der Rückenlehne 276.
Basisstation für Funknetzwerk 522.
Baskenmütze 341.
Basketball 810.
Basketballspiel 810.
Basketballspieler 810.
Basmatireis 207.
Bass-Straße 29.
Bass-Tonabnehmer 441.
Bassfalle 490.
Bassgitarre 441.
Bassklarinette 437.
Basslautsprecher 10.
Bassregister 432.
Bassregler 497, 503.
Bassschlüssel 434.
Basssteg 442.
Basstastatur 432.
Basstrommel 437, 448.
Bast 87.
Bateau-Kragen 363.
Batterie 302, 482, 552, 562, 563, 673, 687, 759, 765.
Batterie-Schraubendreher 302.
Batteriegehäuse 562.
Batteriekasten 571.
Batterieladekontrollleuchte 557.
Batteriemodule 60.
Bauch 115, 124, 146, 148.
Bauchaorta 160, 165.
Baucharterie 107.
Bauchfell 169, 170.
Bauchflosse 108.
Bauchfuß 97.
Bauchgurt 853, 855, 856, 857.
Bauchhöhle 169, 170.
Bauchmuskel, äußerer Schräger 150.
Bauchmuskel, äußerer schräger 151.
Bauchmuskel, gerader 150.
Bauchpanzer 113.
Bauchreifen 749.
Bauchschuppe 112.
Bauchspeck 216.
Bauchspeicheldrüse 164.
Bauchtank 631.
Bauer 916.
Bauernbrot 205.
Bauernhof 182.
Baum 87, 834, 855.
Baum, Aufbau 87.
Baum, ausfahrbarer 634.
Baumaterialien 298.
Bäume 866.
Baumfarn 76.
Baumhippe 330.
Baumsäge 330.
Baumschere 330.
Baumstamm 300.
Baumstamm im Querschnitt 87, 300.
Baumstammtransport, Sattelanhänger 572.
Baumstütze 324.
Baumtomate 196.
Baumvogel 117.
Bauplatte, Gipskarton 299.
Bauschärmel 361.
Bauschaumisolierung 299.
Bauschmuskel 151.
Baustelle 545, 547.
Baustile 404.
Bautischlerei 301, 302, 303, 306, 308, 310, 313.
Beachvolleyball 813.
Beatmungsbeutel 775.
Beaufortsee 30.
Becher 11, 223, 226, 906.
Becherglas 685.
Becken 121, 138, 141, 142, 246, 263, 437, 448, 449, 664, 788, 838.
Becken, oberes 448.
Becken, rudimentäres 136.
Becken, unteres 448.
Beckengurt 555.
Beckenseite 664.
Becquerel 702.
bedeckte Säule 64.
bedeckter Himmel 56.
Bedeckungsgrad 56.
Bedienblende 238.
Bedienfeld 518.
Bedienkonsole 766.
Bedienleiste 290, 292, 293, 294.
Bedienpult 694.
Bedientasten 494.
Bedienungsanleitung 548.
Bedienungsfeld 239.
Bedienungshebel 643.
Bedienungshebel für Verschlussblock 756.
Bedienungskonsole 512.
Bedienungsschnur 284.
Bedienungstafel 417.
Bedienungstasten 507, 508.
Beere 83.
Beeren 192.
Beet 245.
Beete, rote 189.
Beetpflug 641.
befestigte Umfassungsmauer 738.
Befestigungshebel 287.
Befestigungsriemen 765, 893.
Befestigungsschiene 692.
Befeuchter 531.
befeuchtete Oberfläche 420.
Befruchtungstasche 104.
Begattungskammer, Öffnung 97.
Begattungstasche 97.
begehbarer Kleiderschrank 251.
Begleitkarte 395.
Begonie 80.
begrenzte Zone 811.
Begrenzungseinsatz 533.
Begrenzungsleuchte 554.
Behaarung 121, 122, 139, 143.
Behälter 59, 236, 240, 320, 643.
Behälter für gebrauchte Spritzen 771.
Behälter mit flüssigem Stickstoff 694.
Behälter mit Gießer 237.
Behandlung, chemische 656.
Behandlungsraum 779, 781.
Behindertenrampe 394.
Beichtstuhl 737.
beidhändiges Schwert 751.
beidseitiges Kopieren 512.
Beifahrer-Fußraste 576.
Beifahrerfußraste 575.
Beil 767, 907.
Beilage, farbige 471.
Beilagen 723.
Bein 113, 139, 147, 149, 156, 278, 351, 448, 815, 823.
Beinarbeit beim Brustschwimmen 832.
Beinarbeit beim Kraulen 832.
Beinarbeit beim Schmetterlingsstil 832.
Beinausschnitt, elastischer 351.
Beinbandage 857.
Beincurler 851.
Beingurt 611.
Beinhaltung 829.
Beininnenseite 368, 369.
Beinklemme 482.
Beinlinge 338.
Beinpolster 879.
Beinröhre 749.
Beinschutz 796, 800.
Beinstreckerzug 851.
Beispiele für Algen 75.
Beispiele für Amphibien 111.
Beispiele für Anker 610.
Beispiele für Anschlussstellen 538.
Beispiele für Ärmel 360.
Beispiele für Armstühle 276.
Beispiele für Augengläser 385.
Beispiele für Balkenbrücken 541.
Beispiele für Beuteltiere 143.
Beispiele für Bits und Bohrer 306.
Beispiele für Blumen 80.
Beispiele für Blusen und Hemden 359.
Beispiele für Bögen 413, 541.
Beispiele für Bogenbrücken 541.
Beispiele für Boote und Schiffe 604.
Beispiele für Fahrräder 581.
Beispiele für Falten 357.
Beispiele für Farne 76.
Beispiele für Fenster 415.
Beispiele für Fittings 269.
Beispiele für Flechten 74.
Beispiele für Fledertiere 141.
Beispiele für Flugzeuge 628.
Beispiele für Fräser 308.
Beispiele für Gabeln 228.
Beispiele für Güterwagen 588.
Beispiele für Hanteln 840.
Beispiele für Hasentiere 123.
Beispiele für Heroldsbilder 740.
Beispiele für Hosen 358.
Beispiele für Hubschrauber 631.
Beispiele für Hufe 127.
Beispiele für Huftiere 128.
Beispiele für Insekten 101.
Beispiele für Insektenfresser 121.
Beispiele für Instrumentalgruppierungen 438.
Beispiele für Karosserien 549.
Beispiele für Kegel 865.
Beispiele für Kleider 356.
Beispiele für Kragen 362.
Beispiele für Kräuselfalten 283.
Beispiele für Küchenmesser 229.
Beispiele für Lastkraftwagen 573.
Beispiele für Laubhölzer 88.
Beispiele für Leitwerke 629.
Beispiele für Löffel 228.
Beispiele für Meeressäugetiere 137.
Beispiele für Messer 228.
Beispiele für Metall 741.
Beispiele für Moose 75.
Beispiele für Motorräder 577.
Beispiele für Nadelblätter 89.
Beispiele für Nadelhölzer 89.
Beispiele für Nägel 301.
Beispiele für Nagetiere 123.
Beispiele für Netzwerke 522.
Beispiele für Pelzwerk 741.
Beispiele für Primaten 139.
Beispiele für Raubtiere 134.
Beispiele für Raumsonden 19.
Beispiele für Reptilien 114.
Beispiele für Riggs 601.
Beispiele für Röcke 357.
Beispiele für Sattelkraftfahrzeuge 572.
Beispiele für Schlafsäcke 904.
Beispiele für Segel 601.
Beispiele für Sicherungen 272.
Beispiele für Skier 840, 888.
Beispiele für Spinnentiere 102.
Beispiele für Sprünge 829, 881.
Beispiele für Staudämme 660.
Beispiele für Stühle 277.
Beispiele für Taschen 360.
Beispiele für Tasteninstrumente 443.
Beispiele für Telefone 507.
Beispiele für Tische 278.
Beispiele für Trägerraketen 24.
Beispiele für Türen 416.
Beispiele für Übergangsfittings 269.
Beispiele für Vogelfüße 117.
Beispiele für Vogelschnäbel 117.
Beispiele für Vorhänge 283.
Beispiele für Vorhangköpfe 283.
Beispiele für Währungsabkürzungen 728.
Beispiele für Wappenzeichen 741.
Beispiele für Werkzeuge 401.
Beispiele für Winkel 704.
Beispiele für Zelte 902.
Beitel 421.
Beitrag, redaktioneller 471.
Beiwagen 594.
Bekleidungsgeschäft 714.
Belegausgabe 548.
Beleuchterbrücke 430.
beleuchteter Spiegel 381.
Beleuchtung 274, 381, 490, 626.
Beleuchtungsanlage 490, 492.
Beleuchtungsgitter 429.
Beleuchtungskopf 485.
Beleuchtungsschiene 287.
Beleuchtungsspiegel 701.
Beleuchtungstechniker 490.
Belgien 743.
Belichtungs-Schaltuhr 485.
Belichtungseinstellung 476.
Belichtungskorrekturknopf 476.
Belichtungsmesser 476, 479.
Belichtungswert 479.
Belichtungszeitskala 479.
Belize 742.
Belüftungsfenster 244.
Belüftungsschlitz 294.
bemannte Manövriereinheit 20.
Bengalen, Golf 33.
Benin 745.
Benzin 656.
Benzinmotor 553, 563.
Benzintank 563.
Benzintankverschluss 576.
Beobachtung des Weltraums 10.
Beobachtungsposten 17.
Beobachtungsraum 778, 781.
Beobachtungsraum, psychiatrischer 778.
Berbersprache 468.
Bereich der Bildkontrolle 489.
Bereichsumschalter 316.
Bereitschaftsanzeige 381, 508.
Berg 45.
Bergamotte 194.
Bergen des Spinnakers 833.
Bergère 276.
Bergfried 408.
Berghang 45.
Berghütte 886.
Bergkette 7.
Bergschrund 46.
Bergsteiger 901.
Bergsteigerspaten 901.
Bergsteigerstiefel 901.
Bergwacht 886.
Beringsee 28.
Beringstraße 30.
berittener Schiedsrichter 858.
Berkelium 684.
Berme 538, 660.
Bermudashorts 358.
Bernhardiner 131.
Berthe 363.
Berührung 916.
Beryllium 682.
Besan 603.
Besan-Bramstagsegel 603.
Besan-Stengestagsegel 603.
Besanbaum 602.
Besanmast 600, 602.
Besantoppsegel 603.
Besatzungsunterkünfte 604.
Beschichtung 815.
Beschickungsbereich 666.
Beschickungsmaschine 666, 669, 670.
Beschläge 835.
Beschleunigungsspur 539.
Besen 257, 295.
Besitzkarte 915.
Bespannung 816, 822, 862, 893.
Besprechungszimmer 718, 728.
Besteck 722.
Besteckkorb 294.
bestickter Stoff 459.
Bestückung 304.
Besucher, Empfangsraum 726.
Besucher, Warteraum 726.
Besuchereingang 726.
Besucherterrasse 621.
Betanker 873.
Beton 298.
Betonauslauf 655.
Betonblock 298.
Betonmantel 670, 671.
Betonmauer 675.
Betonnte Fahrwasser 616.
Betonnungssystem 616.
Betreibender 846.
Betriebs- und Versorgungseinheit 19.
Betriebsanzeigen 494.
Betriebsbremse 586.
Betriebsebene 664.
Betriebseinstellung 504.
Betriebsraum 738.
Betriebsschalter 527.
Bett 280, 567.
Bett mit Matratze 904.
Betttuch 280.
Bettwäsche 280, 584.
Beutel 143, 222.
Beutelfach 289.
Beutelklammern 534.
Beuteltasche 387.
Beuteltasche, kleine 388.
Beuteltiere 142.
Beuteltiere, Beispiele 143.
Beweger 292.
bewegliche Backe 311, 312.
bewegliche Brücken 542.
bewegliche Fluggasttreppe 623.
bewegliche Kufe 885.
bewegliche Trennwand 509.
bewegliche Tribünen 734.
beweglicher Oberkiefer 112.
Bewegungen eines Flugzeugs 630.
Bewegungsenergie 662.
Bewegungsmelder 416.
bewölkter Himmel 56.
Bezahnung 112.
Bezeichnungen tropischer Wirbelstürme 63.
Bezugsstoff 391.
BH 367.
Bhutan 747.
Biathlet 893.
Biathlon 893.
Biber 123.
Bibliothek 395, 711, 726, 732, 734.
Bibliothekar, Büro 732.
Bidet 264.
Bienenstock 100, 182.
Bier 180.
Bierkrug 225.
bikonkave Linse 691.
bikonvexe Linse 691.
Bild 917.
Bildanzeige 477.
Bildeinstelltasten 496.
bildende Künste 394.
Bilderwascher 485.
Bildhauer 10.
Bildkontrolle 489, 490.
Bildregie 490.
Bildröhre 494.
Bildschirm 494, 507, 518, 613.
Bildschirminhalt drucken 515.
Bildschirmverriegelung 526.
Bildsucher 476, 492.
Bildtechniker 489, 490.
Bildträger 400.
Bildung 732.
Bildungseinrichtung 525, 711.
Bildunterschrift 471.
Bildvorlauf 477.
Billard 862.
Billardqueue 863.
Billardtisch 862.
Billettasche 348.

Bimah 738.
Bimetall-Thermometer 695.
Bimetallspirale 695.
Bimsstein-Korrekturstift 423.
Binde, elastische 777.
Bindebogen 435.
Bindegewebe 172.
Bindehaut 177.
Bindeteil 349.
Bindung 840, 887, 891.
Bindung, chemische 680.
Binnenklüver 603.
Binnenraum 409.
Binokularmikroskop 693.
Binsenstängel 470.
Bioabfallbehälter 71.
Biologie 702.
biologisch nicht abbaubare Schadstoffe 69.
Biosphäre 66.
Biosphäre, Aufbau 66.
Birke 88.
Birkenspanner 101.
Birmanisch 468.
Birne 193.
Birne, asiatische 197.
birnenförmiger Korpus 433.
Birnenmelone 197.
Bison 128.
Biss 390.
Bit 302.
Bits und Bohrer, Beispiele 306.
Bittermelone 188.
Bitterschokolade 208.
Blank 914.
Blase 75.
Blasebalg 904.
Blasebalgtasche 359, 360.
Blasinstrumente 446.
Blaspfeife 432.
Blassynthesizer 451.
Blatt 77, 78, 79, 185, 261, 303, 304, 315, 320, 382, 454, 659, 815, 838, 841, 880.
Blatt, Aufbau 79.
Blatt, Säge 303, 304, 305.
Blattachsel 79.
Blattader 79.
Blattansatz 79.
Blättchen 75.
Blätter, einfache 79.
Blätter, zusammengesetzte 79.
Blätterpapille 176.
Blätterteig 205.
Blattgemüse 186.
Blattgrund 77.
Blattrand 79.
Blattscheide 79.
Blattschraube 446.
Blattspindel 76.
Blattstecher 461.
Blattstiel 79.
Blattstieleinschnitt 86.
Blau 400, 690.
blau 741.
blaue Linie 879.
blaue Luzerne 190.
blauer Ball 863.
Blaues Band 871.
blaues Schildhaupt in Silber 740.
Blaufisch 220.
Blaugrün 400.
Blaulicht 766.
Blaustrahl 494.
Blauviolett 400.
Blazer 355, 358.
Blechbläser 437.
Blechverkleidung 256.
Blei 682.
Bleigürtel 841.
Bleikopf 444.
Bleikugel 757.
Bleistift 470.
Bleistiftfaltenband 283.
Bleistiftspitzer 534.
Blende 290, 292, 293, 389, 477.
Blendeneinstellung 694.
Blendenöffnung 17.
Blendenskala 478, 479.
Blendgläser 612.
Blendrahmen 249.
Blendrahmen oben 249.
Blinddarm 103, 106, 125, 164.
blinde Tasche 355.
blinder Enddarm 95.
blinder Fleck 177.
Blindsack 116.
Blindschacht 650.
Blinker 571, 911.
Blinkerhebel 556.
Blinkerkontrollleuchte 576.
Blinkleuchte 554, 574, 575, 576.
Blinklicht 591, 775.
Blinklichter 568.
Blinklichtkontrolle 557.
Blitz 57, 65.
Blitzableiter 245, 658, 663, 677.
Blitzbirne 482.
Blitzkontakt 476.
Blitzröhre 482, 692.
Blitzwürfel 482.
Block 791.
Block, numerischer 515.
Blockdeckel 562.
blocken 813.
Blöße bei der Oktav-Einladung 849.
Blöße bei der Prim-Einladung 849.
Blöße bei der Quart-Einladung 849.
Blöße bei der Quint-Einladung 849.
Blöße bei der Second-Einladung 849.
Blöße bei der Septim-Einladung 849.
Blöße bei der Sixt-Einladung 849.
Blöße bei der Terz-Einladung 849.
Blouson 353.
Blume, Aufbau 80.
Blumen, Beispiele 80.
Blumenbeet 322.
Blumenkohl 187.
Blumenkrone 80.
Blumenladen 715.
Blumenrabatte 322.
Blumenziegel 917.
Bluse, klassische 359.
Blusen und Hemden, Beispiele 359.
Blut, sauerstoffarmes 162.
Blut, sauerstoffreiches 162.
Blutbestandteile 162.
Blutdruckmessgerät 777.
Blüte 77, 80, 86.
Blütenblatt 80.
Blütenboden 80, 83.
Blütengemüse 187.
Blütenkelch 80.
Blütenknospe 77.
Blütenpflanzen 93.
Blütenständen, Arten 81.
Blütenstandstiel 78.
Blütenstiel 80, 86.
Blutgefäß 154, 162, 172.
Blutgefäß, dorsales 97.
Blutgefäße 140.
Blutkörperchen, rotes 162.
Blutkörperchen, weißes 162.
Blutkreislauf 160.
Blutkreislauf, Schema 161.
Blutplasma 162.
Blutwurst 216.
BMX 871.
BMX-Rad, Mountainbike 581.
Bö 57.
Boa 114.
Bobschlitten 884.
Bock 401.
Böckchen 448.
Bockkäfer 101.
Bockkran 657, 658.
Bockmühle 676.
Bocksfuß 276.
Bockshornkleesamen 198.
Boden 70, 240, 614, 818, 819, 912.
Boden, gewachsener 538.
Boden-Luft-Flugkörper 759.
Boden-Unterwasser-Flugkörper 759, 762.
Bodenablauf 246, 262.
Bodenanlassgerät 622.
Bodenausrüstung 622.
Bodenbalken 252, 253.
Bodenbeläge, textile 254.
Bodenbewegung, horizontale 43.
Bodenbewegung, vertikale 43.
Bodenbewegungen 47.
Bodendiele 254.
Bodendüngung 69.
Bodendüse 289.
Bodenentleererwagen 588.
Bodengesims 753.
Bodenkriechen 47.
Bodenlinie 831.
Bodenplättchen 440.
Bodenplatte 448, 907.
Bodenprofil 78.
Bodenstaubsauger 289.
Bodenstöpsel 757.
Bodenstromgerät 622.
Bodenturnfläche 824.
Bodenverschmutzung 69.
Bodyshirt 359.
Bodysuit 366.
Bogen 258, 426, 439, 446, 540, 704, 750.
Bögen, Beispiele 413, 541.
Bogen, gelenkloser 541.
Bogen, gestelzter 413.
Bogen, moderner 750.
Bogenansatz 439.
Bogenarm 859, 913.
Bogenbrücke 540.
Bogenbrücke, aufgeständerte 541.
Bogenbrücken, Beispiele 541.
Bogenfeld 411.
Bogengang, äußerer knöcherner 174.
Bogengang, hinterer knöcherner 174.
Bogengang, oberer knöcherner 174.
Bogenminute 704.
Bogensäge 907.
Bogenschießanlage 788.
Bogenschießen 859.
Bogenschutz 446.
Bogenschütze 859.
Bogensehne 750, 859.
Bogensekunde 704.
Bogenstaudamm 661.
Bogenstaudamm im Querschnitt 661.
Bohne, Flageolet 191.
Bohne, grüne 191.
Bohne, römische 191.
Bohne, schwarzäugige 190.
Bohne, schwarze 191.
Bohnen 190, 191.
Bohnen, dicke 190.
Bohnenkraut 202.
Bohranlage 651.
Bohrer 307.
Bohrerstellung 828.
Bohrfutter 302, 306, 307.
Bohrfutterschlüssel 306.
Bohrgestänge 651.
Bohrhammer 648.
Bohrium 683.
Bohrkopf 648, 651.
Bohrkörper 306.
Bohrkragen 651.
Bohrmaschine, elektrische 306.
Bohrschiff 604, 653.
Bohrschnecke 323.
Bohrstange 648.
Bohrtisch 307.
Bohrturm 651, 652, 654.
Bohrungsdurchmesser 753.
Bohrwerkzeuge 306.
Bohrwinde 307.
Boje 833.
Bokken 846.
Bolero 358.
Bolivien 742.
Bollwerk 409.
Bolzen 310, 312, 382, 383, 750.
Bolzenmutter 590.
Bombe, vulkanische 44.
Bongos 449.
Boot 342.
Boot ohne Fahrt 833.
Boot, Teile 838.
Boote und Schiffe, Beispiele 604.
Boote, traditionelle 599.
Bootshaken 611.
Bor 682.
Bordcomputer 556, 771.
Bordeauxglas 225.
Bördelgerät 314.
Bördelverbindung 269.
Bordinstrumente 899.
Bordkran 761.
Bordküche 624.
Bordstein 712.
Bordunpfeife 432.
borealer Wald 66.
Boretsch 202.
Borke 87.
Borste 383, 384.
Borsten 295, 320.
Böschung 244.
Böschung im Auftrag 538.
Bosnien und Herzegowina 744.
Botswana 746.
Bottich 294.
Bottichrand 292.
Bottnischer Meerbusen 32.
Boubou 339.
Boule 864.
Boulevard 39, 711.
Boulevardblatt 471.
Bowler 865.
Bowlerin 865.
Bowling 865.
Bowlingbahn 714, 865.
Bowlingkugel 865.
Bowlingschuh 865.
Box 384, 873.
Box für die Aufsteckbürsten 384.
Boxen 842, 872, 874.
Boxengasse 872.
Boxenstopp 873.
Boxer 842.
Boxerhose 842.
Boxershorts 351.
Boxhandschuhe 843.
Boxtasche 388.
Brachacker 182.
Brachiopode 92.
Bramstenge 602.
Brandbekämpfung 764.
Brandbekämpfungsmaterial 767.
Brandschutzbeauftragte, Büro 764.
Brandungspfeiler 51.
Brandungstor 51.
Brasilien 742.
Braten 215.
Bratenthermometer, digitales 231.
Bratentopf, flacher 235.
Bräter 234.
Bratpfanne 235, 905.
Bratsche 439.
Bratschen 437.
Bratwurst 216.
Brauchdampf 665.
Brauenbürstchen 378.
Braunalge 75.
brauner Ball 863.
brauner Zucker 209.
Brauner Zwerg 8.
Braunreis 207.
Brause 328.
Brausegarnitur 262.
Brausenkopf 264, 270.
Brauseschlauch 264, 270.
Brecheisen 767.
Brecher 49.
Breiapfel 197.
breit 472.
Breitbild-Fernseher 493.
Breitengrade 36.
Breitenkreis 36.
breiter Rückenmuskel 151.
breites Mutterband 171.
Breitfußgeschoß 713.
Breithalter 461.
Bremsanlage 553.
Bremsbacke 559.
Bremsbelag 559.
Bremsbereich 891.
Bremse 101, 783, 851, 870, 874, 909.
Bremsen 559.
Bremser 884.
Bremsflüssigkeitsbehälter 559.
Bremsgriff 579, 870.
Bremshebel 876.
Bremsklappe 760, 898.
Bremsklappenhebel 898.
Bremsklotz 622.
Bremskraftregler 559.
Bremskraftverstärker 552, 559.
Bremskreis 559.
Bremsleine 896, 897.
Bremsleitung 552.
Bremsleuchte 554.
Bremspedal 333, 552, 556, 559, 576.
Bremssattel 559, 574.
Bremsscheibe 559.
Bremsschlauch 559.
Bremsträger 559.
Bremstrommel 559.
Bremswagen 588.
Bremszug 579.
Bremszylinder 559.
Brennelemente, Becken für schadhafte 666.
Brennelemente, Tonnen mit schadhaften 666.
Brennen 465.
Brenner 234, 259, 290, 899, 903.
Brennerhebel 319.
Brennholzstauraum 256.
Brennofen, elektrischer 465.
Brennpunkt 691.
Brennraum 256, 259, 465.
Brennsockel 903.
Brennspiritus 656.
Brennstab 667.
Brennstabbeschickung 666.
Brennstabbündel 667.
Brennstäbe, Abgabeöffnung 666.
Brennstäbe, Aufbewahrung 666.
Brennstäbe, Becken 666.
Brennstäbe, Füllöffnung 666.
Brennstäbe, Lagerraum 666.
Brennstäbe, Tonnen 666.
Brennstoff 665, 670, 671.
Brennstoff, fossiler 70.
Brennstoffregelung 627.
Brennstofftablette 667.
Brennstoffventile 626.
Bretonisch 469.
Brett 300, 819, 836.
Brett, schwarzes 734.
Brettende 887.
Brettspiel 915.
Brettspitze 887.
Bridge 523.
Brie 211.
Brief 474.
Briefkasten 474.
Briefmarke 474.
Brieföffner 531.
Brieftasche 387.
Briefträger 475.
Briefwaage 531.
Brigantine 601.
Brigg 601.
Brillantschliff 374.
Brille 385, 870, 887.
Brille, Teile 385.
Brillenetui 387.
Briolettschliff 375.
Broccoli 187.
Brom 683.
Brombeere 192.
Brosche 376.
Brot 204, 722.
Brotbackautomat 239.
Brothalter 238.
Brotmesser 229.
Browser 524.
Bruch 703.
Bruchstein 298.
Brücke 39, 167, 284, 385, 692, 761, 854, 875.
Brücke mit untenliegender Fahrbahn 541.
Brücken, bewegliche 542.
Brücken, starre 540.
Brückenlift 596.
Bruder 785.
Brüder 785.
Bruder/Schwester 785.
Brunei 747.
Brunnen für rituelle Waschungen 738.
Brunnenkresse 187.
Brust 115, 124, 146, 148, 171.
Brustbaum 460.
Brustbein 116, 121, 122, 126, 131, 141, 142, 152.
Brustbeine 107.
Brustdrüse 171.
Brustflosse 108, 136.
Brustkorb 146, 148.
Brustleistentasche 348.
Brustmuskel, großer 150.
Brustplatte 853.
Brustpolster 800.
Brustriemen 857.
Brustschutz 796, 808, 859.
Brustschwimmen 832.
Bruststück 749.
Brusttasche 349, 352.
Brüstungsriegel 252.
Brustwarze 146, 148, 171.
Brustwehr 409.
Brustwirbel 122, 126, 131, 138, 142, 153, 157.
Brutraum 100.
Brutzwiebel 78.
Bube 914.
Bubikragen 362.
Buch, elektronisches 527.
Buch, gebundenes 426.
Buche 88.
Buchecker 193.
Bücherregal 734.
Bücherrückgabe 733.
Bücherstütze 535.
Bücherwagen 733.
Buchhaltung 509.
Buchhandlung 714.
Buchrücken 425.
Buchrückenbearbeitung 425.
Buchrückenpresse 425.
Buchsenhalter 274.
Büchsenöffner 230.
Buchstaben 472.
Bucht 7, 38.
Bucht, Große Australische 29.
Buchweizen 85, 203.
Buckel 875, 890.

Buckelpiste 890.
Buckelwal 137.
Buddha 736.
Buddhismus 736.
Büfett 279.
Büffel 128.
Buffet 720.
Bug 606, 609, 624, 834, 836.
Bug, geschnitzter 598.
Bugball 839.
Bügel 303, 385, 439, 502, 750, 855, 913.
Bügel, verstellbarer 303.
Bügelanschlag 385.
Bügelende 385.
Bügelfalte 350.
Bügelhebel 912.
Bügelheck 288.
Bügelhorn 447.
Bügeln 347.
bügeln 347.
Bügelriemen 855.
Bügelrundung 385.
Bügelsäge 303, 314.
Bügelsohle 288.
Bügelspannmechanismus 910.
Bügeltritt 587.
Bugfahrwerk 624, 760.
Bugladeklappe 608.
Bugpropeller 606.
Bugspriet 602.
Bugstrahler 609.
Bugtür 605.
Bugverzierung 600.
Bugwulst 607, 609.
Bühne 402, 430, 431.
Bühnenhaus 402, 430.
Bühnenhintergrund 430.
Bulbospongiosus 169.
Bulgarien 744.
Bulgarisch 469.
Bullauge 608.
Bulldogge 130.
Bulldozer 647.
Bund 185, 353, 440, 441.
Bund mit Druckknöpfen 368.
Bund, elastischer 353.
Bündchen 351.
Bündel 663.
Bundesstaat 37.
Bundmarkierung 441.
Bundverlängerung 350.
Bunker 866, 867.
Bunkeröl 656.
Bunsenbrenner 685.
Buntstifte 396.
Buntstiftzeichnung 396.
Bürette 685.
Burg 408.
Bürgersteig 712.
Burggraben 408.
Burghof 408.
Burkina Faso 745.
Büro 509, 582, 720, 724, 726.
Büro der Geschäftsleitung 718.
Büro der Oberschwester 779.
Büro der Schulaufsicht 735.
Büro des Bibliothekars 732.
Büro des Brandschutzbeauftragten 764.
Büro des diensthabenden Arztes 778.
Büro des Dienststellenleiters 768.
Büro des Direktors 394, 726, 731, 732.
Büro des Geschäftsführers 509.
Büro des Kommandanten 764.
Büro des Konservators 394.
Büro des Richters 728.
Büro des Schulleiters 735.
Büro des stellvertretenden Dienststellenleiters 768.
Büro des stellvertretenden Direktors 726.
Büro des Wachpersonals 733.
Büroautomation 509.
Bürodrehstuhl 511.
Bürogebäude 596, 710, 713.
Büroklammerhalter 534.
Büroklammern 534.
Büromöbel 510.
Bürotechnik 468.
Büroturm 713.
Bürstchen für Webeffekt 456.
Bürste 289, 295, 384, 688.
Bürste mit Stangen 852.
Bürsten 688.
Bürstenkörper 295.
Burundi 745.
Bürzel 115.
Bus 513, 522, 568, 713.
Busbahnhof 710.
Bushaltestelle 712.
Busmodul 40.
Busnetzwerk 522.
Büstenhalter, trägerloser 367.
Büstenschale 367.
Butangastank 391.
Butter 210.
Butterdose 223, 226.
Butterfach 291.
Butterfly 851.
Buttermesser 228.
Buttermilch 210.
Butterroller 229.
Button-Down-Kragen 349.

C

C 434.
Cabanjacke 355.
Cabochonschliff 375.
Cadmium 683.
Café 710, 715.
Cafeteria 725, 735.
Cajun-Gewürzmischung 199.
Californium 684.
Callisto 4.
Calvinismus 736.
Camcorder 496, 517.
Camembert 211.
Camisol 366.
Camping 902.
Camping für Wohnwagen 725.
Camping für Zelte und Wohnwagen 725.
Campingausrüstung 905.
Candela 702.
Candlepin 865.
Cannelloni 206.
Cañon, unterseeischer 49.
Cape 355.
Caprihose 358.
Caraco 337.
Carapax 107.
Cardigan 359.
Carina 108.
Carpentariagolf 29.
Carpus 116.
Carré 919.
Casabamelone 195.
Cashewkern 193.
Cäsium 682.
Cassegrain-Fokus 17.
Cassini 19.
Casting 910.
Cayennepfeffer 199.
CB-Funkanlage 505.
CD 501, 504.
CD, wiederbeschreibbare 521.
CD-/DVD-Auswurftaste 513.
CD-/DVD-Laufwerk 513, 526.
CD-Einschub 918.
CD-Fach 501.
CD-Lade 521.
CD-Rekorder 503.
CD-ROM-Laufwerk 517.
CD-Spieler 488, 501, 503, 504.
CD-Spieler, tragbarer 503.
CD-Tasten 504.
Cedille 473.
Celli 437.
Cello 439.
Celsius-Temperatur, Maßeinheit 702.
Celsiusskala 695.
Cembalo 443.
Cent 728.
Centerlautsprecher 493.
Centre 807.
Cephalica 160.
Cephalothorax 103.
Cer 684.
Chac-Mool 412.
Chaiselongue 276.
Chamäleon 11, 114.
Chantilly-Parkett 254.
Charlestonmaschine 448.
Charlottenform 232.
Charon 5.
Chaton 376.
Chatroom 525.
Chayote 189.
Check-in-Schalter 620.
Checkliste 20.
Chef-Kameramann 429.
Chef-Mechaniker 873.
Chefmaschinist 428.
Chefschreibtisch 511.
Chefsekretärin 509.
Chefzimmer 509.
Chemie 680.
chemische Behandlung 656.
chemische Bindung 680.
chemische Elemente 682.
chemische Reinigung 715.
chemische Symbole 684.
Chesterfieldsofa 276.
Cheval 919.
Chicorée 187.
Chiffonière 279.
Chile 742.
Chili, Jalapeño 199.
Chilipulver 199.
Chilis, getrocknete 199.
Chilis, zerstoßene 199.
China 747.
China-Broccoli 187.
Chinakohl 186.
Chinesenkragen 363.
Chinesisch 468.
chinesische Dattel 197.
Chipset 513.
Chirimoya 196.
Chirurgen-Waschraum 781.
Chirurgie, kleine 778.
Chiton 336.
Chlamys 336.
Chlor 683.
Chlorbleiche möglich 347.
Chlorbleiche nicht möglich 347.
chloren 347.
Chloroplast 74.
Choanocyte 95.
Chokerkette 374.
Chondrit 8.
Chor 410, 411.
Chorhaupt 411.
Chorizo-Wurst 216.
Chorlampe 737.
Chorscheitelkapelle 410, 411.
Chorumgang 411.
Chow-Chow 130.
Christentum 736.
Chrom 683.
Chromatin 94.
Chromosphäre 6.
Chronologie der Religionen 736.
Chutney 201.
Cine-Skala 479.
Circumflex 473.
Climber 851.
Clip 470, 506.
Cliphalterung 275.
Clubsessel 276.
Coach-Box 794.
Cockpit 22, 624, 626, 834, 873, 898.
Cockpithaube 760.
Cocktailbar 279, 724.
Cocktailglas 225.
Cocos-Platte 43.
Code-Taste 528.
Coelophysis 93.
Coeur-Dekolleté 363.
Collegering 376.
Collie 130.
Compact Discs, Lesen 501.
Compact-Flash-Speicherkarte 481.
Compluvium 406.
Computer 734.
Computer-Schnittstellenport 520.
Computeranschlussbuchse 518.
Computerbildschirm 20.
Computerfach 527.
Computerprogramme 771.
Computerraum 734, 763.
Computertisch 511.
Conchiglie 206.
Container 605, 635.
Containerauflieger 572.
Containerbrücke 596.
Containerflachwagen 588.
Containerlaschsystem 605.
Containerschiff 596, 604.
Containerterminal 596, 708.
Containmentvolumen, freies 671.
Controller 918.
Controller-Schnittstellen 918.
Cooksonia 92.
Cookstraße 29.
Copyright 473.
Costa Rica 742.
Costalschild 113.
Cotardie 337.
Coudé-Fokus 17.
Coulomb 702.
Coulommiers 211.
Coupé 549.
Couscous 204.
Couscoustopf 235.
Cowper-Drüse 169.
Coxaldrüse 103.
Coyolxauhqui-Stein 412.
Cree 469.
Crêpe-Pfanne 235.
Cricket 798.
Cricketball 798.
Cricketschuh 798.
Cricketspieler 798.
Crochetwinkel 348, 362.
Croissant 204.
Crottin de Chavignol 210.
Cubiculum 406.
Curium 684.
Curling 877.
Curlingbesen 877.
Curlingstein 877.
Curry 198.
Curryklemme 835.
Cursor an Zeilenanfang 515.
Cursor an Zeilenende 515.
Cursor nach links 515.
Cursor nach oben 515.
Cursor nach rechts 515.
Cursor nach unten 515.
Cursortasten 529.
Cyanobakterium 92.

D

D 434, 862.
D-Karabiner 900.
Dach 100, 245, 257, 412, 551, 567, 635, 647.
Dach mit Firstlaterne 414.
Dachbinder 253.
Dachbodenleiter 321.
Dächer 414.
Dachfenster 245.
Dachkranz, vorkragender 412.
Dachluke 567.
Dachrinne 244.
Dachs 134.
Dachziegel 299, 412.
Dackelohrkragen 362.
Dalmatiner 131.
Dame 914, 916.
Damen-Accessoires 717.
Damen-Freizeitbekleidung 716.
Damen-Nachtwäsche 716.
Damen-Sportbekleidung 716.
Damenflanke 916.
Damenhandschuhe 346.
Damenjacken 716.
Damenkleidung 355.
Damenkopfbedeckungen 341.
Damenkostüme 716.
Damenmäntel 716.
Damenpullover 716.
Damenschuhe 343, 716.
Damentoilette 427, 509, 724.
Damm 445, 657.
Dammbrust 660.
Dammkrone 657, 660, 661.
Dammsockel 660.
Dampf 646, 665, 681.
Dampfauslass 670, 671.
Dampfbügeleisen 288.
Dampfdruck 665.
Dampfdüse 288.
Dämpfeinsatz 235.
Dämpfer 443, 447.
Dämpferarm 443.
Dämpferpralleiste 443.
Dampferzeuger 646.
Dampfgenerator 665, 669, 670, 671, 674, 763.
Dampfgeneratorraum, Kühler 669.
Dampfkocher 722.
Dampfkochtopf 235.
Dampfregler 241.
Dampfstärkeregler 288.
Dämpfung, magnetische 698.
Dänemark 744.
Dänisch 469.
Dänische Dogge 131.
dänisches Roggenbrot 205.
Danish Blue 211.
Darm 97, 104, 105, 107, 109, 112, 161.
Darmbein 122, 126, 152.
Darmblindsack 95.
Darmblindschlauch 95.
Darreichungsformen, Arzneimittel 783.
darstellende Künste 427.
Dartscheibe 918.
Dartspiel 918.
Datei 524.
Dateiformat 524.
Datenanfang 501.
Datenaufzeichnung 41.
Datenauswertung 41, 54.
Datenbank 525.
Datendisplay 508.
Dateneingabe, Feinregler 450.
Dateneingabe, Grobregler 450.
Datenempfang 41.
Datenspeicherung 694.
Datentechnik 509.
Datenübertragung 41.
Datierungsnagel 590.
Dattel 192.
Dattel, chinesische 197.
Datumaufnahmetaste 496.
Datumeinblendetaste 496.
Datumstempel 531.
Dauerausstellungsräume 395.
Dauerbrand 256.
Daumen 140, 141, 156, 173, 346, 797.
Daumen, opponierbarer 139.
Daumenauflage 446.
Daumenfittich 115.
Daumenring 447.
Daumenteil 776.
Daunendecke 280.
David 736.
Davidstern 738.
Davit 602.
Dechsel 401, 901.
Deck 838.
Deckblatt 84, 390.
Decke 257, 280, 538, 818, 819.
Deckel 234, 237, 238, 239, 240, 241, 268, 291, 292, 295, 313, 391, 398, 465, 484, 755, 907.
Deckelbügel 465.
Deckelhalter, magnetischer 240.
Deckelknopf 236.
Deckeltasche 906.
Deckenbalken 252, 254.
Deckendurchführung 257.
Deckendurchlass 258.
Deckenleuchte 286.
Deckenträger 284.
Deckenventilator 261.
Deckfeder 115.
Deckleiste 249.
Defibrillator 775.
Deflektor 260.
Degen 849.
Degenfechter 848.
Dehnungsfuge 590.
Deichkrone 664.
Deimos 4.
Deklination 13.
Deklinationsachse 14, 15.
Dekolletés 363.
Dekorateur 429.
Dekorationen 282.
Dekorationsartikel 716.
Dekorationsgeschäft 715.
Delegierte, technische 881.
Delle 867.
Delphin 12, 136, 137.
Delphin, äußere Merkmale 136.
Delphin, Skelett 136.
Delta 48, 51.
Delta II 24.
Delta-Arm 48.
Deltaflügel 629, 630.
Deltamuskel 150.
Dendrit 168.
Dendrit, räumlicher 64.
Denkmal 39.
Deodorant 379.
Depolarisationsgemisch 689.
Derrickkran 604.
Dessertgabel 228.
Dessertlöffel 228.
Dessertmesser 228.
Desserts 723.
Detektorkopf 18.
Deutsch 469.
Deutscher Schäferhund 130.
deutscher Senf 200.
deutsches Roggenbrot 205.
Deutschland 744.
Devon 92.
Dezimal-Tabuliertaste 528.
Dia 483.
diagonaler Schlittschuhschritt 892.
diagonaler Zug 916.
Diagonalreifen 561.
Diagonalstrebe 663.
diakritische Zeichen 473.
Diamagazin 483.
Diamant 375.

Diaphyse 155.
Diapositiv 483.
Diaprojektor 483.
Diarähmchen 483.
Diastema 123.
Diawahl, manuelle 483.
Diawechsel 483.
Diawechsel, rückwärts 483.
Diawechsel, vorwärts 483.
Dichtemesser 562.
dichtes Windelhöschen 368.
Dichtring 655.
Dichtung 268, 269.
Dichtung, magnetische 291.
Dichtungsmutter 268.
Dichtungsring 294.
Dichtungsschleier 661.
Dichtverschluss 903.
Dickdarm 110, 164.
Dickdarm, absteigender 164.
Dickdarm, aufsteigender 164.
Dickdarm, quer verlaufender 164.
dicke Bohnen 190.
Dickemessung 700.
Dickte 472.
die wichtigsten Baumaterialien 298.
die wichtigsten Flugkörper 759.
die wichtigsten internationalen Verkehrszeichen 544.
die wichtigsten nordamerikanischen Verkehrszeichen 546.
die wichtigsten Schnitzeisen 401.
Diechling 749.
Diele 250, 254.
Dienst, technischer 732.
Diensteingang 732, 735.
Dienstgradabzeichen 770.
Dienstgürtel 770.
diensthabender Arzt, Büro 778.
Dienstkleidung 764.
Dienstkleidungswäscherei 764.
Dienststellenleiter, Büro 768.
dieselelektrische Lokomotive 586.
Dieselkraftstoff 656.
Dieselmotor 586, 605.
Dieselmotor, Arbeitsprozess 565.
Dieselmotoren 762.
Dieselmotorlüfter 586.
Dieselmotorraum 636, 637, 638, 639.
Dieseltriebwerk 605.
Differenzial 553.
Diffusionskalotte 479.
Diffusorrohr 627.
Digital-Camcorder 517.
Digitalanzeige 316, 699, 777.
digitale Frequenzanzeige 498.
digitale Pegelanzeige 488.
digitale Spiegelreflexkamera: Rückansicht 477.
digitales Bratenthermometer 231.
digitales Tonbandgerät 488.
Digitalisierungsunterlage 517.
Digitalkamera 481, 517.
Digitalthermometer 777.
Digitaluhr 696.
Digiti 116.
Digitus 122, 143.
Dijon-Senf 200.
Diktiergerät 534.
Dill 202.
Dimetrodon 92.
Dimmerraum 490.
Dimmerschalter 274.
Dinkel 203.
Diode 476, 673.
Dione 5.
dioptrischer Ring 614.
direkte Ablesung, Regenmesser 58.
Direktor, Büro 394, 726, 731, 732.
Dirigent(in) 437.
Dirigentenpult 437.
Dirndl-BH 367.
Disc-Kamera 481.
Diskantregister 432.
Diskantsteg 442.
Diskanttastatur 432.
Diskette 521.
Disketten-Auswurftaste 513.
Diskettenauswurftaste 521.
Diskettenlaufwerk 450, 513.
Diskettenlaufwerk, externes 521.
Diskus 793.
Diskus- und Hammerwerfen 791.
Display 261, 476, 479, 494, 495, 497, 503, 505, 506, 507, 526, 530, 730, 731.
Display-Panel 496.
Displayanzeige 626.
Displaybeleuchtungstaste 479.
Displayeinstellung 506.
distale Epiphyse 155.
Distanzstück 667.
Disziplinen 889.
Ditali 206.
divergierende Plattengrenzen 43.
Division 703.
Divisionstaste 529.
Djembe 433.
Dnjepr 32.
Do 847.
Dock 596.
Docking-Station 527.
Dogge, Dänische 131.
Dohyo 847.
Dokumentationszentrum 764.
Dokumente 508.
Dokumentenablage 531.
Dokumentenfach 527.
Dokumentenmappe 532.
Dolch 751.
Dolch, langer 751.
Dolde 81.
Doldenrispe 85.
Doldentraube 81.
Doline 47.
Dollar 728.
Dolle 839.
Dolly 428.
Dollyschienen 428.
Dom 410.
Dom, gotischer 410.
Dom, Grundriss 411.
Domain zweiten Grades 524.
Domain, Toplevel 524.
Domainname 524.
Dominica 743.
Dominikanische Republik 743.
Dominosteine 914.
Donau 32.
Doppel- und Dreifachschanze 890.
Doppel-B 435.
Doppel-Kassettendeck 503.
Doppel-Null-Taste 529.
Doppelbett 724.
Doppelblank 914.
Doppelblatt 446.
Doppelbogen 269.
Doppeldeck-Flachpalette 632.
Doppeldecker 628.
Doppeldeckerbus 569.
doppelfett 472.
Doppelhantel 840.
Doppelhaus 419.
Doppelklappbrücke 542.
Doppelkombination 853.
Doppelkreuz 435.
Doppelkurve 544, 547.
Doppelmanschette 361.
Doppelmaulschlüssel 311.
Doppeloxer 852, 853.
Doppelpaddel 837, 839.
Doppelpunkt 473.
Doppelriegel 252.
Doppelringschlüssel 311.
Doppelringschlüssel, offener 311.
Doppelschlag 435.
Doppelschrägstrich 524.
Doppelsitz 594.
Doppelsitzer-Rennrodel 884.
Doppelspiel 820.
Doppelspüle 262.
Doppelständer 739.
Doppelständer mit Zunge 739.
Doppelstockschub 892.
doppelt gesägt 79.
doppelter Pahlstek 908.
doppelter Schotstek 908.
doppelter Zeilenabstand 472.
Doppelverglasung 675.
Doppelwimpel 739.
Doppelzimmer 724.
Doppelwürfel 915.
Dorf 708, 886.
dorische Halbsäule 407.
dorische Säulenordnung 404.
Dorn 350, 390, 461, 462, 901.
Dornablage 534.
Dornfortsatz 168.
dorsales Blutgefäß 97.
Dose 223, 484, 611.
Dose, Konserven 223.
Dosenöffner 223, 240, 905.
Dosier-Aerosol 783.
Dosierteller 643.
Dotterhaut 117.
Double 918.
Double zero 919.
Double-zero 919.
Douglasscher Raum 170.
Douze dernier (25 bis 36) 919.
Douze milieu (13 bis 24) 919.
Douze premier (1 bis 12) 919.
Down-Quark 680.
Downhillrad 870.
Drache 13.
Drachen 917.
Drachenfliegen 897.
Draggen 610.
Draht 689, 851.
Drahtauslöser 482.
Drahtbesen 236.
Drahtbürste 380.
drahtlose Kommunikation 505.
Drahtschlinge 900.
Drahtschneider 317.
Drahtschneidezange 317.
Drahtzug 590.
Drainage-Decke 660.
Drainage-Schicht 660.
Drakestraße 29, 31.
drapierter Ausschnitt 363.
drapierter Kragen 363.
Dreh- und Verriegelungsmechanik 248.
drehbare Walze 458.
Drehbohrverfahren 651.
Drehbrücke 542.
Drehdüse 329.
Drehen 464.
Drehfeststeller 572.
Drehflügel nach außen 415.
Drehflügel nach innen 415.
Drehflügeltür 416.
Drehführung 16.
Drehgehäuse 416.
Drehgelenk 156.
Drehgeschwindigkeitssensor, Räder 559.
Drehgestell 585, 586, 595.
Drehgestell-Rahmen 586.
Drehgestellflachwagen 588.
Drehgestellkastenwagen 587.
Drehgestellwaggon 588.
Drehgriff 516.
Drehjustierung 692.
Drehkartei 531.
Drehknopf 909, 910.
Drehkranz 542, 638, 920.
Drehkreuz 421, 919.
Drehkuppel 17.
Drehleiterfahrzeug 766.
Drehmoment-Einstellring 306.
Drehmomentwandler 292.
Drehpunkt 686.
Drehscheibe 236, 273, 464, 766, 919.
Drehschiene 464.
Drehschwengel 750.
Drehsessel 511.
Drehspiegel 381.
Drehstromgenerator 674.
Drehteller 464.
Drehtisch 651.
Drehtür 416.
Drehtüren 719.
Drehverbindung 793.
Drehwalze 43.
Drehzahl-Einstellung 500.
Drehzahlgeber 563.
Drehzahlmesser 557, 576.
Drehzahlschalter 306.
Drehzapfen 317.
Drei-Zehenhuf 127.
Dreieck 12, 705, 863.
Dreieckbein 154.
Dreieckfenster 551.
dreieckiger Korpus 433.
Dreiecksgruppe 173.
Dreiecktuch 777.
dreieinhalbfacher Salto vorwärts gebückt 829.
Dreifachbalken 852.
Dreifachleitwerk 629.
Dreifachsprung 875.
dreiflügeliger Propeller 628.
Dreifuß 436.
Dreifußständer 448.
Dreigelenkbogen 541.
dreiköpfiger Armstrecker 151.
Dreipass 411.
dreipolige Steckdose 274.
dreipoliger, amerikanischer Stecker 274.
Dreipunktbock 641.
Dreirad 581.
Dreispitz 339.
Dreisprung 790, 793.
dreitürige Kombilimousine 549.
Dreiviertelarm 360.
dreiviertellange Jacke 352.
Dreivierteltakt 434.
dreizählig 79.
Dressiernadel 233.
Dressurreiten 855.
Dressurviereck 855.
Drilling 914.
Drillingshaken 911.
Drillmaschine 643.
Drillschraubenzieher 302.
Drittbelegung 514.
dritte Reihe 804.
Dritte Runde 789.
dritte Stufe 25.
dritte Zehe 115.
dritter Malspieler 794.
dritter Ventilzug 447.
drittes Mal 794.
Drohne 99.
Dromedar 129.
Drosselvene, äußere 160.
Drosselvene, innere 160.
Drosselventil 649.
Druck, Maßeinheit 702.
Druckabzug 320.
Druckanzeiger 841.
Druckbehälter 671.
Druckbild 420.
Druckbleistift 470.
Druckbogen 421.
Druckeinsteller 452.
Drucken 420.
Drucker 523.
Drücker 447.
Drückerbügel 315.
Druckerteil 529.
Druckertisch 511.
Druckerzeuger 670.
druckfestes Außenrohr 667.
Druckgasförderanlage 652.
Druckkammer 543, 671.
Druckknopf 248, 346, 353, 444, 453, 470.
Druckknopfleiste 353, 369.
Druckknopfleiste an der Beininnenseite 368, 369.
Drucklager 659.
Druckluft 548.
Druckluft-Bohrknecht 648.
Druckluftanschluss 320.
Druckluftbehälter 320.
Druckluftflasche 765, 841.
Drucklufttank 873.
Druckmechanik 470.
Druckmesser 654.
Druckmessgerät 777.
Druckminderer 319, 841.
Druckmotiv 369.
Druckregler 384, 765.
Druckregulierung 841.
Druckrohr 470.
Druckrolle 643.
Druckschalter 304, 305, 306, 308, 331.
Drückstange 851.
Drucksteg 442.
Drucktaste 236, 294.
Drucktendenz 55.
Drucktisch 421, 423.
Druckverschluss 386.
Druckverstärkerpumpanlage 654.
Druckwasser 662, 671.
Druckwasserreaktor 671.
Druckwelle 651, 653.
Druckzahnrädchen 240.
Druckzünder 758.
Drumlin 45.
Drüsenmagen 116.
Dschibuti 745.
Dschunke 600.
Dual-in-line-Gehäuse 689.
Dubnium 683.
Duckpin 865.
Dudelsack 432.
Dufflecoat 353.
Dulse 183.
Düne 51.
Düne, komplexe 52.
Dünenformen 52.
Dünenzug 52.
Dung 70.
Düngemitteln, Einsatz 69.
Düngerstreuer 324.
Dungstreuer 641.
Dunkelkammer 484.
dunkles Roggenbrot 204.
Dünndarm 110, 113, 116, 125, 164.
dünne Wachskerze 422.
Dunst 57, 65.
Dunstabzugshaube 224, 290, 721, 722.
Dunstrohrabzug 262.
Duo 438.
Duodenum 116.
Durchflussrohr 672.
Durchführung 657, 658, 663.
Durchgangsmetalldetektor 726.
Durchgangsprüfer 316.
Durchgangstülle 272.
durchgehende Linie 538.
Durchgrifftasche 355.
Durchladegriff 755.
Durchlaufträger 540.
Durchmesser 704.
Durchschnitt, Erdatmosphäre 53.
Durchschuss 472.
durchsichtiger Reiter 532.
Durchziehschnur 353.
Durchzug 283.
Durchzugsöffnung 259.
Durianfrucht 197.
Dusche 251, 724, 726, 780.
Duschen und Toiletten der Offiziere 764.
Duschkabine 264.
Düse 22, 24, 25, 259, 315, 319, 320, 329, 398, 760.
Düsenflugzeugbenzin 656.
Düsenkappe 398.
Düsenreiniger 318.
Düsentriebwerke 761.
Duty-free-Shop 621.
DVD 494.
DVD-Einschub 918.
DVD-Lade 494.
DVD-Rekorder 521.
DVD-Spieler 494.
Dynamo 578, 688.
Dysprosium 684.

E

E 434.
E-Commerce 525.
E-Mail-Software 524.
E-Mail-Taste 514.
Eau de parfum 379.
Eau de toilette 379.
Ebene 38.
ebene Flächen 704.
ebener Spiegel 17.
ebenes Gelenk 156.
Echinodermen 94, 95.
Echinus 404.
Echo 40, 41.
Echolot 613.
echte Teilmenge von 703.
echter Reizker 183.
Eckballfahne 803.
Eckbeschlag 587, 635.
Eckbogen 803.
Ecke 426, 842, 878.
Eckfahne 801.
Eckhocker 842.
eckige Klammern 473.
Eckpfosten 252.
Eckpolster 842.
Ecksäule 635.
Eckschrank 279.
Eckstrebe 127.
Eckstück 389.
Eckturm 408.
Eckzahn 121, 159.
Ecuador 742.
Edelgas 274.
Edelgase 684.
Edelpilzkäse 211.
Edelsteine 375.
Editier-Such-Taste 496.
Effiliermesser 381.
Effilierschere, einseitig gezahnte 382.
Effilierschere, zweiseitig gezahnte 382.
effusiver Vulkan 44.
Ehefrau 785.
Ehemann 785.
Ehering 376.
Ehrensessel, steinerner 738.
Ei 100, 117.
Eiche 88.
Eichel 169.
Eichelhäher 118.
Eichelkürbis 189.
Eichhörnchen 123.
Eidechse 12, 114.
Eier 109, 111, 213.
Eier, Karton 222.
Eierfach 291.
Eierkarton 222.
Eiernudeln, asiatische 207.
Eierschneider 233.

Eierstock 170, 171.
Eieruhr 231.
eiförmig 79.
Eigelb 117.
Eigentumswohnungen 419.
Eileiter 97, 170, 171.
Eileiterampulle 171.
Eileiterenge 171.
Eileitertrichter 171.
Eimer 295.
Eimer, Abfall 295.
ein Pärchen 914.
Ein- und Auslaufschütz 597.
Ein- und Ausschalter 237, 240, 241.
Ein-/Ausschalter 263, 286, 288, 289, 318, 476, 479, 483, 488, 494, 498, 505, 506, 513, 518, 519, 520, 526, 613.
Ein-Zehenhuf 127.
Ein/Aus 504.
Ein/Aus/Lautstärke 504.
einarmiger Bandit 920.
einarmiger Schulterwurf 844.
Einatmen 832.
Einatmungsventil 773.
einäugige Spiegelreflexkamera 480.
Einbahnstraße 544, 546.
Einbandleder 425.
Einbaum 599.
Einbauwaschtisch 264.
Einbinden 425.
Einblicklupe 694.
Einbuchtung, vordere 173.
Einer 839.
Einerkajak (K1) 839.
Einerkanadier (C1) 838.
Einfach-Kettenrad 871.
Einfach-Ritzel 871.
Einfachdeck-Flachpalette 632.
einfache Blätter 79.
einfache Falte 350, 357.
einfache Kandare 854.
einfache Organismen 94.
einfache Stange 284.
einfacher Flaschenzug 686.
einfacher Schotstek 908.
einfacher Takling 908.
einfacher Zeilenabstand 472.
einfaches Auge 95.
Einfachschanze 890.
Einfädler 454.
einfahrbarer Ausleger 18.
Einfahrgleis 589.
Einfahröffnung 632.
Einfahrt 539, 769.
einfallendes Neutron 681.
Einfassband 340.
Einfassung 322, 342.
Einfassung, seitliche 256.
Einfeldbrücke 541.
einflammiger Gasbrenner 903.
Einflugloch 100.
Einfügen 515.
Einfügetaste 515.
Einfüllöffnung 288.
Einfüllschacht 237, 240.
Einfüllstutzen 332, 553, 655.
Eingabe 515.
Eingabe-Löschtaste 529.
Eingabegerät für persönliche Identifikationsnummer (PIN) 731.
Eingabegeräte 514.
Eingabetaste 515, 731.
Eingabezeile 529.
Eingang 402, 592, 719, 738, 902, 903.
Eingangsbereich 489, 717.
Eingangsbuchse 316, 520.
Eingangshalle 250, 394, 509, 620, 713.
Eingangsmonitore 491.
Eingangsschalter 497.
Eingangssperre 592.
Eingangstüren 427.
eingebautes Schwimmbecken 246.
eingefärbte Oberfläche 420.
eingehängte Spannweite 540.
eingelegte Falte 283.
eingenähter Boden 902, 903.
eingerollter junger Wedel 76.
eingeschlossenes Grundwasser 646.
eingeschnittenes Satteldach 415.
eingesetzte Tasche 360.
eingesetzter Ärmel 349.
eingetragenes Warenzeichen 473.
Eingeweideganglion 105.
eingezogene Kralle 133.
eingliedrige Trugdolde 81.
Einhand-Mischbatterie 270.
Einhand-Rohrzange 315.
Einhängeleiter 321.
Einheit, mobile 486.
Einheitensystem, internationales 702.
Einhorn 11.
Einkaufsstraße 710.
Einkaufstasche 388.
Einkaufstasche, große 388.
Einkaufstüten 181.
Einkaufswagen 181.
Einkaufszentrum 709, 714.
Einladungen 849.
Einlage 313, 390, 439, 440, 455.
Einlasskanal 565.
Einlassventil 564, 566.
einläufige Gardinenstange 284.
Einlaufkanal 597.
Einlaufrille 500.
Einlegegurke 188.
Einlegesohle 345.
Einmachthermometer 231.
Einmündung 544, 547.
Einpackhilfe 181.
Einpersonenzelt 903.
einpoliger Schalter 272.
Einreiher 348.
Einreißhaken 767.
Einrumpfboote 835.
Eins 703.
Einsägen 424.
Einsatz 389, 649.
Einsatz für Imbusschrauben 302.
Einsatz für Kreuzschlitzschrauben 302.
Einsatz für Schlitzschrauben 302.
Einsatz von Düngemitteln 69.
Einsatzbesprechungsraum 769.
Einsätze 239.
einschalige Muschel 105.
einschalige Muschel, äußere Merkmale 105.
Einschalter 293.
Einschalttaste 508.
Einschnitt, oberer seitlicher 86.
Einschnitt, unterer seitlicher 86.
einseitig gezahnte Effilierschere 382.
Einsitzer Männer, Start 885.
Einsitzer-Rennrodel 884.
Einspangenschuh 343.
Einspeisung in das Elektrizitätsnetz 662.
Einspeisung in das Leitungsnetz 677.
Einspritzdüse 565, 566.
Einspritzung 565.
Einstechhebel 240.
Einsteckschloss mit Dreh- und Verriegelungsmechanik 248.
Einstecktuch 348.
Einsteigegriff 594.
Einsteigestation, radiale 619.
Einsteigetreppe 631.
Einsteinium 684.
Einstellanzeige 889.
einstellbare Bremse 910.
Einstellhebel 643.
Einstellkerbe 889.
Einstellrad 555.
Einstellspanner 895.
Einstellung 502.
Einstellung der Deklinationsachse 14, 15.
Einstellung der Rektaszensionsachse 14, 15.
Einstellung, horizontale 518.
Einstellung, Pendelhub 305.
Einstellung, vertikale 518.
Einstellungen löschen 512.
Einstellungsanzeige 477.
Einstellventil für die Flüssigkeitsmenge 320.
Einstellventil für die Strahlbreite 320.
Einstichkasten 792.
Einstiegschacht 650.
Einstiegsloch 47.
Einstiegsluke 23, 655.
Einstiegstür 568, 569, 584, 594.
einstöckiges Haus 419.
Eintauchhaltung 829.
Eintauchstellungen 829.
einteilige Klappbrücke 542.
einteiliger Anzug 884.
einteiliger Overall 896.
Einteilung 386.
Eintrittskante 625.
Eintrittskartenautomat 427.
einwärts 828.
Einwärtsdreher, runder 150.
Einweg-Brennstoffflasche 314, 319.
Einwegkamera 480.
Einwegkontaktlinse 384.
Einwegrasierer 383.
Einzahlungsschlitz 730.
Einzelbett 724.
Einzelblatteinzug 519.
Einzeldisziplin, Anzeigetafel 825.
Einzelgefahrenzeichen 617.
Einzeller 94.
Einzelschritte bei der Elektrizitätserzeugung 662.
Einzelsitz 594.
Einzelspiel 821.
Einzelzimmer 724.
Einziehdraht 317.
Einzugsablage 531.
Einzugsschnecke 643.
Einzugswalze 642.
Einzugtaste 528.
Eipochierer 235.
Eis 67.
Eisautomat 548.
Eisbär 135.
Eisbehälter 240.
Eisbein 215.
Eisbergsalat 186.
Eisbrecher 606.
Eisen 683, 868.
Eisen 3 868.
Eisen 4 868.
Eisen 5 868.
Eisen 6 868.
Eisen 7 868.
Eisen 8 868.
Eisen 9 868.
Eisen mit zwei schrägen Seiten 401.
Eisen, gebogenes 401.
Eisen, gerades 401.
Eisenbahn 39.
Eisenbahn-Oberbau 590.
Eisenbahnstrecke 709.
Eisenmeteorit 8.
Eisenschläger 867.
Eisenträger 582.
eiserner Vorhang 430.
Eisfläche 877, 878, 881.
Eishaken 901.
Eishockey 878.
Eishockeyschläger 880.
Eishockeyspieler 878.
Eishutfeh 741.
Eiskappe 61.
Eiskörnchen 64.
Eiskratzer 558.
Eiskunstlauf 881.
Eiskunstlaufkufe 881.
Eiskunstlaufstiefel 881.
Eislaufplatz 886.
Eismaschine 240, 721.
Eispickel 901.
Eisportionierer 233.
Eisregen 57.
Eisschelf, Amery 29.
Eisschnelllauf 882.
Eisschnelllauf-Schlittschuhe 883.
Eisschnelllaufbahn 882.
Eisschnellläufer: Kurzstrecke 882.
Eisschnellläufer: Langstrecke 882.
Eisschraube 901.
Eistanzkufe 881.
Eisvogel 118.
Eiswürfelschale 291.
Eiswürfelspender 224.
Eiweiß 117.
Eiweißdrüse 104.
Eizelle 170.
Ejakulationsgang 169.
ekkrine Schweißdrüse 172.
Ekliptik 13.
Ektoderm 95.
Ektopterygoid 112.
El Salvador 742.
elastische Binde 777.
elastische Kupplung 677.
elastische Schürze 605.
elastischer Beinausschnitt 351.
elastischer Bund 353.
elastischer Fingerhut 531.
elastisches Ligament 133.
Elch 129.
Elefant 129.
elektrische Anlage 553.
elektrische Bohrmaschine 306.
elektrische Gehrungssäge 304.
elektrische Gitarre 441.
elektrische Heckenschere 331.
elektrische Schiebetür 569.
elektrische Schreibmaschine 528.
elektrische Spannung 774.
elektrische Steuereinheit 559.
elektrische Stichsäge 305.
elektrische Stromstärke, Maßeinheit 702.
elektrische Zahnbürste 384.
elektrischer Brennofen 465.
elektrischer Golfwagen 869.
elektrischer Heißwasserbereiter 266.
elektrischer Heizkessel 258.
elektrischer Kreislauf 274.
elektrischer Schnellkocher 239.
Elektrischer Tischgrill 239.
elektrischer Widerstand, Maßeinheit 702.
elektrisches Auszahlungselement 920.
elektrisches Potential, Maßeinheit 702.
elektrisches Spulgerät 462.
Elektrizität 272, 662.
Elektrizität aus Wasserkraft 657.
Elektrizität und Magnetismus 687.
Elektrizitätserzeugung 662, 674, 676.
Elektrizitätserzeugung aus geothermischer Energie 646.
Elektrizitätserzeugung aus Kernenergie 665.
Elektrizitätserzeugung aus Wärmeenergie 646.
Elektrizitätserzeugung aus Windenergie 677.
Elektrizitätserzeugung durch den Generator 665.
Elektrizitätsmenge, Maßeinheit 702.
Elektrizitätsnetz, 662.
Elektrizitätsverteilung 663.
Elektrode 275, 318.
Elektrodenhalter 318.
Elektrodenkabel 318.
elektrodynamisches Mikrofon 488.
Elektroelement 465.
Elektrofahrzeug 563.
Elektroflorett 848.
Elektrohaushaltsgeräte, große 716.
Elektrohaushaltsgeräte, kleine 717.
Elektroherd 290, 721.
Elektroinstallateurwerkzeuge 316.
Elektrokabel 556, 563.
Elektrokonvektor 260.
Elektrolytkondensatoren 689.
Elektrolytseparator 689.
elektromagnetisches Spektrum 690.
Elektromesser 237.
Elektrometer 848.
Elektromotor 259, 331, 332, 561, 563.
Elektron 680.
Elektronenblitz 482.
Elektronenflussrichtung 687, 689.
Elektronenkanone 494, 694.
Elektronenkollektor 689.
Elektronenmikroskop 694.
Elektronenmikroskop im Querschnitt 694.
elektronenoptische Linsen 694.
Elektronenstrahl 494, 694.
Elektronenstrahljustierung 694.
Elektronik 689.
Elektronikgeschäft 714.
elektronische Instrumente 450.
elektronische Post 525.
elektronische Steuerung 563.
elektronische Waage 699.
elektronische Zeitmessung 883.
elektronischer Sucher 496.
elektronisches Buch 527.
elektronisches Piano 451.
elektronisches Schlagpolster 451.
elektronisches Vorschaltgerät 275.
elektronisches Zahlungsterminal 181, 731.
Elektropumpe 559.
Elektrorasierer 383.
Elektroschweißen 318.
Elektrovariometer 898.
Elektroweste 848.
Element 703.
Element von 703.
Elemente historischer Kostüme 336.
Elemente, chemische 682.
Elfeck, regelmäßiges 705.
Elfenbeinküste 745.
Elfmeterpunkt 802.
Ellbogen 124, 130, 140, 147, 149, 156.
Ellbogenfortsatz 153.
Ellbogenhöcker 126.
Ellbogenpolster 800, 808, 880.
Ellbogenschützer 894, 895.
Elle 116, 121, 122, 126, 131, 136, 138, 141, 142, 152, 154, 156.
Ellenbogenkandare 854.
Ellennerv 166.
Ellenseite, Handbeuger 150, 151.
Ellenseite, Handstrecker 151.
Ellipsoidgelenk 156.
elliptische Galaxie 9.
elliptischer Schneeschuh 893.
Elsassglas 225.
Elster 118.
Eltern 784, 785.
emaillierter Stahlbehälter 267.
Emblem 739.
Embryonalgewinde 105.
Emeraldcut 375.
Emission schädlicher Gase 69.
Emission von Salpetersäure 70.
Emission von Schwefeldioxid 70.
Emission von Schwefelsäure 70.
Emission von Stickoxiden 70.
Emmentaler 211.
Empfang 509, 724, 730.
Empfang von Dokumenten 508.
Empfänger 16.
Empfangsantenne 486.
Empfangsantenne, GPS 613.
Empfangsbereich 764.
Empfangsebene 724.
Empfangsgleise 589.
Empfangshalle 724, 738.
Empfangslinie 818.
Empfangsraum für Besucher 726.
Empfangsteil 504.
en prison 919.
End-Suchtaste 496.
Endableitung 663.
Endanschlag 303.
Endbande 862.
Enddarm, blinder 95.
Ende 309, 888, 892.
Ende, hinteres 105, 303, 309.
Ende, vorderes 105.
Endfaden 167.
Endivie, krause 187.
Endkante 897.
Endklammer 453.
Endknospe 77.
Endlagerung 71.
Endlappen 86.
Endlinie 806, 811, 812, 815.
Endlosperlenkette 374.
Endmoräne 46.
Endokarp 81, 82.
endoplasmatisches Retikulum 74, 94.
Endplatte, motorische 168.
Endschalter 417.
Endstück 169, 390, 667, 840, 863, 894.
Endteil 349.
Endträger 284.
Endverzweigung 168.
Endzone 806, 809.
Energie 646.
Energie, fossile 646.
Energie, geothermische 646.
Energie, Maßeinheit 702.
Energiefreisetzung 681.
Energiequelle 41.
Energiesparlampe 275.
Englisch 469.
englischer Senf 200.
englischer Stock 782.
englisches Weißbrot 205.
Englischhorn 446.
Englischhörner 437.
Enkel 784.
Enkelin 784.
Enkelkinder 784.
Enoki 183.
Ente 120, 213.
Entenei 213.
Entfernungsmessung 700.
Entfernungsskala 478.
Entklammerer 534.
Entkleidungsraum 781.
Entladerampe 395, 715, 719, 724.
Entladerampen 716.
Entladungsröhre 274, 275.
Entlastungsraum 402.
Entleerungsschlauch 292.
Entleerungsventil 266, 267.
Entlüfter 261, 271.
Entlüftung 320.
Entlüftungskreis 262.
Entlüftungskreislauf 262.
Entlüftungsventil 259, 607, 655.
Entnahmeraum 781.
Entnahmeraum, Wartebereich 781.
Entoderm 95.
Entriegelungstaste 288.
Entsafter 240.
Entschärfer 758.
Entsorgungsbecken 666, 668.
Entstehung und Entwicklung der Arten 92.

Entsteiner 233.
Entwaldung 69.
Entwässerungsrinne 538.
Entwickler 485.
Entwicklung des Lebens 92.
Entwicklungsbäder 485.
Entwicklungstrommel 484.
Epiduralraum 168.
Epiphyse, distale 155.
Epiphyse, proximale 155.
Epizentrum 43.
EPS-Oberstufe 24.
Equalizer 498.
Erbium 684.
Erbse 84.
Erbsen 190.
Erbsen, gespaltene 190.
Erbsen, grüne 190.
Erbsenbein 154.
Erdalkalimetalle 682.
Erdanschluss 272.
Erdatmosphäre im Querschnitt 53.
Erdaufbau 42.
Erdaufschüttung 538.
Erdbahn 6, 7.
Erdbeben 43.
Erdbeere 192.
Erdbeere im Querschnitt 83.
Erdbewegung, Geräte 326.
Erdbohrer 323.
Erde 0, 4, 5, 6, 7, 28.
Erdeaufbau 42.
Erdefunkstelle 525.
Erdgas 651.
Erdgeschoß 250.
Erdkröte, gemeine 111.
Erdkruste 42, 43.
Erdkruste im Querschnitt 42.
Erdkugel 13.
Erdkugel, Koordinatensystem 35.
Erdleitung 272, 273.
Erdnuss 190.
Erdnussöl 209.
Erdoberfläche 28, 647.
Erdoberfläche, Absorption 68.
Erdöl 651, 656.
Erdöleruptionskreuz 652, 654.
Erdölterminal 654.
Erdölvorkommen 651, 653.
Erdreich 661.
Erdrutsch 47.
Erdsatellit, künstlicher 53.
Erdsensor 40, 60.
Erdstrahlungsscanner 60.
Erdstrahlungssensor 60.
Erdung 655.
Erdungsdraht 272.
Erdungskabel 663.
Erdungskabelhalterung 663.
Erdungsklemme 274.
Erdungsstift 274.
Ereigniskarte 915.
Ergebniszeile 529.
erhabenes Band 426.
Erhebung 453.
Eridanus 10.
Eritrea 745.
Erkennungsdienstbereich 768.
Erlenmeyer-Kolben 685.
Erstarren 680.
erste Funktionsebene 529.
Erste Hilfe 725.
erste Holzlage 252, 253.
erste Laubblätter 77.
erste Reihe 804.
erste Rückenflosse 108, 109.
Erste Runde 789.
erste Spannungserhöhung 677.
erste Stufe 25.
erste Violinen 437.
Erste-Hilfe-Anleitung 777.
Erste-Hilfe-Kasten 771, 777.
erster Backenzahn 159.
erster Führungsring 910.
erster Kamera-Assistent 428.
erster Malspieler 794.
erster Rang 431.
erster Raum 811.
erster Ring 753.
erster Schiedsrichter 807, 812, 813.
erster Stock 250, 251.
erster Ventilzug 447.
erster vorderer Backenzahn 159.
erstes Mal 794.
Erstversorgungsausrüstung 775.
Eruptionsdüse 654.
Eruptivgesteine 42.
Erwärmung, globale 68.
Erweiterungskarte, PCI 513.
Erweiterungskartei 533.
Erweiterungsport, AGP 513.
Erweiterungsport, ISA 513.
Erweiterungsport, PCI 513.
Erythrozyt 162.
Erz 647.
Erzgang 650.
Escapetaste 514.
Esel 128.
Eskariol 186.
Espadrille 344.
Espresso-Maschine 241.
Espressomaschine 241.
Essbesteck 905.
Essecke 224.
Essig 201.
Esskastanie 193.
Esslöffel 228.
Esstablett 281.
Esszimmer 250.
Estland 744.
Estragon 202.
Et-Zeichen 473.
Etagenbogen 269.
Ethernet-Schnittstelle 526.
Etikettenfenster 533.
Etui 377, 529.
Etui für Taschenrechner und Scheckheft 386.
Etuirock 357.
Eurasiatische Platte 43.
Eurasien 28.
Euro 728.
Europa 4, 28, 32, 50, 743.
Europäische Union, Flagge 729.
europäisches Experimentiermodul 21.
Europium 684.
Eutelsat 486.
Euthynterie 403, 404.
Evakuierungskapsel 21.
ewiger Schnee 45.
Ewiges Licht 738.
Exokarp 81, 82, 83.
Exosphäre 53.
Expander 450, 850.
Expansionsbohrhaken 900.
Expansionsgefäß 675.
Experimentiermodul, europäisches 21.
Experimentiermodul, japanisches 21.
Expertenpiste 886.
explosionsgefährlich 774.
explosiver Vulkan 44.
Exportpipeline 652.
Exportsteigsystem 652.
Expressschlinge 900.
externes Diskettenlaufwerk 521.
externes Festplattenlaufwerk 521.
extra breit 472.
extra fett 472.
extra mager 472.
extra schmal 472.
Extrakt, Vanille 200.
Exzenterschleifer 308.
Eyeliner, flüssiger 378.
Eyresee 29.

F

F 434.
F-1-Triebwerk 25.
Fabrik 708.
Facette 629.
Facetten 374.
Facettenauge 96, 98, 99.
Fach 279, 386, 919.
Fach für Kabeltrommel 489.
Fach für Molkereiprodukte 291.
Fach für technische Ausrüstung 489.
Facharzt 780.
Fächerkorb 485.
Fächerlunge 103.
Fächerpinsel 378, 397.
Fächerscheibe, außengezahnte 310.
Fächerscheibe, innengezahnte 310.
Fachwerkbogen 540.
Fackeln 6.
Faden 908.
Fadenabschneider 453.
Fadenauge 461.
fadenförmige Papille 176.
Fadenführung 457.
Fadenhebel 452.
Fadenkreuz 692.
Fadenleitöse 452, 453.
Fagott 446.
Fagotte 437.
Fähnchen 56.
Fahne 115, 739, 804.
Fahne mit Schwenkel 739.
Fahne, rechteckige 739.
Fahne, viereckige 739.
Fahnenband 739.
Fahnenformen 739.
Fahrbahn 538, 540, 543, 712.
Fahrbahn, unebene 545, 547.
Fahrbahn, verengte 544, 547.
Fahrbalken 595.
fahrbare Aktenablage 510.
fahrbares Röntgengerät 778.
fahrbares Schubladenelement 510.
Fährbrücke 542.
Fähre 542, 608.
Fahrenheitskala 695.
Fahrer 857, 870, 871, 875, 885.
Fahrerlager 871.
Fahrersitz 577.
Fahrerstand 758.
Fahrgastanlage 596.
Fahrgeschirr 857.
Fahrgestell 753, 756.
Fahrkartenkontrolleur 582.
Fahrkartenschalter 592.
Fahrkorb 417.
Fahrkorb-Fangvorrichtung 417.
Fahrkorb-Führungsschiene 417.
Fahrkorbboden 417.
Fahrkorbdecke 417.
Fahrkran 634.
Fahrleine 857.
Fahrmotor 585.
Fahrplan 582.
Fahrrad 578.
Fahrrad, Teile 578.
Fahrräder, Beispiele 581.
Fahrradhelm 580.
Fahrradständer 735.
Fahrradträger 558.
Fahrtrage 776.
Fahrtregler 333.
Fahrtreppe 427.
Fahrtrichtung, vorgeschriebene 544, 546.
Fahrtrichtungsanzeige 593.
Fahrwassermitte 617.
Fahrwerkhebel 626.
Fahrzeuge 538.
Fairway 866, 867.
Fakultät 703.
Falcatus 92.
Falke 119.
Falkland-Inseln 31.
Fall 362, 598, 603.
Falle 248.
Fallleitung 657, 658, 664.
Fallrohr 643.
Fallschirm 760.
Fallschirm für die Feststoffrakete 22.
Fallschirmkappe 896.
Fallschirmspringen 896.
Fallschirmspringer 896.
Fallstrang 262.
Falltür 407.
falsche Rippe 138.
Falte, abgesteppte 357.
Falte, einfache 357.
Falte, eingelegte 283.
Falten, Beispiele 357.
Faltfenster 415.
Faltgrill 907.
Faltkegeldach 415.
Faltschachtel, amerikanische 535.
Falttür 416.
Faltverschluss 912.
Falz 249, 426.
Falzbein 426.
Falzfräser 308.
Familie 784.
Familie der Blechbläser 437.
Familie der Holzblasinstrumente 437.
Familienzelt 902.
Fanfare 570.
Fangen 916.
Fänger 443, 794, 795, 796.
Fanghandschuh 796, 879.
Fangleinen 896.
Fangvorrichtung, Fahrkorb 417.
Fangzaun 890.
Fangzubehör 911.
Fanion 739.
Farbabbrennervorsatz 319.
Farbanzeige 456.
Farbbehälter 398.
Farbbeispiele 741.
Farbe 421.
Farbeinstellung 512.
Farben 914.
Farben dritter Ordnung 400.
Farben erster Ordnung 400.
Farben zweiter Ordnung 400.
Farbfernsehkamera 20.
Farbfilter 478, 494.
farbige Beilage 471.
Farbkreis 400.
Farbmasse 470.
Farbmischung 690.
Farbmischung, additive 690.
Farbmischung, subtraktive 690.
Farbroller 320.
Farbspray 398.
Farbstein 421.
Farbtafel 398.
Farbwalze 421.
Farn 76.
Farn, Aufbau 76.
Farne 92.
Farne, Beispiele 76.
Farnspitze 185.
Fasan 120, 212.
Fasanenei 213.
Fase 306.
Faserfräser 308.
Faserwurzel 77, 87.
Fassade 411.
Fassonübertritt 362.
Fassung 275, 376.
Fassungen 385.
Fastfood-Restaurant 715.
Faszie 404.
Faulbecken 70.
Fausthandschuh 318, 842.
Fäustling 346, 901.
Fechtbahn 848.
Fechter 848.
Fechthandschuh 848.
Fechthose 848.
Fechtjacke 848.
Fechtmaske 848.
Fechtschuh 848.
Fechtsport 848.
Fechtwaffen 849.
Feder 43, 249, 268, 286, 292, 310, 391, 470, 757, 823, 913.
Federball 817.
Federball, Kunststoff 817.
Federflügel 302.
Federgehäuse 284.
Federhaus 696.
Federkiel 470.
Federkranz 817.
Federring 310.
Federstange 850.
Federung 594.
Federverbindung 920.
Federwaage 699.
Fehlerstromschutzschalter 272.
Fehlstartleine 830.
Feige 197.
Feile 905.
feine Salami 216.
Feineinstellung 693, 698, 700.
Feinkost 180.
Feinmahlanlage 646.
Feinnachführungssystem 17.
Feinregler für Dateneingabe 450.
Feintrieb 693.
Feld 799, 915.
Feld im Abbau 650.
Feld, Abbau 650.
Feld, geothermisches 646.
Feld, langes 753.
Feld, magnetisches 494, 687.
Feldbett 904.
Feldelektromagnet 688.
Feldflasche 906.
Feldhäcksler 642.
Feldhockeyplatz 788.
Feldlinie 687.
Feldlinse 692.
Feldlinseneinstellung 693.
Feldmaus 123.
Feldsalat 187.
Feldschiedsrichter 814.
Feldspieler 799, 801.
Feldspieler, zurückgezogener linker 814.
Feldspieler, zurückgezogener rechter 814.
Feldstärkeregler 497.
Feldwicklung 688.
Felge 560, 574, 579, 640.
Felgenbremse, hintere 578.
Felgenbremse, vordere 579.
Felgenhorn 560.
Fell 133, 449.
Fellmütze 340.
Felsen 7, 900.
Felsenbecken 46.
Felseninselchen 51.
Felssäule 51.
Feluke 600.
Fenchel 185.
Fenster 249, 251, 554, 567, 594, 624, 836.
Fenster des Scheinwerferraumes 614.
Fenster, Beispiele 415.
Fensterbrett 249.
Fenstergardine 282.
Fensterheber 554.
Fensterladen 249.
Fensterüberdachung 902.
Fermium 684.
fernbediente Weiche 590.
Fernbedienung 483, 493, 495.
Fernbedienungssensor 501.
Fernerkundung 40.
Fernerkundung, Satelliten 41.
ferngesteuerte Kommandoantenne 40.
ferngesteuertes Servicemodul 21.
Fernlicht 554.
Fernlichtanzeige 557.
Fernlichthebel 556.
Fernlichtkontrollleuchte 576.
Fernmeldeantenne 608.
Fernmeldesatelliten 486.
Fernmeldeturm 486.
Fernrohr 10, 612, 701.
Fernsehapparat 494.
Fernsehen 489.
Fernsehgerät 724, 734.
Fernsehprogramm 471.
Fernsprecher, öffentlicher 507.
Fernsteuerungsanschlussbuchse 477.
Fernteil 385.
Ferse 147, 149, 351.
Fersenautomatik 889.
Fersenbein 153, 155.
Fersenbeinhöcker 126.
Fersenhalter 342.
Fersenrand 370.
Fersenriemen 343.
Fersenstütze 783.
Fertiggerichte 181.
Fes 339.
Fessel 124.
Fesselbein 126, 133.
Festabstandmarkierung 621.
Festdachtank 655.
feste Backe 311, 312.
fester Sockel 312.
festes Wehr 664.
festgestelltes Messer 424.
Festkörper 680, 681.
Festkörper, amorpher 680.
Festplatte, herausnehmbare 521.
Festplattenlaufwerk 521.
Festplattenlaufwerk, externes 521.
Festplattenlaufwerk, zusätzliches 513.
Festplattform 653.
feststehender Messschnabel 700.
feststehendes Gewicht 436.
Feststeller 284.
Feststeller für Säule 482.
Feststellgriff für Hochkantstellung 482.
Feststellgriff für Kameraplattform 482.
Feststellgriff für Panoramadrehung 482.
Feststellhebel für Venturidüse 757.
Feststellknopf 305, 306.
Feststellring 302.
Feststellschraube 534, 700.
Feststellschraube für das Blatt 304.
Feststellschraube für Schrägstellung 304.
Feststellschrauben 700.
Feststellspitze 448.
Feststelltaste 505.
Feststelltaste, Scrollen 515.
Feststellvorrichtung 284.
Feststoff-Booster 22, 24.
Feststoffrakete, Fallschirm 22.
Festtreibstoffstufe 24.
Festung 409.
Festungswall 409.
fett 472.
Fett-Tröpfchen 74.
Fettauffangschale 239.
Fette 209, 656.
Fettgewebe 171, 172.
Fettgießer 233.
Fettpfanne 234, 239.
Fettuccine 206.
feucht-kontinental - heißer Sommer 61.
feucht-kontinental - warmer Sommer 61.
feuchte Subtropen 61.

feuer- und wasserfeste Kleidung 765.
Feuerbecken 412.
Feuerbock 257.
Feuerbohne 191.
Feuerdämpfer 755.
feuerfester Rennanzug 872.
feuerfester Ziegel 298.
feuerfester Ziegelstein 465.
feuerhemmendes Element 252.
Feuerland 31.
Feuerlöscher 725, 771.
Feuerschutzhelm 765.
Feuerschutztür 416.
Feuerstätte 256.
Feuerstein 318, 748, 752.
Feuertaste 516.
Feuertreppe 509.
Feuerwache 711.
Feuerwehrmann 765.
Feuerwehrzentrale 764.
Feuerzange 257.
Fiale 408, 410.
Fibel 336.
Fibula 111.
Fichte 89.
Fidschi 747.
Fidschiinseln 29.
Fieberthermometer 695, 777.
Fieder 76.
fiederteilig 79.
Figur 855.
Figurenhantel 840.
Figurenski 840.
Filchner-Schelfeis 29.
Fileserver 523.
Filiermesser 229.
Filigrangewinde 700.
Film 477.
Filmanfang, Markierung 476.
Filmaufnahmegerät 520.
Filmaufrollspule 476.
Filmdiskette 481.
Filme und digitale Speicher 481.
Filmempfindlichkeit 476, 479.
Filmkamera 428.
Filmkassette 481.
Filmrückspulung 476.
Filmset 429.
Filmtitel 427.
Filmtransporteinstellung 476.
Filter 238, 246, 258, 290, 390, 675.
Filterabdeckung 773.
Filterhalter 241.
Filterspitze 390.
filum terminale 167.
Filzhut 340, 341.
Filzstift 397.
Filzstiftzeichnung 396.
Finale 789.
Finalist 789.
Finanzabteilung 730.
Finanzwesen 728.
Finger 110, 172, 346, 797.
Finger, kleiner 173.
Fingerbeere 172.
Fingerendglied 154, 172.
Fingerglieder 154.
Fingergrundglied 154.
Fingerhut 454.
Fingerhut, elastischer 531.
fingerloser Spitzenhandschuh 346.
Fingermittelglied 154, 172.
Fingernagel 173.
Fingernerv 166.
Fingerrand 776.
Fingerschutz 859.
Fingerstrecker, gemeinsamer 151.
Fink 118.
Finne 425.
Finnland 744.
Finsternis, partielle 6, 7.
Finsternis, ringförmige 6.
Finsternis, totale 6, 7.
Finsternisarten 6, 7.
Firewall 523.
FireWire-Schnittstelle 526.
Firmenkundenschalter 731.
Firn 46.
Firnis 400.
Firstpfette 252.
Fisch 181.
Fischauge 478.
Fische 12, 108.
Fischerknoten 908.
Fischgabel 228.
Fischgrätmuster 254.
Fischgrätparkett 254.
Fischkochtopf 234.
Fischkorb 911.
Fischmesser 228.
Fischplatte 226.
Fischschupper 905.
Fitnessgeräte 850.
Fitnessraum 764.
Fittings 269.
Fittings, Beispiele 269.
Fixativ 400.
Fixierbad 485.
Fixiertaste 528.
Fjordküste 51.
Flachbett 452.
Flachbildschirm 518.
Flachbogen 413.
Flachdach 414.
flache Frisierbürste 380.
flache Kuchenform 232.
Flächen, ebene 704.
Flächenleuchte 492.
flacher Bratentopf 235.
flacher Teil 457.
flacher Teller 226.
Flachfeile 309.
Flachform 420.
Flachfräsbohrer 306.
Flachkollektor 672.
Flachland 48.
Flachpalettenwagen 633.
Flachpinsel 397.
Flachsilo 182.
Flachstück 894.
Flachwasserrennen, Kanu-Kajak 838.
Flachwebstuhl 460.
Flachwurzel 87.
Flagellum 104.
Flageolet-Bohne 191.
Flagge 890.
Flagge der Europäischen Union 729.
Flagge, umsetzbare 867.
Flaggen 742.
Flamingo 119.
Flamme 681.
Flammenregulierung 391.
Flammenschutzwand 761.
Flanke 115, 124, 409.
Flanke, linke 740.
Flanke, rechte 740.
Flare 6.
Flasche 379, 685, 906.
Flasche, Glas 223.
Flaschendruckmesser 319.
Flaschenöffner 230, 905.
Flaschenwagen 319.
Flaschenzug, einfacher 686.
Flechte 74.
Flechte, Aufbau 74.
Flechten, Beispiele 74.
Fleck, blinder 177.
Fleck, gelber 177.
Fledermaus 140.
Fledermaus, äußere Merkmale 140.
Fledermaus, Skelett 141.
Fledermausärmel 361.
Fledertiere 140.
Fledertiere, Beispiele 141.
Fleisch 214.
Fleisch- und Wurstfach 291.
Fleisch-Selbstbedienungstheke 180.
Fleischfresser 67.
fleischige Apfelfrucht 82.
fleischige Frucht 82, 83.
fleischige Steinfrucht 81.
Fleischtheke 180.
Fleischthermometer 231.
Fleischwolf 230.
flexible Trennwand 510.
flexibler Schlauch 289.
Fliege 11, 101, 349.
Fliegender Fisch 11.
Fliegenfenster 902.
Fliegenfischen 909.
Fliegengittertür 567.
Fliegenpilz 76.
Fliegenrolle 909.
Fliegenrute 909.
Fliegenschnur 909.
Flieger 603.
Fliese 299.
Flip 881.
Floh 101.
Florett 849.
Florettfechter 848.
Flosse 628, 759, 841.
Flossenleitwerk 629.
Flossenstrahl 108.
Flug 829, 891.
Flugbremshebel 626.
Flugbrettchen 100.
Flugdaten 626.
Flugdeck 761.
Flugdrachen 897.
Flügel 97, 98, 115, 140, 249, 416, 437, 628, 676, 760, 857, 873, 897, 898, 909.
Flügel, oberer 628.
Flügel, stabiler 759.
Flügel, unterer 628.
Flügelader 96.
Flügelangreifer 809.
Flügelkasten 760.
Flügelklappe, hintere 760.
Flügelmutter 311.
Flügelrahmen 249.
Flügelspitze 897, 898.
Flügelstrebe 628.
Flügeltasche 350.
Flügelverteidiger 809.
Flügelwurzel 624.
Flugfuchs 141.
Fluggastbrücke 619.
Fluggastbrücke, ausziehbare 619.
Fluggasttreppe, bewegliche 623.
Flughafen 39, 618, 708.
Flughaut 140.
Fluginformationsanzeige 621.
Flugkörper 759.
Flugkörper, Aufbau 759.
Flugkörper, wichtigste 759.
Flugkörperabwehr 762.
Fluglochschieber 100.
Flugnavigationsvorrichtung 761.
Flugradar 40.
Flugrechner 626.
Flugseite 739.
Flugtasche 388.
Flugzeug, Bewegungen 630.
Flugzeuge, Beispiele 628.
Flugzeuge, wirkende Kräfte 630.
Flugzeugträger 761.
Flugzeugwartungshalle 619.
Flunder 221.
Flunke 610.
Fluor 683.
Flusensieb 292.
Flush 914.
Fluss 38, 39, 48.
Flussbarsch 220.
flüssige Grundierung 378.
flüssiger Eyeliner 378.
flüssiges Mascara 378.
Flüssigkeit 680, 681.
Flüssigkeit, antiseptische 777.
Flüssigkeits-/Gasscheider 562.
Flüssigkeitskompass 612.
Flüssigkeitsmenge 320.
Flüssigkristallanzeige 477, 496.
Flüssigsauerstofftank 24, 25.
Flüssigwasserstofftank 24, 25.
Flusskrebs 218.
Flusslandschaft 48.
Flussmündung 38, 51.
Flußbarsch, Anatomie 109.
Flußbarsch, äußere Merkmale 108.
Fluten 597.
Fly-Half 804.
Fock 603, 834.
Fockmast 600, 602.
Fokussiersteuerung 496.
Folie 223.
Folie, Aluminium 222.
Fön 382.
Fondue-Set 234.
Fonduegabel 228.
Fonduetopf 234.
Föngehäuse 382.
Fontanelle, hintere 158.
Football 808.
Football, American 806.
Football, kanadischer 809.
Footballspieler 808.
Foramen caecum 176.
Foramen Obturator 122.
Förderanlage 646, 647, 649.
Förderband 71, 620.
Fördergebäude 649.
Förderkübel 650.
Förderplattform 652, 654.
Förderschacht 650.
Fördersteigsystem 652.
Förderstockwerk 650.
Förderturm 649.
Förderwagen 582.
Forelle 221.
Form, hochstehende 420.
Form, ovale 375.
Form, tiefliegende 420.
Formel 1 873.
Formel 3000 873.
Formel Indy 873.
Formel-1-Auto 873.
Formel-3000-Auto 873.
Formel-Indy-Auto 873.
Formen, geometrische 704.
Formwerkzeuge 308.
Fortbildungsbüro 730.
Fortepedal 442, 451.
Fortführungspunkte 473.
fossiler Brennstoff 68, 70.
Fotoapparate 480.
Fotograf 714.
Fotografie 476.
fotografisches Zubehör 482.
Fotokopierer 512.
Fotokopiergerät 730, 733.
Fotozelle 482.
Fotozellenspiegel 615.
Foullinie 794, 865.
Foullinienpfosten 795.
Fouls 789.
Foyers 431.
Frachtempfang 621.
Frachtflugzeug 475, 629.
Frachtraum 625.
Frachtschiff 604.
Frachtversand 621.
Fragezeichen 473.
Fraktionierturm 656.
Francisturbine 659.
Frankfurter Würstchen 216.
Frankiermaschine 531.
Frankiermodul 531.
Frankreich 743.
Franse 337.
Franzium 682.
Französisch 469.
französischer Knötchenstich 459.
französischer Roulettespielplan 919.
französisches Roulette 919.
französisches Weißbrot 204.
Fräser, Beispiele 308.
Frau 148.
Frauenzelle 768.
Free Guard Zone 877.
Freestyle 890.
Freestyleboard 887.
Fregatte 762.
frei endende Rippe 152.
Freiballonsport 899.
freie Rippe 153.
freier Nagelrand 172.
freies Containmentvolumen 671.
Freihand-Dekoration 283.
Freilauf 580.
freilaufender Sitz 851.
Freileitung 663.
Freileitungen, Verteilung 486.
Freiluftterrasse 609.
Freiraum 812, 813.
Freisaiten 432.
Freisprechanlage 506.
freistehendes Schwimmbecken 246.
Freistil 843.
Freiwange 255.
Freiwurflinie 811, 814.
Freizeit in der Natur 902.
Freizeitbekleidung, Damen 716.
Freizeitbekleidung, Herren 717.
Frenchcut 375.
Frequenz, Maßeinheit 702.
Frequenzanzeige 503.
Frequenzanzeige, digitale 498.
Frequenzbänder 498.
Frequenzregler 498.
Frequenzwähler 503.
Fresko 406.
Friedhof 39, 711.
Fries 278, 403, 404.
Frischhaltefolie 222.
Frischkäse 210.
Frischluftzufuhr 898.
Frischwasserwagen 622.
Friséesalat 186.
Friseur 428, 714.
Frisierbürste, flache 380.
Fritteuse 238, 721.
Frittierkorb 231, 238.
Front, stationäre 56.
Frontabdeckung 519.
Frontale 112.
Frontalzacken 901.
Frontblech 577.
Fronten 56.
Frontgewicht 640.
Frontgitter 261.
Frontoparietale 111.
Frontscheibe 290.
Frontscheinwerfer 554.
Frontstoßdämpfer 577.
Frontstoßfänger 550.
Frosch 110, 439.
Frosch, Anatomie 110.
Frosch, äußere Merkmale 110.
Frosch, Lebenszyklus 111.
Frosch, Skelett 111.
Fruchtbecher 84.
Fruchtbildung 86.
Fruchtblatt 84.
Früchte 81.
Fruchtfach 82.
Fruchtfleisch 81, 82, 83.
Fruchtgemüse 188.
Fruchtholz 86.
Fruchtkapsel 84.
Fruchtknoten 80.
Fruchtknotenfach 82.
Fruchtkörper 74.
Fruchtwand 82, 84.
Frühling 54.
Frühlingsäquinoktium 13, 54.
Frühlingszwiebel 184.
Fuchs 134.
Füchslein 13.
Fuchsschwanz 303.
Fugendüse 289.
Fugenkelle 315.
Fühlerputzer 98.
Führerhaus 639.
Führerkabine 634, 636, 637, 638, 639.
Führerpult 586.
Führerraum 631.
Führerstand 585, 586.
Fuhrmann 12.
Führungsgriff 304, 308.
Führungsgruppe 870.
Führungshebel 307.
Führungsmotorrad 870.
Führungsnut 305.
Führungsrille 888.
Führungsring 909.
Führungsrolle 499.
Führungsschiene 456, 533, 555, 595.
Führungsschiene, Fahrkorb 417.
Führungsschienenantrieb 521.
Führungsständer 632, 633.
Führungsturm 542.
Ful 468.
Full House 914.
Füllanzeige, automatische 655.
Füllanzeigeschwimmer 655.
Fullback 804, 807.
Füllen 12.
Füllfederhalter 470.
Fülloch 757.
Füllmengenanzeige 548.
Füllöffnung für neue Brennstäbe 666.
Füllrohr 265.
Fülltür 256.
Füllung 247.
Fumarole 44.
Fundament 252, 253, 660.
Fundamentklotz 660.
Fundamentstreifen 252, 253.
Fundamenttafel 445.
Fundbüro 725.
Fünf 703.
fünf Nummern 919.
Fünf-Kräuter-Gewürz 199.
Fünfeck, regelmäßiges 705.
Fünferpin 865.
fünffingriger Schweißerhandschuh 318.
Fünfhundert 703.
Fünfzig 703.
Fungizid 69.
Funkantenne 604, 606, 608, 609, 628, 763, 873.
Funken 564.
Funkenstrecke 562.
Funkgerät 771, 898.
Funkmast 652.
Funkmaus 516.
Funknetzwerk, Basisstation 522.
Funknetzwerkkarte, wireless-LAN-Karte 522.
Funktionäre 801.
Funktionsanzeige 450.
Funktionsdisplay 450.
Funktionsebene, erste 529.
Funktionsebene, zweite 529.
Funktionsschalter 496.
Funktionstasten 507, 508, 514, 699, 730, 731.

Funktionstasten, programmierbare 731.
Funktionswähler 261.
Funktionswahltaste 506.
Funkübertragungssystem 20.
Furche 176.
Fusilli 206.
Fusselfilter 293.
Fuß 96, 98, 104, 105, 139, 140, 143, 146, 147, 148, 149, 278, 280, 286, 307, 308, 329, 351, 368, 425, 440, 444, 461, 483, 516, 517, 685, 693, 739, 836, 910.
Fuß, geschwungener 276.
Fuß-/Handgelenksgewicht 850.
Fußball 802.
Fußballplatz 788.
Fußballschuh 802.
Fußballspieler 802.
Fußboden 257.
Fußbohrung 444.
Fußdrüse 104.
Füße voraus 829.
Fußende 280.
Fußfessel 857.
Fußfesselriemen 857.
Fußgänger 545, 546.
Fußgängerampel 712.
Fußgängerbrücke 583, 593.
Fußgängerknopf 712.
Fußgängerüberweg 545, 547, 712.
Fußgelenk 130.
Fußgestell 277.
Fußgewölbearterie 160.
Fußholz 247.
Fußknochen 155.
Fußnagelschere 377.
Fußpferd 602.
Fußplatte 305.
Fußraste, vordere 575, 576.
Fußraummatte 558.
Fußriemen 840, 851.
Fußrückenarterie 160.
Fußschlaufe 836.
Fußschutz 773.
Fußsteg 426.
Fußstelle 740.
Fußstrecke 650.
Fußstück 425.
Fußstütze 281, 312, 464, 577, 783, 791, 851.
Fußstützen 871.
Fußteil 841.
Fußtritt 444.
Fußweg 714.
Fußwurzel 122, 126, 131, 138, 141, 142, 155, 156.
Futter 342, 348, 349, 370, 386, 455, 881.
Futteral 391.
Futtergetreide 182.
Futterstoffe 455.

G

G 434.
Gabel 14, 227, 632, 697, 875, 905.
Gabelbaum 836.
Gabelbein 116.
Gabeln 632, 633.
Gabeln, Beispiele 228.
Gabelstapler 632.
Gabelstaplertasche 635.
Gabun 745.
Gadolinium 684.
Gaffel 602.
Gaffelsegel 601.
Galaxie 9.
Galaxie, elliptische 9.
Galaxie, irreguläre 9.
Galaxie, linsenförmige 9.
Galeere 598.
Galeone 599.
Galerie 411, 430, 614, 676, 738.
Galerie, Große 402.
Galileo 19.
Gallenblase 110, 112, 164.
gallischer Krieger 748.
Gallium 682.
Galopp 125.
Galopprennen 856.
Gamasche 339.
Gambia 745.
Gammastrahlen 690.
Ganasche 124.
Gang 44, 180, 402.
Gang, absteigender 402.
Gang, aufsteigender 402.
Gangarten 124.
Ganglion, symphatisches 167.
Gangway 606.
Gans 120, 213.
Gänseei 213.
Ganymed 4.
ganze Note 435.
ganze Pause 435.
ganzer Querstrich 56.
Ganzjahresreifen 560.
ganzrandig 79.
Garage 244, 726, 769.
Garam Masala 199.
Garderobe 250, 394, 431, 510, 719, 723, 726, 731.
Garderobenständer 510.
Garderobier 428.
Gardinenschiene 284.
Gardinenstange 284.
Gardinenstange, einläufige 284.
Gardinenstange, zweiläufige 284.
Gardinenstangen 284.
Garn 908.
Garnball 797.
Garnele 218.
Garnführer 456.
Garnhalter 457.
Garniersprite 232.
Garnrollenstift 452.
Garnspannungseinheit 457.
Garnstange 457.
Garten 406.
Garten-Sauerampfer 187.
Gartenarbeit 298, 322.
Gartenfräse 327.
Gartenhandschuhe 325.
Gartenkresse 187.
Gartenkreuzspinne 102.
Gartenkürbis 188.
Gartenschlauch 328.
Gartenspritze 328.
Gartenteich 322.
Gartenweg 244, 322.
Gas 275, 656, 680.
Gasabscheider 652.
Gasbehälter 903.
Gasbrenner 267.
Gasfeuerzeug 391.
Gasflasche, medizinische 780.
Gashebel 331, 576, 626.
Gasherd 290, 721.
Gaskolben 755.
Gasleitung 712.
Gasmaske 773.
Gasöl 656.
Gaspedal 556.
Gasse 711, 817, 820, 865.
Gasstromregulierung 903.
Gästeeingang 720.
Gästegarderobe 720.
Gästetoiletten 720.
Gaststätte 714.
Gasventil 267.
Gaswarmwasserbereiter 267.
Gaszug 323, 332.
Gateway 523.
Gatter 852.
Gaumen, harter 174, 175.
Gaumen, weicher 174, 175.
Gaumenbein 112, 123.
Gaumenbogen, vorderer 174.
Gaumenmandel 176.
Gebälk 247, 403, 405.
Gebärmutter 170, 171.
Gebärmutterhals 170.
Gebäude, öffentliches 39.
Gebetshalle 738.
Gebiet, abgedecktes 40.
Gebirge, Transantarktisches 29.
Gebirgsbach 45.
Gebirgskette 38, 42.
Gebirgsmassiv 38.
Gebiss 854.
Gebiss, menschliches 159.
Gebissriemen 854.
Gebissscheibe Gebissstange 858.
Gebläse 258, 259, 293, 445, 643, 670.
Gebläsemotor 258.
Gebläserohr 643.
gebogenes Eisen 401.
gebogenes Hohleisen 401.
geboren 702.
gebräuchliche Bezeichnungen 82, 83.
gebrauchte Spritzen, Behälter 771.
gebrauchtes Material, Lagerraum 778, 780.
gebuchtet 79.
gebundenes Buch 426.
Gedankenstrich 473.
gedeckter Weg 409.
gedeckter Wehrgang 408.
Gedenktafel 738.
Gedränge 805, 806, 807.
Gedrängehalbspieler 804.
gedrehtes Seil 908.
gedruckte Schaltung 689.
Gefahrenbereich 844.
Gefahrenstelle 616.
Gefahrenzone 847.
gefährliche Substanzen 774.
Gefälle 545, 547.
Gefangenentransporter 726.
Gefängnis 915.
Gefechtskopf 759.
geflochtenes Seil 908.
Geflügel 213.
Geflügelschere 233.
Gefrierbeutel 222.
gefrierender Regen 64.
Gefrierfach 291.
Gefrierschrank 180, 224, 720.
Gefriertruhe 291.
Gegenausleger 634.
Gegenauslegerballast 634.
Gegenfänger 443.
Gegengewicht 14, 16, 417, 542, 591, 634, 638, 639.
Gegengewichtsführung 417.
Gegenleiste 173.
Gegenlichtblende 478.
Gegenmutter 58.
Gegensprechanlage 594.
Gegenverkehr 544, 546.
gegenwärtige Wetterlage 55.
Gegenwindstart 833.
Gehäuse 100, 104, 240, 260, 261, 275, 288, 292, 293, 306, 308, 313, 316, 318, 332, 383, 442, 488, 494, 499, 507, 613, 614, 688, 695, 696, 700, 884, 920.
Gehäuse, hinteres 17.
Gehäuseabdeckung 528.
Gehäusedach 416.
Gehäuselüfter 513.
Gehäuseverstärkung 920.
Gehfalte 357.
Gehgestell 782.
Gehhilfen 782.
Gehirn 99, 103, 106, 107, 109, 110.
Gehirn-Rückenmark-Flüssigkeit 168.
Gehkrücke 782.
Gehörgang 173, 174.
Gehörgang, äußerer 158.
Gehörknöchelchen 174.
Gehörschutz 772, 774.
Gehörschutz tragen 774.
Gehrmaß 303, 304.
Gehrungsanschlag 305.
Gehrungssäge 303.
Gehrungssäge, elektrische 304.
Gehrungsschneidlade 303.
Gehweg 245.
Geier 119.
Geigenfamilie 437.
Geißfuß 421.
gekerbt 79.
gekerbtes Scherenblatt 382.
gekochter Schinken 216.
Gekröse 212.
gekrümmte Greifbacke 310.
Geländefahrzeug 873.
Geländemotorrad 577.
Geländemotorrad, 4x4 577.
Geländer 250, 251, 255, 540, 894.
Geländerstab 255.
Geländewagen 549.
Gelatinekapsel 783.
Gelb 400, 690.
gelbe Zucchini 189.
gelber Ball 863.
gelber Fleck 177.
gelber Paprika 188.
gelbes Licht 712.
Gelbgrün 400.
Gelborange 400.
Geld 729.
Geldausgabeautomat 715, 730.
Geldbeutel 387.
Geldbeutel für Münzen 387.
Geldrückgabefach 507.
Geldscheinausgabe 730.
Geldscheinfach 386.
Geldwechsel 725.
Gelenk 342, 557, 569, 638, 889.
Gelenk, ebenes 156.
Gelenkbus 569.
Gelenke, echte 156.
Gelenkhöcker 153.
Gelenkknorpel 154.
gelenkloser Bogen 541.
Gelenkschäkel 835.
gelochte Hartfaserplatte 300.
gelochte Knöpfe 453.
gemahlener Pfeffer 199.
Gemälde 395.
gemäßigter Wald 66.
gemeine Erdkröte 111.
Gemeiner 472.
gemeiner Tüpfelfarn 76.
gemeines Widertonmoos 75.
gemeinsame Hüftarterie 160, 165.
gemeinsame Hüftvene 165.
gemeinsamer Fingerstrecker 151.
gemeinsamer Wadenbeinnerv 166.
Gemeinschaftskarte 915.
Gemüse 180, 184.
Gemüsebürste 233.
Gemüsegarten 182, 244.
Gemüseterrine 226.
Gemüsezwiebel 184.
Generator 563, 586, 646, 659, 662, 665, 668, 677.
Generator, Elektrizitätserzeugung 665.
Generatoreinheit 658.
Generatoren 688.
Genicklasche 772.
Genickstück 854.
Genitalöffnung 104.
Genitalporus 95.
Geographie 28.
Geologie 42.
Geometrie 704.
geometrische Formen 704.
Georgien 746.
geostationäre Umlaufbahn 60.
geostationärer Satellit 60.
geothermische Energie, Elektrizitätserzeugung 646.
geothermisches Feld 646.
Gepäck 388.
Gepäckablage 584.
Gepäckanhänger 389, 623.
Gepäckaufbewahrung 582.
Gepäckausgabe 620.
Gepäckcontainer 605.
Gepäckförderer 623.
Gepäckraum 568, 584, 585, 631.
Gepäckroller 389.
Gepäckschließfächer 582.
Gepäckschnur 389.
Gepäckträger 567, 577, 578, 876.
Gepard 135.
gepolsterte Korbstütze 811.
gepolsterter Sockel 811.
gerade Greifbacke 310.
gerade Öse 453.
Geraden 871.
gerader Bauchmuskel 150.
gerader Rock 357.
gerader Schenkelmuskel 150.
gerades Balleisen 401.
gerades Eisen 401.
gerades Hohleisen 401, 421.
gerades Rippenbündchen 351.
Geradseite 607.
Geräte 790.
Geräte zur Erdbewegung 326.
Geräteanschluss 383.
Gerätefach 585.
Geräteraum 734, 764.
Geräteraum, allgemeiner 490.
Geräteschrank 489.
Geräteschuppen 182.
Geräteturnanlage 824.
Geräteturnen 824.
geräumige Tasche 388.
Gericht 728.
Gerichtsgebäude 710.
Gerichtskanzlei 728.
Gerichtssaal 728.
Gerichtsschreiber, Tisch 728.
germanische Sprachen 469.
Germanium 682.
geröstete Kaffeebohnen 208.
Gerste 85, 203.
Gerstenkornmuster 458.
Geruchssinn 174.
Geruchsverschluss 262, 265, 270.
Gerüstprofil 417.
Gerüstträger 663.
gesägt 79.
Gesamtergebnis, Anzeigetafel 824.
Gesäß 147, 149, 169, 170.
Gesäßmuskel, großer 151.
Gesäßnerv 166.
Gesäßspalte 149.
Gesäßtasche 350.
Geschäft 710.
Geschäftsbeleg 731.
Geschäftsbuch, Journal 535.
Geschäftsführers, Büro 509.
Geschäftsviertel 708, 710.
geschaltete Steckdose 497.
Geschenkartikel 717.
Geschenkwarenladen 714.
Geschirr 226, 460.
Geschirr, Glaswaren und Silberwaren 717.
Geschirrspüler 224, 721, 723.
Geschirrspülmaschine 271, 294.
Geschirrtuch 295.
Geschlechtsorgane, männliche 169.
Geschlechtsorgane, weibliche 170.
geschlossene Traube 81.
geschlossener Gesichtsschutz 765.
geschlossenes Atemschutzsystem 765.
Geschmacksknospe 176.
Geschmacksrezeptoren 176.
Geschmackssinn 174.
geschnittener Nagel 301.
geschnitzter Bug 598.
Geschoss 753.
Geschosszubehör 752.
Geschütz, rückstoßfreies 757.
Geschützrohr 758.
geschütztes Leerzeichen 514.
Geschützturm 762.
Geschwindigkeitsanzeige 898.
Geschwindigkeitsregelung 236, 237, 452.
Geschwindigkeitsregler 332, 417.
Geschwindigkeitswähler 236.
Geschworenenbank 728.
Geschworenenraum 728.
geschwungener Fuß 276.
Gesellschaft 708.
Gesicht 139, 146.
Gesichtsmaske 798, 800, 808.
Gesichtsschutz 318, 765, 878.
Gesichtsschutz, geschlossener 765.
Gesichtsschutzmaske 879.
Gesichtsstück 773.
Gesims 245, 247.
gespalten 740.
gespaltene Erbsen 190.
gespaltene Zunge 112.
gespreizter Kragen 349.
Gestänge 902.
gestanztes Loch 342, 350, 371.
Gestein, undurchlässiges 651.
Gestell 281, 321, 391, 776.
gestelzter Bogen 413.
gestempelte Post 474.
gestorben 702.
Gesundheit 775.
Gesundheitsorganisation 525.
Getränke 180.
Getränkeautomat 548, 779.
Getränkedose 223.
Getränkekarton 223.
Getränkekarton, kleiner 223.
Getränkespender 723.
Getreide 85, 203.
Getreideprodukte 204.
Getreidesilo 596.
getrennte Sammlung 71.
Getriebe 292, 552, 563.
getrocknete Chilis 199.
geviert 740.
gewachsener Boden 538.
Gewände 411.
Gewebe 899.
Gewebe-Einstellskala 288.
Gewebestruktur 455.
Gewehr (gezogener Lauf) 912.
Gewehr, automatisches 755.
Gewehrriemen 893.
Gewehrschießen 861.
Gewerbegebiet 709.
Gewicht 630, 697, 698, 699, 793, 850.
Gewicht, feststehendes 436.
Gewichte 851.
Gewichtheben 850.
Gewichthebergürtel 850.
Gewichtheberschuh 850.
Gewichtsantrieb 697.
Gewichtsausgleicher 756.
Gewichtsstaudamm 661.
gewimpert 79.
Gewinde 268, 302, 863.
Gewindegang 306.

Gewindehülse 248.
Gewindekappe 269.
Gewindeschaft 311.
Gewindeschneider 314.
Gewinnkombination 920.
Gewitter 57.
Gewitter, starkes 57.
Gewitterwolken 63.
gewöhnlicher Nagel 301.
gewöhnlicher Würfel 914.
Gewölbe 410.
Gewölbekörper 167.
gewölbter Zentralbereich 9.
Gewürz, Fünf-Kräuter 199.
Gewürze 198.
Gewürzmischung, Cajun 199.
Gewürznelke 198.
Geysir 44.
gezahnte Greifbacke 310.
Gezeitenkraftwerk 664.
Ghana 745.
Ghee 210.
Gi 846.
Gibbon 139.
Gibraltar, Straße 32.
Giebel 223, 244.
Giebeldach 251.
Giebeldecke 251.
Giebeldreieck 403, 405, 697.
Giebelständer 252.
Gierbewegung 630.
Gießbrause 329.
Gießgeräte 328.
Gießkanne 328.
Gießpistole 329.
Gift 774.
Gift-Leitfurche 112.
Giftdrüse 99, 103, 106, 112.
Giftkanal 112.
Giftklaue 103.
Giftpilz 76.
Giftschlange, Anatomie 112.
Giftschlange, äußere Merkmale 112.
Giftschlange, Skelett 112.
Giftzahn 112.
Gimpel 118.
Ginkgonuss 193.
Gipfel 45, 886.
Gipfel, Hütte 886.
Gipfelhütte 886.
Gipsbinden 777.
Gipskarton-Bauplatte 299.
Gipskartonplatte 299.
Gipsraum 779.
Gipsschlinge 464.
Giraffe 12, 129.
Gitarre, akustische 440.
Gitarre, elektrische 441.
Gitter 261, 403, 432, 494, 727.
Gitterbett 281.
Gitterboxpalette 632.
Gittereinsatz 234.
Gitterfenster 727.
Glacis 409.
Glanzschicht 172.
Glas 385, 903.
Glas, Sortierung 71.
Glasabdeckung 672, 673.
Glasdach 250, 713.
Gläser 225, 723.
Gläserspülmaschine 723.
Glasflasche 223.
Glasgehäuse 699.
Glashaube 612.
Glaskolben, oberer 241.
Glaskolben, unterer 241.
Glaskörper 177.
Glaskugel 58.
Glasmalerei 411.
Glasnudeln 207.
Glasplatte 291, 535.
Glasscheibe 693.
Glasüberdachung 582.
Glattstrick 458.
gleich 703.
gleich oder größer als 703.
gleich oder kleiner als 703.
Gleichgewichtslage 690.
Gleichstrom-Netzkabel 526.
Gleichtaste 529.
Gleis 582, 592, 595, 710.
Gleise 591.
Gleiskette 636.
Gleiskettenschlepper 636.
Gleiskreuzung 583.
Gleisnummer 582.
Gleitflieger 897.
Gleitfuge 310.
Gleitphase 892.
Gleitschirm 897.
Gleitschirmfliegen 897.
Gleitschuh 304.
Gleitschutz 889.
Gleitstuhl 590.
Gletscher 46, 48, 66.
Gletschersee 48.
Gletscherspalte 46.
Gletscherzunge 46.
Gliederpuppe 398.
Gliedmaßen, obere 161.
Gliedmaßen, untere 161.
Glimmlampe 316.
globale Erwärmung 68.
Globus 734.
Glocke 849.
Glockenband 449.
Glockendach 415.
Glockendichtung 265.
Glockenstube 410, 411.
Glockenturm 411, 737.
Glottis 112.
Glücksrad 920.
Glühbirne 316, 673.
Glühfaden 274.
Glühlampe 274, 614, 687.
Glukose 78.
Gnocchi 206.
Gnomon 696.
Go 916.
Gobelinbindung 463.
Gold 683, 741.
Goldbrasse 219.
Golf 38.
Golf von Aden 33, 34.
Golf von Alaska 30.
Golf von Bengalen 33.
Golf von Guinea 34.
Golf von Kalifornien 30.
Golf von Mexiko 30.
Golf von Oman 33.
Golf von Panama 31.
Golf, Persischer 33.
Golfball 867.
Golfball im Querschnitt 867.
Golfhandschuh 869.
Golfplatz 708, 788, 866.
Golfschuhe 869.
Golfspiel 866.
Golftasche 869.
Golfwagen 869.
Golgi-Apparat 74, 94.
Gonade 95, 105, 106.
Gondel 600, 899.
Gondelhaltegriff 899.
Gonfalon 739.
Gong 437, 449.
Gorgonzola 211.
Gorilla 138.
Gorilla, äußere Merkmale 139.
Gorilla, Skelett 138.
gotischer Dom 410.
Gottesanbeterin 102.
Gouache 396.
GPS-Empfangsantenne 613.
Graben 409, 647, 864.
Graben, Kermadec-Tonga 50.
Graben, Peru-Chile 50.
Graben, Puerto-Rico 50.
Grabenböschung, innere 409.
Grabgabel 326.
Grabkammer der Königin 402.
Grabkammer des Königs 402.
Grabschaufel 326.
Grabstichel 11.
Grad 704.
Grad Celsius 702.
Gradbogen 612.
Gradeinteilung 907.
Gradnetz 36.
grafische Künste 420.
Granat 375.
Granatapfel 196.
Granatwerfer 756.
Grand Canyon 30.
Grand-Prix-Rennmaschine 874.
Granitschicht 42.
Granne 85.
Granulation 6.
Grapefruit 194.
Grapefruitmesser 229.
Graphit 670.
Graphitstift 470.
Graphosfeder 397.
Grasfang 332.
grasgrüner Täubling 183.
Grasland 66.
Grat 45, 404.
graue Substanz 167, 168.
Graviernadel 423.
Gravurplatte 376.
Greif- und Spannwerkzeuge 310.
Greifbacke, gekrümmte 310.
Greifbacke, gerade 310.
Greifer 452.
Greiffinger 139.
Greifleine 611.
Greifzirkel 423.
Grenada 743.
Griechenland 744.
Griechisch 469.
griechisch-römischer Stil 843.
griechischer Tempel 403.
griechischer Tempel, Grundriss 403.
griechisches Brot 204.
griechisches Theater 402.
Griessäule 641.
Grieß 204.
Griff 227, 230, 236, 237, 238, 239, 240, 256, 280, 288, 290, 291, 295, 303, 304, 305, 308, 309, 310, 311, 313, 315, 316, 319, 320, 323, 328, 331, 332, 381, 382, 383, 384, 386, 387, 388, 389, 391, 425, 439, 453, 454, 458, 460, 534, 584, 649, 782, 797, 798, 800, 815, 816, 822, 838, 849, 850, 859, 867, 877, 884, 888, 891, 905, 909, 913, 920.
Griff, ausziehbarer 386.
Griff, isolierter 316, 317.
Griff, wärmeisolierter 239.
Griff, zusätzlicher 306.
Griff- und Wurfbeispiele 844.
Griffband 894.
Griffbrett 432, 439, 441.
Griffe 901.
Griffel 80, 81, 82, 84.
Griffelbein 126.
Griffelfortsatz 158.
Griffhebel für S-Bogen 446.
Griffkamm 380.
Griffloch 535.
Griffteil 863.
Grill, Raclette 239.
Grillfläche 239.
Grillplatte 239.
Grillrost 290.
Grindel 641.
Gripzange 310.
grobe Salami 216.
Grobeinstellung 693.
grobes Salz 201.
Grobregler für Dateneingabe 450.
Grobspanplatte 300.
Grobtrieb 693.
Grönland 30.
Grönlandsee 28.
groß gefleckter Katzenhai 218.
Groß-Oberbramsegel 603.
Groß-Obermarssegel 603.
Groß-Royalsegel 603.
Groß-Unterbramsegel 603.
Groß-Untermarssegel 603.
große Armdecken 115.
Große Australische Bucht 29.
Große Außensichel 844.
große Einkaufstasche 388.
große Elektrohaushaltsgeräte 716.
Große Galerie 402.
große Handdecken 115.
Große Innensichel 844.
große Klinge 905.
große Nackenrolle 280.
große Rosenvene 160.
Große Sandwüste 29.
große Schamlippe 170, 171.
Große Seen 30.
Große Victoriawüste 29.
Großeltern 784.
größer als 703.
Großer Bär 13.
großer Brustmuskel 150.
großer Gesäßmuskel 151.
Großer Hund 11.
großer Nasenflügelknorpel 175.
großer Oberschenkelanzieher 151.
großer Rundmuskel 151.
Großes Barrierriff 29.
großes Kettenblatt 580.
großes Vieleckbein 154, 156.
Großformatkamera 480.
Großhirn 167.
Großmast 600, 602.
Großmutter 784.
Großrad 783.
Großraumwagen 584.
Großschot 834.
Großschriftfeststellung 514.
Großschriftfeststellungstaste 514.
Großschriftumschaltung 514.
Großsegel 603, 834.
Großtonne 615.
Großvater 784.
Groteskschrift 472.
Grubber 641.
Grube 650, 793, 865.
Grube, offene 647.
Grubenorgan 112.
Grün 400, 690, 864, 866, 867.
grün 741.
Grünalge 75.
Grünanlage 713.
Grundbindungen 463.
Grundfarben 917.
Grundgestein 43.
Grundierung, flüssige 378.
Grundlinie 821.
Grundlinienrichter 821.
Grundmoräne 46.
Grundplatte 58, 273, 485, 500, 756, 889.
Grundrechenarten 529.
Grundring 659.
Grundriss 403, 411.
Grundstücksgrenze 244.
Grundwasser, eingeschlossenes 646.
Grundwasserspiegel 47, 70.
grüne Bohne 191.
grüne Erbsen 190.
grüne Tagliatelle 206.
grüner Ball 863.
grüner Paprika 188.
grüner Pfeffer 198.
grüner Tee 208.
grünes Licht 712.
Grünkohl 186.
Grünstrahl 494.
Gruppenwahl 514.
Gruyèrekäse 211.
Guarani 469.
Guatemala 742.
Guave 197.
Guckloch 591.
Guidon 739.
Guinea 745.
Guinea, Golf 34.
Guinea-Bissau 745.
Gummiband 280, 350.
Gummieinsatz 867.
Gummigebiss 854.
Gummihöschen 368.
Gummikappe 782.
Gummimatte 500.
Gummipfropfen 776.
Gummiring 270.
Gummischlauch 271, 776.
Gummischutz 857.
Gummispannring 902, 903.
Gummistiefel 765.
Gummistöpsel 321.
Gurke 188.
Gurt 281, 611.
Gurtbefestigung 441.
Gurtbogen 410.
Gürtel 350, 352, 844.
Gürtelband 350.
Gürtelclip 505.
Gürtellage 561.
Gürtelschlaufe 350, 352, 905.
Gürtelschnalle 350.
Gürtelspitze 350.
Gurtschließe 555.
Gurtschnalle 855.
Gurtstrippe 855.
Gurtwerk 841, 896, 897.
Gurtzeug 896.
Gusserker 408.
Gutenberg-Diskontinuität 42.
Güterbahnhof 583, 708.
Güterwagen 583.
Güterwagen, Beispiele 588.
Güterwagen, offener 588.
Gutta 404.
Guyana 742.
Guyot 49.
gynäkologischer Untersuchungsraum 779.
Gyoji 847.
Gyroskop 759.

H

H 434.
Haar 147, 149, 172, 439.
Haar der Berenike 13.
Haaraufrichter 172.
Haarbalg 172.
Haarbürsten 380.
Haarclip 380.
Haarfärbemittel 379.
Haarglätter 381.
Haarklemme 380.
Haarliftkamm 380.
Haarpflege 380.
Haarschaft 172.
Haarschneidekamm 380.
Haarschneider 381.
Haarschneideschere 382.
Haarspange 380.
Haarspülung 379.
Haarstecker 380.
Haarzwiebel 172.
Hachse 214, 215.
Hack 877.
Hafen 596, 709.
Hafenbahn 596.
Hafenfähre 596.
Hafenzollamt 596.
Hafer 85, 203.
Hafermehl 204.
Haferwurz 189.
Hafnium 683.
Haftgurtband 368.
Häftlingsdusche 768.
Haftorgan 75.
Haftscheibe 111.
Hagel 64.
Hagelschauer 57.
Hagelschnur 117.
Hahn 120, 752, 754, 861, 912.
Hai, äußere Merkmale 108.
Haiti 742.
Hakama 846, 847.
Häkelnadel 457.
Haken 284, 313, 316, 453, 456, 457, 573, 611, 634, 699, 776, 861, 862, 900.
Hakenbein 154.
Hakenbogen 911.
Hakenbogentiefe 911.
Hakengurt 767.
Hakengurt für Leiter und Schlauch 767.
Hakenhalteöse 909.
Hakenhalter 901.
Hakeninnenweite 911.
Hakenleiter 767.
Hakenspitze 911.
Hakenverriegelung 249.
Hakler 804.
Halbbrille 385.
halbe Anführungszeichen 473.
halbe Note 435.
halbe Pause 435.
Halbedelsteine 375.
halber Querstrich 56.
halber Wind 833.
halbes Heft 229.
halbfett 472.
Halbfinale 789.
Halbinsel 38.
Halbinsel, Antarktische 29.
Halbinsel, Arabische 33.
Halbinsel, Iberische 32.
Halbinsel, Kamtschatka 33.
Halbinsel, Kola 32.
Halbinsel, Skandinavische 32.
Halbinsel, Yucatan 30.
Halbkreis 704, 810.
Halbkugel 705.
Halbmetalle (Metalloide) 682.
Halbmond 409.
Halbmond (erstes Viertel) 7.
Halbmond (letztes Viertel) 7.
Halbmumienschlafsack 904.
halbrechter Läufer 801.
Halbsäule, dorische 407.
Halbsäule, ionische 407.
Halbsäule, korinthische 407.
Halbschale 367.
Halbschatten 6, 7.
Halbsehnenmuskel 151.
Halbseite 632.
Halbspieler 794.
Halbstiefel 342.
Halbtaucher 653.
Halbtrogbrücke 541.
Halbvolleyball 820.

Halbzeit 789.
Halfpipe 871, 887.
Halfter 770.
Halle 719.
Halm 382, 454.
Halmteiler 643.
Halo 9.
Halogen-Tischleuchte 286.
Halogenscheinwerfer 775.
Hals 77, 113, 124, 147, 148, 149, 159, 169, 227, 425, 433, 439, 440, 441, 458, 494, 610, 822, 826, 836, 868.
Halsausschnitt 351.
Halsberge 749.
Halsen 833.
Halskette in Matineelänge 374.
Halskette in Opernlänge 374.
Halskette, mehrreihige 374.
Halsketten 374.
Halskrause 339, 363.
halsnaher Ausschnitt 368.
Halsring 404.
Halsschlagader 160.
Halsschutz 796, 880, 882.
Halstalje 834.
Halsumklammerung 844.
Halswirbel 116, 122, 126, 131, 138, 141, 142, 153, 157.
Halt! Vorfahrt gewähren 544, 546.
Haltebügel 783.
Haltegriff 567, 569, 766.
Haltegriff, vorderer 757.
Haltegriffe 844.
Haltemutter 909, 910.
Halter 274.
Halterung 15, 285, 579, 649, 699.
Halterung für die Registrierkarten 58.
Halterung, schwenkbare 613.
Halterungen 40.
Halterungsschraube, untere 58.
Haltestange 570.
Hammer 174, 301, 317, 329, 442, 443, 793.
Hammer mit runder Bahn 301.
Hammer zum Rundklopfen 425.
Hammerbahn 425.
Hammerfilz 443.
Hammergriff 793.
Hammerhalter 313.
Hammerkopf 793, 901.
Hammerleiste 442.
Hammernuss 443.
Hammerruheleiste 443.
Hammerstiel 443.
Hamster 123.
Hand 139, 147, 149, 173.
Hand-Funksprechgerät 770.
Hand-Gehrungssäge 303.
Handauflage 516.
Handball 814.
Handballenauflage, abnehmbare 514.
handbediente Weiche 590.
Handbeuger der Ellenseite 150, 151.
Handblasebalg 777.
Handbohrer 307.
Handbrause 264.
Handbremse 552.
Handbremse, Schutzkasten 587.
Handbremshebel 556, 587.
Handbremsrad 587.
Handbuchbinderei 424.
Handdecken, große 115.
Handdecken, mittlere 115.
Handelsunternehmen 525.
Handfeuerlöscher 767.
Handfläche 121, 173, 797.
handförmig 79.
Handgabel 325.
Handgelenk 140, 147, 149, 156, 173.
Handgelenkpolster 808.
Handgelenksbandage 850.
Handgelenkschützer 895.
Handgeräte 823.
Handgranate 757.
Handgriff 309, 416, 433, 750.
Handhabung 632.
Handheld-Computer 527.
Handikaptafel 858.
Handknochen 154.
Handkreissäge 304.
Handkultivator 326.
Handkurbel 313, 423.
Handlampe 316.
Handlauf 255, 417.
Handlöser 889.
Handmuskeltrainer 850.
Handrad 452.
Handrasenmäher 332.
Handrücken 173.
Handrührgerät 236.
Handschellentasche 770.
Handschild 318.
Handschlaufe 888, 892, 901.
Handschuh 20, 797, 798, 800, 855, 870, 871, 874, 875, 878, 882, 884, 887, 891, 892.
Handschuh-Außenseite 346.
Handschuh-Innenseite 346.
Handschuhe 346, 872.
Handschuhfach 556.
Handschuhspender 780.
Handschutz 331, 755, 875.
Handschwingen 115.
Handspulgerät 462.
Handstand 828.
Handstange 587, 594.
Handstaubsauger 289.
Handstrecker der Ellenseite 151.
Handstrecker, kurzer 151.
Handstrecker, langer 151.
Handstütze 861.
Handtaschen 387.
Handteil 849.
Handtuch 379.
Handtuchhalter 264.
Handwaage 698.
Handwagen 633.
Handwäsche 347.
Handwerkzeuge 325.
Handwurzel 122, 131, 136, 138, 141, 142, 154, 797.
Handy 506.
Hängeärmel 337, 338.
Hängebank 650.
Hängebrücke 540.
Hängegletscher 46.
Hängeisolator 663.
Hängekartei 510.
Hängeleinen 897.
Hängeleuchte 286.
Hängemappe 532.
Hanger 602.
Hänger 540.
Hantel 840, 850, 851.
Hantelgriff 840.
Hanteln, Beispiele 840.
Hantelstange 851.
Hardboots 887.
Harfe 440.
Harfen 437.
Harissasoße 201.
Harmonikatür 416.
Harnapparat 165.
Harnblase 109, 110, 113, 165, 169, 170.
Harnleiter 165.
Harnleitermündung 104.
Harnröhre 165, 169, 170.
Harnröhrengang 169.
Harpune 841.
hart am Wind 833.
harte Kontaktlinse 384.
harte Rückenmarkshaut 167, 168.
harter Gaumen 174, 175.
Hartfaserplatte 300.
Hartfaserplatte, gelochte 300.
Hartfaserplatte, kunststoffbeschichtete 300.
Hartkäse 211.
Hartplatz (Zement) 822.
Hasardsteine 917.
Hase 11, 123, 212.
Haselnuss 193.
Haselnuss, Längsschnitt 84.
Hasentiere 122.
Hasentiere, Beispiele 123.
Hasentierkiefer 123.
Hasentierkiefer: Kaninchen 123.
Haspel 642, 643.
Haspelrohr 643.
Hassium 683.
Hat-Switch 516.
Häubchen 426.
Haube 289.
Haubitze, moderne 756.
Haue 901.
HauePickel 901.
Hauptabschnitt 919.
Hauptanschluss 273.
Hauptanzeige 626.
Hauptapsis 411.
Hauptband 893.
Hauptbolzen 587.
Hauptbronchus 163.
Hauptdampfleitungen 669.
Hauptdampfverteiler 669.
Hauptdeck 607, 761.
Haupteinfüllstutzen 655.
Haupteingang 250, 713, 733, 735, 768, 781.
Hauptelektromotor 763.
Hauptentlüftungssteigrohr 262.
Hauptfahrwasser 617.
Hauptfahrwerk 625, 760.
Hauptfallschirm 896.
Hauptfeld 870.
Hauptfestplattenlaufwerk 513.
Hauptgleis 583.
Hauptgriff 307.
Hauptkampfrichter 843, 845.
Hauptkampfrichterlinie 845.
Hauptlautsprecher 493.
Hauptlinienrichter 807.
Hauptluftbehälter 586.
Hauptlüfter 648.
Hauptmaßstab 700.
Hauptrad 697.
Hauptrand 740.
Haupträume 250.
Hauptreihenstern 8.
Hauptschalter 272, 273, 477, 496.
Hauptschieberventil 654.
Hauptschiedsrichter 795, 837, 847.
Hauptschlitten 456.
Hauptschlot 44.
Hauptschwert 836.
Hauptschwerteinzug 836.
Hauptspiegel 15, 17.
Hauptspielzüge 916.
Hauptspuren 539.
Hauptstadt 37.
Hauptstandbein 663.
Hauptständer 575.
Hauptstiel 86, 253.
Hauptstufe, kryogene 24.
Haupttragegurt 897.
Haupttransformator 585.
Haupttreibachse 595.
Haupttribüne 856.
Haupttriebwerk 23.
Hauptunterkunft 886.
Hauptverteilleitung 258.
Hauptvorhang 430, 431.
Hauptvorschaumonitor 491.
Hauptwarteraum 781.
Hauptwurzel 77.
Hauptzeitnehmer 830.
Hauptzylinder 559.
Haus 244, 877, 915.
Haus, einstöckiges 419.
Haus, Teile 247.
Haus, zweistöckiges 419.
Hausa 468.
Hausanschluss 273.
Hausantenne 486.
Hausboot 607.
Hauseinrichtung 276.
Häuserformen in der Stadt 419.
Hausflur, äußerer 406.
Hausfrauenknoten 908.
Haushaltsartikel 180.
Haushaltsgegenstände 295.
Haushaltsgeräte 236, 288.
Haushaltsgeräte, verschiedene 240.
Haushaltsmehl 204.
Haushaltswaren 716.
Haushaltswäsche 716.
Hauskleid 356.
Hausmeisterraum 731.
Hausmüll 69, 70.
Haustein 298.
Haustür 247.
Hauszelt 903.
Haut 81, 83, 168, 172.
Hautnerv, seitlicher 166.
Hautoberfläche 172.
Haversche Lamellen 154.
Haverscher Kanal 154.
Hawaiianisch 469.
Hebeglied 443.
Hebegriff 756.
Hebel 238, 268, 270, 310, 377, 398, 423, 576, 686, 920.
Hebel für den Klemmbügel 381.
Hebel-Korkenzieher 230.
Hebeleisen 301.
Hebeleiste der unteren Schutzhaube 304.
Hebelstützpunkt 686.
Heber 638.
Hebestück 651.
Hebewerk 651.
Hebräisch 468.
Hecht 220.
Hechtabwehr 812.
Hechtsprungstellung 828.
Heck 236, 608, 625, 836.
Hecke 245, 322.
Heckenschere 330.
Heckleuchten 554.
Heckpropeller 606.
Heckrotor 631.
Heckspom 631.
Hecktür 775.
Heft 302.
Heft, halbes 229.
Heften 424.
Hefter 532, 534.
heftige Regenfälle 63.
Heftklammern 534.
Heftlade 424.
Heftpflaster 777.
Heidelbeere 192.
Heilbutt 221.
Heiliger Petrus 736.
Heimkino 493.
Heimtierbedarf 181.
Heimtrainer 851.
Heimwerken 298.
Heimwerkerladen 714.
Heinrich VIII 736.
heißes Kühlmittel 674.
Heißluftaustritt 256.
Heißluftballon 899.
Heißluftpistole 320.
Heißring 610.
heißversiegelte Folie 223.
Heißwasserbereiter 675.
Heißwasserbereiter, elektrischer 266.
heiterer Himmel 56.
Heizelement 258, 259, 293, 294, 318, 465.
Heizer 674.
Heizkessel 258, 259.
Heizkessel, elektrischer 258.
Heizkörper 259.
Heizlüfter 260.
Heizöl 656.
Heizplatte 721.
Heizspirale 290, 899.
Heizstab, oberer 266.
Heizstab, unterer 266.
Heizstrahler 260, 903.
Heizung 256, 608.
Heizungsgitter 594.
Heizventil 899.
Helium 684.
Heliumsphäre 25.
Helix 705.
Helixende 173.
Helligkeitsregelung 20.
Helligkeitsregler 518.
Helligkeitstaste 505.
Helm 20, 748, 749, 796, 798, 800, 858, 870, 871, 872, 874, 875, 882, 887, 894, 895.
Helmbohne 190.
Helmbusch 748.
Helmdach 415.
Helmglocke 749.
Helmlampe 901.
Hemd 349, 791.
Hemdblusenärmel 361.
Hemdblusenkleid 356.
Hemdblusenkragen 362.
Hemdchen 368.
Hemden 716.
Hemdhose 351.
Hemisphäre, nördliche 35.
Hemisphäre, östliche 35.
Hemisphäre, südliche 35.
Hemisphäre, westliche 35.
Hemisphären 35.
Hemmungslappen 697.
Hemmungsrad 696, 697.
Henkel 295.
Hennin 339.
Heraldik 739.
heranwachsende Nahrungsvakuole 94.
Herausarbeiten 401.
herausklappbare Schreibplatte 279.
herausnehmbare Festplatte 521.
Herbizid 69.
Herbst 54.
Herbstäquinoktium 54.
Herd 43, 722.
Herdkante 290.
Herdtiefe 43.
Hering 219, 902, 903.
Heringskönig 221.
Heringsschlaufe 902, 903.
Herkules 13.
Hermelin 741.
Heroldsbilder 740.
Herren-Accessoires 716.
Herren-Freizeitbekleidung 717.
Herren-Nachtwäsche 717.
Herren-Sportbekleidung 717.
Herrenanzüge 716.
Herrenhalbschuh 342.
Herrenhandschuhe 346.
Herrenjacken 717.
Herrenkleidung 348.
Herrenkopfbedeckungen 340.
Herrenmäntel 717.
Herrenpullover 717.
Herrenring 376.
Herrenschuhe 342, 716.
Herrentasche 388.
Herrentoilette 427, 509, 724.
Herrenunterwäsche 716.
Hertz 702.
Heruntertransformation der Spannung 646, 662, 677.
Herz 97, 99, 103, 104, 105, 106, 107, 109, 110, 112, 116, 125, 162, 163, 212, 822, 914.
Herzbeutel 163.
Herzförmig 79.
Herzkammer, linke 161, 162.
Herzkammer, rechte 161, 162.
Herzmuschel 217.
Herzmuskel 162.
Herzstelle 740.
Herzstück 587, 590.
Herzwandschicht 162.
heterotrophe Organismen 67.
Heuboden 182.
Hexenstich 459.
Hiebwaffen 751.
HiFi-System 503.
Hijiki 183.
Hilfe 181.
Hilfsbatterie 563.
Hilfslinie 434.
Hilfsmittel 400.
Hilfsprojektor 10.
Hilfsschiff 653.
Hilfsschwert 836.
Himalaja 33.
Himbeere 192.
Himbeere im Querschnitt 83.
Himmel, bedeckter 56.
Himmel, bewölkter 56.
Himmel, heiterer 56.
Himmel, klarer 56.
Himmel, stark bewölkter 56.
Himmel, stürmischer 65.
Himmel, wolkenloser 56.
Himmelsäquator 13.
Himmelsbedeckung 55.
Himmelskörper 4.
Himmelskugel 13.
Himmelskugel, Koordinatensystem 13.
Himmelsmeridian 13.
Himmelsnordpol 13.
Himmelsstrahlung, Messung 58.
Himmelssüdpol 13.
Hindernislaufhürde 790.
Hindernisrichter 852.
Hindernisse 875.
Hindi 469.
Hinduismus 736.
Hinterbein 96, 98, 110, 111, 277.
Hinterbein (Innenseite) 98.
Hinterbindung 840.
Hinterbühne 431.
Hinterdeckel 426.
hintere Aufschlaglinie für das Doppelspiel 816.
hintere Augenkammer 177.
hintere Begrenzungslinie 848.
hintere Felgenbremse 578.
Hintere Flügelklappe 760.
hintere Fontanelle 158.
hintere Gerade 856.
hintere Klappe 23.
hintere Kufe 884.
hintere Nervenwurzel 167, 168.
hintere Querleiste 893.
hintere Schaufel 637.
hintere Seitenfontanelle 158.
hinterer Balken 698.
hinterer knöcherner Bogengang 174.
hinterer Kotflügel 577.
hinterer Schließmuskel 105.
hinterer Stauraum 775.
hinterer Stoßdämpfer 575.
hinterer Streben 578.

hinterer Tragflügel 609.
hinterer Umwerfer 578, 580.
hinteres Auspuffrohr 553.
hinteres Ende 105, 303, 309.
hinteres Gehäuse 17.
hinteres Trittbrett 766, 775.
Hinterextremität 121, 143.
Hinterfeld 818.
Hinterflügel 96.
Hintergrundbeleuchtung 527.
Hinterhauptbein 131, 158.
Hinterhauptmuskel 151.
Hinterhauptsbein 153, 158.
Hinterhorn 167.
Hinterkante 898.
Hinterkappe 370.
Hinterleib 96, 97, 98, 103, 107.
Hinterleibssegment 97.
Hinterpartie 909.
Hinterrad 333.
Hinterteil 893.
Hinterwand 818.
Hinterzehe 115, 117.
Hinterzwiesel 855.
Hippe 330.
Hirn 212.
Hirnanhangdrüse 167.
Hirnholzende 300.
Hirnnerven 166.
Hirse 85, 203.
historische Schiffe 598.
Hitzeschild 22.
HNO(Hals-Nasen-Ohren)-Behandlungsraum 779.
Hobel 309.
Hobeleisen 309.
Hobeleisen-Stellschraube 309.
Hobelschar 639.
Hobelzahn 331.
hoch verstärkende Antenne 18.
Hoch-/Tiefstelltaste 528.
Hochaltar 737.
Hochdruck 420.
Hochdruckdampfeinlass 668.
Hochdruckgebiet 55, 63.
Hochdruckpresse 642.
Hochdruckturbine 627.
Hochdruckverfahren 421.
Hochebene 45.
Hochgebirge 61.
Hochgeschwindigkeitszug 585.
hochgestellt 472.
Hochland 7.
Hochlandklimate 61.
Hochschrank 224.
Hochsilo 182.
Hochspannungsleitung 646, 662, 677.
Hochspannungsleitung, Anschluss 663.
Hochspannungsmast 663.
Hochspannungsprüfer 316.
Hochsprung 791, 792.
höchste Karte 914.
hochstehende Form 420.
Hochstuhl 281.
Hochtöner 502.
Hochtonlautsprecher 10.
Hochtransformation der Spannung 646, 662, 665.
hochverstärkende S-Band-Antenne 60.
Hochwasserentlastungswehr 657.
Hochwasserentlastungswehr, Verschluss 657.
Hochwebstuhl 461.
Hocker 224, 277, 722.
Hockey 800, 918.
Hockeyball 800.
Hockeyskate 895.
Hoden 107, 110, 169.
Hodensack 146, 169.
Hof 182, 727.
Hogline 877.
hohe Rippe 214.
hohe Wolken 62.
Höhen-Tonabnehmer 441.
Höheneinstellhebel 756.
Höheneinstellung 692.
Höhenfeineinstellung 14, 15.
Höhenfeintrieb 701.
Höhenfeststeller 14, 15.
Höhenflosse 625, 631, 898.
Höhenkaltfront 56.
Höhenkontrolle 485.
Höhenlagen, Vegetationsbild 66.
Höhenmesser 896, 898, 899.
Höhenregler 441, 497, 503.
Höhenrichtwerk 756.
Höhenruder 625, 898.
Höhenskala 53, 485.
Höhensucher 761.
Höhenverstellfuß 483.
Höhenverstellskala 304.
Höhenverstellung 289, 826, 851.
Höhenwarmfront 56.
höherer Wasserstand 597.
Hohlbeitel 401.
Höhle 47, 51.
hohle Eisschraube 901.
Hohleisen, gebogenes 401.
Hohleisen, gerades 401, 421.
Höhlenraum, trocken liegender 47.
Hohlhandmuskel, kurzer 150.
Hohlhandmuskel, langer 150.
Hohlkehlfräser 308.
Hohlkehlfräser mit Anlaufzapfen 308.
Hohlladungsgeschoss 752.
Hohlvene, obere 160, 161, 162.
Hohlvene, untere 160, 161, 162, 165.
Hohlziegel 298.
Hoisinsoße 200.
Hollandrad 581.
Holm 321, 390, 624, 782.
Holmium 684.
Hologramm, metallisiertes 729.
Holz 300, 868.
Holz 1 868.
Holz 3 868.
Holz 5 868.
Holzbeheizung 256.
Holzblasinstrumente 437.
Holzboden 899.
hölzerner Barrenholm 825.
Holzhammer 301.
Holzkiste 222.
Holzleibung 249.
Holzohr 183.
Holzschläger 867.
Holzschnitt 421.
Holzschnitzerei 401.
Holzstock 421.
Holzträger 257.
Holzunterbau 254.
Holzwerkstoffe 300.
Homo sapiens 93.
homogenisierte Milch 210.
Honduras 742.
Honig 209.
Honigbiene 98.
Honigbiene, Anatomie 99.
Honigbiene, äußere Merkmale 98.
Honigmelone 195.
Honigraum 100.
Honigzelle 100.
Höraufsatz 776.
Hörer 506, 507.
horizontale Bodenbewegung 43.
horizontale Einstellung 518.
horizontaler Zug 916.
horizontales Schiebefenster 415.
Horizontalseismograph 43.
Horizontspiegel 612.
Hörmuschel 506.
Horn 376, 766, 836.
Hörnchennudeln 206.
Hörnerv 174.
Hornhaut 177, 691.
Hornisse 101.
Hornschicht 172.
Hornschnabel 113.
Hornschuppe 117.
Hornsohle 127.
Hornstrahl 127.
Hornwand 127.
Hörplätze 733.
Hors-d'Oeuvre-Schale 226.
Hörsaal 394, 718, 732.
Hose 124, 350, 371, 748, 796, 802, 808, 844, 850, 875, 878.
Hose, kurze 369, 801, 805, 810.
Hosen 716.
Hosen, Beispiele 358.
Hosenbluse 359.
Hosenbund 350.
Hosenrock 357.
Hosenschlitz 350.
Hosenträger 350.
Hotel 710, 724, 886, 915.
Hotelreservierungsschalter 620.
Hotelzimmer 724.
Houppelande 338.
Hub 522, 523.
Hubarm 637, 640.
Hubarmzylinder 637.
Hubble-Weltraumteleskop 17, 53.
Hubblesche Klassifikation 9.
Hubbrücke 542.
Hubel 464.
Hubgebläse 605.
Hubkette 632.
Hubplattform 653.
Hubschrauber 631, 762.
Hubschrauber, Beispiele 631.
Hubschrauberhangar 762.
Hubschrauberlandeplatz 652, 762.
Hubstreben 640.
Hubvorrichtung 635.
Hubwerk 641.
Hubwinde 634.
Hubzahlvorwahl 305.
Hubzylinder 573, 634, 766.
Hudson Bay 30.
Huf 124, 127.
Huf, Unterseite 127.
Hufbein 126.
Hufe, Beispiele 127.
Hufeisen 127, 376.
Hufeisenbogen 413.
Hufeisenmontierung 17.
Hufglocke 853, 858.
Hüft-Becken-Nerv 166.
Hüft-Leisten-Nerv 166.
Hüftarterie, gemeinsame 160, 165.
Hüftarterie, innere 160, 161, 165.
Hüftbein 122.
Hüfte 96, 98, 147, 149.
Hüftgurt 906.
Huftiere 124.
Huftiere, Beispiele 128.
Hüftlochnerv 166.
Hüftpolster 808.
Hüftvene, gemeinsame 165.
Hüftvene, innere 161.
Hüftwurf 844.
Hügel 45, 875.
Huhn 120, 213.
Hühnerei 213.
Hühnerstall 182.
Huitzilopochtli-Tempel 412.
Hülle 84, 521, 867, 899, 905.
Hüllen, Wan-tan 207.
Hülse 85, 307, 912.
Hülse, äußere 275.
Hülse, Schnitt 84.
Hülsenauswurf 755.
Hülsenboden 860.
Hülsenfrüchte 190.
Humeruskopf 153.
Hummel 101.
Hummer 107, 218.
Hummer, Anatomie 107.
Hummer, äußere Merkmale 107.
Hummus 200.
Hund 130.
Hund, äußere Merkmale 130.
Hund, Skelett 131.
Hund, Vorderpfote 130.
Hunderassen 130.
Hundert 703.
Hundshai 218.
Hupe 556, 576.
Hürde 790.
Hürden 852.
Hürdenlauf 790.
Hurrikan 63.
Hustensirup 783.
Hut 76.
Hutband 340.
Hutmutter 311.
Hüttenkäse 210.
Huygens 19.
Hyäne 134.
Hybridfahrzeug 563.
Hydrant 712.
Hydrantenanschluss 766.
Hydrantenschlüssel 767.
Hydraulik 632.
Hydraulik-Heber 567.
Hydraulik-Hochlöffelbagger 638.
Hydraulikanschluss 642.
Hydraulikkupplung 640.
Hydraulikschlauch 641.
Hydraulikzylinder 633, 640.
hydraulische Scheibenbremse 870.
hydraulischer Klappenheber 760.
hydraulischer Palettenhubwagen 633.
hydraulischer Widerstand 851.
Hydrosphäre 66.
Hygrograph 59.
Hygrometer 261.
Hygrostat 261.
Hyperlinks 524.
Hyracotherium 93.

I

Iapetus 5.
Iberische Halbinsel 32.
Ichthyosaurus 93.
Ichthyostega 92.
Identifikationsnummer, technische 501.
identisch 703.
Identitätsband 376.
Idiotenhügel 886.
Igel 121.
Iglu 418.
Igluzelt 903.
Ileum 164.
Ilium 111, 116.
Imbusschrauben 302.
Impair 919.
Impluvium 406.
Impressum 471.
Impulslaser, Rubin 692.
Impulsregner 329.
Inbound-Linie 806.
Incisura intertragica 173.
Inder 10.
Indexanzeigeregler 477.
Indexspiegel 612.
Indianersprachen 469.
Indien 747.
Indisch-Antarktischer Rücken 50.
Indisch-Australische Platte 43.
Indischer Ozean 28, 29, 33, 34.
indisches Fladenbrot 205.
indisches Naanbrot 205.
Indium 682.
indoarische Sprachen 469.
indoeuropäische Sprachen 469.
Indonesien 33, 747.
Indonesisch 469.
Induktionsspule 488.
Industrie 525.
Industrie, petrochemische 656.
Industrieabfälle 69, 70.
Industriegebiet 709.
industrielle Telekommunikation 487.
industrielle Verschmutzung 69.
Infiltration 67, 69.
Information 725.
Informationsdisplay 512.
Informationsschalter 620, 719, 730, 733, 769, 779, 886.
Informationsstand 715.
Informationsverbreitung 525.
Infrarot-Scanner 18.
Infrarot-Zielsuchkopf 759.
Infrarotschnittstelle 526, 527.
Infrarotsensor 60, 518.
Infrarotstrahlung 68, 690.
Infusionsständer 780.
Ingwer 199.
Inhaber, Name 729.
Inhaber, Unterschrift 729.
Inhalt 471.
Injektionsbohrung 646.
Inklination 13.
Inlineskating 895.
Innenbehälter 266.
Innenbeleuchtung 594.
Innenbrett 915.
Innenfeld 794.
Innenfläche 346.
Innengewinde 910.
innengezahnte Fächerscheibe 310.
Innenhebel 838.
Innenhof 738.
Innenisolierung 561.
Innenknauf 248.
Innenkreis 877.
Innenläden 282.
Innenlippe 105.
Innenohr 174.
Innenohrvorhof 174.
Innenstadt 709, 710.
Innensteckhülse 909.
Innenstiefel 889, 895.
Innentasche 389.
Innentür 291.
Innenverteidiger 803.
Innenzelt 902, 903.
innere Drosselvene 160.
innere Grabenböschung 409.
innere Hüftarterie 160, 161, 165.
innere Hüftvene 161.
innere Kuppelhülle 17.
innere Leitschaufeln 627.
innere Oberschenkelkondyle 153.
innere Planeten 5.
Innereien 212.
innerer Kern 42.
innerer Oberarmgelenkhöcker 153.
innerer Rand 127.
innerer Schenkelmuskel 150.
inneres Keilbein 155.
Insassenaufnahme 726.
Insasseneingang 726.
Insekten 96.
Insekten, Beispiele 101.
Insektenfresser 117, 121.
Insektenfresser, Beispiele 121.
Insel 38, 539, 761.
Inselkette 49.
Installation 395.
Instrumentalgruppierungen, Beispiele 438.
Instrumente 17, 876.
Instrumente, elektronische 450.
Instrumente, wissenschaftliche 23.
Instrumenteneinheit 25.
Instrumentenplattform 60.
Instrumentenring 24.
Instrumententafel 557, 574, 576.
Integral 703.
Integralhelm 874.
integrierte Schaltung 689.
integrierte Schaltung mit Gehäuse 689.
Intelsat 487.
intensive Kultur 68, 69.
intensive Landwirtschaft 68, 70.
Intensivstation 780.
interaktive Terminals 395.
Interlobärspalt, schräger 163.
internationale Post 475.
internationale Raumstation 21.
internationale Wettersymbole 56.
internationales Einheitensystem 702.
interne Modemschnittstelle 513, 526.
Internet 523, 524.
Internet-Nutzer 524.
Internet-Nutzungen 525.
Internet-Provider 525.
Internet-Tasten 514.
Intervalle 434.
Interview 471.
Intrusivgesteine 42.
Inuktikut 469.
Io 4.
Ionenschweif, Plasmaschweif 8.
ionische Halbsäule 407.
ionische Säulenordnung 404.
Irak 746.
Iran 746.
Iridium 683.
Iris 177.
Irisch 469.
Irisch Moos 183.
Irische See 32.
irisches Brot 205.
Irland 743.
irreguläre Galaxie Typ I 9.
irreguläre Galaxie Typ II 9.
irreguläres Aggregat 64.
ISA-Erweiterungsport 513.
Isba 418.
Ischiasnerv 166.
Ischiasnerv, kleiner 166.
Ischium 111, 116.
Islam 736.
Island 32, 744.
Isländisch 469.
Isobare 55.
Isolationszelle 727.
Isolator 562, 663.
Isolierhülse 275.
Isoliermaterial 294, 655.
Isoliermaterialien 299.
Isolierraum 778.
Isolierstoff 254.
isolierte Klinge 316.
isolierte Sprachen 469.
isolierter Griff 316, 317.
Isolierung 253, 267, 672.
Isoseiste 43.
Israel 746.
ist annähernd gleich 703.
ist äquivalent mit 703.
ist gleich 703.
ist gleich oder größer als 703.
ist gleich oder kleiner als 703.
ist größer als 703.
ist identisch mit 703.
ist kleiner als 703.
ist nicht identisch mit 703.
ist nicht parallel zu 704.
ist parallel zu 704.
ist senkrecht zu 704.
ist ungleich 703.
Italien 744.
Italienisch 469.

J

J-2-Triebwerk 25.
Jabot 362.
Jaboticaba 197.
Jacke 338, 355, 844.
Jacke, dreiviertellange 352.
Jacke, traditionelle 846.
Jacken 352, 355, 358.
Jackett 348.
Jackfrucht 196.
Jackpot-Kasten 920.
Jackpot-Leitung 920.
Jagdhunde 13.
Jagdkappe 340.
Jagen 912.
Jaguar 135.
Jahresring 87.
Jahreszahl 729.
Jahreszeiten 54.
Jahreszeitenziegel 917.
Jakobsmuschel 217.
Jalapeño-Chili 199.
Jalousie 249, 285.
Jalousiefenster 415.
Jalousieschweller 444.
Jalousieverschluss 261.
Jamaika 742.
Jamaikapfeffer 198.
Japan 33, 747.
Japangraben 50.
Japanisch 469.
japanischer Rettich 189.
japanisches Experimentiermodul 21.
Japanisches Meer 33.
Japanpinsel 397.
Jarlsberg 211.
Javagraben 50.
Jazzband 438.
Jazzbesen 449.
Jeans 358.
Jemen 746.
Jesus Christus 736.
Jetski 876.
Jicama 184.
Jiddisch 469.
Jo 846.
Jocharm 433.
Jochbein 152, 158.
Jochweite 540.
Jockey 856.
Jod 683.
Joggingschuh 370.
Joghurt 210.
Johann Calvin 736.
Johannisbeere 192.
Johannisbeere, schwarze 192.
Joker 914.
Jolle 835.
Jordanien 746.
Joule 702.
Joystick 516.
Joysticks 918.
Judentum 736.
jüdisches Weißbrot 205.
Judo 844.
Judogi 844.
Judokämpfer Wettkampfteilnehmer 844.
Jugoslawien 744.
Jujutsu 846.
Jungfrau 11, 13.
Jupiter 4.
Jura 93.
Jurte 418.
Jurypräsident 855.
Justaucorps 338.
Justierring 383.
Justiz 726.
Justizvollzugsanstalt 726.
Juweliergeschäft 714.

K

K-Gerüst 663.
K.O.-System 789.
Kabel 289, 306, 316, 331, 332, 488, 492, 504, 505, 516, 517, 523, 558, 573, 848, 913.
Kabel der Schnittstelle für digitale Musikinstrumente (MIDI) 451.
Kabel, Anschluss 305.
Kabelabisolierer 317.
Kabeldurchführung, ausbrechbare 272.
Kabeljau, atlantischer 221.
Kabelleitung 525.
Kabelmantel 308, 318.
Kabelmodem 525.
Kabelmuffe 306.
Kabelrolle 848.
Kabelschutz 913.
Kabeltrommel 489.
Kabeltülle 317.
Kabelversteifung 288.
Kabelverteiler 486.
Kabine 608, 640, 643, 731.
Kabriolett 549.
Kachel 22.
Kaffee 208.
Kaffee-Filterkanne 241.
Kaffeebohnen, geröstete 208.
Kaffeehausgardine 282.
Kaffeekanne 905.
Kaffeeküche 509.
Kaffeelöffel 228.
Kaffeemaschine 241.
Kaffeemaschinen 241, 723.
Kaffeemühle 240.
Kaffeepresser 241.
Käfig 407.
Kaftan 339.
Kahnbein 154, 155, 156.
Kai 596.
Kaianlage 708.
Kaiman 114.
Kairampe 596.
Kaiserdach 414.
Kaiserling 183.
Kajak 837.
Kakadu 118.
Kakao 208.
Kaki 197.
Kaktusfeige 197.
Kalahari 34.
Kalandriagefäß 669.
Kalb 128.
Kalbfleisch 214.
Kalbfleischwürfel 214.
Kalbshackfleisch 214.
Kaldaune 212.
Kalifornien, Golf 30.
Kalium 682.
Kalkschwamm 95.
Kalkulationspunkt 891.
Kalmar 217.
kalte Gerichte 722.
kalte Luft 64, 675.
Kältemittelleitung 260.
kaltes Kühlmittel 665, 674.
kaltes Schwerwasser 670.
Kaltfront am Boden 56.
kaltgemäßigte Klimate 61.
Kaltnadel 422.
Kaltwasserkreislauf 262.
Kaltwassersteigleitung 262.
Kaltwasserzulauf 265, 266, 267, 270, 271.
Kalzium 682.
Kambium 87.
Kambodscha 747.
Kambrium 92.
Kamel 129.
Kamera 18, 490, 492, 775, 873.
Kamera-Assistent, erster 428.
Kamera-Assistent, zweiter 428.
Kamera-Dolly 492.
Kamera-Steckfeld 490.
Kameragehäuse 476.
Kameramann 428.
Kameraplattform 482.
Kameraschraube 482.
Kamerun 745.
Kamille 208.
Kamin 250, 256, 257.
Kaminabdeckung 257.
Kaminabdichtung 257.
Kaminanschluss 256.
Kaminaufsatz 245.
Kaminbesteck 257.
Kamineinfassung 256, 257.
Kamingitter 257.
Kaminsims 256.
Kamm 45, 417, 461.
Kämme 380.
Kammer 650.
Kammer, unterirdische 402.
Kammerseptum 162.
Kammerton A 436.
Kammerwasser 177.
Kammlade 460.
Kammmuschel 217.
Kampfbereich 844.
Kämpfer 413, 846.
Kämpferlinie 845, 847.
Kampffläche 846, 847.
Kampffläche, zentrale 843.
Kampfflugzeug 760.
Kampfgericht 845, 853, 871.
Kampfmesser 751.
Kampfrichter 824, 825, 842, 843, 844, 848, 859, 860, 881, 893.
Kampfrichter für den künstlerischen Ausdruck 823.
Kampfrichter für die technische Ausführung 823.
Kampfrichter, leitender 860.
Kampfrichter-Obmann 883.
Kampfrichterassistenten 883.
Kampfrichterstand 890.
Kampfrichtertribüne 856.
Kampfrichterturm 890, 891.
Kampfsportarten 842.
Kamtschatka-Halbinsel 33.
Kanada 742.
kanadischer Bacon 216.
kanadischer Football 809.
Kanal, Haverscher 154.
Kanal, linker 502.
Kanal, rechter 502.
Kanalabschnitt 258.
Kanäle, Volkmannsche 154.
Kanaleinstiegsschacht 712.
Kanalisation 262, 263.
Kanalschleuse 596, 597.
Kanalsohle 597.
Kanalsuchtasten 495.
Kanalwahlschalter 505.
Kanalwahltasten für Lautsprecher 497.
Kanapee 276.
kanarische Melone 195.
Kandare 854.
Kandarenkette 854.
Kandarenzügel 854.
Kandiszucker 209.
Känguru 142, 143.
Känguru, äußere Merkmale 143.
Känguru, Skelett 142.
Kaninchen 123, 212.
Kanne 241.
Kannelüre 404, 405.
Kanone aus dem 17. Jahrhundert 752.
Kante 887, 907.
Kantenfläche 300.
Kantenschiene 894.
Kantenstecher 326.
Kantholz 460.
Kanu 600, 837.
Kanu-Kajak: Flachwasserrennen 838.
Kanu-Kajak: Wildwasser 837.
Kanüle 776.
Kanülenansatz 776.
Kanzel 737, 738, 898.
Kanzellösehebel 898.
Kap 38.
Kap der Guten Hoffnung 34.
Kap Horn 31.
Kap Verde 745.
Kapaun 213.
Kapelle 408, 726.
Kapillargefäß 172.
Kapillarröhrchen 695.
Kapitalband 426.
Kapitälchen 472.
Kapitänssitz 626.
Kapitell 405.
Kaplanturbine 659.
Käppchen 340.
Kappe 269, 274, 275, 470, 484, 816, 880.
Kappe, äußere 342.
Kapsel 75, 783.
Kapsel, Schnitt 84.
Kapselfinger 452.
Kapuze 353, 368, 882, 901.
Kapuze mit Zugband 369.
Kapuzenmuskel 150, 151.
Kapuzenmütze 341.
Kar 7, 46.
Karabiner 911.
Karabinerhaken 835, 901.
Karaffe 225.
Karaffe, kleine 225.
Karambolagebillard 862.
Karate 845.
Karategi 845.
Karateka 845.
Karavelle 599.
Karbon 92.
Kardamom 198.
Kardinal 118.
Kardinalseezeichen 616.
Kardinalseezeichen, östliches 617.
Kardinalseezeichen, südliches 617.
Kardinalseezeichen, westliches 617.
Kardone 185.
Karibik 28, 30.
Karibische Inseln 742.
Karibische Platte 43.
Karikatur 471.
Karo 914.
Karosserie 550, 567.
Karosserien, Beispiele 549.
Karotte 189.
Karpalballen 130.
Karpaten 32.
Karpfen 220.
Kartätsche 752.
Karte 915.
Karte, politische 37.
Karteikarten 532.
Karteikasten 533.
Karteiregister 532.
Karteischubfach 533.
Kartendarstellungen 36.
Kartenkontrolleur 394, 427.
Kartenlesegerät 730, 731.
Kartenleser 493.
Kartenleserschlitz 548.
Kartennummer 729, 731.
Kartenraum 604, 732.
Kartenschacht, PC 526.
Kartenschlitz 507.
Kartenspiele 914.
Kartoffel 184.
Kartoffelstampfer 233.
Kartographie 35.
Karton 223.
Kartusche 268, 315, 773.
Kartuschendichtung 268.
Kartuschenkolben 268.
Kartuschenpistole 315.
Kasachstan 746.
Käse 722.
Käsemesser 228.
Käsereibe 230.
Kaserne 409.
Käseschachtel 223.
Käsetheke 181.
Kaspisches Meer 28, 33.
Kasse 181, 394, 427, 548, 719, 723.
Kassen 181, 716, 717.
Kassette 499, 504, 521.
Kassettenauswurfschalter 495.
Kassettenband 499.
Kassettendeck 488, 499, 503.
Kassettendecktasten 504.
Kassettenfach 499.
Kassettenfilm 481.
Kassettenlaufwerk 521.
Kassettenrekorder-Wahltaste 497.
Kassettenschacht 495.
Kassettenteil 504.
Kassiererin 181.
Kassiopeia 12.
Kastagnetten 437, 449.
Kasten 99, 436.
Kasteneisen 401.
Kastenwagen, langer 588.
Katalanisch 469.
Katalysator 553.
katalytische Umwandlungsanlage 656.
Katamaran 835.
Katapult 761.
Katar 746.
Kathode 689.
Katholizismus 736.
Katze 132, 409.
Katze, äußere Merkmale 133.
Katze, Kopf 132.
Katzenhai, groß gefleckter 218.
Katzenrassen 132.
Kaufhaus 715, 716.
Kaulquappe 111.
Kaumuskel 150.
Kegel 237, 705, 882, 883.
Kegel, Beispiele 865.
Kegeldach 415.
Kegelprojektion 36.
Kegelradgetriebe 686.
Kehldeckel 163, 176.
Kehle 115, 444.
Kehlkopf 163.
Kehlriemen 854.
Kehrschaufel 295.
Keil 346, 386, 388, 444, 753.
Keilbein 158.
Keilbein, äußeres 155, 156.
Keilbein, inneres 155.
Keilbein, mittleres 155, 156.
Keilbeinhöhle 175.
Keilhebel 309.
Keilriemen 292, 552, 566.
Keilstein 413.
Keim 85.
Keimblatt 77.
Keimblatt, verwelkendes 77.
Keimscheibe 117.
Keimung 77.
Keimwurzel 77.
Kelch 83, 84, 737.
Kelchblatt 80, 83.
Kelimbindung mit wechselnden Wenden 463.
Kelimbindung, senkrechte 463.
Keller 250.
Kellerfalte 357.
Kellerfenster 245.
Kellner 721.
Kellnerbesteck 230.
keltische Sprachen 469.
Kelvin 702.
Kendo 847.
Kendoka 847.
Kenia 745.
Kennplakette 273.
Kennzeichnung 560.
Kepheus 12.
Keramikdichtung 268.
Keramikkondensator 689.
Kerbe 698, 863.
Kerbel 202.
Kermadec-Tonga-Graben 50.
Kern 8, 9, 81, 82, 83, 85, 444, 867, 908, 912.
Kern, äußerer 42.
Kern, innerer 42.
Kern, spaltbarer 681.
Kernenergie 665.
Kernenergie, Elektrizitätserzeugung 665.
Kerngehäuse 82.
Kerngehäuseausstecher 233.
Kernholz 87.
Kernkörperchen 74, 170.
Kernkraftwerk 668.
kernlose Salatgurke 188.
Kernmembran 74, 94.
Kernreaktor 667.
Kernreaktorraum 763.
Kernschatten 6, 7.
Kernspalte 444.
Kernspaltung 681.
Kernspaltung des Uranbrennstoffs 665.
Kerosin 656.
Kerosintank 25.
Kerze 737.
Kessel 45, 448, 612.
Kesselpauke 448.
Kesselwagen 588.
Ketchup 201.
Ketsch 601.
Ketschua 469.
Kettbaum 460.
Kette 265, 460, 461, 578, 580, 697, 826, 876.
Kettenantrieb 641.
Kettenblatt, großes 580.
Kettenblatt, kleines 580.
Kettenblattumwerfer 578, 580.
Kettenblende 758.
Kettenbremse 331.
Kettenfäden 463.
Kettenführung 580.
Kettenlaufwerkrahmen 636.
Kettenplatte 758.
Kettenrad 758, 870.
Kettenreaktion 681.
Kettenrohrzange 315.
Kettensäge 331.
Kettenschuh 758.
Kettenstich 459.
Kettenstrebe 578.
Keule 130.
Keulen 823.
Keulenärmel 361.
Kibla 738.
Kichererbsen 190.
Kickschuh 800.
Kidneybohne, rote 191.
Kiebitz 118.
Kiefer 106.
Kiefernnadeln 89.
Kieferschutz 808.
Kiefertaster 103.
Kiel 840.
Kielbasa-Wurst 216.
Kielbein 116.
Kielbogen 413.
Kielboot 835.
Kieldach 414.
Kielstange 897.
Kieme 106.
Kiemen 105, 109.
Kiemen, äußere 111.
Kiemendeckel 108, 111.
Kiemenspalten 108.

Kies 253, 263.
Kiesbett 872.
Kilogramm 702.
Kilometerzähler 557.
Kilowattstundenzähler 273.
Kimme 754, 755, 757, 861, 893, 912.
Kimono 364.
Kimonoärmel 361.
Kinder 545, 785.
Kinder-Sportbekleidung 717.
Kinderabteilung 732.
Kinderbekleidung 369.
Kinderbetreuung 715.
Kinderbücher 732.
Kindermöbel 281.
Kinderschuhe 717.
Kindersessel 281.
Kindersitz 558, 580.
Kinn 115, 148.
Kinnkette 854.
Kinnkettenhaken 854.
Kinnreff 749.
Kinnriemen 765, 808.
Kinnschutz 575, 765, 870, 885.
Kinnstütze 439.
Kino 427, 608, 710, 714.
Kinoleinwand 427.
Kinosaal 427.
Kinyarwanda 468.
Kiosk 548, 593.
Kippanhänger, aufgesattelter 572.
Kippe 647.
Kipper 573.
Kippermulde 639.
Kipphebel 783.
Kipplader 572.
Kipppritsche 573.
Kirche 711, 737.
Kirchenbank 737.
Kirchenfenster 737.
Kirgisistan 746.
Kiribati 747.
Kirschband 283.
Kirsche 192.
Kirschtomate 188.
Kirsorfalte 283.
Kirundi 468.
Kissen 458.
Kissen, kleines 280.
Kiste 222.
Kittelbluse 359.
Kiwano 196.
Kiwi 196.
Klaffmuschel 217.
Klammer 284.
Klammern, eckige 473.
Klammern, runde 473.
Klampe 834, 835.
Klangfarbenregler 441.
Klangfell 433.
Klangwahlanzeige 497.
Klangwahlschalter 497.
klappbare Laderampe 608.
klappbare Nagelfeile 377.
Klappbrücke, einteilige 542.
Klappe 105, 278, 309, 348, 429, 446, 535.
Klappe, hintere 23.
Klappendrücker 446.
Klappenhebel 626.
Klappenheber, hydraulischer 760.
Klappenschutz 446.
Klappenstiel 446.
Klappentasche 348, 352, 360.
Klapperschlange 114.
Klappschlittschuh 883.
Klappspaten 906.
Klappspiegel 477.
Klappstufe 567.
Klappstuhl 277.
Klapptisch 278.
klarer Himmel 56.
Klarinette 446.
Klarinetten 437.
Klarsichtfenster 386.
Klarsichthüllen 386.
Klarsichtscheibe 876.
Klarspülmittelbehälter 294.
Klassenzimmer 727, 734, 735.
Klassenzimmer für Schüler mit Lernschwierigkeiten 734.
klassische Bluse 359.
Klaue 96, 98, 107, 121, 122, 140, 143, 301.
Klauenpolrad 688.
Klaviaturboden 442.
Klavier 442.
Klaviermechanik 443.
Klavikula 111.
Klebeband 254, 800.
Klebebandabroller 534.
Klebefilmspender 534.
Klebestift 534.
Klebfaden 103.
Klebstoff 254.
Kleeblatt 538, 539.
Kleeblattbogen 413.
Kleid in Trapez-Form 356.
Kleid mit angesetztem Schoß 356.
Kleid mit flachem Reifrock 337.
Kleid mit Krinolinenrock 337.
Kleid mit Turnüre 337.
Kleid, mit angesetztem Schoß 356.
Kleider, Beispiele 356.
Kleiderhaken 510.
Kleidersack 389.
Kleiderschrank 251, 278, 279, 510, 724.
Kleiderschutz 783.
Kleiderstoff 455.
Kleidung 336.
Kleidung, feuer- und wasserfeste 765.
Kleidung, traditionelle 339.
Kleinanzeigen 471.
Kleinbus 569.
kleine Armdecken 115.
kleine Beuteltasche 388.
kleine Chirurgie 778.
kleine Elektrohaushaltsgeräte 717.
kleine Karaffe 225.
kleine Klinge 905.
kleine Schamlippe 170, 171.
kleine Sterne 8.
kleine Trommel 437, 448.
Kleine Wasserschlange 10.
kleiner als 703.
Kleiner Bär 12.
kleiner Finger 173.
Kleiner Getränkekarton 223.
Kleiner Hund 13.
kleiner Ischiasnerv 166.
kleiner Kragen 339.
kleiner Lehnstuhl 276.
Kleiner Löwe 13.
kleiner Rundmuskel 151.
kleiner Teller 226.
kleiner Tentakel 104.
kleines Kettenblatt 580.
kleines Kissen 280.
kleines Vieleckbein 154.
Kleinfingerhaken 447.
Kleinflügel 443.
Kleinhirn 167.
Kleinkalibergewehr 861, 893.
Kleinwagen 549.
Klemmbacke 377.
Klemmbrett 533.
Klemmbügel 381.
Klemmbügel, Hebel 381.
Klemme 700.
Klemme, rote 558.
Klemme, schwarze 558.
Klemme, verstellbare 286.
Klemmgriff 901.
Klemmhalter 685.
Klemmhefter 532.
Klemmring 838.
Klemmschlaufe 900, 901.
Klemmschraube, untere 58.
Klemmspot 286.
Klemmverschraubung 270.
Klemmvorrichtung 700.
Klempnerwerkzeuge 314.
Klettenwurzel 189.
Kletterer 900.
Klettergürtel 901.
Kletterhaken 900.
Kletterhose 901.
Kletterpflanze 322.
Kletterschuh 900.
Klettersport 900.
Kletterwand, künstliche 900.
Klickpedal 870.
Kliff, Klippe 51.
Klimaanlage 68, 489, 567, 608, 775.
Klimagerät 622.
Klimageräte 261.
Klimate der Welt 61.
Klimate, kaltgemäßigte 61.
Klimate, tropische 61.
Klimate, warmgemäßigte 61.
Klinge 227, 229, 237, 302, 383, 390, 849.
Klinge, isolierte 316.
Klinge, zweischneidige 383.
Klingenarten 302.
Klingendose 383.
Klingenmitte 849.
Klingenschwäche 849.
Klingenstärke 849.
Klingenstopper 382.
Klinke 460.
Klinkenstecker 488.
Klips 350, 374.
Klistierspritze 776.
Klitoris 170.
Kloake 103, 110, 113, 116.
Klöppel 458.
Klöppelbrief 458.
Klöppelkissen 458.
Klöppelspitze 458.
Klosettbecken 265.
Klosettdeckel 265.
Klotz 632.
Klubhaus 856, 866.
Klubhauskurve 856.
Knabenbekleidung 2 bis 6 Jahre 717.
Knabenbekleidung 7 bis 17 Jahre 717.
Knarre 307, 311, 909.
Knäuel 462.
Knauf 277, 278, 797, 822, 849, 880.
Knebel 312, 739, 854.
Knebelbolzen 302.
Knebeltrense 854.
Knebelverschluss 353.
Kneifer 385.
Knethaken 236.
Knickschutztülle 381.
Knie 124, 130, 146, 148.
Kniebandage 850, 857.
Kniebuckel 749.
Kniebundhose 358.
Kniehose 338.
Kniemanschette 857.
Kniemanschettenhalter 857.
kniender Anschlag 861.
Kniepolster 808, 880.
Kniescheibe 122, 124, 126, 131, 138, 152.
Knieschoner 858.
Knieschützer 796, 874, 882, 894, 895.
Kniestrumpf 351, 365, 848.
Knoblauch 184.
Knoblauchpresse 230.
Knöchel 146, 148.
knöchelhohe Stiefelette 343.
Knöchelschutz 796.
Knöchelsocke 351.
Knochen, kurzer 157.
Knochen, langer 157.
Knochen, platter 157.
Knochen, unregelmäßiger 157.
Knochenarten 157.
Knochenfisch 108.
Knochenfische 219.
Knochenhaut 154.
Knochenmark 154.
Knolle 185.
Knollenblätterpilz 76.
Knollengemüse 184.
Knollensellerie 189.
Knollenziest 184.
Knopf 274, 285, 305, 349, 354, 432, 753.
Knopf für Alarmschwellenwert-Anzeige 613.
Knöpfe, gelochte 453.
Knopflasche 350.
Knopfleiste 349, 354.
Knopfleiste, verdeckte 355, 369.
Knopfloch 352.
Knorpelfisch 108.
Knorpelfische 218.
Knorrenmuskel 151.
Knospe 78.
Knötchenstich, französischer 459.
Knötchenstiche 459.
Knoten 463, 663, 687, 908.
Knoter 642.
Knurrhahn 219.
Koala 143.
Koaxialkabel 523.
Kobalt 683.
Kobra 114.
Koch 721.
Kochbereich 722.
Kochecke 509.
Köcher 859.
Kochfeld 239.
Kochgeräte 234.
Kochgeschirr 722, 905.
Kochmesser 229.
Kochmulde 224, 290.
Kochplatte 290, 722.
Kochtopf 905.
Köderlauncher 762.
Koffer 389, 717.
Kofferauflieger 572.
Kofferradio 503.
Kofferraum 551.
Kognakschwenker 225.
Kohl 186.
Kohle 397.
Kohle-Zink-Zelle 689.
Kohlebergwerk 647.
Kohlekraftwerk 646.
Kohlendioxid 670.
Kohlendioxid, Aufnahme 78.
Kohlendioxidkühlgas 670.
Kohlendioxidreaktor 670.
Kohlenhalde 646.
Kohlenschaufel 257.
Kohlenstoff 683.
Kohlestab (Kathode) 689.
Kohlezeichnung 396.
Kohlrabi 185.
Kohlrübe 189.
Kokosnuss 193.
Kola-Halbinsel 32.
Kolanuss 193.
Kolben 81, 85, 274, 275, 453, 559, 564, 565, 566, 754, 860.
Kolbenantrieb 642.
Kolbenhals 912.
Kolbenring 566.
Kolbenschaft 566.
Kolibri 118.
Kolk 47.
Kollaterale 168.
Kollegmappe 386.
Kollegmappe mit Griff 386.
Kollektor 659.
Koller 352.
Kolon 97, 113, 125.
Kolonne 919.
Kolumbien 742.
Koma 8.
Kombi 549.
Kombi-Pflegelösung 384.
Kombihacke 326.
Kombihammer 901.
Kombilimousine, dreitürige 549.
Kombination 852.
Kombipumpe 904.
Kombizange 310, 317.
Kombu 183.
Kombüse 763.
Komet 8.
Komma 473.
Kommandant, Büro 764.
Kommandantenstand 758.
Kommandoantenne, ferngesteuerte 40.
Kommandobrücke 605.
Kommandoeinheit 19.
Kommandokapsel 25.
Kommandoturm 763.
Kommataste 529.
Kommode 279.
Kommunikation 468.
Kommunikation, drahtlose 505.
Kommunikationsmodul 486.
Kommunikationsprotokoll 524.
Kommunikationsschaltbrett 626.
Kommunikationsterminal 507.
Kommunionbank 737.
Kommutator 688.
Komoren 746.
Kompakta 154.
Kompaktpuder 378.
Kompaktspeisesystem 493.
Kompass 11, 898.
Kompassrose 612, 907.
komplexe Düne 52.
Kompositbogen 859, 913.
Kompostkiste 323.
Kompressionsgurt, seitlicher 906.
Kompressor 260, 320.
Kompressor für Klimaanlage 566.
Kondensatauslass 669.
Kondensateinlass 669.
Kondensation 67.
Kondensationskammer 646, 668.
Kondensationskühlwasserbecken 671.
Kondensatorventilator 261.
Kondensieren 680.
Kondensmilch 210.
Kondensor 646, 668, 674, 693, 694.
Kondensoreinstellung 693.
Kondensorhöhenverstellung 693.
Kondensorkühlwasserauslass 669.
Kondensorkühlwassereinlass 669.
Kondenssammler 261.
Konditionierer 642.
Konditorei 715.
Kondor 119.
Konferenzraum 509, 718, 730, 735.
Konfuzianismus 736.
Konfuzius 736.
Kongo 34, 745.
Kongresssaal 718.
Kongresszentrum 711, 718.
König 914, 916.
König, Grabkammer 402.
Königin 99.
Königin, Grabkammer 402.
Königin-Maud-Land 29.
königliche Vene 160.
Königsbaum 676.
Königsflanke 916.
konkave Linse 691.
konkavkonvexe Linse 691.
Konservator, Büro 394.
Konserven 181.
Konservendose 223.
Konservierungslabor 395.
Konsole 412.
Konstruktion 249.
Konstruktion eines Hauses 250.
Konsument 487.
Kontakt 274.
Kontaktelemente 274.
Kontaktkopiergerät 484.
Kontaktlinse, harte 384.
Kontaktlinse, weiche 384.
Kontaktlinsen 384.
Kontaktlinsenbehälter 384.
Kontergarde 409.
Kontermutter 270.
Kontinent 49.
kontinentale Kruste 42.
Kontinentalfuß 49.
Kontinentalhang 49.
Kontinentalrand 49.
Kontinentalschelf 49.
Kontinente, Lage 28.
Kontoidentifikation 731.
Kontrabass 439.
Kontrabasse 437.
Kontrafagotte 437.
Kontrasteinstellung 512.
Kontrastregler 518.
Kontreskarpe 409.
Kontrollbildschirm 694.
Kontrollkampfrichter 823.
Kontrollkonsole 865.
Kontrolllampe 381.
Kontrollleuchte 238, 239, 240, 241, 288, 290, 294, 465, 731, 767.
Kontrollleuchte Netzspannung 731.
Kontrollleuchte Papiereinzug 519.
Kontrollleuchte, Tintenpatrone 519.
Kontrollleuchten 515, 519, 520.
Kontrollleuchten für Tonsignalquellen 497.
Kontrollmonitor des Aufsichtsingenieurs 491.
Kontrollmonitore 489, 490, 491.
Kontrollmonitore, Regie 428.
Kontrollmutter 58.
Kontrollraum 618, 718, 763, 764, 768.
Kontrolltaste 505.
Kontrolltor 890.
Kontrolltower 618.
Kontrollturm 761.
Kontrolluhr 489, 491.
Konturfeder 115.
Konvektion 681.
Konvektionsströmung 681.
Konvektionszelle 63.
Konvektionszone 6.
Konvektor 259, 260.
konvergierende Plattengrenzen 43.
konvexe Linse 691.
konvexkonkave Linse 691.
Konzertflügel 443.
Koordinatensystem der Erdkugel 35.
Koordinatensystem der Himmelskugel 13.
Köperbindung 463.
Kopf 8, 96, 97, 99, 104, 115, 140, 147, 149, 161, 169, 301, 302, 308, 311, 383, 384, 391, 425, 439, 441, 452, 457, 458, 516, 816, 822, 858, 867, 901, 909.
Kopf der Katze 132.
Kopf voraus 829.
Kopfarten 302.
Kopfband 772, 773.
Kopfbedeckungen 340, 341.
Kopfbein 154.
Kopfbruststück 107.
Kopfbügel 504.
Kopfende 280.
Kopfganglion 105.
Kopfhörer 502, 503, 504.

Kopfhöreranschlussbuchse 450, 451, 513.
Kopfhörerbuchse 497, 504.
Kopfhörerstecker 504.
Kopfkissen 280.
Kopfkissenbezug 280.
Kopfkissenschonbezug 280.
Kopfnicker 150.
Kopfprofil 285.
Kopfregal 181.
Kopfriegel 247.
Kopfriemen 773.
Kopfsalat 186.
Kopfschiene 284.
Kopfschutz 772, 842.
Kopfstab 857.
Kopfsteg 426.
Kopfstrecke 650.
Kopfstütze 555.
Kopfteil 255, 281, 340, 341.
Kopfwurf 844.
Kopienablage 512.
Kopienanzahl 512.
Kopienausgabemodus 512.
Kopieren, beidseitiges 512.
Kopierkontrolle 512.
Kopierrad 454.
Kopierraum 509.
Kopilotensitz 626.
Koppel-Kipptaste 444.
Koppelungsmodul 21.
Koppen 287.
Kora 433.
Korakoid 111, 116.
Korallenmeer 29.
Korallennatter 114.
Koran 736.
Korb 291, 294, 811.
Korbanlage 809, 811.
Korbball 809.
Korbbrett 811.
Korbbretthalter 811.
Körbchen 81.
Korbhaltetrossen 899.
Korblinie 809.
Korbpfosten 809.
Korbring 809, 811.
Korbstütze, gepolsterte 811.
Korbtragerohr 899.
Kordel 282.
Kordilleren, Australische 29.
Korea 33.
Koreanisch 469.
Koriander 202.
korinthische Halbsäule 407.
korinthische Säulenordnung 405.
korinthischer Pilaster 407.
Kork 892.
Korkball 797.
Korkenzieher 905.
Korkspitze 817.
Korn 754, 757, 861, 893, 912.
Kornelevator 643.
Körner 301.
Körnerfresser 117.
Körnerschicht 172.
Kornett 437, 447.
Kornhalter mit Korn 755.
Korntank 643.
Korona 6.
Körper 176, 444, 705, 909.
Körper, menschlicher 146.
Körperchen, Ruffinisches 172.
Körperchen, Vater-Pacinisches 172.
Körperpflege 181, 379.
Körpertemperaturregelung 20.
Korpus 440, 441, 446, 793, 893.
Korpus, birnenförmiger 433.
Korpus, dreieckiger 433.
Korpus, massiver 441.
Korpus, runder 432.
Korrekturflüssigkeit 534.
Korrekturstreifen 534.
Korrekturtaste 456.
Korselett 366.
Korsett 337, 367.
Kosakenmütze 340.
Kosmetikartikel 717.
Kosmetikeinsatz 389.
Kosmetikkoffer 389.
Kostüm 355, 428.
Kostüme, historische 336.
Kote 847.
Köte 124.
Kotelett 214, 215.
Kötengelenk 124.
Kotflügel 550, 570.
Kotflügel, hinterer 577.
Krabbe 218.
Krabbenspinne 102.
Kraft 686.
Kraft, Maßeinheit 702.
Kraftfahrzeuganlagen 553.
Kraftfahrzeuge: Hauptbauteile 552.
Krafträder 545, 546.
Kraftsport 850.
Kraftstoff-Luft-Gemisch 564.
Kraftstoffanlage 553.
Kraftstoffanzeige 557.
Kraftstoffleitung 553, 563.
Kraftstoffreserveanzeige 557.
Kraftstoffschlauch 25.
Kraftstofftank 331, 553, 570, 574, 577, 586.
Kraftübertragung 580.
Kraftwerk 664.
Kraftwerk im Querschnitt 664.
Kraftwerksgebäude 666.
Kragen 348, 349, 352, 362, 440, 441.
Kragen, Beispiele 362.
Kragen, drapierter 363.
Kragen, gespreizter 349.
Kragen, kleiner 339.
Kragenecke 362.
Kragenklammer 376.
Kragenspitze 349.
Kragenstäbchen 349.
Kragensteg 362.
Kragstein 256, 408.
Kragträger 540.
Krähenfußstich 459.
Krail 327.
Krake 217.
Kralle 113, 115, 117, 130, 133, 325.
Kralle, ausgestreckte 133.
Kralle, eingezogene 133.
Krallenbein 133.
Kran 652.
Kranbahn 634.
Kräne 634.
Kranführerkabine 634.
Kranich 10.
Krankenakten 781.
Krankenhaus 711, 725, 778.
Krankenhausbett 780.
Krankenschwester 780.
Krankenstation 726.
Krankentisch 780.
Krankentrage 775, 776.
Krankenzimmer 780.
Kranzgesims 403, 404.
Kranznaht 158.
Kranzprofil 278.
Krappe 376.
Krater 7, 44, 647.
Kraterstrahlen 7.
Kraterwall 7.
Kraulen 832.
krause Endivie 187.
Kräuselfalte 359.
Kräuselfalten, Beispiele 283.
Kräuselrock 357.
Krausstrick 458.
Kräuter 202.
Kräutertees 208.
Krawatte 349.
Krawatten 716.
Krawattenklemme 376.
Krawattennadel 376.
Krawattenschal 349.
Krebs 13.
Krebs, Wendekreis 34, 35, 36.
Krebse 107.
Krebstiere 218.
Kreditabteilung 730.
Kreditkarte 729.
Kreditkartenetui 386.
Kreditkartenfach 386.
Kreide 93, 863.
Kreis, Teile 704.
Kreise 917.
Kreiskolbenmotor, Arbeitsprozess 565.
Kreislauf, elektrischer 274.
Kreisregner 329.
Kreissägeblatt 304.
Kreisverkehr 39.
Kremaster 97.
Krempe 340, 341.
Kreolen 374.
Krepis 403, 405.
Kreuz 435, 610, 740, 914.
Kreuz des Südens 11.
Kreuz-Bramstagsegel 603.
Kreuz-Royalbrasse 603.
Kreuz-Royalstagsegel 603.
Kreuz-Stengestagsegel 603.
Kreuzaussteifung 252.
Kreuzbein 138, 141, 152, 153, 157.
Kreuzbeinwirbel 122, 126, 131, 142.
Kreuzen 833.
Kreuzgeflecht 166.
Kreuzhacke 327.
Kreuzknoten 908.
Kreuzkopf 632.
Kreuzkümmel 198.
Kreuzmast 602.
Kreuzmuster-Teppichmuschel 217.
Kreuzrippe 410.
Kreuzschlitzschrauben 302.
Kreuzschlitzschraubenzieher 905.
Kreuzschlüssel 558.
Kreuzsegel 603.
Kreuzstiche 459.
Kreuztisch 693.
Kreuztischeinstellung 693.
Kriechstrombarriere 562.
Krieger, gallischer 748.
Kringel 204.
Krinolinenrock 337.
Kristallisation 680.
Kristalltropfen 287.
Kristallzucker 209.
Kroatien 744.
Krokodil 114.
Krokus 80.
Kronbein 126, 133.
Krone 87, 124, 159, 227, 229, 374, 412, 440, 696.
Kronenabschnitt der Pulpahöhle 159.
Kronleuchter 287.
Kropf 97, 99, 104, 106, 116.
Krummhalskürbis 189.
Krümmling 255.
Kruppe 124, 826.
Kruste, kontinentale 42.
Kruste, ozeanische 42.
Krustenflechte 74.
Kruzifix 737.
kryogene Hauptstufe 24.
Krypton 684.
Kuba 742.
Kübel 322.
Küche 180, 222, 224, 250, 406, 719, 721, 723, 724, 726, 735, 764.
Küchenbeil 229.
Küchenchef 721.
Kuchenform 232.
Kuchenform, flache 232.
Küchenhilfe 721.
Kücheninsel 224.
Küchenmaschine 237.
Küchenmesser 229.
Küchenmesser, Beispiele 229.
Kuchenpinsel 232.
Kuchenrad 232.
Küchenreibe 230.
Küchenschere 233.
Küchenset 233.
Küchenuhr 231.
Küchenutensilien 229.
Küchenwaage 231.
Küchenwagen 623.
Kufe 631, 876, 878, 880, 881, 884.
Kufe, bewegliche 885.
Kugel 470, 516, 705, 752, 793, 865, 912.
Kugel-Sternhaufen 9.
Kugelaggregat 268.
Kugeldichtung 268.
Kugelgelenk 156.
Kugelhalterung 58, 516.
Kugellager 677.
Kugelmaus 516.
Kugeln 864.
Kugelrücklaufkasten 865.
Kugelschreiber 470.
Kugelstoßen 790.
Kugelträger 865.
Kuh 128.
Kühlabteilung 180, 181.
Kühlaggregat 571.
Kühlauflieger 572.
Kühlbox 906.
Kühler 552, 561, 674.
Kühler für Dampfgeneratorraum 669.
Kühleranlage 553.
Kühleranschluss, unterer 561.
Kühlerblock 561.
Kühlergrill 550, 570.
Kühlergruppe 586.
Kühlerhaube 570.
Kühlerverschlussdeckel 561.
Kühlfach 291.
Kühlhaus 596.
Kühlmantel 755.
Kühlmittel 665, 670, 671.
Kühlmittel, erwärmtes 665.
Kühlmittel, heißes 674.
Kühlmittel, kaltes 665, 674.
Kühlmittelauslass 672.
Kühlmitteleinlass 672.
Kühlraum 181, 722.
Kühlschrank 224, 291, 720, 722.
Kühlschränke 720.
Kühlturm 646.
Kühlung 656.
Kühlvitrine 720.
Kühlwagen 588.
Kühlwassertank 665, 669.
Kühlwasserventil 669.
Kühlwasserventilator 586.
Kühlzylinder 692.
Kuhstall 182.
Kuhstek 908.
Kuiper-Gürtel 4.
Küken 120.
Kulette 374.
Kulissen 430.
Kultbild, Standort 403.
Kultur, intensive 68, 69.
Kulturbeutel 388.
Kulturorganisation 525.
Kümmel 198.
Kumquat 194.
Kumulonimbus 56, 62.
Kumulus 56, 62.
Kundenbetreuung 731.
Kung-Fu 846.
Kunst 394.
Künste, bildende 394.
Künste, darstellende 427.
Künste, grafische 420.
Kunstfliege 909.
Kunstgewerbe 452.
künstlerischer Ausdruck, Kampfrichter 823.
künstlerischer Leiter 428.
künstliche Kletterwand 900.
künstliche Strahlung 41.
künstlicher Erdsatellit 53.
künstlicher See 48.
Kunstraum 734.
Kunstschwamm 378.
Kunstspringen 828.
Kunststoff 269.
Kunststoff, Sortierung 71.
Kunststoff-Federball 817.
kunststoffbeschichtete Hartfaserplatte 300.
Kunststoffboden 822.
Kunststoffhülse 860.
Kunststoffisolator 272.
Kunststoffkondensator 689.
kunststoffummantelter Stoßfänger 550.
Kunstturnen 823.
Kupfer 269, 683.
Kupferplatte 422.
Kuppe 863.
Kuppel 614, 628.
Kuppel des Mihrab 738.
Kuppeldach 415.
Kuppelhülle, äußere 17.
Kuppelhülle, innere 17.
Kuppelspaltabdeckung 17.
Kuppelzelt 903.
Kuppenring 863.
Kupplung 552.
Kupplung, elastische 677.
Kupplungsbolzen 659.
Kupplungsbügel 586.
Kupplungsgehäuse 576.
Kupplungshebel 327, 574, 576.
Kupplungskopf 587, 640.
Kupplungspedal 556.
Kürass 748.
Kurbel 230, 307, 312, 328, 558, 580, 910.
Kurbel der Stützvorrichtung 571.
Kurbel für Säule 482.
Kurbelgehäuse 565.
Kurbelgriff 307.
Kurbelwelle 564, 566.
Kürbis 189.
Kurilengraben 50.
Kurkuma 198.
Kurs 833, 872.
Kursbuchtafeln 582.
Kurse 833.
kursiv 472.
Kurtine 408.
Kurve 856.
kurze Hose 369, 801, 805, 810, 870.
kurze Linie 818.
Kürzel der Ausgabebank 729.
kurzer Hohlhandmuskel 150.
kurzer Knochen 157.
kurzer Wadenbeinmuskel 151.
kurzer Zehenstrecker 150.
Kurzhaarkatze, Amerikanische 132.
Kurzhandschuh 346.
Kurzmeldungen 471.
Kurzschwert 748.
Kurzsichtigkeit 691.
Kurzsocke 365.
Kurzstrecke 882, 883.
Kurzstreckenschlittschuh 883.
Kusine 785.
Küste 49.
Küstenformen 51.
Küstenformen, typische 51.
Kuttelwurst 216.
Kuttenkragen 363.
Kuwait 746.

L

Label 500.
Labor 17.
Labor, amerikanisches 21.
Labor, pathologisches 781.
Laboratorium 16.
Laborgeräte 685.
Laborleuchte 484.
Laboruhr 484.
Labyrinth 885.
Lachs, atlantischer 221.
Lachs, pazifischer 221.
Lackieren 320.
Lade-Anschlussbuchse 288.
Ladeanzeige 383.
Ladebagger 646.
Ladebaum 606, 607.
Ladefläche 571, 641.
Ladegerät 306, 623.
Ladekontrolleinheit 563.
Ladekontrolllampe 383.
Lademast 607.
Laden 123, 406.
Ladenbahn 460.
Ladenpassage 713.
Laderampe 713.
Laderampe, klappbare 608.
Ladeschaufel 752.
Ladestock 752.
Ladevorrichtung 573.
Ladogasee 32.
Ladung 912.
Ladung, negative 684.
Ladung, positive 684.
Lafettenwand 753.
Laffe 227.
Lage 868.
Lage der Kontinente 28.
Lageplan 245.
Lager 716.
Lagergang 44.
Lagergestell 666.
Lagerhaus 708.
Lagerholz 252.
Lagerraster 667.
Lagerraum 394, 720, 722, 769.
Lagerraum für gebrauchtes Material 778, 780.
Lagerraum für medizinische Geräte 781.
Lagerraum für neue Brennstäbe 666.
Lagerraum für Sterilgut 778, 780.
Lagertank 656.
Lagerzapfen 753.
Lagune 51.
Laibung 413.
Lakkolith 44.
Lama 128.
Lambdanaht 158.
Lamelle 76, 285.
Lamellen, Haversche 154.
Lammfelljacke 353.
Lammfleisch 215.
Lammfleischwürfel 215.
Lammhackfleisch 215.
Lampe 591, 693, 903.
Lampen 286.
Lampenfassung 275.
Lampenfassung, Teile 275.
Lampenreihe 287.
Land 37, 709.
Landebereich 790, 891.
Landedeck 761.
Landefangseil 761.
Landefenster 631.
Landehügel 890.
Landeklappe 624.
Landemodul (Viking) 18.
Landemotor 18.
Landenge 38.

Landenge von Panama 30.
Landeradar 761.
Landescheinwerfer 631.
Landfeste 540.
Landhausgardine 282.
Landkarte 734.
landschaftlich schöne Strecke 39.
Landspitze 51.
Landung 891.
Landwirtschaft, intensive 68, 70.
landwirtschaftliche Maschinen 641.
landwirtschaftliche Nutzleiter 321.
landwirtschaftliche Verschmutzung 69.
Landzunge 51.
lange Unterhose 351.
Länge, Maßeinheit 702.
Lange-Ecke-Abschlag 800.
Längengrade 36.
Längenmessung 700.
Längenpfosten 856.
Längenverstellung 782.
langer Abendhandschuh 346.
langer Dolch 751.
langer Hohlhandmuskel 150.
langer Kastenwagen 588.
langer Knochen 157.
langer Knochen, Aufbau 154.
langer Knochen, Teile 155.
langer Oberschenkelanzieher 150.
langer Wadenbeinmuskel 150.
langer Zehenstrecker 150.
langes Feld 753.
Langhaarschneider 383.
Langhandschuh 346.
Langhobel 309.
Langlauf-Rattenfallbindung 892.
Langläufer 892.
Langlaufloipe 886.
Langlaufski 892.
langsam drehende Welle 677.
Längsdünen 52.
Längsfaden 455.
Längslatte 897.
Längslenkerachse 553.
Längsschnitt durch ein Weizenkorn 85.
Längsschnitt durch eine Haselnuss 84.
Längsschnitt durch eine Walnuss 84.
Längsschnitt, Backenzahn 159.
Längsschott 606.
Längsträger, unterer 635.
Langstrecke 882.
Langstrecken-Düsenflugzeug 624.
Languste 218.
Langustine 218.
Lanthan 684.
Lanthanoide (Seltenerdmetalle) 684.
Lanze 748.
Lanzettbogen 413.
lanzettförmig 79.
Laos 747.
Lapislazuli 375.
Lappen 117.
Lappen, oberer seitlicher 86.
Lappen, unterer seitlicher 86.
Lappenbronchus 163.
Laptop 523, 526.
Laptop-Tasche 527.
Laptop: Rückansicht 526.
Laptop: Vorderansicht 526.
Lärche 89.
Larve 100.
Lasagne 206.
Lasche 353, 386.
Lasche, selbstklebende 531.
Laschenbolzen 590.
Laserdrucker 519.
Laserstrahl 501, 692.
Last 686.
Lastenfortbewegung 632.
Lastkraftfahrzeuge 570.
Lastkraftwagen, Beispiele 573.
Lateinersegel 601.
Lateralzeichen 617.
Laterne 322, 614, 615.
Latexhandschuh 776.
Latissimuszug 851.
Latrinen 406.
Latte 459, 827, 836.
Lattentasche 834.
Lattenzaun 322.
Latz 848.
Lätzchen 368, 369.
Latzenstab 461.
Latzhose 358.
Latzhose mit gekreuzten Rückenträgern 369.
Latzhose mit hohem Rückenteil 368.
Laub 87.
Laubblatt 78.
Laubblätter, erste 77.
Laubflechte 74.
Laubfrosch 111.
Laubheuschrecke 101.
Laubhölzer, Beispiele 88.
Laubsäge 303.
Laubwald 66.
Laubwerk 276.
Lauch 184.
Lauf 115, 755, 860.
Laufbahn 882.
Laufbein 97, 103.
Laufbrett 586.
Laufbrücke 607.
laufender Pahlstek 908.
Läufer 915, 916.
Läuferblatt 659, 664.
Lauffläche 561, 590.
Laufgewicht 436, 698.
Laufkatze 542, 634.
Laufkatzenrolle 634.
Laufkran 635, 658.
Laufrad 423, 659.
Laufrad, pneubereiftes 594, 595.
Laufrolle 281, 516, 758.
Laufschiene 399, 635, 912.
Laufschiene, ventilierte 860.
Laufschuh 791.
Laufsohle 342, 371, 888.
Laufwagen 284.
Laufwerksantrieb 521.
Laugenbottich 292.
Laus 101.
Lautsprecher 427, 490, 491, 493, 496, 503, 504, 505, 506, 508, 513, 526, 613, 626, 766.
Lautsprecher, Kanalwahltasten 497.
Lautsprecherbox 502.
Lautsprecherbuchsen 497.
Lautstärkeregler 20, 441, 450, 451, 495, 497, 503, 504, 505, 507, 508, 513.
Lautstärkeregler für den Hörer 506.
Lautstärkeregler für den Rufton 506.
Lavaschicht 44.
Lavastrom 44.
Lawrencium 684.
LCD-Anzeige 696.
Lead 877.
Leben, Entwicklung 92.
Lebenserhaltungssystem 20.
Lebenserhaltungssystem, Steuerung 20.
Lebenszyklus des Frosches 111.
Leber 109, 110, 112, 113, 116, 125, 161, 164, 212.
Lebervene 161.
LED-Pegelanzeige 499.
Lederhaut 172, 177, 798.
Lederschutz 907.
Lederstrippe 350.
Ledertuch 345.
Lederwalze 422.
Lederwaren 386.
Lederwarengeschäft 714.
Leerdarm 164.
leere Menge 703.
Leerlaufanzeige 576.
Leertaste 514, 528.
Leerzeichen 514.
Leerzeichen, geschütztes 514.
Left-Wing 804.
Lefzen 130.
Leggins 371.
Legionär, römischer 748.
Leguan 114.
Legwarmer 371.
Lehmhütte 418.
Lehmkern 660.
Lehnstuhl, kleiner 276.
Lehrbücher 732.
Lehrbuchsaal 733.
Lehrer/Lehrerin 734.
Lehrerpult 734.
Lehrerzimmer 735.
leicht entzündlich 774.
Leichtathletik 790.
Leichtathletikbahn 788.
Leichtbelastungsstellschraube 273.
leichte Atemschutzmaske 773.
leichter Regen 64.
leichtes Maschinengewehr 755.
leichtes Sonnenkleid 356.
Leichtflugzeug 628.
Leier 13.
Leine 739.
Leinöl 400.
Leinwand 400, 483, 724.
Leinwandbehälter 483.
Leinwandbindung 463.
Leiste 146, 148, 424.
Leistentasche 348.
Leistung, Maßeinheit 702.
Leistungsabgabe mit Generatorspannung 662.
Leistungskabel 272.
leitender Kampfrichter 860.
Leiter 246, 418, 567, 597, 611, 615, 639, 655.
Leiter, künstlerischer 428.
Leiterbaum, ausfahrbarer 766.
Leitergerüst 321.
Leiterkordel 285.
Leitern 321.
Leiterplatte 689.
Leiterstrahlrohr 766.
Leitöse 835.
Leitrad, pneubereiftes 594.
Leitrohr 652.
Leitschaufel 659.
Leitschaufeln, äußere 627.
Leitschaufeln, innere 627.
Leitspruch 729.
Leitungsnetz, Einspeisung 677.
Leitwerk 625, 657, 760, 898.
Leitwerke, Beispiele 629.
Leitwerksträger 631.
Leitwerkstütze 623.
Lemure 139.
Lende 124, 147, 149.
Lendengeflecht 166.
Lendenpolster 808.
Lendenwirbel 122, 126, 131, 138, 141, 142, 153, 157, 168.
Lenkachse 633.
Lenkanlage 553.
Lenker 871, 876.
Lenkerbügel 871.
Lenkerbügel, angehobener 870.
Lenkergriff 574, 577, 871.
Lenkhebel 633.
Lenkholm 323, 327.
Lenkkopf 579.
Lenkrad 333, 552, 556, 607, 640, 873.
Lenkrolle 289.
Lenksäule 552.
Lenkstange 851, 897.
Lenkzylinder 638.
Leopard 135.
Leopardfrosch 111.
Leselampe 771, 780.
Leseleuchte 286.
Lesen von Compact Discs 501.
Leserbriefe 471.
Lesesaal 732.
Lesetaste 505.
Lesotho 746.
Lettland 744.
Leuchtanzeige 518.
Leuchtfeuer 617.
Leuchtfeuerkennung 617.
Leuchtkasten 535.
Leuchtpult 484.
Leuchtrakete 771.
Leuchtstoffröhre 275.
Leuchtstreifen 765.
Leuchtturm 596, 614.
Leuchtturmlampe 614.
Leukoplast 74.
Leukozyt 162.
Libanon 746.
Libanonzeder 89.
Libelle 102.
Liberia 745.
Libero 812.
Libyen 745.
Licht 14, 15, 17.
Licht, Ewiges 738.
Licht, gelbes 712.
Licht, grünes 712.
Licht, rotes 712.
Licht, sichtbares 690.
Lichterscheinung 617.
Lichtleiste 771.
Lichtleistensteuerung 771.
Lichtleitkabel 523.
Lichtmaschine 552, 566.
Lichtregelanlage 490.
Lichtrezeptoren 177.
Lichtschutzschirm 17.
Lichtsensor 477.
Lichtstärke, Maßeinheit 702.
Lichtstrahl 691.
Lichttechniker 429.
Lichtwertskala 479.
Lidschatten 378.
Liebstöckel 202.
Liechtenstein 744.
Lieferanteneinfahrt 713.
liegender Anschlag 861, 893.
Liegestuhl 277.
Ligament, elastisches 133.
Likörglas 225.
Lilie 80, 741.
Limabohne 191.
Limette 194.
Limonadenlöffel 228.
Limousine, viertürige 549.
Linde 208.
Lineal 399, 424, 700, 905.
linealisch 79.
Lingala 468.
Linie 813.
Linie, durchgehende 538.
Linie, neutrale 687.
Linie, unterbrochene 538, 539.
Linienanzeige 568, 569, 595.
Linienbus 568.
Linienrichter 803, 807, 812, 813, 814, 816, 818, 820, 824, 879.
Liniensystem 434.
linke Flanke 740.
linke Herzkammer 161, 162.
linke Lunge 161, 163.
linke Lungenvene 162.
linke Mittelstelle 740.
linke Niere 165.
linke Seite 300, 384.
linker Abwehrspieler 812.
linker Angriffsfeldspieler 814.
linker Angriffsspieler 811.
linker Aufbauspieler 811.
linker Außenangreifer 812.
linker Außenfeldspieler 794.
linker Centre 804.
linker Corner Back 806.
linker Defensive End 806.
linker Defensive Tackle 806.
linker Flügelspieler 801.
linker Guard 807.
linker Innenfeldspieler 801.
linker Kanal 502.
linker Mittelfeldspieler 801, 803.
linker Safety 806.
linker Stürmer 879.
linker Tackle 807.
linker Verteidiger 801, 803, 878.
linker Vorhof 161, 162.
linkes Aufschlagfeld 819, 821.
linkes Feld 795.
linkes Obereck 740.
linkes Untereck 740.
links 431.
Linse 177, 477, 478, 691.
Linse, bikonkave 691.
Linse, bikonvexe 691.
Linse, konkave 691.
Linse, konkavkonvexe 691.
Linse, konvexe 691.
Linse, konvexkonkave 691.
Linse, plankonkave 691.
Linse, plankonvexe 691.
Linsen 190, 691.
Linsen, elektronenoptische 694.
Linsenfernrohr 14.
Linsenfernrohr im Querschnitt 14.
linsenförmige Galaxie 9.
Linsenkopf mit Schlitz 302.
Linsensystem 692.
Lippe 124, 132, 835.
Lippen-Make-up 378.
Lippenkonturenstift 378.
Lippenpfeife 444.
Lippenpinsel 378.
Lippenstift 378.
Lippentaster 96, 99, 105.
Listenführer 845, 846, 847.
Litauen 744.
Litchi 197.
Literaturbeilage 471.
Lithium 682.
Lithografie 420, 423.
Lithografiestein 423.
lithografische Tusche 423.
Lithokreide 423.
Lithosphäre 42, 66.
Lithostift 423.
Litze 391.
Litzen 460, 461.
Litzenstab 461.
Lob 821.
Lob Wedge 868.
Loch 423, 866, 867.
Loch, gestanztes 342, 350.
Loch, Par-3 866.
Loch, Par-4 866.
Loch, Par-5 867.
Lochbillard 863.
Locher 533.
Löcher 866.
Lochrohr 263.
Lochschlitten 456.
Lochziegel 298.
Lock-Forward 804.
Lockennadel 380.
Lockenstab 381.
Lockente 913.
Lockenwickler 380.
Löffel 227, 905, 911.
Löffel, Beispiele 228.
Löffeleisen 401.
Löffelstiel 637.
Löffelstielzylinder 637.
Loge 431.
Lokale Station 486.
Lokomotive 585.
Lokomotive, dieselelektrische 586.
Lokschuppen 583.
Lokverkehrsgleis 589.
Longanfrucht 196.
Longdrinkglas 225.
Lorbeer 202.
Lorgnette 385.
Löschen 515.
löschender Rückschritt 515.
Löschfahrzeug 764.
Löschfahrzeuge 766.
Löschflugzeug 628.
Löschhubschrauber 631.
Löschmittelbehälter 767.
Löschpapier 531.
Löschtaste 477, 501, 508, 515, 529.
loser Puder 378.
loser Vorhang 283.
Löshebel 310.
Lötkolben 318.
Lötlampe 314, 319.
Lötpistole 318.
Lötspitze 318.
Lötwerkzeuge 318.
Lötzinn 318.
Lounge 608.
Löwe 13, 135.
Löwe, schreitender 741.
Löwenzahn 187.
Luchs 12, 134.
Luer-Lock-Spitze 776.
Luffaschwamm 379.
Luft 565.
Luft, absinkende kalte 63.
Luft, aufsteigende warme 63.
Luft, kalte 64, 675.
Luft, warme 64, 675.
Luft-Boden-Flugkörper 759.
Luft-Luft-Flugkörper 759, 760.
Luftansaugrohr 605.
Luftaufbereitung 261.
Luftaustrittsöffnung 260, 382.
Luftaustrittsschlitz 289.
Luftbefeuchter 261.
Luftbetankung 760.
Luftbetankungsausleger 760.
Luftdatenrechner 626.
Luftdruck 55.
Luftdruck im Meereshöhe 55.
Luftdruck, Messung 59.
Luftdruckänderung 55.
Luftdüse 556.
Lufteinlass 320, 567, 568, 575, 605, 876.
Lufteinlauf 631.
Luftentfeuchter 261.
Lüfter 497, 526, 552, 561, 563, 566.
Lüfterkopf 614.
Luftfahrt 487.
Luftfeuchtigkeit 261.
Luftfeuchtigkeit, Messung 59.
Luftfilter 261, 331, 552, 586, 636.
Luftkammer 117.
Luftkissenfahrzeug 605.
Luftklappe 571.
Luftkompressor 585, 586.
Luftkühler 564.
Luftloch 390, 470.
Luftlöcher 749.
Luftmasse 55.
Luftmatratze 904.
Luftmatratze, selbstaufblasbare 904.
Luftpistole 861.
Luftpolster 370, 531.
Luftpolsterumschlag 531.
Luftpost 475.
Luftpropeller 605.
Luftpumpe 11, 578.
Luftreiniger 261.
Luftröhre 116, 125, 163.
Luftschacht 402.

DEUTSCHES REGISTER

Luftschadstoffe 69.
Luftschlauch 398, 648, 841.
Luftschleuse 23, 763.
Luftschleuse des Reaktorgebäudes 668.
Luftspalt 675.
Luftsport 896.
Luftsprudler 268.
Luftstrom 398.
Luftstromrichtdüse 382.
Luftstromschalter 382.
Lufttemperatur 55.
Lüftung 594, 675.
Lüftungsgitter 258.
Lüftungsschlitz 261.
Luftventil 320, 398.
Luftverkehr 618.
Luftverschmutzung 69.
Luftwege 163.
Luftwiderstand 630.
Luftzielsuchradar 761, 762.
Luftzufuhr 874.
Luftzufuhrregler 256.
Luggersegel 601.
Luke 758.
Lunge 104, 110, 112, 116, 125.
Lunge, linke 161, 163.
Lunge, rechte 161, 163.
Lungen 163.
Lungenarterie 160, 163.
Lungenarterienstamm 162.
Lungenfell 163.
Lungenmittellappen 163.
Lungenoberlappen 163.
Lungenunterlappen 163.
Lungenvene 160.
Lungenvene, linke 162.
Lungenvene, rechte 162.
Luntenstock 752.
Lunula 105.
Lupe 693, 905.
Lupine 190.
Lutetium 684.
Luthertum 736.
Lutz 881.
Luxemburg 743.
Luzerne, blaue 190.
Lyra 433.
Lysosom 94.

M

Mäander 48.
Macadamianuss 193.
Macchie 66.
Machete 751.
Mackenzie 30.
Madagaskar 34, 746.
Mädchenbekleidung 2 bis 6 Jahre 717.
Mädchenbekleidung 7 bis 17 Jahre 717.
Madreporenplatte 95.
Magazin 754, 755, 893.
Magazinbalg 445.
Magazinboden 754.
Magazinhalter 754.
Mage 847.
Magellan 19.
Magen 95, 104, 105, 106, 109, 110, 112, 113, 125, 161, 164.
Magenmund 107.
Magenpförtner 107.
Magenstütze 367.
Magenta 690.
mager 472.
Magma 44, 49.
Magmakammer 44, 646.
Magnesia 825.
Magnesium 682.
Magnet 454, 488, 534, 687.
Magnetband 495.
Magnetbandmaschine 488.
magnetische Dämpfung 698.
magnetische Dichtung 291.
magnetische Trennung 71.
magnetischer Deckelhalter 240.
magnetisches Feld 494, 687.
Magnetismus 687.
Magnetkompass 907.
Magnetnadel 907.
Magnetometer 60.
Magnetstreifen 729.
Mah-Jongg 917.
Mähdrescher 643.
Mähne 124.
Mähwerk 333.
Mähwerkaushebung 333.
Maiglöckchen 80.
Maikäfer 101.
Maine Coon 132.
Mais 85, 203.
Maismehl 204.
Maisöl 209.
Maissirup 209.
Majuskel 472.
Makak 139.
Make-up 378.
Makrele 219.
Makronukleus 94.
Makroobjektiv 478.
Mal 799.
Mal, drittes 794.
Mal, zweites 794.
Malagasy 469.
malaiopolynesische Sprachen 469.
Malawi 746.
Malawisee 34.
Malaysia 747.
Malediven 747.
Malen 396.
Malerpinsel 320.
Malerstaffelei 11.
Mali 745.
Malpappe 400.
Malpighi-Gefäß 99.
Malpighi-Gefäße 97.
Malspachtel 397.
Malspieler, dritter 794.
Malspieler, erster 794.
Malspieler, zweiter 794.
Malstock 399.
Malta 744.
Malzessig 201.
Mammut 93.
Mandarine 194.
Mandel 174, 193.
Mandoline 433.
Mangan 683.
Manganmischung (Kathode) 689.
Mango 197.
Mangochutney 201.
Mangold 185.
Mangostane 196.
Maniküre 377.
Maniok 184.
Mann 146.
Männerzelle 768.
männlich 702.
männliche Blütenstände 89.
männliche Geschlechtsorgane 169.
Mannschaftsabzeichen 878.
Mannschaftsbank 827.
Mannschaftsduschen 764.
Mannschaftshandikap 858.
Mannschaftsname 858.
Mannschaftsschlafsaal 764.
Mannschaftstrikot 796, 801, 802, 808.
Mannschaftszelt 902.
Manometer 655, 775.
Manövriereinheit, bemannte 20.
Manque (1 bis 18) 919.
Mansardendach 414.
Mansardenfenster 244.
Manschette 349, 851, 880, 900.
Manschette, aufblasbare 777.
Manschettenknopf 361.
Mantel 105, 106, 352, 355, 689, 757, 908, 912.
Mäntel 352, 355.
Mantel, oberer 42.
Mantel, unterer 42.
Mantelblech 655.
Mantelhöhle 106.
Mantelkleid 356.
Mantelmauer 408.
Mantelmuskeln 106.
Mantelstromführung 627.
Manual 445.
Manual für das Hauptwerk 444.
Manual für das Oberwerk 444.
Manual für das Rückpositiv 444.
Manuale 444.
Manuell-/Automatikeinstellung 465.
manuelle Aussteuerung 499.
manuelle Diawahl 483.
manuelle Scharfeinstellung 483.
Manxkatze 133.
Maori 469.
Marcato-Zeichen 435.
Marconikutter 601.
Marder 134.
Margarine 209.
Marginalschild 113.
Marianengraben 50.
Marie-Byrd-Land 29.
Marienkäfer 101.
Marine-Dieselkraftstoff 656.
Mariner 19.
Mariniergewürze 199.
maritim 61.
Mark 87, 165, 200, 212.
Mark, verlängertes 167.
Markenname 390.
Marker 397, 470.
Markhöhle 154.
Markierschnur 313.
Markierung 855.
Markierung für Filmanfang 476.
Markierungslinie 907.
Markierungspunkt 455.
Markscheide 168.
Markstrahlen 87.
Marokko 745.
Mars 4, 5.
Mars Odyssey 19.
Marshallinseln 747.
Marsstenge 602.
Martin Luther 736.
Martingal 858.
Mascara, flüssiges 378.
Mascarabürstchen 378.
Mascarastein 378.
Maschen 815.
Maschenanschlag 457.
Maschenprobe 458.
Maschinen, landwirtschaftliche 641.
Maschinengewehr 758.
Maschinengewehr, leichtes 755.
Maschinenhalle 657, 658.
Maschinenhaus 648.
Maschinenpistole 754.
Maschinenraum 606, 608, 763.
Maschinenwäsche 347.
Maschinist 428.
Maserung 300.
Maske 796, 841.
Maskenbildner 428.
Maskendichtung 773.
Massagebürste 379.
Massagehandschuh 379.
Massagespitze 384.
Masse 43, 272.
Masse, Maßeinheit 702.
Masseelektrode 562.
Massekabel 318.
Massekontakt 497.
Massengut-Terminal 596.
Massenversand 475.
massereiche Sterne 8.
Massezange 318.
massiver Korpus 441.
Mast 591, 600, 834, 836.
Mastdarm 164, 169, 170.
Mastfenster 663.
Mastfuß 663.
Masthalterung 493.
Mastkörper 663.
Mastlager 836.
Mastoberteil 663.
Mastspitze 836.
Maststeuerhebel 632, 633.
Masttasche 836.
Masttraverse 663.
Maß 231.
Maßband 313, 454.
Maßeinheit der Celsius-Temperatur 702.
Maßeinheit der elektrischen Ladung 702.
Maßeinheit der elektrischen Spannung 702.
Maßeinheit der elektrischen Stromstärke 702.
Maßeinheit der Energie 702.
Maßeinheit der Frequenz 702.
Maßeinheit der Kraft 702.
Maßeinheit der Länge 702.
Maßeinheit der Leistung 702.
Maßeinheit der Lichtstärke 702.
Maßeinheit der Masse 702.
Maßeinheit der Radioaktivität 702.
Maßeinheit der Stoffmenge 702.
Maßeinheit der thermodynamischen Temperatur 702.
Maßeinheit der Zeit 702.
Maßeinheit des Drucks 702.
Maßeinheit des elektrischen Widerstands 702.
mäßiger Regen 64.
Maßwerk 411.
Matchbeutel 388.
Material, radarabsorbierendes 629.
Materialraum 734.
Materialschleuse 666.
Materie 680.
Mathematik 703.
Matratze 280, 281.
Matratzen 716.
Matratzenauflage 280.
Matratzenrahmen 716.
Matrosenbluse 359.
Matrosenkragen 362.
Matte 792, 842, 844, 864.
Matte, rutschfeste 893.
Matten 824.
Mattenisolierung 299.
Mattenrichter 846.
Mattscheibe 477.
Mauer 852, 917.
Mauer mit Stangen 852.
Mauerdurchbruch 917.
Mauernagel 301.
Mauersegler 118.
Mauerturm 408.
Mauertürmchen 408.
Mauerwerk 253.
Maul 108, 124, 136.
Maul-Ringschlüssel 311.
Maultier 128.
Maultrommel 433.
Maulwurf 121.
Maulwurf, äußere Merkmale 121.
Maulwurf, Skelett 121.
Maurerhammer 315.
Maurerkelle 315.
Maurerwerkzeuge 315.
Mauretanien 745.
Mauritius 746.
Maus, mechanische 516.
Maus, optische 516.
Mauspad 516.
Mausschnittstelle 513, 518.
Mawashi 847.
Maximumthermometer 59.
Maya 469.
Mazedonien 744.
Mechanik 686.
Mechaniker 873.
mechanische Maus 516.
mechanische Uhr 696.
mechanische Verbindungen 269.
mechanisches Variometer 898.
Medaillon 374.
mediane Zungenfurche 176.
Medikamentenfach 775.
Medikamentenraum 778, 781.
mediterrane Subtropen 61.
medizinische Gasflasche 780.
medizinische Geräte, Lagerraum 781.
Meer 38, 664.
Meer, Arabisches 33.
Meer, Japanisches 33.
Meer, Kaspisches 33.
Meer, Mare 7.
Meer, Ostchinesisches 33.
Meer, Rotes 33, 34.
Meer, Schwarzes 32, 33.
Meer, Südchinesisches 33.
Meeräsche 220.
Meerbarbe, rote 219.
Meerbusen, Bottnischer 32.
Meerenge 38.
Meeresalgen 183.
Meeresboden 49.
Meeressäugetiere 136.
Meeressäugetiere, Beispiele 137.
Meeresseite 664.
Meeresspiegel 42, 49, 53.
Meerkohl 186.
Meerneunauge 219.
Meerohr 217.
Meerrettich 189.
Meersalat 183.
Meersalz 201.
Meerschweinchen 123.
Meganeura 92.
Megazostrodon 93.
Mehl 204.
Mehl, ungebleichtes 204.
Mehlsieb 231, 232.
Mehrfachsprünge 875.
Mehrfachstartstruktur 24.
Mehrfeldbrücke 541.
Mehrkornbrot 205.
mehrreihige Halskette 374.
Mehrrumpfboote 835.
Mehrschichtsperrholz 300.
Mehrzweckleiter 321.
Mehrzweckraum 727.
Mehrzweckzange 317.
Meissnersches Tast-Körperchen 172.
Meitnerium 683.
Melanesien 29.
Melanesisch 469.
Melasse 209.
Melodiepfeife 432.
Melodiesaiten 432.
Melone 340.
Melone, kanarische 195.
Melonen 195.
Melonenlöffel 233.
Membran 502.
Membrane 488.
Men 847.
Mendelevium 684.
Mengenschnitt 703.
Mengenvereinigung 703.
Menora 738.
Mensch 146.
menschlicher Körper 146.
menschliches Gebiss 159.
Menügabel 228.
Menümesser 228.
Menütaste 477, 505.
Merguez-Wurst 216.
Meridian, östlicher 36.
Meridian, westlicher 36.
Meridianlinie 907.
Merkur 4, 5.
Mesenterialarterie, obere 160, 165.
Mesenterialarterie, untere 165.
Mesenterialvene, obere 160.
Mesogloea 95.
Mesokarp 81, 82, 83.
Mesopause 53.
Mesosaurus 92.
Mesosphäre 53.
Mesothorax 97.
Mess- und Markierinstrumente 313.
Messband 313.
Messbecher 231.
Messbügel 700.
Messdatenspeicher 316.
Messe, Speiseraum 763.
Messer 227, 240, 317, 331, 332, 401, 421, 534, 905, 907.
Messer aus Feuerstein 748.
Messer, Beispiele 228.
Messer, festgestelltes 424.
Messerbajonett 751.
Messerbalken 642, 643.
Messermuschel 217.
Messerschutz 236.
Messersicherung 272.
Messerwalze 332.
Messezentrum 708.
Messingkörper 268, 270.
Messinstrumente 695.
Messinstrumente, meteorologische 58.
Messkabel 316.
Messkabine 16.
Messlöffel 231.
Messrohr 59.
Messschnabel, feststehender 700.
Messschnabel, verschiebbarer 700.
Messspindel 700.
Messspitze 316.
Messtaste 479.
Messtrommel 700.
Messung der Himmelsstrahlung 58.
Messung der Luftfeuchtigkeit 59.
Messung der Regenmenge 59.
Messung der Sonneneinstrahlung 58.
Messung der Temperatur 59.
Messung der Windrichtung 59.
Messung der Windstärke 59.
Messung der Wolkenhöhe 59.
Messung des Luftdrucks 59.
Messung des Schneefalls 59.
Messung in der oberen Atmosphäre 59.
Messwandler 613.
Messwertsammler 58.
Messzylinder 685.
Metacarpus 111, 116.
Metall 741.
Metall, Sortierung 71.
Metallaufsatz 903.
Metallbandisolierung 299.
Metallfeder, römische 470.
metallische Tinte 729.
metallisiertes Hologramm 729.
Metallkontaktgitter 672.
Metallkopf 793.
Metalloide 682.
Metallrahmen 442.
Metallspannreifen 448.
Metallwinkel 313.
metamorphe Gesteine 42.
Metaphyse 155.
Metatarsus 111.
Metathorax 97.
Meteorit 8.
Meteorologie 53.
meteorologische Messinstrumente 58.
Meter 702.

Metope 404.
Metronom 436.
Mexikanische Rotknievogelspinne 102.
Mexiko 742.
Mexiko, Golf 30.
Michael Kyrillos 736.
Michigan-Schneeschuh 893.
Middle Linebacker 806.
MIDI (Schnittstelle für digitale Musikinstrumente), Kabel 451.
MIDI-Schnittstelle 513.
Mieder 337, 367.
Miederhose 367.
Miesmuschel 217.
Mihrab 738.
Mikroficheleseger ät 732.
Mikroficheraum 732.
Mikrofilament 94.
Mikrofon 488, 492, 496, 505, 506, 508, 516, 517, 527, 770, 771, 898.
Mikrofon zum Studio 491.
Mikrofon, elektrodynamisches 488.
Mikrofon-Fahrspinne 492.
Mikrofonanschlussbuchse 505.
Mikrofonausleger 490, 492.
Mikrometerknopf 701.
Mikrometerschraube 612, 700.
Mikronesien 747.
Mikronukleus 94.
Mikroskop 10, 693.
Mikroskope 693.
Mikroskopokular 701.
Mikrotubulus 94.
Mikrowellen 690.
Mikrowellen-Relaisstation 524.
Mikrowellengerät 238.
Mikrowellengeräte 723.
Mikrowellenherd 224.
Mikrowellenscanner 60.
Mikrowellenschüssel 489.
Mikrowellensender 489.
Milch 210.
Milch, homogenisierte 210.
Milchbecher 223.
Milchgang 171.
Milchkammer 182.
Milchkännchen 226.
Milchprodukte 180, 210.
Milchprodukte, Wareneingang 180.
Milchpulver 210.
Milchschokolade 208.
Milchstraße 9, 13.
Milchstraße (Ansicht von oben) 9.
Milchstraße (Seitenansicht) 9.
militärische Telekommunikation 487.
Milz 109, 110, 113, 125, 161.
Mimas 5.
Minarett 738.
Minbar 738.
Minderjährigenzelle 768.
Mine 470.
Mini-HiFi-System 503.
Minibus 549.
Minimumthermometer 59.
Minislip 351.
Minusbereich 672.
Minusglas 691.
Minuskel 472.
Minuskontakt 672, 673.
Minusplatte 562.
Minuspol 562, 689.
Minuspolbrücke 562.
Minutenzeiger 696, 697.
Minze 202.
Miranda 5.
Mischbatterie 268.
Mischkammer 258, 319.
Mischpult 488.
Mischwald 66.
Mischwasserkanal 712.
Mispel 193.
Mississippi 30.
mit dem Wind 833.
Mitarbeiter der Rechtsanwälte 728.
Mithörtaste 508.
Mitnehmerrippe 293.
Mitnehmerstange 651.
Mitochondrium 74, 94.
Mitralklappe 162.
Mitte 431, 847.
Mittelamerika 28, 30.
Mittelangreifer 812.
Mittelarmnerv 166.
Mittelatlantischer Rücken 50.
Mittelbein 96, 98.
Mittelbein (Außenseite) 98.
Mitteldarm 99, 103.
Mitteldarmdrüse 104, 105, 106, 107.
Mitteldarmdrüsen 103.
Mitteldrittel 809.
Mittelelektrode 562.
Mittelfahne 802.
Mittelfeld 795, 818.
Mittelfeldangriffsspieler 814.
Mittelfeldspieler 801, 809.
Mittelfeldspieler, linker 803.
Mittelfeldspieler, rechter 803.
Mittelfeldspieler, zentraler 803.
Mittelfinger 173.
Mittelformatkamera SLR (6 x 6) 481.
Mittelfuß 98, 122, 124, 131, 138, 141, 142, 155.
Mittelfußknochen 126, 155.
Mittelgang 584.
Mittelglied 133.
Mittelhand 122, 131, 136, 138, 142, 154.
Mittelhandknochen 154, 156.
mittelhohe Wolken 62.
Mittelkielschwein 607.
Mittelkonsole 556.
Mittelkreis 803, 809, 810.
Mittellage-Tonabnehmer 441.
Mittellinie 801, 803, 805, 806, 809, 810, 814, 815, 816, 819, 827, 848, 858, 877, 879.
Mittelloch 500.
Mittelmeer 28, 32, 34.
Mittelmoräne 46.
Mittelohr 174.
Mittelpaneele 247.
Mittelpunkt 704, 862, 916.
Mittelrippe 75, 79, 84.
Mittelsäule 287, 551, 676.
Mittelschiff 411, 738.
mittelschwere Piste 886.
Mittelspannungsleitung 273, 663.
Mittelspur 539.
Mittelsteg 367.
Mittelstelle, linke 740.
Mittelstelle, rechte 740.
Mittelstreifen 539, 712, 821.
Mittelstück 169, 390.
Mittelstürmer 801.
Mitteltasche 862.
Mittelteil 663.
Mitteltöner 502.
Mitteltonlautsprecher 10.
Mitteltorus 405.
Mittelwagen 585, 594.
Mittelzeichen 820.
mittlere Armdecken 115.
mittlere Aufschlaglinie 821.
mittlere Handdecken 115.
mittlere Nasenmuschel 175.
mittlere Strahlgrube 127.
mittlerer Abwehrspieler 812.
mittlerer Angriffsspieler 811.
mittlerer Anspielpunkt 879.
mittlerer Außenfeldspieler 794.
mittlerer Linebacker 806.
mittlerer Schneidezahn 159.
mittleres Keilbein 155, 156.
Mixer 236.
mobile Einheit 486.
Mode-Taste 528.
Modellierhölzer 464.
Modellierscheibe 464.
Modem 522, 523, 524.
Modemschnittstelle, interne 513, 526.
Moderator 665, 670, 671.
Moderatorfilz 442.
Moderatorpedal 442.
Moderatortank 670.
moderne Haubitze 756.
moderner Bogen 750.
Modillon 405.
Modul, russisches 21.
Modulationsrad 450.
Modus-Taste 498.
Mofa 577.
Mohammed 736.
Mohn 80, 84.
Mohnsamen 199.
Mohorovicic-Diskontinuität 42.
Mohrenhirse 85.
Mokassin 344.
Mokkatasse 226.
Mol 702.
Molar 123.
Molch 111.
Moldawien 744.
Molekül 680.
Mollusken 217.
Molybdän 683.
Monaco 744.
Monarchfalter 101.
Mond 4, 6, 7.
Mond, Oberflächenformationen 7.
Mondbahn 6, 7.
Mondbein 154, 156.
Monde 4.
Mondfinsternis 7.
Mondkapsel 19.
Mondlandeeinheit 25.
Mondphasen 7.
Mondphasenzeiger 697.
Mondsichel 741.
Mondsichel (abnehmender Mond) 7.
Mondsichel (zunehmender Mond) 7.
Mongolei 747.
Mongolisch 469.
Monitor 918.
Mono-Stereo-Taste 498.
Monographiebereich 732.
Monokel 385.
Monopoly® 915.
Montagnais 469.
Moos 75.
Moos, Aufbau 75.
Moose, Beispiele 75.
Mop 295.
Morchel 183.
Mordent 435.
Morgenländisches Schisma 736.
Mörser 230, 753.
Mörser aus dem 17. Jahrhundert 752.
Mortadella 216.
Mörtel 298.
Mosaik 406.
Mosaikparkett 254.
Mosambik 746.
Moschee 738.
Moses 736.
Moskito 101.
Motherboard 513.
Motocross-Motorrad 875.
Motor 18, 261, 292, 293, 294, 304, 307, 308, 320, 323, 327, 332, 564, 574, 640, 643, 651, 758.
Motorbeiboot 762.
Motorblock 236, 237, 240, 288, 384, 566.
Motorboot 607.
Motorgehäuse 331.
Motorhaube 333, 550.
motorische Endplatte 168.
motorisches Neuron 168.
Motorjacht 607.
Motorkühlung 874.
Motorlufteinlass 568.
Motorrad 574.
Motorrad, Rallye 875.
Motorrad, Touring 577.
Motorrad, Trial 875.
Motorrad: Draufsicht 576.
Motorräder, Beispiele 577.
Motorradfahrer 874.
Motorradkamera 870.
Motorradsport 874.
Motorrasenmäher 332.
Motorraum 568, 632, 638, 639.
Motorroller 577.
Motorsport 872.
Motorsteuerung 563.
Motortypen 564.
Mouche 859.
Mount Everest 53.
Mountain Bike 581.
Mountainbike 870.
Mozambique, Straße 34.
Mozzarella 210.
MP3-Spieler 503.
Muffe 269.
Muffinform 232.
Mufflon 128.
Mufftasche 353, 355, 360, 388.
Mulde 323.
Muldenkipper 639.
Müllabfuhrwagen 573.
Mülldeponie 69, 709.
Müllschichten 69.
Müllschlucker 270.
Mülltrennung 71.
Mullverband 777.
Multifunktionsantenne 763.
Multifunktionstaste 529.
Multimeter 316.
Multipack 223.
Multiplikation 703.
Multiplikationstaste 529.
Multirolle 910.
Multitrainer 851.
Mumienschlafsack 904.
Mund 104, 107, 110, 148, 174.
Munddusche 384.
Mundharmonika 432.
Mundhöhle 116, 163, 164.
Mundöffnung 95, 105.
Mundrohr 447.
Mundschutz 843.
Mundspeicheldrüse 164.
Mundstück 446, 447, 451, 783, 841.
Mundstückaufnahme 447.
Mündung 105, 753, 754, 756, 860, 912.
Mundwasser 384.
Mundwerkzeuge 98.
Mundwinkel 174.
Mungo 134.
Mungobohne 191.
Mungobohne, schwarze 191.
Munitionsbehälter 758.
Munster 211.
Münze: Rückseite 729.
Münze: Vorderseite 729.
Münzeinwurf 507, 920.
Münzfernsprecher 427, 715, 720, 723, 779.
Münzleitung 920.
Münzrückgabe 920.
Muschel 276.
Muschel, einschalige 105.
Muschel, zweischalige 105.
Museum 394, 711.
Museumsshop 394.
Musik 432.
Musikinstrumente, traditionelle 432.
Musiknotation 434.
Musikraum 734.
Musikregie 490.
Musikzubehör 436.
Muskatnuss 198.
Muskatnussreibe 230.
Muskel, oberer gerader 177.
Muskelblock 109.
Muskelfaser 168.
Muskelmagen 116.
Muskeln 150.
Musselin 231.
Muster 401.
Mutter 269, 310, 311, 784, 785.
Mutterband, breites 171.
Muttergestein 78.
Muttern 311.
Mutulus 404.
Mütze 770, 841.
Mützenschirm 340, 341.
Myanmar 747.
Myzel 76.

N

Nabe 103, 534, 579, 659, 677, 783.
Nabel 146, 148.
Nabel, oberer 115.
Nabel, unterer 115.
Nabelschwein 128.
Nabelstrang 83, 84.
Nabenabdeckung 659.
Nachführungseinheit 18.
Nachfüllmine 470.
Nachfüllrohr 265.
Nachläufer, steifer 569.
Nachrichten 471.
Nachrichtenanzeige 508.
Nachrichtensatellit 487.
Nachsortierung von Hand 71.
nächste Seite 515.
nächster Ruf 507.
Nachtaufnahmeschalter 496.
Nachthemd 364.
Nachtigall 118.
Nachtigall-Grashüpfer 102.
Nachtschalter 731.
Nachttisch 724, 780.
Nachttischlampe 724.
Nachtwäsche 364.
Nachtwäsche, Damen 716.
Nachtwäsche, Herren 717.
Nacken 115, 147, 149.
Nackenfeder 909.
Nackenrolle 280.
Nackenrolle, große 280.
Nackenschutz 765, 808.
Nackenstütze 775.
Nadel 52, 64, 398, 452, 453, 454.
Nadelbaum 89.
Nadelbett 456.
Nadelbettrille 456.
Nadelblätter, Beispiele 89.
Nadeldrucker 520.
Nadelfuß 456.
Nadelhalter 453.
Nadelhalterschraube 453.
Nadelhölzer, Beispiele 89.
Nadelkissen 454.
Nadelklemmschraube 398.
Nadelpositionswähler 452.
Nadelstange 453.
Nadelwald 66.
Nadelwerkzeug 464.
Nagel 127, 301.
Nägel, Beispiele 301.
Nagel, geschnittener 301.
Nagel, gewöhnlicher 301.
Nagelbett 172.
Nagelbettepitel 172.
Nagelfeile 377.
Nagelfeile, klappbare 377.
Nagelhalbmond 172, 173.
Nagelhautentferner 377.
Nagelhautschaber 377.
Nagelhautschere 377.
Nagelhautschieber 377.
Nagelknipser 377.
Nagelkörper 172.
Nagellack 377.
Nagelloch 127.
Nagelnecessaire 377.
Nagelrand, freier 172.
Nagelreiniger 377.
Nagelschere 377.
Nagelweißstift 377.
Nagelwerkzeuge 301.
Nagelwurzel 172.
Nagelzange 377.
Nagelzieher 905.
Nagetier 122.
Nagetiere 122.
Nagetiere, Beispiele 123.
Nagetierkiefer 123.
Nagetierkiefer: Ratte 123.
Nagezahn 123.
Nähen 452.
Nahlinse 478.
Nähmaschine 452.
Nährichtungseinsteller 452.
Nahrungskette 67.
Nahrungsmittel 180.
Nahrungsmittelquelle, primäre 67.
Nahrungsvakuole 94.
Nahrungsvakuole, heranwachsende 94.
Naht 84, 105, 342, 346, 370, 390.
Nähte 797.
Nahteil 385.
Nahtlinie 455.
Nahttasche 355, 360.
Nahtzugabe 455.
Nahuatl 469.
Nahverkehrszug 583.
Name der Schwimmerin 831.
Name der Station 592.
Name des Inhabers 729.
Name des Turners/der Turnerin 825.
Namensschild 770.
Namib 34.
Namibia 746.
Naos 403.
Näpfchen mit Aquarellfarbe/Gouachefarbe 397.
Napfschnecke 217.
Narbe 80, 84.
Narwal 137.
Narzisse 80.
Nase 108, 122, 124, 148, 749, 894, 897, 898.
Nase, abgesenkte 629.
Nase, äußere 175.
Nasen-Bartschere 377.
Nasenbein 158, 175.
Nasenblatt 140.
Nasenflügel 175.
Nasenflügelknorpel, großer 175.
Nasenhöhle 163, 175.
Nasenklappe 760.
Nasenloch 110, 112, 115, 175.
Nasenmuschel, mittlere 175.
Nasenmuschel, obere 175.
Nasenmuschel, untere 175.
Nasenöffnung 108.
Nasenrachenraum 175.
Nasenriemen 854, 858.
Nasenrücken 175.
Nasenschoner 856.
Nasenspiegel 132.
Nasenspitze 175.
Nasenstachel 158.
Nasenwurzel 175.

Nashorn 129.
Nationalität 825.
Nationalität der Schwimmerin 831.
Nationalpark 39.
Natrium 682.
Natur, Freizeit 902.
naturbelassene Umgebung 867.
natürliche Strahlung 41.
natürlicher Treibhauseffekt 68.
Naturschwamm 379.
Natururan 670.
Nauru 747.
Navajo 469.
Navette 375.
Navigationsanzeige 626.
Navigationsinstrumente 612.
Navigationsperiskop 763.
Nazca-Platte 43.
Neapolitanische Tropfkanne 241.
NEAR 19.
Nebel 57, 65.
Nebel, planetarischer 8.
Nebelhorn 611.
Nebelleuchte 554.
Nebelscheinwerfer 570.
Nebenaltar 737.
Nebeneinfüllstutzen 655.
Nebenfahrwasser 617.
Nebengleis 583.
Nebenhoden 169.
Nebenniere 165.
Nebenschluss 687.
Nebenstraße 39.
Neffe 785.
Negativ 485.
negativ geladen 684.
negativer Pol 687.
Negativhalter 485.
Negligé 364.
Nehrung 51.
Neigung 660.
Nektarine 192.
Nelke 80.
Neodym 684.
Neon 684.
Nepal 747.
Nephridium 107.
Neptun 4, 5.
Neptunium 684.
Nerv 172.
Nervenendung 172.
Nervenfaser 172.
Nervengeflecht 159.
Nervenimpuls 168.
Nervenstrang, ventraler 107.
Nervensystem 99, 166.
Nervensystem, peripheres 166.
Nervensystem, zentrales 167.
Nervenwurzel, hintere 167, 168.
Nervenwurzel, vordere 167, 168.
Nerz 134.
Nessel 187.
Nestfarn 76.
Netz 10, 222, 281, 797, 811, 812, 813, 814, 815, 817, 821, 827.
Netz-/Lichtschalter 452.
Netzabschlusswiderstand 522.
Netzanschluss 504.
Netzanschlussbuchse 513.
Netzband 821.
Netzhalter 815.
Netzhaut 177, 691.
Netzhautgrube 177.
Netzkabel 237, 288, 308, 381, 382, 383, 497, 513.
Netzkabel, Gleichstrom 526.
Netzkabel, Wechselstrom 526.
Netzkante 812.
Netzkontrolllampe 508.
Netzkontrollleuchte 519.
Netzplan 592.
Netzrichter 821.
Netzschalter 451, 494, 495, 497, 498, 501, 508, 518.
Netzstecker 527.
Netzstrumpf 365.
Netzteil 513.
Netzteillüfter 513.
Netzwerke, Beispiele 522.
Netzwerkkabel 523.
Netzwerkkarte, LAN-Karte 522.
Netzwerkschnittstelle 513.
neuer Schekel 728.
Neues Testament 736.
Neufundland 30.
Neukaledonien 29.
Neumond 7.
Neuneck, regelmäßiges 705.
Neuralfortsatz 109.
Neuron, motorisches 168.
Neuron, periphersensorisches 168.
Neuron, sensibles 168.
Neuronenkette 168.
Neuseeland 29, 747.
neutrale Linie 687.
neutrale Zone 806, 879.
Neutron 680.
Neutron, einfallendes 681.
Neutronenstern 8.
Neuzugänge, Regal 733.
Newton 702.
Nicaragua 742.
nicht angebbar (da nicht erkennbar) 56.
nicht bügeln 347.
nicht Element von 703.
nicht gestempelte Post 474.
nicht identisch 703.
Nicht in die Trockenmaschine geben 347.
nicht wärmeleitende Spitze 381.
nicht waschen 347.
nicht wieder verwertbarer Restmüll 71.
Nichte 785.
Nichtmetalle 683.
Nickbewegung 630.
Nickel 683.
Nickhaut 132.
Niederdruckdampfzuleitung 668.
Niederdruckverdichtung 627.
Niederlande 743.
Niederländisch 469.
Niederschlag 67.
Niederschläge 57, 64.
Niederschlagsgebiet 55.
Niederschlagsschreiber 59.
Niederspannungsleitung 273.
niedrigerer Wasserstand 597.
Niedrigspannungsleitung 663.
Niere 104, 105, 106, 109, 110, 112, 116, 125, 161, 212.
Niere, linke 165.
Niere, rechte 165.
Nierenarterie 160, 165.
Nierenbecken 165.
nierenförmig 79.
Nierenhilus 165.
Nierenkelch 165.
Nierenpapille 165.
Nierenvene 160, 165.
Niete 229, 310.
Niger 34, 745.
Nigeria 745.
Nil 34.
Nilpferd 129.
Nimbostratus 56, 62.
Niob 683.
Nippel 269.
Nivellierfuß 292, 293, 294.
Nivellierschraube 58.
Nobelium 684.
Nocke 750, 859.
Nockenpunkt 859.
Nockenring 307.
Nockenwelle 566.
Nockpunkt 913.
Noir 919.
Nonius 612, 700.
Nord 37, 917.
Nord-Korea 747.
Nord-Nordost 37.
Nord-Nordwest 37.
Nordamerika 28, 30, 50.
Nordamerikanische Platte 43.
Norden 616.
nördliche Halbkugel 35.
nördliche Halbkugel, Sternbilder 12.
nördliche Hemisphäre 35.
Nördliche Krone 13.
Nördliche Wasserschlange 13.
nördlicher Polarkreis 35, 36.
Nordmeer 32.
Nordost 37.
Nordosten 616.
Nordpol 35, 687.
Nordpolarmeer 28.
Nordsee 28, 32.
Nordwest 37.
Nordwesten 616.
Nori 183.
normal 472.
normale Pokerblätter 914.
normale Spiralgalaxie 9.
Normalsichtigkeit 691.
Normalwaschgang 347.
Normpunkt 891.
Norwegen 744.
Norwegisch 469.
Notation 916.
Notbremse 594.
Note 825.
Note, ganze 435.
Note, halbe 435.
Notenablage 436, 444, 451.
Notenlinie 434.
Notenschlüssel 434.
Notenständer 436.
Notenwerte 435.
Notfallausrüstung 775.
Nothosaurus 93.
Notizblock 530.
Notlaufschiene 595.
Notregulierung 841.
Notrufnische 543.
Notschalter 576.
Notstromaggregat 763.
Nova 8.
Nudelholz 232.
Nudelmaschine 230.
Nukleolus 94.
Nullleiter 272, 273.
Nullleitersammelschiene 272.
Nullleiterverbinder 272.
Nullmeridian 36.
numerische Tastatur 507, 530.
numerischer Block 515.
numerisches Tastenfeld 515, 699.
Nummer 1 858.
Nummer 2 858.
Nummer 3 858.
Nummer 4 858.
Nummer-8-Forward 804.
Nummerierstempel 531.
Nummernschildbeleuchtung 554.
Nummerntasten 508.
Nuss 750.
Nussknacker 230.
Nüster 124.
Nut 255.
Nutzer, Internet 524.
Nutzer, privater 525.
Nutzlast 24, 25.
Nutzlastadapter 24.
Nutzlastmodul 40.
Nutzlastraum 22.
Nutzlastraum, Tür 23.
Nutzlastverkleidung 24.
Nutzleiter, landwirtschaftliche 321.
Nylonschnur 332.

O

O-Ring 268.
Oase 48, 52.
oben liegender Rahmen 639.
Oberarmarterie 160.
Oberarmbein 126.
Oberarmgelenkhöcker, innerer 153.
Oberarmknochen 111, 116, 121, 122, 131, 136, 138, 141, 142, 152, 156.
Oberarmschiene 749.
Oberarmspeichenmuskel 150, 151.
Oberbau 591.
Oberbeleuchter 429.
Oberbeleuchtungstechniker 490.
Oberboden 78.
Oberdeck 569, 624, 655.
obere Abschlusskappe 689.
obere Atmosphäre, Messung 59.
obere Gliedmaßen 161.
obere Hohlvene 160, 161, 162.
obere Manschette 889.
obere Mesenterialarterie 160, 165.
obere Mesenterialvene 160.
obere Nasenmuschel 175.
obere Querleiste 278.
obere Rolle 460.
obere Rondistenfacette 374.
obere Schale 889.
obere Schutzhaube 304.
obere Sektion 24.
obere Sohlschicht 646.
obere Sprosse 277.
obere Tasche 862.
obere Tragschicht 538.
obere Vertäfelung 632.
obere Zahnreihe 174.
Obereck, linkes 740.
Obereck, rechtes 740.
oberer Absatz 417.
oberer Abschluss 281.
oberer Anzug 854.
oberer Flügel 628.
oberer gerader Muskel 177.
oberer Glaskolben 241.
oberer Heizstab 266.
oberer Holm 824.
oberer knöcherner Bogengang 174.
oberer Mantel 42.
oberer Nabel 115.
oberer Querträger 635.
oberer seitlicher Einschnitt 86.
oberer seitlicher Lappen 86.
oberer Thermostat 266.
oberer Wurfarm 750.
oberes Augenlid 110, 132.
oberes Becken 448.
oberes Ruder 763.
oberes Schleusentor 597.
oberes Verschlussband 889.
Oberfläche 815.
Oberfläche, befeuchtete 420.
Oberfläche, eingefärbte 420.
Oberflächenerkundung 651.
Oberflächenformationen des Mondes 7.
Oberflächenisolierung 22.
oberflächlicher Wadenbeinnerv 166.
Oberfräse 308.
Obergestein 647.
Obergurt 253, 540.
Oberhaut 172.
oberirdischer Abfluss 67.
Oberkampfrichter 823.
Oberkante 815.
Oberkellner 720.
Oberkiefer 99, 108, 111, 112, 116, 121, 122, 123, 131, 136, 138, 152, 175.
Oberkiefer, beweglicher 112.
Oberkiefer, vorderer 108.
Oberkieferknochen 158, 159.
Oberleiter 766.
Oberleitung 585, 595.
Oberlenker 640.
Oberlicht, Badezimmer 251.
Oberlicht, Treppenhaus 251.
Oberlid 177.
Oberlippe 99, 174, 444.
Oberlippenrinne 175.
Obermaschinerie 430.
Obermesser 424.
Obermesserhebel 424.
Oberon 5.
Oberpartie 909.
Oberrohr 578.
Oberschale 575, 895.
Oberschenkel 111, 126, 143, 147, 149, 249.
Oberschenkelanzieher, großer 151.
Oberschenkelanzieher, langer 150.
Oberschenkelarterie 160.
Oberschenkelbereich 170.
Oberschenkelknochen 116, 122, 131, 138, 141, 142, 152.
Oberschenkelkopf 153.
Oberschenkelnerv 166.
Oberschenkelpolster 808.
Oberschenkelregion 169.
Oberschenkelvene 160.
Oberschiedsrichter 881, 883.
Oberschnabel 115.
Oberschrank 224.
Oberschwanzdecken 115.
Oberschwester, Büro 779.
Oberstützmauer 660.
Oberteilhauptfacette 374.
Obertor 597.
Oberwalze 421.
Oberwasser 657.
Oberwasserdecke 660.
Oberwassermauer 661.
Obi 845, 846.
Objekt 691.
Objektiv 14, 476, 478, 479, 483, 517, 518, 535, 692, 693.
Objektivanschluss 477.
Objektivauswurf 476.
Objektive 478.
Objektivlinse 501.
Objektivrevolver 693.
Objektivschutzdeckel 478.
Objektivzubehör 478.
Objektklammer 693.
Objekttisch 693, 694.
Obmann 848.
Obmann, Kampfrichter 883.
Oboe 446.
Oboen 437.
Obst 180, 192, 723.
Obst- und Gemüseschale 291.
Obstbaum 182.
Obstgarten 182.
Ochse 129.
Ockerstift, roter 423.
Ofen 10, 256, 674.
offene Grube 647.
offene Spinnrolle 910.
offener Doppelringschlüssel 311.
offener Güterwagen 588.
öffentliche Wasserversorgung 675.
öffentlicher Fernsprecher 507.
öffentliches Gebäude 39.
öffentliches Postnetz 474.
öffentliches Übertragungsnetz 486.
Offizielle 846.
Offiziellenbank 879.
Offiziere, Duschen und Toiletten 764.
Offizierskabine 609.
Offiziersquartiere 762, 763.
Offiziersraum 764.
Öffnen 230.
Öffner, Dosen 223.
Öffnung 346.
Öffnung der Begattungskammer 97.
Öffnung für die Papierzufuhr 511.
Öffnung zum Fluten und Leeren der Schleusenkammer 597.
Offshore-Bohrung 653.
Offshore-Erkundung 653.
Ogenmelone 195.
Ohm 702.
Ohr 133, 140, 146.
Öhr 453, 454.
Ohr, Aufbau 174.
Ohr, äußeres 174.
Ohrdecken 115.
Ohrenschützer 340, 772, 861.
Ohrenstöpsel 872.
Ohrgehänge 374.
Ohrhörer 872.
Ohrklappe 140.
Ohrläppchen 173.
Ohrlautsprecher 506.
Ohrmuschel 122, 143, 173, 174, 502.
Ohrmuschelhöcker 173.
Ohrmuschelhöhlung 173.
Ohrmuschelrand, äußerer 173.
Ohrmuschelwindung 173.
Ohrringe 374.
Ohrringe mit Schraubverschluss 374.
Ohrstecker 374.
Ohrstöpsel 772, 776.
Ohrtrompete 174, 175.
Okapi 128.
Okklusion 56.
Okraschote 188.
Oktaeder, regelmäßiges 705.
Oktant 10.
Oktave 434.
Oktavmechanik 446.
Okular 14, 15, 692, 693.
Okularhalterung 14.
Okulartubus 693.
Ölablassschraube 566.
Ölabscheider 652.
Ölausfluss 70.
Ölbrenner 259.
Öldruckkontrollleuchte 576.
Öldruckwarnleuchte 557.
Öle 209.
Öler 648.
Ölfarbe 397.
ölgefüllter Heizkörper 260.
Olive 188.
Olivenkopftrense 854.
Olivenöl 209.
Öllöschbrücke 596.
Ölmalerei 396.
Ölpastell 396.
Ölpumpe 259.
Ölstein 422.
Ölsumpf 331.
Ölverarbeitungsbereich 652.
Ölverschmutzung 70.
Ölwanne 566.
Ölwannendichtung 566.
Ölzufuhr 259.
Oman 746.
Oman, Golf 33.
On-Deck-Circle 794.
Onkel mütterlicherseits 785.
Onkel väterlicherseits 785.
Online-Katalog 733.
Online-Spiel 525.
Oolong-Tee 208.
Oortsche Wolke 4.
Opal 375.
Operationen, spezifische 529.
Operationsabteilung 780.
Operationssaal 780, 781.

Operationstisch 780.
Operationszentrale 763.
Operngglas 385.
Opernhaus 710.
Opferstein 412.
Opisthodomos 403.
Opossum 143.
opponierbarer Daumen 139.
Optik 690.
Optiker 715.
optische Maus 516.
optische Sortierung 71.
optischer Sensor 516.
optischer Zeichenleser 474.
optisches Signal 436.
Orang-Utan 139.
Orange 194, 400.
Orange im Querschnitt 82.
Orbiter 22.
Orbiter (Viking) 18.
Orchester 402.
Orchestergraben 430.
Orchidee 80.
Ordner, Verzeichnis 524.
Ordnungsgleis 589.
Ordnungszahl 682.
Ordovizium 92.
Organismen, autotrophe 67.
Organismen, heterotrophe 67.
Organizer 530.
Orgel 444.
Orgelmechanik 445.
Orgelspieltisch 444.
orientalische Schabe 101.
orientalischer Überfangstich 459.
Orientierungseinlage 440, 441.
Oriflamme 739.
Origano 202.
Originaleinzug 508.
Originalrückführung 508.
Orinoko 31.
Orion 11, 12.
Orkan 57.
Oropharyngealtubus 775.
Ort 740.
Orthoceras 92.
Orthodoxe Kirche 736.
orthopädischer Stock 782.
Ortspost 475.
Osculum 95.
Öse 284, 371, 387, 457, 911, 913.
Öse für Schulterriemen 476.
Öse für Tragriemen 477.
Öse, gerade 453.
Öse, runde 453.
Ösen 453.
Ösenknopf 453.
Osmium 683.
Ösophagus 95, 97, 99, 103, 104, 110, 113, 116, 125.
Ost 37, 917.
Ost-Nordost 37.
Ost-Südost 37.
Ostchinesisches Meer 33.
Osten 616.
Osteon 154.
Österreich 744.
östliche Hemisphäre 35.
Östlicher Indischer Rücken 50.
östlicher Meridian 36.
östliches Kardinalseezeichen 617.
Ostpazifischer Rücken 50.
Ostsee 32.
Oszillograph-/Oszilloskopmonitor 491.
Otolith 109.
Ottomotor 566.
Outfieldzaun 795.
ovale Form 375.
Ovarium 97, 103.
Overall 358, 369.
Overcheck 857.
Overknee-Strumpf 365.
Ovidukt 103, 113.
Ozean 7, 38, 67.
Ozean, Atlantischer 29, 32, 34.
Ozean, Indischer 29, 33, 34.
Ozean, Pazifischer 29, 33.
Ozeanien 28, 29, 747.
ozeanische Gräben 50.
ozeanische Kruste 42.
ozeanische Rücken 50.
ozeanische Sprachen 469.
ozeanischer Rücken 49.
Ozonschicht 53.

P

Paar 881.
paarig gefiedert 79.
Packlage 538.
Packriemen 389.
Packung 223, 268.
Pager 505.
Pagode 412.
Pagodenärmel 361.
Pahlstek 908.
Pair 919.
Pak-Choi 186.
Paketannahme 582.
Pakistan 746.
Palau 747.
Palette 233, 632.
Palette mit Palettstecker 398.
Palette mit Vertiefungen 398.
Paletten 632.
Paletten und Container 623.
Palettenhubwagen 633.
Palettenhubwagen, hydraulischer 633.
Palettmesser 397.
Palettstecker 398.
Palisade 408.
Palla 336.
Palladium 683.
Palme 88.
Palmenhain 52.
Palmette 276.
Pampelmuse 194.
Panama 742.
Panama, Golf 31.
Panama, Landenge 30.
Panamahut 340.
Panflöte 433.
Pankreas 110, 116.
Panoramafenster 584, 713, 727.
Panoramakopf 482.
Pantoffel 344.
Pantolette 344.
Panty-Korselett 366.
Panzer 758.
Panzerabwehrgeschoss 757.
Panzerabwehrrakete 759.
Panzerfahrzeugen, Transport 572.
Panzerfaust 757.
Panzerhandschuh 749.
Panzerschnur 507.
Panzerschurz 749.
Panzerturm 758.
Papaya 197.
Papier 390, 400, 420.
Papier/Pappe, Sortierung 71.
Papierablage 511.
Papierablagen 512.
Papieraufnehmer 511.
Papierausgabe 519.
Papierclip 534.
Papiereinschubfach 512.
Papiereinzug, Kontrollleuchte 519.
Papiereinzugstaste 731.
Papiereinzugtaste 519.
Papierfreigabehebel 528.
Papierführung 508, 519.
Papierhalter 528.
Papierkassette 519.
Papierkorb 535.
Papierlösehebel 528.
Papierschneider 535.
Papierstütze 528.
Papiervorschubtaste 529.
Papierzufuhr 511.
Papillarmuskel 162.
Papille 172.
Papille, fadenförmige 176.
Pappel 88.
Pappschere 424.
Paprika 199.
Paprika, gelber 188.
Paprika, grüner 188.
Paprika, roter 188.
Papua-Neuguinea 29, 747.
Papuasprachen 469.
Par-3-Loch 866.
Par-4-Loch 866.
Par-5-Loch 867.
Parabeldüne 52.
Parabolantenne 16, 486, 489, 493.
Parabolantenne, schwenkbare 16.
Parabolspiegel 674.
Paradiesvogel 10.
Paraffine 656.
Paraguay 742.
parallel 704.
Parallelanschlag 304, 305.
parallele Zügelgurte 541.
Parallelepiped 705.
Parallelogramm 705.
Parallelschaltung 687.
Parallelschnittstelle 513.
Paramecium 94.
Paraná 31.
Paranuss 193.
Parboiled Reis 207.
Parcourschef 853, 855.
Pardune 602.
Parfümerie 714, 717.
Parietale 112, 122.
Park 39, 711.
Parka 353.
Parkdeck 713.
Parkettboden 253, 254.
Parkettmuster 254.
Parkplatz 583, 596, 620, 708, 735, 866, 886.
Parmesan 211.
Parterre 431.
partielle Finsternis 6, 7.
Partlow-Schreiber 571.
Pascal 702.
Pasch 914.
Paspel 368.
Paspeltasche 354, 360.
Pass 45.
Passagierdampfer 608.
Passagierkabine 605, 608, 609.
Passagierraum 625, 631.
Passagierraum 1. Klasse 624.
Passagierterminal 619, 620.
Passagiertransferfahrzeug 621, 623.
Passbildautomat 715.
Passe (19 bis 36) 919.
Passgänger 857.
Passiergerät 230.
Passiersieb 231.
Passierte Tomaten 200.
Passionsfrucht 196.
passiver Sensor 41.
Passivitätszone 843.
Passkontrolle 621.
Paste 201.
Pastell 396.
Pastinake 189.
Paßgang 125.
Patagonien 31.
Patent-Strickbündchen 354.
Patentanker 610.
Patera 276.
Pathfinder 19.
pathologisches Labor 781.
Patient 780.
Patientenstuhl 780.
Patisson 189.
Patisson-Kürbis 189.
Patrone 754.
Patrone (Gewehr) 912.
Patrone (Schrotflinte) 912.
Patronen 860, 861.
Patronenkammer 476, 754, 755.
Patronensicherung 272.
Patronentasche 770.
Patte 348.
Pattentasche, schräge 352, 355, 360.
Pauken 437.
Pausche 826, 855.
Pause 435, 515.
Pause, ganze 435.
Pause, halbe 435.
Pause-Taste 499.
Pausenraum 735.
Pausenzeichen 435.
Pausetaste 495.
Pavian 139.
Pavillon 710.
Pavillondach 415.
Pazifik 28.
Pazifische Platte 43.
pazifischer Lachs 221.
Pazifischer Ozean 29, 33.
PC 513.
PC-Kartenschacht 526.
PCI-Erweiterungskarte 513.
PCI-Erweiterungsport 513.
Pecannuss 193.
Pechnase 408.
Pecorino Romano 211.
Pedal 440, 448, 578, 580, 851, 870.
Pedal zur Verstellung 399.
Pedalhaken 578, 580.
Pedalklaviatur 444.
Pedalstange 442.
Pedaltaste 444.
Pegasus 12.
Pegelanzeige, digitale 488.
Pegeltongenerator 488.
Peildeck 604, 608, 609.
Peilstableuchte 570, 571.
Pelerine 355.
Pelham-Kandare 854.
Pelikan 119.
Peltonturbine 659.
Pelzwerk 741.
Pendel 436, 697.
Pendelaufhängung 43.
Pendelhub-Einstellung 305.
Pendeloque-Schliff 375.
Pendelstab 697.
Pendeluhr 10.
Pendelzug 620.
Penholdergriff 815.
Penis 104, 146, 169.
Penne 206.
Pentaprisma 477.
Peplos 336.
Pepperoniwurst 216.
perforierte Vorderkappe 342.
Perforierung 346.
Pergola 322.
Perikarp 82.
Periodensystem 682.
peripher-sensorisches Neuron 168.
peripheres Nervensystem 166.
Peristom 94.
Peristyl 403, 406.
Perlhuhn 120, 212.
Perlrippen 458.
Perlzwiebel 184.
Perm 92.
Peroxyd 777.
Peroxysom 94.
Perserkatze 132.
Perseus 12.
Persisch 469.
Persischer Golf 33.
Personalausgangskontrolle 726.
Personalcomputer 513.
Personaleingang 720, 726, 768.
Personaleingangskontrolle 726.
Personalgarderobe 720.
Personalraum 731, 768, 779.
Personaltoiletten 768.
Personalumkleideraum 768, 781.
Personenbahnhof 583.
Personenwaage 699.
Personenzüge 584.
Persönliche Artikel 383.
persönliche Ausstattung 374.
persönliche Identifikationsnummer (PIN), Eingabegerät 731.
Peru 742.
Peru-Chile-Graben 50.
Peso 728.
Pestizid 69, 70.
Petanque 864.
Petanquekugel 864.
Petersilie 202.
Petri-Schale 685.
Petrochemikalien 656.
petrochemische Industrie 656.
Petroleum 656.
Pfahl 740.
Pfahlbau 418.
Pfahlwurzel 87.
Pfännchen 239.
Pfanndeckel 752.
Pfanne 235, 752.
Pfannenwender 233.
Pfau 10, 119.
Pfeffer, gemahlener 199.
Pfeffer, grüner 198.
Pfeffer, rosa 198.
Pfeffer, schwarzer 198.
Pfeffer, weißer 198.
Pfefferschote 188.
Pfefferspray 770.
Pfefferstreuer 226.
Pfeife 240, 390, 445.
Pfeife im Querschnitt 390.
Pfeifenbesteck 390.
Pfeifenkopf 390.
Pfeifenmundstück 390.
Pfeifenputzer 390.
Pfeifenrastbrett 445.
Pfeifenrastbretter, Stützen 445.
Pfeifenständer 390.
Pfeifenstock 445.
Pfeifenstummel 390.
Pfeifenwerk 445.
Pfeifhase 123.
Pfeil 12, 56, 750, 859.
Pfeilanlagepunkt 913.
Pfeiler 407, 410, 411, 412, 540, 583.
Pfeilerfundament 540.
Pfeilflügel 630.
Pfeilförmig 79.
Pfeilsack 104.
Pfeilspitze 748, 859.
Pfeilstütze 859.
Pfeiltaste 261.
Pferd 124, 129, 826, 858.
Pferd, Anatomie 125.
Pferd, äußere Merkmale 124.
Pferd, Skelett 126.
Pferderennbahn 856.
Pferderennen 856, 857.
Pfifferling 183.
Pfirsich 192.
Pfirsich im Querschnitt 81.
Pflanze 77.
Pflanze, Aufbau 77.
Pflanzenfresser 67.
Pflanzenreich 74.
Pflanzenzelle 74.
Pflanzholz 324.
Pflanzkelle 325.
Pflanzlochstecher 324.
Pflanzschnur 324.
Pflanzwerkzeuge 324.
Pflasterstein 298, 322.
Pflaume 192.
Pflaumensoße 201.
Pflegelösung 384.
Pfluganker 610.
Pflugrahmen 641.
Pfortader 161.
Pfosten 252, 460, 812, 817, 820, 827.
Pfosten mit Latte 852.
Pfosten mit Stange 852.
Pfropf 753, 912.
Pfund 728.
Phalangen 111, 122, 136, 138, 141, 142.
Pharynx 99.
Phase 273.
Philippinen 33, 747.
Philippinen-Platte 43.
Philippinengraben 50.
Phobos 4.
Phönix 10.
Phonothek 733.
Phosphor 683.
Phosphorschicht 275.
Photon 692.
Photosphäre 6.
Photosynthese 78.
Physalis 192.
Physik 686, 687, 690.
Physiotherapeut 811.
physische Karte 38.
Pi 704.
Pia Mater 167.
Piano, elektronisches 451.
Pianopedal 442, 451.
Picknick verboten 725.
Pickup 549, 642.
Pier 653.
Pik 914.
Pikkoloflöte 437, 446.
Piktogramme 514.
Pilaster, korinthischer 407.
Pillbox 341.
Pilot 897.
Pilote 443.
Pilz 76.
Pilz, Aufbau 76.
Pilz, tödlich giftiger 76.
Pilzanker 610.
Pilze 183.
Pilzfaden 76.
Pilzpapille 176.
Pin 865.
Pinakocyte 95.
Pinguin 119.
Pinie 89.
Pinienkern 89, 193.
Pinne 398, 436, 612, 834, 907.
Pinnwand 535.
Pinsel 397, 422.
Pinseläffchen 139.
Pintobohne 191.
Pinzette 777.
Pioneer 19.
Pipeline 654.
Pipeline, überirdische 654.
Pipette 685.
Pistazie 193.
Piste, Anfänger 886.
Piste, Experte 886.
Piste, mittelschwere 886.
Piste, schwere 886.
Pisten-Mittelliniemarkierungen 620.
Pistenbezeichnungsmarkierung 620.
Pistenrandmarkierungen 620.
Pistenraupe 886.

Pistole 315, 754, 770.
Pistolengriff 306, 318, 320, 754, 755, 860, 912.
Pistolenschießen 861.
Pit 501.
Pitching-Wedge 868.
Pitot-Rohr 873.
Pittabrot 205.
Plakat 427.
Planenwagen 588.
planetarischer Nebel 8.
Planetarium 10.
Planetariumsprojektor 10.
Planeten 4.
Planeten, äußere 4.
Planeten, innere 5.
Planfilm 481.
Planierraupe 636.
Planierschaufel 636.
Planierschild 636.
plankonkave Linse 691.
plankonvexe Linse 691.
Plantainbanane 196.
Planum 538.
Plasmabrücke 74.
Plasmamembran 94.
Plastikhülse 912.
Plateau, Hochebene 38.
Plateosaurier 93.
Platin 683.
Plättchen 64.
Platte 238, 381, 400, 449, 482, 521.
Platte, Afrikanische 43.
Platte, Antarktische 43.
Platte, Cocos 43.
Platte, Eurasiatische 43.
Platte, Indisch-Australische 43.
Platte, Karibische 43.
Platte, Nazca 43.
Platte, Nordamerikanische 43.
Platte, Pazifische 43.
Platte, Philippinen 43.
Platte, Scotia 43.
Platte, Südamerikanische 43.
Platten ausrollen 465.
Platten, tektonische 43.
Plattenbindung 887.
Plattengitter 562.
Plattengrenzen, divergierende 43.
Plattengrenzen, konvergierende 43.
Plattenhalter 422.
Plattenheizkörper 259.
Plattenisolierung 299.
Plattenspieler 488, 500.
Plattenstift 442, 500.
Plattenteller 500.
platter Knochen 157.
Plattform 321, 569, 830, 894.
Plattformpedal 870.
Plattsehnenmuskel 151.
Plattstiche 459.
Platzierung 831.
Platzierungsrichter 830.
Play-Taste 499.
Plein 919.
Plektron 433.
Pleuelstange 564, 566.
Pleurahöhle 163.
Plinthe 697.
Plotter 520.
Pluderhose 338.
plus oder minus 703.
Plusbereich 672.
Plusglas 691.
Pluskontakt 672, 673.
Plusplatte 562.
Pluspol 562, 689.
Pluspolbrücke 562.
Pluto 4, 5.
Plutonium 684.
PN-Übergang 672.
pneubereiftes Laufrad 594, 595.
pneubereiftes Leitrad 594, 595.
pneumatischer Auslöser 482.
Pocket-Instamatic-Kamera 480.
Podest 17, 255, 264, 321.
Podium 412, 734.
Pokerwürfel 914.
Pol, negativer 687.
Pol, positiver 687.
Polachse 17.
polar umlaufender Satellit 60.
polare Umlaufbahn 60.
Polarisationsfilter 478.
Polarklimate 61.
Polarkreis, nördlicher 36.
Polarkreis, südlicher 29, 36.
Polarlicht 53.
Polarstern 13.
Polartundra 61.
Polen 744.
Poleposition 872.
Polierstahl 422.
polierter Steinfaustkeil 748.
Poliklinik 781.
Politik 739.
politische Karte 37.
Polizei 725.
Polizeibeamter 770.
Polizeifahrzeug 769, 771.
Polizeirevier 711, 768.
Pollenbürste 98.
Pollenkamm 98.
Pollenkörbchen 98.
Pollenschieber 98.
Pollenzange 98.
Pollenzelle 100.
Poller 607.
Polnisch 469.
Polo 858.
Polohemd 359, 822.
Polokleid 356.
Polokragen 363.
Polonium 682.
Polopony 858.
Poloschläger 858.
Poloshirt 354.
Polster 798.
Polsterauflage 776.
Polsterdüse 289.
Polsterung 899.
Polynesien 747.
Poncho 355.
Pont-l'Évêque 211.
Ponton 542.
Ponton, Schwimmkörper 652.
Pontonbrücke 542.
Pool 862.
Poop 602.
Pore 74, 84, 172.
Porenzelle 95.
Porro-Prisma 692.
Portal 411, 738.
Portalbrücke 541.
Portalkuppel 738.
Portalrahmen 540.
Portierszimmer 724.
Porträt 729.
Portugal 743.
Portugiesisch 469.
Portulak 187.
Portweinglas 225.
Posaune 447.
Posaunen 437.
Positionskontrolle der Probe 694.
Positionsleuchte 585.
Positionslicht 605, 625, 631.
positiv geladen 684.
positiver Pol 687.
Post 474.
Post, elektronische 525.
Post, gestempelte 474.
Post, internationale 475.
Post, nicht gestempelte 474.
Post, regionale 475.
Postamt 474, 475, 711, 715.
Postanweisung 475.
Postauto 474, 475.
Postkarte 474.
Postnetz, öffentliches 474.
Postpaket 475.
Poststelle 509.
Postwertzeichen 474.
Poterne 408.
Pottwal 137.
Präger 533.
Prägung 401.
Präkambrium 92.
Prallbügel hinten 885.
Prallbügel vorne 885.
Prämaxilla 122, 123.
Prämolar 123.
Prärie 38.
Praseodym 684.
Präzisionssport 859.
Präzisionswaage 699.
Preis pro Einheit 699.
Preis pro Liter/Gallone 548.
Preiselbeere 192.
Prellbock 583.
Pressbalken 424, 425.
Pressen 425.
Pressfilterkanne 241.
Presshebel 230, 315.
Presskammer 642.
Pressluftbohrer 649.
Pressplatte 425.
Pressspindel 421, 423.
primäre Nahrungsmittelquelle 67.
Primärfokus 17.
Primärfokuskabine 16, 17.
Primärkonsumenten 67.
Primärspiegel 17.
Primärwurzel 77.
Primaten 138.
Primaten, Beispiele 139.
Prime 434.
Prinzesskleid 356.
Prinzessnaht 366.
Prismenfernglas 692.
pritschen 813.
private Telekommunikation 487.
privater Ankleideraum 428.
privater Nutzer 525.
privates Rundfunknetz 486.
Privatflugzeug 628.
Probenkammer 694.
Probierlöffel 233.
Proconsul 93.
Produktionsbohrung 646, 652.
Produktionsleiter 509.
Produzent 429.
Profil 560, 561.
Programmbereich 501.
programmierbare Funktionstasten 731.
programmierbare Tasten 516.
programmierbarer Thermostat 261.
Programmiertasten 495.
Programmsteuerung 261.
Programmwähler 292, 293, 294.
Programmwahlschalter 450.
Programmwählscheibe 476.
Programmwahltasten 495.
Projektile 752.
Projektionskopf 535.
Projektionskuppel 10.
Projektionsraum 395.
Projektionswand 483.
Projektor 427, 518.
Promenadendeck 608.
Promethium 684.
Pronaos 403.
Prop-Forward 804.
Propan- oder Butangas-Geräte 903.
Propanflasche 567.
Propeller, dreiflügeliger 628.
Propeller, zweiflügeliger 628.
Propellerummantelung 605.
Prospektständer 730.
Prospektzug 430.
Prostata 169.
Protactinium 684.
Protestantismus 736.
Prothorax 97.
Protokollant 814.
Protokollanten 827.
Protokollraum 768.
Proton 680.
Protuberanz 6.
Provider, Internet 525.
Provinz 37.
Provinzgrenze 37.
proximale Epiphyse 155.
Prozent 703.
Prozenttaste 529.
Prozessor 513.
Prüflampe 316.
Pseudopodium 94.
psychiatrischer Beobachtungsraum 778.
psychiatrischer Untersuchungsraum 778.
Psychrometer 59.
Pterygoid 112.
Pubis 116.
Publikumseingang 402.
Puck 880.
Pudel 130.
Pudelmütze 341.
Puder, loser 378.
Puderdose 378.
Puderkissen 378.
Puderpinsel 378.
Puderrouge 378.
Puderzucker 209.
Puerto-Rico-Graben 50.
Puff 277.
Puffärmel 360.
Puffer 417.
Puffertank 654.
Pullman Limousine 549.
Pullover 354, 359.
Pullunder 354.
Pulmonalklappe 162.
Pulpa 159.
Pulpahöhle, Kronenabschnitt 159.
Pulpete 445.
Pulsar 8.
pulsierende Vakuole 94.
Pult 737.
Pultdach 414.
Pulver 200.
Pulverhorn 752.
Pulverkammer 753.
Pulvino 661.
Puma 134.
Pumpe 246, 292, 294, 320, 670, 671, 674, 903.
Pumpenmotor 263.
Pumpenraum 606.
Pumpensumpf 263.
Pumplöschfahrzeug 766.
Pumps 343.
Pumpstation 654.
Pumpstation, zentrale 654.
Punchingball 842.
Punkt 473.
Punktauge 97, 99.
Punktbrenner 314, 319.
Punkte 822.
Punktekonsole 865.
Punktetabelle 918.
Punktezähler 819.
Punktrichter 843, 846, 859, 860, 864.
Pupille 132, 177.
Pupille, senkrechte 112.
Puppe 97, 100.
purpurn 741.
Purpursaum 336.
Pushup-Griff 851.
Puter 213.
Putter 867, 868.
Putzkelle 315.
Putzmittel 721.
Putzschwamm 295.
Putzsporn 98.
Puzzle 917.
Puzzleteil 917.
Pygalschild 113.
Pygostyl 116.
Pylon 540.
Pylon zur Aufhängung des Triebwerks 625.
pylorische Blindsäcke 109.
Pyramide 402, 705.
Pyramidendach 415.
Pyranometer 58.
Pyrenäen 32.
Python 114.

Q

Quadrant 704.
Quadrat 705.
Quadratbein 112.
Quadratwurzel 703.
Quadratwurzel aus 703.
Quadratwurzeltaste 529.
Quark 680.
Quartär 93.
Quarte 434.
Quarterback 807.
Quarterdeck 608.
Quartett 438.
Quartier 342, 370.
Quarzmetronom 436.
Quecksilber 275, 683.
Quecksilberbarometer 59.
Quecksilberkolben 695.
Quecksilbersäule 695.
Quecksilberthermometer 777.
Quelle 48.
Quellenangabe 471.
Quellwolken 62.
quer verlaufender Dickdarm 164.
Querbalken 461.
Querbehang 282.
Querdünen 52.
Querfaden 455.
Querfeldeinrad 870.
Querflöte 446.
Querflöten 437.
Querfortsatz 157, 168.
Querholz 277, 460, 799.
Querjoch 433.
Querleiste 278, 424.
Querleiste, obere 278.
Querleiste, untere 278.
Querriegel 247.
Querrippe 214.
Querruder 23, 624, 898.
Querschiff 411.
Querschlag 650.
Querschnitt 920.
Querschnitt durch eine Sternwarte 17.
Querschnitt durch eine Trägerrakete (Ariane V) 24.
Querschnitt durch eine Trägerrakete (Saturn V) 25.
Querschnitt, Apfel 82.
Querschnitt, Baseball 797.
Querschnitt, Baumstamm 87, 300.
Querschnitt, Bogenstaudamm 661.
Querschnitt, Elektronenmikroskop 694.
Querschnitt, Erdbeere 83.
Querschnitt, Erdkruste 42.
Querschnitt, Golfball 867.
Querschnitt, Himbeere 83.
Querschnitt, Kraftwerk 664.
Querschnitt, Linsenfernrohr 14.
Querschnitt, Orange 82.
Querschnitt, Pfeife 390.
Querschnitt, Pfirsich 81.
Querschnitt, Rotorgondel 677.
Querschnitt, Schiene 591.
Querschnitt, Schwergewichtsstaudamm 661.
Querschnitt, Spiegelreflexkamera 477.
Querschnitt, Spiegelteleskop 15.
Querschnitt, Spritzpistole 398.
Querschnitt, Straße 538, 712.
Querschnitt, Stützpfeilerstaudamm 660.
Querschnitt, Uferdamm 660.
Querschnitt, Vorderlade-Geschütz 753.
Querschnitt, Wasserkraftwerk 658.
Querschnitt, Weintraube 83.
Querschnitt, Zwiebel 78.
Querschott 606.
Querstange 897.
Querstraße, Allee 711.
Querstrebe 663, 783.
Querstrich, ganzer 56.
Querstrich, halber 56.
Querstück 278, 782.
Querträger, oberer 635.
Querträger, unterer 635.
Quetschfuß 274, 275.
Quetschverschraubung 269, 270.
Quicheform 232.
Quinte 434.
Quintett 438.
Quitte 193.
Quittungsausgabe 730.

R

Rabatte 244.
Rabe 11, 118.
Rachen 163, 164.
Rachenenge 174.
Raclette 211.
Raclette-Grill 239.
Racquetball 818.
Racquetballschläger 818.
Racquetballspiel 818.
Rad 320, 323, 423, 560, 570, 753, 870, 874.
Rad-Schneeschläger 232.
Radar 40, 604, 605, 608, 609.
Radar zur Luftüberwachung 761.
Radar zur Zielverfolgung 762.
radarabsorbierendes Material 629.
Radarabwehrflugkörper 759.
Radaranlage 760, 771.
Radaranlagendisplay 771.
Radarantenne 40, 760, 763.
Radarflugzeug 629.
Radarmast 606.
Radarrekflektor 615.
Radarsat 40.
Radarstrahl 40.
Radbefestigungsbolzen 559.
Rädchen 454.
Rädelung 311.
Räder-Drehgeschwindigkeitssensor 559.
Radfahrer 545, 546.
Radgabel 870.
radiale Einsteigestation 619.
Radialgürtelreifen 561.
Radialkapelle 410, 411.
Radialkarkasse 561.
Radialreifen 561.
Radiärkanal 95.
Radiator 21.
Radiatoren 23.
Radicchio 186.
Radiergummi 534.
Radieschen 189.
Radio-/Kassettengerät 556.
Radio-Wellen 486.
radioaktiv 774.
radioaktive Kerne 681.
radioaktiver Abfall 70.

Radioaktivität, Maßeinheit 702.
Radioisotopengenerator, thermoelektrischer 18.
Radiometer 60.
Radiorecorder mit CD-Spieler 504.
Radiosonde 59.
Radioteleskop 16.
Radiowelle 16.
Radiowellen 690.
Radium 682.
Radius 704.
Radius-Ulna 111.
Radkappe 551.
Radlader 637.
Radlenker 590.
Radom 760.
Radon 684.
Radrennbahn 788, 871.
Radsatzgetriebe 586.
Radschüssel 560.
Radsport 870.
Radtraktor 637.
Radula 104.
Raffgardine 283.
Raffhalter 282.
Raffinerie 654, 709.
Raffinerieerzeugnisse 656.
Raffrollo 285.
Raglanärmel 352, 355, 361, 369.
Raglanmantel 355.
Rah 602.
Rahe 600.
Rähmchen 100.
Rahmen 252, 256, 278, 280, 312, 327, 342, 386, 389, 395, 423, 433, 449, 459, 460, 575, 612, 632, 633, 638, 639, 641, 642, 672, 673, 676, 816, 822, 823, 824, 862, 870, 893.
Rahmen, oben liegender 639.
Rahmen, senkrechter 461.
Rahmenleiste 278.
Rahmenspant 607.
Rahsegel 601.
Rakete zur Schiffsbekämpfung 759.
Raketenantrieb 759.
Raketendepot 762.
Raketenschiene 760.
Raketentriebwerk 24.
Raketenwerfer 761.
Rallye-Motorrad 875.
RAM 513.
RAM-Anschluss 513.
Rambutan 197.
Rammschutzleiste 571.
Rammsporn 598.
Rampe 403, 407, 539, 647, 894.
Rampenlicht 431.
Rand 385, 729, 793, 841, 919.
Rand, äußerer 127.
Rand, innerer 127.
Rändelbolzen 320.
Randkontrolltaste 528.
Randlösetaste 528.
Rang, erster 431.
Ränge 402, 407.
Rangierbahnhof 589.
Ranviersche Schnürringe 168.
Rapier 751.
Ras-El-Hanout 199.
Rasen 245, 322, 822.
Rasenbesen 333.
Rasenpflege 332.
Rasentrimmer 332.
Rasierer, zweischneidiger 383.
Rasiermesser 383.
Rasierpinsel 383.
Rasierschaum 383.
Rasierwasser 383.
Raspel 309, 401.
Rassel 112.
Raste 791.
Rasterleiste 291.
Rasthebel 331.
Rastplatz 39, 725.
Raststätte 39.
Raststütze 577.
Rasur 383.
Rathaus 710.
Ratsche 302.
Ratschenringschlüssel 311.
Ratte 123.
Ratte, äußere Merkmale 122.
Ratte, Skelett 122.
Rau 866, 867.
Raubtiere 130.
Raubtiere, Beispiele 134.
Raubvogel 117.
Rauch 57.
Rauchabsauger 758.
Rauchbombe 758.
Räucherapparat 422.
Raucherbedarf 390.
Räucherschinken 215.
Rauchklappe 256.
Rauchmantel 256.
Rauchmelder 767.
Rauke 187.
Raum 584.
Raum, Douglasscher 170.
Raum, Douglasscher, vorderer 170.
Raumanzug 20.
raumer Wind 833.
Raumfähre 22, 23, 53.
Raumfähre beim Start 22.
Raumfahrt 18.
Raumklimaanlage 261.
Raumlaboratorium 23.
räumlicher Dendrit 64.
Raumschotkurs, zweiter 833.
Raumsonde 18, 53.
Raumsonden, Beispiele 19.
Raumstation, internationale 21.
Raumteiler 902.
Raumthermostat 261.
Raupe 97.
Raupenschere mit Teleskopstiel 330.
Raureif 65.
Raute 538.
Rautenspitze 278.
Ravioli 206.
Reagenzglas 685.
Reaktion, reversible 684.
Reaktionsrichtung 684.
Reaktionstriebwerk 60.
Reaktor 665, 666, 669, 763.
Reaktorgebäude 667, 669.
Reaktorgebäude, Luftschleuse 668.
Reaktorkern 670, 671.
Reaktorkessel 667.
Reaktortank 671.
Reanimationsraum 778.
Rebe 86.
Rebhuhn 118.
Rebstock 86.
Receiver 493, 503.
Receiver: Vorderansicht 497.
Rechen 327, 658, 664.
Rechenbalken 642.
Rechenscheibe 479.
Rechnernetzwerk 523.
Rechnung 721.
rechte Flanke 740.
rechte Herzkammer 161, 162.
rechte Lunge 161, 163.
rechte Lungenvene 162.
rechte Mittelstelle 740.
rechte Niere 165.
rechte Seite 300, 384.
rechte Spur 539.
Rechteck 705.
Rechteckflügel 630.
rechteckige Fahne 739.
Rechteckschlafsack 904.
rechter Abwehrspieler 812.
rechter Angriffsfeldspieler 814.
rechter Angriffsspieler 811.
rechter Aufbauspieler 811.
rechter Außenangreifer 812.
rechter Außenfeldspieler 794.
rechter Centre 804.
rechter Corner Back 806.
rechter Defensive End 806.
rechter Defensive Tackle 806.
rechter Flügelspieler 801.
rechter Guard 807.
rechter Kanal 502.
rechter Mittelfeldspieler 801, 803.
rechter Safety 806.
rechter Stürmer 879.
rechter Tackle 807.
rechter Verteidiger 801, 803, 878.
rechter Vorhof 161, 162.
rechter Winkel 704.
rechtes Aufschlagfeld 819, 821.
rechtes Feld 795.
rechtes Obereck 740.
rechtes Untereck 740.
rechts 431.
Rechtsanwälte, Mitarbeiter 728.
Rechtschreibkorrekturtaste 528.
Rechtskurve 544, 547.
Reck 824, 825.
Recksäule 825.
Reckstange 825.
Recycling 71.
redaktioneller Beitrag 471.
Redaktionsteil 471.
Redingote 355.
Reduziermuffennippel 269.
Reffband 603.
Reffbänsel 603.
reflektierende Aluminiumschicht 501.
reflektierendes Band 611.
reflektierte Sonneneinstrahlung 68.
reflektierte Sonnenstrahlen 674.
Reflektor 316, 493.
Reflexion 41.
Reformation 736.
Regal 181, 723.
Regal der Neuzugänge 733.
regelbarer Thermostat 239.
Regelgerät 267.
regelmäßiges Achteck 705.
regelmäßiges Elfeck 705.
regelmäßiges Fünfeck 705.
regelmäßiges Neuneck 705.
regelmäßiges Oktaeder 705.
regelmäßiges Sechseck 705.
regelmäßiges Siebeneck 705.
regelmäßiges Zehneck 705.
regelmäßiges Zwölfeck 705.
Regelschalter 290.
Regen 64, 65.
Regen, anhaltend leichter 57.
Regen, anhaltend mäßiger 57.
Regen, anhaltend starker 57.
Regen, gefrierender 64.
Regen, leichter 64.
Regen, mäßiger 64.
Regen, saurer 69, 70.
Regen, zeitweise leichter 57.
Regen, zeitweise mäßiger 57.
Regen, zeitweise starker 57.
Regenarten 64.
Regenbogen 65.
Regenfälle, heftige 63.
Regenhut 341.
Regenleiste 551.
Regenmantel 352.
Regenmenge, Messung 59.
Regenmesser mit direkter Ablesung 58.
Regenmesser, selbst schreibender 59.
Regenreifen 872.
Regenrohr 244.
Regenschauer 57.
Regenschreiber 58.
Regenwald, tropischer 61, 66.
Regenwasserabfluss 712.
Regie-Kontrollmonitore 428.
Regieassistent 429, 490.
Regiepult 488, 491.
Regieraum 431, 488, 489, 490, 491.
Regierungsorganisation 525.
Regiestuhl 276, 429.
regionale Post 475.
regionales Verteilzentrum 475.
Regisseur 429.
Register 0.
Registerleiste 445.
Registerschleife 445.
Registerzug 444, 445.
Registratoren 844.
Registriereinheit 273.
Registriereinlagen 532.
Registrierkarten, Halterung 58.
Registrierkasse 181.
Registrierstreifen 58.
Registriertrommel 43.
Regler 238.
Reglerspanngewicht 417.
Reglerventil 903.
Regnerschlauch 328.
Regulierklappe 258.
Regulierventil 259.
Reh 128.
Reibe 230.
Reibefläche 318, 391.
Reiber 423.
Reibergehäuse 423.
Reif 65.
Reif- und Frostgraupel 64.
Reife, Stufen 86.
Reifen 551, 560, 570, 579, 823, 870, 874.
Reifenarten 560.
Reifenflanke 560.
Reifenstapel 872.
Reifeprozess 86.
Reifrock, flacher 337.
Reihe 384, 431.
Reihe, dritte 804.
Reihe, erste 804.
Reihe, zweite 804.
Reihenanzeige 456.
Reihenhaus 419.
Reihenzähler 456.
Reiher 119.
Reinigung, chemische 715.
Reinigungsbürste 383.
Reinigungsmittelbehälter 294.
Reinigungsöffnung 262, 270.
Reinigungswelle 314.
Reis 85, 203, 207.
Reis, weißer 207.
Reisebett mit Wickelauflage 281.
Reisebüro 714.
Reisebus 568.
Reisessig 201.
Reisetasche 388.
Reisetaschen 717.
Reisezug 582.
Reisfadennudeln 207.
Reisfeld 69.
Reismelde 203.
Reisnudeln 207.
Reispapier 207.
Reißbahn 899.
Reißbrett 399.
Reißen 850.
Reißnägel 534.
Reißschenkelschutz 636.
Reißverschluss 353, 369, 377, 389, 453, 902.
Reißverschlusslinie 455.
Reiten 854.
Reiter 532, 853, 855, 858.
Reiter, durchsichtiger 532.
Reitgerte 853, 856.
Reithandschuh 853.
Reithelm 853.
Reithose 853.
Reitjacke 853, 855.
Reitkappe 856.
Reitsport 852.
Reitstiefel 855.
Rektaszension 13.
Rektaszensionsachse 14, 15.
Rektum 97, 99, 113, 116, 125.
Relaiskasten 563.
Relaisstation 486.
Relaisstation, Mikrowellen 524.
Relaisstelle 487.
Religion 736.
Religionen, Chronologie 736.
Reling 607.
Rennanzug 874, 882.
Rennanzug, feuerfester 872.
Rennbügel 579.
Rennfahrer 872.
Rennleiter 870.
Rennrad 581.
Rennrodel 884.
Rennrodel, Doppelsitzer 884.
Rennrodel, Einsitzer 884.
Rennrodler 884.
Rennstrecke 874.
Rentier 128.
Reparaturwerkstatt 548.
Reportage 471.
Reptilien 112.
Reptilien, Beispiele 114.
Republik Kongo 745.
Requisiteur 429.
Requisiteurassistent 429.
Reserve-Fahrtmesser 626.
Reserve-Fluglageanzeige 626.
Reserve-Höhenmesser 626.
Reservefallschirm 896.
Reservepapier 512.
Reserverad 567.
Resettaste 513, 519, 918.
Resonanzboden 442.
Resonanzdecke 432, 433, 439, 440.
Resonanzfell 448.
Resonanzkörper 433, 440.
Resonanzröhren 449.
Ressourcenzugriff, vereinheitlichter 524.
Restaurant 608, 710, 713, 714, 719, 720, 725.
Restaurantkritik 471.
Restmüll, nicht wieder verwertbarer 71.
Retikulum, endoplasmatisches 74, 94.
Rettich 189.
Rettich, japanischer 189.
Rettungsassistent, Sitz 775.
Rettungsboje 611.
Rettungsboot 602, 604, 608, 652.
Rettungsfloß 605.
Rettungsgeräte 611.
Rettungshubschrauber 631.
Rettungsinsel 611.
Rettungsring 609, 611, 771.
Rettungsschacht 543.
Rettungsschiff 653.
Rettungsstation 543.
Rettungsturm für die Startphase 25.
Rettungswagen 543, 775, 778.
Rettungswart 837.
Rettungsweste 611.
Revers 348, 362.
Revers, abfallendes 352.
Revers, steigendes 348.
reversible Reaktion 684.
Revisionsöffnung 257.
Revisionstür 258.
Revolver 754.
Rewritable-Rekorder 521.
Rezeptakel 75.
Rezeptor, sensorischer 168.
Rhabarber 185.
Rhea 5.
Rhenium 683.
Rhesusfaktor negativ 702.
Rhesusfaktor positiv 702.
Rhizoid 75.
Rhizom 76.
Rhodium 683.
Rhombus 705.
rhythmische Sportgymnastik 823.
Rhythmuswahlschalter 451.
Riasküste 51.
Ribosom 74, 94.
Richtaufsatz 756.
Richter 855.
Richter, Büro 728.
Richtertisch 728.
Richtkurbel 756.
Richtschacht 650.
Richtschütze, Stand 758.
Richtung Mekka 738.
Richtungsgleis 589.
Richtungstasten 515, 918.
Richtungstor 837.
Ricotta 210.
Riechbahn 175.
Riechkapsel 109.
Riechkolben 175.
Riechnerv 109, 175.
Riechschleimhaut 175.
Riegel 46, 238, 248, 249, 294, 352, 389.
Riemen 313, 797, 824, 838, 850.
Riemenantrieb 605.
Riemenarten 838.
Riemenboot 839.
Riemenmuskel 151.
Riemenscheibe 566.
Riemenschlaufe 906.
Riementriebabdeckung 307.
Riese, Roter 8.
Riesenkohl 186.
Riesenslalom 889.
Riesenslalomski 888.
Riesenwasserwanze 101.
Riet 460.
Riffelfeile 401.
Riffküste 51.
Rigatoni 206.
Rigg-Stahlseil 897.
Riggs, Beispiele 601.
Right-Wing 804.
Rille 424, 868.
Rillettes 216.
Rinde 165.
Rinderfilet 214.
Rinderhackfleisch 214.
Rindfleisch 214.
Rindfleischwürfel 214.
Ring 76, 284, 383, 390, 447, 453, 610, 611, 659, 696, 824, 842, 901.
Ring, dioptrischer 614.
Ring, erster 753.
Ring, Teile 376.
Ring, zweiter 753.
Ringablage 533.
Ringbrennkammer 627.
Ringbuch 532.
Ringbuchkalender 530.
Ringe 376, 824, 825.
Ringelnatter 114.
Ringen 843.
Ringer 843.
Ringerschuh 843.
Ringfinger 173.
ringförmige Finsternis 6.
Ringkanal 95.
Ringmutter 269.
Ringnetzwerk 522.
Ringpfosten 842.
Ringschütz 659.
Ringstufe 842.
Ringumgebung 842.
Ringumrandung 842.
Ringverschluss 20.
Rinne 453, 750, 865.

Rippe 112, 116, 121, 122, 126, 131, 136, 138, 141, 142, 185, 260.
Rippe, falsche 138.
Rippe, frei endende 152.
Rippe, freie 153.
Rippe, hohe 214.
Rippen 152.
Rippenbündchen 369.
Rippenbündchen, gerades 351.
Rippenfell 163.
Rippenknorpel 122.
Rippenpolster 808.
Rispe 85.
Ritzel 307, 697.
Roberval-Waage 698.
Roboterarm 21, 22.
Robotersystem 21.
Rochen 218.
Rock 355, 822.
Rock, gerader 357.
Rockabrunder 454.
Röcke, Beispiele 357.
Rocky Mountains 30.
Rodehacke 327.
RodelSchlitten 884.
Roggen 85, 203.
Roggenknäckebrot 205.
roher Schinken 216.
Rohkaffee 208.
Rohöl 656.
Rohölpipeline 654.
Rohr 270, 312, 753, 754, 755, 756, 757, 912.
Rohrabschneider 314.
Rohrabschnitt 257.
Röhrbein 126.
Rohrblatt 446.
Röhre 241, 695.
Rohrende 269.
Röhrenfassung 275.
Röhrenglocken 437, 449.
Röhrenkessel 656.
Rohrfahrteingang 654.
Rohrfeder 470.
Rohrführung mit Verstellmöglichkeit 824, 825.
Rohrquerstrebe 652.
Rohrrücklauf 756.
Rohrschraubstock 312.
Rohrstück 776.
Rohrstütze 615.
Rohrturbine 664.
Rohrummantelung 299.
Rohrummantelung, vorgeformte 299.
Rohrverschraubung 269.
Rohrverteilerstück 652.
Rohrzangen 315.
Rollbahn 618, 761.
Rollbahnmarkierung 619.
Rollbewegung 630.
Rollbraten 214.
Rolle 284, 389, 423, 448, 633, 859, 894, 895, 913.
Rolle, obere 460.
Rollenfuß 909, 910.
Rollenhaltepartie 910.
Rollenhalterung 909, 910.
Rollenleiter 321.
Rollfilm 481.
Rollgabelschlüssel 311.
Rollgabelschlüssel für Vierkant 315.
Rollkloben 750.
Rollkragen 363, 892.
Rollkragenpullover 354.
Rollkugel 517.
Rollmechanismus 285.
Rollo 285.
Rollo-Fallstab 285.
Rollostoff 285.
Rollring 265.
Rollschuh 895.
Rollschweller 444.
Rollsitz 838.
Rollsport 894.
Rollstuhl 584, 783.
Rollstuhllift 569.
Rolltreppe 417, 592, 713.
Romagna-Salat 186.
romanische Sprachen 469.
Römerpantolette 344.
Römertopf 235.
römische Bohne 191.
römische Metallfeder 470.
römische Ziffern 703.
römischer Legionär 748.
römisches Amphitheater 407.
römisches Wohnhaus 406.
Rondiste 374.
Rondistenfacette, obere 374.
Rondistenfacette, untere 374.
Röntgengerät, fahrbares 778.
Röntgenstrahlen 690.
Roquefort 211.
rosa Ball 863.
rosa Pfeffer 198.
Rose 80.
Rosenkohl 186.
Rosennerv 166.
Rosenschliff 375.
Rosenvene, große 160.
Rosette 248, 249, 268, 405, 411.
Rosmarin 202.
Ross-Schelfeis 29.
Rösselsprung 916.
Rost 290.
Rot 400, 690, 915.
rot 741.
Rotalge 75.
Rotationsschiene 16.
Rotbarsch 221.
rote Bälle 863.
rote Beete 189.
rote Heidelbeere 192.
rote Kidneybohne 191.
rote Klemme 558.
rote Meerbarbe 219.
rote Zwiebel 184.
roter Ball 863.
roter Ockerstift 423.
roter Paprika 188.
Roter Riese 8.
roter Sicherheitsfilter 485.
roter Stoßball 862.
rotes Licht 712.
Rotes Meer 28, 33, 34.
Rotini 206.
Rotkehlchen 118.
Rotknievogelspinne, Mexikanische 102.
Rotkohl 186.
Rotodom 629.
Rotor 249, 659, 662, 676.
Rotorange 400.
Rotorblatt 631, 676, 677.
Rotorgondel im Querschnitt 677.
Rotorkopf 631.
Rotormast 631.
Rotornabe 631.
Rotstrahl 494.
Rotunde 713.
Rotviolett 400.
Rotweinglas 225.
Rouge 919.
Rougepinsel 378.
Roulette 422.
Roulettekessel 919.
Roulettekugel 919.
Roulettespieltisch 919.
Routenschiedsrichter 900.
Router 523, 524.
Royal Flush 914.
Royalstenge 602.
Ruanda 745.
Rübe 189.
Rübenhacke 326.
Rübenspross 187.
Rubidium 682.
Rubin 375.
Rubin-Impulslaser 692.
Rubinzylinder 692.
Rückansicht 151.
Rückbank 555.
Rücken 115, 124, 130, 147, 149, 227, 229, 303, 306, 348, 391, 413, 426.
Rücken, Indisch-Antarktischer 50.
Rücken, Mittelatlantischer 50.
Rücken, Östlicher Indischer 50.
Rücken, Ostpazifischer 50.
Rücken, ozeanischer 49.
Rücken, Westlicher Indischer 50.
Rücken, Zentralindischer 50.
Rückenansicht 147, 149.
Rückenflosse 136.
Rückenflosse, erste 108, 109.
Rückenflosse, zweite 108, 109.
Rückengefäß 99.
Rückenlasche 857.
Rückenlehne 276, 277, 281, 555, 577, 783, 876.
Rückenlehne, Basis 276.
Rückenmark 109, 110, 167, 168.
Rückenmark, Aufbau 167.
Rückenmarkshaut 167.
Rückenmarkshaut, harte 167, 168.
Rückenmarksnerv 167, 168.
Rückenmittelschlitz 348.
Rückenmuskel, breiter 151.
Rückenpanzer 113.
Rückenpolster 857.
Rückenschlitz, seitlicher 348.
Rückenschutz 874.
Rückenschwimmen 832.
Rückenschwimmen, Startgriffe 830.
Rückenspange 348.
Rückenteil 368.
Rückenteil, verstellbares 776.
Rückenträger, gekreuzt 369.
Rückenverstärkung 881.
Rückfahrscheinwerfer 554.
Rückfeld 821.
Rückfeldschiedsrichter 807.
Rückgrat 909.
Rückhaltesystem, Airbag 556.
Rückholfeder 559.
Rücklagenstütze 889.
Rücklauf 259, 501.
Rücklauf-Taste 499.
Rücklauftaste 504, 508.
Rücklaufverschraubung 259.
Rücklicht 571, 578.
Rücklichter 775.
Rückruftaste 479.
Rucksack 901, 906.
Rückschläger 817, 819, 820.
Rückschlaghinderer 754, 912.
Rückschlagventil 263.
Rückschritt, löschender 515.
Rückseite 374.
Rückspiegel 556, 574, 876.
Rücksprungpalette 632.
Rückspulknopf 476.
Rückspultaste 495.
Rückstellknopf 696, 700.
Rückstelltaste 495, 499, 508.
rückstoßfreies Geschütz 757.
Rückstoßtriebwerk, vorderes 22.
Rückstrahler 571, 578, 876.
Rückwand 819.
rückwärtige Begrenzungslinie 816.
rückwärts 828.
Rückwärtsantrieb 333.
Rückwurflinie 799.
Ruder 23, 598, 600, 605, 606, 608, 759, 834, 839, 851.
Ruder, oberes 763.
Ruderblatt 606.
Ruderboote 839.
Rudergerät 851.
Ruderhaus 606.
Rudern (ein Riemen) 838.
Rudern und Skullen 838.
rudimentäres Becken 136.
Ruf, nächster 507.
Ruf-beenden-Taste 506.
Ruffinisches Körperchen 172.
Rufnummernregister 506.
Rufnummernregister für automatische Wahl 506.
Ruftaste 417, 505, 506.
Rugby 804.
Rugbyball 805.
Rugbyschuhe 805.
Rugbyspieler 805.
Rührbesen 236.
Rührschüssel 236.
Rührschüsseln 232.
Rumänien 744.
Rumänisch 469.
rumänischer Überfangstich 459.
Rumpf 110, 147, 149, 625, 834, 876, 898, 918.
Rumpfleitwerk 629.
Rumpfsonar 762.
rund 79.
Rundblickperiskop 758.
Rundbogen 413.
Rundbürste 380.
runde Bahn 301.
runde Klammern 473.
runde Öse 453.
Rundeisen 421.
Rundenzähler 883.
runder Ausschnitt 363.
runder Einwärtsdreher 150.
runder Korpus 432.
runder Stickrahmen 459.
runder Träger 284.
Rundfunk: Sprecherraum und Regieraum 488.
Rundfunkempfänger 498.
Rundfunknetz, privates 486.
Rundkolben 685.
Rundkopf mit Schlitz 302.
Rundmuskel, großer 151.
Rundmuskel, kleiner 151.
Rundstricknadel 457.
Rungentasche 571.
Rupie 728.
Rüschen 368.
Rüschenhöschen 368.
Rüschenstrumpfhose 368.
Rüssel 96.
Russisch 469.
russischer Pumpernickel 205.
russisches Modul 21.
Russland 744.
Rüstung 749.
Rutengriff 910.
Rutenschwellkörper 169.
Ruthenium 683.
Rutherfordium 683.
Rutsche 650.
rutschfeste Matte 893.
rutschfester Fuß 321.
rutschfester Sockel 826.
Ryukyugraben 50.

S

S-Bahn-Strecke 583.
S-Band Antenne 60.
S-Bogen 446.
S-Bogen, Griffhebel 446.
S-Video-Ausgang 526.
Saal 608.
Saatgutbehälter 643.
Säbel 751, 849.
Säbelfechter 848.
Sack mit Rettungssystem 897.
Sackkarren 633.
Safarijacke 359.
Safran 198.
Saftrinne 229.
Sagari 847.
Sägeblatt 303, 304, 305.
Sägeblatthöhenverstellung 305.
Sägekauz 118.
Sägekette 331.
Sägewerkzeuge 303.
Sagittalschnitt 169, 170.
Sahara 34.
Sahne 210.
Sahne, saure 210.
Sahnebecher 223.
Saint Kitts und Nevis 743.
Saint Vincent und die Grenadinen 743.
Saite 439, 440, 443.
Saiten 433.
Saitenaufhängung 441.
Saitenbezug 442.
Saitenhalter 439.
Saitenhalterung 433.
Saiteninstrumente 439.
Säkelle 324.
Sakralwirbel 111.
Sakristei 737.
Salamander 111.
Salami, feine 216.
Salami, grobe 216.
Salate 722.
Salatgabel 228.
Salatgurke, kernlose 188.
Salatschale 226.
Salatschleuder 231.
Salatschüssel 226.
Salatteller 226.
Salbei 202.
Salchow 881.
Saling 602, 834.
Salomoninseln 747.
Salonflügel 443.
Salpetersäure, Emission 70.
Salto vorwärts gebückt, dreieinhalbfacher 829.
Salto vorwärts gestreckt mit einer Schraube 829.
Saltostellung 828.
Salz, grobes 201.
Salzkorb 847.
Salzsee 52.
Salzstreuer 226.
Samarium 684.
Sambal Oelek 201.
Sambia 746.
Samen 77, 81, 82, 83, 84.
Samenanlage 80.
Samenbläschen 169.
Samenleiter 104, 169.
Samenmantel 81.
Samenschale 85.
Sammelbehälter 573.
Sammellinsen 691.
Sammelrohr 643.
Sammelschiene 658.
Sammeltrichter 59.
Sammlung, getrennte 71.
Samoa 747.
Samoanisch 469.
Sampler 450.
Samtkropfband 374.
San Marino 744.
Sand 660, 813, 822.
Sand- oder Staubsturm 57.
Sand-Wedge 868.
Sandale 344, 748.
Sandale mit Zehenriemchen 344.
Sandalette 343.
Sandbank 49.
Sandblattfeilen 377.
Sandinsel 51.
Sandkasten 586.
Sandsack 842.
Sandwüste 52.
Sandwüste, Große 29.
Sanitärinstallation 262, 264, 270.
Sanitärinstallationssystem 262.
Sanitäter 846, 853.
Sanitäter/Ärzte 846.
Sankt-Lorenz-Strom 30.
São Tomé und Príncipe 745.
Saphir 375.
Sardelle 219.
Sardine 219.
Sarong 357.
Sash 846.
Satellit 24, 486.
Satellit, geostationärer 60.
Satellit, polar umlaufender 60.
Satelliten, Umlaufbahn 60.
Satelliten-Direktempfang 486.
Satelliten-Fernerkundung 41.
Satelliten-Navigationssystem 613.
Satellitenübertragungstechnik 486.
Sattel 349, 353, 359, 439, 440, 441, 483, 578, 826, 853, 855, 856, 858.
Sattelanhänger für den Baumstammtransport 572.
Sattelanhänger für den Spantransport 572.
Satteldach 414.
Satteldach, eingeschnittenes 415.
Satteldach, steiles 414.
Sattelgelenk 156.
Sattelgurt 855.
Sattelkraftfahrzeuge, Beispiele 572.
Sattelkupplung 570.
Sattelplatz 856.
Sattelpolster 855.
Sattelpritschenanhänger 571.
Sattelrock 357.
Sattelschlepper 570.
Sattelstütze 578, 871.
Satteltasche 580.
Satteltiefladeanhänger 572.
Satteltiefladeanhänger für den Tiertransport 572.
Satteltuch 856.
Sattelzug 570.
Saturn 4, 5.
Saturn V 24.
Satz 822.
Sätze, vorherige 822.
Satztische 278.
Satzzeichen 473.
sauberes Geschirr, Ablage 721.
Sauciere 226.
Saudi-Arabien 746.
Sauerstoff 683.
Sauerstoff, Abgabe 78.
Sauerstoff-Atemmaske 775.
Sauerstoffanschluss 780.
sauerstoffarmes Blut 162.
Sauerstoffdruck-Stelleinrichtung 20.
Sauerstoffflasche 319, 775.
Sauerstoffflaschen-Halterung 775.
sauerstoffreiches Blut 162.
Sauerstoffventil 319.
Sauerstoffzufuhranzeige 898.
Sauerstoffzufuhrregler 898.
Saugarm 638.
Saugbürste 289.
Saugfahrzeug 573.
Saugmagen 103.
Saugnapf 106.
Saugrohr 289, 566, 638, 658, 659, 766.
Saugzubehör 289.
Säule 47, 64, 403, 405, 424, 425, 460, 461, 482, 485, 540.
Säule, bedeckte 64.
Säulenordnung, dorische 404.
Säulenordnung, ionische 404.
Säulenordnung, korinthische 405.
Saum 285, 455, 798.
Saumlatte 676.

Saummaß 454.
Saumrand 127.
saure Sahne 210.
saurer Regen 69, 70.
saurer Schnee 70.
Savanne 61, 66.
Säwerkzeuge 324.
Saxhorn 447.
Saxophon 446.
Scandium 683.
Scanner 181, 517.
Schabe, orientalische 101.
Schaber 320, 422.
Schabracke 282.
Schach 916.
Schachbrett 916.
Schachfiguren 916.
Schacht 650.
Schachtel, Käse 223.
Schachtelfalte 283.
Schachtgerüst 650.
Schachtgerüsteingang 649.
Schachtsumpf 650.
Schädel 106, 109, 116, 121, 126, 136, 138, 141, 142, 146, 158.
Schädel eines Kleinkindes 158.
Schädel, Seitenansicht 158.
schädliche Gase, Emission 69.
Schadstoffe, biologisch nicht abbaubare 69.
Schaf 128.
Schäferhund, Deutscher 130.
Schaffnertisch 584.
Schafstall 182.
Schaft 115, 301, 302, 306, 309, 405, 453, 456, 457, 460, 610, 793, 816, 822, 838, 857, 858, 859, 860, 861, 863, 867, 880, 918.
Schaftführung 857.
Schaftstiefel 343.
Schäftung 912.
Schäkel 835.
Schäkelband 610.
Schal 337.
Schale 82, 84, 105, 106, 117, 222, 389.
Schalenhaut 117.
Schalenschuh 895.
Schalensitz: Seitenansicht 555.
Schalensitz: Vorderansicht 555.
Schäler 229.
Schälfurnier 300.
Schalkragen 362.
Schallbecher 444.
Schallbecherstütze 446.
Schallbrett 411.
Schalldämpfer 553, 649.
Schalloch 439.
Schallplatte 500.
Schallplattenladen 714.
Schallrille 500.
Schallrose 440.
Schälmesser 229.
Schalotte 184.
Schalter 274, 290, 291, 305, 307, 308, 320, 381, 382, 383, 384, 687, 731.
Schalter für Belüftung 556.
Schalter für Heizung 556.
Schalter, einpoliger 272.
Schalter, zweipoliger 272.
Schalterabdeckplatte 274.
Schalthebel 552, 556, 577, 579, 580, 870.
Schaltpedal 575, 576.
Schaltraum 10.
Schalttafel 261.
Schaltuhr 290.
Schaltung, gedruckte 689.
Schaltung, integrierte 689.
Schaltzug 580.
Scham 148, 171.
Schambein 122, 146, 148.
Schamhügel 170.
Schamlippe, große 170, 171.
Schamlippe, kleine 170, 171.
Schamotteplatte 256.
Schamottestein 256.
Schanzentisch 890, 891.
Schanzkleid 602.
Schar 641.
Schärbaum 462.
Schardrehkranz 639.
Schardrehzylinder 639.
Scharfeinsteller 485.
Scharfeinstellung 14, 15.
Scharfeinstellung, manuelle 483.
Schärfentiefenknopf 476.
Schärfentiefenskala 478.
Scharfsteller 485.
Scharfstellrad, zentrales 692.
Scharfstellring 478, 692.
Scharhubzylinder 639.
Scharnier 238, 247, 249, 278, 294, 386, 389, 465, 500, 554, 575, 692.
Scharniergelenk 156.
Scharrknochen 121.
Scharverstellvorrichtung 639.
Scharwachturm 408, 409.
Schatten 696.
Schattenring 58.
Schaubild für das Webprinzip 463.
Schaufel 637, 888, 892.
Schaufel, hintere 637.
Schaufelarm 637.
Schaufelblatt 659.
Schaufelbolzengelenk 637.
Schaufellader 637.
Schaufelrad 599.
Schaufelradbagger 647.
Schaufelraddampfer 599.
Schaufelzahn 638.
Schaufelzylinder 637, 638.
Schaukelstuhl 276, 277.
Schaum 49.
Schaumanzeiger 607.
Schaumbad 379.
Schaumgummiisolierung 299.
Schaumgummimatratze 904.
Schaumgummipolsterung 772.
Schauspieler 428.
Schauspielereingang 402.
Schauspielerin 429.
Schauspielerstühle 428.
Scheckheft 386.
Scheckhülle 387.
Scheckkarte 731.
Schecks 729.
Scheibe 9, 249, 423, 641, 851.
Scheiben 237.
Scheibenarm 641.
Scheibenbremse 552, 559, 574, 874.
Scheibenbremse, hydraulische 870.
Scheibenhantel 850.
Scheibenhinterrad 871.
Scheibenkopf 464.
Scheibensech 641.
Scheibensechhalter 641.
Scheibenwaschdüse 550.
Scheibenwischer 550, 557.
Scheibenwischerhebel 556.
Scheide 76, 170, 171, 307, 841, 907.
Scheide, Schwannsche 168.
Scheider 562.
Scheidewand 82, 84, 175.
Scheidewandknorpel 175.
Scheinwerfer 333, 428, 431, 550, 570, 574, 576, 579, 585, 586, 640, 758, 766, 876.
Scheinwerferraum 614.
Scheitel 115.
Scheitelbein 131, 153, 158.
Scheitelpunkt 829.
Scheitelrippe 410.
Scheitelstück 749.
Schekel, neuer 728.
Schelfeis, Filchner 29.
Schelfeis, Ross 29.
Schelle 59, 449.
Schellen 449.
Schellfisch 221.
Schema des Blutkreislaufs 161.
Schenkel 96, 98, 115, 124, 127, 911.
Schenkelbein 153.
Schenkelbindenspanner 150.
Schenkelhals 153.
Schenkelmuskel, äußerer 150, 151.
Schenkelmuskel, gerader 150.
Schenkelmuskel, innerer 150.
Schenkelmuskel, zweiköpfiger 151.
Schenkelring 96, 98.
Scherbaum 857.
Schere 107, 454, 777, 905.
Scherenaufhängung 492.
Scherenblatt, gekerbtes 382.
Scherenbrille 385.
Scherenleuchte 287.
Scherenschliff 375.
Scherenstromabnehmer 585, 595.
Scherkopf 383.
Scherkopfhalter 383.
Scheuerleiste 560.
Scheuerrippe 561.
Scheuklappe 857.
Scheune 182.
Schichten, überlagernde 647.
Schiebedach 551.
Schiebedeckel 612.
Schiebefenster, horizontales 415.
Schiebefenster, vertikales 415.
Schiebegriff 456, 783.
Schiebeleiter 766.
Schiebeöffnung 699.
Schiebeplatte 452, 453.
Schieber 391, 453, 465, 700, 754.
Schieberad 783.
Schiebetür 264, 416.
Schiebetür, automatische 416.
Schiebetür, elektrische 569.
Schieblehre, Messschieber 700.
Schiedsrichter 799, 801, 803, 805, 809, 810, 817, 818, 819, 820, 827, 828, 830, 842, 844, 847, 864, 877, 879, 882, 900.
Schiedsrichter, berittener 858.
Schiedsrichter, erster 813.
Schiedsrichter, zweiter 813.
Schienbein 122, 131, 138, 141, 142, 152, 155, 156.
Schienbeinarterie, vordere 160.
Schienbeinmuskel, vorderer 150.
Schienbeinnerv 166.
Schienbeinschutz 882.
Schienbeinschützer 801, 802, 880, 887.
Schiene 96, 98, 284, 287, 294, 456, 591, 791, 884, 895.
Schiene im Querschnitt 591.
Schienen 777.
Schienenfuß 591.
schienengleicher, gesicherter Bahnübergang 591.
Schienenkopf 591.
Schienenlasche 590.
Schienenräumer 585, 586.
Schienensteg 591.
Schienenstoß 590.
Schienenverkehr 582.
Schießanlage 860, 893.
Schießen 864.
Schießgraben 860.
Schießgrube 409.
Schießleiter 859, 860.
Schießlinie 859.
Schießpositionen 861, 893.
Schießscharte 409.
Schießstand 769, 788, 860, 893.
Schiff 41.
Schiff-Luft-Flugkörper 762.
Schiffe, historische 598.
Schifffahrt 596.
Schiffsanker 610.
Schiffsbekämpfung, Rakete 759.
Schiffsbodenverband 254.
Schiffskiel 11.
Schiffskörper 599.
Schiffsschraube 606.
Schiffssegel 11.
Schiffstransport 649.
Schiismus 736.
Schiitakepilz 183.
Schikane 872.
Schild 10, 229, 425, 748, 772.
Schildbogen 410.
Schildchen 105.
schildförmig 79.
Schildfuß 740.
Schildhaupt 740.
Schildhubzylinder 636.
Schildkröte 113.
Schildkröte, Anatomie 113.
Schildkröte, äußere Merkmale 113.
Schildplätze 740.
Schildwanze 101.
Schimpanse 139.
Schindel 299.
Schinken, gekochter 216.
Schinken, roher 216.
Schinkenmesser 229.
Schintoismus 736.
Schirm 286, 391, 591, 799, 897.
Schirmfeder 115.
Schirmmütze 340.
Schirmsegment 897.
Schirmständer 391.
Schirmwinde 462.
Schisma, Morgenländisches 736.
Schlackenhalde 648.
Schlafanzug 364, 369.
Schlafanzug in Schlupfform 369.
Schlafanzug, zweiteilig 368.
Schlafcouch 280.
Schläfe 146.
Schläfenbein 152, 158.
Schlafkabine 570.
Schlafplatz 584.
Schlafraum 902.
Schlafsäcke, Beispiele 904.
Schlafwagen 584.
Schlafwagenabteil 584.
Schlafzimmer 251.
Schlafzimmer, großes 251.
Schlagbereich 797.
Schlagbohrer 648.
Schlagbolzen 755, 757.
Schlagbolzenmechanismus 755.
Schlagbolzenschaft 756.
Schläge 820.
Schläger 796, 797, 800, 801.
Schlägerabdeckung 869.
Schlägerblatt 800.
Schlagfläche 867.
Schlaghandschuh 796.
Schlaghebel 754.
Schlagholz 798.
Schlaghose 358.
Schlaginstrumente 437, 448.
Schlagmal 795.
Schlagmallinie 799.
Schlagmann 795, 796, 798, 799.
Schlagpolster, elektronisches 451.
Schlagrad 425.
Schlagsahne 210.
Schlagschrauber 873.
Schlagschutz 441, 818.
Schlagstockhalter 770.
Schlagzeile 471.
Schlammfluss 47.
Schlammgrube 651.
Schlammpumpe 651.
Schlammpumpenschlauch 651.
Schlange 11, 13, 112.
Schlangenbohrer mit doppeltem Gewindegang 306.
Schlangenträger 11, 13.
Schlankmuskel 151.
Schlauch 289, 319, 767, 777.
Schlauch für Wasserablauf 485.
Schlauch für Wasserzufluss 485.
Schlauch, flexibler 289.
Schlauchdüse 328.
Schlauchhalter 764.
Schlauchkleid 356.
Schlauchkupplung 328, 329.
Schlauchleitung 649, 767.
Schlauchtrockner 764.
Schlauchwagen 328.
Schlaufe 349, 377, 539.
Schlechtwetterraum 727.
Schlegel 401, 421, 448, 449.
Schleier 909.
Schleifblatt 308.
Schleife 340.
Schleifenkragen 362.
Schleifpapier 308.
Schleifringe 688.
Schleifscheibe 308, 423.
Schleifteller 308.
Schlepper 606, 622, 623.
Schlepplift 886.
Schleppseil 840.
Schleppstange 756.
Schleppvorrichtung 573.
Schleuder 573.
Schleudergefahr 545, 547.
Schleudersitz 760.
Schleuse 664.
Schleuse: Seitenansicht 597.
Schleusenkammer 597.
Schleusentor, oberes 597.
Schleusentor, unteres 597.
Schleusenwand 597.
Schließblech 249.
Schließe 906.
Schließfach 731.
Schließfrucht 84.
Schließklappe 675.
Schließmuskel, hinterer 105.
Schließmuskel, vorderer 105.
Schließzylinder 249.
Schliffformen 375.
Schlinge 913.
Schlingerwand 25.
Schlingstiche 459.
Schlitten 456, 835, 885.
Schlitteneinstellung 456.
Schlittschuh 878, 880.
Schlittschuhe, Eisschnelllauf 883.
Schlittschuhschritt 892.
Schlittschuhschritt, diagonaler 892.
Schlitz 227, 238, 302, 351, 368, 424.
Schlitzschrauben 302.
Schlitzverschluss 476, 477.
Schloss 248, 278, 291, 387, 389, 454, 580.
Schlossbrett 247.
Schloßband 105.
Schlucht 47, 48.
Schluckloch 47.
Schlupfform 369.
Schlüssel 249, 311, 436.
Schlüsselbein 116, 122, 141, 142, 152.
Schlüsselbeinarterie 160.
Schlüsselbeinvene 160.
Schlüsseldienst 715.
Schlüsseletui 387.
Schlüsselloch 249.
Schlüsselschild 248.
Schlüsselschloss 386.
Schlussleuchte 554, 575, 576, 640.
Schlussstein 410, 413.
schmal 472.
Schmelz 159.
Schmelzen 680.
Schmelzwasser 46.
Schmetterball 813, 821.
Schmetterling 96.
Schmetterling, Anatomie 97.
Schmetterling, äußere Merkmale 96.
Schmetterlingsstil 832.
Schmiege 701.
Schmierknopf 649.
Schmiermittelraffinerie 656.
Schmieröle 656.
Schmiersystem 586.
Schmirgelsäckchen 454.
Schmorpfanne 235.
Schmuck 374, 717.
Schmuck und Schönheitspflege 374.
Schmutzfänger 551, 570, 571.
schmutziges Geschirr, Ablage 721.
Schmutzwasserhebeanlage 263.
Schnabel 115, 749.
Schnabelschuh 339.
Schnalle 350, 352, 388, 611.
Schnallenabdeckung 855.
Schnappmechanismus 910.
Schnappschloss 386.
Schnappverschluss 387.
Schnarrsaite 448.
Schnarrsaitenspanner 448.
Schnauze 110, 121, 130, 132, 143.
Schnauzer 130.
Schnecke 104, 174, 217, 439, 573.
Schnecke, Anatomie 104.
Schnecke, äußere Merkmale 104.
Schneckenbohrer 306.
Schneckengetriebe 686.
Schneckenpfännchen 233.
Schneckenzange 233.
Schnee 64.
Schnee, ewiger 45.
Schnee, saurer 70.
Schneeanzug 369.
Schneebesen 232.
Schneefall, anhaltend leichter 57.
Schneefall, anhaltend mäßiger 57.
Schneefall, anhaltend starker 57.
Schneefall, Messung 59.
Schneefall, zeitweise leichter 57.
Schneefall, zeitweise mäßiger 57.
Schneefall, zeitweise starker 57.
Schneefegen 57.
Schneefeger 558.
Schneefräse 573.
Schneegamaschen 901.
Schneekristalle 64.
Schneemesser 58, 59.
Schneemobil 876.
Schneeregen 57, 64.
Schneesack 368.
Schneeschauer 57.
Schneeschuh 893.
Schneeschuh, elliptischer 893.
Schneetreiben 57.
Schneidbrett 229.
Schneiddüse 319.
Schneide 227, 229, 302, 382, 454, 881.
Schneidedraht 464.
Schneideeinsatz 319.
Schneidegerät 484.
Schneiden 309, 424.
Schneiderärmel 361.
Schneiderbüste 454.
Schneiderkragen 355, 362.
Schneidermuskel 150.
Schneidezahn 121, 123.
Schneidezahn, äußerer 159.
Schneidezahn, mittlerer 159.
Schneidezähne 159.
Schneidkante 636, 637, 638.
Schneidklinge 240.
Schneidkopf 535.

Schneidlade, Gehrung 303.
Schneidmesser 236, 237.
Schneidwerk 643.
Schneidwerkzeuge 330.
schnell drehende Welle 677.
Schnellabrollbahn 618.
Schnellhefter 532.
Schnellkocher, elektrischer 239.
Schnellkochtopf 234.
Schnellkupplungssystem 482.
Schnellspannbohrfutter 306.
Schnellstraße 539.
Schnellvorlauf-Taste 499.
Schnellvorlauftaste 504.
Schnittfläche 331.
Schnittführung 424.
Schnitthöhenverstellung 333.
Schnittlauch 184.
Schnittlinie 455.
Schnittmuster 455.
Schnittstelle, Ethernet 526.
Schnittstelle, FireWire 526.
Schnittstelle, serielle 513.
Schnittstelle, USB 513, 526.
Schnittstellen, Controller 918.
Schnittstellenport, Computer 520.
Schnitzbankschraube 401.
Schnitzeisen, wichtigste 401.
Schnitzel 214.
Schnitzen 401.
Schnorchel 841.
Schnur 313, 424, 506.
Schnur am Tritt 460.
Schnürband 797.
Schnurfangbügel 910.
Schnurfeststeller 285.
Schnürhaken 881.
Schnurlaufröllchen 910.
Schnürloch 342.
Schnürlochteil 342.
schnurloses Telefon 507.
Schnüröse 881.
Schnurrhaare 132.
Schnürringe, Ranviersche 168.
Schnürschuh 342.
Schnürsenkel 342, 370, 843, 881.
Schnürsenkelende 342, 370.
Schnurspanner 284.
Schnurversteller 285.
Schnurwelle 284.
Schokolade 208.
Schokolade, weiße 208.
Scholle 221.
Schollenmuskel 150.
Schoner 601.
Schonwaschgang 347.
Schöpflöffel 233.
Schöpfteil 227.
Schornstein 245, 599, 604, 608, 646.
Schössling 77, 87.
Schoß 349, 359.
Schoßrock 338.
Schot 603.
Schote 84.
Schote, Schnitt 84.
Schottenrock 357.
Schotter 591.
Schotterfläche 46.
Schottisch-Gälisch 469.
schräg geteilt 740.
schräg zum Fadenlauf 455.
Schräge 776.
schräge Pattentasche 352, 355, 360.
schräger Interlobärspalt 163.
Schrägförderer 643.
Schräggeison 403.
Schrägmaß 313.
Schrägseilbrücke 541.
Schrägseilverankerung 541.
Schrägstellungsvorrichtung 304.
Schrägstrich 473.
Schrank 510.
Schranke 591.
Schrankteil 279.
Schrapper 638.
Schratten 47.
Schraube 248, 302, 439, 606, 608, 609, 763.
Schrauben 311, 762.
Schraubenbolzen 311.
Schraubenbolzen mit Ansatz 311.
Schraubendreher 302.
Schraubenfeder 553, 586.
Schraubenkarabiner 900.
Schraubenwelle 605, 609.
Schraubenzieher 302, 905.
Schrauberbit 306.
Schraubfassung 275.
Schraubfeder 900.
Schraubklemme 272.
Schraubstock 312.
Schraubstollen 802.
Schraubverschluss 223.
Schraubwerkzeuge 302.
Schreib-/Lesekopf 521.
Schreib-Lese-Speicher (RAM) 513.
Schreiber 43.
Schreibgeräte 470.
Schreibkopf 528.
Schreibmappe 387.
Schreibmaschine, elektrische 528.
Schreibpinsel 470.
Schreibplatte, herausklappbare 279.
Schreibschutz 521.
Schreibspitze 43.
Schreibtisch 724.
Schreibtisch-Videogerät 520.
Schreibtischleuchte 286.
Schreibunterlage 511.
Schreibwaren 528, 717.
schreitender Löwe 741.
Schriftarten 472.
Schriftführer 814.
Schriftgrößenskala 528.
Schriftstärke 472.
Schritt 124, 351, 359.
Schritte 401.
Schrittlängeneinstellung 700.
Schrittzähler, Pedometer 700.
Schrot 912.
Schrotflinte 860.
Schrotflinte (glatter Lauf) 912.
Schubdüse 20.
Schubfach 279.
Schubkarre 323.
Schubkasten 281.
Schubkontrolle 516.
Schubkurbelverschluss 756.
Schublade 224, 278, 279.
Schubladenelement, fahrbares 510.
Schubphase 892.
Schubrahmen 636.
Schubrechwender 642.
Schuh 342, 801, 810, 841, 870, 872.
Schuh mit Stoßplatten 808.
Schuhbürste 345.
Schuhcreme 345.
Schuhe 342.
Schuhgeschäft 715.
Schuhlöffel 345.
Schuhputzzeug 345.
Schuhspanner 345.
Schuhständer 345.
Schukosteckdose 274.
Schukostecker 274.
Schulaufsicht, Büro 735.
Schulbank 734.
Schulbus 568.
Schule 547, 734.
Schüler mit Lernschwierigkeiten, Klassenzimmer 734.
Schüler/Schülerin 734.
Schülerspinde 735.
Schulhof 735.
Schulleiter, Büro 735.
Schulter 124, 130, 146, 148, 156, 440, 909.
Schulterblatt 111, 116, 121, 122, 126, 131, 136, 138, 141, 142, 147, 149, 152, 153, 156.
Schulterblattgräte 153.
Schulterfeder 115.
Schultergurt 555, 869, 906.
Schulterklappe 352, 770.
Schulterpolster 808, 880.
Schulterriemen 388, 391, 527.
Schulterriemen, Öse 476.
Schulterstütze 755, 757.
Schultertasche 388.
Schuppe 108, 112, 113.
Schuppen 244, 322.
Schuppenblatt 78.
Schuppennaht 158.
Schürfkübel 638.
Schürhaken 257.
Schürze, elastische 605.
Schürzenfinger 605.
Schuss 460, 461.
Schüssel 237.
Schussfaden 463.
Schusskreis 800.
Schüttelsieb 651.
Schüttgutwagen 588.
Schüttungsisolierung 299.
Schutz 305.
Schutzanzug 875.
Schutzausrüstung 808.
Schutzbezug 280.
Schutzblech 578, 876.
Schutzblech, vorderes 574.
Schutzbrille 318, 772, 818, 819, 861, 870, 875, 896.
Schutzdach 632.
Schutzdeckel 513.
Schütze 10, 860.
Schützer, Schienbein 887.
Schutzfläche 843.
Schutzgehäuse 332.
Schutzgeländer 586.
Schutzgitter 281, 316, 730.
Schutzglas 494.
Schutzhandschuhe 774.
Schutzhandschuhe tragen 774.
Schutzhaube 304, 305, 308.
Schutzhaube, obere 304.
Schutzhaube, untere 304.
Schutzhelm 575, 772, 774, 808, 878, 896, 897.
Schutzhelm tragen 774.
Schutzkäfig 791.
Schutzkante 389.
Schutzkappe 692, 776, 783.
Schutzkasten für Handbremse 587.
Schutzkleidung 318.
Schutzkontaktbügel 274.
Schutzmaske 772.
Schutzmaßnahmen 774.
Schutzplatte 875.
Schutzpolster 823.
Schutzraum 543.
Schutzring 290.
Schutzschicht 20.
Schutzschirm 318.
Schutzschuhe 774.
Schutzschuhe tragen 774.
Schutzumrandung 918.
Schutzwand 878.
schwach verstärkende Antenne 18.
schwacher Punkt 916.
Schwadenblech 332, 333.
Schwager 785.
Schwägerinnen 785.
Schwalbe 118.
Schwamm 95, 295, 752.
Schwamm, Anatomie 95.
Schwammstäbchen 378.
Schwan 12.
Schwanenhals 638.
Schwannsche Scheide 168.
Schwanz 107, 112, 113, 121, 122, 124, 130, 133, 136, 140, 143, 169, 425, 909.
Schwanzfächer 107.
Schwanzfeder 115.
Schwanzflosse 108, 136.
Schwanzflughaut 140.
Schwanzwirbel 122, 126, 131, 138, 141, 142.
Schwarte 300.
Schwarz 690, 916.
schwarz 741.
schwarzäugige Bohne 190.
Schwarzbär 135.
schwarze Bohne 191.
schwarze Johannisbeere 192.
schwarze Klemme 558.
schwarze Mungobohne 191.
schwarze Senfkörner 198.
schwarzer Ball 863.
schwarzer Pfeffer 198.
schwarzer Stein 916.
schwarzer Tee 208.
Schwarzer Zwerg 8.
schwarzes Brett 734.
schwarzes Feld 916.
Schwarzes Loch 8.
Schwarzes Meer 28, 32, 33.
Schwarzrettich 189.
Schwarzwurzel 189.
Schwebebalken 824, 826.
Schweden 744.
Schwedisch 469.
Schwefel 683.
Schwefeldioxid, Emission 70.
Schwefelsäure, Emission 70.
Schwein 128.
Schweinefleisch 215.
Schweinehackfleisch 215.
Schweinespeck 209.
Schweinestall 182.
Schweißband 822.
Schweißblatt 855.
Schweißbrenner 319.
Schweißdrüse, apokrine 172.
Schweißdrüse, Ausführungsgang 172.
Schweißdrüse, ekkrine 172.
Schweißeinsatz 319.
Schweißerhandschuh, fünffingriger 318.
Schweißtransformator 318.
Schweißwerkzeuge 318.
Schweiz 744.
schweizer Offiziersmesser 905.
Schwelle 247, 253, 591.
Schwellenmarkierungen 621.
Schwellenschraube 590.
Schwenkarm 236.
schwenkbare Halterung 613.
schwenkbare Parabolantenne 16.
Schwenkbrückenstand 638.
Schwenkdüse 628.
Schwenkflügel 630.
Schwenkkopf 312.
Schwenklade 460.
Schwenksockel 312.
Schwenkverschluss 312.
Schwenkverstellung für das Sägeblatt 305.
schwere Piste 886.
Schwerfahrzeugen, Transport 588.
Schwergewichtsstaudamm im Querschnitt 661.
Schwerkraftmodul 21.
Schwermaschinen 636.
Schweröl 656.
Schwert 331, 834, 840.
Schwert, beidhändiges 751.
Schwertfisch 11, 219.
Schwertwal 137.
Schwerwasser 670.
Schwerwasser unter Druck 670.
Schwerwasser, kaltes 670.
Schwerwasseranreicherung 669.
Schwerwasserreaktor 670.
Schwester 785.
Schwesternstation 778, 779.
Schwesternzimmer 781.
Schwiegereltern 784.
Schwiegermutter 784.
Schwiegersohn 784.
Schwiegertochter 784.
Schwiegervater 784.
Schwierigkeitskampfrichter 823.
Schwimmbecken 246, 675, 788, 827, 831.
Schwimmbecken, eingebautes 246.
Schwimmblase 109.
Schwimmbrille 830.
Schwimmdach 655.
Schwimmdachtank 655.
Schwimmen 830.
Schwimmer 263, 265, 756, 911.
Schwimmerin, Name 831.
Schwimmerin, Nationalität 831.
Schwimmerstange 263.
Schwimmerventil 265.
Schwimmfuß 110.
Schwimmhaut 110, 117.
Schwimmhautzeh 117.
Schwimmholz 827.
Schwimmkörper 615, 628.
Schwimmkran 596.
Schwimmlappenzeh 117.
Schwimmstadion 788.
Schwimmzeiten 831.
Schwinger 613.
Schwingflügel 415.
Schwinggaragentor 416.
Schwinghebel 566.
schwingungsdämpfender Bügelgriff 331.
Schwingungsdämpfer 292.
Schwungholen 864.
Schwungrad 464, 566, 851.
Scotia-Platte 43.
Scrimmage-Linie 807.
Scriptgirl 429.
Scrollen 515.
Scrollen-Feststelltaste 515.
Scrollrad 506, 516.
Scrolltaste 505.
Seaborgium 683.
Sech 643.
Sechseck, regelmäßiges 705.
Sechserpasch 914.
Sechskantmutter 311, 562.
Sechskantreduzierhülse 269.
Sechzehntelnote 435.
Sechzehntelpause 435.
Second 877.
Sedimentgesteine 42.
See 7, 38, 45, 48.
See, Irische 32.
See, künstlicher 48.
See, tektonischer 48.
See, vulkanischer 48.
See-See-Flugkörper 762.
Seebarsch 220.
Seehund 137.
Seeigel 95.
Seelachs 221.
Seelöwe 137.
Seen 48.
Seen, Große 30.
Seenversauerung 70.
Seeotter 134.
Seeschwalbe 118.
Seestern, Anatomie 95.
Seestern, äußere Merkmale 95.
Seeteufel 220.
Seezeichen 614.
Segel 603, 836.
Segel, Beispiele 601.
Segelboot 834.
Segelflugzeug 898.
Segelkleid 834.
Segellatte 600, 834, 836.
Segeln mit halbem Wind 833.
Segelsport 833.
Segelstange 676.
Segeltasche 836.
Segeltuchbespannung 676.
Segerkegel 464.
Segmentpunktzahl 918.
Sehen 691.
Sehenswürdigkeit 39.
Sehfehler 691.
Sehne 133, 913.
Sehnenschützer 880.
Sehnerv 177.
Sehnervenkreuzung 167.
Sehschlitz 749.
Seifenbecher 383.
Seifenschale 264.
Seiher 231.
Seil 321, 542, 686, 823, 824, 842, 900, 901, 908.
Seilbahn 886.
Seilbahnabfahrt 886.
Seilschaft 900.
Seilverspannung 842.
Seilzug 321.
seismische Welle 43.
Seismogramm 43.
Seismographen 43.
seismologische Aufzeichnung 651, 653.
Seite 227, 425, 431, 602.
Seite, linke 300, 384.
Seite, nächste 515.
Seite, rechte 300, 384.
Seite, vorherige 515.
Seitenansicht 798.
Seitenansicht eines Schädels 158.
Seitenauslinie 803.
Seitenband, vertikales 812.
Seitenfach 554.
Seitenfeintrieb 701.
Seitenfenster 551.
Seitenflosse 625, 631, 760, 898.
Seitenfontanelle, hintere 158.
Seitenfontanelle, vordere 158.
Seitengriff 307, 554.
Seitenkampfrichter 845, 846.
Seitenkapelle 410.
Seitenkästen 873.
Seitenklemme 701.
Seitenkoffer 577.
Seitenlinie 108, 800, 805, 806, 809, 810, 812, 814, 815, 858, 864, 877.
Seitenlinie für das Doppelspiel 817, 820.
Seitenlinie für das Einzelspiel 817, 821.
Seitenluke 22.
Seitenmoräne 46.
Seitenöffnung 540.
Seitenrad 676.
Seitenrichter 805, 838.
Seitenruder 625, 760, 898.
Seitenruderpedal 898.
Seitenschiff 411.
Seitenschlot 44.
Seitenschwinge 460.
Seitenspiegel 381, 550, 570, 576.
Seitenspiegelverstellhebel 554.
Seitensprossen 587.
Seitenspur 539.
Seitenständer 575.
Seitensteg 385.
Seitenstollen 650.
Seitenstück 277.
Seitentasche 869.
Seitenteil 352, 632.
Seitenverkleidung 551.
Seitenverstellhebel 309.
Seitenwand 127, 561, 571, 635, 818, 819, 831.
Seitenwandlinie 819.

Seitenwurzel 77.
seitliche Einfassung 256.
seitliche Strahlgrube 127.
seitlicher Hautnerv des Oberschenkels 166.
seitlicher knöcherner Bogengang 174.
seitlicher Kompressionsgurt 906.
seitlicher Rückenschlitz 348.
Seitpferd 824, 826.
Sekretär 279.
Sekretariat 731, 735.
Sekretärin 509.
Sektion, obere 24.
Sektion, untere 24.
Sektionalgaragentor 416.
Sektkelch 225.
Sektor 704.
Sektschale 225.
Sekundant 842.
Sekundärfokuskabine 16.
Sekundärkonsumenten 67.
Sekundärspiegel 15, 16, 17, 477.
Sekunde 434, 702.
Sekundenzeiger 696, 697.
selbst schreibender Regenmesser 59.
selbstaufblasbare Luftmatratze 904.
Selbstauslöser 476.
Selbstauslöser-Lichtsignal 476.
Selbstbedienungsrestaurant 722.
Selbstbedienungstheke 180, 722.
Selbstklebeetiketten 532.
selbstklebende Lasche 531.
Selen 682.
Seltenerdmetalle 684.
Sendeantenne 486.
Sendeimpuls 40.
Sendeleiter 489, 490.
Sendereinstellung 498, 504.
Sendersuchlauf, automatischer 498.
Sendersuchlauftasten 497.
Sendung mit Radio-Wellen 486.
Senegal 34, 745.
Senf 84, 200.
Senf, amerikanischer 200.
Senf, deutscher 200.
Senf, englischer 200.
Senfkörner 200.
Senfkörner, schwarze 198.
Senfkörner, weiße 198.
Senfpulver 200.
Senkkopf mit Imbus 302.
Senkkopf mit Kreuzschlitz 302.
Senkkopf mit Schlitz 302.
senkrechte Kelimbindung 463.
senkrechte Pupille 112.
senkrechte Tasche 337.
senkrechter Rahmen 461.
Senkrechtstartflugzeug 628.
Sense 330.
sensibles Neuron 168.
Sensor 58, 238.
Sensor für Fernbedienung 494.
Sensor, aktiver 41.
Sensor, optischer 516.
Sensor, passiver 41.
Sensorhülse 238.
sensorischer Rezeptor 168.
Sensorkreis 559.
Sepalum 82.
Separator 689.
Septime 434.
Septum pellucidum 167.
Sequencer 450.
Sequenzerregler 450.
Serac 46.
Serbokroatisch 469.
serielle Schnittstelle 513.
Seriennummer 729.
Serifenschrift 472.
Server 522, 523, 524, 525.
Service-Bereich 548.
Servicemodul, ferngesteuertes 21.
Servierplatte 226.
Serviertisch 720.
Servierwagen 278.
Servietten 722.
Sesambein 126.
Sesamöl 209.
Sessellift 886.
Sesselliftabfahrt 886.
Setzen des Spinnakers 833.
Setzholz 278.
Setzstufe 255.
Sextant 11, 612.
Sexte 434.
Sextett 438.
Seychellen 746.
Shake-Hands-Griff 815.
Shampoo 379.
Sheddach 414.
Shinai 847.
Shortline 819.
Shorts 358, 371.
Siamkatze 133.
Sichel 330.
Sicheldüne 52.
Sicherheit 764.
Sicherheitsbereich 844.
Sicherheitsbindung 888, 889.
Sicherheitsdienst 719, 779.
Sicherheitsfaden 729.
Sicherheitsfilter, roter 485.
Sicherheitsfläche 846.
Sicherheitsgriff 332.
Sicherheitsgurt 555, 873.
Sicherheitshinweisschild 306.
Sicherheitsholm 321.
Sicherheitshülle 665, 667.
Sicherheitskette 567.
Sicherheitskontrolle 621.
Sicherheitsleiste 291.
Sicherheitsleuchte 771.
Sicherheitsnadel 453.
Sicherheitsraum 728.
Sicherheitsriemen 20, 818.
Sicherheitsschuh 773.
Sicherheitssensor 556.
Sicherheitsspiegel 568.
Sicherheitsstreichholz 391.
Sicherheitsstreifen 593.
Sicherheitstank 670.
Sicherheitsthermostat 293.
Sicherheitsventil 234, 259, 267, 665.
sicherstes Wasser 616.
Sicherung 273, 663, 673, 755.
Sicherungen, Beispiele 272.
Sicherungsabschnitt 663.
Sicherungsautomat 260, 658.
Sicherungsbalken 900.
Sicherungskappe 757.
Sicherungsknopf 554.
Sicherungskopf 302.
Sicherungsmann 900.
Sicherungsseil 900.
Sicherungsstift 767.
Sicherungsträger 663.
Sicherungszieher 317.
sichtbares Licht 690.
Sichtfenster 23, 238, 239, 290, 485.
Sichtlinie 907.
Sickeranlage 263.
Sickerrohr 253.
Sieb 237, 240.
Siebbeinplatte 175.
Siebeneck, regelmäßiges 705.
Siedewasser 671.
Siedewasserreaktor 671.
Sieger 789.
Sierra Leone 745.
Sigmoid 164.
Signal 583.
Signal, akustisches 436.
Signal, optisches 436.
Signalanlage 859.
Signalbrücke 583.
Signalhorn 586.
Signalleiste 766.
Signalschirm 591.
Signatur 426.
Silber 683, 741.
Silberbesteck 227.
Silizium 682.
Silos 596.
Silur 92.
Sima 404.
Simbabwe 746.
Simultandolmetscherkabine 718.
Sinfonieorchester 437.
Singapur 747.
Sinkblei 911.
Sinnesorgane 172, 173, 177.
sinotibetische Sprachen 468.
Sinus 336.
Sinushaar 122.
Siphonalkanal 105.
Siphonwinkel 269.
Sirene 611.
Sistrum 449.
Sitz 264, 265, 276, 277, 281, 333, 464, 555, 577, 783, 839, 851, 855, 857, 876, 897, 898.
Sitz des Rettungsassistenten 775.
Sitz, verstellbarer 584.
Sitzbank 277, 555, 575, 593, 775, 876.
Sitzbein 153.
Sitzgürtel 900.
Sitzmöbel 277.
Sitzplatz 427.
Sitzplätze 431.
Sitzrohr 578.
Sitzsack 277.
Sitzungsraum 730, 764.
Sitzungsräume 718.
Sitzungssaal 394, 724.
Sitzverstellung 555.
Skala 305, 313, 695, 698, 700, 776, 907.
Skandinavische Halbinsel 32.
skandinavisches Knäckebrot 205.
Skateboard 894.
Skateboarder 894.
Skateboarding 894.
Skaterin 895.
Skeleton 885.
Skelett 152.
Skelett einer Fledermaus 141.
Skelett einer Giftschlange 112.
Skelett einer Ratte 122.
Skelett eines Delphins 136.
Skelett eines Froschs 111.
Skelett eines Gorillas 138.
Skelett eines Hunds 131.
Skelett eines Kängurus 142.
Skelett eines Maulwurfs 121.
Skelett eines Pferdes 126.
Skelett eines Vogels 116.
Skelettbürste 380.
Ski 888.
Skianzug 887, 888, 892.
Skibremse 889.
Skibrille 887, 888.
Skier, Beispiele 840, 888.
Skigebiet 886.
Skihandschuhe 888.
Skihütte 886.
Skilanglauf 892.
Skiliftankunft 886.
Skimmer 246.
Skimütze 892.
Skip 877.
Skipiste 886.
Skipisten 886.
Skischule 886.
Skispitze 892.
Skispringen 891.
Skispringer 891.
Skisprunganzug 891.
Skisprungschuh 891.
Skistiefel 888, 889, 892.
Skistock 888, 892.
Skiträger 558.
Skorpion 10, 102.
Skript-Assistent 490.
Skull 838.
Skullen (zwei Skulls) 838.
Skulptur 395.
Slalomski 840, 888.
slawische Sprachen 469.
Slider 896.
Slingpumps 343.
Slip 351, 367.
Slipper 344.
Slipstek 908.
Slowakisch 469.
Slowakische Republik 744.
Slowenien 744.
Slowenisch 469.
SLR-Kamera 476.
Smaragd 375.
Smilodon 93.
Smog 69.
Smokstich 459.
Snackbar 427.
Snooker 863.
Snowboard 887.
Snowboarden 887.
Snowboarder 887.
Sobanudeln 207.
Söckchen 365.
Socke 365, 808, 822.
Sockel 58, 256, 274, 275, 286, 381, 412, 440, 500, 591, 676, 698, 825, 826.
Sockel, fester 312.
Sockel, gepolsterter 811.
Sockelbreite 663.
Sockelgeschoß 676.
Sockelleiste 253, 255, 417.
Sockelplatte 701.
Sockelprofil 278.
Socken 351.
Sofa 276.
Sofa, zweisitziges 724.
Soffitte 431.
Soffitten 430.
Sofortbildkamera 480.
Softball 797.
Softballhandschuh 797.
Softballschläger 797.
Softbindung 887.
Softboots 887.
Software, E-Mail 524.
Sohle 309, 351, 650, 868, 881, 889.
Sohlenballen 130, 133.
Sohlenspanner 151.
Sohlschicht, obere 646.
Sohlschicht, untere 646.
Sohn 784, 785.
Sojabohnen 191.
Sojasoße 200.
Sojasprossen 191.
Solarhaus 675.
Solarreflektoren 486.
Solarzelle 529, 672, 673.
Solarzellenfläche 60.
Solarzellenfläche, Steuerung 60.
Solarzellengenerator 21.
Solarzellensystem 673.
Solitärring 376.
Solltemperatur 261.
Solvent-Extraktionsanlage 656.
Somalia 745.
Somennudeln 207.
Sommer 54.
Sommersonnenwende 54.
Sonar 41.
Sonde 18.
Sonderfunktionstasten 456.
Sonderzeichen 617.
Sonne 4, 6, 7, 54.
Sonne, Aufbau 6.
Sonnenblende 14, 556, 567.
Sonnenblume 80.
Sonnenblumenöl 209.
Sonnenbrille 385.
Sonnendeck 607, 609.
Sonneneinstrahlung 68.
Sonneneinstrahlung, absorbierte 68.
Sonneneinstrahlung, Messung 58.
Sonneneinstrahlung, reflektierte 68.
Sonnenenergie 78, 672, 674.
Sonnenfinsternis 6.
Sonnenfleck 6.
Sonnenkleid, leichtes 356.
Sonnenkollektor 675.
Sonnenofen 674.
Sonnenrollo 558.
Sonnenscheinautograph 58.
Sonnenschutz, Windschutzscheiben 558.
Sonnenschutzblende 496.
Sonnenschutzschicht 20.
Sonnensegel 17, 18, 60.
Sonnensensor 40, 60.
Sonnenspiegel 674.
Sonnenstrahl, reflektierter 674.
Sonnenstrahlen 67.
Sonnenstrahlung 672, 673, 674, 675.
Sonnensystem 4.
Sonnenuhr 696.
Sonnenzellenausleger 40, 486.
Sonnenzellenkollektor 673.
Sortierablagen, automatische 512.
Sortieranlage 71.
Sortiermaschine 475.
Sortierung von Glas 71.
Sortierung von Kunststoff 71.
Sortierung von Metall 71.
Sortierung von Papier/Pappe 71.
Sortierung, optische 71.
Sortierzentrum 474.
Sorus 76.
Souffléform 232.
Sozialarbeiterbüro 779.
Sozialdiensträume 781.
Soziussitz 577.
Spachtel 421.
Spaghetti 206.
Spaghettikürbis 189.
Spaghettini 206.
Spaghettizange 233.
Spalier 322.
Spalierbogen 322.
Spalt 82.
spaltbarer Kern 681.
Spalte 471.
Spaltprodukte (radioaktive Kerne) 681.
Späneschutz 305.
Spangang 306.
Spange 352.
Spanien 743.
Spanisch 469.
Spannbeton 298.
Spannbetttuch 280.
Spanneinrichtung 452, 453, 457.
Spanner 283, 826, 902.
Spanner, Werkstück 303.
Spannfeder 453, 457, 850.
Spannfutter 649.
Spanngriff 312.
Spannhandgriff 460.
Spannhebel 305, 757.
Spannkabel 676, 859.
Spannkabelhalter 859.
Spannmast 897.
Spannpratze 312.
Spannrad 636, 696, 697.
Spannscheibe 453, 457.
Spannschnur 433.
Spannschraube 309, 312, 448.
Spannseil 824.
Spannstich, kurzer 459.
Spannstich, langer 459.
Spannung, elektrische 774.
Spannungseinsteller 453, 456, 457.
Spannungserhöhung, erste 677.
Spannungserhöhung, zweite 677.
Spannungsprüfer 316.
Spannungssammelschiene 272.
Spannungsstift 274.
Spannweite 312.
Spannweite, eingehängte 540.
Spanplatte 300.
Spantransport, Sattelanhänger 572.
Sparbuchnachtrag 730.
Spareribs/Schälrippchen 215.
Spargel 185.
Spargelbohne 190.
Spargelsalat 186.
Sparren 252, 740.
sparriges Torfmoos 75.
spatelförmig 79.
Spaten 326, 756.
Spazierstock 391, 782.
Specht 118.
Speedskate 895.
Speedski 891.
Speedskianzug 891.
Speedskifahrer 891.
Speedskistrecke 891.
Speer 748, 793.
Speerspitze 793.
Speerwurf 791.
Speiche 103, 116, 121, 122, 126, 131, 136, 138, 141, 142, 152, 154, 156, 579.
Speicheldrüse 97, 99, 104, 176.
Speichelkanal 99.
Speichennerv 166.
Speichenrad 857.
Speichenseite, Handstrecker 151.
Speicheradditionstaste 529.
Speicheranzeigetaste 529.
Speichereinheit, Backup 523.
Speichergeräte 521.
Speicherkarte 477.
Speicherkartenschächte 918.
Speicherkraftwerk 657.
Speicherlöschtaste 479, 529.
Speichersubtraktionstaste 529.
Speichertaste 479, 497, 498, 501, 506.
Speisekabel 272.
Speisekammer 250.
Speisekarte 721.
Speisekopf 669.
Speisen, warme 722.
Speiseraum 584, 727, 764.
Speiseröhre 109, 112, 163, 164.
Speisesaal 608, 720, 723, 724.
Speisewagen 584.
Speisewasser 670, 671.
Spektrometer 694.
Spektroradiometer 60.
Spektrum, elektromagnetisches 690.
Spenzer 358.
Sperling 118.
Spermatheka 97, 103, 104.
Spermium 169.
Sperrdrehknopf 700.
Sperre 712.
Sperrengeschoss 592.
Sperrholzschichten 300.
Sperrklinke 307.
Sperrrad 460, 697.
Sperrstift 696, 697.
Spezialflachwagen 588.
Spezialitäten 216.
Spezialslalom 889.
spezifische Operationen 529.
Spicknadel 233.
Spiegel 20, 264, 389, 535, 556, 577, 693, 724, 907.
Spiegel, beleuchteter 381.

Spiegel, ebener 17.
Spiegel, teilreflektierender 692.
Spiegel, vollreflektierender 692.
Spiegelreflexkamera im Querschnitt 477.
Spiegelreflexkamera, digitale 477.
Spiegelreflexkamera, einäugige 476, 480.
Spiegelreflexkamera, zweiäugige 480.
Spiegelteleskop 15.
Spiegelteleskop im Querschnitt 15.
Spiegelzylinder 692.
Spiel 822.
Spielanzug 369.
Spielball 862, 863.
Spielbereich 918.
Spielbrett 915, 916.
Spiele 788, 914.
Spiele mit Schlägern 815.
Spielekonsole 918.
Spieler 789, 822, 827, 920.
Spielerbank 794, 801, 807, 809, 812, 814, 878.
Spielerhandikap 858.
Spielerinnen 822.
Spielernummer 808, 810, 878.
Spielerpositionen 794, 803, 804, 811, 814.
Spielerstühle 813.
Spielertrense 854.
Spieleschnittstelle 513.
Spielfeld 794, 799, 801, 802, 804, 809, 810, 812, 813, 814, 818, 819, 858, 864, 915, 917, 920.
Spielfeld für American Football 806.
Spielfeld für kanadischen Football 809.
Spielfeldbeläge 822.
Spielfigur 915.
Spielfläche 815.
Spielgeld 915.
Spielstand 789.
Spielstein 916.
Spielventil 445.
Spielwaren 717.
Spielwarengeschäft 714.
Spielzeit 789.
Spierentonne 614, 617.
Spießblattnase 141.
Spike 791, 901.
Spikereifen 560.
Spikulen 6.
Spinalganglion 167, 168.
Spinat 187.
Spindel 105, 248, 268, 425, 462, 697.
Spindelarretierknopf 308.
Spindelfalte 105.
Spinnaker, Bergen 833.
Spinnaker, Setzen 833.
Spinndrüsen 103.
Spinne 103.
Spinne, Anatomie 103.
Spinne, äußere Merkmale 103.
Spinnennetz 103.
Spinnentiere 96.
Spinnentiere, Beispiele 102.
Spinnerschachtel 911.
Spinnrute 910.
Spinnwarze 103.
Spiralarm 9.
Spiralbindung 909.
Spiralbohrer 306.
Spirale 306, 484, 752.
Spiralfeder 696.
spiralförmiges Wolkenband 63.
Spiralgalaxie, normale 9.
Spiralgehäuse 659.
Spiralheftung 533.
Spiralkneter 236.
Spiralnagel 301.
Spiralringbuch 533.
Spiralskulptur 105.
Spiralspindel 302.
Spiralwülste rollen 465.
Spirulina 183.
Spitzbogen 413.
Spitze 45, 79, 159, 185, 227, 229, 288, 301, 302, 303, 315, 351, 390, 391, 439, 453, 457, 470, 602, 627, 739, 792, 840, 868, 880, 888, 893, 900, 909, 912, 918.
Spitze, nicht wärmeleitend 381.
Spitze, verjüngte 839.
Spitzenhandschuh, fingerloser 346.
Spitzenkopf 849.
Spitzenvolant 337.
spitzer Winkel 704.
spitzes Dekolleté 363.
Spitzmaus 121.
Spitzsegel 601.
Spitzsieb 231.
Spitztonne 615, 617.
Spitzzange 317.
Spleiß 908.
Splint 249.
Splintholz 87.
Splitterkörper, Bakelit 757.
Spoiler 574, 891.
Spongiosa 154.
Spongozöl 95.
Sporen 76.
Sporn 98, 140.
Sport 788.
Sportanlagen 709, 788.
Sportartikelgeschäft 715.
Sportbekleidung, Damen 716.
Sportbekleidung, Herren 717.
Sportbekleidung, Kinder 717.
Sporteinrichtungen 788.
Sportfischerei 909.
Sportgymnastik, rhythmische 823.
Sporthalle 608, 727, 788.
Sporthose 791.
Sportkleidung 370, 371.
Sportklettern 900.
Sportplatz 608.
Sportreifen 560.
Sportschuhe 716.
Sportset 369.
Sportwagen 549.
Spot 287.
Spotlight 492.
Spotmeter 479.
Sprachanzeigetaste 507.
Sprachaufnahmetaste 527.
Sprachen der Erde 468.
Sprachen, afroasiatische 468.
Sprachen, altaische 469.
Sprachen, australische 469.
Sprachen, germanische 469.
Sprachen, indoarische 469.
Sprachen, indoeuropäische 469.
Sprachen, isolierte 469.
Sprachen, keltische 469.
Sprachen, malaiopolynesische 469.
Sprachen, ozeanische 469.
Sprachen, romanische 469.
Sprachen, sinotibetische 468.
Sprachen, slawische 469.
Sprachen, zentralafrikanische 468.
Sprachgruppen, wichtigste 468.
Sprecher 828.
Sprecher- und Regieräume 490.
Sprecherpult 488.
Sprecherraum 488.
Sprechmuschel 506.
Sprechtrommel 433.
Sprechzimmer 726.
Spreite 75, 76, 79.
Spreizdübel 302.
Sprengkapsel 757.
Sprengladung 653, 757.
Sprengring 911.
Sprietsegel 601.
Springeinrichtungen 828.
Springer 916.
Springerstiefel 896.
Springform 232.
Springglocke 857.
Springreiten 852.
Springseil 850.
Sprinkler 665.
Sprinterlinie 871.
Spritzbeutel 232.
Spritzblech 655.
Spritze 776.
Spritzenkolben 776.
Spritzenkörper 776.
Spritzflasche 685.
Spritzlappen 571.
Spritzloch 136.
Spritzpistole 320, 398.
Spritzpistole im Querschnitt 398.
Spritzschutz 640, 837.
Spross 78.
Sprosse 247, 249, 281, 321.
Sprosse, obere 277.
Sprossenarretierung 321.
Sprossengemüse 185.
sproßbürtige Wurzeln 76.
Sprüharm 294.
Sprühflasche 329.
Sprühknopf 288.
Sprühregen 64.
Sprühregen, anhaltend dichter 57.
Sprühregen, anhaltend leichter 57.
Sprühregen, anhaltend mäßiger 57.
Sprühregen, zeitweise dichter 57.
Sprühregen, zeitweise leichter 57.
Sprühregen, zeitweise mäßiger 57.
Sprunganlage 890, 891.
Sprungbein 153, 155.
Sprungbrett 246, 826.
Sprünge, Beispiele 829, 881.
Sprungfeder 285.
Sprungfederrahmen 280.
Sprungfiguren 828.
Sprunggelenk 124, 130.
Sprunglatte 792.
Sprungpferd 824, 825, 826.
Sprungreitparcours 852.
Sprungreitplatz 788.
Sprungrichter 828.
Sprungschanze 891.
Sprungschanzen 890.
Sprungski 840, 891.
Sprungständer 792.
Sprungtechnik 891.
Sprungtuch 823.
Sprungturm 828.
Sprungwettbewerbe 792.
Spülarm 265.
Spülbecken 722.
Spülbecken für Töpfe und Pfannen 721.
Spule 115, 452, 453, 461, 495, 688, 909, 910.
Spüle 224, 270.
Spulenachse 910.
Spulengestell 462.
Spulenkapsel 452.
Spuler 452.
Spüler 721.
Spulgerät, elektrisches 462.
Spülhebel 265.
Spülkasten 264.
Spülkastendeckel 265.
Spülkopf 651.
Spulrad 462.
Spundbajonett 751.
Spur, rechte 539.
Spurkranzrad 595.
Spurstange 590.
Squash 819.
Squashbälle 819.
Squashschläger 819.
Sri Lanka 747.
St. Lucia 743.
Staatsanwaltschaft, Tisch 728.
Staatsgrenze 37.
Stab 274, 322, 367, 436, 792, 799.
Stabbogen 859.
Stäbchen 177.
Stäbchenplatte 300.
Stabhochspringer 792.
Stabhochsprung 790, 792.
stabiler Flügel 759.
Stabilisator 633, 859, 876, 897.
Stabilisierungsfläche 896.
Stabilisierungsflosse 25, 608.
Stabkranz 170.
Stablampe 770.
Stabmixer 236.
Stabparkett 254.
Stabplatte 300.
Stachel 95, 98.
Stachelbeere 192.
Stachelschwein 123.
Stachelzellenschicht 172.
Stadion 709, 788, 790.
Stadt 37, 708.
Stadtplan 39.
Stadtrad 581.
Stadtteil 39.
Staffelei 399.
Staffelstab 790.
Staffelübergabebereich 790.
Stag 602.
Stagsegel-Stag 602.
Stahl 269, 298, 752.
Stahlbehälter, emaillierter 267.
Stahlbeton 298.
Stahlbreite 320.
Stahldraht 913.
Stahlfeder 752.
Stahlkante 888.
Stahlkappe 773.
Stahlmantel 689.
Stahlschreibfeder 470.
Stahlspitze 391.
Stahlspitzenschuhe 885.
Stahlstab 449.
Stalagmit 47.
Stalaktit 47.
Stall 856.
Stamm 76, 86, 87.
Stämmchen 75.
Stampfstag 602.
Stand 362, 789.
Stand des Richtschützen 758.
Stand, aufrechter 843.
Stand, gebückter 843.
Standardobjektiv 478.
Standbagger 647.
Ständer 59, 234, 236, 307, 381, 389, 448, 452, 464, 826.
Ständerbohrmaschine 307.
Standfotograf 429.
Standhahn-Mutternschlüssel 315.
Standheizungstank 563.
Standleitung 523, 524.
Standleuchte 286.
Standort des Kultbildes 403.
Standortanzeiger 417.
Standrohr 271.
Standsockel 43.
Standtom 448.
Standuhr 697.
Stange 185, 261, 284, 390, 391, 439, 611, 686, 739, 851.
Stange, einfache 284.
Stangenkugel 752.
Stangensellerie 185.
Stapelstühle 277.
Star 118.
Stardust 19.
stark bewölkter Himmel 56.
Stärke 85.
Stärkekörnchen 74.
starkes Gewitter 57.
starre Brücken 540.
Start 852, 875, 887, 915.
Start 100-m- und 100-m-Hürdenlauf 790.
Start 10000-m- und 4-x-400-m-Lauf 791.
Start 110-m-Hürdenlauf 790.
Start 1500-m-Lauf 791.
Start 200-m-Lauf 790.
Start 400-m-, 400-m-Hürden-, 4-x-100-m-Lauf 791.
Start 5000-m-Lauf 790.
Start 800-m-Lauf 791.
Start beim Rückenschwimmen 832.
Start- und Landebahn 620.
Start-Mechaniker 873.
Start-Taste 512.
Start/Pause 501.
Start: Bob 885.
Start: Doppelsitzer Männer 885.
Start: Rodeln 885.
Start: Rodeln Frauen 885.
Start: Skeleton 885.
Startaufstellung 872.
Startbereich 891.
Startblock 791, 830.
Startbojen 838.
Starter 830, 838, 882, 883.
Startergriff 331.
Starterzug 323.
Startgatter 875.
Startgriffe (Rückenschwimmen) 830.
Starthilfekabel 558.
Startknopf 696.
Startlinie 791, 833, 848, 872.
Startlinie, 500-m 882.
Startmaschine 856.
Startmenütaste 514.
Startnummer 791, 857, 875.
Startpistole 790.
Startplätze 891.
Startpositionen 828, 843.
Startsprung 832.
Starttaste 508.
Starttaste für Strickmuster 456.
Startwagen 857.
Startzone 838.
stationäre Front 56.
Stationskreis 55.
Stationsmodell 55.
Stationsspeichertaste 498.
Stativ 14, 482, 483, 489, 685, 693.
Stativablage 14.
Stativklemme 685.
Stativstange 685.
Stator 249, 659.
Statue 737.
Staub, aufgewirbelter 63.
Staubauswurf 304.
Staubbehälter 288, 308.
Staubbeutel 80.
Staubblatt 80, 82.
Staubfaden 80.
Staubschweif 8.
Staudämme, Beispiele 660.
Staufach 766.
Staumoräne 46.
Stauraum 567, 570.
Stausee 657, 658, 660, 661.
Steak 214.
Steakmesser 228.
Stecher 458.
Stechpaddel 837, 838.
Steckbuchse 274.
Steckdose 563, 567.
Steckdose für Überspannungsschutz 520.
Steckdose, dreipolige 274.
Steckdose, geschaltete 497.
Steckdosen für Notversorgung ab Batterie 520.
Steckdosen für Überspannungsschutz 520.
Steckdosenprüfer 316.
Stecker 306, 502, 613.
Stecker, dreipoliger, amerikanischer 274.
Stecknadel 454.
Steckschlüsselsatz 311.
Steg 277, 358, 385, 404, 405, 408, 433, 439, 440, 441, 863.
Steghose 358.
Stegplättchen 385.
Stegschlaufe für zweiten Fuß 840.
Stegspangenschuh 343.
Stegstütze 385.
Stehbundkragen 363.
stehender Anschlag 861, 893.
Stehleiter 321.
Stehleitern 321.
steifer Nachläufer 569.
steifes Vorderteil 569.
Steigbügel 174, 750, 853, 855.
Steigeisen 345, 893.
Steigeisenriemen 901.
steigendes Revers 348.
Steigleitung 262.
Steigleitung Rücklauf 259.
Steigleitung Vorlauf 259.
Steigradmechanismus 436.
Steigrohr 654.
Steigrohrkopf 654.
Steigrohrventil 654.
Steigung 255.
Steigungseinstellung 631.
steiles Satteldach 414.
Steilhang 45.
Steilküste 51.
Steilwandzelt 902.
Stein 81, 298, 376, 696.
Steinbock 10.
Steinbock, Wendekreis 34, 35, 36.
Steinbohrer 306.
Steinbutt 221.
Steindruckpresse 423.
Steine 915.
Steineisenmeteorit 8.
steinerner Ehrensessel 738.
Steinfaustkeil, polierter 748.
Steinfrucht, fleischige 81.
Steinfrüchtchen 83.
Steinfrüchte 192.
Steingarten 322.
Steinmarder 134.
Steinmauer 298.
Steinmeteoriten 8.
Steinpilz 183.
Steinschlag 47, 545, 547.
Steinschlaghelm 901.
Steinschloss 752.
Steinwüste 52.
Steinzeitwaffen 748.
Steißbein 152, 157.
Stellhebel 590.
Stellmutter 913.
Stellring 329.
Stellschraube 312, 317, 319, 448.
Stellstange 590.
stellvertretender Dienststellenleiter, Büro 768.
stellvertretender Direktor, Büro 726.
Stellwerk 583.
Stemmbrett 838.
Stemmeisen 309.
Stemmtornische 597.
Stempel 80, 531.
Stempelkarte 530.
Stempelkissen 531.
Stempelrad 531.
Stempeluhr 530.
Stengel 77.
Stengelgemüse 185.
Stengelglied 77.
Stenografieblock 531.
Steppe 61.
Stereokamera 481.
Stereotaste 504.
sterile Wundauflage 777.
Sterilgut, Lagerraum 778, 780.

Sterilisationsraum 780, 781.
Stern 8, 64, 741.
Sternalarterie 107.
Sternanis 84.
Sternbilder der nördlichen Halbkugel 12.
Sternbilder der südlichen Halbkugel 10.
Sternchen 473.
Sterne, kleine 8.
Sterne, massereiche 8.
Sternfrucht 197.
Sternnetzwerk 522.
Sternscheibe 641.
Sternschnuppe 53.
Sternum 111.
Sternwarte 17.
Sternwarte, Querschnitt 17.
Stert 676.
Stethoskop 776.
Steuer 838.
Steueranlage für den Autopiloten 626.
Steuerantenne 60.
Steuerantrieb 40.
Steuerbordseite 609, 616, 617.
Steuerbügel 897.
Steuereinheit, elektrische 559.
Steuerfeder 918.
Steuerfedern 859.
Steuerhaus 607.
Steuerhebel 649.
Steuerknüppel 626, 631, 898.
Steuerleine 838.
Steuermann 884.
Steuermarke 390.
Steuerpult 10, 626.
Steuerrad 626.
Steuerruder 598.
Steuersitz 838.
Steuerstab 670, 671.
Steuertaste 516.
Steuertriebwerk 23.
Steuerung 514.
Steuerung der Solarzellenfläche 60.
Steuerung des Lebenserhaltungssystems 20.
Steuerung, elektronische 563.
Steuerungstaste 514.
Steuerzentrale 657, 669.
Steven 602.
Stichbreitenwähler 452.
Stichlängenwähler 452.
Stichplatte 452.
Stichsäge 303.
Stichsäge, elektrische 305.
Stichwaffen 751.
Stichwähler 452.
Stick 858.
Sticker 376.
Stickerei 459.
Stickoxiden, Emission 70.
Stickrahmen, runder 459.
Stickstiche 459.
Stickstoff 683.
Stickstoff, flüssiger 694.
Stiefel 343, 444, 874, 875, 880, 881, 895.
Stiefelette, knöchelhohe 343.
Stiefelknecht 345.
Stieglitz 118.
Stiel 75, 76, 78, 81, 82, 83, 185, 227, 253, 295, 301, 863, 901.
Stielgrund 185.
Stielkamm 380.
Stielkasserolle 235.
Stier 12.
Stift 274, 275, 517, 527.
Stift mit rundem Ende 285.
Stifthalter 386, 517.
Stiftsockel 275.
Stigma 96, 97.
Stilett 751.
Stillwasserspiegel 49.
Stilton 211.
Stilus 470.
Stimmanzeiger 448.
Stimmband 163.
Stimmeinrichtung 448.
Stimmenwahlschalter 450, 451.
Stimmgabel 436.
Stimmkrücke 444.
Stimmnagel 442.
Stimmring 433.
Stimmstock 442.
Stimmwirbel 440, 441.
Stimmzug 447.
Stinktier 134.
Stint 219.
Stirn 115, 146, 150, 309, 749.
Stirnbalken 252, 253.
Stirnbande 862.
Stirnbein 131, 152, 158.
Stirnfontanelle 158.
Stirnhöhle 175.
Stirnradgetriebe 686.
Stirnriemen 854.
Stirnschopf 124.
Stirntür 635.
Stirnwand 571, 639.
Stirnwandflachwagen 588.
Stirnwandleiter 587.
Stirnzahnrad 307.
Stirnziegel 403.
Stock 320, 391, 610, 801, 891.
Stock, orthopädischer 782.
Stock, vierfüßiger 782.
Stockanker 610.
Stöcke 449.
Stockgriff 892.
Stockpresse 425.
Stockschaft 892.
Stockschirm 391.
Stockseite 739.
Stockteller 888.
Stoff, bestickter 459.
Stoffbruch 455.
Stoffdrücker 452, 453.
Stoffdrückerstange 453.
Stoffmenge, Maßeinheit 702.
Stoffstreifen 459.
Stola 336.
Stollen 371, 640, 798.
Stollenreifen 577, 875.
Stollenschuh 796.
Stop 130, 458.
Stopfen 379.
Stopfer 237, 240, 390.
Stopfleber 216.
Stopp-Taste 499, 512.
Stoppbad 485.
Stoppball 821.
Stoppknopf 696.
Stopptaste 495, 501, 508.
Stoppuhr 696, 831.
Stöpselsicherung 272.
Stör 218.
Storch 119.
Store 282.
Störklappe 624.
Stoßdämpfer 18, 553, 876.
Stoßdämpfer hinten 870.
Stoßdämpfer, hinterer 575.
Stößel 230.
Stoßen 850.
Stoßfänger 570, 577, 920.
Stoßfänger, kunststoffummantelter 550.
Stoßleiste 289.
Stoßspannungsunterdrückung 520.
Stoßstange 876.
Stoßzunge 443.
Stoßzungenschraubenfeder 443.
Strafbank 879.
Strafbankbetreuer 879.
Strafen 789.
Straffergurt, vorderer 906.
Strafraum 802.
Strafraumbogen 802.
Strafraumlinie 802.
Strahlbein 126.
Strahldurchmesser, Verminderung 694.
Strahlenkörper 177.
Strahler 246, 765.
Strahlgrube, mittlere 127.
Strahlgrube, seitliche 127.
Strahlrohr 767.
Strahlstörer 329.
Strahlung 681.
Strahlung, künstliche 41.
Strahlung, natürliche 41.
Strahlung, ultraviolette 690.
Strahlungszone 6.
Strähnenkamm 380.
Straight Flush 914.
Strampelhöschen 368.
Strand 51.
Strandschnecke 217.
Strang 836.
Straße 39, 708, 711, 713, 914.
Straße im Querschnitt 538, 712.
Straße von Gibraltar 32.
Straße von Mozambique 34.
Straße, Bass 29.
Straßenbahn 595.
Straßenbau 538.
Straßengüterverkehr 596.
Straßenhobel 639.
Straßenkarte 39.
Straßenkehrmaschine 573.
Straßenlaterne 287, 712.
Straßennummer 39.
Straßenradrennen 870.
Straßenradsport 870.
Straßenrennrad 870.
Straßenschuh 343.
Straßentunnel 543.
Straßenverkehr 487, 538.
Stratokumulus 56, 62.
Stratopause 53.
Stratosphäre 53.
Stratus 56, 62.
Strauch 322.
Strauchflechte 74.
Strauß 119.
Straußenei 213.
Strebe 252, 253, 448.
Strebebogen 410, 411.
Streben, hinterer 578.
Strebepfeiler 410.
Strecke 872, 874.
Strecke, landschaftlich schöne 39.
Strecke, Supercross 875.
Strecke, zurückgelegte 700.
Streckenbegrenzung 875.
Streckenposten 875.
Streckenschiedsrichter 837, 838.
Streckmetall-Unterlage 299.
Streichbaum 460.
Streichblech 641.
Streichholz 391.
Streichholzheftchen 391.
Streichholzschachtel 391.
Streichkäse 210.
Streifen 416.
Streifenvorhang 416.
Streuer 232.
Streuscheibe 428.
Streuwerk 641.
Strichcodeleser 517.
Strichpunkt 473.
Strickabstreifer 456.
Strickabstreiferknopf 456.
Strickarttasten 456.
Stricken 457.
Strickjacke 354.
Strickjacke mit V-Ausschnitt 354.
Strickleiter 321.
Strickmaschine 456.
Strickmaß 457.
Strickmuster 458.
Strickmusterspeicherung 456.
Stricknadel 457.
Stroboskop 611.
Strohballen 875.
Strohhalm 223.
Strohhut 340.
Strohhütte 418.
Strohverteiler 643.
Stromabgabe an Verbraucher 662.
Stromabnehmer 595.
Stromanschluss 258, 260, 571.
Stromanschluss, wasserdichter 263.
Stromanschlusskabel 567.
Stromanschlusspunkt 273, 663.
Stromatolith 92.
Stromerzeugungsabschnitt 664.
Stromerzeugungsbereich 763.
Stromfortleitung 665.
Stromgenerator 659.
Stromkreis 272.
Stromleitung an die Verbraucher 677.
Stromleitung zu den Verbrauchern 646.
Stromnetz 674.
Stromquelle 687.
Stromschiene 595.
Strömung 597.
Strömungs-T 269.
Strömungssicherung 267.
Stromverbrauchernummer 273.
Stromversorgung, unterbrechungsfreie 520, 523.
Stromversorgungskabel 712.
Stromverteiler 489.
Stromzähler 273.
Stromzuleitung 266.
Strontium 682.
Stroße 647.
Strumpf 365, 367.
Strümpfe 365.
Strumpfhalter 367.
Strumpfhaltergürtel 367.
Strumpfhose 365.
Studio-Kommandoanlage 491.
Studioebene 490, 492.
Studiopersonal, zusätzliches 490.
Stufe 255, 321, 847.
Stufe, dritte 25.
Stufe, erste 25.
Stufe, zweite 25.
Stufen 246, 412.
Stufen der Reife 86.
Stufenbarren 824.
Stufenrock 357.
Stuhl 277, 723, 734.
Stühle, Beispiele 277.
Stulp 248, 249.
Stulpe 346.
Stulpen 802, 805.
Stulpenhandschuh 346.
Stummaufnahme-Taste 499.
Stummel 391, 909.
Stumpf 87.
stumpfer Winkel 704.
Stumpftonne 615, 617.
Stundenwinkelantrieb 17.
Stundenzeiger 697.
Stuntskate 895.
Sturm, tropischer 57.
Stürmer 803.
stürmischer Himmel 65.
Sturmlampe 906.
Sturmspitze 879.
Sturz 247, 252, 256.
Sturzhelm 884, 885, 888, 891.
Stützarm 634.
Stützausleger 766.
Stütze 246, 323, 567, 591, 609, 629, 663, 826.
Stutzen 796, 878.
Stützen der Pfeifenrastbretter 445.
Stützfuß 567, 571, 641.
Stützpfeiler 660.
Stützpfeilerstaudamm 660.
Stützpfeilerstaudamm im Querschnitt 660.
Stützpunkt 828.
Stützring 16, 659.
Stütztritt 901.
Stützvorrichtung, ausklappbare 571.
Stützvorrichtung, Kurbel 571.
Stylobat 403, 404.
Stylus 83.
Suaheli 468.
subarktisch 61.
Subduktionszone 43.
Sublimation 680.
Substanz, graue 167, 168.
Substanz, weiße 167, 168.
Substanzen, anorganische 67.
Substanzen, gefährliche 774.
Subtraktion 703.
Subtraktionstaste 529.
subtraktive Farbmischung 690.
Subtropen, feuchte 61.
Subtropen, mediterrane 61.
Subwoofer 493.
Such- und Rettungsantennen 60.
Sucharm 521.
Suche 525.
Sucher 477, 479, 496.
Sucher, elektronischer 496.
Sucherkamera 480.
Sucherokular 477.
Suchfernrohr 14, 15.
Süd 37, 917.
Süd-Korea 747.
Süd-Südost 37.
Süd-Südwest 37.
Südafrika 746.
Südamerika 28, 31, 50.
Südamerikanische Platte 43.
Sudan 745.
Südchinesisches Meer 28, 33.
Süden 616.
Südfrüchte 196.
südliche Halbkugel 35.
südliche Halbkugel, Sternbilder 10.
südliche Hemisphäre 35.
Südliche Krone 10.
Südliche Wasserschlange 11.
Südlicher Fisch 10.
südlicher Polarkreis 29, 35, 36.
Südliches Dreieck 10.
südliches Kardinalseezeichen 617.
Südost 37.
Südosten 616.
Südpol 29, 35, 687.
Südwest 37.
Südwesten 616.
Südwester 341.
Sulcus terminalis 176.
Sulky 857.
Sumach 199.
Summe 699, 703.
Sumo 847.
Sumoringer 847.
Sunnismus 736.
Super-G 889.
Super-Weitwinkelobjektiv 478.
Supercross-Motorrad 875.
Supercross-Strecke 875.
Supermarkt 180, 711, 715.
Supernova 8.
Superriesenslalom 889.
Superriesenslalom-Ski 888.
Suppe 722.
Suppenlöffel 228.
Suppenschale 226.
Suppenteller 226.
Suppenterrine 226.
Suppentopf 235.
Surfboard 840.
Surfbrett 836.
Surfen 840.
Surfer 840.
Surfschuh 840.
Surinam 742.
Surround-Lautsprecher 493.
Suspensorium 808, 843, 880.
Süßkartoffel 184.
Süßwaren 717.
Swasiland 746.
Sweatshirt 370.
Sweatshirt mit Kapuze 370.
Swimmingpool 608.
Symbol 682, 920.
Symbole 473.
Symbole, chemische 684.
Symbole, wissenschaftliche 702.
symphatisches Ganglion 167.
Symphyse 169, 170.
Synagoge 738.
Synapse 168.
Synchronisationskabel 527.
Synchronspringen 829.
Synsakrum 116.
Synthesizer 450.
Syrien 746.
Systemschalter 450.

T

T-Leitwerk 629.
T-Shirt Kleid 369.
T-Stück 271.
T-Verbinder 522.
Tabak 390.
Tabakkammer 390.
Tabaksbeutel 390.
Tabakwarengeschäft 714.
Tabasco(tm)-Soße 200.
Tabernakel 737.
Tablette 783.
Tabletts 722.
Tablinum 406.
Tabulator nach links 514.
Tabulator nach rechts 514.
Tabulatoreinstelltaste 528.
Tabulatorsetztaste 528.
Tabulatortaste 514, 528.
Tachometer 557, 576, 851.
Tadschikistan 746.
Tafel 374, 734.
Tafelberg 10, 52.
Tafelfacette 374.
Tafelsalz 201.
Tafelschliff 375.
Tagalog 469.
Tagebau 647.
Tageskilometerzähler 557.
Tageslichtprojektor 535.
Tagesraum 727.
Tagliatelle, grüne 206.
Tagzeichen 615.
Tagzeichen (Region B) 617.
Tahinisoße 200.
Tahitianisch 469.
Taifun 63.
Tailback 807.
Taille 147, 149.
Taillenabnäher 352.
Tajine 234.
Takelage 602.
Taktarten 434.
taktischer Transporthubschrauber 631.
Taktkennung 617.
Taktstrich 434.
Tal 45, 48.
Talgdrüse 172.
Talmud 736.
Tamarin 139.
Tamarindenmark 200.
Tambour 404.
Tamburin 449.
Tampon 422.
Tandem 581.
Tandemscheibenegge 641.

Tanganjikasee 34.
Tank 23, 261, 573, 607.
Tankanlage 654, 873.
Tankauflieger 572.
Tankdeckel 551, 570.
Tanker 596, 606.
Tankerflugzeug 760.
Tanklastzug 572.
Tankluke 607.
Tanks 655.
Tankstelle 548, 711, 725.
Tankwagen 573, 622.
Tankwall 655.
Tanne 89.
Tannennadeln 89.
Tansania 745.
Tantal 683.
Tante mütterlicherseits 785.
Tante väterlicherseits 785.
Tanzsaal 609.
Tare 847.
Tarlatan 422.
Tarnkappenbomber 629.
Taro 184.
Tarsometatarsus 116.
Tarsus 111.
Tasche 313, 345, 386, 862.
Tasche für Latexhandschuhe 770.
Tasche, aufgesetzte 348, 353, 360, 368.
Tasche, blinde 355.
Tasche, eingesetzte 360.
Tasche, geräumige 388.
Tasche, senkrechte 337.
Taschen, Beispiele 360.
Taschenlampe 765.
Taschenrechner 386, 529.
Taschenrechner, wissenschaftlicher 529.
Taschenschirm 391.
Taschenträger 869.
Tasmanien 29.
Tasmanischer Teufel 143.
Tasmansee 29.
Tasse 226, 905.
Tast-Körperchen, Meissnersches 172.
Tastatur 442, 450, 507, 514, 526.
Tastatur, alphabetische 530.
Tastatur, alphanumerische 506, 507, 514, 548, 730, 731.
Tastatur, numerische 507, 530.
Tastaturablage, verstellbare 511.
Tastaturschnittstelle 513.
Tastaturschutz, verschiebbarer 506.
Taste 432, 442, 443, 445, 507.
Taste Cursor an Zeilenanfang 515.
Taste Druck 515.
Taste Ende 515.
Taste für helles Licht 479.
Taste für Normallicht 479.
Taste für schattiges Licht 479.
Taste löschender Rückschritt 515.
Taste nächste Seite 515, 527.
Taste numerischer Block 515.
Taste Pause 515.
Taste Systemabfrage 515.
Taste Unterbrechung 515.
Taste vorherige Seite 515, 527.
Tasten 451, 506.
Tasten für Absenken 479.
Tasten für Erhöhen 479.
Tasten, programmierbare 516.
Tastenfeld, numerisches 515, 699.
Tasteninstrumente 442.
Tasteninstrumente, Beispiele 443.
Tastentelefon 507.
Tatami 846.
tatsächliche Temperatur 261.
Tau 65.
Taube 11, 120, 212.
Taubesfestigung 597.
Täubling, grasgrüner 183.
Tauchanzug 841.
Tauchbecken 788.
Tauchen 841.
Taucher 841.
Taucherhandschuh 841.
Tauchermesser 841.
Taufbecken 737.
Taupunkttemperatur 55.
Tausend 703.
Tauwasserablauf 291.
Tauwerk 908.
Taxi 725.
Technetium 683.
Techniken 812.
technische Ausführung, Kampfrichter 823.
technische Delegierte 881.
technische Identifikationsnummer 501.
technischer Dienst 732.
Teddy 366.
Tee 208, 867, 877.
Tee, grüner 208.
Tee, Oolong 208.
Tee, schwarzer 208.
Tee-Ei 233.
Teebeutel 208.
Teekanne 226.
Teeline 877.
Teelöffel 228.
Teerpappe 299.
Teflonband 314.
Teich 866.
Teigmischer 232.
Teigwaren 206.
Teigwaren, asiatische 207.
Teil über Wasser 615.
Teil, flacher 457.
Teile 276, 277, 280.
Teile der Brille 385.
Teile der Waffe 849.
Teile des Elektronenmikroskops 694.
Teile des Schuhs 342.
Teile einer Fahne 739.
Teile einer Lampenfassung 275.
Teile eines Boots 838.
Teile eines Fahrrads 578.
Teile eines Hauses 247.
Teile eines Kreises 704.
Teile eines langen Knochens 155.
Teile eines Rings 376.
teilgetauchter Tragflügel 609.
Teilmenge, echte 703.
teilreflektierender Spiegel 692.
Teilungsbeispiele 740.
Teilungsnaht 348.
tektonische Platten 43.
tektonischer See 48.
Telefaxgerät 508.
Telefon 491, 724, 725.
Telefon, schnurloses 507.
Telefon-/Kabel-/Satellitenleitung 523.
Telefonapparat 489, 506.
Telefone, Beispiele 507.
Telefonieren 506.
Telefonkabel 712.
Telefonleitung 524.
Telefonnetz 487.
Telefonnummernverzeichnis 531.
Telefonsteckdose 520.
Telefonzentrale 507.
Telekommunikation 487.
Telekommunikation für die Schifffahrt 487.
Telekommunikation, industrielle 487.
Telekommunikation, militärische 487.
Telekommunikation, private 487.
Telekommunikation, Schifffahrt 487.
Telekommunikationsantenne 609, 761, 762.
Telekommunikationssatellit 525.
Telekonverter 478.
Telemetrie-Antenne 60.
Teleobjektiv 478.
Teleport 487.
Teleskop 17, 859.
Teleskopantenne 503.
Teleskopbein 482.
Teleskopgabel 574, 577.
Teleskopmaß 864.
Teleskopschlagstock 770.
Teleskopstangen 920.
Teleskoptragebein 776.
Teller 287, 905, 913.
Teller, flacher 226.
Teller, kleiner 226.
Tellerbürste 573.
Tellereisen 913.
Tellur 682.
Telson 107.
Tempel, aztekischer 412.
Tempel, griechischer 403.
Tempel, Huitzilopochtli 412.
Tempel, Tlaloc 412.
Temperatur 261.
Temperatur, Messung 59.
Temperaturanzeige 557.
Temperatureinsteller 465.
Temperaturfühler 18, 561.
Temperaturmessung 695.
Temperaturregler 238, 259, 261, 267, 288, 291.
Temperaturregler, abziehbarer 239.
Temperaturschalter 382.
Temperaturskala 53.
Temperaturwähler 238, 292, 293.
Tempomat 556.
Temporegler 451.
Temposkala 436.
Tennis 820.
Tennisball 822.
Tennisplatz 820.
Tennisplätze 788.
Tennisschläger 822.
Tennisschuh 344, 822.
Tennisspielerin 822.
Tentakel 106.
Tentakel, kleiner 104.
Teppich 254.
Teppichboden 254.
Teppichmuschel, Kreuzmuster 217.
Teppichschiffchen 461.
Terbium 684.
Terminalbronchiole 163.
Terminals, interaktive 395.
Terminkalender 530.
Termite 101.
Terpentin 400.
Terrasse 244, 322.
Terrassentür 250.
Terrine 234.
Tertiär 93.
Tertiärkonsumenten 67.
Terz 434.
Test-Schalter 520.
Testbereich für Düsentriebwerke 761.
Testbild 492.
Testknopf 767.
Teufel, Tasmanischer 143.
Teufelsdreck 199.
Textablesetafel 492.
Textanzeige 528.
textile Bodenbeläge 254.
Texttaste 528.
Thai 468.
Thailand 747.
Thallium 682.
Thallus 74, 75.
Theater 430, 710, 711.
Theater, griechisches 402.
Theke 720, 722.
Theodolit 59, 701.
thermodynamische Temperatur, Maßeinheit 702.
thermoelektrischer Radioisotopengenerator 18.
Thermometer 259, 655, 695, 841, 899.
Thermopause 53.
Thermoschutzhaube 872.
Thermosflasche 906.
Thermosphäre 53.
Thermostat 238, 260, 261, 267.
Thermostat, oberer 266.
Thermostat, programmierbarer 261.
Thermostat, regelbarer 239.
Thermostat, unterer 266.
Thetys 5.
Third 877.
Thorarollen 738.
Thoraschrein 738.
Thorax 96, 97, 98.
Thorium 684.
Thrombozyt 162.
Thulium 684.
Thunfisch 220.
Thymian 202.
Tibetisch 468.
Tibia 111.
Tibiotarsus 116.
Ticketschalter 620.
Tiefdruck 420.
Tiefdruckgebiet 55, 63.
Tiefdruckverfahren 422.
tiefe Wolken 62.
Tiefenanschlag 307.
Tiefeneinstellung 308.
Tiefenmesser 841.
Tiefenregler 441.
Tiefenruder 763.
Tiefenskala in m 613.
tiefer Wadenbeinnerv 166.
tiefgestellt 472.
Tiefkühlprodukte 181.
Tiefladewagen 588.
tiefliegende Form 420.
Tieflöffel 637.
Tieflöffelsteuerung 637.
Tiefsee-Ebene 49.
Tiefseeberg 49.
Tiefseeboden 42.
Tiefseegraben 49.
Tiefseehügel 49.
Tiefseekabel 524.
Tiefseekabel, Verteilung 487.
Tieftöner 502.
Tierceron 410.
Tierhandlung 714.
tierische Zelle 94.
Tierreich 92.
Tiertransport, Satteltiefladeanhänger 572.
Tiger 135.
Tight End 807.
Tilde 473.
Timer 851.
Tinte 397.
Tinte, metallische 729.
Tintenbeutel 106.
Tintenfisch 106, 217.
Tintenfisch, Anatomie 106.
Tintenfisch, äußere Merkmale 106.
Tintenpatronen-Kontrollleuchte 519.
Tintenraum 470.
Tintenstrahldrucker 519.
Tipi 418.
Tisch 278, 304, 424, 720, 723.
Tisch der Aufsichtsperson 732.
Tisch der Staatsanwaltschaft 728.
Tisch der Verteidigung 728.
Tisch des Gerichtsschreibers 728.
Tischcomputer 522, 523, 524.
Tische, Beispiele 278.
Tischfeststellschraube 307.
Tischfußball 920.
Tischklammer 693.
Tischkreissäge 305.
Tischleuchte 286.
Tischleuchte, Halogen 286.
Tischplatte 278.
Tischrechner mit Druckerteil 529.
Tischrührgerät 236.
Tischtennis 815.
Tischtennisball 815.
Tischtennisplatte 815.
Tischtennisschläger 815.
Tischverlängerung 305.
Titan 5, 683.
Titan IV 24.
Titania 5.
Titeleinblendetaste 496.
Titelfoto 471.
Titelnummer 501.
Titelseite 471.
Titelsuchtasten 501.
Titelzeile 471.
Titicacasee 31.
TL-Triebwerk 625.
Tlaloc-Tempel 412.
Toaster 238.
Tochter 784, 785.
Todesanzeigen 471.
tödlich giftiger Pilz 76.
Toeloop 881.
Toga 336.
Togo 745.
Toilette 262, 264, 265, 395, 584, 719, 735.
Toiletten 715, 723, 728, 731, 733, 779, 781.
Toiletten (Damen) 725.
Toiletten (Herren) 725.
Toilettenpapierhalter 264.
Toilettenseife 379.
Toilettenwagen 622.
Tomate 188.
Tomatenmark 200.
Tomatillo 188.
Tomtom 448.
Ton-/Bild-Vorschaueinheit 491.
Tonabnehmer 441, 500.
Tonabnehmer-Wahlschalter 441.
Tonabnehmerregler 441.
Tonabnehmersystem 500.
Tonarm 500.
Tonarmheber 500.
Tonarmstütze 500.
Tonartvorzeichen 435.
Tonassistent 429.
Tonaufnahmegeräte 429.
Tonbandgerät, digitales 488.
Tonerpatrone 519.
Tonerzeugung 445.
Tonga 747.
Tonhöhenrad 450.
Tonhohlplatte 298.
Tonleiter 434.
Tonmeister 429.
Tonnengewölbe 407.
Tonnenstein 615.
Tonregiepult 489, 490.
Tonregieraum 489, 490.
Tonsignalquellen, Kontrollleuchten 497.
Tonsignalquellen-Wahltaster 497.
Tontechniker 489, 490.
Tonvormischung 491.
Tonwiedergabesystem 497.
Tonwiedergabesysteme, tragbare 503.
Topas 375.
Topcase 577.
Töpfe und Pfannen, Spülbecken 721.
Töpferei 464.
Topfhut 341.
Topinambur 184.
Toplevel-Domain 524.
Topplicht 605.
Toppnant 602.
Toppzeichen 615, 616.
Toprückstand 656.
Topspeed-Bereich 891.
Toque 341.
Tor 596, 800, 802, 804, 807, 809, 814, 827, 879, 920.
Torangreifer 809.
Toranzeige 920.
Torbereich 805.
Tordrittel 809.
Torfmoos, sparriges 75.
Torhüter 799, 800, 814, 827.
Torkreis 809.
Torlampen 879.
Torlinie 800, 804, 806, 809, 814, 827, 878.
Tornado 57, 63.
Torpedo 763.
Torpedoraum 763.
Torpedorohr 763.
Torpfosten 807, 858.
Torraum 802, 814, 879.
Torraumlinie 814.
Torresstraße 29.
Torrichter 827, 858, 878.
Torschütze 809.
Torselett 367.
Tortellini 206.
Tortilla 205.
Torus 404, 405, 705.
Torverteidiger 809.
Torwart 801, 803, 809, 878, 879.
Torwartbrustschutz 880.
Torwarthandschuhe 802.
Torwartschläger 879, 880.
Torwartschlittschuh 880.
totale Finsternis 6, 7.
Totalisator 856.
Totengräber 101.
Touchpad 526.
Touchpad-Taste 526.
Touchscreen 527.
Toulouser Wurst 216.
Toupierkamm 380.
Tourenrad 581.
Touring-Motorrad 577.
Touringreifen 560.
Towergehäuse: Innenansicht 513.
Towergehäuse: Rückansicht 513.
Towergehäuse: Vorderansicht 513.
Trab 124.
Traber 857.
Trabrennen 857.
Trachte 127.
Trachtenwand 127.
Track 500.
traditionelle Boote 599.
traditionelle Jacke 846.
traditionelle Kleidung 339.
traditionelle Musikinstrumente 432.
traditionelle Wohnhäuser 418.
tragbare Tonwiedergabesysteme 503.
tragbarer CD-Spieler 503.
Trageband 772.
Tragebügel 503, 504.
Tragegriff 289, 755.
Tragen-Abstellraum 778.
Träger 252, 367, 632, 663, 881.
Träger mit Knopf 369.
Träger, runder 284.
Träger, verstellbarer 368.
Trägerhemd 351, 371.
Trägerhemdchen 369.
trägerloser Büstenhalter 367.
Trägerrakete 24.
Trägerrakete(Ariane V), Querschnitt 24.
Trägerrakete(Saturn V), Querschnitt 25.
Trägerraketen, Beispiele 24.
Trägerrock 356.
Trägerstruktur 21.
Tragfaden 103.
Tragflügel 23, 625, 628.
Tragflügel, hinterer 609.
Tragflügel, teilgetauchter 609.
Tragflügel, vorderer 609.
Tragflügelformen 630.
Tragflügelschiff 609.
Tragkabel 540.
Tragriemen, Öse 477.

Tragsäule 652.
Tragschicht, obere 538.
Tragschicht, untere 538.
Tragsegel 897.
Tragseil 417.
Tragus 173.
Trainer 800, 811, 827, 842, 879, 881, 883.
Trainerassistent 811.
Trainertribüne 891.
Training 788.
Trainingsanzug 370.
Trainingsball 819.
Trainingsbereich 788.
Trainingshose 370.
Traktor 640.
Traktor: Hinteransicht 640.
Traktor: Vorderansicht 640.
Trampolin 823.
Tranchiergabel 229.
Tranchiermesser 229.
Tränendrüse 177.
Tränengang 177.
Transantarktisches Gebirge 29.
Transformator 287, 658, 663, 668, 674.
Transformstörungen 43.
Transitlagerschuppen 596.
transparentes Akrylharz 501.
Transpiration 67.
Transport 538.
Transportbandanlage 647.
Transporter 573.
Transporteur 453.
Transporthubschrauber, taktischer 631.
Transportmischer 573.
Transporträdchen 476.
Transportschiene 476.
Transportstrecke 647.
Transportwalze 476.
Transversale pleine 919.
Transversale simple 919.
Trapezflügel 630.
Traube, geschlossene 81.
Traubenhenkel 86.
Trauerweide 88.
Traveller 834, 835.
Travellerscheck 729.
Traverse 278, 409, 663.
Trawler 606.
Treble 918.
Trefferanzeige 848.
Trefferflächen 848.
Treibanker 610.
Treibhaus 182.
Treibhauseffekt 68.
Treibhauseffekt, anthropogener 68.
Treibhauseffekt, natürlicher 68.
Treibhausgas 68.
Treibhausgaskonzentration 68.
Treibladung 912.
Treibscheibe 417.
Treibstoffart 548.
Treibstofftank 18, 631, 758, 760.
Treibstoffzufuhrleitungen 899.
Trenchcoat 352.
Trennklappe 389.
Trennlinie 471.
Trennstab 461.
Trennvorhang 780.
Trennwand 771.
Trennwand, bewegliche 509.
Trennwand, flexible 510.
Trennwand, versetzbare 719.
Trense 854.
Trensenzügel 854.
Treppe 250, 251, 255, 412, 427, 431, 543, 592, 676, 724.
Treppenabsatz 251.
Treppenaufgang 655.
Treppenhaus 251.
Treppenhaus-Oberlicht 251.
Treppenlauf 255.
Treppenschliff 375.
Treppenstufe 255.
Treppenvorbau 245.
Tresor 731, 769.
Tresorraum 731.
Tressenstich 459.
Tretlager 580.
Tretplatte 452.
Triageraum 779.
Trial-Motorrad 875.
Triangel 437, 449.
Trias 93.
Tribünen, bewegliche 734.
Triceratops 93.
Trichter 106, 231, 446, 447, 494.
Trickeffektetasten 496.
Trickeffektewähler 496.
Trickmischer 491.
Trieb 86.
Triebdrehgestell 585.
Triebwagen 594.
Triebwerk 18, 625.
Triebwerkslufteinlass 760.
Trift 657.
Triglyphe 404.
Triklinium 406.
Trikot 371, 805, 810, 843, 870.
Trikuspidalklappe 162.
Triller 435.
Trilobit 92.
Trimaran 835.
Trimmruder 60.
Trinidad und Tobago 743.
Trinkflasche 579.
Trinkpackung 223.
Trinkwasserleitung 712.
Trio 438.
Trireme 598.
Triticale 203.
Triton 5.
Tritt 321, 460, 901.
Trittbrett 876.
Trittbrett, hinteres 766, 775.
Trittfläche 855.
Tritthocker 277, 321.
Trittleiter 321.
Trittlöser 460.
Trittplatte 913.
Trittstufe 255, 417, 570.
Trizepszug 851.
Trochilus 404, 405.
trocken liegender Höhlenraum 47.
Trockendock 596.
Trockenelemente 689.
Trockenfrüchte 84, 193.
Trockenklimate 61.
Trockenpastell 396.
Trockenreifen 872.
Trockenschrank 484.
Trockenseite 660.
Trockenständer 485.
Trocknen 347.
Troddel 282.
Trog 55.
Trombe-Wand 675.
Trommel 230, 285, 292, 293, 328, 612, 697, 754.
Trommel, kleine 437, 448.
Trommelbremse 559.
Trommelfell 110, 174, 433, 448.
Trommeln 448.
Trommelschlegel 433.
Trompete 447, 538.
Trompeten 437.
Tropenwald 66.
Tropfen für trockene Augen 384.
tropfnass hängen 347.
tropisch feucht und trocken 61.
tropische Klimate 61.
tropische Wirbelstürme, Bezeichnungen 63.
tropischer Regenwald 61, 66.
tropischer Sturm 57.
tropischer Wirbelsturm 63.
Tropopause 53, 68.
Troposphäre 53.
Trosse 908.
Trüffel 183.
Trugdolde, eingliedrige 81.
Trugdolde, zweigliedrige 81.
Truhe 279.
Truhenkörper 291.
Trumpffarben 917.
Truncus coeliacus 161, 165.
Truthahn 120.
Tschad 745.
Tschadsee 34.
Tschechisch 469.
Tschechische Republik 744.
Tsetsefliege 101.
Tuba 437, 447.
Tube 223.
Tube mit Aquarellfarbe/Gouachefarbe 397.
Tubus 14, 15, 692, 693.
Tubusträger 693.
Tuch, Geschirr 295.
Tudorbogen 413.
Tukan 10, 119.
Tülle 240, 241.
Tüllen 232.
Tüllenbajonett 751.
Tulpe 80.
Tümmler 137.
Tundra 66.
Tunesien 745.
Tunika 359, 748.
Tunikakleid 356.
Tunnel 592.
Tunnelsohle 595.
Tüpfelfarn, gemeiner 76.
Tür 238, 278, 291, 293, 417, 551, 567, 624, 724, 818.
Tür zum Nutzlastraum 23.
Tür, automatische 620.
Turban 339, 341.
Turbine 646, 659, 665, 668.
Turbinen 659.
Turbinenabschaltventil 668.
Turbinendrehung 662.
Turbinengebäude 668.
Turbinengenerator 646.
Turbinenlaufrad 664.
Turbinenrad 564.
Turbinenummantelung 659.
Turbinenwasserabfluss 662.
Turbinenwelle 665.
Turbogenerator 763.
Turbotriebwerk 760.
Turboverdichter 627.
Turboverdichterwelle 627.
Türen, Beispiele 416.
Türfach 291.
Türführungsschiene 587.
Türfüllung 278.
Türgriff 248, 551, 775.
Türinnenverschalung 554.
Türkei 746.
Türkis 375.
Türkisch 469.
Turkmenistan 746.
Türknopf 247.
Turm 410, 614, 635, 674, 676, 677, 858, 916.
Turmalin 375.
Turmkran 634.
Turmmast 634.
Turmrollen 651.
Turmspitze 411.
Turmwindmühle 676.
Turners/Turnerin, Name 825.
Turnhalle 734, 788.
Turnhallenbüro 734.
Turnierball 819.
Turnüre 337.
Türöffnungshebel 554.
Türpfosten 247.
Türsäule 587.
Türschloss 247, 293, 551, 554.
Türstopper 291.
Türsturz 411.
Türverkleidung 554.
Türzapfen 247.
Tusche, lithografische 423.
Tuschezeichnung 396.
Tuvalu 747.
TV-Einstellung 495.
TV-Netzschalter 495.
TV/Video-Taste 495.
Twinset 359.
Tympanon 403, 404.
Typenschild 306.
typische Küstenformen 51.
Typografie 472.
Tyrannosaurus 93.

U

U-Bahn 592, 713.
U-Bahn-Netzplan 593, 594.
U-Bahn-Schild 592.
U-Bahn-Station 592, 710.
U-Bahn-Zug 592, 594.
Überbau 542.
Überdach 902, 903.
Überdruckventil 234, 266, 841.
Überfallrinne 657.
Überfallschloss 389.
Überfangstich, orientalischer 459.
Überfangstich, rumänischer 459.
Überfangstiche 459.
Überflurhydrant 767.
Überführung 539, 540.
Übergangsfittings, Beispiele 269.
Übergangsmetalle 683.
Übergardine 282.
Überholrollbahn 618.
Überholspur 539.
Überholverbot 544, 546.
überirdische Pipeline 654.
Überkleid 337.
Überkopfschaltbrett 626.
überlagernde Schichten 647.
Überlappanzeige 512.
Überlauf 246, 262, 264, 265, 267.
Überlaufkrone 657.
Überlaufrohr 266.
Überlaufschutz 294.
Überlaufstutzen 485.
Überleitungstunnel 666.
Überriese 8.
Überrollschutz 873.
Überschallflugzeug 53, 629.
Überschlag 387.
Überschwemmungsebene 48.
Überseekoffer 389.
Übersetzungsgehäuse 910.
Übersetzungsgetriebe 677.
Überspannungsschutz, Steckdose 520.
Überstand 255.
Überströmkanal 565.
überstumpfer Winkel 704.
Übertageanlage 648, 650.
Übertemperatursicherung 266.
Übertragung der Drehbewegung auf den Rotor 662.
Übertragungsgeräte 522.
Übertragungskabel 613.
Übertragungsnetz, öffentliches 486.
Übertragungswagen 489.
Überwachungskamera 395.
Überwachungsradar 761, 762.
Überwachungsraum 394, 543, 727.
Überwurfmutter 270.
Überziehschuh 342.
Übungsgrün 866.
Übungsplatz 409.
Udonnudeln 207.
Ufer 664.
Uferdamm 660.
Uferdamm im Querschnitt 660.
Uganda 745.
Uhr 488, 734, 858.
Uhr, mechanische 696.
Uhrband 696.
Uhren 717.
Uhrenmeister 810.
Uhrenradio 503.
Uhrkasten 697.
Uhrwerk 697.
Uhu 119.
Ukraine 744.
Ukrainisch 469.
UKW-Antenne 18, 60, 762.
UKW-Wahltaste 497.
Ultrakurzwelle, Antenne 18.
Ultraschall, Aussendung 41.
Ultraviolett-Spektrometer 60.
ultraviolette Strahlung 690.
Ulysses 19.
Umbriel 5.
Umfang 704.
Umfangsverbindung 661.
Umfeldbeleuchtung 775.
Umgebung, naturbelassene 867.
Umgehungsstraße 39, 709.
Umhang 338.
Umhängetasche mit Dehnfalte 388.
Umhängetasche mit Reißverschluss 388.
Umkehrlinsen 692.
Umkleideraum 509, 649, 734, 764.
Umladeabschnitt 607.
Umlaufbahn, geostationäre 60.
Umlaufbahn, polare 60.
Umlaufkammer 658.
Umlaut 473.
Umlenkrolle 686.
Umlenkstern 331.
Umluft 258.
Umrechnungsskala 479.
Umschalter 302, 306, 523.
Umschaltfeststelltaste 528.
Umschalttaste 528.
Umschalttasten 514.
Umschlag 336, 362.
umsetzbare Flagge 867.
Umspannwerk 664.
Umwälzpumpe 259, 675.
Umwandlungsanlage, katalytische 656.
Umwelt 66.
Umwerfer 870.
Umwerfer, hinterer 578, 580.
undurchlässiges Gestein 651.
unebene Fahrbahn 545, 547.
unendlich 703.
Unfallstation 778.
Ungarn 744.
ungebleichtes Mehl 204.
ungesäuertes Brot 205.
ungleich 703.
Uniform 770.
Uniformen 764.
Unisex-Kopfbedeckungen 341.
Unisex-Schuhe 344.
Universaltreppe 623.
Universität 710.
Unkrautstecher 325.
unpaarig gefiedert 79.
unregelmäßiger Knochen 157.
unregelmäßiges Trapez 705.
Unterarm 130, 140, 147, 149.
Unterarmmappe 387.
Unterarmschiene 749.
Unterarmstütze 782.
Unterbau 651.
Unterblock des Flaschenzuges 651.
Unterboden 78, 252, 253, 254.
Unterbrechung 515, 617.
unterbrechungsfreie Stromversorgung 523.
unterbrechungsfreie Stromversorgung (USV) 520.
Unterbrett 445.
unterbrochene Linie 538, 539.
Unterbruststäbchen 367.
Unterbühne 430.
Unterdeck 655.
untere Abschlusskappe 689.
untere Gliedmaßen 161.
untere Halterungsschraube 58.
untere Hohlvene 160, 161, 162, 165.
untere Klemmschraube 58.
untere Mesenterialarterie 165.
untere Nasenmuschel 175.
untere Querleiste 278.
untere Rondistenfacette 374.
untere Schale 889.
untere Schutzhaube 304.
untere Sektion 24.
untere Sohlschicht 646.
untere Tasche 862.
untere Tragschicht 538.
untere Vertäfelung 632.
untere Zahnreihe 174.
Untereck, linkes 740.
Untereck, rechtes 740.
unterer Absatz 417.
unterer Anzug 854.
unterer Flügel 628.
unterer gerader Augenmuskel 177.
unterer Glaskolben 241.
unterer Heizstab 266.
unterer Holm 824.
unterer Kühleranschluss 561.
unterer Längsträger 635.
unterer Mantel 42.
unterer Nabel 115.
unterer Querträger 635.
unterer seitlicher Einschnitt 86.
unterer seitlicher Lappen 86.
unterer Thermostat 266.
unterer Wurfarm 750.
unteres Augenlid 110, 132.
unteres Becken 448.
unteres Schleusentor 597.
Unterfach 386.
Unterfahrschutz 571.
Unterfangkescher 911.
Unterführung 540, 583.
Unterfutter 455.
Untergeschoß 713.
Untergrätenmuskel 151.
Untergrund 538.
Untergurt 253, 540.
Unterhautbindegewebe 172.
Unterhemd 796.
Unterhose, lange 351.
unterirdische Anlagen 407.
unterirdische Kammer 402.
unterirdischer Abfluss 67.
unterirdisches Gerinne 47.
unterirdisches Kabelnetz, Verteilung 487.
Unterkante 880.
Unterkiefer 97, 99, 108, 111, 112, 116, 121, 122, 123, 126, 131, 136, 138, 141, 142, 152.
Unterkieferknochen 158.
Unterkleid 366.
Unterkühlen 680.
Unterkunft 886.
Unterkünfte 886.
Unterlage 254, 917.
Unterlage, Streckmetall 299.
Unterlagsplatte 590.
Unterlegscheibe 268, 310.
Unterlegscheiben 310.
Unterlenker 640.
Unterlid 177.
Unterlippe 174, 444.

Untermast 602.
Unternehmen 525.
Unterrock 337, 366.
Unterrohr 579.
Untersattel 439.
Unterschenkel 126, 140.
unterschiedliche Vogeltypen 118.
Unterschnabel 115.
Unterschrank 224.
Unterschrift des Inhabers 729.
Unterschrift, amtliche 729.
Unterschriftenmappe 531.
Unterschwanzdecken 115.
unterseeischer Cañon 49.
Unterseite 840.
Unterseite des Hufs 127.
Unterstock 391.
Unterstützmauer 660.
Untersuchungsraum 779, 781.
Untersuchungsraum, Audiometrie 781.
Untersuchungsraum, gynäkologischer 779.
Untersuchungsraum, psychiatrischer 778.
Unterteil 239, 374, 531, 558, 767.
Unterteilhauptfacette 374.
Untertitel 471.
Untertor 597.
Unterwäsche 351, 366, 716, 872.
Unterwäschegeschäft 714.
Unterwasser-Strahler 246.
Unterwasserbohrung 654.
Unterwasserkamera 480.
Unterwassermauer 661.
Unterwasserpipeline 654.
Ununbium 683.
Ununnilium 683.
Unununium 683.
Up-Quark 680.
Ural 32.
Uran 684.
Uran, angereichertes 671.
Uranbrennstoff, Kernspaltung 665.
Uranus 4, 5.
Urdu 469.
Urenkel 784.
Urenkelin 784.
Ureter 104, 116.
Urgroßeltern 784.
Urgroßmutter 784.
Urgroßvater 784.
URL-Adresse 524.
Urogenital-Öffnung 109.
Urostyl 111.
Ursprungskegel 168.
Uruguay 742.
USB-Schnittstelle 513, 526.
Usbekistan 746.

V

V-Ausschnitt 348, 354, 363.
Vagina 103, 104.
Vakuole 74, 94.
Vakuole, pulsierende 94.
Vakuum-Kaffeemaschine 241.
Vakuumdestillation 656.
Vakuumkammer 694.
Vakuumpumpe 694.
Vakuumrohr 694.
Vampir 141.
Vanadium 683.
Vanille-Extrakt 200.
Vanuatu 747.
Variometer 899.
Vater 784, 785.
Vater-Pacinisches Körperchen 172.
Vatikanstaat 744.
VCR-Einstellung 495.
VCR-Netzschalter 495.
VCR-Tasten 495.
Vegetation 66.
Vegetationsbild nach Höhenlagen 66.
Vegetationspunkt 77.
Vegetationszonen 66.
Veilchen 80.
Velarium 407.
Velours 254.
Vene, königliche 160.
Venen 160.
Venera 19.
Venezuela 742.
Ventil 265, 447, 579, 899.
Ventilator 260, 688.
Ventilatormotor 261.
Ventilatorregler 261.
Ventilbüchse 447.
Ventilfeder 445, 566.
ventilierte Laufschiene 860.
Ventilsitz 265, 268.
Ventilsitzzange 314.
Ventilteller 268.
Ventilzug, dritter 447.
Ventilzug, erster 447.
Ventilzug, zweiter 447.
ventrale Aorta 109.
ventraler Nervenstrang 107.
Venturidüse 757.
Venus 4, 5.
Venusmuschel 217.
Verandatür 224.
Verankerung 540.
Verankerungspunkt 103.
Veranstalterbüros 719.
Verbene 208.
Verbindung 470, 916.
Verbindungen, mechanische 269.
Verbindungsast 168.
Verbindungsclip 776.
Verbindungsdraht 272.
Verbindungsgang 543.
Verbindungshülse 868.
Verbindungskabel 452, 465, 516.
Verbindungskasten 563.
Verbindungspunkt 273.
Verbindungsseil 793.
Verbindungsstück 488.
Verbindungsstutzen 766.
Verbindungstunnel 23.
Verblendung 511.
Verbot der Einfahrt 544, 546.
Verbot für Fahrzeuge mit mehr als der angegebenen Höhe 545, 547.
Verbot für Fußgänger 545, 546.
Verbot für Krafträder 545, 546.
Verbot für Lkws über einem zulässigen Gesamtgewicht 545, 546.
Verbot für Radfahrer 545, 546.
Verbot für Rollstuhlfahrer 725.
Verbraucher, Stromleitung 646, 677.
Verbrechensbekämpfung, vorbeugende 768.
Verbrennen 71.
Verbrennung 564, 565, 627.
Verbrennungsraum 564, 566.
Verdampfen 680.
Verdampfer 261.
Verdampfergebläse 261.
Verdampferspirale 261.
Verdampfungsgitter 261.
Verdauungsapparat 164.
verdeckelte Zelle 100.
verdeckte Knopfleiste 355.
Verdichten 565.
Verdichter 573.
Verdichterrad 564.
Verdichterturbine 627.
Verdichtung 71, 564, 565, 627.
Verdunkelung 617.
Verdunstung 67.
Veredelungsmesser 330.
Vereinigte Arabische Emirate 746.
Vereinigte Staaten von Amerika 742.
Vereinigtes Königreich von Großbritannien und Nordirland 743.
verengte Fahrbahn 544, 547.
Verengung 695.
Verfallsdatum 729.
Verfolgerauto 870.
Verfolgerlinie 871.
Verfolgungsrad 871.
Vergaser 574.
Vergrößerer 485.
Vergrößerungsobjektiv 485.
Vergrößerungsrahmen 484.
Verhol-Winde 607.
Verhörraum 768.
verjüngte Spitze 839.
Verkehrsampel 712.
Verkehrsflugzeug 53.
Verkehrszeichen 544.
Verkehrszeichen, internationale 544.
Verkehrszeichen, nordamerikanische 546.
Verkleidung 252, 253, 259, 574.
Verkleidung, äußere 267.
Verkleidungsmaterialien 299.
Verkleinern/Vergrößern 512.
Verklicker 834.
Verkürzungsstek 908.
Verladebunker 648.
verlängertes Mark 167.
Verlängerungsschlinge 900.
Verlobungsring 376.
Verminderung des Strahldurchmessers 694.
Verpackung 71.
Verpackungen 222.
Verpackungsmaterial 180.
Verpackungsraum 180.
Versailles-Parkett 254.
Versalie 472.
verschiebbarer Messschnabel 700.
verschiebbarer Tastaturschutz 506.
verschiedene Abzüge 258.
verschiedene Haushaltsgeräte 240.
verschiedene Schwimmstile 832.
Verschiedenes 534.
verschiedenes Zubehör 313.
Verschlagwagen 588.
Verschluss 223, 289, 303, 304, 369, 521, 889, 906, 913.
Verschluss des Hochwasserentlastungswehrs 657.
Verschlussblock 756.
Verschlussdeckel 689.
Verschlüsse 453.
Verschlusshebel 587.
Verschlussmaterial 689.
Verschlussring 483, 756.
Verschlussstopfen 689.
Verschlussstück 912.
Verschmutzung 69.
Verschmutzung durch Autoabgase 69.
Verschmutzung durch Haushalte 69.
Verschmutzung, industrielle 69.
Verschmutzung, landwirtschaftliche 69.
Verschraubung 269.
Verschraubungsmutter 269.
Versenknagel 301.
Versenkpodium 430.
versetzbare Trennwand 719.
Versetzungszeichen 435.
Versicherungsabteilung 730.
Versitzgrube 263.
Versorgungsbereich 619.
Versorgungskapsel 25.
Versorgungsmodul 486.
Versorgungsstraße 618.
Verspannung 824, 825.
Verstärkerregler 613.
Verstärkungsrippe 639.
Verstärkungsschwelle 772.
Versteifungsrippe 624.
verstellbare Klemme 286.
verstellbare Tastaturablage 511.
verstellbarer Bügel 303.
verstellbarer Sitz 584.
verstellbarer Träger 368.
verstellbares Rückenteil 776.
Verstelldüse 629.
Versteller 350.
Verstellnut 310.
Verstellschraube 436.
Verstellspindel 642.
Verstellung 310.
Verstrebung 676.
Vertäfelung, obere 632.
Vertäfelung, untere 632.
Vertebralschild 113.
Verteidiger, rechter 803.
Verteidigung 806.
Verteidigungsdrittel 809.
Verteidigungszone 812.
Verteiler 538.
Verteilerdose 591.
Verteilerkasten 272, 273.
Verteilerschleife 273.
Verteilung über Freileitungen 486.
Verteilung über Tiefseekabel 487.
Verteilung über unterirdisches Kabelnetz 487.
Verteilzentrum, regionales 475.
Vertiefung 453.
Vertikale 894.
vertikale Bodenbewegung 43.
vertikale Einstellung 518.
vertikaler Zug 916.
vertikales Schiebefenster 415.
vertikales Seitenband 812.
Vertikalseismograph 43.
Vertikutierer 333.
Verwaltung 394, 735.
Verwaltungsbüro 764, 769.
Verwaltungsbüros 718.
Verwaltungsgebäude 664.
Verwandtschaftsbeziehungen 784.
verwelkendes Keimblatt 77.
Verwerfung 43.
Verziehnaht 349.
Verzierungen 435.
Vestibularnerv 174.
Veterinäre 852.
Vetter 785.
Viadukt 541.
Vibratohebel 441.
Victoriasee 34.
Victoriawüste, Große 29.
Video- und Digitalübertragung, Anschlussbuchsen 477.
Video-Ausgänge 497.
Video-Eingänge 497.
Video-Kreuzschiene 491.
Video-Switch-Techniker 490.
Video-Switcher 489, 491.
Video-Switcher, zusätzlicher 491.
Videobandsteuerungen 496.
Videobedarf 716.
Videofilmdiskette 481.
Videokassette 495.
Videokassettenadapter 496.
Videokassettenschacht 496.
Videorecorder 495.
Videoschalttafel 489.
Videoschnittstelle 513, 526.
Videospielsystem 918.
Videothek 733.
Vieleckbein, großes 154, 156.
Vieleckbein, kleines 154.
Vielecke 705.
Vier-Zehenhuf 127.
Viereck 426, 705.
viereckige Fahne 739.
viereckiger Ausschnitt 363.
Viereckregner 329.
Vierer mit Steuermann 839.
Vierer ohne Steuermann 839.
Viererbob 884.
vierfüßiger Stock 782.
Vierkantstift 285.
Vierkantstopfen 269.
Vierling 914.
Viermastbark 602.
Viertaktmotor 564.
vierte Zehe 115.
Viertelfinale 789.
Viertellinie 800.
Viertelnote 435.
Viertelpause 435.
Viertelstab 253.
Viertelstabfräser 308.
viertürige Limousine 549.
Vierundsechzigstelnote 435.
Vierundsechzigstelpause 435.
Vierung 410, 411.
Vierungsturm 410.
Viervierteltakt 434.
Vierwegeregler 477.
Vietnam 747.
Vietnamesisch 468.
Vinyl-Laufsohle 369.
Vinylisolierung 299.
Violett 400.
Violine 439.
Violinen, erste 437.
Violinen, zweite 437.
Violinfamilie 439.
Violinschlüssel 434.
VIP-Bereich 718.
Viper 114.
Visier 575, 749, 773, 859, 874, 884, 907, 913.
Visiergestell 796.
Vitrine 279.
Vitrinenschrank 279.
Vizeskip 877.
Vogel 115.
Vögel 115.
Vogel, Anatomie 116.
Vogel, äußere Merkmale 115.
Vogel, Skelett 116.
Vogelaugenchili 199.
Vogelfüße, Beispiele 117.
Vogelschnäbel, Beispiele 117.
Vogeltypen, unterschiedliche 118.
Volant 280, 282.
Volkmannsche Kanäle 154.
voll und bei 833.
Vollachsel-Unterkleid 366.
Vollbelastungsstellschraube 273.
Vollbrillantschliff 375.
Volleyball 812, 820.
Volleyballspiel 812.
Vollgeschoss 752.
Vollgummirad 633.
Vollkornbrot 205.
Vollkornmehl 204.
Vollmessingstange 284.
Vollmond 7.
vollreflektierender Spiegel 692.
Vollreife 86.
Vollziegel 298.
Volt 702.
Volute 276, 404, 405.
Vor-Oberbramsegel 603.
Vor-Obermarssegel 603.
Vor-Royalsegel 603.
Vor-Unterbramsegel 603.
Vor-Untermarssegel 603.
Vorbackenzahn 121, 123.
Vorbau 245, 579.
vorbeugende Verbrechensbekämpfung 768.
Vorbramsaling 602.
Vorbühne 430.
Vordach 567, 902.
Vordachrille 567.
Vorderachse 639.
Vorderansicht 146, 148, 150, 798.
Vorderbein 96, 98, 110, 111, 277.
Vorderbein (Außenseite) 98.
Vorderbindung 840.
Vorderblatt 342, 371.
Vorderbremse 576.
Vorderdeckel 426.
vordere Aufschlaglinie 817.
vordere Augenkammer 177.
vordere Backenzähne 159.
vordere Druckknopfleiste 369.
vordere Einbuchtung 173.
vordere Felgenbremse 579.
vordere Fußraste 575, 576.
vordere Kufe 884.
vordere Nervenwurzel 167, 168.
vordere Querleiste 893.
vordere Schienbeinarterie 160.
vordere Seitenfontanelle 158.
Vordereckpin 865.
vorderer Balken 698.
vorderer Douglasscher Raum 170.
vorderer Gaumenbogen 174.
vorderer Haltegriff 757.
vorderer Oberkiefer 108.
vorderer Schienbeinmuskel 150.
vorderer Schließmuskel 105.
vorderer Straffergurt 906.
vorderer Tragflügel 609.
vorderes Auspuffrohr 552.
vorderes Ende 105.
vorderes Rückstoßtriebwerk 22.
vorderes Schutzblech 574.
Vorderextremität 121, 143.
Vorderfeld 818, 821.
Vorderfläche 391.
Vorderflug 749.
Vorderflügel 96.
Vorderfußwurzel 126.
Vordergabel 579.
Vorderhorn 167.
Vorderkante 897, 898.
Vorderkappe, perforierte 342.
Vorderlade-Geschütz 753.
Vorderlade-Geschütz im Querschnitt 753.
Vordermast 607.
Vorderpfote des Hundes 130.
Vorderrad 333, 639, 640, 783.
Vorderschaft 912.
Vorderschürze 749.
Vorderseite 348, 349, 374, 409.
Vorderstangentasche 897.
Vordersteven 598, 838.
Vorderteil 342, 349, 370.
Vorderteil, steifes 569.
Vorderwand 818, 819.
Vorderzwiesel 855.
Vorfach 911.
Vorfahrt 544, 546, 547.
Vorfahrt an nächster Einmündung 544.
Vorfahrt gewähren 544, 546.
Vorfeld 618.
Vorflügel 625.
Vorführraum 427.
Vorführzeiten 427.
Vorfußbindung 892.
Vorfußgummi 840.
Vorfußplatte 892.
vorgeformte Rohrummantelung 299.
vorgeschriebene Fahrtrichtung 544, 546.
Vorhafenwand 597.
Vorhalle 724, 728, 730.
Vorhang 282, 492.
Vorhang, eiserner 430.
Vorhang, loser 283.
Vorhänge, Beispiele 283.
Vorhangköpfe, Beispiele 283.
Vorhaut 169.
vorherige Sätze 822.
vorherige Seite 515.
vorherrschender Wind 63.
Vorhof 548.
Vorhof, linker 161, 162.
Vorhof, rechter 161, 162.

Vorholer 756.
Vorholervorderteil 756.
Vorkommen 651, 653.
vorkragender Dachkranz 412.
Vorlageneinzug 512.
Vorlauf 259, 501.
Vorlauftaste 508.
Vorläutewerk 591.
Vorliek 836.
Vororte 39.
Vorratsdosen 222.
Vorratsschrank 724.
Vorraum 584.
Vorsatzblatt 426.
Vorschaltgerät, elektronisches 275.
Vorschaumonitor 489.
Vorschaumonitore 491.
Vorschlag 435.
Vorschneider 306.
Vorschot 834.
Vorsortierung 474.
Vorspeisen 722.
Vorsprung 45.
Vorspülbecken 721.
Vorspultaste 495.
Vorstadt 709.
Vorstag 834.
Vorsteiger 900.
Vorstenge-Stagsegel 603.
Vortasche 387.
Vortitel 471.
Vortrieb 630.
Vorwahlsender-Wahltaste 497.
vorwärts 828.
vorwärts/rückwärts 327.
Vorwärtsantrieb 333.
Vorzeichentaste 529.
Voyager 19.
VU-Meter 488, 491.
Vulkan 42, 44.
Vulkan mit Ausbruchstätigkeit 44.
Vulkan, effusiver 44.
Vulkan, explosiver 44.
vulkanische Asche 44.
vulkanische Bombe 44.
vulkanische Insel 49.
vulkanischer See 48.
Vulkantypen 44.

W

Waage 11.
Waage, elektronische 699.
Waagebalken 443.
Waagschale 698, 699.
Waagschalenhaken 698.
Wabe 100.
Wabenausschnitt 100.
Wabenstrick 458.
Wache 408.
Wachhäuschen 409.
Wacholderbeere 198.
Wachpersonal, Büro 733.
Wachs 892.
Wachsausrüstung 892.
Wachsbohne 191.
Wachsfarbstifte 396.
Wachskerze, dünne 422.
Wachskürbis 188.
Wachsmalerei 396.
Wachspapier 222.
Wachtel 120, 212.
Wachtelei 213.
Wade 147, 149.
Wadenbein 122, 131, 138, 141, 142, 152, 155, 156.
Wadenbeinmuskel, kurzer 151.
Wadenbeinmuskel, langer 150.
Wadenbeinnerv, gemeinsamer 166.
Wadenbeinnerv, oberflächlicher 166.
Wadenbeinnerv, tiefer 166.
Wadennerv 166.
Wadenstrumpf 351.
Wadi 52.
Waffeleisen 238.
Waffen 748.
Waffen in der Römerzeit 748.
Wagen 181, 642, 835, 895.
Wagenanzug 369.
Wagenausbesserungshalle 589.
Wagendeck 608.
Wagenheber 558, 873.
Wagenlaufschild 587.
Wagenradhut 341.
Wagenrücklauftaste 528.
Wagentür 554.
Wagentypen 584.
Wagenübergang 584.
Waggon 587.
Wahlrad 527.
Wahltaste 261, 505, 506.
Währungsangabe 729.
Wakame 183.
Wal 137.
Walboot 601.
Wald 39, 45.
Wald, borealer 66.
Wald, gemäßigter 66.
Waldbrand 69.
Waldfrosch 111.
Waldhorn 447.
Waldhörner 437.
Waldmurmeltier 123.
Walfisch 10, 12.
Walisisch 469.
Walkie-Talkie 505.
Walkman(r) mit Radioteil 504.
Wallaby 143.
Wallpapille 176.
Walmdach 414.
Walnuss 88, 193.
Walnuss, Längsschnitt 84.
Walroß 137.
Walze 320, 333, 528.
Walze, drehbare 458.
Walzenbefestigung 320.
Walzenbürste 573.
Walzendrehknopf 528.
Wams 338.
Wan-tan-Teigblätter 207.
Wand 246.
Wand-Untergurt 571.
Wandauslaufventil 268.
Wanderausstellungsräume 395.
Wanderschuh 344.
Wandgitter 258.
Wandlaterne 287.
Wandleuchte 287.
Wandpfosten 253.
Wandträger 284.
Wandwange 255.
Wange 148, 301, 909.
Wanne 320, 885.
Wannengarnitur 262.
Want 602, 834.
Wantenspanner 835.
Wantenverklicker 834.
Wapitihirsch 128.
Wappen 797.
Wappenzeichen 741.
Waran 114.
Warenannahmebereich 716.
Warenbaum 460.
Warencode 699.
Wareneingang 180.
Wareneingang für Milchprodukte 180.
Warengeschäfte 525.
Warenzeichen, eingetragenes 473.
warme Luft 64, 675.
warme Speisen 722.
Wärmeabgabe an Wasser 665.
Wärmedämmung 259.
Wärmedeflektorscheibe 274.
Wärmeenergie 68, 646.
Wärmeenergie, Elektrizitätserzeugung 646.
Wärmeerzeugung 665.
Wärmeisolation 266.
wärmeisolierter Griff 239.
Wärmejalousie 60.
Wärmeleitung 681.
Wärmepumpe 260, 669.
Wärmesenke 513.
Wärmetauscher 259, 261, 670, 675.
Wärmeübertragung 681.
Wärmeverlust 68.
Warmfront am Boden 56.
warmgemäßigte Klimate 61.
Warmhalteplatte 241, 721.
Warmluftauslass 564.
Warmluftaustritt 258.
Warmluftklappe 256.
Warmluftsystem mit Zwangsumlauf 258.
Warmluftzufuhr 293.
Warmwasseraustritt 267.
Warmwasserbereiter 262.
Warmwasserheizung mit Zwangsumlauf 259.
Warmwasserkreislauf 262.
Warmwasserleitung 266.
Warmwassersteigleitung 262.
Warmwasserzulauf 270, 271.
Warn- und Gebotszeichen 774.
Warnanzeige Besatzung 626.
Warnanzeige Triebwerke 626.
Warnblinklicht 624.
Warnfläche 846.
Warngerät 765.
Warnkreuz 591.
Warnleuchte "Tür offen" 557.
Warnleuchten 557.
Warnlinie beim Florettfechten 848.
Warnlinie beim Säbel- und Degenfechten 848.
Wartebereich 730.
Wartebereich für den Entnahmeraum 781.
Wartebereichmarkierung 620.
Wartehäuschen 712.
Warteraum 509, 768, 779.
Warteraum für Angehörige 778.
Warteraum für Besucher 726.
Warteraum, zweiter 781.
Warteschlange 731.
Wartungsfahrzeug 622.
Wartungskasten 273.
Wartungsschacht 10.
Warzenfortsatz 158.
Warzenhof 171.
Wasabipaste 201.
Wasch- und Pflegesymbole 347.
Waschbär 134.
Waschbecken 262, 264, 780.
Wäschekammer 724.
Waschen 347.
Wascherarm 294.
Wäscherei 724, 726.
Wäschetrockner 293, 347.
Waschhandschuh 379.
Waschküche 250.
Waschlappen 379.
Waschmaschine 262, 271, 292.
Waschplatte 589.
Waschraum 780.
Waschtisch 724.
Wasser 646, 665.
Wasser verdampft 665.
Wasser, leichtes 671.
Wasser, schweres 670.
Wasser, sicherstes 616.
Wasser, Wärmeabgabe 665.
Wasser-Dampf-Gemisch 646.
Wasserablauf, Schlauch 485.
Wasserabscheider 648.
Wasserbadtopf 235.
Wasserball 827.
Wasserballspiel 827.
Wasserbehälter 241, 261, 384, 586.
wasserdichter Stromanschluss 263.
Wasserdruckanzeiger 766.
Wassereinlass 658.
Wasserfall 47, 48.
Wasserflugzeug 628.
Wasserfluß 95.
Wasserfrosch 111.
Wasserglas 225.
Wassergraben 852, 853.
Wasserhahn 264, 766.
Wasserheizkessel 266.
Wasserhindernis 866, 867.
Wasserhose 63.
Wasserkanister 906.
Wasserkanone 766.
Wasserkessel 240.
Wasserklappe 447.
Wasserkraftwerk 657.
Wasserkraftwerk im Querschnitt 658.
Wasserkreislauf 67.
Wasserkrug 226.
Wasserlauf 70.
Wasserläufer 102.
Wasserlinie 615.
Wassermann 10.
Wassermelone 195.
Wassernuss 184.
Wasseroberfläche 828.
Wasserpumpen-Zange 310.
Wasserschlauch 294, 648.
Wasserski 840.
Wasserski-Set 840.
Wasserspinne 102.
Wassersport 827.
Wassersprühdüse 573.
Wasserstand 241, 261, 662.
Wasserstand, höherer 597.
Wasserstand, niedrigerer 597.
Wasserstandsanzeige 288.
Wasserstandsanzeiger 239.
Wasserstandsregler 292.
Wasserstoff 682.
Wasserstrahl 828.
Wassertank 241, 611, 628.
Wassertrense 854.
Wassertrog 847.
Wasserturm 589.
Wässerungswanne 485.
Wasserverschmutzung 70.
Wasserversorgung, öffentliche 675.
Wasservogel 117.
Wasservorrat 662.
Wasservorratstank 675.
Wasserwaage 313.
Wasserzähler 262.
Wasserzeichen 729.
Wasserzufluss, Schlauch 485.
Wasserzulauf 268.
Wassily-Stuhl 276.
Watstiefel 911.
Watt 702.
Wattestäbchen 777.
Wattetupfer 777.
Watvogel 117.
WC 250, 251, 724, 780.
Webcam 517.
Weben 460.
Webkante 455.
Webmustereinstellung 456.
Webnadel 461.
Webprinzip, Schaubild 463.
Webschütz 461.
Wechselanzeige für die Rückenlage 831.
Wechselaufbau 573.
Wechselsprechschalter 505.
Wechselstrom-Netzkabel 526.
Wechselstromgenerator 688.
Weddellmeer 29.
Wedel 76.
Wedel, eingerollter junger 76.
Weg 866.
Wehr, festes 664.
Wehrgang 408, 409.
Wehrgang, gedeckter 408.
Wehrmauer 408.
weiblich 702.
weibliche Blütenstände 89.
weibliche Geschlechtsorgane 170.
Weiche 583.
weiche Kontaktlinse 384.
Weiche, fernbediente 590.
Weiche, handbediente 590.
Weichenantrieb 590.
Weichensignal 590.
Weichenzunge 590.
weicher Gaumen 174, 175.
Weichkäse 211.
Weichsel 32.
Weichstrahl 108.
Weichtiere 104.
Weideland 182.
Weidenholz 798.
Weidenkorb 899.
Weihgabe 737.
Weihrauchkessel 737.
Weihwasserbecken 737.
Wein 180.
Weinblatt 86, 186.
Weinessig 201.
Weinkarte 721.
Weinkeller 720.
Weinkellner, Sommelier 720.
Weinranke 86.
Weintraube 86, 192.
Weintraube im Querschnitt 83.
Weiselwiege 100.
Weisheitszahn 159.
Weiß 690, 915, 916.
Weißbrot 205.
weiße Linie 127.
weiße Schokolade 208.
weiße Senfkörner 198.
weiße Substanz 167, 168.
weiße Zwiebel 184.
weißer Pfeffer 198.
weißer Punktball 862, 863.
weißer Reis 207.
weißer Spielball 863.
weißer Stein 916.
Weißer Zwerg 8.
weißes Band 815, 817.
weißes Feld 916.
Weißes Feuer 616.
Weißfisch 221.
Weißkohl 186.
Weißrussland 744.
Weißwal 137.
Weißweinglas 225.
Weitere Symbole 473.
Weitsichtigkeit 691.
Weitsprung 790, 793.
Weitverkehrsnetzwerk 523.
Weitwinkelobjektiv 478.
Weitwinkelspiegel 568, 569.
Weizen 85, 203.
Weizenkorn, Längsschnitt 85.
Wellärmchen 445.
Wellbrett 445.
Welle 49, 285, 464, 659, 676, 686, 688, 690, 695, 762.
Welle, langsam drehende 677.
Welle, schnell drehende 677.
Wellenbasis 49.
Wellenbereichseinstellung 498.
Wellenberg 690.
Wellenhöhe 49.
Wellenkamm 49.
Wellenlänge 49, 690.
Wellenleiter 489.
Wellenmauer 660.
Wellental 49, 690.
Wellhornschnecke 217.
Weltraum, Beobachtung 10.
Weltraumteleskop, Hubble 53.
Wende 832.
Wende beim Brustschwimmen 832.
Wende beim Schmetterlingsstil 832.
Wendeflügel 415.
Wendehebel 898.
Wendekampfrichter 831.
Wendekragen 352.
Wendekreis des Krebses 34, 35, 36.
Wendekreis des Steinbocks 34, 35, 36.
Wendelhalter 274.
Wendeltreppe 655.
Wenden 546.
Wenden verboten 544, 546.
Wenderohr 285.
Wendestab 285.
Wendewand 831, 832.
Wendezeiger 898.
Werbeplakat 595.
Werbetafel 592, 594.
Werfer 794, 795, 799.
Werftkran 596.
Werkbank 312.
Werkstatt 726.
Werkstückspanner 303.
Werkzeug 464.
Werkzeuge, Beispiele 401.
Werkzeugfutter 308.
Werkzeuggürtel 313.
Werkzeughalter 20.
Werkzeugkasten 313.
Werkzeugsatz 580.
Wertangabe 729.
Wertstoff-Sammelbehälter 71.
Wespe 101.
West 37, 917.
West-Nordwest 37.
West-Südwest 37.
Weste 338, 348, 359.
Westen 358, 616.
Westindien 30.
westliche Hemisphäre 35.
Westlicher Indischer Rücken 50.
westlicher Meridian 36.
westliches Kardinalseezeichen 617.
Wettbewerb 831.
Wetterboje 54.
Wetterflugzeug 54.
Wetterhütte 58.
Wetterkarte 54, 55.
Wetterlage, gegenwärtige 55.
Wetterradar 54, 624.
Wettersatellit 54, 60.
Wetterschenkel 247, 249.
Wetterschiff 54.
Wetterstation 54, 58.
Wettersymbole, internationale 56.
Wettervorhersage 54.
Wettkampf 789.
Wettkampfbecken 788, 831.
Wettkampfbereich 845.
Wettkampffeld 859.
Wettkampffläche 823, 843, 845.
Wettkampfgericht 887.
Wettkampfplatz 887.
Wetzstahl 229.
Wetzstein 229.
Whipping 868.
Whiskyglas 225.
wichtigste Sprachgruppen 468.
Wickelauflage 281.
Wickelbluse 359.
Wickelkleid 356.
Wickelkommode 281.
Wickelrock 339, 357.
Wickler 380.
Wicklung 793, 909.
Widder 12.
Wide Receiver 807.
Widerhaken 911.
Widerlager 410, 413, 540.
Widerrist 124, 130.
Widerstände 689.

Widerstandseinstellung 851.
Widertonmoos, gemeines 75.
Wiederaustritt 47.
wiederbeschreibbare CD 521.
Wiedereintrittsraum für ausgeschlossene Spieler 827.
Wiedergabetaste 495, 504, 508.
Wiederholungsbildschirm 789.
Wiederholungstasten 501.
Wiederholungszeichen 434.
Wiege 14, 15, 756.
Wiegeetikett 699.
Wiegefläche 699.
Wiegen 698.
Wiegestahl 422.
Wiese 182.
Wiesel 134.
Wigwam 418.
Wikingerschiff 598.
Wild 212.
Wildleder 377.
Wildreis 203.
Wildschwein 128.
Wildwasser 837.
Wildwasser, Kanu-Kajak 837.
Wildwechsel 545, 547.
Wilkesland 29.
Wimpel 739.
Wimpelgirlande 739.
Wimper 94, 177.
Wimperg 411.
Wimpern 132.
Wimpernkämmchen 378.
Wimpernzange 378.
Wind 56, 69, 70, 833.
Wind querab 833.
Wind, vorherrschender 63.
Wind, Wirkung 67.
Windabweiser 570.
Winde 573, 750, 917.
Windel 368.
Windelhöschen, dichtes 368.
Windenergie 676.
Windenergie, Elektrizitätserzeugung 677.
Windensteuerung 573.
Windfähnchen 893.
Windfahne 58, 59, 677.
Windgeschwindigkeit 55.
Windhund 131.
Windjacke 353.
Windkanal 445.
Windkraftwerk mit horizontaler Achse 677.
Windkraftwerk mit vertikaler Achse 676.
Windkraftwerke 676.
Windlade 445.
Windlaufquerteil 550.
Windmühle 676.
Windmühlenhaube 676.
Windrichtung 55.
Windrichtung, Messung 59.
Windrose 37.
Windrute 676.
Windsack 432, 739.
Windschutz 488, 899.
Windschutzscheibe 550, 570, 574, 577, 607, 624, 626.
Windschutzscheiben-Sonnenschutz 558.
Windstärke, Messung 59.
Windstärkefähnchen 56.
Windstille 56.
Windung 104, 105.
Windzuleitung 445.
Wing-Forward 804.
Winglet 625.
Winkel 269.
Winkel 45° 269.
Winkel, Beispiele 704.
Winkel, rechter 704.
Winkel, spitzer 704.
Winkel, stumpfer 704.
Winkel, überstumpfer 704.
Winkelmaß 10.
Winkelmesser 701.
Winkelmessung 701.
Winkelschleifer 308.
Winkeltisch 511.
Winsch 835.
Winter 54.
Winterniederschläge 64.
Winterreifen 560.
Wintersonnenwende 54.
Wintersport 877.
Wipfel 87.
Wirbel 105, 111, 112, 136, 439, 440, 911.
Wirbelkasten 439.
Wirbelkörper 157, 168.
Wirbelsäule 109, 121, 152, 157, 167.
Wirbelschäkel 913.
Wirbelschraube 441.
Wirbelsturm 63.
Wirbelsturm, tropischer 63.
Wirkung des Windes 67.
Wirsing 186.
Wirtschaft 728.
Wischblatt 557.
Wischerachse 557.
Wischerarm 557.
Wischgummi 557.
Wismut 682.
wissenschaftliche Instrumente 23.
wissenschaftliche Symbole 702.
wissenschaftlicher Taschenrechner 529.
Wissenschaftsraum 734.
Wochenendkoffer 389.
Wohnblock 419, 711.
Wohngebiet 709.
Wohnhaus 182.
Wohnhaus, römisches 406.
Wohnhäuser, traditionelle 418.
Wohnküche 250.
Wohnmobil 567.
Wohnmodul, amerikanisches 21.
Wohnraum 902.
Wohnwagen 567.
Wohnzimmer 250.
Woilach 853.
Wok 234.
Wok-Set 234.
Wolf 11, 134.
Wolfram 683.
Wolfram-Halogenlampe 274, 275.
Wolframwendel 274.
Wolga 32.
Wolke 53, 65.
Wolke, Oortsche 4.
Wolken 56, 62.
Wolken, hohe 55, 62.
Wolken, mittelhohe 55, 62.
Wolken, tiefe 55, 62.
Wolkenabsorption 68.
Wolkenband, spiralförmiges 63.
Wolkenhöhe, Messung 59.
Wolkenhöhenmesser 59.
wolkenloser Himmel 56.
Wolkenstore 283.
Wolkentrichter 63.
Wolkenwasser 70.
Wolof 468.
Worcestershire-Soße 200.
Wortkorrekturtaste 528.
Wulst 560.
Wulstkern 561.
Wundauflage, sterile 777.
Wurf 795, 799.
Wurfarm, oberer 750.
Wurfarm, unterer 750.
Wurfbereich 788.
Würfel 705, 914, 915.
Würfelbecher 915.
Würfelbein 155.
Würfelmusterparkett 254.
Wurfgeräte 793.
Wurfhügel 795.
Wurfkreis 790, 791.
Wurflinie 799.
Wurflinienknoten 908.
Wurfmal 795.
Wurfmaschine 860.
Wurfpfeil 918.
Wurfscheibe 860.
Wurftaubenschießen 860.
Wurmfortsatz 164.
Wurst, Chorizo 216.
Wurst, Kielbasa 216.
Wurst, Merguez 216.
Wurst, Toulouser 216.
Würstchen, Frankfurter 216.
Wurzel 78, 159, 227.
Wurzelgemüse 189.
Wurzelhaare 77.
Wurzelhaarzone 87.
Wurzelhaube 77.
Wurzelhaut 159.
Wurzelkanal 159.
Wurzeln, sproßbürtige 76.
Wurzelspitzenöffnung 159.
Wurzelsystem 77, 86.
Würzen 200.
Wüste 52, 61, 66.
Wüste Gobi 33.
Wüste, Atacama 31.
Wüstenfuchs 134.
Wüstenspringmaus 123.

X

X-Band-Antenne 40.
Xenon 684.
Xylophon 437, 449.

Y

Y-Schlauch 776.
Y-Verbindungsstück 767.
Yachthafen 788.
Yak 129.
Yardlinie 806.
Yen 728.
Yoruba 468.
Ysop 202.
Ytterbium 684.
Yttrium 683.
Yucatan-Halbinsel 30.

Z

Zahl 919.
Zahlen 917.
Zahlenschloss 386.
Zahlungsbetragsanzeige 548.
Zahlungsmodalitäten 729.
Zahlungsterminal, elektronisches 181, 731.
Zählwerk 499.
Zahn 108, 112, 303, 304, 382, 636, 686.
Zahnbein 159.
Zahnbogen 756.
Zahnbürste 384.
Zahnbürste, elektrische 384.
Zähne 159, 453.
Zahnfach 159.
Zahnfleisch 159, 174.
Zahnpasta 384.
Zahnpflege 384.
Zahnrad 462, 686.
Zahnrädchen 391.
Zahnradgetriebe 686.
Zahnreihe, obere 174.
Zahnreihe, untere 174.
Zahnschnitt 404, 405.
Zahnseide 384.
Zahnseidenhalter 384.
Zahnstangengetriebe 686.
Zander 220.
Zange 233.
Zangen 310.
Zangengriff 901.
Zangenwerk 409.
Zäpfchen 174, 175.
Zapfen 89, 177, 278, 390, 459, 462.
Zapfenloch 390.
Zapfhahn 548.
Zapfsäule 548.
Zapfsäulennummer 548.
Zapfschlauch 548.
Zapfwelle 641, 642.
Zapfwellenstummel 640.
Zarge 276, 277, 278, 439, 440.
Zaumzeug 854.
Zaun 182, 244.
Zebra 128.
Zecke 102.
Zeh 127, 130, 146, 148.
Zehe 117.
Zehe, dritte 115.
Zehe, vierte 115.
Zehe, zweite 115.
Zehen 155.
Zehenaufzug 127.
Zehenballen 130, 133.
Zehenendglied 155.
Zehenglieder 131.
Zehengrundglied 155.
Zehenloch 893.
Zehenmittelglied 155.
Zehenriemchen 344.
Zehenschützer 773, 796.
Zehenstrecker, kurzer 150.
Zehenstrecker, langer 150.
Zehenwand 127.
Zehn 703.
Zehn Gebote 738.
Zehneck, regelmäßiges 705.
Zehnerpin 865.
Zehntelsekundenzeiger 696.
Zeichen, diakritische 473.
Zeichenform 472.
Zeichenkorrekturtaste 528.
Zeichenleser, optischer 474.
Zeichenmaschine 399.
Zeichenstellung 472.
Zeichnen 396, 401.
Zeigefinger 173.
Zeiger 261, 695, 698, 699.
Zeilenabstand 1,5 Zeilen 472.
Zeilenabstand, doppelter 472.
Zeilenabstand, einfacher 472.
Zeit, Maßeinheit 702.
Zeitaufnahmetaste 496.
Zeiteinblendetaste 496.
Zeitlupe 495.
Zeitmesser, automatischer 831.
Zeitmessung 696.
Zeitmessung, elektronische 883.
Zeitnehmer 810, 814, 827, 842, 844, 845, 846, 847, 848, 881, 883, 900.
Zeitschalter 238.
Zeitschaltuhr 239.
Zeitschrift 471.
Zeitschriftenladen 715.
Zeitschriftensaal 733.
Zeitschriftenständer 733.
Zeituhr 238, 465.
Zeitung 471.
Zeitungskopf 471.
Zeitungsname 471.
zeitweise dichter Sprühregen 57.
zeitweise leichter Regen 57.
zeitweise leichter Schneefall 57.
zeitweise leichter Sprühregen 57.
zeitweise mäßiger Regen 57.
zeitweise mäßiger Schneefall 57.
zeitweise mäßiger Sprühregen 57.
zeitweise starker Regen 57.
zeitweise starker Schneefall 57.
Zellafter 94.
Zelle 96, 100, 407, 416, 563, 659, 677, 727.
Zelle, tierische 94.
Zelle, verdeckelte 100.
Zellen 687, 728.
Zellenring 659.
Zellkern 74, 94, 168, 170.
Zellkörper 168.
Zellwand 74.
Zelte, Beispiele 902.
Zelten verboten 725.
Zeltplatz 725.
Zeltspannleine 902.
Zeltstange 903.
Zeltwagen 567.
Zeltwand 902.
Zement 159.
Zement, Hartplatz 822.
Zementestrich 254.
Zenit 10.
Zenitprisma 14.
Zentaurus 11.
Zentralafrikanische Republik 745.
zentralafrikanische Sprachen 468.
Zentralbereich 6.
Zentralbereich, gewölbter 9.
zentrale Kampffläche 843.
zentrale Pumpstation 654.
zentraler Mittelfeldspieler 803.
zentrales Scharfstellrad 692.
Zentralindischer Rücken 50.
Zentralnervensystem 167.
Zentralscheibe 95.
Zentriereinstellung 518.
Zentrierspitze 306.
Zentriertaste 528.
Zentriol 94.
Zerkleinerer 71.
Zerkleinerung 71.
Zerkleinerungswerk 646.
zerlappte Projektion 36.
Zero 919.
zersetzende Organismen 67.
Zerstäuber 655.
Zerstäuberstift 329.
zerstoßene Chilis 199.
Zerstreuungslinsen 691.
Zeugenberg 52.
Zeugenstand 728.
Zickzackschere 454.
Ziege 128.
Ziegel 403, 406.
Ziegel, feuerfester 298.
Ziegelmauer 298.
Ziegelstein 298.
Ziegelstein, feuerfester 465.
Ziegenfrischkäse 210.
Ziegenkäse 210.
Ziegenmilch 210.
Ziehbügel 776.
Ziehhacke 326.
Ziehharmonikafach 386.
Ziel 40, 41, 830, 852, 885.
Zielbahnhof 582.
Zielbälle 862.
Zielbereich 887, 891.
Zielbojen 839.
Zielfernrohr 692, 912.
Zielflagge 872.
Zielgebiet 674.
Zielgerade 856.
Zielkugel 864.
Ziellinie 791, 833, 839, 856, 865, 871, 890.
Ziellinie, 500-m 883.
Zielrichter 839, 883.
Zielscheibe 859, 861, 893.
Zier-Steppnaht 350, 368.
Zierbaum 182, 244, 322.
Zierborte 368.
Ziergarten 322.
Zierkohl 186.
Ziernaht 346.
Zifferblatt 696, 697.
Ziffern 472.
Ziffern, römische 703.
Ziffernblatt 273.
Zifferntaste 529.
Zigarette 390.
Zigarettenpapier 390.
Zigarettenschachtel 390.
Zigarre 390.
Zigarrenschneider 390.
Zikade 101.
Zimmermannshammer 301.
Zimmernummer 724.
Zimtstangen 198.
Zink 683.
Zink-Elektrolytmischung (Anode) 689.
Zink-Mangan-Zelle, alkalische 689.
Zinke 227, 641, 642, 643.
Zinken 327.
Zinkenfräser 308.
Zinkzylinder (Anode) 689.
Zinn 682.
Zinnenkranz 408.
Zirbeldrüse 167.
Zirkel 11.
Zirkonium 683.
Zirrokumulus 56, 62.
Zirrostratus 56, 62.
Zirrus 56, 62.
Zither 432.
Zitronatzitrone 194.
Zitrone 194.
Zitronenmelisse 202.
Zitronenpresse 230.
Zitronenschaber 229.
Zitrusfrucht 82.
Zitrusfrüchte 194.
Zitruspresse 237.
Zollkontrolle 621.
Zona pellucida 170.
Zoomer 496.
Zoomobjektiv 478, 492, 496.
Zoomregler 477.
Zoomwippe 496.
Zopfmuster 458.
Zopfstich 459.
Zubehör 289, 345, 399, 401, 454, 462, 558, 580.
Zubehör, fotografisches 482.
Zubehörfach 289, 456.
Zubehörschuh 476.
Zubehörtasche 859.
Zubringer 709.
Zucchini 188.
Zucchini, gelbe 189.
Zuchtchampignon 183.
Zucker 209.
Zucker, brauner 209.
Zuckerdose 226.
Zuckererbsen 190.
Zuckermelone 195.
Zufahrtsstraße 618.
Zufahrtsweg 245.
Zufluss 48.
Zugang 658.
Zugang für Behinderte 725.
Zugang zum Gleis 582.
Zugang zur Beleuchtungsanlage 490.
Zugang zur zweiten Funktionsebene 529.
Zugangsschacht 664.
Zugangsserver 525.
Zugarten 916.
Zugbrücke 408.
Zügel 115, 856.
Zügelgurte 541.
Zügelgurte, parallele 541.
Zügelring 854.
Zugentlastungsklemme 274.
Zugfeder 557.
Zuggriff 901.

Zugküche 584.
Zugmaschine 570.
Zugpendel 640.
Zugpersonal 584.
Zugrichter 830.
Zugriemen 389.
Zugriffsöffnung 521.
Zugrohr 642.
Zugrollo 285.
Zugsattelzapfen 571.
Zugschnur 285, 387.
Zugstange 756.
Zugstangenverschluss 756.
Zugsystem 910.
Zugvorhang 282.
Zugwagen 284.
Zulauf 270.
Zulaufverteiler 263.
Zuleitungsdraht 274, 275.
Zulu 468.
Zuluft 259.
Zuluftkanal 260.
Zuluftleitung 543.
zum Trocknen hängen 347.
zum Trocknen legen 347.
Zündanlage 627.
Zündelektrode 259.
Zündergehäuse 757.
Zündhütchen 912.
Zündkabel 566.
Zündkabel, Anschluss 562.
Zündkerze 332, 562, 565, 566.
Zündkerzendichtring 562.
Zündkerzengehäuse 562.
Zündkerzenkabel 552.
Zündknopf 267.
Zündladung 757.
Zündloch 753.
Zündmechanismus 757.
Zündschalter 576.
Zündschloss 556.
Zündschlüssel 332, 333.
Zündtransformator 259.
Zündung 564.
Zündversteller 566.
Zündverteiler 552, 566.
zunehmender Mond 7.
Zunge 99, 109, 110, 164, 174, 175, 212, 342, 370, 433, 444, 456, 739, 881, 889.
Zunge, gespaltene 112.
Zungenmandel 176.
Zungennadel 456.
Zungenpapille 176.
Zungenpfeife 444.
Zungenraglan 360.
Zungenrücken 176.
Zungenscheide 112.
Zungenspitze 176.
Zungenwurzel 176.
zurückgelegte Strecke 700.
zurückgezogener linker Feldspieler 814.
zurückgezogener Mittelfeldspieler 814.
zurückgezogener rechter Feldspieler 814.
Zusammenfassung 471.
Zusammenfluss 48.
zusammengesetzte Blätter 79.
Zusammentragen 426.
Zusatzgetriebegehäuse 627.
Zusatzgriff 308.
Zusatzheizung 260.
zusätzlicher Griff 306.
zusätzlicher Video-Switcher 491.
zusätzliches Festplattenlaufwerk 513.
zusätzliches Studiopersonal 490.
Zusatzsteckdose 316.
Zusatzstecker 290.
Zusatztank 571.
Zuschauer 728.
Zuschauergrenze 795.
Zuschauerraum 10, 431.
Zuschauertribünen 788, 874.
Zustreicher 643.
Zuwachsstreifen 104, 105.
Zwangsumlauf 258, 259.
Zwecke 301.
zwei Kolonnen Cheval 919.
zwei Pärchen 914.
Zwei-Zehenhuf 127.
Zweiäugige Spiegelreflexkamera 480.
Zweibein 755, 756.
Zweier mit Steuermann 839.
Zweier ohne Steuermann 839.
Zweierbob 884.
zweiflammiger Gasbrenner 903.
zweiflügelige Ausgangstür 568.
zweiflügeliger Propeller 628.
Zweig 77, 87.
Zweigelenkbogen 541.
zweigliedrige Trugdolde 81.
Zweihalbetakt 434.
Zweikanalton 491.
zweiköpfiger Armstrecker 150.
zweiköpfiger Schenkelmuskel 151.
zweiläufige Gardinenstange 284.
Zweipersonenzelt 902.
zweipoliger Schalter 272.
Zweireiher 348.
zweireihig 352.
zweischalige Muschel 105.
zweischalige Muschel, Anatomie 105.
zweischalige Muschel, äußere Merkmale 105.
zweischneidige Klinge 383.
zweischneidiger Rasierer 383.
zweiseitig gezahnte Effilierschere 382.
Zweisitzer 276.
zweisitziges Sofa 724.
Zweispitz 339.
Zweistärkenglas 385.
zweistöckiges Haus 419.
Zweistromtriebwerk 627.
Zweitaktmotor, Arbeitsprozess 565.
Zweitbelegung 514.
zweite Funktionsebene 529.
zweite Funktionsebene, Zugang 529.
zweite Reihe 804.
zweite Rückenflosse 108, 109.
Zweite Runde 789.
zweite Spannungserhöhung 677.
zweite Stufe 25.
zweite Violinen 437.
zweite Zehe 115.
zweiteiliger Schlafanzug 368.
zweiter Backenzahn 159.
zweiter Halswirbel 153, 157.
zweiter Kamera-Assistent 428.
zweiter Malspieler 794.
zweiter Raum 811.
zweiter Raumschotkurs 833.
zweiter Ring 753.
zweiter Schiedsrichter 807, 812, 813.
zweiter Ventilzug 447.
zweiter vorderer Backenzahn 159.
zweiter Warteraum 781.
zweites Mal 794.
Zweiunddreißigstelnote 435.
Zweiunddreißigstelpause 435.
Zwerchfell 163.
Zwerg, Brauner 8.
Zwerg, Weißer 8.
Zwickel 413, 615.
Zwiebel im Querschnitt 78.
Zwiebel, rote 184.
Zwiebel, weiße 184.
Zwiebelgemüse 184.
Zwillinge 13.
Zwillingswadenmuskel 150, 151.
Zwinge 312, 462.
Zwinger 408.
Zwischenfutter 455.
Zwischengeschoß 250, 251.
Zwischenknochenmuskel 150.
Zwischenrad 876.
Zwischenraum 434.
Zwischenrippennerv 166.
Zwischenschiene 590.
Zwischensohle 370.
Zwischensummentaste 529.
Zwischentitel 471.
Zwischenwirbelloch 157.
Zwitterdrüse 104.
Zwittergang 104.
Zwölfeck, regelmäßiges 705.
Zwölffingerdarm 164.
Zyan 690.
Zyclorama 492.
Zylinder 268, 340, 381, 382, 564, 705.
Zylinderdruckpresse 421.
Zylindergehäuse 249.
Zylinderglas 691.
Zylinderkopfabdeckung 552.
Zylinderkopfdeckel 566.
Zylinderprojektion 36.
Zylinderschloss 249.
Zypern 744.
Zypressennadeln 89.
Zytopharynx 94.
Zytoplasma 74, 94, 170.
Zytoplasmamembran 74, 94.
Zytostom 94.

English Index

«D» 862.
1.5 spacing 472.
1st cuneiform 155, 156.
200 m line 871.
2nd cuneiform 155, 156.
2nd metacarpal 140.
3rd metacarpal 140.
4th metacarpal 140.
5th metacarpal 140.

A

a 434.
A-line dress 356.
abacus 404.
abalone 217.
abdomen 96, 97, 98, 103, 107, 115, 146, 148.
abdominal aorta 160, 165.
abdominal cavity 169, 170.
abdominal rectus 150.
abdominal segment 97.
above ground swimming pool 246.
aboveground pipeline 654.
Abraham 736.
absorbed solar radiation 68.
absorber, shock 18, 553.
absorbing plate 672.
absorbing surface 675.
absorption by clouds 68.
absorption by Earth surface 68.
absorption of water and mineral salts 78.
absorption, carbon dioxide 78.
abutment 410, 540.
abyssal hill 49.
abyssal plain 49.
Abyssinian 133.
acanthodian 92.
acanthus leaf 276, 405.
acceleration lane 539.
accelerator pedal 556.
accent mark 435.
accept machine 666.
access door 699.
access for physically handicapped 725.
access gallery 658.
access panel 258, 266.
access road 539, 618.
access server 525.
access shaft 664.
access to second level of operations 529.
access window 521.
accessories 345, 401, 454, 462, 558, 580.
accessories, decorative 716.
accessories, men's 716.
accessories, women's 717.
accessory box 456.
accessory gear box 627.
accessory pouch 859.
accessory shoe 476.
accidentals 435.
accordion 432.
accordion bag 388.
accordion pleat 357.
account book 535.
account identification 731.
accountant's office 509.
accumulator 559.
Ace 914.
acetylene cylinder 319.
acetylene valve 319.
achene 83, 84.
achondrite 8.
acid rain 69, 70.
acid snow 70.
acidification, lake 70.
acorn squash 189.
acoustic ceiling 431.
acoustic guitar 440.
acoustic meatus 173, 174.
acoustic screen 488.
acquisition rack 733.
acrobatic skate 895.
acromion 153.
acroterion 403, 404.
actinides (rare earth) 684.
actinium 684.
action buttons 918.
action lever 443.
action of wind 67.
active sensor 41.
active tracking 498.
activity area, indoor 727.
actor 428.
actors' entrance 402.
actors' seats 428.
actress 429.
actual temperature 261.
actuator 759.
actuator arm 521.
actuator arm motor 521.
acute accent 473.
acute angle 704.
Adam's apple 146.
adapter, plug 383.
adapter, power 526.
adaptor, mating 21.
adaptor, payload 24.
add in memory 529.
add key 529.
addition 703.
additional production personnel 490.
additive colour synthesis 690.
adductor muscle, anterior 105.
adductor muscle, posterior 105.
Aden, Gulf of 33, 34.
adhesive disc 111.
adhesive tape 777.
adipose tissue 171, 172.
adjustable buckle 895.
adjustable catch 889.
adjustable channel 310.
adjustable clamp 286.
adjustable frame 303.
adjustable lamp 286, 399.
adjustable seat 584.
adjustable shelf 511.
adjustable spanner 311.
adjustable strap 368.
adjustable support 825.
adjustable thermostat 239.
adjustable waist tab 348.
adjuster 782.
adjusting band 502.
adjusting lever 436.
adjusting ring 329.
adjusting screw 310, 319.
adjusting tube 824.
adjustment for horizontal-circle image 701.
adjustment for vertical-circle image 701.
adjustment pedal 399.
adjustment slide 350.
adjustment wheel 317.
administration 394, 735.
administrative building 664.
administrative office 764, 769.
administrative offices 718.
adobe house 418.
adrenal gland 165.
Adriatic Sea 32.
adventitious roots 76.
advertisement 471.
advertisements, classified 471.
advertising panel 592.
advertising poster 594.
advertising sign 595.
adze 401, 901.
adzuki bean 191.
Aegean Sea 32.
aerator 268.
aerial 504, 505, 506, 551.
aerial ladder truck 766.
aerial site 890.
aerial sports 896.
aerial terminals 497.
aerial, dish 493.
aerial, home 486.
aerial, telescopic 503.
aerial, transceiving parabolic 486.
aerocyst 75.
aerodynamic brake 676.
affluent 48.
Afghanistan 746.
Africa 28, 34, 50, 745.
African Plate 43.
Afro pick 380.
Afro-Asiatic languages 468.
aft shroud 17.
afterbay 657, 658, 661.
afterfeather 115.
aftershave 383.
agar-agar 183.
agency, travel 714.
agitator 292.
agnathan 92.
AGP expansion connector 513.
agricultural machinery 641.
agricultural pollution 69.
aikido 846.
aikidogi 846.
aikidoka 846.
aileron 624, 898.
air 565.
air bag 556.
air bag restraint system 556.
air bladder 109.
air brake 760, 898.
air brake handle 898.
air bubbles 531.
air bulb shutter release 482.
air cap 320.
air chamber 271.
air compression unit 585.
air compressor 320, 586.
air concentrator 382.
air conditioner 567.
air conditioner compressor 566.
air conditioning 261.
air conditioning appliances 261.
air conditioning system 68.
air conditioning unit 489.
air control radar 761.
air cushion 370.
air data computer 626.
air filter 261, 331, 552, 586.
air flow 398.
air gap 675.
air hole 390, 470.
air horn 570.
air hose 398, 648, 841.
air hose connection 320.
air inlet 575.
air inlet control 256.
air intake 568, 605, 631.
air intake for engine cooling 874.
air intake, engine 568.
air leg 648.
air mail 475.
air mattress 904.
air navigation device 761.
air pistol 861.
air pollutants 69.
air pollution 69.
air pre-cleaner filter 636.
Air Pump 11.
air purifier 261.
air relief valve 607.
air scoop 876.
air sealing gland 445.
air search radar 761, 762.
air shaft 402.
air space 117.
air tank 320.
air temperature 55.
air transport 618.
air tube 259.
air valve 320, 398.
air vent 294.
air, cold 64.
air, rising warm 63.
air, subsiding cold 63.
air, warm 64.
air-conditioning system 775.
air-inlet grille 382.
air-outlet grille 382.
air-pressure pump 777.
air-supply tube 765.
air-to-air missile 759, 760.
air-to-surface missile 759.
air/fuel mixture 564.
airborne radar 40.
airbrush 398.
airbrush, cross section 398.
aircraft carrier 761.
aircraft maintenance truck 622.
aircraft weather station 54.
aircraft, business 628.
aircraft, cargo 475, 629.
aircraft, examples of 628.
aircraft, light 628.
aircraft, movements of 630.
aircraft, radar 629.
aircraft, stealth 629.
aircraft, vertical take-off and landing 628.
airframe 897.
airliner 53.
airlock 763.
airport 39, 618, 708.
airspeed indicator 898.
airway, oropharyngeal 775.
aisle 180, 411.
ajowan 199.
ala 175.
alarm threshold display button 613.
alarm threshold setting 613.
alarm/charge indicator light 527.
Alaska, Gulf of 30.
Albania 744.
Albanian 469.
albatross 119.
albumen 117.
albumin gland 104.
alcohol bulb 695.
alcohol column 695.
Aleutian Islands 30.
Aleutian Trench 50.
alfalfa 190.
alga 75.
alga, brown 75.
alga, green 75.
alga, red 75.
alga, structure of 75.
algae, examples of 75.
Algeria 745.
alidade 59, 701.
alidade level 701.
alighting board 100.
aligner 838.
alkali metals 682.
alkaline earth metals 682.
alkaline manganese-zinc cell 689.
alkekengi 192.
all-season tyre 560.
all-terrain bicycle 581.
all-terrain vehicle 549.
alley 817, 820.
alligator 114.
allspice 198.
alluvial deposits 48.

ENGLISH INDEX

almond 81, 193.
alphabetical keypad 530.
alphanumeric keyboard 507, 548, 730, 731.
alphanumeric keypad 506, 514.
alpine ski trail 886.
alpine skier 888.
alpine skiing 888.
alpine snowboard 887.
Alps 32.
Altar 10.
altar cross 737.
altar, high 737.
altar, secondary 737.
altarpiece 737.
alteration line 455.
alternate 514.
alternate : level 3 select 514.
alternating-current power cord 526.
alternative key 514.
alternator 552, 566, 586, 677, 688.
altimeter 896, 898, 899.
altitude clamp 14, 15.
altitude fine adjustment 14, 15.
altitude scale 53.
alto clef 434.
altocumulus 56, 62.
altostratus 56, 62.
alula 115.
aluminium 682.
aluminium foil 222.
aluminium frame 893.
aluminium layer 501.
aluminum recycling container 71.
alveolar bone 159.
amaranth 203.
Amazon River 31.
amber light 712.
amble 125.
ambulance 775, 778.
ambulance attendant's seat 775.
ambulance helicopter 631.
ambulatory 411.
ambulatory care unit 781.
America, Central 30.
America, North 30, 50.
America, South 31, 50.
American bacon 216.
American betting layout 919.
American box 535.
American corn bread 205.
American football 806.
American football player 808.
American mustard 200.
American plug 274.
American roulette wheel 919.
American shorthair 132.
Americas 742.
americium 684.
Amerindian languages 469.
Amery Ice Shelf 29.
amethyst 375.
Amharic 468.
ammunition pouch 770.
ammunition stowage 758.
amoeba 94.
amorphous solid 680.
amount of substance, measurement of 702.
ampere 702.
ampersand 473.
amphibians 110.
amphibians, examples of 111.
amphibious firefighting aircraft 628.
amphitheatre, Roman 407.
ampli-tuner 503.
ampli-tuner : back view 497.
ampli-tuner : front view 497.
amplitude 690.
ampoule 783.
ampulla 95.
ampulla of fallopian tube 171.
anaesthesia room 780.
anal cleft 147.
anal fin 108.
anal proleg 97.
analogue camcorder : back view 496.
analogue camcorder : front view 496.
analogue watch 696.
analytical balance 699.
anatomy 150.
anatomy of a bird 116.
anatomy of a bivalve shell 105.
anatomy of a female butterfly 97.
anatomy of a female spider 103.
anatomy of a honeybee 99.
anatomy of a horse 125.
anatomy of a lobster 107.
anatomy of a male frog 110.
anatomy of a perch 109.
anatomy of a snail 104.
anatomy of a sponge 95.
anatomy of a starfish 95.
anatomy of a turtle 113.
anatomy of a venomous snake 112.
anatomy of an octopus 106.
anchor 610, 791.
anchor pin 559.
anchor point 103.
anchor wires 652.
anchorage block 540.
anchors, examples of 610.
anchovy 219.
ancient ships 598.
anconeus 151.
Andes Cordillera 31.
andirons 257.
Andorra 743.
andouillette 216.
Andromeda 12.
anemometer 58, 59, 677.
angle grinder 308.
angle, acute 704.
angle, obtuse 704.
angle, re-entrant 704.
angles, examples of 704.
Anglicanism: Henry VIII 736.
Angola 746.
Anik 487.
animal cell 94.
animal dung 70.
animal kingdom 92.
anise 202.
ankle 146, 148.
ankle boot 343.
ankle guard 796.
ankle sock 351, 365.
ankle-strap 343.
ankle/wrist weight 850.
announcer console 488.
annual ring 87.
annular combustion chamber 627.
annular eclipse 6.
annulet 404.
anode rod 266.
anorak 371.
ant 101.
Antarctic Circle 29, 35, 36.
Antarctic Peninsula 29.
Antarctic Plate 43.
Antarctica 28, 29.
antefix 403.
antelope 128.
antenna 17, 60, 96, 97, 98, 99, 107, 577, 611, 624, 631, 758, 761, 771, 812.
antenna cable, high-frequency 628.
antenna, high gain 18.
antenna, low gain 18.
antenna, radio 873.
antenna, telemetry and command 60.
antenna, UHF 18.
antennae cleaner 98.
antennule 107.
anterior adductor muscle 105.
anterior chamber 177.
anterior end 105.
anterior fontanelle 158.
anterior horn 167.
anterior nasal spine 158.
anterior notch 173.
anterior root 168.
anterior tibial 150.
anterior tibial artery 160.
anterior view 146, 148, 150.
anther 80.
anti-friction pad 889.
anti-personnel mine 758.
anti-reflection coating 672.
anti-skating device 500.
anti-slip foot 321.
anti-slip shoe 826.
anti-torque tail rotor 631.
anti-vibration handle 331.
antiaircraft missile 762.
anticline 651.
anticollision light 624.
anticyclone 55.
Antigua and Barbuda 743.
antihelix 173.
antilock braking system (ABS) 559.
antimissile self-defence 762.
antimony 682.
antiradar missile 759.
antiseptic 777.
antiship missile 759.
antitank missile 759.
antitank rocket 757.
antitragus 173.
anus 95, 97, 103, 104, 105, 106, 107, 109, 113, 164, 169, 170.
anvil 700.
aorta 162, 163.
aorta, dorsal 99.
aortic valve 162.
apartment block 886.
apartment building 711.
aperture 105.
aperture changer 694.
aperture diaphragm 694.
aperture door 17.
aperture scale 479.
aperture/exposure value display 479.
apex 104, 105, 159, 176.
apical foramen 159.
apocrine sweat gland 172.
Apollo 19.
apostrophe 473.
apothecium 74.
Appalachian Mountains 30.
apparatus 823.
apparatus room 764.
apple 193.
apple corer 233.
apple, section of 82.
appliances, air conditioning 261.
application launch buttons 527.
application, fertilizer 69.
appoggiatura 435.
appointment book 530.
approach 865.
approach ramp 540.
approach runs 824.
approach stroke 866.
approach wall 597.
apricot 192.
apron 276, 277, 278, 577, 618, 842.
apse 411.
apsidiole 410, 411.
aquamarine 375.
aquastat 259.
aquatic bird 117.
aquatic sports 827.
aqueous humour 177.
aquifer, confined 646.
Arabian Peninsula 33.
Arabian Sea 33.
Arabic 468.
arachnids, examples of 102.
arachnids, insects and 96.
arachnoid 167.
Aral Sea 33.
Aramaic 468.
arame 183.
arbitration committee 845.
arc 704.
arc welder 318.
arc welding 318.
arc, island 49.
arcade 407, 410.
arcades 738.
arch 540, 855.
arch bridge 540.
arch bridges, examples of 541.
arch dam 661.
arch dam, cross section 661.
arch of aorta 160, 161, 162.
arch of foot artery 160.
archaeognatha 92.
archaeopteryx 93.
archboard 533.
Archer 10.
archer 859.
archery 859.
archery range 788.
arches, examples of 413, 541.
archipelago 38.
architectural styles 404.
architecture 402.
architecture, elements of 413.
architrave 403, 405.
archives 394, 769.
Arctic 28.
Arctic Circle 35, 36.
Arctic Ocean 28.
area, competition 845, 846, 847.
area, contest 845, 846.
area, cooking 722.
area, exercise 823.
area, finish 885, 887, 891.
area, floor exercise 824.
area, high pressure 63.
area, industrial 709.
area, landing 891.
area, low pressure 63.
area, parking 708, 735.
area, protection 843.
area, receiving 180, 716.
area, reception 764, 778, 781.
area, safety 846.
area, ski 886.
area, start 875.
area, stopping 890.
area, stretcher 778.
area, throwing 788.
area, timing 891.
area, training 788.
area, waiting 730.
area, warning 846.
area, water-tank 628.
area, wrestling 843.
arena 407, 788, 790.
Arenberg parquet 254.
areola 171.
argent 741.
Argentina 742.
argon 684.
Ariane IV 24.
Ariel 5.
ark 738.
arm 95, 124, 139, 147, 149, 276, 286, 329, 433, 452, 456, 610, 638, 693, 783.
arm cylinder 638.
arm elevator 500.
arm guard 808.
arm lock 844.
arm nut 456.
arm pad 880.
arm position 829.
arm rest 500.
arm slit 355.
arm stump 276.
arm, crossing 568.
arm, remote-control 21.
arm, suspension 553.
armature 688.
armature core 688.
armature winding 688.
armchair 276, 734.
armchairs, examples of 276.
Armenia 746.
Armenian 469.
armet 749.
armguard 859.
armhole 351.
armless chair 734.
armoire 278.
armour 749, 758.
armoured flex 507.
armoured plate 758.
armpit 146, 148.
armrest 281, 554, 555, 783.
armstand 828.
arpeggio 435.
arquebus 752.
array, solar 60.
arrays, photovoltaic 21.
arrector pili muscle 172.
arrester wire 761.
arris 404.
arrival, ski lift 886.
Arrow 12.
arrow 750, 859.
arrow key 261.
arrow rest 859, 913.
arsenic 682.
art director 428.
arteries 160.
artery, dorsal abdominal 107.
artery, sternal 107.
artery, ventral 107.
arthropleura 92.
artichoke 187.
article 471.
articles, bathroom 717.
articles, kitchen 716.
articles, miscellaneous 534.
articular cartilage 154.
articulated bus 569.
articulated joint 569.
articulated lorry with trailer 570.
articulated mannequin 398.
articulated trucks, examples of 572.
artificial climbing structure 900.
artificial fly 909.
artificial lake 48.
artificial radiation 41.
artificial satellite 53.
artist, make-up 428.
artistic value judges 823.
arts and architecture 394.
arts, fine 394.
arts, graphic 420.
arts, performing 427.
asafœtida 199.
ascending aorta 161.
ascending colon 164.
ascending passage 402.
ash 391.
ash layer 44.
ashtray 391.
Asia 28, 33, 50, 746.
Asian noodles 207.
Asian pear 197.
asparagus 185.
asphalt 656.
asphalt shingle 299.
asphalt still 656.
aspirator 775.
aspirin 777.
ass 128.
assistant camera operator, first 428.
assistant camera operator, second 428.
assistant coach 811, 879.
assistant director 429.
assistant governor's office 726.
assistant judges 883.
assistant property man 429.
assistant referee 847, 860, 881, 882.
assistants, counsels' 728.
association football 802.
astatine 683.
asterisk 473.
asteroid belt 5.
asthenosphere 42.
astigmatism 691.
astragal 405, 753.
astrakhan cap 340.
astronautics 18.
astronomical observation 10.
astronomical observatory 17.
astronomical observatory, cross section of an 17.
astronomical unit 5.
astronomical units 4.
astronomy 4.
asymmetrical bars 824.
Atacama Desert 31.
athlete: starting block 791.
athletics track 788.
Atlantic cod 221.
Atlantic Ocean 28, 29, 32, 34.
Atlantic salmon 221.
atlas 111, 122, 126, 131, 153, 157.
atlas moth 102.
Atlas Mountains 34.
atmosphere 66, 70.
atoll 51.
atom 680.
atomic number 682.
atoms 680.
atrium 406.
attaché case 386.
attached curtain 283.
attack line 812.
attack periscope 763.
attack zone 812.
attacker, left 812.
attacker, middle 812.
attacker, right 812.
attendant's desk 732.
attitude control thrusters 22.
attraction 687.
aubergine 188.
audience 728.
audio input/output jack 527.
audio jack 513.
audioguide 394.
audiometric examination room 781.
audiovisual equipment 716.
auditorium 10, 394, 718, 732.
auditory ossicles 174.
auger bit 323.
aunt, maternal 785.
aunt, paternal 785.
auricle 98, 174.
auricle, ear 173.
auriculars 115.
Australia 28, 50, 747.
Australian aboriginal languages 469.
Australian-Indian Plate 43.
Austria 744.
authorized landfill site 69.
auto answer indicator 508.
auto reverse button 504.
auto/manual selector 316.
autoclave 780.
autofocus on/off switch 483.
automatic dialling index 506.
automatic electronic timer 831.
automatic filter coffee maker 241.
automatic rifle 755.
automatic sliding door 416.
automatic sorting trays 512.

automatic tank gauge 655.
automatic teller machine 730, 731.
automatically-controlled door 620.
autopilot controls 626.
autotrophs 67.
autumn 54.
autumn squash 189.
autumnal equinox 54.
auxiliary battery 563.
auxiliary facilities room 490.
auxiliary handle 306.
auxiliary heating 260.
auxiliary projector 10.
auxiliary tank 571.
auxiliary video switcher 491.
avenue 39, 711.
average key 479.
avocado 188.
awl 905.
awning channel 567.
axe 330.
Axel 881.
axial compressor blade 627.
axial rib 105.
axillary artery 160.
axillary bud 77.
axillary nerve 166.
axillary vein 160.
axis 122, 153, 157.
axle 586, 895.
axle shaft 553.
axle, spool 910.
axon 168.
axon hillock 168.
Aymara 469.
Azerbaijan 746.
azimuth clamp 14, 15.
azimuth fine adjustment 14, 15.
Aztec temple 412.
azure 741.

B

b 434.
baboon 139.
baby doll 364.
baby grand 443.
baby wear 717.
babygro 368.
back 115, 124, 130, 147, 149, 173, 227, 229, 277, 281, 300, 303, 348, 391, 750, 783.
back beam 460.
back binding 840.
back board 426.
back boundary line 816.
back brush 379.
back check 443.
back crossbar 893.
back judge 807.
back line 809, 877.
back of a glove 346.
back pad 857.
back panel 290, 293.
back pocket 350.
back ribs 214.
back straight 856.
back strap 857.
back suspension 870.
back waiter 721.
back wall 818, 819.
back zone 812.
back, middle 812.
back, right 803, 812.
backboard 811.
backboard storage 775.
backboard support 811.
backbone 523.
backcourt 818, 821.
backdrop 430.
backgammon 915.
backguard 292.
backhoe 637.
backhoe controls 637.
backhoe loader 637.
backing 425.
backing board 425.
backing hammer 425.
backing press 425.
backpack 906.
backplate 559.
backrest 577, 876.
backspace 515.
backspace key 515.
backstay 602, 881.
backstop 794, 811.
backstroke 832.
backstroke start 832.
backstroke turn indicator 831.
backup storage unit 523.
backward 828.
backward bucket 637.
bacon, American 216.
bacon, Canadian 216.
badge 770.
badge, identification 770.
badger 134.
badminton 816.
badminton racket 816.
Baffin Island 30.
bag compartment 289.
bag well 869.
bag, air 556.
bag, freezer 222.
bag, mesh 222.
bag, tea 208.
bagel 204.
baggage check-in counter 620.
baggage claim area 620.
baggage compartment 568.
baggage conveyor 623.
baggage trailer 623.
bagpipes 432.
bags, carrier 181.
baguette cut 375.
Bahamas 742.
Bahrain 746.
Baikal, Lake 33.
bail 799.
bail arm 910.
bail arm opening mechanism 910.
bailey 408.
Bailey bridge 542.
baitcasting reel 910.
baize 862.
Bakelite body 757.
bakery 181.
bakery/patisserie 715.
baking sheet 232.
balaclava 341, 872.
balalaika 433.
balance beam 824, 826.
balance control 497.
balance rail 443.
balancer 441.
balcony 251, 738.
balcony window 251.
bales, straw 875.
baling 71.
Balkan Peninsula 32.
ball 462, 470, 516, 752, 823, 858, 865, 920.
ball assembly 268.
ball bearing 677.
ball boy 820.
ball mount 558.
ball of clay 464.
ball peen 301.
ball return 865.
ball sports 794.
ball stand 865.
ball winder 462.
ball, bow 839.
ball, hitch 558.
ball, tournament 819.
ball, training 819.
ball-and-socket 156.
ball-cock supply valve 265.
ball-peen hammer 301.
ball-type mixer tap 268.
ballast 591.
baller, melon 233.
balloon 899.
balloon curtain 283.
balloon, sounding 54, 59.
ballooning 899.
ballpoint pen 470.
ballroom 609.
balls, squash 819.
balm, lemon 202.
balsamic vinegar 201.
Baltic Sea 32.
baluster 255.
balustrade 412, 417.
Bambara 468.
bamboo shoot 185.
bamboos 917.
banana 196.
band 500.
band ring 376.
band select button 497.
band selector 498.
band, blue 871.
band, shadow 58.
band, spiral cloud 63.
band, wrist 850.
bandage 843.
banding wheel 464.
bands, frequency 498.
Bangladesh 747.
bangle 376.
banister 250, 251, 255.
banjo 432.
bank 244, 538, 664, 710, 715, 730, 864, 915.
bank note 915.
bank of heliostats 674.
banknote: back 729.
banknote: front 729.
banner 471.
banner for the coming exhibition 394.
banner for the current exhibition 394.
banquette 277.
Bantu languages 468.
baptismal font 737.
bar 127, 385, 431, 449, 686, 710, 714, 719, 720, 850, 851, 915.
bar code reader 517.
bar counter 720.
bar line 434.
bar nose 331.
bar shot 752.
bar stool 277, 720.
bar, glazing 249.
bar, horizontal 824.
bar, push 416.
barb 56, 115, 911.
Barbados 743.
barbell 850, 851.
barber comb 380.
barbican 408.
bare bow 859.
baren 421.
Barents Sea 32.
bargraph type peak meter 488.
barium 682.
bark 87.
barley 85, 203.
barley: spike 85.
barmaid 720.
barn 182.
barograph 59.
barometric pressure 55.
barometric tendency 55.
barrack buildings 409.
barred spiral galaxy 9.
barred window 727.
barrel 381, 382, 470, 696, 753, 754, 755, 756, 757, 860, 912, 918.
barrel jacket 755.
barrel vault 407.
barrier 281, 591, 712.
barrier barricade tape 771.
barrier beach 51.
barrier lamp 591.
barrier support 591.
barrier, tyre 872.
barrow 633.
bars, asymmetrical 824.
bars, parallel 825.
bartizan 408, 409.
basaltic layer 42.
base 78, 239, 240, 256, 273, 286, 305, 307, 308, 381, 405, 412, 425, 494, 500, 516, 517, 531, 538, 591, 676, 685, 693, 698, 739, 740, 767, 791, 825, 826, 860, 912.
base cabinet 224.
base course 538.
base line 907.
base of splat 276.
base plate 58, 304, 500, 701, 756, 889, 907.
base plug 757.
base ring 753.
base width 663.
base, padded 811.
baseball 794, 796.
baseball stadium 788.
baseball, cross section of 797.
baseboard 485.
baseline 821.
basement 250.
basement window 245.
basic building materials 298.
basic operations 529.
basic source of food 67.
basic weaves 463.
basil 202.
basilic vein 160.
basilosaur 93.
basin 664, 838.
basin side 664.
basin, competition, course 788.
basket 238, 291, 811, 888, 899.
basket handle 413, 899.
basket stitch 458.
basket support 899.
basket suspension cables 899.
basket weave pattern 254.
basket, frying 231.
basket, steamer 235.
basket, waste 535.
basketball 810.
basketball player 810.
basmati rice 207.
bass 220.
bass bridge 442.
bass clarinet 437.
bass clef 434.
bass drum 437, 448.
bass guitar 441.
bass keyboard 432.
bass loudspeaker 10.
bass pickup 441.
bass register 432.
Bass Strait 29.
bass tone control 441, 497, 503.
bass trap 490.
bass, sea 220.
bassoon 446.
bassoons 437.
baster 233.
bastion 409.
bat 140, 643, 796, 797, 798.
bat, morphology of 140.
bat, skeleton of 141.
bat, softball 797.
bat, spear-nosed 141.
bat, vampire 141.
bateau neck 363.
bath 251, 262, 264.
bath and shower 724.
bath and shower mixer 262.
bath brush 379.
bath platform 264.
bath sheet 379.
bath towel 379.
bath, bubble 379.
bathrobe 364.
bathroom 251, 264, 724, 780.
bathroom articles 717.
bathroom scale 699.
bathroom skylight 251.
baton 790.
baton holder 770.
baton, expandable 770.
batsman 799.
batten 430, 600, 834, 836, 897.
batten pocket 834, 836.
batter 795, 796.
batter skin 433.
batter's helmet 796.
batteries, traction 563.
battery 302, 482, 513, 552, 562, 563, 586, 673, 687, 759, 765.
battery backup/surge protection receptacles 520.
battery box 571.
battery case 562.
battery condition module 563.
battery cover 562.
battery modules 60.
battery pack 306.
battery pack, rechargeable 496.
battery warning light 557.
battery, auxiliary 563.
batting glove 796.
battlement 408, 409.
batwing sleeve 361.
baulk 862.
baulk line 862.
baulk line spot 862.
bay 7, 38, 202.
bay filler panel 513.
Bay of Bengal 33.
bay, cargo 22.
Bay, Hudson 30.
bay, vehicle equipment 24.
bayonet cap 275.
bayonet mount 478.
bazooka 757.
beach 51.
beach volleyball 813.
beach, barrier 51.
beacon, distress 611.
bead 560.
bead wire 561.
beak 106.
beaker 685.
beaker, measuring 231.
beam 412, 418, 641, 698, 826.
beam balance 698.
beam bridge 540.
beam bridges, examples of 541.
beam diameter reduction 694.
beam gantry 663.
beam reach 833.
beam, balance 824.
beam, belay 900.
beam, laser 692.
beam, radar 40.
bean bag chair 277.
bean thread cellophane noodles 207.
bean, adzuki 191.
bean, black 191.
bean, lablab 190.
bean, Lima 191.
bean, mung 191.
bean, pinto 191.
bean, roman 191.
bean, scarlet runner 191.
bean, wax 191.
bean, yard-long 190.
beans 191.
beans, dolichos 190.
beans, green coffee 208.
bear, black 135.
bear, polar 135.
bearer 445.
bearing pad 667.
beater 236, 460, 641.
beater ejector 236.
beater handtree 460.
beater sley 460.
beaters 236.
Beaufort Sea 30.
beaver 123, 749.
becquerel 702.
bed 245, 280, 424, 538, 823.
bed and mattress 904.
bed chamber 406.
bed lamp 286.
bed linen 280.
bed, double 724.
bed, gravel 872.
bed, hospital 780.
bed, single 724.
bed, sofa 280.
bedplate 452.
bedrock 43, 78.
bedroom 251, 902.
bedside lamp 724, 780.
bedside table 724, 780.
beech 88.
beechnut 193.
beef cubes 214.
beef, cuts of 214.
beef, minced 214.
beehive 182.
beer and wine 180.
beer glass 225.
beetle, furniture 101.
beetle, sexton 101.
beetroot 189.
beginners' slope 886.
begonia 80.
Belarus 744.
belay beam 900.
belay rope 900.
belayer 900.
belfry 410.
Belgium 743.
Belize 742.
bell 446, 447.
bell boot 858.
bell bottoms 358.
bell brace 446.
bell roof 415.
bell tower 411, 737.
bellow 445.
bellows 432, 485.
bellows strap 432.
belly 124.
belly scale 112.
belly tank 631.
belongs to 703.
below-stage 430.
belt 313, 350, 352, 561, 611, 844.
belt drive 605.
belt loader 646, 647.
belt loop 350, 352, 905.
belt, conveyor 71.
belt, duty 770.
belt, fan 552.
belt, Kuiper 4.
belt, safety 873.
belt, tool 313.
belt, waist 281, 906.
beltclip 505.
belted radial tyre 561.
bench 277, 593, 647, 715, 775, 851.
bench height 647.
bench seat 555.

bench, defence counsel's 728.
bench, judges' 728.
bench, players' 809.
bench, prosecution counsel's 728.
bench, substitutes' 803.
bend 385, 911.
bend to right 544, 547.
Bengal, Bay of 33.
Benin 745.
bent blade 401.
Berber 468.
Berenice's Hair 13.
beret 341.
bergamot 194.
bergère 276.
bergschrund 46.
Bering Sea 28.
Bering Strait 30.
berkelium 684.
berm 660.
Bermuda sail 601.
Bermuda shorts 358.
Bernard, Saint 131.
berries 192.
berry, juniper 198.
berth 584.
bertha collar 363.
beryllium 682.
bevel 776.
bevel gear 686.
bevel square 313, 701.
beverage can 223.
beverage dispenser 779.
bezel 376.
bezel facet (8) 374.
Bhutan 747.
bias 455.
biathlete 893.
biathlon 893.
bib 368, 369, 848.
bib necklace 374.
bib tap 268.
biceps of arm 150.
biceps of thigh 151.
biconcave lens 691.
biconvex lens 691.
bicorne 339.
bicycle 578.
bicycle parking 735.
bicycle, accessories 580.
bicycle, all-terrain 581.
bicycle, city 581.
bicycle, Dutch 581.
bicycle, parts of a 578.
bicycle, road 581.
bicycle, touring 581.
bicycles, examples of 581.
bidet 264.
bifocal lens 385.
Big Dog 11.
Bight, Great Australian 29.
bike carrier 558.
bike, BMX 581.
bike, quad 577.
biking, mountain 870.
bikini 367.
bilberry 192.
bill 115, 610, 721.
billhook 330.
billiard cue 863.
billiard spot 862.
billiards 862.
bills, examples of 117.
bimah 738.
bimetallic helix 695.
bimetallic thermometer 695.
bin, compost 323.
bin, recycling 71.
bin, rubbish 723.
binder 642.
binding 340, 840, 891, 892.
binding, comb 533.
binding, plate 887.
binding, safety 888.
binding, soft 887.
binocular microscope 693.
biology 702.
biosphere, structure of 66.
biparous cyme 81.
biplane 628.
bipod 755, 756.
birch 88.
bird 115.
Bird of Paradise 10.
bird of prey 117.
bird's eye chilli 199.
bird's nest fern 76.
bird, anatomy of 116.
bird, morphology of 115.
bird, skeleton of 116.
birds 115.
birds, examples of 118.
biscuit cutters 232.
Bishop 916.
bishop sleeve 361.
bismuth 682.
bison 128.
bit 302, 390, 648, 651, 858.
bit, chamfer 308.
bit, core box 308.
bit, cove 308.
bit, dovetail 308.
bit, rabbet 308.
bit, rounding-over 308.
bit, screwdriver 306.
bit, spade 306.
bit, twist 306.
bits and drills, examples of 306.
bits, examples of 308.
bitt 607.
bitter melon 188.
bivalve shell 105.
bivalve shell, anatomy of 105.
bivalve shell, morphology of 105.
Black 916.
black 472, 690, 919.
black ball 863.
black bean 191.
black bear 135.
black bread 204.
black clamp 558.
black dwarf 8.
black flying fox 141.
black gram 191.
black hole 8.
black mustard 198.
black pepper 198.
black pollock 221.
black pudding 216.
black radish 189.
black salsify 189.
Black Sea 28, 32, 33.
black square 916.
black stone 916.
black tea 208.
black-eyed pea 190.
blackberry 192.
blackboard 734.
blackcurrant 192.
bladder 113.
bladder, gall 110.
bladder, urinary 110.
blade 76, 79, 227, 229, 237, 240, 261, 302, 303, 304, 305, 309, 315, 320, 331, 332, 382, 383, 390, 453, 454, 636, 639, 659, 676, 677, 800, 815, 838, 841, 849, 878, 880, 881, 884, 900, 911.
blade close stop 382.
blade dispenser 383.
blade guard 304, 305.
blade height adjustment 305.
blade lever 424.
blade lift cylinder 636, 639.
blade lift fan 605.
blade locking bolt 304.
blade rotation cylinder 639.
blade shifting mechanism 639.
blade tilting lock 304.
blade tilting mechanism 304, 305.
blade with two bevelled edges 401.
blade, cutting 534.
blade, dance 881.
blade, free-skating 881.
blade, rudder 606.
blank 914.
blanket 280, 421.
blanket insulation 299.
blanket sleepsuit 369.
blast valve 899.
blasting charge 653.
blastodisc 117.
blazer 358.
bleeder valve 259.
blender 236.
blender, pastry 232.
blending attachment 236.
blind cloth 285.
blind spot mirror 568, 569.
blinds 285.
blinker 857.
blinking lights 568.
block 295, 444, 632, 791, 813.
block, apartment 886.
block, clamping 700.
blockboard 300.
blocking glove 800, 879.
blood circulation 160.
blood factor negative 702.
blood factor positive 702.
blood pressure monitor 777.
blood vessel 154, 162, 172.
blood vessels 140.
blood, composition of 162.
blood, deoxygenated 162.
blood, oxygenated 162.
blotting paper 531.
blouses, examples of 359.
blow pipe 432.
blower 258, 445, 670.
blower motor 258, 261.
blowhole 136.
blowtorch 314, 319.
blue 400, 690.
blue ball 863.
blue band 871.
blue beam 494.
blue line 879.
blue mussel 217.
Blue, Danish 211.
blue-green 400.
blue-veined cheeses 211.
blueberry 192.
bluefish 220.
blusher brush 378.
BMX 871.
BMX bike 581.
boa 114.
boar, wild 128.
board 300, 836, 916, 917.
board cutter 424.
board game 915.
board insulation 299.
board, bulletin 535, 734.
board, cutting 229.
board, diving 246.
board, drawing 399.
board, game 915.
board, gypsum 299.
board, handicaps 858.
board, memorial 738.
board, stopping 864.
board, take-off 793.
board, tin 819.
boarding ladder 611.
boarding step 631.
boarding walkway 619.
boards 878.
boat hook 611.
boat, centreboard 835.
boat, keel 835.
boat, parts of 838.
boater 340.
boats and ships, examples of 604.
boats, sweep 839.
bobbin 452, 453, 458, 461.
bobbin case 452.
bobbin lace 458.
bobbin winder 452, 462.
bobble hat 341.
bobsleigh 884.
bobsleigh, four-man 884.
bobsleigh, two-man 884.
bobstay 602.
bodies, celestial 4.
body 176, 240, 268, 288, 306, 359, 366, 440, 441, 444, 446, 550, 567, 692, 697, 793, 876, 893, 909.
body care 379.
body flap 23.
body of fornix 167.
body of nail 172.
body pad 800.
body side moulding 551.
body temperature control unit 20.
body tube 693.
body wire 848.
body, collection 573.
body, detachable 573.
body, dumper 572, 573.
body, packer 573.
body, tanker 572, 573.
body, vertebral 157.
bodywork, examples of 549.
bogie 586, 595.
bogie and track 595.
bogie frame 586.
bogie goods truck 588.
bogie goods van 588.
bogie tank wagon 588.
bogie van 587.
bogie, motor 595.
bohrium 683.
boiler 259, 674.
boiling-water reactor 671.
bokken 846.
bold 472.
bole 87.
bolero 358.
boletus, edible 183.
Bolivia 742.
bollard 597.
bolster 227, 229, 280.
bolt 248, 310, 311, 312, 750.
bolt assist mechanism 755.
bolts 311.
bomb, volcanic 44.
bond, chemical 680.
bonding terminal 272.
bone marrow 154.
bone, compact 154.
bone, falciform sesamoid 121.
bone, flat 157.
bone, frontal 131, 158.
bone, irregular 157.
bone, long 157.
bone, nasal 158.
bone, occipital 131, 158.
bone, parietal 131, 158.
bone, short 157.
bone, sphenoid 158.
bone, spongy 154.
bone, temporal 158.
bone, zygomatic 158.
bones of foot 155.
bones of hand 154.
bones, types of 157.
bongos 449.
boning knife 229.
bonnet 268, 333, 550, 570.
bonus tiles 917.
bony fish 108.
bony fishes 219.
book ends 535.
book lung 103.
book of matches 391.
book trolley 733.
book, electronic 527.
book, signature 531.
book-return desk 733.
bookbinding leather 425.
bookcase 734.
booking room 769.
books, children's 732.
books, reference 732.
bookshop 714.
boom 573, 637, 638, 834.
boom cylinder 637, 638.
boom operator 429.
boom truck 622.
boom vang 834.
boom, furlable 18.
boom, outrigger 599.
booster parachute 22.
booster seat 281.
booster, brake 552, 559.
booster, solid rocket 22, 24.
boot 343, 551, 840, 841, 855, 874, 875, 880, 881, 892, 895.
boot jack 345.
boot, bell 858.
boot, coronet 853.
boot, flexible 887.
boot, football 802.
boot, hard 887.
boot, hiking 344.
boot, inner 895.
boot, knee 857.
boot, shin 853, 857, 858.
boot, ski-jumping 891.
bootee 342.
booth 720.
booth, coupon 731.
booth, information 715.
booth, photo 715.
booth, projection 427.
booth, simultaneous interpretation 718.
booth, ticket collecting 592.
booth, undressing 781.
borage 202.
bordeaux glass 225.
border 244, 431.
borders 430.
bore 753.
boreal forest 66.
born 702.
boron 682.
Bosnia-Herzegovina 744.
Bothnia, Gulf of 32.
Botswana 746.
bottle 379, 685, 906.
bottle opener 230, 905.
bottle, glass 223.
bottle, wash 685.
bottom 840.
bottom cap 689.
bottom cross-member 635.
bottom cushion 862.
bottom cylinder 421.
bottom deck 655.
bottom deckboard 632.
bottom face 374, 888.
bottom line 831.
bottom pocket 862.
bottom rail 247, 278, 285.
bottom ring 659.
bottom road 650.
bottom side rail 635.
bottom stair 255.
bottom-fold document case 386.
bottomboard 445.
boubou 339.
boudoir grand 443.
boulevard 39, 711.
bound book 426.
bow 340, 439, 609, 750, 834, 836.
bow ball 839.
bow collar 362.
bow door 605.
bow loading door 608.
bow saw 907.
bow thruster 609.
bow tie 349.
bow, bare 859.
bow, compound 913.
bow-winged grasshopper 102.
bowl 227, 237, 240, 390, 612.
bowl with serving spout 237.
bowler 340, 799.
bowler, female 865.
bowler, male 865.
bowline 908.
bowline on a bight 908.
bowling 714, 865.
bowling ball 865.
bowling crease 799.
bowling lane 865.
bowling, lawn 864.
bowls 864.
bows 750.
bowsprit 602.
bowstring 750, 859, 913.
box 256, 431, 641.
box bag 388.
box office 427.
box pallet 632.
box pleat 283.
box sealing tape dispenser 534.
box, American 535.
box, cheese 223.
box, drink 223.
box, jury 728.
box, mitre 303.
box, night deposit 731.
box, planting 792.
box, relay/interconnection 563.
box, safe deposit 731.
box, sound 433.
box, tool 313.
box, top 577.
boxer 842.
boxer shorts 351.
boxing 842.
boxing gloves 843.
boxing trunks 842.
boys' wear size 2 to 6 717.
boys' wear size 7 to 17 717.
bra 367.
brace 252, 307, 321, 663.
brace clip 350.
bracelets 376.
braces 350.
brachial 150.
brachial artery 160.
brachial plexus 166.
brachiopod 92.
brachioradialis 150, 151.
bracket 285, 412, 613.
bracket base 278.
bracket, mounting 913.
bracket, oxygen cylinder 775.
bract 84.
braided rope 908.
braies 338.
brain 99, 103, 106, 107, 109, 110.
brains 212.
brake 783, 851, 870.
brake booster 552, 559.
brake cable 579.
brake caliper 574.
brake fluid reservoir 559.
brake handle 876.
brake hose 559.
brake lever 579.
brake lever and shifter 870.

ENGLISH INDEX

brake light 554.
brake lining 559.
brake loop 896, 897.
brake pad 559.
brake pedal 333, 552, 556, 559, 889.
brake pressure modulator 559.
brake shoe 559.
brake van 588.
brake, disc 552, 559, 874.
brakeman 884.
brakes 559.
braking circuit 552, 559.
braking system 553.
braking zone 891.
branch 86, 87, 89, 127, 185, 262, 687, 776.
branch clip 776.
branch duct 258.
branch return pipe 259.
branch supply pipe 259.
branches 87.
branching, examples of 270.
brandy glass 225.
brass family 437.
brassiere cup 367.
brattice 408.
brazier 412.
Brazil 742.
Brazil nut 193.
bread 204.
bread and cheese 722.
bread guide 238.
bread knife 229.
bread maker 239.
bread, multigrain 205.
bread, white 205.
break 515.
break line 362.
breaker 49.
breaking the wall 917.
bream, sea 219.
breast 115, 146, 148, 171.
breast beam 460.
breast collar 857.
breast dart 352.
breast pocket 349, 352.
breast welt pocket 348.
breastplate 749, 853.
breaststroke 832.
breaststroke kick 832.
breaststroke turn 832.
breath-testing machine 769.
breather valve 655.
breathing in 832.
breathing out 832.
breech 446.
breech guard 446.
breechblock 756, 912.
breechblock operating lever assembly 756.
breeches 338, 748, 848.
breeds, dog 130.
Breton 469.
brick 298.
brick carton 223.
brick wall 253, 298.
brick, hollow 298.
brick, perforated 298.
brick, solid 298.
brick-bond woodstrip flooring 254.
bricklayer's hammer 315.
bridge 39, 284, 385, 433, 439, 440, 441, 523, 692, 761, 863, 875.
bridge assembly 441.
bridge of nose 175.
bridging 252.
bridle 854.
bridle assembly 615.
bridle tape 443.
Brie 211.
briefcase 386.
briefcase, laptop computer 527.
briefs 351, 367.
brig 601.
brigantine 601.
brightness control 518.
brilliant cut facets 374.
brilliant full cut 375.
brim 340, 341.
briolette cut 375.
bristle 383, 384.
bristles 320.
broad beans 190.
broad ligament of uterus 171.
broad reach 833.
broad welt side pocket 352, 355, 360.
broadleaved trees, examples of 88.
broadsword 751.
broccoli 187.
broccoli raab 187.
brochure rack 730.
broken line 538, 539.
bromine 683.
bronchus, lobe 163.
bronchus, main 163.
brooch 376.
brood chamber 100.
brook 48.
brook charr 221.
broom 257, 295.
brother 785.
brother-in-law 785.
brother/sister 785.
brothers 785.
brow brush and lash comb 378.
brow reinforce 749.
browband 854.
brown alga 75.
brown ball 863.
brown dwarf 8.
brown rice 207.
brown sugar 209.
browser 524.
Brunei Darussalam 747.
brush 85, 289, 295, 384, 397, 422, 688.
brush and rails 852.
brush, back 379.
brush, bath 379.
brush, central 573.
brush, curling 877.
brush, lateral 573.
brushes 688.
Brussels sprouts 186.
bubble 575.
bubble bath 379.
bubbles, air 531.
buccal cavity 116.
bucket 261, 295, 637, 659.
bucket cylinder 637, 638.
bucket hinge pin 637.
bucket lever 637.
bucket ring 659.
bucket seat : front view 555.
bucket seat : side view 555.
bucket wheel excavator 647.
buckle 350, 352, 388, 555, 611, 889.
buckle, tightening 906.
buckwheat 85, 203.
buckwheat: raceme 85.
bud 78.
bud, flower 77.
bud, taste 176.
bud, terminal 77.
Buddhism: Buddha 736.
buffalo 128.
buffer 417.
buffer tank 654.
buffers 583.
buffet 720, 725.
bug, giant water 101.
bug, shield 101.
bugle 447.
building, apartment 711.
building, office 710.
bulb 127, 185, 274, 275, 316, 607, 687.
bulb dibber 324.
bulb unit 664.
bulb vegetables 184.
bulb, section of 78.
bulbil 78.
bulbocavernous muscle 169.
Bulgaria 744.
Bulgarian 469.
bulge 9.
bulk carrier 604.
bulk mail 475.
bulk terminal 596.
bulkhead 571.
bulkhead flat truck 588.
Bull 12.
bull's-eye 859.
bulldog 130.
bulldozer 636, 647.
bullet 912.
bulletin board 535, 734.
bullfinch 118.
bullion stitch 459.
bulwark 602.
bumblebee 101.
bump 812, 875.
bumper 289, 570, 571, 577.
bumper guard 818.
bumper moulding 550.
bumper, front 885.
bumper, rear 577, 885.
bumper, rubber 920.
bumps 545.
bun tin 232.
bunch 390, 870.
bunch of grapes 86.
bunch, leading 870.
bund wall 655.
bundle 185, 663.
bunk 567.
bunker oil 656.
bunker silo 182.
bunker, sand 866, 867.
bunting 739.
buoy 833.
buoy weather station 54.
buoyage regions 616.
buoyancy compensator 841.
buoyancy tube 611.
buoys, course 838.
buoys, finish 839.
buoys, start 838.
burdock 189.
bureau 279.
burgee 739.
burgundy glass 225.
burial 71.
burin 401, 421.
Burkina Faso 745.
Burmese 468.
burned gases 564.
burner 234, 259, 290, 899, 903.
burner control knobs 290.
burner frame 903.
burner ring 234.
burner, gas 685.
burnisher 422.
bursa, copulatory 97, 104.
bursting charge 757.
Burundi 745.
bus 513, 522, 568, 713.
bus module 40.
bus network 522.
bus shelter 712.
bus station 710.
bus stop 712.
bus, articulated 569.
bus, city 568.
bus, double-decker 569.
bus, school 568.
busbar 658.
bush 322.
bushing 657, 658, 663.
business aircraft 628.
business counter 731.
business district 708, 710.
business transactions 525.
bustle 337.
butt 391, 425, 456, 754, 755, 816, 822, 863, 909.
butt cap 909.
butt end 880.
butt grip 910.
butt guide 910.
butt plate 754, 912.
butt section 909.
butt-strap 385.
butte 52.
butter 210.
butter compartment 291.
butter cup 223.
butter curler 229.
butter dish 226.
butter knife 228.
butterfly 96.
butterfly kick 832.
butterfly stroke 832.
butterfly turn 832.
butterfly, hind leg 96.
butterfly, monarch 101.
butterfly, morphology of 96.
butterhead lettuce 186.
buttermilk 210.
buttock 147, 149, 169, 170.
button 274, 349, 354, 432, 753, 849.
button facing 349, 354.
button loop 350.
button strap 369.
button, band select 497.
button, call 417.
button, cancel 519.
button, CD/DVD-ROM eject 513.
button, control 516.
button, dial/action 527.
button, disk eject 521.
button, display release 526.
button, edit search 496.
button, eject 477, 918.
button, end search 496.
button, erase 477.
button, exit 527.
button, floppy disk eject 513.
button, image review 477.
button, index/enlarge 477.
button, indicators display 496.
button, input select 497.
button, light 505.
button, lock-on 305, 308.
button, memory 497.
button, menu 477, 505.
button, multi-image jump 477.
button, on/off/test 520.
button, page backward 527.
button, page forward 527.
button, paper feed 519, 731.
button, power 494, 498, 513, 519, 526.
button, power and backlight 527.
button, power zoom 496.
button, preset tuning 497.
button, read 505.
button, reset 513, 918.
button, select 505.
button, settings display 477.
button, spindle lock 308.
button, test 767.
button, title display 496.
button, touch pad 526.
button, voice recorder 527.
button-through smock 359.
buttondown collar 349.
buttonhole 352.
buttons, action 918.
buttons, application launch 527.
buttons, directional 918.
buttons, image adjustment 496.
buttons, programmable 516.
buttons, special effects 496.
buttons, tuning 497.
buttress 410, 660.
buttress dam 660.
buttress dam, cross section 660.
by-pass taxiway 618.
bypass duct 627.
bypass feeder 512.

C

c 434.
C1 canoe 838.
cab 636, 637, 638, 639, 640, 643.
cabbage, red 186.
cabbage, savoy 186.
cabin 608, 631.
cabinet 291, 292, 293, 494.
cabinet, base 224.
cabinet, wall 224.
cable 306, 488, 516, 517, 558, 573, 824, 908, 913.
cable distributor 486.
cable drum compartment 489.
cable guard 859, 913.
cable line 525.
cable modem 525.
cable shutter release 482.
cable sleeve 306.
cable stay anchorage 541.
cable stitch 458.
cable, coaxial 523.
cable, electric 563.
cable, electrical 556.
cable, fibre-optic 523.
cable, guy 824.
cable, power 513.
cable, rudder 838.
cable, spark plug 552.
cable, steel 913.
cable, sync 527.
cable, twisted-pair 523.
cable-stayed bridges 541.
cables 492, 523.
cables, jumper 558.
cabochon cut 375.
cabriole chair 276.
cabriole leg 276.
cadmium 683.
caeca 103.
caecum 106, 116, 125, 164.
caecum, pyloric 95.
caecum, rectal 95.
caesium 682.
café curtain 282.
cafeteria 735.
cafetière with plunger 241.
caftan 339.
cage 407.
caiman 114.
cajun spice seasoning 199.
cake mascara 378.
cake tin 232.
calamus 115.
calandria 669.
calcaneus 126, 153, 155.
calcar 140, 141.
calcareous sponge 95.
calcium 682.
calculator 386.
calculator dial 479.
calculator, scientific 529.
calculator/cheque book holder 386.
calendar pad 530.
calf 128, 147, 149.
California, Gulf of 30.
californium 684.
caliper 423, 559.
caliper, vernier 700.
call button 417.
call button, pedestrian 712.
call key 505.
Callisto 4.
calls indicator 508.
calm 56.
Calvinism: John Calvin 736.
calyx 80, 83, 84, 165.
cam ring 307.
cambium 87.
Cambodia 747.
Cambrian 92.
camcorder, digital 517.
camel 129.
Camembert 211.
camera 18, 428, 490, 492, 775, 873.
camera body 476.
camera control area 489.
camera control technician 489, 490.
camera control unit 489, 490.
camera dolly 492.
camera operator 428.
camera platform 482.
camera platform lock 482.
camera screw 482.
camera viewfinder 492.
camera, digital 481, 517.
camera, motorcycle-mounted 870.
Cameroon 745.
camisole 366.
camp bed 904.
camper 567.
camping 902.
camping (caravan and tent) 725.
camping (caravan) 725.
camping (tent) 725.
camping equipment 905.
camping prohibited 725.
camshaft 566.
can, beverage 223.
can, food 223.
Canada 742.
Canadian bacon 216.
Canadian elk 128.
Canadian football 809.
canal bed 597.
canal lock 596, 597.
canal lock : side view 597.
canal, Haversian 154.
canal, radial 95.
canal, ring 95.
canals, Volkmann's 154.
canary melon 195.
cancel button 519.
cancelled stamped post 474.
Cancer, Tropic of 34.
candela 702.
candle 737.
candlepin 865.
candy, rock 209.
cane pen 470.
canine 121, 159.
canister 611.
canister, dust 308.
canisters 222.
canned failed fuel 666.
canned goods 181.
cannelloni 206.
cannon 124.
cannon and mortar, seventeenth-century 752.
canoe 600, 837.
canoe, dugout 599.
canoe, outrigger 599.
canoe-kayak: flatwater racing 838.
canoe-kayak: whitewater 837.
canopy 391, 416, 567, 611, 628, 639, 760, 896, 897, 902.
canopy release knob 898.
cantaloupe 195.
canteen 906.
cantilever 661.

cantilever bridge 540.
cantilever span 540.
cantle 855.
canvas 400, 842.
canvas divider 902.
Canyon, Grand 30.
cap 76, 236, 255, 269, 274, 275, 340, 398, 470, 484, 676, 770, 783, 827, 830.
cap iron 309.
cap nut 311.
cap sleeve 360.
cap, bottom 689.
cap, distributor 552.
cap, lever 309.
cap, screw 223.
cap, top 689.
capacitor, ceramic 689.
capacitor, plastic film 689.
capacitors, electrolytic 689.
cape 38, 338, 355.
Cape Horn 31.
Cape of Good Hope 34.
Cape Verde Islands 745.
capillary blood vessel 172.
capillary tube 695.
capital 37, 405.
capital, small 472.
capitals lock 514.
capitals lock key 514.
capitate 154.
capitulum 81.
capon 213.
caponiere 409.
capped column 64.
capped tee 257.
Capricorn, Tropic of 34.
capstan 421.
capstan button 443.
capsule 75, 783.
captain's quarters 609.
captain's seat 626.
caption 471.
capture 916.
car 549, 835.
car ceiling 417.
car coat 355.
car cover 558.
car dealer 711.
car deck 608.
car floor 417.
car guide rail 417.
car park 583, 596, 620.
car safety 417.
car systems 553.
car systems : main parts 552.
car transporter 572.
car wash 548.
car, electric 563.
car, following 870.
car, formula 1 873.
car, formula 3000 873.
car, formula Indy 873.
car, hybrid 563.
car, lift 417.
car, Micro Compact 549.
car, police 769, 771.
car, rally 873.
car, trailer 594.
caraco jacket 337.
carafe 225.
carambola 197.
carapace 107, 113.
caravan 567.
caravel 599.
caraway 198.
carbon 683.
carbon dioxide absorption 78.
carbon dioxide gas coolant 670.
carbon rod (cathode) 689.
carbon-zinc cell 689.
Carboniferous 92.
carburettor 574.
carcass ply 561.
card 915.
card games 914.
card number 729, 731.
card reader 493, 507.
card reader slot 548, 730, 731.
card support 58.
card, Chance 915.
card, Community chest 915.
card, compass 37.
card, credit 729.
card, debit 731.
card, network interface 522.
card, PCI expansion 513.
card, sunshine 58.
card, time 530.
cardamom 198.
cardboard 400.
cardiac stomach 107.
cardigan 354, 359.
cardinal 118.
cardinal marks 616.
cardoon 185.
care, body 379.
care, health and beauty 181.
care, lawn 332.
cargo 24.
cargo aircraft 475, 629.
cargo bay 22.
cargo bay door 23.
cargo dispatch 621.
cargo hold 625.
cargo rack, rear 577.
cargo reception 621.
Caribbean Islands 742.
Caribbean Plate 43.
Caribbean Sea 28, 30.
carina 108.
carnation 80.
carnivores 67.
carnivorous mammals 130.
carnivorous mammals, examples of 134.
carom billiards 862.
carp 220.
carpal pad 130.
Carpathian Mountains 32.
Carpentaria, Gulf of 29.
carpenter's hammer 301.
Carpenter's Square 10.
carpentry: drilling tools 306.
carpentry: gripping and tightening tools 310.
carpentry: measuring and marking tools 313.
carpentry: miscellaneous material 313.
carpentry: nailing tools 301.
carpentry: sawing tools 303.
carpentry: screwing tools 302.
carpentry: shaping tools 308.
carpet and floor brush 289.
carpet, pile 254.
carpus 116, 122, 126, 131, 136, 138, 141, 142, 154.
carriage 632, 753, 756.
carriage control dial 456.
carriage handle 456.
carriage return 528.
carriages 456.
carrier 577, 578.
carrier bags 181.
carrier, bike 558.
carrier, bulk 604.
carrier, child 580.
carrier, post 475.
carrot 189.
carrying handle 504, 755.
cartilage, articular 154.
cartilaginous fish 108.
cartilaginous fishes 218.
cartlilage, costal 122.
cartography 35.
carton 223, 390.
carton, brick 223.
carton, egg 222.
carton, small 223.
cartoon 471.
cartridge 268, 315, 470, 500, 754, 773.
cartridge (rifle) 912.
cartridge (shotgun) 912.
cartridge chamber 754, 755.
cartridge film 481.
cartridge fuse 272.
cartridge mixer 268.
cartridge stem 268.
cartridge tape recorder 488.
cartridge, toner 519.
cartridges 860, 861.
cartwheel hat 341.
carved prow 598.
carver's bench screw 401.
carving 401.
carving fork 229.
carving knife 229.
casaba melon 195.
case 313, 345, 377, 436, 442, 695, 696, 700, 912.
case fan 513.
case, handcuff 770.
case, lens 384.
case, plastic 860.
casement 249.
casement window 415.
casement window opening inwards 415.
cash dispenser 715, 730.
cash readout 548.
cash register 181.
cash supply 731.
cashew 193.
cashier 181.
casing 249, 259, 260, 261, 332, 920.
casing first string 654.
casing, steel 689.
Caspian Sea 28, 33.
cassava 184.
Cassegrain focus 17.
cassette 499, 504, 521.
cassette compartment 495, 496.
cassette deck 488.
cassette drive 521.
cassette eject button 495.
cassette holder 499.
cassette player 504.
cassette player controls 504.
cassette tape deck 499.
cassette, video 495.
Cassini 19.
Cassiopeia 12.
cast-on stitches 457.
castanets 437, 449.
caster 281, 289, 448.
castes 99.
casting 910.
Castle 916.
castle 408.
casual shoe 343.
casual wear, men's 717.
casual wear, women's 716.
cat 132.
cat breeds 132.
cat's head 132.
cat, morphology of 133.
Catalan 469.
catalogue, online 733.
catalytic converter 553.
catalytic reforming plant 656.
catamaran 835.
catapult 761.
catch 391, 909.
catcher 443, 794, 795, 796.
catcher's glove 796.
catching glove 879.
catenary 595.
catering foods 181.
catering vehicle 623.
caterpillar 97.
cathedral 410.
cathedral, plan 411.
Catholicism 736.
catwalk 430.
caudal fin 108, 136.
caudal vertebrae 122, 126, 131, 138, 141, 142.
cauliflower 187.
caulking gun 315.
cave 47, 51.
cavity, buccal 116.
cavity, dorsal mantle 106.
cavity, medullary 154.
cayenne 199.
CB radio 505.
CD-ROM player 517.
CD/DVD player 918.
CD/DVD-ROM drive 513, 526.
CD/DVD-ROM eject button 513.
cedar of Lebanon 89.
cedilla 473.
ceiling 257, 818, 819.
ceiling bracket 284.
ceiling collar 257.
ceiling fan 261.
ceiling fitting 286.
ceiling joist 252.
ceiling outlet 258.
ceiling projector 59.
ceiling, acoustic 431.
ceiling, car 417.
celeriac 189.
celery 185.
celestial bodies 4.
celestial coordinate system 13.
celestial equator 13.
celestial meridian 13.
celestial sphere 13.
cell 96, 100, 407, 563, 727.
cell body 168.
cell membrane 74, 94.
cell wall 74.
cell, alkaline manganese-zinc 689.
cell, carbon-zinc 689.
cell, convective 63.
cell, isolation 727.
cell, juvenile 768.
cell, men's 768.
cell, red blood 162.
cell, white blood 162.
cell, women's 768.
cellar, wine 720.
cello 439.
cellos 437.
cells 687, 728.
cells, dry 689.
Celsius scale 695.
Celsius temperature, measurement of 702.
Celsius, degree 702.
Celtic languages 469.
celtuce 186.
cement screed 254.
cementum 159.
cemetery 39, 711.
censer 737.
cent 728.
Centaur 11.
Central African languages 468.
Central African Republic 745.
Central America 28, 30.
central brush 573.
central circle 809.
central column 676.
central disk 95.
central focusing wheel 692.
central incisor 159.
central midfielder 803.
central nave 738.
central nervous system 167.
central pumping station 654.
central reservation 539, 712.
central screw 425.
central stile 247.
central wrestling area 843.
centre 431, 704, 807, 809, 811, 847, 879, 916.
centre back 814.
centre back vent 348.
centre base 740.
centre chief 740.
centre circle 803, 810.
centre console 556.
centre court 818.
centre electrode 562.
centre face-off circle 879.
centre field 795.
centre fielder 794.
centre flag 802.
centre forward 801, 814.
centre half 801, 803.
centre hole 500.
centre Keelson 607.
centre lane 539.
centre line 801, 806, 809, 810, 814, 815, 816, 848, 877, 879.
centre line judge 820.
centre loudspeaker 493.
centre mark 820.
centre pocket 862.
centre point 740.
centre post 278.
centre service line 821.
centre span 540.
centre spot 803, 862.
centre strap 821.
centre T mark 858.
centre third 809.
centre wheel 696, 697.
centre, city 709, 710.
centre, control 727, 764.
centre, convention 711, 718.
centre, day-care 715.
centre, distribution 474.
centre, documentation 764.
centre, exhibition 708.
centre, shopping 709, 714.
centre-aisle 584.
centreboard 834.
centreboard boat 835.
centrifugal compressor 627.
centrifuge module 21.
centring 528.
centring control 518.
centring point 306.
centriole 94.
cephalic vein 160.
cephalothorax 103, 107.
Cepheus 12.
ceramic capacitor 689.
cereal products 204.
cereals 85, 203.
cerebellum 167.
cerebro-spinal fluid 168.
cerebropleural ganglion 105.
cerebrum 167.
cerium 684.
cervical collar 775.
cervical vertebra 153, 157.
cervical vertebrae 116, 122, 126, 131, 138, 141, 142.
cervix of uterus 170.
cesspit 263.
cesspit emptier 573.
Chac-Mool 412.
Chad 745.
Chad, Lake 34.
chain 580, 697, 826.
chain brake 331.
chain drive 641, 643.
chain guide 580.
chain mail 749.
chain of dunes 52.
chain of neurons 168.
chain pipe wrench 315.
chain reaction 681.
chain stay 578.
chain stitch 459.
chain wheel 870.
chain wheel A 580.
chain wheel B 580.
chain wheel, single 871.
chain, food 67.
chainsaw 331.
chainsaw chain 331.
chair 723.
chair lift 886.
chair lift departure 886.
chair, armless 734.
chair, high 281.
chair, patient's 780.
chairman, mat 843.
chairs, examples of 277.
chairs, players' 813.
chaise longue 276.
chalaza 117.
chalice 737.
chalk 863.
chalk line 313.
chamber, cold storage 180, 181.
chamber, king's 402.
chamber, magma 646.
chamber, queen's 402.
chamber, relieving 402.
chamber, underground 402.
Chameleon 11.
chameleon 114.
chamfer bit 308.
chamois leather 345, 377.
chamomile 208.
champagne flute 225.
champagne glass 225.
Chance card 915.
chandelier 287.
change sign key 529.
changing room 734.
changing table 281.
changing table 281.
channel scan buttons 495.
channel selector 505.
channel selector controls 495.
Channel, English 32.
Channel, Mozambique 34.
chanter 432.
chanterelle 183.
Chantilly parquet 254.
chapel 408, 726.
character correction 528.
character, position of 472.
characters 917.
characters of font 472.
characters, shape of 472.
charcoal 397.
charcoal drawing 396.
charge 912.
charge indicator 383.
charge, blasting 653.
charge-air cooler 564.
charger 306.
charges, examples 741.
charging handle 755.
charging light 383.
charging plug 563.
charging socket 383.
Charioteer 12.
Charleston cymbal 448.
charlotte mould 232.
charm bracelet 376.
charms 376.
Charon 5.
charr, brook 221.
chart room 604.
chase 753.
chat room 525.
chayote 189.
check nut 58.

check valve 263, 319.
check-rail 590.
checkout 181, 723.
checkouts 181, 716, 717.
cheek 124, 130, 148, 301, 753, 909.
cheek piece 860, 861.
cheek ring 854.
cheek strap 854.
cheese box 223.
cheese counter 181.
cheese knife 228.
cheese, bread and 722.
cheese, Chèvre 210.
cheese, cottage 210.
cheese, cream 210.
cheeses, blue-veined 211.
cheeses, fresh 210.
cheeses, goat's-milk 210.
cheeses, pressed 211.
cheeses, soft 211.
cheetah 135.
chef 721.
chef, station 721.
chemical bond 680.
chemical elements 682.
chemical treatment 656.
chemise 408.
chemist's shop 725.
chemistry 680.
chemistry symbols 684.
cheque book 386.
cheque book cover 387.
cheque, traveller's 729.
chequered flag 872.
cheques 729.
cherimoya 196.
cherry 192.
chervil 202.
chess 916.
chess notation 916.
chessboard 916.
chest 124.
chest expander 850.
chest freezer 291.
chest pad, goalkeeper's 880.
chest protector 796, 808, 859.
chesterfield 276.
chestnut 193.
chestnut, water 184.
chevet 411.
Chèvre cheese 210.
chevron 740.
chevron stitch 459.
chicane 872.
chick 120.
chick peas 190.
chicken 213.
chicory 187.
chief 740.
chief executive's office 509.
chief judge 823, 837.
chief mechanic 873.
chief officer's office 768.
chief range officer 860.
chief referee 846, 847, 860, 883.
chief steward 855.
chief timekeeper 830.
chief's office 764.
chiffonier 279.
child carrier 580.
child seat 558.
child's skull 158.
child's tricycle 581.
children 785.
children's books 732.
children's clothing 369.
children's furniture 281.
children's section 732.
children's shoes 717.
children's sportswear 717.
Chile 742.
chilli 188.
chilli powder 199.
chilli, bird's eye 199.
chilli, jalapeño 199.
chillis, crushed 199.
chillis, dried 199.
chimney 245, 257, 259.
chimney connection 256.
chimney pot 245.
chimpanzee 139.
chin 115, 148.
chin guard 765, 885.
chin protector 575.
chin rest 439.
chin strap 765, 808, 870.
China 747.
Chinese 468.
chinois 231.
chip cover 305.
chip van 572.
chipboard 300.
chipmunk 123.
chipolata sausage 216.
chipset 513.
Chisel 11.
chisel 421.
chiton 336.
chive 184.
chlamys 336.
chlorine 683.
chloroplast 74.
choanocyte 95.
chock 900, 901.
chocolate 208.
chocolate, dark 208.
chocolate, milk 208.
chocolate, white 208.
choir 410, 411.
choir organ manual 444.
choker 374.
chondrite 8.
choosing key 261.
chop 214, 215.
chop, loin 215.
chord 435.
chorizo 216.
choroid 177.
chow chow 130.
Christianity: New Testament 736.
Christmas tree 652, 654.
chromatin 94.
chromium 683.
chromosphere 6.
Chronology of Religions 736.
chrysalis 97, 100.
chuck 302, 306, 307, 649.
chuck key 306.
chuck, keyless 306.
chukka 342.
church 711, 737.
chute 650.
chute, pilot 896.
chutney, mango 201.
cicada 101.
cider vinegar 201.
cigar 390.
cigar band 390.
cigar cutter 390.
cigarette 390.
cigarette packet 390.
cigarette papers 390.
cilia 94.
ciliary body 177.
ciliate 79.
cilium 94.
cine scale 479.
cinema 427, 608, 710, 714.
cinnamon 198.
Circle, Antarctic 29, 36.
circle, colour 400.
circle, parts of 704.
circles 917.
circuit 872.
circuit board, printed 689.
circuit breaker 260, 658.
circuit vent 262.
circuit, 120-volt 272.
circuit, 240-volt 272.
circuit, braking 552, 559.
circuit, integrated 689.
circuit, printed 689.
circuit, supercross 875.
circular body 432.
circular needle 457.
circular saw 304.
circular saw blade 304.
circular track 16.
circulating pump 259, 675.
circulation desk 733.
circulation diagram 161.
circumference 704.
circumflex accent 473.
circumvallate papilla 176.
cirque 7.
cirrocumulus 56, 62.
cirrostratus 56, 62.
cirrus 56, 62.
cistern 264.
cistern ball 265.
cistern lid 265.
citron 194.
citrus fruits 194.
city 37, 708.
city bicycle 581.
city bus 568.
city centre 709, 710.
clam 217.
clam cleat 835.
clam, hard-shell 217.
clamp 274, 303, 381, 424, 462, 892.
clamp binder 532.
clamp lever 381.
clamp spotlight 286.
clamp, black 558.
clamp, pipe 312.
clamp, red 558.
clamp/holder 685.
clamping block 700.
clamping screw 312.
clamping screws 700.
clapperboard 429.
clapskate 883.
clarinet 446.
clarinets 437.
clasp 386, 387.
class ring 376.
classic blouse 359.
classified advertisements 471.
classroom 727, 734, 735.
classroom for students with learning disabilities 734.
clavicle 111, 116, 122, 141, 142, 152.
claw 96, 98, 107, 113, 115, 121, 122, 130, 133, 140, 143, 301, 376, 425.
claw hammer 301.
claw, extended 133.
claw, retracted 133.
claw-pole rotor 688.
clay 822.
clay core 660.
clay target 860.
clean and jerk 850.
clean dish table 721.
clean utility room 778.
cleaner height adjustment knob 289.
cleaner, dry 715.
cleaning brush 383.
cleaning eye 270.
cleaning supplies 721.
cleaning tools 289.
cleaning, turnouts' 764.
clear key 529.
clear sky 56.
clear space 812.
clear-entry key 529.
cleat 834, 835.
cleated shoe 808.
cleated shoes 885.
cleaver 229.
clefs 434.
cleg 101.
clerks' desk 728.
clerks' office 728.
clew 836.
click 696, 697.
cliff 7, 45, 51.
cliff, shore 51.
climate control 556.
climates of the world 61.
climates, cold temperate 61.
climates, dry 61.
climates, warm temperate 61.
climber 900.
climbing 900.
climbing harness 901.
climbing iron 345.
climbing plant 322.
climbing shoe 900.
climbing structure, artificial 900.
clinical thermometer 695.
clinical thermometers 777.
clip 284, 470, 506, 534, 700, 913.
clip earrings 374.
clipboard 533.
clipless pedal 870.
clippers 381.
clitoris 170.
cloaca 103, 110, 113, 116.
cloakroom 250, 719, 723, 726, 731.
cloakroom, customers' 720.
cloakroom, staff 720, 768, 781.
cloche 341.
Clock 10.
clock 488, 489, 491, 734.
clock operator 810.
clock radio 503.
clock timer 238, 290.
clock, game 789.
clock, time 530, 858.
clog 344.
close hauled 833.
close reach 833.
close-up lens 478.
closed to bicycles 545, 546.
closed to motorcycles 545, 546.
closed to pedestrians 545, 546.
closed to trucks 545, 546.
closeness setting 383.
closure rail 590.
cloth roller 460.
clothing 336.
clothing guard 783.
clothing shop 714.
clothing, children's 369.
clothing, newborn children's 368.
clothing, protective 318.
clothing, traditional 339.
cloud 53, 65.
cloud amount 56.
cloud of volcanic ash 44.
cloud, funnel 63.
cloud, Oort 4.
cloud, wall 63.
cloudless sky 56.
clouds 56, 62.
clouds with vertical development 62.
cloudwater 70.
cloudy sky 56.
clove 198.
clove hitch 908.
cloverleaf 538, 539.
club 914.
club chair 276.
clubhouse 856, 866.
clubhouse turn 856.
clubs 823.
clump of flowers 322.
cluster, globular 9.
clutch 552.
clutch housing 576.
clutch lever 327, 574, 576.
clutch pedal 556.
coach 568, 800, 811, 827, 879.
coach connection 584.
coach's box 794.
coach, assistant 811, 879.
coaches 881, 883.
coaches' stand 891.
coal mine 647.
coal storage yard 646.
coal-fired thermal power station 646.
coarse adjustment knob 693.
coarse salt 201.
coastal features 51.
coat dress 356.
coat hook 510.
coat rack 510.
coatroom 394.
coats 352, 355.
coats, men's 717.
coats, women's 716.
coaxial cable 523.
cob 85.
cobalt 683.
cobra 114.
coccyx 152, 157.
cochlea 174.
cochlear nerve 174.
cock 752.
cockatoo 118.
cockchafer 101.
cocking lever 757.
cockle 217.
cockleshell 276.
cockpit 834, 873, 898.
cockpit canopy 898.
cockpit ventilation 898.
cockroach, oriental 101.
cocktail cabinet 279.
cocktail glass 225.
cocktail lounge 724.
cocoa 208.
coconut 193.
Cocos Plate 43.
cod, Atlantic 221.
code 528.
code, time 429.
coeliac trunk 161, 165.
coelophysis 93.
coffee 208.
coffee and infusions 208.
coffee beans, roasted 208.
coffee makers 241.
coffee mill 240.
coffee mug 226.
coffee pot 905.
coffee shop 710, 715.
coffee spoon 228.
coil 688.
coil spring 285, 553.
coiling 465.
coin chute 920.
coin purse 387.
coin reject slot 920.
coin return bucket 507.
coin slot 507, 920.
coin: obverse 729.
coin: reverse 729.
cola nut 193.
colander 231.
cold air 64, 675.
cold coolant 665, 674.
cold heavy water 670.
cold room 722.
cold storage chamber 180, 181.
cold store 596.
cold temperate climates 61.
cold-water circuit 262.
cold-water line 266.
cold-water riser 262.
cold-water supply 265, 267, 270, 271.
cold-water supply line 271.
collar 77, 348, 349, 352, 362, 370, 383, 838, 851.
collar point 349, 362.
collar stiffener 349.
collar, breast 857.
collar, cervical 775.
collar, torque adjustment 306.
collards 186.
collaret 339, 363.
collars, examples of 362.
collateral 168.
collecting funnel 59.
collecting vessel 59.
collection body 573.
collection truck 573.
collection, separate 71.
collector 659.
collector head 18.
collector rings 688.
collector, electron 689.
collet 308, 482.
collie 130.
Colombia 742.
colon 97, 113, 125, 473.
colour chart 398.
colour circle 400.
colour control 512.
colour display 456.
colour filter 478.
colour selection filter 494.
colour shifting ink 729.
colour supplement 471.
colour synthesis 690.
colour synthesis, additive 690.
colour synthesis, subtractive 690.
colour television camera 20.
colour, hair 379.
coloured pencil drawing 396.
colouring pencils 396.
colours, examples 741.
colours, primary 400.
colours, secondary 400.
colours, tertiary 400.
columella 105.
columella fold 105.
column 47, 64, 287, 307, 403, 405, 452, 471, 482, 485, 540, 919.
column crank 482.
column lock 482.
column of mercury 695.
column, steering 552.
column, vertebral 157.
coma 8.
comb 417, 461, 749.
comb binding 533.
combat aircraft 760.
combat sports 842.
combination 852.
combination lock 386.
combination pliers 317.
combination spanner 311.
combinations 351.
combine harvester 643.
combs 380.
combustion 564, 565, 627.
combustion chamber 564, 566.
combustion space 256, 259.
comet 8.
comma 473.
command module 19, 25.
commander's seat 758.
commandments, ten 738.
commando knife 751.
commercial area 713.
commercial concern 525.
commercial zone 709.
commissure of lips of mouth 174.
committee, arbitration 845.
common carotid artery 160.
common coastal features 51.
common extensor of fingers 151.
common frog 111.

common hair cap moss 75.
common iliac artery 160, 165.
common iliac vein 165.
common nail 301.
common periwinkle 217.
common peroneal nerve 166.
common plaice 221.
common polypody 76.
common symbols 725.
common toad 111.
common whipping 908.
communicating ramus 168.
communication antenna 761.
communication by telephone 506.
communication devices 522.
communication module 486.
communication panels 626.
communication protocol 524.
communication set 594.
communication tunnel 23.
communication, wireless 505.
communications 468.
communications and office automation 468.
communications volume controls 20.
communion rail 737.
Community chest card 915.
commutator 688.
commuter train 583.
Comoros 746.
comouter, on-board 556.
compact 378.
compact bone 154.
compact disc 501, 504.
compact disc player 488, 501, 503, 504.
compact disc player controls 504.
compact disc player, portable 503.
compact disc reading 501.
compact disc recorder 503.
compact disc rewritable 521.
compact disc rewritable recorder 521.
compact flash memory card 481.
compact memory card 477.
compact video cassette adapter 496.
compacting 71.
compartment 416, 919.
compartment, bag 289.
compartment, baggage 568.
compartment, cassette 496.
compartment, computer 527.
compartment, document 527.
compartment, engine 568.
compartment, glove 556.
Compass 11.
compass 898.
compass bridge 604, 608, 609.
compass card 37, 612, 907.
compass meridian line 907.
compass saw 303.
Compasses, Pair of 11.
competition 789.
competition area 845, 846, 847.
competition course basin 788.
competition site: half-pipe 887.
competition, road cycling 870.
competitive course 831.
competitors' compound 871.
competitors' line 845, 847.
complaints office 768.
complex dune 52.
complex, sports 709, 788.
complexus 151.
compluvium 406.
composition of the blood 162.
compost bin 323.
compound bow 859, 913.
compound eye 96, 98, 99.
compound leaves 79.
compound, competitors' 871.
compressed air reservoir 586.
compressed air starting unit 622.
compressed air tank 873.
compressed-air cylinder 765, 841.
compression 564, 565, 627.
compression coupling 270.
compression fitting 269.
compression link 640.
compression strap, front 906.
compression strap, side 906.
compression/intake 565.
compressor 260, 320, 533.
compressor turbine 627.
computer 734.
computer compartment 527.
computer connector 518.
computer interface port 520.
computer network 523.
computer programs 771.
computer room 763.
computer science room 734.
computer screen intensity controls 20.
computer table 511.
computer, dashboard 771.
computer, desktop 522, 523, 524.
computer, laptop 523, 526.
computer, pocket 527.
concave lens 691.
concave primary mirror 15.
concentric lamellae 154.
concern, commercial 525.
concert grand 443.
concertina-type folding door 416.
concha 173.
conchiglie 206.
concrete 298.
concrete block 298.
concrete drain 655.
concrete mixer truck 573.
concrete shielding 670, 671.
concrete wall 675.
condensation 67, 680.
condensation of steam into water 665.
condensation pool 671.
condensed 472.
condenser 646, 668, 674, 693, 694.
condenser adjustment knob 693.
condenser backwash inlet 669.
condenser backwash outlet 669.
condenser coil 261.
condenser cooling water inlet 669.
condenser cooling water outlet 669.
condenser fan 261.
condenser height adjustment 693.
condiments 200, 723.
conditioner, hair 379.
conditioning, air 261.
condor 119.
conduction 681.
conductor's podium 437.
conduit, fuel 553, 563.
condyloid joint 156.
cone 89, 177, 705.
confectionery 717.
conference room 509, 718, 730.
confessionals 737.
configuration of the continents 28.
confined aquifer 646.
confining bed, lower 646.
confining bed, upper 646.
confirmation key 731.
confluent 48.
Confucianism: Confucius 736.
Congo 745.
Congo River 34.
conic projection 36.
conical broach roof 415.
conical buoy 615, 617.
conical washer 265.
conifer 89.
coniferous forest 66.
conifers, examples of 89.
conjunctiva 177.
connecting cable 465, 502.
connecting gallery 543.
connecting rod 564, 566.
connecting socket 452.
connection 916.
connection box 490.
connection cable 516.
connection pin 689.
connection point 273.
connection, network 273.
connection, overhead 663.
connective tissue 172.
connector 269, 272, 488.
connector panel 518.
connector, AGP expansion 513.
connector, computer 518.
connector, ISA expansion 513.
connector, PCI expansion 513.
connector, RAM 513.
conning tower 763.
conservation laboratory 395.
console, game 918.
constellations of the northern hemisphere 12.
constellations of the southern hemisphere 10.
constriction 695.
consumer 487.
consumer number 273.
contact 274, 916.
contact devices 274.
contact lens, disposable 384.
contact lens, hard 384.
contact lens, soft 384.
contact lenses 384.
contact lever 287.
contact printer 484.
container 59, 236, 320, 323, 605, 635.
container hold 605.
container ship 596, 604.
container terminal 596, 708.
container truck 572, 588.
container, aluminum recycling 71.
container, glass recycling 71.
container, paper recycling 71.
container, refuse 295.
container-loading bridge 596.
container/pallet loader 623.
containers 635.
containers, recycling 71.
containment building 665, 667.
contest area 844, 845, 846.
contestant 844, 846.
continent 49.
continental crust 42.
continental margin 49.
continental rise 49.
continental shelf 49.
continental slope 49.
continents, configuration 28.
continuity person 429.
continuity tester 316.
continuous beam 540.
contour feather 115.
contrabassoons 437.
contractile vacuole 94.
contrast control 512, 518.
control 514.
control : group select 514.
control bar 897.
control box 267.
control box, electronic 563.
control button 516.
control cable 323.
control centre 394, 727, 764.
control column 626.
control console 10, 626.
control deck 605.
control gate 890.
control key 514.
control keys 508.
control knob 290, 292.
control knobs, burner 290.
control lever 649.
control lights 519, 520.
control monitors, director's 428.
control panel 238, 239, 261, 290, 292, 293, 294, 512, 518, 694, 766.
control rod 670, 671.
control room 10, 431, 488, 657, 669, 718, 768.
control room, radio 488.
control rooms, television 490.
control stand 586.
control stick 631, 898.
control tower 618, 761.
control unit, electronic 559.
control valve 903.
control wheel 626, 766.
control, bass tone 503.
control, cruise 556.
control, programming 261.
control, remote 493.
control, sound field 497.
control, temperature 291.
control, treble tone 503.
control, tuning 503.
control, volume 441, 503, 505, 513.
controller 918.
controller ports 918.
controller, lightbar 771.
controls, videotape operation 496.
controls, winch 573.
conurbation 708.
convection 681.
convection current 681.
convection zone 6.
convective cell 63.
convector heater 260.
convenience food 181.
convenience outlet 316.
convention centre 711, 718.
convention hall 718.
conventional door 416.
convergent plate boundaries 43.
converging lenses 691.
convertible 549.
convex lens 691.
conveyor 646, 647, 649.
conveyor belt 71, 620.
Cook Strait 29.
cook's knife 229.
cooked ham 216.
cooker hood 224.
cooker ring 290.
cooker, gas 290.
cooking area 722.
cooking dishes 239.
cooking plate 239, 722.
cooking set 905.
cooking surface 239.
cooking utensils 234, 722.
cooksonia 92.
cool tip 381.
coolant 665, 674.
coolant inlet 672.
coolant outlet 672.
coolant, cold 665.
coolant, hot 665.
coolant: boiling water 671.
coolant: carbon dioxide 670.
coolant: pressurized heavy water 670.
coolant: pressurized water 671.
cooler 906.
cooling 656.
cooling cylinder 692.
cooling fan 497, 552, 561, 563, 566.
cooling system 553.
cooling tower 646.
cooling vent 526.
Coon, Maine 132.
coordinator, judge 823.
coping 894.
coping saw 303.
copper 683.
copper to plastic 269.
copper to steel 269.
copperplate 422.
copulatory bursa 97, 104.
copy output mode 512.
copy quantity 512.
copyright 473.
cor anglais 446.
coracoid 111, 116.
Coral Sea 29.
coral snake 114.
corbeille 431.
corbel 408.
corbel piece 256.
cord 110, 285, 424, 505.
cord tieback 282.
cord, nerve 99.
cord, power 237, 305, 308, 381, 497.
cord, spinal 167.
cord, ventral nerve 107.
cordate 79.
Cordillera, Andes 31.
cordless drill-driver 306.
cordless mouse 516.
cordless screwdriver 302.
cordless telephone 507.
core 6, 82, 867, 908, 912.
core box bit 308.
core, armature 688.
corer, apple 233.
coriander 202.
Corinthian column, engaged 407.
corinthian order 405.
Corinthian pilaster 407.
cork 892.
cork ball 797.
cork tip 817.
corkscrew 905.
corn 203.
corn oil 209.
corn salad 187.
corn syrup 209.
corn: cob 85.
cornea 177, 691.
corner 426, 842.
corner arc 803.
corner cap 587.
corner cupboard 279.
corner fitting 635.
corner flag 801, 803.
corner judge 845.
corner judges 846.
corner pad 842.
corner stool 842.
corner stud 252.
corner tower 408.
corner upright 635.
cornerpiece 389.
cornet 437, 447.
cornflour 204.
cornice 245, 247, 278, 403, 404.
corolla 80.
corona 6.
corona radiata 170.
coronal suture 158.
coronet 124, 127.
coronet boot 853, 857.
corpus callosum 167.
corpus cavernosum 169.
correction fluid 534.
correction key 456.
correction paper 534.
corrosive 774.
cors anglais 437.
corselette 366.
corset 337, 367.
cortex 165.
corymb 81.
cos lettuce 186.
cosmetic tray 389.
cosmetics 717.
Costa Rica 742.
costal cartilage 122.
costal shield 113.
costume 428.
cot 281.
cotehardie 337.
cottage cheese 210.
cottage loaf 205.
cotter pin 249.
cotton applicators 777.
cotton wool ball 777.
cotyledon 77.
couched stitches 459.
coudé focus 17.
cougar 134.
cough syrup 783.
coulis, tomato 200.
coulomb 702.
Coulommiers 211.
coulter 641, 643.
coulter shaft 641.
counsels' assistants 728.
counter 370, 722, 731.
counter reset button 499.
counter, bar 720.
counter, business 731.
counter, cheese 181.
counter, fresh meat 180.
counter, lap 883.
counter, score 920.
counterguard 409.
counterjib 634.
counterjib ballast 634.
counterscarp 409.
countersunk head 302.
counterweight 14, 16, 417, 500, 542, 591, 634, 638, 639, 640.
counterweight guide rail 417.
country 37, 709.
country, swimmer's 831.
coupé 549.
coupler head 640, 641.
coupler-tilt tablet 444.
coupling 586, 587.
coupling bolt 659.
coupling guide device 585.
coupling knuckle 587.
coupling knuckle pin 587.
coupon booth 731.
courgette 188.
course 833, 866, 874.
course buoys 838.
course gate 837.
course steward 853, 855.
course umpire 838.
course, golf 708, 788.
course: moguls competition 890.
court 343, 728, 809, 810, 812, 813, 814, 816, 818, 819, 820.
court referee 814.
courthouse 710.
courtroom 728.
courts, tennis 788.
courtyard 727, 738.
couscous 204.
couscous kettle 235.
cousin 785.
couter 749.
cove bit 308.
cover 240, 261, 273, 274, 391, 477, 512, 755, 757, 767, 797, 867, 907.
cover, car 558.
cover, chip 305.
cover, cylinder head 552.
cover, front 519.
cover, sliding 506.
coverage, sky 55.
coveralls 887.
covered bogie truck 588.
covered parapet walk 408.
covered way 409.
covering 425, 815.
covering disc 643.
covering grille 259.
covering materials 299.
cow 128.

cow hitch 908.
cowl neck 363.
Cowper's gland 169.
cowshed 182.
coxa 96, 98.
coxal gland 103.
coxed eight 839.
coxed four 839.
coxed pair 839.
coxless double 839.
coxless four 839.
coxless pair 839.
coxswain's seat 838.
Coyolxauhqui stone 412.
Crab 13.
crab 218.
crab pulley 634.
crab spider 102.
cradle 14, 15, 485, 756.
cradle, docking 527.
crafts 452.
crakow 339.
crampon strap 901.
crampon system 893.
cranberry 192.
Crane 10.
crane 652.
crane runway 634.
cranes 634.
cranial nerves 166.
crank 230, 307, 312, 580, 750, 910.
crank handle 313, 423.
crank, landing gear 571.
crankcase 565.
crankshaft 564, 566.
crash helmet 575, 872, 884, 885.
crash sensor, primary 556.
crate, small 222.
crate, small open 222.
crater 7, 44, 647.
crater ray 7.
cravat 349.
crawl kick 832.
crawl stroke 832.
crayfish 218.
crayons, wax 396.
cream 210.
cream cheese 210.
cream jug 226.
cream, sour 210.
cream, whipping 210.
crease 350.
credenza 510.
credit card 729.
credit card wallet 386.
credit line 471.
Cree 469.
creel 911.
creep 47.
cremaster 97.
crenate 79.
crepidoma 403, 405.
crescendo pedal 444.
crescent 741.
crescentic dune 52.
cress, garden 187.
crest 45, 49, 690, 748, 797.
crest of spillway 657.
Cretaceous 93.
crevasse 46.
crevice tool 289.
crew neck 368.
crew neck sweater 354, 359.
crew quarters 604.
crew return vehicle 21.
crew's room 584.
cribriform plate of ethmoid 175.
cricket 798.
cricket ball 798.
cricket player: batsman 798.
cricket shoe 798.
crime prevention 768.
crimp 901.
crimping 912.
crisscross curtains 283.
critical point 891.
Croatia 744.
crochet hook 457.
crockery 226.
crocodile 114.
crocus 80.
croissant 204.
crook 446.
crook key 446.
crookneck squash 189.
crop 97, 99, 104, 106, 116.
crosne 184.
cross 740.
cross brace 783.
cross cut 650.
cross handle 919.
cross head 302.
cross rail 277.
cross section 920.
cross section of a baseball 797.
cross section of a buttress dam 660.
cross section of a golf ball 867.
cross section of a gravity dam 661.
cross section of a hydroelectric power plant 658.
cross section of a molar 159.
cross section of a muzzle-loading cannon 753.
cross section of a pipe 390.
cross section of a power plant 664.
cross section of a reflecting telescope 15.
cross section of a reflex camera 477.
cross section of a refracting telescope 14.
cross section of a road 538.
cross section of a space launcher (Ariane V) 24.
cross section of a space launcher (Saturn V) 25.
cross section of a street 712.
cross section of an airbrush 398.
cross section of an arch dam 661.
cross section of an astronomical observatory 17.
cross section of an electron microscope 694.
cross section of an embankment dam 660.
cross stitches 459.
cross, altar 737.
cross-country bicycle and cyclist 870.
cross-country ski 892.
cross-country ski trail 886.
cross-country skier 892.
cross-country skiing 892.
cross-headed tip 302.
cross-ply tyre 561.
cross-tip screwdriver 905.
crossarm 663.
crossbar 424, 433, 461, 578, 792, 827, 897.
crossbeam 460.
crossbow 750.
crosshead 632.
crossing 410, 411.
crossing arm 568.
crossing barrier mechanism 591.
crossover 583.
crossover cargo deck line 607.
crossover mirror 568.
crosspiece 278, 460, 782.
crosstree 834.
crosswise grain 455.
crotch 351.
crotch piece 359.
crotchet 435.
crotchet rest 435.
Crottin de Chavignol 210.
crouching position (freestyle wrestling) 843.
croup 124, 826.
Crow 11.
crowbar 301.
crown 87, 115, 159, 340, 341, 374, 398, 440, 448, 610, 696.
crown block 651.
crownpiece 854.
crucifix 737.
crude oil 656.
crude-oil pipeline 654.
cruise control 556.
cruise control lever 333.
cruiseliner 608.
crus of helix 173.
crushed chillis 199.
crusher 71, 646.
crushing roll 642.
crust, continental 42.
crust, oceanic 42.
crustaceans 107, 218.
crustose lichen 74.
crystal button 287.
crystal drop 287.
crystallization 680.
crystals, snow 64.
Cuba 742.
cube 705.
cubes, beef 214.
cubes, lamb 215.
cubes, veal 214.
cuboid 155.
cucumber 188.
cucumber, seedless 188.
cue ball 862, 863.
cuff 338, 342, 349, 880.
cuff link 361.
cuirass 748.
cuisse 749.
culet 374.
culler-facer-canceller 474.
culottes 357.
cultivated mushroom 183.
cultivator 641.
cultural organization 525.
cumin 198.
cumulonimbus 56, 62.
cumulus 56, 62.
cuneiform, lateral 155.
Cup 11.
cup 223, 905, 906, 912.
cup gasket 773.
cup protector 843.
cup, butter 223.
cup, milk/cream 223.
cupboard 224.
cupboard, janitor's 724, 731.
cupola 614.
cupule 84.
curator's office 394.
curb bit 854.
curb chain 854.
curb hook 854.
curb rein 854.
curium 684.
curler 877.
curling 877.
curling brush 877.
curling iron 381.
curling stone 877.
curly endive 187.
curly kale 186.
currant tomato 188.
currency exchange 725.
currency name 729.
current event scoreboard 825.
current, convection 681.
current-collecting shoe 595.
curry 198.
cursor down 515.
cursor left 515.
cursor movement keys 515, 529.
cursor right 515.
cursor up 515.
curtain 282, 492.
curtain pole 284.
curtain track 284.
curtain wall 408.
curtain, iron 430.
curtain, net 282.
curtain, privacy 780.
curtain, stage 430.
curtains, examples of 283.
curve, 180-degree 885.
curved jaw 310.
customer service 731.
customer's supply 273.
customers' cloakroom 720.
customers' entrance 720.
customers' toilets 720.
customs control 621.
customs house 596.
cut for gemstones 375.
cut nail 301.
cut stone 298.
cut-off trench 660, 661.
cut-throat razor 383.
cuticle nippers 377.
cuticle pusher 377.
cuticle scissors 377.
cuticle trimmer 377.
cutlery 227.
cutlery basket 294.
cutlery set 905.
cutoff, high-temperature 266.
cuts of beef 214.
cuts of lamb 215.
cuts of pork 215.
cuts of veal 214.
cutter 317.
cutter bar 642, 643.
cutter link 331.
cutter, cigar 390.
cutting blade 236, 240, 424, 534.
cutting board 229.
cutting cylinder 332.
cutting edge 227, 229, 382, 636, 637, 638.
cutting guide 424.
cutting head 535.
cutting line 455.
cutting nozzle 319.
cutting torch 319.
cutting wire 464.
cutting, key 715.
cuttlefish 217.
cyan 690.
cyanobacteria 92.
cycle lock 580.
cycle, hydrologic 67.
cycling 870.
cycling helmet 580.
cycling, track 871.
cyclone 63.
cyclone, tropical 63.
cyclorama 492.
cylinder 249, 268, 564, 705, 754.
cylinder case 249.
cylinder head cover 552.
cylinder pressure gauge 319.
cylinder vacuum cleaner 289.
cylinder, cooling 692.
cylinder, elevating 573.
cylinder, graduated 685.
cylinder, master 559.
cylinder, reflecting 692.
cylinder, ruby 692.
cylindrical buoy 615.
cylindrical projection 36.
cymbal 448.
cymbals 437, 449.
Cyprus 744.
cytopharynx 94.
cytoplasm 74, 94, 170.
cytoproct 94.
cytostome 94.
Czech 469.
Czech Republic 744.

D

d 434.
D karabiner 900.
d quark 680.
dabber 422.
daffodil 80.
dagger 751.
daggerboard 836.
daggerboard well 836.
daikon 189.
dairy 182.
dairy compartment 291.
dairy products 180, 210.
dairy products receiving area 180.
dalmatian 131.
dam 657.
dam foundation 660.
damper 258, 443, 465.
damper lever 443.
damper rail 443.
dams, examples of 660.
dance blade 881.
dandelion 187.
Dane, Great 131.
danger 616.
danger area 844.
danger zone 847.
dangerous materials 774.
Danish 469.
Danish Blue 211.
Danish rye bread 205.
Danube River 32.
dark chocolate 208.
darkness 617.
darkroom 484.
dart 455, 918.
dart sac 104.
dartboard 918.
dash 473.
dashboard 556.
dashboard computer 771.
dashboard equipment 771.
data display 479, 495, 508.
data display illumination button 479.
data hold 316.
data logger 58.
data panel 476.
data processing 41, 54.
data reception 41.
data record system 694.
data recording 41.
data storage devices 521.
data transmission 41.
database 525.
date 192, 729.
date display/recording button 496.
date stamp 531.
date, expiry 729.
dating nail 590.
daughter 784, 785.
daughter-in-law 784.
David 736.
David, star of 738.
davit 602, 606.
day-care centre 715.
daymark 615.
daymarks (region B) 617.
dayroom 727.
dead ball line 804.
dead bolt 248, 249.
dead bowl area 864.
deadly poisonous mushroom 76.
dealer, car 711.
debit card 731.
debris 63.
decagon, regular 705.
decanter 225.
deceleration and braking zone 891.
deceleration lane 539.
deceleration stretch 885.
deciduous forest 66.
decimal key 529.
decimal tab 528.
deck 471, 540, 650, 838, 893.
deck arch bridge 541.
deck crane 761.
deck, dual cassette 503.
deck, feed 531.
deck, mower 333.
deck, sun 607.
deck, upper 569.
declination 13.
declination setting scale 14, 15.
décolleté bra 367.
decomposers 67.
decorative accessories 716.
decorative articles shop 715.
decorative braid 368.
decoy 913.
decoy launcher 762.
decrease, voltage 646.
dedicated line 523, 524.
deed, title 915.
deep fryer 238, 721.
deep peroneal nerve 166.
deep-sea floor 42.
defects, vision 691.
defence counsel's bench 728.
defence third 809.
deferent duct 169.
defibrillator 775.
deflector 260, 329, 332, 333.
deforestation 69.
defrost drain 291.
degree 704.
degree Celsius 702.
dehumidifier 261.
Deimos 4.
delegates, technical 881.
delete 515.
delete key 515.
delicatessen 180, 216.
delicious lactarius 183.
delivery 799, 864.
delivery entrance 713.
delta 48, 51.
delta distributary 48.
Delta II 24.
delta wing 629, 630.
deltoid 150.
demilune 409.
demisemiquaver 435.
demisemiquaver rest 435.
demitasse 226.
Democratic People's Republic of Korea 747.
Democratic Republic of Congo 745.
dendrite 168.
Denmark 744.
denomination 729.
dental alveolus 159.
dental care 384.
dental floss 384.
dental floss holder 384.
dentary 112.
dentil 404, 405.
dentin 159.
deodorant 379.
deoxygenated blood 162.
department store 715, 716.
departure lounge 621.
departure time indicator 582.
departure, chair lift 886.
departure, gondola 886.
depolarizing mix 689.
deposit slot 730.
deposits, alluvial 48.
depression 55.
depth adjustment 308.

depth gauge 841.
depth of focus 43.
depth scale in metres 613.
depth stop 307.
depth-of-cut adjustment knob 309.
depth-of-field preview button 476.
depth-of-field scale 478.
derailleur 870.
dermis 172.
derrick 604, 607, 651, 652, 654.
derrick mast 607.
descender 900.
descending aorta 161.
descending colon 164.
descending passage 402.
desert 52, 61, 66.
Desert, Atacama 31.
Desert, Gobi 33.
Desert, Great Sandy 29.
Desert, Great Victoria 29.
Desert, Kalahari 34.
Desert, Namib 34.
Desert, Sahara 34.
designer, production 428.
desired temperature 261.
desk 724.
desk lamp 286.
desk lamp, halogen 286.
desk pad 511.
desk tray 531.
desk, attendant's 732.
desk, book-return 733.
desk, circulation 733.
desk, clerks' 728.
desk, front 724.
desk, information 719, 730, 733, 769, 779, 886.
desk, reception 730.
desk, student's 734.
desk, teacher's 734.
desktop computer 522, 523, 524.
desktop video unit 520.
dessert fork 228.
dessert knife 228.
dessert spoon 228.
desserts, fruits and 723.
destination 582.
destroying angel 76.
detachable body 573.
detachable control 239.
detachable palm rest 514.
detector, motion 416.
detector, smoke 767.
detergent dispenser 294.
detonator 757.
deuterium oxide upgrading 669.
developer bath 485.
developing baths 485.
developing tank 484.
device, locking 913.
device, projection 573.
device, refuelling 873.
device, towing 573.
devices, contact 274.
devil, Tasmanian 143.
Devonian 92.
dew 65.
dew pad 130.
dewclaw 130.
dexter 740.
dexter base 740.
dexter chief 740.
dexter flank 740.
diable 235.
diacritic symbols 473.
diagonal 663.
diagonal buttress 410.
diagonal move 916.
diagonal step 892.
diagram of weaving principle 463.
dial 273, 695, 696, 697, 698.
dial, near/far 496.
dial-type display 613.
dial/action button 527.
diameter 704.
diamond 375, 914.
diamond interchange 538.
diamond point 278.
diaphragm 163, 477, 488, 502.
diaphysis 155.
diastema 123.
dibber 324.
dice and dominoes 914.
dice cup 915.
die 915.
died 702.
diesel engine 586.
diesel engine compartment 637, 638, 639.
diesel engine cycle 565.
diesel engine shed 583.
diesel engine ventilator 586.
diesel engines 762.
diesel lift engine 605.
diesel motor compartment 636.
diesel oil 656.
diesel propulsion engine 605.
diesel-electric locomotive 586.
differential 553.
difficult slope 886.
difficulty judges 823.
diffuser 428, 479.
diffuser pin 329.
diffuser, pipe 627.
dig 812.
digestive gland 104, 105, 106, 107.
digestive glands 103.
digestive system 164.
digger bucket 638.
digging fork 326.
digit 110, 122, 143.
digit, prehensile 139.
digital audio player, portable 503.
digital audio tape recorder 488.
digital camcorder 517.
digital camera 481, 517.
digital display 316, 699, 777.
digital frequency display 498.
digital nerve 166.
digital pad 130, 133.
digital pulp 172.
digital reflex camera : camera back 477.
digital thermometer 777.
digital versatile disc (DVD) 494.
digital video effects monitor 491.
digital video special effects 491.
digital voice recorder 534.
digital watch 696.
digitizing pad 517.
digits 116.
Dijon mustard 200.
dike 44.
dill 202.
dimetrodon 92.
dimmer room 490.
dimmer switch 274.
dimple 867.
dinette 224.
dining room 250, 406, 608, 720, 723, 724, 727, 763, 764.
dining section 584.
dinner fork 228.
dinner knife 228.
dinner plate 226.
dinnerware, glassware, and silverware 717.
diode 673.
Dione 5.
dioptric ring 614.
dip switch 576.
dipped beam headlight 554.
dipper 398.
dipper arm 637.
dipper arm cylinder 637.
dipping/indicator stalk 556.
direct home reception 486.
direct-current power cord 526.
direct-reading rain gauge 58, 59.
direction of electron flow 687, 689.
direction of Mecca 738.
direction to be followed 544, 546.
directional buttons 918.
director 429.
director of photography 429.
director of shooting 859.
director's chair 276.
director's control monitors 428.
director's office 731, 732.
director's seat 429.
director, art 428.
director, assistant 429.
director, race 870.
directory 524.
dirty dish table 721.
disc 273, 423, 559, 560, 641, 851.
disc arm 641.
disc brake 552, 559, 574, 874.
disc brake, hydraulic 870.
disc camera 481.
disc compartment 501.
disc compartment control 501.
disc drive 450.
disc mixer 268.
disc spacing lever 643.
disc tray 494.
disc, invertebral 157.
disc, sanding 308.
discharge bay 666.
discharge outlet 246.
discharge pipe 263.
discharge tube 274, 275.
discs 237.
discus 793.
discus and hammer 791.
discussion room 718.
dish 239, 493.
dish aerial 493.
dish, Petri 685.
dish, soufflé 232.
dishes, cooking 239.
dishwasher 224, 271, 294, 721, 723.
disk 9, 521.
disk eject button 521.
disk motor 521.
disk tray 521.
disk, central 95.
diskette, floppy disk 521.
dispenser, beverage 779.
dispenser, cash 715, 730.
dispenser, ice cube 224.
displacement 690.
display 261, 494, 497, 503, 505, 506, 507, 526, 529, 530, 548, 613, 699, 730, 731.
display cabinet 279, 510.
display case, refrigerated 720.
display case, self-service 722.
display panel 496.
display preparation area 180.
display release button 526.
display setting 506.
display, end aisle 181.
display, frequency 503.
display, liquid crystal 477, 496.
display, message 512.
display, radar 771.
disposable camera 480.
disposable contact lens 384.
disposable gas cylinder 314, 319.
disposable nappy 368.
disposable razor 383.
dissemination of information 525.
distal epiphysis 155.
distal phalange 154, 155.
distal phalanx 133, 172.
distal sesamoid 126.
distance lens 385.
distance post 856.
distance scale 478.
distance travelled 700.
distress beacon 611.
distributary, delta 48.
distribution board 273.
distribution box 263.
distribution by aerial cable network 486.
distribution by submarine cable 487.
distribution by underground cable network 487.
distribution centre 474.
distribution centre, regional 475.
distribution panel 272.
distribution to consumers 662.
distributor 566.
distributor cap 552.
distributor service loop 273.
district 39.
district, business 708, 710.
district, residential 709.
ditali 206.
ditch 538, 864.
diver, sky 896.
divergent plate boundaries 43.
diverging lenses 691.
diversion channel 657.
dives, examples of 829.
divide key 529.
divider 386, 389, 643.
dividers 532.
dividing connector 767.
diving 828.
diving apparatus 828.
diving board 246.
diving glove 841.
diving plane 763.
diving tower 828.
diving well 246, 788.
diving, synchronized 829.
division 703.
djembe 433.
Djibouti 745.
Dnieper River 32.
do 847.
do not iron 347.
do not tumble dry 347.
do not use chlorine bleach 347.
do not wash 347.
do-it-yourself 298.
do-it-yourself and gardening 298.
do-it-yourself shop 714.
dock 596.
dock, floating 839.
dock, prisoner's 728.
dock, unloading 715, 719, 724.
docking cradle 527.
docks, unloading 716.
doctor, junior 780.
document compartment 527.
document folder 532.
document handler 512.
document receiving 508.
document-to-be-sent position 508.
documentation centre 764.
dodecagon, regular 705.
does not belong to 703.
dog 130, 913.
dog breeds 130.
dog ear collar 362.
dog's forepaw 130.
dog, morphology of 130.
dog, skeleton of 131.
dogfish, larger spotted 218.
dohyo 847.
dolichos beans 190.
dolina 47.
dollar 728.
dolly 428.
dolly tracks 428.
Dolphin 12.
dolphin 136, 137.
dolphin, morphology of 136.
dolphin, skeleton of 136.
domain name 524.
domain, second-level 524.
domain, top-level 524.
dome 237.
dome roof 415.
dome shutter 17.
dome tent 903.
domestic appliances 236, 288.
domestic appliances, major 716.
domestic appliances, miscellaneous 240.
domestic appliances, small 717.
domestic pollution 69.
Dominica 743.
Dominican Republic 743.
dominoes, dice and 914.
door 238, 278, 290, 293, 417, 551, 554, 567, 624, 724, 738, 818, 902, 903.
door grip 554.
door handle 247, 248, 551.
door lock 551.
door open warning light 557.
door panel 278.
door pillar 551.
door pocket 554.
door shelf 291.
door stop 291, 587.
door switch 293.
door, cargo bay 23.
door, entrance 568, 569.
door, fire 416.
door, lift 569.
door, patio 224.
door, rear 775.
door, screen 567.
door, strip 416.
door, two-leaf 568.
doors, entrance 427.
doors, examples of 416.
Doric column, engaged 407.
doric order 404.
dormer window 244.
dormitory, firefighters' 764.
dormitory, officers' 764.
dorsal abdominal artery 107.
dorsal aorta 99.
dorsal blood vessel 97.
dorsal fin 136.
dorsal mantle cavity 106.
dorsalis pedis artery 160.
dorsum of nose 175.
dorsum of tongue 176.
dot matrix printer 520.
double 853.
double bass 439.
double basses 437.
double bed 724.
double bend 544, 547.
double boiler 235.
double curtain rail 284.
double drop lowbed truck 572.
double flat 435.
double glazing 675.
double handles 840.
double oxer 852, 853.
double pennant 739.
double plate 252.
double pole circuit breaker 272.
double pulley system 686.
double reed 446.
double ring 918.
double room 724.
double seat 594.
double sharp 435.
double sheet bend 908.
double sink 262.
double slash 524.
double spacing 472.
double zero 919.
double zero key 529.
double, coxless 839.
double-bladed paddle 837, 839.
double-blank 914.
double-breasted buttoning 352.
double-breasted jacket 348.
double-decked pallet 632.
double-decker bus 569.
double-edged razor 383.
double-edged razor blade 383.
double-leaf bascule bridge 542.
double-six 914.
double-twist auger bit 306.
doubles luge 884.
doubles service court 817.
doubles sideline 817, 820.
doublet 338, 914.
doubling die 915.
doubly toothed 79.
dough hook 236.
dough, filo 205.
dousing water tank 665, 669.
dousing water valve 669.
Dove 11.
dovetail 692.
dovetail bit 308.
down tube 579.
down wind 833.
downhill 889.
downhill bicycle and cyclist 870.
downhill/Super G ski 888.
downpipe 244.
downstream face 661.
downstream gate 837.
downstream shoulder 660.
downstream toe 660.
dozen (1 to 12) 919.
dozen (13 to 24) 919.
dozen (25 to 36) 919.
draft link 640.
drafting machine 399.
drag 630, 909.
drag wheel, star 910.
Dragon 13.
dragonfly 102.
dragons 917.
drain cock 267.
drain hose 271, 292, 294.
drain tile 253.
drain valve 266, 655.
drain, defrost 291.
drain, main 246.
drainage blanket 660.
drainage circuit 262.
drainage layer 660.
draining spoon 233.
Drake Passage 29, 31.
draped neck 363.
draped neckline 363.
draped swag 283.
draught 916.
draught arm 638.
draught hole 259.
draught tube 638, 658, 659.
draught tube liner 659.
draughtboard 916.
draughts 916.
draw 789.
draw bar hitch 641.
draw bar hitch head 642.
draw curtain 282.
draw hoe 326.
draw tube 693.
drawbar 756.
drawbar lock 756.
drawbridge 408.
drawer 224, 278, 279, 281, 290.
drawing 396, 401.
drawing board 399.
drawing pins 534.
drawing, accessories 399.
drawing, charcoal 396.
drawing, coloured pencil 396.
drawing, dry pastel 396.

drawing, equipment 396.
drawing, felt-tip pen 396.
drawing, ink 396.
drawing, oil pastel 396.
drawing, wax crayon 396.
drawstring 353, 387.
drawstring bag 387.
drawstring hood 369.
dredger 232.
dress circle 431.
dress with bustle 337.
dress with crinoline 337.
dress with panniers 337.
dress, A-line 356.
dressage 855.
dresser 428.
dresser, set 429.
dresses, examples of 356.
dressing room 428, 431, 509.
dressing room, private 428.
dressing table 279.
dressmaker's model 454.
dried chillis 199.
drift 650.
drifting snow high 57.
drifting snow low 57.
drill bit 307.
drill collar 651.
drill pipe 651.
drill rod 648.
drill ship 604, 653.
drill, masonry 306.
drill, pneumatic 873.
drill, twist 306.
drill-driver, cordless 306.
drilling drawworks 651.
drilling rig 651.
drink box 223.
drinking water truck 622.
drinks 180.
drip bowl 290.
drip dry 347.
drip moulding 551.
drip tray 241.
dripping pan 234, 239.
drive belt 292.
drive chain 578.
drive pulley 688.
drive shaft 605, 631.
drive shaft, longitudinal 553.
drive wheel 240, 307.
drive, CD/DVD-ROM 513, 526.
drive, floppy disk 513.
drive, primary hard disk 513.
drive, secondary hard disk 513.
drivebelt safety guard 307.
driven compressor wheel 564.
driver 857, 872, 884.
driver seat 577.
driver's cab 585, 586.
driver's seat 758.
driveway 245.
driving glove 346.
driving propeller 605.
driving turbine wheel 564.
driving wheel 462, 640.
driving wheels 639.
drizzle 64.
drizzle, light continuous 57.
drizzle, light intermittent 57.
drizzle, moderate continuous 57.
drizzle, moderate intermittent 57.
drizzle, thick continuous 57.
drizzle, thick intermittent 57.
dromedary 129.
drone 99.
drone pipe 432.
droop nose 629.
drop earrings 374.
drop shot 821.
drop waist dress 356.
drop-leaf 278.
drug storage 775.
drum 230, 285, 292, 293, 404, 559, 612, 697.
drum brake 559.
drum, rotating 43.
drum, talking 433.
drumhead 448.
drumlin 45.
drums 448.
drumstick 433.
drupelet 83.
dry cells 689.
dry cleaner 715.
dry climates 61.
dry dock 596.
dry flat 347.
dry fruits 84, 193.
dry gallery 47.
dry pastel drawing 396.
dry point 422.
dry well 671.
dry-point 423.
dry-weather tyre 872.
dryer, hose 764.
drying 347.
dual cassette deck 503.
dual launch structure 24.
dual seat 575.
dual swivel mirror 381.
dual-in-line package 689.
dubnium 683.
duck 120, 213.
duck egg 213.
duckpin 865.
duct, exhaust air 543.
duct, fresh-air 543.
duct, hermaphroditic 104.
duct, salivary 99.
duct, spermathecal 104.
duffle bag 388.
duffle coat 353.
dugout 794.
dugout canoe 599.
dulse 183.
dumbbell 850.
dump 647.
dumper body 572, 573.
dumper truck 572.
dune 51.
dunes, examples of 52.
dung, animal 70.
dungarees 358.
dungarees with crossover back straps 369.
duo 438.
duodenum 116, 164.
dura mater 167, 168.
durian 197.
dust canister 308.
dust cover 500.
dust receiver 288.
dust spout 304.
dust tail 8.
dusting brush 289.
dustpan 295.
Dutch 469.
Dutch bicycle 581.
Dutch oven 235.
duty belt 770.
duty-free shop 621.
DVD player 494.
DVD recorder 521.
dwarf, black 8.
dwarf, brown 8.
dwarf, white 8.
dynamic brake 586.
dynamic microphone 488.
dynamo 578, 688.
dysprosium 684.

E

e 434.
e-commerce 525.
Eagle 10, 12.
eagle 119, 741.
ear 133, 140, 146, 277.
ear drum 174.
ear flap 340.
ear loaf 204.
ear muffs 861.
ear plugs/earbuds 872.
ear protection 772, 774.
ear studs 374.
ear, auricle 173.
ear, structure of 174.
ear, wood 183.
earbud 506.
earphone 502.
earphone jack 513.
earphones 503.
earpiece 385, 776.
earplugs 772.
earrings 374.
Earth 0, 4, 5, 6, 7, 28.
earth 272.
earth block 272.
earth clamp 318.
earth connection 272.
Earth coordinate system 35.
earth fault circuit breaker 272.
earth foundation 538.
earth lead 318.
earth metals, alkaline 682.
Earth radiation scanner 60.
Earth radiation sensor 60.
Earth sensor 40, 60.
earth station, satellite 525.
earth terminal 274.
earth wire 272, 273.
Earth's atmosphere, profile 53.
Earth's crust 42, 43.
Earth's crust, section 42.
Earth's orbit 6, 7.
Earth, structure 42.
earth-wire peak 663.
earthflow 47.
earthing bond 272.
earthing pin 274.
earthquake 43.
easel 399.
East 37, 616, 917.
East cardinal mark 617.
East China Sea 33.
East Pacific Rise 50.
East-Northeast 37.
East-Southeast 37.
Eastern hemisphere 35.
Eastern meridian 36.
eau de parfum 379.
eau de toilette 379.
eave 412.
eccrine sweat gland 172.
echinoderms 95.
echinus 404.
echo 40, 41.
echo sounder 613.
echo sounder probe 613.
eclipses, types 6, 7.
ecliptic 13.
economy and finance 728.
ectoderm 95.
ectopterygoid 112.
Ecuador 742.
edge 300, 454, 729, 881, 887, 888, 907.
edge, inside 901.
edging 322.
edible boletus 183.
edit search button 496.
editorial 471.
education 732.
educational institution 525, 711.
eel 219.
effect, greenhouse 68.
effluent 48.
effort 686.
effusive volcano 44.
egg 100, 117, 170.
egg beater 232.
egg butt snaffle bit 854.
egg carton 222.
egg noodles 207.
egg poacher 235.
egg slicer 233.
egg timer 231.
egg tray 291.
egg, duck 213.
egg, goose 213.
egg, hen 213.
egg, ostrich 213.
egg, pheasant 213.
egg, quail 213.
eggs 109, 111, 213.
Egypt 745.
Egyptian reed pen 470.
eiderdown 280.
eight cut 375.
eight, coxed 839.
einsteinium 684.
ejaculatory duct 169.
eject button 477, 499, 918.
ejection port 755.
ejector 638.
ejector nozzle, variable 629.
ejector seat 760.
El Salvador 742.
elastic 280.
elastic ligament 133.
elastic loop 902.
elastic strainer 903.
elastic support bandage 777.
elastic waistband 353.
elastic webbing 350.
elasticized leg opening 351.
elbow 124, 130, 140, 147, 149, 156, 258, 269.
elbow pad 800, 808, 880, 894, 895.
elbow, 45° 269.
elbows 206.
electric cable 563.
electric car 563.
electric charge, measurement of 702.
electric circuit 274.
electric cooker 290.
electric current, measurement of 702.
electric drill 306.
electric fan motor 561.
electric foil 848.
electric furnace 258.
electric golf cart 869.
electric guitar 441.
electric kiln 465.
electric knife 237.
electric mitre saw 304.
electric motor 259, 331, 332, 563.
electric motor/generator 563.
electric potential difference, measurement of 702.
electric range 721.
electric razor 383.
electric resistance, measurement of 702.
electric steamer 239.
electric supply 266.
electric toothbrush 384.
electric tumble dryer 293.
electric variometer 898.
electric water-heater tank 266.
electrical box 274.
electrical cable 556.
electrical circuit, parallel 687.
electrical connection 571.
electrical connection panel 489.
electrical connections 465.
electrical hazard 774.
electrical payout linkage 920.
electrical power unit 622.
electrical scoring apparatus 848.
electrical system 553.
electricity 272.
electricity cable 712.
electricity distribution 663.
electricity distribution network 674.
electricity generating room 763.
electricity meter 273.
electricity tools 316.
electricity transmission 665.
electrode 275, 318.
electrode holder 318.
electrode lead 318.
electrolytic capacitors 689.
electrolytic separator 689.
electromagnet, field 688.
electromagnetic spectrum 690.
electron 680.
electron beam 494, 694.
electron beam positioning 694.
electron collector 689.
electron flow, direction of 687, 689.
electron gun 494, 694.
electron microscope elements 694.
electronic ballast 275.
electronic book 527.
electronic control box 563.
electronic control unit 559.
electronic drum pad 451.
electronic flash 482.
electronic instruments 450.
electronic payment terminal 181, 731.
electronic piano 451.
electronic scale 699.
electronic timer, automatic 831.
electronic timing system 883.
electronic typewriter 528.
electronic viewfinder 496.
electronics 689.
electronics shop 714.
element, surface 290.
elements of a house 247.
elements of architecture 413.
elements, chemical 682.
elements, table of 682.
elephant 129.
elevating arc 756.
elevating cylinder 573, 634, 766.
elevating hand-wheel 756.
elevating handle 756.
elevation 250.
elevation adjustment 692.
elevation zones and vegetation 66.
elevator 625, 666, 761, 898.
elevon 23.
elk 129.
ellipsis 473.
elliptical galaxy 9.
elliptical snowshoe 893.
email 525.
email key 514.
email software 524.
embankment 538.
embankment dam 660.
embankment dam, cross section 660.
emblem 739.
emblem, team's 878.
embrasure 409.
embroidered fabric 459.
embroidery 459.
emerald 375.
emerald cut 375.
emergency 778.
emergency brake 594.
emergency electric motor 763.
emergency physician's office 778.
emergency regulator 841.
emergency station 543.
emergency support vessel 653.
emergency switch 576.
emergency truck 543.
emery boards 377.
emery pack 454.
emission, nitric acid 70.
emission, nitrogen oxide 70.
emission, polluting gas 69.
emission, sulphur dioxide 70.
emission, sulphuric acid 70.
Emmenthal 211.
employee lunchroom 509.
emptier, cesspit 573.
empty set 703.
emptying hose 292.
en prison 919.
enamel 159.
enclosure 182, 416.
end 515.
end aisle display 181.
end bracket 284.
end button 439.
end cap 667.
end door 635.
end grain 300.
end joist 252, 253.
end key 506, 515.
end ladder 587.
end line 806, 811, 812, 815.
end moraine 46.
end piece 169.
end plate 667.
end search button 496.
end stop 284, 303, 835.
end zone 806, 809.
end, tapered 839.
end-piece 863.
endocardium 162.
endocarp 81, 82.
endoderm 95.
endoplasmic reticulum 74, 94.
endpaper 426.
endpiece 385.
energy 646.
energy integration to transmission network 677.
energy release 681.
energy saving bulb 275.
energy source 41.
energy, heat 68.
energy, measurement of 702.
energy, solar 78.
energy, thermal 646.
engaged Corinthian column 407.
engaged Doric column 407.
engaged Ionic column 407.
engagement ring 376.
engine 18, 574, 640, 643, 651, 758.
engine air inlet 760.
engine air intake 568.
engine and crew alarm display 626.
engine block 566.
engine compartment 568, 632, 639.
engine cycle, diesel 565.
engine cycle, rotary 565.
engine cycle, two-stroke-cycle 565.
engine fuel valves 626.
engine housing 331.
engine mounting pylon 625.
engine room 606, 608, 763.
engine, main 23.
engine, outboard 607.
engine, petrol 553, 563.
engine, rocket 24.
engine, terminal descent 18.
engine, thruster 18.
engineer, sound 429.
engines, fire 766.
English 469.
English billiards 863.
English Channel 32.
English mustard 200.
English stick 782.
enhanced greenhouse effect 68.
enlarger 485.
enlarger timer 485.

enlarging easel 484.
enlarging lens 485.
enoki mushroom 183.
ensiling tube 643.
entablature 247, 403, 405.
enter key 515.
enterprise 525.
entire 79.
entrance 100, 719.
entrance door 568, 569, 584.
entrance doors 427.
entrance hall 250, 394, 509.
entrance slide 100.
entrance turnstile 592.
entrance, actors' 402.
entrance, customers' 720.
entrance, inmates' 726.
entrance, main 733, 735, 768, 781.
entrance, public 402.
entrance, pyramid 402.
entrance, service 732.
entrance, staff 720, 726, 735, 768.
entrance, vehicle 769.
entrance, visitors' 726.
entries 829.
entries line 529.
entry 632, 829.
envelope 899.
envelope, padded 531.
environment 66.
environment, natural 867.
epaulet 352.
epaulet sleeve 360.
épée 849.
épéeist 848.
epicalyx 83.
epicentre 43.
epicondyle 153.
epidermis 172.
epididymis 169.
epidural space 168.
epiglottis 163, 176.
epiphysis, distal 155.
epiphysis, proximal 155.
epitrochlea 153.
equalizing buckle 285.
equals key 529.
Equator 36.
equator 13, 31, 34, 35, 63.
Equatorial Guinea 745.
equestrian sports 852.
equestrian sports ring 788.
equilibrator 756.
equipment 421, 422, 423, 769, 790, 900.
equipment compartment 585.
equipment lock 666.
equipment rack 489, 490.
equipment storage room 734.
equipment, audiovisual 716.
equipment, dashboard 771.
equipment, household 295.
equipment, laboratory 685.
equipment, life-saving 611.
equipment, sound recording 429.
erase button 477, 508.
eraser 534.
erbium 684.
erecting lenses 692.
Eridanus, River 10.
Eritrea 745.
Erlenmeyer flask 685.
ermine 741.
escalator 417, 427, 592, 713.
escape 514.
escape key 514.
escape wheel 696, 697.
escapement mechanism 436.
escarole 186.
escutcheon 105, 248, 268, 270.
escutcheon plate 274.
espadrille 344.
espresso coffee maker 241.
espresso machine 241.
estate car 549.
Estonia 744.
estuary 38, 51.
etching press 421.
eternal light 738.
Ethernet port 526.
Ethiopia 745.
Eurasia 28.
Eurasian Plate 43.
euro 728.
Europa 4.
Europe 28, 32, 50, 743.
European experiment module 21.
European outlet 274.
European plug 274.
European robin 118.
European Union flag 729.
europium 684.
Eustachian tube 174, 175.
Eutelsat 486.
euthynteria 403, 404.
evacuation route 543.
evaporated milk 210.
evaporation 67, 680.
evaporator blower 261.
evaporator coil 261.
even 919.
evening glove 346.
event 831.
event platform 824.
events, technical 889.
evolution of life 92.
ex-voto 737.
examination and treatment room 779.
examination room 781.
examination, psychiatric 778.
examples of aircraft 628.
examples of algae 75.
examples of amphibians 111.
examples of anchors 610.
examples of angles 704.
examples of arachnids 102.
examples of arch bridges 541.
examples of arches 413, 541.
examples of armchairs 276.
examples of articulated trucks 572.
examples of beam bridges 541.
examples of bicycles 581.
examples of bills 117.
examples of birds 118.
examples of bits 308.
examples of bits and drills 306.
examples of blouses 359.
examples of boats and ships 604.
examples of bodywork 549.
examples of branching 270.
examples of broadleaved trees 88.
examples of carnivorous mammals 134.
examples of chairs 277.
examples of charges 741.
examples of collars 362.
examples of colours 741.
examples of conifers 89.
examples of currency abbreviations 728.
examples of curtains 283.
examples of dams 660.
examples of dives 829.
examples of doors 416.
examples of dresses 356.
examples of dunes 52.
examples of feet 117.
examples of ferns 76.
examples of fittings 269.
examples of flowers 80.
examples of flying mammals 141.
examples of forks 228.
examples of freight wagons 588.
examples of furs 741.
examples of fuses 272.
examples of handles 840.
examples of headings 283.
examples of heads 302.
examples of helicopters 631.
examples of holds 844.
examples of hoofs 127.
examples of insectivorous mammals 121.
examples of insects 101.
examples of instrumental groups 438.
examples of interchanges 538.
examples of jumps 881.
examples of keyboard instruments 443.
examples of kitchen knives 229.
examples of knives 228.
examples of lagomorphs 123.
examples of leaves 89.
examples of lichens 74.
examples of marine mammals 137.
examples of marsupials 143.
examples of metals 741.
examples of mosses 75.
examples of motorcycles 577.
examples of nails 301.
examples of networks 522.
examples of ordinaries 740.
examples of partitions 740.
examples of pins 865.
examples of pleats 283, 357.
examples of pockets 360.
examples of primates 139.
examples of reptiles 114.
examples of rigs 601.
examples of rodents 123.
examples of sails 601.
examples of shorelines 51.
examples of skirts 357.
examples of skis 840, 888.
examples of sleeping bags 904.
examples of sleeves 360.
examples of space launchers 24.
examples of space probes 19.
examples of spectacles 385.
examples of spoons 228.
examples of tables 278.
examples of tail shapes 629.
examples of telephones 507.
examples of tents 902.
examples of tips 302.
examples of tools 401.
examples of transition fittings 269.
examples of trousers 358.
examples of trucks 573.
examples of tyres 560.
examples of ungulate mammals 128.
examples of volcanoes 44.
examples of windows 415.
examples of wing shapes 630.
exclamation mark 473.
excluded players re-entry area 827.
excretory pore 104.
execution judges 823.
executive desk 511.
executive secretary 509.
exercise area 823.
exercise cycle 851.
exercise wear 371.
exhalation valve 773.
exhaust 564, 565, 627.
exhaust air duct 543.
exhaust duct 627.
exhaust gas admission 564.
exhaust guide vanes 627.
exhaust manifold 552, 564, 565, 566.
exhaust nozzle 760.
exhaust pipe 564, 631.
exhaust pipe stack 636.
exhaust port 565, 649.
exhaust stack 570, 639, 640.
exhaust system 553.
exhaust valve 564, 566.
exhaust/scavaging 565.
exhibition billboard 394.
exhibition centre 708.
exhibition hall 719.
exhibition stand 719.
exit 539.
exit button 527.
exit cone 100.
exit taxiway 621.
exit track 589.
exit turnstile 592.
exocarp 81, 82, 83.
exosphere 53.
expandable baton 770.
expandable file pouch 386.
expanded metal lath 299.
expander 450.
expanding file 533.
expansion bolt 302.
expansion chamber 695.
expansion piton 900.
expansion space 590.
expansion tank 259, 675.
expert slope 886.
expiry date 729.
explosive 774.
explosive volcano 44.
export pipeline 652.
exposure adjustment knob 476.
exposure meter 479.
exposure mode 476.
exposure value 479.
exposure-time scale 479.
extended 472.
extended claw 133.
extending table 278.
extension 278.
extension ladder 321.
extension tube 289.
exterior dome shell 17.
exterior door 247.
exterior of a house 244.
exterior pocket 386, 388.
exterior sign 592.
external auditory meatus 158.
external ear 174.
external floppy disk drive 521.
external fuel tank 22.
external gills 111.
external jugular vein 160.
external nose 175.
external oblique 150, 151.
external socket 567.
external tooth lock washer 310.
extinguisher, fire 771.
extra-bold 472.
extra-light 472.
extractor hood 290.
extrados 413.
eye 63, 103, 104, 106, 107, 112, 113, 121, 133, 136, 148, 177, 301, 453, 454, 461, 855, 900, 911.
eye drops, lubricant 384.
eye guard 765.
eye make-up 378.
eye protection 772, 774.
eye ring 115.
eye wall 63.
eyeball 110, 177.
eyebrow pencil 378.
eyebrow stripe 115.
eyebrow tweezers 377.
eyecup 496.
eyeglasses 861.
eyelash 177.
eyelash curler 378.
eyelashes 132.
eyelet 284, 342, 371, 387, 457, 881.
eyelet tab 342.
eyelet, strap 477.
eyelid 113.
eyepiece 14, 15, 477, 479, 496, 692, 693.
eyepiece holder 14.
eyeshadow 378.
eyespot 95.
eyestalk 104.
Eyre, Lake 29.

F

f 434.
F-1 engine 25.
fabric care symbols 347.
fabric guide 288.
fabric structure 455.
façade 411.
face 139, 146, 301, 409, 425, 647, 650, 815, 867.
face flannel 379.
face mask 798, 800, 808, 879.
face side 300.
face-off circle 878.
face-off spot 878.
facepiece 773.
faceplate 248, 249.
facet 629.
facilities, kitchen 509.
facilities, sports 788.
factorial 703.
factory 708.
faculae 6.
Fahrenheit scale 695.
failed fuel bay 666.
failed fuel canning 666.
fairing 24, 574, 876, 891.
fairings, side 873.
fairlead 835.
fairway 866, 867.
falcatus 92.
falciform sesamoid bone 121.
falcon 119.
Falkland Islands 31.
fall 362.
fall front 279.
falling rocks 545, 547.
fallopian tube 170.
fallopian tubes 171.
fallow land 182.
false rib 153.
false start rope 830.
false tuck 368.
family 784.
family relationships 784.
family tent 902.
family waiting room 778.
fan 259, 260, 293, 627, 643.
fan belt 552, 566.
fan brush 378, 397.
fan cable stays 541.
fan control 261.
fan duct 643.
fan heater 260.
fan housing 382.
fan motor 261.
fan trellis 322.
fan wheel 688.
fan, case 513.
fan, cooling 497, 552, 563.
fan, power supply 513.
fang 103, 112.
fanion 739.
fantail 676.
far turn 856.
farmhouse 182.
farmhouse loaf 205.
farming, intensive 68, 70.
farmstead 182.
farmyard 182.
fascia 404.
fascia, front 550.
fast data entry control 450.
fast forward 495.
fast forward key 495.
fast-food restaurants 715.
fast-forward button 499, 504, 508.
fastener binder 532.
fasteners 453.
fastening device 284.
father 784, 785.
father-in-law 784.
fats and oils 209.
fault 43.
fax machine 508.
feather crown 817.
feather stitch 459.
feathered shuttlecock 817.
features of historical costume 336.
feed deck 531.
feed dog 453.
feed lever 307.
feed table 643.
feed tube 237, 240.
feeder cable, 240-volt 272.
feeder header 669.
feeder lane 539.
feeder output tray 512.
feedhorn 493.
feeding tube 643.
feedwater 670, 671.
feet, examples of 117.
feet-first entry 829.
feijoa 197.
felt-tip pen 397.
felt-tip pen drawing 396.
felucca 600.
female 702.
female bowler 865.
female butterfly, anatomy of 97.
female cone 89.
female ferrule 909, 910.
female genital organs 170.
female spider, anatomy of 103.
female union nut 269.
femoral artery 160.
femoral nerve 166.
femoral vein 160.
femur 96, 98, 111, 116, 122, 126, 131, 138, 141, 142, 152.
fence 182, 244, 303, 304.
fence, outfield 795.
fence, safety 890.
fencer 848.
fencing 848.
fencing shoe 848.
fencing weapons 849.
fennec 134.
fennel 185.
fenugreek 198.
fermium 684.
fern 76.
fern, bird's nest 76.
fern, fiddlehead 185.
fern, structure of 76.
fern, tree 76.
ferns 92.
ferns, examples of 76.
ferrule 320, 391, 863, 868.
ferrule, female 910.
ferrule, male 910.
ferry 608.
ferryboat 596.
fertilization, soil 69.
fertilizer application 69.
fetlock 124.
fetlock joint 124.
fettling knife 464.
fettucine 206.
fez 339.
fibre 908.
fibre-optic cable 523.
fibres 295.
fibula 122, 126, 131, 138, 141, 142, 152, 155, 156, 336.
fiddlehead 76.
fiddlehead fern 185.
field 794, 799, 804.
field electromagnet 688.
field hockey 800.
field hockey pitch 788.

ENGLISH INDEX

field lens 692.
field lens adjustment 693.
field line 687.
field magnetic 687.
field mouse 123.
field player 801.
field winding 688.
field, football 788.
field, geothermal 646.
field, paddy 69.
field, playing 858, 864, 920.
field, track and 790.
fielder's glove 797.
fielders 799.
fifth 434.
fifth wheel 570.
fifty 703.
fig 197.
figure 855.
figure skate 881.
figure skating 881.
figure ski 840.
figure skiing handle 840.
figure-eight knot 908.
figures 472.
Fiji 747.
Fiji Islands 29.
filament 80, 274.
filament support 274.
Filchner Ice Shelf 29.
file 309, 524, 905.
file format 524.
file guides 532.
file room 509.
file server 523.
file, nail 377.
filiform papilla 176.
filing box 533.
filing furniture 510.
filler 390.
filler cap 332, 561, 570.
filler hole 288.
filler neck 553.
filler pipe 265.
filler plate 513.
fillet 404, 405.
filleting knife 229.
filling hole 757.
filling inlet 655.
film 477.
film advance mode 476.
film cassette chamber 476.
film disc 481.
film drying cabinet 484.
film guide rail 476.
film guide roller 476.
film leader indicator 476.
film pack 481.
film recorder 520.
film rewind knob 476.
film rewind system 476.
film speed 476, 479.
film sprocket 476.
film titles and schedules 427.
film, heat-sealed 223.
film, plastic 222.
films and digital storage 481.
filo dough 205.
filter 238, 241, 246, 258, 290, 390, 675.
filter cover 773.
filter holder 241.
filter tip 390.
filter, air 552.
filtration, intrusive 69.
fin 260, 759, 760, 840, 841, 898.
fin, anal 108.
fin, caudal 108, 136.
fin, dorsal 136.
fin, first dorsal 108.
fin, pectoral 108, 136.
fin, pelvic 108.
fin, second dorsal 108.
fin-mounted tail unit 629.
final drive 636.
final: 2 players 789.
finalist 789.
finance, economy and 728.
financial services 730.
finch 118.
finderscope 14, 15.
fine adjustment knob 693.
fine adjustment wheel 700.
fine arts 394.
fine bookbinding 424.
fine data entry control 450.
fine guidance system 17.
finely threaded screw 700.
finger 172, 797.
finger button 447.
finger flange 776.
finger tab 859.
finger tip 531.
fingerboard 432, 439, 441.
fingerless mitt 346.
fingernail 173.
finial 284, 412, 739.
finish 852.
finish area 885, 887, 891.
finish buoys 839.
finish judge 883.
finish judges 883.
finish line 791, 833, 839, 871, 890.
finish line judge 839.
finish line, 500 m 883.
finish wall 830.
finish, order of 831.
finishing 401.
finishing line 856.
finishing nail 301.
Finland 744.
Finnish 469.
fir 89.
fir needles 89.
fire door 416.
fire engines 766.
fire escape stair 509.
fire extinguisher 725, 771.
fire hose 767.
fire hydrant 712, 767.
fire hydrant wrench 767.
fire irons 257.
fire prevention 764.
fire prevention education officer's office 764.
fire station 711, 764.
fire truck 764.
fire, forest 69.
fire-fighting material 767.
firebrick 256, 298.
firebrick back 256.
firefighter 765.
firefighter's helmet 765.
firefighters' dormitory 764.
firefighters' toilet and shower 764.
firefighting aircraft, amphibious 628.
fireplace 250, 256.
fireplace screen 257.
fireproof and waterproof garment 765.
fireproofing 252.
firewall 523.
FireWire port 526.
firing 465.
firing accessories 752.
firing chamber 465.
firing lanyard 756.
firing mechanism 757.
firing shaft 756.
firing tube 763.
firing, wood 256.
firmer chisel 401.
first aid 725.
first aid equipment 775.
first aid kit 771, 777.
first aid manual 777.
first aid supplies 775.
first aid team 853.
first assistant camera operator 428.
first base 794.
first baseman 794.
first dorsal fin 108, 109.
first floor 250, 251.
first focal room 16.
first leaves 77.
first level of operations 529.
first molar 159.
first officer's seat 626.
first premolar 159.
first quarter 7.
first referee 813.
first reinforce 753.
first round: 128 players 789.
first row 804.
first space 811.
first stage 25.
first valve slide 447.
first violins 437.
first voltage increase 677.
first-class cabin 624.
fish dish 226.
fish fork 228.
fish kettle 234.
fish knife 228.
fish scaler 905.
fish wire 317.
fish, bony 108.
fish, cartilaginous 108.
fishbone stitch 459.
fisherman's knot 908.
Fishes 12.
fishes 108.
fishes, bony 219.
fishes, cartilaginous 218.
fisheye lens 478.
fishhook 909, 911.
fishing 909.
fishing jacket 911.
fishnet stocking 365.
fishplate 590.
fishplate bolt 590.
fission of uranium fuel 665.
fission products (radioactive nuclei) 681.
fission, nuclear 681.
fissionable nucleus 681.
fissure, oblique 163.
fitness equipment 850.
fitted sheet 280.
fitting 766.
fitting room 716.
fittings 269.
fittings, examples of 269.
five 703.
five hundred 703.
five spice powder 199.
five-number bet 919.
fivepin 865.
fixative 400.
fixed arch 541.
fixed base 312.
fixed bayonet 751.
fixed blade 424.
fixed bridges 540.
fixed distance marking 621.
fixed jaw 311, 312, 700.
fixed platform 653.
fixed weight 436.
fixed winglet 759.
fixed-roof tank 655.
fixing bath 485.
fjords 51.
flag 804, 890.
flag pole, removable 867.
flag shapes 739.
flag with Schwenkel 739.
flag, chequered 872.
flag, European Union 729.
flag, parts 739.
flag, wind 893.
flagellum 104.
flageolet 191.
flags 742.
flagstone 298, 322.
flail mower 642.
flame 681.
flame adjustment wheel 391.
flame spreader 319.
flame-resistant driving suit 872.
flamingo 119.
flammable 774.
flank 115, 124, 409, 425.
flanking tower 408.
flannel, face 379.
flap 348, 387, 535, 855.
flap hydraulic jack 760.
flap lever 626.
flap pocket 348, 352, 360.
flap, fuel tank 551.
flap, self-sealing 531.
flap, top 906.
flare 6, 652.
flare joint 269.
flare nut spanner 311.
flare, road 771.
flash bulb 482.
flash hider 755.
flash tube 692.
flashcube 482.
flashing 257.
flashing light 591.
flashlight 770.
flashtube 482.
flask, Erlenmeyer 685.
flask, round-bottom 685.
flask, vacuum 906.
flat 435, 894.
flat bone 157.
flat brush 397.
flat end pin 285.
flat mirror 17.
flat part 457.
flat roof 414.
flat screen 518.
flat sheet 280.
flat shuttle 461.
flat stitches 459.
flat tip 302.
flat truck 588.
flat washer 310.
flat-back brush 380.
flat-plate solar collector 672.
flatbed truck 571.
flea 101.
flesh 81, 82, 83.
fleshy fruit: berry fruit 83.
fleshy fruit: citrus fruit 82.
fleshy leaf 78.
fleshy pome fruit 82.
fleshy stone fruit 81.
fletching 859.
fleur-de-lis 741.
flews 130.
flex 288, 289, 316, 331, 332, 382, 383.
flex sleeve 308, 318.
flex support 288.
flexible boot 887.
flexible coupling 677.
flexible hose 289, 649.
flexible hose connection 649.
flexible rubber hose 271.
flexible skirt 605.
flexible tube 776.
flies 430.
flight 829, 891, 918.
flight bag 388, 897.
flight deck 22, 624, 626, 631, 761.
flight information board 621.
flight instruments 899.
flight management computer 626.
flight of stairs 255.
flights 828.
flint 318, 752.
flint arrowhead 748.
flint knife 748.
flintlock 752.
flip 881.
flip turn 832.
flip-flop 344.
float 263, 628, 756, 911.
float ball 265.
float clamp 263.
float seaplane 628.
floater 827, 890.
floating bridge 542.
floating crane 596.
floating dock 839.
floating head 383.
floating rib 138, 152.
floating roof 655.
floating sleeve 337.
floating-roof tank 655.
floodlight 492.
floodlight on pantograph 492.
floodplain 48.
floor 257, 676, 818, 819.
floor brush 289.
floor coverings, textile 254.
floor drain 262.
floor exercise area 824.
floor joist 252, 253.
floor mat 558.
floor mats 824.
floor tile 299.
floor, car 417.
floor, mezzanine 250.
floor, ocean 49.
floor-level electric convector 260.
floorboard 577.
flooring strip 254.
floppy disk drive 513.
floppy disk drive, external 521.
floppy disk eject button 513.
florist 715.
floss, dental 384.
flotation section 615.
flour and semolina 204.
flour, oat 204.
flour, plain 204.
flour, unbleached 204.
flour, whole wheat 204.
flow 597.
flow bean 654.
flow line, well 652.
flow tube 672.
flow, water 95.
flower 77, 80.
flower bed 322.
flower bud 77.
flower tiles 917.
flower, structure 80.
flowering 86.
flowering plants 93.
flowers, examples of 80.
flue 267, 444.
flue hat 267.
flue pipe 444.
fluff trap 293.
fluid adjustment screw 320.
fluid, cerebro-spinal 168.
fluke 610.
fluorescent tube 275.
fluorine 683.
flush 914.
flush bushing 269.
flush handle 265.
flute 306, 404, 405, 446.
fluted land 306.
fluted pole 284.
flutes 437.
Fly 11.
fly 101, 350, 351, 368, 739.
fly agaric 76.
fly front closing 355, 369.
fly half 804.
fly line 909.
fly reel 909.
fly rod 909.
fly, tsetse 101.
flyfishing 909.
flying buttress 410, 411.
Flying Fish 11.
flying fox, black 141.
flying jib 603.
flying mammals 140.
flying mammals, examples of 141.
flyleaf 426.
flyover 539, 540.
flysheet 902, 903.
flywheel 464, 566, 851.
FM mode select button 497.
foam 49.
foam cushion 772.
foam gun 607.
foam insulation 299.
foam pad 904.
foam, shaving 383.
foam-rubber insulation 299.
focal plane shutter 476, 477.
focus 43, 691.
focus mode selector 476.
focus selector 496.
focus, Cassegrain 17.
focus, coudé 17.
focusing knob 14, 15.
focusing lenses 694.
focusing magnifier 485.
focusing ring 478, 692.
focusing screen 477.
fodder corn 182.
fog 57, 65.
fog horn 611.
fog lamp 554.
fog light 570.
foible 849.
foie gras 216.
foil 849.
foil stip, hologram 729.
foil warning line 848.
foil, aluminium 222.
foilist 848.
fold 336.
fold line 455.
folder 532.
folding chair 277.
folding door 416.
folding grill 907.
folding nail file 377.
folding ramp 608.
folding shovel 906.
folding stick 426.
folding wing 857.
foliage 87.
foliate papilla 176.
foliose lichen 74.
follicle 84.
follow-through 864.
following car 870.
fondue fork 228.
fondue pot 234.
fondue set 234.
fongiform papilla 176.
font, baptismal 737.
font, characters of 472.
font, holy water 737.
fontanelle, anterior 158.
fontanelle, mastoid 158.
fontanelle, posterior 158.
fontanelle, sphenoidal 158.
food 180.
food and kitchen 180.
food can 223.
food chain 67.
food mill 230.
food processor 237.

food store 724.
food tray 222.
food vacuole 94.
food, convenience 181.
food, hot 722.
foods, catering 181.
foods, frozen 181.
foot 104, 105, 139, 140, 143, 146, 147, 148, 149, 278, 351, 368, 425, 440, 444, 448, 836, 909, 910.
foot control 452.
foot fault judge 821.
foot hole 444.
foot pegs 871.
foot plate 851.
foot pocket 841.
foot protection 773, 774.
foot strap 836.
foot stretcher 838.
foot, bones of 155.
foot, tube 95.
football 802, 808.
football boot 802.
football field 788.
football, American 806.
football, Canadian 809.
footballer 802.
footboard 280, 876.
footbridge 408, 583, 593.
foothold 901.
footing 252, 253.
footless tights 371.
footlights 431.
footrest 281, 312, 464, 783.
footrope 602.
footstool 224, 277.
footstrap 358, 851.
for filing 532.
for opening 230.
forage blower 643.
forage harvester 642.
foramen caecum 176.
foramen, invertebral 157.
foramen, obturator 122.
force, measurement of 702.
forced warm-air system 258.
forces acting on aircraft 630.
fore edge 426.
fore royal sail 603.
fore-and-aft passage 607.
fore-royal mast 602.
fore-topgallant mast 602.
fore-topmast 602.
forearm 130, 147, 149, 860, 912.
forearm crutch 782.
forearm pad 808.
forearm support 782.
forecast, meteorological 54.
forecastle 605, 609.
forecourt 548, 821.
forehead 115, 146.
foreleg 96, 98.
foreleg, honeybee 98.
forelimb 110, 111, 121, 143.
forelock 124.
foremast 600, 602, 607.
foresail 603.
forest 45.
forest fire 69.
forest, boreal 66.
forest, coniferous 66.
forest, deciduous 66.
forest, mixed 66.
forest, temporal 66.
forest, tropical 66.
forest, tropical rain 66.
forestay 834.
forestem 838.
forewing 96.
fork 14, 227, 579, 632, 697, 870, 875, 905.
fork pocket 635.
fork, front 870.
forked tongue 112.
forklift truck 632.
forks 632, 633.
forks, examples of 228.
format, file 524.
formeret 410.
forming food vacuole 94.
forms, rain 64.
formula 1 car 873.
formula 3000 car 873.
formula Indy car 873.
forte 849.
fortified wall 738.
forward 828.
forward slide change 483.
forward somersault with a twist 829.
forward swing 864.
forward three-and-a-half somersault tuck 829.
forward travel pedal 333.
forward/reverse 327.
fossil energy, geothermy and 646.
fossil fuel 68, 70.
foul line 794, 865.
foul line post 795.
fouls/penalties 789.
foundation 252, 253, 660.
foundation blockage 660.
foundation of tower 540.
foundation slip 366.
foundations 253.
fountain for ritual ablutions 738.
fountain pen 470.
fountain, soda 723.
four-blade beater 236.
four-door saloon 549.
four-four time 434.
four-man bobsleigh 884.
four-masted barque 602.
four-of-a-kind 914.
four-stroke engine 564.
four-toed hoof 127.
four-way lug wrench 558.
four-way selector 477.
fourchette 346.
fourth 434.
fourth round: 16 players 789.
fourth wheel 696.
fovea 177.
fowl, guinea 120, 212.
Fox 13.
fox 134.
foyers 431.
fraction 703.
fractionating tower 656.
frame 100, 256, 278, 280, 303, 312, 321, 327, 386, 389, 395, 423, 433, 449, 459, 460, 575, 612, 632, 633, 638, 639, 641, 642, 672, 673, 676, 688, 700, 776, 796, 816, 822, 823, 824, 870, 893, 895, 902.
frame stile 278.
frame, aluminium 893.
frame, embroidery 459.
frames 385.
France 743.
Francis runner 659.
francium 682.
frankfurter 216.
franking machine 531.
free guard zone 877.
free margin 172.
free throw line 811, 814.
free zone 813.
free-skating blade 881.
freehold flats 419.
freestyle skiing 890.
freestyle snowboard 887.
freewheel 580.
freezer 224, 720.
freezer bag 222.
freezer compartment 291.
freezer door 291.
freezer, chest 291.
freezer, reach-in 180.
freezing 680.
freezing rain 57, 64.
freight wagon 583.
freight wagons, examples of 588.
French 469.
French betting layout 919.
French bread 204.
French cuff 361.
French cut 375.
French horn 447.
French horns 437.
French knot stitch 459.
French loaf 204.
French roulette wheel 919.
frequency bands 498.
frequency display 503.
frequency setting slide control 498.
frequency, measurement of 702.
fresco 406.
fresh cheeses 210.
fresh meat counter 180.
fresh-air duct 543.
fret 440, 441, 919.
friction strip 318, 391.
frieze 278, 403, 404.
frigate 762.
frill 282.
frilled curtain 282.
frilly nylon tights 368.
frilly pants 368.
fringe 337.
frock coat 338.
frog 110, 127, 353, 439, 590, 641.
frog, common 111.
frog, life cycle 111.
frog, morphology of 110.
frog, Northern leopard 111.
frog, skeleton of 111.
frog, wood 111.
frog-adjustment screw 309.
frond 76.
front 348, 349.
front apron 349.
front axle 639.
front beam 698.
front binding 840.
front board 426.
front brake 579.
front brake lever 576.
front bumper 885.
front compression strap 906.
front cover 519.
front crossbar 893.
front derailleur 578, 580.
front desk 724.
front fascia 550.
front flap 391.
front foil 609.
front footrest 575, 576.
front fork 870.
front fork, telescopic 577.
front grille 261.
front grip 757.
front indicator 574, 576.
front knob 307.
front lamp 579.
front landing gear 760.
front leg 277.
front lights 554.
front mudguard 574.
front office, visitors' 726.
front page 471.
front picture 471.
front pipe 552.
front pocket 387.
front point 901.
front rigid section 569.
front runner 884.
front shock absorber 577.
front sight 754, 757, 861, 893, 912.
front sight housing 755.
front tip 288.
front top pocket 350.
front view 798.
front wall 818, 819.
front wheel 333, 639, 640, 783.
front-end loader 637.
frontal 112, 150, 737.
frontal bone 131, 152, 158.
frontal sinus 175.
frontcourt 818.
frontier 37.
frontoparietal 111.
fronts 56.
frontwall 571.
frozen food storage 181.
frozen foods 181.
fruit branch 86.
fruit machine 920.
fruit tree 182.
fruit vegetables 188.
fruit, fleshy pome 82.
fruit, fleshy stone 81.
fruit, fleshy: berry fruit 83.
fruit, fleshy: citrus fruit 82.
fruit, passion 196.
fruit-picking ladder 321.
fruiting 86.
fruits 81, 192.
fruits and desserts 723.
fruits and vegetables 180.
fruits, citrus 194.
fruits, dry 84, 193.
fruits, pome 193.
fruits, stone 192.
fruticose lichen 74.
fryer, deep 721.
frying basket 231.
frying pan 235, 905.
fuel 665, 670.
fuel bundle 667.
fuel conduit 553, 563.
fuel control 627.
fuel gauge 557.
fuel handling sequence 666.
fuel injector 565, 566.
fuel lines 899.
fuel oil 656.
fuel pellet 667.
fuel rod 667.
fuel supply system 553.
fuel tank 331, 553, 563, 570, 574, 577, 586, 631, 758, 760.
fuel tank flap 551.
fuel transfer pipe 25.
fuel, fossil 68, 70.
fuel: enriched uranium 671.
fuel: natural uranium 670.
fuelling machine 666, 669, 670.
Fulani 468.
fulcrum 686, 828.
full and by 833.
full back 804.
full cheek snaffle bit 854.
full cheek snaffle bit with keys 854.
full face mask 765.
full house 914.
full moon 7.
full stop 473.
full-face helmet 874.
full-load adjustment screw 273.
fullback 807.
fumarole 44.
fume extractor 758.
function display 450.
function keys 507, 508, 514, 699.
function keys, programmable 731.
function selection switch 316.
function selector 261.
function selectors 506.
fungicide 69.
funiculus 83, 84.
funnel 231, 494, 599, 604, 608.
funnel cloud 63.
fur 121, 122, 133, 139, 143.
furcula 116.
furlable boom 18.
Furnace 10.
furnace 258, 674.
furniture beetle 101.
furniture, children's 281.
furniture, filing 510.
furniture, house 276.
furniture, storage 510.
furniture, work 511.
furrow 176.
furs, examples 741.
fuse 273, 663, 673.
fuse body 757.
fuse cutout 663.
fuse holder 663.
fuse puller 317.
fuselage 625, 898.
fuselage-mounted tail unit 629.
fuses, examples of 272.
fusilli 206.
futon 280.

G

g 434.
G-clamp 312.
gable 244, 411.
gable roof 414.
gable stud 252.
gable vent 244.
gable-and-valley roof 415.
gabletop 223.
Gabon 745.
gadolinium 684.
gaff 602.
gaff sail 601.
gaff sail boom 602.
gaff topsail 603.
gaffer 429.
Gai-lohn 187.
gain control 613.
gaiter 339.
gaits, horse 124.
galaxy 9.
galaxy, classification 9.
galaxy, normal spiral 9.
galaxy, type I irregular 9.
galaxy, type II irregular 9.
Galileo 19.
gall bladder 110, 112.
gall-bladder 164.
galleon 599.
gallery 411, 614, 676.
gallery, connecting 543.
Gallery, Grand 402.
galley 598, 624, 763.
Gallic warrior 748.
gallium 682.
gallop 125.
galosh 342.
Gambia 745.
game 212, 822.
game board 915.
game clock 789.
game console 918.
game of darts 918.
game, board 915.
game, online 525.
game/MIDI port 513.
games 914.
games area 608.
games, sports and 788.
gamma rays 690.
ganglion, cerebropleural 105.
ganglion, spiral 167.
ganglion, visceral 105.
gangway 606.
gantry crane 635, 657, 658.
Ganymede 4.
gap 911.
garage 244, 726, 769.
garage door, sectional 416.
garage door, up-and-over 416.
garam masala 199.
garden 406.
garden arch 322.
garden cress 187.
garden hose 328.
garden line 324.
garden path 244.
garden shears 330.
garden sorrel 187.
garden spider 102.
gardening 322.
gardening gloves 325.
garlic 184.
garlic press 230.
garment fabric 455.
garnet 375.
garter snake 114.
garter stitch 458.
gas 275, 651, 656, 680.
gas burner 267, 685.
gas container 903.
gas cooker 290.
gas cylinder 755.
gas cylinder, medical 780.
gas lift module 652.
gas lighter 391.
gas main 712.
gas range 721.
gas tank 391.
gas tap 267.
gas, greenhouse 68.
gas-cooled reactor 670.
gases, noble 684.
gasket 269, 294.
gaskin 124.
gastrocnemius 150, 151.
gate 596, 658, 664, 852, 900.
gate judge 837.
gate operating ring 659.
gate, control 890.
gate, course 837.
gate, downstream 837.
gate, lower 597.
gate, starting 856, 875.
gate, upper 597.
gate, upstream 837.
gate-leg 278.
gate-leg table 278.
gateway 523.
gather 359.
gather skirt 357.
gathering 426.
gauge 424.
gauge rod 590.
gauge wheel 333.
gauge, direct-reading rain 58.
gauge, snow 58.
gauntlet 318, 346, 749.
gauze roller bandage 777.
gear 462.
gear cable 580.
gear housing 910.
gear lever 552, 577, 579, 580.
gear tooth 686.
gear, bevel 686.
gear, landing 567, 571.
gear, rack and pinion 686.
gear, spur 686.
gear, worm 686.
gearbox 423, 552.
gearchange lever 556.
gearchange pedal 575, 576.
gearing systems 686.
gelatin capsule 783.
generator 646, 659, 668.
generator unit 658, 659.

generator, radioisotope thermoelectric 18.
generator, steam 646.
generators 688.
genital pore 95, 104.
Genoa salami 216.
geographical map 734.
geography 28.
geology 42.
geometrical shapes 704.
geometry 704.
Georgia 746.
geostationary orbit 60.
geostationary satellite 60.
geothermal field 646.
geothermy and fossil energy 646.
germ 85.
German 469.
German mustard 200.
German rye bread 205.
German salami 216.
German shepherd 130.
Germanic languages 469.
germanium 682.
Germany 744.
germination 77.
geyser 44, 267.
Ghana 745.
ghee 210.
gherkin 188.
gi 846.
giant slalom 889.
giant water bug 101.
giant, red 8.
gibbon 139.
Gibraltar, Strait of 32.
gift shop 714.
gifts 717.
gill 76, 106, 259.
gill openings 108.
gilled-tube radiator 259.
gills 105, 109.
ginger 199.
ginkgo nut 193.
Giraffe 12.
giraffe 129.
girder 252.
girdle 367, 374.
girls' wear size 2 to 6 717.
girls' wear size 7 to 17 717.
girth 855, 856.
girth buckle 855.
girth strap 855.
give way 544, 546.
gizzard 116.
glacial cirque 46.
glacial lake 48.
glacier 46, 48, 66.
glacier tongue 46.
glacis 409.
gladius 748.
gland nut 268.
gland, albumin 104.
gland, coxal 103.
gland, digestive 104, 105, 106, 107.
gland, green 107.
gland, pedal 104.
gland, poison 103, 106.
gland, salivary 97, 99, 104, 176.
glands, digestive 103.
glands, silk 103.
glans penis 169.
glass 672, 673.
glass bottle 223.
glass case 699.
glass collection unit 71.
glass cover 291.
glass dome 612.
glass protector 878.
glass recycling container 71.
glass roof 250, 582, 713.
glass slide 693.
glass sorting 71.
glass sphere 58.
glass washer 723.
glass, magnifying 693.
glass-fronted display cabinet 279.
glass-lined tank 267.
glasses 723.
glassware 225.
glazed frost 65.
glazing bar 249.
glider 284, 898.
gliding joint 156.
gliding phase 892.
global warming 68.
globe 734, 903.
globular cluster 9.
glottis 112.
glove 20, 798, 800, 842, 848, 855, 870, 871, 874, 875, 878, 882, 884, 887, 891, 892.
glove compartment 556.
glove finger 346.
glove storage 780.
glove, back of 346.
glove, blocking 800, 879.
glove, catching 879.
glove, latex 776.
glove, massage 379.
glove, palm of 346.
glove, softball 797.
gloves 346, 872.
gloves, gardening 325.
gloves, goalkeeper's 802.
gloves, men's 346.
gloves, women's 346.
glucose 78.
glue 254.
glue stick 534.
gluteal nerve 166.
gluteus maximus 151.
gnocchi 206.
gnomon 696.
go 915, 916.
goal 800, 802, 804, 807, 809, 814, 827, 879, 920.
goal area 802, 814.
goal area line 814.
goal attack 809.
goal circle 809.
goal crease 879.
goal defence 809.
goal judge 827, 858, 878.
goal lights 879.
goal line 800, 804, 806, 809, 814, 827, 878.
goal line referee 814.
goal shooter 809.
goal third 809.
goalkeeper 800, 801, 803, 809, 814, 827, 878, 879.
goalkeeper's chest pad 880.
goalkeeper's gloves 802.
goalkeeper's pad 879.
goalkeeper's skate 880.
goalkeeper's stick 879, 880.
goalpost 807, 809, 858.
goat 128.
goat's milk 210.
goat's-milk cheeses 210.
goatfish 219.
Gobi Desert 33.
goggles 318, 870, 887, 896.
goggles, protective 818, 819, 870, 875.
goggles, swimming 830.
gold 683.
goldfinch 118.
golf 866.
golf bag 869.
golf ball 867.
golf course 708, 788.
golf glove 869.
golf shoes 869.
golf trolley 869.
Golgi apparatus 74, 94.
gonad 95, 105, 106.
gondola 181, 600, 886.
gondola departure 886.
gonfalon 739.
gong 437, 449.
Good Hope, Cape of 34.
goods station 583.
goods van 587.
goods, canned 181.
goose 120, 213.
goose egg 213.
goose-neck 255.
gooseberry 192.
gooseneck 638.
gored skirt 357.
gorge 47, 48.
gorget 749.
Gorgonzola 211.
gorilla 138.
gorilla, morphology of 139.
gorilla, skeleton of 138.
Gothic cathedral 410.
gouache 396.
gouge 401.
gour 47.
gourd, wax 188.
government organization 525.
governor tension sheave 417.
governor's office 726.
governor, speed 417.
GPS receiver-antenna 613.
grab handle 567, 570, 584, 766.
gracile 151.
grader 639.
graduated arc 612.
graduated cylinder 685.
graduated dial 907.
graduated scale 698, 699.
grafting knife 330.
grain 300.
grain elevator 643.
grain of wheat, section 85.
grain tank 643.
grain terminal 596.
grain tube 643.
gram, black 191.
Grand Canyon 30.
Grand Gallery 402.
grand, baby 443.
grand, boudoir 443.
grand, concert 443.
grandchildren 784.
granddaughter 784.
grandfather 784.
grandfather clock 697.
grandmother 784.
grandparents 784.
grandson 784.
grandstand 856.
granitic layer 42.
granivorous bird 117.
granny knot 908.
granulated sugar 209.
granulation 6.
grape 86, 192.
grape, section of 83.
grapefruit 194.
grapefruit knife 229.
grapeshot 752.
graphic arts 420.
graphic equalizer 498.
grapnel 610.
grass 822.
grassbox 332.
grasshopper, bow-winged 102.
grassland 66.
grate 290.
grater 230.
grater, nutmeg 230.
grater, rotary cheese 230.
grave accent 473.
gravel 253, 263.
gravel bed 872.
gravity band 610.
gravity dam 661.
gravity dam, cross section 661.
gravy boat 226.
gray matter 167.
grease well 239.
greases 656.
great adductor 151.
Great Australian Bight 29.
Great Barrier Reef 29.
Great Bear 13.
Great Dane 131.
Great Dividing Range 29.
great green bush-cricket 101.
great horned owl 119.
Great Lakes 30.
great organ manual 444.
Great Sandy Desert 29.
great saphenous vein 160.
great scallop 217.
Great Victoria Desert 29.
great-grandchildren 784.
great-granddaughter 784.
great-grandfather 784.
great-grandmother 784.
great-grandparents 784.
great-grandson 784.
greater alar cartilage 175.
greater covert 115.
greater pectoral 150.
greater trochanter 153.
greave 749.
Greece 744.
Greek 469.
Greek bread 204.
Greek temple 403.
Greek temple, plan 403.
Greek theatre 402.
green 400, 690, 864, 866, 867.
green alga 75.
green ball 863.
green beam 494.
green bean 191.
green cabbage 186.
green coffee beans 208.
green gland 107.
green light 712.
green onion 184.
green peas 190.
green pepper 198.
green russula 183.
green sweet pepper 188.
green tea 208.
green walnut 84.
greenhouse 182.
greenhouse effect 68.
greenhouse effect, enhanced 68.
greenhouse effect, natural 68.
greenhouse gas 68.
greenhouse gas concentration 68.
Greenland 30.
Greenland Sea 28.
Grenada 743.
grey matter 168.
greyhound 131.
grid 494.
grid system 36.
grid, lighting 429.
grid, starting 872.
griddle 239.
grike 47.
grill, indoor electric 239.
grille 261, 403, 432, 550, 727.
grille, front 261.
grille, security 730.
grinder, angle 308.
grinding wheel 308.
grip 428, 793, 838, 850, 859, 867, 913.
grip handle 303.
grip tape 894.
grip, handlebar 871.
grip, key 428.
grip, pistol 860.
groin 146, 148.
groove 229, 424, 453, 562, 750, 868, 888.
ground 655.
ground air conditioner 622.
ground airport equipment 622.
ground floor 250.
ground moraine 46.
ground pepper 199.
ground sill 409.
ground surface 647.
ground terminal 497.
ground, teeing 867.
groundhog 123.
growth line 104, 105.
Gruyère 211.
Guarani 469.
guard 229, 316, 811, 849.
guard rail 291, 894.
guard, ankle 796.
guard, blade 304.
guard, cable 913.
guard, chin 885.
guard, leg 796.
guard, point 811.
guard, shin 801, 882, 887.
guard, tooth 808.
guard, trigger 860, 861.
guard, wheel 308.
guard, wrist 895.
guardhouse 408, 409.
Guatemala 742.
guava 197.
guide bar 331.
guide handle 308.
guide rail, car 417.
guide rail, counterweight 417.
guide ring 909.
guide roller 499.
guide, paper 519.
guide, tape 534.
guiding and current bar 595.
guiding tower 542.
guillotine 484, 535.
Guinea 745.
guinea fowl 120, 212.
guinea pig 123.
Guinea, Gulf of 34.
Guinea-Bissau 745.
guitar, bass 441.
gules 741.
gulf 38.
Gulf of Aden 33, 34.
Gulf of Alaska 30.
Gulf of Bothnia 32.
Gulf of California 30.
Gulf of Carpentaria 29.
Gulf of Guinea 34.
Gulf of Mexico 30.
Gulf of Oman 33.
Gulf of Panama 31.
Gulf, Persian 33.
gum 159, 174.
gum massager 384.
gumshield 843.
gun 315, 758.
gun flap 352.
gun handle 320.
gun range 769.
gun, heat 320.
gunner's sight 758.
gurnard 219.
gusset 386, 388.
gusset pocket 359, 360.
Gutenberg discontinuity 42.
gutta 404.
gutter 244, 865.
guy cable 824.
guy line 902.
guy wire 676, 824, 825.
Guyana 742.
guyot 49.
gybe 833.
gymnasium 608, 727, 734, 764, 788.
gymnasium office 734.
gymnast's name 825.
gymnastics 823, 824.
gymnastics, rhythmic 823.
gynaecological examination room 779.
gyoji 847.
gypsum board 299.
gypsum tile 299.
gyratory system 538.
gyroscope 759.

H

hack 877.
hackle 909.
hacksaw 303, 314.
haddock 221.
hafnium 683.
hail 64.
hail shower 57.
hair 147, 149, 172, 439.
hair bulb 172.
hair clip 380.
hair colour 379.
hair conditioner 379.
hair dryer 382.
hair follicle 172.
hair grip 380.
hair roller 380.
hair roller pin 380.
hair shaft 172.
hair slide 380.
hair stylist 428.
hairbrushes 380.
haircutting scissors 382.
hairdresser 714.
hairdressing 380.
hairpin 380.
hairs, root 77.
hairspring 696.
Haiti 742.
hakama 846, 847.
half barb 56.
half cell 897.
half court line 819.
half handle 229.
half indexing 528.
half pipe 871.
half-distance line 827.
half-glasses 385.
half-mask respirator 773.
half-pipe 887.
half-side 632.
half-slip 366.
half-through arch bridge 541.
half-volley 820.
halfway line 803, 805.
halibut 221.
hall 250, 608, 719, 724.
hall, convention 718.
hall, entrance 250, 509.
hall, exhibition 719.
hall, sports 788.
hall, town 710.
halo 9.
halogen desk lamp 286.
halogen light 775.
halyard 603, 739.
ham knife 229.
ham, cooked 216.
ham, smoked 215.
hamate 154.
hammer 317, 442, 443, 754, 793, 861, 912.
hammer axe 901.
hammer butt 443.
hammer drill 648.

hammer felt 443.
hammer head 901.
hammer jack 443.
hammer loop 313.
hammer rail 442, 443.
hammer shank 443.
hamster 123.
hand 139, 147, 149, 173.
hand blender 236.
hand brake gear housing 587.
hand brake wheel 587.
hand brake winding lever 587.
hand drill 307.
hand fork 325.
hand grenade 757.
hand grip 909.
hand hole 535.
hand lamp 765.
hand mitre saw 303.
hand mixer 236.
hand mower 332.
hand post 433.
hand protection 774.
hand protector 331, 875.
hand rest 516.
hand shield 318.
hand tools 325.
hand vacuum cleaner 288.
hand vice 422.
hand warmer pocket 355.
hand warmer pouch 360.
hand wash in lukewarm water 347.
hand wheel 452.
hand, 1/10th second 696.
hand, bones of 154.
hand, open 901.
hand-warmer pocket 353.
hand-wheel 425.
handbags 387.
handball 814.
handbrake 552.
handbrake lever 556.
handcuff case 770.
handgrip 574, 577, 782.
handgrips 850.
handguard 755.
handhold 857.
handholds 901.
handicap spot 916.
handicap, player 858.
handicap, team 858.
handicaps board 858.
handle 227, 230, 236, 237, 238, 239, 240, 256, 268, 280, 288, 289, 290, 291, 295, 301, 302, 303, 304, 305, 307, 308, 309, 310, 311, 312, 313, 315, 316, 319, 320, 323, 328, 331, 332, 381, 382, 383, 384, 386, 387, 388, 389, 391, 425, 439, 454, 458, 460, 503, 534, 558, 611, 649, 750, 775, 783, 793, 797, 798, 800, 815, 816, 822, 840, 849, 877, 884, 888, 891, 905, 909, 910, 920.
handle, crank 313.
handle, insulated 239.
handle, mitre lock 304.
handle, ring 390.
handle, side 308.
handle, twist 516.
handlebar 327, 851, 871, 876.
handlebar grip 871.
handlebar stem 579.
handlebar, raised 870.
handlebars 579, 871, 876.
handles, examples of 840.
handling 632.
handrail 255, 417, 569, 594, 607.
handsaw 303.
handset 506, 507.
handset flex 506.
hang glider 897.
hang gliding 897.
hang point 897.
hang to dry 347.
hang-up ring 382.
hanger 483.
hanger bracket 783.
hanger loop 354.
hanging basket 322.
hanging cupboard 279.
hanging glacier 46.
hanging pendant 286.
hanging sleeve 338.
hanging stile 247, 249, 278.
hank 835.
hapteron 75.
harbour 596.
hard boot 887.
hard contact lens 384.
hard disk drive 521.
hard disk drive, removable 521.
hard disk, removable 521.
hard hat 772.
hard palate 174, 175.
hard surface (cement) 822.
hard-shell clam 217.
hardboard 300.
hardwood base 899.
Hare 11.
hare 123, 212.
harissa 201.
harmonica 432.
harness 460, 841, 893, 896, 897.
harness, seat 900.
harnesses 460.
Harp 13.
harp 440.
harp cable stays 541.
harpoon gun 841.
harps 437.
harpsichord 443.
hasp 389.
hassium 683.
hastate 79.
hat stand 510.
hat switch 516.
hatband 340.
hatch 23, 758.
hatch, side 22.
hatchback 549.
hatchet 767, 907.
hatching 463.
haulage road 647.
Hausa 468.
Haversian canal 154.
Hawaiian 469.
hawk 315.
hawse pipe 605, 609.
hay baler 642.
hayloft 182.
hazard, water 867.
haze 57.
hazelnut 193.
hazelnut, section 84.
head 8, 96, 97, 99, 104, 115, 140, 147, 149, 161, 169, 185, 301, 302, 308, 311, 383, 384, 390, 391, 425, 439, 440, 441, 449, 452, 457, 458, 516, 591, 793, 816, 822, 858, 867, 901, 909.
head cover 869.
head harness 773.
head linesman 807.
head number 857.
head nurse's office 779.
head of femur 153.
head of frame 249.
head of humerus 153.
head of water 662.
head pole 857.
head protection 772, 774.
head roller 460.
head shell 500.
head teacher's office 735.
head tube 319.
head, bird 115.
head, collector 18.
head, cutting 535.
head, projection 535.
head, snare 433.
head-first entry 829.
headband 426, 502, 504, 772, 773.
headbay 657.
headboard 280, 281.
headcap 426.
header 643.
headframe 650.
headgear 340, 842.
headgear, men's 340.
headgear, unisex 341.
headgear, women's 341.
heading 471.
headings, examples of 283.
headland 51.
headlight 333, 550, 570, 574, 576, 585, 586, 640, 758, 876.
headline 471.
headphone jack 450, 451, 497, 504.
headphone plug 504.
headphones 502, 504.
headpin 865.
headrail 285.
headrest 555.
heads, examples of 302.
headset kit 506.
headwind 833.
health 775.
health and beauty care 181.
health organization 525.
hearing 173.
heart 97, 99, 103, 104, 105, 106, 107, 109, 110, 112, 116, 125, 162, 163, 212, 914.
heartwood 87.
heat control 259.
heat deflecting disc 274.
heat energy 68.
heat exchanger 259, 670, 675.
heat gun 320.
heat loss 68.
heat production 665.
heat pump 260.
heat ready indicator 381.
heat selector switch 382.
heat shield 22.
heat sink 513.
heat transfer 681.
heat transport pump 669.
heat-sealed film 223.
heater 903.
heating 256.
heating coil 899.
heating duct 293.
heating element 258, 259, 293, 294, 318, 465.
heating element, lower 266.
heating element, upper 266.
heating fuel tank 563.
heating grille 594.
heating oil 656.
heating, forced warm-air system 258.
heating/air conditioning equipment 608.
heaving line knot 908.
heavy continuous rain 57.
heavy continuous snow 57.
heavy intermittent rain 57.
heavy intermittent snow 57.
heavy machinery 636.
heavy petroleum 656.
heavy rainfall 63.
heavy thunderstorm 57.
heavy-duty boot 342.
heavy-water reactor 670.
Hebrew 468.
heddle rod 461.
heddles 460, 461.
hedge 245, 322.
hedge trimmer 331.
hedgehog 121.
heel 127, 147, 149, 229, 303, 309, 342, 351, 370, 439, 440, 641, 797, 868, 880, 881.
heel grip 342.
heel loop 783.
heel piece 840.
heel rest 236, 288.
heel stop 895.
heel-piece 889.
heeled shoe 339.
heelplate 892.
height adjustment 641, 642, 826, 851.
height adjustment foot 483.
height adjustment scale 304.
height control 485.
height finder 761.
height of the dive 829.
height scale 485.
helicopter 631, 762.
helicopter flight deck 762.
helicopter hangar 762.
helicopter, ambulance 631.
helicopter, tactical transport 631.
helicopter, water-bomber 631.
helicopters, examples of 631.
helipad 652.
helium 684.
helium sphere 25.
helix 173, 705.
helm roof 415.
helmet 20, 318, 748, 765, 798, 800, 808, 858, 870, 871, 875, 878, 882, 887, 888, 891, 894, 895, 896, 897, 901.
helmet lamp 901.
helmet ring 20.
helmet, crash 872, 885.
helmet, full-face 874.
hem 285.
hemidemisemiquaver 435.
hemidemisemiquaver rest 435.
hemisphere 705.
hemispheres 35.
hemlath 676.
hemline 455.
hen 120.
hen egg 213.
hen house 182.
hendecagon, regular 705.
hennin 339.
hepatic vein 161.
heptagon, regular 705.
heraldry 739.
herbal teas 208.
herbicide 69.
herbivores 67.
herbs 202.
Hercules 13.
Herdsman 13.
hermaphroditic duct 104.
heron 119.
herring 219.
herringbone parquet 254.
herringbone pattern 254.
herringbone stitch 459.
hertz 702.
Hertzian wave transmission 486.
heterotrophs 67.
hex nut 562.
hexagon bushing 269.
hexagon nut 311.
hexagon, regular 705.
hidden pocket 386.
high (19 to 36) 919.
high altar 737.
high card 914.
high chair 281.
high clouds 62.
high focal plane buoy 615.
high gain antenna 18.
high jump 791, 792.
high pressure area 63.
high tension connector 663.
high warp loom 461.
high wing 628.
high-back dungarees 368.
high-frequency antenna cable 628.
high-pressure steam inlet 668.
high-rise block 419.
high-speed exit taxiway 618.
high-speed shaft 677.
high-speed train 585.
high-temperature cutoff 266.
high-tension electricity transmission 646, 662, 677.
high-voltage tester 316.
highland 7, 61.
highland climates 61.
highlight key 479.
hijiki 183.
hiking boot 344.
hill 45, 674.
hilted bayonet 751.
Himalayas 33.
hind leg 96, 98.
hind leg, butterfly 96.
hind leg, honeybee 98.
hind limb 110, 111, 121, 143.
hind toe 115, 117.
hind wing 96.
Hindi 469.
Hinduism 736.
hinge 238, 247, 249, 278, 294, 386, 389, 465, 500, 554, 692, 889.
hinge joint 156.
hinge pin 638.
hip 147, 149.
hip pad 808.
hip roof 414.
hippopotamus 129.
hitch ball 558.
hitch pin 442.
hitting area 797.
hive 100.
hive body 100.
hob 224, 290.
hob edge 290.
hobble 857.
hobble hanger 857.
hock 124, 130, 215.
hock glass 225.
hockey ball 800.
hoe 327.
hoe-fork 326.
hog line 877.
hoisin sauce 200.
hoist 739.
hoisting block 634.
hoisting ring 610.
hoisting rope 321, 417, 634.
hoisting system 635.
holdall 388.
holder 685.
holder's name 729.
holder's signature 729.
holder, baton 770.
holder, dental floss 384.
holder, filter 241.
holder, hose 764.
holder, paper-clip 534.
holder, stylus 517.
holding 844.
holding area marking 620.
hole 423, 866, 867.
hole, black 8.
holes 866.
hollow barrel 776.
hollow brick 298.
hollow shot 752.
holmium 684.
hologram foil strip 729.
holster 770.
holy water font 737.
home 515.
home aerial 486.
home key 515.
home plate 795.
home straight 856.
home theatre 493.
home user 525.
home-plate umpire 795.
homo sapiens 93.
homogenized milk 210.
Honduras 742.
honey 209.
honey cell 100.
honeybee 98.
honeybee, anatomy of 99.
honeybee, foreleg 98.
honeybee, hind leg 98.
honeybee, middle leg 98.
honeycomb 100.
honeycomb section 100.
honeydew melon 195.
honour tiles 917.
hood 256, 289, 353, 368, 721, 841, 882, 901.
hood, cooker 224.
hood, range 722.
hooded sweat shirt 370.
hooded towelling robe 368.
hoof 124, 127.
hoof, plantar surface 127.
hoofs, examples of 127.
hook 249, 284, 313, 316, 327, 452, 453, 456, 457, 573, 611, 634, 699, 776, 861, 862, 881.
hook and eyes 453.
hook ladder 321, 767.
hook, boat 611.
hooker 804.
hoop 459, 823.
hoop earrings 374.
hopper 643.
hopper ore wagon 588.
hopper tank wagon 588.
hopper, loading 573.
horizon mirror 612.
horizon shade 612.
horizontal bar 824, 825.
horizontal clamp 701.
horizontal control 518.
horizontal end handhold 587.
horizontal ground movement 43.
horizontal member 663.
horizontal motion lock 482.
horizontal move 916.
horizontal pivoting window 415.
horizontal seismograph 43.
horizontal-axis wind turbine 677.
horn 376, 556, 576, 586.
horn, anterior 167.
Horn, Cape 31.
horn, fog 611.
horn, posterior 167.
horned melon 196.
hornet 101.
horny beak 113.
hors d'oeuvre dish 226.
hors d'oeuvres and cold food 722.
horse 124, 129, 826.
horse racing: harness racing 857.
horse racing: turf 856.
horse, anatomy of 125.
horse, gaits 124.
horse, morphology of 124.
horse, pommel 824.
horse, rider and 858.
horse, skeleton of 126.
horse, vaulting 824, 825.
horseradish 189.
horseshoe 127, 376, 413.
horseshoe mount 17.
hose 289, 319, 365, 767.

hose connector 328, 329.
hose dryer 764.
hose holder 764.
hose nozzle 328.
hose trolley 328.
hospital 711, 725, 778.
hospital bed 780.
hospital trolley 776.
hot bus bar 272.
hot coolant 665, 674.
hot food 722.
hot food table 721.
hot-air outlet 256.
hot-shoe contact 476.
hot-water circuit 262.
hot-water heater 262.
hot-water line 266.
hot-water outlet 259, 267.
hot-water riser 262.
hot-water supply 270, 271.
hot-water supply line 271.
hotel 710, 724, 886, 915.
hotel reservation desk 620.
hotel room 724.
hotplate 721.
hound, smooth 218.
houppelande 338.
hour angle gear 17.
hour hand 697.
house 244, 431, 877, 915.
house dress 356.
house furniture 276.
house, adobe 418.
house, elements of 247.
house, exterior 244.
house, foundations 253.
house, one-storey 419.
house, pilot 607.
house, structure 250.
house, two-storey 419.
houseboat 607.
household equipment 295.
household linen 716.
household products 180.
household waste 69, 70.
housing 261, 275, 306, 308, 316, 318, 383, 488, 499, 507, 613, 614.
hovercraft 605.
hub 103, 522, 523, 534, 579, 659, 677, 783.
hub cover 659.
Hubble space telescope 17, 53.
Hubble's classification 9.
Hudson Bay 30.
Huitzilopochtli, Temple of 412.
hull 84, 599, 834, 876.
hull column 652.
hull sonar 762.
human being 146.
human body 146.
human denture 159.
humerus 111, 116, 121, 122, 126, 131, 136, 138, 141, 142, 152, 156.
humid continental - hot summer 61.
humid continental - warm summer 61.
humid subtropical 61.
humidifier 261.
humidistat 261.
humidity 261.
hummingbird 118.
hummus 200.
hump 589.
hump approach 589.
hump control 589.
Hungarian 469.
Hungary 744.
hunting 912.
hunting cap 340.
Hunting Dogs 13.
hurdle 790.
hurricane 57, 63.
hurricane lamp 906.
husband 785.
husbandry, intensive 68, 69.
husk 84, 85.
Huygens 19.
hybrid car 563.
hydrant intake 766.
hydrant, fire 767.
hydraulic coupling 640.
hydraulic cylinder 633.
hydraulic disc brake 870.
hydraulic hose 641, 642.
hydraulic jack 567.
hydraulic pallet truck 633.
hydraulic ram 640.
hydraulic resistance 851.
hydraulic shovel 638.
hydraulic system 632.
hydroelectric complex 657.
hydroelectricity 657.
hydrofoil boat 609.
hydrogen 682.
hydrologic cycle 67.
hydrometer 562.
hydrosphere 66.
hyena 134.
hygrograph 59.
hygrometer 261.
hyperlinks 524.
hyperopia 691.
hypha 76.
hyracotherium 93.
hyssop 202.

I

Iapetus 5.
Iberian Peninsula 32.
ice 67.
ice axe 901.
ice cream container 240.
ice cream maker 240.
ice cream scoop 233.
ice cube dispenser 224.
ice cube tray 291.
ice dispenser 548.
ice hockey 878.
ice hockey player 878.
ice machine 721.
ice piton 901.
ice rink 886.
ice screw 901.
Ice Shelf, Amery 29.
Ice Shelf, Filchner 29.
Ice Shelf, Ross 29.
ice-breaker 606.
iceberg lettuce 186.
Iceland 32, 744.
Icelandic 469.
ichthyosaur 93.
ichthyostega 92.
icing syringe 232.
identification badge 770.
identification section 768.
identification, account 731.
identity bracelet 376.
identity tag 389.
idler wheel 876.
igloo 418.
igloo tent 903.
igneous rocks 42.
igniting electrode 259.
ignition 564.
ignition box 627.
ignition key 332, 333.
ignition lead 566.
ignition switch 556, 576.
ignition transformer 259.
iguana 114.
ileum 164.
iliohypogastric nerve 166.
ilioinguinal nerve 166.
ilium 111, 116, 122, 152.
illuminated mirror 381.
illumination mirror 701.
image adjustment buttons 496.
image review button 477.
imager 60.
imperial roof 414.
impervious rock 651.
impluvium 406.
impost 413.
impulse sprinkler 329.
in goal 805.
in-flight communications 487.
in-flight refuelling 760.
in-flight refuelling probe 760.
inactive dike 664.
inbound line 806.
incandescent lamp 614.
incandescent light bulb 274.
incident neutron 681.
incineration 71.
incised figure 420.
incisor 121, 123.
incisors 159.
inclination 13.
incoming message cassette 508.
increase, voltage 646.
incurrent pore 95.
incus 174.
indent 528.
Index 0.
index 471.
index arm 612.
index card cabinet 533.
index card drawer 533.
index cards 532.
index finger 173.
index mirror 612.
index shade 612.
index/enlarge button 477.
India 747.
Indian 10.
Indian chapati bread 205.
Indian naan bread 205.
Indian Ocean 28, 29, 33, 34.
indicator 554, 571.
indicator board 793.
indicator light 767.
indicator lights 515.
indicator needle 479.
indicator telltale 557, 576.
indicator, position 417.
indicator, water level 239.
indicators 494, 501.
indicators display button 496.
indium 682.
Indo-European languages 469.
Indo-Iranian languages 469.
Indonesia 33, 747.
Indonesian 469.
indoor activity area 727.
indoor electric grill 239.
indoor shutters 282.
indoor unit 260.
induction 564, 565.
industrial area 709.
industrial communications 487.
industrial pollution 69.
industrial waste 69, 70.
industry 525.
inert gas 274.
inferior 472.
inferior cymbal 448.
inferior dental arch 174.
inferior mesenteric artery 165.
inferior nasal concha 175.
inferior rectus muscle 177.
inferior umbilicus 115.
inferior vena cava 160, 161, 162, 165.
infield 794.
infiltration 67.
infinity 703.
infirmary 726.
inflated carrying tyre 594.
inflated guiding tyre 594.
inflation system 611.
inflator 841, 904.
inflator valve 841.
inflator-deflator 904.
inflorescent vegetables 187.
information 725.
information booth 715.
information console 841.
information counter 620.
information desk 719, 730, 733, 769, 779, 886.
information, dissemination of 525.
infrared homing head 759.
infrared port 526, 527.
infrared radiation 68, 690.
infrared sounder 60.
infrared thermal mapper 18.
infraspinatus 151.
infundibulum of fallopian tube 171.
infusions, coffee and 208.
inhalation valve 773.
inhaler, metered dose 783.
initials of issuing bank 729.
injection well 646.
injection/combustion 565.
ink 397, 421, 470.
ink drawing 396.
ink roller 421.
ink sac 106.
ink, colour shifting 729.
inked surface 420.
inking slab 421.
inkjet printer 519.
inlaid parquet 254.
inlet hose 485.
inlet manifold 565, 566.
inlet port 565.
inlet valve 566.
inline skating 895.
inmate admission office 726.
inmates' entrance 726.
inner boot 889, 895.
inner circle 877.
inner core 42.
inner door shell 554.
inner edge 127.
inner jib 603.
inner lining 561.
inner lip 105.
inner planets 5.
inner stators 627.
inner string 255.
inner table 915.
inner tent 902, 903.
inner toe 115.
inorganic matter 67.
input devices 514.
input lights 497.
input monitors 491.
input receptacle 520.
input select button 497.
input selector 497.
input terminal 316.
input tray 519.
input wire 274, 275.
input/output video jacks 497.
inrun 890, 891.
insectivorous bird 117.
insectivorous mammals 121.
insects and arachnids 96.
insects, examples of 101.
insert 515.
insert key 515.
inset pocket 360.
inside edge 901.
inside knob 248.
inside linebacker 806.
inside-leg snap-fastening 368, 369.
insignia, rank 770.
insole 345.
inspection light 316.
installation work 395.
instant-read thermometer 231.
institution, educational 525, 711.
instructions, operating 548.
instrument cluster 574, 576.
instrument panel 557.
instrument platform 60.
instrument shelter 58.
instrument unit 25.
insulated blade 316.
insulated handle 239, 316, 317.
insulating material 253, 254, 294.
insulating materials 299.
insulating sleeve 275.
insulation 259, 266, 267, 672.
insulator 562, 663.
insurance services 730.
intaglio printing 420.
intaglio printing process 422.
intaglio printing process, equipment 422.
intake manifold 564.
intake valve 564.
intake, air 568.
integral 703.
integrated circuit 689.
integrated circuit, packaged 689.
Intelsat 487.
intensive care unit 780.
intensive farming 68.
intensive farming 70.
intensive husbandry 68, 69.
interactive terminals 395.
interchange 709.
interchanges, examples of 538.
intercom microphone 491.
intercom station 491.
intercostal nerve 166.
interfacing 455.
interfemoral membrane 140.
interior dome shell 17.
interior door handle 554.
interior door lock button 554.
interior pocket 389.
interlining 455.
interlock 463.
intermediate booster station 654.
intermediate slope 886.
internal boundary 37.
internal ear 174.
internal filum terminale 167.
internal iliac artery 160, 161, 165.
internal iliac vein 161.
internal jugular vein 160.
internal modem port 513, 526.
internal tooth lock washer 310.
international post 475.
international road signs 544.
international space station 21.
international system of units 702.
international weather symbols 56.
Internet 523, 524.
Internet keys 514.
Internet service provider 525.
Internet user 524.
Internet uses 525.
internode 77.
interrogation room 768.
interrupted projection 36.
intersection 703.
intertragic notch 173.
interval 617.
intervals 434.
interventricular septum 162.
interview 471.
interview rooms 728.
intestine 95, 97, 103, 104, 105, 107, 109, 112, 161.
intestine, large 110.
intestine, small 110, 113, 116, 125.
intrados 413.
intravenous stand 780.
intrusive filtration 69.
intrusive rocks 42.
Inuktitut 469.
invert 595.
invertebral disc 157.
invertebral foramen 157.
inverted pleat 283, 357.
inward 828.
Io 4.
iodine 683.
ion tail 8.
Ionic column, engaged 407.
ionic order 404.
Iran 746.
Iraq 746.
Ireland 743.
iridium 683.
iris 177.
Irish 469.
Irish moss 183.
Irish Sea 32.
Irish soda bread 205.
iron 683, 867, 868.
iron at high setting 347.
iron at low setting 347.
iron at medium setting 347.
iron curtain 430.
iron meteorite 8.
iron, stirrup 855.
iron, straightening 381.
ironing 347.
irregular bone 157.
irregular crystal 64.
is approximately equal to 703.
is contained in 703.
is equal to 703.
is equal to or greater than 703.
is equal to or less than 703.
is equivalent to 703.
is greater than 703.
is identical with 703.
is less than 703.
is not equal to 703.
is not identical with 703.
is not parallel to 704.
is parallel to 704.
ISA expansion connector 513.
isba 418.
ischium 111, 116, 122, 153.
Islam: Muhammad 736.
island 38, 224, 539, 761.
island arc 49.
Island, Baffin 30.
Island, Newfoundland 30.
Islands, Aleutian 30.
Islands, Falkland 31.
Islands, Fiji 29.
islet, rocky 51.
isobar 55.
isolated danger mark 617.
isolated languages 469.
isolation cell 727.
isolation room 778.
isoseismal line 43.
Israel 746.
isthmus 38.
isthmus of fallopian tube 171.
isthmus of fauces 174.
Isthmus of Panama 30.
Italian 469.
italic 472.
Italy 744.
items, news 471.
ivory ball 919.
Ivory Coast 745.

J

J-2 engine 25.
jabot 362.
jaboticaba 197.
Jack 914.
jack 558, 634, 638, 766, 864, 873.
jack field 488.
jack plug 488, 502.
jack spring 443.
jack, audio 513.
jack, audio input/output 527.
jack, earphone 513.
jack, microphone 505.
jack, stabilizer 567.
jack-up platform 653.
jacket 338, 355, 521, 689, 844, 848, 855, 912.
jacket, life 611.
jacket, traditional 846.
jackets 348.
jackfruit 196.
jackleg drill 648.
jackpot box 920.
jackpot feed 920.
jacks, telephone surge protection 520.
jaguar 135.
jail 915.
jalapeño chilli 199.
jalousie 249.
Jamaica 742.
jamb 247, 256.
janitor's cupboard 724, 731.
Japan 33, 747.
Japan Trench 50.
Japan, Sea of 33.
Japanese 469.
Japanese experiment module 21.
Japanese persimmon 197.
Jarlsberg 211.
Java Trench 50.
javelin 748, 791, 793.
jaw 302, 306, 307, 312, 317, 377.
jaw, fixed 700.
jaw, lagomorph's : rabbit 123.
jaw, rodent's : rat 123.
jaw, sliding 700.
jaws 312, 913.
jaws, rodent's and lagomorph's 123.
jay 118.
jazz band 438.
jeans 358.
jejunum 164.
jerboa 123.
jerk, clean and 850.
jersey 805, 870.
Jerusalem artichoke 184.
Jesus Christ 736.
jet blast deflector 761.
jet engine test area 761.
jet fuel 656.
jet refueller 622.
jet tip 384.
jet, supersonic 53, 629.
jets, water 828.
jetty, starting 838.
Jew's harp 433.
jewel 696.
jewellery 374.
jewellery shop 714.
jewellery, watches and 717.
Jewish challah 205.
jib 634, 635, 834.
jib tie 634.
jibsheet 834.
jicama 184.
jigger topgallant staysail 603.
jigger topmast staysail 603.
jiggermast 602.
jigsaw 305.
jigsaw puzzle 917.
jingle 449.
jockey 856.
jockey rollers 580.
jodhpurs 853.
jogging pants 370.
John dory 221.
joint 426, 470, 557, 863, 909.
joint filler 315.
joint, articulated 569.
joint, condyloid 156.
joint, gliding 156.
joint, hinge 156.
joint, pivot 156.
joint, saddle 156.
jointed mouth 854.
jointer plane 309.
joist 254.
Joker 914.
Jordan 746.
joule 702.
journal box 586.
joystick 516.
joysticks 918.
ju-jitsu 846.
Judaism: Old Testament 736.
judge 842, 843, 844, 848, 855, 859.
judge coordinator 823.
judge's stand 856.
judge, centre line 820.
judge, chief 823, 837.
judge, corner 845.
judge, finish 883.
judge, finish line 839.
judge, gate 837.
judge, goal 858.
judge, jump 852.
judge, line 813, 818, 824.
judge, route 900.
judge, side 807.
judge, start 883.
judge, track 883.
judges 824, 825, 828, 881.
judges' bench 728.
judges' office 728.
judges' stand 887, 890, 891.
judges, artistic value 823.
judges, assistant 883.
judges, corner 846.
judges, difficulty 823.
judges, execution 823.
judges, finish 883.
judges, start 882.
judges, turning 831.
judo 844.
judogi 844.
jug 241.
jug, measuring 231.
juice extractor 240.
juice sac 82.
jujube 197.
jump judge 852.
jump ski 840.
jump, ski 891.
jump, triple 875.
jumper cables 558.
jumper valve plate 268.
jumper, ski 891.
jumping boot 896.
jumping ski 891.
jumping technique 891.
jumping, ski 891.
jumps 792.
jumps, examples of 881.
jumps, multiple 875.
jumpsuit 358, 369.
junction box 591.
junior doctor 780.
junior officer's office 768.
juniper berry 198.
junk 600.
Jupiter 4.
Jurassic 93.
jurors' room 728.
jury 853.
jury box 728.
jury platform 871.
jury, president of 900.
justaucorps 338.
justice 726.
juvenile cell 768.

K

K-frame 663.
K1 kayak 839.
Kalahari Desert 34.
kale, ornamental 186.
kale, sea 186.
Kamchatka Peninsula 33.
kangaroo 142, 143.
kangaroo, morphology of 143.
kangaroo, skeleton of 142.
Kaplan runner 659.
karabiner 901.
karabiner, D 900.
karabiner, locking 900.
karate 845.
karategi 845.
karateka 845.
kayak 837.
Kazakhstan 746.
keel 116, 897.
keel boat 835.
keep 408.
keeper ring 909.
kelly 651.
kelvin 702.
kendo 847.
kendoka 847.
Kenya 745.
kerb 712, 872.
Kermadec-Tonga Trench 50.
kernel 85.
kerosene 656.
kerosene tank 25.
ketch 601.
ketchup 201.
kettle 45, 240.
kettledrum 448.
key 249, 432, 442, 443, 445, 446.
key case 387.
key cutting 715.
key finger button 446.
key grip 428.
key guard 446.
key lever 446.
key lock 386.
key signature 435.
key spindle 436.
key, alternative 514.
key, arrow 261.
key, backspace 515.
key, call 505.
key, capitals lock 514.
key, choosing 261.
key, confirmation 731.
key, delete 515.
key, email 514.
key, end 506, 515.
key, enter 515.
key, escape 514.
key, home 515.
key, ignition 333.
key, insert 515.
key, lock 505.
key, menu 505.
key, monitor 505.
key, numeric lock 515.
key, page down 515.
key, page up 515.
key, pause/break 515.
key, power 505, 506.
key, print screen/system request 515.
key, scroll 505.
key, scrolling lock 515.
key, selection 506.
key, start 514.
key, tabulation 514.
key, talk 506.
keybed 442.
keyboard 442, 450, 507, 526, 865.
keyboard and pictograms 514.
keyboard instruments 442.
keyboard instruments, examples of 443.
keyboard port 513.
keyboard, alphanumeric 548, 730, 731.
keyless chuck 306.
keypad, alphabetical 530.
keypad, alphanumeric 506, 514.
keypad, numeric 530.
keys 451, 854.
keys, cursor movement 529.
keys, function 514.
keys, Internet 514.
keys, operation 730, 731.
keystone 410, 413.
keyway 249.
kick pleat 357.
kick, skating 892.
kicker 471, 800, 890.
kickers 890.
kickstand 575, 577.
kidney 104, 105, 106, 109, 110, 112, 116, 125, 161, 212.
kidney bean, red 191.
kielbasa sausage 216.
killer whale 137.
kilogram 702.
kilt 357.
kimono 364.
kimono sleeve 361.
King 914, 916.
king post 253, 897.
king's chamber 402.
King's side 916.
kingfisher 118.
kingpin 571.
Kinyarwanda 468.
kiosk 548, 593.
Kiribati 747.
Kirundi 468.
kit, first aid 771.
kit, headset 506.
kit, tool 580.
kit, waxing 892.
kitchen 222, 224, 250, 406, 584, 719, 721, 723, 724, 726, 735, 764.
kitchen articles 716.
kitchen facilities 509.
kitchen knife 229.
kitchen knives, examples of 229.
kitchen scale 231.
kitchen shears 233.
kitchen timer 231.
kitchen towel 295.
kitchen utensils 229.
kitchen, food and 180.
kitchen-diner 250.
kiwi 196.
knee 124, 130, 146, 148.
knee boot 857.
knee boot suspender 857.
knee pad 796, 808, 880, 882, 894, 895.
knee sock 365.
knee wrap 850.
knee-length sock 351.
kneeling position 861.
kneepad 858.
knickerbockers 358.
knife 227, 401, 421, 841, 905, 907.
knife pleat 350, 357.
knife, electric 237.
knife-blade cartridge fuse 272.
Knight 916.
knitting 457.
knitting machine 456.
knitting measure 457.
knitting needle 457.
knives, examples of 228.
knob 278, 285, 309, 797.
knob handle 304.
knob, coarse adjustment 693.
knob, fine adjustment 693.
knob, steam control 241.
knobby tyre 577.
knockout cable entry 272.
knoll 890.
knot 463.
knot stitches 459.
knots 908.
knurled bolt 320.
koala 143.
kohlrabi 185.
Kola Peninsula 32.
kombu 183.
kora 433.
Koran 736.
Korean 469.
Korean Peninsula 33.
kote 847.
krypton 684.
Kuiper belt 4.
kumquat 194.
kung fu 846.
Kuril Trench 50.
Kuwait 746.
Kyrgyzstan 746.

L

label 500.
label holder 533.
label maker 533.
labial palp 96, 99.
labium majus 170, 171.
labium minus 170, 171.
lablab bean 190.
laboratory 16, 17.
laboratory air lock 23.
laboratory equipment 685.
laboratory, pathology 781.
laboratory, U.S. 21.
labyrinth 885.
laccolith 44.
lace 797, 843, 881.
lace carriage 456.
lace-up 342.
lachrymal canal 177.
lachrymal duct 177.
lachrymal gland 177.
lacing 893.
lactiferous duct 171.
ladder 246, 418, 567, 597, 615, 639, 655.
ladder and hose strap 767.
ladder pipe nozzle 766.
ladder scaffold 321.
ladder, boarding 611.
ladders 321.
ladies' toilet 427, 509, 724.
ladle 233, 752.
Ladoga, Lake 32.
Lady chapel 410, 411.
ladybird 101.
lagging 655.
lagomorph's jaw: rabbit 123.
lagomorphs, examples of 123.
lagomorphs, rodents and 122.
lagoon 51.
lake 7, 38, 45, 48.
lake acidification 70.
Lake Baikal 33.
Lake Chad 34.
Lake Eyre 29.
Lake Ladoga 32.
Lake Malawi 34.
Lake Tanganyika 34.
Lake Titicaca 31.
Lake Victoria 34.
lake, artificial 48.
lake, glacial 48.
lake, oxbow 48.
lake, tectonic 48.
lake, volcanic 48.
lakes 48.
Lakes, Great 30.
lam 460.
lamb cubes 215.
lamb, cuts of 215.
lamb, minced 215.
lambdoid suture 158.
lamellae, concentric 154.
lamina 75.
laminboard 300.
lamp 693.
lamp base 614.
lamp socket, parts of 275.
lamp, adjustable 399.
lamp, bedside 724, 780.
lamp, sanctuary 737.
lamp, signal 239.
lampholder 275.
lamphouse elevation control 485.
lamphouse head 485.
lamprey 219.
lanceolate 79.
lancet 413.
land 306.
land pollution 69.
land station 54.
lander (Viking) 18.
landfill 709.
landfill site, authorized 69.
landing 251, 255, 650, 891.
landing area 790, 792, 793, 891.
landing deck 761.
landing gear 567, 571, 641.
landing gear crank 571.
landing gear lever 626.
landing light 631.
landing net 911.
landing radar 761.
landing slope 891.
landing track 890.
landing window 631.
landing, lower 417.
landing, upper 417.
landslides 47.
lane 711, 788, 790, 830, 831, 882.
lane line 791.
lane number 893.
lane rope 831.
lane timekeeper 830.
lane, bowling 865.
lane, pit 872.
lane, warm-up 882.
language display button 507.
language families, major 468.
languages of the world 468.
languages, Afro-Asiatic 468.
languages, Amerindian 469.
languages, Australian aboriginal 469.
languages, Bantu 468.
languages, Celtic 469.
languages, Central African 468.
languages, Germanic 469.
languages, Indo-European 469.
languages, Indo-Iranian 469.
languages, isolated 469.
languages, Malayo-Polynesian 469.
languages, Oceanian 469.
languages, Papuan 469.
languages, Romance 469.
languages, Sino-Tibetan 468.
languages, Slavic 469.
languages, Ural-Altaic 469.
languid 444.
lantern 322, 614, 903.
lantern pane 614.
lanthanides (rare earth) 684.
lanthanum 684.

Laos 747.
lap belt 555.
lap counter 883.
lapel 348, 362.
lapis lazuli 375.
laptop computer 523, 526.
laptop computer : front view 526.
laptop computer : rear view 526.
laptop computer briefcase 527.
lapwing 118.
larch 89.
lard 209.
larding needle 233.
large blade 905.
large intestine 110, 164.
large wheel 783.
large-screen television set 493.
larger spotted dogfish 218.
larva 100.
larynx 163.
lasagne 206.
laser beam 501, 692.
laser printer 519.
laser, pulsed ruby 692.
last quarter 7.
latch 238, 294, 389, 452, 456, 900.
latch bolt 248.
latch needle 456.
latch, mitre 303, 304.
lateen sail 601.
lateen yard 600.
lateral bar 851.
lateral brush 573.
lateral condyle of femur 153.
lateral cuneiform 155.
lateral cutaneous femoral nerve 166.
lateral filing cabinet 510.
lateral groove 127.
lateral incisor 159.
lateral line 108, 877.
lateral mark 617.
lateral moraine 46.
lateral semicircular canal 174.
lateral view of skull 158.
lateral-adjustment lever 309.
latex glove 776.
latex glove case 770.
lath 285.
latissimus dorsi 151.
latrines 406.
Latvia 744.
launch escape system 25.
launcher, space 24.
laundry 724, 726.
laundry room 250.
lava flow 44.
lava layer 44.
lawn 245, 322.
lawn aerator 333.
lawn bowling 864.
lawn care 332.
lawn edger 326.
lawn rake 333.
lawn tractor 333.
lawrencium 684.
layer, ozone 53.
layers, waste 69.
leach field 263.
leaching 70.
lead 471, 504, 682, 877.
lead ball 757.
lead pencil 470.
leader 900, 911.
leading 472.
leading bunch 870.
leading edge 362, 625, 897, 898.
leading edge flap 760.
leading edge tube 897.
leading motorcycle 870.
leaf 75, 77, 78, 79, 185.
leaf axil 79.
leaf lettuce 186.
leaf margins 79.
leaf node 77.
leaf vegetables 186.
leaf, fleshy 78.
leaf, scale 78.
leaf, structure of 79.
leakproof cap 903.
lean-to roof 414.
leash rod 461.
leather end 350.
leather goods 386.
leather goods shop 714.
leather sheath 907.
leather skin 798.
leather, chamois 377.
leaves, examples of 89.
leaves, first 77.
Lebanon 746.
Lebanon, cedar of 89.
lectern 737.
ledger board 252.
ledger line 434.
leech 836.
leek 184.
left atrium 161, 162.
left attacker 812.
left back 801, 803, 812, 814.
left centre 804.
left channel 502.
left cornerback 806.
left defence 878.
left defensive end 806.
left defensive tackle 806.
left field 795.
left fielder 794.
left forward 811.
left guard 807.
left half 801.
left inner 801.
left kidney 165.
left lung 161, 163.
left midfielder 803.
left pulmonary vein 162.
left safety 806.
left service court 819, 821.
left side 384.
left tackle 807.
left ventricle 161, 162.
left wing 801, 804, 879.
left winger 814.
left-luggage office 582.
leg 113, 139, 147, 149, 156, 278, 280, 281, 323, 351, 448, 641, 815, 823, 910.
leg curl bar 851.
leg extension bar 851.
leg guard 796.
leg position 829.
leg strap 611.
leg, walking 103.
leg-of-mutton sleeve 361.
leg-warmer 371.
legging 901.
leghold trap 913.
legumes 190.
leisure, outdoor 902.
lemon 194.
lemon balm 202.
lemon squeezer 230, 237.
lemur 139.
length, measurement of 702.
lengthways bulkhead 606.
lengthwise grain 455.
lens 177, 385, 476, 477, 478, 479, 483, 501, 517, 518, 691.
lens accessories 478.
lens aperture scale 478.
lens cap 478.
lens case 384.
lens hood 14, 478, 612.
lens mount 477.
lens release button 476.
lens system 692.
lens, concave 691.
lens, convex 691.
lens, macro 478.
lens, optical 535.
lens, toric 691.
lens, zoom 496.
lenses 478, 691.
lenses, contact 384.
lenticular galaxy 9.
lentils 190.
leopard 135.
leotard 371.
Lesotho 746.
lesser covert 115.
letter 474.
letter opener 531.
letter scale 531.
letter, marker 855.
letters 472.
letters to editor 471.
lettuce, butterhead 186.
lettuce, iceberg 186.
lettuce, leaf 186.
lettuce, sea 183.
leucoplast 74.
level 650.
level crossing 545, 547, 583, 591.
level crossing bell 591.
level crossing sign 591.
level, reception 724.
level, sea 53.
level, water 261.
levelling foot 292, 293, 294.
levelling head 701.
levelling head level 701.
levelling head locking knob 701.
levelling screw 58, 699, 701.
lever 238, 268, 270, 310, 377, 423, 686, 912, 920.
lever cap 309.
lever corkscrew 230.
lever cover 268.
lever kitchen-tap 270.
lever, cruise control 333.
lever, gear 552, 577.
lever, locking 312.
levigator 423.
Liberia 745.
libero 812.
librarian's office 732.
library 395, 711, 726, 732, 734.
library, map 732.
library, sound 733.
library, videotape 733.
Libya 745.
lichen 74.
lichen, crustose 74.
lichen, foliose 74.
lichen, fruticose 74.
lichen, structure of 74.
lichens, examples of 74.
lid 234, 237, 238, 239, 240, 241, 290, 291, 292, 295, 313, 465, 484, 689.
lid brace 465.
Liechtenstein 744.
lierne 410.
life buoy 609.
life cycle of the frog 111.
life jacket 611.
life raft 605, 611.
life support system 20.
life support system controls 20.
life, evolution of 92.
life-saving equipment 611.
lifeboat 602, 604, 608, 652.
lifebuoy 611, 771.
lift 16, 407, 417, 509, 602, 630, 650, 713, 724.
lift arm 637.
lift bridge 542.
lift car 417.
lift chain 265.
lift cord 285.
lift cord lock 285.
lift door 569.
lift span 542.
lift, chair 886.
lift, wheelchair 569.
lift-arm cylinder 637.
lift-fan air inlet 605.
lifting chain 632.
lifting handle 756.
lifting hook 651.
lifting link 640.
ligament 105.
ligature 446.
light 14, 15, 17, 472, 594, 615, 617.
light aircraft 628.
light bar 766.
light bulb 673.
light button 505.
light continuous drizzle 57.
light continuous rain 57.
light continuous snow 57.
light intermittent drizzle 57.
light intermittent rain 57.
light intermittent snow 57.
light machine gun 755.
light rain 64.
light ray 691.
light sensor 477.
light shield 17.
light signal 436.
light, amber 712.
light, eternal 738.
light, green 712.
light, halogen 775.
light, indicator 767.
light, paper feed 519.
light, power 519.
light, print cartridge 519.
light, reading 771.
light, red 712.
light, scene 775.
light, strobe 775.
light, underwater 246.
light, visible 690.
light-load adjustment screw 273.
light-reading scale 479.
lightbar 771.
lightbar controller 771.
lightbox 484, 535.
lighthouse 596, 614.
lighthouse lantern 614.
lighting 274, 381, 626.
lighting board 490.
lighting board operator 490.
lighting cable 567.
lighting grid 429, 492.
lighting grid access 490.
lighting technician 429, 490.
lighting, safety 771.
lighting/camera control area 490.
lightning 57, 65.
lightning conductor 245, 658, 663.
lightning rod 677.
lights 286.
lights, blinking 568.
lights, control 519, 520.
lights, goal 879.
lights, indicator 515.
lights, input 497.
lights, pedestrian 712.
lights, rear 775.
lights, signal 859.
lights, sound mode 497.
lights, traffic 712.
lily 80.
lily of the valley 80.
Lima bean 191.
limb 87, 859, 913.
limb top 693.
limb, hind 121, 143.
lime 194.
limit switch 417.
limpet 217.
linden 208.
line 313, 434, 731, 813, 919.
line guide 910.
line judge 807, 813, 818, 824.
line map 592.
line of scrimmage 807.
line, 10 m 804.
line, 15 m 805.
line, 2 m 827.
line, 22 m 800, 804.
line, 27 m 858.
line, 30 m 859.
line, 36 m 858.
line, 4 m 827.
line, 5 m 800, 805.
line, 50 m 859.
line, 54 m 858.
line, 60 m 859.
line, 7 m 827.
line, 70 m 859.
line, 90 m 859.
line, back 877.
line, broken 538, 539.
line, cable 525.
line, centre 809.
line, chalk 313.
line, cold-water 266.
line, competitors' 845, 847.
line, credit 471.
line, dedicated 523, 524.
line, entries 529.
line, field 687.
line, finish 833, 839, 871, 890.
line, goal 809.
line, hog 877.
line, hot-water 266.
line, neutral 687.
line, pursuit 871.
line, referee's 845.
line, result 529.
line, shooting 859.
line, solid 538.
line, sprinters' 871.
line, starting 833, 872.
line, submarine 524.
line, tee 877.
line, telephone 524.
linear 79.
linen 584.
linen chest 279.
linen room 724.
linen, household 716.
lines of latitude 36.
lines of longitude 36.
lines, suspension 896.
linesman 803, 812, 816, 820, 879.
Lingala 468.
lingerie 716.
lingerie shop 714.
lingual papilla 176.
lingual tonsil 176.
lining 342, 348, 349, 370, 386, 455, 881.
lining fabrics 455.
linseed oil 400.
linstock 752.
lint filter 292.
lintel 247, 252, 256, 411.
Lion 13.
lion 135.
lion passant 741.
lip 124, 132.
lip make-up 378.
lip strap ring 854.
lipbrush 378.
lipid droplet 74.
lipliner 378.
lipstick 378.
liqueur glass 225.
liquid 680, 681.
liquid compass 612.
liquid crystal display 477, 496.
liquid eyeliner 378.
liquid foundation 378.
liquid hydrogen tank 24, 25.
liquid mascara 378.
liquid nitrogen tank 694.
liquid oxygen tank 24, 25.
liquid oxygen tank baffle 25.
liquid-crystal display 696.
liquid/gas separator 562.
list, wine 721.
listen button 508.
listening posts 733.
lists 408.
litchi; lychee 197.
literary supplement 471.
lithium 682.
litho crayon 423.
litho pencil 423.
lithographic press 423.
lithographic printing 420.
lithographic stone 423.
lithographic tusche 423.
lithography 423.
lithography, equipment 423.
lithosphere 42, 66.
Lithuania 744.
litter, plant 78.
Little Bear 12.
Little Dog 13.
little finger 173.
little finger hook 447.
Little Horse 12.
Little Lion 13.
liver 109, 110, 112, 113, 116, 125, 161, 164, 212.
Liverpool bit 854.
livestock van 588.
living room 250, 902.
Lizard 12.
lizard 114.
lizard, monitor 114.
llama 128.
load 686.
load platform 571.
loader, belt 646.
loading area 666.
loading bridge 596.
loading bunker 648.
loading dock 713.
loading door 256.
loading hopper 573.
loaf pan 239.
loan services 730.
lob 821.
lob wedge 868.
lobate 79.
lobate toe 117.
lobby 620, 713, 717, 724, 728, 730.
lobe 117.
lobe bronchus 163.
lobe, lower 163.
lobe, upper 163.
lobster 107, 218.
lobster, anatomy of 107.
lobster, morphology of 107.
lobule 173.
local post 475.
local station 486.
location 244.
location of the statue 403.
lock 247, 248, 278, 291, 387, 389, 554, 664.
lock dial 516.
lock emptying system 597.
lock filling and emptying opening 597.
lock filling and emptying system 597.
lock filling intake 597.
lock filling opening 597.
lock forward 804.
lock key 505.
lock nut 58, 700.
lock rail 247.

lock ring 483.
lock switch 479.
lock, capitals 514.
lock, numeric 515.
lock, twist 572.
lock-chamber 597.
lock-on button 305, 308.
locker 510.
locker room 764.
lockers, students' 735.
locket 374.
locking button 288.
locking device 289, 321, 913.
locking karabiner 900.
locking lever 312, 587.
locking ring 302, 756.
locknut 270.
locomotive 585.
locomotive track 589.
loculus 82.
lodge, main 886.
lodge, mountain 886.
lodge, skiers' 886.
lodge, summit 886.
lodging 886.
loft ladder 321.
log 300.
log carrier 257.
log chute 657.
log truck 572.
log, section 300.
logger, data 58.
loin 124, 147, 149.
loin chop 215.
loincloth 339.
long adductor 150.
long and short stitch 459.
long bone 157.
long bone, parts of 155.
long bone, structure of 154.
long extensor of toes 150.
long johns 351.
long jump and triple jump 790, 793.
long jump take-off board 793.
long palmar 150.
long peroneal 150.
long radial extensor of wrist 151.
long residue 656.
long service line 816.
long track 882.
long-range jet airliner 624.
longan 196.
longitudinal drive shaft 553.
longitudinal dunes 52.
longship 598.
loop 349, 539.
loop stitches 459.
loop, brake 896.
loop, hammer 313.
loop, strap 906.
loop, toe 881.
loose curtain 283.
loose fill insulation 299.
loose powder 378.
loose powder brush 378.
lopping shears 330.
lore 115.
lorgnette 385.
loss, heat 68.
lost property 725.
loudspeaker 502, 503, 766.
loudspeaker system select buttons 497.
loudspeaker terminals 497.
loudspeaker, centre 493.
loudspeaker, main 493.
loudspeaker, surround 493.
lounge 608, 724.
lounge, cocktail 724.
lounge, nurses' 781.
lounge, staff 731, 768, 779.
lounge, VIP 718.
louse 101.
louvre 261.
louvre-board 411.
louvred window 415.
lovage 202.
love seat 724.
low (1 to 18) 919.
low clouds 62.
low fuel warning light 557.
low gain antenna 18.
low pressure area 63.
low warp loom 460.
low-mass stars 8.
low-pressure steam inlet 668.
low-speed shaft 677.
low-tension distribution line 273, 663.
lower bar 824.
lower blade guard 304.
lower bowl 241.
lower cheek 854.
lower chord 540.
lower confining bed 646.
lower eyelid 110, 132, 177.
lower fore topgallant sail 603.
lower fore topsail 603.
lower gate 597.
lower girdle facet (16) 374.
lower guard retracting lever 304.
lower heating element 266.
lower landing 417.
lower lateral lobe 86.
lower lateral sinus 86.
lower level 597.
lower limb 161, 750.
lower lip 174, 444.
lower lobe 163.
lower mandible 115.
lower mantle 42.
lower mast 602.
lower radiator hose 561.
lower section 24.
lower shell 889.
lower sphere clamp 58.
lower support screw 58.
lower thermostat 266.
lower wing 628.
lower-case 472.
lowering the spinnaker 833.
lubricant eye drops 384.
lubricants plant 656.
lubricating oils 656.
lubricating system 586.
lubricator 649.
Luer-Lock tip 776.
luff 836.
lug 448.
lug sail 601.
luge 884.
luge racer 884.
luge, doubles 884.
luge, singles 884.
luggage 388, 717.
luggage compartment 584, 585, 631.
luggage elastic 389.
luggage lockers 582.
luggage rack 567, 577, 876.
luggage racks 605.
luggage trolley 389, 582.
lumbar pad 808.
lumbar plexus 166.
lumbar vertebra 153, 157, 168.
lumbar vertebrae 122, 126, 131, 138, 141, 142.
luminous intensity, measurement of 702.
lunar eclipse 7.
lunar features 7.
lunar module 19, 25.
lunate 154, 156.
lunchroom, employee 509.
lung 104, 110, 112, 116, 125.
lung, book 103.
lungs 163.
lunula 172, 173.
lunule 105.
lupine 190.
lutetium 684.
Lutheranism: Martin Luther 736.
Lutz 881.
Luxembourg 743.
Lynx 12.
lynx 134.
lyre 433.
lysosome 94.

M

macadamia nut 193.
macaque 139.
macaroni 401.
macaw 118.
Macedonia 744.
machete 751.
machicolation 408.
machine gun 758.
machine hall 657, 658.
machine wash in hot water at a normal setting 347.
machine wash in lukewarm water at a gentle setting/reduced agitation 347.
machine wash in warm water at a gentle setting/reduced agitation 347.
machine wash in warm water at a normal setting 347.
machine, automatic teller 730, 731.
machine, breath-testing 769.
machine, espresso 241.
machine, franking 531.
machine, ice 721.
machine, snow-grooming 886.
machine, sorting 475.
machine, trap 860.
machinery shed 182.
machinery, transport and 538.
Mackenzie River 30.
mackerel 219.
macro lens 478.
macronucleus 94.
macula 177.
Madagascar 34, 746.
madreporite 95.
magazine 471, 754, 755, 893.
magazine base 754.
magazine catch 754.
mage 847.
Magellan 19.
magenta 690.
magma 44, 49.
magma chamber 44, 646.
magnesium 682.
magnesium powder 825.
magnet 454, 488, 534, 687.
magnetic compass 907.
magnetic damping system 698.
magnetic field 494, 687.
magnetic gasket 291.
magnetic lid holder 240.
magnetic needle 907.
magnetic separation 71.
magnetic strip 729.
magnetic tape 495.
magnetism 687.
magnetometer 60.
magnifier 905.
magnifying glass 693.
magnifying glass and microscopes 693.
magpie 118.
mah-jongg 917.
mail processing room 509.
mail, air 475.
mail, bulk 475.
main beam headlight 554.
main beam indicator light 557.
main beam warning light 576.
main bronchus 163.
main carriage 456.
main circuit breaker 272.
main circuit vent 262.
main cleanout 262.
main cryogenic stage 24.
main deck 607, 761.
main drain 246, 262, 263.
main duct 258.
main electric motor 763.
main engine 23.
main entrance 250, 713, 733, 735, 768, 781.
main fan 648.
main glider 284.
main handle 307.
main inlet 655.
main junction box 273.
main landing gear 625, 760.
main leg 663.
main line 583.
main lodge 886.
main loudspeaker 493.
main lower topgallant sail 603.
main lower topsail 603.
main parachute 896.
main power cable 272.
main preview monitor 491.
main reflex mirror 477.
main return pipe 259.
main road 539.
main rooms 250.
main royal sail 603.
main sail 603.
main scale 700.
main scope tube 692.
main section 919.
main sewer 712.
main stalk 86.
main stand 575.
main steam header 669.
main steam pipes 669.
main supply pipe 259.
main switch 273.
main transformer 585.
main tube 14, 15.
main upper topgallant sail 603.
main upper topsail 603.
main vent 44.
main waiting room 781.
main wheel 697.
main-sequence star 8.
Maine Coon 132.
mainmast 600, 602.
mains connection 258, 260.
mainsail 834.
mainsheet 834.
maintenance area 489.
maintenance hangar 619.
maintenance shop 648.
maître d'hôtel 720.
major domestic appliances 716.
major inner reaping throw 844.
major international road signs 544.
major language families 468.
major motions 916.
major North American road signs 546.
major outer reaping throw 844.
make-up 378.
make-up artist 428.
maker, bread 239.
Malagasy 469.
malanga 189.
malar region 115.
Malawi 746.
Malawi, Lake 34.
Malayo-Polynesian languages 469.
Malaysia 747.
Maldives 747.
male 702.
male bowler 865.
male cone 89.
male ferrule 909, 910.
male frog, anatomy of 110.
male genital organs 169.
male grounding pin 274.
male union nut 269.
male urethra 169.
Mali 745.
mallet 301, 401, 421, 448, 858.
mallets 449.
malleus 174.
Malpighian tubule 99.
Malpighian tubules 97.
malt vinegar 201.
Malta 744.
mammals, carnivorous 130.
mammals, examples of insectivorous 121.
mammals, flying 140.
mammals, insectivorous 121.
mammals, marine 136.
mammals, marsupial 142.
mammals, primate 138.
mammals, ungulate 124.
mammary gland 171.
mammoth 93.
man 146.
man, property 429.
management office 718.
manager, production 509.
managing director's office 509.
managing director's secretary 509.
mandarin 194.
mandarin collar 363.
mandible 97, 99, 108, 111, 112, 116, 121, 122, 123, 126, 131, 136, 138, 141, 142, 152, 158.
mandolin 433.
mandoline 230.
mane 124.
manganese 683.
manganese mix (cathode) 689.
mangetout 190.
mango 197.
mango chutney 201.
mangosteen 196.
manhole 655, 712.
manicure 377.
manicure set 377.
manifold 652.
manned manœuvring unit 20.
manometer 655, 775.
manœuvring bar 643.
manœuvring engine 23.
manrope 542.
mansard roof 414.
mantid 102.
mantle 105, 106, 256.
mantle muscles 106.
mantlepiece 256.
manual 445.
manual feed slot 519.
manual focusing knob 483.
manual release 889.
manual revolving door 416.
manual revolving doors 719.
manual sorting 71.
manual/automatic mode 465.
manually-operated points 590.
manuals 444.
manure spreader 641.
manway 650.
Manx 133.
Maori 469.
map library 732.
map projections 36.
map, geographical 734.
map, weather 54.
maple 88.
maple syrup 209.
mapper, infrared thermal 18.
maquis 66.
Marconi cutter 601.
margarine 209.
margin 79.
margin control 528.
margin release 528.
marginal shield 113.
Mariana Trench 50.
Marie Byrd Land 29.
marina 788.
marinade spices 199.
marine 61.
marine diesel 656.
marine mammals 136.
marine mammals, examples of 137.
Mariner 19.
maritime buoyage system 616.
maritime communications 487.
maritime signals 614.
maritime transport 596.
mark, penalty 814.
marker 470, 864, 865, 882, 883.
marker letter 855.
marker pen 397.
marker, position 441.
markers 875.
marking dot 455.
marmoset 139.
marrow 188, 212.
marrow, bone 154.
Mars 4, 5.
Mars Odyssey 19.
marshall 875.
Marshall Islands 747.
marshalling yard 589.
marsupial mammals 142.
marsupials, examples of 143.
marten 134.
marten, stone 134.
martingale 858.
mascara brush 378.
mask 796, 841, 848.
mask, face 798, 800.
mask, oxygen 775.
mason's trowel 315.
masonry drill 306.
masonry nail 301.
masonry tools 315.
mass 43.
mass, measurement of 702.
massage glove 379.
masseter 150.
massif 38.
massive stars 8.
mast 407, 591, 600, 631, 632, 633, 834, 836.
mast control lever 633.
mast foot 836.
mast operating lever 632.
mast sleeve 836.
master bedroom, cathedral ceiling 251.
master bedroom, cathedral roof 251.
master cord 893.
master cylinder 559.
master gate valve 654.
masthead 471, 602, 836.
masthead light 605.
mastoid fontanelle 158.
mastoid process 158.
masts 602.
mat 844, 864.
mat chairman 843.
mat, floor 558.
mat, nonslip 893.
mat, protective 883.
matchbox 391.
matchstick 391.
mater, dura 167.
mater, pia 167.
material handling 632.
material, fire-fighting 767.
material, radar-absorbent 629.
material, sealing 689.
maternal aunt 785.
maternal uncle 785.
mathematics 703.
matinee-length necklace 374.

mating adaptor 21.
mats, floor 824.
matter 680.
matter, grey 167.
matter, inorganic 67.
matter, states of 680.
matter, white 167.
mattress 280, 281, 776.
mattress cover 280.
mattresses and box springs 716.
maulstick 399.
Mauritania 745.
Mauritius 746.
mawashi 847.
maxilla 99, 108, 111, 112, 116, 122, 123, 131, 136, 138, 152, 158, 175.
maxillary 121.
maxillary bone 159.
maximum thermometer 59.
Maya 469.
meadow 182.
mean position 690.
meander 48.
measure of sky radiation 58.
measure, telescopic 864.
measurement of air pressure 59.
measurement of amount of substance 702.
measurement of angles 701.
measurement of Celsius temperature 702.
measurement of cloud ceiling 59.
measurement of distance 700.
measurement of electric charge 702.
measurement of electric current 702.
measurement of electric potential difference 702.
measurement of electric resistance 702.
measurement of energy 702.
measurement of force 702.
measurement of frequency 702.
measurement of humidity 59.
measurement of length 700, 702.
measurement of luminous intensity 702.
measurement of mass 702.
measurement of power 702.
measurement of pressure 702.
measurement of radioactivity 702.
measurement of rainfall 59.
measurement of snowfall 59.
measurement of sunshine 58.
measurement of temperature 59, 695.
measurement of thermodynamic temperature 702.
measurement of thickness 700.
measurement of time 696, 702.
measurement of weight 698.
measurement of wind direction 59.
measurement of wind strength 59.
measuring beaker 231.
measuring button 479.
measuring cups 231.
measuring devices 695.
measuring jug 231.
measuring spoons 231.
measuring tube 59.
meat 214.
meat counter, self-service 180.
meat keeper 291.
meat thermometer 231.
meatus, external auditory 158.
mechanic 873.
mechanic, chief 873.
mechanic, starter 873.
mechanical connections 269.
mechanical mouse 516.
mechanical shovel 647.
mechanical stage 693.
mechanical stage control 693.
mechanical variometer 898.
mechanical watch 696.
mechanism, spool-release 910.
medial condyle of femur 153.
medial moraine 46.
median groove 127.
median lingual sulcus 176.
median nerve 166.
medical equipment storage room 781.
medical gas cylinder 780.
medical records 781.
medical team 844.
Mediterranean Sea 28, 32, 34.
Mediterranean subtropical 61.
medium 472, 849.
medium format SLR (6 x 6) 481.
medium tension distribution line 273.
medium-tension distribution line 663.
medlar 193.
medulla 165.
medulla oblongata 167.
medullary cavity 154.
medullary ray 87.
meeting room 394, 724, 730, 735, 764.
meeting rooms 718.
meganeura 92.
megazostrodon 93.
Meissner's corpuscle 172.
meitnerium 683.
Melanesia 29.
Melanesian 469.
melody strings 432.
melon baller 233.
melon, bitter 188.
melon, canary 195.
melon, casaba 195.
melon, honeydew 195.
melon, horned 196.
melon, Ogen 195.
melons 195.
melting 680.
meltwater 46.
membrane, plasma 94.
memo pad 530.
memorial board 738.
memory button 497, 498, 506.
memory cancel 479, 529.
memory card slots 918.
memory card, compact 477.
memory key 479, 501.
memory recall 529.
memory recall key 479.
men 847, 915, 916.
men's accessories 716.
men's bag 388.
men's casual wear 717.
men's cell 768.
men's clothing 348.
men's coats 717.
men's gloves 346.
men's headgear 340.
men's nightwear 717.
men's shoes 342, 716.
men's sportswear 717.
men's suits 716.
men's sweaters 717.
men's toilet 427, 509, 724, 725.
men's underwear 716.
mendelevium 684.
meninges 167.
menorah 738.
menu 721.
menu button 477, 505.
menu key 505.
Mercury 4, 5.
mercury 275, 683.
mercury barometer 59.
mercury bulb 695.
mercury thermometer 777.
merging traffic 547.
merguez sausage 216.
méridienne 276.
mesa 52.
mesh 281, 815.
mesh bag 222.
mesh strainer 231.
mesocarp 81, 82, 83.
mesohyl 95.
mesopause 53.
mesosaur 92.
mesosphere 53.
mesothorax 97.
message display 512.
metacarpal 154, 156.
metacarpus 111, 116, 122, 126, 131, 133, 136, 138, 142, 154.
metal arm 329.
metal counterhoop 448.
metal detector, walk-through 726.
metal frame 442.
metal head 793.
metal rail 533.
metal rod 449.
metal sorting 71.
metal structure 582.
metallic contact grid 672.
metallic plastron 848.
metals, alkali 682.
metals, examples 741.
metals, transition 683.
metamorphic rocks 42.
metaphysis 155.
metatarsal 155.
metatarsus 98, 111, 122, 126, 131, 138, 141, 142, 155.
metathorax 97.
meteorite 8.
meteorite, iron 8.
meteorite, stony-iron 8.
meteorites, stony 8.
meteorological forecast 54.
meteorological measuring instruments 58.
meteorological station 58.
meteorology 53.
meteorology, measuring instruments 58.
meteorology, station model 55.
metered dose inhaler 783.
methylated spirits 656.
metope 404.
metre 702.
metronome 436.
Mexico 742.
Mexico, Gulf of 30.
mezzanine 592.
mezzanine floor 250, 251.
mezzanine stairs 251.
Michigan snowshoe 893.
Micro Compact Car 549.
microfilament 94.
microfilm reader 732.
microfilm room 732.
micrometer caliper 700.
micrometer screw 612, 701.
Micronesia 747.
micronucleus 94.
microphone 488, 492, 496, 505, 506, 508, 516, 517, 527, 770, 898.
microphone boom 490, 492.
microphone boom tripod 492.
microphone jack 505.
microphones 771.
Microscope 10.
microscope 693.
microscopes, magnifying glass and 693.
microtubule 94.
microwave dish 489.
microwave oven 224, 238.
microwave ovens 723.
microwave relay station 524.
microwave scanner 60.
microwave transmitter 489.
microwaves 690.
Mid-Atlantic Ridge 50.
mid-calf length sock 351.
Mid-Indian Ridge 50.
mid-ocean ridge 49.
middle attacker 812.
middle back 812.
middle clouds 62.
middle covert 115.
middle ear 174.
middle finger 173.
middle jib 603.
middle leg 96, 98.
middle leg, honeybee 98.
middle linebacker 806.
middle lobe 163.
middle nasal concha 175.
middle panel 247.
middle phalange 154, 155.
middle phalanx 133, 172.
middle piece 169.
middle primary covert 115.
middle sole 370.
middle toe 115.
middle torus 405.
midfielder, central 803.
midfielder, left 803.
midfielder, right 803.
midgut 99.
midrange loudspeaker 10.
midrange pickup 441.
midrange speaker 502.
midrib 75, 79, 84.
midriff band 367.
Mihrab 738.
Mihrab dome 738.
mileometer 557.
military communications 487.
milk 210.
milk chocolate 208.
milk, evaporated 210.
milk, goat's 210.
milk, homogenized 210.
milk, powdered 210.
milk/cream cup 223.
Milky Way 9, 13.
Milky Way (seen from above) 9.
Milky Way (side view) 9.
mill, food 230.
millet 85, 203.
millet: spike 85.
Mimas 5.
minaret 738.
Minbar 738.
minced beef 214.
minced lamb 215.
minced pork 215.
minced veal 214.
mincer 230.
mine, anti-personnel 758.
miners' changing-room 649.
mini briefs 351.
mini stereo sound system 503.
minibus 549, 569.
minim 435.
minim rest 435.
minimum thermometer 59.
mink 134.
minor sciatic nerve 166.
minor surgery 778.
mint 202.
minute 704.
minute hand 696, 697.
Miranda 5.
mirror 264, 389, 535, 574, 576, 577, 693, 724, 876.
mirror, blind spot 568, 569.
mirror, concave primary 15.
mirror, crossover 568.
mirror, outside 568.
mirror, partially reflecting 692.
mirror, secondary 15, 17.
mirror, totally reflecting 692.
mirror, West Coast 569.
miscellaneous 473.
miscellaneous articles 534.
miscellaneous domestic appliances 240.
missile launch rail 760.
missile launcher 761.
missile stowage 762.
missile, structure 759.
missiles 759.
Mississippi River 30.
mist 57, 65.
mitochondrion 74, 94.
mitral valve 162.
mitre box 303.
mitre gate recess 597.
mitre gauge 305.
mitre gauge slot 305.
mitre latch 303, 304.
mitre lock handle 304.
mitre scale 303, 304.
mitten 318, 346, 901.
mix, depolarizing 689.
mix, water-steam 646.
mixed forest 66.
mixing bowl 236.
mixing bowls 232.
mixing chamber 319.
mizzen royal brace 603.
mizzen royal staysail 603.
mizzen sail 603.
mizzen topgallant staysail 603.
mizzen topmast staysail 603.
mizzenmast 600, 602.
moat 408, 409.
mobile drawer unit 510.
mobile filing unit 510.
mobile passenger steps 623.
mobile remote servicer 21.
mobile starting gate 857.
mobile telephone 506.
mobile unit 486, 489.
mobile X-ray unit 778.
moccasin 344.
mock pocket 355.
mode 528.
mode selector 498.
mode selectors 504.
modem 522, 523, 524.
modem, cable 525.
moderate continuous drizzle 57.
moderate continuous rain 57.
moderate continuous snow 57.
moderate intermittent drizzle 57.
moderate intermittent rain 57.
moderate intermittent snow 57.
moderate rain 64.
moderator 665.
moderator tank 670.
moderator: graphite 670.
moderator: heavy water 670.
moderator: natural water 671.
modern bow 750.
modern howitzer 756.
modern mortar 756.
modesty panel 511.
modillion 405.
modulation wheel 450.
module, battery condition 563.
module, centrifuge 21.
module, command 19.
module, European experiment 21.
module, Japanese experiment 21.
module, lunar 19.
module, motor control 563.
module, postmarking 531.
module, power control 563.
module, Russian 21.
module, service 19.
module, U.S. habitation 21.
mogul 890.
Mohorovicic discontinuity 42.
moist surface 420.
moistener 531.
molar 121, 123.
molar, cross section 159.
molars 159.
molasses 209.
Moldova 744.
mole 121, 702.
mole wrench 310.
mole, morphology of 121.
mole, skeleton of 121.
molecule 680.
molluscs 104, 217.
molybdenum 683.
Monaco 744.
monarch butterfly 101.
money and modes of payment 729.
Mongolia 747.
Mongolian 469.
mongoose 134.
monitor key 505.
monitor lizard 114.
monitor roof 414.
monitor screen 694.
monitor speaker 488.
monitor wall 489, 490, 491.
monkfish 220.
mono-hulls 835.
monocle 385.
monograph section 732.
Monopoly® 915.
mons pubis 170.
Montagnais 469.
monument 39.
Moon 4, 6, 7.
moon dial 697.
Moon's orbit 6, 7.
Moon, phases 7.
moons 4.
mooring chain 615.
mooring winch 607.
mop 295.
moped 577.
moraine, end 46.
moraine, terminal 46.
mordent 435.
morel 183.
Morocco 745.
morphology of a bat 140.
morphology of a bird 115.
morphology of a bivalve shell 105.
morphology of a butterfly 96.
morphology of a cat 133.
morphology of a dog 130.
morphology of a dolphin 136.
morphology of a frog 110.
morphology of a gorilla 139.
morphology of a honeybee: worker 98.
morphology of a horse 124.
morphology of a kangaroo 143.
morphology of a lobster 107.
morphology of a mole 121.
morphology of a perch 108.
morphology of a rat 122.
morphology of a shark 108.
morphology of a snail 104.
morphology of a spider 103.
morphology of a starfish 95.
morphology of a turtle 113.
morphology of a univalve shell 105.
morphology of a venomous snake: head 112.
morphology of an octopus 106.
mortadella 216.
mortar 230, 298, 753.
mortar, modern 756.
mortise 390.
mortise lock 249.
mosaic 406.
Moses 736.
mosque 738.
mosquito 101.
moss 75.
moss stitch 458.
moss, common hair cap 75.
moss, Irish 183.
moss, structure of 75.
mosses, examples of 75.

moth, atlas 102.
moth, peppered 101.
mother 784, 785.
mother-in-law 784.
motherboard 513.
motion detector 416.
motocross and supercross motorcycle 875.
motor 261, 292, 293, 294, 304, 307, 308, 320, 323, 327, 332.
motor bogie 585, 595.
motor car 594.
motor control module 563.
motor end plate 168.
motor neuron 168.
motor racing 872.
motor root 167, 168.
motor scooter 577.
motor sports 872.
motor unit 236, 237, 240, 288, 384, 585.
motor vehicle pollution 69.
motor yacht 607.
motor, electric 563.
motor/generator, electric 563.
motorcycle 574.
motorcycle : view from above 576.
motorcycle, leading 870.
motorcycle, off-road 577.
motorcycle, rally 875.
motorcycle, touring 577.
motorcycle, trial 875.
motorcycle-mounted camera 870.
motorcycles, examples of 577.
motorcycling 874.
motorized ground auger 323.
motorway 39, 539, 709.
motorway number 39.
motto 729.
mouflon 128.
mould, charlotte 232.
mouldboard 641.
moulded insulation 299.
moulding 253.
moulding, bumper 550.
mount, ball 558.
mountain 45.
mountain biking 870.
mountain lodge 886.
mountain range 7, 38, 42.
mountain slope 45.
mountain sports 900.
mountain torrent 45.
Mountain, Table 10.
mountaineer 901.
mountaineering boot 901.
mountaineering shovel 901.
Mountains, Appalachian 30.
Mountains, Atlas 34.
Mountains, Carpathian 32.
Mountains, Rocky 30.
Mountains, Transantarctic 29.
Mountains, Ural 32.
mounted umpire 858.
mounting 849.
mounting bracket 859, 913.
mounting foot 482.
mounting plate 275.
mounting point 627.
mouse pad 516.
mouse port 513, 518.
mouse, cordless 516.
mouse, field 123.
mouse, mechanical 516.
mouse, optical 516.
mouse, wheel 516.
mouth 95, 104, 105, 107, 110, 136, 148, 174, 444, 854.
mouthparts 98.
mouthpiece 446, 447, 451, 783, 841.
mouthpiece receiver 447.
mouthpipe 447.
mouthwash 384.
movable bridges 542.
movable jaw 311, 312.
movable maxillary 112.
movable runner 885.
movable stands 734.
moveable panel 509, 510, 719.
movement, horizontal ground 43.
movement, vertical ground 43.
movements of aircraft 630.
moving coil 488.
mower deck 333.
mower deck lift lever 333.
Mozambique 746.
Mozambique Channel 34.
mozzarella 210.
Mt Everest 53.
mud flap 551, 570, 571.
mud hut 418.
mud injection hose 651.
mud pit 651.
mud pump 651.
mudflow 47.
mudguard 578, 640.
muff 388.
muffler felt 442.
muffs, ear 861.
mule 128, 344.
mullet 220, 741.
multi-hulls 835.
multi-image jump button 477.
multi-ply plywood 300.
multi-purpose ladder 321.
multi-purpose room 727.
multi-purpose solution 384.
multigrain bread 205.
multimeter 316.
multipack 223.
multiple exposure mode 476.
multiple jumps 875.
multiple light fitting 287.
multiple use key 529.
multiple-span beam bridge 541.
multiplication 703.
multiply key 529.
multipurpose antenna 763.
multipurpose tool 317.
mummy 904.
mung bean 191.
Munster 211.
muscle fibre 168.
muscle segment 109.
muscles 150.
muscles, mantle 106.
museum 394, 711.
museum shop 394.
mushroom 76.
mushroom anchor 610.
mushroom, enoki 183.
mushroom, structure 76.
mushrooms 183.
music 432.
music rest 436, 444, 451.
music room 734.
music stand 436.
musical accessories 436.
musical advisers 490.
musical instrument digital interface (MIDI) cable 451.
musical notation 434.
muskmelon 195.
muslin 231.
mustard, American 200.
mustard, black 198.
mustard, Dijon 200.
mustard, English 200.
mustard, German 200.
mustard, powdered 200.
mustard, white 198.
mustard, wholegrain 200.
mute 447.
mutule 404.
muzzle 124, 130, 132, 753, 754, 756, 860, 912.
muzzle-loading cannon 753.
Myanmar 747.
mycelium 76.
myelin sheath 168.
myocardium 162.
myopia 691.

N

nacelle 677.
nacelle cross-section 677.
Nahuatl 469.
nail 127, 301.
nail bed 172.
nail cleaner 377.
nail clippers 377.
nail file 377.
nail groove 905.
nail hole 127.
nail matrix 172.
nail scissors 377.
nail set 301.
nail shaper 377.
nail varnish 377.
nail whitener pencil 377.
nail, common 301.
nail, cut 301.
nail, finishing 301.
nail, masonry 301.
nail, spiral 301.
nails, examples of 301.
naked strangle 844.
name plate 273.
name, currency 729.
name, domain 524.
name, gymnast's 825.
name, holder's 729.
name, swimmer's 831.
name, team 858.
nameplate 376, 471.
names, tropical cyclone 63.
Namib Desert 34.
Namibia 746.
naos 403.
nape 115, 147, 149.
napkins, silverware and 722.
nappy 368.
nappy, disposable 368.
naris 175.
narrow 472.
narwhal 137.
nasal bone 158, 175.
nasal cavity 163.
nasal fossae 175.
nasopharynx 175.
national broadcasting network 486.
national park 39.
nationality 825.
natural 435.
natural arch 51.
natural environment 867.
natural greenhouse effect 68.
natural radiation 41.
natural sponge 379.
Nauru 747.
nautical sports 827.
Navajo 469.
nave 411.
navel 146, 148.
navette cut 375.
navicular 155, 156.
navigation devices 612.
navigation display 626.
navigation light 605, 625.
navigation periscope 763.
Nazca Plate 43.
Neapolitan coffee maker 241.
NEAR 19.
near/far dial 496.
nebula, planetary 8.
neck 113, 124, 147, 148, 149, 159, 169, 227, 425, 433, 439, 440, 441, 494, 826, 868.
neck end 349.
neck guard 765.
neck of femur 153.
neck pad 808.
neck strap 772.
neck support 874.
neck, filler 553.
neckhole 351.
necklaces 374.
necklines 363.
neckroll 280.
necks 363.
neckstrap eyelet 476.
necktie 349.
nectarine 192.
needle 52, 64, 398, 452, 453, 454, 776.
needle assembly 398.
needle bar 453.
needle bed 456.
needle bed groove 456.
needle clamp 453.
needle clamp screw 453.
needle hub 776.
needle plate 452.
needle position selector 452.
needle threader 454.
needle tool 464.
needle, larding 233.
needle, trussing 233.
needle-nose pliers 317.
negative 485.
negative carrier 485.
negative charge 684.
negative contact 672, 673.
negative meniscus 691.
negative plate 562.
negative plate strap 562.
negative region 672.
negative terminal 562, 687, 689.
negligee 364.
neodymium 684.
neon 684.
neon lamp 316.
Nepal 747.
nephew 785.
Neptune 4, 5.
neptunium 684.
nerve 172.
nerve cord 99.
nerve fibre 172.
nerve termination 172.
nerve, olfactory 175.
nerve, spinal 167.
nervous system 166.
nest of tables 278.
Net 10.
net 811, 812, 813, 814, 815, 817, 821, 827.
net band 821.
net curtain 282.
net judge 821.
net support 815.
netball 809.
Netherlands 743.
nettle 187.
network access point transceiver 522.
network connection 273.
network interface card 522.
network port 513.
network, bus 522.
network, computer 523.
network, ring 522.
network, star 522.
network, wide area 523.
networks, examples of 522.
neural spine 109.
neurons 168.
neutral conductor 273.
neutral indicator 576.
neutral line 687.
neutral service wire 272.
neutral wire 272.
neutral zone 806, 879.
neutron 680.
neutron star 8.
neutron, incident 681.
névé 46.
New Caledonia 29.
new crescent 7.
new fuel storage room 666.
new moon 7.
new shekel 728.
New Zealand 29, 747.
newborn children's clothing 368.
newel 417.
newel post 255.
Newfoundland Island 30.
news items 471.
newsagent's shop 715.
newspaper 471.
newt 111.
newton 702.
next call 507.
nib 470.
Nicaragua 742.
niche, safety 543.
nickel 683.
nictitating membrane 132.
niece 785.
Niger 745.
Niger River 34.
Nigeria 745.
night deposit box 731.
nightgown 364.
nightingale 118.
nightshot switch 496.
nightwear 364.
nightwear, men's 717.
nightwear, women's 716.
Nile 34.
nimbostratus 56, 62.
niobium 683.
nipple 146, 148, 171, 269.
nitric acid emission 70.
nitrogen 683.
nitrogen oxide emission 70.
no access for wheelchairs 725.
no entry 544, 546.
no U-turn 544, 546.
no vehicles over height shown 545, 547.
no. 1 wood 868.
no. 3 iron 868.
no. 3 wood 868.
no. 4 iron 868.
no. 5 iron 868.
no. 5 wood 868.
no. 6 iron 868.
no. 7 iron 868.
no. 8 forward 804.
no. 8 iron 868.
no. 9 iron 868.
nobelium 684.
noble gases 684.
nock 750, 859.
nocking point 859, 913.
node 663, 687.
node of Ranvier 168.
non-add/subtotal 529.
non-biodegradable pollutants 69.
non-breaking space 514.
non-cancelled stamped post 474.
non-metals 683.
non-reusable residue waste 71.
nonagon, regular 705.
nonslip mat 893.
noodles, Asian 207.
noodles, bean thread cellophane 207.
noodles, egg 207.
noodles, rice 207.
noodles, soba 207.
noodles, somen 207.
noodles, udon 207.
nori 183.
norm point 891.
normal 472.
normal sight 691.
normal spiral galaxy 9.
North 37, 616, 917.
North America 28, 30, 50.
North American Plate 43.
North American road signs 546.
North celestial pole 13.
North Pole 35.
north pole 687.
North Sea 28, 32.
North-Northeast 37.
North-Northwest 37.
Northeast 37, 616.
Northern Crown 13.
Northern hemisphere 35.
Northern leopard frog 111.
northern saw-whet owl 118.
Northwest 37, 616.
Norway 744.
Norwegian 469.
Norwegian Sea 32.
nose 122, 124, 148, 175, 624, 749, 887, 894, 897, 898, 912.
nose cone 627.
nose landing gear 624.
nose leaf 140.
nose leather 132.
nose of the quarter 342, 370.
nose pad 385.
nose, droop 629.
noseband 854, 858.
nosepiece, revolving 693.
nosing 255.
nostril 108, 110, 112, 115, 124.
notch 348, 362, 455, 698, 791, 863.
notched double-edged thinning scissors 382.
notched edge 382.
notched lapel 352.
notched single-edged thinning scissors 382.
note presenter 730.
note values 435.
note, bank 915.
notebook, shorthand 531.
nothosaur 93.
nova 8.
nozzle 22, 24, 25, 259, 315, 319, 320, 329, 398, 767.
nozzle cleaners 318.
nozzle, steam 241.
nozzle, swivelling 628.
nubby tyre 875.
nuclear boiler room 763.
nuclear energy 665.
nuclear fission 681.
nuclear fuel handling sequence 666.
nuclear membrane 74, 94.
nuclear power station 668.
nuclear reactor 667.
nuclear submarine 763.
nuclear waste 70.
nuclear whorl 105.
nucleolus 74, 94, 170.
nucleus 8, 9, 74, 94, 168, 170, 680.
nucleus splitting 681.
nucleus, fissionable 681.
number 791, 919.
number 1 858.
number 2 858.
number 3 858.
number 4 858.
number key 508, 529.
number of decimals 529.
number of tracks sign 591.
number plate 875.
number plate light 554.
number, atomic 682.
number, card 729, 731.

number, lane 893.
number, player's 810, 878.
number, pump 548.
number, room 724.
number, serial 729.
numbering stamp 531.
numerals, Roman 703.
numeric keyboard 507, 699.
numeric keypad 515, 530.
numeric lock 515.
numeric lock key 515.
numeric pager 505.
nurse 780.
nursery 281.
nurses' lounge 781.
nurses' station (ambulatory emergency) 779.
nurses' station (major emergency) 778.
nut 269, 310, 311, 439, 440, 441, 590, 750.
nut, cola 193.
nut, ginkgo 193.
nut, hexagon 311.
nut, macadamia 193.
nutcracker 230.
nutmeg 198.
nutmeg grater 230.
nuts 311.
nylon line 332.

O

o-ring 268.
oak 88.
oar 598, 600, 851.
oar, sculling 838.
oar, steering 598.
oar, sweep 838.
oasis 48, 52.
oat flour 204.
oats 85, 203.
oats: panicle 85.
Oberon 5.
obi 845, 846.
obituary 471.
object 691.
object balls 862.
objective 693.
objective lens 14, 692.
oblique fissure 163.
oboe 446.
oboes 437.
obscured sky 56.
observation deck 621.
observation post 17.
observation room 778, 781.
observation window 23.
observation, astronomical 10.
observatory 17.
obstacles 852, 875.
obturator foramen 122.
obturator nerve 166.
obtuse angle 704.
occipital 151.
occipital bone 131, 153, 158.
occluded front 56.
ocean 7, 38, 67.
ocean floor 49.
ocean trenches and ridges 50.
ocean weather station 54.
Ocean, Atlantic 29, 32, 34.
Ocean, Indian 29, 33, 34.
Ocean, Pacific 28, 29, 33.
Oceania 28, 29.
Oceania and Polynesia 747.
Oceanian languages 469.
oceanic crust 42.
oche 918.
octagon, regular 705.
octahedron, regular 705.
Octant 10.
octave 434, 849.
octave mechanism 446.
octopus 106, 217.
octopus, anatomy of 106.
octopus, morphology of 106.
odd 919.
odd pinnate 79.
oesophagus 95, 97, 99, 103, 104, 109, 110, 112, 113, 116, 125, 163, 164.
off-road motorcycle 577.
offal 212.
office 509, 548, 582, 720, 724, 726.
office automation 509.
office building 596, 710, 713.
office furniture 510.
office tower 713.
office, accountant's 509.
office, administrative 764, 769.
office, assistant governor's 726.
office, chief executive's 509.
office, chief officer's 768.
office, clerks' 728.
office, complaints 768.
office, director's 732.
office, emergency physician's 778.
office, governor's 726.
office, gymnasium 734.
office, head nurse's 779.
office, head teacher's 735.
office, inmate admission 726.
office, judges' 728.
office, junior officer's 768.
office, librarian's 732.
office, management 718.
office, managing director's 509.
office, post 474, 475, 711, 715.
office, proctors' 735.
office, professional training 730.
office, school secretary's 735.
office, security guard's 733.
office, social worker's 779.
office, ticket 719.
officer, chief's 764.
officer, director's 731.
officer, police 770.
officer, safety 837.
officers' dormitory 764.
officers' quarters 762, 763.
officers' toilet and shower 764.
offices, administrative 718.
offices, organizers' 719.
official signature 729.
official, penalty bench 879.
officials 801, 846.
officials' bench 879.
offset 269.
offshore drilling 653.
offshore prospecting 653.
offshore well 654.
ogee 413.
ogee roof 414.
Ogen melon 195.
ohm 702.
oil 651.
oil burner 259.
oil drain plug 566.
oil feed pipe 259.
oil paint 397.
oil painting 396.
oil pastel 396.
oil pastel drawing 396.
oil pollution 70.
oil pressure warning indicator 576.
oil processing area 652.
oil pump 259.
oil spill 70.
oil supply 259.
oil tank 331.
oil terminal 596.
oil warning light 557.
oil, corn 209.
oil, olive 209.
oil, peanut 209.
oil, sesame 209.
oil, sunflower-seed 209.
oil-filled radiator 260.
oil/gas separator 652.
oiler 648.
oils, fats and 209.
oilstone 422.
okapi 128.
okra 188.
old crescent 7.
olecranon 126, 153.
olfactory bulb 109, 175.
olfactory mucosa 175.
olfactory nerve 109, 175.
olfactory tract 175.
olive 188.
olive oil 209.
Oman 746.
Oman, Gulf of 33.
on guard line 848.
on the wind 833.
on-air warning light 488.
on-board computer 556.
on-deck circle 794.
on-off button 240.
on-off indicator 381.
on-off switch 237, 241, 263, 286, 288, 289, 318, 381, 382, 383, 384, 613.
on/off 504.
on/off light 506.
on/off switch 289, 476, 483, 488.
on/off/test button 520.
on/off/volume 504.
on/play button 508.
one 703.
one hundred 703.
one pair 914.
one thousand 703.
one way head 302.
one-arm shoulder throw 844.
one-bar shoe 343.
one-person tent 903.
one-piece coverall 896.
one-piece suit 884.
one-storey house 419.
one-toe hoof 127.
one-way traffic 544, 546.
onion, green 184.
onion, red 184.
onion, white 184.
online catalogue 733.
online game 525.
oolong tea 208.
Oort cloud 4.
opal 375.
open hand 901.
open strings 432.
open-air terrace 609.
open-ended spanner 311.
open-face spinning reel 910.
open-pit mine 647.
open-plan coach 584.
opencast strip mine 647.
opening 346.
opening of copulatory bursa 97.
opening, utensils 230.
openings, gill 108.
opera 710.
opera glasses 385.
opera-length necklace 374.
operating cord 284.
operating dam 664.
operating floor 664.
operating instructions 548.
operating panel 417.
operating rod 755.
operating suite 780.
operating table 780.
operating theatre 780, 781.
operation control room 763.
operation keys 507, 730, 731.
operational pattern of marks by night 617.
operations, basic 529.
operations, specific 529.
operator's cab 634.
operator's cab 634.
operator, boom 429.
operator, camera 428.
operculum 108, 111.
ophthalmology and ENT room 779.
opisthodomos 403.
opossum 143.
opposable thumb 139.
opposite prompt side 431.
optic chiasm 167.
optic nerve 177.
optical character reader 474.
optical lens 535.
optical mouse 516.
optical scanner 181, 517.
optical sensor 516.
optical sight 701.
optical sorting 71.
optical stage 535.
optician 715.
or 741.
oral cavity 163, 164.
oral irrigator 384.
orange 194, 400.
orange, section of 82.
orange-red 400.
orange-yellow 400.
orangutan 139.
orbicularis oculi 150.
orbiculate 79.
orbit 112, 116, 131, 136, 138, 142.
orbit of the satellites 60.
orbit, Earth's 6, 7.
orbital-action selector 305.
orbiter 22, 23.
orbiter (Viking) 18.
orchard 182.
orchestra 402.
orchestra pit 430.
orchid 80.
order 411.
order of finish 831.
order, postal 475.
ordinaries, examples 740.
ordinary die 914.
Ordovician 92.
ore 647.
ore pass 650.
oregano 202.
organ 444.
organ console 444.
organ mechanism 445.
organ, production of sound 445.
organization, cultural 525.
organization, government 525.
organization, health 525.
organizer 530.
organizers' offices 719.
organs, sense 172.
oriental cockroach 101.
Oriental couching stitch 459.
oriflamme 739.
origin and evolution of species 92.
original overlay 512.
Orinoco River 31.
Orion 11, 12.
ornament, prow 600.
ornamental kale 186.
ornamental tree 182, 244, 322.
ornaments 435.
oropharyngeal airway 775.
ortho-stick 782.
orthoceras 92.
Orthodox Church: Michel Keroularios 736.
oscillating sprinkler 329.
osculum 95.
osmium 683.
osteon 154.
ostrich 119.
ostrich egg 213.
otolith 109.
otter, river 134.
ottoman 277.
outboard engine 607.
outdoor leisure 902.
outdoor unit 260.
outer boundary line 819.
outer circle 877.
outer core 42.
outer edge 127.
outer jacket 267.
outer jib 603.
outer lip 105.
outer planets 4.
outer ring 729.
outer shell 275.
outer stators 627.
outer string 255.
outer table 915.
outer toe 115.
outfield fence 795.
outgoing announcement cassette 508.
outlet grille 260.
outlet hose 485.
outlet, discharge 246.
outlet, European 274.
outlet, oxygen 780.
outlet, switched 497.
outlets, types of 258.
output devices 518.
output jack 441.
output monitor 489, 491.
output tray 519.
output, S-Video 526.
outrigger 599, 839.
outrigger boom 599.
outrigger canoe 599.
outrun 890, 891.
outside counter 342.
outside knob 248.
outside linebacker 806.
outside mirror 550, 568.
outside mirror control 554.
outside ticket pocket 348.
outsole 342, 371.
outwash plain 46.
oval cut 375.
ovary 80, 97, 103, 170, 171.
ovate 79.
oven 224, 290, 721, 722.
oven control knob 290.
oven thermometer 231.
oven, microwave 224.
ovens, microwave 723.
over curtain 282.
overall standings scoreboard 824.
overbed table 780.
overburden 647.
overcast sky 56.
overcheck 857.
overcoat 352, 355.
overflow 262, 264.
overflow pipe 265, 266, 267.
overflow protection switch 294.
overflow tube 485.
overhand knot 908.
overhead connection 663.
overhead earth wire 663.
overhead frame 639.
overhead guard 632.
overhead projector 535.
overhead switch panel 626.
overhead wires 585.
overshirt 359.
overtaking lane 539.
overtaking zone 790.
oviduct 97, 103, 113.
ovotestis 104.
ovule 80.
owl, great horned 119.
owl, northern saw-whet 118.
ox 129.
oxbow 48.
oxbow lake 48.
oxford shoe 342.
oxyacetylene welding 319.
oxygen 683.
oxygen control handle 319.
oxygen cylinder 319.
oxygen cylinder bracket 775.
oxygen cylinder, portable 775.
oxygen indicator 898.
oxygen mask 775.
oxygen outlet 780.
oxygen pressure actuator 20.
oxygen supply regulator 898.
oxygen valve 319.
oxygen, release of 78.
oxygenated blood 162.
oyster 217.
oyster fork 228.
oyster knife 229.
oyster mushroom 183.
oystercatcher 118.
ozone layer 53.

P

Pacific Ocean 28, 29, 33.
Pacific Plate 43.
Pacific salmon 221.
Pacific-Antarctic Ridge 50.
Pacinian corpuscle 172.
pack, battery 306.
package 223.
package, dual-in-line 689.
packaged integrated circuit 689.
packaging 222.
packaging products 180.
packer 181.
packer body 573.
packing 268.
packing retainer ring 268.
pad 798, 800.
pad arm 385.
pad plate 385.
pad, body 800.
pad, elbow 800, 894, 895.
pad, forearm 808.
pad, knee 882, 894, 895.
pad, mouse 516.
pad, neck 808.
pad, sanding 308.
pad, scouring 295.
pad, touch 526.
padded base 811.
padded envelope 531.
padded upright 811.
padding 899.
paddle wheel 599.
paddle, double-bladed 837, 839.
paddle, single-bladed 837, 838.
paddock 856.
paddy field 69.
pads 880.
page backward button 527.
page down 515.
page down key 515.
page forward button 527.
page up 515.
page up key 515.
page, front 471.
pager, numeric 505.
pagoda 412.
pagoda sleeve 361.
paint cup 398.
paint roller 320.
paint spray 398.
paintbrush 320.
Painter's Easel 11.
painting 395, 396.
painting knife 397.

painting upkeep 320.
painting, accessories 399.
painting, equipment 396.
painting, oil 396.
pair 881.
Pair of Compasses 11.
pak-choi 186.
Pakistan 746.
palatine 112, 123.
palatine tonsil 176.
palatoglossal arch 174.
Palau 747.
pale 740.
palette knife 397.
palette with dipper 398.
palette with hollows 398.
paling fence 322.
palla 336.
palladium 683.
pallet 445, 632, 697.
pallet spring 445.
pallet truck 633.
pallets 632.
palm 121, 173, 346, 610, 797.
palm grove 52.
palm of a glove 346.
palm rest 861.
palm rest, detachable 514.
palm tree 88.
palmar pad 130.
palmate 79.
palmette 276.
palp 105.
pan 698, 699, 752, 913.
pan cover 752.
pan hook 698.
pan, dripping 234, 239.
pan, loaf 239.
Panama 742.
panama 340.
Panama, Gulf of 31.
Panama, Isthmus of 30.
pancake pan 235.
pancetta 216.
pancreas 110, 116, 164.
pane 249.
panel 247, 350, 367, 400, 650, 663, 855, 899.
panel, access 266.
panel, bay filler 513.
panel, connector 518.
panel, control 239, 290, 518.
panel, display 496.
panel, distribution 272.
panel, movable 719.
panel, moveable 509.
panel, operating 417.
panel, solar 18.
pannier bag 580.
panoramic head 482.
panoramic window 584, 713.
panpipe 433.
pantograph 585, 595.
pantry 250.
panty corselette 366.
panty girdle 367.
papaya 197.
paper 390, 400, 420.
paper bail 528.
paper bail release lever 528.
paper catcher 511.
paper clips 534.
paper collection unit 71.
paper fasteners 534.
paper feed button 519, 731.
paper feed channel 511.
paper feed key 529.
paper feed light 519.
paper guide 508, 519.
paper in reserve 512.
paper punch 533.
paper recycling container 71.
paper release lever 528.
paper shredder 535.
paper support 528.
paper tray 511.
paper trays 512.
paper, blotting 531.
paper, parchment 222.
paper, waxed 222.
paper-clip holder 534.
paper/paperboard separation 71.
paper/paperboard sorting 71.
papers, rice 207.
papilla 172, 177.
papilla, circumvallate 176.
papilla, filiform 176.
papilla, foliate 176.
papilla, fongiform 176.
papilla, lingual 176.
papillary muscle 162.
paprika 199.
Papua New Guinea 29, 747.
Papuan languages 469.
par 3 hole 866.
par 4 hole 866.
par 5 hole 867.
parabolic antenna 489.
parabolic dune 52.
parabolic mirror 674.
parabolic reflector 16.
parachute 760, 896.
parachute valve 899.
parade ground 409.
paraffin 656.
paraffins 656.
paragliding 897.
paragliding pilot 897.
Paraguay 742.
parallel 36.
parallel bars 825.
parallel electrical circuit 687.
parallel port 513.
parallelepiped 705.
parallelogram 705.
paramecium 94.
Paraná River 31.
parapet 540.
parapet walk 408, 409.
parboiled rice 207.
parcel, postal 475.
parcels office 582.
parchment paper 222.
parentheses 473.
parents 784, 785.
parents-in-law 784.
parfum, eau de 379.
parietal 112, 122.
parietal bone 131, 153, 158.
parietal pleura 163.
paring knife 229.
paripinnate 79.
park 39, 711.
parka 353, 901.
parking 713, 866, 886.
parking area 619, 708, 735.
parking, bicycle 735.
Parmesan 211.
parsley 202.
parsnip 189.
parterre 431.
partial eclipse 6, 7.
partially reflecting mirror 692.
partition 84, 771.
partition tile 298.
partitions, examples 740.
partlow chart 571.
partridge 118.
parts 276, 277, 280.
parts of a bicycle 578.
parts of a boat 838.
parts of a circle 704.
parts of a flag 739.
parts of a lamp socket 275.
parts of a long bone 155.
parts of a ring 376.
parts of a shoe 342.
parts of spectacles 385.
parts of the weapon 849.
party, roped 900.
pascal 702.
pass 45.
passage, ascending 402.
passage, descending 402.
Passage, Drake 29, 31.
passage, fore-and-aft 607.
passbook update slot 730.
passenger cabin 605, 608, 609, 625.
passenger car 585, 594.
passenger platform 582.
passenger seat 577.
passenger station 582, 583.
passenger terminal 596, 619, 620.
passenger train 582.
passenger transfer vehicle 621, 623.
passing prohibited 544, 546.
passion fruit 196.
passive sensor 41.
passivity zone 843.
passport case 387.
passport control 621.
pasta 206.
pasta maker 230.
paste, tomato 200.
pastern 124.
pastry bag and nozzles 232.
pastry blender 232.
pastry brush 232.
pastry cutting wheel 232.
pasture 182.
Patagonia 31.
patch pocket 348, 353, 360, 368.
patella 122, 126, 131, 138, 152.
patera 276.
paternal aunt 785.
paternal uncle 785.
path 322, 866.
path, garden 244.
Pathfinder 19.
pathology laboratory 781.
patient 780.
patient room 780.
patient's chair 780.
patio 244, 322.
patio door 224, 250.
patisserie/bakery 715.
patrol and first-aid station 886.
patrol wagon 726.
pattern 401, 455, 458.
pattern start key 456.
pattypan squash 189.
pauldron 749.
pause 435, 515.
pause button 499.
pause/break key 515.
pause/still 495.
pause/still key 495.
pavement 245, 712.
pavilion 374, 710.
pavilion facet (8) 374.
pavilion roof 415.
pawl 307.
Pawn 916.
pay phone 427, 507, 715, 720, 723, 779.
payload 25.
payload adaptor 24.
payload module 40.
payment terminal, electronic 731.
payout tray 920.
payout trigger 920.
PC card slot 526.
PCI expansion card 513.
PCI expansion connector 513.
pe-tsai 186.
pea 84.
pea jacket 355.
pea, black-eyed 190.
peach 192.
peach, section of 81.
Peacock 10.
peacock 119.
peak 45, 340, 341, 772.
peak level meter 499.
peaked lapel 348.
peanut 190.
peanut oil 209.
pear 193.
pear, Asian 197.
pear, prickly 197.
pear-shaped body 433.
pear-shaped cut 375.
peas 190.
peas, split 190.
pecan nut 193.
peccary 128.
pecten 98.
pectoral deck 851.
pectoral fin 108, 136.
pedal 440, 448, 578, 580, 791, 851, 870.
pedal gland 104.
pedal key 444.
pedal keyboard 444.
pedal pushers 358.
pedal rod 442.
pedal spindle 580.
pedal with wide platform 870.
pedal, brake 333, 552, 559.
pedal, clipless 870.
pedal, forward travel 333.
pedal, reverse travel 333.
pedestal 440.
pedestal-type cesspit pump 263.
pedestrian call button 712.
pedestrian crossing 545, 547, 712.
pedestrian lights 712.
pediment 403, 405, 697.
pedipalp 103.
pedometer 700.
peduncle 80, 81, 82, 83, 86.
peel 82.
peeled veneer 300.
peeler 229.
peep hole 591.
peg 278, 312, 390, 439, 440, 459, 462, 902, 903.
peg box 439.
peg loop 902, 903.
peg, tuning 441.
Pegasus 12.
pegs, foot 871.
pelerine 355.
Pelham bit 854.
pelican 119.
pellets 912.
pelmet 282.
peltate 79.
Pelton runner 659.
pelvic fin 108.
pelvis 121, 126, 138, 141, 142.
pelvis, vestigial 136.
pen 43.
pen holder 386.
penalty arc 802.
penalty area 802.
penalty area marking 802.
penalty bench 879.
penalty bench official 879.
penalty mark 814.
penalty spot 802.
pencil 470.
pencil point tip 314, 319.
pencil sharpener 534.
pencil-pleated heading 283.
pendant 374.
pendulum 697.
pendulum bar 436.
pendulum rod 697.
penguin 119.
penholder grip 815.
peninsula 38.
Peninsula, Antarctic 29.
Peninsula, Arabian 33.
Peninsula, Balkan 32.
Peninsula, Iberian 32.
Peninsula, Kamchatka 33.
Peninsula, Kola 32.
Peninsula, Korean 33.
Peninsula, Scandinavian 32.
Peninsula, Yucatan 30.
penis 104, 146, 169.
pennant 56, 739.
penne 206.
penstock 657, 658, 664.
pentagon, regular 705.
pentaprism 477.
penumbra 6, 7.
pepino 197.
peplos 336.
pepper spray 770.
pepper, black 198.
pepper, green 198.
pepper, ground 199.
pepper, pink 198.
pepper, white 198.
peppered moth 101.
pepperoni 216.
pepperpot 226.
per bend 740.
per fess 740.
per pale 740.
percent 703.
percent key 529.
perch 220.
perch, anatomy of 109.
perch, morphology of 108.
perch, pike 220.
perching bird 117.
percolator 241.
percolators 723.
percussion bar 767.
percussion instruments 437, 448.
perforated brick 298.
perforated hardboard 300.
perforated pipe 263.
perforated toe cap 342.
perforation 346.
performance tyre 560.
performing arts 427.
perfume 717.
perfume shop 714.
pergola 322.
pericardium 163.
pericarp 84.
period 617, 789.
periodicals rack 733.
periodicals room 733.
periodontal ligament 159.
periosteum 154.
peripheral 709.
peripheral joint 661.
peripheral nervous system 166.
periscopic sight 758.
peristome 94.
peristyle 403, 406.
peritoneum 169, 170.
permanent exhibition rooms 395.
Permian 92.
peroxide 777.
peroxisome 94.
perpendicular 704.
perpetual snows 45.
Perseus 12.
Persian 132, 469.
Persian Gulf 33.
person, continuity 429.
personal adornment 374.
personal adornment and articles 374.
personal articles 383.
personal communications 487.
personal computer 513.
personal identification number (PIN) pad 731.
personal radio cassette player 504.
personal watercraft 876.
Peru 742.
Peru-Chile Trench 50.
peso 728.
pesticide 69, 70.
pestle 230.
pet food and supplies 181.
pet shop 714.
petal 80.
petanque 864.
petanque bowl 864.
Peter Pan collar 362.
Peter, Saint 736.
petiolar sinus 86.
petiole 76, 79.
Petri dish 685.
petrochemical industry 656.
petrochemicals 656.
petrol 656.
petrol engine 553, 563, 566.
petrol pump 548.
petrol pump hose 548.
petrol station 725.
petrol tank cap 576.
petroleum 656.
petroleum trap 651, 653.
pew 737.
phalange, distal 154, 155.
phalange, middle 154, 155.
phalange, proximal 154, 155.
phalanges 111, 122, 131, 136, 138, 141, 142, 154, 155.
phalanx prima 126.
phalanx secunda 126.
phalanx tertia 126.
pharmaceutical forms of medication 783.
pharmacy 714, 778, 781.
pharynx 99, 163, 164.
phase conductor 273.
phase, gliding 892.
phase, pushing 892.
phases of the Moon 7.
pheasant 120, 212.
pheasant egg 213.
Philippine Plate 43.
Philippine Trench 50.
Philippines 33, 747.
philtrum 175.
phloem 87.
Phobos 4.
Phoenix 10.
phone, pay 715, 720, 723, 779.
phosphorescent coating 275.
phosphorus 683.
photo booth 715.
photocopier 512, 733.
photocopy control 512.
photocopying room 509.
photoelectric cell 482.
photographer 714.
photographer, still 429.
photographic accessories 482.
photographic chamber 694.
photography 476.
photography, director of 429.
photon 692.
photoreceptors 177.
photosphere 6.
photosynthesis 78.
photovoltaic arrays 21.
photovoltaic panel 615.
physical map 38.
physician 780, 842.
physicians 846.
physics: electricity and magnetism 687.
physics: mechanics 686.
physics: optics 690.

pi 704.
pia mater 167.
piano 437.
piccolo 437, 446.
pick 327, 390, 901.
pick-up arm 500.
pickguard 441.
pickling onion 184.
pickup cylinder 642.
pickup reel 642, 643.
pickup selector 441.
pickup truck 549.
pickups 441.
picnic area 725.
picnics prohibited 725.
picture 917.
picture tube 494.
picture window 727.
picture, front 471.
pie tin 232.
piece 917.
piece, cheek 860, 861.
pier 411, 413, 540, 653.
pierce lever 240.
pig 128.
pig, guinea 123.
pigeon 120, 212.
piggyback flat truck 588.
pigsty 182.
pika 123.
pike 220.
pike perch 220.
pike pole 767.
pike position 828.
pilaster, Corinthian 407.
pile 254.
pile carpet 254.
pile dwelling 418.
pillar 43, 410, 412, 440, 650.
pillar buoy 614, 617.
pillar drill 307.
pillbox hat 341.
pillion footrest 575, 576.
pillow 280, 458.
pillow cover 280.
pillowcase 280.
pilot 759, 897.
pilot chute 896.
pilot house 607.
pilot light 238, 240, 241, 288, 290, 294.
pin 274, 275, 454, 767, 865.
pin base 275.
pin block 442.
pin cushion 454.
pin, connection 689.
pin, male grounding 274.
pinacocyte 95.
pinafore 356.
pince-nez 385.
pinch 274, 275, 901.
pinch pleat 283.
pinch-pleated heading 283.
pine needles 89.
pine nut 193.
pine seed 89.
pineal body 167.
pineapple 196.
pinion 307, 697.
pink ball 863.
pink pepper 198.
pinking shears 454.
pinna 76, 122, 143.
pinnacle 408, 410, 411.
pinnatifid 79.
pins 376.
pins, examples of 865.
pinto bean 191.
Pioneer 19.
pip 82, 83, 914.
pipe 312, 390, 445.
pipe clamp 312.
pipe cleaners 390.
pipe coupling 269.
pipe cutter 314.
pipe diffuser 627.
pipe end 269.
pipe rack 390.
pipe section 257.
pipe threader 314.
pipe tools 390.
pipe wrench 315.
pipe, cross section 390.
pipe, half 871.
pipe, overflow 266.
pipe-wrapping insulation 299.
pipeline 654.
pipette, serological 685.
pipework 445.
pisiform 154.
pistachio nut 193.
piste 848.
pistil 80.
pistol 754, 770.
pistol grip 754, 755, 860, 912.
pistol grip handle 306, 318.
pistol nozzle 329.
pistol shooting 861.
pistol, 8 mm 861.
pistol, air 861.
pistol, starting 790.
piston 559, 564, 566.
piston lever 315.
piston release 315.
piston ring 566.
piston skirt 566.
pit 112, 501, 865.
pit lane 872.
pit stop 873.
pit, orchestra 430.
pitch 630, 795, 799.
pitch wheel 450.
pitch, field hockey 788.
pitched roof 414.
pitcher 794, 795.
pitcher's mound 795.
pitcher's plate 795.
pitchfork comb 380.
pitching 660.
pitching wedge 868.
pith 87.
pithead 648, 650.
piton 900.
piton, expansion 900.
piton-carrier 901.
Pitot tube 873.
pits 872, 874.
pitta bread 205.
pituitary gland 167.
pivot 317, 382, 383, 398, 436, 454, 612, 686, 907.
pivot cab 638.
pivot joint 156.
pivot spindle 557.
placard board 587.
place, shooting 893.
placing judge 830.
plaice, common 221.
plain 38, 48.
plain flour 204.
plain pole 284.
plain weave 463.
plan 403, 411.
plan reading, elevation 250.
plane 309.
plane figure 420.
plane projection 36.
plane surfaces 704.
plane, jointer 309.
planetarium 10.
planetarium projector 10.
planetary nebula 8.
planets 4.
planets, inner 5.
planets, outer 4.
planisphere 28.
planks 852.
plano-concave lens 691.
plano-convex lens 691.
plant 77.
plant cell 74.
plant kingdom 74.
plant litter 78.
plant, sorting 71.
plant, structure 77.
plantain 196.
plantar 151.
plantar interosseous 150.
plantar pad 133.
plantar surface of the hoof 127.
planting box 792.
plants, flowering 93.
plasma 162.
plasma membrane 94.
plasmodesma 74.
plaster bat 464.
plaster dressing 777.
plaster room 779.
plastic arts room 734.
plastic case 860, 912.
plastic film 222.
plastic film capacitor 689.
plastic insulator 272.
plastic-coated chipboard 300.
plastics sorting 71.
plastron 113.
plate 238, 381, 482, 905.
plate binding 887.
plate boundaries, convergent 43.
plate boundaries, divergent 43.
plate boundaries, transform 43.
plate crystal 64.
plate grid 562.
Plate, African 43.
Plate, Antarctic 43.
Plate, Australian-Indian 43.
Plate, Caribbean 43.
Plate, Cocos 43.
plate, cooking 239, 722.
Plate, Eurasian 43.
plate, filler 513.
Plate, Nazca 43.
Plate, North American 43.
plate, number 875.
Plate, Pacific 43.
Plate, Philippine 43.
plate, pressure 758.
plate, protective 875.
Plate, Scotia 43.
Plate, South American 43.
plateau 38, 45.
platelet 162.
platen 425, 528.
platen knob 528.
plateosaur 93.
plates, tectonic 43.
platform 321, 542, 569, 593, 620, 699, 830, 894.
platform edge 582, 593.
platform entrance 582.
platform ladder 321.
platform number 582.
platform pallet truck 633.
platform shelter 583.
platform trolley 633.
platform, 10 m 828.
platform, 3 m 828.
platform, 5 m 828.
platform, 7,5 m 828.
platform, event 824.
platform, jury 871.
platform, start 891.
platinum 683.
play 495.
play button 499, 504.
play key 495.
play/pause 501.
player 827, 920.
player handicap 858.
player positions 794, 803, 804, 811, 814.
player's number 808, 810, 878.
player's stick 880.
player, basketball 810.
player, CD/DVD 918.
player, compact disc 503.
player, DVD 494.
player, field 801.
player, rugby 805.
players 822.
players' bench 801, 807, 809, 812, 814, 878.
players' chairs 813.
players' position 804.
playground 735.
playing area 918.
playing field 801, 802, 858, 864, 920.
playing field for American football 806.
playing field for Canadian football 809.
playing surface 815.
playing surfaces 822.
playing window 499.
pleasure garden 322.
pleats, examples of 283, 357.
plectrum 433.
plenum 258.
pleura, parietal 163.
pleura, visceral 163.
pleural cavity 163.
plexus of nerves 159.
pliers 310.
plimsoll 344.
plinth 697.
plotter 520.
plotter, track 613.
plow anchor 610.
plug 306, 613.
plug adapter 274, 383.
plug bayonet 751.
plug fuse 272.
plug, charging 563.
plug, power 527.
plug, power cable 513.
plug, sealing 689.
plum 192.
plum sauce 201.
plumber's snake 314.
plumbing 262.
plumbing system 262.
plumbing tools 314.
plumbing wrench 315.
plunger 314, 776.
plungerhead 642.
plunging neckline 363.
plus or minus 703.
plus/equals key 529.
Pluto 4, 5.
plutonium 684.
ply 300.
pneumatic armlet 777.
pneumatic drill 649, 873.
pneumatic-tyred guide wheel 595.
pneumatic-tyred running wheel 595.
pocket 313, 386, 862, 865, 869.
pocket calculator 529.
pocket camera 480.
pocket computer 527.
pocket handkerchief 348.
pockets, examples of 360.
podium 412, 713, 734.
podium and basements 713.
point 227, 229, 439, 453, 457, 470, 859, 880, 911, 915, 918.
point guard 811.
point of interest 39.
point scale 528.
point wire 590.
point, anchor 103.
point, critical 891.
point, nocking 913.
point, norm 891.
pointed 413.
pointed tab end 349, 361.
pointer 261, 695, 698, 699.
points 583, 822.
points lever 590.
points motor 590.
points of sailing 833.
points signal 590.
poison 774.
poison gland 103, 106.
poisonous mushroom 76.
poker 257.
poker die 914.
Poland 744.
polar axis 17.
polar bear 135.
polar climates 61.
polar ice cap 61.
polar lights 53.
polar orbit 60.
polar tundra 61.
polar-orbiting satellite 60.
polarizing filter 478.
Polaroid® Land camera 480.
pole 284, 493, 602, 792, 820, 891.
pole grip 892.
pole position 872.
pole shaft 892.
Pole Star 13.
pole vault 790, 792.
pole vaulter 792.
Pole, North 35.
pole, north 687.
Pole, South 29, 35.
pole, south 687.
poles 284.
poleyn 749.
police 725.
police car 769, 771.
police officer 770.
police station 711, 768.
Polish 469.
polished stone hand axe 748.
political map 37.
politics 739.
pollen basket 98.
pollen brush 98.
pollen cell 100.
pollen press 98.
pollock, black 221.
pollutants, air 69.
pollutants, non-biodegradable 69.
polluting gas emission 69.
pollution, agricultural 69.
pollution, air 69.
pollution, domestic 69.
pollution, industrial 69.
pollution, land 69.
pollution, motor vehicle 69.
pollution, oil 70.
pollution, water 70.
polo 858.
polo collar 363.
polo dress 356.
polo neck 892.
polo pony 858.
polo shirt 354, 359, 822.
polo-neck sweater 354.
polonium 682.
polygons 705.
polypody, common 76.
pome fruits 193.
pomegranate 196.
pomelo 194.
pommel 826, 849, 855.
pommel horse 824, 826.
poncho 355.
pond 322, 866.
poniard 751.
pons Varolii 167.
Pont-l'Évêque 211.
pontoon 542, 652.
pony, polo 858.
poodle 130.
pool 246, 675, 862.
pool, swimming 788.
poop 602.
poplar 88.
popping crease 799.
poppy 80.
poppy seeds 199.
popular terms 82, 83.
porch 245, 411, 738.
porch dome 738.
porcupine 123.
pore 74, 84, 172.
pore, excretory 104.
pore, genital 95, 104.
pore, incurrent 95.
pork, cuts of 215.
pork, minced 215.
porpoise 137.
Porro prism 692.
port 666, 709, 854.
port glass 225.
port hand 609, 616, 617.
port, computer interface 520.
port, Ethernet 526.
port, FireWire 526.
port, game/MIDI 513.
port, infrared 526, 527.
port, internal modem 513, 526.
port, keyboard 513.
port, mouse 513, 518.
port, network 513.
port, parallel 513.
port, power adapter 526.
port, serial 513.
port, USB 513, 526.
port, video 513, 526.
portable CD radio cassette recorder 504.
portable compact disc player 503.
portable digital audio player 503.
portable fire extinguisher 767.
portable oxygen cylinder 775.
portable radio 503.
portable shower head 264.
portable sound systems 503.
portal 411.
portal bridge 541.
portal frame 540.
portal vein 161.
porthole 608.
portrait 729.
ports, controller 918.
Portugal 743.
Portuguese 469.
position indicator 417.
position light 585, 631.
position marker 440, 441.
position of character 472.
position, kneeling 861.
position, mean 690.
position, pole 872.
position, prone 861, 893.
position, standing 861, 893.
positions 849.
positions, player 794, 803, 811, 814.
positions, shooting 861, 893.
positions, starting 843.
positive charge 684.
positive contact 672, 673.
positive meniscus 691.
positive plate 562.
positive plate strap 562.
positive region 672.
positive terminal 562, 687, 689.
positive/negative junction 672.
possum-belly body truck 572.

post 460, 474, 676, 812, 817, 827.
post binder 532.
post carrier 475.
post lantern 287.
post mill 676.
post office 474, 475, 711, 715.
post, foul line 795.
post, hand 433.
post, international 475.
post, local 475.
post, observation 17.
post, regional 475.
postage stamp 474.
postal network, public 474.
postal order 475.
postal parcel 475.
postal van 474, 475.
postbox 474.
postcard 474.
poster 427.
posterior adductor muscle 105.
posterior chamber 177.
posterior end 105.
posterior fontanelle 158.
posterior horn 167.
posterior root 168.
posterior rugae 149.
posterior semicircular canal 174.
posterior view 147, 149, 151.
postern 408, 409.
posting surface 535.
postmarking module 531.
posts, listening 733.
pot-and-pan sink 721.
potassium 682.
potato 184.
potato masher 233.
potato, sweet 184.
pothole 47.
pottery 464.
pottery, tools 464.
pouch 143, 222, 905.
pouch of Douglas 170.
pouch, ammunition 770.
poulaine 749.
poultry 213.
poultry shears 233.
pound 728.
pouring spout 295.
powder blusher 378.
powder chamber 753.
powder flask 752.
powder puff 378.
powder, chilli 199.
powder, five spice 199.
powder, magnesium 825.
powdered milk 210.
powdered mustard 200.
powdered sugar 209.
power 565.
power adapter 526.
power adapter port 526.
power and backlight button 527.
power button 494, 495, 497, 498, 501, 513, 519, 526.
power cable 513.
power cable plug 513.
power control module 563.
power cord 237, 305, 308, 381, 497.
power cord, alternating-current 526.
power cord, direct-current 526.
power fed into distribution network 662.
power indicator 518.
power key 505, 506.
power light 519.
power mower 332.
power plant 657.
power plug 527.
power socket 504.
power source 687.
power station 664.
power supply at generator voltage 662.
power supply fan 513.
power supply unit 513.
power supply, uninterruptible 523.
power supply, uninterruptible (UPS) 520.
power switch 451, 477, 518.
power takeoff 640.
power train 580.
power turbine 627.
power zoom button 496.
power, measurement of 702.
power-off/slide-select bar 483.
power-on button 508.
power-on light 508.
power-on/paper-detect light 731.
power-takeoff shaft 641, 642.
power/functions switch 496.
power/light switch 452.
practice green 866.
practitioner 846.
prairie 38.
praseodymium 684.
prawn 218.
prayer hall 738.
pre-rinse sink 721.
Precambrian 92.
precious stones 375.
precipitation 67.
precipitation area 55.
precipitations 64.
precipitations, winter 64.
precision and accuracy sports 859.
preferred channel 617.
prehensile digit 139.
premaxilla 108, 122, 123.
premolar 121, 123.
premolars 159.
prepuce 169.
present state of weather 55.
present weather 57.
presenter, note 730.
presenter, slip 548.
preset buttons 495.
preset tuning button 497, 498.
president 848.
president of the jury 900.
press bar 851.
press bed 421, 423.
press chamber 642.
press stud 453.
press wheel 643.
pressed area 501.
pressed cheeses 211.
pressed powder 378.
presser bar 453.
presser foot 452, 453.
pressing 425.
pressing board 425.
pressure bar 442.
pressure change 55.
pressure control 384.
pressure control valve 777.
pressure cooker 234.
pressure demand regulator 765.
pressure dial 452.
pressure gauge 654, 777, 841.
pressure modulator, brake 559.
pressure plate 476, 758.
pressure regulator 234, 319, 903.
pressure relief valve 259, 266.
pressure screw 421, 423.
pressure tube 667.
pressure, measurement of 702.
pressure-relief valve 267.
pressurized heavy water 670.
pressurized refuge 543.
pressurized-water reactor 671.
pressurizer 670, 671.
prestressed concrete 298.
prevailing wind 63.
prevention, crime 768.
preview monitor 489.
preview monitors 491.
previous sets 822.
price per gallon/litre 548.
pricker 458.
prickly pear 197.
prickly sphagnum 75.
primaries 115.
primary colours 400.
primary consumers 67.
primary covert 115.
primary crash sensor 556.
primary flight display 626.
primary hard disk drive 513.
primary marshalling track 589.
primary mirror 17.
primary root 77.
primary sorting 474.
primate mammals 138.
primates, examples of 139.
prime 849.
prime focus 17.
prime focus observing capsule 17.
prime meridian 36.
primer 757, 912.
princess dress 356.
princess seaming 366.
principal rafter 253.
principal types of carving blade 401.
principal types of missile 759.
print cartridge light 519.
print drying rack 485.
print screen 515.
print screen/system request key 515.
print washer 485.
printed circuit 689.
printed circuit board 689.
printed image 420.
printer 523, 529.
printer table 511.
printer, inkjet 519.
printer, laser 519.
printing 420.
printing calculator 529.
printing head 528.
printout 699.
priority intersection 544.
prism binoculars 692.
prison 726.
prisoner's dock 728.
prisoners' shower 768.
privacy curtain 780.
private broadcasting network 486.
private dressing room 428.
probe 316.
probe socket 238.
probe, space 18.
proboscis 96.
procedure checklist 20.
process, mastoid 158.
process, styloid 158.
process, transverse 157.
processing, data 41, 54.
processor 513.
proconsul 93.
proctors' office 735.
producer 429, 489, 490.
producer console 488.
product code 699.
production adviser 490.
production control room 489, 490, 491.
production designer 428.
production desk 491.
production manager 509.
production of electricity by generator 665.
production of electricity from geothermal energy 646.
production of electricity from nuclear energy 665.
production of electricity from solar energy 674.
production of electricity from thermal energy 646.
production of electricity from wind energy 677.
production of sound 445.
production platform 652, 654.
production video switcher 491.
production well 646.
production/export riser system 652.
products, cereal 204.
products, dairy 180, 210.
products, household 180.
products, packaging 180.
professional training office 730.
profile of the Earth's atmosphere 53.
profile, soil 78.
program selector 293, 294, 450, 476.
programmable buttons 516.
programmable function keys 731.
programmable thermostat 261.
programming control 261.
programs, computer 771.
projectiles 752.
projection booth 427.
projection device 573.
projection dome 10.
projection head 535.
projection room 395, 427.
projection screen 427, 483.
projector 427, 518.
projector, overhead 535.
proleg 97.
promenade deck 608.
promethium 684.
prominence 6.
prompt side 431.
pronaos 403.
prone position 861, 893.
prop forward 804.
propane gas cylinder 567.
propane or butane appliances 903.
propellant 912.
propellant tank 18.
propeller 606, 608, 609, 763.
propeller duct 605.
propeller shaft 609.
propeller, rear 606.
propeller, stem 606.
propeller, three-blade 628.
propeller, two-blade 628.
propellers 762.
propelling pencil 470.
property line 244.
property man 429.
property man, assistant 429.
propulsion machinery control room 763.
propulsion module 486.
proscenium 430.
prosciutto 216.
prosecution counsel's bench 728.
prospecting, offshore 653.
prospecting, surface 651.
prostate 169.
protactinium 684.
protect tab 521.
protection 774.
protection area 843.
protection layer 20.
protection, rub 874.
protective casing 332.
protective clothing 318.
protective cup 808, 880.
protective equipment 808.
protective goggles 818, 819, 870, 875.
protective mat 883.
protective plate 875.
protective suit 875.
protective surround 918.
protective window 494.
protector, cup 843.
protector, glass 878.
protector, hand 875.
protector, throat 880, 882.
Protestantism 736.
prothorax 97.
protocol, communication 524.
proton 680.
protoneuron 168.
protractor 701.
proventriculus 116.
province 37.
prow ornament 600.
prow, carved 598.
proximal epiphysis 155.
proximal phalange 154, 155.
proximal phalanx 133.
proximal sesamoid 126.
proximity fuse 759.
pruning and cutting tools 330.
pruning knife 330.
pruning saw 330.
pseudopod 94.
psychiatric examination 778.
psychiatric observation room 778.
psychrometer 59.
pterygoid 112.
pubis 116, 122, 146, 148.
public building 39.
public entrance 402.
public garden 713.
public postal network 474.
puck 880.
pudding, black 216.
Puerto Rico Trench 50.
puff sleeve 360.
pull rod 590.
pull strap 389.
pull, ring 223.
pulley 284, 321, 566, 686, 750.
pulley block 750.
pulley, drive 688.
pulling ring 776.
pulmonary artery 160, 163.
pulmonary trunk 162.
pulmonary valve 162.
pulmonary vein 160.
pulp 82, 159.
pulp chamber 159.
pulpit 737, 738.
pulsar 8.
pulsed ruby laser 692.
pulverizer 646.
pulvino 661.
pumice correcting pencil 423.
pump 246, 292, 294, 320, 343, 670, 671, 674, 903.
pump and motor assembly 559.
pump motor 263.
pump nozzle 548.
pump number 548.
pump room 606.
pump sprayer 328.
Pump, Air 11.
pumped hot-water system 259.
pumper 766.
pumping station 654.
pumpkin 189.
punch 401.
punch hole 342, 350, 371.
punchbag 842.
punchball 842.
punctuation marks 473.
pupil 132, 177.
pure alcohol 777.
purfling 439, 440.
purge valve 841.
purple border 336.
purpure 741.
purse 387.
purslane 187.
pursuit bicycle and racer 871.
pursuit line 871.
push bar 416.
push button 236, 294, 391, 507.
push buttons 506.
push frame 636.
push rim 783.
push-button 248, 470.
push-button telephone 507.
push-to-talk switch 505.
push-up bra 367.
push-up stand 851.
pusher 230, 237, 240.
pushing phase 892.
putter 867, 868.
puzzle, jigsaw 917.
pygal shield 113.
pygostyle 116.
pyjamas 364.
pylon 663.
pylon body 663.
pylon foot 663.
pylon top 663.
pylon window 663.
pyloric caecum 95, 109.
pyloric stomach 107.
pyramid 402, 705.
pyramid entrance 402.
pyramid spot 862.
pyranometer 58.
Pyrenees 32.
pyrometric cone 464.
python 114.

Q

Qatar 746.
Qibla wall 738.
quad bike 577.
quadrant 704.
quadrate 112.
quadrilateral 705.
quadruped stick 782.
quail 120, 212.
quail egg 213.
quarte 849.
quarter 127, 342, 370.
quarter final: 8 players 789.
quarter window 551.
quarter-deck 608.
quarterback 807.
quarterly 740.
quartet 438.
quartz metronome 436.
Quaternary 93.
quaver 435.
quaver rest 435.
quay 596, 708.
quay ramp 596.
quayside crane 596.
quayside railway 596.
Quechua 469.
Queen 914, 916.
queen 99.
queen cell 100.
queen excluder 100.
Queen Maud Land 29.
queen's chamber 402.
Queen's side 916.
queen, honeybee 99.
question mark 473.
quiche tin 232.
quick release system 482.
quick ticket system 427.
quickdraw 900.
quill 307, 470.
quill brush 380.
quince 193.
quinoa 203.
quinte 849.
quintet 438.
quiver 859.
quotation marks 473.
quotation marks (French) 473.

ENGLISH INDEX

R

raab, broccoli 187.
rabbet bit 308.
rabbi's seat 738.
rabbit 123, 212.
raccoon 134.
race director 870.
raceme 81.
racer, luge 884.
racetrack 856.
rachis 115.
racing suit 874, 882.
racing, motor 872.
racing, road 870.
rack 234, 238, 290, 294, 791, 863.
rack and pinion gear 686.
rack, acquisition 733.
rack, brochure 730.
rack, luggage 577.
rack, periodicals 733.
rack, ski 558.
rack, storage 723.
rackboard 445.
rackboard support 445.
racket sports 815.
Raclette 211.
raclette with grill 239.
racquetball 818.
racquetball racket 818.
radar 40, 604, 605, 608, 609.
radar aircraft 629.
radar antenna 40, 760, 763.
radar beam 40.
radar display 771.
radar mast 606.
radar reflector 615.
radar transceiver 771.
radar unit 760.
radar, airborne 40.
radar, weather 54.
radar-absorbent material 629.
Radarsat satellite 40.
radial canal 95.
radial nerve 166.
radial thread 103.
radial tyre 561.
radiant heater 260.
radiation 681.
radiation zone 6.
radiation, absorbed solar 68.
radiation, artificial 41.
radiation, infrared 68, 690.
radiation, natural 41.
radiation, reflected solar 68.
radiation, solar 67, 68, 672.
radiation, ultraviolet 690.
radiator 259, 552, 561, 586.
radiator core 561.
radiator grille 570.
radiator panel 23.
radiators 21.
radicchio 186.
radicle 77, 87.
radio 771, 898.
radio antenna 604, 606, 608, 609, 763, 873.
radio mast 652.
radio section 504.
radio telescope 16.
radio wave 16.
radio waves 690.
radio, CB 505.
radio, clock 503.
radio, portable 503.
radio-ulna 111.
radioactive 774.
radioactivity, measurement of 702.
radioisotope thermoelectric generator 18.
radiometer 60.
radiosonde 59.
radish 189.
radish, black 189.
radium 682.
radius 116, 121, 122, 126, 131, 136, 138, 140, 141, 142, 152, 154, 156, 704.
radome 760.
radon 684.
radula 104.
raft, life 611.
rafter 252.
raglan 355.
raglan sleeve 352, 355, 361, 369.
rail 278, 456, 591, 841, 862.
rail joint 590.
rail section 591.
rail shuttle service 620.
rail track 649.
rail transport 582.
rail, communion 737.
rail, guard 894.
rail, top 281.
railing 251.
rails 852.
railway 39.
railway station 39, 583, 708, 710.
railway track 590, 591, 710.
rain 64, 65.
rain cap 257.
rain forms 64.
rain gauge recorder 58, 59.
rain hat 341.
rain shower 57.
rain, acid 69, 70.
rain, freezing 64.
rain, heavy continuous 57.
rain, heavy intermittent 57.
rain, light 64.
rain, light continuous 57.
rain, light intermittent 57.
rain, moderate 64.
rain, moderate continuous 57.
rain, moderate intermittent 57.
rainbow 65.
raincoat 352.
rainfall, heavy 63.
raised band 426.
raised figure 420.
raised handlebar 870.
raised head 302.
raising the spinnaker 833.
rake 327, 642.
rake bar 642.
rake comb 380.
rally car 873.
rally motorcycle 875.
Ram 12.
ram 598.
RAM connector 513.
rambutan 197.
ramekin 226.
rammer 752.
ramp 403, 407, 647, 894.
rampart 408, 409.
random access memory (RAM) module 513.
random orbit sander 308.
range 722.
range hood 722.
range officer, chief 860.
range, archery 788.
range, electric 721.
range, gas 721.
Range, Great Dividing 29.
range, gun 769.
range, shooting 788, 859, 860, 893.
rangefinder camera 480.
rank insignia 770.
rapier 751.
ras el hanout 199.
rasp 309, 401.
raspberry 192.
raspberry, section 83.
rat 123.
rat, morphology of 122.
rat, skeleton of 122.
ratchet 302, 307, 460.
ratchet knob 700.
ratchet ring spanner 311.
ratchet socket wrench 311.
ratchet wheel 460, 697.
rattle 112.
rattlesnake 114.
raven 118.
ravioli 206.
ray, crater 7.
ray, light 691.
rays, gamma 690.
razor clam 217.
re-entrant angle 704.
reach-in freezer 180.
reaction direction 684.
reaction engine 60.
reaction, chain 681.
reactor 665, 666, 669, 763.
reactor building 667, 669.
reactor building airlock 668.
reactor core 670, 671.
reactor tank 671.
reactor vessel 667.
read button 505.
read/write head 521.
reader, bar code 517.
reader, card 493.
reader, microfilm 732.
reader, optical character 474.
reading lens 385.
reading light 771.
reading mirror 20.
reading room 732.
reading start 501.
rear apron 349.
rear beam 698.
rear brake 578.
rear brake pedal 576.
rear bumper 577, 876, 885.
rear cargo rack 577.
rear derailleur 578, 580.
rear door 775.
rear foil 609.
rear indicator 575, 576.
rear leg 277.
rear light 554, 571, 575, 576, 578.
rear lights 554, 775.
rear limit line 848.
rear propeller 606.
rear rigid section 569.
rear runner 884.
rear seat 555.
rear sight 754, 755, 757, 861, 893, 912.
rear step 766, 775.
rear wheel 333.
rear wheel, solid 871.
rearview mirror 556.
receipt, transaction 731.
receiver 16, 493, 506, 817, 819, 820.
receiver volume control 506.
receiver, wide 807.
receiver-antenna, GPS 613.
receiving area 180, 395, 716.
receiving line 818.
receiving yard 589.
receptacle 75, 80, 83.
receptacle, input 520.
receptacle, seminal 97, 103.
receptacle, surge protection 520.
reception 509.
reception area 764, 778, 781.
reception bay 666.
reception desk 730.
reception hall 738.
reception level 724.
reception, data 41.
receptors, taste 176.
rechargeable battery pack 496.
recharging base 288.
recliner 277.
reclining back 776.
recoil sleigh 756.
recoilless rifle 757.
record 495, 500.
record announcement button 508.
record button 495, 499.
record muting button 499.
record shop 714.
recorder, DVD 521.
recorder, rain gauge 58.
recorder, sunshine 58.
recording level control 499.
recording start/stop button 496.
recording tape 499.
recording unit 59.
recording, data 41.
recording, seismographic 651, 653.
records, medical 781.
recovery 519.
recovery room 780.
rectal caecum 95.
rectangle 705.
rectangular 904.
rectangular flag 739.
rectum 97, 99, 113, 116, 125, 164, 169, 170.
rectus femoris 150.
recuperator cylinder 756.
recuperator cylinder front head 756.
recycling 71.
recycling bin 71.
recycling containers 71.
Red 915.
red 400, 690, 919.
red alga 75.
red ball 862, 863.
red balls 863.
red beam 494.
red blood cell 162.
red cabbage 186.
red clamp 558.
red giant 8.
red kidney bean 191.
red light 712.
red ochre pencil 423.
red onion 184.
red safelight filter 485.
Red Sea 28, 33, 34.
red sweet pepper 188.
red whortleberry 192.
red-kneed tarantula 102.
red-violet 400.
redcurrant 192.
redfish 221.
reduce/enlarge 512.
reducing coupling 269.
reed 446, 460.
reed hooks 461.
reed pipe 444.
reef band 603.
reef knot 908.
reef point 603.
Reef, Great Barrier 29.
reel 328, 484, 495, 848, 920.
reel crank 328.
reel plate 920.
reel seat 909, 910.
reel, baitcasting 910.
referee 801, 803, 805, 807, 810, 812, 818, 819, 827, 828, 830, 842, 843, 844, 845, 846, 864, 879, 881, 882, 893.
referee's line 845.
referee, assistant 847, 860, 881, 882.
referee, chief 846, 847, 860, 883.
referee, first 813.
referee, second 813.
referee, side 846.
reference books 732.
reference room 733.
refill 470.
refill pipe 265.
refinery 654, 709.
refinery products 656.
reflected solar radiation 68.
reflected solar ray 674.
reflecting cylinder 692.
reflecting surface 674.
reflecting telescope 15.
reflecting telescope, cross section 15.
reflection 41.
reflective stripe 765.
reflector 316, 571, 578, 876.
reflector, steerable parabolic 16.
reflex camera, cross section 477.
Reformation 736.
refracting telescope 14.
refracting telescope, cross section 14.
refractory brick 465.
refrigerant tubing 260.
refrigerated display case 720.
refrigerated truck 572.
refrigeration unit 571.
refrigerator 224, 291, 720, 722.
refrigerator compartment 291.
refrigerator van 588.
refrigerators 720.
refueller 873.
refuelling device 873.
refuge, pressurized 543.
refuse container 295.
regional distribution centre 475.
regional post 475.
regions, vegetation 66.
register 273.
register, cash 181.
registered trademark 473.
regular decagon 705.
regular dodecagon 705.
regular hendecagon 705.
regular heptagon 705.
regular hexagon 705.
regular nonagon 705.
regular octagon 705.
regular octahedron 705.
regular pentagon 705.
regulating button 443.
regulating valve 259.
regulator first stage 841.
regulator second stage 841.
reheater 668.
rein 856.
rein ring 854.
reindeer 128.
reinforced concrete 298.
reinforced edging 389.
reinforced toe 773.
relationships, family 784.
relay station 486.
relay station, microwave 524.
relay/interconnection box 563.
release lever 310.
release of oxygen 78.
release treadle 460.
release, energy 681.
relief printing 420.
relief printing process 421.
relief printing process, equipment 421.
relieving chamber 402.
religion 736.
Religions, Chronology of 736.
relocation 528.
remote command antenna 40.
remote control 483, 493, 495.
remote control sensor 494, 501.
remote control terminal 476, 477.
remote manipulator system 21, 22.
remote sensing 40.
remote sensor 518.
remote-control arm 21.
remote-controlled points 590.
removable flag pole 867.
removable hard disk 521.
removable hard disk drive 521.
removable-bottomed tin 232.
renal artery 160, 165.
renal hilus 165.
renal papilla 165.
renal pelvis 165.
renal vein 160, 165.
reniform 79.
repair shop 548.
repeat keys 501.
repeat mark 434.
repeater 487.
repeating groove 500.
replay, video 789.
report-writing room 768.
reprography 730.
reptiles 112.
reptiles, examples of 114.
Republic of Korea 747.
repulsion 687.
rerebrace 749.
reserve parachute 896.
reservoir 241, 445, 657, 658, 660, 661.
reservoir, brake fluid 559.
reservoir-nib pen 397.
reset 512.
reset button 267, 495, 513, 696, 700, 918.
reset key 508.
residential district 709.
resin surface 501.
resistance adjustment 851.
resistors 689.
resonator 444, 449, 502.
resort, ski 886.
respirator 773.
respiratory system 163.
respiratory system protection 773, 774.
rest area 39.
rest area, vehicle 543.
rest values 435.
rest, arrow 913.
rest, hand 516.
rest, palm 861.
restaurant 608, 710, 713, 714, 719, 720, 725.
restaurant car 584.
restaurant review 471.
restaurant, self-service 722.
restaurants, fast-food 715.
restricted area 811.
restricting circle 810.
result line 529.
results, table of 828.
resurgence 47.
resuscitation room 778.
resuscitator 775.
retainer 649.
retaining ring 268.
retaining strap 389.
reticle 692.
retina 177, 691.
retractable handle 386.
retractable step 567.
retracted claw 133.
retrenchment 409.
retro-reflective tape 611.
return 511, 515.
return air 258.
return crease 799.
return spring 559.
reverse 828.
reverse dive with a twist 829.
reverse slide change 483.
reverse stitch button 452.
reverse travel pedal 333.
reversible reaction 684.
reversing light 554.
reversing switch 302, 306.
review, restaurant 471.
revolver 754.

revolving cylinder 458.
revolving door, manual 416.
revolving doors, manual 719.
revolving nosepiece 693.
revolving sprinkler 329.
rewind 495.
rewind button 495, 499, 504, 508.
Rhea 5.
rhenium 683.
rhinoceros 129.
rhizoid 75.
rhizome 76.
rhodium 683.
rhombus 705.
rhubarb 185.
rhythm selector 451.
rhythmic gymnastics 823.
rias 51.
rib 112, 116, 121, 122, 126, 131, 136, 138, 141, 142, 185, 391, 439, 440, 639, 772.
rib pad 808.
rib roast 214.
rib stitch 458.
rib, ventilated 860.
ribbing 354, 369, 909.
ribbing plough 641.
ribbon 823.
ribosome 74, 94.
ribs 152, 464.
ribs, back 214.
rice 85, 203, 207.
rice noodles 207.
rice papers 207.
rice vermicelli 207.
rice vinegar 201.
rice, basmati 207.
rice, brown 207.
rice, parboiled 207.
rice, white 207.
rice, wild 203.
rice: spike 85.
ricotta 210.
rider 853, 855.
rider and horse 858.
riders 875.
ridge 45.
ridge tent 903.
Ridge, Mid-Atlantic 50.
Ridge, Mid-Indian 50.
Ridge, Pacific-Antarctic 50.
Ridge, Southeast Indian 50.
Ridge, Southwest Indian 50.
riding 854.
riding cap 853, 856.
riding coat 355.
riding crop 853.
riding glove 853.
riding jacket 853.
riegel 46.
riffler 401.
rifle 893.
rifle (rifled bore) 912.
rifle shooting 861.
rifle, (.22) 861.
rigatoni 206.
rigging 602.
rigging wire 897.
right angle 704.
right ascension 13.
right ascension setting scale 14, 15.
right atrium 161, 162.
right attacker 812.
right back 801, 803, 812, 814.
right centre 804.
right channel 502.
right cornerback 806.
right defence 878.
right defensive end 806.
right defensive tackle 806.
right field 795.
right fielder 794.
right forward 811.
right guard 807.
right half 801.
right inner 801.
right kidney 165.
right lung 161, 163.
right midfielder 803.
right pulmonary vein 162.
right safety 806.
right service court 819, 821.
right side 384.
right tackle 807.
right ventricle 161, 162.
right wing 801, 804, 879.
right winger 814.
rigid section, front 569.
rigid section, rear 569.
rigid tube 289.
rigs, examples of 601.
rillettes 216.
rim 385, 560, 574, 579, 640, 793, 811.
rim flange 560.
rim soup bowl 226.
rime 65.
rinceau 276.
rind 82.
ring 76, 249, 284, 391, 447, 453, 522, 610, 611, 659, 696, 699, 809, 824, 842, 901.
ring binder 532.
ring canal 95.
ring handle 390.
ring motorway 39.
ring network 522.
ring nut 269.
ring post 842.
ring pull 223.
ring road 39.
ring spanner 311.
ring step 842.
ring, 25 918.
ring, equestrian sports 788.
ring, outer 729.
ring, parts of 376.
ring, show 855.
ring, tuning 433.
ringhandle 382.
ringing volume control 506.
rings 376, 824, 825.
rings, collector 688.
ringside 842.
rink 864, 878, 881.
rink corner 878.
rink, ice 886.
rinse-aid dispenser 294.
rip fence 304, 305.
rip fence guide 305.
rip fence lock 305.
rip fence rule 305.
rip fence slot 305.
ripeness 86.
ripening 86.
ripper 636.
ripper cylinder 636.
ripper shank 636.
ripper tip tooth 636.
rise 255.
Rise, East Pacific 50.
riser 255, 897.
rising main 262.
rising warm air 63.
river 38, 39, 48.
River Eridanus 10.
river otter 134.
River, Amazon 31.
River, Congo 34.
River, Danube 32.
River, Dnieper 32.
River, Mackenzie 30.
River, Mississippi 30.
River, Niger 34.
River, Orinoco 31.
River, Paraná 31.
River, Saint Lawrence 30.
River, Senegal 34.
River, Vistula 32.
River, Volga 32.
rivet 229, 310.
road 39, 708.
road bicycle 581.
road communications 487.
road cycling competition 870.
road flare 771.
road map 39.
road narrows 544.
road number 39.
road racing 870.
road signs 544.
road system 538.
road tanker 572.
road transport 538, 596.
road tunnel 543.
road works ahead 545, 547.
road, cross section 538.
road-racing bicycle and cyclist 870.
roadway 538, 543, 712.
roadway narrows 547.
roast 214, 215.
roast, rib 214.
roast, tenderloin 214.
roasted coffee beans 208.
roasting pans 234.
Roberval's balance 698.
robin, European 118.
rock 900.
rock basin 46.
rock candy 209.
rock garden 322.
rock-shaft lift arm 640.
rocker arm 566.
rocket 187.
rocket engine 24.
rocket motor 759.
rocking chair 276, 277.
rocking tool 422.
rockslide 47.
rocky desert 52.
rocky islet 51.
Rocky Mountains 30.
rod 177, 261, 436, 461, 685.
rod, anode 266.
rod, telescopic 920.
rodent 122.
rodent's and lagomorph's jaws 123.
rodent's jaw: rat 123.
rodents and lagomorphs 122.
rodents, examples of 123.
roll 362, 630.
roll film 481.
roll structure 873.
roll-up blind 285.
roller 284, 285, 333, 380, 423, 516, 633.
roller blind 285.
roller board and arms 445.
roller frame 320.
roller hockey skate 895.
roller shade 558.
roller skate 895.
roller sleeve 320.
roller speed skate 895.
rolling ladder 321.
rolling pin 232.
rolling stock cleaning yard 589.
rolling stock repair shop 589.
Roman amphitheatre 407.
roman bean 191.
Roman blind 285.
Roman house 406.
Roman legionary 748.
Roman metal pen 470.
Roman numerals 703.
Romance languages 469.
Romania 744.
Romanian 469.
Romanian couching stitch 459.
Romano 211.
rompers 368, 369.
roof 100, 245, 257, 412, 551, 567, 635, 647.
roof pole 903.
roof section 100.
roof timber 403.
roof truss 253.
roof vent 262, 567.
roofing felt 299.
roofs 414.
room 650.
room air conditioner 261.
room number 724.
room thermostat 261.
room, anaethesia 780.
room, apparatus 764.
room, audiometric examination 781.
room, booking 769.
room, changing 734.
room, clean utility 778.
room, cold 722.
room, computer science 734.
room, conference 509, 718, 730.
room, control 431, 718, 768.
room, dining 720, 723, 724, 727, 764.
room, discussion 718.
room, double 724.
room, dressing 509.
room, equipment storage 734.
room, examination 781.
room, examination and treatment 779.
room, file 509.
room, fitting 716.
room, gynaecological examination 779.
room, hotel 724.
room, interrogation 768.
room, isolation 778.
room, jurors' 728.
room, linen 724.
room, locker 764.
room, mail processing 509.
room, meeting 724, 730, 735, 764.
room, microfilm 732.
room, multi-purpose 727.
room, music 734.
room, observation 778, 781.
room, ophthalmology and ENT 779.
room, patient 780.
room, periodicals 733.
room, photocopying 509.
room, plaster 779.
room, plastic arts 734.
room, projection 427.
room, psychiatric observation 778.
room, reading 732.
room, recovery 780.
room, reference 733.
room, report-writing 768.
room, resuscitation 778.
room, science 734.
room, scrub 780.
room, single 724.
room, soiled utility 778, 780.
room, specimen collection 781.
room, sterilization 780, 781.
room, storage 769.
room, students' 735.
room, supply 780.
room, teachers' 735.
room, technical 543.
room, treatment 781.
room, triage 779.
room, viewing 733.
room, visiting 726.
room, waiting 509, 768, 779.
rooms, interview 728.
rooms, main 250.
rooms, meeting 718.
rooster 120.
root 78, 159, 176, 227.
root canal 159.
root cap 77.
root hairs 77.
root of nail 172.
root rib 624.
root system 77, 86.
root vegetables 189.
root, motor 167.
root, primary 77.
root, secondary 77.
root, sensitive 167.
root-hair zone 87.
roots, adventitious 76.
rope 374, 611, 686, 823, 842, 900, 901, 908.
rope ladder 321.
rope, belay 900.
rope, false start 830.
rope, tension 433.
roped party 900.
Roquefort 211.
rorqual 137.
rose 80, 248, 328, 440.
rose cut 375.
rose window 411.
rosemary 202.
rosette 405.
Ross Ice Shelf 29.
rotary cheese grater 230.
rotary engine cycle 565.
rotary file 531.
rotary hoe 641.
rotary system 651.
rotary table 651.
rotating auger 642, 643.
rotating dome 17.
rotating drum 43.
rotating light 766.
rotating track 16.
rotating wheel 919.
rotation of turbine 662.
Rotavator 327.
rotini 206.
rotodome 629.
rotor 249, 565, 659, 676.
rotor blade 631.
rotor head 631.
rotor hub 631.
rotor, claw-pole 688.
rotunda 713.
rotunda roof 415.
rough 866, 867.
roughing out 401.
roulette 422.
roulette table 919.
round brush 380.
round end pin 285.
round eye 453.
round head 302.
round neck 363.
round pronator 150.
round-bottom flask 685.
roundabout 39.
rounding-over bit 308.
route board 587.
route judge 900.
route sign 568, 569, 595.
route, evacuation 543.
router 308, 524.
routers 523.
row 384, 431.
row counter 456.
row number display 456.
row, first 804.
row, second 804.
row, third 804.
rowing (one oar) 838.
rowing and sculling 838.
rowing machine 851.
rowlock 839.
royal agaric 183.
royal flush 914.
rub protection 874.
rub rail 571.
rubber boot 765.
rubber bulb 776.
rubber bumper 920.
rubber ferrule 782.
rubber gasket 270.
rubber mat 500.
rubber sheath 838.
rubber snaffle bit 854.
rubber stamp 531.
rubber stopper 321.
rubber thread 867.
rubbish bin 723.
rubble 298.
rubidium 682.
ruby 375.
ruby cylinder 692.
ruching 368.
ruck 805.
rucksack 901.
rudder 23, 600, 605, 606, 608, 625, 759, 760, 834, 838, 839, 898.
rudder blade 606.
rudder cable 838.
rudder pedal 898.
ruff 339.
Ruffini's corpuscle 172.
ruffle 337.
ruffled skirt 357.
rug 254.
rugby 804.
rugby ball 805.
rugby player 805.
rugby shoes 805.
rule 471.
ruler 399, 424, 700, 905.
rump 115.
run 255.
run-off groove 500.
run-up 791, 792.
run-up track 793.
runabout 607.
rung 321.
runner 659, 884, 900, 915.
runner blade 659, 664.
runner, movable 885.
runners 659.
running bowline 908.
running rail 595.
running shoe 370, 791.
running shoes 716.
running shorts 371.
running surface 590.
running track 635.
runs, approach 824.
runway 595, 620, 761.
runway centre line markings 620.
runway designation marking 620.
runway side stripe markings 620.
runway threshold markings 621.
runway touchdown zone marking 621.
rupee 728.
Russian 469.
Russian black bread 205.
Russian Federation 744.
Russian module 21.
ruthenium 683.
rutherfordium 683.
Rwanda 745.
rye 85, 203.
rye crispbread 205.
rye: spike 85.
Ryukyu Trench 50.

S

S-band antenna 60.
S-band high gain antenna 60.
S-Video output 526.
sabaton 749.
sable 741.
sabre 751, 849.
sabre and épée warning line 848.
sabreur 848.
sac, dart 104.
sac, ink 106.
sac, venom 99.
sacral plexus 166.
sacral vertebra 111.
sacral vertebrae 122, 126, 131, 142.
sacristy 737.
sacrum 138, 141, 152, 153, 157.
saddle 483, 578, 826, 853, 855, 856, 858, 897.
saddle joint 156.
saddle pillar 578.
saddlebag 577.
saddlecloth 853, 856.
safari jacket 359.
safe 731, 769.
safe deposit box 731.
safe water mark 617.
safelight 484.
safest water 616.
safety 764.
safety area 844, 846.
safety belt 873.
safety binding 888, 889.
safety boot 773.
safety cage 791.
safety cap 757.
safety catch 755.
safety earmuffs 772.
safety fence 890.
safety glasses 772.
safety goggles 772.
safety handle 332.
safety lighting 771.
safety line 593.
safety match 391.
safety niche 543.
safety officer 837.
safety pad 823.
safety pin 453.
safety rail 321, 586.
safety scissors 377.
safety symbols 774.
safety tank 670.
safety tether 20.
safety thermostat 293.
safety thong 818.
safety valve 234, 665.
saffron 198.
safing sensor 556.
sagari 847.
sage 202.
sagittal section 169, 170.
Sahara Desert 34.
sail 676, 836, 897.
sail cloth 676.
sail panel 834.
sail plane 763.
sail, lug 601.
sailbar 676.
sailboard 836.
sailing 833.
sailing boat 834.
sailor collar 362.
sailor tunic 359.
sails 603.
sails, examples of 601.
Saint Bernard 131.
Saint Kitts and Nevis 743.
Saint Lawrence River 30.
Saint Lucia 743.
Saint Peter 736.
Saint Vincent and the Grenadines 743.
salad bowl 226.
salad crisper 291.
salad dish 226.
salad fork 228.
salad plate 226.
salad spinner 231.
salads 722.
salamander 111.
salami, Genoa 216.
salami, German 216.
Salchow 881.
salient angle 409.
salivary duct 99.
salivary gland 97, 99, 104, 176.
salivary glands 164.
salmon, Atlantic 221.
salmon, Pacific 221.
salsify 189.
salt 847.
salt lake 52.
salt, coarse 201.
salt, sea 201.
salt, table 201.
saltcellar 226.
samarium 684.
sambal oelek 201.
Samoa 747.
Samoan 469.
sample 458.
sampler 450.
San Marino 744.
sanctuary lamp 737.
sand 660, 813.
sand bunker 866, 867.
sand island 51.
sand shoe 571.
sand wedge 868.
sandal 344, 748.
sandbank 49.
sandbox 586.
sander, random orbit 308.
sanding disc 308.
sanding pad 308.
sandpaper 308.
sandstorm or dust storm 57.
sandy desert 52.
sans-serif type 472.
Sao Tome and Principe 745.
saphenous nerve 166.
sapodilla 197.
sapphire 375.
sapwood 87.
sardine 219.
sarong 357.
sartorius 150.
sash 846.
sash frame 249.
sash window 415.
satchel bag 387.
satellite 24, 486.
satellite broadcasting 486.
satellite earth station 525.
satellite remote sensing 41.
satellite terminal 619.
satellite, telecommunication 525.
satellite, weather 54.
satin weave 463.
Saturn 4, 5.
Saturn V 24.
sauce, hoisin 200.
sauce, plum 201.
sauce, soy 200.
sauce, Tabasco 200.
sauce, Worcestershire 200.
saucepan 235, 905.
saucepan, small 235.
Saudi Arabia 746.
sausage, chipolata 216.
sausage, kielbasa 216.
sausage, merguez 216.
sausage, Toulouse 216.
sauté pan 235.
savanna 66.
savory 202.
savoy cabbage 186.
saw, compass 303.
saw, coping 303.
saw, electric mitre 304.
saw, hand mitre 303.
sawing-in 424.
sawtooth roof 414.
saxhorn 447.
saxophone 446.
scale 108, 112, 113, 117, 313, 434, 695, 700, 776, 907.
scale leaf 78.
scale, main 700.
scale, mitre 303, 304.
scale, vernier 700.
scalelike leaves of the cypress 89.
Scales 11.
scallop 217.
scampi 218.
scan 501.
Scandinavian crispbread 205.
Scandinavian Peninsula 32.
scandium 683.
scanner, optical 181.
scaphoid 154, 156.
scapula 111, 116, 121, 122, 126, 131, 136, 138, 141, 142, 152, 153, 156.
scapular 115.
scarlet runner bean 191.
scarp 409.
scatter cushion 280.
scene 402.
scene light 775.
scenic route 39.
schedule, television programme 471.
Schism, Great 736.
schnauzer 130.
school 545, 734.
school bus 568.
school secretary's office 735.
school zone 547.
school, ski 886.
schooner 601.
sciatic nerve 166.
science room 734.
scientific calculator 529.
scientific instruments 17, 23.
scientific symbols 702.
scissors 454, 777, 905.
scissors cut 375.
scissors-glasses 385.
sclera 177.
sconce 287.
scoop 390.
scooter, motor 577.
score 789, 825.
score counter 920.
score-console 865.
scoreboard 789, 790, 822, 825, 831, 839, 844, 846, 918.
scoreboard, current event 825.
scoreboard, overall standings 824.
scorekeeper 814, 845.
scorekeepers 846, 847.
scorer 810, 812, 813, 819, 848, 860, 864.
scorers 859.
scorers and timekeepers 844.
scoring light 848.
Scorpion 10.
scorpion 102.
scotia 404, 405.
Scotia Plate 43.
Scottish 469.
scouring pad 295.
scraper 320, 422, 423, 638, 892.
scraper bar holder 423.
screen 383, 483, 494, 658, 724, 799.
screen case 483.
screen door 567.
screen print 368, 369.
screen window 902.
screen, fireplace 257.
screen, flat 518.
screen, print 515.
screen, projection 427.
screen, touch 527.
screw 302, 439.
screw cap 223, 275.
screw earrings 374.
screw locking nut 909, 910.
screw, clamping 312.
screw, lock 516.
screw, tension adjustment 534.
screw-in studs 802.
screwdriver 302, 905.
screwdriver bit 306.
screwdriver, cordless 302.
screws, clamping 700.
screwsleeve 900.
scrimmage: defence 806.
scrimmage: offence 807.
script assistant 490.
scroll 439.
scroll case 658.
scroll foot 276.
scroll key 505.
scroll wheel 506, 516.
scrolling 515.
scrolling lock key 515.
scrolls, Torah 738.
scrotum 146, 169.
scrub room 780.
scrum half 804.
scuba diver 841.
scuba diving 841.
scuff rib 560, 561.
scuffle hoe 326.
sculling (two oars) 838.
sculling boats 839.
sculling oar 838.
Sculptor's Tools 10.
sculpture 395.
scuttle panel 550.
scythe 330.
sea 7, 38, 48, 664.
sea anchor 610.
sea bass 220.
sea bream 219.
Sea Goat 10.
sea kale 186.
sea lettuce 183.
sea level 42, 49, 53.
sea lion 137.
Sea of Japan 33.
sea salt 201.
Sea Serpent 10.
sea side 664.
sea urchin 95.
Sea, Adriatic 32.
Sea, Aegean 32.
Sea, Arabian 33.
Sea, Aral 33.
Sea, Baltic 32.
Sea, Barents 32.
Sea, Beaufort 30.
Sea, Black 32, 33.
Sea, Caribbean 30.
Sea, Caspian 33.
Sea, Coral 29.
Sea, East China 33.
Sea, Irish 32.
Sea, Mediterranean 32, 34.
Sea, North 32.
Sea, Norwegian 32.
Sea, Red 33, 34.
Sea, South China 33.
Sea, Tasman 29.
Sea, Weddell 29.
sea-level pressure 55.
sea-to-sea missile 762.
seaborgium 683.
seafood 181.
seal 137, 268.
sealed cell 100.
sealing material 689.
sealing plug 689.
sealing ring 655.
seam 346, 390, 798.
seam allowance 455.
seam gauge 454.
seam line 455.
seam pocket 355, 360.
seaming 348.
seamount 49.
seaplane, float 628.
search 525.
search-and-rescue antennas 60.
season tiles 917.
seasoning, cajun spice 199.
seasons of the year 54.
seat 264, 265, 276, 277, 281, 333, 427, 464, 555, 577, 783, 839, 851, 855, 857, 876, 885, 898.
seat adjuster lever 555.
seat back 555.
seat back adjustment knob 555.
seat belt 555.
seat cover 265.
seat harness 900.
seat stay 578.
seat tube 578, 871.
seat, ambulance attendent's 775.
seat, booster 281.
seat, child 558.
seat, coxwain's 838.
seat, director's 429.
seat, driver 577.
seat, love 724.
seat, passenger 577.
seat, rabbi's 738.
seat, sliding 838.
seat-belt warning light 557.
seats 277, 431.
seats, actors' 428.
seaweed 183.
sebaceous gland 172.
secateurs 330.
second 434, 702, 704, 842, 877.
second assistant camera operator 428.
second base 794.
second baseman 794.
second dorsal fin 108, 109.
second focal room 16.
second hand 696.
second leg at reach 833.
second level of operations 529.
second molar 159.
second premolar 159.
second referee 813.
second reinforce 753.
second round: 64 players 789.
second row 804.
second space 811.
second stage 25.
second valve slide 447.
second violins 437.
second voltage increase 677.
second-level domain 524.
secondaries 115.
secondary altar 737.
secondary channel 617.
secondary colours 400.
secondary consumers 67.
secondary hard disk drive 513.
secondary inlet 655.
secondary marshalling track 589.
secondary mirror 15, 17, 477.
secondary reflector 16.
secondary road 39.
secondary root 77.
secondary waiting room 781.
seconde 849.
secretarial desk 511.
secretariat 731.
secretaries 827.
secretary 814.
secretary, executive 509.
secretary, managing director's 509.
section 471.
section of a bulb 78.
section of a capsule: poppy 84.
section of a follicle: star anise 84.
section of a grape 83.
section of a hazelnut 84.
section of a legume: pea 84.
section of a log 300.
section of a peach 81.
section of a raspberry 83.
section of a silique: mustard 84.
section of a strawberry 83.
section of a walnut 84.
section of an apple 82.
section of an orange 82.
section of the Earth's crust 42.
section, children's 732.
section, identification 768.
section, lower 24.
section, monograph 732.
section, upper 24.
section, vertical 894.
sectional garage door 416.
sector 704.
security check 621.
security grille 730.
security guard's office 733.
security guard's workstation 779.
security service 719.
security thread 729.
security trigger 331.
security vestibule 728.
sedimentary rocks 42.
seed 77, 81, 82, 83, 84.
seed coat 81, 85.
seed drill 643.
seeder 324.
seeding and planting tools 324.
seedless cucumber 188.
seeds, poppy 199.
segment 82.
segment score number 918.
seismic wave 43.
seismogram 43.
seismograph, vertical 43.
seismographic recording 651, 653.
seismographs 43.
select button 505.
selection key 506.
selective sorting of waste 71.
selector, channel 505.
selector, focus 496.
selector, four-way 477.
selector, orbital-action 305.
selector, sound mode 497.
selector, speed 236.
selenium 682.
self-adhesive labels 532.
self-contained breathing apparatus 765.
self-inflating mattress 904.
self-sealing flap 531.
self-service display case 722.
self-service meat counter 180.
self-service restaurant 722.
self-timer indicator 476.
selvage 455.
semaphore signal 583.
semi-bold 472.
semi-circle 810.
semi-detached houses 419.
semi-final: 4 players 789.
semi-fisheye lens 478.
semi-metals (metalloids) 682.
semi-mummy 904.
semibreve 435.
semibreve rest 435.
semicircle 704.
semicircular arch 413.
semicolon 473.

semimembranosus 151.
seminal receptacle 97, 103.
seminal vesicle 169.
semiprecious stones 375.
semiquaver 435.
semiquaver rest 435.
semisubmersible platform 653.
semitendinosus 151.
semitrailer 570, 571.
semolina 204.
semolina, flour and 204.
Senegal 745.
Senegal River 34.
sense organs 172.
sensing, remote 40.
sensitive root 167.
sensor 58.
sensor probe 238.
sensor swath 40.
sensor wiring circuit 559.
sensor, active 41.
sensor, Earth 60.
sensor, optical 516.
sensor, passive 41.
sensor, remote 518.
sensor, safing 556.
sensor, temperature 18.
sensor, wheel speed 559.
sensory impulse 168.
sensory neuron 168.
sensory receptor 168.
sensory root 168.
sent document recovery 508.
sepal 80, 82, 83.
separate collection 71.
separating groove 500.
separation, magnetic 71.
separation, paper/paperboard 71.
separator 562, 606, 646, 668, 689.
separator steam release 668.
separator, electrolytic 689.
septal cartilage of nose 175.
septic tank 70, 263.
septime 849.
septum 84, 175.
septum pellucidum 167.
sequencer 450.
sequencer control 450.
serac 46.
Serbo-Croat 469.
serial number 729.
serial port 513.
serif type 472.
serological pipette 685.
Serpent 11, 13.
Serpent Bearer 11, 13.
serrate 79.
serve 812, 820.
server 522, 523, 524, 525, 816, 819, 821.
server, access 525.
server, file 523.
service area 39, 619.
service bay 548.
service box 818, 819.
service box line 818.
service building 666.
service entrance 732.
service judge 816, 820.
service line 818, 819, 821.
service module 19, 25, 486.
service provider, Internet 525.
service road 618.
service room 738.
service station 548, 711.
service table 720.
service zone 818.
service zones 817.
service, customer 731.
service, security 719.
servicer, mobile remote 21.
services, financial 730.
services, insurance 730.
services, loan 730.
services, social 781.
services, technical 732.
serving dish 226.
serving trolley 278.
sesame oil 209.
set 429, 528, 822.
set dresser 429.
set of bells 449.
set of utensils 233.
set width 472.
set, nail 301.
set, socket 311.
set, television 724, 734.
set-in sleeve 349.
set-up 865.
sets, previous 822.
setsquare 313.
setting 376.
setting indicator 889.
settings display button 477.
seventeenth-century cannon and mortar 752.
seventh 434.
sew-through buttons 453.
sewer 712.
sewing 424, 452.
sewing frame 424.
sewing machine 452.
sewing, accessories 454.
sewn-in groundsheet 902, 903.
Sextant 11.
sextant 612.
sextet 438.
sexton beetle 101.
Seychelles 746.
shackle 835.
shad 220.
shade 286.
shade, roller 558.
shadow 696.
shadow band 58.
shadow key 479.
shaft 56, 402, 405, 462, 464, 659, 686, 688, 695, 762, 793, 816, 822, 838, 857, 858, 859, 863, 867, 880, 901, 918.
shaft head 649.
shaft holder 857.
shaft, air 402.
shaft, axle 553.
shake-hands grip 815.
shallot 184, 444.
shallow root 87.
sham 280.
shampoo 379.
shank 214, 215, 301, 302, 306, 382, 390, 453, 454, 456, 457, 610, 911.
shank button 453.
shank protector 636.
shape of characters 472.
shaped handle 381.
shapes, geometrical 704.
shapka 340.
shark, morphology of 108.
sharp 435.
sharpening steel 229.
sharpening stone 229.
shaving 383.
shaving brush 383.
shaving foam 383.
shaving mug 383.
shawl 337.
shawl collar 362.
shear 641.
shears, kitchen 233.
sheath 79, 841, 907, 908.
sheath dress 356.
sheath of Schwann 168.
sheath skirt 357.
sheath, rubber 838.
sheathing 252, 253.
shed 244, 322.
shed stick 461.
sheep 128.
sheep shelter 182.
sheepshank 908.
sheepskin jacket 353.
sheepskin noseband 856.
sheet 426, 603, 877.
sheet bend 908.
sheet film 481.
sheet lead 835.
sheet, baking 232.
sheet, bath 379.
shekel, new 728.
shelf 279, 290, 291, 321.
shelf channel 291.
shell 84, 104, 105, 106, 117, 389, 448, 655, 884.
shell membrane 117.
shell, bivalve 105.
shell, univalve 105.
shell, upper 895.
shelter 543.
shelter, instrument 58.
shepherd, German 130.
Shield 10.
shield 748.
shield bug 101.
shield divisions 740.
shift : level 2 select 514.
shift key 514, 528.
shift lock key 528.
Shiism 736.
shiitake 183.
shin boot 853, 857, 858.
shin guard 801, 802, 882, 887.
shinai 847.
shingle 299.
Shinto 736.
ship 41.
ship's anchor 610.
Ship's Keel 11.
ship's launch 762.
Ship's Sails 11.
ship's side 607.
Ship's Stern 11.
ship, drill 653.
ships, ancient 598.
ships, traditional 599.
shirred heading 283.
shirt 349, 368, 791, 810.
shirt collar 362.
shirt sleeve 361.
shirt, polo 354.
shirt, team 801, 808.
shirts 716.
shirttail 349, 359.
shirtwaist dress 356.
shock absorber 18, 553, 876.
shock absorber, front 577.
shock wave 651, 653.
shoe 483, 801, 810, 865, 870, 872.
shoe polish 345.
shoe polisher 345.
shoe rack 345.
shoe shop 715.
shoe, climbing 900.
shoe, parts 342.
shoe, wrestling 843.
shoebrush 345.
shoehorn 345.
shoelace 342, 370.
shoes 342.
shoes, accessories 345.
shoes, children's 717.
shoes, cleated 885.
shoes, golf 869.
shoes, men's 342, 716.
shoes, rugby 805.
shoes, running 716.
shoes, unisex 344.
shoes, women's 343, 716.
shoeshine kit 345.
shoetree 345.
shoot 77, 87.
shoot, bamboo 185.
shooter 860.
shooting line 859.
shooting place 893.
shooting positions 861, 893.
shooting range 788, 859, 860, 893.
shooting slip 893.
shooting stage 428.
shooting star 53.
shooting station 860.
shooting, director of 859.
shooting, pistol 861.
shooting, rifle 861.
shooting, shotgun 860.
shop 406, 710.
shop, clothing 714.
shop, coffee 710, 715.
shop, decorative articles 715.
shop, do-it-yourself 714.
shop, electronics 714.
shop, gift 714.
shop, jewellery 714.
shop, leather goods 714.
shop, lingerie 714.
shop, newsagent's 715.
shop, perfume 714.
shop, pet 714.
shop, record 714.
shop, shoe 715.
shop, sporting goods 715.
shop, tobacconist's 714.
shopping bag 388.
shopping centre 709, 714.
shopping street 710.
shopping trolleys 181.
shore 49.
shore cliff 51.
shorelines, examples of 51.
short bone 157.
short extensor of toes 150.
short glove 346.
short line 818, 819.
short palmar 150.
short peroneal 151.
short radial extensor of wrist 151.
short service line 817.
short sleeve 337.
short sock 365.
short splice 908.
short track 883.
short track skate 883.
shortening 209.
shorthair, American 132.
shorthand notebook 531.
shorts 358, 369, 471, 791, 801, 802, 805, 810, 850, 870.
shorts, running 371.
shortstop 794.
shot 753, 793.
shot put 790.
shot, drop 821.
shotgun 860.
shotgun (smooth-bore) 912.
shotgun shooting 860.
shoulder 124, 130, 146, 148, 156, 311, 440, 538, 822, 909.
shoulder bag 388.
shoulder bag with zip 388.
shoulder belt 555.
shoulder blade 147, 149.
shoulder bolt 311.
shoulder pad 808, 880.
shoulder rest 757.
shoulder strap 367, 388, 391, 527, 770, 869, 906.
shovel 257, 326, 888, 892.
show ring 855.
show-jumping 852.
show-jumping course 852.
shower 251, 726, 780.
shower cubicle 264.
shower head 264, 270.
shower hose 264, 270.
shower, bath and 724.
shower, prisoners' 768.
shredder, paper 535.
shredding 71.
shrew 121.
shroud 602, 834.
shunt 687.
shutoff valve 265, 270, 271.
shutter 249, 521, 675.
shutter release button 476.
shutter speed setting 479.
shutting stile 247.
shuttle 461.
shuttlecock, feathered 817.
shuttlecock, synthetic 817.
Siamese 133.
sickle 330.
side 227, 431, 602, 632.
side back vent 348.
side chair 277.
side chapel 410.
side compression strap 906.
side door 594.
side electrode 562.
side fairings 873.
side footboard 586.
side handle 307, 308.
side handrail 594.
side hatch 22.
side judge 807.
side ladder 587.
side lane 539.
side line 815.
side marker light 554, 570, 571.
side mirror 381.
side panel 352.
side plate 226.
side post 253.
side rail 321, 571.
side referee 846.
side span 540.
side vent 44, 567.
side view 798.
side wall 127, 597, 635, 818, 819, 831.
side wall line 819.
side, left 384.
side, right 384.
side-tilt lock 482.
side-wheeler 599.
sideboard 279.
sideline 800, 806, 809, 810, 812, 814, 858, 864.
sidepiece 385.
sideshoot 77.
sidewall 560, 561, 571.
siding 583.
Sierra Leone 745.
sieve 231.
sifter 232.
sight 177, 756, 859, 907, 913.
sight, front 861, 893.
sight, normal 691.
sight, rear 861, 893.
sighting line 907.
sighting mirror 907.
sigmoid colon 164.
sign, advertising 595.
sign, route 568, 569, 595.
signal ahead 547.
signal background plate 591.
signal box 583.
signal gantry 583.
signal lamp 239, 465.
signal lights 859.
signature 426.
signature book 531.
signature, holder's 729.
signature, official 729.
signet ring 376.
silencer 553, 575, 576, 577, 649.
silicon 682.
silk 85.
silk glands 103.
sill 44, 253.
sill of frame 249.
sill plate 252, 253.
sill rail 252.
sill step 587.
silos 596.
Silurian 92.
silver 683.
silverware and napkins 722.
sima 404.
simple eye 97, 99.
simple leaves 79.
simple organisms and echinoderms 94.
simple spacing 472.
simultaneous interpretation booth 718.
Singapore 747.
single bed 724.
single chain wheel 871.
single curtain rail 284.
single pole circuit breaker 272.
single quotation marks 473.
single reed 446.
single room 724.
single scull 839.
single seat 594.
single sprocket 871.
single zero 919.
single-bladed paddle 837, 838.
single-breasted jacket 348.
single-burner camp stove 903.
single-decked pallet 632.
single-leaf bascule bridge 542.
single-lens reflex (SLR) camera : camera back 476.
single-lens reflex (SLR) camera : front view 476.
single-lens reflex camera 480.
single-span beam bridge 541.
singles luge 884.
singles service court 817.
singles sideline 817, 821.
singlet 843, 850.
sinister 740.
sinister base 740.
sinister chief 740.
sinister flank 740.
sink 224, 270, 722, 724, 780.
sink with waste disposal unit 270.
sink, heat 513.
sink, pot-and-pan 721.
sink, pre-rinse 721.
sink, surgeon's 781.
sinker 615, 911.
Sino-Tibetan languages 468.
sinus 336.
siphon 106.
siphonal canal 105.
siren 766.
sister 785.
sisters-in-law 785.
sistrum 449.
site plan 245.
site, aerial 890.
sitting room 250.
sixte 849.
sixth 434.
skate 218, 878, 880.
skate, acrobatic 895.
skate, goalkeeper's 880.
skate, roller hockey 895.
skate, roller speed 895.
skate, short track 883.
skateboard 894.
skateboarder 894.
skateboarding 894.
skater 895.
skater: long track 882.
skater: short track 882.

skates, speed 883.
skating kick 892.
skating step 892.
skating, figure 881.
skating, inline 895.
skating, speed 882.
skeg 836, 840.
skeleton 152, 885.
skeleton of a bat 141.
skeleton of a bird 116.
skeleton of a dog 131.
skeleton of a dolphin 136.
skeleton of a frog 111.
skeleton of a gorilla 138.
skeleton of a horse 126.
skeleton of a kangaroo 142.
skeleton of a mole 121.
skeleton of a rat 122.
skeleton of a venomous snake 112.
skerry 51.
ski 876, 888.
ski area 886.
ski boot 888, 889.
ski glove 888.
ski goggles 888.
ski hat 892.
ski jump 891.
ski jumper 891.
ski jumping 891.
ski lift arrival 886.
ski pants 358.
ski pole 888, 892.
ski rack 558.
ski resort 886.
ski school 886.
ski stop 889.
ski suit 888, 892.
ski tip 892.
ski trail, alpine 886.
ski trail, cross-country 886.
ski, downhill/Super G 888.
ski, jumping 891.
ski, slalom 888.
ski, slalom G 888.
ski, speed 891.
ski-jumping boot 891.
ski-jumping suit 891.
skid 631.
skier, speed 891.
skiers' lodge 886.
skiing, freestyle 890.
skiing, speed 891.
skimmer 233, 246.
skin 81, 82, 83, 168, 172.
skin surface 172.
skins, won ton 207.
skip 638, 650, 877.
skipping-rope 850.
skirt 355, 417, 749, 822, 855.
skirt finger 605.
skirt marker 454.
skirt, spray 837.
skirting board 253, 255.
skirting outlet 258.
skirts, examples of 357.
skis, examples of 840, 888.
skull 106, 109, 116, 121, 126, 136, 138, 141, 142, 146, 749.
skull, child's 158.
skull, lateral view of 158.
skullcap 340.
skunk 134.
sky coverage 55.
sky diver 896.
sky diving 896.
sky, clear 56.
sky, cloudless 56.
skylight 245.
skylight, bathroom 251.
skylight, stairwell 251.
slab 300.
slab building 465.
slagheap 648.
slalom G ski 888.
slalom ski 840, 888.
slalom, giant 889.
slalom, special 889.
slalom, super giant 889.
slash 473.
slash, double 524.
slat 281, 285, 459.
slat tilt device 285.
Slavic languages 469.
sled 329, 884.
sledge 885.
sledger 885.
sleeper 591.
sleeper-cab 570.
sleeping bags, examples of 904.
sleeping car 584.
sleeping compartment 584.
sleepsuit 369.
sleet 57, 64.
sleeve 337, 348, 848, 851.
sleeve strap 352.
sleeve strap loop 352.
sleeves, examples of 360.
sleigh bells 449.
slice 233.
slide 294, 453, 483, 754.
slide chair 590.
slide magazine 483.
slide mount 483.
slide plate 452, 453.
slide projector 483.
slide, glass 693.
slide-bar 456.
slider 445, 896.
sliding breech 756.
sliding channel 587.
sliding cheek bit 854.
sliding cover 506, 612.
sliding door 264, 416.
sliding door, automatic 416.
sliding folding window 415.
sliding jaw 700.
sliding overlap arm 284.
sliding rail 555, 835.
sliding seat 838, 851.
sliding weight 436, 698.
sliding window 415.
slightly covered sky 56.
slingback shoe 343.
slip 366.
slip joint 310.
slip joint pliers 310.
slip presenter 548.
slip, shooting 893.
slip, stage 693.
slip-on 344.
slip-on pyjamas 369.
slip-stitched seam 349.
slipover 354.
slippery road 545, 547.
sliproad 539.
slit 463.
slope 538.
slope, beginners' 886.
slope, difficult 886.
slope, expert 886.
slope, intermediate 886.
slope, landing 891.
sloped turret 415.
sloping cornice 403.
slot 227, 238, 302, 386, 424.
slot, card reader 548, 730, 731.
slot, deposit 730.
slot, passbook update 730.
slot, PC card 526.
slot, transaction record 730.
slots, memory card 918.
Slovak 469.
Slovakia 744.
Slovene 469.
Slovenia 744.
slow lane 539.
slow-burning stove 256.
slow-motion 495.
small blade 905.
small capital 472.
small carton 223.
small crate 222.
small domestic appliances 717.
small drawstring bag 388.
small hand cultivator 325.
small intestine 110, 113, 116, 125, 164.
small open crate 222.
small saucepan 235.
smash 821.
smell and taste 174.
smelt 219.
smilodon 93.
smock 359.
smog 69.
smoke 57.
smoke baffle 256.
smoke bomb discharger 758.
smoke detector 767.
smoked ham 215.
smoking accessories 390.
smoking-apparatus 422.
smooth hound 218.
snacks' sale counter 427.
snaffle bit 854.
snaffle rein 854.
snaffle strap 854.
snail 104, 217.
snail dish 233.
snail tongs 233.
snail, anatomy of 104.
snail, morphology of 104.
snake 112.
snake, coral 114.
snake, garter 114.
snap 911.
snap fastener 346, 353, 386.
snap shackle 835.
snap-fastening front 369.
snap-fastening tab 353.
snap-fastening waist 368.
snare 448, 913.
snare drum 437, 448.
snare head 433, 448.
snare strainer 448.
snatch 850.
snelled fishhook 911.
snooker 863.
snorkel 841.
snout 108, 110, 121, 143.
snow 64.
snow brush with scraper 558.
snow crystals 64.
snow gauge 58, 59.
snow guard 876.
snow pellet 64.
snow shower 57.
snow, acid 70.
snow, heavy continuous 57.
snow, heavy intermittent 57.
snow, light continuous 57.
snow, light intermittent 57.
snow, moderate continuous 57.
snow, moderate intermittent 57.
snow-grooming machine 886.
snowblower 573.
snowboard 887.
snowboard, alpine 887.
snowboard, freestyle 887.
snowboarder 887.
snowboarding 887.
snowmobile 876.
snowshoe 893.
snowshoe, elliptical 893.
snowsuit 369.
snuggle suit 368.
soap dish 264.
soap, toilet 379.
soba noodles 207.
soccer table 920.
social services 781.
social worker's office 779.
society 708.
sock 365, 802, 808, 822.
socket 275, 453.
socket bayonet 751.
socket head 302.
socket set 311.
socket tester 316.
socket-contact 274.
socks 351, 805.
soda fountain 723.
sodium 682.
sofa 276.
sofa bed 280.
soft binding 887.
soft cheeses 211.
soft contact lens 384.
soft palate 174, 175.
soft pastel 396.
soft pedal 442, 451.
soft ray 108.
soft shell clam 217.
soft-drink dispenser 548.
softball 797.
softball bat 797.
softball glove 797.
software, email 524.
soil 70, 661.
soil and waste stack 262.
soil fertilization 69.
soil profile 78.
soiled utility room 778, 780.
solar array 40, 60, 486.
solar array drive 60.
solar cell 529, 672, 673.
solar collector 675.
solar eclipse 6.
solar energy 78, 672.
solar furnace 674.
solar house 675.
solar panel 17, 18.
solar radiation 67, 68, 672, 673, 674, 675.
solar reflectors 486.
solar shield 20.
solar system 4.
solar-cell panel 673.
solar-cell system 673.
solder 318.
soldering and welding tools 318.
soldering gun 318.
soldering iron 318.
sole 127, 221, 309, 351, 868, 881, 889.
soleplate 288, 590.
soleus 150.
solid 680, 681.
solid body 441.
solid booster stage 24.
solid brick 298.
solid centre auger bit 306.
solid line 538.
solid rear wheel 871.
solid rocket booster 22, 24.
solid rubber tyre 633.
solid shot 752.
solid, amorphous 680.
solids 705.
solitaire ring 376.
Solomon Islands 747.
solution, multi-purpose 384.
solvent extraction unit 656.
Somalia 745.
somen noodles 207.
son 784, 785.
son-in-law 784.
sonar 41.
sorghum 85.
sorghum: panicle 85.
sorting machine 475.
sorting plant 71.
sorting, glass 71.
sorting, manual 71.
sorting, metal 71.
sorting, optical 71.
sorting, paper/paperboard 71.
sorting, plastics 71.
sorting, primary 474.
sorus 76.
sostenuto pedal 442.
sou'wester 341.
soufflé dish 232.
sound alarm 613.
sound box 433.
sound console 488, 489.
sound control room 489, 490.
sound desk 490.
sound engineer 429.
sound field control 497.
sound hole 439.
sound library 733.
sound mode lights 497.
sound mode selector 497.
sound monitor 489, 490, 491.
sound monitoring selector 491.
sound receiver 776.
sound recording equipment 429.
sound signal 436.
sound system 556.
sound technician 489, 490.
sound/video preview unit 491.
soundboard 432, 433, 439, 440, 442.
soundbox 440.
sounder 60.
sounding balloon 54, 59.
sounding, upper-air 59.
soup 722.
soup bowl 226.
soup spoon 228.
soup tureen 226.
sour cream 210.
source, energy 41.
source, power 687.
South 37, 616, 917.
South Africa 746.
South America 28, 31, 50.
South American Plate 43.
South cardinal mark 617.
South celestial pole 13.
South China Sea 28, 33.
South Pole 29, 35.
south pole 687.
South-Southeast 37.
South-Southwest 37.
Southeast 37, 616.
Southeast Indian Ridge 50.
Southern Cross 11.
Southern Crown 10.
Southern Fish 10.
Southern hemisphere 35.
Southern Triangle 10.
Southwest 37, 616.
Southwest Indian Ridge 50.
soy sauce 200.
soybean sprouts 191.
soybeans 191.
space 434, 514, 915.
space bar 514, 528.
space launcher 24.
space launcher (Ariane V), cross section of 24.
space launcher (Saturn V), cross section of 25.
space launchers, examples of 24.
space probe 18, 53.
space probes, examples of 19.
space shuttle 22, 53.
space shuttle at takeoff 22.
space, epidural 168.
space, non-breaking 514.
spacelab 23.
spacer 667, 783.
spacesuit 20.
spacing, 1.5 472.
spacing, double 472.
spacing, simple 472.
spade 326, 756, 914.
spade bit 306.
spadix 81.
spaghetti 206.
spaghetti squash 189.
spaghetti tongs 233.
spaghettini 206.
Spain 743.
spandrel 413.
Spanish 469.
spanker 603.
spar 624.
spar buoy 617.
spare tyre 567.
spareribs 215.
spark 564.
spark plug 562, 565, 566.
spark plug body 562.
spark plug cable 552.
spark plug gap 562.
spark plug seat 562.
sparking plug 332.
sparrow 118.
spatial dendrite 64.
spatula 233, 421.
spatulate 79.
speaker 427, 496, 504, 505, 508, 513, 526, 626, 828.
speaker cover 502.
spear 185, 748.
spear-nosed bat 141.
special effects buttons 496.
special effects selection dial 496.
special mark 617.
special slalom 889.
species, origin and evolution of 92.
specific operations 529.
specification plate 306.
specimen chamber 694.
specimen collection centre waiting room 781.
specimen collection room 781.
specimen positioning control 694.
spectacles 385.
spectacles case 387.
spectacles, examples of 385.
spectrometer 694.
spectrum, electromagnetic 690.
speed control 236.
speed controller 452.
speed governor 417.
speed grand prix motorcycle and rider 874.
speed selector 236, 237, 500.
speed selector switch 305, 306, 382.
speed skates 883.
speed skating 882.
speed ski 891.
speed skier 891.
speed skiing 891.
speed track 891.
speed-increasing gearbox 677.
speed-skiing suit 891.
speedbrake lever 626.
speedometer 557, 576, 851.
spelling corrector 528.
spelt wheat 203.
spencer 358.
spent fuel discharge bay 668.
spent fuel port 666.
spent fuel storage bay 666, 667, 669.
sperm whale 137.
spermatheca 104.
spermathecal duct 104.
spermatozoon 169.
sphagnum, prickly 75.
sphenoid bone 158.
sphenoidal fontanelle 158.

sphenoidal sinus 175.
sphere 705.
sphere support 58.
sphincter muscle of anus 164.
spices 198.
spices, marinade 199.
spicules 6.
spider 103.
spider web 103.
spider, crab 102.
spider, garden 102.
spider, morphology of 103.
spider, water 102.
spike 81, 590, 791, 813, 901.
spike file 534.
spiked shoe 796.
spill, oil 70.
spillway 657.
spillway chute 657.
spillway gate 657.
spinach 187.
spinach tagliatelle 206.
spinal column 109, 152, 167.
spinal cord 109, 110, 167, 168.
spinal cord, structure of 167.
spinal ganglion 167, 168.
spinal nerve 167, 168.
spindle 237, 248, 268, 277, 500, 697, 700.
spindle lock button 308.
spine 95, 121, 426, 875.
spine of scapula 153.
spine of the book 425.
spine, anterior nasal 158.
spinner 911.
spinneret 103.
spinning rod 910.
spinous process 168.
spiny lobster 218.
spiny ray 108.
spiracle 96, 97.
spiral 302.
spiral arm 9.
spiral beater 236.
spiral binder 533.
spiral case 659.
spiral cloud band 63.
spiral nail 301.
spiral rib 105.
spiral screwdriver 302.
spiral staircase 655.
spiral thread 103.
spiral-in groove 500.
spire 411.
spirit level 313.
spirulina 183.
spit 51.
splash plate 655.
splat 276.
splay 411.
spleen 109, 110, 113, 125, 161.
splenius muscle of head 151.
splints 777.
split bet 919.
split link 911.
split peas 190.
splitting, nucleus 681.
spoiler 574, 624.
spoke 579.
spoked wheel 857.
sponge 95, 752.
sponge, anatomy of 95.
sponge, calcareous 95.
sponge-tipped applicator 378.
spongocoel 95.
spongy bone 154.
sponson 876.
spool 458, 909, 910.
spool axle 910.
spool pin 452.
spool rack 462.
spool-release mechanism 910.
spoon 227, 905.
spoon blade 401.
spoon, tasting 233.
spoons, examples of 228.
spores 76.
sporting goods shop 715.
sports and games 788.
sports car 549.
sports complex 709, 788.
sports facilities 788.
sports hall 788.
sports on wheels 894.
sports, ball 794.
sports, motor 872.
sports, mountain 900.
sports, precision and accuracy 859.
sports, racket 815.
sports, strength 850.
sportswear 370.
sportswear, children's 717.
sportswear, men's 717.
sportswear, women's 716.
spot 287.
spotlight 428, 492, 640, 765, 766.
spotlights 431.
spotmeter 479.
spout 240, 241, 268, 642.
spout assembly 270.
spout, dust 304.
spout, pouring 295.
spray 288.
spray arm 294.
spray button 288.
spray control 288.
spray gun 320.
spray nozzle 329, 655.
spray skirt 837.
spray, pepper 770.
sprayer 329.
spread collar 349.
spreader 324, 391.
spreader adjustment screw 320.
spring 43, 48, 54, 249, 268, 286, 292, 310, 470, 586, 757, 823, 913.
spring balance 699.
spring binder 532.
spring housing 284.
spring linkage 920.
spring onion 184.
spring toggle 302.
spring washer 310.
spring, coil 553.
springboard 826.
springboard, 1 m 828.
springboard, 3 m 828.
springer 413.
sprinkler hose 328.
sprinklers 665.
sprinters' line 871.
spritsail 601.
sprocket 876.
sprocket wheel 758.
sprocket, single 871.
sprouts, soybean 191.
spruce 89.
sprung base 280.
sprung strip metal insulation 299.
spur 45, 98, 306, 448.
spur gear 686.
squall 57.
squamous suture 158.
square 426, 705, 917.
square bet 919.
square brackets 473.
square flag 739.
square head plug 269.
square move 916.
square neck 363.
square root key 529.
square root of 703.
square sail 601.
square trowel 315.
square, bevel 701.
Square, Carpenter's 10.
square-headed tip 302.
square-jawed adjustable spanner 315.
squash 819.
squash balls 819.
squash racket 819.
squash, acorn 189.
squash, crookneck 189.
squash, pattypan 189.
squash, spaghetti 189.
squash, straightneck 189.
squid 217.
squirrel 123.
Sri Lanka 747.
stabilizer 783, 859, 896, 897.
stabilizer fin 608.
stabilizer jack 567.
stabilizing fin 25.
stabilizing leg 633.
stable 856.
stack 51, 646.
stacking chairs 277.
stadium 709, 788.
stadium, baseball 788.
stadium, swimming 788.
staff 434, 739, 846.
staff cloakroom 720, 768, 781.
staff entrance 720, 726, 735, 768.
staff entrance and exit control 726.
staff lounge 731, 768, 779.
staff toilet 768.
stage 402, 430, 431, 693, 694.
stage clip 693.
stage curtain 430, 431.
stage, main cryogenic 24.
stage, optical 535.
stage, shooting 428.
stage, solid booster 24.
stage, storable propellant upper 24.
stage-house 430.
stained glass 411.
stained-glass window 737.
stair 427, 431.
stair, fire escape 509.
stairs 250, 255, 412, 543, 592, 655, 724.
stairways 412.
stairwell 251.
stairwell skylight 251.
stake 322, 324.
stake pocket 571.
stalactite 47.
stalagmite 47.
stalk 75, 81, 82, 83, 185.
stalk vegetables 185.
stamen 80, 82.
stamp 390.
stamp pad 531.
stamp rack 531.
stamp, postage 474.
stanchion 881.
stand 43, 234, 236, 286, 362, 381, 389, 401, 448, 685, 910.
stand, coaches' 891.
stand, exhibition 719.
stand, intravenous 780.
stand, judges' 887, 890, 891.
stand, witness 728.
stand-up collar 363.
standard A 436.
standard lamp 286.
standard lens 478.
standard poker hands 914.
standardbred pacer 857.
standby airspeed indicator 626.
standby altimeter 626.
standby attitude indicator 626.
standing position 861, 893.
standing position (Graeco-Roman wrestling) 843.
standing press 425.
standpipe 271.
stands 788, 874.
stands, movable 734.
stapes 174.
staple remover 534.
stapler 534.
staples 534.
star 8.
star diagonal 14.
star drag wheel 910.
star facet (8) 374.
star network 522.
star of David 738.
star tracker 18.
star, main-sequence 8.
star, neutron 8.
Star, Pole 13.
starboard hand 609, 616, 617.
starch 85.
starch granule 74.
Stardust 19.
starfish, anatomy of 95.
starfish, morphology of 95.
starling 118.
stars, low-mass 8.
stars, massive 8.
start 512, 852, 887.
start area 875.
start buoys 838.
start button 696.
start into a headwind 833.
start judge 883.
start judges 882.
start key 508, 514.
start line 791.
start line, 500 m 882.
start platform 891.
start switch 293.
start: bobsleigh and skeleton 885.
start: men's singles luge 885.
start: women's and doubles luge 885.
starter 327, 332, 830, 838.
starter button 576.
starter handle 331.
starter mechanic 873.
starting block 830.
starting cable 323.
starting dive 832.
starting gate 856, 875.
starting gate, mobile 857.
starting grid 872.
starting grip (backstroke) 830.
starting jetty 838.
starting line 833, 872.
starting line, 1,500 m 791.
starting line, 10,000 m and 4 x 400 m relay 791.
starting line, 100 m and 100 m hurdles 790.
starting line, 110 m hurdles 790.
starting line, 200 m 790.
starting line, 400 m, 400 m hurdles, 4 x 100 m relay 791.
starting line, 5,000 m 790.
starting line, 800 m 791.
starting pistol 790.
starting positions 828, 843.
starting track 891.
starting zone 838.
state 37.
states of matter 680.
station chef 721.
station circle 55.
station concourse 582.
station entrance 592.
station model 55.
station name 592.
station platform 583.
station, bus 710.
station, emergency 543.
station, fire 711, 764.
station, international space 21.
station, land 54.
station, meteorological 58.
station, police 711, 768.
station, railway 708, 710.
station, relay 486.
station, service 711.
station, shooting 860.
station, underground railway 710.
stationary bowl 919.
stationary front 56.
stationery 528, 717.
stationery cabinet 510.
stator 249, 659.
statue 737.
stay 598, 602.
stay ring 659.
stay vane blade 659.
stays 541.
staysail-stay 602.
steak 214.
steak knife 228.
stealth aircraft 629.
steam 646.
steam control knob 241.
steam generator 646, 669, 670, 671, 674, 763.
steam generator room cooler 669.
steam iron 288.
steam nozzle 241.
steam outlet 670, 671.
steam pressure drives turbine 665.
steam release pipes 669.
steamer 235, 722.
steamer basket 235.
steamer, electric 239.
steel 298, 367, 752.
steel bar 825.
steel cable 913.
steel casing 689.
steel pen 470.
steel safety wheel 595.
steel spring 752.
steel to plastic 269.
steelyard 698.
steep hill 545, 547.
steeplechase 790.
steeplechase hurdle 790.
steerable parabolic reflector 16.
steering axle 633.
steering column 552.
steering cylinder 638.
steering lever 633.
steering oar 598.
steering system 553.
steering tube 579.
steering wheel 333, 552, 556, 607, 640, 873.
stellar crystal 64.
stem 75, 76, 77, 78, 241, 274, 390, 602, 606, 695.
stem bulb 609.
stem propeller 606.
stem, underground 78.
stempost 598.
step 255, 321, 417, 570, 640, 847.
step chair 277.
step cut 375.
step groove 255.
step setting 700.
step stool 321.
step, diagonal 892.
step, rear 775.
step, skating 892.
stepladder 321.
stepladders 321.
steppe 61.
stepper 851.
steps 246, 250, 401, 676.
steps in the production of electricity 662.
steps to ripeness 86.
stereo control 504.
stereo phase monitor 491.
stereo sound system 497.
stereo sound system, mini 503.
stereoscopic camera 481.
sterile dressing 777.
sterilization room 780, 781.
stern 598, 608, 836.
sternal artery 107.
sternocleidomastoid 150.
sternum 111, 116, 121, 122, 126, 131, 141, 142, 152.
stethoscope 776.
steward's desk 584.
steward, chief 855.
steward, course 853, 855.
stick 391, 439, 800, 801.
stick umbrella 391.
stick, goalkeeper's 880.
stickpin 376.
sticks 449.
stifle 124.
stigma 80, 84.
stile 277.
stile groove of sash 249.
stile tongue of sash 249.
stiletto 751.
still camera, 35 mm 20.
still cameras 480.
still photographer 429.
still video film disc 481.
still water level 49.
stilt 464.
stilted 413.
Stilton 211.
sting 98.
stipule 79.
stirrup 750, 853.
stirrup iron 855.
stirrup leather 855.
stirrup sock 796.
stitch 342, 370.
stitch control buttons 456.
stitch length regulator 452.
stitch pattern memory 456.
stitch patterns 458.
stitch selector 452.
stitch width selector 452.
stitches 459, 797.
stitches, embroidery 459.
stitching 346.
stock 432, 610, 676, 860, 861, 912.
stock pot 235.
stockade 408.
stocked anchor 610.
stocking 365, 367, 848, 878.
stocking stitch 458.
stockless anchor 610.
stockroom 716.
stola 336.
stomach 95, 103, 104, 105, 106, 109, 110, 112, 113, 125, 161, 164.
stomach throw 844.
stomach, cardiac 107.
stomach, pyloric 107.
stomacker 337.
stone 81, 298, 376.
Stone Age weapons 748.
stone deflector 585, 586.
stone for sacrifice 412.
stone fruits 192.
stone marten 134.
stone steps 245.
stone wall 298.
stone, Coyolxauhqui 412.
stone, cut 298.
stone, sharpening 229.
stoner 233.
stony meteorites 8.
stony-iron meteorite 8.
stool 722.
stool, bar 720.
stop 130, 453, 458, 495, 512.
stop at intersection 544, 546.
stop bath 485.
stop button 331, 499, 508, 696.

stop key 495.
stop knob 444, 445.
stop rod 445.
stop watch 488.
stop, end 303.
stop, pit 873.
stop, tail 312.
stop/clear key 501.
stopcock 262.
stopcock burette, straight 685.
stopper 379, 906.
stopping area 890.
stopping board 864.
stopwatch 696.
storable propellant upper stage 24.
storage 394.
storage compartment 483, 567, 570, 766.
storage door 291.
storage furniture 278, 510.
storage rack 723.
storage room 769.
storage room, medical equipment 781.
storage space 584.
storage tank 656, 675.
storage tray 399, 666.
storage unit, backup 523.
storage, backboard 775.
storage, drug 775.
storage, frozen food 181.
storage, glove 780.
store, department 715, 716.
store, food 724.
storeroom 509, 720, 722, 734.
stork 119.
storm collar 257.
stormy sky 65.
straight 914.
straight bet 919.
straight blade 401.
straight eye 453.
straight flush 914.
straight jaw 310.
straight ladder 321.
straight position 828.
straight skirt 357.
straight stopcock burette 685.
straight wing 630.
straight-up ribbed top 351.
straightening iron 381.
straightneck squash 189.
straights 871.
strainer 234, 237, 240.
strainer body 270.
strainer coupling 270.
strainer, mesh 231.
strait 38.
Strait of Gibraltar 32.
Strait, Bass 29.
Strait, Bering 30.
Strait, Cook 29.
Strait, Torres 29.
strand 908.
strap 377, 696, 765, 797, 824, 841, 850.
strap eyelet 477.
strap loop 906.
strap system 441.
strap wrench 315.
strap, chin 870.
strap, leg 611.
strap, shoulder 527, 770, 906.
strapless brassiere 367.
stratocumulus 56, 62.
stratopause 53.
stratosphere 53.
stratum basale 172.
stratum corneum 172.
stratum granulosum 172.
stratum lucidum 172.
stratum spinosum 172.
stratus 56, 62.
straw 223.
straw bales 875.
straw hut 418.
straw spreader 643.
strawberry 192.
strawberry, section 83.
streamer 739.
street 39, 711, 713.
street bet 919.
street light 712.
street sweeper 573.
street, shopping 710.
streetcar 595.
strength sports 850.
stretch, deceleration 885.
stretch-limousine 549.
stretcher 278, 775, 776.
stretcher area 778.
stretcher, foot 838.
strider, water 102.
strike plate 249.
striker 318, 757, 803.
striker wheel 391.
striking circle 800.
string 439, 440, 443.
stringed instruments 439.
stringer 632.
stringing 816, 822.
strings 433, 442.
strip 416.
strip door 416.
strip, magnetic 729.
strip, tackless 254.
strobe 611.
strobe light 775.
stroke judge 830.
stroke, approach 866.
stroke, tee-off 866.
strokes 820.
stromatolite 92.
strongbox 920.
strontium 682.
structure 249.
structure of a fern 76.
structure of a flower 80.
structure of a house 250.
structure of a leaf 79.
structure of a lichen 74.
structure of a long bone 154.
structure of a missile 759.
structure of a moss 75.
structure of a mushroom 76.
structure of a plant 77.
structure of a tree 87.
structure of an alga 75.
structure of the biosphere 66.
structure of the ear 174.
structure of the Earth 42.
structure of the spinal cord 167.
structure of the Sun 6.
structure, dual launch 24.
structure, roll 873.
structure, truss 21.
strut 253, 448, 609, 629, 676.
strut, wing 628.
stud 252, 371, 453, 559, 798.
studded tyre 560.
student 734.
student's desk 734.
students' lockers 735.
students' room 735.
studio 488.
studio floor 490, 492.
studio, radio 488.
studio, television 490, 492.
study 251.
stummel 390.
stump 87, 799.
sturgeon 218.
style 80, 81, 82, 83, 84.
stylist, hair 428.
stylobate 403, 404.
styloid process 158.
stylus 470, 517, 527.
stylus holder 517.
sub-base 58.
subarctic 61.
subbase 538.
subclavian artery 160.
subclavian vein 160.
subcutaneous tissue 172.
subduction 43.
subfloor 252, 253, 254.
subgrade 538.
subhead 471.
sublimation 680.
submachine gun 754.
submarine canyon 49.
submarine line 524.
submarine pipeline 654.
subsiding cold air 63.
subsoil 78.
substation 664.
substitutes' bench 803.
substructure 651.
subterranean stream 47.
subtract from memory 529.
subtract key 529.
subtraction 703.
subtractive colour synthesis 690.
suburb 709.
suburban commuter railway 583.
suburbs 39.
subway 583.
subwoofers 493.
sucker 86, 106.
suction hose 766.
Sudan 745.
sudoriferous duct 172.
sugar 209.
sugar bowl 226.
sugar thermometer 231.
sugar, brown 209.
sugar, granulated 209.
sugar, powdered 209.
suit 355.
suit carrier 389.
suit tiles 917.
suit, protective 875.
suit, racing 874, 882.
suit, ski-jumping 891.
suit, speed-skiing 891.
suitcase 389.
suite, operating 780.
suits, men's 716.
suits, women's 716.
sulcus terminalis 176.
sulky 857.
sulphur 683.
sulphur dioxide emission 70.
sulphuric acid emission 70.
sum 703.
sumac 199.
sumie 397.
summer 54.
summer solstice 54.
summit 45, 886.
summit lodge 886.
sumo 847.
sumotori 847.
sump 566, 650.
sump gasket 566.
Sun 4, 6, 7, 54.
sun deck 607.
sun roof 551.
Sun sensor 40.
sun sensor 60.
sun visor 556, 558, 567.
Sun, structure 6.
sundae spoon 228.
sundeck 609.
sundial 696.
sundress 356.
sunflower 80.
sunflower-seed oil 209.
sunglasses 385.
sunken swimming pool 246.
Sunnism 736.
sunshine card 58.
sunshine recorder 58.
sunspot 6.
super 100.
super giant slalom 889.
supercooling 680.
supercross circuit 875.
superficial peroneal nerve 166.
supergiant 8.
superintendent's office 394.
superior 472.
superior cymbal 448.
superior dental arch 174.
superior mesenteric artery 160, 165.
superior mesenteric vein 160.
superior nasal concha 175.
superior rectus muscle 177.
superior semicircular canal 174.
superior umbilicus 115.
superior vena cava 160, 161, 162.
supermarket 180, 711, 715.
supernova 8.
supersonic jet 53, 629.
superstructure 615.
supplement, colour 471.
supplement, literary 471.
supplies, cleaning 721.
supplies, first aid 775.
supply duct 260.
supply of water 662.
supply pipe 270.
supply point 273, 663.
supply room 780.
supply, cash 731.
supply, electric 266.
support 15, 59, 274, 277, 284, 461, 583.
support bracket 284.
support structure 16, 40.
support thread 103.
support, backboard 811.
support, neck 874.
support, system 509.
supports 400.
sural nerve 166.
surcingle 853, 855, 857.
surcoat 337.
surface cold front 56.
surface course 538.
surface element 290.
surface insulation 22.
surface of the water 828.
surface pipe 652.
surface prospecting 651.
surface runoff 67.
surface surveillance radar 761, 762.
surface warm front 56.
surface water drain 712.
surface, cooking 239.
surface, hard (cement) 822.
surface, posting 535.
surface, synthetic 822.
surface, working 312.
surface-piercing foils 609.
surface-to-air missile 759.
surface-to-subsurface missile 759, 762.
surfaces, plane 704.
surfaces, playing 822.
surfboard 840.
surfer 840.
surfing 840.
surge protection receptacle 520.
surgeon's sink 781.
surgeons, veterinary 852.
surgery, minor 778.
Suriname 742.
surround loudspeaker 493.
surveillance camera 395.
suspended span 540.
suspender 367, 540.
suspender belt 367.
suspension 594.
suspension arm 292, 553.
suspension band 772.
suspension bogie 585.
suspension bridge 540.
suspension cable 540.
suspension file 532.
suspension insulator string 663.
suspension lines 896, 897.
suspension spring 697.
suspension strut 575.
suspension system 553.
suspension, back 870.
suspensory ligament 177.
sustaining pedal 442, 451.
suture 84, 105.
suture, coronal 158.
suture, lambdoid 158.
suture, squamous 158.
Swahili 468.
swallow 118.
swallow hole 47.
swallowtail 739.
swallowtail and tongue 739.
Swan 12.
swath, sensor 40.
Swaziland 746.
sweat shirt 370.
sweater, crew neck 359.
sweaters 354, 358.
sweaters, men's 717.
sweaters, women's 716.
swede 189.
Sweden 744.
Swedish 469.
sweep boats 839.
sweep oar 838.
sweeper, street 573.
sweeping hip throw 844.
sweet pepper, green 188.
sweet pepper, red 188.
sweet pepper, yellow 188.
sweet potato 184.
sweetbreads 212.
sweetcorn 85.
sweetheart neckline 363.
swell organ manual 444.
swell pedals 444.
swept-back wing 630.
swift 118, 462.
swim times 831.
swimmer's country 831.
swimmer's name 831.
swimming 830.
swimming goggles 830.
swimming pool 608, 788, 827, 831.
swimming pool, above ground 246.
swimming pool, sunken 246.
swimming stadium 788.
swimming trunks 371.
swimsuit 371, 830.
swimsuits 716.
swing bridge 542.
Swiss army knife 905.
Swiss chard 185.
switch 274, 291, 305, 307, 308, 320, 523, 687.
switch blade 590.
switch lock 306.
switch, hat 516.
switch, limit 417.
switch, nightshot 496.
switch, on-off 237, 241.
switch, on/off 289.
switch, power 477, 518.
switch, power/functions 496.
switch, push-to-talk 505.
switch, reversing 302, 306.
switch, speed selector 305, 306.
switch, trigger 305, 306, 308.
switchboard operator's set 507.
switched outlet 497.
Switzerland 744.
swivel 651, 793, 911, 913.
swivel base 312.
swivel flex 381.
swivel head 312.
swivel lock 312.
swivel wall lamp 287.
swivel-tilter armchair 511.
swivelling nozzle 628.
Swordfish 11.
swordfish 219.
symbol 682, 920.
symbols 914.
symbols, chemistry 684.
symbols, dangerous materials 774.
symbols, fabric care 347.
symbols, protection 774.
symbols, scientific 702.
sympathetic ganglion 167.
symphony orchestra 437.
symphysis pubis 169, 170.
synagogue 738.
synapse 168.
sync cable 527.
synchronized diving 829.
synovial joints, types of 156.
synsacrum 116.
synthesis, colour 690.
synthesizer 450.
synthetic shuttlecock 817.
synthetic sponge 378.
synthetic surface 822.
Syria 746.
syringe 776.
syringe for irrigation 776.
syrup, corn 209.
syrup, cough 783.
syrup, maple 209.
system buttons 450.
system of units, international 702.
system support 509.
system, air conditioning 68.
system, air-conditioning 775.
system, braking 553.
system, cooling 553.
system, crampon 893.
system, double pulley 686.
system, electrical 553.
system, fuel supply 553.
system, inflation 611.
system, remote manipulator 21, 22.
system, solar 4.
system, steering 553.
system, strap 441.
system, suspension 553.
system, transmission 553.
systems display 626.
systems, car 553.
systems, gearing 686.

T

T-bar 886.
T-connector 522.
T-shirt dress 369.
T-strap shoe 343.
T-tail unit 629.
tab 352, 386, 453, 532.
tab setting 528.
tab, finger 859.
tab, trim 60.
Tabasco™ sauce 200.
tabernacle 737.
table 278, 304, 305, 307, 374, 424, 723, 815, 862.
table cut 375.
table extension 305.
table lamp 286.
table mixer 236.
Table Mountain 10.
table of elements 682.

table of results 828.
table salt 201.
table saw 305.
table tennis 815.
table tennis ball 815.
table tennis bat 815.
table, bedside 724, 780.
table, changing 281.
table, clean dish 721.
table, dirty dish 721.
table, hot food 721.
table, operating 780.
table, overhead 780.
table, service 720.
table, soccer 920.
table, take-off 891.
table, water 70.
table-locking clamp 307.
tables, examples of 278.
tablespoon 228.
tablet 783.
tablinum 406.
tabloid 471.
tabulation key 514.
tabulation left 514.
tabulation right 514.
tabulator 528.
tachometer 557, 576.
tack 301, 836.
tacking 833.
tackle box 911.
tackless strip 254.
tactical transport helicopter 631.
tadpole 111.
tag 342, 370.
Tagalog 469.
tagliatelle, spinach 206.
tahini 200.
Tahitian 469.
tail 107, 112, 113, 121, 122, 124, 130, 133, 136, 140, 143, 169, 425, 625, 840, 887, 888, 892, 893, 894, 898, 909.
tail assembly 625.
tail boom 631.
tail comb 380.
tail edge 426.
tail feather 115.
tail fin 625, 631.
tail of helix 173.
tail pipe 553.
tail pipe 553.
tail pole 676.
tail shapes, examples of 629.
tail skid 631.
tail stop 312.
tail, ion 8.
tailback 807.
taillight 640.
tailored collar 355, 362.
tailored sleeve 361.
tailpiece 270, 433, 439.
tailplane 625, 631, 760, 898.
tailrace 658.
Tajikistan 746.
tajine 234.
take-off board 793.
take-off table 891.
take-up handle 460.
take-up reel 499.
take-up spool 476.
takeoff 891.
talk key 506.
talking drum 433.
tall tumbler 225.
Talmud 736.
talon 117.
talus 153, 155.
tamarillo 196.
tamarin 139.
tamarind paste 200.
tambourine 449.
tamper 241, 390.
tandem 581.
tandem disc harrow 641.
tang 227, 229, 309, 315.
Tanganyika, Lake 34.
tank 23, 263, 266, 484, 485, 607, 758, 767.
tank farm 654.
tank gauge float 655.
tank hatch 607.
tank, air 320.
tank, belly 631.
tank, compressed air 873.
tank, electric water-heater 266.
tank, fuel 553, 563, 574, 577.
tank, heating fuel 563.
tank, liquid hydrogen 24.
tank, liquid oxygen 24.
tank, propellant 18.
tank, septic 70.
tank, water 241.
tank, water-heater 675.
tanker 573, 596, 606.
tanker aircraft 760.
tanker body 572, 573.
tanks 655.
tantalum 683.
Tanzania 745.
tap 264.
tap connector 485.
tape 313, 453, 459, 757, 800.
tape counter 499.
tape dispenser 534.
tape guide 534.
tape lock 313.
tape measure 313, 454.
tape recorder select button 497.
tape selector 499.
tape, grip 894.
tape, magnetic 495.
tape, retro-reflective 611.
tape, Teflon 314.
tape, white 812.
tape-guide 499.
taper 422.
tapered end 839.
tapered wing 630.
tapestry bobbin 461.
taproot 87.
taps 268.
tarantula, red-kneed 102.
tare 847.
target 40, 41, 859, 861, 893.
target area 674.
target areas 848.
target detection radar 762.
target, clay 860.
tarlatan 422.
taro 184.
tarragon 202.
tarsometatarsus 116.
tarsus 96, 98, 111, 115, 122, 126, 131, 138, 141, 142, 155, 156.
Tasman Sea 29.
Tasmania 29.
Tasmanian devil 143.
tassel 282.
tasset 749.
taste bud 176.
taste receptors 176.
tasting spoon 233.
tatami 846.
taxi rank 725.
taxiway 618.
taxiway line 619.
tea 208.
tea bag 208.
tea cup 226.
tea infuser 233.
tea, black 208.
tea, green 208.
tea, oolong 208.
teacher 734.
teacher's desk 734.
teachers' room 735.
team bench 827.
team handicap 858.
team name 858.
team shirt 796, 801, 802, 808.
team's emblem 878.
team, first aid 853.
team, medical 844.
teapot 226.
tear tape 390.
tear-off calendar 530.
teas, herbal 208.
teaser comb 380.
teaspoon 228.
technetium 683.
technical delegates 881.
technical equipment compartment 489.
technical events 889.
technical identification band 501.
technical producer 489, 490.
technical producer monitor 491.
technical room 543.
technical services 732.
technical specifications 560.
technician, lighting 429.
technique, jumping 891.
techniques 812.
tectonic lake 48.
tectonic plates 43.
teddy 366.
tee 867, 877.
tee connector 269, 271.
tee line 877.
tee-off stroke 866.
teeing ground 866, 867.
teeth 159, 309, 453.
Teflon tape 314.
tele-converter 478.
telecommunication antenna 608, 609, 762.
telecommunication satellite 525.
telecommunication satellites 486.
telecommunication terminal 507.
telecommunications by satellite 487.
telemetry and command antenna 60.
telephone 491, 506, 724, 725.
telephone answering machine 508.
telephone cable 712.
telephone index 531.
telephone line 524.
telephone list 506.
telephone network 487.
telephone set 489.
telephone surge protection jacks 520.
telephone, communication 506.
telephone/cable/satellite line 523.
telephones, examples of 507.
telephoto lens 478.
teleport 487.
teleprompter 492.
Telescope 10.
telescope 17, 612, 701, 859.
telescope base 17.
telescope, Hubble space 53.
telescopic aerial 503.
telescopic boom 634, 766.
telescopic corridor 619.
telescopic fork 574.
telescopic front fork 577.
telescopic leg 776.
telescopic measure 864.
telescopic rod 920.
telescopic sight 692, 912.
telescopic umbrella 391.
telescoping leg 482.
telescoping uncoupling rod 587.
television 489.
television programme schedule 471.
television set 494, 724, 734.
television set, large-screen 493.
telltale 834.
tellurium 682.
telson 107.
temperate forest 66.
temperature 261.
temperature control 238, 261, 267, 288, 291.
temperature control knob 465.
temperature gauge 557.
temperature of dew point 55.
temperature scale 53.
temperature selector 238, 292, 293.
temperature sensor 18, 561.
temple 146, 424, 461.
Temple of Huitzilopochtli 412.
Temple of Tlaloc 412.
temple, Aztec 412.
tempo control 451.
tempo scale 436.
temporal bone 152, 158.
temporary exhibition rooms 395.
ten 703.
ten commandments 738.
tenaille 409.
tenderloin roast 214.
tendon 133.
tendon guard 880.
tendril 86.
tennis 820.
tennis ball 822.
tennis courts 788.
tennis player 822.
tennis racket 822.
tennis shoe 822.
tenon saw 424.
tenor drum 448.
tenpin 865.
tension adjuster 902.
tension adjustment 910.
tension adjustment screw 534.
tension block 452, 453, 457.
tension dial 453, 456, 457.
tension disc 453, 457.
tension pulley wheel 284.
tension rod 448.
tension rope 433.
tension screw 448.
tension spring 453, 457, 557, 850.
tensioner 826.
tensioning wire 859.
tensor of fascia lata 150.
tent, trailer 567.
tentacle 104, 106.
tents, examples of 902.
tepee 418.
terbium 684.
teres major 151.
teres minor 151.
terminal 272, 274, 290, 654, 663.
terminal arborization 168.
terminal box 673.
terminal bronchiole 163.
terminal bud 77.
terminal descent engine 18.
terminal filament 167.
terminal lobe 86.
terminal moraine 46.
terminal tackles 911.
terminal, container 708.
terminal, electronic payment 181.
terminal, ground 497.
terminal, negative 687, 689.
terminal, positive 687, 689.
terminal, remote control 477.
terminals, aerial 497.
terminals, loudspeaker 497.
terminals, video and digital 477.
terminator 522.
termite 101.
tern 118.
terraced houses 419.
terreplein 409.
terrestrial globe 13.
terrine 234.
tertial 115.
Tertiary 93.
tertiary colours 400.
tertiary consumers 67.
test button 767.
test pattern 492.
test tube 685.
test-lamp 316.
tester screwdriver 316.
testicle 169.
testis 107, 110.
Tethys 5.
text 528.
text display 528.
textile floor coverings 254.
Thai 468.
Thailand 747.
thallium 682.
thallus 74, 75.
The Great Schism 736.
theatre 430, 710, 711.
theatre, Greek 402.
theatre, home 493.
theatre, operating 780, 781.
theodolite 59, 701.
thermal energy 646.
thermal louvre 60.
thermodynamic temperature, measurement of 702.
thermometer 655, 695, 841, 899.
thermometer, instant-read 231.
thermometer, oven 231.
thermometer, sugar 231.
thermopause 53.
thermosphere 53.
thermostat 238, 260, 261, 267.
thermostat control 291.
thermostat, adjustable 239.
thermostat, lower 266.
thermostat, programmable 261.
thermostat, upper 266.
thick continuous drizzle 57.
thick intermittent drizzle 57.
thigh 115, 124, 130, 143, 147, 149, 169, 170.
thigh pad 808.
thigh stocking 365.
thigh-boot 343.
thimble 454, 700.
thinning razor 381.
third 434.
third base 794.
third baseman 794.
third finger 173.
third round: 32 players 789.
third row 804.
third stage 25.
third valve slide 447.
third wheel 696, 697.
thoracic legs 107.
thoracic vertebra 157.
thoracic vertebra (12) 153.
thoracic vertebrae 122, 126, 131, 138, 142.
thorax 96, 97, 98, 146, 148.
thorium 684.
thread 268, 302.
thread guide 452, 453.
thread take-up lever 452.
thread trimmer 453.
thread, radial 103.
thread, security 729.
thread, spiral 103.
thread, support 103.
threaded cap 269.
threaded rod 311.
threaded sleeve 248.
three-blade propeller 628.
three-four time 434.
three-hinged arch 541.
three-of-a-kind 914.
three-pin socket 274.
three-quarter coat 352.
three-quarter sleeve 360.
three-tier car carrier 588.
three-toed hoof 127.
threshold 247.
throat 115, 312, 610, 822, 911.
throat lash 854.
throat protector 796, 880, 882.
throttle 332.
throttle cable 332.
throttle control 331, 516.
throttle valve 649.
throttles 626.
through arch bridge 541.
throwing apparatus 793.
throwing area 788.
throwing circle 790, 791.
thrust 540, 630.
thrust bearing 659.
thrust device 470.
thrust tube 470.
thruster 20, 40.
thruster engine 18.
thrusters, attitude control 22.
thrusting and cutting weapons 751.
thulium 684.
thumb 140, 141, 156, 173, 346, 797.
thumb hook 447.
thumb piston 444.
thumb rest 446, 776.
thumb, opposable 139.
thumbscrew 311.
thunderstorm 57.
thyme 202.
Tibetan 468.
tibia 96, 98, 122, 126, 131, 138, 140, 141, 142, 152, 155, 156.
tibial nerve 166.
tibiofibula 111.
tibiotarsus 116.
tick 102.
ticket collecting booth 592.
ticket collector 394, 427, 582.
ticket counter 620.
ticket office 394, 719.
tidal power plant 664.
tie 391, 435.
tie beam 252, 253.
tie closure 391.
tieback 282.
tieback knob 282.
tieclip 376.
tiepin 376.
tier 407.
tierce 849.
tierceron 410.
Tierra del Fuego 31.
tiers 402.
ties 716.
tiger 135.
tight end 807.
tightening band 59.
tightening buckle 906.
tights 365.
tilde 473.
tile 22, 299, 403, 406, 412.
tile, partition 298.
tiles, bonus 917.
tiles, flower 917.
tiles, honour 917.
tiles, season 917.
tiles, suit 917.
tiller 750, 834.
tilt tube 285.
tilt-back head 236.
timber 406.
timber frame 252.
time card 530.

time clock 530, 858.
time code 429.
time display/recording button 496.
time signatures 434.
time, measurement of 702.
timekeeper 810, 814, 842, 845, 846, 847, 848, 881, 900.
timekeepers 827, 883.
timekeepers, scorers and 844.
timer 238, 239, 465, 484, 831, 851.
timer socket 290.
times, swim 831.
timetable 582.
timing area 891.
timing belt 566.
timing system, electronic 883.
timpani 437.
tin 682.
tin board 819.
tin opener 230, 240, 905.
tine 227, 327, 641.
tip 79, 185, 227, 301, 302, 304, 315, 318, 350, 391, 792, 793, 813, 840, 863, 888, 893, 909.
tip of nose 175.
tip protector 776.
tip section 909.
tip, finger 531.
tip-ring 909, 910.
tipper body 639.
tipper truck 573, 639.
tips, examples of 302.
tissue holder 264.
Titan 5.
Titan IV 24.
Titania 5.
titanium 683.
Titicaca, Lake 31.
title deed 915.
title display button 496.
Tlaloc, Temple of 412.
toad, common 111.
toaster 238.
tobacco 390.
tobacco hole 390.
tobacco pouch 390.
tobacconist's shop 714.
toe 117, 127, 130, 146, 148, 303, 309, 351, 868.
toe binding 892.
toe clip 127, 578, 580.
toe guard 773, 796.
toe hole 893.
toe loop 881.
toe pick 881.
toe piece 840.
toe piston 444.
toe strap 840.
toe-piece 889.
toe-strap 344.
toecap 880.
toenail scissors 377.
toeplate 892.
toga 336.
toggle 353, 739.
toggle bolt 302.
Togo 745.
toilet 250, 251, 262, 264, 265, 395, 584, 719, 724, 728, 731, 733, 735, 780.
toilet bag 388.
toilet bowl 265.
toilet soap 379.
toilet truck 622.
toilet, ladies' 427, 509, 724.
toilet, men's 427, 509, 724.
toilet, staff 768.
toilets 715, 723, 779, 781.
toilets, customers' 720.
toilette, eau de 379.
token 915.
tom-tom 448.
tomatillo 188.
tomato 188.
tomato coulis 200.
tomato paste 200.
tomato, currant 188.
tombolo 51.
tone control 441.
tone control, bass 441.
tone control, treble 441.
tone leader generator 488.
toner cartridge 519.
Tonga 747.
tongs 233, 257.
tongue 99, 109, 110, 164, 174, 175, 212, 342, 350, 370, 433, 444, 881, 889.
tongue sheath 112.
tongue, dorsum 176.
tonsil 174.
tool 649.
tool belt 313.
tool box 313.
tool holder 308.
tool kit 580.
tool shelf 321.
tool storage area 289.
tool tether 20.
tools 289, 464.
tools for loosening earth 326.
tools, electricity 316.
tools, examples of 401.
tools, hand 325.
tools, masonry 315.
tools, plumbing 314.
tools, pruning and cutting 330.
Tools, Sculptor's 10.
tools, seeding and planting 324.
tools, soldering and welding 318.
tools, watering 328.
tooth 108, 112, 303, 304, 331, 382, 636, 638, 642, 643.
tooth guard 808.
tooth, gear 686.
toothbrush 384.
toothbrush shaft 384.
toothbrush well 384.
toothed jaw 310.
toothed wheel 686.
toothpaste 384.
top 87, 278, 321, 602.
top bar 824.
top box 577.
top cap 689.
top cross-member 635.
top cushion 862.
top cylinder 421.
top deck 655.
top deckboard 632.
top edge 426.
top face 374.
top flap 906.
top hat 340.
top ladder 766.
top lift 342.
top of dam 657, 660, 661, 664.
top plate 528.
top pocket 862.
top rail 247, 277, 278, 281.
top rail of sash 249.
top road 650.
top stitched pleat 357.
top stitching 350, 368.
top-level domain 524.
topaz 375.
topmark 615, 616.
topping 909.
topping lift 602.
topsoil 78.
toque 341.
Torah scrolls 738.
toric lens 691.
tornado 57, 63.
tornado and waterspout 63.
torpedo 763.
torpedo room 763.
torque adjustment collar 306.
torque converter 292.
Torres Strait 29.
tortellini 206.
tortilla 205.
torus 404, 405, 705.
total 699.
total eclipse 6, 7.
totally reflecting mirror 692.
tote bag 388.
tote board 856.
Toucan 10.
toucan 119.
touch 172.
touch judge 805.
touch pad 526.
touch pad button 526.
touch screen 527.
touchline 803, 805.
Toulouse sausage 216.
touring bicycle 581.
touring motorcycle 577.
touring tyre 560.
tourmaline 375.
tournament ball 819.
tow bar 567, 622, 642, 840.
tow line 840.
tow release knob 898.
tow safety chain 567.
tow tractor 623.
tow truck 573.
towel rail 264.
towel, bath 379.
towel, kitchen 295.
tower 410, 540, 614, 635, 674, 676, 677, 858.
tower case : back view 513.
tower case : front view 513.
tower case : interior view 513.
tower control room 618.
tower crane 634.
tower ladder 766.
tower mast 634.
tower mill 676.
tower silo 182.
tower, bell 737.
tower, cooling 646.
tower, transmitting 486.
towing device 573.
towing eye 756.
towing hitch 567, 640.
town hall 710.
town houses 419.
toys 717.
toyshop 714.
tracery 411.
trachea 116, 125, 163.
tracing wheel 454.
track 284, 399, 582, 592, 636, 709, 790, 871, 872, 874, 876, 883, 885, 891.
track and field 790.
track cycling 871.
track frame 287.
track idler 636.
track judge 883.
track lighting 287.
track link 758.
track number 501.
track plotter 613.
track roller frame 636.
track search keys 501.
track shoe 758.
track, athletics 788.
track, circular 16.
track, landing 890.
track, long 882.
track, railway 710.
track, run-up 793.
track, short 883.
track, speed 891.
track, starting 891.
trackball 517.
tracker 445.
tracker, star 18.
tracklaying tractor 636.
tracks, dolly 428.
traction batteries 563.
tractor 622, 640.
tractor engine compartment 638.
tractor unit 570.
tractor, lawn 333.
tractor: front view 640.
tractor: rear view 640.
trade name 390.
traditional clothing 339.
traditional dwellings 418.
traditional jacket 846.
traditional musical instruments 432.
traditional ships 599.
traffic lanes 539.
traffic lights 712.
traffic signals ahead 545.
tragus 140, 173.
trail 756.
trail-view mirror 570.
trailer car 594.
trailer caravan 567.
trailer tent 567.
trailing edge 624, 897, 898.
trailing edge flap 624, 760.
train direction sign 593.
train indicator 582.
trainer 811, 842.
training area 788.
training ball 819.
training set 369.
training suit 370.
training wall 657.
trampoline 823.
transaction receipt 731.
transaction record slot 730.
transactions, business 525.
Transantarctic Mountains 29.
transceiver, radar 771.
transceiving dish 486.
transceiving parabolic aerial 486.
transducer 613.
transept 411.
transept spire 410.
transfer canal 666.
transfer of heat to water 665.
transfer port 565.
transfer scale 479.
transfer ticket dispensing machine 593.
transfer, heat 681.
transform plate boundaries 43.
transformation of mechanical work into electricity 662.
transformer 287, 658, 663, 668, 674.
transit shed 596.
transition fittings, examples of 269.
transition metals 683.
transmission 292, 563.
transmission cable 613.
transmission dish 486.
transmission of rotary motion to rotor 662.
transmission system 553.
transmission to consumers 646, 677.
transmission, data 41.
transmitted pulse 40.
transmitter 506.
transmitting tower 486.
transparency 483.
transparent pockets 386.
transpiration 67.
transport and machinery 538.
transporter bridge 542.
transporter, car 572.
transverse bulkhead 606.
transverse colon 164.
transverse dunes 52.
transverse process 157, 168.
trap 262, 265, 269, 270, 430.
trap coupling 270.
trap machine 860.
trap, leghold 913.
trap, petroleum 651, 653.
trapdoor 407.
trapezium 154, 156.
trapezius 150, 151.
trapezoid 154, 705.
travel agency 714.
travel bag 388.
traveller 834, 835.
traveller's cheque 729.
travelling block 651.
travelling crab 634.
travelling crane 658.
traverse arch 410.
traverse rod 284.
traversing handle 756.
trawler 606.
tray 261, 279, 281, 313, 320, 389.
tray, disc 494.
tray, disk 521.
tray, drip 241.
tray, food 222.
tray, input 519.
tray, output 519.
trays 722.
tread 255, 561, 855.
tread bar 640.
tread design 560, 561.
treadle 460.
treadle cord 460.
treatment plant 649.
treatment room 781.
treble bridge 442.
treble clef 434.
treble fishhook 911.
treble keyboard 432.
treble loudspeaker 10.
treble pickup 441.
treble register 432.
treble ring 918.
treble tone control 441, 497, 503.
tree 87, 855.
tree fern 76.
tree frog 111.
tree pruner 330.
tree, ornamental 244.
tree, palm 88.
tree, structure 87.
tree, trunk 87.
trees 866.
trefoil 411, 413.
trench 49, 647, 860.
trench coat 352.
Trench, Aleutian 50.
Trench, Japan 50.
Trench, Java 50.
Trench, Kermadec-Tonga 50.
Trench, Kuril 50.
Trench, Mariana 50.
Trench, Peru-Chile 50.
Trench, Philippine 50.
Trench, Puerto Rico 50.
Trench, Ryukyu 50.
triage room 779.
trial motorcycle 875.
Triangle 12.
triangle 437, 449, 705.
triangular bandage 777.
triangular body 433.
triangular fossa 173.
Triassic 93.
triceps bar 851.
triceps of arm 151.
triceratops 93.
tricorne 339.
tricuspid valve 162.
tricycle, child's 581.
trifoliate 79.
trigger 320, 331, 398, 516, 750, 752, 754, 755, 757, 767, 860, 861, 912.
trigger guard 754, 860, 861, 912.
trigger switch 304, 305, 306, 308.
triglyph 404.
trilby 340, 341.
trill 435.
trilobite 92.
trim 389.
trim panel 554.
trim ring 290.
trim tab 60.
trimaran 835.
trimmer 332, 383.
trimming 424.
trimming tool 464.
Trinidad and Tobago 743.
trio 438.
trip lever 265.
trip mileometer 557.
tripe 212.
triple bars 852.
triple jump 875.
triple jump take-off board 793.
triple tail unit 629.
tripod 14, 436, 482, 483, 489.
tripod accessories shelf 14.
tripod stand 448.
tripod tail support 623.
triquetral 154.
trireme 598.
triticale 203.
Triton 5.
trochanter 96, 98.
trolley 319, 542.
trolley, book 733.
trolleys, shopping 181.
Trombe wall 675.
trombone 447.
trombones 437.
Tropic of Cancer 34, 35, 36.
Tropic of Capricorn 34, 35, 36.
tropical climates 61.
tropical cyclone 63.
tropical cyclone names 63.
tropical forest 66.
tropical fruits 196.
tropical rain forest 61, 66.
tropical storm 57.
tropical wet-and-dry (savanna) 61.
tropopause 53, 68.
troposphere 53.
trot 124.
trotter 857.
trough 49, 55, 690.
trousers 350, 371, 716, 796, 808, 844, 875, 878, 901.
trousers, examples of 358.
trout 221.
trowel 325.
truck 894, 895.
truck crane 634.
truck trailer 570.
truck, collection 573.
truck, concrete mixer 573.
truck, container 572.
truck, double drop lowbed 572.
truck, dumper 572.
truck, emergency 543.
truck, fire 764.
truck, flatbed 571.
truck, log 572.
truck, possum-belly body 572.
truck, refrigerated 572.
truck, tow 573.
truck, van body 572.
trucking 570.
trucks, examples of 573.

truffle 183.
trumpet 447, 611.
trumpet interchange 538.
trumpets 437.
trunk 76, 86, 87, 110, 147, 149, 389.
trunk hose 338.
trunk, cross section 87.
trunks, boxing 842.
trunnion 753.
truss structure 21.
trussed arch 540.
trussing needle 233.
tsetse fly 101.
tub 292, 294, 322.
tub rim 292.
tuba 437, 447.
tube 223, 275, 756, 757, 777.
tube flaring tool 314.
tube foot 95.
tube retention clip 275.
tube, buoyancy 611.
tube, draw 693.
tube, flash 692.
tube, Pitot 873.
tube, seat 871.
tube, test 685.
tube, watering 573.
tuber vegetables 184.
tubing 654.
tubing head 654.
tubing valve 654.
tubular bells 437, 449.
tubular element 290.
tubular heater 656.
tubular ice screw 901.
tubular lock 248.
tubular member 652.
tubular structure 615.
tubule, Malpighian 99.
tubules, Malpighian 97.
tuck 390.
tuck position 828.
Tudor 413.
tug 606.
tulip 80.
tumble dry at low temperature 347.
tumble dry at medium temperature 347.
tuna 220.
tundra 66.
tuner 498.
tungsten 683.
tungsten filament 274.
tungsten-halogen bulb 274, 275.
tunic 359, 748.
tunic dress 356.
tuning buttons 497.
tuning control 498, 503, 504.
tuning controls 494.
tuning fork 436.
tuning gauge 448.
tuning knob 504.
tuning mode 498.
tuning peg 440, 441.
tuning pin 442.
tuning ring 433.
tuning slide 447.
tuning wire 444.
Tunisia 745.
tunnel 592.
tunnel, road 543.
turban 339, 341.
turbine 646, 659, 668.
turbine building 668.
turbine headcover 659.
turbine runner 664.
turbine shaft turns generator 665.
turbine stop valve 668.
turbine, power 627.
turbine-compressor shaft 627.
turbined water draining 662.
turbo-alternator unit 646.
turbo-charged engine 564.
turbofan engine 627.
turbogenerator 674, 763.
turbojet engine 625, 760.
turbot 221.
Turkey 746.
turkey 120, 213.
Turkish 469.
Turkmenistan 746.
turmeric 198.
turn 435.
turn and bank indicator 898.
turn and bank knob 898.
turn-up 350.
turnbuckle 835, 842.
turning 464.
turning handle 307.
turning judges 831.
turning wall 831, 832.
turning wheel 464.
turnip 189.
turnouts 764.
turnouts' cleaning 764.
turntable 236, 488, 500, 542, 638, 639.
turntable mounting 766.
turntable unit 500.
turpentine 400.
turquoise 375.
turret 408, 758, 762.
turret cap 692.
turtle 113.
turtle, anatomy of 113.
turtle, morphology of 113.
turtleneck 363.
Tuvalu 747.
TV mode 495.
TV power button 495.
TV/video button 495.
tweeter 502.
tweezers 777.
twig 87.
twill weave 463.
twin skis 840.
twin-lens reflex camera 480.
twin-set 359.
Twins 13.
twist 306.
twist bar 850.
twist bit 306.
twist drill 306.
twist grip throttle 576.
twist handle 516.
twist lock 572.
twisted rope 908.
twisted-pair cable 523.
two columns split bet 919.
two pairs 914.
two-blade propeller 628.
two-burner camp stove 903.
two-hinged arch 541.
two-leaf door 568.
two-man bobsleigh 884.
two-person tent 902.
two-seater settee 276.
two-sided copies 512.
two-storey house 419.
two-stroke-cycle engine cycle 565.
two-toed hoof 127.
two-two time 434.
two-way collar 352.
two-way traffic 544, 546.
tympanum 110, 403, 404, 411.
type I irregular galaxy 9.
type II irregular galaxy 9.
type of air mass 55.
type of fuel 548.
type of high cloud 55.
type of low cloud 55.
type of middle cloud 55.
type, sans-serif 472.
type, serif 472.
types of bones 157.
types of eclipses 6, 7.
types of engine 564.
types of golf club 867.
types of inflorescence 81.
types of move 916.
types of oar 838.
types of outlets 258.
types of passenger coach 584.
types of stroke 832.
types of synovial joints 156.
typhoon 63.
typist's chair 511.
typography 472.
tyrannosaur 93.
tyre 551, 560, 570, 579, 870, 874.
tyre barrier 872.
tyre inflator 548.
tyre pump 578.
tyre valve 579.
tyre, all-season 560.
tyre, dry-weather 872.
tyre, knobby 577.
tyre, nubby 875.
tyre, performance 560.
tyre, spare 567.
tyre, studded 560.
tyre, touring 560.
tyre, wet-weather 872.
tyre, winter 560.
tyres, examples of 560.

U

u quark 680.
U-bend 269.
U-shaped chisel 401.
U-shaped gouge 421.
U.S. habitation module 21.
U.S. laboratory 21.
udon noodles 207.
Uganda 745.
UHF antenna 18, 60.
Ukraine 744.
Ukrainian 469.
ulna 116, 121, 122, 126, 131, 136, 138, 141, 142, 152, 154, 156.
ulnar extensor of wrist 151.
ulnar flexor of wrist 150, 151.
ulnar nerve 166.
ultrasound waves emission 41.
ultraviolet radiation 690.
ultraviolet spectrometer 60.
Ulysses 19.
umbel 81.
umbo 105.
umbra 6, 7.
umbrella 391.
umbrella pine 89.
umbrella stand 391.
Umbriel 5.
umlaut 473.
umpire 799, 807, 809, 812, 817, 820, 864, 877.
umpire, course 838.
umpire, mounted 858.
unbleached flour 204.
uncle, maternal 785.
uncle, paternal 785.
under tail covert 115.
underarm briefcase 387.
underarm crutch 782.
underarm rest 782.
undergarment 872.
underground 407, 713.
underground chamber 402.
underground flow 67.
underground map 593, 594.
underground mine 650.
underground railway 592.
underground railway station 710.
underground station 592.
underground stem 78.
underground train 592, 594.
underlay 254.
underlining 455.
underpass 540.
undershirt 796.
underskirt 337.
underwater camera 480.
underwater light 246.
underwear 351, 366.
underwear, men's 716.
underwiring 367.
undressing booth 781.
uneven surface 547.
ungulate mammals 124.
ungulate mammals, examples of 128.
unicellulars 94.
Unicorn 11.
uniform 770.
uniforms 764.
uninterruptible power supply 523.
uninterruptible power supply (UPS) 520.
union 269, 703.
uniparous cyme 81.
unisex headgear 341.
unisex shoes 344.
unison 434.
unit price 699.
unit, ambulatory care 781.
unit, glass collection 71.
unit, intensive care 780.
unit, paper collection 71.
unit, power supply 513.
unit, turbo-alternator 646.
United Arab Emirates 746.
United Kingdom of Great Britain and Northern Ireland 743.
United States of America 742.
univalve shell 105.
univalve shell, morphology of 105.
universal passenger steps 623.
university 710.
unleavened bread 205.
unloading dock 395, 715, 719, 724.
unloading docks 716.
unloading tube 643.
ununbium 683.
ununnilium 683.
unununium 683.
up-and-over garage door 416.
uphaul 836.
upholstery nozzle 289.
upkeep, painting 320.
upper 889.
upper blade guard 304.
upper bowl 241.
upper cheek 854.
upper chord 540.
upper cold front 56.
upper confining bed 646.
upper cuff 889.
upper deck 569, 624.
upper edge 815.
upper eyelid 110, 132, 177.
upper fore topgallant sail 603.
upper fore topsail 603.
upper gate 597.
upper girdle facet (16) 374.
upper heating element 266.
upper laboratory 16.
upper landing 417.
upper lateral lobe 86.
upper lateral sinus 86.
upper level 597.
upper limb 161, 750.
upper lip 99, 174, 444.
upper lobe 163.
upper mandible 115.
upper mantle 42.
upper rudder 763.
upper section 24.
upper shell 889, 895.
upper strap 889.
upper tail covert 115.
upper thermostat 266.
upper warm front 56.
upper wing 628.
upper-air sounding 59.
upper-case 472.
upperboard 445.
upperworks 835.
upright 246, 424, 425, 460, 461, 782, 792, 825, 826.
upright piano 442.
upright piano action 443.
upright vacuum cleaner 289.
upright, padded 811.
upstage 430, 431.
upstream blanket 660.
upstream face 661.
upstream gate 837.
upstream shoulder 660.
upstream toe 660.
Ural Mountains 32.
Ural-Altaic languages 469.
uranium 684.
Uranus 4, 5.
urban map 39.
urchin, sea 95.
Urdu 469.
ureter 104, 116, 165.
urethra 165, 170.
urinary bladder 109, 110, 165, 169, 170.
urinary meatus 169.
urinary system 165.
URL 524.
URL (uniform resource locator) 524.
urogenital aperture 109.
uropod 107.
urostyle 111.
Uruguay 742.
USB port 513, 526.
use chlorine bleach as directed 347.
used syringe box 771.
useful liquids 400.
user, home 525.
user, Internet 524.
uses, Internet 525.
utensils, cooking 722.
utensils, set 233.
uterovesical pouch 170.
uterus 170, 171.
uvula 174, 175.
Uzbekistan 746.

V

V-neck 348, 354.
V-neck cardigan 354.
V-shaped gouge 421.
V-shaped neck 363.
vacuole 74, 94.
vacuole, contractile 94.
vacuole, food 94.
vacuole, forming food 94.
vacuum chamber 694.
vacuum cleaner, upright 289.
vacuum coffee maker 241.
vacuum diaphragm 566.
vacuum distillation 656.
vacuum flask 906.
vacuum manifold 694.
vacuum system console 694.
vagina 103, 104, 170, 171.
vair 741.
valance 280, 282.
valley 45, 48.
valve 84, 105, 447.
valve casing 447.
valve cover 566.
valve seat 265, 268.
valve seat wrench 314.
valve spring 566.
valve, drain 266.
valve, pressure relief 266.
vambrace 749.
vamp 342, 371.
vampire bat 141.
van 573.
van body truck 572.
van, chip 572.
van, postal 474, 475.
vanadium 683.
vane 115, 293.
vane, wind 58.
vanilla extract 200.
vanity cabinet 264.
vanity case 389.
vanity mirror 556.
Vanuatu 747.
vaporizer 261.
vaporizing grille 261.
vapour 681.
variable ejector nozzle 629.
variable geometry wing 630.
variation keys 456.
variometer 899.
varnish 400.
varnish, nail 377.
varnish-roller 422.
vastus lateralis 150, 151.
vastus medialis 150.
Vatican City State 744.
Vauban fortification 409.
vault 410, 731.
vault, barrel 407.
vaulter, pole 792.
vaulting horse 824, 825, 826.
VCR controls 495.
VCR mode 495.
VCR power button 495.
veal cubes 214.
veal, cuts of 214.
veal, minced 214.
vector/waveform monitor 491.
vegetable brush 233.
vegetable dish 226.
vegetable garden 182, 244.
vegetable sponge 379.
vegetables 184.
vegetables, fruits and 180.
vegetation and biosphere 66.
vegetation regions 66.
vehicle entrance 769.
vehicle equipment bay 24.
vehicle rest area 543.
vehicle, crew return 21.
veil 909.
vein 79.
veins 160.
velarium 407.
Velcro® closure 368.
velodrome 788.
velum 98.
velvet-band choker 374.
Venera 19.
Venetian blind 285.
Venezuela 742.
venom canal 112.
venom gland 112.
venom sac 99.
venom-conducting tube 112.
venomous snake, anatomy of 112.
venomous snake, skeleton of 112.
vent 261, 556, 753.
vent brush 380.
vent door 571.
vent hole 320.
vent, cooling 526.
ventail 749.
ventilated rib 860, 912.
ventilating circuit 262.
ventilating fan 586.
ventilating grille 289.
ventilation 675.

ventilation hood 614.
ventilator 594.
ventral aorta 109.
ventral artery 107.
ventral nerve cord 107.
venturi 757.
venturi fastening lever 757.
Venus 4, 5.
verbena 208.
vermicelli, rice 207.
vermiform appendix 164.
vernal equinox 13, 54.
vernier 698, 700.
vernier caliper 700.
vernier scale 612, 700.
Versailles parquet 254.
vert 741.
vertebra 112, 136.
vertebra, cervical 153, 157.
vertebra, lumbar 153, 157.
vertebra, sacral 111.
vertebra, thoracic 157.
vertebrae 111.
vertebrae, caudal 122, 131, 141, 142.
vertebrae, cervical 116, 122, 131, 138, 141, 142.
vertebrae, lumbar 122, 131, 138, 141, 142.
vertebrae, sacral 122, 131, 142.
vertebrae, thoracic 122, 131, 138, 142.
vertebral body 157, 168.
vertebral column 157.
vertebral shield 113.
vertical control 518.
vertical frame 461.
vertical ground movement 43.
vertical move 916.
vertical pivoting window 415.
vertical pocket 337.
vertical pupil 112.
vertical section 894.
vertical seismograph 43.
vertical shaft 650.
vertical side band 812.
vertical take-off and landing aircraft 628.
vertical-axis wind turbine 676.
very cloudy sky 56.
vessel, blood 154, 162.
vessel, dorsal blood 97.
vest 351, 369, 371.
vestibular nerve 174.
vestibule 174, 406, 584.
vestibule, security 728.
vestigial pelvis 136.
veterinary surgeons 852.
VHF antenna 762.
viaduct 541.
vibrating mudscreen 651.
vibrato arm 441.
vibrissa 122.
vice 312.
vice-skip 877.
Victoria, Lake 34.
video and digital terminals 477.
video cassette 495.
video connection panel 489.
video entertainment system 918.
video monitor 518.
video monitoring selector 491.
video port 513, 526.
video replay 789.
video switcher technician 489, 490.
videocassette recorder 495.
videotape library 733.
videotape operation controls 496.
Vietnam 747.
Vietnamese 468.
view camera 480.
view, anterior 146, 148.
view, front 798.
view, posterior 147, 149.
view, side 798.
viewfinder 476, 477.
viewfinder, electronic 496.
viewing room 733.
village 708, 886.
vine leaf 86, 186.
vine shoot 86.
vine stock 86.
vinegar, balsamic 201.
vinegar, cider 201.
vinegar, malt 201.
vinegar, rice 201.
vinegar, wine 201.
vinyl grip sole 369.
vinyl insulation 299.
viola 439.
violas 437.
violet 80, 400.
violet-blue 400.
violin 439.
violin family 437, 439.
VIP lounge 718.
viper 114.
Virgin 11, 13.
visceral ganglion 105.
visceral pleura 163.
visible light 690.
vision 691.
vision defects 691.
vision slit 749.
visiting room 726.
visitors' entrance 726.
visitors' front office 726.
visitors' waiting room 726.
visor 575, 591, 749, 773, 874, 878, 884.
visor hinge 575.
visor, sun 558.
Vistula River 32.
visual display 918.
visual display unit 507.
visual transmission 694.
vitelline membrane 117.
vitreous body 177.
vocal cord 163.
voice edit buttons 450.
voice recorder button 527.
voice recorder, digital 534.
voice selector 451.
volcanic bomb 44.
volcanic island 49.
volcanic lake 48.
volcano 42, 44.
volcano during eruption 44.
volcano, effusive 44.
volcano, explosive 44.
volcanoes, examples of 44.
Volga River 32.
Volkmann's canals 154.
volley 820.
volleyball 812.
volleyball, beach 813.
volt 702.
voltage decrease 646, 662, 677.
voltage increase 646, 662, 665.
volume control 441, 450, 451, 495, 497, 503, 504, 505, 507, 508, 513.
volume readout 548.
volute 276, 404, 405.
volva 76.
voussoir 413.
Voyager 19.
VU meters 488, 491.
vulture 119.
vulva 148, 171.

W

wad 753, 912.
waders 911.
wadi 52.
wading bird 117.
waferboard 300.
waffle iron 238.
wagon 642.
wagon tent 902.
wagon, patrol 726.
waist 147, 149, 342, 439, 663.
waist belt 281, 906.
waistband 350, 351, 353.
waistband extension 350.
waistcoat 338, 348, 359.
waistcoats and jackets 358.
waiter 721.
waiter, back 721.
waiter, wine 720.
waiting area 730.
waiting room 509, 768, 779.
waiting room, family 778.
waiting room, main 781.
waiting room, secondary 781.
waiting room, visitors' 726.
wakame 183.
walk 124.
walk, parapet 409.
walk-in wardrobe 251.
walk-through metal detector 726.
walkie-talkie 505, 770.
walking aids 782.
walking frame 782.
walking leg 97, 103.
walking stick 391, 782.
walkway 714.
wall 7, 82, 127, 246, 852, 902, 917.
wall and rails 852.
wall bracket 284.
wall cabinet 224.
wall cloud 63.
wall grille 258.
wall lantern 287.
wall light 287.
wall stack section 258.
wall stud 253.
wall tent 902.
wall, brick 298.
wall, eye 63.
wall, finish 830.
wall, stone 298.
wallaby 143.
wallet 387, 529.
wallet section 386.
walnut 88, 193.
walnut, section 84.
walrus 137.
waning gibbous 7.
wardrobe 251, 279, 724.
wardrobe, walk-in 251.
warehouse 708.
warhead 759.
warm air 64.
warm air 675.
warm air outlet 564.
warm temperate climates 61.
warm-air baffle 256.
warm-air outflow 258.
warm-air outlet 258.
warm-up lane 882.
warming plate 241.
warming, global 68.
warning area 846.
warning device 765.
warning lights 557.
warning plate 306.
warning track 795.
warp 460, 461.
warp roller 460.
warp threads 463.
warping frame 462.
wasabi 201.
wash bottle 685.
wash tower 294.
washbasin 262, 264.
washer 268, 689.
washer nozzle 550.
washer, glass 723.
washers 310.
washing 347.
washing machine 262, 271, 292.
wasp-waisted corset 367.
Wassily chair 276.
waste basket 535.
waste disposal unit 270.
waste layers 69.
waste pipe 262, 265, 271.
waste tee connector 271.
waste water 70.
waste, household 69, 70.
waste, industrial 69, 70.
waste, non-reusable residue 71.
waste, nuclear 70.
waste, selective sorting of 71.
watches and jewellery 717.
water 646, 847.
water and mineral salts, absorption of 78.
Water Bearer 10.
water bottle 579.
water bottle clip 579.
water cannon 766.
water carrier 906.
water chestnut 184.
water cools used steam 665.
water flow 95.
water goblet 225.
water hazard 866, 867.
water hose 294, 648.
water inlet 268.
water intake 658.
water is pumped back into steam generator 665.
water jets 828.
water jug 226.
water jump 852, 853.
water key 447.
water level 241, 261.
water level indicator 239.
water main 675, 712.
water meter 262.
Water Monster 11, 13.
water pollution 70.
water polo 827.
water polo ball 827.
water pressure gauge 766.
water pump pliers 310.
water separator 648.
water service pipe 262.
water skiing 840.
water spider 102.
water strider 102.
water table 47, 70.
water tank 241, 261, 384, 586.
water tower 589.
water transport 649.
water turns into steam 665.
water under pressure 662.
water, waste 70.
water-bomber helicopter 631.
water-heater tank 266, 675.
water-level selector 292.
water-level tube 288.
water-steam mix 646.
water-tank area 628.
watercolour 396.
watercolour/gouache cakes 397.
watercolour/gouache tube 397.
watercourse 48, 70.
watercraft, personal 876.
watercress 187.
waterfall 47, 48.
watering can 328.
watering tools 328.
watering tube 573.
waterline 615.
watermark 729.
watermelon 195.
waterproof pants 368.
waterproofed electricity supply 263.
waterspout 63.
watt 702.
watt-hour meter 273.
wave 49, 690.
wave base 49.
wave clip 380.
wave guide 489.
wave height 49.
wave length 49.
wave wall 660.
wave, shock 651, 653.
wavelength 690.
waves, radio 690.
wax 892.
wax bean 191.
wax crayon drawing 396.
wax crayons 396.
wax gourd 188.
wax seal 265.
waxed paper 222.
waxing gibbous 7.
waxing kit 892.
Way, Milky 9.
Way, Milky (seen from above) 9.
Way, Milky (side view) 9.
weapons 748.
weapons in the age of the Romans 748.
wear, baby 717.
weasel 134.
weather map 54, 55.
weather radar 54, 624.
weather satellite 54.
weather satellites 60.
weather station, aircraft 54.
weather station, buoy 54.
weather station, ocean 54.
weatherboard 247, 249.
weaving 460.
weaving pattern brush 456.
weaving pattern lever 456.
weaving, accessories 462.
web 110, 117, 591, 797.
web frame 607.
web, spider 103.
webbed foot 110.
webbed toe 117.
webbing 459, 899.
Webcam 517.
Weddell Sea 29.
wedding ring 376.
wedge 444, 753.
wedge lever 309.
wedge, lob 868.
weeder 325.
weeding hoe 326.
weekend case 389.
weeping willow 88.
weft 460, 461.
weft thread 463.
weighing platform 699.
weight 472, 630, 697, 698, 699, 793, 850.
weight belt 841.
weight trainer 851.
weight-driven clock mechanism 697.
weightlifting 850.
weightlifting belt 850.
weightlifting shoe 850.
weights 851.
welding curtain 318.
welding torch 319.
well flow line 652.
well wagon 588.
well, diving 246, 788.
well, injection 646.
well, production 646.
Welsh 469.
welt 342, 348.
welt pocket 348, 354, 360.
West 37, 616, 917.
West cardinal mark 617.
West Coast mirror 569.
West Indies 30.
West-Northwest 37.
West-Southwest 37.
Western hemisphere 35.
Western meridian 36.
wet well 671.
wet-weather tyre 872.
wetsuit 841.
Whale 10, 12.
whale 137.
whale boat 601.
whale, killer 137.
whale, sperm 137.
whale, white 137.
wheat 85, 203.
wheat, grain 85.
wheat, spelt 203.
wheat: spike 85.
wheel 320, 323, 389, 423, 454, 560, 570, 753, 758, 859, 870, 874, 894, 895, 913.
wheel chock 622.
wheel cylinder 559.
wheel guard 308.
wheel head 464.
wheel mouse 516.
wheel speed sensor 559.
wheel tractor 637.
wheel trim 551.
wheel, chain 870.
wheel, fan 688.
wheel, fine adjustment 700.
wheel, front 333.
wheel, gauge 333.
wheel, grinding 308.
wheel, grounding 308.
wheel, paddle 599.
wheel, rear 333.
wheel, scroll 506, 516.
wheel, steering 333, 552, 607, 873.
wheel, toothed 686.
wheelbarrow 323.
wheelchair 584, 783.
wheelchair lift 569.
wheelchair ramp 394.
wheelhouse 606.
wheels, sports on 894.
whelk 217.
whip 856.
whipping 868.
whipping cream 210.
whisk 232.
whiskers 132.
whisky tumbler 225.
whistle 240.
White 915, 916.
white 690.
white blood cell 162.
white bread 205.
white cabbage 186.
white chocolate 208.
white cue ball 863.
white dwarf 8.
white light 616.
white line 127.
white matter 167, 168.
white mustard 198.
white onion 184.
white pepper 198.
white rice 207.
white spot ball 862, 863.
white square 916.
white stone 916.
white tape 812, 815, 817.
white whale 137.
white wine glass 225.
white-tailed deer 128.
whitewater 837.
whiting 221.
whole wheat flour 204.
wholegrain mustard 200.
wholemeal bread 205.
whorl 104, 105.
whortleberry, red 192.

wicker basket 899.
wicket 799.
wicket gate 659.
wicketkeeper 799.
wide 472.
wide area network 523.
wide receiver 807.
wide-angle lens 478.
wife 785.
wigwam 418.
wild animals 545, 547.
wild boar 128.
wild rice 203.
Wilkes Land 29.
willow 798.
willow, weeping 88.
winch 417, 573, 835.
winch controls 573.
wind 56, 69, 70, 833.
wind abeam 833.
wind arrow 56.
wind chest 445.
wind chest table 445.
wind deflector 570.
wind direction 55.
wind direction and speed 55.
wind duct 445.
wind energy 676.
wind flag 893.
wind guard 899.
wind indicator 834.
wind instruments 446.
wind sock 739.
wind speed 55.
wind supply 445.
wind synthesizer controller 451.
wind trunk 445.
wind turbines and electricity production 676.
wind vane 58, 59, 677.
wind, prevailing 63.
windbag 432.
windcheater 353.
winder 696.
winder house 649.
winding adjustment 692.
winding mechanism 285, 697.
winding shaft 650.
winding tower 649.
winding, armature 688.
winding, field 688.
windmill 676.
window 238, 239, 249, 251, 290, 386, 485, 551, 554, 567, 594, 624, 836.
window accessories 282.
window awning 902.
window curtain 282.
window tab 532.
window winder handle 554.
window, balcony 251.
window, barred 727.
window, dormer 244.
window, picture 727.
window, stained-glass 737.
windows, examples of 415.
winds 917.
windscreeen 607.
windscreen 550, 570, 574, 577, 624, 626, 876.
windscreen wiper 550, 557.
windscreen wiper blade 557.
windshaft 676.
wine cellar 720.
wine list 721.
wine vinegar 201.
wine waiter 720.
wine waiter corkscrew 230.
wine, beer and 180.
wing 23, 97, 98, 115, 338, 416, 550, 570, 625, 760, 873, 897, 898, 909.
wing attack 809.
wing box 760.
wing covert 115.
wing defence 809.
wing forward 804.
wing membrane 140.
wing nut 311.
wing pallet 632.
wing rib 624.
wing slat 625.
wing strut 628.
wing vein 96.
wing, bird 115.
wing, folding 857.
wing, high 628.
wing, lower 628.
wing, upper 628.
winglet 625, 628.
wings 140, 430, 628.
wings, bat 140.
wingtip 897, 898.
winner 789.
winning line 920.
winter 54.
winter precipitations 64.
winter solstice 54.
winter sports 877.
winter tyre 560.
winze 650.
wiper arm 557.
wiper blade rubber 557.
wiper control 556.
wire 689, 793, 851.
wire beater 236.
wire brush 449.
wire cutter 317.
wire frame 903.
wire nut 317.
wire sling 900.
wire stripper 317.
wireless communication 505.
wireless network interface card 522.
wiring circuit, sensor 559.
wisdom tooth 159.
wishbone boom 836.
withers 124, 130.
witness stand 728.
wok 234.
wok set 234.
Wolf 11.
wolf 134.
Wolof 468.
woman 148.
women's accessories 717.
women's casual wear 716.
women's cell 768.
women's clothing 355.
women's coats 716.
women's gloves 346.
women's headgear 341.
women's nightwear 716.
women's shoes 343, 716.
women's sportswear 716.
women's suits 716.
women's sweaters 716.
women's toilet 725.
won ton skins 207.
wood 300, 867, 868.
wood carving 401.
wood chip wagon 588.
wood chisel 309.
wood ear 183.
wood engraving 421.
wood firing 256.
wood flooring 253, 254.
wood flooring on cement screed 254.
wood flooring on wooden base 254.
wood flooring types 254.
wood frog 111.
wood storage space 256.
wood-based materials 300.
woodcut 421.
wooden bar 825.
wooden modelling tools 464.
woodpecker 118.
woods 39.
woodstrip flooring 254.
woodwind family 437.
woofer 502.
Worcestershire sauce 200.
word correction 528.
work bench and vice 312.
work furniture 511.
work sheet 395.
work surface 224.
worker 99.
worker, honeybee 99.
working area 10.
working pressure gauge 319.
working surface 312.
workshop 726.
workstation 509.
workstation, security guard's 779.
worktop 721, 722.
worm 462, 573, 752.
worm gear 686.
wrap, knee 850.
wrapover dress 356.
wrapover skirt 357.
wrapover top 359.
wrapper 390.
wrench, four-way lug 558.
wrench, ratchet socket 311.
wrenches 311, 315.
wrestler 843.
wrestling 843.
wrestling area 843.
wrestling area, central 843.
wrestling shoe 843.
wrist 130, 140, 147, 149, 156, 173.
wrist band 850.
wrist guard 895.
wrist sling 901.
wrist strap 888, 892.
wrist-length glove 346.
wristband 808, 822.
writing brush 470.
writing case 387.
writing instruments 470.

X

X-band antenna 40.
X-ray unit, mobile 778.
X-rays 690.
xenon 684.
xylophone 437, 449.

Y

Y-branch 269.
Y-tube 776.
yacht, motor 607.
yak 129.
yard 602, 708.
yard line 806.
yard, coal storage 646.
yard, latenn 600.
yard-long bean 190.
yarn 908.
yarn ball 797.
yarn clip 457.
yarn feeder 456.
yarn guide 457.
yarn rod 457.
yarn tension unit 457.
yaw 630.
yellow 400, 690.
yellow ball 863.
yellow onion 184.
yellow sweet pepper 188.
yellow-green 400.
yellowjacket 101.
Yemen 746.
yen 728.
Yiddish 469.
yogurt 210.
yoke 284, 349, 353, 359.
yoke skirt 357.
yolk 117.
Yoruba 468.
ytterbium 684.
yttrium 683.
Yucatan Peninsula 30.
Yugoslavia 744.
yurt 418.

Z

Zambia 746.
zebra 128.
zenith 10.
zester 229.
Zimbabwe 746.
zinc 683.
zinc can (anode) 689.
zinc-electrolyte mix (anode) 689.
zip 369, 377, 389, 902.
zip fastener 353, 453.
zip line 455.
zirconium 683.
zither 432.
zona pellucida 170.
zone, braking 891.
zone, commercial 709.
zone, danger 847.
zone, deceleration and braking 891.
zone, end 809.
zone, free 813.
zone, free guard 877.
zone, overtaking 790.
zone, passivity 843.
zone, starting 838.
zones, service 817.
zoom lens 478, 492, 496.
Zulu 468.
zygomatic bone 152, 158.

Index Français

1er cunéiforme 155, 156.
1er tour : 128 joueurs 789.
2e cunéiforme 155, 156.
2e métacarpien 140.
2e tour : 64 joueurs 789.
25 points 918.
3e cunéiforme 155.
3e métacarpien 140.
3e tour : 32 joueurs 789.
4e métacarpien 140.
5e métacarpien 140.
50 000 unités astronomiques 4.
50 unités astronomiques 4.

A

à cheval sur deux colonnes 919.
à cheval sur deux numéros 919.
abaissement de la tension 646, 662, 677.
abaque 404.
abat-jour 286.
abat-son 411.
abats 212.
abattant 264, 265, 278, 279.
abdomen 96, 97, 98, 103, 107, 115.
abeille 98.
abeille : ouvrière, morphologie 98.
abeille, anatomie 99.
about 270.
Abraham 736.
abrégé 445.
abri 543, 583.
abri des joueurs 794.
abri météorologique 58.
abribus 712.
abricot 192.
abside 411.
absidiole 410, 411.
absorption d'eau 78.
absorption de dioxyde de carbone 78.
absorption de sels minéraux 78.
absorption par le sol 68.
absorption par les nuages 68.
abyssin 133.
acanthodien 92.
accastillage 835.
accent 435.
accent aigu 473.
accent circonflexe 473.
accent grave 473.
accès à la grille d'éclairage 490.
accès au réservoir à essence 551.
accès au second niveau d'opérations 529.
accès aux quais 582.
accès interdit 544, 546.
accès interdit aux bicyclettes 545, 546.
accès interdit aux camions 545, 546.
accès interdit aux motocycles 545, 546.
accès interdit aux piétons 545, 546.
accès pour handicapés physiques 725.
accessoires 289, 345, 401, 436, 454, 462, 558, 580.
accessoires au butane 903.
accessoires au propane 903.
accessoires d'hommes 716.
accessoires de décoration 716.
accessoires de femmes 717.
accessoires de foyer 257.
accessoires de l'objectif 478.
accessoires de mise à feu 752.
accessoires photographiques 482.
accessoires, automobile 558.
accessoiriste 429.
accompagnement 864.
accord 435.
accordéon 432.
accotement 538.
accotoir 276.
accoudoir 281, 783.
accouplement électrique 571.
accouplement flexible 677.
accroche-mouche 909.
accueil 730.
accumulateur 559.
achondrite 8.
acidification des lacs 70.
acier 298.
acromion 153.
acrotère 403, 404.
acteur 428.
actinides 684.
actinium 684.
action du vent 67.
actrice 429.
adaptateur de cassette vidéo compacte 496.
adaptateur de charge utile 24.
adaptateur de courant 526.
adaptateur de fiche 274, 383.
adaptateurs 269.
addition 529, 703, 721.
addition en mémoire 529.
administration 394, 735.
admission 564, 565.
admission d'air refroidi 564.
adresse URL 524.
adresse URL (localisateur universel de ressources) 524.
aérateur 268.
aérateur à gazon 333.
aérateur de toit 567.
aérateur latéral 567.
aérocyste 75.
aérofrein 676, 760, 898.
aérogare 620.
aérogare de passagers 619.
aérogare satellite 619.
aéroglisseur 605.
aérographe 398.
aérographe, coupe 398.
aéroport 39, 618, 708.
affichage 529.
affichage de l'heure de départ 582.
affichage de la couleur 456.
affichage des données 495, 529.
affichage des fonctions 450.
affichage des stations 503.
affichage du numéro de rang 456.
affichage du résultat 529.
affichage du texte 528.
affichage indice d'exposition 479.
affichage numérique 699, 777.
affichage numérique des stations 498.
affichage ouverture 479.
affichage radar 771.
affiche 427.
affiche publicitaire 594, 595.
afficheur 261, 494, 497, 503, 505, 506, 699.
afficheur numérique 316.
afficheur prix 548.
afficheur totaliseur 548.
afficheur volume 548.
affluent 48.
affût 753, 756.
Afghanistan 746.
Afrique 28, 34, 50, 745.
Afrique du Sud 746.
agar-agar 183.
age 641.
agence de voyages 714.
agenda 530.
agent de police 770.
agglomération 708.
agitateur 292.
agnathe 92.
agneau haché 215.
agrafe 284, 470, 700.
agrafes 453, 534.
agrafeuse 534.
agrandisseur 485.
agriculture intensive 68, 70.
agrumes 82, 194.
aide de caisse 181.
aide-arbitre 810.
aide-mémoire des procédures 20.
aides à la marche 782.
Aigle 10, 12.
aigle 119, 741.
aigue-marine 375.
aiguillage 583.
aiguillage manœuvré à distance 590.
aiguillage manœuvré à pied d'œuvre 590.
aiguille 51, 52, 64, 261, 398, 452, 453, 454, 479, 590, 695, 698, 776.
aiguille à brider 233.
aiguille à clapet 456.
aiguille à piquer 233.
aiguille à tricoter 457.
aiguille aimantée 907.
aiguille circulaire 457.
aiguille des dixièmes de seconde 696.
aiguille des heures 697.
aiguille des minutes 696, 697.
aiguilles de nettoyage 318.
aiguilles de pin 89.
aiguilles de sapin 89.
aiguilleur vidéo de production 491.
aiguillon 98.
aïkido 846.
aïkidogi 846.
aïkidoka 846.
ail 184.
aile 23, 97, 98, 115, 550, 570, 625, 676, 760, 897, 909.
aile à géométrie variable 630.
aile antérieure 96.
aile arrière 609.
aile avant 609.
aile Dame 916.
aile de quartier 342, 370.
aile droite 804.
aile du nez 175.
aile gauche 804.
aile haute 628.
aile inférieure 628.
aile libre 897.
aile postérieure 96.
aile rabattable 857.
aile Roi 916.
aile supérieure 628.
aile, oiseau 115.
aile, parapente 897.
aileron 338, 624, 836, 840, 873, 891, 898.
ailes 140, 898.
ailes en V 609.
ailes, chauve-souris 140.
ailette 260, 293, 625, 628.
ailette à ressort 302.
ailier défensif droit 806.
ailier défensif gauche 806.
ailier droit 801, 804, 811, 814, 879.
ailier gauche 801, 804, 811, 814, 879.
ailier rapproché 807.
aimant 454, 488, 534, 687.
aimant de retenue 240.
aine 146, 148.
air 565.
air calme 56.
air chaud 64, 675.
air chaud ascendant 63.
air frais 675.
air froid 64.
air froid subsident 63.
aire d'accueil 764, 778, 781.
aire d'arrêt 890.
aire d'arrivée 885, 887.
aire d'attente 730.
aire d'entraînement 788.
aire de combat 843, 846.
aire de compétition 845, 846, 847, 859.
aire de compétition : demi-lune 887.
aire de jeu 918.
aire de jeux 608.
aire de lancer 788.
aire de manœuvre 618.
aire de préparation de l'étalage 180.
aire de ravitaillement 548.
aire de réception 180, 395, 716.
aire de réception des produits laitiers 180.
aire de repos 39.
aire de service 39, 619.
aire de stationnement 619.
aire de trafic 618.
airelle 192.
ais 425.
ais ferré 425.
aisselle 146, 148.
ajowan 199.
ajustement de l'image du cercle horizontal 701.
ajustement de l'image du cercle vertical 701.
ajustement de la hauteur 641, 642.
akène 83, 84.
alarme sonore 613.
albanais 469.
Albanie 744.
albatros 119.
albumen 117.
albumen farineux 85.
alcool à 90° 777.
Algérie 745.
algue 75.
algue brune 75.
algue rouge 75.
algue verte 75.
algue, structure 75.
algues 183.
alidade 59, 612, 701.
alignement du faisceau dans l'axe 694.
aligneur 838.
alimentation 180.
alimentation en air 445.
alimentation en eau 670, 671.
alimentation jackpot 920.
alimentation solaire 529.
alimentation sur secteur 504.
aliments congelés 181.
aliments prêts-à-servir 181.
alkékenge 192.
allée 180, 322, 866, 867.
allée de jardin 244.
allée de quilles 865.
Allemagne 744.
allemand 469.
alliance 376.
alligator 114.
allumage manuel 267.
allumette de sûreté 391.
allumeur 552, 566.
allures, cheval 124.
allures, voile 833.
alluvions 48.
alose 220.
Alpes 32.
alpiniste 901.
altérations 435.

INDEX FRANÇAIS

alternateur 552, 566, 586, 646, 659, 668, 677, 688.
alternative 514.
alternative : sélection du niveau 3 514.
altimètre 761, 896, 898, 899.
altimètre de secours 626.
alto 439.
alto-cumulus 56, 62.
alto-stratus 56, 62.
altos 437.
alule 115.
aluminium 682.
alvéole 100, 274, 867.
alvéole à miel 100.
alvéole à pollen 100.
alvéole de plaque 562.
alvéole dentaire 159.
alvéole operculée 100.
amande 81, 193.
amanite vireuse 76.
amarante 203.
amas globulaire 9.
Amazone 31.
amble 125.
ambleur 857.
ambulance 775, 778.
âme 591, 753, 908.
américain à poil court 132.
américium 684.
Amérique centrale 28, 30.
Amérique du Nord 28, 30, 50.
Amérique du Sud 28, 31, 50.
Amériques 742.
améthyste 375.
ameublement de la maison 276.
amharique 468.
amibe 94.
amidon, grain 74.
amorce 757, 912.
amorti 821.
amortisseur 18, 382, 417, 553, 876.
amortisseur arrière 575.
amortisseur avant 577.
amortisseur en caoutchouc 920.
amortisseur magnétique 698.
ampère 702.
amphibiens 110.
amphithéâtre romain 407.
ampli-syntoniseur 503.
ampli-syntoniseur : vue arrière 497.
ampli-syntoniseur : vue avant 497.
amplitude 690.
ampoule 95, 274, 275, 687, 783.
ampoule de la trompe utérine 171.
amygdale 174.
amygdale linguale 176.
amygdale palatine 176.
ananas 196.
anatomie 150.
anatomie de l'abeille 99.
anatomie de l'araignée femelle 103.
anatomie de l'éponge 95.
anatomie de l'escargot 104.
anatomie de l'étoile de mer 95.
anatomie de l'oiseau 116.
anatomie de la grenouille mâle 110.
anatomie de la perche 109.
anatomie de la pieuvre 106.
anatomie de la tortue 113.
anatomie du cheval 125.
anatomie du coquillage bivalve 105.
anatomie du homard 107.
anatomie du papillon femelle 97.
anatomie du serpent venimeux 112.
anche 444, 446.
anche double 446.
anche simple 446.
anchois 219.
Ancien Testament 736.
anconé 151.
ancrage des haubans 541.
ancre 610, 697.
ancre à champignon 610.
ancre à jas 610.
ancre charrue 610.
ancre de marine 610.
ancre flottante 610.
ancre sans jas 610.
ancres, exemples 610.
Andorre 743.
andouillette 216.
Andromède 12.
âne 128.
anémomètre 58, 59, 677, 898.
anémomètre de secours 626.
aneth 202.
anglais 469.
angle aigu 704.
angle droit 704.
angle obtus 704.
angle rentrant 704.
angles, mesure 701.
anglicanisme : Henri VIII 736.
Angola 746.
anguille 219.
Anik 487.
animalerie 714.
anis 202.
anneau 76, 249, 284, 290, 382, 383, 390, 454, 522, 611, 696, 699, 809, 811, 824, 901, 909.
anneau brisé 911.
anneau d'étanchéité 268.
anneau d'étanchéité en cire 265.
anneau de branche 854.
anneau de départ 910.
anneau de montant 854.
anneau de rêne 854.
anneau de retenue 776.
anneau de suspension 382.
anneau de tête 910.
anneau de traction 776.
anneau dioptrique 614.
anneau du cliquet 307.
anneau oculaire 115.
anneaux 374, 824, 825.
annelet 404.
annonce publicitaire 471.
annonceur 828.
annulaire 173.
anode 266, 689.
anorak 371, 901.
anse 295, 328, 910.
Antarctique 28, 29.
antéfixe 403.
antenne 17, 60, 96, 97, 98, 99, 107, 504, 505, 506, 551, 577, 600, 611, 624, 631, 758, 761, 771, 812.
antenne à faible gain 18.
antenne à haut gain 18.
antenne d'émission 60, 486.
antenne d'émission à haut gain 60.
antenne d'émission/réception 486.
antenne de communication 761.
antenne de télécommande 40, 60.
antenne de télécommunication 608, 609, 762.
antenne de télémesure 60.
antenne domestique 486.
antenne en bande X 40.
antenne multifonction 763.
antenne parabolique 489, 493.
antenne parabolique d'émission/réception 486.
antenne radar 40, 760, 763.
antenne radio 604, 606, 608, 609, 652, 763, 873.
antenne télescopique 503.
antenne UHF 18, 60.
antenne VHF 762.
antenne-récepteur GPS 613.
antennule 107.
anthélix 173.
anthère 80.
anticlinal 651.
anticyclone 55.
Antigua-et-Barbuda 743.
Antilles 30, 742.
antilope 128.
antimoine 682.
antiseptique 777.
antitragus 173.
anus 95, 97, 103, 104, 105, 106, 107, 109, 113, 164, 169, 170.
aorte 162, 163.
aorte abdominale 160, 165.
aorte ascendante 161.
aorte descendante 161.
aorte dorsale 99.
aorte ventrale 109.
apex 104, 105, 159, 176.
Apollo 19.
apophyse épineuse 168.
apophyse mastoïde 158.
apophyse styloïde 158.
apophyse transverse 157, 168.
apostrophe 473.
apothécie 74.
Appalaches 30.
appareil à dessiner 399.
appareil à télémètre couplé 480.
appareil à visée reflex mono-objectif 480.
appareil à visée reflex mono-objectif : dos 476.
appareil à visée reflex mono-objectif : vue avant 476.
appareil à visée reflex numérique : dos 477.
appareil de cartographie thermique 18.
appareil de forage 651.
appareil de Golgi 74, 94.
appareil de lancement 860.
appareil de levage 635.
appareil de plongée 480.
appareil de pointage 756.
appareil de prise de son et d'enregistrement 429.
appareil de protection respiratoire 765.
appareil de radiographie mobile 778.
appareil digestif 164.
appareil enregistreur 59.
appareil jetable 480.
appareil numérique 481, 517.
appareil petit-format 480.
appareil photographique 35 mm 20.
appareil pour photodisque 481.
appareil reflex 6 X 6 mono-objectif 481.
appareil reflex à deux objectifs 480.
appareil reflex, coupe 477.
appareil respiratoire 163.
appareil stéréoscopique 481.
appareil urinaire 165.
appareils de conditionnement de l'air 261.
appareils de conditionnement physique 850.
appareils de mesure 695.
appareils de navigation 612.
appareils de son portatifs 503.
appareils électroménagers 236, 288, 716, 717.
appareils électroménagers divers 240.
appareils photographiques 480.
appareils scientifiques 17.
appartement du commandant 609.
appartements en copropriété 419.
appartenance 703.
appeau 913.
appel suivant 507.
appendice nasal 140.
appendice vermiculaire 164.
applicateur-mousse 378.
applique 287.
applique du robinet 268, 270.
applique orientable 287.
appoggiature 435.
approvisionnement en numéraire 731.
appui de fenêtre 252.
appui-bras 554, 555.
appui-flèche 859, 913.
appui-joue 860, 861.
appui-main 399.
appui-pied 464, 877.
appui-pieds 312.
appui-tête 555.
après-rasage 383.
aquarelle 396.
aquastat 259.
aqueduc de remplissage 597.
aqueduc de vidange 597.
aquifère captif 646.
ara 118.
arabe 468.
Arabie saoudite 746.
arachide 190.
arachnides 96.
arachnoïde 167.
araignée 103.
araignée femelle, anatomie 103.
araignée, morphologie 103.
araignée-crabe 102.
aramé 183.
araméen 468.
arbalète 750.
arbalétrier 253.
arbitre 799, 801, 803, 805, 807, 809, 810, 817, 818, 819, 820, 827, 842, 843, 844, 845, 846, 864, 877, 879, 881, 882.
arbitre à cheval 858.
arbitre adjoint 881.
arbitre assistant 882.
arbitre auxiliaire 847, 860.
arbitre de champ 814.
arbitre de côté 846.
arbitre de ligne de but 814.
arbitre de parcours 838.
arbitre en chef 795, 807, 846, 847, 883.
arborisation terminale 168.
arbre 87, 237, 659, 676, 686, 688, 695, 697, 762.
arbre à cames 566.
arbre cannelé 557.
arbre d'ornement 182, 322.
arbre d'ornement 244.
arbre de l'hélice 609.
arbre de mise à feu 756.
arbre de Noël 652, 654.
arbre de roue 553.
arbre de transmission 605.
arbre de transmission longitudinal 553.
arbre fruitier 182.
arbre lent 677.
arbre moteur 631.
arbre rapide 677.
arbre turbine-compresseur 627.
arbre, structure 87.
arbres 866.
arbres feuillus, exemples 88.
arbrier 750.
arbuste 322.
arc 704, 750.
arc à deux articulations 541.
arc à poulies 859, 913.
arc à trois articulations 541.
arc de cercle 802.
arc de l'aorte 160, 161, 162.
arc diagonal 410.
arc droit 859.
arc en plein cintre 413.
arc encastré 541.
arc insulaire 49.
arc métallique à treillis 540.
arc moderne 750.
arc-boutant 410, 411.
arc-doubleau 410.
arc-en-ciel 65.
arc-formeret 410.
arcade 407, 410, 855.
arcade dentaire inférieure 174.
arcade dentaire supérieure 174.
arceau 322, 836.
archaeognatha 92.
arche 540, 738.
arche naturelle 51.
archéoptéryx 93.
archer 859.
archet 439.
archipel 38.
architecture 394, 402.
architecture, styles 404.
architrave 403, 405.
archives 394, 509, 769.
archives médicales 781.
arçon 826.
arcs 750.
arcs, exemples 413, 541.
Arctique 28.
ardillon 350, 911.
aréna 788.
arène 407.
aréole 171.
arête 45, 884, 894.
arête neurale 109.
arête plate 404, 405.
arête supérieure 815.
arête vive 404.
argent 683, 741.
Argentine 742.
argon 684.
argyronète 102.
Ariane IV 24.
Ariel 5.
armature 320, 367, 389, 902.
armature de la clé 435.
Arménie 746.
arménien 469.
armes 748.
armes blanches 751.
armes de l'âge de pierre 748.
armes de l'époque romaine 748.
armes, escrime 849.
armet 749.
armoire 278.
armoire à papeterie 510.
armoire de séchage 484.
armoire inférieure 224.
armoire réfrigérée 180.
armoire supérieure 224.
armoire-penderie 279, 724.
armoire-vestiaire 510.
armure 749.
armures de base 463.
arpège 435.
arqué 901.
arquebuse 752.
arraché 850.
arrache-bottes 345.
arrache-clou 301.
arrangements des parquets 254.
arrêt 495, 499, 508.
arrêt à l'intersection 544, 546.
arrêt au stand 873.
arrêt d'autobus 712.
arrêt d'impression 512.
arrêt-court 794.
arrêt/effacement de mémoire 501.
arrêtoir de chargeur 754.
arrière 804, 811, 828.
arrière centre 812.
arrière court 821.
arrière droit 801, 803, 812, 814.
arrière du court 818.
arrière gauche 801, 803, 812, 814.
arrière-grand-mère 784.
arrière-grand-père 784.
arrière-grands-parents 784.
arrière-petit-fils 784.
arrière-petite-fille 784.
arrière-petits-enfants 784.
arrivée 852.
arrivée des remontées mécaniques 886.
arrivée du mazout 259.
arrondie 79.
arrondissement 39.
arrondisseur 454.
arroseur canon 329.
arroseur oscillant 329.
arroseur rotatif 329.
arrosoir 328.
arsenal stérile 780.
arsenic 682.
artère abdominale dorsale 107.
artère arquée 160.
artère axillaire 160.
artère brachiale 160.
artère carotide primitive 160.
artère dorsale du pied 160.
artère fémorale 160.
artère iliaque 161.
artère iliaque commune 160, 165.
artère iliaque interne 160, 165.
artère mésentérique inférieure 165.
artère mésentérique supérieure 160, 165.
artère pulmonaire 160, 162, 163.
artère rénale 160, 165.
artère sous-clavière 160.
artère sternale 107.
artère tibiale antérieure 160.
artère ventrale 107.
artères 160.
arthropleura 92.
artichaut 187.
article 471.
articles de bureau 528.
articles de cuisine 716.
articles de fumeur 390.
articles de maroquinerie 386.
articles de salle de bains 717.
articles divers, bureau 534.
articles ménagers 295.
articles perdus et retrouvés 725.
articulation 557, 909.
articulation à glissement 156.
articulation charnière 156.
articulation de la pelleteuse 637.
articulation ellipsoïdale 156.
articulation en selle 156.
articulation pivot 156.
articulation sphérique 156.
articulations synoviales, types 156.
artisanat 452.
arts 394.
arts de la scène 427.
arts graphiques 420.
As 914.
asa-fœtida 199.
ascenseur 16, 407, 417, 509, 650, 713, 724, 761.
ascension droite 13.
Asie 28, 33, 50, 746.
asperge 185.
aspérité 501.
asphalte 656.
aspirateur 658, 659, 775.
aspirateur à main 288.
aspirateur-balai 289.
aspirateur-traîneau 289.
aspirine 777.
assaisonnement au chili 199.
assiette à dessert 226.
assiette à salade 226.
assiette creuse 226.
assiette plate 226, 905.
assistance 728.
assistant à la réalisation 490.

assistant accessoiriste 429.
assistant réalisateur 429.
assistants des avocats 728.
assureur 900.
astate 683.
astérisque 473.
astéroïdes, ceinture 5.
asthénosphère 42.
astigmatisme 691.
astragale 153, 155, 405, 753.
astronautique 18.
astronomie 4.
atelier 726.
atelier d'entretien 648.
atelier de mécanique 548.
atelier de réparation des wagons 589.
atelier diesel 583.
Atelier du Sculpteur 10.
athlète : bloc de départ 791.
athlétisme 790.
Atlas 34.
atlas 102, 111, 122, 126, 131, 153, 157.
atmosphère 66, 70.
atmosphère terrestre, coupe 53.
atoll 51.
atome 680.
atomes 680.
âtre 256.
atrium 406.
attache 391, 448, 913.
attache d'accordage 433.
attache de pavillon 446.
attache de sécurité 20.
attache du tube 275.
attache pour outils 20.
attache pour tuyaux et échelles 767.
attaches 453.
attaches parisiennes 534.
attaquant à l'aile 809.
attaquant au but 809.
attaquant central 812.
attaquant de pointe 803.
attaquant de soutien 803.
attaquant droit 812.
attaquant gauche 812.
attaque 807.
attelles 777.
atterrissage 891.
atterrisseur (Viking) 18.
attraction 687.
attrape 443.
aubage directeur de sortie 627.
aube 659.
aube avant-directrice 659.
aube de roue 659.
aube directrice 659.
aube du compresseur axial 627.
aubergine 188.
aubier 87.
audioguide 394.
auditorium 394, 718, 732.
auget 659.
augmentation de l'effet de serre 68.
auriculaire 173.
aurore polaire 53.
Australie 28, 50, 747.
Autel 10.
autel secondaire 737.
auto-caravane 567.
auto-inversion 504.
autobus 568, 713.
autobus à impériale 569.
autobus articulé 569.
autobus scolaire 568.
autocar 568.
autoclave 780.
autocuiseur 234.
autodéfense antimissile 762.
autodirecteur infrarouge 759.
automne 54.
automobile 549.
automobile électrique 563.
automobile hybride 563.
automobile, organes des systèmes 552.
autoroute 39, 539, 709.
autoroute de ceinture 39.
autotrophes 67.
Autriche 744.
autruche 119.
auvent 550, 567, 639, 902.
auvent de fenêtre 902.
avance 504.
avance rapide 495, 499, 504, 508.
avançon 911.
avant 828.
avant centre 801.
avant court 821.
avant droit 801, 804.
avant du court 818.
avant gauche 801, 804.
avant-bec 635.
avant-bras 130, 147, 149.
avant-centre 814.
avant-champ 794.
avant-distributeur 659.
avant-scène 430.
avant-toit 412.
aven 47.
avenue 39, 711.
averse de grêle 57.
averse de neige 57.
averse de pluie 57.
avertisseur 556, 576, 586.
avertisseur de brume 611.
avertisseur pneumatique 570.
avertisseur sonore 765.
avion à décollage et atterrissage verticaux 628.
avion d'affaires 628.
avion de combat 760.
avion de ligne 53.
avion de ligne supersonique 629.
avion furtif 629.
avion léger 628.
avion long-courrier 624.
avion radar 629.
avion supersonique 53.
avion, forces agissant sur un 630.
avion, mouvements 630.
avion-cargo 475, 629.
avion-citerne amphibie 628.
avions, exemples 628.
aviron 598, 600, 838.
aviron de couple 838.
aviron de pointe 838.
aviron de queue 598.
aviron en pointe 838.
avirons à couple 838.
avirons, types 838.
avocat 188.
avoine 85, 203.
avoine : panicule 85.
axe 248, 454, 464, 500.
axe central 676.
axe d'attelage 587.
axe de tambour 910.
axe du pédalier 580.
axe horaire 17.
axe principal 86.
axel 881.
axis 122, 153, 157.
axone 168.
aymara 469.
Azerbaïdjan 746.
azimut 15.
azote 683.
azur 741.

B

babeurre 210.
babines 130.
bâbord 609, 616, 617.
babouin 139.
baby-foot 920.
bac 320.
bac à boue 651.
bac à compost 323.
bac à glaçons 291.
bac à gravier 872.
bac à légumes 291.
bac à plante 322.
bac à viande 291.
bac d'alimentation 519.
bac de ramassage 332.
bac de recyclage 71.
bac de sortie 519.
bac ramasse-jus 239.
bâche spirale 658, 659.
bacon américain 216.
bacon canadien 216.
badminton 816.
bagages 388, 717.
bagel 204.
bague 390, 447, 868.
bague de blocage 302, 700.
bague de correction dioptrique 692.
bague de fiançailles 376.
bague de finissant 376.
bague de fond 268.
bague de mise au point 478.
bague de réglage 329.
bague de réglage du couple de serrage 306.
bague de serrage 268, 446, 482.
bague filetée 900.
bague inférieure de blocage de la sphère 58.
bague solitaire 376.
bagues 376.
bagues collectrices 688.
baguette 346, 439.
baguette d'écartement 461.
baguette d'encroix 461.
baguette de flanc 551.
baguette épi 204.
baguette parisienne 204.
baguettes 449.
Bahamas 742.
Bahreïn 746.
bahut 510.
baie 7, 38, 83.
Baie d'Hudson 30.
baie de contrôle 489, 490, 491.
baie de genièvre 198.
baie de jacks 488.
baie vitrée 727.
baies 192.
baignoire 251, 262, 264, 724.
bain d'arrêt 485.
bain de fixation 485.
bain de révélateur 485.
bain moussant 379.
bain-marie 235.
bains de développement 485.
baïonnette à douille 751.
baïonnette à manche 751.
baïonnette à poignée 751.
baïonnette incorporée 751.
bajoyer 597.
baladeur 504.
baladeur numérique 503.
baladeur pour disque compact 503.
baladeuse 316.
balai 257, 295, 688.
balai à feuilles 333.
balai à franges 295.
balai à neige à grattoir 558.
balai d'essuie-glace 557.
balai métallique 449.
balais 688.
balalaïka 433.
Balance 11.
balance à fléau 698.
balance de cuisine 231.
balance de précision 699.
balance de Roberval 698.
balance électronique 699.
balance romaine 698.
balancier 329, 599.
balancier d'extension 851.
balancier de traction 851.
balancine 602.
balayage automatique des stations 498.
balayeuse 573.
balcon 251, 431, 738.
balcon de veille 614.
balconnet 291.
Baleine 10, 12.
baleine 137, 367, 391.
baleine de col 349.
baleinière 601.
balisage maritime, système 616.
balise de détresse 611.
balise de navigation aérienne 761.
ballast 591.
ballast électronique 275.
balle 752, 858, 912, 920.
balle d'entraînement 819.
balle de baseball 796.
balle de baseball, coupe 797.
balle de cricket 798.
balle de fil 797.
balle de golf 867.
balle de golf, coupe 867.
balle de hockey 800.
balle de liège 797.
balle de racquetball 818.
balle de softball 797.
balle de tennis 822.
balle de tennis de table 815.
balle de tournoi 819.
ballerine 343.
balles de squash 819.
ballon 241, 823, 899.
ballon à fond rond 685.
ballon de basket 810.
ballon de boxe 842.
ballon de football 802, 808.
ballon de handball 814.
ballon de netball 809.
ballon de rugby 805.
ballon de volleyball 812.
ballon de volleyball de plage 813.
ballon de water-polo 827.
ballon, montgolfière 899.
ballon-sonde 54, 59.
balluchon 388.
balustrade 412, 417.
bambara 468.
bambous 917.
banane 196.
banane plantain 196.
banc 277, 593, 715, 737.
banc d'équipe 827.
banc de musculation 851.
banc de sable 49.
banc des accusés 728.
banc des avocats de l'accusation 728.
banc des avocats de la défense 728.
banc des joueurs 801, 807, 809, 812, 814, 878.
banc des juges 728.
banc des officiels 879.
banc des pénalités 879.
banc des remplaçants 803.
banc du jury 728.
bandage 843, 868.
bandage de roue caoutchoutée 633.
bandage triangulaire 777.
bande 862, 878.
bande antidérapante 894.
bande blanche 812.
bande centrale 919.
bande d'ancrage 254.
bande d'identification technique 501.
bande de filet 821.
bande de gaze 777.
bande de pourpre 336.
bande de ris 603.
bande de roulement 561.
bande de tissu élastique 777.
bande élastique 350.
bande magnétique 495, 499, 729.
bande métallisée holographique 729.
bande nuageuse spirale 63.
bande pare-soleil 58.
bande réfléchissante 765.
bande rétro-réfléchissante 611.
bande transporteuse 71.
bande ventilée 860, 912.
bande verticale de côté 812.
bandeau 282.
bandelette d'arrachage 390.
banderole 739.
banderole d'exposition à venir 394.
banderole d'exposition en cours 394.
bandes de fréquences 498.
bandoulière 388, 391, 527.
Bangladesh 747.
banjo 432.
banlieue 39, 709.
banque 710, 715, 730, 915.
banque de données 525.
banquette 264, 277, 555, 775.
banquette arrière 555.
Banquise d'Amery 29.
Banquise de Filchner 29.
Banquise de Ross 29.
bar 279, 431, 608, 710, 714, 719, 720.
bar commun 220.
bar-salon 724.
barbacane 408.
Barbade 743.
barbe 85, 115.
barboteuse 369.
barbotin 636, 758.
barbule 56.
bardane 189.
bardeau 299.
bardeau d'asphalte 299.
baren 421.
barge de service d'urgence 653.
barillet 249, 754.
barmaid 720.
baromètre à mercure 59.
baromètre enregistreur 59.
barquette 222.
barrage 657.
barrage à contreforts 660.
barrage à contreforts, coupe 660.
barrage en remblai 660.
barrage en remblai, coupe 660.
barrage mobile 664.
barrage-poids 661.
barrage-poids, coupe 661.
barrage-voûte 661.
barrage-voûte, coupe 661.
barrages, exemples 660.
barre 123, 127, 284, 385, 686, 792, 834, 840, 850, 851.
barre à aiguille 453.
barre à dorsaux 851.
barre à lisses 461.
barre à pectoraux 851.
barre à triceps 851.
barre blindée 658.
barre cannelée 284.
barre collectrice 272.
barre collectrice neutre 272.
barre d'acier 825.
barre d'attelage 756.
barre d'écoute 834, 835.
barre d'espacement 514, 528, 783.
barre d'étouffoir 443.
barre de bois 825.
barre de commande 897.
barre de contrôle 670, 671.
barre de coupe 642, 643.
barre de flèche 834.
barre de guidage et de prise de courant 595.
barre de maintien 569.
barre de manœuvre 643.
barre de mesure 434.
barre de pied presseur 453.
barre de plongée 763.
barre de poussée 416.
barre de pression 442.
barre de repos des marteaux 442, 443.
barre de reprise 434.
barre de retenue 291.
barre de tractage 622.
barre des témoins 728.
barre fixe 824, 825.
barre inférieure 285, 824.
barre lisse 284.
barre oblique 473.
barre supérieure 824.
barre télescopique 920.
barre transversale 827.
barreau 255, 277, 281, 799.
barres asymétriques 824.
barres de Spa 852.
barres parallèles 825.
barrette 380.
barrette de mémoire vive (RAM) 513.
barrette négative 562.
barrette positive 562.
barrière 281, 712, 852.
barrière de départ mobile 857.
barrière de pneus 872.
baryum 682.
bas 365, 367, 878.
bas de casse 472.
bas de ligne 911.
bas résille 365.
bas-cuissarde 365.
bas-mât 602.
base 17, 58, 176, 308, 381, 405, 531, 578, 591, 739, 767, 825, 827, 907.
base de dormant 249.
base de la vague 49.
base en bois 899.
baseball 794.
baseball, lancer 795.
baseball, position des joueurs 794.
basilaire 713.
basilic 202.
basilosaure 93.
basketball 810.
basque 367.
bassin 121, 126, 138, 141, 142, 322, 596, 664, 827, 831, 838.
bassin de compétition 788, 831.
bassin de plongeon 788.
bassin de radoub 596.
bassinet 165, 752.
basson 446.
bassons 437.
bastion 409.
bateau à vapeur à roues latérales 599.
bateaux de couple 839.
bateaux de pointe 839.
bateaux et embarcations, exemples 604.
bâti 278, 423, 460, 612.
bâti d'équipement 489, 490.
bâti de la pompe à vide 694.
bâti du brûleur 903.
bâtiment administratif 596, 664.
bâtiment de la turbine 668.
bâtiment des services 666.
bâtiment du réacteur 667, 669.
bâton 796, 797, 846, 891, 892.
bâton de craie 423.
bâton de ski 888.

bâton de softball 797.
bâtonnet 177.
bâtonnet de colle 534.
bâtons de golf, types 867.
battant 249, 449, 460, 739.
batte 643, 798.
batterie 302, 306, 448, 563, 586, 687, 752.
batterie auxiliaire 563.
batterie d'accumulateurs 562, 673.
batterie d'accumulateurs 552.
batterie de cuisine 234, 722.
batteries 60.
batteries de traction 563.
batteur 798, 799.
batteur à main 236.
batteur à œufs 232.
batteur sur socle 236.
baudrier 555, 901.
baudroie 220.
bavette 368, 369, 848.
bavette garde-boue 551, 570, 571.
bavette garde-neige 876.
bavoir 368.
bavolet 352.
bazooka 757.
beau-fils 784.
beau-frère 785.
beau-père 784.
beaux-arts 394.
beaux-parents 784.
bec 106, 115, 227, 268, 270, 315, 446, 451, 457, 610, 900.
bec corné 113.
bec de bord d'attaque 625.
bec fixe 700.
bec mobile 700.
bec verseur 240, 241, 295.
bec-de-cane 248.
bécarre 435.
bêche 326, 756.
bécher 685.
becquerel 702.
becs, exemples 117.
bégonia 80.
Bélarus 744.
belette 134.
Belgique 743.
Bélier 12.
Belize 742.
belle-fille 784.
belle-mère 784.
belles-sœurs 785.
béluga 137.
bémol 435.
Bénin 745.
bénitier 737.
benne 638.
benne à ordures 573.
benne basculante 572, 573, 639.
benne tasseuse 573.
béquet 574.
béquille 389, 571, 609, 631.
béquille centrale 575.
béquille commune 782.
béquille d'appoint 567.
béquille d'appui 567, 641.
béquille d'avant-bras 782.
béquille latérale 575, 577.
berbère 468.
berceau 422, 756.
berceuse 276.
béret 341.
bergamote 194.
berge 538.
berger allemand 130.
bergère 276.
bergerie 182.
berkélium 684.
berline 549.
berlingot 223.
bermuda 358.
béryllium 682.
bésicles à pont élastique 385.
béton 298.
béton armé 298.
béton précontraint 298.
bette à carde 185.
betterave 189.
beurre 210.
beurrier 226.
bezel (8) 374.
Bhoutan 747.
biais 368, 455.
biathlon 893.
biathlonien 893.
bibliothèque 395, 711, 726, 732, 734.
bibliothèque enfantine 732.
biceps brachial 150.
biceps crural 151.
bicorne 339.
bicross 871.
bicyclette 578.
bicyclette de course 581.
bicyclette de tourisme 581.
bicyclette de ville 581.
bicyclette hollandaise 581.
bicyclette tout-terrain 581.
bicyclette, accessoires 580.
bicyclettes, exemples 581.
bidet 264.
bidon 579.
bief aval 661.
bief d'amont 657.
bief d'aval 657, 658.
bielle 564, 566.
bielle de compression 640.
bière 180.
bifteck 214.
bigorneau 217.
bigoudi 380.
bijouterie 374, 714.
bijoux 717.
billard 862.
billard anglais 863.
billard français 862.
billard pool 862.
bille 300, 470, 516.
bille blanche 863.
bille blanche mouchetée 863.
bille bleue 863.
bille brune 863.
bille creuse 268.
bille d'ivoire 919.
bille de choc 862, 863.
bille de plomb 757.
bille de visée blanche 862.
bille jaune 863.
bille noire 863.
bille rose 863.
bille rouge 862, 863.
bille verte 863.
bille, coupe 300.
billes numérotées 862.
billes rouges 863.
billet de banque 729, 915.
billetterie 394, 427, 719.
billetterie express 427.
bimah 738.
binette 326.
binocle 385.
biologie 702.
biosphère 66.
biosphère, structure 66.
bipied 755, 756.
biplan 628.
birman 468.
biseau 444, 776.
bismuth 682.
bison 128.
bitte 607.
blague à tabac 390.
blaireau 134, 383.
blanc 690, 914.
blanche 435.
Blancs 915, 916.
blatte orientale 101.
blazer 358.
blé 85, 203.
blé : épi 85.
bleu 400, 690.
bleu danois 211.
bleu vert 400.
bleu violet 400.
bleuet 192.
blindage 758.
blindage d'aspirateur 659.
bloc 791.
bloc aiguille 398.
bloc convertisseur 493.
bloc d'alimentation 513.
bloc d'arrêt 309.
bloc d'arrêt 309.
bloc d'équipement 25.
bloc de béton 298.
bloc de commande des caméras 489, 490.
bloc de culasse 912.
bloc de départ 791.
bloc de pression 700.
bloc opératoire 780.
bloc pneumatique 585.
bloc-cylindres 566.
bloc-éphéméride 530.
bloc-essieu 894, 895.
bloc-moteur 236, 237, 240, 288, 384, 585.
bloc-notes 530.
bloc-sténo 531.
bloc-tension 452, 453, 457.
blocage 660.
blocage de l'inclinaison 304.
blocage de l'interrupteur 306.
blocage de la colonne 482.
blocage de la plate-forme 482.
blocage de profondeur 307.
blocage du cordon de tirage 285.
blocage du guide 305.
blocage du pivot 312.
blocage du pivotement 701.
blocage horizontal 482.
blocage vertical 482.
bloqueur 800.
bloqueur droit 807.
bloqueur gauche 807.
blouson court 353.
blouson long 353.
blousons 352.
boa 114.
bob 341.
bobinage 688.
bobine 458, 462, 495.
bobine mobile 488.
bobine réceptrice 476, 499.
bobineur 452.
bobinoir 462.
bobsleigh 884.
bobsleigh à deux 884.
bobsleigh à quatre 884.
bocal 446.
body 366.
bogie 586, 595.
bogie moteur 585, 595.
bogie porteur 585.
bohrium 683.
bois 39, 300, 867, 868.
bois de bout 300.
bois de cœur 87.
bois n° 1 868.
bois n° 3 868.
bois n° 5 868.
bois, dérivés 300.
bois, famille 437.
boisseau d'embouchure 447.
boissons 180.
boîte à canette 452.
boîte à courrier 531.
boîte à fromage 223.
boîte à gants 556.
boîte à leurres 911.
boîte à lumière 485.
boîte à lumière, ouverture de la 485.
boîte à onglet 303.
boîte à outils 313.
boîte à œufs 222.
boîte à poussière 308.
boîte aux lettres 474.
boîte d'accessoires 456.
boîte d'allumage 627.
boîte d'allumettes 391.
boîte d'encastrement 274.
boîte d'engrenage multiplicateur 677.
boîte d'essieu 586.
boîte de cirage 345.
boîte de conserve 223.
boîte de contrôle 267.
boîte de culasse 754, 755.
boîte de jonction 591.
boîte de Pétri 685.
boîte de raccordement 490.
boîte de service 818.
boîte de vitesses 552.
boîte électrique 673.
boîte en zinc (anode) 689.
boîte jackpot 920.
boîte pour seringues usagées 771.
boîte-classeur 533.
boîtes alimentaires 222.
boîtier 261, 275, 285, 306, 308, 313, 316, 318, 383, 436, 476, 488, 499, 507, 613, 614, 695, 696, 700, 920.
boîtier à double rangée de connexions 689.
boîtier de batterie 562, 571.
boîtier de relais/d'interconnexion 563.
boîtier du moteur 331.
boîtier du ventilateur 382.
boîtier électronique de commande 563.
boîtier tour : vue arrière 513.
boîtier tour : vue avant 513.
boîtier tour : vue intérieure 513.
bokken 846.
bol 226, 236, 237.
bol à raser 383.
bol à salade 226.
bol verseur 237.
boléro 358.
Bolivie 742.
bols à mélanger 232.
bols de cuisson 239.
bombe 853.
bombe volcanique 44.
bôme 834.
bonbout 342.
bonde 270.
bonde de fond 246.
bongo 449.
bonnet 367, 827, 830, 892.
bonnet pompon 341.
bord 79, 340, 341, 602.
bord antérieur 105.
bord d'attaque 625, 897, 898.
bord d'une feuille 79.
bord de fuite 624, 897, 898.
bord de pli 362.
bord externe 105.
bord interne 105.
bord libre 172.
bord postérieur 105.
bord tranchant 636.
bord-côte 351, 354, 369.
bordure 244, 281, 836, 872.
bordure d'allée 322.
bordure de quai 582, 593.
bordure de trottoir 712.
bore 682.
borne 272, 274, 290, 562, 663.
borne d'entrée 316.
borne d'incendie 712.
borne d'incendie 767.
borne de gonflage 548.
borne de mise à la terre 497.
borne négative 562, 687, 689.
borne positive 562, 687, 689.
bornes de raccordement des antennes 497.
bornes de raccordement des enceintes 497.
bornes interactives 395.
Bosnie-Herzégovine 744.
bosse 875, 890.
bossoir 602, 606.
Botswana 746.
botte 185, 343, 855, 874, 875.
botte de caoutchouc 765.
botte de couronne 853, 857.
botte de genou 857.
botte de saut 896.
botte de tendon 853, 857, 858.
botte rigide 887.
botte souple 887.
bottes de paille 875.
bottillon 342, 841.
bottine 343.
boubou 339.
bouche 95, 104, 105, 107, 110, 136, 148, 174, 444, 753, 754, 756, 860, 912.
bouche à feu 753.
bouche à feu, coupe 753.
bouche à induction 258.
bouche d'air 556.
bouche d'extraction 258.
bouche de soufflage 258.
boucherie 180.
bouchon 236, 379, 667, 776, 906.
bouchon antifuite 903.
bouchon d'air 320.
bouchon de chargement 757.
bouchon de dégorgement 270.
bouchon de fermeture 757.
bouchon de remplissage 332, 561, 576.
bouchon de scellement 689.
bouchon de vidange 262, 291.
bouchon de vidange d'huile 566.
bouchon du réservoir 570.
bouchon femelle 269.
bouchon femelle à visser 269.
bouchon mâle sans bourrelet 269.
bouchons d'oreilles/oreillettes 872.
boucle 350, 388, 453, 539, 555, 611, 889.
boucle de ceinture 350, 352.
boucle de piquet 902, 903.
boucle de réglage 285, 895, 906.
boucle piquée 881.
boucles d'oreille 374.
boucles d'oreille à pince 374.
boucles d'oreille à tige 374.
boucles d'oreille à vis 374.
bouclier 331, 748, 879.
bouclier annulaire 16.
bouclier arrière 17.
bouclier thermique 22.
Bouddha 736.
bouddhisme : Bouddha 736.
boudin 216.
bouée 833.
bouée à plan focal élevé 615.
bouée charpente 614, 617.
bouée conique 615, 617.
bouée cylindrique 615.
bouée de sauvetage 609, 611, 771.
bouée espar 617.
bouées d'arrivée 839.
bouées de départ 838.
bouées de parcours 838.
bougie 332.
bougie d'allumage 562, 565, 566.
bouilloire 240.
boulangerie 181.
boulangerie-pâtisserie 715.
boule 517, 865.
boule à thé 233.
boule d'attelage 558.
boule de pétanque 864.
boule de protection 839.
boule de quilles 865.
bouleau 88.
bouledogue 130.
boules 864.
boulet 124, 752, 753.
boulet creux 752.
boulet ramé 752.
boulevard 39, 711.
boulevard périphérique 39.
boulier 865.
boulier-compteur 920.
boulingrin 864.
boulon 248, 310, 311, 312.
boulon à ailettes 302.
boulon à épaulement 311.
boulon à gaine d'expansion 302.
boulon d'accouplement 659.
boulon d'éclisse 590.
boulons 311.
bourdalou 340.
bourdon 101, 432.
bourgeon 78.
bourgeon axillaire 77.
bourgeon gustatif 176.
bourgeon terminal 77.
bourrache 202.
bourre 753, 912.
bourre-pipe 390.
bourrelet 127, 560, 561.
bourriquet 423.
bourse à monnaie 387.
bourse copulatrice 97.
boursette 445.
Boussole 11.
boussole magnétique 907.
bout 227, 909.
bout d'aile 897.
bout du nez 124.
bout fleuri 342.
bout-filtre 390.
boutefeu 752.
bouteille 685, 906.
bouteille à gaz médical 780.
bouteille d'acétylène 319.
bouteille d'air comprimé 765, 841.
bouteille d'oxygène 319.
bouteille d'oxygène portable 775.
bouteille en verre 223.
bouteille isolante 906.
bouteur 636, 647.
boutique 406.
boutique du musée 394.
boutique hors taxe 621.
bouton 274, 278, 349, 354, 432, 439, 849.
bouton à friction 700.
bouton à tige 453.
bouton alimentation papier 519.
bouton champignon 516.
bouton d'alimentation papier 731.
bouton d'appel 417.
bouton d'appel pour piétons 712.
bouton d'arrêt 331.
bouton d'assemblage 456.
bouton d'échappement 443.
bouton d'éjection 499.
bouton d'éjection 477.
bouton d'éjection de la disquette 513.
bouton d'éjection du CD/DVD-ROM 513.
bouton d'éjection du disque 521.

bouton d'enregistreur vocal 527.
bouton d'essai 767.
bouton d'interligne variable 528.
bouton de blocage 308, 313.
bouton de blocage de l'arbre 308.
bouton de clé 446.
bouton de combinaisons 444.
bouton de commande 290.
bouton de contrôle 516.
bouton de culasse 753.
bouton de démarrage 513, 526.
bouton de démarrage et de rétroéclairage 527.
bouton de démarreur 576.
bouton de déverrouillage de l'écran 526.
bouton de manchette 361.
bouton de mise au point 14, 15.
bouton de mise au point manuelle 483.
bouton de mise en circuit 479, 508.
bouton de piston 447.
bouton de point arrière 452.
bouton de registre 444, 445.
bouton de réglage du micromètre optique 701.
bouton de réinitialisation 513, 918.
bouton de remise à zéro 499, 700.
bouton de sortie 527.
bouton de tension 457.
bouton de vaporisation 288.
bouton de verrouillage 554.
bouton de verrouillage de l'embase 701.
bouton de verrouillage de l'interrupteur 305.
bouton du pavé tactile 526.
bouton extérieur 248.
bouton fixe-courroie 441.
bouton floral 77.
bouton intérieur 248.
bouton marche/arrêt 240, 519.
bouton marche/arrêt/test 520.
bouton moleté 320.
bouton-guide 304.
bouton-poussoir 236, 294, 470.
bouton-pression 346, 353, 453.
boutonnage sous patte 355.
boutonnière 350, 352.
boutons à trous 453.
boutons de contrôle du point 456.
boutons de lancement d'applications 527.
boutons de réglage 494.
boutons programmables 516.
Bouvier 13.
bouvreuil 118.
box 720.
boxe 842.
boxeur 842.
bœuf 129.
bœuf haché 214.
bracelet 696, 808, 859.
bracelet lesté 850.
bracelet tubulaire 376.
bracelets 376.
brachial antérieur 150.
brachiopode 92.
braconnière 749.
bractée 84.
braguette 350, 351, 368.
braies 338, 748.
brancard 323, 638, 776, 857.
branche 127, 185, 310, 382, 385, 454, 687, 776, 855, 859, 913.
branche à fruits 86.
branche d'embouchure 447.
branche inférieure 750, 854.
branche maitresse 87.
branche supérieure 750, 854.
branche télescopique 482.
branchement aérien 663.
branchement au réseau 273.
branchement de l'abonné 273.
branchement du distributeur 273.
branchement pluvial 712.
branchement, exemples 270.
branchie 106.
branchies 105, 109.
branchies externes 111.
brandebourg 353.
bras 95, 124, 139, 147, 149, 286, 329, 452, 610, 637, 638, 641, 676, 783, 920.
bras d'éloignement 568.
bras d'essuie-glace 557.
bras de balancier 599.
bras de coutre 641.
bras de delta 48.
bras de fourche 632.
bras de grand cacatois arrière 603.
bras de lecture 500.
bras de levage 637.
bras de plaquette 385.
bras de relevage 640.
bras de suspension 292, 553.
bras de traction 640.
bras du longeron 636.
bras gicleur 294.
bras mort 48.
bras spiral 9.
bras télescopique 18.
brasero 412.
brassard 749, 808, 880.
brassard pneumatique 777.
brasse 832.
brassière 368.
break 549.
brèche 917.
bréchet 116.
brelan 914.
breloques 376.
Brésil 742.
bretèche 408.
bretelle 367, 539, 583, 618, 906.
bretelle boutonnée 369.
bretelle de raccordement 539.
bretelle de tir 893.
bretelle pour botte de genou 857.
bretelle réglable 368.
bretelles 350.
breton 469.
brèves 471.
brick 601.
bricolage 298.
bricole 853.
bride 377, 453, 854.
bride de corps-mort 615.
bride de fixation 14, 15.
bride de raccord 284.
bride de suspension 354.
brie 211.
brigantin 601.
brigantine 603.
brin d'arrêt 761.
brique 223, 298.
brique creuse 298.
brique perforée 298.
brique plâtrière 298.
brique pleine 298.
brique réfractaire 256, 298, 465.
briquet 318.
briquet à gaz 391.
briquette 223.
brise-glace 606.
brise-jet 329.
broche 274, 275, 376, 461.
broche de connexion 689.
broche épingle 376.
broche porte-bobine 452.
brochet 220.
brocoli 187.
brocoli italien 187.
brodequin de randonnée 344.
brodequin de sécurité 773.
brodequin de travail 342.
broderie 459.
brome 683.
bronche lobaire 163.
bronche principale 163.
bronchiole terminale 163.
brosse 85, 289, 295, 384, 397.
brosse à chaussure 345.
brosse à dents 384.
brosse à épousseter 289.
brosse à légumes 233.
brosse à mascara 378.
brosse à planchers 289.
brosse à pollen 98.
brosse anglaise 380.
brosse centrale 573.
brosse d'antennes 98.
brosse de curling 877.
brosse de nettoyage 383.
brosse de tissage 456.
brosse éventail 397.
brosse latérale 573.
brosse pneumatique 380.
brosse pour le bain 379.
brosse pour le dos 379.
brosse ronde 380.
brosse-araignée 380.
brosse-peigne pour cils et sourcils 378.
brosses à cheveux 380.
brou 84.
brouette 323.
brouillard 57, 65.
broyeur 71, 270, 646.
bruine 64.
bruine continue faible 57.
bruine continue forte 57.
bruine continue modérée 57.
bruine intermittente faible 57.
bruine intermittente forte 57.
bruine intermittente modérée 57.
brûleur 259, 267, 290, 899, 903.
brûleur à gaz 685.
brûleur à mazout 259.
brûleur bec plat 319.
brûleur flamme crayon 314, 319.
brume 57, 65.
brume sèche 57.
Brunéi Darussalam 747.
brunissoir 422.
buanderie 250, 724, 726.
buccin 217.
bûcher 256.
bûchette 353.
buffet 279, 720.
buffet-vaisselier 279.
buffle 128.
buisson 63.
bulbe 9, 172, 185.
bulbe d'étrave 607, 609.
bulbe olfactif 109, 175.
bulbe rachidien 167.
bulbe, coupe 78.
bulgare 469.
Bulgarie 744.
bulles d'air 531.
bureau 251, 509, 548, 720, 724, 726.
bureau administratif 764, 769.
bureau d'accueil des visiteurs 726.
bureau d'admission des détenus 726.
bureau d'élève 734.
bureau de direction 511.
bureau de formation professionnelle 730.
bureau de l'agent de sécurité 733.
bureau de l'enseignant 734.
bureau de l'infirmière en chef 779.
bureau de l'inspecteur en prévention-incendie 764.
bureau de l'officier subalterne 768.
bureau de l'officier supérieur 768.
bureau de l'urgentiste 778.
bureau de la direction 718.
bureau de poste 474, 475, 711, 715.
bureau de réservation de chambres d'hôtel 620.
bureau des douanes 596.
bureau des greffiers 728.
bureau des plaintes 768.
bureau des surveillants 735.
bureau du bibliothécaire 732.
bureau du chef 764.
bureau du conservateur 394.
bureau du directeur 394, 726, 731, 732, 735.
bureau du directeur adjoint 726.
bureau du directeur général 509.
bureau du gymnase 734.
bureau du président 509.
bureau du surveillant 732.
bureau du travailleur social 779.
bureau secrétaire 511.
bureautique 468, 509.
bureaux administratifs 718.
bureaux des organisateurs 719.
burette à robinet droit 685.
Burin 11.
burin 401, 421.
Burkina Faso 745.
Burundi 745.
bus 513, 522.
buse 315, 319, 320, 329, 382, 384, 398.
buse à fluide 320.
buse d'aspiration 304.
buse de refoulement 246.
buse vapeur 241.
bustier 367.
but 800, 802, 804, 807, 809, 811, 814, 827, 879, 920.
butée 453, 540, 835, 889.
butée 303.
butée de porte 291, 587.
butée talonnière 783.
butoir 284, 583, 792.
butte 52, 875.
butte de débranchement 589.

C

caban 355.
cabas 388.
cabillot 739.
cabine 608, 631, 636, 637, 638, 639.
cabine d'ascenseur 417.
cabine d'essayage 716.
cabine d'interprétation simultanée 718.
cabine de commande 634.
cabine de conduite 585, 586, 640, 643.
cabine de déshabillage 781.
cabine de douche 264.
cabine de pilotage 605, 607, 898.
cabine de projection 427.
cabine des juges 887.
cabine des passagers 605, 608, 609.
cabine focale 16.
cabine photographique 715.
cabinet des juges 728.
câble 306, 516, 517, 558, 573, 793, 824, 851, 859, 908, 913.
câble à fibres optiques 523.
câble à paire torsadée 523.
câble coaxial 523.
câble d'accélération 332.
câble d'acier 900.
câble d'acier 913.
câble d'alimentation 513.
câble d'alimentation de 240 V 272.
câble d'alimentation de l'électrode 318.
câble de barre 838.
câble de bougie 552, 566.
câble de commande 323, 580.
câble de frein 579.
câble de garde 663.
câble de haubanage 824, 825.
câble de l'antenne haute fréquence 628.
câble de levage 417, 634.
câble de masse 318.
câble de raccordement 465, 502, 516.
câble de synchronisation 527.
câble de traction 317.
câble de transmission 613.
câble du démarreur 323.
câble électrique 266, 556, 563, 712.
câble porteur 540.
câble pour interface numérique d'instruments de musique (MIDI) 451.
câble téléphonique 712.
câbles 492, 523.
câbles de démarrage 558.
câblodistributeur 486.
cabriolet 276, 549.
cacao 208.
cacatoès 118.
cachalot 137.
cache-cœur 359.
cache-flammes 755.
cache-oreilles abattant 340.
cæcum 103, 106, 116, 125, 164.
cæcum pylorique 95, 109.
cæcum rectal 95.
cadeaux 717.
cadenas 580.
cadence images/seconde 479.
cadmium 683.
cadran 273, 695, 696, 697, 698, 907.
cadran de tension 456.
cadran des phases de la Lune 697.
cadran solaire 696.
cadre 100, 280, 386, 389, 395, 433, 575, 676, 776, 816, 822, 823, 862, 870, 893.
cadre d'aluminium 893.
cadre de charge 899.
cadre de marche 782.
cadre métallique 442.
cadre porte-épreuves 485.
cadre-cache 483.
cadreur 428.
café 208, 710, 715.
café et infusions 208.
café torréfié, grains 208.
café verts, grains 208.
cafetan 339.
cafétéria 509, 735.
cafetière 905.
cafetière à infusion 241.
cafetière à piston 241.
cafetière espresso 241.
cafetière filtre 241.
cafetière napolitaine 241.
cafetières 241.
cage 407, 791.
cage d'escalier 251.
cage de scène 430.
cage vitrée 699.
cageot 222.
cagoule 341, 841, 872, 901, 904.
cahier 426, 471.
caïeu 78.
caille 120, 212.
caïman 114.
caisse 181, 323, 440, 441, 442, 697, 723.
caisse américaine 535.
caisse blindée 920.
caisse bombée 433.
caisse circulaire 432.
caisse claire 437, 448.
caisse de batterie électronique 451.
caisse de résonance 432, 433, 440.
caisse enregistreuse 181.
caisse pleine 441.
caisse roulante 448.
caisse triangulaire 433.
caisses 181, 716, 717.
caissette 222.
caissière 181.
caisson 256, 259, 510.
caisson de porte 554.
caisson de voilure 760.
calame 470.
calamus 115.
calandre 550, 570, 667.
calcanéum 126, 153, 155.
calcium 682.
calculatrice à imprimante 529.
calculatrice scientifique 529.
calculette 386, 529.
cale 312, 622, 753.
cale à conteneurs 605.
cale de couvercle 465.
cale-pied 578, 580, 851.
caleçon 351.
caleçon long 351.
calendrier-mémorandum 530.
calice 80, 83, 84, 165, 737.
calicule 83.
californium 684.
Callisto 4.
calmar 217.
caloporteur 665.
caloporteur : eau bouillante 671.
caloporteur : eau lourde sous pression 670.
caloporteur : eau sous pression 671.
caloporteur : gaz carbonique 670.
caloporteur chaud 665, 674.
caloporteur refroidi 665, 674.
calot 340.
calotte 115, 340, 341, 676.
calotte glaciaire 61.
calvinisme : Jean Calvin 736.
cambium 87.
Cambodge 747.
cambre 385.
Cambrien 92.
cambrure 342.
Caméléon 11.
caméléon 114.
camembert 211.
caméra 18, 428, 490, 492, 775, 873.
caméra de surveillance 395.
caméra de télévision couleur 20.
Cameroun 745.
caméscope analogique 496.
caméscope numérique 517.
camion avitailleur 622.
camion commissariat 623.
camion d'incendie 764.
camion de vidange 573.
camion porteur fourgon 573.
camion vide-toilette 622.
camion-benne 573, 639.
camion-citerne 573.
camion-citerne d'eau potable 622.
camion-toupie 573.
camionnage 570.
camionnette 549.
camions, exemples 573.
camomille 208.
campagne 709.
camping 725, 902.
camping interdit 725.
Canada 742.
canadienne 353.
canal à venin 112.
canal annulaire 95.
canal d'admission 565.
canal d'échappement 565.

canal d'écoulement 655.
canal de dérivation 627, 657.
canal de fuite 658.
canal de Havers 154.
canal de projection 573.
canal de transfert 565, 666.
canal déférent 169.
canal droit 502.
Canal du Mozambique 34.
canal éjaculateur 169.
canal gauche 502.
canal hermaphrodite 104.
canal lacrymal 177.
canal médullaire 154.
canal radiaire 95.
canal radiculaire 159.
canal salivaire 99.
canal semi-circulaire antérieur 174.
canal semi-circulaire externe 174.
canal semi-circulaire postérieur 174.
canal siphonal 105.
canal sudoripare 172.
canalisation 559.
canalisation d'alimentation 259.
canalisation d'arrosage 573.
canalisation de branchement 262.
canalisation de pompage 694.
canalisation de refoulement 263.
canalisation de retour 259.
canapé 276.
canapé capitonné 276.
canapé convertible 280.
canard 120, 213.
canaux de Volkmann 154.
Cancer 13.
candela 702.
canetière 462.
canette 452, 453, 461.
caniche 130.
canif 421.
canine 121, 159.
canne 391.
canne à lancer 910.
canne à mouche 909.
canne avec poignée orthopédique 782.
canne avec quadripode 782.
canne en C 782.
canne en T 782.
canneberge 192.
cannelle 198.
cannelloni 206.
cannelure 404, 405, 562.
cannette 223.
canoë 600, 837.
canoë monoplace (C1) 838.
canoë-kayak : course en ligne 838.
canoë-kayak : eaux vives 837.
canon 124, 754, 755, 756, 758, 854, 860, 912.
canon à électrons 494, 694.
canon à mousse 607.
canon brisé 854.
canon d'avant-bras 749.
canon du XVIIe siècle 752.
canon sans recul 757.
canot automobile 607.
canot de sauvetage 602, 652.
canot pneumatique de sauvetage 605.
canotier 340.
cantaloup 195.
canton dextre de la pointe 740.
canton dextre du chef 740.
canton senestre de la pointe 740.
canton senestre du chef 740.
cantonnière 282, 389.
cantonnière drapée 283.
cantre 462.
canule oropharyngée 775.
canyon sous-marin 49.
cap 38.
Cap de Bonne-Espérance 34.
Cap Horn 31.
Cap-Vert 745.
cape 338, 355, 390.
cape de bain 368.
capeline 341.
capitaine 877, 884.
capitale 37, 472.
capitule 81.
caponnière 409.
capot 288, 289, 333, 519, 528, 550, 570, 689, 876.
Capricorne 10.
capsule 75, 783.
capsule à membrane 566.
capsule à vis 223.
capsule, coupe 84.
capteur 58.
capteur actif 41.
capteur de radiations terrestres 60.
capteur de signaux de détresse 60.
capteur de télécommande 494, 501.
capteur de température 18.
capteur de vitesse de roue 559.
capteur infrarouge 518.
capteur optique 516.
capteur passif 41.
capteur solaire 675.
capteur solaire plan 672.
capture 916.
capuche 368.
capuche coulissée 369.
capuchon 275, 353, 470, 484, 783, 869, 882.
capuchon d'objectif 478.
capuchon de connexion 317.
capuchon de protection 692.
capuchon de sûreté 757.
capuchon de ventilation 614.
capuchon du levier 268.
capucin 350.
caquelon 234.
car de reportage 486, 489.
carabine 893.
carabine (canon rayé) 912.
carabine 22 861.
caraco 337, 366.
caractère avec empattements 472.
caractère sans empattement 472.
caractère, position 472.
caractères 917.
caractères d'une police 472.
caractères, forme 472.
carafe 225.
carafon 225.
carambole 197.
carapace 107.
caravane 567.
caravane flottante 607.
caravane tractée 567.
caravaning 725.
caravelle 599.
carbone 683.
Carbonifère 92.
carburant diesel 656.
carburateur 574.
carburéacteur 656.
carcasse 688.
cardamome 198.
cardan 641, 642.
carde 185.
cardigan 354, 359.
cardinal 118.
cardon 185.
carénage 574.
carénage avant 550.
Carène 11.
carène 108.
caricature 471.
carillon tubulaire 437, 449.
carlingue centrale 607.
carnivores 67.
caroncule lacrymale 177.
carotte 189.
Carpates 32.
carpe 116, 122, 126, 131, 136, 138, 141, 142, 154, 220.
carquois 859.
carre 881, 887, 888.
carré 112, 705, 914, 919.
carré de service 819.
carre interne 901.
carreau 249, 299, 458, 914.
carreau d'arbalète 750.
carreau de mine 648.
carreau de plâtre 299.
carrefour giratoire 538.
carrière en entonnoir 647.
carrière exploitée en chassant 647.
carrosserie 292, 293, 550.
carrosserie amovible 573.
carrosseries, exemples 549.
carte 915.
carte Caisse de communauté 915.
carte Chance 915.
carte d'extension PCI 513.
carte d'insolation 58.
carte de circuit imprimé 689.
carte de crédit 729.
carte de débit 731.
carte de ligne 592.
carte de mémoire 477.
carte de mémoire flash compacte 481.
carte de pointage 530.
carte de réseau 593, 594.
carte des vins 721.
carte géographique 734.
carte isolée 914.
carte mère 513.
carte météorologique 54, 55.
carte physique 38.
carte politique 37.
carte postale 474.
carte réseau 522.
carte réseau sans fil 522.
carte routière 39.
carter 260, 332, 483, 565, 566, 910.
carter d'embrayage 576.
carter d'engrenage de frein à main 587.
carter de meule 308.
carter de sécurité 332.
cartes 914.
cartes, symboles 914.
cartilage articulaire 154.
cartilage costal 122.
cartilage de l'aile du nez 175.
cartilage de la cloison 175.
cartographie 35.
carton 223, 400.
cartothèque 732.
cartouche 268, 315, 390, 470, 500, 611, 754, 773.
cartouche (carabine) 912.
cartouche (fusil) 912.
cartouche d'encre en poudre 519.
cartouche jetable 314, 319.
cartouches 860, 861.
cartouchière 770.
carvi 198.
casaque 359.
case 418, 915, 919.
case à bagages 584.
case à équipements 24.
case blanche 916.
case noire 916.
caserne de pompiers 711, 764.
casernement 409.
casier 279.
casier à beurre 291.
casier à munitions 758.
casier laitier 291.
casiers des élèves 735.
casque 20, 318, 748, 765, 798, 800, 808, 842, 856, 858, 870, 871, 872, 875, 878, 882, 887, 888, 891, 894, 895, 897, 901.
casque anti-bruit 861.
casque d'écoute 502, 504.
casque de frappeur 796.
casque de protection 575, 580.
casque de sapeur-pompier 765.
casque de saut 896.
casque de sécurité 772.
casque intégral 874.
casque protecteur 884, 885.
casquette 340, 770.
casquette norvégienne 340.
casse-croûte 725.
casse-noix 230.
Cassegrain, foyer 17.
casserole 235.
cassette 499, 504, 521.
cassette annonce 508.
cassette de pellicule 481.
cassette messages 508.
cassette vidéo 495.
cassette vidéo compacte, adaptateur 496.
Cassini 19.
Cassiopée 12.
cassis 192.
cassonade 209.
cassure 362.
castagnettes 437, 449.
castes 99.
castor 123.
catadioptre 578, 876.
catalan 469.
catalogue informatisé 733.
catamaran 835.
catapulte 761.
catégories de points 459.
caténaire 585, 595.
cathédrale 410.
cathédrale gothique 410.
cathédrale, plan 411.
cathode 689.
catholicisme 736.
causeuse 276, 724.
Cavalier 916.
cavalier 409, 853, 855, 858.
cave à vins 720.
cavité abdominale 169, 170.
cavité buccale 116, 163, 164.
cavité gastrale 95.
cavité nasale 163.
cavité palléale 106.
cavité pleurale 163.
cédez le passage 544, 546.
cédille 473.
cédrat 194.
cèdre du Liban 89.
ceinture 276, 277, 278, 313, 350, 352, 561, 611, 844, 906.
ceinture d'astéroïdes 5.
ceinture d'haltérophilie 850.
ceinture de Kuiper 4.
ceinture de sécurité 555, 873.
ceinture élastique 351, 353.
ceinture lestée 841.
ceinture montée 350, 353.
ceinture porte-outils 313.
ceinture ventrale 281.
ceinturon de service 770.
céleri 185.
céleri-rave 189.
cellule 96, 407, 727.
cellule animale 94.
cellule convective 63.
cellule d'isolement 727.
cellule photoélectrique 482.
cellule pour femmes 768.
cellule pour hommes 768.
cellule pour mineurs 768.
cellule royale 100.
cellule végétale 74.
cellules 728.
cément 159.
cendre 391.
cendrier 391.
cent 703, 728.
Centaure 11.
centrage 528.
centrale 657.
centrale hydroélectrique, coupe 658.
centrale nucléaire 668.
centrale thermique au charbon 646.
centre 431, 704, 740, 803, 804, 807, 809, 847, 859, 877, 879, 916.
centre arrière 807.
centre commercial 709, 714.
centre de cuisson 722.
centre de documentation 764.
centre de gravité 610.
centre de tri 71, 474.
centre de tri régional 475.
centre droit 804.
centre du court 818.
centre gauche 804.
centre-ville 709, 710.
centrifugeuse 21, 240.
centriole 94.
cep de vigne 86.
cèpe 183.
céphalothorax 103, 107.
Céphée 12.
cerceau 823.
cercle 385.
cercle central 803, 809, 810, 879.
cercle d'ascension droite 14, 15.
cercle d'attente 794.
cercle d'envoi 800.
cercle de déclinaison 14, 15.
cercle de la station 55.
cercle de lancer 790, 791.
cercle de mise au jeu 878.
cercle de serrage 448.
cercle de vannage 659.
cercle de verrouillage 756.
cercle des couleurs 400.
cercle extérieur 877.
cercle intérieur 877.
cercle polaire antarctique 29, 35, 36.
cercle polaire arctique 35, 36.
cercle porte-lame 639.
cercle restrictif 810.
cercles 917.
céréales 85, 203.
cerf de Virginie 128.
cerf du Canada 128.
cerfeuil 202.
cerise 192.
cérium 684.
cerne annuel 87.
cerneau 84.
cerques 909.
cerveau 99, 103, 106, 107, 109, 110, 167.
cervelet 167.
cervelle 212.
césium 682.
Chac-Mool 412.
chaîne 455, 460, 461, 578, 580, 697, 826.
chaîne alimentaire 67.
chaîne coupante 331.
chaîne d'entraînement 643.
chaîne de levage 632.
chaîne de montagnes 7, 38, 42.
chaîne de mouillage 615.
chaîne de neurones 168.
chaîne de sûreté 567.
chaîne de suspension 663.
chaîne nerveuse 99.
chaîne nerveuse ventrale 107.
chaîne stéréo 497.
chaînes d'ancrage 652.
chaînette de levage 265.
chaire 737.
chaise 277, 723, 734.
chaise berçante 277.
chaise dactylo 511.
chaise haute 281.
chaise longue 277.
chaise pliante 277.
chaise-escabeau 277.
chaises des joueurs 813.
chaises empilables 277.
chaises, exemples 277.
chalaze 117.
châle 337.
chalet de montagne 886.
chalet du sommet 886.
chalet principal 886.
chaloupe de sauvetage 604, 608.
chalumeau 319, 432.
chalumeau coupeur 319.
chalumeau soudeur 319.
chalutier 606.
chambranle 247, 249.
chambre 251, 584, 650, 902.
chambre à air 117.
chambre à poudre 753.
chambre à vide 694.
chambre antérieure 177.
chambre d'expansion 695.
chambre d'hôpital 780.
chambre d'isolement 778.
chambre d'observation 694.
chambre d'observation 778, 781.
chambre d'observation psychiatrique 778.
chambre de combustion 256, 259, 564, 566.
chambre de combustion annulaire 627.
chambre de cuisson 465.
chambre de décharge 402.
chambre de la reine 402.
chambre de mélange 319.
chambre de vantail 597.
chambre des machines 763.
chambre des officiers 764.
chambre des pompes 606.
chambre des torpilles 763.
chambre double 724.
chambre du roi 402.
chambre forte 731.
chambre froide 180, 181, 722.
chambre noire 484.
chambre photographique 480, 694.
chambre postérieure 177.
chambre principale, plafond cathédrale 251.
chambre principale, toit cathédrale 251.
chambre pulpaire 159.
chambre simple 724.
chambre souterraine 402.
chambres d'hôtel 724.
chameau 129.
champ centre 795.
champ d'épandage 263.
champ d'héliostats 674.
champ de tir 893.
champ droit 795.
champ gauche 795.
champ géothermique 646.
champ magnétique 494, 687.
champignon 76, 591.
champignon de couche 183.
champignon mortel 76.
champignon vénéneux 76.
champignon, structure 76.
champignons 183.
chandelle de relevage 640.
chanfrein 124.
change 725.
changement de piste 501.
chanterelle commune 183.
chape 254, 284, 445.
chapeau 76, 471.

chapeau d'angle 587.
chapeau de feutre 340.
chapeau de ventilation 262.
chapeau du battant 460.
chapelle 408, 726.
chapelle axiale 410, 411.
chapelle latérale 410.
chapiteau 405, 440.
chapka 340.
chapon 213.
char d'assaut 758.
charcuterie 216.
chardonneret 118.
charge 686.
charge électrique, mesure 702.
charge explosive 653, 757.
charge militaire 759.
charge utile 24, 25.
chargeur 306, 754, 755, 893.
chargeur automatique 512.
chargeur manuel 512.
chargeuse frontale 637.
chargeuse-pelleteuse 637.
chariot 284, 319, 428, 456, 634, 693, 835, 869.
chariot à bagages 582.
chariot à dentelle 456.
chariot à livres 733.
chariot à palette 633.
chariot à plateau 633.
chariot avant 456.
chariot d'entraînement 284.
chariot de croisement 284.
chariot élévateur 632.
chariot transbordeur 542.
chariots 181, 456.
Charles IX 343.
charnière 238, 294, 386, 389, 465, 500, 554, 692, 889.
charnière de la visière 575.
Charon 5.
charpente 252, 403, 406.
charpente verticale 461.
charrue à soc 641.
chas 453, 454.
chasse 426, 472, 912.
chasse-clou 301.
chasse-neige à soufflerie 573.
chasse-neige basse 57.
chasse-neige haute 57.
chasse-pierres 585, 586.
châssis 327, 448, 449, 632, 633, 638, 639, 641, 642.
châssis de bogie 586.
châssis-presse 484.
chasuble 356.
chat 132.
chat de l'île de Man 133.
chat, morphologie 133.
chat, tête 132.
châtaigne d'eau 184.
château d'eau 589.
château fort 408.
chaton 376.
chats, races 132.
chaudière 259, 674.
chauffage 256.
chauffage à air chaud pulsé 258.
chauffage à eau chaude 259.
chauffage au bois 256.
chauffage d'appoint 260.
chauffage, bouches 258.
chauffe-eau 262, 266, 675.
chauffe-eau au gaz 267.
chauffe-eau électrique 266.
chaufferette 903.
chaumard 835.
chausse-pied 345.
chaussée 538, 543, 712.
chaussée cahoteuse 545, 547.
chaussée glissante 545, 547.
chaussée rétrécie 544, 547.
chaussette 351, 365, 802, 808, 822, 848.
chaussette-étrier 796.
chaussettes 351.
chaussettes hautes 805.
chausson 840, 841.
chausson d'escalade 900.
chausson intérieur 889, 895.
chaussure 798, 801, 810, 865, 870, 872, 880, 881, 892, 895.
chaussure à crampons 796, 805, 808.
chaussure d'alpinisme 901.
chaussure d'escrime 848.
chaussure d'haltérophilie 850.
chaussure de football 802.
chaussure de lutte 843.
chaussure de piste 791.
chaussure de saut à ski 891.
chaussure de ski 888, 889.
chaussure de sport 370.
chaussure de tennis 822.
chaussure, parties 342.
chaussures 342.
chaussures à crampons 885.
chaussures d'enfants 717.
chaussures d'homme 342.
chaussures d'hommes 716.
chaussures de femme 343.
chaussures de femmes 716.
chaussures de golf 869.
chaussures de sport 716.
chaussures unisexes 344.
chaussures, accessoires 345.
chauve-souris 140.
chauve-souris fer de lance 141.
chauve-souris, morphologie 140.
chauve-souris, squelette 141.
chauves-souris, exemples 141.
chayote 189.
chef 740.
chef de cuisine 721.
chef de partie 721.
chef de tapis 843.
chef décorateur 428.
chef électricien 429.
chef machiniste 428.
chef mécanicien 873.
chef opérateur du son 429.
chemin 866.
chemin couvert 409.
chemin d'évacuation 543.
chemin de fer 39.
chemin de fer métropolitain 592.
chemin de ronde 408, 409.
chemin de ronde couvert 408.
chemin de roulement 634.
cheminée 44, 245, 250, 257, 259, 267, 599, 604, 646, 650.
cheminée à foyer ouvert 256.
cheminée à minerai 650.
cheminée antisuie 608.
cheminée d'échappement 570, 639, 640.
chemise 349, 532, 912.
chemise de nuit 364.
chemise du donjon 408.
chemise en acier 689.
chemises d'hommes 716.
chemisier classique 359.
chemisiers, exemples 359.
chenal principal 617.
chenal secondaire 617.
chêne 88.
chenets 257.
chenille 97, 636, 758, 876.
chèque de voyage 729.
chèques 729.
chéquier 386.
chercheur 14, 15.
chérimole 196.
cheval 124, 129, 826.
cheval d'arçons 826.
cheval d'arçons 824.
cheval sautoir 824, 825.
cheval, anatomie 125.
cheval, morphologie 124.
cheval, squelette 126.
cheval-sautoir 826.
chevalement 650.
chevalet 399, 433, 439, 440, 441, 443.
chevalet de câble de garde 663.
chevalet des aigus 442.
chevalet des basses 442.
Chevalet du Peintre 11.
chevalière 376.
chevelu 87.
Chevelure de Bérénice 13.
chevet 411.
cheveux 147, 149.
cheville 146, 148, 278, 439, 440, 459, 462.
cheville d'accord 442.
chevillier 439.
chèvre 128.
chèvre frais 210.
chevron 252, 740.
chiasma optique 167.
chicane 872.
chicorée de Trévise 186.
chicorée frisée 187.
chien 130, 752, 754, 861, 912, 913.
chien, morphologie 130.
chien, squelette 131.
Chiens de Chasse 13.
chiens, races 130.
chiffonnier 279.
chiffres 472.
chiffres romains 703.
chignole 307.
chiisme 736.
Chili 742.
chimie 680.
chimie, symboles 684.
chimpanzé 139.
Chine 747.
chinois 231, 468.
chipolata 216.
chirurgie mineure 778.
chiton 336.
chlamyde 336.
chlore 683.
chloroplaste 74.
choanocyte 95.
chocolat 208.
chocolat au lait 208.
chocolat blanc 208.
chocolat noir 208.
chondrite 8.
chope à bière 225.
chope à café 226.
chorizo 216.
choroïde 177.
chou cavalier 186.
chou de Milan 186.
chou frisé 186.
chou laitue 186.
chou marin 186.
chou pommé blanc 186.
chou pommé rouge 186.
chou pommé vert 186.
chou-fleur 187.
chou-rave 185.
choux de Bruxelles 186.
chow-chow 130.
chœur 410, 411.
christianisme : le Nouveau Testament 736.
chromatine 94.
chrome 683.
chromosphère 6.
chronique 471.
chronologie des religions 736.
chronomètre 488, 696, 831.
chronomètre de jeu 789.
chronomètre électronique automatique 831.
chronométreur 810, 814, 842, 845, 846, 847, 848, 881, 900.
chronométreur de couloir 830.
chronométreur des trente secondes 810.
chronométreur en chef 830.
chronométreurs 827, 844, 883.
chrysalide 97.
chukka 342.
chute 47, 362, 836.
chute d'eau 48.
chute de neige, mesure 59.
chute libre 896.
chutes de pierres 545, 547.
chutney à la mangue 201.
Chypre 744.
cible 40, 41, 859, 861, 893, 918.
cibles 848.
ciboule 184.
ciboulette 184.
ciel clair 56.
ciel complètement obscurci 56.
ciel couvert 56.
ciel d'orage 65.
ciel nuageux 56.
ciel peu nuageux 56.
ciel sans nuages 56.
ciel très nuageux 56.
cierge 737.
cigale 101.
cigare 390.
cigarette 390.
cigogne 119.
cil 94, 177.
cilié 79.
cils 132.
cimaise 404.
cime 87.
cimetière 39, 711.
cimier 748.
cimier mobile 17.
cinéma 427, 608, 710, 714.
cinéma maison 493.
cinq 703.
cinq cents 703.
cinq-épices chinois 199.
cinquante 703.
cintres 430.
circonférence 704.
circuit capteurs 559.
circuit d'eau chaude 262.
circuit d'eau froide 262.
circuit d'évacuation 262.
circuit de 120 V 272.
circuit de 240 V 272.
circuit de freinage 552, 559.
circuit de photopiles 673.
circuit de plomberie 262.
circuit de supercross 875.
circuit de ventilation 262.
circuit électrique 274.
circuit électrique en parallèle 687.
circuit imprimé 689.
circuit intégré 689.
circuit intégré en boîtier 689.
circuit, course automobile 872.
circuit, motocyclisme 874.
circulation dans les deux sens 544, 546.
circulation de l'eau 95.
circulation sanguine 160.
circulation sanguine, schéma 161.
cireur 345.
cirque 7.
cirque glaciaire 46.
cirro-cumulus 56, 62.
cirro-stratus 56, 62.
cirrus 56, 62.
cisaille 424, 484, 535.
cisaille à haies 330.
cisaille à volaille 233.
ciseau 421.
ciseau à bois 309.
ciseaux 454, 777, 905.
ciseaux à cuticules 377.
ciseaux à denteler 454.
ciseaux à effiler 382.
ciseaux à ongles 377.
ciseaux de coiffeur 382.
ciseaux de cuisine 233.
ciseaux de pédicure 377.
ciseaux de sûreté 377.
ciseaux sculpteurs 382.
citerne 572, 573, 607.
cithare 432.
citron 194.
citrouille 189.
civière 775, 776.
clairon 447.
clapet 265, 268, 456, 506.
clapet de non-retour 319.
clapet de retenue 263.
claque 342, 371.
claquette 429.
clarinette 446.
clarinette basse 437.
clarinettes 437.
classeur 532.
classeur à clapets 510.
classeur à soufflets 386.
classeur mobile 510.
classification de Hubble 9.
clavardage 525.
claveau 413.
clavecin 443.
clavette 249.
clavicule 111, 116, 122, 141, 142, 152.
clavier 442, 450, 506, 507, 514, 526, 865.
clavier à pédales 444.
clavier accompagnement 432.
clavier alphanumérique 506, 507, 548, 730, 731.
clavier chant 432.
clavier d'identification personnelle 731.
clavier de grand orgue 444.
clavier de positif 444.
clavier de récit 444.
clavier manuel 445.
clavier numérique 507, 699.
claviers manuels 444.
clayette 291.
clé 249, 446.
clé à chaîne 315.
clé à crémaillère 315.
clé à douille à cliquet 311.
clé à fourches 311.
clé à molette 311.
clé à percussion 767.
clé à sangle 315.
clé à tuyau 315.
clé coudée à tuyau 315.
clé d'ut 434.
clé de barrage 767.
clé de bocal 446.
clé de bras 844.
clé de contact 332, 333.
clé de fa 434.
clé de mandrin 306.
clé de sol 434.
clé de voûte 410, 413.
clé en croix 558.
clé mixte 311.
clé polygonale 311.
clé polygonale à cliquet 311.
clé polygonale à têtes fendues 311.
clés 311, 315, 434, 451.
client 487.
clignotant 571.
clignotant arrière 575.
climatisation 775.
climatiseur 567.
climatiseur de fenêtre 261.
climats arides 61.
climats de montagne 61.
climats du monde 61.
climats polaires 61.
climats tempérés chauds 61.
climats tempérés froids 61.
climats tropicaux 61.
clinfoc 603.
cliquet 302, 307, 460, 696, 697.
clitoris 170.
cloaque 103, 110, 113, 116.
cloche 341, 858.
clocher 411, 737.
clocheton 408, 410, 411.
clochettes 449.
cloison 82, 175, 771, 902, 915, 919.
cloison longitudinale 606.
cloison mobile 509, 510, 719.
cloison transversale 606.
clôture 182, 244.
clôture de sécurité 890.
clôture du champ extérieur 795.
clôture en lattis 322.
clou 127, 301.
clou à maçonnerie 301.
clou à tête homme 301.
clou à tige spiralée 301.
clou commun 301.
clou coupé 301.
clou de girofle 198.
clou millésimé 590.
clous, exemples 301.
club-house 856.
coach 549.
cobalt 683.
cobaye 123.
cobra 114.
coccinelle 101.
coccyx 152, 157.
Cocher 12.
cocheur d'allée 868.
cocheur d'approche 868.
cocheur de sable 868.
cochlée 174.
cochonnet 864.
cockpit 834.
code 528.
code des produits 699.
code temporel 429.
coelophysis 93.
coffre 279, 551, 577, 672, 673.
coffre à bagages 567.
coffre d'appareillage 585.
coffre de rangement 570, 766.
coffre-fort 731, 769.
coffret 494.
coffret de branchement 273.
coffret de sûreté 731.
coiffe 24, 77, 426, 909.
coiffeur 428.
coiffeuse 264.
coiffure 340, 380.
coiffures d'homme 340.
coiffures de femme 341.
coiffures unisexes 341.
coin 426, 444, 842.
coin cuisine 509.
coin de patinoire 878.
coin-repas 224, 250.
coinceur 900, 901.
coing 193.
col 45, 348, 349, 352, 362, 370, 494, 868.
col banane 362.
col berthe 363.
col cagoule 363.
col châle 362.
col chemisier 362.

col chinois 363.
col Claudine 362.
col cravate 362.
col de l'utérus 170.
col du fémur 153.
col italien 349.
col marin 362.
col officier 363.
col pointes boutonnées 349.
col polo 363.
col roulé 354, 363, 892.
col tailleur 355, 362.
col transformable 352.
col-de-cygne 255, 638.
colette 374.
colibri 118.
colis postal 475.
collant 365.
collant fantaisie 368.
collant sans pied 371.
collatéral 411.
collatérale 168.
colle 254.
collecte sélective 71.
collecteur 659, 688.
collecteur d'appareil 262.
collecteur d'échappement 552, 564, 566.
collecteur d'électrons 689.
collecteur d'évacuation 262.
collecteur de graisse 239.
collecteur de vapeur primaire 669.
collecteur du réacteur 669.
collecteur principal 262, 263.
collerette 339, 363.
collet 77, 159, 227, 257, 308, 425, 610, 913.
collet de l'axone 168.
collet repoussé 269.
colley 130.
collier 234, 838, 857, 889.
collier cervical 775.
collier coupe-feu 257.
collier de perles, longueur matinée 374.
collier de serrage 59, 851.
collier de serrage du casque 20.
collier de soirée 374.
collier-de-chien 374.
colliers 374.
colline 45.
colline abyssale 49.
collybie à pied velouté 183.
Colombe 11.
Colombie 742.
colombin 465.
côlon 97, 113, 125.
côlon ascendant 164.
côlon descendant 164.
côlon pelvien 164.
côlon transverse 164.
colonne 47, 64, 307, 403, 405, 425, 440, 452, 471, 482, 485, 594, 919.
colonne ascendante 259.
colonne avec capuchon 64.
colonne corinthienne engagée 407.
colonne d'air 271.
colonne d'alcool 695.
colonne de collecte du papier 71.
colonne de collecte du verre 71.
colonne de direction 552.
colonne de mercure 695.
colonne de production 654.
colonne de radiateur 259.
colonne de stabilisation 652.
colonne de ventilation 262.
colonne de ventilation principale 262.
colonne descendante 259.
colonne dorique engagée 407.
colonne ionique engagée 407.
colonne montante d'eau chaude 262.
colonne montante d'eau froide 262.
colonne vertébrale 109, 121, 152, 167.
colorant capillaire 379.
cols, exemples 362.
columelle 105.
coma 8.
combattant 844, 846.
combinaison 351, 369, 852, 874, 884, 887.
combinaison de course 882.
combinaison de nuit 369.
combinaison de protection 875.
combinaison de saut à ski 891.
combinaison de ski 888, 892.
combinaison de ski de vitesse 891.
combinaison de vol 896.
combinaison gagnante 920.
combinaison résistante au feu 872.
combinaison-jupon 366.
combinaison-pantalon 358.
combinaisons au poker 914.
combiné 366, 506, 507.
combiné 2 dans 1 380.
combiné bucco-dentaire 384.
combiné-culotte 366.
combustible 665, 670.
combustible : uranium enrichi 671.
combustible : uranium naturel 670.
combustible défectueux sous gaine 666.
combustible fossile 68, 70.
combustible nucléaire, manipulation 666.
combustion 564, 565, 627.
comète 8.
comité d'arbitrage 845.
commande amovible 239.
commande au pied 452.
commande d'accélération 331.
commande d'aérofrein 898.
commande d'alimentation en oxygène 898.
commande d'arrêt 495.
commande d'avance rapide 495.
commande d'éjection de la cassette 495.
commande d'enregistrement 495.
commande d'essuie-glace 556.
commande d'inclinaison latérale 898.
commande d'insertion du papier 529.
commande de barrières 591.
commande de chauffage 556.
commande de dossier 555.
commande de largage de câble 898.
commande de largage de la verrière 898.
commande de lecture 495.
commande de marche arrière 483.
commande de marche avant 483.
commande de marge 528.
commande de mémoire 479.
commande de panneau solaire 60.
commande de positionnement du spécimen 694.
commande de rebobinage 495.
commande de remise à zéro 495.
commande de sélection de l'ouverture 694.
commande de sélection manuelle 483.
commande de température 291.
commande de ventilateur 261.
commande de virage 898.
commande de vitesse 236.
commande de volume 508.
commande de volume de la sonnerie 506.
commande de volume du récepteur 506.
commande des freins 896, 897.
commande du chariot 456, 693.
commande du rétroviseur 554.
commande électrique de paiement 920.
commande électrique du zoom 496.
commande mémoire 506.
commandes de la bande vidéo 496.
commandes de préréglage 495.
commandes du magnétoscope 495.
commandes du pilote automatique 626.
commandes du treuil 573.
commencement du patron 456.
commerce électronique 525.
commis débarrasseur 721.
commissaire 875.
commissaire de piste 853, 855.
commissaire en chef 855.
commissure labiale 174.
commode 279.
communication par téléphone 506.
communication sans fil 505.
communications 468.
communications aériennes 487.
communications individuelles 487.
communications industrielles 487.
communications maritimes 487.
communications militaires 487.
communications routières 487.
commutateur 316, 483, 523.
commutateur alimentation/fonctions 496.
commutateur d'alimentation 477.
commutateur de prise de vues nocturne 496.
commutateur marche/arrêt 476.
commutateur mono/stéréo 498.
Comores 746.
compactage 71.
compartiment 416.
compartiment à fret 625.
compartiment à médicaments 775.
compartiment bagages 585.
compartiment d'accessoires 289.
compartiment de la production d'électricité 763.
compartiment de première classe 624.
compartiment de réservoir d'eau 628.
compartiment de sac 289.
compartiment des instruments 60.
compartiment des voitures 608.
compartiment du réacteur 763.
compartiment moteur 568.
compartiment pour documents 527.
compartiment pour la planche dorsale 775.
compartiment pour ordinateur 527.
compartiment touriste 625.
compartiment voyageurs 585.
compartiment-couchette 570.
Compas 11.
compas 898.
compas d'épaisseur 423.
compas magnétique liquide 612.
compensateur de poussée latérale 500.
compétition 789.
compétition de cyclisme sur route 870.
complexe hydroélectrique 657.
complexe sportif 709, 788.
compluvium 406.
composantes d'un microscope électronique 694.
composite inférieur 24.
composite supérieur 24.
composition du sang 162.
compresse stérilisée 777.
compresseur 260, 533.
compresseur centrifuge 627.
compresseur d'air 586.
compresseur d'air 320.
compresseur du climatiseur 566.
compression 564, 565, 627.
compression/admission 565.
comprimé 783.
comptabilité 509.
compte-pose 485.
compte-rangs 456.
compte-touches électrique 848.
compte-tours 557.
compteur 262, 499.
compteur d'électricité 273.
compteur kilométrique 557.
comptoir 722.
comptoir d'enregistrement 620.
comptoir de prêt 733.
comptoir de renseignements 620, 719, 730, 733, 769, 779.
comptoir de retour des livres 733.
comptoir de vente de friandises 427.
comptoir de vente des billets 620.
comptoir des fromages 181.
comptoir des viandes libre-service 180.
comptoir du bar 720.
comptoir libre-service 722.
concentrateur 522, 523.
concentration des gaz à effet de serre 68.
concentration du faisceau 694.
concentré de tomate 200.
concessionnaire d'automobiles 711.
conchiglie 206.
concombre 188.
concombre sans pépins 188.
condensateur à film plastique 689.
condensateur céramique 689.
condensateurs électrolytiques 689.
condensation 67, 680.
condensation de la vapeur 665.
condenseur 646, 668, 674, 693, 694.
condiments 200, 723.
conditionnement d'air 608.
conditionnement de l'air 261.
conditionnement de l'air, appareils 261.
condor 119.
conducteur 857.
conducteur de phase 273.
conducteur de terre 273.
conducteur dérivé 687.
conducteur en faisceau 663.
conducteur neutre 273.
conduction 681.
conduit 445.
conduit auditif 174.
conduit auditif externe 158.
conduit d'aération 402.
conduit d'essence 553, 563.
conduit de chauffage 293.
conduit de distribution vertical 258.
conduit de la glande 112.
conduit de raccordement 256.
conduit hydraulique 641, 642.
conduit lactifère 171.
conduite à la terre 655.
conduite d'admission principale 655.
conduite d'admission secondaire 655.
conduite d'alimentation 262.
conduite d'eau 294.
conduite d'eau chaude 270, 271.
conduite d'eau froide 270, 271.
conduite d'eau potable 712.
conduite de gaz 712.
conduite de transfert de carburant 25.
conduite des pièces 920.
conduite forcée 657, 658, 664.
conduite principale 265.
condyle externe 153.
condyle interne 153.
cône 89, 177, 494, 705, 882, 883.
cône adventif 44.
cône d'entrée 627.
cône d'ombre 6, 7.
cône de pénombre 6, 7.
cône femelle 89.
cône mâle 89.
confessionnal 737.
configuration des continents 28.
configuration du littoral 51.
confiserie 717.
confluent 48.
confucianisme : Confucius 736.
Confucius 736.
congélateur 224, 291, 720.
congélateur coffre 291.
Congo 34, 745.
conifère 89.
conifères, exemples 89.
conjonctive 177.
connecteur 272, 488.
connecteur à serrage mécanique 663.
connecteur d'extension AGP 513.
connecteur d'extension ISA 513.
connecteur d'extension PCI 513.
connecteur de liaison 272.
connecteur de mémoire vive 513.
connecteur en T 522.
connexion 916.
conque 173.
conseiller de production 490.
conseillers musicaux 490.
conserves 181.
consigne automatique 582.
console 412, 440, 661, 663.
console centrale 556.
console d'accotoir 276.
console d'instruments 841.
console d'orgue 444.
console de jeu 918.
consolette de l'annonceur 488.
consolette du réalisateur 488.
consommateurs primaires 67.
consommateurs secondaires 67.
consommateurs tertiaires 67.
constellations de l'hémisphère austral 10.
constellations de l'hémisphère boréal 12.
contact 916.
contact de terre 274.
contact électrique 476.
contact négatif 672, 673.
contact positif 672, 673.
contacteur 263.
conteneur 605, 635.
conteneur à boîtes métalliques 71.
conteneur à papier 71.
conteneur à verre 71.
conteneurs 635.
conteneurs de collecte sélective 71.
continent 7, 49.
continental humide, à été chaud 61.
continental humide, à été frais 61.
continents, configuration 28.
contre 813.
contre-attrape 443.
contre-fer 309.
contre-fiche 253.
contre-flèche 634.
contre-garde 409.
contre-platine 500.
contre-rail 590.
contre-sanglon 855.
contrebasse 439.
contrebasses 437.
contrebassons 437.
contrefiche 663.
contrefort 45, 370, 410, 660.
contremarche 255, 460.
contreparement 300.
contreplaqué multiplis 300.
contrepoids 14, 16, 417, 500, 542, 591, 634, 638, 639, 640.
contrescarpe 409.
contrevent 249.
contrôle 514.
contrôle : sélection de groupe 514.
contrôle d'alimentation en oxygène 898.
contrôle de la couleur 512.
contrôle de la photocopie 512.
contrôle de la stéréophonie 504.
contrôle de la température 267.
contrôle de la température du corps 20.
contrôle de la vapeur 288.
contrôle de la vitesse 452.
contrôle de programmation 261.
contrôle de sécurité 621.
contrôle de tabulation 528.
contrôle de température 465.
contrôle de tonalité des aigus 441, 497, 503.
contrôle de tonalité des graves 441, 497, 503.
contrôle des entrées et sorties du personnel 726.
contrôle des passeports 621.
contrôle douanier 621.
contrôle du champ sonore 497.
contrôle du contraste 512.
contrôle du gain 613.
contrôle du plateau 501.
contrôle du séquenceur 450.
contrôle du volume 450, 507.
contrôle thermique 259.
contrôles de l'équipement de survie 20.
contrôles du lecteur de cassette 504.
contrôles du lecteur laser 504.
contrôleur 582.
contrôleur à vent de synthétiseur 451.
contrôleur d'images 489, 490.
convecteur 260.
convection 681.
conversion du travail mécanique en électricité 662.
convertisseur catalytique 553.
convertisseur de couple 292.
convoyeur 646, 647, 649.
convoyeur à bagages 623.
cooksonia 92.
coordonnées célestes 13.
coordonnées terrestres 35.
copie recto/verso 512.
copropriété 886.
copyright 473.
coq 120.
coque 84, 217, 389, 567, 575, 599, 834, 876, 884.
coque inférieure 889.
coque supérieure 889, 895.
coquelicot 80.
coquillage bivalve 105.
coquillage bivalve, anatomie 105.
coquillage bivalve, morphologie 105.
coquillage univalve 105.
coquillage univalve, morphologie 105.
coquille 104, 105, 106, 117, 276, 808, 849, 880.
coquille de protection 843.
coquille Saint-Jacques 217.
coquilleur à beurre 229.
cor anglais 446.
cor d'harmonie 447.
coracoïde 111, 116.
Coran 736.
Corbeau 11.
corbeau 118, 256, 408.
corbeille 431.
corbeille à papier 535.
corbeille à pollen 98.
corbeille suspendue 322.
cordage 908.
cordage commis 908.
cordage tressé 908.
corde 439, 440, 443, 686, 750, 823, 842, 859, 900, 901, 913.
corde à sauter 850.
corde d'accrochage 460.
corde d'assurage 900.
corde de couloir 831.
corde de faux départ 830.
corde de tension 433.
corde de tirage 321.
corde vocale 163.
cordeau 313, 324.
cordeau à tracer 313.
cordée 79, 900.

cordelière 282.
cordes 433, 442.
cordes d'accompagnement 432.
cordes de mélodie 432.
cordes de timbre 448.
cordier 433, 439.
Cordillère australienne 29.
Cordillère des Andes 31.
cordon 285, 288, 289, 316, 331, 332, 488, 504, 505.
cordon à gaine métallique 507.
cordon coulissant 353.
cordon d'alimentation 382, 383.
cordon d'alimentation 237, 305, 308, 381, 497.
cordon d'alimentation en courant continu 526.
cordon d'alimentation pivotant 381.
cordon d'alimentation secteur 526.
cordon de combiné 506.
cordon de dunes 52.
cordon de tirage 284, 285.
cordon littoral 51.
cordon tire-feu 756.
coréen 469.
coriandre 202.
corne 376, 602.
corne antérieure 167.
corne de feu 766.
corne de guidage de l'attelage 585.
corne postérieure 167.
cornée 177, 691.
cornemuse 432.
cornet à dés 915.
cornet à pistons 437, 447.
cornet inférieur 175.
cornet moyen 175.
cornet supérieur 175.
corniche 245, 247, 278, 403, 404, 697.
cornichon 188.
corolle 80.
corona radiata 170.
corps 176, 240, 268, 306, 382, 390, 444, 446, 470, 693, 700, 793, 909, 918.
corps calleux 167.
corps caverneux 169.
corps célestes 4.
corps cellulaire 168.
corps ciliaire 177.
corps de garde 408, 409.
corps de l'ongle 172.
corps de la fusée 757.
corps de piston 447.
corps de pompe 776.
corps de ruche 100.
corps du fornix 167.
corps du pistolet 320.
corps en bakélite® 757.
corps humain 146.
corps vertébral 157, 168.
corps vitré 177.
corps-mort 615.
corpuscule de Meissner 172.
corpuscule de Pacini 172.
corpuscule de Ruffini 172.
correcteur liquide 534.
correcteur orthographique 528.
correction d'exposition 476.
correction de caractères 528.
correction de mots 528.
cors anglais 437.
cors d'harmonie 437.
corsage-culotte 359.
corsaire 358.
corset 337, 367, 663.
corymbe 81.
cosmétiques 717.
cosse 84.
Costa Rica 742.
costume 428.
costume ancien, éléments 336.
costumes 716.
cotardie 337.
côte 49, 112, 116, 121, 122, 126, 131, 136, 138, 141, 142, 214, 215, 909.
côté 431.
côte axiale 105.
côté bassin 664.
côté cour 431.
côte d'azur 871.
Côte d'Ivoire 745.
côté femelle 453.
côte flottante 138.
côte flottante (2) 152.
côté jardin 431.
côté mâle 453.
côté mer 664.
côte spiralée 105.
côtelette 215.
côtes 152.
côtes levées de dos 214.
côtes, exemples 51.
coton hydrophile 777.
coton-tige 777.
cotre Marconi 601.
cotret 676.
cottage 210.
cotte de mailles 749.
cotylédon 77.
cou 113, 147, 148, 149, 169, 826.
couche 368.
couche antireflet 672.
couche arable 78.
couche basale 172.
couche claire 172.
couche cornée 172.
couche d'aluminium 501.
couche d'ozone 53.
couche de base 538.
couche de cendres 44.
couche de fondation 538.
couche de laves 44.
couche de Malpighi 172.
couche de surface 538.
couche drainante 660.
couche fluorescente 275.
couche granuleuse 172.
couche imperméable 651.
couche-culotte 368.
couches de déchets 69.
couchette 584.
coude 124, 130, 140, 147, 149, 156, 258, 269, 385.
coude à 180° 269.
coude à 45° 269.
coude de renvoi 269.
coudes 206.
coudière 808, 895.
coulant 391.
coulée de boue 47.
coulée de lave 44.
couleur 914.
couleur à l'huile 397.
couleurs primaires 400.
couleurs secondaires 400.
couleurs tertiaires 400.
couleurs, exemples 741.
couleurs, synthèse 690.
couleuvre rayée 114.
coulis de tomate 200.
coulisse 350.
coulisse d'accord 447.
coulisse d'entrée 100.
coulisse du deuxième piston 447.
coulisse du premier piston 447.
coulisse du troisième piston 447.
coulisses 430.
couloir 788, 790, 817, 820, 830, 831, 882.
couloir ascendant 402.
couloir central 584.
couloir d'échauffement 882.
couloir d'intercommunication 584.
couloir de sécurité 728.
couloir descendant 402.
coulomb 702.
coulommiers 211.
coup d'approche 866.
coup de départ 866.
coup de patin 892.
coup de pied de brasse 832.
coup de pied de crawl 832.
coup de pied de papillon 832.
Coupe 11.
coupe 920.
coupé 740.
coupe à mousseux 225.
coupe d'un aérographe 398.
coupe d'un appareil reflex 477.
coupe d'un barrage à contreforts 660.
coupe d'un barrage en remblai 660.
coupe d'un barrage-poids 661.
coupe d'un barrage-voûte 661.
coupe d'un bulbe 78.
coupe d'un follicule : anis étoilé 84.
coupe d'un grain de blé 85.
coupe d'un lanceur spatial (Ariane V) 24.
coupe d'un lanceur spatial (Saturn V) 25.
coupe d'un microscope électronique 694.
coupe d'un observatoire astronomique 17.
coupe d'un raisin 83.
coupe d'un rayon de miel 100.
coupe d'un télescope 15.
coupe d'une balle de golf 867.
coupe d'une bille 300.
coupe d'une bouche à feu 753.
coupe d'une capsule : pavot 84.
coupe d'une centrale hydroélectrique 658.
coupe d'une fraise 83.
coupe d'une framboise 83.
coupe d'une gousse : pois 84.
coupe d'une lunette astronomique 14.
coupe d'une molaire 159.
coupe d'une noisette 84.
coupe d'une noix 84.
coupe d'une orange 82.
coupe d'une pêche 81.
coupe d'une pipe 390.
coupe d'une pomme 82.
coupe d'une route 538.
coupe d'une rue 712.
coupe d'une silique : moutarde 84.
coupe de l'atmosphère terrestre 53.
coupe de l'usine 664.
coupe de la croûte terrestre 42.
coupe de la nacelle 677.
coupe sagittale 169, 170.
coupe transversale du tronc 87.
coupe-bordures 326.
coupe-cigare 390.
coupe-circuit 663.
coupe-circuit d'urgence 576.
coupe-circuit limiteur de température 266.
coupe-cuticules 377.
coupe-feu 252.
coupe-fil 317, 453.
coupe-ongles 377.
coupe-œuf 233.
coupe-papier 531.
coupe-tube 314.
coupe-vent 899.
coupée 606.
coupelle 287.
coupelle d'étanchéité 773.
couperet 229.
couple 881.
coupleur hydraulique 640.
coupole 614.
coupole du mihrab 738.
coupole du porche 738.
coupole rotative 17.
coups 820.
cour 182, 408, 727, 738.
cour de récréation 735.
courant 597.
courant de convection 681.
courant électrique, mesure 702.
courant, adaptateur 526.
courbure 911.
coureur, skeleton 885.
coureurs 875.
courge 188.
courge à cou droit 189.
courge à cou tors 189.
courge spaghetti 189.
courgeron 189.
courgette 188.
couronne 6, 124, 159, 398, 416, 448, 696, 729.
Couronne australe 10.
Couronne boréale 13.
couronne d'aubage 659.
couronne d'orientation 638.
couronne de table 374.
couronnement 255, 661.
couronnement du barrage 664.
courrier 474.
courrier des lecteurs 471.
courrier électronique 525.
courrier international 475.
courrier local 475.
courrier non oblitéré 474.
courrier oblitéré 474.
courrier régional 475.
courroie d'attache 391.
courroie d'entraînement 292.
courroie de distribution 566.
courroie de rêne 857.
courroie de sécurité 818.
courroie de tige 889.
courroie de transmission 605.
courroie de ventilateur 552, 566.
cours d'eau 48, 70.
course automobile 872.
course de chevaux : course attelée 857.
course de chevaux : turf 856.
coursier d'évacuateur 657.
court 818, 819, 820.
court de service droit 821.
court de service gauche 821.
court péronier latéral 151.
courte piste 883.
courtine 408.
courts de tennis 788.
couscous 204.
couscoussier 235.
cousin 785.
cousine 785.
cousoir 424.
coussin 458.
coussin arrière 862.
coussin carré 280.
coussin d'air 370.
coussin de protection 823.
coussin de rembourrage 842.
coussin de tête 862.
coussinet carpien 130.
coussinet d'émeri 454.
coussinet de glissement 590.
coussinet de l'ergot 130.
coussinet digité 130, 133.
coussinet en mousse 772.
coussinet palmaire 130.
coussinet plantaire 133.
couteau 217, 227, 236, 237, 240, 401, 841, 905, 907.
couteau à beurre 228.
couteau à bifteck 228.
couteau à découper 229.
couteau à désosser 229.
couteau à dessert 228.
couteau à filets de sole 229.
couteau à fromage 228.
couteau à huîtres 229.
couteau à jambon 229.
couteau à pain 229.
couteau à pamplemousse 229.
couteau à peindre 397.
couteau à poisson 228.
couteau à zester 229.
couteau d'électricien 317.
couteau d'office 229.
couteau de chef 229.
couteau de combat 751.
couteau de cuisine 229.
couteau de potier 464.
couteau de table 228.
couteau électrique 237.
couteau en silex 748.
couteau suisse 905.
couteaux de cuisine, exemples 229.
couteaux, exemples 228.
coutisse 459.
coutre 641, 643.
couture 390, 424, 452, 797, 798.
couture d'assemblage 346.
couture médiane 349.
couture, accessoires 454.
couturier 150.
couvercle 234, 237, 238, 239, 240, 241, 261, 265, 273, 274, 291, 292, 295, 313, 391, 398, 465, 477, 483, 484, 500, 512, 767, 907.
couvercle coulissant 612.
couvercle de batterie 562.
couvercle de culasse 552, 566.
couvercle de la turbine 659.
couvercle de propreté 290.
couvercle de réservoir 265.
couvercle inférieur 689.
couvercle supérieur 689.
couvert 227.
couverts 722.
couverture 280.
couvre-bassinet 752.
couvre-culasse 755.
couvre-filtre 773.
couvre-oreiller 280.
couvre-plateau 500.
couvrure 425.
Cowper, glande 169.
cœur 82, 97, 99, 103, 104, 105, 106, 107, 109, 110, 112, 116, 125, 162, 163, 212, 256, 822, 914.
cœur de croisement 590.
cœur du réacteur 670, 671.
crabe 218.
cracker de seigle 205.
cracker scandinave 205.
craie 863.
crampon 345, 371, 590, 798, 893.
crampon de fermeture 389.
crampons interchangeables 802.
cran 348, 350, 362, 455, 698, 791, 909.
cran de mire 754.
cran de réglage 310, 889.
crâne 106, 109, 116, 121, 126, 136, 138, 141, 142, 146.
crâne d'enfant 158.
crâne, vue latérale 158.
crapaud commun 111.
cratère 7, 44, 647.
cravache 853, 856.
cravate 349.
cravates 716.
crawl 832.
crayon 470, 667.
crayon à sourcils 378.
crayon blanchisseur d'ongles 377.
crayon contour des lèvres 378.
crayon de pierre ponce 423.
crayon en plomb 470.
crayon lithographique 423.
crayons de cire 396.
crayons de couleur 396.
crédit photographique 471.
crémaillère 238, 255, 291, 791.
crémaillère de pointage 756.
crémaster 97.
crème 210.
crème aigre 210.
crème épaisse 210.
crémier 226.
crénelé 79.
crépis 403, 405.
cresson alénois 187.
cresson de fontaine 187.
Crétacé 93.
crête 45, 49, 657, 660, 690, 749.
crêtemètre graphique 488.
creux 49, 227, 690.
creux barométrique 55.
crevasse 46.
crevette 218.
cri 469.
cric 558, 873.
cricket 798.
crinière 124.
criquet mélodieux 102.
crispin 848.
cristallin 177, 691.
cristallisation 680.
cristaux de neige 64.
cristaux irréguliers 64.
cristaux liquides 696.
critique gastronomique 471.
Croatie 744.
croc à défricher 327.
croche 435.
crochet 103, 105, 112, 249, 313, 316, 452, 453, 456, 457, 483, 573, 611, 634, 699, 776, 861, 862, 881.
crochet à venin 112.
crochet d'attelage 640.
crochet de gourmette 854.
crochet de levage 651.
crochet de petit doigt 447.
crochet de pouce 447.
crochet du plateau 698.
crochet pétrisseur 236.
crochets 473.
crocodile 114.
crocus 80.
croisée 410.
croisée du transept 411.
croisement 463.
croisillon 783.
croissant 7, 204, 741.
croix 740.
croix d'autel 737.
croix de Saint-André 252, 591.
Croix du Sud 11.
crosne 184.
crosse 76, 417, 440, 754, 755, 756, 782, 800, 801, 860, 861, 912.
crosse de fougère 185.
crosse de gardien de but 879, 880.
crosse de joueur 880.
crottin de Chavignol 210.
croupe 124, 826.
croupion 115.
croupon 425.
croûte basaltique 42.
croûte continentale 42.
croûte de cuir 350.
croûte granitique 42.
croûte océanique 42.
croûte terrestre 42, 43.
croûte terrestre, coupe 42.

cruche 906.
crucifix 737.
crustacés 107, 218.
Cuba 742.
cube 705.
cubes d'agneau 215.
cubes de bœuf 214.
cubes de veau 214.
cubiculum 406.
cubital antérieur 150, 151.
cubital postérieur 151.
cubitière 749.
cubitus 111, 116, 121, 122, 126, 131, 136, 138, 141, 142, 152, 154, 156.
cuboïde 155.
cuiller 227, 905, 911.
cuiller à café 228.
cuiller à dessert 228.
cuiller à égoutter 233.
cuiller à glace 233.
cuiller à goûter 233.
cuiller à soda 228.
cuiller à soupe 228.
cuiller à thé 228.
cuiller de table 228.
cuiller parisienne 233.
cuilleron 227.
cuillers doseuses 231.
cuillers, exemples 228.
cuirasse 748.
cuiseur-vapeur 722.
cuisine 180, 222, 224, 250, 406, 584, 719, 721, 723, 724, 726, 735, 763, 764.
cuisinière 722.
cuisinière à gaz 290, 721.
cuisinière électrique 290, 721.
cuissard 749, 808, 870, 900.
cuissarde 343.
cuissardes 911.
cuisse 124, 130, 143, 147, 149, 169, 170.
cuisson 465.
cuit-vapeur 235.
cuit-vapeur électrique 239.
cuivre 683.
cuivre et acier 269.
cuivres, famille 437.
cul-de-sac de Douglas 170.
cul-de-sac dural 167.
cul-de-sac vésico-utérin 170.
culasse 374, 446, 756.
culbuteur 566.
culée 410, 540.
culot 274, 275, 494, 562, 614, 860, 912.
culot à baïonnette 275.
culot à broches 275.
culot à vis 275.
culotte 269, 338, 367, 848, 850, 878.
culotte à ruchés 368.
cultivateur 641.
cumin 198.
cumulo-nimbus 56, 62.
cumulus 56, 62.
cupule 84.
curcuma 198.
cure-ongles 377.
curette 390.
curiosité 39.
curium 684.
curleuse 877.
curling 877.
curry 198.
curseur 453, 698.
curseur de réglage de la fréquence 498.
curseur vers la droite 515.
curseur vers la gauche 515.
curseur vers le bas 515.
curseur vers le haut 515.
cuve 266, 291, 292, 294, 484.
cuve de développement 484.
cuve du modérateur 670.
cuve du réacteur 669, 671.
cuve vitrifiée 267.
cuvette 265, 290, 440, 612, 919.
cuvette porte-clapet 268.
cuvette ramasse-gouttes 241.
cyan 690.
cyanobactéries 92.
cycle d'un moteur à deux temps 565.
cycle d'un moteur diesel 565.
cycle d'un moteur rotatif 565.
cycle de l'eau 67.
cycle des saisons 54.
cyclisme 870.
cyclisme sur piste 871.
cyclisme sur route 870.
cyclomoteur 577.
cyclone 63.
cyclone tropical 63.
cyclorama 492.
Cygne 12.
cylindre 268, 528, 564, 705.
cylindre de coupe 332.
cylindre de roue 559.
cylindre de rubis 692.
cylindre des gaz 755.
cylindre enregistreur 43.
cylindre guide-film 476.
cylindre inférieur 421.
cylindre récupérateur 756.
cylindre réflecteur 692.
cylindre rotatif 458.
cylindre supérieur 421.
cymbale charleston 448.
cymbale inférieure 448.
cymbale supérieure 448.
cymbale suspendue 448.
cymbales 437, 449.
cymbalette 449.
cyme bipare 81.
cyme unipare 81.
cytopharynx 94.
cytoplasme 74, 94, 170.
cytoprocte 94.
cytostome 94.

D

dague 751.
dalle 322.
dalle de pierre 298.
dalmatien 131.
dalot 865.
Dame 914, 916.
dame de nage 839.
dames 915.
dameuse 886.
damier 916.
Danemark 744.
danger 616.
danger électrique 774.
danois 131, 469.
Danube 32.
date d'expiration 729.
datte 192.
Dauphin 12.
dauphin 136, 137.
dauphin, morphologie 136.
dauphin, squelette 136.
Dauphine américaine 865.
Dauphine canadienne 865.
David 736.
dé 454, 915.
dé à poker 914.
dé doubleur 915.
dé régulier 914.
déambulatoire 411.
débarbouillette 379.
débarcadère 620.
débardeur 354, 369, 371.
débarras 509.
débit de tabac 714.
déblocage instantané 482.
débouchure 272.
début 515.
début de lecture 501.
décagone régulier 705.
décapeur thermique 320.
décapeuse 638.
décapsuleur 230, 905.
décharge 709.
déchets industriels 69.
déchets nucléaires 70.
déchiquetage 71.
déclencheur 476.
déclencheur de paiement 920.
déclencheur pneumatique 482.
déclencheur souple 482.
déclinaison 13.
déclivité du terrain 244.
décolleté carré 363.
décolleté drapé 363.
décolleté en cœur 363.
décolleté en V 363.
décolleté plongeant 363.
décolletés 363.
décomposeurs 67.
décor 429.
décorateur 429.
découpe 348.
découpe princesse 366.
découpes d'agneau 215.
découpes de bœuf 214.
découpes de porc 215.
découpes de veau 214.
défauts de la vision 691.
défense 806.
défenseur à l'aile 809.
défenseur au but 809.
défenseur droit 878.
défenseur gauche 878.
défibrillateur 775.
défilement 515.
déflecteur 260, 261, 329, 332, 333, 570.
déflecteur d'air chaud 256.
déflecteur de chaleur 274.
déflecteur de copeaux 305.
déflecteur de fumée 256.
déflecteur de jet 761.
déflecteur de réservoir d'oxygène liquide 25.
défonceuse 308, 636.
déforestation 69.
dégagement d'air des citernes 607.
dégagement du margeur 528.
dégagement du piston 315.
dégageur de fumée 758.
dégaine 900.
dégrafeuse 534.
degré 704.
degré Celsius 702.
dégrossissage 401.
Deimos 4.
déjections animales 70.
délégués techniques 881.
delta 48, 51.
Delta II 24.
deltoïde 150.
démarreur électrique 556, 576.
démarreur manuel 327, 332.
démêloir 380.
demeure seigneuriale 408.
demi centre 801.
demi d'ouverture 804.
demi de coin droit 806.
demi de coin gauche 806.
demi de mêlée 804.
demi de sûreté droit 806.
demi de sûreté gauche 806.
demi droit 801.
demi gauche 801.
demi offensif 807.
demi-barbule 56.
demi-caisson 897.
demi-centre 814.
demi-cercle 704, 810.
demi-cercle de but 809.
demi-clé renversée 908.
demi-court de service en double 817.
demi-court de service en simple 817.
demi-finale : 4 joueurs 789.
demi-gras 472.
demi-lune 385, 409, 887.
demi-manche 229.
demi-membraneux 151.
demi-panneau 632.
demi-pause 435.
demi-soupir 435.
demi-tendineux 151.
demi-volée 820.
dendrite 168.
dendrite spatiale 64.
dénominations des cyclones tropicaux 63.
dénoyauteur 233.
dent 108, 112, 227, 303, 304, 327, 331, 382, 453, 636, 638, 641, 642, 643, 686, 863, 881.
dent de défonceuse 636.
dent de godet 637.
dent de sagesse 159.
dentaire 112.
denté 79.
dentelle aux fuseaux 458.
denticule 404, 405.
dentifrice 384.
dents 159, 309.
denture humaine 159.
dénude-fil 317.
dénudeur de fil 317.
déodorant 379.
dépanneuse 573.
départ 852, 887, 915.
départ : bobsleigh et skeleton 885.
départ : luge dames et luge double 885.
départ : luge simple hommes 885.
départ de dos 832.
départ des 400 m (course, haies, relais) 791.
départ des télécabines 886.
départ des télésièges 886.
départ du 10 000 m et du relais 4 x 400 m 791.
départ du 100 m (course et haies) 790.
départ du 110 m haies 790.
départ du 1500 m 791.
départ du 200 m 790.
départ du 5000 m 790.
départ du 800 m 791.
départ par vent debout 833.
déplacement 690.
déplacement des électrons, sens 687, 689.
déplacement diagonal 916.
déplacement en équerre 916.
déplacement horizontal 916.
déplacement vertical 916.
déplacements, échecs 916.
déporteur 624.
dépression 55.
dérailleur 870.
dérailleur arrière 578, 580.
dérailleur avant 578, 580.
derby 342.
dérive 625, 631, 760, 834, 836, 840, 898.
dérive aérienne 605.
dérivés du bois 300.
dériveur 834, 835.
dériveur de tirage 267.
derme 172.
dernier croissant 7.
dernier droit 856.
dernier quartier 7.
dés 914.
descenderie 650.
descendeur 900.
descente 889.
descente dangereuse 545, 547.
descente de gouttière 244.
descente du spinnaker 833.
désert 52, 61, 66.
Désert d'Atacama 31.
Désert de Gobi 33.
désert de pierres 52.
désert de sable 52.
Désert du Kalahari 34.
Désert du Namib 34.
Désert du Sahara 34.
déshabillé 364.
déshumidificateur 261.
desserte 278, 584.
dessin 396.
dessin à l'encre 396.
dessin au crayon de cire 396.
dessin au crayon de couleur 396.
dessin au feutre 396.
dessin au fusain 396.
dessin au pastel gras 396.
dessin au pastel sec 396.
dessin, accessoires 399.
dessous 430.
destination 582.
destructeur de documents 535.
détecteur à infrarouge 60.
détecteur d'horizon terrestre 40.
détecteur d'impact primaire 556.
détecteur de fumée 767.
détecteur de mouvement 416.
détecteur de sécurité 556.
détecteur solaire 40, 60.
détecteur terrestre 60.
détendeur de secours 841.
détendeur premier étage 841.
détendeur second étage 841.
détente 750, 752, 754, 755, 757, 860, 861, 912.
détonateur 757.
détroit 38.
Détroit de Bass 29.
Détroit de Béring 30.
Détroit de Cook 29.
Détroit de Drake 29, 31.
Détroit de Gibraltar 32.
Détroit de Torres 29.
deux avec barreur 839.
deux sans barreur 839.
deux-points 473.
deuxième bord au largue 833.
deuxième but 794.
deuxième espace 811.
deuxième étage 25.
deuxième joueur 877.
deuxième ligne 804.
deuxième molaire 159.
deuxième phalange 126.
deuxième prémolaire 159.
deuxième radial externe 151.
deuxième-but 794.
devant 348, 349.
devant d'autel 737.
déverrouillage de l'objectif 476.
déversement d'hydrocarbures 70.
déversoir 657.
dévidoir 328, 462.
dévidoir de ruban adhésif 534.
dévidoir pistolet 534.
dévidoir sur roues 328.
devise 729.
Dévonien 92.
dextre 740.
diable 235, 633.
diable de Tasmanie 143.
diagonale 663.
diamant 375, 610.
diamant, taille 374.
diamètre 704.
diapason 436.
diaphragme 163, 477.
diaphragme d'ouverture 694.
diaphyse 155.
diapositive 483.
diastème 123.
dièse 435.
diesel-navire 656.
différence de potentiel électrique, mesure 702.
différentiel 553.
diffuseur 428.
diffuseur tubulaire 627.
diffusion d'information 525.
digue morte 664.
dimétrodon 92.
dinde 213.
dindon 120.
diode 673.
Dioné 5.
directeur artistique 428.
directeur de course 870.
directeur de la photographie 429.
directeur de production 509.
directeur des tirs 859.
directeur technique 489, 490.
direction d'une réaction 684.
direction de la Mecque 738.
direction du vent 55.
direction et force du vent 55.
direction obligatoire 544, 546.
discontinuité de Gutenberg 42.
discontinuité de Mohorovicic 42.
disjoncteur 260, 658.
disjoncteur bipolaire 272.
disjoncteur de fuite de terre 272.
disjoncteur principal 272.
disjoncteur unipolaire 272.
dispositif anti-bascule 783.
dispositif antidébordement 294.
dispositif de blocage 321.
dispositif de fermeture 913.
dispositif de gonflement 611.
dispositif de poussée 470.
dispositif de ravitaillement 873.
dispositif de remorquage 573.
dispositifs de contact 274.
disposition des informations d'une station 55.
disquaire 714.
disque 9, 273, 423, 454, 500, 521, 559, 641, 793, 851.
disque abrasif 308.
disque central 95.
disque compact 501, 504.
disque compact réinscriptible 521.
disque d'enterrage 643.
disque de papier-diagramme 571.
disque de réglage 479.
disque de tension 453, 457.
disque dur amovible 521.
disque invertébral 157.
disque numérique polyvalent (DVD) 494.
disque vidéophoto 481.
disques 237.
disquette 521.
dissipateur thermique 513.
distance parcourue 700.
distance, mesure 700.
distillation sous vide 656.
distributeur 263.
distributeur d'essence 548.
distributeur de billets 715, 730.
distributeur de boissons 548, 779.
distributeur de correspondances 593.
distributeur de détergent 294.
distributeur de glaçons 224, 548.
distributeur de lames 383.

distributeur de produit de rinçage 294.
distributeur de trombones 534.
distribution de la végétation 66.
ditali 206.
diviseur 643.
division 529, 703.
division du noyau 681.
division territoriale 37.
divisions cartographiques 36.
divisions de l'écu 740.
dix 703.
Dix commandements 738.
djembé 433.
Djibouti 745.
Dniepr 32.
do 434, 847.
dodécagone régulier 705.
dohyo 847.
doigt 110, 117, 122, 143, 172, 346, 797, 900.
doigt de jupe 605.
doigt externe 115.
doigt interne 115.
doigt lobé 117.
doigt médian 115.
doigt palmé 110, 117.
doigt postérieur 115.
doigt préhensile 139.
doigtier 531.
doigts 116.
doline 47.
dolique à œil noir 190.
dolique asperge 190.
dolique d'Égypte 190.
doliques 190.
dollar 728.
domaine de premier niveau 524.
domaine de second niveau 524.
domaine skiable 886.
Dominique 743.
domino d'accouplement 444.
dominos 914.
donjon 408.
Dorade 11.
dorade 219.
dormant 249, 278.
dormeuse de croissance 368.
dormeuse-couverture 369.
dorsale 523.
dorsale du Pacifique est 50.
dorsale médio-atlantique 50.
dorsale médio-indienne 50.
dorsale médio-océanique 49.
dorsale Pacifique-Antarctique 50.
dorsale sud-est-indienne 50.
dorsale sud-ouest-indienne 50.
dorsales océaniques 50.
dortoir des pompiers 764.
dos 115, 124, 130, 147, 149, 173, 227, 229, 303, 348, 391, 426, 750.
dos d'un gant 346.
dos de la langue 176.
dos du livre 425.
dos du nez 175.
dossard 791.
dosse 300.
dosseret 290, 292, 293.
dossier 277, 281, 555, 577, 783, 876.
dossier inclinable 776.
dossier suspendu 532.
dossière 113, 857.
double 853, 914.
double barre oblique 524.
double bémol 435.
double boutonnage 352.
double croche 435.
double dièse 435.
double paire 914.
double platine cassette 503.
double rideau 282.
double toit 902, 903.
double virage 544, 547.
double vitrage 675.
double zéro 919.
double-blanc 914.
double-scull sans barreur 839.
double-six 914.
doublement denté 79.
doublure 342, 348, 349, 370, 386, 455, 881.
douche 251, 724, 726, 780.
douche des détenus 768.
douches des officiers 764.
douches des pompiers 764.
douchette 264, 270.
Douglas, cul-de-sac 170.
douille 275, 912.
douille de lampe 275.
douille de lampe, éléments 275.
douille de plastique 860, 912.
douilles, jeu 311.
douve 408.
douzaine (1 à 12) 919.
douzaine (13 à 24) 919.
douzaine (25 à 36) 919.
Dragon 13.
dragonne 389, 888, 892, 901.
dragons 917.
draille 602.
drain 253, 263.
drakkar 598.
drap 280.
drap de bain 379.
drap-housse 280.
drapeau 804, 890.
drapeau à damier 872.
drapeau à Schwenkel 739.
drapeau amovible 867.
drapeau carré 739.
drapeau de centre 802.
drapeau de coin 801, 803.
drapeau de l'Union Européenne 729.
drapeau rectangulaire 739.
drapeau, éléments 739.
drapeaux 742.
drapeaux, formes 739.
dressage 855.
drisse 603, 739.
droit antérieur de la cuisse 150.
droit fil 455.
droit interne 151.
dromadaire 129.
drumlin 45.
drupéole 83.
dubnium 683.
duffle-coat 353.
dune 51.
dune complexe 52.
dune en croissant 52.
dune parabolique 52.
dunes longitudinales 52.
dunes transversales 52.
dunes, exemples 52.
dunette 602.
duo 438.
duodénum 116, 164.
dure-mère 167, 168.
durian 197.
durite de radiateur 561.
duse 654.
duvet 115.
dyke 44.
dynamo 578, 688.
dysprosium 684.

E

eau 646, 847.
eau de fonte 46.
eau de parfum 379.
eau de toilette 379.
eau de ville 675.
eau dentifrice 384.
eau des nuages 70.
eau lourde froide 670.
eau lourde sous pression 670.
eau sous pression 662.
eaux sécuritaires 616.
eaux usées 70.
eaux vives 837.
ébarbage 424.
ébarboir 422.
ébauchoirs 464.
éboulement 47.
ébrancheur 330.
ébrasement 411.
écaille 78, 108, 112, 113, 117.
écaille ventrale 112.
écailles de cyprès 89.
écailleur 905.
écartelé 740.
écartement des électrodes 562.
échalote 184.
échancrure 439.
échancrure de la conque 173.
échangeur 709.
échangeur de chaleur 259, 670.
échangeur en losange 538.
échangeur en trèfle 538, 539.
échangeur en trompette 538.
échangeur thermique 675.
échangeurs, exemples 538.
échantillon 458.
échantillonneur 450.
échappement 514, 564, 565, 627.
échauguette 408, 409.
échecs 916.
échecs, mouvements 916.
échelle 246, 418, 567, 597, 615, 639, 655, 907.
échelle à crochets 321, 767.
échelle Celsius 695.
échelle coulissante 321.
échelle d'accès 611.
échelle d'échafaudage 321.
échelle d'espacement 528.
échelle d'onglet 303, 304.
échelle d'ouverture 479.
échelle d'ouverture de diaphragme 478.
échelle de bout 587.
échelle de corde 321.
échelle de hauteur 485.
échelle de lecture de la luminosité 479.
échelle de profondeur 304, 613.
échelle de profondeur de champ 478.
échelle de tête 766.
échelle des altitudes 53.
échelle des distances 478.
échelle des mouvements 436.
échelle des températures 53.
échelle des temps d'exposition 479.
échelle droite 321.
échelle escamotable 321.
échelle Fahrenheit 695.
échelle fruitière 321.
échelle graduée 698, 699.
échelle latérale 587.
échelle roulante 321.
échelle transformable 321.
échelles 321.
échelon 321.
échenilloir-élagueur 330.
échine 404.
échinodermes 94, 95.
échiquier 916.
écho 40, 41.
éclair 57, 65.
éclairage 274, 381, 594, 626.
éclairage de l'écran d'affichage 479.
éclairage de sécurité 771.
éclairage inactinique 484.
éclairage/clignotant 556.
éclairagiste 490.
éclipse annulaire 6.
éclipse de Lune 7.
éclipse de Soleil 6.
éclipse partielle 6, 7.
éclipse totale 6, 7.
éclipses de Lune, types 7.
éclipses de Soleil, types 6.
écliptique 13.
éclisse 439, 440, 590.
écluse 596, 597, 664.
écluse : vue latérale 597.
écoinçon 413.
école 734.
école de ski 886.
économie 728.
écorce 82, 87.
écossais 469.
écoulement souterrain 67.
écoute 508, 603.
écoute de foc 834.
écoute de grand-voile 834.
écouteur 502.
écouteurs 503.
écoutille 23, 758.
écoutille d'accès 22.
écouvillon 752.
écran 494, 507, 518, 526, 530, 548, 613, 724, 730, 731, 799, 918.
écran à cristaux liquides 477, 496.
écran à main 318.
écran d'affichage 479, 508.
écran d'affichage 512.
écran de contrôle 476, 694.
écran de précontrôle 489.
écran de projection 427, 483.
écran de protection 794.
écran de sortie 489, 491.
écran de soudeur 318.
écran de visibilité 591.
écran du directeur technique 491.
écran du truqueur numérique 491.
écran plat 518.
écran principal de précontrôle 491.
écran protecteur 17.
écran tactile 527.
écrans d'entrée 491.
écrans de précontrôle 491.
écrevisse 218.
écritoire 387.
écriture, instruments 470.
écrou 248, 269, 310, 311, 590.
écrou à cabestan 58.
écrou à collet 270.
écrou à oreilles 311.
écrou borgne 311.
écrou de blocage 909, 910.
écrou de bonde 270.
écrou de contrôle 58.
écrou de fixation 270.
écrou de la lame 304.
écrou de montage 859, 913.
écrou de serrage 269.
écrou du presse-étoupe 268.
écrou hexagonal 311, 562.
écrous 311.
ectoderme 95.
ectoptérygoïde 112.
Écu 10.
écu, divisions 740.
écubier 605, 609.
écueil 51.
écume 49.
écumoire 233.
écureuil 123.
écurie 856.
écusson 105, 248, 797.
édicule 592.
édifice à bureaux 710, 713.
édifice public 39.
éditorial 471.
édredon 280.
éducation 732.
effacement 508.
effacement arrière : effacement 515.
effacement de mémoire 479, 529.
effacement partiel 529.
effacement total 529.
effet de serre 68.
effet de serre naturel 68.
effigie 729.
effluent 48.
effort 686.
égal ou plus grand que 703.
égal ou plus petit que 703.
égale 703.
égale à peu près 703.
égalisateur graphique 498.
églefin 221.
église 711, 737.
église orthodoxe : Michel Keroularios 736.
égout 712.
égout collecteur 712.
Égypte 745.
einsteinium 684.
éjecteur 638.
éjecteur de fouets 236.
El Salvador 742.
élan 129, 864, 891.
élastique 280.
électricien 429.
électricité 272.
électricité : outils 316.
électrode 275, 318.
électrode centrale 562.
électrode d'allumage 259.
électrode de masse 562.
électron 680.
électronique 689.
élément 465.
élément bimétallique hélicoïdal 695.
élément chauffant 293, 294, 318.
élément chauffant inférieur 266.
élément chauffant supérieur 266.
élément de chauffe 258, 259.
élément tubulaire 290.
éléments chimiques 682.
éléments d'architecture 413.
éléments d'un drapeau 739.
éléments d'une douille de lampe 275.
éléments de la maison 247.
éléments du costume ancien 336.
éléphant 129.
élevage intensif 68, 69.
élévateur 666, 897.
élévateur à grain 643.
élévateur pour fauteuils roulants 569.
élévation 250.
élévation de la tension 646, 662, 665, 677.
élève 734.
élevon 23.
émail 159.
emballage 222.
embarcations anciennes 598.
embarcations traditionnelles 599.
embase 482, 701, 791, 889.
embase de plat de dos 276.
embauchoir 345.
emblème 739.
emblème d'équipe 878.
embouchure 447.
embout 284, 302, 321, 391, 483, 792, 841, 880, 909.
embout auriculaire 776.
embout buccal 783.
embout de baleine 391.
embout de caoutchouc 782.
embout de protection 773.
embout de vissage 306.
embout isolant 381.
embout Luer Lock 776.
embrasse 282, 782.
embrasure 409.
embrayage 552.
émeraude 375.
émerillon 911, 913.
émetteur micro-ondes 489.
émetteur-récepteur d'accès réseau 522.
émetteur-récepteur radar 771.
émetteur/récepteur 613.
Émirats arabes unis 746.
émission d'acide nitrique 70.
émission d'acide sulfurique 70.
émission d'oxyde d'azote 70.
émission d'ultrasons 41.
émission de dioxyde de soufre 70.
émission de gaz polluants 69.
émissole 218.
emmanchure 351.
emmarchement 255.
emmenthal 211.
empannage 833.
empattement 663.
empennage 625, 759, 817, 859, 918.
empennage bas 629.
empennage de stabilisation 25.
empennage en T 629.
empennage fixe 759.
empennage surélevé 629.
empennages, exemples 629.
empiècement 349, 353, 359.
emplacement 244.
emplacement de la statue 403.
emplacement de tir 893.
emporte-pièces 232.
en accolade 413.
en équilibre 828.
en fer à cheval 413.
en lancette 413.
en ogive 413.
en prison 919.
en-but 805.
encadrement 256.
enceinte acoustique 502, 503.
enceinte ambiophonique 493.
enceinte centrale 493.
enceinte de confinement 665, 667.
enceinte en béton 670, 671.
enceinte humide 671.
enceinte principale 493.
enceinte sèche 671.
enceintes d'extrêmes graves 493.
encensoir 737.
enclos 182.
enclume 174.
encoche 750, 859.
encoignure 279.
encolure 124, 351.
encolure bateau 363.
encolure drapée 363.
encolure en V 348, 354.
encolure ras-de-cou 363, 368.
encolures 363.
encre 397, 421, 470.
encre à couleur changeante 729.
encre lithographique 423.
endive 187.
endocarde 162.
endocarpe 81, 82.
endoderme 95.
endossure 425.
énergie calorifique 68.
énergie éolienne 676, 677.
énergie fossile 646.
énergie géothermique 646.
énergie nucléaire 665.
énergie solaire 78, 672, 674.
énergie thermique 646.
énergie, mesure 702.
énergies 646.
enfants 785.
enfile-aiguille 454.
enfouissement 71.
enfourchure 351.
enfumoir 422.

engageante 337.
engins 823.
engrenage à pignon et crémaillère 686.
engrenage à vis sans fin 686.
engrenage conique 686.
engrenage cylindrique à denture droite 686.
engrenage horaire 17.
engrenages 686.
engreneur 643.
enjoliveur 268, 551.
ennéagone régulier 705.
enregistrement 495, 499, 508.
enregistrement des bagages 582.
enregistrement des données 41.
enregistrement sismographique 651, 653.
enregistreur de données 58.
enregistreur de film 520.
enregistreur numérique 534.
enroulement d'induit 688.
enroulement inducteur 688.
enrouleur 848.
enseignant 734.
enseigne directionnelle 593.
enseigne extérieure 592.
ensemble du chevalet 441.
ensemble oreillette/microphone 506.
ensemble vide 703.
ensoleillement, mesure 58.
ensouple de chaîne 460.
ensouple de tissu 460.
entablement 247, 403, 405.
entier 79.
entoilage 455.
entonnoir 106, 231, 237, 240.
entonnoir collecteur 59.
entrainement de la chaine 641.
entrainement de la turbine par la vapeur 665.
entrainement du rotor de l'alternateur 665.
entraineur 800, 811, 827, 842, 879.
entraineur adjoint 811, 879.
entraineurs 881, 883.
entrait 253.
entrave 857.
entre-nœud 77.
entredent 227.
entredoublure 455.
entrée 100, 539, 632, 719, 829.
entrée d'air 631.
entrée d'air du moteur 760.
entrée d'air du ventilateur 605.
entrée d'eau 268.
entrée d'électricité 465.
entrée de clé 249.
entrée de courant 274, 275.
entrée de garage 245.
entrée de l'eau de refroidissement du condenseur 669.
entrée de la pyramide 402.
entrée de la vapeur à haute pression 668.
entrée de service 732.
entrée des clients 720.
entrée des détenus 726.
entrée des gaz d'échappement 564.
entrée des marchandises 713.
entrée des originaux 508.
entrée des véhicules 769.
entrée des visiteurs 726.
entrée du caloporteur 672.
entrée du personnel 720, 726, 735, 768.
entrée du public 402.
entrée du reflux du condenseur 669.
entrée électrique 258.
entrée informatique 518.
entrée pieds premiers 829.
entrée principale 250, 713, 733, 735, 768, 781.
entrée tête première 829.
entrées dans l'eau 829.
entrées des acteurs 402.
entrejambe 278.
entrejambe pressionné 368, 369.
entreposage des produits congelés 181.
entrepôt 708.
entrepôt frigorifique 596.
entreprise 525.
entreprise de distribution/vente 525.
entretoise 321, 460, 632, 676.
enveloppe 275, 521, 797, 798, 867, 899.
enveloppe extérieure 17, 267.
enveloppe intérieure 17.
enveloppe matelassée 531.
environnement 66.
environnement naturel 867.
envoi en nombre 475.
envol 891.
éolienne à axe horizontal 677.
éolienne à axe vertical 676.
éoliennes et production d'électricité 676.
épaisseur, mesure 700.
épandage d'engrais 69.
épandeur 324.
épandeur de fumier 641.
éparpilleur 641.
éparpilleur de paille 643.
épaule 124, 130, 146, 148, 156, 822, 909.
épaulé-jeté 850.
épaulement 229, 311.
épaulière 749, 757, 808, 880.
épeautre 203.
épée 849.
épée à deux mains 751.
épeire 102.
épéiste 848.
éperlan 219.
éperon 98, 448, 598.
éperon calcanéen 140, 141.
épi 81, 85.
épi, blé 85.
épi, maïs 85.
épi, millet 85.
épi, orge 85.
épi, riz 85.
épi, seigle 85.
épicarpe 81, 82, 83.
épicéa 89.
épicentre 43.
épicerie fine 180.
épices 198.
épices à marinade 199.
épicondyle 153.
épiderme 172.
épididyme 169.
épiglotte 163, 176.
épinard 187.
épine de l'omoplate 153.
épine nasale antérieure 158.
épingle 454.
épingle à bigoudi 380.
épingle à cheveux 380.
épingle à cravate 376.
épingle de sûreté 453.
épingles 376.
épiphyse 167.
épiphyse distale 155.
épiphyse proximale 155.
épiscope du tireur 758.
épissure courte 908.
épitrochlée 153.
éplucheur 229.
éponge 95, 127.
éponge à récurer 295.
éponge calcaire 95.
éponge de mer 379.
éponge synthétique 378.
éponge végétale 379.
éponge, anatomie 95.
épouse 785.
épreuve 831.
épreuves, ski alpin 889.
éprouvette graduée 59, 685.
épuisette 911.
Équateur 742.
équateur 13, 31, 34, 35, 36, 63.
équateur céleste 13.
équerre 313.
équilibrage des haut-parleurs 497.
équilibreur 756.
équinoxe d'automne 54.
équinoxe de printemps 54.
équipe au champ 799.
équipe de premiers soins 853.
équipe médicale 844.
équipement 769, 790, 900.
équipement de protection 318.
équipement de sauvetage 611.
équipement de survie 20.
équipement de survie, contrôles 20.
équipement du tableau de bord 771.
équipements aéroportuaires 622.
équitation 854.
équivaut à 703.
érable 88.
erbium 684.
ergot 130.
Éridan 10.
erlenmeyer 685.
éruption 6.
Érythrée 745.
escabeau 321.
escabeaux 321.
escalade 900.
escalade, équipement 900.
escalier 246, 250, 255, 412, 427, 431, 543, 592, 655, 676, 724, 842.
escalier automoteur 623.
escalier d'accès 623.
escalier de la mezzanine 251.
escalier de secours 509.
escalier en spirale 655.
escalier mécanique 417, 427, 592, 713.
escaliers 412.
escargot 104, 217.
escargot, anatomie 104.
escargot, morphologie 104.
escarpe 409.
escarpin 343.
escarpin-sandale 343.
escrime 848.
escrimeur 848.
espace 514.
espace d'activités intérieures 727.
espace épidural 168.
espace insécable 514.
espaceur de câbles 859, 913.
espadon 219.
espadrille 344.
Espagne 743.
espagnol 469.
esperluette 473.
esquimau 369.
essence 656.
essence lourde 656.
essieu 586, 895.
essieu avant 639.
essieu directeur 633.
essoreuse à salade 231.
essuie-glace 550, 557.
Est 37.
est 616, 917.
est identique à 703.
Est Nord-Est 37.
Est Sud-Est 37.
estacade de guidage 597.
estèques 464.
estomac 95, 103, 104, 105, 106, 109, 110, 112, 113, 125, 161, 164.
estomac cardiaque 107.
estomac pylorique 107.
Estonie 744.
estrade 412, 734.
estragon 202.
estuaire 38, 51.
esturgeon 218.
étable 182.
établi étau 312.
établissement d'enseignement 525.
établissement scolaire 711.
étage 250, 251, 650, 676.
étage à propergol stockable 24.
étage d'accélération à poudre 24.
étage d'exploitation 664.
étage principal cryotechnique 24.
étagère de rangement 723.
étai 252, 598, 602.
étai avant 834.
étain 682.
étamine 80, 82.
étampure 127.
étançon 641.
étang 866.
étapes de maturation 86.
étapes de production de l'électricité 662.
état 37.
État de la cité du Vatican 744.
état présent du temps 55.
états de la matière 680.
États-Unis d'Amérique 742.
étau 312, 422.
étau à endosser 425.
été 54.
étendu 472.
Éthiopie 745.
éthylomètre 769.
étincelle 564.
étiquette 500, 699.
étiquettes autocollantes 532.
étoile 8, 64, 741.
étoile (8) 374.
étoile à neutrons 8.
étoile de David 738.
étoile de freinage 910.
étoile de la séquence principale 8.
étoile de mer, anatomie 95.
étoile de mer, morphologie 95.
étoile filante 53.
Étoile polaire 13.
étoiles de faible masse 8.
étoiles massives 8.
étouffoir 443.
étourneau 118.
étranglement 695, 844.
étrave 598, 602, 606, 834, 838.
être humain 146.
étrier 174, 274, 559, 574, 750, 853, 855, 892.
étrier de fixation 613.
étrier du flotteur 263.
étrivière 855.
étroit 472.
étui 345, 377, 529, 905.
étui à lentilles 384.
étui à lunettes 387.
étui à menottes 770.
étui à pistolet 770.
étui de cuir 907.
étui pour gants de latex 770.
Eurasie 28.
euro 728.
Europe 4, 28, 32, 50, 743.
europium 684.
Eutelsat 486.
euthynterie 403, 404.
évacuation de l'eau turbinée 662.
évaporation 67.
évaseur 314.
évent 136, 465, 470.
évent de pignon 244.
évent latéral 261.
évier 224, 270, 722.
évier à batterie de cuisine 721.
évier de prérinçage 721.
évier double 262.
évier-broyeur 270.
évolution de la pression 55.
évolution de la vie 92.
Ex-République yougoslave de Macédoine 744.
ex-voto 737.
examen psychiatrique 778.
excavatrice à roue 647.
exemples d'adaptateurs 269.
exemples d'algues 75.
exemples d'amphibiens 111.
exemples d'ancres 610.
exemples d'angles 704.
exemples d'arachnides 102.
exemples d'arbres feuillus 88.
exemples d'arcs 413.
exemples d'arcs 541.
exemples d'avions 628.
exemples d'échangeurs 538.
exemples d'empennages 629.
exemples d'hélicoptères 631.
exemples d'insectes 101.
exemples d'instruments à clavier 443.
exemples d'oiseaux 118.
exemples d'unités monétaires 728.
exemples de barrages 660.
exemples de bateaux et d'embarcations 604.
exemples de becs 117.
exemples de bicyclettes 581.
exemples de branchement 270.
exemples de camions 573.
exemples de carrosseries 549.
exemples de chaises 277.
exemples de chauves-souris 141.
exemples de chemisiers 359.
exemples de clous 301.
exemples de cols 362.
exemples de conifères 89.
exemples de côtes 51.
exemples de couleurs 741.
exemples de couteaux 228.
exemples de couteaux de cuisine 229.
exemples de cuillers 228.
exemples de dunes 52.
exemples de fauteuils 276.
exemples de fenêtres 415.
exemples de feuilles 89.
exemples de fleurs 80.
exemples de fougères 76.
exemples de fourchettes 228.
exemples de fourrures 741.
exemples de fraises 308.
exemples de fusibles 272.
exemples de gréements 601.
exemples de groupes instrumentaux 438.
exemples de jupes 357.
exemples de lanceurs spatiaux 24.
exemples de lichens 74.
exemples de lunettes 385.
exemples de mammifères carnivores 134.
exemples de mammifères insectivores 121.
exemples de mammifères lagomorphes 123.
exemples de mammifères marins 137.
exemples de mammifères ongulés 128.
exemples de mammifères primates 139.
exemples de mammifères rongeurs 123.
exemples de manches 360.
exemples de marsupiaux 143.
exemples de mèches et de forets 306.
exemples de métaux 741.
exemples de meubles 741.
exemples de motos 577.
exemples de mousses 75.
exemples de pantalons 358.
exemples de partitions 740.
exemples de pattes 117.
exemples de pièces honorables 740.
exemples de plis 283, 357.
exemples de plongeons 829.
exemples de pneus 560.
exemples de poches 360.
exemples de pointes 302.
exemples de ponts à poutre 541.
exemples de ponts en arc 541.
exemples de portes 416.
exemples de postes téléphoniques 507.
exemples de prises 844.
exemples de quilles 865.
exemples de raccords 269.
exemples de reptiles 114.
exemples de réseaux 522.
exemples de rideaux 283.
exemples de robes 356.
exemples de sabots 127.
exemples de sacs de couchage 904.
exemples de sauts 881.
exemples de semi-remorques 572.
exemples de skis 840, 888.
exemples de sondes spatiales 19.
exemples de tables 278.
exemples de tentes 902.
exemples de têtes 283, 302.
exemples de toits 414.
exemples de trapèzes 840.
exemples de voiles 601.
exemples de voilures 630.
exemples de volcans 44.
exemples de wagons 588.
exosphère 53.
expandeur 450.
expédition du fret 621.
expiration 832.
explosion 564.
exposant 472.
extenseur 850.
extenseur commun des doigts 151.
extenseur commun des orteils 150.
extérieur d'une maison 244.
extincteur 767, 771.
extincteur d'incendie 725.
extra-gras 472.
extra-maigre 472.
extracteur 896.
extrados 413.
extrait de vanille 200.
eye-liner liquide 378.

F

fa 434.
façade 411.
face 139, 227, 409, 815, 867.
face antérieure 146, 148, 150.
face inférieure 374.
face plantaire du sabot 127.
face postérieure 147, 149, 151.
face supérieure 374.
face-à-main 385.
facette 629.
facteur 475.
facteur Rhésus négatif 702.
facteur Rhésus positif 702.
factorielle 703.
facule 6.
faible 849.
faille 43.
faine 193.
faisan 120, 212.
faisceau bleu 494.
faisceau d'électrons 494, 694.
faisceau laser 501, 692.

faisceau radar 40.
faisceau rouge 494.
faisceau vert 494.
faîtage 252.
faîteau 412.
faitout 235, 905.
faits divers 471.
falaise 7, 45, 51.
falaise côtière 51.
falcatus 92.
Fallope, trompe 170.
famille 784.
famille des bois 437.
famille des cuivres 437.
famille du violon 437, 439.
familles de langues 468.
fanion 56, 739.
fanion-girouette 893.
fanon 124.
fard à joues en poudre 378.
farine d'avoine 204.
farine de blé complet 204.
farine de maïs 204.
farine et semoule 204.
farine non blanchie 204.
farine tout usage 204.
fart 892.
fasce 404.
fauchée 40.
faucheuse-conditionneuse 642.
faucille 330.
faucon 119.
fausse côte (3) 153.
fausse oronge 76.
fausse poche 355.
fausse-équerre 313, 701.
fautes/pénalités 789.
fauteuil 276, 427, 431, 734.
fauteuil club 276.
fauteuil de repos 780.
fauteuil du réalisateur 429.
fauteuil metteur en scène 276.
fauteuil pivotant à bascule 511.
fauteuil roulant 584, 783.
fauteuil Wassily 276.
fauteuil-sac 277.
fauteuils des acteurs 428.
fauteuils, exemples 276.
faux 330.
faux bourdon 99.
faux foc 603.
faux quartier 855.
faux registre 445.
faux sommier 445.
Fédération de Russie 744.
feijoa 197.
felouque 600.
femelle 702.
femme 148.
fémur 96, 98, 111, 116, 122, 126, 131, 138, 141, 142, 152.
fenêtre 249, 251, 346, 485, 567, 594, 663, 836.
fenêtre à barreaux 727.
fenêtre à guillotine 415.
fenêtre à jalousies 415.
fenêtre à l'anglaise 415.
fenêtre à la française 415.
fenêtre basculante 415.
fenêtre coulissante 415.
fenêtre d'éjection 755.
fenêtre de lecture 499, 521.
fenêtre de sous-sol 245.
fenêtre en accordéon 415.
fenêtre moustiquaire 902.
fenêtre panoramique 584, 713.
fenêtre pivotante 415.
fenêtres, exemples 415.
fenil 182.
fennec 134.
fenouil 185.
fente 238, 302, 386, 424, 463.
fente à monnaie 507, 920.
fente d'alimentation 511.
fente d'alimentation manuelle 519.
fente de dépôt 730.
fente de mise à jour du livret bancaire 730.
fente de relevé d'opération 730.
fente de vision 749.
fente du lecteur de carte 548, 730, 731.
fente latérale 348.
fente médiane 348.
fente pour carte PC 526.
fentes branchiales 108.
fentes d'aération 526.
fenugrec 198.
fer 127, 309, 683, 867, 868.
fer à cheval 127, 376.
fer à friser 381.
fer à souder 318.
fer à vapeur 288.
fer droit 867, 868.
fer n° 3 868.
fer n° 4 868.
fer n° 5 868.
fer n° 6 868.
fer n° 7 868.
fer n° 8 868.
fer n° 9 868.
ferme 182.
ferme de toit 253.
fermeture à glissière 353, 369, 377, 389, 453, 902.
fermeture du soufflet 432.
fermeture sous patte 369.
fermeture Velcro® 368.
fermium 684.
fermoir 386, 387, 401.
ferret 342, 370, 391.
ferrure 389.
ferrure d'attelage 558.
fertilisation des sols 69.
fesse 147, 149, 169, 170.
fettucine 206.
feu 615, 617.
feu antibrouillard 554, 570.
feu anticollision 624.
feu arrière 575, 576, 578.
feu blanc 616.
feu clignotant 554, 591.
feu clignotant arrière 576.
feu clignotant avant 574, 576.
feu de croisement 554.
feu de gabarit 554, 570, 571.
feu de lisse 591.
feu de navigation 605, 625.
feu de plaque 554.
feu de position 585, 631.
feu de recul 554.
feu de route 554.
feu de tête de mât 605.
feu jaune 712.
feu rouge 712.
feu rouge arrière 554, 571.
feu stop 554.
feu vert 712.
feuillage 87.
feuille 75, 77, 78, 79, 85, 185.
feuille d'acanthe 276, 405.
feuille de vigne 86, 186.
feuille, bord 79.
feuille, structure 79.
feuilles composées 79.
feuilles simples 79.
feuilles, exemples 89.
feuillet 426.
feuillets 386.
feuillets intercalaires 532.
feutre 341, 397, 443.
feutre d'étouffoir 442.
feux arrière 554, 775.
feux avant 554.
feux de circulation 712.
feux de signalisation 859.
feux intermittents 568.
feux pour piétons 712.
fèves 190.
fez 339.
fibre 908.
fibre musculaire 168.
fibre nerveuse 172.
fibres 295.
fibule 336.
ficelle 424.
fiche 306, 316, 613.
fiche américaine 274.
fiche d'alimentation 527.
fiche européenne 274.
fiche pour jack 488, 502.
fiche technique 395.
fiche, adaptateur 274, 383.
fiches 532.
fichier 524, 533.
fichier rotatif 531.
Fidji 747.
figue 197.
figue de Barbarie 197.
figure 855.
fil 300, 689.
fil à couper la pâte 464.
fil d'arrivée 856.
fil d'attache 103.
fil de caret 908.
fil de corps 848.
fil de liaison 272.
fil de nylon 332.
fil de phase 272.
fil de sécurité 729.
fil de service neutre 272.
fil de terre 272.
fil de trame 463.
fil dentaire 384.
fil neutre 272.
filament 274.
filament de tungstène 274.
file d'attente 731.
filet 80, 281, 302, 405, 439, 440, 471, 811, 812, 813, 814, 815, 817, 821, 827.
filet à aiguilles 854.
filet à jouets 854.
filet à olives 854.
filet de bœuf 214.
filet en caoutchouc 854.
filetage 268.
filière 103, 314.
filigrane 729.
filin 611.
fille 784, 785.
film 477.
film-disque 481.
film-pack 481.
filoir d'écoute 835.
fils 784, 785.
fils de chaîne 463.
filtre 238, 246, 290, 675.
filtre à air 258, 261, 331, 552, 586, 636.
filtre à charpie 292, 293.
filtre coloré 612.
filtre de couleur 478.
filtre de polarisation 478.
filtre rouge inactinique 485.
filum terminal 167.
fin 515.
finale : 2 joueurs 789.
finaliste 789.
finance 728.
fines herbes 202.
finition 401.
Finlande 744.
finnois 469.
fission de l'uranium 665.
fission nucléaire 681.
fixatif 400.
fixation 284, 791, 840, 891, 892.
fixation à butée avant 892.
fixation à coque 887.
fixation à plaque 887.
fixation arrière 840.
fixation avant 840.
fixation de sécurité 888, 889.
fixe-lecture 479.
fjords 51.
flacon 379.
flagelle 104.
flageolet 191.
flamant 119.
flamme 681.
flanc 115, 124, 409, 425, 560, 561.
flanc dextre 740.
flanc senestre 740.
flash électronique 482.
flash-cube 482.
flasque 659, 753.
flasque inférieur 659.
fléau 698.
fléau arrière 698.
fléau avant 698.
Flèche 12.
flèche 411, 634, 637, 638, 750, 859, 863, 915.
flèche de transept 410.
flèche du vent 56.
flèche littorale 51.
flèche télescopique 634, 766.
fléchette 918.
flétan 221.
fleur 77, 80.
fleur de lis 741.
fleur, structure 80.
fleuret 648, 849.
fleuret électrique 848.
fleurettiste 848.
fleuriste 715.
fleurs 917.
fleurs, exemples 80.
fleuve 38, 39, 48.
flexible 264, 270.
flexible d'air 398, 648.
flexible d'eau 648.
flexible d'injection de boue 651.
flexible de branchement 485.
flexible de distribution 548.
flexibles d'alimentation 899.
flip 881.
floraison 86.
flotteur 263, 265, 611, 615, 628, 655, 756, 836, 911.
fluide caloporteur 674.
fluor 683.
flûte 446.
flûte à champagne 225.
flûte de Pan 433.
fluteroni 401.
flûtes 437.
foc 834.
foie 109, 110, 112, 113, 116, 125, 161, 164, 212.
foie gras 216.
follicule 84, 172.
follicule, coupe 84.
fonctions système 450.
fond 401, 894.
fond d'yeux 227.
fond de l'océan 42.
fond de l'océan 49.
fond de protection 918.
fond de robe 366.
fond de teint liquide 378.
fond de tour 656.
fondation 660.
fondation de pylône 540.
fondations 253.
fongicide 69.
fontaine à soda 723.
fontaine des ablutions 738.
fontanelle antérieure 158.
fontanelle mastoïdienne 158.
fontanelle postérieure 158.
fontanelle sphénoïdale 158.
fonts baptismaux 737.
fonture 456.
football 802.
football américain 806.
football américain, protection 808.
football canadien 809.
footballeur 802, 808.
forage en mer 653.
foramen apical 159.
foramen cæcum 176.
force du vent 55.
force, mesure 702.
forces agissant sur un avion 630.
foret 307.
forêt 45.
forêt boréale 66.
forêt de conifères 66.
forêt de feuillus 66.
foret de maçonnerie 306.
foret hélicoïdal 306.
forêt mixte 66.
forêt tempérée 66.
forêt tropicale 66.
forêt tropicale humide 66.
format du fichier 524.
formation de jazz 438.
forme des caractères 472.
formes de drapeaux 739.
formes de pluie 64.
formes géométriques 704.
formes pharmaceutiques des médicaments 783.
fort 849.
forte pluie 63.
fortification à la Vauban 409.
fossé 409, 538.
fosse à plonger 246.
fosse abyssale 49.
fosse d'orchestre 430.
fosse de Java 50.
fosse de Porto Rico 50.
fosse de réception 865.
fosse de sable 866, 867.
fosse de tir 860.
fosse des Aléoutiennes 50.
fosse des Kouriles 50.
fosse des Mariannes 50.
fosse des Philippines 50.
fosse des Ryukyu 50.
fosse des Tonga-Kermadec 50.
fosse du Japon 50.
fosse Pérou-Chili 50.
fosse septique 70, 263.
fosses nasales 175.
fosses océaniques 50.
fossette 112.
fossette de l'anthélix 173.
Fou 916.
fouet 232, 236.
fouet à fil 236.
fouet en spirale 236.
fouet quatre pales 236.
fouets 236.
fougère 76.
fougère arborescente 76.
fougère nid d'oiseau 76.
fougère, structure 76.
fougères 92.
fougères, exemples 76.
fouine 134.
foulon 642.
four 224, 290, 674, 721, 722.
four à micro-ondes 224, 238.
four électrique 465.
four solaire 674.
four tubulaire 656.
fourche 14, 579, 663, 870, 875.
fourche à bêcher 326.
fourche à fleurs 325.
fourche avant 870.
fourche télescopique 577.
fourche télescopique hydraulique 574.
fourches 632, 633.
fourchette 116, 127, 227, 346, 697, 892, 905.
fourchette à découper 229.
fourchette à dessert 228.
fourchette à fondue 228.
fourchette à huîtres 228.
fourchette à poisson 228.
fourchette à salade 228.
fourchette de table 228.
fourchettes, exemples 228.
fourgon postal 474, 475.
fourgon-pompe 766.
fourgonnette 549.
fourmi 101.
Fourneau 10.
fourneau 390.
fournisseur de services Internet 525.
fournitures de premiers soins 775.
fourragère 642.
fourreau 307, 391, 836, 897.
fourreau de la langue 112.
fourrure 121, 133.
fourrures, exemples 741.
fours à micro-ondes 723.
fovéa 177.
foyer 43, 674, 691.
foyer Cassegrain 17.
foyer coudé 17.
foyer des élèves 735.
foyer primaire 17.
foyer, accessoires 257.
foyers 431.
frac 338.
fraction 703.
fraise 192, 339.
fraise à chanfrein 308.
fraise à congé 308.
fraise à feuillure 308.
fraise à gorge 308.
fraise à quart de rond 308.
fraise à queue d'aronde 308.
fraise, coupe 83.
fraises, exemples 308.
framboise 192.
framboise, coupe 83.
français 469.
France 743.
Francis, roue 659.
francium 682.
frange 337.
frappeur 795, 796.
frégate 762.
frein 458, 851, 870, 889, 909.
frein à disque 552, 559, 574, 874.
frein à main 552.
frein à tambour 559.
frein arrière 578.
frein avant 579.
frein d'urgence 594.
frein de chaîne 331.
frein de talon 895.
frein direct 586.
frein hydraulique à disque 870.
freineur 884.
freins 559.
frelon 101.
fréquence, mesure 702.
frère 785.
frère/sœur 785.
frères 785.
fresque 406.
frette 440, 441.

frise 247, 278, 403, 404, 431.
frises 430.
friteuse 238, 721.
fromage 722.
fromage à la crème 210.
fromages à pâte molle 211.
fromages à pâte persillée 211.
fromages à pâte pressée 211.
fromages de chèvre 210.
fromages frais 210.
fronçage tuyauté 283.
fronce 359.
fronde 75, 76.
front 115, 146, 647.
front chaud en altitude 56.
front chaud en surface 56.
front de taille 647, 650.
front froid en altitude 56.
front froid en surface 56.
front occlus 56.
front stationnaire 56.
frontal 112, 131, 150, 152, 158, 749, 854.
frontière 37.
fronto-pariétal 111.
fronton 403, 405.
fronts 56.
frotteur 595.
frottoir 318, 391.
fruit charnu 83.
fruit charnu à noyau 81.
fruit charnu à pépins 82.
fruit de la Passion 196.
fruits 81, 180, 192.
fruits à noyau 192.
fruits à pépins 193.
fruits charnus 82.
fruits et desserts 723.
fruits secs 84, 193.
fruits tropicaux 196.
fumée 57.
fumerolle 44.
funicule 83, 84.
furet de dégorgement 314.
fusain 397.
fuseau 358, 458, 462.
fusée 602.
fusée à propergol solide 22, 24.
fusée de proximité 759.
fusée éclairante 771.
fuselage 625, 898.
fusible 273, 663, 673.
fusible à culot 272.
fusible-cartouche 272.
fusible-cartouche à lames 272.
fusibles, exemples 272.
fusil 229.
fusil (canon lisse) 912.
fusil à air comprimé 841.
fusil automatique 755.
fusil calibre 12 860.
fusil mitrailleur 755.
fusilli 206.
fusion 680.
fût 87, 287, 302, 405, 448, 663, 859, 860, 912, 918.
futon 280.

G

gâble 411.
Gabon 745.
gâche 249.
gâchette 320, 331, 398, 516, 767.
gâchette de sécurité 331.
gadolinium 684.
gaffe 611, 767.
Gai lon 187.
gainage du combustible défectueux 666.
gaine 79, 367, 689, 841, 907, 908.
gaine d'air frais 543.
gaine d'air vicié 543.
gaine de dérivation 258.
gaine de distribution 260.
gaine de myéline 168.
gaine de rancher 571.
gaine de Schwann 168.
gaine du ressort 284.
gaine isolante 275.
gaine principale 258.
gaine-culotte 367.
galaxie 9.
galaxie elliptique 9.
galaxie irrégulière de type I 9.
galaxie irrégulière de type II 9.
galaxie lenticulaire 9.
galaxie spirale barrée 9.
galaxie spirale normale 9.
galère 598.
galerie 411, 676.
galerie de circulation 650.
galerie de liaison 543.
galerie de visite 658.
galerie en direction 650.
galerie marchande 713.
galerie sèche 47.
galet 284, 423, 499, 516.
galets tendeurs 580.
galettage 465.
galettes de riz 207.
galhauban 602.
Galileo 19.
galion 599.
gallium 682.
gallois 469.
galon 340.
galon d'ornement 368.
galop 125.
Gambie 745.
gamme 434.
ganache 124.
ganglion cérébropleural 105.
ganglion du tronc sympathique 167.
ganglion spinal 167, 168.
ganglion viscéral 105.
ganse 905.
gant 20, 797, 798, 800, 842, 848, 853, 855, 870, 871, 874, 875, 878, 882, 884, 887, 891, 892.
gant à crispin 318, 346.
gant court 346.
gant de conduite 346.
gant de crin 379.
gant de frappeur 796.
gant de golf 869.
gant de plongée 841.
gant de receveur 796.
gant de ski 888.
gant de softball 797.
gant de toilette 379.
gant en latex 776.
gant long 346.
gant saxe 346.
gantelet 749.
gants 346, 872.
gants d'homme 346.
gants de boxe 843.
gants de femme 346.
gants de gardien de but 802.
gants de jardinage 325.
Ganymède 4.
garage 244, 543, 726, 764, 769.
garam masala 199.
garant 342.
garcette de ris 603.
garde 426.
garde basse (lutte libre) 843.
garde de clé 446.
garde de culasse 446.
garde droit 807.
garde gauche 807.
garde haute (lutte gréco-romaine) 843.
garde volante 426.
garde-boue 578, 640.
garde-boue arrière 577.
garde-boue avant 574.
garde-corps 321, 540, 542, 586.
garde-fou 251.
garde-main 755.
garde-manger 224, 250.
garde-robe 251.
gardien de but 800, 801, 803, 809, 814, 827, 878, 879.
gardien de guichet 799.
gare 39, 583, 708, 710.
gare de marchandises 583.
gare de triage 589, 708.
gare de voyageurs 582, 583.
gare maritime 596.
gare routière 710.
garniture 269, 389.
garniture de frein 559.
garrot 124, 130.
gaufrier-gril 238.
gaz 275, 651, 656, 680.
gaz à effet de serre 68.
gaz brûlés 564.
gaz carbonique de refroidissement 670.
gaz inerte 274.
gaz rares 684.
gazole 656.
gazon 322, 822.
geai 118.
géante rouge 8.
gélule 783.
Gémeaux 13.
gencive 159, 174.
générateur d'air chaud 258.
générateur d'air chaud électrique 258.
générateur de tonalités d'amorces 488.
générateur de vapeur 646, 669, 670, 671, 674, 763.
générateur thermoélectrique à radio-isotopes 18.
générateurs 688.
genou 124, 130, 146, 148.
genouillère 749, 796, 808, 850, 858, 880, 882, 894, 895.
géographie 28.
géologie 42.
géométrie 704.
Géorgie 746.
géothermie 646.
gerbeur 633.
gerboise 123.
germanium 682.
germe 85, 117.
germes de soja 191.
germination 77.
gésier 116.
geyser 44.
Ghana 745.
ghee 210.
gi 846.
gibbeuse croissante 7.
gibbeuse décroissante 7.
gibbon 139.
gibier 212.
gicleur 259, 655.
gicleur de lave-glace 550.
gicleurs 665.
gilet 338, 348, 359.
gilet athlétique 351.
gilet de laine 354.
gilet de sauvetage 611.
gilet de stabilisation 841.
gingembre 199.
Girafe 12.
girafe 129.
girelle 464.
giron 255.
girouette 58, 59, 677, 834.
gisement de pétrole 651, 653.
givre 65.
glace 67, 551, 554, 612.
glace de custode 551.
glacier 46, 48, 66.
glacier suspendu 46.
glacière 906.
glacis 409.
glacis précontinental 49.
glaive 748.
gland 169, 282, 285.
glande à venin 103, 106, 112.
glande coxale 103.
glande de Cowper 169.
glande de l'albumine 104.
glande digestive 104, 105, 106, 107.
glande lacrymale 177.
glande mammaire 171.
glande pédieuse 104.
glande salivaire 97, 99, 104, 176.
glande sébacée 172.
glande sudoripare apocrine 172.
glande sudoripare eccrine 172.
glande surrénale 165.
glandes digestives 103.
glandes salivaires 164.
glandes séricigènes 103.
glissement de terrain 47.
glisseur 896.
glissière 294, 456, 587, 754.
glissière d'ajustement 502.
glissière d'auvent 567.
glissière de fixation 692.
glissière du guide 305.
glissoir 342.
glissoire de recul 756.
globe 903.
globe oculaire 110, 177.
globe terrestre 734.
globule blanc 162.
globule rouge 162.
glome 127.
glotte 112.
glucose 78.
gnocchi 206.
go 916.
godet 320, 398, 637.
godet à couleur 398.
godet à poussière 288.
godet chargeur 638.
godet de beurre 223.
godet de lait/crème 223.
godet rétro 637.
goélette 601.
golf 866.
golfe 38.
Golfe d'Aden 33, 34.
Golfe d'Alaska 30.
Golfe d'Oman 33.
Golfe de Botnie 32.
Golfe de Californie 30.
Golfe de Carpentarie 29.
Golfe de Guinée 34.
Golfe de Panama 31.
Golfe du Bengale 33.
Golfe du Mexique 30.
Golfe Persique 33.
Golgi 74, 94.
gombo 188.
gomme 534.
gonade 95, 105, 106.
gond 247, 278.
gondole 181, 600.
gonfalon 739.
gonfleur 841, 904.
gonfleur-dégonfleur 904.
gong 437, 449.
gorge 47, 48, 115, 312, 911.
gorgerin 749.
gorgonzola 211.
gorille 138.
gorille, morphologie 139.
gorille, squelette 138.
gouache 396.
gouffre 47.
gouge 401.
gouge creuse 421.
gouge en V 421.
goujon 559.
goujure 306.
goulot de remplissage 553.
goupille 767.
gour 47.
gourde 906.
gourmand 86.
gourmette 376, 854.
gourmette d'identité 376.
gousse, coupe 84.
gousset de latte 834, 836.
goût 174.
goutte 404.
gouttelette lipidique 74.
gouttes ophtalmiques lubrifiantes 384.
gouttière 244, 287, 551.
gouvernail 23, 600, 606, 608, 676, 834, 838, 839.
gouvernail de direction 760, 763, 898.
gouvernail de plongée avant 763.
gouvernail de profondeur 898.
gouverne 759.
gouverne de direction 625.
gouverne de profondeur 625.
goyave 197.
gradateur 274.
gradin 407, 647.
gradins 402.
gradins mobiles 734.
graduation 313, 695, 700, 776, 907.
graduation de la règle 700.
graduation du vernier 700.
grain 57, 85.
grain d'amidon 74.
grain de blé, coupe 85.
graine 77, 81, 82, 83, 84.
graine de soja 191.
graines de pavot 199.
grains de café torréfiés 208.
grains de café verts 208.
graisse 472.
graisses 656.
graisseur 648.
grand adducteur 151.
grand cacatois avant 603.
Grand Canyon 30.
Grand Chien 11.
grand complexus 151.
Grand Désert de Sable 29.
Grand Désert Victoria 29.
grand dorsal 151.
grand droit de l'abdomen 150.
grand duc d'Amérique 119.
grand fauchage extérieur 844.
grand fauchage intérieur 844.
grand fessier 151.
grand foc 603.
grand hunier fixe avant 603.
grand hunier volant avant 603.
grand largue 833.
grand mât 600.
grand mât arrière 602.
grand mât avant 602.
grand miroir 612.
grand oblique de l'abdomen 150, 151.
grand os 154.
grand palmaire 150.
grand pectoral 150.
grand perroquet fixe avant 603.
grand perroquet volant avant 603.
grand rabat 391.
grand rond 151.
grand sésamoïde 126.
grand tournant 856.
grand trochanter 153.
grand-mère 784.
grand-père 784.
grand-voile 834.
grand-voile arrière 603.
grand-voile avant 603.
grand-voile d'étai arrière 603.
Grande Baie australienne 29.
grande échelle 766.
grande galerie 402.
grande lame 905.
grande lèvre 170, 171.
Grande Ourse 13.
grande roussette 218.
grande sauterelle verte 101.
grande sus-alaire 115.
grande ville 37.
grandes familles de langues 468.
grandes lignes 583.
Grands Lacs 30.
grands-parents 784.
grange 182.
granulation 6.
grappe 81.
grappe de combustible 667.
grappe de raisin 752.
grappe de raisins 86.
grappe, sarrasin 85.
grappin 610.
gras 472.
grasset 124.
gratte-ongles 377.
grattoir 320.
graveur de disque compact 503.
graveur de disque compact réinscriptible 521.
graveur de DVD 521.
gravier 253, 263.
gravure en creux 422.
gravure en relief 421.
gravure sur bois de fil 421.
gravure sur bois debout 421.
grébiche 386.
grec 469.
Grèce 744.
grecquage 424.
grecque 424.
gréement 602.
gréements, exemples 601.
greffier 860.
greffoir 330.
grêlon 64.
grelots 449.
Grenade 743.
grenade 196.
grenade à main 757.
grenat 375.
grenouille 110.
grenouille des bois 111.
grenouille léopard 111.
grenouille mâle, anatomie 110.
grenouille rousse 111.
grenouille, métamorphose 111.
grenouille, morphologie 110.
grenouille, squelette 111.
grenouillère 368.
grésil 57, 64.
grève 749.
griffe 96, 98, 107, 113, 115, 121, 122, 130, 133, 140, 143, 376.
griffe à fleurs 325.
griffe abaissée, chat 133.
griffe d'entrainement 453.
griffe porte-accessoires 476.
griffe rétractée, chat 133.
gril barbecue 239.
gril électrique 239.
gril pliant 907.
grillage 260, 261.
grillage de protection 316.

grille 234, 261, 290, 383, 403, 432, 494, 561, 658, 727, 796.
grille à reine 100.
grille d'aération 294, 594.
grille d'aspiration 382.
grille d'éclairage 492.
grille d'éclairage 429.
grille d'entrée d'air 575.
grille d'extrémité 667.
grille d'habillage 259.
grille de chauffage 594.
grille de départ 872, 875.
grille de sécurité 730.
grille de sortie d'air 382.
grille de vaporisation 261.
grille de ventilation 289.
grille des programmes de télévision 471.
grille métallique conductrice 672.
grille stabilisatrice 903.
grille-pain 238.
grimpeur 900.
Groenland 30.
grondin 219.
gros intestin 110, 164.
gros sel 201.
groseille à grappes 192.
groseille à maquereau 192.
grosse caisse 437, 448.
grosse quille 865.
grotte 47, 51.
groupe bulbe 664.
groupe de climatisation 622.
groupe de démarrage pneumatique 622.
groupe électrogène 622.
groupe électropompe 559.
groupe frigorifique 571.
groupe turbo-alternateur 646, 658, 659.
groupes instrumentaux, exemples 438.
Grue 10.
grue 652.
grue à flèche 596.
grue à tour 634.
grue de bord 761.
grue sur ponton 596.
grue sur porteur 634.
grues 634.
gruppetto 435.
gruyère 211.
guarani 469.
Guatemala 742.
guépard 135.
guêpe 101.
guêpière 367.
guerrier gaulois 748.
guêtre 339.
gueules 741.
gui 602.
guichet 731, 799.
guichet automatique bancaire 730, 731.
guichet commercial 731.
guichet de nuit 731.
guichet de vente des billets 592.
guide 238, 303, 304, 424, 521.
guide à onglet 305.
guide d'ondes 489.
guide de refend 304, 305.
guide des températures 288.
guide papier 519.
guide-bande 499, 534.
guide-chaîne 331, 580.
guide-fil 452, 453, 457.
guide-ligne 910.
guide-papier 508.
guides de classement 532.
guidon 332, 579, 739, 754, 757, 851, 861, 871, 876, 893, 912.
guidon surélevé 870.
guillemets 473.
guimbarde 433.
guindant 739, 836.
Guinée 745.
Guinée équatoriale 745.
Guinée-Bissau 745.
guitare acoustique 440.
guitare basse 441.
guitare électrique 441.
Gutenberg, discontinuité 42.
Guyana 742.
guyot 49.
gymnase 608, 727, 734, 764, 788.
gymnastique 824.
gymnastique rythmique 823.
gyoji 847.
gyrophare 766.
gyroscope 759.

H

habilleur 428.
habitacle 22, 873.
habitation 182.
hache 330, 767.
hache en pierre polie 748.
hachette 907.
hachoir 230.
hachure 463.
hackle 909.
hafnium 683.
haie 245, 322, 790.
haie barrée 852.
haie de steeple 790.
haie rivière 852, 853.
Haïti 742.
hakama 846, 847.
halebas 834.
halefis de culasse (16) 374.
halefis de table (16) 374.
hall 713, 719, 724.
hall d'entrée 250, 394, 509.
hall public 620.
halo 9.
halte-garderie 715.
haltère court 850.
haltère long 850, 851.
haltérophilie 850.
hameçon 909, 911.
hameçon monté 911.
hameçon triple 911.
hampe 56, 739, 793, 911.
hamster 123.
hanche 96, 98, 147, 149.
hanche ailée 844.
handball 814.
handicap de l'équipe 858.
handicap du joueur 858.
hangar 182, 619, 761.
hangar de transit 596.
hangar pour hélicoptères 762.
hanneton 101.
haoussa 468.
haptère 75.
hareng 219.
haricot adzuki 191.
haricot d'Espagne 191.
haricot de Lima 191.
haricot jaune 191.
haricot mungo 191.
haricot mungo à grain noir 191.
haricot noir 191.
haricot pinto 191.
haricot romain 191.
haricot rouge 191.
haricot vert 191.
haricots 191.
harissa 201.
harmonica 432.
harnais 460, 841, 893, 896, 897.
harpe 440.
harpes 437.
hassium 683.
hastée 79.
hauban 578, 602, 628, 676, 834, 897, 902.
haubans 541.
haubans en éventail 541.
haubans en harpe 541.
hausse 100, 439, 754, 755, 757, 861, 893, 912.
haut-de-chausse 338.
haut-de-forme 340.
haut-parleur 427, 496, 504, 505, 508, 513, 526, 626, 766.
haut-parleur d'aigus 502.
haut-parleur d'aigus 10.
haut-parleur de contrôle 488, 489, 490, 491.
haut-parleur de graves 10, 502.
haut-parleur de médium 502.
haut-parleur de médiums 10.
hautbois 437, 446.
hauteur de chute 662.
hauteur de la vague 49.
hauteur de marche 255.
hauteur du gradin 647.
hauteur du plongeon 829.
Havers, canal 154.
hawaïen 469.
hébergement 886.
hébreu 468.
hélice 606, 608, 609, 705, 763.
hélice arrière 606.
hélice bipale 628.
hélice d'étrave 606.
hélice de propulsion 605.
hélice de ventilation 688.
hélice tripale 628.
hélices 762.
hélicoptère 631, 762.
hélicoptère bombardier d'eau 631.
hélicoptère de transport tactique 631.
hélicoptère-ambulance 631.
hélicoptères, exemples 631.
héliographe 58.
hélisurface 652, 762.
hélium 684.
hélix 173.
hémisphère 705.
hémisphère austral 35.
hémisphère boréal 35.
hémisphère occidental 35.
hémisphère oriental 35.
hémisphères 35.
hendécagone régulier 705.
hennin 339.
heptagone régulier 705.
héraldique 739.
herbe longue 866, 867.
herbicide 69.
herbivores 67.
Hercule 13.
hérisson 121.
hermine 741.
herminette 401.
héron 119.
herse 430.
hertz 702.
hétérotrophes 67.
hêtre 88.
hexagone régulier 705.
hijiki 183.
hile du rein 165.
Himalaya 33.
hindi 469.
hindouisme 736.
hippodrome 856.
hippopotame 129.
hirondelle 118.
hiver 54.
hockey sur gazon 800.
hockey sur glace 878.
hockeyeur 801, 878.
holmium 684.
homard 107, 218.
homard, anatomie 107.
homard, morphologie 107.
homme 146.
homo sapiens 93.
Honduras 742.
Hongrie 744.
hongrois 469.
honneurs 917.
hôpital 711, 725, 778.
horizon de secours 626.
Horloge 10.
horloge 858.
horloge de parquet 697.
horloge programmatrice 238, 290.
hors-d'œuvre 722.
hôtel 710, 724, 886, 915.
hôtel de ville 710.
hotte 224, 256, 290, 721, 722.
houe 327.
houe rotative 641.
hoummos 200.
houpette 378.
houppelande 338.
houppier 87.
housse à vêtements 389.
housse d'oreiller 280.
housse pour automobile 558.
Hubble, classification des galaxie, 9.
Hubble, télescope spatial 17, 53.
hublot 238, 239, 290, 608, 624.
hublot d'atterrissage 631.
hublot d'observation 23.
hublot de chargement 666.
hublot de déchargement du combustible irradié 666.
huile d'arachide 209.
huile d'olive 209.
huile de lin 400.
huile de maïs 209.
huile de sésame 209.
huile de tournesol 209.
huiles 209.
huiles lubrifiantes 656.
huit avec barreur 839.
huitième de finale : 16 joueurs 789.
huitième de soupir 435.
huître creuse du Pacifique 217.
huître plate 217.
huîtrier pie 118.
huméro-stylo-radial 150.
humérus 111, 116, 121, 122, 126, 131, 136, 138, 141, 142, 152, 156.
humeur aqueuse 177.
humidificateur 261.
humidité 261.
humidité, mesure 59.
hune 602.
hutte 418.
Huygens 19.
hydravion à flotteurs 628.
Hydre femelle 11, 13.
Hydre mâle 10.
hydroélectricité 657.
hydrogène 682.
hydromètre 562.
hydroptère 609.
hydrosphère 66.
hyène 134.
hygiène dentaire 384.
hygromètre 261.
hygromètre enregistreur 59.
hygrostat 261.
hypergone 478.
hyperliens 524.
hypermétropie 691.
hyphe 76.
hypoderme 172.
hypophyse 167.
hyracothérium 93.
hysope 202.

I

ichtyosaure 93.
ichtyostéga 92.
identification du compte 731.
igloo 418.
igname 184.
iguane 114.
île 38.
île de sable 51.
Île de Terre-Neuve 30.
île volcanique 49.
iléon 164.
Îles Aléoutiennes 30.
Îles Falkland 31.
Îles Fidji 29.
Îles Marshall 747.
Îles Salomon 747.
ilion 111, 116, 122.
îlot 224, 539, 761.
îlot rocheux 51.
image 917.
image imprimée 420.
immeuble résidentiel 711.
immobilisation 844.
impair 919.
imparipennée 79.
impériale 569.
imperméable 352.
impluvium 406.
imposte 413.
impressiom, modèle à plat 420.
impression 420, 512.
impression à plat 420.
impression de l'écran 515.
impression en creux 420.
impression en relief 420.
impression, modèle en creux 420.
impression, modèle en relief 420.
imprimante 523, 529.
imprimante à jet d'encre 519.
imprimante laser 519.
imprimante matricielle 520.
impulsion 40.
incendie de forêt 69.
incinération 71.
incisive 121, 123.
incisive centrale 159.
incisive latérale 159.
incisives 159.
inclinaison 13.
inclinaison de la lame 304, 305.
inclusion 703.
Inde 747.
Index 0.
index 173, 699.
index de composition automatique 506.
indicateur de charge 383.
indicateur de ligne 568, 569, 595.
indicateur de niveau 499.
indicateur de niveau d'eau 239.
indicateur de niveau de carburant 557.
indicateur de position 417.
indicateur de réglage 889.
indicateur de température 557.
indicateur de tension 453.
indicateur de virage et d'inclinaison latérale 898.
indicateur de vitesse 557, 576, 851.
indice 472.
indice d'exposition 479.
Indien 10.
indium 682.
Indonésie 33, 747.
indonésien 469.
inducteur à électroaimant 688.
induit 688.
industrie 525.
infiltration 67, 69.
infini 703.
infirmerie 726.
infirmière 780.
inflorescence, modes 81.
influx nerveux 168.
informations-navigation 626.
informations-pilotage 626.
informations-systèmes de bord 626.
infrastructure 538.
inhalateur-doseur 783.
initiales de la banque émettrice 729.
injecteur 565, 566.
injecteur de lubrifiant 649.
injection/explosion 565.
insectes 96.
insectes, exemples 101.
insertion 515.
insigne 770.
insigne d'identité 770.
insigne de grade 770.
inspiration 832.
installation 395.
installation à air chaud pulsé 258.
installation à eau chaude 259.
installations sportives 788.
instruments à clavier 442.
instruments à clavier, exemples 443.
instruments à cordes 439.
instruments à percussion 437, 448.
instruments à vent 446.
instruments d'écriture 470.
instruments de bord 557.
instruments de mesure météorologique 58.
instruments de vol 899.
instruments électroniques 450.
instruments scientifiques 23.
instruments traditionnels 432.
intégrale 703.
intégration de l'électricité au réseau de transport 662.
intégration de l'électricité au réseau de transport 677.
Intelsat 487.
intensité lumineuse, mesure 702.
interdiction de dépasser 544, 546.
interdiction de faire demi-tour 544, 546.
interlignage 472.
interligne 434.
interligne 1,5 472.
interligne double 472.
interligne simple 472.
internaute 524.
Internet 523, 524.
interosseux 150.
interphone 491.
interrupteur 237, 241, 274, 286, 288, 289, 291, 305, 307, 308, 318, 320, 381, 382, 383, 384, 488, 505, 506, 518, 613, 687.
interrupteur à gâchette 304, 305, 306, 308.
interrupteur d'accord 499.
interrupteur d'alimentation 451, 494, 495, 497, 498, 501.
interrupteur d'alimentation 494, 498, 518.
interrupteur d'éclairage 381.
interrupteur d'émission 505.
interrupteur de démarrage 293.
interrupteur de fin de course 417.
interrupteur de la porte 293.
interrupteur de mise au point automatique 483.
interrupteur du magnétoscope 495.
interrupteur du téléviseur 495.
interrupteur moteur/éclairage 452.
interrupteur principal 273.
interruption 515.
intersection 703.
intersection avec priorité 544, 547.
intertitre 471.
intervalle 617.

intervalle d'air 675.
intervalles 434.
interview 471.
intestin 95, 97, 103, 104, 105, 107, 109, 112, 161.
intestin grêle 110, 113, 116, 125, 164.
intestin moyen 99.
intrados 413.
inuktitut 469.
inverseur de marche 302, 306.
inverseur de signe 529.
inverseur route-croisement 576.
Io 4.
iode 683.
Iran 746.
Iraq 746.
iridium 683.
iris 177.
irlandais 469.
Irlande 743.
isba 418.
ischion 111, 116, 122, 153.
islam : Mahomet 736.
islandais 469.
Islande 32, 744.
isobare 55.
isolant 253, 254, 259, 266, 267, 294, 672.
isolant en caoutchouc-mousse 299.
isolant en coquille 299.
isolant en panneau 299.
isolant en plastique 272.
isolant en rouleau 299.
isolant en ruban 299.
isolant en ruban métallique 299.
isolant en vinyle 299.
isolant en vrac 299.
isolant moussé 299.
isolants 299.
isolateur 562, 663.
isoloir 731.
Israël 746.
isthme 38.
isthme de la trompe utérine 171.
Isthme de Panama 30.
isthme du gosier 174.
Italie 744.
italien 469.
italique 472.
ivoire 159.

J

jabot 97, 99, 104, 106, 116, 362.
jaboticaba 197.
jachère 182.
jack de sortie 441.
jacquet 915.
jaguar 135.
jalons de sécurité 875.
Jamahiriya arabe libyenne 745.
Jamaïque 742.
jambage 256.
jambe 124, 139, 147, 149, 156, 351.
jambe élastique 351.
jambette 253.
jambier antérieur 150.
jambière 371, 796, 798, 800, 901.
jambière de gardien de but 879.
jambières 880.
jambon cuit 216.
jambon fumé 215.
jan extérieur 915.
jan intérieur 915.
jante 560, 574, 579, 640, 793.
Japet 5.
Japon 33, 747.
japonais 469.
jaque 196.
jaquette 338, 853.
jardin 406.
jardin d'agrément 322.
jardin potager 182, 244.
jardin public 713.
jardinage 298, 322.
jarlsberg 211.
jarret 124, 130, 214, 215.
jarretelle 367.
jas 610.
jauge à aiguilles 457.
jauge magnétique à lecture directe 655.
jaune 117, 400, 690.
jaune orangé 400.
jaune vert 400.
javelot 748, 793.
jazz, formation 438.
jean 358.
Jean Calvin 736.
jéjunum 164.
Jésus-Christ 736.
jet d'air 398.
jet d'eau 247, 249.
jet de couleur 398.
jet dentaire 384.
jetée 653.
jets d'eau 828.
jeu 822.
jeu d'ustensiles 233.
jeu de brides 773.
jeu de dames 916.
jeu de dilatation 590.
jeu de douilles 311.
jeu de fléchettes 918.
jeu de petits outils 325.
jeu de puces 513.
jeu de quilles 865.
jeux 914.
jeux de plateau 915.
jeux en ligne 525.
jicama 184.
jockey 856.
jodhpurs 853.
joint 294, 470.
joint à coulisse 310.
joint d'étanchéité 270, 655.
joint de bougie 562.
joint de carter 566.
joint de rail 590.
joint magnétique 291.
joint périmétral 661.
joint torique 268.
Joker 914.
jonc 376.
jonction positif/négatif 672.
jonque 600.
jonquille 80.
Jordanie 746.
joue 130, 148, 301, 909.
joue de jante 560.
jouets 717, 854.
joueur 827, 920.
joueur de basketball 810.
joueur de cricket : batteur 798.
joueurs 822.
joueuse de tennis 822.
joule 702.
journal 471.
ju-jitsu 846.
judaïsme : l'Ancien Testament 736.
judo 844.
judogi 844.
juge 842, 843, 844, 848, 855, 859, 893.
juge à l'arrivée 839.
juge arbitre 830.
juge au départ 838, 883.
juge aux obstacles 852.
juge coordonnateur 823.
juge d'arrivée 883.
juge de but 827, 858, 878.
juge de champ arrière 807.
juge de classement 830.
juge de coin 845.
juge de départ 830.
juge de faute de pied 821.
juge de filet 821.
juge de ligne 812, 813, 816, 818, 820, 824, 879.
juge de ligne en chef 807.
juge de ligne médiane 820.
juge de mêlée 807.
juge de nage 830.
juge de piste 883.
juge de porte 837.
juge de service 816, 820.
juge de touche 803, 805, 807.
juge de voie 900.
juge en chef 823, 837.
juge-arbitre 828.
juge-arbitre de pas de tir 860.
juge-arbitre principal 860.
juges 824, 825, 828, 881.
juges assistants 883.
juges au départ 882.
juges d'arrivée 883.
juges d'exécution 823.
juges de coin 846.
juges de difficultés 823.
juges de valeur artistique 823.
juges de virages 831.
jugulaire 765, 808.
jujube 197.
jumeau 150, 151.
jumelles à prismes 692.
jupe 355, 837.
jupe à empiècement 357.
jupe à lés 357.
jupe à volants étagés 357.
jupe de masque 773.
jupe de piston 566.
jupe droite 357.
jupe fourreau 357.
jupe froncée 357.
jupe portefeuille 357.
jupe souple 605.
jupe-culotte 357.
jupes, exemples 357.
jupette 822.
Jupiter 4.
jupon 337, 366.
Jurassique 93.
jury 853.
justaucorps 338, 371.
justice 726.

K

kaki 197.
kangourou 142, 143.
kangourou, morphologie 143.
kangourou, squelette 142.
Kaplan, roue 659.
karaté 845.
karatégi 845.
karatéka 845.
kayak 837.
kayak monoplace (K1) 839.
Kazakhstan 746.
kelvin 702.
kendo 847.
kendoka 847.
Kenya 745.
kérosène 656.
ketch 601.
ketchup 201.
kettle 45.
kilogramme 702.
kilt 357.
kimono 364.
kinyarwanda 468.
kiosque 548, 593, 763.
Kirghizistan 746.
Kiribati 747.
kirundi 468.
kiwi 196.
knicker 358.
koala 143.
kombu 183.
kora 433.
kote 847.
Koweït 746.
krypton 684.
Kuiper, ceinture 4.
kumquat 194.
kung-fu 846.

L

la 434.
la universel 436.
laboratoire 16, 17.
laboratoire américain 21.
laboratoire de conservation 395.
laboratoire de pathologie 781.
laboratoire européen 21.
laboratoire japonais 21.
laboratoire spatial 23.
laboratoire supérieur 16.
labyrinthe 885.
lac 7, 38, 45, 48.
lac artificiel 48.
Lac Baïkal 33.
lac d'origine glaciaire 48.
lac d'origine tectonique 48.
lac d'origine volcanique 48.
lac en croissant 48.
Lac Eyre 29.
Lac Ladoga 32.
Lac Malawi 34.
lac salé 52.
Lac Tanganyika 34.
Lac Tchad 34.
Lac Titicaca 31.
Lac Victoria 34.
laccolite 44.
lacet 342, 370, 630, 797, 843, 881.
lacet de serrage 387.
lacis 893.
lacs 48.
lactaire délicieux 183.
lacune latérale 127.
lacune médiane 127.
lagomorphes 122.
lagon 51.
lagune 51.
lait 210.
lait concentré 210.
lait de chèvre 210.
lait en poudre 210.
lait homogénéisé 210.
laiterie 182.
laitue asperge 186.
laitue de mer 183.
laitue frisée 186.
laitue iceberg 186.
laitue pommée 186.
laize 834.
lama 128.
lambourde 252.
lame 227, 229, 237, 254, 274, 285, 302, 303, 304, 305, 315, 320, 331, 332, 382, 383, 390, 433, 449, 454, 460, 534, 557, 636, 639, 849, 878, 880, 881, 900.
lame à deux biseaux 401.
lame à double tranchant 383.
lame coudée 401.
lame criblée de l'ethmoïde 175.
lame d'étouffoir 443.
lame de coupe 240.
lame de danse sur glace 881.
lame de scie circulaire 304.
lame de suspension 697.
lame dentée 382.
lame droite 382, 401.
lame en cuiller 401.
lame fixe 424.
lame isolée 316.
lame mobile 424.
lame porte-objet 693.
lame pour programme libre 881.
lame racleuse 638.
lame-ressort 776.
lamelle 76, 254.
lamelles concentriques 154.
lames, principales formes 401.
lampadaire 286.
lampe 316, 693.
lampe à économie d'énergie 275.
lampe à halogène 274, 275.
lampe à incandescence 274, 614, 673.
lampe à souder 314, 319.
lampe au néon 316.
lampe d'architecte 286.
lampe d'architecte 399.
lampe de bureau 286.
lampe de bureau halogène 286.
lampe de chevet 724, 780.
lampe de lecture 771.
lampe de sanctuaire 737.
lampe de table 286.
lampe frontale 901.
lampe liseuse 286.
lampe portative 765.
lampe-éclair 482.
lampe-témoin 848.
lampe-tempête 906.
lampe-torche 770.
lampes témoins 494, 557.
lamproie 219.
lance 319, 748, 767.
lance à eau 766.
lance d'arrosage 328.
lance-canon 766.
lance-leurres 762.
lance-missiles 761.
lance-pots fumigènes 758.
lancéolée 79.
lancer 795, 799, 864.
lancer disque 791.
lancer du javelot 791.
lancer du poids 790.
lancer marteau 791.
lancers 793.
lanceur 794, 795, 799.
lanceur spatial 24.
lanceur spatial (Ariane V), coupe 24.
lanceur spatial (Saturn V), coupe 25.
lanceurs spatiaux, exemples 24.
lange 421.
langouste 218.
langoustine 218.
langue 99, 109, 110, 164, 174, 175, 212.
langue bifide 112.
langue d'affichage, choix 507.
langue glaciaire 46.
langue, dos 176.
langues aborigènes d'Australie 469.
langues afro-asiatiques 468.
langues amérindiennes 469.
langues bantoues 468.
langues celtiques 469.
langues d'Afrique centrale 468.
langues d'Océanie 469.
langues du monde 468.
langues germaniques 469.
langues indo-européennes 469.
langues indo-iraniennes 469.
langues isolées 469.
langues malayo-polynésiennes 469.
langues ouralo-altaïques 469.
langues papoues 469.
langues romanes 469.
langues sino-tibétaines 468.
langues slaves 469.
languette 342, 370, 444, 881, 889.
lanière 416, 443, 840, 841, 850, 901.
lanterne 322, 614, 752, 903.
lanterne de phare 614.
lanterne de pied 287.
lanterne murale 287.
lanterneau 245.
lanterneau de la cage d'escalier 251.
lanterneau de la salle de bains 251.
lanthane 684.
lanthanides (terres rares) 684.
lapiaz 47.
lapin 123, 212.
lapis-lazuli 375.
lard 209.
large 472.
largue 833.
larve 100.
larynx 163.
lasagne 206.
laser à rubis pulsé 692.
latitude 14, 15, 36.
latrines 406.
latte 285, 459, 600, 676, 834, 836, 897.
lattis métallique à losanges 299.
laurier 202.
lavabo 262, 264, 724, 780.
lavabo du chirurgien 781.
lavage 347.
lavallière 349.
lave-auto 548.
lave-linge 262, 271, 292.
lave-vaisselle 224, 271, 294, 721, 723.
laver à la machine à l'eau chaude avec agitation normale 347.
laver à la machine à l'eau chaude avec agitation réduite 347.
laver à la machine à l'eau tiède avec agitation réduite 347.
laver à la machine à l'eau très chaude avec agitation normale 347.
laver à la main à l'eau tiède 347.
laveuse pour épreuves 485.
lawrencium 684.
laye 445.
lèchefrite 234.
lecteur CD/DVD 918.
lecteur de carte 493, 507.
lecteur de cassette 504, 521.
lecteur de CD/DVD-ROM 513, 526.
lecteur de code-barres 517.
lecteur de disque compact 488, 501, 503, 504, 517.
lecteur de disque dur 521.
lecteur de disque dur amovible 521.
lecteur de disque dur primaire 513.
lecteur de disque dur secondaire 513.
lecteur de disquette 450, 513.
lecteur de disquette externe 521.
lecteur de DVD vidéo 494.
lecteur de microfilm 732.
lecteur optique 181.
lecteur optique de caractères 474.
lecture 495, 499.
lecture automatique/manuelle 316.
lecture du disque compact 501.
lecture rapide 501.
lecture/pause 501.
légende 471.
légionnaire romain 748.
légumes 180, 184.
légumes bulbes 184.
légumes feuilles 186.
légumes fleurs 187.
légumes fruits 188.
légumes racines 189.
légumes tiges 185.
légumes tubercules 184.
légumier 226.
légumineuses 190.
lémurien 139.

lentille 390, 477, 478, 535, 697.
lentille biconcave 691.
lentille biconvexe 691.
lentille concave 691.
lentille convexe 691.
lentille cylindrique 691.
lentille de champ 692.
lentille de macrophotographie 478.
lentille jetable 384.
lentille objectif 14, 692.
lentille plan-concave 691.
lentille plan-convexe 691.
lentille rigide 384.
lentille souple 384.
lentilles 190, 691.
lentilles convergentes 691.
lentilles de contact 384.
lentilles de mise au point 694.
lentilles de redressement 692.
lentilles divergentes 691.
léopard 135.
Lesotho 746.
lessivage du sol 70.
lest 634.
Lettonie 744.
lettre 474.
lettre de repère 855.
lettres 472.
leucoplaste 74.
lève-fil 288.
lève-soupape 314.
levier 268, 270, 310, 377, 381, 423, 686, 912.
levier à ressort 920.
levier coudé 637.
levier d'armement 755, 757.
levier d'écartement 643.
levier d'échappement 443.
levier d'embrayage 327, 574, 576.
levier de blocage 312.
levier de clé 446.
levier de commande 307, 649.
levier de commande manuelle 590.
levier de conduite 633.
levier de déclenchement 265.
levier de dégagement 310.
levier de dégagement du papier 528.
levier de dégagement du presse-papier 528.
levier de fixation de venturi 757.
levier de frein à main 556, 587.
levier de frein avant 576.
levier de la lame 424.
levier de manœuvre de la culasse 756.
levier de manœuvre du mât 632, 633.
levier de perçage 240.
levier de réglage 436.
levier de réglage latéral 309.
levier de relevage du plateau de coupe 333.
levier de serrage 312.
levier de tissage 456.
levier de verrouillage 587.
levier de vibrato 441.
levier de vitesse 556.
levier de vitesses 552.
levier des aérofreins 626.
levier des volets 626.
levier du bloc 309.
levier du piston 315.
levier du protège-lame inférieur 304.
levier du train d'atterrissage 626.
levier plat 301.
levier télescopique de dételage 587.
lèvre 124, 132, 306.
lèvre inférieure 174, 444.
lèvre supérieure 99, 174, 444.
lévrier 131.
Lézard 12.
lézard 114.
liaison 435.
liaison chimique 680.
liaison électrique 260.
liaison frigorifique 260.
Liban 746.
libellule 102.
liber 87.
libération d'énergie 681.
Libéria 745.
libero 803, 812.
liberté de langue 854.
librairie 714.
lice 408.
lichen 74.
lichen crustacé 74.
lichen foliacé 74.
lichen fruticuleux 74.
lichen, structure 74.
lichens, exemples 74.
Licorne 11.
Liechtenstein 744.
liège 892.
liens de parenté 784.
lierne 410.
lieu noir 221.
lieuse 642.
Lièvre 11.
lièvre 123, 212.
ligament 105.
ligament alvéolo-dentaire 159.
ligament élastique 133.
ligament large de l'utérus 171.
ligament suspenseur 177.
ligne 434, 813.
ligne arrière 809, 877.
ligne blanche 127.
ligne bleue 879.
ligne câblée 525.
ligne centrale 815, 879.
ligne continue 538.
ligne d'arrivée 791.
ligne d'arrivée 833, 839, 871, 890.
ligne d'arrivée du 500 m 883.
ligne d'attaque 812.
ligne d'avertissement- épée et sabre 848.
ligne d'avertissement- fleuret 848.
ligne d'ourlet 455.
ligne de balayage 877.
ligne de ballon mort 804.
ligne de bâti 455.
ligne de boîte de service 818.
ligne de but 800, 804, 806, 809, 814, 827, 878.
ligne de cadre 862.
ligne de centre 801, 806, 809, 877.
ligne de côté 812.
ligne de couloir 791.
ligne de coupe 455.
ligne de croissance 104, 105.
ligne de demi-court 819.
ligne de départ 791, 833, 872.
ligne de départ du 500 m 882.
ligne de distribution à basse tension 273, 663.
ligne de distribution à moyenne tension 273, 663.
ligne de double 820.
ligne de fond 806, 811, 812, 815, 816, 821, 831.
ligne de force 687.
ligne de jet franc 814.
ligne de jeu 794, 865, 877, 918.
ligne de l'arbitre 845.
ligne de lancer franc 811.
ligne de limite arrière 848.
ligne de mêlée 807.
ligne de mise en garde 848.
ligne de modification 455.
ligne de piqûre de la fermeture 455.
ligne de poursuite 871.
ligne de réception de service 818.
ligne de retrait 799.
ligne de sécurité 593.
ligne de service 818, 819, 821.
ligne de service court 817, 818, 819.
ligne de service long 816.
ligne de simple 821.
ligne de surface de but 814.
ligne de surface de réparation 802.
ligne de suture 105.
ligne de tir 859.
ligne de touche 800, 803, 805, 806, 809, 810, 814, 858.
ligne de visée 907.
ligne dédiée 523, 524.
ligne des 10 m 804.
ligne des 15 m 805.
ligne des 2 m 827.
ligne des 200 m 871.
ligne des 22 m 800, 804.
ligne des 27 m 858.
ligne des 30 m 859.
ligne des 36 m 858.
ligne des 4 m 827.
ligne des 5 m 800, 805.
ligne des 50 m 859.
ligne des 54 m 858.
ligne des 60 m 859.
ligne des 7 m 827.
ligne des 70 m 859.
ligne des 90 m 859.
ligne des compétiteurs 845, 847.
ligne des sprinters 871.
ligne des verges 806.
ligne discontinue 538, 539.
ligne isosiste 43.
ligne latérale 108, 815, 819, 877.
ligne latérale de double 817.
ligne latérale de simple 817.
ligne médiane 803, 805, 810, 814, 816, 827, 848.
ligne médiane de service 821.
ligne méridienne 907.
ligne neutre 687.
ligne sous-marine 524.
ligne supplémentaire 434.
ligne téléphonique 524.
ligne téléphonique/câblée/satellite 523.
lignes droites 871.
limbe 76, 79, 612.
lime 194, 309, 377, 905.
lime à ongles 377.
limes-émeri 377.
limitation de hauteur 545, 547.
limite de retour 799.
limite de terrain 864.
limite du batteur 799.
limite du terrain 244.
limite hors-terrain 819.
limiteur de surchauffe 293.
limon 255.
limousine 549.
linéaire 79.
lingala 468.
linge de maison 716.
lingerie 584, 716, 724.
linteau 247, 252, 256, 411.
Lion 13.
lion 135.
lion passant 741.
liquette 359.
liquide 680, 681.
liquide céphalo-rachidien 168.
liquides d'appoint 400.
lis 80.
lisière 455.
lisse 253, 591.
lisse d'assise 252, 253.
lisses 460, 461.
listel 306.
lit 280, 567, 904.
lit à barreaux 281.
lit à deux places 724.
lit à une place 724.
lit d'hôpital 780.
lit de camp pliant 904.
lit de l'ongle 172.
lit pliant 281.
litchi 197.
literie 280.
lithium 682.
lithographie 423.
lithosphère 42, 66.
litière 78.
littoral, configuration 51.
Lituanie 744.
livèche 202.
livre 728.
livre électronique 527.
livre relié 426.
livrée 799.
livres pour enfants 732.
loafer 344.
lob 821.
lobe 117.
lobé 79.
lobe du nez 175.
lobe inférieur 163.
lobe latéral inférieur 86.
lobe latéral supérieur 86.
lobe moyen 163.
lobe supérieur 163.
lobe terminal 86.
lobule 173.
local d'entreposage 769.
local d'entreposage du matériel 734.
local d'entretien 724, 731, 734.
local technique 543.
locaux administratifs 582.
locaux de l'équipage 604.
locaux de service 738.
locomotive diesel-électrique 586.
loge 82, 431.
loge d'artiste 431.
loge privée 428.
logement de cassette 499.
logement de la bobine 476.
logement de la cassette 495, 496.
logement de rangement 483.
logement des officiers 762, 763.
logement droit 384.
logement du barillet 249.
logement du plateau 501.
logement gauche 384.
logiciel de courrier électronique 524.
lointain 430, 431.
loisirs de plein air 902.
long péronier latéral 150.
long supinateur 151.
longane 196.
longeron 571, 624.
longeron de chenille 636.
longeron latéral inférieur 635.
longeron stabilisateur 633.
longitude 36.
longue piste 882.
longueur d'onde 690.
longueur de la vague 49.
longueur, mesure 700, 702.
loquet 238, 294.
lorgnette 385.
lorum 115.
losange 705.
louche 233.
Loup 11.
loup 134.
loupe 693, 905.
loupe de mise au point 485.
loupe et microscopes 693.
loutre de rivière 134.
louvoyage 833.
lucarne 244.
Luer Lock, embout 776.
luette 174, 175.
luge 884.
luge double 884.
luge simple 884.
lugeur 884.
lumière 14, 15, 17, 444, 617, 753.
lumière de scène 775.
lumière halogène 775.
lumière perpétuelle 738.
lumière stroboscopique 775.
lumière visible 690.
lumières de but 879.
luminaires 286.
Lune 4, 6, 7.
Lune, éclipse 7.
Lune, phases 7.
Lune, relief 7.
lunette 701, 756.
lunette astronomique 14.
lunette astronomique, coupe 14.
lunette d'approche 859.
lunette de visée 692, 912.
lunette prismatique 612.
lunettes 318, 385, 861, 870, 887.
lunettes de nage 830.
lunettes de protection 772, 818, 819, 870, 875.
lunettes de sécurité 772.
lunettes de ski 888.
lunettes de soleil 385.
lunettes de vol 896.
lunettes, exemples 385.
lunettes, parties 385.
lunule 105, 172, 173.
lupin 190.
lustre 287.
lutécium 684.
luthérianisme : Martin Luther 736.
lutrin 737.
lutte 843.
lutteur 843.
lutz 881.
Luxembourg 743.
luzerne 190.
Lynx 12.
lynx 134.
Lyre 13.
lyre 433.
lysosome 94.

M

macaque 139.
macaroni 401.
mâche 187.
machette 751.
mâchicoulis 408.
machine à affranchir 531.
machine à combustible 669.
machine à coudre 452.
machine à écrire électronique 528.
machine à éliminer, à redresser et à oblitérer 474.
machine à espresso 241.
machine à faire les pâtes 230.
machine à glaçons 721.
machine à laver les verres 723.
machine à sous 920.
machine à tricoter 456.
machine à trier 475.
machine de chargement 666, 670.
machine de déchargement 666.
Machine pneumatique 11.
machinerie 538.
machinerie agricole 641.
machinerie lourde 636.
machiniste 428.
mâchoire 99, 312, 317.
mâchoire d'attelage 587.
mâchoire de lagomorphe : lapin 123.
mâchoire de rongeur 123.
mâchoire dentée 310.
mâchoire droite 310.
mâchoire fixe 311.
mâchoire incurvée 310.
mâchoire mobile 311.
mâchoires 312, 913.
mâchoires de lagomorphe 123.
mâchoires de rongeur 123.
Mackenzie 30.
maçonnerie : outils 315.
macronucleus 94.
Madagascar 34, 746.
magasin 710, 716.
magasin à rayons 715, 716.
magasin d'articles de sport 715.
magasin d'électronique 714.
magasin de bricolage 714.
magasin de cadeaux 714.
magasin de chaussures 715.
magasin de décoration 715.
magasin de jouets 714.
magasin de lingerie 714.
magasin de prêt-à-porter 714.
magasins 512.
magazine 471.
mage 847.
Magellan 19.
magenta 690.
magma 44, 49.
magnésie 825.
magnésium 682.
magnétisme 687.
magnétomètre 60.
magnétophone à cartouches 488.
magnétophone à cassette numérique 488.
magnétoscope 495.
mah-jong 917.
Mahomet 736.
maigre 472.
mail 714.
maille 815.
mailles de montage 457.
maillet 301, 401, 421, 858.
mailloche 433, 448.
mailloches 449.
maillon-gouge 331.
maillot 791, 805, 810, 843, 870.
maillot d'équipe 796, 808.
maillot d'équipe 801, 802.
maillot de bain 371, 830.
maillot de corps 796, 850.
main 139, 147, 149, 154, 173.
main courante 255, 417, 587, 607, 783.
main pleine 914.
Maine coon 132.
mains, protection 774.
maïs 85, 203.
maïs : épi 85.
maïs fourrager 182.
maison 244, 877, 915.
maison à deux étages 419.
maison de plain-pied 419.
maison en adobe 418.
maison jumelée 419.
maison romaine 406.
maison solaire 675.
maison sur pilotis 418.
maison, ameublement 276.
maison, charpente 252.
maison, éléments 247.
maison, extérieur 244.
maison, fondations 253.
maison, principales pièces 250.
maison, structure 250.
maisons de ville 419.
maisons en rangée 419.
maisons traditionnelles 418.
maître d'hôtel 720.
maître-autel 737.
maître-brin 893.

maître-cylindre 559.
majeur 173.
majuscule : sélection du niveau 2 514.
malaire 152, 158.
Malaisie 747.
malanga 189.
Malawi 746.
Maldives 747.
mâle 702.
malgache 469.
Mali 745.
malle 389.
mallette d'ordinateur portable 527.
mallette de toilette 389.
mallette porte-documents 386.
Malpighi, couche 172.
Malpighi, tubes 97, 99.
Malte 744.
mamelle 127.
mamelon 146, 148, 171.
mamelon double 269.
mammifère volant 140.
mammifères carnivores 130.
mammifères carnivores, exemples 134.
mammifères insectivores 121.
mammifères insectivores, exemples 121.
mammifères lagomorphes, exemples 123.
mammifères marins 136.
mammifères marins, exemples 137.
mammifères marsupiaux 142.
mammifères ongulés 124.
mammifères ongulés, exemples 128.
mammifères primates 138.
mammifères primates, exemples 139.
mammifères rongeurs 122.
mammouth 93.
Manche 32.
manche 227, 295, 301, 302, 309, 311, 315, 316, 319, 320, 337, 348, 383, 384, 391, 425, 433, 439, 440, 441, 443, 454, 458, 611, 797, 798, 800, 815, 816, 822, 838, 858, 863, 867, 880, 901.
manche à air 739.
manche à balai 516, 631, 898.
manche ballon 360.
manche bouffante 361.
manche chauve-souris 361.
manche chemisier 361.
manche de commande 626.
manche flottante 337.
manche gigot 361.
manche isolant 317.
manche isolé 316.
manche kimono 361.
manche marteau 360.
manche montée 349.
manche pagode 361.
manche pendante 338.
manche raglan 352, 355, 361, 369.
manche rotatif 516.
manche tailleur 361.
manche trois-quarts 360.
mancheron 323, 327, 337, 360.
manches à balai 918.
manches précédentes 822.
manches, exemples 360.
manchette 471, 812, 880.
manchon 259, 269, 320, 388, 838, 851.
manchon de câble 306.
manchon de culasse 756.
manchon de refroidissement 755.
manchon du cordon 308, 318.
manchon refroidisseur 692.
manchot 119.
mandarine 194.
mandat-poste 475.
mandibule 97, 99, 108, 111, 112, 115, 116, 121, 122, 123, 126, 131, 136, 138, 141, 142.
mandoline 230, 433.
mandrin 302, 306, 307.
mandrin autoserrant 306.
manette 238.
manette d'admission d'air 256.
manette de blocage du plateau 307.
manette de chasse d'eau 265.
manette de contact 287.
manette de dérailleur 579, 580, 870.
manette de glissement 555.
manette de jeu 918.
manette des gaz 516.
manette du frein 876.
manette vapeur 241.
manettes de poussée 626.
manganèse 683.
mangoustan 196.
mangouste 134.
mangue 197.
manifold 652.
manille 835.
manioc 184.
manivelle 230, 307, 312, 328, 460, 558, 571, 580, 750, 910.
manivelle d'enroulement 313.
manivelle d'orientation des lames 285.
manivelle de la colonne 482.
manivelle de lève-glace 554.
manivelle de pointage en direction 756.
manivelle de pointage en hauteur 756.
mannequin 454.
mannequin articulé 398.
manomètre 654, 655, 766, 775, 777, 841.
manomètre d'accord 448.
manomètre de bouteille 319.
manomètre de chalumeau 319.
manœuvre de la pelleteuse 637.
manque (1 à 18) 919.
mante religieuse 102.
manteau 105, 106, 256, 355.
manteau inférieur 42.
manteau supérieur 42.
manteaux 352, 355.
manteaux d'hommes 717.
manteaux de femmes 716.
manucure 377.
manuel de premiers soins 777.
manutention 632.
maori 469.
maquereau 219.
maquillage 378.
maquillage des lèvres 378.
maquillage des yeux 378.
maquilleuse 428.
maquis 66.
marbre 421, 795.
marchand de journaux 715.
marche 255, 321, 417, 460, 847.
marche avant/marche arrière 327.
marche de départ 255.
marche/arrêt 504.
marche/arrêt/volume 504.
marchepied 321, 570, 602, 631, 640, 876.
marchepied arrière 766, 775.
marchepied en étrier 587.
marchepied escamotable 567.
marchepied latéral 586.
margarine 209.
marge continentale 49.
margeur 484.
margose 188.
mari 785.
Mariner 19.
marinière 359.
marmite 235.
marmotte 123.
Maroc 745.
maroquinerie 714.
marque cardinale est 617.
marque cardinale ouest 617.
marque cardinale sud 617.
marque centrale 820.
marque d'aire de prise de contact 621.
marque d'axe de piste 620.
marque d'eaux sécuritaires 617.
marque de danger isolé 617.
marque de distance constante 621.
marque de jour 615.
marque de point d'attente 620.
marque déposée 390, 473.
marque des 7 m 814.
marque latérale 617.
marque spéciale 617.
marques cardinales 616.
marques d'identification 620.
marques de circulation 619.
marques de jour (région B) 617.
marques de nuit, rythme 617.
marques de seuil de piste 621.
marques latérales de piste 620.
marqueur 397, 470, 810, 812, 813, 814, 819, 845, 848, 864.
marqueurs 844, 846, 847, 859.
marquise 603.
marron 193.
Mars 4, 5.
Mars Odyssey 19.
marsouin 137.
marteau 174, 442, 443, 793.
marteau à endosser 425.
marteau à panne ronde 301.
marteau d'électricien 317.
marteau de charpentier 301.
marteau de maçon 315.
marteau de menuisier 301.
marteau perforateur 648.
marteau perforateur à poussoir pneumatique 648.
marteau pneumatique 649.
marteau-piolet 901.
Martin Luther 736.
martin-pêcheur 118.
martinet 118, 602.
martingale 602, 858.
martre 134.
mascara en pain 378.
mascara liquide 378.
masque 796, 798, 800, 808, 841, 848, 879.
masque à oxygène 775.
masque bucco-nasal 773.
masque complet 765.
masque de sélection des couleurs 494.
masque respiratoire 773.
masse 43.
masse pendulaire 436.
masse, mesure 698, 702.
masse-tige 651.
masséter 150.
massette de réglage 436.
massif 245.
massif d'ancrage des câbles 540.
massif de fleurs 322.
massif de fondation 651.
massif montagneux 38.
massues 823.
mât 407, 493, 591, 600, 632, 633, 834, 836, 897.
mât avant 607.
mât d'artimon 602.
mât d'artimon 600.
mât de beaupré 602.
mât de cacatois 602.
mât de charge 607.
mât de hune 602.
mât de misaine 600, 602.
mât de perroquet 602.
mât de toit 903.
mât radar 606.
mât rotor 631.
matelas 280, 281, 776, 904.
matelas autogonflant 904.
matelas de protection 883.
matelas et sommiers 716.
matelas mousse 904.
matelas pneumatique 904.
matelassure 855.
mâtereau 607.
matériau absorbant les ondes radars 629.
matériau de scellement 689.
matériaux de base 298.
matériaux de revêtement 299.
matériel 396, 421, 422, 423.
matériel audiovisuel 716.
matériel de camping 905.
matériel de laboratoire 685.
matériel de lutte contre les incendies 767.
matériel de secours 775.
mathématiques 703.
matière 680.
matière inorganique 67.
matières corrosives 774.
matières dangereuses 774.
matières explosives 774.
matières grasses 209.
matières inflammables 774.
matières radioactives 774.
matières toxiques 774.
matraque télescopique 770.
matrice de l'ongle 172.
maturation, vigne 86.
mâture 602.
maturité 86.
Maurice 746.
Mauritanie 745.
mawashi 847.
maxillaire 108, 111, 112, 121, 122, 123, 136, 175.
maxillaire basculant 112.
maxillaire inférieur 152, 158.
maxillaire supérieur 115, 116, 131, 138, 152, 158.
maya 469.
mazout domestique 656.
mazout léger 656.
mazout lourd 656.
méandre 48.
méat de l'urètre 169.
mécanicien 873.
mécanique 686.
mécanique d'accordage 441.
mécanique d'accordage 441.
mécanique du piano droit 443.
mécanisme à échappement 436.
mécanisme d'assistance de la culasse 755.
mécanisme d'engrenage 423.
mécanisme d'enroulement 285.
mécanisme d'octave 446.
mécanisme d'ouverture de l'anse 910.
mécanisme de débrayage du tambour 910.
mécanisme de déplacement de la lame 639.
mécanisme de l'horloge à poids 697.
mécanisme de l'orgue 445.
mécanisme de propulsion 580.
mécanisme de rebobinage 476.
mécanisme de tir 757.
mèche 439.
mèche à centre plat 306.
mèche de tarière 323.
mèche hélicoïdale 306.
mèche hélicoïdale à âme centrale 306.
mèche hélicoïdale à double torsade 306.
médaillon 374.
médecin 780, 842.
médecins 846.
médiator 433.
médicaments, formes 783.
méditerranéen 61.
meganeura 92.
mégazostrodon 93.
mégot 391.
Meissner, corpuscule 172.
meitnerium 683.
Mélanésie 29.
mélanésien 469.
mélange air/carburant 564.
mélange au manganèse (cathode) 689.
mélange d'épices cajun 199.
mélange de zinc et d'électrolyte (anode) 689.
mélange dépolarisant 689.
mélange eau-vapeur 646.
mélangeur 236.
mélangeur à main 236.
mélangeur à pâtisserie 232.
mélangeur bain-douche 262.
mélasse 209.
mêlée : attaque 807.
mêlée : défense 806.
mêlée spontanée 805.
mélèze 89.
mélisse 202.
melon 340.
melon à cornes 196.
melon brésilien 195.
melon brodé 195.
melon Casaba 195.
melon d'hiver chinois 188.
melon d'Ogen 195.
melon miel 195.
melons 195.
membrane 488, 502.
membrane alaire 140.
membrane coquillière 117.
membrane cytoplasmique 74, 94.
membrane du tympan 174.
membrane interfémorale 140.
membrane médiane 84.
membrane nucléaire 74, 94.
membrane pellucide 170.
membrane plasmique 94.
membrane squelettique 74.
membrane vitelline 117.
membre inférieur 161.
membre supérieur 161.
membrure inférieure 540.
membrure principale 663.
membrure supérieure 540.
mémoire des patrons 456.
mémorisation des données 316.
men 847.
mendélévium 684.
meneur de jeu 811.
méninges 167.
ménisque convergent 691.
ménisque divergent 691.
menora 738.
menthe 202.
menton 115, 148.
mentonnière 439, 575, 749, 765, 870, 885.
menu 721.
menuiserie : instruments de traçage et de mesure 313.
menuiserie : matériel divers 313.
menuiserie : outils pour clouer 301.
menuiserie : outils pour façonner 308.
menuiserie : outils pour percer 306.
menuiserie : outils pour scier 303.
menuiserie : outils pour serrer 310.
menuiserie : outils pour visser 302.
méplat 457.
mer 7, 38, 48, 664.
Mer Adriatique 32.
Mer Baltique 32.
Mer Caspienne 28, 33.
Mer d'Aral 33.
Mer d'Irlande 32.
Mer d'Oman 33.
Mer de Barents 32.
Mer de Beaufort 30.
Mer de Béring 28.
Mer de Chine méridionale 28, 33.
Mer de Chine orientale 33.
Mer de Corail 29.
Mer de Norvège 32.
Mer de Tasman 29.
Mer de Weddell 29.
Mer des Antilles 28, 30.
Mer du Groenland 28.
Mer du Japon 33.
Mer du Nord 28, 32.
Mer Égée 32.
Mer Méditerranée 28, 32, 34.
Mer Noire 28, 32, 33.
Mer Rouge 28, 33, 34.
Mercure 4, 5.
mercure 275, 683.
mère 784, 785.
merguez 216.
méridien céleste 13.
méridien de Greenwich 36.
méridien est 36.
méridien ouest 36.
méridienne 276.
merlan 221.
merlon de protection 655.
mesa 52.
mésocarpe 81, 82, 83.
mésoglée 95.
mésopause 53.
mésosaure 92.
mésosphère 53.
mésothorax 97.
mesure à deux temps 434.
mesure à quatre temps 434.
mesure à trois temps 434.
mesure de l'énergie 702.
mesure de l'ensoleillement 58.
mesure de l'épaisseur 700.
mesure de l'humidité 59.
mesure de l'intensité lumineuse 702.
mesure de la charge électrique 702.
mesure de la chute de neige 59.
mesure de la différence de potentiel électrique 702.
mesure de la direction du vent 59.
mesure de la distance 700.
mesure de la force 702.
mesure de la fréquence 702.
mesure de la hauteur des nuages 59.
mesure de la longueur 700, 702.
mesure de la masse 698, 702.
mesure de la pluviosité 59.
mesure de la pression 59, 702.
mesure de la puissance 702.
mesure de la quantité de matière 702.
mesure de la radioactivité 702.
mesure de la résistance électrique 702.
mesure de la température 59, 695.
mesure de la température Celsius 702.
mesure de la température thermodynamique 702.
mesure de la vitesse du vent 59.
mesure des angles 701.
mesure du courant électrique 702.
mesure du rayonnement du ciel 58.
mesure du temps 696, 702.
mesure télescopique 864.
mesure, appareils 695.
mesures 231, 434.
métacarpe 111, 116, 122, 126, 131, 133, 136, 138, 142, 154.
métacarpien 154, 156.

métalloïdes 682.
métamorphose de la grenouille 111.
métaphyse 155.
métatarse 98, 111, 122, 126, 131, 138, 141, 142, 155.
métatarsien 155.
métathorax 97.
métaux alcalino-terreux 682.
métaux alcalins 682.
métaux de transition 683.
métaux, exemples 741.
météores 57.
météorite 8.
météorite ferreuse 8.
météorite métallo-rocheuse 8.
météorites rocheuses 8.
météorologie 53.
météorologie, instruments de mesure 58.
métier à broder 459.
métier de basse lisse 460.
métier de haute lisse 461.
métope 404.
mètre 702.
mètre à ruban 313, 454.
métro 713.
métronome à quartz 436.
métronome mécanique 436.
mets chauds 722.
mets froids 722.
meubles d'enfants 281.
meubles de classement 510.
meubles de rangement 278, 510.
meubles de travail 511.
meubles, exemples 741.
meule 308.
meuleuse d'angle 308.
Mexique 742.
mezzanine 250, 251, 592.
mi 434.
mi-bas 351, 365.
mi-chaussette 351, 365.
Michel Keroularios 736.
micro 441.
micro de fréquences aiguës 441.
micro de fréquences graves 441.
micro de fréquences moyennes 441.
micro-ondes 690.
micro-ordinateur 513.
microfilament 94.
micromètre palmer 700.
Micronésie 747.
micronucleus 94.
microphone 488, 492, 496, 505, 506, 508, 516, 517, 527, 770, 898.
microphone d'interphone 491.
microphone dynamique 488.
microphones 771.
micropropulseur de contrôle d'attitude 18.
Microscope 10.
microscope 693.
microscope binoculaire 693.
microscope électronique, composantes 694.
microscope électronique, coupe 694.
microtubule 94.
miel 209.
mihrab 738.
milieu défensif 803.
milieu offensif droit 803.
milieu offensif gauche 803.
mille 703.
millésime 729.
millet 85, 203.
millet : épi 85.
Mimas 5.
minaret 738.
minbar 738.
mine antipersonnel 758.
mine de charbon 647.
mine souterraine 650.
minerai 647.
mini-slip 351.
minibus 569.
minichaine stéréo 503.
minute 704.
minuterie 238, 239, 273, 465, 484.
minuteur 231, 851.
Miranda 5.
mire 859, 907, 913.
mire de réglage 492.
mirette 464.
miroir 264, 389, 535, 693, 724, 907.
miroir à réflexion partielle 692.
miroir à réflexion totale 692.
miroir d'éclairage 701.
miroir de courtoisie 556.
miroir de lecture 20.
miroir de traversée avant 568.
miroir double pivotant 381.
miroir latéral 381.
miroir lumineux 381.
miroir parabolique 674.
miroir plan rétractable 17.
miroir primaire 17.
miroir primaire concave 15, 17.
miroir principal 477.
miroir secondaire 15, 17, 477.
misaine 603.
mise à feu, accessoires 752.
mise en balles 71.
mise en marche 508.
mise en presse 425.
missile air-air 759, 760.
missile air-sol 759.
missile anti-sous-marin 759, 762.
missile antiaérien 762.
missile antichar 759.
missile antinavire 759.
missile antiradar 759.
missile mer-mer 762.
missile sol-air 759.
missile, structure 759.
missiles 759.
missiles, principaux types 759.
Mississippi 30.
mitaine 346, 879.
mitigeur à bille creuse 268.
mitigeur à cartouche 268.
mitigeur à disque 268.
mitigeur d'évier 270.
mitigeurs 268.
mitochondrie 74, 94.
mitrailleuse 758.
mitre 227, 229, 257.
mitron 245.
mobilier de bureau 510.
mocassin 344.
mode 528.
mode d'emploi 548.
mode d'entrainement du film 476.
mode d'exposition 476.
mode de mise au point 476.
mode de sélection des stations 498.
mode de sortie des copies 512.
mode magnétoscope 495.
mode manuel/automatique 465.
mode télévision 495.
modèle à plat, impression 420.
modèle en creux, impression 420.
modèle en relief, impression 420.
modem 522, 523, 524.
modem-câble 525.
modérateur 665.
modérateur : eau lourde 670.
modérateur : eau naturelle 671.
modérateur : graphite 670.
modes d'inflorescence 81.
modification fine des variables 450.
modification rapide des variables 450.
modillon 405.
modulateur de pression de freinage 559.
modulation de la hauteur du son 450.
modulation du timbre du son 450.
module d'affranchissement 531.
module d'habitation américain 21.
module d'injection de gaz 652.
module de charge utile 40.
module de commande 19, 25.
module de commande du moteur électrique 563.
module de commande électronique 559.
module de communication 486.
module de gestion de la puissance 563.
module de photopiles 673.
module de propulsion 486.
module de service 19, 25, 486.
module extérieur 260.
module intérieur 260.
module lunaire 19, 25.
module régulateur de charge de la batterie 563.
module russe 21.
moelle 87, 212.
moelle épinière 109, 110, 167, 168.
moelle épinière, structure 167.
moelle osseuse 154.
moellon 298.
Mohorovicic, discontinuité 42.
moineau 118.
Moïse 736.
moissonneuse-batteuse 643.
molaire 121, 123.
molaire, coupe 159.
molaires 159.
mole 702.
molécule 680.
molette 311, 391.
molette d'ajustage 700.
molette d'entrainement 240.
molette de mise au point 692.
molette de réglage 317.
molette de réglage de la flamme 391.
molette de réglage de la saillie 309.
molette de réglage près/loin 496.
molette de sélection des effets spéciaux 496.
mollet 147, 149.
mollusques 104, 217.
molybdène 683.
Monaco 744.
monarque 101.
mongol 469.
Mongolie 747.
moniteurs de contrôle du réalisateur 428.
monnaie et modes de paiement 729.
monocle 385.
monocoques 835.
Monopoly® 915.
mont de Vénus 170.
montagnais 469.
montagne 45.
Montagnes Rocheuses 30.
montant 246, 252, 277, 321, 362, 424, 433, 460, 461, 782, 792, 825, 826, 881.
montant d'angle 635.
montant de bâti 278.
montant de bride 854.
montant de ferrage 247, 278.
montant de filet 854.
montant de la serrure 247.
montant de rive 249.
montant embrevé 249.
montant latéral 551.
montant mouton 249.
montant rembourré 811.
monte-boules 865.
montée arrière 856.
montée du spinnaker 833.
montgolfière 899.
monticule 795.
montre 464.
montre à affichage analogique 696.
montre à affichage numérique 696.
montre mécanique 696.
montres 717.
Monts Oural 32.
Monts Transantarctiques 29.
monture 295, 303, 312, 385, 432, 849.
monture baïonnette 478.
monture d'objectif 477.
monture en fer à cheval 17.
monture réglable 303.
monument 39.
moquette 254.
moraillon 389.
moraine de fond 46.
moraine frontale 46.
moraine latérale 46.
moraine médiane 46.
moraine terminale 46.
mordache 424.
mordant 435.
morille 183.
morphologie de l'abeille : ouvrière 98.
morphologie de l'araignée 103.
morphologie de l'escargot 104.
morphologie de l'étoile de mer 95.
morphologie de l'oiseau 115.
morphologie de la chauve-souris 140.
morphologie de la grenouille 110.
morphologie de la perche 108.
morphologie de la pieuvre 106.
morphologie de la taupe 121.
morphologie de la tortue 113.
morphologie du chat 133.
morphologie du cheval 124.
morphologie du chien 130.
morphologie du coquillage bivalve 105.
morphologie du coquillage univalve 105.
morphologie du dauphin 136.
morphologie du gorille 139.
morphologie du homard 107.
morphologie du kangourou 143.
morphologie du papillon 96.
morphologie du rat 122.
morphologie du requin 108.
morphologie du serpent venimeux : tête 112.
mors 302, 306, 307, 377, 426, 858.
mors à canon brisé 854.
mors à pompe 854.
mors anglais 854.
mors de bride 854.
mors de filet 854.
mors fixe 312.
mors mobile 312.
morse 137.
mort 702.
mortadelle 216.
mortaise 390.
mortier 230, 298, 753.
mortier du XVIIe siècle 752.
mortier moderne 756.
morts-terrains 647.
morue de l'Atlantique 221.
mosaïque 406.
mosquée 738.
moteur 258, 261, 292, 293, 294, 304, 307, 308, 320, 323, 327, 332, 574, 632, 639, 640, 643, 651, 758.
moteur à deux temps, cycle 565.
moteur à essence 553, 563, 566.
moteur à quatre temps 564.
moteur à turbocompression 564.
moteur d'aiguillage 590.
moteur de descente 18.
moteur de disques 521.
moteur de guides 521.
moteur de manœuvre 23.
moteur de propulsion 18.
moteur diesel 586, 636, 637, 638, 639.
moteur diesel de propulsion 605.
moteur diesel de sustentation 605.
moteur diesel, cycle 565.
moteur du ventilateur 261.
moteur électrique 259, 263, 331, 332, 561, 563.
moteur électrique auxiliaire 763.
moteur électrique principal 763.
moteur électrique/générateur 563.
moteur F-1 25.
moteur hors-bord 607.
moteur J-2 25.
moteur principal 23.
moteur rotatif, cycle 565.
moteur-fusée 24, 60.
moteurs diesel 762.
moteurs, types 564.
motif 368, 369.
moto 574.
moto 576.
moto de grand prix et pilote 874.
moto de motocross et supercross 875.
moto de rallye 875.
moto de tête 870.
moto de tourisme 577.
moto de trial 875.
moto tout-terrain 577.
moto-caméra 870.
motoculteur 327.
motocyclisme 874.
motoneige 876.
motrice 585, 594.
Mouche 11.
mouche 101, 862.
mouche artificielle 909.
mouche centrale 862.
mouche de ligne de cadre 862.
mouche supérieure 862.
mouche tsé-tsé 101.
moufette 134.
moufle 318, 346, 750, 901.
moufle fixe 651.
moufle mobile 651.
mouflon 128.
mouilleur 531.
moule 217.
moule à charlotte 232.
moule à fond amovible 232.
moule à gâteau 232.
moule à muffins 232.
moule à pain 239.
moule à quiche 232.
moule à soufflé 232.
moule à tarte 232.
moulin à café 240.
moulin à légumes 230.
moulin à vent 676.
moulin pivot 676.
moulin tour 676.
moulinet 421.
moulinet à mouche 909.
moulinet à tambour fixe 910.
moulinet à tambour tournant 910.
moulure de pare-chocs 550.
mousqueton 835, 901, 911.
mousqueton à ressort 835.
mousqueton à vis 900.
mousqueton en D 900.
mousse 75.
mousse à raser 383.
mousse d'Irlande 183.
mousse, structure 75.
mousseline 231.
moustaches 132.
moustique 101.
moutarde à l'ancienne 200.
moutarde allemande 200.
moutarde américaine 200.
moutarde anglaise 200.
moutarde blanche 198.
moutarde de Dijon 200.
moutarde en poudre 200.
moutarde noire 198.
mouton 128, 856.
mouvement horizontal du sol 43.
mouvement rotatif de la turbine 662.
mouvement vertical du sol 43.
mouvements de l'avion 630.
mouvements de terrain 47.
moyen 849.
moyen adducteur 150.
moyenne sus-alaire 115.
moyenne tectrice primaire 115.
moyeu 534, 579, 659, 677, 783.
moyeu rotor 631.
Mozambique 746.
mozzarella 210.
Mt Everest 53.
muguet 80.
mule 344.
mulet 128, 220.
mulot 123.
multicoques 835.
multimètre 316.
multiplicateur de focale 478.
multiplication 529, 703.
munster 211.
muqueuse olfactive 175.
mur 246, 852, 902, 917.
mur arrière 818, 819.
mur avant 818, 819.
mur bajoyer 657.
mur barré 852.
mur d'arrivée 830.
mur de batillage 660.
mur de briques 253, 298.
mur de fondation 252, 253.
mur de l'œil 63.
mur de la qibla 738.
mur de nuages 63.
mur de pierres 298.
mur de virage 831, 832.
mur en béton 675.
mur fortifié 738.
mur latéral 818, 819, 831.
mur Trombe 675.
muraille 607, 917.
mûre 192.
muret 864.
musaraigne 121.
muscle adducteur antérieur 105.
muscle adducteur postérieur 105.
muscle arrecteur 172.
muscle bulbo-caverneux 169.
muscle droit inférieur 177.
muscle droit supérieur 177.
muscle papillaire 162.
muscles 150.
muscles du manteau 106.
museau 108, 110, 121, 130, 132, 143.
musée 394, 711.
muserolle 854, 858.
musique 432.
musique, accessoires 436.
mutule 404.
Myanmar 747.
mycélium 76.
mye 217.
mygale du Mexique 102.
myocarde 162.
myomère 109.
myopie 691.
myrtille 192.

N

n'égale pas 703.
n'est pas identique à 703.
nacelle 542, 677, 899.
nacelle d'observation 17.
nacelle d'osier 899.
nacelle élévatrice 622.
nacelle, coupe 677.
nage sur le dos 832.
nageoire anale 108.
nageoire caudale 107, 108, 136.
nageoire dorsale 108, 109, 136.
nageoire pectorale 108, 136.
nageoire pelvienne 108.
nages, types 832.
nahuatl 469.
naine blanche 8.
naine brune 8.
naine noire 8.
naissance 702.
Namibie 746.
naos 403.
nappe phréatique 47, 70.
narine 108, 110, 112, 115, 175.
narval 137.
nasal 158, 749.
naseau 124.
natation 830.
nationalité 825.
Nauru 747.
navaho 469.
navet 189.
navette 461.
navette ferroviaire 620.
navette spatiale 22, 53.
navette spatiale au décollage 22.
navigateur 524.
navigation, appareils 612.
navire 41.
navire de forage 604, 653.
navire porte-conteneurs 596, 604.
ne pas laver 347.
ne pas repasser 347.
ne pas sécher par culbutage 347.
ne pas utiliser avec un fauteuil roulant 725.
ne pas utiliser de chlorure décolorant 347.
NEAR 19.
nébuleuse planétaire 8.
nébulosité 55, 56.
nécessaire à chaussures 345.
nécrologie 471.
nécrophore 101.
nectarine 192.
néerlandais 469.
nef 411.
nef centrale 738.
nèfle du Japon 193.
négatif 485, 684.
négatoscope 484, 535.
neige 64.
neige continue faible 57.
neige continue forte 57.
neige continue modérée 57.
neige intermittente faible 57.
neige intermittente forte 57.
neige intermittente modérée 57.
neige roulée 64.
neiges acides 70.
neiges éternelles 45.
néodyme 684.
néon 684.
Népal 747.
néphridie 107.
Neptune 4, 5.
neptunium 684.
nerf 172, 426.
nerf circonflexe 166.
nerf cochléaire 174.
nerf crural 166.
nerf cubital 166.
nerf digital 166.
nerf fémoro-cutané 166.
nerf fessier 166.
nerf grand abdomino-génital 166.
nerf grand sciatique 166.
nerf intercostal 166.
nerf médian 166.
nerf musculo-cutané 166.
nerf obturateur 166.
nerf olfactif 109, 175.
nerf optique 177.
nerf petit abdomino-génital 166.
nerf petit sciatique 166.
nerf rachidien 167, 168.
nerf radial 166.
nerf saphène externe 166.
nerf saphène interne 166.
nerf sciatique poplité externe 166.
nerf sciatique poplité interne 166.
nerf tibial antérieur 166.
nerf vestibulaire 174.
nerfs crâniens 166.
nervure 96, 639, 772, 841.
nervure d'aile 624.
nervure d'emplanture 624.
nervure médiane 75.
nervure principale 79, 84.
nervure secondaire 79.
netball 809.
nettoie-pipes 390.
nettoyage des tenues d'intervention 764.
neurone moteur 168.
neurone sensoriel 168.
neurones 168.
neutron 680.
neutron incident 681.
névé 46.
neveu 785.
newton 702.
nez 122, 148, 309, 624, 894, 897, 898.
nez basculant 629.
nez du guide 331.
nez, parties externes 175.
nez-de-marche 255.
Nicaragua 742.
niche de sécurité 543.
nickel 683.
nid à couvain 100.
nid d'ange 368.
nièce 785.
Niger 34, 745.
Nigeria 745.
Nil 34.
nimbo-stratus 56, 62.
niobium 683.
niveau 650.
niveau à bulle 313.
niveau d'eau 241, 261.
niveau d'eau 261.
niveau d'équilibre 49.
niveau d'opérations 529.
niveau de la mer 42, 49, 53.
niveau de la réception 724.
niveleuse 639.
nivelle d'alidade 701.
nivelle d'embase 701.
nivomètre 58, 59.
nobélium 684.
noeud d'écoute double 908.
noeud d'écoute simple 908.
noeud de Franciscain 908.
noir 472, 690, 919.
noire 435.
Noirs 916.
noisette 193.
noisette, coupe 84.
noix 193, 443, 456, 750.
noix de cajou 193.
noix de coco 193.
noix de cola 193.
noix de ginkgo 193.
noix de macadamia 193.
noix de muscade 198.
noix de pacane 193.
noix de serrage 685.
noix du Brésil 193.
noix, coupe 84.
nom de domaine 524.
nom de l'équipe 858.
nom de la monnaie 729.
nom de la station 592.
nom du concurrent 831.
nom du gymnaste 825.
nom du titulaire 729.
nombre de copies 512.
nombre de décimales 529.
nombril 146, 148.
non-addition 529.
non-appartenance 703.
non-métaux 683.
non-parallèle 704.
Nord 37.
nord 616, 917.
Nord Est 37.
Nord Nord-Est 37.
Nord Nord-Ouest 37.
Nord Ouest 37.
nord-est 616.
nord-ouest 616.
nori 183.
normal 472.
Norvège 744.
norvégien 469.
notation algébrique 916.
notation musicale 434.
note 825.
nothosaure 93.
nouaison 86.
nouilles asiatiques 207.
nouilles aux œufs 207.
nouilles de haricots mungo 207.
nouilles de riz 207.
nouilles soba 207.
nouilles somen 207.
nouilles udon 207.
Nouveau Testament 736.
nouvelle Lune 7.
Nouvelle-Calédonie 29.
Nouvelle-Zélande 29, 747.
nova 8.
noyau 6, 8, 74, 81, 94, 168, 170, 444, 680, 867, 912.
noyau d'argile 660.
noyau d'induit 688.
noyau externe 42.
noyau fissile 681.
noyau galactique 9.
noyau interne 42.
noyer 88.
nœud 77, 463, 663, 687.
nœud coulant 908.
nœud d'arrêt 908.
nœud d'arrimage de l'orbiteur 21.
nœud de cabestan 908.
nœud de chaise double 908.
nœud de chaise simple 908.
nœud de jambe de chien 908.
nœud de pêcheur 908.
nœud de Ranvier 168.
nœud de vache 908.
nœud papillon 349.
nœud plat 340, 908.
nœud simple 908.
nœuds 908.
nu-pied 344.
nuage 53, 65.
nuage de cendres 44.
nuage de Oort 4.
nuage en entonnoir 63.
nuages 56, 62.
nuages à développement vertical 62.
nuages de basse altitude 62.
nuages de haute altitude 62.
nuages de moyenne altitude 62.
nuages, mesure de la hauteur 59.
nuancier 398.
nucléole 74, 94, 170.
nuisette 364.
numéro 919.
numéro 1 858.
numéro 2 858.
numéro 3 858.
numéro 4 858.
numéro atomique 682.
numéro d'autoroute 39.
numéro de carte 729, 731.
numéro de chambre 724.
numéro de couloir 893.
numéro de l'abonné 273.
numéro de la piste 501.
numéro de la pompe 548.
numéro de quai 582.
numéro de route 39.
numéro de série 729.
numéro de tête 857.
numéro du joueur 808, 810, 878.
numéro plein 919.
numéroteur 531.
nuque 115, 147, 149.
nymphe 100.

O

oasis 48, 52.
Obéron 5.
obi 845, 846.
objectif 476, 478, 479, 483, 501, 517, 518, 693.
objectif d'agrandissement 485.
objectif grand-angulaire 478.
objectif macro 478.
objectif normal 478.
objectif super-grand-angle 478.
objectif zoom 478, 496.
objectif, accessoires 478.
objectifs 478.
objet 691.
objet personnels 383.
objets personnels 374.
obscurité 617.
observation astronomique 10.
observatoire 17.
observatoire astronomique 17.
observatoire astronomique, coupe 17.
obstacle d'eau 866.
obstacle d'eau 867.
obstacles 875.
obstacles, sports équestres 852.
obturateur 513.
obturateur de baie 513.
obusier moderne 756.
occipital 131, 151, 153, 158.
océan 7, 38, 67.
Océan Arctique 28.
Océan Atlantique 28, 29, 32, 34.
Océan Indien 28, 29, 33, 34.
Océan Pacifique 28, 29, 33.
océan, dorsale 49.
Océanie 28, 29, 747.
océanique 61.
octaèdre régulier 705.
Octant 10.
octave 434, 849.
octogone régulier 705.
oculaire 14, 15, 477, 479, 496, 692, 693, 773.
oculaire coudé 14.
odorat 174.
oeil 133.
office 624.
officiels 801, 846.
ogive 659.
ohm 702.
oie 120, 213.
oignon à mariner 184.
oignon blanc 184.
oignon jaune 184.
oignon rouge 184.
oignon vert 184.
oiseau 115.
oiseau aquatique 117.
Oiseau de Paradis 10.
oiseau de proie 117.
oiseau échassier 117.
oiseau granivore 117.
oiseau insectivore 117.
oiseau percheur 117.
oiseau, anatomie 116.
oiseau, morphologie 115.
oiseau, squelette 116.
oiseaux 115.
oiseaux, exemples 118.
okapi 128.
olécrane 126.
olécrâne 153.
oléoduc 654.
oléoduc d'évacuation 652.
oléoduc sous-marin 654.
oléoduc surélevé 654.
olive 188.
Oman 746.
ombelle 81.
ombilic 46.
ombilic inférieur 115.
ombilic supérieur 115.
omble de fontaine 221.
ombre 696.
ombre à paupières 378.
omoplate 111, 116, 121, 122, 126, 131, 136, 138, 141, 142, 147, 149, 152, 153, 156.
oncle maternel 785.
oncle paternel 785.
onde 690.
onde de choc 651, 653.
onde radio 16.
onde sismique 43.
ondes radio 690.
onduleur 520, 523.
ongle 173.
onglet 223, 532, 905.
onglet à fenêtre 532.
Oort, nuage 4.
opale 375.
opéra 710.
opérateur de régie d'éclairage 490.
opérations de base 529.
opérations spécifiques 529.
opercule 108, 111.
opercule thermoscellé 223.
Ophiuchus 11, 13.
opisthodome 403.
opossum 143.
opticien 715.
optique 690.
or 683, 741.
orage 57.
orage fort 57.
orang-outan 139.
orange 194, 400.
orange, coupe 82.
orbiculaire des paupières 150.
orbite 112, 116, 131, 136, 138, 142.
orbite des satellites 60.
orbite géostationnaire 60.
orbite lunaire 6, 7.
orbite polaire 60.
orbite terrestre 6, 7.
orbiteur 22, 23.
orbiteur (Viking) 18.
orchestre 402.
orchestre symphonique 437.
orchidée 80.
ordinateur 734.
ordinateur de bord 556, 771.
ordinateur de bureau 522, 523, 524.
ordinateur de gestion de vol 626.
ordinateur de poche 527.
ordinateur des données aérodynamiques 626.
ordinateur portable 523, 526.
ordinateur portable : vue arrière 526.
ordinateur portable : vue avant 526.
Ordovicien 92.
ordre corinthien 405.
ordre d'arrivée 831.
ordre dorique 404.
ordre ionique 404.
ordures ménagères 69, 70.
oreille 133, 140, 146, 277, 610.
oreille externe 174.
oreille interne 174.
oreille moyenne 174.
oreille, pavillon 173.
oreille, structure 174.
oreille-de-Judas 183.
oreiller 280.
oreillette 506.
oreillette droite 161, 162.
oreillette gauche 161, 162.
Orénoque 31.
organeau 610.
organeau de hissage 610.
organes des sens 172.
organes génitaux féminins 170.
organes génitaux masculins 169.
organisation gouvernementale 525.
organiseur 530.
organisme culturel 525.
organisme de santé 525.
organismes simples 94.
orge 85, 203.
orge : épi 85.
orgue 444.
orgue, mécanisme 445.
orgue, production du son 445.
orifice d'aération 320.
orifice d'alimentation 766.
orifice d'échappement 649.
orifice de la bourse copulatrice 97.
orifice de remplissage 288.
orifice du conduit auditif 173.
orifice du pied 444.
orifice excréteur 104.
orifice génital 95, 104.
orifice uro-génital 109.
oriflamme 739.
origan 202.
origine et évolution des espèces 92.
Orion 11, 12.
ormeau 217.
ornement de proue 600.
ornements 435.
oronge vraie 183.
orque 137.
orteil 130, 146, 148.
orthocère 92.
ortie 187.
os alvéolaire 159.
os compact 154.
os court 157.
os crochu 154.
os de la colonne vertébrale 157.
os iliaque 152.
os irrégulier 157.
os long 157.
os long, structure 154.
os maxillaire 159.
os plat 157.
os propre du nez 175.
os sésamoïde falciforme 121.
os spongieux 154.
os, types 157.

oscilloscope de phase audio 491.
oscilloscope/vectoscope 491.
oscule 95.
oseille 187.
osmium 683.
osselets 174.
ostéon 154.
otarie 137.
otolithe 109.
oued 52.
Ouest 37.
ouest 616, 917.
Ouest Nord-Ouest 37.
Ouest Sud-Ouest 37.
Ouganda 745.
ouïe 173, 439.
ouïe, protection 772, 774.
ouistiti 139.
ouragan 57, 63.
ourdissoir 462.
ourdou 469.
ourlet 285.
ours 471.
ours noir 135.
ours polaire 135.
oursin 95.
outil 649.
outils 464.
outils pour arroser 328.
outils pour couper 330.
outils pour remuer la terre 326.
outils pour scier 303.
outils pour semer et planter 324.
outils pour serrer 310.
outils pour visser 302.
outils, électricité 316.
outils, plomberie 314.
outils, sculpture sur bois 401.
outils, soudage 318.
ouverture 105, 911.
ouverture de la boîte à lumière 485.
ouvrages de référence 732.
ouvre-boîtes 230, 240, 905.
ouvrière 99.
ouvrière, abeille 99.
Ouzbékistan 746.
ovaire 80, 97, 103, 170, 171.
oviducte 97, 103, 113.
ovoïde 79.
ovotestis 104.
ovule 80, 170.
oxer 852, 853.
oxygène 683.
œil 63, 103, 104, 106, 107, 112, 113, 121, 136, 148, 177, 301, 461, 855, 900.
œil composé 96, 98, 99.
œil primitif 95.
œil simple 97, 99.
œil témoin 591.
œillère 857.
œillet 80, 284, 342, 371, 387, 457, 881, 911.
œillet d'attache 476, 477.
œilleton 496.
œsophage 95, 97, 99, 103, 104, 109, 110, 112, 113, 116, 125, 163, 164.
œuf 100, 117.
œuf d'autruche 213.
œuf d'oie 213.
œuf de caille 213.
œuf de cane 213.
œuf de faisane 213.
œuf de poule 213.
œufrier 291.
œufs 109, 111, 213.

P

Pacini, corpuscule 172.
pack 223.
paddock 856.
pagaie double 837, 839.
pagaie simple 837, 838.
page précédente 515, 527.
page suivante 515, 527.
pagne 339.
pagode 412.
paiement électronique, terminal 731.
paille 223.
pain 204, 722.
pain azyme 205.
pain blanc 205.
pain chapati indien 205.
pain complet 205.
pain de campagne 205.
pain de maïs américain 205.
pain de mie 205.
pain de seigle allemand 205.
pain de seigle danois 205.
pain de seigle noir 204.
pain grec 204.
pain irlandais 205.
pain multicéréales 205.
pain naan indien 205.
pain noir russe 205.
pain parisien 204.
pain pita 205.
pain tchallah juif 205.
pair 919.
paire 914.
pak-choï 186.
Pakistan 746.
pal 740.
palais de justice 710.
palais des congrès 711, 718.
palais des sports 788.
palanque 852.
Palaos 747.
palatin 112, 123.
pale 261, 659, 664, 676, 677.
pale de rotor 631.
palet 880.
paletot 352, 355.
palette 632, 815, 911, 913.
palette à ailes 632.
palette à alvéoles 398.
palette à double face 632.
palette à simple face 632.
palette avec godet 398.
palette-caisse 632.
palettes 632.
palier 251, 255.
palier de butée 659.
palier inférieur 417.
palier supérieur 417.
palissade 408.
palla 336.
palladium 683.
palme 841.
palmée 79.
palmeraie 52.
palmette 276.
palmier 88.
palmure 110, 117.
palonnier 638.
palonnier de slalom 840.
palourde 217.
palpe 105.
palpe labial 96, 99.
pampille 287.
pamplemousse 194.
pan 349, 352, 359.
pan arrière 349.
pan avant 349.
panais 189.
Panama 742.
panama 340.
pancetta 216.
pancréas 110, 116, 164.
panicule, avoine 85.
panicule, sorgho 85.
panier 238, 241, 291, 294, 797, 811, 911.
panier à couverts 294.
panier à friture 231.
panier cuit-vapeur 235.
panier d'alimentation 511.
panier de lavage 292.
panier de projection 483.
panier de réception 511.
panne 318, 425, 901.
panne ronde 301.
panneau 247, 400, 650, 811, 899.
panneau à âme lamellée 300.
panneau à âme lattée 300.
panneau avant 519.
panneau d'accès 258.
panneau d'accès 266.
panneau de citerne 607.
panneau de commande 261, 508, 766.
panneau de connexions 518.
panneau de contrôle 518.
panneau de copeaux 300.
panneau de disjoncteurs 626.
panneau de distribution 272, 273.
panneau de fibres 300.
panneau de fibres perforé 300.
panneau de fonctions 508.
panneau de garnissage 554.
panneau de l'écran 496.
panneau de modestie 511.
panneau de particules 300.
panneau de particules lamifié 300.
panneau de protection latéral 783.
panneau de raccordement électrique 489.
panneau de raccordement vidéo 489.
panneau de refroidissement 23.
panneau de séparation 389.
panneau de vantail 278.
panneau indicateur 582.
panneau nombre de voies 591.
panneau photovoltaïque 615.
panneau publicitaire 592.
panneau solaire 17, 18, 40, 60, 486.
panneau-parachute 899.
panneaux de commandes radio 626.
panneaux internationaux 544.
panneaux nord-américains 546.
panneaux solaires 21.
pansement adhésif 777.
pantalon 350, 371, 796, 808, 844, 875, 901.
pantalon molleton 370.
pantalon pattes d'éléphant 358.
pantalons d'hommes 716.
pantalons, exemples 358.
pantographe 585, 595.
Paon 10.
paon 119.
papaye 197.
papeterie 717.
papier 390, 400, 420.
papier à cigarettes 390.
papier aluminium 222.
papier buvard 531.
papier de verre 308.
papier goudronné 299.
papier paraffiné 222.
papier sulfurisé 222.
papille 172, 177.
papille caliciforme 176.
papille filiforme 176.
papille foliée 176.
papille fongiforme 176.
papille linguale 176.
papille rénale 165.
papillon 96, 832.
papillon femelle, anatomie 97.
papillon, morphologie 96.
Papouasie-Nouvelle-Guinée 29, 747.
paprika 199.
paquebot 608.
paquet 223.
paquet de cigarettes 390.
parachute 22, 760, 896.
parachute de cabine 417.
parachute de secours 896.
parachute principal 896.
parachutiste 896.
paraffines 656.
parafoudre 658, 663.
parafouille 660, 661.
Paraguay 742.
parallèle 36, 704.
parallélépipède 705.
parallélogramme 705.
paramécie 94.
paramètres moteurs/alarmes 626.
Paraná 31.
parapente 897.
parapentiste 897.
parapet 408, 409.
parapharmacie et cosmétiques 181.
parapheur 531.
parapluie 391.
parapluie télescopique 391.
parapluie-canne 391.
parasoleil 478.
paratonnerre 245, 677.
parc 39, 711.
parc à charbon 646.
parc à échelles 766.
parc à vélos 735.
parc à voitures 620.
parc de stationnement 708, 735, 886.
parc de stockage 654.
parc de stockage terminal 654.
parc des expositions 708.
parc national 39.
parcours 866.
parcours d'obstacles 852.
parcours de sports équestres 788.
parcours pittoresque 39.
parcours, voile 833.
pardessus 352.
pare-brise 550, 570, 574, 577, 607, 624, 626, 876.
pare-chocs 289, 570, 571, 577, 818.
pare-chocs arrière 876, 885.
pare-chocs avant 885.
pare-feu 257, 523.
pare-soleil 14, 556, 558, 567, 612.
parement 300, 338.
parement amont 661.
parement aval 661.
parenthèses 473.
parents 784, 785.
paréo 357.
parfum 717.
parfumerie 714.
pariétal 112, 122, 131, 153, 158.
paripennée 79.
parka 353.
parking 583, 596.
parloir 726.
parmesan 211.
paroi 127, 632.
paroi avant 571.
paroi de bout 571.
paroi latérale 571, 635.
parquet 253, 254.
parquet à bâtons rompus 254.
parquet à coupe de pierre 254.
parquet à coupe perdue 254.
parquet Chantilly 254.
parquet d'Arenberg 254.
parquet en chevrons 254.
parquet en vannerie 254.
parquet mosaïque 254.
parquet sur chape de ciment 254.
parquet sur ossature de bois 254.
parquet Versailles 254.
parquets, arrangements 254.
parterre 431.
parti 740.
parties 276, 277, 280.
parties d'un bateau 838.
parties d'un cercle 704.
parties d'un os long 155.
parties d'une bague 376.
parties d'une bicyclette 578.
parties d'une chaussure 342.
parties de l'arme, escrime 849.
parties des lunettes 385.
parties externes du nez 175.
partitions, exemples 740.
parure 374.
parures de fenêtre 282.
pas 124.
pas alternatif 892.
pas de patineur 892.
pas de tir 860.
pascal 702.
passage à niveau 545, 547, 583, 591.
passage d'animaux sauvages 545, 547.
passage de fourche 635.
passage inférieur 540.
passage pour piétons 545, 547, 712.
passage souterrain 583.
passage supérieur 539, 540.
passant 349, 350, 352.
passavant 607.
passe (19 à 36) 919.
passe à billes 657.
passe-bras 355.
passe-sangle 906.
passerelle 408, 430, 523, 583, 593, 761.
passerelle de navigation 604, 608, 609.
passerelle télescopique 619.
passettes 461.
passoire 231, 237, 240.
passoire fine 231.
pastels gras 396.
pastels secs 396.
pastèque 195.
pastille de combustible 667.
pastilles d'aquarelle 397.
pastilles de gouache 397.
Patagonie 31.
patate 184.
pâte d'argile 464.
pâte de tamarin 200.
pâte phyllo 205.
patelle 217.
patère 276, 510.
patère à embrasse 282.
pâtes alimentaires 206.
pâtes won-ton 207.
Pathfinder 19.
patient 780.
patin 591, 631, 878, 880, 884.
patin à roues alignées 895.
patin acrobatique 895.
patin antidérapant 321, 826.
patin arrière 884.
patin avant 884.
patin clap 883.
patin d'appui 667.
patin d'espacement 667.
patin de chenille 758.
patin de courte piste 883.
patin de figure 881.
patin de gardien de but 880.
patin de hockey 895.
patin de vitesse 895.
patin mobile 885.
patinage artistique 881.
patinage de vitesse 882.
patineur : courte piste 882.
patineur : longue piste 882.
patineur d'eau 102.
patineuse 895.
patinoire 878, 881, 886.
patins de course 883.
pâtisson 189.
patron 455, 458.
patte 113, 348, 350, 352, 386, 425, 610, 797.
patte à boutons-pression 353.
patte ambulatoire 97.
patte anale 97.
patte antérieure 96, 98, 110, 111, 121, 130, 143.
patte autocollante 531.
patte boutonnée 350.
patte capucin 349, 361.
patte d'entrejambe 359.
patte d'épaule 352.
patte d'épaule 770.
patte de boutonnage 349.
patte de coq 464.
patte de serrage 352.
patte locomotrice 103.
patte médiane 96, 98.
patte médiane (face externe) 98.
patte polo 354.
patte postérieure 96, 98, 110, 111, 121, 143.
patte ventouse 97.
pattes thoraciques 107.
pattes, exemples 117.
pâturage 182.
paturon 124.
paume 121, 173, 346, 797.
paume d'un gant 346.
paumelle 249.
paupière 113.
paupière inférieure 110, 132, 177.
paupière interne 132.
paupière supérieure 110, 132, 177.
pause 435, 499, 515.
pause/arrêt sur l'image 495.
pavé alphabétique 530.
pavé alphanumérique 514.
pavé numérique 515, 530.
pavé tactile 526.
pavillon 122, 143, 174, 444, 446, 447, 551, 710, 776, 866.
pavillon (8) 374.
pavillon à deux pointes 739.
pavillon à deux pointes et langue 739.
pavillon de la trompe utérine 171.
pavillon des skieurs 886.
pavillon, oreille 173.
pavois 602, 739.
pavot, graines 199.
pays 37.
pays d'origine du concurrent 831.
Pays-Bas 743.
paysage végétal selon l'altitude 66.
pe-tsaï 186.
peau 81, 82, 83, 168, 172, 425, 449.
peau de batterie 433, 448.
peau de chamois 345, 377.
peau de timbre 433, 448.
pécari 128.
pêche 192, 909.
pêche à la mouche 909.
pêche au lancer 910.
pêche, coupe 81.
pêcheur 457.
pédale 440, 448, 578, 580, 851, 870.
pédale automatique 870.
pédale avec cale élargie 870.
pédale crescendo 444.
pédale d'accélérateur 556.
pédale d'ajustement 399.
pédale de chaussage 889.
pédale de combinaisons 444.
pédale de débrayage 556.
pédale de déchaussage 889.
pédale de frein 333, 460, 552, 556, 559.
pédale de frein arrière 576.
pédale de marche arrière 333.
pédale de marche avant 333.

pédale de palonnier 898.
pédale de sourdine 442.
pédale douce 442, 451.
pédale forte 442, 451.
pédales d'expression 444.
pédicelle 75.
pédieux 150.
pédipalpe 103.
pédoncule 80, 81, 82, 83, 86.
Pégase 12.
peigne 417, 461, 642.
peigne à crêper 380.
peigne à pollen 98.
peigne à tige 380.
peigne afro 380.
peigne de coiffeur 380.
peignes 380.
peignoir 364.
peinture 396.
peinture à l'huile 396.
peinture d'entretien 320.
peinture, accessoires 399.
pelage 122, 139, 143.
pèlerine 355.
pélican 119.
pelle 233, 257, 326, 838.
pelle à poussière 295.
pelle de montagne 901.
pelle hydraulique 638.
pelle mécanique 647.
pelle-pioche pliante 906.
pelleteuse 637.
pellicule en feuille 481.
pellicule plastique 222.
pellicules 481.
pelote 454.
peloton 870.
peloton de tête 870.
pelouse 245, 864.
peltée 79.
Pelton, roue 659.
pelvis vestigial 136.
pendants d'oreille 374.
pendeloque 287.
pendentif 374.
penderie 251, 279.
pendule 488, 489, 491, 697, 734.
pêne demi-tour 248.
pêne dormant 248, 249.
péninsule 38.
Péninsule Antarctique 29.
Péninsule d'Arabie 33.
Péninsule de Corée 33.
Péninsule de Kola 32.
Péninsule des Balkans 32.
Péninsule du Kamtchatka 33.
Péninsule du Yucatan 30.
Péninsule Ibérique 32.
Péninsule Scandinave 32.
pénis 104, 146.
penne 115, 206.
pennée 79.
pennon 739, 834.
pennon double 739.
pentagone régulier 705.
pente 674.
pente difficile 886.
pente expert 886.
pente facile 886.
pente intermédiaire 886.
pépin 82, 83.
pepino 197.
péplos 336.
pepperoni 216.
perceuse à colonne 307.
perceuse électrique 306.
perceuse-visseuse sans fil 306.
perche 220, 490, 492, 792.
perche de ravitaillement 760.
perche de tête 857.
perche truitée 220.
perche, anatomie 109.
perche, morphologie 108.
perchiste 429, 792.
percolateur 241.
percolateurs 723.
percuteur 757.
perdrix 118.
père 784, 785.
perforation 342, 346, 371.
perforatrice 533.
pergola 322.
péricarde 163.
péricarpe 84.
période 617, 789.
périoste 154.
périphérique 709.
périphériques d'entrée 514.
périphériques de communication 522.
périphériques de sortie 518.
périphériques de stockage 521.
périscope d'attaque 763.
périscope de veille 763.
péristome 94.
péristyle 403, 406.
péritoine 169, 170.
Permien 92.
péroné 111, 122, 126, 131, 138, 141, 142, 152, 155, 156.
Pérou 742.
peroxyde 777.
peroxysome 94.
perpendiculaire 704.
perré 660.
perron 245, 250.
persan 132, 469.
Persée 12.
persienne 249.
persil 202.
personnel additionnel de production 490.
perte de chaleur 68.
pertuis de remplissage 597.
pertuis de remplissage et de vidange 597.
pèse-lettres 531.
pèse-personne 699.
peso 728.
peson 699.
pesticide 69, 70.
pétale 80.
pétanque 864.
pétiole 76, 79.
petit bois 249.
petit cacatois 603.
Petit Cheval 12.
Petit Chien 13.
petit foc 603.
petit hunier fixe 603.
petit hunier volant 603.
petit largue 833.
Petit Lion 13.
petit miroir 612.
petit montant 247.
petit palmaire 150.
petit perroquet fixe 603.
petit perroquet volant 603.
petit quartier 855.
petit rabat 391.
Petit Renard 13.
petit rond 151.
petit sésamoïde 126.
petit-fils 784.
petite capitale 472.
petite lame 905.
petite lèvre 170, 171.
petite nyctale 118.
Petite Ourse 12.
petite quille 865.
petite sus-alaire 115.
petite vrillette 101.
petite-fille 784.
petites annonces 471.
petits outils, jeu 325.
petits pois 190.
petits-enfants 784.
pétoncle 217.
Pétri, boîte 685.
pétrole 651.
pétrole brut 656.
pétrolier 596, 606.
peul 468.
peuplier 88.
phalange distale 133, 154, 155, 172.
phalange médiane 133, 154, 155, 172.
phalange proximale 133, 154, 155.
phalanges 111, 122, 131, 136, 138, 141, 142, 154, 155.
phalène du bouleau 101.
phare 333, 550, 570, 574, 576, 586, 596, 614, 640, 758, 876.
phare arrière 640.
phare central 585.
phare d'atterrissage 631.
pharmacie 714, 725, 778, 781.
pharynx 99, 163, 164.
phase de glisse 892.
phase de poussée 892.
phases de la Lune 7.
Phénix 10.
Philippines 33, 747.
Phobos 4.
phonothèque 733.
phoque 137.
phosphore 683.
photocopieur 512, 733.
photodiode 477.
photographe 714.
photographe de plateau 429.
photographie 476.
photographie à la une 471.
photographie, accessoires 482.
photon 692.
photopile 672, 673.
photorécepteurs 177.
photosphère 6.
photosynthèse 78.
phototype 483.
physique : électricité 687.
physique : magnétisme 687.
physique : mécanique 686.
physique : optique 690.
pi 704.
piano 437.
piano à queue de concert 443.
piano demi-queue 443.
piano droit 442.
piano droit, mécanique 443.
piano électronique 451.
piano quart-de-queue 443.
pic 45, 118.
piccolo 437, 446.
pichet 226, 240.
pictogrammes 514.
pie 118.
pie-mère 167.
pièce 917.
pièce : avers 729.
pièce : revers 729.
pièce d'embranchement 767.
pièce d'estomac 337.
pièce de coin 635.
pièce de jonction 766.
pièce intermédiaire 169.
pièce terminale 169.
pièces 916.
pièces buccales 98.
pièces honorables, exemples 740.
pied 76, 104, 105, 139, 140, 143, 146, 147, 148, 149, 155, 185, 274, 278, 280, 281, 286, 323, 351, 368, 390, 440, 444, 448, 635, 663, 693, 815, 823, 893, 909, 910.
pied à coulisse à vernier 700.
pied à perfusion 780.
pied ambulacraire 95.
pied amont 660.
pied arrière 277.
pied aval 660.
pied avant 277.
pied cambré 276.
pied de fixation 482.
pied de lit 280.
pied de mât 836.
pied de nivellement 292, 293, 294.
pied presseur 453.
pied télescopique 776.
pied-de-biche 452, 453.
pied-mélangeur 236.
piédroit 411, 413.
pieds, protection 773.
piège à patte à mâchoires 913.
pierre 298, 318, 376.
pierre à affûter 229.
pierre à aiguiser 422.
pierre blanche 916.
pierre de Coyolxauhqui 412.
pierre de curling 877.
pierre de taille 298.
pierre lithographique 423.
pierre noire 916.
pierre sacrificielle 412.
pierres fines 375.
pierres précieuses 375.
pierres, taille 375.
piètement 277, 321, 826.
pieuvre 106, 217.
pieuvre, anatomie 106.
pieuvre, morphologie 106.
pige 464.
pigeon 120, 212.
pignon 89, 193, 223, 244, 307, 697.
pignon simple 871.
pika 123.
pilastre 255.
pilastre corinthien 407.
pile 482, 513, 540, 563, 759, 765.
pile alcaline manganèse-zinc 689.
pile carbone-zinc 689.
pile rechargeable 496.
piles 687.
piles sèches 689.
pilier 43, 410, 412, 650.
pilier droit 804.
pilier du voile 174.
pilier gauche 804.
pilon 230, 233.
pilote 443, 759, 872.
pilote, vol libre 897.
pilotes 445.
pilotin 445.
piment 188.
piment de Cayenne 199.
piment de la Jamaïque 198.
piment Jalapeño 199.
piment oiseau 199.
piments broyés 199.
piments séchés 199.
pin parasol 89.
pinacle 410.
pinacocyte 95.
pince 107, 127, 233, 257, 284, 350, 381, 455, 506, 901.
pince à boucles de cheveux 380.
pince à cheveux 380.
pince à cravate 376.
pince à cuticules 377.
pince à défriser 381.
pince à dénuder 317.
pince à échardes 777.
pince à épiler 377.
pince à escargots 233.
pince à étiqueter 533.
pince à fusible 317.
pince à joint coulissant 310.
pince à long bec 317.
pince à spaghettis 233.
pince avec noix de serrage 685.
pince d'électricien 317.
pince de ceinture 505.
pince de mise en plis 380.
pince de taille 352.
pince multiprise 310.
pince noire 558.
pince rouge 558.
pince tibio-tarsienne 98.
pince universelle 317.
pince-aiguille 453.
pince-étau 310.
pince-fil 457.
pince-notes 534.
pinceau 320, 397, 422, 470.
pinceau à lèvres 378.
pinceau à pâtisserie 232.
pinceau à sumie 397.
pinceau éventail 378.
pinceau pour fard à joues 378.
pinceau pour poudre libre 378.
pincement 274, 275.
pinces 310.
pinçon 127.
pinnule 76.
pinson 118.
pintade 120, 212.
pioche 327.
piolet 901.
Pion 916.
pion 915.
Pioneer 19.
pipe 390.
pipe, coupe 390.
pipette sérologique 685.
piquant 95.
pique 901, 914.
pique-nique 725.
pique-nique interdit 725.
pique-notes 534.
piquet 799, 902, 903.
piquoir 458.
pirogue à balancier 599.
pirogue monoxyle 599.
piscine 246, 608, 675, 788.
piscine de condensation 671.
piscine de déchargement 666.
piscine de déchargement du combustible irradié 668.
piscine de réception 666.
piscine de stockage du combustible irradié 666, 667, 669.
piscine du combustible défectueux 666.
piscine enterrée 246.
piscine hors sol 246.
pisiforme 154.
pissenlit 187.
pissette 685.
pistache 193.
piste 620, 790, 848, 871, 872, 874, 877, 883, 885, 891.
piste : descente de bosses 890.
piste d'athlétisme 788.
piste d'atterrissage 761.
piste d'avertissement 795.
piste d'élan 791, 792, 865.
piste d'élan 793, 890, 891.
piste de compétition 855.
piste de décélération 885.
piste de décélération et de freinage 891.
piste de dégagement 890, 891.
piste de réception 890, 891.
piste de roulement 595, 635.
piste de ski alpin 886.
piste de ski de fond 886.
piste de vitesse 891.
pistes d'élan 824.
pistil 80.
pistolet 315, 754, 770.
pistolet 8 mm 861.
pistolet à air comprimé 861.
pistolet à calfeutrer 315.
pistolet à peinture 320.
pistolet à souder 318.
pistolet arrosoir 329.
pistolet d'arrosage 329.
pistolet de départ 790.
pistolet de distribution 548.
pistolet mitrailleur 754.
pistolet pneumatique 873.
piston 447, 559, 564, 566, 776.
piston à décorer 232.
piton 900.
piton à expansion 900.
piton à glace 901.
piton sous-marin 49.
pivot 317, 382, 383, 398, 436, 454, 612, 676, 686, 793, 811, 828, 907.
pivot d'attelage 571.
placage déroulé 300.
place d'armes 409.
plaçure 426.
plafond 257, 818, 819.
plafond acoustique 431.
plafond cathédrale 251.
plafond de cabine 417.
plafonnier 286.
plage 51.
plage arrière 608.
plage avant 605, 609.
plage de séparation 500.
plaine 38, 48.
plaine abyssale 49.
plaine d'inondation 48.
plaine fluvio-glaciaire 46.
plan 403, 411.
plan à langer 281.
plan de travail 224, 721, 722.
plan du terrain 245.
plan urbain 39.
plan, élévation 250.
planche 300, 851.
planche à découper 229.
planche à dessin 399.
planche à roulettes 894.
planche à voile 836.
planche d'appel 793.
planche d'appel saut en longueur 793.
planche d'appel triple saut 793.
planche d'arrêt 864.
planche de pied 838.
planche de surf 840.
planche de vol 100.
planche témoin 793.
plancher 257, 577, 818, 819, 855.
plancher de cabine 417.
plancher inférieur 632.
plancher supérieur 632.
planchette à arches 533.
planchette à pince 533.
planchiste 894.
planétaire 10.
planétarium 10.
planètes 4.
planètes externes 4.
planètes internes 5.
planeur 898.
planisphère 28.
plantaire grêle 151.
plante 77.
plante grimpante 322.
plante, structure 77.
plantes à fleurs 93.
plantoir 324.
plantoir à bulbes 324.
plaque 238, 381.
plaque à aiguille 452.
plaque à pâtisserie 232.
plaque absorbante 672.
plaque africaine 43.
plaque antarctique 43.
plaque antifriction 889.
plaque chauffante 241, 721.

plaque costale 113.
plaque d'identité 376.
plaque d'instructions 306.
plaque de base 756.
plaque de commutateur 274.
plaque de couche 912.
plaque de cuisson 722.
plaque de cuivre 422.
plaque de fixation 701.
plaque de montage 275.
plaque de plâtre 299.
plaque de protection 441, 875.
plaque de rouleau 920.
plaque de tôle 819.
plaque des Caraïbes 43.
plaque des îles Cocos 43.
plaque du lanceur 795.
plaque eurasiatique 43.
plaque indo-australienne 43.
plaque madréporique 95.
plaque marginale 113.
plaque motrice 168.
plaque Nazca 43.
plaque négative 562.
plaque nord-américaine 43.
plaque pacifique 43.
plaque philippine 43.
plaque positive 562.
plaque Scotia 43.
plaque signalétique 273, 306.
plaque sud-américaine 43.
plaque supra-caudale 113.
plaque tournante 542.
plaque vertébrale 113.
plaque-glissière 452, 453.
plaque-numéro 875.
plaques convergentes 43.
plaques divergentes 43.
plaques tectoniques 43.
plaques transformantes 43.
plaquette 64, 162, 385, 559.
plaqueur droit 806.
plaqueur gauche 806.
plasma 162.
plasmodesme 74.
plastique et acier 269.
plastique et cuivre 269.
plastron 113, 367, 749, 796, 800, 808, 859.
plastron de gardien de but 880.
plastron métallique 848.
plat 798.
plat à escargots 233.
plat à poisson 226.
plat de dos 276.
plat ovale 226.
plat recto 426.
plat verso 426.
plate-bande 322.
plate-bande de culasse 753.
plate-forme 40, 321, 482, 569, 584, 699, 830, 894.
plate-forme auto-élévatrice 653.
plate-forme de 10 m 828.
plate-forme de 3 m 828.
plate-forme de 5 m 828.
plate-forme de 7,5 m 828.
plate-forme de départ 891.
plate-forme de production 652, 654.
plate-forme du jury 871.
plate-forme élévatrice automotrice 623.
plate-forme fixe 653.
plate-forme semi-submersible 653.
plateau 38, 45, 78, 261, 278, 281, 305, 307, 312, 313, 321, 389, 402, 424, 425, 452, 485, 490, 492, 500, 571, 698, 699, 860, 870, 917.
plateau A 580.
plateau B 580.
plateau continental 49.
plateau d'alimentation 531.
plateau de chargement 494, 521.
plateau de clavier 442.
plateau de coupe 333.
plateau de frein 559.
plateau de jeux 915.
plateau de ponçage 308.
plateau de pression 758.
plateau de rangement 399.
plateau de sciage 305.
plateau de sortie 519.
plateau de stockage 666.
plateau de tournage 428.
plateau de tri automatique 512.
plateau des tremplins 890.
plateau mobile 919.
plateau pour accessoires 14.
plateau réceptacle de paiement 920.
plateau récepteur 512.
plateau simple 871.
plateau tournant 236.
plateau, télévision 490, 492.
plateaux 722.
platéosaure 93.
platine 425, 683, 693, 895.
platine à silex 752.
platine cassette 488, 499.
platine de projection 535.
platine tourne-disque 488, 500.
plats à rôtir 234.
pleine Lune 7.
plénum 258.
pleurote en forme d'huître 183.
plèvre pariétale 163.
plèvre viscérale 163.
plexus brachial 166.
plexus lombaire 166.
plexus sacré 166.
pli 300, 350, 561.
pli creux 283, 357.
pli d'aisance 357.
pli de la columelle 105.
pli pincé 283.
pli plat 350, 357.
pli rond 283.
pli surpiqué 357.
plie commune 221.
plinthe 253, 255, 417.
plinthe chauffante électrique 260.
plioir 426.
plis, exemples 283, 357.
plissé accordéon 357.
pliure 455.
plomb 682, 911.
plomberie 262.
plomberie : outils 314.
plomberie, circuit 262.
plombs 912.
plongée sous-marine 841.
plongeoir 828.
plongeon 828.
plongeon de départ 832.
plongeon renversé avec tire-bouchon 829.
plongeon synchronisé 829.
plongeons, exemples 829.
plongeur 721, 841.
plot 274.
plot de départ 830.
pluie 64, 65.
pluie continue faible 57.
pluie continue forte 57.
pluie continue modérée 57.
pluie faible 64.
pluie intermittente faible 57.
pluie intermittente forte 57.
pluie intermittente modérée 57.
pluie modérée 64.
pluie verglaçante 57, 64.
pluie, formes 64.
pluies acides 69, 70.
plume 43, 397, 470.
plume creuse de roseau 470.
plume d'oie 470.
plume métallique 470.
plume métallique romaine 470.
plus grand que 703.
plus ou moins 703.
plus petit que 703.
Pluton 4, 5.
plutonium 684.
pluviomètre à lecture directe 58, 59.
pluviomètre enregistreur 58, 59.
pluviosité, mesure 59.
pneu 551, 560, 570, 579, 870, 874.
pneu à carcasse diagonale 561.
pneu à carcasse radiale 561.
pneu à carcasse radiale ceinturée 561.
pneu à crampons 560, 577, 875.
pneu autoroutier 560.
pneu d'hiver 560.
pneu de performance 560.
pneu pluie 872.
pneu pour temps sec 872.
pneu toutes saisons 560.
pneumatique de guidage 594, 595.
pneumatique porteur 594, 595.
pneus, exemples 560.
poche 143, 313, 862, 865, 869.
poche à douilles 232.
poche à encre 106.
poche à rabat 352, 360.
poche à venin 99.
poche américaine 386.
poche cavalière 350.
poche centrale 862.
poche copulatrice 104.
poche du dard 104.
poche extérieure 386, 388.
poche frontale 387.
poche gilet 348.
poche inférieure 862.
poche intérieure 389.
poche intérieure isolante 368.
poche manchon 360.
poche passepoilée 354, 360.
poche plaquée 348, 353, 360, 368.
poche poitrine 349, 352.
poche prise dans une couture 355, 360.
poche prise dans une découpe 360.
poche raglan 352, 355, 360.
poche repose-bras 353, 355.
poche secrète 386.
poche soufflet 359, 360.
poche supérieure 862.
poche tiroir 348.
poche verticale 337.
poche-revolver 350.
poche-ticket 348.
poches, exemples 360.
pochette 348, 386.
pochette d'allumettes 391.
pochette d'homme 388.
pochette d'information 532.
pochette de classement 533.
pocheuse 235.
podium des épreuves 824.
podomètre 700.
poêle 905.
poêle à combustion lente 256.
poêle à crêpes 235.
poêle à frire 235.
poêlon 235, 239.
poids 630, 697, 698, 699, 793, 850, 851.
poignard 751.
poignée 230, 236, 237, 238, 239, 240, 256, 268, 280, 288, 289, 290, 291, 295, 302, 303, 304, 305, 307, 308, 309, 313, 320, 331, 381, 382, 386, 387, 388, 389, 391, 439, 503, 504, 534, 574, 577, 594, 649, 750, 775, 782, 793, 816, 822, 838, 849, 850, 859, 860, 867, 877, 884, 888, 891, 892, 909, 910, 912, 913, 920.
poignée antivibrations 331.
poignée arrière 910.
poignée auxiliaire 306.
poignée avant 757.
poignée d'appui 851.
poignée de blocage d'onglet 304.
poignée de chariot 456.
poignée de conduite 783.
poignée de départ (dos) 830.
poignée de frein 579, 783, 870.
poignée de guidage 308.
poignée de la manivelle 423.
poignée de maintien 554.
poignée de nacelle 899.
poignée de porte 247, 551.
poignée de sécurité 332.
poignée de soulèvement 756.
poignée de transport 755.
poignée découpée 535.
poignée des gaz 576.
poignée du démarreur 331.
poignée du guidon 871.
poignée intérieure 554.
poignée isolante 239.
poignée latérale 307, 308.
poignée montoir 567, 570, 584, 766.
poignée pistolet 318.
poignée profilée 381.
poignée rentrante 386.
poignée supérieure 307.
poignée-oxygène de coupe 319.
poignée-pistolet 306, 754, 755.
poignées à ressort 850.
poignet 130, 140, 147, 149, 156, 173, 349.
poignet de force 850.
poignet mousquetaire 361.
poil 172, 384.
poils absorbants 77.
poinçon 253, 401, 905.
point 473, 914.
point critique 891.
point d'alimentation 273, 663.
point d'amure 836.
point d'ancrage 897.
point d'appui 686.
point d'arête 459.
point d'articulation 638.
point d'attache 79, 627.
point d'attache 103.
point d'écoute 836.
point d'encochage 859.
point d'encochage 913.
point d'épine 459.
point d'exclamation 473.
point d'information 715.
point d'interrogation 473.
point d'orgue 435.
point d'Orient 459.
point de chaînette 459.
point de chausson 459.
point de chevron 459.
point de côtes 458.
point de damier 458.
point de handicap 916.
point de jersey 458.
point de mise au jeu 878.
point de norme 891.
point de nœud 459.
point de poste 459.
point de raccordement 273.
point de réparation 802.
point de repère 455, 865.
point de riz 458.
point de torsades 458.
point du chef 740.
point fixe 559.
point indicateur de température 381.
point mousse 458.
point passé empiétant 459.
point roumain 459.
point vernal 13.
point-virgule 473.
pointage de l'épreuve en cours 825.
pointe 51, 79, 185, 227, 229, 301, 302, 303, 304, 351, 362, 390, 439, 443, 453, 457, 470, 740, 791, 793, 859, 868, 880, 888, 901, 911, 912, 918.
pointe antérieure 901.
pointe avant 288.
pointe carrée 302.
pointe cruciforme 302.
pointe d'attache 442.
pointe de centrage 306.
pointe de col 349.
pointe de dent 636.
pointe de diamant 278.
pointe de flèche en silex 748.
pointe de hampe 739.
pointe de ski 892.
pointe fuselée 839.
pointe plate 285, 302.
pointe ronde 285.
pointe sèche 422, 423.
pointes, exemples 302.
pointeur 907.
pointeuse 530.
points 822.
points bouclés 459.
points couchés 459.
points croisés 459.
points de suspension 473.
points de tricot 458.
points noués 459.
points plats 459.
points, broderie 459.
poire 193.
poire à jus 233.
poire à poudre 752.
poire de gonflage 777.
poireau 184.
pois 84, 190.
pois cassés 190.
pois chiches 190.
pois mange-tout 190.
Poisson austral 10.
poisson cartilagineux 108.
poisson osseux 108.
Poisson volant 11.
poissonnerie 181.
poissonnière 234.
Poissons 12.
poissons 108.
poissons cartilagineux 218.
poissons osseux 219.
poitrail 124.
poitrine 115.
poitrinière 460.
poivre blanc 198.
poivre moulu 199.
poivre noir 198.
poivre rose 198.
poivre vert 198.
poivrière 226.
poivron jaune 188.
poivron rouge 188.
poivron vert 188.
Polaroid® 480.
pôle Nord 35.
pôle nord 687.
pôle Nord céleste 13.
pole position 872.
pôle Sud 29, 35.
pôle sud 687.
pôle Sud céleste 13.
police 725.
polissoir d'ongles 377.
politique 739.
polluants atmosphériques 69.
polluants non biodégradables 69.
pollution agricole 69.
pollution automobile 69.
pollution de l'air 69.
pollution de l'eau 70.
pollution domestique 69.
pollution du sol 69.
pollution industrielle 69.
pollution par le pétrole 70.
polo 354, 359, 822, 858.
polochon 280.
Pologne 744.
polojama 369.
polonais 469.
polonium 682.
polygones 705.
Polynésie 747.
polypode commun 76.
polytric commun 75.
pomelo 194.
pomme 193, 328.
pomme d'Adam 146.
pomme de douche 264.
pomme de terre 184.
pomme, coupe 82.
pomme-poire 197.
pommeau 307, 309, 797, 849, 855, 861.
pompe 246, 259, 292, 294, 320, 578, 670, 671, 674, 903.
pompe à boue 651.
pompe à chaleur 260.
pompe de caloportage 669.
pompe de circulation 259, 675.
pompe de puisard 263.
pompe de recirculation 671.
ponceuse excentrique 308.
poncho 355.
poney 858.
poney de polo 858.
pont 39, 385, 523, 692, 875.
pont à béquilles 541.
pont à poutre 540.
pont à poutre simple 541.
pont à poutres indépendantes 541.
pont à tablier inférieur 541.
pont à tablier intermédiaire 541.
pont à tablier supérieur 541.
pont Bailey 542.
pont bain de soleil 609.
pont basculant à double volée 542.
pont basculant à simple volée 542.
pont cantilever 540.
pont d'appontage 761.
pont d'envol 761.
pont de Varole 167.
pont en arc 540.
pont flottant 542.
pont inférieur 655.
pont levant 542.
pont principal 607.
pont roulant 658.
pont supérieur 624, 655.
pont suspendu à câble porteur 540.
pont tournant 542.
pont transbordeur 542.
pont-l'évêque 211.
pont-levis 408.
pont-promenade 608.
pontage 838.
pontet 754, 860, 861, 912.
ponton 542, 652, 839, 873.
ponton de départ 838.
ponts à poutre, exemples 541.
ponts en arc, exemples 541.
ponts fixes 540.
ponts mobiles 542.
ponts suspendus à haubans 541.
popote 905.
porc 128.
porc haché 215.
porc-épic 123.
porche 245, 411, 738.
porcherie 182.
pore 74, 84.

pore inhalant 95.
pore sudoripare 172.
porque 607.
Porro, prisme 692.
port 709.
port clavier 513.
port d'interface ordinateur 520.
port de plaisance 788.
port Ethernet 526.
port FireWire 526.
port infrarouge 526, 527.
port jeux/MIDI 513.
port maritime 596.
port modem interne 513, 526.
port parallèle 513.
port pour adaptateur de courant 526.
port réseau 513.
port série 513.
port souris 513, 518.
port USB 513, 526.
port vidéo 513, 526.
portail 411.
portance 630.
portant 839.
porte 238, 290, 291, 293, 417, 453, 567, 596, 624, 699, 724, 738, 818, 893, 902, 903.
porte à deux vantaux 568.
porte à lanières 416.
porte à tambour manuelle 416.
porte accordéon 416.
porte amont 597.
porte arrière 775.
porte automatique 620.
porte aval 597.
porte avant 605, 608.
porte classique 416.
porte coulissante 264, 416.
porte coulissante automatique 416.
porte coupe-feu 416.
porte d'accès de plate-forme 584.
porte d'entrée 568, 569.
porte d'extrémité 635.
porte de contrôle 890.
porte de garage basculante 416.
porte de garage sectionnelle 416.
porte de l'élévaleur 569.
porte de la soute 23.
porte du parcours 837.
porte en descente 837.
porte en remontée 837.
porte étagère 291.
porte extérieure 247.
porte latérale 594.
porte moustiquaire 567.
porte pliante 416.
porte-adresse 389.
porte-avions 761.
porte-bagages 389, 567, 577, 578.
porte-bagages arrière 577.
porte-bidon 579.
porte-bûches 257.
porte-cartes 58, 386.
porte-chaussures 345.
porte-chéquier 387.
porte-clés 387.
porte-coupures 387.
porte-documents à soufflet 386.
porte-documents plat 387.
porte-électrode 318.
porte-étiquette 533, 587.
porte-étiquette d'acheminement 587.
porte-fenêtre 224, 250, 251.
porte-fil dentaire 384.
porte-fils 460.
porte-filtre 241.
porte-foyer 256.
porte-fusible 663.
porte-jarretelles 367.
porte-manteau 510.
porte-marteau 313.
porte-matraque 770.
porte-mine 470.
porte-monnaie 387.
porte-moulinet 909, 910.
porte-négatif 485.
porte-outil 308, 649.
porte-parapluies 391.
porte-passeport 387.
porte-pipes 390.
porte-pitons 901.
porte-râteau 423.
porte-rouleau 264.
porte-sac 869.
porte-savon 264.
porte-serviettes 264.
porte-skis 558.
porte-spécimen 694.
porte-stylet 517.
porte-stylo 386.
porte-tension 457.
porte-timbres 531.
porte-tube 693.
porte-vélos 558.
porte-vent 445.
portée 434.
portefeuille 387.
portefeuille chéquier 386.
portes à tambour manuelles 719.
portes d'entrée 427.
portes, exemples 416.
portière 551, 554.
portique 540, 596, 634, 635, 657, 658, 738, 824.
portique de chargement de conteneurs 596.
portique de signalisation 583.
portique détecteur de métal 726.
ports pour carte mémoire 918.
ports pour manette 918.
portugais 469.
Portugal 743.
posemètre à visée reflex 479.
posemètre photoélectrique 479.
positif 684.
position à genoux 861.
position carpée 828.
position couchée 861, 893.
position d'équilibre 690.
position d'un caractère 472.
position debout 861, 893.
position des bras 829.
position des jambes 829.
position des joueurs 794, 803, 804, 811, 814.
position droite 828.
position groupée 828.
positionnement du papier 528.
positionneur 452.
positions de départ, lutte 843.
positions de départ, plongeon 828.
positions de tir 861, 893.
positions, escrime 849.
poste 664.
poste à clavier 507.
poste CB 505.
poste d'aiguillage 583.
poste d'observation 17.
poste de carburant 725.
poste de commandement 758, 763.
poste de communication 594.
poste de conduite de la propulsion 763.
poste de contrôle 727, 768.
poste de contrôle audio/vidéo 491.
poste de débranchement 589.
poste de l'agent de sécurité 779.
poste de patrouille 886.
poste de pilotage 624, 626, 631, 758.
poste de police 711, 768.
poste de secours 543, 886.
poste de soudage 318.
poste de surveillance 394, 764.
poste de tir 860.
poste de travail 509.
poste des infirmières (urgence ambulatoire) 779.
poste des infirmières (urgence majeure) 778.
poste sans cordon 507.
poste téléphonique 489, 491, 506.
postes d'écoute 733.
postes téléphoniques, exemples 507.
postillon 915.
pot 223.
pot d'échappement 553, 575, 576.
pot d'échappement 577.
potassium 682.
poteau 252, 540, 812, 817, 820, 827.
poteau cornier 252.
poteau de but 807, 809, 858.
poteau de ligne de jeu 795.
poteau du ring 842.
poteau mural 253.
potence 579, 693, 783.
poterie 464.
poterie, outils 464.
poterne 408, 409.
potiron 189.
pou 101.
poubelle 295, 723.
pouce 117, 140, 141, 156, 173, 346, 797.
pouce opposable 139.
poudre 912.
poudre libre 378.
poudre pressée 378.
poudrier 378.
pouf 277.
poulailler 182.
poulaine 749.
poule 120.
poulet 213.
poulie 284, 321, 566, 686, 750, 859, 913.
poulie d'entraînement 688.
poulie de chariot 634.
poulie de tension du régulateur 417.
poumon 103, 104, 110, 112, 116, 125.
poumon droit 161, 163.
poumon gauche 161, 163.
poumons 163.
Poupe 11.
poupe 598, 608, 836.
pour le classement 532.
pour ouvrir 230.
pourcentage 529, 703.
pourpier 187.
pourpoint 338.
pourpre 741.
pousse 77.
pousse de bambou 185.
poussin 120.
poussoir 230, 237, 240, 248, 776.
poussoir à pollen 98.
poussoir d'arrêt 696.
poussoir d'ouverture 391.
poussoir de mise en marche 696.
poussoir de remise à zéro 696.
poussoir pneumatique 648.
poutre 252, 412, 418, 663, 824, 826.
poutre cantilever 540.
poutre continue 540.
poutre d'assurage 900.
poutre d'équilibre 826.
poutre de levage 573.
poutre de queue 631.
poutre suspendue 540.
poutre-châssis 639.
praire 217.
prairie 38, 182.
prairie tempérée 66.
praséodyme 684.
praticable 823.
praticable pour exercices au sol 824.
pratiquant, kung-fu 846.
préblindage 758.
Précambrien 92.
précipitation 67.
précipitations 64.
précipitations hivernales 64.
prémaxillaire 108, 122, 123.
premier arbitre 812, 813.
premier assistant cadreur 428.
premier but 794.
premier croissant 7.
premier de cordée 900.
premier espace 811.
premier étage 25.
premier joueur 877.
premier quartier 7.
premier radial externe 151.
premier-but 794.
première ligne 804.
première molaire 159.
première phalange 126.
première prémolaire 159.
premières feuilles 77.
premiers soins 725.
premiers soins, fournitures 775.
premiers violons 437.
prémolaire 121, 123.
prémolaires 159.
preneur de son 489, 490.
préposé au banc des pénalités 879.
préposé au contrôle des billets 394, 427.
prépuce 169.
près 833.
près bon plein 833.
près du ring 842.
près serré 833.
présentoir à revues 510.
présentoir de brochures 730.
présentoir des nouveautés 733.
présentoir des périodiques 733.
présentoir réfrigéré 720.
président 848.
président du jury 900.
presse 642.
presse à pectoraux 851.
presse à percussion 425.
presse à taille-douce 421.
presse lithographique 423.
presse-agrumes 230, 237.
presse-ail 230.
presse-café 241.
presse-étoupe 268.
presse-papier 528.
presseur 476.
pressing 715.
pression à la taille 368.
pression au niveau de la mer 55.
pression barométrique 55.
pression devant 369.
pression, mesure 59, 702.
pressuriseur 670, 671.
prétoire 728.
prévention de la criminalité 768.
prévention des incendies 764.
prévision météorologique 54.
prime 849.
principales formes de lames 401.
principales pièces d'une maison 250.
principaux organes des systèmes automobiles 552.
principaux panneaux internationaux 544.
principaux panneaux nord-américains 546.
printemps 54.
prise 793.
prise antisurtension 520.
prise audio 513.
prise avec borne de terre 263.
prise casque 450, 451, 497, 504.
prise chronométrée 290.
prise classique 815.
prise d'air 605, 876.
prise d'air 568.
prise d'air de refroidissement du moteur 874.
prise d'air du moteur 568.
prise d'alimentation 513.
prise d'eau 658.
prise d'entrée 520.
prise d'entrée/sortie audio 527.
prise d'oxygène 780.
prise de charge 383, 563.
prise de courant 274, 316.
prise de courant commutée 497.
prise de courant européenne 274.
prise de force 640.
prise de la sonde thermique 238.
prise de masse 318.
prise de pied 901.
prise de raccordement 452.
prise de télécommande 476, 477.
prise de terre 272.
prise électrique 567.
prise microphone 505.
prise porte-plume 815.
prise pour écouteurs 513.
prises antisurtension alimentées par batterie 520.
prises d'entrée/de sortie audio/vidéo 497.
prises de main 901.
prises téléphoniques antisurtension 520.
prises vidéo et numérique 477.
prises, exemples 844.
prisme de Porro 692.
prisme pentagonal 477.
prison 726, 915.
prix à l'unité 699.
prix à payer 699.
procédé 863.
processeur 513.
proconsul 93.
producteur 429.
production d'électricité par énergie éolienne 677.
production d'électricité par énergie géothermique 646.
production d'électricité par énergie nucléaire 665.
production d'électricité par énergie solaire 674.
production d'électricité par énergie thermique 646.
production d'électricité par l'alternateur 662.
production d'électricité par l'alternateur 665.
production de chaleur 665.
production de l'électricité, étapes 662.
production du son 445.
produits céréaliers 204.
produits d'emballage 180.
produits d'entretien 180.
produits de fission (noyaux radioactifs) 681.
produits de la raffinerie 656.
produits de nettoyage 721.
produits de traiteur 181.
produits laitiers 180, 210.
produits pétrochimiques 656.
produits pour animaux familiers 181.
profil de rail 591.
profil du sol 78.
profondeur du foyer 43.
profondimètre 841.
programmateur 292, 293, 294.
programmation des voix 450.
programmes informatiques 771.
projecteur 427, 428, 579, 585, 765.
projecteur à faisceau concentré 492.
projecteur auxiliaire 10.
projecteur d'ambiance 492.
projecteur d'ambiance sur pantographe 492.
projecteur de diapositives 483.
projecteur de plafond 59.
projecteur orientable 766.
projecteur sous-marin 246.
projecteurs 431.
projectile antichar 757.
projectiles 752.
projection conique 36.
projection cylindrique 36.
projection d'épaule par un côté 844.
projection en cercle 844.
projection horizontale 36.
projection interrompue 36.
projections cartographiques 36.
prométhium 684.
pronaos 403.
propulseur 20, 40, 759.
propulseur d'étrave 609.
propulseurs de commande d'orientation 22.
prosciutto 216.
prospection en mer 653.
prospection terrestre 651.
prostate 169.
protactinium 684.
protecteur d'avant-bras 808.
protecteur d'embout 776.
protecteur lombaire 808.
protection 774.
protection d'usure 874.
protection de l'ouïe 772, 774.
protection de la tête 772, 774.
protection de la vue 774.
protection des mains 774.
protection des pieds 773, 774.
protection des voies respiratoires 773, 774.
protection des yeux 772.
protège-cheville 796.
protège-côtes 808.
protège-cou 808.
protège-coude 800, 880, 894.
protège-dents 808, 843.
protège-doigts 859.
protège-gorge 796, 880, 882.
protège-guidon 755.
protège-hanche 808.
protège-lame 304, 305.
protège-lame inférieur 304.
protège-lame supérieur 304.
protège-main 875.
protège-matelas 280.
protège-nuque 765.
protège-orteils 773, 796.
protège-poignet 895.
protège-poulie 307.
protège-tendon 880.
protège-tibia 801, 802, 882, 887.
protège-tympan 772.
protestantisme 736.
prothorax 97.
protocole de communication 524.
proton 680.
protoneurone sensitif 168.
protubérance 6.
proue 609, 836.
proue sculptée 598.
province 37.
provision d'eau 662.
prune 192.
pseudopode 94.
psychromètre 59.
ptérygoïde 112.
pubis 116, 122, 146, 148.
puce 101.
puisard 262, 263, 650.
puissance, mesure 702.

puits 402.
puits d'accès 664.
puits d'extraction 650.
puits d'injection 646.
puits de dérive 836.
puits de production 646.
puits sous-marin 654.
puits vertical 650.
pull à capuche 370.
pull d'entraînement 370.
pulls 358.
pulpe 81, 82, 83, 159, 172.
pulsar 8.
pulvérisateur 328, 646.
pulvériseur tandem 641.
pulvino 661.
puma 134.
punaise d'eau géante 101.
punaise rayée 101.
punaises 534.
pupille 132, 177.
pupille verticale 112.
pupitre 436, 444, 451.
pupitre à musique 436.
pupitre d'éclairage 490.
pupitre de commande 626.
pupitre de commandes 10.
pupitre de conduite 586.
pupitre de son 488, 489, 490.
pupitre dirigeur 507.
pupitre du chef d'orchestre 437.
purgeur 259.
purificateur d'air 261.
puzzle 917.
pygostyle 116.
pyjama 364.
pylône 540, 583, 629, 663.
pylône du moteur 625.
pyramidal 154.
pyramide 402, 705.
pyranomètre 58.
Pyrénées 32.
python 114.

Q

Qatar 746.
quad 577.
quadrant 704.
quadrilatère 705.
quadruple croche 435.
quai 583, 593, 596, 708.
quai d'embarquement 619.
quai de chargement 713.
quai de déchargement 395, 715, 719, 724.
quai de gare 582.
quais de déchargement 716.
quantité de matière, mesure 702.
quark d 680.
quark u 680.
quart de finale : 8 joueurs 789.
quart de soupir 435.
quart-arrière 807.
quart-de-rond 253.
quarte 434, 849.
quartier 7, 82, 127, 342, 370, 855.
quartier des affaires 708, 710.
quartier des coureurs 871.
Quaternaire 93.
quatre avec barreur 839.
quatre sans barreur 839.
quatre-mâts barque 602.
quatuor 438.
quechua 469.
queue 81, 82, 83, 112, 113, 121, 122, 124, 130, 133, 136, 140, 143, 169, 306, 425, 625, 676, 840, 893, 894, 898, 905.
queue de billard 863.
queue de l'hélix 173.
queue de poussières 8.
queue ionique 8.
queue-de-cochon 401.
queusot 274, 275.
quillard 835.
quille 865, 897.
quille chandelle 865.
quille-reine 865.
quilles, exemples 865.
quilleur 865.
quilleuse 865.
quillier 865.
quinoa 203.
quinte 434, 849, 914, 919.
quinte royale 914.
quintette 438.

R

rabat 348, 387, 535, 906.
rabatteur 642, 643.
rabot 309.
raccord 269, 485.
raccord à collet repoussé 269.
raccord à compression 269, 270.
raccord d'arrivée d'air 320.
raccord de réduction 269.
raccord de robinet 328.
raccord de signalisation 567.
raccord de tuyau 329.
raccord femelle 269.
raccord mâle 269.
raccord té 271.
raccord té d'égout 271.
raccord union 269.
raccordement du flexible 649.
raccords 269.
raccords mécaniques 269.
races de chats 132.
races de chiens 130.
rachis 115.
racine 78, 159.
racine antérieure 168.
racine carrée 529.
racine carrée de 703.
racine de l'hélix 173.
racine de l'ongle 172.
racine du nez 175.
racine motrice 167, 168.
racine pivotante 87.
racine postérieure 168.
racine principale 77.
racine secondaire 77.
racine sensitive 167, 168.
racine traçante 87.
racines adventives 76.
raclette 211.
raclette-gril 239.
racloir 892.
racquetball 818.
radar 40, 604, 605, 608, 609.
radar aéroporté 40.
radar d'appontage 761.
radar de contrôle aérien 761.
radar de détection 762.
radar de surveillance aérienne 761, 762.
radar de veille de surface 761, 762.
radar météorologique 54, 624.
radeau de sauvetage 611.
radiateur 259, 552, 561, 586.
radiateur à colonnes 259.
radiateur bain d'huile 260.
radiateur rayonnant 260.
radiateur soufflant 260.
radiateurs 21.
radicelle 77, 87.
radicule 77.
radier 595, 597.
radio 504, 771, 898.
radio portable 503.
radio-réveil 503.
radioactivité, mesure 702.
radiocassette laser 504.
radiomètre 60.
radiomètre imageur 60.
radiomètre sondeur 60.
radiosonde 59.
radiotélescope 16.
radis 189.
radis noir 189.
radis oriental 189.
radium 682.
radius 111, 116, 121, 122, 126, 131, 136, 138, 140, 141, 142, 152, 154, 156.
radôme 760.
radon 684.
radula 104.
raffinerie 654, 709.
raffinerie, produits 656.
raglan 355.
raie 218.
raie des fesses 147, 149.
raie sourcilière 115.
raifort 189.
rail 284, 456, 591.
rail circulaire 16.
rail d'éclairage 287.
rail de glissement 555, 835.
rail de guidage 16, 399, 571.
rail de lancement de missile 760.
rail de raccord 590.
rail et retour de courant 595.
rail guide-film 476.
rail, profil 591.
rail-guide de contrepoids 417.
rail-guide de la cabine 417.
rails de travelling 428.
rainette 111.
rainure 229, 453, 456, 750, 868, 888.
rainure du guide à onglet 305.
rainure du guide de refend 305.
raisin 86, 192.
raisin, coupe 83.
ralenti 495.
rallonge 278, 289.
rallonge du plateau 305.
ramasseur 642, 820.
ramasseuse-presse 642.
rambarde 894.
ramboutan 197.
rame 851.
rame de métro 592, 594.
rameau 77, 86, 87, 89.
rameau communicant 168.
ramequin 226.
rameur 851.
ramille 87.
rampant 403.
rampe 250, 251, 255, 403, 407, 431, 647.
rampe d'accès 540, 608.
rampe d'accès pour fauteuils roulants 394.
rampe d'éclairage 287.
rampe de quai 596.
rampe de signalisation 766, 771.
rampe, bicross 871.
rampe, planche à roulettes 894.
ramure 87.
rang 384.
rangée 431.
rangement 584.
rangement pour les gants 780.
Ranvier, nœud 168.
râpe 230, 309, 401.
râpe à fromage cylindrique 230.
râpe à muscade 230.
rapière 751.
rappel de mémoire 479, 529.
rapporteur d'angle 701.
raquette algonquine 893.
raquette de badminton 816.
raquette de racquetball 818.
raquette de squash 819.
raquette de tennis 822.
raquette de tennis de table 815.
raquette elliptique 893.
raquettes 893.
ras-de-cou 354, 359, 374.
ras-el-hanout 199.
rasage 383.
rasette 444.
rasoir à double tranchant 383.
rasoir à manche 383.
rasoir effileur 381.
rasoir électrique 383.
rasoir jetable 383.
rat 123.
rat de cave 422.
rat, morphologie 122.
rat, squelette 122.
rate 109, 110, 113, 125, 161.
râteau 327, 423, 642, 863.
ratissoire 326.
raton laveur 134.
ravier 226.
ravioli 206.
ravitaillement en vol 760.
ravitailleur 760, 873.
rayon 103, 391, 579, 704.
rayon de miel 100.
rayon de miel, coupe 100.
rayon épineux 108.
rayon lumineux 691.
rayon médullaire 87.
rayon mou 108.
rayon solaire réfléchi 674.
rayonnement 681.
rayonnement artificiel 41.
rayonnement du ciel, mesure 58.
rayonnement infrarouge 68, 690.
rayonnement naturel 41.
rayonnement solaire 67, 68, 672, 673, 674, 675.
rayonnement solaire absorbé 68.
rayonnement solaire réfléchi 68.
rayonnement ultraviolet 690.
rayons gamma 690.
rayons X 690.
ré 434.
réacteur 665, 666, 669, 763.
réacteur à eau bouillante 671.
réacteur à eau lourde 670.
réacteur à eau sous pression 671.
réacteur au gaz carbonique 670.
réacteur nucléaire 667.
réaction en chaîne 681.
réaction réversible 684.
réalisateur 429, 489, 490.
rebobinage 476, 495, 499, 504, 508.
rebord 290.
rebord de cuve 292.
rebras 346.
récamier 276.
réceptacle 75, 80, 83.
réceptacle à déchets 573.
réceptacle de brosses 384.
réceptacle pour les pièces refusées 920.
réceptacle séminal 97, 103.
récepteur 16, 506.
récepteur de son 776.
récepteur sensoriel 168.
récepteurs du goût 176.
réception 509, 724.
réception des données 41.
réception des messages 508.
réception directe 486.
réception du fret 621.
recette 650.
receveur 794, 795, 796, 817, 819, 820.
receveur éloigné 807.
recharge 470.
recharge amont 660.
recharge aval 660.
réchaud 234.
réchaud à deux feux 903.
réchaud à un feu 903.
réchauffement global 68.
réchauffeur 668.
recherche 525.
recherche des canaux 495.
Récif de la Grande Barrière 29.
récipient 59, 236.
récipient collecteur 59.
reconcentration de l'oxyde de deutérium 669.
recourbe-cils 378.
rectangle 705.
rectangle des instructeurs 794.
rectangulaire 904.
rectrice 115.
rectum 97, 99, 113, 116, 125, 164, 169, 170.
récupération 812.
recyclage 71.
redingote 355.
réduction mâle-femelle 269.
réduction mâle-femelle hexagonale 269.
réduction/agrandissement 512.
réfectoire 727.
réflecteur 316, 482, 493, 571.
réflecteur parabolique 16, 489.
réflecteur parabolique orientable 16.
réflecteur radar 615.
réflecteur secondaire 16.
réflecteurs solaires 486.
réflexion 41.
Réforme 736.
réformeur catalytique 656.
refouloir 752.
réfrigérateur 224, 291, 720, 722.
réfrigérateurs 720.
refroidissement 656.
refroidissement de la vapeur par l'eau 665.
refroidisseur d'air 564.
refroidisseur de la salle des générateurs de vapeur 669.
regard 259.
regard de visite 712.
régie 431, 488.
régie de production 489, 490, 491.
régie du son 489, 490.
régie image 489.
régie image/éclairage 490.
régie technique 718.
régie, radio 488.
régies, télévision 490.
région auriculaire 115.
région malaire 115.
région négative 672.
région positive 672.
régions de balisage 616.
registre coulissant 445.
registre de comptabilité 535.
registre de réglage 258.
registre des aigus 432.
registre des basses 432.
réglage 782.
réglage de centrage 518.
réglage de hausse 692.
réglage de l'afficheur 506.
réglage de l'angle 309.
réglage de l'écran de l'ordinateur 20.
réglage de la balance 441.
réglage de la hauteur 826, 851.
réglage de la luminosité 518.
réglage de la pression 384.
réglage de la pression d'oxygène 20.
réglage de la résistance 851.
réglage de la température 261.
réglage de la tension 910.
réglage de la tonalité 441.
réglage de la vitesse d'obturation 479.
réglage de largeur de point 452.
réglage de niveau d'enregistrement 499.
réglage de pression 452.
réglage de profondeur 308.
réglage de tempo 451.
réglage des températures 288.
réglage du contraste 518.
réglage du diaphragme 693.
réglage du four 290.
réglage du pas 700.
réglage du pointeau du fluide 320.
réglage du seuil d'alarme 613.
réglage du volume 441, 451, 495, 497, 503, 504, 505, 513.
réglage du volume des communications 20.
réglage en hauteur 483, 485.
réglage en hauteur du condenseur 693.
réglage horizontal 518.
réglage latéral 692.
réglage micrométrique (azimut) 14, 15.
réglage micrométrique (latitude) 14, 15.
réglage sur demi-teinte 479.
réglage sur haute lumière 479.
réglage sur ombre 479.
réglage vertical 518.
Règle 10.
règle 399, 424, 700.
règle d'équerrage 424.
règle de couture 454.
règle du guide de refend 305.
règle graduée 700, 905.
règle-point 452.
réglette 461.
règne animal 92.
règne végétal 74.
régulateur 267.
régulateur de carburant 627.
régulateur de pression 234, 319, 903.
régulateur de vitesse 333, 417, 556.
rehausseur 281.
rein 104, 105, 106, 109, 110, 112, 116, 125, 161.
rein droit 165.
rein gauche 165.
reine 99.
reine, abeille 99.
reins 124, 147, 149.
rejet 87.
rejet d'oxygène 78.
rejets industriels 69, 70.
relais d'accessoires 627.
relevé de transaction 731.
relève-bras 500.
relèvement de la lame 305.
releveur de fil 452.
relief lunaire 7.
religion 736.
religions, chronologie 736.
reliure à anneaux plastiques 533.
reliure à glissière 532.
reliure à pince 532.
reliure à ressort 532.
reliure à vis 532.
reliure d'art 424.
reliure spirale 533.
rembourrage 899.
rémige primaire 115.
rémige secondaire 115.
rémige tertiaire 115.
remise 244, 322.
remise à zéro 512.
remontoir 436, 696, 697.
remorque 570, 594, 641, 642, 840.
remorque à bagages 623.
remorqueur 606.
rempart 7, 408, 409.
remplage 411.
remplissage 655.
renard 134.
rêne 856.

rêne de bride 854.
rêne de filet 854.
renfort de culasse 753.
renfort de nuque 874.
renfort de pointe 880.
réniforme 79.
renne 128.
renseignements 725, 886.
rentré 455.
renversé 828.
renvoi 262, 271.
renvoi d'eau 485.
repassage 347.
repasser à basse température 347.
repasser à haute température 347.
repasser à moyenne température 347.
repère de distance 856.
repère de ligne de marche 907.
repère de niveau d'eau 288.
repère de touche 440, 441.
repère de virage de dos 831.
répertoire 524.
répertoire téléphonique 506, 531.
répéteur 487.
repli 336.
répondeur téléphonique 508.
report de lecture 479.
repose-bras 500.
repose-main 516.
repose-pied 783.
repose-pied du passager 575, 576.
repose-pied du pilote 575, 576.
repose-pieds 281, 871.
repose-poignets détachable 514.
repositionnement 528.
repousse-chair 377.
reprise 519.
reprise d'air 258.
reprise vidéo 789.
reproduction de clés 715.
reprographie 730.
reptation 47.
reptiles 112.
République arabe syrienne 746.
République centrafricaine 745.
République de Corée 747.
République de Moldova 744.
République démocratique du Congo 745.
République démocratique populaire lao 747.
République dominicaine 743.
République populaire démocratique de Corée 747.
République tchèque 744.
République-Unie de Tanzanie 745.
répulsion 687.
requin, morphologie 108.
réseau d'oléoducs 654.
réseau de transport d'électricité 674.
réseau en anneau 522.
réseau en bus 522.
réseau en étoile 522.
réseau étendu 523.
réseau informatique 523.
réseau national 486.
réseau nerveux 159.
réseau privé 486.
réseau public postal 474.
réseau téléphonique 487.
réseaux, exemples 522.
réserve 394.
réserve d'eau 384.
réserve de papier 512.
réserves alimentaires 724.
réservoir 23, 241, 261, 263, 320, 391, 445, 485, 657, 658, 660, 661, 767, 903.
réservoir à carburant 570, 586, 631, 758, 760.
réservoir à essence 553, 563, 574, 577.
réservoir à grain 643.
réservoir à toit fixe 655.
réservoir à toit flottant 655.
réservoir auxiliaire 571.
réservoir d'air comprimé 586.
réservoir d'air comprimé 873.
réservoir d'alcool 695.
réservoir d'arrosage 665, 669.
réservoir d'azote liquide 694.
réservoir d'eau 261.
réservoir d'eau 241.
réservoir d'essence 331.
réservoir d'huile 331.
réservoir d'hydrogène liquide 24, 25.
réservoir d'oxygène liquide 24, 25.
réservoir de brut 656.
réservoir de carburant de chauffage 563.
réservoir de chasse d'eau 264.
réservoir de kérosène 25.
réservoir de liquide de frein 559.
réservoir de mercure 695.
réservoir de propergol 18.
réservoir de sécurité 670.
réservoir de stockage 675.
réservoir externe 22.
réservoir magmatique 44, 646.
réservoir propane 567.
réservoir tampon 654.
réservoir ventral 631.
réservoirs 655.
résidente 780.
résidus non recyclables 71.
résistance électrique, mesure 702.
résistance hydraulique 851.
résistances 689.
résonateur 502.
responsable de la sécurité 837.
responsable du décompte des tours 883.
responsable du démarreur 873.
ressort 43, 249, 268, 286, 310, 470, 757, 823, 913.
ressort athlétique 850.
ressort compensateur de fil 453.
ressort d'échappement 443.
ressort de batterie 752.
ressort de rappel 559.
ressort de soupape 445, 566.
ressort de suspension 292, 586.
ressort de tension 557, 850.
ressort en spirale 285.
ressort hélicoïdal 553.
ressuscitateur 775.
restaurant 608, 710, 713, 714, 719, 720, 725.
restaurant libre-service 722.
restaurants-minute 715.
résurgence 47.
retable 737.
rétenteur 857.
Réticule 10.
réticule 692.
réticulum endoplasmique 74, 94.
rétine 177, 691.
retour 511, 515.
retour de chariot 528.
retour de courant 595.
retour de l'eau au générateur de vapeur 665.
retourné 828.
retrait 528.
rétroprojecteur 535.
rétroviseur 556, 569, 570, 574, 576, 577, 876.
rétroviseur extérieur 550, 568.
rétroviseur grand angle 568, 569.
réunion 703.
réverbère 712.
revers 342, 348, 350, 362.
revers à cran aigu 348.
revers cranté 352.
revêtement 252, 253, 655, 815.
revêtement de sécurité 20.
revêtement intérieur 561.
revêtement synthétique 822.
revêtement thermique 22.
revêtement, matériaux 299.
revêtements de sol textiles 254.
revitalisant capillaire 379.
revolver 754.
rez-de-chaussée 250.
Rhéa 5.
rhénium 683.
rhino-pharynx 175.
rhinocéros 129.
rhizoïde 75.
rhizome 76.
rhodium 683.
rhodyménie palmé 183.
rhubarbe 185.
rias 51.
ribosome 74, 94.
richelieu 342.
ricotta 210.
rideau 282, 492.
rideau ballon 283.
rideau bonne femme 282.
rideau brise-bise 282.
rideau coulissé 283.
rideau d'obturateur 476, 477.
rideau de fer 430.
rideau de scène 430, 431.
rideau de vitrage 282.
rideau flottant 283.
rideau séparateur 780.
rideaux croisés 283.
rideaux, exemples 283.
ridoir 835.
rifloir 401.
rigatoni 206.
rigole 864.
rillettes 216.
rimaye 46.
rinceau 276.
ring 842.
ris 212.
risberme 660.
rive 300, 664.
rive externe 127.
rive interne 127.
rivet 229, 310.
rivière 38, 48.
rivière souterraine 47.
riz 85, 203, 207.
riz : épi 85.
riz basmati 207.
riz blanc 207.
riz complet 207.
riz étuvé 207.
riz sauvage 203.
rizière 69.
robe 655.
robe à crinoline 337.
robe à paniers 337.
robe à tournure 337.
robe bain-de-soleil 356.
robe chemisier 356.
robe de maison 356.
robe enveloppe 356.
robe fourreau 356.
robe princesse 356.
robe taille basse 356.
robe tee-shirt 369.
robe trapèze 356.
robe tunique 356.
robe-manteau 356.
robe-polo 356.
Roberval, balance 698.
robes, exemples 356.
robinet 264, 268.
robinet d'acétylène 319.
robinet d'arrêt 265, 270, 271.
robinet d'arrêt général 262.
robinet d'oxygène 319.
robinet de réglage de débit 765.
robinet de vidange 266, 267, 655.
robinet flotteur à clapet 265.
robinet relais 903.
robinets 290.
robinets de carburant 626.
robot boulanger 239.
robot de cuisine 237.
roc 43.
rocaille 322.
roche mère 78.
rocher 900.
roches d'intrusion 42.
roches ignées 42.
roches métamorphiques 42.
roches sédimentaires 42.
rochet 307, 696, 697.
rognons 212.
Roi 914, 916.
romaine 186.
romano 211.
romarin 202.
rond pronateur 150.
rond-point 39.
ronde 435.
rondeau 464.
rondelle 268, 689, 888.
rondelle à denture extérieure 310.
rondelle à denture intérieure 310.
rondelle à ressort 310.
rondelle conique 265.
rondelle de fibre 269.
rondelle plate 310.
rondelles 310.
rondiste 374.
rongeur 122.
rongeur, mâchoire 123.
roquefort 211.
roquette 187.
rorqual 137.
ros 460.
rosace 440.
rose 80, 411.
rose des vents 37, 612.
rosée 65.
rosette 248, 405.
rossignol 118.
rôti 214, 215.
rôti de côtes 214.
rotini 206.
rotodôme 629.
rotonde 713.
rotor 249, 565, 659, 676.
rotor à griffes 688.
rotor anticouple 631.
rotule 122, 126, 131, 138, 152, 312.
roue 320, 323, 560, 570, 659, 753, 758, 783, 870, 874, 895.
roue à aubes 599.
roue à rayons 857.
roue arrière 333.
roue arrière pleine 871.
roue avant 333, 639, 640.
roue d'échappement 696, 697.
roue d'engrenage 307, 462.
roue d'entraînement 462.
roue de centre 696, 697.
roue de champ 696.
roue de jauge 333.
roue de poulie 284.
roue de pression 643.
roue de secours 567.
roue de sécurité 595.
roue de support 876.
roue de turbine 664.
roue dentée 460, 686, 876.
roue folle 636.
roue Francis 659.
roue Kaplan 659.
roue libre 580.
roue motrice 640, 697.
roue Pelton 659.
roue petite moyenne 696, 697.
roue pivotante 783.
roues 659.
roues motrices 639.
rouge 400, 690, 919.
rouge à lèvres 378.
rouge orangé 400.
rouge violet 400.
rouge-gorge 118.
Rouges 915.
rouget barbet 219.
rouleau 285, 320, 333, 380, 423, 920.
rouleau à pâtisserie 232.
rouleau à vernir 422.
rouleau conditionneur 642.
rouleau d'encrage 421.
rouleau de pellicule 481.
rouleau principal 460.
rouleaux de la Torah 738.
roulement à billes 677.
roulette 281, 289, 389, 422, 448, 454, 633, 894.
roulette américaine 919.
roulette de commande 527.
roulette de défilement 506, 516.
roulette de pâtissier 232.
roulette française 919.
roulis 630.
roumain 469.
Roumanie 744.
roupie 728.
roussette noire 141.
route 39, 539, 708.
route d'accès 618.
route secondaire 39.
route, coupe 538.
routeur 524.
routeurs 523.
Royaume-Uni de Grande-Bretagne et d'Irlande du Nord 743.
ruban 313, 453, 757, 823.
ruban adhésif 800.
ruban blanc 815, 817.
ruban correcteur 534.
ruban de bouclage 771.
ruban de caoutchouc 867.
ruban de Téflon 314.
ruban de tissu adhésif 777.
rubidium 682.
rubis 375, 696.
ruche 100, 182.
ruché 368.
rue 39, 711, 713.
rue commerçante 710.
rue, coupe 712.
ruelle 711.
Ruffini, corpuscule 172.
rugby 804.
rugbyman 805.
ruisseau 48.
ruissellement 67.
russe 469.
russule verdoyante 183.
rutabaga 189.
ruthénium 683.
rutherfordium 683.
Rwanda 745.
rythme des marques de nuit 617.

S

sable 660, 741, 813.
sablier 231.
sablière 586.
sablière double 252.
sabot 124, 127, 312, 571, 791, 800, 840.
sabot à 1 doigt 127.
sabot à 2 doigts 127.
sabot à 3 doigts 127.
sabot à 4 doigts 127.
sabot de protection 636.
sabot, face plantaire 127.
sabots, exemples 127.
sabre 751, 849.
sabreur 848.
sac 432.
sac à bandoulière 388.
sac à dos 901, 906.
sac à provisions 388.
sac accordéon 388.
sac besace 388.
sac boîte 388.
sac cartable 387.
sac de congélation 222.
sac de golf 869.
sac de sable 842.
sac de vol 388.
sac fourre-tout 388.
sac gonflable 556.
sac marin 388.
sac polochon 388.
sac pour accessoires 859.
sac seau 387.
sac-filet 222.
sachet 222.
sacoche 577, 580.
sacristie 737.
sacrum 138, 141, 152, 153, 157.
sacs à main 387.
sacs à provisions 181.
sacs de couchage, exemples 904.
safran 198, 606.
sagari 847.
Sagittaire 10.
saharienne 359.
saillant 409.
saindoux 209.
saint-bernard 131.
Saint-Kitts-et-Nevis 743.
Saint-Laurent 30.
Saint-Marin 744.
Saint-Pierre 736.
saint-pierre 221.
Saint-Vincent-et-les Grenadines 743.
Sainte-Lucie 743.
saisie des données 694.
saisons 917.
saisons, cycle 54.
salades 722.
saladier 226.
salamandre 111.
salami allemand 216.
salami de Gênes 216.
salchow 881.
salière 226.
salle 431.
salle à manger 250, 584, 608, 720, 723, 724, 763, 764.
salle commune 727.
salle d'anesthésie 780.
salle d'arts plastiques 734.
salle d'atelier 718.
salle d'attente 509, 768, 779.
salle d'attente des familles 778.
salle d'attente des visiteurs 726.
salle d'attente du centre de prélèvements 781.
salle d'attente principale 781.
salle d'attente secondaire 781.
salle d'embarquement 621.
salle d'entreposage 720, 722.
salle d'examen 781.
salle d'examen audiométrique 781.
salle d'examen et de soins 779.
salle d'examen gynécologique 779.
salle d'exposition 719.
salle d'habillage 428.
salle d'informatique 734.
salle d'interrogatoire 768.

salle d'opération 780, 781.
salle d'ophtalmologie et d'oto-rhino-laryngologie 779.
salle de bains 251, 264, 724, 780.
salle de bal 609.
salle de classe 727, 734, 735.
salle de classe pour élèves en difficultés d'apprentissage 734.
salle de commande 657, 669.
salle de conférences 509, 718, 730.
salle de contrôle 10.
salle de contrôle des machines 606.
salle de courrier 509.
salle de lecture 732.
salle de mise en détention 769.
salle de musique 734.
salle de plâtre 779.
salle de prélèvements 781.
salle de préparation chirurgicale 780.
salle de prière 738.
salle de projection 10, 395, 427.
salle de quilles 714.
salle de rangement du matériel médical 781.
salle de réanimation 778.
salle de réception 738.
salle de rédaction des rapports 768.
salle de référence 733.
salle de repos des infirmières 781.
salle de reprographie 509.
salle de réunion 394, 724, 730, 735, 764.
salle de réveil 780.
salle de sciences 734.
salle de séjour 250.
salle de soins 781.
salle de spectacle 430, 710.
salle de stérilisation 780, 781.
salle de stockage du combustible neuf 666.
salle de stockage du matériel souillé 778, 780.
salle de stockage du matériel stérile 778.
salle de tir 769.
salle de triage 779.
salle de visionnement 733.
salle des cartes 604.
salle des congrès 718.
salle des enseignants 735.
salle des gradateurs 490.
salle des jurés 728.
salle des machines 608, 657, 658.
salle des microfilms 732.
salle des ordinateurs 763.
salle des pas perdus 582.
salle des périodiques 733.
salle du treuil 649.
salle polyvalente 490, 727.
salles d'entrevue 728.
salles d'expositions permanentes 395.
salles d'expositions temporaires 395.
salles de réunion 718.
salomé 343.
salon 250, 608.
salon d'attente 724.
salon d'honneur 718.
salon de coiffure 714.
salon des employés 731.
salon du personnel 768, 779.
salopette 358.
salopette à bretelles croisées 369.
salopette à dos montant 368.
salsifis 189.
samarium 684.
sambal oelek 201.
Samoa 747.
samoan 469.
sandale 343, 748.
sandalette 344.
Sandow® 902, 903.
sandre 220.
sang désoxygéné 162.
sang oxygéné 162.
sang, composition 162.
sangle 555, 765, 821, 824, 851, 855, 856, 869, 899, 900.
sangle d'amortissement 772.
sangle de brancard 857.
sangle de compression 906.
sangle de fermeture 906.
sangle de nuque 772.
sangle élastique 389.
sangle serre-vêtements 389.
sangle sous-cutale 611.
sangle sous-ventrière 855, 857.
sanglier 128.
sanglon 855.
sanguine 423.
santé 775.
São Tomé-et-Principe 745.
sapeur-pompier 765.
saphir 375.
sapin 89.
sapotille 197.
sarcloir 326.
sardine 219.
sarment 86.
sarrasin 85, 203.
sarrasin : grappe 85.
sarriette 202.
sas 416, 597.
sas d'accès arrière 763.
sas du bâtiment du réacteur 668.
sas du laboratoire 23.
sas pour équipement 666.
sas pressurisé 543.
sash 846.
satellite 24, 486.
satellite à défilement 60.
satellite artificiel 53.
satellite de télécommunications 525.
satellite géostationnaire 60.
satellite météorologique 54.
satellite Radarsat 40.
satellites 4.
satellites de télécommunications 486.
satellites météorologiques 60.
satin 463.
Saturn V 24.
Saturne 4, 5.
sauce aux prunes 201.
sauce hoisin 200.
sauce soja 200.
sauce Tabasco® 200.
sauce Worcestershire 200.
saucière 226.
saucisse de Francfort 216.
saucisse de Toulouse 216.
saucisson kielbasa 216.
sauge 202.
saule pleureur 88.
saumon d'aile 898.
saumon de l'Atlantique 221.
saumon du Pacifique 221.
saupoudreuse 232.
saut à la perche 790, 792.
saut à ski 891.
saut d'obstacle 852.
saut en hauteur 791, 792.
saut en longueur 790, 793.
saut périlleux avant avec tire-bouchon 829.
sauterelle 646, 647.
sauteur 891, 896.
sauteuse 235.
sautoir 374.
sautoir, longueur opéra 374.
sauts 792.
sauts multiples 875.
sauts, exemples 881.
savane 61, 66.
savon de toilette 379.
saxhorn 447.
saxophone 446.
scandium 683.
scanneur 517.
scanneur à hyperfréquences 60.
scanneur de radiations terrestres 60.
scaphandre spatial 20.
scaphoïde 154, 155, 156.
scapulaire 115.
scarole 186.
scellement, matériau 689.
scène 402, 430, 431.
schéma de la circulation 161.
schéma du principe du tissage 463.
schisme d'Orient 736.
schnauzer 130.
Schwann, gaine 168.
scie à chantourner 303.
scie à grecquer 424.
scie à guichet 303.
scie à métaux 303, 314.
scie à onglet électrique 304.
scie à onglet manuelle 303.
scie circulaire 304.
scie d'élagage 330.
scie de camping 907.
scie égoïne 303.
scie sauteuse 305.
scion 909.
scissure oblique 163.
sclérotique 177.
scooter 577.
scooter de mer 876.
score 789.
score doublé 918.
score triplé 918.
Scorpion 10.
scorpion 102.
scorsonère 189.
scotie 404, 405.
scripte 429.
scrotum 146, 169.
sculpture 395, 401, 640.
sculpture sur bois 401.
sculpture sur bois, étapes 401.
sculptures 560, 561.
seaborgium 683.
seau 295.
seau isotherme 240.
sébaste 221.
sébile de remboursement 507.
sécateur 330.
séchage 347.
sèche-cheveux 382.
sèche-linge électrique 293.
sécher à plat 347.
sécher par culbutage à basse température 347.
sécher par culbutage à moyenne température 347.
séchoir à tuyaux 764.
séchoir d'épreuves 485.
second arbitre 812, 813.
second assistant cadreur 428.
second renfort 753.
seconde 434, 702, 704, 849.
secondeur extérieur droit 806.
secondeur extérieur gauche 806.
secondeur intérieur 806.
seconds violons 437.
secrétaire 279, 814.
secrétaire de direction 509.
secrétaire du président 509.
secrétaires 827.
secrétariat 731, 735.
secteur 704.
secteur des civières 778.
secteur maintenance 489.
section articulée 569.
section de conduit 257.
section de l'identité 768.
section des monographies 732.
section raffinerie 652.
section tubulaire 652.
sécurité 764.
segment 559, 566.
segment abdominal 97.
segment de loin 385.
segment de près 385.
seiche 217.
seigle 85, 203.
seigle : épi 85.
sein 146, 148, 171.
séisme 43.
seizième de soupir 435.
séjour 902.
sel 847.
sel fin 201.
sel marin 201.
sélecteur 261.
sélecteur d'entrée 497.
sélecteur d'inclinaison de la lame 305.
sélecteur de bandes 499.
sélecteur de canaux 505.
sélecteur de contrôle audio 491.
sélecteur de contrôle vidéo 491.
sélecteur de coupe 383.
sélecteur de fonctions 476.
sélecteur de hauteur 289.
sélecteur de micro 441.
sélecteur de mise au point 496.
sélecteur de mode sonore 497.
sélecteur de niveau d'eau 292.
sélecteur de points 452.
sélecteur de programme 450.
sélecteur de régime 332.
sélecteur de rythme 451.
sélecteur de stations 498, 503, 504.
sélecteur de température 238, 292, 293, 382.
sélecteur de vitesse 236, 237, 305, 382, 500.
sélecteur de vitesse de rotation 306.
sélecteur de vitesses 575, 576, 577.
sélecteur de voix 451.
sélecteur quadridirectionnel 477.
sélecteur télé/vidéo 495.
sélecteur vidéo auxiliaire 491.
sélecteurs de fonctions 506.
sélecteurs de mode 504.
sélection des canaux 495.
sélénium 682.
selle 577, 578, 826, 851, 853, 855, 856, 858, 876.
selle biplace 575.
selle conducteur 577.
selle de rail 590.
selle passager 577.
sellette 401, 857, 897.
sellette d'attelage 570.
sémaphore 583.
semelle 252, 253, 288, 304, 305, 309, 345, 351, 840, 868, 881, 888, 889.
semelle antidérapante 369.
semelle d'usure 342, 371.
semelle de chargeur 754.
semelle du battant 460.
semelle intercalaire 370.
semelle pivotante 312.
semence 301.
semi-lunaire 154, 156.
semi-métaux (métalloïdes) 682.
semi-rectangulaire 904.
semi-remorque 570, 571.
semi-remorque à copeaux 572.
semi-remorque à grumes 572.
semi-remorque benne 572.
semi-remorque bétaillère surbaissée 572.
semi-remorque citerne 572.
semi-remorque fourgon 572.
semi-remorque frigorifique 572.
semi-remorque plateau 571.
semi-remorque porte-conteneur 572.
semi-remorque porte-engins surbaissée 572.
semi-remorque porte-véhicules 572.
semoir à main 324.
semoir en lignes 643.
semoule 204.
Sénégal 34, 745.
senestre 740.
sens de déplacement des électrons 687, 689.
sensibilité du film 476, 479.
sep 641.
sépale 80, 82, 83.
séparateur 562, 606, 646, 668, 689.
séparateur d'eau 648.
séparateur de gaz 652.
séparateur électrolytique 689.
séparateur liquide/gaz 562.
séparation magnétique 71.
séparation papier/carton 71.
séparation-classeur 386.
septième 434.
septime 849.
septum interventriculaire 162.
septum lucidum 167.
séquence 914.
séquence de manipulation du combustible 666.
séquenceur 450.
sérac 46.
serbo-croate 469.
serfouette 326.
sergé 463.
seringue 776.
seringue pour lavage de cavités 776.
serpe 330.
Serpent 11, 13.
serpent 112.
serpent à sonnette 114.
serpent corail 114.
serpent venimeux : tête, squelette 112.
serpent venimeux, anatomie 112.
serpent venimeux, morphologie 112.
serpentin 290, 899.
serpentin de l'évaporateur 261.
serpentin du condenseur 261.
serpette 330.
serre 117, 182.
serré 472.
serre-joint 303, 312, 462.
serre-joint à tuyau 312.
serre-livres 535.
serre-poignet 822.
serre-tête 502, 504, 772, 773.
serre-tête antibruit 772.
serrure 247, 248, 278, 291, 387, 389, 554.
serrure à clé 386.
serrure à combinaison 386.
serrure à mortaiser 249.
serrure de porte 551.
serrure tubulaire 248.
sertissage 912.
sertissure 376.
serveur 522, 523, 524, 525, 721, 816, 819, 821.
serveur d'accès 525.
serveur de fichiers 523.
service 812, 820.
service à fondue 234.
service à la clientèle 731.
service d'entretien 548.
service de colis 582.
service de sécurité 719.
services d'assurance 730.
services de crédit 730.
services financiers 730.
services sociaux 781.
services techniques 732.
serviette 386.
serviette de toilette 379.
serviettes 722.
servofrein 552, 559.
servomoteur 759.
seuil 247.
seuil de déversoir 657.
Sextant 11.
sextant 612.
sextuor 438.
Seychelles 746.
shampooing 379.
shekel 728.
shiitake 183.
shinai 847.
shintoïsme 736.
short 358, 369, 791, 801, 802, 805, 810.
short boxeur 371.
short de boxe 842.
si 434.
siamois 133.
siège 265, 268, 276, 277, 281, 333, 464, 555, 783, 839, 855, 857, 885, 898.
siège coulissant 838, 851.
siège de l'ambulancier 775.
siège de sécurité pour enfant 558.
siège de vélo pour enfant 580.
siège double 594.
siège du barreur 838.
siège du commandant 626.
siège du copilote 626.
siège du rabbin 738.
siège éjectable 760.
siège réglable 584.
siège simple 594.
siège-baquet : vue de face 555.
siège-baquet : vue de profil 555.
sièges 277.
Sierra Leone 745.
sifflet 240.
signal de position d'aiguille 590.
signal lumineux 436.
signal sonore 436.
signalisation lumineuse 545, 547.
signalisation maritime 614.
signalisation routière 544.
signature du titulaire 729.
signature officielle 729.
signes de ponctuation 473.
signes diacritiques 473.
silencieux 649.
silex 752.
silicium 682.
silique, coupe 84.
sill 44.
sillet 439, 440, 441.
sillon 176.
sillon antérieur 173.
sillon concentrique 500.
sillon de départ 500.
sillon de sortie 500.
sillon médian 176.
sillon naso-labial 175.
sillon terminal 176.
silo de chargement 648.
silo-couloir 182.
silo-tour 182.
silos 596.
Silurien 92.
simulateur d'escalier 851.
Singapour 747.
sinople 741.
sinus 336.
sinus frontal 175.
sinus latéral inférieur 86.
sinus latéral supérieur 86.
sinus pétiolaire 86.
sinus sphénoïdal 175.
siphon 262, 265, 269, 270.
sirop antitussif 783.
sirop d'érable 209.

sirop de maïs 209.
sismogramme 43.
sismographe horizontal 43.
sismographe vertical 43.
sismographes 43.
sistre 449.
site d'enfouissement 69.
site de saut 890.
sixain 919.
sixte 434, 849.
skeleton 885.
ski 876, 888.
ski acrobatique 890.
ski alpin 888.
ski de descente/super-G 888.
ski de figure 840.
ski de fond 892.
ski de grand slalom 888.
ski de saut 891.
ski de slalom 840, 888.
ski de vitesse 891.
ski nautique 840.
skieur alpin 888.
skieur de fond 892.
skieur de vitesse 891.
skiff 839.
skimmer 246.
skip 650.
skis de saut 840.
skis de tourisme 840.
skis, exemples 840, 888.
slalom géant 889.
slalom spécial 889.
slip 367.
slip de bain 371.
slip ouvert 351.
slovaque 469.
Slovaquie 744.
slovène 469.
Slovénie 744.
smash 813, 821.
smilodon 93.
smog 69.
snooker 863.
soc 641.
société 708.
socle 43, 58, 236, 239, 240, 256, 273, 286, 307, 425, 500, 516, 517, 676, 685, 697, 698.
socle fixe 312.
socle rembourré 811.
socle-chargeur 288.
socque 344.
socquette 365.
sodium 682.
softball 797.
soie 227, 229, 309, 315, 383, 909.
soies 320.
soigneur 811, 842.
soins de la pelouse 332.
soins du corps 379.
soja, germes 191.
soja, graine 191.
sol 70, 434, 661.
sol naturel 538.
solarium 607.
sole 127, 221.
soléaire 150.
Soleil 4, 6, 7, 54.
Soleil, éclipse 6.
Soleil, structure 6.
soleret 749.
solide 680, 681.
solide amorphe 680.
solidification 680.
solin 257.
solive 254.
solive de plafond 252.
solive de plancher 252, 253.
solive de rive 252, 253.
solstice d'été 54.
solstice d'hiver 54.
solution multifonctions 384.
Somalie 745.
sommaire 471.
sommation 703.
sommelier 720.
sommet 45, 886.
sommier 413, 442, 445.
sommier tapissier 280.
sonar 41.
sonar de coque 762.
sondage en altitude 59.
sonde 613.
sonde spatiale 18, 53.
sonde thermique 238.
sondes spatiales, exemples 19.
sondeur à éclats 613.
sonnerie de passage à niveau 591.
sonnette 112.
sorbetière 240.
sore 76.
sorgho 85.
sorgho : panicule 85.
sortie 100, 539.
sortie d'air chaud 256, 258, 564.
sortie d'eau chaude 259.
sortie de l'eau de refroidissement du condenseur 669.
sortie de la vapeur 670, 671.
sortie de la vapeur des séparateurs 668.
sortie de piste 621.
sortie de piste à grande vitesse 618.
sortie des billets 730.
sortie des originaux 508.
sortie des tickets 548.
sortie du caloporteur 672.
sortie du reflux du condenseur 669.
sortie S-Video 526.
soubassement 278, 412.
souche 87.
soudage : outils 318.
soudage à l'arc 318.
soudage oxyacétylénique 319.
Soudan 745.
soudure 318.
soufflante 627, 670.
soufflerie 445.
soufflet 386, 388, 432, 445, 485.
souffleuse 642.
souffleuse de fourrage 643.
soufre 683.
soulier à la poulaine 339.
soulier à talon 339.
soupape 234, 445, 649.
soupape à air 320.
soupape à pression et dépression 655.
soupape d'admission 564, 566, 899.
soupape d'arrivée d'air 398.
soupape d'échappement 564, 566.
soupape d'évacuation 447, 777.
soupape de gonflage 841.
soupape de purge 841.
soupape de réglage du fluide 320.
soupape de sûreté 259, 266, 267, 665.
soupape expiratoire 773.
soupape inspiratoire 773.
soupe 722.
soupière 226.
soupir 435.
source 48.
source alimentaire fondamentale 67.
source d'énergie 41.
source de courant 687.
sourcils 132.
sourdine 447.
souris à roulette 516.
souris mécanique 516.
souris optique 516.
souris sans fil 516.
sous-couche 254.
sous-épineux 151.
sous-fondation 538.
sous-gorge 854.
sous-main 511.
sous-marin nucléaire 763.
sous-pied 358.
sous-plancher 252, 253, 254.
sous-sol 78, 250, 407, 713.
sous-titre 471.
sous-ventrière 853.
sous-vêtement 872.
sous-vêtements 351, 366.
sous-vêtements d'hommes 716.
soustraction 529, 703.
soustraction en mémoire 529.
soute 22.
soute à bagages 568, 605, 631.
soute à eau 586.
soute d'équipement technique 489.
soute des bobines de câbles 489.
soutien informatique 509.
soutien-gorge 367.
soutien-gorge balconnet 367.
soutien-gorge corbeille 367.
sœur 785.
spadice 81.
spaghetti 206.
spaghettini 206.
spatule 233, 397, 421, 840, 887, 888, 892.
spatulée 79.
spécifications techniques 560.
spectre électromagnétique 690.
spectromètre 694.
spectromètre à ultraviolet 60.
spencer 358.
spermathèque 104.
spermatozoïde 169.
spermiducte 104.
sphaigne squarreuse 75.
sphénoïde 158.
sphère 705.
sphère céleste 13.
sphère d'hélium 25.
sphère de verre 58.
sphère terrestre 13.
sphincter anal 164.
spicule 6.
spiral 696.
spirale 103, 302, 484.
spirale centrale 103.
spiruline 183.
splénius de la tête 151.
spores 76.
sports 788.
sports à roulettes 894.
sports aériens 896.
sports aquatiques 827.
sports d'hiver 877.
sports de balle 794.
sports de ballon 794.
sports de combat 842.
sports de force 850.
sports de montagne 900.
sports de précision 859.
sports de raquette 815.
sports équestres 852.
sports gymniques 823.
sports motorisés 872.
sports nautiques 827.
spot 287.
spot à pince 286.
squash 819.
squelette 152.
squelette de l'oiseau 116.
squelette de la chauve-souris 141.
squelette de la grenouille 111.
squelette de la taupe 121.
squelette du cheval 126.
squelette du chien 131.
squelette du dauphin 136.
squelette du gorille 138.
squelette du kangourou 142.
squelette du rat 122.
squelette du serpent venimeux : tête 112.
Sri Lanka 747.
stabilisateur 625, 631, 634, 638, 760, 766, 859, 876, 898.
stabilisateur à triple plan vertical 629.
stabilisateur de roulis 608.
stabilo 896, 897.
stade 709, 788, 790.
stade de baseball 788.
stade nautique 788.
stalactite 47.
stalagmite 47.
stalle de départ 856.
stand d'exposition 719.
stand de tir 788.
stand de tir à l'arc 788.
stands 872, 874.
Stardust 19.
statif 685.
station d'accueil 527.
station de métro 592, 710.
station de pompage 654.
station de pompage intermédiaire 654.
station de pompage principale 654.
station de ski 886.
station locale 486.
station météorologique 58.
station météorologique d'aéronef 54.
station météorologique océanique 54.
station météorologique sur bouée 54.
station météorologique, disposition des informations 55.
station spatiale internationale 21.
station terrestre 54.
station terrestre de télécommunications 525.
station-relais 486.
station-relais à micro-ondes 524.
station-service 548, 711.
stationata 852.
stationnement 713, 866.
stator 249, 659.
stators extérieurs 627.
stators intérieurs 627.
statue 737.
steeple 790.
steppe 61.
sterne 118.
sterno-cléido-mastoïdien 150.
sternum 111, 116, 121, 122, 126, 131, 141, 142, 152.
stéthoscope 776.
stigmate 80, 84, 96, 97.
stilton 211.
stimulateur de gencives 384.
stipule 79.
stockage des missiles 762.
stockage numérique 481.
stola 336.
stop 130.
stoppeur 803.
store à enroulement automatique 285, 558.
store à enroulement manuel 285.
store bateau 285.
store vénitien 285.
stores 285.
strato-cumulus 56, 62.
stratopause 53.
stratosphère 53.
stratus 56, 62.
stroboscope 611.
stromatolite 92.
strontium 682.
structure 249, 538.
structure anti-tonneau 873.
structure artificielle d'escalade 900.
structure d'un arbre 87.
structure d'un champignon 76.
structure d'un lichen 74.
structure d'un missile 759.
structure d'un os long 154.
structure d'une algue 75.
structure d'une feuille 79.
structure d'une fleur 80.
structure d'une fougère 76.
structure d'une maison 250.
structure d'une mousse 75.
structure d'une plante 77.
structure de l'oreille 174.
structure de la biosphère 66.
structure de la moelle épinière 167.
structure de la Terre 42.
structure de lancement multiple 24.
structure du Soleil 6.
structure du support 40.
structure du tissu 455.
structure en treillis 21.
structure métallique 582.
structure tubulaire 615.
studio 488.
studio, radio 488.
style 80, 81, 82, 83, 84, 696.
styles d'architecture 404.
stylet 470, 517, 527, 751.
stylo-bille 470.
stylo-plume 470.
stylobate 403, 404.
subarctique 61.
subduction 43.
sublimation 680.
substance blanche 167, 168.
substance corticale 165.
substance grise 167, 168.
substance médullaire 165.
substratum imperméable 646.
subtropical humide 61.
suceur à tapis et planchers 289.
suceur plat 289.
suceur triangulaire à tissus 289.
sucre 209.
sucre candi 209.
sucre glace 209.
sucre granulé 209.
sucrier 226.
Sud 37.
sud 616, 917.
Sud Est 37.
Sud Ouest 37.
Sud Sud-Est 37.
Sud Sud-Ouest 37.
sud-est 616.
sud-ouest 616.
Suède 744.
suédois 469.
Suisse 744.
suiveur stellaire 18.
sulky 857.
sumac 199.
sumo 847.
sumotori 847.
sunnisme 736.
super-géant 889.
supergéante 8.
supermarché 180, 711, 715.
supernova 8.
superposition d'originaux 512.
superstructure 615.
supplément en couleurs 471.
supplément littéraire 471.
support 59, 234, 274, 284, 285, 381, 448, 461, 483, 632, 815.
support à bagages 876.
support à tuyau 764.
support ajustable 511.
support d'entrave 857.
support d'extrémité 284.
support de fixation 15, 284, 286.
support de lisse 591.
support de main 433.
support de panneau 811.
support de plafond 284.
support de plaquette 385.
support de pouce 446.
support de sphère 58.
support de tension 457.
support du filament 274.
support du rouleau 460.
support mural 284.
support pour bouteille d'oxygène 775.
support-papier 528.
supports 400.
suppression 515.
surbaissé 413.
surcot 337.
surf 840.
surf acrobatique 887.
surf alpin 887.
surf des neiges 887.
surface absorbante 675.
surface centrale de lutte 843.
surface d'affichage 535.
surface de but 802, 814.
surface de coin 803.
surface de combat 844, 845.
surface de cuisson 239, 290.
surface de frappe 797.
surface de jeu 815, 864.
surface de l'eau 615, 828.
surface de la glace 877.
surface de la peau 172.
surface de protection 843.
surface de réparation 802.
surface de résine 501.
surface de sécurité 844.
surface dure (ciment) 822.
surface encrée 420.
surface gravée 500.
surface mouillée 420.
surface pressée 501.
surface réfléchissante 674.
surface verticale 894.
surfaces 704.
surfaces de jeu 822.
surfeur 840, 887.
surfusion 680.
surhaussé 413.
surimpression 476.
Suriname 742.
surliure 908.
suroît 341.
surpiqûre 342, 350, 368, 370.
surtitre 471.
survêtement 370.
suspendre pour sécher 347.
suspendre pour sécher sans essorer 347.
suspension 286, 594.
suspension arrière 870.
suspente 540.
suspentes 896, 897.
suspentes de nacelle 899.
suture 84.
suture coronale 158.
suture lambdoïde 158.
suture squameuse 158.
swahili 468.
Swaziland 746.
symbole 682, 920.
symboles d'entretien des tissus 347.
symboles d'usage courant 725.
symboles de chimie 684.
symboles de sécurité 774.
symboles divers 473.
symboles météorologiques internationaux 56.
symboles scientifiques usuels 702.
symboles, cartes 914.
symboles, protection 774.
symphyse pubienne 169, 170.
synagogue 738.
synapse 168.
synsacrum 116.
synthèse additive 690.

synthèse des couleurs 690.
synthèse soustractive 690.
synthétiseur 450.
syntoniseur 498.
système à deux poulies 686.
système audio 556.
système d'alimentation en essence 553.
système d'échappement 553.
système de balisage maritime 616.
système de chronométrage électronique 883.
système de climatisation 68, 489.
système de contrôle de la barre de signalisation 771.
système de direction 553.
système de fixation 649.
système de freinage 553.
système de freinage antiblocage 559.
système de jeux vidéo 918.
système de lentilles 692.
système de lubrification 586.
système de pointage fin 17.
système de refroidissement 553.
système de remplissage et de vidange 597.
système de retenue à sacs gonflables 556.
système de suspension 553.
système de transmission 553.
système de verrouillage 289.
système électrique 553.
système filtre 390.
système hydraulique 632.
système international d'unités 702.
système nerveux 166.
système nerveux central 167.
système nerveux périphérique 166.
système racinaire 77, 86.
système radar 760.
système rotary 651.
système routier 538.
système solaire 4.
systèmes automobiles 553.

T

T central 858.
T.G.V. 585.
tabac 390.
tabernacle 737.
Table 10.
table 278, 304, 374, 421, 423, 424, 723, 815, 862, 891.
table à abattants 278.
table à dessin 399.
table à langer 281.
table à rallonges 278.
table chaude 721.
table d'alimentation 643.
table d'harmonie 439, 440, 442.
table d'imprimante 511.
table d'opération 780.
table d'ordinateur 511.
table de chevet 724, 780.
table de communion 737.
table de cuisson 224.
table de lecture 738.
table de lit 780.
table de production 491.
table de rotation 651.
table de roulement 590.
table de roulette 919.
table de service 720.
table de travail 290.
table des greffiers 728.
table des résultats 828.
table du sommier 445.
table pour la vaisselle propre 721.
table pour la vaisselle sale 721.
tableau 395, 734.
tableau américain des mises 919.
tableau d'affichage 535, 734, 822, 844, 846.
tableau d'affichage des expositions 394.
tableau d'affichage des vols 621.
tableau de bord 556, 574, 576.
tableau de classement général 824.
tableau de commande 238, 261, 290, 292, 293, 294, 512.
tableau de commande 239.
tableau de commandes 694.
tableau de manœuvre 417.
tableau de pointage 825.
tableau de tournoi 789.
tableau des handicaps 858.
tableau des scores 918.
tableau du souvenir 738.
tableau français des mises 919.
tableau horaire 582.
tableau indicateur 789, 790, 831, 839, 856.
tableau marqueur 865.
tableau périodique des éléments 682.
tables gigognes 278.
tables, exemples 278.
tablette 256, 279, 321.
tablette de verre 291.
tablette graphique 517.
tablette porte-outil 321.
tablier 540, 577, 632, 643, 842.
tablier-blouse 359.
tablinum 406.
tabloïd 471.
tabouret 224, 277, 722, 842.
tabouret de bar 720.
tabouret-bar 277.
tabouret-escabeau 321.
tabulateur 528.
tabulateur décimal 528.
tabulation à droite 514.
tabulation à gauche 514.
tache 6.
tache jaune 177.
tachymètre 576.
Tadjikistan 746.
tagalog 469.
tagliatelle aux épinards 206.
tahini 200.
tahitien 469.
taie d'oreiller 280.
taillant 648.
taille 147, 149.
taille baguette 375.
taille brillant 375.
taille cabochon 375.
taille d'un diamant 374.
taille des pierres 375.
taille émeraude 375.
taille en ciseaux 375.
taille en escalier 375.
taille en goutte 375.
taille en poire 375.
taille en rose 375.
taille en table 375.
taille française 375.
taille huit facettes 375.
taille marquise 375.
taille ovale 375.
taille-bordures 332.
taille-crayon 534.
taille-haies 331.
tailleur 355.
tailleurs 716.
tajine 234.
talkie-walkie 505, 770.
Talmud 736.
taloche 315.
talon 127, 147, 149, 229, 303, 309, 342, 351, 370, 385, 390, 439, 440, 453, 456, 560, 641, 797, 816, 822, 863, 868, 880, 881, 887, 888, 892, 909, 910.
talon d'appui 236, 288.
talonnette de dessus 342.
talonneur 804.
talonnière 840, 889, 892.
talus 538.
talus continental 49.
tam-tam 448.
tamarillo 196.
tamarin 139.
tambour 230, 285, 293, 404, 459, 559, 612, 697, 700, 909, 910.
tambour d'aisselle 433.
tambour d'entraînement 476.
tambour de basque 449.
tambourin 341.
tamia 123.
tamis 231, 816, 822, 893.
tamis à farine 232.
tamis vibrant 651.
tampon 422.
tampon encreur 531.
tandem 359, 581.
tangage 630.
tantale 683.
tante maternelle 785.
tante paternelle 785.
taon 101.
tapis 254, 842, 844, 862, 864.
tapis amont 660.
tapis antidérapant 893.
tapis de plancher 558.
tapis de réception 824.
tapis de selle 853, 856.
tapis de sol cousu 902, 903.
tapis de souris 516.
tapis drainant 660.
tapis roulant 620.
taquet 834, 835.
taquet coinceur 835.
taquet d'amarrage 597.
taquet de verrouillage 521.
tare 847.
tarière motorisée 323.
tarlatane 422.
taro 184.
tarse 96, 98, 111, 115, 122, 126, 131, 138, 141, 142, 155, 156.
tarso-métatarse 116.
Tasmanie 29.
tasse 905, 906.
tasse à café 226.
tasse à mesurer 231.
tasse à thé 226.
tassergal 220.
tassette 749.
tatami 846.
taupe 121.
taupe, morphologie 121.
taupe, squelette 121.
Taureau 12.
Tchad 745.
tchèque 469.
té 269, 867.
té de base 257.
technétium 683.
technicien aiguilleur 489, 490.
technique de saut 891.
technique du lancer 864.
techniques 812.
tectrice primaire 115.
tectrice sous-caudale 115.
tectrice sus-alaire 115.
tectrice sus-caudale 115.
teddy 366.
tégument 85.
tégument de la graine 81.
téléavertisseur numérique 505.
télécabine 886.
télécommande 483, 493, 495.
télécommunications par satellite 487.
télécopieur 508.
télédétection 40.
télédétection par satellite 41.
télédiffusion par satellite 486.
télémanipulateur 21, 22.
téléobjectif 478.
téléphone 724, 725.
téléphone portable 506.
téléphone public 427, 507, 715, 720, 723, 779.
téléport 487.
Télescope 10.
télescope 15, 17.
télescope spatial Hubble 17, 53.
télescope, coupe 15.
télésiège 886.
téléski biplace 886.
télésouffleur 492.
téléviseur 494, 724, 734.
téléviseur grand écran 493.
télévision 489.
tellure 682.
telson 107.
témoin 790.
témoin d'alimentation 518.
témoin d'ouverture de porte 557.
témoin de bas niveau de carburant 557.
témoin de ceinture de sécurité 557.
témoin de charge 557.
témoin de clignotants 557, 576.
témoin de l'amorce du film 476.
témoin de niveau d'huile 557.
témoin de phare 576.
témoin de position neutre 576.
témoin de pression d'huile 576.
témoin des feux de route 557.
témoin du retardateur 476.
témoin lumineux 767.
tempe 146.
température 261.
température ambiante 261.
température Celsius, mesure 702.
température de l'air 55.
température désirée 261.
température du point de rosée 55.
température thermodynamique, mesure 702.
température, mesure 59, 695.
tempête de sable ou de poussière 57.
tempête tropicale 57.
temple aztèque 412.
temple de Huitzilopochtli 412.
temple de Tlaloc 412.
temple grec 403.
temple grec, plan 403.
templet 424, 461.
temporal 152, 158.
temps réalisé 831.
temps, mesure 696, 702.
tenaille 409.
tendance barométrique 55.
tendeur 826, 902.
tendeur de timbre 448.
tendon 133.
tendu 901.
tennis 344, 820.
tennis de table 815.
tenon 385, 390.
tenseur du fascia lata 150.
tensiomètre 777.
tentacule 106.
tentacule oculaire 104.
tentacule tactile 104.
tente 611.
tente canadienne 903.
tente deux places 902.
tente dôme 903.
tente familiale 902.
tente grange 902.
tente igloo 903.
tente individuelle 903.
tente intérieure 902, 903.
tente rectangulaire 902.
tente-caravane 567.
tentes, exemples 902.
tentoir 460.
tenue d'exercice 369, 370.
tenue d'intervention 764.
terbium 684.
térébenthine 400.
termes familiers 82, 83.
terminaison nerveuse 172.
terminal à céréales 596.
terminal à conteneurs 596, 708.
terminal de paiement électronique 181, 731.
terminal de télécommunication 507.
terminal de vrac 596.
terminal numérique 493.
terminal pétrolier 596.
terminateur 522.
termite 101.
terrain 794, 799, 801, 802, 804, 809, 810, 812, 813, 814, 816, 858, 864, 916.
terrain de fondation 660.
terrain de football 788.
terrain de football américain 806.
terrain de football canadien 809.
terrain de golf 708, 788.
terrain de hockey sur gazon 788.
terrain de jeu 920.
terrain naturel 647.
terrasse 244, 322, 621.
terrasse extérieure 609.
terrassement 538.
Terre 0, 4, 5, 6, 7, 28.
terre battue 822.
Terre de Baffin 30.
Terre de Feu 31.
Terre de la Reine-Maud 29.
Terre de Wilkes 29.
Terre Marie-Byrd 29.
Terre, structure 42.
terre-plein 409, 712.
terre-plein central 539.
terres rares 684.
terril 647, 648.
terrine 234.
Tertiaire 93.
tertre de départ 866, 867.
testicule 110, 169.
testicules 107.
têtard 111.
tête 8, 96, 97, 99, 104, 115, 132, 140, 147, 149, 161, 169, 301, 302, 308, 311, 383, 384, 390, 391, 425, 439, 440, 441, 452, 457, 458, 516, 663, 757, 793, 800, 816, 822, 858, 863, 867, 893, 901, 909.
tête à sens unique 302.
tête amont 597.
tête aval 597.
tête avant du cylindre récupérateur 756.
tête basculante 236.
tête bombée 302.
tête creuse 302.
tête cruciforme 302.
tête d'attelage 567, 586, 587, 640, 641, 642.
tête d'impression 528.
tête d'injection 651.
tête de coupe 319, 535.
tête de dormant 249.
tête de frappe 301.
tête de gondole 181.
tête de l'humérus 153.
tête de lecture 500.
tête de lecture/écriture 521.
tête de lit 280, 281.
tête de marteau 901.
tête de mât 836.
tête de métal 793.
tête de projection 535.
tête de puits 649, 654.
tête de ramassage 18.
tête de rotor 631.
tête de scion 909.
tête diffusante 479.
tête du fémur 153.
tête du vérin de levage 632.
tête en liège 817.
tête flottante 383.
tête froncée 283.
tête panoramique 482.
tête plate 302.
tête plissée 283.
tête ronde 302.
tête, chauve-souris 140.
tête, oiseau 115.
tête, protection 772, 774.
têtes, exemples 283, 302.
Téthys 5.
têtière 248, 249, 854.
texte 528.
thaï 468.
Thaïlande 747.
thalle 74, 75.
thallium 682.
thé 208.
thé en sachet 208.
thé noir 208.
thé oolong 208.
thé vert 208.
théâtre 711.
théâtre grec 402.
théière 226.
théodolite 59, 701.
thermocontact 561.
thermomètre 655, 695, 841, 899.
thermomètre à maxima 59.
thermomètre à mercure 777.
thermomètre à mesure instantanée 231.
thermomètre à minima 59.
thermomètre à sucre 231.
thermomètre à viande 231.
thermomètre bimétallique 695.
thermomètre de four 231.
thermomètre médical 695.
thermomètre numérique 777.
thermomètres médicaux 777.
thermopause 53.
thermosphère 53.
thermostat 238, 260, 261, 267, 291.
thermostat d'ambiance 261.
thermostat inférieur 266.
thermostat programmable 261.
thermostat réglable 239.
thermostat supérieur 266.
thon 220.
thorax 96, 97, 98, 146, 148.
thorium 684.
thulium 684.
thym 202.
tibétain 468.
tibia 96, 98, 111, 115, 122, 126, 131, 138, 140, 141, 142, 152, 155, 156.
tibio-tarse 116.
tierce 434, 849.
tierceron 410.
tige 75, 77, 78, 185, 241, 261, 268, 301, 302, 384, 390, 391, 436, 453, 456, 457, 461, 685, 695, 697, 881, 889, 892.
tige carrée d'entraînement 651.
tige de carbone (cathode) 689.
tige de forage 651.
tige de manœuvre 755.
tige de pendule 436.
tige de selle 578.
tige du poil 172.
tige filetée 311.
tige pour col 376.
tigre 135.
tilde 473.
tilleul 208.

timbale 448.
timbales 437.
timbre 390, 749.
timbre caoutchouc 531.
timbre dateur 531.
timbre-poste 474.
timon 567, 642.
timonerie 606.
tipi 418.
tique 102.
tir à l'arc 859.
tir à la carabine 861.
tir au fusil 860.
tir au pistolet 861.
tirant 448, 634.
tirant de registre 445.
tirant de réglage 348.
tirant des cordes 842.
tire-bouchon 905.
tire-bouchon à levier 230.
tire-bouchon de sommelier 230.
tire-bourre 752.
tire-joint 315.
tire-racine 325.
tire-veille 836.
tiret 473.
tirette 453, 459.
tireur 860.
tireur au but 809.
tiroir 224, 278, 279, 281, 290.
tiroir de fichier 533.
tisanes 208.
tisonnier 257.
tissage 460.
tissage, accessoires 462.
tissage, schéma de principe 463.
tissu adipeux 171, 172.
tissu brodé 459.
tissu conjonctif 172.
tissu du vêtement 455.
tissu, structure 455.
tissus de soutien 455.
Titan 5.
Titan IV 24.
titane 683.
Titania 5.
titre 471.
titre de propriété 915.
titre du journal 471.
titres et horaires des films 427.
toge 336.
Togo 745.
toile 285, 391, 400, 463, 483.
toile d'araignée 103.
toile de fond 430.
toile de saut 823.
toilettes 584.
toilettes des officiers 764.
toilettes des pompiers 764.
toilettes femmes 427.
toilettes hommes 427.
toilettes pour dames 725.
toilettes pour hommes 725.
toit 100, 245, 257, 412, 567, 635.
toit à deux croupes 414.
toit à l'impériale 414.
toit à la Mansard 414.
toit à pignon 414.
toit à quatre versants 415.
toit à tourelle à pans 415.
toit avec lanterneau 414.
toit cathédrale 251.
toit de la couche 647.
toit de protection 632.
toit en appentis 414.
toit en carène 414.
toit en coupole 415.
toit en dôme 415.
toit en flèche 415.
toit en pavillon 415.
toit en pente 414.
toit en poivrière 415.
toit en rotonde 415.
toit en shed 414.
toit flottant 655.
toit imperméable 646.
toit ouvrant 551.
toit plat 414.
toiture 100.
tôle pare-gouttes 655.
tomate 188.
tomate en grappe 188.
tomatille 188.
tombant 362.
tombolo 51.
ton de mât 602.
tondeuse 381, 383.
tondeuse à moteur 332.
tondeuse autoportée 333.
tondeuse mécanique 332.
tong 344.
Tonga 747.
topaze 375.
topinambour 184.
toque 341.
torche 652.
torchon 295.
tore 404, 405, 705.
tornade 57, 63.
tornade marine 63.
toron 908.
torpille 763.
torrent 45.
torsade 306.
tortellini 206.
tortilla 205.
tortue 113.
tortue, anatomie 113.
tortue, morphologie 113.
total partiel 529.
totalisateur journalier 557.
Toucan 10.
toucan 119.
touche 432, 439, 441, 442, 443, 445, 813.
touche alternative 514.
touche d'affichage de titre 496.
touche d'affichage des indicateurs 496.
touche d'affichage des réglages 477.
touche d'annulation 519.
touche d'appel 505, 506.
touche d'arrêt du défilement 515.
touche d'échappement 514.
touche d'effacement 515.
touche d'effacement 477.
touche d'éjection 918.
touche d'enregistrement 496.
touche d'impression de l'écran/d'appel système 515.
touche d'index/agrandissement 477.
touche d'insertion 515.
touche de composition automatique 508.
touche de confirmation 731.
touche de contrôle 505, 514.
touche de correction 456, 508.
touche de courriel 514.
touche de décimale 529.
touche de défilement 505.
touche de démarrage 514.
touche de déplacement 261.
touche de double zéro 529.
touche de fin d'appel 506.
touche de l'heure 496.
touche de la date 496.
touche de lecture 505.
touche de luminosité 505.
touche de menu 505.
touche de modulation 497, 498.
touche de pause/d'interruption 515.
touche de pédalier 444.
touche de préférence 261.
touche de présélection 497, 498.
touche de raccord d'enregistrement 496.
touche de résultat 529.
touche de retour 515.
touche de saut d'images 477.
touche de sélection 505, 506.
touche de sélection d'entrée 497.
touche de sélection des menus 477.
touche de sélection du magnétophone 497.
touche de sélection du mode FM 497.
touche de suppression 515.
touche de tabulation 514.
touche de verrouillage 505.
touche de verrouillage des majuscules 514.
touche de verrouillage numérique 515.
touche de visualisation des images 477.
touche début 515.
touche fin 515.
touche fixe 700.
touche fixe-majuscules 528.
touche majuscule 514.
touche mémoire 497, 498, 501.
touche mobile 700.
touche multifonctionnelle 529.
touche numérique 529.
touche page précédente 515.
touche page suivante 515.
touche plus-égalité 529.
touche-majuscules 528.
toucher 172.
touches d'action 918.
touches d'effets spéciaux 496.
touches d'opérations 730, 731.
touches de commande 507.
touches de déplacement du curseur 515, 529.
touches de fonction 514.
touches de fonctions 507, 699.
touches de fonctions programmables 731.
touches de réglage de l'image 496.
touches de répétition 501.
touches de sélection des enceintes 497.
touches de sélection des stations 497.
touches de variation 456.
touches directionnelles 918.
touches Internet 514.
toundra 61, 66.
toupet 124.
toupie 237.
Tour 916.
tour 410, 614, 634, 674, 676, 677, 858.
tour à bureaux 713.
tour à pied 464.
tour d'angle 408.
tour d'émission 486.
tour d'extraction 649, 650.
tour d'habitation 419.
tour de contrôle 618, 761.
tour de coquille 104.
tour de cou 349.
tour de flanquement 408.
tour de forage 604, 651, 652, 654.
tour de fractionnement 656.
tour de guidage 542.
tour de refroidissement 646.
tour de sauvetage 25.
tour de spire 105.
tour de tête 772.
tour du plongeoir 828.
tour embryonnaire 105.
tourelle 294, 408, 638, 762, 766.
tourelle mobile 758.
tourelle porte-objectifs 693.
tourillon 753, 863.
tourmaline 375.
tournage 464.
tournant de club-house 856.
tournesol 80.
tournette 464.
tournevis 302, 905.
tournevis à spirale 302.
tournevis cruciforme 905.
tournevis sans fil 302.
tourniquet 919.
tourniquet d'accès 592.
tourniquet de sortie 592.
tournure 337.
traçage 401.
traceur 520.
traceur de route 613.
trachée 116, 125, 163.
traçoir 306.
tracteur 570, 623, 637.
tracteur à chenilles 636.
tracteur agricole 640.
tracteur agricole : vue arrière 640.
tracteur agricole : vue avant 640.
tracteur de piste 622.
tracteur routier 570.
tracteur-remorqueur 638.
traction 630.
tractus olfactif 175.
tragus 140, 173.
train 582.
train à grande vitesse 585.
train d'atterrissage avant 624, 760.
train d'atterrissage principal 625, 760.
train de banlieue 583.
train routier 570.
traineau 329, 884, 885.
traînée 630.
traînée lumineuse 7.
trait de mise au jeu 806.
traitement chimique 656.
traitement des données 41, 54.
trame 455, 460, 461.
trampoline 823.
tramway 595.
tranchant 227, 229, 382, 454.
tranche 729.
tranché 740.
tranche de gouttière 426.
tranche de queue 426.
tranche de tête 426.
tranchée 647.
tranchefile 426.
transactions financières 525.
transbordeur 596, 608, 621, 623.
transept 411.
transfert de la chaleur 681.
transformateur 259, 287, 658, 663, 668, 674.
transformateur principal 585.
transformation de l'eau en vapeur 665.
transmission 292, 563.
transmission de l'image 694.
transmission de la chaleur à l'eau 665.
transmission des données 41.
transmission du mouvement au rotor 662.
transmission funiculaire 590.
transmission hertzienne 486.
transmission par câble aérien 486.
transmission par câble sous-marin 487.
transmission par câble souterrain 487.
transpalette manuelle 633.
transpiration 67.
transplantoir 325.
transport 538.
transport aérien 618.
transport aérien du courrier 475.
transport de l'électricité 663, 665.
transport de l'électricité à haute tension 662.
transport de l'électricité à haute tension 646, 677.
transport de l'énergie à la tension de l'alternateur 662.
transport ferroviaire 582.
transport maritime 596, 649.
transport par taxi 725.
transport routier 538, 596.
transport vers les usagers 646, 662, 677.
transversale pleine 919.
trapèze 150, 151, 154, 156, 705, 840, 897.
trapèze de figure 840.
trapèzes, exemples 840.
trapézoïde 154.
trappe 407, 430.
trappe acoustique 490.
travaux 545, 547.
travée centrale 540.
travée latérale 540.
travée levante 542.
travers 215.
travers-banc 650.
traverse 278, 409, 424, 433, 460, 461, 591, 663, 782.
traverse arrière 893.
traverse avant 893.
traverse d'extrémité inférieure 635.
traverse d'extrémité supérieure 635.
traverse de chargement 607.
traverse inférieure 247, 278.
traverse intermédiaire 247.
traverse médiane 277.
traverse supérieure 247, 277, 278.
traverse supérieure d'ouvrant 249.
traversée 663.
traversée de transformateur 657, 658.
traversin 280.
trèfle 411, 914.
treillis 322, 502.
treillis de protection 488.
tréma 473.
trémie 643.
trémie de chargement 573.
tremplin 246, 826, 891.
tremplin de 1 m 828.
tremplin de 3 m 828.
tremplin pour sauts droits 890.
tremplin pour sauts périlleux 890.
tremplins 890.
trench 352.
trépan 651.
trépied 14, 436, 448, 482, 483, 489.
trépied de caméra 492.
trépied de perche 492.
trépointe 342.
tréteau 278.
treuil 417, 573.
treuil d'amarrage 607.
treuil de forage 651.
treuil de levage 634.
tri des métaux 71.
tri du papier/carton 71.
tri du plastique 71.
tri du verre 71.
tri manuel 71.
tri optique 71.
tri primaire 474.
tri sélectif des déchets 71.
Triangle 12.
triangle 437, 449, 705, 863.
Triangle austral 10.
Trias 93.
tribord 609, 616, 617.
tribunal 728.
tribune 471, 788, 874.
tribune des entraîneurs 891.
tribune des juges 856, 890, 891.
tribune du public 856.
triceps brachial 151.
tricératops 93.
triclinium 406.
tricorne 339.
tricot 457.
tricots 354.
tricots d'hommes 717.
tricots de femmes 716.
tricycle d'enfant 581.
trifoliée 79.
triglyphe 404.
trille 435.
trilobé 413.
trilobite 92.
trimaran 835.
tringle 561.
tringle d'écartement 590.
tringle de commande 590.
tringle de pédale 442.
tringle de tension 448.
tringle double 284.
tringle extensible 284.
tringle métallique 533.
tringle simple 284.
tringle-barre 284.
tringle-rail 284.
tringles 284.
Trinité-et-Tobago 743.
trio 438.
tripe 390.
tripes 212.
triple croche 435.
triple saut 790, 793, 875.
triple saut périlleux et demi avant groupé 829.
triplure 455.
tripode de stabilisation 623.
trirème 598.
triticale 203.
Triton 5.
triton 111.
trochanter 96, 98.
trois-portes 549.
troisième but 794.
troisième étage 25.
troisième ligne 804.
troisième phalange 126.
troisième-but 794.
trombe marine 63.
trombone 447.
trombones 437, 534.
trompe 96, 611.
trompe d'Eustache 174, 175.
trompe de Fallope 170.
trompe utérine, ampoule 171.
trompes de Fallope 171.
trompette 447.
trompettes 437.
tronc 76, 86, 87, 110, 147, 149.
tronc cœliaque 161, 165.
tronc, coupe transversale 87.
tronçon 663.
tronçon rigide arrière 569.
tronçon rigide avant 569.
tronçonneuse 331.
trop-plein 262, 264, 265, 266, 267, 485.
tropical humide 61.
tropical humide et sec (savane) 61.
tropique du Cancer 34, 35, 36.
tropique du Capricorne 34, 35, 36.
tropopause 53, 68.
troposphère 53.
trot 124.
trotteur 343, 857.
trotteuse 696.
trottoir 245, 712.
trou 423, 866, 867.
trou central 500.
trou d'homme 655.
trou de conjugaison 157.
trou de l'embout 390.
trou de normale 3 866.
trou de normale 4 866.
trou de normale 5 867.
trou noir 8.
trou obturateur 122.
trous 866.
trousse de dépannage 580.

trousse de fartage 892.
trousse de manucure 377.
trousse de secours 771, 777.
trousse de toilette 388.
troussequin 855.
truelle de maçon 315.
truelle de plâtrier 315.
truffe 132, 183.
truite 221.
trumeau 411.
truqueur numérique 491.
tuba 437, 447, 841.
tubage de production 652.
tubage de production/expédition 652.
tubage de surface 654.
tube 14, 15, 223, 275, 381, 692, 753, 756, 757, 777.
tube à éclairs 692.
tube à essai 685.
tube capillaire 695.
tube conducteur 652.
tube d'ajustement 824, 825.
tube d'alimentation en air 765.
tube d'aquarelle 397.
tube d'arrivée 270.
tube d'ensemencement 643.
tube d'orientation des lames 285.
tube de bord d'attaque 897.
tube de circulation 672.
tube de déchargement 643.
tube de direction 579.
tube de force 667.
tube de gouache 397.
tube de Pitot 873.
tube de poussée 470.
tube de remplissage de la cuvette 265.
tube de remplissage du réservoir 265.
tube de résonance 449.
tube de selle 578, 871.
tube droit 289.
tube en Y 776.
tube flexible 776.
tube fluorescent 275.
tube horizontal 578.
tube lance-torpilles 763.
tube oblique 579.
tube porte-oculaire 14, 693.
tube transversal 897.
tube-image 494.
tubes de Malpighi 97, 99.
tubulure d'admission 565, 566.
tubulure d'échappement 565.
Tudor 413.
tuile 22, 299, 403, 406, 412.
tuiles de bonification 917.
tuiles ordinaires 917.
tulipe 80, 241.
tungstène 683.
tunique 78, 359, 748.
Tunisie 745.
tunnel 592.
tunnel de communication 23.
tunnel routier 543.
turban 339, 341.
turbine 646, 659, 668.
turbine d'entraînement 564.
turbine du compresseur 564, 627.
turbine motrice 627.
turbo-alternateur 674, 763.
turboréacteur 625, 760.
turboréacteur à double flux 627.
turbot 221.
turc 469.
turf 856.
turion 185.
Turkménistan 746.
Turquie 746.
turquoise 375.
tuteur 322, 324.
Tuvalu 747.
tuyau 312, 319, 390, 445, 767.
tuyau à anche 444.
tuyau à bouche 444.
tuyau arrière 553.
tuyau d'air 841.
tuyau d'arrosage 328.
tuyau d'aspiration 766.
tuyau d'eau chaude 267.
tuyau d'eau chaude 266.
tuyau d'eau froide 267.
tuyau d'eau froide 266.
tuyau d'échappement 552, 553, 564, 636.
tuyau d'ensilage 643.
tuyau d'évacuation 271, 292.
tuyau d'insufflation 432.
tuyau de chute 262, 265, 271.
tuyau de refoulement 767.
tuyau de vidange 271, 292, 294.
tuyau du ventilateur 643.
tuyau flexible 289, 649.
tuyau perforé 328.
tuyau souple d'arrivée 271.
tuyauterie 445.
tuyauterie de sortie de la vapeur des séparateurs 669.
tuyauterie de vapeur primaire 669.
tuyère 22, 24, 25, 605, 631.
tuyère à section variable 629.
tuyère d'échappement 627.
tuyère d'éjection 760.
tuyère orientable 628.
tympan 110, 403, 404, 411.
type de carburant 548.
type de la masse d'air 55.
type de nuage bas 55.
type de nuage élevé 55.
type de nuage moyen 55.
types d'articulations synoviales 156.
types d'avirons 838.
types d'éclipses 6, 7.
types d'os 157.
types de bâtons de golf 867.
types de bouches 258.
types de déplacements 916.
types de missiles 759.
types de moteurs 564.
types de nages 832.
types de voitures 584.
typhon 63.
typographie 472.
tyrannosaure 93.

U

Ukraine 744.
ukrainien 469.
Ulysses 19.
Umbriel 5.
un 703.
une 471.
unicellulaires 94.
uniforme 770.
uniformes 764.
unisson 434.
unité astronomique 4, 5.
unité d'extraction par solvant 656.
unité de sauvegarde 523.
unité de soins ambulatoires 781.
unité de soins intensifs 780.
unité mobile d'entretien télécommandée 21.
unité vidéo 520.
unités monétaires, exemples 728.
université 710.
ununbium 683.
ununnilium 683.
unununium 683.
uranium 684.
Uranus 4, 5.
uretère 104, 116, 165.
urètre 165, 170.
urètre pénien 169.
urgence ambulatoire 779.
urgence majeure 778.
urgences 778.
uropode 107.
urostyle 111.
Uruguay 742.
usager domestique 525.
usine 664, 708.
usine à asphalte 656.
usine de traitement 649.
usine des lubrifiants 656.
usine marémotrice 664.
usine marémotrice, coupe 664.
usine pétrochimique 656.
ustensiles de campeur 905.
ustensiles de cuisine 229.
ustensiles, jeu 233.
utérus 170, 171.
utilisations d'Internet 525.
utiliser un chlorure décolorant suivant les indications 347.

V

vache 128.
vacuole 74, 94.
vacuole contractile 94.
vacuole digestive 94.
vacuole digestive en formation 94.
vagin 103, 104, 170, 171.
vague 49.
vague déferlante 49.
vainqueur 789.
vair 741.
vaisseau capillaire 172.
vaisseau sanguin 154, 162, 172.
vaisseau sanguin dorsal 97.
vaisseaux sanguins 140.
vaisselle 226.
vaisselle, verres et couverts 717.
Valet 914.
valet 693.
valeur 729.
valeur des notes 435.
valeur des segments 918.
valeur des silences 435.
validation 528.
valise fin de semaine 389.
valise pullman 389.
vallée 45, 48.
valve 84, 105, 579.
valve de réglage 259.
valvule aortique 162.
valvule mitrale 162.
valvule pulmonaire 162.
valvule tricuspide 162.
vampire commun 141.
vanadium 683.
vanne 657, 658, 664.
vanne d'arrêt de la turbine 668.
vanne d'arrosage 669.
vanne de production 654.
vanne maîtresse 654.
vanneau 118.
vantail 278, 416.
Vanuatu 747.
vapeur 646, 681.
vapeur à basse pression 668.
vaporisateur 288, 329.
vaporisateur de poivre 770.
vaporisation 680.
vaporiseur 261.
varan 114.
variomètre 899.
variomètre électrique 898.
variomètre mécanique 898.
varlope 309.
Varole, pont 167.
vase d'expansion 259, 675.
vaste externe du membre inférieur 150, 151.
vaste interne du membre inférieur 150.
vautour 119.
veau 128.
veau haché 214.
vedette 762.
végétation 66.
végétation, distribution 66.
véhicule de sauvetage 21.
véhicule de secours 543.
véhicule de service technique 622.
véhicule spatial autonome 20.
véhicule tout-terrain 549.
véhicules d'incendie 766.
veine axillaire 160.
veine basilique 160.
veine cave inférieure 160, 161, 162, 165.
veine cave supérieure 160, 161, 162.
veine céphalique 160.
veine fémorale 160.
veine iliaque 161.
veine iliaque commune 165.
veine jugulaire externe 160.
veine jugulaire interne 160.
veine mésentérique supérieure 160.
veine porte 161.
veine pulmonaire 160.
veine pulmonaire droite 162.
veine pulmonaire gauche 162.
veine rénale 160, 165.
veine saphène interne 160.
veine sous-clavière 160.
veine sus-hépatique 161.
veines 160.
velarium 407.
vélo cross 581.
vélo d'exercice 851.
vélo de course et cycliste 870.
vélo de cross-country et cycliste 870.
vélo de descente et cycliste 870.
vélo de montagne 870.
vélo de poursuite et coureur 871.
vélodrome 788.
velours 254.
vélum 98.
Venera 19.
Venezuela 742.
vent 56, 69, 70, 833.
vent arrière 833.
vent de travers 833.
vent debout 833.
vent dominant 63.
vent, mesure de la direction 59.
vent, mesure de la vitesse 59.
ventail 749.
ventilateur 258, 259, 293, 497, 552, 561, 563, 566, 643.
ventilateur de l'évaporateur 261.
ventilateur de moteur diesel 586.
ventilateur de plafond 261.
ventilateur de sustentation 605.
ventilateur des radiateurs 586.
ventilateur du bloc d'alimentation 513.
ventilateur du boîtier 513.
ventilateur du condenseur 261.
ventilateur hélicoïde 260.
ventilateur principal 648.
ventilation 675.
ventilation de la cabine 898.
ventouse 106, 111, 314.
ventre 124, 146, 148.
ventricule droit 161, 162.
ventricule gauche 161, 162.
ventricule succenturié 116.
vents 917.
venturi 757.
Vénus 4, 5.
véraison 86.
verge 169, 610.
verger 182.
vergette 445.
verglas 65.
vergue 602.
vérificateur de circuit 316.
vérificateur de continuité 316.
vérificateur de haute tension 316.
vérificateur de prise de courant 316.
vérificateur de tension 316.
vérification de la profondeur de champ 476.
vérin 573.
vérin d'orientation de la lame 639.
vérin de commande de volet 760.
vérin de défonceuse 636.
vérin de direction 638.
vérin de dressage 634, 766.
vérin de la flèche 637, 638.
vérin de levage de la lame 636, 639.
vérin du bras 637, 638.
vérin du bras de levage 637.
vérin du godet 637, 638.
vérin du godet rétro 637.
vérin hydraulique 567, 633, 640.
vermicelles de riz 207.
vernier 612, 698, 700.
vernis 400.
vernis à ongles 377.
verre 385.
verre à bordeaux 225.
verre à bourgogne 225.
verre à cocktail 225.
verre à cognac 225.
verre à eau 225.
verre à gin 225.
verre à liqueur 225.
verre à mesurer 231.
verre à porto 225.
verre à vin blanc 225.
verre à vin d'Alsace 225.
verre à whisky 225.
verre bifocal 385.
verre de visée 477.
verres 225, 723.
verrière 250, 582, 628, 713, 760, 898.
verrou 46, 452, 516.
verrou d'onglet 303, 304.
verrou de barre d'attelage 756.
verrou de chargeur 754.
verrou de sûreté 755.
verrou tournant 572.
verrouillage 288.
verrouillage des majuscules 514.
verrouillage numérique 515.
versant 45.
Verseau 10.
verseuse 241.
versoir 641.
vert 400, 690, 866, 867.
vert d'entraînement 866.
vertèbre 112, 136.
vertèbre cervicale (7) 153, 157.
vertèbre dorsale (12) 153, 157.
vertèbre lombaire 168.
vertèbre lombaire (5) 153, 157.
vertèbre sacrée 111.
vertèbres 111.
vertèbres cervicales 116, 122, 126, 131, 138, 141, 142.
vertèbres coccygiennes 122, 126, 131, 138, 141, 142.
vertèbres dorsales 122, 126, 131, 138, 142.
vertèbres lombaires 122, 126, 131, 138, 141, 142.
vertèbres sacrées 122, 126, 131, 142.
verveine 208.
vésicule biliaire 110, 112, 164.
vésicule séminale 169.
vessie 109, 110, 113, 165, 169, 170.
vessie natatoire 109.
veste 338, 355, 844, 848, 855.
veste de pêche 911.
veste droite 348.
veste traditionnelle 846.
vestes 358.
vestiaire 250, 394, 509, 719, 723, 726, 731, 734, 764.
vestiaire de bureau 510.
vestiaire des clients 720.
vestiaire des mineurs 649.
vestiaire du personnel 584, 720, 768, 781.
vestibule 174, 250, 406, 717, 724, 728, 730.
veston croisé 348.
veston et veste 348.
vêtement d'exercice 371.
vêtement ignifuge et hydrofuge 765.
vêtement isothermique 841.
vêtements 336.
vêtements d'enfant 369.
vêtements d'homme 348.
vêtements de bain 716.
vêtements de bébés 717.
vêtements de femme 355.
vêtements de filles de 2 à 6 ans 717.
vêtements de filles de 7 à 17 ans 717.
vêtements de garçons de 2 à 6 ans 717.
vêtements de garçons de 7 à 17 ans 717.
vêtements de nouveau-né 368.
vêtements de nuit 364.
vêtements de nuit d'hommes 717.
vêtements de nuit de femmes 716.
vêtements de sport d'enfants 717.
vêtements de sport d'hommes 717.
vêtements de sport de femmes 716.
vêtements décontractés d'hommes 717.
vêtements décontractés de femmes 716.
vêtements traditionnels 339.
vétérinaires 852.
vexille 115.
viaduc 541.
viande 214.
vibrisse 122.
vice-capitaine 877.
vide-poches 554.
vide-pomme 233.
vidéoprojecteur 518.
vidéothèque 733.
Vierge 11, 13.
Viet Nam 747.
vietnamien 468.
vigie 618.
vigne 86.
Viking 18.
vilebrequin 307, 564, 566.
village 708, 886.
ville 708.
vin 180.
vinaigre balsamique 201.
vinaigre de cidre 201.
vinaigre de malt 201.
vinaigre de riz 201.
vinaigre de vin 201.
violet 400.
violette 80.
violon 439.
violon, famille 437, 439.
violoncelle 439.
violoncelles 437.
vipère 114.
virage à 180 degrés 885.
virage à droite 544, 547.
virage de brasse 832.
virage de papillon 832.
virage-culbute 832.
virgule 473.
virole 320, 863.
virole femelle 909, 910.
virole mâle 909, 910.
vis 302, 439.
vis à glace 901.

vis calante 699, 701.
vis centrale 425.
vis d'alimentation 642, 643.
vis de blocage 700.
vis de blocage (azimut) 14, 15.
vis de blocage (latitude) 14, 15.
vis de fixation 482.
vis de nivellement 58.
vis de pince-aiguille 453.
vis de pression 421, 423.
vis de réglage 310, 319.
vis de réglage de grand débit 273.
vis de réglage de petit débit 273.
vis de réglage de tension 534.
vis de réglage du condenseur 693.
vis de serrage 312.
vis de support inférieure 58.
vis de tension 448.
vis macrométrique 693.
vis micrométrique 612, 693, 700.
vis sans fin 462, 573.
visage 146.
viseur 476, 477, 701.
viseur de caméra 492.
viseur électronique 496.
viseur périscopique 758.
visière 340, 341, 575, 591, 749, 765, 772, 874, 878, 884.
visière antisolaire 20.
vision 691.
vision normale 691.
vision, défauts 691.
vison 134.
Vistule 32.
visualisation du seuil d'alarme 613.
vitrage 614.
vitrail 411, 737.
vitre 672, 673.
vitre de protection 878.
vitre protectrice 494.
vitrine 279.
voie 592, 595.
voie à sens unique 544, 546.
voie d'accélération 539.
voie de banlieue 583.
voie de butte 589.
voie de circulation 539, 618.
voie de circulation des locomotives 589.
voie de décélération 539.
voie de dépassement 539.
voie de fond 650.
voie de service 583, 618.
voie de sortie 589.
voie de tête 650.
voie de transport 647.
voie de tri primaire 589.
voie de tri secondaire 589.
voie des stands 872.
voie ferrée 582, 590, 591, 649, 709, 710.
voie ferrée bord à quai 596.
Voie Lactée 9, 13.
voie latérale 539.
voie pour véhicules lents 539.
voies de circulation 539.
voies respiratoires, protection 773.
voilage 282.
voile 560, 676, 833, 836, 896, 897, 909.
voile à livarde 601.
voile au tiers 601.
voile aurique 601.
voile bermudienne 601.
voile carrée 601.
voile d'étai de flèche 603.
voile d'étai de grand perroquet arrière 603.
voile d'étai de hune arrière 603.
voile de flèche 603.
voile du palais 174, 175.
voile latine 601.
Voiles 11.
voiles, exemples 601.
voilure 603, 628, 841, 897.
voilure delta 629, 630.
voilure droite 630.
voilure en flèche 630.
voilure trapézoïdale 630.
voilures, exemples 630.
voiture 594.
voiture cellulaire 726.
voiture de formule 1 873.
voiture de formule 3000 873.
voiture de formule Indy 873.
voiture de police 769, 771.
voiture de rallye 873.
voiture micro-compacte 549.
voiture sport 549.
voiture suiveuse 870.
voiture-coach 584.
voiture-lit 584.
voiture-restaurant 584.
voitures, types 584.
voiturette de golf électrique 869.
vol 829, 891.
vol libre 897.
volaille 213.
volant 280, 282, 333, 425, 452, 464, 552, 556, 566, 607, 640, 873.
volant d'inertie 851.
volant de frein à main 587.
volant de manche 626.
volant de manœuvre 766.
volant de plumes 817.
volant synthétique 817.
volcan 42, 44.
volcan effusif 44.
volcan en éruption 44.
volcan explosif 44.
volcans, exemples 44.
volée 255, 753, 820.
volet 23, 521, 675.
volet compensateur 60.
volet d'air 571.
volet de bord d'attaque 760.
volet de bord de fuite 624, 760.
volet de contrôle thermique 60.
volet mobile 17.
volet transparent 386.
volets d'intérieur 282.
Volga 32.
Volkmann, canaux 154.
volleyball 812.
volleyball de plage 813.
vols, plongeon 828.
volt 702.
voltigeur de centre 794.
voltigeur droit 794.
voltigeur gauche 794.
volumes 705.
volute 276, 404, 405, 439.
volve 76.
voussure 411.
voûte 410.
voûte de projection 10.
voûte du palais 174, 175.
voûte en berceau 407.
Voyager 19.
voyant cartouche d'impression 519.
voyant chargement du papier 519.
voyant conique 615, 616.
voyant d'alarme/de mise en charge 527.
voyant d'alimentation 519.
voyant de charge 383.
voyant de mise en circuit 506, 508.
voyant de mise en ondes 488.
voyant de mise sous tension/détection du papier 731.
voyant de réception de messages 508.
voyant de réponse automatique 508.
voyant lumineux 238, 239, 240, 241, 288, 290, 294, 381, 465.
voyants 515.
voyants d'entrée 497.
voyants d'indication du mode sonore 497.
voyants de contrôle 501, 519, 520.
vraquier 604.
vrille 86.
vue 177.
vue de face 798.
vue de profil 798.
vue, protection 774.
vulve 148, 171.
vumètres 488.
vumètres audio 491.

W

w.-c. 250, 251, 262, 264, 265, 395, 715, 719, 720, 723, 724, 728, 731, 733, 735, 779, 780, 781.
w.-c. du personnel 768.
w.-c. femmes 509, 724.
w.-c. hommes 509, 724.
wagon 583, 587.
wagon à bestiaux 588.
wagon à copeaux 588.
wagon couvert 587, 588.
wagon de queue 588.
wagon plat 588.
wagon plat à parois de bout 588.
wagon plat surbaissé 588.
wagon porte-automobiles 588.
wagon porte-conteneurs 588.
wagon rail-route 588.
wagon réfrigérant 588.
wagon-citerne 588.
wagon-tombereau 588.
wagon-tombereau couvert 588.
wagon-trémie 588.
wagon-trémie à minerai 588.
wagons, exemples 588.
wakamé 183.
wallaby 143.
wasabi 201.
water-polo 827.
watt 702.
webcaméra 517.
wigwam 418.
winch 835.
wishbone 836.
wok 234.
wolof 468.

X

xénon 684.
xylophone 437, 449.

Y

yacht à moteur 607.
yack 129.
yaourt 210.
Yémen 746.
yen 728.
yeux, protection 772.
yiddish 469.
yoruba 468.
Yougoslavie 744.
yourte 418.
ytterbium 684.
yttrium 683.

Z

Zambie 746.
zèbre 128.
zénith 10.
zéro 919.
zeste 82, 84.
Zimbabwe 746.
zinc 683.
zirconium 683.
zone centrale 809.
zone commerciale 709.
zone d'arrivée 891.
zone d'attaque 812.
zone d'atterrissage 891.
zone d'avertissement 846.
zone d'entrée des joueurs expulsés 827.
zone d'essai des réacteurs 761.
zone de basse pression 63.
zone de boule morte 864.
zone de but 806, 809, 879.
zone de chargement 666.
zone de chronométrage 891.
zone de chute 790, 792, 793.
zone de convection 6.
zone de danger 844, 847.
zone de défense 809, 812.
zone de départ 838, 875.
zone de freinage 891.
zone de garde protégée 877.
zone de haute pression 63.
zone de lavage des wagons 589.
zone de manœuvre 10.
zone de passage du témoin 790.
zone de passivité 843.
zone de précipitation 55.
zone de radiation 6.
zone de réception 589.
zone de retrait des bagages 620.
zone de sécurité 846.
zone de service 818.
zone de service droite 819.
zone de service gauche 819.
zone de triage 589.
zone industrielle 709.
zone libre 812, 813.
zone neutre 806, 879.
zone réservée 811.
zone résidentielle 709.
zone scolaire 545, 547.
zones de service 817.
zoom 492.
zoulou 468.

Indice español

2º hueso metacarpiano 140.
3er hueso metacarpiano 140.
4º hueso metacarpiano 140.
5º hueso metacarpiano 140.

A

a buen viento 833.
a un largo 833.
ábaco 404.
abadejo 221.
abdomen 96, 97, 98, 103, 107, 115, 146, 148.
abdomen, oblicuo mayor 150, 151.
abdomen, recto 150.
abedul 88.
abeja 98.
abeja trabajadora, morfología 98.
abeja, anatomía 99.
abejorro 101.
abertura 911.
abertura con tirilla 349.
abertura de llenado 597.
abertura de llenado y vaciado 597.
abertura del diafragma 694.
abertura para el brazo 355.
abertura para el cambio de gases 694.
abertura para horquilla 635.
abertura trasera central 348.
abertura trasera lateral 348.
aberturas branquiales 108.
aberturas para los nudillos 346.
abeto 89.
abisinio 133.
abocinamiento 411.
abono compuesto, cajón 323.
Abraham 736.
abrazadera 14, 15, 274, 284, 389, 835.
abrazadera inferior 58.
abrebotellas 230, 905.
abrecartas 531.
abrelatas 230, 240, 905.
abreviaciones de monedas, ejemplos 728.
abrigo 352, 355.
abrigo con esclavina 355.
abrigo de tres cuartos 352.
abrigo ranglan 355.
abrigo redingote 355.
abrigos 352, 355.
abrigos de hombre 717.
abrigos de mujer 716.
ábside 411.
absorción de agua y sales minerales 78.
absorción de dióxido de carbono 78.
absorción por el suelo 68.
absorción por las nubes 68.
abuela 784.
abuelo 784.
abuelos 784.
acabado 401.
acantilado 51.
acantodio 92.
acceso a los andenes 582.
acceso al segundo nivel de operaciones 529.
acceso para minusválidos 725.
accesorios 289, 345, 399, 401, 454, 462, 558, 580, 859.
accesorios de decoración 716.
accesorios de disparo 752.
accesorios de golf 866.
accesorios de hombre 716.
accesorios femeninos 717.
accesorios fotográficos 482.
accesorios musicales 436.
accesorios para cerrar 453.
accesorios para el objetivo 478.
accesorios para la pipa 390.
accesorios para las ventanas 282.
accesorios personales 374.
accesorios, cajetín 289.
accesorios, objetivos 478.
accidentales 435.
acción del viento 67.
accionador de presión del oxígeno 20.
acedera 187.
aceite de cacahuete 209.
aceite de girasol 209.
aceite de linaza 400.
aceite de maíz 209.
aceite de oliva 209.
aceite de sésamo 209.
aceitera 648.
aceites 209.
aceites lubricantes 656.
aceituna 188.
acelerador 331, 576.
acelga 185.
acento 435.
acento agudo 473.
acento circunflejo 473.
acento grave 473.
acera 245, 712, 714.
acerico 454.
acero 298.
achicoria de Treviso 186.
acicular 79.
acidificación de los lagos 70.
ácido nítrico, emisión 70.
ácido sulfúrico, emisión 70.
acolchado 883.
acolchado de seguridad 883.
acometida aérea 663.
acondicionador 379.
acondicionador de aire 261.
acondrito 8.
acoplamiento de pedal 444.
acoplamiento flexible 677.
acorazonada 79.
acorde 435.
acordeón 432.
acromion 153.
acrotera 403, 404.
actínidos 684.
actino 684.
actor 428.
actores, entrada 402.
actriz 429.
actuador 759.
acuarela 396.
Acuario 10.
acuífero confinado 646.
acumulador 559, 673.
adaptador 383, 485.
adaptador de acoplamiento 21.
adaptador de carga útil 24.
adaptador de cinta de vídeo compacto 496.
adaptador de corriente 526.
adaptador de enchufes 274.
adaptadores, ejemplos 269.
adarve 408, 409.
adarve cubierto 408, 409.
Adén, Golfo 34.
adición en la memoria 529.
administración 394, 735.
admisión 564, 565.
admisión de los detenidos, oficina 726.
adobes, casa 418.
adormidera, semillas 199.
adornos 435.
aduana 596, 621.
aductor del muslo 150.
aductor mayor 151.
aerocisto 75.
aerodeslizador (hovercraft) 605.
aerofreno 760.
aerógrafo 398.
aerógrafo, sección transversal 398.
aeropuerto 39, 618, 708.
afeitado 383.
afeitado, loción 383.
Afganistán 746.
afilador 229.
afinación 448.
afinador 444.
afluente 48.
África 28, 34, 50, 745.
afuste 756.
agar-agar 183.
agarrador 783.
agavilladora 642.
agencia de viajes 714.
agenda 387, 530.
agenda de caja 535.
agenda electrónica 530.
agenda telefónica 506, 531.
agente de policía 770.
agitador de aspas 292.
agnato 92.
agricultura intensiva 68, 70.
agu bendita, pila 737.
agua 646, 847.
agua a presión 662.
agua a presión, reactor 671.
agua caliente a presión, sistema 259.
agua de alimentación 671.
agua de deshielo 46.
agua de nubes 70.
agua de perfume 379.
agua hirviente, reactor 671.
agua hirviente, refrigerante 671.
agua natural 671.
agua pesada 670.
agua pesada a presión 670.
agua pesada de refrigeración 670.
agua pesada presurizada 670.
agua pesada, reactor 670.
agua presurizada, refrigerante 671.
agua, castaña 184.
agua, corriente 48, 95.
agua, depósito 241.
agua, sales minerales, absorción 78.
aguacate 188.
aguamarina 375.
aguanieve 57, 64.
aguarrás 400.
aguas bravas 837.
aguas bravas, kayak 837.
aguas residuales 70.
aguas seguras 616.
aguijón 98.
aguijón, saco 104.
Águila 10, 12.
águila 119, 741.
aguja 52, 64, 398, 411, 452, 453, 454, 590, 695, 776.
aguja circular 457.
aguja con lengüeta 456.
aguja de cambio 583.
aguja de control a larga distancia 590.
aguja de coser 233.
aguja de décimas de segundo 696.
aguja de punto 457.
aguja del transepto 410.
aguja imantada 907.
aguja indicadora 261, 479.
aguja picadora 233.
agujas del abeto 89.
agujas del pino 89.
agujero 423.
agujero apical 159.
agujero ciego 176, 272.
agujero intervertebral 157.
agujero negro 8.
agujero obturado 122.
ahogadero 854.
ahumador 422.
aikido 846.
aikidogi 846.
aikidoka 846.
airbag 556.
airbag, sistema de restricción 556.
aire 565.
aire acondicionado 567.
aire acondicionado de tierra 622.
aire cálido ascendente 63.
aire caliente 64, 675.
aire caliente a presión, sistema 258.
aire comprimido 398.
aire comprimido, bombona 873.
aire frío 64, 675.
aire frío subsidente 63.
aire libre, ocio 902.
aislador 562, 663.
aislador de suspensión 663.
aislamiento 259.
aislante 266, 267, 294, 672.
aislante a granel 299.
aislante de cera 265.
aislante de gomaespuma 299.
aislante plástico 272.
aislante premoldeado 299.
aislante vinílico 299.
ajedrea 202.
ajedrez 916.
ajo 184.
ajowán 199.
ajustador de la bota 889.
ajuste 528.
ajuste de altura 851.
ajuste de elevación 692.
ajuste de la altura del condensador 693.
ajuste de la lente de campo 693.
ajuste de la llama 391.
ajuste de la velocidad del obturador 479.
ajuste de profundidad 308.
ajuste de resistencia 851.
ajuste de tonos agudos 441.
ajuste de tonos bajos 441.
ajuste de volumen 505.
ajuste del display 506.
ajuste del tabulador 528.
ajuste fino de la altura 14, 15.
ajuste fino del acimut 14, 15.
ala 23, 97, 98, 115, 340, 341, 387, 625, 760, 897, 898, 909.
ala alta 628.
ala cerrado 807.
ala de la nariz 132.
ala de popa 609.
ala defensivo derecho 806.
ala defensivo izquierdo 806.
ala del cuarto 342, 370.
ala delantera 96.
ala delta 629, 897.
ala derecha 801, 804.
ala en delta 630.
ala en flecha 630.
ala izquierda 801, 804.
ala plegable 857.
ala recta 630.
ala superior 628.
ala trapezoidal 630.
ala trasera 96.
ala variable 630.
álabe 659.
alacena 224.
alamar 353.
alambre del reborde 561.
alambre para cortar 464.
álamo 88.
alargada 472.
alarma sonora 613.
alas 140, 628.
alas, diferentes formas 630.
alas, tarima 632.
Alaska,Golfo 30.
albahaca 202.
albanés 469.
Albania 744.

albañilería 315.
albaricoque 192.
albatros 119.
albornoz 364.
albúmina 117.
albumina, gándula 104.
albura 87.
alcachofa 187.
alcachofa de la ducha 264.
alcantarilla 712.
alcantarilla principal 712.
alcaravea 198.
alce 129.
alcohol puro 777.
aldabilla 389.
alemán 469.
Alemania 744.
alerce 89.
alero 403, 412, 809.
alero defensa 809.
alero derecho 811.
alero izquierdo 811.
alerón 23, 624, 840, 873, 891, 898.
alerón de hipersustentación 760.
aleta 260, 293, 625, 628, 631, 841.
aleta abdominal 108.
aleta anal 108.
aleta caudal 108, 136.
aleta compensadora 60.
aleta de fuselaje 23.
aleta de la nariz 175.
aleta de penetración superficial 609.
aleta de proa 609.
aleta del borde de fuga 624.
aleta dorsal 136.
aleta dorsal anterior 109.
aleta dorsal posterior 109.
aleta estabilizador 840.
aleta estabilizadora 608.
aleta fija 759.
aleta hipersustentadora 625.
aleta pectoral 108, 136.
aleta pélvica 108.
Aleutianas, Fosa 50.
alfalfa 190.
alféizar 249, 252.
alfil 916.
alfiler 380, 454.
alfiler de corbata 376.
alfileres 376.
alfombra 254.
alfombrilla 558.
alfombrilla de ratón 516.
alforfón 85.
alga 75.
alga parda 75.
alga roja 75.
alga verde 75.
alga, estructura 75.
algas 183.
algas, ejemplos 75.
algodón hidrófilo 777.
alheña 202.
alianza 376.
alicates 310.
alicates de electricista 317.
alicates de presión 310.
alicates de punta 317.
alicates para cutícula 377.
alicates pico de loro 310.
alidada 59, 612.
alidada móvil 701.
aligátor 114.
alimentación de agua 670, 671.
alimentación, cordón 237, 381.
alimentación, fuente 687.
alimentador 493, 512.
alimentador de oxígeno, palanca 898.
alimentos para animales 181.
alimentos selectos 180.
alineador 838.
alitán 218.
aliviadero 657.
aljuba 338.
alma 444, 591, 753.
almacén 716, 734, 769.
almacén de combustible nuevo 666.
almacén de congelados 181.
almacén de material estéril 778.
almacén de material sucio 778.
almacén material sucio 780.
almacenamiento de información, unidades 521.
almacenamiento digital 481.
almeja 217.
almena 408.
almendra 81, 193.
almidón 85.
almidón, glóbulo 74.
almirez 230.
almohada 280.
almohadilla carpal 130.
almohadilla del espolón 130.
almohadilla digital 130, 133.
almohadilla palmar 130.
almohadilla plantar 133.
alojamiento de disco 521.
alojamiento de la casete 499.
alojamiento de la cinta 496.
alojamiento para el disco 501.
alojamiento para la cinta 495.
alojamientos 886.
alpargata 344.
Alpes 32.
alpinista 901.
alquequenje 192.
alta presión, área 63.
alta velocidad, tren 585.
Altar 10.
altar lateral 737.
altar mayor 737.
altar, cruz 737.
altavoces extremos de graves 493.
altavoz 427, 496, 502, 503, 504, 505, 508, 513, 526, 626, 766, 828.
altavoz central 493.
altavoz de agudos 10.
altavoz de comunicación 594.
altavoz de control 488.
altavoz de frecuencias de graves 502.
altavoz de frecuenciasde medias 502.
altavoz de graves 10.
altavoz de medios 10.
altavoz defrecuencias altas 502.
altavoz principal 493.
altavoz surround 493.
alternado: selección de nivel 3 514.
alternador 552, 566, 586, 677, 688.
alternador de la turbina 674.
alternador de turbina 763.
alternativa 514.
altímetro 761, 896, 898, 899.
altímetro de emergencia 626.
altitud 66.
alto 546.
alto de caña 889.
alto voltaje 774.
altocúmulo 56.
altocúmulos 62.
altostrato 56.
altostratos 62.
altramuz 190.
altura 739.
altura de la ola 49.
altura de las nubes, medición 59.
altura de salto 829.
altura del agua 662.
altura del banco 647.
altura del peldaño 255.
altura máxima 545, 547.
alubias 191.
álula 115.
aluminio 682.
alveolo 274.
alvéolo dental 159.
alza 100, 439, 754, 755, 757, 859, 893, 912.
alzada 362.
alzado 250, 292.
alzapaños 282.
amanita virosa 76.
amantillo 602.
amantillo de botavara 602.
amapola 80, 84.
amaranto 203.
amárico 468.
amarillo 400, 690.
amarillo verdoso 400.
amarra 607, 858.
amarre 458, 835.
amarre anterior retráctil 567.
amasadora 239.
amatista 375.
ambiente 66.
ambiente natural 867.
ambulancia 775, 778.
ambulatorio 781.
ameba 94.
América Central 28, 30.
América del Norte 28, 30, 50.
América del Sur 28, 31, 50.
American shorthair 132.
americana 358.
americano, clavija de tipo 274.
Américas 742.
americio 684.
Amery, Plataforma de Hielo 29.
ametralladora 758.
amígdala 174.
amígdala lingual 176.
amígdala palatina 176.
amoladora de ángulo 308.
amortiguador 18, 417, 553, 575, 876.
amortiguador de caucho 920.
amortiguador de fieltro 442.
amortiguador delantero 577.
amperio 702.
ampliación del voltaje 665.
ampliadora 485.
amplificador 450.
amplificador -sintonizador 503.
amplificador /sintonizador : vista frontal 497.
amplificador /sintonizador : vista posterior 497.
amplificador de voltaje 662.
amplitud 690.
ampolla 95, 274, 275, 783.
ampolla de la trompa uterina 171.
ampolla de vidrio 275.
amurada 602.
anacardo 193.
anaquel 279, 291, 723.
anatomía 150.
anatomía de un árbol 87.
anatomía de un bogavante 107.
anatomía de un caballo 125.
anatomía de un caracol 104.
anatomía de un hongo 76.
anatomía de un pájaro 116.
anatomía de un pulpo 106.
anatomía de una abeja 99.
anatomía de una araña hembra 103.
anatomía de una concha bivalva 105.
anatomía de una esponja 95.
anatomía de una estrella de mar 95.
anatomía de una mariposa hembra 97.
anatomía de una perca 109.
anatomía de una planta 77.
anatomía de una rana macho 110.
anatomía de una serpiente venenosa 112.
anatomía de una tortuga 113.
ancha 472.
ancho de barrido del radar 40.
anchoa 219.
anchura de la base 663.
ancla 610.
ancla de arado 610.
ancla de buque 610.
ancla de cepo 610.
ancla de hongo 610.
ancla flotante 610.
ancla sin cepo 610.
anclaje 540.
anclas, ejemplos 610.
anclote 610.
ancóneo 151.
áncora 697.
andador 782.
andaduras 124.
andamio sobre ruedas 321.
andén 583, 593, 620.
andén de pasajeros 582.
Andes, Cordillera 31.
andouillete 216.
Andrómeda 12.
anemómetro 58, 59, 677, 898.
anemómetro de emergencia 626.
anfibios 110.
anfibios, ejemplos 111.
anfiteatro romano 407.
angarilla 776.
Anglicanismo : Enrique VIII 736.
Angola 746.
anguila 219.
ángulo agudo 704.
ángulo entrante 704.
ángulo horario 17.
ángulo obtuso 704.
ángulo recto 704.
ángulo saliente 409.
ángulos, ejemplos 704.
ángulos, medición 701.
Anik 487.
anilla 284, 696, 699, 824.
anilla de la tuerca 269.
anilla de sujeción 909.
anilla del cordón 282.
anilla guía 909.
anilla para colgar 382.
anilla para lanzado largo 910.
anillas 824, 825.
anillas para flexiones 851.
anillo 76, 249, 284, 383, 390, 391, 447, 482, 522, 659, 901.
anillo de ajuste 302, 320, 446.
anillo de ajuste del enfoque 478.
anillo de articulación 911.
anillo de bloqueo 756.
anillo de carrillera 854.
anillo de cierre 483.
anillo de compromiso 376.
anillo de crecimiento 87.
anillo de enfoque 692.
anillo de graduación 376.
anillo de gravedad 610.
anillo de la leva 307.
anillo de las riendas 854.
anillo de quijada 854.
anillo de reglaje del par de apriete 306.
anillo de retención 263, 268.
anillo de retención de la empaquetadura 268.
anillo de unión del casco 20.
anillo dióptrico 614.
anillo distribuidor 659.
anillo graduado de ascensión recta 14, 15.
anillo graduado de declinación 15.
anillo inferior 659.
anillo ocular 115.
anillo regulador 659.
anillo sellador 655.
anillo, partes 376.
anillos 376.
anillos colectores 688.
anillos de sonido 433.
anís 202.
anís estrellado 84.
anjova 220.
ano 95, 97, 103, 104, 105, 106, 107, 109, 113, 164, 169, 170.
año, estaciones 54.
ánodo 266, 689.
anorak 371, 901.
anotador 810, 812, 813, 814, 819, 845, 860, 864, 920.
anotadores 844, 846.
Antártica 28, 29.
antebrazo 130, 147, 149, 860.
antefija 403.
antehélix 173.
antena 17, 60, 96, 97, 98, 99, 107, 504, 505, 506, 551, 577, 611, 624, 631, 758, 761, 771, 812.
antena -receptor GPS 613.
antena de alta frecuencia, cable 628.
antena de alta ganancia 18.
antena de baja ganancia 18.
antena de banda S 60.
antena de banda S de alta ganancia 60.
antena de banda X 40.
antena de comunicaciones 761.
antena de control remoto 40.
antena de emisión 486.
antena de emisión /recepción 486.
antena de radar 760, 763.
antena de radio 604, 606, 608, 609, 652, 763, 873.
antena de telecomunicaciones 608, 609, 762.
antena de telecontrol 60.
antena de telemetría 60.
antena del radar 40.
antena doméstica 486.
antena múltiple 763.
antena parabólica 489, 493.
antena parabólica de recepción 486.
antena parabólica de transmisión 486.
antena telescópica 503.
antena UHF 18, 60.
antena VHF 762.
antenas de exploración y rescate 60.
anténula 107.
anteojera 857.
anteojo buscador 14, 15.
anteojo telescópico 612.
antepista 865.
antera 80.
anticiclón 55.
anticlinal 651.
Antigua y Barbuda 743.
Antillas 30.
antílope 128.
antimonio 682.
antiséptico 777.
antitrago 173.
anudado 463.
anulación de la memoria 529.
anuncio 471.
anuncios por palabras 471.
anuncios, tablero 535.
anzuelo 909, 911.
aorta 162, 163.
aorta abdominal 160, 165.
aorta ascendente 161.
aorta descendente 161.
aorta dorsal 99.
aorta ventral 109.
aorta, cayado 160, 161, 162.
aovada 79.
apagador 443.
apagallama 755.
aparador 279.
aparador con vitrina 279.
aparato de Golgi 74, 94.
aparato de navegación aérea 761.
aparato de respiración autónomo 765.
aparato digestivo 164.
aparato respiratorio 163.
aparato urinario 165.
aparatos 823.
aparatos acondicionadores 261.
aparatos de ejercicios 850.
aparatos de medición 695.
aparatos electrodomésticos 236, 288.
aparcamiento 620, 713, 735, 866, 886.
aparcamiento de bicicletas 735.
aparejo 911.
aparejo de juanete de estay 603.
aparejo de mastelero de estay 603.
aparejos 602.
aparejos, ejemplos 601.
apartado 720.
apartamentos 886.
apéndice nasal 140.
apéndice vermiforme 164.
apéndices bucales 98.
apéndices torácicos 107.
apertura terminal 105.
apertura urogenital 109.
ápice 104, 105, 159, 176.
apilador hidráulico 633.
apio 185.
apio nabo 189.
aplicador de esponja 378.
aplicadores de algodón 777.
aplique 287.
apófisis espinosa 168.
apófisis estiloides 158.
apófisis mastoides 158.
apófisis transversal 157.
apófisis trasversa 168.
Apollo 19.
apóstrofe 473.
apotecio 74.
apoya-flecha 913.
apoyador 806.
apoyador exterior 806.
apoyador interior 806.
apoyatura 435.
apoyo 661.
apoyo de espalda 757.
apoyo de la sordina 443.
apoyo del macillo 442, 443.
apoyo del pulgar 776.
apoyo mejilla 860, 861.
apoyo para el mentón 439.
apoyo para el pie 892.
apoyo, punto 103.
apuesta de cinco números 919.
apuesta en cuadro 919.
apuesta libre 919.
apuesta sobre dos columnas 919.
apuntador electrónico 492.
aquenio 83, 84.
árabe 468.
Arabia Saudí 746.
Arabia, Península 33.
arácnidos 96.
arácnidos, ejemplos 102.
aracnoides 167.
arado de vertedera 641.
Aral, Mar 33.
arame 183.
arameo 468.
araña 103.
araña cangrejo 102.
araña de agua 102.
araña de luces 287.
araña hembra, anatomía 103.
araña, morfología 103.
araña, tela 103.
arándano 192.
arándano agrio 192.
arándano negro 192.
arándano rojo 192.
arandela 268, 287, 290, 689, 888.
arandela de presión 310.
arandela de presión de dientes externos 310.
arandela de presión de dientes internos 310.

arandela plana 310.
arandelas 310.
árbitro 799, 801, 803, 805, 807, 810, 817, 818, 819, 830, 842, 843, 845, 846, 864, 877, 879, 882.
árbitro a caballo 858.
árbitro adjunto 882.
árbitro auxiliar 814, 847, 860.
árbitro de base meta 795.
árbitro de la defensa 807.
árbitro de lado 846.
árbitro de recorrido 838.
árbitro en jefe 846, 847.
árbitro jefe 883.
árbitro principal 814, 827, 837.
árbol 87, 659, 686, 688.
árbol de la hélice 609.
árbol de levas 566.
árbol de Navidad 652, 654.
árbol de transmisión 631.
árbol de transmisión longitudinal 553.
árbol del turbocompresor 627.
árbol frutal 182.
árbol ornamental 182, 244, 322.
árbol oscilante, brazo de elevación 640.
árbol, anatomía 87.
arboladura 602.
árboles 866.
árboles latifoliados, ejemplos 88.
arborización terminal 168.
arbotante 410, 411, 839.
arbusto 322.
arca 738.
arcabuz 752.
arcada 407, 410.
arce 88.
arce, jarabe 209.
archaeognatha 92.
archipiélago 38.
archivador colgante 532.
archivador de fichas 533.
archivador de fuelle 533.
archivador lateral 510.
archivador móvil 510.
archivador, gaveta 533.
archivadores 510.
archivar 532.
archivo 509, 524, 769.
archivo médico 781.
archivo, formato 524.
archivos 394.
archivos, servidor 523.
arcilla de modelar 464.
arco 307, 439, 540, 704, 750.
arco compuesto 913.
arco de competición 859.
arco de dos articulaciones 541.
arco de elevación 756.
arco de entramado 540.
arco de medio punto 413.
arco de tres articulaciones 541.
arco dentario inferior 174.
arco dentario superior 174.
arco fijo 541.
arco formero 410.
arco insular 49.
arco iris 65.
arco moderno 750.
arco natural 51.
arco recto 859.
arco tensor 448.
arco, puente 540.
arcón congelador 291.
arcos y ballesta 750.
arcos, ejemplos 541.
ardilla 123.
ardilla listada 123.
área de actividades al cubierto 727.
área de alta presión 63.
área de aterrizaje 891.
área de baja presión 63.
área de caída 790, 793.
área de cocina 722.
área de competición 824, 847.
área de control de la cámara 489.
área de descanso 39.
área de estacionamiento 708.
área de gol 814.
área de juego 877, 918.
área de lixiviación 263.
área de llegada 885, 891.
área de lucha libre 843.
área de mantenimiento 489.
área de peligro 844.
área de penalti 802.
área de procesamiento del petróleo 652.
área de recepción 395, 716.
área de servicio 39, 818.
área de servicio derecha 819.
área de servicio izquierda 819.
área grabada 501.
área pequeña 802.
áreas válidas de tocado 848.
arena 407, 660, 813.
arenera 586.
arenque 219.
aréola 171.
arganeo 610.
Argelia 745.
Argentina 742.
argolla de izar 610.
argolla de remolque 756.
argolla para tirar 776.
argón 684.
Ariane IV 24.
Ariel 5.
Aries 12.
arista 404.
armadura 435, 749, 902.
armadura del techo 253.
armario 224, 278, 724.
armario bajo 510.
armario colgante 224.
armario de secado de negativos 484.
armario del lavabo 264.
armario inferior 224.
armario para el personal 584.
armario para la tabla espinal 775.
armario para papelería 510.
armas 748, 849.
armas blancas 751.
armas de la Edad de Piedra 748.
armas delimperio romano 748.
armazón 252, 256, 259, 278, 280, 287, 288, 292, 293, 308, 320, 321, 389, 449, 460, 676, 899.
armazón de empuje 636.
armazón de la máscara 796.
armazón de madera 403.
armazón de metal 442.
armazón del quemador 903.
Armenia 746.
armeno 469.
armiño 741.
armónica 432.
arnés 611, 896, 897, 900.
arnés 896.
arneses para trotones 857.
aro 385, 459, 611, 809, 811, 823, 855.
arpa 440.
arpas 437.
arpegio 435.
arpón submarino 841.
arqueópteris 93.
arquero 859.
arquitectura 394, 402.
arquitrabe 403, 405.
arquivoltas 411.
arranque 327, 850.
Arrecife, Gran Barrera 29.
arrendajo 118.
arriate 244, 322.
arroyo 48.
arroz 85, 203, 207.
arroz : espiga 85.
arroz basmati 207.
arroz blanco 207.
arroz integral 207.
arroz parboiled 207.
arroz silvestre 203.
arroz, fideos 207.
arroz, galletas 207.
arroz, vermicelli 207.
arrozal 69.
arsénico 682.
arte 394.
arteria arcuata 160.
arteria axilar 160.
arteria braquial 160.
arteria carótida primitiva 160.
arteria dorsal del pie 160.
arteria dorsoabdominal 107.
arteria esternal 107.
arteria femoral 160.
arteria ilíaca común 160, 165.
arteria ilíaca interna 160, 161, 165.
arteria mesentérica inferior 165.
arteria mesentérica superior 160, 165.
arteria pulmonar 160, 162, 163.
arteria renal 160, 165.
arteria subclavia 160.
arteria tibial anterior 160.
arteria ventral 107.
artes escénicas 427.
artes gráficas 420.
Ártico 28.
articulación 557, 863, 909.
articulación artrodial 156.
articulación condilar 156.
articulación en bisagra 156.
articulación en pivote 156.
articulación en silla de montar 156.
articulación esferoidea 156.
articulación plana 156.
articulaciones sinoviales, tipos 156.
artículo 471.
artículos de cocina 716.
artículos de escritorio 528.
artículos de fumador 390.
artículos de limpieza 180, 295.
artículos de marroquinería 386.
artículos de tocador 717.
artículos para animales 181.
artículos personales 374, 383.
artículos varios 534.
artropleura 92.
arzón 826, 855.
arzón de amarre 897.
as 914.
as de guía 908.
as de guía de eslinga doble 908.
asa 236, 237, 238, 239, 240, 280, 289, 290, 295, 303, 304, 308, 313, 328, 386, 387, 388, 389, 504, 884, 910.
asa aislante 239.
asa de la barquilla 899.
asa de levantamiento 756.
asa extensible 386.
asado 214.
asado de cerdo 215.
asadores 234.
asafétida 199.
ascensión recta 13.
ascensor 16, 417, 509, 713, 724, 761.
ascensor, cabina 417.
asegurador 900.
aseo 250, 719, 728, 731, 733.
aseo de caballeros 509, 724.
aseo de señoras 509, 724.
aseo del personal 768.
aseos 395, 584, 715, 723, 735, 779, 781.
aseos de caballeros 427.
aseos de los bomberos 764.
aseos de los oficiales 764.
aseos de señoras 427, 725.
aseos para los clientes 720.
aseoss de caballeros 725.
asfalto 656.
Asia 28, 33, 50, 746.
asidero 554, 567, 570, 584, 766.
asidero : (espalda) 830.
asidero horizontal 587.
asidero lateral 594.
asidero vertical 594.
asidero, espalda 830.
asiento 264, 265, 276, 277, 281, 333, 464, 538, 555, 577, 775, 783, 839, 851, 857, 876, 885, 898.
asiento : vista frontal 555.
asiento : vista lateral 555.
asiento ajustable 584.
asiento de corredera 851.
asiento de eyección 760.
asiento de la válvula 268.
asiento del auxiliar de ambulancia 775.
asiento del capitán 626.
asiento del comandante 758.
asiento del copiloto 626.
asiento del piloto 758.
asiento del rabino 738.
asiento del tapón 265.
asiento del teclado 442.
asiento del timonel 838.
asiento doble 594.
asiento individual 594.
asiento trasero 555.
asientos 277.
asistente de presidente del jurado 881.
asistente del guionista 490.
asistentes de los abogados 728.
asno 128.
aspa 261, 676, 677.
aspirador 289, 775.
aspirador de aire 259.
aspirador manual 288.
aspiradora de fangos 573.
aspirina 777.
asta 739, 918.
astada 79.
ástato 683.
astenosfera 42.
asterisco 473.
astigmatismo 691.
astil 698.
astil, balanza 698.
astrágalo 153, 155, 405, 753.
astronáutica 18.
astronomía 4.
atacador 752.
Atacama, Desierto 31.
atacante 809.
aterrizaje 891.
aterrizaje y despegue, pista 620.
atizador 257.
atlas 111, 122, 126, 131, 153, 157.
Atlas, Cordillera 34.
atleta : taco de salida 791.
atleta de biathlón 893.
atletismo 788, 790.
atmósfera 66, 70.
atmósfera terrestre, corte 53.
atolón 51.
átomo 680.
átomos 680.
atracción 687.
atrecista 429.
atril 436, 444, 451, 737.
atrio 406.
atún 220.
audiencia 728.
audio player portátil digital 503.
audioguía 394.
auditorio 394, 718, 732.
aula 727, 735.
aula de artes plásticas 734.
aula de ciencias 734.
aula de informática 734.
aula de música 734.
aula para estudiantes con dificultad de aprendizaje 734.
aumento de la tensión 646.
aumento del efecto invernadero 68.
aurícula 98.
aurícula derecha 161, 162.
aurícula izquierda 161, 162.
auricular 502, 506, 507, 776.
auricular, micrófono 506.
auriculares 115, 502, 503, 504.
aurora polar 53.
Australia 28, 50, 747.
Austria 744.
autobomba tanque 766.
autobús 568, 713.
autobús articulado 569.
autobús escolar 568.
autobús urbano 568.
autobuses, estación 710.
autocar 568.
autocar de dos pisos 569.
autocaravana 567.
autoclave 780.
autodefensa antimisil 762.
autoescalera 766.
automático 453.
automatización de la oficina 509.
automatización de oficina 468.
automóvil 549.
automóvil eléctrico 563.
automóvil híbrido 563.
automóvil urbanita 549.
automóviles 553.
automóviles : componentes principales 552.
automóviles, contaminación 69.
autopista 39, 539, 709.
autoservicio, restaurante 722.
autótrofos 67.
auxiliares ortopédicos para caminar 782.
avambrazo 749.
avance rápido 495.
ave 115.
ave acuática 117.
ave de rapiña 117.
Ave del Paraíso 10.
ave granívora 117.
ave insectívora 117.
ave zancuda 117.
avefría 118.
avellana 193.
avellana, corte 84.
avellanador de tubos 314.
avena 85, 203.
avena : panícula 85.
avena, harina 204.
avenida 39, 711.
aventador de forraje 643.
aves 115.
aves acuáticas 117.
aves de corral 213.
aves de rapiña 117.
aves paseriformes 117.
avestruz 119.
avión carga 629.
avión de combate 760.
avión de despegue y aterrizaje verticales 628.
avión de línea 53.
avión ligero 628.
avión nodriza 760.
avión particular 628.
avión postal 475.
avión radar 629.
avión stealth 629.
avión supersónico 629.
avión turborreactor de pasajeros 624.
avión, movimientos 630.
aviones, ejemplos 628.
avispa 101.
avispón 101.
axel 881.
axila 146, 148.
axila de la hoja 79.
axiómetro 834.
axis 122, 153, 157.
axón 168.
aymara 469.
ayudante 181, 842.
ayudante del atrecista 429.
ayudante del director 429.
ayutamiento 710.
azada 326.
azada de doble filo 326.
azadón 327.
azadón rotatorio 641.
azafrán 198.
Azerbaijan 746.
azúcar 209.
azúcar candi 209.
azúcar glas 209.
azúcar granulado 209.
azúcar moreno 209.
azúcar, termómetro 231.
azucarero 226.
azucena 80.
azuela 326.
azuela para desbastar 401.
azufre 683.
azul 400, 690.
Azul danés 211.
azul verdoso 400.
azul violeta 400.
azur 741.

B

babera 749.
babero 368.
babilla 124.
babor 609, 616, 617.
babuino 139.
bacalao del Atlántico 221.
baches 890.
backgammon 915.
bacón americano 216.
bacón canadiense 216.
badén 545.
bádminton 816.
Baffin, Bahía 30.
baguette 204.
Bahamas 742.
bahía 7, 38.
Bahía de Baffin 30.
Bahía de Bengala 33.
Bahía de Hudson 30.
Bahrain 746.
bailarina 343.
baile, cuchilla 881.
bajada de aguas 244.
bajada peligrosa 545.
bajada pronunciada 547.
bajante 265.
bajo 441.
bala 752, 753, 912.
bala con perdigones 752.
bala de barra 752.
bala de plomo 757.
bala sólida 752.
balalaika 433.
balancín 284, 566, 599.
balanza de astil 698.
balanza de precisión 699.
balanza de Roberval 698.
balanza para cartas 531.
balas de paja 875.
balasto 591.
balaustrada 412.
balaustre 255.
Balcanes, Península 32.
balcón 251, 431, 614, 738.

baldosa 299, 322.
baliza de socorro 611.
Ballena 10, 12.
ballena 137, 349.
ballena blanca 137.
ballenera 601.
ballesta 750.
ballesta, arcos 750.
balón 685, 809, 827.
balón de baloncesto 810.
balón de balonmano 814.
balón de fútbol 802.
balón de fútbol americano 808.
balón de rugby 805.
baloncesto 788, 810.
balonmano 814.
balsa salvavidas 605, 611.
balso 908.
bambalina 430.
Bambara 468.
bambú, brote 185.
bambúes 917.
banana 196.
bancada 304.
banco 277, 593, 647, 710, 715, 730, 737, 851, 915.
banco de arena 49.
banco de trabajo 312.
banco emisor, iniciales 729.
banda 602, 803, 806, 809, 810, 812, 817.
banda acolchada 502.
banda antiadherente 894.
banda azul 871.
banda blanca 812.
banda central 919.
banda de ajuste 502, 504.
banda de arquitrabe 404.
banda de desgarre 899.
banda de goma 862.
banda de identificación técnica 501.
banda de jazz 438.
banda de la cabecera 862.
banda de rodamiento 640.
banda de suspensión 772.
banda de tensión 59.
banda de ventilación 860, 912.
banda elástica 350.
banda fotosensible 58.
banda frontal 550.
banda grabada 500.
banda holográfica metalizada 729.
banda lateral de la red 812.
banda lateral protectora 571.
banda magnética 729.
banda nubosa en espiral 63.
banda parasol 58.
banda protectora 560, 561, 571.
banda reflectante 611.
banda reflectora 765.
bandas de frecuencia 498.
bandeja 239, 261, 281, 313, 389.
bandeja de accesorios 399.
bandeja de alimentación 519.
bandeja de correspondencia 531.
bandeja de pago 920.
bandeja de pastelería 232.
bandeja de pintura 320.
bandeja de recepción de copias 512.
bandeja de salida 519.
bandeja de vidrio 291.
bandeja del disco 494.
bandeja para cosméticos 389.
bandeja para cubitos de hielo 291.
bandeja para el papel 511.
bandeja para herramientas 321.
bandeja para los entremeses 226.
bandeja para recoger el papel 511.
bandejas 722.
bandejas para el papel 512.
bandera 804.
bandera con Schwenkel 739.
bandera cuadrada 739.
bandera de cuadros 872.
bandera de dos puntas 739.
bandera de dos puntas y lengua 739.
bandera de la Unión Europea 729.
bandera rectangular 739.
bandera, partes 739.
banderas 742.
banderas, formas 739.
banderín 739, 890.
banderín de córner 802, 803.
banderín de esquina 801.
banderín doble 739.
banderín móvil 867.
banderola 739.
banderola de la exposición en curso 394.
banderola de la exposición futura 394.
bandolera 388, 391, 527.
bañera 251, 262, 264, 724, 834.
Bangladesh 747.
banjo 432.
baño 724, 780.
baño de fijación 485.
baño de revelado 485.
baño de stop 485.
baños de revelado 485.
banqueta 277.
banquillo 803, 842.
banquillo de jugadores 794, 807, 812.
banquillo de los acusados 728.
banquillo de los jugadores 801, 809, 814, 878.
banquillo de los penaltis 879.
banquillo del entrenador 794.
banquillo del equipo 827.
Banquisa de Ross 29.
baqueta 433.
baquetas 449.
bar 427, 431, 710, 714, 719, 720.
bar, barra 720.
bar, taburete 720.
baraja 914.
baranda 862.
barandilla 250, 251, 255, 321, 417, 542, 586, 894.
barba 115, 390.
barbacana 408.
barbada 854.
Barbados 743.
barbecho 182.
barbilla 115, 911.
barbiquejo 602.
barboquejo 765.
barbote 749.
barco de perforación 653.
barco de vapor de ruedas 599.
barco de vela de cuatro palos 602.
barco perforador 604.
bardana 189.
Barents, Mar 32.
bario 682.
barján 52.
barniz 400.
barógrafo 59.
barómetro de mercurio 59.
barqueta 222.
barquilla 899.
barquilla de mimbre 899.
barra 51, 127, 284, 332, 385, 449, 578, 641, 686, 695, 722, 826, 840, 850, 851, 915.
barra acanalada 284.
barra alta 824.
barra antivibración 331.
barra baja 824.
barra colectora 658.
barra con pesas 850.
barra de acero 825.
barra de arrastre 638.
barra de camareros 584.
barra de combustible 667.
barra de compás 434.
barra de cortina 284.
barra de cuchillas 643.
barra de dirección 552, 897.
barra de equilibrio 824, 826.
barra de escotas 835.
barra de extensión de piernas 851.
barra de flexión de piernas 851.
barra de la aguja 453.
barra de madera 825.
barra de maniobra 643.
barra de operación 755.
barra de pan 204.
barra de percusión 767.
barra de rastrillos 642.
barra de remolque 567, 622, 642.
barra de repetición 434.
barra de torsión 850.
barra de tracción 756.
barra de triceps 851.
barra de varilla doble 284.
barra de varilla simple 284.
barra del bar 720.
barra del prensatelas 453.
barra deslizable 456.
barra distanciadora 568.
barra espaciadora 514, 528.
barra estabilizadora 633.
barra fija 824, 825.
barra inferior 285.
barra lateral 851.
barra lisa 284.
barra sujetadora 448.
barra telescópica 920.
barra tensora 457.
barra transversal 897.
barras paralelas 825.
barras paralelas asimétricas 824.
barredora 573.
barrena 648, 649, 651.
barrena de muro 306.
barrera 281, 852.
barrera de contención 872.
barrera de salida móvil 857.
barrera del paso a nivel 591.
barrote 281.
basamento 412.
báscula de baño 699.
báscula de cocina 231.
báscula electrónica 699.
báscula romana 698.
base 58, 185, 239, 240, 273, 286, 305, 307, 308, 381, 405, 424, 425, 494, 500, 516, 517, 531, 591, 676, 685, 693, 698, 739, 767, 811, 825, 826.
base con protecciones 811.
base de cemento 254.
base de cemento, parqué sobre 254.
base de datos 525.
base de la espiga 268.
base de la lámpara 614.
base de la ola 49.
base de lanzamiento 795.
base de prensado 425.
base del bulbo 78.
base del cargador 754.
base del hogar 256.
base del plato 500.
base del respaldo 276.
base del telescopio 17.
base del tronco 87.
base del tubo 275.
base exterior 915.
base fija 312.
base giratoria 312.
base impermeable 254.
base interior 915.
base líquida 378.
base meta 795.
basilosaurus 93.
Bass, Estrecho 29.
bastidor 100, 303, 312, 386, 389, 423, 459, 575, 612, 641, 672, 673, 688, 816, 822, 823, 824, 870, 895.
bastidor de coser 424.
bastidor de los rodillos 636.
bastidores 430.
bastión 409.
bastón 391, 846, 891.
bastón cuadrangular 782.
bastón de esquí 888, 892.
bastón del portero 879.
bastón inglés 782.
bastón ortopédico 782.
bastón para caminar 782.
bastoncillo 177.
bastones 391, 867.
basura, cubo 295.
basura, separación selectiva 71.
bata 364.
batán 460.
batata 184.
bate 796, 797, 798.
bate de softball 797.
bateador 795, 796, 798, 799.
batería 302, 306, 448, 513, 552, 562, 563, 586, 687, 759.
batería auxiliar 563.
batería de cocina 722.
batería electrónica 451.
baterías de tracción 563.
batidor 232, 641.
batidor mecánico 232.
batidora de mano 236.
batidora de mesa 236.
batidora de pie 236.
batidora de vaso 236.
batiente 249.
batímetro 841.
baúl 279, 389.
bauprés 602.
baya 83.
bayas 192.
bayas de enebro 198.
bayeta de cocina 295.
bayeta, cocina 295.
bayoneta con empuñadura 751.
bayoneta de cubo 751.
bayoneta de mango 751.
bayoneta integral 751.
bazo 109, 110, 113, 125, 161.
bazuca 757.
Beaufort, Estrecho 30.
bebé, ropa 368.
bebidas 180.
becquerel 702.
becuadro 435.
begonia 80.
béisbol 794, 796.
belfo 124.
belfos 130.
Bélgica 743.
Belice 742.
bellas artes 394.
bemol 435.
Bengala, Bahía 33.
Benín 745.
berberecho 217.
berbiquí 307.
bereber 468.
berenjena 188.
bergamota 194.
bergantín 601.
bergantín goleta 601.
berilio 682.
Bering, Estrecho 30.
berlina 549.
berma 660.
bermudas 358.
berquelio 684.
berro 187.
berros de jardín 187.
berza 186.
besuguera 234.
betún 345.
biathlon 893.
biblioteca 395, 711, 726, 732, 734.
bíceps braquial 150.
bíceps femoral 151.
bichero 611.
bicicleta 578.
bicicleta BMX 581.
bicicleta de carreras 870.
bicicleta de carretera 581.
bicicleta de ciudad 581.
bicicleta de cross 870.
bicicleta de descenso 870.
bicicleta de persecución 871.
bicicleta de turismo 581.
bicicleta estática 851.
bicicleta holandesa 581.
bicicleta todo terreno 581.
bicicleta, partes 578.
bicicletas, ejemplos 581.
bicornio 339.
bidé 264.
biela 564, 566.
Bielorrusia 744.
bies 455.
bígaro 217.
bigotes 132.
billar 862.
billar francés 862.
billar inglés 863.
billete : recto 729.
billete : verso 729.
billete, recto 729.
billete, verso 729.
billetera 386, 387.
billetero 387.
billetes de banco 915.
billetes, emisión 730.
bimah 738.
binóculos de tijera 385.
biología 702.
biombo para soldar 318.
biosfera 66.
biosfera, estructura 66.
bióxido de carbono, reactor 670.
biplano 628.
bípode 755, 756.
birimbao 433.
birmano 468.
bisabuela 784.
bisabuelo 784.
bisabuelos 784.
bisagra 238, 247, 249, 278, 294, 386, 389, 465, 500, 554, 692.
bisel 776.
bismuto 682.
bisonte 128.
bistec 214.
bita 607.
bizna 84.
bizniestos 784.
biznieto 784.
biznietos 784.
blanca 435, 914, 915.
blanca doble 914.
blancas 916.
blanco 40, 41, 690, 861, 893.
blanquear con cloro , siguiendo las indicaciones 347.
blastodisco 117.
blindaje 758.
blindaje de hormigón 670, 671.
bloque 444.
bloque corredizo 595.
bloque de apartamentos 419, 711, 886.
bloque de cierre de la recámara 756, 912.
bloque de cierre de recámara 912.
bloque de cirugía 780.
bloque de contención 667.
bloque de hormigón 298.
bloque de madera grabado 421.
bloque de madera para grabar 421.
bloque del motor 566.
bloqueo 700.
bloqueo corrimiento 515.
bloqueo de inclinación lateral 482.
bloqueo de la columna 482.
bloqueo de la plataforma 482.
bloqueo de los cimientos 660.
bloqueo de movimiento horizontal 482.
bloqueo eje 894.
bloqueo giratorio 572.
bloqueo mayúsculas 514.
bloqueo numérico 515.
bloqueo, tornillos 700.
blusa caracó 337.
blusas, ejemplos 359.
blusón 359.
blusón con tirilla 359.
BMX 871.
boa 114.
bob 884.
bobina 495, 909, 910.
bobina móvil 488.
bobinado 688.
bobinas 452.
bobsleigh 884.
bobsleigh a cuatro 884.
boca 95, 104, 105, 107, 110, 136, 148, 174, 301, 312, 444, 753, 754, 756, 854, 860, 912.
boca de acceso 655.
boca de aspiración de aire 605.
boca de llenado 553.
boca de riego 712, 767.
boca del tanque de combustible 332.
boca para la manguera 329.
bocado articulado 854.
bocado con la barbada 854.
bocado corredizo 854.
bocado de codo militar 854.
bocado de filete 854.
bocado del filete 854.
bocallave 249.
bocamina 650.
bocha 864.
bocina de niebla 611.
bocina neumática 570.
bodega 720.
bodega de carga 22.
bodega de contenedores 605.
bodega de equipaje 625, 631.
bodega de equipos 24.
body 359, 366, 371.
bogabante 218.
bogavante 107.
bogavante, anatomía 107.
bogavante, morfología 107.
bogie 586, 595, 895.
bogie del motor 585.
bogie motor 595.
bohrio 683.
boina 341.
bokken 846.
bol 237.
bol mezclador 236.
bol para ensalada 226.
bola 268, 301, 865, 920.
bola amarilla 863.
bola azul 863.
bola blanca 862, 863.
bola de corcho 797.
bola de hilo 797.
bola de marfil 919.
bola de proa 839.
bola de rodamiento 470.
bola marrón 863.
bola negra 863.
bola pinta 862, 863.
bola roja 862, 863.
bola rosa 863.
bola verde 863.
bolas numeradas 862.
bolas rojas 863.

bolera 864.
bolera 714.
bolero 358.
bolero con botones 358.
boles para batir 232.
boleto comestible 183.
boliche 864.
bolígrafo 470.
bolillo 458.
bolillos 458.
bolina 833.
Bolivia 742.
bolo 865.
bolo chico 865.
bolo cilíndrico 865.
bolo delantero 865.
bolo pequeño 865.
bolos 864.
bolos sobre hierba 864.
bolos, ejemplos 865.
bolsa 143, 222.
bolsa copuladora 97, 104.
bolsa de cuero 529.
bolsa de golf 869.
bolsa de lona 388.
bolsa de malla 222.
bolsa de tinta 106.
bolsa de veneno 99.
bolsa para congelador 222.
bolsa para trajes 389.
bolsa, cajetín 289.
bolsas 181.
bolsillo 313, 354, 386, 862, 869.
bolsillo con cartera 348, 352.
bolsillo de fuelle 359, 360.
bolsillo de manguito 360.
bolsillo de ojal 348, 353, 355.
bolsillo de ojal con ribete 360.
bolsillo de ojal de sastre 360.
bolsillo de parche 348, 353, 360, 368.
bolsillo de parche con cartera 360.
bolsillo de ribete 348.
bolsillo de ribete ancho 352, 355.
bolsillo del cambio 348.
bolsillo delantero 350, 386.
bolsillo disimulado 355, 360.
bolsillo exterior 387, 388.
bolsillo lateral 554.
bolsillo secreto 386.
bolsillo simulado 355, 360.
bolsillo superior 349, 352.
bolsillo trasero 350.
bolsillo vertical 337.
bolsillos, ejemplos 360.
bolsita de té 208.
bolso clásico 387.
bolso de bandolera 388.
bolso de fuelle 388.
bolso de la compra 388.
bolso de vestir 388.
bolso de viaje 388.
bolso interior 389.
bolso manguito 388.
bolso saco 388.
bolso tipo cubo 387.
bolsos 387.
bomba 246, 292, 294, 320, 670, 671, 674, 903.
bomba de aire 578.
bomba de aire comprimido 841.
bomba de circulación 259, 675.
bomba de petróleo 259.
bomba para lodos 651.
bomba tipo pedestal para sumidero 263.
bomba transportadora de calor 669.
bomba volcánica 44.
bombachos 358.
bombardino 447.
bomberos 765.
bombilla 316, 687.
bombilla de bayoneta 275.
bombilla de flash 482.
bombilla de rosca 275.
bombilla económica 275.
bombilla incandescente 274.
bombilla reflectora 765.
bombo 437, 448.
bombona de aire comprimido 765, 873.
bombona de gas 314, 319, 903.
bombona de gas médico 780.
bombona de oxígeno portátil 775.
bongos 449.
boniato 184.
boquilla 259, 265, 315, 319, 320, 328, 329, 390, 398, 446, 447, 451, 657, 658, 663, 767, 783, 841.
boquilla de aspiración 304.
boquilla de corte 319.
boquilla de llenado 288.
boquilla de vertido 246.
boquilla del soplete 314.
boquilla para concentrar la llama 319.
boquilla para expandir la llama 319.
boquilla para pisos y alfombras 289.
boquilla para tapicería 289.
boquilla pulverizadora 329.
boquilla rinconera 289.
boquilla rociadora 655.
bordado 459.
bordado plano 459.
bordados planos 459.
borde 79, 281, 290, 841, 887, 894.
borde 894.
borde de ataque 625, 897, 898.
borde de fuga 624.
borde de la cuba 292.
borde de la punta 306.
borde de salida 897, 898.
borde del andén 582, 593.
borde del lomo 306.
borde externo 127.
borde interno 127, 901.
borde marginal 898.
borde, hoja 79.
bordeado 833.
bordes, podadora 332.
bordillo 322, 712, 864.
borla 282, 285, 378.
borne 562.
borne de enlace 272.
borne negativo 562, 687.
borne positivo 562, 689.
boro 682.
borraja 202.
borrar 515.
borrén 855.
borrén trasero 855.
bosbsleigh de dos 884.
Bosnia-Herzegovina 744.
bosque 45.
bosque de coníferas 66.
bosque de hoja caduca 66.
bosque mixto 66.
bosque templado 66.
bosque tropical 66.
bosque tropical húmedo 66.
bosques 39.
Bostwana 746.
bota 343, 841, 874, 875, 878, 880, 881, 888, 892, 895, 896.
bota alpina 901.
bota blanda 887.
bota de fútbol 802.
bota de la aleta 841.
bota de la corona del casco 853, 857.
bota de medio muslo 343.
bota de montar 855.
bota de salto de esquí 891.
bota de seguridad 773.
bota de trabajo 342.
bota del pie delantero 840.
bota externa 889, 895.
bota rígida 887.
botador 301.
botafuego 752.
botaguas 247, 249, 257.
botalón 834.
botas altas 911.
botas con clavos 885.
botas de caminar 344.
botas de caucho 765.
botas de lucha 843.
botas de tacos de rugby 805.
botas para esquiar 889.
botavara 602, 834, 836.
botavara de cangreja 602.
bote salvavidas 602, 604, 608, 652.
botella 379, 579, 685.
botella de vidrio 223.
botella del termo 906.
botella, vidrio 223.
botes herméticos 222.
botín 343.
botín interior 889, 895.
botina 342.
botiquín 775, 781.
botiquín de primeros auxilios 777.
botiquín de urgencias 771.
Botnia, Golfo 32.
botón 274, 349, 354, 432, 439, 849.
botón de acoplamiento 444.
botón de ajuste a cero del contador 499.
botón de ajuste fino 693.
botón de ajuste grueso 693.
botón de alimentación del papel 519, 731.
botón de apagado 331.
botón de avance rápido 495, 499, 508.
botón de avance/parada 519.
botón de bloqueo 305, 313.
botón de bloqueo de la pantalla 526.
botón de bloqueo del eje 308.
botón de cancelación 477.
botón de cierre 288.
botón de compensación de la exposición 476.
botón de control 516.
botón de control del alojamiento del disco 501.
botón de control remoto 477.
botón de desbloqueo del objetivo 476.
botón de encendido 494, 497, 498, 508.
botón de encendido del touch pad 526.
botón de encendido TV 495.
botón de encendido VCR 495.
botón de encendido/apagado/test 520.
botón de enclavamiento 308.
botón de enfoque 14, 15.
botón de enfoque manual 483.
botón de ensayo 767.
botón de expulsión 477, 499, 918.
botón de expulsión de CD/DVD-ROM 513.
botón de expulsión de disquete 513.
botón de expulsión del disco 521.
botón de fantasía 453.
botón de fijación del nivel principal 701.
botón de fuerte luminosidad 479.
botón de funcionamiento 504.
botón de grabación 495, 508.
botón de grabación silenciosa 499.
botón de grabador vocal 527.
botón de iluminación de la pantalla 479.
botón de índice /ampliación 477.
botón de inicio 527.
botón de inicio de grabación 499.
botón de inicio de marcha 696.
botón de inicio del contador 696, 700.
botón de la bandolera 441.
botón de la culata 753.
botón de la llave 446.
botón de la memoria 501.
botón de lectura 505.
botón de llamada de memoria 479.
botón de llamada para peatones 712.
botón de luminosidad media 479.
botón de madera 353.
botón de mando 290.
botón de medición 479.
botón de memoria 479, 498, 506.
botón de montaje 496.
botón de nivel de grabación 499.
botón de parada 696.
botón de pausa 499.
botón de presión 346, 353, 368, 391, 470.
botón de previsionado profundidad de campo 476.
botón de puntada 452.
botón de rebobinado 495, 499, 504, 508.
botón de rebobinado automático 504.
botón de rebobinado de la película 476.
botón de rebobinado rápido 504.
botón de registro 444.
botón de reiniciación 513.
botón de reproducción 495, 499, 508.
botón de reset 918.
botón de retroiluminación 527.
botón de salida 527.
botón de salto de imágenes 477.
botón de seguridad 267.
botón de selección 261, 496, 505.
botón de selección de idioma 507.
botón de selección del menú 477.
botón de seta 516.
botón de sintonización 504.
botón de sombra 479.
botón de stop 495, 499, 508.
botón de velocidades 236.
botón de visualización de ajustes 477.
botón de visualización de imágenes 477.
botón de visualización del nivel de alarma 613.
botón del contador a cero 495.
botón del horno 290.
botón del menú 505.
botón del seguro 554.
botón del vaporizador 288.
botón del zoom eléctrico 496.
botón grabación fecha 496.
botón grabación hora 496.
botón página precedente 527.
botón página siguiente 527.
botón para ajustar la imágen horizontalmente 701.
botón para ajustar la imágen verticalmente 701.
botón para borrar 508.
botón para buscar las pistas 501.
botón para cancelar la memoria 479.
botón para parar y borrar 501.
botón selector 294.
botón selector de temperatura 382.
botón selector de velocidad 382.
botón TV video 495.
botón visualización fecha 496.
botón visualización hora 496.
botonadura cruzada 352.
botonera de cabina 417.
botones comunes 453.
botones de acción 918.
botones de ajuste 495.
botones de ajuste de imagen 496.
botones de búsqueda de canales 495.
botones de dirección 918.
botones de efectos especiales 496.
botones de lanzamiento de las aplicaciones 527.
botones de presión de la pierna 369.
botones de presión delanteros 369.
botones para búsqueda de canales 495.
botones para editar la voz 450.
botones programables 516.
boubou 339.
bóveda 410.
bóveda de cañón 407.
bóveda de proyección 10.
bóveda del salpicadero 550.
bóveda palatina 174, 175.
bóveda, presa 661.
boxeador 842.
boxeo 842.
boxes 872, 874.
boya 54, 833.
boya cilíndrica 615.
boya cónica 615, 617.
boya de pértiga 617.
boya de plano focal elevado 615.
boya torre 614, 617.
boyas de llegada 839.
boyas de recorrido 838.
boyas de salida 838.
boyas marítimas, sistema 616.
boyas, regiones 616.
Boyero 13.
bráctea 84.
brafonera 749.
braga 367.
braga de volantes 368.
bragas de hule 368.
bragueta 350, 351, 368.
branquia 106.
branquias 105, 109.
branquias externas 111.
braquial anterior 150.
braquiópodo 92.
brasero 412.
Brasil 742.
braza 832.
brazalete de identificación 376.
brazalete neumático 777.
brazalete tubular 376.
brazaletes 376.
brazas de sobrejuanete de mesana 603.
brazo 95, 124, 139, 147, 149, 276, 286, 323, 329, 346, 382, 433, 452, 456, 557, 610, 638, 693, 783.
brazo actuador 521.
brazo de arrastre 638.
brazo de balancín 599.
brazo de disco 641.
brazo de elevación 573.
brazo de elevación del árbol oscilante 640.
brazo de la plaqueta 385.
brazo de la sierra 331.
brazo de presión 312.
brazo de suspensión 292, 553.
brazo de tracción 640.
brazo del cucharón 637.
brazo del panel solar 60.
brazo del raspador 423.
brazo delantero 698.
brazo elástico 859.
brazo elevador 307, 637.
brazo espiral 9.
brazo extensible 465.
brazo fonocaptor 500.
brazo metálico 329.
brazo muerto 48.
brazo muerto, lago 48.
brazo por control remoto 21.
brazo retráctil 18.
brazo telescópico 634.
brazo trasero 698.
brazos 281.
brazos del delta 48.
brecha del muro 917.
brécol 187.
brécol chino 187.
bretón 469.
brick 223.
brick pequeño 223.
bricolaje 298.
brida 854.
brida de sujeción 613.
brida de unión 615.
Brie 211.
brillante 375.
brisa leve 56.
broca 302, 307, 648.
broca de atornillado 306.
broca de pala 306.
broca helicoidal 306.
broca helicoidal central 306.
broca salomónica de canal angosto 306.
brocas, barrenas, ejemplos 306.
brocha 85, 320, 378, 397.
brocha aplicadora de colorete 378.
brocha de afeitar 383.
brocha en forma de abanico 378.
broche 376, 386, 387.
broche automático 386.
bromo 683.
bronquio lobular 163.
bronquio principal 163.
bronquiolo terminal 163.
brote 77.
brote de bambú 185.
brotes de soja 191.
Brújula 11.
brújula 898.
brújula líquida 612.
brújula magnética 907.
Brunei 747.
bruñidor 422.
bruñidor con rascador 401.
bruza 422.
buccino 217.
buceador 841.
buceo 841.
buche 97, 99, 104, 106, 116.
Budismo : Buda 736.
Buena Esperanza, Cabo 34.
buey 129.
búfalo 128.
bufete 279.
buffet 720.
búho real 119.
buitre 119.
bujía 332, 562, 565, 566.
bujías, cable 552.
bulbillo 78.
bulbo 9, 185, 607, 609, 664.
bulbo olfativo 109.
bulbo olfatorio 175.
bulbo piloso 172.
bulbo raquídeo 167.
bulbo, base 78.
bulbo, corte 78.
bulbo, tallo 78.
bulbos 184.
buldog 130.
bulevar 39, 711.
Bulgaria 744.
búlgaro 469.
bulldozer 636.
buque de carga 604.
buque portacontenedores 596.
buque trasatlántico 608.
buque, ancla 610.
burbujas de aire 531.
burda 602.
bureta con llave a la derecha 685.
Buril 11.
buril 421.
Burkina Faso 745.
burra 863.
Burundi 745.
bus 513, 522.
buscapersonas 505.
busco 597.
búsqueda 525.
búsqueda automática de canales 498.
butaca 276, 427.
butacas 431.
butacas, ejemplos 276.
Buthán 747.
buzo 358, 901.
buzón 474.
buzón de depósito nocturno 731.

C

caballa 219.
caballerizas 856.
caballero 409.
caballete 252, 399.
Caballete del pintor 11.
caballete portapoleas 651.
caballo 124, 129, 826, 916.
caballo con arcos 824.
caballo con aros 826.
Caballo Menor 12.
caballo, anatomía 125.
caballo, esqueleto 126.
caballo, morfología 124.
cabeceo 630.
cabecera 280, 281, 411, 426, 471.
cabellera 8.
Cabellera de Berenice 13.
cabello, tinte 379.
cabestrante 573.
cabeza 8, 96, 97, 99, 104, 115, 132, 140, 147, 149, 161, 169, 229, 300, 301, 302, 308, 311, 383, 390, 391, 417, 425, 439, 440, 441, 452, 457, 458, 516, 591, 816, 822, 826, 858, 863, 867, 887, 893, 901, 909.
cabeza cortadora 535.
cabeza de cordada 900.
cabeza de empalme 586, 640, 641.
cabeza de enganche 587, 641, 642.
cabeza de la caja de iluminación 485.
cabeza de la torre 663.
cabeza de la tubería 654.
cabeza de lectura /escritura 521.
cabeza de mástil 836.
cabeza de metal 793.
cabeza de proyección 535.
cabeza del fémur 153.
cabeza del gato elevador 632.
cabeza del húmero 153.
cabeza del martillo 793, 901.
cabeza del mastil 602.
cabeza delantera del cilindro de recuperación 756.
cabeza dirigida por rayos infrarrojos 759.
cabeza hexagonal 384.
cabeza móvil 236.
cabeza panorámica 482.
cabeza; tipos 302.
cabezada 426, 854.
cabezal 227, 252, 280.
cabezal del colector 18.
cabezal flotante 383.
cabeza{f} de inyección 651.
cabezuela 81.
cabina 631, 636, 637, 638, 639, 640, 643, 731.
cabina armario 251.
cabina de clase turista 625.
cabina de control 10, 431, 634, 718.
cabina de interpretación simultánea 718.
cabina de la ducha 264.
cabina de la torre de control 618.
cabina de mando 22, 605, 624, 631, 634.
cabina de pasajeros 608, 609.
cabina de pilotaje 607.
cabina de primera clase 624.
cabina de proyección 427.
cabina del ascensor 417.
cabina del maquinista 585, 586.
cabina del piloto 898.
cabina en el foco primario 17.
cabina focal 16.
cabina giratoria 638.
cabina para desvestirse 781.
cabina para dormir 570.
cabina, botonera 417.
cabina, guía 417.
cabina, suelo 417.
cabina, techo 417.
cabinas de control 490.
cabio alto 247.
cabio bajo 247.
cable 306, 316, 331, 332, 465, 488, 504, 516, 517, 558, 573, 793, 824, 851, 859, 908, 913.
cable coaxial 523.
cable con funda metálica 507.
cable de acero 900, 913.
cable de alimentación 305, 381, 382, 383, 497, 513.
cable de alimentación de 240 voltios 272.
cable de alumbrado 567.
cable de arranque 323.
cable de arrastre 840.
cable de bujía 566.
cable de conexión 502, 516.
cable de control 323.
cable de corriente 318.
cable de corriente de la aguja 590.
cable de dirección 859.
cable de elevación 634.
cable de enlace 272.
cable de fibra óptica 523.
cable de frenado 761.
cable de interfaz digital para instrumentos musicales (MIDI) 451.
cable de la antena de alta frecuencia 628.
cable de las bujías 552.
cable de par 523.
cable de sincronización 527.
cable de tierra 272, 318.
cable de tirante 824.
cable de tracción 417.
cable de transmisión 613.
cable del acelerador 332.
cable del auricular 506.
cable del cambio 580.
cable del esgrimista 848.
cable del freno 579.
cable distribuidor 486.
cable eléctrico 556, 563, 712.
cable neutro 272.
cable portante 540.
cable principal 272.
cable principal neutro 272.
cable torcido 908.
cable trenzado 908.
cables 492, 523.
cables de anclaje 652.
cables de baja tensión 273, 663.
cables de conexión 273, 558.
cables de suministro 273, 663.
cables de tensión mediana 273.
cabo 38, 422, 432, 908, 909.
Cabo de Buena Esperanza 34.
Cabo de Hornos 31.
cabo de soporte 103.
cabo del macillo 443.
cabra 128.
cabra, quesos 210.
cabrestante 443.
cabrio 252.
cacahuete 190.
cacahuete, aceite 209.
cacao 208.
cacatúa 118.
cacerola 235.
cacerola para baño de María 235.
cacerola para fondue 234.
cacerola refractaria 235.
cachalote 137.
cadena 331, 580, 697, 826, 870.
cadena alimentaria 67.
cadena de amarre 615.
cadena de dunas 52.
cadena de elevación 632.
cadena de neuronas 168.
cadena de seguridad 567.
cadena de transmisión 578, 641, 643.
cadena, reacción 681.
cadena, sierra 331.
cadena, transmisión 580.
cadeneta 459.
cadenilla de la barbada 854.
cadenita del tapón 265.
cadera 147, 149.
cadmio 683.
café 208.
café expres, máquina 241.
café, granos torrefactos 208.
café, granos verdes 208.
cafetera 241, 905.
cafetera de émbolo 241.
cafetera de filtro automática 241.
cafetera de infusión 241.
cafetera italiana 241.
cafetera napolitana 241.
cafeteras 241.
cafetería 710, 715, 725, 735.
caftán 339.
caída 362.
caída de popa 836, 897.
caída de proa 836.
caída de tensión 646.
caimán 114.
caireles 854.
caja 58, 181, 222, 313, 316, 318, 323, 332, 383, 436, 440, 441, 442, 476, 488, 494, 507, 613, 614, 695, 697, 700, 723, 910, 920.
caja abierta 222.
caja archivo 533.
caja basculante 639.
caja circular 432.
caja clara 437, 448.
caja colectora de polvo 308.
caja de accesorios 456.
caja de cambios 552.
caja de caracol 658.
caja de cartón 535.
caja de cerillas 391.
caja de cinc (ánodo) 689.
caja de compresión 642.
caja de conexiones 274, 490.
caja de control electrónico 563.
caja de distribución 263.
caja de doble fila de conexiones 689.
caja de empalmes 591.
caja de engranajes 423, 627.
caja de herramientas 313.
caja de ignición 627.
caja de ingletes 303.
caja de jeringuillas usadas 771.
caja de la batería 562.
caja de la pantalla 483.
caja de luz 484, 535.
caja de pesca 911.
caja de relés 563.
caja de resonancia 432, 433, 440.
caja de seguridad 731.
caja de servicio 273.
caja de terminales 673.
caja del acumulador 571.
caja del aire 445.
caja del cerrojo 754, 755.
caja del cilindro 249.
caja del motor 331.
caja del ventilador 382.
caja espiral 659.
caja fuerte 731, 769, 920.
caja media pera 433.
caja neumática 445.
caja orza de quilla 836.
caja para el césped 332.
caja para la ceniza 256.
caja para queso 223.
caja registradora 181.
caja superior 285.
caja triangular 433.
caja, palé 632.
caja, queso 223.
cajas 181, 716, 717.
cajas de cartón para huevos 222.
cajas de cartón, huevos 222.
cajera 181.
cajero automático 715, 730, 731.
cajetín 249.
cajetín de accesorios 289.
cajetín de batida 792.
cajetín portabolsa 289.
cajita reguladora 267.
cajo 426.
cajón 224, 278, 279, 281, 641.
cajón calientaplatos 290.
cajón de abono compuesto 323.
cajón de basura 573.
cajón del plano de sustentación 760.
cajón para carnes 291.
cajonera móvil 510.
calabacín 188.
calabaza bonetera 189.
calabaza bonetera amarilla 189.
calabaza común 189.
calabaza de China 188.
calabaza de cuello largo 189.
calabaza de cuello retorcido 189.
calabaza romana 189.
calamar 217.
cálamo 115.
cálamo egipcio 470.
calandra 550, 570.
calandria 667, 669.
calapié 580.
calcáneo 126, 140, 141, 153, 155.
calce 753.
calcetín 365, 802, 822.
calcetín a media pantorrilla 351.
calcetín con tirante 796.
calcetín corto 351.
calcetín largo 365.
calcetín largo ejecutivo 351.
calcetines 351, 878.
calcetines altos 805.
calcio 682.
calculadora 386.
calculadora científica 529.
calculadora con impresora 529.
calculadora de bolsillo 529.
caldera 259, 674, 675.
caldera de gas 267.
calderón 435.
calefacción 256.
calefacción auxiliar 260.
calefacción de leña 256.
calefactor de aceite 260.
calefactor eléctrico a infrarrojos 260.
calendario 530.
calendario de escritorio 530.
calendario de pared 530.
calentador 899, 903.
calentador de agua 262.
calentador de agua eléctrico 266.
calentador de petróleo 259.
calentador de pierna 371.
calentador eléctrico 266.
calibrador 423, 559.
calibrador del freno 574.
calibre de ajuste de profundidad de corte 309.
calículo 83.
California, Golfo 30.
californio 684.
caliptra 77.
Calixto 4.
cáliz 80, 83, 84, 165, 737.
calle 39, 711, 713, 788, 790, 830, 831, 864, 882.
calle comercial 710.
calle de calentamiento 882.
callejón 711.
calor, transmisión 681.
Calvinismo : Juan Calvino 736.
calza de descarga 659.
calzada 538, 712.
calzado 342.
calzado unisex 344.
calzador 345.
calzapié 578.
calzas 338.
calzo de la rueda 622.
calzón 848.
calzoncillos 351.
calzoncillos largos 351.
calzones 338.
cama 280, 424, 823.
cama de hospital 780.
cama individual 724.
cama matrimonial 724.
cama, coche 584.
Camaleón 11.
camaleón 114.
cámara 18, 428, 490, 492, 650, 775, 873.
cámara acorazada 731.
cámara anterior 177.
cámara anular de combustión 627.
cámara de aire 117, 271, 370, 675.
cámara de bolsillo 480.
cámara de combustión 259, 564, 566.
cámara de descarga 402.
cámara de disco 481.
cámara de expansión 695.
cámara de fotografía 694.
cámara de fuelle 480.
cámara de incubación 100.
cámara de la esclusa 597.
cámara de la pólvora 753.
cámara de la reina 402.
cámara de magma 44.
cámara de mezcla 319.
cámara de televisión en color 20.
cámara de vacío 694.
cámara de vigilancia 395.
cámara del rey 402.
cámara del timón 606.
cámara desechable 480.
cámara digital 481, 517.
cámara estereoscópica 481.
cámara fría 722.
cámara frigorífica 180.
cámara frigorífica 181, 596.
cámara lenta 495.
cámara magmática 646.
cámara oscura 484.
cámara para el carrete de la película 476.
cámara para la muestra 694.
cámara Polaroid Land 480.
cámara posterior 177.
cámara pulpar 159.
cámara réflex con dos objetivos 480.
cámara reflex de formato mediao SLR (6x6) 481.
cámara reflex de un solo objetivo 480.
cámara réflex digital: vista posterior 477.
cámara réflex monocular: vista frontal 476.
cámara réflex monocular: vista posterior 476.
cámara reflex, sección transversal 477.
cámara rígida de 35 mm 20.
cámara submarina 480.
cámara subterránea 402.
cámara web 517.
cámaras fijas 480.
camarera 720.
camarero 721.
camarote 608.
camarote del capitán 609.
camarotes de la tripulación 604.
camarotes de los oficiales 762, 763.
camas y colchonetas 904.
cambiador 281.
cambiador manual de vía 590.
cambio 725.
cambio automático de bandejas 512.
cambio de marchas delantero 578, 580.
cambio de marchas trasero 578, 580.
cambio de presión 55.
cambio de velocidades 870.
cambium 87.
Camboya 747.
Cámbrico 92.
cambrillón 370.
camcorder digital 517.
camello 129.
Camenbert 211.
camerino 428, 431.
camerino privado 428.
Camerún 745.
camilla 775, 776.
camino de arrastre 647.
camino de evacuación 543.
camión articulado 570.
camión basculante 573.
camión cisterna 572, 573.
camión cisterna de agua potable 622.
camión cisterna de combustible 622.
camión de aprovisionamiento 623.
camión de bomberos 764.
camión sanitario 622.
camión tractor 570.
camión volquete 572.
camiones 570.
camiones articulados, ejemplos 572.
camiones de bomberos 766.
camiones, ejemplos 573.
camioneta 549, 573.
camioneta con canastilla telescópica 622.
camioneta de mantenimiento de aviones 622.
camisa 349, 359, 408.
camisa de pistón 566.
camisa marinera 359.
camisas 716.
camisera clásica 359.
camiseta 351, 368, 369, 371, 791, 796, 805, 810, 843.
camiseta de cuerpo entero 369.
camiseta del equipo 801, 802, 808.
camiseta interior 796.
camiseta sin mangas 850.
camisola 366.
camisón 364.
campana 256, 290, 721, 722, 858.
campana de aviso de cruce 591.
campana de cocina 224.
campanario 411.
campanas tubulares 437, 449.
campanillas 449.
camping 902.
camping gas 903.
campo 709, 794, 799, 802.
campo de fútbol 788.
campo de golf 708, 788, 866.
campo de hockey sobre hierba 788.
campo de juego 801, 804, 858, 920.
campo de juego de fútbol americano 806.
campo de juego de fútbol canadiense 809.
campo de tiro 859, 860, 893.
campo de tiro al arco 788.
campo de tiro al blanco 788.
campo de visión, escala de profundidad 478.
campo geotérmico 646.
campo magnético 494, 687.
campo, línea 687.
campos de tenis 788.
Can Mayor 11.
Can Menor 13.
caña 124, 390, 444, 470, 610, 753, 911, 912.
caña del timón 834.

caña para lanzado 910.
caña para mosca 909.
caña simple 446.
Canadá 742.
canal 306, 750, 838, 865, 919.
canal anular 95.
canal de ajuste 310.
canal de arrastre del papel 511.
canal de carga 664.
canal de competición 788.
canal de derivación 657.
canal de descarga 658.
canal de drenaje 655.
Canal de la Mancha 32.
Canal de Mozambique 34.
canal del aliviadero 657.
canal del sifón 105.
canal del veneno 112.
canal derecho 502.
canal izquierdo 502.
canal lacrimal 177.
canal principal 617.
canal radial 95.
canal salivar 99.
canal secundario 617.
canal transportador 666.
canal, esclusa 597.
canales de Wolkman 154.
canalización de vacío 694.
canalón 244.
canasta 797, 811.
canastilla 238.
Cáncer 13.
cancha 809, 810, 812, 813, 814, 816, 818, 820.
cancha de fondo 821.
cancha del fondo 818.
cancha delantera 818.
candado para bicicleta 580.
candela 702.
candelabro de siete braz 738.
canela 198.
canelones 206.
cañería 262, 270.
cañería de agua fría 271.
cañería de desagüe 263.
cañería del desagüe 262.
cañería perforada 263.
cañerías 262, 899.
canesú 349, 359, 366.
cangreja de popa 603.
cangreja mayor popel 603.
cangrejo de mar 218.
cangrejo de río 218.
canguro 142, 143.
canguro, esqueleto 142.
canguro, morfología 143.
caniche 130.
canilla 452, 453, 461.
caño 444.
canoa 600, 837.
canoa -kayak : aguas bravas 837.
canoa -kayak : regata 838.
canoa C1 838.
canoa de balancín 599.
cañón 390, 754, 755, 756, 757, 758, 860, 912, 918.
cañón de avancarga 753.
cañón de electrones 494, 694.
cañón de la presión 445.
cañón del siglo XVII 752.
cañón expulsor de espuma 607.
cañón lanza agua 766.
cañón sin retroceso 757.
cañón submarino 49.
cañonera 409.
cañonería 445.
canotier 340.
cantidad de copias 512.
cantidad de materia, unidad de medida 702.
cantilever 661.
cantimplora 906.
canto 300, 303, 729, 793, 881, 884, 888.
canto de la cabeza 426.
canto de la cara 426.
canto del pie 426.
cantón diestro de la punta 740.
cantón diestro del jefe 740.
cantón siniestro de la punta 740.
cantón siniestro del jefe 740.
cantonera 426, 912.
cánula orofaringea 775.
capa 338, 355, 390.
capa basáltica 42.
capa de aluminio 501.
capa de arcilla 660.
capa de ozono 53.
capa de rodadura 538.
capa del casco 561.
capa drenante 660.
capa granítica 42.
capa protectora 20.
capa superficial del suelo 78.
capa superior impermeable 646.
caparazón 107.
capas de residuos 69.
capazo 388.
caperuza 257, 267, 841.
caperuza de la chimenea 245.
capilla 408, 726.
capilla axial 410, 411.
capilla lateral 410.
capilla radial 410, 411.
capital 37.
capitán 877, 884.
capitate 154.
capitel 405.
capó 333, 550, 570, 876.
capón 213.
caponera 409.
Capricornio 10.
Capricornio, Trópico 34.
cápsula 75, 84, 783.
cápsula de gelatina 783.
cápsula de Petri 685.
captura 916.
capucha 353.
capucha de ventilación 614.
capuchón 368, 478, 484, 776, 783, 882.
capuchón con cordón 369.
capuchón de bastones 869.
capuchón de plástico 317.
capuchón de protección 692.
capullo 77.
caqui 197.
cara 139, 146, 227, 300, 425, 815, 867.
cara inferior 374.
cara superior 374.
carabela 599.
carabina 893.
carabina 22 861.
caracol 104.
caracol terrestre 217.
caracol, anatomía 104.
caracol, morfología 104.
carácter, posición 472.
caracteres 917.
caracteres de una fundición 472.
carambola 197.
caramillo 432.
caravana 567.
caravana plegable 567.
carbón 683.
carbón, minas 647.
carboncillo 397.
carboncillo litográfico 423.
carboncillo, dibujo 396.
Carbonífero 92.
carburador 574.
carburante de calentamiento, depósito 563.
carcaj 859.
carcasa 261, 521.
cárcel 726, 915.
carcoma 101.
cardamomo 198.
cardán 642.
cardenal 118.
cárdigan 354.
cardo 185.
Carena 11.
carena 108.
careta 318, 773, 800.
careta de esgrima 848.
careta de mano 318.
carga 24, 470, 686.
carga de perdigones 912.
carga del reactor nuclear 667.
carga eléctrica, unidad de medida 702.
carga explosiva 653, 757.
carga útil 25.
carga, muelle 715, 716.
carga, toma 563.
cargador 288, 306, 754, 755, 893.
cargador de contenedores y plataformas 623.
cargador de documentos 512.
cargador delantero 637.
cargadora -retroexcavadora 637.
cargadora, retroexcavadora 637.
carguero portacontenedores 604.
Caribe, Mar 30.
Caribe, Placa 43.
caricatura 471.
carlota, molde 232.
carne 214.
carne picada 214.
carne picada de cerdo 215.
carne picada de cordero 215.
carne picada de vacuno 214.
carne troceada de cordero 215.
carne troceada de ternera 214.
carne troceada de vacuno 214.
carnívoros 67.
Carón 5.
carpa 220.
Carpentaria, golfo 29.
carpeta con guardas 532.
carpeta con mecanismo de presión 532.
carpeta de archivo 532.
carpeta de argollas 532.
carpeta de broches 532.
carpeta de costilla de resorte 532.
carpeta de espiral 533.
carpeta de tornillos 532.
carpintería 313.
carpintería 301, 302, 303, 306, 308, 310, 313.
carpo 116, 122, 126, 131, 136, 138, 141, 142, 154.
carrera 833.
carrera de caballos 856.
carrera de caballos: 857.
carreras con arneses 857.
carreras de coches 872.
carrete 328, 458.
carrete de bobina fija 910.
carrete de rebobinado 476.
carrete de tambor 910.
carrete del cable 848.
carrete giratorio 909.
carrete receptor de la cinta 499.
carrete recogedor 642.
carretera 39, 539, 543, 708.
carretera de acceso 618.
carretera de circunvalación 39.
carretera secundaria 39, 709.
carretera, sección transversal 538.
carretera, túnel 543.
carreteras, mapa 39.
carreteras, sistema 538.
carretilla 319, 323, 633.
carretilla elevadora de horquilla 632.
carretilla para manguera 328.
carretilla transportadora 633.
carril 595.
carril circular 16.
carril de aceleración 539.
carril de adelantamiento 539.
carril de desaceleración 539.
carril de enlace 583.
carril de tránsito 539.
carril de tránsito lento 539.
carril guía de la película 476.
carril para el tope de ingletes 305.
carriles 539.
carrillo 909.
carrito de golf 869.
carrito de libros 733.
carrito del supermercado 181.
carrito portamaletas 389.
carro 284, 542, 835.
carro de combate 758.
carro de encaje 456.
carro de golf eléctrico 869.
carro deslizante 838.
carro portaequipaje 582.
carro principal deslizante 456.
carrocería 550, 567, 876.
carrocería amovible 573.
carrocerías, ejemplos 549.
carrusel 483.
carta 474, 915.
carta Caja de Comunidad 915.
carta de Suerte 915.
carta de vinos 721.
cartas al editor 471.
cartas altas 914.
cartel 427.
cartel comercial 594.
cartel publicitario 595.
cartelera 427.
cartelera de las sexposiciones 394.
cárter 306, 565, 566.
cárter del disco 308.
cartera 386, 577, 580.
cartera de fondo plegable 386.
cartera porta documentos 387.
carterita de cerillas 391.
cartero 475.
cartílago alar mayor 175.
cartílago articular 154.
cartílago costal 122.
cartílago nasal del tabique 175.
cartilla, puesta al día 730.
cartografía 35.
cartógrafo infrarrojo térmico 18.
cartón 223, 400.
cartón de cigarrillos 390.
cartón pequeño 223.
cartuchera 770.
cartucho 268, 315, 500, 754, 773.
cartucho de escopeta 912.
cartucho de la cinta grabadora 488.
cartucho de la película 481.
cartucho de plástico 860.
cartucho de rifle 912.
cartucho de tóner 519.
cartuchos 860, 861.
casa 244, 877, 915.
casa club 866.
casa de adobes 418.
casa de dos plantas 419.
casa de una planta 419.
casa flotante 607.
casa romana 406.
casa solar 675.
casa, elementos 247.
casa, estructura 250.
casa, exterior 244.
casaca 338, 359.
casas adosadas 419.
casas pareadas 419.
cascabel 112, 449.
cascabeles 449.
cascada 48.
cascanueces 230.
cáscara 84, 85.
cascarón 117.
casco 20, 124, 127, 575, 599, 655, 748, 765, 798, 800, 808, 834, 842, 853, 858, 870, 871, 872, 875, 876, 878, 882, 887, 888, 891, 894, 895, 896, 901.
casco de bombero 765.
casco de salto 897.
casco de seguridad 772.
casco del bateador 796.
casco integral 874.
casco protector 575, 580, 884, 885.
casco, superficie plantar del 127.
cascos antirruido 861.
cascos de seguridad 772.
caserna 409.
casete 499, 504, 521.
casete con saludo 508.
casete para grabar los mensajes 508.
casi igual a 703.
casilla 426, 915, 919.
casilla del dinero 920.
casillero 279.
Casiopea 12.
casquete 268, 676.
casquete de la palanca 268.
casquete de seguridad 757.
casquete del distribuidor 566.
casquillo 274, 275, 860, 863, 912.
Cassini 19.
castaña 193.
castaña de agua 184.
castañuelas 437, 449.
castas 99.
castillete de extracción 650.
castillo 408.
castillo de proa 605, 609.
castor 123.
catalán 469.
catalogo online 733.
catamarán 835.
catapulta 761.
catarata 47.
catedral 410.
catedral gótica 410.
catedral, plano 411.
catenaria 595.
cátodo 689.
Catolicismo 736.
catre desmontable 904.
caucho central 867.
cauda helicis 173.
cávea 402, 407.
cavidad abdominal 169, 170.
cavidad bucal 116, 163, 164.
cavidad gástrica 95.
cavidad medular 154.
cavidad nasal 112, 163.
cavidad paleal 106.
cavidad pleural 163.
cayado de la aorta 160, 161, 162.
caza 212, 912.
cazadora 353.
cazo 233.
cazoleta 390, 752, 753, 849.
cazonete 739.
cazuela 905.
cazuela vaporera 235.
cebada 85, 203.
cebada : espiga 85.
cebador 752, 757.
cebolla amarilla 184.
cebolla blanca 184.
cebolla roja 184.
cebolla verde 184.
cebolleta 184.
cebollino 184.
cebra 128.
ceda el paso 544, 546.
cedilla 473.
cedro del Líbano 89.
cefalotórax 103, 107.
Cefeo 12.
ceja 442.
cejilla 439, 440, 441.
celada 749.
celda 96, 407, 727.
celda de aislamiento 727.
celda de hombres 768.
celda de menores 768.
celda de mujeres 768.
celda fotoeléctrica 482.
celdas 728.
celdilla 82, 100.
celdilla de la miel 100.
celdilla del polen 100.
celdilla operculada 100.
celdilla sellada 100.
cellisca 64.
celosía veneciana 249.
célula 897.
célula animal 94.
célula convectiva 63.
célula de Schwann 168.
célula solar 529, 672, 673.
célula vegetal 74.
cementerio 39, 711.
cemento 159.
cenefa 282.
cenefa drapeada 283.
cenefa fruncida 283.
cenefa plisada 283.
cenefa plisada de canotillo 283.
cenefas, ejemplos 283.
cenicero 391.
cenit 10.
ceniza 391.
Centauro 11.
centavo 728.
centeno 85, 203.
centeno : espiga 85.
central 807, 814.
central eléctrica 657.
central eléctrica, sección transversal 664.
central hidroeléctrica, sección transversal 658.
central nuclear 668.
central térmica de carbón 646.
centralita 507.
centriolo 94.
centro 431, 704, 809, 847, 879, 916.
centro ciudad 709, 710.
centro comercial 709, 714.
centro de clasificación 474.
centro de clasificación regional 475.
centro de control 764.
centro de documentación 764.
centro de la cancha 818.
centro de la diana 859.
centro de la punta 740.
centro de negocios 708, 710.
centro del campo 803.
centro del jefe 740.
centro delantero 801.
centro derecho 804.
centro educacional 711.
centro izquierdo 804.
cepa de vid 86.
cepillo 98, 289, 295, 309, 345, 384.
cepillo -plumero 289.
cepillo aplicador de rímel 378.
cepillo con base de goma 380.
cepillo de baño 379.
cepillo de curling 877.
cepillo de dientes 384.
cepillo de dientes eléctrico 384.
cepillo de espalda 379.
cepillo de esqueleto 380.
cepillo de púas 380.
cepillo de tejido 456.
cepillo para cejas y pestañas 378.
cepillo para pisos 289.

cepillo para verduras 233.
cepillo redondo 380.
cepillos 380.
cepo 610, 913.
cera 892.
cera, dibujo 396.
cerámica 464.
cerámica, condensador 689.
ceras 396.
cerca 182.
cercado 182.
cerda 384.
cerdas 295, 320, 383.
cerdo 128.
cerdo, asado 215.
cerdo, carne picada 215.
cerdo, cortes 215.
cerdo, manteca 209.
cereales 85, 203, 204.
cerebelo 167.
cerebro 99, 103, 106, 107, 109, 110, 167.
cereza 192.
cerilla 391.
cerillas de seguridad 391.
cerio 684.
cero 919.
cerradura 247, 248, 278, 386, 389, 551, 554.
cerradura de combinación 386.
cerradura embutida 249.
cerradura tubular con seguro 248.
cerrajería 248, 715.
cerros 741.
cerveza 180.
cerviz 115.
cesio 682.
césped 245, 322.
cesta de freír 231.
cesta de pescador 911.
cestillo 98.
cesto 291, 294.
cesto de cocción al vapor 235.
cesto para cubiertos 294.
cesto para verdura 291.
Chac-Mool 412.
Chad 745.
chal 337.
chalaza 117.
chaleco 338, 348, 359.
chaleco de pescador 911.
chaleco de punto 354.
chaleco salvavidas 611.
chalecos 348.
chalecos , jerseys y chaquetas 358.
chalecos, jerseys, chaquetas 358.
chalote 184.
champiñón 183.
champú 379.
chancleta 344.
chanclo de goma 342.
chapa 248.
chapa de madera de desenrollo 300.
chaparrón 57.
chapka 340.
chaqueta 355, 855.
chaqueta blanca de esgrima 848.
chaqueta cruzada 348, 359.
chaqueta de montar 853.
chaqueta de punto 354, 359.
chaqueta recta 348.
chaquetas 348.
chaquetón 355.
chaquetón de tres cuartos 355.
chaquetón marinero 355.
chaquetones 355.
charcutería 216.
charnela lateral 575.
chasis 327, 632, 633, 638, 639, 641, 642, 776.
chasis del bogie 586.
chasis delantero 639.
chateo 525.
chayote 189.
checo 469.
chef 721.
cheque de viaje 729.
chequera con calculadora 386.
cheques 729.
chesterfield 276.
cheurón 740.
chicana 872.
chicharrones 216.
chifonier 279.
Chile 742.
chile 188.
chile jalapeño 199.
chimenea 245, 250, 256, 257, 259, 465, 599, 604, 608, 646, 650.
chimenea de evacuación 650.
chimenea de expulsión 573.
chimenea lateral 44.
chimenea principal 44.
chimenea, conexión 256.
chimenea, utensilios 257.
chimpancé 139.
China 747.
chinche acuática gigante 101.
chinche de campo 101.
chinchetas 534.
chino 231, 468, 872.
Chipre 744.
chipset 513.
chirimoya 196.
chirivía 189.
chispa 564.
chistera 340.
chocolate 208.
chocolate amargo 208.
chocolate blanco 208.
chocolate con leche 208.
chorizo 216.
chorrera 362.
chorrillo, sembradora 643.
chorro de agua 828.
chow chow 130.
choza 418.
choza indígena 418.
chubasco 57.
chubasco de nieve 57.
chuleta 214, 215.
chuletón 214.
chumacera giratoria 839.
chutney al mango 201.
chutney, mango 201.
cian 690.
cianobacterias 92.
ciclismo 870.
ciclismo de montaña 870.
ciclismo en pista 871.
ciclismo por carretera 870.
ciclismo por carretera, competición 870.
ciclista 870.
ciclo de un motor de dos tiempos 565.
ciclo de un motor diesel 565.
ciclo de un motor rotatorio 565.
ciclo hidrológico 67.
ciclomotor 577.
ciclón 63.
ciclón tropical 63.
ciclones tropicales, denominación 63.
ciclorama 492.
cidra cayote 189.
ciego 103, 106, 116, 164.
ciego pilórico 95, 109.
ciego rectal 95.
cielo abierto, excavación 647.
cielo abierto, mina 647.
cielo completamente nuboso 56.
cielo despejado 56.
cielo ligeramente nuboso 56.
cielo medio nuboso 56.
cielo muy nuboso 56.
cielo no observable 56.
cielo sereno 56.
cielo turbulento 65.
cien 703.
ciere, tapa 689.
cierre 291, 387, 391, 902.
cierre con broche 391.
cierre de polea 750.
cierre de rosca 900.
cierre en relieve 223.
ciervo 128.
ciervo de Virginia 128.
cifras 472.
cigala 218.
cigarra 101.
cigarrillo 390.
cigüeña 119.
cigüeñal 564, 566.
cilantro 202.
ciliada 79.
cilindro 249, 268, 564, 611, 697, 705, 776.
cilindro de corte 332.
cilindro de dirección 638.
cilindro de elevación de la hoja 639.
cilindro de elevación del zanco 636.
cilindro de freno 559.
cilindro de orientación de la pala 639.
cilindro de recuperación 756.
cilindro de recuperación, cabeza delantera 756.
cilindro de rotación 458.
cilindro del brazo 638.
cilindro del brazo elevador 637.
cilindro del cucharón 637, 638.
cilindro del elevador 637, 638.
cilindro del elevador de la pala 636.
cilindro del gas 755.
cilindro elevador 573, 634, 766.
cilindro hidráulico 633, 640.
cilindro inferior 421.
cilindro maestro 559.
cilindro neumático 648.
cilindro recogedor 642.
cilindro superior 421.
cilio 94.
cima 45, 87, 886.
cima bípara 81.
cima unípara 81.
cimacio 404.
cimentación 253.
cimiento del pilón 540.
cimientos 253, 660.
cimientos de una presa 660.
cinc 683.
cincel de rincón 421.
cincha 855, 856, 900.
cincha de la limonera 857.
cinco 703.
cinco especias chinas 199.
cincuenta 703.
cine 427, 710, 714.
ciñendo el viento 833.
cinta 313, 340, 453, 459, 757, 772, 773, 800, 815, 817, 823.
cinta adhesiva 254.
cinta aislante para tubería 299.
cinta cargadora 646, 647.
cinta central 821.
cinta de acordonamiento 771.
cinta de grabación 499.
cinta de la red 821.
cinta de teflón 314.
cinta digital grabadora 488.
cinta exprés 900.
cinta magnética 495.
cinta metálica 299.
cinta métrica 313, 454.
cinta transportadora 71, 620, 646, 647, 649.
Cinto 736.
cintura 147, 149, 663.
cinturón 350, 352, 561, 611, 844, 850, 906.
cinturón de alpinista 901.
cinturón de asteroides 5.
cinturón de herramientas 313.
cinturón de hombros 555.
cinturón de Kuiper 4.
cinturón de seguridad 281, 555, 873.
cinturón de servicio 770.
cinturón lastrado 841.
cinturón subabdominal 555.
cinturones, neumático radial 561.
circo 7.
circo glaciar 46.
circuito 872, 874.
circuito de 120 voltios 272.
circuito de 240 voltios 272.
circuito de agua caliente 262.
circuito de agua fría 262.
circuito de desagüe 262.
circuito de frenado 552, 559.
circuito de supercross 875.
circuito de ventilación 262.
circuito eléctrico 274.
circuito eléctrico de los captadores 559.
circuito eléctrico en paralelo 687.
circuito impreso 689.
circuito impreso, placa 689.
circuito integrado 689.
circulación sanguínea 160.
circulación, señales 544.
circular 236.
círculo 25 918.
Círculo Antártico 29.
círculo central 803, 809, 810, 877.
círculo de canasta 809.
círculo de espera 794.
círculo de la estación 55.
círculo de lanzamiento 790, 791.
círculo de los colores 400.
círculo de reanudación del juego 878.
círculo de saque inicial 879.
círculo de tiro 800.
círculo doble 918.
círculo exterior 877.
círculo graduado de declinación 14.
Círculo polar antártico 35, 36.
Círculo polar ártico 35.
círculo polar ártico 36.
círculo triple 918.
círculo, partes 704.
círculos 917.
circunferencia 704.
circunvalación 39.
cirro 56.
cirrocúmulo 56.
cirrocúmulos 62.
cirros 62.
cirrostrato 56.
cirrostratos 62.
ciruela 192.
cirugía menor 778.
Cisne 12.
cisterna 572, 573.
cisterna del inodoro 264.
cisterna, camión 572.
cisura oblicua 163.
cítara 432.
citofaringe 94.
citoplasma 74, 94, 170.
citoprocto 94.
citostoma 94.
cítricos 82, 194.
ciudad 37, 708.
Ciudad del Vaticano 744.
cizalla 424.
cizallas para setos 330.
clámide 336.
claqueta 429.
clarín 447.
clarinete 446.
clarinete bajo 437.
clarinetes 437.
clase 734.
clasificación de Hubble 9.
clasificación de plásticos 71.
clasificación general, marcador 824.
clasificador de fuelle 386.
clasificadora -rectificadora - franqueadora 474.
clasificadora, rectificadora, franqueadora 474.
clave 410, 413.
clave de do 434.
clave de fa 434.
clave de sol 434.
clavecín 443.
clavel 80.
clavera 127.
claves 434.
clavícula 111, 116, 122, 141, 152.
clavícula 142.
clavija 439, 440, 442, 488, 502, 613, 767.
clavija de acorde 441.
clavija de afinación 441.
clavija de alimentación 527.
clavija de conexión 689.
clavija de tensión 448.
clavija de tipo americano 274.
clavija europeo 274.
clavijero 439, 442.
clavo 127, 198, 301, 901.
clavo común 301.
clavo cortado 301.
clavo de albañil 301.
clavo fechador 590.
clavo helicoidal 301.
clavo sin cabeza 301.
clavos, ejemplos 301.
claxon 576.
claxón 556.
clientes, entrada 720.
clientes, guardarropa 720.
climas áridos 61.
climas de alta montaña 61.
climas de montaña 61.
climas del mundo 61.
climas polares 61.
climas templados cálidos 61.
climas templados fríos 61.
climas tropicales 61.
clip 284, 534.
clip de ajuste 275.
clips, distribuidor 534.
clítoris 170.
cloaca 103, 110, 113, 116.
cloro 683.
cloroplasto 74.
coanocito 95.
cobalto 683.
cobaya 123.
cobertera inferior de la cola 115.
cobertera superior de la cola 115.
coberteras 115.
coberteras mayores 115.
coberteras medias 115.
coberteras menores 115.
coberteras primarias 115.
coberteras primarias medias 115.
cobertizo 182, 244, 322.
cobertizo para ovejas 182.
cobra 114.
cobre 683.
cocción 465.
cocción al vapor, cesto 235.
cocción, placa 239.
cocción, platos 239.
cóccix 152, 157.
coche cama 584.
coche celular 726.
coche de fórmula 1 873.
coche de fórmula 3000 873.
coche de Indy 873.
coche de policía 769, 771.
coche de rally 873.
coche de tracción 594.
coche del equipo 870.
coche familiar 549.
Cochero 12.
cocina 222, 224, 250, 406, 509, 584, 719, 721, 722, 723, 724, 726, 735, 763, 764.
cocina de a bordo 624.
cocina de campo 903.
cocina de gas 290.
cocina eléctrica 290, 721.
cocina, tijeras 233.
cocina, utensilios 229, 234.
cóclea 174.
coco 193.
cocodrilo 114.
Cocos, Placa 43.
codal 749.
codera 800, 808, 880, 894, 895.
código 528.
código de barras, lector 517.
código del producto 699.
codillo 124, 130, 215.
codo 130, 140, 147, 149, 156, 258, 385.
codo de 45 grados 269.
codo de 90 grados 269.
codo de cambio de eje 269.
codorniz 120, 212.
coelophysis 93.
cofia 24.
cofia cónica 339.
cohete anticarro 757.
cohete de combustible sólido 24.
cohete espacial 24.
cojín 280, 458.
cojín para sellos 531.
cojinete 586.
cojinete de bolas 677.
cojinete de empuje 659.
cojinete móvil 836.
col china 186.
col lombarda 186.
col marina 186.
col ornamental 186.
col rizada 186.
col rizada de otoño 186.
cola 107, 112, 113, 121, 122, 124, 130, 133, 136, 140, 143, 169, 254, 425, 625, 793, 887, 888, 892, 893, 894, 909.
cola de ion 8.
cola de polvo 8.
colada de lava 44.
colador 237, 240, 270.
colador fino 231.
colcheta de espuma 904.
colchón 281, 776.
colchón de muelles 280.
colchones 716.
colchoneta 792.
colchoneta aislante 904.
colchoneta de aire 904.
colchoneta de recepción 824.
colector 652, 659.
colector de escape 566.
colector de admisión 565, 566.
colector de electrones 689.
colector de escape 552, 564, 565.
colector de grasa 239.
colector del reactor 669.
colector principal 712.
colector principal de vapor 669.
colector solar 675.
colector solar plano 672.
colegio 734.
coles de Bruselas 186.
colgador de intravenosos 780.
colgante 287.
colgar al aire libre después de escurrir 347.
colibrí 118.
coliflor 187.
colilla 391.

colina 45, 674, 875.
colina abisal 49.
colina de salida 867.
colinabo 185.
collar 320.
collar cortafuego 257.
collar de 5 vueltas , peto 374.
collar de perforación 651.
collar de una vuelta , matinée 374.
collar de una vuelta , ópera 374.
collares 374.
collarín 257, 308, 311, 851.
collarín cervical 775.
collarino 404.
colleja 187.
collie 130.
colmena 100, 182.
colmillo 112, 121, 159.
Colombia 742.
colon 97, 113, 125.
colon ascendente 164.
colon descendente 164.
colon sigmoideo 164.
colon transverso 164.
color 914.
color pulverizado 398.
colores aditivos síntesis 690.
colores primarios 400.
colores secundarios 400.
colores sustractivos, síntesis 690.
colores terciarios 400.
colores, círculo 400.
colores, ejemplos 741.
colores, síntesis 690.
colorete en polvo 378.
columela 105.
columna 47, 64, 287, 403, 405, 440, 452, 471, 482, 485, 540, 919.
columna central 676.
columna con capuchón 64.
columna corintia adosada 407.
columna de alcohol 695.
columna de control 626.
columna de estabilización 652.
columna de mercurio 695.
columna de tensión 453.
columna dórica adosada 407.
columna fraccionadora 656.
columna jónica adosada 407.
columna vertebral 109, 121, 152, 157, 167.
colutorio 384.
coma 473.
comadreja 134.
combinación 366, 852.
combinación con sujetador 366.
combinación ganadora 920.
combustible 665, 670, 671.
combustible defectuoso envasado 666.
combustible fósil 68, 70.
combustible para aviones 656.
combustible para calderas 656.
combustible para calefacción 656.
combustión 564, 565, 627.
combustión 565.
comedor 250, 584, 608, 720, 723, 724, 727, 763, 764.
comedor de los empleados 509.
comedor, vagón 584.
comercio electrónico 525.
cometa 8.
comienzo de lectura 501.
comillas 473.
comillas sencillas 473.
comino 198.
comisario 875.
comisario de pista 853, 855.
comisario jefe 855.
comisura labial 174.
comité de arbitraje 845.
cómoda 279.
comodín 914.
Comores 746.
compact flash, tarjeta de memoria 481.
compactadora 573.
compartimento para almacenamiento 567.
compartimento para equipaje 585.
compartimento para los equipos 585.
compartimiento 416.
compartimiento de almacenamiento 766.
compartimiento de documentos 527.
compartimiento de pasajeros 605.
compartimiento del cable de la batería 489.
compartimiento del depósito del agua 628.
compartimiento del equipo técnico 489.
compartimiento dormitorio 584.
compartimiento motor 568.
compartimiento para almacenamiento 483.
compartimiento para el equipaje 584.
compartimiento para lácteos 291.
compartimiento para mantequilla 291.
compartimiento para ordenador 527.
Compás 11.
compás 434.
compensador de flotación 841.
compensador gráfico de sintonización 498.
competición 789.
competición de ciclismo por carretera 870.
competición, canal 788.
complejo hidroeléctrico 657.
complexo mayor 151.
compluvio 406.
componentes del portalámpara 275.
composición de la sangre 162.
compresa de gasa 777.
compresión 71, 564, 565, 627.
compresor 260, 533, 670.
compresor centrífugo 627.
compresor de aire 320, 585, 586.
compresor del aire acondicionado 566.
compuerta 596, 658, 664.
compuerta de la cisterna 607.
compuerta de llenado 597.
compuerta del aliviadero 657.
compuerta inferior 597.
comulgatorio 737.
comunicación por teléfono 506.
comunicación sin hilos 505.
comunicación vía satélite 486.
comunicación, unidades 522.
comunicaciones 468.
comunicaciones aéreas 487.
comunicaciones industriales 487.
comunicaciones marítimas 487.
comunicaciones militares 487.
comunicaciones particulares 487.
comunicaciones terrestres 487.
con hombrera 360.
concentración de gas de efecto invernadero 68.
concentrado de tomate 200.
concentrado, tomate 200.
concentrador 522, 523.
concentrador de aire 382.
concesionario automovilístico 711.
concha 104, 105, 106, 173, 276, 448.
concha bibalva 105.
concha bivalva, anatomía 105.
concha bivalva, morfología 105.
concha univalva 105.
concha univalva, morfología 105.
conchitas 206.
condensación 67, 680.
condensada 472.
condensador 646, 668, 674, 693, 694.
condensador de cerámica 689.
condensador de película plástica 689.
condensadores electrolíticos 689.
cóndilo externo 153.
cóndilo interno 153.
condimento de especias cajún 199.
condimentos 200, 723.
cóndor 119.
condrito 8.
conducción 681.
conducción forzado 658.
conducto de admisión 564.
conducto de aire caliente 293.
conducto de aire comprimido 398.
conducto de aire fresco 543.
conducto de aire viciado 543.
conducto de desviación 627.
conducto de distribución vertical 258.
conducto de Havers 154.
conducto de monedas 920.
conducto de salida de aire 627.
conducto de ventilación 402.
conducto deferente 169.
conducto del aire 445.
conducto del veneno 112.
conducto espermático 104.
conducto eyaculador 169.
conducto galactóforo 171.
conducto hermafrodito 104.
conducto lacrimal 177.
conducto principal 258.
conducto principal de gas 712.
conducto radicular 159.
conducto secundario 258.
conducto semicircular lateral 174.
conducto semicircular posterior 174.
conducto semicircular superior 174.
conducto sudorífero 172.
conductor 857.
conductor de fase 273.
conductor neutral 273.
conector 269, 272, 488, 766.
conector de alimentación del adaptador 526.
conector de altavoces 497.
conector de boca de riego 767.
conector de expansión AGP 513.
conector de expansión PCI 513.
conector de extensión ISA 513.
conector de línea cargada 663.
conector de puesta de tierra 497.
conector de RAM 513.
conector de salida 441.
conector de tierra macho 274.
conector de tierra, macho 274.
conector del desagüe 262.
conector del ordenador 518.
conector del ratón 518.
conector en T 522.
conectores de antenas 497.
conejo 123, 212.
conexión 273, 663, 916.
conexión a la red 273.
conexión de la chimenea 256.
conexión de tierra 273.
conexión eléctrica 258, 260, 266.
conexión eléctrica a tierra 655.
conexión para la manguera de aire 320.
conexión, clavija 689.
conexión, galería 543.
conexiones 269, 571.
conexiones, ejemplos 270.
confesonarios 737.
configuración de los continentes 28.
configuración del litoral 51.
confirmación, tecla 731.
confitería 717.
confluente 48.
Confucianismo 736.
congelador 224, 720.
congelador incorporado 291.
congelados 181.
Congo 745.
Congresos, Palacio 711.
congresos, sala 718.
conífera 89.
coníferas, ejemplos 89.
conjuntiva 177.
conjunto deportivo 369.
conjunto vacío 703.
conjuntos instrumentales, ejemplos 438.
conmutador 523, 688.
conmutador de alimentación 477.
conmutador de corriente 497.
conmutador de grabación nocturna 496.
conmutador de intensidad 274.
cono 177, 494, 705.
cono de admisión 627.
cono de penumbra 6, 7.
cono de sombra 6, 7.
cono femenino 89.
cono masculino 89.
cono pirométrico 464.
conopial 413.
consejero de producción 490.
consejeros musicales 490.
conservación, laboratorio 395.
conservador, despacho 394.
conservas 181.
consigna 582.
consola 440, 444.
consola central 556.
consola de control 626.
consola de juego 918.
consola de la unidad de vídeo 520.
consola de sonido 488, 489, 490.
consola del productor 488.
consola para el sistema de vacío 694.
constelaciones del hemisferio austral 10.
constelaciones en el hemisferio boreal 12.
consultorio 779, 781.
consultorio ginecológico 779.
consumidor 487.
consumidores primarios 67.
consumidores secundarios 67.
consumidores terciarios 67.
contabilidad 509.
contacto 274, 275, 916.
contacto central 476.
contacto con conexión de tierra 263.
contacto de conexión a tierra 274.
contacto negativo 672, 673.
contacto positivo 672, 673.
contacto, dispositivos 274.
contador 499, 700.
contador de agua 262.
contador de kilovatio-hora 273.
contador de pasadas 456.
contador eléctrico 273.
contaminación agrícola 69.
contaminación de automóviles 69.
contaminación de petróleo 70.
contaminación del agua 70.
contaminación del aire 69.
contaminación del suelo 69.
contaminación doméstica 69.
contaminación industrial 69.
contaminantes del aire 69.
contaminantes no biodegradables 69.
contenedor 605, 635, 638.
contenedor de reciclado de aluminio 71.
contenedor de reciclado de papel 71.
contenedor de reciclado de vidrio 71.
contenedor de recogida de papel 71.
contenedor de recogida de vidrio 71.
contenedores de reciclaje 71.
contenedores, plataformas, cargador 623.
contenedores, terminal 708.
contenido en 703.
contera 389, 391, 483, 868, 909.
contera de caucho 782.
contestador automática 508.
continente 7, 49.
continente húmedo 61.
continentes, configuración 28.
contorno del cuello 349.
contrabajo 439.
contrabajos 437.
contrachapado 300.
contrachapado multiplex 300.
contraescarpa 409.
contrafagot 437.
contrafoque 603.
contrafuerte 370, 410, 540, 660, 881, 889.
contrafuerte del talón 342.
contrafuertes, presa 660.
contraguardia 409.
contrahilo de la tela 455.
contrahoja 309.
contrahuella 255.
contramesana 602.
contrapeso 14, 16, 417, 500, 542, 591, 634, 638, 639, 640.
contrapeso, guía 417.
contrapiso 252, 253, 254.
contrapluma 634.
contraquilla 607.
contratuerca 270.
contraventana 249.
contrincante 846.
control 514.
control : selección de grupo 514.
control a larga distancia 483.
control a larga distancia, aguja 590.
control de agudos 497.
control de alimentador de oxígeno 898.
control de altura 485.
control de balance 497.
control de brillo 518.
control de centrado 518.
control de color 512.
control de combustible 627.
control de contraste 512, 518.
control de elevación de la caja de iluminación 485.
control de entrada de información fina 450.
control de entrada de información rápida 450.
control de entrada del personal 726.
control de fotocopias 512.
control de ganancia 613.
control de graves 497.
control de la calefacción 556.
control de la entrada de aire 256.
control de la plataforma corrediza 693.
control de oxígeno 319.
control de pasaportes 621.
control de posición de la muestra 694.
control de presión 384.
control de producción, sala 491.
control de salida del personal 726.
control de secuencias 450.
control de seguridad 621.
control de sintonización 504.
control de sonido 490.
control de temperatura 259, 261, 267, 288, 465.
control de tonos de bajos 503.
control de tonos de graves 503.
control de velocidad 332, 516.
control de volumen 441, 450, 451, 495, 504, 507, 513.
control de volumen del auricular 506.
control de volumen del timbre 506.
control del campo audio 497.
control del espejo retrovisor exterior 554.
control del margen 528.
control del nivel de alarma 613.
control del sintonizador 498.
control del sonido 441.
control del sonido estereofónico 491.
control del tiempo 451.
control del vaporizador 288.
control del ventilador 261.
control del volumen 441, 497, 508.
control eléctrico de pago 920.
control electrónico, caja 563.
control estéreo 504.
control horizontal 518.
control mecánico de agujas 590.
control remoto, unidad móvil de servicio 21.
control vertical 518.
controlador de entradas 394, 427.
controlador de viento del sintetizador 451.
controles de intensidad de la pantalla del ordenador 20.
controles de la pletina 504.
controles de sintonización 494.
controles de volumen de comunicaciones 20.
controles del lector de discos compactos 504.
controles del piloto automático 626.
controles del sistema de soporte vital 20.
controles VCR 495.
conurbación 708.
convección 681.
convención, corriente 681.
conversión del agua en vapor 665.
convertidor catalítico 553.
convertidor de tensión 292.
Cook,Estrecho 29.
cooksonia 92.
coordenadas astronómicas, sistema 13.
coordenadas terrestres, sistema 35.
Copa 11.
copa 87, 223, 340, 341, 367.
copa de agua 225.
copa de champagne 225.
copa de cóctel 225.
copa de flauta 225.
copa para coñac 225.
copa para licores 225.
copa para oporto 225.
copa para vino blanco 225.
copa para vino de Alsacia 225.
copa para vino de Borgoña 225.
copa para vino de Burdeos 225.
copete 124, 909.
copias anverso /reverso 512.
copo de nieve 64.
copyright (derechos de autor) 473.
coquilla 808, 843, 880.
coquina 217.
coracoides 111, 116.
coral, mar 29.
Corán 736.
corazón 82, 97, 99, 103, 104, 105, 106, 107, 109, 110, 112, 116, 125, 162, 163, 212, 740, 914.
corbata 349.
corbata inglesa 349.
corbatas 716.
corchea 435.
corcheras 831.
corchete 881.
corchetes 453, 473.
corcho 817, 892.
cordada 900.
cordaje 816, 822, 893.
cordal 433, 439.
cordero, carne picada 215.
cordero, carne troceada 215.
cordero, cortes 215.
cordero, pierna 215.
cordillera 7, 38, 42.
Cordillera de los Andes 31.
Cordillera del Atlas 34.
cordón 282, 284, 285, 288, 289, 313, 342, 353, 370, 387, 505, 797, 881, 908.
cordón de alimentación 237, 308, 381.

cordón de alimentación de corriente alterna 526.
cordón de alimentación de corriente continua 526.
cordón de alimentación, corriente continua 526.
cordón de trazar 313.
cordón del pedal 460.
cordón litoral 51.
cordón nervioso 99.
cordón nervioso ventral 107.
cordón para espirales 465.
cordoncillo 729.
cordones 843.
cordones de listones 285.
Corea, Península 33.
coreano 469.
corimbo 81.
corintio, orden 405.
córnea 177, 691.
córner 803.
corneta 739.
cornete inferior 175.
cornete medio 175.
cornete superior 175.
cornetín 437, 447.
cornisa 245, 247, 278, 403, 404.
corno francés 447.
corno inglés 446.
cornos franceses 437.
cornos ingleses 437.
coro 410, 411.
coroides 177.
corola 80.
corona 6, 124, 127, 159, 374, 398, 440, 448, 696.
Corona Austral 10.
Corona Boreal 13.
corona externa de la cadena 580.
corona interna de la cadena 580.
corona radiata 170.
corona rotatoria 639.
coronación 660.
coronamiento 661, 664.
corpúsculo de Meissner 172.
corpúsculo de Pacini 172.
corpúsculo de Ruffini 172.
corral 182.
corral, aves 213.
correa 377, 389, 696, 765, 824, 836, 841, 850, 855, 869, 893.
correa de ajuste 889.
correa de amortiguación 897.
correa de barbilla 808.
correa de cierre 906.
correa de compresión 906.
correa de distribución 566.
correa de la cincha 855.
correa de la manga 352.
correa de los crampones 901.
correa de muñeca 901.
correa de retención 389.
correa de seguridad 20, 818.
correa de tiro 893.
correa de transmisión 605.
correa del tambor 292.
correa del ventilador 552, 566.
correa elástico 389.
correa para el cuello 772.
correa para el pie 840.
correa para escalera y manguera 767.
correa para herramientas 20.
correa para la mano 888, 892.
correa principal de sustentación 897.
correas 773.
correas de los aparatos de buceo 841.
corrección de caracteres 528.
corrección de palabras 528.
corrector de ortografía 528.
corredera 284, 445, 453.
corredera con enganches 284.
corredera de afinamiento 447.
corredera de ajuste 350.
corredera de la guía 305.
corredor 676, 871, 885.
corredor de luge 884.
corredor de poder 807.
corredores 875.
correo 474.
correo aéreo 475.
correo de masa 475.
correo electrónico 525.
correo electrónico, programa 524.
correo internacional 475.
correo no obliterado 474.
correo obliterado 474.
correo postal 475.
correo regional 475.
Correos 711.
correos 474.
correos, oficina 715.
corriente 597.
corriente de agua 48, 70.
corriente de convección 681.
corriente eléctrica, unidad de medida 702.
corriente subterránea 47.
corrimiento 47.
corrosivo 774.
corsé 337.
corsé de cintura de avispa 367.
cortacésped 332.
cortacésped eléctrico 332.
cortacutículas 377.
cortador de alambre 317.
cortador de huevos duros 233.
cortafuego 252, 523.
cortahilos 453.
cortapastas 232.
cortapatillas 383.
cortapuros 390.
cortasetos eléctrico 331.
cortatubos 314.
cortaúñas 377.
corte de la atmósfera terrestre 53.
corte de la corteza terrestre 42.
corte de la pelota de softball 797.
corte de un bulbo 78.
corte de un grano de trigo 85.
corte de un melocotón 81.
corte de un panal 100.
corte de un raill 591.
corte de un tronco 300.
corte de una avellana 84.
corte de una frambuesa 83.
corte de una fresa 83.
corte de una manzana 82.
corte de una naranja 82.
corte de una nuez 84.
corte de una pelota de golf 867.
corte de una uva 83.
corte princesa 356.
corte transversal 920.
corte transversal de un microscopio de electrones 694.
corte transversal de un molar 159.
corte transversal de un tronco 87.
corte transversal de una pipa 390.
corte, riel 591.
cortes de cerdo 215.
cortes de cordero 215.
cortes de ternera 214.
cortes de vacuno 214.
corteza 82, 87.
corteza continental 42.
corteza cortical 165.
corteza oceánica 42.
corteza terrestre 42, 43.
corteza terrestre, corte 42.
cortina 276, 282, 285, 492.
cortina abombada 283.
cortina de enrollamiento automático 558.
cortina de inyecciones 660, 661.
cortina de riel 284.
cortina de ventana 282.
cortina separadora 780.
cortina suelta corrediza 283.
cortina sujeta de doble barra 283.
cortinas corredera 282.
cortinas cruzadas 283.
cortinas recogidas 282.
cortinas, ejemplos 283.
corvejón 124, 130.
cosechadora trilladora 643.
cosechera de forraje 642.
coser, máquina 452.
cosido 426.
cosméticos 717.
costa 49.
Costa de Marfil 745.
Costa Rica 742.
costado 425, 560, 561, 632.
costas, ejemplos 51.
costero 300.
costilla 112, 116, 121, 122, 126, 131, 136, 138, 141, 142, 909.
costilla axial 105.
costilla de encastre 624.
costilla espiral 105.
costilla falsa 153.
costilla flotante 138, 152.
costillar 214, 215.
costillas 152.
costura 342, 346, 348, 390, 452, 797, 798.
costura de corte princesa 366.
costura invisible 349.
cota de malla 749.
cotiledón 77.
cotillo 301.
Coulommiers 211.
Cowper, glándula 169.
coxa 96, 98.
crampones 893.
cráneo 106, 109, 116, 121, 126, 136, 138, 141, 142, 146.
cráneo de un niño 158.
cráneo, vista lateral 158.
cráter 7, 44, 647.
cráter, estela luminosa 7.
creciente 7, 741.
cree 469.
cremallera 307, 353, 369, 377, 389, 453, 791.
cremallera de fijación 692.
cremáster 97.
crepidoma 403, 405.
cresta 45, 49, 690.
cresta de la presa 657.
cresta del aliviadero 657.
crestón 749.
Cretáceo 93.
cricket 798.
criminalidad, prevención 768.
crin 124, 439.
criptón 684.
crisálida 97, 100.
cristal 672, 673.
cristal de protección 878.
cristalería 225.
cristales de nieve 64.
cristales irregulares 64.
cristalino 177.
cristalización 680.
Cristiandad : Nuevo Testamento 736.
Croacia 744.
croco 80.
croissant 204.
crol 832.
cromatina 94.
cromo 683.
cromosfera 6.
Cronología de las Religiones 736.
cronometrador 810, 814, 842, 845, 846, 847, 848, 881, 883, 900.
cronometrador de calle 830.
cronometradores 827, 844.
cronómetro 488, 696, 789, 831.
cronómetro electrónico automático 831.
crosne 184.
Crottin de Chavignol 210.
cruce 590.
cruce con preferencia 544.
cruce de animales en libertad 545, 547.
crucero 410, 411.
cruces de carreteras, ejemplos 538.
cruceta 268, 834.
crucifijo 737.
crudo, oleoducto 654.
crus hélix 173.
crustáceo 218.
crustáceos 107.
cruz 124, 130, 610, 740.
cruz de San Andrés 591.
cruz del altar 737.
Cruz del Sur 11.
cuaderna 607, 639.
cuadernillo 426.
cuaderno de taquigrafía 531.
cuadrado 112, 705.
cuadrante 273, 695, 696, 704.
cuadrante calculador 479.
cuadrilátero 705, 842.
cuadro 245, 862.
cuadro de bateo 797.
cuadro de distribución 272.
cuadro de saque 821.
cuadro de saque derecho 821.
cuadro de saque izquierdo 821.
cuadro de servicio 818, 819.
cuadro de servicio de dobles 817.
cuadro de servicio de individuales 817.
cuadro de temperaturas 288.
cuarta 434, 849.
cuarta vuelta 789.
cuarteto 438.
cuartilla 124.
cuarto 127, 342, 370.
cuarto creciente 7.
cuarto de baño 251, 264.
cuarto de estar 250, 902.
cuarto de limpieza 731.
cuarto menguante 7.
cuartos de final 789.
cuarzo, metrónomo 436.
Cuaternario 93.
cuatro palos, barco de vela 602.
Cuba 742.
cuba 291, 292.
cuba de lavado 294.
cubertería 227, 905.
cubeta 484.
cubeta colectora de gotas 241.
cubeta congeladora 240.
cubeta de alcohol 695.
cubeta de mercurio 695.
cubeta de precipitación 685.
cubeta para lavar impresiones 485.
cubículo 406.
cubierta 240, 260, 261, 275, 425, 499, 608, 755, 757, 838.
cubierta cónica 415.
cubierta de aterrizaje 761.
cubierta de cabina, eyector 898.
cubierta de cuatro aguas 414.
cubierta de cuatro aguas con canalera 415.
cubierta de cúpula peraltada 415.
cubierta de dos aguas 414.
cubierta de la aguja 500.
cubierta de la cabina 898.
cubierta de linternilla 414.
cubierta de pabellón 415.
cubierta de popa 608.
cubierta de rotonda 415.
cubierta de seguridad 332.
cubierta de sol 607.
cubierta de tejas 403.
cubierta de torrecilla 415.
cubierta de vertiente simple 414.
cubierta de vuelo 761.
cubierta del cubo 659.
cubierta del embrague 576.
cubierta del mecanismo del freno 587.
cubierta deslizable 612.
cubierta en artesa 414.
cubierta en diente de sierra 414.
cubierta en pendiente 414.
cubierta exterior de la cúpula 17.
cubierta frontal 426.
cubierta imperial 414.
cubierta inferior 655.
cubierta interior de la cúpula 17.
cubierta mansarda 414.
cubierta para automóviles 608.
cubierta piramidal 415.
cubierta posterior 426.
cubierta principal 607, 761.
cubierta protectora 639.
cubierta superior 624, 655.
cubierta superior de la turbina 659.
cubierta térmica 22.
cubiertas 414.
cubiertos 722.
cubilete 915.
cubital anterior 150, 151.
cubital posterior 151.
cúbito 116, 121, 122, 126, 131, 136, 138, 141, 142, 152, 154, 156.
cubitos de hielo, bandeja 291.
cubo 295, 534, 659, 677, 705, 783.
cubo de basura 295, 723.
cubo de basura reciclable 71.
cubo de flash 482.
cubo del rotor 631.
cuboides 155.
cubre cazoleta 752.
cubrebañeras 837.
cucaracha oriental 101.
cuchara 227, 401, 905, 911.
cuchara de degustación 233.
cuchara de helado 228.
cuchara de mesa 228.
cuchara de postre 228.
cuchara de sopa 228.
cuchara de té 228.
cuchara para servir helado 233.
cucharas dosificadoras 231.
cucharas, ejemplos 228.
cucharita de café 228.
cucharón 637, 752.
cucharón excavador 638.
cucharón trasero 637.
cuchilla 236, 237, 240, 303, 317, 331, 332, 382, 390, 534, 643, 878.
cuchilla de baile 881.
cuchilla de corte 636, 638.
cuchilla de disco 641.
cuchilla de patinaje artístico 881.
cuchilla del cucharón 637.
cuchilla fija 424.
cuchilla móvil 424.
cuchilla para delimitar el césped 326.
cuchilla, mecanismo de desplazamiento 639.
cuchillas para batir 236.
cuchillas, tipos 401.
cuchillo 227, 841, 905, 907.
cuchillo de carne 228.
cuchillo de carnicero 229.
cuchillo de cocina 229.
cuchillo de combate 751.
cuchillo de contornear 401, 421.
cuchillo de mantequilla 228.
cuchillo de mesa 228.
cuchillo de pan 229.
cuchillo de pelar 229.
cuchillo de pescado 228.
cuchillo de postre 228.
cuchillo de queso 228.
cuchillo de sílex 748.
cuchillo de trinchar 229.
cuchillo eléctrico 237.
cuchillo filetero 229.
cuchillo paleta 397.
cuchillo para desbastar 464.
cuchillo para deshuesar 229.
cuchillo para jamón 229.
cuchillo para ostras 229.
cuchillo para pomelos 229.
cuchillos de cocina, ejemplos 229.
cuchillos, ejemplos 228.
cuello 77, 113, 124, 147, 148, 149, 159, 169, 227, 319, 348, 349, 351, 352, 362, 494, 868.
cuello Berta 363.
cuello camisero 362.
cuello chino 363.
cuello con botones 349.
cuello de chal 362.
cuello de cisne 255.
cuello de doble vista 352.
cuello de ganso 638.
cuello de hechura de sastre 362.
cuello de Holanda 339.
cuello de lazo 362.
cuello de pico 354.
cuello de polo 363.
cuello de tortuga 363.
cuello de volantes 363.
cuello del fémur 153.
cuello del remo 838.
cuello del útero 170.
cuello drapeado 363.
cuello en V 348.
cuello hechura sastre 355.
cuello italiano 349.
cuello Mao 363.
cuello marinero 362.
cuello plano con orejas 362.
cuello plano tipo Peter Pan 362.
cuello redondo 363, 368.
cuello redondo, jersey 359.
cuello tipo cogulla 363.
cuellos, ejemplos 362.
cuenca oceánica 49.
cuenco 227.
cuenco de queso blando 226.
cuenta 721.
cuentakilómetros 557.
cuentalitros 548.
cuentavueltas 883.
cuerda 439, 440, 443, 611, 686, 696, 750, 842, 850, 859, 900, 913.
cuerda de amarre 900.
cuerda de disparo 756.
cuerda de elevación 321.
cuerda de salida falsa 830.
cuerda de tensión 433.
cuerda inferior 540.
cuerda maestra 893.
cuerda para el cosido 424.
cuerda superior 540.
cuerda vocal 163.
cuerda, instrumentos 439.
cuerdas 433, 442, 448.
cuerdas de acompañamiento 432.
cuerdas de suspensión 896, 897.
cuerdas melódicas 432.
cuerdas para eslálon 840.
cuerno 376.
cuerno anterior 167.
cuerno posterior 167.
cuero 350.
cuerpo 240, 268, 306, 390, 446, 700, 793, 849, 893, 909.
cuerpo calloso 167.
cuerpo cavernoso 169.
cuerpo celular 168.

cuerpo ciliar 177.
cuerpo de baquelita 757.
cuerpo de guardia 408, 409.
cuerpo de la colmena 100.
cuerpo de la torre 663.
cuerpo de la uña 172.
cuerpo del fórnix 167.
cuerpo humano 146.
cuerpo metálico de la bujía 562.
cuerpo sólido 441.
cuerpo vertebral 157, 168.
cuerpo vítreo 177.
cuerpos celestes 4.
cuerpos de Nissl 168.
cuerpos sólidos 705.
Cuervo 11.
cuervo 118.
cueva 51.
cuidado de los tejidos 347.
cuidado del césped 332.
cuidado personal 379.
culata 374, 446, 754, 755, 860, 861, 912.
culata de los cilindros 566.
culombio 702.
culote 757, 912.
cultivador 326, 641.
cultivador de mano 325.
cúmulo 56.
cúmulo globular 9.
cumulonimbo 56.
cumulonimbos 62.
cúmulos 62.
cuna 281.
cuña 444, 756, 900.
cuna plegable 281.
cuñadas 785.
cuñado 785.
cuneiforme lateral 155.
cuneta 538, 864.
cupé 549.
cúpula 84, 415, 614, 760.
cúpula del Mihrab 738.
cúpula del pórtico 738.
cúpula giratoria 17.
cúrcuma 198.
cureña 750, 753.
curio 684.
curling 877.
curry 198.
cursiva 472.
cursor abajo 515.
cursor arriba 515.
cursor de ajuste de la frecuencia 498.
cursor hacia la derecha 515.
cursor hacia la izquierda 515.
curva 539, 911.
curva a la derecha 544, 547.
curva de 180 grados 885.
curva del club 856.
curva doble 547.
curva lejana 856.
curvada 401.
cuscús 204.
cúter Marconi 601.

D

D 862.
dactilera 859.
dado 915.
dado común 914.
dado de póquer 914.
dado doble 915.
dados 914.
daga 751.
dálmata 131.
dama 915, 916.
damas 916.
damas, tablero 916.
danés 469.
dardo 918.
dátil 192.
datos, recepción 41.
datos, registro 41.
datos, transmisión 41.
datos, tratamiento 41, 54.
David 736.
David, estrella 738.
de acero a plástico 269.
de aspas 236.
de cobre a acero 269.
de cobre a plástico 269.
de cuatro cuartos 434.
de dos mitades 434.
de gancho 236.
de herradura 413.
de momia 904.
de ojiva lanceolada 413.
de servicio 820.
de tres cuartos 434.
deambulatorio 411.
decágono regular 705.
decantador 225.
declinación 13.
decorador 429.
decorador jefe de producción 428.
dedal 454.
dedalitos 206.
dedil 531.
dedo 110, 117, 122, 143, 172, 346, 797, 900.
dedo anular 173.
dedo de pata lobulada 117.
dedo de pata palmípeda 117.
dedo del corazón 173.
dedo del pie 146, 148.
dedo externo 115.
dedo índice 173.
dedo interno 115.
dedo medio 115.
dedo meñique 173.
dedo palmeado 110.
dedo posterior 115, 117.
dedos 116.
dedos del pie, extensor largo 150.
dedos prensiles 139.
dedos, extensor común 151.
defectos de la visión 691.
defensa 809.
defensa central 803.
defensa derecho 801, 878.
defensa izquierdo 801, 878.
deflector 260, 329, 332, 333.
deflector de viento 570.
deflector de viento de los aviones 761.
deflector del tanque de oxígeno líquido 25.
deforestación 69.
degustación, cuchara 233.
Deimos 4.
dejada 821.
delantero 348, 349, 803, 804.
delantero derecho 812.
delantero izquierdo 812.
delantero medio 812.
delantero número 8 804.
delco 552.
delegados técnicos 881.
Delfín 12.
delfín 136, 137.
delfín, esqueleto 136.
delfín, morfología 136.
delineador 378.
delineador de labios 378.
delta 48, 51.
Delta II 24.
delta, brazos 48.
deltoides 150.
demarcación 918.
dendrita 168.
dendrita espacial 64.
denominación de los ciclones tropicales 63.
dentada 79.
dentadura humana 159.
dentario 112.
dentículo 404, 405.
dentífrico 384.
dentina 159.
deportes 788.
deportes acuáticos 827.
deportes aéreos 896.
deportes de balón 794.
deportes de combate 842.
deportes de fuerza 850.
deportes de invierno 877.
deportes de montaña 900.
deportes de motor 872.
deportes de pelota 794.
deportes de precisión 859.
deportes de puntería 859.
deportes de raqueta 815.
deportes ecuestres 852.
deportes náuticos 827.
deportes sobre ruedas 894.
deportivo 549.
depósito 394.
depósito de aceite 331.
depósito de agua 241, 586.
depósito de aire comprimido 586.
depósito de carbón 646.
depósito de carburante de calentamiento 563.
depósito de combustible 586, 760.
depósito de contenedores 596.
depósito de de los utensilios 734.
depósito de gas 391.
depósito de gasolina 553, 563, 574, 577.
depósito de gasolina, tapón 551.
depósito de lodos 651.
depósito de mercancía en tránsito 596.
depósito de mercancías 708.
depósito de misiles 762.
depósito de municiones 758.
depósito de pintura 320.
depósito de polvo 288.
deposito de tinta 398.
depósito de tinta 398.
depósito del agua 384.
depósito del combustible 631, 758.
depósito del grano 643.
depósito del líquido de frenos 559.
depósito del propulsor 18.
depósito esterilizado 780.
depósito externo de combustible 22.
depósito nocturno, buzón 731.
depósito ventral 631.
depósitos aluviales 48.
depresión 55.
depresión barométrica 55.
derecha del actor 431.
derecha del espectador 431.
deriva 760.
deriva móvil 835.
derivación 687.
derivación de la toma de aire 262.
derivación en T 269, 271.
derivación en T del desagüe 271.
derivación en U 269.
derivación en Y 269.
dermis 172.
derrubios 47.
derrumbamiento 47.
desagüe 262, 264.
desagüe de fondo 246.
desagüe de la turbina 662.
desagüe principal 262.
desatrancador 314.
desbaste 401.
descamador 905.
descanso del macillo 443.
descapotable 549.
descarga, cámara 402.
descenso 889.
descenso del spinnaker 833.
descensor de ocho 900.
descomponedores 67.
descompresor 841.
descorazonador 233.
descote rapeado 363.
desenganchador 315.
desenganchador manual 889.
desértico 61.
desfibrilador 775.
deshuesador 233.
deshumidificador 261.
desierto 52, 66.
desierto arenoso 52.
Desierto de Atacama 31.
Desierto de Gobi 33.
Desierto de Kalahari 34.
Desierto de Namibia 34.
Desierto del Sahara 34.
desierto rocoso 52.
desigual a 703.
deslizador 896.
desmenuzamiento 71.
desnivel 244.
desodorante 379.
despacho 251, 724.
despacho de dirección 718.
despacho de la enfermera jefe 779.
despacho de la guardia de seguridad 733.
despacho del administrador delegado 509.
despacho del asistente social 779.
despacho del bedel 735.
despacho del bibliotecario 732.
despacho del conservador 394.
despacho del director 394, 726, 731, 732.
despacho del gimnasio 734.
despacho del inspector de prevención de incendios 764.
despacho del jefe de bomberos 764.
despacho del juez 728.
despacho del oficial subalterno 768.
despacho del oficial superior 768.
despacho del secretario judicial 728.
despacho del subdirector 726.
despacho del tutor 735.
despegue 891.
despensa 250, 720, 722, 724.
desplantador 325.
desplazamiento 515, 690.
desplazamiento del cursor,teclas 529.
despojos 212.
desprendimiento 47.
desprendimientos 545, 547.
desprendimientos de tierras 47.
destellos, tubo 692.
destilador para asfalto 656.
destinos 582.
destornillador 302, 905.
destornillador de trinquete 302.
destornillador en cruz 905.
destornillador inalámbrico 302.
destructora de documentos 535.
desyerbador 325.
detector de alta tensión 316.
detector de continuidad 316.
detector de humo 767.
detector de metales 726.
detector de tensión 316.
detonador 757.
detritos 63.
devanadera 462.
devanado de inducido 688.
devanado inductor 688.
devanador 462, 910.
devanador de bobinas 462.
devolución de libros, mostrador 733.
devolución de monedas 507.
devolución de monedas rechazadas 920.
devolvedor 865.
Devónico 92.
diablo de Tasmania 143.
diadema 772.
diáfisis 155.
diafragma 163, 477, 488, 502.
diafragma de vacío 566.
diafragma, escala de abertura 478.
diagonal 473, 663.
diagrama de la circulación 161.
diagramas de tejidos 463.
diamante 375, 794, 914.
diamante, corte 374.
diámetro 704.
diana 859, 918.
diapasón 436, 439, 441, 697.
diapositiva 483.
diapositivas, proyector 483.
diastema 123.
dibujo 368, 369, 396, 458.
dibujo a la cera 396.
dibujo al carboncillo 396.
dibujo de la superficie de rodadura 560, 561.
dibujo de lápices de colores 396.
dibujo de tinta china 396.
dibujo, tablero 399.
diente 108, 112, 227, 303, 304, 331, 382, 636, 638, 642, 643, 876.
diente de la desterronadora 636.
diente de la rueda 686.
diente de león 187.
dientes 159, 309, 453, 881.
dientes de la leva 453.
dientes rectos, rueda cilíndrica 686.
dientes rotor 688.
dientes, cepillo 384.
diéresis 473.
diésel 656.
diésel para barcos 656.
diez 703.
diez mandamientos 738.
diferencia de potencial eléctrico, unidad de medida 702.
diferencial 553.
diferentes formas de alas 630.
difusión de información 525.
difusor 428, 479.
difusor tubular 627.
digestivo, aparato 164.
dijes 376.
dimetrodon 92.
Dinamarca 744.
dinamo 688.
dínamo 578.
dinamómetro 699.
dinero 729.
dinero en efectivo, provisión 731.
dintel 247, 256, 411.
diodo 673.
Dione 5.
dióxido de carbono 670.
dióxido de carbono, absorción 78.
dióxido de sulfuro, emisión 70.
dique 44, 596.
dique fijo 664.
dique seco 596.
dirección 589, 684.
dirección de flujo de electrones 689.
dirección de la Meca 738.
dirección del flujo de los electrones 687.
dirección del viento 55.
dirección del viento,medición 59.
dirección obligatoria 544, 546.
dirección URL 524.
director 429.
director artístico 428.
director de carrera 870.
director de fotografía 429.
director de producción 509.
director de tiros 859.
director, despacho 394.
director, monitor de control 428.
directorio 524.
disco 9, 237, 273, 304, 305, 423, 500, 521, 559, 560, 641, 793, 851, 880.
disco abrasivo 308.
disco central 95.
disco compacto 501, 504, 521.
disco compacto regrabable, grabador 521.
disco compacto, lector 501.
disco compacto, lectura 501.
disco compacto, reproductor 503.
disco de articulación 570.
disco de caucho 500.
disco de tensión 453, 457.
disco desviador de calor 274.
disco duro 513.
disco duro extraíble 521.
disco giratorio 236.
disco intervertebral 157.
disco tapador 643.
disco versátil digital (DVD) 494.
discontinuidad de Gutenberg 42.
discontinuidad de Mohorovicic 42.
diseño 401.
disipador térmico 513.
disminución de la tensión 677.
disparador 329, 476, 767.
disparador de cable 482.
disparador de pago 920.
disparador de señuelo 762.
disparador del tambor 910.
disparador neumático 482.
disparo, accesorios 752.
display 261, 497, 503, 505, 506, 548, 731, 777.
display a colores 456.
display de frecuencia 503.
display de funciones 450.
display de la información 479.
display de las funciones 450.
display de mensajes 512.
display del radar 771.
disposición 244.
disposición de los bolos 865.
disposiciones de las velas 833.
dispositivo antideslizante 500.
dispositivo de alarma 765.
dispositivo de amarre 571.
dispositivo de bloqueo 321.
dispositivo de cierre 913.
dispositivo de inflado 611.
dispositivo de protección 446.
dispositivo de remolque 573.
dispositivo para enmarcar 424.
dispositivos de contacto 274.
disprosio 684.
disquete 521.
disquete externo, unidad 521.
disquete para video fijo 481.
distancia recorrida 700.
distancia, medición 700.
distribución al consumidor 662.
distribución de apuesta americana 919.
distribución de apuesta francesa 919.
distribución de la vegetación 66.
distribución, cuadro 272.
distribución, tablero 273.
distribuidor de bebidas 723, 779.
distribuidor de calor 259.
distribuidor de clips 534.
distribuidor de hielos 224.
distribuidor de hojas de afeitar 383.
distrito 39.
divanes, ejemplos 276.
divisiones de los escudos 740.
divisores 532.
divisorio 771.

Djibouti 745.
do 847.
do(C) 434.
doble 853.
doble barra oblicua 524.
doble bemol 435.
doble caña 446.
doble cero 919.
doble cortina 282.
doble curva 544.
doble dentada 79.
doble filo, tijeras para entresacar 382.
doble fuelle 432.
doble pletina de casete 503.
doble scull sin timonel 839.
doble sostenido 435.
doble techo 902.
doble toldo 903.
doble vía 544, 546.
doble vidrio 675.
doblez 362, 455.
doblez hacia el interior 912.
docena (1 a 12) 919.
docena (13 a 24) 919.
docena (25 a 36) 919.
dodecágono regular 705.
dohyo 847.
dólar 728.
dolichos 190.
doma 855.
Dominica 743.
dominio 524.
dominio de primer nivel 524.
dominio de segundo nivel 524.
dominio, nombre 524.
dominós 914.
domo de vidrio 612.
dorada 219.
Dorado 11.
dórico, orden 404.
dormitorio 251, 902.
dormitorio de los bomberos 764.
dormitorio de los oficiales 764.
dormitorio principal 251.
dorsal 523.
dorsal ancho 151.
Dorsal del Atlántico medio 50.
Dorsal del Índico medio 50.
Dorsal del Índico sureste 50.
Dorsal del Índico suroeste 50.
Dorsal del Pacífico oriental 50.
Dorsal del Pacífico-Antártico 50.
dorsal oceánica 49.
dorsales oceánicas 50.
dorso 173, 176, 300, 750.
dorso de la nariz 175.
dorso de un guante 346.
dos doble 914.
dos pares 914.
dos puntos 473.
dosificador 783.
Douglas, saco 170.
dovela 413.
Dragón 13.
dragón vikingo 598.
dragones 917.
Drake, Paso 29, 31.
drenaje de aguas superficiales 712.
driza 603, 739.
dromedario 129.
drumlin 45.
drupa 81.
drupas 192.
drupéola 83.
dubnio 683.
ducha 251, 724, 726, 780.
ducha de teléfono 264.
ducha y bañera 262.
ducha, bañera 262.
duchas de los bomberos 764.
duchas de los oficiales 764.
duchas de los presos 768.
duerto 788.
dulse 183.
duna 51.
duna compleja 52.
duna parabólica 52.
dunas longitudinales 52.
dunas transversales 52.
dunas, ejemplos 52.
dúo 438.
duodeno 116, 164.
duramadre 167, 168.
duramen 87.
durión 197.

E

eau de toilette 379.
eclipse anular 6.
eclipse de Luna 7.
eclipse parcial 6, 7.
eclipse solar 6.
eclipse total 6, 7.
eclipses, tipos 6, 7.
eclíptica 13.
eclisa 590.
eco 40, 41.
economía 728.
ectodermo 95.
ectopterigoides 112.
Ecuador 36, 742.
ecuador 13, 31, 34, 35, 63.
ecuador celeste 13.
Edad de Piedra, armas 748.
edificio de hormigón 665.
edificio de la administración 664.
edificio de la turbina 668.
edificio de oficinas 710, 713.
edificio del reactor 667, 669.
edificio público 39.
editorial 471.
edredón 280.
educación 732.
efecto invernadero 68.
efecto invernadero natural 68.
efecto invernadero, aumento 68.
efecto invernadero, gas 68.
efectos especiales video/digitales 491.
efluente 48.
Egipto 745.
einstenio 684.
eje 237, 248, 383, 462, 464, 586, 697, 762, 895.
eje de alta velocidad 677.
eje de baja velocidad 677.
eje de cuchillas 641.
eje de dirección 633.
eje de la rueda 579.
eje de las aspas 676.
eje de tiro 756.
eje de toma de fuerza 641.
eje del cepillo 384.
eje del pedal 580.
eje del tambor 910.
eje delantero 639.
eje horizontal, turbina de viento 677.
eje polar 17.
eje propulsor 605.
eje vertical, turbina de viento 676.
ejemplos de abreviaciones de monedas 728.
ejemplos de adaptadores 269.
ejemplos de algas 75.
ejemplos de anclas 610.
ejemplos de anfibios 111.
ejemplos de ángulos 704.
ejemplos de aparejos 601.
ejemplos de arácnidos 102.
ejemplos de arcos 413, 541.
ejemplos de aviones 628.
ejemplos de barcos 604.
ejemplos de bicicletas 581.
ejemplos de blusas 359.
ejemplos de bolos 865.
ejemplos de bolsillos 360.
ejemplos de brocas y barrenas 306.
ejemplos de camiones 573.
ejemplos de camiones articulados 572.
ejemplos de carrocerías 549.
ejemplos de cenefas 283.
ejemplos de clavos 301.
ejemplos de colores 741.
ejemplos de conexiones 270.
ejemplos de coníferas 89.
ejemplos de conjuntos instrumentales 438.
ejemplos de cortinas 283.
ejemplos de costas 51.
ejemplos de cucharas 228.
ejemplos de cuchillos 228.
ejemplos de cuchillos de cocina 229.
ejemplos de cuellos 362.
ejemplos de dunas 52.
ejemplos de embarcaciones 604.
ejemplos de empenajes de cola 629.
ejemplos de empuñaduras 840.
ejemplos de enlaces de carreteras 538.
ejemplos de esquís 840, 888.
ejemplos de faldas 357.
ejemplos de flores 80.
ejemplos de forros 741.
ejemplos de fresas 308.
ejemplos de fruncidos 283.
ejemplos de fusibles 272.
ejemplos de gafas 385.
ejemplos de helechos 76.
ejemplos de helicópteros 631.
ejemplos de hojas 89.
ejemplos de insectos 101.
ejemplos de instrumentos de teclado 443.
ejemplos de lagomorfos 123.
ejemplos de lanzadores espaciales 24.
ejemplos de latifolios 88.
ejemplos de líquenes 74.
ejemplos de llaves 844.
ejemplos de mamíferos insectívoros 121.
ejemplos de mamíferos carnívoros 134.
ejemplos de mamíferos marinos 137.
ejemplos de mamíferos ungulados 128.
ejemplos de mamíferos voladores 141.
ejemplos de mangas 360.
ejemplos de marsupiales 143.
ejemplos de mesas 278.
ejemplos de metales 741.
ejemplos de motocicletas 577.
ejemplos de muebles 741.
ejemplos de musgos 75.
ejemplos de neumáticos 560.
ejemplos de pájaros 118.
ejemplos de pantalones 358.
ejemplos de particiones 740.
ejemplos de patas 117.
ejemplos de pezuñas 127.
ejemplos de picos 117.
ejemplos de piezas honorables 740.
ejemplos de piruetas 881.
ejemplos de presas 660.
ejemplos de primates 139.
ejemplos de puentes de vigas 541.
ejemplos de puentes en arco 541.
ejemplos de puertas 416.
ejemplos de racores 269.
ejemplos de redes 522.
ejemplos de reptiles 114.
ejemplos de roedores 123.
ejemplos de sacos de dormir 904.
ejemplos de saltos 829.
ejemplos de sillas 277.
ejemplos de sondas espaciales 19.
ejemplos de tablas 357.
ejemplos de teléfonos 507.
ejemplos de tenedores 228.
ejemplos de tiendas de campaña 902.
ejemplos de utensilios 401.
ejemplos de vagones 588.
ejemplos de velas 601.
ejemplos de ventanas 415.
ejemplos de vestidos 356.
ejemplos de volcanes 44.
el agua enfría el vapor utilizado 665.
el agua regresa al generador de vapor 665.
el cuatro 839.
el cuatro con timonel 839.
el dos 839.
el dos con timonel 839.
el eje de la turbina hace girar el generador 665.
El Gran Cisma 736.
El Salvador 742.
el vapor se condensa en agua 665.
elástico 280.
electricidad 272, 316.
electricidad, transporte 663.
electrodo 275, 318.
electrodo central 562.
electrodo de masa 562.
electrodomésticos, aparatos 236, 288.
electrodos 275.
electrodos de encendido 259.
electroimán 688.
electrón 680.
electrones, cañón 494.
electrones, colectores 689.
electrones, dirección de flujo 689.
electrónica 689.
elefante 129.
elemento calorífero 258, 259.
elemento de combustible 667.
elemento horizontal 663.
elemento negativo 684.
elemento positivo 684.
elementos arquitectónicos 413.
elementos de la casa 247.
elementos del microscopio de electrones 694.
elementos químicos 682.
elementos, tabla periódica 682.
elevación continental 49.
elevación de la cuchilla, cilindro 639.
elevador 407, 637, 643, 666.
elevador del brazo 500.
elevador telescópico 766.
emango 306.
embalaje 71.
embalse 657, 658, 660, 661, 664.
embalse a monte 657.
embalse de compensación 657, 658, 661.
embarcación de emergencia 653.
embarcación, partes 838.
embarcaciones antiguas 598.
embarcaciones de punta 839.
embarcaciones tradicionales 599.
embarque teleférico 886.
embarque telesilla 886.
emblema 739, 797.
emblema del equipo 878.
embocadura 446.
embocadura del cable 288.
émbolo 642, 776.
embrague 552.
embudo 231.
embudo colector 59.
emergencia, estación 543.
emergencia, vehículo 543.
emerillón 911.
Emiratos Árabes Unidos 746.
emisión de ácido nítrico 70.
emisión de ácido sulfúrico 70.
emisión de billetes 730.
emisión de dióxido de sulfuro 70.
emisión de gases contaminantes 69.
emisión de ondas ultrasónicas 41.
emisión de óxido de nitrógeno 70.
emisor-receptor de acceso a la red 522.
Emmenthal 211.
empacadora de heno 642.
empalizada 322, 408.
empalmadura 908.
empalme de rieles 590.
empalme hidráulico 640.
empaque 655.
empaquetadora 573.
empaquetadura 268.
empate 789.
empate de la boquilla 447.
empavesado 739.
empeine 351.
empella 342, 371.
empenajes de cola, ejemplos 629.
empresa 525.
empresas distribución/venta 525.
empujador 230, 237, 240.
empujador neumático, perforadora 648.
empuje 540, 630.
empuñaderas 850.
empuñadura 304, 305, 308, 309, 320, 391, 534, 750, 755, 782, 793, 797, 816, 822, 840, 849, 850, 859, 860, 861, 867, 888, 891, 909, 912, 913, 920.
empuñadura de pistola 320.
empuñadura del carro 456.
empuñadura del dispositivo de cierre de ingletes 304.
empuñadura del manillar 871.
empuñadura delantera 757.
empuñadura lateral 308.
empuñadura recortada 535.
empuñaduras para esquí de figuras 840.
empuñaduras, ejemplos 840.
en espiral 236.
en prisión 919.
en tijera 375.
enaguas 337.
enana blanca 8.
enana negra 8.
enana parda 8.
encaje de bolillos 458.
encañado 322.
encendedor 318, 391.
encendido 332.
encendido/apagado 504.
encendido/apagado/volumen 504.
enceradora 345.
enchufe 274, 290, 306, 316, 452, 465, 504.
enchufe con control de tiempo 290.
enchufe de recarga 383.
enchufe de tipo europeo 274.
enchufe del termómetro 238.
enchufe para auriculares 504.
enchufe y selector desmontables 239.
encía 159, 174.
encimera 224, 290, 721, 722.
encofrado metálico 689.
encuadernación a mano 424.
encuadernación de anillas 533.
encuadernación en rústica 424.
endecágono regular 705.
endivia 187.
endocardio 162.
endocarpio 81, 82.
endodermo 95.
enebro, bayas 198.
eneldo 202.
energía 646.
energía calorífica 68.
energía eólica 676.
energía eólica, producción de electricidad 677.
energía fósil 646.
energía geotérmica 646.
energía nuclear 665.
energía nuclear, producción de electricidad 665.
energía solar 78, 672.
energía solar, producción de electricidad 674.
energía térmica 646.
energía, fuente 41.
energía, liberación 681.
energía, unidad de medida 702.
enfermera 780.
enfermería 726.
enfoque 691.
enfoque de cerca 385.
enfoque de lejos 385.
enfranque 342.
enganche 453, 555, 913.
enganche de bola 558.
enganche del remolque 567.
enganche, cabeza 587.
engaste 376.
engranaje 460, 462, 920.
engranaje cónico 686.
engranaje de avance 240.
engranaje de piñón y cremallera 686.
engranaje de tornillo sin fin 686.
engranaje, diente 686.
engranajes, sistemas 686.
engrasador 233.
enhebrador 454.
enjuta 413.
enlace de arcén 538.
enlace de diamante 538.
enlace de glorieta 538.
enlace de trébol 538, 539.
enlace químico 680.
enlomado 425.
enlosado del jardín 244.
enramada 322.
enredadera 322.
enriquecimiento del agua pesada 669.
ensaladas 722.
ensaladera 226.
ensamblaje a espiga 424.
ensamble hembra 909.
ensamble macho 909.
entablado 252, 253.
entablamento 247, 403, 405.
entarimado 253, 254, 842.
entarimado sobre estructura de madera 254.
entena 600.
entera 79.
enterramiento 71.
entintado 420.
entrada 100, 251, 539, 632, 719, 724, 728, 730, 829.
entrada a boxes 872.
entrada de actores 402.
entrada de admisión de combustible 666.
entrada de agua 268, 658.
entrada de agua fría 267.
entrada de aire 631, 876.
entrada de aire caliente 258.
entrada de cabeza 829.
entrada de campo 488.
entrada de clientes 720.
entrada de corriente 274, 275.
entrada de detenidos 726.
entrada de la contracorriente 669.
entrada de la estación 592.
entrada de la pirámide 402.
entrada de los visitantes 726.
entrada de pie 829.
entrada de público 402.
entrada de servicio 732.
entrada de vapor a alta presión 668.
entrada de vapor a baja presión 668.
entrada de vehículos 769.
entrada del agua de refrigeración del condensador 669.
entrada del garaje 245.

entrada del personal 720, 726, 735, 768.
entrada del refrigerante 672.
entrada del residuo de combustible 666.
entrada del suministro 273.
entrada para mercancía 713.
entrada principal 250, 713, 733, 735, 768, 781.
entradas al agua 829.
entradas, taquilla 427.
entradilla 471.
entre 703.
entrecejo 130.
entrecruzado 463.
entrediente 227.
entrega de equipaje 620.
entremeses 722.
entrenador 800, 811, 827, 842, 879.
entrenador adjunto 811, 879.
entrenadores 881, 883.
entrenamiento 788.
entrenamiento, pelota 819.
entrenudo 77.
entrepaño 278, 321.
entrepaño horizontal 247.
entrepaño vertical 247.
entrepierna 351, 359.
entrepiso 592.
entrerrosca 269.
entresuelo 250, 251.
entretela de abrigo 455.
entretela de armado 455.
entretela de refuerzo 455.
entrevista 471.
envasado del combustible defectuoso 666.
envase 223.
envases 222.
envergue de rizo 603.
envero 86.
envión 850.
envoltura 899.
envoltura metálica 267.
epeira 102.
eperlano 219.
epicarpio 81, 82, 83.
epicentro 43.
epicóndilo 153.
epidermis 172.
epidídimo 169.
epífisis 167.
epífisis distal 155.
epífisis proximal 155.
epiglotis 163, 176.
epitróclea 153.
equilibrador 441.
equilibrio, posición 690.
equino 404.
equinoccio de otoño 54.
equinoccio de primavera 13, 54.
equinodermos 94, 95.
equipaje 388.
equipamiento 769, 790.
equipamiento de primeros auxilios 775.
equipamiento de reanimación 775.
equipamiento del salpicadero 771.
equipamiento para acampar 905.
equipo 396, 421, 422, 423, 900.
equipo de alimentación, ventilador 513.
equipo de alta fidelidad 497.
equipo de auricular / micrófono 506.
equipo de climatización 608.
equipo de grabación 429.
equipo de primeros auxilios 775, 853.
equipo de protección 808.
equipo de soldadura autógena 319.
equipo de soldadura eléctrica 318.
equipo de sonido 429.
equipo de soporte 489.
equipo de tierra 622.
equipo electrobomba 559.
equipo marcador electrónico 848.
equipo médico 844.
equipo receptor 799.
equipo salvavidas 611.
equipo turbo-alternador 646.
equipo, camiseta 801.
equipo, handicap 858.
equipos de gas 903.
equitación 854.
equivalente a 703.
erbio 684.
Erídano 10.
Eritrea 745.
erizo 121.
erizo de mar 95.
Erlenmeyer, frasco 685.
erupción 6.
erupción, volcán 44.
es paralelo a 704.
escabel 277.
escafoides 154, 156.
escala 313, 434, 776, 907.
escala Celsius 695.
escala de abertura 479.
escala de abertura del diafragma 478.
escala de ajuste 528.
escala de altitud 53.
escala de altura 304.
escala de ampliación 485.
escala de distancia 478.
escala de duración de la exposición 479.
escala de imágenes por segundo 479.
escala de inclinación 304.
escala de ingletes 303, 304.
escala de la regla 700.
escala de lectura 479.
escala de profundidad 613.
escala de profundidad de campo de visión 478.
escala de temperaturas 53, 695.
escala de tiempo 436.
escala de transferencia 479.
escala Fahrenheit 695.
escala graduada 698, 699, 700.
escala graduada de vernier 700.
escalada 900.
escalador 900.
escalera 246, 255, 418, 655, 676, 842, 851, 914.
escalera común 321.
escalera con boquilla telescópica 766.
escalera de caracol 655.
escalera de color 914.
escalera de cuerda 321.
escalera de embarque 611.
escalera de gancho 321.
escalera de ganchos 767.
escalera de plataforma 321.
escalera de recolección de fruta 321.
escalera de tijera 321.
escalera del entresuelo 251.
escalera extensible 321.
escalera extensible de buhardilla 321.
escalera mecánica 417, 427, 592, 713.
escalera multiuso 321.
escalera real 914.
escalera rodante 321.
escalera telescópica 766.
escalera, hueco 251.
escaleras 250, 427, 431, 543, 592, 724.
escaleras de incendios 509.
escaleras de mano 321.
escalerilla 567, 597, 615, 639, 655.
escalerilla de estribo 587.
escalerilla lateral 586, 587.
escalerilla rodante 623.
escalerilla transportable 623.
escalfador de huevos 235.
escalinata 245, 412.
escalón 570.
escalón retráctil 567.
escalones 246, 412.
escama 108, 112, 113, 117.
escama ventral 112.
escanda común 203.
escandalosa 603.
escandio 683.
escáner 517.
escáner óptico 181.
escape 514, 564, 565, 627.
escape del vapor de los separadores 668.
escápula 147, 149, 152, 153, 156.
escápula 111, 116, 121, 122, 138.
escapulares 115.
escaque blanco 916.
escaque negro 916.
escarabajo 101.
escarabajo necróforo 101.
escarcela 749.
escarcha 65.
escarola 186.
escarola rizada 187.
escarpa 409.
escarpe 749.
escarpia 590.
escarpín 749, 840.
escena, número 429.
escenario 402, 430, 431.
escisión del núcleo 681.
esclavina 355.
esclerótica 177.
esclusa 664.
esclusa : vista lateral 597.
esclusa científica de aire 23.
esclusa de aire 763.
esclusa de aire del edificio del reactor 668.
esclusa de canal 596, 597.
esclusa de materiales 666.
esclusa, vista lateral 597.
esclusas de vaciado y desagüe, sistema 597.
esclusas de vaciado y llenado, sistema 597.
escoba 295.
escoba central 573.
escoba de nieve con rascador 558.
escoba eléctrica 289.
escoba lateral 573.
escobén 605, 609.
escobilla 257, 688.
escobilla limpiadora 383.
escobilla metálica 449.
escobillas 390, 688.
escobillón 752.
escocés 469.
escocia 404, 405.
Escocia, Placa 43.
escofina 309, 401.
escollo 51.
escolta 811.
escombrera 647, 648.
escopeta 912.
escopeta calibre 12 860.
escoplo 309, 401, 421.
escoplo de acanalar 401.
escoplo de macarrón 401.
escoplo redondo 401.
Escorpión 10.
escorpión 102.
escorrentía subterránea 67.
escorrentía superficial 67.
escorzonera 189.
escota 603, 834.
escota foque 834.
escota mayor 834.
escotadura 439.
escotadura intertrágica 173.
escote 362.
escote bajo 363.
escote cuadrado 363.
escote de barco 363.
escote de corazón 363.
escote de pico 363.
escotera 835.
escotero 834.
escotes 363.
escotilla 22, 23, 758.
escritorio 279, 724.
escritorio de ejecutivo 511.
escritorio de secretaria 511.
escritorio del celador 732.
escritorio, artículos 528.
escroto 146, 169.
escuadra 313.
escudilla 226.
Escudo 10.
escudo 748, 879.
escudo acuartelado 740.
escudo cortado 740.
escudo partido 740.
escudo solar 17.
escudo tronchado 740.
escudos, divisiones 740.
escuela de esquí 886.
escultura 395.
escurridera 233.
escurridor 231.
esfagno 75.
esfera 516, 697, 698, 705.
esfera celeste 13.
esfera de helio 25.
esfera de té 233.
esfera de vidrio 58.
esfera graduada 907.
esfera lunar 697.
esfera terrestre 13.
esfínter anal 164.
esfuerzo 686.
esgrima 848.
esgrimista 848.
eslabón 752.
eslabón de compresión 640.
eslabón de corte 331.
eslabón giratorio 913.
eslalon especial 889.
eslalon gigante 889.
eslalon supergigante 889.
eslovaco 469.
Eslovaquia 744.
Eslovenia 744.
esloveno 469.
esmalte 159.
esmalte de uñas 377.
esmeralda 375.
esmeril 454.
esófago 95, 97, 99, 103, 104, 109, 110, 112, 113, 116, 125, 163, 164.
espacio 434, 472, 514.
espacio de almacenamiento 584.
espacio de expansión 590.
espacio epidural 168.
espacio interior 291.
espacio para almacenamiento 570.
espacio para la chispa 562.
espacio sin pausa 514.
espada 748, 849, 914.
espádice 81.
espadín 751.
espagueti 206.
espalda 124, 147, 149, 348, 832.
espaldar 113.
espaldarón 749.
espaldera 906.
España 743.
español 469.
esparadrapo 777.
esparavel 315.
esparcidor de paja 643.
esparcidora de abono 324.
esparcidora de estiércol 641.
esparcimiento de fertilizante 69.
espárrago 185.
espátula 233, 397, 421.
espatulada 79.
espátulas de modelar 464.
especias 198.
especias para salmuera 199.
especificaciones técnicas 560.
espectro electromagnético 690.
espectrómetro 694.
espectrómetro de rayos ultravioletas 60.
espejo 264, 389, 535, 576, 693, 724, 876, 907.
espejo cóncavo primario 15.
espejo de cercanías 568.
espejo de cortesía 556.
espejo de lectura 20.
espejo de reflexión parcial 692.
espejo de reflexión total 692.
espejo doble giratorio 381.
espejo iluminador 701.
espejo lateral 381, 550, 570.
espejo luminoso 381.
espejo mayor 612.
espejo menor 612.
espejo parabólico 674.
espejo plano 17.
espejo primario 17.
espejo reflez principal 477.
espejo retrovisor 556, 569, 574, 577.
espejo retrovisor exterior 568.
espejo secundario 15, 17, 477.
espermateca 104.
espermatozoide 169.
espesor, medición 700.
espículas 6.
espiga 81, 227, 229, 278, 309, 315, 385, 390, 459, 462, 559.
espiga de punta cuadrada 285.
espiga de punta redonda 285.
espiga del cartucho 268.
espina 95.
espina escapular 153.
espina nasal anterior 158.
espina neural 109.
espinaca 187.
espinacas, tallarines 206.
espinillera 796, 801, 802, 882.
espira 104.
espiráculo 136.
espiral 103, 105, 302, 484, 696.
espiral central 103.
espiral de separación 500.
espiral embrionaria 105.
espirulina 183.
esplenio 151.
espoiler 574.
espoleta 116, 757.
espoleta de proximidad 759.
espolón 98, 124, 130, 306, 448, 598, 641.
espolvoreador 232.
esponja 95.
esponja calcárea 95.
esponja natural 379.
esponja vegetal 379.
esponja, anatomía 95.
esporas 76.
esposa 785.
esposo 785.
espuma 49.
espuma aislante 299.
espuma de afeitar 383.
espumadera 233.
esqueleto 152.
esqueleto de un caballo 126.
esqueleto de un canguro 142.
esqueleto de un delfín 136.
esqueleto de un gorila 138.
esqueleto de un murciélago 141.
esqueleto de un pájaro 116.
esqueleto de un perro 131.
esqueleto de un topo 121.
esqueleto de una rana 111.
esqueleto de una rata 122.
esqueleto de una serpiente venenosa 112.
esquí 876, 888.
esquí acuático 840.
esquí alpino 888.
esquí alpino, pista 886.
esquí artístico 890.
esquí de descenso 888.
esquí de eslalon 888.
esquí de eslálon 840.
esquí de eslalon gigante 888.
esquí de figuras 840.
esquí de fondo 892.
esquí de salto 840.
esquí de velocidad 891.
esquí normal 840.
esquí supergigante 888.
esquí, pista 886.
esquí, salto 891.
esquiador alpino 888.
esquiador de velocidad 891.
esquina 635, 878.
esquinera 587.
esquinero derecho 806.
esquinero izquierdo 806.
esquís, ejemplos 840, 888.
estabilizador 25, 634, 756, 759, 760, 859, 876, 896, 897.
estabilizador de dirección 898.
estabilizador horizontal 631, 898.
establo 182.
estaca 602.
estacas 799.
estación central de bombeo 654.
estación de autobuses 710.
estación de carga 583, 650.
estación de clasificación 589.
estación de emergencia 543.
estación de esquí 886.
estación de ferrocarril 582, 583.
estación de ferrocarriles 708, 710.
estación de metro 592, 710.
estación de policía 711, 768.
estación de repetición 486.
estación de repetición de microondas 524.
estación de servicio 548, 711.
estación del ferrocarril 39.
estación espacial internacional 21.
estación local 486.
estación meteorológica 58.
estación meteorológica aeronaval 54.
estación meteorológica de boya 54.
estación meteorológica oceánica 54.
estación terrestre 54.
estación terrestre de telecomunicaciones 525.
estación, metro 592.
estación, modelo 55.
estacionamiento 583, 596.
estaciones del año 54.
estadio 709, 788, 790.
estadio de baloncesto 788.
estadio de natación 788.
estado 37.
estado actual del tiempo 55.
estados de la materia 680.
Estados Unidos de América 742.
estalactita 47.
estalagmita 47.
estambre 80, 82.
estanco 714.
estaño 682.
estanque 322, 866.
estante para revistas 510.
estantería de periódicos 733.
estaquilla 902, 903.
estator 249, 659.
estatores externos 627.
estatores internos 627.
estatua 737.

estay 602.
estay de proa 834.
Este 37, 917.
este 616.
Este Noreste 37.
Este Sudeste 37.
estela luminosa del cráter 7.
estepario 61.
esterilla de lanzamiento 864.
esternocleidomastoideo 150.
esternón 111, 116, 121, 122, 126, 131, 141, 142, 152.
estiercol, esparcidora 641.
estigma 80, 84, 96, 97.
estilete 751.
estilo 80, 81, 82, 83, 84, 470, 696.
estilóbato 403, 404.
estilos arquitectónicos 404.
estilos de natación 832.
estimulador de encías 384.
estípula 79.
estique 464.
estocada, armas cortantes 751.
estómago 95, 103, 104, 105, 106, 109, 110, 112, 113, 125, 161, 164.
estómago cardiaco 107.
estómago pilórico 107.
Estonia 744.
estornino 118.
estrado 734.
estrado de la acusación 728.
estrado de los jueces 728.
estrado de los secretarios judiciales 728.
estrado de los testigos 728.
estrado del abogado defensor 728.
estrado del director 437.
estragón 202.
estrangulación 844.
estrato 56.
estrato basal 172.
estrato córneo 172.
estrato de cenizas 44.
estrato de lava 44.
estrato de Malpighi 172.
estrato granuloso 172.
estrato lúcido 172.
estratocúmulo 56.
estratocúmulos 62.
estratopausa 53.
estratos 62.
estratosfera 53.
estrave 598.
estrecha 472.
estrechamiento 695.
estrechamiento de la calzada 544, 547.
estrecho 38.
Estrecho de Bass 29.
Estrecho de Bering 30.
Estrecho de Cook 29.
Estrecho de Gibraltar 32.
Estrecho de Torres 29.
estrella 8, 64, 741.
estrella de David 738.
estrella de frenado 910.
estrella de mar, anatomía 95.
estrella de mar, morfología 95.
estrella de neutrones 8.
estrella de secuencia principal 8.
estrella fugaz 53.
Estrella Polar 13.
estrellas de alta magnitud 8.
estrellas de baja magnitud 8.
estría 404, 405.
estribación 45.
estribera 750.
estribo 100, 174, 410, 464, 631, 853, 855, 876.
estribor 609, 616, 617.
estroboscopio 611.
estromatolito 92.
estroncio 682.
estropajo con esponja 295.
estropajo, esponja 295.
estructura 249, 433.
estructura de la biosfera 66.
estructura de la médula espinal 167.
estructura de la Tierra 42.
estructura de lanzamiento doble 24.
estructura de madera, entarimado sobre 254.
estructura de soporte 16, 40.
estructura de un alga 75.
estructura de un helecho 76.
estructura de un hueso largo 154.
estructura de un liquen 74.
estructura de un misil 759.
estructura de un musgo 75.
estructura de una casa 250.
estructura de una flor 80.
estructura de una hoja 79.
estructura del ala 624.
estructura del oído 174.
estructura del Sol 6.
estructura en K 663.
estructura inferior 651.
estructura interior 416.
estructura protectora 873.
estructura tubular 615, 652.
estrucutra de metal 582.
estuario 38, 51.
estuche 313, 345, 377, 696.
estuche de encerado 892.
estuche de hilo dental 384.
estuche de las esposas 770.
estuche de manicura 377.
estuche portalentes 384.
estudiante 734.
estudiante, pupitre 734.
estudio 488, 490, 492.
estudio de televisión 490.
estufa de leña a fuego lento 256.
esturión 218.
etapa del propelente sólido 24.
etapa principal criogénica 24.
etapa superior del tanque de propelente 24.
etapas 401.
etapas de la maduración 86.
etapas de la producción de electricidad 662.
etilómetro 769.
Etiopía 745.
etiqueta 500.
etiqueta de identificación 389.
etiquetas adhesivas 532.
etmoides, lámina cribosa 175.
Eurasia 28.
euro 728.
Europa 4, 28, 32, 50, 743.
europeo, clavija de tipo 274.
europio 684.
Eustaquio, trompa 174, 175.
Eutelsat 486.
euthynteria 403, 404.
evaporación 67, 680.
evaporador, serpentín 261.
evolución de la vida 92.
evolución de las especies 92.
examen psiquiátrico 778.
excavación a cielo abierto 647.
excavación vesicouterina 170.
excavadora 637.
excavadora de rueda de cangilones 647.
excrementos de animales 70.
exhalación 832.
exlamación 473.
exosfera 53.
expedición de carga 621.
expedidor de recibo 548.
explanada 409.
explorador de microondas 60.
explorador de radiaciones terrestres 60.
explosión 564.
explosivo 774, 912.
exposición en curso, banderola 394.
exposición futura, banderola 394.
exposición permanente, salas 395.
exposición temporal, salas 395.
exposición, cartelera 394.
expositor de final de pasillo 181.
expositor de folletos 730.
expositor de nuevas adquisiciones 733.
exprimidor 230, 237.
exprimidor de cítricos 237.
extensión 278.
extensión de la mesa 305.
extensión plegable 278.
extensor 391.
extensor común de los dedos 151.
extensor largo de los dedos del pie 150.
exterior 795.
exterior de una casa 244.
exterior derecho 795.
exterior izquierdo 795.
extintor 771.
extintor de incendios 725.
extintor portátil 767.
extra-fina 472.
extra-negrita 472.
extracto de vainilla 200.
extracto, vainilla 200.
extractor de fusibles 317.
extractor de humo 758.
extremidad delantera 111.
extremidad posterior 111.
extremo 385.
extremo abocinado 269.
extremo anterior 105.
extremo del brazo 331.
extremo derecho 814, 879.
extremo izquierdo 814, 879.
extremo libre 172.
extremo posterior 105.
exvoto 737.
eyector 638.
eyector de la cubierta de cabina 898.
eyector de las varillas 236.

F

fa(F) 434.
fábrica 708.
faceta 629.
faceta de pabellón 374.
faceta estrella (8) 374.
faceta fundamental exterior (8) 374.
faceta inferior del contorno 374.
fachada 411.
factor RH negativo 702.
factor RH positivo 702.
factorial 703.
facturación de equipaje 620.
fáculas 6.
fagot 446.
fagotes 437.
fairway 867.
faisán 120, 212.
faja 367.
faja braga 367.
faja con liguero 367.
faja con sostén 366.
faja corsé 366.
faja de la culata 753.
falange 133.
falange distal 154, 155.
falange media 154, 155.
falange proximal 154, 155.
falanges 111, 122, 131, 136, 138, 141, 142, 154, 155.
falangeta 126, 133, 172.
falangina 126, 133, 172.
falcatus 92.
falda 355, 822.
falda acampanada 357.
falda combinación 366.
falda cruzada 357.
falda de piezas 357.
falda de tubo 357.
falda de volantes 357.
falda escocesa 357.
falda fruncida 357.
falda pantalón 357.
falda recta 357.
falda sarong 357.
faldar 749.
faldas, ejemplos 357.
faldón 280, 359.
faldón de la camisa 349.
faldón delantero 349.
faldón flexible 605.
faldón trasero 349.
faldoncillo 855.
falla 43.
fallas transformantes 43.
Falopio, istmo de la trompa 171.
Falopio, pabellón de la trompa 171.
Falopio, trompa 170, 171.
falsa doblez 368.
falsa escuadra 313, 701.
falsa oronja 76.
falso almohadón 280.
falso registro 445.
falso secreto 445.
falta (1 a 18) 919.
faltas 789.
falucho 600.
familia 784.
familia de instrumentos de madera 437.
familia de los metales 437.
familia de los violines 437, 439.
fangos, aspiradora 573.
farallón 51.
faringe 99, 163, 164.
farmacia 714, 725, 778, 781.
faro 333, 596, 758.
faro de carretera 771.
faro de destello 766.
faro de posición 775.
faro delantero 550, 570, 574, 576, 585, 586, 640, 876.
faro estroboscópico 775.
faro halógeno 775.
faro marítimo 614.
faro reflector 766.
faro, linterna 614.
farol 287, 322, 712.
farola 287.
faros delanteros 554.
faros intermitentes 568.
faros traseros 640.
fascia lata, tensor 150.
fase de deslizamiento 892.
fase de impulsión 892.
fase de impulso 892.
fases de la Luna 7.
fast-food 715.
fauces, itsmo 174.
fax 508.
fecha 729.
fecha de vencimiento 729.
fechador 531.
Federación Rusa 744.
feijoa 197.
femenino 702.
femeninos, órganos genitales 170.
fémur 96, 98, 111, 116, 122, 126, 131, 138, 141, 142, 152.
fémur, cabeza 153.
fémur, cuello 153.
fenec 134.
Fénix 10.
fenogreco 198.
fenómenos atmosféricos 57.
fermio 684.
ferrocarril del muelle 596.
ferrocarril, estación 39, 582, 583.
fertilización del suelo 69.
fertilizante, esparcimiento 69.
festoneada 79.
fetuchinas 206.
fez 339.
fiador 902.
fiador elástico 902, 903.
fibra 908.
fibra muscular 168.
fibra nerviosa 172.
fíbula 122, 152, 336.
ficha 915.
ficha técnica 395.
fichas 532.
fichas de beneficio 917.
fichas de estaciones 917.
fichas de flores 917.
fichas de honor 917.
fichas ordinarias 917.
fichero giratorio 531.
fideos 206.
fideos asiáticos 207.
fideos de arroz 207.
fideos de huevo 207.
fideos de judías mungo 207.
fideos de soba 207.
fideos de somen 207.
fideos de udon 207.
fiel 698, 699.
fieltro 421.
fieltro asfáltico 299.
figura 855.
fijación 840, 891.
fijación de seguridad del esquí 889.
fijación para el pie 892.
fijaciones 887, 888.
fijaciones blandas 887.
fijador 400, 892.
fijador de carrete 910.
Fiji 747.
fila 431, 731.
filamento 80, 274.
filamento de tungsteno 274.
Filchner,Plataforma de hielo 29.
filete 404, 405, 439, 440, 471.
filete acodado elástico 854.
filete articulado 854.
filete de quijada acodado 854.
filete ovoide acodado 854.
filetín 374.
filigrana 729.
Filipinas 33, 747.
Filipinas, Fosa 50.
filmación, plató 428.
filmadora 520.
filo 227, 229, 382, 454.
filo simple, tijeras para entresacar 382.
filón-capa 44.
filtro 238, 241, 246, 258, 268, 290, 390, 612, 675.
filtro coloreado 612.
filtro de aire 261, 331, 586, 636.
filtro de color 478.
filtro de focalización 477.
filtro de pelusa 292, 293.
filtro de polarización 478.
filtro del aire 552.
filtro rojo de seguridad 485.
filtro selector del color 494.
filum terminal 167.
filum terminal interno 167.
fin 515.
fina 472.
final 789.
final de carrera 303, 417.
finalista 789.
finanzas 728.
Finlandia 744.
fiordo 51.
firma del titular 729.
firma oficial 729.
firmas, libro 531.
física : electricidad y magnetismo 687.
física : mecánica 686.
física : óptica 690.
fisión nuclear 681.
flagelo 104.
flamenco 119.
flanco 115, 409.
flanco diestro 740.
flanco siniestro 740.
flash electrónico 482.
flauta 446.
flautas traverseras 437.
Flecha 12.
flecha 261, 750, 859.
flecha indicadora de la dirección del viento 56.
flexo 286.
flexo extensible 399.
flip 881.
flor 77, 80, 425.
flor de lis 741.
flor, anatomía de una 80.
floración 86.
flores, ejemplos 80.
florete 849.
florete eléctrico 848.
floristería 715.
florón 412.
flotador 263, 265, 611, 628, 756, 771, 890, 911.
flotador de la portería 827.
flotador del medidor 655.
flujo de agua 95.
flujo de los electrones, dirección 687.
flúor 683.
Fobos 4.
foca 137.
foco 287, 691.
foco Cassegrain 17.
foco coudé 17.
foco primario 17.
foco subacuático 246.
focos 431.
fofoque 603.
fogón 256.
foie gras 216.
foliador 531.
folículo 84.
folículo piloso 172.
follaje 87, 276.
fondista 892.
fondo 430.
fondo de la señal 591.
fondo del escenario 431.
fondo oceánico 49.
fonendoscopio 776.
fonoteca 733.
fontanela anterior 158.
fontanela esfenoidal 158.
fontanela mastoidea 158.
fontanela posterior 158.
fontanería 262, 314.
fontura 456.
foque 603, 834.
forma de los caracteres 472.
formación profesional, oficina 730.
formas de banderas 739.
formas de lluvia 64.
formas de onda, osciloscopio de control 491.
formas farmacéuticas de medicamentos 783.
formas geométricas 704.
formato del archivo 524.
formón 401.
fórmula 1, coche 873.
fórnix, cuerpo 167.
forraje, aventador 643.
forraje, cosechera 642.

forro 342, 348, 349, 370, 386, 455, 797, 855, 881, 908.
forro de cuero 798.
forro de la lengua 112.
forro y entretelas 455.
forros, ejemplos 741.
fortificación de Vauban 409.
fosa abisal 49.
fosa de agua 867.
fosa de almacenamiento de combustible agotado 666, 667, 669.
fosa de combustible defectuoso 666.
fosa de descarga de combustible agotado 668.
Fosa de Japón 50.
Fosa de Java 50.
Fosa de Kermadec-Tonga 50.
Fosa de Kuril 50.
Fosa de las Aleutianas 50.
Fosa de las Filipinas 50.
Fosa de las Marianas 50.
Fosa de Puerto Rico 50.
fosa de recepción 666.
fosa de refrigeración del condensador 671.
fosa de vertido de residuos de combustible 666.
Fosa Perú-Chile 50.
Fosa Ryukyu 50.
fosa séptica 70, 263.
fosa triangular 173.
fosas 50.
fosas nasales 175.
fósforo 683.
foso 408, 409.
foso de arena 866.
foso de escenario 430.
foso de orquesta 430.
foso de recepción 865.
foso de tiro 860.
foto 471.
fotocopiadora 512, 730, 733.
fotografía 476.
fotógrafo 714.
fotógrafo de plató 429.
fotomatón 715.
fotómetro 479.
fotómetro spot 479.
fotón 692.
fotorreceptores 177.
fotosfera 6.
fotosíntesis 78.
fototipo 483.
fóvea 177.
foyer 431.
fracción 703.
fragata 762.
frambuesa 192.
frambuesa, corte 83.
francés 469.
Francia 743.
francio 682.
Francis, turbina 659.
franja del faldón 605.
franqueado, módulo 531.
frasco Erlenmeyer 685.
frasco lavador 685.
frecuencia, unidad de medida 702.
fregadero 224, 270, 722.
fregadero con triturador de basura 270.
fregadero de prelavado 721.
fregadero doble 262.
fregadero para las cazuelas 721.
fregona 295.
freidora 238, 721.
freno 783, 851, 854, 858, 870, 889, 909, 910.
freno aerodinámico 676, 898.
freno de disco 552, 559, 574, 874.
freno de disco hidráulico 870.
freno de emergencia 594.
freno de la cadena 331.
freno de mano 552, 556.
freno de quijada acodado 854.
freno de tambor 559.
freno delantero 579.
freno dinámico 586.
freno trasero 578, 895.
frenos 559, 624.
frente 115, 146, 409.
frente cálido de superficie 56.
frente cálido en las alturas 56.
frente de corte 647, 650.
frente estacionario 56.
frente frío de superficie 56.
frente frío en las alturas 56.
frente ocluido 56.
frentes 56.
fresa 192.
fresa de acanalar 308.
fresa de biselar 308.
fresa de caveto 308.
fresa de cola de milano 308.
fresa de enrasar 308.
fresa de pecho de paloma 308.
fresa, corte 83.
fresadora 308.
fresas, ejemplos 308.
fresco 406.
frigorífico 224, 291, 720, 722.
frigoríficos 720.
frijol 191.
friso 278, 403, 404.
fronda 76.
frontal 112, 150, 737, 749.
frontalera 854.
frontera interna 37.
frontera internacional 37.
frontis 818.
frontón 403, 405, 697.
frontoparietal 111.
frotador 318, 421.
frotador de fósforo 391.
fructificación 86.
fruncido 359.
fruncidos, ejemplos 283.
fruta 180.
fruta de jack 196.
fruta de la pasión 196.
frutas 192, 723.
frutas pomo 193.
frutas secas 193.
frutas tropicales 196.
fruto carnoso 82, 83.
frutos 81.
frutos secos 84.
fuelle 386, 388, 445, 485.
fuente 48.
fuente básica de alimento 67.
fuente de alimentación 687.
fuente de energía 41.
fuente de servicio 471.
fuente de servir 226.
fuente de verdura 226.
fuente para abluciones 738.
fuente para pescado 226.
fuertes lluvias 63.
fuerza de sustentación 630.
fuerza del viento, medición 59.
fuerza, unidad de medida 702.
fuerzas que actúan sobre un avión 630.
fulani 468.
fulcro 443, 686.
full 914.
fulminante 912.
fumador, artículos 390.
fumarola 44.
funcionamiento 495.
funciones programables, teclas 731.
funda 391, 689, 841, 905, 907.
funda de almohada 280.
funda de automóvil 558.
funda de colchón 280.
funda de cuero 907.
funda de gafas 387.
funda de goma 838.
funda de guantes de látex 770.
funda de la almohada 280.
funda de mástil 836.
funda del sable 834, 836.
funda telescópica 307.
fundición, caracteres 472.
funguicida 69.
funículo 83, 84.
furgón 587.
furgón de cola 588.
furgón postal 474, 475.
fusa 435.
fuselaje 625, 898.
fusible 273, 663, 673.
fusible de bayoneta 272.
fusible de cartucho 272.
fusible de rosca 272.
fusible de seguridad de tierra 272.
fusil ametrallador 755.
fusil automático 755.
fusilli 206.
fusión 680.
fusta 853, 856.
fuste 405.
fuste del bastón 892.
fútbol 788, 802.
fútbol americano 806.
fútbol canadiense 809.
futbolín 920.
futbolista 802.
futón 280.

G

gablete 411.
Gabón 745.
gadolinio 684.
gafa 385.
gafas 385, 841, 870, 896.
gafas : partes 385.
gafas de baño 830.
gafas de esquí 887, 888.
gafas de protección 818, 861.
gafas de seguridad 772.
gafas de sol 385.
gafas protectoras 318, 819, 870.
gafas protectores 772.
gafas, ejemplos 385.
gaita 432.
gajo 82.
galaxia 9.
galaxia elíptica 9.
galaxia espiral barrada 9.
galaxia espiral normal 9.
galaxia irregular 9.
galaxia lenticular 9.
galeón 599.
galera 598.
galería 411.
galería de acceso 650, 658.
galería de arrastre 650.
galería de conexión 543.
galería inferior 650.
galería seca 47.
galería superior 650.
galería transversal 650.
galés 469.
Galileo 19.
galio 682.
galleta de centeno 205.
galleta escandinava 205.
galletas de arroz 207.
gallina 120.
gallinero 182.
gallineta 221.
gallo 120.
galope 125.
gama de colores 398.
gamba 218.
Gambia 745.
gamuza 345.
ganadería intensiva 68, 69.
ganchillo 457.
gancho 284, 313, 316, 456, 457, 483, 573, 634, 699, 861.
gancho de amarre 597.
gancho de arrastre 558.
gancho de la barbada 854.
gancho de tracción 651, 776.
gancho del meñique 447.
gancho del pulgar 446, 447.
gancho del remolque 640.
gancho para el platillo 698.
gancho para la porra 770.
ganchos peinadores 461.
ganchoso 154.
ganglio cerebropleural 105.
ganglio espinal 167, 168.
ganglio pedal 104.
ganglio simpático 167.
ganglio visceral 105.
Ganimedes 4.
garabato 327.
garaje 244, 543, 726, 764, 769.
garaje, entrada 245.
garaje, puerta basculante 416.
garam masala 199.
garbanzos 190.
garduña 134.
garfio 611.
garganta 47, 48, 115, 822, 911.
gargantilla 374.
gargantilla de terciopelo 374.
garita 408, 409.
garlopa 309.
garra 117, 121, 122, 130, 143, 376, 425, 901.
garrafa 225.
garrapata 102.
garrucha montacarga 634.
garza 119.
gas 651, 656, 680.
gas de efecto invernadero 68.
gas inerte 274, 275.
gas refrigerante de dióxido de carbono 670.
gases contaminantes, emisión 69.
gases nobles 684.
gases quemados 564.
gasóleo 656.
gasolina 656.
gasolina pesada 656.
gasolina, motor 566.
gasolinera 725.
gatillo 315, 320, 331, 398, 516, 750, 752, 754, 755, 757, 860, 861, 912.
gatillo de seguridad 331.
gato 558, 766, 873.
gato doméstico 132.
gato estabilizador 567.
gato hidráulico 567.
gato hidráulico del alerón de curvatura 760.
gato hidráulico, alerón de curvatura 760.
gato, morfología 133.
gatos mecánicos, plataforma 653.
gatos, razas 132.
gaveta de archivador 533.
gavia inferior proel 603.
gavia mayor alta 603.
gavia mayor baja 603.
gavia proel alta 603.
géiser 44.
gel de baño 379.
gemelos 150, 151, 361.
gemelos de teatro 385.
Géminis 13.
generador 563, 646, 659, 668.
generador de aire caliente 258.
generador de vapor 646, 669, 670, 671, 674, 763.
generador eléctrico de aire caliente 258.
generador principal de tono 488.
generador termoeléctrico de radioisótopos 18.
generadores 688.
geografía 28.
geología 42.
geometría 704.
Georgia 746.
germanio 682.
germen 85.
germinación 77.
Ghana 745.
gi 846.
gibón 139.
Gibraltar, Estrecho 32.
gigante roja 8.
gimnasia 823, 824.
gimnasia rítmica 823.
gimnasio 608, 727, 734, 764, 788.
girasol 80.
girasol, aceite 209.
giro postal 475.
giroscopio 759.
glaciar 46, 48, 66.
glaciar suspendido 46.
glande 169.
glándula coccígea 103.
glándula de albúmina 104.
glándula de Cowper 169.
glándula de veneno 112.
glándula digestiva 104, 105, 106, 107.
glándula lacrimal 177.
glándula mamaria 171.
glándula salival 104, 176.
glándula salivar 97, 99.
glándula sebácea 172.
glándula sudorípara apocrina 172.
glándula sudorípara ecrina 172.
glándula suprarrenal 165.
glándula venenosa 103, 106.
glándulas digestivas 103.
glándulas salivales 164.
glándulas sericígenas 103.
globo 821, 899, 903.
globo ocular 110, 177.
globo sonda 54, 59.
globo terráqueo 734.
glóbulo blanco 162.
glóbulo rojo 162.
glotis 112.
glucosa 78.
glúteo mayor 151.
go(sun-tse) 916.
Gobi, Desierto 33.
gofrera 238.
gol 804, 807, 809, 920.
gola 749, 848.
goleta 601.
golf 788.
golfo 38.
Golfo de Adén 33, 34.
Golfo de Alaska 30.
Golfo de Botnia 32.
Golfo de California 30.
Golfo de Carpentaria 29.
Golfo de Guinea 34.
Golfo de México 30.
Golfo de Omán 33.
Golfo de Panamá 31.
Golfo Pérsico 33.
Golgi, aparato 74, 94.
golondrina 118.
golondrina de mar 118.
golpe de aproximación 866.
golpe de patín 892.
golpes 820.
goma 534.
goma de sujeción del talón 840.
gombo 188.
gónada 95, 105, 106.
góndola 181, 600, 677.
góndola, sección transversal 677.
gonfalón 739.
gong 437, 449.
Gorgonzola 211.
gorguera 339.
gorila 138.
gorila, esqueleto 138.
gorila, morfología 139.
gorra 340, 856.
gorra de cuartel 340.
gorra noruega 340.
gorrión 118.
gorro 770, 892.
gorro de baño 827, 830.
gorro de marinero 341.
gorro de punto 341.
gorrón 753.
gota 287, 404.
gotas oftalmológicas lubricantes 384.
grabación 495.
grabación nocturna, conmutador 496.
grabador de disco compacto regrabable 521.
grabadora digital 534.
gradas móviles 734.
grado 704.
grado Celsius 702.
gráfico de líneas 488.
grafito 670.
Gran Bahía australina 29.
Gran Barrera de Arrecifes 29.
Gran Cañón 30.
Gran Cordillera divisoria 29.
Gran Danés 131.
Gran Desierto de Arena 29.
Gran Desierto Victoria 29.
Gran Galería 402.
gran roncón 432.
gran siega) interior 844.
Granada 743.
granada 196.
granada de mano 757.
granate 375.
grandes almacenes 715, 716.
grandes electrodomésticos 716.
grandes familias linguisticas 468.
Grandes Lagos 30.
grandes titulares 471.
graneador 422.
granero 182.
granizada 57.
granizo 64.
granja 182.
grano 85.
grano de almidón 74.
grano de trigo, corte 85.
granos torrefactos de café 208.
granos verdes de café 208.
granulación 6.
gránulo de lípido 74.
grapadora 534.
grapas 534.
grasa, glóbulo 74.
grasas 209, 656.
grasera 234, 239.
grava 253, 263.
gravilla 872.
greba 749.
Grecia 744.
green 866, 867.
green de entrenamiento 866.
gregüescos 338.
griego 469.
grieta 46.
grieta de dedos 901.
grifo 264.
grifo de bola 268.
grifo de cartucho 268.
grifo de cocina de tres vías 270.
grifo de plato 268.
grifos 268.
grillete 835.
grillete de resorte 835.
grillo campestre 102.
Groenlandia 30.

grosella 192.
grosella espinosa 192.
grosella negra 192.
grúa 607, 652.
grúa de caballete 657, 658.
grúa de la plataforma 761.
grúa de muelle 596.
grúa de pórtico 635.
grúa de puente 658.
grúa flotante 596.
grúa móvil 634.
grúa remolque 573.
grúa torre 634.
grúas 634.
Grulla 10.
grupa 124, 826.
grupeto 435.
grupo de cola 898.
grupo electrógeno 622.
grupo motor 585.
grupo turboalternador 658, 659.
gruta 47.
Gruyère 211.
guacamayo 118.
guache 396.
guadaña 330.
gualdera 753, 756.
guante 20, 798, 800, 842, 853, 870, 871, 874, 875, 878, 882, 884, 887, 891, 892.
guante a la muñeca 346.
guante corto 346.
guante de bateo 796.
guante de buceo 841.
guante de crin 379.
guante de esgrima 848.
guante de esquí 888.
guante de golf 869.
guante de montar 855.
guante de recogida 797.
guante de softball 797.
guante del portero 800.
guante del receptor 796.
guante largo 346.
guante para conducir 346.
guante rígido 879.
guante, dorso 346.
guante, palmo 346.
guantelete 749.
guantera 556.
guantes 318, 346, 872.
guantes de boxeo 843.
guantes de hombre 346.
guantes de jardinería 325.
guantes de látex 776.
guantes de mujer 346.
guantes del portero 802.
guantes protectores 875.
guaraní 469.
guarda 229, 426.
guarda del disco 304, 305.
guarda fija del disco 304.
guarda móvil del disco 304.
guardabarros 550, 551, 570, 571, 578, 640.
guardabarros delantero 574.
guardafrenos 884.
guardamalleta 282.
guardamano 755.
guardamonte 754, 860, 861, 912.
guardanieve 876.
guardarropa 250, 251, 279, 394, 509, 510, 719, 723, 726, 731.
guardarropa de los clientes 720.
guardarropa de los mineros 649.
guardarropa del personal 720, 768, 781.
guardería 715.
guardia derecho 807.
guardia izquierdo 807.
guardín 838.
guarnición 277, 278, 389, 889.
Guatemala 742.
guayaba 197.
gubia 401, 421.
guepardo 135.
guerrero galo 748.
guía 303, 304, 456, 754, 759, 835.
guía corrediza 587.
guía de cabina 417.
guía de cinta 534.
guía de corte 304, 305.
guía de enganche 585.
guía de escotas 835.
guía de hilo 457.
guía de la cadena 580.
guía de la máquina de dibujar 399.
guía de la onda 489.
guía de la punta 909, 910.
guía de tensión 457.
guía del contrapeso 417.
guía del hilo 452, 453.
guía del papel 508.
guía papel 519.
guía para enmarcar 424.
guía para la cinta 499.
guía pasacables 317.
guías de archivo 532.
guías en T 629.
guías normales 629.
guillotina 424, 484, 535.
guiñada 630.
guindilla 199.
guindilla molida 199.
guindilla seca 199.
guindilla triturada 199.
Guinea 745.
Guinea Ecuatorial 745.
Guinea, Golfo 34.
Guinea-Bissau 745.
guión 838.
guión largo 473.
guisante 84.
guisantes 190.
guisantes mollares 190.
guisantes partidos 190.
guitarra clásica 440.
guitarra eléctrica 441.
gules 741.
gusto 174.
Guyana 742.
guyot 49.
gyogi 847.

H

habas 190.
habitación de observación 778.
habitación de aislamiento 778.
habitación de hotel 724.
habitación de un paciente 780.
habitación doble 724.
habitación individual 724.
habitación lacustre 418.
habitaciones principales 250.
habitáculo 873.
hacha 330, 767, 907.
hacha de cocinero 229.
hacha de piedra pulida 748.
hafnio 683.
Haití 742.
hakama 846, 847.
halcón 119.
half-pipe 887.
halfpipe 871.
halibut 221.
hall 509.
hall de entrada 250.
halo 9.
haltera 851.
halterofilia 850.
hamada 52.
hámster 123.
handicap del equipo 858.
handicap del jugador 858.
handicaps, tablero 858.
hangar de helicóptero 762.
hangar de mantenimiento 619.
hapterio 75.
harina 204.
harina común 204.
harina de avena 204.
harina de maíz 204.
harina integral 204.
harina sin blanquear 204.
harissa 201.
hassio 683.
hastial 244.
hausa 468.
Havers, conducto 154.
hawaiano 469.
haya 88.
hayuco 193.
haz 663.
haz azul 494.
haz de electrones 494, 694.
haz del radar 40.
haz rojo 494.
haz verde 494.
hebilla 350, 352, 388, 611, 889.
hebilla de ajuste 895.
hebilla de regulación 906.
hebilla niveladora 285.
hebreo 468.
heladera 240.
helecho 76, 92.
helecho arbóreo 76.
helecho canela 185.
helecho nido de pájaro 76.
helecho, estructura 76.
helechos, ejemplos 76.
hélice 606, 608, 609, 705, 763.
hélice bimetálica 695.
hélice de dos aspas 628.
hélice de proa 606.
hélice de tres aspas 628.
hélice de ventilación 688.
hélice posterior 606.
hélice propulsora 605.
hélices 762.
helicóptero 631, 762.
helicóptero ambulancia 631.
helicóptero contraincendios 631.
helicóptero de transporte táctico 631.
helicópteros, ejemplos 631.
helio 684.
heliógrafo 58.
helipuerto 652.
hélix 173.
hembra 453.
hemisferio 705.
hemisferio austral, constelaciones 10.
hemisferio boreal, constelaciones 12.
hemisferio Norte 35.
hemisferio occidental 35.
hemisferio oriental 35.
hemisferio Sur 35.
hemisferios 35.
hendidura 424.
henil 182.
heptágono regular 705.
heráldica 739.
herbicida 69.
herbívoros 67.
Hércules 13.
hermana 785.
hermano 785.
hermanos 785.
herradura 127, 376.
herraje 389.
herraje de la esquina 635.
herramientas 314, 315, 316, 464, 580.
herramientas de perfilado 308.
herramientas de soldadura 318.
herramientas para apretar 310.
herramientas para clavar 301.
herramientas para cortar 330.
herramientas para plantar 324.
herramientas para regar 328.
herramientas para remover la tierra 326.
herramientas para segar 303.
herramientas para sembrar 324.
herramientas percutoras 306.
herramientas, caja 313.
herramientas, cinturón 313.
herramientaspara atornillar 302.
herrete 342, 370.
hertz 702.
hervidero 45.
hervidor 240.
heterótrofos 67.
hexagonal 562.
hexágono regular 705.
Hidra Hembra 11, 13.
Hidra macho 10.
hidroavión cisterna 628.
hidroavión de flotadores 628.
hidrocarburos, vertido 70.
hidroelectricidad 657.
hidrógeno 682.
hidróptero 609.
hidrosfera 66.
hielo 65, 67.
hielos perpetuos 61.
hielos, distribuidor 224.
hiena 134.
hierba 822.
hierbabuena 202.
hierbas aromáticas 202.
hierro 683, 868.
hierro nº 3 868.
hierro nº 4 868.
hierro nº 5 868.
hierro nº 6 868.
hierro nº 7 868.
hierro nº 8 868.
hierro nº 9 868.
hierro para soldar 318.
hifa 76.
hígado 109, 110, 112, 113, 116, 125, 161, 164, 212.
higiene dental 384.
higiene personal 181.
higo 197.
higo chumbo 197.
higrógrafo 59.
higrómetro 261.
higróstato 261.
hija 784, 785.
hijiki 183.
hijo 784, 785.
hijuela 911.
hilera 384.
hileras 103.
hilio renal 165.
hilo 689, 908.
hilo de la tela 455.
hilo de nailon 332.
hilo de trama 463.
hilo dental 384.
hilos de urdimbre 463.
Himalaya 33.
Hindi 469.
Hinduismo 736.
hinojo 185.
hipermetropía 691.
hipervínculo 524.
hipocentro 43.
hipódromo 856.
hipófisis 167.
hipopótamo 129.
hisopo 202.
hitos 875.
hocico 108, 121, 130, 132, 143.
hockey sobre hielo 878.
hockey sobre hierba 788, 800.
hogar 256.
hogar, muebles 276.
hoja 75, 77, 78, 79, 85, 185, 227, 229, 302, 303, 304, 305, 309, 315, 320, 382, 383, 416, 454.
hoja corta 905.
hoja de acanto 276, 405.
hoja de afeitar 383.
hoja de cuchilla 880, 881.
hoja de la película 481.
hoja de la vid 86.
hoja de parra 186.
hoja del faldón lateral 855.
hoja dentada 382.
hoja flexible 78.
hoja larga 905.
hoja, axila 79.
hoja, estructura 79.
hojaldre, pasta 205.
hojas compuestas 79.
hojas escamadas del ciprés 89.
hojas simples 79.
hojas, ejemplos 89.
hojita enrollada 76.
holandés 469.
holmio 684.
hombre 146.
hombre, guantes 346.
hombre, ropa de 348.
hombre, sombreros 340.
hombre, zapatos 342.
hombrera 338, 352, 440, 757, 770, 808, 880.
hombrillo 353.
hombro 146, 148, 156, 822, 909.
home theatre 493.
homo sapiens 93.
hondón 855.
Honduras 742.
hongo 76.
hongo mortal 76.
hongo venenoso 76.
hongo, anatomía 76.
hongos 183.
horario de la programación televisiva 471.
horarios 582.
horarios de las películas 427.
horca 326.
horma 345.
hormiga 101.
hormigón 298.
hormigón armado 298.
hormigón pretensado 298.
hormigonera 573.
hornillo 290, 390.
Horno 10.
horno 224, 290, 674, 721, 722.
horno de microondas 238.
horno eléctrico 465.
horno microondas 224.
horno solar 674.
horno tubular 656.
horno, termómetro 231.
hornos microondas 723.
Hornos, Cab 31.
horquilla 14, 346, 380, 579, 632, 870, 875.
horquilla de mano 325.
horquilla de moño 380.
horquilla frontal 870.
horquilla telescópica 574, 577.
horquilla trasera 578.
horquilla, carretilla elevadora 632.
horquillas 632, 633.
hortalizas 185.
hortalizas de fruto 188.
hortalizas de tallos 185.
hospedería para esquiadores 886.
hospital 711, 725, 778.
hotel 710, 724, 886, 915.
hotel, habitación 724.
hoyo 47, 867.
hoyo de par 3 866.
hoyo de par 4 866.
hoyo de par 5 867.
hoyos 866.
hoyuelo 867.
hoz 330.
Hubble, clasificación 9.
Hubble, telescopio espacial 17.
Hudson, Bahía 30.
hueco de la escalera 251.
hueco del motor 632.
huecograbado 420.
huelgo de ajuste 692.
huella 255.
huerta 182.
huerto 182, 244.
huesillos auditivos 174.
hueso 81.
hueso alveolar 159.
hueso cigomático 158.
hueso compacto 154.
hueso corto 157.
hueso cuneiforme 155, 156.
hueso esfenoides 158.
hueso esponjoso 154.
hueso falciforme sesamoideo 121.
hueso frontal 131, 152, 158.
hueso ilíaco 152.
hueso irregular 157.
hueso largo 157.
hueso largo, estructura 154.
hueso largo, partes 155.
hueso maxilar 159.
hueso nasal 158, 175.
hueso occipital 131, 158.
hueso parietal 131, 158.
hueso plano 157.
hueso temporal 152, 158.
huesos de la mano 154.
huesos del pie 155.
huesos, tipos 157.
hueva 109.
huevera 291.
huevo 100, 117.
huevo de avestruz 213.
huevo de codorniz 213.
huevo de faisán 213.
huevo de gallina 213.
huevo de oca 213.
huevo de pato 213.
huevo, fideos 207.
huevos 111, 213.
Huitzilopochtli, templo 412.
humano, cuerpo 146.
humedad del aire 261.
humedad, medición 59.
húmero 111, 116, 121, 122, 126, 131, 136, 138, 141, 142, 152, 156.
húmero, cabeza 153.
humidificador 261.
hummus 200.
humo 57.
humor acuoso 177.
humus 78.
Hungría 744.
huracán 57, 63.
husillo 268, 425, 700.
huso 462.
Huygens 19.
hyracotherium 93.

I

ichthyostega 92.
ictiosaurio 93.
idéntico a 703.
identificación de cuenta 731.
iglesia 711, 737.
Iglesia ortodoxa: Miguel Keroularios 736.
iglú 418.
igual a 703.
igual o mayor que 703.
igual o menor que 703.

iguana 114.
ijar 124.
íleon 164.
ilion 111, 116, 122.
iluminación 274, 381.
iluminación de la placa de matrícula 554.
imagen 917.
imagen impresa 420.
imán 291, 454, 488, 534, 687.
impar 919.
imparipinnada 79.
imperdible 453.
Imperio romano, armas 748.
impermeable 352.
impermeables 352.
impertinentes 385.
impluvio 406.
imposta 413.
impresión 420.
impresión en huecograbado 422.
impresión en relieve 420, 421.
impresión litográfica 420.
impresión pantalla 515.
impresiones, cubeta para lavar 485.
impresora 523, 529.
impresora de líneas 519.
impresora láser 519.
impresora matriz 520.
impresora, calculadora 529.
impresora, mesa 511.
impulso de lanzamiento 864.
impulso electromagnético 40.
impulso nervioso 168.
impulso, irrigador 329.
incendio forestal 69.
incensario 737.
incineración 71.
incisivo 121, 123.
incisivo central 159.
incisivo lateral 159.
incisivos 159.
incisura angular 173.
inclinación 13.
India 747.
indicador 532.
indicador de ajuste 889.
indicador de alimentación 519.
indicador de carga del papel 519.
indicador de emergencia de inclinación 626.
indicador de encendido 518.
indicador de hora de salida 582.
indicador de inclinación 898.
indicador de inicio de la película 476.
indicador de la mitad 528.
indicador de línea 568, 569, 595.
indicador de llamadas 508.
indicador de luz larga 576.
indicador de nivel de gasolina 557.
indicador de número de andén 582.
indicador de posición 417.
indicador de puesta en marcha de papel 731.
indicador de recarga 383.
indicador de respuesta automática 508.
indicador de temperatura 381, 557.
indicador de tiempo 476.
indicador de velocidad 476.
indicador de viraje 898.
indicador dedetección de papel 731.
indicador del cartucho 519.
indicador del cuadrante 613.
indicador del importe total 548.
indicador del intermitente 576.
indicador del nivel del agua 239.
indicador del precio por litro /galón 548.
indicador digital 699.
indicador digital de frecuencia 498.
indicador luminoso 239, 699.
indicador neutro 576.
indicador para viraje en nado de espalda 831.
indicador transparente 532.
indicadores 494, 501.
indicadores de control 520.
indicadores de entrada 497.
indicadores del modo audio 497.
Indice 0.
índices de exposición 479.
Indio 10.
indio 682.
Indonesia 33, 747.
indonesio 469.
inducido 688.
inducido, devanado 688.
inducido, núcleo 688.
indumentaria antigua 336.
indumentaria tradicional 339.
industria 525.
industria petroquímica 656.
infiltración 67, 69.
infinito 703.
inflador 904.
inflamable 774.
inflorescencias 187.
inflorescencias, variedades 81.
información 715, 725, 730, 769, 779.
infraestructura 538.
infraspinoso 151.
infusiones 208.
ingeniero de sonido 429.
ingle 146, 148.
inglés 469.
inhalación 832.
inhalador 783.
iniciales del banco emisor 729.
inicio 515, 852.
inmersión, piscina 788.
inmovilización 844.
inmovilización de brazo 844.
inodoro 251, 262, 264, 265, 724, 780.
insectos 96.
insectos, ejemplos 101.
insert 515.
insertar 515.
insignia 770.
insignia de grado 770.
insolación, medición 58.
instalación 395.
instalaciones deportivas 788.
institución educativa 525.
instrucciones operativas 548.
instrumento para alinear el jardín 324.
instrumentos 899.
instrumentos científicos 17, 23.
instrumentos de cuerda 439.
instrumentos de inmersión 841.
instrumentos de madera, familia 437.
instrumentos de medición meteorológica 58.
instrumentos de navegación 612.
instrumentos de percusión 437, 448.
instrumentos de teclado 442.
instrumentos de teclado, ejemplos 443.
instrumentos de trazado y medición 313.
instrumentos de viento 446.
instrumentos del salpicadero 557.
instrumentos electrónicos 450.
instrumentos musicales tradicionales 432.
instrumentos para escribir 470.
integración de energía a la red de transporte 677.
integral 703.
INTELSAT 487.
intensidad luminosa, unidad de medida 702.
intercambiador de calor 670, 675.
intercomunicador 491.
interconexión 563.
interior derecho 801, 803, 814.
interior izquierdo 801, 803, 814.
interlineado 472.
interlineado 1.5 472.
interlineado doble 472.
interlineado sencillo 472.
intermitente 554, 557, 571, 574, 575.
intermitente delantero 576.
intermitente trasero 576.
internauta 524.
Internet 523, 524.
Internet, usos 525.
interóseos del pie 150.
interpretación simultánea, cabina 718.
interrogación 473.
interruptor 237, 240, 241, 274, 286, 287, 288, 289, 291, 293, 305, 307, 308, 318, 320, 381, 382, 383, 384, 451, 488, 495, 501, 505, 506, 518, 576, 613, 687.
interruptor alimentación 496.
interruptor automático 260, 658.
interruptor automático bipolar 272.
interruptor automático principal 272.
interruptor automático unipolar 272.
interruptor de alimentación 494, 498.
interruptor de arranque automático 263.
interruptor de comunicación 526.
interruptor de emergencia 576.
interruptor de emisión 505.
interruptor de encendido 513, 518, 556, 576.
interruptor de encendido/apagado 476, 483.
interruptor de expulsión 495.
interruptor de focalización automática 483.
interruptor de gatillo 304, 305, 306, 308.
interruptor de la puerta 293.
interruptor de sobretemperatura 266.
interruptor de transmisión 505.
interruptor del limpiaparabrisas 556.
interruptor funciones 496.
interruptor luminoso 452.
interruptor on/off 289.
interruptor para el vídeo auxiliar 491.
interruptor para la producción de vídeo 491.
interruptor principal 273.
interruptor selector de velocidad 305.
intersección 703.
intertítulo 471.
intervalo 617.
intervalos 434.
intestino 95, 97, 103, 104, 105, 107, 109, 112, 161.
intestino ciego 125.
intestino delgado 110, 113, 116, 125, 164.
intestino grueso 110, 164.
intestino medio 99.
intradós 413.
inuktitut 469.
inundación, llanura 48.
invernadero 182.
inversor 302, 306.
invertido 595.
invierno 54.
inyección 565.
inyector 566.
inyector de combustible 565.
Io 4.
Irán 746.
Iraq 746.
iridio 683.
iris 177.
Irish moss 183.
Irlanda 743.
Irlanda, Mar 32.
irlandés 469.
iron 867.
irrigador bucal 384.
irrigador de impulso 329.
irrigador giratorio 329.
irrigador oscilante 329.
isba 418.
isla 38, 224, 539.
isla de arena 51.
Isla de Terranova 30.
isla volcánica 49.
Islamismo : Mahoma 736.
islandés 469.
Islandia 32, 744.
Islas Aleutianas 30.
Islas de Cabo Verde 745.
Islas del Caribe 742.
Islas Fiji 29.
Islas Malvinas 31.
Islas Marshall 747.
Islas Salomón 747.
islote 761.
islote rocoso 51.
isobara 55.
isosista 43.
isquion 111, 116, 122, 153.
Israel 746.
istmo 38.
istmo de la trompa de Falopio 171.
istmo de las fauces 174.
Istmo de Panamá 30.
Italia 744.
italiano 469.
iterbio 684.
itrio 683.

J

jabalí 128.
jabalina 748, 793.
jabón de tocador 379.
jabonera 264, 383.
jaboticaba 197.
jaguar 135.
Jamaica 742.
jamba 247, 256, 413.
jamón ahumado 215.
jamón de York 216.
jamón serrano 216.
Jápeto 5.
Japón 33, 747.
Japón, Fosa 50.
Japón, Mar 33.
japonés 469.
jarabe de arce 209.
jarabe de maíz 209.
jarabe para la tos 783.
jardín 322, 406.
jardín de rocas 322.
jardín público 713.
jardín, enlosado 244.
jardinería 298, 322.
jardinería, guantes 325.
jareta 285.
Jarlsberg 211.
jarra de agua 226.
jarra de cerveza 225.
jarra medidora 231.
jarra para café 226.
jarrita de leche 226.
jaula 407, 650.
jaula de protección 791.
Java, fosa 50.
jefe 740.
jefe de cronometradores 830.
jefe de los árbitros 860.
jefe de luminotecnia 429.
jefe de mecánicos 873.
jefe de tapiz 843.
jefe de vestuario 428.
jengibre 199.
jerbo 123.
jeringa de decoración 232.
jeringilla de Luer-Lock 776.
jeringuilla 776.
jeringuilla de irrigación 776.
jerséis de hombre 717.
jerséis de mujer 716.
jersey de cuello de cisne 892.
jersey de cuello de tortuga 354.
jersey de cuello redondo 354, 359.
jerseys 354.
jerseys combinados 359.
Jesucristo 736.
jet supersónico 53.
jícama 184.
jilguero 118.
jinete 853, 855, 858.
Jirafa 12.
jirafa 129, 492.
jirafa del micrófono 490.
jockey 856, 857.
jockey club 856.
jojoba 197.
jónico, orden 404.
Jordania 746.
jota 914.
joule 702.
joyería 374, 714, 717.
joystick 516.
joysticks 918.
ju-jitsu 846.
juanete de mesana de estay 603.
juanete de proa alto 603.
juanete de proa bajo 603.
juanete mayor bajo 603.
juanete mayor proel alto 603.
jubón 338.
Judaísmo : Antiguo Testamento 736.
judía adzuki 191.
judía amarilla 191.
judía china larga 190.
judía de Egipto 190.
judía de Lima 191.
judía mungo 191.
judía mungo negra 191.
judía negra 191.
judía pinta 191.
judía roja 191.
judía roja 191.
judía romana 191.
judías de ojo 190.
judías mungo, fideos 207.
judías verdes 191.
judo 844.
judoji 844.
judoka neutral 844.
jueces 824, 825, 828, 881.
jueces asistentes 883.
jueces de ejecución 823.
jueces de salida 882.
jueces de tapiz 846.
jueces de valor artístico 823.
jueces de virajes 831.
juego 822.
juego de bolos 865.
juego de casquillos 311.
juego de dardos 918.
juego de mesas 278.
juego de pequeñas herramientas 325.
juego de utensilios 233.
juego en línea 525.
juego limpiabotas 345.
juegos 788, 914.
juegos de mesa 915.
juez 807, 809, 842, 843, 844, 848, 855, 859, 893.
juez coordinador 823.
juez de ángulo 845.
juez de brazado 830.
juez de dificultades 823.
juez de faltas de pie 821.
juez de gol 827, 878.
juez de línea 803, 805, 807, 812, 813, 816, 818, 820, 824, 879.
juez de línea de saque 820.
juez de llegada 830, 839.
juez de meta 858, 883.
juez de obstáculos 852.
juez de pista 883.
juez de puerta 837.
juez de red 821.
juez de salida 830, 838, 883.
juez de servicio 816, 820.
juez de silla 820.
juez de vía 900.
juez externo 807.
juez responsable 823.
juez-árbitro 828.
juez-árbitro de tiro 860.
jugador 808, 827, 878, 915, 920.
jugador con el servicio 821.
jugador de baloncesto 810.
jugador de bolos 865.
jugador de críquet 798.
jugador de hockey 801.
jugador de primera base 794.
jugador de rugby 805.
jugador de saque 816, 819.
jugador de segunda base 794.
jugador de tercera base 794.
jugador exterior central 794.
jugador exterior derecho 794.
jugador exterior izquierdo 794.
jugador medio 794.
jugador, handicap 858.
jugadora de bolos 865.
jugadores 822.
jugadores, banquillo 809.
jugadores, posición 803, 804, 814.
juguetes 717.
junco 600.
junta 268, 269, 294, 562.
junta cónica 265.
junta de estanquidad 268.
junta de goma 270.
junta del cárter 566.
junta positivo/negativo 672.
junta tórica 268.
Júpiter 4.
jurado 853.
Jurásico 93.
justicia 726.
Justicia, Palacio 710.

K

kajak, regata 838.
Kalahari, Desierto 34.
Kamchatka, Península 33.
Kaplan, turbina 659.
karate 845.
karategi 845.
karateka 845.
kayak 837.
kayak K1 839.
Kazastán 746.
kelvin 702.
kendo 847.
kendoka 847.
Kenia 745.
Kermadec-Tonga, Fosa 50.
ketchup 201.
kicher 890.
kicker 800.
kickers 890.
kilogramo 702.
kimono 364, 844.
Kinyarwanda 468.
kiosco 548, 593.
Kirguizistán 746.
Kiribati 747.
kirundi 468.
kiwano 196.
kiwi 196.
koala 143.
Kola, Península 32.
kombu 183.
kora 433.
kote 847.
Kuiper, cinturón 4.
kung fu 846.
Kuril, Fosa 50.
Kuwait 746.

L

la hoja según su borde 79.
la presión del vapor impulsa las turbinas 665.
la(A) 434.
laberinto 885.
labio 124, 132.
labio córneo 113.
labio externo 105.
labio inferior 174, 444.
labio interno 105.
labio mayor 170, 171.
labio menor 170, 171.
labio superior 99, 174, 444.
laboratorio 16, 17.
laboratorio alto 16.
laboratorio americano 21.
laboratorio de conservación 395.
laboratorio espacial 23.
laboratorio patológico 781.
laboratorio, material 685.
lacolito 44.
ladera 45.
ladillo 471.
lado 431.
lado de la reina 916.
lado del mar 664.
lado del rey 916.
lado derecho 384.
lado hacia el embalse 664.
lado izquierdo 384.
ladrillo 298.
ladrillo hueco 298.
ladrillo macizo 298.
ladrillo perforado 298.
ladrillo refractario 256, 298, 465.
ladrillo tabiquero 298.
ladrillos refractarios 256.
ladronera 408.
Lagarto 12.
lagarto 114.
lago 7, 38, 45, 48.
lago artificial 48.
Lago Baikal 33.
Lago Chad 34.
lago de brazo muerto 48.
Lago Eyre 29.
lago glaciar 48.
Lago Ladoga 32.
Lago Malawi 34.
Lago Tanganyika 34.
lago tectónico 48.
Lago Titicaca 31.
Lago Victoria 34.
lago volcánico 48.
lagomorfos 122.
lagomorfos, ejemplos 123.
lagos 48.
lagos, acidificación 70.
laguna 51.
laguna lateral 127.
laguna medial 127.
laguna salada 52.
lama 676.
lámina 75.
lámina cribosa del etmoides 175.
lámina de contacto de positiva 562.
lámina de contacto negativa 562.
láminas 300.
laminillas 76.
laminillas periféricas 154.
lámpara 594, 693.
lámpara de cabecera 286, 724, 780.
lámpara de despacho halógena 286.
lámpara de escritorio 286.
lámpara de lectura 771.
lámpara de mesa 286.
lámpara de neón 316.
lámpara de petróleo 906.
lámpara de pie 286.
lámpara de pinza 286.
lámpara de prueba de neón 316.
lámpara de techo 286.
lámpara del casco 901.
lámpara del santuario 737.
lámpara halógena 274, 275.
lámpara incandescente 614, 673.
lámpara indicadora de tocado 848.
lámpara orientable de pared 287.
lámparas 286.
lámparas en serie 287.
lamprea 219.
lana de vidrio aislante 299.
lanceolada 79.
lancha de motor 762.
lancha pequeña 607.
langosta marina 218.
lantánidos 684.
lantano 684.
lanza 748.
lanzadera 461.
lanzadera plana 461.
lanzado desigual 459.
lanzador 794, 795, 799.
lanzador de bombas fumígenas 758.
lanzador espacial, sección transversal 24, 25.
lanzadores espaciales, ejemplos 24.
lanzamiento 788, 795, 864, 891.
lanzamiento de jabalina 791.
lanzamiento de martillo y disco 791.
lanzamiento de peso 790.
lanzamientos 793.
lanzamisiles 761.
lanzaplatos 860.
Laos 747.
lapa 217.
lapiaz 47.
lápices de colores 396.
lápices de colores, dibujo 396.
lápida conmemorativa 738.
lapislázuli 375.
lápiz 470.
lápiz adhesivo 534.
lápiz blanco para uñas 377.
lápiz corrector de piedra pómez 423.
lápiz de cejas 378.
lápiz de grafito 470.
lápiz litográfico 423.
lardo 209.
larguerillo 632.
larguero 249, 277, 321, 624, 676, 827.
larguero de la bisagra 278.
larguero del marco 278.
larguero inferior 635.
laringe 163.
larva 100.
lasañas 206.
lasca doble 908.
láser de rubí pulsado 692.
lata 223.
lata de conserva 223.
latas 222.
lateral derecho 803.
lateral izquierdo 803.
latiguillo 855.
laurel 202.
laurencio 684.
lavabo 262, 264, 724, 780.
lavabo de cirujano 781.
lavado 347.
lavado de automóviles 548.
lavadora 262, 271, 292.
lavandería 250, 724, 726.
lavar a mano con agua tibia 347.
lavar a máquina con agua caliente en el ciclo para ropa delicada 347.
lavar a máquina con agua caliente, en el ciclo normal 347.
lavar a máquina con agua tibia en el ciclo para ropa delicada 347.
lavar en lavadora con agua muy caliente, en el ciclo normal 347.
lavavajillas 224, 271, 294, 721, 723.
laya 326.
lazo 340, 374, 913.
Lebreles 13.
lebrero 131.
leche 210.
leche de cabra 210.
leche en polvo 210.
leche evaporada 210.
leche homogeneizada 210.
leche, suero 210.
lecho 597.
lecho oceánico 42.
lecho ungular 172.
lechuga de cogollo 186.
lechuga de tallo 186.
lechuga iceber 186.
lechuga marina 183.
lechuga rizada 186.
lechuga romana 186.
lechuza norteña 118.
lector CD/DVD 918.
lector de casetes 504.
lector de CD 450.
lector de CD-ROM 517.
lector de código de barras 517.
lector de disco compacto 488, 501, 503.
lector de discos compactos 504.
lector de microfilmes 732.
lector de tarjeta 493, 730, 731.
lector de tarjetas 507.
lector óptico de caracteres 474.
lectura /pausa 501.
lectura de disco compacto 501.
lectura de tarjeta, ranura 548.
legionario romano 748.
legumbre 84.
legumbres 190.
lema 729.
lémur 139.
lencería 364, 584, 714, 716, 724.
leñera 256.
lengua 99, 109, 110, 164, 174, 175, 176, 212.
lengua bífida 112.
lengua glaciar 46.
lenguado 221.
lenguas afro-asiáticas 468.
lenguas aisladas 469.
lenguas amerindias 469.
lenguas australianas aborígenas 469.
lenguas bantúes 468.
lenguas célticas 469.
lenguas centro-africanas 468.
lenguas chinotibetanas 468.
lenguas del mundo 468.
lenguas eslavas 469.
lenguas germánicas 469.
lenguas indoeuropeas 469.
lenguas indoiranias 469.
lenguas malayo-polinesias 469.
lenguas oceánicas 469.
lenguas papúas 469.
lenguas romances 469.
lenguas uraloaltaicas 469.
lengüeta 342, 352, 370, 386, 444, 446, 452, 453, 456, 881, 889.
lengüeta de cuero 350.
lengüeta de la caña 433.
lengüeta protectora 521.
lengüeta, tubo 444.
lente 385, 535, 691.
lente bifocal 385.
lente cóncava 691.
lente convexas 691.
lente convexo-plana 691.
lente de 180 grados 478.
lente de acercamiento 478.
lente de ampliación 485.
lente de campo 692.
lente tórica 691.
lentejas 190.
lentes 691.
lentes bicóncavas 691.
lentes biconvexas 691.
lentes cóncavas 691.
lentes cóncavo-planas 691.
lentes convergentes 691.
lentes convexas 691.
lentes de contacto 384.
lentes de contacto blandas 384.
lentes de contacto desechables 384.
lentes de contacto duras 384.
lentes de enfoque 694.
lentes de imágen recta 692.
lentes divergentes 691.
León 13.
león 135.
León Menor 13.
león rampante 741.
leopardo 135.
Lesotho 746.
Letonia 744.
letra para marcar 855.
letras 472.
letrero de número de vías 591.
letrinas 406.
leucoplasto 74.
leva 460.
levantamiento del spinnarker 833.
levita 338.
Líbano 746.
libélula 102.
líber 87.
liberación de energía 681.
liberador del cable de remolque 898.
liberador del margen 528.
liberador del seguro 310.
Liberia 745.
libero 812.
Libia 745.
Libra 11.
libra 728.
librería 714, 734.
libreta 530.
libro de firmas 531.
libro electrónico 527.
libro encuadernado 426.
libros de consulta 732.
libros para niños 732.
libros, carrito 733.
lichi 197.
licuadora 240.
líder 877.
Liebre 11.
liebre 123, 212.
Liechtenstein 744.
lienzo 400.
liga 367.
ligadura 435.
ligamento 105.
ligamento alveolo-dentario 159.
ligamento ancho del útero 171.
ligamento elástico 133.
ligamento suspensorio 177.
ligamentos textiles básicos 463.
liguero 367.
lija 308.
lijadora excéntrica 308.
lima 194, 309, 905.
lima de uñas 377.
limbo 76, 612.
limbo de la palma 127.
limitador de velocidad 417.
limitador de velocidad, polea tensora 417.
limón 194.
limonera 857.
limpiador 557.
limpiador de antenas 98.
limpiador de boquillas 318.
limpiador de uñas 377.
limpiaparabrisas 550, 557.
limpieza 295.
limpieza de trajes de intervención 764.
limusina 549.
Lince 12.
lince 134.
lindero 244.
línea 434, 813, 919.
línea azul 879.
línea cableada 525.
línea central 801, 803, 814, 877.
línea central de servicio 821.
línea corta 818.
línea de "touche" 805.
línea de 15 m 805.
línea de 2 m 827.
línea de 200 m 871.
línea de 22 m 800.
línea de 4 m 827.
línea de 5 m 800, 805.
línea de 7 m 827.
línea de árbitro 845.
línea de área de penalti 802.
línea de ataque 812.
línea de banda 800, 814, 815, 858, 877.
línea de caída 362.
línea de campo 687.
línea de centro 809.
línea de competición 847.
línea de corte 455.
línea de costura 455.
línea de crecimiento 104, 105.
línea de cuadro 862.
línea de cuadro de servicio 818.
línea de datos introducidos 529.
línea de devolución 799.
línea de distribución de media tensión 663.
línea de dobles 820.
línea de flotación 615.
línea de flujo del pozo 652.
línea de fondo 804, 806, 811, 812, 815, 816, 821.
línea de foul 794.
línea de fuera 819.
línea de gol 804, 806, 814, 878.
línea de juego 864, 877.
línea de la calle 791.
línea de lanzamiento 865.
línea de llegada 856.
línea de llegada 833, 839.
línea de llegada de 500 m 883.
línea de los 10 m 804.
línea de los 22 m 804.
línea de los 27 m 858.
línea de los 30 m 859.
línea de los 36 m 858.
línea de los 50 m 859.
línea de los 54 m 858.
línea de los 60 m 859.
línea de los 70 m 859.
línea de los 90 m 859.
línea de los competidores 845.
línea de los esprinteres 871.
línea de medio campo 805.
línea de melé 807.
línea de meta 800, 809, 827.
línea de persecución 871.
línea de pista 619.
línea de puesta en guardia 848.
línea de puesta en guardia de florete 848.
línea de puesta en guardia de sable y espada 848.
línea de recepción 818.
línea de referencia 907.
línea de retirada 799.
línea de salida 791, 833, 872.
línea de salida 100 m 790.
línea de salida 800 m 791.
línea de salida de 1.500 m 791.
línea de salida de 10.000 m 791.
línea de salida de 100 m vallas 790.
línea de salida de 110 m vallas 790.
línea de salida de 200 m 790.
línea de salida de 400 m 791.
línea de salida de 400 m vallas, línea de relevos de 4x100 m 791.
línea de salida de 5.000 m 790.
línea de salida de 500 m 882.
línea de salida de relevos 4 x 400 m 791.
línea de seguridad 593.
línea de servicio 818, 819, 821.
línea de servicio corto 817.
línea de servicio largo 816.
línea de tee 877.
línea de tiro 859, 865.
línea de tiro libre 811, 814.
línea de visión 907.
línea del área de gol 814.
línea del centro 848.
línea del dobladillo 455.
línea del fondo de la piscina 831.
línea del lanzamiento 799.
línea del medio campo 827.
línea del resultado 529.
línea divisoria central 815, 816, 819.
línea lateral 108, 539, 819.
línea lateral de dobles 817.
línea lateral de individuales 817.
línea límite de inicio de jugada 806.
línea límite de salida 848.
línea media 806, 810, 879.
línea meridiana 907.
línea neutra 687.
línea para modificaciones 455.
línea reservada 523, 524.
línea submarina 524.
línea suplementaria 434.
línea telefónica 524.
línea telefónica/cableada/satélite 523.
línea trasera 877.
línea yardas 806.
líneas de latitud 36.
líneas de longitud 36.
líneas rectas 871.
lingala 468.
linterna 614, 770, 903.
linterna del faro 614.
linterna movible 316.
linterna portátil 765.
liquen 74.
liquen custráceo 74.
liquen foliáceo 74.
liquen fruticuloso 74.
liquen, estructura 74.
líquenes, ejemplos 74.
líquido 680, 681.
líquido cerebroespinal 168.
líquido corrector 534.
líquidos accesorios 400.
Lira 13.
lira 433.
lisosoma 94.
lista de procedimientos 20.
lista superciliar 115.
listón 285, 291, 792.
listón de madera 459.
litera 567, 584.
litio 682.
litografía 423.
litoral, configuración 51.
litosfera 42, 66.
Lituania 744.
lixiviación 70.
liza 408.
lizos 460, 461.
llama 128, 681.
llama perpetua 738.
llana 315.
llanta 560, 574, 579, 640.
llanta maciza 633.
llanta neumática de tracción 594, 595.
llanta neumática guía 594, 595.
llanura 38, 48.

llanura abisal 49.
llanura de inundación 48.
llave 249, 436, 446, 447.
llave a la derecha, bureta 685.
llave ajustable 315.
llave allen 314.
llave combinada 311.
llave de apriete 312.
llave de boca de riego 767.
llave de cadena 315.
llave de carraca 311.
llave de cincho 315.
llave de embocadura 446.
llave de estrella abierta 311.
llave de estrella común 311.
llave de estrella hexagonal 311.
llave de fontanero 315.
llave de gas 267.
llave de inyección 333.
llave de paso 262, 265, 270, 271.
llave de pedernal 752.
llave de tuercas española 311.
llave del mandril 306.
llave en cruz 558.
llave inglesa 311, 315.
llave para agua 447.
llavero 387.
llaves 311, 315.
llegada 791, 852.
llegada telesquí 886.
llovizna 64.
llovizna fuerte continua 57.
llovizna fuerte intermitente 57.
llovizna ligera continua 57.
llovizna ligera intermitente 57.
llovizna moderada continua 57.
llovizna moderada intermitente 57.
lluvia 64, 65.
lluvia ácida 69, 70.
lluvia fuerte continua 57.
lluvia helada 57, 64.
lluvia intensa intermitente 57.
lluvia ligera 64.
lluvia ligera continua 57.
lluvia ligera intermitente 57.
lluvia moderada 64.
lluvia moderada continua 57.
lluvia moderada intermitente 57.
lluvia, formas 64.
lluvia,medición 59.
lob wedge 868.
Lobo 11.
lobo 134.
lobulada 79.
lóbulo 117, 173, 175.
lóbulo inferior 163.
lóbulo lateral inferior 86.
lóbulo lateral superior 86.
lóbulo medio 163.
lóbulo superior 163.
lóbulo terminal 86.
local técnico 543.
loción para después del afeitado 383.
locomotora 585.
locomotora diésel eléctrica 586.
lóculo 82.
locutorio 726.
lomera 857.
lomo 115, 124, 130, 214, 227, 229, 295, 425, 426.
lomo con canal 306.
lomo del libro 425.
lona 676, 842.
lona de separación 902.
lona, semirremolque 572.
longan 196.
longitud de la ola 49.
longitud de onda 690.
longitud, medición 700.
longitud, unidad de medida 702.
loop de puntera 881.
loriga 748.
losa de piedra 298.
loseta 22.
lubina 220.
lubrificador 649.
lucernario 245.
lucernario del baño 251.
lucernario del hueco de la escalera 251.
lucernas del campanario 411.
luces de advertencia 557.
luces de controles 519.
luces de estado 515.
luces de gol 879.
luces de seguridad 771.
luces posteriores 775.
luces traseras 554, 640.
lucha 843.
lucha greco-romana 843.
lucha libre 843.
luchadero 838.
luchador 843.
lucio 220.
lucioperca 220.
luge 884.
luge doble 884.
luge simple 884.
luge simple masculino, salida 885.
luge, corredor 884.
lumbrera de admisión 565.
lumbrera de escape 565.
lumbrera de transferencia 565.
luminotécnico 429.
Luna 4, 6, 7.
Luna llena 7.
Luna menguante 7.
Luna nueva 7.
Luna, eclipse 7.
Luna, fases 7.
luneta 431.
lúnula 105, 172, 173.
lupa 693, 905.
lupa de focalización 485.
lutecio 684.
Luteranismo : Martín Lutero 736.
lutz 881.
Luxemburgo 743.
luz 14, 15, 17, 615, 617, 626.
luz ámbar 712.
luz anticolisión 624.
luz antiniebla 554, 570.
luz blanca 616.
luz de advertencia de emisión 488.
luz de advertencia de la gasolina 557.
luz de advertencia de puerta abierta 557.
luz de advertencia del aceite 557.
luz de advertencia del alternador 557.
luz de advertencia del cinturón de seguridad 557.
luz de aterrizaje 631.
luz de cruce 554.
luz de encendido 383, 508.
luz de encendido/apagado 506.
luz de freno 554.
luz de la barrera 591.
luz de marcha atrás 554.
luz de navegación 605, 625, 631.
luz de posición 554, 585.
luz de seguridad 484.
luz de tope 605.
luz delantera 579.
luz indicadora de cargado 527.
luz indicadora de la presión del aceite 576.
luz indicadora de luz larga 557.
luz intermitente 591.
luz larga 554.
luz lateral 570, 571.
luz piloto 381.
luz roja 712.
luz trasera 554, 571, 575, 576, 578.
luz verde 712.
luz visible 690.

M

macaco 139.
macarrones 206.
Macedonia 744.
maceta 322.
maceta colgante 322.
machete 751.
macho 453.
macillo 442, 443.
macillo de fieltro 443.
macizo 38.
macizo de flores 322.
macronúcleo 94.
mácula lútea 177.
Madagascar 34, 746.
madera 300, 867.
madera nº 1 868.
madera nº 3 868.
madera nº 5 868.
madera, pisos de 254.
madre 784, 785.
maduración, etapas 86.
madurez 86.
magacín 471.
mage 847.
Magellan 19.
magenta 690.
magma 44, 49.
magnesio 682.
magnetismo 687.
magnetómetro 60.
mah-jongg 917.
Maine Coon 132.
maître 720.
maíz 85, 203.
maíz : mazorca 85.
maíz forrajero 182.
maíz, aceite 209.
maíz, harina 204.
maíz, jarabe 209.
maíz, pelo 85.
malanga 189.
Malasia 747.
Malawi 746.
Maldivas 747.
maleta clásica 389.
maleta de fin de semana 389.
maletas 717.
maletero 551, 568, 577.
maletín 386, 388.
maletín para ordenador portátil 527.
maleza 866.
malgache 469.
malla 815, 870.
mallas 371.
mallas con volantes 368.
mallas de metal expandido 299.
Malpighi, estrato 172.
Malpighi, tubo 99.
Malta 744.
mamífero voladores, ejemplos 141.
mamíferos acuáticos 136.
mamíferos carnívoros 130.
mamíferos carnívoros, ejemplos 134.
mamíferos insectívoros 121.
mamíferos insectívoros, ejemplos 121.
mamíferos marinos, ejemplos 137.
mamíferos marsupiales 142.
mamíferos primates 138.
mamíferos ungulados 124.
mamíferos ungulados, ejemplos 128.
mamíferos voladores 140.
mampara de contención 571.
mamut 93.
mancha ocular 95.
mancha solar 6.
mandarina 194.
mandíbula 97, 99, 108, 111, 112, 116, 121, 122, 123, 131, 136, 138, 141, 142, 152, 158.
mandíbula de un lagomorfo : conejo 123.
mandíbula de un roedor : rata 123.
mandíbula deslizante 700.
mandíbula fija 700.
mandíbula inferior 115, 126.
mandíbula superior 115.
mandíbulas de lagomorfos 123.
mandíbulas de roedores 123.
mandioca 184.
mando 918.
mando a distancia 493, 495.
mando de control del carro 456.
mando de los frenos 896.
mando del freno aerodinámico 898.
mando, puente 626.
mandoble 751.
mandolina 230, 433.
mandos de la videocinta 496.
mandos de los quemadores 290.
mandos del cabestrante 573.
mandril 302, 306, 307, 649.
manecilla de las horas 697.
manecilla de vapor 241.
manejo de materiales 632.
manejo del combustible, secuencia 666.
manga 337, 348, 739, 822, 848.
manga camisera 361.
manga colgante 338.
manga común fruncida 361.
manga corta 337.
manga corta sencilla 360.
manga de aislamiento 275.
manga de distribución 260.
manga de hechura sastre 361.
manga de jamón 361.
manga de murciélago 361.
manga de pagoda 361.
manga de volante 337.
manga empotrada 349.
manga farol 360.
manga flotante 337.
manga kimono 361.
manga raglán 352, 355, 361, 369.
manga recta de tres cuartos 360.
manga y boquillas 232.
manganeso 683.
mangas anteriores 822.
mangas de viento 893.
mangas, ejemplos 360.
mango 197, 227, 229, 230, 288, 301, 302, 303, 307, 309, 310, 311, 312, 315, 316, 318, 319, 320, 331, 381, 382, 383, 384, 425, 439, 454, 503, 611, 649, 798, 800, 815, 816, 822, 858, 863, 867, 877, 880, 901, 905, 910.
mango aislado 316.
mango aislante 317.
mango auxiliar 306.
mango posterior 910.
mangosta 134.
mangostán 196.
manguera 264, 270, 271, 319, 328, 767.
manguera de abastecimiento en vuelo 760.
manguera de agua 648.
manguera de aire 648.
manguera de alimentación 294.
manguera de aspiración 766.
manguera de conexión 649.
manguera de desagüe 271, 292, 294.
manguera de incendios 767.
manguera de inyección de lodo 651.
manguera de líquido para frenos 559.
manguera de llenado 485.
manguera de riego 328.
manguera de servicio 548.
manguera de vaciado 292, 485.
manguera del rebosadero 265.
manguera flexible 649.
manguera hidráulica 641, 642.
manguera, carretilla 328.
manguera, secador 764.
manguito 307.
manguito de enfriamiento 755.
manguito inferior del radiador 561.
manicura 377.
manicura, estuche 377.
manija en cruz 919.
manilla 247, 248, 256, 291, 775.
manilla de la puerta 551.
manillar 323, 327, 574, 577, 579, 851, 870, 871, 876.
manillar, empuñadura 871.
maniobra de la excavadora 637.
manipulación 632.
maniquí 398, 454.
manivela 230, 307, 312, 423, 460, 558, 571, 580, 750, 909, 910.
manivela de dirección 756.
manivela de elevación 756.
manivela de enrollado 313.
manivela de la columna 482.
manivela de la ventanilla 554.
manivela del carrete 328.
mano 139, 147, 149, 173, 230.
mano abierta 901.
mano, huesos 154.
manojo 185.
manómetro 259, 654, 655, 766, 775, 777, 841.
manómetro del soplete 319.
manómetro del tanque 319.
manopla 346, 901.
manopla de baño 379.
manoplas 318.
manos de póquer 914.
manta 280.
manta de la silla 853.
manteca de cerdo 209.
mantenimiento 548.
mantenimiento de pinturas 320.
mantequera 226.
mantequilla 210.
mantequilla clarificada 210.
mantis 102.
manto 105, 106, 256.
manto externo 42.
manto freático 70.
manto interno 42.
manto, músculos 106.
manual 445.
manual de primeros auxilios 777.
Manx 133.
manzana 193.
manzana, corte 82.
manzanilla 208.
maori 469.
mapa 610.
mapa de carreteras 39.
mapa de la ruta 592.
mapa de ruta 594.
mapa de rutas 593.
mapa físico 38.
mapa geográfico 734.
mapa meteorológico 54, 55.
mapa político 37.
mapa urbano 39.
mapache 134.
maquillador 428.
maquillaje 378.
maquillaje facial 378.
maquillaje labial 378.
maquillaje para ojos 378.
máquina 417.
máquina abastecedora de combustible 669.
máquina cargadora de combustible 666.
máquina cargadora del combustible 670.
máquina de afeitar eléctrica 383.
máquina de café exprés 241.
máquina de clasificación 475.
máquina de coser 452.
máquina de descarga 666.
máquina de dibujar con guía 399.
máquina de dibujar, guía 399.
máquina de escribir electrónica 528.
máquina de hielo 721.
máquina de soldar eléctrica 318.
máquina expendedora de bebidas 548.
máquina expendedora de billetes 593.
máquina franqueadora 531.
máquina lava vasos 723.
máquina para hacer pasta italiana 230.
máquina pisanieve 886.
Máquina Pneumática 11.
máquina tragaperras 920.
máquina tricotar 456.
maquinaria agrícola 641.
maquinaria pesada 636.
máquinas de propulsión, sala de control 763.
máquinas de tejer 456.
maquinilla de afeitar 383.
maquinilla desechable 383.
maquinilla para cortar el cabello 381.
maquinista 428.
maquinista jefe 428.
maquis 66.
mar 7, 38, 48.
mar abierto 664.
Mar Adriático 32.
Mar Arábigo 33.
Mar Báltico 32.
Mar Caribe 28.
Mar Caspio 28, 33.
Mar de Aral 33.
Mar de Barents 32.
Mar de Beaufort 30.
Mar de Bering 28.
Mar de Caribe 30.
Mar de Coral 29.
Mar de Groenlandia 28.
Mar de Irlanda 32.
Mar de Japón 33.
Mar de la China Meridional 28, 33.
Mar de la China Oriental 33.
Mar de Noruega 32.
Mar de Tasmania 29.
Mar de Weddell 29.
Mar del Norte 28, 32.
Mar Egeo 32.
Mar Mediterráneo 28, 32, 34.
Mar Negro 28, 32, 33.
Mar Rojo 28, 33, 34.
mar, erizo 95.
marca central 820.
marca de tope 615, 616.
marca registrada 390, 473.
marcador 397, 454, 470, 789, 790, 822, 825, 831, 839, 844, 846, 848, 864, 865, 918.
marcador automático 506.
marcador de clasificación general 824.
marcador de posición 440, 441.
marcador del dobladillo 454.
marcador del evento e curso 825.
marcadores 847, 859.
marchapié 602.
marco 249, 395, 460, 818, 893.
marco ajustable 303.
marco de aluminio 893.
marco vertical 461.
marcos 460.
margarina 209.
margarita 908.
marginador 484.
Marianas, Fosa 50.
mariconera 388.
Marie Byrd, Tierra 29.
Mariner 19.
mariposa 96, 832.
mariposa de resorte 302.

mariposa hembra, anatomía 97.
mariposa monarca 101.
mariposa, morfología 96.
mariquita 101.
marítimo 61.
marmota 123.
marquesa 375.
marquesina 712.
marquesina del andén 583.
marroquinería, artículos 386.
Marruecos 745.
Mars Odyssey 19.
marsopa 137.
marsupiales, ejemplos 143.
marta 134.
Marte 4, 5.
martillo 174, 317, 752, 793.
martillo de albañil 315.
martillo de bola 301.
martillo de carpintero 301.
martillo de encuadernador 425.
martillo de uña 301.
martillo mixto 901.
martillo neumático 649.
martillo para hielo 901.
martín pescador 118.
martinete 443.
más 703.
más o menos 703.
masa 43.
masa de aire 55.
masa inerte 43.
masa, unidad de medida 702.
máscara 765, 796, 798, 808.
máscara antigás 773.
máscara de oxígeno 775.
máscara para el polvo 773.
mascarilla 773.
masculino 702.
masculinos, órganos genitales 169.
masetero 150.
mastelero 602.
mastelero de juanete 602.
mastelero de mesana de estay 603.
mastelero de sobrejuanete 602.
mástil 407, 433, 439, 440, 441, 493, 631, 632, 633, 834, 836, 897.
matacán 408.
matemáticas 703.
materia 680.
materia inorgánica 67.
materia, estados 680.
material aislante 253, 254.
material audiovisual 716.
material de cierre 689.
material de laboratorio 685.
material de lucha contra los incendios 767.
material impermeable 368.
material que absorbe las ondas radar 629.
materiales aislantes 299.
materiales básicos 298.
materiales de revestimiento 299.
materiales peligrosos 774.
materiales varios 313.
materiales, manejo 632.
matraca 909.
matriz en relieve 420.
matriz plana 420.
matriz tallada 420.
matriz ungular 172.
Mauricio 746.
Mauritania 745.
mawashi 847.
maxilar 108, 111, 112, 116, 121, 122, 123, 131, 136, 138, 158, 175.
maxilar separable 112.
maxilar superior 99, 152.
maya 469.
mayor que 703.
mayúscula 472, 514.
maza 421, 449.
mazas 823.
mazo 301, 401, 858.
mazorca 85.
meandro 48.
meato auditivo 173, 174.
meato auditivo externo 158.
meato urinario 169.
mecánico 873.
mecánico de arranque 873.
mecanismo asistido de descarga 755.
mecanismo de avance y cambio de la diapositiva 483.
mecanismo de cuerda 697.
mecanismo de desplazamiento de la hoja 639.
mecanismo de disparo 757.
mecanismo de empuje 470.
mecanismo de enrollado 285.
mecanismo de escape 436.
mecanismo de indicación del disco 305.
mecanismo de la barrera 591.
mecanismo de la palanca 443.
mecanismo de retroceso y cambio de la diapositiva 483.
mecanismo del órgano 445.
mecanismo del piano vertical 443.
mecanismo del reloj de pesas 697.
mecanismo elevador del disco 305.
mecanismo para las octavas 446.
mecedora 276, 277.
mechero de gas 685.
medallón 374.
media 365, 472, 808, 848.
media antideslizante 365.
media bota 342.
media faceta superior 374.
media luna 385.
media volea 820.
media vuelta prohibida 544.
medialuna 409.
mediana 712.
medias 365, 367.
medias de malla 365.
medicamentos, formas farmacéuticas 783.
medición de ángulos 701.
medición de la altura de las nubes 59.
medición de la dirección del viento 59.
medición de la distancia 700.
medición de la fuerza del viento 59.
medición de la humedad 59.
medición de la insolación 58.
medición de la lluvia 59.
medición de la longitud 700.
medición de la presión del aire 59.
medición de la temperatura 59, 695.
medición de nevadas 59.
medición del espesor 700.
medición del peso 698.
medición del tiempo 696.
medición metereológica, instrumentos 58.
médico 780, 842.
medico interno 780.
médicos 846.
medida de potencia eléctrica 702.
medida de radiación del cielo 58.
medida instantánea, termómetro 231.
medida telescópica 864.
medidor automático 655.
medidor de agua 562.
medidor de altos niveles de frecuencia 499.
medio central 801.
medio centro 803.
medio de apertura 804.
medio de melé 804.
medio izquierdo 801.
medio lado 632.
medio punto, arco 413.
medio tubo 894.
médula 87, 165, 212.
médula espinal 109, 110, 167, 168.
médula espinal, estructura 167.
médula ósea 154.
meganeura 92.
megazostrodon 93.
Meissner, corpúsculo 172.
meitnerio 683.
mejilla 148.
mejillón 217.
Melanesia 29.
melanesia 469.
melazas 209.
melé espontánea 805.
melé: 806, 807.
melisa 202.
melocotón 192.
melocotón, corte 81.
melón amarillo 195.
melón cantalupo 195.
melón de miel 195.
melón de Ogen 195.
melón escrito 195.
melón invernal 195.
melones 195.
membrana 82, 110.
membrana celular 74, 94.
membrana de plasma 94.
membrana del ala 140.
membrana del cascarón 117.
membrana del tímpano 174.
membrana interdigital 117.
membrana interfemoral 140.
membrana nuclear 74, 94.
membrana plásmica 94.
membrana vitelina 117.
membrillo 193.
memoria de tipos de puntos 456.
men 847.
mendelevio 684.
meninges 167.
menisco convergente 691.
menisco divergente 691.
menor que 703.
menos 703.
ménsula 256, 412.
mentón 115, 148.
mentonera 765, 870, 885.
menú 721.
menudillo 124.
Mercurio 4, 5.
mercurio 275, 683.
meridiana 276.
meridiano celeste 13.
meridiano occidental 36.
meridiano oriental 36.
meridiano principal 36.
merluza 221.
Mesa 10.
mesa 52, 224, 278, 305, 307, 723, 815, 862.
mesa alimentadora 643.
mesa arbitral 879.
mesa auxiliar de escritorio 511.
mesa caliente 721.
mesa de cama 780.
mesa de hojas abatibles 278.
mesa de jueces 801.
mesa de la impresora 511.
mesa de la ruleta 919.
mesa de producción 491.
mesa de servicio 720.
mesa del ordenador 511.
mesa operatoria 780.
mesa para la vajilla limpia 721.
mesa para la vajilla sucia 721.
mesa plegable 278.
mesa rotatoria 651.
mesas, ejemplos 278.
meseta 38, 45.
mesilla de cabecera 780.
mesilla de noche 724.
mesita de servicio 278.
mesocarpio 81, 82, 83.
mesoglea 95.
mesopausa 53.
mesosauro 92.
mesosfera 53.
mesotórax 97.
meta 871, 887, 890.
metacarpiano 154, 156.
metacarpo 111, 116, 122, 126, 131, 133, 136, 138, 142, 154.
metafisis 155.
metáfisis 155.
metal, selección 71.
metales alcalinos 682.
metales alcalinotérreos 682.
metales de transición 683.
metales, ejemplos 741.
metales, familia 437.
metaloides 682.
metamórfosis de la rana 111.
metatarsiano 155.
metatarso 98, 111, 122, 126, 131, 138, 141, 142, 155.
metatórax 97.
meteorito 8.
meteorito ferroso 8.
meteorito pétreo-ferroso 8.
meteoritos pétreos 8.
meteorología 53.
metopa 404.
metralla 752.
metralleta 754.
metro 592, 702, 713.
metrónomo 436.
metrónomo de cuarzo 436.
México 742.
México, Golfo 30.
mezcla de agua y vapor 646.
mezcla de aire y combustible 564.
mezcla de manganeso (cátodo) 689.
mezcla de zinc y electrolito (ánodo) 689.
mezclador de disco 268.
mezclador de pastelería 232.
mezcladores 268.
mezquita 738.
mi(E) 434.
micelio 76.
microfilamento 94.
micrófono 488, 492, 496, 505, 506, 508, 516, 517, 527, 770, 898.
micrófono del intercomunicador 491.
micrófono electrodinámico 488.
micrófonos 771.
micrómetro 700.
Micronesia 747.
micronúcleo 94.
microondas 690.
Microscopio 10.
microscopio 693.
microscopio binocular 693.
microscopio de electrones, corte transversal 694.
microscopio de electrones, elementos 694.
microscopios 693.
microtúbulo 94.
miel 209.
miel, celdilla 100.
miembro inferior 161.
miembro superior 161.
migala 102.
Mihrab 738.
mijo 85, 203.
mijo : espiga 85.
mil 703.
Mimas 5.
Mimbar 738.
mina a cielo abierto 647.
mina subterránea 650.
mina, planta exterior 648.
minarete 738.
minas antipersonas 758.
minas de carbón 647.
mineral 647.
mini-cadena estéreo 503.
minibús 569.
miniporción leche /nata 223.
miniporción, leche/nata 223.
minúscula 472.
minutero 231, 239, 696, 697.
minuto 704.
miocardio 162.
miopía 691.
mira 754, 756, 859, 913.
mira del tirador 758.
mira periscópica 758.
mira telescópica 912.
mirador 621.
Miranda 5.
mirilla 591.
misil aire aire 759, 760.
misil aire tierra 759.
misil anti-nave 759.
misil anti-radar 759.
misil antiaéreo 762.
misil antisubmarino 759, 762.
misil antitanque 759.
misil mar a mar 762.
misil tierra aire 759.
misil, estructura 759.
misiles, principales tipos 759.
mitocondria 74.
mitocondrio 94.
mitón sin dedos 346.
mízcalo 183.
mobiliario para el hogar 276.
mocasín 344.
mocasín de calle 344.
mochila 901, 906.
modalidad 528.
modalidad de avance de la película 476.
modalidad de exposición 476.
modalidad de exposición múltiple 476.
modalidad de producción de copia 512.
modalidad sintonizador 498.
modalidad TV 495.
modalidad VCR 495.
modelo de estación 55.
módem 522, 523, 524.
módem cableado 525.
moderador 585, 665, 670, 671.
modillón 405, 408.
modos de pago 729.
modulador de presión de frenado 559.
módulo centrífugo 21.
módulo de aterrizaje (Viking) 18.
módulo de células solares 673.
módulo de comunicación 486.
módulo de control de la potencia 563.
módulo de control del motor 563.
módulo de franqueado 531.
módulo de habitación americano 21.
módulo de inyección de gas 652.
módulo de la plataforma 40.
módulo de mando 19, 25.
módulo de propulsión 486.
modulo de servicio 19.
módulo de servicio 25, 486.
módulo del equipo 40.
módulo lunar 19, 25.
módulo orbital (Viking) 18.
módulo para experimentos europeo 21.
módulo para experimentos japonés 21.
módulo regulador de carga de la batería 563.
módulo ruso 21.
módulos de batería 60.
mofeta 134.
mogol 469.
Moisés 736.
molar 121, 123.
molar, corte transversal 159.
molares 159.
Moldavia 744.
molde 464.
molde acanalado 232.
molde de carlota 232.
molde de pan 239.
molde de soufflé 232.
molde para bizcocho 232.
molde para magdalenas 232.
molde para tartas 232.
molde redondo con muelles 232.
moldeador de cutículas 377.
moldes de pastas 232.
moldura 253, 560.
moldura lateral 551.
moldura superior 815.
mole 702.
molécula 680.
molibdeno 683.
molinete 643, 676.
molinillo de café 240.
molino de plataforma giratoria 676.
molino de torre 676.
molino de viento 676.
molleja 116.
mollejas 212.
moluscos 104, 217.
moneda : anverso 729.
moneda : reverso 729.
moneda, anverso 729.
moneda, reverso 729.
monedero 387.
Mongolia 747.
monitor 507.
monitor de control del director 428.
monitor de efectos video/digitales 491.
monitor de la producción técnica 491.
monitor de producción 489.
monitor de salida 491.
monitor de sonido 489, 491.
monitor de vídeo 518.
monitor de visualización previa 489.
monitor del sonido 490.
monitor principal de visualización previa 491.
monitores de entrada 491.
monitores de visualización previa 491.
mono 369.
mono de esquí con capuchón 369.
monocascos 835.
monóculo 385.
monopatín 894.
monopatín 894.
Monopoly® 915.
monovolumen 549.
montacargas 634, 650.
montagnais 469.
montaña 45, 886.
montaña alta, climas 61.
Montañas Rocosas 30.
montante 246, 252, 371, 424, 425, 460, 461, 628, 629, 641, 782, 826, 881.
montante central 247, 249, 278, 551.
montante de la bisagra 247.
montante de la cerradura 247.
montante del filete 854.
montante del muro 253.
montante embarbillado 249.
montante esquinero 252.
montante quicial 249.
monte de Venus 170.
Monte Everest 53.
Montes Apalaches 30.
Montes Cárpatos 32.
montes marinos 49.
Montes transantárticos 29.
Montes Urales 32.
montículo 875.

montura 385.
montura de bayoneta 478.
montura de cartón 483.
montura de la hebilla 350.
montura del objetivo 477.
montura en herradura 17.
monumento 39.
moqueta 254.
moras 192.
morcilla 216.
morcillo 214.
mordaza 302, 303, 306, 307, 308, 310, 312, 317, 377.
mordaza curva 310.
mordaza fija 311, 312.
mordaza móvil 311, 312.
mordaza recta 310.
mordazas 312, 913.
mordente 435.
morfología de un bogavante 107.
morfología de un caballo 124.
morfología de un canguro 143.
morfología de un caracol 104.
morfología de un delfín 136.
morfología de un gato 133.
morfología de un gorila 139.
morfología de un murciélago 140.
morfología de un pájaro 115.
morfología de un perro 130.
morfología de un pulpo 106.
morfología de un tiburón 108.
morfología de un topo 121.
morfología de una abeja trabajadora 98.
morfología de una araña 103.
morfología de una concha bivalva 105.
morfología de una concha univalva 105.
morfología de una estrella de mar 95.
morfología de una mariposa 96.
morfología de una perca 108.
morfología de una rana 110.
morfología de una rata 122.
morfología de una serpiente venenosa: cabeza 112.
morfología de una tortuga 113.
morilla 183.
morillos 257.
morral 388.
morrena central 46.
morrena de fondo 46.
morrena frontal 46.
morrena lateral 46.
morrena terminal 46.
morrillo 298.
morro 624, 898.
morro abatible 629.
morsa 137.
mortadela 216.
mortero 298, 612, 753.
mortero del siglo XVII 752.
mortero moderno 756.
mosaico 406.
Mosca 11.
mosca 101, 862.
mosca artificial 909.
mosca central 862.
mosca de la línea de cuadro 862.
mosca superior 862.
mosca tsetsé 101.
mosquetón 835, 901, 911.
mosquetón curvo 900.
mosquetón de bloqueo 900.
mosquito 101.
mostaza 84.
mostaza alemana 200.
mostaza americana 200.
mostaza blanca 198.
mostaza de Dijon 200.
mostaza en grano 200.
mostaza en polvo 200.
mostaza inglesa 200.
mostaza negra 198.
mostrador 620.
mostrador carne de autoservicio 180.
mostrador carne fresca 180.
mostrador de autoservicio 722.
mostrador de devolución de libros 733.
mostrador de préstamo 733.
mostrador de quesos 181.
mostrador frigorífico 720.
mostrador, carne 180.
mostrador, quesos 181.
moto acuática 876.
moto cámara 870.
moto de cabeza 870.
moto de carreras y motociclista 874.
moto de motocross 875.
moto de rally 875.
moto de trial 875.
moto nieve 876.
moto, motociclista 874.
motocicleta 574, 874.
motocicleta : vista desde lo alto 576.
motocicleta de turismo 577.
motocicleta todo terreno 577.
motocicletas, ejemplos 577.
motocultor 327.
motor 18, 236, 237, 240, 261, 288, 292, 293, 294, 304, 307, 308, 320, 323, 327, 332, 384, 574, 639, 640, 643, 651, 758.
motor a reacción 60.
motor de arranque 332.
motor de aterrizaje 18.
motor de cuatro tiempos 564.
motor de elevación diésel 605.
motor de gasolina 553, 563, 566.
motor de la bomba 263.
motor de propulsión diésel 605.
motor del brazo actuador 521.
motor del cohete 24.
motor del disco 521.
motor del proyectil 759.
motor del tractor 638.
motor del ventilador 258, 261.
motor diesel 636, 637, 638, 639.
motor diésel 586.
motor eléctrico 259, 331, 332, 561, 563.
motor eléctrico de emergencia 763.
motor eléctrico principal 763.
motor fueraborda 607.
motor principal 23.
motor turbocompresor 564.
motor, bogie 585.
motores diésel 762.
motores, tipos 564.
movimiento diagonal 916.
movimiento en ángulo 916.
movimiento horizontal 916.
movimiento horizontal del suelo 43.
movimiento vertical 916.
movimiento vertical del suelo 43.
movimientos de un avión 630.
Mozambique 746.
Mozambique, Canal 34.
mozzarella 210.
mucosa olfatoria 175.
mueble bar 279.
muebles contenedores 278, 510.
muebles de oficina 510.
muebles de trabajo 511.
muebles infantiles 281.
muebles, ejemplos 741.
muela 308.
muela del juicio 159.
muelle 249, 596, 653, 708, 776, 823, 913.
muelle de carga 395, 713, 715, 716, 719, 724.
muelle para inflar y desinflar 904.
muerte 702.
muesca 348, 362, 698, 750, 859, 863.
muesca de apertura 905.
muescas 424.
muestra 458.
muestreador 450.
muflón 128.
muguete 80.
mujer 148.
mujer, guantes 346.
mujer, ropa 355.
mujer, sombreros 341.
mujer, zapatos 343.
mújol 220.
mula 128.
mules 343.
muleta de antebrazo 782.
muleta de sobaco 782.
multicasco 835.
multipack 223.
multiplicador 677.
mundo, climas 61.
mundo, lenguas 468.
muñeca 140, 147, 149, 156, 173.
muñequera 808, 822, 850, 880, 895.
Munster 211.
muralla 408, 409, 917.
murciélago 140.
murciélago hoja de lanza 141.
murciélago vampiro 141.
murciélago, morfología 140.
muro 7, 246, 852, 902, 917.
muro de abordaje 597.
muro de cimentación 252.
muro de encauzamiento 657.
muro de la Qibla 738.
muro de ladrillos 253, 298.
muro de llegada 830.
muro de nubes 63.
muro de piedras 298.
muro de rebote 819.
muro del ojo 63.
muro fortificado 738.
muro lateral 597.
musaraña 121.
músculo aductor anterior 105.
músculo aductor posterior 105.
músculo bulbocavernoso 169.
músculo erector del pelo 172.
músculo papilar 162.
músculo recto inferior 177.
músculo recto superior 177.
músculos 150.
músculos del manto 106.
muselina 231.
museo 394, 711.
museo, tienda 394.
muserola 854, 856, 858.
musgo 75.
musgo, estructura 75.
musgos, ejemplos 75.
música 432.
muslera 808.
muslo 115, 124, 130, 147, 149, 169, 170.
muslo, aductor 150.
muslo, recto interno 151.
musola 218.
mútulo 404.
Myanmar 747.

N

nabiza 187.
nabo 189.
nabo sueco 189.
nacimiento 702.
nacionalidad 825.
nadador, país 831.
nahualt 469.
nalga 147, 149, 169, 170.
Namibia 746.
Namibia, Desierto 34.
naos 403.
naranja 194, 400.
naranja amarillento 400.
naranja china 194.
naranja rojizo 400.
naranja, corte 82.
narciso 80.
narina 108, 110, 112, 115.
nariz 122, 148, 175, 894, 912.
nariz, aleta 175.
nariz, dorso 175.
nariz, ventana 175.
narval 137.
nasal 749.
nasofaringe 175.
nata 210.
nata agria 210.
nata de montar 210.
natación 788, 830.
Nauru 747.
navaja 217.
navaja de barbero 383.
navaja de injertar 330.
navaja jardinera 330.
navaja multiusos suiza 905.
navaja para entresacar 381.
navajo 469.
nave 41, 411.
nave central 738.
nave espacial 53.
nave lateral 411.
navegación, instrumentos 612.
navegador 524.
navicular 155, 156.
Nazca, Placa 43.
NEAR 19.
neblina 57, 65.
nebulosa planetaria 8.
neceser 388, 389.
necrológico 471.
nectarina 192.
nefridio 107.
negativo 485.
negativos, armario de secado 484.
negra 435, 919.
negras 916.
negrita 472.
negro 472, 690.
neodimio 684.
neón 684.
Nepal 747.
neptunio 684.
Neptuno 4, 5.
nervadura central 84.
nervadura principal 79.
nervadura secundaria 79.
nervio 96, 172, 426.
nervio abdominogenital mayor 166.
nervio abdominogenital menor 166.
nervio auditivo 174.
nervio central 75.
nervio ciático mayor 166.
nervio ciático menor 166.
nervio ciático poplíteo externo 166.
nervio ciático poplíteo interno 166.
nervio circunflejo 166.
nervio crural 166.
nervio cubital 166.
nervio de vela estay 602.
nervio diagonal 410.
nervio digital 166.
nervio espinal 167.
nervio femorocutáneo 166.
nervio glúteo 166.
nervio intercostal 166.
nervio mediano 166.
nervio musculocutáneo de la pierna 166.
nervio obturador 166.
nervio olfativo 109.
nervio olfatorio 175.
nervio óptico 177.
nervio radial 166.
nervio raquídeo 168.
nervio safeno externo 166.
nervio safeno interno 166.
nervio secundario 410.
nervio tibial anterior 166.
nervio transversal 410.
nervio vestibular 174.
nervios craneales 166.
nervioso, sistema 166.
netball 809.
neumático 551, 560, 570, 579, 870, 874.
neumático de capas al sesgo 561.
neumático de invierno 560.
neumático de lluvia 872.
neumático de rendimiento 560.
neumático de seco 872.
neumático de tacos 560, 577, 875.
neumático radial 561.
neumático radial con cinturones 561.
neumáticos de todas las estaciones 560.
neumáticos de turismo 560.
neumáticos, ejemplos 560.
neurona motora 168.
neurona sensorial 168.
neuronas, cadena 168.
neutrón 680.
neutrón incidente 681.
nevadas,medición 59.
nevera 548, 906.
neviza 46.
newton 702.
Nicaragua 742.
nicho de seguridad 543.
niebla 57, 65.
nieta 784.
nieto 784.
nietos 784.
nieve 64.
nieve ácida 70.
nieve fuerte continua 57.
nieve fuerte intermitente 57.
nieve ligera continua 57.
nieve ligera intermitente 57.
nieve moderada continua 57.
nieve moderada intermitente 57.
nieves perpetuas 45.
Nigeria 745.
Nilo 34.
nimbostrato 56.
nimbostratos 62.
niño, cráneo 158.
niños 785.
niños, ropa 369.
niobio 683.
níquel 683.
níspero 193.
Nissl, cuerpos 168.
nitrógeno 683.
nivel 650.
nivel de agua 241, 261.
nivel de aire 313.
nivel de equilibrio del agua 49.
nivel de la recepción 724.
nivel del agua 261, 288.
nivel del mar 42, 49, 53.
nivel del mar, presión barométrica 55.
nivel el agua, indicador 239.
nivel freático 47.
nivel inferior 597.
nivel superior 597.
nivelación principal 701.
nivelador 309.
nivelador de la alidada 701.
nivelador principal 701.
niveladora 639.
nivómetro 58, 59.
no blanquear con cloro 347.
no es idéntico a 703.
no es paralelo a 704.
no lavar 347.
no metales 683.
no pertenece a 703.
no planchar 347.
no secar en secadora mecánica 347.
nobelio 684.
nódulo 663.
nódulo de Ranvier 168.
nogal 88.
nombre de la estación 592.
nombre del dominio 524.
nombre del equipo 858.
nombre del gimnasta 825.
nombre del nadador 831.
nombre del periódico 471.
nombre del titular 729.
nombre moneda 729.
nonágono regular 705.
nonio 612, 698.
ñoquis 206.
Nor Noroeste 37.
Noreste 37.
noreste 616.
nori 183.
normal 472.
Noroeste 37.
noroeste 616.
Norte 37, 917.
norte 616.
Norte Noreste 37.
Noruega 744.
Noruega, Mar 32.
noruego 469.
notación del ajedrez 916.
notación musical 434.
notas musicales, valores 435.
nothosaurus 93.
noticias breves 471.
nova 8.
nube 53, 65.
nube alta, tipo 55.
nube baja, tipo 55.
nube de cenizas 44.
nube de Oort 4.
nube en forma de embudo 63.
nube media, tipo 55.
nubes 56, 62.
nubes altas 62.
nubes bajas 62.
nubes de desarrollo vertical 62.
nubes medias 62.
nubes, absorción 68.
nubosidad 56.
nuca 147, 149.
núcleo 6, 8, 9, 74, 94, 168, 170, 680, 867, 908, 912.
núcleo de arcilla 660.
núcleo del inducido 688.
núcleo del reactor 670, 671.
núcleo externo 42.
núcleo fisionable 681.
núcleo interno 42.
núcleo, escisión 681.
nucléolo 74, 94, 170.
núcleos radiactivos 681.
nudo 77, 687.
nudo de dos cotes 908.
nudo de guía 908.
nudo de pescador 908.
nudo de rizo 908.
nudo de tejedor 908.
nudo llano 908.
nudo viario 709.
nudos 908.
nuera 784.
Nueva Caledonia 29.
Nueva Zelanda 29, 747.
nuevas adquisiciones, expositor 733.
nuevo shekel 728.
nuez 146, 193, 685, 750.
nuez de cola 193.
nuez de ginkgo 193.

nuez de macadamia 193.
nuez del Brasil 193.
nuez moscada 198.
nuez moscada, rallador 230.
nuez verde 84.
nuez, corte 84.
nuez, pinzas 685.
número 919.
número 1 858.
número 2 858.
número 3 858.
número 4 858.
número atómico 682.
número de calle 893.
número de decimales 529.
número de habitación 724.
número de identificación personal (PIN), teclado 731.
número de la autopista 39.
número de la bomba 548.
número de la carretera 39.
número de la escena 429.
número de la tarjeta 729.
número de pista 501.
número de salida 857.
número de serie 729.
número de tarjeta 731.
número del consumidor 273.
número del jugador 810, 878.
número dorsal 791.
números romanos 703.
nutria de río 134.

O

oasis 48, 52.
obenque 602, 834.
Oberón 5.
obi 845, 846.
obispillo 115.
objetivo 14, 476, 477, 478, 479, 483, 501, 517, 518, 692, 693.
objetivo gran angular 478.
objetivo macro 478.
objetivo normal 478.
objetivo ojo de pez 478.
objetivo zoom 478, 496.
objetivos 478.
objeto 691.
oblicuo mayor del abdomen 150, 151.
oboe 446.
oboes 437.
obra muerta 835.
obras 545, 547.
obrera 99.
observación astronómica 10.
observación, puesto 17.
observatorio 17.
observatorio astronómico 17.
observatorio astronómico, sección transversal 17.
obstáculo 916.
obstáculos 852, 875.
obturador 513, 521, 901.
obturador de la cúpula 17.
obturador de plano focal 476, 477.
obturador para la circulación del aire 675.
obús moderno 756.
oca 120, 213.
occidental 815.
occipital 151, 153.
Oceanía 28, 29, 747.
océano 7, 38, 67.
Océano Atlántico 28, 29, 32, 34.
Océano Glacial Ártico 28.
Océano Índico 28, 29, 33, 34.
Océano Pacífico 28, 29, 33.
ocelo 97, 99.
ocho con timonel 839.
ocio al aire libre 902.
octaedro regular 705.
octágono regular 705.
Octante 10.
octava 434, 849.
ocular 14, 15, 477, 479, 496, 692, 693.
ocular acodado 14.
odómetro 557, 700.
Oeste 37, 917.
oeste 616.
Oeste Noroeste 37.
Oeste Suroeste 37.
office 250.
oficial del banco de los penaltis 879.
oficiales 846.
oficina 509, 548, 582, 720, 726.
oficina administrativa 764, 769.
oficina de admisión de los detenidos 726.
oficina de Correos 711.
oficina de correos 474, 475, 715.
oficina de formación profesional 730.
oficina de los organizadores 719.
oficina de objetos perdidos 725.
oficina de quejas 768.
oficina de recepción de visitantes 726.
oficina de reservas de hotel 620.
oficina de urgencias 778.
oficina del gerente 509.
oficina del puerto 596.
oficina, muebles 510.
oficinas administrativas 718.
oficios 452.
Ofiuco 11, 13.
oftalmología 779.
ohm 702.
ohmnio 702.
oído 173, 439.
oído interno 174.
oído medio 174.
oído, estructura 174.
ojal 352, 387, 461, 881.
ojera 496.
ojete 284, 342, 350, 371, 911.
ojete para la correa 477.
ojete para la correa del cuello 476.
ojiva 759.
ojival 413.
ojo 63, 103, 104, 106, 107, 112, 113, 121, 133, 136, 148, 177, 301, 382, 453, 454, 855, 900.
ojo compuesto 96, 98, 99.
ojo de buey 608.
ojos, maquillaje 378.
okapi 128.
ola 49.
olécrano 126, 153.
óleo 397.
oleo ducto 654.
óleo, pintura 396.
oleoducto 654.
oleoducto de exportación 652.
oleoducto de superficie 654.
oleoducto para crudo 654.
oleoducto submarino 654.
olfato 174.
oliva, aceite 209.
olla 235.
olla a presión 234.
olla para cuscús 235.
Omán 746.
Omán, Golfo 33.
ombligo 46, 146, 148.
ombligo inferior 115.
ombligo superior 115.
omoplato 126, 131, 136, 141, 142, 147, 149, 152, 153.
omóplato 116.
onda 690.
onda de choque 651, 653.
onda radioeléctrica 16.
onda sísmica 43.
onda, longitud 690.
ondas hertzianas, transmisión 486.
ondas radio 690.
ondas ultrasónicas, emisión 41.
Oort, nube 4.
ópalo 375.
opera 710.
operación rápida 501.
operación, teclas 730, 731.
operaciones básicas 529.
operaciones específicas 529.
operador de cámara 428.
operador de jirafa 429.
operador del reloj de 30 segundos 810.
operador del tablero de luces 490.
operador técnico de video 489, 490.
opérculo 108, 111.
opilión 102.
opistodomo 403.
oposum 143.
óptica 715.
orangután 139.
orbicular 79.
orbicular de los párpados 150.
órbita 112, 116, 131, 136, 138, 142.
órbita de los satélites 60.
órbita geoestacionaria 60.
órbita lunar 6, 7.
órbita polar 60.
órbita polar, satélite 60.
órbita terrestre 6, 7.
orbitador 22, 23.
orca 137.
orden corintio 405.
orden de llegada 831.
orden dórico 404.
orden jónico 404.
ordenador 734.
ordenador portátil 526.
ordenador de a bordo 556.
ordenador de bolsillo 527.
ordenador de bordo 771.
ordenador de gestión de vuelo 626.
ordenador de vuelo 626.
ordenador personal 513.
ordenador portátil 523.
ordenador portátil, maletín 527.
ordenador portátil: vista frontal 526.
ordenador portátil: vista posterior 526.
ordenador: vista frontal 513.
ordenador: vista interna 513.
ordenador: vista posterior 513.
Ordovícico 92.
orégano 202.
oreja 133, 140, 146, 174, 342.
oreja de Judas 183.
oreja de mar 217.
oreja, pabellón 122.
orejera 340.
orellana 183.
organismo cultural 525.
organismo de salud 525.
organismos simples 94.
organización gubernamental 525.
órgano 444.
órgano, mecanismo 445.
órganos genitales femeninos 170.
órganos genitales masculinos 169.
órganos sensoriales 172.
orientación de la cuchilla, cilindro 639.
oriental 815.
orificio 470.
orificio central 500.
orificio de carga 757.
orificio de entrada de aire 320.
orificio de escape 649.
orificio de la bolsa copuladora 97.
orificio del pie 444.
orificio excretor 104.
orificio genital 104.
orificio nasal 124.
oriflama 739.
origen de las especies 92.
orilla 664.
orillo 455.
Orión 11, 12.
orla 337.
orla de púrpura 336.
orla decorativa 368.
ornamento de proa 600.
oro 683, 741.
oronja 183.
orquesta 402.
orquesta sinfónica 437.
orquídea 80.
ortiga 187.
ortocerátido 92.
oruga 97, 636, 758.
oruga de polilla 102.
orza de popa 836.
orza de quilla 834, 836.
orzada 833.
Osa Mayor 13.
Osa Menor 12.
oscilación 630.
osciloscopio de control de las formas de onda 491.
ósculo 95.
oscuridad 617.
osmio 683.
oso negro 135.
oso polar 135.
osoto-gari (gran siega) exterior 844.
osteón 154.
ostra 217.
ostrero 118.
otaria 137.
otolito 109.
otoño 54.
otorrinolaringología 779.
ovario 80, 97, 103, 170, 171.
oveja 128.
oviducto 97, 103, 113.
ovotestis 104.
óvulo 80, 170.
óxer de barras 852, 853.
óxido de nitrógeno, emisión 70.
oxígeno 683.
oxígeno, producción 78.

P

pabellón 374, 446, 447, 710.
pabellón auricular 173, 174.
pabellón de la oreja 122, 143.
pabellón de la trompa de Falopio 171.
pacana 193.
paciente 780.
Pacífico, Placa 43.
Pacini, corpúsculo de 172.
padre 784, 785.
padres 784, 785.
página adelante 515.
página atrás 515.
pago electrónico, terminal 731.
pagoda 412.
país 37.
país del nadador 831.
Países Bajos 743.
paja, empacadora 642.
pajarita 349.
pájaro carpintero 118.
pájaro, anatomía 116.
pájaro, esqueleto 116.
pájaro, morfología 115.
pájaros, ejemplos 118.
pajita 223.
pak-choi 186.
Pakistán 746.
pala 257, 326, 376, 636, 639, 756, 798, 800, 815, 838, 888, 901, 913.
pala de timón 606.
pala del rotor 631.
pala del stick 880.
pala del timón 834.
pala del ventilador de sustentación 605.
pala hidráulica 638.
pala mecánica 647.
pala plegable 906.
palacio de Congresos 711.
palacio de congresos 718.
Palacio de Justicia 710.
palacio de los deportes 788.
paladar, velo 175.
paladio 683.
palanca 238, 268, 270, 301, 377, 381, 446, 686, 912, 920.
palanca conmutadora de puntos 456.
palanca corrediza de selección de diapositivas 483.
palanca de accionamiento de la recámara 756.
palanca de accionamiento del freno de mano 587.
palanca de aflojar el papel 528.
palanca de alimentador de oxígeno 898.
palanca de armar 757.
palanca de arranque 331.
palanca de avance /marcha atrás 327.
palanca de bloqueo 309.
palanca de bloqueo de la altura 14, 15.
palanca de bloqueo del acimut 14, 15.
palanca de cambio 552.
palanca de cambio de velocidades 556, 575.
palanca de cierre 294, 587.
palanca de compensación 460.
palanca de control 649.
palanca de dirección 633.
palanca de enclavamiento 312.
palanca de espaciamiento de los discos 643.
palanca de fijación del venturi 757.
palanca de freno 626.
palanca de inclinación 898.
palanca de la cisterna 265.
palanca de la cuchilla 424.
palanca de la cuña 309.
palanca de levantamiento del tablero de corte 333.
palanca de los alerones de hipersustentación 626.
palanca de luces e intermitentes 556.
palanca de mando 631, 898.
palanca de maniobra 632, 633.
palanca de maniobra de la aguja 590.
palanca de perforación 240.
palanca de presión 423.
palanca de regulación de altura 289.
palanca de seguridad 332.
palanca de velocidad 577.
palanca de vibración 441.
palanca de viraje 898.
palanca del apagador 443.
palanca del cambio de velocidades 579, 580.
palanca del cerrojo 755.
palanca del cucharón 637.
palanca del deslizador 555.
palanca del embrague 327, 574, 576.
palanca del freno 579, 870, 876.
palanca del freno delantero 576.
palanca del tapón 265.
palanca del tren de aterrizaje delantero 626.
palanca estabilizadora 783.
palanca para graduar la altura 641, 642.
palanca para liberar el sujetapapel 528.
palanca retráctil de la guarda móvil 304.
palanca rotativa 516.
palanca tensora 452.
palancas 852.
palatino 112, 123.
Palau 747.
palco 431.
palé 632.
palé con alas 632.
palé de caja 632.
palé de plataforma doble 632.
palé de plataforma sencilla 632.
palés 632.
paleta 214, 233, 659, 815, 913.
paleta con huecos para pintura 398.
paleta con tarrito 398.
paleta de albañil 315.
paleta de la rueda 664.
paleta de la turbina 659.
paleta de relleno 315.
paleta del rodete 659.
paletas de la turbina 659.
paletas del compresor 627.
paletas del escape 627.
paletilla 130, 215.
palillo 390, 448.
palla 336.
palma 121, 127, 173, 346, 797, 841.
palma de un guante 346.
palmar 52.
palmar mayor 150.
palmar menor 150.
palmeada 79.
palmera 88.
palmeta 276.
palo 295, 740, 868.
palo de la tienda 903.
palo de mesana 600, 602.
palo de proa 607.
palo de trinquete 600, 602.
palo del jugador 880.
palo del portero 880.
palo del radar 606.
palo macho 602.
palo mayor 600, 602.
palo, 600.
Paloma 11.
paloma 120.
palpo 105.
palpo labial 96, 99.
pamela 341.
pan 204, 722.
pan ácimo 205.
pan alemán de centeno 205.
pan americano de maíz 205.
pan blanco 205.
pan campesino 205.
pan danés de centeno 205.
pan de centeno negro 204.
pan de flor 205.
pan de pita 205.
pan espiga 204.
pan griego 204.
pan indio chapatí 205.
pan indio naan 205.
pan integral 205.
pan irlandés 205.
pan judío hallah 205.
pan multicereales 205.
pan negro ruso 205.
pan, molde 239.
panadería 181, 715.
panal 100.
pañal 368.
panal, corte 100.
Panamá 742.
panamá 340.
Panamá, Golfo 31.
Panamá, Istmo 30.
panceta 216.
páncreas 110, 116, 164.
pandereta 449.
panel 511.
panel absorbente de frecuencias bajas 490.
panel de acceso 258, 266.
panel de cierre 513.
panel de conexión 518.
panel de conexión del video 489.

panel de conexiones eléctricas 489.
panel de control 292, 293, 294, 489, 518.
panel de controles 476.
panel de la puerta 554.
panel de la vela 834.
panel de mandos 238, 239, 290, 293.
panel de monitores 490, 491.
panel de publicidad 592.
panel de separación 389.
panel de yeso 299.
panel del display 496.
panel fotovoltaico 615.
panel frontal 571.
panel indicador 793.
panel lateral 571, 635.
panel protector 783.
panel radiador 23.
panel solar 17, 18, 40, 60, 486.
paneles de comunicación 626.
paneles fotovoltaicos 21.
paño lateral 352.
pantalla 257, 275, 286, 483, 494, 526, 528, 529, 530, 613, 724, 730, 799, 918.
pantalla de alarma de motor y tripulación 626.
pantalla de control 694.
pantalla de los sistemas 626.
pantalla de navegación 626.
pantalla de protección 794.
pantalla de proyección 427, 483.
pantalla del contador de pasadas 456.
pantalla plana 518.
pantalla principal de vuelo 626.
pantalla tácti 496.
pantalla táctil 477, 527.
pantalla, tubo 494.
pantalón 791, 796, 808, 844, 850, 878, 901.
pantalón corto 358, 369.
pantalón de boxeo 371.
pantalón de peto 368.
pantalones 350, 371, 716, 748, 802, 875.
pantalones acampanados 358.
pantalones conpeto 358.
pantalones cortos 801, 805, 810.
pantalones de boxeo 842.
pantalones de chándal 370.
pantalones de montar 853.
pantalones de peto 369.
pantalones de tubo 358.
pantalones elásticos 870.
pantalones, ejemplos 358.
pantógrafo 585, 595.
pantorrilla 147, 149.
pantufla 344.
panty 365.
pañuelo de bolsillo 348.
papaya 197.
papel 390, 400, 420.
papel celofán 222.
papel corrector 534.
papel de aluminio 222.
papel de fumar 390.
papel de reserva 512.
papel encerado 222.
papel para el horno 222.
papel secante 531.
papelera 535.
papelería 717.
papila 172.
papila filiforme 176.
papila foliada 176.
papila fungiforme 176.
papila gustativa 176.
papila lingual 176.
papila óptica 177.
papila renal 165.
papilla circunvalada 176.
Papua Nueva Guinea 29, 747.
paquete 223.
paquete de cigarrillos 390.
paquete de placas fotográficas 481.
paquete postal 475.
par 253, 919.
parábola 493.
parabrisas 550, 570, 574, 577, 607, 624, 626, 628, 876.
paracaídas 417, 760, 896.
paracaídas auxiliar 22.
paracaídas de reserva 896.
paracaídas piloto 896.
paracaídas principal 896.
paracaidismo en caída libre 896.
paracaidista 896.
parachoques 570, 571, 577, 876.
parachoques anterior 885.
parachoques posterior 577, 885.
parada de autobús 712.
parafinas 656.
paraguas 391.
paraguas de bastón 391.
paraguas plegable 391.
Paraguay 742.
paragüero 391.
paralelepípedo 705.
paralelo 36.
paralelogramo 705.
paramecio 94.
paramento de aguas contenidas 661.
paramento de aguas corrientes 661.
Paraná, Río 31.
parapente 897.
parapentista 897.
parapeto 409, 540.
parapeto contra olas 660.
pararrayos 245, 658, 663, 677.
parasol 14, 556, 558, 567, 612.
parche 449.
parche inferior 448.
parche superior 448.
pardillo 118.
pared 127, 650.
pared celular 74.
pared de hormigón 675.
pared de Trombe 675.
pared de viraje 831, 832.
pared frontal 819.
pared lateral 127, 607, 818, 819, 831.
pared transversal de contención 606.
pared trasera 818.
pareja 881.
paréntesis 473.
pareo 339.
parietal 112, 122, 153.
paripinnada 79.
parka 353.
Parmesano 211.
párpado 113.
párpado inferior 110, 132, 177.
párpado interno 132.
párpado superior 110, 132, 177.
párpados, orbicular 150.
parque 39, 711.
parqué 254.
parqué alternado a la inglesa 254.
parqué Arenberg 254.
parqué Chantilly 254.
parque de bomberos 711, 764.
parqué de cestería 254.
parque de estacionamiento 619.
parqué de mosaico 254.
parqué en punta de Hungría 254.
parqué espinapez 254.
parque nacional 39.
parqué sobre base de cemento 254.
parqué sobrepuesto 254.
parqué Versalles 254.
parqué, tipos 254.
parrilla 238, 290.
parrilla de salida 872, 875.
parrilla eléctrica 239.
parrilla estabilizadora 903.
parrilla plegable 907.
parte plana 457.
parte superior 321.
parteluz 249, 411.
partes 276, 277, 280.
partes de círculo 704.
partes de un anillo 376.
partes de un hueso largo 155.
partes de un zapato 342.
partes de una bandera 739.
partes de una bicicleta 578.
partes de una embarcación 838.
partes del arma 849.
particiones, ejemplos 740.
partido 919.
pasa (19 a 36) 919.
pasadizo ascendente 402.
pasadizo descendente 402.
pasador 248, 249, 350, 380, 906.
pasahilos 456.
pasaje subterráneo 583.
pasajeros, avión turborreactor 624.
pasajeros, terminal 620.
pasajeros, vagones 584.
pasamano 569, 607.
pasamanos 255, 417.
pasamontañas 341, 872.
pasapuré 233.
pasarela 408, 430, 523, 583, 606.
pasarela superior 593.
pasarela telescópico 619.
pasaverduras 230.
pascal 702.
paseo 322.
pasillo 180.
pasillo central 584.
pasillo de dobles 820.
pasillo de enlace 584.
pasillo de individuales 821.
pasillo de seguridad 728.
paso 45, 124.
paso a nivel 545, 547, 583, 591.
paso alternativo 892.
Paso de Drake 29, 31.
paso de la energía hacia la red de transmisión 662.
paso de patinador 892.
paso de peatones 545, 547, 712.
paso de popa a proa 607.
paso elevado 540.
paso inferior 540.
pasta 206.
pasta de hojaldre 205.
pasta won ton 207.
pastel 396.
pastel al óleo 396.
pastel al óleo, pintura 396.
pastel blando, pintura 396.
pastelería 715.
pastelería, bandeja 232.
pastelería, mezclador 232.
pastilla 783.
pastilla de combustible 667.
pastilla de fricción 559.
pastillas de acuarela 397.
pastillas de guaches 397.
pastor alemán 130.
pata 113, 143, 275, 277, 278, 280, 281, 323, 448, 461, 823, 900, 910.
pata anal 97.
pata anterior 121.
pata curvada 276.
pata de ajuste de altura 483.
pata de gallo 459.
pata de la mesa 815.
pata de locomoción 103.
pata delantera 96, 98, 110, 143, 277.
pata delantera (superficie exterior) 98.
pata delantera del perro 130.
pata lobulada, dedo 117.
pata media 96, 98.
pata media (superficie exterior) 98.
pata móvil 278.
pata palmípeda, dedo 117.
pata posterior 121, 143.
pata principal 663.
pata telescópica 482, 776.
pata torácica 97.
pata trasera 96, 98, 110, 277.
pata trasera (superficie interior) 98.
pata ventosa 97.
patada de crol 832.
patada de mariposa 832.
patada de rana 832.
Patagonia 31.
patas de ganso 899.
patas, ejemplos 117.
patata 184.
pátera 276.
Pathfinder 19.
patilla 385.
patín 880, 884.
patín de aterrizaje 631.
patín de cola 631.
patín de deslizamiento 590.
patín de los accesorios 476.
patín de oruga 758.
patín de pista corta 883.
patín de pista larga 883.
patín de retroceso 756.
patín del portero 880.
patín delantero 884.
patín en línea 895.
patín en línea de hockey 895.
patín en línea, 895.
patín móvil 885.
patín para figuras 881.
patín trasero 884.
patinador 882, 895.
patinaje acrobático 895.
patinaje artístico 881.
patinaje artístico, cuchilla 881.
patinaje de velocidad 882.
patinaje en línea 895.
patinaje sobre hielo, pista 881.
patinaje, pista 886.
patines de carreras 883.
patio 322, 727, 735, 738.
patio de armas 408, 409.
patio de butacas 431.
patio de tanques 654.
pato 120, 213.
patrón 455.
patrón de prueba 492.
patrulla de primeros auxilios y puesto de socorro 886.
pausa 515.
pausa /imagen fija 495.
pauta A 436.
pavimento 538.
pavimento deslizante 545, 547.
Pavo 10.
pavo 120, 213.
pavo real 119.
PC 522, 523.
PC 524.
PC, 522.
peatones, semáforo 712.
pécari 128.
peces 108.
pecho 124, 146.
pechuga 115.
peciolo 76, 79.
Pecorino romano 211.
pectoral 808, 851.
pectoral mayor 150.
pedal 440, 448, 460, 578, 580, 851, 870.
pedal automático 870.
pedal crescendo 444.
pedal de ajuste 399.
pedal de cambio de velocidades 576.
pedal de expresión 444.
pedal de la sordina 442.
pedal de los bajos 451.
pedal de los frenos 556.
pedal de marcha adelante 333.
pedal de marcha atrás 333.
pedal de velocidad 452.
pedal del acelerador 556.
pedal del embrague 556.
pedal del freno 333, 460, 552, 559.
pedal del freno trasero 576.
pedal del timón de mando 898.
pedal delantero 575, 576.
pedal eléctrico 452.
pedal fuerte 442, 451.
pedal plano 870.
pedal suave 442.
pedal trasero 575, 576.
pedalero 444.
pedernal 318, 752.
pedestal 286, 307, 440, 791.
pedestal de la cámara 492.
pedio 150.
pedipalpo 103.
pedúnculo 75, 80, 81, 82, 83, 86.
Pegaso 12.
peinado 380.
peinazo 278.
peinazo de la cerradura 247.
peinazo inferior 277, 278.
peinazo superior 277, 278.
peine 417, 460.
peine afro 380.
peine combinado 380.
peine de cardar 380.
peine de iluminación 429.
peine de mango 380.
peine de peluquero 380.
peine de polen 98.
peine de tapicería 461.
peine para desenredar 380.
peine y cuchilla 383.
peines 380.
pelacables 317.
pelaje 121, 122, 133, 139, 143.
pelapatatas 229.
peldaño 255, 321, 417, 640, 847.
peldaño de arranque 255.
peldaño inferior 587.
peldaño posterior 766, 775.
pelele 369.
pelele de dos piezas 368.
peletería 714.
pelícano 119.
película 477.
película de disco 481.
película plástica, condensador 689.
película termosaldada 223.
películas 481.
peligro 616.
pelillo 909.
pelo 147, 149, 172, 254.
pelo de maíz 85.
pelos absorbentes 77.
pelos absorbentes, zona 87.
pelos radicales 77.
pelota 815, 823, 858.
pelota de cricket 798.
pelota de entrenamiento 819.
pelota de golf 867.
pelota de hockey 800.
pelota de raquetball 818.
pelota de softball 797.
pelota de softball, corte 797.
pelota de tenis 822.
pelota de torneo 819.
pelotas de squash 819.
pelotón 870.
pelotón de cabeza 870.
peltada 79.
Pelton, turbina 659.
peluquería 714.
peluquero 428.
peluquero, tijeras 382.
pelvis 121, 126, 138, 141, 142.
pelvis renal 165.
pelvis vestigial 136.
penacho 115, 748.
penacho de plumas 817.
penalizaciones 789.
pendiente 374.
pendientes 374.
pendientes de aro 374.
pendientes de clip 374.
pendientes de espiga 374.
pendientes de tornillo 374.
pendolón 253.
pendón 739.
péndulo 436, 697.
péndulo, reloj 697.
pene 104, 146, 169.
península 38.
Península Antártica 29.
Península de Arabia 33.
Península de Corea 33.
Península de Kamchatka 33.
Península de Kola 32.
Península de los Balcanes 32.
Península del Yucatán 30.
Península Escandinava 32.
Península Ibérica 32.
pentágono regular 705.
pentagrama 434.
peón 916.
pepinillo 188.
pepino 188.
pepino amargo 188.
pepino dulce 197.
pepino sin pepitas 188.
pepita 82, 83.
peplo 336.
pepperoni 216.
pequeños electrodomésticos 717.
pera 193.
pera asiática 197.
pera de goma 776, 777.
pera de maíz 842.
peraltado 413.
perca 220.
perca, anatomía 109.
perca, morfología 108.
percha 877.
perchero 510.
perchero de pared 510.
perchero de pie 510.
percoladora 241.
percoladoras 723.
percusión, instrumentos 437, 448.
percusor 861.
percutor 754, 757, 912.
pérdida de calor 68.
perdiz 118.
perejil 202.
perfil del suelo 78.
perfil, suelo 78.
perforación 371.
perforación marina 653.
perforación, torre 651.
perforaciones 342, 346.
perforadora 533.
perforadora con empujador neumático 648.
perfumería 181, 714.
perfumes 717.
pérgola 322.
pericardio 163.
pericarpio 82, 84.
perifollo 202.
perilla 304, 307.
perilla de registro 445.
periódico 471.
periódico, nombre 471.
periódicos 733.
periodo 617.
periostio 154.
periscopio de ataque 763.
periscopio de navegación 763.
peristilo 403, 406.

peristoma 94.
peritoneo 169, 170.
Pérmico 92.
perno 248, 310, 311, 312.
perno con collarín 311.
perno de acoplamiento 659.
perno de articulación del cucharón 637.
perno de expansión 302.
perno de fijación 559.
perno de la bisagra 638.
perno de la eclisa 590.
perno difusor 329.
perno maestro 571.
perno para falso plafón 302.
pernos 311.
peroné 126, 131, 138, 141, 142, 152, 155, 156.
peroneo corto 151.
peroneo largo 150.
peróxido 777.
peroxisoma 94.
perpendicular 704.
perro 130, 913.
perro, esqueleto 131.
perro, morfología 130.
perro, pata delantera 130.
perros, razas 130.
persa 132, 469.
Perseo 12.
persiana enrollable 285.
persiana enrollable automática 285.
persiana veneciana 285.
persianas enrollables 285.
persianas romana 285.
personal de la seguridad 837.
personal suplementario de producción 490.
personal, entrada 720.
personal, guardarropa 720.
pertenece a 703.
pértiga 792.
pértiga de inclinación 285.
pértiga, saltador 792.
Perú 742.
pesa 697, 698.
pesa corrediza 698.
pesas 850, 851.
pesas para muñecas y tobillos 850.
pesca 909.
pesca con mosca 909.
pesca de lanzado 910.
pescadilla 221.
pescado 181.
pescado cartilaginoso 218.
pescado óseo 219.
pescante 602, 606, 634, 635.
pescuezo 868.
peso 630, 699, 728, 793.
peso corredizo 436.
peso, medición 698.
pespunte 346, 350, 368, 459.
pespunteada 357.
pespunteado 370.
pestaña 127, 177, 355, 455.
pestaña de arrojo 776.
pestaña de la llanta 560.
pestañas 132.
pesticida 69, 70.
pestillo 248, 249.
pestillo de ingletes 303, 304.
pétalo 80.
petanca 864.
petición del sistema 515.
petifoque 603.
petirrojo 118.
peto 337, 368, 369, 749, 796, 800, 808.
peto del portero 880.
peto metálico 848.
petral 853, 857.
Petri, cápsula 685.
petróleo 651, 656.
petróleo crudo 656.
petrolero 596, 606.
Pez Austral 10.
pez cartilaginoso 108.
pez de San Pedro 221.
pez espada 219.
pez óseo 108.
Pez Volador 11.
pezón 146, 148, 171.
pezuña de cuatro pesuños 127.
pezuña de dos pesuños 127.
pezuña de tres pesuños 127.
pezuña de un pesuño 127.
pezuñas, ejemplos 127.
pi 704.
piamadre 167.
piano 437.
piano cuarto de cola 443.
piano de cola de concierto 443.
piano de media cola 443.
piano electrónico 451.
piano vertical 442.
piano vertical, mecanismo 443.
pica 123, 767.
picadero 856.
picadora de carne 230.
picardía 364.
píccolo 437, 446.
pícea 89.
pichi 356.
pichón 212.
pickguard 441.
pico 45, 106, 115, 327, 901.
pico de loro 610.
pico de rey 700.
pico muesca 455.
picos, ejemplos 117.
pictogramas 514.
pie 76, 104, 105, 139, 140, 143, 146, 147, 148, 149, 236, 274, 368, 440, 444, 693, 909, 910.
pie ajustable 292, 293, 294.
pie ambulacral 95.
pie de apoyo 641.
pie de foto 471.
pie de la cama 280.
pie de la torre 663.
pie de montura 482.
pie de voluta 276.
pie del electrodo 275.
pie del talud 660.
pie derecho 252, 411.
pie, arteria dorsal 160.
pie, dedo 146, 148.
pie, huesos 155.
pie, interóseos 150.
piedra 298, 376.
piedra al aceite 422.
piedra blanca 916.
Piedra Coyolxauhqui 412.
piedra de afilar 229.
piedra de curling 877.
piedra de sacrificio 412.
piedra litográfica 423.
piedra negra 916.
piedra tallada 298.
piedras preciosas 375.
piedras preciosas, tallas 375.
piedras semipreciosas 375.
piel 81, 82, 83, 168, 172, 433.
piel armónica 433.
piel de gamuza 377.
piel para encuadernar 425.
pierna 124, 139, 147, 149, 156, 351.
pierna de cordero 215.
pierna elástica 351.
pies de gato 900.
pieza 917.
pieza de talón 892.
piezas 916.
piezas honorables, ejemplos 740.
pigostilo 116.
pijama 364, 369.
pijama de una pieza 351.
pijamas de hombre 717.
pila 482, 563, 687, 765.
pila alcalina de manganeso-zinc 689.
pila bautismal 737.
pila de agua bendita 737.
pila de carbón-cinc 689.
pila recargable 496.
pilar 43, 410, 412, 540, 650.
pilar anterior del velo del paladar 174.
pilar derecho 804.
pilar izquierdo 804.
pilas secas 689.
pilastra corintia 407.
pilón 540.
pilón de los tirantes 541.
pilón del turborreactor 625.
pilón guía 542.
piloto 238, 240, 241, 288, 290, 294, 465, 872, 897.
pimentero 226.
pimentón, 199.
pimienta blanca 198.
pimienta de cayena 199.
pimienta de Jamaica 198.
pimienta molida 199.
pimienta negra 198.
pimienta rosa 198.
pimienta verde 198.
pimiento dulce amarillo 188.
pimiento dulce rojo 188.
pimiento dulce verde 188.
piña 89, 196.
pinacocito 95.
pináculo 408, 410, 411.
pinatífida 79.
pincel 397, 470.
pincel de esponja sintética 378.
pincel de repostería 232.
pincel para labios 378.
pincel plano 397.
pinchador 534.
pinche de cocina 721.
pingüino 119.
pinna 76.
pino piñonero 89.
piñón 89, 193, 307, 697.
piñón la rueda de la película 476.
piñón libre 580.
piñón simple 871.
piñon, cremallera, engranaje 686.
pintada 120, 212.
pintalabios 378.
pintura 395, 396.
pintura al óleo 396.
pintura al pastel al óleo 396.
pintura al pastel blando 396.
pintura con rotuladores 396.
pinza 96, 107, 350, 352, 381, 422, 470, 506, 534, 700.
pinza de cinturón 505.
pinza de conexión a tierra 318.
pinza del electrodo 318.
pinza negra 558.
pinza para el cabello 380.
pinza para rizar 380.
pinza roja 558.
pinza sujeta muestras 693.
pinza tibiotarsiana 98.
pinzas 233, 455, 777.
pinzas con nuez 685.
pinzas multiuso 317.
pinzas para caracoles 233.
pinzas para depilar cejas 377.
pinzas para espagueti 233.
pinzas pelacables 317.
pinzas universales 310.
pinzas verticales 455.
pinzón 118.
piojo 101.
piolet 901.
Pioneer 19.
pipa 390.
pipa, accesorios 390.
pipa, corte transversal 390.
pipeta 685.
piragua monóxilo 599.
piramidal 154.
pirámide 402, 705.
pirámide, entrad 402.
piranómetro 58.
pirata 358.
Pirineos 32.
piruetas, ejemplos 881.
pisacorbatas 376.
piscina 246, 608, 675, 788, 827, 831.
piscina de inmersión 788.
piscina elevada 246.
piscina enterrada 246.
piscina olímpica 831.
Piscis 12.
pisiforme 154.
piso 257, 676, 818, 819, 894.
piso cosido 902, 903.
piso de operaciones 664.
piso superior 569.
pisón 390.
pisos de madera 254.
pista 788, 790, 819, 864, 866, 872, 874, 878, 883, 885, 891.
pista : saltos 890.
pista corta 882, 883.
pista de aterrizaje 761, 890.
pista de aterrizaje y despegue 620.
pista de atletismo 788.
pista de bolos 865.
pista de competición 855.
pista de competición : half-pipe 887.
pista de competición, half-pipe 887.
pista de deceleración 885, 891.
pista de despegue 890.
pista de enlace 618.
pista de esgrima 848.
pista de esquí alpino 886.
pista de estacionamiento 618.
pista de fondo 886.
pista de frenado 891.
pista de juego 864.
pista de lanzamiento 793.
pista de patinaje 886.
pista de patinaje sobre hielo 881.
pista de rodaje 618.
pista de salida 891.
pista de salto 791, 792.
pista de velocidad 891.
pista hípica 788.
pista larga 882.
pista para avanzados 886.
pista para expertos 886.
pista para intermedios 886.
pista para principiantes 886.
pista para salto de obstáculos 852.
pistacho 193.
pistas de carreras 824.
pistilo 80.
pistola 315, 754, 770.
pistola de 8 mm 861.
pistola de aire comprimido 861.
pistola de calor 320.
pistola de pintar 320.
pistola de salida 790.
pistola del surtidor 548.
pistola para calafateo 315.
pistola para soldar 318.
pistola pulverizadora 329.
pistolera 770.
pistolete 754, 755.
pistón 447, 559, 564, 566.
pit 501.
pit stop 873.
pitón 114, 900.
pitón de expansión 900.
pitón de hielo 901.
pitorro 241, 295.
pívot 811.
pivote 317, 382, 398, 436, 454, 500, 612, 686, 793, 814, 882, 883, 889, 907.
pivote de la rótula 587.
pivote móvil 310.
pizarra 734.
placa 224, 268, 270, 482.
placa africana 43.
placa antártica 43.
placa antifricción 889.
placa base 58, 889.
placa blindada 758.
placa calcárea 105.
placa calientaplatos 721.
placa corrediza (cubrecanilla) 453.
placa corrediza de la canilla 452.
placa costal 113.
placa de absorción 672.
placa de advertencias 306.
placa de agujas 456.
placa de apoyo 756.
placa de asiento 590.
placa de base 452.
placa de circuito impreso 689.
placa de cobre 422.
placa de cocción 239.
placa de cocina 722.
placa de Cocos 43.
placa de Escocia 43.
placa de especificaciones 306.
placa de fijación 701.
placa de Filipinas 43.
placa de freno 889.
placa de hielo 64.
placa de identificación 376, 770.
placa de instalación 275.
placa de la aguja 452.
placa de la culata 756.
placa de Nazca 43.
placa de número 875.
placa de presión 476.
placa del Caribe 43.
placa del interruptor 274.
placa del Pacífico 43.
placa eléctrica 290.
placa espigadora 643.
placa euroasiática 43.
placa indicadora 273.
placa indoaustraliana 43.
placa madrepórica 95.
placa marginal 113.
placa motora 168.
placa negativa 562.
placa norteamericana 43.
placa para fusibles 663.
placa positiva 562.
placa protectora 875.
placa sudamericana 43.
placa supracaudal 113.
placa térmica 241.
placa terminal 667.
placa vertebral 113.
placas convergentes 43.
placas divergentes 43.
placas tectónicas 43.
plafón 286.
plana 401.
plancha 239, 288, 381, 812.
plancha de chapa 819.
plancha de entintado 421.
plancha de muelles 826.
plancha de pelo 381.
plancha de vapor 288.
plancha eléctrica 239.
plancha superior 238.
planchado 347.
planeador 898.
planetario 10.
planetas 4.
planetas externos 4.
planetas internos 5.
planicie 38.
planicie fluvio-glaciar 46.
planisferio 28.
plano 414.
plano de deriva 625.
plano de la catedral 411.
plano del templo griego 403.
plano del terreno 245.
plano focal elevado, boyas 615.
plano horizontal 625.
plano vertical 625.
planta 77, 351.
planta alta 250, 251.
planta baja 250.
planta de bombeo 654.
planta de energía maremotriz 664.
planta de lubricantes 656.
planta de reforma catalítica 656.
planta de separación selectiva 71.
planta de tratamiento 649.
planta exterior de una mina 648.
planta intermedia de refuerzo 654.
planta, anatomía 77.
plantador 324.
plantador de bulbos 324.
plantar delgado 151.
plantas de flor 93.
plantilla 345.
plantilla de desagüe 660.
plaqueta 162, 385.
plasma 162.
plasmodesmo 74.
plástico transparente 386.
plásticos transparentes 386.
plásticos, clasificación 71.
plastrón 113.
plata 683, 741.
plataforma 43, 321, 482, 538, 542, 569, 571, 588, 632, 699, 894.
plataforma continental 49.
plataforma de 10 m 828.
plataforma de 3 m 828.
plataforma de 5 m 828.
plataforma de 7,5 m 828.
plataforma de alimentación 531.
plataforma de corte 333, 642.
plataforma de entrada 584.
Plataforma de hielo de Amery 29.
Plataforma de hielo de Filchner 29.
plataforma de instrumentos 60.
plataforma de jaula 650.
plataforma de lanzamiento 795.
plataforma de piso bajo 588.
plataforma de producción 652, 654.
plataforma de salida 830, 891.
plataforma de trampolines 890.
plataforma de vuelo del helicóptero 762.
plataforma elevadora para silla de ruedas 569.
plataforma fija 653.
plataforma giratoria 766.
plataforma giratoria, molino 676.
plataforma inferior 632.
plataforma montada en gatos mecánicos 653.
plataforma móvil 633.
plataforma para transportar vagones 588.
plataforma petrolera semisumergida 653.
plátano 196.
platea 402.
plateosaurus 93.
platija 221.
platillo 698, 699.
platillo de presión 758.
platillo high hat 448.
platillo inferior 448.
platillo superior 448.
platillo suspendido 448.
platillos 437, 449.

platina 423, 693, 694.
platina mecánica 693.
platino 683.
platito para el pan 226.
plato 464, 500, 860, 905, 919.
plato ajustable 511.
plato de postre 226.
plato de retroceso 559.
plató de rodaje 428.
plato giratorio 312, 638.
plato lijador 308.
plato llano 226.
plato para caracoles 233.
plato sopero 226.
platos calientes 722.
platos de cocción 239.
platos fríos 722.
playa 51.
plegadera 426.
plegador de urdimbre 460.
plegador del tejido 460.
plegador posterior 460.
plenum 258.
pletina 504.
pletina de casete 488, 499.
pletina de proyección 535.
pleura parietal 163.
pleura visceral 163.
plexo braquial 166.
plexo lumbar 166.
plexo nervioso 159.
plexo sacro 166.
pliego 426.
pliegue 336.
pliegue anal 147, 149.
pliegue de cajón 283.
pliegue de cajón invertido 283.
pliegue de la columela 105.
pliegue de pinza 283.
pliegues, ejemplos 357.
plisada 357.
plomo 615, 682, 911.
plotter 520.
pluma 43, 115, 397, 638.
pluma de ave 470.
pluma de caña 470.
pluma de dirección 859.
pluma estilográfica 470.
pluma metálica 470.
pluma metálica romana 470.
plumas timoneras 115.
plumón 115.
Plutón 4, 5.
plutonio 684.
pluviómetro 58, 59.
pluviómetro de lectura directa 58, 59.
pocilga 182.
podadera 330.
podadera de árboles 330.
podadora de bordes 332.
podio 412, 713.
podio de salida 830.
podio y sótanos 713.
podón 330.
polaco 469.
polaina 339, 857, 858, 901.
polainas 857.
pole position 872.
polea 284, 321, 566, 686, 750, 859, 913.
polea de tracción 688.
polea de transmisión 462.
polea del montacargas 634.
polea tensora 284.
polea tensora del limitador de velocidad 417.
poleas de tensión 580.
polen, celdilla 100.
policía 725.
polideportivo 709, 788.
polígono de tiro 769.
polígono industrial 709.
polígonos 705.
polilla de abedul 101.
Polinesia 747.
polipasto 651.
polipodio común 76.
polisón 337.
política 739.
polítrico 75.
pollo 213.
polluelo 120.
polo 354, 359, 822, 858.
polo negativo 689.
polo Norte 35.
polo norte 687.
polo Norte celeste 13.
polo positivo 687.
Polo Sur 29.
polo Sur 35.
polo sur 687.
polo Sur celeste 13.
Polonia 744.
polonio 682.
polvera 378.
polvo compacto 378.
polvo de magnesio 825.
polvos sueltos 378.
poma 445.
pomelo 194.
pomo 277, 278, 307, 309, 849, 880.
pomo carnoso 82.
pomo exterior 248.
pomo interior 248.
pómulo 152.
poncho 355.
poni 858.
poni de polo 858.
Pont-l'Évêque 211.
pontón 542, 652, 839.
pontón de salida 838.
pontones, puente 542.
pool 862.
Popa 11.
popa 598, 602, 608, 836.
póquer 914.
por 703.
por lo ancho 833.
porcentaje 703.
porche 245.
poro 74, 84, 172.
poro inhalante 95.
porra 770.
porta martillo 313.
porta pasaportes 387.
porta pipas 390.
porta stilus 517.
porta-celo 534.
porta-cinta adhesiva 534.
porta-esquí 558.
porta-filtro 241.
portaaguja 453.
portaagujas 776.
portaaviones 761.
portabicicletas 558.
portabobina 452.
portabobinas 462.
portabolsa 869.
portabotellas 579.
portabrocas de sujeción 306.
portacanilla 452.
portacarrete 909, 910.
portaequipajes 567, 577, 578, 605, 876.
portaequipajes posterior 577.
portafusible 663.
portahorquilla 632.
portal 411, 540.
portalámpara, componentes 275.
portalámparas 275.
portaleños 257.
portaminas 470.
portamonedas 387.
portanegativos 485.
portante 125.
portaobjetivo rotatorio 693.
portaobjeto 693.
portaobjetos 693.
portaocular 14.
portapitones 901.
portaplumas 386.
portarrollos de papel higiénico 264.
portasellos 531.
portatubo 693.
portaviento 432.
portería 724, 800, 802, 814, 827, 858, 879.
portero 800, 801, 803, 809, 814, 827, 878, 879.
portero del equipo receptor 799.
portero, guante 800.
pórtico 411, 738.
pórtico de tirantes 663.
pórtico detector de metales 726.
Portugal 743.
portugués 469.
posición A - en plancha 828.
posición B - hacer la carpa 828.
posición C - cuerpo encogido 828.
posición de equilibrio 690.
posición de guardia: 843.
posición de la cremallera 455.
posición de lanzamiento, transbordador espacial 22.
posición de las piernas 829.
posición de los brazos 829.
posición de los jugadores 794, 803, 804, 814.
posición de pie 861.
posición de rodillas 861.
posición de salida de espalda 832.
posición de un carácter 472.
posición del documento a enviar 508.
posición del haz de electrones 694.
posición del jurado 887.
posición en pie 893.
posición supina 861, 893.
posición vertical 843.
posiciones 849.
posiciones de los jugadores 811.
posiciones de salto 828.
posiciones de tiro 861, 893.
posiciones iniciales 843.
postal 474.
poste 255, 583, 591, 807, 812, 817, 820, 827, 842.
poste con protecciones 811.
poste de canasta 809.
poste de foul 795.
poste de la grúa 607.
poste de salto 792.
poste del asiento 578.
poste indicador 856.
postigos interiores 282.
postres 723.
potasio 682.
potencia eléctrica, unidad de medida 702.
poterna 408, 409.
potro 824, 825, 826.
pozo 402, 671.
pozo ciego 650.
pozo de acceso 664.
pozo de extracción 650.
pozo de inyección 646.
pozo de producción 646.
pozo marino 654.
pozo principal 649.
pozo seco 671.
pozo, línea de flujo 652.
practicable 823.
practicable para ejercicios de suelo 824.
practicante 846.
pradera 182.
praderas 66.
prado 182.
praseodimio 684.
Precámbico 92.
precio total 699.
precio unitario 699.
precipitación 67.
precipitación, cubeta 685.
precipitaciones 64.
precipitaciones invernales 64.
precisión, balanza 699.
precocinados 181.
premaxilar 108, 122, 123.
premolar 121, 123.
premolares 159.
prensa 424, 425.
prensa de aguafuerte 421.
prensa de cajos 425.
prensa de contactos 484.
prensa de tornillo 425.
prensa en C 312.
prensa litográfica 423.
prensa-café 241.
prensado 425.
prensatelas 452, 453.
preparador 811.
prepucio 169.
presa 657, 661.
presa de bóveda 661.
presa de bóveda, sección transversal 661.
presa de contrafuertes 660.
presa de contrafuertes, sección transversal 660.
presa de tierra 660.
presa de tierra, sección transversal 660.
presa móvil 664.
presa, sección transversal 661.
presas de mano 901.
presas de pie 901.
presas, ejemplos 660.
presidente 848.
presidente de jurado 881.
presidente del jurado 900.
presilla 349, 350, 905.
presilla de estaquilla 902, 903.
presilla de la manga 352.
presilla del cinturón 352.
presión 851.
presión barométrica 55.
presión barométrica a nivel del mar 55.
presión del aire, medición 59.
presión, unidad de medida 702.
préstamo 733.
presurizador 671.
pretina 350, 353.
pretina con botones de presión 368.
pretina elástica 351, 353.
prevención de incendios 764.
prevención de la criminalidad 768.
previsión meteorológica 54.
primates, ejemplos 139.
primavera 54.
primer árbitro 812, 813.
primer aumento de la tensión 677.
primer ayudante de cámara 428.
primer espacio 811.
primer jugador 877.
primer molar 159.
primer nivel de operaciones 529.
primer pistón móvil 447.
primer premolar 159.
primera 849.
primera aleta dorsal 108.
primera base 794.
primera clasificación 474.
primera etapa 25.
primera falange 126.
primera línea 804.
primera plana 471.
primera plana, foto 471.
primera vía de clasificación 589.
primera vuelta 789.
primeras hojas 77.
primeros auxilios, botiquín 775.
primeros auxilios, equipamiento 775.
primeros auxilios, puesto de socorro 886.
primeros violines 437.
primo 785.
Principado de Andorra 743.
Principado de Mónaco 744.
principales movimientos 916.
principales señales de circulación internacionales 544.
principales señales de circulación norteamericanas 546.
principales tipos de cuchillas 401.
principales tipos de misiles 759.
principales venas y arterias 160.
prisma 477.
prisma de Porro 692.
prismáticos binoculares 692.
proa 606, 609, 834, 836, 897.
proa afilada 839.
proa apuntada 838.
proa tallada 598.
probador 716.
probador de contactos con tierra 316.
probeta graduada 59, 685.
probóscide 96.
procesador 513.
procónsul 93.
producción de calor 665.
producción de electricidad por energía eólica 677.
producción de electricidad por energía geotérmica 646.
producción de electricidad por energía nuclear 665.
producción de electricidad por energía solar 674.
producción de electricidad por energía térmica 646.
producción de electricidad por generador 662, 665.
producción de electricidad, etapas 662.
producción de oxígeno 78.
producción del sonido 445.
producción eléctrica 676.
producción, plataforma 652.
productor 429, 489, 490.
productor técnico 489, 490.
productos alimentarios 180.
productos de cocina 180.
productos de fisión 681.
productos de limpieza 721.
productos del refinado 656.
productos en oferta 181.
productos lácteos 180, 210.
productos para envasar 180.
productos petroquímicos 656.
productos, oferta 181.
profesor 734.
profesor, pupitre 734.
profundidad del hipocentro 43.
programa de correo electrónico 524.
programación televisiva, horario 471.
programador 261, 292, 293, 294.
programas informáticos 771.
prohibido acampar 725.
prohibido adelantar 544, 546.
prohibido el cambio de sentido 546.
prohibido el paso 544, 546.
prohibido el paso de bicicletas 545, 546.
prohibido el paso de camiones 545, 546.
prohibido el paso de motocicletas 545, 546.
prohibido el paso de peatones 545, 546.
prohibido hacer comidas campestres 725.
prohibido usar silla de ruedas 725.
promecio 684.
promontorio 51.
pronador redondo 150.
pronaos 403.
proporción de nubes 55.
propulsor 18, 20, 22, 25, 40.
propulsor de maniobras 23.
propulsor de proa 609.
propulsor F-1 25.
propulsor J-2 25.
propulsor sólido 22.
propulsores de control de actitud 22.
proscenio 430.
prospección marina 653.
prospección terrestre 651.
próstata 169.
protactinio 684.
protección 774.
protección contra salpicaduras 655.
protección de la cabeza 774.
protección de las manos 774.
protección de los oídos 774.
protección de los ojos 774.
protección de los pies 774.
protección del sistema respiratorio 774.
protección para el sistema respiratorio 773.
protección para la cabeza 772.
protección para los oídos 772.
protección para los ojos 772.
protector 290, 331, 352, 798, 800, 823, 842, 918.
protector bucal 843.
protector contra virutas 305.
protector de antebrazo 808.
protector de brazo 859.
protector de cuello 808, 880.
protector de garganta 882.
protector de la barbilla 575.
protector de la correa 307.
protector de la culata 446.
protector de la garganta 796.
protector de mano 875.
protector de piernas 879.
protector del brazo 808, 880.
protector del cable 306, 308, 318.
protector del cuello 765, 880.
protector del motor 574.
protector del pie 796.
protector del quemador 899.
protector del tendón 880.
protector del zanco 636.
protector dental 808.
protector facial 879.
protector lumbar 808.
protector para las costillas 808.
protector pectoral 859.
protector solar 20.
Protestantismo 736.
protocolo de comunicación 524.
protón 680.
protoneurona 168.
protórax 97.
protuberancia 6.
proveedor de servicios Internet 525.
proventrículo 116.
provincia 37.
provisión de dinero en efectivo 731.
provisión de guantes 780.
próxima llamada 507.
proyección) por encima del hombro con una mano 844.
proyección cilíndrica 36.
proyección cónica 36.
proyección en círculo 844.
proyección interrumpida 36.
proyección plana 36.
proyección primera de cadera 844.
proyección, cabina 427.
proyección, pantalla 427, 483.

proyección, sala 427.
proyecciones cartográficas 36.
proyectiles 752, 759.
proyector 427, 428, 518, 535, 585.
proyector auxiliar 10.
proyector de altura máxima 59.
proyector de diapositivas 483.
proyector de luz difusa 492.
proyector para planetario 10.
proyector sobre el pantógrafo 492.
proyectores 431.
prueba 831.
pruebas 889.
pseudópodo 94.
psicrómetro 59.
pterigoides 112.
púa 433.
púa de muelle 327, 641.
pubis 116, 122, 146, 148.
público, entrada 402.
pueblo 708, 886.
puente 39, 115, 284, 385, 433, 439, 440, 441, 523, 539, 596, 692, 854, 875.
puente cantilever 540.
puente colgante 540.
puente de arco 540.
puente de carga para contenedores 596.
puente de ensamblaje 441.
puente de la nariz 175.
puente de los altos 442.
puente de los bajos 442.
puente de luces 766, 771.
puente de luces, sistema de control 771.
puente de mando 604, 608, 609, 626, 761.
puente de pontones 542.
puente de portal 541.
puente de señales 583.
puente de tablero inferior 541.
puente de tablero intermedio 541.
puente de tablero superior 541.
puente de Varolio 167.
puente de viga 540.
puente de viga de un tramo 541.
puente de viga de varios tramos 541.
puente desmontable tipo Bailey 542.
puente elevador 542.
puente giratorio 542.
puente levadizo 408.
puente levadizo doble 542.
puente levadizo sencillo 542.
puente transbordador 542.
puentes de arcos, ejemlos 541.
puentes de tirantes 541.
puentes de vigas, ejemplos 541.
puentes fijos 540.
puentes móviles 542.
puerco espín 123.
puerro 184.
puerta 17, 238, 278, 290, 293, 417, 551, 554, 567, 624, 699, 724, 738, 799, 818, 902, 903.
puerta automática 620.
puerta basculante de garaje 416.
puerta convencional 416.
puerta corredera 416.
puerta corredera automática 416.
puerta cortafuego 416.
puerta de acceso a la rejilla de las luces 490.
puerta de ascenso 837.
puerta de control 890.
puerta de descenso 837.
puerta de dos hojas 568.
puerta de entrada 247, 568, 569.
puerta de garaje seccional 416.
puerta de la bodega de carga 23.
puerta de la plataforma elevadora 569.
puerta de librillo 416.
puerta de proa 605, 608.
puerta de recorrido 837.
puerta de salida 856.
puerta de tiras 416.
puerta del congelador 291.
puerta del entrada 584.
puerta del fogón 256.
puerta del refrigerador 291.
puerta giratoria manual 416.
puerta inferior 597.
puerta lateral 594.
puerta mosquitera 567.
puerta plegable 264, 416.
puerta posterior 775.
puerta superior 597.
puerta trasera 250, 635.
puerta ventana 224, 251.
puertas de entrada 427.
puertas giratorias manuales 719.
puertas, ejemplos 416.
puerto 596, 709.
puerto de Ethernet 526.
puerto de infrarrojos 526.
puerto de interfaz de ordenador 520.
puerto de módem interno 513, 526.
puerto de red 513.
puerto de salida de S-video 526.
puerto de salida de TV 526.
puerto de vídeo 513.
puerto deportivo 788.
puerto FireWire 526.
puerto infrarrojos 527.
puerto juego 513.
puerto MIDI 513.
puerto paralelo 513.
puerto ratón 513.
Puerto Rico, Fosa 50.
puerto serial 513.
puerto teclado 513.
puerto USB 513, 526.
puertos para el mando 918.
puertos para tarjeta de memoria 918.
puesta en marcha 456, 512.
puesto de bombeo 548.
puesto de clasificación 589.
puesto de control 394, 727.
puesto de enfermeras (ambulatorio de urgencias) 779.
puesto de enfermeras (urgencias) 778.
puesto de información 620.
puesto de la guardia de seguridad 779.
puesto de los entrenadores 891.
puesto de los jueces 890.
puesto de observación 17.
puesto de socorro 725.
puesto de tiro 893.
puesto de trabajo 509.
puesto del jurado 891.
puestos de escucha 733.
puf 277.
pujamen 836.
pulga 101.
pulgar 140, 141, 156, 173, 346, 797.
pulgar oponible 139.
pulidora 423.
pulmón 103, 104, 110, 112, 116, 125.
pulmón derecho 161, 163.
pulmón izquierdo 161, 163.
pulmones 163.
pulpa 81, 82, 83, 159.
pulpejo 127.
púlpito 737, 738.
pulpo 106, 217.
pulpo, anatomía 106.
pulpo, morfología 106.
pulsador de llamada 417.
pulsar 8.
pulsera de dijes 376.
pulverizador 294, 328, 329, 646.
pulverizador de agua 550.
pulverizador tándem 641.
puma 134.
puñal 751.
puño 338, 349, 797, 822, 849, 892.
puño de amura 836.
puño de escota 836.
puño para gemelos 361.
punta 79, 185, 227, 229, 301, 302, 303, 304, 315, 318, 350, 351, 374, 390, 391, 439, 453, 457, 470, 739, 740, 792, 793, 840, 859, 868, 888, 892, 911, 915, 918.
punta cruciforme 302.
punta de caja cuadrada 302.
punta de diamante 278.
punta de flecha de sílex 748.
punta de hoja plana 302.
punta de la plancha 288.
punta de plástico 381.
punta de sujeción 442.
punta del ala 897.
punta del cuello 349, 362.
punta del diente de la desterronadora 636.
punta del esquí 892.
punta delantera 901.
punta seca 422, 423.
puntal 253, 448, 663.
puntal trasero 676.
puntales de refuerzo 252.
puntas; tipos 302.
punteado 463.
punteo 401.
puntera 309, 880, 889, 893.
puntera perforada 342.
puntera protectora 773.
puntera reforzada 880.
puntero 907.
punto 473, 914.
punto crítico 891.
punto de apoyo 103.
punto de apoyo variable 828.
punto de arroz 458.
punto de concentración 674.
punto de cruz 459.
punto de despegue 891.
punto de empulgada 913.
punto de escapulario 459.
punto de espiga 459.
punto de información 715, 719, 733, 886.
punto de inserción 859.
punto de interés 39.
punto de malla 458.
punto de marcado 455.
punto de mira 754, 755, 757, 861, 893, 907, 912.
punto de montaje 627.
punto de norma 891.
punto de nudos 459.
punto de ochos 458.
punto de pénalti 802.
punto de respiguilla 458.
punto de salida 866.
punto de saque 878.
punto del derecho 458.
punto del revés 458.
punto y coma 473.
punto, tipos 458.
puntos 822.
puntos cardinales, señales 616.
puntos de cruz 459.
puntos de malla 459.
puntos de montado 457.
puntos de relleno 459.
puntos de relleno sueltos 459.
puntos suspensivos 473.
puntos, tipos 459.
puntuación, signos 473.
punzón 458, 464, 905.
pupila 132, 177.
pupila vertical 112.
pupitre del estudiante 734.
pupitre del profesor 734.
purificador de aire 261.
puro 390.
púrpura 741.
putter 867, 868.
puzle 917.

Q

Qatar 746.
quad 577.
quark d 680.
quark u 680.
quarterback 807.
queche 601.
quechua 469.
quelícero 103.
quemador 234, 259, 290, 652, 899, 903.
quemador de gas 267.
queroseno 656.
queso 722.
queso Chèvre 210.
queso cottage 210.
queso cremoso 210.
queso, rallador cilíndrico 230.
quesos azules 211.
quesos blandos 211.
quesos de cabra 210.
quesos frescos 210.
quesos prensados 211.
quevedos 385.
quiasma óptico 167.
quijada 124, 130.
quijada inferior 854.
quijada superior 854.
quijote 749.
quilla 116, 600, 835, 897.
química 680.
quinientos 703.
quinta 434, 849.
quinteto 438.
quinto octante 7.
quinua 203.
quirófano 780, 781.
quitagrapas 534.
quitanieves 573.
quitapiedras 585, 586.
quitón 336.

R

rábano 189.
rábano blanco 189.
rábano daikon 189.
rábano negro 189.
rabillo 81, 82, 83.
rabiza 909.
racimo 81.
racimo de uvas 86.
Raclette 211.
raclette-grill 239.
racor abocinado 269.
racor por compresión 269.
racores mecánicas 269.
racores, ejemplos 269.
radar 40, 604, 605, 608, 609.
radar aéreo 762.
radar aerotransportado 40.
radar de aterrizaje 761.
radar de búsqueda aérea 761.
radar de control aéreo 761.
radar de detección de blancos 762.
radar de navegación 624.
radar de vigilancia de superficie 761, 762.
radar meteorológico 54.
Radarsat, satélite 40.
radiación 681.
radiación artificial 41.
radiación del cielo, medida 58.
radiación infrarroja 68, 690.
radiación natural 41.
radiación solar 67, 68, 672, 673, 674, 675.
radiación solar absorbida 68.
radiación solar refleja 68.
radiación ultravioleta 690.
radiador 259, 552, 561, 586.
radiador de convexión 260.
radiador eléctrico 260.
radiador tubular 259.
radiador, manguito 561.
radiadores 21.
radial externo primero 151.
radial externo segundo 151.
radícula 77, 87.
radio 103, 116, 121, 122, 126, 131, 136, 138, 140, 141, 142, 152, 154, 156, 488, 579, 682, 704, 771, 898.
radio blando 108.
radio CB 505.
radio despertador 503.
radio espinoso 108.
radio medular 87.
radio portátil 503.
radio y cúbito 111.
radioactividad, unidad de medida 702.
radioactivo 774.
radiocasete con lector de disco compacto 504.
radiocasete portátil personal (Walkman) 504.
radioisótopos, generador 18.
radiómetro 60.
radiómetro de imágenes 60.
radiosonda 59.
radiotelescopio 16.
radomo 760.
radón 684.
rádula 104.
raíces 77, 86, 189.
raíces adventicias 76.
raíces superficiales 87.
rail 591, 595.
raíl de cierre 590.
raíl de retención 590.
raíl eléctrico 595.
raíl guía 16.
raíles del travelín 428.
raíz 78, 159, 176, 227.
raíz anterior 168.
raíz cuadrada de 703.
raíz de la uña 172.
raíz motora 167, 168.
raíz posterior 168.
raíz primaria 77, 87.
raíz principal 77.
raíz secundaria 77.
raíz sensitiva 167, 168.
rallador 229, 230.
rallador cilíndrico de queso 230.
rallador de nuez moscada 230.
rally, coche 873.
rama 77, 87, 89, 127, 776.
rama comunicante 168.
rama con fruto 86.
rama inferior 750.
rama madre 87.
rama superior 750.
ramaje 87.
ramal de enlace 539.
rambután 197.
ramificación 86.
ramificación colateral 168.
ramilla 87.
rampa 407, 539.
rampa de acceso 403, 540.
rampa de lanzamiento 891.
rampa del muelle 596.
rampa para sillas de ruedas 394.
rampa plegable 608.
ran, metamórfosis 111.
rana 110.
rana arborícola 111.
rana bermeja 111.
rana de bosque 111.
rana leopardo 111.
rana macho, anatomía 110.
rana, esqueleto 111.
rana, morfología 110.
ranilla 127.
ranita 369.
ranura 229, 302, 386, 453, 562, 791.
ranura de alimentación 519.
ranura de corte 305.
ranura de depósito 730.
ranura de la tarjeta PC 526.
ranura de lectura de tarjeta 548.
ranura de puesta al día de la cartilla 730.
ranura de registro de la transacción 730.
ranura de ventilación 526.
ranura de visión 749.
ranura guía 888.
ranura para el pan 238.
ranura para monedas 507, 920.
ranura para toldo 567, 571.
Ranvier, nódulo 168.
rape 220.
raqueta 893.
raqueta de bádminton 816.
raqueta de raquetball 818.
raqueta de squash 819.
raqueta de tenis 822.
raqueta elíptica 893.
raquetball 818.
raquis 115.
ras el hanout 199.
rascador 422.
raspador 320, 390, 423, 464, 638.
rasqueta 892.
rastrillo 327, 333, 642, 643.
rastrillso 430.
rata 123.
rata, esqueleto 122.
rata, morfología 122.
ratón de campo 123.
ratón inalámbrico 516.
ratón mecánico 516.
ratón óptico 516.
ratonera 892.
raviolis 206.
raya 218, 350.
raya continua 538.
raya discontinua 538, 539.
rayo 65.
rayo de luz 691.
rayo láser 501, 692.
rayo solar reflejado 674.
rayos gamma 690.
rayos X 690.
razas de gatos 132.
razas de perros 130.
re(D) 434.
Rea 5.
reacción 684.
reacción en cadena 681.
reactor 665, 666, 669.
reactor de agua a presión 671.
reactor de agua hirviente 671.
reactor de agua pesada 670.
reactor de bióxido de carbono 670.
reactor nuclear 763.
reactor nuclear, carga 667.
reanimación, equipamiento 775.
rebajado 413.
rebajo de escalón 255.
rebobinado 495.
rebobinador 452.
reborde 431, 439, 440.
rebosadero 262, 265, 657.
rebote 812.
rebozuelo 183.
recalentador 668.
recalentamiento global 68.
recámara 465.

recámara, palanca de accionamiento 756.
recepción 509, 724, 730, 764, 778, 781.
recepción de carga 621.
recepción de datos 41.
recepción de documentos 508.
recepción directa en la casa 486.
recepción, nivel 724.
receptáculo 75, 80, 83.
receptáculo del cepillo 384.
receptáculo seminal 97, 103.
receptor 16, 441, 443, 493, 506, 795, 796.
receptor 794.
receptor alejado 807.
receptor de los bajos 441.
receptor de los intermedios 441.
receptor del sonido 776.
receptor sensorial 168.
receptor triple 441.
receptores gustativos 176.
recibo 699.
recibo de transacción 731.
reciclado 71.
reciclado de aluminio, contenedor 71.
reciclado de papel, contenedor 71.
reciclado de vidrio, contenedor 71.
reciclaje, contenedores 71.
recinto ferial 708.
recipiente 240, 261.
recipiente con vertedor 237.
recipiente de acumulación 59.
recipiente de agua 261.
recipiente de vertido 59.
recipiente del abrillantador 294.
recipiente del detergente 294.
recipiente inferior 241.
recipiente para almacenamiento 666.
recipiente superior 241.
reclamo 913.
recogedor 295.
recogepelotas 820.
recogida de papel, contenedor 71.
recogida de vidrio, contenedor 71.
recogida diferenciada 71.
recta de fondo 856.
rectángulo 705.
recto 97, 99, 113, 116, 125, 164, 169, 170.
recto anterior 150.
recto del abdomen 150.
recto entallado 356.
recto interno del muslo 151.
recuadro 663.
recubrimiento aislante 22.
recubrimiento antirreflectante 672.
recubrimiento de la primera tubería 654.
recuperación de aire 258.
recuperación del documento enviado 508.
red 281, 811, 812, 813, 814, 815, 817, 821, 827.
red de área amplia 523.
red de cables telefónicos 712.
red de correos pública 474.
red de distribución por cable aéreo 486.
red de mano 911.
red de transmisión de electricidad 674.
red de transmisión por cable subterráneo 487.
red de transmisión privada 486.
red en anillo 522.
red en bus 522.
red en estrella 522.
red informática 523.
red nacional de transmisión 486.
red telefónica 487.
redonda 435.
redondo mayor 151.
redondo menor 151.
reducción /ampliación 512.
reducción del diámetro del haz 694.
reducción/ampliación 512.
reductor 269.
reductor con cabeza hexagonal 269.
reductor de calibre 269.
reductor de entrada 100.
reductor de flujo 654.
reductor de voltaje 662.
refinado, productos 656.
refinería 654, 709.
reflector 316, 571, 578, 876.
reflector del radar 615.
reflector orientable 492.
reflector parabólico 16.
reflector parabolico de microondas 489.
reflector parabólico móvil 16.
reflector secundario 16.
reflectores solares 486.
reflexión 41.
reflexión parcial, espejo 692.
reflexión total, espejo 692.
Reforma 736.
refrigeración, torre 646.
refrigeración, varilla 692.
refrigerador de aire 564.
refrigerante 656, 665, 670, 671, 674.
refrigerante caliente 665, 674.
refrigerante de la cámara del generador de vapor 669.
refrigerante frío 665, 674.
refuerzo 367, 772, 874.
refuerzo de la culata 753.
refuerzo del talón 342.
refuerzo embobinado 868.
refuerzo para los pies 773.
refugio 543.
refugio de montaña 886.
refugio en la cima 886.
refugio meteorológico 58.
refugio presurizado 543.
refugio principal 886.
regadera 328.
regalos 717.
regatón 901.
región lumbar 147, 149.
región malar 115.
región negativa 672.
región positiva 672.
regiones de boyas 616.
registrador de datos 58.
registro 273.
registro de altos 432.
registro de cristal líquido 696.
registro de datos 41.
registro digital 316.
registro sísmico 651, 653.
registro, cilindro 43.
registros de bajos 432.
Regla 10.
regla 424, 454, 905.
regla de corte 305.
regla de escuadra 399.
regla graduada 700.
regla para medir puntos 457.
regla, escala 700.
regleta colectora térmica 272.
regleta de neutro/de tierra 272.
regulador 443.
regulador de altura 826.
regulador de ancho de puntada 452.
regulador de emergencia 841.
regulador de entrada de agua 294.
regulador de fluidos 320.
regulador de la 1ª etapa de descompresión 841.
regulador de la 2ª etapa de descompresión 841.
regulador de la presión 445.
regulador de largo de puntada 452.
regulador de luminosidad 285.
regulador de presión 234, 319, 452, 765, 903.
regulador de tamaño de punto 453.
regulador de temperatura 571.
regulador de tensión 452, 456, 457.
regulador de velocidad 333, 556.
reina 99, 914, 916.
Reina Maud, Tierra 29.
reina, cámara 402.
reiniciación 512.
reino animal 92.
Reino Unido de Gran Bretaña e Irlanda del Norte 743.
reino vegetal 74.
reja 316, 641, 727.
reja de entrada al pronaos 403.
reja de entrada, pronaos 403.
reja de seguridad 730.
reja metálica de contacto 672.
rejilla 234, 238, 259, 261, 290, 291, 432, 488, 494, 561, 562, 658.
rejilla de calefacción 594.
rejilla de control térmico 60.
rejilla de entrada de aire 382.
rejilla de iluminación 492.
rejilla de pared 258.
rejilla de piso 258.
rejilla de salida 260.
rejilla de salida de aire 382.
rejilla de techo 258.
rejilla de vaporización 261.
rejilla de ventilación 261, 294.
rejilla del ventilador 289.
rejilla desmontable 234.
rejilla frontal 261.
rejilla protectora 502.
rejilla regulable 258.
rejilla, sistema 36.
rejillas, tipos 258.
relámpago 57.
religión 736.
religiones, cronología 736.
rellano 255.
rellano de la escalera 251.
rellano inferior 417.
rellano superior 417.
relleno alternado 459.
relleno exterior 647.
Reloj 10.
reloj 238, 290, 484, 488, 489, 491, 734, 851, 858.
reloj automático 465.
reloj de arena 231.
reloj de la ampliadora 485.
reloj de péndulo 697.
reloj de pesas, mecanismo 697.
reloj de pulsera 696.
reloj de sol 696.
reloj digital 696.
reloj mecánico 696.
reloj programador 238.
relojes 717.
remache 229, 310.
remate 255, 813.
remate en T 257.
remeras primarias 115.
remeras secundarias 115.
remeras terciarias 115.
remo 598, 600, 838, 851.
remo de dirección 598.
remo de dos palas 837, 839.
remo de una sola pala 837, 838.
remo en punta 838.
remolacha 189.
remolcador 606.
remolque 567, 623.
remolque rígido trasero 569.
remolque tipo caja 570.
renacuajo 111.
reniforme 79.
renio 683.
reno 128.
repetidor 487.
repisa 256.
repisa para accesorios 14.
repollo 186.
repollo verde 186.
reposa-mano 516.
reposabrazo 555.
reposabrazos 783.
reposacabezas 555.
reposamanos 514.
reposapies 281, 577.
reposapiés 312, 783, 871.
reposicionamiento 528.
repostador 873.
repostaje de combustible en vuelo 760.
reproductor de CD portátil 503.
reproductor de disco compacto 503.
reproductor de DVD 521.
reproductor de video 789.
reproductor DVD 494.
reproductor/grabador de video VCR 495.
reptación 47.
reptiles 112.
reptiles, ejemplos 114.
República Centroafricana 745.
República Checa 744.
República de Corea 747.
República de Malí 745.
República de San Marino 744.
República Democrática del Congo 745.
Republica Democrática Popular de Corea 747.
República Dominicana 743.
repuesto 470.
repulsión 687.
reseña gastronómica 471.
resguardo de espuma 772.
resguardo del parachoques 550.
residuos industriales 69.
residuos domésticos 69, 70.
residuos industriales 69, 70.
residuos no reciclables 71.
residuos nucleares 70.
residuos primarios 656.
resistencia 290, 293, 294, 318, 465.
resistencia aerodinámica 630.
resistencia eléctrica, unidad de medida 702.
resistencia inferior 266.
resistencia superior 266.
resistencias 689.
resonador 444, 449, 502.
resonador de rayos infrarrojos 60.
resorte 43, 268, 284, 286, 292, 310, 391, 470, 586, 757, 913.
resorte de la válvula 566.
resorte de retorno 559.
resorte de suspensión 697.
resorte de tensión 453, 850.
resorte de válvula 445.
resorte del eslabón 752.
resorte del martinete 443.
resorte del sistema articulado 920.
resorte del tensor 457.
resorte espiral 285.
resorte hidráulico 851.
resorte tensor 557.
respaldo 276, 277, 281, 391, 555, 577, 783, 876.
respaldo reclinatorio 776.
respiradero 100, 244, 261, 575, 655.
respiradero lateral 567.
restablecimiento 519.
restador 817, 819, 820.
restaurante 608, 710, 713, 714, 719, 720, 725.
restaurante de autoservicio 722.
resurgencia 47.
retablo 737.
retén 649.
retén de la esfera 516.
retén del cargador 754.
retén imantado 240.
retención de datos 316.
retícula 692.
Retículo 10.
retículo endoplasmático 74, 94.
retina 177, 691.
retira cutículas 377.
retoño 87.
retorno 515.
retorno a la memoria 529.
retrato 729.
retroceso 515.
retrovisor de gran angular 568.
retrovisor gran angular 569.
revelado, baños 485.
revelado, tanque 484.
revestimiento 559, 660, 815, 867, 899, 912.
revestimiento de fibra de vidrio 267.
revestimiento de fósforo 275.
revestimiento de la popa 17.
revestimiento interior 554, 561.
revestimientos textiles del suelo 254.
revisor de billetes 582.
revista sensacionalista 471.
revólver 754.
revólver portaobjetivos 693.
rey 914, 916.
rey, cámara 402.
ría 852, 853.
ría para la carrera de obstáculos 790.
ría, carrera de obstáculos 790.
rías 51.
ribete 340, 342, 348, 370.
ribosoma 74, 94.
ricotta 210.
riel 284, 635.
riel corredizo 294, 835.
riel de iluminación 287.
riel de lanzamiento de proyectiles 760.
riel de rodamiento 634.
riel deslizador 555.
riel metálico 533.
riel para las rejillas 291.
rieles, empalme 590.
rienda 856.
rienda del bocado 854.
rienda del freno 854.
riendas 857.
rifle 912.
rigatoni 206.
rimaya 46.
rímel en pasta 378.
rímel líquido 378.
rincón 842.
rinconera 279.
ringside 842.
rinoceronte 129.
riñón 104, 105, 106, 109, 110, 112, 116, 125, 161.
riñón derecho 165.
riñón izquierdo 165.
riñonera 808.
riñones 124, 212.
río 38, 39, 48.
Río Amazonas 31.
Río Congo 34.
Río Danubio 32.
Río Dniéper 32.
Río Mackenzie 30.
Río Mississippi 30.
Río Níger 34.
Río Orinoco 31.
Río Paraná 31.
Río San Lorenzo 30.
Río Senegal 34.
Río Vístula 32.
Río Volga 32.
ripia 299.
risco 7, 45.
ristas de esquí 886.
ritmo de las señales nocturnas 617.
rizador de mantequilla 229.
rizador de pestañas 378.
rizoide 75.
rizoma 76.
róbalo 220.
Roberval, balanza 698.
roble 88.
robot de cocina 237.
roca 900.
roca firme 43.
roca impermeable 651.
roca madre 78.
rocas ígneas 42.
rocas intrusivas 42.
rocas metamórficas 42.
rocas sedimentarias 42.
rociador 270.
rociadores 665.
rocío 65.
rocódromo 900.
roda 602.
rodaballo 221.
rodamiento 516.
rodapié 278, 417.
rodete 659.
rodete de la turbina 664.
rodetes 659.
rodilla 124, 130, 146, 148.
rodillera 749, 796, 808, 850, 855, 857, 858, 880, 882, 894, 895.
rodillo 232, 285, 320, 333, 423, 465, 528.
rodillo de entrada 642, 643.
rodillo de pintor 320.
rodillo entintador 421.
rodillo guía 499.
rodillo guía de la película 476.
rodillo para barnizar 422.
rodillo triturador 642.
rodio 683.
rodrigón 322, 324.
roedor 122.
roedores 122.
roedores, ejemplos 123.
roja 915, 919.
rojo 400, 690.
rojo violeta 400.
rollo de película 481.
rollos de la Torá 738.
rombo 705.
romero 202.
rompehielos 606.
rompiente 49.
ropa de bebé 368, 717.
ropa de cama 280.
ropa de deporte de mujer 716.
ropa de deportes de hombre 717.
ropa de deportes para niños 717.
ropa de hombre 348.
ropa de mujer 355.
ropa de niños 369.
ropa de noche de mujer 716.
ropa de protección 318.
ropa deportiva 370.
ropa informal de hombre 717.
ropa informal de mujer 716.
ropa interior 351, 366, 872.
ropa interior de hombre 716.
ropa para ejercicio 371.
ropa para el hogar 716.
ropa para niñas de 2 a 6 años 717.
ropa para niñas de 7 a 17 años 717.
ropa para niños de 2 a 6 años 717.
ropa para niños de 7 a 17 años 717.
ropero 279.
Roquefort 211.
rorcual 137.
rosa 80.
rosa de los vientos 37, 612, 907.
rosca 268, 302, 311, 700.
roseta 248, 328, 405, 440.
rosetón 411.
rosquilla 204.
Ross, Banquisa 29.
rotación de la turbina 662.
rotodomo 629.

rotonda 39, 713.
rotor 249, 565, 631, 659, 676.
rotor de cola 631.
rotor de dientes 688.
rótula 122, 126, 131, 138, 152.
rótula de enganche 587.
rotulador 397, 533.
rotuladores, pintura 396.
rough 867.
router 524.
routers 523.
Ruanda 745.
rubí 375, 696.
rubí pulsado, láser 692.
rubí, varilla 692.
rubidio 682.
rubio 219.
rueda 320, 323, 423, 454, 560, 570, 633, 753, 758, 783, 851, 870, 874, 894, 895.
rueda central 696, 697.
rueda central de enfoque 692.
rueda cilíndrica de dientes rectos 686.
rueda compresora 643.
rueda de elevación 756.
rueda de alabes 659.
rueda de aspas 599.
rueda de cadena 876.
rueda de calibrado 333.
rueda de corona 697.
rueda de corrimiento 506.
rueda de desplazamiento 516.
rueda de empuje 783.
rueda de escape 696, 697.
rueda de la dirección 783.
rueda de los segundos 696.
rueda de mando 527.
rueda de modulación 450.
rueda de radios 857.
rueda de ratón 516.
rueda de repuesto 567.
rueda de transmisión 876.
rueda de trinquete 696, 697.
rueda de volante 464.
rueda delantera 639, 640.
rueda dentada 686.
rueda frontal 333.
rueda giratoria 281, 919.
rueda guía 636.
rueda humedecedora 531.
rueda lenticular 871.
rueda libre 566.
rueda media 696.
rueda metálica de seguridad 595.
rueda motriz 636, 640, 697, 758.
rueda para ajustar el tono 450.
rueda para graduar el respaldo 555.
rueda posterior lenticular 871.
rueda trasera 333.
ruedas de tracción 639.
ruedecilla 289, 389, 422, 448.
ruedecilla de la piedra 391.
Ruffini, corpúsculo 172.
rugby 804.
rugby, botas de tacos 805.
ruibarbo 185.
ruiseñor 118.
ruleta americana 919.
ruleta de enfoque lejos/cerca 496.
ruleta de selección de efectos especiales 496.
ruleta francesa 919.
rulo 380.
rulo para el cabello 380.
Rumania 744.
rumano 469.
rupia 728.
ruqueta 187.
ruso 469.
rusula verde 183.
ruta de servicio 618.
ruta pintoresca 39.
rutenio 683.
rutherfodio 683.
Ryukyu, Fosa 50.

S

sábalo 220.
sabana 61, 66.
sábana 280.
sábana ajustable 280.
sable 741, 751, 834, 836, 849, 897.
sacabotas 345.
sacacorchos 206, 230, 905.
sacacorchos con brazos 230.
sacapuntas 534.
sacatrapos 752.
saco de arena 842.
saco de Douglas 170.
saco de marinero 388.
saco de piel 432.
saco de pilotaje 897.
saco del aguijón 104.
saco portabebé 368.
saco rectangular 904.
saco semirrectangular 904.
sacos de dormir, ejemplos 904.
sacrificio, piedra 412.
sacristía 737.
sacro 138, 141, 152, 153, 157.
safety débil 806.
safety fuerte 806.
sagari 847.
Sagitario 10.
Sahara, Desierto 34.
sahariana 359.
Saint Kitts and Nevis 743.
sal 847.
sal de mesa 201.
sal gorda 201.
sal marina 201.
sala 250, 431.
sala común 727.
sala de anestesia 780.
sala de audiencias 728, 738.
sala de bombeo 606.
sala de ceremonias 738.
sala de cine 608.
sala de clasificación 779.
sala de conferencias 718, 730.
sala de congresos 718.
sala de consulta 733.
sala de control 488, 657, 669, 768.
sala de control de cámara 490.
sala de control de la producción 489.
sala de control de luces 490.
sala de control de máquinas de propulsión 763.
sala de control de operaciones 763.
sala de control de producción 491.
sala de control de sonido 489.
sala de control, estudio 488.
sala de coordinación 769.
sala de correos 509.
sala de curas 781.
sala de discusión 718.
sala de enyesado 779.
sala de equipajes 582.
sala de espera 509, 768, 779, 781.
sala de espera de embarque 621.
sala de espera de visitantes 726.
sala de espera del centro de extracción de sangre 781.
sala de espera para la familia 778.
sala de espera principal 781.
sala de esterilización 780, 781.
sala de estudiantes 735.
sala de examen de audiometría 781.
sala de exposición 719.
sala de extracciones 781.
sala de instalaciones auxiliares 490.
sala de interrogatorios 768.
sala de lectura 732.
sala de máquinas 606, 608, 657, 658, 763.
sala de microfilmes 732.
sala de navegación 604.
sala de observación psiquiátrica 778.
sala de oración 738.
sala de ordenadores 763.
sala de preparación quirúrgica 780.
sala de producción de electricidad 763.
sala de producción y control 490.
sala de profesores 735.
sala de proyección 10, 395, 427.
sala de reanimación 778.
sala de reconocimiento 781.
sala de recuperación posoperatoria 780.
sala de redacción de informes 768.
sala de regulación de luces 490.
sala de reposo de enfermeras 781.
sala de reprografía 509.
sala de reuniones 394, 509, 724, 730, 735, 764.
sala de torpedos 763.
sala de visión 733.
sala del jurado 728.
sala del montacargas 649.
sala del personal 731, 768, 779.
sala del reactor nuclear 763.
sala periódicos 733.
sala polivalente 727.
sala VIP 718.
salamandra 111.
salami alemán 216.
salami de Génova 216.
salas de entrevistas 728.
salas de exposición permanente 395.
salas de exposición temporal 395.
salas de reuniones 718.
salchicha chipolata 216.
salchicha de Frankfurt 216.
salchicha de Toulouse 216.
salchicha kielbasa 216.
salchicha merguez 216.
salchow 881.
salero 226.
salida 539, 887, 915.
salida : luge doble femenino 885.
salida : luge simple masculino 885.
salida con viento contrario 833.
salida de agua caliente 259, 267.
salida de agua fría 270.
salida de aire caliente 256, 258, 564.
salida de humo 256.
salida de la contracorriente 669.
salida de la pista 621.
salida de la pista de alta velocidad 618.
salida de vapor 670, 671.
salida del agua de refrigeración del condensador 669.
salida del refrigerante 672.
salida: bobsleigh 885.
salida: skeleton 885.
salmer 413.
salmón del Atlántico 221.
salmón del Pacífico 221.
salmonete 219.
salmuera, especias 199.
salón 724.
salón bar 724.
salón de baile 609.
salón de pasajeros 608.
salpicadero 556, 577.
salpicadero, equipamiento 771.
salsa de ciruelas 201.
salsa de soja 200.
salsa de tamarindo 200.
salsa de tomate 200.
salsa hoisin 200.
salsa Tabasco 200.
salsa Worcertershire 200.
salsa, ciruelas 201.
salsa, soja 200.
salsa, Tabasco 200.
salsa, tamarindo 200.
salsa, tomate 200.
salsa, Worcertershire 200.
salsera 226.
salsifí 189.
saltador 891.
saltador de pértiga 792.
saltamontes verde 101.
salto de altura 791, 792.
salto de espalda 828.
salto de esquí 891.
salto de longitud 790, 793.
salto de obstáculos 852.
salto de pértiga 790, 792.
salto de salida 832.
salto en equilibrio 828.
salto frontal 828.
salto frontal con tirabuzón 829.
salto interior 828.
salto inverso 828.
salto inverso con tirabuzón 829.
salto sincronizado 829.
saltos 792, 828.
saltos de esquí 891.
saltos múltiples 875.
saltos, ejemplos 829.
saltos, pista 890.
salud 775.
salvavidas 609, 611.
salvelino 221.
salvia 202.
samario 684.
sambal oelek 201.
Samoa 747.
samoano 469.
San Bernardo 131.
San Pedro 736.
San Vicente y Granadinas 743.
sandalia 343, 344, 748.
sandalia playera 344.
sandía 195.
sangre desoxigenada 162.
sangre oxigenada 162.
sangre, composición 162.
sanguina 423.
Santa Lucía 743.
Santo Tomé y Príncipe 745.
santuario. lámpara 737.
sapo común 111.
saque 812.
sardina 219.
sarga 463.
sargento 312.
sarmiento 86.
sartén 905.
sartén doble 235.
sartén honda 235.
sartén para crepes 235.
sartén para freír 235.
sartén pequeña 235.
sartorio 150.
sash 846.
satélite 24, 486.
satélite artificial 53.
satélite de órbita polar 60.
satélite de telecomunicaciones 525.
satélite geoestacionario 60.
satélite meteorológico 54, 60.
satélite Radarsat 40.
satélite, comunicación 486.
satélite, telecomunicaciones 487.
satélite, teledetección 41.
satélites 4.
satélites de telecomunicaciones 486.
satélites, órbita 60.
satén 463.
Saturno 4, 5.
Saturno V 24.
sauce llorón 88.
saxofón 446.
schnauzer 130.
Schwann, célula 168.
Schwenkel, bandera 739.
scooter 577.
scull 838.
seaborgio 683.
secado 347.
secador de manguera 764.
secador de mano 382.
secadora de ensalada 231.
secadora de pruebas 485.
secadora de ropa 293.
secar en secadora a baja temperatura 347.
secar en secadora a temperatura media 347.
secar extendido sobre una toalla después de escurrir 347.
secar sin escurrir 347.
sección 471.
sección articulada 569.
sección cartográfica 732.
sección de avancarga, corte transversal 753.
sección de carga del combustible 666.
sección de flotación 615.
sección de identificación 768.
sección de monografías 732.
sección del cañón 257.
sección frontal 773.
sección infantil 732.
sección inferior 24.
sección rígida de tracción delantera 569.
sección sagital 169, 170.
sección superior 24.
sección transversal de la góndola 677.
sección transversal de un aerógrafo 398.
sección transversal de un cañón de avancarga 753.
sección transversal de un lanzador espacial (Ariane V) 24.
sección transversal de un lanzador espacial (Saturno V) 25.
sección transversal de un observatorio astronómico 17.
sección transversal de un telecopio reflector 15.
sección transversal de un telescopio refractor 14.
sección transversal de una cámara reflex 477.
sección transversal de una carretera 538.
sección transversal de una central eléctrica 664.
sección transversal de una central hidroeléctrica 658.
sección transversal de una presa de bóveda 661.
sección transversal de una presa de contrafuerte 660.
sección transversal de una presa de gravedad 661.
sección transversal de una presa de tierra 660.
sección vertical 894.
seco 919.
secretaría 731, 735.
secretaría de dirección 509.
secretaría de dirección 509.
secretario 814.
secretario/a de producción 429.
secretarios 827.
sector 704.
secuencia en el manejo de combustible 666.
secuencia principal, estrella 8.
secuenciador 450.
sedal 909.
segadora 642.
segmento 566.
segmento abdominal 97.
segmento de marcas 918.
segmento intermedio 169.
segmento muscular 109.
segmento terminal 169.
seguimiento de la bola 864.
segunda 434, 849.
segunda aleta dorsal 108.
segunda base 794.
segunda etapa 25.
segunda línea 804.
segunda vía de clasificación 589.
segunda vuelta 789.
segundero 696.
segundo 702, 704.
segundo árbitro 812, 813.
segundo aumento de tensión 677.
segundo ayudante de cámara 428.
segundo borde al largo 833.
segundo espacio 811.
segundo jugador 877.
segundo molar 159.
segundo nivel de operaciones 529.
segundo pistón móvil 447.
segundo premolar 159.
segundo refuerzo 753.
segundos violines 437.
seguridad 764.
seguridad, símbolos 774.
seguro 238, 248, 289, 307, 310, 479, 755.
seguro de inclinación del disco 304.
seguro de la barra de tracción 756.
seguro de la base 312.
seguro de la guía 305.
seguro de la mesa 307.
seguro del brazo 456.
seguro del cargador 754.
seguro del cordón 285.
seguro del fuelle 432.
seguro del interruptor 306.
seis doble 914.
selección auto/manual 316.
selección de cartón 71.
selección de metal 71.
selección de nivel 2 514.
selección de papel 71.
selección de vidrio 71.
selección manual 71.
selección óptica 71.
selector 238, 261, 316.
selector automático/manual 465.
selector cuadro-direccional 477.
selector de banda 498.
selector de canales 495, 505.
selector de corte 383.
selector de emisoras memorizadas 498.
selector de enfoque 496.
selector de entrada 497.
selector de focalización 476.
selector de la recepción 441.
selector de la voz 451.
selector de movimiento orbital 305.
selector de nivel de agua 292.
selector de posición de aguja 452.
selector de programa 450, 476.
selector de puntada 452.
selector de sintonización 503.
selector de temperatura 238, 292, 293.
selector de tipo de cinta 499.
selector de tostado 238.
selector de velocidad 236, 306, 500.
selector de velocidades 236, 237.
selector de volumen 503.
selector del control de vídeo 491.
selector del control de volumen 491.
selector del modo audio 497.
selector del premio 920.
selector del ritmo 451.
selector mono/estéreo 498.
selectores de funciones 506.
selectores de modalidad 504.
selenio 682.
sellado, tapa 689.

sello de correos 474.
sello de goma 531.
selva 66.
semáforo 545, 547, 583, 712.
semáforo de peatones 712.
semáforo de señalización 859.
sembradora a chorrillo 643.
sembradora de mano 324.
semi-negrita 472.
semicírculo 704.
semicírculo de la zona de tiro libre 810.
semicírculo del área 802.
semicorchea 435.
semieje 553.
semifinal 789.
semifusa 435.
semilla 77, 81, 82, 83, 84.
semilla, tegumento 81.
semillas de adormidera 199.
semillas de soja 191.
semilunar 154, 156.
semimembranoso 151.
semimetales 682.
semirremolque bajo portamáquinas 572.
semirremolque con lona 572.
semirremolque frigorífico 572.
semirremolque furgón 572.
semirremolque jaula bajo para transporte ganadero 572.
semirremolque para el transporte de troncos 572.
semirremolque porta container 572.
semirremolque tipo caja 570, 571.
semirremolque tipo plataforma 571.
semirremolque, caja, tipo 571.
semisótano 250.
semitendinoso 151.
semola 204.
sémola 204.
señal aislada de peligro 617.
señal cardinal del este 617.
señal cardinal del oeste 617.
señal cardinal del sur 617.
señal de aguas seguras 617.
señal de dirección 593.
señal de distancia fija 621.
señal de eje de pista 620.
señal de identificación de pista 620.
señal de posición de la aguja 590.
señal de unión 547.
señal de zona de contacto de pista 621.
señal de zona de espera 620.
señal del sonido 436.
señal diurna 615.
señal especial 617.
señal exterior 592.
señal lateral 617.
señal luminosa 436.
señales de circulación 544.
señales de limite de la pista 621.
señales de los puntos cardinales 616.
señales diurnas (región B) 617.
señales laterales de pista 620.
señales marítimas 614.
señales nocturnas, ritmo 617.
Senegal 745.
seno 49, 148, 171, 336, 690.
seno del pecíolo 86.
seno esfenoidal 175.
seno frontal 175.
seno lateral inferior 86.
seno lateral superior 86.
sensibilidad de la película 479.
sensor 58.
sensor activo 41.
sensor de colisión primario 556.
sensor de luz 477.
sensor de movimiento 416.
sensor de radiaciones terrestres 60.
sensor de seguridad 556.
sensor de temperatura 18, 561.
sensor de velocidad de las ruedas 559.
sensor del mando a distancia 494, 501.
sensor estelar 18.
sensor infrarrojos 518.
sensor óptico 516.
sensor pasivo 41.
sensor solar 40, 60.
sensor terrestre 40, 60.
sépalo 80, 82, 83.
separacables 913.
separación cartón 71.
separación entre bolos 865.
separación magnética 71.
separación papel 71.
separación selectiva de residuos 71.
separador 386, 539, 606, 643, 646, 667, 668, 689, 783.
separador de agua 648.
separador de gas y líquido 562.
separador de petróleo y gas 652.
separador de placas 562.
separador de reinas 100.
separador electrolítico 689.
sepia 217.
séptima 434, 849.
septum 84.
septum pellucidum 167.
ser humano 146.
serac 46.
serbocroata 469.
serie, número 729.
serpentín del condensador 261.
serpentín del evaporador 261.
Serpiente 11, 13.
serpiente 112.
serpiente coral 114.
serpiente de cascabel 114.
serpiente de jarretera 114.
serpiente venenosa, anatomía 112.
serpiente venenosa, esqueleto 112.
serpiente venenosa, morfología, cabeza 112.
serpollo 86.
serrucho 303.
serrucho de punta 303.
servicio clientes 731.
servicio de enlace ferroviario 620.
servicio de mesa 226.
servicio de seguridad 719.
servicio de taxis 725.
servicio para fondue 234.
servicio, estación 548.
servicios de crédito 730.
servicios de seguros 730.
servicios financieros 730.
servicios sociales 781.
servicios técnicos 732.
servidor 522, 523, 524, 525.
servidor de acceso 525.
servidor de archivos 523.
servilletas 722.
servofreno 552, 559.
sésamo, aceite 209.
sesamoideo mayor 126.
sesamoideo menor 126.
sesos 212.
set 429.
seta enoki 183.
seto 245, 322.
setos, cizallas 330.
sexta 434, 849.
Sextante 11.
sextante 612.
sexteto 438.
Seychelles 746.
Shiísmo 736.
shiitake 183.
shinai 847.
si(B) 434.
siamés 133.
sien 146.
sierra circular de mano 304.
sierra circular de mesa 305.
sierra de cadena 331.
sierra de calar 305.
sierra de campo 907.
sierra de ensamblar 424.
sierra de ingletes 303.
sierra de marquetería 303.
sierra de podar 330.
sierra ingletadora eléctrica 304.
Sierra León 745.
sierra para metales 303, 314.
sifón 106, 262, 265, 269, 270.
sifón de desagüe 271.
signos de puntuación 473.
signos diacríticos 473.
silbato 240, 586.
silenciador 553, 577, 649.
silencio de blanca 435.
silencio de corchea 435.
silencio de fusa 435.
silencio de negra 435.
silencio de redonda 435.
silencio de semicorchea 435.
silencio de semifusa 435.
silencios, valores 435.
silicio 682.
silicua 84.
silla 723, 826, 853, 856, 858, 897.
silla alzadora 281.
silla cabriolé 276.
silla cojín 277.
silla de brazos 276.
silla de montar 855.
silla de ruedas 394, 584, 783.
silla de secretaria 511.
silla de seguridad para niños 558.
silla del director 429.
silla escalera 277.
silla plegable 277.
silla plegable de lona 276.
silla poltrona 276.
silla porta-niño 580.
silla sin brazos 277, 734.
silla Wassily 276.
sillas apilables 277.
sillas de los actores 428.
sillas de los jugadores 813.
sillas, ejemplos 277.
sillín 577, 578, 855, 857.
sillín del conductor 577.
sillín del pasajero 577.
sillín doble 575.
sillón 734.
sillón de reposo 780.
sillón giratorio 511.
silo 182.
silo de carga 648.
silos 596.
Silúrico 92.
símbolo 682, 920.
símbolos 914.
símbolos científicos 702.
símbolos de seguridad 774.
símbolos de uso común 725.
símbolos del cuidado de los tejidos 347.
símbolos meteorológicos internacionales 56.
símbolos químicos 684.
sinagoga 738.
sinapsis 168.
sínfisis púbica 169, 170.
Singapur 747.
sinople 741.
sinsacro 116.
síntesis de los colores 690.
síntesis de los colores aditivos 690.
síntesis de los colores sustractivos 690.
sintetizador 450.
sintonizador 498, 504.
sirena 766.
Siria 746.
sisa 351.
sismógrafo 43.
sismógrafo horizontal 43.
sismógrafo vertical 43.
sismógrafos 43.
sismograma 43.
sistema antibloqueo de frenos 559.
sistema de acondicionamiento 775.
sistema de agua caliente a presión 259.
sistema de aire acondicionado 68.
sistema de aire caliente a presión 258.
sistema de alimentación de gasolina 553.
sistema de alimentación ininterrumpida 523.
sistema de alimentación ininterrumpida (SAI/UPS) 520.
sistema de audio 556.
sistema de bomba de calor 260.
sistema de botones 450.
sistema de boyas marítimas 616.
sistema de carreteras 538.
sistema de células solares 673.
sistema de control del puente de luces 771.
sistema de coordenadas astronómicas 13.
sistema de coordenadas terrestres 35.
sistema de cronometraje electrónico 883.
sistema de dirección 553.
sistema de disparo rápido 482.
sistema de doble polea 686.
sistema de elevación 635.
sistema de escape 553.
sistema de esclusas de vaciado y desagüe 597.
sistema de esclusas de vaciado y llenado 597.
sistema de frenado 553.
sistema de lentes 692.
sistema de lubricación 586.
sistema de navegación por satélite 613.
sistema de rebobinado de la película 476.
sistema de refrigeración 553.
sistema de registro de la información 694.
sistema de restricción del airbag 556.
sistema de retícula 36.
sistema de soporte vital 20.
sistema de suspensión 553.
sistema de tensión 457.
sistema de transmisión 553.
sistema de tubería de producción /expedición 652.
sistema eléctrico 553.
sistema fino de guía 17.
sistema hidraúlico 632.
sistema internacional de unidades de medida 702.
sistema magnético de amortiguación 698.
sistema manipulador remoto 21, 22.
sistema nervioso 166.
sistema nervioso central 167.
sistema nervioso periférico 166.
sistema rotativo 651.
sistema solar 4.
sistemas de engranajes 686.
sistemas de sonido portátiles 503.
sistro 449.
skateboard 894.
skeleton 885.
skiff 839.
skimmer 246.
slip 351.
smash 821.
Smidolon 93.
smog 69.
snooker 863.
snowboard 887.
snowboarder 887.
soba, fideos 207.
sobre almohadillado 531.
sobrecincha 853, 855, 857.
sobrefusión 680.
sobreimpresión del original 512.
sobrejuanete de mesana de estay 603.
sobrejuanete de proa 603.
sobrejuanete mayor 603.
sobrenudo 908.
sobretemperatura, interruptor 266.
sobreveste 337.
sobrina 785.
sobrino 785.
sociedad 708.
sodio 682.
sofá 276.
sofá cama 280.
sofá de dos plazas 276, 724.
sofá tipo imperio 276.
softball 797.
soga 901.
Sol 4, 6, 7, 54.
sol(G) 434.
Sol, estructura 6.
solapa 348, 362, 391, 535, 906.
solapa autoadhesiva 531.
solapa con ojal 352.
solapa puntiaguda 348.
solárium 609.
soldadura 318.
soldadura, herramientas 318.
sóleo 150.
solera 253.
solera doble 252.
solera inferior 252.
solera interior 253.
solideo 340.
solidificación 680.
sólido 680, 681.
sólido amorfo 680.
solitario 376.
solsticio de invierno 54.
solsticio de verano 54.
solución multipropósito 384.
Somalia 745.
sombra 696.
sombra de ojos 378.
sombrero 76.
sombrero de campana 341.
sombrero de fieltro 340, 341.
sombrero de hongo 340.
sombrero sin alas 341.
sombreros 340.
sombreros de hombre 340.
sombreros de mujer 341.
sombreros unisex 341.
somen, fideos 207.
somier 280.
somieres 716.
sonar 41, 613.
sonar del casco 762.
sonda 613.
sonda atmosférica 60.
sonda destapacaños 314.
sonda espacial 18, 53.
sonda térmica 238.
sondas espaciales, ejemplos 19.
sondeo 59.
sonido, producción 445.
sonido, sistemas portátiles 503.
sopa 722.
sopera 226.
soplador 445.
soplete 314, 319.
soplete de corte 319.
soplete de soldadura autógena 319.
soporte 15, 59, 234, 274, 284, 285, 304, 329, 381, 389, 448, 464, 483, 485, 557, 577, 609, 632, 667, 685, 825, 826, 907.
soporte colgante 783.
soporte cuello 874.
soporte de acoplamiento 527.
soporte de flecha 859.
soporte de la barrera 591.
soporte de la cadena 578.
soporte de la conexión 663.
soporte de la esfera 58.
soporte de la mano 433.
soporte de la plaqueta 385.
soporte de la plataforma 676.
soporte de la red 815.
soporte de manguera 764.
soporte de pared 284.
soporte de techo 284.
soporte del brazo 276, 500.
soporte del falso secreto 445.
soporte del juego de marcos 460.
soporte del papel 528.
soporte del pie 791, 851.
soporte del plano fijo 638.
soporte del rótulo 533.
soporte del tablero 811.
soporte informático 509.
soporte lateral 575.
soporte para bombona de oxígeno 775.
soporte para el antebrazo 782.
soporte para el brazo 554.
soporte para el equipo 490.
soporte para el sobaco 782.
soporte plegable 436.
soporte principal 575.
soporte trípode de cola 623.
soportes 400.
soportes para los pies 838.
sordina 447.
sorgo 85.
sorgo : panícula 85.
soro 76.
sortija de sello 376.
sosegado 56.
sostén de la traba 857.
sostenido 435.
soufflé, molde 232.
spray de pimienta 770.
squash 819.
Sri Lanka 747.
stand de bolos 865.
stand de exposición 719.
Stardust 19.
stick 800, 801.
Stilton 211.
stola 336.
stop 512, 544.
stylus 517, 527.
subártico 61.
subducción 43.
subestación 664.
subíndice 472.
sublimación 680.
submarino nuclear 763.
substracción de la memoria 529.
subsuelo 78.
subterráneo 407.
subtítulo 471.
subtotal /sin adición 529.
subtropical húmedo 61.
subtropical mediterráneo 61.
suburbio 709.
suburbios 39.
sucesos 471.
sudadera 370.
sudadera con capucha 370.
sudadero 856.
Sudan 745.
Sudeste 37.
Suecia 744.
sueco 469.
suegra 784.
suegro 784.
suegros 784.
suela 309, 342, 371, 840, 863, 881.
suela de hule 369.
suela rígida 889.
suelo 70, 661.
suelo de cabina 417.
suelo de madera 899.

suelo, absorción 68.
suelo, capa superficial 78.
suelo, fertilización 69.
suelo, movimiento horizontal 43.
suelo, movimiento vertical 43.
suelo, revestimientos 254.
suero de la leche 210.
sueste 341.
Suiza 744.
sujeción 284.
sujeción delantera 840.
sujeción trasera 840.
sujetador 367, 448, 693.
sujetador de aros 367.
sujetador de escote bajo 367.
sujetador del hilo 457.
sujetador del pabellón 446.
sujetador sin tirantes 367.
sujetalibros 535.
sujetapapel 528.
sulky 857.
suma 703.
sumario 471.
sumidero 263, 650.
sumie 397.
sumiller 720.
suministro de agua 662, 675.
sumo 847.
sumotori 847.
Sunnismo 736.
supercross 875.
superestructura 615.
superficie acanalada 868.
superficie de absorción 675.
superficie de cocción 239.
superficie de deslizamiento 888.
superficie de fijación 535.
superficie de juego 815.
superficie de la piel 172.
superficie de protección 843.
superficie de resina 501.
superficie de rodadura 561.
superficie de rodamiento 590.
superficie del agua 828.
superficie del terreno 647.
superficie dura (cemento) 822.
superficie humedecida 420.
superficie irregular 547.
superficie lucha 843.
superficie lunar 7.
superficie plantar del casco 127.
superficie reflectante 674.
superficie sintética 822.
superficies 704.
superficies de juego 822.
supergigante 8.
superíndice 472.
supermercado 180, 711, 715.
supernova 8.
supinador largo 150, 151.
suplemento a color 471.
suplemento literario 471.
suprimir 515.
Sur 37, 917.
sur 616.
Sur Sudeste 37.
Sur Suroeste 37.
Suráfrica 746.
surco 176, 868.
surco concéntrico 500.
surco de salida 500.
surco en espiral 500.
surco medio 176.
surco nasolabial 175.
surco terminal 176.
sureste 616.
surf 840.
surfista 840.
Surinam 742.
Suroeste 37.
suroeste 616.
surtidor 268, 270, 642.
surtidor de agua 384.
surtidor de gasolina 548.
surtidor principal 259.
suspensión 553, 585, 594.
suspensión trasera 870.
suspensión, brazo 553.
sustancia blanca 167, 168.
sustancia despolarizante 689.
sustancia gris 167, 168.
sustrato impermeable 646.
sutura 84, 105.
sutura coronal 158.
sutura escamosa 158.
sutura lambdoidea 158.
swahili 468.
Swazilandia 746.

T

T central 858.
tabaco 390.
tábano 101.
tabaquera 390.
tabernáculo 737.
tabique cortafuego 655.
tabique de contención longitudinal 606.
tabique interventricular 162.
tabique móvil 509, 510, 719.
tabique nasal 175.
tabique, cartílago nasal 175.
tabla 300, 374, 400.
tabla abierta 357.
tabla alpina 887.
tabla armónica 439, 440.
tabla biselada 425.
tabla con argollas 533.
tabla con pinza 533.
tabla de batida 793.
tabla de batida de salto de longitud 793.
tabla de batida de triple salto 793.
tabla de cortar 229.
tabla de freestyle 887.
tabla de los resultados 828.
tabla de parada 864.
tabla de surf 836, 840.
tabla delantera 357.
tabla harmónica 442, 445.
tabla periódica de los elementos 682.
tablas 357.
tablero 278, 312, 540, 811, 893, 916, 917.
tablero alistonado 300.
tablero de aglomerado 300.
tablero de aglomerado plastificado 300.
tablero de ajedrez 916.
tablero de anuncios 535.
tablero de base 485.
tablero de conmutadores 626.
tablero de control 261, 694.
tablero de controles 512.
tablero de corte, palanca de levantamiento 333.
tablero de damas 916.
tablero de dibujo 399.
tablero de distribución 273.
tablero de fibra de madera 300.
tablero de fibra de madera perforada 300.
tablero de información 582.
tablero de instrumentos 574, 576.
tablero de juego 915.
tablero de llegadas y salidas 621.
tablero de los handicaps 858.
tablero de luces 490.
tablero de mandos 10, 586.
tablero de operaciónes 766.
tablero de partículas waferboard 300.
tablero de rodillos y brazos 445.
tablero de rótulo 587.
tablero de yeso 299.
tablero indicador 856.
tablero laminado 300.
tablero rígido aislante 299.
tableros 300.
tableta de resonancia 444.
tableta digitalizada 517.
tablillas 777.
tablinum 406.
tablón de anuncios 734.
tabulación a la derecha 514.
tabulación a la izquierda 514.
tabulador 528.
tabulador decimal 528.
taburete 224, 277, 401, 722.
taburete de bar 720.
taburete escalera 321.
tachuela 301.
tachuelas para papel 534.
tacita de café 226.
tackle defensivo derecho 806.
tackle defensivo izquierdo 806.
tacle derecho 807.
tacle izquierdo 807.
taco 753, 791, 798, 912.
taco de billar 863.
taco de salida, atleta 791.
tacómetro 557, 576.
tacón 881.
tacos 791.
tacos de rosca 802.
tacto 172.
tafetán 463.
tagalo 469.
tahitiano 469.
Tailandia 747.
tailback 807.
Tajikistán 746.
tajín 200.
tajina 234.
taladro 323.
taladro de mano 307.
taladro de motor 323.
taladro eléctrico 306.
taladro neumático 873.
taladro percutor 648.
taladro percutor inalámbico 306.
taladro vertical 307.
talio 682.
talla 401.
talla brillante de un diamante 374.
talla en baguette 375.
talla en briolette 375.
talla en cabujón 375.
talla en madera 401.
talla en pera 375.
talla en rosa holandesa 375.
talla en tabla 375.
talla escalonada 375.
talla francesa 375.
talla octógono 375.
talla oval 375.
tallarines de espinacas 206.
tallas de piedras preciosas 375.
talle corto 367.
taller 726.
Taller de Escultor 10.
taller de mantenimiento 648.
taller de máquinas diésel 583.
taller de reparación de vagones 589.
taller mecánico 548.
tallo 75, 77, 78, 172, 185.
tallo del bulbo 78.
tallo principal 86.
Talmud 736.
talo 74, 75.
talón 127, 147, 149, 303, 306, 309, 342, 351, 370, 439, 440, 641, 783, 797, 816, 840, 868, 880, 909, 910.
talón de aguja 453.
talón de apoyo 236, 288.
talón de la aguja 456.
talón de la hoja 229.
talonario de cheques 386, 387.
taloneador 804.
talonera 889.
talud 538, 647.
talud continental 49.
talud de aguas abajo 660.
talud de aguas contenidas 660.
tam-tam 448.
tamaño 472.
tamarillo 196.
tamarino 139.
tambor 230, 285, 292, 293, 404, 416, 559, 612, 700, 754, 910, 920.
tambor distanciador 528.
tambor giratorio 43.
tambor hablante 433.
tambor principal 460.
tamboril 448.
tamiz 231, 232.
tamiz vibratorio para lodos 651.
tampón 422.
tándem 581.
tanque 23, 263, 266, 485, 607, 767, 903.
tanque auxiliar 571.
tanque de acetileno 319.
tanque de agua 589.
tanque de agua de rociado 665, 669.
tanque de aire 320.
tanque de aire comprimido 841.
tanque de almacenamiento 656, 675.
tanque de expansión 259, 675.
tanque de gas propano 567.
tanque de hidrogeno líquido 24.
tanque de hidrógeno líquido 25.
tanque de keroseno 25.
tanque de oxígeno 319.
tanque de oxígeno líquido 25.
tanque de oxígeno líquido 24.
tanque de regulación de presión 654.
tanque de revelado 484.
tanque de seguridad 670.
tanque de techo fijo 655.
tanque de techo pontón 655.
tanque del combustible 331, 570.
tanque del nitrógeno 694.
tanque del reactor 671.
tanque moderador 670.
tanque para repostar 873.
tanques 655.
tántalo 683.
tanteo 789.
Tanzania 745.
tapa 234, 236, 237, 238, 239, 240, 241, 248, 249, 261, 273, 274, 275, 289, 290, 291, 292, 295, 313, 342, 389, 391, 398, 444, 445, 465, 470, 477, 484, 512, 528, 561, 689, 767, 907.
tapa de cierre 689.
tapa de la batería 562.
tapa de la cisterna 265.
tapa de la culata 552.
tapa de sellado 689.
tapa del filtro 773.
tapa del inodoro 265.
tapa del objetivo 478.
tapa del tanque 570.
tapa del tanque de la gasolina 576.
tapa deslizante 506.
tapa flotante 655.
tapa frontal 519.
tapa guardapolvo 500.
tapa inferior 689.
tapa superior 445, 689.
tapa terminal 667.
tapacubos 551.
tapete 862.
tapete antideslizante 893.
tapón 265, 269, 379, 813, 906.
tapón de registro 262.
tapón de rosca 223.
tapón de vaciado 566.
tapón del depósito de gasolina 551.
tapón del sifón 270.
tapón hembra 269.
tapón hermético 903.
tapón macho 269.
tapones de oídos 772.
tapones de oídos, 872.
taquigrafía, cuaderno 531.
taquilla 394, 427, 719.
taquilla automática 427.
taquilla de venta de billetes 592.
taquillas de consigna automática 582.
taquillas de los estudiantes 735.
tare 847.
tarjeta de circuito impreso 689.
tarjeta de crédito 729.
tarjeta de débito 731.
tarjeta de expansión PCI 513.
tarjeta de interfaz de red 522.
tarjeta de interfaz de red sin hilos 522.
tarjeta de memoria 477.
tarjeta de memoria compact flash 481.
tarjeta de ruta 587.
tarjeta madre 513.
tarjeta, número 729.
tarjetero 386.
tarlatana 422.
taro 184.
tarrito para pincel 398.
tarso 96, 98, 111, 115, 122, 126, 131, 138, 141, 142, 155, 156.
tarso metatarso 116.
Tasmania 29.
Tasmania, mar 29.
tatami 844, 846.
Tauro 12.
taza 226, 265, 905, 906.
tazas medidoras 231.
té 208.
té negro 208.
té oolong 208.
té verde 208.
té, bolsita 208.
teatro 430, 710, 711.
teatro griego 402.
techo 100, 257, 551, 567, 635, 818, 819.
techo a dos aguas 251.
techo acústico 431.
techo corredizo 551.
techo de cabina 417.
techo de protección 632.
techo de vidrio 582.
techo de vidrio 250, 713.
techo fijo, tanque 655.
techo ponton, tanque 655.
techo, armadura del 253.
tecla 432, 442, 443, 445.
tecla alternativa 514.
tecla bloqueo mayúsculas 514.
tecla bloqueo numérico 515.
tecla correctora 456.
tecla de adición 529.
tecla de anula 519.
tecla de arrastre del papel 529.
tecla de bloqueo 505.
tecla de cambio de signo 529.
tecla de centrado 528.
tecla de confirmación 731.
tecla de desplazamiento 505.
tecla de dirección 261.
tecla de división 529.
tecla de doble cero 529.
tecla de enter 515.
tecla de fijación de pantalla 496.
tecla de final de búsqueda 496.
tecla de final de llamada 506.
tecla de funciones 514.
tecla de igualdad 529.
tecla de impresión pantalla 515.
tecla de iniciación 508.
tecla de inicio/stop de grabación 496.
tecla de llamada 505, 506.
tecla de luminosidad 505.
tecla de más/igual 529.
tecla de mayúsculas 514, 528.
tecla de menú 505.
tecla de multiplicación 529.
tecla de número 529.
tecla de pedal 444.
tecla de porcentaje 529.
tecla de raíz cuadrada 529.
tecla de regreso del carro 528.
tecla de reiniciación 508.
tecla de repetición 501.
tecla de retroceso 515.
tecla de sangrado 528.
tecla de seguro para las mayúsculas 528.
tecla de selección 506.
tecla de selección de banda 497.
tecla de selección de entrada 497.
tecla de selección de modalidad FM 497.
tecla de selección del grabador 497.
tecla de selección sintonía 497.
tecla de servicio 514.
tecla de sustracción 529.
tecla de utilización múltiple 529.
tecla de visualización del título 496.
tecla decimal 529.
tecla del menú 505.
tecla email 514.
tecla escape 514.
tecla inicio 514.
tecla Internet 514.
tecla memoria 497.
tecla para limpiar la pantalla 529.
tecla para limpiar la pantalla y de acceso 529.
tecla pausa 515.
tecla tabulación 514.
teclado 442, 450, 506, 507, 514, 526, 865.
teclado alfabético 530.
teclado alfanumérico 506, 507, 514, 548, 730, 731.
teclado de bajos 432.
teclado de funciones 699.
teclado del número de identificación personal(PIN) 731.
teclado del órgano de expresión 444.
teclado del órgano mayor 444.
teclado del órgano positivo 444.
teclado numéricas 508.
teclado numérico 507, 515, 530, 699.
teclado triple 432.
teclado, instrumentos 442.
teclados manuales 444.
teclas 451.
teclas conmutadoras de puntos 456.
teclas de control 508.
teclas de desplazamiento del cursor 529.
teclas de función 507, 508.
teclas de funciones programables 731.
teclas de operación 507, 730, 731.
teclas de selección 456.
teclas de selección de la sintonía 497.
teclas de selección de los altavoces 497.
teclas direccionales 515.
tecnecio 683.
técnica de salto 891.
técnicas 812.
técnico de control de cámaras 490.
técnico de control de la cámara 489.
técnico de luces 490.
técnico de sonido 489, 490.
tee 867, 877.
tee de salida 866.
tegumento de la semilla 81.
teja 299, 406, 412.
teja de asfalto 299.
tejado 245, 257, 412.
tejido 460.
tejido adiposo 171, 172.

tejido conjuntivo 172.
tejido de punto 457.
tejido subcutáneo 172.
tejidos 455.
tejidos, diagramas 463.
tejón 134.
tela 455, 899.
tela bordada 459.
tela de araña 103.
tela impermeable 391.
telar de cuatro marcos 460.
telar de tapicería 461.
telares 430.
telecomunicaciones vía satélite 487.
telecomunicaciones, satélites 486.
teleconvertidor 478.
teledetección 40.
teledetección por satélite 41.
teleférico 886.
teléfono 489, 491, 506, 724, 725.
teléfono de teclado 507.
teléfono inalámbrico 507.
teléfono móvil 506.
teléfono público 427, 507, 715, 720, 723, 779.
teléfono, comunicación 506.
teléfonos, ejemplos 507.
telémetro 480.
teleobjetivo 478.
teleporte 487.
Telescopio 10.
telescopio 17, 701, 859.
telescopio espacial Hubble 17, 53.
telescopio reflector 15.
telescopio reflector, sección transversal 15.
telescopio refractor 14.
telescopio refractor, sección transversal 14.
telesilla 886.
telesquí 886.
televisión 489, 724, 734.
televisor 494.
televisor de pantalla ancha 493.
telón cortafuegos 430.
telón de boca 430, 431.
telón de fondo 430.
telson 107.
telurio 682.
temperatura 261.
temperatura ambiente 55.
temperatura Celsius, unidad de medida 702.
temperatura del punto de rocío 55.
temperatura deseada 261.
temperatura real 261.
temperatura termodinámica, unidad de medida 702.
temperatura, medición 695.
temperatura, sensor 561.
temperatura,medición 59.
tempestad 56.
templador 424.
templazo 461.
templo azteca 412.
Templo de Huitzilopochtli 412.
Templo de Tlaloc 412.
templo griego 403.
templo griego, plano 403.
tenacillas 381.
tenaza 409.
tenazas 257.
tendencia barométrica 55.
tendón 133.
tenedor 227, 905.
tenedor de ensalada 228.
tenedor de fondue 228.
tenedor de mesa 228.
tenedor de ostras 228.
tenedor de pescado 228.
tenedor de postre 228.
tenedor de trinchar 229.
tenedores, ejemplos 228.
tenis 788, 820.
tenis de mesa 815.
tenista 822.
tensiómetro 777.
tensión, disminución 677.
tensor 676, 824, 825, 826, 835, 842, 910.
tensor de la fascia lata 150.
tensor de las cuerdas 448.
tensores pectorales 850.
tentáculo 106.
tentáculo ocular 104.
tentáculo táctil 104.
teodolito 59, 701.
terbio 684.
tercelete 410.
tercer ala 804.
tercer octante 7.
tercer pistón móvil 447.
tercera 434, 849.
tercera base 794.
tercera etapa 25.
tercera línea 804.
tercera línea derecha 804.
terceravuelta 789.
tercero 877.
Terciario 93.
tercio diestro 740.
tercio siniestro 740.
terminación nerviosa 172.
terminador 522.
terminal 272, 274, 654, 663.
terminal de carga 596.
terminal de comunicaciones 507.
terminal de contenedores 708.
terminal de entrada 316.
terminal de granos 596.
terminal de mercancías 708.
terminal de pago electrónico 181, 731.
terminal de pasajeros 596, 619, 620.
terminal de petróleo 596.
terminal de tierra 274.
terminal del control a remoto 476.
terminal satélite de pasajeros 619.
terminales interactivos 395.
términos familiares 82, 83.
termita 101.
termo 906.
termo con llave de servicio 906.
termómetro 655, 695, 841, 899.
termómetro bimetálico 695.
termómetro clínico 695.
termómetro de azúcar 231.
termómetro de horno 231.
termómetro de máxima 59.
termómetro de medida instantánea 231.
termómetro de mercurio 777.
termómetro de mínima 59.
termómetro digital 777.
termómetro para carne 231.
termómetros clínicos 777.
termopausa 53.
termosfera 53.
termostato 238, 260, 261, 267, 291.
termostato de seguridad 293.
termostato inferior 266.
termostato programable 261.
termostato regulable 239.
termostato superior 266.
ternera, carne troceada 214.
ternera, cortes 214.
ternero 128.
terraja 314.
Terranova, Isla 30.
terraplén 409, 538.
terraplén de desenganche 589.
terraplén de los helióstatos 674.
terraza 244, 609.
terremoto 43.
terreno de juego 799.
terreno de recubrimiento 647.
terrina 234.
terrina para mantequilla 223.
terrina, mantequilla 223.
testículo 169.
testículos 107, 110.
testigo 790.
testigo luminoso 767.
testuz 124.
tetera 226.
Tetis 5.
texto 528.
thai 468.
tía materna 785.
tía paterno 785.
tibetano 468.
tibia 96, 98, 122, 126, 131, 138, 140, 141, 142, 152, 155, 156.
tibia tarso 116.
tibia y peroné 111.
tibial anterior 150.
tiburón, morfología 108.
tiburones 206.
tiempo 789.
tiempo, medición 696.
tiempo, unidad de medida 702.
tiempos realizados 831.
tienda 406, 710.
tienda de animales 714.
tienda de artículos de decoración 715.
tienda de bricolaje 714.
tienda de campaña clásica 903.
tienda de campaña tamaño familiar 902.
tienda de deportes 715.
tienda de discos 714.
tienda de electrónica 714.
tienda de juguetes 714.
tienda de prensa 715.
tienda de regalos 714.
tienda de ropa 714.
tienda del museo 394.
tienda interior 902, 903.
tienda libre de impuestos 621.
tienda para dos 902.
tienda rectangular 902.
tienda tipo domo 903.
tienda tipo iglú 903.
tienda tipo vagón 902.
tienda unipersonal 903.
tiendas de campaña, ejemplos 902.
tiento 399.
Tierra 0, 4, 5, 6, 7, 28.
tierra apisonada 538.
tierra batida 822.
Tierra de la Reina Maud 29.
Tierra de Marie Byrd 29.
Tierra de Wilkes 29.
Tierra del Fuego 31.
tierra, equipo 622.
Tierra, estructura 42.
tierras raras 684.
tifón 63.
tigre 135.
tijeras 777, 905.
tijeras con doble filo para entresacar 382.
tijeras con filo simple para entresacar 382.
tijeras de cocina 233.
tijeras de modista 454.
tijeras de pedicura 377.
tijeras de peluquero 382.
tijeras de podar 330.
tijeras de punta roma 377.
tijeras de uñas 377.
tijeras para aves 233.
tijeras para cutícula 377.
tijeras para rematar 454.
tila 208.
tilde 473.
timbal 448.
timbales 437.
timbradora 530.
timbre 390.
timón 23, 600, 605, 606, 608, 625, 759, 760, 838, 839.
timón de control 626.
timón de dirección 763, 898.
timón de inmersión 763.
timón de mando, pedal 898.
timón de profundidad 625, 763, 898.
tímpano 110, 403, 404, 411, 421.
tímpano, membrana 174.
tinta 421, 470.
tinta china 397.
tinta china, dibujo 396.
tinta de color cambiante 729.
tinta litográfica 423.
tinta, bolsa 106.
tinte para el cabello 379.
tintorería 715.
tío materno 785.
tío paterno 785.
tipi 418.
tipo de combustible 548.
tipo de nube alta 55.
tipo de nube baja 55.
tipo de nube media 55.
tipo Michigan 893.
tipo sans serif 472.
tipo serif 472.
tipografía 472.
tipos de articulaciones sinoviales 156.
tipos de cabeza 302.
tipos de eclipses 6, 7.
tipos de huesos 157.
tipos de motores 564.
tipos de movimientos 916.
tipos de parqué 254.
tipos de punto 458.
tipos de puntas 302.
tipos de puntos 459.
tipos de rejillas 258.
tipos de remos 838.
tipos de varillas 236.
tira 416.
tira de tela 459.
tira para rasgar la envoltura 390.
tirador 223, 290, 416, 860.
tirador de espada 848.
tirador de florete 848.
tirador de la puerta 554.
tirador de sable 848.
tiradora 809.
tiraje 390.
tiranosaurus 93.
tirante 252, 253, 321, 367, 443, 540, 857.
tirante ajustable 368.
tirante con botones 369.
tirante de fijación 897.
tirante de la botavara 836.
tirante de la cabeza 857.
tirante de la rodillera 857.
tirante del pescante 634.
tirantes 350, 541.
tirantes en abanico 541.
tirantes en forma de arpa 541.
tirantes, puentes 541.
tirilla 349, 354, 361.
tirilla elástica 351, 354, 369.
tirita 777.
tirita Velcro® 368.
tiro 390.
tiro al arco 788.
tiro al blanco 788, 861.
tiro al plato 860.
tiro con arco 859.
tiro de aire caliente 256.
tiro de penalti 814.
tiro de pistola 861.
tiro vertical 650.
tisanas 208.
Titán 5.
Titan IV 24.
Titania 5.
titanio 683.
tití 139.
titular 471.
titular, firma 729.
título de propiedad 915.
tiza 863.
toalla con capuchón 368.
toalla de baño 379.
toalla de lavabo 379.
toalla para la cara 379.
toallero 264.
tobera 24.
tobera de eyección 760.
tobera de sección variable 629.
tobera orientable 628.
tobillera 365, 796, 880, 887.
tobillo 146, 148.
toca 341.
tocadiscos 488, 500.
tocón 87.
toe 868.
toga 336, 338.
Togo 745.
toldo 567, 611.
toldo de ventana 902.
toldo delantero 902.
tolva 643.
tolva de carga 573.
toma 328.
toma audio 513.
toma contra sobretensión 520.
toma contra sobretensión alimentadas por baterías 520.
toma de aire 271, 548, 568.
toma de aire del motor 568, 760.
toma de aire del tejado 262.
toma de aire para el ventilador de sustentación 605.
toma de aire para refrigeración del motor 874.
toma de aire principal 262.
toma de alimentación 513.
toma de auriculares 513.
toma de carga 563.
toma de corriente 567.
toma de entrada 520.
toma de entrada audio 527.
toma de fuerza 640.
toma de gases de combustión 564.
toma de llenado 597.
toma de oxígeno 780.
toma de salida audio 527.
toma de tierra 272.
toma del micrófono 505.
toma para auriculares 450, 451, 504.
toma para la boca de riego 766.
toma para los auriculares 497.
toma principal de llenado 655.
toma secundaria 655.
tomarrizos 603.
tomas entrada /salida video 497.
tomas telefónicas contra sobretensiones 520.
tomas vídeo 477.
tomate 188.
tomate en rama 188.
tomatillo 188.
tómbolo 51.
tomillo 202.
Tonga 747.
topacio 375.
tope 284, 312, 382, 453, 583, 602, 773.
tope amortiguador 289.
tope de ingletes 305.
tope de la escalera 766.
tope de la puerta 291, 587.
tope de profundidad 307.
tope fijo 700.
tope móvil 700.
topo 121.
topo, esqueleto 121.
topo, mofología 121.
toque 813.
toque con dos manos 832.
Torá, rollos 738.
tórax 96, 97, 98, 146, 148.
torca 47.
torio 684.
tormenta 57.
tormenta de polvo y arena 57.
tormenta eléctrica 57.
tormenta tropical 57.
tornado 57, 63.
torneo, pelota 819.
tornillo 302, 311, 320, 439, 462.
tornillo cruciforme (Phillips) 302.
tornillo de ajuste 286, 310, 312, 317, 319, 436, 777.
tornillo de ajuste de ranilla 309.
tornillo de ajuste de tensión 534.
tornillo de ajuste del condensador 693.
tornillo de anclaje 791.
tornillo de apriete 312.
tornillo de banco 401.
tornillo de cabeza achaflanada 302.
tornillo de cabeza avellanada 302.
tornillo de cabeza redonda 302.
tornillo de caja cuadrada 302.
tornillo de fijación 482.
tornillo de fijación horizontal 701.
tornillo de la aguja 453.
tornillo de montaje 913.
tornillo de presión 421, 423.
tornillo de regulación para carga completa 273.
tornillo de regulación para carga ligera 273.
tornillo de soporte inferior 58.
tornillo de sujeción 304.
tornillo de un solo sentido 302.
tornillo guía 306.
tornillo macrométrico 693.
tornillo micrométrico 612, 693, 700, 701.
tornillo nivelador 58, 699, 701.
tornillo sin fin 573.
tornillo sin fin, engranaje 686.
tornillo sinfín 462.
tornillos de bloqueo 700.
torniquete de entrada 592.
torniquete de salida 592.
torno 464.
torno de perforación 651.
torno de banco 312.
torno de mesa 464.
toro 404, 405, 705.
toro intermedio 405.
toronja 194.
torpedo 763.
torre 410, 614, 634, 635, 674, 676, 677, 858, 916.
torre campanario 737.
torre de alta tensión 663.
torre de control 618, 761.
torre de escape 25.
torre de extracción 649.
torre de oficinas 713.
torre de perforación 604, 651, 652, 654.
torre de recepción 486.
torre de refrigeración 646.
torre de saltos 828.
torre de señales 583.
torre de transmisión 486.
torre del homenaje 408.
torre del locutor 488.
torre esquinera 408.
torre flanqueante 408.
torre, grúa 634.
torrecilla de lavado 294.
torrente de montaña 45.
Torres, Estrecho 29.
torreta 408, 762, 763.
torreta de mando 763.

torreta giratoria 758.
torsión 306.
tortellini 206.
tortilla 205.
tortuga 113.
tortuga, anatomía 113.
tortuga, morfología 113.
tostador 238.
touch pad 526.
traba 857, 900.
trabajo, muebles 511.
trabilla 350, 358, 797, 854.
trabilla de la pretina 350.
trabilla de suspensión 354.
trabilla para el pie 851.
tracción, baterías 563.
tracción, coche 594.
tracería 411.
trackball 517.
tracto olfatorio 175.
tractor 640.
tractor : vista frontal 640.
tractor : vista trasera 640.
tractor cortacésped 333.
tractor de orugas 636.
tractor de ruedas 637.
tractor nivelador 647.
tractor remolcador 623.
tractor remolque 622.
tractor, motor 638.
tragadero 47.
tragaluz 244.
trago 140, 173.
trailer para transporte de vehículos 572.
trainera 606.
traje cruzado 356.
traje de baño 371, 830.
traje de carrera 882.
traje de carreras 874.
traje de chaqueta 355.
traje de entrenamiento 370.
traje de esqui 888.
traje de esquí 887, 892.
traje de esquí de salto 891.
traje de esquí de velocidad 891.
traje de judo 844.
traje de protección 875.
traje de una sola pieza 884.
traje de vuelo 896.
traje espacial 20.
traje ignífugo 872.
traje isotérmico 841.
traje tradicional 846.
trajes de baño 716.
trajes de hombre 716.
trajes de intervención 764.
trajes sastre de señora 716.
trama 460, 461.
tramo 255.
tramo central 540.
tramo de elevación 542.
tramo giratorio 542.
tramo lateral 540.
tramo suspendido 540.
trampa de agua 866.
trampa de petróleo 653.
trampa petrolífera 651.
trampas de arena 867.
trampilla 407, 430.
trampilla de acceso 712.
trampolín 246, 823.
trampolín de 1 m 828.
trampolín de 3 m 828.
transacción, recibo 731.
transacciones financieras 525.
transbordador 596, 608, 621.
transbordador espacial 22.
transbordador espacial en posición de lanzamiento 22.
transductor 613.
transepto 411.
transferencia de calor al agua 665.
transformación del trabajo mecánico en electricidad 662.
transformador 287, 658, 663, 668, 674.
transformador de ignición 259.
transformador principal 585.
transición, metales 683.
transmisión 292, 563.
transmisión de cadena 580.
transmisión de calor 681.
transmisión de datos 41.
transmisión de electricidad 665.
transmisión de energía al generador de voltaje 662.
transmisión de ondas hertzianas 486.
transmisión del movimiento hacia el rotor 662.
transmisión longitudinal, árbol 553.
transmisión por cable submarino 487.
transmisión visual 694.
transmisor 506.
transmisor-receptor radar 771.
transmisor de microondas 489.
transpaleta 633.
transpiración 67.
transportador 701.
transportador de equipaje 623.
transporte 538.
transporte aéreo 618.
transporte de electricidad 663.
transporte de electricidad de alta tensión 646, 662, 677.
transporte ferroviario 582.
transporte hacia los usuarios 646, 677.
transporte marítimo 596, 649.
transporte terrestre 538, 596.
tranvía 595.
trapecio 150, 151, 154, 156, 705, 897.
trapezoide 154.
traquea 116.
tráquea 125, 163.
trasbordador 623.
trasdós 413.
traste 432, 440, 441.
trastero 509.
tratamiento de datos 41, 54.
tratamiento químico 656.
travelín 428.
travelín, raíles 428.
traversa 409, 598.
travesaño 252, 277, 278, 321, 424, 433, 460, 461, 663, 676, 782, 783, 799.
travesaño de apoyo 676.
travesaño delantero 893.
travesaño frontal 460.
travesaño frontal interior 460.
travesaño inferior 635.
travesaño intermedio del batán 460.
travesaño superior 249, 635.
travesaño superior de la vidriera 249.
travesaño superior del batán 460.
travesaño trasero 893.
traviesa 591.
trébol 914.
trebolado 413.
tren de alta velocidad 585.
tren de aterrizaje delantero 624, 760.
tren de aterrizaje principal 625, 760.
tren de pasajeros 582.
tren subterráneo 592, 594.
tren suburbano 583.
trenca 353.
trepadora 345.
Triángulo 12.
triángulo 437, 449, 705, 863.
Triángulo Austral 10.
Triásico 93.
tribuna 788, 874.
tribuna de los jueces 856.
tribuna del jurado 728, 871, 890.
tribuna para el público 856.
tribunal 728.
tríceps braquial 151.
triceratops 93.
triciclo 581.
triclinio 406.
tricornio 339.
trifoliada 79.
trifolio 411.
triglifo 404.
trigo 85, 203.
trigo : espiga 85.
trigo sarraceno 85, 203.
trilladora, cosechadora 643.
trilobites 92.
trimarán 835.
trincha 348.
trinchera 352.
trineo 884, 885.
Trinidad y Tobago 743.
trino 435.
trinquete 302, 307, 603, 696, 697.
trío 438, 914.
tripa 212, 390.
triple de barras 852.
triple plano vertical 629.
triple salto 790, 793, 875.
triple salto mortal y medio hacia delante encogido 829.
trípode 14, 436, 448, 482, 483, 489.
trípode de la jirafa para el micrófono 492.
tripulantes, vehículo de emergencia 21.
trirreme 598.
triticale 203.
Tritón 5.
tritón 111.
triturador de ajos 230.
triturador de basura 270.
trituradora 71, 646.
trocánter 96, 98.
trocánter mayor 153.
troje 182.
tromba marina 63.
trombarina 63.
Trombe, pared 675.
trombón 447.
trombones 437.
trompa 110.
trompa de Eustaquio 174, 175.
trompa de Falopio 170, 171.
trompa uterina, ampolla 171.
trompeta 447, 538, 611.
trompetas 437.
trona 281.
tronco 76, 86, 87, 110, 147, 149, 300.
tronco celiaco 165.
tronco celíaco 161.
tronco, corte 300.
tronco, corte transversal 87.
troncos, semirremolque 572.
tronera 862.
tronera central 862.
tropical húmedo y seco 61.
tropical lluvioso 61.
Trópico de Cáncer 34, 35, 36.
Trópico de Capricornio 34, 35, 36.
tropopausa 53, 68.
troposfera 53.
trote 124.
trotón 857.
trucha 221.
trufa 183.
tuba 437, 447.
tubérculos 184.
tubería 654.
tubería ascendente 259.
tubería de agua caliente 262, 270, 271.
tubería de agua fría 262, 265, 271.
tubería de carga 657.
tubería de conducción de carburante 25.
tubería de escape del vapor 669.
tubería de refrigeración 260.
tubería de retorno 259.
tubería del caudal del pozo 652.
tubería descendente 259.
tubería principal del vapor 669.
tubo 223, 259, 267, 275, 312, 445, 447, 692, 753, 756, 757, 777, 841.
tubo ajustable 782.
tubo alimentador 240.
tubo articulado 557.
tubo binocular 693.
tubo capilar 695.
tubo de acuarela 397.
tubo de agua caliente 266.
tubo de agua fría 266.
tubo de aire 259, 382, 765, 841.
tubo de ajuste 824, 825.
tubo de alimentación 643.
tubo de aspiración 658, 659.
tubo de circulación 672.
tubo de cristal 695.
tubo de desagüe 267.
tubo de descarga 643.
tubo de destellos 692.
tubo de drenaje 253, 485.
tubo de embocadura 444.
tubo de empuje 470.
tubo de ensayo 685.
tubo de ensilaje 643.
tubo de entrada 237.
tubo de escape 274, 275, 552, 553, 564, 570, 575, 576, 631, 636, 639, 640.
tubo de extensión 289.
tubo de flash 482.
tubo de gasolina 553, 563.
tubo de guache 397.
tubo de irrigación 573.
tubo de la helice 605.
tubo de lengüeta 444.
tubo de Malpighi 99.
tubo de pantalla 494.
tubo de perforación 651.
tubo de Pitot 873.
tubo de presión 667.
tubo de salida 263.
tubo de sillín 871.
tubo de subida del agua 241.
tubo de suministro de agua 262, 270.
tubo de suministro de petróleo 259.
tubo de toma de agua 262.
tubo de vapor 241.
tubo de ventilación 643.
tubo del asiento 578.
tubo del borde de ataque 897.
tubo del manillar 579.
tubo del pistón 447.
tubo en Y 776.
tubo flexible 289, 776.
tubo fluorescente 275.
tubo inferior del cuadro 579.
tubo lanzatorpedos 763.
tubo para el grano 643.
tubo portaocular 693.
tubo principal 14, 15.
tubo principal de observación 692.
tubo rebosadero 266.
tubo rígido 289.
tubos de Malpighi 97.
Tucán 10.
tucán 119.
Tudor 413.
tuerca 248, 269, 310, 311, 590.
tuerca cerrada 311.
tuerca de ajuste 269, 270.
tuerca de bloqueo 700.
tuerca de fijación 58.
tuerca de mariposa 311.
tuerca de seguridad 58.
tuerca de sujeción 909.
tuerca de sujeción de la aguja 398.
tuerca del prensaestopas 268.
tuerca hexagonal 311.
tuercas 311.
tulio 684.
tulipán 80.
tumbona 277.
tundra 61, 66.
túnel 592.
túnel de carretera 543.
túnel de comunicación 23.
túnel de embarque 619.
Túnez 745.
tungsteno 683.
túnica 356, 748.
túnica de manga larga 337.
tupinambo 184.
turbante 339, 341.
turbina 646, 659, 668.
turbina de transmisión 564.
turbina de viento de eje horizontal 677.
turbina de viento de eje vertical 676.
turbina del compresor 564, 627.
turbina Francis 659.
turbina Kaplan 659.
turbina motriz 627.
turbina Pelton 659.
turbinas de viento 676.
turbo-alternador 646.
turborreactor 625, 627, 760.
turco 469.
turf 856.
turión 185.
turismo de tres puertas 549.
turismo, neumático 560.
Turkmenistán 746.
turmalina 375.
turquesa 375.
Turquía 746.
Tuvalu 747.

U

uapití 128.
ubicación de la estatua 403.
Ucrania 744.
ucranio 469.
udon, fideos 207.
ued 52.
Uganda 745.
uke (defensor) 844.
Ulisses 19.
última recta 856.
umbela 81.
umbo 105.
umbral 46, 247.
Umbriel 5.
un par 914.
uña 98, 113, 115, 127, 130, 133, 140, 173, 301, 610.
uña extendida 133.
uña retraida 133.
una vía 544, 546.
uña, cuerpo 172.
uña, raíz 172.
uñas, esmalte 377.
uñas, lima 377.
unicelulares 94.
Unicornio 11.
unidad astronómica 5.
unidad CD/DVD-ROM 513, 526.
unidad cruciforme 629.
unidad de aire 622.
unidad de aire acondicionado 489.
unidad de casetes 521.
unidad de CD/DVD-ROM 513.
unidad de control de cámaras 490.
unidad de control de la cámara 489.
unidad de control de la temperatura del cuerpo 20.
unidad de control electrónico 559.
unidad de copia de seguridad 523.
unidad de cuidados intensivos 780.
unidad de destilación al vacío 656.
unidad de disco duro extraíble 521.
unidad de disco duro primario 513.
unidad de discos 450.
unidad de disquete 513.
unidad de disquete externo 521.
unidad de disquetes 513.
unidad de extracción de solventes 656.
unidad de grupo de la alimentación 513.
unidad de impresión 528.
unidad de instrumentos 25.
unidad de medición de volumen 488.
unidad de medida de cantidad de materia 702.
unidad de medida de carga eléctrica 702.
unidad de medida de corriente eléctrica 702.
unidad de medida de energía 702.
unidad de medida de frecuencia 702.
unidad de medida de fuerza 702.
unidad de medida de intensidad luminosa 702.
unidad de medida de la diferencia de potencial eléctrico 702.
unidad de medida de la temperatura Celsius 702.
unidad de medida de longitud 702.
unidad de medida de masa 702.
unidad de medida de presión 702.
unidad de medida de radioactividad 702.
unidad de medida de resistencia eléctrica 702.
unidad de medida de temperatura termodinámica 702.
unidad de medida de tiempo 702.
unidad de memoria de acceso aleatorio (RAM) 513.
unidad de pesas 851.
unidad de refrigeración 571.
unidad de registro 59.
unidad de visualización de imagen /sonido 491.
unidad del disco duro 521.
unidad del radar 760.
unidad exterior 260.
unidad interior 260.
unidad móvil 486, 489.
unidad móvil de rayos X 778.
unidad móvil de servicio por control remoto 21.
unidad para maniobras en el espacio 20.
unidad secundaria de disco duro 513.
unidades astronómicas 4.
unidades de almacenamiento de información 521.
unidades de comunicación 522.
unidades de entrada de información 514.
unidades de medida, sistema internacional 702.
unidades de salida de información 518.
uniforme 770.
uniformes 764.
unión 269, 470, 703.
unión de caña y brazos 610.
unión periférica 661.
unísono 434.
universidad 710.
uno 703.
ununbio 683.
ununnilio 683.
unununio 683.
uranio 684.
uranio en fisión 665.
uranio enriquecido 671.
uranio natural 670.
Urano 4, 5.
urdidor 462.
urdimbre 460, 461.
urdimbre, hilos 463.

urdu 469.
uréter 165.
uretra 104, 116, 165, 169, 170.
urgencias 778.
urinario, aparato 165.
URL localizador universal de recursos 524.
urna 699.
urópodo 107.
urostilo 111.
urraca 118.
Uruguay 742.
usar plancha caliente 347.
usar plancha muy caliente 347.
usar plancha tibia 347.
uso común, símbolos 725.
uso doméstico 525.
usos de Internet 525.
utensilios de cocina 229, 234, 905.
utensilios para abrir y descorchar 230.
utensilios para la chimenea 257.
utensilios, ejemplos 401.
útero 170, 171.
útero, ligamento ancho 171.
uva 86, 192.
uva, corte 83.
uvas, racimo 86.
úvula 174, 175.
Uzbekistán 746.

V

vaca 128.
vaciador 233.
vacuno, carne picada 214.
vacuno, carne troceada 214.
vacuno, cortes 214.
vacuola 74, 94.
vacuola contráctil 94.
vacuola digestiva 94.
vacuola digestiva en formación 94.
vade 511.
vagina 103, 104, 170, 171.
vagón 587, 642.
vagón cerrado 588.
vagón cisterna 588.
vagón comedor 584.
vagón de carga 583.
vagón de mercancías 588.
vagón de pasajeros 584, 585, 594.
vagón frigorífico 588.
vagón máquina 594.
vagón para automóviles 588.
vagón para contenedores 588.
vagón para ganado 588.
vagón para madera 588.
vagón plano con retenedores 588.
vagón tolva 588.
vagón tolva para minerales 588.
vagones de pasajeros 584.
vagones, ejemplos 588.
vailla de empuje 590.
vaina 79, 84.
vaina de mielina 168.
vajilla 226.
vajillas , cristalerías y cuberterías 717.
vajillas, cristalerías, cuberterías 717.
valla 712, 790.
valla de la carrera de obstáculos 790.
valla de madera 878.
valla de seguridad 890.
valla sobre muro 852.
valla sobre seto 852.
vallado 244.
vallado del campo 795.
valle 45, 48.
valor 729.
valores de las notas musicales 435.
valores de los silencios 435.
valva 105.
válvula 445, 579.
válvula aórtica 162.
válvula de aceleración 649.
válvula de acetileno 319.
válvula de admisión 564, 566.
válvula de agua de rociado 669.
válvula de aire 320, 398.
válvula de aire comprimido 841.
válvula de ajuste 320.
válvula de alivio 259.
válvula de control 263, 903.
válvula de drenaje 266, 267, 291.
válvula de entrada 265.
válvula de escape 564, 566.
válvula de exhalación 773.
válvula de freno 319.
válvula de inhalación 773.
válvula de la tubería 654.
válvula de liberación de aire 607.
válvula de llenado 655.
válvula de oxígeno 319.
válvula de parada de la turbina 668.
válvula de purga 259.
válvula de regulación 259.
válvula de seguridad 234, 266, 267, 665.
válvula de vaciado 655.
válvula del quemador 899.
válvula maestra 654.
válvula mitral 162.
válvula paracaídas 899.
válvula pulmonar 162.
válvula tricúspide 162.
válvulas de combustible del motor 626.
válvulas de control de combustible 626.
vanadio 683.
Vanuatu 747.
vapor 646, 681.
vapor, tubo 241.
vaporera 722.
vaporera eléctrica 239.
vaporizador 261, 288.
vaquería 182.
vaqueros 358.
vara 439.
varal 857.
varal de la cabeza 857.
varano 114.
variedades de inflorescencias 81.
varilla 274, 367, 391, 436, 457, 461, 685.
varilla de acero 449.
varilla de batir 236.
varilla de calada 461.
varilla de cambio 590.
varilla de carbón (cátodo) 689.
varilla de contacto 316.
varilla de control 670, 671.
varilla de empuje 590.
varilla de lizos 461.
varilla de refrigeración 692.
varilla de registro 445.
varilla de rubí 692.
varilla de tensión 448.
varilla del pedal 442.
varilla del péndulo 436, 697.
varilla reflectante 692.
varilla rizadora 381.
varilla telescópica de desenganche 587.
varilla tensora 461.
varillas 284, 445.
varillas, tipos de 236.
variómetro 899.
variómetro eléctrico 898.
variómetro mecánico 898.
varios 473.
varios aparatos electrodomésticos 240.
Varolio, puente 167.
vaso 246.
vaso capilar 172.
vaso corto 225.
vaso largo 225.
vaso medidor 231.
vaso mezclador 236.
vaso sanguíneo 162, 172.
vaso sanguíneo dorsal 97.
vasos 723.
vasos sanguíneos 140, 154.
vástago 301, 302, 454, 456, 579, 862.
vástago aislado 316.
vástago de arrastre 651.
vástago de elevación 640.
vástago del macillo 443.
vasto externo 150.
vasto interno 150, 151.
vatt 702.
Vauban, fortificación 409.
vegetación 66.
vegetación, distribución 66.
vehículo de emergencia 543.
vehículo de emergencia para los tripulantes 21.
vehículo todo terreno 549.
vehículos 538.
vehículos, trailer 572.
vejiga 110, 113, 165, 169, 170.
vejiga natatoria 109.
vejiga urinaria 109.
Vela 11.
vela 737, 833, 836, 896.
vela al tercio 601.
vela áurica 601.
vela Bermuda 601.
vela cuadrada 601.
vela flameante 833.
vela latina 601.
vela mayor 834.
vela mayor proel 603.
vela tarquina 601.
velamen 603, 897.
velarium 407.
velas, ejemplos 601.
velero 834.
veleta 58, 59, 677.
veleta (grímpola) 834.
velo 98, 909.
velo del paladar 174, 175.
velo del paladar, pilar anterior 174.
velocidad de la película 479.
velocidad del viento 55.
velocidad, selector 236.
velocímetro 557, 576, 851.
velódromo 788, 871.
vena axilar 160.
vena basílica 160.
vena cava inferior 160, 161, 162, 165.
vena cava superior 160, 161, 162.
vena cefálica 160.
vena femoral 160.
vena hepática 161.
vena ilíaca 161.
vena ilíaca común 165.
vena mesentérica superior 160.
vena porta 161.
vena pulmonar 160.
vena pulmonar derecha 162.
vena pulmonar izquierda 162.
vena renal 160, 165.
vena safena interna 160.
vena subclavia 160.
vena yugular externa 160.
vena yugular interna 160.
venas y arterias, principales 160.
vencedor 789.
vencejo 118.
venda de gasa 777.
venda elástica 777.
venda triangular 777.
vendaje 843, 853.
veneno 774.
veneno, conducto 112.
veneno, glándula 112.
Venera 19.
venera 217.
Venezuela 742.
venta de billetes, taquilla 592.
ventalla 84.
ventalle 749.
ventana 238, 239, 249, 251, 485, 567, 836.
ventana -mosquitero 902.
ventana a la francesa 415.
ventana a la inglesa 415.
ventana abajo 515.
ventana arriba 515.
ventana basculante 415.
ventana con rejas 727.
ventana corredera 415.
ventana de acceso 521.
ventana de celosía 415.
ventana de eyección 755.
ventana de guillotina 415.
ventana de la nariz 175.
ventana de la torre 663.
ventana de lectura 499.
ventana de librillo 415.
ventana del semisótano 245.
ventana panorámica 713.
ventana pivotante 415.
ventana protectora 494.
ventanal de control 727.
ventanas, accesorios para las 282.
ventanas, ejemplos 415.
ventanilla 551, 554, 594, 624, 731.
ventanilla comercial 731.
ventanilla de aterrizaje 631.
ventanilla de observación 23.
ventanilla de ventilación del techo 567.
ventanilla panorámica 584.
ventanilla trasera 551.
ventilación 556, 675.
ventilación, hélice 688.
ventilador 258, 259, 260, 293, 497, 552, 561, 563, 566, 571, 586, 594, 627, 643.
ventilador de aire caliente 260.
ventilador de cabina 898.
ventilador de caja 513.
ventilador de césped 333.
ventilador de grupo de alimentación 513.
ventilador de la carcasa 513.
ventilador de techo 261.
ventilador del condensador 261.
ventilador del equipo de alimentación 513.
ventilador del evaporador 261, 670.
ventilador del motor diésel 586.
ventilador principal 648.
ventosa 106, 111.
ventrículo derecho 161, 162.
ventrículo izquierdo 161, 162.
venturi 757.
Venus 4, 5.
verano 54.
verano fresco 61.
verano tórrido 61.
verbena 208.
verde 400, 690.
verdolaga 187.
verdura 180.
verdura 184.
verduras de hojas 186.
vereda 866.
verga 602.
vermicelli de arroz 207.
vernier 700.
versalita 472.
vértebra 112, 136.
vértebra cervical 157.
vértebra lumbar 157, 168.
vértebra sacra 111.
vértebra torácica 157.
vértebras 111.
vértebras caudales 126, 131, 142.
vértebras cervicales 116, 122, 126, 131, 138, 141, 142, 153.
vértebras coccígeas 122, 138, 141.
vértebras dorsales 153.
vértebras lumbares 122, 126, 131, 138, 141, 142, 153.
vértebras sacrales 142.
vértebras sacras 122, 126, 131.
vértebras torácicas 122, 126, 131, 138, 142.
vertedera 641.
vertedera, arado 641.
vertedero 709.
vertedero autorizado 69.
vertedor 240.
vertical 463.
vertical de barras 852.
vertido de hidrocarburos 70.
vesícula biliar 110, 112, 164.
vesícula seminal 169.
vestíbulo 174, 250, 406, 582, 608, 620, 713, 717, 719, 724.
vestíbulo de entrada 394.
vestido 336.
vestido acampanado 356.
vestido camisero 356.
vestido casero 356.
vestido con crinolina 337.
vestido con miriñaque 337.
vestido con polisón 337.
vestido cruzado 356.
vestido de camiseta 356.
vestido de talle bajo 356.
vestido de tirantes 356.
vestido ignífugo e impermeable 765.
vestidos, ejemplos 356.
vestuario 428, 764.
vestuarios 734.
veta 300.
veterinarios 852.
vía 582, 592.
vía de salida 589.
vía de tren suburbano 583.
vía férrea 39, 590, 591, 649.
vía ferroviaria 709, 710.
Vía Láctea 9, 13.
Vía Láctea (vista desde arriba) 9.
Vía Láctea (vista lateral) 9.
vía locomotriz 589.
vía principal 583.
vía subsidiaria 583.
vía, cambiador manual 590.
viaducto 541.
vía] 595.
víbora 114.
vibrisas 122.
vid 86.
vid, hoja 86.
vida, evolución 92.
videocámara analógica: vista frontal 496.
videocámara analógica: vista posterior 496.
videocinta 495.
videojuego 918.
videoteca 733.
vidriera 614, 737.
vidrio 249.
vidrio, selección 71.
vieira 217.
viento 56, 69, 70, 833, 902.
viento contrario 833.
viento contrario, salida 833.
viento de través 833.
viento dominante 63.
viento en popa 833.
viento en proa 833.
viento fuerte invernal alto 57.
viento fuerte invernal bajo 57.
viento moderado 56.
viento suave 56.
viento, instrumentos 446.
viento, molino 676.
vientos 917.
vientre 124.
vierteaguas 551.
Vietnam 747.
vietnamita 468.
viga 406, 412, 418.
viga cantilever 540.
viga continua 540.
viga de cola 631.
viga de sujección 900.
viga maestra 21, 252.
viga, puente 540.
vigueta 254.
vigueta del piso 252, 253.
vigueta del techo 252.
vigueta esquinera 252, 253.
vinagre balsámico 201.
vinagre de arroz 201.
vinagre de malta 201.
vinagre de manzana 201.
vinagre de vino 201.
vinagre, arroz 201.
vinagre, malta 201.
vinagre, manzana 201.
vinagre, vino 201.
vínculos familiares 784.
vino 180.
vinos, carta 721.
viola 439.
violas 437.
violeta 80, 400.
violín 439.
violines, familia 437, 439.
violoncelo 439.
violoncelos 437.
vira 342.
virada por redondo 833.
viraje de mariposa 832.
Virgo 11, 13.
virola 863.
virola hembra 910.
virola macho 910.
virotillo 253.
visera 340, 341, 575, 591, 749, 765, 772, 874, 878, 884.
visillo 282.
visillos 282.
visión 691.
visión normal 691.
visión, defecos 691.
visitantes, oficina de recepción 726.
visitantes, sala de espera 726.
visón 134.
visor 290, 476, 477, 492, 701.
visor electrónico 496.
visor telescópico 692.
vista 177.
vista anterior 146, 148, 150.
vista frontal 798.
vista lateral 798.
vista lateral del cráneo 158.
vista posterior 147, 149, 151.
vista transversal de una calle 712.
visualización 507.
visualización de datos 508.
visualización de la información 495.
visualización de valores de abertura 479.
visualización de valores de exposición 479.
vitola 390.
vitrales 411.
vitrina 279.
vitrinas refrigeradas 180.
vivienda 182.
viviendas plurifamiliares 419.
viviendas tradicionales 418.
viviendas urbanas 419.
volador 918.
volante 282, 333, 425, 452, 552, 556, 607, 640, 873.
volante de aspas 421.
volante de control 766.
volante de plumas 817.
volante del freno manual 587.
volante sintético 817.

volantes 368.
volcadora 639.
volcán 42, 44.
volcán efusivo 44.
volcán en erupción 44.
volcán explosivo 44.
volcanes, ejemplo 44.
volea 820.
voleibol 812.
voley playa 813.
volquete 573.
volquete basculante 572.
volt 702.
voltímetro 316.
voltio 702.
voluta 276, 404, 405, 439.
volva 76.
Voyager 19.
vuelo 739, 829, 891.
vuelo del peldaño 255.
vuelo en globo 899.
vuelo libre 897.
vuelta 350.
vuelta de cabo 908.
vuelta de campana 832.
vuelta de escota 908.
vuelta de escota doble 908.
vulva 148, 171.
vúmetro 491.

W

wakame 183.
walaby 143.
walkie-talkie 505, 770.
wasabi 201.
waterpolo 827.
Weddel, mar 29.
wedge para arena 868.
wedge para rough 868.
wigwam 418.
Wilkes, Tierra 29.
winch 835.
windsurf 836.
wok 234.
Wolkman, canales 154.
Wolof 468.

X

xenón 684.
xilófono 437, 449.

Y

y 473.
yak 129.
yate de motor 607.
yelmo 749.
yema 78, 117, 172.
yema axilar 77.
yema terminal 77.
yembé 433.
Yemen 746.
yen 728.
yerno 784.
yeyuno 164.
yidish 469.
yodo 683.
yogur 210.
yoruba 468.
Yucatán, Península 30.
yugo 376.
Yugoslavia 744.
yunque 174.
yurta 418.

Z

zafiro 375.
zaguero 804.
zaguero derecho 812.
zaguero izquierdo 812.
zaguero medio 812.
zamarra 353.
Zambia 746.
zampoña 433.
zanahoria 189.
zanca 255.
zanca de contén 255.
zanco 636.
zángano 99.
zanja 647.
zapata 312, 559, 571, 868.
zapata antideslizante 321, 826.
zapata de goma 321.
zapatería 715.
zapatero de alambre 345.
zapatilla 791, 798, 801, 810, 850.
zapatilla con tacos 796.
zapatilla de tenis 344, 822.
zapatilla deportivo 370.
zapatillas de deporte 716.
zapatillas de esgrima 848.
zapato 865, 870, 872.
zapato a la polaca 339.
zapato con cordones 343.
zapato con tacos 808.
zapato de cordones 342.
zapato de correa 343.
zapato de salón 343.
zapato de tacón 339.
zapato de tacón con correa 343.
zapato oxford 342.
zapatos de golf 869.
zapatos de hombre 342, 716.
zapatos de mujer 343, 716.
zapatos de niños 717.
zapote 197.
zarcillo 86.
zarpa 252, 253.
Zimbabwe 746.
zirconio 683.
zócalo 253, 255, 697.
zócalo de la bañera 264.
zona central 809.
zona comercial 709, 713.
zona de anotación 806.
zona de ataque 812.
zona de atención 795.
zona de aterrizaje 891.
zona de camillas 778.
zona de clasificación 589.
zona de combate 844, 845, 846.
zona de comidas campestres 725.
zona de competición 845, 846.
zona de convección 6.
zona de cronometraje 891.
zona de defensa 812.
zona de defensa protegida 877.
zona de entrada de los jugadores expulsados 827.
zona de entrega 790.
zona de entrenamiento 788.
zona de espera 730.
zona de fondo 809.
zona de frenado 890, 891.
zona de gol 805.
zona de la portería 879.
zona de lanzamiento 788.
zona de lavado de vagones 589.
zona de pasividad 843.
zona de peligro 846, 847.
zona de pelos absorbentes 87.
zona de precipitación 55.
zona de preparación productos 180.
zona de prueba de motores de aviones 761.
zona de radiación 6.
zona de recepción 589.
zona de recepción mercancías 180.
zona de recreo 608.
zona de salida 838, 875.
zona de salto 890.
zona de saque 817.
zona de seguridad 844, 846.
zona de servicio 619, 666.
zona de trabajo 10.
zona de traspaso de carga 607.
zona de tres segundos 811.
zona débil de la hoja 849.
zona defensiva 809.
zona del hoyo 866.
zona escolar 545, 547.
zona fuerte de la hoja 849.
zona libre 812, 813.
zona media 849.
zona neutral 806, 879.
zona ofensiva 809.
zona para acampar 725.
zona para acampar y para caravanas 725.
zona para caravanas 725.
zona para los ciclistas 871.
zona pelúcida 170.
zona recepción productos lácteos 180.
zona residencial 709.
zoom 492.
Zorra 13.
zorro 134.
zorro volador 141.
zulú 468.
zumaque 199.

Indice dei nomi Italiani

2° metacarpale 140.
3° metacarpale 140.
4° metacarpale 140.
5° metacarpale 140.

A

a ferro di cavallo 413.
abaco 404.
abat-son 411.
abbaino 244.
abbellimenti 435.
abbigliamento 336.
abbigliamento antinfortunistico 318.
abbigliamento casual femminile 716.
abbigliamento casual maschile 717.
abbigliamento da ginnastica 371.
abbigliamento femminile 355.
abbigliamento maschile 348.
abbigliamento per bambine dai 2 ai 6 anni 717.
abbigliamento per bambini dai 2 ai 6 anni 717.
abbigliamento per bebè 717.
abbigliamento per ragazze dai 7 ai 17 anni 717.
abbigliamento per ragazzi dai 7 ai 17 anni 717.
abbigliamento sportivo 370.
abbigliamento sportivo da uomo 717.
abbigliamento sportivo femminile 716.
abbigliamento sportivo per bambini 717.
abbigliamento, negozio di 714.
abbottonatura a doppiopetto 352.
abbottonatura a polo 354.
abbottonatura a pressione 368.
abbottonatura anteriore a pressione 369.
abbottonatura della cintura 350.
abete 89.
abete, aghi d' 89.
abissino 133.
abitacolo 873.
abitazioni urbane 419.
abiti da donna 716.
abiti da uomo 716.
abiti tradizionali 339.
abiti, esempi di 356.
abito a polo 356.
abito a T-shirt 369.
abito a trapezio 356.
abito a tunica 356.
abito a vestaglia 356.
abito a vita bassa 356.
abito con crinolina 337.
abito con panieri 337.
abito con sellino 337.
abito da casa 356.
Abramo 736.
ABS, sistema frenante antibloccaggio 559.
abside 411.
acagiù, noce di 193.
acanto, foglia di 276, 405.
acantodi 92.
accappatoio 364.
acceleratore, manopola dell' 576.
acceleratore, pedale dell' 556.
accelerazione, cavo di 332.
accelerazione, grilletto di 331.
accendino a gas 391.
accensione, blocchetto di 556.
accensione, candela di 332.
accensione, cavo di 323.
accensione, chiave dell' 332, 333.
accensione, interruttore di 526.
accensione, pulsante di 293.
accensione/spegnimento, spia luminosa di 506.
accento 435.
accento acuto 473.
accento circonflesso 473.
accento grave 473.
accesso al secondo livello di operazioni 529.
accesso alla griglia di illuminazione 490.
accesso non consentito alle sedie a rotelle 725.
accesso per i portatori di handicap 725.
accesso, pannello di 258.
accesso, pista di 618.
accesso, portello di 607.
accesso, strada di 618.
accessori 289, 345, 399, 401, 454, 462, 558, 580.
accessori a propano o butano 903.
accessori da donna 717.
accessori da uomo 716.
accessori dell'obiettivo 478.
accessori di bellezza 374.
accessori di pulitura 289.
accessori fotografici 482.
accessori musicali 436.
accessori per finestre 282.
accessori per fumatori 390.
accessori per il tiro 752.
accessori per la sciolinatura 892.
accessori personali 374.
accessori, espulsore degli 236.
accessori, scatola degli 456.
accessori, scomparto degli 289.
accessori, slitta per gli 476.
accessori, vano 483.
accetta 330, 907.
accettazione 778, 781.
accettazione, area d' 764.
acchito 862.
acchito centrale 862.
acchito della linea di battuta 862.
acchito superiore 862.
acciaio 298.
acciaio, corpo d' 689.
acciaiolo 229.
acciarino 318, 752.
acciarino, molla dell' 752.
accidenti 435.
acciuga 219.
accompagnamento 864.
accompagnamento, corde per l' 432.
acconciatura, articoli per 380.
accoppiamento flessibile 677.
accoppiamento, adattatore di 21.
accoppiatore idraulico 640.
accordatura, anello d' 433.
accordo 435.
accordo, asta d' 444.
accumulatore 559.
acero 88.
acero, sciroppo d' 209.
acetilene, bombola d' 319.
acetilene, valvola dell' 319.
aceto balsamico 201.
aceto di malto 201.
aceto di mele 201.
aceto di riso 201.
aceto di vino 201.
acetosa 187.
achenio 83, 84.
acidificazione dei laghi 70.
acido nitrico, emissione di 70.
acido solforico, emissione di 70.
acino 86.
acino, sezione di un 83.
acondrite 8.
acqua 646, 665, 847.
acqua bollente 671.
acqua calda, colonna montante dell' 262.
acqua calda, rete di distribuzione dell' 262.
acqua calda, tubo di uscita dell' 267.
acqua calda, uscita dell' 259.
acqua di alimentazione 670, 671.
acqua di disgelo 46.
acqua fredda, colonna montante dell' 262.
acqua fredda, ingresso dell' 267.
acqua fredda, rete di distribuzione dell' 262.
acqua in pressione 662.
acqua naturale 671.
acqua ossigenata 777.
acqua pesante 670.
acqua pesante fredda 670.
acqua pesante pressurizzata 670.
acqua pesante, riconcentrazione dell' 669.
acqua pressurizzata 671.
acqua, altezza di caduta dell' 662.
acqua, attacco del tubo di alimentazione dell' 328, 329.
acqua, bicchiere da 225.
acqua, bottiglia dell' 579.
acqua, chiave dell' 447.
acqua, contatore dell' 262.
acqua, corso d' 48, 70.
acqua, entrata dell' 268.
acqua, flusso d' 95.
acqua, getti d' 828.
acqua, inquinamento dell' 70.
acqua, livello dell' 241, 261.
acqua, scarico dell' 662.
acqua, serbatoio dell' 241, 261, 384, 586.
acqua, superficie dell' 828.
acquamarina 375.
acquaragia 400.
Acquario 10.
acquasantiera 737.
acquascooter 876.
acque reflue 70.
acque sicure 616.
acquedotto per il riempimento della chiusa 597.
acquerello 396.
acquifero artesiano 646.
acromion 153.
acroterio 403, 404.
acuti, ponticello degli 442.
acuti, registro degli 432.
acuti, tastiera degli 432.
Adamo, pomo d' 146.
adattatore 274, 383, 485, 523.
adattatore del carico utile 24.
adattatore di accoppiamento 21.
adattatore per oculare 496.
adattatore per videocassette compatte 496.
adattatori 269.
adattatori, esempi di 269.
addebito, carta di 731.
addetto ai 24 secondi 810.
addetto al controllo biglietti 394, 427.
addetto al rifornimento 873.
addetto alla panca dei puniti 879.
addizione 703.
addome 96, 97, 98, 103, 107, 115, 146, 148.
adduttore lungo 150.
Aden, Golfo di 33, 34.
Adriatico, Mar 32.
aeratore 268.
aerazione, canale di 402.
aerazione, comando dell' 556.
aerazione, griglia di 244.
aereo da ricognizione meteorologica 54.
aereo di linea 53.
aerociste 75.
aerocisterna 760.
aerofreni, leva degli 626.
aerofreno 760.
aerografo 398.
aerografo, sezione trasversale di un 398.
aeronavigazione, dispositivo per 761.
aeroplani, esempi di 628.
aeroplano a decollo e atterraggio verticale 628.
aeroplano anfibio antincendio 628.
aeroplano da carico 629.
aeroplano da combattimento 760.
aeroplano leggero 628.
aeroplano privato 628.
aeroplano radar 629.
aeroplano, movimenti di un 630.
aeroporto 39, 618, 708.
affari, quartiere degli 708, 710.
affettauova 233.
affettaverdure 230.
affissione, superficie di 535.
affluente 48.
affrancamento, modulo di 531.
affrancatrice 531.
affresco 406.
affusto 753, 756.
Afghanistan 746.
afnio 683.
Africa 28, 34, 50, 745.
agar-agar 183.
agarico delizioso 183.
agenda 530.
agente di polizia 770.
agente di sicurezza, postazione dell' 779.
agente di sicurezza, ufficio dell' 733.
agenzia di viaggi 714.
aggancio, pulsante di 305.
aggetto, manopola di regolazione dell' 309.
aggomitolatore 462.
aghi d'abete 89.
aghi di pino 89.
aglio 184.
agnato 92.
agnello, tagli di 215.
ago 64, 398, 452, 453, 454, 590, 776.
ago a linguetta 456.
ago magnetico 907.
ago per legare 233.
ago, barra dell' 453.
ago, cappelletto dell' 398.
ago, placca dell' 452.
ago, selettore della posizione dell' 452.
agricoltura intensiva 68, 70.
agrippina 276.
agrume 82.
agrumi 194.
aikido 846.
aikidogi 846.
aikidoka 846.
air bag 556.
air bag, sistema di ritenuta degli 556.
airone 119.
aiuola 245, 322.
aiutante 181, 721.
aiuto attrezzista 429.
aiuto cuoco 721.
aiuto regista 429.
ajowan 199.
al gran lasco 833.
al lasco 833.
al traverso 833.
ala 23, 97, 98, 115, 175, 338, 625, 760, 897, 898, 909.
ala a delta 629, 630.
ala a freccia 630.
ala a geometria variabile 630.
ala alta 628.
ala anteriore 96.
ala attaccante 809.
ala destra 801, 811, 814, 879.
ala difensore 809.
ala inferiore 628.

ala pieghevole 857.
ala poppiera 609.
ala posteriore 96.
ala prodiera 609.
ala rettangolare 630.
ala semiimmersa 609.
ala sinistra 801, 811, 814, 879.
ala superiore 628.
ala trapezia 630.
alamaro 353.
alano 131.
alari 257.
Alaska, Golfo dell' 30.
albanese 469.
Albania 744.
albatros 119.
alberatura 602.
albergo 710, 724, 886, 915.
albergo, camera d' 724.
alberi 866.
albero 87, 464, 600, 659, 676, 686, 688, 695, 697, 834, 836.
albero a bassa velocità 677.
albero a camme 566.
albero a gomiti 564, 566.
albero ad alta velocità 677.
albero da frutto 182.
albero del coltro 641.
albero del derrick 607.
albero del radar 606.
albero del turbocompressore 627.
albero dell'elica 609.
albero della vite 86.
albero delle pedivelle 580.
albero di contromezzana 602.
albero di controvelaccino 602.
albero di maestra 600, 602.
albero di mezzana 600, 602.
albero di Natale 652, 654.
albero di parrocchetto 602.
albero di trasmissione 605.
albero di trasmissione longitudinale 553.
albero di trinchetto 600, 602.
albero di velaccino 602.
albero motore 631.
albero ornamentale 182, 322.
albero oscillante, braccio di sollevamento dell' 640.
albero prodiero 607.
albero, struttura di un 87.
albero, supporto dell' 307.
albicocca 192.
albume 117.
alburno 87.
alce 129.
alchechengi 192.
alcol puro 777.
alcool, bulbo d' 695.
alcool, colonna d' 695.
alesatori per la pulizia degli ugelli 318.
aletta 259, 348, 387, 625, 628, 759, 776, 891.
aletta a molla 302.
aletta autoadesiva 531.
aletta del bordo di attacco 760.
aletta del parafango 570.
aletta di compensazione 60.
aletta fissa 759.
aletta frontale 391.
aletta parasole 556.
aletta radiante 260.
aletta staccata 352.
aletta, manica ad 360.
aletta, tasca applicata con 349, 360.
aletta, tasca interna con 348, 352, 353, 355, 360.
aletta, tasca profilata con 348, 352.
aletta, taschino con 348.
aletta, taschino tagliato con 348.
alette 918.
alettone 624, 760, 873, 898.
alettone del parafango 571.
alettone parafango 571.
Aleutine, Fossa delle 50.
Aleutine, Isole 30.
alfiere 916.
alga 75.
alga bruna 75.
alga marina 183.
alga rossa 75.
alga verde 75.
alga, struttura di un' 75.
Algeria 745.
alghe, esempi di 75.
ali 140, 628.
ali, tipi di 630.
aliante 898.
alidada 59, 612, 701.
alidada, livella fissata all' 701.
alimentatore 513, 526, 643.
alimentatore automatico 512.
alimentatore manuale 512.
alimentatore, ventola dell' 513.
alimentazione del premio 920.
alimentazione dell'acqua, tubo di 294.
alimentazione dell'aria 445.
alimentazione dell'aria, tubo di 765.
alimentazione dell'elettrodo, cavo di 318.
alimentazione di ossigeno, indicatore dell' 898.
alimentazione di ossigeno, regolatore dell' 898.
alimentazione manuale, fessura di 519.
alimentazione, acqua di 670, 671.
alimentazione, cavo a 240 volt 272.
alimentazione, cavo d' 237, 308.
alimentazione, cavo di 305, 381, 382, 497, 513.
alimentazione, collettore dell'acqua di 669.
alimentazione, condotto di 260.
alimentazione, cordone dell' 383.
alimentazione, filo neutro di 272.
alimentazione, piano di 531.
alimentazione, presa di 504, 513.
alimentazione, pulsante di 494.
alimentazione, punto di 273, 663.
alimentazione, sistema di 553.
alimentazione, spia luminosa di 508.
alimentazione, spina di 527.
alimentazione, tubo di 270.
alimenti e prodotti per animali 181.
alimenti, latta per 223.
alimenti, rete per 222.
alimenti, vaschetta per 222.
aliscafo 609.
all'indietro 828.
allacciamento alla rete 273.
allacciamento, esempi di 270.
allacciamento, punto di 273.
allacciatura con bottoni a pressione 353.
allargatubi 314.
allarme acustico 613.
allarme, dispositivo di 765.
allenamento, zona di 788.
allenatore 800, 811, 827, 842, 879.
allenatore, zona dell' 794.
allenatori 881, 883.
allenatori, tribuna degli 891.
allevamento intensivo 68, 69.
alligatore 114.
allineatore 838.
alloggi 886.
alloggi dell'equipaggio 604.
alloggiamento 275, 416, 527, 614.
alloggiamento del bocchino 447.
alloggiamento del caricatore 476.
alloggiamento del mulinello 909, 910.
alloggiamento del ventilatore 382.
alloggiamento della strumentazione 24.
alloggio degli ufficiali 762, 763.
alloggio del comandante 609.
alloro 202.
alluminio 682.
alluminio, strato riflettente in 501.
alone 9.
alosa 220.
Alpi 32.
alpinista 901.
alta pressione, area di 63.
alta tensione 774.
alta tensione, tester dell' 316.
Altare 10.
altare maggiore 737.
altare secondario 737.
altare, croce dell' 737.
altare, pala dell' 737.
alte frequenze, pick-up per 441.
alternato 514.
alternato: selezione di livello 3 514.
alternatore 552, 566, 586, 646, 665, 677, 688.
altezza del gradino 647.
altezza del tuffo 829.
altezza dell'onda 49.
altezza delle nubi, proiettore per determinare l' 59.
altezza di caduta dell'acqua 662.
altezza, indice di regolazione dell' 304.
altezza, regolazione micrometrica dell' 14, 15.
altezza, scala dell' 485.
alti, regolatore degli 497.
altimetro 896, 898, 899.
altimetro di riserva 626.
altitudine 66.
altitudini, scala delle 53.
altocumulo 56, 62.
altoparlante 496, 504, 505, 508, 513, 526, 594, 626, 766.
altoparlante per alte frequenze 10.
altoparlante per basse frequenze 10.
altoparlante per medie frequenze 10.
altoparlanti, bilanciamento degli 497.
altopiano 7, 38, 45.
altostrato 56, 62.
alula 115.
alveolo della presa 274.
alveolo dentario 159.
alzacristalli, manopola 554.
alzare lo spinnaker 833.
alzata 255, 290, 292, 293.
alzatore destro 812.
amanita muscaria 76.
amanita virosa 76.
amantiglio 602.
amaranto 203.
amarico 468.
Amazzoni, Rio delle 31.
ambiatore 857.
ambiente 66.
ambiente naturale 867.
ambio 125.
ambulanza 775, 778.
ameba 94.
America Centrale 28, 30.
America Meridionale 28, 31, 50.
America Settentrionale 28, 30, 50.
America, Stati Uniti d' 742.
Americhe 742.
americio 684.
Amery, Banchisa di 29.
ametista 375.
amido 85.
ammainare lo spinnaker 833.
ammasso globulare 9.
amministrazione 394, 735.
ammiraglia 870.
ammiragliato britannico, ancora tipo 610.
ammortizzatore 18, 417, 553, 876.
ammortizzatore anteriore 577.
ammortizzatore posteriore 575.
amo 909, 911.
amo con setale 911.
amo, apertura dell' 911.
ampere 702.
ampiezza 690.
ampiezza dei punti, selettore dell' 452.
ampiezza della base 663.
amplificazione, regolatore di 613.
ampolla 95.
ampolla della tuba di Falloppio 171.
ananas 196.
anatomia 150.
anatomia di un astice 107.
anatomia di un cavallo 125.
anatomia di un persico 109.
anatomia di un polpo 106.
anatomia di un ragno femmina 103.
anatomia di un serpente velenoso 112.
anatomia di un uccello 116.
anatomia di un'ape 99.
anatomia di una chiocciola 104.
anatomia di una conchiglia bivalve 105.
anatomia di una farfalla femmina 97.
anatomia di una rana maschio 110.
anatomia di una spugna 95.
anatomia di una stella marina 95.
anatomia di una tartaruga 113.
anatomia patologica, laboratorio di 781.
anatra 120, 213.
anatra, uovo di 213.
ancia 444, 446.
ancia doppia 446.
ancia semplice 446.
ancia, canna ad 444.
anconeo 151.
ancora 610, 697.
ancora a fungo 610.
ancora a scatto 302.
ancora a vomere 610.
ancora Danforth 610.
ancora della nave 610.
ancora galleggiante 610.
ancora tipo ammiragliato britannico 610.
ancoraggio 791.
ancoraggio degli stralli 541.
ancoraggio, sistema di 595.
ancore, esempi di 610.
ancorina 911.
andata, tubazione di 259.
andature 124.
andature delle imbarcazioni a vela 833.
Ande, Cordigliera delle 31.
Andorra 743.
Andromeda 12.
anelli 376, 824, 825.
anelli addominali 909.
anelli collettori 688.
anello 76, 249, 284, 382, 447, 453, 454, 522, 611, 659, 696, 699, 809, 811, 824, 900, 901.
anello a fascia 376.
anello a strappo 223.
anello centrale esterno da 25 punti 918.
anello con sigillo 376.
anello d'accordatura 433.
anello dei doppi 918.
anello dei tripli 918.
anello della camma 307.
anello di ancoraggio 659.
anello di arresto 483.
anello di attacco 913.
anello di bloccaggio 516.
anello di chiusura 290.
anello di congiunzione 911.
anello di fidanzamento 376.
anello di fondo 659.
anello di regolazione 329.
anello di regolazione della coppia di serraggio 306.
anello di regolazione diottrica 692.
anello di schermo 58.
anello di sollevamento 610.
anello di sospensione 382.
anello di tenuta 268.
anello di tenuta della guarnizione 268.
anello di traino 776.
anello diottrico 614.
anello esterno 877.
anello fermadisco 851.
anello fermamulinello 909.
anello guida della lenza 909, 910.
anello interno 877.
anello oculare 115.
anello per le redini 854.
anello studentesco 376.
anello, componenti di un 376.
anello, orecchini ad 374.
anemometro 58, 59, 677, 898.
anemometro di riserva 626.
anestesia, stanza per l' 780.
aneto 202.
anfibi 110.
anfibi, esempi di 111.
anfiteatro romano 407.
anfora, gonna ad 357.
anglicanesimo 736.
Angola 746.
angolare 389.
angoli, esempi di 704.
angoli, lenzuolo con 280.
angoli, misura degli 701.
angoliera 279.
angolo 426, 803, 842.
angolo acuto 704.
angolo concavo 704.
angolo cucina 509.
angolo della pista 878.
angolo di elevazione, regolazione dell' 692.
angolo ottuso 704.
angolo retto 704.
angolo, giudice d' 845.
angolo, giudici d' 846.
anguilla 219.
anice 202.
anice stellato 84.
anidride carbonica 670.
anidride carbonica di raffreddamento 670.
anidride carbonica, assorbimento di 78.
anidride solforosa, emissione di 70.
Anik 487.
anima 444, 753, 908.
anima, canna ad 444.
animali selvatici vaganti 545, 547.
animali, negozio di 714.
animelle 212.
annaffiatoio 328.
anno 729.
anno, stagioni dell' 54.
annodatura 349, 463.
ano 95, 97, 103, 104, 105, 106, 107, 109, 113, 164, 169, 170.
anodo 689.
anta, pannello dell' 278.
Antartide 28, 29.
antefissa 403.
antelice 173.
antenna 17, 60, 96, 97, 98, 99, 107, 504, 505, 506, 551, 577, 600, 611, 624, 631, 758, 761, 771, 812.
antenna a basso guadagno 18.
antenna a frequenza ultraelevata (UHF) 18.
antenna ad alta frequenza, cavo dell' 628.
antenna ad alto guadagno 18.
antenna ad alto guadagno in banda S 60.
antenna comandata a distanza 40.
antenna di captazione 585.
antenna di casa 486.
antenna di telecomando 60.
antenna di telecomunicazione 761, 762.
antenna di telemetria 60.
antenna di trasmissione/ricezione 486.
antenna emittente 486.
antenna in banda S 60.
antenna in banda X 40.
antenna multifunzione 763.
antenna parabolica 489, 493.
antenna parabolica ricetrasmittente 486.
antenna per telecomunicazioni 608, 609.
antenna radar 40, 760, 763.
antenna radio 604, 606, 608, 609, 652, 763, 873.
antenna ricevente GPS 613.
antenna telescopica 503.
antenna UHF 60.
antenna VHF 762.
antenne per ricerca e soccorso 60.
antenne, streghhia per le 98.
antenne, terminali di collegamento delle 497.
antennula 107.
antera 80.
antiallagamento, dispositivo 294.
anticlinale 651.
anticollisione, luce 624.
Antigua e Barbuda 743.
Antille, Isole delle 742.
antilope 128.
antimonio 682.
antipasti 722.
antipastiera 226.
antisettico 777.
antisfregamento, protezione 874.
antiskating, controllo 500.
antitrago 173.
antivibrazione, impugnatura con sistema 331.
anulare 173.
aorta 162, 163.
aorta addominale 160, 165.
aorta ascendente 161.
aorta discendente 161.
aorta dorsale 99.
aorta ventrale 109.
aorta, arco dell' 160, 162.
ape 98.
ape operaia 99.
ape operaia, morfologia di un' 98.
ape regina 99.
ape, anatomia di un' 99.
apertura 105, 312, 346, 351, 893.
apertura del diaframma, scala dell' 479.
apertura dell'amo 911.
apertura di diaframma, scala dell' 478.
apertura di termoregolazione 60.
apertura per il riempimento della chiusa 597.
apertura per il riempimento e lo svuotamento della chiusa 597.
apertura per le braccia 355.
apertura, diaframma di 694.
apertura, tasto per il valore di 479.
apice 79, 104, 105, 159, 176, 374, 472.
Apollo 19.
apostrofo 473.
apotecio 74.
apparato del Golgi 74, 94.
apparato digerente 164.
apparato radicale 77, 86.
apparato respiratorio 163.
apparato urinario 165.
apparecchi per il condizionamento dell'aria 261.
apparecchiatura di rianimazione 775.
apparecchio telefonico 489, 506.
apparecchio telefonico a gettoni 507.
appartamenti 886.
appartiene a 703.
appendere per asciugare 347.

appendere senza strizzare 347.
appendice dattilo 511.
appendice vermiforme 164.
applicatore a spugnetta 378.
appoggiamano 399, 782.
appoggiapiedi 312, 577, 783, 851.
appoggiapiedi del guidatore 575, 576.
appoggiapiedi del passeggero 575, 576.
appoggiatura 435.
appoggio 661.
appoggio del mignolo 447.
appoggio del pollice 446, 447.
appoggio del polpaccio 889.
appoggio della spalla 757.
appoggio, barra d' 321.
appoggio, filo d' 103.
appoggio, guida di 304.
appoggio, piano di 304, 632.
appoggio, piastra d' 309.
appoggio, piastra di 590, 756.
appoggio, piede d' 461.
appoggio, piede di 641.
appoggio, punto d' 103.
appontaggio a poppa, zona di 761.
appontaggio, pista di 761.
approccio, colpo d' 866.
approssimativamente uguale a 703.
apribottiglie 230, 905.
apriscatole 230, 240, 905.
aptero 75.
Aquila 10, 12.
aquila 119, 741.
Arabia Saudita 746.
Arabico, Mare 33.
arabo 468.
arachide 190.
arachidi, olio di 209.
aracnidi 96.
aracnidi, esempi di 102.
aracnoide 167.
aragosta 218.
Aral, Lago di 33.
araldica 739.
aramaico 468.
arame 183.
arancia 194.
arancia, sezione di un' 82.
arancio 400.
aratro a vomere-versoio 641.
arazzi, navetta per 461.
arbitro 799, 801, 803, 805, 809, 810, 817, 818, 819, 827, 828, 830, 842, 843, 844, 845, 846, 847, 859, 860, 864, 879, 882, 883, 893.
arbitro a cavallo 858.
arbitro ausiliario 847, 860, 882.
arbitro capo 795.
arbitro centrale 846.
arbitro della linea di porta 814.
arbitro di campo 814.
arbitro di percorso 838.
arbitro laterale 846.
arbitro, linea dell' 845.
arborizzazione terminale 168.
arca 738.
arcata 407, 410.
arcata dentale inferiore 174.
arcata dentale superiore 174.
archaeopteryx 93.
archeognato 92.
archetto 439, 700, 776, 910.
archetto d'arcione 855.
archetto, meccanismo di apertura dell' 910.
archi 750.
archi, esempi di 413, 541.
archi, famiglia degli 437, 439.
archibugio 752.
architettura 394, 402.
architettura, stili di 404.
architrave 247, 256, 403, 405, 411.
archivi 394, 769.
archiviazione 532.
archivio 509.
archivio delle cartelle cliniche 781.
archivio, scatola per 533.
archivolto 411.
arciere 859.
arcipelago 38.
arco 540, 704, 750, 855.
arco a due cerniere 541.
arco a ferro di cavallo 413.
arco a tre cerniere 541.
arco a tutto sesto 413.
arco aortico 160, 161, 162.
arco composto 859, 913.
arco dentato di elevazione 756.
arco diagonale 410.
arco inflesso 413.
arco insulare 49.
arco lanceolato 413.
arco longitudinale 410.
arco moderno 750.
arco naturale 51.
arco nudo 859.
arco ogivale 413.
arco palatoglosso 174.
arco rampante 410, 411.
arco reticolare 540.
arco rialzato 413.
arco ribassato policentrico 413.
arco senza cerniere 541.
arco trasversale 410.
arco trilobato 413.
arco Tudor 413.
arco, saldatrice ad 318.
arco, saldatura ad 318.
arcobaleno 65.
ardiglione 350, 911.
area commerciale 713.
area d'accettazione 764.
area d'attesa 730.
area degli atleti 871.
area dei jack 488.
area dei tre secondi 811.
area del salto 890.
area di alta pressione 63.
area di arresto 890.
area di atterraggio 790.
area di bassa pressione 63.
area di carico del combustibile nuovo 666.
area di combattimento 843, 844, 845, 846.
area di controllo delle telecamere 489.
area di controllo luci/video 490.
area di cronometraggio 891.
area di decelerazione 891.
area di esercizio 823.
area di frenata 891.
area di fuorigioco 864.
area di gara 845, 846, 847.
area di gioco 608, 918.
area di lancio 788.
area di lavaggio delle carrozze 589.
area di lavorazione del greggio 652.
area di meta 805, 806, 809.
area di parcheggio 619.
area di partenza 875.
area di pericolo 846.
area di porta 802, 814, 879.
area di precipitazione 55.
area di ricevimento 395.
area di ricevimento delle merci 716.
area di rientro dei giocatori espulsi 827.
area di rifornimento 548.
area di rigore 802.
area di servizio 39, 489, 619.
area di servizio destro 819.
area di servizio sinistro 819.
area di sicurezza 843, 844.
area di smistamento 589.
area di sosta 39.
area di sosta dei veicoli 543.
area operativa 10.
area per campeggio e caravan 725.
area per caravan 725.
area per il ritiro dei bagagli 620.
area per le attività interne 727.
area per pic-nic 725.
area registrata 501.
area ricevitrice 589.
aree di bersaglio 848.
arena 407.
areola 171.
argani di perforazione 651.
argani, sala degli 649.
argano 417.
Argentina 742.
argento 683, 741.
argine 538.
argo 684.
aria 565.
aria calda 64, 675.
aria calda ascendente 63.
aria calda, deflettore dell' 256.
aria calda, efflusso dell' 258.
aria calda, uscita dell' 256.
aria compressa, bombola ad 873.
aria compressa, bombola di 765.
aria compressa, serbatoio d' 586.
aria fredda 64, 675.
aria fredda discendente 63.
aria, cappellotto dell' 320.
aria, compressore d' 320.
aria, compressore dell' 585, 586.
aria, condizionamento dell' 261.
aria, condotto dell' 259.
aria, depuratore d' 261.
aria, filtro dell' 261, 331, 586, 636.
aria, flusso d' 398.
aria, foro per l' 390.
aria, griglia di uscita dell' 260.
aria, inquinamento dell' 69.
aria, misurazione della pressione dell' 59.
aria, presa d' 575, 605, 631.
aria, serbatoio d' 320.
aria, temperatura dell' 55.
aria, tipo di massa d' 55.
aria, tubo flessibile per l' 398.
aria, valvola dell' 320, 398.
aria-aria, missile 759, 760.
aria-terra, missile 759.
Ariane IV 24.
Ariele 5.
Ariete 12.
aringa 219.
arma, parti dell' 849.
armadietti degli studenti 735.
armadietto 510.
armadietto per cancelleria 510.
armadio 278, 293, 724.
armadio appendiabiti 279.
armadio essiccatore 484.
armadio frigorifero 720.
armamento, leva d' 757.
armatura 749.
armatura di chiave 435.
armatura di sostegno 899.
armatura metallica 612.
armatura protettiva del tronco 808.
armature di base 463.
Armenia 746.
armeno 469.
armi 748.
armi al tempo dei Romani 748.
armi da lancio 751.
armi da taglio 751.
armi dell'età della pietra 748.
armi della scherma 849.
armonica a bocca 432.
amia 100, 182.
aromatiche, piante 202.
arpa 440.
arpe 437.
arpeggio 435.
arquata 901.
arrampicata 900.
arrampicata, parete artificiale di 900.
arredamento per la casa 276.
arresto 453.
arresto della guida parallela 305.
arresto, anello di 483.
arresto, area di 890.
arresto, bagno di 485.
arresto, blocco d' 309.
arresto, dente d' 460.
arresto, dispositivo di 458.
arresto, pulsante di 308, 696.
arresto, ruota dentata d' 460.
arresto, tasto di 495, 499, 508, 512.
arresto, tavola di 864.
arresto/cancellazione, tasto di 501.
arricciaburro 229.
arricciacapelli 381.
arricciatura 359.
arricciatura a cannoncino 283.
arricciatura a pince 283.
arricciature, esempi di 283.
arridatoio 835.
arrivo 852, 885, 887.
arrivo del combustibile 259.
arrivo della sciovia 886.
arrivo, boe di 839.
arrivo, giudice di 839.
arrivo, parete di 830.
arrivo, zona di 891.
arrosto 215.
arrotolato 214.
arsenico 682.
arte 394.
arteria addominale dorsale 107.
arteria ascellare 160.
arteria brachiale 160.
arteria carotide comune 160.
arteria dell'arco del piede 160.
arteria dorsale del piede 160.
arteria femorale 160.
arteria iliaca comune 160, 165.
arteria iliaca interna 160, 161, 165.
arteria mesenterica inferiore 165.
arteria mesenterica superiore 160, 165.
arteria polmonare 160, 162, 163.
arteria renale 160, 165.
arteria sternale 107.
arteria succlavia 160.
arteria tibiale anteriore 160.
arteria ventrale 107.
arterie 160.
arti grafiche 420.
arti plastiche, aula di 734.
arti sceniche 427.
arti toracici 107.
articolazione 557.
articolazione a perno 156.
articolazione a sella 156.
articolazione artrodiale 156.
articolazione condiloidea 156.
articolazione del nodello 124.
articolazioni sinoviali, tipi di 156.
articoli da cucina 716.
articoli da regalo 717.
articoli da regalo, negozio di 714.
articoli di cancelleria 528.
articoli di pelletteria 386.
articoli per acconciatura 380.
articoli per il bagno 717.
articoli personali 374, 383.
articoli sportivi, negozio di 715.
articoli vari 534.
articolo 471.
articolo di spalla 471.
Artide 28.
artiglio 117, 121, 122, 143.
arto anteriore 110, 143.
arto inferiore 161.
arto locomotore 103.
arto locomotorio 97.
arto posteriore 110, 143.
arto superiore 161.
artropleura 92.
ascella 146, 148.
ascella fogliare 79.
ascensione retta 13.
ascensione retta, cerchio graduato dell' 14, 15.
ascensore 16, 417, 509, 650, 713, 724, 761.
ascensore, cabina dell' 417.
ascia 401.
ascia levigata 748.
asciugacapelli 382.
asciugamano 379.
asciugamano da bagno 379.
asciugatoio per le manichette 764.
asciugatrice 293.
asciugatura 347.
ascolto, postazioni di 733.
Asia 28, 33, 50, 746.
asino 128.
asola 350, 905.
asola per il picchetto 902, 903.
asparago 185.
aspirapolvere 289.
aspirapolvere verticale 289.
aspiratore 775.
aspirazione 564, 565.
aspirazione, tubo di 766.
aspirina® 777.
aspo 462.
aspo abbattitore 643.
assafetida 199.
assale 895.
assale anteriore 639.
assalto, pugnale d' 751.
asse 122, 300, 586.
asse della bobina 910.
asse di trasmissione del motore 237.
asse orizzontale, regolazione micrometrica dell' 15.
asse polare 17.
asse portaelica 762.
asse sterzante 633.
assegni 729.
assegni libretto degli 386.
assicella 459.
assicuratore 900.
assistente alla regia 490.
assistente sociale, ufficio dell' 779.
assistenti degli avvocati 728.
asso 914.
assone 168.
assorbimento attraverso la superficie terrestre 68.
assorbimento attraverso le nuvole 68.
assorbimento di acqua e sali minerali 78.
assorbimento di anidride carbonica 78.
asta 248, 268, 274, 445, 685, 695, 739, 792, 838, 859, 860, 863, 867, 880, 892, 912.
asta d'accordo 444.
asta del filo 457.
asta del galleggiante 263.
asta del martelletto 443.
asta del meccanismo a scatto 470.
asta del pendolo 436, 697.
asta del registro 445.
asta di comando per l'orientamento delle lamelle 285.
asta di guida 456.
asta di perforazione 651.
asta di sostegno 594.
asta di sparo 756.
asta filettata 248.
asta mobile 700.
asta motrice quadra 651.
asta telescopica 920.
astata 79.
astato 683.
astenosfera 42.
asterisco 473.
asteroidi, fascia degli 5.
astice 107, 218.
astice, anatomia di un 107.
astice, morfologia di un 107.
asticella 461, 792.
asticella di testa 857.
astigmatismo 691.
astista 792.
astragalo 153, 155, 405, 753.
astronautica 18.
astronomia 4.
astuccio 345, 377.
astuccio delle manette 770.
astuccio per i guanti di lattice 770.
astuccio per occhiali 387.
Atacama, Deserto di 31.
atlante 111, 122, 126, 131, 153, 157.
Atlante, Monti dell' 34.
Atlantico, merluzzo dell' 221.
Atlantico, Oceano 28, 29, 32, 34.
Atlantico, salmone dell' 221.
atleta 791.
atleti, area degli 871.
atletica leggera 790.
atletica, pista di 788.
atmosfera 66, 70.
atmosfera terrestre, profilo dell' 53.
atollo 51.
atomi 680.
atomizzatore 328.
atomo 680.
atrio 406, 582, 713, 717, 724, 728, 730.
atrio destro 161, 162.
atrio sinistro 161, 162.
attaccante 803.
attaccante centrale 812.
attaccante destro 807.
attaccante di canestro 809.
attaccante sinistro 807, 812.
attaccapanni a muro 510.
attaccapanni a rastrelliera 510.
attaccapanni a stelo 510.
attacco 274, 275, 385, 807, 840, 887, 891, 892, 894.
attacco a baionetta 275, 478.
attacco a spina 275.
attacco a vite 275.
attacco anteriore 840.
attacco degli attrezzi, snodo per l' 640.
attacco del manubrio 579.
attacco del tubo dell'aria 320.
attacco del tubo di alimentazione dell'acqua 328, 329.
attacco del tubo di scarico 256.
attacco dell'obiettivo 477.
attacco della barra di traino 641.
attacco della campana 446.
attacco di sicurezza 20, 888, 889.
attacco girevole 793.
attacco morbido 887.
attacco per attrezzi 20.
attacco posteriore 840.
attacco, leva di apertura dell' 889.
atterraggio 891.
atterraggio, faro di 631.
atterraggio, finestrino di 631.
atterraggio, modulo di 18.
atterraggio, motore di 18.
atterraggio, pista di 891.
atterraggio, zona di 891.
attesa, area d' 730.
attinidi 684.
attinio 684.
attività interne, area per le 727.
attizzatoio 257.
attore 428.
attori, ingresso degli 402.
attori, sedie degli 428.
attraversamento pedonale 545, 547.
attrazione 687.

attrezzatura 396, 421, 422, 423, 790, 900.
attrezzatura elettrica 316.
attrezzatura terminale 911.
attrezzatura, magazzino per l' 764.
attrezzatura, ripostiglio per l' 734.
attrezzature da campeggio 905.
attrezzature di terra 622.
attrezzature per il pronto soccorso 775.
attrezzature sportive 788.
attrezzature tecniche, scomparto delle 489.
attrezzature, esempi di 601.
attrezzi 823.
attrezzi da muratore 315.
attrezzi di brasatura 318.
attrezzi di lancio 793.
attrezzi di saldatura 318.
attrezzi di serraggio 310.
attrezzi domestici 295.
attrezzi ginnici 850.
attrezzi idraulici 314.
attrezzi per annaffiare 328.
attrezzi per chiodare 301.
attrezzi per piccoli lavori di giardinaggio 325.
attrezzi per potare e tagliare 330.
attrezzi per sagomare 308.
attrezzi per seminare e piantare 324.
attrezzi per smuovere la terra 326.
attrezzi per trapanare 306.
attrezzi, cassetta degli 313.
attrezzi, kit di 580.
attrezzista 429.
attrezzo multiuso 851.
attrice 429.
audio, cabina di controllo 489, 490.
audio, controllo del campo 497.
audio, selettore della modalità 497.
audio, selettore di controllo 491.
audio, sistema di registrazione 429.
audio, spie della modalità 497.
audiofrequenze, generatore di 488.
audioguida 394.
auditorium 394, 718, 732.
augnatura elettrica, sega per 304.
augnatura manuale, sega per 303.
augnatura, cassetta ad 303.
aula 727, 734, 735.
aula di arti plastiche 734.
aula di informatica 734.
aula di musica 734.
aula di scienze 734.
aula di tribunale 728.
aula per studenti con difficoltà d'apprendimento 734.
aumento di tensione 646, 662, 665.
auricolare 503, 506.
auricolari 872.
aurora polare 53.
Australia 28, 50, 747.
Australia, lingue aborigene dell' 469.
Austria 744.
auto da formula 1 873.
auto da formula 3000 873.
auto da formula Indy 873.
auto da rally 873.
auto-reverse, tasto dell' 504.
autoarticolati, esempi di 572.
autoarticolato 570.
autobotte 573.
autobotte di rifornimento del carburante 622.
autobotte per il rifornimento dell'acqua potabile 622.
autobus 568, 713.
autobus a due piani 569.
autobus articolato 569.
autobus urbano 568.
autobus, fermata dell' 712.
autobus, stazione degli 710.
autocaravan 567.
autocarro a cassone ribaltabile 639.
autocarro a pianale 571.
autocarro per il trasporto dei tronchi 572.
autocarro per trucioli 572.
autocisterna 572.
autoclave 780.
autofocus, interruttore dell' 483.
autogrù 573, 634.
autogruista, cabina dell' 634.
autoguida, sistema di 759.
autolavaggio 548.
automezzo con braccio mobile 622.
automezzo del catering 623.
automezzo per l'assistenza tecnica 622.
automobile 549.
automobile elettrica 563.
automobile ibrida 563.
automobilismo 872.
automotrice 585.
autopompa 766.
autoradio 556.
autoreggente, calza 365.
autorespiratore 765.
autoscala 766.
autoscatto, spia luminosa dell' 476.
autostarter 857.
autostrada 39, 539, 709.
autostrada, numero di 39.
autotrofi, organismi 67.
autoveicoli industriali 570.
autovetture, ponte per le 608.
autunno 54.
autunno, equinozio d' 54.
avambraccio 130, 147, 149.
avambraccio, protezione per l' 808.
avampiede 840.
avanzamento della carta, tasto di 731.
avanzamento rapido, tasto di 495, 499, 504, 508.
avena 85, 203.
avena, farina di 204.
avena: pannocchia 85.
avenue 39, 711.
aviogetto a lungo raggio 624.
aviorimessa 619.
avocado 188.
avvertenze, targhetta delle 306.
avviamento, manovella di 331.
avviamento, motorino d' 327, 332.
avvio, tasto di 508, 512.
avvisatore acustico 586, 591.
avvisatore acustico a tromba 570.
avvitatore pneumatico 873.
avvocati dell'accusa, banco degli 728.
avvocati difensori, banco degli 728.
avvocati, assistenti degli 728.
avvolgimento dell'indotto 688.
avvolgimento induttore 688.
avvolgimento, bobina di 499.
avvolgimento, manovella d' 313.
avvolgimento, meccanismo di 285.
avvolgitore della bobina 452.
avvoltoio 119.
axel 881.
aymara 469.
Azerbaigian 746.
azienda 525.
azienda commerciale 525.
azione del vento 67.
azoto 683.
azoto liquido, serbatoio di 694.
azzeramento, pulsante di 696, 700.
azzeramento, tasto di 495, 512.
azzurro 741.

B

babbuino 139.
baby-doll 364.
bacca 83.
bacca di ginepro 198.
baccello 84.
bacche 192.
bacchetta 439.
bacchetta di metallo 449.
bacchetta per il passo d'ordito 461.
bacchetta telescopica 864.
bacchette 449.
bacheca 535, 734.
bachelite, involucro esterno di 757.
bacinella di raccolta della condensa 261.
bacinella raccogligocce 290.
bacinella raccogligrasso 239.
bacino 121, 138, 141, 142, 596, 597, 657, 658, 660, 661, 662, 664, 838.
bacino a monte 657.
bacino a valle 657, 658, 661.
bacino di carenaggio 596.
bacino per competizioni 788.
bacino, porta del 596.
backgammon 915.
backspace 515.
bacon americano 216.
bacon canadese 216.
badile 326.
badile pieghevole 906.
Baffin, Isola di 30.
bagagli 388.
bagagli, deposito 582.
bagagli, nastro trasportatore dei 623.
bagagli, scompartimento 585.
bagagliai 605.
bagagliaio 568, 625, 631.
bagaglio a mano 388.
bagher 812.
bagni di sviluppo 485.
bagno degli ufficiali 764.
bagno degli uomini 427, 509.
bagno dei vigili del fuoco 764.
bagno del personale 768.
bagno delle donne 427, 509.
bagno di arresto 485.
bagno di fissaggio 485.
bagno di sviluppo 485.
bagno, costume da 371.
bagno, lucernario del 251.
bagno, slip da 371.
bagno, stanza da 724.
bagno, vasca da 264.
bagnomaria, pentola per cucinare a 235.
bagnoschiuma 379.
baguette 204.
baguette, taglio a 375.
Bahama 742.
Bahrein 746.
baia 7, 38.
Baia di Hudson 30.
Baikal, Lago 33.
Bailey 542.
baionetta a ghiera 751.
baionetta a tappo 751.
baionetta fissa ripiegabile 751.
baionetta, attacco a 275.
baita di montagna 886.
balalaica 433.
balaustra 250, 251, 412, 417.
balaustra della comunione 737.
balaustre 878.
balaustro 255.
balconata 738.
balconcino, reggiseno a 367.
balcone 251, 676.
Balena 10, 12.
balena 137.
balena bianca 137.
baleniera 601.
balenottera 137.
balestra 750.
ballatoi 430.
ballatoio 614.
balle di fieno 875.
ballerina 343.
ballerino 220.
ballo, sala da 609.
balsamo per capelli 379.
Baltico, Mar 32.
balze increspate 337.
balze, gonna a 357.
bambara 468.
bambini 545, 547.
bambini, vestiti per 369.
bambino, cranio di 158.
banana 196.
banana plantain 196.
banca 710, 715, 730, 915.
banca di emissione, iniziali della 729.
banchina 596.
banchina di scarico 395, 719.
banchina di scarico delle merci 715, 724.
banchina laterale 538.
banchine di scarico delle merci 716.
Banchisa di Amery 29.
Banchisa di Filchner 29.
Banchisa di Ross 29.
banco 734.
banco da scultore, vite di 401.
banco degli avvocati dell'accusa 728.
banco degli avvocati difensori 728.
banco dei formaggi 181.
banco dei giudici 728.
banco dei testimoni 728.
banco del self-service 722.
banco del sorvegliante 732.
banco dell'imputato 728.
banco della carne fresca 180.
banco della carne self-service 180.
banco della giuria 728.
banco della reception 730.
banco delle informazioni 620, 715, 719, 730, 733, 769, 779.
banco di registrazione 620.
banco di sabbia 49.
banco per il prestito dei libri 733.
banco per la prenotazione degli hotel 620.
banco per la restituzione dei libri 733.
banco, sega da 305.
bancomat, sportello 715, 730.
bancone 722.
bancone del bar 720.
banconota 915.
banconota: dritto 729.
banconota: rovescio 729.
banconote, emissione di 730.
banconote, scomparto per 386.
banda 416, 500, 739.
banda di identificazione tecnica 501.
banda magnetica 729.
banda nuvolosa a spirale 63.
banda olografica 729.
banda, selettore di 498.
banda, tasto di selezione della 497.
bande di frequenza 498.
bande verticali, porta a 416.
bandella di rinforzo 389.
banderuola 56, 58, 59, 677.
bandiera 890.
bandiera a scacchi 872.
bandiera con Schwenkel 739.
bandiera dell'Unione Europea 729.
bandiera quadrata 739.
bandiera rettangolare 739.
bandiera rimovibile 867.
bandiera segnavento 893.
bandiera, parti della 739.
bandiera, tipi di 739.
bandiere 742.
bandierina 804.
bandierina centrale 802.
bandierina del calcio d'angolo 801, 803.
Bangladesh 747.
banjo 432.
bar 431, 710, 714, 719, 720.
bar, bancone del 720.
bar, mobile 279.
bar, sgabello da 720.
barattoli 222.
barba 85, 115.
barba, pennello da 383.
barbabietola 189.
barbacane 408.
Barbados 743.
barbaforte 189.
barbazzale 854.
barbazzale, gancio del 854.
barbetta 56, 85, 127.
barbone 130.
barbozza 749.
barca a chiglia 835.
barca a vela 834.
barcana 52.
barche, esempi di 604.
barchetta, scollatura a 363.
bardana 189.
barella 775.
barella spinale, ripostiglio per la 775.
barelle, deposito delle 778.
Barents, Mar di 32.
bariletto 696.
bario 682.
barista 720.
barografo 59.
barometro a mercurio 59.
barra 127, 285, 676, 915.
barra collettrice 658.
barra collettrice sotto tensione 272.
barra d'appoggio 321.
barra d'invergatura 461.
barra dei licci 461.
barra dei martelletti 442.
barra del martelletto 443.
barra del premistoffa 453.
barra del timone 834.
barra dell'ago 453.
barra dello smorzatore 443.
barra di comando 626, 631.
barra di controllo 670, 671, 897.
barra di manovra 643.
barra di partenza 830.
barra di percussione 767.
barra di pressione 442.
barra di stabilizzazione 633.
barra di traino 567, 622.
barra di traino, attacco della 641.
barra di trazione 840.
barra distanziatrice 568.
barra falciante 642, 643.
barra inferiore 285.
barra obliqua 473.
barra per i dorsali 851.
barra per i pettorali 851.
barra per i tricipiti 851.
barra spaziatrice 514, 528.
barretta 385.
barretta di combustibile 667.
barriera 712.
barriera di pneumatici 872.
barriere 852.
basamento 43, 305, 412, 701, 713, 825, 842.
basamento del telescopio 17.
basamento imbottito 811.
basamento, livella del 701.
baschina, gonna con 357.
basco 341.
base 224, 234, 236, 239, 240, 256, 268, 270, 273, 286, 307, 308, 381, 389, 405, 424, 425, 432, 448, 500, 516, 517, 531, 591, 676, 685, 693, 698, 739, 767, 791, 826.
base del bulbo 78.
base del tergale 276.
base dell'intelaiatura 249.
base della lampada 614.
base di legno duro 899.
base di sostegno 278.
base di supporto 613.
base fissa 312.
base girevole 312.
base inferiore 58.
base, ampiezza della 663.
base, piastra di 43, 304, 500.
baseball 794.
baseball, stadio di 788.
basilico 202.
basilosauro 93.
Bass, Stretto di 29.
bassa pressione, area di 63.
bassa tensione, linea di distribuzione a 273.
basse frequenze, pick-up per 441.
bassi, bottoniera dei 432.
bassi, pannello di assorbimento dei 490.
bassi, ponticello dei 442.
bassi, registro dei 432.
bassi, regolatore dei 497.
basso carico, vite di regolazione a 273.
basso, chiave di 434.
bastione 409.
bastoncello 177.
bastoncino di carbone (catodo) 689.
bastone 284, 391, 800, 801, 846, 879.
bastone con manico anatomico 782.
bastone da passeggio 391, 782.
bastone da tenda 284.
bastone del giocatore 880.
bastone estendibile 770.
bastone inglese 782.
bastone liscio 284.
bastone scanalato 284.
bastone, pomolo del 880.
bastoni da tenda 284.
battello a vapore a ruote laterali 599.
battente 416, 587, 739.
battente, cassa 460.
batteria 302, 306, 448, 482, 552, 562, 563, 586, 673, 687, 759.
batteria ausiliaria 563.
batteria da cucina 722.
batteria di eliostati 674.
batteria elettronica 451.
batteria ricaricabile 496.
batteria, contenitore della 562.
batterie 60.
batterie di trazione 563.
battiscopa 253.
battistrada 561.
battistrada, scolpitura del 560, 561, 640.
battitoia 433, 448.
battitore 795, 796, 798, 799, 816, 819, 821.
battuta, zona di 797.
baule 389.
bauletto 577.
bavaglino 368.
bazooka 757.
beach volley 813.
Beaufort, Mar di 30.
beauty-case 389.
beccaccia di mare 118.
beccatello 408.
beccheggio 630.
becchi lunghi, pinza a 317.
becchi, esempi di 117.
becco 106, 115, 901.
becco Bunsen 685.
becco corneo 113.
beccuccio 240, 241, 295, 380.
beccuccio spruzzatore 384.
beccuccio, vaschetta con 237.
becher 685.
becquerel 702.
begonia 80.
Belgio 743.

Belize 742.
belle arti 394.
bellezza, prodotti di 717.
belvedere, vela di straglio di 603.
bemolle 435.
benda elastica 777.
benda perioplica 127.
bendaggio 843.
Bengala, Golfo del 33.
Benin 745.
benna di caricamento 650.
benzina auto 656.
benzina avio 656.
benzina leggera 656.
benzina pesante 656.
bequadro 435.
berbero 468.
berchelio 684.
bergamotto 194.
bergère 276.
berillio 682.
Bering, Mar di 28.
Bering, Stretto di 30.
berlina 549.
berma 660.
bermuda 358.
berretto 340, 770, 892.
berretto con pompon 341.
berretto da cacciatore 340.
berretto impermeabile 341.
bersaglio 40, 41, 859, 861, 893, 918.
bersaglio, aree di 848.
bersaglio, radar di acquisizione del 762.
berta 363.
bertesca 408.
bestiame, carro 588.
betoniera 573.
betulla 88.
beuta di Erlenmeyer 685.
Bhutan 747.
biancheria da letto 280.
biancheria da notte 364.
biancheria da notte per donna 716.
biancheria da notte per uomo 717.
biancheria intima 351, 366.
biancheria intima per donna 716.
biancheria intima per uomo 716.
biancheria intima, negozio di 714.
biancheria per la casa 716.
biancheria, loale per la 724.
biancheria, ripostiglio per la 584.
bianchi 916.
bianco 690, 915.
biathleta 893.
biathlon 893.
bibita, bicchiere da 225.
bibita, cucchiaio da 228.
bibite 180.
bibite, distributore automatico di 723.
bibite, distributore di 779.
biblioteca 395, 711, 726, 732, 734.
bibliotecario, ufficio del 732.
bicchiere 236, 906.
bicchiere da acqua 225.
bicchiere da bibita 225.
bicchiere da Bordeaux 225.
bicchiere da Borgogna 225.
bicchiere da brandy 225.
bicchiere da porto 225.
bicchiere da vino alsaziano 225.
bicchiere da vino bianco 225.
bicchieri 723.
bicchieri, macchina per lavare i 723.
bicchierino da liquore 225.
bicicletta 578.
bicicletta da corsa 581, 870.
bicicletta da cross-country 870.
bicicletta da downhill 870.
bicicletta da inseguimento 871.
bicicletta da turismo 581.
bicicletta olandese 581.
bicicletta, componenti di una 578.
biciclette, esempi di 581.
biciclette, parcheggio per le 735.
bicipite brachiale 150.
bicipite femorale 151.
bicipiti femorali, rullo per i 851.
bicorno 339.
bidè 264.
bidello, ufficio del 735.
bidone carrellato per il riciclaggio del vetro 71.
bidone carrellato per il riciclaggio dell'alluminio 71.
bidone carrellato per il riciclaggio della carta 71.
bidone dei rifiuti 295.
biella 564, 566.
Bielorussia 744.
bietola da coste 185.
bietta 439.
biglia battente 862, 863.
biglia battente dell'avversario 862, 863.
biglia bianca battente 863.
biglia blu 863.
biglia gialla 863.
biglia marrone 863.
biglia nera 863.
biglia rosa 863.
biglia rossa 862, 863.
biglia verde 863.
biglie da colpire 862.
biglie rosse 863.
biglietteria 394, 427, 620, 719.
biglietteria automatica 427.
biglietti, distributore automatico di 593.
biglietti, vendita dei 592.
bigodino 380.
Bilancia 11.
bilancia 430.
bilancia a molla 699.
bilancia a sospensione inferiore 698.
bilancia da analisi 699.
bilancia da cucina 231.
bilancia di precisione 698.
bilancia elettronica 699.
bilancia pesapersone 699.
bilanciamento 441.
bilanciamento degli altoparlanti 497.
bilanciere 443, 566, 599, 850, 851.
bilanciere, braccio del 599.
bilanciere, piroga a un 599.
bilanciere, placchetta a 444.
biliardo 862.
biliardo inglese 863.
biliardo per carambola 862.
bimah 738.
binari del carrello 428.
binario 284, 287, 399, 582, 592, 595, 709.
binario da tenda 284.
binario di guida 16.
binario di primo smistamento 589.
binario di raccordo 583.
binario di rampa 589.
binario di secondo smistamento 589.
binario di uscita 589.
binario doppio 284.
binario ferroviario 649, 710.
binario morto 583.
binario per le locomotive 589.
binario semplice 284.
binario, faretto da 287.
binario, numero del 582.
bindella ventilata 860, 912.
binocolo da teatro 385.
binocolo prismatico 692.
biologia 702.
biosfera 66.
biosfera, struttura della 66.
bipiede 755, 756.
biplano 628.
bipolare, interruttore 272.
birilli, disposizione dei 865.
birilli, esempi di 865.
birillo 865.
birillo a candela 865.
birillo americano 865.
birillo canadese 865.
birillo centrale 865.
birillo grosso 865.
birillo piccolo 865.
birmano 468.
birra 180.
birra, boccale da 225.
bisarca 572.
biscaglina 321.
biscroma 435.
biscroma, pausa di 435.
bismuto 682.
bisnonna 784.
bisnonni 784.
bisnonno 784.
bisonte 128.
bistecca 214.
bistecca, coltello da 228.
bitta 607.
bitume 656.
blastodisco 117.
blatta orientale 101.
blazer 358.
bloc-notes 530.
bloccacorda 284.
bloccaggio della base 312.
bloccaggio, dispositivo di 289, 424.
bloccaggio, ghiera di 302, 756.
bloccaggio, leva di 312.
bloccaggio, manicotto di 482.
bloccaggio, manopola di 304.
bloccaggio, pulsante di 288.
bloccaggio, viti di 700.
blocchetto 448, 882.
blocchetto di accensione 556.
blocchetto di avviamento 576.
blocchetto per stenografia 531.
blocco 444, 632, 791.
blocco d'arresto 309.
blocco da incastro 900, 901.
blocco del movimento orizzontale 482.
blocco del movimento verticale 482.
blocco del ponticello 441.
blocco della colonna 482.
blocco della culatta 912.
blocco della piattaforma 482.
blocco delle maiuscole 514.
blocco di ancoraggio dei cavi 540.
blocco di calcestruzzo 298.
blocco di chiusura 700.
blocco di partenza 791, 830.
blocco di tensione 452, 453, 457.
blocco motore 236, 237, 240, 288, 384.
blocco numerico 515.
blocco operatorio 780.
blocco, dispositivo di 303, 304, 321.
blocco, tasto di 505.
blu 400, 690.
blu-verde 400.
blu-viola 400.
boa 114, 833.
boa a piano focale elevato 615.
boa a pilastro cilindrico 614.
boa cilindrica 615.
boa conica 615.
boa di ricognizione meteorologica 54.
boa di salvataggio 611.
bob 884, 885.
bob a due 884.
bob a quattro 884.
bobina 452, 453, 495, 688, 848, 909, 910.
bobina di avvolgimento 499.
bobina mobile 488.
bobina, asse della 910.
bobina, meccanismo di rilascio della 910.
bocca 95, 104, 105, 107, 110, 136, 148, 174, 301, 425, 444, 753, 754, 756, 860, 912.
bocca da fuoco 753, 756.
bocca di carico 288.
bocca di erogazione 268, 270.
bocca laterale 261.
boccaglio 783, 841.
boccale da birra 225.
boccaporto 23.
bocce 864.
bocchetta 237, 240, 248, 249.
bocchetta 248.
bocchetta a soffitto 258.
bocchetta del serbatoio 332.
bocchetta dello scarico della polvere 304.
bocchetta di estrazione 258.
bocchetta di immissione 258.
bocchetta di ventilazione 556.
bocchetta per fessure 289.
bocchetta per tappezzeria 289.
bocchette 232.
bocchette, tipi di 258.
bocchettone di riempimento 553.
bocchino 390, 446, 447, 451.
boccia 864, 865.
body 359, 366, 371.
boe di arrivo 839.
boe di partenza 838.
boe di percorso 838.
boe, sistema di segnalamento marittimo per mezzo di 616.
bohrio 683.
bokken 846.
bolero 358.
bolina larga, di 833.
bolina molto stretta, di 833.
bolina stretta, di 833.
bolina, di 833.
Bolivia 742.
bolla, livella a 313.
bolle d'aria 531.
bollitore 240.
bollo del monopolio 390.
boma 602, 834, 836.
bomba a mano 757.
bomba vulcanica 44.
bombetta 340.
bombo 101.
bombola 767, 903.
bombola ad aria compressa 841, 873.
bombola d'acetilene 319.
bombola d'ossigeno 319.
bombola del gas 314, 319.
bombola di aria compressa 765.
bombola di gas medicale 780.
bombola di gas propano 567.
bombola di ossigeno portatile 775.
bombola di ossigeno portatile, supporto per la 775.
bomboletta 611.
bompresso 602.
bompresso, briglia del 602.
bongos 449.
booster, paracadute del 22.
Boote 13.
bordame 836.
Bordeaux, bicchiere da 225.
bordeggio 833.
bordo 281, 793, 887, 919.
bordo a coste 354, 369.
bordo del cerchio 560.
bordo del piano di cottura 290.
bordo del risvolto 362.
bordo della scarpetta 889.
bordo di attacco 625, 897, 898.
bordo di fuga 897, 898.
bordo di porpora 336.
bordo di rifinitura 389.
bordo di uscita 624.
bordo elastico 351.
bordo interno 901.
bordo superiore 815.
bordo, radar di 40.
bordone 432.
bordoniera 448.
bordura 244, 322.
Borgogna, bicchiere da 225.
boro 682.
borra 912.
borraccia 906.
borragine 202.
borsa a manicotto 388.
borsa a soffietto 386.
borsa a telaio rigido 388.
borsa a tracolla 388.
borsa da postino 388.
borsa da viaggio 388.
borsa del tabacco 390.
borsa della spesa 388.
borsa laterale 577.
borsa melaria 99.
borse 387.
borsellino 387.
borsello 388.
borsetta 445.
borsetta per gli attrezzi 859.
borsone da viaggio 388.
boschi, rana dei 111.
bosco 39.
Bosnia ed Erzegovina 744.
bossolo 860, 912.
bossolo di plastica 912.
Botnia, Golfo di 32.
botola 407, 430.
Botswana 746.
botte igienica semovente 622.
bottega 406.
bottiglia 379, 685, 906.
bottiglia da tavola 225.
bottiglia dell'acqua 579.
bottiglia di vetro 223.
bottone 274, 349, 354, 432, 439, 753, 849.
bottone a gambo 453.
bottone a pressione 346, 353.
bottone automatico 453.
bottone della tracolla 441.
bottone di marcia indietro 452.
bottone di regolazione 443.
bottoni forati 453.
bottoniera dei bassi 432.
boubou 339.
boulevard 39, 711.
bowling 714, 865.
bowling su prato 864.
bowling, pista da 865.
box 872, 874.
box doccia 264.
boxer 351.
bozzello 634, 835.
bracci 445.
braccia, apertura per le 355.
bracciale 282, 859.
bracciale a cordoncino 282.
bracciale con ciondoli 376.
bracciale con piastrina 376.
bracciale pneumatico 777.
bracciale tubolare 376.
bracciali 376.
braccio 95, 124, 139, 147, 149, 286, 329, 382, 433, 452, 456, 500, 521, 610, 634, 635, 641, 663, 676, 693, 783.
braccio d'attacco dell'occhione 756.
braccio del bilanciere 599.
braccio del disco 641.
braccio del pennone di controbelvedere 603.
braccio del tergicristallo 557.
braccio del tremolo 441.
braccio della forca 632.
braccio della pala caricatrice 637.
braccio della sospensione 553.
braccio della spirale 9.
braccio di posizionamento 638.
braccio di scavo 638.
braccio di sollevamento 573, 637, 638.
braccio di sollevamento dell'albero oscillante 640.
braccio di sospensione 292, 783.
braccio di trazione 640.
braccio distanziatore 321.
braccio flessibile 859.
braccio inferiore 750.
braccio manipolatore telecomandato 22.
braccio metallico 329.
braccio retraibile 18.
braccio spruzzante 294.
braccio superiore 750.
braccio telecomandato 21.
braccio telescopico 634, 766.
braccio telescopico di disaccoppiamento 587.
braccio, levetta per il sollevamento del 500.
braccio, supporto del 500.
braccio, tirante del 634.
bracciolo 276, 281, 554, 555, 783.
bracciolo, sostegno del 276.
brache 338.
brachiale 150.
brachiopodo 92.
brachioradiale 150, 151.
braciere 412.
braciola 214, 215.
branca 310, 454.
branca del corpo morto 615.
branchia 106.
branchie 105, 109.
branchie esterne 111.
branda 904.
brandina smontabile 904.
brandy, bicchiere da 225.
brano, numero del 501.
brano, tasti di ricerca del 501.
branzino 220.
Brasile 742.
Brasile, noce del 193.
brattea 84.
breccia 917.
bretella 897.
bretella abbottonabile 369.
bretella di raccordo 539.
bretella di uscita 621.
bretella di uscita della pista ad alta velocità 618.
bretella regolabile 368.
bretelle 350.
bretone 469.
bricco del latte 226.
brick 223.
brick a tappo 223.
bricolage, negozio di 714.
brie 211.
brigantino 601.
brigantino goletta 601.
briglia 854.
briglia del bompresso 602.
briglia inferiore 540.
briglia superiore 540.
brillamento 6.
brillantante, serbatoio per il 294.
brillante, taglio a 375.
brina 65.
briolette, taglio a 375.
broccolo 187.
brochure, espositore di 730.
brodo, cucchiaio da 228.
bromo 683.
bromografo 484.
bronchiolo terminale 163.
bronco lobare 163.
bronco principale 163.
browser 524.
bruciatore 259, 290, 422, 899, 903.
bruciatore a corona 234.

bruciatore del gas 267.
bruciatore per combustibile liquido 259.
bruciatore, paravento del 899.
bruciatore, telaio del 903.
bruciatore, valvola del 899.
bruco 97.
brugola, chiave a 314.
bruma umida 57.
Brunei 747.
brunitoio 422.
Bruxelles, cavolini di 186.
buca 862, 866, 867.
buca centrale 862.
buca inferiore 862.
buca par 3 866.
buca par 4 866.
buca par 5 867.
buca superiore 862.
buccia 81, 82, 83.
buccino 217.
buche 866.
buco nero 8.
Budda 736.
buddismo 736.
bue 129.
bufalo 128.
buffet 720.
bugna 836.
bulbillo 78.
bulbo 185, 274, 275, 607, 609, 664.
bulbo d'alcool 695.
bulbo del pelo 172.
bulbo di mercurio 695.
bulbo olfattivo 175.
bulbo olfattorio 109.
bulbo, base del 78.
bulbo, fusto del 78.
bulbo, sezione di un 78.
Bulgaria 744.
bulgaro 469.
Bulino 11.
bulino 401, 421.
bulldog 130.
bulldozer 636, 647.
bulletta 301.
bullone 310, 311, 312, 559.
bullone a espansione 302.
bullone della ganascia 590.
bullone di accoppiamento 659.
bullone di spallamento 311.
bullone zigrinato 320.
bulloni 311.
bunker di sabbia 866, 867.
Bunsen, becco 685.
Buona Speranza, Capo di 34.
bure 641.
buretta con rubinetto a destra 685.
Burkina Faso 745.
burotica 468.
burotica e forniture per l'ufficio 509.
burriera 226.
burro 210.
burro, coltello da 228.
burro, scomparto per il 291.
Burundi 745.
bus 513, 522.
Bussola 11.
bussola 898.
bussola a liquido 612.
bussola magnetica 907.
bussole, set di 311.
bussolotto 915.
busta imbottita 531.
busta portadocumenti 387.
bustina 340.
bustina di fiammiferi 391.
bustina di tè 208.
bustine trasparenti 386.
buttafuoco 752.
button-down, collo 349.

C

C, morsetto a 312.
cabina 608, 636, 637, 638, 639, 640, 643, 731.
cabina armadio 251.
cabina del fuoco primario 16.
cabina del fuoco secondario 16.
cabina del gruista 634.
cabina dell'ascensore 417.
cabina dell'autogruista 634.
cabina della torre di controllo 618.
cabina di classe turistica 625.
cabina di controllo audio 489, 490.
cabina di controllo della parigina 589.
cabina di guida 585, 586.
cabina di manovra 583.
cabina di osservazione del fuoco primario 17.
cabina di pilotaggio 22, 607, 624, 626, 631, 898.
cabina di pilotaggio, calotta della 898.
cabina di prima classe 624.
cabina di proiezione 427.
cabina di regia 431, 488, 489, 490, 491, 718.
cabina passeggeri 631.
cabina per l'interpretazione simultanea 718.
cabina, guida della 417.
cabina, manopola per l'aerazione della 898.
cabina, pavimento della 417.
cabina, soffitto della 417.
cabine di regia 490.
cabochon, taglio a 375.
cabriolet 276.
cacao 208.
cacatua 118.
caccia 912.
cacciapietre 585, 586.
cacciavite 302, 905.
cacciavite automatico 302.
cacciavite con batteria incorporata 302.
cacciavite con punta a croce 905.
cachi 197.
caditoia 408.
cadmio 683.
caducifoglie, foresta di 66.
caduta di poppa 836.
caduta di prua 836.
caduta massi 545, 547.
caffè 208, 710, 715, 735.
caffè, chicchi tostati di 208.
caffè, chicchi verdi di 208.
caffè, cucchiaino da 228.
caffè, macchine da 241.
caffè, macchine per il 723.
caffè, tazza alta da 226.
caffè, tazzina da 226.
caffettano 339.
caffettiera 905.
caffettiera a filtro 241.
caffettiera a infusione 241.
caffettiera a pistone 241.
caffettiera napoletana 241.
caffettiera per espresso 241.
caimano 114.
calabrone 101.
calamaro 217.
calamita 454, 534.
calamo 115.
calamo vegetale 470.
calaza 117.
calcagno 126, 153, 155, 351.
calcagno, rinforzo del 370.
calcagno, rinforzo esterno del 342.
calcagno, rinforzo interno del 342.
calcare 140, 141.
calcatoio 752.
calcestruzzo 298.
calcestruzzo precompresso 298.
calcestruzzo, blocco di 298.
calciatore 802.
calcio 682, 755, 802, 860, 861, 863, 912.
calcio balilla 920.
calcio, campo di 788.
calciolo 754, 755, 912.
calcola 460.
calcola di disinnesto 460.
calcola, corda della 460.
calcolatrice 386.
calcolatrice da tavolo 529.
calcolatrice scientifica 529.
calcolatrice tascabile 529.
calcolo, ghiera di 479.
caldaia 259, 448, 674.
calendario a fogli staccabili 530.
calendario da tavolo 530.
calibratura, ruota di 333.
calibro 423.
calibro a corsoio con nonio 700.
calice 80, 83, 84, 165, 737.
calice da cocktail 225.
calice gustativo 176.
calicetto 83.
California, Golfo di 30.
californio 684.
Callisto 4.
calma 56.
calore 665, 670.
calore, disco deflettore del 274.
calore, dispersione di 68.
calore, pompa di 260.
calore, produzione di 665.
calore, scambiatore di 259, 675.
calore, trasferimento di 681.
calotta 273, 288, 289, 340, 341, 575, 676, 827.
calotta della cabina di pilotaggio 898.
calotta della torretta 692.
calotta di sicurezza 332.
calotta filtrante 773.
calotta polare, della 61.
calotta, manopola per l'apertura della 898.
calottino estrattore 896.
calvinismo 736.
calza 365, 367.
calza a rete 365.
calza autoreggente 365.
calza con reggicalze 796.
calza dell'albero 836.
calzare 841.
calzascarpe 345.
calze 351, 365.
calzerotto 351, 365.
calzettone 365, 802, 808, 848, 878.
calzettoni 805.
calzino 365, 822.
calzino corto 351.
calzino lungo 351.
calzoni 748, 848.
calzoni a palloncino 338.
Camaleonte 11.
camaleonte 114.
cambiaaperture 694.
cambio 87, 725.
cambio diapositiva avanti 483.
cambio diapositiva indietro 483.
cambio, cavo del 580.
cambio, leva del 552, 556, 579, 580.
cambio, pedale del 575, 576, 577.
cambio, scatola del 552.
Cambogia 747.
Cambriano 92.
cambusa 763.
Camciatca, Penisola di 33.
camembert 211.
camera 650.
camera a secco 671.
camera a spirale 658, 659.
camera a umido 671.
camera a vuoto 694.
camera anteriore 177.
camera blindata 731.
camera d'albergo 724.
camera d'aria 117.
camera da letto 251, 902.
camera da letto principale 251.
camera degli ufficiali 764.
camera del re 402.
camera della regina 402.
camera di combustione anulare 627.
camera di compressione 642.
camera di cottura 465.
camera di equilibrio 763.
camera di equilibrio del reattore 668.
camera di equilibrio delle apparecchiature 666.
camera di espansione 695.
camera di lancio 763.
camera di manovra 763.
camera di miscelazione 319.
camera di pressione 258.
camera di scarico 402.
camera di scoppio 564, 566, 753.
camera doppia 724.
camera fotografica 694.
camera magmatica 44, 646.
camera matrimoniale 724.
camera oscura 484.
camera portacampioni 694.
camera posteriore 177.
camera pressurizzata 543.
camera pulpare 159.
camera sotterranea 402.
camera, numero della 724.
cameraman 428.
cameriere 721.
camerino 428, 431, 716.
camerino privato 428.
Camerun 745.
camicetta classica 359.
camicetta incrociata 359.
camicette, esempi di 359.
camicia 349.
camicia da notte 364.
camicia di scarico 659.
camicia, collo a 349, 362.
camicia, lembo della 349.
camicie 716.
camicione 359.
camiciotto 359.
caminiera 256.
camino 245, 250, 256, 257, 259.
camino principale 44.
camino, ferri per il 257.
camion a cassone amovibile 573.
camion frigorifero 572.
camion per spurghi 573.
camion, esempi di 573.
camma, anello della 307.
cammello 129.
cammino di ronda 408, 409.
cammino di ronda coperto 408.
camomilla 208.
camoscio, pelle di 345, 377.
campagna 709.
campana 446, 447.
campana per la raccolta del vetro 71.
campana per la raccolta della carta 71.
campana, attacco della 446.
campane tubolari 437, 449.
campanelle 449.
campanile 737.
campata centrale 540.
campata laterale 540.
campeggio 725, 902.
campeggio, attrezzature da 905.
campi da tennis 788.
campi solcati 47.
campionatore 450.
campione 458.
campione, manopola di posizionamento del 694.
campo 794, 799, 801, 804, 806, 809, 810, 812, 813, 814, 816, 818, 819, 820, 864, 877, 878.
campo da golf 708, 788.
campo da hockey su prato 788.
campo di allenamento 866.
campo di calcio 788.
campo di dispersione 263.
campo di gara 852, 855.
campo di gioco 802, 858, 864, 877, 920.
campo di servizio del doppio 817.
campo di servizio del singolo 817.
campo di tiro 859, 860, 893.
campo di tiro a segno 788.
campo di tiro con l'arco 788.
campo geotermico 646.
campo magnetico 494, 687.
campo per sport equestri 788.
Canada 742.
canale 865.
canale circolare 95.
canale del sifone 105.
canale del vento 445.
Canale della Manica 32.
canale della radice 159.
canale deltizio 48.
canale destro 502.
canale di aerazione 402.
canale di derivazione 657.
Canale di Drake 29, 31.
canale di Havers 154.
Canale di Mozambico 34.
canale di scarico 658.
canale di scolo 655.
canale di trasporto 666.
canale lacrimale 177.
canale per le acque meteoriche 712.
canale privilegiato 617.
canale radiale 95.
canale secondario 617.
canale semicircolare laterale 174.
canale semicircolare posteriore 174.
canale semicircolare superiore 174.
canale sinistro 502.
canale velenifero 112.
canale, chiusa di un 596, 597.
canali di Volkmann 154.
canali, selettore dei 505.
canali, tasti di selezione dei 495.
cancellazione 515.
cancellazione, pulsante di 477.
cancellazione, tasto di 508.
cancelleria, articoli di 528.
cancellieri, scrivania dei 728.
cancellieri, ufficio dei 728.
cancello 278, 852.
Cancro 13.
Cancro, Tropico del 34, 35, 36.
candela 562, 565, 566, 702, 737.
candela di accensione 332.
candela, cavo della 552, 566.
candelotto 422.
cane 130, 752, 754, 861, 912, 913.
Cane Maggiore 11.
Cane Minore 13.
cane, morfologia di un 130.
cane, scheletro di un 131.
cane, zampa anteriore di un 130.
canestro 811.
canestro, zona di 809.
canguro 142, 143.
canguro, morfologia di un 143.
canguro, scheletro di un 142.
canino 121, 159.
canna 445, 578, 600, 754, 755, 858, 860, 912.
canna ad ancia 444.
canna ad anima 444.
canna da lancio 910.
canna da mosca 909.
canna della melodia 432.
canna di imboccatura 447.
canna, zucchero di 209.
canne 917.
canneggio 445.
cannella 198.
cannello 432.
cannello per saldare 319.
cannello per tagliare 319.
cannelloni 206.
cannocchiale 14, 612, 701.
cannocchiale cercatore 14, 15.
cannocchiale di mira 692.
cannolicchio 217.
cannoncino 349.
cannone 124, 283, 758, 854.
cannone ad avancarica 753.
cannone ad avancarica, sezione di un 753.
cannone del XVII° secolo 752.
cannone di antibraccio 749.
cannone di braccio 749.
cannone elettronico 494, 694.
cannone senza rinculo 757.
cannone snodato 854.
cannoniera 409.
cannotto reggisella 578.
cannuccia 223, 390.
cannula orofaringea 775.
canoa 600, 837.
canoa e kayak: rapide 837.
canoa e kayak: regate fluviali 838.
canoa monoposto (C1) 838.
canottaggio con uno e due remi 838.
canottaggio di coppia (due remi) 838.
canottaggio di punta (un remo) 838.
canottiera 351, 369, 371, 850.
canovaccio 459.
cantalupo 195.
cantarello 183.
cantina dei vini 720.
cantone destro del capo 740.
cantone destro della punta 740.
cantone sinistro del capo 740.
cantone sinistro della punta 740.
canyon sottomarino 49.
cap 853.
capanna di fango 418.
capanna di paglia 418.
capannina meteorologica 58.
capannoni delle merci in transito 596.
capasanta 217.
capelli 147, 149.
capelli, pinza per 380.
capelli, spazzole per 380.
capezzale 280.
capezzolo 146, 148, 171.
capi antichi 336.
capitale 37.
capitano 877, 884.
capitato 154.
capitello 405, 426.
capo 38, 96, 97, 99, 104, 115, 740.
capo centrale 740.
Capo di Buona Speranza 34.
Capo Horn 31.
capo meccanico 873.
Capo Verde 745.
capocchia 391.
capocordata 900.
capocroce 411.
capocuoco 721.
capodoglio 137.
capogiuria 823.
capolino 81.
capomacchinista 428.
caporali 473.
caposala, ufficio del 779.
caposquadra 429.
capotasto 439, 440, 441.
capote 838.
cappa 224, 256, 290, 338, 721, 722.
cappa di raccolta dei gas combusti 267.
cappa di ventilazione 614.
cappella 408, 726.

cappella assiale 410, 411.
cappella laterale 410.
cappella radiale 410, 411.
cappelletto 351.
cappelletto dell'ago 398.
cappello 76, 255, 416, 471.
cappello a cono 339.
cappello a falda larga 341.
cappello da marinaio 341.
cappello di feltro 340, 341.
cappello terminale 667.
cappellotto 275.
cappellotto dell'aria 320.
cappio 888, 892.
cappone 213.
capponiera 409.
cappotti, esempi di 352, 355.
cappotto 352, 355.
cappotto alla raglan 355.
cappotto con pellegrina 355.
cappuccio 268, 353, 368, 470, 783, 841, 882.
cappuccio con cordoncino 369.
cappuccio della leva 268.
cappuccio di protezione 776.
cappuccio di sicurezza 757.
cappuccio, collo a 363.
cappuccio, felpa con 370.
capra 128.
capra, formaggi di 210.
capra, latte di 210.
capriata 253.
Capricorno 10.
Capricorno, Tropico del 34, 35, 36.
capsula 75, 757, 783.
capsula a depressione 566.
capsula della bobina 452.
capsula di gelatina 783.
capsula di Petri 685.
capsula di risonanza 776.
capsula ermetica 903.
capsula, sezione di una 84.
captazione, antenna di 585.
carabina 893.
carabina calibro 22 861.
caraffa 225, 226, 241.
carambola 197.
carapace 107, 113.
carattere con grazie 472.
carattere senza grazie 472.
carattere, extra-nero 472.
carattere, grassetto 472.
carattere, medio 472.
carattere, molto sottile 472.
carattere, nero 472.
carattere, posizione di un 472.
carattere, semi-grassetto 472.
carattere, sottile 472.
caratteri 917.
caratteri di un font 472.
caratteri, forma dei 472.
caratteristiche della costa 51.
caratteristiche della Luna 7.
caravella 599.
carboncino 397.
carboncino, disegno a 396.
carbone, deposito di 646.
Carbonifero 92.
carbonio 683.
carburante riscaldante, serbatoio del 563.
carburante, condotto del 553, 563.
carburante, serbatoio del 331, 553, 574, 577, 586, 758, 760.
carburante, serbatoio per il 570.
carburante, tipo di 548.
carburante, tubi del 899.
carburante, tubo di trasferimento del 25.
carburante, valvole di controllo del flusso del 626.
carburatore 574.
carcassa 306, 308.
carcere 726.
carciofo 187.
cardamomo 198.
cardellino 118.
cardigan 354, 359.
cardigan con scollo a V 354.
cardinale 118.
cardine 554.
cardio 217.
cardo 185.
Carena 11.
carena 108, 884.
carena dello sterno 116.
carenaggio, bacino di 596.
carenatura 24, 574, 876.
carenatura laterale 873.
cargo 475.
Caribico, Mar 28, 30.
carica di lancio 912.
carica di scoppio 757.
carica elettrica, unità di misura della 702.
carica esplosiva 653, 759.
carica negativa 684.
carica positiva 684.
carica, indicatore di 383.
carica, meccanismo di 697.
carica, ruota di 696.
caricabatteria 306.
caricabbasso 834.
caricatore 481, 483, 499, 754, 755, 893.
caricatore di lamette 383.
caricatore, alloggiamento del 476.
caricatore, fondello del 754.
caricatore, vincolo del 754.
carico 686.
carico utile 24, 25.
carico utile, adattatore del 24.
carico utile, modulo del 40.
carico, aeroplano da 629.
carico, bocca di 288.
carico, piano di 632.
carico, piattaforma di 699.
carico, tubo di 265.
cariosside 85.
carne 214.
carne, cassetto per la 291.
carnivori 67.
Caronte 5.
carota 189.
carpa 220.
Carpentaria, Golfo di 29.
carpenteria 301, 302, 303, 306, 308, 310, 313.
carpo 116, 122, 126, 131, 136, 138, 141, 142, 154.
carpo, flessore ulnare del 150, 151.
carré 353, 359.
carreggiata 539.
carrelli 181, 456.
carrello 284, 328, 428, 542, 585, 586, 595, 633, 634, 754, 835, 869, 895.
carrello a forca per palette di carico 633.
carrello a piattaforma 633.
carrello a piattaforma per palette di carico 633.
carrello anteriore 585, 595, 624, 760.
carrello avvolgitubo 328.
carrello della guida parallela 305.
carrello di sormonto 284.
carrello elevatore 632.
carrello idraulico per palette di carico 633.
carrello per i libri 733.
carrello per merletti 456.
carrello portabagagli 389, 582, 623.
carrello portabombole 319.
carrello portavivande 278.
carrello principale 284, 456, 625, 760.
carrello stivatore 642.
carrello tenda 567.
carrello, binari del 428.
carrello, leva del 626.
carrello, maniglia del 456.
carrello, regolatore di comando del 456.
carrello, telaio del 586.
carri dei pompieri 766.
carri merci, esempi di 588.
carriola 323.
carro 642.
carro a tramoggia 588.
carro a tramoggia per minerali 588.
carro armato 758.
carro bestiame 588.
carro bisarca 588.
carro chiuso 587.
carro chiuso con tetto apribile 588.
carro cisterna 588.
carro dei vigili del fuoco 764.
carro frigorifero 588.
carro merci 583, 587.
carro merci chiuso 588.
carro pianale 588.
carro pianale a carrelli 588.
carro pianale con stanti 588.
carro pianale per il trasporto di rimorchi 588.
carro pianale portacontainer 588.
carro scoperto a sponde alte 588.
carro scoperto a sponde basse 588.
carrozza passeggeri 594.
carrozze, area di lavaggio delle 589.
carrozzeria 550, 567, 876.
carrozzerie, esempi di 549.
carrucola 284, 750.
carrucola del carrello 634.
carta 390, 400, 420, 915.
carta assorbente 531.
carta catramata 299.
carta cerata 222.
carta da forno 222.
carta degli imprevisti 915.
carta dei contintinenti 28.
carta del tempo 54, 55.
carta della rete metropolitana 593, 594.
carta delle probabilità 915.
carta di addebito 731.
carta di credito 729.
carta di riserva 512.
carta fisica 38.
carta geografica 734.
carta più alta 914.
carta politica 37.
carta stradale 39.
carta vetrata 308.
carta, cestello di alimentazione della 511.
carta, cestello di uscita della 511.
carta, fessura di alimentazione della 511.
carta, guida della 508.
carta, numero della 729, 731.
carta, pulsante di alimentazione della 519.
carta, spia di alimentazione della 519.
carta, vassoio di uscita della 512.
carte di credito, portafoglio per 386.
carte di credito, scomparto per 386.
carte geografiche, sezione delle 732.
carte, lettore di 730, 731.
cartella 387.
cartella con linguetta 532.
cartella con pressino 532.
cartella per documenti 532.
cartella sospesa 532.
cartelletta 532.
cartellino di identificazione 770.
cartellino indicatore di destinazione 587.
cartellino orario 530.
cartellino segnaletico 587.
cartello del numero di binari 591.
cartello indicatore delle stazioni della linea 592.
cartello pubblicitario 592, 594, 595.
carter 565, 910.
carter della mola 308.
cartilagine alare maggiore 175.
cartilagine articolare 154.
cartilagine costale 122.
cartilagine del setto nasale 175.
cartine per sigarette 390.
cartoccio 85.
cartografia 35.
cartoleria 717.
cartolina 474.
cartoncino 400.
cartone 223.
cartone piccolo 223.
cartonfeltro bitumato, listello di 299.
cartucce 860, 861.
cartuccia 268, 315, 470, 754.
cartuccia del toner 519.
cartuccia per fucile a canna liscia 912.
cartuccia per fucile a canna rigata 912.
cartuccia, fusibile a 272.
cartuccia, perno della 268.
cartuccia, spia della 519.
cartucciera 770.
carvi 198.
casa 244, 877, 915.
casa a due piani 419.
casa a un piano 419.
casa colonica 182.
casa galleggiante 607.
casa in mattoni cotti 418.
casa romana 406.
casa solare 675.
casa, abito da 356.
casa, arredamento per la 276.
casa, elementi della 247.
casa, esterno di una 244.
casa, struttura di una 250.
casacca 359.
casalinghi 180.
casatorre 419.
cascata 47, 48.
caschetto 842.
casco 20, 796, 798, 800, 808, 856, 858, 870, 871, 872, 878, 882, 884, 885, 887, 888, 891, 894, 895, 896, 897, 901.
casco aerodinamico 871.
casco di protezione 575, 580.
casco integrale 874.
casco per cross 875.
case a schiera 419.
case tradizionali 418.
casella 915.
casella bianca 916.
casella nera 916.
caserma 409.
caserma dei vigili del fuoco 711, 764.
Caspio, Mar 28, 33.
cassa 181, 316, 318, 383, 436, 440, 441, 442, 695, 696, 697, 723, 920.
cassa acustica 427, 502, 503.
cassa acustica centrale 493.
cassa acustica principale 493.
cassa acustica surround 493.
cassa armonica circolare 432.
cassa armonica piriforme 433.
cassa armonica triangolare 433.
cassa battente 460.
cassa chiara 437, 448.
cassa del cilindro 249.
cassa di risonanza 433, 440.
cassa piena 441.
cassa portabatteria 571.
cassa, registratore di 181.
cassaforte 731, 769.
cassapanca 279.
casse 181, 716, 717.
casse acustiche, tasti di selezione delle 497.
casse acustiche, terminali di collegamento delle 497.
cassero poppiero 608.
casseruola 235.
cassetta 222, 499, 504, 521.
cassetta ad augnatura 303.
cassetta aperta 222.
cassetta d'appoggio 792.
cassetta degli attrezzi 313.
cassetta dei messaggi in entrata 508.
cassetta del messaggio registrato 508.
cassetta delle lettere 474.
cassetta di pronto soccorso 771, 777.
cassetta di sicurezza 731.
cassetta filtro 241.
cassetta, coperchio della 265.
cassetta, vano 495.
cassetta, vano della 499.
cassette di deposito per bagagli 582.
cassetti della carta 512.
cassetti di smistamento automatico 512.
cassettiera 279.
cassettiera mobile 510.
cassetto 224, 278, 279, 281, 290.
cassetto di schedario 533.
cassetto per la carne 291.
cassetto per la verdura 291.
cassiera 181.
Cassini 19.
Cassiopea 12.
cassone 323, 638, 641.
cassone ribaltabile, autocarro a 639.
cassone alare 760.
cassone di compattazione 573.
cassone di raccolta dei rifiuti 573.
cassone per legna da ardere 256.
cassone ribaltabile 572, 573, 639.
cassonetto 285.
castagna 193.
castagna d'acqua 184.
caste 99.
castelletto di testa del pozzo 650.
castello 408, 605.
castello di prua 609.
castello motore 625.
castello per munizioni 758.
castone 376.
castoro 123.
catalano 469.
catalogo on-line 733.
catamarano 835.
catapulta 761.
catarifrangente 571, 578, 876.
catena 253, 578, 580, 697, 826.
catena alimentare 67.
catena di dune 52.
catena di isolatori sospesi 663.
catena di neuroni 168.
catena di ormeggio 615.
catena di sicurezza 567.
catena di sollevamento 632.
catena montuosa 7, 38, 42.
catena trinciante 331.
catena, freno della 331.
catena, guida della 331, 580.
catena, trasmissione a 641, 643.
catering, automezzo del 623.
catodo 689.
cattedra 734.
cattedrale 410.
cattedrale gotica 410.
cattedrale, pianta della 411.
cattolicesimo 736.
cattura 916.
cavalcavia 539, 540.
cavaliere 409, 853, 855, 858.
cavalletta 102.
cavalletta verde 101.
cavalletto 399, 443, 483.
cavalletto centrale 575.
Cavalletto del Pittore 11.
cavalletto laterale 575, 577.
cavallo 124, 129, 351, 359, 826, 858, 916, 919.
cavallo con maniglie 824, 826.
cavallo da polo 858.
cavallo per volteggi 824, 825, 826.
cavallo su due colonne 919.
cavallo, anatomia di un 125.
cavallo, ferro di 127.
cavallo, morfologia di un 124.
cavallo, scheletro di un 126.
Cavalluccio 12.
cavastivali 345.
cavastracci 752.
cavatappi 905.
cavatappi a leva 230.
cavatappi da cameriere 230.
cavatorsoli 233.
cavea 402, 407.
cavetto di acciaio 913.
cavi 492, 523.
cavi di accoppiamento 558.
cavi di ancoraggio 652.
cavi di sospensione della navicella 899.
cavi, blocco di ancoraggio dei 540.
cavi, scomparto delle bobine dei 489.
cavia 123.
cavicchiera 439.
cavicchio 439, 440, 441.
caviglia 146, 148, 440, 442, 590, 739.
cavigliera 442, 850.
cavità addominale 169, 170.
cavità boccale 116.
cavità midollare 154.
cavità nasale 163.
cavità orale 163, 164.
cavità palleale 106.
cavità pleurica 163.
cavo 306, 488, 504, 505, 516, 517, 558, 573, 690, 851, 859, 908, 913.
cavo a fibre ottiche 523.
cavo a treccia 523.
cavo armato 507.
cavo coassiale 523.
cavo d'alimentazione 237, 308.
cavo del cambio 580.
cavo del freno 579.
cavo del sartiame 897.
cavo del timone 838.
cavo dell'antenna ad alta frequenza 628.
cavo dell'elettricità 712.
cavo della candela 552, 566.
cavo di accelerazione 332.
cavo di accensione 323.
cavo di acciaio 900.
cavo di alimentazione 305, 381, 382, 497, 513.
cavo di alimentazione a 240 volt 272.
cavo di alimentazione a corrente alternata 526.
cavo di alimentazione a corrente continua 526.
cavo di alimentazione dell'elettrodo 318.
cavo di collegamento 502.
cavo di comando 323.
cavo di connessione 465.
cavo di frenaggio 761.
cavo di interfaccia digitale per strumenti musicali (MIDI) 451.
cavo di messa a terra 273, 318.
cavo di potenza 272.
cavo di raccordo per luci di segnalazione 567.
cavo di sincronizzazione 527.
cavo di sollevamento 634.
cavo di sospensione 540.
cavo di traino, manopola di sgancio del 898.
cavo di trasmissione 590, 613.
cavo di trazione 317.
cavo elettrico 556, 563.

cavo per la combustione del tabacco 390.
cavo telefonico 712.
cavo, manicotto del 306.
cavolfiore 187.
cavolini di Bruxelles 186.
cavolo bianco 186.
cavolo marittimo 186.
cavolo ornamentale 186.
cavolo rapa 185.
cavolo riccio 186.
cavolo rosso 186.
cavolo verza 186.
cavolo verzotto 186.
cazzuola da muratore 315.
ceci 190.
ceco 469.
cediglia 473.
cedro 194.
cedro del Libano 89.
cefalo 220.
cefalotorace 103, 107.
Cefeo 12.
celata 749.
cella 96, 100, 407, 727, 897.
cella da miele 100.
cella da polline 100.
cella di isolamento 727.
cella frigorifera 180, 181, 722.
cella per gli uomini 768.
cella per i minori 768.
cella per le donne 768.
cella reale 100.
cella sigillata 100.
cella solare 529, 672, 673.
celle 728.
celle solari, pannello di 673.
celle solari, sistema a 673.
cellula animale 94.
cellula convettiva 63.
cellula del succo 82.
cellula fotoelettrica 482.
cellula vegetale 74.
cellula, membrana della 74, 94.
cellula, parete della 74.
cellulare 726.
Celsius, grado 702.
Celsius, scala 695.
cemento 159.
cemento armato 298.
cemento, sottofondo di 254.
cenere 391.
ceneri vulcaniche, nube di 44.
ceneri, strato di 44.
cent 728.
Centauro 11.
centina 624.
centina di radice alare 624.
cento 703.
Centrafricana, Repubblica 745.
centrale 807, 809.
centrale elettrica 657, 664.
centrale elettrica mareomotrice 664.
centrale elettrica, sezione trasversale di una 664.
centrale elettronucleare 668.
centrale idroelettrica, sezione trasversale di una 658.
centrale termoelettrica a carbone 646.
centralina 507.
centratura, regolatore di 518.
centravanti 801, 814.
centrifuga 240, 292.
centrifuga scolainsalata 231.
centrifugare a bassa temperatura 347.
centrifugare a temperatura media 347.
centriolo 94.
centro 431, 704, 847, 859, 877, 916.
centro commerciale 709, 714.
centro della città 709, 710.
centro della ragnatela 103.
centro di alta pressione 55.
centro di bassa pressione 55.
centro di documentazione 764.
centro di smistamento 474.
centro di smistamento regionale 475.
centro prelievi, sala d'attesa del 781.
centroattacco 879.
centrocampista centrale 803.
centrocampista di destra 803.
centrocampista di sinistra 803.
centromediano 801.
ceppo 87, 610.
cera, pastelli a 396.
ceramica 464.
ceramica, condensatore di 689.
cercafase 316.
cercapersone 505.
cerchi 917.
cerchia annuale 87.
cerchietto 561.
cerchio 560, 574, 579, 823.
cerchio azimutale, regolazione dell'immagine del 701.
cerchio centrale 810.
cerchio dei colori 400.
cerchio del battitore successivo 794.
cerchio di centrocampo 803, 809, 810, 879.
cerchio di ingaggio 878.
cerchio di serraggio 448.
cerchio di stazione 55.
cerchio di tiro 800, 809.
cerchio graduato dell'ascensione retta 14, 15.
cerchio graduato della declinazione 14, 15.
cerchio zenitale, regolazione dell'immagine del 701.
cerchio, bordo del 560.
cerchio, parti di un 704.
cerchione 551, 640.
cereali 85, 203.
cerfoglio 202.
cerimolia 196.
cerio 684.
cerniera 105, 238, 247, 249, 278, 294, 465, 500, 692.
cerniera della visiera 575.
cerniera lampo 377, 389, 902.
cerniera regolabile 310.
cerotto 777.
cerotto adesivo 777.
cervella 212.
cervelletto 167.
cervello 99, 103, 106, 107, 110, 167.
cervo dalla coda bianca 128.
cesio 682.
cesoie 330.
cesoie da giardino 330.
cespo 185.
cespuglio 322.
cestella 98.
cestello 237, 238, 240, 291, 292, 294.
cestello di alimentazione della carta 511.
cestello di refrigerazione 240.
cestello di uscita della carta 511.
cestello per friggere 231.
cestello per la cottura a vapore 235.
cestello per le posate 294.
cestino 535, 911.
cestino per i rifiuti 723.
cetriolino 188.
cetriolo 188.
cetriolo senza semi 188.
Chac-Mool 412.
chanel, scarpa 343.
charleston 448.
charlotte, stampo per 232.
châssis: dorso 513.
châssis: interno 513.
châssis: vista frontale 513.
chat room 525.
chayote 189.
chela 107.
chelicero 103.
chemisier 356.
cherosene 656.
Chesterfield, divano 276.
chiamata automatica, tasti di 506.
chiamata successiva, tasto di 507.
chiamata, pulsante di 417.
chiamata, tasto di 505, 506.
chiambrana 249.
chiasma ottico 167.
chiave 249, 413, 446.
chiave a brugola 314.
chiave a bussola a cricchetto 311.
chiave a catena 315.
chiave a croce 558.
chiave a forchetta doppia 311.
chiave a nastro 315.
chiave a rullino 311.
chiave combinata 311.
chiave del chiver 446.
chiave del mandrino 306.
chiave dell'accensione 332, 333.
chiave dell'acqua 447.
chiave di basso 434.
chiave di carica 436.
chiave di contralto 434.
chiave di violino 434.
chiave di volta 410.
chiave per idrante 767.
chiave poligonale a cricco 311.
chiave poligonale doppia 311.
chiave poligonale doppia ad anello aperto 311.
chiave regolabile 315.
chiave regolabile da lavandino 315.
chiave, leva della 446.
chiave, serratura a 386.
chiavi 311, 315, 434, 451.
chiavi di tensione 448.
chiavi, negozio per la riproduzione delle 715.
chiavi, protezione delle 446.
chiavistello a scatto 248.
chiavistello senza scatto 248, 249.
chicchi di caffè tostati 208.
chicchi di caffè verdi 208.
chicco di grano, sezione di un 85.
chiesa 711, 737.
chiesa ortodossa 736.
chiglia 897.
chilometro lanciato 891.
chimica 680.
chinois 231.
chiocciola 104, 217.
chiocciola per nastro adesivo 534.
chiocciola, anatomia di una 104.
chiocciola, morfologia di una 104.
chiocciole, molle per 233.
chiocciole, tegamino per 233.
chiodi, esempi di 301.
chiodo 127, 301, 791.
chiodo a espansione 900.
chiodo a spirale 301.
chiodo comune 301.
chiodo con data 590.
chiodo da ghiaccio 901.
chiodo da muratore 301.
chiodo da roccia 900.
chiodo di finitura 301.
chiodo di garofano 198.
chiodo troncato 301.
chioma 8, 87.
Chioma di Berenice 13.
chiosco 548.
chipset 513.
chirurgia minore, sala per operazioni di 778.
chirurgo, lavandino del 781.
chitarra acustica 440.
chitarra basso 441.
chitarra elettrica 441.
chitone 336.
chiusa 664.
chiusa di un canale 596, 597.
chiusa di un canale: vista laterale 597.
chiusa, acquedotto per il riempimento della 597.
chiusa, apertura per il riempimento della 597.
chiusa, apertura per il riempimento e lo svuotamento della 597.
chiusa, sistema di riempimento e di svuotamento della 597.
chiusa, sistema di svuotamento della 597.
chiusura 386, 387.
chiusura a occhiello 389.
chiusura a scatto 238, 294.
chiusura in rilievo 223.
chiusura lampo 353, 369, 453.
chiusura lampo, linea della 455.
chiusura metallica a pressione 386.
chiusura, anello di 290.
chiusura, blocco di 700.
chiusura, cordoncino di 387.
chiusura, dispositivo di 913.
chiusura, leva di 587.
chiusura, valvola di 265.
chiusure 453.
chiver 446.
chiver, chiave del 446.
chorizo 216.
chow-chow 130.
chutney al mango 201.
Ciad 745.
Ciad, Lago 34.
ciak 429.
ciambella 204.
ciano 690.
cianobatteri 92.
cibi pronti 181.
cicala 101, 610.
ciccioli 216.
ciclismo 870.
ciclismo su pista 871.
ciclismo su strada 870.
ciclismo su strada, gara di 870.
ciclista 870.
ciclo biologico della rana 111.
ciclo del motore a due tempi 565.
ciclo del motore diesel 565.
ciclo del motore rotativo 565.
ciclo idrologico 67.
ciclomotore 577.
ciclone 63.
ciclone tropicale 63.
cicloni tropicali, denominazione dei 63.
ciclorama 492.
cicogna 119.
ciechi intestinali 103.
cieco 125, 164.
cieco intestinale 106, 116.
cieco pilorico 95, 109.
cieco rettale 95.
cieletti 430.
cieletto 431.
cielo 647.
cielo coperto 56.
cielo invisibile 56.
cielo limpido 56.
cielo molto nuvoloso 56.
cielo nuvoloso 56.
cielo poco nuvoloso 56.
cielo sereno 56.
cielo tempestoso 65.
cielo, copertura del 55.
cifre 472.
ciglia 94, 132.
ciglio 94, 177.
Cigno 12.
Cile 742.
ciliato 79.
ciliegia 192.
cilindretto 559.
cilindro 249, 268, 340, 564, 705, 776.
cilindro del braccio di scavo 638.
cilindro del braccio di sollevamento 637, 638.
cilindro del gas 755.
cilindro della pala caricatrice 637, 638.
cilindro dello scarificatore 636.
cilindro di raffreddamento 692.
cilindro di riflessione 692.
cilindro di rotazione della lama 639.
cilindro di rubino 692.
cilindro di sollevamento 573, 634, 637, 766.
cilindro di sollevamento della lama 636, 639.
cilindro di taglio 332.
cilindro direzionale 638.
cilindro graduato 685.
cilindro idraulico 633.
cilindro inferiore 421.
cilindro principale 559.
cilindro ricuperatore 756.
cilindro rotante 458.
cilindro superiore 421.
cilindro, cassa del 249.
cima 45, 87, 321.
cima bipara 81.
cima di recupero 836.
cima unipara 81.
cimasa 278.
cime di rapa 187.
cimice acquatica gigante 101.
cimice rigata 101.
cimiero 748.
ciminiera 646.
cimino 909.
cimitero 39, 711.
cimosa 455.
Cina 747.
cinema 427, 608, 710, 714.
cinescopio 494.
cinese 468.
Cinese Meridionale, Mar 28, 33.
Cinese Orientale, Mar 33.
cinghia 765, 818, 824, 893.
cinghia dei ginocchielli 857.
cinghia del mantice 432.
cinghia del ventilatore 566.
cinghia della pastoia 857.
cinghia della ventola 552.
cinghia di compressione frontale 906.
cinghia di compressione laterale 906.
cinghia di distribuzione 566.
cinghia di sicurezza sottogamba 611.
cinghia di tramissione 292.
cinghia per i piedi 836.
cinghia per i ramponi 901.
cinghia per il piede 840.
cinghia per tubi e scale 767.
cinghiale 128.
cinghietta posteriore di regolazione 772.
cingolo 636, 758, 876.
cingolo, maglia del 758.
cingolo, piastra di protezione del 758.
cinquanta 703.
cinque 703.
cinque spezie, miscela di 199.
cinquecento 703.
cinquina 919.
cinta muraria 408.
cintura 313, 350, 352, 374, 561, 611, 663, 844.
cintura a vita 906.
cintura da sollevamento pesi 850.
cintura da zavorra 841.
cintura di Kuiper 4.
cintura di ritenuta 281.
cintura di servizio 770.
cintura di sicurezza 555, 873.
cintura portautensili 313.
cintura ventrale 555.
cintura, abbottonatura della 350.
cintura, gancio della 505.
cintura, passante della 352.
cinturino 391, 696, 797, 850.
cinturino a T, scarpa con 343.
cinturino della manica 352.
cinturino di chiusura 391.
cinturino regolabile 348.
cinturino, scarpa con 343.
cioccolato 208.
cioccolato al latte 208.
cioccolato bianco 208.
cioccolato fondente 208.
ciondoli 376.
ciondoli, bracciale con 376.
ciotola 236.
ciotole per mescolare 232.
cipolla 328.
cipolla bianca 184.
cipolla d'inverno 184.
cipolla di Spagna 184.
cipolla rossa 184.
cipolla verde 184.
cipollina 184.
cipresso, foglie squamiformi del 89.
cipria compatta 378.
cipria in polvere 378.
cipria in polvere, pennello da 378.
cipria, piumino da 378.
Cipro 744.
circo 7.
circo glaciale 46.
circolazione del sangue 160.
circolazione, pompa di 259.
circolazione, schema della 161.
circolo 856, 866.
Circolo Polare Antartico 29, 35, 36.
Circolo Polare Artico 35, 36.
circonferenza 704.
circonvallazione 39.
circuito 872, 874.
circuito a 120 volt 272.
circuito a 240 volt 272.
circuito di distribuzione 273.
circuito di supercross 875.
circuito elettrico 274.
circuito elettrico dei sensori 559.
circuito elettrico parallelo 687.
circuito frenante 552, 559.
circuito integrato 689.
circuito integrato inscatolato 689.
circuito stampato 689.
circuito stampato, scheda del 689.
cirro 56, 62.
cirrocumulo 56, 62.
cirrostrato 56, 62.
cisterna 572, 573, 607.
cisterna, carro 588.
cisterna, nave 606.
cistifellea 110, 112, 164.
citofaringe 94.
citopigio 94.
citoplasma 74, 94, 170.
citostoma 94.
città 37, 708.
Città del Vaticano 744.
città, centro della 709, 710.
città, pianta di 39.
city bike 581.
ciuffo 124.
ciuffolotto 118.
civetta acadica 118.
clacson 556, 576.
clamide 336.
clarinetti 437.
clarinetto 446.
clarinetto basso 437.
classifica generale, tabellone della 824.
classificatore a soffietto 533.
classificazione di Hubble 9.
clavette 823.
clavicembalo 443.

clavicola 111, 116, 122, 141, 142, 152.
clessidra per uova alla coque 231.
climatizzazione, sistema di 68, 489.
climi aridi 61.
climi del mondo 61.
climi di montagna 61.
climi polari 61.
climi temperati caldi 61.
climi temperati freddi 61.
climi tropicali 61.
clip 506, 700.
clip, orecchini a 374.
clitoride 170.
cloaca 103, 110, 113, 116.
cloche 341, 898.
cloro 683.
cloroplasto 74.
coanocita 95.
cobalto 683.
cobra 114.
cocca 750, 859.
Cocchiere 12.
coccia 849.
coccige 152, 157.
coccinella 101.
cocco, noce di 193.
coccodrillo 114.
cocktail, calice da 225.
coclea 174.
cocomero 195.
Cocos, placca delle 43.
coda 107, 112, 113, 121, 122, 124, 130, 133, 136, 140, 143, 169, 425, 625, 756, 840, 887, 888, 892, 893, 894, 898, 909.
coda dell'elice 173.
coda di polvere 8.
coda di rondine 739.
coda di rondine con una lingua 739.
coda ionica 8.
coda, pattino di 631.
coda, supporto per la 623.
coda, trave di 631.
codetta 274, 275.
codice del prodotto 699.
codice di identificazione personale (PIN), tastierina per il 731.
codice temporale 429.
codolo 227, 229, 306, 309, 315, 918.
codrione 115.
coelophysis 93.
cofano 333.
cofano anteriore 550, 570.
cofano posteriore 551.
coffa 602.
cognate 785.
cognato 785.
coincide con 703.
cola, noce di 193.
colapasta 231.
colata di fango 47.
colata lavica 44.
colbacco 340.
colibrì 118.
colino 231.
colla in stick 534.
collana 374.
collana a cinque giri 374.
collana lunga 374.
collana lunga alla vita 374.
collane 374.
collant 365.
collante 254.
collare 257, 308, 391, 838.
collare del solaio 257.
collare di chiusura del casco 20.
collare tagliafuoco 257.
collaretto 339, 363.
collarino 269, 404, 775, 868.
collarino di velluto 374.
collegamenti elettrici, pannello dei 489.
collegamenti ipertestuali 524.
collegamenti video, pannello dei 489.
collegamenti, scatola dei 490.
collegamento a molla 920.
collegamento elettrico 258, 260, 266, 571.
collegamento, cavo di 502.
collegio arbitrale 845.
colletto 77, 159, 349, 383.
colletto, punta del 349.
collettore 652, 659, 688.
collettore a vuoto 694.
collettore del vapore primario 669.
collettore dell'acqua di alimentazione 669.
collettore di alimentazione 566.
collettore di aspirazione 564, 565.
collettore di elettroni 689.
collettore di scarico 262, 552, 564, 565, 566.
collettore principale 262, 263.
collettore solare 675.
collettore solare piatto 672.
collettore, testa del 18.
colli, esempi di 362.
collibia 183.
collie 130.
collimatore ottico 701.
collina 45, 674.
collina abissale 49.
collinetta 875.
collo 113, 124, 147, 148, 149, 169, 227, 342, 348, 352, 362, 370, 425, 494, 610, 822, 868.
collo a camicia 349, 362.
collo a cappuccio 363.
collo a listino 363.
collo a orecchie di cane 362.
collo a polo 363.
collo a scialle 362.
collo a uomo 355, 362.
collo alla coreana 363.
collo alla marinara 362.
collo alla Peter Pan 362.
collo alto 892.
collo button-down 349.
collo con sciarpa 362.
collo d'oca 255, 638.
collo del femore 153.
collo dell'utero 170.
collo, parte superiore del 362.
collo, protezione per il 765.
collo, punta del 362.
collo, sostegno per il 874.
colloquio, sale di 728.
collutorio 384.
Colomba 11.
Colombia 742.
colombino, tecnica a 465.
colon 97, 113, 125.
colon ascendente 164.
colon discendente 164.
colon sigmoideo 164.
colon trasverso 164.
colonna 47, 64, 287, 307, 403, 405, 440, 452, 471, 482, 485, 919.
colonna centrale 676.
colonna con lamelle terminali 64.
colonna d'alcool 695.
colonna di andata 259.
colonna di frazionamento 656.
colonna di mercurio 695.
colonna di ritorno 259.
colonna di stabilizzazione 652.
colonna di superficie 654.
colonna di ventilazione 262.
colonna montante dell'acqua calda 262.
colonna montante dell'acqua fredda 262.
colonna principale di scarico 262.
colonna principale di ventilazione 262.
colonna vertebrale 109, 121, 152, 157, 167.
colore 914.
colore a olio 397.
colori primari 400.
colori secondari 400.
colori terziari 400.
colori, cerchio dei 400.
colori, display dei 456.
colori, esempi di 741.
colori, sintesi dei 690.
colori, tabella dei 398.
colpi 820.
colpo d'approccio 866.
colpo d'inizio 866.
colpo di gamba a crawl 832.
colpo di gamba a farfalla 832.
colpo di gamba a rana 832.
colpo di pattino 892.
coltelli da cucina, esempi di 229.
coltelli, esempi di 228.
coltello 227, 236, 317, 401, 421, 423, 905, 907.
coltello baionetta 751.
coltello da bistecca 228.
coltello da burro 228.
coltello da cucina 229.
coltello da dessert 228.
coltello da formaggio 228.
coltello da ostriche 229.
coltello da pane 229.
coltello da pesce 228.
coltello da pompelmo 229.
coltello da prosciutto 229.
coltello da sub 841.
coltello da tavola 228.
coltello di selce 748.
coltello elettrico 237.
coltello miscelatore 236.
coltello per affettare 229.
coltello per disossare 229.
coltivatore 326, 641.
coltro 641, 643.
coltro, albero del 641.
columella 105.
columella, piega della 105.
comandante, posto del 758.
comandante, sedile del 626.
comandante, ufficio del 764, 768.
comandi del pilota automatico 626.
comandi del retroescavatore 637.
comandi del VCR 495.
comandi del verricello 573.
comandi della videocassetta 496.
comandi di sintonia 494.
comandi radio 626.
comandi, pannello dei 261.
comando a distanza, presa per il 476, 477.
comando a pedale 452.
comando del freno 896, 897.
comando del freno aerodinamico 898.
comando del pannello solare 60.
comando del tavolino traslatore 693.
comando del tergicristallo 556.
comando del tiraggio 256.
comando del ventilatore 261.
comando dello zoom elettrico 496.
comando di selezione manuale 483.
comando elettrico di erogazione della vincita 920.
comando programmabile 261.
comando, cavo di 323.
comando, modulo di 25.
comando, pannello di 586, 694.
comando, ponte di 604, 605, 608, 609.
comando, quadro di 238, 239, 290, 292, 293, 294.
comando, scatola di 267.
combattimento, area di 843, 845, 846.
combinazione 351, 852.
combinazione di volo 896.
combinazione vincente 920.
combinazione, serratura a 386.
combinazioni del poker 914.
combustibile 665, 670, 671.
combustibile esaurito, portello di scarico del 666.
combustibile esaurito, vasca di deposito del 666, 667, 669.
combustibile esaurito, vasca di scarico del 666, 668.
combustibile fossile 68, 70.
combustibile nuovo, area di carico del 666.
combustibile nuovo, sala di stoccaggio del 666.
combustibile per motori diesel 656.
combustibile per motori diesel marini 656.
combustibile, arrivo del 259.
combustibile, barretta di 667.
combustibile, condotto di alimentazione del 259.
combustibile, manipolazione del 666.
combustibile, pastiglia di 667.
combustibile, pompa del 259.
combustione 565, 627.
combustione del tabacco, cavo per la 390.
combustione lenta, stufa a 256.
cometa 8.
comignolo 245.
commessura labiale 130, 174.
commissario agli ostacoli 852.
commissario di campo 853, 855.
commissario di gara 875.
commutatore 316, 523.
commutatore delle luci 576.
commutatore mono/stereo 498.
commutatore video di regia 491.
comò 279.
comodino 724, 780.
comodino, lampada da 724.
Comore 746.
compact disc 501, 504.
compact disc riscrivibile 521.
Compasso 11.
compattatore 573.
compattazione 71.
compensazione dell'esposizione, pulsante di 476.
compensazione, aletta di 60.
competizione 789.
competizioni, bacino per 788.
complesso scolastico 711.
complesso sportivo 709, 788.
completo da ginnastica 369.
compluvio 406.
componenti del portalampada 275.
componenti di un anello 376.
componenti di una bicicletta 578.
composizione del sangue 162.
composta, contenitore della 323.
compressione 564, 565, 627.
compressore 260.
compressore centrifugo 627.
compressore d'aria 320.
compressore del climatizzatore 566.
compressore dell'aria 585, 586.
compressore semovente 622.
compressore, turbina del 627.
computer 734.
computer da tavolo 522, 523, 524.
computer di bordo 556, 771.
computer portatile 523, 526.
computer portatile: dorso 526.
computer portatile: vista frontale 526.
computer tascabile 527.
computer, programmi del 771.
computer, sala dei 763.
comunicazione senza fili 505.
comunicazione via telefono 506.
comunicazione, dispositivi di 522.
comunicazione, modulo di 486.
comunicazione, tunnel di 23.
comunicazioni 468.
comunicazioni aeree 487.
comunicazioni industriali 487.
comunicazioni marittime 487.
comunicazioni militari 487.
comunicazioni private 487.
comunicazioni stradali 487.
comunione, balaustra della 737.
conca 173.
conca di concrezione 47.
conca fissa 919.
conca nasale inferiore 175.
conca nasale media 175.
conca nasale superiore 175.
concentrato di pomodoro 200.
concentrazione di gas serra 68.
concessionaria di automobili 711.
conchiglia 104, 105, 106, 276.
conchiglia bivalve 105.
conchiglia bivalve, anatomia di una 105.
conchiglia bivalve, morfologia di una 105.
conchiglia di protezione 808, 843, 880.
conchiglia portatestina 500.
conchiglia univalve 105.
conchiglia univalve, morfologia di una 105.
conchiglie 206.
concime organico 70.
concio d'imposta 413.
concorrenti 789.
concorrenti, elenco dei 789.
condensa, bacinella di raccolta della 261.
condensatore 646, 668, 674, 693, 694.
condensatore a pellicola plastica 689.
condensatore di ceramica 689.
condensatore, ingresso del riflusso del 669.
condensatore, ingresso dell'acqua di raffreddamento del 669.
condensatore, manopola di regolazione del 693.
condensatore, uscita del riflusso del 669.
condensatore, uscita dell'acqua di raffreddamento del 669.
condensatore, ventilatore del 261.
condensatori elettrolitici 689.
condensazione 67, 680.
condilo laterale del femore 153.
condilo mediale del femore 153.
condimenti 200, 723.
condimento alle spezie cajun 199.
condizionamento dell'aria 261.
condizionamento dell'aria, sistema di 775.
condizionatore 567.
condizionatore d'aria da camera 261.
condizionatore semovente 622.
condominio 711.
condor 119.
condotta dell'acquedotto 712.
condotta di produzione 654.
condotta di produzione, testa della 654.
condotta di raccolta 652.
condotta fognaria 712.
condotta fognaria principale 712.
condotta forzata 657, 658, 664.
condotto 402.
condotto del carburante 553, 563.
condotto del flusso freddo 627.
condotto del ventilatore 643.
condotto dell'aria 259.
condotto dell'aria di ritorno 258.
condotto dell'aria di scarico 543.
condotto dell'aria pulita 543.
condotto di alimentazione 260, 262.
condotto di alimentazione del combustibile 259.
condotto di derivazione 258.
condotto di distribuzione verticale 258.
condotto di insilamento 643.
condotto di passaggio della miscela 565.
condotto di riscaldamento 293.
condotto di scarico 642.
condotto di scarico dell'aria calda 564.
condotto principale 258.
condrite 8.
conducente, posto del 758.
conduttore di fase 273.
conduttore di messa a terra 655.
conduttore di terra 272.
conduttore neutro 273.
conduttori, fascio di 663.
conduttura del gas 712.
conduttura dell'acqua calda 270, 271.
conduttura dell'acqua fredda 270, 271.
conduttura dell'acquedotto 675.
conduzione 681.
conferma, tasto di 731.
confessionale 737.
confezionamento, prodotti per 180.
confezione in cartone per uova 222.
confezione multipla 223.
confezioni 222.
confezioni farmaceutiche di medicinali 783.
confine di proprietà 244.
confine internazionale 37.
confine interno 37.
confluente 48.
confluenza a destra 544, 547.
confucianesimo 736.
Confucio 736.
congegno di puntamento 756.
congegno di sparo 757.
congelatore 224, 720.
congelatore orizzontale 291.
congelatore, porta del 291.
congelatore, scomparto del 291.
congiuntiva 177.
Congo 745.
Congo, Fiume 34.
Congo, Repubblica Democratica del 745.
congressi, palazzo dei 711, 718.
conifera 89.
conifere, esempi di 89.
conifere, foresta di 66.
coniglio 123, 212.
connessione aerea 663.
connessione, cavo di 465.
connessione, spinotto di 689.
connessioni elettriche 465.
connettore 272, 488.
connettore a T 522.
connettore della linea attiva 663.
connettore per espansioni AGP 513.
connettore per espansioni ISA 513.
connettore per espansioni PCI 513.
connettore RAM 513.
cono 89, 177, 705, 776.
cono avventizio 44.
cono d'ombra 6, 7.
cono di emergenza 168.
cono di penombra 6, 7.
cono di spremitura 237.
cono di uscita 100.
cono femminile 89.
cono maschile 89.
cono pirometrico 464.
conservatore, ufficio del 394.
conservazione, laboratorio di 395.
console 918.
console centrale 556.
console del mixer audio 488, 490.
console del punteggio 865.
console dell'annunciatore 488.
console dell'organo 444.
console di anteprima audio/video 491.
console di comando 626.
console di regia 488, 491.
console per il vuoto 694.

consulenti musicali 490.
consumatori primari 67.
consumatori secondari 67.
consumatori terziari 67.
contachilometri parziale 557.
contachilometri totale 557.
contagiri 557, 576.
container 605, 635.
containers 635.
containers, deposito per 708.
contaminuti 231, 238, 239, 290.
contanti, rifornimento di 731.
contarighe 456.
contasecondi 488.
contatore 499.
contatore dell'acqua 262.
contatore di kilowattora 273.
contatore elettrico 273.
contatore, tasto di azzeramento del 499.
contatto 274, 916.
contatto caldo 476.
contatto negativo 672, 673.
contatto positivo 672, 673.
contatto, dispositivi di 274.
contatto, leva di 287.
contenitore 59, 613.
contenitore della batteria 562.
contenitore della composta 323.
contenitore delle siringhe usate 771.
contenitore in calcestruzzo 665, 667.
contenitore per filo interdentale 384.
contenitore per il riciclaggio 71.
contenitore termico 906.
contenitori per la raccolta differenziata 71.
contenuto in 703.
continentale umido - estate calda 61.
continentale umido - estate torrida 61.
continente 49.
continenti, carta dei 28.
continuità, tester di 316.
conto 721.
conto, tasti di identificazione del 731.
contorno 729.
contrabbassi 437.
contrabbasso 439.
contraffisso 253.
contrafforte 410.
contrafuerte 660.
contrago 590.
contralto, chiave di 434.
contrappeso 14, 16, 417, 500, 542, 591, 634, 638, 639, 640.
contrappeso, guida del 417.
contrassegno per la virata a dorso 831.
contrasto, regolatore di 518.
contrasto, tasto regolatore di 512.
contratto 915.
controbocchetta 249.
controbraccio 634.
controdado 58.
controfagotti 437.
controferro 309.
controfiocco 603.
controfodera 455.
controguardia 409.
controllo 514.
controllo antiskating 500.
controllo biglietti, addetto al 394, 427.
controllo dei passaporti 621.
controllo del campo audio 497.
controllo del sequencer 450.
controllo del tempo 451.
controllo del volume 450, 451.
controllo dell'accelerazione 516.
controllo dell'entrata del personale 726.
controllo dell'uscita del personale 726.
controllo della copiatura 512.
controllo della velocità di crociera 556.
controllo di sicurezza 621.
controllo fine dei dati 450.
controllo veloce dei dati 450.
controllo, posto di 727, 768.
controllo, tasto di 505.
controllo, torre di 761.
controllo, vetro di 727.
controllo, video di 694.
controllo: selezione di gruppo 514.
controllore 582.
contromarce 460.
contromezzana, albero di 602.
controporta attrezzata 291.
controporta, scomparto della 291.
contropunta 700.
controranda 603.
controrotaia 590.
controscarpa 409.
controstecca 391.
controtelaio 249.
controvelaccino 603.
controvelaccino, albero di 602.
controvelaccio 603.
controvelaccio, vela di straglio di 603.
controvento 252, 663.
conurbazione 708.
conversione, scala di 479.
convertitore 493.
convertitore catalitico 553.
convertitore di coppia 292.
convettore 260.
convezione 681.
convezione, corrente di 681.
convogliatore 646.
convogliatore a coclea 642, 643.
Cook, Stretto di 29.
cooksonia 92.
coordinamento, stanza di 769.
coordinate celesti, sistema di 13.
coordinate terrestri, sistema di 35.
coperchio 234, 237, 238, 239, 240, 241, 274, 290, 291, 292, 295, 313, 391, 398, 441, 465, 477, 484, 500, 512, 519, 528, 562, 689, 767, 907.
coperchio del sedile 265.
coperchio della cassetta 265.
coperchio della turbina 659.
coperchio delle punterie 552, 566.
coperchio di alimentazione 755.
coperchio di protezione dell'obiettivo 478.
coperchio inferiore 689.
coperchio protettivo 521.
coperchio scorrevole 506, 612.
coperchio superiore 689.
coperchio, sostegno del 465.
coperta 280.
coperta, ponte di 607.
copertina 391, 853.
copertura 391, 867, 909.
copertura del cielo 55.
copertura, sezione di 100.
copia, modo di uscita della 512.
copie fronte-retro 512.
copiglia 249, 767.
copiglia arrotondata 285.
copiglia piatta 285.
copilota, sedile del 626.
coppa da spumante 225.
coppa del reggiseno 367.
coppa dell'olio 331, 566.
coppa dell'olio, guarnizione della 566.
coppa inferiore 241.
coppa superiore 241.
coppetta 287.
coppetta per l'insalata 226.
coppetta per latte/panna 223.
coppia 881, 914.
coppia di serraggio, anello di regolazione della 306.
coppia, convertitore di 292.
coppia, imbarcazioni di 839.
coppia, remo di 838.
coppo 749.
copricanna 755.
copricapi 340.
copricapi femminili 341.
copricapi maschili 340.
copricapi unisex 341.
copricerniera 385.
coprifiltro 773.
coprigiubbotto metallico 848.
copriguanciale 280.
coprilegno 869.
coprimaterasso 280.
coprimolla 284.
copripolso 880.
copripuleggia 307.
copripunta 391.
copriscodellino 752.
copritrice primaria 115.
copritrice primaria media 115.
copritrice secondaria mediana 115.
copyright 473.
coracoide 111, 116.
Coralli, Mar dei 29.
Corano 736.
corazza 758.
corda 284, 285, 439, 440, 443, 611, 750, 842, 850, 859, 900, 901, 908, 913.
corda attorcigliata 908.
corda della calcola 460.
corda di sicurezza 900.
corda di sollevamento 285.
corda di tensione 433.
corda di trazione 840.
corda intrecciata 908.
corda principale 893.
corda vocale 163.
cordata 79, 900.
corde 433, 442.
corde per l'accompagnamento 432.
corde per la melodia 432.
corde, strumenti a 439.
cordiera 433, 439, 448.
Cordigliera delle Ande 31.
cordini di sospensione 896, 897.
cordolo 712, 872.
cordoncino 353.
cordoncino di chiusura 387.
cordoncino, bracciale a 282.
cordoncino, cappuccio con 369.
cordone 288, 289, 316, 331, 332.
cordone del microtelefono 506.
cordone dell'alimentazione 383.
cordone litorale 51.
cordone nervoso 99.
cordone nervoso ventrale 107.
cordone, manicotto del 308, 318.
cordone, supporto del 288.
Corea, Repubblica Democratica Popolare di 747.
Corea, Repubblica di 747.
coreana, collo alla 363.
coreano 469.
coriandolo 202.
corimbo 81.
cornamusa 432.
cornea 177, 691.
cornetta 437, 447.
corni 437.
corni inglesi 437.
cornice 247, 278, 395, 403, 404.
cornice inclinata 403.
cornicione 245.
corno 376, 447.
corno anteriore 167.
corno inglese 446.
corno posteriore 167.
coro 410, 411.
coroide 177.
corolla 80.
corona 6, 124, 159, 374, 440, 448, 542, 696, 729.
Corona Australe 10.
Corona Boreale 13.
corona di penne 817.
corona radiata 170.
coronamento 657, 660, 661, 664.
corpi celesti 4.
corpo 176, 240, 268, 306, 382, 390, 444, 446, 470, 488, 663, 692, 793, 893, 909.
corpo calloso 167.
corpo cavernoso 169.
corpo cellulare 168.
corpo ciliare 177.
corpo cilindrico 918.
corpo d'acciaio 689.
corpo del fornice 167.
corpo dell'arnia 100.
corpo dell'unghia 172.
corpo della macchina fotografica 476.
corpo della spoletta 757.
corpo della valvola 447.
corpo di guardia 408, 409.
corpo isolante 562.
corpo libero, pedana per il 824.
corpo morto 615.
corpo stradale 538.
corpo umano 146.
corpo vertebrale 157, 168.
corpo vitreo 177.
corpo, cura del 379.
corpuscolo di Meissner 172.
corpuscolo di Pacini 172.
corpuscolo di Ruffini 172.
correggia 841.
corrente 597.
corrente di convezione 681.
corrente di fondazione 252, 253.
corrente elettrica, unità di misura della 702.
corrente inferiore 253.
corrente orizzontale 252.
corrente, doppio 252.
corrente, presa di 316.
corrente, presa temporizzata di 290.
corrente, regolatore di 275.
corrente, sorgente di 687.
correttore liquido 534.
correzione, tasto di 456.
corridoio 817, 820.
corridoio centrale 584.
corridoio di discesa 402.
corridoio di salita 402.
corridoio di sicurezza 728.
corridoio intercomunicante 584.
corridoio telescopico 619.
corridore 871.
corridore su slittino 884.
corridori 875.
corrimano 255, 417, 569, 587, 607.
corrimano di spinta 776.
corsa, bicicletta da 581.
corsa, direttore della 870.
corsa, scarpa da 370.
corse dei cavalli 856, 857.
corsetto 337, 367.
corsia 180, 712, 788, 790, 830, 831, 882.
corsia d'appoggio 865.
corsia dei box 872.
corsia di accelerazione 539.
corsia di decelerazione 539.
corsia di entrata 539.
corsia di gioco 864.
corsia di marcia normale 539.
corsia di riscaldamento 882.
corsia di sorpasso 539.
corsia di traffico lento 539.
corsia di uscita 539.
corsia laterale 539.
corsia, numero di 893.
corsivo 472.
corso d'acqua 48, 70.
corso d'acqua sotterraneo 47.
corsoio 436.
corteccia 87.
cortile 182, 408, 727, 735, 738.
cortina 408.
Corvo 11.
corvo 118.
coscia 124, 130, 143, 147, 149, 169, 170, 753.
cosciale 749.
costa 49, 185, 227, 229.
costa a rias 51.
costa assiale 105.
Costa d'Avorio 745.
Costa Rica 742.
costa spirale 105.
costa, caratteristiche della 51.
costate 214.
coste, bordo a 354, 369.
costellazioni dell'emisfero meridionale 10.
costellazioni dell'emisfero settentrionale 12.
costine 214.
costola 112, 116, 121, 122, 126, 131, 136, 138, 141, 142.
costola fluttuante 138.
costolatura 841.
costole 152.
costole false 153.
costole fluttuanti 152.
costolette 215.
costolone dorsale 410.
costolone intermedio 410.
costruttore, targhetta del 306.
costruzione, pietra da 298.
costume 428, 843.
costume da bagno 371, 830.
costumi da bagno 716.
costumista 428.
cotiledone 77.
cotone idrofilo 777.
cotta di maglia 749.
cottage cheese 210.
cottardita 337.
cotton fioc® 777.
cottura 465.
cottura a vapore, cestello per la 235.
cottura, camera di 465.
cottura, piano di 224, 239, 290.
cottura, piastra di 239, 721, 722.
cottura, piatti di 239.
cottura, zona 722.
coulisse 353.
coulomb 702.
coulommiers 211.
coupé 549.
Cowper, ghiandola di 169.
coxa 96, 98.
Coyolxauhqui, pietra di 412.
cranio 106, 109, 116, 121, 126, 136, 138, 141, 142, 146.
cranio di bambino 158.
cranio, vista laterale del 158.
Cratere 11.
cratere 7, 44, 647.
cratere, scia luminosa del 7.
cravatta 349.
cravatte 716.
credenza 279.
credenza con vetrina 279.
credito, carta di 729.
cree 469.
cremagliera 791.
cremastere 97.
crenato 79.
crepaccio 46.
crepaccio terminale 46.
crêpe, padella per 235.
crepidine 403, 405.
crescente 741.
crescione 187.
crescione d'orto 187.
cresta 45, 49, 690, 749.
Cretaceo 93.
cric 558.
cricchetto 302, 696, 697.
cricco 307.
cricco, chiave poligonale a 311.
criceto 123.
cricket 798.
crimine, prevenzione del 768.
crinale 45.
crine 439.
criniera 124.
crinolina, abito con 337.
cripto 684.
crisalide 97, 100.
cristalleria 225.
cristalli di neve 64.
cristallino 177, 691.
cristallizzazione 680.
cristallo dendritico spaziale 64.
cristallo di sicurezza 494.
cristallo irregolare 64.
cristallo lamellare 64.
cristallo stellare 64.
cristallo, goccia di 287.
cristianesimo 736.
Croazia 744.
croce 740.
Croce del Sud 11.
croce dell'altare 737.
croce di sant'Andrea 252.
croce, punta a 302.
croce, testa a 302.
crocetta 834.
crochet 452.
crociera 410, 411.
crociera, maniglia a 421.
crocifisso 737.
croco 80.
croissant 204.
croma 435.
croma, pausa di 435.
cromatina 94.
cromo 683.
cromosfera 6.
cronologia delle religioni 736.
cronometraggio elettrico, sistema di 883.
cronometraggio, area di 891.
cronometrista 810, 814, 842, 845, 846, 847, 848, 881, 900.
cronometrista capo 830.
cronometrista di corsia 830.
cronometristi 827, 844, 883.
cronometro 696, 789, 831.
cronometro elettronico automatico 831.
crosne 184.
cross, motocicletta da 577.
crosta continentale 42.
crosta oceanica 42.
crosta terrestre 42, 43.
crosta terrestre, sezione della 42.
crostacei 107, 218.
crostata, stampo per 232.
crottin de chavignol 210.
cruna 453, 454, 461.
cruschello di segale, pane 205.
cruscotto 574, 576.
cruscotto, equipaggiamento del 771.
Cuba 742.
cubetti di ghiaccio, vaschetta per 291.
cubia 605, 609.
cubicolo 406.
cubitiera 749.
cubo 705.
cuboflash 482.
cuboide 155.
cuccetta 570, 584.
cucchiai dosatori 231.
cucchiai, esempi di 228.
cucchiai, ruota dei 659.
cucchiaia 752.
cucchiaino 390.
cucchiaino da caffè 228.
cucchiaino da tè 228.
cucchiaino rotante 911.

cucchiaio 227, 659, 905.
cucchiaio da assaggio 233.
cucchiaio da bibita 228.
cucchiaio da brodo 228.
cucchiaio da dessert 228.
cucchiaio da tavola 228.
cucchiaio forato 233.
cucchiaio, lama a 401.
cucina 180, 222, 224, 250, 406, 584, 719, 721, 722, 723, 724, 726, 735, 764.
cucina a gas 290, 721.
cucina a vapore 722.
cucina di bordo 624.
cucina elettrica 290, 721.
cucina, batteria da 722.
cucina, bilancia da 231.
cucina, coltello da 229.
cucina, forbici da 233.
cucina, robot da 237.
cucina, strofinaccio da 295.
cucina, utensili da 229.
cucito 452.
cucitrice 534.
cucitura 346, 348, 424, 797, 798.
cucitura a princesse 366.
cucitura a sottopunto 349.
cucitura, linea di 455.
cucitura, misuratore di 454.
cucitura, tasca inserita nella 355, 360.
cucitura, telaio di 424.
cuffia 426, 502, 504, 830.
cuffia, presa per 450, 451, 504.
cuffia, spinotto della 504.
cuffie di sicurezza 772.
cugina 785.
cugino 785.
culatta mobile 756.
culatta, blocco della 912.
culatta, plinto di 753.
culatta, rinforzo di 753.
culatta, scatola di 754, 755.
culla 756.
culottes 338.
cumino 198.
cumulo 56, 62.
cumulonembo 56, 62.
cuneiforme laterale 155.
cuneiforme, primo 155, 156.
cuneiforme, secondo 155, 156.
cuneo 312, 444.
cuneo di mira 753.
cuoio 798, 863.
cuore 97, 99, 103, 104, 105, 106, 107, 109, 110, 112, 116, 125, 162, 163, 212, 590.
cuore del legno 87.
cuore, scollatura a 363.
cuori 914.
cupola 84, 415, 614.
cupola di proiezione 10.
cupola di vetro 612.
cupola ovoide rialzata 415.
cupola rotante 17.
cupola sul mihrab 738.
cupola sul porticato 738.
cupola, portellone della 17.
cupola, volta esterna della 17.
cupola, volta interna della 17.
cura del corpo 379.
cura del prato 332.
cura intensiva, unità di 780.
curapipe 390.
curcuma 198.
Curili, Fossa delle 50.
curio 684.
curling 877.
curling, pietra da 877.
curling, scopa da 877.
curry 198.
cursore 350, 453.
cursore a destra 515.
cursore a sinistra 515.
cursore di regolazione della frequenza 498.
cursore in alto 515.
cursore in basso 515.
curva 446.
curva a 180 gradi 885.
curva a destra 544, 547.
curva del circolo 856.
curva lontana 856.
curva, rinforzo della 446.
curvatura 385, 911.
cuscinetti antirumore 772.
cuscinetto a sfere 677.
cuscinetto ad aria 370.
cuscinetto assiale 659.
cuscinetto carpale 130.
cuscinetto dello sperone 130.
cuscinetto digitale 130, 133.
cuscinetto palmare 130.
cuscinetto plantare 133.
cuscinetto reggispinta 659.
cuscinetto smerigliato 454.
cuscino 280, 855.
cuscino a rullo 280.
cuscus 204.
cuscus, pentola per 235.
custodia 529.
custodia a pareti di vetro 699.
custodia dello schermo 483.
cute 168, 172.
cute, superficie della 172.
cuticole, forbicine per 377.
cuticole, tronchesina per 377.
cyclette 851.

D

dadi 311, 914.
dado 310, 311, 915.
dado cieco 311.
dado comune 914.
dado da poker 914.
dado del braccio 456.
dado del premistoppa 268.
dado del raddoppio 915.
dado di fissaggio 270.
dado di serraggio 269, 270, 590.
dado esagonale 311, 562.
daga 751.
dalmata 131.
dama 916.
danese 469.
Danforth, ancora 610.
Danimarca 744.
danish blue 211.
Danubio, Fiume 32.
danza, lama per 881.
dardo 750.
dardo, sacco del 104.
dare precedenza 544, 546.
data base 525.
data di scadenza 729.
data, tasto di visualizzazione della 496.
datario 531.
dati tecnici 560.
dati, controllo fine dei 450.
dati, controllo veloce dei 450.
dati, elaborazione dei 41, 54.
dati, memoria 316.
dati, piastrina dei 273.
dati, registratore di 58.
dati, registrazione dei 41.
dati, ricezione dei 41.
dati, sistema di registrazione dei 694.
dati, trasmissione dei 41.
dattero 192.
davanti 348, 349.
David 736.
David, stella di 738.
deambulatore 782.
deambulatorio 411.
deasfaltizzazione, impianto di 656.
debole 849.
decagono regolare 705.
decelerazione, zona di 885.
decimi di secondo, lancetta dei 696.
declinazione 13.
declinazione, cerchio graduato della 14, 15.
décolleté, reggiseno 367.
décolleté, scarpa 343.
decompositori, organismi 67.
decoratore scenico 429.
decorazione a trifoglio 411.
decorazioni, siringa per 232.
defibrillatore 775.
deflettore 260, 329, 332, 333.
deflettore del fumo 256.
deflettore dell'aria calda 256.
deflettore di getto 761.
deflusso superficiale 67.
deforestazione 69.
degenza postoperatoria, stanza di 780.
degenza, stanza di 780.
Deimos 4.
Delfino 12.
delfino 136, 137.
delfino, morfologia di un 136.
delfino, scheletro di un 136.
delimitazione, nastro di 771.
della calotta polare 61.
della tundra polare 61.
delta 48, 51.
Delta II 24.
delta, ala a 629.
deltaplano 897.
deltoide 150.
demi-volée 820.
denaro 729.
dendrite 168.
denominazione dei cicloni tropicali 63.
densimetro 562.
dentale 112, 641.
dentato 79.
dentatura nell'uomo 159.
dente 108, 112, 303, 304, 331, 348, 362, 382, 390, 636, 638, 642, 643, 863.
dente d'arresto 460.
dente del giudizio 159.
dente dello scarificatore 636.
dente di ingranaggio 686.
dente di leone 187.
dente di roccia 756.
dente velenifero 112.
dentellare, forbici per 454.
dentello 404, 405.
denti 159, 309.
denti, spazzolino da 384.
denti, spazzolino elettrico da 384.
dentifricio 384.
dentina 159.
dentini 453.
denunce, ufficio per le 768.
deodorante 379.
depositi alluvionali 48.
deposito 394.
deposito bagagli 582.
deposito dei cereali 596.
deposito dei containers 596.
deposito dei missili 762.
deposito del materiale medico 781.
deposito del materiale sporco 780.
deposito del materiale sterile 780.
deposito del petrolio 596.
deposito delle barelle 778.
deposito delle rinfuse 596.
deposito di carbone 646.
deposito per containers 708.
deposito, fessura per il 730.
depuratore d'aria 261.
deragliatore 870.
deragliatore anteriore 578, 580.
deragliatore posteriore 578, 580.
deriva 625, 631, 760, 834, 835, 840.
deriva a scomparsa 836.
derivazione 687.
derma 172.
derrick 604, 607.
derrick, albero del 607.
desertico 61.
deserto 52, 66.
Deserto dei Gobi 33.
Deserto del Kalahari 34.
Deserto del Namib 34.
Deserto del Sahara 34.
Deserto di Atacama 31.
deserto roccioso 52.
deserto sabbioso 52.
deserto, volpe del 134.
designer di produzione 428.
desquamatore 905.
dessert, coltello da 228.
dessert, cucchiaio da 228.
dessert, forchetta da 228.
destinazione 582.
destra 740.
detenuti, doccia dei 768.
detenuti, ingresso dei 726.
detenuti, ufficio d'ammissione dei 726.
detersivo, vaschetta per il 294.
detonatore 757.
detriti 63.
deumidificatore 261.
deviatore 269.
Devoniano 92.
di bolina 833.
di bolina larga 833.
di bolina molto stretta 833.
di bolina stretta 833.
di montagna 61.
diafisi 155.
diaframma 163, 477, 488, 502.
diaframma del serbatoio dell'ossigeno liquido 25.
diaframma di apertura 694.
diagonale 663.
diagramma di carico 571.
diamante 375, 610, 794.
diamante, punta di 278.
diametro 704.
diapason 436.
diapositiva 483.
diastema 123.
diavolo della Tasmania 143.
dicco 44.
didascalia 395, 471.
dieci 703.
dieci comandamenti 738.
dieresi 473.
diesel, motore 586.
diesis 435.
dietro 348.
difensore ala destra 806.
difensore ala sinistra 806.
difensore centrale 812, 814.
difensore destro 812, 814, 878.
difensore di canestro 809.
difensore esterno destro 803.
difensore sinistro 812, 814, 878.
difensori 799.
difesa 806.
difesa antimissile 762.
difetti della vista 691.
differenziale 553.
differenziale, interruttore 272.
diffusione di informazioni 525.
diffusore 428, 479.
diffusore della fiamma 319.
diffusore tubolare 627.
diga 657.
diga a contrafforti 660.
diga a contrafforti, sezione trasversale di una 660.
diga a gravità 661.
diga a gravità, sezione trasversale di una 661.
diga a volta 661.
diga a volta, sezione trasversale di una 661.
diga fissa 664.
diga in terra 660.
diga in terra, sezione trasversale di una 660.
diga mobile 664.
dighe, esempi di 660.
digiuno 164.
dimetrodonte 92.
diminuzione di tensione 646, 662, 677.
dinamo 578, 688.
diodo 673.
Dione 5.
directory 524.
direttore artistico 428.
direttore d'orchestra, podio del 437.
direttore dei tiri 859.
direttore della corsa 870.
direttore della fotografia 429.
direttore di tiro 860.
direttore tecnico 489, 490.
direttore, ufficio del 394, 726, 731, 732.
direzione del flusso di elettroni 687, 689.
direzione del vento 55.
direzione della Mecca 738.
direzione della reazione 684.
direzione e forza del vento 55.
direzione obbligatoria a destra 546.
direzione obbligatoria a sinistra 544, 546.
direzione obbligatoria diritto 544, 546.
direzione, tasto di 261.
direzione, timone di 760.
direzione, ufficio della 718.
direzioni consentite diritto e a destra 546.
direzioni consentite diritto e a sinistra 544.
disaccoppiamento, braccio telescopico di 587.
discarica 709.
discarica autorizzata 69.
discenderia 650.
discensore 900.
discesa libera 889.
discesa pericolosa 545, 547.
discesa, corridoio di 402.
dischetto 880.
dischetto del rigore 802.
dischetto di centrocampo 803.
dischi 237.
dischi, negozio di 714.
disco 9, 273, 423, 493, 500, 521, 559, 560, 641, 793, 851.
disco abrasivo 308.
disco abrasivo, supporto del 308.
disco adesivo 111.
disco centrale 95.
disco deflettore del calore 274.
disco del freno 574.
disco di copertura 643.
disco di tensione 453, 457.
disco intervertebrale 157.
disco per macchina fotografica digitale 481.
disco versatile digitale (DVD) 494.
disco, braccio del 641.
disco, freno a 874.
disco, vano del 501.
discontinuità di Gutenberg 42.
discontinuità di Mohorovicic 42.
disegno 396.
disegno a carboncino 396.
disegno a inchiostro 396.
disegno a matite colorate 396.
disegno a pastelli a cera 396.
disegno a pastelli a olio 396.
disegno a pastelli secchi 396.
disegno a pennarelli 396.
disegno stampato 368, 369.
disegno, piano da 399.
disegno, tavolo da 399.
disgelo, acqua di 46.
disinnesto del pistone 315.
disinnesto, calcola di 460.
dispari 919.
dispensa 224, 250, 724.
dispersione di calore 68.
display 261, 476, 494, 495, 497, 503, 505, 506, 507, 508, 526, 528, 529, 530, 548, 613, 699, 730, 731.
display a cristalli liquidi 477, 496.
display dei colori 456.
display dei controlli di bordo 626.
display dei dati 479.
display dei dati, pulsante di illuminazione del 479.
display dei parametri del motore e delle avarie 626.
display del numero delle righe 456.
display del radar 771.
display delle frequenze 503.
display delle funzioni 450.
display di navigazione 626.
display di pilotaggio 626.
display digitale 699, 777.
display informativo 512.
display, pannello del 496.
display, pulsante di apertura del 526.
display, regolatore del 506.
dispositivi di comunicazione 522.
dispositivi di contatto 274.
dispositivi di entrata 514.
dispositivi di memorizzazione dei dati 521.
dispositivi di uscita 518.
dispositivo antiallagamento 294.
dispositivo di agganciamento 586, 587.
dispositivo di allarme 765.
dispositivo di arresto 458.
dispositivo di bloccaggio 289, 424.
dispositivo di blocco 303, 304, 321.
dispositivo di blocco dell'inclinazione della lama 304.
dispositivo di blocco dell'interruttore 306.
dispositivo di chiusura 913.
dispositivo di espulsione del cestello 238.
dispositivo di fissaggio 284, 649.
dispositivo di fissaggio del tubo 275.
dispositivo di gonfiaggio 611.
dispositivo di regolazione 889, 895.
dispositivo di rimorchio 573.
dispositivo di serraggio 685.
dispositivo di sicurezza per sovratemperatura 266.
dispositivo di smorzamento magnetico 698.
dispositivo per aeronavigazione 761.
dispositivo segnapunti elettrico 848.
disposizione 244.
disposizione dei birilli 865.
disprosio 684.
dissipatore termico 513.
distanza percorsa 700.
distanza tra le puntine 562.
distanza, misura della 700.
distanze, scala delle 478.
distanziatore 783, 859, 913.
distendere per asciugare 347.
distillazione sotto vuoto 656.
distintivo 770.
distributore 659.
distributore automatico di bibite 723.
distributore automatico di biglietti 593.
distributore del ghiaccio 548.
distributore di bibite 548, 779.
distributore di ghiaccio in cubetti 224.
distributore via cavo 486.

distribuzione del fertilizzante 69.
distribuzione della vegetazione 66.
distribuzione, pannello di 272.
distribuzione, quadro di 273.
distruggidocumenti 535.
dita 116.
ditale 454.
ditale in gomma 531.
ditali 206.
dito 110, 117, 122, 130, 143, 172, 797, 900.
dito del guanto 346.
dito del piede 146, 148.
dito esterno 115.
dito interno 115.
dito lobato 117.
dito medio 115.
dito palmato 117.
dito posteriore 115, 117.
dito prensile 139.
divanetto 277.
divani 276.
divano 276.
divano a due posti 276, 724.
divano Chesterfield 276.
divano posteriore 555.
divano-letto 280.
diverso da 703.
divieto di inversione di marcia 544, 546.
divieto di sorpasso 544, 546.
divise di servizio 764.
divise, lavanderia per le 764.
divisione 703.
divisioni dello scudo 740.
divisori 532.
divisori alfabetici per schedario 532.
divisorio 771.
divisorio di tela 902.
djembè 433.
Dnepr, Fiume 32.
do 434, 847.
doccetta 270.
doccia 251, 264, 724, 726, 780.
doccia a telefono 264.
doccia degli ufficiali 764.
doccia dei detenuti 768.
doccia dei vigili del fuoco 764.
doccia orale 384.
doccia, box 264.
documentazione, centro di 764.
dodecagono regolare 705.
dogana 596, 621.
dohyo 847.
dolcevita 363.
dolcevita, maglione 354.
dolci 723.
dolci, miscelatore per 232.
dolci, pennello per 232.
dolci, stampini per 232.
dolciumi 717.
dolichi 190.
dolina 47.
dollaro 728.
Dominica 743.
Dominicana, Repubblica 743.
dominio di livello superiore 524.
dominio di secondo livello 524.
dominio, nome del 524.
domino 914.
dondolo, sedia a 276, 277.
donna 148, 914.
donna, scarpe da 343.
donnola 134.
dopobarba 383.
doppia coppia 914.
doppia curva, la prima a destra 544, 547.
doppia piastra di registrazione 503.
doppiamente dentato 79.
doppio bemolle 435.
doppio corrente 252.
doppio diesis 435.
doppio lavello 262.
doppio pennello 739.
doppio senso di circolazione 544, 546.
doppio slash 524.
doppio zero 919.
doppio-sei 914.
doppio-zero 914.
doppione 914.
doppiopetto, abbottonatura a 352.
doppiopetto, giacca a 348.
Dorado 11.
dormitorio dei vigili del fuoco 764.
Dorsale Medio-Atlantica 50.
Dorsale Medio-Indiana 50.
Dorsale medio-oceanica 49.
Dorsale Pacifico-Antartica 50.
Dorsale Pacifico-Orientale 50.
Dorsale Sud Occidentale Indiana 50.
Dorsale Sud Orientale Indiana 50.
dorsali oceaniche 50.
dorsali, barra per i 851.
dorso 115, 124, 130, 173, 227, 295, 303, 391, 426, 750, 830, 832.
dorso del guanto 346.
dorso del libro 425.
dorso del naso 175.
dorso della lingua 176.
dossiere 857.
dosso 875.
dotto deferente 169.
dotto della spermateca 104.
dotto eiaculatore 169.
dotto ermafrodito 104.
dotto galattoforo 171.
dotto lacrimale 177.
dotto salivare 99.
dotto sudoriparo 172.
dotto velenifero 112.
Douglas, tasca di 170.
dozzina (da 1 a 12) 919.
dozzina (da 13 a 24) 919.
dozzina (da 25 a 36) 919.
draglia 602.
dragoncello 202.
Dragone 13.
dragoni 917.
drakar 598.
Drake, Canale di 29, 31.
drenaggio, tubo del 253.
drenaggio, tubo di 292, 294.
drenaggio, valvola di 291.
dressage 855.
dritta 609, 616, 617.
dritto di prua 598, 838.
drittofilo 455.
drive per cassette 521.
drizza 603, 739.
drizza di picco 602.
dromedario 129.
drumlin 45.
drupa 81.
drupe 192.
drupeola 83.
dubnio 683.
due con 839.
due metà, tempo di 434.
due punti 473.
due senza 839.
dulse 183.
duna 51.
duna complessa 52.
duna parabolica 52.
dune longitudinali 52.
dune trasversali 52.
dune, catena di 52.
dune, esempi di 52.
duo 438.
duodeno 116, 164.
dura madre 167, 168.
durian 197.
duty free 621.

E

e commerciale 473.
e-commerce 525.
eau de toilette 379.
ebraico 468.
echino 404.
echinodermi 94, 95.
eclissi anulare 6.
eclissi di Luna 7.
eclissi di Sole 6.
eclissi parziale 6, 7.
eclissi totale 6, 7.
eclittica 13.
eco 40, 41.
economia 728.
ecoscandaglio 613.
ectoderma 95.
ectopterigoideo 112.
Ecuador 742.
edicola 593, 715.
edificio dei servizi 664.
edificio del reattore 667, 669.
edificio delle turbine 668.
edificio per uffici 710, 713.
edificio pubblico 39.
editing del suono, tasti per l' 450.
editoriale 471.
effetti speciali video digitali 491.
effetti speciali, rotella di selezione degli 496.
effetti speciali, tasti degli 496.
effetto serra 68.
effetto serra naturale 68.
effetto serra, incremento dell' 68.
effigie 729.
efflusso dell'aria calda 258.
Egeo, Mare 32.
Egitto 745.
eglefino 221.
eiettore 638.
einsteinio 684.
El Salvador 742.
elaboratore dei dati aerodinamici 626.
elaboratore di gestione del volo 626.
elaborazione dei dati 41, 54.
elastici stringitesta 773.
elastico 280, 351, 902, 903.
elastico ferma abiti 389.
elastico regolabile per il capo 773.
elefante 129.
elementi architettonici 413.
elementi chimici 682.
elementi del microscopio elettronico 694.
elementi della casa 247.
elementi di combustibile difettosi incamiciati 666.
elementi di combustibile difettosi, incamiciatura degli 666.
elementi di combustibile difettosi, vasca degli 666.
elementi, tavola periodica degli 682.
elemento della canna fumaria 257.
elemento di combustibile 667.
elemento orizzontale 663.
elemento riscaldante 258, 259, 293, 294, 318.
elemento riscaldante inferiore 266.
elemento riscaldante superiore 266.
elemento tubolare 652.
elemento verticale 663.
elenco dei concorrenti 789.
elettricità 272, 662, 663, 665, 677.
elettricità, rete di trasmissione dell' 674.
elettrodo 275, 318.
elettrodo centrale 562.
elettrodo di accensione 259.
elettrodo di massa 562.
elettrodo negativo 562.
elettrodo positivo 562.
elettrodomestici 236, 288.
elettrodomestici vari 240.
elettromagnete di campo 688.
elettrone 680.
elettroni, collettore di 689.
elettroni, direzione del flusso di 687, 689.
elettronica 689.
elettronica, negozio di 714.
elevatore 407, 643, 666.
elevatore a nastro 646.
elevatore a nastro trasportatore 647.
elevatore della granella 643.
elevatore per containers e palette di carico 623.
elevatore per sedie a rotelle 569.
elevone 23.
eliambulanza 631.
elica 306, 606, 608, 609, 705, 763.
elica bipala 628.
elica di propulsione 605.
elica di prua 606.
elica di ventilazione 688.
elica posteriore 606.
elica tripala 628.
elica, albero dell' 609.
elica, mantello d' 605.
elice 173, 405.
elice, coda dell' 173.
elice, radice dell' 173.
eliche 206, 762.
elicotteri, esempi di 631.
elicotteri, hangar per 762.
elicotteri, piattaforma di appontaggio per 762.
elicottero 631, 762.
elicottero antincendio 631.
elicottero da trasporto tattico 631.
elio 684.
elio, serbatoio dell' 25.
eliografo 58.
eliporto 652.
elmetto 772.
elmo 748, 749, 765.
elmo da vigile del fuoco 765.
ematite, matita di 423.
emblema 739.
emergenza, freno di 594.
emergenza, veicolo di 21.
Emirati Arabi Uniti 746.
emisferi 35.
emisfero meridionale 35.
emisfero meridionale, costellazioni dell' 10.
emisfero occidentale 35.
emisfero orientale 35.
emisfero settentrionale 35.
emisfero settentrionale, costellazioni dell' 12.
emissario 48.
emissione dello scontrino 548.
emissione di acido nitrico 70.
emissione di acido solforico 70.
emissione di anidride solforosa 70.
emissione di banconote 730.
emissione di gas inquinanti 69.
emissione di onde ultrasonore 41.
emissione di ossido d'azoto 70.
emittenti, tasti di ricerca 495.
emmental 211.
en plein 919.
enartrosi 156.
encefalo 109.
endecagono regolare 705.
endocardio 162.
endocarpo 81, 82.
endoderma 95.
energia 646.
energia eolica 676.
energia eolica, produzione di elettricità da 677.
energia fossile 646.
energia geotermica 646.
energia geotermica, produzione di elettricità da 646.
energia nucleare 665.
energia nucleare, produzione di elettricità da 665.
energia solare 78, 672.
energia solare, produzione di elettricità da 674.
energia termica 68, 646.
energia termica, produzione di elettricità da 646.
energia, fonte di 41.
energia, rilascio di 681.
energia, unità di misura dell' 702.
enneagono regolare 705.
Enrico VIII 736.
enti sanitari 525.
entrata 100, 719, 829.
entrata del pozzo 649.
entrata dell'acqua 268.
entrata di piedi 829.
entrata di servizio 732.
entrata di testa 829.
entrata principale 250.
entrate 829.
epeira 102.
epicentro 43.
epicondilo 153.
epidermide 172.
epididimo 169.
epifisi 167.
epifisi distale 155.
epifisi prossimale 155.
epiglottide 163, 176.
epistrofeo 153, 157.
epitroclea 153.
equalizzatore grafico 498.
Equatore 31, 34, 35, 36, 63.
equatore 13.
equatore celeste 13.
equilibratore 756.
equilibratore orizzontale 631.
equilibrio, posizione d' 690.
equinozio d'autunno 54.
equinozio di primavera 13, 54.
equipaggiamento 769.
equipaggiamento del cruscotto 771.
equipaggiamento di guida 25.
equipaggiamento di salvataggio 611.
equipaggiamento protettivo 808.
equipaggio, alloggi dell' 604.
équipe di pronto intervento 853.
equitazione 854.
equivalente a 703.
erba 822.
erba cipollina 184.
erba medica 190.
erbicida 69.
erbio 684.
erbivori 67.
Ercole 13.
Eridano 10.
Eritrea 745.
Erlenmeyer, beuta di 685.
ermellino 741.
erogatore 767.
erogatore d'emergenza 841.
erogatore del tubo della scala 766.
erogatore, primo stadio dell' 841.
erogatore, secondo stadio dell' 841.
erogazione, bocca di 268, 270.
erpice doppio a dischi 641.
eruzione, vulcano in 44.
esagono regolare 705.
esame audiometrico, stanza per l' 781.
esame psichiatrico, stanza per 778.
escape 514.
escavatore idraulico 638.
escavatrice a ruota di tazze 647.
escludi regina 100.
esempi di abiti 356.
esempi di adattatori 269.
esempi di aeroplani 628.
esempi di alghe 75.
esempi di ancore 610.
esempi di anfibi 111.
esempi di angoli 704.
esempi di aracnidi 102.
esempi di archi 413, 541.
esempi di arricciature 283.
esempi di attrezzature 601.
esempi di autoarticolati 572.
esempi di becchi 117.
esempi di biciclette 581.
esempi di birilli 865.
esempi di camicette 359.
esempi di camion 573.
esempi di carri merci 588.
esempi di carrozzerie 549.
esempi di chiodi 301.
esempi di colli 362.
esempi di colori 741.
esempi di coltelli 228.
esempi di coltelli da cucina 229.
esempi di conifere 89.
esempi di cucchiai 228.
esempi di dighe 660.
esempi di dune 52.
esempi di elicotteri 631.
esempi di felci 76.
esempi di fettucce 283.
esempi di figure 741.
esempi di finestre 415.
esempi di fiori 80.
esempi di foglie 89.
esempi di forchette 228.
esempi di frese 308.
esempi di fusibili 272.
esempi di giacche e pullover 358.
esempi di gonne 357.
esempi di gruppi strumentali 438.
esempi di impennaggi 629.
esempi di impugnature 840.
esempi di insetti 101.
esempi di lagomorfi 123.
esempi di latifoglie 88.
esempi di licheni 74.
esempi di linee di costa 51.
esempi di mammiferi carnivori 134.
esempi di mammiferi insettivori 121.
esempi di mammiferi marini 137.
esempi di mammiferi ungulati 128.
esempi di mammiferi volanti 141.
esempi di maniche 360.
esempi di marsupiali 143.
esempi di mecchie e punte da trapano 306.
esempi di metalli 741.
esempi di motociclette e ciclomotore 577.
esempi di muschi 75.
esempi di occhiali 385.
esempi di pantaloni 358.
esempi di partizioni 740.
esempi di pellicce 741.
esempi di pezze onorevoli 740.
esempi di pieghe 357.
esempi di pneumatici 560.
esempi di ponti a travata 541.
esempi di ponti ad arco 541.
esempi di porte 416.
esempi di prese 844.
esempi di primati 139.
esempi di raccordi 269.
esempi di raccordo 538.
esempi di razzi spaziali 24.
esempi di reti 522.
esempi di rettili 114.
esempi di roditori 123.
esempi di sacchi a pelo 904.
esempi di salti 881.
esempi di sci 888.
esempi di sci nautici 840.
esempi di sedie 277.
esempi di simboli di valute 728.
esempi di sonde spaziali 19.

esempi di strumenti a tastiera 443.
esempi di tasche 360.
esempi di tavoli 278.
esempi di telefoni 507.
esempi di tende 283, 902.
esempi di tuffi 829.
esempi di uccelli 118.
esempi di utensili 401.
esempi di vele 601.
esempi di vulcani 44.
esempi di zampe 117.
esempi di zoccoli 127.
esercizio, area di 823.
esocarpo 81, 82, 83.
esofago 95, 97, 99, 103, 104, 109, 110, 112, 113, 116, 125, 163, 164.
esosfera 53.
espadrille 344.
espansa 472.
espansione fissa 700.
espansione mobile 700.
espansione, bullone a 302.
espansione, camera di 695.
espansione, vaso di 259.
espirazione 832.
esplosione 564.
esposimetro 479.
esposimetro spot 479.
espositore 510.
espositore di brochure 730.
espositore di fine corsia 181.
esposizione, impostazione del tempo di 479.
esposizione, indice di 479.
esposizione, scala dei tempi di 479.
esposizione, tasto per il valore di 479.
esposizioni multiple, tasto per le 476.
espressione, pedali d' 444.
espulsione del cestello, dispositivo di 238.
espulsione, pulsante di 477.
espulsione, tasto di 495, 499, 501.
espulsore degli accessori 236.
essere umano 146.
Est 37.
est 616, 917.
Est Nord-Est 37.
Est Sud-Est 37.
estate 54.
estate, solstizio d' 54.
estensore 850.
estensore breve delle dita 150.
estensore comune delle dita 151.
estensore lungo delle dita 150.
estensore radiale breve del carpo 151.
estensore radiale lungo del carpo 151.
estensore ulnare del carpo 151.
esterno centro (giocatore) 794.
esterno centro (posizione) 795.
esterno della miniera 648.
esterno destro 794.
esterno destro (posizione) 795.
esterno di una casa 244.
esterno sinistro 794.
esterno sinistro (posizione) 795.
estintore 725, 771.
estintore portatile 767.
estirpatore 325.
Estonia 744.
estradosso 413.
estratto conto, fessura di aggiornamento dell' 730.
estratto di vaniglia 200.
estrattore dei gas combusti 758.
estrazione dell'aria, tubo di 274, 275.
estremità del braccio 693.
estremità della guida 331.
estremo 804.
estremo di destra 806.
estremo di sinistra 806.
estuario 38, 51.
età della pietra, armi dell' 748.
eterotrofi, organismi 67.
etichetta 500.
etichetta portaindirizzo 389.
etichettatrice 533.
etichette autoadesive 532.
etilometro 769.
Etiopia 745.
ettagono regolare 705.
Eurasia 28.
euro 728.
Europa 4, 28, 32, 50, 743.
europio 684.
Eustachio, tuba di 174, 175.
Eutelsat 486.
euthynteria 403, 404.
evacuazione, percorso di 543.
evaporazione 67, 680.
evidenziatore 397, 470.
evoluzione della vita 92.
evoluzione delle specie 92.
ex voto 737.
expander 450.
extra-nero 472.
eye-liner 378.
Eyre, Lago 29.

F

fa 434.
faccetta 306, 629.
faccetta scanalata 306.
faccia 146, 300, 409, 815, 867.
faccia del padiglione (8) 374.
faccia della stella (8) 374.
faccia inferiore della cintura (16) 374.
faccia principale della corona (8) 374.
faccia superiore della cintura (16) 374.
facciata 411.
facole 6.
faggio 88.
faggiola 193.
fagiano 120, 212.
fagiano, uovo di 213.
fagioli 191.
fagioli mungo, spaghetti di 207.
fagiolino 191.
fagiolino giallo 191.
fagiolo adzuki 191.
fagiolo asparagio 190.
fagiolo borlotto 191.
fagiolo cannellino 191.
fagiolo dall'occhio nero 190.
fagiolo di Lima 191.
fagiolo di Spagna 191.
fagiolo egiziano 190.
fagiolo mungo 191.
fagiolo mungo nero 191.
fagiolo nero 191.
fagiolo pinto 191.
fagiolo romano 191.
faglia 43.
fagotti 437.
fagotto 446.
Fahrenheit, scala 695.
fai da te 298.
faina 134.
fairway 866, 867.
falange distale 133, 154, 155.
falange media 154, 155.
falange mediana 133.
falange prossimale 133, 154, 155.
falange, prima 126.
falange, seconda 126, 172.
falange, terza 126, 172.
falangi 111, 122, 131, 136, 138, 141, 142, 154, 155.
falcatus 92.
falce 330.
falcetto 330.
falciacondizionatrice 642.
falciatrice a mano 332.
falco 119.
falda 352, 749.
falda freatica 70.
falda larga, cappello a 341.
falena della betulla 101.
falesia 51.
falesia costiera 51.
Falkland, Isole 31.
falli 789.
Falloppio, tuba di 170.
Falloppio, tube di 171.
falsa partenza, fune di 830.
falsa zampa 97.
falsa zampa anale 97.
falsabraca 408.
falso puntone 252.
falso quartiere 855.
famiglia 784.
famiglia degli archi 437, 439.
famiglia degli ottoni 437.
famiglia dei legni 437.
familiari, sala d'attesa dei 778.
fanale 333, 586.
fanale anteriore 579, 585.
fanale di testa 585.
fanale di testa dell'albero 605.
fanale posteriore 571, 575, 576, 578.
fango, colata di 47.
fante 914.
fantino 856.
faraglione 51.
faraona 120, 212.
fard in polvere 378.
fard, pennello da 378.
faretra 859.
faretto a pinza 286.
faretto da binario 287.
faretto orientabile 287.
farfalla 96, 832.
farfalla femmina,anatomia di una 97.
farfalla, morfologia di una 96.
farina 204.
farina di avena 204.
farina di mais 204.
farina integrale 204.
farina non trattata 204.
farina semplice 204.
faringe 99, 163, 164.
farmacia 714, 725, 778, 781.
faro 596, 614.
faro di atterraggio 631.
faro fendinebbia 554, 570.
faro subacqueo 246.
faro, lanterna del 614.
farro 203.
farsetto 338.
fascetta 377.
fascetta del sigaro 390.
fascetta di fissaggio 59.
fascia 390, 404, 439, 440, 566.
fascia blu 871.
fascia catarifrangente 611.
fascia degli asteroidi 5.
fascia di chiusura 889.
fascia di cuoio 350.
fascia di gravità 610.
fascia di regolazione 502.
fascia di sospensione 772.
fascia elastica 353.
fascia lata, tensore della 150.
fascia laterale 551.
fascia protettiva della fronte 773.
fascia reggibraccio 777.
fascia sopracigliare 115.
fascia stringitesta 772.
fasciatoio 281.
fasciatura in gomma 838.
fascio blu 494.
fascio di conduttori 663.
fascio elettronico 494, 694.
fascio radar 40.
fascio rosso 494.
fascio verde 494.
fascio, riduzione del diametro del 694.
fascione anteriore 550.
fase di scivolamento 892.
fase di spinta 892.
fase, conduttore di 273.
fasi 401.
fasi della Luna 7.
fasi della produzione di elettricità 662.
fasi lunari, quadrante a 697.
fast food 715.
fattore Rh negativo 702.
fattore Rh positivo 702.
fattoria 182.
fattoriale 703.
fauce di un lagomorfo: coniglio 123.
fauce di un roditore: ratto 123.
fauci di lagomorfi 123.
fauci di roditori 123.
fauci, istmo delle 174.
fave 190.
favo 100.
favo, sezione del 100.
fazzoletto da taschino 348.
fede nuziale 376.
federa 280.
Federazione Russa 744.
fegato 109, 110, 112, 113, 116, 125, 161, 164, 212.
feijoa 197.
felce 76.
felce arborea 76.
felce, struttura di una 76.
felci 92.
felci, esempi di 76.
felpa 370.
felpa con cappuccio 370.
feltro del martelletto 443.
feltro, cappello di 340, 341.
feluca 600.
femmina 453.
femminella 86.
femminile 702.
femore 96, 98, 111, 116, 122, 126, 131, 138, 141, 142, 152.
femore, collo del 153.
femore, condilo laterale del 153.
femore, condilo mediale del 153.
femore, testa del 153.
fendinebbia, faro 554, 570.
Fenice 10.
fenicottero 119.
feritoia 238.
feritoia di espulsione 755.
ferma ago, vite 398.
fermacampioni 534.
fermacapelli 380.
fermacolletto 376.
fermacorda 285.
fermacravatta 376.
fermacravatta, spillo 376.
fermagli 534.
fermaglio 350, 470.
fermaglio a molla 534.
fermaglio equilibratore 285.
fermapiedi 578, 580, 851.
fermaporta 291.
fermarsi e dare precedenza 544, 546.
fermata dell'autobus 712.
fermio 684.
fermo 284.
fermo a molla 391.
fermo del braccio d'attacco dell'occhione 756.
fermo del nastro 313.
fermo della lama 382.
fermo di testa 835.
fermo girevole 572.
ferodo 559.
ferretto 367.
ferri per il camino 257.
ferro 309, 683, 867, 868.
ferro 3 868.
ferro 4 868.
ferro 5 868.
ferro 6 868.
ferro 7 868.
ferro 8 868.
ferro 9 868.
ferro circolare 457.
ferro da maglia 457.
ferro da stiro a vapore 288.
ferro di cavallo 127, 376.
ferrovia 39.
fertilizzante, distribuzione del 69.
fertilizzazione del suolo 69.
ferzo 834.
fessura 147, 149, 227, 386, 424, 444, 463.
fessura di aggiornamento dell'estratto conto 730.
fessura di alimentazione della carta 511.
fessura di alimentazione manuale 519.
fessura di registrazione della transazione 730.
fessura di sollevamento 535.
fessura oculare 749.
fessura per gettoni 507.
fessura per il deposito 730.
fessura per l'introduzione delle monete 920.
fessura per la restituzione delle 920.
fessura per la scheda PC 526.
fessure branchiali 108.
fessure, bocchetta per 289.
festone drappeggiato 283.
fettone 127.
fettucce, esempi di 283.
fettuccia arricciata 283.
fettuccia plissettata 283.
fettuccine 206.
fez 339.
fiala 783.
fiamma 681, 739.
fiamma, regolatore della 391.
fiammiferi, bustina di 391.
fiammiferi, scatola di 391.
fiammifero minerva 391.
fiammifero svedese 391.
fiancale 749.
fiancata 783.
fiancata, muro di 597.
fianco 115, 124, 147, 149, 409, 413, 425, 560, 561, 602.
fianco destro 740.
fianco esterno 255.
fianco interno 255.
fianco sinistro 740.
fiasca da polvere 752.
fiato, strumenti a 446.
fibbia 350, 352, 388, 555, 611.
fibbia del sottopancia 855.
fibbia di regolazione 906.
fibra 908.
fibra muscolare 168.
fibra nervosa 172.
fibula 122, 126, 131, 138, 141, 142, 336.
fico 197.
fico d'India 197.
fidanzamento, anello di 376.
fienile 182.
fieno greco 198.
fieno, balle di 875.
Figi 747.
Figi, Isole 29.
figli 785.
figlia 784, 785.
figlio 784, 785.
figura 855.
figure, esempi di 741.
fila 384, 431.
filamento 80, 274.
filamento di tungsteno 274.
filamento, supporto del 274.
Filchner, Banchisa di 29.
file 524.
file server 523.
file, formato del 524.
filettatura 268, 439, 440.
filetto 302, 471, 854.
filetto 214.
filetto a D in gomma 854.
filetto a oliva 854.
filetto ad aste 854.
filetto con anello e giocattolo 854.
fili dell'ordito 463.
filiera per tubi 314.
filiere 103.
filigrana 729.
Filippine 33, 747.
Filippine, Fossa delle 50.
filmpack 481.
filo 227, 229, 300, 313, 689, 908.
filo conduttore 274, 275.
filo d'appoggio 103.
filo da giardino 324.
filo da taglio 464.
filo della lama 382, 454.
filo della trama 463.
filo di guardia 663.
filo di nylon 332.
filo di sicurezza 729.
filo di terra 272.
filo di tracciamento 313.
filo elastico 867.
filo interdentale 384.
filo interdentale, contenitore per 384.
filo metallico 793, 848.
filo neutro 272.
filo neutro di alimentazione 272.
filo per saldatura 318.
filo radiale 103.
filo spirale 103.
filone francese 204.
filone strato 44.
filtri dello specchio grande 612.
filtri dello specchio piccolo 612.
filtro 175, 238, 246, 258, 290, 390, 675, 773.
filtro colorato 478.
filtro dell'aria 261, 331, 552, 586, 636.
filtro dello scarico 270.
filtro di sicurezza rosso 485.
filtro per il tè 233.
filtro per lanugine 292, 293.
filtro polarizzatore 478.
filtro, cassetta 241.
filtro, macchina da caffè a 241.
filum terminale esterno 167.
filum terminale interno 167.
finale 789.
finale, quarti di 789.
finalista 789.
finanza 728.
fine 515.
fine chiamata, tasto di 506.
fine corsa, interruttore di 417.
fine, tasto di ricerca della 496.
finecorsa 303.
finestra 249, 251, 485, 663, 797, 836.
finestra a battenti 415.
finestra a battenti con apertura all'interno 415.
finestra a bilico orizzontale 415.
finestra a bilico verticale 415.
finestra a gelosia 415.
finestra a ghigliottina 415.
finestra a libro 415.
finestra con sbarre 727.
finestra del seminterrato 245.
finestra di accesso 521.
finestra di controllo 238, 239, 290.
finestra di lettura 499.
finestra panoramica 713.
finestra scorrevole 415.
finestra zanzariera 902.
finestra, tenda per 282.

finestra, traversa inferiore di 252.
finestra, traversa superiore di 252.
finestre, accessori per 282.
finestre, esempi di 415.
finestrella per la restituzione dei gettoni 507.
finestrino 551, 554, 567, 594, 624.
finestrino di atterraggio 631.
finestrino di osservazione 23.
finestrino panoramico 584.
finitura 401.
finitura, chiodo di 301.
finlandese 469.
Finlandia 744.
finocchio 185.
finta 355, 369.
fiocco 340, 603, 834.
fiocco di dentro 603.
fioraio 715.
fiordi 51.
fiore 77, 80.
fiore del pinnacolo 412.
fiore, struttura di un 80.
fiorettista 848.
fioretto 648, 649, 849.
fioretto elettrico 848.
fiori 914, 917.
fiori, esempi di 80.
fiori, macchia di 322.
fioritura 86.
fiosso 342.
firewall 523.
firma del titolare 729.
firma ufficiale 729.
fisarmonica 432.
fischio 240.
fish-eye 478.
fisica: elettricità e magnetismo 687.
fisica: meccanica 686.
fisica: ottica 690.
fissaggio a muro, piastra di 284.
fissaggio del tubo, dispositivo di 275.
fissaggio, bagno di 485.
fissaggio, dispositivo di 284, 649.
fissativo 400.
fissione dell'uranio 665.
fissione nucleare 681.
fiume 38, 39, 48.
Fiume Congo 34.
Fiume Danubio 32.
Fiume Dnepr 32.
Fiume Mackenzie 30.
Fiume Mississippi 30.
Fiume Niger 34.
Fiume Orinoco 31.
Fiume Paranà 31.
Fiume San Lorenzo 30.
Fiume Senegal 34.
Fiume Vistola 32.
Fiume Volga 32.
flacone 783.
flagello 104.
flap 624.
flap, leva dei 626.
flash elettronico 482.
flash, tubo a 692.
flauti 437.
flauto 446.
flauto di Pan 433.
flessibile 482.
flessibile pneumatico 482.
flessometro 313.
flessore ulnare del carpo 150, 151.
flettente 913.
flip 881.
floema 87.
floppy disk 521.
fluido refrigerante 670, 671, 674.
fluido termovettore, pompa del 669.
fluido vettore caldo 665, 674.
fluido vettore freddo 665, 674.
fluido vettore, ingresso del 672.
fluido vettore, uscita del 672.
fluido, vite di regolazione del 320.
fluoro 683.
flusso d'acqua 95.
flusso d'aria 398.
flusso sotterraneo 67.
flûte 225.
Fobos 4.
foca 137.
focale, moltiplicatore di 478.
focena 137.
focolare 256, 259.
focone 753.
fodera 342, 348, 349, 370, 386, 455, 881.
fodera del guanciale 280.
fodero 391, 841, 905, 907.
fodero di pelle 907.
foglia 75, 77, 78, 79, 185.
foglia carnosa 78.
foglia di acanto 276, 405.
foglia nasale 140.
foglia, struttura di una 79.
fogliame 87.
foglie composte 79.
foglie semplici 79.
foglie squamiformi del cipresso 89.
foglie, esempi di 89.
foglio 426.
foglio di risguardo 426.
fogliolina arrotolata 76.
foie-gras 216.
follicolo 84.
follicolo pilifero 172.
follicolo, sezione di un 84.
fondale 430.
fondale oceanico 49.
fondazione 538, 660.
fondazione del pilone 540.
fondazione naturale 538.
fondazione, corrente di 252, 253.
fondazione, muro di 252, 253.
fondazione, rinforzo della 660.
fondazioni 253.
fondello 494, 816, 822, 860, 912.
fondello del caricatore 754.
fondello metallico 912.
fondina 770.
fondista 892.
fondo 902, 903.
fondo abissale 42.
fondo dell'onda 49.
fondo protettivo 918.
fondo refrattario 256.
fondo, pista da 886.
fondocampo 821.
fondotinta fluido 378.
fonduta, forchetta da 228.
fonduta, servizio da 234.
fonduta, tegame per 234.
fonendoscopio 776.
fonoteca 733.
font, caratteri di un 472.
fontana per le abluzioni 738.
fontanella anteriore 158.
fontanella mastoidea 158.
fontanella posteriore 158.
fontanella sfenoidale 158.
fonte alimentare primaria 67.
fonte battesimale 737.
fonte del servizio 471.
fonte di energia 41.
football americano 806.
football canadese 809.
forame cieco 176.
forame intervertebrale 157.
forame otturatorio 122.
forbice sfoltitrice a doppia lama dentellata 382.
forbice sfoltitrice a lama singola dentellata 382.
forbice, taglio a 375.
forbici 454, 777, 905.
forbici da cucina 233.
forbici da parrucchiere 382.
forbici di sicurezza 377.
forbici per dentellare 454.
forbici per unghie dei piedi 377.
forbici tagliasiepi 330.
forbicine per cuticole 377.
forbicine per unghie 377.
forca di sollevamento, incastro per la 635.
forca, braccio della 632.
forcella 14, 579, 870, 875.
forcella anteriore 870.
forcella inferiore 578.
forcella superiore 578.
forcella telescopica anteriore 574, 577.
forche 632, 633.
forchetta 227, 697, 905.
forchetta da dessert 228.
forchetta da fonduta 228.
forchetta da insalata 228.
forchetta da ostriche 228.
forchetta da pesce 228.
forchetta da tavola 228.
forchette, esempi di 228.
forchettone 229.
forcina 380.
forcone 326.
foresta 45.
foresta boreale 66.
foresta di caducifoglie 66.
foresta di conifere 66.
foresta mista 66.
foresta pluviale tropicale 66.
foresta temperata 66.
foresta tropicale 66.
foreste, incendio delle 69.
forma 345.
forma dei caratteri 472.
formaggi a pasta dura 211.
formaggi a pasta molle 211.
formaggi di capra 210.
formaggi erborinati 211.
formaggi freschi 210.
formaggio 722.
formaggio cremoso 210.
formaggio fresco di capra 210.
formaggio, coltello da 228.
formato del file 524.
formazione professionale, ufficio di 730.
forme geometriche 704.
formica 101.
formina da forno 226.
formula 1, auto da 873.
formula 3000, auto da 873.
formula Indy, auto da 873.
Fornace 10.
fornellino 234.
fornello 390.
fornello da campo a due fuochi 903.
fornello da campo con un bruciatore 903.
fornello di accesso 650.
fornello di getto 650.
forni a microonde 723.
fornice, corpo del 167.
fornitore del servizio Internet 525.
forno 224, 290, 674, 721, 722.
forno a microonde 224, 238.
forno elettrico 465.
forno solare 674.
forno tubolare 656.
forno, manopola del 290.
forno, teglia da 232.
foro 342, 346, 350, 371, 423.
foro apicale 159.
foro centrale 500.
foro del piede 444.
foro di riempimento 757.
foro di risonanza 439.
foro di tiraggio 259.
foro per l'aria 390.
forte 849.
forti precipitazioni 63.
fortificazione alla Vauban 409.
forza del vento 55.
forza, linea di 687.
forza, unità di misura della 702.
forze che agiscono su un aeroplano 630.
foschia 57, 65.
fosforo 683.
fossa biologica 263.
Fossa del Giappone 50.
Fossa delle Aleutine 50.
Fossa delle Curili 50.
Fossa delle Filippine 50.
Fossa delle Marianne 50.
Fossa delle Ryukyu 50.
Fossa di Giava 50.
Fossa di Kermadec-Tonga 50.
Fossa di Puerto Rico 50.
fossa di recupero 865.
fossa di tiro 860.
fossa oceanica 49.
Fossa Perù-Cile 50.
fossa settica 70.
fossa triangolare 173.
fossato 408, 409, 538, 864.
fosse nasali 175.
fosse oceaniche 50.
fossetta 112, 867.
foto in prima pagina 471.
fotocamera 35 mm 20.
fotocopiatrice 512, 730, 733.
fotografia 476.
fotografia, direttore della 429.
fotografo 714.
fotografo di scena 429.
fotone 692.
fotorecettori 177.
fotosfera 6.
fotosintesi 78.
fototessere, macchina per 715.
fovea 177.
foyer 431.
fragola 192.
fragola, sezione di una 83.
frana 47.
francese 469.
francese, taglio 375.
francesina 343.
Francia 743.
francio 682.
francobollo 474.
Francoforte, salsiccia di 216.
frangente 49.
frangia 337.
frangia, scopa a 295.
frangiflutti 660.
frangizolle 333.
frantumatore 641, 646.
frantumatrice 71.
fratelli 785.
fratello 785.
frattazzo 315.
frazione 703.
freccetta 918.
freccette 918.
freccia 739, 750, 859.
freccia del vento 56.
freccia di orientamento 907.
freestyle 890.
freestyle, snowboard per 887.
fregata 762.
fregio 403, 404.
frenaggio, cavo di 761.
frenata, zona di 891.
frenatore 884.
freni 559.
freno 783, 851, 870, 889.
freno a disco 552, 559, 874.
freno a disco idraulico 870.
freno a disco, pinza del 574.
freno a mano 552.
freno a mano, leva del 556.
freno a mano, leva di azionamento del 587.
freno a mano, ruota del 587.
freno a tamburo 559.
freno a tampone 895.
freno aerodinamico 676, 898.
freno aerodinamico, comando del 898.
freno americano 857.
freno anteriore 579.
freno anteriore, leva del 576.
freno della catena 331.
freno di emergenza 594.
freno dinamico 586.
freno posteriore 578.
freno posteriore, pedale del 576.
freno, cavo del 579.
freno, comando del 896.
freno, disco del 574.
freno, leva del 579, 876.
freno, pedale del 333, 552, 556, 559.
freno, tubazione del 559.
frequenza, bande di 498.
frequenza, cursore di regolazione della 498.
frequenza, indicatore digitale di 498.
frequenza, unità di misura della 702.
frequenze, display delle 503.
fresa a coda di rondine 308.
fresa a corona 308.
fresa a quarto di anello 308.
fresa di raccordo 308.
fresa per scanalare 308.
fresa per smussare 308.
fresatrice verticale 308.
frese, esempi di 308.
friggitrice 238, 721.
frigo portatile 906.
frigoriferi 720.
frigorifero 224, 291, 720, 722.
frigorifero, carro 588.
frigorifero, scomparto del 291.
fringuello 118.
frizione 552, 909.
frizione a stella 910.
frizione, leva d'innesto della 327.
frizione, leva della 574, 576.
frizione, pedale della 556.
frizione, regolazione della 910.
frizione, scatola della 576.
fronda 76.
fronda arrotolata 185.
frontale 112, 150, 255, 749, 854.
fronte 115, 146, 650.
fronte caldo al suolo 56.
fronte caldo in quota 56.
fronte dello scavo 647.
fronte di abbattimento 647.
fronte freddo al suolo 56.
fronte freddo in quota 56.
fronte occluso al suolo 56.
fronte stazionario 56.
fronti 56.
frontone 403, 405, 697.
frontoparietale 111.
frontura 456.
frontura, scanalatura della 456.
frullatore 236.
frullatore a immersione 236.
frullatore elettrico a mano 236.
frullino 232.
frumento 203.
frusta 232, 236.
frusta a quattro bracci 236.
frusta a spirale 236.
frusta ad anello 236.
fruste 236.
frustino 853, 856.
frutta 180, 723.
frutteto 182.
frutti 81, 192.
frutti secchi 84, 193.
frutti tropicali 196.
fruttificazione 86.
frutto carnoso 82, 83.
frutto del jack 196.
frutto, albero da 182.
fucile 860.
fucile a canna liscia 912.
fucile a canna rigata 912.
fucile automatico 755.
fucile subacqueo 841.
fuco 99.
fuga, via di 872.
fulani 468.
fulcro 686, 828.
full 914.
fulmine 57, 65.
fumaiolo 599, 604, 608.
fumarola 44.
fumatori, accessori per 390.
fumo 57.
fumo, deflettore del 256.
fumo, rilevatore di 767.
fune 686, 824.
fune di corsia 831.
fune di falsa partenza 830.
fune di sollevamento 321, 417.
funghi 183.
fungicida 69.
fungo 76, 591.
fungo coltivato 183.
fungo velenoso 76.
fungo velenoso e mortale 76.
fungo, ancora a 610.
fungo, struttura di un 76.
funicella 823.
funicella di sparo 756.
funicolo 83, 84.
funivia 886.
funivia, partenza della 886.
funzionamento automatico, indicatore del 508.
funzionamento, pannello di 417.
funzione, selettori di 506.
funzione, tasti 508, 699, 730.
funzione, tasti 507.
funzioni, display delle 450.
fuoco 43, 691.
fuoco Cassegrain 17.
fuoco coudé 17.
fuoco primario 17.
fuoco primario, cabina del 16.
fuoco primario, cabina di osservazione del 17.
fuoco secondario, cabina del 16.
fuoco, bocca da 753, 756.
fuoco, profondità del 43.
Fuoco, Terra del 31.
fuoriscalmo 839.
fuoristrada 549.
fuoriuscita di idrocarburi 70.
furcula 116.
furgone 573.
furgone postale 474, 475.
fuseau 358.
fusello 458.
fusibile 273, 663, 673.
fusibile a cartuccia 272.
fusibile a cartuccia con terminali a coltello 272.
fusibile a tappo 272.
fusibili, esempi di 272.
fusibili, pinza per 317.
fusilli 206.
fusione 680.
fuso 462, 610.
fusoliera 625, 898.
fusto 77, 185, 391, 405, 793, 815, 816, 822.
fusto del bulbo 78.
futon 280.

G

gabbia 407, 448, 853.
gabbia del palcoscenico 430.
gabbia di partenza 856.
gabbia di protezione 316, 791.
gabbia fissa 603.
gabbia volante 603.
gabbia, lampada portatile a 316.
gabbia, vela di straglio di 603.
Gabon 745.
gadolinio 684.
gaffa 611.
gagliardetto 739.
Gai-lohn 187.
galassia 9.
galassia a spirale barrata 9.
galassia a spirale normale 9.
galassia ellittica 9.
galassia irregolare di tipo I 9.
galassia irregolare di tipo II 9.
galassia lenticolare 9.
galea 598.
galeone 599.
Galileo 19.
galleggiante 263, 265, 611, 615, 628, 652, 827, 911.
galleggiante dell'indicatore di livello 655.
galleggiante, asta del 263.
galleggiante, valvola del 265.
galleria 411, 543, 592.
galleria di collegamento 543.
galleria di fondo 650.
galleria di ispezione 658.
galleria di testa 650.
galleria in direzione 650.
galleria secca 47.
galleria, prima 431.
galleria, seconda 431.
gallese 469.
galletta di segale 205.
galletta scandinava 205.
gallette di riso 207.
galletto 311.
gallina 120.
gallina, uovo di 213.
gallio 682.
gallo 120.
galloccia 834, 835.
galloccia di ormeggio 597.
galoppo 125, 856.
galoscia 342.
gamba 124, 139, 147, 149, 156, 278, 280, 281, 351, 815, 823.
gamba a capriolo 276.
gamba anteriore 277.
gamba posteriore 277.
gamba telescopica 482, 776.
gambale 798, 800, 889, 895.
gambaletto 365.
gamberetto 218.
gambero di acqua dolce 218.
Gambia 745.
gambo 75, 76, 241, 301, 302, 453, 454, 456, 457, 591, 910, 911.
gambo a innesto dello spazzolino 384.
gambo filettato 311.
gambo, bottone a 453.
ganasce 312, 913.
ganascia 312, 317, 377, 559, 590.
ganascia curva 310.
ganascia dentata 310.
ganascia diritta 310.
ganascia fissa 311, 312.
ganascia mobile 311, 312.
ganci del pettine 461.
ganci di fissaggio 851.
ganci, scala con 767.
gancio 249, 284, 313, 316, 453, 456, 483, 573, 634, 699, 776, 862, 881, 889.
gancio del barbazzale 854.
gancio del manganello 770.
gancio del piatto 698.
gancio della cintura 505.
gancio di chiusura 389.
gancio di sollevamento 651.
gancio di traino 567, 640.
gancio di trazione 587.
gancio per l'impasto 236.
ganglio cerebropleurale 105.
ganglio simpatico 167.
ganglio spinale 167, 168.
ganglio viscerale 105.
Ganimede 4.
gara 831.
gara di ciclismo su strada 870.
gara, area di 845, 846, 847.
gara, campo di 855.
gara, commissario di 875.
gara, numero di 875.
gara, ufficiali di 801, 846.
garage 244, 726, 769.
garage, porta basculante del 416.
garage, porta sezionale del 416.
garam masala 199.
garitta 408, 409.
garofano 80.
garofano, chiodo di 198.
garrese 124, 130.
garretto 124, 130.
garza sterile 777.
gas 275, 651, 656, 680.
gas combusti 564.
gas combusti, cappa di raccolta dei 267.
gas di scarico delle automobili, inquinamento da 69.
gas di scarico, immissione dei 564.
gas inerte 274.
gas inquinanti, emissione di 69.
gas nobili 684.
gas serra 68.
gas serra, concentrazione di 68.
gas, accendino a 391.
gas, manopola di regolazione del 903.
gas, rubinetto del 267.
gas, scaldabagno a 267.
gas, serbatoio del 391.
gasolio 656.
gassa d'amante 908.
gassa d'amante doppia 908.
gastrocnemio 150, 151.
gastronomia 216.
gateway 523.
gatti, razze di 132.
gatto 132.
gatto americano a pelo corto 132.
gatto del Maine 132.
gatto dell'isola di Man 133.
gatto delle nevi 876, 886.
gatto, morfologia di un 133.
gatto, testa di 132.
gattone 411.
gattuccio 303.
gattuccio stellato 218.
gazza 118.
gelatiera 240.
gelato, porzionatore per 233.
gelone 183.
Gemelli 13.
gemello 361.
gemma 78.
gemma apicale 77.
gemma ascellare 77.
gemma fiorale 77.
gemma terminale 77.
generatore 563, 659, 665, 668.
generatore termoelettrico a radioisotopi 18.
generatore d'aria calda 258.
generatore d'aria calda elettrico 258.
generatore di audiofrequenze 488.
generatore di energia, modulo del 40.
generatore di vapore 646, 669, 670, 671, 674, 763.
generatore semovente 622.
generatore, gruppo del 658.
generatore, produzione di elettricità dal 662.
generatori 688.
generatori elettrici, locale dei 763.
generi alimentari 180.
genero 784.
gengiva 159, 174.
genitali femminili, organi 170.
genitali maschili, organi 169.
genitori 784, 785.
Genova, salame di 216.
geografia 28.
geologia 42.
geometria 704.
Georgia 746.
gerboa 123.
Germania 744.
germanio 682.
germe 85.
germinazione 77.
germogli di soia 191.
germoglio 77.
germoglio di bambù 185.
gessetto 863.
gesso, pannello di 299.
gesso, piastrella di 299.
Gesù Cristo 736.
getti d'acqua 828.
gettoni, fessura per 507.
gettoni, finestrella per la restituzione dei 507.
geyser 44.
Ghana 745.
ghepardo 135.
gheriglio 84.
ghetta 339, 901.
ghettina con ruches 368.
ghi 210.
ghiacciaio 46, 48, 66.
ghiaccio 67.
ghiaccio, macchina del 721.
ghiaia 253.
ghiandaia 118.
ghiandola albuminogena 104.
ghiandola coxale 103.
ghiandola del veleno 99, 106.
ghiandola di Cowper 169.
ghiandola digestiva 104, 105, 106, 107.
ghiandola lacrimale 177.
ghiandola mammaria 171.
ghiandola pedale 104.
ghiandola salivare 97, 99, 104, 176.
ghiandola sebacea 172.
ghiandola sudoripara apocrina 172.
ghiandola sudoripara eccrina 172.
ghiandola surrenale 165.
ghiandola velenifera 103.
ghiandola velenigena 112.
ghiandole digestive 103.
ghiandole salivari 164.
ghiandole serigene 103.
ghiera 269, 320.
ghiera di bloccaggio 302, 700, 756, 900.
ghiera di calcolo 479.
ghiera di messa a fuoco 478.
ghiera di tenuta 270.
ghiera femmina 909, 910.
ghiera maschio 909, 910.
gi 846.
giacca 355, 844, 855.
giacca a doppiopetto 348.
giacca a un petto 348.
giacca a vento 353, 901.
giacca alla marinara 355.
giacca attillata 337.
giacca da cavallo 853.
giacca tradizionale 846.
giacche 348.
giacche e pullover, esempi di 358.
giacche, esempi di 355.
giaccone 355.
giacconi, esempi di 352.
giacimento minerale 647.
giaguaro 135.
giallo 400, 690.
giallo-arancio 400.
giallo-verde 400.
Giamaica 742.
Giapeto 5.
Giappone 33, 747.
Giappone, Fossa del 50.
Giappone, Mar del 33.
giapponese 469.
giardinaggio 298, 322.
giardinaggio, guanti da 325.
giardiniere, sega da 330.
giardino 322, 406.
giardino pubblico 713.
giardino roccioso 322.
giardino, filo da 324.
giarrettiera 367.
Giava, Fossa di 50.
giavellotto 748, 793.
gibbone 139.
Gibilterra, Stretto di 32.
Gibuti 745.
gigante rossa 8.
giglio 80, 741.
gilè 348, 354, 359.
ginco, noce di 193.
ginepro, bacca di 198.
ginglimo 156.
ginnasta, nome del 825.
ginnastica 823, 824.
ginnastica ritmica 823.
ginnastica, abbigliamento da 371.
ginnastica, completo da 369.
ginocchielli, cinghia dei 857.
ginocchiello 857.
ginocchiera 749, 796, 808, 850, 858, 880, 882, 894, 895.
ginocchio 124, 130, 146, 148.
giocatore 801, 805, 808, 810, 827, 877, 878, 920.
giocatore numero 1 858.
giocatore numero 2 858.
giocatore numero 3 858.
giocatore numero 4 858.
giocatore, bastone del 880.
giocatore, handicap del 858.
giocatore, numero del 808, 810, 878.
giocatore: battitore 798.
giocatori 822.
giocatori espulsi, area di rientro dei 827.
giocatori, panchina dei 794, 801, 807, 809, 814.
giocatori, posizioni dei 794, 803, 804, 811, 814.
giocatori, sedie dei 813.
giocattoli 717.
giocattoli, negozio di 714.
giocattolo 854.
giochi 788, 914.
giochi con la racchetta 815.
giochi da tavola 915.
giochi di carte 914.
gioco 822.
gioco del volano 816.
gioco di liccioli 460.
gioco online 525.
gioco, area di 608.
giogo 698.
giogo anteriore 698.
giogo di supporto 14, 15.
giogo posteriore 698.
gioielleria 714.
gioielli 374, 717.
Giordania 746.
giornale 471.
giornale, nome del 471.
Giovanni Calvino 736.
Giove 4.
girabecchino 307.
giradischi 488, 500.
Giraffa 12.
giraffa 129, 490, 492.
giraffa, treppiede della 492.
giraffista 429.
girante 659.
girante della turbina 664.
giranti 659.
girasole 80.
giratubi 315.
girella 911, 913.
girello 863.
girino 111.
giro 104.
giro della spira 105.
giro embrionale 105.
giro, manica a 361.
girocollo 363, 368, 374.
girocollo drappeggiato 363.
girocollo, maglia 359.
girocollo, maglione 354.
girorizzonte di riserva 626.
giroscopio 759.
giubba 338.
giubbetto equilibratore 841.
giubbotto 848.
giubbotto da pescatore 911.
giubbotto di salvataggio 611.
giudaismo 736.
giudice 842, 843, 844, 848, 855.
giudice arbitro 858.
giudice d'angolo 845.
giudice del fallo di piede 821.
giudice di arrivo 830, 839, 883.
giudice di campo 807.
giudice di controllo 823.
giudice di linea 805, 807, 812, 813, 816, 818, 820, 824, 877, 879.
giudice di linea centrale 820.
giudice di partenza 837, 883.
giudice di pista 883.
giudice di porta 827, 878.
giudice di rete 821.
giudice di sedia 820.
giudice di servizio 816, 820.
giudice di stile 830.
giudice laterale 807.
giudice principale 837.
giudici 824, 825, 828, 881.
giudici assistenti 883.
giudici d'angolo 846.
giudici di arrivo 883.
giudici di corsa, postazione dei 856.
giudici di gara, postazione dei 887.
giudici di partenza 882.
giudici di virata 831.
giudici per la valutazione dell'esecuzione 823.
giudici per la valutazione della composizione 823.
giudici per la valutazione della difficoltà 823.
giudici, banco dei 728.
giudici, tribuna dei 890, 891.
giudici, ufficio dei 728.
giudizio, dente del 159.
giuggiola 197.
giunca 600.
giunto 863, 909.
giunto a compressione 270.
giunto angolare 635.
giunto di rotaia 590.
giunto di sollevamento 640.
giunto perimetrale 661.
giunto scorrevole 310.
giunto scorrevole, pinza a 310.
giuntura 390.
giunzione a linguetta del telaio 249.
giunzione positivo-negativa 672.
giunzione scanalata del telaio 249.
Giurassico 93.
giurati, stanza dei 728.
giuria 853.
giuria, banco della 728.
giuria, piattaforma della 871.
giuria, presidente di 855, 900.
giustacuore 338.
giustizia 726.
giustizia, palazzo di 710.
Glaciale Artico, Mar 28.
gladio 748.
glande 169.
globo di vetro 903.
globo oculare 110, 177.
globulo bianco 162.
globulo rosso 162.
glomo 127.
glottide 112.
glucosio 78.
gnocchi 206.
gnomone 696.
go 916.
gobba 890.
Gobi, Deserto dei 33.
gocce oftalmiche lubrificanti 384.
goccia 404.
goccia di cristallo 287.
gocciolatoio 247, 249, 551.
gola 47, 48, 115, 444.
goletta 601, 749.
golf 866.
golf, campo da 708, 788.
golf, vettura da 869.
golfo 38.
Golfo del Bengala 33.
Golfo del Messico 30.
Golfo dell'Alaska 30.
Golfo di Aden 33, 34.
Golfo di Botnia 32.
Golfo di California 30.
Golfo di Carpentaria 29.
Golfo di Guinea 34.
Golfo di Oman 33.
Golfo di Panama 31.
golfo mistico 430.
Golfo Persico 33.
Golgi, apparato del 74, 94.
gombo 188.
gomiti 206.
gomitiera 800, 894, 895.
gomito 124, 130, 140, 147, 149, 156, 258.
gomitolo 462.
gomma 534.
gomma da asciutto 872.
gomma da bagnato 872.
gomma di tenuta del grembiule 605.
gomma espansa, isolante di 299.
gomma piena 633.
gomma, fasciatura in 838.
gomma, guarnizione di 270.
gomma, piedino di 321.
gomma, tubo flessibile di 271.
gommino 776.
gonade 95, 105, 106.
gondola 600.
gonfalone 739.
gonfiaggio, dispositivo di 611.
gonfiatore 904.
gonfiatore a soffietto 904.
gong 437, 449.
goniometro 701.
gonna 355.
gonna a balze 357.
gonna a portafoglio 357.
gonna a teli 357.
gonna ad anfora 357.
gonna arricciata 357.
gonna con baschina 357.

gonna diritta 357.
gonna pantalone 357.
gonne, esempi di 357.
gonnellino 822.
gorgiera 339, 848.
gorgonzola 211.
gorilla 138.
gorilla, morfologia di un 139.
gorilla, scheletro di un 138.
gracile 151.
gradi 770.
gradini, taglio a 375.
gradino 255, 321, 417, 570, 587, 647, 847.
gradino di accesso 631.
gradino posteriore 766, 775.
gradino rientrabile 567.
gradino, altezza del 647.
gradino, larghezza del 255.
gradino, lunghezza del 255.
grado 704.
grado Celsius 702.
grafite 670.
gramigna crestata 186.
Gran Deserto Sabbioso 29.
Gran Deserto Vittoria 29.
gran dorsale 151.
granaio 182.
granato 375.
grancassa 437, 448.
granchio 218, 301.
Grand Canyon 30.
grande adduttore 151.
Grande Baia Australiana 29.
Grande Barriera Corallina 29.
Grande Catena Divisoria 29.
grande complesso 151.
grande copritrice secondaria 115.
grande falciata esterna 844.
grande falciata interna 844.
grande galleria 402.
grande gluteo 151.
grande intestino 110.
grande labbro 170, 171.
grande pettorale 150.
grande rotondo 151.
grande safena 160.
grande trocantere 153.
grandi elettrodomestici 716.
Grandi Laghi 30.
grandi magazzini 715, 716.
grandine 64.
grandine, rovesci di 57.
granella, elevatore della 643.
granella, serbatoio della 643.
grano 85.
grano saraceno 85, 203.
grano, chicco di 85.
grano: spiga 85.
granturismo 549.
granulazione 6.
granulo d'amido 74.
granulo lipidico 74.
grappino 610.
grappolo d'uva 86.
grassella 124.
grassetto 472.
grassi 209.
grassi lubrificanti 656.
grasso alimentare 209.
grattugia 230.
grattugia per noce moscata 230.
grattugiaformaggio 230.
gravità, fascia di 610.
grecaggio 424.
Grecia 744.
greco 469.
green 866, 867.
greggio, area di lavorazione del 652.
grembiule 605.
grembiule, gomma di tenuta del 605.
Grenada 743.
griffa 302, 306, 307.
griffa, rotore a 688.
griglia 234, 261, 290, 383, 494, 502, 561, 562, 658, 727, 903.
griglia anteriore 261.
griglia dei ripiani 291.
griglia del radiatore 570.
griglia del riscaldamento 594.
griglia di aerazione 244, 594.
griglia di contatto metallica 672.
griglia di illuminazione 429, 492.
griglia di illuminazione, accesso alla 490.
griglia di partenza 872, 875.
griglia di rivestimento 259.
griglia di sicurezza 730.
griglia di uscita dell'aria 260, 382.
griglia di vaporizzazione 261.
griglia di ventilazione 289.
griglia elettrica 238.
griglia elettrica per interni 239.
griglia per casco 796.
griglia per raclette 239.
griglia terminale 667.
grill pieghevole 907.
grilletto 320, 331, 516, 752, 754, 755, 757, 767, 860, 861, 912.
grilletto di accelerazione 331.
grilletto di sicurezza 331.
grillo 835.
Groenlandia 30.
Groenlandia, Mar di 28.
gronda 412.
grondaia 244.
groppa 124, 425, 826.
groppo 57.
grotta 47, 51.
groviera 211.
Gru 10.
gru 602, 606, 634, 652, 761.
gru a ponte 658.
gru a portale 596, 635, 657, 658.
gru a torre 634.
gru mobile a braccio 596.
gru su pontone 596.
gruccia 782.
gruista, cabina del 634.
gruppetto 435.
gruppi strumentali, esempi di 438.
gruppo 870, 916.
gruppo del generatore 658.
gruppo del turbo-alternatore 646.
gruppo dell'elettropompa 559.
gruppo delle sospensioni 553.
gruppo dello sterzo 553.
gruppo di continuità 520, 523.
gruppo di punti a cappio 459.
gruppo di testa 870.
gruppo frigorifero 571.
gruppo generatore 659.
guadino 911.
guaiava 197.
guaina 79.
guaina della lingua 112.
guaina di protezione 908.
guaina di Schwann 168.
guaina isolante 663.
guaina mielinica 168.
gualdrappa 856.
guancia 124, 130, 148, 301, 860, 861, 909.
guanciale 280.
guanciale, fodera del 280.
guanti 346, 872.
guanti da donna 346.
guanti da giardinaggio 325.
guanti da uomo 346.
guanti del portiere 802.
guanti di lattice, astuccio per i 770.
guanti di protezione 318.
guanto 20, 796, 797, 798, 800, 841, 848, 853, 855, 869, 870, 871, 874, 875, 878, 882, 884, 887, 888, 891, 892.
guanto alla scudiera 346.
guanto corto 346.
guanto da guida 346.
guanto da presa 879.
guanto da respinta 879.
guanto da sera 346.
guanto del difensore 797.
guanto di crine 379.
guanto di lattice 776.
guanto lungo 346.
guanto, dito del 346.
guanto, dorso del 346.
guanto, palmo del 346.
guantone 800, 842.
guantoni 843.
guarani 469.
guardalinee 803, 807.
guardamano 754, 860, 861.
guardaroba 250, 279, 394, 719, 723, 726, 731.
guardaroba dei clienti 720.
guardaroba del personale 720.
guardia 229, 811, 849, 854.
guardia bassa 843.
guardia destra 807.
guardia giurata, stanzino della 731.
guardia in piedi 843.
guardia sinistra 807.
guardolo 342.
guardrail 894.
guarnizione 268, 269, 294, 368, 655.
guarnizione ad anello 268.
guarnizione conica 265.
guarnizione della coppa dell'olio 566.
guarnizione di gomma 270.
guarnizione magnetica 291.
guarnizione, anello di tenuta della 268.
Guatemala 742.
guazzo 397.
guazzo, pittura a 396.
guepière 367.
guerriero gallico 748.
gufo reale 119.
guglia 52, 410, 411.
guida 294, 424, 456, 632, 633.
guida circolare 16.
guida del contrappeso 417.
guida del filo 910.
guida del nastro 499, 534.
guida della cabina 417.
guida della carta 508, 519.
guida della catena 331, 580.
guida della pellicola 476.
guida di appoggio 303, 304.
guida di onda 489.
guida di scorrimento 587, 835.
guida di taglio 424.
guida fine, sistema di 17.
guida graduata 305.
guida graduata, scanalatura della 305.
guida metallica 533.
guida metallica di protezione 571.
guida parallela 304, 305.
guida parallela, arresto della 305.
guida parallela, carrello della 305.
guida parallela, riga della 305.
guida parallela, scanalatura della 305.
guida per il pane 238.
guida, cabina di 585.
guida, guanto da 346.
guida, leva di manovra della 632, 633.
guida, rullo di 499.
guida, ruota di 594, 595.
guidafilo 452, 453, 457.
guidatore 857.
guidone 739.
Guinea 745.
Guinea Bissau 745.
Guinea Equatoriale 745.
Guinea, Golfo di 34.
guscio 84, 117, 389.
gusto 174.
Gutenberg, discontinuità di 42.
Guyana 742.
guyot 49.
gyoji 847.

H

Haiti 742.
hakama 846, 847.
half-pipe 887.
hall 719, 724.
handicap del giocatore 858.
handicap della squadra 858.
handicap, punto di 916.
handicap, tabellone degli 858.
hangar per elicotteri 762.
hard disk estraibile 521.
harissa 201.
hassio 683.
hat switch 516.
hausa 468.
Havers, canale di 154.
hawaiano 469.
hertz 702.
hijiki 183.
Himalaya 33.
hindi 469.
hockey su ghiaccio 878.
hockey su prato 800.
hockey su prato, campo da 788.
home 515.
home theatre 493.
homo sapiens 93.
Honduras 742.
Horn, Capo 31.
hovercraft 605.
hub 522, 523.
Hubble, classificazione di 9.
Hubble, telescopio spaziale 17.
Hudson, Baia di 30.
Huitzilopochtli, tempio di 412.
hummus 200.
humus 78.
Huygens 19.
hyracotherium 93.

I

identificazione tecnica, banda di 501.
identificazione, cartellino di 770.
identità, piastrina d' 376.
Idra Femmina 11, 13.
Idra Maschio 10.
idrante a colonna 767.
idrante antincendio 712.
idrante, chiave per 767.
idrante, presa dell' 766.
idraulica 262, 270.
idrocarburi, fuoriuscita di 70.
idroelettricità 657.
idrogeno 682.
idrogeno liquido, serbatoio dell' 24, 25.
idrosfera 66.
idrovolante a due galleggianti 628.
iena 134.
ifa 76.
igiene orale 384.
igloo 418.
igrografo 59.
igrometro 261.
igrostato 261.
iguana 114.
ileo 99, 111, 116, 122, 152, 164.
illuminazione 274.
illuminazione, griglia di 429.
illuminazione, lente di 701.
ilo renale 165.
imballaggio 71.
imballatrice 642.
imbarcazione, parti di una 838.
imbarcazioni a vela, andature delle 833.
imbarcazioni antiche 598.
imbarcazioni di coppia 839.
imbarcazioni di punta 839.
imbarcazioni tradizionali 599.
imbarco, passerella di 619.
imbarco, scaletta di 611.
imbardata 630.
imboccatura 858.
imboccatura, canna di 447.
imbottitura 899.
imbottitura dell'angolo 842.
imbottitura di sicurezza 823.
imbottitura per il petto 800.
imbracatura 841, 893, 896, 897.
imbracatura cosciale 900.
imbracatura da scalata 901.
imbuto 231, 494.
imbuto collettore 59.
immagine 917.
immagine fotografica 483.
immagine stampata 420.
immagine, raddrizzatori di 692.
immagine, tasti di regolazione dell' 496.
immagini, pulsante di visualizzazione delle 477.
immagini, pulsante per il salto di 477.
immersione, frullatore a 236.
immissione dei gas di scarico 564.
immissione di energia nella rete di trasmissione 662.
impalcato 540.
impalmatura normale 908.
imparipennata 79.
impastatrice 236, 239.
impasto, gancio per l' 236.
impennaggi, esempi di 629.
impennaggio 859.
impennaggio a T 629.
impennaggio con tre derive 629.
impennaggio orizzontale basso con una deriva 629.
impennaggio orizzontale rialzato con una deriva 629.
impennaggio verticale 625.
impermeabile 352.
impiallacciatura 300.
impianto di climatizzazione 608.
impianto di deasfaltizzazione 656.
impianto di estrazione con solventi 656.
impianto di lavorazione 649.
impianto di produzione dei lubrificanti 656.
impianto di raffreddamento 553.
impianto di reforming catalitico 656.
impianto di riscaldamento ad acqua calda 259.
impianto di riscaldamento ad aria calda 258.
impianto di smistamento 71.
impianto di trivellazione 651.
impianto elettrico 553.
impianto elettrico impermeabilizzato 263.
impianto esterno 260.
impianto frenante 553.
impianto hi-fi di riproduzione del suono 497.
impianto idraulico 262.
impianto idroelettrico 657.
impianto interno 260.
impieghi di Internet 525.
impiombatura corta 908.
impluvio 406.
importo da pagare 548.
imposta 249, 540.
imposta, concio d' 413.
impostazione del tempo di esposizione 479.
impostazioni, pulsante di visualizzazione delle 477.
imposte ripiegabili 282.
impugnatura 230, 236, 237, 238, 240, 288, 302, 303, 304, 305, 307, 308, 309, 316, 319, 320, 323, 331, 332, 381, 383, 384, 439, 750, 754, 782, 783, 793, 797, 798, 800, 838, 850, 851, 859, 867, 877, 888, 891, 892, 909, 910, 913.
impugnatura a anello 390.
impugnatura a penna 815.
impugnatura a pistola 306, 318, 754, 755, 860, 912.
impugnatura a stretta di mano 815.
impugnatura anteriore 757.
impugnatura con sistema antivibrazione 331.
impugnatura della cassa battente 460.
impugnatura della pistola 320.
impugnatura di sicurezza 332.
impugnatura doppia 840.
impugnatura laterale 306, 307, 308.
impugnatura per le figure 840.
impugnatura principale 307.
impugnatura rotante 516.
impugnatura sagomata 381.
impugnatura, schermo a 318.
impugnature, esempi di 840.
impulsi, irrigatore a 329.
impulso sensoriale 168.
impuntura 342, 346, 350, 368, 370.
imputato, banco dell' 728.
in avanti 828.
in poppa 833.
in prigione 919.
inalatore dosimetrico 783.
incamiciatura 912.
incamiciatura degli elementi di combustibile difettosi 666.
incandescenza, lampadina a 274.
incasso, scatola da 274.
incastellatura 460.
incastonatura 376.
incastro per la forca di sollevamento 635.
incastro per montante 571.
incavo 227.
incendi, prevenzione degli 764.
incendio delle foreste 69.
incenerimento 71.
incernieramento, perno di 638.
inchiostro 397, 421, 470.
inchiostro a colori cangianti 729.
inchiostro litografico 423.
inchiostro, disegno a 396.
incisione 424.
incisivi 159.
incisivo 121, 123.
incisivo centrale 159.
incisivo laterale 159.
incisura anteriore 173.
incisura intertragica 173.
inclinazione 13.
inclinazione, comando di 898.
inclinazione, indicatore di 898.
incocco, punto di 913.
incordatura 816, 822.
incremento dell'effetto serra 68.
incrocio 463.
incudine 174.
India 747.
Indiano 10.
Indiano, Oceano 28, 29, 33, 34.
indicatore del funzionamento automatico 508.
indicatore del livello d'acqua 239.
indicatore del livello dell'acqua 288.
indicatore del livello di carburante 557.

indicatore del livello di picco a istogramma 488.
indicatore del piano 417.
indicatore dell'alimentazione di ossigeno 898.
indicatore della pressione dell'acqua 766.
indicatore della regolazione 889.
indicatore della temperatura del liquido di raffreddamento 557.
indicatore delle telefonate 508.
indicatore di carica 383.
indicatore di destinazione 593.
indicatore di direzione 554, 571.
indicatore di direzione, comando dell' 556.
indicatore di linea 568, 569, 595.
indicatore di livello automatico 655.
indicatore di livello, galleggiante dell' 655.
indicatore di temperatura 381.
indicatore digitale di frequenza 498.
indicatore generale degli orari 582.
indicatori 501.
indicatori, tasto di visualizzazione degli 496.
indicazione del valore 729.
indicazioni di tempo 434.
indice 173, 261, 471, 479, 695, 698, 699.
indice di esposizione 479.
indice di profondità 307.
indice di regolazione dell'altezza 304.
indice, pulsante per l' 477.
Indie Occidentali 30.
indio 682.
indivia riccia 187.
Indonesia 33, 747.
indonesiano 469.
indorsatura 425.
indorsatura, pressa per 425.
indorsatura, rotaia di 425.
indotto 688.
indotto, avvolgimento dell' 688.
indotto, nucleo dell' 688.
induismo 736.
industria 525.
industria petrolchimica 656.
infermeria 726.
infermiera 780.
infermiere, sedile dell' 775.
infermieri, postazione degli 778, 779.
infermieri, sala degli 781.
inferriata 403.
infila ago 454.
infiltrazione 67, 69.
infilzacarte 534.
infinito 703.
infiorescenze, tipi di 81.
inflesso 413.
inforcamento, tasca di 632.
informatica, aula di 734.
informazioni 725.
informazioni, banco delle 620, 715, 719, 730, 733, 769, 779.
informazioni, diffusione di 525.
infradito 344.
infraspinato 151.
infundibolo della tuba di Falloppio 171.
infusi 208.
ingaggio, cerchio di 878.
ingaggio, punto di 878.
ingegnere del suono 429.
inghiottitoio 47.
inglese 469.
ingluvie 97, 104, 106, 116.
ingranaggi, scatola degli 423.
ingranaggio a pignone e cremagliera 686.
ingranaggio cilindrico a ruote dentate 686.
ingranaggio conico 686.
ingranaggio di trascinamento 240.
ingranaggio per il moto orario 17.
ingranaggio, dente di 686.
ingranaggio, sistemi di 686.
ingrandimento, pulsante per l' 477.
ingrandimento, tasto di 512.
ingranditore 485.
ingranditore, temporizzatore dell' 485.
ingressi uscite audio/video 497.
ingresso 250, 394, 509.
ingresso al marciapiede 582.
ingresso alla piramide 402.
ingresso degli attori 402.
ingresso dei clienti 720.
ingresso dei detenuti 726.
ingresso dei veicoli 769.
ingresso dei visitatori 726.
ingresso del fluido vettore 672.
ingresso del personale 720, 726, 735, 768.
ingresso del pubblico 402.
ingresso del riflusso del condensatore 669.
ingresso del vapore a bassa pressione 668.
ingresso del vapore ad alta pressione 668.
ingresso dell'acqua di raffreddamento del condensatore 669.
ingresso dell'acqua fredda 267.
ingresso dell'alimentazione dell'utente 273.
ingresso della stazione 592.
ingresso delle merci 713.
ingresso per il computer 518.
ingresso principale 713, 733, 735, 768, 781.
ingresso, porte d' 427.
ingresso, selettore di 497.
inguine 146, 148.
iniettore 565, 566.
iniezione 565.
iniziali della banca di emissione 729.
inizio lettura 501.
inizio, colpo d' 866.
innesco 912.
innestatoio 330.
innesto della sonda 238.
innesto marcia avanti/marcia indietro 327.
inquartato 740.
inquinamento agricolo 69.
inquinamento da gas di scarico delle automobili 69.
inquinamento del suolo 69.
inquinamento dell'acqua 70.
inquinamento dell'aria 69.
inquinamento domestico 69.
inquinamento industriale 69.
inquinamento petrolifero 70.
inquinanti atmosferici 69.
inquinanti non biodegradabili 69.
insalata belga 187.
insalata riccia 186.
insalata, coppetta per l' 226.
insalata, forchetta da 228.
insalate 722.
insalatiera 226.
insegna esterna 592.
insegnante 734.
insegnanti, stanza degli 735.
inserimento 515.
inserimento dei documenti da trasmettere, punto di 508.
inserto 471.
inserzione pubblicitaria 471.
insetti 96.
insetti, esempi di 101.
insieme vuoto 703.
insilatrice 643.
insolazione, lastra di 58.
inspirazione 832.
installazione 395.
intaglio 401.
integrale 703.
integrazione di energia alla rete di trasmissione 677.
intelaiatura 256, 902.
intelaiatura di sostegno 485.
intelaiatura, base dell' 249.
intelaiatura, parte superiore dell' 249.
Intelsat 487.
intensità luminosa, unità di misura dell' 702.
intera 472.
interbase 794.
intercapedine d'aria 675.
interfodera 455.
interfono 491.
interiora 212.
interlinea 472.
interlinea 1,5 472.
interlinea doppia 472.
interlinea singola 472.
Internet 523, 524.
Internet, impieghi di 525.
interno destro 801.
interno gamba con abbottonatura a pressione 368, 369.
interno sinistro 801.
internodo 77.
interosseo plantare 150.
interpretazione simultanea, cabina per l' 718.
interpunzione, segni di 473.
interramento 71.
interrogatori, stanza per gli 768.
interruttore 236, 237, 240, 241, 263, 274, 286, 288, 289, 291, 305, 307, 308, 318, 320, 381, 382, 383, 384, 451, 506, 613, 687.
interruttore a grilletto 304, 305, 306, 308.
interruttore automatico 260, 658, 663.
interruttore bipolare 272.
interruttore del portello 293.
interruttore dell'autofocus 483.
interruttore di accensione 476, 477, 483, 488, 494, 496, 497, 498, 501, 504, 505, 513, 518, 519, 520, 526.
interruttore di accensione del VCR 495.
interruttore di accensione della TV 495.
interruttore di accensione e del volume 504.
interruttore di avviamento 576.
interruttore di blocco 479.
interruttore di emergenza 576.
interruttore di fine corsa 417.
interruttore di trasmissione 505.
interruttore differenziale 272.
interruttore generale 495.
interruttore motore/luce 452.
interruttore principale 272, 273.
interruttore unipolare 272.
interruttore, dispositivo di blocco dell' 306.
interruttore, placca dell' 274.
interruzione 515.
intersezione 703.
intersuola 370.
intervalli 434.
intervallo 617.
intervista 471.
intestino 95, 97, 103, 104, 105, 107, 109, 112, 161.
intestino crasso 164.
intestino tenue 125, 164.
intonazione, rotella di 450.
intradosso 413.
inuktitut 469.
invergatura, barra d' 461.
inverno 54.
inverno, solstizio d' 54.
invertitore 302, 306.
invio 515.
invito, scalino d' 255.
involucro 256, 259, 313, 521, 700, 899.
involucro di copertura 260, 261.
involucro di zinco (anodo) 689.
involucro esterno di bachelite 757.
Io 4.
iodio 683.
ipermetropia 691.
ipersostentatore 23.
ipersostentatore sul bordo di attacco 625.
ipofisi 167.
iporachide 115.
iposcopio 758.
ippodromo 856.
ippoglosso 221.
ippopotamo 129.
Iran 746.
Iraq 746.
iride 177.
iridio 683.
Irlanda 743.
Irlanda, Mar d' 32.
irlandese 469.
irrigatore a impulsi 329.
irrigatore oscillante 329.
irrigatore rotativo a pioggia 329.
isba 418.
ischio 111, 116, 122, 153.
islamismo 736.
Islanda 32, 744.
islandese 469.
isobara 55.
isola 38, 224, 539, 761.
Isola di Baffin 30.
isola di Man, gatto dell' 133.
Isola di Terranova 30.
isola vulcanica 49.
isolamento, cella di 727.
isolamento, stanza di 778.
isolamento, tappo di 689.
isolante 672.
isolante a lamina metallica elastica 299.
isolante di gomma espansa 299.
isolante in plastica 272.
isolante in rotolo 299.
isolante preformato 299.
isolante sfuso granulare 299.
isolante termico 22, 259.
isolante vinilico 299.
isolatore 663.
isolatori sospesi, catena di 663.
Isole Aleutine 30.
Isole delle Antille 742.
Isole Falkland 31.
Isole Figi 29.
Isole Marshall 747.
Isole Salomone 747.
isolotto roccioso 51.
isolotto sabbioso 51.
ispezione, tappo di 270.
Israele 746.
issopo 202.
istituzioni educative 525.
istmo 38.
istmo della tuba di Falloppio 171.
istmo delle fauci 174.
Istmo di Panama 30.
istruzione 732.
istruzioni per l'uso 548.
istruzioni sui tessuti, simboli delle 347.
Italia 744.
italiano 469.
itterbio 684.
ittiosauro 93.
ittiostegidi 92.
ittrio 683.
Iugoslavia 744.
iurta 418.

J

jabot 362.
jaboticaba 197.
jack 488.
jack, area dei 488.
jarlsberg 211.
jazz-band 438.
jeans 358.
jet supersonico 53, 629.
jicama 184.
jolly 914.
joule 702.
joystick 516, 918.
judo 844.
judogi 844.
jujutsu 846.

K

k-way 371.
Kalahari, Deserto del 34.
karatè 845.
karategi 845.
karateka 845.
karateka, linea dei 845.
kayak 837.
kayak monoposto (K1) 839.
Kazakistan 746.
kelvin 702.
kendo 847.
kendoka 847.
kendoka, linea dei 847.
Kenya 745.
Kermadec-Tonga, Fossa di 50.
kerosene, serbatoio del 25.
ketch 601.
ketch Marconi 601.
ketchup 201.
kilogrammo 702.
kilt 357.
kimono 364.
kimono, manica a 361.
Kinyarwanda 468.
Kirghizistan 746.
Kiribati 747.
kirundi 468.
kit con cuffia dotata di microfono 506.
kit di attrezzi 580.
kiwano 196.
kiwi 196.
koala 143.
Kola, Penisola di 32.
kombu 183.
kora 433.
kote 847.
Kuiper, cintura di 4.
kumquat 194.
kung fu 846.
Kuwait 746.

L

la 434.
la centrale 436.
labbra, pennellino per 378.
labbra, trucco per le 378.
labbro 124, 132.
labbro esterno 105.
labbro inferiore 174, 444.
labbro interno 105.
labbro superiore 99, 174, 444.
labirinto 885.
laboratorio 16, 17, 726.
laboratorio americano 21.
laboratorio di anatomia patologica 781.
laboratorio di conservazione 395.
laboratorio spaziale 23.
laboratorio superiore 16.
laboratorio, strumenti di 685.
lacca 400.
laccio 370, 913.
laccio di pelle 350.
laccolite 44.
Ladoga, Lago 32.
laghetto 322.
laghi 48.
laghi, acidificazione dei 70.
lago 7, 38, 45, 48.
lago artificiale 48.
Lago Baikal 33.
Lago Ciad 34.
Lago di Aral 33.
lago di meandro abbandonato 48.
Lago Eyre 29.
lago glaciale 48.
Lago Ladoga 32.
Lago Malawi 34.
lago salato 52.
Lago Tanganica 34.
lago tettonico 48.
Lago Titicaca 31.
Lago Vittoria 34.
lago vulcanico 48.
lagomorfi 122.
lagomorfi, esempi di 123.
lagomorfo: coniglio, fauce di un 123.
laguna 51.
lama 128, 227, 229, 237, 240, 302, 303, 304, 305, 315, 320, 331, 332, 382, 383, 390, 453, 454, 534, 636, 639, 849, 878, 880, 881, 884, 900.
lama a cucchiaio 401.
lama dentellata 382.
lama di sega circolare 304.
lama di taglio 424.
lama diritta 401.
lama dritta 382.
lama fissa 424.
lama grande 905.
lama isolata 316.
lama per danza 881.
lama per pattinaggio libero 881.
lama piccola 905.
lama ricurva 401.
lama smussata 401.
lama, cilindro di rotazione della 639.
lama, cilindro di sollevamento della 636, 639.
lama, dispositivo di blocco dell'inclinazione della 304.
lama, fermo della 382.
lama, filo della 382.
lama, meccanismo di spostamento della 639.
lama, regolatore dell'altezza della 305.
lama, regolatore dell'inclinazione della 304, 305.
lama, vite di blocco della 304.
lame, tipi principali di 401.
lamella 76, 285.
lamelle concentriche 154.
lametta a due tagli 383.
lamette, caricatore di 383.
lamina 75, 76, 79, 881, 888.
lamina assorbente 672.
lamina bimetallica, termometro a 695.
lamina cribrosa dell'etmoide 175.
lamina metallica elastica, isolante a 299.
lampada 693.
lampada a braccio regolabile 286.
lampada a petrolio 906.
lampada a sospensione 286.
lampada a stelo 286.
lampada a tubo per flash 482.
lampada ad incandescenza 614.
lampada al neon 316.
lampada alogena al tungsteno 274, 275.

lampada alogena da tavolo 286.
lampada da comodino 724.
lampada da lettura 286.
lampada da notte 780.
lampada da parete 287.
lampada da parete con braccio estensibile 287.
lampada da tavolo 286.
lampada del presbiterio 737.
lampada frontale 901.
lampada orientabile 399.
lampada per flash 482.
lampada per saldare 319.
lampada portatile 765.
lampada portatile a gabbia 316.
lampada provacircuiti 316.
lampada, base della 614.
lampadario 287.
lampade in serie 287.
lampadina 316, 687.
lampadina a incandescenza 274, 673.
lampadina a risparmio di energia 275.
lampeggiante 766, 771.
lampeggiante, sistema di controllo del 771.
lampeggiatore anteriore 574, 576.
lampeggiatore posteriore 575, 576.
lampione 287, 322, 712.
lampione da parete 287.
lampone 192.
lampone, sezione di un 83.
lampreda 219.
lanceolata 79.
lanceolato 413.
lancetta dei decimi di secondo 696.
lancetta dei minuti 696, 697.
lancetta dei secondi 696.
lancetta delle ore 697.
lancia 319, 328, 748.
lancia antincendio 766.
lancia antincendio schiumogena 607.
lancia di salvataggio 652.
lanciafumogeni 758.
lanciamissili 761.
lanciarazzi civetta 762.
lanciasiluri 763.
lanciatore 760, 794, 795, 799, 865.
lanciatrice 865.
lancio 795, 799, 864.
lancio del disco 791.
lancio del giavellotto 791.
lancio del martello 791.
lancio del peso 790.
lancio, area di 788.
lancio, camera 763.
lancio, rampa di 891.
lancio, struttura doppia di 24.
lancio, tubo di 756, 757.
lancio, zona di 865.
lantanidi 684.
lantanio 684.
lanterna 614, 903.
lanterna del faro 614.
lanugine, filtro per 292, 293.
Laos 747.
lapide commemorativa 738.
lapislazzuli 375.
lardatoio 233.
lardo 209.
larghezza del gradino 255.
larice 89.
laringe 163.
larva 100.
lasagne 206.
lasco, al 833.
lasco, al gran 833.
laser a rubino pulsato 692.
lastra di insolazione 58.
lastra di rame 422.
lastra di vetro 291.
lastra inchiostratrice 421.
lastrico, pietra da 298, 322.
latifoglie, esempi di 88.
latitudine 36.
lato 227, 431, 632, 842.
lato bacino 664.
lato del re 916.
lato della regina 916.
lato destro 384.
lato di destra 431.
lato di sinistra 431.
lato mare 664.
lato sinistro 384.
lato, mezzo 632.
latrine 406.
latta per alimenti 223.
latte 210.
latte di capra 210.
latte evaporato 210.
latte in polvere 210.
latte omogeneizzato 210.
latte, bricco del 226.
latteria 182.
latticello 210.
latticini 180.
latticini, scomparto per i 291.
lattina 223.
lattuga asparago 186.
lattuga cappuccina 186.
lattuga iceberg 186.
lattuga marina 183.
lattuga romana 186.
laurenzio 684.
lava, strato di 44.
lavabo 262.
lavaggio 347.
lavaggio delle stampe, vasca di 485.
lavaggio, torre di 294.
lavagna 734.
lavallière 349.
lavanderia 250, 724, 726.
lavanderia a secco 715.
lavanderia per le divise 764.
lavandino 264, 722, 724, 780.
lavandino del chirurgo 781.
lavandino per il prelavaggio 721.
lavandino per le pentole 721.
lavaparabrezza, ugello del 550.
lavapiatti 721.
lavare a mano in acqua tiepida 347.
lavare in lavatrice in acqua calda e velocità normale 347.
lavare in lavatrice in acqua calda e velocità ridotta 347.
lavare in lavatrice in acqua molto calda e velocità normale 347.
lavare in lavatrice in acqua tiepida e velocità ridotta 347.
lavastoviglie 224, 271, 294, 721, 723.
lavatrice 262, 271, 292.
lavello 224, 270.
lavello con tritarifiuti 270.
lavello, doppio 262.
lavori 545, 547.
lavoro a maglia 457.
lavoro meccanico 662.
lavoro, piano di 224, 305, 312.
lavoro, tavola di 452.
leccarda 234, 239.
LED indicatore del livello di picco 499.
legabagagli elastico 389.
legame chimico 680.
legamento 105.
legamento elastico 133.
legamento largo dell'utero 171.
legamento periodontale 159.
legamento sospensore 177.
legatore 642.
legatura 435, 446.
legatura, pelle da 425.
leggio 436, 444, 451, 737.
leggio da orchestra 436.
legionario romano 748.
legna da ardere, cassone per 256.
legni, famiglia dei 437.
legno 300, 867, 868.
legno 1 868.
legno 3 868.
legno 5 868.
legno, materiali derivati dal 300.
legno, scultura in 401.
legume, sezione di un 84.
legumi 190.
legumiera 226.
lembo 359, 453, 535.
lembo anteriore 349.
lembo della camicia 349.
lembo graduato 612.
lembo posteriore 349.
lemure 139.
lente 385, 477, 478, 501, 905.
lente a contatto monouso 384.
lente a contatto morbida 384.
lente a contatto rigida 384.
lente addizionale per macrofotografie 478.
lente biconcava 691.
lente biconvessa 691.
lente bifocale 385.
lente concava 691.
lente convessa 691.
lente da distanza 385.
lente da lettura 385.
lente del pendolo 697.
lente di campo 692.
lente di illuminazione 701.
lente di ingrandimento 693.
lente di ingrandimento per la messa a fuoco 485.
lente obiettivo 692.
lente piano-concava 691.
lente piano-convessa 691.
lente torica 691.
lenti 535, 691.
lenti a contatto 384.
lenti convergenti 691.
lenti di focalizzazione 694.
lenti divergenti 691.
lenti, sistema di 692.
lenticchie 190.
lenza 909.
lenzuolo 280.
lenzuolo con angoli 280.
Leoncino 13.
Leone 13.
leone 135.
leone marino 137.
leone passante 741.
leopardo 135.
Lepre 11.
lepre 123, 212.
lepre fischiante 123.
lesena corinzia 407.
lesena dorica 407.
lesena ionica 407.
Lesotho 746.
lettera 474.
lettera di riferimento 855.
lettere 472.
lettere al direttore 471.
lettere, cassetta delle 474.
lettiga 776.
lettino 776.
lettino a sponde 281.
lettino pieghevole con fasciatoio 281.
letto 280, 567, 823.
letto d'ospedale 780.
letto matrimoniale 724.
letto singolo 724.
letto ungueale 172.
letto, biancheria da 280.
letto, scompartimento 584.
letto, vagone 584.
Lettonia 744.
lettore audio digitale portatile 503.
lettore CD 513, 526.
lettore CD portatile 503.
lettore CD/DVD 918.
lettore CD/DVD-ROM 513.
lettore dei codici a barre 517.
lettore di carte 548, 730, 731.
lettore di compact disc 488, 501, 503, 504, 517.
lettore di compact disc, tasti del 504.
lettore di microfilm 732.
lettore di schede 493, 507.
lettore DVD 494.
lettore DVD-ROM 513, 526.
lettore ottico di caratteri 474.
lettura di compact disc 501.
lettura, inizio 501.
lettura, luce di 771.
lettura, specchio di 20.
lettura, tasto di 505.
leucoplasto 74.
leva 238, 268, 270, 310, 377, 423, 686, 912, 920.
leva a linguetta 452.
leva d'armamento 757.
leva d'innesto della frizione 327.
leva degli aerofreni 626.
leva dei flap 626.
leva del cambio 552, 556, 579, 580, 870.
leva del carrello 626.
leva del freno 579, 870, 876.
leva del freno a mano 556.
leva del freno anteriore 576.
leva del pedale 442.
leva del pistone 315.
leva della chiave 446.
leva della frizione 574, 576.
leva della pinza 381.
leva dello smorzatore 443.
leva di apertura dell'attacco 889.
leva di avanzamento 307.
leva di azionamento 649.
leva di azionamento del freno a mano 587.
leva di bloccaggio 312.
leva di bloccaggio dell'altezza 14, 15.
leva di bloccaggio dell'asse orizzontale 14, 15.
leva di chiusura 587.
leva di comando manuale 590.
leva di contatto 287.
leva di fissaggio del venturi 757.
leva di manovra dell'otturatore 756.
leva di manovra della guida 632, 633.
leva di regolazione 436.
leva di regolazione dell'ossigeno 319.
leva di regolazione della velocità 333.
leva di regolazione laterale 309.
leva di sbloccaggio 310.
leva di scatto 265, 398.
leva di scorrimento 555.
leva di serraggio 309, 312.
leva di sollevamento della piastra di taglio 333.
leva di svincolo del premicarta 528.
leva direzionale 633.
leva liberacarta 528.
leva per togliere il paralama inferiore 304.
leva spaziatrice dei dischi 643.
leva tirafilo 452.
leva, cappuccio della 268.
levapunti 534.
levetta 230.
levetta dello sciacquone 265.
levetta dello spazzolino 456.
levetta di erogazione della vincita 920.
levetta per il sollevamento del braccio 500.
levigatrice 423.
Levrieri 13.
levriero 131.
Libano 746.
libellula 102.
liberacarta, leva 528.
Liberia 745.
libero 803, 812.
Libia 745.
libreria 714, 734.
libretto degli assegni 386.
libretto, scala a 321.
libri di consultazione 732.
libri per bambini 732.
libri, banco per il prestito dei 733.
libri, banco per la restituzione dei 733.
libri, carrello per i 733.
libro contabile 535.
libro delle firme 531.
libro elettronico 527.
libro rilegato 426.
libro, dorso del 425.
licci 460, 461.
licciolo 460.
lichene 74.
lichene crostoso 74.
lichene fogliaceo 74.
lichene fruticoso 74.
lichene, struttura di un 74.
licheni, esempi di 74.
Liechtenstein 744.
lima 309, 905.
lima curva 401.
limetta 194, 377.
limetta di cartoncino vetrato 377.
limetta pieghevole 377.
limite del campo 795.
limone 194.
limousine 549.
Lince 12.
lince 134.
linea 434, 813.
linea aerea di alimentazione 585, 595.
linea attiva, connettore della 663.
linea bianca 127.
linea blu di zona 879.
linea cablata 525.
linea centrale 815, 816, 848.
linea centrale di servizio 821.
linea continua 538.
linea corta 819.
linea d'acchito 862.
linea dedicata 523, 524.
linea degli sprinter 871.
linea dei 10 metri 804.
linea dei 15 metri 805.
linea dei 2 metri 827.
linea dei 200 metri 871.
linea dei 22 metri 800, 804.
linea dei 27 metri 858.
linea dei 30 metri 859.
linea dei 36 metri 858.
linea dei 4 metri 827.
linea dei 5 metri 800, 805.
linea dei 50 metri 859.
linea dei 54 metri 858.
linea dei 60 metri 859.
linea dei 7 metri 814, 827.
linea dei 70 metri 859.
linea dei 90 metri 859.
linea dei karateka 845.
linea dei kendoka 847.
linea del battitore 799.
linea del bersaglio 877.
linea del quadrato di servizio 818.
linea del traguardo 791.
linea dell'acqua 615.
linea dell'arbitro 845.
linea dell'area di porta 814.
linea dell'area di rigore 802.
linea della chiusura lampo 455.
linea della corsia 791.
linea della fila di attesa 731.
linea delle yards 806.
linea dello scatto finale 871.
linea di accrescimento 104, 105.
linea di arrivo 833, 839, 856, 871, 890.
linea di arrivo dei 500 metri 883.
linea di attacco 812.
linea di avvertimento per il fioretto 848.
linea di avvertimento per la sciabola e la spada 848.
linea di battuta 793.
linea di battuta del salto in lungo 793.
linea di battuta del salto triplo 793.
linea di centro 877.
linea di centrocampo 801, 806, 809, 810, 879.
linea di cucitura 455.
linea di demarcazione 799.
linea di direzione 907.
linea di distribuzione a bassa tensione 273, 663.
linea di distribuzione a media tensione 273, 663.
linea di fallo 865, 877.
linea di fondo 800, 806, 809, 811, 812, 815, 816, 821, 831, 877.
linea di forza 687.
linea di fuoricampo 794, 819.
linea di fuoricampo, palo della 795.
linea di lancio 918.
linea di limite posteriore 848.
linea di messa in gioco 806.
linea di messa in guardia 848.
linea di meta 804, 806, 809.
linea di metà campo 803, 805, 818, 819, 827.
linea di mira, regolazione della 692.
linea di mischia 807.
linea di modifica 455.
linea di pallone morto 804.
linea di partenza 791, 833, 872.
linea di partenza degli 800 metri piani 791.
linea di partenza dei 100 metri ostacoli 790.
linea di partenza dei 100 metri piani 790.
linea di partenza dei 10000 metri piani 791.
linea di partenza dei 110 metri ostacoli 790.
linea di partenza dei 1500 metri piani 791.
linea di partenza dei 200 metri piani 790.
linea di partenza dei 400 metri piani, dei 400 metri ostacoli 791.
linea di partenza dei 500 metri 882.
linea di partenza dei 5000 metri piani 790.
linea di partenza della staffetta 4 x 100 metri 791.
linea di partenza della staffetta 4 x 400 metri 791.
linea di piegatura 455.
linea di porta 814, 827, 878.
linea di punizione 814.
linea di puntamento 907.
linea di ricezione 818.
linea di rimando 799.
linea di rullaggio 619.
linea di servizio 818, 819, 821.
linea di servizio corto 817.
linea di servizio lungo 816.
linea di sicurezza 593.
linea di spezzatura 362.
linea di taglio 455.
linea di tiro 859, 865, 893.
linea di tiro libero 811.
linea di uscita laterale 805.
linea ferroviaria locale 583.
linea ferroviaria principale 583.
linea isosismica 43.
linea laterale 108, 800, 803, 806, 809, 810, 812, 814, 815, 819, 858, 864, 877.
linea laterale del doppio 817, 820.

linea laterale del singolo 817, 821.
linea mediana 814.
linea meridiana 907.
linea neutra 687.
linea sottomarina 524.
linea telefonica 524.
linea telefonica/cablata/satellitare 523.
linea tratteggiata 538, 539.
linea, aereo di 53.
linea, giudice di 813, 816, 818, 820, 824.
linea, indicatore di 595.
lineare 79.
linebacker centrale 806.
linebacker esterno 806.
linebacker interno 806.
linee di costa, esempi di 51.
lingala 468.
lingua 99, 109, 110, 164, 174, 175, 212.
lingua biforcuta 112.
lingua di cervo 76.
lingua di terra 51.
lingua glaciale 46.
lingua, dorso della 176.
lingua, guaina della 112.
lingue aborigene dell'Australia 469.
lingue afroasiatiche 468.
lingue amerindie 469.
lingue bantu 468.
lingue celtiche 469.
lingue centrafricane 468.
lingue del mondo 468.
lingue dell'Oceania 469.
lingue germaniche 469.
lingue indoeuropee 469.
lingue indoiraniche 469.
lingue isolate 469.
lingue maleopolinesiane 469.
lingue papuane 469.
lingue romanze 469.
lingue sinotibetane 468.
lingue slave 469.
lingue uralo-altaiche 469.
linguella 346.
linguetta 342, 352, 370, 386, 433, 456, 532, 881.
linguetta a strappo 390.
linguetta con finestra 532.
linguetta di protezione 521.
linguetta, ago a 456.
linguettone 889.
liquidi utilizzabili 400.
liquido 680, 681.
liquido cefalorachidiano 168.
liquido dei freni, serbatoio del 559.
liquore, bicchierino da 225.
Lira 13.
lira 433.
liscio 79.
lisciviazione 70.
lisosoma 94.
lista dei vini 721.
lista di controllo delle procedure 20.
lista serratura 442.
listarella 291.
listello 404, 405, 676.
listello d'ingresso scorrevole 100.
listello di cartonfeltro bitumato 299.
listello rompitratta 249.
listino, collo a 363.
litchi 197.
litio 682.
litografia 420, 423.
litosfera 42, 66.
litri erogati 548.
littorina 217.
Lituania 744.
livella a bolla 313.
livella del basamento 701.
livella fissata all'alidada 701.
livellatrice 639.
livello 650.
livello base del moto ondoso 49.
livello del mare 42, 49, 53.
livello del suolo 647.
livello dell'acqua 241, 261.
livello dell'acqua, indicatore del 288.
livello dell'acqua, selettore del 292.
livello di carburante, indicatore del 557.
livello di mare calmo 49.
livello di picco a istogramma, indicatore del 488.
livello di registrazione, selettore del 499.
livello inferiore 597.
livello superiore 597.
livello superiore, dominio di 524.
livello, vite di 699, 701.
lizza 408.
lob wedge 868.
lobato 79.
lobo 117.
lobo inferiore 163.
lobo laterale inferiore 86.
lobo laterale superiore 86.
lobo medio 163.
lobo superiore 163.
lobo terminale 86.
lobulo 173.
locale dei generatori elettrici 763.
locale del reattore nucleare 763.
locale delle pompe 606.
locale macchine 763.
locale per la biancheria 724.
locale tecnico 543.
locali per manutenzione 666.
locomotiva diesel-elettrica 586.
loculo 82.
lombo 124, 147, 149.
longan 196.
longherone 624.
longherone laterale 571.
longherone laterale inferiore 635.
longitudine 36.
lontra comune 134.
lonza 215.
loop di punta 881.
lorgnette 385.
lorica 748.
lotta 843.
lotta greco-romana 843.
lotta libera 843.
lottatore 843, 844, 846.
lubrificanti, impianto di produzione dei 656.
lubrificazione, sistema di 586.
lucchetto 580.
luccio 220.
luce 14, 15, 17, 381, 594, 615, 617, 626.
luce alogena 775.
luce anticollisione 624.
luce bianca 616.
luce della sbarra 591.
luce della targa 554.
luce di arresto 554.
luce di aspirazione 565.
luce di ingombro laterale 554, 570, 571.
luce di lettura 771.
luce di navigazione 605, 625, 631.
luce di posizione 554, 585, 775.
luce di posizione posteriore 554.
luce di retromarcia 554.
luce di scarico 565.
luce di sicurezza 771.
luce gialla 712.
luce inattinica 484.
luce intermittente 775.
luce perpetua 738.
luce rossa 712.
luce rotante 766.
luce segnapunti 848.
luce solare, misurazione della 58.
luce verde 712.
luce visibile 690.
lucernario 245.
lucernario del bagno 251.
lucernario della tromba delle scale 251.
Lucertola 12.
lucertola 114.
luci 286.
luci abbaglianti, spia delle 576.
luci anteriori 554.
luci dei goal 879.
luci delle sorgenti 497.
luci intermittenti 568.
luci pedonali 712.
luci posteriori 554, 775.
luci, commutatore delle 576.
luci, pannello delle 490.
luci, regolazione sulle alte 479.
luci, regolazione sulle basse 479.
luci, regolazione sulle medie 479.
luci, sala di regolazione delle 490.
luci, tecnico delle 429.
luci/video, area di controllo 490.
lucidascarpe a batteria 345.
lucidaunghie 377.
lucido 345.
lucioperca 220.
Luer-Lock, punta 776.
luminosità, regolatore di 518.
luminosità, scala della 479.
luminosità, tasto di 505.
Luna 4, 6, 7.
Luna calante 7.
Luna crescente 7.
Luna gibbosa calante 7.
Luna gibbosa crescente 7.
Luna nuova 7.
Luna piena 7.
Luna, caratteristiche della 7.
Luna, eclissi di 7.
Luna, fasi della 7.
Luna, orbita della 6, 7.
lunetta 342, 409, 802, 810.
lunghezza d'onda 690.
lunghezza dei punti, regolatore della 452.
lunghezza del gradino 255.
lunghezza dell'onda 49.
lunghezza della punta 911.
lunghezza, misura della 700.
lunghezza, unità di misura della 702.
lunotto laterale 551.
lunula 105, 172, 173.
lupino 190.
Lupo 11.
lupo 134.
Lussemburgo 743.
luteranesimo 736.
lutezio 684.
lutz 881.

M

macaco 139.
macadamia, noce di 193.
macao 118.
macchia 66.
macchia di fiori 322.
macchia oculare 95.
macchia solare 6.
macchina da caffè a filtro 241.
macchina da cucire 452.
macchina da maglieria 456.
macchina da scrivere elettronica 528.
macchina del ghiaccio 721.
macchina della polizia 769, 771.
macchina di carico 666.
macchina di carico-scarico 669, 670.
macchina di lancio dei piattelli 860.
macchina di scarico 666.
macchina di smistamento 475.
macchina di smistamento-posizionamento-annullamento 474.
macchina fotografica a disco 481.
macchina fotografica a lastre 480.
macchina fotografica autofocus 480.
macchina fotografica digitale 481, 517.
macchina fotografica reflex 480.
macchina fotografica reflex (6x6) 481.
macchina fotografica reflex biottica 480.
macchina fotografica reflex digitale: dorso 477.
macchina fotografica reflex monoculare, sezione di una 477.
macchina fotografica reflex monoculare: dorso 476.
macchina fotografica reflex monoculare: sezione 477.
macchina fotografica reflex monoculare: vista frontale 476.
macchina fotografica stereoscopica 481.
macchina fotografica subacquea 480.
macchina fotografica tascabile 480.
macchina fotografica usa e getta 480.
macchina fotografica, corpo della 476.
macchina fotografica, piattaforma per 482.
macchina fotografica, vite di fissaggio della 482.
macchina per espresso 241.
macchina per fare la pasta 230.
macchina per fototessere 715.
macchina per lavare i bicchieri 723.
Macchina Pneumatica 11.
macchine agricole 641.
macchine da caffè 241.
macchine fotografiche 480.
macchine per il caffè 723.
macchine pesanti 636.
macchine, locale 763.
macchine, sala 606, 608.
macchinetta 381.
macchinista 428.
Macedonia 744.
machete 751.
macinacaffè 240.
macinato 214, 215.
Mackenzie, Fiume di 30.
macrofotografie, lente addizionale per 478.
macronucleo 94.
macula 177.
Madagascar 34, 746.
madre 784, 785.
maestra, albero di 600, 602.
maestra, vela di 603.
magazzino 708, 716, 720, 722, 734, 769.
magazzino dei surgelati 181.
magazzino frigorifero 596.
magazzino per l'attrezzatura 764.
mage 847.
Magellan 19.
magenta 690.
maggese 182.
maggiolino 101.
maggiore di 703.
maggiore o uguale a 703.
maglia 805, 810, 815, 870.
maglia a coste 458.
maglia del cingolo 758.
maglia della squadra 796, 801, 802, 808.
maglia dentata 331.
maglia diritta 458.
maglia girocollo 359.
maglia rovescia 458.
maglia, ferro da 457.
maglia, lavoro a 457.
maglie da donna 716.
maglie esagonali, reticella metallica a 299.
maglieria, macchina da 456.
maglietta 791.
maglietta alla marinara 359.
maglietta intima 368.
maglione dolcevita 354.
maglione girocollo 354.
maglioni 354.
maglioni da uomo 717.
magma 44, 49.
magnesia, polvere di 825.
magnesio 682.
magnete 488, 687.
magnete fermacoperchio 240.
magnetismo 687.
magnetometro 60.
mah-jongg 917.
maiale 128.
maiale, tagli di 215.
mais 85, 203.
mais foraggero 182.
mais, farina di 204.
mais, olio di 209.
mais, pane americano di 205.
mais, sciroppo di 209.
mais: pannocchia 85.
maitre 720.
maiuscola 514.
maiuscoletto 472.
maiuscolo 472.
malanga 189.
Malawi 746.
Malawi, Lago 34.
Malaysia 747.
Maldive 747.
malgascio 469.
Mali, Repubblica del 745.
mallo 84.
Malta 744.
malta 298.
malto, aceto di 201.
mammella 127.
mammiferi carnivori 130.
mammiferi carnivori, esempi di 134.
mammiferi insettivori 121.
mammiferi insettivori, esempi di 121.
mammiferi marini 136.
mammiferi marini, esempi di 137.
mammiferi marsupiali 142.
mammiferi ungulati 124.
mammiferi ungulati, esempi di 128.
mammiferi volanti 140.
mammiferi volanti, esempi di 141.
mammut 93.
mancorrente 542.
mandarino 194.
mandibola 97, 99, 108, 111, 112, 116, 121, 122, 123, 126, 131, 136, 138, 141, 142, 152, 158.
mandibola inferiore 115.
mandibola superiore 115.
mandolino 433.
mandorla 81, 193.
mandrino 306, 307.
mandrino autoserrante 306.
mandrino, chiave del 306.
manetta 750.
manetta di caricamento 755.
manette di accelerazione dei motori 626.
manette, astuccio delle 770.
manganello, gancio del 770.
manganese 683.
mango 197.
mangostano 196.
mangusta 134.
manica 337, 348, 848.
manica a giro 349, 361.
manica a kimono 361.
manica a pagoda 361.
manica a palloncino 360.
manica a pipistrello 361.
manica a prosciutto 361.
manica a tre quarti 360.
manica a vento 739.
manica ad aletta 360.
manica alla raglan 352, 355, 361, 369.
manica con spallina 360.
manica corta 337.
manica da vescovo 361.
manica di camicia 361.
manica di rifornimento 760.
manica pendente 338.
manica svolazzante 337.
Manica, Canale della 32.
maniche, esempi di 360.
manichetta antincendio 767.
manichette, asciugatoio per le 764.
manichette, supporto per le 764.
manichino da sarta 454.
manichino snodabile 398.
manico 227, 295, 301, 309, 311, 315, 320, 328, 382, 383, 384, 386, 387, 388, 389, 391, 425, 433, 439, 440, 441, 454, 458, 534, 611, 815, 816, 822, 849, 901, 905.
manico a scomparsa 386.
manico della lama 424.
manico della manovella 423.
manico isolato 316, 317.
manicotto 269, 270, 360.
manicotto cavo 307.
manicotto del cavo 306.
manicotto del cordone 308, 318.
manicotto di attacco dello scalpello 651.
manicotto di bloccaggio 482.
manicotto di raffreddamento 755.
manicotto di riduzione 269.
manicotto inferiore del radiatore 561.
manicotto isolante 275.
manicotto, borsa a 388.
manicure 377.
manicure, set per 377.
manifesto 427.
manifesto della mostra in corso 394.
manifesto della mostra successiva 394.
maniglia 238, 239, 247, 248, 280, 289, 290, 291, 313, 389, 503, 504, 551, 567, 584, 766, 775, 826, 884.
maniglia a crociera 421.
maniglia del carrello 456.
maniglia della navicella 899.
maniglia di salita 570.
maniglia di sollevamento 756.
maniglia di spinta 416.
maniglia di traino 389.
maniglia fissa 554.
maniglia interna 554.
maniglia isolata 239.
maniglia laterale 594.
maniglia per il trasporto 755.
maniglie, cavallo con 824.
manioca 184.
manipolazione a distanza, sistema di 21.
manipolazione del combustibile 666.
mannaia 229.
mano 139, 147, 149, 173.
mano aperta 901.
mano, ossa della 154.
mano, scudo di protezione della 331.
manometro 654, 655, 775, 777, 841.
manometro della pressione della bombola 319.
manometro della pressione di esercizio 319.
manopola 256, 268, 290, 346, 379, 574, 577, 749, 901, 920.
manopola alzacristalli 554.
manopola del forno 290.
manopola del manubrio 871.
manopola del volume 503, 504, 505.
manopola dell'acceleratore 576.
manopola della messa a fuoco 14, 15, 485.
manopola della sintonia 504.

muffola 346.
muflone 128.
mughetto 80.
mulinello 909.
mulinello a bobina fissa 910.
mulinello a bobina rotante 910.
mulinello, alloggiamento del 909, 910.
mulino a pilastro 676.
mulino a torre 676.
mulino a vento 676.
mulo 128.
multimetro 316.
multiscafi 835.
mummia 904.
municipio 710.
munizioni, castello per 758.
munster 211.
mura fortificate 738.
muraglia 917.
murata 602, 607.
muro 813, 852, 917.
muro con barriere 852.
muro di fiancata 597.
muro di fondazione 252, 253.
muro di fondo 430, 431.
muro di mattoni 298.
muro di pietra 298.
muro di sponda 657.
muro di testata 597.
muro in mattoni 253.
muschi, esempi di 75.
muschio 75.
muschio d'Irlanda 183.
muschio, struttura di un 75.
muscoli 150.
muscoli del mantello 106.
muscolo adduttore anteriore 105.
muscolo adduttore posteriore 105.
muscolo bulbocavernoso 169.
muscolo erettore del pelo 172.
muscolo papillare 162.
muscolo retto inferiore 177.
muscolo retto superiore 177.
museo 394, 711.
museo, negozio del 394.
museruola 854, 856, 858.
musica 432.
musica, aula di 734.
muso 110, 121, 124, 130, 132, 139, 143, 624, 897, 898.
muso abbassabile 629.
mussolina 231.
muta 841.
mutande 351.
mutandina 367.
mutandina con ruches 368.
mutandina elastica 367.
mutandina impermeabile 368.
mutandoni 351.
muting 499.
mutulo 404.
Myanmar 747.

N

n. 8 avanti 804.
nacchere 437, 449.
nahuatl 469.
Namib, Deserto del 34.
Namibia 746.
nana bianca 8.
nana bruna 8.
nana nera 8.
naos 403.
nappa 282.
narice 108, 110, 112, 115, 124, 175.
narvalo 137.
nasale 749.
nascita 702.
nasello 385.
nasello del paramartello 443.
nashi 197.
naso 122, 124, 148.
naso esterno 175.
naso, dorso del 175.
naso, punta del 175.
naso, radice del 175.
nasofaringe 175.
nastratrice 534.
nastro 313, 340, 459, 757, 800, 821, 823.
nastro adesivo, chiocciola per 534.
nastro bianco 812, 815, 817.
nastro centrale 821.
nastro di delimitazione 771.
nastro di registrazione 499.
nastro di teflon 314.
nastro magnetico 495.
nastro per correzioni 534.
nastro trasportatore 71, 620, 647, 649.
nastro trasportatore dei bagagli 623.
nastro verticale laterale 812.
nastro, chiave a 315.
nastro, fermo del 313.
nastro, guida del 499.
nastro, selettore del 499.
natica 147, 149, 169, 170.
Nauru 747.
navajo 469.
navata centrale 411, 738.
navata laterale 411.
nave 41.
nave appoggio 653.
nave cisterna 606.
nave da perforazione 604.
nave da ricognizione meteorologica 54.
nave di perforazione 653.
nave per il trasporto delle merci 604.
nave portacontainer 596, 604.
nave traghetto 608.
nave, ancora della 610.
navetta 461.
navetta per arazzi 461.
navetta per il trasbordo dei passeggeri 621, 623.
navetta piana 461.
navetta spaziale 22, 53.
navetta spaziale al decollo 22.
navi, esempi di 604.
navicella 677, 899.
navicella in vimini 899.
navicella, cavi di sospensione della 899.
navicella, maniglia della 899.
navicella, sezione trasversale di una 677.
navicolare 155, 156.
navigazione satellitare, sistema di 613.
navigazione, display di 626.
navigazione, luce di 605, 625.
navigazione, strumenti per la 612.
navone 189.
Nazca, placca di 43.
nazionalità 825.
nazionalità del nuotatore 831.
NEAR 19.
nebbia 57, 65.
nebbia, segnalatore di 611.
nebulizzatore 329.
nebulosa planetaria 8.
necroforo 101.
necrologia 471.
nefridio 107.
negativo 485.
negozio 710.
negozio del museo 394.
negozio di abbigliamento 714.
negozio di animali 714.
negozio di articoli da regalo 714.
negozio di articoli sportivi 715.
negozio di biancheria intima 714.
negozio di bricolage 714.
negozio di dischi 714.
negozio di elettronica 714.
negozio di giocattoli 714.
negozio di oggettistica 715.
negozio di scarpe 715.
negozio per la riproduzione delle chiavi 715.
nembostrato 56, 62.
neodimio 684.
neon 684.
neon, lampada al 316.
neonati, vestiti per 368.
Nepal 747.
neri 916.
nero 472, 690, 741, 919.
Nero, Mar 28, 32, 33.
nervatura 79, 426, 639, 772.
nervatura alare 96.
nervatura centrale 75, 79, 84.
nervi cranici 166.
nervo 172.
nervo ascellare 166.
nervo cocleare 174.
nervo cutaneo laterale della coscia 166.
nervo cutaneo posteriore della coscia 166.
nervo digitale 166.
nervo femorale 166.
nervo gluteo 166.
nervo ileoinguinale 166.
nervo ileoipogastrico 166.
nervo intercostale 166.
nervo ischiatico 166.
nervo mediano 166.
nervo olfattivo 175.
nervo olfattorio 109.
nervo ottico 177.
nervo otturatorio 166.
nervo peroniero comune 166.
nervo peroniero profondo 166.
nervo peroniero superficiale 166.
nervo radiale 166.
nervo safeno esterno 166.
nervo safeno interno 166.
nervo spinale 167, 168.
nervo tibiale 166.
nervo ulnare 166.
nervo vestibolare 174.
nervoso centrale, sistema 167.
nervoso periferico, sistema 166.
nervoso, sistema 166.
nespola del Giappone 193.
netball 809.
nettarina 192.
nettunio 684.
Nettuno 4, 5.
neurone motorio 168.
neurone sensoriale 168.
neuroni, catena di 168.
neutrone 680.
neutrone incidente 681.
neutroni, stella di 8.
nevato 46.
neve 64.
neve acida 70.
neve forte continua 57.
neve forte intermittente 57.
neve leggera continua 57.
neve leggera intermittente 57.
neve moderata continua 57.
neve moderata intermittente 57.
neve, cristalli di 64.
neve, misurazione delle precipitazioni 59.
neve, rovesci di 57.
nevi perenni 45.
nevischio 57, 64.
newton 702.
Nicaragua 742.
nicchia di sicurezza 543.
nicchia per la saracinesca 597.
nichel 683.
nido 100.
Niger 745.
Niger, Fiume 34.
Nigeria 745.
Nilo 34.
niobio 683.
nipote 784, 785.
nipoti 784.
nipplo 269.
nivometro 58, 59.
nobelio 684.
nocciola 193.
nocciola, sezione di una 84.
nocciolo 81.
nocciolo del reattore 670, 671.
noce 88, 193, 456, 750.
noce del Brasile 193.
noce di acagiù 193.
noce di cocco 193.
noce di cola 193.
noce di ginco 193.
noce di macadamia 193.
noce di pecan 193.
noce moscata 198.
noce, sezione di una 84.
nodello 124.
nodi 908.
nodo 77, 227, 229, 663, 687.
nodo a margherita 908.
nodo bocca di lupo 908.
nodo del pescatore 908.
nodo di Ranvier 168.
nodo di scotta doppio 908.
nodo di scotta semplice 908.
nodo parlato doppio 908.
nodo parlato semplice 908.
nodo piano 908.
nodo Savoia 908.
nodo scorsoio 908.
nodo semplice 908.
nodo vaccaio 908.
nome del dominio 524.
nome del ginnasta 825.
nome del giornale 471.
nome del nuotatore 831.
nome del titolare 729.
nome della squadra 858.
nome della stazione 592.
nome della valuta 729.
non appartiene a 703.
non candeggiare 347.
non centrifugare 347.
non coincide con 703.
non lavare 347.
non metalli 683.
non parallelo a 704.
non stirare 347.
nonio 612, 698, 700.
nonio, scala graduata del 700.
nonna 784.
nonni 784.
nonno 784.
Nord 37.
nord 616, 917.
Nord Nord-Est 37.
Nord Nord-Ovest 37.
Nord, Mare del 28, 32.
Nord-Est 37.
nord-est 616.
Nord-Ovest 37.
nord-ovest 616.
nori 183.
normale 472.
norvegese 469.
Norvegia 744.
Norvegia, Mar di 32.
notazione degli scacchi 916.
notazione musicale 434.
note, valori di durata delle 435.
notizie 471.
notizie in breve 471.
notosauro 93.
notte, camicia da 364.
nottolino 307.
nottolino a scatto 700.
nova 8.
novità, scaffale delle 733.
nube 65.
nube a proboscide 63.
nube alta, tipo di 55.
nube bassa, tipo di 55.
nube di ceneri vulcaniche 44.
nube di Oort 4.
nube media, tipo di 55.
nubi 62.
nubi a sviluppo verticale 62.
nubi alte 62.
nubi basse 62.
nubi medie 62.
nubi, misurazione dell'altezza delle 59.
nuca 115, 147, 149.
nuclei radioattivi 681.
nucleo 6, 8, 9, 74, 94, 168, 170, 680, 867, 912.
nucleo centrale di argilla 660.
nucleo dell'indotto 688.
nucleo esterno 42.
nucleo fissile 681.
nucleo interno 42.
nucleo, membrana del 74.
nucleo, scissione del 681.
nucleolo 74, 94, 170.
numeratore 273, 531.
numeri romani 703.
numero 791, 919.
numero atomico 682.
numero del binario 582.
numero del brano 501.
numero del giocatore 808, 810, 878.
numero dell'utente 273.
numero della camera 724.
numero della carta 729, 731.
numero della pompa 548.
numero delle copie 512.
numero delle righe, display del 456.
numero di autostrada 39.
numero di corsa 857.
numero di corsia 893.
numero di gara 875.
numero di serie 729.
numero di strada 39.
nuora 784.
nuotatore, nazionalità del 831.
nuotatore, nome del 831.
nuoto 830.
nuoto, stadio per il 788.
nuoto, stili di 832.
Nuova Caledonia 29.
Nuova Zelanda 29, 747.
nuovo shekel 728.
Nuovo Testamento 736.
nuvola 53.
nuvole 56.
nuvole, assorbimento attaverso le 68.
nuvole, parete di 63.
nuvolosità 56.

O

oasi 48, 52.
Oberon 5.
obi 845, 846.
obice moderno 756.
obiettivi 478.
obiettivo 14, 476, 478, 479, 483, 517, 518, 693.
obiettivo di ingrandimento 485.
obiettivo grandangolare 478.
obiettivo macro 478.
obiettivo normale 478.
obiettivo supergrandangolare 478.
obiettivo zoom 478.
obiettivo, accessori dell' 478.
obiettivo, attacco dell' 477.
obiettivo, coperchio di protezione dell' 478.
obiettivo, lente 692.
obiettivo, pulsante di sblocco dell' 476.
obliquo esterno dell'addome 150, 151.
oblò 608.
oboe 446.
oboi 437.
oca 120, 213.
oca, uovo di 213.
occhi, trucco per gli 378.
occhiali 385, 870, 887, 888, 896.
occhiali a forbice 385.
occhiali da sole 385.
occhiali di protezione 318, 818, 819.
occhiali di protezione con ripari laterali 772.
occhiali di protezione panoramici 772.
occhiali protettivi 861, 870, 875.
occhiali, astuccio per 387.
occhiali, esempi di 385.
occhiali, mezzi 385.
occhiali, parti degli 385.
occhialini da nuoto 830.
occhielli 453.
occhiello 342, 352, 371, 387, 457, 461, 471, 881, 900, 911.
occhiello diritto 453.
occhiello per la cinghia 476.
occhiello per la tracolla 477.
occhiello rotondo 453.
occhio 63, 103, 104, 106, 107, 112, 113, 121, 133, 136, 148, 177, 301, 470, 854, 855.
occhio composto 96, 98, 99.
occhio di controllo 591.
occhio semplice 97, 99.
occhio, orbicolare dell' 150.
occhio, parete dell' 63.
occhiolo 284.
occhione 756.
occhione di traino 558.
occhione, braccio d'attacco dell' 756.
occhione, fermo del braccio d'attacco dell' 756.
occipitale 151.
Oceania 28, 29, 747.
Oceania, lingue dell' 469.
oceano 7, 38, 67.
Oceano Atlantico 28, 29, 32, 34.
Oceano Indiano 28, 29, 33, 34.
Oceano Pacifico 28, 29, 33.
oculare 14, 15, 477, 479, 496, 692, 693.
offerta, prodotti in 181.
officina di manutenzione dei vagoni 589.
officina di riparazione dei locomotori diesel 583.
officina meccanica 548.
officina riparazioni 648.
Ofiuco 11, 13.
oftalmologia, sala di 779.
oggetti smarriti 725.
oggettistica 716.
oggettistica, negozio di 715.
oggetto 691.
ogiva 627, 659.
ogivale 413.
ohm 702.
okapi 128.
olandese 469.
olecrano 126, 153.
oleodotti, rete di 654.
oleodotto 654.
oleodotto di spedizione 652.
oleodotto di superficie 654.
oleodotto sottomarino 654.
olfatto 174.
oli 209.
oliatore 648, 649.
olii lubrificanti 656.
olio combustibile leggero 656.

olio combustibile per stufe 656.
olio combustibile pesante 656.
olio d'oliva 209.
olio di arachidi 209.
olio di mais 209.
olio di semi di girasole 209.
olio di semi di lino 400.
olio di sesamo 209.
olio, colore a 397.
olio, pastelli a 396.
olio, pittura a 396.
olio, tappo di scarico dell' 566.
oliva 188.
oliva auricolare 776.
oliva, olio d' 209.
olivetta 353.
olmio 684.
Oman 746.
Oman, Golfo di 33.
ombelico 46, 146, 148.
ombelico inferiore 115.
ombelico superiore 115.
ombra 696.
ombreggiatura 463.
ombrella 81.
ombrello 391.
ombrello a bastone 391.
ombrello pieghevole 391.
ombretto 378.
omero 111, 116, 121, 122, 126, 131, 136, 138, 141, 142, 152, 156.
omero, testa dell' 153.
onda 49, 690.
onda d'urto 651, 653.
onda sismica 43.
onda, altezza dell' 49.
onda, fondo dell' 49.
onda, lunghezza d' 690.
onda, lunghezza dell' 49.
onde hertziane, trasmissione a 486.
onde radio 690.
onde ultrasonore, emissione di 41.
onori supremi 917.
Oort, nube di 4.
opale 375.
Opera 710.
opera morta 835.
operatore pannello luci 490.
operazioni di base 529.
operazioni specifiche 529.
operazioni, accesso al secondo livello di 529.
operazioni, primo livello di 529.
operazioni, secondo livello di 529.
opercolo 108, 111.
opilione 102.
opistodomo 403.
opossum 143.
ora, tasto di visualizzazione dell' 496.
orangotango 139.
orari 582.
orari dei film 427.
orari, tabellone degli 582.
orata 219.
orbicolare 79.
orbicolare dell'occhio 150.
orbita 112, 116, 131, 136, 138, 142.
orbita dei satelliti 60.
orbita della Luna 6, 7.
orbita della Terra 6, 7.
orbita geostazionaria 60.
orbita polare 60.
orbiter 22, 23.
orca 137.
orchestra 402.
orchestra sinfonica 437.
orchidea 80.
ordinata rinforzata 607.
ordine corinzio 405.
ordine di arrivo 831.
ordine dorico 404.
ordine ionico 404.
ordito 455, 460, 461.
ordito alto, telaio a 461.
ordito basso, telaio a 460.
ordito, fili dell' 463.
ordito, subbio dell' 460.
orditoio 462.
Ordoviciano 92.
ore, lancetta delle 697.
orecchia di mare 217.
orecchie di cane, collo a 362.
orecchie, tappi per le 772.
orecchini 374.
orecchini a clip 374.
orecchini a perno 374.
orecchini a vite 374.
orecchini ad anello 374.
orecchini pendenti 374.
orecchio 133, 140, 146, 610.
orecchio di Giuda 183.
orecchio esterno 174.
orecchio interno 174.
orecchio medio 174.
orecchio, struttura dell' 174.
orecchione 753.
organi di senso 172, 173, 177.
organi di trasmissione 580.
organi genitali femminili 170.
organi genitali maschili 169.
organismi autotrofi 67.
organismi decompositori 67.
organismi eterotrofi 67.
organismi semplici 94.
organizer 530.
organizzatori, uffici degli 719.
organizzazione culturale 525.
organizzazione governativa 525.
organo 444.
organo di raccordo 570.
organo, meccanismo dell' 445.
Oriente, scisma d' 736.
orifiamma 739.
orifizio della sacca copulatoria 97.
orifizio escretore 104.
orifizio genitale 104.
origano 202.
origine delle specie 92.
Orinoco, Fiume 31.
Orione 11, 12.
orlatura a stella 912.
orlo 340, 455.
orlo della vasca 292.
orlo esterno 127.
orlo interno 127.
ormeggio, catena di 615.
ormeggio, verricello di 607.
ornamento di prua 600.
oro 683, 741.
orologi 717.
Orologio 10.
orologio 488, 489, 491, 734, 858.
orologio a pendolo 697.
orologio a peso, meccanismo dell' 697.
orologio analogico 696.
orologio contaminuti 238.
orologio digitale 696.
orologio meccanico 696.
orologio per la timbratura dei cartellini 530.
Orsa Maggiore 13.
Orsa Minore 12.
orso bruno 135.
orso polare 135.
ortaggi 184.
ortaggi da bulbo 184.
ortaggi da foglia 186.
ortaggi da frutto 188.
ortaggi da fusto 185.
ortaggi da infiorescenza 187.
ortaggi da radice 189.
ortaggi da tubero 184.
ortica 187.
orto 182, 244.
ortocera 92.
orzo 85, 203.
orzo: spiga 85.
osculo 95.
oscurità 617.
osmio 683.
ospedale 711, 725, 778.
ospite 379.
ossa del piede 155.
ossa della mano 154.
ossa, tipi di 157.
osservatorio 17.
osservatorio astronomico 17.
osservatorio astronomico, sezione trasversale di un 17.
osservazione astronomica 10.
osservazione psichiatrica, stanza per 778.
osservazione, finestrino di 23.
osservazione, punto di 17.
osservazione, stanza di 778, 781.
ossicini dell'udito 174.
ossido d'azoto, emissione di 70.
ossigeno 683.
ossigeno liquido, serbatoio dell' 24, 25.
ossigeno, bombola d' 319.
ossigeno, leva di regolazione dell' 319.
ossigeno, presa dell' 780.
ossigeno, produzione di 78.
ossigeno, regolazione della pressione dell' 20.
ossigeno, valvola dell' 319.
osso alveolare 159.
osso compatto 154.
osso corto 157.
osso frontale 131, 152, 158.
osso irregolare 157.
osso lungo 157.
osso lungo, parti di un 155.
osso lungo, struttura di un 154.
osso mascellare 159.
osso nasale 158, 175.
osso occipitale 131, 153, 158.
osso parietale 131, 153, 158.
osso piatto 157.
osso sesamoide falciforme 121.
osso sfenoide 158.
osso spugnoso 154.
osso temporale 152, 158.
osso zigomatico 152, 158.
ossobuco 214.
ostacoli 852, 875.
ostacolo 790.
ostacolo d'acqua 866, 867.
ostacolo per corsa a siepi 790.
osteone 154.
ostrica 217.
ostriche, coltello da 229.
ostriche, forchetta da 228.
otolito 109.
otorinolaringoiatria, sala di 779.
ottaedro regolare 705.
ottagonale, taglio 375.
ottagono regolare 705.
Ottante 10.
ottava 434, 849.
ottava, meccanismo dell' 446.
ottavino 437, 446.
ottico 715.
otto con 839.
ottoni, famiglia degli 437.
otturatore 513.
otturatore a tendina 476, 477.
otturatore, leva di manovra dell' 756.
ovaia 170, 171.
ovale, taglio 375.
ovario 80, 97, 103.
ovata 79.
Ovest 37.
ovest 616, 917.
Ovest Nord-Ovest 37.
Ovest Sud-Ovest 37.
ovidotto 97, 103, 113.
ovile 182.
ovolo 253.
ovolo buono 183.
ovotestis 104.
ovulo 80, 170.
oxer 852, 853.
oxford, scarpa 342.
ozono, strato di 53.

P

pacchetto 223.
pacchetto di sigarette 390.
pacchetto, tenda a 285.
pacco postale 475.
Pacifico, Oceano 28, 29, 33.
Pacifico, placca del 43.
Pacifico, salmone del 221.
Pacini, corpuscolo di 172.
paddock 856.
padella 905.
padella doppia 235.
padella per crêpe 235.
padella per friggere 235.
padella per rosolare 235.
padiglione 174, 374, 444, 710.
padiglione auricolare 122, 143, 173.
padre 784, 785.
paese 37, 708.
Paesi Bassi 743.
pagaia a doppia pala 837, 839.
pagaia a pala singola 837, 838.
pagamento elettronico, terminale di 731.
pagamento elettronico, terminale per il 181.
pagina precedente 515.
pagina successiva 515.
paglia, spargitore di 643.
pagliaccetto 366, 369.
paglietta 340.
pagnottella inglese 205.
pagoda 412.
pagoda, manica a 361.
pak-choi 186.
Pakistan 746.
pala 261, 293, 659, 676, 677, 798, 838, 841, 880.
pala ausiliaria 676.
pala caricatrice 638.
pala caricatrice anteriore 637.
pala caricatrice posteriore 637.
pala caricatrice, braccio della 637.
pala caricatrice, cilindro della 637.
pala da neve 901.
pala del rotore 631.
pala del timone 606.
pala dell'altare 737.
pala della girante 659, 664.
pala direttrice 659.
pala meccanica 647.
palafitta 418.
palanchino 301.
palatino 112, 123.
palato duro 174, 175.
palato molle 174, 175.
Palau 747.
palazzetto dello sport 788.
palazzo dei congressi 711, 718.
palazzo di giustizia 710.
palazzo in condominio 419.
palazzo residenziale 408.
palchetto 431.
palcoscenico 402, 430, 431.
palcoscenico, gabbia del 430.
palestra 608, 727, 734, 764, 788.
palestra, ufficio della 734.
paletta 227, 233, 257, 295, 440, 441, 855, 901, 911.
paletta del compressore assiale 627.
paletta di carico 632.
paletta di carico a cassa 632.
paletta di carico a due piani 632.
paletta di carico a un piano 632.
paletta di carico ad alette 632.
paletta riempigiunti 315.
palettatura dello statore esterno 627.
palettatura dello statore interno 627.
palette di carico 632.
palette di carico, carrello a forca per 633.
palette di carico, carrello a piattaforma per 633.
palette di carico, carrello idraulico per 633.
paletto 842.
paliotto 737.
palizzata 322, 408.
palla 336, 752, 753, 796, 797, 798, 800, 818, 822, 823, 858, 867.
palla cava 752.
palla da allenamento 819.
palla da gara 819.
palla di filo 797.
palla di protezione 839.
palla di sughero 797.
palla ovale 805, 808.
palla ramata 752.
palla, sezione di una 797, 867.
pallacanestro 810.
palladio 683.
pallamano 814.
pallanuoto 827.
pallavolo 812.
palle 819.
palleggio 813.
pallina 815, 920.
pallina d'avorio 919.
pallini 912.
pallino 864.
palloncino, calzoni a 338.
palloncino, manica a 360.
pallone 685, 802, 809, 810, 812, 813, 814, 827, 899.
pallone aerostatico 899.
pallone sonda 54.
pallone-sonda 59.
pallonetto 821.
pallottola 752, 912.
pallottoline di neve 64.
palma 88.
palmare breve 150.
palmare lungo 150.
palmata 79.
palmeto 52.
palmetta 276.
palmo 121, 173, 346.
palmo del guanto 346.
palo 493, 591, 740, 807, 812, 817, 820, 827, 858.
palo con canestro 809.
palo della linea di fuoricampo 795.
palo di distanza 856.
palo frontale 903.
palombo liscio 218.
palpebra 113.
palpebra inferiore 110, 132, 177.
palpebra superiore 110, 132, 177.
palpo 105.
palpo labiale 96, 99.
pampino 86, 186.
Panama 742.
panama 340.
Panama, Golfo di 31.
Panama, Istmo di 30.
panca 737, 851, 855.
panca degli ufficiali di gara 879.
panca dei puniti 879.
panca dei puniti, addetto alla 879.
pancetta 216.
panchina 277, 593, 715, 775, 803, 827.
panchina dei giocatori 794, 801, 807, 809, 812, 814, 878.
panciera 367.
panciotto 338.
panciotto lungo 338.
pancreas 110, 116, 164.
pane 204, 722.
pane azzimo 205.
pane bianco 205.
pane chapati indiano 205.
pane d'argilla 464.
pane di mais americano 205.
pane di segale danese 205.
pane di segale tedesco 205.
pane e burro, piattino per 226.
pane ebraico 205.
pane greco 204.
pane integrale 205.
pane irlandese 205.
pane multicereali 205.
pane naan indiano 205.
pane nero di segale 204.
pane pita 205.
pane, coltello da 229.
pane, guida per il 238.
pane, stampo per 239.
panetteria 181, 715.
panieri, abito con 337.
panna 210.
panna acida 210.
panna da montare 210.
pannelli di vetro 614.
pannelli isolanti 299.
pannello 247, 367, 400, 554.
pannello dei collegamenti elettrici 489.
pannello dei collegamenti video 489.
pannello dei comandi 261.
pannello del display 496.
pannello dell'anta 278.
pannello delle luci 490.
pannello di accesso 258, 266.
pannello di assorbimento dei bassi 490.
pannello di celle solari 673.
pannello di comando 261, 512, 586, 694, 766.
pannello di compensato impiallacciato 300.
pannello di compensato multistrato 300.
pannello di connessione 518.
pannello di controllo 518.
pannello di copertura 550.
pannello di distribuzione 272.
pannello di funzionamento 417.
pannello di gesso 299.
pannello di masonite 300.
pannello di mezzo 247.
pannello di protezione 577.
pannello di truciolato 300.
pannello di truciolato forato 300.
pannello di truciolato grezzo 300.
pannello di truciolato laminato in plastica 300.
pannello divisorio 386, 389.
pannello fotovoltaico 615.
pannello frontale 511.
pannello laminato in legno 300.
pannello mobile 509, 510, 719.
pannello solare 17, 18, 40, 60, 486.
pannello solare, comando del 60.
pannello superiore degli interruttori 626.
panno 862.
pannocchia 85.
pannolino 368.
pannolino usa e getta 368.
pantacollant 371.
pantaloncini 369, 791, 801, 802, 805, 810, 842, 850, 870.
pantaloncini da corsa 371.
pantaloni 350, 371, 716, 796, 808, 844, 875, 878, 901.
pantaloni a zampa di elefante 358.
pantaloni alla pescatora 358.
pantaloni alla zuava 358.
pantaloni da cavallo 853.

pistone 447, 564, 566.
pistone, disinnesto del 315.
pistone, leva del 315.
pit 501.
pitching wedge 868.
pitone 114.
Pitot, tubo di 873.
pittogrammi 514.
pittura 396.
pittura a guazzo 396.
pittura a olio 396.
più o meno 703.
piumino da cipria 378.
pivot 811.
pizzo al tombolo 458.
placca africana 43.
placca antartica 43.
placca antifrizione 889.
placca caribica 43.
placca del Pacifico 43.
placca dell'ago 452.
placca dell'interruttore 274.
placca delle Cocos 43.
placca di Nazca 43.
placca di Scozia 43.
placca euroasiatica 43.
placca filippina 43.
placca indoaustraliana 43.
placca motrice 168.
placca nordamericana 43.
placca scorrevole 452, 453.
placca sudamericana 43.
placcatore destro 806.
placcatore sinistro 806.
placche convergenti 43.
placche divergenti 43.
placche tettoniche 43.
placche trasformi 43.
placchetta a bilanciere 444.
placchetta del portanasello 385.
plafoniera 286.
plancia 556, 761.
planetario 10.
planetario, proiettore per 10.
planisfero 28.
plantare 151.
plasma 162.
plasmodesma 74.
plastica, smistamento della 71.
plastica-acciaio 269.
platea 431, 655.
platea del bacino 597.
platea di fondazione 660.
plateosauro 93.
platino 683.
playmaker 811.
plesso brachiale 166.
plesso dentale 159.
plesso lombare 166.
plesso sacrale 166.
plettro 433.
pleura parietale 163.
pleura viscerale 163.
plinto di culatta 753.
plissé 357.
plotter 520.
Plutone 4, 5.
plutonio 684.
pluviale 244.
pluviografo 58, 59.
pluviometro a lettura diretta 58, 59.
pneumatici, barriera di 872.
pneumatici, esempi di 560.
pneumatico 551, 560, 570, 579, 870, 874.
pneumatico a carcassa radiale cinturata 561.
pneumatico chiodato 560.
pneumatico con carcassa a struttura diagonale 561.
pneumatico con carcassa a struttura radiale 561.
pneumatico granturismo 560.
pneumatico invernale 560.
pneumatico per tutte le stagioni 560.
pneumatico scolpito 577, 875.
pneumatico sportivo 560.
podio 412, 734.
podio del direttore d'orchestra 437.
poggiafreccia 859, 913.
poggiamano 304, 433, 516.
poggiamano amovibile 514.
poggiapiedi 281, 464.
poggiatesta 555.
poker 914.
poker, combinazioni del 914.
polacchina 343.
polacco 469.
Polaroid 480.
pole position 872.
poliambulatorio 781.
poligoni 705.
poligono di tiro 769.
Polinesia 747.
polipodio comune 76.
politica 739.
politrico comune 75.
polizia 725.
polizia, agente di 770.
polizia, macchina della 769, 771.
polizia, stazione di 711, 768.
pollaio 182.
pollice 140, 141, 156, 173, 346, 797.
pollice opponibile 139.
pollice, appoggio del 447.
polline, cella da 100.
polline, pettine del 98.
polline, pinza del 98.
polline, spazzola del 98.
pollo 213.
pollone 87.
polmone 103, 104, 110, 112, 116, 125.
polmone destro 161, 163.
polmone sinistro 161, 163.
polmoni 163.
polo 354, 359, 822, 858.
polo negativo 562, 687, 689.
Polo Nord 35.
polo nord 687.
Polo Nord celeste 13.
polo positivo 562, 687, 689.
Polo Sud 29, 35.
polo sud 687.
Polo Sud celeste 13.
polo, abito a 356.
polo, cavallo da 858.
polo, collo a 363.
Polonia 744.
polonio 682.
polpa 81, 82, 83, 159.
polpaccio 147, 149.
polpastrello 172.
polpo 106, 217.
polpo, anatomia di un 106.
polpo, morfologia di un 106.
polsiera 850, 895.
polsino 349, 808, 822, 850.
polsino doppio 361.
polsino rivoltato 338.
polso 130, 140, 147, 149, 156, 173.
poltrona 276.
poltrona da salotto 276.
poltrona girevole reclinabile 511.
poltrona sacco 277.
poltrona Wassily 276.
poltroncina del paziente 780.
poltroncina per bambini 281.
poltrone 276.
polvere di magnesia 825.
polvere, fiasca da 752.
polverizzatore 646.
polverizzatore a pistola 329.
pomello 278, 285, 909, 910.
pomello della sicura 554.
pomello in gomma 909.
pomelo 194.
pomi 193.
pomice, matita correttrice di 423.
pomo 277, 797, 849, 855, 861.
pomo d'Adamo 146.
pomodorini a grappolo 188.
pomodoro 188.
pomodoro, concentrato di 200.
pomodoro, passata di 200.
pomolo 307, 309.
pomolo del bastone 880.
pomolo di chiusura 284.
pomolo esterno 248.
pomolo interno 248.
pomolo, serratura a 249.
pompa 246, 292, 294, 320, 578, 670, 671, 674, 841, 903.
pompa del combustibile 259.
pompa del fluido termovettore 669.
pompa della benzina 548.
pompa di calore 260.
pompa di circolazione 259, 675.
pompa di circolazione del fango 651.
pompa di spurgo 263.
pompa per gli pneumatici 548.
pompa, motore della 263.
pompa, numero della 548.
pompa, tubo della 548.
pompe, locale delle 606.
pompelmo 194.
pompelmo, coltello da 229.
pompetta ad aria 777.
pompieri, carri dei 766.
poncho 355.
pont-l'évêque 211.
ponte 39, 542, 692, 750, 854, 875.
ponte a cantilever 540.
ponte a portale 541.
ponte a travata 540.
ponte a trave continua 541.
ponte a travi semplici indipendenti 541.
ponte a via inferiore 541.
ponte a via intermedia 541.
ponte a via superiore 541.
ponte ad arco 540.
ponte di caricamento per containers 596.
ponte di comando 604, 605, 608, 609.
ponte di coperta 607.
ponte di passeggiata 608.
ponte di raccordo 284.
ponte di Varolio 167.
ponte di volo 761.
ponte galleggiante 542.
ponte girevole 542.
ponte levatoio 408.
ponte luce 431.
ponte pedonale 583.
ponte per le autovetture 608.
ponte principale 761.
ponte ribaltabile a due ali 542.
ponte ribaltabile a un'ala 542.
ponte segnali 583.
ponte sollevabile 542.
ponte sospeso 540.
ponte superiore 624.
ponte trasportatore 542.
ponti a travata, esempi di 541.
ponti ad arco, esempi di 541.
ponti fissi 540.
ponti mobili 542.
ponti strallati 541.
ponticello 385, 433, 439, 440, 441.
ponticello degli acuti 442.
ponticello dei bassi 442.
ponticello, blocco del 441.
pontile di partenza 838.
pontile galleggiante 839.
pontone 542.
pool 862.
Poppa 11.
poppa 598, 602, 608, 836.
poppa, in 833.
porcellana 187.
porcile 182.
porcino 183.
porcospino 123.
poro 74, 84.
poro genitale 95.
poro inalante 95.
poro sudoriparo 172.
porpora 741.
porpora, bordo di 336.
porro 184.
Porro, prisma di 692.
porta 278, 417, 567, 594, 724, 738, 799, 800, 802, 804, 807, 809, 814, 818, 827, 837, 879, 902, 903, 920.
porta a bande verticali 416.
porta a due battenti 568.
porta a fisarmonica 416.
porta a infrarossi 526, 527.
porta a libro 416.
porta a un battente 416.
porta a zanzariera 567.
porta antincendio 416.
porta automatica 620.
porta basculante del garage 416.
porta del bacino 596.
porta del congelatore 291.
porta del laboratorio a tenuta stagna 23.
porta del modem interno 513, 526.
porta del mouse 513, 518.
porta del patio 250.
porta dell'elevatore 569.
porta della tastiera 513.
porta di controllo 890.
porta di entrata 568, 569.
porta di interfaccia del computer 520.
porta di prua 605.
porta di rete 513.
porta di rete telefonica 487.
porta esterna 247.
porta Ethernet 526.
porta FireWire 526.
porta giochi 513.
porta girevole manuale 416.
porta in discesa 837.
porta in risalita 837.
porta MIDI 513.
porta parallela 513.
porta per l'alimentatore 526.
porta scorrevole 264, 416.
porta scorrevole automatica 416.
porta seriale 513.
porta sezionale del garage 416.
porta terminale 635.
porta USB 513, 526.
porta video 513, 526.
porta, area di 879.
porta-finestra 224, 251.
portaaccessori, vaschette 399.
portabagagli 567, 876.
portabatteria, cassa 571.
portabici 558.
portabiti 389.
portablocco 387, 533.
portablocco, tavoletta 533.
portabombole, carrello 319.
portabottiglia 579.
portabracciale 282.
portacalcolatrice 386.
portacarte a soffietto 386.
portacenere 391.
portaceppi 257.
portachiavi 387.
portachiodi 901.
portacipria 378.
portacoltello 423.
portaelettrodo 318.
portaerei 761.
portaetichetta 533.
portafermagli 534.
portafili 460.
portafiltro 241.
portafioretto 649.
portafoglio 387.
portafoglio per carte di credito 386.
portafusibili 663.
portaindirizzo, etichetta 389.
portalampada 275.
portalampada, componenti del 275.
portalampada, testa 485.
portale 411.
portalenti 384.
portamartello 313.
portamine 470.
portamonete 387.
portanasello 385.
portanasello, placchetta del 385.
portanegativi 485.
portanza 630.
portaobiettivi a revolver 693.
portaoculare 14.
portaoggetti 693, 694.
portaombrelli 391.
portapacchi 577, 578.
portapacchi posteriore 577.
portapassaporto 387.
portapenne 386.
portapipe 390.
portarocchetto 452.
portarotolo 264.
portasacca 869.
portasapone 264.
portasci 558.
portasciugamano 264.
portassegni 386, 387.
portastanghe 857.
portastilo 517.
portastrumenti 841.
portata, piatto da 226.
portatabulati 532.
portatimbri 531.
portatrucchi 389.
portautensili 308.
porte d'ingresso 427.
porte di controllo 918.
porte girevoli manuali 719.
porte per le memory card 918.
porte, esempi di 416.
portello 293, 624, 758.
portello di accesso 607.
portello di apertura 17.
portello di carico del combustibile nuovo 666.
portello di scarico del combustibile esaurito 666.
portello, interruttore del 293.
portellone della cupola 17.
portellone dello scomparto di carico 23.
portellone laterale 22.
portellone posteriore 775.
portellone prodiero di carico 608.
porticato 738.
porticciolo 788.
portico 245, 411.
portico coperto 738.
portiera 551, 554.
portiera, telaio interno della 554.
portiere 799, 800, 801, 803, 809, 814, 827, 878, 879.
portiere, bastone del 880.
portiere, pattino del 880.
portiere, pettorina del 880.
portiere, stanzino del 724.
porto 709.
porto marittimo 596.
porto, bicchiere da 225.
Portogallo 743.
portoghese 469.
porzionatore per gelato 233.
posate 722, 905.
posate, cestello per le 294.
posateria 227.
posizionamento del fascio rispetto all'asse 694.
posizionamento, braccio di 638.
posizionamento, tubo di 638.
posizione a terra 861.
posizione carpiata 828.
posizione d'equilibrio 690.
posizione della statua 403.
posizione delle braccia 829.
posizione delle gambe 829.
posizione di un carattere 472.
posizione in ginocchio 861.
posizione in piedi 861, 893.
posizione prona 893.
posizione raggruppata 828.
posizione tesa 828.
posizione, luce di 585.
posizione, tasto di 440, 441.
posizioni 849.
posizioni dei giocatori 794, 803, 804, 811, 814.
posizioni di partenza 828, 843.
posizioni di tiro 861, 893.
posta 474.
posta a tariffa ridotta 475.
posta aerea 475.
posta annullata 474.
posta elettronica 525.
posta elettronica, software di 524.
posta internazionale 475.
posta locale 475.
posta non annullata 474.
posta regionale 475.
postazione degli infermieri (pronto soccorso ambulatoriale) 779.
postazione degli infermieri (pronto soccorso principale) 778.
postazione dei giudici di corsa 856.
postazione dei giudici di gara 887.
postazione dell'agente di sicurezza 779.
postazione di lavoro 509.
postazione di sorveglianza 394.
postazioni di ascolto 733.
posti a sedere 431.
posti, divano a due 276.
postierla 408, 409.
postino 475.
postino, borsa da 388.
posto a sedere 427.
posto del comandante 758.
posto del conducente 758.
posto di controllo 727, 768.
posto di sorveglianza 764.
potassio 682.
potatoio 330.
potenza elettrica, unità di misura della 702.
potenza, cavo di 272.
potenza, presa di 640, 641, 642.
potenziale elettrico, unità di misura della differenza di 702.
pouf 277.
pozzetto 263, 834, 839.
pozzetto d'ispezione 712.
pozzo 47.
pozzo del minerale 650.
pozzo di accesso 664.
pozzo di drenaggio 650.
pozzo di estrazione 650.
pozzo di iniezione 646.
pozzo di produzione 646.
pozzo off-shore 654.
pozzo verticale 650.
pozzo, entrata del 649.
pranzo, sala da 764.
praseodimio 684.
prateria 38, 66.
praticante 846.
prato 182, 245, 322.
prato, cura del 332.
preavviso di direzione obbligatoria a sinistra 544.
Precambriano 92.
precipitazione 67.

precipitazione, area di 55.
precipitazioni 64.
precipitazioni invernali 64.
precipitazioni, forti 63.
precipitazioni, misurazione delle 59.
predellino 100, 640.
predisposizione sbocco cavi 272.
prelavaggio, lavandino per il 721.
prelievi, sala dei 781.
premascellare 108, 122, 123.
premi-apri, serratura 248.
premicarta 528.
premicarta, leva di svincolo del 528.
premio, alimentazione del 920.
premio, scatola del 920.
premistoffa, barra del 453.
premistoppa 268.
premistoppa, dado del 268.
premitabacco 390.
premolare 121, 123.
premolari 159.
prendisole 356.
preparazione chirurgica, stanza per la 780.
prepuzio 169.
presa a croce 844.
presa a terra 844.
presa antisovratensione 520.
presa audio 513.
presa con i piedi 901.
presa d'acqua 658.
presa d'aria 568, 571, 575, 605, 631, 876.
presa d'aria del motore 568, 760.
presa d'aria del ventilatore di sostentamento 605.
presa d'aria laterale 567.
presa d'aria per il raffreddamento del motore 874.
presa d'aria posteriore 382.
presa d'aria sul tetto 567.
presa d'uscita 441.
presa del microfono 505.
presa dell'idrante 766.
presa dell'ossigeno 780.
presa di alimentazione 504, 513.
presa di carica 563.
presa di connessione 452.
presa di corrente 316, 567.
presa di corrente a strisciamento 595.
presa di corrente commutata 497.
presa di corrente temporizzata 290.
presa di ingresso 520.
presa di potenza 640.
presa di potenza, albero della 641, 642.
presa di ricarica 383.
presa di strangolamento 844.
presa di terra 272.
presa europea 274.
presa per cuffia 450, 451, 497, 504.
presa per cuffie 513.
presa per il comando a distanza 476, 477.
presa per ricarica 288.
presa per spina americana 274.
presa, alveolo della 274.
presa, tester di 316.
presbiterio, lampada del 737.
prese antisovratensione di alimentazione della batteria 520.
prese con le mani 901.
prese digitali 477.
prese telefoniche antisovratensione 520.
prese video 477.
prese, esempi di 844.
preside, ufficio del 735.
presidente 848.
presidente di giuria 855, 881, 900.
presidente di giuria, assistente del 881.
presidente di tappeto 843.
pressa per indorsatura 425.
pressa verticale 425.
pressacaffè 241.
pressatore 237, 240.
pressatura 425.
pressione a livello del mare 55.
pressione alta, centro di 55.
pressione atmosferica 55.
pressione bassa, centro di 55.
pressione dei freni, modulatore della 559.
pressione della bombola, manometro della 319.
pressione di esercizio, manometro della 319.
pressione sanguigna, monitor della 777.
pressione, bottone a 353.
pressione, pentola a 234.
pressione, piastra di 758.
pressione, regolatore della 384.
pressione, regolatore di 234, 452.
pressione, unità di misura della 702.
pressione, variazione di 55.
pressione, vasca di abbattimento della 671.
pressione, vite di 421, 423.
pressore 533.
pressurizzatore 670, 671.
prevenzione degli incendi 764.
prevenzione del crimine 768.
previsioni meteorologiche 54.
preziose, pietre 375.
prezzemolo 202.
prezzo per litro/gallone 548.
prezzo unitario 699.
prigione 915.
prima 849.
prima base 794.
prima base (posizione) 794.
prima falange 126.
prima galleria 431.
prima linea 804.
prima maglia 796.
prima pagina 471.
prima pagina, foto in 471.
prima pinna dorsale 108, 109.
primati 138.
primati, esempi di 139.
primavera 54.
primavera, equinozio di 13, 54.
prime foglie 77.
primi violini 437.
primo 704.
primo arbitro 807, 812, 813.
primo assistente cameraman 428.
primo aumento di tensione 677.
primo cuneiforme 155, 156.
primo giocatore al lancio 877.
primo livello di operazioni 529.
primo molare 159.
primo piano 250, 251.
primo premolare 159.
primo quarto 7.
primo spazio 811.
primo stadio 25.
primo stadio dell'erogatore 841.
princesse 356.
princesse, cucitura a 366.
principali famiglie linguistiche 468.
principali segnali stradali internazionali 544.
principali segnali stradali nordamericani 546.
principali tipi di missili 759.
Principato di Monaco 744.
prisma astronomico 14.
prisma di Porro 692.
prisma otturatore 756.
proboscide 96.
processo mastoideo 158.
processo spinoso 168.
processo stiloideo 158.
processo trasverso 157, 168.
processore 513.
procione 134.
proconsul 93.
prodotti caseari 210.
prodotti cerealicoli 204.
prodotti di bellezza 717.
prodotti di fissione 681.
prodotti di raffinazione 656.
prodotti in offerta 181.
prodotti per confezionamento 180.
prodotti per la pulizia 721.
prodotti petrolchimici 656.
prodotto, codice del 699.
produttore 429.
produzione del suono 445.
produzione di calore 665.
produzione di elettricità 676.
produzione di elettricità da alternatore 665.
produzione di elettricità da energia eolica 677.
produzione di elettricità da energia geotermica 646.
produzione di elettricità da energia nucleare 665.
produzione di elettricità da energia solare 674.
produzione di elettricità da energia termica 646.
produzione di elettricità dal generatore 662.
produzione di elettricità, fasi della 662.
produzione di ossigeno 78.
produzione, designer di 428.
produzione, personale ausiliario di 490.
produzione, segretaria di 429.
profilo del suolo 78.
profilo dell'atmosfera terrestre 53.
profilo dello spacco 349, 361.
profilo di sostegno 417.
profilo sbieco 368.
profondimetro 841.
profondità del fuoco 43.
profondità di campo, pulsante di controllo della 476.
profondità di campo, scala delle 478.
profondità, indice di 307.
profondità, regolatore di 308.
profondità, scala di 613.
profumeria 714, 717.
profumeria e igiene personale 181.
profumo 379.
programma, selettore di 450.
programmatore 292, 293, 294.
programmazione, tasti di 495.
programmi del computer 771.
programmi televisivi 471.
proietti 752.
proiettile anticarro 757.
proiettore 427, 428, 518, 535, 550, 570, 574, 576, 640, 758, 876.
proiettore abbagliante e anabbagliante 554.
proiettore ausiliario 10.
proiettore orientabile 766.
proiettore per determinare l'altezza delle nubi 59.
proiettore per diapositive 483.
proiettore per planetario 10.
proiettore posteriore 640.
proiettori 431.
proiettori, comando dei 556.
proiezione cilindrica 36.
proiezione conica 36.
proiezione di spalla e braccio 844.
proiezione interrotta 36.
proiezione piana 36.
proiezione, cabina di 427.
proiezione, piano di 535.
proiezione, sala di 395, 427.
proiezione, schermo di 427.
proiezioni cartografiche 36.
prolunga 278.
prolunga, tubo rigido di 289.
promezio 684.
promontorio 51.
pronao 403.
pronatore rotondo 150.
pronipote 784.
pronipoti 784.
pronto intervento, équipe di 853.
pronto intervento, mezzo di 543.
pronto soccorso 725, 778, 886.
pronto soccorso, attrezzature per il 775.
pronto soccorso, cassetta di 771, 777.
pronto soccorso, manuale di 777.
pronto soccorso, stazione di 543.
pronto soccorso, strumenti per il 775.
propellente, serbatoio del 18.
proprietà, confine di 244.
propulsione, modulo di 486.
propulsore 18, 20, 40.
propulsore a reazione 60.
propulsore di prua 609.
propulsori per il controllo direzionale 22.
proscenio 430.
prosciutto 216.
prosciutto affumicato 215.
prosciutto cotto 216.
prosciutto, coltello da 229.
prosciutto, manica a 361.
prospetto 250.
prospezione off-shore 653.
prospezione terrestre 651.
prossimità, spoletta di 759.
prostata 169.
proteggicavo 317.
proteggitendine 880.
protestantesimo 736.
protezione antisfregamento 874.
protezione antiurto 289.
protezione del dente 636.
protezione del mento 575.
protezione del petto 859.
protezione delle chiavi 446.
protezione esterna 275.
protezione per gli occhi 772, 774.
protezione per i piedi 773, 774.
protezione per il collo 765.
protezione per il mento 765.
protezione per l'avambraccio 808.
protezione per la testa 772, 774.
protezione per le mani 774.
protezione per le orecchie 772, 774.
protezione per le vie respiratorie 773, 774.
protezione posteriore 17.
protezione, gabbia di 316.
protezione, guanti di 318.
protezione, occhiali di 318, 818, 819.
protezione, palla di 839.
protezione, piastra di 875.
protezione, schermo di 318, 794.
protoattinio 684.
protocollo di comunicazione 524.
protone 680.
protoneurone 168.
protorace 97.
protuberanza 6.
prova in corso, tabellone della 825.
prova, pulsante di 767.
provacircuiti, lampada 316.
proventricolo 116.
provetta 685.
provincia 37.
prua 602, 606, 609, 834, 836.
prua affusolata 839.
prua al vento 833.
prua scolpita 598.
prua, castello di 609.
prua, diritto di 838.
prua, elica di 606.
prua, ornamento di 600.
prua, porta di 605.
prua, propulsore di 609.
prugna 192.
prugne, salsa di 201.
pseudopodio 94.
psicrometro 59.
pterigoideo 112.
pubblico 728.
pubblico, ingresso del 402.
pube 116, 122, 146, 148.
Puerto Rico, Fossa di 50.
pugilato 842.
pugile 842.
pugnale 751.
pugnale d'assalto 751.
pulce 101.
pulcino 120.
puleggia 321, 566, 686, 859, 913.
puleggia conduttrice 688.
puleggia di tensione del regolatore 417.
puleggia, sistema a doppia 686.
pulisci unghie 377.
pulitura, accessori di 289.
pulizia, prodotti per la 721.
pullman 568.
pulpito 737, 738.
pulsante 248, 294, 391, 470.
pulsante blocca-mandrino 308.
pulsante del menu 477.
pulsante del registratore vocale 527.
pulsante del touch pad 526.
pulsante del vaporizzatore 288.
pulsante di accensione 267, 293, 508.
pulsante di aggancio 305.
pulsante di alimentazione 494, 527.
pulsante di alimentazione della carta 519.
pulsante di annullamento 519.
pulsante di apertura del display 526.
pulsante di arresto 308, 331, 696.
pulsante di avvio della misurazione 479.
pulsante di azzeramento 696, 700.
pulsante di bloccaggio 288.
pulsante di cancellazione 477.
pulsante di chiamata 417.
pulsante di chiamata pedonale 712.
pulsante di compensazione dell'esposizione 476.
pulsante di controllo 516.
pulsante di controllo della profondità di campo 476.
pulsante di controluce 527.
pulsante di espulsione 477, 918.
pulsante di espulsione del CD 513.
pulsante di espulsione del disco 521.
pulsante di espulsione del DVD-ROM 513.
pulsante di espulsione del floppy disk 513.
pulsante di illuminazione del display dei dati 479.
pulsante di inizio del motivo 456.
pulsante di partenza 696.
pulsante di preselezione della sintonia 498.
pulsante di prova 767.
pulsante di reset 513, 918.
pulsante di riavvolgimento della pellicola 476.
pulsante di sblocco dell'obiettivo 476.
pulsante di scatto 476.
pulsante di uscita 527.
pulsante di visualizzazione delle immagini 477.
pulsante di visualizzazione delle impostazioni 477.
pulsante per il salto di immagini 477.
pulsante per la visualizzazione della soglia di allarme 613.
pulsanti di avvio delle applicazioni 527.
pulsanti di azione 918.
pulsanti direzionali 918.
pulsanti programmabili 516.
pulsar 8.
puma 134.
Pumpernickel russo 205.
punching ball 842.
pungiglione 98.
punta 127, 185, 227, 229, 288, 301, 302, 303, 304, 307, 309, 315, 318, 350, 439, 453, 457, 470, 740, 776, 792, 793, 840, 859, 868, 880, 887, 888, 893, 894, 901, 909, 911, 912, 915, 918.
punta a croce 302.
punta a testa quadra 302.
punta anteriore del rampone 901.
punta articolata 749.
punta centrale 740.
punta da muro 306.
punta del colletto 349.
punta del collo 362.
punta del naso 175.
punta dell'ala 897, 898.
punta della trivella 323.
punta dello sci 892.
punta dentellata 881.
punta di centratura 306.
punta di diamante 278.
punta di freccia in selce 748.
punta elicoidale 306.
punta fredda 381.
punta Luer-Lock 776.
punta per piastra 442.
punta piana 302.
punta, imbarcazioni di 839.
punta, lunghezza della 911.
punta, remo di 838.
puntale 302, 316, 342, 370, 391, 483, 782, 889, 897, 901.
puntale di protezione 773.
puntale rinforzato 773.
puntalino 909, 910.
puntapiedi 838.
puntasecca 422, 423.
puntaspilli 454.
puntate, schema americano delle 919.
puntate, schema francese delle 919.
punte, tipi di 302.
punteggio 789, 825.
punterie, coperchio delle 552, 566.
punteruolo 458, 905.
punti 459, 822.
punti annodati 459.
punti avviati 457.
punti cardinali, segnalamento dei 616.
punti incrociati 459.
punti metallici 534.
punti piatti 459.
punti stuoia 459.
punti, selettore dei 452.
punti, tasti di impostazione dei 456.
puntine da disegno 534.
puntine, distanza tra le 562.
puntini di sospensione 473.
punto 473, 914.
punto catenella 459.
punto coronato 435.
punto d'appoggio 103.
punto d'Oriente 459.
punto del cuore 740.
punto di alimentazione 273, 663.
punto di allacciamento 273.
punto di attacco 627.
punto di handicap 916.
punto di incocco 859, 913.
punto di ingaggio 878.
punto di inserimento dei documenti da trasmettere 508.
punto di interesse 39.
punto di marcatura 455.
punto di mura 836.
punto di osservazione 17.
punto di ristoro 725.
punto di sospensione 897.
punto e virgola 473.
punto esclamativo 473.
punto gallone 459.

punto interrogativo 473.
punto K 891.
punto nodi 459.
punto piatto intercalato 459.
punto riso 458.
punto rumeno 459.
punto spina 459.
punto spina di pesce 459.
punto strega 459.
punto teorico 891.
punto vapore 459.
puntone 253, 640, 676.
punzone 301, 401.
pupilla 132, 177.
pupilla verticale 112.
putter 867, 868.
puzzle 917.

Q

Qatar 746.
qibla, parete della 738.
quadrante 273, 695, 696, 697, 698, 704.
quadrante a cristalli liquidi 696.
quadrante a fasi lunari 697.
quadrante graduato 907.
quadrante indicatore 613.
quadrata, scollatura 363.
quadrato 112, 705, 842, 919.
quadrato di servizio 818, 819.
quadri 914.
quadricipiti, rullo per i 851.
quadrilatero 705.
quadripode 782.
quadro 395.
quadro degli strumenti di controllo 557.
quadro delle temperature 288.
quadro di comando 10, 238, 239, 290, 292, 293, 294.
quadro di distribuzione 273.
quaglia 120, 212.
quaglia, uovo di 213.
quantità di sostanza, unità di misura della 702.
quarantottore 389.
quark d 680.
quark u 680.
quarta 434, 849.
quarterback 807.
quartetto 438.
quartiere 39, 342, 370, 855.
quartiere degli affari 708, 710.
quartiere fieristico 708.
quartiere residenziale 709.
quartiere, parte anteriore del 342, 370.
quarto 127.
quarzo, metronomo al 436.
Quaternario 93.
quattro alberi, veliero a 602.
quattro con 839.
quattro quarti, tempo di 434.
quattro senza 839.
quechua 469.
quercia 88.
quinoa 203.
quinta 434, 849.
quinte 430.
quintetto 438.

R

rabarbaro 185.
rabbino, seggio di 738.
raccattapalle 820.
racchetta 815, 816, 818, 819, 822, 888, 891, 892.
racchetta da neve 893.
racchetta da neve ellittica 893.
racchetta Michigan 893.
racchetta, giochi con la 815.
raccoglierba 332.
raccogligocce, bacinella 290.
raccoglipolvere 308.
raccoglitore a molla 532.
raccoglitore ad anelli 532.
raccoglitrice di foraggio 642.
raccolta 426.
raccolta del vetro, campana per la 71.
raccolta della carta, campana per la 71.
raccolta differenziata 71.
raccolta differenziata, contenitori per la 71.
raccolta, vaschetta di 241.
raccordi 269.
raccordi meccanici 269.
raccordi, esempi di 269.
raccordo 470, 766.
raccordo a collarino pressato 269.
raccordo a compressione 269.
raccordo a due vie 767.
raccordo a gomito 269.
raccordo a gomito di 45° 269.
raccordo a losanga 538.
raccordo a quadrifoglio 538, 539.
raccordo a rotatoria 538.
raccordo a T 257, 269, 271.
raccordo a T del tubo di scarico 271.
raccordo a tromba 538.
raccordo a U 269.
raccordo a Y 269, 776.
raccordo del tubo flessibile 649.
raccordo femmina 269.
raccordo maschio 269.
raccordo per unione meccanica 269.
raccordo, esempi di 538.
raccordo, fresa di 308.
racemo 81, 276.
rachide 86, 115.
rack apparecchiature 489, 490.
raclette 211.
raclette, griglia per 239.
racquetball 818.
radar 40, 604, 605, 608, 609, 760.
radar di acquisizione del bersaglio 762.
radar di appontaggio 761.
radar di bordo 40.
radar di controllo aereo 761.
radar di quota 761.
radar di ricerca aerea 761, 762.
radar meteorologico 54, 624.
radar nautico 761, 762.
radar, aeroplano 629.
radar, albero del 606.
radar, antenna 760, 763.
radar, display dei 771.
raddrizzatori di immagine 692.
radiatore 23, 259, 552, 561, 586.
radiatore a colonne 259.
radiatore elettrico a olio 260.
radiatore, griglia del 570.
radiatore, manicotto inferiore del 561.
radiatori 21.
radiazione 681.
radiazione artificiale 41.
radiazione infrarossa 68, 690.
radiazione naturale 41.
radiazione solare 67, 68, 672, 673, 674, 675.
radiazione solare assorbita 68.
radiazione solare riflessa 68.
radiazione ultravioletta 690.
radiazioni solari, misurazione delle 58.
radiazioni terrestri, scanner delle 60.
radiazioni terrestri, sensore delle 60.
radicchio 186.
radice 78, 159, 176, 227.
radice a fittone 87.
radice anteriore 168.
radice del naso 175.
radice dell'elice 173.
radice dell'unghia 172.
radice filettata 562.
radice laterale 77.
radice motoria 167, 168.
radice posteriore 168.
radice principale 77.
radice quadrata di 703.
radice secondaria 77.
radice sensoriale 167, 168.
radice superficiale 87.
radichetta 77, 87.
radici avventizie 76.
radio 116, 121, 122, 126, 131, 136, 138, 140, 141, 142, 152, 154, 156, 682, 771, 898.
radio CB 505.
radio portatile 503.
radio, antenna 606, 763, 873.
radio, comandi 626.
radio-ulna 111.
radio: cabina di regia 488.
radio: studio 488.
radioattività, unità di misura della 702.
radiometro 60.
radioonda 16.
radioregistratore con compact disc 504.
radiosonda 59.
radiosveglia 503.
radiotelefono portatile 770.
radiotelescopio 16.
radome 760.
radon 684.
radula 104.
rafano giapponese 189.
raffinazione, prodotti di 656.
raffineria 654, 709.
raffreddamento 656.
raffreddamento del motore, presa d'aria per il 874.
raffreddamento, cilindro di 692.
raffreddamento, manicotto di 755.
raffreddatore d'aria 564.
raganella 111.
raggi gamma 690.
raggi infrarossi, testa cercante a 759.
raggi X 690.
raggio 579, 704.
raggio laser 501, 692.
raggio luminoso 691.
raggio midollare 87.
raggio molle 108.
raggio solare riflesso 674.
raggio spinoso 108.
raglan, manica alla 352, 355, 361, 369.
ragnatela 103.
ragnatela, centro della 103.
ragno 103.
ragno acquatico 102.
ragno femmina, anatomia di un 103.
ragno, morfologia di un 103.
ragno-granchio 102.
ralla di rotazione 638, 639.
rallentamento, zona di 890, 891.
rallentatore, riproduzione al 495.
rally, auto da 873.
rally, motocicletta da 875.
rambutan 197.
rame 683.
rame, lastra di 422.
rame-acciaio 269.
rame-plastica 269.
rami 87.
ramificazione collaterale 168.
ramo 86, 87, 89, 127, 687.
ramo comunicante 168.
ramo con frutti 86.
ramo primario 87.
ramo secondario 87.
ramoscello 77.
rampa 403, 407, 539, 540, 647, 871, 894.
rampa ad anello 539.
rampa di accesso 608.
rampa di lancio 890, 891.
rampa di partenza 891.
rampa di scale 255.
rampa per sedie a rotelle 394.
ramparo 409.
rampicante, pianta 322.
rampone 345, 767, 893.
rampone, punta anteriore del 901.
rana 110, 832.
rana comune 111.
rana dei boschi 111.
rana leopardo 111.
rana maschio, anatomia di una 110.
rana, ciclo biologico della 111.
rana, morfologia di una 110.
rana, scheletro di una 111.
randa 603, 834.
Ranvier, nodo di 168.
rapa 189.
rapide 837.
ras el hanout 199.
rasatura 383.
raschiatoio 98.
raschietto 320, 422, 464.
raschietto metallico 892.
raso 463.
rasoio a mano libera 383.
rasoio di sicurezza 383.
rasoio elettrico 383.
rasoio sfoltitore 381.
rasoio usa e getta 383.
raspa 309, 401.
rastrelliera 485.
rastrelliera dei rocchetti 462.
rastrelliera di stoccaggio 666.
rastrello 327.
rastrello meccanico 642.
rastrello scopa 333.
ratto 123.
ratto, morfologia di un 122.
ratto, scheletro di un 122.
ravanello 189.
ravanello nero 189.
ravioli 206.
razza 218.
razze canine 130.
razze di gatti 132.
razzi spaziali, esempi di 24.
razzo a propellente solido 22, 24.
razzo illuminante 771.
razzo spaziale 24.
razzo spaziale (Ariane V), sezione trasversale di un 24.
razzo spaziale (Saturn V), sezione trasversale di un 25.
razzo, motore a 759.
re 434, 914, 916.
re, camera del 402.
re, lato del 916.
Rea 5.
reattore 665, 666, 669.
reattore ad acqua bollente 671.
reattore ad acqua pesante 670.
reattore ad acqua pressurizzata 671.
reattore ad anidride carbonica 670.
reattore nucleare 667, 763.
reattore nucleare, locale del 763.
reattore, edificio del 669.
reattore, nocciolo del 670, 671.
reattore, recipiente del 667, 669, 671.
reazione a catena 681.
reazione reversibile 684.
reazione, direzione della 684.
rebbio 227, 327, 641.
recensione gastronomica 471.
reception 509, 724.
reception, banco della 730.
reception, piano della 724.
recettore sensoriale 168.
recettori gustativi 176.
recinto 182.
recinzione 182, 795.
recinzione di sicurezza 890.
recipiente del moderatore 670.
recipiente del reattore 667, 669, 671.
recipiente di raccolta 59.
recipiente graduato 231.
redine 115, 856.
redingote 355.
redini 857.
redini del filetto 854.
redini del morso 854.
redini, anello per le 854.
referenti tecnici 881.
refill 470.
reforming catalitico, impianto di 656.
refrattario, fondo 256.
refrattario, mattone 256.
refrigerante 665.
refrigerante, tubo del 260.
refrigeratore della sala del generatore di vapore 669.
refrigerazione, cestello di 240.
reggicalze 367.
reggicoperchio 386, 389.
reggilibri 535.
reggipiccozza 901.
reggiseno 367.
reggiseno a balconcino 367.
reggiseno a bustino 367.
reggiseno décolleté 367.
reggiseno, coppa del 367.
reggiseno, sottoveste con 366.
regia, cabina di 431, 488, 489, 490, 491, 718.
regina 916.
Regina Maud, Terra della 29.
regina, camera della 402.
regina, lato della 916.
regione auricolare 115.
regione malare 115.
regione pilifera 87.
regioni con segnalamento mediante boe 616.
regista 429, 490.
regista, monitor di controllo del 428.
regista, sedia da 276.
regista, sedia del 429.
registratore 59.
registratore a bobine 488.
registratore di cassa 181.
registratore di compact disc 503.
registratore di compact disc riscrivibili 521.
registratore di dati 58.
registratore di microfilm 520.
registratore digitale 534.
registratore digitale a cassette 488.
registratore DVD 521.
registratore, tasto di selezione del 497.
registrazione dei dati 41.
registrazione notturna, selettore di 496.
registrazione sismografica 651, 653.
registrazione, banco di 620.
registrazione, nastro di 499.
registrazione, tasto di 495, 499.
registrazione, tasto di avvio/arresto 496.
registro degli acuti 432.
registro dei bassi 432.
registro di regolazione 258.
registro, asta del 445.
registro, tasto di 444, 445.
regno animale 92.
Regno Unito di Gran Bretagna e Irlanda del Nord 743.
regno vegetale 74.
regolatore 782.
regolatore degli alti 497.
regolatore dei bassi 497.
regolatore dei toni alti 503.
regolatore dei toni bassi 503.
regolatore del display 506.
regolatore del getto di vapore 288.
regolatore del tirante 902.
regolatore del volume 507, 508.
regolatore del volume di ricezione 506.
regolatore dell'alimentazione di ossigeno 898.
regolatore dell'altezza 851.
regolatore dell'altezza della lama 305.
regolatore dell'altezza della testa 485.
regolatore dell'inclinazione della lama 304, 305.
regolatore della fiamma 391.
regolatore della lunghezza dei punti 452.
regolatore della pressione 319, 384.
regolatore della temperatura 259.
regolatore della tensione 460.
regolatore della velocità 332, 452.
regolatore delle testine 383.
regolatore dello sforzo 851.
regolatore di alimentazione 627.
regolatore di amplificazione 613.
regolatore di centratura 518.
regolatore di comando del carrello 456.
regolatore di contrasto 518.
regolatore di corrente 275.
regolatore di luminosità 518, 903.
regolatore di pressione 234, 452.
regolatore di profondità 308.
regolatore di tensione 453, 456, 457.
regolatore di velocità 236, 417.
regolatore di volume 497.
regolatore staccabile 239.
regolatore, puleggia di tensione del 417.
regolazione dei toni 441.
regolazione dei toni alti 441.
regolazione dei toni bassi 441.
regolazione del diaframma 693.
regolazione del livello sonoro delle comunicazioni 20.
regolazione del passo 700.
regolazione del sistema di sopravvivenza 20.
regolazione del vapore 241.
regolazione del volume 441.
regolazione dell'altezza 641, 642.
regolazione dell'altezza, manopola di 289.
regolazione dell'angolo di elevazione 692.
regolazione dell'immagine del cerchio azimutale 701.
regolazione dell'immagine del cerchio zenitale 701.
regolazione della frizione 910.
regolazione della linea di mira 692.
regolazione della luminosità dello schermo del computer 20.
regolazione della pressione dell'ossigeno 20.
regolazione della soglia di allarme 613.
regolazione della temperatura 261, 267.
regolazione della temperatura corporea 20.
regolazione dello specchietto retrovisore esterno 554.
regolazione in altezza del condensatore 693.
regolazione laterale, leva di 309.
regolazione micrometrica dell'altezza 14, 15.
regolazione micrometrica dell'asse orizzontale 14, 15.
regolazione orizzontale 518.
regolazione sulle alte luci 479.
regolazione sulle basse luci 479.
regolazione sulle medie luci 479.
regolazione verticale 518.
regolazione, anello di 329.
regolazione, bottone di 443.
regolazione, dispositivo di 889.
regolazione, indicatore della 889.
regolazione, leva di 436.
regolazione, pedale di 399.
regolazione, vite di 309, 310, 317, 319.
religione 736.
religioni, cronologia delle 736.
remi, tipi di 838.

remigante primaria 115.
remigante secondaria 115.
remigante terziaria 115.
remo 598, 600, 851.
remo di coppia 838.
remo di punta 838.
remo-timone 598.
rene 104, 105, 106, 109, 110, 112, 116, 125, 161.
rene destro 165.
rene sinistro 165.
reniforme 79.
renio 683.
renna 128.
reostato 274.
replay 789.
replo 84.
reptazione 47.
Repubblica Ceca 744.
Repubblica Centrafricana 745.
Repubblica del Mali 745.
Repubblica Democratica del Congo 745.
Repubblica Democratica Popolare di Corea 747.
Repubblica di Corea 747.
Repubblica di San Marino 744.
Repubblica Dominicana 743.
Repubblica Sudafricana 746.
repulsione 687.
reset, tasto di 508.
residuo lungo 656.
resina, superficie trasparente in 501.
resistenza 630.
resistenza elettrica, unità di misura della 702.
resistenza idraulica 851.
resistenze 689.
respingente 583.
respiratore 841.
respiratorio, apparato 163.
responsabile della sicurezza 837.
responsabile di regia 489.
responsabile per il conteggio dei giri 883.
rete 812, 813, 814, 815, 817, 821, 827.
rete a bus 522.
rete a molle 280.
rete a stella 522.
rete ad anello 522.
rete di distribuzione dell'acqua calda 262.
rete di distribuzione dell'acqua fredda 262.
rete di oleodotti 654.
rete di scarico 262.
rete di trasmissione 662.
rete di trasmissione dell'elettricità 674.
rete di trasmissione, integrazione di energia alla 677.
rete di ventilazione 262.
rete dorsale 523.
rete estesa 523.
rete informatica 523.
rete per alimenti 222.
rete pubblica postale 474.
rete stabilizzante 254.
rete telefonica 487.
rete trasmittente nazionale 486.
rete trasmittente privata 486.
rete, supporto della 815.
reti 716.
reti, esempi di 522.
reticella metallica a maglie esagonali 299.
reticolato geografico 36.
Reticolo 10.
reticolo 692.
reticolo endoplasmatico 74, 94.
retina 177, 281, 691, 811.
retino di protezione 488.
retro 300.
retroescavatore 637.
retroescavatore, comandi del 637.
retromarcia, pedale della 333.
rettangolare 904.
rettangolo 705.
rettangolo destro di servizio 821.
rettangolo di battuta 862.
rettangolo sinistro di servizio 821.
rettili 112.
rettili, esempi di 114.
rettilinei 871.
rettilineo delle tribune 856.
rettilineo opposto alle tribune 856.
retto 97, 99, 113, 116, 125, 164, 169, 170.
retto dell'addome 150.
retto della coscia 150.
revers 348, 352, 362.
revers a punta 348.
revolver, portaobiettivi a 693.
rialzato 413.
rialzo continentale 49.
rianimazione, apparecchiatura di 775.
rianimazione, sala di 778.
riavvolgimento, tasto di 495, 499, 504, 508.
ribalta 278, 279.
ribaltabile 572, 573.
ribassato policentrico 413.
ribes 192.
ribes nero 192.
ribosoma 74, 94.
ricalco, rotella da 454.
ricamo 459.
ricarica, presa di 383.
ricarica, presa per 288.
riccio 121, 439.
riccio di mare 95.
ricerca 525.
ricerca automatica 498.
ricerca rapida, tasti di 501.
ricetrasmettitore radar 771.
ricetrasmittente di accesso alla rete 522.
ricettacolo 75, 80, 83.
ricettacolo seminale 97, 103.
ricevimento merci 621.
ricevimento, area di 395.
ricevitore 16, 493, 506, 794, 795, 796, 817, 819, 820.
ricevitore auricolare 502.
ricevitore esterno 807.
ricevuta della transazione 731.
ricezione dei dati 41.
ricezione privata diretta 486.
ricezione, linea di 818.
richiamo 913.
riciclaggio 71.
riciclaggio del vetro, bidone carrellato per il 71.
riciclaggio dell'alluminio, bidone carrellato per il 71.
riciclaggio della carta, bidone carrellato per il 71.
riciclaggio, contenitore per il 71.
ricognizione meteorologica, aereo da 54.
ricognizione meteorologica, boa di 54.
ricognizione meteorologica, nave da 54.
riconcentrazione dell'acqua pesante 669.
riconoscimento, sezione di 768.
ricotta 210.
ridotta 472.
riduttore 382.
riduzione del diametro del fascio 694.
riduzione esagonale 269.
riduzione maschio/femmina 269.
riduzione, manicotto di 269.
riduzione, tasto di 512.
riempimento, foro di 757.
riempimento, tubo di 265.
rifilatura 424.
rifiuti domestici 69, 70.
rifiuti industriali 69, 70.
rifiuti non riciclabili 71.
rifiuti nucleari 70.
rifiuti, bidone dei 295.
rifiuti, smistamento selettivo dei 71.
rifiuti, strati di 69.
riflessione 41.
riflessione parziale, specchio a 692.
riflessione totale, specchio a 692.
riflessione, cilindro di 692.
riflettore 316, 492, 765.
riflettore con presa a pantografo 492.
riflettore orientabile 492.
riflettore parabolico 16.
riflettore parabolico a microonde 489.
riflettore parabolico orientabile 16.
riflettore radar passivo 615.
riflettore secondario 16.
riflettori solari 486.
Riforma 736.
rifornimento di contanti 731.
rifornimento in volo 760.
rifornimento, addetto al 873.
rifornimento, serbatoio per il 873.
rifugio 543.
rifugio in vetta 886.
rifugio principale 886.
riga 399, 424.
riga dei dati immessi 529.
riga dei risultati 529.
riga della guida parallela 305.
rigatoni 206.
righello 700, 905.
righello, scala graduata del 700.
rigonfiamento 9.
rilascio di energia 681.
rilegatore, martello da 425.
rilegatura a mano 424.
rilegatura con spirale 533.
rilevatore agli infrarossi 60.
rilevatore di fumo 767.
rilevatore di movimento 416.
rilievo, matrice in 420.
riloga estensibile 284.
riloga sagomata 282.
rimessa 182, 244, 322.
rimorchi 567.
rimorchi, carro pianale per il trasporto di 588.
rimorchiatore 606.
rimorchio 570, 594.
rimorchio, dispositivo di 573.
rinario 132.
rincorsa, pedane di 824.
rincorsa, pista di 793.
rinculo, slitta di 756.
rinfianco 413.
rinforzo a crociera 783.
rinforzo del calcagno 370.
rinforzo della curva 446.
rinforzo della fondazione 660.
rinforzo di culatta 753.
rinforzo di cuoio 880.
rinforzo di plastica 868.
rinforzo esterno del calcagno 342.
rinforzo interno del calcagno 342.
rinforzo per serratura 247.
rinforzo posteriore 881.
rinforzo, bandella di 389.
rinforzo, secondo 753.
rinfuse, deposito delle 596.
ringhiera 251.
rinoceronte 129.
rinvio 900.
Rio delle Amazzoni 31.
ripetitore 487.
ripetizione, tasti di 501.
ripiani, griglia dei 291.
ripiano 279, 291, 321.
ripiano regolabile 511.
ripieno 390.
riposizionatore automatico 865.
ripostiglio 509, 584.
ripostiglio per il materiale pulito 778.
ripostiglio per il materiale sporco 778.
ripostiglio per l'attrezzatura 734.
ripostiglio per la barella spinale 775.
ripostiglio per la biancheria 584.
ripresa 352.
riprese, set delle 428.
ripristino, tasto di 519.
riproduttore a cassette 504.
riproduttore a cassette, tasti del 504.
riproduttori portatili 503.
riproduzione al rallentatore 495.
riproduzione, tasto di 495, 499, 504.
riproduzione/pausa, tasto di 501.
riquadro 386, 899.
risaia 69.
riscaldamento 256.
riscaldamento a legna 256.
riscaldamento ad acqua calda, impianto di 259.
riscaldamento ad aria calda, impianto di 258.
riscaldamento, comando del 556.
riscaldamento, condotto di 293.
riscaldamento, griglia del 594.
riscaldamento, mezzi integrativi di 260.
riscaldatore 465.
riscontro 855.
risguardo, foglio di 426.
riso 85, 203, 207.
riso basmati 207.
riso bianco 207.
riso integrale 207.
riso nero selvatico 203.
riso parboiled 207.
riso, aceto di 201.
riso, gallette di 207.
riso, spaghetti di 207.
riso, vermicelli di 207.
riso: spiga 85.
risonanza, cassa di 433, 440.
risonatore 449, 502.
risorgiva 47.
risparmio di energia, lampadina a 275.
ristorante 584, 608, 710, 713, 714, 719, 720, 725.
ristorante, vagone 584.
ristoro per sciatori 886.
risultati, tabella dei 828.
risvolto 285, 350, 362.
ritegno, valvola di 319.
ritmo dei segnalamenti notturni 617.
ritmo, selettore del 451.
ritornabocce 865.
ritornata 828.
ritornello 434.
ritorno, tubazione di 259.
ritto 792, 825.
riunioni, sala 764.
riva 664.
rivestimenti in tessuto per pavimento 254.
rivestimento 252, 253, 425, 660, 689, 815.
rivestimento antiriflettente 672.
rivestimento del motore 331.
rivestimento esterno 267, 797.
rivestimento fluorescente 275.
rivestimento interno 561.
rivestimento isolante 655.
rivestimento isolante per tubi 299.
rivestimento, griglia di 259.
rivestimento, materiali di 299.
rivetto 229, 310.
riviera 852, 853.
rivista 471.
rizoide 75.
rizoma 76.
robe-manteau 356.
robot da cucina 237.
roccatrice 462.
rocce ignee 42.
rocce intrusive 42.
rocce metamorfiche 42.
rocce sedimentarie 42.
rocchetti, rastrelliera dei 462.
rocchetto 458.
rocchetto di avvolgimento 476.
rocchetto di trascinamento della pellicola 476.
rocchio 404.
roccia 900.
roccia impermeabile 651.
roccia in posto 78.
rocker 422.
rodio 683.
roditore 122.
roditore: ratto, fauce di un 123.
roditori 122.
roditori, esempi di 123.
rognone 212.
rollio 630.
Romania 744.
romano 698.
rombo 221, 705.
rompigetto, vite 329.
rompighiaccio 606.
roncola 330.
rondella 268, 689.
rondella di tenuta 562.
rondine 118.
rondine di mare 118.
rondone 118.
roquefort 211.
rosa 80, 440.
rosa dei venti 37, 612, 907.
rosetta 248.
rosetta a dentatura esterna 310.
rosetta a dentatura interna 310.
rosetta elastica 310.
rosetta piatta 310.
rosetta, taglio a 375.
rosette 310.
rosmarino 202.
rosone 411.
rospo comune 111.
Ross, Banchisa di 29.
rossetto 378.
rosso 400, 690, 741, 915, 919.
Rosso, Mar 28, 33, 34.
rosso-arancio 400.
rosso-viola 400.
rostro 108, 598.
rotaia 591.
rotaia del carrello di scotta 834, 835.
rotaia di guida e di alimentazione di corrente 595.
rotaia di indorsatura 425.
rotaia di rotolamento 595.
rotaia di scorrimento 555, 634, 635.
rotaia di sicurezza 595.
rotaia, giunto di 590.
rotatoria 39.
rotazione della turbina 662.
rotazione, sistema a 651.
rotella 454, 633, 888, 895.
rotella centrale di messa a fuoco 692.
rotella da ricalco 454.
rotella del volume 513.
rotella della pietrina 391.
rotella di comando 527.
rotella di intonazione 450.
rotella di modulazione 450.
rotella di regolazione 700.
rotella di selezione degli effetti speciali 496.
rotella orientabile 448.
rotella regolatrice vicino/lontano 496.
rotella tagliapasta 232.
rotellina di scorrimento 516.
rotodome 629.
rotolamento, superficie di 590.
rotoli della Torah 738.
rotolo di benda garzata 777.
rotonda 713.
rotore 249, 565, 659, 662, 676.
rotore a griffa 688.
rotore anticoppia 631.
rotore, mozzo del 631.
rotore, pala del 631.
rotore, pilone del 631.
rotore, testa del 631.
rotula 122, 131, 138, 152.
rough 866, 867.
roulette 422.
roulette americana 919.
roulette francese 919.
roulette, tavolo da 919.
roulotte 567.
router 523, 524.
rovesci di grandine 57.
rovesci di neve 57.
rovesci di pioggia 57.
rovesciata 828.
rovesciata all'indietro 844.
Ruanda 745.
rubidio 682.
rubinetti 268.
rubinetto 264.
rubinetto a valvola 268.
rubinetto del gas 267.
rubinetto di arresto 270, 271.
rubinetto di regolazione della pressione 765.
rubinetto di scarico 266.
rubinetto generale 262.
rubino 375, 696.
rubino pulsato, laser a 692.
rubino, cilindro di 692.
rubrica telefonica 506, 531.
ruches 368.
ruches, ghettina con 368.
rucola 187.
Ruffini, corpuscolo di 172.
rugby 804.
rugiada 65.
rugiada, temperatura di 55.
rullaggio, linea di 619.
rullaggio, pista di 618.
rulli dei cingoli, telaio dei 636.
rullini tenditori 580.
rullino 311, 516.
rullo 284, 285, 320, 333, 380, 381, 423, 528, 920.
rullo di compressione 643.
rullo di guida 499.
rullo di guida della pellicola 476.
rullo inchiostratore 421.
rullo per i bicipiti femorali 851.
rullo per i quadricipiti 851.
rullo per verniciare 422.
rullo schiacciaforaggi 642.
rullo, cuscino a 280.
rullo, piastra del 920.
rullo, supporto del 320.
rumeno 469.
runner 915.
ruota 320, 323, 389, 423, 560, 570, 753, 870, 874, 894, 895.
ruota a denti di sega 697.
ruota a pale 599.
ruota a raggi 857.
ruota ad una sola moltiplica 871.
ruota anteriore 333, 639, 640.
ruota dei cucchiai 659.
ruota dei secondi 696.
ruota del freno a mano 587.
ruota dell'ingranaggio 307.
ruota della moltiplica 870.
ruota dentata 462, 686.
ruota dentata A 580.
ruota dentata B 580.
ruota dentata d'arresto 460.
ruota dentata motrice 758, 876.
ruota di calibratura 333.
ruota di carica 696.
ruota di centro 696, 697.

ruota di guida 594, 595.
ruota di scappamento 696, 697.
ruota di scorta 567.
ruota di sicurezza 595.
ruota di spinta 783.
ruota elicoidale 686.
ruota folle 876.
ruota girevole 281, 919.
ruota intermedia 696, 697.
ruota lenticolare 871.
ruota libera 580.
ruota motrice 462, 636, 640, 697.
ruota orientabile 289.
ruota piena o gonfiabile 783.
ruota pivotante 783.
ruota portante 594, 595, 758.
ruota posteriore 333.
ruota tendicingolo 636.
ruote motrici 639.
rupe 45.
rupia 728.
ruscello 48.
ruspa 638.
russo 469.
rutenio 683.
rutherfordio 683.
Ryukyu, Fossa delle 50.

S

sabbia 660, 813.
sabbia, banco di 49.
sabbiera 586.
sacca 869.
sacca a tracolla 388.
sacca copulatoria 97, 104.
sacca copulatoria, orifizio della 97.
sacca da marinaio 388.
sacca dell'inchiostro 106.
saccatura 55.
sacchetti 181.
sacchetto 222.
sacchetto per freezer 222.
sacchetto, scomparto del 289.
sacchi a pelo, esempi di 904.
sacco 432, 797, 842.
sacco del dardo 104.
sacco imbottito 897.
sacco, poltrona 277.
sacrestia 737.
sacro 138, 141, 152, 153, 157.
Saetta 12.
sagari 847.
Sagittario 10.
sagoma 424.
Sahara, Deserto del 34.
sahariana 359.
saia 463.
Saint Kitts e Nevis 743.
Saint Lucia 743.
Saint Vincent e Grenadine 743.
sala 431, 608.
sala audiovisiva 733.
sala congressi 718.
sala d'attesa 768, 779.
sala d'attesa dei familiari 778.
sala d'attesa dei visitatori 726.
sala d'attesa del centro prelievi 781.
sala d'attesa principale 781.
sala d'attesa secondaria 781.
sala da bagno 780.
sala da ballo 609.
sala da pranzo 250, 608, 720, 723, 724, 727, 764.
sala da pranzo del personale 509.
sala degli argani 649.
sala degli infermieri 781.
sala dei computer 763.
sala dei periodici 733.
sala dei prelievi 781.
sala del generatore di vapore, refrigeratore della 669.
sala del personale 731, 768.
sala della preghiera 738.
sala delle esposizioni 719.
sala delle strutture ausiliarie 490.
sala di attesa 509.
sala di comando 10.
sala di comando dell'apparato propulsore 763.
sala di consultazione 733.
sala di controllo 657, 669.
sala di imbarco 621.
sala di ingresso 250, 738.
sala di lettura 732.
sala di proiezione 395, 427.
sala di regolazione delle luci 490.
sala di rianimazione 778.
sala di ricreazione 727.
sala di servizio 738.
sala di sterilizzazione 781.
sala di stoccaggio del combustibile nuovo 666.
sala gessi 779.
sala macchine 606, 608, 657, 658.
sala nautica 604.
sala operatoria 780, 781.
sala passeggeri 605, 608, 609.
sala per comunicati 718.
sala per conferenze 718, 730.
sala per i cocktail 724.
sala per il pubblico 10.
sala per operazioni di chirurgia minore 778.
sala per riunioni 724, 730, 735.
sala polivalente 727.
sala riunioni 394, 509, 764.
sala vip 718.
salamandra 111.
salame di Genova 216.
salame di Tolosa 216.
salame tedesco 216.
salchow 881.
saldatore 314.
saldatore a pistola 318.
saldatore elettrico 318.
saldatore, maschera da 318.
saldatrice ad arco 318.
saldatura ad arco 318.
saldatura ossiacetilenica 319.
saldatura, filo per 318.
sale 847.
sale di colloquio 728.
sale fino 201.
sale grosso 201.
sale marino 201.
sale per riunioni 718.
salice piangente 88.
saliente 409.
saliera 226.
salita, corridoio di 402.
salmerino di fontana 221.
salmone del Pacifico 221.
salmone dell'Atlantico 221.
salmone rosso 221.
salone 608, 620.
salopette 358, 368.
salopette a tutina 368.
salopette con bretelle incrociate 369.
salotto 250, 724.
salotto, poltrona da 276.
salsa di prugne 201.
salsa di soia 200.
salsa hoisin 200.
salsa tabasco 200.
salsa Worcestershire 200.
salsefica 189.
salsiccia alle cipolle 216.
salsiccia di Francoforte 216.
salsiccia di trippa 216.
salsiccia kielbasa 216.
salsiccia piccante 216.
salsiera 226.
saltatore 891.
salterello 443.
salti 792.
salti multipli 875.
salti, esempi di 881.
salto con gli sci 891.
salto con l'asta 790, 792.
salto in alto 791, 792.
salto in lungo 790, 793.
salto ostacoli 852.
salto triplo 790, 793.
salto, area del 890.
salto, tecnica di 891.
salute 775.
salvagente 609, 611, 771.
salvatacchi 342.
salvataggio, boa di 611.
salvataggio, equipaggiamento di 611.
salvataggio, giubbotto di 611.
salvataggio, scialuppa di 602, 604, 608.
salvataggio, zattera di 605, 611.
salvia 202.
samario 684.
sambal oelek 201.
Samoa 747.
samoano 469.
San Lorenzo, Fiume 30.
San Marino, Repubblica di 744.
san Pietro 736.
sanbernardo 131.
sand wedge 868.
sandalo 343, 344, 748.
sandalo indiano 344.
sangue deossigenato 162.
sangue ossigenato 162.
sangue, circolazione del 160.
sangue, composizione del 162.
sanguinaccio 216.
santoreggia 202.
São Tomé e Príncipe 745.
sapone da barba, tazza per 383.
saponetta 379.
sapotiglia 197.
saracco 303.
saracinesca a monte 597.
saracinesca a valle 597.
saracinesca, nicchia per la 597.
sarchiello 326.
sarchiello a mano 325.
sarchio 326.
sardina 219.
sarong 357.
sartia 602, 834.
sartorio 150.
sash 846.
sassofono 446.
satellite 24, 486.
satellite artificiale 53.
satellite geostazionario 60.
satellite in orbita polare 60.
satellite meteorologico 54.
satellite per le telecomunicazioni 525.
satellite radarsat 40.
satelliti 4.
satelliti meteorologici 60.
satelliti per telecomunicazioni 486.
satelliti, orbita dei 60.
Saturn V 24.
Saturno 4, 5.
savana 61, 66.
saxhorn 447.
sbarra 281, 591, 686, 851.
sbarra di acciaio 825.
sbarra orizzontale 824, 825.
sbarra pieghevole 850.
sbarra, luce della 591.
sbarra, scatola di comando della 591.
sbarra, sostegno della 591.
sbieco 455.
sblocco istantaneo 482.
sbuccialimoni 229.
sbucciatore 229.
scacchi 458, 916.
scacchi, notazione degli 916.
scacchiera 916.
scaccianeve alto 57.
scaccianeve basso 57.
scacciapensieri 433.
scadenza, data di 729.
scaffale 181, 723.
scaffale dei periodici 733.
scaffale delle novità 733.
scafo 599, 834, 876, 889.
scafoide 154, 156.
scaglia 108.
scaglione 740.
scala 250, 313, 418, 427, 431, 434, 567, 597, 615, 676, 914.
scala a chiocciola 655.
scala a libretto 321.
scala a palchetto con ruote 321.
scala a pioli 321.
scala a pioli con ganci 321.
scala aerea 766.
scala Celsius 695.
scala cine 479.
scala con ganci 767.
scala con piattaforma 321.
scala dei passi di scrittura 528.
scala dei tempi 436.
scala dei tempi di esposizione 479.
scala dell'altezza 485.
scala dell'apertura del diaframma 479.
scala dell'apertura di diaframma 478.
scala della luminosità 479.
scala delle altitudini 53.
scala delle distanze 478.
scala delle profondità di campo 478.
scala delle temperature 53.
scala di accesso al piano mansardato 251.
scala di conversione 479.
scala di profondità in metri 613.
scala estensibile 321.
scala esterna 245.
scala Fahrenheit 695.
scala graduata 303, 304, 695, 698, 699, 700, 776, 907.
scala graduata del nonio 700.
scala graduata del righello 700.
scala mobile 417, 427, 592, 713.
scala multiuso 321.
scala per agricoltura 321.
scala reale 914.
scala reale massima 914.
scala retrattile 321.
scala sgabello 321.
scalata, imbracatura da 901.
scalatore 900.
scaldabagno 262, 266, 675.
scaldabagno a gas 267.
scaldabagno elettrico 266.
scaldamuscoli 371.
scale 255, 321, 412, 543, 592, 655, 724.
scale a libretto 321.
scale antincendio 509.
scale, rampa di 255.
scale, tromba delle 251.
scaletta 246, 623, 639, 842.
scaletta di imbarco 611.
scaletta laterale 586, 587.
scaletta posteriore 587.
scaletta semovente 623.
scalfo 351.
scalinata 412.
scalini 246.
scalino d'invito 255.
scalmo 839.
scalo ferroviario 596.
scalo merci 583, 708.
scalogno 184.
scalpello 421, 651.
scalpello da falegname 309.
scalpello dello scarificatore 636.
scambiatore di calore 259, 670, 675.
scambio 583.
scambio automatico 590.
scambio manuale 590.
scambio, segnale di 590.
scamiciato 356.
scampo 218.
scanalatura 229, 306, 404, 405, 453, 562, 750, 868, 888.
scanalatura della frontura 456.
scanalatura della guida graduata 305.
scanalatura della guida parallela 305.
scandagliamento ad alta quota 59.
scandio 683.
scandola 299.
scanner 517.
scanner a microonde 60.
scanner all'infrarosso 18.
scanner delle radiazioni terrestri 60.
scanner ottico 181.
scapo 172.
scapola 111, 116, 121, 122, 126, 131, 136, 138, 141, 142, 147, 149, 152, 153, 156.
scapola, spina della 153.
scapolare 115.
scappamento 443, 553.
scappamento, meccanismo di 436.
scappamento, molla dello 443.
scappamento, ruota di 696, 697.
scappamento, tubo di 575, 576, 577, 640.
scaricatore 246.
scarichi, molla sturatrice per 314.
scarico 246, 262, 564, 565, 627, 649.
scarico del vapore dai separatori 668.
scarico dell'acqua 662.
scarico della polvere, bocchetta dello 304.
scarico, banchina di 395.
scarico, camera di 402.
scarico, colonna principale di 262.
scarico, rete di 262.
scarico, rubinetto di 266.
scarico, tappo di 262.
scarico, tubatura di 263.
scarico, tubazione di 271.
scarico, tubo di 262, 265, 271, 292, 631, 636, 639, 643.
scarico, ugello di 760.
scarico, valvola di 267.
scarificatore 636.
scarificatore, cilindro dello 636.
scarificatore, dente dello 636.
scarificatore, scalpello dello 636.
scarola 186.
scarpa 409, 791, 798, 801, 802, 805, 810, 843, 850, 865, 870, 872, 880, 881, 895, 900.
scarpa a collo alto 342.
scarpa a lame 749.
scarpa alla polacca 339.
scarpa chanel 343.
scarpa con cinturino 343.
scarpa con cinturino a T 343.
scarpa con tacchetti 796, 808.
scarpa con tacco 339.
scarpa da corsa 370.
scarpa da tennis 344, 822.
scarpa décolleté 343.
scarpa oxford 342.
scarpa stringata 342.
scarpa, parti di una 342.
scarpata 7, 244, 538.
scarpata continentale 49.
scarpe 342, 869.
scarpe con chiodi 885.
scarpe da donna 343, 716.
scarpe da ginnastica 716.
scarpe da uomo 342, 716.
scarpe per bambini 717.
scarpe unisex 344.
scarpe, kit per la pulizia delle 345.
scarpe, negozio di 715.
scarpetta 841, 848.
scarpetta interna 889, 895.
scarpetta, bordo della 889.
scarpiera 345.
scarponcino 342.
scarponcino di sicurezza 773.
scarpone 342, 888, 889, 891, 892, 896, 901.
scarpone morbido 887.
scarpone rigido 887.
scassa di deriva 836.
scatola a doppia linea di connessione 689.
scatola americana 535.
scatola da incasso 274.
scatola degli accessori 456.
scatola degli ingranaggi 423.
scatola degli ingranaggi del freno a mano 587.
scatola degli ingranaggi del moltiplicatore 677.
scatola dei collegamenti 490.
scatola dei comandi ausiliari 627.
scatola dei relais 563.
scatola del cambio 552.
scatola del premio 920.
scatola dell'asse 586.
scatola della frizione 576.
scatola dello scambio 590.
scatola di accensione 627.
scatola di collegamento 591.
scatola di comando 267.
scatola di comando della sbarra 591.
scatola di culatta 754, 755.
scatola di fiammiferi 391.
scatola di interconnessione 563.
scatola di servizio 273.
scatola elettronica di comando 563.
scatola per archivio 533.
scatola per formaggio 223.
scatola portaesche 911.
scatola portaprisma 693.
scatolame 181.
scatto, ancora a 302.
scatto, chiavistello a 248.
scatto, chiavistello senza 248, 249.
scatto, chiusura a 238, 294.
scatto, pulsante di 476.
scavamelone 233.
scavo 647.
scavo, braccio di 638.
scena 402.
scena, fotografo di 429.
scheda del circuito stampato 689.
scheda di espansione PCI 513.
scheda di memoria 477.
scheda di memoria compact flash 481.
scheda di rete 522.
scheda di rete senza fili 522.
scheda madre 513.
scheda PC, fessura per la 526.
schedario 533.
schedario a visibilità laterale 510.
schedario mobile 510.
schedario rotativo 531.
schedario, cassetto di 533.
schedario, divisori alfabetici per 532.
schede 532.
scheletro 152.
scheletro di un cane 131.
scheletro di un canguro 142.
scheletro di un cavallo 126.
scheletro di un delfino 136.
scheletro di un gorilla 138.
scheletro di un pipistrello 141.
scheletro di un ratto 122.
scheletro di un serpente velenoso 112.
scheletro di un uccello 116.
scheletro di una rana 111.
scheletro di una talpa 121.
schema americano delle puntate 919.

schema della circolazione 161.
schema della tessitura 463.
schema francese delle puntate 919.
scherma 848.
scherma, armi della 849.
schermatura in calcestruzzo 670, 671.
schermidore 848.
schermo 17, 483, 494, 507, 724, 799.
schermo a impugnatura 318.
schermo di aiuto della visibilità 591.
schermo di proiezione 427, 483.
schermo di protezione 318, 794.
schermo per la messa a fuoco 477.
schermo, anello di 58.
schermo, custodia dello 483.
schiaccianoci 230.
schiacciapatate 233.
schiacciata 813, 821.
schiena 147, 149.
schienale 277, 281, 555, 577, 783, 876.
schienale reclinabile 776.
schienale, manopola di regolazione dello 555.
schiniere 749, 796.
schiuma 49.
schiuma da barba 383.
schiuma isolante 299.
schiumaiola 233.
schizzetto 776.
schnauzer 130.
Schwann, guaina di 168.
Schwenkel, bandiera con 739.
sci 876, 888.
sci alpino 888.
sci alpino, pista per 886.
sci alpino, snowboard per 887.
sci da chilometro lanciato 891.
sci da discesa libera 888.
sci da fondo 892.
sci da salto 840, 891.
sci da slalom 888.
sci da slalom gigante 888.
sci da supergigante 888.
sci doppio 840.
sci nautici, esempi di 840.
sci nautico 840.
sci, esempi di 888.
sci, piste da 886.
sci, scuola di 886.
sci, tuta da 369.
scia luminosa del cratere 7.
scia, punta dello 892.
sciabola 751, 849.
sciabolatore 848.
sciacquone 264.
sciacquone, levetta dello 265.
scialle 337.
scialle, collo a 362.
scialuppa 762.
scialuppa di salvataggio 602, 604, 608.
sciarpa, collo con 362.
sciatore 888.
sciatore di chilometro lanciato 891.
sciavero 300.
scienze, aula di 734.
sciismo 736.
scimpanzé 139.
scintilla 564.
scintoismo 736.
sciolina 892.
sciolinatura, accessori per la 892.
sciovia 886.
sciovia, arrivo della 886.
sciroppo d'acero 209.
sciroppo di mais 209.
scisma d'Oriente 736.
scissione del nucleo 681.
scissura obliqua 163.
scivolamento 891.
scivolamento, fase di 892.
scivolo della banchina 596.
scivolo dello sfioratore 657.
scivolo per tronchi d'albero 657.
sclera 177.
scocca 332, 567.
scodella 226.
scodellino 752.
scoglio 51.
scoiattolo 123.
scolainsalata, centrifuga 231.
scollatura a barchetta 363.
scollatura a cuore 363.
scollatura a V 363.
scollatura drappeggiata 363.
scollatura profonda a V 363.
scollatura quadrata 363.
scollature 363.
scollo 351.
scollo a V 348, 354.
scolpitura del battistrada 560, 561, 640.
scompartimento bagagli 585.
scompartimento letto 584.
scomparto degli accessori 289.
scomparto dei medicinali 775.
scomparto del congelatore 291.
scomparto del frigorifero 291.
scomparto del sacchetto 289.
scomparto della controporta 291.
scomparto della strumentazione 585.
scomparto delle attrezzature tecniche 489.
scomparto delle bobine dei cavi 489.
scomparto di carico 22.
scomparto di carico, portellone dello 23.
scomparto per banconote 386.
scomparto per carte di credito 386.
scomparto per i documenti 527.
scomparto per i guanti 780.
scomparto per i latticini 291.
scomparto per il burro 291.
scomparto per il computer 527.
scomparto per le uova 291.
scomparto portadocumenti 386.
scontrino 699.
scooter 577.
scopa 257, 295.
scopa a frangia 295.
scopa da curling 877.
scopa, rastrello 333.
scoppio 564, 565.
scoppio, carica di 757.
Scorpione 10.
scorpione 102.
scorrimento 515.
scorrimento, manopola di 506.
scorrimento, piastra di 590.
scorrimento, tasto di 505.
scorza 82.
scorzetta 82.
scorzonera 189.
scossalina 257.
scotta 603.
scotta del fiocco 834.
scotta della randa 834.
scotta, rotaia del carrello di 834, 835.
scovolini 390.
scovolo 752.
scozia 404, 405.
Scozia, placca di 43.
scozzese 469.
scrivania 724.
scrivania dei cancellieri 728.
scrivania direzionale 511.
scrivania operativa 511.
scroto 146, 169.
scuderie 856.
Scudo 10.
scudo 748.
scudo di protezione della mano 331.
scudo termico 22.
scudo, divisioni dello 740.
scultura 395.
scultura in legno 401.
scuola 734.
scuola di sci 886.
scuolabus 568.
scutello 105.
seaborgio 683.
secchiello con cordoncino 387.
secchiello piccolo con cordoncino 388.
secchio 295.
seconda 434, 849.
seconda base 794.
seconda base (posizione) 794.
seconda falange 126, 172.
seconda galleria 431.
seconda linea 804.
seconda linea destra 804.
seconda linea sinistra 804.
seconda pinna dorsale 108, 109.
secondi violini 437.
secondi, lancetta dei 696.
secondi, ruota dei 696.
secondo 702, 704, 842.
secondo allenatore 879.
secondo arbitro 807, 812, 813.
secondo assistente cameraman 428.
secondo aumento di tensione 677.
secondo cuneiforme 155, 156.
secondo giocatore al lancio 877.
secondo giro al largo 833.
secondo livello di operazioni 529.
secondo livello, dominio di 524.
secondo molare 159.
secondo premolare 159.
secondo rinforzo 753.
secondo spazio 811.
secondo stadio 25.
secondo stadio dell'erogatore 841.
secrétaire 279.
sedano 185.
sedano di monte 202.
sedano rapa 189.
sede della valvola 268.
sede della valvola di tenuta 265.
sedia 277, 723.
sedia a dondolo 276, 277.
sedia a rotelle 584, 783.
sedia a sdraio 277.
sedia con braccioli 734.
sedia da regista 276.
sedia dattilo 511.
sedia del regista 429.
sedia pieghevole 277.
sedia scala 277.
sedia senza braccioli 734.
sedie a rotelle, rampa per 394.
sedie degli attori 428.
sedie dei giocatori 813.
sedie impilabili 277.
sedie, esempi di 277.
sedile 264, 265, 276, 277, 281, 333, 464, 885, 898.
sedile del comandante 626.
sedile del copilota 626.
sedile del timoniere 838.
sedile dell'infermiere 775.
sedile doppio 594.
sedile eiettabile 760.
sedile mobile 838.
sedile regolabile 584.
sedile scorrevole 851.
sedile singolo 594.
sedile: vista anteriore 555.
sedile: vista laterale 555.
sedili 277.
seduta 555, 783.
seduta del divano posteriore 555.
sega a mano 907.
sega circolare 304.
sega circolare, lama di 304.
sega da banco 305.
sega da giardiniere 330.
sega per augnatura elettrica 304.
sega per augnatura manuale 303.
segale 85, 203.
segale, galletta di 205.
segale, pane danese di 205.
segale, pane nero di 204.
segale, pane tedesco di 205.
segale: spiga 85.
seggio 855.
seggio del rabbino 738.
seggiolino 857.
seggiolino per bambini 558, 580.
seggiolone 281.
seggiovia 886.
seggiovia, partenza della 886.
seghetto 303, 314.
seghetto alternativo 305.
seghetto da traforo 303.
seghetto per dorsi 424.
segmento addominale 97.
segmento muscolare 109.
segmento orientato 56.
segnalamenti notturni, ritmo dei 617.
segnalamento dei punti cardinali 616.
segnalatore di nebbia 611.
segnale acustico 436.
segnale cardinale: passare a est 617.
segnale cardinale: passare a ovest 617.
segnale cardinale: passare a sud 617.
segnale dell'area di attesa 620.
segnale di acque sicure 617.
segnale di distanza fissa 621.
segnale di identificazione della pista 620.
segnale di passaggio a livello 591.
segnale di pericolo isolato 617.
segnale di scambio 590.
segnale di zona di contatto 621.
segnale emesso 40.
segnale laterale 617.
segnale laterale: boa a palo 617.
segnale laterale: boa a pilastro cilindrico 617.
segnale laterale: boa conica 617.
segnale luminoso 436.
segnale speciale 617.
segnali dell'asse della pista 620.
segnali della soglia della pista 621.
segnali laterali 620.
segnali marittimi 614.
segnali stradali 544.
segnali stradali internazionali 544.
segnali stradali nordamericani 546.
segnali visivi 859.
segnalino 915.
segnapunti 810, 812, 813, 814, 819, 844, 845, 846, 847, 848, 859, 860, 864, 920.
segnatura 426.
segnavento 834.
segni di interpunzione 473.
segno centrale 820.
segretari 827.
segretaria di produzione 429.
segretaria, ufficio della 731.
segretario 814.
segretario di edizione 490.
segreteria scolastica, ufficio della 735.
segreteria telefonica 508.
selce, coltello di 748.
selce, punta di freccia in 748.
selenio 682.
selettore automatico/manuale 316.
selettore dei canali 505.
selettore dei pick-up 441.
selettore dei programmi 476.
selettore dei punti 452.
selettore del livello dell'acqua 292.
selettore del livello di registrazione 499.
selettore del movimento orbitale 305.
selettore del nastro 499.
selettore del numero dei decimali 529.
selettore del ritmo 451.
selettore del timbro 451.
selettore dell'ampiezza dei punti 452.
selettore della messa a fuoco 476, 496.
selettore della modalità audio 497.
selettore della posizione dell'ago 452.
selettore della temperatura 238, 382.
selettore della velocità 382.
selettore di banda 498.
selettore di controllo audio 491.
selettore di controllo video 491.
selettore di funzione 261.
selettore di ingresso 497.
selettore di programma 450.
selettore di registrazione notturna 496.
selettore di velocità 236, 237, 305, 306, 500.
selettore quadridirezionale 477.
selettore stereo/mono 504.
selettori di funzione 506.
selettori di modo 504.
selezione della lingua del display, tasto di 507.
selezione manuale, comando di 483.
selezione, tasto di 261, 496, 505, 506.
self-service 722.
self-service, banco del 722.
sella 577, 578, 826, 851, 853, 855, 856, 858, 876.
sella biposto 575.
sella del guidatore 577.
sella del passeggero 577.
selletta 897.
sellino 337, 857.
sellino, abito con 337.
selvaggina 212.
semaforo 545, 547, 583, 712.
semaforo a luce intermittente 591.
seme 77, 81, 82, 83, 84.
semi di girasole, olio di 209.
semi di lino, olio di 400.
semi di papavero 199.
semi di soia 191.
semi-grassetto 472.
semi-mummia 904.
semiasse 553.
semibiscroma 435.
semibiscroma, pausa di 435.
semibreve 435.
semibreve, pausa di 435.
semicerchio 704.
semicroma 435.
semicroma, pausa di 435.
semifinale 789.
semilunare 154, 156.
semimembranoso 151.
semimetalli 682.
semiminima 435.
semiminima, pausa di 435.
seminatoio a mano 324.
seminatrice 643.
seminterrato 250.
seminterrato, finestra del 245.
semipreziose, pietre 375.
semirimorchio 570, 571.
semirimorchio furgonato 572.
semirimorchio portacontainer 572.
semirimorchio ribassato per il trasporto del bestiame 572.
semirimorchio ribassato per il trasporto di mezzi corazzati 572.
semisfera 705.
semitendinoso 151.
semolino 204.
senape americana 200.
senape bianca 198.
senape di Digione 200.
senape in granuli 200.
senape in polvere 200.
senape inglese 200.
senape nera 84, 198.
senape tedesca 200.
Senegal 745.
Senegal, Fiume 34.
seno 146, 148, 171, 336.
seno frontale 175.
seno laterale inferiore 86.
seno laterale superiore 86.
seno peziolato 86.
seno sfenoidale 175.
seno urogenitale 109.
sensibilità della pellicola 479.
senso vietato 544, 546.
sensore 58.
sensore attivo 41.
sensore del telecomando 494, 501.
sensore delle radiazioni terrestri 60.
sensore di collisione principale 556.
sensore di sicurezza 556.
sensore di temperatura 18, 561.
sensore di velocità delle ruote 559.
sensore esposimetrico 477.
sensore ottico 516.
sensore passivo 41.
sensore solare 40, 60.
sensore terrestre 40, 60.
sepalo 80, 82, 83.
separatore 562, 606, 643, 646, 668, 689.
separatore dell'acqua 648.
separatore elettrolitico 689.
separatore gas / petrolio 652.
separatore liquido/gas 562.
separazione del cartone 71.
separazione della carta 71.
separazione magnetica 71.
séparé 720.
seppia 217.
sequencer 450.
sequencer, controllo del 450.
sequenza principale, stella della 8.
seracco 46.
serbatoi 655.
serbatoi di stoccaggio 654.
serbatoio 23, 241, 261, 266, 320, 398, 445, 563.
serbatoio a espansione 675.
serbatoio a tetto fisso 655.
serbatoio a tetto galleggiante 655.
serbatoio ausiliario 571.
serbatoio d'aria 320.
serbatoio d'aria compressa 586.
serbatoio del carburante 331, 553, 574, 577, 586, 631, 758, 760.
serbatoio del carburante riscaldante 563.
serbatoio del gas 391.
serbatoio del kerosene 25.
serbatoio del liquido dei freni 559.
serbatoio del propellente 18.
serbatoio dell'acqua 241, 261, 384, 586, 589.
serbatoio dell'acqua di raffreddamento 665.
serbatoio dell'acqua, vano del 628.
serbatoio dell'elio 25.
serbatoio dell'idrogeno liquido 24, 25.
serbatoio dell'impianto di allagamento 669.
serbatoio dell'ossigeno liquido 24, 25.
serbatoio dell'ossigeno liquido, diaframma del 25.
serbatoio della granella 643.
serbatoio di accumulo 675.
serbatoio di azoto liquido 694.
serbatoio di sicurezza 670.
serbatoio di stoccaggio 656.
serbatoio di stoccaggio temporaneo 654.
serbatoio esterno del combustibile 22.
serbatoio per il brillantante 294.
serbatoio per il carburante 570.
serbatoio per il rifornimento 873.
serbatoio ventrale 631.
serbatoio vetrificato 267.
serbatoio, bocchetta del 332.
serbatoio, sportello del 551.
serbatoio, tappo del 570, 576.

serbo-croato 469.
serie dei monitor di anteprima 491.
serie dei monitor di ingresso 491.
serie, lampade in 287.
serie, numero di 729.
Serpente 11, 13.
serpente 112.
serpente a sonagli 114.
serpente corallo 114.
serpente giarrettiera 114.
serpente velenoso, anatomia di un 112.
serpente velenoso, scheletro di un 112.
serpente velenoso: testa, morfologia di un 112.
serpentina 290.
serpentina del condensatore 261.
serpentina del vaporizzatore 261.
serpentina di riscaldamento 899.
serra 182.
serraggio, dispositivo di 685.
serraggio, leva di 309, 312.
serraggio, pinze di 685.
serraggio, vite di 312.
serratura 247, 248, 278, 291, 387, 389, 551, 554.
serratura a chiave 386.
serratura a combinazione 386.
serratura a pomolo 249.
serratura premi-apri 248.
server 522, 523, 524, 525.
server d'accesso 525.
servizi assicurativi 730.
servizi di credito 730.
servizi finanziari 730.
servizi sociali 781.
servizi tecnici 732.
servizio 812, 820.
servizio corto, linea di 817.
servizio da fonduta 234.
servizio da wok 234.
servizio del doppio, campo di 817.
servizio del singolo, campo di 817.
servizio destro, area di 819.
servizio di assistenza ai clienti 731.
servizio di babysitteraggio 715.
servizio di navetta 620.
servizio di sicurezza 719.
servizio Internet, fornitore del 525.
servizio lungo, linea di 816.
servizio manutenzione 548.
servizio mobile a distanza, unità di 21.
servizio pacchi 582.
servizio per scarpe 345.
servizio sinistro, area di 819.
servizio, cintura di 770.
servizio, entrata di 732.
servizio, fonte del 471.
servizio, giudice di 816, 820.
servizio, linea centrale di 821.
servizio, linea di 818, 819, 821.
servizio, modulo di 25, 486.
servizio, quadrato di 818, 819.
servizio, stazione di 711.
servizio, tavolo di 720.
servizio, zona di 818, 821.
servizio, zone di 817.
servofreno 552, 559.
servomotore 759.
servosostegno 648.
servosostegno, martello perforatore con 648.
sesamo, olio di 209.
sesamoide distale 126.
sesamoide prossimale 126.
sesta 434, 849.
Sestante 11.
sestante 612.
sestante automatico 18.
sestetto 438.
sestina 919.
set 429, 822.
set delle riprese 428.
set di bussole 311.
set di utensili 233.
set per cucinare 905.
set per manicure 377.
set precedenti 822.
setaccio 231, 232.
setale 911.
setola 383, 384.
setole 295, 320.
settima 434, 849.
setto 84, 175.
setto interventricolare 162.
setto nasale, cartilagine del 175.
setto pellucido 167.
settore 704.
Seychelles 746.
sezione 650.
sezione del favo 100.
sezione della crosta terrestre 42.
sezione delle carte geografiche 732.
sezione delle monografie 732.
sezione di copertura 100.
sezione di riconoscimento 768.
sezione di rotaia 591.
sezione di un acino 83.
sezione di un bulbo 78.
sezione di un cannocchiale 14.
sezione di un cannone ad avancarica 753.
sezione di un lampone 83.
sezione di un microscopio elettronico 694.
sezione di un telescopio 15.
sezione di un tronco 300.
sezione di un'arancia 82.
sezione di una fragola 83.
sezione di una mela 82.
sezione di una nocciola 84.
sezione di una noce 84.
sezione di una palla 797, 867.
sezione di una pesca 81.
sezione di una pipa 390.
sezione inferiore 24.
sezione per i bambini 732.
sezione principale 919.
sezione rigida anteriore 569.
sezione rigida posteriore 569.
sezione sagittale 169, 170.
sezione superiore 24.
sezione trasversale 920.
sezione trasversale di un aerografo 398.
sezione trasversale di un molare 159.
sezione trasversale di un osservatorio astronomico 17.
sezione trasversale di un razzo spaziale (Ariane V) 24.
sezione trasversale di un razzo spaziale (Saturn V) 25.
sezione trasversale di un tronco 87.
sezione trasversale di una centrale elettrica 664.
sezione trasversale di una centrale idroelettrica 658.
sezione trasversale di una diga a contrafforti 660.
sezione trasversale di una diga a gravità 661.
sezione trasversale di una diga a volta 661.
sezione trasversale di una diga in terra 660.
sezione trasversale di una navicella 677.
sezione trasversale di una strada 538, 712.
sezione variabile, ugello a 629.
sfaccettatura inferiore 374.
sfaccettatura superiore 374.
sfaccettature del taglio a brillante 374.
sfagno pungente 75.
sfera 268, 470, 516, 705.
sfera celeste 13.
sfera di piombo 757.
sfera di vetro 58.
sfera terrestre 13.
sfera, penna a 470.
sfera, supporto della 558.
sfiatatoio 136, 294, 320.
sfiato 262.
sfiato, tubo di 267.
sfiato, valvola di 607.
sfintere anale 164.
sfioratore 657.
sfioratore, paratoia dello 657.
sfioratore, scivolo dello 657.
sfioratore, soglia dello 657.
sfondo piega 283.
sforzo 686.
sgabello 224, 277, 722, 842.
sgabello alto 277.
sgabello da bar 720.
sgambatura elasticizzata 351.
sgarzino 464.
sgombro 219.
sgorbia 401.
sgorbia a U 421.
sgorbia a V 421.
sgorbia diritta 401.
sgorbia incurvata 401.
sgrossatura 401.
shampoo 379.
shekel, nuovo 728.
shiitake 183.
shinai 847.
short track 882, 883.
shorts 358.
si 434.
siamese 133.
sicura 755.
sicurezza 764.
sicurezza, area di 843.
sicurezza, cassetta di 731.
sicurezza, cintura di 873.
sicurezza, corridoio di 728.
sicurezza, griglia di 730.
sicurezza, grilletto di 331.
sicurezza, impugnatura di 332.
sicurezza, linea di 593.
sicurezza, luce di 771.
sicurezza, picchetti di 875.
sicurezza, responsabile della 837.
sicurezza, ruota di 595.
sicurezza, servizio di 719.
sicurezza, simboli di 774.
sicurezza, spilla di 453.
sicurezza, termostato di 293.
sicurezza, valvola di 234, 266, 267.
sicurezza, zona di 846.
siepe 245, 322, 790.
siepe con barriere 852.
Sierra Leone 745.
sifone 106, 262, 265, 269, 270.
sigaretta 390.
sigarette, cartine per 390.
sigarette, pacchetto di 390.
sigaro 390.
silenziatore 649.
silicio 682.
siliqua, sezione di una 84.
silo del minerale 648.
silo orizzontale 182.
silo verticale 182.
silos 596.
Siluriano 92.
siluro 763.
sima 404.
simboli 914.
simboli chimici 684.
simboli comuni 725.
simboli delle istruzioni sui tessuti 347.
simboli di sicurezza 774.
simboli diacritici 473.
simboli meteorologici internazionali 56.
simboli scientifici 702.
simbolo 682, 920.
simbolo della squadra 878.
sinagoga 738.
sinapsi 168.
sinfisi pubica 169, 170.
Singapore 747.
singolo 839.
sinistra 609, 616, 617, 740.
sinsacro 116.
sintesi additiva 690.
sintesi dei colori 690.
sintesi sottrattiva 690.
sintetizzatore 450.
sintetizzatore a fiato 451.
sintoamplificatore 503.
sintoamplificatore: dorso 497.
sintoamplificatore: vista frontale 497.
sintonia, comandi di 494.
sintonia, manopola della 504.
sintonia, modo della 498.
sintonia, pulsante di preselezione della 498.
sintonia, tasti di selezione della 497.
sintonia, tasto di preselezione della 497.
sintonizzatore 498, 504.
sintonizzazione, manopola di 503.
sipario 430, 431, 492.
sipario tagliafuoco 430.
Siria 746.
siringa 776.
siringa per decorazioni 232.
siringhe usate, contenitore delle 771.
sismografi 43.
sismografo orizzontale 43.
sismografo verticale 43.
sismogramma 43.
sistema a celle solari 673.
sistema a doppia puleggia 686.
sistema a rotazione 651.
sistema di alimentazione 553.
sistema di ancoraggio 595.
sistema di autoguida 759.
sistema di climatizzazione 68, 489.
sistema di condizionamento dell'aria 775.
sistema di controllo del lampeggiante 771.
sistema di coordinate celesti 13.
sistema di coordinate terrestri 35.
sistema di cronometraggio elettrico 883.
sistema di guida fine 17.
sistema di lenti 692.
sistema di lubrificazione 586.
sistema di manipolazione a distanza 21.
sistema di navigazione satellitare 613.
sistema di registrazione audio 429.
sistema di registrazione dei dati 694.
sistema di regolazione dell'altezza 826.
sistema di riavvolgimento della pellicola 476.
sistema di riempimento e di svuotamento della chiusa 597.
sistema di ritenuta degli air bag 556.
sistema di segnalamento marittimo per mezzo di boe 616.
sistema di sollevamento 635.
sistema di sopravvivenza 20.
sistema di svuotamento della chiusa 597.
sistema di trasmissione 553.
sistema di uscita d'emergenza 25.
sistema idraulico 632.
sistema internazionale di unità di misura 702.
sistema nervoso 166.
sistema nervoso centrale 167.
sistema nervoso periferico 166.
sistema solare 4.
sistema stradale 538.
sistema, tasti di 450.
sistemi dell'automobile 553.
sistemi dell'automobile: componenti principali 552.
sistemi di ingranaggio 686.
sistro 449.
skateboard 894.
skater 894.
skeleton 885.
skeletonista 885.
skimmer 246.
slalom gigante 889.
slalom speciale 889.
slalom supergigante 889.
slancio 850.
slancio in avanti 864.
slider 896.
slip 351, 367.
slip da bagno 371.
slitta 329, 885.
slitta delle monete 920.
slitta di fissaggio 692.
slitta di rinculo 756.
slitta per accessori 476.
slittino 884.
slittino doppio 884.
slittino doppio femminile 885.
slittino singolo 884.
slittino singolo maschile 885.
slot-machine 920.
Slovacchia 744.
slovacco 469.
Slovenia 744.
sloveno 469.
smalto 159.
smalto per unghie 377.
smeraldo 375.
smeraldo, taglio a 375.
smerigliatrice eccentrica 308.
smilodonte 93.
sminuzzamento 71.
smistamento dei materiali metallici 71.
smistamento del cartone 71.
smistamento del vetro 71.
smistamento della carta 71.
smistamento della plastica 71.
smistamento manuale 71.
smistamento ottico 71.
smistamento primario 474.
smistamento regionale, centro di 475.
smistamento selettivo dei rifiuti 71.
smistamento, centro di 474.
smistamento, macchina di 475.
smistamento-posizionamento-annullamento, macchina di 474.
smog 69.
smorzamento magnetico, dispositivo di 698.
smorzata 821.
smorzatore 443.
smorzatore, barra dello 443.
smorzatore, leva dello 443.
smottamento 47.
snack bar 427.
snocciolatore 233.
snodo 889.
snodo per l'attacco degli attrezzi 640.
snooker 863.
snowboard 887.
snowboard per freestyle 887.
snowboard per sci alpino 887.
snowboardista 887.
sobborghi 39.
società 708.
sodio 682.
soffiante 627, 670.
soffietto 386, 388, 485.
soffietto, borsa a 386.
soffietto, mantice a 432.
soffietto, portacarte a 386.
soffietto, tasca applicata a 359, 360.
soffitto 818, 819.
soffitto a due spioventi 251.
soffitto acustico 431.
soffitto della cabina 417.
soffitto, travetto del 252.
soffitto, ventilatore da 261.
softball 797.
software di posta elettronica 524.
soggiorno 250.
soglia 247.
soglia dello sfioratore 657.
soglia di allarme, pulsante per la visualizzazione della 613.
soglia di allarme, regolazione della 613.
soglia glaciale 46.
sogliola 221.
soia, germogli di 191.
soia, salsa di 200.
soia, semi di 191.
sol 434.
solaio 257.
solaio, collare del 257.
solaio, travetto del 253.
solarium 607, 609.
solco 176.
solco concentrico 500.
solco di separazione 500.
solco finale 500.
solco iniziale 500.
solco laterale 127.
solco mediano 127, 176.
solco terminale 176.
Sole 4, 6, 7, 54.
Sole, eclissi di 6.
sole, occhiali da 385.
Sole, struttura del 6.
soleo 150.
soletta 345, 351.
soletta antiscivolo 369.
solidi 705.
solidificazione 680.
solido 680, 681.
solido amorfo 680.
solitario 376.
sollevacuticole 377.
sollevamento pesi 850.
sollevamento, braccio di 637, 638.
sollevamento, catena di 632.
sollevamento, cavo di 634.
sollevamento, cilindro di 634, 766.
sollevamento, corda di 285.
sollevamento, fessura di 535.
sollevamento, fune di 417.
sollevamento, giunto di 640.
sollevamento, sistema di 635.
solstizio d'estate 54.
solstizio d'inverno 54.
soluzione multiuso 384.
solventi, impianto di estrazione con 656.
Somalia 745.
somiere 445.
somiere, tavola del 445.
sommatoria 703.
sommelier 720.
sonagli 449.
sonaglio 112.
sonar 41.
sonar a scafo 762.
sonda dell'ecoscandaglio 613.
sonda radiometrica 60.
sonda spaziale 18, 53.
sonda, innesto della 238.
sonde spaziali, esempi di 19.
soprabiti da donna 716.
soprabiti da uomo 717.
sopraccapo 854.
sopracciglia, matita per 378.
sopracciglia, pinzette per 377.
soprafusione 680.
soprascarpa 800.
soprasponda 862.
soprastruttura 538.
soprattenda 282.
sopravveste 337.
sopravveste a grembiule 359.
sopravvivenza, regolazione del sistema di 20.
sopravvivenza, sistema di 20.
sordina 442, 447.
sordina, pedale della 442.

sorella 785.
sorgente 48.
sorgente di corrente 687.
sorgenti, luci delle 497.
sorgenti, tasto di selezione delle 497.
sorgo 85.
sorgo: pannocchia 85.
sormonto totale, tende con 283.
soro 76.
sorvegliante, banco del 732.
sorveglianza, postazione di 394.
sorveglianza, posto di 764.
sorveglianza, telecamera di 395.
sospensione 553, 594.
sospensione posteriore 870.
sospensione, braccio di 292.
sospensione, lampada a 286.
sospensione, molla di 697.
sospensioni, gruppo delle 553.
sosta ai box 873.
sostanza bianca 167, 168.
sostanza corticale 165.
sostanza grigia 167, 168.
sostanza midollare 165.
sostegno 59, 277, 881.
sostegno del bracciolo 276.
sostegno del coperchio 465.
sostegno dell'ala 609.
sostegno della sbarra 591.
sostegno per il collo 874.
sostegno, base di 278.
sostegno, profilo di 417.
sotterraneo 407, 713.
sottile 472.
sottocanestro, zona di 809.
sottocasco 872.
sottofondo 252, 253, 254.
sottofondo di cemento 254.
sottofondo di cemento, parquet su 254.
sottogola 765, 808, 854, 870, 885.
sottogonna 337, 366.
sottomano 511.
sottomarino nucleare 763.
sottopalco 430.
sottopancia 853, 855, 856, 857.
sottopassaggio 583.
sottopunto, cucitura a 349.
sottostruttura 651.
sottosuolo 78.
sottotitolo 471.
sottotuta 872.
sottoveste 366.
sottoveste con reggiseno 366.
sottovia 540.
sottrazione 703.
sovrapposizione automatica degli originali 512.
sovrastruttura 615.
sovratemperatura, dispositivo di sicurezza per 266.
spacco centrale 348.
spacco laterale 348.
spada 849.
spada da lato 751.
spadice 81.
spadista 848.
spadone a due mani 751.
spaghetti 206.
spaghetti all'uovo 207.
spaghetti asiatici 207.
spaghetti di fagioli mungo 207.
spaghetti di riso 207.
spaghetti soba 207.
spaghetti somen 207.
spaghetti udon 207.
spaghetti, molle per 233.
spaghettini 206.
Spagna 743.
spagnolo 469.
spago 424.
spalla 124, 130, 146, 148, 156, 410, 440, 540, 822, 909.
spalla a monte 660.
spalla a valle 660.
spallaccio 749, 906.
spallamento 311.
spalliera 322.
spalliera ad arco 322.
spallina 352, 367, 770.
spallina, manica con 360.
spalto 409.
spandiconcime 324.
spandiletame 641.
spargitore di paglia 643.
sparo, funicella di 756.
spartitraffico 539, 712.
sparviero 315.
spatola 233, 397, 421, 888, 892.
spatola metallica 557.
spatolata 79.
spaziatore 667.
spaziatura 472.
spaziatura, espansa 472.
spaziatura, intera 472.
spaziatura, normale 472.
spaziatura, piccola 472.
spaziatura, ridotta 472.
spazio 434, 514, 865.
spazio epidurale 168.
spazio per la dilatazione 590.
spazio unificatore 514.
spazzaneve a turbina 573.
spazzata d'anca 844.
spazzatrice 573.
spazzola 233, 289, 295, 345, 384, 688.
spazzola a dorso piatto 380.
spazzola a pennello 289.
spazzola antistatica 380.
spazzola da bagno 379.
spazzola da neve con raschietto 558.
spazzola del polline 98.
spazzola di gomma 557.
spazzola metallica 449.
spazzola per la schiena 379.
spazzola per pavimenti 289.
spazzola per tappeti e pavimenti 289.
spazzola ragno 380.
spazzola rotante centrale 573.
spazzola rotante laterale 573.
spazzola rotonda 380.
spazzole 688.
spazzole per capelli 380.
spazzolino da denti 384.
spazzolino da denti elettrico 384.
spazzolino di pulizia 383.
spazzolino di tessitura 456.
spazzolino per mascara 378.
spazzolino, gambo a innesto dello 384.
spazzolino, levetta dello 456.
speaker 828.
specchietto 876.
specchietto anteriore di accostamento 568.
specchietto di cortesia 556.
specchietto per il punto cieco 568, 569.
specchietto retrovisore 556, 569, 574, 576, 577.
specchietto retrovisore esterno 550, 568, 570.
specchietto retrovisore esterno, regolazione dello 554.
specchio 264, 389, 535, 693, 724.
specchio a riflessione parziale 692.
specchio a riflessione totale 692.
specchio di lettura 20.
specchio di puntamento 907.
specchio doppio girevole 381.
specchio grande 612.
specchio laterale 381.
specchio luminoso 381.
specchio parabolico 674.
specchio piano 17.
specchio piccolo 612.
specchio primario 17.
specchio primario concavo 15.
specchio riflettore principale 477.
specchio secondario 15, 17, 477.
specialità 889.
specialità gastronomiche 180.
spedizione merci 621.
spegnifiamma 755.
spelafili 317.
spelafili, pinza 317.
spelucchino 229.
spencer 358.
sperlano 219.
spermateca 104.
spermatozoo 169.
sperone 45, 98, 130, 861.
sperone tarsale 98.
spesa, borsa della 388.
spessore 312, 472.
spessore, misura dello 700.
spettro elettromagnetico 690.
spettrometro 694.
spettrometro agli ultravioletti 60.
spettroradiometro 60.
spezie 198.
spezie cajun, condimento alle 199.
spezie marinate 199.
spezzatino 214, 215.
spezzatura, linea di 362.
spia 381.
spia cinture di sicurezza non allacciate 557.
spia dei proiettori abbaglianti 557.
spia dell'indicatore di direzione 557, 576.
spia della batteria 557.
spia della cartuccia 519.
spia della coda della pellicola 476.
spia della posizione di folle 576.
spia della pressione dell'olio 557, 576.
spia della riserva di carburante 557.
spia delle luci abbaglianti 576.
spia di accensione 731.
spia di alimentazione 518, 519.
spia di alimentazione della carta 519.
spia di allarme 527.
spia di messa in carica 527.
spia di rilevamento della carta 731.
spia luminosa 238, 239, 240, 241, 288, 290, 294, 465, 767.
spia luminosa dell'autoscatto 476.
spia luminosa di accensione/spegnimento 506.
spia luminosa di alimentazione 508.
spia luminosa di carica 383.
spia luminosa di messa in onda 488.
spia porte aperte 557.
spiaggia 51.
spicchio 82.
spicole 6.
spider 549.
spie 557.
spie della modalità audio 497.
spie di controllo 519, 520.
spie luminose 494, 515.
spiga 81, 204.
spigolo 404.
spigone 602.
spilla 376.
spilla di sicurezza 453.
spille 376.
spillo 454.
spillo fermacravatta 376.
spillone 376, 380.
spina 95, 306.
spina americana, presa per 274.
spina americana 274.
spina della scapola 153.
spina di alimentazione 527.
spina europea 274.
spina nasale anteriore 158.
spina neurale 109.
spinacio 187.
spingicuticole 377.
spingistantuffo 776.
spinnaker, alzare lo 833.
spinnaker, ammainare lo 833.
spinotto 274, 275, 502, 613.
spinotto della cuffia 504.
spinotto di connessione 689.
spinotto di messa a terra 274.
spinta 630.
spinta, fase di 892.
spinta, maniglia di 416.
spinta, telaio di 636.
spinterogeno 552, 566.
spirale 302, 484.
spirale bimetallica 695.
spirale, braccio della 9.
spirulina 183.
splenio 151.
spogliatoio 509, 734, 764, 781.
spogliatoio dei minatori 649.
spogliatoio del personale 768, 781.
spoiler 570, 574, 624.
spola 461.
spoletta di prossimità 759.
spoletta, corpo della 757.
spolverino 232.
sponda 864.
sponda frontale 571.
sponda inferiore 862.
sponda protettiva 281.
sponda superiore 862.
spongocele 95.
spore 76.
sporgenza 255.
sport 788.
sport a motore 872.
sport acquatici 827.
sport aerei 896.
sport alpini 900.
sport con la palla 794.
sport di combattimento 842.
sport di forza 850.
sport di precisione 859.
sport equestri 852.
sport equestri, campo per 788.
sport invernali 877.
sport nautici 827.
sport su rotelle 894.
sport, palazzetto dello 788.
sporta 388.
sportello 238, 290, 699, 731.
sportello automatico 730, 731.
sportello bancomat 715, 730.
sportello commerciale 731.
sportello del serbatoio 551.
sportello di accesso 584.
sportello di carico 256.
sportello notturno 731.
spostamento 690.
spray al peperoncino 770.
spremiaglio 230.
spremiagrumi 230.
spremiagrumi elettrico 237.
spremitura, cono di 237.
sprinter, linea degli 871.
sprone 349.
spruzzatore 329.
spruzzatore d'acqua 655.
spruzzatori 665.
spruzzetta 685.
spruzzo di vernice 398.
spruzzo, vite di regolazione dello 320.
spugna 95.
spugna abrasiva 295.
spugna calcarea 95.
spugna naturale 379.
spugna sintetica 378.
spugna vegetale 379.
spugna, anatomia di una 95.
spugnetta 531.
spugnetta, applicatore a 378.
spugnola 183.
spumante, coppa da 225.
spurgo, pompa di 263.
Squadra 10.
squadra 313.
squadra falsa 313, 701.
squadra, handicap della 858.
squadra, nome della 858.
squadra, simbolo della 878.
squalo, morfologia di uno 108.
squama 112, 113, 117.
squama ventrale 112.
squash 819.
Sri Lanka 747.
stabilimento industriale 708.
stabilizzatore 625, 634, 638, 760, 766, 859, 876, 896, 897.
stabilizzatore orizzontale 898.
stabilizzatore verticale 898.
stabilizzazione, barra di 633.
staccionata 244.
stacco 891.
stacco, tavola di 891.
stadera 698.
stadi di maturazione 86.
stadio 709, 788, 790.
stadio a propellente solido 24.
stadio criogenico principale 24.
stadio di baseball 788.
stadio per il nuoto 788.
stadio superiore a propellente di riserva 24.
staff medico 844.
staffa 174, 350, 358, 750, 853, 855, 892.
staffa di blocco finale 284.
staffa di lancio 877.
staffile 855.
staggio 321, 825.
staggio inferiore 824.
staggio superiore 824.
stagioni 917.
stagioni dell'anno 54.
stagno 682, 866.
stalagmite 47.
stalattite 47.
stalla 182.
stame 80, 82.
stampa 127, 420, 515.
stampa in cavo 420.
stampa in rilievo 420.
stampa in rilievo, metodo di 421.
stampa, torchio di 421.
stampante 523, 529.
stampante a getto di inchiostro 519.
stampante ad aghi 520.
stampante laser 519.
stampella canadese 782.
stampini per dolci 232.
stampo per charlotte 232.
stampo per crostata 232.
stampo per pane 239.
stand espositivo 719.
stanga 323, 857.
stanghetta 385, 434, 854.
stanti, carro pianale con 588.
stantuffo 776.
stanza da bagno 250, 251, 264, 724.
stanza degli insegnanti 735.
stanza degli studenti 735.
stanza dei giurati 728.
stanza dei microfilm 732.
stanza del personale 779.
stanza del personale viaggiante 584.
stanza del triage 779.
stanza della fotocopiatrice 509.
stanza della gestione della posta 509.
stanza della segretaria dell'amministratore delegato 509.
stanza della segretaria di direzione 509.
stanza di coordinamento 769.
stanza di degenza 780.
stanza di degenza postoperatoria 780.
stanza di isolamento 778.
stanza di osservazione 778, 781.
stanza di sterilizzazione 780.
stanza per esame psichiatrico 778.
stanza per gli interrogatori 768.
stanza per l'anestesia 780.
stanza per l'esame audiometrico 781.
stanza per la preparazione chirurgica 780.
stanza per le terapie 781.
stanza per le visite mediche 781.
stanza per osservazione psichiatrica 778.
stanza per stilare i rapporti 768.
stanza per visite ginecologiche 779.
stanze del supporto informatico 509.
stanze della mostra permanente 395.
stanze della mostra temporanea 395.
stanze principali 250.
stanzino del portiere 724.
stanzino della guardia giurata 731.
Stardust 19.
start, meccanico dello 873.
starter 830, 838.
starter, pistola dello 790.
stati della materia 680.
Stati Uniti d'America 742.
station wagon 549.
stativo 685.
stato 37.
stato presente del tempo 55.
statore 249, 659.
statua 737.
statua, posizione della 403.
stazione degli autobus 710.
stazione dei viaggiatori 582, 583, 596.
stazione della metropolitana 592, 710.
stazione di caricamento 650.
stazione di pattugliamento 886.
stazione di polizia 711, 768.
stazione di pompaggio 654.
stazione di pompaggio intermedia 654.
stazione di pompaggio principale 654.
stazione di pronto soccorso 543.
stazione di rifornimento 725.
stazione di servizio 548, 711.
stazione di smistamento 589.
stazione di superficie 54.
stazione di trasformazione 657, 658, 664.
stazione ferroviaria 39, 583, 708, 710.
stazione locale 486.
stazione meteorologica 58.
stazione ripetitrice 486.
stazione ripetitrice a microonde 524.
stazione sciistica 886.
stazione spaziale internazionale 21.
stazione terminale 654.
stazione terrestre per le telecomunicazioni 525.
stazione, cerchio di 55.
stazione, ingresso della 592.
stazione, modello di 55.
stazione, nome della 592.
stazioni, manopola di ricerca delle 498.
stealth 629.
stecca 367, 390, 391, 834, 836, 858, 863, 897.
stecca scorrevole 445.
stecche 464, 777.
stecche per modellare 464.
stella 8, 741.
stella cadente 53.
stella della sequenza principale 8.
stella di David 738.
stella di neutroni 8.
stella marina, anatomia di una 95.
stella marina, morfologia di una 95.
Stella Polare 13.
stelle di massa maggiore 8.
stelle di massa minore 8.
stelo 75, 78, 261, 302, 436.
stelo, lampada a 286.

stemma 797.
stepper 851.
steppico 61.
stereo/mono, selettore 504.
sterilizzazione, sala di 781.
sterilizzazione, stanza di 780.
sterlina 728.
sterno 111, 116, 121, 122, 126, 131, 141, 142, 152.
sterno, carena dello 116.
sternocleidomastoideo 150.
sterzo, gruppo dello 553.
stigma 80, 84, 96, 97.
stile libero o crawl 832.
stiletto 751.
stili architettonici 404.
stili di nuoto 832.
stilo 80, 81, 82, 83, 84, 390, 470, 517, 527.
stilo di canna 470.
stilo di piombo 470.
stilo metallico romano 470.
stilobate 403, 404.
stilton 211.
stimolatore gengivale 384.
stinco 215.
stipite 247, 256.
stipola 79.
stirare a bassa temperatura 347.
stirare a media temperatura 347.
stirare ad alta temperatura 347.
stiratura 347.
stiva per i containers 605.
stivale 343, 444, 855, 874, 875.
stivale alla moschettiera 343.
stivale di gomma 765.
stivaletto 840, 853, 857, 858.
stivaloni impermeabili 911.
stoccaggio temporaneo, serbatoio di 654.
stoccaggio, serbatoi di 654.
stoccaggio, serbatoio di 656.
stola 336.
stomaco 95, 103, 104, 105, 106, 109, 110, 112, 113, 125, 161, 164.
stomaco cardiaco 107.
stomaco pilorico 107.
stop 130.
stoppaccio 753.
stopper 803.
storione 218.
stornello 118.
strada 39, 543, 708, 713.
strada a senso unico 544, 546.
strada coperta 409.
strada deformata 545, 547.
strada di accesso 618.
strada di servizio 618.
strada ferrata 590, 591.
strada panoramica 39.
strada sdrucciolevole 545, 547.
strada secondaria 39.
strada, numero di 39.
strada, sezione trasversale di una 538.
stradina 866.
stralli 541.
stralli a ventaglio 541.
stralli ad arpa 541.
stralli, ancoraggio degli 541.
strallo 598, 602, 676.
strallo di prua 834.
strambata 833.
strappo 850.
strappo, tenda a 283.
strati di rifiuti 69.
strato 56, 62, 300.
strato basale 172.
strato basaltico 42.
strato corneo 172.
strato di base 538.
strato di ceneri 44.
strato di collegamento 538.
strato di lava 44.
strato di ozono 53.
strato di sabbia a monte 660.
strato di sabbia drenante 660.
strato di tetto 650.
strato drenante 660.
strato granitico 42.
strato granulare 172.
strato impermeabile 254.
strato inferiore confinante 646.
strato lucido 172.
strato protettivo 20.
strato riflettente in alluminio 501.
strato spinoso 172.
strato sterile 647.
strato superficiale del suolo 78.
strato superiore confinante 646.
stratocumulo 56, 62.
stratopausa 53.
stratosfera 53.
strega 863.
stregghia per le antenne 98.
stretto 38.
Stretto di Bass 29.
Stretto di Bering 30.
Stretto di Cook 29.
Stretto di Gibilterra 32.
Stretto di Torres 29.
strettoia simmetrica 544, 547.
stringa 342, 797, 843, 881.
stringhe 893.
striscia antiabrasiva 560, 561.
striscia catarifrangente 765.
striscia di gioco 799.
striscia di sfregamento 318, 391.
striscia di sicurezza 582.
striscia esplorata 40.
stroboscopio 611.
strofinaccio da cucina 295.
stromatolite 92.
strombatura 411.
stronzio 682.
strozzascotte 835.
strozzatura 439, 695.
strumentazione scientifica 23.
strumentazione, alloggiamento della 24.
strumentazione, piattaforma di 60.
strumenti a corde 439.
strumenti a fiato 446.
strumenti a percussione 437, 448.
strumenti a tastiera 442.
strumenti a tastiera, esempi di 443.
Strumenti dello Scultore 10.
strumenti di laboratorio 685.
strumenti di misura 695.
strumenti di misurazione e tracciamento 313.
strumenti di misurazione meteorologica 58.
strumenti di volo 899.
strumenti elettronici 450.
strumenti musicali tradizionali 432.
strumenti per il pronto soccorso 775.
strumenti per la navigazione 612.
strumenti scientifici 17.
strumenti scrittori 470.
struttura 249, 252.
struttura a K 663.
struttura del midollo spinale 167.
struttura del Sole 6.
struttura del tessuto 455.
struttura dell'orecchio 174.
struttura della biosfera 66.
struttura della Terra 42.
struttura di lancio doppia 24.
struttura di sostegno 16, 40.
struttura di un albero 87.
struttura di un fiore 80.
struttura di un fungo 76.
struttura di un lichene 74.
struttura di un missile 759.
struttura di un muschio 75.
struttura di un osso lungo 154.
struttura di un'alga 75.
struttura di una casa 250.
struttura di una felce 76.
struttura di una foglia 79.
struttura di una pianta 77.
struttura esterna 291, 292.
struttura in alluminio 893.
struttura lignea, parquet su 254.
struttura metallica 582.
struttura protettiva 873.
struttura tubolare 615.
strutture ausiliarie, sala delle 490.
strutture per i tuffi 828.
struzzo 119.
struzzo, uovo di 213.
studente 734.
studenti, armadietti degli 735.
studenti, stanza degli 735.
studio 251, 488, 490.
studio televisivo 490, 492.
stufa a combustione lenta 256.
stufa a gas 903.
stufa radiante 260.
stufe, olio combustibile per 656.
sturalavandini 314.
sub 841.
sub woofer 493.
sub, coltello da 841.
subartico 61.
subbio del tessuto 460.
subbio dell'ordito 460.
subbio superiore 460.
subduzione 43.
sublimazione 680.
subtropicale mediterraneo 61.
subtropicale umido 61.
suburbio 709.
Sud 37.
sud 616, 917.
Sud Sud-Est 37.
Sud Sud-Ovest 37.
Sud-Est 37.
sud-est 616.
Sud-Ovest 37.
sud-ovest 616.
Sudafricana, Repubblica 746.
Sudan 745.
sufflè, tegamino per 232.
sughero 892.
sulky 857.
sumac 199.
sumi, penna 397.
sumo 847.
sumotori 847.
sunnismo 736.
suocera 784.
suoceri 784.
suocero 784.
suola 127, 342, 371, 591, 840, 868, 881, 888, 889.
suolo 70, 661.
suolo, fertilizzazione del 69.
suolo, inquinamento del 69.
suolo, movimento orizzontale del 43.
suolo, movimento verticale del 43.
suolo, profilo del 78.
suolo, strato superficiale del 78.
suoneria, regolatore della 506.
suono, ingegnere del 429.
suono, produzione del 445.
supercross, circuito di 875.
superfici 704.
superfici di gioco 822.
superficie antiscivolo 894.
superficie assorbente 675.
superficie centrale di lotta 843.
superficie dell'acqua 828.
superficie della cute 172.
superficie di affissione 535.
superficie di gioco 815.
superficie di rotolamento 590.
superficie dura (cemento) 822.
superficie freatica 47.
superficie inchiostrata 420.
superficie inumidita 420.
superficie plantare dello zoccolo 127.
superficie riflettente 674.
superficie sintetica 822.
superficie terrestre, assorbimento attaverso la 68.
superficie trasparente in resina 501.
superficie verticale 894.
superficie, stazione di 54.
supergigante 8.
supermercato 180, 711, 715.
supernova 8.
superstrada 539.
supplemento a colori 471.
supplemento letterario 471.
supporti 400.
supporti per camminare 782.
supporto 15, 274, 284, 285, 381, 445, 448.
supporto a tre braccia 464.
supporto anteriore retrattile 567.
supporto del braccio 500.
supporto del cordone 288.
supporto del disco abrasivo 308.
supporto del filamento 274.
supporto del rullo 320.
supporto del tabellone 811.
supporto dell'albero 307.
supporto della lastra 58.
supporto della rete 815.
supporto della sfera 58, 558.
supporto della tavola forata 445.
supporto elastico 502, 504, 772.
supporto per il braccio 782.
supporto per il tallone 783.
supporto per la bombola di ossigeno portatile 775.
supporto per la coda 623.
supporto per le manichette 764.
supporto retrattile 571.
supporto sottoascellare 782.
supporto stabilizzatore 567.
supporto, base di 613.
supporto, piastra di 275.
supporto, telaio di 639.
surf 840.
surf, tavola da 840.
surfista 840.
surgelati 181.
surgelati, magazzino dei 181.
Suriname 742.
surriscaldamento globale 68.
surriscaldatore 668.
sutura 84, 105.
sutura coronale 158.
sutura coronaria 158.
sutura di rinforzo 899.
sutura lambdoidea 158.
sutura squamosa 158.
svedese 469.
sverniciatura, pistola per 320.
svettatoio 330.
Svezia 744.
sviluppatrice 484.
sviluppo, bagni di 485.
sviluppo, bagno di 485.
svincolo 709.
Svizzera 744.
swahili 468.
Swaziland 746.

T

T centrale 858.
tabaccheria 714.
tabacco 390.
tabacco, borsa del 390.
tabasco, salsa 200.
tabella dei colori 398.
tabella dei risultati 828.
tabellone 811.
tabellone d'affissione delle mostre 394.
tabellone degli arrivi e delle partenze 621.
tabellone degli handicap 858.
tabellone degli orari 582.
tabellone dei salti 793.
tabellone del totalizzatore 856.
tabellone della classifica generale 824.
tabellone della prova in corso 825.
tabellone segnapunti 789, 790, 822, 825, 831, 839, 844, 846, 918.
tabellone, supporto del 811.
tabernacolo 737.
tablino 406.
tabloid 471.
tabulazione a destra 514.
tabulazione a sinistra 514.
tacca 455, 698, 791.
tacca di mira 754, 755, 757, 861, 893, 912.
tacchetti intercambiabili 802.
tacchetto 371, 798.
tacchino 120, 213.
tacco 342, 622, 868, 881, 909.
tachimetro 557, 576, 851.
tafano 101.
tagalog 469.
Tagikistan 746.
tagli di agnello 215.
tagli di maiale 215.
tagli di manzo 214.
tagli di pietre preziose 375.
tagli di vitello 214.
taglia fissa 651.
taglia mobile 651.
tagliabasette 383.
tagliabiscotti 232.
tagliabordi 326, 332.
tagliacarte 531.
tagliacuticole 377.
tagliafili 317.
tagliafilo 453.
tagliafuoco 252.
tagliasiepi 331.
tagliasiepi, forbici 330.
tagliasigari 390.
tagliatelle verdi 206.
tagliatubi 314.
tagliente 240, 306, 636, 637, 638, 648.
tagliere 229.
taglierina 424, 484, 535.
taglio 302.
taglio a baguette 375.
taglio a brillante 375.
taglio a briolette 375.
taglio a cabochon 375.
taglio a forbice 375.
taglio a gradini 375.
taglio a marquise 375.
taglio a pera 375.
taglio a rosetta 375.
taglio a smeraldo 375.
taglio a tavola 375.
taglio addizionale 434.
taglio anteriore 426.
taglio francese 375.
taglio inferiore 426.
taglio ottagonale 375.
taglio ovale 375.
taglio superiore 426.
taglio, filo da 464.
taglio, lama di 424.
taglio, linea di 455.
taglio, piastra di 333.
taglio, pietra da 298.
tagliola 913.
taglione 660, 661.
tahini 200.
tahitiano 469.
tailandese 468.
Tailandia 747.
tailback 807.
tailleur 355.
tajina 234.
tallio 682.
tallo 74, 75.
tallonatore 804.
tallone 127, 147, 149, 229, 303, 309, 370, 439, 440, 456, 560, 641, 797, 880.
tallone d'appoggio 236.
tallone di appoggio 288.
talloniera 840, 889, 892.
Talmud 736.
talpa 121.
talpa, morfologia di una 121.
talpa, scheletro di una 121.
tamarillo 196.
tamarindo , pasta di 200.
tamarino 139.
tamburello 449.
tamburo 230, 285, 293, 559, 612, 697, 700, 754.
tamburo parlante 433.
tamburo raccoglitore 642.
tamburo rotante 43.
tamburo tenore 448.
tamburo, pistola a 754.
tamia 123.
tampone 421, 422, 531.
tandem 581.
Tanganica, Lago 34.
tangenziale 39, 709.
tantalio 683.
Tanzania 745.
tappeti e pavimenti, spazzola per 289.
tappetino 558.
tappetino del mouse 516.
tappetino di gomma 500.
tappetino in gomma 864.
tappeto 254, 842, 844.
tappeto di sicurezza 893.
tappeto, presidente di 843.
tappezzeria, bocchetta per 289.
tappi per le orecchie 772, 872.
tappo 236, 379, 484, 561, 906.
tappo a vite 223.
tappo del fondello 757.
tappo del serbatoio 570, 576.
tappo di isolamento 689.
tappo di ispezione 270.
tappo di scarico 262.
tappo di scarico dell'olio 566.
tappo femmina 269.
tappo femmina a vite 269.
tappo maschio a testa quadra 269.
tappo, fusibile a 272.
tarchia, vela a 601.
tare 847.
targhetta del costruttore 306.
targhetta delle avvertenze 306.
tarlatana 422.
tarlo 101.
taro 184.
tarso 96, 98, 111, 115, 122, 126, 131, 138, 141, 142, 155, 156.
tarso-metatarso 116.
tartaruga 113.
tartaruga, anatomia di una 113.
tartaruga, morfologia di una 113.
tartufo 183.
tartufo di mare 217.
tasca 232, 313, 386, 869.
tasca anteriore 350.
tasca applicata 348, 353, 360, 368.
tasca applicata a soffietto 359, 360.
tasca applicata con aletta 349, 360.
tasca della stecca 836.
tasca di Douglas 170.
tasca di inforcamento 632.
tasca esterna 386, 388.
tasca finta 355.
tasca frontale 387.

tasca inserita nella cucitura 355, 360.
tasca interna 389.
tasca interna con aletta 348, 352, 353, 355, 360.
tasca nascosta 386.
tasca per la stecca 834.
tasca portaoggetti 554.
tasca posteriore 350.
tasca profilata 354, 360.
tasca profilata con aletta 348, 352.
tasca sagomata 360.
tasca tagliata in verticale 355.
tasca verticale 337.
tasca vescicouterina 170.
tasche, esempi di 360.
taschino 352.
taschino con aletta 348.
taschino tagliato con aletta 348.
taschino, fazzoletto da 348.
Tasmania 29.
Tasmania, Mare di 29.
tassello 278.
tasso 134.
tasti degli effetti speciali 496.
tasti del cursore 515.
tasti del lettore di compact disc 504.
tasti del riproduttore a cassette 504.
tasti di chiamata automatica 506.
tasti di comando 507, 508.
tasti di identificazione del conto 731.
tasti di impostazione dei punti 456.
tasti di posizionamento del cursore 529.
tasti di programmazione 495.
tasti di regolazione del volume 495.
tasti di regolazione dell'immagine 496.
tasti di ricerca del brano 501.
tasti di ricerca delle emittenti 495.
tasti di ricerca emittenti 495.
tasti di ricerca rapida 501.
tasti di ripetizione 501.
tasti di selezione dei canali 495.
tasti di selezione della sintonia 497.
tasti di selezione delle casse acustiche 497.
tasti di sistema 450.
tasti di variazione 456.
tasti funzione 507, 508, 514, 699, 730, 731.
tasti funzione programmabili 731.
tasti Internet 514.
tasti per l'editing del suono 450.
tastiera 432, 439, 441, 442, 450, 506, 507, 514, 526, 865.
tastiera alfanumerica 507, 514, 548, 730, 731.
tastiera degli acuti 432.
tastiera numerica 507, 508.
tastiera, strumenti a 442.
tastierina per il codice di identificazione personale (PIN) 731.
tastierino alfabetico 530.
tastierino alfanumerico 506.
tastierino numerico 515, 530, 699.
tasto 432, 442, 443, 445, 446.
tasto Alt 514.
tasto Avvio 514.
tasto backspace 515.
tasto colore 512.
tasto Control 514.
tasto del blocco delle maiuscole 528.
tasto del menu 505.
tasto del paragrafo rientrato 528.
tasto dell'auto-reverse 504.
tasto delle maiuscole 514, 528.
tasto di addizione 529.
tasto di alimentazione della carta 529.
tasto di arresto 495, 499, 508, 512.
tasto di arresto e di scorrimento 515.
tasto di arresto/cancellazione 501.
tasto di ascolto diretto 508.
tasto di avanzamento della carta 731.
tasto di avanzamento rapido 495, 499, 504, 508.
tasto di avvio 508, 512.
tasto di avvio registrazione 496.
tasto di azzeramento 495, 512, 529.
tasto di azzeramento del contatore 499.
tasto di azzeramento ultimo dato 529.
tasto di blocco 505.
tasto di blocco delle maiuscole 514.
tasto di blocco numerico 515.
tasto di cambio segno 529.
tasto di cancellazione 508, 515.
tasto di cancellazione della memoria 479, 529.
tasto di centratura 528.
tasto di chiamata 505, 506.
tasto di chiamata successiva 507.
tasto di conferma 731.
tasto di conferma della tabulazione 528.
tasto di controllo 505.
tasto di correzione 456.
tasto di correzione del carattere 528.
tasto di correzione della parola 528.
tasto di correzione ortografica 528.
tasto di direzione 261.
tasto di divisione 529.
tasto di doppio zero 529.
tasto di espulsione 495, 499, 501.
tasto di fine chiamata 506.
tasto di impostazione degli arresti di tabulazione 528.
tasto di lettura 505.
tasto di luminosità 505.
tasto di memoria 479.
tasto di memorizzazione 497, 498, 501, 506.
tasto di memorizzazione del testo 528.
tasto di moltiplicazione 529.
tasto di movimento di mezza interlinea 528.
tasto di pagina giù 515.
tasto di pagina precedente 527.
tasto di pagina su 515.
tasto di pagina successiva 527.
tasto di pausa 499.
tasto di pausa/fermo immagine 495.
tasto di percentuale 529.
tasto di più-uguale 529.
tasto di posizione 440, 441.
tasto di preselezione della sintonia 497.
tasto di punto decimale 529.
tasto di radice quadrata 529.
tasto di registrazione 495, 499.
tasto di registrazione del messaggio 508.
tasto di registrazione e di visualizzazione dell'ora 496.
tasto di registrazione e di visualizzazione della data 496.
tasto di registro 444, 445.
tasto di reset 508.
tasto di riascolto dei messaggi 508.
tasto di riavvolgimento 495, 499, 504, 508.
tasto di ricerca della fine 496.
tasto di richiamo della memoria 479, 529.
tasto di riposizionamento 528.
tasto di ripristino 519.
tasto di riproduzione 495, 499, 504.
tasto di riproduzione/pausa 501.
tasto di ritorno del carrello 528.
tasto di scorrimento 505.
tasto di selezione 261, 505, 506.
tasto di selezione del registratore 497.
tasto di selezione della banda 497.
tasto di selezione della lingua del display 507.
tasto di selezione della modalità FM 497.
tasto di selezione delle sorgenti 497.
tasto di selezione dello stato di stampa 528.
tasto di somma in memoria 529.
tasto di sottrazione 529.
tasto di sottrazione in memoria 529.
tasto di subtotale/non-addizione 529.
tasto di tabulazione 514.
tasto di tabulazione decimale 528.
tasto di uguale 529.
tasto di visualizzazione degli indicatori 496.
tasto di visualizzazione dei titoli 496.
tasto email 514.
tasto Esc 514.
tasto Fine 515.
tasto Home 515.
tasto Ins 515.
tasto Invio 515.
tasto liberamargine 528.
tasto marginatore 528.
tasto multifunzionale 529.
tasto numerico 529.
tasto pausa 515.
tasto per il modo di esposizione 476.
tasto per l'avanzamento della pellicola 476.
tasto per la sensibilità della pellicola 476, 479.
tasto per le esposizioni multiple 476.
tasto regolatore di contrasto 512.
tasto selezionatore di comandi 528.
tasto stampa 515.
tasto tabulatore 528.
tasto TV/video 495.
tatami 846.
tavola 307, 374, 424, 445, 836, 915, 917.
tavola armonica 432, 433, 439, 440, 442.
tavola da surf 840.
tavola del somiere 445.
tavola di arresto 864.
tavola di lavoro 452.
tavola di rotazione 651.
tavola di stacco 891.
tavola esterna 915.
tavola forata 445.
tavola forata, supporto della 445.
tavola inferiore 445.
tavola interna 915.
tavola periodica degli elementi 682.
tavola superiore 445.
tavola, coltello da 228.
tavola, cucchiaio da 228.
tavola, forchetta da 228.
tavola, morsetto di bloccaggio della 307.
tavola, taglio a 375.
tavola, vasellame da 226.
tavole 852.
tavoletta 254.
tavoletta grafica 517.
tavoletta portablocco 533.
tavoli, esempi di 278.
tavolini sovrapponibili 278.
tavolino da letto 780.
tavolino traslatore 693.
tavolino traslatore, comando del 693.
tavolo 278, 723, 815, 862.
tavolo a cancello 278.
tavolo allungabile 278.
tavolo da disegno 399.
tavolo da roulette 919.
tavolo di servizio 584, 720.
tavolo operatorio 780.
tavolo per i piatti caldi 721.
tavolo per i piatti puliti 721.
tavolo per i piatti sporchi 721.
tavolo portacomputer 511.
tavolo portastampante 511.
tavolo, lampada da 286.
tavolozza con vaschette 398.
tavolozza con vasetto 398.
taxi 725.
tazza 905.
tazza alta da caffè 226.
tazza da tè 226.
tazza graduata 231.
tazza per sapone da barba 383.
tazzina da caffè 226.
tè 208.
tè nero 208.
tè oolong 208.
tè verde 208.
tè, bustina di 208.
tè, cucchiaino da 228.
tè, filtro per il 233.
tè, tazza da 226.
teatro 430, 710, 711.
teatro greco 402.
teatro, binocolo da 385.
tecnezio 683.
tecnica a colombino 465.
tecnica a nastro 465.
tecnica di salto 891.
tecniche 812.
tecnico audio 489, 490.
tecnico delle luci 429.
tecnico di commutazione video 489, 490.
tecnico di controllo delle immagini 489.
tecnico luci 490.
tecnico video 490.
tecnigrafo 399.
tedesco 469.
tee 867.
tegame 235, 905.
tegame per fonduta 234.
tegame per uova in camicia 235.
tegamino per chiocciole 233.
tegamino per sufflè 232.
teglia con fondo staccabile 232.
teglia da forno 232.
teglia per torta 232.
teglie da forno 234.
tegola 299, 403, 406, 412.
tegole bonus 917.
tegole di testa 917.
tegumento del seme 81.
tegumento seminale 85.
teiera 226.
tela 400, 463, 676.
tela radiale 561.
telaietto per diapositive 483.
telaio 100, 249, 276, 277, 278, 280, 303, 312, 327, 386, 389, 423, 433, 449, 459, 483, 575, 632, 633, 638, 639, 641, 642, 672, 673, 676, 688, 782, 816, 822, 823, 824, 870, 893, 895.
telaio a ordito alto 461.
telaio a ordito basso 460.
telaio circolare 459.
telaio dei rulli dei cingoli 636.
telaio del bruciatore 903.
telaio del carrello 586.
telaio di cucitura 424.
telaio di spinta 636.
telaio di supporto 639.
telaio interno della portiera 554.
telaio metallico 442.
telaio per tenda esterna 567.
telaio regolabile 303.
telaio rigido, borsa a 388.
telaio verticale 461.
telaio, giunzione a linguetta del 249.
telaio, giunzione scanalata del 249.
telaio, montante del 278.
telaio, traverso superiore del 249.
telecamera 18, 428, 490, 492, 775, 873.
telecamera a colori 20.
telecamera di sorveglianza 395.
telecamera, piedistallo della 492.
telecamere, area di controllo delle 489.
telecamere, unità di controllo delle 489.
telecomando 483, 493, 495.
telecomando, sensore del 494, 501.
telecomunicazione, antenna di 762.
telecomunicazioni via satellite 487.
telecomunicazioni, satelliti per 486.
telefax 508.
telefoni, esempi di 507.
telefono 491, 724, 725.
telefono a tastiera 507.
telefono cellulare 506.
telefono pubblico 427, 715, 720, 723, 779.
telefono senza fili 507.
teleobiettivo 478.
teleprompter 492.
telerilevamento 40.
telerilevamento mediante satellite 41.
Telescopio 10.
telescopio 15, 17, 859.
telescopio spaziale Hubble 17, 53.
telescopio, basamento del 17.
telescopio, sezione di un 15.
telesensore 518.
teletta 455.
televisione 489, 724, 734.
televisore 494.
televisore a grande schermo 493.
teli, gonna a 357.
tellurio 682.
telo di spugna con cappuccio 368.
telo esterno 902, 903.
telone proteggiauto 558.
telson 107.
temperamatite 534.
temperatura 261.
temperatura ambiente 261.
temperatura Celsius, unità di misura della 702.
temperatura corporea, regolazione della 20.
temperatura del liquido di raffreddamento, indicatore della 557.
temperatura dell'aria 55.
temperatura desiderata 261.
temperatura di rugiada 55.
temperatura termodinamica, unità di misura della 702.
temperatura, indicatore di 381.
temperatura, manopola di regolazione della 465.
temperatura, misura della 695.
temperatura, misurazione della 59.
temperatura, regolatore della 259.
temperatura, regolazione della 261, 267.
temperatura, selettore della 238.
temperatura, sensore di 18.
temperature, scala delle 53.
temperino multiuso 905.
tempesta di sabbia o di polvere 57.
tempesta tropicale 57.
tempi realizzati 831.
tempia 146.
tempiale 461.
tempio azteco 412.
tempio di Huitzilopochtli 412.
tempio di Tlaloc 412.
tempio greco 403.
tempio greco, pianta del 403.
tempo 789.
tempo dei Romani, armi al 748.
tempo di due metà 434.
tempo di quattro quarti 434.
tempo di tre quarti 434.
tempo libero all'aria aperta 902.
tempo, carta del 54, 55.
tempo, controllo del 451.
tempo, indicazioni di 434.
tempo, misura del 696.
tempo, stato presente del 55.
tempo, unità di misura del 702.
temporale 57.
temporale forte 57.
temporizzatore 465, 484.
temporizzatore dell'ingranditore 485.
tenaglia 409.
tenda 282, 611.
tenda a cupola 903.
tenda a due posti 902.
tenda a igloo 903.
tenda a pacchetto 285.
tenda a palloncino 283.
tenda a rullo 285.
tenda a strappo 283.
tenda a un posto 903.
tenda a vetro 283.
tenda avvolgibile 285.
tenda canadese 903.
tenda coprifinestra 902.
tenda da campo 902.
tenda da cucina 902.
tenda di tipo familiare 902.
tenda interna 902, 903.
tenda per finestra 282.
tenda trasparente 282.
tenda, bastoni da 284.
tende avvolgibili 285.
tende con sormonto totale 283.
tende, esempi di 283, 902.
tendenza barometrica 55.
tendicollo 349.
tendina a mezzovetro 282.
tendina arricciata 282.
tendina divisoria 780.
tendina parasole avvolgibile 558.
tendine 133.
tenditore rapido 826.
tendone oscurante 282.
teniere 750.
tennis 820.
tennis da tavolo 815.
tennis, campi da 788.
tennis, scarpa da 344.
tennista 822.
tenone 900.
tensione di produzione 662.
tensione, aumento di 646, 662, 665.
tensione, blocco di 452, 453, 457.
tensione, chiavi di 448.
tensione, corda di 433.
tensione, diminuzione di 646, 662, 677.
tensione, disco di 453.
tensione, molla di 453, 457.
tensione, primo aumento di 677.
tensione, regolatore della 460.
tensione, regolatore di 453, 456, 457.
tensione, secondo aumento di 677.
tensore della fascia lata 150.
tentacolo 104, 106.
tentacolo oculare 104.
tenuta, anello di 268.
tenuta, mastice di 265.
tenuta, valvola di 265.
teodolite 59, 701.
tepee 418.
terapie, stanza per le 779, 781.
terbio 684.
tergale 276.
tergale, base del 276.
tergicristallo 550, 557.
tergicristallo, comando del 556.
terminal dei passeggeri 619, 620.
terminal satellite dei passeggeri 619.
terminale 272, 274, 290, 385, 663.
terminale della messa a terra 497.
terminale di ingresso 316.
terminale di messa a terra 274.
terminale di pagamento elettronico 731.
terminale di scarico 553.
terminale per il pagamento elettronico 181.
terminali di collegamento delle antenne 497.
terminali di collegamento delle casse acustiche 497.
terminali interattivi 395.

terminalia coltello, fusibile a cartuccia con 272.
terminatore 522.
terminazione nervosa 172.
termini comuni 82, 83.
termite 101.
termoconvettore 260.
termometri clinici 777.
termometro 655, 695, 841, 899.
termometro a lamina bimetallica 695.
termometro a lettura istantanea 231.
termometro a massima 59.
termometro a mercurio 777.
termometro a minima 59.
termometro clinico 695.
termometro del forno 231.
termometro digitale 777.
termometro per carne 231.
termometro per zucchero 231.
termopausa 53.
termosfera 53.
termosonda 238.
termostato 238, 260, 261, 267, 288, 291, 292, 293.
termostato ambiente 261.
termostato dell'acqua 259.
termostato di sicurezza 293.
termostato inferiore 266.
termostato programmabile 261.
termostato regolabile 239.
termostato superiore 266.
termoventilatore 260.
terna 637.
Terra 0, 4, 5, 6, 7, 28.
terra 272.
terra battuta 822.
Terra del Fuoco 31.
Terra della Regina Maud 29.
Terra di Marie Byrd 29.
Terra di Wilkes 29.
terra, attrezzature di 622.
terra, conduttore di 272.
terra, filo di 272.
terra, lingua di 51.
Terra, orbita della 6, 7.
terra, spinotto di messa a 274.
Terra, struttura della 42.
terra, terminale di messa a 274.
terra-aria, missile 759.
Terranova, Isola di 30.
terrapieno 409, 538.
terrazza 621.
terrazza scoperta 609.
terre rare 684.
terremoto 43.
terreno di scarico 647, 648.
terreno, trivella a motore per 323.
terrina 234.
terza 434, 849.
terza base 794.
terza base (posizione) 794.
terza falange 126, 172.
terza linea 804.
terza linea destra 804.
terza linea sinistra 804.
terzarolo 603.
terzarolo, benda di 603.
terzarolo, matafione di 603.
Terziario 93.
terzina 919.
terzino 803, 807.
terzino destro 801.
terzino di destra 806.
terzino di sinistra 806.
terzino sinistro 801.
terzo stadio 25.
tesa 340, 341.
tessera 917.
tessitura 460.
tessitura, schema della 463.
tessitura, spazzolino di 456.
tessuti di rinforzo 455.
tessuto adiposo 171, 172.
tessuto connettivo 172.
tessuto elastico 350.
tessuto gommato 421.
tessuto per abiti 455.
tessuto ricamato 459.
tessuto sottocutaneo 172.
tessuto, struttura del 455.
tessuto, subbio del 460.
testa 8, 140, 147, 149, 161, 169, 300, 301, 302, 308, 311, 384, 390, 425, 452, 457, 458, 516, 757, 793, 800, 816, 822, 826, 863, 867, 901, 909.
testa a croce 302.
testa bombata 302.
testa cercante a raggi infrarossi 759.
testa concava 302.
testa d'albero 602, 836.
testa d'angolo 587.
testa del cilindro ricuperatore 756.
testa del collettore 18.
testa del femore 153.
testa del martello 901.
testa del martinetto elevatore 632.
testa del rotore 631.
testa dell'omero 153.
testa della condotta di produzione 654.
testa di attacco 642.
testa di gatto 132.
testa di iniezione del fango 651.
testa di proiezione 535.
testa di taglio 535.
testa metallica 793.
testa non svitabile 302.
testa orientabile 312.
testa panoramica 482.
testa piatta 302.
testa portalampada 485.
testa quadra, punta a 302.
testa ribaltabile 236.
testa tonda 302.
testa, regolatore dell'altezza della 485.
testata 471, 663.
testata di collegamento 641.
testata, muro di 597.
testatina 471.
teste, tipi di 302.
tester dell'alta tensione 316.
tester di continuità 316.
tester di presa 316.
testicoli 107, 110.
testicolo 169.
testiera 280, 281.
testimone 52, 790.
testimone, zona del passaggio del 790.
testimoni, banco dei 728.
testina 383, 439, 500.
testina di lettura/scrittura 521.
testina di stampa 528.
testina rotante 383.
Teti 5.
tetti 414.
tetto 100, 245, 257, 412, 551, 567, 635, 639.
tetto a bracci 415.
tetto a capanna 414.
tetto a carena 414.
tetto a cono 415.
tetto a due spioventi 251.
tetto a falda unica 414.
tetto a ghimberga 414.
tetto a mansarda 414.
tetto a ombrello 415.
tetto a padiglione 414.
tetto a padiglione da torre 415.
tetto a piramide 415.
tetto a schifo 414.
tetto a shed 414.
tetto a vetro 250.
tetto con lucernario 414.
tetto di vetro 713.
tetto galleggiante 655.
tetto piano 414.
tetto, strato di 650.
tettoia 902.
tettoia vetrata 582.
tettuccio 567, 760.
tettuccio apribile 551.
tettuccio di protezione 632.
thermos 906.
tibetano 468.
tibia 96, 98, 115, 122, 126, 131, 138, 140, 141, 142, 152, 155, 156.
tibia-tarso 116.
tibiale anteriore 150.
tibiofibula 111.
tifone 63.
tight end 807.
tiglio 208.
tigre 135.
tilde 473.
timbro di gomma 531.
timbro, selettore del 451.
timer 851.
timo 202.
timone 23, 600, 605, 606, 608, 676, 759, 834, 838, 839.
timone di direzione 625, 760, 763, 898.
timone di profondità 625, 763, 898.
timone di traino 642.
timone orizzontale 763.
timone, barra del 834.
timone, cavo del 838.
timone, pala del 606.
timone, pedale del 898.
timoneria 606.
timoniere, sedile del 838.
timpani 437.
timpano 110, 244, 403, 404, 411, 448.
timpano, montante del 252.
tin 819.
tinello 250.
tintura per capelli 379.
tipi di ali 630.
tipi di articolazioni sinoviali 156.
tipi di bandiera 739.
tipi di bocchette 258.
tipi di eclissi 6, 7.
tipi di infiorescenze 81.
tipi di mazze 867.
tipi di motori 564.
tipi di movimenti 916.
tipi di ossa 157.
tipi di parquet 254.
tipi di punte 302.
tipi di remi 838.
tipi di teste 302.
tipi di vagoni passeggeri 584.
tipi principali di lame 401.
tipo di carburante 548.
tipo di nube alta 55.
tipo di nube bassa 55.
tipo di nube media 55.
tipografia 472.
tipologie di pioggia 64.
tirafilo, leva 452.
tirannosauro 93.
tirante 265, 443, 448, 453, 540, 590, 824, 825, 902.
tirante a vite 448, 842.
tirante comandato 590.
tirante d'unione 590.
tirante del braccio 634.
tirante della cordiera 448.
tirante, regolatore del 902.
tiratore 809, 860.
tirella 857.
tiri, direttore dei 859.
tiro a segno, campo di 788.
tiro con carabina 861.
tiro con fucile 860.
tiro con l'arco 859.
tiro con l'arco, campo di 788.
tiro con pistola 861.
tiro, accessori per il 752.
tiro, campo di 859, 860.
tiro, direttore di 860.
tiro, fossa di 860.
tiro, linea di 859.
tiro, pedana di 860.
tiro, posizioni di 861, 893.
tisane 208.
Titan IV 24.
Titania 5.
titanio 683.
Titano 5.
Titicaca, Lago 31.
titolare, firma del 729.
titolare, nome del 729.
titoli dei film 427.
titoli, tasto di visualizzazione dei 496.
titolo 471.
titolo a caratteri cubitali 471.
Tlaloc, tempio di 412.
tocco 341.
toga 336.
Togo 745.
toilette 395, 584, 715, 719, 723, 728, 731, 733, 735, 779, 781.
toilette (donne) 725.
toilette (uomini) 725.
toilette degli uomini 724.
toilette delle donne 724.
toilette per i clienti 720.
Tolosa, salame di 216.
tom tom 448.
tomaia 342, 371.
tomatillo 188.
tombolo 51, 458.
toner, cartuccia del 519.
Tonga 747.
toni alti, regolatore dei 503.
toni alti, regolazione dei 441.
toni bassi, regolatore dei 503.
toni bassi, regolazione dei 441.
toni, regolazione dei 441.
tonno 220.
tonsilla 174.
tonsilla linguale 176.
tonsilla palatina 176.
top 366.
topazio 375.
topinambur 184.
topo campagnolo 123.
toporagno 121.
toppa 249.
toque 341.
torace 96, 97, 98, 146, 148.
Torah, rotoli della 738.
torchio di stampa a due cilindri 421.
torchio litografico 423.
torcia 652, 770.
torio 684.
tormalina 375.
tornado 57, 63.
tornelli di entrata 592.
tornelli di uscita 592.
tornietto da tavolo 464.
tornio 464.
tornitura 464.
Toro 12.
toro 404, 405, 705.
toro centrale 405.
torre 410, 614, 635, 674, 676, 677, 916.
torre a traliccio 634.
torre angolare 408.
torre campanaria 411.
torre di controllo 618, 761.
torre di controllo, cabina della 618.
torre di estrazione 649, 650.
torre di fiancheggiamento 408.
torre di guida 542.
torre di lavaggio 294.
torre di perforazione 651, 652, 654.
torre di raffreddamento 646.
torre per i tuffi 828.
torre per uffici 713.
torre trasmittente 486.
torrente montano 45.
Torres, Strettodi 29.
torretta 408, 410, 411, 638, 758, 762, 763, 858.
torretta spiovente 415.
torretta, calotta della 692.
torsolo 82.
torta, teglia per 232.
tortellini 206.
tortiera 232.
tortilla 205.
tostapane 238.
totale 699.
touch pad 526.
touch pad, pulsante del 526.
touch screen 527.
tovaglioli 722.
trabattello 321.
trabeazione 247, 403, 405.
tracciamento, filo di 313.
tracciatore 900.
tracciatura 401.
trachea 116, 125, 163.
trackball 517.
tracolla 388, 391, 527, 869.
tracolla, borsa a 388.
tracolla, bottone della 441.
traforo 411.
traghetto 596.
trago 140, 173.
traguardo 907.
traino, barra di 622.
traino, timone di 642.
traino, trattore di 622, 623.
tralcio 86.
traliccio per alta tensione 663.
traliccio, torre a 634.
tram 595.
trama 455, 460, 461.
trama, filo della 463.
tramezzo, mattone forato per 298.
tramoggia 643.
tramoggia di caricamento 573.
tramoggia, carro a 588.
trampoliere, uccello 117.
trampolini 890.
trampolini, zona dei 890.
trampolino 246, 823, 890, 891.
trampolino di 1 metro 828.
trampolino di 3 metri 828.
trampolino per i salti diritti 890.
transatlantico 608.
transazione, fessura di registrazione della 730.
transazione, ricevuta della 731.
transazioni commerciali 525.
transetto 411.
transito vietato agli autocarri 545, 546.
transito vietato ai motocicli 545, 546.
transito vietato ai pedoni 545, 546.
transito vietato ai veicoli con altezza superiore a 545, 547.
transito vietato alle biciclette 545, 546.
transizione, metalli di 683.
trapano a colonna 307.
trapano a mano 307.
trapano elettrico 306.
trapano senza fili 306.
trapezio 150, 151, 154, 156, 705, 840, 897.
trapezio, abito a 356.
trapezoide 154.
trapiantatoio 325.
trappola petrolifera 651, 653.
trapunta 280.
trascinamento, ingranaggio di 240.
trasduttore 613.
trasferimento di calore 681.
trasformatore 287, 658, 663, 668, 674.
trasformatore di accensione 259.
trasformatore principale 585.
trasmettitore a microonde 489.
trasmissione 292, 563.
trasmissione a catena 641, 643.
trasmissione a cinghia 605.
trasmissione a onde hertziane 486.
trasmissione agli utenti 646, 662, 677.
trasmissione dei dati 41.
trasmissione del movimento rotatorio al rotore 662.
trasmissione dell'elettricità 665.
trasmissione dell'immagine 694.
trasmissione di elettricità 663.
trasmissione di elettricità ad alta tensione 646, 662, 677.
trasmissione di energia alla tensione di produzione 662.
trasmissione via cavo aereo 486.
trasmissione via cavo sotterraneo 487.
trasmissione via cavo sottomarino 487.
trasmissione via satellite 486.
trasmissione, albero di 605.
trasmissione, cavo di 613.
trasmissione, cinghia di 292.
trasmissione, organi di 580.
trasmissione, sistema di 553.
traspirazione 67.
trasportatore 453.
trasporti 538.
trasporto aereo 618.
trasporto marittimo 596, 649.
trasporto su rotaia 582.
trasporto su strada 538, 596.
trasporto tattico, elicottero da 631.
trattamento chimico 656.
trattino 473.
tratto olfattivo 175.
trattore 640.
trattore cingolato 636.
trattore di traino 622, 623.
trattore gommato 637.
trattore tosaerba 333.
trattore: vista anteriore 640.
trattore: vista posteriore 640.
travata a cantilever 540.
travata a portale 540.
travata appoggiata 540.
travata continua 540.
travata sollevabile 542.
travatura reticolare 21.
trave 252, 412, 418, 826.
trave di coda 631.
trave di colmo 252.
trave di equilibrio 824, 826.
trave di sicurezza 900.
trave in legno 403, 406.
traveller's cheque 729.
traversa 247, 277, 278, 409, 424, 433, 461, 591, 650, 663, 799, 827.
traversa anteriore 460, 893.
traversa del cancello 278.
traversa della cassa battente 460.
traversa inferiore 278.
traversa inferiore di finestra 252.
traversa laterale 460.
traversa mediana 277.
traversa orizzontale 632.
traversa portadenti 642.
traversa posteriore 893.
traversa superiore 277, 278.
traversa superiore di finestra 252.
traversa terminale inferiore 635.
traversa terminale superiore 635.
traversina 440, 441.
traverso superiore del telaio 249.
traverso, al 833.
travetto 254.
travetto del soffitto 252.
travetto del solaio 252, 253.
travetto di testata 252, 253.

trazione integrale 4x4, veicolo a 577.
trazione, braccio di 640.
tre braccia, supporto a 464.
tre quarti, manica a 360.
tre quarti, tempo di 434.
treccia 458.
trefolo 908.
tremolo, braccio del 441.
trench 352.
treno ad alta velocità 585.
treno della metropolitana 592.
treno locale 583.
treno passeggeri 582.
treppiede 14, 436, 448, 482, 489.
treppiede della giraffa 492.
trequarti 352.
trequarti ala destra 804.
trequarti ala sinistra 804.
trequarti centrodestro 804.
trequarti centrosinistro 804.
trespolo 401.
triage, stanza del 779.
trial, motocicletta da 875.
triangolo 437, 449, 705, 863.
Triangolo Australe 10.
Triangolo Boreale 12.
triangolo divisorio 367.
Triassico 93.
tribuna coperta 856.
tribuna degli allenatori 891.
tribuna dei giudici 890, 891.
tribunale 728.
tribunale, aula di 728.
tribune 788, 874.
tribune mobili 734.
triceratopo 93.
tricheco 137.
triciclo 581.
tricipite brachiale 151.
tricipiti, barra per i 851.
triclinio 406.
tricorno 339.
trifogliata 79.
triglia 219.
triglifo 404.
trillo 435.
trilobato 413.
trilobite 92.
trimarano 835.
trinchettina 603.
trinchetto, albero di 600, 602.
trinchetto, vela di 603.
trinciante 229.
trinciapollo 233.
trinciato 740.
Trinidad e Tobago 743.
trio 438.
triplice 852.
triplo salto 875.
triplo salto mortale e mezzo in avanti raggruppato 829.
trippa 212.
trippa, salsiccia di 216.
trireme 598.
tris 914.
tritacarne 230.
tritarifiuti 270.
triticale 203.
Tritone 5.
tritone 111.
trivella a motore per terreno 323.
trivella, punta della 323.
trivellazione, impianto di 651.
trocantere 96, 98.
tromba 447, 611, 766.
tromba delle scale 251.
tromba marina 63.
tromba militare 447.
trombe 437.
trombone 80, 447.
tromboni 437.
troncato 740.
tronchesina per cuticole 377.
tronchesina per unghie 377.
tronco 76, 86, 87, 110, 147, 149, 300.
tronco celiaco 161, 165.
tronco di mezzana 602.
tronco di testa della scala 766.
tronco, armatura protettiva del 808.
tronco, parte inferiore del 87.
tronco, sezione di un 300.
tronco, sezione trasversale di un 87.
tropicale della foresta pluviale 61.
tropicale umido e secco (savana) 61.
Tropico del Cancro 34, 35, 36.
Tropico del Capricorno 34, 35, 36.
tropopausa 53, 68.
troposfera 53.
troppopieno 262, 264.
troppopieno, tubo del 265, 266, 267.
troppopieno, tubo di 485.
trota 221.
trottatore 857.
trotto 124.
trotto e ambio 857.
trousse 388.
truccatore 428.
trucco 378.
trucco per gli occhi 378.
trucco per il viso 378.
trucco per le labbra 378.
trumeau 411.
tuba 437, 447.
tuba di Eustachio 174, 175.
tuba di Falloppio 170.
tuba di Falloppio, ampolla della 171.
tuba di Falloppio, infundibolo della 171.
tuba di Falloppio, istmo della 171.
tubatura di scarico 263.
tubazione del freno 559.
tubazione di allacciamento 262.
tubazione di andata 259.
tubazione di immissione principale 655.
tubazione di immissione secondaria 655.
tubazione di produzione e di spedizione 652.
tubazione di riempimento 655.
tubazione di ritorno 259.
tubazione di scarico 271.
tubazione di superficie 652.
tubazioni del vapore primario 669.
tubazioni di scarico del vapore 669.
tube di Falloppio 171.
tubetto 223.
tubi del carburante 899.
tubi malpighiani 97.
tubi, filiera per 314.
tubi, rivestimento isolante per 299.
tubino 356.
tubo 275, 312, 777.
tubo a flash 692.
tubo annaffiatore 573.
tubo anodico 266.
tubo aspirante 658, 659.
tubo capillare 695.
tubo d'acquerello 397.
tubo del bordo di attacco 897.
tubo del drenaggio 253.
tubo del refrigerante 260.
tubo del troppopieno 265, 266, 267.
tubo dell'acqua calda 266.
tubo dell'acqua fredda 265, 266.
tubo dell'aria 841.
tubo della pompa 548.
tubo della prima valvola 447.
tubo della scala, erogatore del 766.
tubo della seconda valvola 447.
tubo della terza valvola 447.
tubo di accordo 447.
tubo di alimentazione 270.
tubo di alimentazione dell'acqua 294.
tubo di alimentazione dell'aria 765.
tubo di aspirazione 766.
tubo di caduta del seme 643.
tubo di carico 265.
tubo di circolazione 672.
tubo di drenaggio 292, 294.
tubo di entrata 485.
tubo di estrazione dell'aria 274, 275.
tubo di getto laterale 573.
tubo di iniezione del fango 651.
tubo di lancio 756, 757.
tubo di Pitot 873.
tubo di posizionamento 638.
tubo di riempimento 265.
tubo di scappamento 553, 570, 575, 576, 577, 640.
tubo di scarico 262, 265, 271, 292, 552, 564, 631, 636, 639, 643.
tubo di scarico, attacco del 256.
tubo di sfiato 267, 271.
tubo di sterzo 579.
tubo di trasferimento del carburante 25.
tubo di troppopieno 485.
tubo di uscita 485.
tubo di uscita dell'acqua calda 267.
tubo flessibile 264, 270, 289, 319, 328, 649, 767, 776.
tubo flessibile di gomma 271.
tubo flessibile per l'acqua 648.
tubo flessibile per l'aria 398.
tubo flessibile per l'aria compressa 648.
tubo flessibile, raccordo del 649.
tubo fluorescente 275.
tubo graduato 59.
tubo idraulico flessibile 641, 642.
tubo in pressione 667.
tubo malpighiano 99.
tubo metallico 894.
tubo obliquo 579.
tubo per irrigazione 328.
tubo per l'orientamento delle lamelle 285.
tubo perdente 263.
tubo piantone 871.
tubo portaoculare 693.
tubo principale 14, 15.
tubo rigido 289.
tubo rigido di prolunga 289.
tubo telescopico principale 692.
tubo trasversale 897.
tubo verticale 271, 578.
tubolatura di carico trasversale 607.
Tucano 10.
tucano 119.
Tudor 413.
tuffi 828.
tuffi, esempi di 829.
tuffi, strutture per i 828.
tuffi, torre per i 828.
tuffi, vasca per 788.
tuffo 812.
tuffo di partenza 832.
tuffo in avanti con avvitamento 829.
tuffo rovesciato con avvitamento 829.
tuffo sincronizzato 829.
tuffo, altezza del 829.
tulio 684.
tulipano 80.
tumbler 225.
tundra 66.
tundra polare, della 61.
tungsteno 683.
tungsteno, filamento di 274.
tungsteno, lampada alogena al 274, 275.
tunica 78, 748.
tunica, abito a 356.
Tunisia 745.
tunnel di comunicazione 23.
tuorlo 117.
turapori, pistola 315.
turbante 339, 341.
turbina 646, 659, 665, 668.
turbina ad asse verticale 676.
turbina del compressore 627.
turbina del motocompressore 564.
turbina di alimentazione 564.
turbina eolica ad asse orizzontale 677.
turbina Francis 659.
turbina Kaplan 659.
turbina motrice 627.
turbina Pelton 659.
turbina, albero della 665.
turbina, coperchio della 659.
turbina, girante della 664.
turbina, rotazione della 662.
turbina, valvola di arresto della 668.
turbine eoliche 676.
turbine, edificio delle 668.
turbo-alternatore, gruppo del 646.
turboalternatore 674, 763.
turbocompressore, albero del 627.
turboreattore 625, 760.
turboreattore a doppio flusso 627.
turchese 375.
Turchia 746.
turco 469.
turibolo 737.
turione 185.
turismo, bicicletta da 581.
Turkmenistan 746.
turno 789.
tuta 358, 369, 882, 887, 888, 891, 892.
tuta da competizione 874.
tuta da sci 369.
tuta ignifuga 872.
tuta ignifuga e idrofuga 765.
tuta monopezzo 884.
tuta protettiva 875.
tuta spaziale 20.
tuta sportiva 370.
tutina a sacco 368.
tutore 322, 324.
Tuvalu 747.
TV/video, tasto 495.
tweeter 502.
twin-set 359.

U

uadi 52.
uccelli 115.
uccelli, esempi di 118.
uccello 115.
uccello acquatico 117.
Uccello del Paradiso 10.
uccello granivoro 117.
uccello insettivoro 117.
uccello passeriforme 117.
uccello predatore 117.
uccello trampoliere 117.
uccello, anatomia di un 116.
uccello, morfologia di un 115.
uccello, scheletro di un 116.
Ucraina 744.
ucraino 469.
uffici 548, 582, 596.
uffici amministrativi 718.
uffici degli organizzatori 719.
uffici, edificio per 710, 713.
uffici, torre per 713.
ufficiali di gara 801, 846.
ufficiali, alloggio degli 762, 763.
ufficiali, camera degli 764.
ufficio 509, 720, 724, 726.
ufficio amministrativo 764, 769.
ufficio d'ammissione dei detenuti 726.
ufficio dei cancellieri 728.
ufficio dei giudici 728.
ufficio del bibliotecario 732.
ufficio del bidello 735.
ufficio del caposala 779.
ufficio del comandante 764, 768.
ufficio del conservatore 394.
ufficio del contabile 509.
ufficio del direttore 394, 726, 731, 732.
ufficio del direttore della produzione 509.
ufficio del direttore generale 509.
ufficio del medico di guardia 778.
ufficio del preside 735.
ufficio del vicecomandante 768.
ufficio del vicedirettore 726.
ufficio dell'agente di sicurezza 733.
ufficio dell'amministratore delegato 509.
ufficio dell'assistente sociale 779.
ufficio dell'ufficiale addetto alla formazione dei vigili del fuoco 764.
ufficio della direzione 718.
ufficio della palestra 734.
ufficio della segretaria 731.
ufficio della segreteria scolastica 735.
ufficio delle informazioni 886.
ufficio di accettazione dei visitatori 726.
ufficio di formazione professionale 730.
ufficio per le denunce 768.
ufficio postale 474, 475, 711, 715.
ufficio, mobili per 510.
Uganda 745.
ugello 22, 24, 25, 259, 314, 315, 319, 320, 329, 398.
ugello a sezione variabile 629.
ugello del lavaparabrezza 550.
ugello di scarico 627, 760.
ugello di taglio 319.
ugello orientabile 628.
ugello vaporizzatore 241.
ugola 174, 175.
uguale a 703.
uistiti 139.
Ulisse 19.
ulna 116, 121, 122, 126, 131, 136, 138, 141, 142, 152, 154, 156.
ultimo quarto 7.
umbone 105.
Umbriel 5.
umidificatore 261.
umidità 261.
umidità contenuta nelle nuvole 70.
umidità, misurazione dell' 59.
umor acqueo 177.
uncinato 154.
uncinetto 457.
uncino 457, 611.
ungherese 469.
Ungheria 744.
unghia 96, 98, 107, 113, 115, 130, 133, 140, 173, 401, 426, 610.
unghia per apertura 905.
unghia protratta 133.
unghia retratta 133.
unghia, corpo dell' 172.
unghie dei piedi, forbici per 377.
unghie, forbicine per 377.
unghie, matita sbiancante per 377.
unghie, tronchesina per 377.
unicellulari 94.
Unicorno 11.
uniforme 770.
uniformi 764.
unione 703.
Unione Europea, bandiera dell' 729.
unipolare, interruttore 272.
unisono 434.
unità a disco 450.
unità astronomica 5.
unità astronomiche 4.
unità di backup 523.
unità di controllo delle telecamere 489.
unità di controllo elettronico 559.
unità di controllo video 490.
unità di cura intensiva 780.
unità di misura del tempo 702.
unità di misura dell'energia 702.
unità di misura dell'intensità luminosa 702.
unità di misura della carica elettrica 702.
unità di misura della corrente elettrica 702.
unità di misura della differenza di potenziale elettrico 702.
unità di misura della forza 702.
unità di misura della frequenza 702.
unità di misura della lunghezza 702.
unità di misura della massa 702.
unità di misura della potenza elettrica 702.
unità di misura della pressione 702.
unità di misura della quantità di sostanza 702.
unità di misura della radioattività 702.
unità di misura della resistenza elettrica 702.
unità di misura della temperatura Celsius 702.
unità di misura della temperatura termodinamica 702.
unità di misura, sistema internazionale di 702.
unità di servizio mobile a distanza 21.
unità di tensione del filo 457.
unità floppy disk 513.
unità floppy disk esterna 521.
unità hard disk 521.
unità hard disk estraibile 521.
unità hard disk principale 513.
unità hard disk secondaria 513.
unità individuale di propulsione e manovra 20.
unità mobile 486, 489.
unità motrice 585.
unità radiologica mobile 778.
unità video da tavolo 520.
università 710.
uno 703.
ununbio 683.
ununnilio 683.
unununio 683.
uomo 146.
uomo, collo a 355, 362.
uomo, scarpe da 342.
uova 109, 111, 213.
uova alla coque, clessidra per 231.
uova in camicia, tegame per 235.
uova, confezione in cartone per 222.
uova, scomparto per le 291.
uovo 100, 117.
uovo di anatra 213.
uovo di fagiano 213.
uovo di gallina 213.
uovo di oca 213.
uovo di quaglia 213.
uovo di struzzo 213.
uragano 57, 63.
uranio 684.
uranio arricchito 671.
uranio naturale 670.
Urano 4, 5.
urdu 469.
uretere 104, 116, 165.
uretra 165, 169, 170.
urinario, apparato 165.
URL 524.
URL (localizzatore universale di risorse) 524.
uropodio 107.
urostilo 111.
Uruguay 742.
usare il candeggiante secondo le istruzioni 347.
uscita d'emergenza, sistema di 25.
uscita del fluido vettore 672.
uscita del flusso di scarico 627.
uscita del riflusso del condensatore 669.

uscita del vapore 670, 671.
uscita dell'acqua calda 259.
uscita dell'acqua di raffreddamento del condensatore 669.
uscita dell'aria calda 256.
uscita S-Video 526.
uscita, bordo di 624.
usignolo 118.
utensili 464.
utensili da cucina 229.
utensili per avvitare 302.
utensili per cucinare 234.
utensili per segare 303.
utensili, esempi di 401.
utensili, set di 233.
utente 487.
utente di Internet 524.
utente privato 525.
utente, ingresso dell'alimentazione dell' 273.
utero 170, 171.
utero, collo dell' 170.
utero, legamento largo dell' 171.
uva 192.
uva, grappolo d' 86.
uvaspina 192.
Uzbekistan 746.

V

V, scollatura a 363.
V, scollatura profonda a 363.
vacuolo 74, 94.
vacuolo digerente 94.
vacuolo digerente in formazione 94.
vacuolo pulsante 94.
vagina 103, 104, 170, 171.
vaglia postale 475.
vagone di coda del personale viaggiante 588.
vagone letto 584.
vagone ristorante 584.
vagone viaggiatori 584, 585.
vagoni passeggeri, tipi di 584.
vagoni, officina di manutenzione dei 589.
vaio 741.
valerianella 187.
valigetta per il computer portatile 527.
valigia 389.
valigie 717.
valle 45, 48.
valore del segmento 918.
valore, indicazione del 729.
valori di durata delle note 435.
valori di durata delle pause 435.
valuta, nome della 729.
valute, esempi di simboli di 728.
valva 84, 105.
valvola 447, 465, 579, 675.
valvola a saracinesca principale 654.
valvola aortica 162.
valvola del bruciatore 899.
valvola del galleggiante 265.
valvola del paracadute 899.
valvola dell'acetilene 319.
valvola dell'aria 320, 398.
valvola dell'impianto di allagamento 669.
valvola dell'ossigeno 319.
valvola della pompa 841.
valvola di arresto della turbina 668.
valvola di aspirazione 564, 566.
valvola di chiusura 265.
valvola di distribuzione 649.
valvola di drenaggio 291.
valvola di espirazione 773.
valvola di inspirazione 773.
valvola di produzione 654.
valvola di regolazione 259, 654.
valvola di regolazione della pressione 777.
valvola di ritegno 319.
valvola di ritenuta 263.
valvola di scarico 267, 564, 566.
valvola di sfiato 607, 655.
valvola di sfogo dell'aria 259.
valvola di sicurezza 234, 259, 266, 267, 665.
valvola di spurgo 655, 841.
valvola di tenuta 265.
valvola di tenuta, sede della 265.
valvola mitrale 162.
valvola polmonare 162.
valvola tricuspide 162.
valvola, corpo della 447.
valvola, molla della 566.
valvola, piastra della 268.
valvola, sede della 268.
valvole di controllo del flusso di carburante 626.
vampiro dalla lancia 141.
vanadio 683.
Vanessa atalanta 102.
vanga 326.
vaniglia, estratto di 200.
vano 416.
vano accessori 483.
vano cassetta 495.
vano del disco 501.
vano del motore 639.
vano del motore di traino 638.
vano del motore diesel 636, 637, 638, 639.
vano del serbatoio dell'acqua 628.
vano della cassetta 499.
vano della videocassetta 496.
vano motore 568, 632.
vano portabagagli 584.
vano portamateriale 766.
vano portaoggetti 556, 570.
vano portaspazzolini 384.
vano portattrezzi 567.
vano raccoglipolvere 288.
Vanuatu 747.
vapore 646, 665, 668, 681.
vapore a bassa pressione, ingresso del 668.
vapore ad alta pressione, ingresso del 668.
vapore primario, collettore del 669.
vapore primario, tubazioni del 669.
vapore, ferro da stiro a 288.
vapore, generatore di 646, 670, 671, 674, 763.
vapore, pentola a 235.
vapore, regolatore del getto di 288.
vapore, regolazione del 241.
vapore, tubazioni di scarico del 669.
vapore, uscita del 670, 671.
vaporizzatore 261, 288.
vaporizzatore, serpentina del 261.
vaporizzazione, griglia di 261.
varano 114.
variante 872.
variazione di pressione 55.
variazione, tasti di 456.
varie 473.
variometro 899.
variometro elettrico 898.
variometro meccanico 898.
Varolio, ponte di 167.
vasca 263, 292, 294, 831.
vasca da bagno 251, 262, 264, 724.
vasca degli elementi di combustibile difettosi 666.
vasca del fango 651.
vasca di abbattimento della pressione 671.
vasca di deposito del combustibile esaurito 666, 667, 669.
vasca di lavaggio stampe 485.
vasca di raccolta 666.
vasca di scarico del combustibile esaurito 666, 668.
vasca per immersione 246.
vasca per tuffi 788.
vasca, orlo della 292.
vasca, piattaforma della 264.
vasca/doccia, miscelatore 262.
vaschetta 320, 484, 485, 919.
vaschetta con beccuccio 237.
vaschetta di distribuzione 263.
vaschetta di raccolta 241.
vaschetta filtrante 237, 240.
vaschetta per alimenti 222.
vaschetta per burro 223.
vaschetta per cubetti di ghiaccio 291.
vaschetta per il detersivo 294.
vaschetta portacorrispondenza 531.
vaschette portaaccessori 399.
vaschette, tavolozza con 398.
vasellame da tavola 226.
vasellame, cristalleria e argenteria 717.
vasetto 223, 398.
vasetto, tavolozza con 398.
vasi sanguigni 140.
vaso 265, 322.
vaso capillare 172.
vaso di espansione 259.
vaso sanguigno 154, 162, 172.
vaso sanguigno dorsale 97.
vaso sospeso 322.
vassoi 722.
vassoio 281, 389.
vassoio dei documenti ricevuti 508.
vassoio dei documenti trasmessi 508.
vassoio delle vincite 920.
vassoio di alimentazione 519.
vassoio di uscita 519.
vassoio di uscita della carta 512.
vassoio portadischi 494, 521.
vasto laterale 150, 151.
vasto mediale 150.
Vaticano, Città del 744.
Vauban, fortificazione alla 409.
VCR, comandi del 495.
Vecchio Testamento 736.
vedretta 46.
vegetazione 66.
vegetazione, distribuzione della 66.
veicoli 538.
veicoli, ingresso dei 769.
veicolo a trazione integrale 4x4 577.
veicolo d'emergenza per l'equipaggio 21.
Vela 11.
vela 833, 836, 896, 897.
vela a tarchia 601.
vela al terzo 601.
vela aurica 601.
vela di maestra 603.
vela di mezzana 603.
vela di straglio di belvedere 603.
vela di straglio di controvelaccio 603.
vela di straglio di gabbia 603.
vela di straglio di mezzana 603.
vela di straglio di velaccio 603.
vela di trinchetto 603.
vela latina 601.
vela Marconi 601.
vela quadra 601.
velaccino fisso 603.
velaccino volante 603.
velaccino, albero di 602.
velaccio fisso 603.
velaccio volante 603.
velaccio, vela di straglio di 603.
velario 407.
velatura 602, 897.
velcro® 368.
vele 603.
vele, esempi di 601.
veliero a quattro alberi 602.
velluto 254.
velluto, collarino di 374.
velo 909.
velocità di crociera, controllo della 556.
velocità, regolatore della 452.
velocità, regolatore di 236, 417.
velocità, selettore di 236, 237, 305, 306, 500.
velodromo 788.
vena ascellare 160.
vena basilica 160.
vena cava inferiore 160, 161, 162, 165.
vena cava superiore 160, 161, 162.
vena cefalica 160.
vena epatica 161.
vena femorale 160.
vena giugulare esterna 160.
vena giugulare interna 160.
vena iliaca comune 165.
vena iliaca interna 161.
vena mesenterica superiore 160.
vena polmonare 160.
vena polmonare destra 162.
vena polmonare sinistra 162.
vena porta 161.
vena renale 160, 165.
vena succlavia 160.
venatura 300.
vendita dei biglietti 592.
vene 160.
Venera 19.
Venere 4, 5.
Venere, monte di 170.
veneziana 285.
Venezuela 742.
ventaglia 749.
ventaglio, pennello a 397.
venti 917.
venti, rosa dei 37.
ventilabro 445.
ventilabro, molla del 445.
ventilatore 258, 259, 260, 293, 445, 561, 566, 643.
ventilatore da soffitto 261.
ventilatore del condensatore 261.
ventilatore del motore diesel 586.
ventilatore del vaporizzatore 261.
ventilatore di sostentamento 605.
ventilatore principale 648.
ventilatore, alloggiamento del 382.
ventilatore, comando del 261.
ventilatore, condotto del 643.
ventilatore, motore del 258, 261.
ventilazione 675.
ventilazione, cappa di 614.
ventilazione, colonna principale di 262.
ventilazione, elica di 688.
ventilazione, griglia di 289.
ventilazione, rete di 262.
ventiquattrore 386.
vento 56, 69, 70, 833.
vento contrario, partenza con 833.
vento predominante 63.
vento, azione del 67.
vento, direzione del 55.
vento, direzione e forza del 55.
vento, forza del 55.
vento, freccia del 56.
vento, giacca a 353.
vento, misurazione della direzione del 59.
vento, misurazione della forza del 59.
ventola 497.
ventola del blocco di alimentazione 513.
ventola del case 513.
ventola dell'alimentatore 513.
ventola dello châssis 513.
ventola di raffreddamento 526, 552, 563.
ventola di raffreddamento dei radiatori 586.
ventola, cinghia della 552.
ventosa 106.
ventre 124.
ventricolo destro 161, 162.
ventricolo sinistro 161, 162.
ventriglio 116.
venturi 757.
venturi, leva di fissaggio del 757.
verbena 208.
verde 400, 690, 741.
verdone 183.
verdura 180, 233.
verdura, cassetto per la 291.
Vergine 11, 13.
vermicelli di riso 207.
vernice, spruzzo di 398.
verniciatura a spruzzo, pistola per 320.
verniciatura: manutenzione 320.
verricello 573.
verricello di ormeggio 607.
verricello, comandi del 573.
versante 45.
versoio 641.
vertebra 112, 136.
vertebra lombare 168.
vertebra sacrale 111.
vertebre 111.
vertebre cervicali 116, 122, 126, 131, 138, 141, 142, 153, 157.
vertebre coccigee 122, 126, 131, 138, 141, 142.
vertebre dorsali 153, 157.
vertebre lombari 122, 126, 131, 138, 141, 142, 153, 157.
vertebre sacrali 122, 126, 131, 142.
vertebre toraciche 122, 126, 131, 138, 142.
verticale sulle braccia 828.
vertice 115.
vescica 113, 169, 170.
vescica natatoria 109.
vescica urinaria 109, 110, 165.
vescichetta seminale 169.
vescovo, manica da 361.
vespa 101.
vessillo 115.
vestaglia 364.
vestaglia, abito a 356.
vestibolo 174, 406.
vestiti per bambini 369.
vestiti per neonati 368.
veterinari 852.
vetrata 737.
vetrina 279.
vetrinette refrigerate apribili 180.
vetrino 693.
vetro 249, 672, 673.
vetro colorato 411.
vetro di controllo 727.
vetro di protezione 878.
vetro doppio 675.
vetro, cupola di 612.
vetro, lastra di 291.
vetro, smistamento del 71.
vetro, tenda a 283.
vetro, tetto a 250.
vetrone 65.
vetta 886.
vettura a tre porte 549.
vettura da golf 869.
VHF, antenna 762.
via 39, 711, 915.
via commerciale 710.
via di carreggio 647.
via di fuga 872.
Via Lattea 9, 13.
Via Lattea (vista dall'alto) 9.
Via Lattea (vista laterale) 9.
viadotto 541.
viaggi, agenzia di 714.
viaggiatori, marciapiede dei 582.
viaggiatori, stazione dei 582, 583, 596.
viaggiatori, vagone 584, 585.
viaggio, borsa da 388.
viaggio, borsone da 388.
vialetto 322.
vialetto del giardino 244.
vialetto di accesso 245.
vibrissa 122.
vibrisse 132.
vibrovaglio per la depurazione del fango 651.
viceallenatore 811.
vicecapitano 877.
vicecomandante, ufficio del 768.
vicedirettore, ufficio del 726.
vicolo 711.
video 918.
video di controllo 694.
video, effetti speciali digitali 491.
video, selettore di controllo 491.
video, unità di controllo 490.
videocamera digitale 517.
videocamera portatile: dorso 496.
videocamera portatile: vista frontale 496.
videocassetta 495.
videocassetta, comandi della 496.
videocassetta, vano della 496.
videocassette compatte, adattatore per 496.
videogioco 918.
videoregistratore 495.
videoteca 733.
videoterminale 507.
vietato fare campeggio 725.
vietato fare pic-nic 725.
Vietnam 747.
vietnamita 468.
vigile del fuoco 765.
vigile del fuoco, elmo da 765.
vigili del fuoco, carro dei 764.
vigili del fuoco, caserma dei 711, 764.
vigili del fuoco, dormitorio dei 764.
vignetta 471.
villaggio 886.
villetta bifamiliare 419.
vinacciolo 83.
vincita, comando elettrico di erogazione della 920.
vincita, levetta di erogazione della 920.
vincite, vassoio delle 920.
vincitore 789.
vincoli di parentela 784.
vincolo del caricatore 754.
vini, cantina dei 720.
vini, lista dei 721.
vino 180.
vino alsaziano, bicchiere da 225.
vino bianco, bicchiere da 225.
vino, aceto di 201.
viola 80, 400, 439.
viole 437.
violino 439.
violino, chiave di 434.
violoncelli 437.
violoncello 439.
vipera 114.
virata a capriola 832.
virata a dorso, contrassegno per la 831.
virata a farfalla 832.
virata a rana 832.
virata, comando di 898.
virata, giudici di 831.
virata, indicatore di 898.
virata, parete di 831, 832.
virgola 473.
virgolette doppie 473.
virgolette semplici 473.
visiera 340, 341, 575, 591, 749, 765, 772, 874, 878, 884.
visiera antisolare 20.
visiera parasole 567.
visitatori, ingresso dei 726.
visitatori, ufficio di accettazione dei 726.
visite ginecologiche, stanza per 779.
visite mediche, stanza per le 779, 781.
viso, trucco per il 378.
visone 134.

visore 484, 535, 773.
vista 691.
vista anteriore 146, 148, 150.
vista frontale 798.
vista laterale 798.
vista laterale del cranio 158.
vista normale 691.
vista posteriore 147, 149, 151.
vista, difetti della 691.
Vistola, Fiume 32.
visualizzatore digitale 316.
vita 147, 149.
vita bassa, abito a 356.
vita, evoluzione della 92.
vite 86, 248, 302, 439.
vite centrale 425.
vite da ghiaccio 901.
vite del morsetto dell'ago 453.
vite del supporto inferiore 58.
vite di banco da scultore 401.
vite di bloccaggio 909, 910.
vite di blocco della lama 304.
vite di fissaggio 859, 913.
vite di fissaggio della macchina fotografica 482.
vite di livello 58, 699, 701.
vite di pressione 421, 423.
vite di regolazione 309, 310, 317, 319.
vite di regolazione a basso carico 273.
vite di regolazione a pieno carico 273.
vite di regolazione del fluido 320.
vite di regolazione della tensione 534.
vite di regolazione dello spruzzo 320.
vite di serraggio 312.
vite ferma ago 398.
vite macrometrica 693.
vite micrometrica 612, 693, 700.
vite rompigetto 329.
vite senza fine 462, 573.
vite, albero della 86.
vite, attacco a 275.
vite, orecchini a 374.
vitello 128.
vitello, tagli di 214.
viti di bloccaggio 700.
viticcio 86.
Vittoria, Lago 34.
vogatore 851.
volano 464, 566, 851.
volano a penne naturali 817.
volano sintetico 817.
volano, gioco del 816.
volant 280, 282.
volante 333, 425, 552, 556, 607, 640, 873.
volante di direzione 766.
volante, piantone del 552.
volantino 452, 626.
volantino di puntamento in direzione 756.
volantino di puntamento in elevazione 756.
volata 753.
volatili 213.
volée 820.
Volga, Fiume 32.
voli 828.
Volkmann, canali di 154.
volo 829, 891.
volo, ponte di 761.
volo, rifornimento in 760.
volpe 134.
volpe del deserto 134.
volpe volante nera 141.
Volpetta 13.
volt 702.
volta 410.
volta a botte 407.
volta esterna della cupola 17.
volta interna della cupola 17.
volteggi, cavallo per 824, 825, 826.
volume di ricezione, regolatore del 506.
volumo, controllo dcl 450, 451.
volume, manopola del 503, 504, 505.
volume, regolatore del 506, 507, 508.
volume, regolatore di 497.
volume, regolazione del 441.
volume, rotella del 513.
volume, tasti di regolazione del 495.
voluta 276, 404, 405.
voluta, piede a 276.
volva 76.
vomere 641, 756.
vongola 217.
vongola molle 217.
Voyager 19.
vulcani, esempi di 44.
vulcano 42, 44.
vulcano effusivo 44.
vulcano esplosivo 44.
vulcano in eruzione 44.
vulva 148, 171.
vumetri 488, 491.
vuoto, camera a 694.
vuoto, collettore a 694.
vuoto, console per il 694.

W

wakame 183.
walkie-talkie 505.
walkman 504.
wallaby 143.
wapiti 128.
wasabi 201.
Wassily, poltrona 276.
water 251, 262, 264, 265, 724, 780.
watt 702.
webcam 517.
Weddell, Mare di 29.
wigwam 418.
Wilkes, Terra di 29.
winch 835.
windsurf 836.
wok 234.
wok, servizio da 234.
wolof 468.
woofer 502.

X

xeno 684.
xilofono 437, 449.
xilografia di filo 421.
xilografia di testa 421.

Y

yacht a motore 607.
yak 129.
yards, linea delle 806.
Yemen 746.
yen 728.
yiddish 469.
yogurt 210.
yoruba 468.
Yucatan, Penisola dello 30.

Z

zafferano 198.
zaffiro 375.
zaino 580, 901, 906.
Zambia 746.
zampa 113, 425.
zampa anteriore 96, 98, 111, 121.
zampa anteriore (superficie esterna) 98.
zampa anteriore di un cane 130.
zampa di elefante, pantaloni a 358.
zampa mediana 96, 98.
zampa mediana (superficie esterna) 98.
zampa posteriore 96, 98, 111, 121.
zampa posteriore (superficie interna) 98.
zampe, esempi di 117.
zanzara 101.
zappa 327.
zappa a quattro denti 327.
zappa rotante 641.
zappetta tridente 326.
zattera di salvataggio 605, 611.
zavorra 634.
zebra 128.
zecca 102.
zenit 10.
zenzero 199.
zero 914, 919.
zia materna acquisita 785.
zia paterna acquisita 785.
zigrinatura 417.
Zimbabwe 746.
zinco 683.
zio materno 785.
zio paterno 785.
zirconio 683.
zither 432.
zoccoli, esempi di 127.
zoccolo 124, 127, 247, 255, 275, 344, 417, 440.
zoccolo bidattilo 127.
zoccolo monodattilo 127.
zoccolo tetradattilo 127.
zoccolo tridattilo 127.
zoccolo, superficie plantare dello 127.
zolfo 683.
zona di ricevimento delle merci 180.
zona abitabile 902.
zona centrale 809, 818.
zona commerciale 709.
zona convettiva 6.
zona cottura 722.
zona d'attacco 818.
zona dei trampolini 890.
zona del passaggio del testimone 790.
zona dell'allenatore 794.
zona di allenamento 788.
zona di appontaggio a poppa 761.
zona di arrivo 891.
zona di attacco 812.
zona di atterraggio 891.
zona di battuta 797.
zona di caduta 792, 793.
zona di canestro 809.
zona di decelerazione 885.
zona di difesa 812, 818.
zona di frenata 891.
zona di inizio partita 862.
zona di lancio 865.
zona di partenza 838.
zona di passività 843.
zona di pericolo 844, 847.
zona di preparazione dei prodotti 180.
zona di prova dei motori a getto 761.
zona di rallentamento 890, 891.
zona di ricevimento dei latticini 180.
zona di servizio 818, 821.
zona di sicurezza 846.
zona di sottocanestro 809.
zona focale 674.
zona industriale 709.
zona libera 812, 813.
zona negativa 672.
zona neutra 806, 879.
zona pellucida 170.
zona positiva 672.
zona pranzo 224.
zona protetta 877.
zona radiativa 6.
zone di servizio 817.
zoom 492, 496.
zoom, comando elettrico dello 496.
zuava, pantaloni alla 358.
zucca 189.
zucca a collo allungato 189.
zucca bianca 188.
zucca di Napoli 188.
zucca pasticcina 189.
zucca spaghetti 189.
zucca torta 189.
zuccheriera 226.
zucchero 209.
zucchero a velo 209.
zucchero candito 209.
zucchero di canna 209.
zucchero in grani 209.
zucchetta 189.
zucchina 188.
zulu 468.
zuppiera 226.